LA

DICCIONARIO POCKET

ESPAÑOL PORTUGUÉS
PORTUGUÉS ESPAÑOL

Aribau 197-199 3ª planta 08021 Barcelona | *Dinamarca 81 México 06600, D.F.* | *Valentín Gómez 3530 1191 Buenos Aires* | *21 Rue du Montparnasse 75298 Paris Cedex 06*

PRIMERA EDICIÓN — 3ª reimpresión

ISBN 970-22-0583-2 (Ediciones Larousse)

Impreso en México — Printed in Mexico

LAROUSSE

DICIONÁRIO POCKET

ESPANHOL PORTUGUÊS

PORTUGUÊS ESPANHOL

Aribau 197-199 3ª planta
08021 Barcelona

Dinamarca 81
México 06600, D.F.

Valentín Gómez 3530
1191 Buenos Aires

21 Rue du Montparnasse
75298 Paris Cedex 06

Dirección de la obra/Direção da obra

José A. Gálvez

Eliane Bueno Freire

Redacción/Redação

Ana Maria Alves Guimarães

Virginia Bertolotti

Magdalena Coll

Patricia Cecilia Incola

Rosa Martínez Alfaro

Ana Cecilia Olmos

Maria Stella Scaff Glycerio

Gloria Arizaga

Talia Bugel

Maria Alice Farah Calil Antonio

Nancy Marques Carneiro

Rosângela A. Dantas de Oliveira

Sergio Tellaroli

Francisco Zaragoza

Dirección general/Direção geral

Janice McNeillie

Prepressión/Diagramação

Sharon McTeir

Kirsteen Wright

A nuestros lectores

El Diccionario POCKET es ideal para todas las situaciones lingüísticas, desde el aprendizaje de idiomas en la escuela y en casa hasta los viajes al extranjero.
Este diccionario resulta muy manejable y está pensado para responder de manera práctica y rápida a los diferentes problemas que plantea la lectura del portugués actual. Con sus más de 55.000 palabras y expresiones y por encima de las 80.000 traducciones, este diccionario permitirá al lector comprender con claridad un amplio espectro de textos y realizar traducciones del portugués de uso corriente con rapidez y corrección.
De entre las características de esta obra, nueva en su totalidad, cabe destacar el tratamiento totalmente al día de las siglas y abreviaturas, nombres propios y términos comerciales e informáticos más comunes.
A través de un tratamiento claro y detallado del vocabulario básico, así como de los indicadores de sentido que guían hacia la traducción más adecuada, se permite al usuario escribir en portugués con precisión y seguridad.
Se ha puesto especial cuidado en la presentación de las entradas, tanto desde el punto de vista de su estructura como de la tipografía empleada. Para aquellos lectores que todavía están en un nivel básico o intermedio en su aprendizaje del portugués, el POCKET es el diccionario ideal.

EL EDITOR

A nossos leitores

Este Dicionário POCKET é a ferramenta de consulta ideal para toda uma gama de situações que vão da aprendizagem de uma língua estrangeira, em casa ou na escola, até a rapidez e a praticidade exigidas no trabalho e em viagens ao exterior. Ele foi desenvolvido para responder com eficiência às dificuldades com que nos defrontamos na leitura do espanhol contemporâneo, bem como na redação de cartas e trabalhos escolares.
Com suas mais de 55 mil palavras e expressões – e um número de traduções superior a 80 mil –, este dicionário permitirá ao leitor compreender com clareza toda uma variedade de textos, desde artigos jornalísticos até obras literárias, possibilitando a realização de resumos e traduções com eficácia e apuro.
Dentre as muitas características desta obra, cabe ressaltar que ela contempla não apenas o espanhol falado na Espanha, mas também aquele que se fala hoje nas Américas do Norte, Central e do Sul. A atualidade das siglas e abreviações, bem como dos termos de informática e tecnologia da informação aqui incluídos, é outro fator a atestar a abrangência e contemporaneidade deste dicionário.
Valendo-se do tratamento claro e detalhado dado aqui ao vocabulário básico, dos muitos exemplos de construções gramaticais e de uso mais atualizado da língua, assim como de indicadores de contexto a conduzir à tradução mais adequada, o usuário deste Dicionário POCKET poderá expressar-se em espanhol com precisão e segurança. Especial atenção foi dedicada também à apresentação de cada entrada, tanto do ponto de vista de sua estrutura

quanto da tipologia empregada, visando a facilitar a consulta e o entendimento.

Aliando precisão e praticidade, propriedade de conteúdo e facilidade de consulta, o Dicionário POCKET é obra ideal para os estudantes da língua espanhola, desde seus níveis básicos até os estágios intermediários, oferecendo-lhes no dia-a-dia de seu aprendizado – na escola, em casa ou no trabalho – uma ferramenta prática, abrangente e abalizada.

A EDITORA

ABREVIATURAS		ABREVIATURAS
abreviatura	*abrev*	abreviatura
adjetivo	*adj*	adjetivo
adjetivo femenino	*adj f*	adjetivo feminino
adjetivo masculino	*adj m*	adjetivo masculino
adverbio	*adv*	advérbio
español de América	*Amér*	espanhol latino-americano
anatomía	*ANAT*	anatomia
español de los Andes	*Andes*	espanhol dos Andes
español de Argentina	*Arg*	espanhol da Argentina
automóvil	*AUT*	automóvel
auxiliar	*aux*	auxiliar
español de Bolivia	*Bol*	espanhol da Bolívia
español de Centroamérica	*CAm*	espanhol da América Central
español del Caribe	*Carib*	espanhol do Caribe
español de Chile	*Chile*	espanhol do Chile
español de Colombia	*Col*	espanhol da Colômbia
comercio	*COM*	comércio
comparativo	*compar*	comparativo
conjunción	*conj*	conjunção
español de Costa Rica	*CRica*	espanhol da Costa Rica
español del Cono Sur	*CSur*	espanhol do Cone Sul
español de Cuba	*Cuba*	espanhol de Cuba
cocina	*CULIN*	culinária
deportes	*DEP*	esporte
despectivo	*despec*	pejorativo
economía	*ECON*	economia
educación	*EDUC*	educação, escola
español de España	*Esp*	espanhol da Espanha
deporte	*ESPORTE*	esporte
sustantivo femenino	*f*	substantivo feminino
familiar	*fam*	familiar
figurado	*fig*	figurado
finanzas	*FIN*	finanças
formal	*fml*	formal
inseparable	*fus*	inseparável
generalmente	*gen/ger*	geralmente
gramática	*GRAM*	gramática
español de Guatemala	*Guat*	espanhol da Guatemala
familiar	*inf*	familiar
informática	*INFORM*	informática
interjección	*interj*	interjeição
invariable	*inv*	invariável
jurídico	*jur*	jurídico

ABREVIATURAS		ABREVIATURAS
sustantivo masculino	*m*	substantivo masculino
matemática	*MAT*	matemática
medicina	*MED*	medicina
español de México	*Méx*	espanhol do México
sustantivo masculino y femenino	*mf*	substantivo masculino e feminino
sustantivo masculino con una desinencia femenina	*m, f*	substantivo masculino com desinência feminina
militar	*MIL*	termos militares
música	*MÚS*	música
náutica, marítimo	*NÁUT*	termos náuticos
español de Nicaragua	*Nic*	espanhol da Nicarágua
número	*núm/num*	numeral
español de Panamá	*Pan*	espanhol do Panamá
despectivo	*pej*	pejorativo
español de Perú	*Perú*	espanhol do Peru
plural	*pl*	plural
política	*POL*	política
participio pasado	*pp*	particípio passado
preposición	*prep*	preposição
español de Puerto Rico	*PRico*	espanhol de Porto Rico
pronombre	*pron*	pronome
marca registrada	®	marca registrada
religión	*RELIG*	religião
español del Rio de la Plata	*RP*	espanhol rioplatense
sustantivo	*s*	substantivo
separable	*sep*	separável
singular	*sg*	singular
sujeto	*suj*	sujeito
superlativo	*superl*	superlativo
términos técnicos	*TEC*	termos técnicos
televisión	*TV*	televisão
español de Uruguay	*Urug*	espanhol do Uruguai
verbo	*v*	verbo
español de Venezuela	*Ven*	espanhol da Venezuela
verbo intransitivo	*vi*	verbo intransitivo
verbo impersonal	*v impess*	verbo impessoal
verbo pronominal	*vp*	verbo pronominal
verbo transitivo	*vt*	verbo transitivo
vulgar	*vulg*	vulgar
equivalente cultural	$\simeq$	equivalente cultural

La Ordenación Alfabética En Español

En este diccionario se ha seguido la ordenación alfabética internacional. Esto significa que las entradas con **ch** aparecerán después de **cg** y no al final de **c**; del mismo modo las entradas con **ll** vendrán después de **lk** y no al final de **l**. Adviértase, sin embargo, que la letra **ñ** sí se considera letra aparte y sigue a la **n**.

A Ordem Alfabética Em Espanhol

Neste dicionário seguiu-se a ordenação alfabética internacional. Isso significa que as entradas com **ch** irão aparecer depois de **cg**, e não ao final do **c**; do mesmo modo, as entradas com **ll** virão depois de **lk**, e não ao final do **l**. No entanto, vale frisar que a letra **ñ** é considerada individualmente e vem logo após o **n**.

Nombres De Marcas

Los nombres de marca aparecen señalados en este diccionario con el símbolo ®. Sin embargo, ni este símbolo ni su ausencia son representativos de la situación legal de la marca.

Marcas Registradas

O símbolo ® indica que a palavra em questão é uma marca registrada. Este símbolo, ou a sua eventual ausência, não afeta, no entanto, a situação legal da marca.

Transcripción Fonética

Vocales españolas

[a]	pata, amigo
[e]	tela, eso
[i]	piso, imagen
[o]	bola otro
[u]	luz, una

Diptongos españoles

[ai]	aire, caiga
[au]	causa, aula
[ei]	ley, peine
[eu]	Europa, deuda
[oi]	soy, boina

Transcrição Fonética

Vogais portuguesas

[a]	pá, amar
[ɛ]	sé, seta, hera
[e]	ler, mês
[i]	ir, sino, nave
[ɔ]	nota, pó
[o]	corvo, avô
[u]	azul, tribo

Ditongos portugueses

[aj]	faixa, mais
[ej]	leite, rei
[ɛj]	hotéis, pastéis
[ɔj]	herói, bóia
[oj]	coisa, noite
[uj]	azuis, fui
[aw]	nau, jaula
[ɛw]	céu, véu
[ew]	deus, seu
[iw]	riu, viu

Vogais nasais

[ã]	maçã, santo
[ẽ]	lençol, sempre
[ĩ]	fim, patim
[õ]	onde, com, honra
[ũ]	jejum, nunca

Ditongos nasais

[ãj]	cãibra, mãe
[ãw]	camarão, cão
[ẽj]	bem, quem
[õj]	cordões, leões

Semivocales		Semivogais
hierba, miedo	[j]	eleito, maio
agua, hueso	[w]	luar, quadro

Consonantes		Consoantes
vaca, **b**om**b**a	[b]	**b**eijo, a**b**rir
cur**v**o, ca**b**allo	[β]	
don**d**e, cal**d**o	[d]	**d**ama, pren**d**a
ca**d**a, par**d**o	[ð]	
	[dʒ]	**d**ia, bon**d**e
fui, a**f**able	[f]	**f**aca, a**f**inal
grande, **gu**erra	[g]	**g**rande, a**g**ora
a**gu**ijón, bulldo**g**	[ɣ]	
que, **c**osa	[k]	**c**asa, di**qu**e
	[ʒ]	**g**elo, ci**s**ne, an**j**o
a**l**a, **l**uz	[l]	**l**ata, fe**l**iz, co**l**a
llave, co**ll**ar	[ʎ]	ma**lh**a, te**lh**a
madre, ca**m**a	[m]	**m**el, a**m**igo
no, pe**n**a	[n]	**n**ovo, mi**n**a
ca**ñ**a	[ɲ]	li**nh**a, so**nh**o
ba**n**ca, e**n**canto	[ŋ]	a**n**ca, i**n**glês
pa**p**á, cam**p**o	[p]	**p**ão, gri**p**e
alta**r**, pa**r**o	[r]	cu**r**a, e**r**a
pe**rr**o, **r**osa	[rr]	
solo, pa**s**o	[s]	**c**ima, de**ss**e, ca**ç**a
cera, pa**z**	[θ]	
	[ʃ]	no**z**, bi**s**, cai**x**a, **ch**á
toro, pa**t**o	[t]	**t**ema, la**t**a, por**t**a
o**ch**o, **ch**usma	[tʃ]	**t**io, infan**t**il
	[v]	**v**ela, a**v**e
gema, **j**amón	[x]	**r**ádio, te**rr**a
	[z]	**z**elo, bri**s**a

Los símbolos ['] y [ˌ] indican que la sílaba siguiente lleva un acento primario o secundario respectivamente.

El símbolo fonético [(x)] en portugués indica que la 'r' al final de una palabra apenas se pronuncia, excepto cuando va seguida de una palabra que comienza por vocal: en ese caso se pronuncia [r].

Las reglas de pronunciación del portugués corresponden al habla de Río de Janeiro.

O símbolo ['] indica que a sílaba subseqüente é a tônica, sobre a qual recai o acento principal; [ˌ] indica que a sílaba subseqüente é a subtônica, sobre a qual recai o acento secundário.

O símbolo fonético [(x)] em português indica que o 'r' no final da palavra é apenas levemente pronunciado, exceto quando seguido de palavra iniciada por vogal: nesse caso pronuncia-se [r].

As regras de pronúncia aplicadas ao português refletem a língua falada no Rio de Janeiro.

VERBOS PORTUGUESES

Chave: **A** = presente do indicativo, **B** = pretérito imperfeito do indicativo, **C** = pretérito perfeito do indicativo, **D** = pretérito mais-que-perfeito do indicativo, **E** = futuro do indicativo, **F** = futuro do pretérito, **G** = presente do subjuntivo, **H** = futuro do subjuntivo, **I** = pretérito imperfeito do subjuntivo, **J** = imperativo, **K** = gerúndio, **L** = infinitivo pessoal, **M** = particípio passado.

ANDAR: **A** ando, andas, anda, andamos, andais, andam, **B** andava, andavas, andava, andávamos, andáveis, andavam, **C** andei, andaste, andou, andamos, andastes, andaram, **D** andara, andaras, andara, andáramos, andáreis, andaram, **E** andarei, andarás, andará, andaremos, andareis, andarão, **F** andaria, andarias, andaria, andaríamos, andaríeis, andariam, **G** ande, andes, ande, andemos, andeis, andem, **H** andar, andares, andar, andarmos, andardes, andarem, **I** andasse, andasses, andasse, andássemos, andásseis, andassem, **J** anda, ande, andemos, andai, andem, **K** andando, **L** andar, andares, andar, andarmos, andardes, andarem, **M** andado.

chover: **A** chove, **B** chovia, **C** choveu, **G** chova, **H** chover, **I** chovesse, **M** chovido.

COMER: **A** como, comes, come, comemos, comeis, comem, **B** comia, comias, comia, comíamos, comíeis, comiam, **C** comi, comeste, comeu, comemos, comestes, comeram, **D** comera, comeras, comera, comêramos, comêreis, comeram, **E** comerei, comerás, comerá, comeremos, comereis, comerão, **F** comeria, comerias, comeria, comeríamos, comeríeis, comeriam, **G** coma, comas, coma, comamos, comais, comam, **H** comer, comeres, comer, comermos, comerdes, comerem, **I** comesse, comesses, comesse, comêssemos, comêsseis, comessem, **J** come, coma, comamos, comei, comam, **K** comendo, **L** comer, comeres, comer, comermos, comerdes, comerem, **M** comido.

conduzir: **A** conduzo, conduzes, conduz, etc., **B** conduzia, etc., **C** conduzi, conduziste, etc., **G** conduza, etc., **I** conduzisse, etc., **J** conduz, conduza, etc., **M** conduzido.

conhecer: **A** conheço, conheces, etc., **B** conhecia, etc., **C** conheci, conheceste, etc., **D** conhecera, etc., **I** conhecesse, conhecesses, etc., **J** conhece, conheça, etc., **M** conhecido.

conseguir: **A** consigo, consegues, consegue, etc., **C** consegui, conseguiste, etc., **D** conseguira, conseguiras, etc., **E** conseguirei, conseguirás, etc., **J** consegue, consiga, consigamos, consegui, consigam.

dar: **A** dou, dás, dá, damos, dais, dão, **B** dava, etc., **C** dei, deste, deu, demos, destes, deram, **D** dera, deras, etc., **E** darei, darás, etc., **F** daria, etc., **G** dê, dês, dê, demos, deis, dêem, **H** der, deres, etc., **I** desse, desses, etc., **J** dá, dê, demos, dai, dêem, **K** dando, **L** dar, dares, dar, darmos, dardes, darem, **M** dado.

dizer: **A** digo, dizes, diz, dizemos, dizeis, dizem, **B** dizia, dizias, etc., **C** disse, disseste, disse, dissemos, dissestes, disseram, **D** dissera, disseras, etc., **E** direi, dirás, dirá, etc., **F** diria, dirias, etc., **G** diga, digas, etc., **H** disser, disseres, disser, dissermos, disserdes, disserem, **I** dissesse, dissesses, etc., **J** diz, diga, etc., **K** dizendo, **L** dizer, dizeres, dizer, dizermos, dizerdes, dizerem, **M** dito.

dormir: A durmo, dormes, dorme, dormimos, dormis, dormem, B dormia, dormias, etc., C dormi, dormiste, etc., H dormir, dormires, etc., J dorme, durma, durmamos, dormi, durmam, M dormido.

escrever: A escrevo, escreves, etc., B escrevia, escrevias, etc., C escrevi, escreveste, escreveu, etc., D escrevera, escreveras, etc., I escrevesse, escrevesses, etc., J escreve, escreva, etc., M escrito.

ESTAR: A estou, estás, está, estamos, estais, estão, B estava, estavas, estava, estávamos, estáveis, estavam, C estive, estiveste, esteve, estivemos, estivestes, estiveram, D estivera, estiveras, estivera, estivéramos, estivéreis, estiveram, E estarei, estarás, estará, estaremos, estareis, estarão, F estaria, estarias, estaria, estaríamos, estaríeis, estariam, G esteja, estejas, esteja, estejamos, estejais, estejam, H estiver, estiveres, estiver, estivermos, estiverdes, estiverem, I estivesse, estivesses, estivesse, estivéssemos, estivésseis, estivessem, J está, esteja, estejamos, estai, estejam, K estando, L estar, estares, estar, estarmos, estardes, estarem, M estado.

fazer: A faço, fazes, faz, etc., B fazia, fazias, etc., C fiz, fizeste, fez, fizemos, fizestes, fizeram, D fizera, fizeras, etc., E farei, farás, etc., F faria, farias, etc., G faça, faças, etc., H fizer, fizeres, etc., I fizesse, fizesses, etc., J faz, faça, façamos, fazei, façam, M feito.

ir: A vou, vais, vai, vamos, ides, vão, B ia, ias, íamos, etc., C fui, foste, foi, fomos, fostes, foram, D fora, foras, fora, fôramos, fôreis, foram, E irei, irás, irá, iremos, ireis, irão, F iria, irias, iríamos, etc., G vá, vás, vá, vamos, vades, vão, H for, fores, for, formos, fordes, forem, I fosse, fosses, fosse, fôssemos, fôsseis, fossem, J vai, vá, vamos, ide, vão, K indo, L ir, ires, ir, irmos, irdes, irem, M ido.

ler: A leio, lês, lê, lemos, ledes, lêem, B lia, lias, etc., C li, leste, leu, etc., G leia, leias, etc., M lido.

nascer: A nasço, nasces, etc., B nascia, etc., C nasci, nasceste, nasceu, etc., D nascera, etc., G nasça, nasças, etc., H nascer, nasceres, etc., I nascesse, etc., M nascido.

negociar: A negoc(e)io, negoc(e)ias, negoc(e)ia, negociamos, negociais, negoc(e)iam, B negociava, etc., C negociei, negociaste, etc., G negoc(e)ie, negoc(e)ies, negoc(e)ie, negociemos, negocieis, negoc(e)iem, J negoc(e)ia, negoc(e)ie, negociemos, negociai, negoc(e)iem, M negociado.

oferecer: A ofereço, ofereces, etc., B oferecia, etc., C ofereci, ofereceste, ofereceu, etc., D oferecera, etc., G ofereça, ofereças, etc., I oferecesse, etc., J oferece, ofereça, ofereçamos, oferecei, ofereçam, M oferecido.

ouvir: A ouço, ouves, ouve, etc., B ouvia, etc., C ouvi, ouviste, ouviu, etc., D ouvira, etc., G ouça, ouças, etc., H ouvir, ouvires, etc., I ouvisse, ouvisses, etc., J ouve, ouça, ouçamos, ouvi, ouçam, M ouvido.

parecer: A pareço, pareces, parece, etc., B parecia, etc., C pareci, pareceste, etc., D parecera, etc., G pareça, pareças, etc., H parecer, pareceres, etc., I parecesse, parecesses, etc., M parecido.

PARTIR: A parto, partes, parte, partimos, partis, partem, B partia, partias, partia, partíamos, partíeis, partiam, C parti, partiste, partiu, partimos, partistes, partiram, D partira, partiras, partira, partíramos, partíreis, partiram, G parta, partas, parta, partamos, partais, partam, H partir, partires, partir, partirmos, partirdes, partirem, I partisse, partisses, partisse, partíssemos, partísseis, partissem, J parte, parta, partamos, parti, partam, K partindo, L partir, partires, partir, partirmos, partirdes, partirem, M partido.

passear: A passeio, passeias, passeia, passeamos, passeais, passeiam, B passeava, passeavas, etc., C passeei, passeaste, etc., E passearei, passearás, etc., G passeie, passeies, etc., J passeia, passeie, passeemos, passeai, passeiem, M passeado.

pedir: A peço, pedes, pede, etc., C pedi, pediste, pediu, etc., G peça, peças, etc., J pede, peça, peçamos, pedi, peçam, M pedido.

perder: A perco, perdes, perde, perdemos, perdeis, perdem, C perdi, perdeste, perdeu, etc., F perderia, perderias, etc., G perca, percas, perca, etc., H perder, perderes, etc., I perdesse, perdesses, etc., J perde, perca, percamos, perdei, percam, M perdido.

poder: A posso, podes, pode, podemos, podeis, podem, B podia, podias, etc., C pude, pudeste, pôde, pudemos, pudestes, puderam, G possa, possamos, etc., H puder, puderes, puder, etc., I pudesse, pudéssemos, etc.

pôr: A ponho, pões, põe, pomos, pondes, põem, B punha, púnhamos, etc., C pus, puseste, pôs, pusemos, pusestes, puseram, D pusera, puséramos, etc., E porei, porás, etc., F poria, porias, etc., G ponha, ponhas, etc., H puser, pusermos, etc., I pusesse, puséssemos, etc., J põe, ponha, ponhamos, ponde, ponham, K pondo, L pôr, pores, pôr, pormos, pordes, porem, M posto.

querer: A quero, queres, quer, queremos, quereis, querem, C quis, quiseste, quis, quisemos, quisestes, quiseram, D quisera, quiséramos, etc., G queira, queiramos, etc., H quiser, quisermos, etc., I quisesse, quiséssemos, etc., J quer, queira, queiramos, querei, queiram, K querendo, L querer, quereres, querer, querermos, quererdes, quererem, M querido.

rir: A rio, ris, ri, rimos, rides, riem, B ria, ríamos, etc., C ri, riste, riu, rimos, ristes, riram, D rira, ríramos, etc., G ria, rias, etc., H rir, rires, etc., I risse, rìssemos, etc., J ri, ria, riamos, ride, riam, K rindo, M rido.

saber: A sei, sabes, sabe, sabemos, sabeis, sabem, B sabia, sabíamos, etc., C soube, soubeste, soube, soubemos, soubestes, souberam, D soubera, soubéramos, etc., G saiba, saibas, saiba, saibamos, saibais, saibam, H souber, souberes, etc., I soubesse, soubesses, etc., J sabe, saiba, saibamos, sabei, saibam, M sabido.

sair: A saio, sais, sai, saímos, saís, saem, B saía, saías, etc., C saí, saíste, saiu, etc., D saíra, saíras, etc., G saia, saias, saia, saiamos, saiais, saiam, H sair, saíres, sair, etc., I saísse, saísses, etc., J sai, saia, saiamos, saí, saiam, K saindo, M saído.

sentar-se: A sento-me, sentas-te, senta-se, sentamo-nos, sentais-vos, sentam-se, B sentava-me, sentavas-te, sentava-se, sentávamo-nos, sentáveis-vos, sentavam-se, C sentei-me, sentaste-te, sentou-se, sentamo-nos, sentastes-vos, sentaram-se, D sentara-me, sentaras-te, sentara-se, sentáramo-nos, sentáreis-vos, sentaram-se, E sentar-me-ei, sentar-te-ás, sentar-se-á, sentar-nos-emos, sentar-vos-eis, sentar-se-ão, F sentar-me-ia, sentar-te-ias, sentar-se-ia, sentar-nos-íamos, sentar-vos-íeis, sentar-se-iam, G me sente, te sentes, se sente, nos sentemos, vos senteis, se sentem, H me sentar, te sentares, se sentar, nos sentarmos, vos sentardes, se sentarem, I me sentasse, te sentasses, se sentasse, nos sentássemos, vos sentásseis, se sentassem, **J** senta-te, sente-se, sentemo-nos, sentai-vos, sentem-se, **K** sentando-se, **L** sentar-me, sentares-te, sentar-se, sentarmo-nos, sentardes-vos, sentarem-se, **M** sentado.

sentir: **A** sinto, sentes, sente, sentimos, sentis, sentem, **B** sentia, sentias, etc., **C** senti, sentiste, sentiu, etc., **D** sentira, etc., **G** sinta, sintas, etc., **H** sentir, sentires, etc., **I** sentisse, sentisses, etc., **J** sente, sinta, sintamos, senti, sintam, **M** sentido.

SER: **A** sou, és, é, somos, sois, são, **B** era, eras, era, éramos, éreis, eram, **C** fui, foste, foi, fomos, fostes, foram, **D** fora, foras, fora, fôramos, fôreis, foram, **F** seria, serias, seria, seríamos, seríeis, seriam, **G** seja, sejas, seja, sejamos, sejais, sejam, **H** for, fores, for, formos, fordes, forem, **I** fosse, fosses, fosse, fôssemos, fôsseis, fossem, **J** sê, seja, sejamos, sede, sejam, **K** sendo, **L** ser, seres, ser, sermos, serdes, serem, **M** sido.

TER: **A** tenho, tens, tem, temos, tendes, têm, **B** tinha, tinhas, tinha, tínhamos, tínheis, tinham, **C** tive, tiveste, teve, tivemos, tivestes, tiveram, **D** tivera, tiveras, tivera, tivéramos, tivéreis, tiveram, **E** terei, terás, terá, teremos, tereis, terão, **F** teria, terias, teria, teríamos, teríeis, teriam, **G** tenha, tenhas, tenha, tenhamos, tenhais, tenham, **H** tiver, tiveres, tiver, tivermos, tiverdes, tiverem, **I** tivesse, tivesses, tivesse, tivéssemos, tivésseis, tivessem, **J** tem, tenha, tenhamos, tende, tenham, **K** tendo, **L** ter, teres, ter, termos, terdes, terem, **M** tido.

trazer: **A** trago, trazes, traz, trazemos, trazeis, trazem, **B** trazia, trazias, etc., **C** trouxe, trouxeste, trouxe, trouxemos, trouxestes, trouxeram, **D** trouxera, trouxeras, etc., **E** trarei, trarás, trará, traremos, trareis, trarão, **F** traria, trarias, etc., **G** traga, tragas, etc., **H** trouxer, trouxeres, etc., **I** trouxesse, trouxesses, etc., **J** traz, traga, tragamos, trazei, tragam, **K** trazendo, **L** trazer, trazeres, trazer, trazermos, trazerdes, trazerem, **M** trazido.

ver: **A** vejo, vês, vê, vemos, vedes, vêem, **B** via, vias, etc., **C** vi, viste, viu, vimos, vistes, viram, **D** vira,viras, etc., **E** verei, verás, etc., **G** veja, vejas, veja, etc., **H** vir, vires, vir, virmos, virdes, virem, **I** visse, visses, visse, etc., **J** vê, veja, vejamos, vede, vejam, **K** vendo, **L** ver, veres, ver, vermos, verdes, verem, **M** visto.

vir: **A** venho, vens, vem, vimos, vindes, vêm, **B** vinha, vinhas, etc., **C** vim, vieste, veio, viemos, viestes, vieram, **D** viera, vieras, etc., **E** virei, virás, etc., **G** venha, venhas, etc., **H** vier, vieres, vier, etc., **I** viesse, viesses, etc., **J** vem, venha, venhamos, vinde, venham, **K** vindo, **L** vir, vires, vir, virmos, virdes, virem, **M** vindo.

VERBOS ESPAÑOLES/VERBOS ESPANHÓIS

Llave: A = presente indicativo, B = imperfecto indicativo, C = pretérito perfecto simple, D = futuro, E = condicional, F = presente subjuntivo, G = imperfecto subjuntivo, H = imperativo, I = gerundio, J = participio

acertar: A acierto, acertamos, etc., F acierte, acertemos, etc., H acierta, acierte, acertemos, acertad, etc.

adquirir: A adquiero, adquirimos, etc., F adquiera, adquiramos, etc., H adquiere, adquiramos, adquirid, etc.

AMAR: A amo, amas, ama, amamos, amáis, aman, B amaba, amabas, amaba, amábamos, amabais, amaban, C amé, amaste, amó, amamos, amasteis, amaron, D amaré, amarás, amará, amaremos, amaréis, amarán, E amaría, amarías, amaría, amaríamos, amaríais, amarían, F ame, ames, ame, amemos, améis, amen, G amara, amaras, amara, amáramos, amarais, amaran, H ama, ame, amemos, amad, amen, I amando, J amado

andar C anduve, anduvimos, etc., G anduviera, anduviéramos, etc.

avergonzar A avergüenzo, avergonzamos, etc., C avergoncé, avergonzó, avergonzamos, etc., F avergüence, avergoncemos, etc., H avergüenza, avergüence, avergoncemos, avergonzad, etc.

caber A quepo, cabe, cabemos, etc., C cupe, cupimos, etc., D cabré, cabremos, etc., E cabría, cabríamos, etc., F quepa, quepamos, cabed, etc., G cupiera, cupiéramos, etc., H cabe, quepa, quepamos, etc.

caer A caigo, cae, caemos, etc., C cayó, caímos, cayeron, etc., F caiga, caigamos, etc., G cayera, cayéramos, etc., H cae, caiga, caigamos, caed, etc., I cayendo

conducir A conduzco, conduce, conducimos, etc., C conduje, condujimos, etc., F conduzca, conduzcamos, etc., G condujera, condujéramos, etc., H conduce, conduzca, conduzcamos, conducid, etc.

conocer A conozco, conoce, conocemos, etc., F conozca, conozcamos, etc. H conoce, conozca, conozcamos, etc.

dar A doy, da, damos, etc., C di, dio, dimos, etc., F dé, demos, etc., G diera, diéramos, etc., H da, dé, demos, dad, etc.

decir A digo, dice, decimos, etc., C dije, dijimos, etc., D diré, diremos, etc., E diría, diríamos, etc., F diga, digamos, etc., G dijera, dijéramos, etc., H di, diga, digamos, decid, etc., I diciendo, J dicho

dormir A duermo, dormimos, etc., C durmió, dormimos, durmieron, etc., F duerma, durmamos, etc., G durmiera, durmiéramos, etc., H duerme, duerma, durmamos, dormid, etc., I durmiendo

errar A yerro, erramos, etc., F yerre, erremos, etc., H yerra, yerre, erremos, errad, etc.

estar A estoy, está, estamos, etc., C estuve, estuvimos, etc., F esté, estemos, etc., G estuviera, estuviéramos, etc., H está, esté, estemos, estad, etc.

HABER A he, has, ha, hemos, habéis, han, B había, habías, había, habíamos, habíais, habían, C hube, hubiste, hubo, hubimos, hubisteis, hubieron, D habré, habrás, habrá, habremos, habréis, habrán, E habría, habrías, habría, habríamos, habríais, habrían, F haya, hayas, haya, hayamos, hayáis, hayan, G hubiera, hubieras, hubiera, hubiéramos, hubierais, hubieran, H he, haya, hayamos, habed, hayan, I habiendo, J habido

hacer A hago, hace, hacemos, etc., C hice, hizo, hicimos, etc., D haré, haremos, etc., E haría, haríamos, etc., F haga, hagamos, etc., G hiciera, hiciéramos, etc., H haz, haga, hagamos, haced, etc., J hecho

huir A huyo, huimos, etc., C huyó, huimos, huyeron, F huya, huyamos, etc. G huyera, huyéramos, etc. H huye, huya, huyamos, huid, etc., I huyendo

ir A voy, va, vamos, etc., C fui, fue, fuimos, etc., F vaya, vayamos, etc., G fuera, fuéramos, etc., H ve, vaya, vayamos, id, etc., I yendo

leer C leyó, leímos, leyeron, etc., G leyera, leyéramos, etc., I leyendo

lucir A luzco, luce, lucimos, etc., F luzca, luzcamos, H luce, luzca, luzcamos, lucid, etc.

mover A muevo, movemos, etc., F mueva, movamos, etc., H mueve, mueva, movamos, moved, etc.

nacer A nazco, nace, nacemos, etc., F nazca, nazcamos, etc., H nace, nazca, nazcamos, naced, etc.

oír A oigo, oye, oímos, etc., C oyó, oímos, oyeron, etc., F oiga, oigamos, etc., G oyera, oyéramos, etc., H oye, oiga, oigamos, oíd, etc., I oyendo

oler A huelo, olemos, etc., F huela, olamos, etc., H huele, huela, olamos, oled, etc.

parecer A parezco, parece, parecemos, etc., F parezca, parezcamos, etc., H parece, parezca, parezcamos, pareced, etc.

PARTIR A parto, partes, parte, partimos, partís, parten, B partía, partías, partía, partíamos, partíais, partían, C partí, partiste, partió, partimos, partisteis, partieron, D partiré, partirás, partirá, partiremos, partiréis, partirán, E partiría, partirías, partiría, partiríamos, partiríais, partirían, F parta, partas, parta, partamos, partáis, partan, G partiera, partieras, partiera, partiéramos, partierais, partieran, H parte, parta, partamos, partid, partan, I partiendo, J partido

pedir A pido, pedimos, etc., C pidió, pedimos, pidieron, etc., F pida, pidamos, etc., G pidiera, pidiéramos, etc., H pide, pida, pidamos, pedid, etc., I pidiendo

poder A puedo, podemos, etc., C pude, pudimos, etc., D podré, podremos, etc., E podría, podríamos, etc., F pueda, podamos, etc., H puede, pueda, podamos, poded, etc., I pudiendo

poner A pongo, pone, ponemos, etc., C puse, pusimos, etc., D pondré, pondremos, etc., E pondría, pondríamos, etc., F ponga, pongamos, etc., G pusiera, pusiéramos, etc., H pon, ponga, pongamos, poned, etc., J puesto

querer A quiero, queremos, etc., C quise, quisimos, etc., D querré, querremos, etc., E querría, querríamos, etc., F quiera, queramos, etc., G quisiera, quisiéramos, etc., H quiere, quiera, queramos, quered, etc.

reír A río, reímos, etc., C rió, reímos, rieron, etc., F ría, riamos, etc., G riera, riéramos, etc., H ríe, ría, riamos, reíd, etc., I riendo

saber A sé, sabe, sabemos, etc., C supe, supimos, etc., D sabré, sabremos, etc., E sabría, sabríamos, etc., F sepa, sepamos, etc., G supiera, supiéramos, etc., H sabe, sepa, sepamos, sabed, etc.

salir A salgo, sale, salimos, etc., D saldré, saldremos, etc., E saldría, saldríamos, etc., F salga, salgamos, etc., H sal, salga, salgamos, salid, etc.

sentir A siento, sentimos, etc., C sintió, sentimos, sintieron, etc., F sienta, sintamos, etc., G sintiera, sintiéramos, etc., H siente, sienta, sintamos, sentid, etc., I sintiendo

ser D soy, eres, es, somos, sois, son, B era, eras, era, éramos, erais, eran, C fui, fuiste, fue, fuimos, fuisteis, fueron, D seré, serás, será, seremos, seréis, serán, E sería, serías, sería, seríamos, seríais, serían, F sea, seas, sea, seamos, seáis, sean, G fuera, fueras, fuera, fuéramos, fuerais, fueran, H sé, sea, seamos, sed, sean, I siendo, J sido

sonar A sueno, sonamos, etc., F suene, sonemos, etc., H suena, suene, sonemos, sonad, etc.

TEMER A temo, temes, teme, tememos, teméis, temen, B temía, temías, temía, temíamos, temíais, temían, C temí, temiste, temió, temimos, temisteis, temieron, D temeré, temerás, temerá, temeremos, temeréis, temerán, E temería, temerías, temería, temeríamos, temeríais, temerían, F tema, temas, tema, temamos, temáis, teman, G temiera, temieras, temiera, temiéramos, temierais, temieran, H teme, tema, temamos, temed, teman, I temiendo, J temido

tender A tiendo, tendemos, etc., F tienda, tendamos, etc., H tiende, tendamos, etc.

tener A tengo, tiene, tenemos, etc., C tuve, tuvimos, etc., D tendré, tendremos, etc., E tendría, tendríamos, etc., F tenga, tengamos, etc., G tuviera, tuviéramos, etc., H ten, tenga, tengamos, tened, etc.

traer A traigo, trae, traemos, etc., C traje, trajimos, etc., F traiga, traigamos, etc., G trajera, trajéramos, etc., H trae, traiga, traigamos, traed, etc., I trayendo

valer A valgo, vale, valemos, etc., D valdré, valdremos, etc., F valga, valgamos, etc., H vale, valga, valgamos, valed, etc.

venir A vengo, viene, venimos, etc., C vine, vinimos, etc., D vendré, vendremos, etc., E vendría, vendríamos, etc., F venga, vengamos, etc., G viniera, viniéramos, etc., H ven, venga, vengamos, venid, etc., I viniendo

ver A veo, ve, vemos, etc., C vi, vio, vimos, etc., G viera, viéramos, etc., H ve, vea, veamos, ved, etc., I viendo, J visto

ESPAÑOL-PORTUGUÉS

ESPANHOL - PORTUGUÊS

a¹ (*pl* **aes**), **A** (*pl* **Aes**) *f* [letra] a, A *m*.

a² *prep (a + el = al)* **-1.** [periodo de tiempo] a; **~ las pocas semanas** em poucas semanas; **al mes de casados** depois de um mês de casados **-2.** [momento preciso] a; **~ las siete** às sete; **~ los once años** aos onze anos; **al oír la noticia se desmayó** ao ouvir a notícia desmaiou **-3.** [frecuencia]: **cuarenta horas ~ la semana** quarenta horas por semana **-4.** [dirección] a; **voy ~ Sevilla** vou a Sevilha; **llegó ~ Lima/la fiesta** chegou a Lima/à festa **-5.** [lugar preciso] em; **~ la salida del cine** na saída do cinema **-6.** [distancia] a; **está ~ más de cien kilómetros** está a mais de cem quilômetros **-7.** [posición] a; **su casa está ~ la derecha/izquierda** sua casa está à direita/esquerda **-8.** [con complemento indirecto] a; **dáselo ~ Juan** dê-o a Juan; **dile ~ Juan que venga** diga ao Juan que venha **-9.** [con complemento directo]: **quiere ~ su hijo/gato** ama o filho/gato **-10.** [cantidad, medida]: **~ docenas/cientos** às dezenas/centenas; **~ miles** aos milhares **-11.** [precio]: **¿~ cuánto están las peras?** quanto estão as pêras?; **vende las peras ~ cien pesetas** vende as pêras a cem pesetas **-12.** [distribución, proporción]: **ganaron por tres ~ cero** ganharam por três a zero **-13.** [modo]: **~ la antigua** à moda antiga; **~ lo grande** em grande estilo; **~ escondidas** às escondidas **-14.** [instrumento]: **escribir ~ máquina/mano** escrever à maquina/mão; **olla ~ presión** panela de pressão **-15.** *(después de verbo y antes de infin)* [finalidad]: **aprender ~ nadar** aprender a nadar **-16.** [en busca de]: **~ por** à procura de; **ir ~ por pan** ir à procura de pão **-17.** *(antes de infin)* [condición]: **~ no ser por mí, hubieses fracasado** não fosse por mim, teria fracassado **-18.** [en oraciones imperativas]: **¡~ bailar!** vamos dançar!; **¡~ la cama!** já para a cama!; **¡~ callar todo el mundo!** todo mundo quieto! **-19.** [indica desafío]: **¿~ que no lo haces?** dúvido que o faça **-20.** *(después de sust y antes de infin)* [complemento de nombre] a; **sueldo ~ convenir** salário a combinar; **temas ~ tratar** temas a tratar.

ábaco *m* ábaco *m*.

abad, desa *m, f* abade *m*, -dessa *f*.

abadía *f* abadia *f*.

abajo ◇ *adv* **-1.** [dirección] abaixo, para baixo; **mirar hacia ~** olhar para baixo **-2.** [situación] abaixo, embaixo; **el apartamento de ~** o apartamento de baixo. ◇ *interj*: **¡abajo!** abaixo!

◆ **de abajo** *loc adj* de baixo.

abalanzarse *vpr* atirar-se, lançar-se.

abalear *vt* ***Andes, CAm, Ven*** atirar.

abalorio *m* miçanga *f*.

abanderado *m* **-1.** [en desfile] porta-bandeira *mf* **-2.** [defensor] representante *mf*.

abandonado, da *adj* abandonado (da).

abandonar *vt* abandonar.

◆ **abandonarse** *vpr* **-1.** [de aspecto] descuidar-se, desleixar-se **-2.** [emoción]: **~se a** entregar-se a.

abandono *m* abandono *m*.

abanicar *vt* abanar.

◆ **abanicarse** *vpr* abanar-se.

abanico *m* **-1.** [para dar aire] leque *m* **-2.** ***fig*** [gama] leque *m*.

abaratar *vt* baratear.

◆ **abaratarse** *vpr* baratear-se.

abarcar *vt* **-1.** [incluir] abarcar, abranger; **quien mucho abarca poco aprieta** ***fig*** quem tudo quer, tudo perde

-2. [ver] alcançar.

abarrotado, da *adj*: ~ **de** abarrotado(da) de.

abarrotar *vt* [teatro, autobús] abarrotar.

abarrotero, ra *m, f CAm, Méx* quitandeiro *m*, -ra *f*.

abarrotes *mpl Amér*: **tienda de** ~ mercearia.

abastecer *vt*: ~ **algo/a alguien de** abastecer algo/alguém de.

◆ **abastecerse** *vpr*: ~**se de** abastecer-se de.

abasto *m* **-1.** *Ven* [almacén] armazém *m* **-2.** *loc*: **no dar** ~ não dar conta.

abatible *adj* [mesa] dobrável; [asiento] reclinável.

abatido, da *adj* abatido(da).

abatir *vt* **-1.** [derribar] abater, derrubar **-2.** [desanimar] abater.

◆ **abatirse** *vpr*: ~**se sobre** abater-se sobre.

abdicación *f* abdicação *f*.

abdicar ◇ *vt*: ~ **algo en alguien** abdicar de algo em favor de alguém. ◇ *vi*: ~ **de algo** *fig* abdicar de algo.

abdomen *m* abdômen *m*.

abdominal *adj* abdominal.

◆ **abdominales** *mpl* abdominais *mpl*; **hacer** ~**es** fazer abdominais.

abecé *m* á-bê-cê *m*, abc *m*.

abecedario *m* abecedário *m*.

abedul *m* bétula *f*.

abeja *f* abelha *f*.

abejorro *m* mamangaba *f*.

aberración *f* aberração *f*.

abertura *f* abertura *f*.

abertzale ◇ *adj* nacionalista basco(ca) radical. ◇ *mf* nacionalista *mf* basco, -ca radical.

abeto *m* abeto *m*.

abierto, ta *adj* aberto(ta).

abigarrado, da *adj* **-1.** [multicolor] multicor **-2.** [heterogéneo] amontoado(da).

abismal *adj* abismal.

abismar *vt* [hundir] abismar.

◆ **abismarse** *vpr*: ~**se en** abismar-se em.

abismo *m* **-1.** [profundidad] abismo *m* **-2.** *fig* [diferencia] abismo *m*.

abjurar ◇ *vt* abjurar. ◇ *vi*: ~ **de** abjurar de.

ablandar *vt* **-1.** [material] amolecer **-2.** [persona] abrandar.

◆ **ablandarse** *vpr* **-1.** [material] amolecer-se **-2.** [persona] abrandar-se.

ablativo *m* GRAM ablativo *m*.

abnegación *f* abnegação *f*.

abnegarse *vpr* abnegar-se.

abocado, da *adj*: ~ **a** condenado (da) a.

abochornar *vt* envergonhar.

◆ **abochornarse** *vpr* envergonhar-se.

abofetear *vt* esbofetear.

abogacía *f* advocacia *f*.

abogado, da *m, f* advogado *m*, -da *f*; ~ **defensor** advogado de defesa; ~ **del estado** *o* **oficio** advogado do estado *o* de oficio; ~ **laboralista** advogado trabalhista; **hacer de** ~ **del diablo** agir como advogado do diabo.

abogar *vi* [interceder]: ~ **por algo/alguien** advogar por algo/alguém.

abolengo *m* avoengo *m*; **de rancio** ~ de costumes antiquados.

abolición *f* abolição *f*.

abolicionismo *m* abolicionismo *m*.

abolir *vt* abolir.

abolladura *f* amassamento *m*.

abollar *vt* amassar.

◆ **abollarse** *vpr* amassar-se.

abombado, da *adj* estufado(da).

abominable *adj* abominável.

abominar *vt* abominar.

abonado, da *m, f* assinante *mf*.

abonar *vt* **-1.** [pagar] pagar **-2.** [tierra] adubar.

◆ **abonarse** *vpr*: ~**se a algo** fazer assinatura de algo.

abonero, ra *m, f Méx vendedor ambulante que vende a prazo.*

abono *m* **-1.** [pase] assinatura *f* **-2.** [fertilizante] adubo *m* **-3.** [pago & COM] pagamento *m* **-4.** *Méx* [plazo] prestação *f*; **pagar en** ~**s** pagar em prestações.

abordaje *m* NÁUT abordagem *f*; **¡al** ~**!** à abordagem!

abordar *vt* abordar.

aborigen *adj* aborígene.

◆ **aborígenes** *mfpl* aborígenes *mfpl*.

aborrecer *vt* detestar.

abortar ◇ *vi* abortar. ◇ *vt fig* [hacer fracasar] abortar.

aborto *m* **-1.** [de embarazo] aborto *m* **-2.** *fig mfam* [persona fea] aborto *m*.

abotargarse *vpr* inchar-se.

abotonar *vt* abotoar.

◆ **abotonarse** *vpr* abotoar-se.

abovedado, da *adj* ARQUIT abobadado(da).

abracadabra *m* abracadabra *m*.

abrasar ◇ *vt* queimar. ◇ *vi* queimar.

◆ **abrasarse** *vpr* queimar-se.

abrazadera *f* abraçadeira *f*, braçadeira *f*.

abrazar *vt* **-1.** [con los brazos] abraçar **-2.** *fig* [doctrina, ideas] abraçar.

abrazo *m* abraço *m*.

abrebotellas *m inv* abridor *m* de garrafas.

abrecartas *m inv* abridor *m* de cartas, espátula *f*.

abrelatas *m inv* abridor *m* de latas.

abrevadero *m* cocho *m*.

abreviar ◇ *vt* abreviar. ◇ *vi* agilizar.

abreviatura *f* abreviatura *f*.

abridor *m* [de botellas, latas] abridor *m*.

abrigar *vt* **-1.** [arropar] agasalhar **-2.** *fig* [albergar] abrigar.

◆ **abrigarse** *vpr* **-1.** [arroparse] agasalhar-se **-2.** [resguardarse]: **~se de** abrigar-se de.

abrigo *m* **-1.** [prenda] casaco *m* **-2.** [lugar] abrigo *m*; **al ~ de** ao abrigo de.

abril *m* abril *m*; *ver también* **setiembre**.

◆ **abriles** *mpl* primaveras *fpl*.

abrillantar *vt* dar brilho a.

abrir ◇ *vt* abrir. ◇ *vi* abrir.

◆ **abrirse** *vpr* **-1.** [sincerarse]: **~se a alguien** abrir-se com alguém **-2.** [presentarse] abrir-se **-3.** [en una curva] abrir **-4.** [despejarse] abrir-se **-5.** *fam* [irse] mandar-se.

abrochar *vt* fechar.

◆ **abrocharse** *vpr* fechar-se; **abróchense los cinturones** apertem os cintos.

abroncar *vt* **-1.** *fam* [reprender] dar uma bronca em **-2.** *fam* [abuchear] vaiar.

abrumar *vt* [agobiar] sufocar, oprimir.

abrupto, ta *adj* abrupto(ta).

absceso *m* MED abcesso *m*.

absentismo *m* absenteísmo *m*.

ábside *m o f* ARQUIT abside *f*.

absolución *f* absolvição *f*.

absolutismo *m* absolutismo *m*.

absoluto, ta *adj* absoluto(ta).

◆ **en absoluto** *loc adv* [en negativas] de jeito nenhum.

absolver *vt* absolver; **~ a alguien de algo** absolver alguém de algo.

absorbente *adj* absorvente.

absorber *vt* absorver.

absorción *f* absorção *f*.

absorto, ta *adj*: **~ (en)** absorto(ta) (em).

abstemio, mia ◇ *adj* abstêmio (mia). ◇ *m, f* abstêmio *m*, -mia *f*.

abstención *f* abstenção *f*.

abstenerse *vpr* abster-se; **~ se de algo/hacer algo** abster-se de algo/de fazer algo.

abstinencia *f* abstinência *f*.

abstracción *f* abstração *f*.

abstracto, ta *adj* abstrato(ta).

abstraer *vt* abstrair.

◆ **abstraerse** *vpr*: **~se (de)** abstrair-se (de).

abstraído, da *adj* abstraído(da).

absurdo, da *adj* absurdo(da).

◆ **absurdo** *m* absurdo *m*.

abuchear *vt* vaiar.

abuelo, la *m, f* **-1.** [familiar] avô *m*, -vó *f*; **no necesitar abuela** *fam* não ter modéstia **-2.** [anciano] pessoa *f* de idade.

abulia *f* abulia *f*.

abúlico, ca ◇ *adj* abúlico(ca). ◇ *m, f* abúlico *m*, -ca *f*.

abultado, da *adj* avolumado(da).

abultar ◇ *vt* avolumar. ◇ *vi* avolumar.

abundancia *f* abundância *f*; **en ~** em abundância.

abundante *adj* abundante.

abundar *vi* **-1.** [haber mucho] abundar **-2.** [contener]: **~ en** abundar em.

aburguesarse *vpr* aburguesar-se.

aburrido, da ◇ *adj* **-1.** [persona] entediado(da) **-2.** [cosa] entediante. ◇ *m, f* entediado.

aburrimiento *m* tédio *m*, chateação *f*.

aburrir *vt* entediar.

◆ **aburrirse** *vpr* entediar-se.

abusado, da *adj Amér* esperto(ta).

abusar *vi* **-1.** [usar mal] abusar; **~ de algo/alguien** abusar de algo/alguém **-2.** [violar]: **~ de alguien** abusar de alguém.

abusivo, va *adj* **-1.** [abusón] abusivo (va) **-2.** *Amér* [descarado] abusado (da).

abuso *m* abuso *m*.

abusón, ona ◇ *adj* abusado(da). ◇ *m, f* abusado *m*, -da *f*.

abyecto, ta *adj* *culto* abjeto(ta).

a. C. (*abrev de* **antes de Cristo**) a.C.

acá ◇ *adv* cá, aqui; **de un tiempo ~** de um tempo para cá; **más ~** mais para cá; **¡ven ~!** vem cá! *o* aqui! ◇ *pron Amér* [éste, ésta] este *m*, -ta *f*.

acabado, da *adj* [fracasado] acabado (da).

◆ **acabado** *m* acabamento *m*.

acabar ◇ *vt* [terminar] acabar; [consumir totalmente] esgotar. ◇ *vi* acabar; **~ bien/mal** acabar bem/mal; **~ de hacer algo** acabar de fazer algo; **~ con** acabar com; **~ en** acabar em; **~ loco** ficar louco.

◆ **acabarse** *vpr* acabar-se; **acábate la sopa** acabe a sopa.

acabose, acabóse *m fam*: **ser el ~** ser o fim.

academia *f* academia *f*.

◆ **Real Academia Española** *f* Academia *f* Real Espanhola.

académico, ca ◇ *adj* acadêmico (ca); **año ~** ano letivo. ◇ *m, f* acadêmico *m*, -ca *f*.

acaecer *v impers culto* ocorrer, suceder.

acalorado, da *adj* acalorado(da).

acalorar *vt* **-1.** [dar calor] dar calor em **-2.** [excitar] acalorar.

◆ **acalorarse** *vpr* **-1.** [coger calor] acalorar-se **-2.** [excitarse] entusiasmar-se.

acampada *f* acampamento *m*.

acampanado, da *adj* boca de sino.

acampar ◇ *vi* acampar. ◇ *vt* acampar.

acanalar *vt* **-1.** [hacer canal] canalizar **-2.** [dar forma de canal] acanalar.

acantilado *m* falésia *f*.

acanto *m* acanto *m*.

acaparar *vt* **-1.** [retener] monopolizar, açambarcar **-2.** *fig* [atención] monopolizar.

acaramelado, da *adj* **-1.** [con caramelo] caramelado(da), caramelizado(da) **-2.** *fig* [afectado] afetado(da) **-3.** *fig* [cariñoso] carinhoso(sa).

acariciar *vt* **-1.** [persona, animal] acariciar **-2.** *fig* [idea, proyecto] acariciar.

◆ **acariciarse** *vpr* acariciar-se.

ácaro *m* ZOOL ácaro *m*.

acarrear *vt* **-1.** [transportar] carregar **-2.** *fig* [ocasionar] acarretar.

acartonarse *vpr fam* emagrecer.

acaso *adv* por acaso, talvez; **por si ~** se por acaso.

◆ **si acaso** ◇ *loc adv* talvez. ◇ *loc conj* se acaso.

acatamiento *m* acatamento *m*.

acatar *vt* acatar.

acatarrarse *vpr* resfriar-se.

acaudalado, da *adj* abastado(da).

acaudillar *vt* **-1.** [capitanear] capitanear **-2.** *fig* [liderar] liderar.

acceder *vi* **-1.** [consentir]: **~ a algo/hacer algo** assentir em algo/fazer algo **-2.** [a un lugar]: **~ a** dar acesso a; **~ a Internet** acessar a Internet **-3.** [alcanzar]: **~ a algo** alcançar algo.

accesible *adj* acessível.

accésit (*pl inv o* **accésits**) *m* prêmio *m* de consolação.

acceso *m* acesso *m*; **tener ~ a** ter acesso a.

accesorio, ria *adj* acessório(ria).

◆ **accesorio** *m (gen pl)* acessório *m*.

accidentado, da ◇ *adj* acidentado(da). ◇ *m, f* acidentado *m*, -da *f*.

accidental *adj* acidental.

accidentarse *vpr* acidentar-se.

accidente *m* acidente *m*.

acción *f* ação *f*.

accionar *vt* acionar.

accionista *mf* ECON acionista *mf*.

acebo *m* azevinho *m*.

acechanza *f* espreita *f*.

acechar *vt* espreitar.

acecho *m* vigilância *f*; **al ~** à espreita.

aceitar *vt* azeitar.

aceite *m* **-1.** [de oliva] azeite *m*; [de girasol, colza] óleo *m* **-2.** [hidrocarburo] óleo *m*.

aceitera *f* galheta *f* de azeite.

◆ **aceiteras** *fpl* galheteiro *m*.

aceitoso, sa *adj* **-1.** [con aceite] gorduroso(sa) **-2.** [como aceite] oleoso(sa).

aceituna *f* azeitona *f*; **~s rellenas** azeitonas recheadas.

aceleración *f* aceleração *f*.

acelerador *m* **-1.** [en coche] acelerador *m* **-2.** FÍS acelerador *m*.

acelerar ◇ *vt* acelerar. ◇ *vi* acelerar.

◆ **acelerarse** *vpr* acelerar-se.

acelerón *m* acelerada *f*.

acelga *f* acelga *f*.

acento *m* **-1.** [ortográfico] acento *m* **-2.** [pronunciación] sotaque *m*.

acentuación *f* acentuação *f*.

acentuar *vt* acentuar.

◆ **acentuarse** *vpr* acentuar-se.

acepción *f* acepção *f*.

aceptable *adj* aceitável.

aceptación *f* aceitação *f*.

aceptar *vt* aceitar.

acequia *f* canal *m* de irrigação.

acera *f* [de la calle] calçada *f*; **ser de la**

otra ~, **de la ~ de enfrente** *despec* jogar em outro time.

acerado, da *adj* **-1.** [con acero] acerado(da) **-2.** *fig* [fuerte, resistente] de aço **-3.** *fig* [mordaz] acerado(da).

acerbo, ba *adj culto* acerbo(ba).

acerca ◆ **acerca de** *loc prep* acerca de.

acercar *vt* [aproximar] aproximar.
◆ **acercarse** *vpr* **-1.** [aproximarse] aproximar-se **-2.** [ir] ir **-3.** [tiempo] aproximar-se **-4.**: **~se a** aproximar-se de.

acero *m* [aleación] aço *m*; **~ inoxidable** aço inoxidável.

acérrimo, ma *adj* acérrimo(ma).

acertado, da *adj* acertado(da).

acertar ◇ *vt* acertar. ◇ *vi* **-1.**: **acertaba a pasar por allí cuando se puso a llover** passava por ali, quando começou a chover; **no acertó a decir todo lo que quería** não conseguiu dizer tudo o que queria **-2.** [hallar]: **~ con** encontrar.

acertijo *m* [enigma] charada *f*.

acervo *m* [patrimonio] acervo *m*.

acetona *f* acetona *f*.

achacar *vt* atribuir.

achacoso, sa *adj* [con achaques] enfermiço(ça).

achantar *vt fam* [acobardar] acovardar.
◆ **achantarse** *vpr fam* [acobardarse] acovardar-se.

achaparrado, da *adj* atarracado (da).

achaque *m* achaque *m*.

achatado, da *adj* [nariz] achatado (da).

achicar *vt* **-1.** [reducir tamaño] encolher **-2.** [quitar agua de] retirar **-3.** [acobardar] acovardar.
◆ **achicarse** *vpr* acovardar-se.

achicharrar ◇ *vt* **-1.** [quemar, chamuscar] queimar **-2.** [molestar] encher. ◇ *vi* [sol, calor] queimar.
◆ **achicharrarse** *vpr* queimar-se.

achicoria *f* chicória *f*.

achinado, da *adj* **-1.** [parecido a un chino] achinesado(da) **-2.** *RP* [como indio] indiático(ca).

achuchado, da *adj fam* apertado(da).

achuchar *vt fam* **-1.** [estrujar] apertar **-2.** [presionar] pressionar.

achuchón *m fam* **-1.** [estrujón] apertão *m* **-2.** [indisposición] indisposição *f*; **le dio un ~** ele teve uma indisposição.

aciago, ga *adj* azarado(da).

acicalar *vt* [arreglar] arrumar.
◆ **acicalarse** *vpr* arrumar-se.

acicate *m* [espuela] espora *f*.

acidez *f* acidez *f*; **~ de estómago** acidez estomacal.

ácido, da *adj* **-1.** QUÍM ácido(da) **-2.** [agrio] azedo(da) **-3.** *fig* [áspero] áspero(ra).
◆ **ácido** *m* **-1.** QUÍM ácido *m* **-2.** *fam* [droga] ácido *m*.

acierto *m* **-1.** [a pregunta, en quinielas] acerto *m* **-2.** [habilidad, tino] habilidade *f* **-3.** [éxito] sucesso *m*.

aclamación *f* aclamação *f*; **por ~** por aclamação.

aclamar *vt* aclamar.

aclaración *f* esclarecimento *m*.

aclarar ◇ *vt* **-1.** *Esp* [ropa] enxaguar **-2.** [explicar] esclarecer **-3.** [lo oscuro] clarear **-4.** [lo espeso] ralear.
◆ **aclararse** *vpr fam* **-1.** [decidirse] decidir-se **-2.** [ver claro]: **con tanto papel no hay quien se aclare** com tanto papel não há quem se entenda.

aclaratorio, ria *adj* esclarecedor (ra).

aclimatación *f* aclimatação *f*.

aclimatar *vt* aclimatar.
◆ **aclimatarse** *vpr* aclimatar-se.

acné *mf* acne *m*.

acobardar *vt* acovardar.
◆ **acobardarse** *vpr* acovardar-se.

acodarse *vpr* acotovelar-se.

acogedor, ra *adj* acolhedor(ra).

acoger *vt* **-1.** [recibir, dar refugio a] acolher **-2.** *fig* [aceptar] aceitar.
◆ **acogerse** *vpr*: **~se a** [recurrir] recorrer a.

acojonante *adj vulg* **-1.** [impresionante]: **una película/un calor acojonante** um puta filme/calor **-2.** [que da miedo] que dá cagaço.

acojonar ◇ *vt vulg* **-1.** [asustar] dar cagaço em **-2.** [impresionar] impressionar pra cacete. ◇ *vi vulg* [asustar] dar cagaço.
◆ **acojonarse** *vpr vulg* cagar-se de medo.

acolchado, da *adj* acolchoado(da).

acolchar *vt* acolchoar.

acometer ◇ *vt* **-1.** [atacar] atacar **-2.** [emprender] empreender **-3.** [sobrevenir] acometer. ◇ *vi* [embestir]: **~ contra** investir contra.

acometida *f* **-1.** [ataque] investida *f* **-2.** [enlace de tuberías] tubulação *f*.

acomodado, da *adj* **-1.** [rico] abastado(da) **-2.** [instalado] acomodado (da).
acomodador, ra *m, f* lanterninha *mf.*
acomodar *vt* **-1.** [colocar, instalar] acomodar **-2.** [adaptar] adaptar **-3.** ***Amér*** [poner bien en su sitio, arreglar] arrumar.
◆ **acomodarse** *vpr* **-1.** [colocarse con comodidad] acomodar-se **-2.** [conformarse]: **~se a** adaptar-se a.
acomodaticio, cia *adj* [complaciente] amoldável.
acompañamiento *m* **-1.** [comitiva] comitiva *f* **-2.** [música] acompanhamento *m* **-3.** [guarnición] guarnição *f.*
acompañante *mf* acompanhante *mf.*
acompañar ◇ *vt* **-1.** [gen] acompanhar **-2.** [hacer compañía a] fazer companhia a **-3.** [compartir emociones con]: **~ a alguien en algo** acompanhar alguém em algo; **te acompaño en el sentimiento** meus pêsames **-4.** [adjuntar] juntar. ◇ *vi* [hacer compañía] fazer companhia.
acompasar *vt* harmonizar.
acomplejar *vt* complexar.
◆ **acomplejarse** *vpr* complexar-se.
acondicionador *m* [de aire] **-1.** ar-condicionado *m* **-2.** [de pelo] condicionador *m.*
acondicionar *vt* reformar.
aconfesional *adj* laico(ca).
acongojar *vt* afligir.
◆ **acongojarse** *vpr* afligir-se.
aconsejar *vt* **-1.** [dar consejos] aconselhar **-2.** [recomendar] recomendar.
aconstitucional *adj* inconstitucional.
acontecer *v impers* acontecer.
acontecimiento *m* acontecimento *m*; **adelantarse** *o* **anticiparse a los ~s** adiantar-se *o* antecipar-se aos acontecimentos.
acopio *m* provisão *f*; **hacer ~ de** munir-se de.
acoplamiento *m* [ajuste] acoplamento *m.*
acoplar *vt* acoplar.
◆ **acoplarse** *vpr* adaptar-se.
acoquinar *vt* ***fam*** acovardar.
◆ **acoquinarse** *vpr* ***fam*** acovardar-se.
acorazado, da *adj* couraçado(da).
◆ **acorazado** *m* couraçado *m.*
acordar *vt* decidir.
◆ **acordarse** *vpr* [recordar] lembrar-se; **~se de algo/hacer algo** lembrar-se de algo/fazer algo.
acorde ◇ *adj*: **~ con** concordante com. ◇ *m* MÚS acorde *m.*
acordeón *m* acordeão *m.*
acordeonista *mf* acordeonista *mf.*
acordonado, da *adj* cercado(da).
acordonar *vt* **-1.** [cercar] cercar **-2.** [atar] amarrar.
acorralar *vt* **-1.** [arrinconar] encurralar **-2.** [intimidar] intimidar.
acortar *vt* encurtar.
◆ **acortarse** *vpr* [reducir duración] encurtar-se.
acosar *vt* **-1.** [importunar] importunar **-2.** [perseguir] acossar.
acoso *m* [persecución, hostigamiento] acossamento *m*; **~ sexual** assédio *m* sexual.
acostar *vt* [en la cama] deitar.
◆ **acostarse** *vpr* **-1.** [irse a la cama] deitar-se **-2.** ***fam*** [tener relaciones sexuales] dormir.
acostumbrado, da *adj* acostumado(da).
acostumbrar ◇ *vt* [habituar] acostumar. ◇ *vi* [soler]: **~ (a)** costumar.
◆ **acostumbrarse** *vpr* [habituarse] acostumar-se.
acotación *f* **-1.** [nota] anotação *f* **-2.** TEATR marcação *f.*
acotamiento *m* ***Méx*** acostamento *m.*
acotar *vt* **-1.** [terreno, campo] demarcar **-2.** [texto] anotar.
ácrata ◇ *adj* anarquista. ◇ *mf* anarquista *mf.*
acre ◇ *adj* **-1.** [sabor, olor] acre **-2.** [brusco, desagradable] áspero(ra). ◇ *m* acre *m.*
acrecentar *vt* aumentar.
◆ **acrecentarse** *vpr* aumentar-se.
acreditación *f* credencial *f.*
acreditado, da *adj* [distinguido] **-1.** prestigioso(sa) **-2.** [con acreditación] credenciado(da).
acreditar *vt* **-1.** [gen] credenciar **-2.** [confirmar] confirmar **-3.** [dar fama] prestigiar.
acreedor, ra ◇ *adj*: **hacerse ~ de** fazer-se merecedor(ra) de. ◇ *m, f* credor *m*, -ra *f.*
acribillar *vt* **-1.** [agujerear] furar **-2.** [herir] crivar **-3.** ***fam*** [molestar]: **~ a preguntas** crivar de perguntas.
acrílico, ca *adj* acrílico(ca).
acristalar *vt* envidraçar.

acritud *f* **-1.** [de olor, sabor] acridez *f* **-2.** [mordacidad] mordacidade *f*.
acrobacia *f* acrobacia *f*.
acróbata *mf* acrobata *mf*.
acrópolis *f inv* acrópole *f*.
acta *f (el)* **-1.** [relación escrita] ata *f*; **constar en ~** constar em ata; **levantar ~** lavrar uma ata **-2.** [certificado] certificado *m* **-3.** [de nombramiento] diploma *m*.
◆ **actas** *fpl* atas *fpl*.
actitud *f* **-1.** [del ánimo] atitude *f* **-2.** [postura] postura *f*.
activar *vt* ativar.
actividad *f* atividade *f*.
activismo *m* ativismo *m*.
activo, va *adj* ativo(va); **en ~** [en funciones] na ativa.
◆ **activo** *m* ECON ativo *m*.
acto *m* **-1.** [gen] ato *m*; **hacer ~ de presencia** fazer ato de presença; **~ sexual** [coito] ato sexual **-2.** [ceremonia] cerimônia *f*.
◆ **acto seguido** *loc adv* ato contínuo.
◆ **en el acto** *loc adv* na hora.
actor, triz *m, f* ator *m*, atriz *f*.
actuación *f* atuação *f*.
actual *adj* atual.
actualidad *f* atualidade *f*; **estar de ~** estar na moda; **un asunto de ~** um assunto da atualidade.
actualizar *vt* atualizar.
actualmente *adv* atualmente.
actuar *vi* **-1.** [gen] agir **-2.** [representar] atuar **-3.** DER autuar **-4.** [ejercer función]: **~ de** atuar como.
actuario, ria *m, f* DER escrivão *m*.
acuarela *f* aquarela *f*.
◆ **acuarelas** *fpl* aquarelas *fpl*.
acuario *m* aquário *m*.
◆ **Acuario** ◇ *m inv* [signo del zodiaco] Aquário *m inv*; **ser Acuario** ser (de) Aquário. ◇ *mf inv* **-1.** aquariano *m*, -na *f* **-2.** *(en aposición)* de Aquário.
acuartelar *vt* aquartelar.
acuático, ca *adj* aquático(ca).
acuchillar *vt* [apuñalar] esfaquear.
acuciar *vt* [suj: necesidad, deseo] inquietar.
acuclillarse *vpr* acocorar-se.
acudir *vi* **-1.** [ir] comparecer **-2.** [recurrir] recorrer **-3.** [presentarse] acudir.
acueducto *m* aqueduto *m*.
acuerdo *m* [pacto] acordo *m*; **llegar a un ~** chegar a um acordo; **de ~** de acordo; **estar de ~** estar de acordo; **ponerse de ~** pôr-se de acordo; **~ marco** acordo de princípio.
acumular *vt* acumular.
◆ **acumularse** *vpr* acumular-se.
acunar *vt* ninar.
acuñar *vt* cunhar.
acuoso, sa *adj* aquoso(sa).
acupuntura *f* acupuntura *f*.
acurrucarse *vpr* encolher-se.
acusación *f* **-1.** [inculpación] acusação *f* **-2.** [fiscal]: **la ~** a acusação.
acusado, da ◇ *adj* [marcado] marcante. ◇ *m, f* [procesado] acusado *m*, -da *f*.
acusar *vt* **-1.** [gen] acusar; **~ a alguien de algo** acusar alguém de algo **-2.** [mostrar] mostrar **-3.** [padecer] sentir.
◆ **acusarse** *vpr* acusar-se.
acusativo *m* GRAM acusativo *m*.
acuse ◆ **acuse de recibo** *m* notificação *f* de recebimento.
acusica *mf fam* dedo-duro *m*.
acústico, ca *adj* acústico(ca).
◆ **acústica** *f* acústica *f*.
a.D. (*abrev de* **anno Domini**) a.D.
adagio *m* adágio *m*.
adaptación *f* adaptação *f*.
adaptador *m* adaptador *m*.
adaptar *vt* adaptar.
◆ **adaptarse** *vpr*: **~se (a)** adaptar-se (a).
adecentar *vt* arrumar.
◆ **adecentarse** *vpr* arrumar-se.
adecuado, da *adj* adequado(da).
adecuar *vt* adequar.
◆ **adecuarse a** *vpr* adequar-se a.
adefesio *m fam* monstrengo *m*.
a. de JC., a. JC. (*abrev de* **antes de Jesucristo**) a.C.
adelantado, da *adj* adiantado(da); **cobrar/pagar por ~** cobrar/pagar adiantado.
adelantamiento *m* ultrapassagem *f*.
adelantar ◇ *vt* **-1.** [en el espacio] ultrapassar **-2.** [en el tiempo] adiantar **-3.** [conseguir] conseguir. ◇ *vi* **-1.** [progresar] progredir **-2.** [reloj] adiantar.
◆ **adelantarse** *vpr* **-1.** [en el tiempo] antecipar-se **-2.** [reloj] adiantar **-3.** [en el espacio] adiantar-se.
adelante ◇ *adv* adiante; **(de ahora) en ~** de agora em diante; **más ~** mais adiante; **salir ~** *fig* seguir em frente. ◇ *interj* entre!
adelanto *m* **-1.** [anticipo] adianta-

mento *m* **-2.** [progreso] avanço *m.*
adelgazar ◇ *vi* emagrecer. ◇ *vt* emagrecer.
ademán *m* [gesto] gesto *m.*
◆ **ademanes** *mpl* [modales] gestos *mpl.*
además *adv* além disso; **~ de** além de.
adentrarse *vpr*: **~ en** [penetrar] penetrar em; [profundizar] aprofundar-se em.
adentro *adv* **-1.** [indicando dirección] para dentro; **tierra/mar ~** terra/mar adentro **-2.** [indicando situación] lá dentro **-3.** [indicando origen] de dentro.
◆ **adentros** *mpl*: **para mis/tus** *etc* **~s** para meus/teus *etc* adentros.
adepto, ta ◇ *adj*: **~ a** adepto(ta) a. ◇ *m, f* adepto *m,* -ta *f.*
aderezar *vt* **-1.** [sazonar] temperar **-2.** [adornar] arrumar.
aderezo *m* **-1.** [aliño] tempero *m* **-2.** [adorno] enfeite *m.*
adeudar *vt* dever.
adherir *vt* colar.
◆ **adherirse** *vpr*: **~se a** aderir a.
adhesión *f* adesão *f.*
adhesivo, va *adj* adesivo(va).
◆ **adhesivo** *m* adesivo *m.*
adicción *f* dependência *f*; **~ a** dependência de.
adición *f* adição *f.*
adicional *adj* adicional.
adicto, ta ◇ *adj*: **~ (a)** dependente (de). ◇ *m, f*: **~ (a)** dependente *mf* (de).
adiestrar *vt* treinar.
adinerado, da *adj* endinheirado (da).
adiós ◇ *m* adeus *m.* ◇ *interj* **-1.** [para despedirse] adeus! **-2.** [al cruzarse con alguien] olá!
adiposo, sa *adj* ANAT adiposo(sa).
aditivo *m* aditivo *m.*
adivinanza *f* adivinhação *f.*
adivinar *vt* [predecir, acertar] adivinhar.
adivino, na *m, f* adivinho *m,* -nha *f.*
adjetivo, va *adj* GRAM adjetivo(va).
◆ **adjetivo** *m* GRAM adjetivo *m.*
adjudicación *f* concessão *f.*
adjudicar *vt* [asignar] conceder.
◆ **adjudicarse** *vpr* [apropiarse] apropriar-se.
adjuntar *vt* anexar.
adjunto, ta *adj* **-1.** [unido] anexo(xa) **-2.** [director, médico] adjunto(ta).
administración *f* administração *f.*
◆ **Administración** *f* [estructura política] Administração *f*; **Administración pública** Administração pública.
administrador, ra *m, f* administrador *m,* -ra *f.*
administrar *vt* **-1.** [dirigir la economía de, gobernar] administrar **-2.** [suministrar] dar **-3.** [racionar] racionar.
◆ **administrarse** *vpr* [emplear dinero] administrar.
administrativo, va ◇ *adj* administrativo(va). ◇ *m, f pessoa que trabalha em cargos de administração em empresa ou instituição pública.*
admirable *adj* admirável.
admiración *f* **-1.** [sentimiento] admiração *f* **-2.** [signo ortográfico] ponto *m* de exclamação.
admirador, ra *m, f* admirador *m,* -ra *f.*
admirar *vt* **-1.** [sentir entusiasmo por] admirar; **ser de ~** ser de admirar **-2.** [sorprender] surpreender.
◆ **admirarse** *vpr* admirar-se; **~se de** admirar-se com.
admisible *adj* admissível.
admisión *f* admissão *f.*
admitir *vt* admitir.
admón. (*abrev de* **administración**) admin.
admonición *f* advertência *f.*
ADN (*abrev de* **ácido desoxirribonucleico**) *m* DNA *m.*
adobar *vt* marinar.
adobe *m* adobe *m.*
adobo *m* **-1.** [acción] tempero *m* **-2.** [salsa] molho *m.*
adoctrinar *vt* doutrinar.
adolecer ◆ **adolecer de** *vi* **-1.** [enfermedad] sofrer de **-2.** [defecto] pecar por.
adolescencia *f* adolescência *f.*
adolescente ◇ *adj* adolescente. ◇ *mf* adolescente *mf.*
adonde *adv* para onde.
adónde *adv* aonde.
adondequiera *adv* onde quer.
adonis *m inv fig* adônis *m.*
adopción *f* adoção *f.*
adoptar *vt* adotar.
adoptivo, va *adj* adotivo(va).
adoquín *m* **-1.** [piedra] paralelepípedo *m* **-2.** *fam* [zoquete] burro *m.*
adorable *adj* adorável.
adoración *f* adoração *f.*
adorar *vt* adorar.

adormecer *vt* adormecer.
◆ **adormecerse** *vpr* adormecer.
adormidera *f* dormideira *f.*
adormilarse *vpr* cochilar.
adornar ◇ *vt* adornar. ◇ *vi* adornar.
adorno *m* adorno *m*; **estar de ~** [sin utilidad] estar de enfeite.
adosado, da *adj* geminado(da).
adquirir *vt* adquirir.
adquisición *f* aquisição *f.*
adquisitivo, va *adj* aquisitivo(va).
adrede *adv* de propósito.
adrenalina *f* adrenalina *f.*
adscribir *vt* destinar.
◆ **adscribirse** *vpr* [vincularse] vincular-se.
adscrito, ta ◇ *pp irreg* ▷ **adscribir.** ◇ *adj* destinado(da).
aduana *f* alfândega *f.*
aducir *vt* aduzir.
adueñarse ◆ **adueñarse de** *vpr* apoderar-se de.
adulación *f* adulação *f.*
adulador, ra ◇ *adj* adulador(ra). ◇ *m, f* adulador *m*, -ra *f.*
adular *vt* adular.
adulterar *vt* adulterar.
adulterio *m* adultério *m.*
adúltero, ra ◇ *adj* adúltero(ra). ◇ *m, f* adúltero *m*, -ra *f.*
adulto, ta ◇ *adj* adulto(ta). ◇ *m, f* adulto *m*, -ta *f.*
adusto, ta *adj* austero(ra).
advenedizo, za ◇ *adj* forasteiro (ra). ◇ *m, f* forasteiro *m*, -ra *f.*
advenimiento *m* advento *m.*
adverbio *m* GRAM advérbio *m.*
adversario, ria *m, f* adversário *m*, -ria *f.*
adversidad *f* adversidade *f.*
adverso, sa *adj* [desfavorable] adverso(sa).
advertencia *f* advertência *f*; **servir de ~** servir de advertência.
advertir *vt* **-1.** [prevenir, avisar] advertir **-2.** [darse cuenta de] perceber.
adviento *m* advento *m.*
adyacente *adj* adjacente.
aéreo, rea *adj* aéreo(rea).
aerobic *m* aeróbica *f.*
aeroclub *m* aeroclube *m.*
aerodeslizador *m* aerodeslizador *m.*
aerodinámico, ca *adj* aerodinâmico(ca).
◆ **aerodinámica** *f* aerodinâmica *f.*
aeródromo *m* aeródromo *m.*
aeroespacial *adj* aeroespacial.
aerofagia *f* aerofagia *f.*
aerofaro *m* holofote *m.*
aerogenerador *m* aerogerador *m.*
aerógrafo *m* aerógrafo *m.*
aerolínea *f* linha *f* aérea.
aerolito *m* aerólito *m.*
aeromodelismo *m* aeromodelismo *m.*
aeromoza *f* ***Amér*** aeromoça *f*, comissária *f* de bordo.
aeromozo *m* ***Amér*** comissário *m* de bordo.
aeronauta *mf* aeronauta *mf.*
aeronaval *adj* aeronaval.
aeronave *f* aeronave *f.*
aeroplano *m* aeroplano *m.*
aeropuerto *m* aeroporto *m.*
aerosol *m* aerossol *m.*
aerostático, ca *adj* aerostático(ca).
aeróstato *m* aeróstato *m.*
aerotaxi *m* taxi *m* aéreo.
afabilidad *f* afabilidade *f.*
afable *adj* afável.
afamado, da *adj* afamada(da).
afán *m* **-1.** [esfuerzo] esforço *m* **-2.** [anhelo] desejo *m.*
afanador, ra *m, f* ***Méx*** faxineiro *m*, -ra *f.*
afanar *vt* ***fam*** [robar] afanar.
◆ **afanarse** *vpr* [esforzarse] esforçar-se.
afanoso, sa *adj* **-1.** [vida] laborioso (sa) **-2.** [deseoso] ansioso(sa).
afear *vt* **-1.** [poner feo] afear **-2.** [reprochar] censurar.
afección *f* **-1.** MED afecção *f* **-2.** [afecto] afeição *f.*
afectación *f* afetação *f.*
afectado, da ◇ *adj* **-1.** [gen] afetado(da) **-2.** [fingido] fingido(da). ◇ *m, f* [víctima] vítima *f.*
afectar *vt* **-1.** [incumbir] afetar **-2.** [perjudicar] prejudicar.
afectísimo, ma *adj*: **suyo ~** cordialmente seu.
afectivo, va *adj* afetivo(va).
afecto *m* afeto *m.*
afectuoso, sa *adj* afetuoso(sa).
afeitar *vt* [pelo] raspar.
◆ **afeitarse** *vpr* barbear-se.
afelpado, da *adj* felpudo(da).
afeminado, da *adj* efeminado(da).
◆ **afeminado** *m* efeminado *m.*
afeminarse *vpr* efeminar-se.
aferrarse ◆ **aferrarse a** *vpr* **-1.** [agarrarse] agarrar-se a **-2.** [ideas,

creencias] aferrar-se a.

affaire *m* caso *m*.

afianzar *vt* **-1.** [reafirmar, ratificar] confirmar **-2.** [asegurar] firmar.
◆ **afianzarse** *vpr* firmar-se; **~se en** [opinión] assegurar-se de.

afiche *m* ***Amér*** cartaz *m*.

afición *f* **-1.** [inclinación] inclinação *f*; **hacer algo por ~** fazer algo por hobby; **tener ~ a** ter preferência por **-2.** [conjunto de aficionados] torcida *f*.

aficionado, da ◇ *adj* aficionado (da); **ser ~ a algo** ser aficionado por algo. ◇ *m, f* amador(ra); **~ al cine** aficionado por cinema.

aficionar *vt*: **~ a alguien a algo/hacer algo** despertar o interesse de alguém em algo/em fazer algo.
◆ **aficionarse** *vpr*: **~se a algo/hacer algo** interessar-se por algo/fazer algo.

afilado, da *adj* afiado(da).

afilador *m* afiador *m*, -ra *f*.

afilalápices *m inv* apontador *m* de lápis.

afilar *vt* **-1.** [lápiz] apontar **-2.** [cuchillo, tijeras] afiar.

afiliado, da *m, f* afiliado(da); **~ a** afiliado(da) a.

afiliarse ◆ **afiliarse a** *vpr* afiliar-se a.

afín *adj* afim.

afinar *vt* **-1.** MÚS [voz, instrumento] afinar **-2.** [perfeccionar, mejorar] aperfeiçoar **-3.** [pulir] polir.

afinidad *f* afinidade *f*.

afirmación *f* afirmação *f*.

afirmar *vt* **-1.** [gen] confirmar **-2.** [poner firme] firmar.
◆ **afirmarse** *vpr* **-1.** [asegurarse] assegurar-se **-2.** [ratificarse]: **~se en algo** ratificar algo.

afirmativo, va *adj* afirmativo(va).

aflicción *f* aflição *f*.

afligir *vt* afligir.
◆ **afligirse** *vpr* afligir-se.

aflojar ◇ *vt* **-1.** [destensar] afrouxar **-2.** ***Esp fam***: **~ la pasta** soltar a grana. ◇ *vi* **-1.** [disminuir] diminuir **-2.** *fig* [ceder] ceder.

aflorar *vi* aflorar.

afluencia *f* afluência *f*.

afluente *m* afluente *m*.

afluir ◆ **afluir a** *vi* afluir a.

afonía *f* afonia *f*.

afónico, ca *adj* afônico(ca).

aforo *m* capacidade *f*.

afortunado, da ◇ *adj* **-1.** [agraciado] afortunado(da) **-2.** [feliz] feliz. ◇ *m, f* agraciado *m*, -da *f*.

afrancesado, da *adj* afrancesado (da).

afrenta *f* afronta *f*.

África *n (el)* África.

africano, na ◇ *adj* africano(na). ◇ *m, f* africano *m*, -na *f*.

afro *adj inv* [africano] afro.

afroamericano, na *adj* afro-americano(na).

afrodisíaco, ca, afrodisiaco, ca *adj* afrodisíaco(ca).
◆ **afrodisíaco, afrodisiaco** *m* afrodisíaco *m*.

afrontar *vt* **-1.** [hacer frente] enfrentar **-2.** [carear] acarear.

afuera *adv* lá fora.
◆ **afueras** *fpl*: **las ~s** os arredores *mpl*.

agachar *vt* abaixar.
◆ **agacharse** *vpr* agachar-se.

agalla *f* **-1.** *(gen pl)* ZOOL guelra *f* **-2.** BOT noz-de-galha *f*.
◆ **agallas** *fpl fig* coragem *f*; **tener agallas** ter coragem.

agarradero *m* **-1.** [asa] apoio *m* **-2.** ***fam*** [pretexto] pretexto *m*.

agarrado, da *adj* **-1.** [asido] agarrado(da) **-2.** ***fam*** [tacaño] pão-duro.
◆ **agarrado** *m* **-1.** [baile] coladinho *m* **-2.** [canción] música *f* lenta.
◆ **agarrada** *f* ***fam*** briga *f*.

agarrar ◇ *vt* **-1.** [asir, coger] agarrar **-2.** [enfermedad] contrair **-3.** ***loc***: **agarrarla *fam*** ficar de porre. ◇ *vi* pegar.
◆ **agarrarse** *vpr* **-1.** ***fam*** [pelearse] pegar-se **-2.** [pegarse] grudar **-3.** [sujetarse] segurar-se; **~se de** *o* **a algo** agarrar-se em *o* a algo **-4.** [poner pretexto]: **~se a algo** usar algo como pretexto.

agarrón *m* **-1.** [tirón] puxão *m* **-2.** [altercado] altercação *f*.

agarrotar *vt* [apretar] apertar.
◆ **agarrotarse** *vpr* **-1.** [entumecerse] enrijecer **-2.** [atascarse] entupir.

agasajar *vt* homenagear; **~ a alguien con algo** agraciar alguém com algo.

ágata *f (el)* ágata *f*.

agazaparse *vpr* **-1.** [esconderse] esconder-se **-2.** [agacharse] agachar-se.

agencia *f* agência *f*; **~ inmobiliaria** imobiliária *f*; **~ matrimonial** agência matrimonial; ~ **de publicidad** agência de publicidade; ~ **de viajes** agência de viagem.

agenda *f* agenda *f*; ~ **electrónica** agenda eletrônica.

agente *mf* [persona] agente *mf*; ~ **de cambio (y bolsa)** operador *m*, -ra *f* de câmbio e bolsa; ~ **comercial** representante *mf* comercial; ~ **secreto** agente secreto.

ágil *adj* **-1.** [ligero] ágil **-2.** [agudo] rápido(da).

agilidad *f* agilidade *f*.

agilizar *vt* agilizar.

agitación *f* agitação *f*.

agitador *mf* agitador *m*, -ra *f*.

agitar *vt* agitar.

aglomeración *f* aglomeração *f*.

aglomerar *vt* aglomerar.

◆ **aglomerarse** *vpr* aglomerar-se.

aglutinar *vt* **-1.** [gen] aglutinar **-2.** *fig* [aunar, reunir] reunir.

agnóstico, ca ◇ *adj* agnóstico(ca). ◇ *m, f* agnóstico *m*, -ca *f*.

agobiar *vt* sufocar.

◆ **agobiarse** *vpr* afobar-se.

agobio *m* sufoco *m*.

agolparse *vpr* **-1.** [apelotonarse] aglomerar-se **-2.** *fig* [acumularse] acumular-se.

agonía *f* agonia *f*.

agonizante *adj* agonizante.

agonizar *vi* **-1.** [expirar] agonizar **-2.** [extinguirse] agonizar **-3.** *fig* [sufrir] sofrer.

agorafobia *f* agorafobia *f*.

agosto *m* agosto *m*; **hacer su** ~ fazer a festa.

agotado, da *adj* esgotado(da).

agotador, ra *adj* exaustivo(va).

agotamiento *m* [cansancio] esgotamento *m*.

agotar *vt* esgotar.

agraciado, da ◇ *adj* **-1.** [atractivo] encantador(ra) **-2.** [afortunado] agraciado(da). ◇ *m, f* [afortunado] agraciado *m*, -da *f*.

agraciar *vt* [embellecer] embelezar.

agradable *adj* agradável.

agradar *vi* agradar.

agradecer *vt* agradecer.

agradecido, da *adj* agradecido(da).

agradecimiento *m* agradecimento *m*.

agrado *m* **-1.** [gusto] prazer *m* **-2.** [afabilidad] gentileza *f*.

agrandar *vt* aumentar.

agrario, ria *adj* agrário(a).

agravante ◇ *adj* agravante. ◇ *m* agravante *m*.

agravar *vt* [empeorar] agravar.

◆ **agravarse** *vpr* agravar-se.

agraviar *vt* ofender.

agravio *m* **-1.** [ofensa] ofensa *f* **-2.** [perjuicio] prejuízo *m*.

agredir *vt* agredir.

agregado, da ◇ *adj* [añadido] agregado(da). ◇ *m, f* **-1.** [profesor] professor *m* associado, professora *f* associada **-2.** [de embajada] adido *m*.

◆ **agregado** *m* [añadido] adendo *m*.

agregar *vt* acrescentar; ~ **algo a algo** acrescentar algo a algo.

◆ **agregarse** *vpr* juntar-se; ~**se a algo** juntar-se a algo.

agresión *f* [ataque] agressão *f*.

agresividad *f* agressividade *f*.

agresivo, va *adj* **-1.** [ofensivo] agressivo(va) **-2.** [dinámico] dinâmico(ca).

agresor, ra *m, f* agressor *m*, -ra *f*.

agreste *adj* **-1.** [abrupto, rocoso] agreste **-2.** [basto, rudo] rude.

agriar *vt* azedar.

◆ **agriarse** *vpr* azedar-se.

agrícola *adj* agrícola.

agricultor, ra *m, f* agricultor *m*, -ra *f*.

agricultura *f* agricultura *f*.

agridulce *adj* agridoce.

agrietar *vt* rachar.

◆ **agrietarse** *vpr* rachar.

agrio, ria *adj* **-1.** [leche] azedo(da) **-2.** [sabor, vino] ácido(da) **-3.** *fig* [desagradable] ácido(da).

◆ **agrios** *mpl* frutas *fpl* cítricas.

agriparse *vpr* ***Andes & Méx*** gripar-se.

agronomía *f* agronomia *f*.

agropecuario, ria *adj* agropecuário(ria).

agroturismo *m* agroturismo *m*.

agrupación *f* **-1.** [concentración] agrupamento *m* **-2.** [asociación] associação *f*.

agrupamiento *m* [concentración] agrupamento *m*.

agrupar *vt* agrupar.

◆ **agruparse** *vpr* [reunirse] agrupar-se.

agua *f (el)* [líquido] água *f*; ~ **bendita** água benta; ~ **destilada** água destilada; ~ **dulce** água doce; ~ **mineral** água mineral; ~ **(mineral) con gas** água (mineral) com gás; ~ **potable** água potável.

◆ **aguas** *fpl* **-1.** [manantial] águas *fpl*

-2. [de tejado] água-de-telhado f -3. [de río, mar] águas fpl; ~s territoriales o jurisdiccionales águas fpl territoriais o jurisdicionais -4. [de piedra preciosa] água f -5. loc: romper ~s romper a bolsa.
◆ agua de colonia f água f de colônia.
◆ agua oxigenada f água oxigenada.
aguacate m -1. [fruto] abacate m -2. [árbol] abacateiro m.
aguacero m aguaceiro m.
aguachirle f água f insossa.
aguado, da adj -1. [con agua] aguado(da) -2. fig [estropeado] fracassado(da).
◆ aguada f aguada f.
aguafiestas m o f inv desmancha-prazeres mf.
aguafuerte m água-forte f.
aguamarina f água-marinha f.
aguamiel f Amér [bebida] água-mel f; Carib, Méx [jugo] suco m de agave.
aguanieve f chuva f com neve.
aguantar vt -1. [sostener] segurar -2. [tolerar, soportar] agüentar -3. [contener] conter -4. [esperar] esperar.
◆ aguantarse vpr -1. [contenerse] conter-se -2. [resignarse] resignar-se.
aguante m -1. [paciencia] paciência f -2. [resistencia] resistência f.
aguar vt -1. [mezclar con agua] aguar -2. fig [estropear] estragar.
◆ aguarse vpr estragar.
aguardar vt aguardar.
aguardiente m aguardente f.
aguarrás m aguarrás f.
agudeza f -1. [delgadez] afiação f -2. [de los sentidos] acuidade f -3. [del ingenio] agudeza f -4. [dicho ingenioso] dito m espirituoso.
agudizar vt [acentuar] intensificar.
◆ agudizarse vpr -1. [crisis] intensificar-se -2. [ingenio] aguçar-se.
agudo, da adj -1. [gen] agudo(da) -2. GRAM oxítono(na) -3. [vivo, gracioso] espirituoso(sa).
agüero m: de mal ~ de mau agouro.
aguijar vt [espolear] esporear.
aguijón m -1. [de insecto] ferrão m -2. [de planta] espinho m.
aguijonear vt esporear.
águila f (el) águia f; ¿~ o sol? Méx cara ou coroa?
aguileño, ña adj aquilino(na).
aguilucho m filhote m de águia.
aguinaldo m gratificação f de natal
agüita f Chile chá f de ervas.
aguja f -1. [gen] agulha f; ~ hipodérmica agulha hipodérmica -2. [para señalar] ponteiro m.
◆ agujas fpl [de la res] agulhas fpl.
agujerear vt furar.
◆ agujerearse vpr furar.
agujero m buraco m; ~ negro ASTRON buraco negro; ~ de ozono buraco de ozônio.
agujetas fpl dores fpl musculares.
aguzar vt -1. [afilar] afiar -2. [apetito, ingenio, atención] aguçar.
ah interj ah!
ahí adv -1. [gen] aí; por ~ [en un lugar indefinido] por aí; de ~ que [por eso] por isso que -2. loc: por ~, por ~ por aí; por ~ va la cosa é mais ou menos por aí.
ahijado, da m, f -1. [de padrinos] afilhado m, -da f -2. fig [protegido] protegido m, -da f.
ahínco m afinco m.
ahíto, ta adj culto [saciado] saciado (da).
ahogar vt -1. [asfixiar] asfixiar -2. [extinguir] apagar -3. fig [dominar] abafar.
◆ ahogarse vpr -1. [en el agua] afogar-se -2. [asfixiarse] asfixiar-se -3. [sofocarse] sufocar-se.
ahogo m -1. [asfixia] sufoco m -2. [angustia] angústia f.
ahondar vi [profundizar] aprofundar; ~ en fig aprofundar-se em; [penetrar] penetrar em.
ahora adv -1. [en el presente] agora; ~ mismo agora mesmo; por ~ por enquanto -2. [pronto] daqui a pouco.
◆ ahora conj -1. [ya]: ~ ... ~ ora ... ora -2. [pero] mas; ~ que ainda que; ~ bien mas.
ahorcado, da m, f enforcado m, -da f.
ahorcar vt enforcar.
◆ ahorcarse vpr enforcar-se.
ahorita, ahoritita adv Andes, Carib & Méx fam agora mesmo.
ahorrar vt -1. [dinero] poupar -2. [energía, tiempo] economizar.
◆ ahorrarse vpr economizar.
ahorro m -1. [acción y efecto de ahorrar] poupança f -2. (gen pl) [cantidad ahorrada] economias fpl.
ahuecar ◇ vt -1. [poner hueco] esvaziar -2. [mullir] afofar. ◇ vi Esp

fam [irse] cair fora.
ahumado, da *adj* -**1.** [secado al humo] defumado(da) -**2.** [oscuro] escuro (ra).
◆ **ahumado** *m* defumação *f*.
ahumar *vt* defumar.
◆ **ahumarse** *vpr* defumar.
ahuyentar *vt* afugentar.
airado, da *adj* irado(da).
airar *vt* irar.
aire *m* -**1.** [gen] ar *m* -**2.** [parecido] semelhança *f* -**3.** [gracia] graça *f* -**4.** *loc*: **al ~ libre** [en el exterior] ao ar livre; **estar algo en el ~** estar algo no ar; **tomar el ~** tomar ar.
◆ **aires** *mpl* [vanidad] ares *mpl*; **darse ~s de** *fig* ter ares de.
◆ **aire acondicionado** *m* ar *m* condicionado.
airear *vt* -**1.** [ventilar] arejar -**2.** [contar] ventilar.
◆ **airearse** *vpr* arejar-se.
airoso, sa *adj* -**1.** [garboso] airoso(sa) -**2.** [triunfante]: **salir ~ de algo** sair triunfante de algo.
aislado, da *adj* isolado(da).
aislar *vt* isolar.
ajá *interj* **fam** [aprobación] é isso aí!
ajar *vt* -**1.** [marchitar, estropear] murchar -**2.** [hacer perder el color a] desbotar.
◆ **ajarse** *vpr* murchar.
ajardinado, da *adj* ajardinado(da).
ajedrez *m* xadrez *m*.
ajeno, na *adj* -**1.** [de otro] alheio(ia) -**2.** [extraño]: **~ a** alheio a.
ajetreo *m* -**1.** [tarea] correria *f* -**2.** [animación] agitação *f*.
ají *m* **Andes & RP** pimentão *m*; **ponerse como un ~** ficar (vermelho) como um pimentão.
ajiaco *m* **Andes & Carib** *ensopado de legumes e carne com pimenta malagueta*.
ajillo ◆ **al ajillo** *loc adj* CULIN ao alho e óleo.
ajo *m* alho *m*; **andar** *o* **estar en el ~** **fam** andar *o* estar por dentro.
ajuar *m* enxoval *m*.
ajustado, da *adj* justo(ta).
◆ **ajustado** *m* ajuste *m*.
ajustar *vt* -**1.** [arreglar, encajar] ajustar -**2.** [pactar] estipular -**3.** *loc*: **~ (las) cuentas fam** ajustar contas.
◆ **ajustarse** *vpr*: **~se (a)** adaptar-se (a).
ajuste *m* ajuste *m*; **~ de cuentas** ajuste de contas.

al ▷ a, el.
ala *f (el)* -**1.** [gen] asa *f* -**2.** [en política] ala *f* -**3.** *loc*: **dar ~s a alguien** dar asas a alguém.
◆ **ala delta** *f* DEP asa *f* delta.
◆ **ala** *mf* DEP ala *mf*.
alabanza *f* elogio *m*.
alabar *vt* elogiar.
alabastro *m* alabastro *m*.
alacena *f* armário *m* de cozinha.
alacrán *m* [animal] escorpião *m*.
alado, da *adj* [con alas] alado(da).
alambique *m* alambique *m*.
alambrada *f* alambrado *m*.
alambre *m* [de metal] arame *m*.
alameda *f* alameda *f*.
álamo *m* álamo *m*.
alarde *m*: **~ de** alarde de; **hacer ~ de** fazer alarde de.
alardear *vi*: **~ (de)** alardear-se (de).
alargar *vt* -**1.** [estirar] encompridar -**2.** [prolongar] prolongar -**3.** [poner al alcance] estender -**4.** *fig* [ampliar] aumentar.
◆ **alargarse** *vpr* -**1.** [hacerse más largo] prolongar-se -**2.** *fig* [extenderse] estender-se.
alarido *m* alarido *m*.
alarma *f* alarme *m*; **dar la ~** dar o alarme; **señal de ~** sinal de alarme; **~ social** alarme social.
alarmante *adj* alarmante.
alarmar *vt* alarmar.
◆ **alarmarse** *vpr* [inquietarse] alarmar-se.
alazán, zana *adj* alazão(zã).
alba *f (el)* -**1.** [amanecer] aurora *f* -**2.** [vestidura] alva *f*.
albacea *mf* inventariante *mf*.
albahaca *f* alfavaca *f*.
Albania *n* Albânia.
albanokosovar ◇ *adj* albano-kosovar. ◇ *mf* albano-kosovar *mf*.
albañil *m* pedreiro *m*.
albañilería *f* alvenaria *f*.
albarán *m* recibo *m*.
albaricoque *m* -**1.** [árbol] damasqueiro *m* -**2.** [fruto] damasco *m*.
albatros *m inv* albatroz *m*.
albedrío *m* [antojo, elección] arbítrio *m*; **libre ~** livre arbítrio.
alberca *f* -**1.** [depósito de agua] reservatório *m* de água -**2.** ***Méx*** [piscina] piscina *f*.
albergar *vt* -**1.** [personas] abrigar -**2.** [sentimientos] nutrir.
◆ **albergarse** *vpr* abrigar-se.

albergue *m* albergue *m*; ~ **de juventud** *o* **juvenil** albergue da juventude.
albino, na ◇ *adj* albino(na). ◇ *m, f* albino *m*, -na *f*.
albis ◆ **in albis** *adv*: **estar/quedarse in** ~ estar/ficar sem entender nada.
albóndiga *f* almôndega *f*.
albor *m* **-1.** [blancura] alvor *m* **-2.** [luz del alba] alvorada *f* **-3.** *(gen pl)* **fig** [principio] primórdios *mpl*.
alborear *v impers* alvorar.
albornoz *m* roupão *m* de banho.
alborotar ◇ *vi* alvoroçar. ◇ *vt* alvoroçar.
◆ **alborotarse** *vpr* [perturbarse] alvoroçar-se.
alboroto *m* alvoroço *m*.
alborozar *vt* alvoroçar.
alborozo *m* alegria *f*.
albufera *f* laguna *f*.
álbum (*pl* **álbumes**) *m* álbum *m*.
albúmina *f* albumina *f*.
alcachofa *f* **-1.** [planta] alcachofra *f* **-2.** [pieza] crivo *m*.
alcahuete, ta *m, f* **-1.** [mediador] cafetão *m*, -na *f* **-2.** [chismoso] fofoqueiro *m*, -ra *f*.
alcaide *m* diretor *m* de prisão.
alcalde, desa *m, f* prefeito *m*, -ta *f*.
alcaldía *f* prefeitura *f*.
alcance *m* [gen] alcance *m*; **dar** ~ **a alguien** alcançar alguém; **al** ~ **de** ao alcance de; **a mi/tu** *etc* ~ ao meu/teu *etc* alcance; **fuera del** ~ fora do alcance.
alcancía *f* cofrinho *m*.
alcanfor *m* cânfora *f*.
alcantarilla *f* esgoto *m*.
alcantarillado *m* rede *f* de esgotos.
alcanzar ◇ *vt* **-1.** [gen] alcançar **-2.** [afectar] afetar. ◇ *vi* **-1.** [ser suficiente]: ~ **para** ser suficiente para **-2.** [poder]: ~ **a hacer algo** conseguir fazer algo.
alcaparra *f* alcaparra *f*.
alcatraz *m* alcatraz *m*.
alcayata *f* escápula *f*.
alcázar *m* fortaleza *f*.
alce *m* alce *m*.
alcoba *f* alcova *f*.
alcohol *m* álcool *m*.
alcoholemia *f* alcoolemia *f*.
alcohólico, ca ◇ *adj* **-1.** [bebida] alcoólico(ca) **-2.** [persona] alcoólatra. ◇ *m, f* alcoólatra *mf*.
alcoholímetro *m* bafômetro *m*.
alcoholismo *m* alcoolismo *m*.
alcornoque *m* **-1.** [árbol, madera] carvalho-cortiça *m* **-2.** **fam** [persona] tolo *m*, -la *f*.
aldaba *f* aldrava *f*.
aldea *f* aldeia *f*.
aldeano, na *m, f* aldeão *m*, aldeã *f*.
ale *interj* vamos!
aleación *f* liga *f*.
aleatorio, ria *adj* aleatório(ria).
alebrestarse *vpr* **Col** [ponerse nervioso] enervar-se.
aleccionar *vt* ensinar.
alegación *f* alegação *f*.
alegar *vt* alegar.
alegato *m* DER arrazoado *m*.
alegoría *f* alegoria *f*.
alegórico, ca *adj* alegórico(ca).
alegrar *vt* alegrar.
◆ **alegrarse** *vpr* alegrar-se; ~**se por** alegrar-se por; ~**se de** alegrar-se de.
alegre *adj* **-1.** [gen] alegre **-2.** **fig** [irreflexivo] inconseqüente **-3.** **fig** [poco respetable] fácil.
alegría *f* **-1.** [gen] alegria *f* **-2.** [irreflexión] inconseqüência *f*.
alejamiento *m* distanciamento *m*.
alejar *vt* afastar.
◆ **alejarse** *vpr*: ~**se de** afastar-se de.
alelado, da *adj* apatetado(da).
aleluya ◇ *m o f* aleluia *f*. ◇ *interj* aleluia!
alemán, mana ◇ *adj* alemão(mã). ◇ *m, f* alemão *m*, -mã *f*.
◆ **alemán** *m* alemão *m*.
Alemania *n* Alemanha.
alentador, ra *adj* alentador(ra).
alentar *vt*: ~ **a alguien a hacer algo** encorajar alguém a fazer algo.
alergia *f* alergia *f*.
alérgico, ca *adj* alérgico(ca); **ser** ~ **a** ser alérgico a.
alero *m* **-1.** [del tejado] beiral *m* **-2.** DEP ala *mf*.
alerta ◇ *adj inv* alerta. ◇ *f* alerta *m*. ◇ *adv* alerta. ◇ *interj* alerta!
alertar *vt* alertar.
aleta *f* **-1.** [de peces] barbatana *f* **-2.** [para la natación] pé-de-pato *m* **-3.** [de nariz] aleta *f*.
aletargar *vt* dar sonolência a.
◆ **aletargarse** *vpr* hibernar.
aletear *vi* bater as asas.
alevín *m* **-1.** [cría de pez] alevino *m* **-2.** DEP principiante *mf*.
alevosía *f* aleivosia *f*.

alfabetizar *vt* **-1.** [palabras, letras] colocar em ordem alfabética **-2.** [personas] alfabetizar.
alfabeto *m* alfabeto *m*.
alfalfa *f* alfafa *f*.
alfarería *f* olaria *f*.
alfarero, ra *m, f* oleiro *m*, -ra *f*.
alféizar *m* ARQUIT parapeito *m*.
alférez *m* MIL alferes *m*.
alfil *m* bispo *m*.
alfiler *m* **-1.** [aguja] alfinete *m*; **~ de gancho** *Andes, RP* & *Ven* alfinete de segurança **-2.** [joya] prendedor *m*.
alfiletero *m* agulheiro *m*.
alfombra *f* **-1.** [movible] tapete *m* **-2.** *Andes, CAm, Carib* & *Méx* [fija] carpete *m*.
alfombrar *vt* atapetar.
alfombrilla *f* **-1.** [felpudo] capacho *m* **-2.** [de baño] tapete *m* para banheiro **-3.** *Esp* INFORM mouse pad *m*.
alforja *f* alforje *m*.
alga *f (el)* alga *f*.
algarabía *f* **-1.** [habla confusa] algaravia *f* **-2.** [alboroto] alvoroço *m*.
algarroba *f* **-1.** [planta] ervilhaca *f* **-2.** [fruto] alfarroba *f*.
algarrobo *m* alfarrobeira *f*.
algazara *f* algazarra *f*.
álgebra *f (el)* MAT álgebra *f*.
álgido, da *adj* [culminante] crucial.
algo ◇ *pron* **-1.** [alguna cosa] algo; **~ es ~** é melhor que nada; **por ~** por algum motivo **-2.** [cantidad pequeña] pouco; **~ de** [un poco] um pouco de **-3.** [cosa importante] alguém. ◇ *adv* [un poco] um pouco.
algodón *m* **-1.** [planta] algodoeiro *m* **-2.** [flor, tejido] algodão *m*.
◆ **algodón hidrófilo** *m* FARM algodão *m* hidrófilo.
algodonero, ra *adj* algodoeiro(ra).
algoritmo *m* algoritmo *m*.
alguacil *m* **-1.** [de ayuntamiento] alguazil *m* **-2.** [de juzgado] oficial *m*.
alguien *pron* alguém.
alguno, na ◇ *adj (antes de sust masculino 'algún')* **-1.** [indeterminado] algum(ma); **algún día** algum dia; **¿queda algún pastelillo?** sobrou algum doce?; **algún que otro** um ou outro **-2.** *(después de sust)* [ninguno] algum(ma). ◇ *pron* [alguien] algum *m*, -ma *f*; **~s de** alguns de; **~s (de) entre** alguns (de) entre.
alhaja *f* **-1.** [joya] jóia *f* **-2.** [objeto de valor] tesouro *m*.
alhelí (*pl* alhelíes) *m* aleli *m*.

aliado, da *adj* aliado(da).
alianza *f* aliança *f*.
aliar *vt* aliar.
◆ **aliarse** *vpr* aliar-se.
alias ◇ *adv* vulgo. ◇ *m* apelido *m*.
alicaído, da *adj* **-1.** [débil] fraco(ca) **-2.** [triste] triste.
alicatar *vt* azulejar.
alicates *mpl* alicate *m*.
aliciente *m* incentivo *m*.
alienación *f* alienação *f*.
alienar *vt* **-1.** [enajenar] enlouquecer **-2.** [atontar] alienar.
◆ **alienarse** *vpr* alienar-se.
alienígena *mf* alienígena *mf*.
aliento *m* **-1.** [respiración] fôlego *m*; **cobrar ~** recuperar o fôlego; **quedarse sin ~** [cortarse la respiración] ficar sem fôlego; [sorprenderse, admirarse] ficar sem fala **-2.** [hálito] hálito *m* **-3.** *fig* [ánimo] ânimo *m*.
aligerar *vt* **-1.** [peso] diminuir o peso de **-2.** [ritmo] apressar **-3.** *fig* [aliviar] aliviar.
alijo *m* contrabando *m*.
alimaña *f* animal *m* predador.
alimentación *f* alimentação *f*.
alimentador, ra *adj* TECN alimentador(ra).
◆ **alimentador** *m* INFORM alimentador *m*; **~ de papel** alimentador de papel.
alimentar ◇ *vt* alimentar. ◇ *vi* [nutrir] alimentar.
◆ **alimentarse** *vpr*: **~se (de)** alimentar-se (de).
alimenticio, cia *adj* **-1.** [producto, sustancia] alimentício(cia) **-2.** [comida] nutritivo(va).
alimento *m* alimento *m*; **~s transgénicos** alimentos transgênicos.
alimón ◆ **al alimón** *loc adv Esp* em dupla.
alineación *f* **-1.** [en el espacio] alinhamento *m* **-2.** DEP escalação *f*.
alinear *vt* **-1.** [en el espacio] alinhar **-2.** DEP escalar.
◆ **alinearse** *vpr* POLÍT alinhar-se.
aliñar *vt* CULIN temperar.
aliño *m* CULIN tempero *m*.
alioli *m* CULIN alho e óleo *m*.
alirón *interj Esp* viva!
alisar *vt* alisar.
◆ **alisarse** *vpr* alisar-se.
aliscafo *m RP* aerobarco *m*.
aliso *m* amieiro *m*.
alistarse *vpr* **-1.** MIL alistar-se **-2.**

Amér [aprontarse] aprontar-se.
aliviar *vt* aliviar.
alivio *m* alívio *m*.
◆ **de alivio** *loc adj Esp* terrível.
aljibe *m* [de agua] cisterna *f*.
allá *adv* **-1.** lá **-2.** *loc*: ~ **él/tú/ella** pouco me interessa.
◆ **el más allá** *m* o além.
allanamiento *m* invasão *f*; ~ **de morada** invasão de domicílio.
allanar *vt* **-1.** [por la fuerza] invadir **-2.** [dificultad] vencer **-3.** [terreno] aplainar.
allegado, da ◇ *adj* achegado(da). ◇ *m, f* **-1.** [familiar] familiar **-2.** [amigo] achegado *m*, -da *f*.
allí *adv* **-1.** [en aquel lugar] ali **-2.** [a aquel lugar] lá.
alma *f (el)* **-1.** alma *f* **-2.** *loc*: **llegar al** ~ tocar a alma; **partir el** ~ partir o coração; **sentirlo en** *o* **con el** ~ sentir muito.
almacén *m* armazém *m*.
◆ **grandes almacenes** *mpl* lojas *fpl* de departamentos.
almacenar *vt* armazenar.
almendra *f* amêndoa *f*.
almendrado, da *adj* amendoado (da).
◆ **almendrado** *m* CULIN *doce de amêndoas.*
almendro *m* amendoeira *f*.
almíbar *m* calda *f*.
almidón *m* amido *m*.
almidonar *vt* engomar.
almirantazgo *m* almirantado *m*.
almirante *m* MIL almirante *m*.
almirez *m* almofariz *m*.
almizcle *m* almíscar *m*.
almohada *f* travesseiro *m*.
almohadilla *f* [cojín] almofada *f* pequena; *RP* [tampón] almofada *f* de carimbo.
almohadón *m* almofadão *m*.
almorrana *f (gen pl)* hemorróida *f*.
almorzar ◇ *vt* **-1.** [al mediodía] almoçar **-2.** [por la mañana] comer. ◇ *vi* **-1.** [al mediodía] almoçar **-2.** [por la mañana] comer.
almuerzo *m* **-1.** [al mediodía] almoço *m* **-2.** [a media mañana] lanche *m*.
alocado, da ◇ *adj* insensato(ta). ◇ *m, f* insensato *m*, -ta *f*.
aló *interj Andes, Carib* [al teléfono] alo?
alojamiento *m* **-1.** [acción] alojamento *m*; **dar** ~ dar alojamento **-2.** [lugar] hospedagem *f*.
alojar *vt* hospedar.
◆ **alojarse** *vpr* **-1.** [hospedarse] hospedar-se **-2.** [introducirse] alojar.
alondra *f* cotovia-dos-campos *f*.
alpaca *f* alpaca *f*.
alpargata *f* alpargata *f*.
Alpes *npl*: **los** ~ os Alpes.
alpinismo *m* DEP alpinismo *m*.
alpinista *mf* alpinista *mf*.
alpino, na *adj* alpino(na).
alpiste *m* alpiste *m*.
alquería *f* granja *f*.
alquilar *vt* alugar.
alquiler *m* aluguel *m*; **de** ~ de aluguel.
alquimia *f* alquimia *f*.
alquitrán *m* alcatrão *m*.
alrededor *adv* **-1.** [lugar] ao redor; **el pueblo tiene montañas** ~ o povoado tem montanhas ao redor; ~ **de** ao redor de **-2.** [aproximadamente]: ~ **de** cerca de.
◆ **alrededores** *mpl* arredores *mpl*.
alta *f* ⊳ **alto.**
altanería *f* altivez *f*.
altanero, ra *adj* altaneiro(ra).
altar *m* altar *m*.
altavoz *m* alto-falante *m*.
alteración *f* **-1.** [gen] alteração *f* **-2.** [alboroto] perturbação *f*.
alterar *vt* **-1.** [gen] alterar **-2.** [perturbar] perturbar.
◆ **alterarse** *vpr* alterar-se.
altercado *m* altercação *f*.
alternador *m* ELECTR alternador *m*.
alternar ◇ *vt* alternar. ◇ *vi* **-1.** : ~ **(con)** [relacionarse] relacionar-se (com) **-2.** [sucederse]: ~ **con** suceder-se a.
◆ **alternarse** *vpr* revezar-se.
alternativo, va *adj* alternativo(va).
◆ **alternativa** *f* [opción] alternativa *f*.
alterne ◆ **de alterne** *loc adj* de programa.
alterno, na *adj* **-1.** [con alternancia] alternado(da) **-2.** GEOM alterno(na).
alteza *f fig* [de sentimientos] nobreza *f*.
◆ **Alteza** *f* [tratamiento] Alteza *f*; **Su** ~ **Real** Sua Alteza Real.
altibajos *mpl* altibaixos *mpl*.
altillo *m* **-1.** [en armario] maleiro *m* **-2.** [en habitación] sótão *m*.
altiplanicie *f* planalto *m*.
altiplano *m* planalto *m*.
altisonante *adj* altissonante.
altitud *f* altitude *f*.
altivez *f* altivez *f*.

altivo, va *adj* altivo(va).
alto, ta *adj* alto(ta).
◆ **alto** ◇ *m* **-1.** [altura] altura *f* **-2.** [interrupción] alto *m* **-3.** [lugar elevado] elevação *f*; **en lo ~ de** no alto de **-4.** *MÚS* contralto *m* **-5.** *loc*: **pasar por ~** passar por alto; **por todo lo ~** com muito luxo. ◇ *adv* alto. ◇ *interj* alto!
◆ **alta** *f (el)* **-1.** [de enfermedad] alta *f*; **dar de alta** *o* **el alta** dar alta **-2.** [documento] alta *f* **-3.** [en una asociación] inscrição *f*; **darse de alta** inscrever-se.
altoparlante *m Amér* alto-falante *m*.
altramuz *m* **-1.** [planta] tremoceiro *m* **-2.** [fruto] tremoço *m*.
altruismo *m* altruísmo *m*.
altura *f* **-1.** [gen] altura *f*; **a la ~ de** à altura de **-2.** [cumbre] cimo *m*.
◆ **alturas** *fpl* **-1.** [el cielo] alturas *fpl* **-2.** *loc*: **a estas alturas** a esta altura.
alubia *f* feijão *m*.
alucinación *f* alucinação *f*.
alucinado, da *adj* **-1.** [que tiene alucinaciones] alucinado(da) **-2.** *fam* [sorprendido] pasmado(da).
alucinante *adj* alucinante.
alucinar ◇ *vi* **-1.** [desvariar] alucinar **-2.** *fam* [soñar] delirar. ◇ *vt fam* [seducir] alucinar.
alucinógeno, na *adj* alucinógeno (na).
◆ **alucinógeno** *m* alucinógeno *m*.
alud *m* avalanche *f*.
aludido, da *m, f* citado(da); **darse por ~** vestir a carapuça.
aludir *vi*: **~ a** fazer alusão a.
alumbrado *m* iluminação *f*.
alumbramiento *m* **-1.** [mediante luz] iluminação *f* **-2.** [parto] parto *m*.
alumbrar ◇ *vt* **-1.** [gen] iluminar **-2.** [hijo] dar a luz. ◇ *vi* [iluminar] iluminar.
aluminio *m* alumínio *m*.
alumnado *m* alunato *m*.
alumno, na *m, f* aluno *m*, -na *f*.
alunizar *vi* alunissar.
alusión *f* alusão *f*; **hacer ~ a** fazer alusão a.
alusivo, va *adj*: **~ a** alusivo(va) a.
aluvión *m* aluvião *m*.
alvéolo, alveolo *m* alvéolo *m*.
alza *f (el)* alta *f*; **en ~** em alta.
alzamiento *m* levantamento *m*.
alzar *vt* **-1.** [de abajo a arriba] levantar **-2.** [aumentar] elevar **-3.** [construir] erguer **-4.** [sublevar] rebelar.
◆ **alzarse** *vpr* **-1.** [de abajo a arriba] erguer-se **-2.** [sublevarse] rebelar-se **-3.** [conseguir]: **se alzó con la victoria** arrebatou a vitória.
a.m. (*abrev de* **ante meridiem**) a.m.
AM (*abrev de* **amplitude modulation**) AM.
ama *f* ▷ **amo**.
amabilidad *f* amabilidade *f*.
amable *adj* amável.
amaestrado, da *adj* adestrado(da).
amaestrar *vt* adestrar.
amagar ◇ *vt* [mostrar intención de] esboçar. ◇ *vi* [ser inminente] ameaçar.
amago *m* **-1.** [indicio] indício *m* **-2.** [amenaza] ameaça *f*.
amainar ◇ *vt NÁUT* recolher. ◇ *vi* amainar.
amalgama *f* amálgama *m*.
amalgamar *vt* amalgamar.
amamantar *vt* amamentar.
amanecer ◇ *m* amanhecer. ◇ *v impers* [día] amanhecer. ◇ *vi* [en un lugar] amanhecer.
amanerado, da *adj* **-1.** [afeminado] afeminado(da) **-2.** [afectado, sin naturalidad] afetado(da).
amanita *f* amanita *f*.
amansar *vt* **-1.** [animal] amansar **-2.** [persona] acalmar **-3.** [pasiones] refrear.
◆ **amansarse** *vpr* acalmar-se.
amante *mf* **-1.** [querido] amante *mf* **-2.** [aficionado]: **~ de algo/hacer algo** amante *mf* de algo/de fazer algo.
amanuense *mf* amanuense *mf*.
amañar *vt* [falsear] falsear.
amaño *m* [treta] artifício *m*.
amapola *f* papoula *f*.
amar *vt* amar.
amaranto *m* amaranto *m*.
amarar *vi* amerissar.
amargado, da ◇ *adj* amargurado(da). ◇ *m, f* amargurado *m*, -da *f*.
amargar *vt* **-1.** [comida] tornar amargo(ga) **-2.** [estropear] amargurar.
◆ **amargarse** *vpr* **-1.** [suj: alimento] tornar-se amargo(ga) **-2.** [suj: persona] amargurar-se.
amargo, ga *adj* amargo(ga).
amargor *m* [sabor] amargor *m*.
amargura *f* [sentimiento] amargura *f*.
amarillento, ta *adj* amarelado(da).
amarillo, lla, amarilloso, sa *Col,*

Méx & Ven adj **-1.** [color] amarelo(la) **-2.** *PRENS* marrom.
◆ **amarillo** *m* amarelo *m*.

amariposado, da *adj* [afeminado] afeminado(da).

amarra *f NÁUT* amarra *f*; **largar** *o* **soltar ~s** largar *o* soltar amarras.
◆ **amarras** *fpl fig* relações *fpl*.

amarrado, da *adj* amarrado(da).

amarrar *vt* amarrar; **~ algo/a alguien a algo** amarrar algo/em alguém em algo.

amarre *m NÁUT* amarra *f*.

amarrete *adj Andes, RP fam pey* apertado(da).

amartillar *vt* engatilhar.

amasar *vt* amassar.

amasiato *m CAm, Chile & Méx* concubinato *m*.

amasijo *m fam* [mezcla] mistura *f*.

amateur (*pl* **amateurs**) ◇ *adj* amador(ra). ◇ *m, f* amador *m*, -ra *f*.

amatista *f* ametista *f*.

amazacotado, da *adj* [comida] pesado(da).

amazona *f* amazona *f*.

Amazonas *n*: **el ~** o Amazonas.

ambages *mpl*: **sin ~** sem rodeios.

ámbar *m* **-1.** [resina] âmbar *m* **-2.** [color] amarelo *m*.

ambición *f* ambição *f*.

ambicionar *vt* ambicionar.

ambicioso, sa ◇ *adj* ambicioso (sa). ◇ *m, f* [persona] ambicioso *m*, -sa *f*.

ambidiestro, tra ◇ *adj* ambidestro(tra). ◇ *m, f* ambidestro *m*, -tra *f*.

ambientación *f* **-1.** *CIN,TEATRO* ambientação *f* **-2.** [en radio] ambientação *f* sonora.

ambientador *m* desodorizador *m*.

ambiental *adj* ambiental.

ambiente ◇ *adj*: **temperatura ~** temperatura *f* ambiente. ◇ *m* **-1.** [ámbito] meio *m* **-2.** [aire] atmosfera *f* **-3.** [medio moral] ambiente *m* **-4.** [animación] animação *f* **-5.** *Andes, RP* [habitación] ambiente *m*.

ambigüedad *f* ambigüidade *f*.

ambiguo, gua *adj* ambíguo(gua).

ámbito *m* **-1.** [espacio] âmbito *m* **-2.** [ambiente] meio *m*.

ambivalente *adj* ambivalente.

ambos, bas ◇ *adj pl* ambos(bas). ◇ *pron pl* ambos *mpl*, -bas *fpl*.

ambulancia *f* ambulância *f*.

ambulante *adj* ambulante.

ambulatorio *m* ambulatório *m*.

ameba *f* ameba *f*.

amedrentar *vt* amedrontrar.
◆ **amedrentarse** *vpr* amedrontar-se.

amén *adv* [en plegaria] amém.
◆ **amén de** *loc prep* **-1.** [además de] além de **-2.** *desus* [excepto] exceto.

amenaza *f* ameaça *f*; **~ de bomba/de muerte** ameaça de bomba/de muerte.

amenazar *vt* ameaçar; **~ a alguien con algo/a alguien de algo** ameaçar alguém com algo/alguém de algo.

amenidad *f* amenidade *f*.

amenizar *vt* alegrar.

ameno, na *adj* agradável.

amenorrea *f MED* amenorréia *f*.

América *n* América; **~ Central/del Norte/del Sur** América Central/do Norte/do Sul.

americana *f* [chaqueta] jaqueta *f*.

americanismo *m* americanismo *m*.

americano, na ◇ *adj* americano (na). ◇ *m, f* americano *m*, -na *f*.

amerizar *vi* amerissar.

ametralladora *f* [arma] metralhadora *f*.

ametrallar *vt* metralhar.

amianto *m* amianto *m*.

amigable *adj* [amistoso] amigável.

amígdala *f ANAT* amídala *f*.

amigdalitis *f MED* amidalite *f*.

amigo, ga ◇ *adj* **-1.** [gen] amigo (ga); **hacerse ~ de** fazer amizade com; **hacerse ~s** fazer amigos **-2.** [aficionado]: **~ de** amante de. ◇ *m, f* **-1.** [persona] amigo *m*, -ga *f*; **~ invisible** amigo invisível **-2.** *fam* [novio] amigo *m*, -ga *f* **-3.** [tratamiento afectuoso] amigo *m*, -ga *f*.

amigote, amiguete *m fam* companheiro *m*, -ra *f*.

amiguismo *m* nepotismo *m*.

amilanar *vt* intimidar.
◆ **amilanarse** *vpr* intimidar-se.

aminoácido *m QUÍM* aminoácido *m*.

aminorar ◇ *vt* diminuir. ◇ *vi* diminuir.

amistad *f* amizade *f*; **hacer** *o* **trabar ~** fazer *o* travar amizade.
◆ **amistades** *fpl* amizades *fpl*.

amistoso, sa *adj* amistoso(sa).

amnesia *f* amnésia *f*.

amnésico, ca ◇ *adj* amnésico(ca). ◇ *m, f* amnésico *m*, -ca *f*.

amnistía *f* anistia *f*; **~ fiscal** *ECON* anistia fiscal.

amnistiar *vtr* anistiar.

amo, ama *m, f* **-1.** [de fábrica] patrão *m*, -troa *f* **-2.** [de animal, situação] dono *m*, -na *f*.

◆ **ama de casa** *f* dona *f* de casa.

◆ **ama de cría** *f* ama-de-leite *f*.

◆ **ama de llaves** *f* governanta *f*.

amodorrarse *vpr* adormecer.

amoldar *vt* [adaptar] amoldar; ~ **algo a algo** adaptar algo a algo.

◆ **amoldarse** *vpr* [adaptarse] adaptar-se; ~**se a** adaptar-se a.

amonal *m* QUÍM amonal *f*.

amonestación *f* **-1.** [reprimenda] admoestação *f* **-2.** [para contraer matrimonio] proclama *m* **-3.** DEP advertência *f*.

amonestar *vt* **-1.** [subordinado] advertir **-2.** [en ceremonia nupcial] proclamar.

amoníaco, amoniaco *m* **-1.** [gas] amoníaco *m* **-2.** [disolución] amônia *f*.

amontonar *vt* **-1.** [apilar] amontoar **-2.** [reunir] acumular.

◆ **amontonarse** *vpr* **-1.** [personas] amontoar-se **-2.** [sobrevenir a la vez] acumular.

amor *m* **-1.** [afecto] amor *m* **-2.** *loc*: **hacer el** ~ fazer amor; **por** ~ **al arte** por amor à arte; **¡por el** ~ **de Dios!** pelo amor de Deus!

◆ **amor propio** *m* amor *m* próprio.

amoral *adj* amoral.

amoratado, da *adj* roxo(xa).

amoratar *vt* arroxear.

◆ **amoratarse** *vpr* arroxear-se.

amordazar *vt* amordaçar.

amorfo, fa *adj* amorfo(fa).

amorío *m fam* [romance] namorico *m*.

amoroso, sa *adj* amoroso(sa).

amortajar *vt* [difunto] amortalhar.

amortiguador, ra *adj* amortecedor(ra).

◆ **amortiguador** *m* [en automóvil] amortecedor *m*.

amortiguar *vt* [disminuir] amortecer.

◆ **amortiguarse** *vpr* [disminuirse] amortecer-se.

amortización *f* amortização *f*.

amortizar *vt* **-1.** [préstamo] amortizar **-2.** [capital] abater.

amotinar *vt* [sublevar] amotinar.

◆ **amotinarse** *vpr* [sublevarse] amotinar-se.

amparar *vt* amparar.

◆ **ampararse** *vpr* **-1.** *fig* [protegerse]: ~**se en** amparar-se em **-2.** [refugiarse]: ~**se de** *o* **contra** amparar-se de *o* contra.

amparo *m* [protección] amparo *m*; **al** ~ **de** ao amparo de.

amperímetro *m* ELECTRÓN amperímetro *m*.

amperio *m* ELECTRÓN ampère *m*.

ampliación *f* ampliação *f*; ~ **de capital** ECON aumento de capital.

ampliar *vt* ampliar.

amplificación *f* ELECTRÓN amplificação *f*.

amplificador, ra *adj* amplificador (ra).

◆ **amplificador** *m* amplificador *m*.

amplificar *vt* ELECTRÓN amplificar.

amplio, plia *adj* amplo(pla).

amplitud *f* amplitude *f*; ~ **de miras** mente aberta.

ampolla *f* **-1.** [en piel] bolha *f* **-2.** [para inyecciones] ampola *f* **-3.** [frasco] tubo *m*.

ampuloso, sa *adj* empolado(da).

amputar *vt* amputar.

Amsterdam *n* Amsterdã.

amueblar *vt* mobiliar.

amuleto *m* amuleto *m*.

amurallar *vt* amuralhar.

anabolizante ◇ *adj* anabolizante. ◇ *m* anabolizante *m*.

anacoreta *mf* anacoreta *m*.

anacrónico, ca *adj* anacrônico(ca).

anacronismo *m* anacronismo *m*.

ánade *m* marreco *m*.

anagrama *m* anagrama *m*.

anal *adj* ANAT anal.

anales *mpl* anais *mpl*.

analfabetismo *m* analfabetismo *m*.

analfabeto, ta ◇ *adj* analfabeto (ta). ◇ *m, f* analfabeto *m*, -ta *f*.

analgésico, ca *adj* analgésico(ca).

◆ **analgésico** *m* analgésico *m*.

análisis *m inv* análise *f*; ~ **clínico** análise clínica; ~ **gramatical** análise gramatical; ~ **de orina/de sangre** exame *m* de urina/sangue.

analista *mf* analista *mf*.

analizar *vt* analisar.

analogía *f* analogia *f*; **por** ~ por analogia.

analógico, ca *adj* analógico(ca).

análogo, ga *adj* análogo(ga); ~ **a** análogo(ga) a.

ananá (*pl* **ananaes**), **ananás** (*pl* **ananases**) *m* **RP** abacaxi *m*.

anaquel *m* prateleira *f*, estante *f*.

anaranjado, da *adj* alaranjado(da).

anarquía *f* anarquia *f*.

anárquico, ca *adj* anárquico(ca).
anarquismo *m* anarquismo *m*.
anarquista ◇ *adj* anarquista. ◇ *mf* anarquista *mf*.
anatema *m* anátema *m*.
anatomía *f* anatomia *f*.
anatómico, ca *adj* anatômico(ca).
anca *f (el)* anca *f*; **~s de rana** pernas *fpl* de rã; **en el ~ de un piojo** *fig RP* por um triz.
ancestral *adj* ancestral.
ancho, cha *adj* **-1.** largo(ga) **-2.** *loc*: **a mis/tus/sus** *etc* **anchas** à vontade; **quedarse tan ~** *Esp* não dar bola.
◆ **ancho** *m* [medida] largura *f*; **a lo ~ (de)** em toda a largura (de).
◆ **ancho de banda** *m* INFORM largura *f* de banda.
anchoa *f* anchova *f*.
anchura *f* **-1.** [medida] largura *f* **-2.** [holgura] folga *f*.
anciano, na ◇ *adj* ancião(ã). ◇ *m, f* ancião *m*, -ã *f*.
ancla *f (el)* âncora *f*.
anclar *vi* ancorar.
áncora *f (el)* NÁUT [ancla] âncora *f*.
andadas *fpl*: **volver a las ~** *fig fam* voltar aos maus hábitos.
andadura *f* caminhada *f*.
ándale *interj* **CAm, Méx fam** vamos!
Andalucía *n* Andaluzia.
andaluz, za ◇ *adj* andaluz(za). ◇ *m, f* andaluz *m*, -za *f*.
andamiaje *m* andaimaria *f*.
andamio *m* andaime *m*.
andanada *f*: **~ de insultos** enxurrada *f* de insultos.
andando *interj* vamos andando!
andante ◇ *adj* [que anda] ambulante. ◇ *m* MÚS andante *m*.
andanza *f (gen pl)* [aventura] andanças *fpl*.
andar ◇ *m* andar *m*. ◇ *vi* andar; **el reloj no anda** o relógio parou; **las cosas andan mal en la empresa** as coisas andam mal na empresa; **el niño anda atareado con sus deberes** o menino anda atarefado com seus deveres; **creo que anda por el almacén** acho que anda lá pelo armazém; **~ haciendo algo** andar fazendo algo; **~ tras algo/alguien** andar atrás de algo/alguém; **quien mal anda mal acaba** *prov* quem anda em más companhias acaba mal. ◇ *vt* andar.
◆ **andar en** *v + prep* andar às voltas com.
◆ **andar por** *v + prep* andar por; **anda por los cuarenta años** anda aí pelos quarenta anos.
◆ **andarse con** *v + prep* andar com.
◆ **andares** *mpl* jeito *m sing*.
◆ **anda** *interj* **-1.** [sorpresa] eta! **-2.** [por favor] vai!; **anda, ¿por qué no te callas?** porque não se cala hein?
andas *fpl*: **llevar en ~** levar em andor.
ándele = **ándale**.
andén *m* **-1.** [de estación] plataforma *f* **-2.** *Andes* & *CAm* [acera] calçada *f* **-3.** *Andes* [de tierra] terraço *m*.
Andes *npl*: **los ~** os Andes.
andinismo *m* **Amér** alpinismo *m*.
andinista *mf* **Amér** alpinista *mf*.
andino, na ◇ *adj* andino(na). ◇ *m, f* andino *m*, -na *f*.
Andorra *n*: **(el principado de) ~** (o principado de) Andorra.
andorrano, na ◇ *adj* andorrano (na). ◇ *m, f* andorrano *m*, -na *f*.
andrajo *m* [ropa rota] trapo *m*.
andrajoso, sa ◇ *adj* maltrapilho (lha). ◇ *m, f* maltrapilho *m*, -lha *f*.
andrógino, na *adj* andrógino(no).
◆ **andrógino** *m* andrógino *m*, -no *f*.
androide *m* [autómata] andróide *m*.
andurriales *mpl* andurriais *mpl*.
anécdota *f* episódio *m*.
anecdótico, ca *adj* **-1.** [relato] episódico(ca) **-2.** [no esencial] circunstancial.
anegar *vt* **-1.** [terreno] alagar **-2.** [planta] afogar.
◆ **anegarse** *vpr* **-1.** [terreno] alagar-se **-2.** [planta] afogar-se.
anemia *f* anemia *f*.
anémona *f* anêmona *f*.
anestesia *f* anestesia *f*.
anestésico, ca *adj* anestésico(ca).
◆ **anestésico** *m* anestésico *m*.
anestesista *mf* anestesista *mf*.
anexar *vt* anexar.
anexión *f* anexação *f*.
anexionar *vt* anexar.
anexo, xa *adj* anexo(xa).
◆ **anexo** *m* anexo *m*.
anfetamina *f* anfetamina *f*.
anfibio, bia *adj* anfíbio(bia).
◆ **anfibios** *mpl* anfíbios *mpl*.
anfiteatro *m* anfiteatro *m*.
anfitrión, ona ◇ *adj* anfitrião (triã). ◇ *m, f* anfitrião *m*, -triã *f*.
ánfora *f (el)* [cántaro] ânfora *f*.
ángel *m* anjo *m*; **~ custodio** *o* **de la**

guarda anjo custódio *o* da guarda; **tener ~** ter graça.
angelical *adj* [bondadoso] angelical.
angina *f (gen pl)* [amigdalitis] amigdalite *f*; **tener ~s** estar com amigdalite.
◆ **angina de pecho** *f MED* angina *f* do peito.
anglicano, na ◇ *adj* anglicano (na). ◇ *m, f* anglicano *m*, -na *f*.
anglicismo *m* anglicismo *m*.
angloamericano, na ◇ *adj* anglo-americano(na). ◇ *m, f* anglo-americano *m*, -na *f*.
anglosajón, ona ◇ *adj* anglo-saxão(xã). ◇ *m, f* anglo-saxão *m*, -xã *f*.
Angola *n* Angola.
angora *f* angorá *m*.
angosto, ta *adj* estreito(ta).
angostura *f* angustura *f*.
anguila *f* [pez] enguia *f*.
angula *f* alevino *m* de enguia.
angular *adj* angular.
◆ **gran angular** *m FOT* grande-angular *f*.
ángulo *m* **-1.** [gen] ângulo *m* **-2.** [esquina, rincón] canto *m*.
anguloso, sa *adj* anguloso(sa).
angustia *f* angústia *f*.
angustiar *vt* angustiar.
◆ **angustiarse** *vpr* angustiar-se.
angustioso, sa *adj* angustiante.
anhelante *adj* ansioso(sa).
anhelar *vt* ansiar.
anhelo *m* anseio *m*.
anhídrido *m QUÍM* anidrido *m*.
anidar *vi* **-1.** [pájaro] fazer ninho **-2.** *fig* [sentimiento] aninhar.
anilla *f* argola *f*.
◆ **anillas** *fpl DEP* argolas *fpl*.
anillo *m* anel *m*; **~ de boda** aliança *f*.
ánima *f (el)* [alma] alma *f*.
animación *f* animação *f*.
animado, da *adj* animado(da).
animador, ra *m, f* animador *m*, -ra *f*.
animadversión *f* animadversão *f*.
animal ◇ *adj* animal. ◇ *mf fam* [persona] animal *m*. ◇ *m* animal *m*; **~ doméstico** *o* **de compañía** animal doméstico *o* de estimação.
animalada *f fam* besteira *f*.
animar *vt* animar.
◆ **animarse** *vpr* animar-se; **~se a hacer algo** animar-se a *o* para fazer algo.

ánimo ◇ *m* **-1.** [gen] ânimo *m* **-2.** [intención]: **con/sin ~ de** com/sem intenção de. ◇ *interj* [para alentar] ânimo!
animoso, sa *adj* corajoso(sa).
aniñado, da *adj* infantil.
aniquilar *vt* aniquilar.
anís *m* anis *m*.
aniversario *m* aniversário *m*.
ano *m* ânus *m*.
anoche *adv* ontem à noite; **antes de ~** anteontem à noite.
anochecer ◇ *m* anoitecer *m*; **al ~** ao anoitecer. ◇ *v impers* anoitecer. ◇ *vi* anoitecer.
anodino, na *adj* anódino(na).
ánodo *m ELECTR* ânodo *m*.
anomalía *f* anomalia *f*.
anómalo, la *adj* anômalo(la).
anonadado, da *adj* desconcertado (da).
anonimato *m* anonimato *m*.
anónimo, ma *adj* anônimo(ma).
◆ **anónimo** *m* mensagem *f* anônima.
anorak (*pl* **anoraks**), **anorac** (*pl* **anoracs**) *m* anoraque *m*.
anorexia *f MED* anorexia *f*.
anormal ◇ *adj* anormal. ◇ *mf despec* anormal *mf*.
anotación *f* [nota] anotação *f*.
anotar *vt* **-1.** [apuntar] anotar **-2.** [llevar el tanteo] marcar.
◆ **anotarse** *vpr RP* [matricularse] matricular-se.
anovulatorio, ria *adj* anovulatório (ria).
◆ **anovulatorio** *m* anovulatório *m*.
anquilosamiento *m* ancilose *f*.
anquilosarse *vpr* ancilosar-se.
ansia *f (el)* ânsia *f*; **~ de** ânsia de.
◆ **ansias** *fpl Esp* [náuseas] ânsias *fpl*.
ansiar *vt*: **~ hacer algo** ansiar algo, ansiar por fazer algo.
ansiedad *f* ansiedade *f*.
ansioso, sa *adj* ansioso(sa); **estar ~ por** *o* **de** estar ansioso por *o* para algo.
antagónico, ca *adj* antagônico(ca).
antagonista *mf* antagonista *mf*.
antártico, ca *adj* antártico(ca).
◆ **Antártico** *n*: **el (océano) ~** o (oceano) Antártico.
Antártida *n*: **la ~** a Antártida.
antaño *adv* antanho.
ante[1] *m* **-1.** [piel curtida] camurça *f* **-2.** [animal] alce *m*.
ante[2] *prep* **-1.** [en presencia de] ante

-**2.** [frente a, delante de] diante de -**3.** [respecto de] com relação a.
anteanoche *adv* anteontem à noite.
anteayer *adv* anteontem.
antebrazo *m* antebraço *m*.
antecedente ◇ *adj* antecedente. ◇ *m* -**1.** GRAM & MAT antecedente -**2.** *(gen pl)* [precedente] antecedentes *mpl*; **poner en ~s** [informar] pôr a par.
anteceder *vi*: **~ a** anteceder a.
antecesor, ra *m, f* [predecesor] antecessor *m*, -ra *f*.
antedicho, cha *adj* predito(ta).
antediluviano, na *adj* antediluviano(na).
antelación *f*: **con ~** com antecedência.
antemano ◆ **de antemano** *loc adv* de antemão.
antena *f* antena *f*; **~ colectiva/parabólica** antena coletiva/parabólica.
anteojera *f* antolhos *mpl*.
anteojos *mpl* ***Amér*** óculos *mpl*.
antepasado, da *m, f* antepassado *m*, -da *f*.
antepecho *m* parapeito *m*.
antepenúltimo, ma ◇ *adj* antepenúltimo(ma). ◇ *m, f* antepenúltimo *m*, -ma *f*.
anteponer *vt* antepor.
◆ **anteponerse** *vpr*: **~se a** antepor-se a.
anteproyecto *m* anteprojeto *m*.
anterior *adj* anterior; **~ a** anterior a.
anterioridad *f*: **con ~** anteriormente.
antes ◇ *adv* antes; **~ de algo/hacer algo** antes de algo/fazer algo; **~ de** *o* **que** antes de *o* que. ◇ *adj (seguido de sustantivos que indican tiempo)* antes.
◆ **antes de** *loc prep (para expresar preferencia)* antes.
◆ **antes (de) que** *loc conj (prioridad en el tiempo)* antes que.
antesala *f* ante-sala *f*.
antiabortista ◇ *adj* contra o aborto. ◇ *mf pessoa que é contra o aborto.*
antiadherente *adj* antiaderente.
antiaéreo, rea *adj* antiaéreo(a).
antiarrugas *adj inv* anti-rugas.
antibala, antibalas *adj inv* à prova de bala.
antibiótico, ca *adj* antibiótico(ca).
◆ **antibiótico** *m* antibiótico *m*.
anticiclón *m* METEOR anticiclone *m*.
anticipación *f* antecipação *f*; **con ~ a** antes de; **con ~** com antecipação.
anticipado, da *adj* antecipado(da); **por ~** por antecipação.
anticipar *vt* antecipar.
◆ **anticiparse** *vpr* antecipar-se; **~se a alguien** antecipar-se a alguém.
anticipo *m* -**1.** [de dinero] adiantamento *m* -**2.** [presagio] antecipação *f*.
anticlerical *adj* anticlerical.
anticoagulante ◇ *adj* anticoagulante. ◇ *m* anticoagulante *m*.
anticomunista ◇ *adj* anticomunista. ◇ *mf* anticomunista *mf*.
anticonceptivo, va *adj* anticoncepcional.
◆ **anticonceptivo** *m* anticoncepcional *m*.
anticongelante ◇ *adj* anticongelante. ◇ *m* anticongelante *m*.
anticonstitucional *adj* anticonstitucional.
anticorrosivo, va *adj* anticorrosivo(va).
◆ **anticorrosivo** *m* anticorrosivo *m*.
anticorrupción *adj inv* anticorrupção.
anticuado, da ◇ *adj* antiquado (da). ◇ *m, f* pessoa *f* antiquada.
anticuario, ria *m, f* antiquário *m*, -ria *f*.
◆ **anticuario** *m* [tienda] antiquário *m*.
anticucho *m* ***Andes*** espeto *m* de carne.
anticuerpo *m* MED anticorpo *m*.
antidemocrático, ca *adj* antidemocrático(ca).
antidepresivo, va *adj* antidepressivo(va).
◆ **antidepresivo** *m* antidepressivo *m*.
antidisturbios *adj inv* de choque.
antidopaje, antidoping ◇ *adj* antidoping. ◇ *m* antidoping *m*.
antídoto *m* antídoto *m*.
antier *adv* ***Mex fam*** anteontem.
antiespasmódico, ca *adj* antiespasmódico(ca).
◆ **antiespasmódico** *m* FARM antiespasmódico.
antiestético, ca *adj* antiestético(ca).
antifascista ◇ *adj* antifascista. ◇ *mf* antifascista *mf*.

antifaz *m* máscara *f*.
antigás *adj inv* antigás.
antigripal ◇ *adj* antigripal. ◇ *m* antigripal *m*.
antigualla *f despec* velharia *f*.
antigubernamental *adj* antigovernamental.
antigüedad *f* **-1.** [vejez, veteranía] antiguidade *f* **-2.** [pasado] Antiguidade *f*.
◆ **antigüedades** *fpl* [objetos de arte] antiguidades *fpl*.
antiguo, gua *adj* antigo(ga).
antihéroe *m* anti-herói *m*.
antihigiénico, ca *adj* anti-higiênico(ca).
antihistamínico, ca *adj* anti-histamínico(ca).
◆ **antihistamínico** *m* anti-histamínico *m*.
antiinflacionario, ria *adj* antiinflacionário(ria).
antiinflacionista *adj* antiinflacionário(ria).
antiinflamatorio, ria *adj* antiinflamatório(ria).
◆ **antiinflamatorio** *m* antiinflamatório *m*.
antílope *m* antílope *m*.
antimilitarista ◇ *adj* antimilitarista. ◇ *mf* antimilitarista *mf*.
antimisil *adj* antimíssil.
antinatural *adj* antinatural.
antiniebla *adj inv* AUTOM antineblina.
antioxidante ◇ *adj* antioxidante. ◇ *m* antioxidante *m*.
antiparasitario, ria *adj* antiparasitário(ria).
◆ **antiparasitario** *m* antiparasitário *m*.
antiparras *fpl fam* óculos *mpl*.
antipatía *f* antipatia *f*.
antipático, ca ◇ *adj* antipático (ca). ◇ *m, f* antipático *m*, -ca *f*.
antipirético, ca *adj* antipirético(ca).
◆ **antipirético** *m* antipirético *m*.
antípodas *fpl*: **las ~** os antípodas.
antiquísimo, ma *superl* ▷ **antiguo**.
antirreflectante *adj* anti-reflexo.
antirreflejo *adj* anti-reflexo.
antirrobo *adj inv* anti-roubo.
antisemita ◇ *adj* anti-semita. ◇ *mf* anti-semita *mf*.
antiséptico, ca *adj* anti-séptico(ca).
◆ **antiséptico** *m* anti-séptico *m*.
antiterrorista *adj* antiterrorista.
antítesis *f* antítese *f*.
antitetánico, ca *adj* antitetânico(ca).
◆ **antitetánica** *f* antitetânico *m*.
antivirus *m inv* **-1.** MED antiviral *m* **-2.** INFORM antivírus *m inv*.
antojadizo, za *adj* cheio(ia) de caprichos.
antojarse *vpr* **-1.** [apetecer] desejar **-2.** [ocurrírsele]: **antojársele a alguien hacer algo** dar vontade em alguém de fazer algo **-3.** *Méx* [comida, bebida] ter desejo de.
antojitos *mpl Méx* tira-gostos *mpl*.
antojo *m* **-1.** [capricho] desejo *m*; **a su ~** segundo seu desejo; **tener un ~** ter um desejo **-2.** [luna] pinta *f*, sinal *m*.
antología *f* [obras escogidas] antologia *f*.
antónimo, ma *adj* antônimo(ma).
◆ **antónimo** *m* antônimo *m*.
antonomasia *f* antonomásia *f*; **por ~** por antonomásia.
antorcha *f* tocha *f*.
antracita *f* antracito *m*.
ántrax *m* MED antraz *m*.
antro *m fam* antro *m*.
antropocentrismo *m* antropocentrismo *m*.
antropófago, ga ◇ *adj* antropófago(ga). ◇ *m, f* antropófago *m*, -ga *f*.
antropología *f* antropologia *f*.
anual *adj* anual.
anualidad *f* anuidade *f*.
anuario *m* anuário *m*.
anudar *vt* [atar con nudo] amarrar.
◆ **anudarse** *vpr* [atarse con nudos]: **~se los zapatos** amarrar os sapatos.
anulación *f* anulação *f*.
anular[1] ◇ *adj* [en forma de anillo] anular. ◇ *m* ▷ **dedo**.
anular[2] *vt* cancelar.
anunciación *f* participação *f*.
◆ **Anunciación** *f* RELIG Anunciação *f*.
anunciante ◇ *adj* anunciante. ◇ *mf* anunciante *mf*.
anunciar *vt* anunciar.
◆ **anunciarse** *vpr* anunciar-se.
anuncio *m* anúncio *m*; **~ por palabras** anúncio classificado; **~ publicitario** anúncio publicitário.
anverso *m* anverso *m*.
anzuelo *m* **-1.** [para pescar] anzol *m* **-2.** *fam* [señuelo] armadilha *f*.
añadido, da *adj* adicionado(da).
◆ **añadido** *m* **-1.** [acción] inclusão *f* **-2.** [cosa que se añade] emenda *f*.

añadidura *f* complemento *m*; **por ~** além disso.

añadir *vt* acrescentar.

añejo, ja *adj* **-1.** [vino, tocino, licor] envelhecido(da) **-2.** [costrumbres] antigo(ga).

añicos *mpl*: **hacer ~** fazer em pedaços; **hacerse ~** fazer-se em pedaços.

añil ◇ *adj* [color] anil. ◇ *m* [color] anil *m*.

año *m* **-1.** ano *m*; **~ fiscal** *ECON* ano fiscal; **Año Nuevo** ano-novo *m* **-2.** [edad] idade *f*; **cumplir ~s** fazer anos; **tener ~s** ter anos.

◆ **año luz** (*pl* **años luz**) *m FÍS* ano-luz *m*; **estar a años luz de** *fig* estar a anos-luz de.

añoranza *f* saudade *f*; **~ de** saudade de.

añorar *vt* sentir saudades de.

aorta *f ANAT* aorta *f*.

apabullar *vt* intimidar.

◆ **apabullarse** *vpr* confundir-se.

apacentar *vt* apascentar.

apache ◇ *adj* apache. ◇ *mf* apache *mf*.

apacible *adj* **-1.** [agradable] aprazível **-2.** [pacífico] tranqüilo(la).

apaciguar *vt* **-1.** [tranquilizar] apaziguar **-2.** [disminuir, aplacar] abrandar.

◆ **apaciguarse** *vpr* **-1.** [tranquilizarse] apaziguar-se **-2.** [disminuir, aplacarse] abrandar-se.

apadrinar *vt* apadrinhar.

apagado, da *adj* **-1.** [aparato] desligado(da) **-2.** [luz, fuego] apagado(da) **-3.** [sonido] abafado(da).

apagar *vt* **-1.** [extinguir] apagar **-2.** [desconectar] desligar **-3.** [aplacar] mitigar **-4.** [rebajar] atenuar **-5.** *loc*: **apaga y vámonos** *Esp fam* deixa para lá.

◆ **apagarse** *vpr* **-1.** [extinguirse] apagar-se **-2.** [desconectarse] desligar-se **-3.** [morir] apagar-se.

apagón *m* blecaute *m*, apagão *m*.

apaisado, da *adj* oblongo.

apalabrar *vt* apalavrar.

apalancamiento *m fam* [apoltronamiento] aboletamento *m*.

apalancar *vt* [con palanca] alavancar.

◆ **apalancarse** *vpr fam* [apoltronarse] aboletar-se.

apalear *vt* espancar.

apañado, da *adj fam* [hábil, mañoso] jeitoso(sa); **¡si has perdido las llaves, estamos ~s!** se perdeu as chaves estamos ferrados!

apañar *vt fam* **-1.** [reparar] remendar **-2.** [amañar] arranjar.

◆ **apañarse** *vpr fam* virar-se; **apañárselas** *fig* virar-se.

apaño *m fam* **-1.** [reparación] remendo *m* **-2.** [chanchullo] arranjo *m*.

apapachado, da *adj Méx* paparicado(da).

apapachador, ra *adj Méx* paparicador(ra).

apapachar *vt Méx* paparicar.

apapachos *mpl Méx* paparicos *mpl*.

aparador *m* [mueble] aparador *m*.

aparato *m* **-1.** [gen] aparelho *m* **-2.** [ostentación] aparato *m* **-3.** *POLÍT* estrutura *f*.

aparatoso, sa *adj* **-1.** [ostentoso] aparatoso(sa) **-2.** [espectacular] espetacular.

aparcamiento *m* estacionamento *m*.

aparcar ◇ *vt* **-1.** [estacionar] estacionar **-2.** *Esp* [posponer] adiar. ◇ *vi* [estacionar] estacionar.

aparcero, ra *m, f* meeiro *m*, -ra *f*.

aparear *vt* [animales] acasalar.

◆ **aparearse** *vpr* [animales] acasalar-se.

aparecer *vi* aparecer; **~ por** aparecer em.

◆ **aparecerse** *vpr* aparecer.

aparejador, ra *m, f* empreiteiro *m*, -ra *f*.

aparejo *m* **-1.** [de caballerías] arreio *m* **-2.** *MEC* aparelho *m* **-3.** *NÁUT* equipamento *m*.

◆ **aparejos** *mpl* equipamento *m*.

aparentar ◇ *vt* aparentar. ◇ *vi* [presumir] aparentar.

aparente *adj* **-1.** [falso, visible] aparente **-2.** [llamativo] chamativo(va).

aparición *f* **-1.** [gen] aparecimento *m* **-2.** [espectro] aparição *f* **-3.** [publicación] lançamento *m*.

apariencia *f* aparência *f*; **en ~** na aparência; **guardar las ~s** manter as aparências; **las ~s engañan** as aparências enganam.

apartado, da *adj* afastado(da).

◆ **apartado** *m* parágrafo *m*, seção *f*.

◆ **apartado de correos** *m* caixa *f* postal.

apartamento *m* apartamento *m*.

apartar *vt* **-1.** [quitar] tirar **-2.** [alejar] afastar **-3.** [separar, dejar aparte] separar.

◆ **apartarse** *vpr* afastar-se; **~se de** afastar-se de.
aparte ◇ *adv* **-1.** [en otro lugar, a un lado] à parte **-2.** [además de, con omisión de]: **~ de** além de **-3.** [por separado] separadamente. ◇ *adj inv* à parte. ◇ *m* [párrafo] parágrafo *m*.
apartheid *m* apartheid *m*.
apasionado, da ◇ *adj* apaixonado(da). ◇ *m, f* apaixonado *m*, -da *f*.
apasionante *adj* apaixonante.
apasionar *vt* [entusiasmar] apaixonar.
◆ **apasionarse** *vpr* [entusiasmarse] apaixonar-se.
apatía *f* apatia *f*.
apático, ca *adj* apático(ca).
apátrida ◇ *adj* apátrida. ◇ *mf* apátrida *mf*.
apdo. (*abrev de* **apartado**) CP; **~ de correos 48** caixa postal 48.
apear *vt* **-1.** [bajar] descer **-2.** *fam* [disuadir]: **~ a alguien de algo** fazer alguém desencanar de algo.
◆ **apearse** *vpr* **-1.** [bajarse] descer; **~se de** [caballo] apear-se de; [tren] descer de **-2.** *fam* [disuadirse]: **~se de** dissuadir-se de.
apechugar *vi fam*: **~ con** arcar com.
apedazar *vt* remendar.
apedrear *vt* apedrejar.
apegarse *vpr*: **~se a** apegar-se a.
apego *m* [afecto] apego *m*; **tener ~ a** ter apego a.
apelación *f* DER apelação *f*.
apelar *vi* **-1.** DER apelar; **~ ante/contra** apelar perante/contra **-2.** [recurrir]: **~ a** apelar a.
apelativo, va *adj* GRAM apelativo(va).
◆ **apelativo** *m* apelido *m*.
apellidar *vt* apelidar.
◆ **apellidarse** *vpr* ter como sobrenome.
apellido *m* sobrenome *m*.
apelmazar *vt* endurecer.
◆ **apelmazarse** *vpr* endurecer-se.
apelotonar *vt* [formar montones] amontoar.
◆ **apelotonarse** *vpr* amontoar-se.
apenado, da *adj* **-1.** [entristecido] entristecido(da) **-2.** *Andes, CAm, Carib & Méx* [avergonzado] envergonhado(da).
apenar *vt* entristecer.
◆ **apenarse** *vpr* **-1.** [entristecerse] entristecer-se **-2.** *Andes, CAm, Carib & Méx* [avergonzarse] envergonhar-se.
apenas *adv* **-1.** [casi no] quase não; **~ si** quase não **-2.** [tan sólo] apenas; **~ si** apenas **-3.** [tan pronto como] logo que, mal.
apéndice *m* apêndice *m*.
apendicitis *f* apendicite *f*.
apercibir *vt* **-1.** [darse cuenta] aperceber-se **-2.** [amonestar] advertir.
◆ **apercibirse de** *vpr* aperceber-se.
aperitivo *m* aperitivo *m*.
apero *m (gen pl)* apeiro *m*.
apertura *f* abertura *f*.
aperturista ◇ *adj* aberturista. ◇ *mf* aberturista *mf*.
apesadumbrar *vt* acabrunhar.
◆ **apesadumbrarse** *vpr* acabrunhar-se.
apestar ◇ *vi* [oler mal] feder; **~ a** feder a. ◇ *vt* empestar.
apestoso, sa *adj* fétido(da).
apetecer ◇ *vi* apetecer. ◇ *vt* desejar.
apetecible *adj* apetecível.
apetito *m* apetite *m*; **abrir el ~** abrir o apetite; **tener ~** ter apetite.
apetitoso, sa *adj* **-1.** [sabroso] apetitoso(sa) **-2.** [deseable] tentador(ra).
apiadarse *vpr*: **~se (de)** apiedar-se (de).
ápice *m* **-1.** [pizca] bocadinho *m* **-2.** [vértice, punto culminante] ápice *m*.
apicultura *f* apicultura *f*.
apilable *adj* empilhável.
apilar *vt* empilhar.
◆ **apilarse** *vpr* empilhar-se.
apiñar *vt* apinhar.
◆ **apiñarse** *vpr* apinhar-se.
apio *m* aipo *m*.
apisonadora *f* rolo *m* compressor.
aplacar *vt* aplacar.
◆ **aplacarse** *vpr* aplacar-se.
aplastante *adj* [apabullante] esmagador(ra).
aplastar *vt* esmagar.
aplatanar *vt fam* desanimar.
◆ **aplatanarse** *vpr fam* desanimar-se.
aplaudir *vt* **-1.** [dar palmadas] aplaudir *o* bater palmas **-2.** [alabar] aplaudir.
aplauso *m* aplauso *m*.
aplazamiento *m* adiamento *m*.
aplazar *vt* adiar.
aplicación *f* **-1.** [gen] aplicação *f* **-2.** INFORM aplicativo *m*.
aplicado, da *adj* aplicado(da).
aplicar *vt* aplicar.
◆ **aplicarse** *vpr* aplicar-se; **~se en** aplicar-se em.

aplique *m* aplique *m*.
aplomo *m* serenidade *f*; **perder el ~** perder a serenidade.
apocado, da *adj* acanhado(da).
apocalipsis *m* apocalipse *m*.
◆ **Apocalipsis** *m* Apocalipse *m*.
apocamiento *m* timidez *f*.
apocarse *vpr* [intimidarse] intimidar-se.
apócope *f* GRAM apócope *f*.
apócrifo, fa *adj* apócrifo(fa).
apodar *vt* denominar.
◆ **apodarse** *vpr* denominar-se.
apoderado, da *m, f* [representante] procurador(ra).
apoderar *vt* [dar poderes] nomear procurador.
◆ **apoderarse** *vpr*: **~se de** apoderar-se de.
apodo *m* apelido *m*.
apogeo *m* apogeu *m*; **estar algo en (pleno) ~** estar algo em (pleno) apogeu.
apolillar *vt* roer (por traças).
◆ **apolillarse** *vpr* ser roído(da) (por traças).
apolítico, ca *adj* apolítico(ca).
apología *f* apologia *f*.
apoltronarse *vpr* acomodar-se.
apoplejía *f* MED apoplexia *f*.
apoquinar ◇ *vi* ***Esp fam*** desembolsar. ◇ *vt* ***fam*** desembolsar.
aporrear *vt* [golpear] esmurrar.
aportación *f* **-1.** [entrega, existencia] inclusão *f* **-2.** [contribución] contribuição *f*.
aportar *vt* **-1.** [proporcionar] proporcionar **-2.** [contribuir con una cosa] contribuir com.
aposentar *vt* acomodar.
◆ **aposentarse** *vpr* hospedar-se.
aposento *m* **-1.** [habitación] aposento *m* **-2.** [alojamiento] alojamento *m*.
aposición *f* GRAM aposição *f*.
apósito *m* MED curativo *m*.
aposta *adv* ***Esp*** de propósito.
apostante *mf* apostador *m*, -ra *f*.
apostar[1] ◇ *vt* [jugarse] apostar. ◇ *vi* [en juego] apostar; **~ por** apostar em.
◆ **apostarse** *vpr* [jugarse] apostar; **me apuesto cinco euros a que no la llamas** aposto cinco euros que você não liga para ela.
apostar[2] *vt* [emplazar] postar.
◆ **apostarse** *vpr* [colocarse] postar-se.
apostas = **aposta**.
apostilla *f* anotação *f*.
apóstol *m* apóstolo *m*.
apostólico, ca *adj* apostólico(ca).
apóstrofo *m* GRAM apóstrofo *m*.
apostura *f* postura *f*.
apoteósico, ca *adj* apoteótico(ca).
apoyar *vt* **-1.** [gen] apoiar **-2.** ***fig*** [basar] fundamentar.
◆ **apoyarse** *vpr* **-1.** [físicamente] apoiar-se **-2.** ***fig*** [basarse]: **~se en** basear-se em.
apoyo *m* apoio *m*.
apreciable *adj* apreciável.
apreciación *f* apreciação *f*.
apreciar *vt* **-1.** [valorar] apreciar **-2.** [amar] estimar **-3.** [percibir] perceber **-4.** [opinar] avaliar.
aprecio *m* afeição *f*.
aprehender *vt* **-1.** [coger] prender **-2.** [comprender] entender.
aprehensión *f* prisão *f*.
apremiante *adj* urgente.
apremiar ◇ *vt* **-1.** [meter prisa]: **~ a alguien para que haga algo** pressionar alguém para que faça algo **-2.** [obligar]: **~ a alguien a hacer algo** forçar alguém a fazer algo. ◇ *vi* [ser urgente] urgir.
apremio *m* **-1.** [urgencia] urgência *f* **-2.** DER processo *m* sumário.
aprender *vt* aprender; **~ a hacer algo** aprender a fazer algo; **para que aprenda** para que aprenda.
◆ **aprenderse** *vpr* aprender.
aprendiz, za *f* aprendiz *m*, -za *f*.
aprendizaje *m* aprendizagem *f*.
aprensión *f* apreensão *f*.
aprensivo, va *adj* [hipocondríaco] apreensivo(va).
apresar *vt* capturar.
aprestar *vt* engomar.
◆ **aprestarse** *vpr*: **~se a hacer algo** preparar-se para fazer algo.
apresurado, da *adj* apressado(da).
apresuramiento *m* pressa *f*.
apresurar *vt* apressar.
◆ **apresurarse** *vpr* apressar-se; **~se a hacer algo** apressar-se a fazer algo.
apretado, da *adj* **-1.** [comprimido, intenso] apertado(da) **-2.** [peligroso] perigoso(sa).
apretar ◇ *vt* apertar. ◇ *vi* [intensificarse] apertar.
◆ **apretarse** *vpr* **-1.** [apiñarse] apertar-se **-2.** [estrechar] apertar.
apretón *m* aperto *m*.
apretujar *vt* apertar.

◆ **apretujarse** *vpr* apertar-se.
apretujón *m fam* apertão *m*.
aprieto *m* aperto *m*; **poner en un ~ a alguien** pôr alguém em um aperto; **verse en un ~** ver-se em um aperto.
aprisa *adv* depressa.
aprisionar *vt* **-1.** [encarcelar] aprisionar **-2.** [sujetar] prender.
aprobación *f* aprovação *f*.
aprobado, da *adj* aprovado(da).
◆ **aprobado** *m* nota *f* mínima.
aprobar *vt* aprovar.
aprontarse *vpr* ***RP*** [prepararse] aprontar-se; **¡aprontate para cuando llegue tu papá!** espere só quando seu pai chegar!
apropiación *f* apropriação *f*.
apropiado, da *adj* apropriado(da).
apropiarse *vpr*: **~se de** apropriar-se de.
aprovechable *adj* aproveitável.
aprovechado, da <> *adj* **-1.** [oportunista] aproveitador(ra) **-2.** [bien empleado] aproveitado(da) **-3.** ***Esp*** [aplicado] aplicado(da). <> *m, f* [oportunista] aproveitador *m*, -ra *f*.
aprovechamiento *m* aproveitamento *m*.
aprovechar <> *vt* aproveitar. <> *vi* aproveitar; **¡que aproveche!** bom apetite!
◆ **aprovecharse** *vpr* aproveitar-se; **~se de** aproveitar-se de.
aprovisionamiento *m* abastecimento *m*.
aprox. (*abrev de* **aproximadamente**) aprox.
aproximación *f* aproximação *f*.
aproximado, da *adj* aproximado (da).
aproximar *vt* aproximar.
◆ **aproximarse** *vpr* **-1.** [estar cerca] aproximar-se **-2.** [acercarse]: **~se a** aproximar-se de.
aptitud *f* aptidão *f*.
apto, ta *adj* **-1.** [adecuado, apropiado] apto(ta) **-2.** [conveniente] indicado (da).
apuesta *f* aposta *f*.
apuesto, ta *adj* bem-apessoado(da).
apunado, da *adj* ***Andes***: **estar ~** sentir mal de altura.
apunarse *vpr* ***Andes*** ter mal de altura.
apuntador, ra *m, f* TEATR apontador *m*, -ra *f*.
apuntalar *vt* **-1.** CONSTR escorar **-2.** [confirmar] sustentar.
apuntar <> *vt* **-1.** [gen] anotar **-2.** [indicar, sugerir] sugerir. <> *vi* [empezar a salir] despontar.
◆ **apuntarse** *vpr* **-1.** [inscribirse] inscrever-se **-2.** [participar]: **~se a algo/hacer algo** topar algo fazer algo; **~se a un bombardeo *Esp fam*** topar qualquer parada.
apunte *m* **-1.** [nota escrita] anotação *f* **-2.** [boceto] esboço *m*.
◆ **apuntes** *mpl* anotações *fpl*.
apuñalar *vt* apunhalar.
apurado, da *adj* **-1.** [necesitado] apurado(da) **-2.** ***Esp*** [avergonzado] envergonhado(da) **-3.** [difícil] difícil.
apurar *vt* **-1.** [agotar] terminar **-2.** [dar prisa] apressar **-3.** [preocupar] preocupar.
◆ **apurarse** *vpr* **-1.** [preocuparse]: **~se (por)** preocupar-se (por) **-2.** [darse prisa] apressar-se.
apuro *m* **-1.** [escasez, dificultad] apuro *m*; **estar en ~s** estar em apuros; **pasar ~s** ver-se em apuros; **sacar de un ~ a alguien** tirar alguém de um apuro **-2.** [vergüenza] vergonha *f*.
aquaplanning *m* aquaplanagem *f*.
aquejado, da *adj* afetado(da); **estar ~ de** estar afetado de.
aquel, aquella *adj* aquele(la); **aquellas casas que se ven a lo lejos son nuevas** aquelas casas que se vê ao longe são novas; **aquellos años de la infancia fueron maravillosos** aqueles anos da infância foram maravilhosos.
aquél, aquélla *pron* aquele(la); **este cuadro me gusta pero ~ del fondo no** gosto deste quadro mas aquele do fundo não; **~ fue mi último día en Buenos Aires** aquele foi meu último dia em Buenos Aires; **~ que quiera hablar que levante la mano** aquele que quiser falar que levante a mão.
aquelarre *m* [de brujas] reunião *f* de bruxas.
aquello *pron* aquilo; **~ que se ve al fondo es el mar** aquilo que se vê ao fundo é o mar; **~ de su mujer es una mentira** aquilo sobre sua mulher é uma mentira.
aquí *adv* aqui; **~ arriba/abajo** aqui em cima/baixo; **~ dentro/fuera** aqui dentro/fora; **~ mismo** aqui mesmo; **de ~ para allá** daqui para

lá; **por** ~ por aqui; **de** ~ **a mañana** de hoje até amanhã; **de** ~ **en adelante** daqui em diante.

aquietar *vt* aquietar.

ara *f (el) culto* altar *m*; **en** ~**s de** [con el fin] em benefício de.

árabe ◇ *adj* árabe. ◇ *mf* árabe *mf*. ◇ *m* [lengua] árabe *m*.

Arabia Saudí, Arabia Sandita *n* Arábia Saudita.

arábigo, ga *adj* arábico(ca).

arácnidos *mpl* aracnídeos *mpl*.

arado *m* arado *m*.

Aragón *n* Aragão.

aragonés, nesa ◇ *adj* aragonês (esa). ◇ *m, f* aragonês *m*, -esa *f*.

arancel *m* tarifa *f* alfandegária.

arancelario, ria *adj* alfandegário (ria).

arándano *m* mirtilo *m*.

arandela *f* arruela *f*.

araña *f* **-1.** [animal] aranha *f* **-2.** [lámpara] lustre *m* de cristal.

arañar *vt* **-1.** [gen] arranhar **-2.** [ahorrar] economizar.

arañazo *m* arranhão *m*.

arar *vt* arar.

arbitraje *m* arbitragem *f*.

arbitrar *vt* **-1.** [gen] arbitrar **-2.** [disponer] determinar.

arbitrariedad *f* arbitrariedade *f*.

arbitrario, ria *adj* arbitrário(ria).

arbitrio *m* arbítrio *m*.

árbitro *m* **-1.** DEP árbitro *m*; ~ **asistente** árbitro assistente **-2.** [juez] juiz *m*.

árbol *m* **-1.** [planta] árvore *f* **-2.** TECN [maquinaria] virabrequim *m* **-3.** NÁUT [palos] mastro *m*.

◆ **árbol genealógico** *m* árvore *f* genealógica.

arbolado, da *adj* **-1.** [con árboles] arborizado(da) **-2.** [mar] encrespado (da).

◆ **arbolado** *m* arvoredo *m*.

arboladura *f* NÁUT mastreação *f*.

arbolar *vt* **-1.** NÁUT mastrear **-2.** [bandera] hastear **-3.** [mar] encrespar.

arboleda *f* arvoredo *m*.

arbusto *m* arbusto *m*.

arca *f (el)* arca *f*; ~ **de Noé** arca de Noé.

◆ **arcas** *fpl* cofres *mpl*; ~**s públicas** cofres públicos.

arcada *f* **-1.** *(gen pl)* [de estómago] náuseas *fpl* **-2.** ARQUIT [arco] arcada *f* **-3.** [de puente] vão *m*.

arcaico, ca *adj* arcaico(ca).

arcángel *m* arcanjo *m*.

arce *m* bordo *m*.

arcén *m Esp* acostamento *m*.

archiconocido, da *adj fam* conhecidíssimo(ma).

archidiócesis *f inv* RELIG arquidiocese *f*.

archiduque, quesa *m, f* arquiduque *m*, -sa *f*.

archipiélago *m* arquipélago *m*.

archisabido, da *adj* conhecidíssimo(ma).

archivador, ra *m, f* arquivista *mf*.

◆ **archivador** *m* arquivo *m*.

archivar *vt* arquivar.

archivo *m* arquivo *m*.

arcilla *f* argila *f*.

arcipreste *m* RELIG arcipreste *m*.

arco *m* **-1.** [gen] arco *m*; ~ **de herradura** arco de ferradura *o* mourisco; ~ **triunfal** *o* **de triunfo** arco triunfal *o* de triunfo **-2.** ***Amér*** DEP gol *m*.

◆ **arco iris** *m* arco-íris *m*.

arcón *m* baú *m*.

arder *vi* arder; **está que arde** [lugar o reunión] está pegando fogo; [persona] está cuspindo fogo.

ardid *m* ardil *m*.

ardiente *adj* ardente.

ardilla *f* esquilo *m*.

ardor *m* ardor *m*.

arduo, dua *adj* árduo(dua).

área *f (el)* área *f*; ~ **de servicio** área de serviço; ~ **de castigo** *o* **penalti** DEP grande área; ~ **de libre cambio** ECON área de livre comércio.

arena *f* **-1.** [gen] areia *f*; ~**s movedizas** areia movediça **-2.** [lugar de combate] arena *f*.

arenal *m* areal *m*.

arenga *f* arenga *f*.

arengar *vt* arengar.

arenilla *f* [partícula] areia *f*.

arenisca *f* arenito *m*.

arenoso, sa *adj* arenoso(sa).

arenque *m* arenque *m*.

arepa *f **Carib** & **Col*** panqueca *f*.

aretes *mpl **Andes** & **Méx*** brincos *mpl*.

argamasa *f* CONSTR argamassa *f*.

Argelia *n* Argélia.

argelino, na ◇ *adj* argelino(na). ◇ *m, f* argelino *m*, -na *f*.

Argentina *n*: **(la)** ~ Argentina.

argentino, na ◇ *adj* argentino (na). ◇ *m, f* argentino *m*, -na *f*.

argolla *f* [gen] argola *f*.

argot (*pl* **argots**) *m* **-1.** [jerga popular] gíria *f* **-2.** [jerga técnica] jargão *m*.

argucia *f* argúcia *f*.
argüir ◇ *vt* [demostrar] provar. ◇ *vi* argumentar.
argumentación *f* argumentação *f*.
argumentar *vt* argumentar.
argumento *m* **-1.** [razonamiento] argumento *m* **- 2.** [tema] tema *m*.
aria *f* **- 1.** MÚS ária *f* **- 2.** ▷ **ario**.
aridez *f* aridez *f*.
árido, da *adj* árido(da).
Aries ◇ *m inv* [signo del zodiaco] Áries *m inv*; **ser** ~ ser (de) Áries. ◇ *mf inv* **- 1.** ariano *m*, -na *f* **- 2.** *(en aposición)* de Áries.
ariete *m* **- 1.** [máquina] aríete *m* **- 2.** DEP centroavante *m*.
ario, ria ◇ *adj* ariano(na). ◇ *m, f* ariano *m*, -na *f*.
arisco, ca *adj* arisco(ca).
arista *f* aresta *f*.
aristocracia *f* aristocracia *f*.
aristócrata *mf* aristocrata *mf*.
aritmético, ca *adj* aritmético(ca).
◆ **aritmética** *f* aritmética *f*.
arlequín *m* arlequim *m*.
arma *f (el)* [gen] arma *f*; ~ **blanca/de fuego/homicida** arma branca/de fogo/do crime.
◆ **armas** *fpl* MIL armas *fpl*.
armada *f* ▷ **armado**.
armadillo *m* tatu *m*.
armado, da *adj* armado(da).
◆ **armada** *f* armada *f*.
armador, ra *m, f* armador *m*, -ra *f*.
armadura *f* **- 1.** [armazón] armação *f* **- 2.** [de la persona] armadura *f*.
armamentista *adj* armamentista.
armamento *m* armamento *m*.
armar *vt* **- 1.** [gen] armar **- 2.** *fam* [provocar] armar; ~**la** *fam* armar uma confusão.
◆ **armarse** *vpr* **- 1.** [con armas] armar-se **- 2.** [prepararse]: ~**se de** armar-se de **- 3.** *loc*: ~**se la gorda** *fam* armar-se uma confusão.
armario *m* armário *m*; ~ **empotrado** armário embutido.
armatoste *m* trambolho *m*.
armazón *m o f* armação *f*.
armería *f* **- 1.** [depósito] armaria *f* **- 2.** [tienda] loja *f* de armas.
armiño *m* arminho *m*.
armisticio *m* armistício *m*.
armonía, harmonía *f* harmonia *f*.
armónico, ca *adj* harmônico(ca).
◆ **armónico** *m* MÚS harmônico *m*.
◆ **armónica, harmónica** *f* harmônica *f*.
armonioso, sa *adj* harmonioso(sa).
armonizar ◇ *vt* harmonizar. ◇ *vi* combinar.
arnés *m* [armadura] arnês *m*; [para escalar] cadeirinha *f*.
◆ **arneses** *mpl* [de animales] arreios *mpl*.
árnica *f* arnica *f*.
aro *m* **- 1.** [círculo] aro *m* **- 2.** [anillo] anel *m* **- 3.** *loc*: **entrar** *o* **pasar por el** ~ *Esp* ceder.
aroma *m* aroma *m*.
aromaterapia *f* aromaterapia *f*.
aromático, ca *adj* aromático(ca).
aromatizar *vt* aromatizar.
arpa *f (el)* harpa *f*.
arpía *f* harpia *f*.
arpillera *f* aniagem *f*.
arpón *m* arpão *m*.
arquear *vt* arquear.
◆ **arquearse** *vpr* arquear-se.
arqueo *m* **- 1.** [curvamiento] arqueamento *m* **- 2.** COM balanço *m*; ~ **de caja** fechamento do caixa.
arqueología *f* arqueologia *f*.
arqueólogo, ga *m, f* arqueólogo *m*, -ga *f*.
arquero *m* **- 1.** [que usa el arco] arqueiro *m* **- 2.** *Amér* [portero de fútbol] goleiro *m*.
arquetipo *m* arquétipo *m*.
arquitecto, ta *m, f* arquiteto *m*, -ta *f*.
arquitectura *f* arquitetura *f*.
arrabal *m* arrabalde *m*.
arrabalero, ra ◇ *adj* **- 1.** [del arrabal] arrabaldeiro(ra) **- 2.** [maleducado] mal-educado(da). ◇ *m, f* [maleducado] mal-educado *m*, -da *f*.
arraigar ◇ *vt* arraigar. ◇ *vi* [en un lugar] arraigar.
◆ **arraigarse** *vpr* arraigar-se.
arraigo *m* arraigamento *m*.
arrancar ◇ *vt* arrancar. ◇ *vi* **- 1.** [partir] partir **- 2.** [máquina] pegar **- 3.** INFORM [programa] iniciar **- 4.** [empezar]: ~ **en** começar em.
◆ **arrancarse** *vpr* começar a.
arranque *m* **- 1.** [comienzo] início *m* **- 2.** [arrebato] ataque *m* **- 3.** AUTOM motor *m* de arranque.
arras *fpl* arras *fpl*.
arrasar *vt* arrasar.
arrastrar ◇ *vt* **- 1.** [por el suelo] arrastar **- 2.** [convencer, impulsar a] impelir **- 3.** [consecuencia inevitable] acarretar **- 4.** [soportar] suportar. ◇ *vi* arrastar.

◆ **arrastrarse** *vpr* arrastar-se.

arrastre *m* arrasto *m*; **estar para el ~** *Esp fam* estar esgotado(da); **tener ~** *RP* ser muito atraente.

arre *interj* arre!

arrear *vt* **-1.** [animal] fustigar **-2.** [persona] apressar **-3.** *fam* [propinar] meter **-4.** [poner arreos] arrear.

arrebatado, da *adj* arrebatado(da).

arrebatar *vt* arrebatar.

◆ **arrebatarse** *vpr* enfurecer-se.

arrebato *m* arrebatamento *m*.

arrebujar *vt* **-1.** [sin orden] amontoar **-2.** [para envolver] envolver.

arrechucho *m* *Esp fam* mal-estar *m*.

arreciar *vi* aumentar.

arrecife *m* recife *m*.

arredrarse *vpr* assustar-se.

arreglado, da *adj* **-1.** [reparado] consertado(da) **-2.** [ordenado] arrumado(da) **-3.** [solucionado] acertado(da).

arreglar *vt* **-1.** [reparar] consertar **-2.** [adornar] decorar **-3.** [ordenar] arrumar **-4.** [solucionar] resolver **-5.** MÚS adaptar **-6.** *fam* [como amenaza] pegar.

◆ **arreglarse** *vpr* **-1.** [apañarse] ajeitar-se; **arreglárselas** virar-se **-2.** [acicalarse] arrumar-se.

arreglista *mf* MÚS arranjador *m*, -ra *f*.

arreglo *m* **-1.** [reparación] conserto *m* **-2.** [adaptación] adaptação *f* **-3.** [acuerdo] acordo *m*; **con ~ a** de acordo com.

arrejuntarse *vpr fam* [amantes] juntar-se.

arrellanarse *vpr* espalhar-se.

arremangar *vtr* arregaçar.

◆ **arremangarse** *vpr* arregaçar as mangas.

arremeter *vi*: **~ contra** arremeter contra.

arremetida *f* arremetida *f*.

arremolinarse *vpr* amontoar-se.

arrendador, ra *m, f* arrendador *m*, -ra *f*.

arrendamiento *m* **-1.** [acción] arrendamento *m* **-2.** [precio] aluguel *m*.

arrendar *vt* arrendar.

arrendatario, ria ◇ *adj* arrendatário(ria). ◇ *m, f* arrendatário *m*, -ria *f*.

arreos *mpl* arreios *mpl*.

arrepentido, da ◇ *adj* arrependido(da). ◇ *m, f* arrependido *m*, -da *f*.

arrepentimiento *m* arrependimento *m*.

arrepentirse *vpr*: **~se (de)** arrepender-se (de).

arrestar *vt* prender.

arresto *m* [detención] prisão *f*; **~ domiciliario** prisão domiciliar.

arriar *vt* arriar.

arriba ◇ *adv* **-1.** [gen] em cima **-2.** [en dirección a] acima; **para ~** para cima **-3.** *Amér* [encima de] acima **-4.** *loc*: **de ~ abajo** de cima a baixo. ◇ *interj* viva!

arribar *vi* chegar.

arribeño, ña *m, f* *Amér fam* montanhês *m*, -esa *f*.

arribista ◇ *adj* arrivista. ◇ *mf* arrivista *mf*.

arriendo *m* arrendamento *m*.

arriero, ra *m, f* tropeiro *m*, -ra *f*.

arriesgado, da *adj* **-1.** [peligroso] arriscado(da) **-2.** [temerario] arrojado (da).

arriesgar *vt* arriscar.

◆ **arriesgarse** *vpr* arriscar-se; **~se a hacer algo** arriscar-se a fazer algo.

arrimar *vt* encostar.

◆ **arrimarse** *vpr* encostar-se.

arrinconar *vt* **-1.** [gen] encostar **-2.** [acorralar] encurralar.

arritmia *f* MED arritmia *f*.

arroba *f* arroba *f*.

arrodillarse *vpr* ajoelhar-se.

arrogancia *f* arrogância *f*.

arrogante *adj* arrogante.

arrojado, da ◇ *adj* destemido(da). ◇ *m, f* arrojado(da).

arrojar *vt* **-1.** [lanzar, tirar] lançar **-2.** [echar] expulsar **-3.** [resultado] apresentar **-4.** [vomitar] vomitar.

◆ **arrojarse** *vpr* lançar-se.

arrojo *m* arrojo *m*.

arrollador, ra *adj* arrebatador(ra).

arrollar *vt* **-1.** [enrollar] enrolar **-2.** [atropellar] atropelar **-3.** [tirar] derrubar **-4.** [vencer] derrotar.

arropar *vt* **-1.** [con ropa] agasalhar **-2.** [con protección] proteger.

◆ **arroparse** *vpr* agasalhar-se.

arrostrar *vt* encarar.

arroyo *m* **-1.** [de agua] arroio *m* **-2.** [de la calle] poça *f*.

arroz *m* arroz *m*; **~ blanco/integral** arroz branco/integral; **~ con leche** CULIN arroz-doce *m*.

arruga *f* ruga *f*.

arruinar *vt* arruinar.

◆ **arruinarse** *vpr* arruinar-se.
arrullar *vt* acalentar.
◆ **arrullarse** *vpr* arrulhar.
arrullo *m* **-1.** [de palomas, niño] arrulho *m* **-2.** [susurro] sussurro *m*.
arrumaco *m* ***fam*** afago *m*.
arrumbar *vt* encostar.
arsenal *m* **-1.** [gen] arsenal *m* **-2.** [de barcos] estaleiro *m*.
arsénico *m* QUÍM arsênico *m*.
art. (*abrev de* **artículo**) art.
arte *m o f (en sing gen m y en pl f)* [gen] arte *f*; **por/con malas ~s** por/com métodos obscuros; **no tener ~ ni parte** não ter nada a ver; **por ~ de encantamiento** *o* **de magia** por um passe de mágica; **por ~ de birlibirloque** ***Esp*** por um passe de mágica.
◆ **artes** *fpl* artes *fpl*; **artes gráficas/liberales/plásticas** artes gráficas/liberais/plásticas; **bellas artes** belas artes.
artefacto *m* artefato *m*.
arteria *f* ANAT artéria *f*.
artesa *f* artesa *f*.
artesanal *adj* artesanal.
artesanía *f* artesanato *m*.
artesano, na *m, f* artesão *m*, -sã *f*.
ártico, ca *adj* ártico(ca).
◆ **Ártico** *n*: **el Ártico** o Ártico; **el océano Glacial Ártico** o oceano Glacial Ártico.
articulación *f* **-1.** [de huesos, de palabra, de pieza] articulação *f* **-2.** [estructuración] estruturação *f*.
articulado, da *adj* articulado(da).
◆ **articulados** *mpl* ZOOL articulados *mpl*.
articular *vt* **-1.** [palabras, piezas] articular **-2.** [ley, documento, plan, proyecto] elaborar.
artículo *m* **-1.** [gen] artigo *m*; **~ de fondo** artigo de fundo **-2.** [de diccionario] verbete *m*.
◆ **artículo de fe** *m* **-1.** RELIG profissão *f* de fé **-2.** [verdad] dogma *m*.
artífice *mf* artífice *mf*.
artificial *adj* artificial.
artificiero *m* técnico *m* em explosivos.
artificio *m* artifício *m*.
artificioso, sa *adj* artificial.
artillería *f* artilharia *f*.
artillero *m* MIL artilheiro *m*.
artilugio *m* **-1.** [mecanismo] engenhoca *f* **-2.** ***fig*** [maña] tramóia *f*.
artimaña *f (gen pl)* artimanha *f*.
artista *mf* artista *mf*.
artístico, ca *adj* artístico(ca).
artritis *f* MED artrite *f*.
artrosis *f* MED artrose *f*.
arveja *f* ***RP*** ervilha *f*.
arzobispo *m* arcebispo *m*.
as *m* às *m*.
asa *f (el)* asa *f*.
asado *m* **-1.** [carne] assado *m* **-2.** ***Col & CSur*** [barbacoa] churrasco *m*.
asador *m* **-1.** [varilla] espeto *m* **-2.** [aparato] grelha *f* **-3.** ***RP*** [persona] churrasqueiro *m*.
asaduras *fpl* miúdos *mpl*.
asalariado, da *m, f* assalariado *m*, -da *f*.
asalmonado, da *adj* assalmoado(da).
asaltante *mf* assaltante *mf*.
asaltar *vt* **-1.** [gen] assaltar **-2.** [acosar] assediar.
asalto *m* assalto *m*.
asamblea *f* assembléia *f*.
asar *vt* [alimentos] assar.
◆ **asarse** *vpr* ***fam*** assar-se.
ascendencia *f* ascendência *f*.
ascendente ◇ *adj* ascendente. ◇ *m* ascendente *m*.
ascender ◇ *vi* **-1.** [subir] subir **-2.** [aumentar] aumentar **-3.** [de empleo, categoría]: **~ (a)** ascender a. ◇ *vt*: **~ a alguien (a algo)** promover alguém (a algo).
ascendiente ◇ *mf* [antepasado] ascendente *mf*. ◇ *m* [influencia] ascendente *m*.
ascensión *f* ascensão *f*.
◆ **Ascensión** *f* RELIG Assunção *f*.
ascenso *m* ascensão *f*.
ascensor *m* elevador *m*.
ascético, ca *adj* ascético(ca).
ASCII (*abrev de* **American Standard Code for Information Interchange**) *m* ASCII *m*.
asco *m* **-1.** [sensación desagradable] asco *m*; **dar ~** dar asco; **hacer ~s** fazer-se de rogado **-2.** [cosa repugnante] nojo *m*; **estar hecho un ~** ***fam*** estar um nojo; **ser un ~** ***fam*** ser um horror.
ascua *f (el)* [brasa] brasa *f*.
aseado, da *adj* asseado(da).
asear *vt* assear.
◆ **asearse** *vpr* assear-se.
asechanza *f* trapaça *f*.
asediar *vt* assediar.
asedio *m* assédio *m*.
asegurado, da *m, f* segurado *m*, -da *f*.
asegurador, ra *m, f* seguradora *f*.

asegurar *vt* **-1.** [fijar] fixar **-2.** [garantizar] assegurar **-3.** [concertar un seguro] segurar.
◆ **asegurarse** *vpr* **-1.** [hacer un seguro] fazer seguro **-2.** [cerciorarse]: ~**se de** certificar-se de.
asentado, da *adj* [establecido] estabelecido(da).
asentar *vt* **-1.** [asegurar] assentar **-2.** [instalar] implantar.
◆ **asentarse** *vpr* **-1.** [instalarse] estabelecer-se **-2.** [posarse] depositar-se.
asentir *vi* assentir.
aseo *m* **-1.** [limpieza] asseio *m* **-2.** [habitación] banheiro *m*.
◆ **aseos** *mpl* toalete *m*.
aséptico, ca *adj* asséptico(ca).
asequible *adj* acessível.
aserradero *m* serraria *f*.
aserrar *vt* serrar.
asesinar *vt* assassinar.
asesinato *m* assassinato *m*.
asesino, na ◇ *adj* assassino(na). ◇ *m, f* assassino *m*, -na *f*.
asesor, ra *m, f* assessor *m*, -ra *f*; ~ **de imagen** assessor de imagem; ~ **fiscal** conselheiro *m* fiscal.
asesorar *vt* assessorar.
◆ **asesorarse** *vpr* assessorar-se.
asesoría *f* assessoria *f*.
asestar *vt* assentar.
aseveración *f* asseveração *f*, afirmação *f*.
asexuado, da *adj* assexuado(da).
asfaltado *m* asfaltamento *m*.
asfaltar *vt* asfaltar.
asfalto *m* asfalto *m*.
asfixia *f* asfixia *f*.
asfixiante *adj* asfixiante.
asfixiar *vt* asfixiar.
◆ **asfixiarse** *vpr* asfixiar-se.
así ◇ *adv* [de este modo] assim; ~ **de** *(seguido de adjetivo)* assim de; ~ **es/era/fue como** é/era/foi assim; ~, ~ assim, assim; **algo** ~ [algo parecido] algo assim; ~ **como** assim como; ~ **es** [para asentir] sim; ~ **no más** *Amér fam* de repente; **y** ~ e assim. ◇ *conj* assim; ~ **es que** então; ~ **pues** portanto; ~ **y todo, aún** ~ mesmo assim. ◇ *adj inv* assim.
Asia *n (el)* Ásia.
asiático, ca ◇ *adj* asiático(ca). ◇ *m, f* asiático *m*, -ca *f*.
asidero *m* **-1.** [agarradero] cabo *m* **-2.** *fig* [apoyo] apoio *m*.
asiduidad *f* assiduidade *f*.
asiduo, dua *adj* assíduo(dua).
asiento *m* **-1.** [gen] assento *m*; **tomar** ~ tomar assento; ~ **abatible** *AUT* assento reclinável **-2.** [localidad] lugar *m* **-3.** [base] base *f* **-4.** [emplazamiento] assentamento *m* **-5.** *COM*: ~ **contable** assentamento *m* contábil.
asignación *f* **-1.** [atribución] atribuição *f* **-2.** [sueldo] entrada *f*.
asignar *vt* atribuir.
asignatura *f* matéria *f*.
asilado, da *m, f* asilado *m*, -da *f*.
asilo *m* **-1.** [gen] asilo *m*; ~ **político** asilo político **-2.** [hospedaje] hospedagem *f*.
asimilación *f* **-1.** [gen] assimilação *f* **-2.** [equiparación] equiparação *f*.
asimilar *vt* **-1.** [gen] assimilar **-2.** [equiparar] equiparar.
◆ **asimilarse** *vpr LING* assimilar-se.
asimismo *adv* também.
asir *vt* agarrar.
◆ **asirse a** *vpr* agarrar-se.
asistencia *f* **-1.** [presencia] presença *f* **-2.** [ayuda] assistência *f*; ~ **médica/pública/social** assistência médica/pública/social; ~ **técnica** assistência técnica **-3.** [afluencia] afluência *f* **-4.** *DEP* passe *m*.
asistenta *f* faxineira *f*.
asistente ◇ *mf* **-1.** [ayudante] assistente *mf*; ~ **social** assistente social **-2.** [presente] presente *mf*. ◇ *mf*: ~ **personal** *INFORM* assistente pessoal digital.
asistido, da *adj* assistido(da).
asistir ◇ *vt* assistir. ◇ *vi*: ~ **a** assistir a.
asma *f (el) MED* asma *f*.
asmático, ca ◇ *adj* asmático(ca). ◇ *m, f* astmático *m*, -ca *f*.
asno *m* asno *m*.
asociación *f* associação *f*; ~ **de ideas** associação de idéias; ~ **de consumidores** associação de consumidores.
asociado, da ◇ *adj* associado(da). ◇ *m, f* **-1.** [gen] sócio *m*, -cia *f* **-2.** [adjunto] adjunto *m*, -ta *f*.
asociar *vt* associar.
◆ **asociarse** *vpr* associar-se; ~**se (con)** associar-se (com).
asolar *vt* assolar.
asomar ◇ *vi* assomar. ◇ *vt* assomar.
◆ **asomarse** *vpr*: ~ **(a)** debruçar-se (a).

asombrar *vt* assombrar.

◆ **asombrarse** *vpr* assombrar-se; **se asombró de que no hubiera llegado todavía** assombrou-se porque ainda não havia chegado.

asombro *m* [admiración, sorpresa] assombro *m*.

asombroso, sa *adj* assombroso(sa).

asomo *m* [indicio] assomo *m*; **ni por ~** de modo algum.

asorocharse *vpr* ***Andes*** ter mal de altura.

aspa *f (el)* pá *f*.

aspaviento *m (gen pl)* espalhafato *m*.

aspecto *m* aspecto *m*; **tener buen/mal ~** ter bom mau aspecto; **bajo este ~** sob este aspecto; **en todos los ~s** em todos os aspectos.

aspereza *f* aspereza *f*.

áspero, ra *adj* áspero(ra).

aspersión *f* aspersão *f*.

aspersor *m* pulverizador *m*.

aspiración *f* aspiração *f*.

aspirador *m*, **aspiradora** *f* aspirador *m*.

aspirante ◇ *adj* aspirante. ◇ *mf*: **~ a** aspirante a.

aspirar ◇ *vt* aspirar. ◇ *vi*: **~ a** aspirar a.

aspirina® *f* aspirina® *f*.

asquear *vt* enojar.

asquerosidad *f* asquerosidade *f*.

asqueroso, sa *adj* asqueroso(sa).

asta *f (el)* **-1.** [de bandera] haste *f*; **a media ~** a meio pau **-2.** [de herramienta] cabo *m* **-3.** [de animal] chifre *m*.

asterisco *m* asterisco *m*.

asteroide *m* asteróide *m*.

astigmatismo *m* MED astigmatismo *m*.

astilla *f* lasca *f*; **hacer ~s** [fig] deixar em frangalhos.

astillero *m* estaleiro *m*.

astracán *m* astracã *m*.

astringente *adj* adstringente.

astro *m* astro *m*.

astrofísica *f* astrofísica *f*.

astrología *f* astrologia *f*.

astrólogo, ga *m, f* astrólogo *m*, -ga *f*.

astronauta *mf* astronauta *mf*.

astronave *f* espaçonave *f*, astronave *f*.

astronomía *f* astronomia *f*.

astrónomo, ma *m, f* astrônomo *m*, -ma *f*.

astucia *f* **-1.** [picardía] astúcia *f* **-2.** *(gen pl)* [maña, treta] artimanha *f*.

astuto, ta *adj* astuto(ta).

asueto *m* folga *f*.

asumir *vt* assumir.

asunción *f* assunção *f*.

Asunción *f* **-1.** [ciudad] Assunção *f* **-2.** RELIG: **la Asunción** a Assunção.

asunto *m* **-1.** [gen] assunto *m* **-2.** ***fam*** [romance] caso *m*.

◆ **Asuntos Exteriores** *mpl* Assuntos *mpl* Exteriores.

asustado, da *adj* assustado(da).

asustar *vt* assustar.

◆ **asustarse** *vpr* assustar-se.

atacante ◇ *adj* atacante. ◇ *mf* assaltante *mf*.

atacar *vt* **-1.** [gen] atacar **-2.** [sobrevenir] acometer **-3.** ***fig*** [combatir] combater.

atadura *f* **-1.** [ligadura] amarra *f* **-2.** [obligación] fardo *m*.

atajar ◇ *vi* [acortar] atalhar. ◇ *vt* **-1.** [interrumpir] atalhar **-2.** [contener] conter.

atajo *m* **-1.** [camino corto] atalho *m* **-2.** [medio rápido] expediente *m* **-3.** ***despec*** [panda] corja *f*.

atalaya *f* atalaia *f*.

atañer *vi* concernir; **en lo que atañe a** no que se refere a.

ataque *m* ataque *m*.

atar *vt* **-1.** [unir] atar **-2.** [relacionar] concatenar **-3.** [limitar] prender.

◆ **atarse** *vpr* [anudarse] atar.

atardecer ◇ *m* entardecer *m*. ◇ *v impers* entardecer.

atareado, da *adj* atarefado(da).

atascar *vt* entupir.

◆ **atascarse** *vpr* **-1.** [obstruirse] entupir-se **-2.** ***fig*** [detenerse] atolar.

atasco *m* **-1.** [obstrucción] entupimento *m* **-2.** [embotellamiento] engarrafamento *m* **-3.** [impedimento] obstáculo *m*.

ataúd *m* ataúde *m*.

ataviar *vt* enfeitar.

◆ **ataviarse** *vpr* enfeitar-se.

atavío *m* **-1.** [adorno] adorno *m* **-2.** [indumentaria] indumentária *f*.

ate *m* ***Méx*** geléia *f* de marmelo.

atemorizar *vt* atemorizar.

◆ **atemorizarse** *vpr* atemorizar-se.

Atenas *n* Atenas.

atenazar *vt* **-1.** [sujetar] apertar **-2.** [atormentar] atazanar.

atención ◇ *f* atenção *f*; **llamar la**

~ chamar a atenção; **poner** *o* **prestar** ~ colocar *o* prestar atenção. ◇ *interj* atenção!
◆ **atenciones** *fpl* atenções *fpl*.
atender ◇ *vt* atender. ◇ *vi* **-1.** [prestar atención] prestar atenção; ~ **a** prestar atenção em **-2.** [responder]: ~ **por** atender por.
ateneo *m* ateneu *m*.
atenerse *vpr*: ~ **a** ater-se a.
atentado *m* atentado *m*.
atentamente *adv* **-1.** [con atención] atentamente **-2.** [con cortesía, en correspondencia] atenciosamente.
atentar *vi*: ~ **contra** atentar contra.
atento, ta *adj* **-1.** [pendiente] atento (ta); ~ **a** atento a **-2.** [cortés] atencioso(sa).
atenuante *m* DER atenuante *f*.
atenuar *vt* atenuar.
ateo, a ◇ *adj* ateu, atéia. ◇ *m, f* ateu *m*, atéia *f*.
aterido, da *adj* congelado(da).
aterrador, ra *adj* aterrorizador(ra).
aterrar *vt* aterrorizar.
aterrizaje *m* aterrissagem *f*; ~ **forzoso** aterrissagem forçada.
aterrizar *vi* aterrissar.
aterrorizar *vt* aterrorizar.
◆ **aterrorizarse** *vpr* aterrorizar-se.
atesorar *vt* entesourar.
atestado *m* *Esp* boletim *m*.
atestar *vt* **-1.** [llenar] lotar **-2.** DER atestar.
atestiguar *vt* **-1.** [declarar] testemunhar **-2.** [demostrar] atestar.
atiborrar *vt* abarrotar.
◆ **atiborrarse** *vpr*: **~se (de)** *fam* empanturrar-se (de).
ático *m* cobertura *f*.
atinar *vi* acertar; ~ **con** encontrar.
atingencia *m* *Amér* [relación] relação *f*.
atípico, ca *adj* atípico(ca).
atisbar *vt* entrever.
atisbo *m (gen pl)* vislumbre *m*.
atizar *vt* **-1.** [fuego] atiçar **-2.** [sentimientos] despertar **-3.** *fam* [pegar] meter.
◆ **atizarse** *vpr fam* atacar.
atlántico, ca *adj* atlântico(ca).
◆ **Atlántico** *n*: **el (océano) Atlántico** o (oceano) Atlântico.
atlas *m inv* atlas *m*.
atleta *mf* atleta *mf*.
atlético, ca *adj* atlético(ca).
atletismo *m* atletismo *m*.
atmósfera *f* atmosfera *f*.
atmosférico, ca *adj* atmosférico (ca).
atolladero *m* [apuro] atoleiro *m*.
atolondrado, da ◇ *adj* atrapalhado(da). ◇ *m, f* atrapalhado *m*, -da *f*.
atolondramiento *m* atrapalhação *m*.
atómico, ca *adj* atômico(ca).
atomizador *m* nebulizador *m*.
átomo *m* átomo *m*.
atónito, ta *adj* atônito(ta).
átono, na *adj* GRAM átono(na).
atontado, da *adj* **-1.** [aturdido] atordoado(da) **-2.** [tonto] imbecilizado (da).
atontar *vt* **-1.** [aturdir] atordoar **-2.** [volver tonto] imbecilizar.
atorado, da *adj* ***Amér*** **-1.** [atascado] entupido(da) **-2.** [agitado, nervioso] embatucado(da).
atorar *vt* ***Amér*** entupir.
◆ **atorarse** *vpr* **-1.** [atascarse] entupir-se **-2.** [atragantarse] engasgar-se.
atormentar *vt* atormentar.
atornillar *vt* aparafusar.
atorón *m* ***Méx*** engarrafamento *m*.
atorrante *adj* ***RP*** [holgazán] preguiçoso(sa).
atosigar *vt* pressionar.
ATP (*abrev de* **asociación de tenistas profesionales**) *f* ATP *f*.
atracador, ra *m, f* assaltante *mf*.
atracar ◇ *vi* MAR: ~ **en** atracar em. ◇ *vt* assaltar.
◆ **atracarse** *vpr*: **~se de** empanturrar-se de.
atracción *f* **-1.** [gen] atração *f* **-2.** *(gen pl)* [diversión infantil] diversões *fpl*.
atraco *m* assalto *m*.
atracón *m* *fam* empanturramento *m*; **darse un** ~ empanturrar-se (de).
atractivo, va *adj* atraente.
◆ **atractivo** *m* atrativo *m*.
atraer *vt* atrair.
atragantarse *vpr* [ahogarse] engasgar-se; **atragantársele alguien a uno** ***fig*** ficar com alguém engasgado na garganta.
atrancar *vt* **-1.** [cerrar] trancar **-2.** [obturar] entupir.
◆ **atrancarse** *vpr* **-1.** [encerrarse] trancar-se **-2.** [atascarse] entupir-se **-3.** [al hablar] embatucar-se.
atrapar *vt* **-1.** [pillar, alcanzar] pegar **-2.** ***fam*** [conseguir] agarrar **-3.** ***fam*** [engañar] enganar.

atrás *adv* atrás.

atrasado, da *adj* atrasado(da).

atrasar ◇ *vt* **-1.** [posponer] adiar **-2.** [retrasar] atrasar. ◇ *vi* atrasar.

◆ **atrasarse** *vpr* atrasar-se.

atraso *m* atraso *m*.

◆ **atrasos** *mpl fam* atrasados *mpl*.

atravesar *vt* atravessar.

◆ **atravesarse** *vpr* **-1.** [interponerse] atravessar-se; **atravesársele a uno alguien** *loc* ter alguém atravessado na garganta **-2.** *Amér* [suj: impedimento] interpor-se.

atrayente *adj* atraente.

atreverse *vpr* atrever-se; **~ a hacer algo** atrever-se a fazer algo; **~ con** atrever-se com.

atrevido, da ◇ *adj* atrevido(da). ◇ *m, f* atrevido *m*, -da *f*.

atrevimiento *m* atrevimento *m*.

atribución *f* atribuição *f*.

atribuir *vt* [imputar]: **~ algo a algo/a alguien** atribuir algo a algo/a alguém.

◆ **atribuirse** *vpr* atribuir-se.

atribular *vt* ***culto*** atribular.

◆ **atribularse** *vpr* ***culto*** atribular-se.

atributo *m* **-1.** [gen] atributo *m* **-2.** GRAM predicativo *m*.

atril *m* atril *m*.

atrincherarse *vpr* **-1.** [protegerse] entrincheirar-se **-2.** [obstinarse]: **~ en** obstinar-se em.

atrio *m* átrio *m*.

atrocidad *f* **-1.** [crueldad] atrocidade *f* **-2.** [necedad] barbaridade *f*.

atropellado, da *adj* atropelado(da).

atropellar *vt* atropelar.

◆ **atropellarse** *vpr* [al hablar] atropelar-se.

atropello *m* **-1.** [por vehículo] atropelamento *m* **-2.** [moral] violação *f*.

atroz *adj* atroz.

ATS (*abrev de* **ayudante técnico sanitario**) *mf* enfermeiro *m*, -ra *f*.

atte. (*abrev de* **atentamente**) atenciosamente.

atuendo *m* traje *m*.

atún *m* atum *m*.

aturdido, da *adj* aturdido(da).

aturdimiento *m* aturdimento *m*.

aturdir *vt* aturdir.

◆ **aturdirse** *vpr* aturdir-se.

aturullar, aturrullar *vt* ***Esp fam*** atrapalhar.

◆ **aturullarse** *vpr* ***Esp fam*** atrapalhar-se.

audacia *f* audácia *f*.

audaz *adj* audaz.

audible *adj* audível.

audición *f* **-1.** [gen] audição *f* **-2.** TEATR & MÚS teste *m*.

audiencia *f* **-1.** [gen] audiência *f*; **de máxima ~** de máxima audiência **-2.** [tribunal de justicia] tribunal *m* de justiça; **~ pública** audiência *f* pública **-3.** [edificio] palácio *m* da justiça.

audífono *m* audiofone *m*.

audio *m* áudio *m*.

audiovisual *adj* audiovisual.

auditivo, va *adj* auditivo(va).

auditor, ra *m, f* auditor *m*, -ra *f*.

auditoría *f* auditoria *f*; **~ externa/interna** auditoria externa/interna.

auditorio *m* auditório *m*.

auge *m* auge *m*; **en pleno ~** em pleno auge.

augurar *vt* augurar.

augurio *m* augúrio *m*.

aula *f (el)* [clase] sala *f* de aula.

aullar *vi* uivar.

aullido *m* uivo *m*.

aumentar ◇ *vt* aumentar. ◇ *vi* aumentar.

aumentativo, va *adj* aumentativo (va).

◆ **aumentativo** *m* GRAM aumentativo *m*.

aumento *m* aumento *m*; **ir en ~** estar aumentando.

aun ◇ *adv* [hasta, incluso] mesmo. ◇ *conj (seguido de gerundio, participio o cuando)* [aunque] mesmo; **~ cuando** mesmo quando.

◆ **aun así** *loc adv* mesmo assim.

aún *adv* [todavía] ainda.

aunar *vt* reunir.

aunque *conj* **-1.** [concesivo] ainda que **-2.** [adversativo] mas.

aúpa *interj **fam*** upa!

◆ **de aúpa** *loc adj **fam*** tremendo (da).

aupar *vt* erguer.

◆ **auparse** *vpr* subir.

aureola *f* auréola *f*.

aurícula *f* aurícula *f*.

auricular ◇ *adj* auricular. ◇ *m* [de teléfono] fone *m*.

◆ **auriculares** *mpl* [de equipo de música] fone *m* (de ouvido).

aurora *f* [fenómeno físico] aurora *f*.

auscultar *vt* MED auscultar.

ausencia *f* ausência *f*; **brillar por su ~** primar por sua inexistência.

ausentarse *vpr* ausentar-se.
ausente *adj* ausente.
◆ **ausentes** *mfpl* ausentes *mfpl*.
austeridad *f* austeridade *f*.
austero, ra *adj* austero(ra).
austral *adj* austral.
Australia *n* Austrália.
australiano, na ◇ *adj* australiano(na). ◇ *m, f* australiano *m*, -na *f*.
Austria *n* Áustria.
austríaco, ca ◇ *adj* austríaco(ca). ◇ *m, f* austríaco *m*, -ca *f*.
autarquía *f* autarquia *f*.
auténtico, ca *adj* **-1.** [veraz, verdadero] autêntico(ca) **-2.** [no falsificado] legítimo(ma).
autentificar *vt* [legalizar] autenticar.
auto *m* *CSur* [vehículo] auto *m*.
◆ **autos** *mpl* DER autos *mpl*.
◆ **auto de fe** *m* auto-de-fé *m*.
autoadhesivo, va *adj* auto-adesivo(va).
autobiografía *f* autobiografia *f*.
autobús *m* ônibus *m*.
autocar *m* ônibus *m*.
autocine *m* drive-in *m*.
autocontrol *m* autocontrole *m*.
autocrítica *f* autocrítica *f*.
autóctono, na ◇ *adj* autóctone. ◇ *m, f* autóctone *mf*.
autodefensa *f* autodefesa *f*.
autodeterminación *f* autodeterminação *f*.
autodidacta ◇ *adj* autodidata. ◇ *mf* autodidata *mf*.
autoescuela *f* auto-escola *f*.
autoestima *f* auto-estima *f*.
autoestop, autostop *m* carona *f*; **hacer ~** pedir carona.
autoestopista, autostopista *mf* *Esp* caronista *mf*.
autógrafo *m* autógrafo *m*.
autómata *m* **-1.** [máquina] autômato *m* **-2.** *fam* [persona] autômato *m*.
automático, ca *adj* automático(ca).
automatización *f* automatização *f*.
automatizar *vt* automatizar.
automedicarse *vpr* automedicar-se.
automotor, triz *adj* automotor(ra).
automóvil *m* automóvel *m*, carro *m*.
automovilismo *m* automobilismo *m*.
automovilista *mf* automobilista *mf*.
automovilístico, ca *adj* automobilístico(ca).
autonomía *f* autonomia *f*.
autonómico, ca *adj* autônomo(ma).
autonomista ◇ *adj* autonomista. ◇ *mf* autonomista *mf*.
autónomo, ma ◇ *adj* autônomo (ma). ◇ *m, f* autônomo *m*, -ma *f*.
autopista *f* rodovia *f*; **~ de la información** INFORM superestrada *f* da informação.
autopropulsión *f* MEC autopropulsão *f*.
autopsia *f* MED autópsia *f*.
autor, ra *m, f* autor *m*, -ra *f*.
autoría *f* autoria *f*.
autoridad *f* autoridade *f*.
◆ **autoridades** *fpl* [dirigentes] autoridades *fpl*.
autoritario, ria *adj* autoritário(ria).
autorización *f* autorização *f*; **dar ~** dar autorização.
autorizado, da *adj* autorizado(da).
autorizar *vt* autorizar.
autorretrato *m* auto-retrato *m*.
autoservicio *m* **-1.** [tienda] autoserviço *m* **-2.** [restaurante] self-service *m*.
autostop = **autoestop**.
autostopista = **autoestopista**.
autosuficiencia *f* auto-suficiência *f*.
autosugestión *f* auto-sugestão *f*.
autovía *f* auto-estrada *f*.
auxiliar ◇ *adj* auxiliar. ◇ *mf* [ayudante] auxiliar *mf*; **~ administrativo** auxiliar administrativo; **~ técnico sanitario** ≃ auxiliar de enfermagem. ◇ *vt* auxiliar.
auxilio *m* auxílio *m*, socorro *m*; **pedir/prestar ~** pedir/prestar socorro; **primeros ~s** primeiros socorros.
auyama *f* *Carib* & *Col* abóbora *f*.
av., avda. (*abrev de* **avenida**) av.
aval *m* aval *m*.
avalancha *f* avalancha *f*.
avalar *vt* avalizar.
avalista *mf* avalista *mf*.
avance *m* **-1.** [progreso, en espacio] avanço *m* **-2.** RADIO & TV previsão *f*; **~ informativo** boletim *m* informativo.
avanzadilla *f* MIL vanguarda *f*.
avanzado, da *adj* avançado(da).
◆ **avanzada** *f* MIL vanguarda *f*.
avanzar ◇ *vi* avançar. ◇ *vt* avançar.
avaricia *f* avareza *f*.
avaricioso, sa *adj* avarento(ta).

avaro, ra <> *adj* avaro(ra). <> *m, f* avaro *m*, -ra *f*.
avasallar *vt* avassalar.
avatar *m (gen pl)* vicissitudes *fpl*.
avda. (*abrev de* **avenida**) = **av.**
ave *f (el)* **-1.** [gen] ave *f*; ~ **de rapiña** ave de rapina **-2.** ***Amér*** [pollo, pavita] galinha *f*.
AVE (*abrev de* **alta velocidad española**) *m trem espanhol de alta-velocidade.*
avecinarse *vpr* [acercarse] avizinhar-se.
avellana *f* avelã *f*.
avellano *m* aveleira *f*.
avemaría *f (el)* [oración] ave-maria *f*.
avena *f* aveia *f*.
avenencia *f* [acuerdo] acordo *m*.
avenida *f* **-1.** [calle] avenida *f* **-2.** [de un río] enchente *f*.
avenido, da *adj*: **bien/mal** ~ bem/mal ajustado(da).
avenirse *vpr* **-1.** [llevarse bien] entender-se **-2.** [ponerse de acuerdo] entrar em acordo; ~ **a algo/hacer algo** concordar com algo/em fazer algo.
aventajado, da *adj* [adelantado] adiantado(da).
aventajar *vt* [superar] superar; ~ **a alguien en algo** superar alguém em algo.
aventar *vt* **-1.** [echar al viento] aventar **-2.** ***Andes, CAm & Méx*** [empujar] empurrar; [tirar] atirar.
◆ **aventarse** *vpr* ***Méx*** [atreverse]: ~ **a hacer algo** atrever-se a hacer algo.
aventón *m* ***CAm, Méx & Perú*** carona *f*; **dar** ~ **a alguien** dar carona a alguém.
aventura *f* aventura *f*.
aventurado, da *adj* ousado(da).
aventurarse *vpr* aventurar-se; ~ **a hacer algo** aventurar-se a fazer algo.
aventurero, ra <> *adj* aventureiro(ra). <> *m, f* aventureiro *m*, -ra *f*.
avergonzar *vt* envergonhar.
◆ **avergonzarse** *vpr*: ~**se (de)** envergonhar-se (de).
avería *f* avaria *f*.
averiado, da *adj* avariado(da).
averiar *vt* avariar.
◆ **averiarse** *vpr* avariar-se.
averiguación *f* averiguação *f*; **hacer averiguaciones** fazer averiguações.
averiguar *vt* averiguar.
aversión *f* aversão *f*.
avestruz *m* avestruz *m*.
aviación *f* aviação *f*.
aviador, ra *m, f* aviador *m*, -ra *f*.
aviar *vt* [preparar] arrumar.
avícola *adj* avícola.
avicultura *f* avicultura *f*.
avidez *f* avidez *f*.
ávido, da *adj*: ~ **de** ávido(da) de *o* por.
avinagrado, da *adj* **-1.** [agrio] avinagrado(da) **-2.** [desagradable] azedo (da).
avinagrarse *vpr* **-1.** [comida] avinagrar-se **-2.** [carácter] azedar-se.
avío *m* **-1.** [preparativo] preparativo *m* **-2.** [comida, víveres] provisão *f*.
◆ **avíos** *mpl **fam*** **-1.** [de coser] aviamentos *mpl* **-2.** [de escribir] materiais *mpl*.
avión *m* avião *m*; **en** ~ de avião; **por** ~ por avião; ~ **de reacción** avião a jato.
avioneta *f* teco-teco *m*.
avisar *vt* **-1.** [informar]: ~ **a alguien de algo** avisar alguém de algo **-2.** [llamar] avisar.
aviso *m* **-1.** [advertencia] aviso *m*; **hasta nuevo** ~ até novo aviso; **poner sobre** ~ pôr de sobreaviso; **sin previo** ~ sem aviso prévio **-2.** TAUROM *advertência feita pelo presidente ao toureiro quando este demora mais tempo que o regulamentar para matar o touro* **-3.** ***Amér*** [anuncio] anúncio *m*; ~ **clasificado** anúncio classificado.
avispa *f* vespa *f*.
avispado, da *adj **fam*** esperto(ta).
avispero *m* vespeiro *m*.
avistar *vt* avistar.
avituallar *vt* avitualhar.
avivar *vt* avivar.
axila *f* axila *f*.
axioma *m* axioma *m*.
ay *interj* **-1.** ai! **-2.** ***loc***: **¡~ de mí/ti/nosotros!** ai de mim/ti/nos!
ayatolá (*pl* **ayatollahs**) *m* aiatolá *m*.
ayer <> *adv* ontem; ~ **(de) noche/tarde** ontem à noite/tarde; ~ **por la mañana/tarde** ontem pela manhã/tarde. <> *m* ontem *m*.
ayo, ya *m, f* aio *m*, -ia *f*.
ayuda *f* ajuda *f*; **acudir en** ~ **de alguien** acudir em ajuda de alguém; **pedir** ~ **a alguien** pedir ajuda a alguém.
ayudante <> *mf* **-1.** [que ayuda] ajudante *mf* **-2.** [categoría profesional] auxiliar *mf*, ajudante *mf*. <> *adj* assistente.

ayudar *vt* ajudar.
◆ **ayudarse** *vpr* ajudar-se; **~se de** valer-se de.
ayunar *vi* jejuar.
ayunas *fpl*: **en ~** em jejum.
ayuno *m* jejum *m*; **hacer ~** fazer jejum.
ayuntamiento *m* prefeitura *f*.
azabache *m* azeviche *m*.
azada *f* enxada *f*.
azafata *f* aeromoça *f*.
azafate *m* ***CAm***, ***Carib***, ***Méx*** & ***Perú*** bandeja *f*.
azafrán *m* açafrão *m*.
azahar *m* flor *f* de laranjeira.
azalea *f* azaléa *f*.
azar *m* acaso *m*; **al ~** ao acaso; **por (puro) ~** por mero acaso.
azaroso, sa *adj* atribulado(da).
azor *m* açor *m*.
azoramiento *m* embaraço *m*.
azotaina *f* ***fam*** surra *f*.
azotar *vt* açoitar.
azote *m* **-1.** [golpe] açoite *m* **-2.** [calamidad] calamidade *f*.
azotea *f* **-1.** [de edificio] terraço *m* **-2.** ***fam*** [cabeza] cabeça *f*.
azteca ◇ *mf* asteca *mf*. ◇ *m* asteca *m*. ◇ *adj* asteca.
azúcar *m o f (es mucho más frecuente el masculino)* açúcar *m*; **~ moreno** açúcar mascavo.
azucarado, da *adj* açucarado(da).
azucarero, ra *adj* açucareiro(ra).
◆ **azucarero** *m* açucareiro *m*.
◆ **azucarera** *f* usina *f* de açúcar.
azucena *f* açucena *f*.
azufre *m* enxofre *m*.
azul ◇ *adj* azul. ◇ *m* azul *m*.
azulejo *m* azulejo *m*.
azulete *m* anil *m*.
azuzar *vt* **-1.** [animal] atiçar **-2.** [persona] atiçar; **~ a alguien a hacer algo** incitar alguém a fazer algo.

B

b, B *f* [letra] b, B *m*.
baba *f* baba *f*.
babear *vi* babar.
babero *m* babador *m*.
babi *m* avental *m*.
babia *f*: **estar en ~** estar no mundo da lua.
babilónico, ca *adj* babilônico(ca).
bable *m dialeto asturiano.*
babor *m* NÁUT bombordo *m*; **a ~** a bombordo.
babosada *f* ***CAm*** & ***Méx fam*** baboseira *f*.
baboso, sa ◇ *adj* **-1.** [que babea] babão(na) **-2.** ***Amér fam*** [tonto] babão *m*, -na *f*. ◇ *m*, *f* ***Amér*** babão *m*, -na *f*.
◆ **babosa** *f* [animal] lesma *f*.
babucha *f* babucha *f*.
baca *f* bagageiro *m*.
bacalao *m* bacalhau *m*; **~ a la vizcaína** CULIN *bacalhau à moda do País Basco, cozido com cebola, tomate, pimentão, alho e salsinha*; **~ al pil-pil** CULIN *bacalhau refogado em azeite no qual previamente se fritaram alhos*; **partir** *o* **cortar el ~** ***fig fam*** ser o manda-chuva.
bacán ***RP fam*** ◇ *adj* bacana. ◇ *m* bacana *m*; **como un ~** como um cavalheiro.
bacanal *f* bacanal *f*.
bacarrá, bacará *m* bacará *m*.
bache *m* **-1.** [de terreno] buraco *m* **-2.** [dificultades] crise *f* **-3.** [de atmósfera] vácuo *m*.
bachiller *mf* estudante *mf* de segundo grau.
bachillerato *m* [enseñanza] segundo *m* grau.
bacilo *m* MED bacilo *m*.
bacinica *f* urinol *m*.
bacon *m inv* bacon *m*.
bacteria *f* bactéria *f*.
bacteriológico, ca *adj* bacteriológico(ca).
báculo *m* **-1.** [bastón] báculo *m* **-2.** [apoyo, sostén] bengala *f*.
badajo *m* badalo *m*.
badén *m* **-1.** [de carretera] valeta *f* **-2.** [cauce] vala *f*.
bádminton *m inv* DEP badminton *m*.
bafle, baffle *m* caixa *f* de som.
bagaje *m* bagagem *f*.
bagatela *f* bagatela *f*.
bahía *f* baía *f*.
bailaor, ra *m*, *f* bailarino *m*, -na *f* de flamenco.
bailar ◇ *vt* dançar. ◇ *vi* **-1.** dançar **-2.** ***loc***: **que me quiten lo bailado** ***fam*** isso ninguém me tira.

bailarín, ina *m, f* [artista] bailarino *m*, -na *f*.
baile *m* **-1.** [gen] dança *f* **-2.** [fiesta] baile *m*.
◆ **baile de San Vito** *m MED* dança *f* de São Vito.
bailotear *vi fam* saracotear.
baja *f* ▷ **bajo**.
bajada *f* **-1.** [descenso] descida *f*; ~ **de bandera** [de taxi] bandeirada *f* **-2.** [cuesta] ladeira *f* **-3.** [disminución] baixa *f*.
bajamar *f* baixa-mar *f*.
bajar ◇ *vt* **-1.** descer; ~ **por** descer por **-2.** [música, precios, ojos] abaixar. ◇ *vi* descer; ~ **de** descer de.
◆ **bajarse** *vpr* descer; ~**se de** descer de.
bajativo *m* ***Andes, RP*** [licor] digestivo *m*; [tisana] chá *m* de ervas.
bajel *m* ***culto*** baixel *m*.
bajero, ra *adj* de baixo.
bajeza *f* baixeza *f*.
bajista ◇ *adj FIN* de baixa. ◇ *mf* [músico] baixista *mf*.
bajo[1]**, ja** *adj* baixo(xa).
◆ **bajo** *m* **-1.** ***(gen pl)*** [del pantalón] barra *f*; [de un coche] piso *m* **-2.** *MÚS* [instrumento] baixo *m* **-3.** *MÚS* [cantante] baixo *m* **-4.** *MÚS* [instrumentista] baixista *mf*.
◆ **bajo** *adv* **-1.** [en lugar inferior] abaixo **-2.** [de volumen, en categoría, calidad] baixo.
◆ **baja** *f* **-1.** [descenso] baixa *f* **-2.** [cese] baixa *f*; **darse de baja** retirar-se **-3.** [por enfermedad] licença *f*; **estar de baja** estar de licença **-4.** [documento] atestado *m* médico **-5.** [pérdida] baixa *f*.
◆ **bajos** *mpl* andar *m* térreo.
bajo[2] *prep* **-1.** [debajo de] debaixo de **-2.** [sometido a, con] sob **-3.** [por debajo de] abaixo de.
bajón *m* queda *f*; **dar un** ~ sofrer uma queda.
bajura *f* ▷ **pesca**.
bala *f* **-1.** [proyectil] bala *f* **-2.** [fardo] fardo *m*.
◆ **bala perdida** *m* ***fam*** aloucado *m*.
balacear *vt* ***Amér*** atirar.
balacera *f* ***Amér*** tiroteio *m*.
balada *f* balada *f* romântica.
baladí (*pl* **baladíes**) *adj* frívolo(la).
baladronada *f* fanfarronada *f*.
balance *m COM* balanço *m*.
balancear *vt* balançar.
◆ **balancearse** *vpr* balançar-se.
balanceo *m* **-1.** [movimiento] balanço *m* **-2.** ***Amér*** *AUTOM* balanceamento *m*.
balancín *m* **-1.** [mecedora] cadeira *f* de balanço **-2.** *AUTOM* balancim *m*.
balandro *m NÁUT* chalupa *f*.
balanza *f* balança *f*; ~ **comercial** *ECON* balança comercial; ~ **de pagos** *ECON* balança de pagamentos; **inclinarse la** ~ ***loc*** pender a balança.
balar *vi* balir.
balarrasa *m* desajuizado *m*, -da *f*.
balaustrada *f* balaustrada *f*.
balazo *m* balaço *m*.
balbucear, balbucir ◇ *vi* balbuciar. ◇ *vt* balbuciar.
balbuceo *m* balbucio *m*.
balbucir = **balbucear**.
Balcanes *npl*: **los** ~ os Bálcãs.
balcón *m* **-1.** [terraza pequeña] balcão *m* **-2.** [mirador] mirante *m*.
baldado, da *adj* cansado(da).
balde *m* balde *m*.
◆ **de balde** *loc adv* de graça.
◆ **en balde** *loc adv* em vão.
baldosa *f* lajota *f*.
baldosín *m* ladrilho *m*.
balear ◇ *adj* baleárico(ca). ◇ *mf* baleárico *m*, -ca *f*. ◇ *vt* ***Amér*** atirar.
◆ **Baleares** *npl*: **las (islas)** ~ as ilhas Baleares.
baleo *m* ***Amér*** tiroteio *m*.
balido *m* balido *m*.
balín *m* balim *m*.
baliza *f* baliza *f*.
ballena *f* **-1.** [animal] baleia *f* **-2.** [de bañador] barbatana *f*; [de paraguas] vareta *f*.
ballesta *f* **-1.** [arma] balestra *f* **-2.** *AUTOM* mola *f* de suspensão.
ballet (*pl* **ballets**) *m* balé *m*.
balneario *m* balneário *m*.
balompié *m DEP* futebol *m*.
balón *m* **-1.** [pelota] bola *f* **-2.** [recipiente] balão *m* **-3.** [en cómics] balão *m*.
baloncesto *m* basquetebol *m*.
balonmano *m* handebol *m*.
balonvolea *m* voleibol *m*.
balsa *f* **-1.** [embarcación] balsa *f* **-2.** [estanque] poça *f*; **esta oficina es una** ~ **de aceite** ***loc*** este escritório é um poço de tranquilidade.
balsámico, ca *adj* balsâmico(ca).
bálsamo *m* bálsamo *m*.
Báltico *n*: **el (mar)** ~ o (mar) Báltico.

baluarte *m* baluarte *m*.
bamba *f* bamba *f*.
bambalina *f* TEATR bambolina *f*; **entre ~s** *fig* nos bastidores.
bambolear *vt* balançar.
◆ **bambolearse** *vpr* balançar-se.
bambú (*pl* **bambúes** *o* **bambús**) *m* bambu *m*.
banal *adj* banal.
banana *f* banana *f*.
banano *m* bananeira *f*.
banca *f* **-1.** [actividad]: **~ en línea** banco on-line; **~ telefónica** banco por telefone **-2.** [institución] sistema *m* bancário **-3.** [en juegos de azar] banca *f* **-4.** [asiento sin respaldo] banco *m* **-5.** *Andes, RP* [escaño] cadeira *f*.
bancario, ria *adj* bancário(ria).
bancarrota *f* [quiebra] bancarrota *f*; **en ~** na bancarrota; **ir a la ~** ir à bancarrota.
banco *m* **-1.** [gen] banco *m* **-2.** [de peces] cardume *m*.
◆ **banco azul** *m* *Esp* POLÍT *no Congresso e no Senado, assentos reservados ao Governo.*
◆ **banco de arena** *m* MAR banco *m* de areia.
◆ **Banco Central Europeo** *m* Banco *m* Central Europeu.
◆ **banco de datos** *m* INFORM banco *m* de dados.
◆ **banco de pruebas** *m* MEC área *f* de testes.
◆ **Banco Mundial** *m* Banco *m* Mundial.
banda *f* **-1.** [cuadrilla] bando *m*; **~ armada** bando armado **-2.** [conjunto musical] banda *f* **-3.** RADIO faixa *f* **-4.** [cinta] fita *f* **-5.** [tira] listra *f* **-6.** [límite, margen] linha *f* **-7.** *loc*: **cerrarse en ~** [obstinarse] bater o pé.
◆ **banda magnética** *f* faixa *f* magnética.
◆ **banda sonora** *f* CIN trilha *f* sonora.
bandada *f* revoada *f*; **salir en ~** *fig* sair em debandada.
bandazo *m* [movimiento brusco de un barco] solavanco *m*; **dar ~s** [sujeto: barco] dar solavancos; [sujeto: borracho] dar cambaleios; [en la vida] levar tombo.
bandeja *f* bandeja *f*; **servir** *o* **dar en ~** *fig* dar de bandeja.
bandera *f* bandeira *f*; **jurar la ~** MIL jurar bandeira; **~ blanca** bandeira branca.
◆ **de bandera** *loc adj fam* [magnífico] de primeira.
banderín *m* **-1.** [bandera] bandeirinha *f* **-2.** MIL [persona] porta-bandeira *m*.
banderola *f* bandeirola *f*.
bandido, da *m, f* bandido *m*, -da *f*.
bando *m* **-1.** [facción] lado *m* **-2.** [edicto] edital *m*.
bandolero, ra *m, f* bandoleiro *m*, -ra *f*.
◆ **bandolera** *f* [correa] bandoleira *f*; **en bandolera** a tiracolo.
bandurria *f* MÚS bandurra *f*.
banjo *m* MÚS banjo *m*.
banquero, ra *m, f* banqueiro *m*, -ra *f*.
banqueta *f* **-1.** [banco] banqueta *f* **-2.** *CAm & Méx* [acera] calçada *f*.
banquete *m* [comida] banquete *m*.
banquillo *m* **-1.** [asiento] banquinho *m* **-2.** [de entrenadores y jugadores] banco *m*.
banquina *f* *RP* beira *f*.
bañado *m* *RP* manguezal *m*.
bañador *m* maiô *m*.
bañar *vt* **-1.** [gen] banhar **-2.** *Amér* [duchar] banhar.
◆ **bañarse** *vpr* **-1.** [asearse] lavar-se **-2.** [sumergirse] nadar **-3.** *Amér* [ducharse] tomar banho.
bañera *f* banheira *f*.
bañista *mf* banhista *mf*.
baño *m* **-1.** [inmersión en agua] banho *m*; **darse un ~** tomar um banho **-2.** [pila] banheiro *m* **-3.** [cuarto de aseo] banheiro *m* **-4.** [inhalaciones, vahos] inalação *f* **-5.** [capa] banho *m*.
◆ **baños** *mpl* banhos *mpl*.
◆ **baño María** *m* banho-maria *m*.
baobab (*pl* **baobabs**) *m* baobá *m*.
baptista ◇ *adj* batista. ◇ *mf* batista *mf*.
baquelita *f* baquelita *f*.
bar *m* bar *m*; **~ musical** bar com música.
barahúnda *f* barafunda *f*.
baraja *f* baralho *m*.
barajar *vt* **-1.** [cartas] embaralhar **-2.** [datos, posibilidades] considerar.
◆ **barajarse** *vpr* considerar-se.
baranda *f* balaustrada *f*.
barandilla *f* balaustrada *f*.
barata *f* *Méx* liquidação *f*.
baratija *f* bagatela *f*.
baratillo *m* *feira ou bazar de preços baixos.*
barato, ta *adj* barato(ta).

◆ **barato** *adv* barato.
barba *f* barba *f*; **dejarse (la) ~** deixar crescer a barba; **por ~** *fig* por pessoa.
◆ **barbas** *fpl* barbilhão *m*.
barbacoa *f* **-1.** [parrilla] churrasqueira *f* **-2.** [comida] churrasco *m*.
Barbados *n* Barbados.
barbaridad *f* barbaridade *f*.
barbarie *f* barbárie *f*.
barbarismo *m* barbarismo *m*.
bárbaro, ra ◇ *adj* ***fam*** bárbaro(ra). ◇ *m, f* [pueblo] bárbaro *m*, -ra *f*.
◆ **bárbaro** *adv* ***fam*** [magníficamente] barbaramente.
barbecho *m* AGR barbecho *m*.
barbería *f* barbearia *f*.
barbero, ra *m, f* barbeiro *m*, -ra *f*.
barbilampiño, ña *adj* imberbe.
◆ **barbilampiño** *m* jovem *m*.
barbilla *f* queixo *m*.
barbo *m* bárbus *m inv*.
barbotar ◇ *vi* resmungar. ◇ *vt* resmungar.
barbudo, da ◇ *adj* barbudo(da). ◇ *m, f* barbudo *m*, -da *f*.
barbullar *vi* balbuciar.
barca *f* barca *f*.
barcaza *f* barcaça *f*.
Barcelona *n* Barcelona.
barcelonés, esa ◇ *adj* barcelonês (esa). ◇ *m, f* barcelonê *m*, -esa *f*.
barco *m* barco *m*.
baremo *m* [tabla de medidas] gabarito *m*, tabela *f*.
bario *m* QUÍM bário *m*.
barítono *m* barítono *m*.
barman (*pl* **barmans** *o* **barmen**) *m* barman *m*.
Barna. (*abrev de* **Barcelona**) Barcelona.
barniz *m* **-1.** [para madera] verniz *m* **-2.** [para uñas] esmalte *m*.
barnizar *vt* envernizar.
barómetro *m* barômetro *m*.
barón, ronesa *m, f* barão *m*, -onesa *f*.
barquero, ra *m, f* barqueiro *m*, -ra *f*.
barquillo *m* CULIN casquinha *f*.
barra *f* **-1.** [gen] barra *f*; **~ de estado** INFORM barra de status *o* estatus; **~ de labios** batom *m*; **~ de pan** baguete *f*; **~ de desplazamiento** INFORM barra de deslocamento; **~ de herramientas** INFORM barra de ferramentas; **~ de menús** INFORM barra de menu; **~ espaciadora** barra de espaços **-2.** [de bar] balcão *m*; **~ americana** bar de garotas de programa; **~ libre** consumação livre **-3.** ***Andes, RP*** [de amigos] gangue *f*; **~ brava** ***RP*** *grupo violento de torcedores de futebol*.
barrabasada *f* ***fam*** brincadeira *f* de mau gosto.
barraca *f* **-1.** [vivienda pobre, caseta] barraca *f* **-2.** [casa de campo] barracão *m*.
barracón *m* barracão *m*.
barranco *m* barranco *m*.
barranquismo *m* DEP canyoning *m*.
barraquismo *m* favelização *f*.
barrena *f* broca *f*.
barrenar *vt* **-1.** [taladrar] furar **-2.** [frustrar] frustrar.
barrendero, ra *m, f* gari *mf*.
barreno *m* broca *f*.
barreño *m* bacia *f*.
barrer *vt* **-1.** [con escoba] varrer **-2.** ***fam*** [derrotar] varrer.
barrera *f* **-1.** [gen] barreira *f*; **~s arquitectónicas** barreiras arquitetônicas **-2.** [de plaza de toros] cerca *f*.
◆ **barrera del sonido** *f* barreira *f* do som.
barriada *f* **-1.** [barrio popular] bairro *m* **-2.** ***Amér*** [barrio de chabolas] favela *f*.
barricada *f* barricada *f*.
barrido *m* varredura *f*.
barriga *f* [vientre] barriga *f*; **echar ~** criar barriga; **rascarse** *o* **tocarse la ~** ***fig*** ficar de papo para o ar.
barrigazo *m* ***fam*** barrigada *f*; **darse un ~** dar uma barrigada.
barrigón, ona ◇ *adj* barrigudo (da). ◇ *m, f* barrigudo *m*, -da *f*.
◆ **barrigón** *m* barrigão *m*.
barril *m* barril *m*.
barrio *m* bairro *m*; **mandar al otro ~** ***fig fam*** mandar desta para a melhor.
barriobajero, ra ◇ *adj* ***despec*** favelado(da). ◇ *m, f* ***despec*** favelado *m*, -da *f*.
barrizal *m* lamaçal *m*.
barro *m* **-1.** [fango] barro *m* **-2.** [arcilla] argila *f* **-3.** [grano] espinha *f*.
barroco, ca *adj* barroco(ca).
◆ **barroco** *m* barroco *m*.
barrote *m* grade *f*.
barruntar *vt* pressentir.
bartola ◆ **a la bartola** *loc adv* ***fam*** numa boa.
bártulos *mpl* tralhas *fpl*; **liar los ~** ***fig fam*** fazer a trouxa.
barullo *m* ***fam*** barulho *m*; **armar ~**

armar um barulho.
basalto *m GEOL* basalto *m*.
basamento *m ARQUIT* embasamento *m*.
basar *vt* **-1.** [fundamentar] basear **-2.** [asentar] assentar.
◆ **basarse en** *vpr* basear-se em.
basca *f* **-1.** *fam* [grupo de gente] turma *f* **-2.** [náusea] náusea *f*.
báscula *f* balança *f*.
bascular *vi* balançar.
base *f* **-1.** [gen] base *f*; **de ~** de base; **sentar las ~s** estabelecer as bases **-2.**: **a ~ de** à base de; **a ~ de bien** *fam* muito.
◆ **base de datos** *f INFORM* base *f* de dados.
◆ **base imponible** *f ECON* base *f* imponível.
baseball *m Amér* beisebol *m*.
básico, ca *adj* básico(ca).
basílica *f* basílica *f*.
basilisco *m MITOL* basilisco *m*; **ponerse hecho un ~** *fig fam* ficar uma fera.
basket *m DEP* basquetebol *m*.
basta *interj* basta!; **~ de** basta de.
bastante ◇ *adv* suficiente. ◇ *adj* bastante.
bastar *vi* bastar; **~ con** bastar.
◆ **bastarse** *vpr* bastar-se.
bastardía *f* [parentesco] bastardia *f*.
bastardo, da ◇ *adj* **-1.** [persona, animal] bastardo(da) **-2.** *despec* [innoble] canalha. ◇ *m, f* [descendiente] bastardo *m*, -da *f*.
bastidor *m* **-1.** [armazón] batente *m* **-2.** *AUTOM* chassi *m*.
◆ **bastidores** *mpl TEATR* bastidores *mpl*; **entre ~es** *fig* nos bastidores.
basto, ta *adj* **-1.** [tosco, áspero] áspero(ra) **-2.** [grosero] grosseiro(ra).
◆ **bastos** *mpl* [naipes] paus *mpl*.
bastón *m* **-1.** [para andar] bengala *f* **-2.** [de mando, para esquiar] bastão *m*.
basura *f* lixo *m*.
basural *m CSur* depósito *m* de lixo.
basurero, ra ◇ *m, f* gari *mf*. ◇ *m* depósito *m* de lixo.
bata *f* **-1.** [de casa] avental *m* **-2.** [de trabajo] bata *f*.
batacazo *m* [caída] tombo *m*.
batalla *f* **-1.** [gen] batalha *f* **-2.** *loc*: **de ~** [de uso diario] de briga.
batallar *vi* batalhar.
batallón *m* batalhão *m*.
batata *f* [planta, raíz] batata-doce *f*.
bate *m DEP* taco *m*.
batea *f Amér* tina *f*.
bateador, ra *m, f DEP* batedor *m*, -ra *f*.
batear *vt DEP* bater.
batería ◇ *f* **-1.** [gen] bateria *f*; **~ de cocina** bateria de cozinha **-2.** *TEATR* bateria *f* de holofotes **-3.** *loc*: **en ~** lado a lado. ◇ *mf* baterista *mf*.
batiborrillo, batiburrillo *m* mixórdia *f*.
batido, da *adj* [líquido] batido(da).
◆ **batido** *m* **-1.** [acción de batir] modo de bater **-2.** [bebida] vitamina *f*.
◆ **batida** *f* batida *f*.
batidora *f* batedeira *f*.
batiente *m* **-1.** [de puerta o ventana] folha *f* **-2.** [dique] costão *m*.
batín *m* roupão *m*.
batir ◇ *vt* bater. ◇ *vi* [sol, lluvia, aire] bater.
◆ **batirse** *vpr* bater-se; **~se en duelo** bater-se em duelo.
baturro, rra ◇ *adj* aragonês(esa). ◇ *m, f* aragonês *m*, -esa *f*.
batuta *f MÚS* batuta *f*; **llevar la ~** *fig* liderar.
baúl *m* **-1.** [arcón] baú *m* **-2.** *Arg & Col* [maletero] porta-malas *m*.
bautismo *m* batismo *m*.
bautizar *vt* batizar.
bautizo *m* batismo *m*.
baya *f* baga *f*.
bayeta *f* pano *m*.
bayo, ya *adj* baio(ia).
bayoneta *f MIL* baioneta *f*.
baza *f* vaza *f*; **meter ~ en un asunto** *loc* meter o bedelho em um assunto.
bazar *m* bazar *m*.
bazo *m ANAT* baço *m*.
bazofia *f fig* bazófia *f*.
bazuca, bazooka *m MIL* bazuca *f*.
BCE (*abrev de* **Banco Central Europeo**) *m* BCE *m*.
be *f*: **~ larga** *o* **grande** *Amér* letra b.
beatificar *vt* beatificar.
beato, ta ◇ *adj* beato(ta). ◇ *m, f* beato *m*, -ta *f*.
bebé *m* bebê *m*; **~ probeta** bebê de proveta.
bebe, ba *m, f CSur fam* bebê *mf*.
bebedero *m* bebedouro *m*.
bebedor, ra *m, f* bebedor *m* bebedo, -ra *f*.
beber ◇ *vt* beber. ◇ *vi* beber.
bebida *f* bebida *f*; **darse** *o* **entregarse a la ~** entregar-se à bebida.
bebido, da *adj* embriagado(da).

beca *f* bolsa *f* de estudos.
becar *vt* conceder bolsa de estudos a.
becario, ria *m, f* bolsista *mf*.
becerro, rra *m, f* bezerro *m*, -rra *f*.
bechamel, besamel *f* ▷ **salsa**.
bedel, la *m, f* bedel *m*.
beduino, na ◇ *adj* beduíno(na). ◇ *m, f* beduíno *m*.
befa *f*: **hacer ~ de** caçoar de.
begonia *f* begônia *f*.
beige ◇ *adj inv* bege. ◇ *m inv* bege *m inv*.
béisbol *m* beisebol *m*.
belén *m* **-1.** [de Navidad] presépio *m* **-2.** *fam* [desorden] bagunça *f* **-3.** *(gen pl) fig* [embrollo] rolo *m*.
Belén *n* Belém.
belga ◇ *adj* belga. ◇ *mf* belga *mf*.
Bélgica *n* Bélgica.
Belgrado *n* Belgrado.
bélico, ca *adj* bélico(ca).
belicoso, sa *adj* belicoso(sa).
beligerante ◇ *adj* beligerante. ◇ *mf* beligerante *mf*.
bellaco, ca *m, f* velhaco *m*, -ca *f*.
bellaquería *f* velhacaria *f*.
belleza *f* beleza *f*.
bello, lla *adj* belo(la).
bellota *f* bolota *f*.
bemol ◇ *adj* bemol. ◇ *m* MÚS bemol *m*; **tener (muchos) ~es** [ser difícil] ser (muito) complicado; [tener agallas] ter coragem; [ser un abuso] ser um abuso.
benceno *m* QUÍM benzeno *m*.
bencina *f* **-1.** QUÍM benzina *f* **-2.** *Chile* [gasolina] gasolina *f*.
bencinera *f* *Chile* posto *m* de gasolina.
bendecir *vt* bendizer.
bendición *f* bendição *f*.
◆ **bendiciones** *fpl* bênçãos *fpl*.
bendito, ta ◇ *adj* bento(ta). ◇ *m, f* santo, -ta *f*; **dormir como un ~** *fig* dormir como uma pedra.
benedictino, na ◇ *adj* beneditino(na). ◇ *m, f* beneditino *m*, -na *f*.
benefactor, ra ◇ *adj* benéfico(ca). ◇ *m, f* benfeitor *m*, -ra *f*.
beneficencia *f* beneficência *f*.
beneficiar *vt* [favorecer] beneficiar.
◆ **beneficiarse** *vpr*: **~se (de** *o* **con algo)** beneficiar-se (de *o* com algo).
beneficiario, ria *m, f* beneficiário *m*, -ria *f*.
beneficio *m* **-1.** [bien] benefício *m*; **en ~ de** em benefício de; **en ~ propio** em benefício próprio **-2.** [ganancia] lucro *m*.
beneficioso, sa *adj* benéfico(ca).
benéfico, ca *adj* **-1.** [favorable] benéfico(ca) **-2.** [de la beneficencia] beneficente.
Benelux (*abrev de* **België-Nederland-Luxembourg**) *n*: **el ~** o Benelux.
beneplácito *m* beneplácito *m*.
benevolencia *f* benevolência *f*.
benévolo, la, benevolente *adj* benévolo(la).
bengala *f* [para señalizar] fogo-de-bengala *m*.
benigno, na *adj* **-1.** [tolerante, afable] benévolo(la) **-2.** [apacible] agradável **-3.** [leve] benigno(na).
benjamín, mina *m, f* caçula *mf*.
benzol *m* QUÍM benzol *m*.
berberecho *m* berbigão *m*.
berenjena *f* berinjela *f*.
berenjenal *m* **-1.** [terreno] plantação *f* de berinjela **-2.** *fam* [enredo] enrascada *f*; **meterse en un ~** entrar em uma enrascada.
bergantín *m* NÁUT bergantim *m*.
Berlín *n* Berlim.
berlinés, esa ◇ *adj* berlinense. ◇ *m, f* berlinense *mf*.
berma *f* *Andes* acostamento *m*.
bermejo, ja *adj* loiro(ra).
bermellón ◇ *adj inv* [color] vermelho vivo. ◇ *m* **-1.** [color] vermelho *m* vivo **-2.** QUÍM cinabre *m*.
bermudas *fpl* bermudas *fpl*.
Berna *n* Berna.
berrear *vi* berrar.
berrido *m* berro *m*.
berrinche *m* *fam* emburramento *m*.
berro *m* agrião *m*.
berza *f* couve *f*.
berzotas *mf* *fam* idiota *mf*.
besamel = **bechamel**.
besar *vt* beijar.
◆ **besarse** *vpr* beijar-se.
beso *m* beijo *m*; **comer(se) a ~s** cobrir de beijos.
bestia ◇ *adj* [rudo, bruto] grosseiro(ra). ◇ *mf* [bruto] grosseiro *m*, -ra *f*. ◇ *f* [animal] besta *f*.
bestial *adj* **-1.** [brutal, irracional] bestial **-2.** *fam* [extraordinario, formidable] bacana.
bestialidad *f* **-1.** [brutalidad] brutalidade *f* **-2.** *fam* [tontería] besteira *f* **-3.** *fam* [gran cantidad] montão *m*.
best seller (*pl* **best sellers**) *m* best-seller *m*.

besucón, cona ◇ *adj* beijoqueiro (ra). ◇ *m, f* beijoqueiro *m*, -ra *f*.

besugo *m* **-1.** [animal] goraz *m* **-2.** *fam* [persona] idiota *mf*.

besuquear *vt fam* beijocar.

◆ **besuquearse** *vpr fam* beijocar-se.

betabel *m Méx* beterraba *f*.

betarraga *f Andes* beterraba *f*.

betún *m* **-1.** [para el calzado] graxa *f* (para calçados) **-2.** QUÍM betume *m*.

bianual *adj* **-1.** [cada dos años] bienal **-2.** [dos veces al año] semestral.

biberón *m* mamadeira *f*.

Biblia *f* Bíblia *f*.

bibliografía *f* bibliografia *f*.

bibliorato *m RP* arquivo *m* de pastas suspensas.

biblioteca *f* biblioteca *f*.

bibliotecario, ria *m, f* bibliotecário *m*, -ria *f*.

bicarbonato *m* bicarbonato *m*.

bicentenario *m* bicentenário *m*.

bíceps *m inv* ANAT bíceps *m inv*.

bicharraco *m* **-1.** *fam* [animal] bicho *m* **-2.** *fam* [persona] raposa *f*.

bicho *m* **-1.** [animal, persona mala] bicho *m*; **todo ~ viviente** todo mundo; **~ raro** esquisitão; **mal ~** mau-caráter **-2.** [pillo] criança *f* travessa.

bici *f fam* bici *f*.

bicicleta *f* bicicleta *f*.

bicicletear *vi RP fam especular usando dinheiro alheio.*

biciclo *m* biciclo *m*.

bicoca *f fam* mamata *f*; **ser algo una ~** ser algo uma mamata.

bicolor *adj* bicolor.

BID (*abrev de* **Banco Interamericano de Desarrollo**) *m* BID *m*.

bidé *m* bidê *m*.

bidimensional *adj* bidimensional.

bidón *m* latão *m*.

biela *f* biela *f*.

Bielorrusia *n* Bielo-Rússia.

bien ◇ *adv* bem; **has actuado ~** fez bem; **habla ~ inglés** fala bem inglês; **encontrarse ~** encontrar-se bem; **estar ~** [de salud] estar bem; [de aspecto] ter boa aparência; [de calidad] ser bom; [ser suficiente] ser suficiente; **hoy me he levantado ~ temprano** hoje me levantei bem cedo; **quiero un vaso de agua ~ fría** quero um copo de água gelada; **¡está ~!** está bem!; **más ~** antes; **¡muy ~!** muito bem! ◇ *adj inv* [barrio] nobre, grã-fino(na); [colegio] grã-fino(na). ◇ *conj*: **~ ... ~** ou ... ou; **entrega el vale ~ a mi padre, ~ a mi madre** entrega o vale ao meu pai ou à minha mãe. ◇ *m* **-1.** bem *m* **-2.** [calificación] bom *m*; **el ~ y el mal** o bem e o mal; **hacer el ~** fazer o bem.

◆ **bienes** *mpl* bens *mpl*; **~es de consumo** bens de consumo; **~es inmuebles/muebles** bens imóveis/móveis; **~es raíces** bens de raiz.

bienal ◇ *adj* bienal. ◇ *f* bienal *f*.

bienaventurado, da *m, f* bem-aventurado *m*, -da *f*.

bienestar *m* bem-estar *m*.

bienhechor, ra ◇ *adj* benéfico(ca). ◇ *m, f* benfeitor *m*, -ra *f*.

bienio *m* biênio *m*.

bienvenido, da *adj* bem-vindo(da).

◆ **bienvenida** *f* [recibimiento] boas-vindas *fpl*; **dar la bienvenida** dar as boas-vindas.

◆ **bienvenido** *interj* bem-vindo!

bies *m inv* viés *m*; **al ~** de viés.

bife *m Andes & RP* bife *m*.

bífido, da *adj* bífido(da).

bifocal *adj* bifocal.

biftec *m* = **bistec**.

bifurcación *f* bifurcação *f*.

bifurcarse *vpr* bifurcar-se.

bigamia *f* bigamia *f*.

bígamo, ma ◇ *adj* bígamo(ma). ◇ *m, f* bígamo *m*, -ma *f*.

bigote *m* bigode *m*.

bigotudo, da *adj* bigodudo(da).

bigudí (*pl* **bigudís** *o* **bigudíes**) *m* bóbi *m*.

bikini *m* = **biquíni** *m*.

bilateral *adj* bilateral.

biliar *adj* biliar.

bilingüe *adj* bilíngüe.

bilingüismo *m* bilingüismo *m*.

bilis *f* MED bílis *f*, bíle *f*.

billar *m* bilhar *m*.

billete *m* **-1.** [de dinero] cédula *f* **-2.** [entrada, de lotería] bilhete *m*; **no hay ~s** lotado **-3.** [de transporte] passagem *f*; **sacar un ~** comprar uma passagem; **~ de ida y vuelta** passagem de ida e volta; **~ sencillo** passagem simples.

billetera *f* carteira *f*.

billetero *m* carteira *f*.

billón *m* bilhão *m*.

bimensual *adj* bimensal.

bimestre *m* bimestre *m*.

bimotor ◇ *adj* bimotor. ◇ *m* bimotor *m*.

bingo *m* bingo *m*.
binóculo *m* pincenê *m*.
biocombustible *m* biocombustível *m*.
biodegradable *adj* biodegradável.
bioética *f* bioética *f*.
biografía *f* biografia *f*.
biográfico, ca *adj* biográfico(ca).
biógrafo, fa *m, f* biógrafo *m*, -fa *f*.
biología *f* biologia *f*.
biológico, ca *adj* biológico(ca).
biólogo, ga *m, f* biólogo *m*, -ga *f*.
biombo *m* biombo *m*.
biopsia *f* MED biópsia *f*.
bioquímico, ca ◇ *adj* bioquímico (ca). ◇ *m, f* bioquímico *m*, -ca *f*.
◆ **bioquímica** *f* bioquímica *f*.
biorritmo *m* biorritmo *m*.
biosfera *f* biosfera *f*.
bipartidismo *m* bipartidarismo *m*.
bipartito, ta *adj* **-1.** [dividido en dos] bipartido(da) **-2.** [compuesto de dos] bipartite.
bípedo, da *adj* bípede.
◆ **bípedo** *m* bípede *m*.
biplaza ◇ *adj* de dois lugares. ◇ *m* veículo *m* de dois lugares.
bipolar *adj* bipolar.
biquini, bikini *m* [bañador] biquíni *m*.
birlar *vt* ***fam*** [robar] afanar.
birome *f* ***RP*** caneta *f* esferográfica.
birra *f* ***fam*** [cerveza] cervejota *f*.
birrete *m* barrete *m*.
birria *f* **-1.** ***Esp fam*** [cosa o persona fea] horror *m* **-2.** ***fam*** [cosa sin valor] porcaria *f*.
bis (*pl* **bises**) ◇ *adj inv* bis. ◇ *m* bis *m*.
bisabuelo, la *m, f* bisavô *m*, -vó *f*.
bisagra *f* dobradiça *f*.
bisbisar, bisbisear *vt* ***fam*** cochichar.
bisección *f* bisseção *f*.
bisector, triz *adj* bissetor(triz).
◆ **bisectriz** *f* bissetriz *f*.
biselar *vt* biselar.
bisexual ◇ *adj* bissexual. ◇ *mf* bissexual *mf*.
bisiesto *adj* bissexto(ta).
bisnieto, ta *m, f* bisneto *m*, -ta *f*.
bisonte *m* bisonte *m*.
bisoñé *m* peruca *f*.
bisoño, ña ◇ *adj* bisonho(nha). ◇ *m, f* bisonho *m*, -nha *f*.
bistec, bisté *m* bife *m*.
bisturí (*pl* **bisturís**) *m* bisturí *m*.
bisutería *f* bijuteria *f*.
bit (*pl* **bits**) *m* INFORM bit *m*.
bíter, bitter *m* bitter *m*.
bizantino, na ◇ *adj* bizantino(na). ◇ *m, f* bizantino *m*, -na *f*.
bizco, ca ◇ *adj* vesgo(ga). ◇ *m, f* vesgo(ga).
bizcocho *m* **-1.** [postre] pão-de-ló *m* **-2.** [pan] biscoito *m*.
bizquear *vi* **-1.** [quedarse bizco] envesgar **-2.** ***fam*** [asombrarse] espantar-se.
blablablá *m* ***fam*** blablablá *m*.
blanco, ca ◇ *adj* branco(ca). ◇ *m, f* branco *m*, -ca *f*.
◆ **blanco** *m* **-1.** [color] branco *m* **-2.** [objetivo, vacío] alvo *m*; **dar en el ~** acertar no alvo.
◆ **blanca** *f* **-1.** MÚS mínima *f* **-2.** ***loc*: estar/quedarse sin blanca** ***fam*** estar/ficar quebrado(da).
◆ **en blanco** *loc adv* [vacío]: **quedarse en ~** [sin saber] ter um branco, dar um branco na cabeça; **pasar la noche en ~** [sin dormir] passar a noite em branco.
◆ **blanco del ojo** *m* branco *m* do olho.
blancura *f* brancura *f*.
blandengue *adj* mole.
blando, da *adj* **-1.** [cosa] macio(a) **-2.** [persona] mole.
blandura *f* **-1.** [de cosa] maciez *f* **-2.** [indolencia] brandura *f*.
blanquear *vt* **-1.** [ropa] branquear **-2.** [con cal] caiar **-3.** [dinero] lavar.
blanquecino, na *adj* embranquecido(da).
blanqueo *m* **-1.** [de ropa] alvejamento *m* **-2.** [encalado] caiadura *f* **-3.** [de dinero] lavagem *f*.
blanquillo *m* ***Méx*** [huevo] ovo *m*.
blasfemar *vi* blasfemar; **~ contra** blasfemar contra.
blasfemia *f* **-1.** [gen] blasfêmia *f* **-2.** [palabrota] palavrão *m*.
blasfemo, ma ◇ *adj* blasfemo (ma). ◇ *m, f* blasfemo *m*, -ma *f*.
blasón *m* **-1.** [escudo] brasão *m* **-2.** [orgullo, honor] honra *f*.
blazer (*pl* **blazers**) *m* blazer *m*.
bledo *m*: **me importa un ~** ***fam*** não me importa a mínima.
blindado, da *adj* blindado(da).
blindar *vt* blindar.
bloc (*pl* **blocs**) *m* bloco *m*.
blocar *vt* DEP bloquear.
blonda *f* renda *f*.
bloque *m* **-1.** [gen] bloco *m*; **en ~** em bloco **-2.** [edificio] prédio *m*.
bloquear *vt* bloquear.

◆ **bloquearse** *vpr* bloquear-se.
bloqueo *m* bloqueio *m*; ~ **económico** bloqueio econômico.
blues *m inv* MÚS blues *m inv*.
bluff (*pl* **bluffs**) *m* blefe *m*.
blúmers *m* ***CAm, Carib*** calção *m*.
blusa *f* blusa *f*.
blusón *m* blusão *m*.
bluyín, bluyínes *m* ***Andes*** & ***Ven*** *mpl* jeans *mpl*.
BM (*abrev de* **Banco Mundial**) *m* BM *m*.
boa *f* [animal] jibóia *f*.
bobada *f* bobagem *f*; **decir ~s** dizer bobagem; **hacer ~s** fazer bobagem.
bobalicón, ona ◇ *adj* ***fam*** bobão (bona). ◇ *m, f* bobão *m*, -bona *f*.
bobería *f* ***fam*** besteira *f*.
bobina *f* bobina *f*.
bobo, ba ◇ *adj* bobo(ba). ◇ *m, f* bobo *m*, -ba *f*.
boca *f* [gen] boca *f*; **abrir ~** abrir o apetite; **hacer ~** fazer uma boquinha; **hacerse la ~ agua** dar água na boca; **quedarse con la ~ abierta** ficar boquiaberto(ta); **quitar de la ~** tirar da boca; **~ de metro** boca do metrô.
◆ **boca arriba** *loc adv* de barriga para cima.
◆ **boca abajo** *loc adv* de barriga para baixo.
◆ **boca a boca** *m* boca-a-boca *m*.
bocacalle *f* travessa *f*.
bocadillo *m* **-1.** [para comer] sanduíche *m* **-2.** [en cómic] balão *m*.
bocado *m* **-1.** [comida] bocado *m*; **no probar ~** não provar nada **-2.** [mordisco] mordida *f*.
◆ **bocado de Adán** *m* ANAT pomo-de-adão *m*.
bocajarro ◆ **a bocajarro** *loc adv* à queima-roupa.
bocanada *f* **-1.** [de líquido] golfada *f* **-2.** [de humo] baforada *f*.
bocata *m* ***Esp fam*** sanduíche *m*.
bocazas *mf* ***fam despec*** linguarudo *m*, -da *f*.
boceto *m* esboço *m*.
bochas *fpl* bocha *f*.
bochorno *m* **-1.** [calor] mormaço *m* **-2.** [vergüenza] vergonha *f*.
bochornoso, sa *adj* **-1.** [caluroso] mormacento(ta) **-2.** [vergonzoso] vergonhoso(sa).
bocina *f* [de coche] buzina *f*.
bocinazo *m* buzinaço *m*.
bocón, cona *m, f* ***Amér fam*** bocudo *m*, -da *f*.
boda *f* boda *f*; **~s de oro** bodas de ouro; **~s de plata** bodas de prata.
bodega *f* **-1.** [para vino] adega *f* **-2.** [en buque o avión] porão *m* **-3.** ***Méx*** [almacén] armazém *m* **-4.** ***CAm*** & ***Carib*** [tienda de comestibles] bodega *f*.
bodegón *m* **-1.** ARTE natureza-morta *f* **-2.** [taberna] taberna *f*.
bodrio *m* ***fam despec*** lixo *m*.
body (*pl* **bodies** *o* **bodys**) *m* body *m*.
BOE (*abrev de* **Boletín Oficial del Estado**) *m* DOU *m*.
bofetada *f* bofetada *f*; **dar una ~** dar uma bofetada; **darse de ~s** ***fig*** não combinar.
bofetón *m* bofetão *m*.
bofia *f* ***Esp fam***: **la ~** os tiras.
boga *f* [remo] remada *f*; **estar en ~** ***fig*** estar na moda.
bogar *vi* remar.
bogavante *m* lavagante *m*.
Bogotá *n* Bogotá.
bogotano, na ◇ *adj* bogotano(na). ◇ *m, f* bogotano *m*, -na *f*.
bohemio, mia ◇ *adj* boêmio(mia). ◇ *m, f* boêmio *m*, -mia *f*.
boicot (*pl* **boicots**) *m* boicote *m*.
boicotear *vt* boicotar.
bóiler *m* ***Méx*** boiler *m*.
boina *f* boina *f*.
boj (*pl* **bojes**) *m* buxo *m*.
bol *m* tigela *f*.
bola *f* **-1.** [gen] bola *f*; **~ de nieve** bola de neve **-2.** ***fam*** [mentira] lorota *f* **-3.** ***Méx*** [lío] confusão *f*; **hacerse uno ~s** fazer confusão **-4.** ***loc***: **en ~s** ***fam*** pelado(da).
bolchevique ◇ *adj* bolchevique. ◇ *mf* bolchevique *mf*.
bolea *f* DEP voleio *m*.
bolear *vt* ***Méx*** [dar betún a] engraxar.
bolera *f* boliche *m*.
bolero *m* MÚS bolero *m*.
bolero, ra *m, f* ***Méx*** engraxate *mf*.
boleta *f* ***Amér*** [recibo] recibo *m*; ***CAm*** & ***CSur*** [multa] multa *f*; ***Cuba, Méx*** & ***RP*** [para voto] cédula *f*.
boletería *f* ***Amér*** bilheteria *f*.
boletín *m* boletim *m*; **~ de noticias** *o* **informativo** boletim de notícias *o* informativo; **~ meteorológico** boletim meteorológico.
boleto *m* **-1.** [en una lotería, rifa] bilhete *m* **-2.** ***Amér*** [billete] bilhete *m* **-3.** ***Col*** & ***Méx*** [entrada] entrada *f*.
boli *m* ***fam*** esferográfica *f*.
boliche *m* **-1.** [bola] bolim *m* **-2.** ***CSur fam*** [bar] biboca *f*.

bólido *m* carro *m* de corrida.
bolígrafo *m* esferográfica *f*.
bolita *f* ***CSur*** [pieza] bola *f* de gude; **jugar a las ~s** jogar bola de gude.
bolívar *m* bolívar *m*.
Bolivia *n* Bolívia.
boliviano, na ◇ *adj* boliviano(na). ◇ *m, f* boliviano *m*, -na *f*.
bollo *m* **-1.** [para comer] bolo *m* **-2.** [abolladura] amassado *m*.
bolo *m* ***fam*** [actuación] apresentação *f*.
◆ **bolos** *mpl* DEP boliche *m*.
bolsa *f* **-1.** [gen] bolsa *f* **-2.** [de la compra, deporte] sacola *f* **-3.** [de basura, patatas] saco *m* **-4.** FIN bolsa *f*; **bajar/subir la ~** cair/subir a bolsa; **jugar a la ~** apostar na bolsa **-5.** [cavidad] bolso *m*.
bolsillo *m* bolso *m*; **de ~** de bolso; **de mi/tu/su** *etc* **~** do meu/teu/seu *etc* bolso; **meterse** *o* **tener a alguien en el ~** ter alguém na palma da mão.
bolso *m* bolsa *f*.
boludear *vi* ***RP mfam*** [decir tonterías] falar besteira; [hacer tonterías, perder el tiempo] fazer bobagem.
boludez *f* ***RP fam*** burrice *f*.
boludo, da *m, f* ***RP mfam*** [estúpido] idiota *mf*; [perezoso] preguiçoso *m*, -sa *f*.
bomba *f* **-1.** [gen] bomba *f*; **~ atómica** bomba atômica; **~ lacrimógena** bomba de gás lacrimogêneo; **~ de mano** bomba de mão; **pasarlo ~** ***fam*** divertir-se à beça **-2.** ***Chile, Ecuad, Ven*** [surtidor de gasolina] posto *m* de gasolina.
bombacha *f* ***RP*** [braga] calcinhas *fpl*; [pantalón] bombachas *fpl*.
bombachos *mpl* bombachas *fpl*.
bombardear *vt* bombardear.
bombardeo *m* bombardeio *m*.
bombardero, ra *adj* MIL bombardeiro(ra).
◆ **bombardero** *m* MIL bombardeiro *m*.
bombazo *m* **-1.** [de bomba] bombardeio *m* **-2.** [noticia] bomba *f*.
bombear *vt* bombear.
bombero, ra *m, f* **-1.** [de incendios] bombeiro *m*, -ra *f* **-2.** ***Ven*** [de gasolinera] frentista *mf*.
bombilla *f* **-1.** [aparato para iluminar] lâmpada *f* **-2.** [para mate] ***RP*** bombilha *f*, bomba *f*.
bombillo *m* ***CAm, Carib, Col & Méx*** lâmpada *f*.
bombín *m* chapéu-coco *m*.
bombita *f* ***RP*** lâmpada *f*.
bombo *m* **-1.** [tambor] bumbo *m* **-2.** ***fig*** [ruido] estardalhaço *m*; **a** *o* **con ~ y platillo** com grande estardalhaço.
bombón *m* **-1.** [golosina] bombom *m* **-2.** ***fam*** [mujer] gata *f*.
bombona *f* bombona *f*; **~ de butano** botijão *m* de gás.
bombonera *f* [caja] bomboneira *f*.
bonachón, ona *adj* ***fam*** bonachão (ona).
bonanza *f* bonança *f*.
bondad *f* bondade *f*; **tener la ~ de hacer algo** ter a bondade de fazer algo.
bondadoso, sa *adj* bondoso(sa).
bonete *m* gorro *m*.
bongo, bongó *m* MÚS bongô *m*.
boniato *m* batata-doce *f*.
bonificar *vt* bonificar.
bonito, ta *adj* bonito(ta).
◆ **bonito** *m* bonito *m*.
bono *m* **-1.** [vale] vale *m* **-2.** COM [título] bônus *m*; **~ basura** título *m* de alto risc.
bonobús *m* *passagem de ônibus válida para um certo número de viagens.*
bonoloto *f* *loteria espanhola.*
bonotrén *m* *passagem de trem válida para um certo número de viagens para a RENFE.*
bonsai *m* bonsai *m*.
boñiga *f* excremento *m*.
boom *m* boom *m*.
boomerang = **bumeran**.
boquerón *m* anchova *f*.
boquete *m* buraco *m*.
boquiabierto, ta *adj* boquiaberto (ta).
boquilla *f* **-1.** [para fumar] piteira *f* **-2.** [de pipa, instrumento] boquilha *f* **-3.** [del tubo de un aparato] boca *f*.
◆ **de boquilla** *loc adv* ***fam*** da boca para fora.
borbotear, borbotar *vi* borbotar.
borbotones ◆ **a borbotones** *loc adv* aos borbotões.
borda *f* NÁUT borda *f*.
◆ **fuera de borda** *m* NÁUT embarcação *f* com motor de popa.
bordado, da *adj* bordado(da); **salir** *o* **quedar ~** sair *o* ficar caprichado (da).
◆ **bordado** *m* bordado *m*.
bordadura *f* bordadura *f*.
bordar *vt* **-1.** [coser] bordar **-2.** ***fig***

[hacer bien] fazer brilhantemente.
borde ◇ *m* [esquina] beira *f*; **al ~ de** *fig* à beira de. ◇ *adj mfam* [antipático] chato(ta). ◇ *mf mfam* [antipático] nojento *m*, -ta *f*.
bordear *vt* **-1.** [rodear] bordejar **-2.** *fig* [rozar] beirar.
bordillo *m* meio-fio *m*.
bordo *m* NÁUT bordo *m*.
◆ **a bordo** *loc adv* a bordo.
bordó *RP* ◇ *adj inv* bordô. ◇ *m inv* bordô *m*.
borla *f* borla *f*.
borne *m* ELECTR borne *m*.
borrachera *f* **-1.** [embriaguez] bebedeira *f* **-2.** [emoción] embriaguez *f*.
borrachín, ina *m, f fam* pinguço *m*, -ça *f*.
borracho, cha ◇ *adj* [ebrio] bêbado(da) ◇ *m, f* embriagado *m*, -da *f*.
◆ **borracho** *m* [bizcocho] *doce embebido em vinho ou licor.*
borrador *m* **-1.** [escrito] rascunho *m* **-2.** [para borrar] apagador *m*.
borrar *vt* **-1.** [hacer desaparecer] apagar **-2.** INFORM [fichero, carácter] deletar **-3.** *fig* [olvidar] apagar **-4.** [quitar] suprimir.
◆ **borrarse** *vpr* **-1.** [desaparecer] apagar **-2.** [olvidarse] esquecer.
borrasca *f* tempestade *f*.
borrego, ga *m, f* **-1.** [animal] borrego *m*, -ga *f* **-2.** *fam despec* [persona] borrego *m*, -ga *f*.
borrico, ca *m, f* **-1.** [animal] asno *m*, -na *f* **-2.** *fam* [persona] burro *m*, -ra *f*.
borrón *m* **-1.** [mancha] borrão *m*; **hacer ~ y cuenta nueva** passar a borracha **-2.** *fig* [deshonor] mancha *f*.
borroso, sa *adj* **-1.** [visión, fotografía] embaçado(da) **-2.** [escritura] apagado(da), borrado(da).
Bosnia y Herzegovina *n* Bósnia-Herzegóvina.
bosnio, nia ◇ *adj* bósnio(nia). ◇ *m, f* bósnio *m*, -nia *f*.
bosque *m* bosque *m*.
bosquejar *vt* esboçar.
bosquejo *m* esboço *m*.
bostezar *vi* bocejar.
bostezo *m* bocejo *m*.
bota *f* bota *f*; **~ de agua** galocha *f*, bota *f* de chuva; **~s camperas** perneiras *fpl*; **~ de lluvia** galocha *f*, bota *f* de chuva.
botafumeiro *m* incensório *m*.
botana *f Méx* aperitivo *m*.
botanear *vi Méx* tomar aperitivos.
botánico, ca ◇ *adj* botânico(ca). ◇ *m, f* botânico *m*, -ca *f*.
◆ **botánica** *f* botânica *f*.
botar ◇ *vt* **-1.** [pelota] quicar **-2.** NÁUT lançar à água **-3.** *fam* [despedir] chutar para fora **-4.** *Andes, CAm, Carib, Méx* [tirar] jogar fora. ◇ *vi* **-1.** [saltar] pular; **Julia está que bota** *fam* Julia está soltando faísca **-2.** [pelota] quicar.
bote *m* **-1.** [tarro] pote *m* **-2.** [lata] lata *f* **-3.** [barca] bote *m*; **~ salvavidas** bote salva-vidas **-4.** [propina] gorjeta *f* **-5.** [salto] salto *m*, pulo *m* **-6.** *loc*: **chupar del ~** *fam* tirar vantagem; **tener en el ~ a alguien** *fam* ter alguém no papo.
◆ **a bote pronto** *loc adv* de improviso.
◆ **de bote en bote** *loc adv* apinhado(da) de gente.
botella *f* **-1.** [envase] garrafa *m*; **~ de oxígeno** bombona *f* de oxigênio **-2.** *Cuba* [en coche]: **pedir ~** pedir carona; **dar ~ a alguien** dar carona a alguém.
botellín *m* garrafa *f* pequena.
boticario, ria *m, f desus* boticário *m*, -ria *f*.
botijo *m* moringa *f*.
botín *m* **-1.** [de guerra] butim *m* **-2.** [calzado] botina *f*.
botiquín *m* caixa *f* de remédios.
botón *m* botão *m*; **~ de marcado abreviado** TELEC tecla *f* de memória de toque único.
◆ **botones** *m inv* [en oficina] office-boy *m*; [en hotel] mensageiro *m*.
◆ **botón de muestra** *m* amostra *f*.
bouillabaisse = **bullabesa.**
bourbon *m* bourbon *m*.
boutique *f* butique *f*.
bóveda *f* ARQUIT abóbada *f*.
◆ **bóveda celeste** *f* abóbada *f* celeste.
◆ **bóveda craneal** *f* ANAT abóbada *f* craniana.
bovino, na *adj* bovino(na).
◆ **bovinos** *mpl* bovinos *mpl*.
box (*pl* **boxes**) *m Amér* boxe *m*.
boxeador, ra *m, f* pugilista *mf*.
boxear *vi* boxear.
boxeo *m* boxe *m*.
bóxer (*pl* **bóxers**) *m* [perro] bóxer *m*.
boya *f* bóia *f*.
boyante *adj* **-1.** [vida] feliz **-2.** [negocio] próspero(ra).

boy scout (*pl* **boy scouts**) *m* escoteiro *m*.
bozal *m* [para perros] focinheira *f*.
bracear *vi* **-1.** [mover los brazos] gesticular **-2.** [nadar] dar braçadas.
braga *f (gen pl)* calcinha *f*.
bragazas *m inv* ***fam despec*** banana *mf*.
bragueta *f* braguilha *f*.
braille *m* braile *m*.
bramar *vi* bramir.
bramido *m* bramido *m*.
brandy, brandi *m* brandy *m*.
branquia *f (gen pl)* brânquias *fpl*.
brasa *f* brasa *f*; **a la** ~ CULIN na brasa.
brasear *vt* assar na brasa.
brasero *m* braseiro *m*.
brasier, brassier *m* ***Carib, Col*** & ***Méx*** sutiã *m*.
Brasil *n*: **(el)** ~ (o) Brasil.
brasileño, ña, brasilero, ra ***RP*** <> *adj* brasileiro(ra). <> *m, f* brasileiro *m*, -ra *f*.
bravata *f (gen pl)* bravata *f*.
braveza *f* bravura *f*.
bravío, a *adj* bravio(via).
bravo, va *adj* **-1.** [valiente] valente **-2.** [animal] bravo(va).
◆ **bravo** *interj* bravo!
◆ **por las bravas** *loc adv* à força.
bravuconear *vi* ***despec*** fanfarrear.
bravucón, ona <> *adj* fanfarrão (ona). <> *m, f* fanfarrão *m*, -ona *f*.
bravura *f* **-1.** [de persona] bravura *f* **-2.** [de animal] braveza *f*.
braza *f* **-1.** DEP nado *m* de peito **-2.** [medida de longitud] braça *f*.
brazada *f* braçada *f*.
brazalete *m* **-1.** [en la muñeca] bracelete *m* **-2.** [en el brazo] braçadeira *m*.
brazo *m* **-1.** [de persona, cosa] braço *m*; **en ~s** nos braços; **a ~ partido** com todas as forças; **quedarse** *o* **estarse con los ~s cruzados** ficar *o* estar de braços cruzados; **~ derecho** braço direito **-2.** [de animal] pata *f* dianteira.
◆ **brazo de gitano** *m* CULIN rocambole *m*.
◆ **brazo de mar** *m* GEOGR braço *m* de mar.
brea *f* breu *m*.
brebaje *m* beberagem *f*.
brecha *f* brecha *f*.
bregar *vi* **-1.** [pelear] brigar **-2.** [trabajar] pelejar.
brete *m*: **estar/poner en un ~** estar/colocar em uma enrascada.
bretel *m* ***CSur*** alça *f*; **un vestido sin ~es** um vestido sem alças.
breva *f* **-1.** [fruta] bêbera *f*; **no caerá esa ~** ***fam*** não aposte nisso **-2.** [cigarro] charuto *m*.
breve *adj* breve; **en ~** em breve.
brevedad *f* brevidade *f*.
brevet *m* ***Chile*** [para avión] brevê *m*; ***Ecuad, Perú*** [para automóvil] carta *f* de motorista; ***RP*** [para velero] carta *f* de mestre amador.
brezo *m* urze *f*.
bribón, bona *m, f* salafrário *m*, -ria *f*.
bricolaje, bricolage *m* bricolagem *f*.
brida *f* **-1.** [de caballo] rédea *f* **-2.** [de tubo] flange *m* **-3.** MED aderência *f*.
bridge *m* bridge *m*.
brigada <> *m* MIL *suboficial entre primeiro sargento e subtenente.* <> *f* brigada *f*; **~ antidisturbios** tropa *f* de choque; **~ antidroga** brigada antidroga.
brillante <> *adj* brilhante. <> *m* brilhante *m*.
brillantez *f* brilhantismo *m*.
brillantina *f* brilhantina *f*.
brillar *vi* brilhar.
brillo *m* brilho *m*.
brilloso, sa *adj* ***Amér*** brilhante.
brincar *vi* [saltar] pular; **~ de** pular de.
brinco *m* [salto] pulo *m*.
brindar <> *vi* brindar; **~ por algo/alguien** brindar a algo/alguém; **~ a la salud de alguien** brindar à saúde de alguém. <> *vt* oferecer.
◆ **brindarse** *vpr*: **~se a hacer algo** oferecer-se a fazer algo.
brindis *m inv* brinde *m*.
brío *m* [energía, decisión] brio *m*.
brioche *m* brioche *m*.
brisa *f* brisa *f*.
británico, ca <> *adj* britânico(ca). <> *m, f* britânico *m*, -ca *f*.
brizna *f* **-1.** [filamento] fiapo *m* **-2.** ***fig*** [un poco] pingo *m*.
broca *f* broca *f*.
brocha *f* broxa *f*.
brochazo *m*: **dar un ~ a algo** dar uma passada de broxa em algo.
broche *m* **-1.** [cierre] fecho *m* **-2.** [joya] broche *m*; **poner el ~ de oro en algo** ***fig*** fechar algo com chave de ouro.
broker (*pl* **brokers**) *m* FIN corretor *m*, -ra *f*.
broma *f* brincadeira *f*; **en ~** de

brincadeira; **gastar una ~ a alguien** pregar uma peça em alguém; **ni en ~** *fig* nem de brincadeira.

bromear *vi* fazer brincadeiras.

bromista ◇ *adj* brincalhão(lhona). ◇ *mf* brincalhão *m*, -lhona *f*.

bromuro *m* QUÍM brometo *m*.

bronca *f* *fam* **-1.** [regañina, lío] ▷ **bronco** **-2.** *RP* [rabia]: **me da ~** me dá uma bronca; **el jefe le tiene ~** o chefe tem bronca dela.

bronce *m* bronze *m*.

bronceado, da *adj* bronzeado(da). ◆ **bronceado** *m* bronzeado *m*.

bronceador, ra *adj* bronzeador(ra). ◆ **bronceador** *m* bronzeador *m*.

bronco, ca *adj* **-1.** [tosco] bronco(ca) **-2.** [grave] rouco(ca). ◆ **bronca** *f* **-1.** [jaleo] briga *f* **-2.** [regañina] bronca *f*; **echarle** *o* **meterle una bronca a alguien** dar *o* passar uma bronca em alguém.

bronquio *m* ANAT brônquio *m*.

bronquitis *f* MED bronquite *f*.

brotar *vi* **-1.** [planta] brotar **-2.** [líquido] jorrar **-3.** [en la piel] surgir.

brote *m* **-1.** [de planta] broto *m* **-2.** *fig* [inicios] foco *m*.

broza *f* [maleza] mato *m*.

bruces ◆ **de bruces** *loc adv* de bruços.

bruja *f* ▷ **brujo**.

brujería *f* bruxaria *f*.

brujo, ja ◇ *adj* feiticeiro(ra); **estar ~** *Méx fam* estar quebrado(da). ◇ *m, f* bruxo *m*, -xa *f*. ◆ **bruja** *f* **-1.** [mujer fea] bruxa *f* **-2.** [mujer mala] megera *f*.

brújula *f* bússola *f*.

bruma *f* [niebla] bruma *f*.

bruñido *m* brunidura *f*.

brusco, ca *adj* brusco(ca).

Bruselas *n* Bruxelas.

brusquedad *f* **-1.** [imprevisión] brusquidão *f* **-2.** [grosería] grosseria *f*.

brut *m inv* [champagne] *champanha com baixa taxa de açúcar*.

brutal *adj* **-1.** [violento] brutal **-2.** *fam* [extraordinario]: **ser ~** ser o máximo.

brutalidad *f* **-1.** [cualidad] brutalidade *f* **-2.** [acción] selvageria *f*.

bruto, ta ◇ *adj* bruto(ta); **en ~** em bruto. ◇ *m, f* [torpe, bestia] rude *mf*.

Bs. As. *abrev de* **Buenos Aires**.

bubónica *adj* ▷ **peste**.

bucal *adj* bucal.

Bucarest *n* Bucareste.

bucear *vi* [en el agua] mergulhar.

buceo *m* mergulho *m*.

buche *m* **-1.** [de ave] papo *m* **-2.** *fam* [de persona, de algunos animales] bucho *m*.

bucle *m* **-1.** [rizo] cacho *m* **-2.** [curva] curva *f* fechada **-3.** INFORM loop *m*.

bucólico, ca *adj* **-1.** [campestre] campestre **-2.** LITER bucólico(ca).

Budapest *n* Budapeste.

budismo *m* budismo *m*.

buen ▷ **bueno**.

buenamente *adv* melhor.

buenaventura *f* **-1.** [adivinación] buena-dicha *f* **-2.** [suerte] sina *f*.

bueno, na (*compar* **mejor**, *super* **el mejor**) *adj (delante de sust, masculino buen)* **-1.** bom, boa **-2.** *loc*: **de buenas a primeras** de repente; **de buen ver** de boa aparência; **estar ~** *fam* ser gostoso(sa); **estar de buenas** estar de bom humor; **lo ~ es que** o melhor é que. ◆ **bueno** ◇ *adv* certamente. ◇ *interj Col & Méx*: **¿~?** [al teléfono] alô! ◆ **buenas** *interj* olá!

Buenos Aires *n* Buenos Aires.

buey *m* boi *m*.

búfalo *m* búfalo *m*.

bufanda *f* cachecol *m*, echarpe *f*.

bufar *vi* bufar.

bufé (*pl* **bufés**), **buffet** (*pl* **buffets**) *m* bufê *m*.

bufete *m* escritório *m* de advogado.

buffet = **bufé**.

bufido *m* **-1.** [de animal] bufo *m* **-2.** *fam* [de persona] bufido *m*.

bufón *m* bufão *m, f*.

bufonada *f* bufonada *f*.

buhardilla *f* [ventana] *pequena janela em formato de casinha acima do telhado que serve para iluminar o desvão*.

búho *m* mocho *m*.

buitre *m* **-1.** [ave] abutre *m* **-2.** *fam* [persona] abutre *m*.

bujía *f* AUTOM vela *f*.

bula *f* HIST [sello] bula *f*.

bulbo *m* bulbo *m*.

buldog (*pl* **buldogs**), **bulldog** (*pl* **bulldogs**) *m* buldogue *m*.

buldózer (*pl* **buldózers**), **bulldózer** (*pl* **bulldózers**) *m* buldôzer *m*.

bulevar (*pl* **bulevares**) *m* bulevar *m*.

Bulgaria *n* Bulgária.

búlgaro, ra ◇ *adj* búlgaro(ra). ◇ *m, f* búlgaro *m*, -ra *f*. ◆ **búlgaro** *m* [lengua] búlgaro *m*.

bulín *m RP* garçonnière *f*.
bulla *f* [jaleo] barulheira *f*.
bullabesa, bouillabaisse *f* CULIN bouillabaisse *f*.
bulldog = **buldog**.
bulldozer = **buldózer**.
bullicio *m* tumulto *m*.
bullicioso, sa *adj* **-1.** [ruidoso] barulhento(ta) **-2.** [inquieto] buliçoso(sa).
bullir *vi* **-1.** [hervir] ferver **-2.** [moverse, agitarse] fervilhar.
bulo *m* boato *m*.
bulto *m* **-1.** [volumen] volume *m* **-2.** [forma imprecisa] vulto *m* **-3.** [protuberancia] caroço *m* **-4.** [equipaje] volume *m*; ~ **de mano** volume de mão **-5.** *loc*: **a** ~ a olho; **escurrir el** ~ tirar o corpo fora.
bumerán (*pl* **bumerans**), **bumerang** (*pl* **bumerangs**) *m* bumerangue *m*.
bungalow (*pl* **bungalows**) *m* bangalô *m*.
búnquer (*pl* **búnquers**), **bunker** (*pl* **bunkers**) *m* bunker *m*.
buñuelo *m* CULIN bolinho *m*; ~ **de viento** sonho *m*.
BUP (*abrev de* **Bachillerato Unificado Polivalente**) *m* EDUC ≃ colegial *m*.
buque *m* navio *m*.
burbuja *f* borbulha *f*.
burbujear *vi* borbulhar.
burdel *m* bordel *m*.
burdeos ◇ *adj inv* [color] bordô. ◇ *m inv* [vino] bordô *m*.
burdo, da *adj* [tosco] grosseiro(ra).
burgués, guesa ◇ *adj* burguês (guesa). ◇ *m, f* burguês *m*, -esa *f*.
burguesía *f* burguesia *f*.
burla *f* **-1.** [mofa] zombaria *f* **-2.** [broma] brincadeira *f* **-3.** [engaño] burla *f*.
burlador *m* sedutor *m*.
burlar *vt* [esquivar] burlar; **burla burlando** *fig* como quem não quer nada.
◆ **burlarse de** *vpr* zombar.
burlesco, ca *adj* burlesco(ca).
burlón, lona *adj* **-1.** [bromista] zombeteiro(ra) **-2.** [sarcástico] gozador (ra).
buró *m CAm & Méx* [mesita de noche] criado-mudo *m*.
burocracia *f* burocracia *f*.
burócrata *mf* burocrata *mf*.
burrada *f* **-1.** [dicho] besteira *f* **-2.** *fam*: **una** ~ **(de)** *fam* [gran cantidad] um montão (de).
burrito *m CAm, Méx* burrito *m*.
burro, rra ◇ *adj fam* [necio] burro(rra). ◇ *m, f* **-1.** [animal] burro *m*, -ra *f* **-2.** *fam* [persona] burro *m*, -ra *f* **-3.** *fam* [trabajador] pé-de-boi *m* **-4.** *loc*: **no ver tres en un** ~ *fam* ser cego como um morcego.
bursátil *adj* FIN da bolsa (de valores).
bus *m* **-1.** [autobús] ônibus *m* **-2.** INFORM barramento *m*.
busca ◇ *f* busca *f*; **en** ~ **de alguien/algo** em busca de alguém/algo. ◇ *m* = **buscapersonas**.
buscapersonas *m inv* bipe *m*.
buscapleitos *mf inv* arruaceiro *m*, -ra *f*.
buscar *vt* **-1.** [gen] procurar **-2.** *fam* [provocar] encher **-3.** [recoger]: **ir** *o* **pasar a** ~ **a alguien** ir *o* passar para buscar alguém.
buscavidas *mf inv fam* cavador *m*, -ra *f*.
buscón, cona *m, f* larápio *m*, -pia *f*.
◆ **buscona** *f fam* prostituta *f*.
buseca *f RP* dobradinha *f*.
buseta *m Col, CRica & Ven* mini-ônibus *m*.
búsqueda *f* busca *f*.
busto *m* busto *m*.
butaca *f* poltrona *f*.
butano *m* butano *m*.
butifarra *f* *tipo de salsicha típica da Catalunha*.
buzo *m* **-1.** [persona] mergulhador *m*, -ra *f* **-2.** *Arg* [chándal] moletom *m* **-3.** *Col & Urug* [de lana] suéter *m*.
buzón *m* caixa *f* de correio.
buzoneo *m* mala-direta *f*.
bye *interj Méx* tchau!
byte (*pl* **bytes**) *m* INFORM byte *m*.

C

c, C *f* [letra] c, C *m*.
C (*abrev de* **celsius**) C.
c., c/ (*abrev de* **calle**) r.
c/ -1. (*abrev de* **cuenta**) c/c **-2.** = **c**.
cabal *adj* **-1.** [íntegro] honrado(da) **-2.** [exacto] exato(ta).
◆ **cabales** *mpl*: **no estar en sus** ~**es** *fig* não estar em seu perfeito juízo.

cábala *f* **-1.** [doctrina] cabala *f* **-2.** *(gen pl)* [conjeturas] conjecturas *fpl.*
cabalgar *vi* cavalgar.
cabalgata *f* cavalgada *f.*
caballa *f* cavalinha *f.*
caballeresco, ca *adj* **-1.** [de caballeros] cavalheiresco(ca) **-2.** [de caballería] de cavalaria.
caballería *f* **-1.** [animal] cavalgadura *f* **-2.** [cuerpo militar] cavalaria *f.*
caballeriza *f* cavalariça *f.*
caballero ◇ *adj* cavalheiro. ◇ *m* cavalheiro *m*; **ser todo un ~** ser um perfeito cavalheiro.
caballete *m* **-1.** [gen] cavalete *m* **-2.** [de tejado] cumeeira *f.*
caballito *m* [caballo pequeño] cavalinho *m.*
◆ **caballitos** *mpl* carrossel *m.*
◆ **caballito de mar** *m* cavalo-marinho *m.*
caballo *m* **-1.** [gen] cavalo *m*; **montar a ~** montar a cavalo **-2.** [naipe] *carta do baralho espanhol, representada por um cavalo montado por seu cavaleiro* **-3.** *Esp* *mfam* [heroína] cavalo *m* **-4.** *loc*: **estar a ~ entre** estar encavalado(da) entre.
◆ **caballo de fuerza** *m* cavalo-de-força *m.*
◆ **caballo de vapor** *m* cavalo-vapor *m.*
◆ **caballo marino** *m* cavalo-marinho *m.*
cabaña *f* **-1.** [choza] cabana *f* **-2.** [ganado] rebanho *m.*
cabaret (*pl* **cabarets**) *m* cabaré *m.*
cabecear *vi* **-1.** [gen] cabecear **-2.** [balancearse] sacolejar-se.
cabecera *f* **-1.** [gen] cabeceira *f* **-2.** [de texto] cabeçalho *m.*
cabecilla *mf* cabeça *mf.*
cabellera *f* cabeleira *f.*
cabello *m* cabelo *m.*
◆ **cabello de ángel** *m* CULIN cabelo-de-anjo *m.*
caber *vi* **-1.** [gen] caber; **~ por** caber por **-2.** MAT: **~ a** resultar em **-3.** [ser posible] ser possível **-4.** *loc*: **dentro de lo que cabe** dentro do possível; **no ~ en sí de** não caber em si de.
cabestrillo ◆ **en cabestrillo** *loc adj* em tipóia *f.*
cabestro *m* cabresto *m.*
cabeza *f* **-1.** [gen] cabeça *f*; **tirarse de ~** mergulhar de cabeça; **a la** *o* **en ~** na cabeça; **~ lectora** cabeça leitora **-2.** [jefe] cabeça *mf* **-3.** *loc*: **andar** *o* **estar mal de la ~** andar *o* estar mal da cabeça; **metérsele en la ~ algo a alguien** meter-se algo na cabeça de alguém; **no levantar ~** não levantar a cabeça; **sentar (la) ~** assentar a cabeça; **subírsele a alguien algo a la ~** subir algo à cabeça de alguém; **traer de ~** esquentar a cabeça.
◆ **cabeza de ajo** *f* cabeça *f* de alho.
◆ **cabeza de chorlito** *mf* *fam* cabeça-de-vento *mf.*
◆ **cabeza de familia** *mf* cabeça *mf* de família.
◆ **cabeza de lista** *mf* POLÍT cabeça *mf* de lista.
◆ **cabeza de turco** *mf* bode *m* expiatório.
cabezada *f* **-1.** [de sueño] cabeceio *m*; **dar ~s** dar cabeçadas **-2.** [golpe] cabeçada *f.*
cabezal *m* **-1.** [de aparato] cabeçote *m* **-2.** [almohada] cabeçal *m.*
cabezón, zona *adj* cabeçudo(da).
cabezota ◇ *adj* *fam* cabeçudo(da). ◇ *mf* cabeça-dura *mf.*
cabezudo *m* *nas festas populares, personagem que se caracteriza por uma enorme cabeça feita de papel machê.*
cabida *f* capacidade *f*; **dar ~ a** ter capacidade para.
cabildo *m* **-1.** [gen] cabido *m* **-2.** [sala] capítulo *m.*
cabina *f* cabina *f.*
cabinero, ra *m, f* *Col* comissário *m*, -ria *f* de bordo.
cabizbajo, ja *adj* cabisbaixo(xa).
cable *m* **-1.** [gen] cabo *m*; **echar un ~ a alguien** *fam* dar uma mãozinha a alguém **-2.** [mensaje] cabograma *m.*
cablegrafiar *vt* cablar.
cabo *m* **-1.** [gen] cabo *m* **-2.** [trozo] pedaço *f* **-3.** [punta] ponta *f* **-4.** *loc*: **atar ~s** juntar os fios; **estar al ~ de la calle** estar por dentro; **llevar algo a ~** levar algo a cabo.
◆ **al cabo de** *loc prep* ao cabo de.
◆ **de cabo a rabo** *loc adv* de cabo a rabo.
◆ **cabo suelto** *m* fio *m* solto.
cabotaje *m* NÁUT cabotagem *f.*
cabra *f* **-1.** [animal] cabra *f* **-2.** [piel] pele *f* de cabra **-3.** *loc*: **estar como una ~** *fam* estar louco.
cabré *etc* ▷ **caber.**
cabrear *vt* *mfam* apoquentar.

◆ **cabrearse** *vpr mfam* apoquentar-se.
cabreo *m fam* apoquentação *f*.
cabría *etc* ▷ **caber**.
cabrío *adj* ▷ **macho**.
cabriola *f* **-1.** [salto de caballo] pinote *m* **-2.** [pirueta] cabriola *f*.
cabrito *m* **-1.** [animal] cabrito *m* **-2.** *mfam* [cabrón] calhorda *m*.
cabrón, brona ◇ *adj vulg* sacana. ◇ *m, f vulg* sacana *mf*.
◆ **cabrón** *m* **-1.** *vulg* [cornudo] cornudo *m* **-2.** [animal] bode *m*.
cabuya *f CAm, Col* & *Ven* corda *f*.
caca *f* **-1.** *fam* [excremento] cocô *m* **-2.** *fam* [cosa sucia] caca *f* **-3.** *fam* [cosa mala] droga *f*.
cacahuete, cacahuate *CAm* & *Méx* *m* amendoim *m*.
cacao *m* **-1.** [semilla] cacau *m* **-2.** [árbol] cacaueiro *m* **-3.** *fam* [follón] bagunça *f*; ~ **mental** confusão mental.
cacarear ◇ *vi* [gallo] cacarejar. ◇ *vt fam* [pregonar] alardear.
cacatúa *f* **-1.** [ave] cacatua *f* **-2.** *fam* [mujer] bruaca *f*.
cacería *f* caçada *f*.
cacerola *f* caçarola *f*.
cacha *f* **-1.** *fam* [muslo] coxa *f* **-2.** [mango] cabo *m*.
cachalote *m* cachalote *m*.
cacharrazo *m* pancada *f*.
cacharro *m* **-1.** [recipiente] louça *f* **-2.** *fam* [trasto] cacareco *m* **-3.** *fam* [máquina] traste *m* velho.
cachaza *f fam* pachorra *f*.
cachear *vt* revistar.
cachemir *m*, **cachemira** *f* cashmere *m*.
cacheo *m* revista *f*.
cachet (*pl* **cachets**) *m* [de artista] cachê *m*.
cachete *m* **-1.** [moflete] bochecha *f* **-2.** [bofetada] tapa *m*; **dar un** ~ dar um tapa.
cachiporra *f* clava *f*.
cachivache *m fam* traste *m*.
cacho *m* [trozo pequeño] pedaço *m*.
cachondearse *vpr fam*: ~ **(de)** debochar (de).
cachondeo *m fam* gozação *f*.
cachondo, da ◇ *adj* **-1.** *fam* [gracioso] engraçado(da) **-2.** *fam* [excitado] excitante. ◇ *m, f fam* gozador *m*, -ra *f*.
cachorro, rra *m, f* filhote *m*.
cacique *m* **-1.** [propietario] mandachuva *m* **-2.** [déspota] mandão *m*.
caco *m fam* gatuno *m*.
cacto *m*, **cactus** *m* cacto *m*.
cada *adj inv* cada; ~ **cual/uno** cada qual/um.
cadalso *m* cadafalso *m*.
cadáver *m* cadáver *m*.
cadavérico, ca *adj* cadavérico(ca).
cadena *f* **-1.** [gen] corrente *f* **-2.** [de inodoro] descarga *f*; **tirar (de) la** ~ puxar a descarga **-3.** [canal, emisora] canal *m* **-4.** [grupo de empresas] cadeia *f* **-5.** [de un proceso industrial] cadeia *m* industrial; ~ **de montaje** *ECON* linha *f* de montagem **-6.** [aparato de música] aparelho *m* de som **-7.** *GEOGR* cadeia *f* **-8.** [sucesión] cadeia *f*; **en** ~ em cadeia **-9.** *fig* [sujeción] laço *m*.
◆ **cadenas** *fpl* correntes *fpl*.
◆ **cadena perpetua** *f* prisão *f* perpétua.
cadencia *f* cadência *f*.
cadera *f* ancas *fpl*.
cadete *m* **-1.** [militar] cadete *m* **-2.** *RP* [recadero] mensageiro *m*, -ra *f*.
caducar *vi* **-1.** [por imposición] caducar **-2.** [por naturaleza] vencer.
caducidad *f* **-1.** [por ley] caducidade *f* **-2.** [naturalmente] validade *f*.
caduco, ca *adj* **-1.** [viejo] ultrapassado(da) **-2.** [perecedero] efêmero(ra) **-3.** [desfasado] defasado(da) **-4.** *BOT* caduco(ca).
caer *vi* **-1.** [gen] cair; ~ **por** [aparecer] cair em **-2.** [causar una impresión]: **esa chica me cae fenomenal** acho essa garota fenomenal; ~ **bien/mal** ir/não ir com a cara **-3.** *fig* [estar situado] situar-se **-4.** *fig* [darse cuenta] sacar; **no caigo** não me vem à mente **-5.** *loc*: ~ **bajo** decair; **estar al** ~ **algo/alguien** estar para chegar algo/alguém.
◆ **caer en** *vi* **-1.** [entender] dar-se conta de **-2.** [recordar] lembrar **-3.** [incurrir] cair **-4.** *loc*: **(no)** ~ **en la cuenta** (não) dar-se conta.
◆ **caerse** *vpr* cair; ~**se de** [manera] cair de.
café ◇ *m* **-1.** [gen] café *m*; ~ **con leche** café com leite; ~ **descafeinado** café descafeinado; ~ **instantáneo** *o* **soluble** café instantâneo *o* solúvel; ~ **solo** café puro; ~ **teatro** [lugar] café-concerto *m* **-2.** [planta] cafeeiro *m*. ◇ *adj inv* [color] café.
cafeína *f* cafeína *f*.

cafetera *f* ▷ **cafetero**.
cafetería *f* cafeteria *f*.
cafetero, ra *adj* **-1.** [de café] cafeeiro (ra) **-2.** [aficionado] cafezista.
◆ **cafetera** *f* **-1.** [aparato] cafeteira *f* **-2.** *fam* [aparato viejo] lata *f* velha.
cafre ◇ *adj* grosseiro(ra). ◇ *mf* grosseiro *m*, -ra *f*.
cagada *f* ▷ **cagado**.
cagado, da *m, f* ***mfam*** [cobarde] frouxo *m*, -xa *f*.
◆ **cagada** *f* ***mfam*** **-1.** [equivocación] cagada *f* **-2.** [excremento] bosta *f*.
cagar ◇ *vi* ***mfam*** [defecar] cagar. ◇ *vt* ***mfam*** [estropear] ferrar; **cagarla *fig*** dar uma mancada.
◆ **cagarse** *vpr* ***mfam*** cagar-se.
caído, da *adj* **-1.** [en el espacio] caído (da) **-2.** [decaído] abatido(da).
◆ **caído** *m* ***(gen pl)*** [muerto] caídos *mpl*.
◆ **caída** *f* **-1.** [gen] queda *f* **-2.** [de tela] caimento *m*.
◆ **caída de ojos** *f modo de abaixar os olhos*.
caimán *m* [animal] caimão *m*.
caja *f* **-1.** [gen] caixa *f*; ~ **de cambios** caixa de câmbio; ~ **de herramientas** caixa de ferramentas; ~ **de ahorros** ≃ Caixa Econômica **-2.** [de muerto] caixão *m* **-3.** [de dinero] cofre *m*; ~ **fuerte** *o* **de caudales** caixa-forte *f* **-4.** COM caixa *m*.
◆ **caja de música** *f* caixa *f* de música.
◆ **caja de reclutamiento** *f* junta *f* de alistamento.
◆ **caja negra** *f* caixa *f* preta.
◆ **caja registradora** *f* caixa *f* registradora.
cajero, ra *m, f* [persona] caixa *mf*.
◆ **cajero** *m* [aparato] caixa *m*; ~ **automático** caixa automático.
cajetilla *f* maço *m*.
cajón *m* **-1.** [compartimento] gaveta *f* **-2.** [recipiente] caixa *f*.
◆ **cajón de sastre** *m* gaveta *f* de sapateiro.
cajuela *f* ***CAm*** & ***Méx*** porta-mala *m*.
cal *f* **-1.** [gen] cal *f* **-2.** ***loc***: **cerrar a ~ y canto** fechar totalmente.
cala *f* **-1.** [gen] cala *f* **-2.** [del barco] porão *m* **-3.** ***fam*** [dinero] centavo *m*.
calabacín *m*, **calabacita *Méx*** *f* abobrinha *f*.
calabaza *f* **-1.** [fruto] abóbora *f* **-2.** [planta] aboboreira *f* **-3.** ***loc***: **dar ~s *fam*** [desdeñar] mandar passear; ***fam*** [suspender] reprovar.
calabozo *m* calabouço *m*.
calada *f* ▷ **calado**.
caladero *m* pesqueiro *m*.
calado, da *adj* ensopado(da).
◆ **calado** *m* **-1.** NÁUT calado *m* **-2.** [bordado] crivo *m*.
◆ **calada** *f* **-1.** [inmersión] imersão *f* **-2.** [de cigarrillo] tragada *f*.
calamar *m* lula *f*.
calambre *m* **-1.** [descarga eléctrica] choque *m* **-2.** [contracción muscular] cãibra *f*.
calamidad *f* [desgracia] calamidade *f*; **ser una ~** ser uma calamidade.
calamitoso, sa *adj* calamitoso(sa).
calandria *f* calandra *f*.
calaña *f* ***despec*** laia *f*.
calar ◇ *vt* **-1.** [suj: líquido] encharcar **-2.** ***fig*** [descubrir] descobrir **-3.** [tela] bordar com ponto de crivo **-4.** [sombrero, gorra] enterrar **-5.** [fruta] cortar **-6.** [con objeto punzante] perfurar. ◇ *vi* **-1.** NÁUT fazer água **-2.** ***fig*** [introducirse]: ~ **en** calar em.
◆ **calarse** *vpr* **-1.** [empaparse] encharcar-se **-2.** [motor] morrer.
calavera ◇ *f* caveira *f*. ◇ *m* ***fig*** imprudente *mf*.
◆ **calaveras** *fpl* ***Méx*** lanternas *fpl* traseiras.
calcado, da *adj* calcado(da); **ser ~ a alguien** ser a cópia de alguém.
calcar *vt* **-1.** [dibujo] decalcar **-2.** ***fig*** [imitar] calcar.
calce *m* [cuña] calço *m*.
calceta *f* tricô *m*; **hacer ~** fazer tricô.
calcetín *m* meia *f*.
calcificarse *vpr* calcificar-se.
calcinar *vt* calcinar.
calcio *m* cálcio *m*.
calco *m* **-1.** [reproducción, imitación] decalque *m* **-2.** LING calque *m*.
calcomanía *f* decalcomania *f*.
calculador, ra *adj* **-1.** [que calcula] calculador(ra) **-2.** ***fig*** [interesado] calculista.
◆ **calculadora** *f* calculadora *f*.
calcular *vt* calcular.
cálculo *m* cálculo *m*; ~ **mental** cálculo mental; ~ **de probabilidades** cálculo de probabilidades.
caldear *vt* **-1.** [calentar] aquecer **-2.** ***fig*** [excitar] esquentar.
caldera *f* **-1.** [recipiente] caldeirão *m* **-2.** [máquina] caldeira *f*.
caldereta *f* ensopado *m*.

calderilla *f* trocado *m*.
caldero *m* caldeirão *m*.
caldo *m* caldo *m*.
◆ **caldo de cultivo** *m* caldo *m* de cultura.
caldoso, sa *adj* caldoso(sa).
calefacción *f* calefação *f*; ~ **central** aquecimento *m* central.
calefactor *m* aquecedor *m*.
calefón *m* *CSur* boiler *m*.
calendario *m* calendário *m*; ~ **escolar/laboral** calendário escolar/de feriados.
calentador, ra *adj* aquecedor(ra).
◆ **calentador** *m* aquecedor *m*.
calentar *vt* **-1.** [gen] aquecer **-2.** *fig* [pegar] esquentar.
◆ **calentarse** *vpr* **-1.** [por el calor] aquecer-se **-2.** *fam* [sexualmente] excitar-se.
calentura *f* [fiebre] quentura *f*.
calenturiento, ta *adj* febril.
calibrado *m*, **calibración** *f* calibragem *f*, calibração *f*.
calibrar *vt* **-1.** [gen] calibrar **-2.** [juzgar] avaliar.
calibre *m* calibre *m*.
calidad *f* **-1.** [gen] qualidade *f*; ~ **de vida** qualidade de vida; **en** ~ **de** na qualidade de **-2.** [condición] condição *f*.
cálido, da *adj* **-1.** [temperatura] cálido(da) **-2.** [afectuoso] caloroso(sa) **-3.** [colores] quente.
calientapiés *m* *inv* aquecedor *m* para os pés.
caliente *adj* **-1.** [dotado de calor] quente; **en** ~ sem refletir **-2.** *fig* [acalorado] acalorado(da) **-3.** *fam* [excitado] assanhado(da).
califa *m* califa *m*.
calificación *f* **-1.** [atributo] qualificação *f* **-2.** [nota] nota *f*.
calificar *vt* qualificar.
calificativo, va *adj* qualificativo(va).
◆ **calificativo** *m* qualificativo *m*.
caligrafía *f* caligrafia *f*.
calina *f* bruma *f*.
cáliz *m* cálice *m*.
calizo, za *adj* calcário(ria).
◆ **caliza** *f* calcário *m*.
callado, da *adj* calado(da).
callar ◇ *vi* **-1.** [no hablar] calar **-2.** [dejar de hablar] calar-se. ◇ *vt* [no contar] guardar.
◆ **callarse** *vpr* **-1.** [guardar silencio] calar-se **-2.** [ocultar] omitir-se.
calle *f* **-1.** [gen] rua *f*; ~ **peatonal** rua de pedestres **-2.** DEP raia *f* **-3.** *loc*: **dejar a alguien en la** ~, **echar a alguien a la** ~ deixar *o* jogar alguém na rua; **hacer la** ~ prostituir-se.
callejear *vi* vaguear.
callejero *m* [guía] guia *m* das ruas.
callejón *m* beco *m*; ~ **sin salida** beco sem saída.
callejuela *f* ruela *f*.
callista *mf* calista *mf*.
callo *m* **-1.** [dureza] calo *m* **-2.** *fam* [persona fea] bucho *m*.
◆ **callos** *mpl* CULIN dobradinha *f*, bucho *m*.
calloso, sa *adj* caloso(sa).
calma *f* calma *f*; **(no) perder la** ~ (não) perder a calma; **en** ~ calmo; ~ **chicha** calmaria *f*.
calmante ◇ *adj* calmante. ◇ *m* calmante *m*.
calmar *vt* acalmar.
◆ **calmarse** *vpr* acalmar-se.
caló *m* caló *m*.
calor *m* calor *m*; **hacer** ~ fazer calor; **entrar en** ~ esquentar-se; **tener** ~ estar com calor.
caloría *f* caloria *f*.
calostro *m* colostro *m*.
calumnia *f* calúnia *f*.
calumniar *vtr* caluniar.
calumnioso, sa *adj* calunioso(sa).
caluroso, sa *adj* **-1.** [con calor] quente **-2.** [afectuoso] caloroso(sa).
calva *f* ▷ **calvo**.
calvario *m* calvário *m*.
calvicie *f* calvície *f*.
calvo, va ◇ *adj* calvo(va); **ni tanto ni tan** ~ *fig* nem tanto ao mar, nem tanto à terra. ◇ *m, f* calvo *m*, -va *f*.
◆ **calva** *f* calva *f*.
calza *f* [cuña] calço *m*.
calzada *f* pista *f*; ~ **lateral** pista lateral.
calzado, da *adj* calçado(da).
◆ **calzado** *m* calçado *m*.
calzador *m* calçadeira *f*.
calzar *vt* calçar.
◆ **calzarse** *vpr* calçar-se.
calzo *m* [cuña] calço *m*.
calzón *m* **-1.** *Esp* [deportivo] calção *m* **-2.** *Andes, RP* [braga] calcinha *f*.
calzoncillos *mpl* cueca *m*.
calzones *mpl* *Andes, Méx, RP* **-1.** [bragas] calcinha *f* **-2.** [calzoncillos] cueca *f*.
cama *f* **-1.** [para dormir] cama *f*; **estar en** *o* **guardar** ~ ficar de cama; **ha-**

cer la ~ arrumar *o* fazer a cama; **~ nido** bicama *f* **-2.** [en un hospital] leito *m*.
camada *f* ninhada *f*.
camafeo *m* camafeu *m*.
camaleón *m* camaleão *m*.
cámara ◇ *f* **-1.** [gen] câmara *f*; **~ fotográfica** câmara fotográfica; **~ frigorífica** câmara frigorífica; **~ de gas** câmara de gás; **a ~ lenta** em câmara lenta; **~ de seguridad** câmera de vigilância; **~ de vídeo** câmera de vídeo **-2.** [de arma] tambor *m*. ◇ *mf* cinegrafista *mf*.
camarada *mf* camarada *mf*.
camaradería *f* camaradagem *f*.
camarero, ra *m, f* **-1.** [de establecimiento] garçom *m*, -nete *f* **-2.** [de persona] camareiro *m*, -ra *f*.
camarilla *f* camarilha *f*.
camarón *m* ***Amér*** [gamba] camarão *m*.
camarote *m* camarote *m*.
camastro *m* catre *m*.
cambiante *adj* mutável.
cambiar ◇ *vt* **-1.** [gen] trocar; **~ algo por algo** trocar algo por algo **-2.** [transformar] mudar. ◇ *vi* **-1.** [de situación] mudar **-2.** [variar, mudar]: **~ de** mudar de.
◆ **cambiarse** *vpr* [de ropa] trocar-se.
cambiazo *m* ***fam*** mudança *f* radical.
cambio *m* **-1.** [variación] mudança *f*; **~ climático** mudança climática **-2.** [trueque] troca *f*; **a ~ de** em troca de **-3.** [moneda pequeña] trocado *m* **-4.** [dinero devuelto] troco *m* **-5.** *AUTOM* & *FIN* câmbio *m*; **~ de marchas** *o* **velocidades** câmbio de marchas *o* velocidades **-6.** ***loc***: **a las primeras de ~** de uma hora para outra.
◆ **en cambio** *loc adv* em compensação.
◆ **libre cambio** *m* *ECON* câmbio *m* livre.
cambista *mf* *FIN* cambista *mf*.
camelar *vt* ***fam*** **-1.** [seducir, engañar] engambelar **-2.** [enamorar] galantear.
camelia *f* camélia *f*.
camello, lla *m, f* [animal] camelo *m*, -la *f*.
◆ **camello** *m* [traficante] traficante *mf*.
camellón *m* ***Col, Méx*** canteiro *m* central.
camelo *m* ***fam*** cascata *f*.
camerino *m* camarim *m*.
camilla *f* maca *f*.
camillero, ra *m, f* padioleiro *m*, -ra *f*.
caminante *mf* caminhante *mf*.
caminar *vi* caminhar.
caminata *f* caminhada *f*.
camino *m* [vía] caminho *m*; **de ~** de caminho; **ponerse en ~** pôr-se a caminho; **abrirse alguien ~** abrir caminho; **quedarse alguien a medio ~** alguém ficar sem terminar algo.
◆ **camino de Santiago** *m* caminho *m* de Santiago.
◆ **camino trillado** *m* ***fig*** lugar-comum *m*.
camión *m* **-1.** [de mercancías] caminhão *m*; **~ cisterna** caminhão-pipa *m* **-2.** ***CAm*** & ***Méx*** [de pasajeros] ônibus *m*.
camionero, ra *m, f* **-1.** [de carga] caminhoneiro *m*, -ra *f* **-2.** ***CAm*** & ***Méx*** [de pasajeros] motorista *m*, de ônibus *f*.
camioneta *f* caminhonete *f*.
camisa *f* camisa *f*; **meterse en ~ de once varas** meter-se onde não é chamado; **mudar** *o* **cambiar de ~** virar a casaca.
◆ **camisa de fuerza** *f* camisa *f* de força.
camisería *f* camisaria *f*.
camisero, ra ◇ *adj* chemisier. ◇ *m, f* camiseiro *m*, -ra *f*.
camiseta *f* camiseta *f*.
camisola *f* ***Amér*** **-1.** [para dormir] camisola *f* **-2.** [para trabajar] camisão *m*.
camisón *m* camisola *f*.
camorra *f* ***fam*** briga *f*; **buscar ~** procurar briga.
camote *m* ***Andes, CAm*** & ***Méx*** [batata] batata *f* doce.
campal *adj* campal.
campamento *m* acampamento *m*.
campana *f* **-1.** [instrumento] sino *m*; **doblar las ~s** dobrar os sinos **-2.** [cosa con forma de campana] campânula *f*; **~ extractora de humos** coifa *f*, exaustor *m* **-3.** ***loc***: **oír ~s y no saber dónde** ouvir cantar o galo e não saber onde.
campanada *f* badalada *f*.
campanario *m* campanário *m*.
campanilla *f* campainha *f*.
campanilleo *m* tilintar *m*.
campante *adj* ***fam*** satisfeito(ta); **estar** *o* **quedarse tan ~** estar *o* ficar tranquilo(la).

campaña *f* **-1.** [publicitaria, militar] campanha *f*; **hacer ~ de/contra algo** fazer campanha de/contra algo **-2.** ***RP*** [campo] campo *m*.
campechano, na *adj* ***fam*** simples, afável.
campeón, peona *m, f* campeão *m*, -peã *f*.
campeonato *m* campeonato *m*; **de ~** ***fam*** incrível.
campero, ra *adj* campeiro(ra).
◆ **campera** *f* **-1.** *(gen pl)* [botas] perneiras *fpl* **-2.** ***RP*** [cazadora] jaqueta *f*.
campesino, na ◇ *adj* camponês (nesa). ◇ *m, f* camponês *m*, -nesa *f*.
campestre *adj* campestre.
camping *m* camping *m*.
campista *mf* campista *mf*.
campo *m* **-1.** [gen] campo *m*; **a ~ traviesa** pelo meio do campo; **dejar el ~ libre** *loc* deixar o campo livre; **~ de aviación** campo de aviação; **~ de batalla** campo de batalha; **~ de tiro** campo de tiro **-2.** ***CSur*** [hacienda] fazenda *f* **-3.** ***Andes*** [lugar] lugar *m*.
◆ **campo de concentración** *m* campo *m* de concentração.
◆ **campo de trabajo** *m* [de vacaciones] *lugar em que se trabalha em troca da hospedagem e pequena remuneração.*
◆ **campo visual** *m* campo *m* visual.
campus *m inv* campus *m*.
camuflaje *m* camuflagem *f*.
camuflar *vt* camuflar.
cana *f* ▷ **cano.**
Canadá *n*: **(el) ~** (o) Canadá.
canadiense ◇ *adj* canadense. ◇ *mf* canadense *mf*.
canal ◇ *m* canal *m*; **~ temático** canal temático; **~ de comercialización** canal de distribuição. ◇ *m o f* [de un tejado] calha *f*.
canalé *m* sanfona *f*.
canalizar *vt* canalizar.
canalla *mf* canalha *mf*.
canalón *m* [de un tejado] calha *f*; CULIN canelón.
canapé *m* canapé *m*.
Canarias *npl*: **las (islas) ~** as (ilhas) Canárias.
canario, ria ◇ *adj* canário(ria). ◇ *m, f* canário *m*, -ria *f*.
◆ **canario** *m* [pájaro] canário *m*.
canasta *f* **-1.** [gen] canastra *f* **-2.** DEP cesta *f*.
canastilla *f* **-1.** [cesto pequeño] cestinho *m* **-2.** [del bebé] enxoval *m* de bebê.
canasto *m* cesto *m*.
cancela *f* cancela *f*.
cancelación *f* cancelamento *m*.
cancelar *vt* **-1.** [anular] cancelar **-2.** [deuda] liquidar **-3.** ***Chile & Ven*** [cuenta] pagar.
cáncer *m* câncer *m*.
◆ **Cáncer** ◇ *m inv* [signo del zodiaco] Câncer *m inv*; **ser Cáncer *Esp*, ser de Cáncer *Amér*** ser (de) Câncer. ◇ *mf inv* **-1.** [persona] canceriano *m*, -na *f* **-2.** *(en aposición)* de Câncer.
cancerígeno, na *adj* cancerígeno (na).
canceroso, sa ◇ *adj* [del cáncer] canceroso(sa). ◇ *m, f* [enfermo] canceroso *m*, -sa *f*.
cancha *f* quadra *f*.
canchero, ra *adj* ***RP fam*** malandro (dra).
canciller *m* chanceler *m*.
canción *f* canção *f*; **~ de cuna** canção de ninar.
cancionero *m* cancioneiro *m*.
candado *m* cadeado *m*.
candelabro *m* candelabro *m*.
candelero *m* candeeiro *m*; **estar en el ~** ***fig*** estar em destaque.
candente *adj* **-1.** [incandescente] candente **-2.** [actual, interesante] atual.
candidato, ta *m, f* candidato *m*, -ta *f*.
candidatura *f* candidatura *f*; **presentar una ~** apresentar uma candidatura.
candidez *f* candura *f*.
cándido, da *adj* cândido(da).
candil *m* **-1.** [lámpara de aceite] candeia *f* **-2.** ***Méx*** [araña] candelabro *m*.
candilejas *fpl* TEATR ribalta *f*.
caneca *f* ***Col*** lata *f* de lixo.
canelo, la *adj* cor de canela.
◆ **canela** *f* canela *f*.
canelón, canalón *m* CULIN canelone *m*.
canesú (*pl* **canesús** *o* **canesues**) *m* **-1.** [de vestido] corpinho *m*, corpete *m* **-2.** [de blusa] pala *f*.
cangrejo *m* caranguejo *m*.
canguelo *m* ***fam*** pavor *m*.
canguro ◇ *m* canguru *m*. ◇ *mf* ***fam*** babá *f*, baby-sitter *f*; **hacer de ~** trabalhar de babá.
caníbal ◇ *adj* canibal. ◇ *mf* canibal *mf*.

canibalismo *m* canibalismo *m*.

canica *f* [pieza] bola *f* de gude.

◆ **canicas** *fpl* [juego] bola *f* de gude.

caniche *m* poodle *m*.

canícula *f* canícula *f*.

canijo, ja *adj* ***despec*** raquítico(ca).

canilla ◇ *f* **-1.** [bobina] bobina *f* **-2.** [espinilla] canela *f* **-3.** ***RP*** [grifo] torneira *f*. ◇ *m* ***RP*** vendedor *m* ambulante de jornais.

canino, na *adj* canino(na).

◆ **canino** *m* [diente] canino *m*.

canjear *vt* trocar.

cano, na *adj* grisalho(lha).

◆ **cana** *f* [en el pelo] cabelo *m* branco.

canoa *f* canoa *f*.

canódromo *m* canódromo *m*.

canon *m* **-1.** [gen] cânon *m* **-2.** [impuesto] taxa *f* **-3.** *MÚS* cânone *m*.

◆ **cánones** *mpl DER* cânones *mpl*.

canónigo *m RELIG* cônego *m*.

canonizar *vt RELIG* canonizar.

canoso, sa *adj* grisalho(lha).

cansado, da *adj* **-1.** [gen] cansado (da); **estar ~ de algo/alguien** estar cansado de algo/alguém **-2.** [pesado, cargante] cansativo(va).

cansancio *m* cansaço *m*.

cansar ◇ *vt* cansar. ◇ *vi* cansar.

◆ **cansarse** *vpr* **-1.** [agotarse] cansar-se **-2.** [hartarse]: **~se de algo/alguien** cansar-se de algo/alguém; **~se de hacer algo** cansar-se de fazer algo.

Cantabria *n* Cantábria.

cantábrico, ca *adj* cantábrico(ca).

◆ **Cantábrico** *m*: **el (mar) ~** o (mar) Cantábrico.

cántabro, bra ◇ *adj* cântabro (bra). ◇ *m, f* cântabro *m*, -bra *f*.

cantaleta *f* ***Andes, CAm, Carib, Méx*** **-1.** [estribillo] estribilho *m* **-2.** [regañina] cantilena *f*.

cantamañanas *mf inv* ***Esp*** picareta *mf*.

cantante ◇ *adj* cantor(ra). ◇ *mf* cantor *m*, -ra *f*.

cantaor, ra *m, f* cantador *m*, -ra *f* de flamenco.

cantar ◇ *vt* cantar. ◇ *vi* **-1.** ***fam*** [confesar] confessar **-2.** ***Esp fam*** [apestar] feder **-3.** ***Esp fam*** [desentonar] chamar a atenção. ◇ *m* cantar *m*.

cántaro *m* cântaro *m*; **llover a ~s** chover a cântaros.

cante *m* **-1.** [música] *canto popular andaluz*; **~ jondo** *o* **hondo** *canto andaluz de sentimento profundo, ritmo monótono e tom de queixume* **-2.** ***fam*** [error] frango *m* **-3.** ***Esp fam*** [peste] fedor *m*.

cantera *f* **-1.** [de piedra] pedreira *f* **-2.** [de profesionales] escola *f*.

cantidad ◇ *f* **-1.** [gen] quantidade *f* **-2.** [suma de dinero] quantia *f*. ◇ *adv* ***fam*** pacas.

cantilena, cantinela *f* cantilena *f*.

cantimplora *f* cantil *m*.

cantina *f* cantina *f*.

cantinela = **cantilena**.

canto *m* **-1.** [gen] canto *m*; **de ~** de lado **-2.** [de cuchillo] *borda que não corta* **-3.** [guijarro] seixo *m*; **~ rodado** seixo rolado.

cantón *m* [territorio] cantão *m*.

cantonera *f* cantoneira *f*.

cantor, ra ◇ *adj* cantora(ra). ◇ *m, f* cantor *m*, -ra *f*.

canturrear, canturriar *vt* ***fam*** cantarolar.

canutas *fpl* ***fam***: **pasarlas ~** comer o pão que o diabo amassou.

canuto *m* **-1.** [tubo] canudo *m* **-2.** ***fam*** [porro] baseado *m*.

caña *f* **-1.** *BOT* cana *f*; **~ de azúcar** cana-de-açúcar *f* **-2.** [de río, de estanque] junco *m* **-3.** [del brazo, de la pierna] osso *m* **-4.** [de la bota, del calcetín] cano *m* **-5.** [de cerveza] tulipa *f* **-6.** ***Andes, Cuba & RP*** [aguardiente] *tipo de bebida feita de cana-de-açúcar* **-7.** ***loc***: **darle** *o* **meterle ~ a algo** ***fam fig*** acelerar algo.

◆ **caña de pescar** *f* vara *f* de pescar.

cáñamo *m* cânhamo *m*.

cañería *f* encanamento *m*.

caño *m* cano *m*.

cañón *m* **-1.** [arma] canhão *m* **-2.** [tubo] cano *m* **-3.** *GEOGR* canhão *m*.

cañonazo *m* canhonaço *m*.

caoba *f* mogno *m*.

caos *m (sin pl)* caos *m*.

caótico, ca *adj* caótico(ca).

cap. (*abrev de* **capítulo**) cap.

capa *f* **-1.** [gen] camada *f*; **~ de ozono** camada de ozônio **-2.** [manto] capa *f* **-3.** *TAUROM* capote *m* **-4.** ***loc***: **(andar) de ~ caída** (andar) de mal a pior; **defender a ~ y espada** defender com unhas e dentes.

capacidad *f* capacidade *f*.

◆ **capacidad adquisitiva** *f* poder *m* aquisitivo.

capacitación *f* capacitação *f*.
capacitar *vt*: ~ **a alguien para algo** capacitar alguém para algo.
capar *vt* capar.
caparazón *m* [concha] carapaça *f*.
capataz *m* capataz *m*.
capaz *adj* capaz; ~ **de (hacer) algo** capaz de (fazer) algo.
capazo *m* alcofa *f*, moisés *m*.
capear *vt* capear.
capellán *m* capelão *m*.
caperuza *f* **-1.** [gorro] capuz *m* **-2.** [capuchón] tampa *f*.
capicúa ◇ *adj inv* capicua. ◇ *m inv* capicua *f*.
capilar ◇ *adj* [del cabello] capilar. ◇ *m* capilar *m*.
capilla *f* capela *f*; ~ **ardiente** câmara-ardente *f*; **estar en** ~ [condenado a muerte] estar aguardando a execução.
capirote *m* [gorro] capirote *m*.
cápita ◆ **per cápita** *loc adj* per capita.
capital ◇ *adj* capital. ◇ *m* ECON capital *m*. ◇ *f* capital *f*.
capitalismo *m* capitalismo *m*.
capitalista ◇ *adj* capitalista. ◇ *mf* capitalista *mf*.
capitalizar *vt* ECON capitalizar.
◆ **capitalizarse** *vpr* ECON capitalizar-se.
capitán, tana *m, f* capitão *m*, -tã *f*.
capitanear *vt* capitanear.
capitanía *f* [empleo] capitania *f*.
capitel *m* ARQUIT capitel *m*.
capitoste *mf* ***despec*** manda-chuva *mf*.
capitulación *f* capitulação *f*.
◆ **capitulaciones matrimoniales** *fpl* regime *m* de bens.
capitular *vi* capitular.
capítulo *m* capítulo *m*.
capó, capot *m* capô *m*.
caporal *m* MIL cabo *m* de esquadra.
capot = **capó**.
capota *f* capota *f*.
capote *m* capote *m*.
capricho *m* capricho *m*; **por puro** ~ por puro capricho.
caprichoso, sa *adj* caprichoso(sa).
Capricornio ◇ *m inv* [signo del Zodíaco] Capricórnio *m*; **ser** ~ ser de Capricórnio. ◇ *mf inv* **-1.** [persona] capricorniano *m* capricornia, -na *f* **-2.** *(en aposición)* de Capricórnio *m*.
cápsula *f* **-1.** [gen] cápsula *f* **-2.** [tapón] tampa *f*.
captar *vt* captar.
◆ **captarse** *vpr* captar.
captura *f* captura *f*.
capturar *vt* capturar.
capucha *f* capuz *m*.
capuchino, na *adj* capuchinho (nha).
◆ **capuchino** *m* **-1.** [fraile] capuchinho *m* **-2.** [café] capuchino *m*, cappuccino *m*.
capuchón *m* tampa *f*.
capullo, lla ◇ *adj* ***Esp vulg*** babaca. ◇ *m, f* ***vulg*** babaca *mf*.
◆ **capullo** *m* **-1.** [de flor] botão *m* **-2.** [de gusano] casulo *m* **-3.** ***fam*** [prepucio] glande *f*.
caqui, kaki ◇ *adj inv* [color] cáqui. ◇ *m* **-1.** [planta] caquizeiro *m* **-2.** [color] cáqui *m*.
cara *f* **-1.** [gen] cara *f*; ~ **a** ~ cara a cara; **de** ~ de frente; **tener buena/mala** ~ ter boa/má cara; ~ **o cruz** cara ou coroa **-2.** [de la cabeza] rosto *m* **-3.** [lado] face *f* **-4.** ***fam*** [osadía] cara-de-pau *f*; **tener (mucha)** ~, **tener la** ~ **muy dura** ter (muita) cara de pau **-5.** [parte frontal] fachada *f* **-6.** [loc]: **cruzar la** ~ **a alguien** ***fam*** quebrar a cara de alguém; **de** ~ **a** de frente para; **echar en** ~ jogar na cara; **romperle** *o* **partirle la** ~ **a alguien** ***fam*** quebrar *o* partir a cara de alguém; **verse las** ~**s** acertar as contas.
carabela *f* caravela *f*.
carabina *f* **-1.** [arma] carabina *f* **-2.** ***fam fig*** [mujer] segura-vela *mf*.
carabinero *m* ***Chile*** [policía] policial *m* militar.
Caracas *n* Caracas.
caracol *m* caracol *m*.
caracola *f* caramujo *m*.
carácter (*pl* **caracteres**) *m* **-1.** [gen] caráter *m*; **(tener) buen/mal** ~ (ter) bom/mau caráter **-2.** *(gen pl)* [signo de escritura] caractere *m*.
característico, ca *adj* característico(ca).
◆ **característica** *f* característica *f*.
caracterización *f* caracterização *f*.
caracterizar *vt* caracterizar.
◆ **caracterizarse por** *vpr* caracterizar-se por.
caradura ◇ *adj* ***fam*** caradura. ◇ *mf* ***fam*** caradura *mf*.
carajillo *m* *café m com conhaque ou licor.*
carajo *m* ***mfam*** caralho *m*.

caramba *interj* caramba!
carámbano *m* carambina *f*.
carambola *f* carambola *f*.
caramelizar *vt* caramelizar.
caramelo *m* **-1.** [golosina] bala *f* **-2.** [azúcar fundido] caramelo *m*.
carantoñas *fpl*: **hacer ~** fazer paparicos.
caraota *f* ***Ven*** feijão *m*.
carátula *f* capa *f*.
caravana *f* **-1.** [viaje en grupo] caravana *f* **-2.** [de coches] congestionamento *m* **-3.** [roulotte] trailer *m*.
◆ **caravanas** *fpl* ***Urug*** brincos *mpl*.
caray *interj* caramba!
carbón *m* carvão *m*.
carbonato *m* QUÍM carbonato *m*.
carboncillo *m* carvão *m*.
carbonero, ra *m, f* carvoeiro *m*, -ra *f*.
◆ **carbonera** *f* carvoeira *f*.
carbonilla *f* **-1.** [ceniza] cisco *m* **-2.** [carbón pequeño] restos *mpl* de carvão.
carbonizar *vt* carbonizar.
◆ **carbonizarse** *vpr* carbonizar-se.
carbono *m* QUÍM carbono *m*.
carburador *m* carburador *m*.
carburante *m* carburante *m*.
carburar ◇ *vt* carburar. ◇ *vi* ***fam*** raciocinar.
carca ◇ *adj* ***fam despec*** reaça. ◇ *mf* ***fam despec*** reaça *mf*.
carcajada *f* gargalhada *f*; **reír a ~s** rir às gargalhadas.
carcajearse *vpr* gargalhar.
carcamal *mf* ***fam*** decrépito *m*, -ta *f*.
carcasa *m* [para teléfono móvil] capa *f*, frente *f*.
cárcel *f* cadeia *f*, prisão *f*; **meter a alguien en la ~** colocar alguém na cadeia.
carcelero, ra *m, f* carcereiro *m*, -ra *f*.
carcoma *f* caruncho *m*.
carcomer *vt* **-1.** [corroer] corroer **-2.** [madera] carcomer.
◆ **carcomerse** *vpr* ***fig*** [consumirse] carcomer-se.
cardar *vt* **-1.** [lana] cardar **-2.** [pelo] frisar.
cardenal *m* **-1.** RELIG cardeal *m* **-2.** [hematoma] hematoma *f*.
cárdeno, na *adj* arroxeado(da).
◆ **cárdeno** *m* [color] violeta *f*.
cardiaco, ca, cardíaco, ca *adj* cardíaco(ca).
cárdigan *m* cardigã *m*.
cardinal *adj* cardeal.
cardiólogo, ga *m, f* MED cardiologista *mf*.
cardiovascular *adj* MED cardiovascular.
cardo *m* **-1.** [planta] cardo *m* **-2.** ***Esp*** [antipático] pessoa *f* desagradável.
carear *vt* DER acarear.
carecer *vi*: **~ de** carecer de.
carena *f* NÁUT carena *f*.
carencia *f* carência *f*.
carente *adj*: **~ de** carente de.
careo *m* DER acareação *f*.
carestía *f* carestia *f*.
careta *f* máscara *f*; **~ antigás** máscara contra gases.
carey *m* **-1.** [tortuga] tartaruga-de-pente *f* **-2.** [material] tartaruga *f*.
carga *f* **-1.** [gen] carga *f*; **volver a la ~ *fig*** voltar à carga **-2.** [impuesto] encargo *m*; **~s sociales** encargos sociais.
cargado, da *adj* **-1.** [abarrotado] carregado(da) **-2.** [arma] carregado(da) **-3.** [bebida] forte **-4.** [bochornoso] carregado(da).
cargador, ra *adj* carregador(ra).
◆ **cargador** *m* **-1.** [gen] carregador *m* **-2.** [persona] carregador *m*, -ra *f*.
cargamento *m* carregamento *m*.
cargante *adj* ***fam fig*** maçante.
cargar *vt* **-1.** [gen] carregar **-2.** [asignar] encarregar **-3.** ***fam*** [molestar] incomodar **-4.** [gravar] elevar **-5.** [anotar] incluir.
◆ **cargar con** *vi* **-1.** [llevar] portar **-2.** [ocuparse de] arcar.
◆ **cargarse** *vpr* **-1.** ***fam*** [romper] quebrar **-2.** ***fam*** [suspender] reprovar **-3.** ***fam*** [matar] matar **-4.** [hacerse pesado] carregar-se **-5.** ***loc*: cargárselas *fam*** receber um castigo.
cargo *m* **-1.** [gen] cargo *m* **-2.** [acusación] acusação *f* **-3.** ECON [débito] dívida *f* **-4.** ***loc*: hacerse ~ (de)** [ocuparse de] encarregar-se (de); [comprender] compreender.
cargoso, sa *adj* ***CSur*** irritante.
carguero *m* cargueiro *m*.
cariar *vt* cariar.
◆ **cariarse** *vpr* cariar-se.
Caribe *n*: **el (mar) ~** o (mar) do Caribe.
caricatura *f* caricatura *f*.
caricaturizar *vt* caricaturar.
caricia *f* carícia *f*.
caridad *f* caridade *f*.
caries *f* cárie *f*.

carillón *m* carrilhão *m*.
cariñena *m vinho tinto, doce e de aroma agradável originário da Cariñena, comarca de Zaragoza.*
cariño *m* **-1.** [gen] carinho *m*; **tomar ~ a alguien/a algo** ter carinho por alguém/por algo **-2.** [apelativo] querida(da).
cariñoso, sa *adj* carinhoso(sa).
carisma *m* carisma *m*.
carismático, ca *adj* carismático(ca).
Cáritas *f* Cáritas *f*.
caritativo, va *adj* caritativo(va).
cariz *m (sin pl)* rumo *m*.
carlista <> *adj* carlista. <> *mf* carlista *mf*.
carmelita <> *adj* carmelita. <> *mf* carmelita *mf*.
carmesí (*pl* **carmesíes**) <> *adj* carmesim. <> *m* carmesim *m*.
carmín <> *adj* [color] carmim. <> *m* **-1.** [color] carmim *m* **-2.** [lápiz de labios] batom *m*.
carnada *f* isca *f*.
carnal *adj* **-1.** [de la carne] carnal **-2.** [parientes] consangüíneo.
carnaval *m* carnaval *m*.
carnaza *f* isca *f*.
carne *f* **-1.** [gen] carne *f*; **~ de cerdo** carne de porco; **~ de cordero** carne de cordeiro; **~ de ternera** carne de vaca; **~ picada** carne moída; **en ~ viva** [sin piel] em carne viva; **metido en ~s** [gordo] cheinho; **ser alguien de ~ y hueso** *fig* ser alguém de carne e osso **-2.** [de la fruta] polpa *f*.
◆ **carne de cañón** *f* bucha *f* de canhão.
◆ **carne de gallina** *f*: **se me puso la ~ de gallina** fiquei arrepiado.
carné (*pl* **carnés**), **carnet** (*pl* **carnets**) *m* carteira *f*; **~ de conducir** carteira de habilitação; **~ de identidad** carteira de identidade.
carnear *vt* ***Andes, RP*** carnear.
carnicería *f* **-1.** [tienda] açougue *m* **-2.** [masacre, destrozo] carnificina *f*.
carnicero, ra <> *adj* [animal] carnívoro(ra). <> *m, f* **-1.** [profesional] açougueiro *m*, -ra *f* **-2.** [que destroza] carniceiro *m*, -ra *f*.
◆ **carniceros** *mpl* ZOOL carnívoros *mpl*.
cárnico, ca *adj* de carne.
carnitas *fpl* ***Méx*** *carne de porco picada utilizada em tacos.*
carnívoro, ra *adj* carnívoro(ra).
◆ **carnívoro** *m* carnívoro *m*.
carnoso, sa *adj* **-1.** [de carne] carnoso(sa) **-2.** [grueso] carnudo(da).
caro, ra *adj* caro(ra).
◆ **caro** *adv* caro.
carota *mf* ***Esp fam*** caradura *mf*.
carozo *m* ***RP*** pedra *f*.
carpa *f* **-1.** [pez] carpa *f* **-2.** [de lona] lona *f* **-3.** ***Amér*** [tienda de campaña] barraca *f*.
carpaccio *m* carpaccio *m*.
carpeta *f* **-1.** [de cartón] pasta *f* **-2.** INFORM pasta *f*.
carpetazo *m*: **dar ~ a algo** pôr um ponto final em algo.
carpintería *f* carpintaria *f*; **~ metálica** esquadria *f* de alumínio.
carpintero, ra *m, f* carpinteiro *m*, -ra *f*.
carpo *m* ANAT carpo *m*.
carraca *f* **-1.** [instrumento] matraca *f* **-2.** [cosa vieja] cacareco *m*.
carraspear *vi* **-1.** [hablar ronco] roufenhar **-2.** [toser] pigarrear.
carraspera *f* rouquidão *f*.
carrera *f* **-1.** [gen] corrida *f*; **tomar ~** tomar impulso; **~ de armamentos** corrida *f* armamentista; **~ contra reloj** corrida contra o relógio **-2.** [espacio, trayecto] trajeto *m* **-3.** [estudios, profesión] carreira *f* **-4.** [calle] rua *f*.
carrerilla *f* impulso *m*; **coger** *o* **tomar ~** pegar *o* tomar impulso.
◆ **de carrerilla** *loc adv* de cor.
carreta *f* carroça *f*.
carretada *f* **-1.** [gen] carroçada *f* **-2.** ***fam*** [gran cantidad]: **a ~s** aos montões.
carrete *m* carretel *m*.
carretera *f* estrada *f*; **~ comarcal/nacional** estrada local/nacional; **~ de cuota** ***Méx*** rodovia *f* pedagiada.
carretero, ra <> *adj* ***Amér*** rodoviário(ria); **un accidente ~** um acidente rodoviário; **tráfico ~** tráfego rodoviário. <> *m, f* [conductor] charreteiro *m*, -ra *f*; **fumar como un ~** ***fig*** fumar como uma chaminé.
carretilla *f* [carro pequeño] carrinho *m* de mão.
carril *m* **-1.** [de carretera] pista *f*; **~ bici** ciclovia *f*; **~ bus** corredor *m* de ônibus **-2.** [de ruedas] sulco *m* **-3.** [de vía de tren] trilho *m*.
carrillo *m* bochecha *f*; **comer a dos ~s** ***fig*** comer com voracidade.
carro *m* **-1.** [vehículo] carroça *f*; **~ de**

combate *MIL* tanque *m* de guerra **-2.** [parte móvil] carro *m* **-3.** ***Andes, CAm, Carib & Méx*** [coche] carro *m*; **~ comedor** [de un tren] vagão-restaurante *m*; **~ dormitorio** [de un tren] vagão-leito *m* **-4.** ***loc*: parar el ~** [contener a alguien] dar um tempo.
carrocería *f* carroceria *f*.
carromato *m* carroção *m*.
carroña *f* carniça *f*.
carroza ◇ *f* carruagem *f*. ◇ *mf* ***fam*** careta *mf*.
carruaje *m* carruagem *f*.
carrusel *m* carrossel *m*.
carta *f* **-1.** [gen] carta *f*; **echar una ~ en el buzón** colocar uma carta na caixa de correio; **~ de recomendación** carta de recomendação; **echar las ~s** ler as cartas; **a la ~** à la carte **-2.** ***loc*: jugarse alguien todo a una ~** alguém apostar tudo numa cartada.
◆ **carta blanca** *f* carta *f* branca.
◆ **carta de ajuste** *f TV* tela *f* de ajuste.
cartabón *m* esquadro *m*.
cartapacio *m* **-1.** [carpeta] pasta *f* **-2.** [cuaderno] caderno *m* de anotações.
cartearse *vpr* corresponder-se.
cartel *m* **-1.** [anuncio] cartaz *m*; **'prohibido fijar ~es'** 'proibido colar cartazes' **-2.** ***fig*** [fama]: **de ~** famoso.
cártel *m* cartel *m*.
cartelera *f* **-1.** [tablón] quadro *m* de anúncios **-2.** [sección] roteiro *m* de espetáculos.
cárter *m AUTOM* cárter *m*.
cartera *f* **-1.** [para dinero] carteira *f* **-2.** [escolar] mochila *f* **-3.** ***Andes, CSur*** [bolso] bolsa *f* **-4.** *COM* carteira *f*; **~ de clientes** carteira de clientes; **~ de pedidos** carteira de pedidos **-5.** [ministerio] pasta *f*.
carterista *mf* batedor *m*, -ra *f* de carteiras.
cartero, ra *m, f* carteiro *m*, -ra *f*.
cartílago *m* cartilagem *f*.
cartilla *f* **-1.** [documento] caderneta *f*; **~ de ahorros** caderneta de poupança; **~ de la seguridad social** cartão *m* da previdência social; **~ militar** caderneta militar **-2.** [para aprender a leer] cartilha *f*.
cartografía *f* cartografia *f*.
cartomancia *f* cartomancia *f*.
cartón *m* **-1.** [material] papelão *m*; **~ piedra** cartão-pedra *m* **-2.** [de cigarrillos] pacote *m*.
cartuchera *f* cartucheira *f*.
cartucho *m* cartucho *m*.
cartujo, ja *adj* cartuxo(xa).
◆ **cartujo** *m* [religioso] cartuxo *m*.
◆ **cartuja** *f* cartuxa *f*.
cartulina *f* cartolina *f*.
casa *f* **-1.** [gen] casa *f*; **~ adosada** casa geminada; **~ de campo** casa de campo; **~ Consistorial** [ayuntamiento] Prefeitura *f*; **~ de huéspedes** casa de hóspedes; **~ de socorro** pronto-socorro *m*; **~ unifamiliar** casa individual **-2.** ***loc*: se le cayó la ~ encima** [tuvo problemas] foi o fim do mundo para ele; **echar** *o* **tirar la ~ por la ventana** [derrochar] jogar dinheiro pela janela; **ser de andar por ~** [sencillo] ser simples.
casaca *f* casaca *f*.
casadero, ra *adj* casadouro(ra).
casado, da ◇ *adj* casado(da); **estar ~ con alguien** estar casado com alguém. ◇ *m, f* casado *m*, -da *f*.
casamentero, ra ◇ *adj* casamenteiro(ra). ◇ *m, f* casamenteiro *m*, -ra *f*.
casamiento *m* casamento *m*.
casanova *m* casanova *m*.
casar ◇ *vt* casar. ◇ *vi* casar.
◆ **casarse** *vpr* [en matrimonio] casar-se; **~se (con alguien)** casar-se (com alguém).
cascabel *m* guizo *m*.
cascada *f* [de agua] cascata *f*.
cascado, da *adj* **-1.** ***fam*** [estropeado] desgastado(da) **-2.** [ronco] rascante.
cascanueces *m inv* quebra-nozes *m inv*.
cascar ◇ *vt* **-1.** [romper] descascar **-2.** ***fam*** [dañar] desgastar **-3.** ***fam*** [voz] estragar **-4.** ***fam*** [pegar] bater. ◇ *vi* ***Esp fam*** [hablar] papear.
cáscara *f* casca *f*.
cascarilla *f* casca *f*.
cascarón *m* casca *f* de ovo.
cascarrabias *mf inv* mal-humorado *m*, -da *f*.
casco *m* **-1.** [para la cabeza] capacete *m* **-2.** [de barco, de caballo] casco *m* **-3.** [de ciudad] centro *m*; **~ antiguo/comercial/urbano** centro antigo/comercial/urbano **-4.** [envase] casco *m*.
◆ **cascos** *mpl* ***fam*: calentarse** *o* **romperse los ~s** ***fig*** esquentar-se *o* quebrar-se a cabeça; **ser alegre** *o* **ligero de ~s** ***fig*** ser cabeça fresca.
◆ **cascos azules** *mpl* capacetes *mpl* azuis.

caserío *m* casario *m*.
caserna *f* caserna *f*.
casero, ra ◇ *adj* caseiro(ra). ◇ *m, f* **-1.** [propietario] senhorio *m*, -ria *f* **- 2.** [encargado] caseiro *m*, -ra *f*.
caserón *m* casarão *m*.
caseta *f* **-1.** [casa pequeña] barracão *m*; ~ **de cobro** ***Méx*** cabine *f* de pedágio; ~ **telefónica** ***Méx*** cabine telefônica **- 2.** [para cambiarse] cabine *f* **- 3.** [para perro] casinha *f*.
casete (*pl* **casetes**), **cassette** (*pl* **cassettes**) ◇ *m o f* [cinta] fita *f* cassete. ◇ *m* ***Esp*** [magnetófono] gravador *m*.
casi *adv* quase; ~ **nunca** quase nunca.
casilla *f* **-1.** [taquilla] bilheteria *f* **- 2.** [de caja, armario] escaninho *m* **- 3.** [en impreso] quadrícula *f* **- 4.** [de tablero] casa *f* **- 5. :** ~ **de correos** ***Andes*** & ***RP*** caixa *f* postal.
casillero *m* escaninho *m*.
casino *m* **-1.** [para jugar] cassino *m* **- 2.** [asociación] associação *m*.
caso *m* **-1.** [gen] caso *m*; **el** ~ **es que** o caso é que **- 2.** [ocasión] ocasião *f*; **en el mejor/peor de los** ~**s** no melhor/ pior dos casos; ~ **que** caso que; **dado el** ~ **que** dado o caso que; **en** ~ **de que** em caso de que; **en todo** *o* **cualquier** ~ [sea lo que fuere] em todo *o* qualquer caso **- 3.** ***loc*: nadie le hace** ~ ***fam*** ninguém liga para ele; **hacer** ~ **omiso** [ignorar] não levar em conta; **no hacer** *o* **venir al** ~ ***fam*** não vir ao caso; **ser un** ~ ***fam*** ser um caso sério.
caspa *f* caspa *f*.
casquete *m* [gorro] casquete *m*.
◆ **casquete esférico** *m* GEOM calota *f* esférica.
◆ **casquete polar** *m* GEOGR calota *f* polar.
casquillo *m* **-1.** [de bala] cápsula *f* **- 2.** [de lámpara] soquete *m* **- 3.** [abrazadera] ponteira *f*.
cassette = **casete**.
casta *f* casta *f*.
castaña *f* ▷ **castaño**.
castañazo *m* ***fam*** bordoada *f*.
castañetear ◇ *vt* [chasquear] estalar. ◇ *vi* bater os dentes.
castaño, ña *adj* [color] castanho (nha).
◆ **castaño** *m* **-1.** [color, madera] castanho *m* **- 2.** [árbol] castanheiro *m*.
◆ **castaña** *f* **-1.** [fruto] castanha *f* **- 2.** ***fam*** [golpe] bordoada *f* **- 3.** ***Esp fam*** [borrachera] pileque *m*.
castañuela *f* castanhola *f*.
castellanizar *vt* castelhanizar.
castellano, na ◇ *adj* castelhano (na). ◇ *m, f* [persona] castelhano *m*, -na *f*.
◆ **castellano** *m* [lengua] espanhol *m*.
castellanoparlante ◇ *adj* hispanoparlante. ◇ *mf* hispanoparlante *mf*.
castidad *f* castidade *f*.
castigador, ra ◇ *adj* ***fam*** sedutor (ra). ◇ *m, f* ***fam*** paquerador *m*, -ra *f*.
castigar *vt* **-1.** [gen] castigar **- 2.** ***fam*** [enamorar] paquerar.
castigo *m* **-1.** [gen] castigo *m* **- 2.** DEP penalidade *f*.
Castilla *n* Castela; ~ **y León** Castela e Leão.
Castilla-La Mancha *n* Castela la Mancha.
castillo *m* castelo *m*.
castizo, za *adj* castiço(ça).
casto, ta *adj* casto(ta).
castor *m* castor *m*.
castrar *vt* castrar.
castrense *adj* castrense.
casual *adj* casual.
casualidad *f* casualidade *f*; **por** ~ por acaso; **¡qué** ~**!** que coincidência!
casulla *f* casula *f*.
cataclismo *m* cataclismo *m*.
catacumbas *fpl* catacumbas *fpl*.
catador, ra *m, f* degustador *m*, -ra *f*.
catalán, lana ◇ *adj* catalão(lã). ◇ *m, f* catalão *m*, -lã *f*.
◆ **catalán** *m* catalão *m*.
catalejo *m* telescópio *m*.
catalizador, ra *adj* catalisador(ra).
◆ **catalizador** *m* catalisador *m*.
catalogar *vt* **-1.** [en catálogo] catalogar **- 2.** [clasificar] classificar; ~ **a alguien de algo** classificar alguém de algo.
catálogo *m* catálogo *m*.
Cataluña *n* Catalunha.
catamarán *m* NÁUT catamarã *m*.
cataplasma *f* **-1.** MED cataplasma *f* **- 2.** ***fam fig*** [pesado] emplastro *m*.
catapulta *f* catapulta *f*.
catar *vt* degustar.
catarata *f* catarata *f*.
catarro *m* resfriado *m*.
catarsis *f* catarse *f*.
catastro *m* cadastro *m*.

catástrofe *f* catástrofe *f*.
catastrófico, ca *adj* catastrófico(ca).
catastrofista ◇ *adj* catastrofista. ◇ *mf* catastrofista *mf*.
cátcher (*pl* **catchers**) *m* DEP *no basebol, jogador que fica atrás do batedor do time contrário para pegar a bola enviada pelo lançador de sua equipe.*
catchup, ketchup *m inv* ketchup *m*.
cate *m fam* bomba *f*.
catear ◇ *vt* **-1.** *Esp fam* [en examen] levar bomba em **-2.** *Amér* [registrar] procurar. ◇ *vi Esp fam* levar bomba.
catecismo *m* catecismo *m*.
cátedra *f* cátedra *f*.
catedral *f* catedral *f*.
catedrático, ca *m, f* catedrático *m*, -ca *f*.
categoría *f* categoria *f*; **de ~** de categoria.
categórico, ca *adj* categórico(ca).
catequesis *f* catequese *f*.
catequizar *vt* catequizar.
catering *m* catering *m*.
caterva *f* caterva *f*.
cateto, ta ◇ *adj Esp despec* [palurdo] grosseiro(ra). ◇ *m, f* [palurdo] grosseiro *m*, -ra *f*.
◆ **cateto** *m* GEOM cateto *m*.
catire, ra *adj Carib* loiro(ra).
cátodo *m* FÍS cátodo *m*.
catolicismo *m* catolicismo *m*.
católico, ca ◇ *adj* católico(ca); **no estar muy ~** *fam fig* não estar muito católico. ◇ *m, f* católico *m*, -ca *f*.
catorce ◇ *núm* quatorze. ◇ *m* [número] quatorze *m*; *ver también* **seis**.
catorceavo, va, catorzavo, va ◇ *núm* [para ordenar] décimo quarto, décima quarta; **catorceava parte** [para fraccionar] décima quarta parte. ◇ *m, f* décimo quarto *m*, décima quarta *f*.
catorzavo, va = **catorceavo**.
catre *m* [cama] catre *m*.
cauce *m* **-1.** [de río] leito *m* **-2.** [de riego] canal *m* **-3.** [procedimiento] norma *f*.
caucho *m* **-1.** [sustancia] borracha *f* **-2.** [planta] seringueira *f*.
caución *f* caução *f*.
caudal *m* **-1.** [cantidad de agua, abundancia] caudal *m* **-2.** [capital] fortuna *f*.
caudaloso, sa *adj* **-1.** [con agua] caudaloso(sa) **-2.** [rico] rico(ca).
caudillo *m* caudilho *m*.
◆ **Caudillo** *nm*: **el Caudillo** HIST *General Francisco Franco, o Caudilho, líder da ditadura fascista na Espanha de 1939 a 1975.*
causa *f* causa *f*; **a ~ de** por causa de.
causalidad *f* causalidade *f*.
causante ◇ *adj* causador(ra). ◇ *mf* [provocador] causador *m*, -ra *f*.
causar *vt* causar.
cáustico, ca *adj* cáustico(ca).
cautela *f* cautela *f*; **con ~** com cautela.
cauteloso, sa ◇ *adj* cauteloso(sa). ◇ *m, f* cauteloso *m*, -sa *f*.
cautivador, ra ◇ *adj* cativante. ◇ *m, f* sedutor(ra).
cautivar *vt* **-1.** [apresar] capturar **-2.** [seducir] cativar.
cautiverio *m*, **cautividad** *f* cativeiro *m*; **vivir en ~** viver em cativeiro.
cautivo, va ◇ *adj* cativo(va). ◇ *m, f* cativo *m*, -va *f*.
cauto, ta *adj* cauteloso(sa).
cava ◇ *m* [bebida] *vinho espumante da Catalunha fabricado pelo mesmo método do champanhe francês.* ◇ *f* [bodega] adega *f*.
cavar ◇ *vt* cavar. ◇ *vi* cavar.
caverna *f* **-1.** [cueva] caverna *f* **-2.** MED cavidade *f*.
cavernícola ◇ *adj* cavernícola. ◇ *mf* cavernícola *mf*.
cavernoso, sa *adj* cavernoso(sa).
caviar *m* caviar *m*.
cavidad *f* cavidade *f*.
cavilar *vi* refletir.
cayado *m* cajado *m*.
cayo *m* banco *m* de areia.
caza ◇ *f* caça *f*; **salir o ir de ~** sair para caçar. ◇ *m* caça *m*.
cazabe *m Amér* pão *m* de mandioca.
cazabombardero *m* caça-bombardeiro *m*.
cazador, ra ◇ *adj* caçador(ra). ◇ *m, f* caçador *m*, -ra *f*.
◆ **cazadora** *f* [prenda] jaqueta *f*.
cazadotes *m inv* caça-dotes *m o f inv*.
cazalla *f* [bebida] *aguardente seca e forte produzida em Sevilha.*
cazar *vt* **-1.** [matar] caçar **-2.** *fig* [pillar, atrapar] pegar.
cazo *m* panela *f*.
cazoleta *f* **-1.** [recipiente] fôrma *f* **-2.** [de pipa] fornilho *m*.
cazuela *f* **-1.** [recipiente] panela *f* **-2.** [guiso] guisado *m*; **a la ~** à caçarola.

cazurro, rra <> *adj* **-1.** [huraño] esquivo(va) **-2.** [bruto] ignorante. <> *m, f* [bruto] ignorante *mf*.

c/c (*abrev de* **cuenta corriente**).

cc (*abrev de* **centímetros cúbicos**) cc.

c/c (*abrev de* **cuenta corriente**) c/c.

CC AA (*abrev de* **Comunidades Autónomas**) comunidades autônomas.

CC OO (*abrev de* **Comisiones Obreras**) *fpl sindicato espanhol de esquerda*.

CD *m* **-1.** (*abrev de* **compact disc**) CD; ~ **interactivo** CD interativo **-2.** (*abrev de* **club deportivo**) EC **-3.** (*abrev de* **cuerpo diplomático**) CD.

CD-I (*abrev de* **Compact Disc Interactivo**) *m* CD-I *m*.

CD-R (*abrev de* **compact disc recordable**) *m* CD-R *m*.

CD-ROM (*abrev de* **Compact Disc-Read Only Memory**) *m* CD-ROM *m*.

CD-RW (*abrev de* **compact disc rewritable**) *m* CD-RW *m*.

ce *f*: ~ **(con) cedilla** cê-cedilha *m*.

CE *f* **-1.** (*abrev de* **Comunidad Europea**) CE *f* **-2.** (*abrev de* **Comisión Europea**) CE *f*.

cebada *f* cevada *f*.

cebar *vt* **-1.** [sobrealimentar] cevar **-2.** [poner en funcionamiento] alimentar **-3.** *RP* [mate] preparar.

◆ **cebarse** *vpr*: ~**se en** penetrar em.

cebo *m* **-1.** [para cazar] isca *f* **-2.** [para alimentar] ceva *f* **-3.** [para atraer] chamariz *m*.

cebolla *f* cebola *f*.

cebolleta *f* cebolinha *f*.

cebollino *m* **-1.** [planta] alho-poró *m* **-2.** *fam* [necio] boboca *mf*.

cebra *f* zebra *f*.

cecear *vi* cecear.

ceceo *m* ceceio *m*.

cecina *f* carne-de-sol *f*.

cedazo *m* peneira *f*.

ceder <> *vt* ceder. <> *vi* ceder; ~ **a** ceder a; ~ **en** ceder em.

cedilla *f* cedilha *f*.

cedro *m* cedro *m*.

cédula *f* cédula *f*; ~ **(de identidad)** *Amér* carteira *f* de identidade.

CEE (*abrev de* **Comunidad Económica Europea**) *f* CEE *f*.

cegar <> *vt* **-1.** [gen] cegar **-2.** [tapar] tapar. <> *vi* cegar.

◆ **cegarse** *vpr* cegar-se.

cegato, ta <> *adj fam* cegueta. <> *m, f fam* cegueta *mf*.

ceguera *m* cegueira *f*.

ceja *f* **-1.** [sobre ojo] sobrancelha *f* **-2.** [de costura, encuadernación, instrumento] pestana *f* **-3.** *loc*: **meterse algo entre ~ y ~** *fam* meter algo na cabeça.

cejar *vi*: ~ **en** recuar em.

cejijunto, ta *adj* **-1.** [cejas] sobrancelhudo(da) **-2.** [gesto] sisudo(da).

cejilla *f* MÚS pestana *f*.

celda *f* **-1.** [de personas] cela *f* **-2.** [de abejas] alvéolo *m*.

celebérrimo, ma *adj* celebérrimo (ma).

celebración *f* celebração *f*.

celebrar *vt* celebrar.

◆ **celebrarse** *vpr* celebrar-se.

célebre *adj* [con fama] célebre.

celebridad *f* celebridade *f*.

celeridad *f* celeridade *f*.

celeste *adj* [del cielo] celeste.

celestial *adj* celestial.

celestina *f* alcoviteira *f*.

celibato *m* celibato *m*.

célibe <> *adj* celibatário(ria). <> *mf* celibatário *m*, -ria *f*.

celo *m* **-1.** [gen] zelo *m* **-2.** [de animal] cio *m*; **en** ~ no cio **-3.** [cinta adhesiva] fita *f* adesiva.

◆ **celos** *mpl* ciúmes *mpl*; **dar ~s** provocar ciúmes; **tener ~s de** ter ciúmes de.

celofán *m* celofane *m*.

celosía *f* gelosia *f*.

celoso, sa <> *adj* **-1.** [con celos] ciumento(ta) **-2.** [cumplidor] zeloso(sa); ~ **de** *o* **en** zeloso de *o* em. <> *m, f* [con celos] ciumento *m*, -ta *f*.

celta <> *adj* celta. <> *mf* [persona] celta *mf*. <> *m* [lengua] celta *m*.

celtíbero, ra, celtibero, ra <> *adj* celtibero(ra). <> *m, f* celtibero *m*, -ra *f*.

céltico, ca *adj* céltico(ca).

célula *f* célula *f*.

◆ **célula fotoeléctrica** *f* célula *f* fotelétrica.

◆ **célula fotovoltaica** *f* célula *f* fotovoltaica.

celular <> *adj* celular. <> *m Amér* celular *m*.

celulitis *f* celulite *f*.

celuloide *m* QUÍM celulóide *m*.

celulosa *f* QUÍM celulose *f*.

cementar *vt* **-1.** [metal] cementar **-2.** [con cemento] cimentar.

cementerio *m* cemitério *m*; ~ **de automóviles** *o* **coches** cemitério de automóveis.

cemento *m* cimento *m*; ~ **armado** cimento armado.

cena *f* jantar *m*; **dar una** ~ dar um jantar.

◆ **última Cena** *f*: **la última Cena** a última Ceia.

cenagal *m* **-1.** [lugar con cieno] lamaçal *m* **-2.** *fig* [apuro] atoleiro *m*.

cenagoso, sa *adj* lamacento(ta).

cenar ◇ *vt* jantar. ◇ *vi* jantar.

cencerro *m* cincerro *m*; **estar como un** ~ *fam* estar biruta.

cenefa *f* barra *f*.

cenicero *m* cinzeiro *m*.

cenit = **zenit**.

cenizo, za *adj* cinza.

◆ **cenizo** *m* **-1.** [suerte adversa] má sorte *f* **-2.** [gafe] pé-frio *m*.

◆ **ceniza** *f* cinza *f*.

◆ **cenizas** *fpl* cinzas *fpl*.

censar *vt* recensear.

censo *m* censo *m*.

censor, ra *m, f* [crítico, funcionario] censor *m*, -ra *f*.

censura *f* censura *f*.

censurar *vt* censurar.

centauro *m* MITOL centauro *m*.

centavo, va ◇ *núm* [para ordenar] centésimo(ma); **centava parte** [para fraccionar] centésima parte. ◇ *m, f* centésimo *m*, -ma *f*.

centella *f* **-1.** [gen] raio *m*; **como una** ~ como um raio **-2.** [chispa] centelha *f*.

centellear *vi* cintilar.

centelleo *m* cintilação *f*.

centena *f* centena *f*.

centenar *m* centena *f*; **a** ~**es** às centenas.

centenario, ria *adj* centenário(ria).

◆ **centenario** *m* centenário *m*.

centeno *m* centeio *m*.

centésimo, ma ◇ *núm* [para ordenar] centésimo; **centésima parte** [para fraccionar] centésima parte. ◇ *m, f* centésimo *m*, -ma *f*.

centígrado, da *adj* centígrado(da).

centigramo *m* centigrama *m*.

centilitro *m* centilitro *m*.

centímetro *m* **-1.** [medida] centímetro *m* **-2.** [cinta] fita *f* métrica.

céntimo *m* [moneda] centavo *m*.

centinela *m* sentinela *f*.

centollo *m* aranha-do-mar *f*.

centrado, da *adj* **-1.** [basado] baseado(da); ~ **en** concentrado em **-2.** [equilibrado] equilibrado(da) **-3.** [por su posición] centrado(da).

◆ **centrado** *m* [acción] centralização *f*.

central ◇ *adj* central. ◇ *m* DEP zagueiro *m* central. ◇ *f* **-1.** [oficina] matriz *f* **-2.** [de energía] central *f*; ~ **nuclear/térmica** central nuclear/térmica.

centralismo *m* centralismo *m*.

centralista ◇ *adj* centralista. ◇ *mf* centralista *mf*.

centralita *f* central *f* telefônica.

centralización *f* centralização *f*.

centralizar *vt* centralizar.

centrar *vt* **-1.** [gen] centrar **-2.** [equilibrar] equilibrar **-3.** [dirigir] convergir **-4.** [atraer] atrair.

◆ **centrarse** *vpr* **-1.** [equilibrarse] equilibrar-se **-2.** [concentrarse]: ~**se en** concentrar-se em.

céntrico, ca *adj* central.

centrifugador, ra *adj* centrifugador(ra).

◆ **centrifugadora** *f* centrífuga *f*.

centrifugar *vt* centrifugar.

centrífugo, ga *adj* centrífugo(ga).

centrista ◇ *adj* centrista. ◇ *mf* centrista *mf*.

centro *m* centro *m*; ~ **de cálculo** centro de cálculo; ~ **de planificación familiar** centro de planejamento familiar.

◆ **centro comercial** *m* centro *m* comercial.

◆ **centro de atracción** *m* FÍS centro *m* de atração.

◆ **centro de gravedad** *m* FÍS centro *m* de gravidade.

◆ **centro de mesa** *m* centro *m* de mesa.

Centroamérica *n* América Central.

centrocampista *mf* DEP meio-de-campo *mf*.

céntuplo, pla *núm* cêntuplo *m* cêntupla.

◆ **céntuplo** *m* cêntuplo *m*.

centuria *f* **-1.** *culto* [siglo] centúria *f* **-2.** [división militar] centúria *f*.

centurión *m* centurião *m*.

ceñir *vt* **-1.** [abrazar] estreitar **-2.** [apretar] apertar **-3.** *fig* [amoldar] cingir.

◆ **ceñirse** *vpr* **-1.** [apretarse] apertar **-2.** [amoldarse]: ~**se a** cingir-se a.

ceño *m* cenho *m*.

CEOE (*abrev de* **Confederación Española de Organizaciones Empresariales**) *f* *associação dos empresários espanhóis*.

cepa *f* cepa *f*.

cepillar *vt* **-1.** [gen] escovar **-2.** [madera] aplainar **-3.** *fam* [robar, birlar] limpar **-4.** *fam* [adular] bajular.
◆ **cepillarse** *vpr* **-1.** [gen] escovar **-2.** *fam* [liquidarse] detonar **-3.** *fam* [suspender] reprovar **-4.** *fam* [matar, cargarse] apagar **-5.** *vulg* [fornicar con] comer.
cepillo *m* **-1.** [para limpiar] escova *f* **-2.** [de carpintero] cepilho *m* **-3.** [de donativos] mealheiro *m*.
cepo *m* **-1.** [para cazar] armadilha *f* **-2.** [para vehículos] grampo *m* de pneu **-3.** [para sujetar] grampo *m* **-4.** [para presos] cepo *m*.
cera *f* cera *f*; ~ **depilatoria** cera depilatória; ~ **virgen** cera virgem.
cerámica *f* cerâmica *f*.
ceramista *mf* ceramista *mf*.
cerca ◇ *f* cerca *f*. ◇ *adv* perto; **de** ~ de perto.
◆ **cerca de** *loc prep* **-1.** [en el espacio] perto de **-2.** [aproximadamente] cerca de.
cercado *m* cercado *m*.
cercanía *f* proximidade *f*.
◆ **cercanías** *fpl* subúrbio *m*.
cercano, na *adj* próximo(ma); ~ **a** próximo a.
cercar *vt* cercar.
cerciorarse *vpr*: ~**se (de)** certificar-se (de).
cerco *m* **-1.** [círculo] círculo *m* **-2.** [asa] marco *m* **-3.** [conjunto de cosas] cordão *m* **-4.** [de astro] halo *m* **-5.** [para bloquear] cerco *m*; **poner** ~ **a algo** sitiar algo.
cerda *f* ▷ **cerdo**.
cerdada *f fam* sujeira *f*.
Cerdeña *n* Sardenha.
cerdo, da *m, f* **-1.** [animal] porco *m*, -ca *f* **-2.** *fam* [persona] sujo *m*, -ja *f*.
◆ **cerdo** *m* porco *m*.
◆ **cerda** *f* [pelo] cerda *f*.
cereal *m* cereal *m*.
cerebelo *m* ANAT cerebelo *m*.
cerebral *adj* cerebral.
cerebro *m* cérebro *m*.
◆ **cerebro electrónico** *m* cérebro *m* eletrônico.
ceremonia *f* cerimônia *f*.
ceremonial ◇ *adj* de cerimônia. ◇ *m* cerimonial *m*.
ceremonioso, sa *adj* ceremonioso (sa).
cereza *f* cereja *f*.
cerezo *m* cerejeira *f*.
cerilla *f* fósforo *m*.
cerillo *m CAm, Ecuad, Méx* fósforo *m*.
cerner, cernir *vt* [cribar] peneirar.
◆ **cernerse** *vpr* pairar.
cernícalo *m* **-1.** [ave] alfaneque *m* **-2.** *fam* [bruto] bruto *m*, -ta *f*.
cernir = **cerner**.
cero ◇ *núm* zero. ◇ *m* **-1.** [gen] zero *m*; ~ **coma siete** zero vírgula sete; **bajo** ~ abaixo de zero **-2.** *loc*: **ser un** ~ **a la izquierda** *fam* ser um zero à esquerda; *ver también* **seis**.
cerquillo *m Amér* franja *f*.
cerrado, da *adj* **-1.** [gen] fechado(da); ~ **a** fechado a **-2.** [rodeado] cercado(da) **-3.** [oculto, poco claro] hermético(ca) **-4.** [acento] carregado(da).
cerradura *f* fechadura *f*.
cerrajería *f* serralheria *f*.
cerrajero, ra *m, f* serralheiro *m*, -ra *f*.
cerrar ◇ *vt* **-1.** [gen] fechar **-2.** [cercar] cercar. ◇ *vi* fechar.
◆ **cerrarse** *vpr* **-1.** [gen] fechar-se; ~**se a** fechar-se a; ~**se en banda** fechar-se em copas **-2.** [terminarse] encerrar-se.
cerrazón *f* **-1.** [obscuridad] cerração *f* **-2.** [obstinación] obstinação *f*.
cerril *adj* **-1.** [animal] selvagem **-2.** *fam* [obstinado] teimoso(sa).
cerro *m* colina *f*; **echar** *o* **irse por los** ~**s de Úbeda** *fig* fugir do assunto.
cerrojo *m* ferrolho *m*; **echar el** ~ passar o ferrolho.
certamen *m* certame *m*.
certero, ra *adj* certeiro(ra).
certeza *f* certeza *f*.
certidumbre *f* certeza *f*.
certificación *f* **-1.** [hecho] certificação *f* **-2.** [documento] certificado *m*.
certificado, da *adj* registrado(da).
◆ **certificado** *m* atestado *m*; ~ **médico** atestado médico.
certificar *vt* **-1.** [para asegurar] certificar **-2.** [para acreditar] registrar.
cerumen *m* cerume *m*.
cervatillo *m* cervato *m*.
cervato *m* cervato *m*.
cervecería *f* cervejaria *f*.
cervecero, ra ◇ *adj* cervejeiro(ra). ◇ *m, f* cervejeiro *m*, -ra *f*.
cerveza *f* cerveja *f*; ~ **de barril** chope *m*; ~ **negra** cerveja preta.
cervical ◇ *adj* cervical. ◇ *f (gen pl)* vértebras *fpl* cervicais.
cesante *adj CSur, Méx* [en paro] desempregado(da).
cesantía *f* desemprego *m*.

cesar ◇ *vt* [destituir] demitir. ◇ *vi* **-1.** [parar] cessar; ~ **de** cessar de; **sin ~** sem cessar **-2.** [dimitir] demitir-se.
césar *m* césar *m*.
cesárea *f* cesariana *f*.
cese *m* **-1.** [detención, paro] cessação *f* **-2.** [destitución] demissão *f*.
cesión *f* cessão *f*.
césped *m* grama *f*, gramado *m*; **'prohibido pisar el ~'** 'proibido pisar na grama'.
cesta *f* cesta *f*; **~ de la compra** *ECON* cesta básica; [para compras en Internet] carrinho *m* de compras; **~ de Navidad** cesta de Natal.
cesto *m* cesto *m*.
cetáceos *mpl ZOOL* cetáceos *mpl*.
cetrería *f* cetraria *f*.
cetro *m* cetro *m*.
cf., cfr. (*abrev de* **confróntese**) vide.
CFC (*abrev de* **clorofluorocarbonos**) *mpl* CFC *mpl*.
cg (*abrev de* **centigramo**) cg.
ch, Ch *f* [letra] ch, Ch *m*.
chabacano, na *adj* grosseiro(ra).
◆ **chabacano** *m* **Méx -1.** [fruto] damasco *m* **-2.** [árbol] damasqueiro *m*.
chabola *f* barraco *m*.
chacal *m* chacal *m*.
chacha *f* **fam** empregada *f* doméstica.
chachachá *m* chá-chá-chá *m*.
cháchara *f* **fam** conversa *f* fiada; **estar de ~** estar de conversa fiada.
chacina *f* chacina *f*.
chacra *f* **Andes, RP** chácara *f*.
chafar *vt* **-1.** [aplastar] amassar **-2. fig** [estropear] estragar **-3.** [abatir] abalar.
◆ **chafarse** *vpr* arruinar-se.
chaflán *m* [de un edificio] chanfradura *f*.
chagra **Amér** *f* = **chacra**.
chal *m* chale *m*.
chalado, da **fam** ◇ *adj* louco(ca). ◇ *m, f* louco *m*, -ca *f*.
chaladura *f* **fam -1.** [locura] piração *f* **-2.** [enamoramiento] paixonite *f*.
chalar *vt* enlouquecer.
◆ **chalarse** *vpr* enlouquecer; **~se por algo/alguien** enlouquecer por algo/alguém.
chalé (*pl* **chalés**), **chalet** (*pl* **chalets**) *m* chalé *m*.
chaleco *m* **-1.** [de traje] colete *m*; **~ salvavidas** colete salva-vidas **-2.** [de punto] colete *m* de tricô..
chalet = **chalé**.
chalupa *f* **-1.** *NÁUT* chalupa *f* **-2. Méx** [plato] *pequena tortilha recheada*.
chamaco, ca *m, f* **Méx fam** garoto *m*, -ta *f*.
chamán *m* xamã *m*.
chamarra *f* casaco *f*.
chamba *f* **fam -1.** [suerte] sorte *f* **-2. CAm, Méx, Perú, Ven** [empleo, trabajo] bico *m*.
chambear *vi* **Méx, Perú fam** trabalhar.
chambón, bona *m, f* **Amér fam** chambão *m*, -ona *f*.
chamiza *f* **-1.** [hierba] colmo *m* **-2.** [leña] chamiço *m*.
chamizo *m* **-1.** [leña] chamiço *m* **-2.** [casa] choça *f* **-3. fam despec** [lugar] espelunca *f*.
champa *f* **CAm** barraca *f*.
champán, champaña *m* champanhe *m*.
champiñón *m* cogumelo *m*.
champú (*pl* **champús** *o* **champúes**) *m* xampu *m*.
chamuscar *vt* chamuscar.
◆ **chamuscarse** *vpr* chamuscar-se.
chamusquina *f* chamuscadura *f*; **oler a ~** **fam fig** estar cheirando mal.
chance ◇ *f* **Amér** chance *f*. ◇ *adv* **Méx** talvez.
chanchada *f* **Amér -1.** [grosería] grosseria *f* **-2.** [porquería] sujeira *f*.
chancho *m* **Amér** porco *m*, -ca *f*.
chanchullo *m* **fam** trambique *m*.
chancla *f* [tipo de calzado] chinelo *m*.
chancleta *f* chinelo *m*.
chanclo *m* **-1.** [de madera] tamanco *m* **-2.** [de plástico] galocha *f*.
chándal (*pl* **chándals**), **chandal** (*pl* **chandals**) *m* agasalho *m*.
changa *f* **Bol, RP** bico *m*.
changador, ra *m, f* **RP** porteiro *m*, -ra *f*.
changarro *m* **Méx** lojinha *f*.
chanquete *m* petinga *f*.
chantaje *m* chantagem *f*.
chantajear *vt* chantagear.
chantajista *mf* chantagista *mf*.
chantillí, chantilly *m* chantilly *m*.
chanza *f* brincadeira *f*.
chao *interj* **fam** tchau!
chapa *f* **-1.** [lámina] chapa *f* **-2.** [tapón] tampa *f* **-3.** [de identificación] distintivo *m* **-4. Col, Cuba, Méx** [cerradura] fechadura *f* **-5. RP** [de matrícula] placa *f*.

◆ **chapas** *fpl Esp* tampinha *f*; **jugar a las ~** jogar tampinha.
chapado, da *adj* chapeado(da); **~ a la antigua** *fig* moldado à moda antiga.
◆ **chapado** *m* chapeamento *m*.
chaparro, rra ◇ *adj* achaparrado (da). ◇ *m, f* barrica *f*.
◆ **chaparro** *m* chaparreiro *m*.
chaparrón *m* **-1.** [de agua] aguaceiro *m* **-2.** *fam* [gran cantidad] enxurrada *f*.
chapeado, da *adj* chapeado(da).
chapela *f* boina *f*.
chapista *mf* funileiro *m*, -ra *f*.
chapopote *m Carib, Méx* alcatrão *m*.
chapotear *vi* chapinhar.
chapucear *vt* achavascar.
chapucería *f* serviço *m* malfeito.
chapucero, ra ◇ *adj* malfeito(ta). ◇ *m, f* porcalhão *m*, -lhona *f*.
chapurrear, chapurrar *vt* arranhar.
chapuza *f* **-1.** [trabajo mal hecho] serviço *m* malfeito **-2.** [trabajo ocasional] bico *m*.
chapuzón *m* mergulho *m*.
chaqué *m* fraque *m*.
chaqueta *f* **-1.** [de traje] paletó *m* **-2.** [de punto] cardigã *m*.
chaquetero, ra ◇ *adj* volúvel. ◇ *m, f* vira-casaca *mf*.
chaquetilla *f* jaqueta *f*.
chaquetón *m* casacão *m*.
charada *f* charada *f*.
charanga *f* **-1.** [banda de música] charanga *f* **-2.** *fam* [fiesta] festa *f*.
charca *f* poça *f*.
charco *m* poça *f*.
charcutería *f* charcutaria *f*.
charla *f* **-1.** [conversación] bate-papo *m* **-2.** [conferencia] palestra *f*.
charlar *vi* bater papo.
charlatán, ana ◇ *adj* indiscreto (ta). ◇ *m, f* **-1.** [que habla mucho] tagarela *mf* **-2.** [que miente] impostor *m*, -ra *f* **-3.** [vendedor] charlatão *m*, -na *f*.
charlestón *m* charleston *m*.
charlotada *f* [acción grotesca] palhaçada *f*.
charlotear *vi* bater papo.
charnego, ga *m, f* **despec** *termo depreciativo utilizado na Catalunha para designar um imigrante proveniente de outra região da Espanha*.
charol *m* **-1.** [material] verniz *m* **-2.** *Andes* [bandeja] bandeja *f*.
charola *f Bol, CAm, Méx* bandeja *f*; **poner algo en charola a alguien** *fig* dar algo de bandeja a alguém.
charque, charqui *m Andes, RP* charque *m*.
charro, rra ◇ *adj* **-1.** [de Salamanca] salamanquense **-2.** [llamativo, recargado] rococó **-3.** [de México] *pertencente ou relativo à cultura dos charros*. ◇ *m, f* salamanquense *mf*.
◆ *m Méx* vaqueiro *m*, -ra *f*.
charrúa *Amér mf inv* charrua *mf*.
chárter ◇ *adj inv* charter. ◇ *m inv* charter *m*.
chasca *f Andes* [de persona] grenha *f*.
chascar ◇ *vi* [madera] estalar. ◇ *vt* [la lengua] estalar.
chasco *m* **-1.** [decepción] decepção *f*; **llevarse un ~** ficar decepcionado **-2.** [burla] zombaria *f*; **dar un ~ a alguien** zombar de alguém.
chasis *m inv* **-1.** [gen] chassi *m* **-2.** *fam* [de persona] esqueleto *m*.
chasquear ◇ *vt* **-1.** [látigo, lengua] estalar **-2.** *fig* [engañar] pregar uma peça. ◇ *vi* [madera] estalar.
chasquido *m* estalido *m*.
chasquillas *fpl Chile* franja *f* (de cabelo).
chatarra *f* **-1.** [gen] sucata *f* **-2.** *fam despec* [sin valor] quinquilharia *f* **-3.** *fam* [monedas] trocado *m*.
chatarrero, ra *m, f* sucateiro *m*, -ra *f*.
chateo *m*: **ir de ~** fazer a ronda dos bares.
chato, ta ◇ *adj* **-1.** [nariz, hijo] chato(ta) **-2.** *RP* [mediocre] medíocre. ◇ *m, f* **-1.** [persona chata] pessoa *f* de nariz arrebitado **-2.** *fam* [apelativo] querido *m*, -da *f*.
◆ **chato** *m* [vaso de vino] *taça de vinho baixa e larga*.
chau, chaucito *interj Bol, CSur, Perú fam* tchau!
chaufa *adj Amér*: **arroz ~** arroz primavera.
chauvinista = **chovinista**.
chaval, la *m, f fam* garoto *m*, -ta *f*.
chavalería *f fam* garotada *f*.
chaveta *f* **-1.** [clavija] chaveta *f* **-2.** *fam* [cabeza] bola *f*; **perder la ~** perder a cabeça.
chavo, va *m, f Méx fam* moço *m*, -ça *f*.
◆ **chavo** *m fam* tostão *m*.
che *interj RP fam*: **¿como andás, ~?** como vai, cara?; **¡~, vení para acá!** cara, vem aqui!

checar, chequear *vt Andes, CAm, Méx* checar.

Chechenia *n* Chechênia.

chef (*pl* **chefs**) *m* chefe *mf* de cozinha.

chele, la *CAm* ◇ *adj* loiro(ra). ◇ *m, f* [rubio] loiro *m*, -ra *f*; [de piel blanca] pessoa *f* clara.

cheli *m* ***Esp fam*** *jargão formado por expressões típicas ou marginais.*

chelín *m* xelim *m*.

chepa *f* ***fam*** corcunda *f*.

cheposo, sa ◇ *adj* ***fam*** corcunda. ◇ *m, f* ***fam*** corcunda *mf*.

cheque *m* cheque *m*; **extender un ~** emitir um cheque; **~ al portador** cheque ao portador; **~ cruzado** *o* **barrado** cheque cruzado; **~ (de) gasolina** cheque combustível; **~ de viaje** cheque de viagem; **~ nominativo** cheque nominal.

chequear *vt* **-1.** [a una persona] examinar **-2.** [comprobar] checar.

chequeo *m* **-1.** [revisión médica] check-up *m* **-2.** [cotejo] análise *f*.

chequera *f* talão *m* de cheques.

chévere *adj* ***Andes, CAm, Carib, Méx fam*** ótimo(ma).

cheviot *m* cheviote *m*.

chic *adj inv* chique.

chica *f* ▷ **chico**.

chicano, na ◇ *adj relativo aos mexicanos que residem nos Estados Unidos.* ◇ *m, f mexicano residente nos Estados Unidos.*

◆ **chicano** *m língua falada pelos mexicanos residentes nos Estados Unidos.*

chicarrón, ona *m, f* garotão *m*, -na *f*.

chicha *f* **-1.** ***fam*** [gen] carne *f* **-2.** [bebida] *bebida alcoólica à base de milho fermentado em água e açúcar* **-3.** ***loc*****: no ser ni ~ ni limonada** *o* **limoná** não ser nem uma coisa nem outra.

chícharo *m* ***CAm, Méx*** ervilha *f*.

chicharra *f* **-1.** [animal] cigarra *f* **-2.** ***Méx, RP*** [timbre] campainha *f*.

chicharro *m* **-1.** [alimento] torresmo *m* **-2.** [pez] carapau *m*.

chicharrón *m* torresmo *m*.

chiche *m* ***CSur fam*** [juguete] brinquedo *m*; ***CAm, Méx*** [pecho] peito *m*.

chichón *m* galo *m*.

chicle *m* chiclete *m*.

chiclé, chicler *m* AUTOM giclê *m*.

chico, ca ◇ *adj* [pequeño] pequeno(-na). ◇ *m, f* **-1.** [persona joven] moço *m*, -ça *f* **-2.** [tratamiento] amigo *m*, -ga *f*.

◆ **chico** *m* [recadero] recadeiro *m*.

◆ **chica** *f* [criada] empregada *f*.

chicote *m* ***Amér*** [látigo] chicote *m*.

chifa *f* ***Perú*** restaurante *m* chinês.

chifla *f* **-1.** [burla] caçoada *f* **-2.** [silbido] assobio *m*.

chiflado, da ***fam*** ◇ *adj* louco(ca). ◇ *m, f* **-1.** [loco] maluco *m*, -ca *f* **-2.** [apasionado] apaixonado *m*, -da *f*.

chiflar *vi* **-1.** ***Esp fam*** [encantar] adorar **-2.** [silbar] assobiar.

◆ **chiflarse** *vpr* apaixonar-se.

chiflido *m* ***Amér*** assobio *m*.

chilaba *f* djallaba *f*.'

chilacayote *m* ***Méx*** abóbora *f*.

chilango, ga *adj* ***Méx*** *originário ou pertencente à Cidade do México.*

chile *m* chile *m*.

Chile *n* Chile.

chileno, na ◇ *adj* chileno(na). ◇ *m, f* chileno *m*, -na *f*.

chilindrón *m* ***Esp*** CULIN *carne refogada com tomate e pimentão.*

chillar *vi* **-1.** [gritar] gritar **-2.** ***fam*** [reñir] repreender.

chillido *m* grito *m*.

chillón, llona *adj* **-1.** [sonido] estridente **-2.** [persona] gritalhão(ona) **-3.** [color] berrante.

chimbo, ba *adj* ***Col, Ven fam*** [falso] falso(sa); [de mala calidad] ruim.

chimenea *f* **-1.** [hogar] lareira *f* **-2.** [tubo] chaminé *f*.

chimpancé *m* chimpanzé *m*.

china *f* **-1.** [piedra] pedrinha *f* **-2.** ***fam*** [droga] *pedaço de haxixe prensado* **-3.** ▷ **chino**.

China *n*: **(la) ~** (a) China.

chinampa *f* ***Méx*** *ilha artificial usada para cultura de flores, frutas e verduras, encontrada em Xochimilco, perto da Cidade do México.*

chinchar *vt* ***fam*** chatear.

◆ **chincharse** *vpr* ***fam*** chatear-se.

chinche ◇ *f* percevejo *m*. ◇ *adj* ***fam*** chato(ta). ◇ *mf* chato *m*, -ta *f*.

chincheta *f* percevejo *m*.

chinchilla *f* chinchila *f*.

chinchín ◇ *m* ***fam*** [ruido] tintim *m*. ◇ *interj* tintim!

chinchón *m* aguardente *f* de aniz.

chinchulín *m* ***Andes, RP*** *tripa assada de carneiro ou vaca.*

chinga *f* ***Méx mfam*** [paliza]: **me dieron una ~** me deram uma puta surra; [trabajo duro]: **es una ~** é um puta trabalho.

chingado, da *adj Esp, Méx fam* [estropeado] arrebentado(da).
◆ **chingada** *f Méx vulg*: **¡vete a la chingada!** vai se foder!

chingar ◇ *vt Esp, Méx mfam* [molestar]: **~ a alguien** encher o saco de alguém; *vulg* [acostarse con] foder. ◇ *vi Esp, Méx vulg* [fornicar] trepar.
◆ **chingarse** *vpr Méx vulg* [beber] encher a cara.

chino, na ◇ *adj* chinês(esa). ◇ *m, f* **-1.** [de China] chinês *m*, -esa *f* **- 2.** *Andes, RP* [mestizo] mestiço *m*, -ça *f*.
◆ **chino** *m* **-1.** [lengua] chinês *m* **- 2.** [instrumento] coador *m*.

chip (*pl* **chips**) *m* INFORM chip *m*.

chipé, chipén *adj inv fam* divino(na); **de ~** excelente.

chipirón *m* lula *f* pequena.

Chipre *n* Chipre.

chiqueo *m Méx* carinho *m*.

chiquilín, lina *m, f RP* menininho *m*, -nha *f*.

chiquillada *f* criancice *f*.

chiquillería *f* criançada *f*.

chiquillo, lla *m, f* garoto *m*, -ta *f*.

chiquito, ta *adj* pequeno(na).
◆ **chiquito** *m* [de vino] copo *m* pequeno.

chiribita *f* fagulha *f*.

chirigota *f fam* gozação *f*.

chirimbolo *m fam* geringonça *f*.

chirimoya *f* cherimólia *f*.

chiringuito *m fam* **-1.** [bar] bar *m* ao ar livre **- 2.** [negocio] pequeno negócio *m*; **montarse un ~** montar um pequeno negócio.

chiripa *f fam* sorte *f*; **de** *o* **por ~** por sorte.

chirivía *f* chirivia *f*.

chirla *f molusco marinho da mesma família da amêijoa, mas de tamanho menor.*

chirona *f (se usa sin artículo) fam* cana *f*.

chirriar *vi* ranger.

chirrido *m* rangido *m*.

chis = **chist**

chisme *m* **-1.** [cotilleo] mexérico *m* **- 2.** *fam* [cosa] bugiganga *f*.

chismear *vi* mexericar.

chismorrear *vi* mexericar.

chismoso, sa ◇ *adj* fofoqueiro(ra). ◇ *m, f* fofoqueiro *m*, -ra *f*.

chispa *f* **-1.** [gen] faísca *f* **- 2.** [de lluvia] pingo *m* **- 3.** [cantidad pequeña] pitada *f* **- 4.** [agudeza, ingenio] espírito *m* **- 5.** *loc*: **echar alguien ~s** *fam* soltar faíscas.

chispazo *m* **-1.** [salto de la chispa] faísca *f* **- 2.** *fig* [suceso detonante] sinal *m*.

chispeante *adj* **-1.** [que chispea] faiscante **- 2.** *fig* [ingenioso] engenhoso (sa).

chispear ◇ *vi* faiscar. ◇ *v impers* garoar.

chisporrotear *vi* [por el fuego] crepitar.

chisquero *m* isqueiro *m*.

chist, chis *interj* psiu!

chistar *vi* piar.

chiste *m* piada *f*; **contar ~s** contar piadas; **~ verde** piada picante.

chistera *f* [sombrero] cartola *f*.

chistorra *f embutido típico de regiões do norte da Espanha.*

chistoso, sa *adj* **-1.** [persona] espirituoso(sa) **- 2.** [suceso] engraçado (da).

chita *fam*: **a la ~ callando** na surdina.

chitón *interj* psiu!

chivar *vt fam* soprar.
◆ **chivarse** *vpr* dedurar.

chivatazo *m fam* deduração *f*.

chivato, ta *m, f Esp fam* [delator] dedo-duro *m*.
◆ **chivato** *m Esp* [mecanismo] alarme *m*.

chivo, va *m, f* cabrito *m*, -ta *f*; **ser el ~ expiatorio** *fig* ser o bode expiatório.

choc, choque, shock *m* choque *m*.

chocante *adj* chocante.

chocar ◇ *vi* **-1.** [gen] chocar **- 2.** [sorprender] espantar. ◇ *vt* **-1.** [manos] apertar as mãos; **chócala** aperte aqui! **- 2.** [copas, vasos] brindar.

chochear *vi* **-1.** [de viejo] caducar **- 2.** *fam* [gustar] babar.

chochez *f* caduquice *f*.

chocho, cha *adj fam* **-1.** [viejo] caduco(ca) **- 2.** [por cariño] babado(da).
◆ **chocho** *m* **-1.** *vulg* [órgano sexual femenino] xoxota *f* **- 2.** *fam* [altramuz] tremoço *m*.

choclo *m Andes, RP* espiga *f* de milho.

chocolate *m* **-1.** [para comer] chocolate *m*; **~ a la taza/blanco/con leche** chocolate quente/branco/com leite **- 2.** *fam* [para fumar] haxixe *m*.

chocolatina *f* barra *f* pequena de chocolate.

chófer *mf Esp* motorista *mf*.

chofer *mf Amér* motorista *mf*.

chollo *m Esp fam* moleza *f*.

cholo, la *m, f* ***Andes*** imigrante *mf.*
chomba, chompa *f* ***Andes*** suéter *mf.*
chompipe *m* ***CAm, Méx*** [pavo] perú *m.*
chonchón *m* ***Chile*** candeeiro *m.*
chongo *m* ***Méx*** coque *m.*
chopo *m* choupo *m.*
chopp *m* ***CSur*** [cerveza] chopp *m.*
choque *m* **-1.** choque *m* **-2.** = **choc.**
chorizar *vt* ***Esp fam*** afanar.
chorizo *m* **-1.** [embutido] *embutido defumado feito geralmente com carne de porco picada e temperada* **-2.** ***Esp fam*** [ladrón] gatuno *m.*
choro *m* ***Andes*** mexilhão *m.*
chorra ◇ *mf* ***Esp fam*** [tonto] idiota *mf.* ◇ *f* ***fam*** [suerte, casualidad] sorte *f.*
chorrada *f* ***fam*** tolice *f.*
chorrear ◇ *vi* pingar. ◇ *vt* pingar.
chorro, rra *m, f* ***RP fam*** [ladrón] ladrão *m,* -dra *f.*
◆ **chorro** *m* **-1.** [gen] jorro *m;* **salir a ~s** sair aos jorros **-2.** [de objetos] monte *m.*
chotearse *vpr* ***fam*** caçoar.
choteo *m* ***fam*** piada *f;* **tomar a ~** levar na brincadeira.
chotis *m* xote *m.*
choto, ta *m, f* **-1.** [cabrito] cabrito *m,* -ta *f* **-2.** [ternero] bezerro *m,* -ra *f.*
chovinista, chauvinista ◇ *adj* chauvinista. ◇ *mf* chauvinista *mf.*
choza *f* choça *f.*
christmas = **crismas.**
chubasco *m* aguaceiro *m.*
chubasquero *m* capa *f* de chuva.
chuchería *f* **-1.** [para comer] guloseima *f* **-2.** [cosa de poco valor] bugiganga *f.*
chucho *m* ***fam*** vira-lata *mf.*
chueco, ca *adj* ***Amér*** [torcido] torcido(da); ***Méx fam*** [proyecto, razonamiento] duvidoso(sa); ***Amér*** [patizambo] cambaio(a).
chufa *f* **-1.** [planta] junça *f* **-2.** [tubérculo] chufa *f.*
chulada *f* **-1.** [bravuconada] bravata *f* **-2.** ***fam*** [cosa muy bonita] jóia *f.*
chulear ◇ *vt* ***fam*** exibir. ◇ *vi:* **~ (de)** gabar-se (de).
chulería *f* **-1.** [descaro, valentonería] atrevimento *m* **-2.** [gracia, salero] desenvoltura *f.*
chuleta ◇ *f* **-1.** [de carne] costeleta *f* **-2.** ***Esp*** [en exámenes] cola *f.* ◇ *mf* ***fam*** [chulo] metido *m,* -da *f.* ◇ *adj* ***fam*** [chulo] metido(da).
chullo *m* ***Bol, Perú*** poncho *m.*
chulo, la ◇ *adj* **-1.** [insolente, atrevido] convencido(da); **ponerse ~** ficar metido **-2.** ***fam*** [bonito] bonito(ta). ◇ *m, f* **-1.** [insolente, atrevido] insolente *mf* **-2.** [madrileño castizo] *habitante típico dos bairros populares de Madri.*
◆ **chulo** *m* [proxeneta] cafetão *m.*
chumba *adj* ▷ **higuera.**
chumbera *f* figueira-da-índia *f.*
chumbo *adj* ▷ **higo.**
chuminada *f* ***fam*** besteira *f.*
chungo, ga *adj* ***fam*** ruim *mf.*
◆ **chunga** *f* brincadeira *f.*
chuño *m* ***Andes, RP*** fécula *f* de batata.
chupa *f* ***fam*** jaqueta *f.*
Chupa Chups® *m* Chupa Chups® *m.*
chupado, da *adj* **-1.** [delgado] chupado(da) **-2.** ***Esp fam*** [fácil]: **estar ~** ser moleza.
◆ **chupada** *f* aspirada *f.*
chupamedias *mf* ***Andes, RP, Ven fam*** puxa-saco *mf.*
chupar *vt* **-1.** [succionar] chupar **-2.** [absorber] secar **-3.** [arruinar] sugar.
◆ **chuparse** *vpr* **-1.** [adelgazar] afinar-se **-2.** ***fam*** [aguantar] agüentar.
chupatintas *m inv & f inv* ***despec*** escriturário *m,* -ria *f.*
chupe *m* ***Andes, Arg*** *ensopado feito com milho, leite, batata, carne picada ou peixe e condimentos;* **~ de camarones** *prato típico à base de batatas ensopadas em caldo de camarões.*
chupete *m* chupeta *f.*
chupetear *vt* chupitar.
chupetón *m* chupada *f.*
chupi *adj* ***fam*** genial.
chupinazo *m* **-1.** [cañonazo, disparo] disparo *m* **-2.** [en fútbol] chutão *m.*
chupón, pona *adj* **-1.** [que chupa] chupão(ona) **-2.** ***Esp fam fig*** [gorrón] sanguessuga.
◆ **chupón** *m* ***Méx, Ven*** **-1.** [chupete] chupeta *f* **-2.** [tetina] bico *m* de mamadeira.
churrería *f* *estabelecimento no qual se vendem churros.*
churro *m* **-1.** [para comer] churro *m* **-2.** ***fam*** [fracaso, cosa mal hecha] porcaria *f* **-3.** ***fam*** [suerte] sorte *f.*
churrusco *m* *pedaço de pão muito tostado.*
churumbel *m* ***Esp fam*** fedelho *m.*

chusco, ca *adj* cômico(ca).
◆ **chusco** *m fam* *pedaço de pão duro ou ressecado.*
chusma *f* ralé *f.*
chut (*pl* **chuts**) *m* chute *m.*
chutar *vi* **-1.** [lanzar] chutar **-2.** *Esp fam* [funcionar] funcionar **-3.** *loc*: **esto va que chuta** isto está mais do que bom.
◆ **chutarse** *vpr Esp fam* picar-se.
chute *m Esp fam* pico *m.*
cía., Cía. (*abrev de* **compañía**) cia.
cianuro *m* cianeto *m.*
ciático, ca *adj* ciático(ca).
◆ **ciática** *f* MED ciática *f.*
cibercafé *m* cibercafé *m.*
ciberespacio *m* ciberespaço *m.*
cibernauta *mf* cibernauta *mf.*
cicatero, ra <> *adj* mesquinho (nha). <> *m, f* mesquinho *m*, -nha *f.*
cicatriz *f* cicatriz *f.*
cicatrizar <> *vi* cicatrizar. <> *vt* cicatrizar.
cicerone *mf* cicerone *mf.*
cíclico, ca *adj* **-1.** [periódico] cíclico(ca) **-2.** [progresivo] progressivo(va).
ciclismo *m* ciclismo *m.*
ciclista <> *adj* ciclístico(ca). <> *mf* ciclista *mf.*
ciclo *m* ciclo *m.*
ciclocrós *m* DEP bicicross *m.*
ciclomotor *m* ciclomotor *m.*
ciclón *m* ciclone *m.*
ciclostil, ciclostilo *m* mimeógrafo *m.*
CICR (*abrev de* **Comité Internacional de la Cruz Roja**) *m* CICV *m.*
cicuta *f* cicuta *f.*
CIDH (*abrev de* **Comisión Interoamericana de Derechos Humanos**) *f* CIDH *f.*
ciego, ga <> *adj* **-1.** [gen] cego(ga); **a ciegas** às cegas **-2.** [tapado] obstruído(da). <> *m, f* [invidente] cego *m*, -ga *f.*
◆ **ciego** *m Esp fam* [borrachera] porre *m.*
cielo <> *m* **-1.** [gen] céu *m*; **a ~ abierto** a céu aberto; **~ raso** falso teto *m* **-2.** [nombre cariñoso] anjo *m* **-3.** [parte superior] teto *m* **-4.** *loc*: **como llovido** *o* **caído del ~** como caído do céu; **estar en el séptimo ~** estar no sétimo céu; **mover ~ y tierra** mover céus e terras; **ser un ~** ser um anjo. <> *interj*: **¡cielos!** céus!
ciempiés, cienpiés *m inv* centopéia *f.*
cien **-1.** ▷ **ciento** **-2.** cem *m*; **~ caballos** cem cavalos; **~ mil** cem mil; **~ pesetas** cem pesetas; **página ~** página cem.
ciénaga *f* lodaçal *m.*
ciencia *f* ciência *f.*
◆ **ciencias** *fpl* ciências *fpl.*
◆ **a ciencia cierta** *loc adv* com certeza.
◆ **ciencia ficción** *f* ficção *f* científica.
cieno *m* lama *f.*
cienpiés = **ciempiés**.
científico, ca <> *adj* científico(ca). <> *m, f* cientista *mf.*
cientista *mf* *CSur*: **~ social** cientista *mf* social.
ciento, cien *núm m* cento *m*; **~ cincuenta** cento e cinqüenta; **~ cincuenta mil** cento e cinqüenta mil; **página ~ dos** página cento e dois; **por ~** por cento; **al ~ por ~**, **al cien por cien** cem por cento.
◆ **todo a cien** *m* ≃ tudo por um e noventa e nove; *ver también* **seis**.
ciernes ◆ **en ciernes** *loc adv*: **estar algo en ~** estar algo em desenvolvimento.
cierre *m* **-1.** [acción y efecto] desligamento *m* **-2.** [mecanismo] fecho *m* **-3.** *Andes, Méx* [cremallera] zíper *m*; **~ relámpago** zíper.
cierto, ta *adj* certo(ta).
◆ **cierto** *adv* certo.
◆ **por cierto** *loc adv* a propósito.
ciervo, va *m, f* cervo *m*, -va *f.*
cierzo *m* aquilão *m.*
CIF (*abrev de* **código de identificación fiscal**) *m* ≃ CPF *m.*
cifra *f* **-1.** [guarismo] dígito *m* **-2.** [clave]: **en ~** em código.
cifrado, da *adj* cifrado(da).
cifrar *vt* cifrar.
◆ **cifrarse en** *vpr* estimar-se.
cigala *f* lagostim *m.*
cigarra *f* cigarra *f.*
cigarrillo *m* cigarro *m.*
cigarro *m* **-1.** [habano] charuto *m* **-2.** [cigarrillo] cigarro *m.*
cigüeña *f* cegonha *f.*
cigüeñal *m* virabrequim *m.*
cilicio *m* cilício *m.*
cilindrada *f* cilindrada *f.*
cilíndrico, ca *adj* cilíndrico(ca).
cilindro *m* cilindro *m.*
cima *f* cima *f.*
cimarrón, ona *m, f* *Amér* **-1.** [persona] *escravo fugitivo que se refugiava nos*

montes **-2.** [animal] *animal domesticado que volta ao campo, tornando-se selvagem.*

címbalo *m (gen pl)* MÚS címbalo *m.*

cimbrear *vt* **-1.** [balancear] vibrar **-2.** [contonearse] requebrar.

cimentar *vt* **-1.** [edificio] fundamentar **-2.** *fig* [consolidar, asentar] alicerçar.

cimiento *m (gen pl)* alicerces *mpl.*

cimitarra *f* cimitarra *f.*

cinabrio *m* cinabre *m.*

cinc (*pl* **cincs**), **zinc** (*pl* **zincs**) *m* zinco *m.*

cincel *m* cinzel *m.*

cincelar *vt* cinzelar.

cincha *f* cilha *f.*

cinchar *vt* **-1.** [caballería] encilhar **-2.** [asegurar] cingir.

cincho *m* **-1.** [faja, cinturón] cinto *m* **-2.** [aro de hierro] aro *m.*

cinco <> *núm* cinco. <> *m* cinco *m*; **choca esos ~** *fig* toca aqui; *ver también* **seis**.

cincuenta <> *núm* cinqüenta. <> *m* cinqüenta *m*; *ver también* **seis**.

cincuentenario *m* cinqüentenário *m.*

cincuentón, tona *m, f* cinqüentão *m*, -ona *f.*

cine *m* cinema *m*; **~ fantástico** cinema fantástico; **~ mudo** cinema mudo/sonoro; **~ sonoro** cinema sonoro; **~ de terror** cinema de terror.

cineasta *mf* cineasta *mf.*

cineclub *m* cineclube *m.*

cinéfilo, la <> *adj* cinéfilo(la). <> *m, f* cinéfilo *m*, -la *f.*

cinemascope *m* cinemascope *m.*

cinemateca *f* cinemateca *f.*

cinematografía *f* cinematografia *f.*

cinematográfico, ca *adj* cinematográfico(ca).

cinematógrafo *m* **-1.** [aparato] cinematógrafo *m* **-2.** [local] cinema *m.*

cinerama *m* cinerama *m.*

cíngaro, ra, zíngaro, ra <> *adj* cigano(na). <> *m, f* cigano *m*, -na *f.*

cínico, ca <> *adj* cínico(ca). <> *m, f* cínico *m*, -ca *f.*

cinismo *m* cinismo *m.*

cinta *f* **-1.** [gen] fita *f*; **~ adhesiva** fita adesiva; **~ autoadhesiva** fita auto-adesiva; **~ magnética** *o* **magnetofónica** fita magnética *o* magnetofônica; **~ métrica** fita métrica; **~ de vídeo** fita de vídeo **-2.** [mecanismo] esteira *f*; **~ transportadora** esteira transportadora.

cinto *m* cinto *m.*

cintura *f* [gen] cintura *f.*

cinturilla *f* cós *m.*

cinturón *m* **-1.** [cinto] cinto *m* **-2.** [carretera] anel *m* viário **-3.** [de judo] faixa *m* **-4.** [cordón] cordão *m*; **~ de miseria** *Amér* cinturão *m* de miséria.

◆ **cinturón de seguridad** *m* cinto *m* de segurança.

cipote *adj* *fam* bobo(ba).

◆ **cipote** *m* *vulg* [miembro] pinto *m.*

ciprés *m* cipreste *m.*

circense *adj* circense.

circo *m* circo *m.*

circuito *m* circuito *m*; **corto ~** curto-circuito *m.*

circulación *f* circulação *f.*

circular <> *adj* circular. <> *f* circular *f.* <> *vi* circular; **~ por** circular por.

circulatorio, ria *adj* circulatório (ria).

círculo *m* círculo *m.*

◆ **círculo vicioso** *m* círculo *m* vicioso.

◆ **círculos** *mpl* [medios] círculos *mpl.*

circuncisión *f* circuncisão *f.*

circundante *adj* circundante.

circundar *vt* circundar.

circunferencia *f* circunferência *f.*

circunlocución *f* circunlocução *f.*

circunloquio *m* circunlóquio *m.*

circunscribir *vt* circunscrever.

◆ **circunscribirse a** *vpr* circunscrever-se.

circunscripción *f* circunscrição *f.*

circunscrito, ta <> *pp irreg* ▻ **circunscribir**. <> *adj* circunscrito(ta).

circunspecto, ta *adj* *culto* circunspeto(ta).

circunstancia *f* circunstância *f.*

circunstancial *adj* circunstancial.

circunvalar *vt* circunvalar.

cirílico, ca *adj* cirílico(ca).

cirio *m* [vela] círio; **montar un ~** *fig* armar uma confusão.

cirrosis *f* cirrose *f.*

ciruela *f* ameixa *f*; **~ claudia** rainha-cláudia *f*; **~ pasa** ameixa-preta *f.*

cirugía *f* cirurgia *f*; **~ estética** *o* **plástica** cirurgia estética *o* plástica.

cirujano, na *m, f* cirurgião(giã).
CIS (*abrev de* **Centro de Investigaciones Sociológicas**) *m* ≃ IBGE *m*.
cisco *m* **-1.** [carbón] cisco *m* **-2.** *fam* [bullicio, alboroto] confusão *m* **-3.** *loc*: **hecho ~** *fam* arrebentado.
cisma *m* **-1.** [separación] cisma *f* **-2.** [discordia] rompimento *m*.
cisne *m* cisne *m*.
cisterna *f* **-1.** [de retrete] descarga *f* **-2.** [aljibe] cisterna *f* **-3.** *(después de sust.)* [de vehículo] pipa, tanque.
cistitis *f* cistite *f*.
cisura *f* cissura *f*.
cita *f* **-1.** [entrevista, reunión] encontro *m*; **tener una ~** ter hora **-2.** [nota, referencia] citação *f*.
citación *f* citação *f*.
citar *vt* **-1.** [gen] citar **-2.** [convocar] convocar.
◆ **citarse** *vpr* marcar encontro.
cítara *f* MÚS cítara *f*.
citología *f* citologia *f*.
cítrico, ca *adj* cítrico(ca).
◆ **cítricos** *mpl* cítricos *mpl*.
CiU (*abrev de* **Convergència i Unió**) *f* *partido político catalão de direita*.
ciudad *f* [gen] cidade *f*.
ciudadanía *f* **-1.** [nacionalidad] cidadania *f* **-2.** [población] cidadãos *mpl*.
ciudadano, na ◇ *adj* citadino(na). ◇ *m, f* cidadão *m*, -dã *f*.
ciudadela *f* cidadela *f*.
Ciudad de México *n* Cidade do México.
cívico, ca *adj* cívico(ca).
civil ◇ *adj* **-1.** [gen] civil **-2.** *fig* [sociable] civilizado(da). ◇ *m* *fam* [Guardia Civil] policial *mf* civil.
civilización *f* civilização *f*.
civilizado, da *adj* civilizado(da).
civilizar *vt* civilizar.
◆ **civilizarse** *vpr* civilizar-se.
civismo *m* civismo *m*.
cizaña *f* cizânia *f*; **meter** *o* **sembrar ~** semear a discórdia.
cl (*abrev de* **centilitro**) cl.
clamar ◇ *vt* clamar. ◇ *vi* clamar.
clamor *m* clamor *m*.
clamoroso, sa *adj* clamoroso(sa).
clan *m* clã *m*.
clandestino, na *adj* clandestino(na).
claqué *m* sapateado *m*.
claqueta *f* claquete *f*.
clara *f* ▷ **claro**.
claraboya *f* clarabóia *f*.
clarear ◇ *vt* clarear. ◇ *v impers* clarear.
claridad *f* **-1.** [gen] clareza *f*; **de** *o* **con una ~ meridiana** de *o* com uma clareza meridiana **-2.** [luz] claridade *f*.
clarificar *vt* **-1.** [explicar, precisar] esclarecer **-2.** [rebajar] diluir **-3.** [purificar] clarificar.
clarín ◇ *m* MÚS clarim *m*. ◇ *mf* MÚS clarim *mf*.
clarinete ◇ *m* MÚS clarinete *m*. ◇ *mf* MÚS clarinete *mf*.
clarividencia *f* clarividência *f*.
claro, ra *adj* **-1.** [gen] claro(ra) **-2.** [diluido] ralo(la) **-3.** [poco tupido] ralo(la) **-4.** *loc*: **a las claras** às claras; **poner** *o* **sacar en ~** deixar claro.
◆ **claro** ◇ *m* **-1.** [gen] claro *m* **-2.** [interrupción, cese] pausa *f*. ◇ *adv* claro. ◇ *interj* claro!; **¡~ está!** é claro!
◆ **clara** *f* **-1.** [de huevo] clara *f* **-2.** *Esp* [bebida] *mistura de cerveja com refrigerante* **-3.** [calvicie] falha *f*.
clase *f* **-1.** [gen] classe *f*; **~ media** classe média; **~ preferente** classe executiva; **~ turística** classe turística; **primera ~** primeira classe **-2.** [tipo] tipo *m* **-3.** [asignatura, materia] aula *f*; **dar ~s** dar aulas; **~s particulares** aulas particulares.
clásico, ca ◇ *adj* **-1.** [gen] clássico(ca) **-2.** [peculiar] típico(ca). ◇ *m, f* clássico *m*.
◆ **clásicas** *fpl* letras *fpl* clássicas.
clasificación *f* classificação *f*.
clasificar *vt* classificar.
◆ **clasificarse** *vpr* classificar-se.
clasista ◇ *adj* elitista. ◇ *mf* elitista *mf*.
claudia *adj* ▷ **ciruela**.
claudicar *vi* **-1.** [ceder, someterse] render-se **-2.** [renunciar]: **~ de** renunciar a.
claustro *m* **-1.** [gen] claustro *m* **-2.** [asamblea] conselho *m*; **~ de profesores** corpo docente.
claustrofobia *f* claustrofobia *f*.
cláusula *f* **-1.** [artículo] cláusula *f* **-2.** GRAM período *m*, oração *f*.
clausura *f* **-1.** [solemne] encerramento *m* **-2.** [cierre] fechamento *m* **-3.** [aislamiento, parte de convento] clausura *f*.
clausurar *vt* **-1.** [acto] encerrar **-2.** [local] fechar.
clavado, da *adj* **-1.** [con clavos] pregado(da) **-2.** [en punto] [fijo, inmóvil] cravado(da) **-3.** [a la medida]: **ir ~**

servir como uma luva **-4.** [parecido] a cara de.
◆ **clavada** *f fam* facada *f*.
clavar *vt* **-1.** [hincar] cravar, pregar **-2.** [colgar] pregar **-3.** *fig* [fijar] cravar; ~ **algo en** cravar algo em **-4.** *fam* [dejar pasmado] cravar **-5.** *fam* [cobrar caro] cobrar caro.
◆ **clavarse** *vpr* enfiar.
clave ◇ *m MÚS* clavicórdio *m*. ◇ *f* **-1.** [gen] chave *f*; **en** ~ em código **-2.** *INFORM* senha *f*, código *m*; ~ **de acceso** senha *o* código de acesso **-3.** *MÚS* clave *f*.
clavecín *m MÚS* clavecino *m*.
clavel *m* cravo *m*.
clavetear *vt* **-1.** [adornar con clavos] cravejar **-2.** [poner clavos] pregar.
clavicémbalo *m MÚS* clavicórdio *m*.
clavicordio *m MÚS* clavicórdio *m*.
clavícula *f* clavícula *f*.
clavija *f* **-1.** [de enchufe] pino *m*, tomada *f* **-2.** [de instrumento] cravelha *f* **-3.** [para ensamblar] encaixe *m*.
clavo *m* **-1.** [pieza metálica] prego *m* **-2.** [especia] cravo *m* **-3.** *MED* pino *m* **-4.** *loc*: **agarrarse a un** ~ **ardiendo** agarrar-se a qualquer coisa; **como un** ~ como um relógio; **dar en el** ~ acertar na mosca.
claxon *m* buzina *f*.
clemencia *f* clemência *f*.
clemente *adj* clemente.
cleptómano, na *m, f* cleptomaníaco *m*, -ca *f*, cleptômano *m*, -na *f*.
clerical ◇ *adj* clerical. ◇ *mf* clericalista *mf*.
clericó *m* ***RP*** *bebida feita de vinho branco e frutas*.
clérigo *m* clérigo *m*.
clero *m* clero *m*.
clic *m INFORM* clique *m*; **hacer** ~ **en algo** dar um clique em *o* sobre algo.
cliché, clisé *m* clichê *m*.
cliente, ta *m, f* cliente *mf*.
clientela *f* clientela *f*.
clima *m* clima *m*.
climatizado, da *adj* climatizado (da).
climatizar *vt* climatizar.
climatología *f* climatologia *f*.
clímax *m* clímax *m*.
clínico, ca *adj* clínico(ca).
◆ **clínica** *f* clínica *f*.
clip *m* **-1.** [gen] clipe *m* **-2.** [para el pelo] grampo *m*.
clisé = **cliché**.
clítoris *m ANAT* clitóris *m*.
cloaca *f* esgoto *m*.
cloquear *vi* cacarejar.
cloro *m QUÍM* cloro *m*.
clorofila *f BOT* clorofila *f*.
cloroformo *m QUÍM* clorofórmio *m*.
clóset, clósets *m* ***Amér*** closet *m*.
clown (*pl* **clowns**) *m* clown *m*.
club (*pl* **clubs** *o* **clubes**) *m* clube *m*.
clueca *adj f* choca.
cm (*abrev de* **centímetro**) cm.
CNT (*abrev de* **Confederación Nacional del Trabajo**) *f sindicato anarquista espanhol*.
CNUMAD (*abrev de* **Conferencia de las Naciones Unidas sobre el Medio Ambiente y el Desarrollo**) *f* CNUMAD *f*.
Co. (*abrev de* **compañía**) cia.
coacción *f* coação *f*.
coaccionar *vt* coagir.
coagular *vt* coagular.
◆ **coagularse** *vpr* coagular-se.
coágulo *m* coágulo *m*.
coalición *f* coalizão *f*.
coaligar = **coligar**.
coartada *f* álibi *m*.
coartar *vt* coarctar.
coautor, tora *m, f* co-autor(tora).
coba *f* [halago] adulação *f*; **dar** ~ ***fam*** puxar o saco.
cobalto *m QUÍM* cobalto *m*.
cobarde ◇ *adj* covarde. ◇ *mf* covarde *mf*.
cobardía *f* covardia *f*.
cobaya *m o f* cobaia *mf*.
cobertizo *m* alpendre *m*.
cobertura *f* cobertura *f*.
cobija *f* ***Amér*** cobertor *m*.
cobijar *vt* abrigar.
◆ **cobijarse** *vpr* abrigar-se.
cobijo *m* abrigo *m*; **dar** ~ dar abrigo.
cobra *f* [serpiente] naja *f*.
cobrador, dora *m, f* cobrador(dora).
cobrar ◇ *vt* **-1.** [en una compra] cobrar **-2.** [en el trabajo] receber **-3.** [adquirir] adquirir; ~ **afecto a** criar afeto a **-4.** *fam* [una paliza] apanhar. ◇ *vi* **-1.** [en establecimiento] cobrar **-2.** [en el trabajo] receber **-3.** *fam* [recibir paliza] apanhar.
◆ **cobrarse** *vpr* **-1.** [en establecimiento] cobrar **-2.** [ocasionar] ter como saldo.
cobre *m* [dinero]: **no tener un** ~ ***Amér*** não ter um centavo.
cobrizo, za *adj* acobreado(da).
cobro *m* cobrança *f*.

coca *f* coca *f*.
cocaína *f* cocaína *f*.
cocción *f* cozimento *m*.
cóccix, coxis *m* ANAT cóccix *m*.
cocear *vi* coicear.
cocer *vt* **-1.** [comida] cozer **-2.** [pan] assar **-3.** [cerámica, ladrillos] queimar.
◆ **cocerse** *vpr* **-1.** [comida] cozer **-2.** [pan] assar **-3.** *fig* [plan] cozinhar.
cochambre *f* *fam* encardimento *m*.
coche *m* **-1.** [automóvil] carro *m*; ~ **celular** camburão *m*; ~ **de alquiler** carro de aluguel; ~ **de bomberos** carro de bombeiros; ~ **de carreras** carro de corrida **-2.** [de un tren] vagão *m*; ~ **cama** vagão leito; ~ **restaurante** vagão restaurante **-3.** [de caballos] carruagem *f*.
◆ **coche bomba** *m* carro-bomba *m*.
cochera *f* garagem *f*.
cochinada *f* *fam* porquice *f*.
cochinilla *f* **-1.** [crustáceo] tatuzinho *m* **-2.** [insecto] cochonilha.
cochinillo *m* leitão *m*.
cochino, na ◇ *m, f* [animal] porco *m*, -ca *f*. ◇ *adj* **-1.** [persona] porco (ca) **-2.** [cosa] nojento(ta).
cocido *m* cozido *m*.
cociente *m* MAT quociente *m*.
cocina *f* **-1.** [gen] cozinha *f*; ~ **de mercado** cozinha de mercado **-2.** [electrodoméstico] fogão *m*.
cocinar ◇ *vt* cozinhar. ◇ *vi* cozinhar.
cocinero, ra *m, f* cozinheiro(ra).
cocker *m* cocker *m*.
cocktail = **cóctel**.
coco *m* **-1.** [gen] coco *m* **-2.** *fam* [cabeza] coco *m*; **comer(se) el** ~ *fam* esquentar a cabeça **-3.** *fam* [fantasma] bicho-papão *m*.
cocodrilo *m* crocodilo *m*.
cocotero *m* [árbol] coqueiro *m*.
cóctel, coctel, cocktail *m* coquetel *m*.
◆ **cóctel molotov** *m* coquetel *m* molotov.
coctelera *f* coqueteleira *f*.
codazo *m* cotovelada *f*; **a** ~**s** às cotoveladas.
codear *vt* dar cotovelada em.
◆ **codearse** *vpr*: ~**se con** circular entre.
codera *f* cotoveleira *f*.
codicia *f* **-1.** [de riqueza] cobiça *f* **-2.** *fig* [de algo bueno] sede *f*.
codiciar *vt* cobiçar.
codicioso, sa *adj* cobiçoso(sa).
codificar *vt* codificar.
código *m* código *m*; ~ **civil** código civil; ~ **penal** código penal; ~ **de circulación** código de trânsito; ~ **de barras** código de barras; ~ **genético** código genético; ~ **postal** código postal; ~ **máquina** linguagem *f* binária.
codillo *m* **-1.** [en un cuadrúpedo] *parte da pata dianteira entre o peito e o joelho* **-2.** [de jamón] perna *m* **-3.** [de un tubo] cotovelo *m*.
codo *m* **-1.** [gen] cotovelo *m*; **de** ~**s** de cotovelos; ~ **con** ~, ~ **a** ~ *fig* ombro a ombro **-2.** [medida] côvado *m* **-3.** *loc*: **empinar el** ~ molhar o bico; **hablar por los** ~**s** falar pelos cotovelos.
codorniz *f* [ave] codorna *f*.
coeficiente *m* [gen] coeficiente *m*.
coercer *vt* coagir.
coerción *f* coerção *f*.
coetáneo, nea *adj* coetâneo(nea).
coexistir *vi* coexistir.
cofia *f* touca *f*.
cofradía *f* confraria *f*.
cofre *m* **-1.** [para guardar joyas] cofre *m* **-2.** [arca] arca *f*.
coger ◇ *vt* **-1.** [gen] pegar; ~ **a alguien de por (la mano)** pegar alguém com a mão **-2.** [frutos] colher **-3.** [aceptar] aceitar **-4.** [en alquiler] alugar **-5.** [contratar] contratar **-6.** [sentimiento] passar a ter **-7.** [explicación] entender **-8.** [distancia] localizar-se. ◇ *vi* **-1.**: **cogió y se fue** foi embora; ~ **a la derecha/izquierda** pegar à direita/esquerda **-2.** *Amér* [fornicar] foder.
◆ **cogerse** *vpr* **-1.** [agarrarse] agarrar-se **-2.** [pillarse] prender.
cogida *f* **-1.** [de torero] chifrada *f*. **-2.** [de frutos] colheita *f*.
cognac = **coñá**.
cogollo *m* **-1.** [de lechuga] miolo *m* **-2.** [de árbol] broto *m*.
cogorza *f* bebedeira *f*.
cogote *m* [nuca] cogote *m*.
cohabitar *vi* coabitar.
cohecho *m* DER suborno *m*.
coherencia *f* **-1.** [de un razonamiento] coerência *f* **-2.** FÍS coesão *f*.
coherente *adj* coerente.
cohesión *f* coesão *f*.
cohete *m* foguete *m*.
cohibido, da *adj* coibido(da).
cohibir *vt* coibir.

◆ **cohibirse** *vpr* coibir-se.
COI (*abrev de* **Comité Olímpico Internacional**) *m* COI *m*.
coima *f* ***Andes, RP*** caixinha *f*.
coincidencia *f* coincidência *f*.
coincidir *vi* **-1.** [dos cosas] coincidir **-2.** [dos acciones]: ~ **con** coincidir com **-3.** [dos personas] encontrar por acaso **-4.** [en opinión] concordar.
coito *m* coito *m*.
cojear *vi* **-1.** [persona] coxear **-2.** [un mueble] capengar **-3.** [adolecer]: ~ **(de)** carecer (de) capengar.
cojera *f* [de un cojo] claudicação *f*.
cojín *m* almofada *f*.
cojinete *m* **-1.** [gen] coxim *m* **-2.** [en un eje] rolamento *m*.
cojo, ja ◇ *adj* **-1.** [persona] coxo(xa) **-2.** [mesa, silla, idea] manco(ca). ◇ *m, f* coxo *m*, -xa *f*.
cojón *m (gen pl)* [testículo] colhão *m*; **por cojones** ***fig*** na marra; **tener cojones** ***fig*** ter colhões.
◆ **cojones** *interj*: **¡cojones!** [enfado] caralho!.
cojonudo, da *adj* bacana.
cojudez *f* ***Andes***: **¡que ~!** [acto] que merda!; [dicho] que coisa mais idiota de se dizer!
cojudo, da *adj* ***Andes*** imbecil.
col *f* couve *f*; ~ **de Bruselas** couve de Bruxelas.
cola *f* **-1.** [gen] cauda *f* **-2.** [fila & INFORM] fila *f*; **hacer ~** fazer fila **-3.** [para pegar] cola *f* **-4.** [final] fim *m* **-5.** [bebida refrescante] cola *f* **-6.** [de pelo] rabo *m*; ~ **de caballo** rabo-de-cavalo **-7.** ***Amér fam*** [nalgas] bumbum *m* **-8.** ***loc***: **tener** *o* **traer ~** ***fam*** ter *o* trazer conseqüências graves.
colaboración *f* colaboração *f*.
colaboracionismo *m* [con el enemigo] colaboracionismo *m*.
colaborador, dora ◇ *adj* colaborador(ra). ◇ *m, f* colaborador *m*.
colaborar *vi* **-1.** [gen]: ~ **en con** colaborar em com **-2.** [contribuir]: ~ **a** colaborar para.
colación *f* [para comer] colação *f*; **sacar** *o* **traer a ~** ***fig*** trazer à colação.
colado, da *adj* [un líquido] coado(da); **estar ~ por alguien** estar gamado/gamada por alguém.
◆ **colada** *f* [ropa] roupa *f* lavada; **hacer la colada** fazer a lavagem de roupa.
colador *m* **-1.** [para líquido] coador *m* **-2.** [para sólidos] escorredor *m*.
colapsar *vt* paralisar.
colapso *m* colapso *m*.
colar ◇ *vt* **-1.** [un líquido] coar **-2.** [cosa falsa] passar. ◇ *vi* [cosa falsa] colar.
◆ **colarse** *vpr* **-1.** [gen] infiltrar-se **-2.** ***fam*** [por error] enganar-se.
colateral *adj* colateral.
colcha *f* colcha *f*.
colchón *m* [de cama] colchão *m*.
colchoneta *f* colchonete *m*.
cole *m* escola *f*.
colear *vi* **-1.** [un animal] abanar o rabo **-2.** [cosa] perdurar.
colección *f* coleção *f*.
coleccionable ◇ *adj* colecionável. ◇ *m* fascículo *m*.
coleccionar *vt* colecionar.
coleccionista *mf* colecionador *m*.
colecta *f* coleta *f*.
colectividad *f* coletividade *f*.
colectivo, va *adj* coletivo(va).
◆ **colectivo** *m* **-1.** [conjunto] coletivo *m* **-2.** ***Andes*** [taxi] lotação *f*; ***Andes, Bol*** [autobús] ônibus *m*.
colector *mf* coletor *m*.
◆ **colector** *m* coletor *m*.
colega *mf* colega *mf*.
colegiado, da *adj* associado(da) a uma corporação.
◆ **colegiado** *m* DEP juiz *m*.
colegial, giala *mf* colegial *mf*.
◆ **colegial** *adj* colegial.
colegiarse *vpr* [suj: abogado, médico, etc] *associar-se a uma corporação*.
colegio *m* colégio *m*.
◆ **colegio electoral** *m* colégio *m* eleitoral.
◆ **colegio mayor** *m* residência *f* de estudantes universitários.
coleópteros *mpl* ZOOL coleópteros *mpl*.
cólera ◇ *m* MED [enfermedad] cólera *f*. ◇ *f* [ira] cólera *f*; **montar en ~** encolerizar-se.
colérico, ca *adj* colérico.
colesterol *m* MED colesterol *m*; ~ **bueno/malo** bom/mau colesterol.
coleta *f* [de pelo] rabo-de-cavalo *m*.
coletilla *f* pós-escrito *m*.
colgado, da *adj* **-1.** [de un sitio] pendurado(da); **teléfono mal ~** telefone fora do gancho **-2.** [persona] fissurado; **dejar ~ a alguien** deixar alguém na mão; **quedarse ~** ficar dependente de.
colgador *m* cabide *m*.
colgajo *m* **-1.** [de ropa] *pedaço de tecido que fica pendurado devido a*

rasgo ou a bainha desfeita **-2.** [de piel] borda *f.*

colgante ◇ *adj* pingente *m*; **puente ~** ponte *f* pênsil. ◇ *m* berloque *m.*

colgar ◇ *vt* **-1.** [suspender en el aire - cosa] pendurar; [- persona] enforcar **-2.** [acusar de] imputar **-3.** [abandonar] abandonar. ◇ *vi* **-1.** [de un sitio] pender **-2.** [en una conversación telefónica] desligar o telefone.

◆ **colgarse** *vpr* [de un sitio] pendurar-se.

colibrí (*pl* **colibríes**) *m* [ave] beija-flor *m.*

cólico *m* MED cólica *f.*

coliflor *f* couve-flor *f.*

coligar, coaligar *vt* coligar.

◆ **coligarse** *vpr* coligar-se.

colilla *f* guimba *f.*

colimba *f* **Arg** serviço *m* militar.

colina *f* colina *f.*

colindante *adj* confrontante.

colindar *vi* confrontar.

colisión *f* colisão *f.*

colisionar *vi* colidir.

colista *mf* lanterninha *mf.*

colitis *f* MED colite *f.*

collado *m* [colina] colina *f.*

collage *m* colagem *f.*

collar *m* **-1.** [para personas] colar *m* **-2.** [para animales] coleira *f* **-3.** [abrazadera] braçadeira *f.*

collarín *m* colar *m* cervical.

colmado, da *adj* cheio(cheia).

◆ **colmado** *m* mercearia *f.*

colmar *vt* **-1.** [recipiente] encher até transbordar **-2.** ***fig*** [aspiración] satisfazer plenamente **-3.** ***fig***: **~ a alguien de** encher alguém de.

colmena *f* colméia *f.*

colmillo *m* **-1.** [de una persona] dente *m* canino **-2.** [de animal] presa *f.*

colmo *m* cúmulo *m*; **ser el ~ *fig*** ser o cúmulo.

colocación *f* colocação *f.*

colocado, da *adj* colocado.

colocar *vt* colocar.

◆ **colocarse** *vpr* **-1.** [en un trabajo] colocar-se **-2.** [con drogas, alcohol] ficar chapado.

colofón *m* **-1.** [de una carrera] coroamento *m* **-2.** [de un libro] colofão *m.*

Colombia *n* Colômbia.

colombiano, na ◇ *adj* colombiano(na). ◇ *mf* colombiano *m.*

Colombo *n* Colombo.

colon *m* ANAT colo *m.*

colón *m* colom *m.*

colonia *f* **-1.** [gen] colônia *f* **-2.** ***Esp*** [de niños] colônia de férias; **ir de ~s** ir para uma colônia de férias **-3.** ***Méx*** [barrio] bairro *m.*

colonial *adj* colonial.

colonialismo *m* colonialismo *m.*

colonización *f* colonização *f.*

colonizador, dora ◇ *adj* colonizador(ra). ◇ *m, f* colonizador *m*, -ra *f*.

colonizar *vt* colonizar.

colono *m* colono *m.*

coloquial *adj* coloquial.

coloquio *m* colóquio *m.*

color *m* **-1.** [gen] cor *f*; **de ~** de cor; **en ~** em cores **-2.** [en los naipes]: **escalera de ~** seqüência *f* de cor.

colorado, da *adj* [color] corado(da); **ponerse ~** ficar ruborizado.

◆ **colorado** *m* [color] vermelho *m.*

colorante ◇ *adj* corante. ◇ *m* [para teñir] corante *m.*

colorear *vt* colorir.

colorete *m* ruge *m.*

colorido *m* colorido *m.*

colorista *adj* colorista.

colosal *adj* colossal.

coloso *m* colosso *m.*

columna *f* **-1.** [gen] coluna *f* **-2.** ***fig*** [pilar] pilar *m.*

◆ **columna vertebral** *f* ANAT coluna *f* vertebral.

columnata *f* colunata *f.*

columnista *mf* colunista *mf.*

columpiar *vt* balançar.

◆ **columpiarse** *vpr* balançar-se.

columpio *m* balanço *m.*

colza *f* colza *f.*

coma ◇ *m* MED coma *m.* ◇ *f* GRAM vírgula *f.*

comadre *f* **-1.** [mujer chismosa] comadre *f* **-2.** ***CAm, Méx*** [amiga] amiga *f.*

comadrear *vi* fofocar.

comadreja *f* fuinha *f.*

comadrona *f* parteira *f.*

comal *m* ***CAm, Méx*** *prato de barro ou metal usado para assar tortilhas.*

comanche ◇ *adj* comanche. ◇ *mf* comanche *mf.*

comandancia *f* comandância *f.*

comandante *m* comandante *m.*

comandar *vt* comandar.

comando *m* comando *m.*

comarca *f* comarca *f.*

comba *f* corda *f.*

combar *vt* vergar.

◆ **combarse** *vpr* vergar-se.

combate *m* combate *m*.

combatiente *mf* combatente *mf*.

combatir ◇ *vi*: ~ **(contra)** combater (contra). ◇ *vt* combater.

combativo, va *adj* combativo(va).

combi *m* [frigorífico] refrigerador *m* duplex.

combinación *f* **-1.** [gen] combinação *f* **-2.** [de medios de transporte] baldeação *f*.

combinado *m* **-1.** [bebida] coquetel *m* **-2.** DEP seleção *f*.

combinar *vt* combinar.

combustible ◇ *adj* combustível. ◇ *m* combustível *m*.

combustión *f* combustão *f*.

comecocos *m inv* quebra-cabeça *m*.

comedia *f* comédia *f*.

comediante, ta *m inv & f inv* comediante *mf*.

comedido, da *adj* [moderado] comedido(da).

comediógrafo, fa *mf* comediógrafo *m*.

comedirse *vpr* comedir-se.

comedor *m* sala *f* de jantar.

comensal *mf* comensal *mf*.

comentar *vt* comentar.

comentario *m* **-1.** [observación] comentário *m* **-2.** *(gen pl)* [murmuraciones] comentários *mpl*.

comentarista *mf* comentarista *mf*.

comenzar ◇ *vt* começar. ◇ *vi* começar; ~ **a hacer algo** começar a ocorrer algo.

comer ◇ *vi* **-1.** [ingerir alimentos] comer **-2.** [al mediodía] almoçar. ◇ *vt* comer.

◆ **comerse** *vpr* **-1.** comer **-2.** *fam* [palabras, letras, sílabas] comer.

comercial ◇ *adj* comercial. ◇ *m Amér* comercial *m*.

comercializar *vt* comercializar.

comerciante *mf* comerciante *mf*.

comerciar *vi*: ~ **(con)** comerciar (com).

comercio *m* comércio *m*; ~ **electrónico** comércio eletrônico; ~ **exterior/interior** comércio exterior/ interior; **libre** ~ livre comércio.

comestible *adj* comestível.

◆ **comestibles** *mpl* comestíveis *mpl*.

cometa ◇ *m* ASTRON cometa *m*. ◇ *f* [juego] pipa *f*.

cometer *vt* cometer.

cometido *m* **-1.** [objetivo] objetivo *m* **-2.** [deber] dever *m*.

comezón *f* comichão *f*.

cómic (*pl* cómics), **comic** (*pl* comics) *m* gibi *m*.

comicidad *f* comicidade *f*.

comicios *mpl* eleições *fpl*.

cómico, ca ◇ *adj* cômico(ca). ◇ *m, f* [actor] cômico *m*, -ca *f*.

comida *f* **-1.** [alimento] comida *f*; ~ **basura** porcaria *f*; ~ **chatarra** *Amér* porcaria *f*; ~ **rápida** fast-food *m* **-2.** [acción de comer] refeição *f* **-3.** [al mediodía] almoço *m*.

comidilla *f*: **ser la** ~ **de** ser alvo de fofoca.

comienzo *m* começo *m*.

comillas *fpl* aspas *fpl*.

comilón, lona ◇ *adj* comilão. ◇ *mf* comilão *m*.

◆ **comilona** *f* [comida] comilança *f*.

comino *m* [planta] cominho *m*; **importar un** ~ *fig* não importar nem um pouco.

comisaría *f* delegacia *f*.

comisario, ria *m, f* **-1.** [gen] comissário *m*, -ria *f* **-2.** [delegado] delegado *m*, -da *f*; ~ **europeo** comissário *m* europeu, comissária *f* européia.

comisión *f* **-1.** [gen] comissão *f* **-2.** [acción] perpetração *f*.

comisura *f* comissura *f*.

comité *m* comitê *m*.

comitiva *f* comitiva *f*.

como ◇ *adv* como; **tan ...** ~ **...** tão ... quanto ...; **me quedan** ~ **10 euros** me faltam como 10 euros. ◇ *conj* [ya que] como; ~ **no llegabas, nos fuimos** como não chegava, fomos embora; [condición] se; ~ **llueva nos mojaremos** se chover, nos molharemos.

◆ **como si** *loc conj* como se.

cómo ◇ *adv* como; **¿~ lo has hecho?** como o fez?; **¿a ~ están los tomates?** a quanto estão os tomates?; **¿~?** *fam* [qué dices] como?; **¡~ pasan los años!** como passam os anos!; **¡~ no!** claro que sim!. ◇ *m*: **el** ~ **y el porqué** o como e o porquê.

cómoda *f* [mueble] cômoda *f*.

comodidad *f* comodidade *f*.

◆ **comodidades** *fpl* comodidades *fpl*.

comodín *m* curinga *m*.

cómodo, da *adj* **-1.** [gen] cômodo(da) **-2.** [confortable] confortável.

comodón, dona ◇ *adj* comodista. ◇ *mf* comodista *mf*.

compactar *vt* compactar.

compact disc *m* compact disc *m*.
compacto, ta *adj* compacto(ta).
compadecer *vt* compadecer.
◆ **compadecerse de** *vpr*: **~ se de alguien** compadecer-se de alguém.
compadre *m* ***fam*** [amigo, conocido] compadre *m*.
compadrear *vi* ***RP fam*** compadrear.
compaginar *vt* **-1.** [en imprenta] compaginar **-2.** [combinar] conciliar.
◆ **compaginarse** *vpr* [combinarse] combinar.
compañerismo *m* companherismo *m*.
compañero, ra *m*, *f* **-1.** [gen] companheiro *m*, -ra *f*; **~ sentimental** companheiro afetivo **-2.** [par] par *m*.
compañía *f* companhia *f*; **en ~ de** em companhia de; **~ multinacional** companhia multinacional; **~ de seguros** companhia de seguros.
comparación *f* comparação *f*.
comparar *vt* comparar.
comparativo, va *adj* comparativo (va).
◆ **comparativo** *m* GRAM comparativo *m*.
comparecer *vi* **-1.** DER comparecer **-2.** [aparecer] aparecer.
comparsa *f* **-1.** [en el teatro] figurante *mf* **-2.** [en el carnaval] bloco *m* **-3.** ***fig*** [persona] comparsa *mf*.
compartimento, compartimiento *m* **-1.** [sección] compartimento *m* **-2.** [en un tren] cabine *f*.
compartir *vt* **-1.** [repartir] compartir **-2.** [usar en común, estar de acuerdo] compartilhar.
compás *m* **-1.** MÚS compasso *m*; **llevar el ~** reger; **perder el ~** sair do ritmo **-2.** NÁUT [brújula] bússola *f*.
compasión *f* compaixão *f*.
compasivo, va *adj* compassivo(va).
compatibilidad *f* compatibilidade *f*.
compatibilizar *vt* compatibilizar.
compatible *adj* compatível.
compatriota *mf* compatriota *mf*.
compendiar *vt* compendiar.
compendio *m* compêndio *m*.
compenetración *f* identificação *f*.
compenetrarse *vpr*: **~ se (con)** identificar-se (com).
compensación *f* compensação *f*.
compensar *vt* compensar.
competencia *f* **-1.** [gen] competência *f* **-2.** [entre personas] competição *f* **-3.** [entre empresas] concorrência *f*; **libre ~** livre concorrência.
competente *adj* competente.
competer ◆ **competer a** *vi* competir a.
competición *f* competição *f*.
competidor, dora ◇ *adj* concorrente. ◇ *m*, *f* **-1.** [rival] concorrente *mf* **-2.** [participante] competidor *m*, -ra *f*.
competir *vi* competir.
competitividad *f* competitividade *f*.
competitivo, va *adj* competitivo (va).
compilador, dora *adj* compilador (dora).
◆ **compilador** *m* compilador *m*.
compilar *vt* compilar.
compinche *mf* ***fam*** cupincha *mf*.
complacencia *f* complacência *f*.
complacer *vt* comprazer.
complaciente *adj* complacente.
complejo, ja *adj* complexo(xa).
◆ **complejo** *m* complexo *m*; **~ industrial** complexo industrial.
complementar *vt* complementar.
◆ **complementarse** *vpr* complementar-se.
complementario, ria *adj* complementar.
complemento *m* **-1.** [añadido] complemento *m* **-2.** GRAM complemento *m*.
completar *vt* completar.
◆ **completarse** *vpr* completar-se.
completo, ta *adj* **-1.** [gen] completo (ta); **por ~** por completo **-2.** [lleno] lotado(da).
complexión *f* compleição *f*.
complicación *f* complicação *f*.
complicado, da *adj* complicado(da).
complicar *vt* complicar.
◆ **complicarse** *vpr* [hacerse difícil] complicar-se.
cómplice *mf* cúmplice *mf*.
complicidad *f* cumplicidade *f*.
compló (*pl* **complós**), **complot** (*pl* **complots**) *m* complô *m*.
componente *m* componente *m*.
componer *vt* **-1.** [gen] compor **-2.** [arreglar] consertar, arrumar **-3.** [adornar] enfeitar.
◆ **componerse** *vpr* **-1.** [estar formado] compor-se **-2.** [adornarse] arrumar-se **-3.** ***Amér*** [curarse] sarar.
comportamiento *m* comportamento *m*.

comportar *vt* implicar.

◆ **comportarse** *vpr* comportar-se.

composición *f* composição *f*.

compositor, tora *m, f* compositor (tora).

compostura *f* **-1.** [gen] compostura *f* **-2.** [arreglo] conserto *m*.

compota *f* CULIN compota *f*.

compra *f* compra *f*; **~ a plazos** COM compra a prazo; **ir de ~s** ir às compras; **ir a la ~** ir às compras; **hacer la ~** fazer compras.

comprador, ra ◇ *adj* comprador (ra). ◇ *m, f* comprador *m*, -ra *f*.

comprar *vt* comprar.

compraventa *f* compra *f* e venda.

comprender *vt* compreender.

◆ **comprenderse** *vpr* [entre personas] entender-se.

comprensión *f* compreensão *f*.

comprensivo, va *adj* compreensivo(va).

compresa *f* **-1.** [para una herida] compressa *f* **-2.** [para la menstruación] absorvente *m*.

comprimido, da *adj* comprimido (da).

◆ **comprimido** *m* comprimido *m*.

comprimir *vt* comprimir.

comprobante *m* comprovante *m*.

comprobar *vt* comprovar.

comprometer *vt* comprometer.

◆ **comprometerse** *vpr* comprometer-se.

comprometido, da *adj* comprometido(da).

compromiso *m* **-1.** [obligación] compromisso *m* **-2.** [dificultad] apuro *m*.

compuerta *f* comporta *f*.

compuesto, ta ◇ *pp irreg* ▷ **componer.** ◇ *adj* **-1.** [gen] composto(ta) **-2.** [persona] arrumado(da).

◆ **compuesto** *m* QUÍM composto *m*.

compulsar *vt* autenticar.

compulsivo, va *adj* compulsivo(va).

compungido, da *adj* compungido (da).

computador, dora *m, f* computador *m*.

◆ **computadora** *f* *Amér* computador *m*.

computar *vt* computar.

cómputo *m* cômputo *m*.

comulgar *vi* comungar.

común *adj* comum; **en ~** em comum.

comuna *f* **-1.** [comunidad] comunidade *f* **-2.** *Amér* [municipalidad] municipalidade *f*.

comunicación *f* comunicação *f*.

◆ **comunicaciones** *fpl* comunicações *fpl*.

comunicado, da *adj* comunicado (da).

◆ **comunicado** *m* comunicado *m*.

comunicar ◇ *vt* comunicar. ◇ *vi* **-1.** [persona, lugares]: **~ con** comunicar-se com **-2.** [el teléfono] dar sinal de ocupado.

◆ **comunicarse** *vpr* **-1.** [gen] comunicar-se **-2.** [propagarse] propagar-se.

comunicativo, va *adj* comunicativo(va).

comunidad *f* comunidade *f*; **~ autónoma** comunidade autônoma; **~ de propietarios** condomínio *m*.

Comunidad Valenciana *n* Comunidade Valenciana.

comunión *f* comunhão *f*.

comunismo *m* comunismo *m*.

comunista ◇ *adj* comunista. ◇ *mf* comunista *mf*.

comunitario, ria *adj* comunitário (ria).

con *prep* **-1.** [gen] com **-2.** [a pesar de] apesar de.

conato *m* princípio *m*.

concatenar, concadenar *vt* concatenar.

concavidad *f* concavidade *f*.

cóncavo, va *adj* côncavo(va).

concebir ◇ *vt* conceber. ◇ *vi* conceber.

conceder *vt* conceder.

concejal, jala *m, f* vereador *m*, -ra *f*.

concentrado *m* concentrado *m*.

concentrar *vt* concentrar.

◆ **concentrarse** *vpr* concentrar-se.

concéntrico, ca *adj* GEOM concêntrico(ca).

concepción *f* concepção *f*.

concepto *m* conceito *m*; **en ~ de** em razão de.

concernir *v impers* concernir; **en lo que a mí me concierne** no que me concerne.

concertar *vt* combinar.

concertina *f* MÚS concertina *f*.

concertista *mf* MÚS concertista *mf*.

concesión *f* concessão *f*.

concesionario, ria ◇ *adj* concessionário(ria). ◇ *m, f* concessionário *m*, -ria *f*.

◆ **concesionario** *m* COM concessionário *m*, -ria *f*.

concha *f* **-1.** [de animales] concha *f* **-2.** [material] casco *m* de tartaruga **-3.** *Ven* [de frutas] casca *f*.
conchabarse *vpr fam* conchavar-se.
concheto, ta ◇ *adj RP fam* chique. ◇ *m, f* filhinho *m*, -nha *f* de papai.
conciencia, consciencia *f* consciência *f*; **a ~** com consciência; **remorderle a alguien la ~** doer a consciência de alguém.
concienciar *vt* conscientizar.
◆ **concienciarse** *vpr* conscientizar-se.
concientizar *Amér vt*: **~ a alguien de algo** conscientizar alguém de algo.
◆ **concientizarse** *vpr*: **~se (de)** conscientizar-se (de).
concienzudo, da *adj* consciente.
concierto *m* **-1.** [gen] concerto *m* **-2.** [acuerdo] acordo *m*; **~ económico** acordo econômico **-3.** [orden] ordem *f*.
conciliar ◇ *adj* conciliar. ◇ *vt* conciliar; **~ el sueño** conciliar o sono.
concilio *m* concílio *m*.
concisión *f* concisão *f*.
conciso, sa *adj* conciso(sa).
conciudadano, na *m, f* concidadão *m*, -dã *f*.
cónclave, conclave *m* conclave *m*.
concluir ◇ *vt* concluir. ◇ *vi* [acabar por]: **~ (por)** acabar (por).
conclusión *f* conclusão *f*; **en ~** em conclusão.
concluyente *adj* concludente.
concordancia *f* concordância *f*.
concordar ◇ *vt* concordar. ◇ *vi* concordar.
concorde *adj* concorde.
concordia *f* concórdia *f*.
concretar *vt* **-1.** [precisar] precisar **-2.** [reducir a lo esencial] resumir.
◆ **concretarse** *vpr* **-1.** [limitarse] limitar-se **-2.** [materializarse] concretizar-se.
concreto, ta ◇ *adj* concreto(ta); **en ~** em concreto. ◇ *m Amér*: **~ armado** concreto armado.
concuñado, da *m, f* concunhado *m*, -da *f*.
concurrencia *f* **-1.** [público] público *m* **-2.** [de sucesos] ocorrência *f*.
concurrido, da *adj* concorrido(da).
concurrir ◆ **concurrir a** *vi* **-1.** [reunirse] concorrer (a) **-2.** [influir] concorrer (para) **-3.** [participar] concorrer.
concursante *mf* concursante *mf*.
concursar *vi* concursar.
concurso *m* concurso *m*; **~ público** concurso público.
condado *m* condado *m*.
condal *adj* condal.
conde, desa *m, f* conde *m*, -desa *f*.
condecoración *f* condecoração *f*.
condecorar *vt* condecorar.
condena *f* condenação *f*; **cumplir ~** cumprir pena.
condenable *adj* condenável.
condenado, da ◇ *adj* maldito(ta). ◇ *m, f* condenado *m*, -da *f*.
condenar *vt* **-1.** condenar; **~ a alguien a algo/hacer algo** condenar alguém a algo/fazer algo **-2.** [predestinar]: **~ a** condenar a.
◆ **condenarse** *vpr* condenar-se.
condensar *vt* condensar.
CONDEPA (*abrev de* **Conciencia de Patria**) *f partido boliviano de direita*.
condescendencia *f* condescendência *f*.
condescender ◆ **condescender a** *vi* condescender a.
condescendiente *adj* condescendente.
condición *f* condição *f*; **de ~** de condição; **a ~ de que alguien haga algo** sob a condição de que alguém faça algo; **con la ~ de que alguien haga algo** com a condição de que alguém faça algo; **sin condiciones** sem condições.
◆ **condiciones** *fpl* condições *fpl*; **en condiciones** em condições.
condicionado, da *adj* condicionado(da).
condicional ◇ *adj* condicional. ◇ *m* GRAM condicional *m*.
condicionar *vt* condicionar.
condimentar *vt* condimentar.
condimento *m* condimento *m*.
condiscípulo, la *m, f* condiscípulo *m*, -la *f*.
condolencia *f* condolência *f*.
condolerse *vpr* condoer-se.
condón *m* camisinha *f*.
cóndor *m* condor *m*.
conducción *f* condução *f*.
conducir ◇ *vt* conduzir. ◇ *vi* conduzir; **~ a** conduzir a.
◆ **conducirse** *vpr* conduzir-se.
conducta *f* conduta *f*.
conducto *m* **-1.** [gen] conduto *m* **-2.** [vía] meio *m*.

conductor, tora ◇ *adj* FÍS condutor(tora). ◇ *m, f* [gen] condutor *m*, -ra *f*.
conectado, da *adj* conectado(da); **~ a** conectado a.
conectar ◇ *vt* **-1.** ELECTR conectar; **~ algo a** conectar algo a **-2.** [unir]: **~ algo con** conectar algo com. ◇ *vi* TV & RADIO: **~ (con)** conectar (com).
conejo, ja *m, f* coelho *m*, -lha *f*.
conexión *f* conexão *f*; **~ a Internet** conexão com a Internet.
◆ **conexiones** *fpl* [contactos] relações *fpl*.
conexo, xa *adj* conexo(xa).
confabular *vi* confabular.
◆ **confabularse** *vpr* confabular.
confección *f* confecção *f*.
confeccionar *vt* confeccionar.
confederación *f* confederação *f*.
confederado, da *adj* confederado (da).
◆ **confederado** *m* confederado *m*.
confederarse *vpr* confederar-se.
conferencia *f* **-1.** [gen] conferência *f*; **dar una ~** dar uma conferência; **~ episcopal** conferência episcopal **-2.** [por teléfono] *ligação interurbana ou internacional*.
conferir *vt* conferir.
confesar *vt* confessar.
◆ **confesarse** *vpr* RELIG confessar-se.
confesión *f* confissão *f*.
confesionario *m* confessionário *m*.
confesor *m* confessor *m*, -ra *f*.
confeti *mpl* confete *m*.
confiado, da *adj* confiante.
confianza *f* confiança *f*; **de ~** de confiança; **en ~** em confiança; **~ en algo/alguien** confiança em algo/alguém.
confiar *vt* confiar.
◆ **confiar en** *vi* [persona, cosa] confiar en.
◆ **confiarse** *vpr* **-1.** [despreocuparse] confiar **-2.** [franquearse]: **~se a alguien** confiar-se em alguém.
confidencia *f* confidência *f*.
confidencial *adj* confidencial.
confidente *mf* **-1.** [amigo] confidente *mf* **-2.** [soplón] informante *mf*.
configurar *vt* configurar.
confín *m (gen pl)* confins *mpl*.
confinamiento *m* confinamento *m*.
confinar *vt* confinar.
confirmación *f* confirmação *f*.
confirmar *vt* confirmar.
confiscar *vt* confiscar.
confitado, da *adj* cristalizado(da).
confite *m* confeito *m*.
confitería *f* **-1.** [pastelería] confeitaria *f* **-2.** RP [cafetería] cafeteria *f*.
confitura *f* compota *f*.
conflagración *f* conflagração *f*.
conflictivo, va *adj* conflituoso(sa).
conflicto *m* conflito *m*.
confluir *vi* confluir.
conformar *vt* conformar.
◆ **conformarse** *vpr*: **~se (con)** conformar-se (com).
conforme ◇ *adj* **-1.** [acorde]: **~ a** conforme a **-2.** [de acuerdo]: **~ con** conforme com. ◇ *adv* em conformidade; **~ a** em conformidade com.
conformidad *f* [aprobación] aprovação *f*; **dar alguien su ~** dar alguém sua aprovação.
conformista ◇ *adj* conformista. ◇ *mf* conformista *mf*.
confort *m* conforto *m*.
confortable *adj* confortável.
confortar *vt* confortar.
confraternizar *vi* confraternizar.
confrontar *vt* confrontar.
confundir *vt* confundir.
◆ **confundirse** *vpr* confundir-se.
confusión *f* confusão *f*.
confuso, sa *adj* confuso(sa).
conga *f* conga *f*.
congelación *f* congelamento *m*.
congelador *m* congelador *m*.
congelados *mpl* congelados *mpl*.
congelar *vt* congelar.
◆ **congelarse** *vpr* congelar-se.
congénere *mf* congênere *mf*.
congeniar *vi*: **~ (con)** dar-se bem (com).
congénito, ta *adj* congênito(ta).
congestión *f* **-1.** [gen] congestão *f* **-2.** [atasco] congestionamento *m*.
congestionar *vt* congestionar.
◆ **congestionarse** *vpr* congestionar-se.
conglomerado *m* aglomerado *m*.
congoja *f* angústia *f*.
congraciarse ◆ **congraciarse con** *vpr* congraçar-se com.
congratular *vt*: **~ a alguien por algo** congratular alguém por algo.
◆ **congratularse** *vpr*: **~se por algo** congratular-se por algo.
congregación *f* congregação *f*.
congregar *vt* congregar.
congresista *mf* congressista *mf*.

congreso *m* congresso *m*; **~ de diputados** câmara *f* de deputados.
congrio *m* congro *m*.
congruente *adj* congruente.
CONICET (*abrev de* **Consejo Nacional de Investigaciones Científicas y Técnicas**) *m órgão de assessoramento superior do Presidente da República para a formulação e implementação da política nacional de desenvolvimento científico e tecnológico na Argentina.*
CONICIT (*abrev de* **Consejo Nacional de Investigación Científica y Tecnológica**) *m órgão de assessoramento superior do Presidente da República para a formulação e implementação da política nacional de desenvolvimento científico e tecnológico na Venezuela.*
cónico, ca *adj* GEOM cônico(ca).
conjetura *f* conjectura *f*; **hacer ~s** fazer conjecturas.
conjugación *f* conjugação *f*.
conjugar *vt* conjugar.
conjunción *f* conjunção *f*.
conjuntar *vt* combinar.
conjuntivo, va *adj* conjuntivo(va).
conjunto, ta *adj* conjunto(ta).
◆ **conjunto** *m* conjunto *m*.
conjura *f* conjuração *f*.
conjurar *vt* conjurar.
conjuro *m* conjuro *m*.
conllevar *vt* [implicar] implicar.
conmemoración *f* comemoração *f*; **en ~ de** em comemoração a.
conmemorar *vt* comemorar.
conmigo *pron* comigo.
conmoción *f* comoção *f*; **~ cerebral** comoção cerebral.
conmocionar *vt* **-1.** [psíquicamente] comover **-2.** [físicamente] provocar comoção.
conmovedor, dora *adj* comovedor (dora).
conmover *vt* comover.
◆ **conmoverse** *vpr* comover-se.
conmutador *m* **-1.** ELECTR comutador *m* **-2.** *Amér* [centralita telefónica] central *f* telefônica.
connotación *f* conotação *f*.
cono *m* cone *m*.
conocedor, dora *m, f* conhecedor *m*, -dora *f*.
conocer *vt* conhecer.
◆ **conocerse** *vpr* conhecer-se.
conocido, da ◇ *adj* conhecido (da). ◇ *m, f* conhecido *m*, -da *f*.
conocimiento *m* [saber] conhecimento *m*; **con ~ de causa** com conhecimento de causa; **perder/recobrar el ~** *fig* perder/recobrar a consciência.
◆ **conocimientos** *mpl* conhecimentos *mpl*.
conque *conj* portanto.
conquista *f* [de tierras] conquista *f*.
conquistador, ra ◇ *adj* conquistador(ra). ◇ *m, f* conquistador *m*, -ra *f*.
conquistar *vt* conquistar.
consabido, da *adj* consabido(da).
consagración *f* consagração *f*.
consagrado, da *adj* consagrado(da).
consagrar *vt* consagrar.
◆ **consagrarse** *vpr* consagrar-se.
consanguíneo, a *adj* consangüíneo(nea).
consciencia = **conciencia**.
consciente *adj* consciente.
conscripto *m* ***Andes, Arg*** conscrito *m*.
consecución *f* consecução *f*.
consecuencia *f* conseqüência *f*; **a** *o* **como ~ de** em *o* como conseqüência de; **en ~** em conseqüência; **tener ~s** ter conseqüências.
consecuente *adj* [coherente] conseqüente.
consecutivo, va *adj* consecutivo (va).
conseguir *vt* conseguir.
consejero, ra *m, f* conselheiro *m*, -ra *f*.
consejo *m* conselho *m*; **dar un ~** dar um conselho.
consenso *m* consenso *m*.
consensuar *vt* decidir por consenso.
consentimiento *m* consentimento *m*.
consentir ◇ *vt* **-1.** [tolerar] consentir **-2.** [mimar] mimar. ◇ *vi*: **~ en** consentir em.
conserje *mf* zelador *m*, -dora *f*.
conserjería *f* zeladoria *f*.
conserva *f* conserva *f*; **en ~** em conserva.
conservación *f* conservação *f*.
conservador, dora ◇ *adj* conservador(dora). ◇ *m, f* conservador *m*, -dora *f*.
conservante *m* conservante *m*.
conservar *vt* conservar.
◆ **conservarse** *vpr* conservar-se.
conservatorio *m* conservatório *m*.
considerable *adj* considerável.
consideración *f* consideração *f*; **to-**

mar en ~ levar em consideração; en ~ a algo/a alguien em consideração a algo/alguém; tratar a alguien con ~ tratar alguém com consideração.
considerado, da *adj* considerado (da).
considerar *vt* considerar.
consigna *f* **-1.** [orden] ordem *f* **-2.** [para equipaje] guarda-volumes *m*.
consignar *vt* **-1.** [equipaje] depositar no guarda-volumes **-2.** [por escrito] consignar **-3.** [una mercancía] despachar.
consigo *pron* consigo.
consiguiente *adj* conseguinte; **por ~** por conseguinte.
consistencia *f* consistência *f*.
consistente *adj* consistente.
consistir ◆ **consistir en** *vi* consistir em.
consola *f* console *m*; **~ de videojuegos** video game *m*.
consolación *f* consolação *f*.
consolar *vt* consolar.
◆ **consolarse** *vpr* consolar-se.
consolidar *vt* consolidar.
consomé *m* CULIN consomê *m*.
consonancia *f* consonância *f*; **en ~ con** em consonância com.
consonante *f* consoante *f*.
consorcio *m* consórcio *m*.
conspiración *f* conspiração *f*.
conspirador, dora *m, f* conspirador *m*, -dora *f*.
conspirar *vi* conspirar.
constancia *f* **-1.** [perseverancia] constância *f* **-2.** [de cosa cierta] registro *f*; **dejar ~ de algo** deixar registro de algo.
constante ◇ *adj* constante. ◇ *f* constante *f*.
constar *vi* **-1.** [una información] constar; **~ algo a alguien** constar algo a alguém; **hacer ~** fazer constar; **que conste que** que conste que **-2.** [estar constituido por]: **~ de** constar de.
constatar *vt* constatar.
constelación *f* ASTRON constelação *f*.
consternación *f* consternação *f*.
consternar *vt* consternar.
constipado *m* constipado *m*.
constiparse *vpr* constipar-se.
constitución *f* constituição *f*.
◆ **Constitución** *f* [de Estado] Constituição *f*.
constitucional *adj* constitucional.
constituir *vt* constituir.
constitutivo, va *adj* constitutivo (va).
constituyente ◇ *adj* constituinte. ◇ *m* constituinte *m*.
constreñir *vt*: **~ a alguien a hacer algo** compelir alguém a fazer algo.
construcción *f* construção *f*.
constructivo, va *adj* construtivo (va).
constructor, tora *adj* construtor(tora).
◆ **constructor** *m* construtor *m*.
◆ **constructora** *f* construtora *f*.
construir *vt* construir.
consuegro, gra *m, f* consogro *m*, -gra *f*.
consuelo *m* consolo *m*.
cónsul, consulesa *m, f* cônsul *m*, consulesa *f*.
consulado *m* consulado *m*.
consulta *f* **-1.** [visita] consulta *f* **-2.** [lugar] consultório *m*.
consultar *vt* consultar.
◆ **consultar con** *vi*: **~ con alguien** consultar alguém.
consultorio *m* **-1.** [gen] consultório *m* **-2.** [despacho] escritório *m*.
consumar *vt* consumar.
consumición *f* consumação *f*.
consumidor, dora *m, f* consumidor *m*, -dora *f*.
consumir ◇ *vt* consumir. ◇ *vi* consumir.
◆ **consumirse** *vpr* consumir-se.
consumismo *m* consumismo *m*.
consumo *m* [de energía, combustible] consumo *m*.
contabilidad *f* contabilidade *f*; **llevar la ~** fazer a contabilidade.
contabilizar *vt* contabilizar.
contable *mf* contador *m*, -ra *f*.
contactar *vi*: **~ con** contatar com.
contacto *m* **-1.** [gen] contato *m*; **ponerse en ~ con alguien** entrar em contato com alguém **-2.** ***fam*** [enchufe] pistolão *m*.
contado, da *adj* **-1.** [raro] raro(ra) **-2.** [enumerado] contado(da).
◆ **al contado** *loc adv* à vista.
contador, ra *m, f* ***Amér*** [contable] contador *m*, -ra *f*; **~ público** contador diplomado.
◆ **contador** *m* medidor *m*.
contaduría *f* ***Amér***: **~ general** contadoria *f* geral.
contagiar *vt* contagiar.
◆ **contagiarse** *vpr* contagiar-se.
contagio *m* contágio *m*.

contagioso, sa *adj* contagioso(sa).
container = **contenedor**.
contaminación *f* [de ambiente] poluição *f*.
contaminar *vt* contaminar.
contante ◆ **contante y sonante** *loc adj*: **dinero ~ y sonante** dinheiro vivo.
contar <> *vt* contar. <> *vi* contar.
◆ **contar con** *vi* contar com.
contemplación *f* contemplação *f*.
◆ **contemplaciones** *fpl* contemplação *f*; **sin contemplaciones** sem consideração.
contemplar *vt* contemplar.
contemplativo, va *adj* contemplativo(va).
contemporáneo, nea *adj* contemporâneo(nea).
contención *f* controle *m*.
contender *vi* contender.
contenedor, ra *adj* que contém.
◆ **contenedor, container** *m* contêiner *m*.
contener *vt* conter.
◆ **contenerse** *vpr* conter-se.
contenido *m* conteúdo *m*.
contentar *vt* contentar.
◆ **contentarse** *vpr*: **~se con algo** contentar-se com algo.
contento, ta *adj* contente.
◆ **contento** *m* contentamento *m*.
contertulio, lia *m, f* participante *mf* de tertúlia.
contestación *f* resposta *f*.
contestador ◆ **contestador automático** *m* secretária *f* eletrônica.
contestar *vt* [responder] responder.
contestatario, ria *adj* contestatório(ria).
contexto *m* contexto *m*.
contextualizar *vtr* contextualizar.
contienda *f* contenda *f*.
contigo *pron* contigo.
contiguo, gua *adj* contíguo(gua).
continencia *f* continência *f*.
continental *adj* continental.
continente *m* continente *m*.
contingente <> *adj* contingente. <> *m* contingente *m*.
continuación *f* continuação *f*; **a ~** a seguir.
continuar <> *vt* continuar. <> *vi* continuar.
continuidad *f* continuidade *f*.
continuo, nua *adj* **-1.** [gen] contínuo(nua) **-2.** [con perseverancia] perseverante.
contonearse *vpr* requebrar-se.
contornear *vt* contornar.
contorno *m* **-1.** [línea] contorno *m* **-2.** *(gen pl)* [territorio] arredores *mpl*.
contorsión *f* contorção *f*.
contorsionarse *vpr* contorcer-se.
contorsionista *mf* contorcionista *mf*.
contra¹ *prep* contra; **en ~** contra; **en ~ de** ao contrário de.
contra² *m* contra *m*.
contraatacar *vt* contra-atacar.
contraataque *m* contra-ataque *m*.
contrabajo <> *m* **-1.** [instrumento] contrabaixo *m* **-2.** [voz, persona] baixo *m*. <> *mf* [instrumentalista] contrabaixista *mf*.
contrabandista *mf* contrabandista *mf*.
contrabando *m* contrabando *m*.
contracción *f* contração *f*.
contraceptivo, va *adj* contraceptivo(va).
contrachapado, da *adj* compensado(da).
◆ **contrachapado** *m* compensado *m*.
contracorriente *f* contracorrente *f*; **ir ~** *fig* ir à contracorrente.
contráctil *adj* contrátil.
contracultura *f* contracultura *f*.
contradecir *vt* contradizer.
◆ **contradecirse** *vpr* contradizer-se.
contradicción *f* contradição *f*.
contradicho, cha *pp irreg* ▷ **contradecir**.
contradictorio, ria *adj* contraditório(ria).
contraer *vt* contrair.
◆ **contraerse** *vpr* contrair-se.
contraespionaje *m* contra-espionagem *f*.
contrafuerte *m* contraforte *m*.
contragolpe *m* contragolpe *m*.
contrahecho, cha *adj* disforme.
contraindicación *f* MED contra-indicação *f*.
contralto <> *m* [voz] contralto *m*. <> *mf* [persona] contralto *mf*.
contraluz *m* contraluz *f*; **a ~** à contraluz.
contramaestre *m* **-1.** [en marina] contramestre *m* **-2.** [en taller] contramestre *m*, -tra *f*.
contraorden *f* contra-ordem *f*.
contrapartida *f* contrapartida *f*.
contrapelo ◆ **a contrapelo** *loc adv* a contrapelo.

contrapesar *vt* **-1.** [físicamente] contrapesar **-2.** *fig* [contrarrestar] compensar.
contrapeso *m* contrapeso *m*.
contraponer *vt* contrapor.
◆ **contraponerse** *vpr* contrapor-se.
contraportada *f* contracapa *f*.
contraproducente *adj* contraproducente.
contraprogramación *f programação realizada por uma cadeia de televisão para concorrer com o nível de audiência de outras.*
contrapunto *m* **-1.** MÚS contraponto *m* **-2.** *fig* [entre dos cosas o personas] oposto *m*.
contrariar *vt* contrariar.
contrariedad *f* contrariedade *f*.
contrario, ria *adj* **-1.** contrário(ria) **-2.** *loc*: **llevar la contraria a alguien** contradizer alguém.
◆ **contrario** *m* **-1.** [persona] adversário *m*, -ria *f* **-2.** [opuesto] oposto *m*.
contrarreloj *adj* DEP cronometrado (da); **ir ~** correr contra o relógio.
contrarrestar *vt* neutralizar.
contrasentido *m* contra-senso *m*.
contraseña *f* senha *f*.
contrastar ◇ *vi* contrastar. ◇ *vt* **-1.** [probar] comprovar **-2.** [resistir, hacer frente] resistir a.
contraste *m* contraste *m*.
contrata *f* contrato *m*.
contratar *vt* contratar.
contratiempo *m* contratempo *m*; **a ~** a contratempo.
contratista *mf* empreiteiro *m*, -ra *f*.
contrato *m* contrato *m*; **~ de aprendizaje** contrato de aprendizagem; **~ basura** *contrato com péssimas condições de trabalho*; **~ a tiempo parcial** contrato em tempo parcial.
contravenir *vi* contravir.
contraventana *f* contravento *m*.
contribución *f* contribuição *f*.
contribuir *vi* **-1.** [con una cantidad]: **~ (con)** contribuir (com) **-2.** [colaborar con]: **~ (a)** contribuir (para).
contribuyente *mf* contribuinte *mf*.
contrición *f* contrição *f*.
contrincante *mf* adversário *m*, -ria *f*.
control *m* **-1.** [gen] controle *m* **-2.** [lugar de inspección] comando *m*.
controlador, ra *m*, *f* [persona] controlador *m*, -ra *f*.
◆ **controlador** *m* [instrumento] controlador *m*; **~ de disco** INFORM controlador de disco.
controlar *vt* controlar.
◆ **controlarse** *vpr* controlar-se.
controversia *f* controvérsia *f*.
contundencia *f* **-1.** [de golpes] força *f* **-2.** [de palabras] contundência *f*.
contundente *adj* contundente.
contusión *f* contusão *f*.
contusionar *vt* contundir.
conuco *m* **Carib** [casa y terreno] terreno *m*.
convalecencia *f* convalescença *f*.
convalecer ◆ **convalecer de** *vi* convalescer (de).
convaleciente *adj* convalescente.
convalidar *vt* revalidar.
convencer *vt* convencer; **~ a alguien de algo** convencer alguém de algo.
◆ **convencerse** *vpr*: **~se de algo** convencer-se de algo.
convencimiento *m* convencimento *m*.
convención *f* convenção *f*.
convencional *adj* convencional.
conveniencia *f* conveniência *f*.
◆ **conveniencias** *fpl* conveniências *fpl*.
conveniente *adj* conveniente.
convenio *m* acordo *m*.
convenir *vi* **-1.** [venir bien] convir **-2.** [acordar]: **~ en algo** chegar num acordo sobre algo.
convento *m* convento *m*.
convergencia *f* convergência *f*.
converger *vi* convergir.
conversación, conversada ***Amér*** *f* conversa *f*; **dar ~ a alguien** dar conversa *o* trela a alguém.
conversador, ra ◇ *adj* conversador(ra). ◇ *m*, *f* conversador *m*, -ra *f*.
conversar *vi* conversar.
conversión *f* conversão *f*.
converso, sa ◇ *adj* convertido (da). ◇ *m*, *f* convertido *m*, -da *f*.
convertir *vt* converter; **~ algo/a alguien en algo** converter algo/alguém em algo.
◆ **convertirse** *vpr* **-1.** [de una religión a otra] converter-se; **~se a** converter-se a **-2.** [transformarse]: **~se en** converter-se em.
convexo, xa *adj* convexo(xa).
convicción *f* convicção *f*.
◆ **convicciones** *fpl* convicções *fpl*.
convicto, ta *adj* convicto(ta).

convidado, da *m, f* convidado *m*, -da *f*.
convidar *vt* [persona] convidar.
◆ **convidar a** *vi* [mover, incitar] convidar a.
convincente *adj* convincente.
convite *m* **-1.** [invitación] convite *m* **-2.** [fiesta] festa *f*.
convivencia *f* convivência *f*.
convivir *vi*: ~ **con** conviver com.
convocar *vt* convocar.
convocatoria *f* **-1.** [anuncio] convocatória *f* **-2.** [de examen] convocação *f*.
convoy (*pl* **convoyes**) *m* comboio *m*.
convulsión *f* **-1.** [gen] convulsão *f* **-2.** [de la tierra, del mar] tremor *m*.
convulsionar *vt* convulsionar.
conyugal *adj* conjugal.
cónyuge *mf* cônjuge *m*.
coña *f mfam* **-1.** [guasa] gozação *f* **-2.** [molestia] saco *m*.
coñá (*pl* **coñás**), **coñac** (*pl* **coñacs**), **cognac** (*pl* **cognacs**) *m* conhaque *m*.
coñazo *m mfam* saco *m*; **dar el** ~ encher o saco.
coño *vulg* <> *m* **-1.** [genital] xoxota *f* **-2.** [para enfatizar] porra *f*. <> *interj* [enfado] caralho!; [asombro] merda!
cookie *f* INFORM cookie *m*.
cooperación *f* cooperação *f*; ~ **internacional** cooperação internacional.
cooperar *vi* cooperar.
cooperativa *f* ⊳ **cooperativo**.
cooperativo, va *adj* cooperativo (va).
◆ **cooperativa** *f* [sociedad] cooperativa *f*.
coordinador, ra <> *adj* coordenador(ra). <> *m, f* coordenador(ra).
coordinar *vt* coordenar.
copa *f* **-1.** [vaso] taça *f* **-2.** [contenido] cálice *m*; **ir de** ~**s** sair de noite (para tomar uma) **-3.** [trofeo, de árbol, sombrero] copa *f*.
◆ **copas** *fpl* [naipes] copas *fpl*.
copar *vt* **-1.** [todos los puestos] açambarcar **-2.** MIL encurralar **-3.** [en juegos de azar] apostar.
Copenhague *n* Copenhague.
copete *m* **-1.** [de ave] penacho *m* **-2.** [de pelo] topete *m* **-3.** *loc*: **de alto** ~ de alto gabarito.
copetín *m Amér* [bebida] aperitivo *m*; [comida] tira-gosto *m*.
copia *f* cópia *f*; ~ **de seguridad** cópia de segurança.
copiar <> *vt* copiar. <> *vi* copiar.
copiloto *mf* co-piloto *m*.
copión, piona *m, f* ***fam*** colador(ra).
copioso, sa *adj* copioso(sa).
copista *mf* copista *mf*.
copla *f* **-1.** [canción] copla *f* **-2.** [estrofa] estrofe *f*.
◆ **coplas** *fpl* versos *mpl*.
copo *m* **-1.** [gen] floco *m* **-2.** [de materia textil] chumaço *m*.
coproducción *f* co-produção *f*.
copropiedad *f* co-propriedade *f*.
copropietario, ria *m, f* co-proprietário *m*, -ria *f*.
copular *vi* copular.
copulativo, va *adj* copulativo(va).
coquetear *vi* paquerar.
coqueto, ta *adj* **-1.** [persona] sedutor *m*, -ra *f* **-2.** [cosa] charmoso(sa).
coraje *m* **-1.** [valor, valentía] coragem *f* **-2.** [rabia, ira] raiva *f*.
coral <> *adj* coral. <> *m* coral *m*. <> *f* [grupo de canto] coral *m*.
Corán *m* Alcorão *m*.
coraza *f* **-1.** [gen] couraça *f* **-2.** [de tortuga] carapaça *f*.
corazón *m* coração *m*; **no tener** ~ não ter coração; **de (todo)** ~ de todo coração; **romper** *o* **partir el** ~ **a alguien** romper *o* partir o coração de alguém.
corazonada *f* **-1.** [presentimiento] pressentimento *m* **-2.** [impulso] impulso *m*.
corbata *f* **-1.** [de vestir] gravata *f* **-2.** [de bandera] faixa *f*.
corbeta *f* corveta *f*.
Córcega *n* Córsega.
corcel *m* corcel *m*.
corchea *f* colcheia *f*.
corchete *m* colchete *m*.
corcho *m* **-1.** [material] cortiça *f* **-2.** [tapón] rolha *f*.
córcholis *interj* **-1.** [para expresar sorpresa] caramba! **-2.** [para expresar enfado] poxa!
cordel *m* barbante *m*.
cordero, ra *m, f* cordeiro *m*, -ra *f*.
cordial *adj* cordial.
cordialidad *f* cordialidade *f*.
cordillera *f* cordilheira *f*; **la** ~ **Cantábrica** a cordilheira Cantábrica.
Córdoba *n* Córdoba.
cordón *m* **-1.** [gen] cordão *m*; ~ **umbilical** cordão umbilical **-2.** [cable eléctrico] cabo *m* **-3.** ***CSur, Cuba*** [de la acera] meio-fio *m*.
cordura *f* cordura *f*.
Corea *n* Coréia; ~ **del Norte** Coréia

do Norte; ~ **del Sur** Coréia do Sul.
corear *vt* **-1.** [canción] cantar em coro **-2.** [asentir en] aprovar.
coreografía *f* coreografia *f.*
coreógrafo, fa *m, f* coreógrafo *m,* -fa *f.*
corista <> *mf* corista *mf.* <> *f* vedete *f.*
cornada *f* chifrada *f.*
cornamenta *f* **-1.** [de animal] cornadura *f* **-2.** *fam* [de cornudo] chifres *mpl.*
córnea *f* córnea *f.*
cornear *vt* cornear.
córner (*pl* **córners**) *m* córner *m.*
corneta <> *f* [instrumento] corneta *f.* <> *mf* [instrumentista] corneteiro *m,* -ra *f.*
cornete *m* **-1.** ANAT corneto *m* **-2.** [tipo de helado] *sorvete em forma de cone, especialmente se estiver embalado.*
cornetín, tina *m, f* [instrumentista] cornetim *mf.*
◆ **cornetín** *m* [instrumento] cornetim *m.*
cornisa *f* **-1.** ARQUIT cornija *f* **-2.** [de precipicio o acantilado] beira *f.*
cornudo, da <> *adj* **-1.** [con cuernos] cornífero(ra) **-2.** *fam* [cónyuge] cornudo(da). <> *m, f fam* cornudo *m,* -da *f.*
coro *m* coro *m;* **a** ~ em coro.
corona *f* **-1.** [gen] coroa *f* **-2.** [de santos] auréola *f.*
coronación *f* coroação *f.*
coronar *vt* **-1.** [gen] coroar **-2.** *fig* [monte, altura] alcançar.
coronel *m* coronel *m.*
coronilla *f* cocuruto *m;* **estar hasta la** ~ *fam* estar de saco cheio.
corpiño *m* ***Arg*** [sostén] sutiã *m.*
corporación *f* corporação *f.*
corporal *adj* corporal.
corporativo *adj* corporativo(va).
corpóreo, rea *adj* corpóreo(rea).
corpulencia *f* corpulência *f.*
corpulento, ta *adj* corpulento(ta).
Corpus Christi *m* Corpus Christi *m.*
corral *m* **-1.** [para animales] curral *m* **-2.** [teatro] *local descoberto no qual eram realizadas apresentações teatrais nos séculos XVI e XVII.*
correa *f* **-1.** [gen] correia *f* **-2.** [para perro] coleira *f.*
corrección *f* **-1.** [gen] correção *f* **-2.** [de texto] revisão *f* **-3.** [reprimenda] corretivo *m.*
correccional <> *adj* correcional. <> *m* reformatório *m.*
correctivo, va *adj* corretivo(va).
◆ **correctivo** *m* corretivo *m.*
correcto, ta *adj* correto(ta); **políticamente** ~ politicamente correto.
corrector, ra *m, f* corretor *m,* -ra *f;* ~ **de estilo** revisor *m,* -ra *f* gramatical; ~ **tipográfico** revisor tipográfico.
corredero, ra *adj* corrediço(ça).
◆ **corredera** *f* **-1.** [ranura] corrediça *f* **-2.** [válvula] válvula *f* de gaveta.
corredor, ra <> *adj* corredor(ra). <> *m, f* **-1.** [deportista] corredor *m,* -ra *f* **-2.** [intermediario] corretor *m,* -ra *f;* ~ **de comercio** COM corretor.
◆ **corredor** *m* corredor *m.*
corregir *vt* corrigir.
◆ **corregirse** *vpr* corrigir-se.
correlación *f* correlação *f.*
correlativo, va *adj* **-1.** [relacionado] correlativo(va) **-2.** [consecutivo] consecutivo(va).
correligionario, ria *m, f* correligionário *m,* -ria *f.*
correo <> *m* **-1.** [correspondencia] correspondência *f;* ~ **certificado** correspondência registrada; ~ **comercial** correspondência comercial **-2.** [servicio] correio *m;* ~ **basura** INFORM mensagem *f* eletrônica não solicitada, lixo *m* eletrônico; ~ **electrónico** correio eletrônico. <> *adj* postal.
◆ **Correos** *mpl* Correios *mpl.*
correoso, sa *adj* borrachento(ta).
correr <> *vi* **-1.** [gen] correr; **a todo** ~ a toda velocidade **-2.** [ser válido] ter curso legal **-3.** [encargarse de]: ~ **con** arcar com; ~ **a cargo de** correr por conta de **-4.** [una cantidad] ser devido. <> *vt* **-1.** [por un lugar] [un fluido] correr **-2.** [deslizar] empurrar **-3.** [extender] estender **-4.** ***Amér fam*** [despedir del trabajo] jogar fora.
◆ **correrse** *vpr* **-1.** [desplazarse] deslocar-se **-2.** [difuminarse] escorrer **-3.** ***Andes, Esp vulg*** [tener un orgasmo] gozar.
correría *f* correria *f.*
correspondencia *f* **-1.** [gen] correspondência *f* **-2.** [entre lugares] conexão *f.*
corresponder *vi* **-1.** [gen] corresponder; ~ **a** corresponder a **-2.** [pertenecer]: ~ **a** pertencer a **-3.** [tocar]: ~ **le a alguien algo/hacer algo** competir algo a alguém/a alguém fazer algo.

◆ **corresponderse** *vpr* corresponder-se.
correspondiente *adj* correspondente.
corresponsal *mf* **-1.** [de prensa] correspondente *mf* **-2.** [de relaciones] enviado *m*, -da *f* especial.
corretear *vi* **-1.** [correr] correr **-2.** *fam* [vagar] zanzar.
correveidile *mf* fofoqueiro *m*, -ra *f*.
corrido, da *adj* estendido(da).
◆ **corrida** *f* **-1.** TAUROM tourada *f* **-2.** [de velocidad] corrida *f*.
◆ **de corrido** *loc prep* de um lance.
corriente ◇ *adj* **-1.** [normal] comum; ~ **y moliente** normal e comum **-2.** [agua, luz, fecha] corrente. ◇ *f* corrente *f*; **estar al** ~ **de** [pagos] estar em dia com; [noticias] estar a par; **ir contra** ~ remar contra a corrente.
corrillo *m* grupinho *m*.
corro *m* **-1.** [círculo] roda *f*; **en** ~ em círculo **-2.** FIN [en Bolsa] *reunião de uma sessão da bolsa para contratação de um grupo de valores.*
corroborar *vt* corroborar.
corroer *vt* corroer.
corromper *vt* corromper.
◆ **corromperse** *vpr* corromper-se.
corrosivo, va *adj* **-1.** [que desgasta] corrosivo(va) **-2.** [mordaz] mordaz.
corrupción *f* **-1.** [gen] corrupção *f*; ~ **de menores** corrupção de menores **-2.** [de sustancia] putrefação *f*.
corrusco *m* pedaço *m* de pão duro.
corsario, ria *adj* corsário(ria).
◆ **corsario** *m* corsário *m*.
corsé *m* corpete *m*; ~ **ortopédico** colete *m* ortopédico.
cortacésped *m* cortador *m* de grama.
cortado, da *adj* **-1.** [agrietado] rachado(da) **-2.** [alimento] talhado(da) **-3.** *fam* [tímido] inibido(da); **quedarse** ~ ficar sem graça.
◆ **cortado** *m* [café] pingado *m*.
cortafuego *m* aceiro *m*.
cortante *adj* cortante.
cortapisa *f* obstáculo *m*.
cortaplumas *m inv* canivete *m*.
cortar ◇ *vt* **-1.** [gen] cortar **-2.** [carretera, discurso, conversación] interromper **-3.** [agrietar] rachar **-4.** [alimento] talhar **-5.** [suspender] suspender **-6.** *fam* [sentir vergüenza] constranger. ◇ *vi* **-1.** [gen] cortar **-2.** *fam* [cesar una relación] terminar.
◆ **cortarse** *vpr* **-1.** [herirse] cortar-se **-2.** [agrietarse] rachar-se **-3.** [alimento] talhar-se **-4.** [comunicación] cair a linha **-5.** *fam* [turbarse] inibir-se.
cortaúñas *m inv* cortador *m* de unhas.
corte ◇ *m* **-1.** [gen] corte *m*; ~ **de pelo** corte de cabelo; ~ **y confección** corte e costura **-2.** [contorno, estilo] linha *f* **-3.** [pausa] pausa *f* **-4.** *fam* [respuesta ingeniosa] cortada *f* **-5.** *fam* [vergüenza] vergonha *f*; **dar** ~ dar vergonha. ◇ *f* [gen] corte *f*.
◆ **Cortes** *fpl parlamento ou assembléia do Estado espanhol.*
cortedad *f* curteza *f*.
cortejar *vt* cortejar.
cortejo *m* cortejo *m*.
cortés *adj* cortês.
cortesano, na ◇ *adj* cortesão(sã). ◇ *m, f* cortesão *m*, -sã *f*.
cortesía *f* cortesia *f*; **de** ~ de cortesia.
corteza *f* **-1.** [gen] casca *f*; ~ **terrestre** crosta *f* terrestre **-2.** ANAT córtex *m*.
cortijo *m em Andaluzia, propriedade rural com algumas edificações para moradia.*
cortina *f* cortina *f*.
cortisona *f* MED cortisona *f*.
corto, ta *adj* **-1.** curto(ta); **estar/andar** ~ **de algo** estar/andar curto de algo **-2.** *loc*: **quedarse** ~ calcular mal.
cortocircuito *m* curto-circuito *m*.
cortometraje *m* curta-metragem *f*.
corva *f* ▷ **corvo**.
corvo, va *adj* curvo(va).
◆ **corva** *f* jarrete *m*.
corzo, za *m, f* corço *m*, -ça *f*.
cosa *f* coisa *f*; **ser** ~ **de alguien** ser de interesse de alguém; **ser** ~**s de alguien** ser típico de alguém; **como quien no quiere la** ~ como quem não quer nada; **como si tal** ~ como se não fosse nada.
◆ **cosa de** *loc adv* coisa de.
coscorrón *m* cascudo *m*.
cosecha *f* colheita *f*; **de su (propia)** ~ de sua (própria) lavra.
cosechar ◇ *vt* colher. ◇ *vi* colher.
coseno *m* GEOM co-seno *m*.
coser ◇ *vt* **-1.** [con hilo] coser, costurar **-2.** [con grapas] grampear **-3.** *loc*: **ser cosa de** ~ **y cantar** ser coisa que se faz com um pé nas

costas. ◇ *vi* coser, costurar.
cosido *m* costura *f*.
cosmético, ca *adj* cosmético(ca).
◆ **cosmético** *m* cosmético *m*.
◆ **cosmética** *f* cosmética *f*.
cósmico, ca *adj* cósmico(ca).
cosmopolita ◇ *adj* cosmopolita. ◇ *mf* cosmopolita *mf*.
cosmos *m* cosmos *m*.
cosquillas *fpl*: **hacer ~** fazer cócegas; **tener ~** ter cócegas.
cosquilleo *m* **-1.** [agradable] cócega *f* **-2.** *fig* [desagradable] formigamento *m*.
costa *f* costa *f*.
◆ **a costa de** *loc prep* às custas de.
◆ **a toda costa** *loc prep* a todo custo.
Costa Brava *n*: **la ~** a Costa Brava.
Costa del Sol *n*: **la ~** a Costa do Sol.
costado *m* **-1.** [de cuerpo] flanco *m* **-2.** [de cosa] lado *m*.
costal ◇ *adj* costal. ◇ *m* saca *f*.
costar ◇ *vt* **-1.** [dinero] custar **-2.** [tiempo] levar **-3.** *loc*: **~ un ojo de la cara** *o* **un riñón** custar os olhos da cara. ◇ *vi* [ser difícil] custar.
Costa Rica *n* Costa Rica.
costarricense, costarriqueño, ña ◇ *adj* costa-riquenho(nha). ◇ *m, f* costa-riquenho *m*, -nha *f*.
coste *m* custo *m*; **~ de la vida** custo de vida.
costear *vt* **-1.** [pagar] custear **-2.** NÁUT [la costa] costear.
◆ **costearse** *vpr* custear.
costera *f Méx* passeio *m*.
costero, ra *adj* costeiro(ra).
costilla *f* costela *f*.
costo *m* custo *m*.
costoso, sa *adj* custoso(sa).
costra *f* crosta *f*.
costumbre *f* costume *m*.
costumbrismo *m* costumbrismo *m*.
costura *f* costura *f*; **alta ~** alta costura.
costurera *f* costureira *f*.
costurero *m* [objeto] caixa *f* de costura.
cota *f* **-1.** [altura] altitude *f* **-2.** [nivel] nível *m* **-3.** [de defensa]: **~ de malla** cota *f* de malha.
cotarro *m Esp fam* rebuliço *m*.
cotejar *vt* cotejar.
cotejo *m* cotejo *m*.
cotidiano, na *adj* cotidiano(na).
cotilla *mf fam* fofoqueiro *m*, -ra *f*.
cotillear *vi fam* fofocar.
cotilleo *m fam* fofoca *f*.
cotillón *m* réveillon *m*.
cotización *f* cotação *f*.
cotizar *vt* cotar.
◆ **cotizarse** *vpr* **-1.** [la fama] valorizar-se **-2.** [el precio] estar cotado.
coto *m* [terreno] coutada *f*; **poner ~ a** *fig* [impedir algo] pôr fim a.
cotorra *f* **-1.** [ave] caturrita *f* **-2.** *fam* [persona] papagaio *m*; **hablar como una ~** falar como um papagaio.
COU (*abrev de* **curso de orientación universitaria**) *m* EDUC *na Espanha, curso preparatório para as provas de acesso à universidade.*
country *m Arg* loteamento *m* de luxo.
cowboy *m* caubói *m*.
coxis = **cóccix**.
coyote *m* coiote *m*.
coyuntura *f* **-1.** [situación] conjuntura *f* **-2.** [unión] articulação *f*.
coz *f* coice *m*.
crac (*pl* **cracs**), **crack** (*pl* **cracks**) *m* craque *mf*.
crack *m inv* **-1.** [droga] crack *m* **-2.** = **crac**.
cráneo *m* ANAT crânio *m*; **ir de ~** *fam* estar na pior.
crápula *mf* crápula *mf*.
cráter *m* cratera *f*.
crawl = **crol**.
creación *f* criação *f*.
creador, ra ◇ *adj* criativo(va). ◇ *m, f* criador *m*, -ra *f*.
◆ **Creador** *m*: **el Creador** o Criador.
crear *vt* criar.
creatividad *f* criatividade *f*.
creativo, va ◇ *adj* criativo(va). ◇ *m, f* [en publicidad] publicitário *m*, -ria *f*.
crecer *vi* crescer.
◆ **crecerse** *vpr* crescer.
creces ◆ **con creces** *loc adv* **-1.** [pagar] com acréscimo **-2.** [superar] de longe.
crecido, da *adj* crescido(da).
◆ **crecida** *f* cheia *f*.
creciente ◇ *adj* crescente. ◇ *m* crescente *m*.
crecimiento *m* crescimento *m*.
credencial *f Arg, Chile, Méx* carteira *f*.
◆ **credenciales** *fpl* credenciais *fpl*.
credibilidad *f* credibilidade *f*.
crédito *m* **-1.** [gen] crédito *m*; **a ~** a crédito; **~ al consumo** ECON crédito direto ao consumidor; **dar ~ a una**

cosa dar crédito a uma coisa **-2.** [plazo] prazo *m*.

credo *m* credo *m*.

crédulo, la *adj* crédulo(la).

creencia *f* crença *f*.

creer *vt* **-1.** [dar por cierto] acreditar em, crer em **-2.** [suponer] achar **-3.** [imaginar] acreditar.

◆ **creer en** *vi* acreditar *o* crer em.

◆ **creerse** *vpr* **-1.** [considerarse] achar-se **-2.** [dar por cierto] acreditar, crer.

creíble *adj* crível, acreditável.

creído, da *m, f* convencido *m*, -da *f*.

crema ◇ *f* **-1.** [gen] nata *f* **-2.** [para cutis, manos] creme *m* **-3.** [betún] graxa *f*. ◇ *adj inv* creme.

cremallera *f* **-1.** [gen] cremalheira *f* **-2.** [de pantalón] zíper *m*.

crematístico, ca *adj* financeiro(ra).

crematorio, ria *adj* crematório(ria).

◆ **crematorio** *m* crematório *m*.

cremoso, sa *adj* cremoso(sa).

crepe *f* [torta] crepe *m*.

crepé *m* [tela] crepe *m*.

crepitar *vi* crepitar.

crepúsculo *m* crepúsculo *m*.

crespo, pa *adj* crespo(pa).

cresta *f* crista *f*; **estar en la ~ de la ola** *fig* estar na crista da onda.

cretino, na *m, f* cretino *m*, -na *f*.

cretona *f* cretone *m*.

creyente *mf* crente *mf*.

cría *f* ▷ **crío.**

criadero *m* criadouro *m*.

criadilla *f testículo de animais consumível como alimento*.

criado, da ◇ *adj* criado(da). ◇ *m, f* criado *m*, -da *f*.

criador, ra ◇ *adj* vinicultor(ra). ◇ *m, f* vinicultor *m*, -ra *f*.

crianza *f* **-1.** [gen] criação *f* **-2.** [de vino] produção *f*.

criar *vt* **-1.** [gen] criar **-2.** [plantas] cultivar **-3.** [vino] produzir.

◆ **criarse** *vpr* criar-se.

criatura *f* **-1.** [niño] criança *f* **-2.** [ser vivo] criatura *f*.

criba *f* crivo *m*.

crimen *m* crime *m*; **cometer un ~** cometer um crime.

criminal ◇ *adj* criminal. ◇ *mf* criminoso *m*, -sa *f*.

crin *f* crina *f*.

crío, a *m, f* criança *f*.

◆ **cría** *f* **-1.** [de animal] cria *f* **-2.** [acción] criação *f*.

criollo, lla ◇ *adj* [autóctono] crioulo(la). ◇ *m, f descendente de europeus ou negros nascido em países hispano-americanos*.

cripta *f* cripta *f*.

criptón *m* QUÍM criptônio *m*.

críquet *m* críquete *m*.

crisantemo *m* crisântemo *m*.

crisis *f* crise *f*; **~ económica** crise econômica.

crisma *f* **-1.** *fam* [cabeza] coco *m* **-2.** [tarjeta] cartão *m* de Natal.

crismas, christmas *m inv* cartão *m* de Natal.

crisol *m* crisol *m*.

crispar *vt* **-1.** [nervios] encrespar **-2.** [músculos, manos] crispar.

◆ **crisparse** *vpr* encrespar-se.

cristal *m* **-1.** [gen] cristal *m* **-2.** [objeto, de ventana] vidro *m* **-3.** *fig* [espejo] espelho *m*.

cristalera *f* vidraça *f*.

cristalería *f* cristais *mpl*.

cristalino, na *adj* cristalino(na).

◆ **cristalino** *m* cristalino *m*.

cristalizar *vt* cristalizar.

◆ **cristalizarse** *vpr* cristalizar-se.

◆ **cristalizarse en** *vpr fig* concretizar-se.

cristiandad *f* cristandade *f*.

cristianismo *m* cristianismo *m*.

cristiano, na ◇ *adj* cristão(tã). ◇ *m, f* [creyente] cristão *m*, -tã *f*.

cristo *m* cristo *m*.

◆ **Cristo** *m* Cristo *m*.

criterio *m* critério *m*; **~s de convergencia** [en UE] critérios de convergência.

crítica *f* ▷ **crítico.**

criticar *vt* criticar.

crítico, ca ◇ *adj* crítico(ca). ◇ *m, f* crítico *m*, -ca *f*.

◆ **crítica** *f* crítica *f*.

criticón, cona ◇ *adj* criticador (ra). ◇ *m, f* criticador *m*, -ra *f*.

Croacia *n* Croácia.

croar *vi* coaxar.

croata ◇ *adj* croata. ◇ *mf* croata *mf*.

croissant (*pl* **croissants**) *m* croissant *m*.

crol, crawl *m* DEP nado *m* livre.

cromado *m* cromado *m*.

cromatismo *m* cromatismo *m*.

cromo *m* **-1.** [metal] cromo *m* **-2.** [estampa] figurinha *f*.

cromosoma *m* cromossomo *m*.

crónico, ca *adj* crônico(ca).

◆ **crónica** *f* crônica *f*.

cronista *mf* cronista *mf*.
crono *m* DEP tempo *m*.
cronología *f* cronologia *f*.
cronometrar *vt* cronometrar.
cronómetro *m* cronômetro *m*.
croqueta *f* CULIN croquete *m*.
croquis *m inv* croqui *m*.
cross *m inv* DEP cross-country *m*.
cruce *m* **-1.** [gen] cruzamento *m* **-2.** [de teléfono] linha *f* cruzada **-3.** [de electricidad] curto *m*.
crucero *m* cruzeiro *m*.
crucial *adj* crucial.
crucificar *vt* crucificar.
crucifijo *m* crucifixo *m*.
crucifixión *f* crucificação *f*.
crucigrama *m* palavras *fpl* cruzadas.
crudeza *f* crueza *f*.
crudo, da *adj* **-1.** [gen] cru(a) **-2.** [tiempo] rigoroso(sa).
◆ **crudo** *m* petróleo *m*.
cruel *adj* cruel.
crueldad *f* crueldade *f*.
cruento, ta *adj* cruento(ta).
crujido *m* estalido *m*.
crujiente *adj* crocante.
crujir *vi* estalar.
crustáceos *mpl* ZOOL crustáceos *mpl*.
cruz *f* **-1.** cruz *f*; ~ **gamada** cruz gamada **-2.** [de moneda] coroa *f*.
◆ **Cruz Roja** *f* Cruz *f* Vermelha.
cruzado, da *adj* cruzado(da).
◆ **cruzado** *m* cruzado *m*.
◆ **cruzada** *f* cruzada *f*.
cruzar *vt* **-1.** [gen] cruzar **-2.** [palabras] trocar.
◆ **cruzarse** *vpr*: ~**se con** cruzar-se com.
CSIC (*abrev de* **Consejo Superior de Investigaciones Científicas**) *m conselho oficial que supervisiona a investigação científica na Espanha*.
cta. (*abrev de* **cuenta**) c/c.
CTI (*abrev de* **centro de tratamiento intensivo**) *m* ***Amér*** UTI *f*.
ctra. (*abrev de* **carretera**) r.
cuaderno *m* caderno *m*.
cuadra *f* **-1.** [lugar para animales] cavalariça *f* **-2.** [conjunto de caballos] haras *m* **-3.** ***fam*** [lugar sucio] chiqueiro *m* **-4.** ***Amér*** [de casas] quarteirão *m*.
cuadrado, da *adj* quadrado(da).
◆ **cuadrado** *m* quadrado *m*.
cuadragésimo, ma *núm* quadragésimo(ma); **cuadragésima parte** quadragésima parte.
◆ **cuadragésimo** *m* quadragésimo *m*.
cuadrangular *adj* quadrangular.
cuadrante *m* quadrante *m*.
cuadrar *vi* **-1.** [coincidir]: ~ **(con)** enquadrar (com) **-2.** [cuenta, balance, caja] coincidir.
◆ **cuadrarse** *vpr* **-1.** [saludar] perfilar-se **-2.** [mostrar firmeza] endurecer-se.
cuadratura *f* GEOM quadratura *f*; **la ~ del círculo** ***fig*** a quadratura do círculo.
cuadrícula *f* quadrícula *f*.
cuadriculado, da *adj* quadriculado(da).
cuadriga, cuádriga *f* quadriga *f*.
cuadrilátero *m* **-1.** GEOM quadrilátero *m* **-2.** DEP ringue *m*.
cuadrilla *f* **-1.** [de amigos] grupo *f* **-2.** [de trabajadores] equipe *f*.
cuadro *m* **-1.** [gen] quadro *m*; ~ **sinóptico** quadro sinóptico **-2.** [figura] xadrez *m*.
cuadrúpedo *m* quadrúpede *m*.
cuajar ◇ *vt* coalhar. ◇ *vi* **-1.** [lograrse] realizar-se **-2.** [ser aceptado] ser aceito.
◆ **cuajarse** *vpr* coalhar-se.
cuajo *m* coalho *m*.
◆ **de cuajo** *loc adv* pela raiz.
cual *pron*: **el/la ~** o/a qual; **lo ~** o qual; **sea ~ sea** seja qual for.
cuál *pron* qual; **son tres hermanos a ~ más inteligente** são três irmãos, um mais inteligente que o outro; **tiene dos casas a ~ más lujosa** tem duas casas, uma mais luxuosa que a outra.
cualidad *f* qualidade *f*.
cualificado, da *adj* qualificado(da).
cualitativo, va *adj* qualitativo(va).
cualquiera (*pl* **cualesquiera**) ◇ *adj (delante de sust. cualquier)* qualquer; **cualquier día** qualquer dia; **un día ~** um dia qualquer. ◇ *pron* qualquer um. ◇ *m, f* qualquer *mf*. ◇ *f* uma qualquer *f*.
cuan ▷ **cuanto**.
cuán ▷ **cuánto**.
cuando ◇ *adv* quando; **de ~ en ~** de quando em quando; **de vez en ~** de vez em quando. ◇ *prep* durante. ◇ *conj* se; **~ tú lo dices será verdad** se você está dizendo deve ser verdade.
cuándo *adv* quando; **¿~ vas a venir?** quando virá?; **quisiera saber ~ sale el tren** queria saber quando sai o trem.

cuantía *f* quantia *f*.
cuantificar *vt* quantificar.
cuantioso, sa *adj* quantioso(sa).
cuantitativo, va *adj* quantitativo(va).
cuanto, ta ◇ *adj* [todo] quanto(ta); **despilfarra ~ dinero gana** esbanja todo o dinheiro que ganha; **cuantas más mentiras digas, menos te creerán** quanto mais mentiras você disser, menos acreditarão em você. ◇ *pron relat (gen pl)* todos; **dio las gracias a todos ~s le ayudaron** agradeceu a todos os que o ajudaram.
◆ **cuanto** *pron relat (neutro)* tudo; **come ~ quieras** coma quanto quiser; **~ más se tiene, más se quiere** quanto mais se tem, mais se quer.
◆ **cuanto, cuan** *adv* quanto.
◆ **cuanto antes** *loc adv* o quanto antes.
◆ **en cuanto** *loc conj* [tan pronto como] assim que.
◆ **en cuanto a** *loc prep* [por lo que se refiere a] quanto a; **en ~ a tu petición, todavía no se ha decidido nada** quanto a sua petição, ainda não foi decidido nada.
cuánto, ta ◇ *adj* quanto(ta); **no sé ~s hombres había** não sei quantos homens havia. ◇ *pron* quanto(ta); **¿~s han venido?** quantos vieram?; **me gustaría saber ~ te costarán** gostaria de saber quanto te custaram; **¡~ me gusta el cine!** como gosto cinema!
cuarenta ◇ *núm* quarenta; **cantar las ~ a alguien** *fam* dar uma bronca em alguém. ◇ *m* quarenta *m*; *ver también* **seis**.
cuarentena *f* quarentena *f*; **poner en ~** pôr em quarentena.
cuaresma *f* quaresma *f*.
cuartear *vt* quartear.
◆ **cuartearse** *vpr* rachar-se.
cuartel *m* quartel *m*.
cuartelillo *m* posto *m* de polícia.
cuarteto *m* quarteto *m*.
cuartilla *f* papel *m* de carta.
cuarto, ta *núm* [para ordenar] quarto; **cuarta parte** quarta parte.
◆ **cuarto** *m* quarto *m*; **~ de estar** sala *f* de estar; **~ secreto** *RP* cabine *f* de votação; **tres ~s de lo mismo** *fig* igualzinho.
cuarzo *m* quartzo *m*.
cuate *mf* *CAm, Ecuad, Méx fam* amigão *m*, -ona *f*.
cuatrero, ra *m, f* abigeatário *m*, -ria *f*.
cuatrimestral *adj* quadrimestral.
cuatrimotor *m* AERON quadrimotor *m*.
cuatro ◇ *núm* quatro. ◇ *m* quatro *m*; *ver también* **seis**.
cuatrocientos, tas *núm* quatrocentos(tas).
◆ **cuatrocientos** *m* quadringentésimo *m*; *ver también* **seis**.
cuba *f* tonel *m*; **estar como una ~** estar bêbado.
Cuba *n* Cuba.
cubalibre *m* cuba-libre *f*.
cubano, na ◇ *adj* cubano(na). ◇ *m, f* cubano *m*, -na *f*.
cubertería *f* faqueiro *m*.
cubeta *f* [cuba pequeña] cuba *f*.
cúbico, ca *adj* cúbico(ca).
cubierto, ta ◇ *pp irreg* ▻ **cubrir**. ◇ *adj* **-1.** coberto(ta) **-2.** *loc*: **estar a ~** estar a coberto.
◆ **cubierto** *m* **-1.** [gen] talher *m* **-2.** [comida] prato *m* comercial.
◆ **cubierta** *f* **-1.** [gen] capa *f* **-2.** [de neumático] banda *f* de rodagem **-3.** [de barco] convés *m*.
cubil *m* covil *m*.
cubilete *m* fritilo *m*.
cubismo *m* cubismo *m*.
cubito *m* cubo *m* (de gelo).
cubo *m* **-1.** [recipiente] balde *m* **-2.** [de la basura] lata *f* **-3.** GEOM & MAT cubo *m*.
cubrecama *m* colcha *f*.
cubrir *vt* **-1.** [gen] cobrir **-2.** [disimular] encobrir.
◆ **cubrir** *vi* cobrir.
◆ **cubrirse** *vpr* **-1.** [gen] cobrir-se **-2.** [taparse]: **~se de** cobrir-se de **-3.** [protegerse]: **~se de** proteger-se de **-4.** *loc*: **~se de gloria** *fig* cobrir-se de glória; *irón* fazer papel ridículo.
cuca *f* ▻ **cuco**.
cucaña *f* pau-de-sebo *m*, mastro *m* de cocanha.
cucaracha *f* barata *f*.
cuchara *f* [para comer] colher *f*.
cucharada *f* colherada *f*.
cucharilla *f* colherzinha *f*.
cucharón *m* concha *f*.
cuchichear *vi* cochichar.
cuchilla *f* lâmina *f*.
cuchillo *m* faca *f*.
cuchitril *m* chiqueiro *m*.
cuchufleta *f fam* brincadeira *f*.
cuclillo *m* cuco *m*.
cuco, ca *adj fam* **-1.** [bonito] bonito(ta) **-2.** [astuto] esperto(ta).

◆ **cuco** *m* cuco *m*.
◆ **cuca** *f fam* peseta *f*.

cucú (*pl* **cucúes**) *m* **-1.** [onomatopeya] *som emitido pelo relógio cuco* **-2.** [reloj] cuco *m*.

cucurucho *m* **-1.** [de papel] cartucho *m* **-2.** [gorro] capirote *m*.

cuello *m* **-1.** [de cuerpo] pescoço *m* **-2.** [de prenda] gola *f* **-3.** [de objeto] gargalo *m*; **~ de botella** *fig* funil *m*.

cuenca *f* **-1.** [gen] vale *m* **-2.** [de ojo] órbita *f*.

cuenco *m* tigela *f*.

cuenta *f* **-1.** [gen] conta *f*; **echar ~s** fazer as contas; **perder la ~** perder a conta; **~ atrás** contagem regressiva **-2.** COM: **abrir una ~** abrir uma conta; **a ~** por conta; **llevar las ~s** manter as contas; **~ corriente** conta corrente; **~ de ahorros** BANCA conta de poupança **-3.** [obligación; cuidado]: **de mi/tu/su** *etc* **~** por minha/tua/sua conta **-4.** *loc*: **a fin de ~s** no final das contas; **ajustarle a alguien las ~s** ajustar as contas com alguém; **caer en la ~** dar-se conta; **darse ~ de** dar-se conta de; **más de la ~** além da conta; **por mi/tu** *etc* **~** por minha/tua conta; **tener en ~ algo** levar algo em conta.

cuentagotas *m inv* conta-gotas *m*.

cuentakilómetros *m inv* hodômetro *m*.

cuentarrevoluciones *m inv* conta-giros *m inv*, taquímetro *m*.

cuentista *mf* **-1.** [escritor] contista *mf* **-2.** *fam* [mentiroso] loroteiro *m*, -ra *f*.

cuento *m* **-1.** [gen] conto *m* **-2.** *fam* [mentira] lorota *f*; **~ chino** conversa mole **-3.** *loc*: **tener ~** estar representando *o* fazendo teatro; **venir a ~** ser oportuno.

cuerda *f* corda *f*; **bajo ~** por baixo do pano; **tener mucha ~**, **tener ~ para rato** estar com a corda toda.
◆ **cuerdas vocales** *fpl* cordas *fpl* vocais.

cuerdo, da ◇ *adj* **-1.** [no loco] lúcido(da) **-2.** [sensato] sensato(ta). ◇ *m, f* lúcido *m*, -da *f*.

cuerno *m* **-1.** [de animales] corno *m* **-2.** [materia] chifre *m* **-3.** [instrumento] corneta *f* **-4.** *Méx* [para comer] croissant *m*.
◆ **cuernos** *mpl fam* cornos *mpl*.

cuero *m* [gen] couro *m*; **~ cabelludo** couro cabeludo; **en ~s**, **en ~s vivos** nu em pêlo.

cuerpo *m* **-1.** [gen] corpo *m*; **~ de bomberos** [conjunto de personas] corpo de bombeiros; **a ~** sem agasalho; **a ~ de rey** *fig* à larga; **en ~ y alma** *fig* de corpo e alma; **tomar ~ algo** algo tomar corpo; **de ~ entero/presente** [cadáver] de corpo inteiro/presente **-2.** [sustancia] substância *f*.

cuervo *m* corvo *m*.

cuesta *f* [pendiente] encosta *f*; **hacérsele a alguien ~ arriba algo** *fig* carregar nas costas.

cuestión *f* questão *f*.

cuestionar *vt* questionar.

cuestionario *m* questionário *m*.

cueva *f* caverna *f*.

cuico *m Méx fam* tira *m*.

cuidado ◇ *m* **-1.** cuidado *m*; **tener ~ con** ter cuidado com; **~s intensivos** cuidados intensivos **-2.** *loc*: **de ~** ter um gênio desgraçado; **tenerle** *o* **traerle a alguien algo sin ~** *fig* pouco importar algo a alguém. ◇ *interj* cuidado!

cuidadoso, sa *adj* cuidadoso(sa).

cuidar *vt* cuidar.
◆ **cuidar de** *vi* cuidar de.
◆ **cuidarse** *vpr* cuidar-se; **~se de** cuidar-se de.

cuita *f* desventura *f*.

culata *f* **-1.** [gen] culatra *f* **-2.** [de animal] anca *f*.

culebra *f* cobra *f*.

culebrón *m* TV telenovela *f*.

culinario, ria *adj* culinário(ria).

culminación *f* ápice *m*.

culminar ◇ *vt* culminar. ◇ *vi* culminar.

culo *m* **-1.** *fam* [de personas] traseiro *m* **-2.** [de vaso, botella] fundo *m*.

culpa *f* culpa *f*; **echar las ~s de algo a alguien** jogar as culpas de algo em alguém.

culpabilidad *f* culpabilidade *f*.

culpable ◇ *adj* culpado(da); **declarar ~** declarar culpado. ◇ *mf* culpado *m*, -da *f*.

culpar *vt* culpar; **~ a alguien de algo** culpar alguém de algo.

cultismo *m* cultismo *m*.

cultivar *vt* cultivar.
◆ **cultivarse** *vpr* cultivar-se.

cultivo *m* cultivo *m*.

culto, ta *adj* culto(ta).
◆ **culto** *m* [rito] culto *m*; **rendir ~ a** render culto a.

cultura *f* cultura *f*.

cultural *adj* cultural.

culturismo *m* DEP fisiculturismo *m*.

cumbre ◇ *adj* culminante. ◇ *f* **-1.** [gen] cume *m* **-2.** [conferencia] reunião *f* de cúpula.

cumpleaños *m inv* aniversário *m*.

cumplido, da *adj* **-1.** [acabado] cumprido(da) **-2.** [satisfactorio] pleno(na) **-3.** [educado] gentil.

◆ **cumplido** *m* **-1.** [alabanza] elogio *m* **-2.** [cortesía] cerimônia *f*.

cumplidor, ra ◇ *adj* cumpridor (ra). ◇ *m, f* cumpridor *m*, -ra *f*.

cumplimentar *vt* **-1.** [persona] cumprimentar **-2.** [cosa] cumprir.

cumplimiento *m* cumprimento *m*.

cumplir ◇ *vt* cumprir. ◇ *vi* **-1.** [tiempo] vencer **-2.** [por cortesía] ser cortês; **para** *o* **por** ~ por cortesia **-3.** : ~ **con** [obligación] cumprir com; [por cortesía] ser cortês.

cúmulo *m* acúmulo *m*.

cuna *f* berço *m*.

cundir *vi* **-1.** [propagarse] espalhar-se **-2.** [dar de sí] render.

cuneiforme *adj* cuneiforme.

cuneta *f* valeta *f*.

cuña *f* **-1.** [pieza] cunha *f* **-2.** [orinal] comadre *f* **-3.** ***Andes, RP fam*** [influencia] pistolão *m*; **tener** ~ ter costas largas.

cuñado, da *m, f* cunhado(da).

cuño *m* cunho *m*.

cuota *f* **-1.** [gen] cota *f* **-2.** ***Méx*** [peaje] pedágio *m*; **de** ~ ***Méx*** de pedágio.

cupé *m* cupê *m*.

cupido *m* ***fig*** cupido *m*.

cupiera *etc* ▷ **caber**.

cuplé *m* copla *f*.

cupo[1] *etc* ▷ **caber**.

cupo[2] *m* **-1.** [cantidad proporcional] cota-parte *f* **-2.** [cantidad máxima] cota *f* **-3.** [de reclutas] contingente *m*.

cupón *m* **-1.** [vale] cupom *m* **-2.** [de lotería] bilhete *m* **-3.** [de documento] bônus *m*.

cúpula *f* cúpula *f*.

cura ◇ *m* cura *m*. ◇ *f* **-1.** [curación] cura *f* **-2.** [tratamiento] curativo *m*.

curación *f* cura *f*.

curado, da *adj* [alimento] curado(da).

◆ **curado** *m* cura *f*.

curandero, ra *m, f* curandeiro *m*, -ra *f*.

curar ◇ *vt* **-1.** [gen] curar **-2.** [herida] tratar. ◇ *vi* curar.

◆ **curarse** *vpr* curar-se; ~**se en salud** *loc* tomar precauções.

curativo, va *adj* curativo(va).

curcucho, cha *adj* ***Amér*** corcunda.

curcuncho, cha ◇ *adj* ***Andes fam*** [jorobado] corcunda. ◇ *m* [joroba] corcova *f*; [jorobado] corcunda *m*.

curiosear ◇ *vi* bisbilhotar. ◇ *vt* fuçar.

curiosidad *f* **-1.** [gen] curiosidade *f*; **tener** *o* **sentir** ~ **por** ter *o* sentir curiosidade por **-2.** [limpieza, aseo] asseio *m*.

curioso, sa ◇ *adj* **-1.** [gen] curioso (sa) **-2.** [limpio, aseado] cuidadoso(sa). ◇ *m, f* curioso *m*, -sa *f*.

curita *f* ***Amér*** curativo *m*.

currante *mf* ***fam*** trabalhador *m*, -ra *f*.

currar, currelar *vi* ***fam*** ralar-se.

curre = **curro**.

currelar = **currar**.

curriculum (*pl* **curricula** *o* **curriculums**), **currículo** (*pl* **currículos**) *m* currículo *m*, currículum *m*; ~ **vitae** curriculum vitae.

curro, curre *m* ***fam*** trampo *m*.

cursar *vt* **-1.** [estudiar] cursar **-2.** [enviar] expedir **-3.** [transmitir, dar] dar **-4.** [tramitar] tramitar.

cursi ◇ *adj* ***fam*** cafona. ◇ *mf* ***fam*** cafona *mf*.

cursilería *f* ***fam*** cafonice *f*.

cursillo *m* **-1.** [curso de poca duración] curso *m* **-2.** [serie de conferencias] ciclo *m* de palestras.

curso *m* **-1.** [tiempo de estudio] ano *m* letivo **-2.** [clase, asignatura] curso *m*; ~ **de reciclaje** curso de reciclagem; **seguir su** ~ [proceso, evolución] seguir seu curso; **en** ~ em curso **-3.** [texto, manual] manual *m* **-4.** [conjunto de estudiantes] turma *f*.

cursor *m* INFORM cursor *m*.

curtido, da *adj* curtido(da).

◆ **curtido** *m* curtimento *m*.

curtiembre *f* ***Andes, RP*** curtume *m*.

curtir *vt* curtir.

◆ **curtirse** *vpr* **-1.** [piel de animal] curtir-se **-2.** [persona] endurecer-se.

curvatura *f* curvatura *f*.

curvo, va *adj* curvo(va).

◆ **curva** *f* curva *f*.

cúspide *f* **-1.** [de montaña, torre] pico *m* **-2.** GEOM vértice *m* **-3.** ***fig*** [apogeo] auge *m*.

custodia *f* custódia *f*; **estar bajo la** ~ **de alguien** estar sob a custódia de alguém.

custodiar *vt* custodiar.

cutáneo, a *adj* cutâneo(a).
cutícula *f* cutícula *f.*
cutis *m* cútis *f.*
cutre *adj* ***Esp fam*** **-1.** [de bajo precio o calidad] chinfrim **-2.** [sórdido] sórdido(da).
cutter (*pl* **cutters**) *m* estilete *m.*
cuy *m* ***Andes, RP*** porquinho-da-índia *m.*
cuyo, ya *adj* cujo(ja); **esos son los amigos en cuya casa nos hospedamos** esses são os amigos em cuja casa nos hospedamos; **un equipo cuya principal estrella es ...** uma equipe cuja principal estrela é ...
CV (*abrev de* **curriculum vitae**) *m* CV *m.*

D

d, D *f* [letra] d, D *m.*
D. (*abrev de* **don**) Sr.
D^a^**, Dña.** (*abrev de* **doña**) D^a^.
dactilar *adj* ▷ **huella.**
dádiva *f* dádiva *f.*
dadivoso, sa *adj* dadivoso(sa).
dado, da *adj* dado(da); **en un momento ~** em um dado momento.
◆ **dado** *m* dado *m.*
◆ **dado que** *loc conj* dado que.
daga *f* adaga *f.*
daguerrotipo *m* daguerreótipo *m.*
dal (*abrev de* **decalitro**) dal.
dalia *f* dália *f.*
dálmata ◇ *adj* dálmata. ◇ *mf* [persona] dálmata *mf.*
daltónico, ca ◇ *adj* daltônico(ca). ◇ *m, f* daltônico *m*, -ca *f.*
daltonismo *m* daltonismo *m.*
dam (*abrev de* **decámetro**) dam.
dama *f* **-1.** [gen] dama *f* **-2.** [en ajedrez] rainha *f.*
◆ **dama de honor** *f* dama *f* de honra.
◆ **primera dama** *f* primeira-dama *f.*
◆ **damas** *fpl* damas *fpl.*
damajuana *f* garrafão *m.*
damasco *m* [tela] damasco *m.*
damero *m tabuleiro do jogo de damas.*
damisela *f* ***culto*** moçoila *f.*
damnificar *vt* danificar.
dandi, dandy *m* dândi *m.*
danés, nesa ◇ *adj* dinamarquês (esa). ◇ *m, f* dinamarquês *m*, -esa *f.*
◆ **danés** *m* [lengua] dinamarquês *m.*
dantesco, ca *adj* dantesco(ca).
Danubio *n*: **el ~** o Danúbio.
danza *f* dança *f.*
danzar *vi* **-1.** [bailar] dançar **-2.** ***fig*** [ir de un sitio a otro] pular.
dañar *vt* prejudicar.
◆ **dañarse** *vpr* ferir-se.
dañino, na *adj* daninho(nha).
daño *m* **-1.** [dolor] dor *f*; **hacer(se) ~** machucar(-se) **-2.** [perjuicio] dano *m*; **~s y perjuicios** perdas e danos.
dar ◇ *vt* dar; **el reloj ha dado las diez** o relógio deu dez horas; **no le quieren ~ trabajo** não lhe querem dar trabalho; **me dio un consejo de amigo** deu-me um conselho de amigo; **su aspecto daba señales de cansancio** seu aspecto dava sinais de cansaço; **da clases/conferencias en la universidad** dá aulas/conferências na universidade; **~ las gracias** agradecer; **me dio los buenos días** deu-me um bom-dia; **~ un grito/susto** dar um grito/susto; **le dieron tres puñaladas** deram-lhe três punhaladas; **van a ~ una fiesta para su aniversario** darão uma festa no seu aniversário; **~ algo/a alguien por** dar algo/alguém por; **lo dieron por muerto** deram-lhe por morto; **esto me da pena/vergüenza/sueño** isso me dá pena/vergonha/sono; **eso me da risa** isso me faz rir. ◇ *vi* dar; **han dado las tres en el reloj** deram três horas no relógio; **le dieron varios ataques al corazón** deram-lhe vários ataques de coração; **le dieron en la cabeza** deram-lhe na cabeça; **la piedra dio contra el cristal** a pedra pegou no vidro; **~ de sí** dar de si; **~ que hablar/pensar** dar o que falar/pensar; **~ igual** *o* **lo mismo** tanto fazer; **¡qué más da!** que importa?
◆ **dar a** *v + prep* [estar orientado] dar para; [poner en acción] acionar.
◆ **dar con** *v + prep* [encontrar] achar, dar com; **~ con algo/alguien** dar com algo/alguém.
◆ **darse** *vpr* dar-se; **dárse le bien/mal algo a alguien** dar-se bem/mal

em algo; **~se prisa** apressar-se; **dárselas de** [aparentar] bancar o; **~se por** [considerarse] dar-se por.
◆ **darse a** *v + prep* entregar-se a.
dardo *m* dardo *m.*
dársena *f* doca *f.*
DAT (*abrev de* **digital audio tape**) *m* DAT *m.*
datar *vt* datar.
◆ **datar de** *vi* datar de.
dátil *m* [fruto] tâmara *f.*
◆ **dátiles** *mpl fam* dedos *mpl.*
dato *m* dado *m.*
dB (*abrev de* **decibelio**) dB.
dcha. *abrev de* **derecha**.
d. de JC., d.JC. (*abrev de* **después de Jesucristo**) d.C.
DDT (*abrev de* **diclorodigenil tricloroetano**) *m* DDT *m.*
de *prep* **-1.** [posesión] de; **el coche ~ mi padre** o carro de meu pai; **el título del libro** o título do livro; **la casa es ~ ella** a casa é dela **-2.** [material] de; **un vaso ~ cristal** um copo de cristal; **un reloj ~ oro** um relógio de ouro **-3.** [contenido] de; **bebió un gran vaso ~ agua** bebeu um grande copo de água; **cogió una bolsa ~ patatas** pegou um saco de batatas **-4.** [en descripciones] de; **~ fácil manejo** de fácil manuseio; **la señora ~ verde** a senhora de verde **-5.** [asunto] de; **háblame ~ ti** fale-me de você; **libros ~ historia** livros de história **-6.** [uso] de, para; **una bici ~ carreras** uma bicicleta de corrida; **bolsa ~ deporte** bolsa para esportes **-7.** [en calidad de] de, como; **trabaja ~ bombero** trabalha de *o* como bombeiro **-8.** [tiempo] de; **trabaja ~ nueve a cinco** trabalha das nove às cinco; **trabaja ~ noche y duerme ~ día** trabalha de noite e dorme de dia **-9.** [momento] de; **a las tres ~ la tarde** às três da tarde; **llegamos ~ madrugada** chegamos de madrugada; **~ pequeña comía golosinas** quando era pequena, comia guloseimas **-10.** [procedencia, distancia] de; **vengo ~ mi casa** venho de casa; **soy ~ Zamora** sou de Zamora; **del metro a casa voy a pie** do metrô até minha casa vou a pé **-11.** [causa, modo] de; **morirse ~ frío** morrer de frio; **llorar ~ alegría** chorar de alegria; **~ una (sola) vez** de uma (só) vez **-12.** [con superlativos] de; **el mejor ~ todos** o melhor de todos **-13.** [cantidad] de, que; **más/menos ~** mais/menos de **-14.** [condición] se; **~ querer ayudarme, lo haría** se quisesse me ajudar, ajudaria **-15.** [después de adj y antes de infinitivo] de; **fácil ~ hacer** fácil de fazer; **difícil ~ creer** difícil de acreditar.
dé *etc* ▷ **dar**.
deambular *vi* perambular.
deán *m* deão *m.*
debajo *adv* debaixo; **~ de** debaixo de.
debate *m* debate *m.*
debatir *vt* debater.
◆ **debatirse** *vpr* debater-se.
debe *m* débito *m*; **~ y haber** débito e crédito.
deber ◇ *m* dever *m.* ◇ *vt* **-1.** [obligación] dever, ter de; **debes dominar tus impulsos** você deve dominar seus impulsos; **debemos ir a casa a las diez** temos que ir para casa às dez; **le debes un respeto a tu padre** você deve respeito a seu pai **-2.** [dinero, favor, *etc*] dever; **me debes doce mil pesetas** você me deve doze mil pesetas; **le debo una visita** estou lhe devendo uma visita; **nos debe una explicación** deve-nos uma explicação; **¿cuánto** *o* **qué le debo?** quanto *o* o que lhe devo? **-3.** *loc*: **debido a** devido a.
◆ **deber de** *v + prep* [expresa suposición] dever; **el tren debe de llegar a las nueve** o trem deve chegar às nove.
◆ **deberse a** *v + prep* [ser consecuencia de] dever-se a; [consagrarse] dedicar-se a; **los padres se deben a sus hijos** os pais se dedicam a seus filhos.
◆ **deberes** *mpl* deveres *mpl* (de casa); **hacer los ~es** fazer os deveres (de casa).
debido, da *adj* devido(da); **como es ~** como deve ser.
◆ **debido a** *loc conj* devido a.
débil ◇ *adj* **-1.** [persona & GRAM] fraco(ca) **-2.** [cosa] débil. ◇ *mf* fraco *m*, -ca *f.*
debilidad *f* **-1.** [sin fuerza física o moral] debilidade *f* **-2.** [por persona, cosa] fraqueza *f.*
debilitar *vt* debilitar.
◆ **debilitarse** *vpr* debilitar-se.
debut (*pl* **debuts**) *m* debute *m.*
debutar *vi* debutar.

década *f* década *f*.
decadencia *f* decadência *f*; **en ~** em decadência.
decadente *adj* decadente.
decaer *vi* decair.
decaído, da *adj* decaído(da).
decaimiento *m* fraqueza *f*.
decálogo *m* decálogo *m*.
decano, na *m, f* decano *m*, -na *f*.
decapitar *vt* decapitar.
decena *f* dezena *f*.
decencia *f* decência *f*.
decenio *m* decênio *m*.
decente *adj* decente.
decepción *f* decepção *f*.
decepcionar *vt* decepcionar.
deceso *m* falecimento *m*.
decibelio *m* decibel *m*.
decidido, da *adj* decidido(da).
decidir *vt* decidir.
◆ **decidirse** *vpr* decidir-se; **~se a hacer algo** decidir-se a fazer algo; **~se por algo/alguien** decidir-se por algo/alguém.
décima *f* ▷ **décimo**.
decimal ◇ *adj* decimal. ◇ *m* decimal *m*.
décimo, ma *núm* [para ordenar] décimo(ma).
◆ **décimo** *m* décimo *m*.
◆ **décima** *f* décima *f*.
decimoctavo, va *núm* [para ordenar] décimo oitavo, décima oitava.
decimocuarto, ta *núm* [para ordenar] décimo quarto, décima quarta.
decimonónico, ca *adj* **-1.** [del siglo XIX] do século XIX **-2.** *fam* [anticuado] ultrapassado(da).
decimonoveno, na *núm* [para ordenar] décimo nono, décima nona.
decimoquinto, ta *núm* [para ordenar] décimo quinto, décima quinta.
decimoséptimo, ma *núm* [para ordenar] décimo sétimo, décima sétima.
decimosexto, ta *núm* [para ordenar] décimo sexto, décima sexta.
decimotercero, ra *núm* [para ordenar] décimo terceiro, décima terceira.
decir ◇ *m* dizer *m*; **es un ~** é uma forma de dizer. ◇ *vt* **-1.** [gen] dizer; **¿diga?, ¿dígame?** [al teléfono] alô?; **se dice que** [contar] diz-se que **-2.** *loc*: **~ para sí** dizer para si; **el qué dirán** do que vão dizer; **es ~** isto é; **no ~le nada a alguien** não dizer nada a alguém.
decisión *f* decisão *f*.
decisivo, va *adj* decisivo(va).
declamar *vt* declamar.
declaración *f* **-1.** [gen] declaração *f*; **~ del impuesto sobre la renta**, **~ de renta** declaração do imposto de renda, declaração de renda **-2.** [de testigo o reo] depoimento *m*; **prestar ~** prestar depoimento; **tomar ~** tomar depoimento.
declarar ◇ *vt* declarar. ◇ *vi* depor.
◆ **declararse** *vpr* **-1.** [gen] declarar-se **-2.** [acontecimiento] manifestar-se.
declinar ◇ *vt* declinar. ◇ *vi* declinar.
declive *m* declive *m*; **en ~** em declive.
decodificador = **descodificador**.
decodificar = **descodificar**.
decolaje *m* ***Amér*** decolagem *f*.
decolar *vi* ***Amér*** decolar.
decomisar *vt* confiscar.
decoración *f* decoração *f*.
decorado *m* cenário *m*.
decorar *vt* decorar.
decorativo, va *adj* decorativo(va).
decoro *m* decoro *m*.
decoroso, sa *adj* decoroso(sa).
decrecer *vi* decrescer.
decrépito, ta *adj* ***despec*** decrépito (ta).
decretar *vt* decretar.
decreto *m* decreto *m*; **por real ~** [por ley] **por decreto real**; **~ ley** decreto-lei *m*.
dedal *m* dedal *m*.
dedicación *f* dedicação *f*.
dedicar *vt* dedicar.
◆ **dedicarse a** *vpr*: **¿a qué te dedicas, al estudio o al trabajo?** o que você faz, estuda ou trabalha?
dedicatoria *f* dedicatória *f*.
dedillo *m*: **saber algo al ~** *fam* saber de cor.
dedo *m* **-1.** [gen] dedo *m*; **a ~** a dedo; **(~) anular** (dedo) anular; **(~) corazón** (dedo) médio; **(~) gordo** [de la mano] (dedo) polegar; [del pie] dedão *m*; **(~) índice** (dedo) indicador *m*; **(~) meñique** (dedo) mindinho *m*; **(~) pulgar** (dedo) polegar **-2.** *loc*: **hacer ~** *fam* pedir carona; **pillarse** *o* **cogerse los ~s** meter os pés pelas mãos; **poner el ~ en la llaga** pôr o dedo na ferida.
deducción *f* dedução *f*.
deducir *vt* deduzir.
deductivo, va *adj* dedutivo(va).

defecar *vi culto* defecar.

defecto *m* defeito *m*.

◆ **por defecto** *loc adv* por falta.

defectuoso, sa *adj* defeituoso(sa).

defender *vt* defender.

◆ **defenderse** *vpr* defender-se.

defenestrar *vt fig* defenestrar.

defensa ◇ *f* defesa *f*; **en ~ propia** em defesa própria; **en ~ de** em defesa de. ◇ *mf* DEP zagueiro *m*, -ra *f*.

◆ **defensas** *fpl* defesa *f*.

defensivo, va *adj* defensivo(va).

◆ **defensiva** *f*: **ponerse** *o* **estar a la defensiva** pôr-se *o* estar na defensiva.

defensor, ra ◇ *adj* ▷ **abogado**. ◇ *m, f* [persona] defensor *m*, -ra *f*; **~ del pueblo** ombudsman *mf*.

deferencia *f* deferência *f*.

deficiencia *f* deficiência *f*.

deficiente *adj* deficiente.

◆ **deficiente (mental)** *mf* deficiente *mf* mental.

déficit, déficits *m* déficit *m*.

deficitario, ria *adj* deficitário(ria).

definición *f* definição *f*.

definir *vt* definir.

◆ **definirse** *vpr* definir-se.

definitivo, va *adj* definitivo(va); **en definitiva** em definitivo.

defoliación *f* desfolhação *f*.

deforestación *f* deflorestamento *m*.

deformación *f* deformação *f*.

deformar *vt* deformar.

◆ **deformarse** *vpr* deformar-se.

deforme *adj* disforme.

defraudar *vt* defraudar.

defunción *f* falecimento *m*.

degeneración *f* degeneração *f*.

degenerado, da ◇ *adj* degenerado(da). ◇ *m, f* depravado *m*, -da *f*.

degenerar *vi*: **~ (en)** degenerar (em).

deglutir ◇ *vt* deglutir. ◇ *vi* deglutir.

degollar *vt* degolar.

degradar *vt* **-1.** [en cargo] rebaixar **-2.** [moralmente] degradar.

◆ **degradarse** *vpr* degradar-se.

degüello *m* degola *f*.

degustación *f* degustação *f*.

dehesa *f* invernada *f*.

deidad *f* divindade *f*.

deificar *vt* deificar.

dejadez *f* desleixo *m*.

dejado, da *adj* desleixado(da).

dejar ◇ *vt* deixar; **deja el abrigo en la percha** deixe o casaco no cabide; **'deje aquí su compra'** 'deixe aqui sua compra'; **deja lo que no quieras** deixe o que não quiser; **deja un poco de café para mí** deixe um pouco de café para mim; **dejaré la llave a la portera** deixarei a chave com a porteira; **dejó su casa en busca de aventuras** deixou sua casa em busca de aventuras; **ha dejado sus estudios** deixou os estudos; **ha dejado buena impresión** deixou uma boa impressão; **este perfume deja mancha en la ropa** este perfume deixa mancha na roupa; **en vacaciones dejo el perro a mi madre** nas férias deixo o cachorro com minha mãe; **'dejen salir antes de entrar'** 'deixem que saiam antes de entrar'; **sus gritos no me dejaron dormir** seus gritos não me deixaram dormir; **~ algo por** *o* **sin hacer** deixar algo por *o* sem fazer; **déjalo, que se fastidie** deixe isso para lá, que se dane; **deja tus preocupaciones para otro día** deixe suas preocupações para outro dia; **¡déjame!, que tengo trabajo** deixe-me em paz, que estou trabalhando; **~ que** deixar que; **dejó que acabara de llover para salir** deixou que parasse de chover para sair; **~ algo/a alguien aparte** deixar algo/alguém de lado; **~ algo/a alguien atrás** deixar algo/alguém para trás; **~ caer algo** deixar escapar algo. ◇ *vi* [parar]: **~ de hacer algo** deixar de fazer algo; **~ mucho que desear** deixar muito a desejar; [no olvidar]: **no ~ de hacer algo** não deixar de fazer algo.

◆ **dejarse** *vpr* [olvidar] deixar.

deje *m* sotaque *m*.

del ▷ **de, el**.

delantal *m* avental *m*.

delante *adv* **-1.** [en primer lugar] adiante **-2.** [en parte delantera] na frente **-3.** [enfrente] em frente **-4.** [presente] presente.

◆ **delante de** *loc prep* **-1.** [en primer lugar] adiante de **-2.** [enfrente de, en presencia de] em frente de.

delantero, ra ◇ *adj* dianteiro(ra). ◇ *m, f* DEP atacante *mf*.

◆ **delantera** *f* **-1.** DEP ataque *m* **-2.** *fam* [de mujer] peito *m* **-3.** *loc*: **llevar la delantera** ir na dianteira.

delatar *vt* delatar.

◆ **delatarse** *vpr* delatar-se.

delator, ra *m, f* delator *m*, -ra *f*.

delco *m* distribuidor *m*.

delegación *f* **-1.** [gen] delegação *f* **-2.** [sucursal] representação *f* **-3.** [oficina pública] secretaria *f* **-4.** ***Méx*** [comisaría] delegacia *f* de polícia.

delegado, da *m, f* representante *mf*.

delegar *vt*: ~ **algo en** *o* **a alguien** delegar algo a alguém.

deleite *m* deleite *m*.

deletrear *vt* soletrar.

deleznable *adj* [despreciable] desprezível.

delfín *m* delfim *m*.

delgado, da *adj* delgado(da).

deliberación *f* deliberação *f*.

deliberado, da *adj* deliberado(da).

deliberar *vi* deliberar.

delicadeza *f* delicadeza *f*.

delicado, da *adj* **-1.** [gen] delicado (da) **-2.** [débil, enfermizo] frágil.

delicia *f* delícia *f*.

delicioso, sa *adj* delicioso(sa).

delimitar *vt* delimitar.

delincuencia *f* delinqüência *f*.

delincuente *mf* delinqüente *mf*.

delineante *mf* projetista *mf*.

delinear *vt* delinear.

delinquir *vi* delinqüir.

delirante *adj* delirante.

delirar *vi* delirar.

delirio *m* delírio *m*.

delito *m* crime *m* delito *m*; **cometer un** ~ cometer um crime; ~ **ecológico** crime ecológico.

delta *m* delta *m*.

demacrado, da *adj* macilento(ta).

demagogo, ga *m, f* demagogo *m*, -ga *f*.

demanda *f* **-1.** [petición] requerimento *m* **-2.** ECON procura *f* demanda *f* **-3.** DER demanda *f*.

demandante *mf* DER demandante *mf*.

demandar *vt* DER demandar.

demarcación *f* demarcação *f*.

demás ◇ *adj* demais. ◇ *pron*: **los/las** ~ os/as demais; **lo** ~ o resto; **por lo** ~ fora isso.

demasía ◆ **en demasía** *loc adv* em demasia.

demasiado, da *adj* demasiado(da).

◆ **demasiado** *adv* demasiado.

demencia *f* demência *f*.

demencial *adj* demencial.

demente ◇ *adj* demente. ◇ *mf* demente *mf*.

democracia *f* democracia *f*.

demócrata ◇ *adj* democrata. ◇ *mf* democrata *mf*.

democrático, ca *adj* democrático (ca).

demografía *f* demografia *f*.

demoledor, ra *adj* demolidor(ra).

demoler *vt* demolir.

demolición *f* demolição *f*.

demonio *m* demônio *m*.

◆ **demonios** *interj* diabo!

demora *f* demora *f*.

demorar ◇ *vt* **-1.** [retrasar] demorar **-2.** ***Amér*** [tardar] demorar. ◇ *vi* ***Amér*** [tardar]: **¡no demores!** não demore!

◆ **demorarse** *vpr* demorar-se.

demostración *f* **-1.** [gen] demonstração *f* **-2.** [exhibición] exibição *f*; **hacer una** ~ fazer uma demonstração.

demostrar *vt* demonstrar.

demudar *vt* descompor.

denegar *vt* denegar.

denigrante *adj* denigrinte.

denigrar *vt* denigrir.

denodado, da *adj* denodado(da).

denominación *f* denominação *f*; ~ **de origen** denominação de origem.

denominador *m* MAT denominador *m*; ~ **común** denominador comum.

denotar *vt* denotar.

densidad *f* densidade *f*; **alta/doble** ~ INFORM alta/dupla densidade.

◆ **densidad de población** *f* densidade *f* populacional.

denso, sa *adj* denso(sa).

dentadura *f* dentadura *f*; ~ **postiza** dentadura postiça.

dentellada *f* dentada *f*.

dentera *f*: **dar** ~ ***Esp*** [grima] dar arrepio.

dentífrico, ca *adj* dentifrício(cia).

◆ **dentífrico** *m* dentifrício *m*.

dentista *mf* dentista *mf*.

dentística *f* ***Chile, Ecuad*** odontologia *f*.

dentro *adv* dentro; **de** ~ de dentro; **para** ~ para dentro; **por** ~ por dentro.

◆ **dentro de** *loc prep* dentro de.

denuncia *f* DER [a autoridad] denúncia *f*.

denunciar *vt* denunciar.

deparar *vt* proporcionar.

departamento *m* **-1.** [gen] departamento *m* **-2.** [de objeto] divisão *f* **-3.** ***Arg*** [apartamento] apartamento *m*.

departir *vi culto* departir.
dependencia *f* dependência *f*.
◆ **dependencias** *fpl* dependências *fpl*.
depender *vi* **-1.**: ~ **(de algo)** [estar condicionado por] depender (de algo) **-2.** : ~ **de alguien** [estar sujeto a] depender de alguém.
dependiente, ta *m, f* vendedor *m*, -ra *f*.
depilar *vt* depilar.
depilatorio, ria *adj* depilatório(ria).
deplorable *adj* deplorável.
deplorar *vt* deplorar.
deponer *vt* **-1.** [abandonar] depor; **cuando él depuso su actitud hostil** quando abandonou sua atitude hostil **-2.** [de cargo]: ~ **a alguien de algo** depor alguém de algo.
deportar *vt* deportar.
deporte *m* esporte *m*; **hacer** ~ fazer esporte; **practicar un** ~ praticar um esporte; ~**s extremos** esportes radicais; ~**s de riesgo** esportes de risco.
deportista ◇ *adj* esportista, desportista. ◇ *mf* esportista *mf*, desportista *mf*.
deportivo, va *adj* esportivo(va), desportivo(va).
◆ **deportivo** *m* carro *m* esportivo.
deposición *f* **-1.** [de cargo] deposição *f* **-2.** [defecación] defecação *f*.
depositar *vt* **-1.** depositar **-2.** [confiar]: ~ **algo en alguien** depositar algo em alguém.
◆ **depositarse** *vpr* depositar-se.
depositario, ria ◇ *adj* depositário(ria). ◇ *m, f* depositário *m*, -ria *f*.
depósito *m* **-1.** [gen] depósito *m*; ~ **de cadáveres** necrotério *m* **-2.** [recipiente] reservatório *m*; ~ **de gasolina** tanque *m* de combustível.
depravado, da ◇ *adj* depravado (da). ◇ *m, f* depravado *m*, -da *f*.
depravar *vt* depravar.
◆ **depravarse** *vpr* depravar-se.
depreciar *vt* depreciar.
◆ **depreciarse** *vpr* depreciar-se.
depredador, ra *m, f* **-1.** [persona] depredador *m*, -ra *f* **-2.** [animal] predador *m*, -ra *f*.
depresión *f* depressão *f*; ~ **atmosférica** depressão atmosférica.
depresivo, va ◇ *adj* depressivo (va). ◇ *m, f* depressivo *m*, -va *f*.
deprimido, da *adj* deprimido(da).
deprimir *vt* deprimir.
◆ **deprimirse** *vpr* deprimir-se.
deprisa, de prisa *adv* depressa.
depuesto, ta ◇ *pp irreg* ▷ **deponer**. ◇ *adj* deposto(ta).
depuración *f* depuração *f*.
depurar *vt* depurar.
derby (*pl* **derbys**) *m* **-1.** [en hípica] derby *m* **-2.** [en fútbol] *encontro esportivo entre duas equipes da mesma cidade ou de cidades vizinhas*.
derecha *f* ▷ **derecho**.
derecho, cha ◇ *adj* **-1.** [gen] direito(ta) **-2.** [recto] reto(ta). ◇ *adv* direito.
◆ **derecho** *m* [gen] direito *m*; **¡no hay** ~**!** não é justo!; **reservado el** ~ **de admisión** direito de entrada reservado; **tener** ~ **a algo/hacer algo** ter direito a algo/fazer algo; **del** ~ do lado direito.
◆ **derecha** *f* **-1.** direita *f*; **a la derecha** à direita; **ser de derechas** *Esp* o **derecha** *Amér* ser de direita **-2.** *loc*: **no hacer nada a derechas** não fazer nada direito.
◆ **derechos** *mpl* [tasas] direitos *mpl*; ~**s de autor** direitos autorais.
deriva *f* deriva *f*; **a la** ~ à deriva.
derivación *f* **-1.** [cable, canal, carretera & GRAM] derivação *f* **-2.** ELECTR queda *f* de corrente.
derivado, da *adj* GRAM derivado(da).
◆ **derivado** *m* QUÍM derivado *m*.
derivar ◇ *vt* derivar. ◇ *vi* **-1.** [tomar dirección]: ~ **hacia** derivar para **-2.** [proceder]: ~ **de** derivar de.
dermatólogo, ga *m, f* dermatologista *mf*.
dermis *f* derme *f*.
derogación *f* derrogação *f*.
derramamiento *m* derramamento *m*.
derramar *vt* derramar.
◆ **derramarse** *vpr* derramar-se.
derrame *m* **-1.** MED derrame *m* **-2.** [de líquido] derramamento *m*.
derrapar *vi* derrapar.
derrengar *vt* derrear.
derretir *vt* derreter.
◆ **derretirse** *vpr* derreter-se.
derribar *vt* derrubar.
derribo *m* demolição *f*.
derrocar *vt* derrocar.
derrochar *vt* esbanjar.
derroche *m* **-1.** [desperdicio] esbanjamento *m* **-2.** [abundancia] profusão *f*.
derrota *f* **-1.** [en competición] derrota

f **-2.** *NÁUT* rota *f*.

derrotar *vt* derrotar.

derrotero *m* rota *f*.

derrotista *adj* derrotista.

derruir *vt* demolir.

derrumbamiento *m* **-1.** [gen] derrubada *f* **-2.** *fig* [de persona] derrocada *f*.

derrumbar *vt* demolir.

◆ **derrumbarse** *vpr* **-1.** [cosa] ruir **-2.** [persona] abater-se.

desabastecido, da *adj* desabastecido(da).

desaborido, da ◇ *adj* ***fam*** chato (ta). ◇ *m, f* ***fam*** chato *m*, -ta *f*.

desabotonar *vt* desabotoar.

◆ **desabotonarse** *vpr* desabotoar-se.

desabrochar *vt* desabrochar.

◆ **desabrocharse** *vpr* desabrochar-se.

desacato *m* desacato *m*.

desacertado, da *adj* desacertado (da).

desacierto *m* desacerto *m*.

desaconsejar *vt* desaconselhar.

desacorde *adj* discordante.

desacreditar *vt* desacreditar.

desactivar *vt* desativar.

desacuerdo *m* desacordo *m*.

desafiante *adj* desafiante.

desafinar *vi MÚS* desafinar.

desafío *m* [reto] desafio *m*.

desaforado, da *adj* **-1.** [excesivo] desmesurado(da) **-2.** [furioso] furioso (sa).

desafortunado, da ◇ *adj* desafortunado(da). ◇ *m, f* desafortunado *m*, -da *f*.

desafuero *m* infração *f*.

desagradable *adj* desagradável.

desagradar *vi* desagradar.

desagradecido, da *m, f* mal-agradecido *m*, -da *f*.

desagrado *m* desagrado *m*.

desagraviar *vt* **-1.** [por ofensa] desagravar **-2.** [por perjuicio] indenizar.

desagravio *m* [por perjuicio] desagravo *m*.

desagüe *m* desaguadouro *m*.

desaguisado *m* estrago *m*.

desahogado, da *adj* desafogado (da).

desahogar *vt* desafogar.

◆ **desahogarse** *vpr* desafogar-se.

desahogo *m* desafogo *m*.

desahuciar *vt* **-1.** [inquilino] despejar **-2.** [enfermo] desenganar.

desahucio *m* despejo *m*.

desairar *vt* menosprezar.

desaire *m* desaforo *m*; **hacer un ~ a alguien** fazer um desaforo a alguém.

desajustar *vt* desajustar.

desajuste *m* discrepância *f*.

desalentar *vt* desalentar.

◆ **desalentarse** *vpr* desalentar-se.

desaliento *m* desalento *m*.

desaliñado, da *adj* desalinhado(da).

desaliñar *vt* desalinhar.

desaliño *m* desalinho *m*.

desalmado, da ◇ *adj* desalmado (da). ◇ *m, f* desalmado *m*, -da *f*.

desalojar *vt* **-1.** [por fuerza] evacuar **-2.** [por propia voluntad] desocupar.

desamarrar *vt* desamarrar.

desambientado, da *adj* desambientado(da).

desamor *m* desamor *m*.

desamortización *f* desamortização *f*.

desamparado, da ◇ *adj* desamparado(da). ◇ *m, f* desamparado *m*, -da *f*.

desamparar *vt* desamparar.

desamparo *m* desamparo *m*.

desandar *vt* retroceder.

desangelado, da *adj* sem graça.

desangrar *vt* sangrar.

◆ **desangrarse** *vpr* sangrar-se.

desanimado, da *adj* desanimado (da).

desanimar *vt* desanimar.

◆ **desanimarse** *vpr* desanimar-se.

desánimo *m* desânimo *m*.

desapacible *adj* desagradável.

desaparecer *vi* desaparecer.

desaparecido, da *m, f* desaparecido *m*, -da *f*.

desaparición *f* desaparecimento *m*.

desapasionado, da *adj* desapaixonado(da).

desapego *m* desapego *m*.

desapercibido, da *adj*: **pasar ~** passar despercebido.

desaprensivo, va *m, f* pessoa *f* sem escrúpulos.

desaprobar *vt* desaprovar.

desaprovechado, da *adj* **-1.** [persona] desaproveitado(da) **-2.** [cosa] desperdiçado(da).

desaprovechar *vt* desperdiçar.

desarmador *m* ***Méx*** chave *f* de fenda.

desarmar *vt* desarmar.

desarme *m* **-1.** [de armamento] desarmamento *m* **-2.** [desarticulación] desmonte *m*.
desarraigar *vt* desarraigar.
desarraigo *m* desarraigamento *m*.
desarreglado, da *adj* **-1.** [sin orden] bagunçado(da); **lleva una vida muy desarreglada** leva uma vida muito desregrada **-2.** [sin limpieza] desleixado(da).
desarreglar *vt* desarrumar.
desarreglo *m* desregramento *m*.
desarrollado, da *adj* desenvolvido (da).
desarrollar *vt* desenvolver.
◆ **desarrollarse** *vpr* desenvolver-se.
desarrollo *m* desenvolvimento *m*.
desarticular *vt* desarticular.
desasirse *vpr*: ~ **(de)** soltar-se (de).
desasosegar *vt* desassossegar.
◆ **desasosegarse** *vpr* desassossegar-se.
desasosiego *m* desassossego *m*.
desastrado, da *adj* desmazelado (da).
desastre *m* **-1.** [gen] desastre *m* **-2.** [persona inútil] traste *mf*.
desastroso, sa *adj* desastroso(sa).
desatar *vt* **-1.** [nudo, lazo, cordón] desatar **-2.** *fig* [provocar] desencadear.
◆ **desatarse** *vpr* **-1.** [nudo, lazo, cordón] desatar-se **-2.** *fig* [producirse] desencadear-se.
desatascar *vt* desentupir.
desatender *vt* **-1.** [trabajo] negligenciar **-2.** [consejos] desatender **-3.** [persona] deixar de dar assistência.
desatino *m* desatino *m*.
desatrancar *vt* destrancar.
desautorizar *vt* desautorizar.
desavenencia *f* desavença *f*.
desavenirse *vpr* desavir-se.
desayunar ◇ *vi* tomar o café da manhã. ◇ *vt* tomar no café da manhã.
desayuno *m* café *m* da manhã.
desazón *f* dissabor *m*.
desazonar *vt* aborrecer.
desbancar *vt* desbancar.
desbandada *f* debandada *f*; **a la ~** em debandada.
desbandarse *vpr* debandar-se.
desbarajuste *m* bagunça *f*.
desbaratar *vt* desbaratar.
desbarrar *vi* divagar.
desbloquear *vt* desbloquear.
desbocado, da *adj* **-1.** [caballo] desenfreado(da) **-2.** [prenda de vestir] alargado(da).
desbocarse *vpr* [caballo] desenfrear-se.
desbolado, da *RP fam* ◇ *adj* bagunceiro(ra). ◇ *m, f* bagunceiro *m*, -ra *f*.
desbole *m* *RP fam* bagunça *f*.
desbordamiento *m* transbordamento *m*.
desbordar *vt* **-1.** *fig* [obstáculo] suplantar **-2.** [estar lleno]: ~ **de** transbordar de.
◆ **desbordarse** *vpr* transbordar.
descabalgar *vi* apear.
descabellado, da *adj* descabido (da).
descabezar *vt* **-1.** [cabeza] decapitar **-2.** [punta] decepar.
descafeinado, da *adj* **-1.** [sin cafeína] descafeinado(da) **-2.** *fig* [sin fuerza] edulcorado(da).
◆ **descafeinado** *m* café *m* descafeinado.
descalabrar *vt* **-1.** [herir] ferir na cabeça **-2.** *fam* [perjudicar] ferrar.
descalabro *m* descalabro *m*.
descalcificar *vt* descalcificar.
descalificar *vt* desqualificar.
descalzar *vt* descalçar.
◆ **descalzarse** *vpr* descalçar-se.
descalzo, za *adj* descalço(ça).
descamisado, da ◇ *adj* descamisado(da). ◇ *m, f* descamisado *m*, -da *f*.
descampado *m* descampado *m*.
descansar *vi* descansar.
descansillo *m* patamar *m*.
descanso *m* **-1.** [reposo & MIL] descanso *m* **-2.** [pausa] pausa *f*.
descapotable ◇ *adj* conversível. ◇ *m* conversível *m*.
descarado, da ◇ *adj* descarado (da). ◇ *m, f* descarado *m*, -da *f*.
descarga *f* descarga *f*.
descargar ◇ *vt* **-1.** descarregar **-2.** [de obligación]: ~ **a alguien de algo** descarregar alguém de algo. ◇ *vi* descarregar.
◆ **descargarse** *vpr* descarregar-se.
descargo *m* defesa *f*; **en ~** em defesa.
descarnado, da *adj* **-1.** [delgado] descarnado(da) **-2.** [crudo] cru(a).
descaro *m* descaramento *m*.
descarriarse *vpr* desencaminhar-se.

descarrilamiento *m* descarrilamento *m*.

descarrilar *vi* descarrilar.

descartar *vt* descartar.
◆ **descartarse** *vpr* descartar-se.

descastado, da *m, f* ingrato *m*, -ta *f*.

descendencia *f* descendência *f*.

descender *vi* **-1.** [en categoría, estimación] descer **-2.** [cantidad, valor] baixar **-3.** [de vehículo]: ~ **de** descer de **-4.** [provenir]: ~ **de** descender de.

descenso *m* **-1.** [en espacio] descida *f* **-2.** [de cantidad, valor] abaixamento *m* **-3.** [de categoría] rebaixamento *m*.

descentrado, da *adj* **-1.** [geométricamente] descentralizado(da) **-2.** [mentalmente] desconcentrado(da).

descentralizar *vt* descentralizar.

descentrar *vt* **-1.** [geométricamente] descentralizar **-2.** [mentalmente] desconcentrar.

descifrar *vt* decifrar.

descocado, da *adj* descarado(da).

descodificador, ra, decodificador, ra *adj* decodificador(ra).
◆ **descodificador, decodificador** *m* decodificador *m*.

descodificar, decodificar *vt* decodificar.

descolgar *vt* **-1.** [cuadro, cortina, lámpara] despendurar **-2.** [teléfono] desenganchar.
◆ **descolgarse** *vpr* **-1.** [bajar] descer **-2.** [separarse]: ~**se de** separar-se de.

descolonización *f* descolonização *f*.

descolorido, da *adj* descorado(da).

descomedido, da *adj* descomedido(da).

descompasado, da *adj* descompassado(da).

descomponer *vt* **-1.** [gen] descompor **-2.** [estropear] quebrar.
◆ **descomponerse** *vpr* decompor-se.

descomposición *f* **-1.** [gen] decomposição *f* **-2.** [alteración] descomposição *f* **-3.** [diarrea] diarréia *f*.

descompostura *f* **-1.** [falta de compostura] descompostura *f* **-2.** ***Méx, RP*** [avería] avaria *f* **-3.** ***Amér*** [malestar] mal-estar *m*.

descompuesto, ta ◇ *pp irreg* ▷ **descomponer**. ◇ *adj* **-1.** [gen] decomposto(ta) **-2.** ***Méx, RP*** [averiado, estropeado] quebrado(da).

descomunal *adj* descomunal.

desconcentrar *vt* desconcentrar.
◆ **desconcentrarse** *vpr* desconcentrar-se.

desconcertante *adj* desconcertante.

desconcertar *vt* desconcertar.

desconchado *m* descascamento *m*.

desconcierto *m* desconcerto *m*.

desconectar *vt* desconectar.
◆ **desconectarse** *vpr* desligar-se; ~**se de algo** desligar-se de algo.

desconfianza *f* desconfiança *f*.

desconfiar ◆ **desconfiar de** *vi* desconfiar de.

descongelar *vt* descongelar.

descongestionar *vt* descongestionar.

desconocer *vt* [ignorar] desconhecer.

desconocido, da ◇ *adj* desconhecido(da). ◇ *m, f* desconhecido *m*, -da *f*.

desconocimiento *m* desconhecimento *m*.

desconsideración *f* desconsideração *f*.

desconsiderado, da *m, f* desrespeitador *m*, -ra *f*.

desconsolar *vt* desconsolar.

desconsuelo *m* desconsolo *m*.

descontado ◆ **por descontado** *loc adv* com toda a certeza.

descontar *vt* descontar.

descontentar *vt* descontentar.

descontento, ta *adj* descontente.
◆ **descontento** *m* descontentamento *m*.

descontrol *m* descontrole *m*.

desconvocar *vt* desconvocar.

descorazonador, ra *adj* desalentador(ra).

descorazonar *vt* desalentar.

descorchar *vt* desarrolhar.

descorrer *vt* **-1.** [cortina] puxar **-2.** [abrir] abrir.

descortés *adj* descortês.

descoser *vt* descosturar.

descosido, da *adj* descosturado(da).
◆ **descosido** *m* descosimento *m*; **hablar como un** ~ ***fig*** falar adoidado.

descoyuntar *vt* desconjuntar.
◆ **descoyuntarse** *vpr* desconjuntar-se.

descrédito *m* descrédito *m*.

descreído, da *m, f* descrente *mf*.

descremado, da *adj* desnatado(da).

describir *vt* descrever.

descripción *f* descrição *f*.

descrito, ta *pp irreg* ▷ **describir**.

descuartizar *vt* esquartejar.

descubierto, ta ◇ *pp irreg* ▷ **descubrir**. ◇ *adj* descoberto(ta).
◆ **descubierto** *m* [de dinero] déficit *m*.
◆ **al descubierto** *loc adv* **-1.** [al raso] a céu aberto **-2.** [banca] a descoberto **-3.** *loc*: **quedar al ~** ser descoberto(ta).
◆ **en descubierto** *loc adv* [banca] a descoberto.

descubridor, ra *m, f* descobridor *m*, -ra *f*.

descubrimiento *m* **-1.** [de algo desconocido] descobrimento *m* **-2.** [invento] descoberta *f* **-3.** [de algo tapado] desvelamento *m*.

descubrir *vt* **-1.** [gen] descobrir **-2.** [destapar] desvelar.
◆ **descubrirse** *vpr* **-1.** [algo tapado] descobrir-se **-2.** ***Esp*** [de admiración] tirar o chapéu.

descuento *m* desconto *m*.

descuidado, da *adj* **-1.** [desaseado] descuidado(da) **-2.** [distraído] distraído(da).

descuidar *vt* descuidar; **descuida, yo lo haré** não se preocupe, eu o farei.

descuido *m* descuido *m*.

desde *prep* **-1.** [tiempo] desde; **~ entonces** desde então; **~ que** desde que **-2.** [espacio] a partir de.
◆ **desde luego** *loc adv* decididamente.

desdecir ◆ **desdecir de** *vi* destoar de.
◆ **desdecirse** *vpr*: **~se (de)** desdizer-se (de).

desdén *m* desdém *m*.

desdentado, da *adj* desdentado (da).

desdeñar *vt* desdenhar.

desdeñoso, sa ◇ *adj* desdenhoso(sa). ◇ *m, f* desdenhador *m*, -ra *f*.

desdibujarse *vpr* esfumar-se.

desdicha *f* [desgracia] desdita *f*.

desdichado, da ◇ *adj* desditoso (sa). ◇ *m, f* desditoso *m*, -sa *f*.

desdicho, cha *pp irreg* ▷ **desdecir**.

desdoblamiento *m* desdobramento *m*.

desdoblar *vt* desdobrar.

desear *vt* desejar.

desecar *vt* dessecar.
◆ **desecarse** *vpr* ressecar-se.

desechable *adj* descartável.

desechar *vt* **-1.** [gen] descartar **-2.** [rechazar] rejeitar.

desecho *m* **-1.** [objeto usado] refugo *m* **-2.** [residuo] rejeito *m*.

desembalar *vt* desembalar.

desembarazar *vt* desembaraçar.
◆ **desembarazarse** *vpr*: **~se de** desembaraçar-se de.

desembarcar ◇ *vt* desembarcar. ◇ *vi* desembarcar.

desembarco *m* desembarque *m*.

desembarque *m* desembarque *m*.

desembarrancar *vt* desencalhar.

desembocadura *f* desembocadura *f*.

desembocar ◆ **desembocar en** *vi* **-1.** [gen] desembocar em **-2.** [asunto] terminar em.

desembolso *m* [de dinero] desembolso *m*.

desembragar *vt* AUTOM desembrear.

desembrollar *vt* ***fam*** desembrulhar.

desembuchar ◇ *vt* [aves] regurgitar. ◇ *vi* ***fam fig*** desembuchar.

desempañar *vt* desembaçar.

desempaquetar *vt* desempacotar.

desempatar *vi* desempatar.

desempate *m* desempate *m*.

desempeñar *vt* desempenhar.
◆ **desempeñarse** *vpr* desempenhar-se.

desempeño *m* desempenho *m*.

desempleado, da *m, f* desempregado *m*, -da *f*.

desempleo *m* desemprego *m*.

desempolvar *vt* **-1.** [quitar polvo] desempoeirar **-2.** [recuerdos] desenterrar.

desencadenar *vt* desencadear.
◆ **desencadenarse** *vpr* desencadear-se.

desencajar *vt* desencaixar.
◆ **desencajarse** *vpr* **-1.** [descuajeringarse] desencaixar-se **-2.** [demudarse] desfigurar-se.

desencantar *vt* desencantar.
◆ **desencantarse** *vpr* desencantar-se.

desencanto *m* desencanto *m*.

desenchufar *vt* desligar.

desenfadado, da *adj* descontraído (da).

desenfado *m* descontração *f*.

desenfocado, da *adj* desfocado(da).

desenfrenado, da *adj* desenfreado(da).
desenfreno *m* desenfreio *m*.
desenfundar *vt* **-1.** [quitar funda] desencapar **-2.** [pistola] tirar do coldre.
desenganchar *vt* desatrelar.
◆ **desengancharse** *vpr* **-1.** [soltarse] soltar **-2.** *fam* [de vicio] liberar-se.
desengañar *vt* desenganar.
◆ **desengañarse** *vpr*: **~se (de)** desenganar-se (com).
desengaño *m* desengano *m*.
desengrasar *vt* desengordurar.
desenlace *m* desenlace *m*.
desenmarañar *vt* desemaranhar.
desenmascarar *vt* [descubrir] desmascarar.
desenredar *vt* desenredar.
desenrollar *vt* desenrolar.
desenroscar *vt* desenroscar.
desentenderse *vpr*: ~ fazer-se (de) desentendido(da); ~ **de algo** desinteressar-se de algo.
desenterrar *vt* desenterrar.
desentonar *vi* destoar.
desentrañar *vt* deslindar.
desentrenado, da *adj* destreinado (da).
desentumecer *vt* desintumescer.
◆ **desentumecerse** *vpr* desentorpecer-se.
desenvainar *vt* desembainhar.
desenvoltura *f* desenvoltura *f*.
desenvolver *vt* desembrulhar.
◆ **desenvolverse** *vpr* desenvolver-se.
desenvuelto, ta ◇ *pp irreg* ⊳ **desenvolver.** ◇ *adj* desenvolto(ta).
deseo *m* desejo *m*.
deseoso, sa *adj*: **estar ~ de algo/hacer algo** estar desejoso(sa) de algo/fazer algo.
desequilibrado, da ◇ *adj* desequilibrado(da). ◇ *m, f* desequilibrado *m*, -da *f*.
desequilibrio *m* desequilíbrio *m*.
desertar *vi* MIL desertar.
desértico, ca *adj* desértico(ca).
desertización, desertificación *f* desertificação *f*.
desertor, ra *m, f* desertor *m*, -ra *f*.
desesperación *f* desespero *m*.
desesperado, da *adj* **-1.** desesperado(da) **-2.** *loc*: **a la desesperada** como último recurso.
desesperante *adj* desesperante.
desesperar *vt* desesperar.
◆ **desesperarse** *vpr* desesperar-se.
desestabilizar *vt* desestabilizar.
desestatización *f Amér* desestatização *f*.
desestatizar *vt Amér* desestatizar.
desestimar *vt* **-1.** [despreciar] depreciar **-2.** [rechazar] rejeitar.
desfachatez *f fam* desfaçatez *f*.
desfalco *m* desfalque *m*.
desfallecer *vi* desfalecer; **~ de** desfalecer de.
desfallecimiento *m* desfalecimento *m*.
desfase *m* defasagem *f*.
desfavorable *adj* desfavorável.
desfigurar *vt* desfigurar.
desfiladero *m* desfiladeiro *m*.
desfilar *vi* desfilar.
desfile *m* desfile *m*.
desflorar *vt* deflorar.
desfogar *vt* desafogar.
◆ **desfogarse** *vpr* desafogar-se.
desfondar *vt* **-1.** [caja, bolsa] desfundar **-2.** [agotar] esgotar.
◆ **desfondarse** *vpr* esgotar-se.
desgajar *vt* desmembrar.
◆ **desgajarse** *vpr* desprender-se.
desgana *f* **-1.** [falta de hambre] inapetência *f* **-2.** [falta de ánimo] desânimo *m*.
desganado, da *adj* **-1.** [sin apetito] inapetente **-2.** [sin ganas] desanimado(da).
desgañitarse *vpr* esgoelar-se.
desgarbado, da *adj* desajeitado (da).
desgarrador, ra *adj* dilacerante.
desgarrar *vt* **-1.** [cosa] rasgar **-2.** [corazón] dilacerar.
◆ **desgarrarse** *vpr* **-1.** [cosa] rasgar-se **-2.** [corazón] dilacerar-se.
desgarro *m* **-1.** [de tela, hoja] rasgo *m* **-2.** [muscular] ruptura *f*.
desgastar *vt* desgastar.
◆ **desgastarse** *vpr* desgastar-se.
desgaste *m* desgaste *m*.
desglosar *vt* desmembrar.
desglose *m* desmembramento *m*.
desgracia *f* desgraça *f*; **caer en ~** cair em desgraça; **por ~** por desgraça.
desgraciado, da ◇ *adj* desgraçado(da). ◇ *m, f* desgraçado *m*, -da *f*.
desgraciar *vt* **-1.** [cosa] estragar **-2.** [a persona] desgraçar.
desgranar *vt* debulhar.

desgravar *vt* deduzir.
desgreñado, da *adj* desgrenhado (da).
desguace *m* desmanche *m*.
desguazar *vt* desmontar.
deshabitado, da *adj* desabitado (da).
deshabituar *vt* desabituar.
◆ **deshabituarse** *vpr* desabituar-se.
deshacer *vt* **-1.** [gen] desfazer **-2.** [suj: calor] derreter **-3.** [destruir] destruir **-4.** [trocear] despedaçar.
◆ **deshacerse** *vpr* desfazer-se; **~se de algo/alguien** [desprenderse de] desfazer-se de algo/alguém; **~se en algo** [halagos, cumplidos] desfazer-se em algo; **~se por algo/hacer algo** [hacer todo lo posible] desfazer-se por algo/fazer algo.
desharrapado, da ◇ *adj* esfarrapado(da). ◇ *m, f* maltrapilho *m*, -lha *f*.
deshecho, cha ◇ *pp irreg* ▷ **deshacer**. ◇ *adj* **-1.** [gen] desfeito(ta) **-2.** [derretido] derretido(da) **-3.** [desbaratado] derrotado(da) **-4.** [afligido] arrasado(da).
desheredar *vt* deserdar.
deshidratar *vt* desidratar.
◆ **deshidratarse** *vpr* desidratar-se.
deshielo *m* degelo *m*.
deshilachar *vt* desfiar.
deshilvanado, da *adj* desalinhavado(da).
deshinchar *vt* **-1.** [quitar aire] esvaziar **-2.** [hinchazón] desinchar.
◆ **deshincharse** *vpr* **-1.** [hinchazón] desinchar-se **-2.** [quitar aire] esvaziar **-3.** *fig* [desanimarse] desinchar.
deshojar *vt* desfolhar.
◆ **deshojarse** *vpr* desfolhar-se.
deshollinar *vt* tirar fuligem de.
deshonesto, ta *adj* desonesto(ta).
deshonra *f* desonra *f*.
deshonrar *vt* desonrar.
deshonroso, sa *adj* desonroso(sa).
deshora ◆ **a deshora** *loc adv* fora de hora.
◆ **a deshoras** *loc adv* fora de hora.
deshuesar *vt* desossar.
deshumanizar *vt* desumanizar.
◆ **deshumanizarse** *vpr* desumanizar-se.
desidia *f* desídia *f*.
desierto, ta *adj* **-1.** [gen] deserto(ta) **-2.** [vacante] vago(ga).
◆ **desierto** *m* deserto *m*; **predicar en el ~** pregar no deserto.
designar *vt* designar.
designio *m* desígnio *m*.
desigual *adj* desigual.
desilusión *f* desilusão *f*.
desilusionar *vt* decepcionar.
◆ **desilusionarse** *vpr* decepcionar-se.
desincrustar *vt* desincrustar.
desinfección *f* desinfecção *f*.
desinfectar *vt* desinfetar.
desinflamar *vt* desinflamar.
◆ **desinflamarse** *vpr* desinflamar-se.
desinflar *vt* **-1.** [gen] esvaziar **-2.** [desanimar] desanimar.
◆ **desinflarse** *vpr* **-1.** [perder el aire] murchar **-2.** [desanimarse] desanimar-se.
desintegración *f* desintegração *f*.
desintegrar *vt* desintegrar.
◆ **desintegrarse** *vpr* desintegrar-se.
desinterés *m* desinteresse *m*.
desinteresado, da *adj* desinteressado(da).
desinteresarse *vpr*: **~ de/por algo** desinteressar-se de/por algo.
desintoxicar *vt* desintoxicar.
desistir *vi* desistir.
deslave *m* ***Amér*** deslizamento *m*.
desleal *adj* desleal.
deslealtad *f* deslealdade *f*.
desleír *vt* diluir.
deslenguado, da *adj* ***fig*** desbocado(da).
desligar *vt* **-1.** [lo atado] desamarrar **-2.** ***fig*** [separar asuntos] dissociar.
◆ **desligarse** *vpr* [desatarse] soltar-se; **~se de** dissociar-se de.
deslindar *vt* deslindar.
desliz *m* deslize *m*.
deslizar *vt* **-1.** [una cosa] deslizar **-2.** [decir] soltar.
◆ **deslizarse** *vpr* **-1.** [una cosa] deslizar-se **-2.** ***fig*** [introducirse] escapar, escorregar **-3.** [el tiempo] deslizar.
deslomar *vt* desancar.
◆ **deslomarse** *vpr* ***fam*** acabar-se.
deslucido, da *adj* desluzido(da).
deslumbrar *vt* deslumbrar.
desmadejar *vt* ***fig*** prostrar.
desmadrarse *vpr* ***fam*** descontrolar-se.
desmadre *m* ***fam*** bagunça *f*.
desmán *m* **-1.** [abuso] desmando *m*

-**2.** *(gen pl)* [desprecio] desgraça *f.*

desmandarse *vpr* desmandar-se.

desmano ◆ **a desmano** *loc adv* -**1.** [fuera del alcance] fora do alcance -**2.** [fuera del camino seguido] fora de mão.

desmantelar *vt* desmantelar.

desmaquillador, ra *adj* demaquilante.

desmayar *vi* desmaiar.
◆ **desmayarse** *vpr* desmaiar.

desmayo *m* desmaio *m.*

desmedido, da *adj* desmedido(da).

desmejorar ◇ *vt* piorar. ◇ *vi* piorar.
◆ **desmejorarse** *vpr* debilitar-se.

desmelenado, da *adj* -**1.** [persona] destrambelhado(da) -**2.** [cabello] descabelado(da).

desmembrar *vt* desmembrar.

desmemoriado, da ◇ *adj* desmemoriado(da). ◇ *m, f* desmemoriado *m,* -da *f.*

desmentido *m* desmentido *m.*

desmentir *vt* desmentir.

desmenuzar *vt* -**1.** [trocear] esfarelar -**2.** *fig* [examinar, analizar] esmiuçar.

desmerecer ◇ *vt* desmerecer. ◇ *vi* desmerecer.

desmesurado, da *adj* desmesurado(da).

desmigajar *vt* esmigalhar.
◆ **desmigajarse** *vpr* esmigalhar-se.

desmilitarizar *vt* desmilitarizar.

desmitificar *vt* desmitificar.

desmontar *vt* desmontar.

desmonte *m (gen pl)* desmonte *m.*

desmoralizar *vt* desmoralizar.
◆ **desmoralizarse** *vpr* desmoralizar-se.

desmoronamiento *m* desmoronamento *m.*

desmoronar *vt* desmoronar.
◆ **desmoronarse** *vpr* desmoronar-se.

desnatado, da *adj* desnatado(da).

desnaturalizado, da *adj* desnaturado(da).

desnivel *m* desnível *m.*

desnivelar *vt* desnivelar.
◆ **desnivelarse** *vpr* desnivelar-se.

desnuclearizar *vt* desnuclearizar.

desnudar *vt* desnudar.
◆ **desnudarse** *vpr* desnudar-se.

desnudez *f* nudez *f.*

desnudo, da *adj* desnudo(da).
◆ **desnudo** *m* nu *m.*

desnutrición *f* desnutrição *f.*

desobedecer *vt*: ~ **algo/a alguien** desobedecer a algo/alguém.

desobediencia *f* desobediência *f.*

desobediente *adj* desobediente.

desocupado, da *adj* desocupado(da).

desocupar *vt* desocupar.

desodorante *m* desodorante *m.*

desoír *vt* não ouvir.

desolación *f* desolação *f.*

desolador, ra *adj* desolador(ra).

desolar *vt* desolar.

desollar *vt* esfolar.

desorbitado, da *adj* exorbitante.

desorden *m* desordem *f.*

desordenado, da *adj* desordenado(da).

desordenar *vt* desordenar.

desorganización *f* desorganização *f.*

desorganizar *vt* desorganizar.

desorientar *vt* desorientar.
◆ **desorientarse** *vpr* desorientar-se.

despabilado, da *adj* animado(da), esperto(ta).

despabilar *vt* animar.
◆ **despabilarse** *vpr* despertar.

despachar ◇ *vt* -**1.** [cliente, mercancía] despachar -**2.** *Amér* [equipaje] despachar. ◇ *vi* -**1.** [sobre asunto] despachar -**2.** [en tienda] atender.
◆ **despacharse** *vpr* [hablar francamente] desabafar.

despacho *m* -**1.** [oficina] escritório *m,* gabinete *m* -**2.** [mueble] escrivaninha *f* -**3.** [comunicado] despacho *m.*

despacio *adv* devagar.

despampanante *adj* espalhafatoso(sa).

desparejar *vt* desemparelhar.

desparpajo *m fam* desembaraço *m.*

desparramar *vt* -**1.** [líquido] esparramar -**2.** *fig* [dinero] esbanjar.
◆ **desparramarse** *vpr* esparramar-se.

despavorido, da *adj* apavorado(da).

despecho *m* despeito *m.*
◆ **a despecho de** *loc prep* a despeito de.

despechugarse *vpr fam mostrar ou ter o peito descoberto.*

despectivo, va *adj* desdenhoso(sa).
◆ **despectivo** *m* GRAM pejorativo *m.*

despedazar *vt* despedaçar.

despedida *f* despedida *f.*

despedir *vt* -**1.** [gen] despedir -**2.** [lanzar, arrojar] lançar.

◆ **despedirse** *vpr*: **~se (de)** despedir-se (de).

despegado, da *adj fig* despegado (da).

despegar ◇ *vt* descolar. ◇ *vi* decolar.

◆ **despegarse** *vpr* **-1.** [cosa] descolar-se **-2.** [persona]: **~se de alguien** desapegar-se de alguém.

despego *m* despego *m*.

despegue *m* decolagem *f*.

despeinar *vt* despentear.

◆ **despeinarse** *vpr* despentear-se.

despejado, da *adj* **-1.** [tiempo] limpo (pa) **-2.** *fig* [persona, entendimiento] claro(ra) **-3.** [espacio] desimpedido (da).

despejar *vt* **-1.** [espacio] desocupar **-2.** MAT determinar **-3.** DEP desviar.

◆ **despejarse** *vpr* **-1.** [persona] desanuviar **-2.** [tiempo] desanuviar-se.

despeje *m* DEP *lançamento para longe*.

despellejar *vt* **-1.** [animal] esfolar **-2.** *fig* [persona] descascar.

despelotarse *vpr fam* [desnudarse] ficar pelado(da).

despenalización *f* despenalização *f*.

despensa *f* despensa *f*.

despeñadero *m* despenhadeiro *m*.

despeñar *vt* despenhar.

◆ **despeñarse** *vpr* despenhar-se.

desperdiciar *vt* desperdiçar.

desperdicio *m* **-1.** [pérdida] desperdício *m* **-2.** [residuo] resto *m* **-3.** *loc*: **no tener ~** valer a pena.

desperdigar *vt* dispersar.

desperezarse *vpr* espreguiçar-se.

desperfecto *m* **-1.** [deterioro] estrago *m* **-2.** [imperfección] defeito *m*.

despertador *m* despertador *m*.

despertar ◇ *m* despertar *m*. ◇ *vt* despertar.

◆ **despertarse** *vpr* despertar.

despiadado, da *adj* despiedado (da).

despido *m* demissão *f*.

despiece *m* retalhação *f*.

despierto, ta *adj* **-1.** [sin dormir] acordado(da) **-2.** *fig* [espabilado, listo] esperto(ta).

despilfarrar *vt* desperdiçar.

despilfarro *m* desperdício *m*.

despintar *vt* desbotar.

despiole *m* **RP** *fam* tumulto *m*.

despistado, da ◇ *adj* distraído (da). ◇ *m, f* distraído *m*, -da *f*.

despistar *vt* **-1.** [en espacio] despistar **-2.** [mentalmente] confundir.

◆ **despistarse** *vpr* perder-se.

despiste *m* distração *f*.

desplante *m* grosseria *f*.

desplazado, da *adj* deslocado(da).

desplazamiento *m* deslocamento *m*.

desplazar *vt* **-1.** [mover] deslocar **-2.** [ocupar sitio de] substituir.

◆ **desplazarse** *vpr* deslocar-se.

desplegar *vt* **-1.** [lo que está doblado] desdobrar **-2.** [actividad, cualidad] empregar **-3.** MIL distribuir.

despliegue *m* **-1.** [de actividad, cualidad] desenvolvimento *m* **-2.** MIL estabelecimento *m*.

desplomarse *vpr* desmoronar-se.

desplumar *vt* depenar.

despoblado, da *adj* despovoado (da).

◆ **despoblado** *m* despovoado *m*.

despojar *vt*: **~ a alguien de algo** despojar alguém de algo.

◆ **despojarse** *vpr*: **~se de algo** despojar-se de algo.

despojo *m* despojamento *m*.

◆ **despojos** *mpl* despojos *mpl*.

desposar *vt* desposar.

◆ **desposarse** *vpr* desposar-se.

desposeer *vt*: **~ a alguien de algo** desapropriar alguém de algo.

déspota *mf* déspota *mf*.

despotricar *vi* disparatar.

despreciar *vt* desprezar.

desprecio *m* desprezo *m*.

desprender *vt* **-1.** [gen] desprender **-2.** [luz] emitir.

◆ **desprenderse** *vpr* **-1.** [deducirse] depreender-se **-2.** [animal, persona]: **~se de** desvencilhar-se de **-3.** [cosa]: **~se de** desfazer-se de.

desprendido, da *adj* [generoso] desprendido(da).

desprendimiento *m*: **~ de retina** MED descolamento *m* de retina.

despreocupado, da ◇ *adj* despreocupado(da). ◇ *m, f* despreocupado *m*, -da *f*.

despreocuparse ◆ **despreocuparse de** *vpr* despreocupar-se com.

desprestigiar *vt* desprestigiar.

desprestigio *m* desprestígio *m*.

desprevenido, da *adj* desprevenido(da).

desprolijo, ja *adj* **Amér** [casa, cuaderno] desarrumado(da); [persona] desleixado(da).

desproporcionado, da *adj* desproporcionado(da).

despropósito *m* despropósito *m*.

desprovisto, ta *adj*: ~ **de** desprovido(da) de.

después ◇ *adv* depois. ◇ *adj* depois; ~ **de** depois de.
◆ **después de** *loc prep* depois de; ~ **de hacer algo** depois de fazer algo.

despuntar ◇ *vt* despontar. ◇ *vi* **-1.** [planta] despontar **-2.** [persona] sobressair. ◇ *v impers* despontar.

desquiciar *vt* **-1.** [puerta, ventana] desencaixar **-2.** [persona] transtornar.

desquitarse ◆ **desquitarse de** *vpr* vingar-se de.

desquite *m* vingança *f*, revanche *f*.

destacamento *m* destacamento *m*.

destacar *vt* destacar.
◆ **destacarse** *vpr* destacar-se; ~**se de** destacar-se de.

destajo *m* empreitada *f*; **a** ~ por empreitada.

destapador *m* ***Amér*** abridor *m*.

destapar *vt* **-1.** [quitar la tapa a] destampar **-2.** [lo cubierto por otra cosa] descobrir **-3.** ***RP*** [desobstruir] desobstruir.
◆ **destaparse** *vpr* **-1.** [desarroparse] descobrir-se **-2.** ***fig*** [persona] abrir-se.

destartalado, da *adj* escangalhado(da).

destello *m* faísca *f*.

destemplado, da *adj* **-1.** [persona] indisposto(ta) **-2.** [instrumento] desafinado(da).

desteñir ◇ *vt* desbotar. ◇ *vi* desbotar.
◆ **desteñirse** *vpr* desbotar-se.

desternillarse *vpr*: ~ **de risa** desconjuntar-se de rir.

desterrar *vt* **-1.** [persona] desterrar **-2.** [idea, costumbre] abandonar.

destetar *vt* desmamar.

destiempo ◆ **a destiempo** *loc adv* a destempo.

destierro *m* desterro *m*.

destilación *f* destilação *f*.

destilar ◇ *vt* destilar. ◇ *vi* destilar.

destilería *f* destilaria *f*.

destinar *vt* destinar; ~ **a** designar para.

destinatario, ria *m, f* destinatário *m*, -ria *f*.

destino *m* **-1.** [gen] destino *m*; ~ **a** destino a **-2.** [empleo] colocação *f*.

destitución *f* destituição *f*.

destituir *vt* destituir.

destornillador *m* [herramienta] chave *f* de fenda.

destornillar *vt* desaparafusar.

destreza *f* destreza *f*.

destronar *vt* destronar.

destrozar *vt* destroçar.

destrozo *m* destroço *m*.

destrucción *f* destruição *f*.

destruir *vt* destruir.

desunión *f* desunião *f*.

desuso *m* desuso *m*; **caer en** ~ cair em desuso.

desvaído, da *adj* **-1.** [sin color] desvanecido(da) **-2.** [poco definido] esmaecido(da).

desvalido, da ◇ *adj* desvalido(da). ◇ *m, f* desvalido *m*, -da *f*.

desvalijar *vt* saquear.

desván *m* sótão *m*.

desvanecer *vt* dissipar.
◆ **desvanecerse** *vpr* desfalecer.

desvanecimiento *m* desfalecimento *m*.

desvariar *vi* tresvariar.

desvarío *m* desvario *m*.

desvelada *f* ***CAm, Méx*** noitada *f*.

desvelarse *vpr* ***CAm, Méx*** [quedarse despierto] manter-se acordado.

desvelo *m* **-1.** [insomnio] insônia *f* **-2.** [esfuerzo] dedicação *f*.

desvencijar *vt* desconjuntar.

desventaja *f* desvantagem *f*.

desventura *f* desventura *f*.

desvergonzado, da ◇ *adj* desavergonhado(da). ◇ *m, f* desavergonhado *m*, -da *f*.

desvergüenza *f* **-1.** [atrevimiento, frescura] descaramento *m* **-2.** [dicho o hecho] desaforo *m*.

desvestir *vt* desvestir.
◆ **desvestirse** *vpr* desvestir-se.

desviación *f* desvio *m*.

desviar *vt* desviar.
◆ **desviarse** *vpr*: ~**se (de)** desviar-se (de).

desvincular ◆ **desvincular de** *vi* desvincular de.

desvío *m* desvio *m*.

desvirtuar *vt* desvirtuar.

desvivirse ◆ **desvivirse por** *vpr* empenhar-se para.

detallar *vt* detalhar.

detalle *m* **-1.** [gen] detalhe *m* **-2.** [amabilidad, atención] amabilidade *f*.
◆ **al detalle** *loc adv* no varejo.

detallista ◇ *adj* detalhista. ◇ *mf* varejista *mf*.

detectar *vt* detectar.
detective *mf* detetive *mf*.
detener *vt* deter.
◆ **detenerse** *vpr* [pararse] deter-se.
detenidamente *adv* detidamente.
detenido, da ◇ *adj* minucioso(sa). ◇ *m, f* detido *m*, -da *f*.
detenimiento ◆ **con detenimiento** *loc adv* com atenção.
detergente *m* detergente *m*.
deteriorar *vt* deteriorar.
◆ **deteriorarse** *vpr* deteriorar-se.
deterioro *m* deterioração *f*.
determinación *f* determinação *f*; **tomar una ~** tomar uma decisão.
determinado, da *adj* determinado (da).
determinar *vt* **-1.** [gen] determinar **-2.** [decidir] decidir.
◆ **determinarse** *vpr*: **~se a hacer algo** determinar-se a fazer algo.
determinismo *m* determinismo *m*.
detestar *vt* detestar.
detonante ◇ *adj* detonante. ◇ *m* detonador *m*.
detonar *vi* detonar.
detractor, ra ◇ *adj* detrator(ra). ◇ *m, f* detrator *m*, -ra *f*.
detrás *adv* **-1.** [lugar] atrás **-2.** [en ausencia de persona] por trás de.
◆ **detrás de** *loc prep* **-1.** [lugar] atrás de **-2.** [en ausencia de persona] por trás de **-3.** *loc*: **estar ~ de algo** estar por trás de algo.
◆ **por detrás** *loc adv* **-1.** [en la parte posterior] por trás **-2.** [en ausencia de persona] pelas costas.
detrimento *m* detrimento *m*; **en ~ de** em detrimento de.
detrito *m* detrito *m*.
◆ **detritos** *mpl* detritos *mpl*.
deuda *f* dívida *f*; **contraer una ~** contrair uma dívida; **estar en ~ con alguien** estar em dívida com alguém; **~ pública** ECON dívida pública.
deudor, ra ◇ *adj* devedor(ra). ◇ *m, f* devedor *m*, -ra *f*.
devaluación *f* desvalorização *f*.
devaluar *vt* desvalorizar.
devanar *vt* enovelar.
devaneos *mpl* **-1.** [distracción, pasatiempo] devaneio *m* **-2.** [de amor] namorico *m*.
devastar *vt* devastar.
devengar *vt* fazer jus a.
devenir ◇ *m* devir *m*. ◇ *vi* vir a ser.
devoción *f* devoção *f*.
devocionario *m* missal *m*.
devolución *f* devolução *f*.
devolver ◇ *vt* devolver. ◇ *vi* [vomitar] devolver.
◆ **devolverse** *vpr* ***Andes, Amér, Carib, Méx*** voltar.
devorar *vt* devorar.
devoto, ta *adj* **-1.** [de santo, virgen, etc] devoto(ta) **-2.** [de persona] admirador(ra).
devuelto, ta *pp irreg* ⊳ **devolver**.
dg (*abrev de* **decigramo**) dg.
DGI (*abrev de* **Dirección General Impositiva**) *f* ***RP*** Receita *f* Federal.
DGT (*abrev de* **Dirección General de Tráfico**) *f* DENATRAN *m*.
di *etc* ⊳ **dar, decir**.
día *m* dia *m*; **todo el (santo) ~** o dia inteiro; **~ de pago** [de sueldo] dia de pagamento; **~ festivo** feriado *m*; **~ hábil** *o* **laborable** *o* **de trabajo** dia útil *o* de trabalho; **~ lectivo** dia letivo; **~ libre** dia livre; **de ~ en ~** dia a dia; **del ~** do dia; **un ~ es un ~** pelo menos uma vez na vida; **~ y noche** dia e noite; **buen ~** ***Amér*** bom dia!; **buenos ~s** bom dia!; **~ de los muertos** ***Amér*** dia de finados; **el ~ de mañana** o dia de amanhã; **hoy (en) ~** hoje em dia; **estar** *o* **ponerse al ~** estar *o* pôr-se em dia; **vivir al ~** viver o dia de hoje.
◆ **días** *mpl* dias *mpl*.
diabético, ca ◇ *adj* diabético(ca). ◇ *m, f* diabético *m*, -ca *f*.
diablo *m* diabo *m*.
diablura *f* diabrura *f*.
diabólico, ca *adj* diabólico(ca).
diácono *m* diácono *m*.
diadema *f* tiara *f*.
diáfano, na *adj* **-1.** [transparente] diáfano(na) **-2.** *fig* [claro] límpido (da).
diafragma *m* diafragma *m*.
diagnosis *f* diagnose *f*.
diagnosticar *vt* diagnosticar.
diagnóstico *m* diagnóstico *m*.
diagonal ◇ *adj* GEOM diagonal. ◇ *f* GEOM diagonal *f*.
diagrama *m* diagrama *m*.
dial *m* dial *m*.
dialecto *m* dialeto *m*.
diálisis *f* diálise *f*.
dialogar *vi* dialogar.
diálogo *m* diálogo *m*.
diamante *m* diamante *m*.
diámetro *m* diâmetro *m*.

diana *f* **-1.** [blanco de tiro] alvo *m* **-2.** [en cuartel] alvorada *f*.
diapasón *m* MÚS diapasão *m*.
diapositiva *f* diapositivo *m*.
diariero, ra *m, f* ***Andes, RP*** jornaleiro *m*, -ra *f*.
diario, ria *adj* diário(ria); **a ~** diariamente; **de ~** do dia a dia.
◆ **diario** *m* diário *m*; **~ hablado** *o* **televisado** radiojornal *o* telejornal.
diarrea *f* MED diarréia *f*.
diástole *f* MED diástole *f*.
dibujante *mf* desenhista *mf*.
dibujar ◇ *vt* desenhar. ◇ *vi* desenhar.
dibujo *m* desenho *m*; **~s animados** desenhos animados; **~ lineal** *o* **técnico** desenho linear *o* técnico.
diccionario *m* dicionário *m*.
dice *etc* ▷ **decir**.
dicha *f* felicidade *f*.
dicharachero, ra *adj* ***fam*** conversador(ra).
dicho, cha *pp irreg* ▷ **decir**.
◆ **dicho** *m* dito *m*.
dichoso, sa *adj* **-1.** [feliz] ditoso(sa) **-2.** [maldito] maldito(ta).
diciembre *m* dezembro *m*; *ver también* **setiembre**.
dicotomía *f* dicotomia *f*.
dictado *m* ditado *m*.
dictador, ra *m, f* ditador *m*, -ra *f*.
dictadura *f* ditadura *f*.
dictáfono *m* ditafone *m*.
dictamen *m* parecer *m*.
dictar *vt* **-1.** [gen] ditar **-2.** [suj: juez, legislador] pronunciar.
dictatorial *adj* ditatorial.
didáctico, ca *adj* didático(ca).
diecinueve ◇ *núm* **-1.** [para contar] dezenove **-2.** [para ordenar] décimo nono, décima nona. ◇ *m* dezenove *m*; *ver también* **seis**.
dieciocho ◇ *núm* **-1.** [para contar] dezoito **-2.** [para ordenar] décimo oitavo, décima oitava. ◇ *m* dezoito *m*; *ver también* **seis**.
dieciséis ◇ *núm* **-1.** [para contar] dezesseis **-2.** [para ordenar] décimo sexto, décima sexta. ◇ *m* dezesseis *m*; *ver también* **seis**.
diecisiete ◇ *núm* **-1.** [para contar] dezessete **-2.** [para ordenar] décimo sétimo, décima sétima. ◇ *m* dezessete *m*; *ver también* **seis**.
diente *m* **-1.** dente *m*; **~ de leche** dente de leite; **~ incisivo** dente incisivo; **~ molar** dente molar **-2.** *loc*: **hablar entre ~s** falar entre os dentes.
◆ **diente de ajo** *m* dente *m* de alho.
diera *etc* ▷ **dar**.
diéresis *f* GRAM trema *m*.
dieron *etc* ▷ **dar**.
diesel, diésel *adj* diesel *m*.
diestro, tra *adj* destro(tra), hábil; **a ~ y siniestro** ***fig*** a torto e a direito.
dieta *f* dieta *f*.
◆ **dietas** *fpl* diárias *fpl*.
dietario *m* livro *m* diário.
dietético, ca *adj* dietético(ca).
◆ **dietética** *f* dietética *f*.
dietista *mf* ***Amér*** dietista *mf*.
diez ◇ *núm* **-1.** [para contar] dez **-2.** [para ordenar] décimo. ◇ *m* dez *mpl*. ◇ *fpl* dez *mpl*; *ver también* **seis**.
diezmar *vt* dizimar.
difamar *vt* difamar.
diferencia *f* diferença *f*.
diferencial ◇ *adj* diferencial. ◇ *m* diferencial *m*.
diferenciar *vt* diferenciar.
diferente ◇ *adj* diferente; **~ de** *o* **a** diferente de. ◇ *adv* diferente.
diferido ◆ **en diferido** *loc adv* em gravação.
diferir ◇ *vt* [posponer] adiar. ◇ *vi* [ser diferente] diferir.
difícil *adj* difícil; **~ de hacer** difícil de fazer.
dificultad *f* dificuldade *f*.
◆ **dificultades** *fpl* dificuldades *fpl*; **pasar ~es** passar dificuldades.
dificultar *vt* dificultar.
difuminar *vt* esfumar.
difundir *vt* difundir.
◆ **difundirse** *vpr* difundir-se.
difunto, ta ◇ *adj* defunto(ta). ◇ *m, f* defunto *m*, -ta *f*.
difusión *f* difusão *f*.
diga *etc* ▷ **decir**.
digerir *vt* digerir.
digestión *f* digestão *f*.
digestivo, va *adj* digestivo(va).
◆ **digestivo** *m* digestivo *m*.
digitador, dora *m, f* ***Amér*** digitador *m*, -ra *f*.
digital *adj* digital.
dígito *m* dígito *m*.
dignarse *vpr* dignar-se.
dignidad *f* dignidade *f*.
dignificar *vt* dignificar.
digno, na *adj* digno(na); **~ de** digno(na) de.
digo *etc* ▷ **decir**.

digresión *f* digressão *f*.
dijera *etc* ▷ **decir**.
dl (*abrev de* **decilitro**) dl.
dilapidar *vt* dilapidar.
dilatar *vt* **-1.** [en espacio] dilatar **-2.** [en tiempo] prolongar.
dilema *m* dilema *m*.
diligencia *f* diligência *f*.
diligente *adj* diligente.
dilucidar *vt* elucidar.
diluir *vt* diluir.
◆ **diluirse** *vpr* diluir-se.
diluviar *v impers* diluviar.
diluvio *m* dilúvio *m*.
dimanar ◆ **dimanar de** *vi* emanar.
dimensión *f* dimensão *f*.
diminutivo *m* GRAM diminutivo *m*.
diminuto, ta *adj* diminuto(ta).
dimisión *f* demissão *f*; **presentar la ~** pedir demissão.
dimos *etc* ▷ **dar**.
Dinamarca *n* Dinamarca.
dinámico, ca *adj* dinâmico(ca).
dinamismo *m* dinamismo *m*.
dinamita *f* dinamite *f*.
dinamo, dínamo *f* FÍS dínamo *m*.
dinastía *f* dinastia *f*.
dineral *m* ***fam*** dinheirão *m*.
dinero *m* dinheiro *m*; **~ negro** *o* **sucio** dinheiro sujo; **~ público** dinheiro público; **~ (contante y) sonante** dinheiro vivo.
dinosaurio *m* dinossauro *m*.
dintel *m* ARQUIT dintel *m*.
diñar *vt* ***Esp fam***: **~ la** bater as botas.
dio *etc* ▷ **dar**.
diócesis *f inv* diocese *f*.
dioptría *f* dioptria *f*.
dios, sa *m* deus *m*, -sa *f*; **todo ~** ***fam*** todo o mundo.
◆ **Dios** *n pr* **-1.** Deus *m* **-2.** ***loc***: **a Dios gracias** graças a Deus; **a la buena de Dios** de qualquer jeito; **Dios dirá** só Deus sabe; **Dios mediante, si Dios quiere** se Deus quiser; **¡Dios mío!** Deus meu!; **por Dios** pelo amor de Deus; **¡vaya por Dios!** haja paciência!.
diplodoco *m* diplodoco *m*.
diploma *m* diploma *m*.
diplomacia *f* diplomacia *f*.
diplomado, da ◇ *adj* diplomado (da). ◇ *m, f* diplomado *m*, -da *f*.
diplomático, ca ◇ *adj* diplomático(ca). ◇ *m, f* diplomata *mf*.
diptongo *m* GRAM ditongo *m*.
diputación *f* [corporación] assembléia *f*.
diputado, da *m, f* deputado *m*, -da *f*.
dique *m* dique *m*.
dirá *etc* ▷ **decir**.
dirección *f* **-1.** [gen] direção *f*; **en ~ a** em direção a; **~ asistida** [de vehículo] direção hidráulica **-2.** [señas de lugar] endereço *m*; **~ electrónica** *o* **de correo electrónico** endereço eletrônico *o* de correio eletrônico.
direccionales *mpl* ***Col, Ecuad, Méx*** AUTOM pisca-pisca *m*.
directivo, va ◇ *adj* diretivo(va). ◇ *m, f* diretor *m*, -ra *f*.
◆ **directiva** *f* diretoria *f*.
directo, ta *adj* **-1.** [gen] direto(ta) **-2.** [derecho] reto(ta).
◆ **directo** ◇ *m* trem *m* direto. ◇ *adv* direto.
◆ **directa** *f* quinta marcha *f*; **poner** *o* **meter la directa** AUTOM pôr a quinta marcha; ***fig*** propor-se a fazer algo.
◆ **en directo** *loc adv* ao vivo.
director, ra *m, f* **-1.** [gen] diretor *m*, -ra *f*; **~ de cine** diretor de cinema; **~ técnico** DEP técnico *m*, treinador *m* **-2.** [de orquesta] regente *mf* **-3.** [de persona] orientador *m*, -ra *f*.
directorio *m* **-1.** [lista] catálogo *m*; **~ telefónico** ***Andes, CAm, Carib, Méx*** lista *f* telefônica **-2.** INFORM diretório *m*.
directriz *f* GEOM diretriz *f*.
◆ **directrices** *fpl* diretrizes *fpl*.
diría *etc* ▷ **decir**.
dirigente *mf* dirigente *mf*.
dirigir *vt* **-1.** [gen] dirigir **-2.** [orquesta] reger **-3.** [cosa a determinado fin]: **~ a** *o* **hacia** direcionar a.
◆ **dirigirse** *vpr* **-1.** [a sitio]: **~se a** *o* **hacia** dirigir-se a **-2.** [con palabras]: **~se a** dirigir-se a.
dirimir *vt* dirimir.
discar *vt* ***Andes, RP*** discar.
discernir *vt* discernir.
disciplina *f* disciplina *f*.
discípulo, la *m, f* discípulo *m*, -la *f*.
disc-jockey (*pl* **disc-jockeys**) *m, f* disc-jóquei *mf*.
disco *m* **-1.** [gen] disco *m*; **~ compacto** CD *m*; **~ duro** disco duro; **~ flexible** disco flexível; **~ de larga duración** long-play *m* **-2.** [semáforo] sinal *m*.
discografía *f* discografia *f*.
díscolo, la *adj* rebelde.
disconforme *adj* desconforme.

disconformidad *f* desconformidade *f.*
discontinuo, nua *adj* descontínuo (nua).
discordante *adj* discordante.
discordia *f* discórdia *f.*
discoteca *f* discoteca *f.*
discreción *f* discrição *f.*
◆ **a discreción** *loc adv* à vontade.
discrepancia *f* discrepância *f.*
discrepar *vi*: ~ **(de)** discrepar (de).
discreto, ta *adj* discreto(ta).
discriminación *f* discriminação *f.*
discriminar *vt* discriminar.
disculpa *f* desculpa *f*; **pedir** ~**s** pedir desculpas.
disculpar *vt* desculpar.
◆ **disculparse** *vpr*: ~**se (de** *o* **por algo)** desculpar-se (de *o* por algo).
discurrir *vi* **-1.** [gen] correr **-2.** [en mente] refletir.
discurso *m* discurso *m.*
discusión *f* discussão *f.*
discutible *adj* discutível.
discutir ◇ *vi* discutir. ◇ *vt* discutir.
disecar *vt* dissecar.
disección *f* dissecação *f.*
diseminar *vt* disseminar.
disentir *vi* dissentir; ~ **de alguien/algo** dissentir de alguém/algo.
diseñar *vt* **-1.** [figura, estrategia] desenhar **-2.** [edificio, mueble] projetar.
diseño *m* **-1.** [gen] desenho *m*; ~ **asistido por ordenador** design *m* computadorizado; ~ **gráfico** design *m* gráfico **-2.** [arte] design *m.*
disertación *f* dissertação *f.*
disfraz *m* disfarce *m*; **baile de** ~**es** baile *m* à fantasia; ~ **de Pinocho** fantasia *f* de Pinocho.
disfrazar *vt*: ~ **a alguien de** disfarçar *o* fantasiar alguém de.
◆ **disfrazarse** *vpr*: ~**se** disfarçar-se; **se disfrazó de Tarzán** fantasiou-se de Tarzan.
disfrutar ◇ *vi* **-1.** [sentir placer] desfrutar de **-2.** [disponer de algo]: ~ **de** desfrutar de. ◇ *vt* desfrutar.
disgregar *vt* dispersar.
◆ **disgregarse** *vpr* desagregar-se.
disgustar *vt* desgostar.
◆ **disgustarse** *vpr* desgostar-se.
disgusto *m* desgosto *m*; **a** ~ a contragosto; **dar un** ~ dar um desgosto; **llevarse un** ~ ter um desgosto.
disidente ◇ *adj* dissidente. ◇ *mf* dissidente *mf.*
disimular ◇ *vt* dissimular. ◇ *vi* dissimular.
disimulo *m* dissimulação *f.*
disipar *vt* dissipar.
◆ **disiparse** *vpr* [desaparecer] dissipar-se.
diskette = **disquete**.
dislate *m* disparate *m.*
dislexia *m* dislexia *f.*
dislocar *vt* deslocar.
◆ **dislocarse** *vpr* deslocar-se.
disminución *f* diminuição *f.*
disminuir ◇ *vt* diminuir. ◇ *vi* diminuir.
disociar *vt* dissociar.
disolución *f* dissolução *f.*
disolvente ◇ *adj* solvente. ◇ *m* solvente *m.*
disolver *vt* dissolver.
◆ **disolverse** *vpr* dissolver-se.
disparado, da *adj* disparado(da); **salir/entrar** ~ sair/entrar disparado.
disparar ◇ *vt* disparar. ◇ *vi* disparar.
◆ **dispararse** *vpr* **-1.** [gen] disparar **-2.** [persona enfadada] perder o controle.
disparatado, da *adj* disparatado (da).
disparate *m* disparate *m.*
disparidad *f* disparidade *f.*
disparo *m* **-1.** [con arma] disparo *m* **-2.** [de pelota] arremesso *m.*
dispendio *m* dispêndio *m.*
dispensar *vt* **-1.** desculpar **-2.** [eximir]: ~ **a alguien de** dispensar alguém de.
dispensario *m* dispensário *m.*
dispersar *vt* **-1.** [cosas] espalhar **-2.** [personas] dispersar.
◆ **dispersarse** *vpr* dispersar-se.
dispersión *f* dispersão *f.*
disperso, sa *adj* disperso(sa).
displicencia *f* displicência *f.*
disponer ◇ *vt* dispor. ◇ *vi*: ~ **de** dispor de.
◆ **disponerse** *vpr*: ~**se a** dispor-se a.
disponibilidad *f* disponibilidade *f.*
disponible *adj* disponível.
disposición *f* disposição *f*; **estar** *o* **hallarse en** ~ **de hacer algo** estar/encontrar-se com disposição de fazer algo; **a** ~ **de** à disposição de.
dispositivo *m* dispositivo *m*; ~ **intrauterino** dispositivo intrauterino.
dispuesto, ta ◇ *pp irreg* ▷ **dispo-**

ner. ◇ *adj* disposto(ta); **estar ~ a algo/hacer algo** estar disposto a algo/fazer algo.
disputa *f* disputa *f*.
disputar *vt* disputar.
disquete, diskette *m* INFORM disquete *m*.
disquetera *f* INFORM drive *m*.
disquisición *f* disquisição *f*.
distancia *f* distância *f*; **a ~** à distância; **de larga ~** de longa distância.
distanciar *vt* distanciar.
◆ **distanciarse** *vpr*: **~se (de)** distanciar-se (de).
distante *adj* distante.
distar *vi* **-1.** [lugar] distar **-2.** *fig* [persona]: **~ de** estar longe de.
diste *etc* ▷ **dar**.
distender *vt* distender.
distendido, da *adj* [informal] relaxado(da).
distinción *f* distinção *f*.
distinguido, da *adj* **-1.** [destacado] de renome **-2.** [elegante] distinto(ta).
distinguir *vt* distinguir.
◆ **distinguirse** *vpr* distinguir-se.
distintivo, va *adj* distintivo(va).
◆ **distintivo** *m* distintivo *m*.
distinto, ta *adj* [diferente] distinto (ta).
◆ **distintos,tas** *adj pl* [varios] vários(as).
distorsión *f* **-1.** [de cuerpo] torção *f* **-2.** [de palabras, ideas] distorção *f*.
distracción *f* distração *f*.
distraer *vt* distrair.
◆ **distraerse** *vpr* distrair-se.
distraído, da *adj* divertido(da).
distribución *f* distribuição *f*.
distribuidor, ra *m, f* [persona] distribuidor(ra).
◆ **distribuidor** *m* distribuidor *m*.
◆ **distribuidora** *f* distribuidora *f*.
distribuir *vt* **-1.** [gen] distribuir **-2.** [en comercio] comercializar.
distributivo, va *adj* distributivo(va).
distrito *m* distrito *m*; **~ postal** código de endereçamento postal.
disturbio *m* distúrbio *m*.
disuadir *vt*: **~ a alguien de algo/hacer algo** dissuadir alguém de algo/fazer algo.
disuasión *f* dissuasão *f*.
disuasivo, va *adj* dissuasivo(va).
disuelto, ta *pp irreg* ▷ **disolver**.
DIU (*abrev de* **dispositivo intrauterino**) *m* DIU *m*.
diurético, ca *adj* diurético(ca).
◆ **diurético** *m* FARM diurético *m*.
diurno, na *adj* diurno(na).
divagar *vi* divagar.
diván *m* [asiento] divã *m*.
divergencia *f* divergência *f*.
divergir *vi* divergir.
diversidad *f* diversidade *f*.
diversificar *vt* diversificar.
◆ **diversificarse** *vpr* diversificar-se.
diversión *f* diversão *f*.
diverso, sa *adj* diverso(sa).
◆ **diversos, sas** *adj pl* diversos(sas).
divertido, da *adj* divertido(da).
divertir *vt* divertir.
◆ **divertirse** *vpr* divertir-se.
dividendo *m* dividendo *m*.
dividir *vt* dividir.
divinidad *f* divindade *f*.
divino, na *adj* divino(na).
divisa *f (gen pl)* divisa *f*.
divisar *vt* divisar.
división *f* divisão *f*.
divisor *m* divisor *m*.
divisorio, ria *adj* divisório(ria).
divo, va *m, f* diva *f*.
divorciado, da ◇ *adj* divorciado (da). ◇ *m, f* divorciado *m*, -da *f*.
divorciar *vt* divorciar.
◆ **divorciarse** *vpr* divorciar-se.
divorcio *m* divórcio *m*.
divulgar *vt* [difundir] divulgar.
dm (*abrev de* **decímetro**) dm.
DNA (*abrev de* **ácido desoxirribonucleico**) *m* DNA *m*.
DNI (*abrev de* **documento nacional de identidad**) *m documento nacional de identidade espanhol*.
Dña. (*abrev de* **Doña**) = **D**[a].
do *m* dó *m*.
doberman (*pl* **dobermans**) *m* dobermann *m*.
dobladillo *m* bainha *f*.
doblado, da *adj* **-1.** [ropa, papel] dobrado(da) **-2.** [película] dublado(da).
doblaje *m* dublagem *f*.
doblar ◇ *vt* **-1.** [gen] dobrar **-2.** [película, actor] dublar. ◇ *vi* dobrar.
◆ **doblarse** *vpr* dobrar-se.
doble ◇ *adj* **-1.** [mayor cantidad] dobro **-2.** [repetido] duplo(pla); **~ clic** INFORM clique *m* duplo. ◇ *mf* **-1.** [iguales] sósia *mf* **-2.** [en cine] dublê *mf*. ◇ *m* **-1.** [cantidad] dobro *m* **-2.** [copia] cópia *f*. ◇ *adv* em dobro.
◆ **dobles** *mpl* duplas *fpl*.
doblegar *vt* dobrar.
◆ **doblegarse** *vpr* dobrar-se.

doblez ◇ *m* [en ropa, papel] dobra *f*. ◇ *m o f* [hipocresía] falsidade *f*.

doce ◇ *núm* doze. ◇ *m* doze *m*. ◇ *fpl* doze *m*; *ver también* **seis**.

docena *f* dúzia *f*.

docencia *f* [enseñanza] docência *f*.

docente ◇ *adj* docente. ◇ *mf* docente *mf*.

dócil *adj* dócil.

docto, ta *adj* douto(ta).

doctor, ra *m, f* doutor *m*, -ra *f*; ~ **en** [universitario] doutor em.

doctorarse *vpr*: ~ **(en)** doutorar-se (em).

doctrina *f* doutrina *f*.

documentación *f* documentação *f*.

documentado, da *adj* documentado(da).

documental ◇ *adj* documental. ◇ *m* documentário *m*.

documentar *vt* **-1.** [aportar documentos] documentar **-2.** [informar] informar.

◆ **documentarse** *vpr* [informarse] documentar-se.

documento *m* [papeles] documento *m*; ~ **nacional de identidad** carteira *f* de identidade.

dogma *m* dogma *m*.

dogmático, ca *adj* dogmático(ca).

dogo *m* cão *m* dinamarquês.

dólar *m* dólar *m*.

dolby® *m inv* Dolby® *m inv*.

dolencia *f* doença *f*.

doler *vi* doer.

◆ **dolerse** *vpr* [lamentarse] doer-se.

dolido, da *adj* doído(da).

dolmen *m* dólmen *m*.

dolor *m* dor *f*; **tener** ~ **de** ter dor de.

dolorido, da *adj* dolorido(da).

doloroso, sa *adj* doloroso(sa).

domador, ra *m, f* domador *m*, -ra *f*.

domar *vt* domar.

domesticar *vt* domesticar.

doméstico, ca *adj* doméstico(ca).

domiciliación *f* domicílio *m*; ~ **bancaria** domicílio bancário.

domiciliar *vt* ***Esp*** [pago] colocar em débito automático.

◆ **domiciliarse** *vpr* [establecerse] domiciliar-se.

domicilio *m* domicílio *m*; **a** ~ em domicílio; ~ **social** sede social.

dominante ◇ *adj* dominante. ◇ *f* tendência *f*.

dominar *vt* dominar.

◆ **dominarse** *vpr* [controlarse] dominar-se.

domingo *m* domingo; *ver también* **sábado**.

dominguero, ra *m, f* ***fam*** domingueiro *m*, -ra *f*.

dominical ◇ *adj* dominical. ◇ *m* suplemento *m* dominical.

dominico, ca ◇ *adj* dominicano (na). ◇ *m, f* dominicano *m*, -na *f*.

dominio *m* domínio *m*.

◆ **dominios** *mpl* domínios *mpl*.

dominó *m* dominó *m*.

domótica *f* domótica *f*.

don *m* **-1.** [tratamiento] Dom *m*; ~ **nadie** ***fig*** joão-ninguém **-2.** [cualidad] dom *m*; **-3.** [regalo] desejo *m*.

donaire *m* [gracia] graça *f*.

donante *mf* doador *m*, -ra *f*.

donar *vt* doar.

donativo *m* donativo *m*.

doncella *f* **-1.** LITER donzela *f* **-2.** [criada] empregada *f*.

donde ◇ *adv* onde; **el bolso está** ~ **lo dejaste** a bolsa está onde você a deixou; **de** *o* **desde** ~ de onde; **por** ~ por onde. ◇ *pron* onde; **esta es la casa** ~ **nací** esta é a casa onde nasci; **de** *o* **desde** ~ de onde; **por** ~ por onde.

dónde *adv* [en interrogación] onde; **no sé** ~ **se habrá metido** não sei onde haverá se metido; **de** ~ de onde?; **hacia** ~ para onde; **por** ~ por onde?

dondequiera ◆ **dondequiera que** *adv* aonde quer que.

doña *f* dona *f*.

dopado, da *adj* dopado(da).

dopaje, doping doping *m*.

dopar *vt* dopar.

◆ **doparse** *vpr* dopar-se.

doping *m* = **dopaje**.

doquier ◆ **por doquier** *loc adv* por toda parte.

dorado, da *adj* dourado(da).

◆ **dorado** *m* dourado *m*.

◆ **dorada** *f* dourada *f*.

dorar *vt* dourar.

◆ **dorarse** *vpr* **-1.** [tomar color dorado] dourar-se **-2.** [alimentos] dourar.

dormilón, lona ◇ *adj* ***fam*** dorminhoco(ca). ◇ *m, f* ***fam*** dorminhoco *m*, -ca *f*.

dormir ◇ *vt* dormir. ◇ *vi* [descansar] dormir.

◆ **dormirse** *vpr* dormir; ~**se en los laureles** *loc* dormir sobre os louros.

dormitar *vi* dormitar.

dormitorio *m* dormitório *m*.

dorsal <> *adj* dorsal. <> *m* número *m* de identificação. <> *f* dorsal *m*.
dorso *m* **-1.** [revés] verso *m* **-2.** [espalda] dorso *m*.
dos <> *núm* dois. <> *m* **-1.** dois *m* **-2.** *loc*: **cada ~ por tres** volta e meia. <> *fpl* duas *fpl*; *ver también* **seis**.
doscientos, tas *núm* **-1.** [para contar] duzentos(tas) **-2.** [para ordenar] duzentos.
◆ **doscientos** *m* duzentos *m*; *ver también* **seis**.
dosel *m* dossel *m*.
dosificar *vt* dosar.
dosis *f inv* dose *f*.
dossier *m inv* [historial, expediente] dossiê *m*.
dotación *f* **-1.** [de cosas] dotação *f* **-2.** [tripulación] tripulação *f*.
dotado, da *adj* dotado(da).
dotar *vt* dotar.
dote *m o f* dote *m*.
◆ **dotes** *fpl* dotes *mpl*.
doy *etc* ▷ **dar**.
dpto. (*abrev de* **departamento**) depto.
Dr. (*abrev de* **doctor**) Dr.
Dra. (*abrev de* **doctora**) Dra.
DRAE (*abrev de* **Diccionario de la Real Academia Española**) *nm Dicionário da Real Academia Espanhola*.
dragar *vt* dragar.
dragón *m* [animal fantástico] dragão *m*.
drama *m* drama *m*; **hacer un ~** fazer um drama; **hacer un ~ de algo** fazer um drama de algo.
dramático, ca *adj* dramático(ca).
dramatizar *vt* dramatizar.
dramaturgo, ga *m, f* dramaturgo *m*, -ga *f*.
dramón *m* **fam** dramalhão *m*.
drástico, ca *adj* drástico(ca).
drenar *vt* drenar.
driblar *vt* DEP driblar.
drive *m* DEP drive *m*.
droga *f* droga *f*; **~ blanda** droga leve; **~ dura** droga pesada.
drogadicto, ta <> *adj* toxicômano(na). <> *m, f* toxicômano *m*, -na *f*.
drogar *vt* drogar.
◆ **drogarse** *vpr* drogar-se.
droguería *f* drogaria *f*.
dromedario *m* dromedário *m*.
drugstore (*pl* **drugstores**) *m* drugstore *m*.
dto. (*abrev de* **descuento**) desc.
Dtor. (*abrev de* **director**) Dir.
Dtora. (*abrev de* **directora**) Dir.
dual *adj* dual.
dualidad *f* dualidade *f*.
Dublín *n* Dublin.
ducado *m* ducado *m*.
ducha *f* ducha *f*; **tomar** *o* **darse una ~** tomar uma ducha.
duchar *vt* duchar.
◆ **ducharse** *vpr* tomar uma ducha.
dúctil *adj* dúctil.
duda *f* dúvida *f*; **no caber ~** não haver dúvida; **poner algo en ~** pôr algo em dúvida; **salir de ~s** tirar a dúvida; **sin ~** sem dúvida.
dudar <> *vi* **-1.** [desconfiar]: **~ de** duvidar de **-2.** [vacilar] hesitar. <> *vt* duvidar.
dudoso, sa *adj* **-1.** [improbable] duvidoso(sa) **-2.** [vacilante] hesitante.
duelo *m* **-1.** [dolor] luto *m* **-2.** [combate] duelo *m*.
duende *m* **-1.** [personaje] duende *m* **-2.** *fig* [encanto] encanto *m*.
dueño, ña *m, f* dono *m*, -na *f*.
Duero *n*: **el ~** O Douro.
dueto *m* MÚS dueto *m*.
dulce <> *adj* doce. <> *m* doce *m*.
◆ **dulces** *mpl* doces *mpl*.
dulcificar *vt* adoçar.
dulzura *f* doçura *f*.
duna *f* duna *f*.
dúo *m* **-1.** MÚS [composición] dueto *m* **-2.** [personas] dupla *f*; **a ~** em dupla.
duodécimo, ma *núm* duodécimo.
duodeno *m* ANAT duodeno *m*.
dúplex, duplex *m* [piso] dúplex *m*.
duplicado, da *adj* [repetido] duplicado(da).
◆ **duplicado** *m* cópia *f*; **por ~** em duas vias.
duplicar *vt* **-1.** [cantidad] duplicar **-2.** [documento] fazer cópia.
◆ **duplicarse** *vpr* duplicar.
duplo, pla *adj* duplo(pla).
◆ **duplo** *m* dobro *m*.
duque, sa *m, f* [título nobiliario] duque *m*, -sa *f*.
duración *f* duração *f*.
duradero, ra *adj* duradouro(ra).
duralex® *m* duralex® *m*.
durante *prep* durante.
durar *vi* durar.
durazno *m* ***Amér*** pêssego *m*.
dúrex *m* ***Méx*** fita *f* adesiva.
dureza *f* **-1.** [rigidez] severidade *f* **-2.** [callosidad] calosidade *f*.
duro, ra *adj* duro(ra); **ser ~ de pelar** ser duro de roer.

◆ **duro** ◇ *m* **-1.** [moneda] duro *m* **-2.** [persona] durão *m*. ◇ *adv* duro.
DVD (*abrev de* **Digital Video** *o* **Versátil Disc**) *m* DVD *m*.

E

e, E *f* [letra] e, E *m*.
ebanista *mf* marceneiro *m*, -ra *f*.
ebanistería *f* marcenaria *f*.
ébano *m* ébano *m*.
ebrio, bria *adj* ébrio(bria).
Ebro *n*: **el** ~ o Ebro.
ebullición *f* ebulição *f*.
eccema *m* eczema *m*.
echar ◇ *vt* **-1.** [a lo lejos] jogar **-2.** [alimentos] pôr **-3.** [acostar] deitar **-4.** [humo, vapor, chispas] soltar **-5.** [expulsar] expulsar **-6.** [llave, pestillo] passar **-7.** ***fam*** [condena] dar **-8.** ***fam*** [adivinar] dar **-9.** ***fam*** [en televisión, cine] exibir **-10.** *loc*: ~ **abajo** [derrumbar] pôr abaixo; ~ **de menos** [añorar] sentir saudade de. ◇ *vi* **-1.** [por lugar] seguir **-2.** : ~ **a hacer algo** [empezar a] começar a fazer algo.
◆ **echarse** *vpr* **-1.** [lanzarse]: ~**se a** jogar-se em **-2.** [acostarse] deitar-se **-3.** : ~**se a hacer algo** [empezar a] pôr-se a fazer algo.
echarpe *m* echarpe *f*.
eclesiástico, ca *adj* eclesiástico(ca).
◆ **eclesiástico** *m* eclesiástico *m*.
eclipsar *vt* eclipsar.
eclipse *m* eclipse *m*.
eco *m* eco *m*; ~**s de sociedad** coluna social; **hacerse** ~ **de** fazer-se eco de.
ecografía *f* ecografia *f*.
ecología *f* ecologia *f*.
ecológico, ca *adj* ecológico(ca).
ecologista ◇ *adj* ecologista. ◇ *mf* ecologista *mf*.
economato *m supermercado sem fins lucrativos para empregados de uma empresa.*
economía *f* economia *f*; ~ **sumergida** economia informal.
económico, ca *adj* **-1.** [gen] econômico(ca) **-2.** [barato] barato(ta).
economista *mf* economista *mf*.
economizar *vt* economizar.
ecotasa *f* ecotaxa *f*.
ecosistema *m* ecossistema *m*.
ecoturismo *m* ecoturismo *m*.
ecuación *f* MAT equação *f*.
ecuador *m* [de tierra] equador *m*.
Ecuador *n* Equador.
ecualizador *m* equalizador *m*.
ecuánime *adj* equânime.
ecuatoriano, na ◇ *adj* equatoriano(na). ◇ *m, f* equatoriano *m*, -na *f*.
ecuestre *adj* eqüestre.
eczema *m* eczema *m*.
edad *f* idade *f*; ~ **escolar** idade escolar; **Edad Media** Idade Média; ~ **del pavo** idade da bobeira; **tercera** ~ terceira idade.
edecán *m* ***Méx*** assistente *mf*.
edelweiss *m inv* edelvais *f*.
edén *m* éden *m*.
edición *f* edição *f*; ~ **de bolsillo** edição de bolso; ~ **electrónica** edição eletrônica.
edicto *m* édito *m*.
edificante *adj* edificante.
edificar *vt* edificar.
edificio *m* edifício *m*.
edil *m* vereador *m*, -ra *f*.
editar *vt* editar.
editor, ra ◇ *adj* editor(ra). ◇ *m, f* editor *m*, -ra *f*.
◆ **editor** *m* INFORM editor *m*; ~ **de textos** editor de textos.
editorial ◇ *adj* editorial. ◇ *m* editorial *m*. ◇ *f* editora *f*.
Edo. (*abrev de* **estado**) ***Méx, Ven*** Est.
edredón *m* edredom *m*.
educación *f* educação *f*; ~ **física** educação física; **buena/mala** ~ boa/má educação.
educado, da *adj* educado(da).
educador, ra *m, f* educador *m*, -ra *f*.
educar *vt* **-1.** [gen] educar **-2.** [adiestrar] treinar.
edulcorante ◇ *adj* adoçante. ◇ *m* adoçante *m*.
edulcorar *vt* adoçar.
efectivamente *adv* efetivamente.
efectividad *f* efetividade *f*.
efectivo, va *adj* efetivo(va); **hacer** ~ realizar; [pagar] pagar.
◆ **efectivo** *m*; [dinero] numerário *m* **-2.** : **en** ~ [en billetes o monedas] em espécie.
◆ **efectivos** *mpl* efetivo *m*.
efecto *m* **-1.** [gen] efeito *m*; **hacer** *o* **surtir** ~ fazer *o* surtir efeito; **a** ~**s**

de, para los ~s de com relação a; ~s especiales efeitos especiais; ~ óptico ilusão f de óptica; ~s secundarios efeitos secundários; ~s sonoros efeitos sonoros; ~s visuales efeitos visuais -2. [documento] título m.

◆ efectos mpl -1. [pertenencias] pertences mpl; ~s personales objetos mpl pessoais -2. [mercancías] mercadorias fpl.

◆ en efecto loc adv com efeito.

efectuar vt efetuar.

◆ **efectuarse** vpr efetuar-se.

efeméride f efeméride f.

◆ **efemérides** f pl efemérides fpl.

efervescencia f efervescência f.

efervescente adj efervescente.

eficacia f eficácia f.

eficaz adj eficaz.

eficiencia f eficiência f.

eficiente adj eficiente.

efímero, ra adj efêmero(ra).

efluvio m eflúvio m.

efusión f efusão f.

efusivo, va adj efusivo(va).

EGB (abrev de **enseñanza general básica**) f EDUC *de acordo com a antiga lei de ensino, estudos de ensino elementar, obrigatório e gratuito, divididos em dois ciclos, para crianças com idades entre seis e quatorze anos.*

egipcio, cia <> adj egípcio(cia). <> m, f egípcio m, -cia f.

Egipto n Egito.

egocéntrico, ca <> adj egocêntrico(ca). <> m, f egocêntrico m, -ca f.

egoísmo m egoísmo m.

egoísta <> adj egoísta. <> mf egoísta mf.

ególatra <> adj egolátrico(ca). <> mf ególatra mf.

egregio, gia adj culto egrégio(gia).

egresado, da m, f Amér formado m, -da f.

egresar vi Amér formar-se.

eh interj ei!

ej. (abrev de **ejemplo**) ex.

eje m eixo m.

ejecución f execução f.

ejecutar vt executar.

ejecutivo, va <> adj executivo(va). <> m, f [de empresa] executivo m, -va f; ~ **agresivo** executivo dinâmico.

◆ **ejecutivo** m ▻ **poder**.

◆ **ejecutiva** f [junta] executiva f.

ejem interj hum!

ejemplar <> adj exemplar. <> m exemplar m.

ejemplificar vt exemplificar.

ejemplo m exemplo m; **por** ~ por exemplo; **dar** ~ dar exemplo.

ejercer <> vt exercer. <> vi exercer; **ejerce de abogado** trabalha como advogado.

ejercicio m exercício m.

ejercitar vt [derecho] exercitar.

◆ **ejercitarse** vpr exercitar-se; ~**se en algo** exercitar-se em algo.

ejército m exército m.

ejote m CAm, Méx feijão m verde.

el, la (pl **los, las**) art -1. [con nombre] o m, a f; ~ **coche** o carro; **las niñas** as meninas; ~ **agua,** ~ **hacha,** ~ **águila** a água, o machado, a águia; ~ **amor** o amor; **la vida** a vida; **los celos** os ciúmes -2. [indica posesión] o m, a f; **se rompió la pierna** quebrou a perna; **tiene** ~ **pelo oscuro** tem o cabelo escuro -3. [con los días de la semana] no m, na f; **vuelven** ~ **sábado** voltam no sábado -4. [antes de adj] o m, a f -5. loc: ~ **de** o de; **he perdido** ~ **tren, cogeré** ~ **de las nueve** perdi o trem, vou tomar o das nove; **mi hermano y** ~ **de Juan** meu irmão e o de Juan; ~ **que** [persona cosa] o que; **coge la que quieras** pegue a que quiser.

él, ella (pl **ellos, ellas**) pron pers -1. [sujeto, predicado] ele m, ela f; **mi hermano es** ~ meu irmão é ele; **ella es una amiga de la familia** ela é uma amiga da família; ~ **me despierta con sus ladridos** ele me acorda com seus latidos -2. [complemento] ele m, ela f; **voy a ir de vacaciones con ellos** vou viajar de férias com eles -3. [posesivo]: **de** ~**/ella** dele/dela.

elaborar vt elaborar.

elasticidad f elasticidade f.

elástico, ca adj elástico(ca).

◆ **elástico** m elástico m.

◆ **elásticos** mpl suspensórios mpl.

elección f eleição f.

◆ **elecciones** fpl eleições fpl.

electo, ta adj eleito(ta).

elector, ra m, f eleitor m, -ra f.

electorado m eleitorado m.

electoral adj eleitoral.

electricidad f eletricidade f.

electricista <> adj eletricista. <> mf eletricista mf.

eléctrico, ca *adj* elétrico(ca).
electrificar *vt* eletrificar.
electrizar *vt* eletrizar.
electrocución *f* eletrocussão *f*.
electrocutar *vt* eletrocutar.
◆ **electrocutarse** *vpr* morrer eletrocutado(da).
electrodo *m* eletrodo *m*.
electrodoméstico *m* eletrodoméstico *m*.
electrógeno, na ◇ *adj* eletrógeno(na). ◇ *m* eletrógeno *m*.
electromagnético, ca *adj* eletromagnético(ca).
electrón *m* elétron *m*.
electrónico, ca *adj* eletrônico(ca).
◆ **electrónica** *f* eletrônica *f*.
elefante, ta *m, f* elefante *m*, -ta *f*.
◆ **elefante marino** *m* elefante-marinho *m*.
elegancia *f* elegância *f*.
elegante *adj* elegante.
elegía *f* elegia *f*.
elegir *vt* eleger.
elemental *adj* elementar.
elemento *m* elemento *m*.
◆ **elementos** *mpl* elementos *mpl*.
elenco *m* elenco *m*.
elepé *m* elepê *m*.
elevación *f* elevação *f*.
elevado, da *adj* elevado(da).
elevador, ra *adj* elevador(ra).
◆ **elevador** *m* **-1.** [montacargas] monta-cargas *mpl* **-2.** ***Méx*** [ascensor] elevador *m*.
elevalunas *m inv* comando *m* de acionamento dos vidros.
elevar *vt* elevar.
◆ **elevarse** *vpr* elevar-se; **~se a** elevar-se a.
elidir *vt* elidir.
eliminar *vt* eliminar.
elipse *f* GEOM elipse *f*.
élite, elite *f* elite *f*.
elitista ◇ *adj* elitista. ◇ *mf* elitista *mf*.
elixir, elíxir *m* elixir *m*.
ella ▷ él.
ellas ▷ ellos.
ello *pron neutro* isso; **no quiero hablar de ~** não quero falar disso.
ellos, ellas *pron pl* eles(las); **de ~ / ellas** [posesivo] deles/delas.
elocuencia *f* eloqüência *f*.
elocuente *adj* eloqüente.
elogiar *vt* elogiar.
elogio *m* elogio *m*.
elote *m* ***CAm, Méx*** espiga *f* de milho.
El Salvador *n* El Salvador.
elucidar *vt* elucidar.
elucubración *f* lucubração *f*.
elucubrar *vt* lucubrar.
eludir *vt* eludir.
e-mail *m* e-mail *m*; **enviar un ~** enviar um e-mail; **recibir un ~** receber um e-mail.
emanar *vi*: **~ de** emanar de.
emancipación *f* emancipação *f*.
emancipar *vt* emancipar.
◆ **emanciparse** *vpr* emancipar-se.
embadurnar *vt* lambuzar; **~ de algo** lambuzar de algo.
◆ **embadurnarse** *vpr* besuntar-se; **~se de algo** besuntar-se de algo.
embajada *f* embaixada *f*.
embajador, ra *m, f* embaixador *m*, -ra *f*.
embalaje *m* embalagem *f*.
embalar *vt* embalar.
◆ **embalarse** *vpr* embalar-se.
embalsamar *vt* embalsamar.
embalsar *vt* represar.
◆ **embalsarse** *vpr* estagnar-se.
embalse *m* [presa] represa *f*.
embarazada ◇ *adj (sólo con sust femeninos)* grávida; **dejar ~ a alguien** engravidar alguém; **estar ~ de** estar grávida de; **quedarse ~** ficar grávida. ◇ *f* grávida *f*.
embarazar *vt* **-1.** [mujer] engravidar **-2.** [impedir, molestar] incomodar.
◆ **embarazarse** *vpr* ***Amér*** engravidar-se.
embarazo *m* gravidez *f*.
embarazoso, sa *adj* embaraçoso (sa).
embarcación *f* [nave] embarcação *f*.
embarcadero *m* embarcadouro *m*.
embarcar ◇ *vt* **-1.** [para viajar] embarcar **-2.** [hacer intervenir]: **~ a alguien en algo** embarcar alguém em algo. ◇ *vi* embarcar.
◆ **embarcarse** *vpr* **-1.** [para viajar] embarcar **-2.** [intervenir]: **~se en algo** embarcar-se em algo.
embargar *vt* embargar.
embargo *m* embargo *m*.
embarque *m* embarque *m*.
embarrancar *vi* encalhar.
◆ **embarrancarse** *vpr* encalhar.
embarullar *vt fam* embaralhar.
◆ **embarullarse** *vpr* embaralhar-se.
embate *m* **-1.** [de persona] acesso *m* **-2.** [de fuerzas de la naturaleza] embate *m*.

embaucar *vt* tapear.
embeber *vt* embeber.
◆ **embeberse** *vpr* **-1.** [ensimismarse] absorver-se **-2.** [en materia] embeber-se.
embelesar *vt* extasiar.
◆ **embelesarse** *vpr* extasiar-se.
embellecedor *m* calota *f*.
embellecer *vt* embelezar.
embestida *f* investida *f*.
embestir *vt* investir.
emblema *m* emblema *m*.
emblemático, ca *adj* emblemático (ca).
embobar *vt* pasmar.
◆ **embobarse** *vpr* pasmar-se.
embocadura *f* embocadura *f*.
embolado *m fam* **-1.** [mentira, engaño] embuste *m* **-2.** [lío, follón] enrascada *f*; **meterse en um ~** meter-se em uma enrascada.
embolia *f* MED embolia *f*.
émbolo *m* êmbolo *m*.
embolsar *vt* [poner en bolsas] empacotar.
◆ **embolsarse** *vpr* [ganarse, cobrar] embolsar.
embonar *vt* ***Andes, Cuba, Méx fam*** **-1.** [ajustar] ajustar **-2.** [abonar] adubar **-3.** [ensamblar] juntar.
emborrachar *vt* embriagar.
◆ **emborracharse** *vpr* embriagar-se.
emborronar *vt* **-1.** [hacer borrones] borrar **-2.** [escribir de prisa] garatujar.
emboscada *f* emboscada *f*; **tender una ~ a alguien** preparar uma emboscada.
embotar *vt* embotar.
embotellado, da *adj* engarrafado (da).
◆ **embotellado** *m* engarrafamento *m*.
embotellamiento *m* engarrafamento *m*.
embotellar *vt* engarrafar.
embozar *vt* [conducto] obstruir.
◆ **embozarse** *vpr* **-1.** [conducto] obstruir-se **-2.** [encubrirse, disfrazarse] embuçar-se.
embragar *vi* embrear.
embrague *m* embreagem *f*.
embriagar *vt* embriagar.
◆ **embriagarse** *vpr* embriagar-se.
embriaguez *f* embriaguez *f*.
embrión *m* embrião *m*.
embrollar *vt* embrulhar.
◆ **embrollarse** *vpr* embrulhar-se.
embrollo *m* embrulhada *f*.
embromar *vt* ***Andes, Carib, RP*** **-1.** [fastidiar] irritar **-2.** [estropear - máquina, objeto] quebrar; [- fiesta, vacaciones] estragar.
embrujar *vt* enfeitiçar.
embrujo *m* feitiço *m*.
embrutecer *vt* embrutecer.
◆ **embrutecerse** *vpr* embrutecer-se.
embuchado, da *adj* embutido(da).
embuchar *vt* **-1.** ***fam*** [comer] embuchar **-2.** ***Esp*** [embutir] embutir.
embudo *m* funil *m*.
embuste *m* embuste *m*.
embustero, ra ◇ *adj* embusteiro (ra). ◇ *m, f* embusteiro *m*, -ra *f*.
embutido *m* [comida] embutido *m*.
embutir *vt* **-1.** [rellenar con carne] rechear **-2.** ***fig*** [introducir] introduzir.
emergencia *f* emergência *f*.
emerger *vi* emergir.
emigración *f* **-1.** [de aves] migração *f* **-2.** [de personas] emigração *f*.
emigrante *mf* emigrante *mf*.
emigrar *vi* **-1.** [ave] migrar **-2.** [persona] emigrar.
eminencia *f* [persona] eminência *f*.
◆ **Eminencia** *f*: **Su ~** Sua Eminência.
eminente *adj* eminente.
emir *m* emir *m*.
emirato *m* emirado *m*.
Emiratos Árabes Unidos *npl*: **los ~** os Emirados Árabes Unidos.
emisario, ria *m, f* emissário *m*, -ria *f*.
emisión *f* emissão *f*.
emitir ◇ *vt* emitir. ◇ *vi* emitir.
emoción *f* emoção *f*.
emocionante *adj* emocionante.
emocionar *vt* emocionar.
◆ **emocionarse** *vpr* emocionar-se.
emotivo, va *adj* **-1.** [acción] comovente **-2.** [persona] emotivo(va).
empacar *vi* ***Amér*** empacotar.
empachar *vt* empachar.
◆ **empacharse** *vpr* empachar-se.
empacho *m* empacho *m*.
empadronar *vt* recensear.
◆ **empadronarse** *vpr* recensear.
empalagar *vt* enjoar.
◆ **empalagarse** *vpr* enfastiar-se.
empalagoso, sa *adj* enjoativo(va).
empalizada *f* paliçada *f*.
empalmar ◇ *vt* **-1.** [unir] acoplar **-2.** [enlazar] encadear. ◇ *vi* **-1.** [me-

dios de transporte] conectar-se **-2.** [sucederse] encadear-se.
empalme *m* **-1.** [acción] acoplamento *m* **-2.** [punto de unión] encaixe *m* **-3.** [carretera] entroncamento *m*.
empanada *f* CULIN empanada *f*; **~ gallega** empanada galega; **~ mental** *fam* confusão *f* mental.
empanadilla *f* pastel *m*.
empanar *vt* CULIN empanar.
empantanar *vt* empantanar.
◆ **empantanarse** *vpr* empantanar-se.
empañar *vt* **-1.** [cristal] embaçar **-2.** [reputación] embaciar.
◆ **empañarse** *vpr* embaçar-se.
empapar *vt* encharcar.
◆ **empaparse** *vpr* encharcar-se.
empapelar *vt* **-1.** [pared, casa] empapelar **-2.** *fam* [persona] processar.
empaque *m* *Méx* [en paquetes, bolsas, cajas] empacotamento *m*; [en latas] enlatamento *m*; [en botellas] engarrafamento *m*.
empaquetar *vt* empacotar.
emparedado, da *adj* emparedado (da).
◆ **emparedado** *m* *sanduíche com pão de fôrma*.
emparedar *vt* emparedar.
emparejar *vt* emparelhar.
◆ **emparejarse** *vpr* acasalar.
emparentar *vi* aparentar.
emparrar *vt* enramar.
empastar *vt* obturar.
empaste *m* obturação *f*.
empatar *vi* empatar; **~ a** empatar em.
empate *m* [igualdad] empate *m*; **un ~ a cero** um empate de zero a zero.
empecinarse *vpr* obstinar-se; **~ en hacer algo** obstinar-se em fazer algo.
empedernido, da *adj* empedernido(da).
empedrado *m* calçamento *m*.
empedrar *vt* pavimentar.
empeine *m* **-1.** ANAT peito *m* do pé **-2.** [de zapato] gáspea *f*.
empeñado, da *adj* empenhado(da).
empeñar *vt* empenhar.
◆ **empeñarse** *vpr* **-1.** [obstinarse] insistir; **~se en hacer algo** insistir em fazer algo **-2.** [endeudarse] endividar-se.
empeño *m* **-1.** [de objeto] penhor *m* **-2.** [obstinación] empenho *m*; **morir en el ~** dar sua vida por algo.
empeorar *vi* piorar.
empequeñecer *vt* minimizar.
emperador, ratriz *m, f* [persona] imperador *m*, -ratriz *f*.
◆ **emperador** *m* [pez] espadarte *m*.
emperifollar *vt* *fam* emperiquitar.
◆ **emperifollarse** *vpr* *fam* emperiquitar-se.
emperrarse *vpr* *fam* obstinar-se; **~ en hacer algo** teimar em fazer algo.
empezar ◇ *vt* começar. ◇ *vi* começar; **~ a hacer algo** começar a fazer algo; **~ por hacer algo** começar por fazer algo; **para ~** para começar.
empinado, da *adj* [en pendiente] inclinado(da).
empinar *vt* **-1.** [inclinar] inclinar **-2.** [levantar] empinar **-3.** *loc*: **~ el codo** *fam* encher a cara.
◆ **empinarse** *vpr* **-1.** [animal] empinar-se **-2.** [persona] colocar-se na ponta dos pés **-3.** *mfam* [miembro viril] ficar com tesão.
empírico, ca ◇ *adj* empírico(ca). ◇ *m, f* empirista *mf*.
emplasto *m* FARM emplastro *m*.
emplazamiento *m* **-1.** [ubicación] localização *f* **-2.** DER citação *f*.
emplazar *vt* **-1.** [situar] instalar **-2.** DER intimar.
empleado, da *m, f* empregado *m*, -da *f*.
emplear *vt* empregar; **~ algo en hacer algo** empregar algo em fazer algo.
empleo *m* emprego *m*; **estar sin ~** estar sem emprego
empobrecer *vt* empobrecer.
◆ **empobrecerse** *vpr* empobrecer-se.
empollar ◇ *vt* **-1.** [huevo] chocar **-2.** *Esp fam* [estudiar] matar-se de estudar. ◇ *vi* *Esp fam* queimar as pestanas.
◆ **empollarse** *vpr* *Esp fam* matar-se de estudar.
empollón, llona *Esp fam* ◇ *adj* cê-dê-efe. ◇ *m, f* cê-dê-efe *mf*.
empolvarse *vpr* empoar-se.
emporio *m* centro *m* comercial.
emporrarse *vpr* *fam* fumar baseado.
empotrado, da *adj* embutido(da).
empotrar *vt* embutir.
emprendedor, ra *adj* empreendedor(ra).
emprender *vt* empreender.

empresa *f* empresa *f*; ~ **libre, libre** ~ livre empresa; **pequeña y mediana** ~**s** pequena e média empresas.
empresarial *adj* empresarial.
◆ **empresariales** *fpl* administração *f* de empresas.
empresario, ria *m, f* empresário *m*, -ria *f*.
empréstito *m* empréstimo *m*.
empujar *vt* **-1.** [impulsar] empurrar **-2.** [incitar]: ~ **a alguien a que haga algo** impelir alguém a que faça algo.
empuje *m* **-1.** [impulso] impulso *m* **-2.** [energía] impulso *m*.
empujón *m* **-1.** [empellón] empurrão *m*; **a empujones** a empurrões; **dar un** ~ dar um empurrão **-2.** *fig* [impulso] empurrão *m*; **dar un** ~ dar um empurrão.
empuñadura *f* empunhadura *f*, punho *m*.
empuñar *vt* empunhar.
emular *vt* [imitar] imitar.
emulsión *f* emulsão *f*.
en *prep* **-1.** [lugar en el interior] em; **viven** ~ **la capital** moram na capital **-2.** [sobre la superficie] em; ~ **el plato** no prato; ~ **la mesa** na mesa **-3.** [punto concreto] em; ~ **casa** em casa; ~ **el trabajo** no trabalho **-4.** [dirección] em; **el avión cayó** ~ **el mar** o avião caiu no mar; **entraron** ~ **la habitación** entraram no quarto **-5.** [tiempo] em; **llegará** ~ **mayo** chegará em maio; **llegará** ~ **Navidades** chegará no Natal; **nació** ~ **1940** nasceu em 1940; **nació** ~ **sábado** nasceu num sábado; ~ **un par de días** em dois dias **-6.** [medio de transporte] de; **ir** ~ **coche/tren/avión/barco** ir de carro/trem/avião/barco **-7.** [modo] em; **lo dijo** ~ **inglés** disse-o em inglês; **todo se lo gasta** ~ **ropa** ele gasta tudo em roupa; ~ **voz baja** em voz baixa **-8.** [precio] em; **las ganancias se calculan** ~ **millones** os lucros são calculados em milhões; **te lo dejo** ~ **50 euros** para você faço por 50 euros **-9.** [asunto] em; **es un experto** ~ **matemáticas** é perito em matemática; **es doctor** ~ **medicina** é doutor em medicina **-10.** [calidad] em, em termos de; **rápido** ~ **actuar** rápido ao agir; **le supera** ~ **inteligencia** supera-o em inteligência.
enagua *f (gen pl)* anágua *f*.
enajenación *f*, **enajenamiento** *m* alienação *f*.
enajenar *vt* alienar.
enaltecer *vt* enaltecer.
enamoradizo, za *adj* namorador (ra).
enamorado, da ◇ *adj* apaixonado(da); **estar** ~ **(de)** estar apaxionado (por). ◇ *m, f* namorado *m*, -da *f*; **el día de los** ~**s** o dia dos namorados.
enamorar *vt* seduzir.
◆ **enamorarse** *vpr* apaixonar-se; ~**se de** apaixonar-se por.
enano, na ◇ *adj* anão (anã). ◇ *m, f* anão *m*, anã *f*.
enarbolar *vt* arvorar.
enardecer *vt* inflamar.
encabezamiento *m* cabeçalho *m*.
encabezar *vt* encabeçar.
encabritarse *vpr* **-1.** [gen] empinar-se **-2.** *fam* [persona] irritar-se.
encadenar *vt* **-1.** [gen] acorrentar **-2.** [enlazar] encadear.
encajar ◇ *vt* **-1.** [cosa] encaixar **-2.** [palabras] proferir **-3.** [ataque] atacar **-4.** [desgracia] aceitar. ◇ *vi* **-1.** [gen] encaixar **-2.** [ir bien] ajustar-se.
encaje *m* **-1.** [ajuste] encaixe *m* **-2.** [tejido] renda *f*.
encalar *vt* caiar.
encallar *vi* encalhar.
◆ **encallarse** *vpr fig* encalhar.
encaminar *vt* encaminhar.
◆ **encaminarse** *vpr*: ~**se a** *o* **hacia** encaminhar-se a *o* em direção a.
encandilar *vt* fascinar.
◆ **encandilarse** *vpr* fascinar-se.
encantado, da *adj* encantado(da); ~ **de conocerle** encantado em conhecê-lo.
encantador, ra *adj* encantador(ra).
encantar *vt* **-1.** [embrujar] encantar **-2.** [gustar]: ~ **a alguien algo/hacer algo** adorar algo/fazer algo.
encanto *m* **-1.** [atractivo] encanto *m*; **ser un** ~ ser um encanto **-2.** [apelativo cariñoso] querido *m*, -da *f*.
◆ **encantos** *mpl* encantos *mpl*.
encañonar *vt* apontar.
encapotado, da *adj* encoberto(ta).
encapotarse *vpr* encobrir-se.
encapricharse *vpr* apaixonar-se.
encapuchado, da ◇ *adj* encapuzado(da). ◇ *m, f* encapuzado *m*, -da *f*.
encapuchar *vt* encapuzar.
◆ **encapucharse** *vpr* encapuzar-se.

encarado, da *adj* encarado(da); **bien/mal ~** bem/mal encarado.
encaramar *vt* empoleirar.
◆ **encaramarse** *vpr* empoleirar-se.
encarar *vt* **-1.** [gen] confrontar **-2.** [hacer frente a] encarar.
◆ **encararse** *vpr* [oponer resistencia]: **~se a** *o* **con** confrontar-se com.
encarcelar *vt* encarcerar.
encarecer *vt* encarecer.
◆ **encarecerse** *vpr* encarecer.
encarecimiento *m* encarecimento *m*; **con ~** [con empeño] com insistência.
encargado, da ◇ *adj* encarregado(da). ◇ *m, f* encarregado *m*, -da *f*.
encargar *vt* **-1.** [poner al cargo]: **~ algo a alguien** encarregar alguém de algo; **~ a alguien que haga algo** encarregar alguém que faça algo **-2.** [pedir] encomendar.
◆ **encargarse** *vpr* **-1.** [pedir] encomendar **-2.** [ocuparse]: **~se de algo/hacer algo** encarregar-se de algo/fazer algo.
encargo *m* encomenda *f*; **por ~** por encomenda.
encariñarse *vpr*: **~ con** afeiçoar-se a *o* por.
encarnación *f* [personificación] encarnação *f*.
encarnado, da *adj* **-1.** [personificado] encarnado(da) **-2.** [rojo] encarnado(da).
◆ **encarnado** *m* encarnado *m*.
encarnar *vt* encarnar.
◆ **encarnarse** *vpr* RELIG encarnar-se.
encarnizado, da *adj* encarniçado(da).
encarnizarse *vpr* encarniçar-se.
encarrilar *vt* encarrilhar.
◆ **encarrilarse** *vpr* encaminhar-se.
encasillar *vt* classificar.
encasquetar *vt* [sombrero] encasquetar.
◆ **encasquetarse** *vpr* [sombrero] encasquetar-se.
encasquillarse *vpr* entalar-se.
encauzar *vt* canalizar.
encebollado *m* CULIN acebolado(da).
encéfalo *m* ANAT encéfalo *m*.
encender *vt* **-1.** [vela, lámpara, cigarrillo] acender **-2.** [estufa, televisor] ligar.
◆ **encenderse** *vpr* ligar.
encendido, da *adj* aceso(sa).
◆ **encendido** *m* acendimento *m*.
encerado, da *adj* encerado(da).
◆ **encerado** *m* **-1.** [acción] enceramento *m* **-2.** [para escribir] quadro-negro *m*.
encerar *vt* encerar.
encerrar *vt* encerrar.
◆ **encerrarse** *vpr* encerrar-se.
encerrona *f* [trampa] cilada *f*.
encestar *vt* DEP encestar.
enceste *m* DEP cesta *f*.
encharcar *vt* encharcar.
◆ **encharcarse** *vpr* encharcar-se.
enchastrar *vt* **RP fam** fazer sujeira.
enchilada *f* **Méx** *tortilha recheada, assada com chile.*
enchilarse *vpr* **CAm, Méx fam -1.** [con chile] *sentir a boca arder por ter comido a pimenta chile* **-2.** [enfadarse] enfezar-se.
enchinar *vt* **Méx** fazer permanente.
◆ **enchinarse** *vpr* fazer permanente.
enchironar *vt* **fam**: **~ a alguien** meter alguém no xadrez.
enchufado, da **Esp fam** ◇ *adj* protegido(da). ◇ *m, f* protegido *m*, -da *f*.
enchufar *vt* **-1.** [aparato eléctrico] ligar na tomada **-2.** **Esp fam** [persona] encaixar.
enchufe *m* **-1.** [de aparato eléctrico] tomada *f* **-2.** **Esp fam** [de persona] apadrinhamento *m*.
encía *f* gengiva *f*.
encíclica *f* encíclica *f*.
enciclopedia *f* enciclopédia *f*.
encierro *m* **-1.** [acción] confinamento *m* **-2.** [de un toro] *festa popular em que os touros são conduzidos por via pública até o local da tourada.*
encima *adv* **-1.** [lugar] em cima; **por ~** por cima **-2.** [además] ainda por cima **-3.** [sobre sí] consigo.
◆ **encima de** *loc prep* **-1.** [lugar] em cima de; **estar ~ de alguien** estar em cima de alguém **-2.** [además] além de.
◆ **por encima de** *loc prep* [de cosa - material] por cima de; [- no material] acima de.
encina *f* azinheira *f*.
encinta *adj*: **estar ~** estar grávida.
enclaustrarse *vpr* enclaustrar-se.
enclave *m* encrave *m*.
enclenque *adj* doentio(a).
encoger ◇ *vt* encolher. ◇ *vi* encolher.
◆ **encogerse** *vpr* encolher.

encogido, da *adj* encolhido(da).
encolar *vt* colar.
encolerizar *vt* encolerizar.
◆ **encolerizarse** *vpr* encolerizar-se.
encomendar *vt* encomendar.
◆ **encomendarse** *vpr* encomendar-se.
encomiar *vt* encomiar.
encomienda *f* [encargo] encomenda *f*.
encono *m* animosidade *f*.
encontrado, da *adj* desencontrado(da).
encontrar *vt* encontrar.
◆ **encontrarse** *vpr* **-1.** [gen]: **~se (con)** encontrar-se (com) **-2.** ***Amér*** [estar en casa] estar.
encontronazo *m* **-1.** [entre vehículos] choque *m*, batida *f* **-2.** [entre personas] encontrão *m*.
encopetado, da *adj* ***fig*** presunçoso (sa).
encorvar *vt* encurvar.
◆ **encorvarse** *vpr* encurvar-se.
encrespar *vt* encrespar.
encrucijada *f* encruzilhada *f*.
encuadernación *f* encadernação *f*; **~ en rústica/en pasta** encadernação em brochura/capa dura.
encuadernador, ra *m, f* encadernador *m*, -ra *f*.
encuadernar *vt* encadernar.
encuadrar *vt* enquadrar.
encuadre *m* **-1.** [enfoque] enquadramento *m* **-2.** [dispositivo] controle *m* de ajuste de imagem.
encubierto, ta ◇ *pp irreg* ▷ **encubrir.** ◇ *adj* encoberto(ta).
encubridor, ra ◇ *adj* acobertador(ra). ◇ *m, f* acobertador *m*, -ra *f*.
encubrir *vt* acobertar, encobrir.
encuentro *m* encontro *m*.
encuesta *f* **-1.** [de opinión] pesquisa *f* de opinião **-2.** [investigación] interrogatório *m*.
encuestador, ra *m, f pessoa que recolhe dados em pesquisa de opinião.*
encuestar *vt* **-1.** [suj: agencia] fazer uma enquete com **-2.** [suj: policía] interrogar.
encumbrado, da *adj* elevado(da).
encumbrar *vt* ascender, elevar.
◆ **encumbrarse** *vpr* **-1.** [persona] ascender **-2.** [cosa] elevar-se.
endeble *adj* **-1.** [débil] frágil **-2.** ***fig*** [sin valor] fraco(ca).
endémico, ca *adj* endêmico(ca).
endemoniado, da ◇ *adj* **-1.** [gen] endemoniado(da) **-2.** [desagradable] horrível. ◇ *m, f* endemoniado *m*, -da *f*.
enderezar *vt* endireitar.
◆ **enderezarse** *vpr* endireitar-se.
endeudamiento *m* endividamento *m*.
endeudarse *vpr* endividar-se.
endiablado, da *adj* endiabrado(da).
endibia = **endivia**.
endilgar *vt* ***fam*** lascar.
endiñar *vt* **-1.** ***fam*** [pegar] meter **-2.** [endosar] empurrar.
endivia, endibia *f* endívia *f*.
endocrino, na ◇ *adj* endócrino (na). ◇ *m, f* endocrinologista *mf*.
endomingado, da *adj* endomingado(da).
endomingar *vt* endomingar.
◆ **endomingarse** *vpr* endomingar-se.
endosar *vt* endossar.
endulzar *vt* adoçar.
endurecer *vt* endurecer.
enemigo, ga ◇ *adj* inimigo *m*, -ga *f*. ◇ *m, f* inimigo *m*, -ga *f*.
◆ **enemigo** *m* MIL inimigo *m*.
enemistad *f* inimizade *f*.
enemistar *vt* inimizar.
◆ **enemistarse** *vpr* inimizar-se.
energético, ca *adj* energético(ca).
energía *f* energia *f*.
enérgico, ca *adj* enérgico(ca).
energúmeno, na *m, f* energúmeno *m*, -na *f*.
enero *m* janeiro *m*; ***ver también*** **setiembre**.
enervar *vt* enervar.
enésimo, ma *adj* enésimo(ma).
enfadar *vt* aborrecer, irritar.
◆ **enfadarse** *vpr* aborrecer-se, irritar-se; **~se por algo** aborrecer-se *o* irritar-se por algo; **~se con alguien** aborrecer-se *o* irritar-se com alguém.
enfado *m* aborrecimento *m*, irritação *f*.
enfangar *vt* enlamear.
◆ **enfangarse** *vpr* enlamear-se.
énfasis *m* ênfase *f*.
enfático, ca *adj* enfático(ca).
enfatizar *vt* enfatizar.
enfermar ◇ *vt* **-1.** [contagiar] contaminar **-2.** ***fig*** [irritar] irritar. ◇ *vi* [ponerse enfermo] adoecer.
◆ **enfermarse** *vpr* adoecer.

enfermedad *f* doença *f*, enfermidade *f*; ~ **de Creutzfeldt-Jakob** doença *f* de Creutzfeldt-Jakob.
enfermería *f* enfermaria *f*.
enfermero, ra *m, f* enfermeiro *m*, -ra *f*.
enfermizo, za *adj* doentio(a).
enfermo, ma ◇ *adj* doente. ◇ *m, f* doente *mf*, enfermo *m*, -ma *f*.
enfervorizar *vt* afervorar.
enfilar ◇ *vt* **-1.** [dirección] enfiar **-2.** [apuntar] apontar. ◇ *vi*: ~ **hacia** enfiar na direção de.
enflaquecer ◇ *vt* enfraquecer. ◇ *vi* enfraquecer.
enfocar *vt* focalizar.
enfoque *m* **-1.** [de imagen] foco *m* **-2.** [de asunto] enfoque *m*.
enfrascado, da *adj* concentrado (da).
enfrascarse *vpr*: ~ **en** engalfinhar-se em.
enfrentar *vt* enfrentar.
◆ **enfrentarse** *vpr* **-1.** [ponerse frente a frente] enfrentar-se **-2.** [oponer] enfrentar.
enfrente *adv* **-1.** [delante] em frente; ~ **de** em frente de **-2.** [en contra] contra.
enfriamiento *m* **-1.** [catarro] resfriado *m* **-2.** [acción] esfriamento *m*.
enfriar *vt* esfriar.
◆ **enfriarse** *vpr* resfriar-se.
enfundar *vt* embainhar.
◆ **enfundarse** *vpr* enfiar-se.
enfurecer *vt* enfurecer.
◆ **enfurecerse** *vpr* enfurecer-se.
enfurruñarse *vpr fam* chatear-se.
engalanar *vt* enfeitar.
◆ **engalanarse** *vpr* enfeitar-se.
enganchar *vt* **-1.** [sujetar] engatar **-2.** *fam* [persona] catar.
◆ **engancharse** *vpr* **-1.** [prenderse] enganchar em **-2.** [alistarse] alistar-se **-3.** [a droga] viciar-se em.
enganche *m* **-1.** [de trenes] engate *m* **-2.** *Méx* [de dinero] entrada *f*; **de** ~ de entrada.
engañabobos *m inv* **-1.** [cosa] tapeação *f* **-2.** [persona] espertalhão *m*, -na *f*.
engañar *vt* enganar.
◆ **engañarse** *vpr* enganar-se.
engañifa *f fam* conto-do-vigário *m*.
engaño *m* engano *m*.
engañoso, sa *adj* enganoso(sa).
engarzar *vt* **-1.** [formar cadena] engranzar **-2.** [engastar] engastar **-3.** [enlazar] encadear.
engatusar *vt fam* enrolar.
engendrar *vt* engendrar.
engendro *m* **-1.** [ser deforme] mostrengo *m* **-2.** *fam* [obra de mala calidad] porcaria *f*.
englobar *vt* englobar.
engomar *vt* **-1.** [pegar] colar **-2.** [poner apresto] engomar.
engorda *f* *Chile, Méx* engorda *f*; **de** ~ de engorda.
engordar ◇ *vt* engordar. ◇ *vi* engordar.
◆ **engordarse** *vpr* engordar.
engorro *m* estorvo *m*.
engorroso, sa *adj* enfadonho(nha), chato(ta).
engrampadora *f RP* grampeador *m*.
engrampar *vt RP* grampear.
engranaje *m* engrenagem *f*.
engranar *vt* **-1.** [piezas] engrenar **-2.** [ideas] encadear.
engrandecer *vt* engrandecer.
◆ **engrandecerse** *vpr* engrandecer-se.
engrasar *vt* engraxar.
engreído, da ◇ *adj* convencido (da), vaidoso(sa). ◇ *m, f* convencido *m*, -da *f*.
engrescar *vt* atiçar.
◆ **engrescarse** *vpr* engalfinhar-se.
engrosar *vt* [aumentar] engrossar.
engullir *vt* engolir.
enharinar *vt* enfarinhar.
enhebrar *vt* **-1.** [con hilo] *enfiar a linha em* **-2.** [unir] engranzar **-3.** [palabras] enfiar.
enhorabuena ◇ *f* parabéns *mpl*; **dar la** ~ dar os parabéns. ◇ *interj* parabéns!
enigma *m* enigma *m*.
enigmático, ca *adj* enigmático(ca).
enjabonar *vt* **-1.** [dar jabón] ensaboar **-2.** [dar coba] engraxar.
enjambre *m* enxame *m*.
enjaular *vt* engaiolar.
enjoyar *vt* enfeitar com jóias.
◆ **enjoyarse** *vpr* enfeitar-se com jóias.
enjuagar *vt* enxaguar.
◆ **enjuagarse** *vpr* bochechar.
enjuague *m* bochecho *m*.
enjugar *vt* enxugar.
enjuiciar *vt* julgar.
enjuto, ta *adj* [delgado] enxuto(ta).
enlace *m* **-1.** [gen] enlace *m* **-2.** [persona] intermediário *m*, -ria *f*; ~ **sindi-**

cal representante *m* sindical **-3.** [unión] ligação *f* **- 4.** [empalme] conexão *f*.
enlatar *vt* enlatar.
enlazar ◇ *vt* [combinar]: ~ **algo con algo** enlaçar algo com algo. ◇ *vi* fazer conexão.
◆ **enlazarse** *vpr* enlaçar-se.
enlodar *vt* enlamear.
enloquecer ◇ *vt* enlouquecer. ◇ *vi* enlouquecer.
enlutado, da *adj* enlutado(da).
enmadrarse *vpr* apegar-se à mãe.
enmarañar *vt* emaranhar.
enmarcar *vt* emoldurar.
enmascarado, da ◇ *adj* mascarado(da). ◇ *m, f* mascarado *m*, -da *f*.
enmascarar *vt* mascarar.
enmendar *vt* emendar.
◆ **enmendarse** *vpr*: **~se (de)** emendar-se (de).
enmienda *f* emenda *f*.
enmohecer *vt* embolorar.
◆ **enmohecerse** *vpr* embolorar.
enmoquetar *vt* carpetar.
enmudecer ◇ *vt* emudecer. ◇ *vi* emudecer.
ennegrecer *vt* enegrecer.
◆ **ennegrecerse** *vpr* enegrecer-se.
ennoblecer *vt* enobrecer.
enojadizo, za *adj* irritadiço(ça).
enojar *vt* irritar, aborrecer.
◆ **enojarse** *vpr* irritar-se, aborrecer-se; **~se por algo** irritar-se *o* aborrecer-se por algo; **~se con alguien** irritar-se *o* aborrecer-se com alguém.
enojo *m* **-1.** [cólera] irritação *f*, aborrecimento *m* **- 2.** [molestia] moléstia *f*.
enojoso, sa *adj* irritante, aborrecedor(ra).
enorgullecer *vt* orgulhar.
◆ **enorgullecerse** *vpr*: **~se (de)** orgulhar-se (de).
enorme *adj* enorme.
enormidad *f* enormidade *f*.
enrabiar *vt* enraivecer.
◆ **enrabiarse** *vpr*: **~se por algo** enraivecer-se por algo; **~se con alguien** enraivecer-se com alguém.
enraizar *vi* enraizar.
enramada *f* **-1.** [conjunto de ramas] rama *f* **- 2.** [cobertizo de ramas] enramada *f*.
enrarecer *vt* rarefazer.
◆ **enrarecerse** *vpr* rarefazer-se.
enredadera ◇ *adj* trepadeira *f*. ◇ *f* trepadeira *f*.
enredar ◇ *vt* **-1.** [enmarañar] emaranhar **- 2.** [entretener] distrair **- 3.** [complicar] enredar. ◇ *vi* aprontar.
◆ **enredarse** *vpr* **-1.** [suj: plantas] enredar-se **-2.** [empezar] lançar-se **-3.** : **~se con alguien** *fam* [amancebarse] amancebar-se com alguém.
enredo *m* **-1.** [maraña] emaranhado *m* **- 2.** [asunto peligroso] embrulho *m* **- 3.** [relaciones] caso *m* **- 4.** [en literatura] enredo *m*.
◆ **enredos** *mpl* tralha *f*.
enrejado *m* **-1.** [de rejas] grade *f* **- 2.** [de cañas] gradil *m*.
enrevesado, da *adj* arrevesado(da).
enriquecer *vt* enriquecer.
◆ **enriquecerse** *vpr* enriquecer-se.
enrojecer ◇ *vt* **-1.** [cosa] avermelhar **-2.** [persona] ruborizar. ◇ *vi* ruborizar.
◆ **enrojecerse** *vpr* ruborizar-se.
enrolar *vt* convocar.
◆ **enrolarse** *vpr*: **~se en** alistar-se em.
enrollar *vt* **-1.** [hacer rollo] enrolar **-2.** *fam* [agradar]: **este grupo de música me enrolla mucho** amarro-me neste grupo de música.
◆ **enrollarse** *vpr* *fam* **-1.** [tener relación] envolver-se **-2.** [hablar] enrolar-se.
enroscar *vt* **-1.** [atornillar] rosquear **- 2.** [dar forma de rosca] enroscar.
ensaimada *f* CULIN *bolo de massa folheada em forma de espiral, típica de Mallorca.*
ensalada *f* salada *f*.
ensaladera *f* saladeira *f*.
ensaladilla *f*: ~ **(rusa)** salada *f* russa.
ensalzar *vt* exaltar.
ensambladura *f*, **ensamblaje** *m* montagem *f*.
ensamblar *vt* **-1.** [cosas] encaixar **- 2.** INFORM [programa] montar.
ensanchar *vt* alargar.
ensanche *m* **-1.** [acción] alargamento *m* **-2.** [en ciudad] *zona de extensão urbana.*
ensangrentado, da *adj* ensangüentado(da).
ensangrentar *vt* ensangüentar.
ensañarse *vpr* encarniçar-se.
ensartar *vt* **-1.** [con hilo] enfiar **- 2.** [con objeto punzante] trespassar.
ensayar ◇ *vt* **-1.** [espectáculo] en-

saiar **-2.** [comprobar] testar. ◇ *vi* ensaiar.

ensayista *mf* ensaista *mf.*

ensayo *m* **-1.** [gen] ensaio *m* **-2.** [prueba] teste *m.*

enseguida *adv* em seguida.

ensenada *f* enseada *f.*

enseña *f* insígnia *f.*

enseñanza *f* ensino *m*; **~ superior** ensino superior; **primera ~, ~ primaria** ensino primário; **segunda ~, ~ media** ensino secundário.

◆ **enseñanzas** *fpl* ensinamentos *mpl.*

enseñar *vt* **-1.** [gen] ensinar **-2.** [mostrar] mostrar **-3.** [indicar] indicar **-4.** [dejar ver] deixar ver.

enseres *mpl* utensílios *mpl.*

ensillar *vt* encilhar.

ensimismarse *vpr* ensimesmar-se.

ensombrecer *vt* ensombrecer.

◆ **ensombrecerse** *vpr* ensombrecer-se.

ensoñación *f* fantasia *f.*

ensopar *vt* ***Andes, RP, Ven*** ensopar.

ensordecer ◇ *vt* ensurdecer. ◇ *vi* ensurdecer.

ensortijar *vt* encrespar.

ensuciar *vt* sujar.

◆ **ensuciarse** *vpr* sujar-se.

ensueño *m* [ilusión] sonho *m*; **de ~** de sonho.

entablado *m* tablado *m.*

entablar *vt* **-1.** [gen] entabuar **-2.** [entablillar] entalar.

entablillar *vt* entalar.

entallar ◇ *vt* **-1.** [prenda] ajustar **-2.** [madera] entalhar. ◇ *vi* ajustar-se.

entarimado *m* estrado *m.*

ente *m* **-1.** [ser] ente *m* **-2.** [corporación] entidade *f*; **~ público** entidade pública **-3.** ***fam*** [persona ridícula] figura *f.*

entelequia *f* **-1.** FILOSOFÍA enteléquia *f* **-2.** [fantasía] quimera *f.*

entendederas *fpl* ***fam*** inteligência *f*; **ser corto de ~** ser curto de idéias.

entender ◇ *m*: **a mi ... ~** no meu entender. ◇ *vt* **-1.** [gen] entender; **dar a ~ que** dar a entender que **-2.** [creer] achar **-3.** [juzgar]: **yo no entiendo las cosas así** eu não vejo as coisas desse modo. ◇ *vi*: **~ de** *o* **en algo** entender de algo.

◆ **entenderse** *vpr* **-1.** [gen] entender-se **-2.** [comprenderse] entender.

entendido, da ◇ *adj* entendido (da). ◇ *m, f* entendido *m*, -da *f.*

entendimiento *m* discernimento *m.*

entente *f* entente *f*, acordo *m.*

enterado, da ◇ *adj* inteirado(da); **no darse por ~** fazer-se de desentendido. ◇ *m, f* entendido *m*, -da *f.*

enterar *vt*: **~ a alguien de algo** inteirar alguém de algo.

◆ **enterarse** *vpr* **~se (de algo)** inteirar-se (de algo).

entereza *f* inteireza *f.*

enternecer *vt* enternecer.

◆ **enternecerse** *vpr* enternecer-se.

entero, ra *adj* **-1.** [completo] inteiro (ra) **-2.** [sereno] sereno(na).

◆ **entero** *m* **-1.** BOLSA ponto *m* **-2.** ***CSur*** [ropa] macacão *m.*

enterrador, ra *m, f* coveiro *m*, -ra *f.*

enterrar *vt* enterrar.

◆ **enterrarse** *vpr* ***fig*** enterrar-se.

entibiar *vt* **-1.** [alimento] amornar **-2.** [sentimiento] arrefecer.

◆ **entibiarse** *vpr* **-1.** [habitación] amornar-se **-2.** [sentimiento] arrefecer.

entidad *f* **-1.** [gen] entidade *f* **-2.** [importancia] importância *f.*

entierro *m* enterro *m.*

entlo. (*abrev de* **entresuelo**) sl.

entoldado *m* toldo *m.*

entomología *f* entomologia *f.*

entonación *f* entonação *f.*

entonar ◇ *vt* **-1.** [cantar] entoar **-2.** [tonificar] tonificar. ◇ *vi* **-1.** [al cantar] entoar **-2.** [armonizar]: **~ (con)** combinar (com).

entonces *adv* então; **en** *o* **por aquel ~** naquele tempo.

entontecer ◇ *vt* estontear. ◇ *vi* embrutecer.

entornar *vt* entreabrir.

entorno *m* ambiente *m*; **~ informático** ambiente informático.

entorpecer *vt* **-1.** [gen] entorpecer **-2.** [dificultar] dificultar.

entrada *f* [gen] entrada *f*; **sacar una ~** comprar uma entrada; **de ~** para começar.

entrado, da *adj* iniciado(da); **~ en años** entrado(da) em anos; **~ en carnes** gordinho(nha).

entramado *m* emadeiramento *m.*

entrante ◇ *adj* entrante. ◇ *m* **-1.** [primer plato] entrada *f* **-2.** [hueco] nicho *m.*

entraña *f (gen pl)* **-1.** [gen] entranhas *fpl* **-2.** [esencia] cerne *m*.

entrañable *adj* **-1.** [amigo, recuerdos] caro(ra) **-2.** [amistad] íntimo(ma) **-3.** [carta] comovente.

entrañar *vt* conter.

entrar <> *vt* **-1.** [introducir] colocar, pôr; **ya puedes ~ el coche en el garaje** você já pode pôr o carro na garagem **-2.** *INFORM* acessar. <> *vi* **-1.** [introducirse, penetrar] entrar; **la pelota entró por la ventana** a bola entrou pela janela; **entramos en el bar de la esquina** entramos no bar da esquina; **el pájaro entró en la jaula** o pássaro entrou na gaiola; **entra frío por la ventana** está entrando frio pela janela; **el enchufe no entra** o plugue não entra; **la bala le entró por la ingle** a bala entrou por sua virilha; **el clavo ha entrado en la pared** o prego entrou na parede **-2.** [por la puerta, en el cuerpo] entrar, caber; **este anillo no te entra** este anel não lhe cabe; **en el garaje entran dos coches** cabem dois carros na garagem **-3.** [ingresar] entrar; **para ~ has de hacer un test** para entrar você tem de fazer um teste; **entró en el partido en abril** entrou no partido em abril; **~ de** [en trabajo] começar como; **entró de secretaria** começou como secretária **-4.** [entender] atinar, entrar na cabeça; **no le entra la geometría** a geometria não lhe entra na cabeça; **no me entra que aún lo quieras** não entendo como você ainda o ama **-5.** [estado físico o de ánimo] sentir; **me entró mucha pena** senti muita pena; **me entraron ganas de hablar** tive vontade de falar **-6.** [estar incluido] entrar, estar incluído; **la consumición no entra** a consumação não está incluída; **esto no entraba en mis cálculos** com esta eu não contava **-7.** [hacer parte] entrar, participar; **~ en** entrar em **-8.** [cantidad]: **¿cuántas peras entran en un kilo?** um quilo dá quantas pêras? **-9.** *AUTOM* engatar; **no entra la quinta** a quinta não engata **-10.** [comenzar]: **~ a** começar a; **entró a trabajar en la fábrica en mayo** começou a trabalhar na fábrica em maio.

entre *prep* **-1.** [en medio de dos términos] entre; **aparcar ~ dos coches** estacionar entre dois carros; **vendré ~ las tres y las cuatro** virei entre as três e as quatro; **era un color ~ verde y azul** era uma cor entre o verde e o azul **-2.** [en medio de muchos] entre, em meio a; **estaba ~ los asistentes** estava entre os espectadores; **~ hombres, mujeres y niños somos cien** entre homens, mulheres e crianças somos cem **-3.** [participación, cooperación] entre; **~ todos lo consiguieron** entre todos conseguiram; **lo haremos ~ tú y yo** vamos fazê-lo entre você e eu; **~ nosotros** [en confianza] entre nós, cá entre nós **-4.** [lugar] entre, em meio a; **encontré tu carta ~ los libros** encontrei sua carta em meio aos livros; **~ más estudies, más sabrás** *Amér* quanto mais você estudar, mais saberá.

entreabierto, ta *pp irreg* ▷ **entreabrir.**

entreabrir *vt* entreabrir.

entreacto *m* entreato *m*.

entrecejo *m* cenho *m*; **fruncir el ~** franzir o cenho.

entrecomillado, da *adj* aspeado(da).

◆ **entrecomillado** *m* citação *f*.

entrecortado, da *adj* entrecortado(da).

entrecot, entrecote *m* entrecosto *m*.

entredicho *m* dúvida *f*; **poner/estar en ~** pôr/estar em dúvida.

entrega *f* **-1.** [gen] entrega *f* **-2.** [fascículo] fascículo *m*.

entregar *vt* entregar.

◆ **entregarse** *vpr* [rendirse] entregar-se.

◆ **entregarse a** *vpr*: **~se a** entregar-se a.

entreguerras ◆ **de entreguerras** *loc adj* de entre-guerras.

entrelazar *vt* entrelaçar.

entremedio, entremedias *adv* em meio.

entremés *m CULIN* antepasto *m*.

entremeter *vt* inserir.

◆ **entremeterse** *vpr* **-1.** [intercalar]: **~se entre** misturar-se com **-2.** [inmiscuirse]: **~se en** intrometer-se em.

entremetido, da <> *adj* intrometido(da). <> *m, f* intrometido *m*, -da *f*.

entremezclar *vt* misturar.

◆ **entremezclarse** *vpr* misturar-se.

entrenador, ra *m, f DEP* treinador *m*, -ra *f*.

entrenamiento *m* treinamento *m*.
entrenar ◇ *vt* treinar. ◇ *vi* treinar.
◆ **entrenarse** *vpr* treinar-se.
entrepierna *f* **-1.** [de cuerpo] entreperna *f* **-2.** [de pantalones] entrepernas *fpl*.
entresacar *vt* extrair.
entresijo *m (gen pl)* segredos *mpl*.
entresuelo *m* sobreloja *f*.
entretanto ◇ *adv* entrementes. ◇ *m* nesse ínterim *m*.
entretecho *m* ***Arg, Chile, Col, Méx*** sótão *m*.
entretejer *vt* entretecer.
entretener *vt* **-1.** [gen] entreter **-2.** [mantener] manter.
◆ **entretenerse** *vpr* entreter-se.
entretenido, da *adj* **-1.** [divertido] divertido(da) **-2.** [trabajoso] laborioso (sa).
entretenimiento *m* entretenimento *m*.
entretiempo *m* **-1.** [primavera, otoño]: **de ~** de meia-estação **-2.** ***CSur*** *DEP* intervalo *m*.
entrever *vt* entrever.
entreverar ***CSur*** *vt* misturar.
◆ **entreverarse** *vpr* ficar enroscado.
entrevero *m* ***CSur*** [lío] entrevero *m*; [jaleo] algazarra *f*.
entrevista *f* entrevista *f*.
entrevistar *vt* entrevistar.
◆ **entrevistarse** *vpr*: **~se con alguien** entrevistar-se com alguém.
entrevisto, ta *pp irreg* ▷ **entrever**.
entristecer *vt* entristecer.
◆ **entristecerse** *vpr* entristecer-se.
entrometerse *vpr*: **~ (en)** intrometer-se (em).
entrometido, da ◇ *adj* intrometido(da). ◇ *m, f* intrometido *m*, -da *f*.
entrometimiento *m* intrometimento *m*.
entroncar *vi* **-1.** [con familia] aparentar **-2.** [dos medios de transporte] entroncar.
entronizar *vt* entronizar.
entubar *vt* **-1.** [cosa] canalizar **-2.** [persona] entubar.
entuerto *m* agravo *m*; **deshacer ~s** consertar a situação.
entumecer *vt* entorpecer.
◆ **entumecerse** *vpr* entorpecer-se.
entumecido, da *adj* entorpecido (da).
enturbiar *vt* turvar.
◆ **enturbiarse** *vpr* turvar-se.
entusiasmar *vt* entusiasmar.
◆ **entusiasmarse** *vpr*: **~se (con)** entusiasmar-se (com).
entusiasmo *m* entusiasmo *m*.
entusiasta ◇ *adj* entusiasta. ◇ *mf* entusiasta *mf*.
enumeración *f* enumeração *f*.
enumerar *vt* enumerar.
enunciación *f* enunciação *f*.
enunciado *m* enunciado *m*.
enunciar *vt* enunciar.
envainar *vt* embainhar.
envalentonar *vt* encorajar.
◆ **envalentonarse** *vpr* encorajar-se.
envanecer *vt* envaidecer.
◆ **envanecerse** *vpr*: **~se (de)** envaidecer-se (de).
envanecimiento *m* vaidade *f*.
envasado *m* envasamento *m*.
envasar *vt* envasar.
envase *m* embalagem *f*; **~ desechable** embalagem descartável; **~ sin retorno** embalagem sem retorno.
envejecer ◇ *vi* envelhecer. ◇ *vt* envelhecer.
envejecimiento *m* envelhecimento *m*.
envenenamiento *m* envenenamento *m*.
envenenar *vt* envenenar.
envergadura *f* envergadura *f*.
envés *m* reverso *m*.
enviado, da *m, f* enviado *m*, -da *f*.
enviar *vt* enviar; **~ a alguien a hacer algo** enviar alguém para fazer algo.
enviciar *vt* viciar.
◆ **enviciarse** *vpr* viciar-se.
envidia *f* inveja *f*.
envidiar *vt* invejar.
envidioso, sa ◇ *adj* invejoso(sa). ◇ *m, f* invejoso *m*, -sa *f*.
envilecer *vt* envilecer.
envío *m* **-1.** [acción] envio *m* **-2.** [cosa enviada] remessa *f*.
envite *m* **-1.** [en juego] envide *m* **-2.** ***fig*** [ofrecimiento] convite *m*.
enviudar *vi* enviuvar.
envoltorio *m* envoltório *m*.
envoltura *f* invólucro *m*.
envolver *vt* **-1.** [embalar] embrulhar **-2.** [enrollar] enrolar **-3.** ***fig*** [dominar] envolver.
◆ **envolverse** *vpr* envolver-se.
envuelto, ta *pp irreg* ▷ **envolver**.

enyesar *vt* **-1.** [pierna, brazo, etc] engessar **-2.** [edificio] revestir com gesso.
enzarzarse *vpr*: **~se en** meter-se em.
enzima *f* QUÍM enzima *f*.
eólico, ca *adj* eólico(ca).
épica *f* ⊳ **épico**.
epicardio *m* ANAT epicárdio *m*.
epicentro *m* GEOL epicentro *m*.
épico, ca *adj* épico(ca).
◆ **épica** *f* épica *f*.
epicúreo, a ◇ *adj* epicurista. ◇ *m, f* epicurista *mf*.
epidemia *f* epidemia *f*.
epidermis *f* ANAT epiderme *f*.
Epifanía *f* Epifania *f*.
epiglotis *f* ANAT epiglote *f*.
epígrafe *m* epígrafe *f*.
epilepsia *f* MED epilepsia *f*.
epílogo *m* epílogo *m*.
episcopado *m* episcopado *m*.
episodio *m* episódio *m*.
epístola *f* epístola *f*.
epitafio *m* epitáfio *m*.
epitelio *m* ANAT epitélio *m*.
epíteto *m* epíteto *m*.
época *f* época *f*; **de ~** de época; **hacer ~** marcar época.
epopeya *f* epopéia *f*.
equidad *f* eqüidade *f*.
equidistante *adj* eqüidistante.
equilátero, ra *adj* GEOM eqüilátero (ra).
equilibrado, da *adj* equilibrado (da).
◆ **equilibrado** *m* balanceamento *m*.
equilibrar *vt* equilibrar.
equilibrio *m* equilíbrio *m*; **mantener algo en ~** manter algo em equilíbrio; **mantenerse en ~** manter-se em equilíbrio; **perder el ~** perder o equilíbrio; **hacer ~s** fazer malabarismos.
equilibrista *mf* equilibrista *mf*.
equino, na *adj* eqüino(na).
equinoccio *m* equinócio *m*.
equipaje *m* bagagem *f*; **~ de mano** bagagem de mão.
equipar *vt* equipar.
◆ **equiparse** *vpr* equipar-se.
equiparar *vt* equiparar.
◆ **equipararse** *vpr* equiparar-se.
equipo *m* **-1.** [de objetos] material *m* **-2.** [de novia] enxoval *m* **-3.** [de colegial] uniforme *m* **-4.** [de personas] equipe *f*; **~ de rescate** equipe de resgaste **-5.** [de jugadores] time *m* **-6.** [de música] aparelho *m* (de som).
equis *adj* xis.
equitación *f* equitação *f*.
equitativo, va *adj* equitativo(va).
equivalente ◇ *adj* equivalente. ◇ *m* equivalente *m*.
equivaler ◆ **equivaler a** *vi* equivaler a.
equivocación *f* equivocação *f*.
equivocado, da *adj* equivocado(da).
equivocarse *vpr* equivocar-se; **~se de** equivocar-se de.
equívoco, ca *adj* equívoco(ca).
◆ **equívoco** *m* equívoco *m*.
era[1] *etc* ⊳ **ser**.
era[2] *f* **-1.** [gen] era *f*; **~ cristiana** era cristã **-2.** [lugar] eira *f*.
erario *m* erário *m*; **~ público** erário público.
ERASMUS (*abrev de* **European Action Scheme for the Mobility of University Students**) *m programa da União Européia que permite que estudantes universitários de diferentes países realizem parte de seus estudos em centros de outros países.*
erección *f* ereção *f*.
erecto, ta *adj* ereto(ta).
eres *etc* ⊳ **ser**.
ergonómico, ca *adj* ergonômico (ca).
erguido, da *adj* erguido(da).
erguir *vt* erguer.
◆ **erguirse** *vpr* erguer-se.
erial ◇ *adj* baldio. ◇ *m* baldio *m*.
erigir *vt* erigir.
◆ **erigirse** *vpr*: **~se en** erigir-se em.
erizado, da *adj* espinhoso(sa).
erizar *vt* eriçar.
◆ **erizarse** *vpr* eriçar-se.
erizo *m* ouriço *m*; **~ de mar** ouriço-do-mar.
ermita *f* ermida *f*.
ermitaño, ña *m, f* ermitão(tã).
erogación *f* *Chile* [donativo] donativo *m*.
erogar *vt* *Chile* [donar] doar.
eros *m* eros *m*.
erosionar *vt* erodir.
◆ **erosionarse** *vpr* erodir.
erótico, ca *adj* erótico(ca).
◆ **erótica** *f* luxúria *f*.
erotismo *m* erotismo *m*.
erradicación *f* erradicação *f*.
erradicar *vt* erradicar.
errante *adj* errante.

errar ◇ *vt* errar. ◇ *vi* errar.
errata *f* errata *f.*
erre *f*: ~ **que** ~ *Esp* bate na mesma tecla.
erróneo, nea *adj* errôneo(a).
error *m* erro *m*; **salvo** ~ **u omisión** salvo erro ou omissão.
ertzaintza *f força policial do país Basco.*
eructar *vi* arrotar.
eructo *m* arroto *m.*
erudito, ta ◇ *adj* erudito(ta). ◇ *m, f* erudito *m*, -ta *f.*
erupción *f* erupção *f*; **en** ~ em erupção.
es *etc* ▷ **ser.**
esa ▷ **ese, ése.**
ésa ▷ **ése.**
esbelto, ta *adj* esbelto(ta).
esbozar *vt* esboçar.
esbozo *m* esboço *m.*
escabechado, da *adj* CULIN à escabeche.
◆ **escabechado** *m* CULIN escabeche *m.*
escabechar *vt* CULIN preparar escabeche.
escabeche *m* CULIN escabeche *m.*
escabechina *f Esp* devastação *f.*
escabroso, sa *adj* **-1.** [gen] escabroso(sa) **-2.** [desigual] acidentado(da).
escabullirse *vpr* **-1.** [escaparse] escapulir-se **-2.** [evitar]: ~ **de** escapulir-se de.
escacharrar *vt* espatifar.
◆ **escacharrarse** *vpr* espatifar-se.
escafandra *f* escafandro *m*; ~ **espacial** traje *m* espacial.
escala *f* **-1.** [gen] escala *f*; ~ **musical** escala musical; **hacer** ~ fazer escala; **a** ~ em escala; **a gran** ~ em grande escala **-2.** [grado] grau *m* **-3.** [escalera] escada *f.*
escalada *f* escalada *f.*
escalador, ra *m, f* [de montañas] escalador *m*, -ra *f.*
escalafón *m* escalão *m.*
escalar *vt* [muro, montaña] escalar.
escaldado, da *adj* escaldado(da).
escaldar *vt* escaldar.
escalera *f* **-1.** [para subir o bajar] escada *f*; ~ **automática** escada rolante; ~ **de caracol** escada de caracol; ~ **de incendios** escada de incêndio; ~ **mecánica** escada rolante **-2.** [en naipes] seqüência *f.*
escaléxtric *m* **-1.** [juego] autorama *m* **-2.** [de carreteras] cruzamento *m* em desnível.
escalfar *vt* escalfar.
escalinata *f* escadaria *f.*
escalofriante *adj* horripilante.
escalofrío *m (gen pl)* calafrio *m.*
escalón *m* degrau *m.*
escalonar *vt* espaçar.
escalope *m* CULIN escalope *m.*
escama *f* **-1.** [gen] escama *f* **-2.** [de jabón] floco *m.*
escamar *vt* **-1.** [peces] escamar **-2.** *fam* [desconfiar]: **me escama que todavía no hayan llamado** me admira que eles ainda não tenham ligado.
escamotear *vt* escamotear.
escampar *v impers* estiar.
escandalizar *vt* escandalizar.
◆ **escandalizarse** *vpr* escandalizar-se.
escándalo *m* escândalo *m.*
escandaloso, sa ◇ *adj* escandaloso(sa). ◇ *m, f* escandaloso *m*, -sa *f.*
escáner (*pl* **escáners**), **scanner** (*pl* **scanners**) *m* **-1.** MED tomógrafo *m* **-2.** INFORM escâner *m.*
escaño *m* cadeira *f.*
escapada *f* **-1.** [salida rápida] escapada *f* **-2.** DEP arrancada *f.*
escapar *vi* escapar; ~ **de algo/alguien** escapar de algo/alguém.
◆ **escaparse** *vpr* [huir] escapar; **escapársele algo a alguien** escapar algo a alguém.
escaparate *m* vitrina *f.*
escapatoria *f* **-1.** [fuga, evasión] fuga *f* **-2.** *fam* [evasiva, excusa] escapatória *f.*
escape *m* escape *m*; **a** ~ às pressas.
escapismo *m* escapismo *m.*
escapulario *m* escapulário *m.*
escaquearse *vpr fam* esquivar-se; ~ **de algo/hacer algo** esquivar-se de algo/fazer algo.
escarabajo *m* **-1.** [animal] escaravelho *m* **-2.** *fam* [coche] fusca *m.*
escaramuza *f* escaramuça *f.*
escarbar *vt* cavocar.
escarceos *mpl* investida *f.*
escarcha *f* geada *f.*
escardar *vt* roçar.
escarlata ◇ *adj* escarlate. ◇ *m* escarlate *m.*
escarlatina *f* escarlatina *f.*
escarmentar *vi* aprender a lição.
escarmiento *m* lição *f.*
escarnio *m* escárnio *m.*
escarola *f* escarola *f.*
escarpado, da *adj* escarpado(da).

escasear *vi* escassear.
escasez *f* escassez *f*.
escaso, sa *adj* **-1.** [poco, insuficiente] escasso(sa) **-2.** [no completo] quase.
escatimar *vt* regatear.
escatología *f* escatologia *f*.
escay, scai *m* couro *m* sintético.
escayola *f* gesso *m*.
escena *f* **-1.** [gen] cena *f* **-2.** [escenario] palco *m*; **llevar a la/poner en ~** encenar **-3.** *loc*: **hacer una ~** fazer uma cena.
escenario *m* **-1.** [gen] cenário *m* **-2.** [parte del teatro] palco *m*.
escenificar *vt* encenar.
escenografía *f* cenografia *f*.
escepticismo *m* ceticismo *m*.
escéptico, ca ◇ *adj* cético(ca). ◇ *m, f* cético *m*, -ca *f*.
escindir *vt* FÍS cindir.
◆ **escindirse** *vpr* cindir-se.
escisión *f* cisão *f*.
esclarecer *vt* esclarecer.
esclarecimiento *m* esclarecimento *m*.
esclava *f* escrava *f* ▷ **esclavo**.
esclavista ◇ *adj* escravagista. ◇ *mf* escravagista *mf*.
esclavitud *f* escravidão *f*.
esclavizar *vt* escravizar.
esclavo, va ◇ *adj* escravo(va). ◇ *m, f* escravo *m*, -va *f*.
esclerosis *f* MED esclerose *f*.
esclusa *f* eclusa *f*.
escoba *f* vassoura *f*.
escobilla *f* **-1.** [escoba pequeña] escovinha *f* **-2.** ELECTR escova *f* **-3.** *Chile* [cepillo] escova *f*.
escocedura *f* **-1.** [herida] machucado *m* **-2.** [sensación] ardência *f*.
escocer *vi* **-1.** [picar, quemar] arder **-2.** *fig* [herir, doler] machucar.
◆ **escocerse** *vpr* machucar.
escocés, cesa ◇ *adj* escocês(cesa). ◇ *m, f* escocês *m*, -cesa *f*.
◆ **escocés** *m* escocês *m*.
Escocia *n* Escócia.
escoger *vt* escolher.
escogido, da *adj* escolhido(da).
escolar ◇ *adj* escolar. ◇ *mf* escolar *mf*.
escolarizar *vt* escolarizar.
escoliosis *f* MED escoliose *f*.
escollera *f* quebra-mar *m*.
escollo *m* **-1.** [peñasco] recife *m* **-2.** [peligro, dificultad] entrave *m*.
escolta *f* escolta *f*.
escoltar *vt* escoltar.
escombro *m* *(gen pl)* escombros *mpl*.
esconder *vt* esconder.
◆ **esconderse** *vpr* esconder-se; **~se de algo/alguien** esconder-se de algo/alguém.
escondido, da *adj* escondido(da).
◆ **a escondidas** *loc adv* às escondidas.
escondite *m* **-1.** [lugar] esconderijo *m* **-2.** [juego] esconde-esconde *m*.
escondrijo *m* esconderijo *m*.
escopeta *f* escopeta *f*.
escorar NÁUT ◇ *vt* adernar. ◇ *vi* adernar.
escorbuto *m* MED escorbuto *m*.
escoria *f* *fig* escória *f*.
Escorpio ◇ *m inv* [signo del zodíaco] Escorpião *m inv*; **ser ~** ser (de) Escorpião. ◇ *mf inv* **-1.** escorpiano *m*, -na *f* **-2.** *(en aposición)* de Escorpião.
escorpión *m* [animal] escorpião *m*.
escotado, da *adj* decotado(da).
escotar *vt* decotar.
escote *m* **-1.** [de prenda de vestir] decote *m* **-2.** [de persona] colo *m* **-3.** *loc*: **pagar a ~** rachar a conta.
escotilla *f* escotilha *f*.
escozor *m* ardência *f*.
escribanía *f* *Andes, CRica, RP* [notaría] ≃ tabelionato *m*.
escribano, na *m, f* *Andes, CRica, RP* [notario] tabelião *m*, -ã *f*.
escribiente *mf* escrevente *mf*.
escribir *vt* escrever.
◆ **escribirse** *vpr* corresponder-se.
escrito, ta ◇ *pp irreg* ▷ **escribir**. ◇ *adj* escrito(ta); **por ~** por escrito.
◆ **escrito** *m* escrito *m*.
escritor, ra *m, f* escritor *m*, -ra *f*.
escritorio *m* **-1.** [mueble] escrivaninha *f* **-2.** [habitación] escritório *m*.
escritura *f* **-1.** [gen] escrita *f* **-2.** DER escritura *f*.
◆ **Las Sagradas Escrituras** *fpl* As Sagradas Escrituras.
escroto *m* ANAT escroto *m*.
escrúpulo *m* escrúpulo *m*.
escrupuloso, sa *adj* escrupuloso(sa).
escrutar *vt* escrutinar.
escrutinio *m* escrutínio *m*.
escuadra *f* **-1.** [instrumento] esquadro *m* **-2.** [de buques, soldados] esquadra *f*.
escuadrilla *f* esquadrilha *f*.

escuadrón *m* esquadrão *m*; ~ **de la muerte** esquadrão da morte.
escuálido, da *adj culto* esquálido (da).
escucha *f* escuta *f*; ~ **telefónicas** escuta telefônica.
escuchar *vt* escutar.
escudería *f* escuderia *f*.
escudo *m* **-1.** [gen] escudo *m* **-2.** [de estado, ciudad, familia] brasão *m*.
escudriñar *vt* esquadrinhar.
escuela *f* [establecimiento] escola *f*; ~ **privada/pública** escola particular/pública; ~ **universitaria** escola universitária; **ser de la vieja** ~ ser à moda antiga.
escueto, ta *adj* conciso(sa).
escuincle, cla *m, f* ***Méx fam*** [muchacho] garoto *m*, -ta *f*.
esculpir *vt* esculpir.
escultor, ra *m, f* escultor *m*, -ra *f*.
escultura *f* escultura *f*.
escupidera *f* escarradeira *f*.
escupir ◇ *vi* cuspir. ◇ *vt* cuspir.
escupitajo *m* cusparada *f*.
escurreplatos *m inv* escorredor *m* de pratos.
escurridizo, za *adj* escorregadio (dia).
escurridor *m* escorredor *m*.
escurrir *vt* **-1.** [cosa mojada] escorrer **-2.** [vaciar] esvaziar.
◆ **escurrirse** *vpr* escorregar.
escúter (*pl* **escúteres**), **scooter** (*pl* **scooters**) *m* motoneta *f*.
ese *f*: **hacer ~s** ziguezaguear.
ese, esa *adj* esse(sa); **esa corbata que llevas es muy bonita** essa gravata que você está usando é muito bonita; ~ **edificio de enfrente es mi casa** esse edifício em frente é minha casa; **el hombre ~ no me inspira confianza** ***despec*** esse homem não me inspira confiança.
ése, esa *pron* esse(sa).
esencia *f* essência *f*; **quinta** ~ quinta-essência *f*.
esencial *adj* essencial.
esfera *f* esfera *f*.
esférico, ca *adj* esférico(ca).
◆ **esférico** *m* DEP bola *f*.
esfero *m* ***Col, Ecuad*** caneta *f* esferográfica.
esfinge *f* esfinge *f*.
esfínter *m* ANAT esfíncter *m*.
esforzar *vt* esforçar.
◆ **esforzarse** *vpr* esforçar-se; **~se en** *o* **por hacer algo** esforçar-se em *o* por fazer algo.
esfuerzo *m* esforço *m*.
esfumar *vt* esfumar.
◆ **esfumarse** *vpr* ***fig*** sumir.
esgrima *f* esgrima *f*.
esgrimir *vt* esgrimir.
esguince *m* entorse *m*.
eslabón *m* elo *m*.
eslip (*pl* **eslips**), **slip** (*pl* **slips**) *m* sunga *f*.
eslogan (*pl* **eslóganes**), **slogan** (*pl* **slogans**) *m* slogan *m*.
eslora *f* NÁUT comprimento *m*.
esmaltar *vt* esmaltar.
esmalte *m* esmalte *m*.
esmerado *adj* esmerado(da).
esmeralda ◇ *f* esmeralda *f*. ◇ *adj inv* esmeralda. ◇ *m* esmeralda *m*.
esmerarse *vpr*: **~se (en algo/hacer algo)** esmerar-se (em algo/em fazer algo).
esmeril *m* esmeril *m*.
esmerilar *vt* esmerilar.
esmero *m* esmero *m*.
esmirriado, da *adj* franzino(na).
esmoquin (*pl* **esmóquines**), **smoking** (*pl* **smokings**) *m* smoking *m*.
esnifar *vt* ***fam*** cafungar.
esnob (*pl* **esnobs**), **snob** (*pl* **snobs**) ◇ *adj* esnobe. ◇ *m, f* esnobe *mf*.
esnobismo, snobismo *m* esnobismo *m*.
eso *pron neutro* isso; **y ~ que** e isso que.
◆ **a eso de** *loc prep* por volta de.
ESO (*abrev de* **Enseñanza Secundaria Obligatoria**) *f* educação secundária espanhola.
esófago *m* ANAT esôfago *m*.
ésos, sas *pron* ▷ **ése**.
esos, esas ◇ *adj pl* esses (essas).
esotérico, ca *adj* esotérico(ca).
espabilar *vt* desinibir.
◆ **espabilarse** *vpr* **-1.** [despejarse, animarse] reanimar-se **-2.** [darse prisa] apressar-se.
espachurrar *vt* ***fam*** esborrachar.
espacial *adj* espacial.
espaciar *vt* espaçar.
espacio *m* espaço *m*; **por ~ de** durante; ~ **aéreo** espaço aéreo; ~ **verde** espaço verde; ~ **vital** espaço vital; **a doble ~** com espaço duplo.
espacioso, sa *adj* espaçoso(sa).
espada *f* espada *f*; **entre la ~ y la pared** entre a cruz e a espada.

◆ **espadas** *fpl* [naipes] espadas *mpl*.
espagueti, spaguetti *m (gen pl)* espaguete *m*.
espalda *f* **-1.** [gen] costas *fpl*; **cargado de ~s** com as costas arcadas; **por la ~** pelas costas **-2.** *DEP* [estilo de natación] nado de costas **-3.** *loc*: **cubrirse las ~s** resguardar-se; **hablar de uno a sus ~s** falar de alguém pelas costas; **volver la ~** virar as costas.
espaldarazo *m* golpe *m* nas costas; **dar el ~** *fig* dar um empurrão.
espalderas *fpl* barras *fpl* de ginástica.
espaldilla *f* paleta *f*.
espantada *f* debandada *f*.
espantadizo, za *adj* assustadiço (ça).
espantajo *m* espantalho *m*.
espantapájaros *m inv* espantalho *m*.
espantar *vt* espantar.
◆ **espantarse** *vpr* espantar-se.
espanto *m* espanto *m*; **estar curado de ~s** *fig* ter muito tempo de janela.
espantoso, sa *adj* **-1.** [gen] espantoso(sa) **-2.** [muy feo] pavoroso(sa).
España *n* Espanha.
español, la ◇ *adj* espanhol(la). ◇ *m, f* espanhol *m*, -la *f*.
◆ **español** *m* espanhol *m*.
españolada *f despec* espanholada *f*.
españolizar *vt* espanholizar.
◆ **españolizarse** *vpr* espanholizar-se.
esparadrapo *m* esparadrapo *m*.
esparcido, da *adj* espalhado(da).
esparcimiento *m* **-1.** [acción] disseminação *f* **-2.** [ocio] espairecimento *m*.
esparcir *vt* espalhar.
◆ **esparcirse** *vpr* espalhar-se.
espárrago *m* aspargo *m*.
espartano, na *adj* espartano(na).
esparto *m* esparto *m*.
espasmo *m* espasmo *m*.
espasmódico, ca *adj* espasmódico (ca).
espatarrarse *vpr fam* escarrapachar-se.
espátula *f* **-1.** [paleta] espátula *f* **-2.** [ave] colhereiro *m*.
especia *f* especiaria *f*.
especial *adj* especial; **en ~** em especial.
especialidad *f* especialidade *f*.
especialista ◇ *adj* especialista. ◇ *mf* especialista *mf*.
especializado, da *adj* especializado(da).
especializar *vt* especializar.
◆ **especializarse** *vpr*: **~se (en algo)** especializar-se (em algo).
especie *f* **-1.** [gen] espécie *f* **-2.** [cosa parecida]: **una ~ de** uma espécie de **-3.** [fruto, género]: **en ~(s)** em espécie.
especificar *vt* especificar.
específico, ca *adj* específico(ca).
◆ **específico** *m* medicamento *m* específico.
espécimen (*pl* **especímenes**) *m* espécime *m*.
espectacular *adj* espetacular.
espectáculo *m* espetáculo *m*; **dar el ~** dar um espetáculo.
espectador *mf* espectador *m*, -ra *f*.
espectral *adj* espectral.
espectro *m* espectro *m*.
especulación *f* especulação *f*.
especular *vi* especular.
espejismo *m* miragem *f*.
espejo *m* espelho *m*; **~ retrovisor** espelho retrovisor.
espeleología *f* espeleologia *f*.
espeluznante *adj* arrepiante.
espera *f* espera *f*; **a la** *o* **en ~ de** à espera de.
esperanto *m* esperanto *m*.
esperanza *f* esperança *f*; **~ de vida** expectativa *f* de vida.
esperanzar *vt* esperançar.
esperar *vt* esperar; **~ a que alguien/algo haga algo** esperar que alguém/algo faça algo; **ser algo de ~** ser de se esperar.
◆ **esperarse** *vpr* **-1.** [imaginarse, figurarse] esperar-se **-2.** [en lugar, en tiempo] esperar; **~se a que alguien/algo haga algo** esperar que alguém/ algo faça algo.
esperma *m* esperma *m*.
espermatozoide, espermatozoo *m* espermatozóide *m*.
esperpento *m* **-1.** [persona] espantalho *m* **-2.** [cosa] horror *m*.
espesar *vt* espessar.
◆ **espesarse** *vpr* **-1.** [líquido] espessar-se **-2.** [bosque, matorral] adensar-se.
espeso, sa *adj* **-1.** [gen] espesso(sa) **-2.** [difícil de entender] impenetrável.
espesor *m* espessura *f*.
espesura *f* **-1.** [vegetación] matagal *m*

-2. [grosor, densidad] espessura *f.*

espetar *vt* **-1.** [palabras] lançar **-2.** [comida] espetar.

espía *mf* espião *m*, -ã *f.*

espiar *vt* espionar.

espiga *f* **-1.** [de granos] espiga *f* **-2.** [en telas] ponto *m* de espinha **-3.** [pieza] cavilha *f.*

espigado, da *adj* ***fig*** [crecido] espigado(da).

espigón *m* quebra-mar *m.*

espina *f* **-1.** [gen] espinho *m* **-2.** [de pez] espinha *f* **-3.** ***loc*:** **darle a alguien algo mala ~** dar um frio na espinha de alguém.

◆ **espina dorsal** *f* ANAT espinha *f* dorsal.

espinaca *f (gen pl)* espinafre *m.*

espinazo *m* espinhaço *m.*

espinilla *f* **-1.** ANAT canela *f* **-2.** [grano] cravo *m.*

espino *m* **-1.** [planta] espinho *m* **-2.** [alambre] arame *m* farpado.

espinoso, sa *adj* espinhoso(sa).

espionaje *m* espionagem *m*; **~ industrial** espionagem industrial.

espiral *f* espiral *f*; **en ~** em espiral.

espirar ◇ *vi* expirar. ◇ *vt* expirar.

espiritista ◇ *adj* espírita. ◇ *mf* espírita *mf.*

espíritu *m* espírito *m*; **~ de contradicción** espírito de contradição; **ser pobre de ~** ser pobre de espírito.

◆ **Espíritu Santo** *m* Espírito Santo *m.*

espiritual ◇ *adj* espiritual. ◇ *m* MÚS: **~ (negro)** negro spiritual *m.*

espita *f* torneira *f.*

espléndido, da *adj* **-1.** [magnífico] esplêndido(da) **-2.** [generoso] generoso(sa).

esplendor *m* esplendor *m.*

espliego *m* lavanda *f.*

espolear *vt* esporear.

espoleta *f* espoleta *f.*

espolio = **expolio**.

espolón *m* **-1.** [gen] esporão *m* **-2.** [de puente] quebra-mar *m.*

espolvorear *vt* polvilhar.

esponja *f* esponja *f.*

esponjoso, sa *adj* esponjoso(sa).

esponsales *mpl* esponsais *mpl.*

espontaneidad *f* espontaneidade *f.*

espontáneo, a ◇ *adj* espontâneo(nea). ◇ *m, f espectator que salta na arena para tourear.*

esporádico, ca *adj* esporádico(ca).

esport, sport *adj inv* esporte.

esposar *vt* algemar.

esposo, sa *m, f* esposo *m*, -sa *f.*

◆ **esposas** *fpl* algemas *fpl.*

espot (*pl* **espots**), **spot** (*pl* **spots**) *m* spot *m.*

espray (*pl* **esprays**), **spray** (*pl* **sprays**) *m* spray *m.*

esprint (*pl* **esprints**), **sprint** (*pl* **sprints**) *m* sprint *m.*

espuela *f* **-1.** [gen] espora *f* **-2.** ***fam*** [última copa] saideira *f.*

espuerta *f* [recipiente] cesto *m.*

◆ **a espuertas** *loc adv* aos montes.

espuma *f* **-1.** [gen] espuma *f* **-2.** [para pelo] mousse *f.*

espumadera *f* escumadeira *f.*

espumarajo *m* espumarada *f.*

espumoso *adj* espumante.

◆ **espumoso** *m* espumante *m.*

esputo *m* expectoração *f.*

esquech (*pl* **esquechs**), **esquetch** (*pl* **esquetchs**) *m* sketch *m.*

esqueje *m* estaca *f.*

esquela *f* ***Esp*** nota *f* de falecimento.

esquelético, ca *adj* esquelético(ca).

esqueleto *m* **-1.** [gen] esqueleto *m* **-2.** ***fam*** [persona delgada] esqueleto *m.*

esquema *m* esquema *m.*

esquemático, ca *adj* esquemático (ca).

esquematizar *vt* esquematizar.

esquetch = **esquech**.

esquí (*pl* **esquíes** *o* **esquís**) *m* esqui *m*; **~ acuático** esqui aquático; **~ náutico** esqui náutico.

esquiador *mf* esquiador *m*, -ra *f.*

esquiar *vi* esquiar.

esquilar *vt* tosquiar.

esquimal ◇ *adj* esquimó. ◇ *mf* esquimó *mf.* ◇ *m* [lengua] esquimó *m.*

esquina *f* **-1.** [gen] canto *m* **-2.** [en calles] esquina *f*; **al doblar la ~** dobrar a esquina; **hacer ~** fazer esquina.

esquirla *f* lasca *f.*

esquirol *m* ***Esp despec*** fura-greve *mf.*

esquivar *vt* **-1.** [obstáculo] desviar de **-2.** [persona] esquivar.

esquivo, va *adj* esquivo(va).

esquizofrenia *f* esquizofrenia *f.*

esta ▷ **este, éste**.

ésta ▷ **éste**.

estabilizar *vt* estabilizar.

◆ **estabilizarse** *vpr* estabilizar-se.

estable *adj* estável.
establecer *vt* estabelecer.
◆ **establecerse** *vpr* estabelecer-se.
establecimiento *m* estabelecimento *m*.
establo *m* estábulo *m*.
estaca *f* **-1.** [palo puntiagudo] estaca *f* **-2.** [palo grueso] porrete *m*.
estacada *f* [cerco] estacada *f*; **dejar a alguien en la ~** *fig* deixar alguém na mão.
estación *f* estação *f*; **~ meteorológica** estação metereológica.
◆ **estación de esquí** *f* estação *f* de esqui.
◆ **estación de gasolina** *f* posto *m* de gasolina.
◆ **estación de servicio** *f* posto *m* de gasolina.
◆ **estación de trabajo** *f* posto *m* de trabalho.
estacionamiento *m* estacionamento *m*; **~ indebido** estacionamento proibido.
estacionar *vt* estacionar.
estacionario, ria *adj* estacionário (ria).
estadía *f* *CSur* estadia *f*.
estadio *m* **-1.** [lugar] estádio *m* **-2.** [fase] estágio *m*.
estadista *mf* estadista *mf*.
estadístico, ca *adj* estatístico(ca).
◆ **estadística** *f* estatística *f*.
estado *m* estado *m*; **~ civil** [de persona] estado civil; **~ de emergencia** estado de emergência; **~ de salud** estado de saúde; **estar en buen/mal ~** estar em bom/mau estado; **estar en ~ (de esperanza** *o* **buena esperanza)** estar em estado interessante.
◆ **Estado** *m* [gobierno] estado *m*; **Estado Mayor** *MIL* Estado Maior.
Estados Unidos de América *npl*: **los ~** os Estados Unidos da América.
estadounidense ◇ *adj* estadunidense, americano(na). ◇ *mf* estadunidense *mf*, americano *m*, -na *f*.
estaf (*pl* **estafs**), **staff** (*pl* **staffs**) *m* estafe *m*, staff *m*.
estafa *f* trapaça *f*.
estafador, ra *m, f* trapaceiro *m*, -ra *f*.
estafar *vt* fraudar.
estafeta *f* agência *f* do correio.
estafilococo *m* estafilococo *m*.
estalactita *f* estalactite *f*.
estalagmita *f* estalagmite *f*.
estallar *vi* estourar.
estallido *m* estouro *m*.
estambre *m* estame *m*.
estamento *m* estamento *m*.
estampa *f* **-1.** [gen] estampa *f* **-2.** [tarjeta] santinho *m*.
estampado, da *adj* **-1.** [tela] estampado(do) **-2.** [escrito] aposto(ta).
◆ **estampado** *m* estampado *m*.
estampar *vt* **-1.** [imprimir] estampar **-2.** [escribir] apor **-3.** *fig* [arrojar] arremessar **-4.** *fig* [dar] estalar.
estampida *f* estouro *m*.
estampido *m* estampido *m*.
estampilla *f* **-1.** [para marcar] carimbo *m* **-2.** *Amér* [sello de correos] selo *m*.
estancarse *vpr* estancar.
estancia *f* **-1.** [tiempo] estadia *f* **-2.** [habitación] cômodo *m*.
estanco, ca *adj* estanque.
◆ **estanco** *m* tabacaria *f*.
estand (*pl* **estands**), **stand** (*pl* **stands**) *m* estande *m*.
estándar (*pl* **estándares**) ◇ *adj* standard. ◇ *m* standard *m*.
estandarizar *vt* estandardizar.
estandarte *m* estandarte *m*.
estanding, standing *m* padrão *m*.
estanque *m* tanque *m*.
estanquero *mf* vendedor *m*, -ra *f* de tabaco.
estante *m* prateleira *f*.
estantería *f* estante *f*.
estaño *m* estanho *m*.
estar ◇ *vi* **-1.** [gen] estar; **¿está Juan?** o Juan está?; **la señora no está** a senhora não está; **estaré allí a la hora convenida** estarei aí na hora marcada; **estuvieron trabajando día y noche** trabalharam dia e noite; **están golpeando la puerta** estão batendo à porta **-2.** [con fechas] ser; **¿a qué estamos hoy?** que dia é hoje?; **hoy estamos a martes 13 de julio** hoje é terça-feira, 13 de julho; **estamos en febrero/primavera** estamos em fevereiro/na primavera **-3.** [permanecer] estar, ficar; **estaré un par de horas y me iré** ficarei umas duas horas e depois me vou; **han estado en París todo el verano** estiveram em Paris o verão todo; **estuvo toda la tarde en casa** esteve toda a tarde em casa **-4.** [estar preparado] ficar pronto; **la comida estará a las tres** o almoço ficará pronto às três; **¿aún no está ese trabajo?** ainda

não está pronto esse trabalho? **-5.** [expresa valores, grados]: ~ **a** estar a; **está a veinte pesos** está a vinte pesos; **el dólar está a 1 euro** o dólar está a 1 euro **-6.** [servir]: ~ **para** ser para; **para eso están los amigos** para isso servem os amigos **-7.** [faltar]: ~ **por** estar por; **aún está por descubrir** ainda está por descobrir-se **-8.** [hallarse a punto de]: ~ **por** estar para, estar a ponto de; **estuve por darle una bofetada** estive a ponto de dar-lhe uma bofetada. ◇ *v cop* **-1.** [expresa cualidad, estado] estar; **¿cómo estás?** como vai?; **esta calle está sucia** esta rua está suja; ~ **bien/mal** estar bem/mal; ~ **bueno/malo** estar bom/mau; ~ **con/sin** estar com/sem **-2.** [expresa actitud]: **el jefe está que muerde** o chefe está uma fera; **el asunto está que arde** o assunto está quente **-3.** [expresa ocupación]: ~ **como** trabalhar como **-4.** [expresa situación]: ~ **de** ser; ~ **de suerte** está com sorte; ~ **de buen humor** estar de bom humor **-5.** [acción]: ~ **de** estar de; **están de mudanza** estar de mudança **-6.** [expresa permanencia]: ~ **en** estar em; ~ **en guardia** estar de guarda; ~ **en uso** estar sendo usado; ~ **de moda** estar na moda **-7.** [consistir]: ~ **en** estar em; **el problema está en la fecha** o problema está na data **-8.** *loc*: **¿está?** de acordo?
◆ **estarse** *vpr* estar, ficar.

estarcir *vt* desenhar com normógrafo.

estárter (*pl* **estárters**) *m AUTOM* motor *m* de arranque.

estatal *adj* estatal.

estático, ca *adj* estático(ca).
◆ **estática** *f* estática *f*.

estatismo *m* estatismo *m*.

estatización *f Amér* estatização *f*.

estatizar *vt Amér* estatizar.

estatua *f* estátua *f*.

estatura *f* estatura *f*.

estatus, status *m* status *m*.

estatutario, ria *adj* estatutário(ria).

estatuto *m* estatuto *m*.

este[1], ta *adj* este(ta); **esta corbata que llevas es muy bonita** esta gravata que você está usando é muito bonita; ~ **edificio de enfrente es mi casa** este edifício em frente é minha casa; **el hombre** ~ **no me inspira confianza** *despec* este homem não me inspira confiança.

este[2] *m* este *m*.
◆ **Este** *m*: **el Este** o Leste.

éste, ta *pron* este(ta).

estela *f* esteira *f*.

estelar *adj* estelar.

estenografía *f* estenografia *f*.

estentóreo, a *adj* **culto** estentóreo (rea).

estepa *f* estepe *f*.

estera *f* capacho *m*.

estercolero *m* **-1.** [para estiércol] estrumeira *f* **-2.** [lugar sucio] chiqueiro *m*.

estéreo ◇ *adj* estéreo. ◇ *m* aparelho *m* estereofônico.

estereofónico, ca *adj* estereofônico(ca).

estereoscopio *m* esteroscópio *m*.

estereotipado, da *adj* estereotipado(da).

estereotipo *m* estereótipo *m*.

estéril *adj* estéril.

esterilizar *vt* esterilizar.

esterilla *f* esteira *f*.

esterlina *f* ▷ **libra**.

esternón *m ANAT* esterno *m*.

esteroide *m QUÍM* esteróide *m*.

estertor *m* estertor *m*.

esteta *mf* esteta *mf*.

esteticista, esthéticienne *f* esteticista *mf*.

estético, ca *adj* estético(ca).
◆ **estética** *f* estética *f*.

esthéticienne = **esteticista**.

estiba *f* estiva *f*.

estiércol *m* esterco *m*.

estigma *m* estigma *m*.

estilarse *vpr* ***fam*** usar-se.

estilete *m* estilete *m*.

estilista *mf* estilista *mf*.

estilístico, ca *adj* estilístico(ca).

estilizar *vt* estilizar.

estilo *m* **-1.** estilo *m*; ~ **de vida** estilo de vida **-2.** *loc*: **por el** ~ [parecido] do gênero.

estilográfica *f* ▷ **pluma**.

estima *f* estima *f*.

estimación *f* **-1.** [aprecio] estima *f* **-2.** [valoración] estimativa *f*.

estimar *vt* estimar.

estimulante ◇ *adj* estimulante. ◇ *m* estimulante *m*.

estimular *vt* estimular.

estímulo *m* estímulo *m*.

estipendio *m* estipêndio *m*.

estipulación *f* estipulação *f*.

estipular *vt* estipular.

estirado, da *adj* arrogante.

estirar *vt* **-1.** [alargar] estirar **-2.** [hacer durar] esticar.

◆ **estirar** *vi*: ~ **(de algo)** puxar (algo).

◆ **estirarse** *vpr* **-1.** [gen] estirar-se **-2.** [crecer] espichar.

estirón *m* **-1.** [acción de estirar] puxão *m* **-2.** [crecida] esticada *f*; **dar** *o* **pegar un** ~ dar um puxão.

estirpe *f* estirpe *f*.

estival *adj* estival.

esto *pron neutro* isto; ~ **de trabajar de noche no me gusta** isto de trabalhar de noite não me agrada; ~ **es** isto é.

Estocolmo *n* Estocolmo.

estofa *f* laia *f*.

estofado *m* ensopado *m*.

estofar *vt* ensopar.

estoicismo *m* estoicismo *m*.

estoico, ca *adj* estóico(ca).

estola *f* estola *f*.

estomacal *adj* estomacal.

estómago *m* estômago *m*.

Estonia *n* Estônia.

estop = **stop**.

estopa *f* estopa *f*.

estor *m* estore *m*.

estorbar *vi* estorvar.

estorbo *m* estorvo *m*.

estornino *m* estorninho *m*.

estornudar *vi* espirrar.

estornudo *m* espirro *m*.

estos, tas *adj pl* estes(tas).

éstos, tas *pron pl* estes(tas).

estoy *etc* ▷ **estar**.

estrabismo *m* estrabismo *m*.

estrado *m* estrado *m*.

estrafalario *adj* estapafúrdio(dia).

estragón *m* estragão *m*.

estragos *mpl*: **causar** *o* **hacer** ~ causar *o* fazer estragos.

estrambótico, ca *adj* estrambótico (ca).

estrangulador, ra *m, f* estrangulador *m*, -ra *f*.

estrangulamiento *m* estrangulamento *m*.

estrangular *vt* estrangular.

estraperlo *m* ***Esp*** contrabando *m*.

estratagema *f* estratagema *m*.

estratega *mf* estrategista *mf*.

estrategia *f* estratégia *f*.

estratégico, ca *adj* estratégico(ca).

estratificar *vt* estratificar.

estrato *m* estrato *m*.

estratosfera *f* estratosfera *f*.

estrechamiento *m* estreitamento *m*.

estrechar *vt* **-1.** [gen] estreitar; ~ **la mano** apertar a mão **-2.** [hacer estrecho] apertar.

◆ **estrecharse** *vpr* apertar-se.

estrechez *f* **-1.** [falta de espacio] estreiteza *f* **-2.** [falta de dinero] aperto *m*.

estrecho, cha ◇ *adj* **-1.** [gen] estreito(ta) **-2.** [ajustado] justo(ta). ◇ *m, f* ***fam*** careta *mf*.

◆ **estrecho** *m* GEOGR estreito *m*.

estrella *f* estrela *f*.

◆ **estrella de mar** *f* estrela-do-mar *f*.

estrellado, da *adj* estrelado(da).

estrellar *vt* [arrojar] estatelar.

◆ **estrellarse** *vpr* estatelar-se.

estrellato *m* estrelato *m*.

estrellón *m* ***Méx*** colisão *f*.

estremecer *vt* estremecer.

◆ **estremecerse** *vpr*: ~**se (de)** tremer (de).

estremecimiento *m* estremecimento *m*.

estrenar *vt* estrear.

◆ **estrenarse** *vpr* estrear-se.

estreno *m* **-1.** [gen] estréia *f* **-2.** [en empleo] início *m*.

estreñido, da *adj* constipado(da).

estreñimiento *m* constipação *f*.

estrépito *m* estrépito *m*.

estrepitoso, sa *adj* estrepitoso(sa).

estrés *m inv* estresse *m*.

estresar *vt* estressar.

estría *f* estria *f*.

estribar ◆ **estribar en** *vi* estribar em.

estribillo *m* estribilho *m*.

estribo *m* estribo *m*; **perder los** ~**s** *loc* perder as estribeiras.

estribor *m* NÁUT estibordo *m*.

estricnina *f* estricnina *f*.

estricto, ta *adj* **-1.** [exacto] estrito(ta) **-2.** [severo] rigoroso(sa).

estridencia *f* **-1.** [ruido agudo] estridência *f* **-2.** [extravagancia] excentricidade *f*.

estrofa *f* estrofe *f*.

estrógeno *m* estrógeno *m*.

estropajo *m* esfregão *m*.

estropear *vt* estragar.

◆ **estropearse** *vpr* [averiarse] estragar-se.

estropicio *m* estrago *m*.

estructura *f* estrutura *f*.

estructurar *vt* estruturar.

estruendo *m* estrondo *m*.

estrujar *vt* **-1.** [exprimir] espremer **-2.** [arrugar] amassar.
◆ **estrujarse** *vpr* [cabeza] quebrar.
estuario *m* estuário *m*.
estucar *vt* estucar.
estuche *m* estojo *m*.
estuco *m* estuque *m*.
estudiante *mf* estudante *mf*.
estudiantil *adj* estudantil.
estudiar ◇ *vt* estudar. ◇ *vi* estudar.
estudio *m* **-1.** [gen] estudo *m*; **~ de mercado** pesquisa *f* de mercado **-2.** [habitación, apartamento] estúdio *m* **-3.** *(gen pl)* CIN, TV, RADIO estúdio *m*.
◆ **estudios** *mpl* estudos *mpl*; **~s primarios/secundarios** estudos primários/secundários.
estudioso, sa ◇ *adj* estudioso(sa). ◇ *m, f* estudioso *m*, -sa *f*.
estufa *f* **-1.** [para calentar] aquecedor *m* **-2.** *Carib, Méx* [para cocinar] fogão *m*.
estupefaciente *m* entorpecente *m*.
estupefacto, ta *adj* estupefato(ta).
estupendo, da *adj* estupendo(da).
estupidez *f* estupidez *f*.
estúpido, da ◇ *adj* estúpido(da). ◇ *m, f* estúpido *m*, -da *f*.
estupor *m* estupor *m*.
esturión *m* esturjão *m*.
estuviera *etc* ▷ **estar**.
esvástica *f* suástica *f*.
ETA (*abrev de* **Euskadi Ta Askatasuna**) *f* ETA *f*.
etapa *f* [gen] etapa *f*; **por ~s** por etapas.
etarra ◇ *adj* da ETA. ◇ *mf* membro *m* da ETA.
etc. (*abrev de* **etcétera**) etc.
etcétera ◇ *m* etcétera *m*; **un largo ~** um amplo leque. ◇ *adv* et cetera.
éter *m* éter *m*.
etéreo, rea *adj* etéreo(rea).
eternidad *f* eternidade *f*.
eterno, na *adj* eterno(na).
ético, ca *adj* ético(ca).
◆ **ética** *f* ética *f*; **~ profesional** ética profissional.
etileno *m* QUÍM etileno *m*.
etílico, ca *adj* etílico(ca).
etimología *f* etimologia *f*.
Etiopía *n* Etiópia.
etiqueta *f* etiqueta *f*; **de ~** de gala.
etiquetar *vt* etiquetar; **~ a alguien de** rotular alguém de.
etnia *f* etnia *f*.
étnico, ca *adj* étnico(ca).
etrusco, ca ◇ *adj* etrusco(ca). ◇ *m, f* etrusco *m*, -ca *f*.
◆ **etrusco** *m* etrusco *m*.
ETT (*abrev de* **Empresa de Trabajo Temporal**) *f agência de empregos temporários.*
EUA (*abrev de* **Estados Unidos de América**) *npl* EUA.
eucalipto *m* eucalipto *m*.
eucaristía *f* eucaristia *f*.
eufemismo *m* eufemismo *m*.
euforia *f* euforia *f*.
eufórico, ca *adj* eufórico(ca).
eunuco *m* eunuco *m*.
eureka *interj* eureca!
euro *m* euro *m*.
eurocámara *f* parlamento *m* europeu.
eurocheque *m* eurocheque *m*.
eurocomunismo *m* eurocomunismo *m*.
euroconector *m conector padrão que serve para conectar transmissões de som e imagem.*
eurócrata *mf* eurocrata *mf*.
eurodiputado, da *m, f* eurodeputado *m*, -da *f*.
eurodólar *m* eurodólar *m*.
euroejército *m* exército *m* europeu.
Europa *n* Europa.
europarlamentario, ria *m, f* europarlamentar *mf*.
europeísmo *m* europeísmo *m*.
europeizar *vt* europeizar.
europeo, pea ◇ *adj* europeu(ia). ◇ *m, f* europeu *m*, -ia *f*.
eurotúnel *m túnel com serviço regular de trens cujo trajeto passa sob o Canal da Mancha.*
Eurovisión *f* Eurovisão *f*.
Euskadi *n* País Basco.
euskera *m* basco *m*, língua *f* basca.
eutanasia *f* eutanásia *f*.
evacuación *f* evacuação *f*.
evacuado, da *m, f* evacuado *m*, -da *f*.
evacuar *vt* **-1.** [gen] evacuar **-2.** [trámite] realizar.
evadir *vt* evadir; **~ capitales** *o* **divisas** evadir capitais *o* divisas.
◆ **evadirse** *vpr* evadir-se.
evaluación *f* avaliação *f*.
evaluar *vt* avaliar.
evanescente *adj culto* evanescente.
evangélico, ca ◇ *adj* evangélico(ca). ◇ *m, f* evangélico *m*, -ca *f*.

evangelio *m* evangelho *m*.
evaporar *vt* evaporar.
◆ **evaporarse** *vpr* evaporar-se.
evasión *f* [gen] **-1.** evasão *f*; ~ **de capitales** *o* **divisas** evasão de capitais *o* divisas; ~ **fiscal** evasão fiscal **-2.** *fig* [distracción] distração *f*.
evasivo, va *adj* evasivo(va).
◆ **evasiva** *f* evasiva *f*.
evento *m* evento *m*.
eventual *adj* eventual.
eventualidad *f* eventualidade *f*.
Everest *n*: **el** ~ o Evereste.
evidencia *f* evidência *f*.
evidenciar *vt* evidenciar.
◆ **evidenciarse** *vpr* evidenciar-se.
evidente *adj* evidente.
evitar *vt* evitar.
evocación *f* evocação *f*.
evocar *vt* evocar.
evolución *f* evolução *f*.
evolucionar *vi* evoluir.
evolucionismo *m* evolucionismo *m*.
evolutivo, va *adj* evolutivo(va).
ex[1] *mf* ex *mf*.
ex[2] *prep* ex.
exabrupto *m* invectiva *f*.
exacerbar *vt* exacerbar.
exactamente *adv* exatamente.
exactitud *f* exatidão *f*.
exacto, ta *adj* exato(ta); **para ser** ~ para ser exato.
◆ **exacto** *interj* exato!
exageración *f* exagero *m*.
exagerado, da ◇ *adj* exagerado (da). ◇ *m, f* exagerado *m*, -da *f*.
exagerar ◇ *vt* exagerar. ◇ *vi* exagerar.
exaltado, da ◇ *adj* exaltado(da). ◇ *m, f* exaltado *m*, -da *f*.
exaltar *vt* [glorificar] exaltar.
◆ **exaltarse** *vpr* exaltar-se.
examen *m* [gen] exame *m*, prova *f*; **presentarse a un** ~ prestar um exame; ~ **final** exame final; ~ **de ingreso** [a universidad] vestibular *m*; [a la policía] concurso *m* de ingresso; [a una academia] exame de ingresso; ~ **oral** exame oral; ~ **parcial** exame parcial.
examinar *vt* examinar.
◆ **examinarse** *vpr* prestar exame.
exánime *adj* exânime.
exasperante *adj* exasperante.
exasperar *vt* exasperar.
◆ **exasperarse** *vpr* exasperar-se.
excarcelar *vt* excarcerar.
excavación *f* escavação *f*.
excavador, ra *m, f* escavador *m*, -ra *f*.
◆ **excavadora** *f* escavadeira *f*.
excavar *vt* escavar.
excedencia *f* licença *f*, afastamento *m*.
excedente ◇ *adj* excedente. ◇ *m* excedente *m*.
exceder ◇ *vt* exceder. ◇ *vi* exceder.
◆ **excederse** *vpr*: ~**se (en)** exceder-se (em).
excelencia *f* excelência *f*; **por** ~ por excelência.
◆ **Excelencia** *mf*: **Su Excelencia** [título] Vossa Excelência.
excelente *adj* excelente.
excelso, sa *adj* ***culto*** excelso(sa).
excentricidad *f* excentricidade *f*.
excéntrico, ca ◇ *adj* excêntrico (ca). ◇ *m, f* [extravagante] excêntrico *m*, -ca *f*.
excepción *f* exceção *f*; **a** *o* **con** ~ **de** com exceção de; **de** ~ de exceção; **hacer una** ~ fazer uma exceção.
excepcional *adj* excepcional.
excepto *adv* exceto.
exceptuar *vt*: ~ **a alguien de algo/hacer algo** excetuar alguém de algo/fazer algo.
excesivo, va *adj* excessivo(va).
exceso *m* excesso *m*; ~ **de equipaje** excesso de bagagem; ~ **de peso** [obesidad] excesso de peso; ~ **de velocidad** excesso de velocidade.
excipiente *m* excipiente *m*.
excisión *f* excisão *f*.
excitación *f* excitação *f*.
excitado, da *adj* excitado(da).
excitante ◇ *adj* excitante. ◇ *m* excitante *m*.
excitar *vt* excitar.
◆ **excitarse** *vpr* excitar-se.
exclamación *f* exclamação *f*.
exclamar *vt* proferir.
excluir *vt* excluir; ~ **a alguien de algo** excluir alguém de algo.
exclusión *f* exclusão *f*.
exclusiva *f* ▷ **exclusivo.**
exclusivo, va *adj* exclusivo(va).
◆ **exclusiva** *f* exclusiva *f*.
excomulgar *vt* excomungar.
excomunión *f* excomunhão *f*.
excremento *m* excremento *m*.
excretar ◇ *vt* [soltar] excretar. ◇ *vi* [evacuar] excretar.
exculpar *vt* exculpar.
excursión *f* **-1.** [viaje] excursão *f*; **ir**

de ~ fazer excursão **-2.** *fam* [paseo] passeio *m*.
excursionista *mf* excursionista *mf*.
excusa *f* escusa *f*.
excusado, da *adj* **-1.** [disculpado] desculpado(da) **-2.** [secreto] secreto (ta).
◆ **excusado** *m* banheiro *m*.
excusar *vt* escusar.
◆ **excusarse** *vpr* escusar-se.
exención *f* isenção *f*.
exento, ta *adj*: **estar ~ (de)** [responsabilidades, obligaciones] estar isento (de); **estar ~ de un curso** estar dispensado de um curso.
exequias *fpl* exéquias *fpl*.
exfoliante ◇ *adj* esfoliante. ◇ *m* esfoliante *m*.
exfoliar *vt* esfoliar.
◆ **exfoliarse** *vpr* esfoliar.
exhalación *f* [emanación] exalação *f*.
exhalar *vt* exalar.
exhaustivo, va *adj* exaustivo(va).
exhausto, ta *adj* **-1.** [cansado] exausto(ta) **-2.** [vacío] esgotado(da).
exhibición *f* exibição *f*.
exhibicionismo *m* exibicionismo *m*.
exhibir *vt* exibir.
◆ **exhibirse** *vpr* exibir-se.
exhortación *f* exortação *f*.
exhortar *vt*: **~ a alguien a algo/hacer algo** exortar alguém a algo/ fazer algo.
exhumar *vt* exumar.
exigencia *f* exigência *f*.
exigente *adj* exigente.
exigir ◇ *vt* exigir. ◇ *vi* [pedir] exigir.
exiguo, gua *adj* exíguo(gua).
exiliado, da ◇ *adj* exilado(da). ◇ *m, f* exilado *m*, -da *f*.
exiliar *vt* exilar.
◆ **exiliarse** *vpr* exilar-se.
exilio *m* exílio *m*.
eximio, mia *adj culto* exímio(mia).
eximir *vt*: **~ a alguien de algo hacer algo** eximir alguém de algo fazer algo.
existencia *f* existência *f*.
◆ **existencias** *fpl* COM estoque *m*.
existencialismo *m* existencialismo *m*.
existir *vi* existir.
éxito *m* êxito *m*; **tener ~** ter *o* fazer sucesso.
exitoso, sa *adj* exitoso(sa).
éxodo *m* êxodo *m*.
exonerar *vt culto*: **~ a alguien de algo** exonerar alguém de algo.
exorbitante *adj* exorbitante.
exorbitar *vt* exorbitar.
exorcismo *m* exorcismo *m*.
exorcizar *vt* exorcizar.
exótico, ca *adj* exótico(ca).
expandir *vt* expandir.
◆ **expandirse** *vpr* expandir-se.
expansión *f* **-1.** [gen] expansão *f* **-2.** [recreo] distração *f*.
expansionarse *vpr* **-1.** [gen] expandir-se **-2.** [divertirse] distrair-se.
expansionismo *m* expansionismo *m*.
expansivo, va *adj* expansivo(va).
expatriación *f* expatriação *f*.
expatriar *vt* expatriar.
◆ **expatriarse** *vpr* expatriar-se.
expectación *f* expectação *f*, expectativa *f*.
expectativa *f* expectativa *f*; **estar a la ~ (de)** estar na expectativa (de).
expectorar *vi* expectorar.
expedición *f* expedição *f*.
expedicionario, ria ◇ *adj* expedicionário(ria). ◇ *m, f* expedicionário *m*, -ria *f*.
expediente *m* **-1.** [gen] expediente *m*; **abrir ~ a alguien** *ato de processar administrativamente uma pessoa* **-2.** [documento personal] ficha *f*; **~ académico** histórico *m* escolar **-3.** [trámites] processo *m* **-4.** *loc*: **cubrir el ~** *fam* marcar presença.
expedir *vt* expedir.
expeditivo, va *adj* expedito(ta).
expedito, ta *adj* desobstruído(da).
expeler *vt* expelir.
expendedor, ra ◇ *adj* de venda automática. ◇ *m, f* vendedor *m*, -ra *f*.
expendeduría *f* tabacaria *f*.
expensas ◆ **a expensas de** *loc prep* a expensas de.
experiencia *f* experiência *f*.
experimentado, da *adj* [persona] experiente.
experimentar *vt* experimentar.
experimento *m* experimento *m*.
experto, ta ◇ *adj* especialista. ◇ *m, f* perito *m*, -ta *f*.
expiar *vt* expiar.
expiatorio, ria *adj* expiatório(ria).
expirar *vi* expirar.
explanada *f* esplanada *f*.
explanar *vt* **-1.** [terreno] aplanar **-2.** [asunto] explanar.

explayarse *vpr* **-1.** [divertirse] divertir-se **-2.** [desahogarse] desabafar-se.

explicación *f* explicação *f*; **dar explicaciones** dar explicações; **pedir explicaciones** pedir explicações.

explicar *vt* **-1.** [gen] explicar **-2.** [enseñar] ensinar.

◆ **explicarse** *vpr* explicar-se.

explicitar *vt* explicitar.

explícito, ta *adj* explícito(ta).

exploración *f* **-1.** [de lugar] exploração *f* **-2.** *MED* exame *m*.

explorador, ra *m, f* explorador *m*, -ra *f*.

explorar *vt* **-1.** [gen] explorar **-2.** *MED* examinar.

explosión *f* explosão *f*.

explosionar ◇ *vt* explodir. ◇ *vi* explodir.

explosivo, va *adj* explosivo(va).

◆ **explosivo** *m* explosivo *m*.

explotación *f* exploração *f*; **~ agrícola** exploração agrícola.

explotar ◇ *vt* explorar. ◇ *vi* explodir.

expoliar *vt* espoliar.

expolio, espolio *m culto* espoliação *f*.

exponente *m* expoente *m*.

exponer *vt* expor.

◆ **exponerse** *vpr* [arriesgarse] expor-se; **~se a** expor-se a.

exportación *f* exportação *f*.

exportar *vt* exportar.

exposición *f* **-1.** [gen] exposição *f* **-2.** [riesgo] risco *m*.

expósito, ta ◇ *adj* enjeitado(da). ◇ *m, f* enjeitado *m*, -da *f*.

expositor, ra ◇ *adj* expositor(ra). ◇ *m, f* expositor *m*, -ra *f*.

exprés *adj* **-1.** expresso(sa) **-2.** = **expreso**.

expresar *vt* expressar.

◆ **expresarse** *vpr* expressar-se.

expresión *f* expressão *f*; **reducir a la mínima ~** falar somente o necessário.

expresionismo *m* expressionismo *m*.

expresivo, va *adj* expressivo(va).

expreso, sa *adj* expresso(sa).

◆ **expreso, exprés** *m* ▷ **tren**.

exprimidor *m* espremedor *m*.

exprimir *vt* espremer.

expropiación *f* expropriação *f*.

expropiar *vt* expropriar.

expuesto, ta ◇ *pp irreg* ▷ **exponer**. ◇ *adj* **-1.** [gen] exposto(ta) **-2.** [arriesgado] perigoso(sa).

expulsar *vt* expulsar.

expulsión *f* expulsão *f*.

expurgar *vt culto* expurgar.

exquisitez *f* **-1.** [cualidad] refinamento *m* **-2.** [cosa] delícia *f*.

exquisito, ta *adj* refinado(da); **un plato ~** um prato delicioso.

extasiarse *vpr* extasiar-se.

éxtasis *m* **-1.** [estado] êxtase *m* **-2.** *fam* [droga] ecstasy *m*.

extender *vt* **-1.** [gen] estender **-2.** [documento] lavrar, escrever.

◆ **extenderse** *vpr* estender-se.

extensión *f* extensão *f*; **por ~** por extensão.

extensivo, va *adj* extensivo(va).

extenso, sa *adj* extenso(sa).

extenuar *vt* extenuar.

◆ **extenuarse** *vpr* extenuar-se.

exterior ◇ *adj* **-1.** [extranjero] exterior **-2.** [capa, de fuera] externo(na). ◇ *m* exterior *m*.

◆ **exteriores** *mpl* exteriores *mpl*.

exteriorizar *vt* exteriorizar.

exterminar *vt* exterminar.

exterminio *m* extermínio *m*.

externalización *f* terceirização *f*.

externalizar *vt* terceirizar.

externo, na *adj* **-1.** [de exterior] externo(na) **-2.** [visible] exterior.

extinción *f* extinção *f*.

extinguir *vt* [fuego, luz] extinguir.

◆ **extinguirse** *vpr* extinguir-se.

extintor *m* extintor *m*.

extirpación *f* extirpação *f*.

extirpar *vt* extirpar.

extorno *m COM* estorno *m*.

extorsión *f* **-1.** [molestia] incômodo *m* **-2.** [delito] extorsão *f*.

extorsionar *vt*: **~ a alguien** extorquir dinheiro de alguém.

extorsionista *mf* extorsionário *m*, -ria *f*.

extra[1] ◇ *adj* extra. ◇ *mf* extra *mf*, figurante *mf*. ◇ *m* extra *m*. ◇ *f* ▷ **paga**.

extra[2] *pref* extra-.

extracción *f* extração *f*.

extracelular *adj* extracelular.

extracto *m* [resumen] extrato *m*, **~ de cuentas** extrato de contas.

extractor, ra *adj* [aparato] extrator(ra); [industria] extrativo(va).

◆ **extractor** *m* exaustor *m*.

extracurricular *adj* extracurricular.

extraditar *vt* extraditar.

extraer *vt* extrair.

extrafino, na *adj* extrafino(na).
extrajudicial *adj* extrajudicial.
extralimitarse *vpr fig* extrapolar.
extranjería *f* estraneidade *f*.
extranjero, ra <> *adj* estrangeiro (ra). <> *m, f* estrangeiro *m*, -ra *f*.
◆ **extranjero** *m* estrangeiro *m*.
extranjis ◆ **de extranjis** *loc adv* **Esp** *fam* de mansinho.
extrañar <> *vt* **-1.** [echar de menos] sentir saudade **-2.** [desterrar] deportar. <> *vi* [sorprender] estranhar.
◆ **extrañarse** *vpr*: **~se (de)** surpreender-se (com).
extrañeza *f* **-1.** [sorpresa] estranheza *f* **-2.** [rareza] esquisitice *f*.
extraño, ña <> *adj* **-1.** [gen] estranho(nha) **-2.** [ajeno] alheio(a). <> *m, f* [desconocido] estranho *m*, -nha *f*.
extraoficial *adj* extra-oficial.
extraordinario, ria *adj* extraordinário(ria).
◆ **extraordinario** *m* **-1.** [de publicación] edição *f* extra, suplemento *m* especial **-2.** [correo] *correspondência que se despacha com urgência*.
◆ **extraordinaria** *f* ▷ **paga**.
extraparlamentario, ria *adj* extraparlamentar.
extraplano, na *adj* ultrafino(na).
extrapolar *vt* extrapolar.
extrarradio *m* subúrbio *m*, periferia *f*.
extraterrestre <> *adj* extraterrestre. <> *mf* extraterrestre *mf*.
extraterritorial *adj* extraterritorial.
extravagancia *f* extravagância *f*.
extravagante *adj* extravagante.
extraversión = **extroversión**.
extravertido, da = **extrovertido**.
extraviado, da *adj* extraviado(da).
extraviar *vt* **-1.** [perder] extraviar **-2.** [mirada, vista] desviar.
◆ **extraviarse** *vpr* extraviar-se.
extravío *m* **-1.** [pérdida] extravio *m* **-2.** [desorden] transvio *m*.
extremado, da *adj* extremado(da).
extremar *vt* extremar.
◆ **extremarse** *vpr* esmerar-se.
extremaunción *f* extrema-unção *f*.
extremidad *f* extremidade *f*.
◆ **extremidades** *fpl* extremidades *fpl*.
extremista <> *adj* extremista. <> *mf* extremista *mf*.
extremo, ma *adj* extremo(ma).
◆ **extremo** *m* **-1.** [gen] extremo *m*; **en último ~** em último caso **-2.** DEP ponta *mf*.
extrínseco, ca *adj* extrínseco(ca).
extroversión, extraversión *f* extroversão *f*.
extrovertido, da, extravertido, da <> *adj* extrovertido(da). <> *m, f* extrovertido *m*, -da *f*.
exuberancia *f* [abundancia] exuberância *f*.
exuberante *adj* exuberante.
exudar *vt* exsudar.
exultante *adj* exultante.
exvoto *m* ex-voto *m*.
eyaculación *f* ejaculação *f*.
eyacular *vi* ejacular.

F

f, F *f* [letra] f, F *m*.
◆ **23 F** *m tentativa de golpe de Estado no Parlamento espanhol*.
fa *m* fá *m*.
fabada *f* CULIN *prato típico das Astúrias feito com feijão branco cozido com lingüiça defumada, toucinho, presunto e morcela*.
fábrica *f* **-1.** [establecimiento] fábrica *f* **-2.** [fabricación] fábricação *f*.
fabricación *f* fabricação *f*; **~ en serie** fabricação em série.
fabricante *mf* fabricante *mf*.
fabricar *vt* fabricar.
fábula *f* **-1.** [gen] fábula *f* **-2.** [rumor] boato *m*.
fabuloso, sa *adj* fabuloso(sa).
facción *f* facção *f*.
◆ **facciones** *fpl* feições *fpl*.
faccioso, sa <> *adj* faccioso(sa). <> *m, f* faccioso *m*, -sa *f*.
faceta *f* faceta *f*.
facha *fam* <> *f* visual *m*. <> *mf* fascista *mf*.
fachada *f* fachada *f*.
facial *adj* facial.
fácil *adj* **-1.** [gen] fácil **-2.** [tratable] afável **-3.** [probable] provável.
facilidad *f* facilidade *f*.
◆ **facilidades** *fpl* facilidades *fpl*; **~es de pago** facilidades de pagamento.

facilitar *vt* **-1.** [hacer posible] facilitar **-2.** [dar] proporcionar.

facsímil, facsímile *m* fac-símile *m.*

factible *adj* factível.

factor *m* fator *m.*

factoría *f* [fábrica] fábrica *f.*

factótum (*pl* **factotums**) *m, f* factótum *m.*

factura *f* **-1.** [documento] fatura *f* **-2.** *Arg* [repostería] confeitaria *f.*

facturar *vt* **-1.** [gen] faturar **-2.** [equipaje] despachar.

facultad *f* faculdade *f.*

facultar *vt* facultar.

facultativo, va ◇ *adj* **-1.** [potestativo] facultativo(va) **-2.** [médico] médico(ca). ◇ *m, f* médico *m,* -ca *f.*

faena *f* trabalho *m*; **hacerle una (mala) ~ a alguien** *fig* fazer uma desfeita a alguém.

faenar *vi* **-1.** [en mar] pescar **-2.** [en tierra] lavrar.

fagocito *m* fagócito *m.*

fagot *MÚS* ◇ *m* [instrumento] fagote *m.* ◇ *mf* [persona] fagotista *mf.*

fainá *f RP massa de grão-de-bico assada, servida com pizza.*

faisán *m* faisão *m.*

faja *f* **-1.** [gen] faixa *f* **-2.** [prenda interior, de publicación] cinta *f.*

fajo *m* **-1.** [de leña, cañas] fardo *m* **-2.** [de billetes] maço *m.*

fakir = **faquir**.

falacia *f* falácia *f.*

falaz *adj* falaz.

falda *f* **-1.** [prenda] saia *f* **-2.** [de montaña] falda *f* **-3.** [de mesa camilla] camilha *f.*

faldero, ra *adj* **-1.** [perro] de companhia **-2.** [hombre] mulherengo.

faldón *m* **-1.** [de tela] fralda *f* **-2.** [de tejado] água *f.*

falencia *f CSur* defeito *m.*

falla *f* **-1.** *GEOL* falha *f* **-2.** [defecto, fallo] defeito *m* **-3.** [en Valencia] *figura de madeira e papelão que é queimada nas ruas durante as festas valencianas.*

◆ **fallas** *fpl festa popular de Valência em que são queimados bonecos de madeira e papelão na noite de São José.*

fallar ◇ *vt* **-1.** [suj: jurado] decidir **-2.** [equivocar] errar. ◇ *vi* **-1.** [gen] falhar **-2.** [ceder] romper **-3.** [jurado, tribunal] decidir.

fallecer *vi* falecer.

fallecimiento *m* falecimento *m.*

fallido, da *adj* frustrado(da).

fallo *m* **-1.** [error, equivocación] falha *f* **-2.** [sentencia] decisão *f.*

falluto, ta ◇ *adj RP fam* falso(sa). ◇ *m, f* hipócrita *mf.*

falo *m* falo *m.*

falsear *vt* falsear.

falsedad *f* falsidade *f.*

falsete *m MÚS* falsete *m.*

falsificación *f* falsificação *f.*

falsificar *vt* falsificar.

falsilla *f* pauta *f.*

falso, sa *adj* **-1.** [gen] falso(sa); **en ~** em falso **-2.** [inadecuado] indevido (da).

falta *f* **-1.** [gen] falta *f*; **~ de educación** falta de educação; **~ personal** *DEP* falta pessoal; **hacer ~ algo** fazer falta algo **-2.: echar en ~** [objeto, persona] sentir falta **-3.** [imperfección, error] erro *m* **-4.** [en menstruación] falha *f* na menstruação.

◆ **a falta de** *loc prep* na falta de.

faltante *m Amér* déficit *m.*

faltar *vi* **-1.** [no haber] faltar **-2.** [carecer]: **~le algo a alguien** faltar algo para alguém; **~ por** faltar; **~ poco para** faltar pouco para **-3.** [no respetar] desrespeitar; **~le a alguien en algo** falhar com alguém em algo **-4.: ~ a** [incumplir] faltar com **-5.** *loc*: **¡no faltaba** *o* **faltaría más!** [agradecimiento] sem dúvida!; [rechazo] era só o que faltava!

falto, ta *adj* deficiente.

fama *f* fama *f*; **cría** *o* **cobra ~ y échate a dormir** cria fama e deita na cama.

famélico, ca *adj* famélico(ca).

familia *f* **-1.** [gen] família *f*; **en ~** em família **-2.** [hijos] filhos *mpl.*

familiar ◇ *adj* familiar. ◇ *m* familiar *m.*

familiaridad *f* familiaridade *f.*

familiarizar *vt* familiarizar.

◆ **familiarizarse** *vpr* familiarizar-se.

famoso, sa ◇ *adj* **-1.** [conocido] famoso(sa) **-2.** *fam* [bueno, excelente] excepcional. ◇ *m, f* pessoa *f* famosa.

fan (*pl* **fans**) *m, f* fã *mf.*

fanático, ca ◇ *adj* fanático(ca). ◇ *m, f* fanático *m,* -ca *f.*

fanatismo *m* fanatismo *m.*

fanfarria *f* **-1.** *fam* [jactancia] fanfarrice *f* **-2.** [de música] fanfarra *f.*

fanfarrón, rona ◇ *adj* fanfarrão (na). ◇ *m, f* fanfarrão *m,* -na *f.*

fango *m* lama *f.*
fangoso, sa *adj* lamacento(ta).
fantasear <> *vi* fantasiar. <> *vt* fantasiar.
fantasía *f* **-1.** [imaginación] imaginação *f*; **de ~** [bisutería] de fantasia **-2.** *MÚS* fantasia *f.*
fantasma <> *m* [espectro] fantasma *m.* <> *mf* *fam* [persona vanidosa] fanfarrão *m*, -ona *f.*
fantástico, ca *adj* fantástico(ca).
fantoche *m* **-1.** [gen] fantoche *m* **-2.** [mamarracho] palhaço *m.*
faquir, fakir *m* faquir *m.*
farándula *f* teatro *m.*
faraón *m* faraó *m.*
fardar *vi* *fam* exibir-se.
fardo *m* trouxa *f.*
farfullar <> *vt* gaguejar. <> *vi* gaguejar.
faringe *f* *ANAT* faringe *f.*
faringitis *f* *MED* faringite *f.*
farmacéutico, ca <> *adj* farmacêutico(ca). <> *m, f* farmacêutico *m*, -ca *f.*
farmacia *f* farmácia *f*; **~ de turno** *o* **guardia** farmácia de plantão.
fármaco *m* fármaco *m.*
faro *m* farol *m*; **~s halógenos** faróis halógenos; **~ antiniebla** farol de neblina.
farol *m* **-1.** [farola] poste *m* de iluminação **-2.** [en juego] blefe *m* **-3.** *fam* [mentira, exageración] farol *m.*
farola *f* poste *m* de iluminação.
farolillo *m* **-1.** [de papel] lanterna *f* **-2.** [planta] campânula *f.*
farra *f* *fam* farra *f*; **ir de ~** cair na farra.
farragoso, sa *adj* confuso(sa).
farruco, ca *adj* **-1.** [valiente] corajoso (sa) **-2.** [terco] obstinado(da).
farsa *f* farsa *f.*
farsante <> *adj* farsante. <> *mf* farsante *mf.*
fascículo *m* fascículo *m.*
fascinante *adj* fascinante.
fascinar *vt* fascinar.
fascismo *m* fascismo *m.*
fascista <> *adj* fascista. <> *mf* fascista *mf.*
fase *f* fase *f.*
fastidiado, da *adj* enjoado(da).
fastidiar *vt* **-1.** [estropear] estragar **-2.** [molestar] aborrecer.
◆ **fastidiarse** *vpr* **-1.** [estropearse] estragar-se **-2.** [aguantarse] conformar-se.
fastidio *m* **-1.** [molestia] chateação *f* **-2.** [aburrimiento] tédio *m.*
fastidioso, sa *adj* **-1.** [molesto] chato (ta) **-2.** [aburrido] entediante.
fastuoso, sa *adj* fastuoso(sa).
fatal <> *adj* **-1.** [gen] fatal **-2.** [muy malo] péssimo(ma). <> *adv* muito mal.
fatalidad *f* fatalidade *f.*
fatalismo *m* fatalismo *m.*
fatídico, ca *adj* fatídico(ca).
fatiga *f* fadiga *f.*
◆ **fatigas** *fpl* dificuldades *fpl.*
fatigar *vt* fatigar.
◆ **fatigarse** *vpr* fatigar-se.
fatigoso, sa *adj* fatigante.
fatuo, tua *adj* **-1.** [necio, tonto] tolo(la) **-2.** [engreído, presuntuoso] pretensioso(sa).
fauces *fpl* goela *f.*
fauna *f* fauna *f.*
favor *m* favor *m*; **hacer el ~ de** fazer o favor de; **por ~** por favor; **hacerle un ~ a alguien** *fam* fazer um favor para alguém; **a ~ de** a favor de; **tener a** *o* **en su ~** ter a *o* em seu favor; **de ~** de favor.
favorable *adj* favorável.
favorecer *vt* favorecer.
favoritismo *m* favoritismo *m.*
favorito, ta <> *adj* favorito(ta). <> *m, f* favorito *m*, -ta *f.*
fayuca *f* *Méx* contrabando *m.*
fayuquero *m* *Méx* contrabandista *mf.*
fax *m inv* fax *m*; **mandar por ~** enviar por fax.
faz *f* configuração *f.*
fe *f* **-1.** [gen] fé *f* **-2.** [documento] certidão *f* **-3.** *loc*: **dar ~** dar fé de; **de buena ~** de boa fé.
fealdad *f* fealdade *f.*
febrero *m* fevereiro *m*; *ver también* **setiembre**.
febril *adj* febril.
fecha *f* data *f*; **en ~ próxima** em data próxima; **~ de caducidad** data de vencimento; **~ tope** *o* **límite** data máxima; **hasta la ~** até esta data; **por estas ~s** por estes dias.
fechar *vt* datar.
fechoría *f* malfeitoria *f.*
fécula *f* fécula *f.*
fecundación *f* fecundação *f*; **~ artificial/in vitro** fecundação artificial/in vitro.
fecundar *vt* fecundar.
fecundo, da *adj* fecundo(da).

federación *f* federação *f*.
federal ◇ *adj* federal. ◇ *mf* federais *mpl*.
federalismo *m* federalismo *m*.
federar *vt* federar.
◆ **federarse** *vpr* federar-se.
federativo, va *m, f* federado *m*, -da *f*.
feedback (*pl* **feedbacks**) *m* feedback *m*.
fehaciente *adj* irrefutável.
feldespato *m* feldspato *m*.
felicidad *f* felicidade *f*.
◆ **felicidades** *interj*: **¡~es!** felicidades!
felicitación *f* felicitação *f*.
felicitar *vt* felicitar.
feligrés, gresa *m, f* paroquiano *m*, -na *f*.
felino, na *adj* felino(na).
◆ **felinos** *mpl* felinos *mpl*.
feliz *adj* feliz; **nos las prometíamos tan felices** estávamos tão felizes.
felpa *f* felpa *f*.
felpudo *m* capacho *m*.
femenino, na *adj* feminino(na).
◆ **femenino** *m* GRAM feminino *m*.
fémina *f* mulher *f*.
feminismo *m* feminismo *m*.
feminista ◇ *adj* feminista. ◇ *mf* feminista *mf*.
fémur (*pl* **fémures**) *m* ANAT fêmur *m*.
fenicio, cia ◇ *adj* HIST fenício(cia). ◇ *m, f* fenício *m*, -cia *f*.
◆ **fenicio** *m* fenício *m*.
fénix *m* fênix *m*.
fenomenal *adj* **-1.** [estupendo, magnífico] fenomenal **-2.** [de fenómeno] fenomênico(ca).
fenómeno ◇ *m* fenômeno *m*. ◇ *adv fam* muito bem.
fenotipo *m* fenótipo *m*.
feo, a ◇ *adj* feio(a). ◇ *m, f* feio *m*, -a *f*.
◆ **feo** *m* ***Esp*** [desaire] desfeita *f*; **hacer un ~** fazer uma desfeita.
féretro *m* féretro *m*.
feria *f* feira *f*; **~ de muestras** exposição *f*.
feriado *m* ***Amér*** feriado *m*.
feriante *mf* feirante *mf*.
fermentación *f* fermentação *f*.
fermentar ◇ *vi* fermentar. ◇ *vt* fermentar.
ferocidad *f* ferocidade *f*.
feroz *adj* **-1.** [gen] feroz **-2.** *fig* [doloroso] atroz.
férreo, a *adj* férreo(a).
ferretería *f* loja *f* de ferragens.
férrico, ca *adj* férrico(ca).
ferrocarril *m* trem *m*.
ferroviario, ria ◇ *adj* ferroviário (ria). ◇ *m, f* ferroviário *m*, -ria *f*.
ferry (*pl* **ferries**) *m* ferry-boat *m*.
fértil *adj* fértil.
fertilidad *f* fertilidade *f*.
fertilizante ◇ *adj* fertilizante. ◇ *m* fertilizante *m*.
fertilizar *vt* fertilizar.
ferviente *adj* fervente.
fervor *m* fervor *m*.
festejar *vt* **-1.** [agasajar] acolher **-2.** [halagar] adular.
◆ **festejarse** *vpr* [celebrarse] festejar.
festejo *m* [agasajo] atenções *mpl*.
◆ **festejos** *mpl* [fiestas] festividades *fpl*.
festín *m* festim *m*.
festival *m* festival *m*.
festividad *f* festividade *f*.
festivo, va *adj* festivo(va).
festón *m* festão *m*.
feta *f* ***RP*** fatia *f*.
fetal *adj* fetal.
fetiche *m* fetiche *m*.
fetichista ◇ *adj* fetichista. ◇ *mf* fetichista *mf*.
fétido, da *adj* fétido(da).
feto *m* feto *m*.
feudal *adj* feudal.
feudalismo *m* feudalismo *m*.
feudo *m* feudo *m*.
FF AA (*abrev de* **Fuerzas Armadas**) *fpl* Forças *fpl* Armadas.
FF CC (*abrev de* **ferrocarriles**) *estradas de ferro*.
FIA (*abrev de* **Federación Internacional de Automovilismo**) *f*: **la ~** a FIA.
fiable *adj* confiável.
fiaca *m* ***RP***: **levantarme esta mañana, me dio una ~** me deu uma preguiça de levantar esta manhã.
fiador, ra *m, f* fiador *m*, -ra *f*.
fiambre *m* **-1.** [comida] fiambre *m* **-2.** *fam* [cadáver] presunto *m*.
fiambrera *f* marmita *f*.
fianza *f* fiança *f*.
fiar *vt* **-1.** [vender a crédito] fiar **-2.** : **ser de ~** ser de confiança.
◆ **fiarse** *vpr* fiar-se; **~se de algo/alguien** confiar em algo/alguém.
fiasco *m* fiasco *m*.
FIBA (*abrev de* **Federación Internacional de Baloncesto**) *f*: **la ~** a FIBA.
fibra *f* fibra *f*; **~ de vidrio** fibra de vidro.

fibroma *m* MED fibroma *m*.
ficción *f* ficção *f*.
ficha *f* **-1.** [gen] ficha *f* **-2.** [contraseña] tíquete *m* **-3.** DEP [contrato] contrato *m*.
fichaje *m* DEP contratação *f*.
fichar ◇ *vt* **-1.** [gen] fichar **-2.** DEP contratar **-3.** *fam* [calar] fichar. ◇ *vi* **-1.** [trabajador] marcar o ponto **-2.** DEP ser contratado.
fichero *m* INFORM arquivo *m*.
ficticio, cia *adj* fictício(cia).
ficus *m inv* ficus *m*.
fidedigno, na *adj* fidedigno(na).
fidelidad *f* fidelidade *f*.
fideo *m* fidelinho *m*, aletria *f*.
fiebre *f* febre *f*; **~ amarilla** febre amarela.
fiel ◇ *adj* fiel. ◇ *mf* fiel *mf*.
fieltro *m* feltro *m*.
fiero, ra *adj* feroz.
◆ **fiera** *f* fera *f*.
fierro *m* *Amér* ferro *m*.
fiesta *f* **-1.** [gen] festa *f* **-2.** [no laborable] feriado *m*; **hacer ~** suspender as atividades; **~ mayor** *festa do santo padroeiro de uma localidade*; **la ~ nacional** a festa nacional.
FIFA (*abrev de* **Federación Internacional de Fútbol Asociación**) *f*: **la ~** a FIFA.
figura *f* figura *f*.
figuraciones *fpl* imaginação *f*.
figurado, da *adj* figurado(da).
figurar ◇ *vi* figurar. ◇ *vt* figurar.
◆ **figurarse** *vpr* [imaginarse] imaginar.
figurín *m* figurino *m*.
fijación *f* fixação *f*.
◆ **fijaciones** *fpl* fixadores *mpl*.
fijador, ra *adj* fixador(ra).
◆ **fijador** *m* fixador *m*; **~ de pelo** fixador de cabelo.
fijar *vt* fixar.
◆ **fijarse** *vpr*: **~se (en algo)** prestar atenção (em algo).
fijeza *f* fixidez *f*.
fijo, ja *adj* fixo(xa).
◆ **fijo** *adv fam* com certeza.
fila *f* [hilera] fila *f*; **en ~ (india)** em fila (indiana); **aparcar en doble ~** estacionar em fila dupla.
◆ **filas** *fpl* [bando, partido] fileiras *fpl*; **cerrar ~s** cerrar fileiras; **llamar a ~s** convocar para as fileiras.
filamento *m* filamento *m*.
filántropo, pa *m, f* filantropo *m*, -pa *f*.
filarmónico, ca *adj* filarmônico(ca).
filatelia *f* filatelia *f*.
filete *m* **-1.** [de carne] filé *m* **-2.** [moldura] filete *m*.
filiación *f* **-1.** [gen] filiação *f* **-2.** [por policía] fichamento *m*.
filial ◇ *adj* filial. ◇ *f* [empresa] filial *f*.
filigrana *f* filigrana *f*.
Filipinas *npl*: **(las) ~** (as) Filipinas.
filipino, na ◇ *adj* filipino(na). ◇ *m, f* filipino *m*, -na *f*.
◆ **filipino** *m* filipino *m*.
film = **filme**.
filmar *vt* filmar.
filme (*pl* **filmes**), **film** (*pl* **films**) *m* filme *m*.
filmoteca *f* cinemateca *f*.
filo *m* fio *m*, gume *m*; **de doble ~, de dos ~s** de fio duplo, de dois gumes.
◆ **al filo de** *loc prep* por volta de.
filología *f* filologia *f*.
filón *m* filão *m*.
filoso, sa *adj Amér* afiado(da).
filosofía *f* filosofia *f*.
filósofo, fa *m, f* filósofo *m*, -fa *f*.
filtración *f* **-1.** [de agua, sol, etc] filtração *f* **-2.** [de dato] vazamento *m*.
filtrar *vt* filtrar.
◆ **filtrarse** *vpr* **-1.** [agua, sol, etc] infiltrar **-2.** [dato] vazar.
filtro *m* filtro *m*.
filudo, da = **filoso**.
fimosis *f* MED fimose *f*.
fin *m* fim *m*; **dar** *o* **poner ~ a algo** dar *o* por fim a algo; **a ~es de** no fim de; **al** *o* **por ~** por fim, enfim; **al ~ y al cabo** afinal de contas.
◆ **a fin de** *loc prep* a fim de.
◆ **en fin** *loc adv* enfim.
◆ **fin de semana** *m* fim *m o* final *m* de semana.
final ◇ *adj* final. ◇ *m* final *m*; **a ~es de** nos fins de; **al ~ (de)** no final (de). ◇ *f* final *f*.
finalidad *f* finalidade *f*.
finalista ◇ *adj* finalista. ◇ *mf* finalista *mf*.
finalizar ◇ *vt* finalizar. ◇ *vi* finalizar.
financiación *f* financiamento *m*.
financiar *vt* financiar.
financiero, ra ◇ *adj* financeiro (ra).
financista *mf Amér* financista *mf*.
finanzas *fpl* finanças *fpl*.
finca *f* **-1.** [en campo] sítio *m* **-2.** [en ciudad] prédio *m*.

finés, nesa *adj* = **finlandés.**
fingir ◇ *vt* fingir. ◇ *vi* fingir.
finiquito *m* quitação *f*.
finito, ta *adj* finito(ta).
finlandés, desa, finés, nesa ◇ *adj* finlandês(sa). ◇ *m, f* finlandês *m*, -esa *f*.
◆ **finlandés, finés** *m* [lengua] finlandês *m*.
Finlandia *n* Finlândia.
fino, na *adj* fino(na).
◆ **fino** *m* ▷ **jerez.**
finura *f* finura *f*.
fiordo *m* fiorde *m*.
firma *f* **-1.** [gen] assinatura *f*; **estampar una ~** apor uma assinatura **-2.** [empresa] firma *f*.
firmamento *m* firmamento *m*.
firmar *vt* assinar.
firme ◇ *adj* firme. ◇ *m* pavimentação *f*. ◇ *adv* firme.
firmeza *f* firmeza *f*.
fiscal ◇ *adj* fiscal. ◇ *mf* promotor *m*, -ra *f*.
fiscalizar *vt* fiscalizar.
fisco *m* fisco *m*.
fisgar *vi* bisbilhotar.
fisgón, gona ◇ *adj* bisbilhoteiro (ra). ◇ *m, f* bisbilhoteiro *m*, -ra *f*.
fisgonear *vi* ***fam*** xeretar.
físico, ca ◇ *adj* físico(ca). ◇ *m, f* físico *m*, -ca *f*.
◆ **físico** *m* físico *m*.
◆ **física** *f* física *f*.
fisiológico, ca *adj* fisiológico(ca).
fisión *f* FÍS fissão *f*.
fisionomía, fisonomía *f* fisionomia *f*.
fisioterapeuta *mf* fisioterapeuta *mf*.
fisonomía = **fisionomía.**
fístula *f* MED fístula *f*.
fisura *f* **-1.** [gen] fissura *f* **-2.** ***fig*** [defecto] falha *f*.
flacidez, flaccidez *f* flacidez *f*.
flácido, da, fláccido, da *adj* flácido (da).
flaco, ca *adj* **-1.** [delgado] magro(gra) **-2.** ***Amér*** [como apelativo]: **¿cómo estas, flaca?** como vai, cara?
flagelar *vt* flagelar.
flagelo *m* flagelo *m*.
flagrante *adj* flagrante.
flamante *adj* vistoso(sa).
flambear *vtr* CULIN flambar.
flamenco, ca ◇ *adj* **-1.** [de Andalucía] flamenco(ca) **-2.** [de Flandes] flamengo(ga). ◇ *m, f* **-1.** [de Andalucía] flamenco *m*, -ca *f* **-2.** [de Flandes] flamengo *m*, -ga *f*.
◆ **flamenco** *m* **-1.** [ave] flamingo *m* **-2.** [lengua de Flandes] flamengo *m* **-3.** [cante y baile andaluces] flamenco *m*.
flan *m* CULIN flã *m*; **estar como un ~** ***fig*** estar tremendo como uma gelatina.
flanco *m* flanco *m*.
flanquear *vt* flanquear.
flaquear *vi* fraquejar.
flaqueza *f* fraqueza *f*.
flash (*pl* **flashes**) *m* **-1.** [gen] flash *m* **-2.** ***fam*** [imagen mental] estalo *m*.
flatulento, ta *adj* flatulento(ta).
flauta *f* flauta *f*.
flebitis *f* MED flebite *f*.
flecha *f* **-1.** [gen] flecha *f* **-2.** [señal] seta *f*.
flechazo *m* flechada *f*.
fleco *m* **-1.** [adorno] franja *f* **-2.** [de tela gastada] fiapo *m*.
flema *f* **-1.** [mucosidad] catarro *m* **-2.** [tranquilidad] fleuma *f*.
flemático, ca *adj* **-1.** [con mucosidad] catarrento(ta) **-2.** [tranquilo] fleumático(ca).
flemón *m* MED flegmão *m*.
flequillo *m* franja *f*.
fletar *vt* fretar.
flete *m* frete *m*.
flexibilidad *f* flexibilidade *f*.
flexible *adj* flexível.
flexión *f* flexão *f*.
flexo *m* luminária *f* flexível.
flipar *vi* ***Esp fam*** **-1.** [entusiasmarse] divertir-se **-2.** [asombrarse] pasmar **-3.** [con droga] dar o maior barato.
flipper *m* fliperama *m*.
flirtear *vi* flertar.
flojear *vi* **-1.** [fallar] fraquejar **-2.** ***Andes*** [holgazanear] enrolar.
flojera *f* moleza *f*.
flojo, ja *adj* **-1.** [gen] fraco(ca) **-2.** [suelto] frouxo(xa) **-3.** ***Andes*** [perezoso] preguiçoso(sa).
flor *f* **-1.** [de planta] flor *f*; **en ~** em flor; **~ de lis** flor-de-lis **-2.** ***fig*** [lo mejor] nata *f*; **en la ~ de la edad** *o* **de la vida** na flor da idade; **la ~ y nata** a fina flor.
◆ **a flor de** *loc adv* à flor de.
flora *f* flora *f*.
florecer *vi* florescer.
floreciente *adj* florescente.
florero *m* vaso *m*.
florido, da *adj* florido(da).
florín *m* florim *m*.

florista *mf* florista *mf*.
floristería *f* floricultura *f*.
floritura *f* fioritura *f*.
flota *f* frota *f*.
flotación *f* flutuação *f*.
flotador *m* bóia *f*.
flotar *vi* flutuar.
flote ◆ **a flote** *loc adv* **-1.** [en mar] flutuando **-2.** *loc*: **sacar a ~** salvar de apuro; **salir a ~** sair de apuro.
flotilla *f* flotilha *f*.
fluctuar *vi* **-1.** [variar] flutuar **-2.** [vacilar] oscilar.
fluidez *f* fluidez *f*.
fluido, da *adj* [sustancia] fluido(da).
◆ **fluido** *m* fluido *m*.
fluir *vi* fluir.
flujo *m* fluxo *m*; **~ de caja** fluxo de caixa.
flúor *m* QUÍM flúor *m*.
fluorescente ◇ *adj* fluorescente. ◇ *m* lâmpada *f* fluorescente.
fluvial *adj* fluvial.
FM (*abrev de* **frecuencia modulada**) *f* FM *f*.
fobia *f* PSICOL fobia *f*.
foca *f* foca *f*.
focalizar *vt* focalizar.
foco *m* **-1.** [gen] foco *m* **-2.** ***Col, Ecuad, Méx, Perú*** [bombilla] lâmpada *f*.
fofo, fa *adj* flácido(da).
fogata *f* fogueira *f*.
fogón *m* **-1.** [para cocinar] fogão *m* **-2.** [de máquina de vapor] fornalha *f*.
fogoso, sa *adj* fogoso(sa).
fogueo *m*: **de ~** de festim.
foie-gras *m* CULIN foie gras *m*.
foja *m* ***Amér*** DER [folio] fólio *m*.
folclore, folclor, folklor *m* folclore *m*.
folículo *m* folículo *m*.
folio *m* folha *f*.
folklor = **folclore**.
follaje *m* folhagem *f*.
folletín *m* folhetim *m*.
folleto *m* folheto *m*.
follón *m* ***Esp fam*** confusão *f*.
fomentar *vt* fomentar.
fomento *m* fomento *m*.
fonda *f* pensão *f*.
fondear *vi* fundear.
◆ **fondear** *vt* vasculhar.
fondo *m* **-1.** [gen] fundo *m*; **doble ~** fundo falso; **al ~ de** no fundo de; **tocar ~** [embarcación] tocar o fundo; *fig* chegar ao fundo; **~ de amortización** ECON fundo de amortização; **~ de inversión/de pensiones** fundo de investimento/de pensão **-2.** [dimensión] profundidade *f* **-3.** [esencia, lo más íntimo] âmago *m* **-4.** *(gen pl)* [dinero] fundos *mpl*; **a ~ perdido** a fundo perdido; **recaudar ~s** arrecadar fundos **-5.** [fundamento] fundamento *m* **-6.** ***RP*** [patio] quintal *m*.
◆ **a fondo** ◇ *loc adv* a fundo; **emplearse a ~** *fig* dar o máximo. ◇ *loc adj* em profundidade.
◆ **en el fondo** *loc adv* no fundo.
◆ **bajos fondos** *mpl* bairros *mpl* miseráveis.
fonema *m* fonema *m*.
fonético, ca *adj* fonético(ca).
◆ **fonética** *f* fonética *f*.
fono *m* ***Amér*** fone *m*.
fonógrafo *m* fonógrafo *m*.
fontanería *f* hidráulica *f*.
fontanero, ra *m, f* encanador *m*, -ra *f*.
footing *m* jogging *m*.
forajido, da *m, f* foragido *m*, -da *f*.
foráneo, a *adj* estrangeiro(ra).
forastero, ra *m, f* forasteiro *m*, -ra *f*.
forcejear *vi* forcejar.
fórceps *m* MED fórceps *m*.
forense ◇ *adj* forense. ◇ *mf* legista *mf*.
forestal *adj* florestal.
forfait (*pl* **forfaits**) *m* **-1.** DEP forfait *m* **-2.** [abono] vale *m*.
forja *f* **-1.** [fragua] forja *f* **-2.** [fabricación] forjamento *m*.
forjar *vt* forjar.
◆ **forjarse** *vpr* ***fig*** [labrarse] construir.
forma *f* **-1.** [gen] forma *f*; **de cualquier ~, de todas ~s** de qualquer forma; **de ~ que** de forma que; **estar en ~** [condición física] estar em forma **-2.** RELIG [hostia] hóstia *f*.
◆ **formas** *fpl* **-1.** [cuerpo humano] formas *fpl* **-2.** [modales] formalidades *fpl*.
formación *f* formação *f*.
◆ **formación profesional** *f* formação *f* profissional.
formal *adj* **-1.** [gen] formal **-2.** [educado, serio] educado(da).
formalidad *f* **-1.** [gen] formalidade *f* **-2.** [seriedad] responsabilidade *f*.
formalizar *vt* formalizar.
formar *vt* formar.
◆ **formarse** *vpr* **-1.** [gen] formar-se **-2.** ***Amér*** [en cola] fazer fila.
formatear *vt* INFORM formatar.
formato *m* formato *m*.

formica®, fórmica® *f* fórmica® *f.*
formidable *adj* formidável.
formol *m* formol *m.*
fórmula *f* fórmula *f.*
formular *vt* formular.
formulario *m* formulário *m.*
formulismo *m* formulismo *m.*
fornido, da *adj* fornido(da).
foro *m* **-1.** [tribunal] foro *m* **-2.** [de escenario] fundo *m* do palco.
forofo, fa *m, f* ***Esp fam*** torcedor *m*, -ra *f.*
forraje *m* forragem *f.*
forrar *vt* forrar.
◆ **forrarse** *vpr* ***fam*** forrar-se.
forro *m* **-1.** [cubierta] forro *m*; **~ polar** blusão *m* de malha polar **-2.** ***RP fam*** [preservativo] camisinha *f.*
fortachón, chona *adj* taludo(da).
fortalecer *vt* fortalecer.
fortaleza *f* fortaleza *f.*
fortificación *f* fortificação *f.*
fortuito, ta *adj* fortuito(ta).
fortuna *f* **-1.** [suerte] sorte *f*; **por ~** por sorte; **probar ~** tentar a sorte **-2.** [destino] destino *m* **-3.** [riqueza] fortuna *f.*
forúnculo, furúnculo *m* furúnculo *m.*
forzado, da *adj* forçado(da).
forzar *vt* forçar; **~ a alguien a hacer algo** forçar alguém a fazer algo.
forzoso, sa *adj* forçoso(sa).
forzudo, da ◇ *adj* forçudo(da). ◇ *m, f* pessoa *f* forte.
fosa *f* **-1.** [gen] fossa *f*; **~s nasales** ANAT fossas nasais **-2.** [sepultura] sepultura *f*; **~ común** vala comum.
fosfato *m* QUÍM fosfato *m.*
fosforescente *adj* fosforescente.
fósforo *m* fósforo *m.*
fósil *m* **-1.** [restos marinos] fóssil *m* **-2.** ***fam*** [viejo] fóssil *m.*
foso *m* **-1.** [gen] fosso *m* **-2.** [hoyo] fosso *m* **-3.** [de garaje] valeta *f.*
foto *f* foto *f*; **sacar una ~** tirar uma foto.
fotocomponer *vt* IMPRENTA fotocompor.
fotocopia *f* fotocópia *f.*
fotocopiadora *f* copiadora *f.*
fotocopiar *vt* fotocopiar.
fotoeléctrico, ca *adj* fotoelétrico (ca).
fotogénico, ca *adj* fotogênico(ca).
fotografía *f* fotografia *f.*
fotografiar *vt* fotografar.
fotógrafo, fa *m, f* fotógrafo *m*, -fa *f.*
fotograma *m* fotograma *f.*
fotólisis *f* QUÍM fotólise *f.*
fotomatón *m cabine com sistema automático de fotografias.*
fotometría *f* FÍS fotometria *f.*
fotonovela *f* fotonovela *f.*
fotosíntesis *f* QUÍM fotossíntese *f.*
fotuto *m* ***Amér*** AUTOM clácson *m.*
FP (*abrev de* **formación profesional**) *f na Espanha, estudos de nível secundário.*
fra. (*abrev de* **factura**) fat.
frac (*pl* **fracs** *o* **fraques**) *m* fraque *m.*
fracasar *vi* fracassar; **~ como/en** fracassar como/em.
fracaso *m* fracasso *m*; **~ escolar** fracasso escolar.
fracción *f* fração *f.*
fraccionamiento *m* **-1.** [división] fracionamento *m* **-2.** ***Méx*** [barrio] bairro *m.*
fraccionario, ria *adj* fracionário (ria).
fractura *f* fratura *f.*
fracturarse *vpr* fraturar.
fragancia *f* fragrância *f.*
fraganti ◆ **in fraganti** *loc adv* em flagrante.
fragata *f* fragata *f.*
frágil *adj* frágil.
fragilidad *f* fragilidade *f.*
fragmentar *vt* fragmentar.
fragmento *m* fragmento *m.*
fragor *m* fragor *m.*
fragua *f* forja *f.*
fraguar ◇ *vt* forjar. ◇ *vi* endurecer.
◆ **fraguarse** *vpr* forjar.
fraile *m* frade *m.*
frambuesa *f* framboesa *f.*
francés, cesa ◇ *adj* francês(esa). ◇ *m, f* francês *m*, -esa *f.*
◆ **francés** *m* francês *m.*
Francia *n* França.
franciscano, na ◇ *adj* franciscano(na). ◇ *m, f* franciscano *m*, -na *f.*
francmasonería *f* franco-maçonaria *f.*
franco, ca ◇ *adj* **-1.** [sincero] franco(ca) **-2.** ***CSur*** [de permiso]: **me dieron el día ~** me deram o dia de folga. ◇ *m, f* [de Francia, Galia] franco *m*, -ca *f.*
◆ **franco** *m* [moneda] franco *m.*
francófono, na ◇ *adj* francófono (na). ◇ *m, f* francófono *m*, -na *f.*
francotirador, ra *m, f* franco-atirador *m*, -ra *f.*

franela *f* flanela *f*.

franja *f* franja *f*.

franquear *vt* franquear.

franqueo *m* selagem *f*.

franqueza *f* franqueza *f*.

franquicia *f* franquia *f*.

franquismo *m* POLÍT franquismo *m*.

frasco *m* frasco *m*.

frase *f* frase *f*; ~ **hecha** frase feita.

fraternidad, fraternización *f* fraternidade *f*.

fraterno, na *adj* fraterno(na).

fratricida *mf* fratricida *mf*.

fraude *m* fraude *f*; ~ **fiscal** sonegação fiscal.

fraudulento, ta *adj* fraudulento(ta).

fray *m* frei *m*.

frazada *f Amér* cobertor *m*; ~ **eléctrica** cobertor elétrico.

frecuencia *f* freqüência *f*; **con** ~ com freqüência; **alta/baja** ~ [fís] alta/baixa freqüência; ~ **modulada, modulación de** ~ [de radio] freqüência modulada, modulação de freqüência.

frecuentar *vt* freqüentar.

frecuente *adj* freqüente.

freelance *adj* freelance.

fregadero *m* pia *f*.

fregado *m* **-1.** [lavado] lavagem *f* **-2.** *fam* [lío] rolo *m* **-3.** *fam* [discusión] bate-boca *m*.

fregado, da *adj Andes, Méx, Ven fam* [persona - ser] chato(ta); [- estar]: **perdí las llaves, ¡estoy fregada!** perdi minhas chaves, estou chateada! [roto] quebrado(da).

fregar *vt* **-1.** [gen] lavar **-2.** *Andes, Méx, Ven* [estropear] quebrar.

fregona *f* **-1.** [utensilio] esfregão *m* **-2.** *despec* [mujer ordinaria] faxineira *f*.

freidora *f* frigideira *f*.

freír *vt* **-1.** [alimentos] fritar **-2.** *fam* [molestar] bombardear **-3.** *fam* [matar] costurar.

◆ **freírse** *vpr* fritar.

frenar ◇ *vt* **-1.** [parar] frear, brecar **-2.** [controlar] refrear. ◇ *vi* frear.

◆ **frenarse** *vpr* refrear-se.

frenazo *m* freada *f*.

frenesí (*pl* **frenesíes**) *m* [exaltación] frenesi *m*.

frenético, ca *adj* frenético(ca).

frenillo *m* ANAT freio *m*.

freno *m* freio *m*; ~**s ABS** freios ABS; ~ **de disco** freio a disco.

frenopático, ca *adj* frenopático(ca).

frente ◇ *f* testa *f*. ◇ *m* [parte delantera] frente *f*; **estar al** ~ [dirigir] estar à frente; ~ **frío** frente fria.

◆ **de frente** *loc adv* cara a cara.

◆ **frente a** *loc prep* **-1.** [enfrente de] em frente de **-2.** [con relación a] para com **-3.**: **hacer** ~ **a** [enfrentarse] fazer frente a.

◆ **frente a frente** *loc adv* frente a frente.

fresa *f* **-1.** [planta, fruto] morango *m* **-2.** [herramienta] fresa *f*.

fresco, ca ◇ *adj* **-1.** [gen] fresco(ca) **-2.** [caradura] descarado(da) ◇ *m, f* [caradura] descarado *m*, -da *f*.

◆ **fresco** *m* **-1.** [pintura] afresco *m*; **al** ~ em afresco **-2.** [frío moderado] frescor *m*; **tomar el** ~ tomar a fresca.

◆ **fresca** *f* **-1.** [mujer de vida alegre] mulher *f* de vida fácil **-2.** [insolencia] desaforo *m*.

frescor *m* frescor *m*.

frescura *f* **-1.** [gen] frescura *f* **-2.** [descaro] desfaçatez *f*.

fresno *m* freixo *m*.

fresón *m* morango *m* grande.

frialdad *f* frialdade *f*.

fricandó *m* CULIN *guisado popular catalão feito com pedaços de vitela, banha, alho, cebola e tomate*.

fricción *f* fricção *f*.

friega *f* fricção *f*.

frigider *m Andes* geladeira *f*.

frigidez *f* frigidez *f*.

frigorífico, ca *adj* frigorífico(ca).

◆ **frigorífico** *m* geladeira *f*.

frijol, fríjol *m Andes, CAm, Carib, Méx* feijão *m*.

frío, a *adj* frio(a); **dejar** ~ não produzir emoção.

◆ **frío** *m* frio *m*; **en** ~ de surpresa; **hacer un** ~ **que pela** *fam* fazer um frio de matar.

friolento, ta *Amér* ◇ *adj* friorento(ta). ◇ *m, f*: **eres un** ~ você é friorento.

friolero, ra *adj* friorento(ta).

◆ **friolera** *f fam* [cantidad] exorbitância *f*.

frisar *vt* beirar.

frito, ta ◇ *pp irreg* ▷ **freír**. ◇ *adj* **-1.** [alimento] frito(ta) **-2.** *fam* [persona] cheio(a).

◆ **frito** *m (gen pl)* frituras *fpl*.

frívolo, la *adj* frívolo(la).

frondoso, sa *adj* frondoso(sa).

frontal ◇ *adj* frontal. ◇ *m* ANAT frontal *m*.

frontera *f* fronteira *f*.

fronterizo, za *adj* fronteiriço(ça).

frontispicio *m* **-1.** [fachada] frontispício *m* **-2.** ARQUIT frontão *m*.

frontón *m* frontão *m*.

frotar *vt* esfregar.
◆ **frotarse** *vpr* esfregar.

fructífero, ra *adj* frutífero(ra).

fructificar *vi* frutificar.

frugal *adj* frugal.

fruición *f* prazer *m*.

fruncir *vt* franzir.

fruslería *f* bobagem *f*.

frustración *f* frustração *f*.

frustrar ◇ *vt* [malograr] frustrar. ◇ *vi* [decepcionar] frustrar.
◆ **frustrarse** *vpr* frustrar-se.

fruta *f* fruta *f*.
◆ **fruta de sartén** *f doce de massa frita*.

frutal ◇ *adj* frutífero(ra). ◇ *m* árvore *m* frutífera.

frutería *f* quitanda *f*.

frutero, ra ◇ *adj* fruteiro(ra). ◇ *m, f* fruteiro *m*, -ra *f*.
◆ **frutero** *m* [recipiente] fruteira *f*.

fruto *m* fruto *m*; **dar** ~ dar fruto; **sacar** ~ tirar fruto.
◆ **frutos secos** *mpl* frutas *fpl* secas.

fucsia ◇ *f* [planta] brinco-de-princesa *m*. ◇ *adj inv* fúcsia. ◇ *m* fúcsia *m*.

fue *etc* ▷ **ir, ser.**

fuego *m* **-1.** fogo *m*; **a ~ lento** CULIN em fogo lento; **pegar ~** pegar fogo; **~s artificiales** fogos de artifício **-2.** *loc*: **jugar con ~** brincar com o fogo.

fuel *m* óleo *m* combustível.

fuelle *m* **-1.** [de cámara] fole *m* **-2.** [de un bolso] prega *f* **-3.** [de una cartera] divisão *f*.

fuente *f* **-1.** [gen] fonte *f*; **~ de alimentación** fonte de alimentação; **~ de soda** *Carib, Chile, Col, Méx* bar *m* **-2.** [bandeja] travessa *f*.

fuera[1] *etc* ▷ **ir, ser.**

fuera[2] ◇ *adv* **-1.** fora; **hacia ~** para fora; **por ~** por fora; **de ~** [extranjero] de fora; **~ de juego** impedimento *m*; **estar en ~ de juego** estar impedido(da) **-2.** *fig* [alejado]: **~ de** fora de. ◇ *interj* fora!
◆ **fuera de** *loc adv* [excepto] afora.
◆ **fuera de serie** *mf* pessoa *f* fora de série.

fueraborda *m inv* barco *m* com motor de popa.

fuero *m* **-1.** [ley especial] foral *m* **-2.** [jurisdicción] foro *m* **-3.**: **~ interno** foro *m* íntimo.

fuerte ◇ *adj* **-1.** [gen] forte **-2.** [apretado] apertado(da) **-3.** [grave] grave. ◇ *adv* **-1.** [tono de voz] forte **-2.** *fam* [con fuerza] fortemente. ◇ *m* [construcción] forte *m*; **ser algo el ~ de alguien** *fig* ser algo o forte de alguém.

fuerza *f* **-1.** [gen] força *f* **-2.** *(gen pl)* [vigor moral] forças *fpl*; **a ~ de** à força de; **por ~** por força; **a la ~** à força; **por la ~** pela força **-3.** [eficacia] poder *m*.
◆ **fuerzas** *fpl* forças *fpl*; **~s del orden público** força pública.

fuese *etc* ▷ **ir, ser.**

fuga *f* fuga *f*; **darse a la ~** empreender a fuga.

fugarse *vpr* fugir.

fugaz *adj* fugaz.

fugitivo, va ◇ *adj* **-1.** [que huye] fugitivo(va) **-2.** [que dura poco] fugidio(dia). ◇ *m, f* fugitivo *m*, -va *f*.

fui *etc* ▷ **ir,** ▷ **ser.**

fulano, na *m, f* fulano *m*, -na *f*.
◆ **fulana** *f* prostituta *f*.

fulgor *m* fulgor *m*.

fulgurante *adj* fulgurante.

fullero, ra *m, f* trapaceiro *m*, -ra *f*.

fulminante *adj* **-1.** [gen] fulminante **-2.** [acción] imediato(ta).

fulminar *vt* fulminar; **~ a alguien con la mirada** fulminar alguém com o olhar.

fumador, ra *m, f* fumante *mf*; **~ pasivo** fumante passivo.

fumar ◇ *vt* fumar. ◇ *vi* fumar.

fumigar *vt* fumigar.

funámbulo, la *m, f* funâmbulo *m*, -la *f*.

función *f* **-1.** [gen] função *f* **-2.** [en teatro, cine] sessão *f*.

funcional *adj* funcional.

funcionalidad *f* funcionalidade *f*.

funcionamiento *m* funcionamento *m*; **estar/poner algo en ~** estar/pôr algo em funcionamento.

funcionar *vi* funcionar; **'no funciona'** 'com defeito'.

funcionario, ria *m, f* funcionário *m*, -ria *f*.

funda *f* capa *f*.

fundación *f* fundação *f*.

fundador, ra ◇ *adj* fundador(ra). ◇ *m, f* fundador *m*, -ra *f*.

fundamental *adj* fundamental.

fundamentalismo *m* RELIG fundamentalismo *m*.
fundamentar *vt* **-1.** [idea, teoría]: ~ **algo en** fundamentar algo em **-2.** [construcción] fundamentar.
◆ **fundamentarse** *vpr* fundamentar-se.
fundamento *m* **-1.** [gen] fundamento *m*; **sin** ~ sem fundamento **-2.** *(gen pl)* [cimientos] fundações *fpl*.
fundar *vt* fundar.
◆ **fundarse** *vpr*: **~se en** fundar-se em.
fundición *f* fundição *f*.
fundir *vt* fundir.
◆ **fundirse** *vpr* **-1.** [bombilla, fusible] fundir-se **-2.** *Amér* [arruinarse] quebrar-se.
fúnebre *adj* fúnebre.
funeral *m* funeral *m*.
funerario, ria *adj* funerário(ria).
◆ **funeraria** *f* funerária *f*.
funesto, ta *adj* funesto(ta).
fungicida ◇ *adj* fungicida. ◇ *m* fungicida *m*.
fungir *vi Méx, Perú*: ~ **(de** *o* **como)** atuar (como).
funicular *m* **-1.** [por tierra] funicular *m* **-2.** [por aire] teleférico *m*.
furgón *m* **-1.** [vehículo] furgão *m* **-2.** [vagón de tren] vagão *m*.
furgoneta *f* caminhonete *f*.
furia *f* fúria *f*; **ponerse hecho una** ~ ficar uma fúria.
furioso, sa *adj* furioso(sa).
furor *m* **-1.** furor *m* **-2.** *loc*: **hacer** ~ causar furor.
furtivo, va *adj* furtivo(va).
furúnculo = **forúnculo**.
fusa *f* MÚS fusa *f*.
fuselaje *m* fuselagem *f*.
fusible ◇ *adj* fusível. ◇ *m* ELECTR fusível *m*.
fusil *m* fuzil *m*.
fusilar, afusilar *Méx vt* **-1.** [ejecutar] fuzilar **-2.** *Esp fam* [plagiar] plagiar.
fusión *f* fusão *f*.
fusionar ◇ *vt* fundir. ◇ *vi* fundir-se.
◆ **fusionarse** *vpr* fundir-se.
fusta *f* açoite *m*.
fustán *m Amér* anágua *f*.
fuste *m* fuste *m*.
fustigar *vt* **-1.** *culto* [con azote] fustigar **-2.** [censurar] criticar.
fútbol, futbol *Mex m* DEP futebol *m*; ~ **sala** *o* **de salón** *Urug* futebol de salão.
futbolín *m* pebolim *m*.
futbolista *mf* futebolista *mf*.
fútil *adj* fútil.
futilidad *f* futilidade *f*.
futón *m* futon *m*.
futuro, ra *adj* futuro(ra).
◆ **futuro** *m* futuro *m*; **a** ~ *CSur, Méx* no futuro.
◆ **futuros** *mpl* ECON futuros *mpl*.
futurología *f* futurologia *f*.

G

g[1], G *f* [letra] g, G *m*.
g[2] (*abrev de* **gramo**) g.
G7 (*abrev de* **Grupo de los Siete**) *m* G7 *m*.
G8 (*abrev de* **Grupo de los Ocho**) *m* G8 *m*.
gabacho, cha *Esp fam despec* ◇ *adj* franchinote. ◇ *m, f* franchinote *mf*.
gabán *m* sobretudo *m*.
gabardina *f* gabardina *f*.
gabinete *m* **-1.** [gen] gabinete *m* **-2.** *Méx* [mueble] gabinete *m*.
gacela *f* gazela *f*.
gaceta *f* gazeta *f*.
gacho, cha *adj* inclinado(da).
◆ **gachas** *fpl Esp* CULIN *prato feito com farinha de milho cozida com água e sal, que pode ser misturada com leite, mel etc.*
gafar *vt Esp fam* azarar.
gafas *fpl* óculos *mpl*; ~ **de sol** óculos de sol; ~ **progresivas** óculos multifocais.
gafe ◇ *adj* azarento(ta). ◇ *mf* azarento *m*, -ta *f*.
gag (*pl* **gags**) *m* gag *f*.
gaita *f* **-1.** [instrumento musical] gaita-de-foles *f* **-2.** *fam* [pesadez] chatice *f*.
gajes *mpl*: ~ **del oficio** ossos do ofício.
gajo *m* **-1.** [trozo de fruta] gomo *m* **-2.** [racimo] esgalha *f*.
GAL (*abrev de* **Grupos Antiterroristas de Liberación**) *mpl antigo grupo terrorista espanhol de direita que agia contra o ETA.*
gala *f* **-1.** [fiesta] gala *f*; **de gala** de

gala **-2.** [de artista] apresentação *f* **-3.** *loc*: **hacer gala de** gabar-se de.
◆ **galas** *fpl* [ropa] traje *m* de gala.
galáctico, ca *adj* ASTRON galáctico(ca).
galán *m* galã *m*.
◆ **galán de noche** *m* mancebo *m*.
galante *adj* galante.
galantear *vt* galantear.
galantería *f* galanteria *f*.
galápago *m* tartaruga *f* de água doce.
galardón *m* galardão *m*.
galaxia *f* ASTRON galáxia *f*.
galeón *m* galeão *m*.
galera *f* galera *f*.
galería *f* galeria *f*.
◆ **galerías (comerciales)** *fpl* centro *m* (comercial).
Gales *n* País de Gales.
galés, lesa ◇ *adj* galês(esa). ◇ *m, f* galês *m*, -esa *f*.
◆ **galés** *m* [lengua] galês *m*.
Galicia *n* Galícia.
galicismo *m* galicismo *m*.
galimatías *m inv* galimatias *mpl*.
gallardete *m* flâmula *f*, galhardete *m*.
gallardía *f* galhardia *f*.
gallego, ga ◇ *adj* **-1.** [de Galicia] galego(ga) **-2.** *CSur fam* [español] *alcunha dada aos nascidos na Espanha*. ◇ *m, f* galego *m*, -ga *f*.
◆ **gallego** *m* [lengua] galego *m*.
galleta *f* biscoito *m*.
gallina ◇ *f* **-1.** [ave] galinha *f* **-2.** [juego]: ~ **ciega** cabra-cega *f*. ◇ *mf fam* [persona] galinha *mf*.
gallinero *m* **-1.** [para gallinas] galinheiro *m* **-2.** *fam* [en teatro] galinheiro *m*.
gallito *m fig* mandão *m*; **hacerse el ~ con alguien** cantar de galo com alguém.
gallo *m* **-1.** [ave] galo *m* **-2.** [persona] mandão *m* **-3.** [al cantar] nota *f* falsa **-4.** [pez] peixe-galo *m*.
galo, la ◇ *adj* gaulês(esa). ◇ *m, f* gaulês *m*, -esa *f*.
galón *m* galão *m*.
galopante *adj* galopante.
galopar *vi* galopar.
galope *m* galope *m*.
gama *f* gama *f*.
gamba *f* camarão *m*.
gamberrada *f Esp* traquinagem *f*.
gamberro, rra ◇ *adj Esp* travesso (sa). ◇ *m, f Esp* vândalo *m*, -la *f*.
gammaglobulina *f* QUÍM gamaglobulina *f*.
gamo *m* gamo *m*.
gamonal *m Andes, CAm, Ven* [cacique] cacique *m*; [caudillo] coronel *m*.
gamuza *f* **-1.** [tejido] flanela *f* **-2.** [animal] camurça *f*.
gana *f*: **darle a alguien la (real) ~** dar/ter vontade; **de buena/mala ~** de boa/má vontade.
◆ **ganas** *fpl* vontade *f*; **tener ~s de** ter vontade de.
ganadería *f* **-1.** [actividad] pecuária *f* **-2.** [animales] gado *m* **-3.** [lugar de cría] criação *f* de gado.
ganado *m* gado *m*; **~ mayor/menor** gado grosso/miúdo.
ganador, ra ◇ *adj* ganhador(ra). ◇ *m, f* ganhador *m*, -ra *f*.
ganancia *f* lucro *m*.
ganapán *m* grosseiro *m*, -ra *f*.
ganar ◇ *vt* **-1.** [gen] ganhar **-2.** [ser superior]: **~ a alguien en algo** superar alguém em algo. ◇ *vi* ganhar; **~ con algo** ganhar com algo; **~ en algo** ganhar em algo.
◆ **ganarse** *vpr* [conseguir] ganhar.
ganchillo *m* crochê *m*; **hacer ~** fazer crochê.
gancho *m* **-1.** [gen] gancho *m* **-2.** *fig* [reclamo] isca *f* **-3.** *Andes, CAm, Méx, Ven* [percha] gancho *m* **-4.** *loc*: **tener ~** *fam* ter atrativo.
gandul, la ◇ *adj fam* folgado(da). ◇ *m, f fam* folgado *m*, -da *f*.
ganga *f fam* achado *m*.
ganglio *m* ANAT gânglio *m*.
gangrena *f* gangrena *f*.
gángster (*pl* **gángsters**) *m* gângster *m*.
gansada *f fam* asneira *f*.
ganso, sa *m, f* **-1.** [ave] ganso *m*, -sa *f* **-2.** *fam* [persona] asno *m*.
ganzúa *f* gazua *f*.
garabatear ◇ *vi* rabiscar. ◇ *vt* rabiscar.
garabato *m* rabisco *m*; **hacer ~s** fazer rabiscos.
garaje *m* **-1.** [para guardar coches] garagem *f* **-2.** [para reparar coches] oficina *f*.
garante *mf* abonador *m*, -ra *f*.
garantía *f* garantia *f*.
garantizar *vt* garantir; **~ algo a alguien** garantir algo a alguém.
garbanzo *m* grão-de-bico *m*.
garbeo *m Esp fam* giro *m*; **dar(se) un ~** dar um giro.
garbo *m* garbo *m*.
gardenia *f* gardênia *f*.

garduña *f* fuinha *f*.
garete *m*: **ir(se) al ~** *fam* ir por água abaixo.
garfio *m* gancho *m*.
gargajo *m* escarro *m*.
garganta *f* garganta *f*.
gargantilla *f* gargantilha *f*.
gárgara *f (gen pl)* gargarejo *m*; **hacer ~s** fazer gargarejos.
gargarismo *m* gargarejo *m*.
garita *f* guarita *f*.
garito *m* **-1.** [casa de juego] casa *f* de jogo clandestino **-2.** *despec* [establecimiento] espelunca *f*.
garra *f* garra *f*; **tener ~** [ser atractivo] ser atrativo; **para este tipo de trabajo hay que tener mucha garra** para este tipo de trabalho é preciso ser persistente.
garrafa *f* garrafão *m*.
garrafal *adj* monumental.
garrapata *f* carrapato *m*.
garrapiñar, garapiñar *vt* confeitar.
garrote *m* garrote *m*; **~ vil** garrote vil.
garúa *f* ***Andes, RP, Ven*** garoa *f*.
garza *f* garça *f*.
gas *m* QUÍM gás *m*; **~ butano** gás butano; **~ lacrimógeno** gás lacrimogênio; **~ natural** gás natural.
◆ **gases** *mpl* [en estómago] gases *mpl*.
◆ **a todo gas** *loc adv* ***fam*** a todo vapor.
gasa *f* gaze *f*.
gaseoducto *m* gasoduto *m*.
gaseoso, sa *adj* gasoso(sa).
◆ **gaseosa** *f* refrigerante *m*.
gasfitería *f* ***Andes*** encanamento *m*.
gasfitero, ra *m, f* ***Chile, Ecuad, Perú*** encanador *m*, -ra *f*.
gasificar *vt* gaseificar.
gasóleo *m* óleo *m* diesel.
gasolina *f* gasolina *f*; **poner ~** pôr gasolina; **~ normal/súper** gasolina normal/super.
gasolinera *f* posto *m* de gasolina.
gastado, da *adj* gasto(ta).
gastar ◇ *vt* **-1.** [gen] gastar **-2.** [bromas, cumplidos] fazer **-3.** *loc*: **~las** agir. ◇ *vi* gastar.
◆ **gastarse** *vpr* **-1.** [por el uso] gastar-se **-2.** [dinero] gastar.
gasto *m* **-1.** [de dinero] gasto *m*; **cubrir ~s** cobrir gastos; **no reparar en ~s** não ligar para os gastos; **~ público** gasto público **-2.** [de fuente de energía] consumo *m*.
gastritis *f* MED gastrite *f*.
gastronomía *f* gastronomia *f*.
gastrónomo, ma *m, f* gastrônomo *m*, -ma *f*.
gatear *vi* engatinhar.
gatillo *m* gatilho *m*.
gato, ta *m, f* gato *m*, -ta *f*; **~ montés** gato-montês *m*; **dar ~ por liebre** vender gato por lebre; **buscar tres pies al ~** ver chifre em cabeça de cavalo; **haber cuatro ~s** haver uns gatos-pingados; **haber ~ encerrado** ter coelho nesse mato.
◆ **gato** *m* macaco *m*.
◆ **a gatas** *loc adv* de gatinhas.
GATT (*abrev de* **General Agreement on Tariffs and Trade**) *m* GATT *m*.
gauchada *f* ***CSur*** favor *m*; **hacerle una ~ a alguien** fazer um favor a alguém.
gaucho, cha ◇ *adj* **-1.** [de los gauchos] gaúcho(cha) **-2.** ***RP*** [servicial] prestativo(va). ◇ *m, f* gaúcho *m*, -cha *f*.
gavilán *m* gavião *m*.
gavilla *f* gavela *f*.
gaviota *f* gaivota *f*.
gay ◇ *adj inv* gay. ◇ *m* gay *mf*.
gazapo *m* **-1.** [animal] láparo *m* **-2.** [error] erro *m*.
gazmoño, ña ◇ *adj* ***Esp*** puritano (na). ◇ *m, f* ***Esp*** puritano *m*, -na *f*.
gaznate *m* goela *f*.
gazpacho *m* CULIN gaspacho *m*.
géiser, géyser (*pl* **géyseres**) *m* gêiser *m*.
geisha *f inv* gueixa *f*.
gel *m* gel *m*.
gelatina *f* gelatina *f*.
gema *f* gema *f*.
gemelo, la *adj* gêmeo(a).
◆ **gemelo** *m* ANAT músculo *m* gêmeo.
◆ **gemelos, las** *mpl & fpl* [hermanos] gêmeos *mpl*, -as *fpl*.
◆ **gemelos** *mpl* **-1.** [de camisa] abotoadura *f* **-2.** [prismáticos] binóculo *m*.
gemido *m* gemido *m*.
Géminis ◇ *m inv* [signo del zodíaco] Gêmeos *m inv*; **ser ~** ser (de) Gêmeos. ◇ *mf inv* **-1.** geminiano *m*, -na *f* **-2.** *(en aposición)* de Gêmeos.
gemir *vi* gemer.
gen = **gene**.
gendarme *mf* gendarme *m*.
gendarmería *f* gendarmaria *f*.

gene, gen *m* gene *m*.
genealogía *f* genealogia *f*.
generación *f* [reproducción] geração *f*.
generador, ra *adj* gerador(ra).
◆ **generador** *m ELECTR* gerador *m*.
general ◇ *adj* geral; **en ~** em geral; **por lo ~** em geral. ◇ *m MIL* general *m*.
generalidad *f* generalidade *f*.
◆ **generalidades** *fpl* generalidades *fpl*.
generalísimo *m* generalíssimo *m*.
Generalitat *f POLÍT instituição de governo autônomo da Catalunha*.
generalizar ◇ *vt* generalizar. ◇ *vi* generalizar.
◆ **generalizarse** *vpr* generalizar-se.
generar *vt* gerar.
genérico, ca *adj* genérico(ca).
género *m* **-1.** [gen] gênero *m* **-2.** [en comercio] mercadoria *f* **-3.** [tejido] tecido *m*.
generosidad *f* generosidade *f*.
generoso, sa *adj* generoso(sa).
génesis *f inv* gênese *f*.
◆ **Génesis** *m* Gênese *m*.
genial *adj* genial.
genio *m* gênio *m*; **tener mal ~** ter mau gênio.
genital *adj* genital.
◆ **genitales** *mpl* genitais *mpl*.
genitivo *m GRAM* genitivo *m*.
genocidio *m* genocídio *m*.
genovés, vesa ◇ *adj* genovês(esa). ◇ *m, f* genovês *m*, -esa *f*.
gente *f* **-1.** [conjunto de personas] pessoal *m*, gente *f*; **~ bien** [clase social] gente bem **-2.** [individuo]: **buena ~** boa gente.
gentil *adj* gentil.
gentileza *f* gentileza *f*; **por ~ de** por uma gentileza de.
gentío *m* multidão *f*.
gentuza *f* gentalha *f*.
genuflexión *f* genuflexão *f*.
genuino, na *adj* genuíno(na).
GEO (*abrev de* **Grupo Especial de Operaciones**) *m* ≃ GOE *m*.
geografía *f* geografia *f*.
geógrafo, fa *m, f* geógrafo *m*, -fa *f*.
geología *f* geologia *f*.
geólogo, ga *m, f* geólogo *m*, -ga *f*.
geometría *f* geometria *f*.
georgiano, na ◇ *adj* georgiano (na). ◇ *m, f* georgiano *m*, -na *f*.
◆ **georgiano** *m* georgiano *m*.
geranio *m* gerânio *m*.
gerencia *f* gerência *f*.
gerente *mf* gerente *mf*.
geriatría *f* geriatria *f*.
germánico, ca ◇ *adj* germânico (ca). ◇ *m, f* germânico *m*, -ca *f*.
◆ **germánico** *m* germânico *m*.
germano, na ◇ *adj* germano(na). ◇ *m, f* germano *m*, -na *f*.
germen *m* germe *m*.
germinar *vi* germinar.
gerontología *f* gerontologia *f*.
gerundio *m GRAM* gerúndio *m*.
gesta *f* gesta *f*.
gestar *vi* gestar.
◆ **gestarse** *vpr* desenvolver-se.
gesticulación *f* gesticulação *f*.
gesticular *vi* gesticular.
gestión *f* **-1.** [trámite, diligencia] diligência *f* **-2.** [administración] gestão *f*; **~ de datos** *INFORM* gestão de dados.
gestionar *vt* providenciar.
gesto *m* gesto *m*.
gestor, ra ◇ *adj* gestor(ra). ◇ *m, f* gestor *m*, -ra *f*, despachante *mf*.
gestoría *f* escritório *m* de despachante.
géyser = **géiser**.
ghetto = **gueto**.
giba *f* corcova *f*.
giboso, sa ◇ *adj* corcunda. ◇ *m, f* corcunda *mf*.
Gibraltar *n* Gibraltar.
gibraltareño, ña ◇ *adj* gibraltarino(na). ◇ *m, f* gibraltarino *m*, -na *f*.
gigabyte *m INFORM* gigabyte *m*.
gigante, ta *m, f* **-1.** [persona muy alta] gigante *m*, -ta *f* **-2.** [personaje de cartón] gigantão *m*.
◆ **gigante** *adj* gigante.
gigantesco, ca *adj* gigantesco(ca).
gigoló *m* gigolô *m*.
gilí ***Esp fam*** ◇ *adj* besta. ◇ *mf* besta *mf*.
gilipollada *f* ***Esp fam*** besteira *f*.
gilipollas ◇ *adj inv* ***Esp fam*** besta, babaca. ◇ *mf inv* ***fam*** besta *mf*, babaca *mf*.
gilipollez *f* ***Esp*** besteira *f*, babaquice *f*.
gimnasia *f* [deporte] ginástica *f*.
gimnasio *m* [en colegio] ginásio *f*; [particular] academia *f* de ginástica.
gimnasta *mf* ginasta *mf*.
gimotear *vi* choramingar.
gin *abrev de* **ginebra**.
gincana, gymkhana *f* gincana *f*.

ginebra, gin *f* genebra *f*, gim *m*.

Ginebra *n* Genebra.

ginecología *f* ginecologia *f*.

ginecólogo, ga *m, f* ginecologista *mf*.

ginger ale *m inv* ginger ale *m*.

gira *f* turnê *f*.

giralda *f* cata-vento *m*.

girar ◇ *vi* **-1.** [gen] girar **-2.** [letra de cambio] negociar. ◇ *vt* **-1.** [hacer dar vueltas] girar **-2.** [dinero] enviar vale postal.

girasol *m* girassol *m*.

giratorio, ria *adj* giratório(ria).

giro *m* **-1.** [movimiento] guinada *f* **-2.** [de conversación, de asunto] rumo *m* **-3.** [en correos o en telégrafos] vale *m*; ~ **postal** vale postal **-4.** [de letras] negociação *f* **-5.** [frase] *estrutura especial ou ordenação das palavras de uma frase*.

gis *m Méx* giz *m*.

gitano, na ◇ *adj* **-1.** [del pueblo gitano] cigano(na) **-2.** *despec* [estafador] desonesto(ta). ◇ *m, f* cigano *m*, -na *f*.

glaciación *f* glaciação *f*.

glacial *adj* glacial.

glaciar ◇ *m* geleira *f*. ◇ *adj* glaciário(ria).

gladiador *m* gladiador *m*.

gladiolo, gladíolo *m* gladíolo *m*.

glándula *f* glândula *f*.

glasé ◇ *adj* glacê. ◇ *m* tafetá *m*.

glasear *vt* [postre] glaçar.

glicerina *f* QUÍM glicerina *f*.

global *adj* global.

globalización *f* globalização *f*.

globo *m* **-1.** [gen] globo *m* **-2.** [aerostato, juguete] balão *m*; ~ **sonda** balão-sonda *m*.

glóbulo *m* glóbulo *m*; ~ **blanco/rojo** glóbulo branco/vermelho.

gloria ◇ *f* **-1.** glória *f* **-2.** *loc*: **estar en la** ~ estar no sétimo céu; **saber a** ~ agradar muito; **ser una** ~ ser uma glória. ◇ *m* glória *m*.

glorieta *f* **-1.** [gen] caramanchão *m* **-2.** [plaza] largo *m*.

glorificar *vt* glorificar.

glorioso, sa *adj* glorioso(sa).

glosa *f* glosa *f*.

glosar *vt* glosar.

glosario *m* glossário *m*.

glotón, na ◇ *adj* glutão(ona). ◇ *m, f* glutão *m*, -ona *f*.

glotonería *f* glutonaria *f*.

glúcido *m* glicídio *m*.

glucosa *f* glicose *f*.

gluten *m* glúten *m*.

gnomo, nomo *m* gnomo *m*.

gobernación *f* governação *f*; **Ministerio de la Gobernación** *Méx* Ministério *m* do Interior.

gobernador, ra *m, f* governador *m*, -ra *f*.

gobernanta *f* **-1.** [en hotel] camareira *f* **-2.** [en casas particulares] governanta *f*.

gobernante ◇ *adj* governante. ◇ *mf* governante *mf*.

gobernar ◇ *vt* **-1.** [gen] governar **-2.** [vehículo] dirigir. ◇ *vi* NÁUT governar.

gobiernista ◇ *adj* ***Andes, Méx*** governista. ◇ *mf* governista *mf*.

gobierno *m* governo *m*; ~ **de transición/militar** governo de transição/militar; ~ **parlamentario** governo parlamentar.

goce *m* prazer *m*.

godo, da ◇ *adj* godo(da). ◇ *m, f* godo *m*, -da *f*.

gol *m* gol *m*.

goleada *f* goleada *f*.

goleador, ra *m, f* goleador *m*, -ra *f*.

golear *vt* golear.

goleta *f* NÁUT goleta *f*.

golf *m* golfe *m*.

golfa *f* ▷ **golfo**.

golfear *vi* ***Esp fam*** vadiar.

golfista *mf* golfista *mf*.

golfo, fa ***Esp*** ◇ *adj* sem-vergonha, vigarista. ◇ *m, f* sem-vergonha *mf*, vigarista *mf*.

◆ **golfo** *m* GEOGR golfo *m*.

◆ **golfa** *f* ***despec*** piranha *f*.

Golfo de León *n* Golfo de León.

Golfo Pérsico *n* Golfo Pérsico.

gollete *m* gargalo *m*.

golondrina *f* [ave] andorinha *f*.

golondrino *m* **-1.** [cría de golondrina] andorinho *m* **-2.** [forúnculo] furúnculo *m* axilar.

golosina *f* guloseima *f*.

goloso, sa ◇ *adj* guloso(sa). ◇ *m, f* guloso *m*, -sa *f*.

golpe *m* **-1.** [choque] golpe *m*; **a** ~**s** a muque; ~ **bajo** golpe baixo **-2.** [ocurrencia graciosa] tirada *f* **-3.** *loc*: **no dar** *o* **pegar** ~ ***fam*** não mover uma palha.

◆ **de golpe** *loc adv* de repente.

◆ **golpe (de Estado)** *m* golpe *m* (de Estado).

◆ **golpe de suerte** *m* golpe *m* de sorte.

◆ **golpe de vista** *m* golpe *m* de vista.
golpear ◇ *vt* golpear. ◇ *vi* golpear.
golpismo *m* POLÍT golpismo *m*.
golpista ◇ *adj* POLÍT golpista. ◇ *mf* POLÍT golpista *mf*.
golpiza *f* ***Méx*** surra *f*.
goma *f* **-1.** [gen] goma *f* **-2.** [sustancia elástica] elástico *m* **-3.** [caucho] borracha *f*; **~ espuma** espuma *f* de borracha **-4.** ***fam*** [preservativo] camisinha *f* **-5.** ***Cuba, CSur*** [neumático] pneu *m*.
◆ **Goma 2** *f* ***Esp*** *explosivo plástico, impermeável e à prova de fogo e choque.*
gomería *f* ***CSur*** borracharia *f*.
gomero *m* **-1.** ***CSur*** [árbol] seringueira *f* **-2.** ***Andes*** [persona] seringueiro *m*.
gomina *f* gel *m*.
góndola *f* [embarcación] gôndola *f*.
gondolero *m* gondoleiro *m*.
gong *m* gongo *m*.
gordinflón, flona ◇ *adj* gordalhão(ona). ◇ *m, f* gordalhão *m*, -ona *f*.
gordo, da ◇ *adj* **-1.** [persona] gordo(da) **-2.** [extenso] grosso(sa) **-3.** [grave] sério(ria) **-4.** ***Amér*** [como apelativo]: **¿cómo estás, ~?** cara, como vai? **-5.** ***loc***: **caerle ~ a uno** cair mal a alguém. ◇ *m, f* gordo *m*, -da *f*; **armar la gorda** ***fig*** armar uma confusão.
◆ **gordo** *m* [premio]: **el ~** *prêmio principal da loteria espanhola, especialmente no Natal.*
gordura *f* gordura *f*.
gorgonzola *m* gorgonzola *m*.
gorgorito *m* trinado *m*.
gorila *m* gorila *m*.
gorjear *vi* gorjear.
gorra *f* boné *m*; **de ~** ***Esp fam*** de bicão.
gorrear ◇ *vt* ***fam*** filar. ◇ *vi* filar.
gorrinada *f* **-1.** [porquería] porquice *f* **-2.** [acción] sujeira *f*.
gorrino, na *m, f* porco *m*, -ca *f*.
gorrión *m* pardal *m*.
gorro *m* gorro *m*; **estar hasta el ~** ***fam*** estar até o pescoço.
gorrón, na ***fam*** ◇ *adj* aproveitador(ra). ◇ *m, f* aproveitador *m*, -ra *f*.
gorronear ***fam*** ◇ *vt* filar. ◇ *vi* filar.
gota *f* gota *f*; **ni ~** nem um pingo; **sudar la ~ gorda** suar a camisa.
◆ **gota fría** *f* METEOR frente *f* fria.
gotear ◇ *vi* [líquido] gotejar. ◇ *v impers* [llover] gotejar.
gotera *f* **-1.** [gen] goteira *f* **-2.** [mancha] mancha *f* de umidade.
gótico, ca *adj* gótico(ca).
◆ **gótico** *m* gótico *m*.
gourmet *mf* = **gurmet**.
goyesco, ca *adj* goyesco(ca).
gozada *f* ***Esp fam*** delícia *f*.
gozar *vi* **-1.** [disfrutar] desfrutar; **~ con** desfrutar de; **~ de** gozar de **-2.** [sexualmente] deleitar-se.
gozne *m* dobradiça *f*.
gozo *m* prazer *m*.
grabación *f* gravação *f*.
grabado *m* **-1.** [arte de grabar] gravação *f* **-2.** [estampa] gravura *f*.
grabador, ra *m, f* gravador *m*, -ra *f*.
◆ **grabadora** *f* gravador *m*; **grabadora de CD** gravador de CD.
grabar *vt* gravar.
◆ **grabarse en** *vpr* gravar-se em.
gracia *f* **-1.** [gen] graça *f*; **caer en ~** cair nas graças de; **hacer ~** agradar, parecer engraçado; **(no) tener ~** (não) ter graça **-2.** [dicho gracioso, chiste] gracinha *f*.
◆ **gracias** *fpl* obrigado(da); **dar las ~s** agradecer; **~s a** graças a; **muchas ~s** muito obrigado(da).
gracioso, sa ◇ *adj* engraçado(da). ◇ *m, f* **-1.** [persona con gracia] engraçado *m*, -da *f* **-2.** [personaje] gracioso *m*, -sa *f*.
grada *f* **-1.** [peldaño] degrau *m* **-2.** [graderío] arquibancada *f*.
◆ **gradas** *fpl* arquibancada *f*.
gradación *f* gradação *f*.
gradería *f*, **graderío** *m* arquibancada *f*.
grado *m* **-1.** [gen] grau *m* **-2.** [curso escolar] série *f* **-3.** [gusto, voluntad]: **de buen ~** de bom grado.
graduación *f* graduação *f*.
graduado, da ◇ *adj* graduado (da). ◇ *m, f* graduado *m*, -da *f*.
◆ **graduado** *m* [título]: **~ escolar** ***Esp*** *diploma de ensino médio.*
gradual *adj* gradual.
graduar *vt* **-1.** [gen] graduar **-2.** [vista] fazer exame de **-3.** [regular] regular.
◆ **graduarse** *vpr*: **~se (en)** graduar-se *o* formar-se (em).
grafía *f* grafia *f*.

gráfico, ca *adj* **-1.** [gen] gráfico(ca) **-2.** *fig* [expresivo] claro(ra).
◆ **gráfico** *m* gráfico *m*.
◆ **gráfica** *f* gráfico *m*.
grafito *m* grafite *m*.
grafología *f* grafologia *f*.
grafólogo, ga *m, f* grafólogo *m*, -ga *f*.
gragea *f* [comprimido] drágea *f*.
grajo *m* gralha *f*.
gral. (*abrev de* **general**) gal.
gramática *f* ▷ **gramático**.
gramatical *adj* gramatical.
gramático, ca ◇ *adj* gramático (ca). ◇ *m, f* gramático *m*, -ca *f*.
◆ **gramática** *f* gramática *f*; ~ **parda** *fam* jogo *m* de cintura.
gramo *m* grama *m*.
gramófono *m* gramofone *m*.
gramola *f* fonógrafo *m*.
gran ▷ **grande**.
granada *f* **-1.** [fruta] romã *f* **-2.** [proyectil] granada *f*.
granadina *f* [bebida] suco *m* de romã.
granate ◇ *m* **-1.** [piedra] granada *f* **-2.** [color] grená *m*. ◇ *adj inv* grená.
Gran Bretaña *n*: **(la)** ~ (a) Grã-Bretanha.
grande (*delante de sust gran*) ◇ *adj* **-1.** grande **-2.** *loc*: **pasarlo en** ~ *fam* [divertirse] divertir-se à beça. ◇ *m* [noble] grande *m*.
◆ **a lo grande** *loc adv* à grande.
◆ **grandes** *mpl* grandes *mpl*.
grandeza *f* grandeza *f*.
grandioso, sa *adj* grandioso(sa).
grandullón, ona *fam* ◇ *adj* grandalhão(na). ◇ *m, f* grandalhão *m*, -na *f*.
granel ◆ **a granel** *loc adv* **-1.** [gen] a granel **-2.** [en abundancia] a rodo.
granero *m* celeiro *m*.
granito *m* granito *m*.
granizada *f* granizada *f*.
granizado *m refresco feito com gelo picado e algum tipo de bebida, especialmente suco de frutas.*
granizar *v impers* granizar.
granizo *m* granizo *m*.
granja *f* granja *f*.
granjearse *vpr* granjear.
granjero, ra *m, f* granjeiro *m*, -ra *f*.
grano *m* **-1.** [gen] grão *m* **-2.** [en la piel] espinha *f* **-3.** *loc*: **ir al** ~ ir direto ao assunto.
granuja *mf* malandro *m*, -dra *f*.
granulado, da *adj* granulado(da).
◆ **granulado** *m* granulado *m*.
grapa *f* **-1.** [para objetos] grampo *m* **-2.** [para heridas] agrafe *m* **-3.** *CSur* [bebida] grapa *f*.
grapadora *f* grampeador *m*.
grapar *vt* grampear.
grasa *f* ▷ **graso**.
grasiento, ta *adj* gorduroso(sa).
graso, sa *adj* gorduroso(sa).
◆ **grasa** *f* **-1.** [gen] gordura *f* **-2.** [lubricante] graxa *f*.
gratén *m* gratinado *m*; **al** ~ gratinado.
gratificación *f* gratificação *f*.
gratificante *adj* gratificante.
gratificar *vt* gratificar.
gratinado, da *adj* gratinado(da).
gratinar *vt* gratinar.
gratis ◇ *adv* grátis. ◇ *adj* grátis.
gratitud *f* gratidão *f*.
grato, ta *adj* grato(ta).
gratuito, ta *adj* gratuito(ta).
grava *f* cascalho *m*.
gravamen (*pl* **gravámenes**) *m* gravame *m*.
gravar *vt* [cantidad monetaria] gravar.
grave *adj* **-1.** [gen] grave **-2.** GRAM paroxítono(na).
gravedad *f* gravidade *f*.
gravilla *f* cascalho *m*.
gravitar *vi* **-1.** FÍS gravitar **-2.** *fig* [pender] pesar.
gravoso, sa *adj* **-1.** [caro] oneroso(sa) **-2.** [molesto] árduo(dua).
graznar *vi* grasnar.
graznido *m* grasnido *m*.
Grecia *n* Grécia.
grecorromano, na *adj* greco-romano(na).
gregoriano, na *adj* [calendario] gregoriano(na).
gremio *m* **-1.** [de oficio] sindicato *m* **-2.** *fam* [grupo] patrulha *f*.
greña *f* (*gen pl*) grenha *f*.
gres *m* cerâmica *f*.
gresca *f* **-1.** [ruido, jaleo] algazarra *f* **-2.** [pelea] briga *f*.
griego, ga ◇ *adj* grego(ga). ◇ *m, f* grego *m*, -ga *f*.
◆ **griego** *m* [lengua] grego *m*.
grieta *f* **-1.** [en pared, casa, etc] greta *f* **-2.** [en la piel] rachadura *f*.
grifa *f* *Esp* maconha *f*.
grifería *f* tubulação *f*.
grifero, ra *m, f* *Perú* frentista *mf*
grifo *m* **-1.** [para agua] torneira *f*; ~ **monobloque** misturador *m* **-2.** *Perú* [gasolinera] posto *m* de gasolina.

grill (*pl* **grills**) *m* grelha *f*, grill *m*.

grillado, da *fam* ◇ *adj* conspirador(ra). ◇ *m, f* conspirador *m*, -ra *f*.

grillete *m* grilhão *m*.

grillo *m* grilo *m*.

grima *f* **-1.** [irritación] aflição *f* **-2.** [dentera] arrepio *m*; **dar ~** dar arrepio.

gringo, ga ◇ *adj* ***Esp*** [estadounidense] ianque; ***Amér*** [extranjero] gringo (ga). ◇ *m, f* ***Esp*** [estadounidense] ianque *mf*; ***Amér*** [extranjero] gringo *m*, -ga *f*.

gripa *f* ***Col, Méx*** gripe *f*.

gripe *f* gripe *f*.

griposo, sa *adj* gripado(da).

gris ◇ *adj* **-1.** [color] cinza **-2.** ***fig*** [triste] melancólico(ca). ◇ *m* cinza *m*.

gritar ◇ *vi* gritar. ◇ *vt* gritar.

griterío *m* gritaria *f*.

grito *m* grito *m*; **dar** *o* **pegar un ~** dar um grito.

Groenlandia *n* Groenlândia.

grogui *adj* grogue.

grosella *f* groselha *f*.

grosería *f* grosseria *f*.

grosero, ra ◇ *adj* grosseiro(ra). ◇ *m, f* grosseiro *m*, -ra *f*.

grosor *m* espessura *f*.

grosso ◆ **grosso modo** *loc adv* grosso modo.

grotesco, ca *adj* grotesco(ca).

grúa *f* **-1.** [para construir] grua *f* **-2.** [para vehículos] guincho *m*.

grueso, sa *adj* **-1.** [gen] grosso(sa); **el ~ de** o grosso de **-2.** [persona] gordo(da) **-3.** [grande] grande; **sal gruesa** sal *m* grosso.
◆ **grueso** *m* [grosor] espessura *f*.

grulla *f* grua *f*.

grumete *m* grumete *m*.

grumo *m* grumo *m*.

grunge *adj* grunge.

gruñido *m* **-1.** [de animales] grunhido *m* **-2.** ***fig*** [de personas] bronca *f*.

gruñir *vi* **-1.** [animales] grunhir **-2.** [personas] resmungar.

gruñón, ñona *fam* ◇ *adj* resmungão(ona). ◇ *m, f* resmungão *m*, -ona *f*.

grupa *f* garupa *f*.

grupo *m* grupo *m*.
◆ **grupo sanguíneo** *m* grupo *m* sangüíneo.

gruta *f* gruta *f*.

guacal *m* ***CAm, Méx*** [calabaza] abóbora *f*; ***Col, Méx, Carib*** [jaula] jaula *f*.

guacamol, guacamole *m* guacamole *m*.

guachada *f* ***Andes, RP fam*** vulgaridade *f*.

guachimán *m* ***Amér*** vigilante *mf*.

guachinango, huachinango *m* ***Méx*** pargo *m*.

guacho *m* ***Andes, RP mfam*** filho-da-puta *m*.

guaco *m* ***Amér*** *objeto de cerâmica encontrado em tumba indígena pré-Colombiana*.

guadaña *f* gadanha *f*, foice *f*.

guagua *f* ***Carib*** [autobús] ônibus *m*; ***Andes*** [niño] bebê *mf*.

guajolote *m* ***CAm, Méx*** [pavo] peru *m*; ***fam*** [tonto] idiota *mf*.

guanajo *m* ***Carib*** peru *m*.

guantazo *m* ***fam*** tabefe *m*.

guante *m* luva *f*; **echarle el ~ a una cosa** deitar a mão a.

guantera *f* porta-luvas *m inv*.

guapo, pa *m, f* [valiente] valentão *m*, -na *f*.

guarache *m* ***Méx*** **-1.** [sandalia] *sandália rústica com sola de pneu* **-2.** [parche] remendo *m (em pneu)*.

guarango, ga *adj* ***Bol, CSur*** vulgar.

guarda *mf* guarda *mf*; **~ jurado** vigilante *m*.

guardabarrera *mf* guarda-barreira *mf*.

guardabarros, guardafangos *m inv* ***Andes, CAm, Carib*** pára-lama *m*.

guardabosque *mf* guarda-florestal *mf*.

guardacoches *m inv* & *f inv* guardador *m*, -ra *f* (de automóveis).

guardacostas *m inv* guarda-costas *m inv*.

guardaespaldas *mf inv* guarda-costas *m inv*.

guardafangos *m inv* pára-lama *m*.

guardameta *mf* goleiro *m*, -ra *f*.

guardapolvo *m* guarda-pó *m*.

guardar *vt* guardar.
◆ **guardarse** *vpr* **-1.** : **~se de** abster-se de **-2.** ***loc*:** **guardársela a alguien** preparar uma vingança para alguém.

guardarropa *mf* guarda-roupa *m*.

guardarropía *f* **-1.** [prendas teatrales] costume *m* **-2.** [para guardar] roupa-ria *f*.

guardería *f* creche *f*.

guardia ◇ *f* **-1.** [gen] guarda *f*; **~ municipal** *o* **urbana** guarda munici-

pal *o* urbana; **montar (la) ~** montar guarda **-2.** [servicio] plantão *m*; **estar de ~** estar de plantão **-3.** *loc*: **la vieja ~** a velha-guarda. ◇ *mf* guarda *mf*.
◆ **Guardia Civil** ◇ *f* Guarda *f* Civil. ◇ *mf* guarda *mf*.
guardián, diana *m, f* guardião *m*, -diã *f*.
guarecer *vt* abrigar.
◆ **guarecerse** *vpr*: **~se (de)** abrigar-se (de).
guarida *f* guarida *f*.
guarnecer *vt* guarnecer.
guarnición *m* guarnição *f*.
guarrada *f* **Esp fam** porcaria *f*.
guarrería *f* **-1.** [suciedad] sujeira *f* **-2.** [mala acción] grosseria *f*.
guarro, rra ◇ *adj* sujo(ja). ◇ *m, f* porco *m*, -ca *f*.
guarura *m* **Méx fam** guarda-costas *mf inv*.
guasa *f* **fam** [gracia] graça *f*; **estar de ~** estar de gozação.
guasearse *vpr* **fam** caçoar.
guasón, sona **fam** ◇ *adj* trocista. ◇ *m, f* trocista *mf*.
Guatemala *n* Guatemala.
guatemalteco, ca ◇ *adj* guatemalteco(ca). ◇ *m, f* guatemalteco *m*, -ca *f*.
guateque *m* baile *m*.
guau *m* au-au *m*.
guay *adj* **fam** legal.
guayaba *f* [fruta] goiaba *f*.
guayabo, ba *m, f* **Amér fam** gato *m*, -ta *f*.
guayín *m* **Méx** perua *f*.
gubernativo, va *adj* governamental.
guepardo *m* guepardo *m*.
güero, ra *adj* **Méx fam** loiro(ra).
guerra *f* guerra *f*; **declarar la ~** declarar guerra; **mira que das ~** *loc* como você enche; **~ civil** guerra civil; **~ fría** guerra fria; **~ mundial** guerra mundial; **~ relámpago** guerra-relâmpago; **~ santa** guerra santa.
guerrear *vi* guerrear.
guerrero, ra ◇ *adj* guerreiro(ra). ◇ *m, f* guerreiro *m*, -ra *f*.
◆ **guerrera** *f* túnica *f* militar.
guerrilla *f* guerrilha *f*.
guerrillero, ra *m, f* guerrilheiro *m*, -ra *f*.
gueto, ghetto *m* gueto *m*.
güevón *m* **Andes, Arg, Ven vulg** imbecil *mf*.
guía ◇ *mf* guia *mf*; **~ turístico** guia turístico. ◇ *f* **-1.** [indicación] guia *f* **-2.** [libro de datos] guia *m*; **~ telefónica** lista *f* telefônica; **~ turística** guia turístico **-3.** [pieza mecánica] guia *f*.
guiar *vt* guiar.
◆ **guiarse** *vpr*: **~ por** guiar-se por.
guijarro *m* seixo *m* rolado.
guillado, da *adj* **Esp fam** maluco(ca).
guillotina *f* guilhotina *f*.
guillotinar *vt* guilhotinar.
guinda *f* ginja *f*.
guindilla *f* pimenta *f* malagueta.
guinea *f* guinéu *m*.
guineo *m* **Andes, CAm** banana *f*.
guiñapo *m* farrapo *m*.
guiñar *vt* piscar.
guiño *m* piscadela *f*.
guiñol *m* marionete *f*, guinhol *m*.
guión *m* **-1.** [gen] roteiro *m* **-2.** GRAM [signo ortográfico] hífen *m*.
guionista *mf* roteirista *mf*.
guiri *adj* **despec fam** gringo(ga).
guirigay **fam** *m* **-1.** [jaleo] gritaria *f* **-2.** [lenguaje ininteligible] algaravia *f*.
guirlache *m* *doce crocante de amêndoas torradas e caramelo*.
guirnalda *f* guirlanda *f*.
guisa *f*: **a ~ de** à guisa de; **de esta ~** desta maneira.
guisado *m* guisado *m*.
guisante *m* ervilha *f*.
guisar ◇ *vt* guisar. ◇ *vi* cozinhar.
guiso *m* guisado *m*.
güisqui, whisky *m* uísque *m*.
guita *f* **fam** grana *f*.
guitarra ◇ *f* violão *m*. ◇ *mf* [de guitarra acústica] violonista *mf*; [de guitarra eléctrica] guitarrista *mf*.
guitarreada *f* **CSur** canto *m (ao som de guitarras)*.
guitarrista *mf* guitarrista *mf*.
gula *f* gula *f*.
gurí, risa *m, f* **RP fam** [niño] menino *m*, -na *f*; [chico] rapaz *m*; [chica] rapariga *f*.
guripa *m* **Esp fam -1.** [soldado] meganha *m* **-2.** [policía] soldado *m*.
gurmet (*pl* **gurmets**), **gourmet** (*pl* **gourmets**) *m, f* gourmet *mf*.
guru, gurú *m* guru *m*.
gusanillo *m* **fam**: **siento un ~ en el estómago** sinto frio no estômago; **matar el ~** matar as lombrigas.
gusano *m* verme *m*.
gustar ◇ *vi* [agradar]: **~ le algo/alguien a alguien** alguém gostar de

algo/de alguém. ◇ *vt* provar.
gustazo *m fam* prazer *m*; **darse el ~ de** dar-se o luxo de.
gusto *m* gosto *m*; **con mucho ~** com muito gosto; **mucho** *o* **tanto ~** muito prazer; **tomar ~ a algo** tomar gosto por algo; **tener buen/mal ~** ter bom/mau gosto.
◆ **a gusto** *loc adv*: **estar a ~** estar à vontade; **hacer algo a ~** fazer algo com gosto.
gustoso, sa *adj* **-1.** [sabroso] gostoso (sa) **-2.** [con placer] com gosto.
gutural *adj* gutural.
Guyana *n* Guiana.
gymkhana = **gincana**.

H

h¹, H *m* [letra] h, H *m*; **por ~ o por b** *fig* por uma coisa ou por outra.
h² (*abrev de* **hora**) h.
ha -1. *etc* ▷ **haber -2.** (*abrev de* **hectárea**) ha.
HB (*abrev de* **Herri Batasuna**) *f antigo nome da coalizão de partidos políticos que é o braço político do ETA.*
haba *f* fava *f*.
habano, na *adj* havanês(esa).
◆ **habano** *m* havana *m*.
haber ◇ *m* **-1.** [posesiones] bens *mpl* **-2.** [en contabilidad] haver *m*; **tiene tres pisos en su ~** tem três apartamentos em seus bens. ◇ *v aux* **-1.** [en tiempos compuestos] haver, ter; **los niños ya han comido** as crianças já comeram; **los turistas habían desayunado antes** os turistas tinham tomado o café da manhã antes; **lo he hecho** fi-lo; **lo había hecho** tinha-o feito **-2.** [expresa reproche] ter; **~ venido antes** tivesse vindo antes; **¡~ lo dicho!** se houvesse dito! ◇ *v impers* **-1.** [existir, estar] haver; **¿qué hay hoy para comer?** que há hoje para almoçar?; **había/hubo muchos problemas** havia/houve muitos problemas; **¿no hay nadie en casa?** não há ninguém em casa? **-2.** [ocurrir] haver; **el jueves no habrá reparto** na quinta-feira não haverá distribuição; **ha habido una pelea** houve uma briga **-3.** [expresa obligación]: **hay que hacer algo** é preciso fazer algo **-4.** *loc*: **habérselas con alguien** [desentenderse] haver-se com alguém; **¡hay que ver!** o que se vê!; **no hay de qué** não há de quê!; **¿qué hay?** *fam* como vai?
◆ **haber de** *v + prep* [ser obligado a] ter de.
habichuela *f* feijão *m*.
habido, da *adj* nascido(da).
hábil *adj* **-1.** [diestro] hábil **-2.** [adecuado] conveniente **-3.** DER útil.
habilidad *f* habilidade *f*.
habilitar *vt* habilitar.
habitación *f* **-1.** [de casa] cômodo *m* **-2.** [de hotel] quarto *m*; **~ doble** quarto duplo; **~ individual** quarto individual.
habitáculo *m* habitáculo *m*.
habitante *m* habitante *mf*.
habitar ◇ *vi* habitar. ◇ *vt* habitar.
hábitat (*pl* **hábitats**) *m* hábitat *m*.
hábito *m* hábito *m*.
habitual *adj* habitual.
habituar *vt*: **~ a alguien a algo/hacer algo** habituar alguém a algo/a fazer algo.
◆ **habituarse** *vpr*: **~se a algo/hacer algo** habituar-se a algo/a fazer algo.
habla *f* (*el*) **-1.** [idioma] língua *f* **-2.** [facultad & LING] fala *f*.
hablador, ra ◇ *adj* falador(ra). ◇ *m, f* falador *m*, -ra *f*.
habladurías *fpl* boato *m*.
hablar ◇ *vi* **-1.** [gen] falar **-2.** [tratar]: **~ de** falar de **-3.** *loc*: **dar que ~** dar o que falar; **¡ni ~!** nem pensar! ◇ *vt* falar.
◆ **hablarse** *vpr* falar-se; **no ~se** não falar-se.
habrá *etc* ▷ **haber**.
hacedor, ra *m, f* fazedor *m*, -ra *f*.
hacendado, da *m, f* fazendeiro *m*, -ra *f*.
hacendoso, sa *adj* prendado(da).
hacer ◇ *vt* **-1.** [elaborar, cocinar] fazer; **~ planes/un vestido** fazer planos/um vestido; **~ un poema** fazer um poema; **~ una película** fazer um filme; **para ~ la carne/la comida** para preparar a carne/o almoço; **han hecho un edificio nuevo** fizeram um novo edifício; **la carretera hace una curva** a estrada faz uma curva; **el fuego hace humo** o

fogo faz fumaça; **el árbol hace sombra** a árvore dá sombra; **el niño hizo un gesto de dolor** a criança fez um gesto de dor; **le hice una señal con la mano** fiz-lhe um sinal com a mão; **el reloj hace tic-tac** o relógio faz tiquetaque; **deberías ~ deporte** você devia fazer esporte; **hace ballet desde pequeña** faz balé desde pequena; **hicimos muchas fotografías del viaje** tiramos muitas fotografia da viagem; **hoy hace guardia** hoje tem plantão; **hace tercero de BUP** fazer o terceiro ano do segundo grau; **en vacaciones haremos una excursión** nas férias faremos uma viagem; **hizo las camas antes de salir** fez as camas antes de sair; **este traje te hace más delgado** essa roupa o deixa mais magro; **la mili no le hizo un hombre** o serviço militar não fez dele um homem; **hizo pedazos el papel** fez o papel em pedaços; **~ feliz a alguien** fazer alguém feliz; **llegar tarde hace mal efecto** chegar tarde deixa má impressão; **hace el papel de reina** faz o papel de rainha; **no me hagas reír/llorar** não me faça rir/chorar; **éste hace cien** este faz cem; **... y quinientos que hacen dos mil** ... e quinhentos, que fazem dois mil **-2.** [mandar] mandar; **hizo arrancar los árboles del jardín** mandou arrancar as árvores do jardim; **haré que tiñan el traje** mandarei tingir o terno **-3.** [comportarse como] ser; **~ el animal** ser bruto. <> *vi* fazer; **déjame ~ a mí** deixe-me fazer; **~ de** fazer de; **~ como** fazer como; **¿hace?** *loc* topa? <> *v impers* **-1.** [tiempo meteorológico] fazer; **hoy hace sol** hoje faz sol; **~ frío/calor/fresco** faz frio/calor/fresco; **~ buen/mal tiempo** fazer bom/mau tempo **-2.** [tiempo transcurrido] fazer, haver; **hace un año que no lo veo** faz um ano que não o vejo; **no nos hablamos desde hace un año** já não falamos faz um ano.

◆ **hacerse** *vpr* [transformarse en] tornar-se; [entrenarse] formar-se; [desarrollarse, madurar] crescer; [cocerse] fazer; [resultar] tornar-se, ser; [mostrarse] fazer-se de.

◆ **hacerse a** *v + prep* [acostumbrarse] acostumar-se a; **no me hago al frío de este país** não me acostumo ao frio deste país.

◆ **hacerse con** *v + prep* [quedarse, apropiarse] apoderar-se de.

◆ **hacerse de** *v + prep Amér* [adquirir, obtener] conseguir.

hacha *f (el)* machado *m*; **ser un ~** *fam fig* ser um ás.

hachís, haschich, hash *m* haxixe *m*.

hacia *prep* **-1.** [dirección] na direção de **-2.** [tiempo] por volta de.

hacienda *f* **-1.** [finca] fazenda *f* **-2.** [bienes] bens *mpl*.

◆ **Hacienda** *f* Fazenda *f*; **Hacienda pública** Fazenda Pública.

hackear *vi* INFORM piratear.

hacker *mf* INFORM hacker *mf*.

hada *f (el)* fada *f*.

haga *etc* ▷ **hacer**.

Haití *n* Haiti.

hala *interj* anda!

halagador, ra *adj* agradável.

halagar *vt* **-1.** [adular] bajular **-2.** [gustar] agradar.

halago *m* agrado *m*.

halagüeño, ña *adj* agradável.

halcón *m* falcão *m*.

hale *interj* anda!

hálito *m* hálito *m*.

hall (*pl* **halls**) *m* hall *m*.

hallar *vt* achar.

◆ **hallarse** *vpr* achar-se.

hallazgo *m* achado *m*.

halo *m* halo *m*.

halógeno, na *adj* QUÍM halógeno(na).

halterofilia *f* DEP halterofilia *f*.

hamaca *f* **-1.** [para colgar] rede *f* **-2.** [tumbona] espreguiçadeira *f*.

hambre *f (el)* [apetito] fome *f*; **tener ~** estar com fome; **matar el ~** matar a fome.

hambriento, ta *adj* faminto(ta).

hamburguesa *f* hambúrguer *m*.

hamburguesería *f* lanchonete *f* de hambúrguer.

hampa *f (el)* súcia *f*.

hampón *m* delinqüente *mf*.

hámster (*pl* **hámsters**) *m* hamster *m*.

handball *m* DEP handebol *m*.

hándicap (*pl* **hándicaps**) *m* handicap *m*.

hangar *m* hangar *m*.

hará *etc* ▷ **hacer**.

haragán, gana <> *adj* vagabundo (da). <> *m, f* vagabundo *m*, -da *f*.

haraganear *vi* vagabundear.

harapiento, ta *adj* esfarrapado(da).

harapo *m* farrapo *m*.

hardware *m* INFORM hardware *m*.

harén *m* harém *m*.

harina *f* farinha *f*.

harinoso, sa *adj* farinhento(ta).

harmonía = **armonía**.

hartar *vt* **-1.** [hacer comer mucho] empanturrar **-2.** [fastidiar] encher.

◆ **hartarse** *vpr* **-1.** [comer mucho] empanturrar-se **-2.** [cansarse] encher-se **-3.** [hacer en exceso]: **~se de** fartar-se de.

hartazgo *m* saturação *f*.

harto, ta ◇ *adj* **-1.** [de comida] empanturrado(da) **-2.** [cansado] cheio(a); **estar ~ de** estar cheio de **-3.** *Andes, CAm, Carib, Méx* [mucho] muito(ta); **tiene ~ dinero** ela tem muito dinheiro; **de este aeropuerto salen hartos aviones** muitos aviões partem deste aeroporto. ◇ *adv* **-1.** [mucho] muito **-2.** *Andes, CAm, Carib, Méx* [muy] muito.

hartón *m* saturação *f*.

haschich = **hachís**.

hash = **hachís**.

hasta ◇ *prep* até; **~ la vista** até a vista; **~ luego** até logo; **~ otra** até outra; **~ pronto** até já; **pintaremos la casa ~ fin de mes** [no antes de] *CAm, Col, Ecuad, Méx* não pintaremos a casa até o fim do mês. ◇ *adv* até.

◆ **hasta que** *loc conj* até que.

hastiar *vt* enfastiar.

◆ **hastiarse de** *vpr* enfastiar-se de.

hastío *m* fastio *m*.

hatajo *m*: **un ~ de** um bando de.

hatillo *m* trouxa *f*.

haya[1] *etc* ▷ **haber**.

haya[2] *f* faia *f*.

haz[1] *etc* ▷ **hacer**.

haz[2] *m* feixe *m*.

hazaña *f* façanha *f*.

hazmerreír *m* motivo de riso.

he *etc* ▷ **haber**.

hebilla *f* fivela *f*.

hebra *f* **-1.** [de hilo] linha *f* **-2.** [fibra] fibra *f*.

hebreo, a ◇ *adj* hebraico(ca). ◇ *m, f* hebreu *m*, -bréia *f*.

◆ **hebreo** *m* hebraico *m*.

hecatombe *f* hecatombe *f*.

hechicero, ra ◇ *adj* feiticeiro(ra). ◇ *m, f* feiticeiro *m*, -ra *f*.

hechizar *vt* enfeitiçar.

hechizo *m* feitiço *m*.

hecho, cha ◇ *pp irreg* ▷ **hacer**. ◇ *adj* **-1.** [acabado, desarrollado] feito(ta); **~ y derecho** feito **-2.** [en el punto debido] bem passado(da) **-3.**: **estar ~ algo** parecer algo.

◆ **hecho** *m* fato *m*; **~ diferencial** fato diferencial.

◆ **de hecho** *loc adv* de fato.

hecho *interj* feito!

hechura *f* **-1.** [confección] feitio *m* **-2.** [forma] forma *f*.

hectárea *f* hectare *m*.

hectogramo *m* hectograma *m*.

hectolitro *m* hectolitro *m*.

hectómetro *m* hectômetro *m*.

heder *vi* [oler mal] feder.

hediondo, da *adj* hediondo(da).

hedor *m* fedor *m*.

hegemonía *f* hegemonia *f*.

hegemónico, ca *adj* hegemônico (ca).

helada *f* ▷ **helado**.

heladera *f CSur* geladeira *f*.

heladería *f* sorveteria *f*.

helado, da *adj* **-1.** [gen] gelado(da) **-2.** [atónito] paralisado(da).

◆ **helado** *m* sorvete *m*.

◆ **helada** *f* geada *f*.

helar ◇ *vt* **-1.** [convertir en hielo] congelar **-2.** [dejar atónito] gelar. ◇ *v impers* gear.

◆ **helarse** *vpr* congelar.

helecho *m* samambaia *f*.

helenismo *m* helenismo *m*.

helenizar *vt* helenizar.

◆ **helenizarse** *vpr* helenizar-se.

hélice *f* hélice *f*.

helicóptero *m* helicóptero *m*.

helio *m* QUÍM hélio *m*.

helipuerto *m* heliporto *m*.

Helsinki *n* Helsinque.

helvético, ca ◇ *adj* helvécio(a). ◇ *m, f* helvécio *m*, -a *f*.

hematíe *m inv* hemácia *f*.

hematoma *m* hematoma *m*.

hembra *f* fêmea *f*.

hemeroteca *f* hemeroteca *f*.

hemiciclo *m* hemiciclo *m*.

hemisferio *m* hemisfério *m*.

hemofilia *f* MED hemofilia *f*.

hemofílico, ca ◇ *adj* hemofílico (ca). ◇ *m, f* hemofílico *m*, -ca *f*.

hemorragia *f* hemorragia *f*.

hemorroide *f* MED hemorróida *f*.

henchir *vt* encher.

◆ **henchirse** *vpr* encher-se.

hender, hendir *vt* fender.

hendidura *f* fenda *f*.

hendir = **hender**.

heno *m* feno *m*.

hepatitis *f* MED hepatite *f*.

heptágono *m* GEOM heptágono *m*.

herbicida *m* herbicida *m*.

herbívoro, ra <> *adj* herbívoro(ra). <> *m, f* herbívoro *m*, -ra *f*.
herbolario, ria *m, f* herbolário *m*, -ria *f*.
◆ **herbolario** *m* herbanário *m*.
herboristería *f* herbanário *m*.
hercio, hertz *m* FÍS hertz *m*.
heredar *vt* herdar.
heredero, ra <> *adj* herdeiro(ra). <> *m, f* herdeiro *m*, -ra *f*.
hereditario, ria *adj* hereditário(ria).
hereje *mf* RELIG herege *mf*.
herejía *f* **-1.** [gen] heresia *f* **-2.** [daño] maldade *f*.
herencia *f* herança *f*.
herido, da <> *adj* ferido(da). <> *m, f* ferido *m*, -da *f*.
◆ **herida** *f* ferida *f*.
herir *vt* ferir.
hermafrodita <> *adj* hermafrodita. <> *mf* hermafrodita *mf*.
hermanado, da *adj* irmanado(da).
hermanar *vt* [unir] irmanar.
◆ **hermanarse** *vpr* irmanar-se.
hermanastro, tra *m, f* meio-irmão *m*, meia-irmã *f*.
hermandad *f* irmandade *f*.
hermano, na <> *adj* irmão(mã). <> *m, f* irmão *m*, -mã *f*.
hermético, ca *adj* hermético(ca).
hermoso, sa *adj* belo(la).
hermosura *f* formosura *f*.
hernia *f* MED hérnia *f*.
herniarse *vpr* **-1.** [sufrir una hernia] adquirir uma hérnia **-2.** *fam* [esforzarse] arrebentar-se.
héroe *m* herói *m*.
heroico, ca *adj* heróico(ca).
heroína *f* heroína *f*.
heroinómano, na *m, f* heroinômano *m*, -na *f*.
heroísmo *m* heroísmo *m*.
herpes *m* MED herpes *m*.
herradura *f* ferradura *f*.
herramienta *f* ferramenta *f*.
herrería *f* serralheria *f*.
herrero *m* serralheiro *m*.
herrumbre *f* ferrugem *f*.
hertz = hercio.
hervidero *m* fervedouro *m*.
hervir <> *vt* ferver. <> *vi* **-1.** [líquido] ferver **-2.** [lugar, persona]: ~ **de** *fig* ferver de.
hervor *m* fervor *m*.
heterodoxo <> *adj* heterodoxo (xa). <> *mf* heterodoxo *m*, -xa *f*.
heterogéneo, a *adj* heterogêneo(a).
heterosexual <> *adj* heterossexual. <> *mf* heterossexual *mf*.
hexágono *m* GEOM hexágono *m*.
hez *f* **-1.** [de líquido] borra *f* **-2.** [lo más vil] escória *f*.
◆ **heces** *fpl* fezes *fpl*.
hiato *m* GRAM hiato *m*.
hibernal *adj* hibernal.
hibernar *vi* hibernar.
híbrido, da *adj* [animal, planta] híbrido(da).
◆ **híbrido** *m* híbrido *m*.
hice *etc* ▷ **hacer**.
hidalgo, ga *m, f* fidalgo *m*, -ga *f*.
hidalguía *f* fidalguia *f*.
hidratación *f* hidratação *f*.
hidratante <> *adj* hidratante. <> *m* hidratante *m*.
hidratar *vt* hidratar.
hidrato *m* QUÍM hidrato *m*; ~ **de carbono** hidrato de carbono.
hidráulico, ca *adj* hidráulico(ca).
◆ **hidráulica** *f* FÍS hidráulica *f*.
hidroavión *m* hidroavião *m*.
hidroelectricidad *f* hidreletricidade *f*.
hidroeléctrico, ca *adj* hidrelétrico (ca).
hidrofobia *f* hidrofobia *f*.
hidrógeno *m* hidrogênio *m*.
hidrografía *f* hidrografia *f*.
hidroplano *m* **-1.** [barco] hidroplano *m* **-2.** [avión] hidroavião *m*.
hidrosfera *f* hidrosfera *f*.
hidrostático, ca *adj* hidrostático (ca).
◆ **hidrostática** *f* FÍS hidrostática *f*.
hiedra *f* hera *f*.
hiel *f* **-1.** [bilis] bile *f* **-2.** [mala intención] fel *m*.
◆ **hieles** *fpl* amargura *f*.
hielo *m* gelo *m*; **romper el** ~ *fig* romper o gelo.
hiena *f* hiena *f*.
hierático, ca *adj* solene.
hierba, yerba *f* **-1.** [planta] erva *f* **-2.** [terreno] relva *f* **-3.** *fam* [droga] erva *f* **-4.** *loc*: **mala** ~ erva daninha; **mala** ~ **nunca muere** vaso ruim não quebra.
hierbabuena *f* hortelã *f*.
hieroglífico, ca = jeroglífico.
hierro *m* **-1.** [metal] ferro *m*; **de** ~ [fuerte] de ferro; ~ **forjado** ferro forjado *o* batido **-2.** [arma] ponta *f*.
higadillo *m* fígado *m*.
hígado *m* ANAT fígado *m*.
higiene *f* higiene *f*.
higiénico, ca *adj* higiênico(ca).

higienizar *vt* higienizar.
higo *m* figo *m*; ~ **chumbo** figo-da-índia *m*.
higuera *f* figueira *f*; ~ **chumba** figueira-da-índia *f*; **estar en la** ~ *fig* estar por fora.
hijastro, tra *m, f* enteado *m*, -da *f*.
hijo, ja *m, f* filho *m*, -lha *f*; ~ **de papá** *fam* filhinho de papai; ~ **de puta** *o* **de su madre** *vulg* filho da puta *o* da mãe; ~ **de la chingada** *Méx vulg* filho da puta; ¡~ **mío!** meu filho!
híjole *interj Méx* caramba!
hilacha *f* fiapo *m*.
hilada *f* fileira *f*.
hilandero, ra *m, f* fiandeiro *m*, -ra *f*.
hilar *vt* fiar; ~ **delgado** *o* **muy fino** *fig* fiar fino.
hilarante *adj* hilariante.
hilaridad *f* hilaridade *f*.
hilatura *f* fiação *f*.
hilera *f* fileira *f*; **en** ~ em fila.
hilo *m* **-1.** [gen] fio *m*; ~ **de voz** fio de voz; **perder el** ~ perder o fio da meada; **seguir el** ~ seguir o fio **-2.** [de coser] linha *f* **-3.** [tejido] linho *m* **-4.** *loc*: **colgar** *o* **pender de un** ~ estar por um fio; **mover los** ~**s** mover as engrenagens.
hilván *m* alinhavo *m*.
hilvanar *vt* alinhavar.
Himalaya *n*: **el** ~ o Himalaia.
himen *m* ANAT hímen *m*.
himno *m* hino *m*.
hincapié *m*: **hacer** ~ **en** insistir em.
hincar *vt* fincar.
hincha ◇ *mf* torcedor *m*, -ra *f*. ◇ *f Esp* raiva *f*, antipatia *f*.
hinchado, da *adj* inchado(da).
◆ **hinchada** *f* torcida *f*.
hinchar *vt* **-1.** [inflar] inflar **-2.** [exagerar] exagerar.
◆ **hincharse** *vpr* **-1.** [gen] inchar-se **-2.** [de comida]: ~**se de** empanturrar-se.
hinchazón *f* inchaço *m*.
hindi *m* híndi *m*.
hindú (*pl* **hindúes**) ◇ *adj* hindu. ◇ *m, f* hindu *mf*.
hinduismo *m* RELIG hinduísmo *m*.
hinojo *m* erva-doce *f*.
hip *interj* hip!
hipar *vi* soluçar.
híper *m fam* hipermercado *m*.
hiperactividad *f* hiperatividade *f*.
hiperactivo, va *adj* hiperativo(va).
hipérbaton (*pl* **hipérbatos** *o* **hiperbatones**) *m* LITER hipérbato *m*.
hipérbola *f* GEOM hipérbole *f*.
hiperenlace *m* INFORM hiperlink *m*, hipervínculo *m*.
hipermercado *m* hipermercado *m*.
hipersónico, ca *adj* AERON hipersônico(ca).
hípico, ca *adj* hípico(ca).
◆ **hípica** *f* hipismo *m*.
hipnosis *f* hipnose *f*.
hipnótico, ca *adj* hipnótico(ca).
◆ **hipnótico** *m* FARM hipnótico *m*.
hipnotismo *m* hipnotismo *m*.
hipnotizador, ra ◇ *adj* hipnotizador(ra). ◇ *m, f* hipnotizador *m*, -ra *f*.
hipnotizar *vt* hipnotizar.
hipo *m* soluço *m*; **quitar el** ~ *fig* tirar o fôlego.
hipocentro *m* hipocentro *m*.
hipocondriaco, ca, hipocondríaco, ca ◇ *adj* hipocondríaco(ca). ◇ *m, f* hipocondríaco *m*, -ca *f*.
hipocresía *f* hipocrisia *f*.
hipócrita ◇ *adj* hipócrita. ◇ *mf* hipócrita *mf*.
hipodérmico, ca *adj* hipodérmico (ca).
hipodermis *f* ANAT hipoderme *f*.
hipódromo *m* hipódromo *m*.
hipófisis *f* ANAT hipófise *f*.
hipopótamo *m* hipopótamo *m*.
hipoteca *f* hipoteca *f*; **levantar una** ~ levantar uma hipoteca.
hipotecar *vt* **-1.** [bienes] hipotecar **-2.** *fig* [poner en peligro] comprometer.
hipotecario, ria *adj* hipotecário (ria).
hipotenusa *f* GEOM hipotenusa *f*.
hipótesis *f inv* hipótese *f*.
hipotético, ca *adj* hipotético(ca).
hippy (*pl* **hippys**), **hippie** (*pl* **hippies**) ◇ *adj* hippie. ◇ *m, f* hippie *mf*.
hiriente *adj* ferino(na).
hirsuto, ta *adj* hirsuto(ta).
hispalense ◇ *adj* hispalense. ◇ *mf* hispalense *mf*.
hispánico, ca ◇ *adj* hispânico(ca). ◇ *m, f* hispânico *m*, -ca *f*.
hispanidad *f* hispanidade *f*.
hispanismo *m* hispanismo *m*.
hispanizar *vt* hispanizar.
hispano, na ◇ *adj* hispano(na). ◇ *m, f* hispano *m*, -na *f*.
Hispanoamérica *n* América Latina.
hispanoamericanismo *m* hispanoamericanismo *m*.
hispanoamericano, na ◇ *adj*

hispano-americano(na). <> *m, f* hispano-americano *m*, -na *f*.
hispanófono, na <> *adj* hispanófono(na). <> *m, f* hispanófono *m*, -na *f*.
hispanohablante <> *adj* hispanofalante. <> *mf* hispanofalante *mf*.
histeria *f* histeria *f*.
histérico, ca <> *adj* histérico(ca); **ponerse ~** ficar histérico. <> *m, f* histérico *m*, -ca *f*.
histerismo *m* histerismo *m*.
historia *f* história *f*; **~ antigua** história antiga; **~ del arte** história da arte; **~ universal** história universal; **pasar algo/alguien a la ~** passar algo/alguém para a história; **dejarse de ~s** deixar de histórias.
◆ **historia natural** *f* história *f* natural.
historiador, ra *m, f* historiador *m*, -ra *f*.
historial *m* histórico *m*; **~ médico** *o* **clínico** histórico médico *o* clínico.
histórico, ca *adj* histórico(ca).
historieta *f* historieta *f*.
hit (*pl* **hits**) *m* hit *m*.
hitleriano, na HIST <> *adj* hitleriano(na). <> *m, f* hitleriano *m*, -na *f*.
hito *m* marco *m*; **mirar de ~ en ~** olhar fixamente.
hizo *etc* ▷ **hacer**.
hobby (*pl* **hobbys** *o* **hobbies**) *m* hobby *m*.
hocico *m* **-1.** [de animales] focinho *m* **-2.** *despec* [de personas] focinho *m*.
hockey *m* DEP hóquei *m*; **~ sobre hielo** hóquei no gelo; **~ sobre hierba** hóquei na grama; **~ sobre patines** hóquei sobre patins.
hogar *m* lar *m*.
hogareño, ña *adj* caseiro(ra).
hogaza *f* fogaça *f*.
hoguera *f* fogueira *f*.
hoja *f* **-1.** [gen] folha *f* **-2.** [de metal] lâmina *f*; **~ de afeitar** lâmina de barbear.
◆ **hoja de cálculo** *f* INFORM folha *f* de cálculo.
hojalata *f* lata *f*.
hojaldre *m* CULIN massa *f* folhada.
hojarasca *f* **-1.** [hojas secas] folhas *fpl* secas **-2.** [frondosidad] folhagem *f*.
hojear *vt* folhear.
hola *interj* olá!
Holanda *n* Holanda.
holandés, desa <> *adj* holandês (desa). <> *m, f* holandês *m*, -desa *f*.
◆ **holandés** *m* [lengua] holandês *m*.
◆ **holandesa** *f* [papel] holanda *m*.
holding *m* holding *f*.
holgado, da *adj* folgado(da).
holgar *vi* folgar.
holgazán, zana <> *adj* folgazão (zã). <> *m, f* folgazão *m*, -zã *f*.
holgazanear *vi* vagabundear.
holgura *f* folga *f*.
hollar *vt* pisar.
hollín *m* fuligem *f*.
holocausto *m* holocausto *m*.
hombre <> *m* homem *m*; **buen ~** bom homem; **~ de la calle** *o* **de a pie** homem da rua *o* homem do povo; **~ de mundo** homem do mundo; **~ de palabra** homem de palavra; **~ del saco** *fam* bicho-papão *m*; **el abominable ~ de las nieves** [yeti] o abominável homem das neves; **pobre ~** pobre homem; **de ~ a ~** homem a homem. <> *interj* puxa!
◆ **hombre lobo** (*pl* **hombres lobo**) *m* lobisomem *m*.
◆ **hombre orquesta** (*pl* **hombres orquesta**) *m* homem-orquestra *m*.
◆ **hombre rana** (*pl* **hombres rana**) *m* homem-rã *m*.
hombrera *f* ombreira *f*.
hombría *f* hombridade *f*.
hombro *m* ombro *m*; **a ~s** nos ombros; **al ~** no ombro; **encogerse de ~s** encolher os ombros, dar de ombros; **arrimar el ~** *fig* arregaçar as mangas.
hombruno, na *adj* viril.
homenaje *m* homenagem *f*; **en ~ a** em homenagem a; **rendir ~ a alguien** render homenagem a alguém.
homenajeado, da <> *adj* homenageado(da). <> *m, f* homenageado *m*, -da *f*.
homenajear *vt* homenagear.
homeopatía *f* MED homeopatia *f*.
homicida <> *adj* homicida. <> *mf* homicida *mf*.
homicidio *m* homicídio *m*.
homilía *f* RELIG homilia *f*.
homogéneo, na *adj* homogêneo (nea).
homologar *vt* **-1.** [equiparar] equiparar **-2.** [producto, récord] homologar.
homólogo, ga <> *adj* homólogo (ga). <> *m, f* homólogo *m*, -ga *f*.
homónimo, ma <> *adj* homôni-

mo(ma). ◇ *m, f* homônimo *m.*
homosexual *mf* homossexual *mf.*
homosexualidad *f* homossexualidade *f.*
honda *f* estilingue *m* ▷ **hondo.**
hondo, da *adj* **-1.** [agujero, cavidad] fundo(da) **-2.** [sentimiento] profundo(da); **en lo más ~ de** no mais profundo de.
hondonada *f* depressão *f.*
hondura *f* profundidade *f.*
Honduras *n* Honduras.
hondureño, ña ◇ *adj* hondurenho(nha). ◇ *m, f* hondurenho *m,* -nha *f.*
honestidad *f* honestidade *f.*
honesto, ta *adj* honesto(ta).
hongo *m* **-1.** [gen] fungo *m* **-2.** [sombrero] chapéu-coco *m.*
honor *m* honra *f;* **en ~ de** em honra de; **en ~ a la verdad** em honra da verdade; **hacer ~ a** fazer honra a.
◆ **honores** *mpl* [ceremonial] honras *fpl.*
honorabilidad *f* honrabilidade *f.*
honorable *adj* honorável.
honorar *vt* honrar.
honorario, ria *adj* honorário(ria).
◆ **honorarios** *mpl* honorários *mpl.*
honorífico, ca *adj* honorífico(ca).
honra *f* honra *f;* **tener a mucha ~ algo** ter muita honra de algo; **¡y a mucha ~!** e com muita honra!
◆ **honras** *fpl* honras *fpl.*
honradez *f* honradez *f.*
honrado, da *adj* honrado(da).
honrar *vt* honrar.
◆ **honrarse** *vpr* honrar-se.
honroso, sa *adj* honroso(sa).
hora *f* **-1.** hora *f;* **a última ~** no final do dia; **dar la ~** soar a hora; **de última ~** de última hora; **¿qué ~ es?** que horas são?; **¿qué ~s son?** *Amér* que horas são?; **trabajar/pagar por ~s** trabalhar/pagar por hora; **media ~** meia-hora; **~s extra** *o* **extraordinarias** horas extras; **~ oficial** horário oficial; **~s de oficina** horário comercial; **~ pico** *RP* hora do rush; **~ punta** hora do rush; **~s de trabajo** horário de trabalho; **~s de visita** horário de visita; **a la ~** na hora; **a primera ~** na primeira hora; **en su ~** no devido momento; **¡ya era ~!** já estava na hora!; **dar/pedir ~** marcar hora; **tener ~ en** ter hora em **-2.** *loc*: **a buena ~** em boa hora; **en mala ~** em má hora; **la ~ de la verdad** a hora da verdade; **llegarle la ~ a alguien** chegar a hora de alguém.
horadar *vt* perfurar.
horario, ria *adj* horário(ria).
◆ **horario** *m* horário *m;* **~ comercial** horário comercial; **~ intensivo** horário intensivo; **~ laboral** horário de trabalho.
horca *f* forca *f.*
horcajadas ◆ **a horcajadas** *loc adv* a cavalo.
horchata *f* orchata *f.*
horchatería *f estabelecimento onde se prepara e vende orchata.*
horda *f* horda *f.*
horizontal *adj* horizontal.
horizonte *m* horizonte *m.*
horma *f* forma *f.*
hormiga *f* formiga *f.*
hormigón *m* CONSTR concreto *m;* **~ armado** concreto armado.
hormigonera *f* CONSTR betoneira *f.*
hormigueo *m* formigamento *m.*
hormiguero ◇ *adj* ▷ **oso.** ◇ *m* formigueiro *m.*
hormiguita *f fam* formiguinha *f.*
hormona *f* BIOL hormônio *m.*
hornada *f* fornada *f.*
hornear *vt* enfornar.
hornillo *m* fogareiro *m.*
horno *m* forno *m;* **alto ~** alto forno; **~ eléctrico** forno elétrico; **~ microondas** forno de microondas.
horóscopo *m* [predicción] horóscopo *m.*
horquilla *f* **-1.** [para pelo] grampo *m* **-2.** [de bicicleta o motocicleta] garfo *m.*
horrendo, da *adj* horrendo(da).
horrible *adj* horrível.
horripilante *adj* horripilante.
horripilar *vt* horripilar.
horror *m* [miedo] horror.
◆ **horrores** *adv fam* à beça.
horrorizado, da *adj* horrorizado (da).
horrorizar *vt* horrorizar.
◆ **horrorizarse** *vpr* horrorizar-se.
horroroso, sa *adj* horroroso(so).
hortaliza *f* hortaliça *f.*
hortelano, na ◇ *adj* hortense. ◇ *m, f* hortelão *m,* -lã *f.*
hortensia *f* hortênsia *f.*
hortera *Esp fam* ◇ *adj* brega. ◇ *mf* brega *mf.*
horterada *f Esp fam* breguice *f.*
horticultor, ra *m, f* horticultor *m,* -ra *f.*

hosco, ca *adj* tosco(ca).
hospedar *vt* hospedar.
◆ **hospedarse** *vpr* hospedar-se.
hospicio *m* orfanato *m*.
hospital *m* hospital *m*.
hospitalario, ria *adj* **-1.** [acogedor] hospitaleiro(ra) **-2.** [de hospital] hospitalar.
hospitalidad *f* hospitalidade *f*.
hospitalizar *vt* hospitalizar.
hosquedad *f* rudeza *f*.
hostal *m* pensão *f*.
hostelería *f* hotelaria *f*.
hostelero, ra ◇ *adj* hoteleiro(ra). ◇ *m, f* hoteleiro *m*, -ra *f*.
hostería *f* *CSur* pousada *f*.
hostia *f* **-1.** RELIG hóstia *f* **-2.** ***Esp vulg*** [bofetada] porrada *f* **-3.** ***Esp vulg*** [accidente] cacetada *f*.
◆ **hostia(s)** *interj* ***Esp vulg*** porra!
hostiar *vt* ***Esp vulg*** arrebentar.
hostigar *vt* **-1.** [acosar, molestar] amolar **-2.** MIL assediar.
hostil *adj* hostil.
hostilidad *f* hostilidade *f*.
hot dog (*pl* **hot dogs**) *m* hot dog *m*.
hotel *m* hotel *m*.
hotelero, ra ◇ *adj* hoteleiro(ra). ◇ *m, f* hoteleiro *m*, -ra *f*.
hovercraft (*pl* **hovercrafts**) *m* hovercraft *m*.
hoy *adv* hoje; **de ~ en adelante** de hoje em diante; **~ día, ~ en día** hoje em dia.
hoyo *m* **-1.** [gen] cova *f* **-2.** [de golf] buraco *m*.
hoyuelo *m* covinha *f*.
hoz *f* foice *f*.
huacal *m* = **guacal**.
huachafería *f* ***Perú fam*** cafonice *f*.
huachafo, fa *adj* ***Perú fam*** cafona.
huachinango *m* = **guachinango**.
huaso, sa *m, f* ***Chile*** fazendeiro *m*, -ra *f*.
hubiera *etc* ▷ **haber**.
hucha *f* cofre *m* pequeno.
hueco, ca *adj* **-1.** [gen] oco(ca) **-2.** [de sonido profundo] cavernoso(sa).
◆ **hueco** *m* **-1.** [gen] espaço *m* **-2.** [tiempo libre] brecha *f*.
huelga *f* greve *f*; **estar/declararse en ~** estar/declarar-se em greve; **~ general** greve geral; **~ de hambre** greve de fome.
huelguista *mf* grevista *mf*.
huella *f* **-1.** [de pie] pegada *f*; **seguir las ~s de alguien** seguir o exemplo de alguém **-2.** [señal, marca] rastro *m*; **~ digital** *o* **dactilar** impressão *f* digital **-3.** [vestigio] vestígio *m* **-4.** [impresión profunda] marca *f*; **dejar ~** deixar marca.
huérfano, na ◇ *adj* órfão(fã). ◇ *m, f* órfão *m*, -fã *f*.
huerta *f* **-1.** [terreno de cultivo] horta *f* **-2.** [tierra de regadío] zona *f* irrigada.
huerto *m* horto *m*.
hueso *m* **-1.** [de cuerpo] osso *m* **-2.** [de fruta] caroço *m* **-3.** ***fam*** [persona] durão *m*, durona *f* **-4.** ***fam*** [asignatura] bicho-de-sete-cabeças *m* **-5.** ***Méx fam*** [enchufe] contato *m* **-6.** ***Méx fam*** [trabajo fácil] moleza *f* **-7.** ***loc***: **acabar** *o* **dar con sus ~s en** dar com os ossos em; **estar en los ~s** ser pele e osso.
huésped, da *m, f* hóspede *mf*.
huesudo, da *adj* ossudo(da).
hueva *f* ova *f*.
huevear *vi* ***Andes fam*** **-1.** [hacer el tonto] bancar o idiota **-2.** [perder el tiempo] flautear.
huevo *m* **-1.** [gen] ovo *m*; **~ a la copa** *o* **tibio** ***Andes*** ovo mole; **~ duro** ovo cozido; **~ estrellado** ***Méx*** ovo estrelado; **~ frito** ovo frito; **~ pasado por agua** ovo quente; **~s al plato** *ovos cozidos, sem casca e sem bater, servidos no mesmo recipiente em que foram cozidos*; **~s revueltos** ovos mexidos **-2.** ***(gen pl) vulg*** [testículos] ovos *mpl* **-3.** ***loc***: **¡y un ~!** ***vulg*** porra nenhuma!
huevón, vona *m, f* ***Andes, Arg, Ven vulg*** imbecil.
huida *f* fuga *f*.
huidizo, za *adj* arredio(a).
huipil *m* ***CAm, Méx*** *vestido ou blusa com bordado colorido, tradicionalmente usados pela mulheres indígenas*.
huir ◇ *vi* [escapar] fugir; **~ de** fugir de. ◇ *vt* fugir.
hule *m* oleado *m*.
hulla *f* hulha *f*.
humanidad *f* humanidade *f*.
◆ **humanidades** *fpl* humanidades *fpl*.
humanismo *m* humanismo *m*.
humanitario, ria *adj* humanitário (ria).
humanizar *vt* humanizar.
◆ **humanizarse** *vpr* humanizar-se.
humano, na *adj* humano(na).
◆ **humanos** *mpl* homens *mpl*.
humareda *f* fumaça *f*.

humear *vi* fumegar.
humedad *f* umidade *f*.
humedecer *vt* umedecer.
◆ **humedecerse** *vpr* umedecer-se.
húmedo, da *adj* úmido(da).
húmero *m* ANAT úmero *m*.
humidificar *vt* umidificar.
humildad *f* humildade *f*.
humilde *adj* humilde.
humillación *f* humilhação *f*.
humillado, da *adj* humilhado(da).
humillante *adj* humilhante.
humillar *vt* humilhar.
◆ **humillarse** *vpr* [rebajarse] humilhar-se; **~se a hacer algo** humilhar-se em fazer algo.
humita *f Andes, Arg tipo de pamonha.*
humo *m* fumaça *f*.
◆ **humos** *mpl* ares *mpl* de superioridade.
humor *m* **-1.** [gen] humor *m*; **buen/mal ~** bom/mau humor **-2.** [ganas] disposição *f*.
humorismo *m* humorismo *m*.
humorista *mf* humorista *mf*.
humorístico, ca *adj* humorístico (ca).
hundimiento *m* **-1.** [naufragio] naufrágio *m* **-2.** [ruina] derrocada *f*.
hundir *vt* **-1.** [gen] afundar **-2.** [clavar] cravar **-3.** [afligir] abater **-4.** [fracasar] arruinar.
◆ **hundirse** *vpr* **-1.** [gen] afundar-se **-2.** [derrumbarse] desmoronar-se.
húngaro, ra ◇ *adj* húngaro(ra). ◇ *m, f* húngaro *m*, -ra *f*.
◆ **húngaro** *m* [lengua] húngaro *m*.
Hungría *n* Hungria.
huracán *m* furacão *m*.
huraño, ña *adj* arisco(ca).
hurgar *vi*: **~ (en)** fuçar(em).
◆ **hurgarse** *vpr* cutucar.
hurgonear *vt* remexer.
hurón *m* furão *m*.
hurra *interj* hurra!
hurtadillas ◆ **a hurtadillas** *loc adv* às escondidas.
hurtar *vt* furtar.
hurto *m* furto *m*.
husmear ◇ *vt* [olfatear] farejar. ◇ *vi* [curiosear, indagar] vasculhar.
huso *m* fuso *m*.
◆ **huso horario** *m* fuso *m* horário.
huy *interj* **-1.** [dolor] ui! **-2.** [sorpresa] puxa!

I

i, I (*pl* **íes**) *f* [letra] i, I *m*.
iba *etc* ▷ **ir**.
ibérico, ca *adj* ibérico(ca).
íbero, ra ◇ *adj* ibero(ra). ◇ *m, f* [habitante] ibero *m*, -ra *f*.
◆ **íbero, ibero** *m* [lengua] ibero *m*.
iberoamericano, na ◇ *adj* ibero-americano(na). ◇ *m, f* ibero-americano *m*, -na *f*.
iceberg (*pl* **icebergs**) *m* iceberg *m*.
icono *m* ícone *m*.
iconoclasta ◇ *adj* iconoclasta. ◇ *mf* iconoclasta *mf*.
ictericia *f* MED icterícia *f*.
id *etc* ▷ **ir**.
ida *f* ida *f*; **~ y vuelta** ida e volta.
idea *f* idéia *f*; **con la ~ de** com a intenção de; **cambiar de ~** [de plan] mudar de plano; [de opinión] mudar de idéia; **~ fija** idéia fixa; **no tener ni ~** não ter a mínima idéia.
◆ **ideas** *fpl* idéias *fpl*.
ideal ◇ *adj* ideal. ◇ *m* ideal *m*.
◆ **ideales** *mpl* ideais *mpl*.
idealista ◇ *adj* idealista. ◇ *mf* idealista *mf*.
idealizar *vt* idealizar.
idear *vt* idealizar.
ideario *m* ideário *m*.
ídem *pron* idem; **~ de ~** idem.
idéntico, ca *adj* idêntico(ca); **~ a** idêntico a.
identidad *f* identidade *f*.
identificación *f* identificação *f*.
identificar *vt* [reconocer] identificar.
◆ **identificarse** *vpr*: **~se (con)** identificar-se (com).
ideograma *m* ideograma *m*.
ideología *f* ideologia *f*.
ideólogo, ga *m, f* ideólogo *m*, -ga *f*.
idílico, ca *adj* idílico(ca).
idilio *m* idílio *m*.
idioma *m* idioma *m*.
idiosincrasia *f* idiossincrasia *f*.
idiota ◇ *adj* idiota. ◇ *mf* idiota *mf*.

idiotez *f* **-1.** [enfermedad mental] idiotia *f* **-2.** [tontería] idiotice *f.*
ido, ida *adj* louco(ca).
idolatrar *vt* idolatrar.
ídolo *m* ídolo *m.*
idóneo, a *adj* idôneo(a).
iglesia *f* igreja *f.*
iglú (*pl* **iglúes**) *m* iglu *m.*
ignominia *f* ignomínia *f.*
ignorancia *f* ignorância *f.*
ignorante ◇ *adj* ignorante. ◇ *mf* ignorante *mf.*
ignorar *vt* ignorar.
igual ◇ *adj* **-1.** [gen] igual; **~ que** igual a **-2.** [constante] constante. ◇ *mf* igual *mf*; **sin ~** sem igual. ◇ *adv* **-1.** [de la misma manera] assim; **al ~ que** assim como; **por ~** igualmente **-2.** [posiblemente] talvez **-3.** *loc*: **darle** *o* **serle algo ~ a alguien** algo dar na mesma para alguém.
igualado, da *adj* igualado(da).
igualar *vt* igualar.
igualdad *f* igualdade *f.*
igualitario, ria *adj* igualitário(ria).
igualmente *adv* igualmente.
iguana *f* iguana *f.*
ilegal *adj* ilegal.
ilegible *adj* ilegível.
ilegítimo, ma *adj* ilegítimo(ma).
ileso, sa *adj* ileso(sa); **salir** *o* **resultar ~** sair ileso.
ilícito, ta *adj* ilícito(ta).
ilimitado, da *adj* ilimitado(da).
ilógico, ca *adj* ilógico(ca).
iluminación *f* iluminação *f.*
iluminar *vt* iluminar.
◆ **iluminarse** *vpr* iluminar-se.
ilusión *f* **-1.** [fantasía, esperanza] ilusão *f*; **hacerse** *o* **forjarse ilusiones** criar ilusões **-2.** [alegría] alegria *f*; **hacerle ~ algo a alguien** algo causar alegria a alguém **-3.** [de la vista] ilusão *f* de óptica.
ilusionar *vt* **-1.** [dar esperanza] iludir **-2.** [sentir alegría] sentir alegria.
◆ **ilusionarse** *vpr* **-1.** [sentir esperanza]: **~se (con)** iludir-se (com) **-2.** [sentir alegría]: **~se (con)** alegrar-se (com).
ilusionista *mf* ilusionista *mf.*
iluso, sa ◇ *adj* ingênuo(nua). ◇ *m, f* ingênuo *m*, -nua *f.*
ilusorio, ria *adj* ilusório(ria).
ilustración *f* ilustração *f.*
◆ **Ilustración** *f* HIST Ilustração *f*, Iluminismo *m.*
ilustrado, da *adj* ilustrado(da).
ilustrador, ra *m, f* ilustrador *m*, -ra *f.*
ilustrar *vt* ilustrar.
ilustrativo, va *adj* ilustrativo(va).
ilustre *adj* ilustre.
imagen *f* imagem *f*; **a ~ y semejanza de algo/alguien** à imagem e semelhança de algo/alguém; **ser la viva ~ de alguien** ser a imagem viva de alguém.
imaginación *f* **-1.** [facultad] imaginação *f*; **pasar por la ~** passar pela cabeça **-2.** (*gen pl*) [idea sin fundamento] conjecturas *fpl*; **ser algo imaginaciones de alguien** ser algo conjecturas de alguém.
imaginar *vt* imaginar.
◆ **imaginarse** *vpr* imaginar.
imaginario, ria *adj* imaginário(ria).
imaginativo, va *adj* imaginativo (va).
imán *m* **-1.** [para el hierro] ímã *m* **-2.** [entre musulmanes] imame *m.*
imbatible *adj* imbatível.
imbatido, da *adj* invicto(ta).
imbécil ◇ *adj* imbecil. ◇ *mf* imbecil *mf.*
imbecilidad *f* **despec** imbecilidade *f.*
imberbe *adj* imberbe.
imborrable *adj* indelével.
imbuir *vt*: **~ a alguien (de) algo** imbuir alguém (de) algo.
imitación *f* imitação *f.*
imitador, ra *m, f* imitador *m*, -ra *f.*
imitar *vt* imitar.
impaciencia *f* impaciência *f.*
impacientar *vt* impacientar.
◆ **impacientarse** *vpr* impacientar-se.
impaciente *adj* impaciente; **estar ~ por algo/por hacer algo** estar impaciente por algo/por fazer algo.
impactar *vt* impactar.
impacto *m* **-1.** [gen] impacto *m* **-2.** [señal] marca *f.*
impagable *adj* impagável.
impagado, da *adj* não pago(ga).
◆ **impagado** *m* dívida *f* não quitada.
impar *adj* ímpar.
imparable *adj* irrefreável.
imparcial *adj* imparcial.
imparcialidad *f* imparcialidade *f.*
impartir *vt* ministrar.
impase, impasse *m* impasse *m.*
impasible *adj* impassível.
impávido, da *adj* impávido(da).

impecable *adj* impecável.
impedido, da ◇ *adj* incapacitado(da); **estar ~ de** ser incapacitado de. ◇ *m, f* incapacitado *m*, -da *f*.
impedimento *m* impedimento *m*.
impedir *vt* impedir.
impeler *vt* **-1.** [mover] impelir **-2.** [incitar]: **~ a alguien a algo/a hacer algo** impelir alguém a algo/a fazer algo.
impenetrable *adj* impenetrável.
impensable *adj* impensável.
impepinable *adj* ***fam*** incontestável.
imperante *adj* [tendencia, moda] imperante.
imperar *vi* [tendencia, moda] imperar.
imperativo, va *adj* imperativo(va).
◆ **imperativo** *m* imperativo *m*.
imperceptible *adj* imperceptível.
imperdible *m* alfinete *m* de segurança.
imperdonable *adj* imperdoável.
imperfección *f* imperfeição *f*.
imperfecto, ta *adj* imperfeito(ta).
◆ **imperfecto** *m* GRAM imperfeito *m*.
imperial *adj* imperial.
imperialismo *m* imperialismo *m*.
impericia *f* imperícia *f*.
imperio *m* império *m*.
imperioso, sa *adj* imperioso(sa).
impermeabilizar *vt* impermeabilizar.
impermeable ◇ *adj* impermeável. ◇ *m* impermeável *m*.
impersonal *adj* impessoal.
impertérrito, ta *adj* impertérrito (ta).
impertinencia *f* impertinência *f*.
impertinente ◇ *adj* impertinente. ◇ *mf* impertinente *mf*.
imperturbable *adj* imperturbável.
ímpetu *m* ímpeto *m*.
impetuoso, sa *adj* impetuoso(sa).
impío, a *adj* ímpio(a).
implacable *adj* implacável.
implantar *vt* implantar.
◆ **implantarse** *vpr* [establecerse] implantar-se.
implementar *vt* implementar.
implicación *f* implicação *f*.
implicar *vt* **-1.** [enredar]: **~ a alguien en algo** implicar alguém em algo **-2.** [suponer, significar] implicar.
◆ **implicarse** *vpr*: **~se (en)** implicar-se (em).
implícito, ta *adj* implícito(ta).
implorar ◇ *vt* implorar. ◇ *vi* implorar.
impoluto, ta *adj* impoluto(ta).
imponente *adj* imponente.
imponer ◇ *vt* impor. ◇ *vi* impressionar.
◆ **imponerse** *vpr* impor-se.
imponible *adj* ▷ **base**.
impopular *adj* impopular.
importación *f* importação *f*; **de ~** de importação.
importador, ra ◇ *adj* importador(ra). ◇ *m, f* importador *m*, -ra *f*.
importancia *f* importância *f*; **dar ~ a algo** dar importância a algo; **de ~** de importância; **sin ~** sem importância; **darse ~** ***fig*** achar-se importante.
importante *adj* importante.
importar ◇ *vt* importar. ◇ *vi* [preocupar] importar; **no me importa** não me importa; **me importa un bledo** ***fam*** pouco me importa. ◇ *v impers* importar.
importe *m* importe *m*.
importunar *vt* importunar.
importuno, na = **inoportuno**.
imposibilidad *f* impossibilidade *f*.
imposibilitado, da *adj* impossibilitado(da); **estar ~ para hacer algo** estar impossibilitado de *o* para fazer algo.
imposibilitar *vt* impossibilitar.
imposible ◇ *adj* impossível. ◇ *m* impossível *m*.
imposición *f* **-1.** [obligación] imposição *f* **-2.** [ingreso] depósito *m*.
impostor, ra ◇ *adj* [suplantador] impostor(ra). ◇ *m, f* [suplantador] impostor *m*, -ra *f*.
impotencia *f* impotência *f*.
impotente *adj* impotente.
impracticable *adj* impraticável.
imprecisión *f* imprecisão *f*.
impreciso, sa *adj* impreciso(sa).
impregnar *vt* impregnar.
◆ **impregnarse** *vpr* impregnar-se; **~se de** impregnar-se de.
imprenta *f* **-1.** [máquina] imprensa *f* **-2.** [establecimiento] gráfica *f*.
imprescindible *adj* imprescindível.
impresentable ◇ *adj* inapresentável. ◇ *mf* pessoa *f* inapresentável.
impresión *f* impressão *f*; **~ digital** *o* **dactilar** impressão digital; **dar algo/alguien la ~ de** dar algo/alguém a impressão de; **tener la ~ (de) que** ter a impressão (de) que;

cambiar impresiones trocar impressões.
impresionable *adj* impressionável.
impresionante *adj* impressionante.
impresionar ◇ *vt* impressionar. ◇ *vi* impressionar.
◆ **impresionarse** *vpr* impressionar-se.
impresionismo *m* ARTE impressionismo *m*.
impreso, sa ◇ *pp irreg* ▷ **imprimir**. ◇ *adj* impresso(sa).
◆ **impreso** *m* impresso *m*.
impresor, ra ◇ *adj* impressor(ra). ◇ *m, f* impressor *m*, -ra *f*.
◆ **impresora** *f* INFORM impressora *f*; **impresora de agujas** impressora de agulhas; **impresora de chorro de tinta** impressora a jato de tinta; **impresora matricial** impressora matricial; **impresora láser** impressora a laser; **impresora térmica** impressora térmica.
imprevisible *adj* imprevisível.
imprevisto, ta *adj* imprevisto(ta).
◆ **imprevisto** *m* imprevisto *m*.
◆ **imprevistos** *mpl* imprevistos *mpl*.
imprimir *vi* imprimir.
improbable *adj* improvável.
improcedente *adj* improcedente.
improductivo, va *adj* improdutivo (va).
impropio, pia *adj* impróprio(pria).
improvisación *f* improvisação *f*.
improvisar *vt* improvisar.
improviso ◆ **de improviso** *loc adv* de improviso.
imprudencia *f* imprudência *f*.
impúdico, ca *adj* impudico(ca).
impudor *m* impudor *m*.
impuesto, ta *pp irreg* ▷ **imponer**.
◆ **impuesto** *m* ECON imposto *m*; ~ **sobre el valor añadido**, ~ **al valor agregado** *Amér* imposto sobre valor agregado; ~ **sobre** *o* **a** *RP* **la renta** imposto de renda.
impugnar *vt* impugnar.
impulsar *vt* **-1.** [empujar] impulsar **-2.** [incitar]: ~ **a alguien a hacer algo** impulsionar alguém a fazer algo **-3.** [promocionar] impulsionar.
impulsivo, va *adj* impulsivo(va).
impulso *m* impulso *m*; **tomar** ~ tomar impulso.
impulsor, ra ◇ *adj* impulsor(ra). ◇ *m, f* impulsor *m*, -ra *f*.
impunidad *f* impunidade *f*.
impureza *f (gen pl)* impureza *f*.
impuro, ra *adj* **-1.** [gen] impuro(ra) **-2.** [con mezcla] bruto(ta).
imputación *f* imputação *f*.
imputar *vt* **-1.** [culpar] imputar **-2.** COM lançar.
inabordable *adj* inabordável.
inacabable *adj* inacabável.
inaccesible *adj* inacessível.
inacción *f* inação *f*.
inaceptable *adj* inaceitável.
inactividad *f* inatividade *f*.
inactivo, va *adj* inativo(va).
inadaptación *f* inadaptação *f*.
inadaptado, da ◇ *adj* inadaptado(da). ◇ *m, f* inadaptado *m*, -da *f*.
inadecuado, da *adj* inadequado (da).
inadmisible *adj* inadimissível.
inadvertido, da *adj* inadvertido (da); **pasar alguien/algo** ~ passar alguém/algo inadvertido.
inagotable *adj* inesgotável.
inaguantable *adj* insuportável.
inalámbrico *adj* ▷ **teléfono**.
inalcanzable *adj* inalcançável.
inalterable *adj* inalterável.
inamovible *adj* inamovível.
inanimado, da *adj* inanimado(da).
inapetencia *f* inapetência *f*.
inapreciable *adj* inapreciável.
inapropiado, da *adj* inapropriado (da).
inasequible *adj* inacessível.
inaudible *adj* inaudível.
inaudito, ta *adj* inaudito(ta).
inauguración *f* inauguração *f*.
inaugurar *vt* inaugurar.
inca ◇ *adj* inca. ◇ *mf* inca *mf*.
incaico, ca *adj* incaico(ca).
incalculable *adj* incalculável.
incalificable *adj* inqualificável.
incandescente *adj* incandescente.
incansable *adj* incansável.
incapacidad *f* incapacidade *f*.
incapacitado, da ◇ *adj* incapacitado(da), inválido(da). ◇ *m, f* DER incapacitado *m*, -da *f*.
incapacitar *vt* incapacitar.
incapaz *adj* incapaz; ~ **de** incapaz de; ~ **para** incapaz para; **declarar** ~ **a alguien** DER declarar alguém incapaz.
incautación *f* penhora *f*.
incautarse *vpr* **-1.** DER [legalmente]: ~**se (de)** confiscar **-2.** [apoderarse] apoderar-se.

incauto, ta ◇ *adj* incauto(ta). ◇ *m, f* incauto *m*, -ta *f*.
incendiar *vt* incendiar.
◆ **incendiarse** *vpr* incendiar-se.
incendiario, ria ◇ *adj* incendiário(ria). ◇ *m, f* incendiário *m*, -ria *f*.
incendio *m* incêndio *m*.
incentivar *vt* incentivar.
incentivo *m* incentivo *m*.
incertidumbre *f* incerteza *f*.
incesto *m* incesto *m*.
incidencia *f* incidência *f*.
incidente *m* incidente *m*.
incidir ◆ **incidir en** *vi* **-1.** [gen] incidir em **-2.** [error] incidir em.
incienso *m* incenso *m*.
incierto, ta *adj* incerto(ta).
incineración *f* incineração *f*.
incinerar *vt* incinerar.
incipiente *adj* incipiente.
incisión *f* incisão *f*.
incisivo, va *adj* incisivo(va).
◆ **incisivo** *m* incisivo *m*.
inciso *m* parêntese *m*.
incitar *vt*: ~ **a alguien a hacer algo** incitar alguém a fazer algo.
inclemencia *f* inclemência *f*.
inclinación *f* inclinação *f*.
inclinar *vt* inclinar; ~ **la cabeza** [para saludar] inclinar a cabeça; [con vergüenza] abaixar a cabeça.
◆ **inclinarse** *vpr* [gen] inclinar-se; ~**se por** [preferir] inclinar-se por; ~**se a** [tender a] inclinar-se a.
incluir *vt* incluir.
inclusive *adv* inclusive.
incluso *adv* inclusive.
incógnito, ta *adj* incógnito(ta).
◆ **de incógnito** *loc adv* incógnito (ta).
◆ **incógnita** *f* incógnita *f*.
incoherencia *f* incoerência *f*.
incoherente *adj* incoerente.
incoloro, ra *adj* incolor.
incomible *adj* incomível.
incomodar *vt* [molestar] incomodar.
◆ **incomodarse** *vpr* [disgustarse] incomodar-se.
incomodidad *f* [física] incomodidade *f*.
incómodo, da *adj* incômodo(da).
incomparable *adj* incomparável.
incompatible *adj* incompatível.
incompetencia *f* incompetência *f*.
incompetente ◇ *adj* incompetente. ◇ *mf* incompetente.
incompleto, ta *adj* incompleto(ta).
incomprendido, da ◇ *adj* incompreendido(da). ◇ *m, f* incompreendido(da).
incomprensible *adj* incompreensível.
incomprensión *f* incompreensão *f*.
incomunicado, da *adj* incomunicável.
incomunicar *vt* tornar incomunicável.
inconcebible *adj* inconcebível.
incondicional ◇ *adj* incondicional. ◇ *mf* seguidor *m*, -ra *f* incondicional.
inconexo, xa *adj* inconexo(xa).
inconformismo *m* inconformismo *m*.
inconfundible *adj* inconfundível.
incongruente *adj* incongruente.
inconmensurable *adj* incomensurável.
inconsciencia *f* inconsciência *f*.
inconsciente ◇ *adj* inconsciente. ◇ *mf* inconsciente *mf*. ◇ *m* PSICOL: **el** ~ o inconsciente.
inconstancia *f* inconstância *f*.
inconstante *adj* inconstante.
inconstitucional *adj* inconstitucional.
incontable *adj* **-1.** [cantidad] incontável **-2.** [inexplicable] inexplicável.
incontinencia *f* incontinência *f*.
incontrolable *adj* incontrolável.
inconveniencia *f* inconveniência *f*.
inconveniente ◇ *adj* inconveniente. ◇ *m* inconveniente *m*; **no tener ~ en hacer algo** não ter inconveniente em fazer algo.
incordiar *vt fam* atrapalhar.
incordio *fam m* **-1.** [hecho] chateação *f* **-2.** [persona] chato *m*, -ta *f*.
incorporación *f* incorporação *f*.
incorporado, da *adj* incorporado (da).
incorporar *vt* **-1.** [añadir] incorporar **-2.** [levantar] levantar.
◆ **incorporarse** *vpr* **-1.** [añadir] incorporar-se **-2.** [levantarse] levantar-se.
incorrección *f* incorreção *f*.
incorrecto, ta *adj* incorreto(ta).
incorregible *adj* incorrigível.
incredulidad *f* incredulidade *f*.
incrédulo, la ◇ *adj* incrédulo(la). ◇ *m, f* incrédulo *m*, -la *f*.
increíble *adj* incrível.
incrementar *vt* incrementar.

incremento *m* incremento *m*.
increpar *vt* **-1.** [reprender] repreender **-2.** [insultar] xingar.
incriminar *vt* incriminar.
incrustar *vt* incrustar.
◆ **incrustarse** *vpr* [adherirse] incrustar-se.
incubadora *f* **-1.** [de huevos] incubadora *f*, chocadeira *f* **-2.** [para niños] incubadora.
incubar *vt* incubar.
inculcar *vt*: **~ algo a alguien** inculcar algo em alguém.
inculpado, da *m, f* inculpado(da).
inculpar *vt* inculpar.
inculto, ta ◇ *adj* inculto(ta). ◇ *m, f* inculto *m*, -ta *f*.
incultura *f* incultura *f*.
incumbencia *f*: **(no) ser algo de la ~ de alguien** (não) ser algo da incumbência de alguém.
incumbir *vi*: **(no) ~ algo a alguien** (não) incumbir algo a alguém.
incumplimiento *m* descumprimento *m*.
incumplir *vt* descumprir.
incurable *adj* incurável.
incurrir *vi*: **~ en** incorrer em.
incursión *f* incursão *f*.
indagación *f* indagação *f*.
indagar ◇ *vt* indagar. ◇ *vi* indagar.
indecencia *f* indecência *f*.
indecente *adj* indecente.
indecible *adj* indizível.
indecisión *f* indecisão *f*.
indeciso, sa *adj* [dudoso] indeciso(sa).
indecoroso, sa *adj* indecoroso(sa).
indefenso, sa *adj* indefeso(sa).
indefinido, da *adj* indefinido(da).
indemne *adj* indene.
indemnización *f* indenização *f*.
indemnizar *vt* indenizar.
independencia *f* independência *f*.
independentismo *m* independentismo *m*.
independiente *adj* independente.
independizar *vt* independentizar.
◆ **independizarse** *vpr*: **~se (de)** independentizar-se (de).
indeseable ◇ *adj* indesejável. ◇ *mf* indesejável.
indeterminación *f* indeterminação *f*.
India *n*: **(la) ~** a Índia.
indiano, na ◇ *adj* indígena. ◇ *m, f* **-1.** [habitantes de Indias] indiano *m*, -na *f* **-2.** [emigrantes españoles] *emigrante espanhol que fez fortuna na América*.
indicación *f* indicação *f*.
indicado, da *adj* indicado(da).
indicador, ra *adj* indicador(ra).
◆ **indicador** *m* indicador *m*.
indicar *vt* indicar.
indicativo, va *adj* indicativo(va).
◆ **indicativo** *m* GRAM indicativo *m*.
índice *m* **-1.** índice *m*; **~ de precios al consumo** índice de preços ao consumidor **-2.** ▷ **dedo**.
indicio *m* indício *m*.
Índico *n*: **el (océano) ~** o (oceano) Índico.
indiferencia *f* indiferença *f*.
indiferente *adj* indiferente.
indígena ◇ *adj* indígena. ◇ *mf* indígena *mf*.
indigente ◇ *adj* indigente. ◇ *mf* indigente *mf*.
indigestarse *vpr* **-1.** [comida] indigestar-se **-2.** *fam* [persona] ser indigesto(ta).
indigestión *f* indigestão *f*.
indigesto, ta *adj* indigesto(ta).
indignación *f* indignação *f*.
indignar *vt* indignar.
◆ **indignarse** *vpr* indignar-se.
indigno, na *adj* indigno(na); **~ de** indigno de.
indio, dia ◇ *adj* **-1.** [de India] indiano(na) **-2.** [de América] índio(a). ◇ *m, f* **-1.** [habitante de India] indiano *m*, -na *f* **-2.** [habitante de América] índio *m*, -a *f* **-3.** *loc*: **hacer el ~** *Esp* bancar o bobo.
◆ **indio** *m* [metal] índio *m*.
indirecto, ta *adj* indireto(ta).
◆ **indirecta** *f* indireta *f*.
indisciplina *f* indisciplina *f*.
indiscreción *f* indiscrição *f*; **si no es ~** se não for indiscrição.
indiscreto, ta *adj* indiscreto(ta).
indiscriminado, da *adj* indiscriminado(da).
indiscutible *adj* indiscutível.
indispensable *adj* indispensável.
indisponer *vt* indispor.
indisposición *f* indisposição *f*.
indispuesto, ta *pp irreg* ▷ **indisponer**.
indistinto, ta *adj* **-1.** [indiferente] indiferente **-2.** [cuenta, cartilla] conjunto(ta).
individual *adj* individual.
◆ **individuales** *mpl* jogos *mpl* individuais.

individualismo *m* individualismo *m.*
individualizar *vi* individualizar.
individuo, dua *m, f* **-1.** [persona] indivíduo *m* **-2.** *despec* [tipo] tipo *m.*
indochino, na ◇ *adj* indochinês (nesa). ◇ *m, f* indochinês *m,* -nesa *f.*
indocumentado, da ◇ *adj* **-1.** [sin documentación] indocumentado(da) **-2.** *Esp* [ignorante] ignorante. ◇ *m, f* **-1.** [sin documentación] pessoa *f* indocumentada **-2.** *Esp* [ignorante] ignorante *mf.*
índole *f* índole *f.*
indolencia *f* indolência *f.*
indoloro, ra *adj* indolor.
indómito, ta *adj* indômito(ta).
Indonesia *n* Indonésia.
inducir *vt* induzir.
inductor, ra *adj* indutor(ra).
◆ **inductor** *m* indutor *m.*
indudable *adj* indubitável.
indulgencia *f* [perdón] indulgência *f.*
indultar *vt* indultar.
indulto *m* indulto *m.*
indumentaria *f* indumentária *f.*
industria *f* indústria *f.*
industrial ◇ *adj* industrial. ◇ *mf* industrial *mf.*
industrializar *vt* industrializar.
◆ **industrializarse** *vpr* industrializar-se.
inédito, ta *adj* inédito(ta).
inefable *adj* inefável.
ineficaz *adj* ineficaz.
ineficiente *adj* ineficiente.
ineludible *adj* ineludível.
INEM (*abrev de* **Instituto Nacional de Empleo**) *m instituto nacional de emprego na Espanha.*
ineptitud *f* inaptidão *f.*
inepto, ta ◇ *adj* inepto(ta). ◇ *m, f* inepto *m,* -ta *f.*
inequívoco, ca *adj* inequívoco(ca).
inercia *f* inércia *f*; **por ~** por inércia.
inerme *adj* inerme.
inerte *adj* inerte.
inesperado, da *adj* inesperado(da).
inestable *adj* instável.
inevitable *adj* inevitável.
inexactitud *f* inexatidão *f.*
inexacto, ta *adj* inexato(ta).
inexistencia *f* inexistência *f.*
inexperiencia *f* inexperiência *f.*
inexperto, ta ◇ *adj* inexperiente. ◇ *m, f* inexperiente *mf.*
inexpresivo, va *adj* inexpressivo (va).
infalible *adj* infalível.
infame *adj* infame.
infamia *f* infâmia *f.*
infancia *f* infância *f.*
infante, ta *m, f* [hijo de rey] infante *m,* -ta *f.*
◆ **infante** *m* [soldado] infante *m.*
infantería *f* [tropa] infantaria *f.*
infanticidio *m* infanticídio *m.*
infantil *adj* infantil.
infarto *m* infarto *m.*
infatigable *adj* infatigável.
infección *f* infecção *f.*
infeccioso, sa *adj* infeccioso(sa).
infectar *vt* infetar.
◆ **infectarse** *vpr* infetar-se.
infeliz ◇ *adj* **-1.** [desgraciado] infeliz **-2.** [ingenuo] ingênuo(nua). ◇ *mf* [ingenuo] ingênuo *m,* -nua *f.*
inferior *adj* **-1.** [gen] inferior **-2.** GEOGR baixo(xa).
◆ **inferiores** *mpl* subordinados *mpl.*
inferioridad *f* inferioridade *f*; **estar en ~ de condiciones** estar em desvantagem.
infernal *adj* infernal.
infestar *vt* infestar.
infidelidad *f* infidelidade *f.*
infiel ◇ *adj* infiel. ◇ *mf* [no cristiano] infiel *mf.*
infiernillo *m* fogareiro *m.*
infierno *m* inferno *m.*
infiltrado, da ◇ *adj* infiltrado(da). ◇ *m, f* infiltrado *m,* -da *f.*
infiltrar *vt* infiltrar.
◆ **infiltrarse** *vpr* infiltrar-se.
ínfimo, ma *adj* ínfimo(ma).
infinidad *f* infinidade *f*; **~ de** infinidade de.
infinitivo, va *adj* GRAM infinitivo(va).
◆ **infinitivo** *m* infinitivo *m.*
infinito, ta *adj* infinito(ta).
◆ **infinito** *m* infinito *m.*
inflación *f* ECON inflação *f.*
inflamable *adj* inflamável.
inflamación *f* inflamação *f.*
inflamar *vt* inflamar.
◆ **inflamarse** *vpr* inflamar-se.
inflamatorio, ria *adj* inflamatório (ria).
inflar *vt* **-1.** [objeto con aire] inflar **-2.** [exagerar] exagerar.
◆ **inflarse** *vpr* [hartarse]: **~ de** empanturrar-se de.

inflexible *adj* inflexível.
inflexión *f* inflexão *f.*
infligir *vt* infligir.
influencia *f* influência *f.*
influenciar *vt* influenciar.
influir *vi*: **~ (en)** influir (em).
influjo *m* influência *f.*
influyente *adj* influente.
infografía *f* infografia *f.*
información *f* **-1.** [gen] informação *f* **-2.** [oficina] posto *m* de informação.
informal *adj* **-1.** [irresponsable] irresponsável **-2.** [desenfadado] informal.
informar *vt*: **~ a alguien (de** *o* **sobre algo)** informar a alguém (de *o* sobre algo).
◆ **informarse** *vpr*: **~se (de** *o* **sobre algo)** informar-se (de *o* sobre algo).
informático, ca ◇ *adj* informático(ca). ◇ *m, f* técnico *m*, -ca *f* de informática.
◆ **informática** *f* [ciencia] informática *f.*
informativo, va *adj* informativo (va).
◆ **informativo** *m* noticiário *m.*
informatizar *vt* informatizar.
informe ◇ *adj* disforme. ◇ *m* relatório *m.*
◆ **informes** *mpl* referências *fpl.*
infracción *f* infração *f.*
infractor, ra *m, f* infrator *m*, -ra *f.*
infraestructura *f* infra-estrutura *f.*
infrahumano, na *adj* subumano (na).
infranqueable *adj* intransponível.
infrarrojo, ja *adj* infravermelho (lha).
infravalorar *vt* subestimar.
infringir *vt* [quebrantar] infringir.
infructuoso, sa *adj* infrutuoso(sa).
ínfulas *fpl* pretensão *f.*
infumable *adj* **fam** [insoportable] insuportável.
infundado, da *adj* infundado(da).
infundir *vt* infundir.
infusión *f* infusão *f.*
infuso, sa *adj* infuso(sa).
ingeniar *vt* engenhar.
◆ **ingeniarse** *vpr*: **ingeniárselas (para)** virar-se (para).
ingeniería *f* engenharia *f.*
ingeniero, ra *m, f* engenheiro *m*, -ra *f*; **~ de caminos, canales y puertos** engenheiro de estradas, canais e portos.
ingenio *m* engenho *m.*
ingenioso, sa *adj* engenhoso(sa).
ingente *adj* ingente.
ingenuidad *f* ingenuidade *f.*
ingenuo, nua ◇ *adj* ingênuo(nua). ◇ *m, f* ingênuo *m*, -nua *f.*
ingerir *vt* ingerir.
Inglaterra *n* Inglaterra.
ingle *f* virilha *f.*
inglés, sa ◇ *adj* inglês(esa). ◇ *m, f* [habitante] inglês *m*, -esa *f.*
◆ **inglés** *m* [lengua] inglês *m.*
ingratitud *f* ingratidão *f.*
ingrato, ta *adj* ingrato(ta).
ingrediente *m* ingrediente *m.*
ingresar ◇ *vt* depositar. ◇ *vi*: **~ (en)** ingressar (em).
ingreso *m* **-1.** [en lugar] ingresso *m* **-2.** [de dinero] depósito *m.*
◆ **ingresos** *mpl* rendimentos *mpl.*
inhábil *adj* **-1.** [gen] inábil **-2.** [festivo] feriado.
inhabilitar *vt* inabilitar.
inhabitable *adj* inabitável.
inhabitado, da *adj* inabitado(da).
inhalador *m* inalador *m.*
inhalar *vt* inalar.
inherente *adj* inerente.
inhibirse *vpr* [abstenerse]: **~ de algo/hacer algo** abster-se de algo/de fazer algo.
inhóspito, ta *adj* inóspito(ta).
inhumano, na *adj* desumano(na).
iniciación *f* **-1.** [gen] iniciação *f* **-2.** [inicio] início *m.*
inicial ◇ *adj* inicial. ◇ *f* [letra] inicial *f.*
inicializar *vt* INFORM inicializar.
iniciar *vt* iniciar; **~ a alguien en algo** [instruir] iniciar alguém em algo.
iniciativa *f* iniciativa *f*; **tomar la ~** tomar a iniciativa; **~ privada** iniciativa privada.
inicio *m* início *m.*
inigualable *adj* inigualável.
inigualado, da *adj* inigualável.
ininteligible *adj* ininteligível.
ininterrumpido, da *adj* ininterrupto(ta).
injerencia *f* ingerência *f.*
injerir *vt* [introducir] ingerir.
◆ **injerirse** *vpr* [entrometerse]: **~se (en algo)** ingerir-se (em algo).
injertar *vt* enxertar.
injerto *m* enxerto *m.*
injuria *f* injúria *f.*
injuriar *vt* injuriar.
injurioso, sa *adj* injurioso(sa).
injusticia *f* injustiça *f.*

injustificado, da *adj* injustificado (da).
injusto, ta *adj* injusto(ta).
inmadurez *f* imaturidade *f*.
inmaduro, ra *adj* **-1.** [fruta] não maduro(ra) **-2.** [persona] imaturo(ra).
inmediaciones *fpl* imediações *fpl*.
inmediatamente *adv* imediatamente.
inmediato, ta *adj* imediato(ta); **de ~** de imediato.
inmejorable *adj* insuperável.
inmensidad *f* imensidade *f*.
inmenso, sa *adj* imenso(sa).
inmerecido, da *adj* imerecido(da).
inmersión *f* imersão *f*.
inmerso, sa *adj* imerso(sa).
inmigración *f* imigração *f*.
inmigrante *mf* imigrante *mf*.
inmigrar *vi* imigrar.
inminente *adj* iminente.
inmiscuirse *vpr*: **~ (en algo)** imiscuir-se (em algo).
inmobiliario, ria *adj* imobiliário(ria).
◆ **inmobiliaria** *f* imobiliária *f*.
inmolar *vt culto* imolar.
inmoral *adj* imoral.
inmortal *adj* imortal.
inmortalizar *vt* imortalizar.
inmóvil *adj* imóvel.
inmovilizar *vt* imobilizar.
inmueble ◇ *adj* imóvel. ◇ *m* [edificio] imóvel *m*.
inmune *adj* imune.
inmunidad *f* imunidade *f*.
inmunizar *vt* MED imunizar.
inmutar *vt* alterar.
◆ **inmutarse** *vpr* alterar-se.
innato, ta *adj* inato(ta).
innecesario, ria *adj* desnecessário(ria).
innovación *f* inovação *f*.
innovador, ra ◇ *adj* inovador(ra). ◇ *m, f* inovador *m*, -ra *f*.
innovar *vt* inovar.
innumerable *adj* inumerável.
inocencia *f* inocência *f*.
inocentada *f* peça *f*.
inocente ◇ *adj* inocente. ◇ *mf* inocente *mf*.
inodoro, ra *adj* inodoro(ra).
◆ **inodoro** *m* vaso *m* sanitário.
inofensivo, va *adj* inofensivo(va).
inolvidable *adj* inolvidável.
inoperante *adj* inoperante.
inopinado, da *adj* inopinado(da).
inoportuno, na, importuno, na *adj* inoportuno(na).
inoxidable *adj* inoxidável.
input (*pl* **inputs**) *m* input *m*.
inquebrantable *adj* inquebrantável.
inquietar *vt* inquietar.
◆ **inquietarse** *vpr* inquietar-se.
inquieto, ta *adj* inquieto(ta).
inquietud *f* inquietação *f*.
◆ **inquietudes** *fpl* inquietações *fpl*.
inquilino, na *m, f* inquilino *m*, -na *f*.
inquina *f* aversão *f*.
inquirir *vt culto* inquirir.
inquisición *f* [indagación] inquisição *f*.
◆ **Inquisición** *f*: **la Inquisición** a Inquisição.
inquisidor, ra *adj* inquisidor(ra).
◆ **inquisidor** *m* inquisidor *m*.
inri *m Esp fam*: **para más ~** para piorar.
insaciable *adj* insaciável.
insalubre *adj culto* insalubre.
Insalud (*abrev de* **Instituto Nacional de la Salud**) *m* INSS *m*.
insano, na *adj* insano(na).
insatisfacción *f* insatisfação *f*.
insatisfecho, cha *adj* insatisfeito (ta).
inscribir *vt* **-1.** [grabar] inscrever **-2.** [apuntar]: **~ a alguien en** inscrever alguém em.
◆ **inscribirse** *vpr*: **~se (en)** inscrever-se (em).
inscripción *f* inscrição *f*.
inscrito, ta *pp irreg* ▻ **inscribir**.
insecticida ◇ *adj* inseticida. ◇ *m* inseticida *m*.
insecto *m* inseto *m*.
inseguridad *f* insegurança *f*.
inseguro, ra *adj* inseguro(ra).
inseminación *f* inseminação *f*; **~ artificial** inseminação artificial.
insensatez *f* insensatez *f*.
insensato, ta ◇ *adj* insensato(ta). ◇ *m, f* insensato *m*, -ta *f*.
insensibilidad *f* insensibilidade *f*.
insensible *adj* insensível.
inseparable *adj* inseparável.
insertar *vt* inserir.
inservible *adj* imprestável.
insidia *f* [trampa, mentira] insídia *f*.
insidioso, sa *adj* insidioso(sa).
insigne *adj* insigne.
insignia *f* insígnia *f*.
insignificante *adj* insignificante.
insinuar *vt* insinuar.
◆ **insinuarse** *vpr* insinuar-se.

insípido, da *adj* insípido(da).
insistencia *f* insistência *f*.
insistir *vi*: ~ **(en)** insistir (em).
insociable *adj* insociável.
insolación *f* insolação *f*.
insolencia *f* insolência *f*.
insolente *adj* insolente.
insolidario, ria *adj* não solidário (ria).
insólito, ta *adj* insólito(ta).
insoluble *adj* insolúvel.
insolvencia *f* insolvência *f*.
insolvente *adj* insolvente.
insomnio *m* insônia *f*.
insondable *adj* insondável.
insonorizar *vt* insonorizar.
insoportable *adj* insuportável.
insostenible *adj* insustentável.
inspección *f* inspeção *f*; ~ **de calidad** inspeção de qualidade.
inspeccionar *vt* inspecionar.
inspector, ra *m, f* inspetor *m*, -ra *f*; ~ **de Hacienda** fiscal *mf* da Receita.
inspiración *f* inspiração *f*.
inspirar *vt* inspirar.
◆ **inspirarse** *vpr* inspirar-se; ~**se en** inspirar-se em.
instalación *f* instalação *f*.
◆ **instalaciones** *fpl* instalações *fpl*.
instalar *vt* instalar.
◆ **instalarse** *vpr* instalar-se.
instancia *f* **-1.** [solicitud] requerimento *m*; **a** ~**s de** a pedido de **-2.** *DER* instância *f* **-3.** *loc*: **en última** ~ em última instância.
instantáneo, nea *adj* instantâneo(a).
◆ **instantánea** *f* instantâneo *m*.
instante *m* [momento] instante *m*; **a cada** ~ a cada instante; **al** ~ no instante; **en un** ~ em um instante.
instar *vt*: ~ **a alguien a hacer algo** instar a alguém a fazer algo.
instaurar *vt* instaurar.
instigar *vt* instigar.
instintivo, va *adj* instintivo(va).
instinto *m* instinto *m*.
institución *f* instituição *f*.
institucionalizar *vt* institucionalizar.
instituir *vt* instituir.
instituto *m* instituto *m*; ~ **de Bachillerato** *o* **Enseñanza Media** escola *f* de ensino médio; ~ **de Formación Profesional** escola de formação profissional, escola técnica.
◆ **instituto de belleza** *m* instituto *m* de beleza.
institutriz *f* preceptora *f*.
instrucción *f* instrução *f*.
◆ **instrucciones** *fpl* instruções *fpl*.
instructivo, va *adj* instrutivo(va).
instructor, ra ◇ *adj* instrutor(ra). ◇ *m, f* instrutor *m*, -ra *f*.
instruido, da *adj* instruído(da).
instruir *vt* instruir.
instrumental ◇ *adj* instrumental. ◇ *m* instrumental *m*.
instrumentista *mf* instrumentista *mf*.
instrumento *m* instrumento *m*.
insubordinado, da ◇ *adj* insubordinado(da). ◇ *m, f* insubordinado *m*, -da *f*.
insubordinar *vt* insubordinar.
◆ **insubordinarse** *vpr* insubordinar-se.
insubstancial = **insustancial**.
insuficiencia *f* insuficiência *f*.
insuficiente ◇ *adj* insuficiente. ◇ *m* [nota] insuficiente *m*.
insufrible *adj* insuportável.
insular *adj* insular.
insulina *f* *MED* insulina *f*.
insulso, sa *adj* insosso(sa).
insultar *vt* insultar.
insulto *m* insulto *m*.
insumiso, sa ◇ *adj* insubmisso (sa). ◇ *m, f* insubmisso *m*, -sa *f*.
insuperable *adj* insuperável.
insurrección *f* insurreição *f*.
insurrecto, ta ◇ *adj* insurreto(ta). ◇ *m, f* insurreto *m*, -ta *f*.
insustancial, insubstancial *adj* insubstancial.
intachable *adj* irrepreensível.
intacto, ta *adj* intato(ta).
intangible *adj* intangível.
integral ◇ *adj* [gen] integral ◇ *f* *MAT* integral *f*.
integrante ◇ *adj* integrante. ◇ *mf* integrante *mf*.
integrar *vt* integrar.
integridad *f* integridade *f*.
integrismo *m* *POLÍT* integrismo *m*.
íntegro, gra *adj* íntegro(gra).
intelecto *m* intelecto *m*.
intelectual ◇ *adj* intelectual. ◇ *mf* intelectual *mf*.
inteligencia *f* inteligência *f*; ~ **artificial** *INFORM* inteligência artificial.
inteligente *adj* inteligente.
inteligible *adj* inteligível.
intemperancia *f* intemperança *f*.
intemperie *f* intempérie *f*; **a la** ~ ao relento.

intempestivo, va *adj* intempestivo (va).
intemporal *adj* intemporal.
intención *f* intenção *f*; **tener la ~ de** ter a intenção de; **buena/mala ~** boa/má intenção.
intencionado, da *adj* intencionado(da); **bien/mal ~** bem-/mal-intencionado.
intendencia *f* intendência *f*.
intensidad *f* intensidade *f*.
intensificar *vt* intensificar.
◆ **intensificarse** *vpr* intensificar-se.
intensivo, va *adj* intensivo(va).
intenso, sa *adj* intenso(sa).
intentar *vt* tentar.
intento *m* tentativa *f*.
intentona *f* **-1.** *fam* [golpista] intentona *f* **-2.** [tentativa] tentativa *f* fracassada.
interacción *f* interação *f*.
interactivo, va *adj* interativo(va).
intercalar *vt* intercalar.
intercambio *m* intercâmbio *m*.
interceder *vi* interceder.
interceptar *vt* interceptar.
interconexión *f* interconexão *f*.
intercostal *adj* ANAT intercostal.
interés *m* **-1.** [gen] interesse *m*; **tener ~ en** *o* **por** ter interesse em *o* por; **intereses creados** interesses comuns **-2.** [rédito] juro *m*.
◆ **intereses** *mpl* bens *mpl*.
interesado, da ◇ *adj* **-1.** [deseoso]: **~ por** *o* **en** interessado(da) por *o* em **-2.** [egoísta] interesseiro(ra). ◇ *m, f* **-1.** [deseoso]: **~ por** *o* **en** interessado *m*, -da *f* por *o* em **-2.** [egoísta] interesseiro *m*, -ra *f*.
interesante *adj* interessante.
interesar *vi* interessar.
◆ **interesarse** *vpr*: **~se por** interessar-se por.
interestatal *adj* interestatal.
interfase *f* BIOL interfase *f*.
interfaz, interface (*pl* **interfaces**) *m o f* INFORM interface *f*.
interferencia *f* FÍS interferência *f*.
interferir ◇ *vt* interferir. ◇ *vi*: **~ (en)** interferir (em).
interfono *m* interfone *m*.
interina *f* ▷ **interino**.
interino, na ◇ *adj* interino(na). ◇ *m, f* interino *m*, -na *f*.
◆ **interina** *f* empregada *f*.
interior ◇ *adj* interior. ◇ *m* interior *m*.
interioridad *f* interior *m*.
◆ **interioridades** *fpl* intimidade *f*.
interiorismo *m* interiores *m*.
interiorizar *vt* interiorizar.
interjección *f* GRAM interjeição *f*.
interlineado *m* entrelinha *f*.
interlocutor, ra *m, f* interlocutor *m*, -ra *f*.
intermediario, ria ◇ *adj* intermediário(ria). ◇ *m, f* intermediário *m*, -ria *f*.
intermedio, dia *adj* intermediário (ria).
◆ **intermedio** *m* intervalo *m*.
interminable *adj* interminável.
intermitente ◇ *adj* intermitente. ◇ *m* pisca-pisca *f*.
internacional *adj* **-1.** [entre naciones] internacional **-2.** DEP que já jogou pela seleção nacional.
internado, da ◇ *adj* internado (da). ◇ *m, f* interno *m*, -na *f*.
◆ **internado** *m* **-1.** [situación] interno *m*, -na *f* **-2.** [colegio] internato *m*.
internar *vt* internar.
◆ **internarse** *vpr* **-1.** [en lugar] internar-se **-2.** [en tema] aprofundar-se.
internauta *mf* internauta *mf*.
Internet *m o f* Internet *f*; **en ~** na Internet.
interno, na ◇ *adj* interno(na). ◇ *m, f* interno *m*, -na *f*.
interparlamentario, ria *adj* interparlamentar.
interpelación *f* interpelação *f*.
interplanetario, ria *adj* interplanetário(ria).
Interpol (*abrev de* **International Criminal Police Organization**) *f* Interpol *f*.
interpolar *vt* interpolar.
interponer *vt* interpor.
◆ **interponerse** *vpr* interpor-se.
interpretación *f* interpretação *f*.
interpretar *vt* interpretar.
intérprete *mf* intérprete *mf*.
interpuesto, ta *pp irreg* ▷ **interponer**.
interrail *m passe de trem para viajar pela Europa*.
interrelación *f* interrelação *f*.
interrogación *f* interrogação *f*.
interrogante *m* interrogação *f*.
interrogar *vt* interrogar.
interrogatorio *m* interrogatório *m*.
interrumpir *vt* interromper.
◆ **interrumpirse** *vpr* interromper-se.
interrupción *f* interrupção *f*.

interruptor *m* ELECTR interruptor *m*.
intersección *f* interseção *f*.
interurbano, na *adj* interurbano(na).
intervalo *m* intervalo *m*; **a ~s** a intervalos.
intervención *f* **-1.** intervenção *f* **-2.** MED: **~ (quirúrgica)** intervenção cirúrgica.
intervencionista <> *adj* intervencionista. <> *mf* intervencionista *mf*.
intervenir <> *vi*: **~ (en)** intervir (em). <> *vt* **-1.** MED operar **-2.** TELECOM interceptar **-3.** [incautar] apreender.
interventor, ra *m, f* interventor *m*, -ra *f*.
interviú (*pl* **interviús**) *f* entrevista *f*.
intestino, na *adj* intestino(na).
◆ **intestino** *m* ANAT intestino *m*.
intimar *vi* ficar íntimo.
intimidación *f* intimidação *f*.
intimidad *f* intimidade *f*; **en la ~** na intimidade.
intimista *adj* intimista.
íntimo, ma <> *adj* íntimo(ma). <> *m, f* íntimo *m*, -ma *f*.
intolerable *adj* intolerável.
intolerancia *f* intolerância *f*.
intoxicación *f* intoxicação *f*.
intoxicar *vt* intoxicar.
◆ **intoxicarse** *vpr* intoxicar-se.
intranquilizar *vt* intranqüilizar.
◆ **intranquilizarse** *vpr* intranqüilizar-se.
intranquilo, la *adj* intranqüilo(la).
intranscendente = **intrascendente**.
intransferible *adj* intransferível.
intransigente *adj* intransigente.
intransitable *adj* intransitável.
intrascendente, intranscendente *adj* sem importância.
intrauterino, na *adj* intra-uterino (na).
intravenoso, sa *adj* intravenoso(sa).
intrépido, da *adj* intrépido(da).
intriga *f* **-1.** [curiosidad] curiosidade *f*; **de ~** de suspense **-2.** [maquinación] intriga *f*.
intrigar <> *vt* intrigar. <> *vi* intrigar.
intrincado, da *adj* intrincado(da).
intríngulis *m fam* rolos *mpl*; **el ~ de la cuestión** o xis da questão.
intrínseco, ca *adj* intrínseco(ca).
introducción *f* introdução *f*.
introducir *vt* introduzir.
◆ **introducirse** *vpr* [meterse] introduzir-se.
intromisión *f* intromissão *f*.
introspectivo, va *adj* introspectivo(va).
introvertido, da <> *adj* introvertido(da). <> *m, f* introvertido *m*, -da *f*.
intrusismo *m* charlatanismo *m*.
intruso, sa *m, f* intruso *m*, -sa *f*.
intubar *vt* entubar.
intuición *f* intuição *f*.
intuir *vt* intuir.
intuitivo, va *adj* intuitivo(va).
inundación *f* inundação *f*.
inundar *vt* inundar.
◆ **inundarse** *vpr* **-1.** [de agua] inundar-se **-2.** [llenarse] inundar.
inusitado, da *adj* inusitado(da).
inútil <> *adj* **-1.** [gen] inútil **-2.** [incapacitado] incapacitado(da). <> *mf* inútil *mf*.
inutilidad *f* **-1.** [cualidad] inutilidade *f* **-2.** [incapacidad] incapacidade *f*.
inutilizar *vt* inutilizar.
invadir *vt* invadir.
invalidez *f* invalidez *f*; **~ permanente/temporal** invalidez permanente/temporária.
inválido, da <> *adj* inválido(da). <> *m, f* inválido *m*, -da *f*.
invariable *adj* invariável.
invasión *f* invasão *f*.
invasor, ra <> *adj* invasor(ra). <> *m, f* invasor *m*, -ra *f*.
invención *f* invenção *f*.
inventar *vt* inventar.
◆ **inventarse** *vpr* inventar.
inventario *m* inventário *m*.
inventiva *f* inventividade *f*.
invento *m* invento *m*.
inventor, ra *m, f* inventor *m*, -ra *f*.
invernadero *m* estufa *f*.
invernar *vi* hibernar.
inverosímil *adj* inverossímil.
inversión *f* **-1.** [gen] investimento *m* **-2.** [de orden] inversão *f*.
inversionista *mf* investidor *m*, -ra *f*.
inverso, sa *adj* inverso(sa); **~ a** contrário a; **a la inversa** ao contrário.
inversor, ra, inversionista *Amér* <> *adj* investidor(ra). <> *m, f* investidor *m*, -ra *f*.
◆ **inversor** *m* ELECTR inversor *m*.
invertebrado, da *adj* invertebrado.
◆ **invertebrado** *m* invertebrado *m*.
invertido, da <> *adj* **-1.** [al revés] invertido(da) **-2.** [dinero] investido

(da) **-3.** ***despec*** [homosexual] invertido(da). ◇ *m, f* ***despec*** invertido *m*, -da *f*.

invertir *vt* **-1.** [gen] investir **-2.** [orden] inverter.

investidura *f* investidura *f*.

investigación *f* **-1.** [estudio] pesquisa *f*; ~ **y desarrollo** pesquisa e desenvolvimento **-2.** [indagación] investigação *f*.

investigador, ra ◇ *adj* **-1.** [que estudia] pesquisador(ra) **-2.** [que indaga] investigador(ra). ◇ *m, f* **-1.** [estudioso] pesquisador *m*, -ra *f* **-2.** [detective] investigador *m*, -ra *f*.

investigar ◇ *vt* investigar. ◇ *vi* pesquisar.

investir *vt* investir.

inveterado, da *adj* inveterado(da).

inviable *adj* inviável.

invidente ◇ *adj* deficiente visual. ◇ *mf* deficiente *m* visual.

invierno *m* inverno *m*.

invisible *adj* invisível.

invitación *f* convite *m*.

invitado, da *m, f* convidado *m*, -da *f*.

invitar ◇ *vt* convidar; ~ **a alguien a algo** convidar alguém para algo. ◇ *vi* **-1.** [convidar] convidar **-2.** [incitar]: ~ **a alguien a hacer algo** convidar alguém a fazer algo.

in vitro *loc adv* in vitro.

invocar *vt* invocar.

involución *f* involução *f*.

involucrar *vt*: ~ **(a alguien en algo)** envolver (alguém em algo).
◆ **involucrarse** *vpr*: ~**se en algo** envolver-se em algo.

involuntario, ria *adj* involuntário (ria).

invulnerable *adj* invulnerável.

inyección *f* injeção *f*; **poner una** ~ dar uma injeção.

inyectar *vt* injetar.
◆ **inyectarse** *vpr* injetar-se.

iodo = **yodo**.

ion, ión *m* QUÍM íon *m*.

IPC (*abrev de* **índice de precios al consumo**) *m* IPC *m*.

ir *vi* **-1.** [gen] ir; **fuimos andando** fomos andando; **iremos en coche/autobús/tren** iremos de carro/ônibus/trem; **vamos al sur** vamos ao sul; **¡vamos!** vamos!; **nunca va a las juntas** nunca vai às reuniões; **todavía va al colegio** ainda vai à escola; **la carretera va hasta Valencia** a estrada vai até Valência; **le va bien en su trabajo** está se dando muito bem no trabalho; **los negocios van mal** os negócios vão mal; **¿cómo te va?** como vai? **-2.** [funcionar] funcionar; **la televisión no va** a televisão não funciona; **la manivela va floja** a manivela está frouxa **-3.** [ropa] vestir; **iba en calzoncillos y con corbata** vestia cuecas e gravata; **iba de azul/de uniforme** vestia azul/uniforme **-4.** [tener aspecto físico] estar; **iba hecho un pordiosero** estava que parecia um mendigo; **tal como voy no puedo entrar** com este aspecto não posso entrar **-5.** [costar] estar; ~ **a estar a** **-6.** [expresa duración gradual] estar; ~ **haciendo algo** estar fazendo algo; **voy mejorando mi estilo** estou melhorando meu estilo **-7.** [sentar bien, convenir] ficar; **le va fatal el color negro** a cor preta lhe vai muito mal; **le irían bien unas vacaciones** umas férias lhe fariam bem; **no le va la actitud de cínico** o cinismo não lhe fica bem **-8.** [hacer referencia]: ~ **por** *o* **con alguien** referir-se a alguém **-9.** *loc*: **fue y dijo que ...** foi e disse que ...; **ni me va ni me viene** ***fam*** para mim tanto faz; **¡qué va!** que nada!; **ser el no va más** ser o máximo; **vamos, no te preocupes, no llores** vá lá, não se preocupe, não chore; ~ **bien a** *o* **para** ir bem em dirěcão a.
◆ **ir a** *v + prep* [expresa intención, opinión] ir; **íbamos a comer en este momento** íamos comer neste momento; **vas a pasar frío** vai passar frio.
◆ **ir de** *v + prep* [película, libro] ser sobre; ***fig*** [persona] fazer-se de.
◆ **ir por** *v + prep* [buscar] ir buscar; [alcanzar] ir.
◆ **irse** *vpr* [marcharse] ir-se; **¡vete!** vá embora!; ~**se de casa** sair de casa; [gastarse, desaparecer] desaparecer; ~**se abajo** vir abaixo.

ira *f* ira *f*.

iracundo, da *adj* iracundo(da).

Irak = **Iraq**.

irakí = **iraquí**.

Irán *n*: **(el)** ~ (o) Irã.

iraní (*pl* **iraníes**) ◇ *adj* iraniano(na). ◇ *m, f* iraniano *m*, -na *f*.
◆ **iraní** *m* iraniano *m*.

Iraq, Irak *n*: **(el)** ~ (o) Iraque.

iraquí (*pl* **iraquíes**), **irakí** (*pl* **irakíes**) ◇ *adj* iraquiano(na). ◇ *m, f*

iraquiano *m*, -na *f*.
irascible *adj* irascível.
iris *m ANAT* íris *f*.
Irlanda *n* Irlanda; ~ **del Norte** Irlanda do Norte.
irlandés, desa ◇ *adj* irlandês(desa). ◇ *m, f* irlandês *m*, -desa *f*. ◆ **irlandés** *m* irlandês *m*.
ironía *f* ironia *f*.
irónico, ca *adj* irônico(ca).
ironizar ◇ *vt* ironizar. ◇ *vi*: ~ **(sobre)** ironizar (sobre).
IRPF (*abrev de* **Impuesto sobre la Renta de las Personas Físicas**) *m* IRPF *m*.
irracional *adj* irracional.
irradiación *f* irradiação *f*.
irradiar *vt* irradiar.
irreal *adj* irreal.
irreconocible *adj* irreconhecível.
irrecuperable *adj* irrecuperável.
irreflexión *f* irreflexão *f*.
irreflexivo, va *adj* irrefletido(da).
irrefutable *adj* irrefutável.
irregular *adj* irregular.
irregularidad *f* irregularidade *f*.
irrelevante *adj* irrelevante.
irremediable *adj* irremediável.
irremisible *adj* irremissível.
irreparable *adj* irreparável.
irresistible *adj* irresistível.
irrespetuoso, sa *adj* desrespeitoso (sa).
irrespirable *adj* irrespirável.
irresponsable ◇ *adj* irresponsável. ◇ *mf* irresponsável *mf*.
irreverente *adj* irreverente.
irreversible *adj* irreversível.
irrevocable *adj* irrevogável.
irrigar *vt* irrigar.
irrisorio, ria *adj* irrisório(ria).
irritable *adj* irritável.
irritar *vt* irritar. ◆ **irritarse** *vpr* irritar-se.
irrompible *adj* irrompível.
irrupción *f* irrupção *f*.
ISBN (*abrev de* **International Standard Book Number**) *m* ISBN *m*.
isla *f* ilha *f*.
Islam *m* Islã *m*.
islamismo *m* islamismo *m*.
islandés, desa ◇ *adj* islandês(desa). ◇ *m, f* islandês *m*, -desa *f*. ◆ **islandés** *m* islandês *m*.
Islandia *n* Islândia.
isleño, ña ◇ *adj* insulano(na). ◇ *m, f* insulano *m*, -na *f*.
islote *m* ilhota *f*.
ISO (*abrev de* **International Standards Organization**) *f* ISO *f*.
isósceles *GEOM* ◇ *adj* isósceles. ◇ *m* triângulo *m* isósceles.
isótopo *m QUÍM* isótopo *m*.
Israel *n* Israel.
israelí (*pl* **israelíes**) *adj* israelense.
istmo *m GEOGR* istmo *m*.
Italia *n* Itália.
italiano, na ◇ *adj* italiano(na). ◇ *m, f* italiano *m*, -na *f*. ◆ **italiano** *m* italiano *m*.
itálico, ca *adj* itálico(ca).
ítem *m* item *m*.
itinerante *adj* itinerante.
itinerario *m* itinerário *m*.
ITV (*abrev de* **inspección técnica de vehículos**) *f inspeção anual de todos os veículos espanhóis de mais de 5 anos de idade.*
IU (*abrev de* **Izquierda Unida**) *f coalizão de partidos de esquerda espanhóis.*
IVA (*abrev de* **impuesto sobre el valor añadido**) *m* ICM/S *m*.
izar *vt* içar.
izda. (*abrev de* **izquierda**) esq.
izquierda *f* ▷ **izquierdo**.
izquierdista ◇ *adj* esquerdista. ◇ *mf* esquerdista *mf*.
izquierdo, da *adj* esquerdo(da). ◆ **izquierda** *f* esquerda *f*; **a la izquierda** à esquerda; **de izquierdas** de esquerda.

J

j, J *f* [letra] j, J *m*.
ja *interj* ha!
jabalí (*pl* **jabalíes**) *m* javali *m*.
jabalina *f DEP* dardo *m*.
jabón *m* sabão *m*.
jaboncillo *m* tabaxir *m*.
jabonero, ra *adj* saboeiro *m*, -ra *f*. ◆ **jabonera** *f* saboneteira *f*.
jaca *f* **-1.** [yegua] égua *f* **-2.** [caballo] hacanéia *f*.
jacinto *m* jacinto *m*.
jacobeo, bea *adj* de São Tiago de Compostela.
jactarse *vpr*: ~**se de** jactar-se de.
jacuzzi® (*pl* **jacuzzis**) *m* Jacuzzi® *f*.
jade *m* jade *m*.

jadeante *adj* ofegante.
jadear *vi* ofegar.
jadeo *m* ofego *m*.
jaguar (*pl* **jaguars**) *m* onça-pintada *f*.
jaiba *f* ***Andes, CAm, Carib, Méx*** pitu *m*.
jaladera *f* ***Perú*** puxador *m*.
jalea *f* geléia *f*; ~ **real** geléia real.
jalear *vt animar com palmas e gritos.*
jaleo *m* ***fam*** **-1.** [alboroto] bagunça *f*; **armar** ~ armar um alvoroço **-2.** [lío] confusão *f*.
jalón *m* [palo] baliza *f*.
jalonar *vt* balizar.
Jamaica *n* Jamaica.
jamás *adv* jamais; ~ **de los jamases** ***fig*** nunca jamais.
jamelgo *m* ***fam*** sendeiro *m*.
jamón *m* presunto *m*; ~ **dulce** presunto cozido; ~ **serrano** presunto cru; ~ **(de) York** presunto cozido.
Japón *n*: **(el)** ~ (o) Japão.
japonés, nesa <> *adj* japonês(nesa). <> *m, f* japonês *m*, -nesa *f*.
◆ **japonés** *m* japonês *m*.
jaque *m* xeque *m*; ~ **mate** xeque-mate *m*; **tener en** ~ **a alguien** ***fig*** pôr alguém em xeque.
jaqueca *f* enxaqueca *f*.
jarabe *m* xarope *m*.
jarana *f* **-1.** [juerga] farra *f* **-2.** [alboroto] tumulto *m*.
jaranero, ra <> *adj* farrista. <> *m, f* farrista *mf*.
jarcia *f* enxárcia *f*.
jardín *m* jardim *m*; ~ **botánico** jardim botânico.
◆ **jardín de infancia** *m* jardim-de-infância *m*.
jardinera *f* ▷ **jardinero**.
jardinería *f* jardinagem *f*.
jardinero, ra *m, f* jardineiro *m*, -ra *f*.
◆ **jardinera** *f* jardineira *f*.
jarra *f* **-1.** [para servir] jarra *f*; **en** ~**s** com as mãos na cintura **-2.** [para beber] caneca *f*.
jarro *m* jarro *m*.
jarrón *m* jarrão *m*.
jaspeado, da *adj* jaspeado(da).
◆ **jaspeado** *m* jaspeadura *f*.
jauja *f* ***fam*** eldorado *m*; **ser** ~ ser um eldorado.
jaula *f* **-1.** [para pájaros] gaiola *f* **-2.** [del zoo] jaula *f*.
jauría *f* matilha *f*.
jazmín *m* jasmim *m*.
jazz *m* MÚS jazz *m*.
JC (*abrev de* **Jesucristo**) JC.
je *interj* he!
jeep (*pl* **jeeps**) *m* jipe *m*.
jefatura *f* **-1.** [cargo] chefia *f* **-2.** [organismo] chefatura *f*.
jefe, fa *m, f* chefe *mf*; ~ **de estación** chefe de estação; ~ **de Estado** chefe de Estado; ~ **de estudios** coordenador *m* pedagógico; ~ **de gobierno** chefe de governo; ~ **de ventas** supervisor *m*, -ra *f* de vendas.
jengibre *m* gengibre *m*.
jeque *m* xeque *m*.
jerarquía *f* hierarquia *f*.
jerárquico, ca *adj* hierárquico(ca).
jerez *m* xerez *m*; ~ **fino** xerez fino.
jerga *f* jargão *m*.
jergón *m* enxerga *f*.
jerigonza *f* geringonça *f*.
jeringa *f* seringa *f*.
jeringuilla *f* seringa *f*; ~ **hipodérmica** seringa hipodérmica.
jeroglífico, ca, hieroglífico *adj* hieroglífico(ca).
◆ **jeroglífico, hieroglífico** *m* **-1.** [carácter] hieróglifo *m* **-2.** [juego] charada *f*.
jerséi (*pl* **jerséis**), **jersey** (*pl* **jerseys**) *m* suéter *m*.
Jerusalén *n* Jerusalém.
jesuita <> *adj* jesuíta. <> *m* jesuíta *m*.
jesús *interj* **-1.** [sorpresa] Jesus! **-2.** [fórmula] saúde!
jet (*pl* **jets**) <> *m* jato *m*. <> *f* = **jet-set**.
jeta ***fam*** <> *f* [cara] cara *f*; **tener (mucha)** ~ ter muita cara-de-pau. <> *mf* cara-de-pau *mf*.
jet-set, jet *f* jet set *m*.
jícama *f* jacatupé *m*.
jícara *f* ***CAm, Méx, Ven*** xícara *f*.
jijona *m torrone mole e gorduroso feito com amêndoas moídas e mel, da cidade de Jijona, na Espanha.*
jilguero *m* pintassilgo *m*.
jinete *m* ginete *m*.
jinetera *f* ***Cuba fam*** prostituta *f*.
jirafa *f* girafa *f*.
jirón *m* **-1.** [de tela] farrapo *m*; **hecho jirones** em farrapos **-2.** ***Perú*** [calle] rua *f*.
jitomate *m* ***Méx*** tomate *m*.
JJ OO (*abrev de* **juegos olímpicos**) *mpl* Jogos *mpl* Olímpicos.
jockey = **yoquey**.
jocoso, sa *adj* jocoso(sa).

joda *f RP, Ven fam* [fastidio] pé *m* no saco; [juerga]: **irse de ~** vagabundear.
joder *vulg* ◇ *vi* **-1.** [fastidiar] encher o saco **-2.** *Esp* [copular] foder. ◇ *vt* foder.
jofaina *f* bacia *f*.
jogging *m* jogging *m*.
jolgorio *m* farra *f*.
jolín, jolines *interj Esp fam* caramba!
jondo *adj* ▷ **cante**.
jónico, ca *adj* jônico(ca).
◆ **jónico** *m* jônico *m*.
Jordania *n* Jordânia.
jordano, na ◇ *adj* jordaniano(na). ◇ *m, f* jordaniano *m*, -na *f*.
jornada *f* **-1.** [gen] jornada *f*; **~ intensiva** jornada integral; **media ~** jornada parcial **-2.** [día] dia *m*; **~ de reflexión** *dia anterior às eleições, no qual é proibida qualquer manifestação política.*
jornal *m* jornal *m*, diária *f*.
jornalero, ra *m, f* jornaleiro *m*, -ra *f*.
joroba *f* corcova *f*.
jorobado, da ◇ *adj* **-1.** *fam* [fastidiado] atacado(da) **-2.** [con joroba] corcunda. ◇ *m, f* corcunda *mf*.
jota *f* [baile] jota *f*; **no entender ni ~** *fam* não entender patavina; **no ver ni ~** *fam* não ver (quase) nada.
joven ◇ *adj* jovem; **de ~** quando eu era jovem. ◇ *mf* jovem *mf*.
jovenzuelo, la *m, f* fedelho *m*, -lha *f*.
jovial *adj* jovial.
jovialidad *f* jovialidade *f*.
joya *f* jóia *f*.
joyería *f* joalheria *f*.
joyero, ra *m, f* joalheiro *m*, -ra *f*.
◆ **joyero** *m* porta-jóias *m*.
Jr. (*abrev de* **junior**) Jr.
juanete *m* MED joanete *m*.
jubilación *f* aposentadoria *f*; **~ anticipada** aposentadoria antecipada.
jubilado, da ◇ *adj* aposentado (da). ◇ *m, f* aposentado *m*, -da *f*.
jubilar *vt* aposentar; **~ a alguien de** aposentar alguém de.
◆ **jubilarse** *vpr* aposentar-se; **~se de** aposentar-se de.
jubileo *m* RELIG jubileu *m*.
jubiloso, sa *adj* jubiloso(sa).
judeocristiano, na *adj* judeo-cristão(tã).
judería *f* judiaria *f*.
judía *f* feijão *m*; **judía verde** *o* **tierna** vagem *f*.
judicial *adj* judicial; **poder ~** poder judiciário.
judío (*pl* -a) ◇ *adj* judeu(a). ◇ *m, f* judeu *m*, -a *f*.
judo = **yudo**.
judoka = **yudoka**.
juego *m* **-1.** [gen] jogo *m*; **estar/poner en ~** *fig* estar/pôr em jogo; **ser un ~ de niños** ser uma brincadeira de criança; **~ de azar** jogo de azar; **~ de llaves** jogo de chaves; **~ de manos** passe de magia; **Juegos Olímpicos** Jogos Olímpicos; **~ de palabras** jogo de palavras; **~ de sábanas** jogo de lençóis; **~ sucio/limpio** jogo sujo/limpo; **hacer ~ con** fazer jogo com; **a ~ con** combinado(da) com; **estar en fuera de ~** [en fútbol] estar impedido; *fig* [desinformado] estar por fora **-2.** [en tenis] game *m*.
◆ **juegos florales** *mpl* jogos *mpl* florais.
juerga *f fam* farra *f*; **irse/estar de ~** cair/ficar na farra.
juerguista *fam* ◇ *adj* farrista. ◇ *mf* farrista *mf*.
jueves *m* quinta-feira *f*; **Jueves Santo** Quinta-Feira Santa; **no ser nada del otro ~** *fig* não ter nada de extraordinário; *ver también* **sábado**.
juez, za *m, f* DER juiz *m*, -za *f*; **~ de línea** bandeirinha *mf*.
jugada *f* jogada *f*; **hacer una mala ~** dar uma rasteira.
jugador, ra ◇ *adj* jogador(ra). ◇ *m, f* jogador *m*, -ra *f*.
jugar ◇ *vi* **-1.** jogar; **-2.** [arriesgarse]: **~ con** jogar com. ◇ *vt* jogar.
◆ **jugarse** *vpr* **-1.** [echar a suertes] apostar **-2.** [arriesgar] jogar.
jugarreta *f fam* sacanagem *f*.
juglar *m* jogral *m*.
jugo *m* suco *m*; **sacar ~ a algo/alguien** tirar partido de algo/de alguém.
jugoso, sa *adj* **-1.** [con jugo] suculento(ta) **-2.** [interesante] substancial.
juguete *m* **-1.** [para jugar] brinquedo *m*; **de ~** de brinquedo; **~ bélico** brinquedo violento **-2.** *fig* [persona, cosa] joguete *m*.
juguetear *vi* brincar.
juguetería *f* loja *f* de brinquedos.
juguetón, tona *adj* brincalhão(lhona).
juicio *m* **-1.** [gen] juízo *m*; **(no) estar**

en su (sano) ~ (não) estar em seu (perfeito) juízo; **perder el** ~ perder o juízo; **a** ~ **de alguien** na opinião de alguém **-2.** *DER* julgamento *m*.
◆ **Juicio Final** *m* Juízo *m* Final.
juicioso, sa *adj* judicioso(sa).
julepe *m RP fam* assustar.
julio *m* **-1.** [mes] julho *m* **-2.** *FÍS* joule *m*; *ver también* **setiembre**.
jumbo *m* Jumbo *m*.
junco *m* junco *m*.
jungla *f* selva *f*.
junio *m* junho *m*; *ver también* **setiembre**.
júnior (*pl* **juniors**) ◇ *adj* **-1.** *DEP* júnior **-2.** [hijo] Júnior *m*. ◇ *m, f DEP* júnior *mf*.
junta *f* **-1.** [gen] junta *f*; ~ **directiva** comitê diretor **-2.** [reunión] reunião *f*.
juntar *vt* **-1.** [gen] juntar **-2.** [reunir personas] reunir.
◆ **juntarse** *vpr* juntar-se.
junto, ta *adj* **-1.** [gen] junto(ta); ~ **con** junto com; ~ **a** junto a **-2.** [entero] inteiro(ra) **-3.** [a la vez] junto.
juntura *f* juntura *f*.
Júpiter *m* Júpiter *m*.
jurado, da *adj* **-1.** [declaración] jurado(da) **-2.** [traducción] juramentado(da) **-3.** ▷ **guarda**
◆ **jurado** *m* jurado *m*, -da *f*.
juramento *m* **-1.** [promesa] juramento *m*; **bajo** ~ sob juramento; **prestar** ~ prestar juramento; **tomar** ~ **a alguien** tomar juramento de alguém **-2.** [blasfemia] palavrão *m*.
jurar ◇ *vt* jurar; ~ **por ... que** jurar por ... que; **jurársela a alguien** *fam* ameaçar alguém. ◇ *vi* [blasfemar] praguejar.
jurel *m* chicharro *m*.
jurídico, ca *adj* jurídico(ca).
jurisdicción *f* jurisdição *f*.
jurisdiccional *adj* jurisdicional.
jurisprudencia *f* jurisprudência *f*.
jurista *mf* jurista *mf*.
justa *f HIST* justa *f*.
justamente *adv* justamente.
justicia *f* **-1.** justiça *f*; **hacer** ~ fazer justiça **-2.** *loc*: **ser de** ~ ser de justiça; **tomarse alguien la** ~ **por su mano** fazer justiça pelas próprias mãos.
justiciero, ra ◇ *adj* justiceiro(ra). ◇ *m, f* justiceiro *m*, -ra *f*.
justificación *f* **-1.** [gen] justificativa *f* **-2.** [en imprenta] justificação *f*.
justificante *m* atestado *m*.
justificar *vt* **-1.** justificar **-2.** [excusar]: ~ **a alguien** justificar alguém.
◆ **justificarse** *vpr* [explicarse] justificar-se.
justo, ta *adj* **-1.** [gen] justo(ta) **-2.** [exacto] exato(ta) **-3.** [apretado] apertado(da); **ser** *o* **estar** *o* **venir** ~ ser *o* estar justo.
◆ **justo** ◇ *m (gen pl) RELIG* justo *m*, -ta *f*. ◇ *adv* justo.
juvenil ◇ *adj* juvenil. ◇ *mf (gen pl) DEP* juvenil *m*.
juventud *f* juventude *f*.
juzgado *m* tribunal *m*; ~ **de cuentas** tribunal de contas.
juzgar *vt* julgar; **a** ~ **por (como)** a julgar por (como).

K

k, K *f* [letra] k, K *m*.
K (*abrev de* **kilobyte**) *m INFORM* K *m*.
kafkiano, na *adj* kafkiano(na).
káiser (*pl* **káisers**) *m* cáiser *m*.
kaki = **caqui**.
kamikaze *m* camicase *m*.
kárate, cárate *m DEP* caratê *m*.
kart (*pl* **karts**) *m AUTOM* kart *m*.
Kb (*abrev de* **kilobyte**) *m INFORM* Kb *m*.
keroseno = **queroseno**.
ketchup *m* ketchup *m*.
kg (*abrev de* **kilogramo**) kg.
kibutz = **quibutz**.
kilo, quilo *m* **-1.** [peso] quilo *m* **-2.** *Esp fam* [millón] milhão *m*.
kilobit *m INFORM* kilobit *m*.
kilobyte *m INFORM* kilobyte *m*.
kilocaloría, quilocaloría *f FÍS* quilocaloria *f*.
kilogramo, quilogramo *m* quilograma *m*.
kilometraje, quilometraje *m* quilometragem *f*.
kilométrico, ca, quilométrico, ca *adj* quilométrico(ca).
kilómetro, quilómetro *m* quilômetro *m*; ~**s por hora** quilômetros por hora; ~ **cuadrado** quilômetro quadrado.

kilovatio, quilovatio *m* quilowatt *m*.
kimono = **quimono**.
kínder *m* ***Andes, Méx*** maternal *m*.
kiosco = **quiosco**.
kiwi (*pl* **kiwis**) *m* kiwi *m*.
km (*abrev de* **kilómetro**) km.
km^2 (*abrev de* **kilómetro cuadrado**) km^2.
km/h (*abrev de* **kilómetros por hora**) km/h.
KO (*abrev de* **knock-out**) *m* KO *m*.
kopeck (*pl* **kopecks**) *m* copeque *m*.
kurdo, da, curdo, da ◇ *adj* curdo (da). ◇ *m, f* curdo *m*, -da *f*.
Kuwait *n* **-1.** [país] Kuwait **-2.** [ciudad] Cidade do Kuwait.
kV (*abrev de* **kilovoltio**) kV.
kW (*abrev de* **kilovatio**) kW.
kWh (*abrev de* **kilovatio hora**) kWh.

L

l[1], L *f* [letra] l, L *m*.
l[2] (*abrev de* **litro**) l.
la[1] *m* MÚS lá *m*.
la[2] (*pl* **las**) ▷ **el** ▷ **lo**.
laberinto *m* labirinto *m*.
labia *f* *fam*: **tener (mucha) ~** ter (muita) lábia.
labial *adj* labial.
labio *m (gen pl)* lábio *m*; **~ leporino** lábio leporino.
labor *f* **-1.** [gen] trabalho *m*; **~ de equipo** trabalho de equipe; **sus ~es** prendas domésticas **-2.** [labranza] cultivo *m*.
laborable *adj* ▷ **día**.
laboral *adj* de trabalho.
laboralista *adj* trabalhista.
laboratorio *m* laboratório *m*.
laborioso, sa *adj* laborioso(sa).
laborista POLÍT ◇ *adj* trabalhista. ◇ *mf* trabalhista *mf*.
labrador, ra *m, f* lavrador *m*, -ra *f*.
labranza *f* cultivo *m*.
labrar *vt* **-1.** [gen] lavrar **-2.** [causar, hacer] cultivar.
labriego, ga *m, f* lavrador *m*, -ra *f*.
laburar *vi* ***RP fam*** [trabajar] trabalhar.
laburo *m* ***RP fam*** [trabajo] trabalho *m*.
laca *f* **-1.** [gen] laca *f* **-2.** [para muebles] verniz *m* **-3.** [para pelo] laquê *m* **-4.** [de uñas] esmalte *m*.
lacar *vt* laquear.
lacayo *m* lacaio *m*.
lacerante *adj* dilacerante.
lacerar *vt* dilacerar.
lacio, cia *adj* **-1.** [cabello] liso(sa) **-2.** [planta] murcho(cha) **-3.** [sin fuerza] lasso(sa).
lacón *m* *parte da pata dianteira do pernil assada e curada.*
lacónico, ca *adj* lacônico(ca).
lacra *f* ferida *f*.
lacrar *vt* lacrar.
lacre *m* lacre *m*.
lacrimógeno, na *adj* lacrimogêneo(a).
lacrimoso, sa *adj* lacrimoso(sa).
lactancia *f* lactância *f*.
lactante *mf* lactente *mf*.
lácteo, a *adj* lácteo(tea).
lactosa *f* lactose *f*.
ladear *vt* inclinar.
ladera *f* vertente *f*.
ladino, na ◇ *adj* ladino(na). ◇ *m, f* ***CAm, Méx, Ven*** [mestizo hispanohablante] mestiço *m*, -ça *f* que fala espanhol.
◆ **ladino** *m* ladino *m*.
lado *m* **-1.** [gen] lado *m*; **de ~** [de costado] de lado; [torcido] inclinado(da); **al ~ (de)** [cerca] ao lado (de) **-2.** [cara] face *f* **-3.** [lugar] lugar *m*; **de un ~ para otro, de un ~ a otro** de um lado para outro, de um lado a outro; **por un ~, por otro ~** por um lado, por outro lado **-4.** *loc*: **dejar de ~, dejar a un ~** [prescindir] deixar de lado.
ladrar *vi* latir.
ladrido *m* **-1.** [de perro] latido *m* **-2.** [de persona] berro *m*.
ladrillo *m* **-1.** [de arcilla] tijolo *m* **-2.** *fam* [aburrimiento] chatice *f*.
ladrón, ona *m, f* ladrão *m*, -dra *f*.
◆ **ladrón** *m* ELECTR benjamim *m*.
lagar *m* lagar *m*.
lagarta *f* = **lagarto**.
lagartija *f* lagartixa *f*.
lagarto, ta *m, f* lagarto *m*, -ta *f*.
◆ **lagarta** *f* ***fam fig*** raposa *f*.
lago *m* GEOGR lago *m*.
lágrima *f* lágrima *f*; **llorar a ~ viva** chorar sentidamente.
◆ **lágrimas** *fpl* lágrimas *fpl*.
lagrimal ANAT ◇ *adj* lacrimal. ◇ *m* lacrimal *m*.

laguna *f* **-1.** [de agua] laguna *f* **-2.** [omisión, falta] lacuna *f* **-3.** [olvido] lapso *m*.
La Habana *n* Havana.
La Haya *n* Haia.
laico, ca ◇ *adj* laico(ca). ◇ *m, f* leigo *m*, -ga *f*.
lama *m* lama *m*.
La Meca *n* Meca.
lamentable *adj* lamentável.
lamentar *vt* lamentar.
◆ **lamentarse** *vpr* lamentar-se; **~se de** lamentar-se de; **~se por** lamentar-se de.
lamento *m* lamento *m*.
lamer *vt* [con lengua] lamber.
◆ **lamerse** *vpr* lamber-se.
lamido, da *adj* chupado(da).
◆ **lamido** *m* lambida *f*.
lámina *f* **-1.** [gen] lâmina *f* **-2.** [plancha grabada] placa *f* **-3.** [dibujo] estampa *f*.
laminar[1] *adj* laminar.
laminar[2] *vt* **-1.** [hacer láminas] laminar **-2.** [cubrir con láminas] chapear.
lámpara *f* **-1.** [aparato] lamparina *f* **-2.** [bombilla] lâmpada *f* **-3.** TECN válvula *f*.
lamparilla *f* lamparina *f*.
lamparón *m* mancha *f*.
lampiño, ña *adj* **-1.** [sin barba] imberbe **-2.** [sin vello] glabro(bra).
lampista *mf* eletricista *mf*.
lamprea *f* lampreia *f*.
lana *f* **-1.** [de oveja] lã *f* **-2.** ***Andes, Méx fam*** [dinero] grana *f* **-3.** ***loc*: ir a por ~ y volver trasquilado** ir buscar lã e sair tosquiado.
lance *m* **-1.** [gen] lance *m* **-2.** [riña] disputa *f*.
lancha *f* **-1.** [embarcación] lancha *f*; **~ salvavidas** bote salva-vidas **-2.** [piedra] laje *f*.
landa *f* landa *f*.
landó *m* landau *m*.
lanero, ra *adj* lanígero(ra).
langosta *f* **-1.** [crustáceo] lagosta *f* **-2.** [insecto] gafanhoto *m*.
langostino *m* lagostim *m*.
languidecer *vi* **-1.** [debilitarse] languescer **-2.** [decaer] enfraquecer.
languidez *f* languidez *f*.
lánguido, da *adj* lânguido(da).
lanilla *f* **-1.** [pelillo] felpa *f* **-2.** [tejido] lãzinha *f*.
lanolina *f* lanolina *f*.
lanudo, da *adj* lanoso(sa).
lanza *f* lança *f*.
lanzadera *f* [de telar] lançadeira *f*.
◆ **lanzadera espacial** *f* AERON lançadeira *f* espacial.
lanzado, da *adj* [atrevido] atirado(da); **ir ~** ***fig*** [ir rápido] ir voando.
lanzagranadas *m inv* MIL bazuca *f*.
lanzamiento *m* lançamento *m*.
lanzamisiles *m inv* lança-mísseis *m inv*.
lanzar *vt* lançar.
◆ **lanzarse** *vpr* **-1.** [gen] lançar-se **-2.** [tirarse] atirar-se.
lapa *f* **-1.** [molusco] lapa *f* **-2.** ***fam*** [persona] carrapato *m*; **pegarse como una ~** grudar como um carrapato.
La Paz *n* La Paz.
lapicera *f* ***CSur*** caneta *f* esferográfica.
lapicero *m* **-1.** [lápiz] lápis *m inv* **-2.** ***CAm, Perú*** [bolígrafo] caneta *f* esferográfica.
lápida *f* lápide *f*.
lapidar *vt* lapidar.
lapidario, ria *adj* lapidar.
lápiz *m* lápis *m inv*; **~ de labios** batom *m*; **~ de ojos** lápis de olhos; **~ óptico** INFORM caneta *f* ótica.
lapón, na ◇ *adj* lapão(ona). ◇ *m, f* [persona] lapão *m*, -ona *f*.
◆ **lapón** *m* [lengua] lapão *m*.
Laponia *n* Lapônia.
lapso *m* lapso *m*.
lapsus *m inv* lapso *m*.
larga *f* ▷ **largo**.
largar *vt* **-1.** [aflojar] soltar **-2.** ***fam*** [dar, decir] soltar.
◆ **largarse** *vpr* ***fam*** dar no pé.
largo, ga *adj* **-1.** [gen] longo(ga), comprido(da) **-2.** [y pico] e pico **-3.** ***fam*** [astuto] esperto(ta).
◆ **largo** ◇ *m* [dimensión] comprimento *m*; **a lo ~ de** [en el espacio] ao longo de; [en tiempo] durante; **pasar de ~** passar reto. ◇ *adv* [extensamente]: **~ y tendido** demoradamente. ◇ *interj*: **¡~ (de aquí)!** fora (daqui)!
◆ **larga** *f* ***loc*: a la larga** com o tempo; **dar largas a algo** dar uma enrolada em algo.
largometraje *m* longa-metragem *m*.
larguero *m* **-1.** [viga] trave *f* **-2.** [de portería] travessão *m*.
largura *f* comprimento *m*.
laringe *f* ANAT laringe *f*.
laringitis *f* MED laringite *f*.
larva *f* larva *f*.

larvado, da *adj* larvado(da).
lasaña *f* CULIN lasanha *f*.
lascivo, va *adj* lascivo(va).
láser ◇ *adj inv* ▷ **rayo**. ◇ *m* laser *m*.
lástex *m inv* lastex® *m inv*.
lástima *f* pena *f*; **dar ~** dar pena; **¡qué ~!** que pena!; **hecho una ~** de dar dó.
lastimar *vt* machucar.
◆ **lastimarse** *vpr* machucar-se.
lastimoso, sa *adj* lastimável.
lastrar *vt* lastrar.
lastre *m* **-1.** [peso] lastro *m*; **soltar ~** soltar o lastro **-2.** [estorbo] peso *m*.
lata *f* **-1.** [envase] lata *f* **-2.** *fam* [fastidio] chatice *f*; **¡qué ~!** que droga!; **dar la ~** encher a paciência.
latente *adj* latente.
lateral ◇ *adj* **-1.** [de lado] lateral **-2.** [no directo] colateral. ◇ *m* lateral *f*.
látex *m inv* látex *m inv*.
latido *m* pulsação *f*.
latifundio *m* latifúndio *m*.
latifundista *mf* latifundiário *m*, -ria *f*.
latigazo *m* **-1.** [gen] chicotada *f* **-2.** *fam* [trago] trago *m*.
látigo *m* chicote *m*.
latín *m* latim *m*; **saber (mucho) ~** *fig* ser (muito) esperto(ta).
latinajo *m fam* latinório *m*.
latinismo *m* latinismo *m*.
latino, na ◇ *adj* latino(na). ◇ *m, f* latino *m*, -na *f*.
Latinoamérica *n* América Latina.
latinoamericano, na ◇ *adj* latino-americano(na). ◇ *m, f* latino-americano *m*, -na *f*.
latir *vi* bater, pulsar.
latitud *f* GEOGR latitude *f*.
latón *m* latão *m*.
latoso, sa *fam* ◇ *adj* chato(ta). ◇ *m, f* chato *m*, -ta *f*.
laúd *m* MÚS alaúde *m*.
laureado, da *adj* laureado(da).
laurel *m* louro *m*.
◆ **laureles** *mpl* louros *mpl*; **dormirse en los ~s** *fig* deitar-se nos louros.
lava *f* lava *f*.
lavabo *m* **-1.** [objeto] pia *f* **-2.** [habitación] lavabo *m*.
lavadero *m* lavadouro *m*.
lavado *m* lavagem *f*; **~ de cerebro** lavagem cerebral; **~ de estómago** MED lavagem estomacal.
lavadora *f* lavadora *f*.
lavamanos *m inv* [lavabo] lavatório *m*.
lavanda *f* lavanda *f*.
lavandería *f* lavanderia *f*.
lavaplatos ◇ *mf inv* lavador *m*, -ra *f* de pratos. ◇ *m inv* lava-louças *fpl*.
lavatorio *m* **Andes, RP** pia *f*.
lavar *vt* lavar; **~ y marcar** lavar e pentear.
◆ **lavarse** *vpr* lavar-se.
lavativa *f* enema *m*.
lavavajillas *m inv* lava-louças *fpl*.
laxante ◇ *adj* **-1.** MED laxante **-2.** [relajante] relaxante. ◇ *m* MED laxante *m*.
laxar *vt* laxar.
laxo, xa *adj* lasso(sa).
lazada *f* laço *m*.
lazarillo *m* **-1.** [persona] guia *mf* de cego **-2.** ▷ **perro**.
lazo *m* laço *m*.
LD (*abrev de* **long play**) *m* **Amér** LP *m*.
Lda. (*abrev de* **licenciada**) licenciada.
Ldo. (*abrev de* **licenciado**) licenciado.
le (*pl* **les**) *pron* [a él, usted] lhe; [a ellos, ustedes] lhes.
leader = **líder**.
leal ◇ *adj* leal; **~ a** leal a. ◇ *mf* leal *mf*; **~ a** leal a.
lealtad *f* lealdade *f*; **~ a** lealdade a.
leasing *m* leasing *m*.
lección *f* lição *f*; **darle una ~ a alguien** dar uma lição em alguém.
leche *f* **-1.** [gen] leite *m*; **~ condensada** leite condensado; **~ descremada** *o* **desnatada** leite desnatado; **~ merengada** *bebida refrescante elaborada com leite, clara de ovo, açúcar e canela*; **~ en polvo** leite em pó **-2.** *vulg* [semen] porra *f* **-3.** *mfam* [accidente, bofetada] porrada *f* **-4.** *mfam* [malhumor] mau humor *m*; **estar de/tener mala ~** estar de mau humor **-5.** *loc*: **ser la ~** *mfam* ser o cúmulo; **¡una ~!** *mfam* uma ova!
lechera *f* ▷ **lechero**.
lechería *f* leiteria *f*.
lechero, ra ◇ *adj* leiteiro(ra). ◇ *m, f* leiteiro *m*, -ra *f*.
◆ **lechera** *f* leiteira *f*.
lecho *m* **-1.** [gen] leito *m* **-2.** [fondo] fundo *m* **-3.** [capa] camada *f*.
lechón *m* leitão *m*.
lechosa *f* **Carib** papaia *f*.
lechoso, sa *adj* leitoso(sa).
lechuga *f* **-1.** [planta] alface *f* **-2.** **Esp** *fam* [billete de mil] *nota de mil pesetas*.

lechuza *f* coruja *f*.
lecitina *f* lecitina *f*.
lectivo, va *adj* letivo(va).
lector, ra *m, f* leitor *m*, -ra *f*.
◆ **lector** *m* leitora *f*; ~ **óptico** leitor ótico.
lectorado *m* leitorado *m*.
lectura *f* leitura *f*; ~ **óptica** leitura óptica.
leer ◇ *vt* ler. ◇ *vi* ler; ~ **de corrido** ler fluentemente.
legación *f* -**1.** [gen] legação *f* -**2.** [misión] missão *f*.
legado *m* legado *m*.
legajo *m* documentação *f*.
legal *adj* -**1.** [gen] legal -**2.** ***fam*** [persona] de confiança.
legalidad *f* legalidade *f*.
legalizar *vt* -**1.** [hacer legal] legalizar -**2.** [certificar] autenticar, reconhecer.
legaña *f (gen pl)* remela *f*.
legañoso, sa *adj* remelento(ta).
legar *vt* -**1.** [gen] legar -**2.** [delegar] delegar.
legendario, ria *adj* legendário(ria).
legible *adj* legível.
legión *f* legião *f*.
◆ **Legión de Honor** *f* Legião *f* de Honra.
legionario *m* legionário *m*.
legislación *f* legislação *f*.
legislar *vi* legislar.
legislatura *f* legislatura *f*.
legitimar *vt* legitimar.
legítimo, ma *adj* legítimo(ma).
lego, ga ◇ *adj* [laico, religioso] leigo(ga). ◇ *m, f* leigo *m*, -ga *f*.
legua *f* légua *f*; ~ **marina** légua marítima; **verse a la** ~ ***fig*** ver-se de longe.
legumbre *f (gen pl)* legumes *mpl*.
leguminosas *fpl* leguminosas *fpl*.
lehendakari, lendakari *m presidente do governo autônomo do País Basco.*
leído, da *adj* lido(da).
◆ **leída** *f* lida *f*.
leitmotiv *m* leitmotiv *m*.
lejanía *f* distância *f*.
lejano, na *adj* -**1.** [lugar, pariente] distante -**2.** [en el tiempo] remoto, longínquo.
lejía *f* água *f* sanitária.
lejos *adv* longe; **a lo** ~ ao longe; **de** *o* **desde** ~ de longe; ~ **de** [en el espacio] longe de; [en el tiempo] distante de.
◆ **lejos de** *loc conj (seguido de infinitivo)* ao contrário de.
lelo, la ◇ *adj* leso(sa). ◇ *m, f* leso *m*, -sa *f*.
lema *m* lema *m*.
lencería *f* -**1.** [ropa interior] roupa *f* íntima feminina -**2.** [tienda] *estabelecimento ou sessão que vende lingerie e roupas de cama, mesa e banho.*
lendakari *m* = **lehendakari**.
lengua *f* -**1.** língua *f*; ~ **materna** língua materna; ~ **muerta** língua morta; ~ **viperina** *o* **de víbora** ***fig*** língua viperina -**2.** ***loc***: **írsele a alguien la** ~, **irse de la** ~ bater com a língua nos dentes; **morderse la** ~ morder a língua; **tirar a alguien de la** ~ puxar pela língua de alguém.
lenguado *m* linguado *m*.
lenguaje *m* linguagem *f*; ~ **cifrado** linguagem cifrada; ~ **coloquial** linguagem coloquial; ~ **comercial** linguagem comercial; ~ **máquina** *INFORM* linguagem de máquina; ~ **de programación** *INFORM* linguagem de programação.
lenguaraz *adj* -**1.** [malhablado] desbocado(da) -**2.** [charlatán] linguarudo(da).
lengüeta *f* lingüeta *f*.
lengüetazo *m*, **lengüetada** *f* lambida *f*.
lenitivo, va *adj* lenitivo(va).
◆ **lenitivo** *m* lenitivo *m*.
lente *f* lente *f*; ~**(s) de contacto** lente(s) de contato.
◆ **lentes** *mpl* óculos *mpl*.
lenteja *f (gen pl)* lentilha *f*.
lentejuela *f (gen pl)* lantejoula *f*.
lenticular *adj* lenticular.
lentilla *f (gen pl)* lente *f* de contato.
lentitud *f* lentidão *f*.
lento, ta *adj* lento(ta).
leña *f* lenha *f*; **echar** ~ **al fuego** deitar lenha na fogueira; **dar** ~ descer a lenha.
leñador, ra *m, f* lenhador *m*, -ra *f*.
leñazo ***fam*** *m* -**1.** [gen] trombada *f* -**2.** [garrotazo] pancada *f*.
leño *m* [madera] tronco *m*; **dormir como un** ~ dormir como uma pedra.
Leo ◇ *m inv* [signo del zodíaco] Leão *m inv*; **ser** ~ ser (de) Leão. ◇ *mf inv* -**1.** leonino *m*, -na *f* -**2.** *(en aposición)* de Leão.
león, ona *m, f* [animal] leão *m*, -a *f*; **no es tan fiero el** ~ **como lo pintan** ***proverb*** o diabo não é tão feio como o pintam.

◆ **león marino** *m* leão-marinho *m*.
leonera *f* **-1.** [jaula] leoneira *m* **-2.** ***fam*** [habitación] ninho *m* de rato.
leonino, na *adj* leonino(na).
leopardo *m* leopardo *m*.
leotardo *m (gen pl)* ***Esp*** *roupa interior muito justa, geralmente de malha, que cobre desde o pé até a cintura.*
lépero, ra *adj* ***CAm, Méx fam*** [vulgar] vulgar; ***Cuba fam*** [astuto] espertalhão(lhona).
lepra *f* MED lepra *f*.
leproso, sa ◇ *adj* leproso(sa). ◇ *m, f* leproso *m*, -sa *f*.
lerdo, da *adj* lerdo(da).
les ▷ le.
lesbiano, na *adj* lésbico(ca).
◆ **lesbiana** *f* lésbica *f*.
lesión *f* lesão *f*.
lesionado, da ◇ *adj* que sofreu uma lesão; **estar ~** estar com uma lesão. ◇ *m, f*: **el equipo tiene tres ~s** a equipe tem três jogadores que sofreram lesão.
lesionar *vt* **-1.** [cuerpo] lesionar **-2.** [perjudicar] lesar.
◆ **lesionarse** *vpr* lesionar-se.
letal *adj* letal.
letanía *f* **-1.** [oración] ladainha *f* **-2.** ***fam*** [retahíla] ladainha *f*.
letargo *m* **-1.** MED letargia *f* **-2.** [de animales] hibernação *f*.
Letonia *n* Letônia.
letra *f* letra *f*; **~ de cambio** COM letra de câmbio; **~ de imprenta** *o* **molde** letra de imprensa *o* forma; **~ mayúscula** letra maiúscula; **~ negrita** *o* **negrilla** letra em negrito *o* negrita; **~ versalita** letra versal; **al pie de la ~** ao pé da letra.
◆ **letras** *fpl* ciências *fpl* humanas; **ser de ~s** ser da área das ciências humanas.
letrado, da ◇ *adj* letrado(da). ◇ *m, f* letrado *m*, -da *f*.
letrero *m* letreiro *m*.
letrina *f* latrina *f*.
letrista *mf* letrista *mf*.
leucemia *f* MED leucemia *f*.
leucocito *m* leucócito *m*.
leva *f* leva *f*.
levadizo, za *adj* levadiço(ça).
levadura *f* levedura *m*; **~ de cerveza** levedura de cerveja.
levantador, ra *m, f* levantador *m*, -ra *f*.
levantamiento *m* **-1.** [gen] levantamento *m*; **~ de pesas** DEP levantamento de pesos **-2.** [supresión] suspensão *f*.
levantar *vt* **-1.** [gen] levantar **-2.** [desmontar] desmontar **-3.** [suprimir] suspender **-4.** [acabar] encerrar **-5.** [hacer constar] lavrar.
◆ **levantarse** *vpr* levantar-se.
levante *n* levante.
levantino, na ◇ *adj* levantino(na). ◇ *m, f* levantino *m*, -na *f*.
levar *vt* NÁUT levar.
leve *adj* leve.
levedad *adj* leveza *f*.
levita *f* levita *f*.
levitar *vi* levitar.
lexema *m* LING lexema *m*.
léxico *m* léxico *m*.
lexicografía *f* lexicografia *f*.
lexicología *f* lexicologia *f*.
ley *f* lei *f*; **~ del embudo** *lei que não se usa com igualdade*; **~ de la oferta y de la demanda** ECON lei da oferta e da procura; **~ de incompatibilidades** *lei que regulamenta a proibição legal para exercer determinado cargo, realizar uma atividade ou exercer dois ou mais cargos simultaneamente.*
◆ **leyes** *fpl* direito *m*.
leyenda *f* **-1.** [narración] lenda *f*; **~ negra** *opinião contra o espanhol difundida a partir do século XVI* **-2.** [inscripción] legenda *f*.
liar *vt* **-1.** [gen] amarrar, enrolar **-2.** [enredar] envolver.
◆ **liarse** *vpr* **-1.** [enredarse] enrolar-se **-2.** [empezar]: **~se a** começar a **-3.** ***fam*** [sexualmente] envolver-se.
Líbano *n*: **el ~** o Líbano.
libar *vt* libar.
libelo *m* libelo *m*.
libélula *f* libélula *f*.
liberación *f* liberação *f*.
liberado, da *adj* liberado(da).
liberal ◇ *adj* liberal. ◇ *mf* liberal *mf*.
liberalidad *f* liberalidade *f*.
liberalismo *m* liberalismo *m*.
liberar *vt* **-1.** [gen] libertar **-2.** [eximir] liberar; **~ a alguien de algo** liberar alguém de algo.
◆ **liberarse** *vpr* liberar-se; **~se de algo** livrar-se de algo.
Liberia *n* Libéria.
libertad *f* liberdade *f*; **dejar** *o* **poner en ~** deixar *o* pôr em liberdade; **~ bajo fianza** liberdade sob fiança; **~ condicional** liberdade condicio-

nal; ~ **de expresión/de imprenta** *o* **prensa** liberdade de expressão/de imprensa; **tomarse la** ~ tomar a liberdade.
libertar *vt* libertar.
libertino, na ◇ *adj* libertino(na). ◇ *m, f* libertino *m*, -na *f*.
Libia *n* Líbia.
libido *f* libido *f*.
libra *f* libra *f*; ~ **esterlina/irlandesa** libra esterlina/irlandesa.
◆ **Libra** ◇ *f inv* [signo del Zodíaco] Libra *f*; **ser Libra** ser de Libra. ◇ *mf inv* [persona] libriano *m*, -na *f*.
librador, ra *m, f* COM emitente *mf*, sacador *m*, -ra *f*.
libramiento *m* COM ordem *f* de pagamento.
libranza *f* COM ordem *f* de pagamento.
librar ◇ *vt* **-1.** [eximir] dispensar **-2.** [entablar] travar **-3.** COM emitir. ◇ *vi* *Esp* folgar.
◆ **librarse** *vpr* livrar-se; ~**se de algo/de alguien** livrar-se de algo/de alguém.
libre *adj* **-1.** livre **-2.** [exento]: ~ **de** isento de **-3.** *loc*: **estudiar por** ~ *Esp* estudar por conta própria; **ir por** ~ ir por si.
librea *f* libré *f*.
librecambio *m* COM livre-câmbio *m*.
librepensador, ra ◇ *adj* livre-pensador(ra). ◇ *m, f* livre-pensador *m*, -ra *f*.
librería *f* **-1.** [tienda] livraria *f* **-2.** [oficio] comércio *m* de livros **-3.** [mueble] estante *f*.
librero, ra ◇ *adj* livreiro(ra). ◇ *m, f* livreiro *m*, -ra *f*.
◆ **librero** *m* *CAm, Col, Méx* estante *f*.
libreta *f* caderneta *f*; ~ **(de ahorros)** caderneta (de poupança).
libretista *mf* *Amér* [guionista] roteirista *mf*.
libreto *m* **-1.** [musical] libreto *m* **-2.** *Amér* [guión] roteiro *m*, script *m*.
libro *m* livro *m*; **llevar los** ~**s** fazer a contabilidade; ~ **blanco** livro branco; ~ **de bolsillo** livro de bolso; ~ **de cabecera** livro de cabeceira; ~ **de caja** livro-caixa *m*; ~ **de cocina** livro de culinária; ~ **de cuentas** *o* **contabilidad** registro *m* contábil; ~ **de escolaridad** histórico *m* escolar; ~ **de familia** *livro em que se registra os principais dados civis de uma família*; ~ **de reclamaciones** livro de reclamações; ~ **de texto** livro de texto.
Lic. (*abrev de* **licenciado**) licenciado.
licantropía *f* licantropia *f*.
liceal *adj* *CSur, Ven* colégial.
licencia *f* **-1.** [autorización] licença *f*; ~ **de armas** licença para porte de armas; ~ **de obras** licença de obras **-2.** [confianza] liberdade *f*.
licenciado, da ◇ *adj* **-1.** [universitario] formado(da); ~ **en** formado em **-2.** [soldado] licenciado(da). ◇ *m, f* **-1.** [universitario] formado *m*, -da *f*; ~ **en** formado em **-2.** [soldado] licenciado *m*, -da *f*.
licenciar *vt* licenciar.
◆ **licenciarse** *vpr* formar-se; ~**se en** formar-se em.
licenciatura *f* graduação *f*.
licencioso, sa *adj* licencioso(sa).
liceo *m* **-1.** [en Francia] liceu *m* **-2.** *CSur, Ven* [instituto] colegial *m*.
licitar *vt* licitar.
lícito, ta *adj* lícito(ta).
licor *m* licor *m*.
licuadora *f* liquidificador *m*.
licuar *vt* liquidificar.
licuefacción *f* liquefação *f*.
lid *f* [combate] luta *f*.
líder (*pl* **líderes**), **leader** (*pl* **leaders**) ◇ *adj* líder. ◇ *m, f* líder *mf*.
liderato, liderazgo *m* liderança *f*.
lidia *f* TAUROM lide *f*.
lidiar ◇ *vi* [luchar] lidar. ◇ *vt* TAUROM lidar.
liebre *f* lebre *f*.
Liechtenstein *n* Liechtenstein.
lienzo *m* **-1.** [gen] tela *f* **-2.** [tela] pano *m*.
lifting *m* lifting *m*.
liga *f* **-1.** [gen] liga *f* **-2.** DEP [campeonato] campeonato *m*.
ligadura *f* **-1.** [gen] ligadura *f* **-2.** [atadura] atadura *f* **-3.** *fig* [en relación] laço *m*.
ligamento *m* ANAT ligamento *m*.
ligar ◇ *vt* **-1.** [gen] ligar **-2.** [atar] amarrar **-3.** CULIN [salsa] engrossar. ◇ *vi* **-1.** [coincidir] coincidir **-2.** *fam* [conquistar] paquerar.
ligazón *f* ligação *f*.
ligereza *f* **-1.** [gen] leviandade *f* **-2.** [agilidad] ligeireza *f* **-3.** [levedad] leveza *f*.
ligero, ra *adj* **-1.** [gen] leve **-2.** [ágil] ligeiro(ra) **-3.** [irreflexivo] leviano(na); **a la ligera** superficialmente.

ligón, ona *Esp fam* ◇ *adj* paquerador(ra). ◇ *m, f* paquerador *m*, -ra *f*.

liguero, ra *adj* DEP do campeonato. ◆ **liguero** *m* cinta-liga *f*.

liguilla *f* DEP *numa competição esportiva, fase em que há poucos equipes e em que jogam todos contra todos.*

light *adj inv* light.

lija *f* lixa *f*.

lila ◇ *f* lilás *f*. ◇ *adj inv* lilás. ◇ *m* lilás *f*.

liliputiense *fam* ◇ *adj* liliputiano (na). ◇ *mf* liliputiano *m*, -na *f*.

lima *f* **-1.** [gen] lima *f* **-2.** [planta] limeira *f*.

Lima *n* Lima.

limar *vt* **-1.** [pulir] limar **-2.** [perfeccionar] aperfeiçoar.

limitación *f* **-1.** [restricción] limitação *f*; ~ **de velocidad** limitação de velocidade **-2.** [área] limite *m*.

limitado, da *adj* limitado(da).

limitar ◇ *vt* limitar. ◇ *vi* limitar. ◆ **limitarse** *vpr*: ~ **se a** limitar-se a.

límite ◇ *m* limite *m*. ◇ *adj inv* limite.

limítrofe *adj* limítrofe.

limón *m* limão *m*.

limonada *f* limonada *f*.

limonero, ra *adj* de limão. ◆ **limonero** *m* limoeiro *m*.

limosna *f* esmola *f*; **pedir** ~ pedir esmola.

limpiabotas *mf inv* engraxate *mf*.

limpiacristales *m inv* limpa-vidros *m inv*.

limpiador, ra *m, f* limpador *m*, -ra *f*.

limpiamente *adv* **-1.** [con destreza] habilmente **-2.** [honradamente] honestamente.

limpiaparabrisas *m inv* limpador *m* de pára-brisas.

limpiar *vt* **-1.** [gen] limpar; ~ **algo de** limpar algo de **-2.** *fam* [robar] limpar.

limpieza *f* **-1.** [gen] limpeza *f*; **hacer la** ~ fazer a limpeza **-2.** [destreza] habilidade *f* **-3.** [honradez] honestidade *f*.

limpio, pia *adj* **-1.** [gen] limpo(pa); **en** ~ a limpo **-2.** [neto] líquido(da); **jugar** ~ jogar limpo **-3.** [claro] límpido(da); **sacar en** ~ tirar a limpo; ~ **de** [sin culpa] limpo de **-4.** *fam* [sin dinero] limpo(pa) **-5.** [sin mezcla] puro (ra) **-6.** [simple] único(ca).

linaje *m* linhagem *f*.

lince *m* lince *m*; **ser un** ~ *fig* ser um prodígio.

linchar *vt* linchar.

lindar ◆ **lindar con** *vi* **-1.** [espacio] limitar-se com **-2.** [conceptos] beirar a.

linde *m o f* limite *m*.

lindero, ra *adj* **-1.** [espacio] contíguo (gua) **-2.** [conceptos] próximo(ma). ◆ **lindero** *m* limite *m*.

lindo, da *adj* lindo(da); **de lo** ~ *fig* muito.

línea *f* linha *f*; ~ **de flotación** NÁUT linha de flutuação; ~ **divisoria** linha divisória; ~ **recta** MAT linha reta; **guardar la** ~ manter a linha; ~**s aéreas** [de transporte] linhas aéreas; **cortar la** ~ **(telefónica)** cortar a linha (telefônica); ~ **de crédito** BANCA linha de crédito; **en** ~**s generales** em linhas gerais; **leer entre** ~**s** ler nas entrelinhas.

lineamientos *mpl* ***Amér*** [generalidades] generalidades *fpl*; [directrices] diretrizes *fpl*.

linfático, ca *adj* linfático(ca).

lingote *m* lingote *m*.

lingüista *mf* lingüista *mf*.

lingüístico, ca *adj* lingüístico(ca). ◆ **lingüística** *f* lingüística *f*.

linier (*pl* **liniers**) *m* DEP bandeirinha *m*.

linimento *m* linimento *m*.

lino *m* linho *m*.

linóleo, linóleum (*pl* **linoleums**) *m* linóleo *m*.

linterna *f* lanterna *f*.

linyera *mf* ***RP fam*** mendigo *m*, -ga *f*.

lío *m* ***fam*** **-1.** [enredo] confusão *f*; **hacerse un** ~ fazer confusão **-2.** [jaleo] agitação *f*; **armar un** ~ armar confusão **-3.** ***Esp*** [aventura amorosa] caso *m* **-4.** [paquete] trouxa *f*.

liofilización *f* liofilização *f*.

lípido *m* lipídio *m*.

liposucción *f* lipoaspiração *f*.

lipotimia *f* lipotimia *f*.

liquen *m* líquen *m*.

liquidación *f* liquidação *f*.

liquidar *vt* liquidar.

liquidez *f* liquidez *f*.

líquido, da *adj* líquido(da). ◆ **líquido** *m* **-1.** [gen] líquido *m* **-2.** ECON saldo *m*.

lira *f* lira *f*.

lírico, ca ◇ *adj* lírico(ca). ◇ *m, f* lírico *m*, -ca *f*. ◆ **lírica** *f* lírica *f*.

lirio *m* lírio *m*.

lirón *m* [animal] arganaz *m*; **dormir como un ~** *fig* dormir como uma pedra.
lis (*pl* **lises**) *f* lis *f*, lírio *m*.
Lisboa *n* Lisboa.
lisiado, da ◇ *adj* aleijado(da). ◇ *m, f* aleijado *m*, -da *f*.
liso, sa *adj* **-1.** [gen] liso(sa) **-2.** DEP raso(sa).
lisonja *f* lisonja *f*.
lisonjear *vt* lisonjear.
lisonjero, ra *adj* lisonjeiro(ra).
lista *f* **-1.** [gen] lista *f*; **pasar ~** fazer a chamada; **~ de boda** lista de casamento; **~ de espera** lista de espera; **~ de precios** lista de preços **-2.** [línea de color] listra *f*.
◆ **lista de correos** *f Esp* posta-restante *f*.
listado, da *adj* listrado(da).
◆ **listado** *m* INFORM lista *f*.
listín *m*: *Esp* **~ (de teléfonos)** lista *f* (telefônica).
listo, ta *adj* **-1.** [gen] esperto(ta); **pasarse de ~** dar uma de esperto **-2.** [preparado] pronto(ta).
listón *m* sarrafo *m*; **poner el ~ muy alto** *fig* marcar um limite difícil de superar.
lisura *f Andes, CAm, Ven* palavrão *m*.
litera *f* beliche *m*.
literal *adj* literal.
literario, ria *adj* literário(ria).
literato, ta *m, f* literato *m*, -ta *f*.
literatura *f* literatura *f*.
litigar *vi* DER litigar.
litigio *m* DER litígio *m*.
litografía *f* litografia *f*.
litoral ◇ *adj* litorâneo(a). ◇ *m* litoral *m*.
litro *m* litro *m*.
Lituania *n* Lituânia.
liturgia *f* liturgia *f*.
liviano, na *adj* **-1.** [gen] leve **-2.** [superficial] leviano(na).
lívido, da *adj* lívido(da).
liza *f* [lucha] luta *f*.
ll, Ll *f décima-quarta letra do alfabeto espanhol*.
llaga *f* **-1.** [herida] ferida *f* **-2.** [úlcera] úlcera *f*.
llagar *vt* ferir.
◆ **llagarse** *vpr* ulcerar-se.
llama *f* **-1.** [gen] chama *f* **-2.** [animal] lhama *f*.
llamada *f* [gen] **-1.** chamada *f*; **~ a cobro revertido** chamada a cobrar; **~ a larga distancia** *o* **interurbana** chamada de longa distância *o* interurbana; **~ urbana** chamada local **-2.** [atracción] chamado *m* **-3.** [apelación] apelo *m*.
llamamiento *m* **-1.** [apelación] apelo *m* **-2.** MIL convocação *f*.
llamar ◇ *vt* **-1.** [gen] chamar; **~ de tú/usted a alguien** tratar alguém de tu/de senhor **-2.** [atraer] atrair. ◇ *vi* **-1.** [tocar, pulsar] tocar **-2.** [por teléfono] telefonar.
◆ **llamarse** *vpr* chamar-se.
llamarada *f* **-1.** [de fuego] labareda *f* **-2.** *fig* [de sentimiento, rubor] rubor *m*.
llamativo, va *adj* chamativo(va).
llamear *vi* arder.
llaneza *f* simplicidade *f*.
llano, na *adj* **-1.** [gen] plano(na) **-2.** [afable, simple] simples **-3.** [sin rango] modesto(ta) **-4.** GRAM paroxítono (na).
◆ **llano** *m* planície *f*.
llanta *f* **-1.** [de metal] aro *m* **-2.** *Amér* [neumático] pneu *m* **-3.** *Méx fig* [michelín] pneu *m*.
llanto *m* pranto *m*.
llanura *f* planície *f*.
llave *f* **-1.** [gen] chave *f*; **echar la ~** fechar à chave; **~ en mano** COM chave na mão; **~ de contacto** chave de contato; **~ inglesa** [herramienta] chave inglesa; **~ maestra** chave mestra **-2.** [dispositivo] registro *m*; **~ de paso** registro geral.
llavero *m* chaveiro *m*.
llavín *m* chave *f* pequena.
llegada *f* chegada *f*.
llegar *vi* **-1.** [gen] chegar **-2.** [alcanzar] alcançar **-3.** [ser suficiente]: **~ para** *Esp* chegar para.
◆ **llegarse** *vpr*: **~se a** ir-se a.
llenar *vt* **-1.** [gen] encher; **~ algo de algo** encher algo com algo **-2.** [satisfacer] satisfazer **-3.** [escribir] preencher **-4.** [colmar]: **~ a alguien de algo** encher alguém de algo.
◆ **llenarse** *vpr* **-1.** [gen] encher-se **-2.** [saciarse] fartar-se **-3.** [cubrir]: **~ de algo** cobrir-se de algo.
lleno, na *adj* [gen] **-1.** cheio(a); **~ de** cheio(a) de **-2.** *fam* [regordete] gordo(da).
◆ **lleno** *m* lotação *f*.
◆ **de lleno** *loc adv* em cheio.
llevadero, ra *adj* suportável.
llevar *vt* **-1.** [gen] levar; **el barco lleva carga y pasajeros** o barco leva carga e passageiros; **llevó el niño a casa de**

la abuela levou a criança à casa da avó; **me llevaron en coche** me levaram de carro; ~ **a alguien a** [conducir] levar alguém a; **lleva la contabilidad** leva a contabilidade; **lleva muy bien sus estudios** vai muito bem nos estudos; **lleva tres semanas de viaje** está há três semanas de viagem; **me llevó mucho tiempo hacer el trabajo** me levou muito tempo fazer o trabalho; **este camino lleva a Madrid** este caminho conduz a Madri **-2.** [usar, tener, haber] ter; ~ **el pelo largo** ter o cabelo comprido; **llevas las manos sucias** você está com as mãos sujas; **te llevo seis puntos** tenho seis pontos de vantagem; **me lleva tres centímetros** tem três centímetros a mais do que eu; **le lleva seis años** é seis anos mais velha que ele; **llevo leída media novela** já li a metade do romance; **lo llevo dicho hace tiempo** há muito que disse isso **-3.** [ropa, objeto personal] usar; **lleva gafas** usar óculos; **no llevamos dinero** não temos dinheiro **-4.** [aguantar] suportar; **lleva mal la soledad** não suporta a solidão **-5.** [indica repetición] estar; **lleva viniendo cada día** está vindo todos os dias.
◆ **llevarse** *vpr* **-1.** [coger, recibir] levar **-2.** [conseguir] conseguir **-3.** [estar de moda] usar-se muito **-4.** [em matemáticas] ir **-5.** [entenderse] **:** ~**se bien/mal con alguien** dar-se bem/mal com alguém.

llorar ◇ *vi* **-1.** [con lágrimas] chorar **-2.** *fam* [quejarse] choramingar. ◇ *vt* chorar.

lloriquear *vi* choramingar.

lloro *m* choro *m*.

llorón, ona ◇ *adj* chorão(rona). ◇ *m, f* chorão *m*, -rona *f*.

lloroso, sa *adj* choroso(sa).

llover ◇ *v impers* chover. ◇ *vi fig* chover.

llovizna *f* garoa *f*.

lloviznar *v impers* garoar.

lluvia *f* chuva *f*; ~ **ácida** *o* **atómica** chuva ácida *o* atômica.

lluvioso, sa *adj* chuvoso(sa).

lo, la ◇ *pron* [a él, usted] o; [a ellos, ustedes] os. ◇ *pron neutro* o. ◇ *art* o; ~ **de** o de; ~ **que** o que.

loa *f* **-1.** [alabanza] louvor *m* **-2.** *LITER* loa *f*.

loable *adj* louvável.

loar *vt* louvar.

lobato = **lobezno**.

lobby (*pl* **lobbies** *o* **lobbys**) *m* lobby *m*.

lobezno, lobato *m* lobato *m*.

lobo, ba *m, f* lobo *m*, -ba *f*.
◆ **lobo de mar** *m* lobo-do-mar *m*.

lóbrego, ga *adj* lúgubre.

lóbulo *m* **-1.** [de arco, planta] lobo *m* **-2.** [de oreja] lóbulo *m*.

local ◇ *adj* local. ◇ *m* **-1.** [edificio] local *m* **-2.** [sede] sede *f*.

localidad *f* **-1.** [población] localidade *f* **-2.** [plaza, asiento] lugar *m* **-3.** [billete, entrada] ingresso *m*.

localismo *m* **-1.** [sentimiento] localismo *m* **-2.** *LING* regionalismo *m*.

localizar *vt* **-1.** [encontrar] localizar **-2.** [circunscribir] limitar.
◆ **localizarse** *vpr* localizar-se.

loc. cit. (*abrev de* **loco citato**) loc. cit.

loción *f* **-1.** [líquido] loção *f* **-2.** [masaje] massagem *f*.

loco, ca ◇ *adj* louco(ca); ~ **de atar** *o* **de remate** louco de pedra, doido varrido; **a lo** ~ feito um louco; **estar** ~ **de/por** *o* **con** estar louco de/por *o* com; **volverse** ~ **por** ser louco por. ◇ *m, f* louco *m*, -ca *f*.

locomoción *f* locomoção *f*.

locomotor, ra *o* **triz** *adj* locomotor (triz).
◆ **locomotora** *f* locomotiva *f*.

locuaz *adj* loquaz.

locución *f* *GRAM* locução *f*.

locura *f* loucura *f*.

locutor, ra *m, f* locutor *m*, -ra *f*.

locutorio *m* **-1.** [para hablar] locutório *m* **-2.** [para telefonear] cabine *f* telefônica **-3.** [en radio] cabine *f*.

lodo *m* lama *f*.

logaritmo *m* *MAT* logaritmo *m*.

lógico, ca *adj* lógico(ca).
◆ **lógica** *f* lógica *f*.

logístico, ca *adj* logístico(ca).
◆ **logística** *f* logística *f*.

logopeda *mf* *MED* fonoaudiólogo *m*, -ga *f*.

logrado, da *adj* **-1.** [conseguido] conseguido(da) **-2.** [bien hecho] bem-feito(ta).

lograr *vt* conseguir.

logro *m* sucesso *m*.

loma *f* colina *f*.

lombriz *f* lombriga *f*.

lomo *m* **-1.** [espalda] lombo *m* **-2.** [carne] lombinho *m* **-3.** [de libro] lombada *f* **-4.** [de instrumento cortante] costas *fpl*.

lona *f* lona *f*.

loncha *f* fatia *f*.
lonchar *vt* ***Méx*** lanchar.
lonche *m* ***Col, Perú, Ven*** lanche *m*.
lonchería *f* ***Méx, Ven*** lanchonete *f*.
londinense ◇ *adj* londrino(na). ◇ *mf* londrino *m*, -na *f*.
Londres *n* Londres.
long play (*pl* **long plays**) *m* long-play *m*.
longaniza *f* lingüiça *f*.
longevo, va *adj* longevo(va).
longitud *f* **-1.** [gen] longitude *f* **-2.** [dimensión] comprimento *m*; ~ **de onda** FÍS & TELECOM comprimento de onda.
longitudinal *adj* longitudinal.
lonja *f* **-1.** [edificio oficial] mercado *m*; ~ **de pescado** ***Esp*** mercado de peixe **-2.** [loncha] fatia *f*.
loquería *f* ***Amér fam*** manicômio *m*.
lord (*pl* **lores**) *m* lorde *m*.
loro *m* **-1.** [gen] papagaio *m* **-2.** ***fam despec*** [mujer fea] tribufu *m*.
los, las ⊳ **el** ⊳ **lo.**
losa *f* laje *f*; ~ **radiante** ***RP*** piso *m* aquecido.
loseta *f* lajota *f*.
lote *m* **-1.** [gen] lote *m*; ~ **de Navidad** cesta *f* de Natal **-2.** ***Amér*** [de tierra] terreno *m* **-3.** ***Esp fam*** [magreo] malho *m*.
loteamiento *m* ***Bol, Urug*** loteamento *m*.
loteo *m* ***Andes, Méx, RP*** loteamento *m*.
lotería *f* **-1.** [gen] loteria *f*; **jugar a la** ~ jogar na loteria; **tocarle a alguien la** ~ ganhar na loteria; ~ **primitiva** *loteria oficial espanhola cujo prêmio máximo é obtido quando se acertam seis números de 1 a 49* **-2.** [tienda] casa *f* lotérica.
lotización *f* ***Ecuad, Perú*** loteamento *m*.
loza *f* porcelana *f*.
lozanía *f* viço *m*.
lozano, na *adj* viçoso(sa).
LP (*abrev de* **long play**) *m* LP *m*.
lubina *f* robalo *m*.
lubricante, lubrificante ◇ *adj* lubrificante. ◇ *m* lubrificante *m*.
lubricar, lubrificar *vt* lubrificar.
lucero *m* [astro] estrela *f*.
lucha *f* luta *f*; ~ **libre** luta livre; ~ **de clases** luta de classes.
luchar *vi* lutar.
lucidez *f* lucidez *f*.
lúcido, da *adj* lúcido(da).
luciérnaga *f* vaga-lume *m*.
lucimiento *m* brilho *m*.
lucio *m* lúcio *m*.
lucir ◇ *vi* **-1.** [brillar] luzir **-2.** [aprovechar, compensar] render **-3.** [sobresalir] sobressair **-4.** ***Amér*** [quedar, estar bien]: ~ **bien** ficar bem. ◇ *vt* **-1.** [mostrar] mostrar **-2.** [exhibir] exibir.
◆ **lucirse** *vpr* **-1.** [salir airoso] sair-se bem **-2.** ***fam*** [quedar mal] dar-se mal.
lucrativo, va *adj* lucrativo(va).
lucro *m* lucro *m*.
lúdico, ca *adj* lúdico(ca).
ludopatía *f* ludomania *f*.
luego ◇ *adv* **-1.** [después] depois **-2.** ***Chile, Méx, Ven*** [pronto] logo. ◇ *conj* [así que] logo.
◆ **luego luego** *loc adv* ***Méx*** [inmediatamente] logo, logo; [de vez en cuando] de vez em quando.
lugar *m* lugar *m*; **dar** ~ **a** dar lugar a; **fuera de** ~ fora de lugar; **en primer** ~ em primeiro lugar; **tener** ~ ocorrer.
◆ **en lugar de** *loc prep* em vez de.
◆ **lugar común** *m* lugar-comum *m*.
lugarteniente *m* lugar-tenente *mf*.
lúgubre *adj* lúgubre.
lujo *m* luxo *m*; **de** ~ de luxo; **con todo** ~ **de detalles** nos mínimos detalhes.
lujoso, sa *adj* luxuoso(sa).
lujuria *f* luxúria *f*.
lumbago *m* lumbago *m*.
lumbar *adj* ANAT lombar.
lumbre *f* **-1.** [fuego] fogo *m* **-2.** [brillo] brilho *m*.
lumbrera *f* ***fam*** sabichão *m*, -chona *f*.
luminoso, sa *adj* luminoso(sa).
luminotecnia *f* luminotécnica *f*.
luna *f* **-1.** *(en mayúscula)* [astro] Lua *f*; **estar en la** ~ estar no mundo da lua **-2.** [cristal] vidro *m* **-3.** [espejo] espelho *m*.
◆ **luna de miel** *f* lua-de-mel *f*.
lunar ◇ *adj* lunar. ◇ *m* **-1.** [en piel] pinta *f* **-2.** [en tejidos] bolinha *f*.
lunático, ca ◇ *adj* lunático(ca). ◇ *m, f* lunático *m*, -ca *f*.
lunch (*pl* **lunches** o **lunchs**) *m* lanche *m*.
lunes *m inv* segunda-feira *f*; *ver también* **sábado**.
luneta *f* [de vehículo] vidro *m*; ~ **térmica** vidro com desembaçador.
lupa *f* lupa *f*.
lúpulo *m* lúpulo *m*.

lustrabotas *m inv Andes, RP* engraxate *mf*.
lustrador *m Andes, RP* engraxate *f*.
lustradora *f Andes, RP* enceradeira *f*.
lustrar *vt* lustrar.
lustre *m* lustre *m*.
lustro *m* lustro *m*.
lustroso, sa *adj* lustroso(sa).
luterano, na ◇ *adj* luterano(na). ◇ *m, f* luterano *m*, -na *f*.
luto *m* luto *m*.
luxación *f* luxação *f*.
Luxemburgo *n* Luxemburgo.
luxemburgués, esa ◇ *adj* luxemburguês(esa). ◇ *m, f* luxemburguês *m*, -esa *f*.
luz *f* **-1.** [gen] luz *f*; **encender/apagar la ~** acender/apagar a luz; **~ de carretera** farol *m* alto; **~ de cruce** *o* **corta** farol baixo; **~ de freno** luz de freio; **~ larga** farol alto; **~ de posición** luz de posição; **luces de señalización** luzes de sinalização; **luces de tráfico** luzes de trânsito **-2.** ARQUIT vão *m* **-3.** *loc*: **dar a ~** dar à luz; **dar ~ verde** dar sinal verde; **sacar a la ~** trazer a público.
◆ **luces** *fpl* Luzes *fpl*.
lycra® *f* Lycra® *f*.

M

m¹, M *f* [letra] m, M *m*.
m² -1. (*abrev de* **metro**) m **-2.** (*abrev de* **millón**) m.
M-19 (*abrev de* **Movimiento 19 de Abril**) *m partido político colombiano fundado por grupos guerrilheiros de esquerda.*
macabro, bra *adj* macabro(bra).
macana *f CSur, Perú, Ven fam* [disparate] besteira *f*; [fastidio] chateação *f*; [pena] pena *f*.
macanear *vi CSur fam* [decir tonterías] matraquear; [hacer tonterías] fazer besteira.
macanudo, da *adj Andes, RP fam* jóia *f*.
macarra *m fam* cafetão *m*.
macarrón *m (gen pl)* macarrão *m*.
macarrónico, ca *adj fam* macarrônico(ca).
macedonia *f* macedônia *f*.
macerar *vt* macerar.
maceta *f* **-1.** [tiesto] vaso *m* **-2.** [herramienta] marreta *f*.
macetero *m* suporte *m* para vasos.
machaca *mf fam* **-1.** [pesado] porre *m* **-2.** [currante] peão *m*.
machacar ◇ *vt* **-1.** [triturar] triturar **-2.** *fam* [insistir] bater. ◇ *vi* bater.
machaconería *f* insistência *f*.
machete *m* facão *m*.
machista ◇ *adj* machista. ◇ *mf* machista *mf*.
macho ◇ *adj m* macho; **~ cabrío** bode *m*. ◇ *m* macho *m*. ◇ *interj* caro!
macizo, za *adj* maciço(ça).
◆ **macizo** *m* **-1.** [montaña] maciço *m* **-2.** [conjunto de plantas] canteiro *m*.
macro *f* INFORM macro *f*.
macrobiótico, ca *adj* macrobiótico (ca).
◆ **macrobiótica** *f* macrobiótica *f*.
mácula *f* mancha *f*.
macuto *m* mochila *f*.
madeja *f* meada *f*.
madera *f* **-1.** [tronco de árbol] madeira *f* **-2.** [tabla] tábua *f* **-3.** *fig* [talento, disposición]: **tener ~ de** levar jeito.
madero *m* **-1.** [tabla] tora *f* **-2.** *fig* [necio] burro *m*, -ra *f* feito uma porta **-3.** *Esp mfam* [policía] tira *mf*.
madrastra *f* madrasta *f*.
madre *f* **-1.** [gen] mãe *f*; **~ política** sogra *f*; **~ soltera** mãe solteira **-2.** [religiosa] madre *f* **-3.** [cauce] leito *m*.
◆ **madre mía** *interj* minha nossa!
madreperla *f* madrepérola *f*.
madreselva *f* madressilva *f*.
Madrid *n* Madri.
madriguera *f* **-1.** [de animales] toca *f* **-2.** [refugio, guarida] esconderijo *m*.
madrileño, ña ◇ *adj* madrileno (na). ◇ *m, f* madrileno *m*, -na *f*.
madrina *f* madrinha *f*.
madroño *m* **-1.** [árbol] medronheiro *m* **-2.** [fruto] medronho *m*.
madrugada *f* madrugada *f*.
madrugador, ra ◇ *adj* madrugador(ra). ◇ *m, f* madrugador *m*, -ra *f*.
madrugar *vi* **-1.** [levantarse] madrugar; **no por mucho ~ amanece más temprano** *proverb* não adianta colocar a carroça na frente dos bois **-2.** [anticiparse] antecipar-se.

madrugón *m* madrugada *f*.
madurar ◇ *vt* amadurecer. ◇ *vi* amadurecer.
madurez *f* **-1.** [cualidad] madureza *f* **-2.** [edad adulta] maturidade *f*.
maduro, ra *adj* **-1.** [gen] maduro(ra) **-2.** [juicioso] amadurecido(da).
maestría *f* **-1.** [habilidad] mestria *f* **-2.** [título] mestre *m*, -tra *f*.
maestro, tra ◇ *adj* **-1.** [perfecto] magistral **-2.** [principal] mestre(tra). ◇ *m, f* **-1.** [de colegio] professor *m*, -ra *f* **-2.** ***Méx*** [de universidad] professor *m*, -ra *f* **-3.** [experto] mestre *m*, -tra *f*; ~ **de capilla** mestre-de-capela *m*; ~ **de ceremonias** mestre-de-cerimônias *m*; ~ **de cocina** mestre-cuca *mf*; ~ **de obras** mestre-de-obras *m*; ~ **de orquesta** maestro *m*, -tra *f*.
mafia *f* máfia *f*.
mafioso, sa ◇ *adj* mafioso(sa). ◇ *m, f* mafioso *m*, -sa *f*.
magazine *m* **-1.** [publicación] revista *f* **-2.** [en televisión] programa *m* de variedades.
magdalena *f* CULIN madalena *f*.
magenta ◇ *adj inv* magenta. ◇ *m* magenta *m*.
magia *f* magia *f*.
mágico, ca *adj* mágico(ca).
magisterio *m* magistério *m*.
magistrado, da *m, f* magistrado *m*, -da *f*.
magistral *adj* magistral.
magistratura *f* magistratura *f*; ~ **de trabajo** tribunal *f* trabalhista.
magma *m* magma *m*.
magnánimo, ma *adj* magnânimo (ma).
magnate *m* magnata *mf*.
magnesia *f* QUÍM magnésia *f*.
magnesio *m* QUÍM magnésio *m*.
magnético, ca *adj* magnético(ca).
magnetismo *m* magnetismo *m*.
magnetizar *vt* magnetizar.
magnetófono *m* gravador *m*.
magnicidio *m* magnicídio *m*.
magnificencia *f* magnificência *f*.
magnífico, ca *adj* magnífico(ca).
magnitud *f* magnitude *f*.
magno, na *adj* magno(na).
magnolia *f* magnólia *f*.
mago, ga *m, f* mago *m*, -ga *f*.
magra *f* ▷ **magro**.
magrebí (*pl inv o* **magrebíes**) ◇ *adj* magrebino(na). ◇ *m, f* magrebino *m*, -na *f*.
magro, gra *adj* **-1.** [sin grasa] magro (gra) **-2.** [pobre] árido(da).
◆ **magro** *m* ***Esp*** lombo *m*.
magulladura *f* machucado *m*.
magullar *vt* machucar.
mahometano, na ◇ *adj* maometano(na). ◇ *m, f* maometano *m*, -na *f*.
mahonesa *f* ▷ **salsa**.
maicena *f* maisena *f*.
mailing *m* mala *f* direta.
maillot (*pl* **maillots**) *m* malha *f*; ~ **amarillo** DEP malha amarela.
maître *m* maître *m*.
maíz *m* milho *m*.
majadero, ra *m, f* tolo *m*, -la *f*.
majareta ***fam*** ◇ *adj* maluco(ca). ◇ *mf* maluco *m*, -ca *f*.
majestad *f* majestade *f*.
majestuoso, sa *adj* majestoso(sa).
majo, ja ◇ *adj* **-1.** [simpático] simpático(ca) **-2.** [bonito] bonito(ta). ◇ *m, f* HIST *pessoa graciosa e desenvolta dos bairros populares de Madri do século XIX e que usava roupas vistosas*.
mal ◇ *adj* ▷ **malo**. ◇ *m* **-1.** [perversión]: **el** ~ o mal **-2.** [enfermedad] doença *f*; ~ **de ojo** mau-olhado *m* **-3.** *loc*: **a grandes** ~**es, grandes remedios** para os grandes males, grandes remédios; **no hay** ~ **que por bien no venga** ***proverb*** há males que vem para bem. ◇ *adv* mal; **encontrarse** ~ sentir-se mal; **oír/ver** ~ ouvir/ver mal; **oler** ~ cheirar mal; **saber** ~ ter gosto ruim; **sentar** ~ cair mal; **ir de** ~ **en peor** ir de mal a pior; **no estaría** ~ **que ...** seria bom que ...; **tomar algo a** ~.
malabarismo *m* malabarismo *m*.
malabarista *mf* malabarista *mf*.
malacostumbrado, da *adj* mal-acostumado(da).
malaleche *f* ***fam*** mau humor *m*.
malapata *f* ***fam*** azar *m*.
malaria *f* MED malária *f*.
Malasia *n* Malásia.
malasombra ***Esp fam*** *f* sem-gracice *f*.
malcriado, da ◇ *adj* malcriado (da). ◇ *m, f* malcriado *m*, -da *f*.
maldad *f* maldade *f*.
maldecir ◇ *vt* maldizer. ◇ *vi* maldizer; ~ **de** maldizer de.
maldición *f* maldição *f*.
maldito, ta *adj* maldito(ta); **¡maldita sea!** ***fig*** maldito seja!
maleable *adj* maleável.

maleante *mf* meliante *mf.*
malear *vt* perverter.
malecón *m* quebra-mar *m.*
maledicencia *f* maledicência *f.*
maleducado, da ◇ *adj* mal-educado(da). ◇ *m, f* mal-educado *m,* -da *f.*
maleficio *m* malefício *m.*
malentendido *m* mal-entendido *m.*
malestar *m* mal-estar *m.*
maleta *f* mala *f.*
maletero *m* porta-malas *m inv.*
maletín *m* maleta *f.*
malévolo, la *adj* malévolo(la).
maleza *f* mato *m.*
malformación *f* má-formação *f.*
malgastar *vt* desperdiçar.
malhablado, da ◇ *adj* desbocado(da). ◇ *m, f* desbocado *m,* -da *f.*
malhechor, ra *m, f* malfeitor *m,* -ra *f.*
malhumorado, da *adj* mal-humorado(da).
malicia *f* malícia *f.*
malicioso, sa *adj* malicioso(sa).
maligno, na *adj* maligno(na).
malintencionado, da *adj* malintencionado(da).
malla *f* **-1.** [tejido] malha *f* **-2.** [red] rede *f* **-3.** ***RP, Perú*** [traje de baño] maiô *m.*
◆ **mallas** *fpl* malha *f.*
malnutrido, da *adj* malnutrido(da).
malo, la (*compar* **peor**, *superl* **el peor**) ◇ *adj (delante de sust masculino* **mal***)* **-1.** [gen] mau(má) **-2.** [sin talento, perjudicial, de poca calidad] ruim **-3.** [difícil] difícil **-4.** [enfermo] doente; **estar ~** estar passando mal **-5.** [travieso] levado(da) **-6.** ***loc*: estar de malas** estar de mau humor; **por las malas** por mal. ◇ *m, f* malvado *m,* -da *f.*
malograr *vt* **-1.** [desaprovechar] malograr **-2.** ***Andes*** [estropear] estragar.
◆ **malograrse** *vpr* **-1.** [echarse a perder] malograr-se **-2.** ***Andes*** [estropearse - máquina] quebrar; [- alimento] estragar.
maloliente *adj* malcheiroso(sa).
malparado, da *adj* lesado(da); **salir ~** sair-se mal.
malpensado, da ◇ *adj* desconfiado(da). ◇ *m, f* desconfiado *m,* -da *f.*
malsano, na *adj* malsão(sã).
malsonante *adj* grosseiro(ra).
malta *m* malte *m.*
Malta *n* Malta.
maltés, esa ◇ *adj* maltês(esa). ◇ *m, f* maltês *m,* -esa *f.*
maltraer *vt* [maltratar] maltratar; **llevar** *o* **traer a ~** ***fig*** levar ao desespero.
maltratar *vt* **-1.** [pegar, insultar] maltratar **-2.** [estropear] estragar.
maltrato *m* maus-tratos *mpl.*
maltrecho, cha *adj* maltratado(da).
malva ◇ *f* malva *f.* ◇ *adj inv* [color] malva. ◇ *m* [color] malva *m.*
malvado, da ◇ *adj* malvado(da). ◇ *m, f* malvado *m,* -da *f.*
malvender *vt* vender mal.
malversación *f* malversação *f;* **~ de fondos** malversação de fundos.
malversar *vt* malversar.
Malvinas *npl*: **las (islas) ~** as (ilhas) Malvinas.
malviviente *mf* ***CSur*** criminoso *m,* -sa *f.*
malvivir *vi* sobreviver.
mama *f* **-1.** [órgano] teta *f* **-2.** ***fam*** [madre] mamãe *f.*
mamá (*pl* **mamás**) *f* ***fam*** mamãe *f.*
mamadera *f* ***CSur, Perú*** [biberón] mamadeira *f.*
mamar ◇ *vt* **-1.** [bebé] mamar **-2.** ***fam*** [beber alcohol] mamar. ◇ *vi* mamar; **dar de ~** dar de mamar.
mamarracho *m* ***fam*** **-1.** [gen] palhaço *m* **-2.** [obra sin valor] droga *f.*
mambo *m* mambo *m.*
mamífero, ra *adj* mamífero(ra).
◆ **mamífero** *m* mamífero *m.*
mamila *f* ***Cuba, Méx, Ven*** mamadeira *f.*
mamita *f* ***Amér*** mamãe *f.*
mamotreto *m* ***despec*** **-1.** [libro] calhamaço *m* **-2.** [objeto grande] trambolho *m.*
mampara *f* boxe *m.*
mamporro *f* ***fam*** bordoada *f.*
mampostería *f* alvenaria *f.*
mamut (*pl* **mamuts**) *m* mamute *m.*
manada *f* **-1.** [de animales] manada *f* **-2.** [de gente] bando *m.*
manager (*pl* **managers**) *m* **-1.** [administrador] manager *mf* **-2.** [agente] empresário *m,* -ria *f.*
Managua *n* Manágua.
manantial *m* manancial *f.*
manar *vi* [líquido] jorrar; **~ de** jorrar de.
manazas ***Esp fam*** ◇ *adj inv* desastrado(da). ◇ *mf inv* desastrado *m,* -da *f.*
mancha *f* mancha *f.*

manchar *vt* manchar; ~ **algo de** *o* **con** manchar algo de *o* com.
◆ **mancharse** *vpr* manchar-se.
manchego, ga ◇ *adj* manchego (ga). ◇ *m, f* manchego *m*, -ga *f*.
manco, ca ◇ *adj* **-1.** [sin brazo o mano] maneta **-2.** [incompleto] capenga. ◇ *m, f* maneta *mf*.
mancomunidad *f* mancomunidade *f*.
mancorna, mancuerna *f* ***Andes, CAm, Méx, Ven*** abotoadura *f*.
mandado, da *m, f* mandado *m*, -da *f*.
◆ **mandado** *m* [recado] mandado *m*.
mandamás (*pl* **mandamases**) *m, f* ***fam*** manda-chuva *mf*.
mandamiento *m* **-1.** [orden] mandado *m* **-2.** RELIG mandamento *m*.
mandar *vt* **-1.** mandar; ~ **a alguien a hacer algo** mandar alguém fazer algo; ~ **a alguien a paseo** *o* **a la porra** ***fam*** mandar alguém passear *o* tomar banho; **¿mande?** ***Esp*** pois não?; ***Mex*** como?**-2.** [dirigir, gobernar] comandar.
mandarín *m* mandarim *m*.
mandarina *f* tangerina *f*.
mandatario, ria *m, f* mandatário *m*, -ria *f*; **primer** ~ [jefe de estado] primeiro mandatário.
mandato *m* mandato *m*; ~ **judicial** mandato judicial.
mandíbula *f* mandíbula *f*.
mandil *m* [delantal] avental *f*.
Mandinga *m* ***Amér*** diabo *m*.
mandioca *f* mandioca *f*.
mando *m* **-1.** [gen] comando *m*; ~ **a distancia/automático** controle *m* remoto/automático **-2.** ***(gen pl)*** [persona] comandantes *mpl*; ~**s intermedios** executivos médios.
mandolina *f* MÚS mandolina *f*.
mandón, ona ◇ *adj* mandão(na). ◇ *m, f* mandão *m*, -na *f*.
mandril *m* mandril *m*.
manecilla *f* **-1.** [de reloj] ponteiro *m* **-2.** [cierre] fecho *m*.
manejable *adj* manejável.
manejar ◇ *vt* **-1.** [usar] dominar **-2.** [manipular] manejar **-3.** [dirigir] conduzir **-4.** [caballo] dirigir **-5.** ***Amér*** [conducir] dirigir. ◇ *vi* ***Amér*** [conducir] dirigir.
◆ **manejarse** *vpr* **-1.** [moverse] locomover-se **-2.** [desenvolverse] virar-se.
manejo *m* **-1.** [manipulación] manejo *m* **-2.** [uso] domínio *m* **-3.** ***(gen pl)*** [intriga] manobra *f* **-4.** [dirección] condução *f*.
manera *f* **-1.** [gen] maneira *f*; **de cualquier** ~ de qualquer maneira; **de ninguna** ~, **en** ~ **alguna** [refuerza una negación] de forma alguma; [respuesta exclamativa] de jeito nenhum; **de todas** ~**s** de qualquer jeito; **en cierta** ~ de certa maneira; **de** ~ **que** de maneira que; **no hay** ~ não há meio **-2.** ***(gen pl)*** [modales] maneiras *mpl*.
manga *f* **-1.** [de prenda] manga *f*; **en** ~**s de camisa** em mangas de camisa; ~ **corta/larga** manga curta/comprida; **ser de** ~ **ancha, tener** ~ **ancha** ***fig*** fazer vista grossa, ter vista grossa **-2.** [filtro] filtro *m* **-3.** [de aire] biruta *f* **-4.** [de pastelería] bico *m* de confeiteiro **-5.** [manguera] mangueira *f* **-6.** DEP etapa *f*.
mangante *mf* ***Esp fam*** larápio *m*, -pia *f*.
mango *m* **-1.** [asa] cabo *m* **-2.** [árbol] mangueira *f* **-3.** [fruta] manga *f* **-4.** ***RP fam*** [dinero]: **no tener un** ~ não ter um centavo.
mangonear ***fam*** *vi* **-1.** [entrometerse] intrometer-se **-2.** [manipular] fuçar.
mangosta *f* mangusto *m*.
manguera *f* mangueira *f*.
maní (*pl* **manises** *o* **maníes**) *m* ***Andes, Carib, RP*** amendoim *m*.
manía *f* **-1.** [gen] mania *f* **-2.** ***fam*** [ojeriza] ojeriza *f*.
maniaco, ca, maníaco, ca ◇ *adj* maníaco(ca). ◇ *m, f* maníaco *m*, -ca *f*.
maniatar *vt* manietar.
maniático, ca ◇ *adj* maníaco(ca). ◇ *m, f* maníaco *m*, -ca *f*.
manicomio *m* manicômio *m*.
manicuro, ra *m, f* ***Esp*** manicuro *m*, -re *f*.
◆ **manicura** *f* manicure *f*.
manido, da *adj* [sobado] batido(da).
manifestación *f* manifestação *f*.
manifestar *vt* manifestar.
◆ **manifestarse** *vpr* manifestar-se.
manifiesto, ta *adj* [evidente] manifesto(ta); **poner de** ~ **algo** evidenciar algo.
◆ **manifiesto** *m* [escrito] manifesto *m*.
manija *f* **-1.** [mango] cabo *m* **-2.** [empuñadura] maçaneta *f*.

manillar *m* guidom *m*.
maniobra *f* manobra *f*.
maniobrar *vi* manobrar.
manipulación *f* manipulação *f*.
manipular *vt* manipular.
maniqueo, a ◇ *adj* maniqueísta. ◇ *m, f* maniqueísta *mf*.
maniquí (*pl* **maniquíes**) ◇ *m* manequim *m*. ◇ *m, f* modelo *mf*.
manirroto, ta ◇ *adj* manirroto (ta). ◇ *m, f* manirroto *m*, -ta *f*.
manitas *Esp fam* ◇ *adj inv* habilidoso(sa). ◇ *mf inv* habilidoso *m*, -sa *f*; **ser un ~** ser habilidoso; **ser un ~ de plata** ter muito jeito com as mãos. ◇ *fpl*: **hacer ~** fazer carícias.
manito *m Méx fam* mano *m*.
manivela *f* manivela *f*.
manjar *m* manjar *m*.
mano ◇ *f* **-1.** [gen] mão *f*; **a ~** à mão; **a ~ alzada** com a mão levantada; **a ~ armada** à mão armada; **dar la ~** estender a mão; **apretar** *o* **estrechar la ~** apertar a mão; **~ de obra** mão de obra; **echar una ~** dar uma mão **-2.** [lado]: **a ~ derecha/izquierda** à direita/esquerda; **calle de una sola ~** *RP* rua de mão única; **calle de doble ~** *RP* rua de duas mãos **-3.** [influencia] influência *f* **-4.** *fig* [serie, tanda] monte *m* **-5.** *loc*: **bajo ~** às escondidas; **caer en ~s de alguien** cair nas mãos de alguém; **con las ~s cruzadas, ~ sobre ~** com os braços cruzados; **con las ~s en la masa** com a boca na botija; **de primera ~** [nuevo] zero-quilômetro; [novedoso] de primeira mão; **de segunda ~** de segunda mão; **~ a ~** mão a mão; **~s a la obra** mãos à obra; **tener ~ izquierda** ter jogo de cintura. ◇ *m Andes, CAm, Carib, Méx* mano *m*.
manojo *m* [de hierbas] maço *m*; **ser un ~ de nervios** *fig* ser um feixe de nervos.
manómetro *m* FÍS manômetro *m*.
manopla *f* **-1.** [de abrigo] *espécie de luva sem separação para os dedos ou com apenas uma separação para o polegar* **-2.** [de aseo] luva *f* de banho.
manosear *vt* **-1.** [libro] manusear **-2.** [persona] apalpar.
manoseo *m* manuseio *m*.
manotazo *m* tapa *m*.
mansalva ◆ **a mansalva** *loc adv* aos montes.
mansedumbre *f* mansidão *f*.
mansión *f* mansão *f*.
manso, sa *adj* [gen] manso(sa).
manta ◇ *f* manta *f*; **liarse la ~ a la cabeza** *Esp fig* não pensar duas vezes. ◇ *mf Esp fam* imprestável *mf*.
manteca *f* **-1.** [gen] gordura *f*; **~ de cerdo** banha *f* de porco; **~ de cacao** manteiga *f* de cacau **-2.** [mantequilla] manteiga *f*.
mantecado *m doce feito com banha de porco*.
mantel *m* toalha *f* de mesa.
mantelería *f* roupa *f* de mesa.
mantener *vt* manter; **~ a distancia** *o* **a raya** manter a distância.
◆ **mantenerse** *vpr* manter-se.
mantenimiento *m* **-1.** [sustento] sustento *m* **-2.** [conservación] manutenção *f*.
mantequilla *f* manteiga *f*.
mantilla *f* **-1.** [prenda femenina] mantilha *f* **-2.** [pieza de abrigo] cueiro *m*.
manto *m* manto *m*.
mantón *m* xale *m*.
manual ◇ *adj* **-1.** [con manos] manual **-2.** [manejable] manejável. ◇ *m* manual *m*.
manualidades *fpl* trabalhos *mpl* manuais.
manubrio *m* **-1.** [manivela] manivela *m* **-2.** *CSur* [manillar] guidom *m*.
manufacturar *vt* manufaturar.
manuscrito, ta *adj* manuscrito(ta).
◆ **manuscrito** *m* manuscrito *m*.
manutención *f* sustento *m*.
manzana *f* **-1.** [fruta] maçã *f* **-2.** [grupo de casas] quarteirão *m*.
manzano *m* macieira *f*.
maña *f* **-1.** [destreza] manha *f*; **más vale ~ que fuerza** *proverb* vale mais a habilidade do que a força **-2.** [astucia] manha *f*.
mañana ◇ *f* manhã *f*; **(muy) de ~** (muito) cedo. ◇ *m* [futuro] amanhã *m*. ◇ *adv* [al día siguiente] amanhã; **pasado ~** depois de amanhã.
maño, ña *m, f fam* aragonês *m*, -esa *f*.
mañoco *m Ven* tapioca *f*.
mañoso, sa *adj* habilidoso(sa).
mapa *m* GEOG mapa *m*.
mapamundi *m* mapa-múndi *m*.
maqueta *f* **-1.** [reproducción a escala] maquete *f* **-2.** [de libro] maquete *m*.
maquiavélico, ca *adj* maquiavélico(ca).

maquila *f Amér* [de máquinas] montagem *f*; [de ropas] confecção *f*.
maquiladora *f Amér* montadora *f*.
maquillaje *m* maquiagem *f*.
maquillar *vt* maquiar.
◆ **maquillarse** *vpr* maquiar-se.
máquina *f* **-1.** [gen] máquina *f*; **a ~** à máquina; **a toda ~** a todo vapor; **~ tragamonedas** *Amér* caça-níquel *m*; **(~) tragaperras** caça-níquel *m*; **~ de vapor** máquina a vapor **-2.** *Cuba* [vehículo] carro *m*.
maquinación *f* maquinação *f*.
maquinal *adj* maquinal.
maquinar *vt* maquinar; **~ algo contra alguien** maquinar algo contra alguém.
maquinaria *f* **-1.** [mecanismo] maquinismo *m* **-2.** [conjunto de máquinas] maquinário *m* **-3.** *fig* [organismo] máquina *f*.
maquinilla *f* barbeador *m*; **~ eléctrica** barbeador elétrico.
maquinista *mf* maquinista *mf*.
mar *m o f* **-1.** [gen] mar *m*; **hacerse a la ~** fazer-se ao mar; **alta ~** alto mar; **~ adentro** mar adentro **-2.** [gran cantidad]: **a ~es** a cântaros; **la ~ de** muitíssimo.
marabunta *f* **-1.** [de hormigas] correição *f* **-2.** [muchedumbre] multidão *f*.
maraca *f* MÚS maracá *m*.
maracujá, maracuyá *f* maracujá *m*.
marajá, maharajá *m* marajá *m*.
maraña *f* emaranhado *m*.
marasmo *m* marasmo *m*.
maratón *m* maratona *f*.
maravilla *f* **-1.** [gen] maravilha *f*; **a las mil ~s, de ~** às mil maravilhas **-2.** [asombro] maravilhamento *m*.
maravillar *vt* maravilhar.
◆ **maravillarse** *vpr* maravilhar-se.
maravilloso, sa *adj* maravilhoso (sa).
marca *f* marca *f*; **de ~** de marca; **de ~ mayor** *loc* de marca maior; **~ de fábrica** marca de fábrica; **~ registrada** marca registrada.
marcado, da *adj* marcado(da).
◆ **marcado** *m* **-1.** [peinado] mise-en-plis *mf* **-2.** [señalado] marcação *f*.
marcador, ra *adj* marcador(ra).
◆ **marcador** *m* **-1.** [tablero] painel *m* **-2.** *Amér* [rotulador] marcador *m*; *Méx* [fluorescente] marcador *m*.
marcaje *m* DEP marcação *f*.
marcapasos *m inv* MED marca-passo *m*.
marcar ◇ *vt* **-1.** [gen] marcar **-2.** [indicar] indicar **-3.** [anotar] anotar **-4.** [resaltar] ressaltar **-5.** [en teléfono] discar **-6.** [cabello] fazer mise-en-plis. ◇ *vi* marcar.
marcha *f* **-1.** [gen] marcha *f*; **a ~s forzadas** a marchas forçadas; **en ~** em marcha; **poner en ~** pôr em funcionamento; **sobre la ~** no decorrer dos acontecimentos; **~ atrás** marcha a ré; **dar ~ atrás** *fig* dar para trás **-2.** [partida] partida *f* **-3.** [curso, desarrollo] andamento *m* **-4.** *Esp fam* [animación] agito *m*.
marchar *vi* **-1.** [andar] andar **-2.** [partir] partir **-3.** [funcionar] funcionar **-4.** [desarrollarse] ir.
◆ **marcharse** *vpr* ir-se.
marchitar *vt* murchar.
◆ **marchitarse** *vpr* murchar-se.
marchito, ta *adj* murcho(cha).
marcial *adj* [de guerra] marcial.
marco *m* **-1.** [de puerta, ventana] caixilho *m* **-2.** [de cuadro] moldura *f* **-3.** [moneda] marco *m* **-4.** DEP [portería] baliza *f* **-5.** [ambiente] cenário *m* **-6.** [ámbito] contexto *m*.
mar del Norte *n* mar do Norte.
marea *f* maré *f*; **~ alta/baja** maré alta/baixa; **~ negra** maré negra.
marear *vt* **-1.** [causar mareo] enjoar **-2.** *fam* [fastidiar] amolar.
◆ **marearse** *vpr* **-1.** [sentir mareo] enjoar **-2.** [emborracharse] embriagar-se.
marejada *f* **-1.** [en mar] mar *m* agitado **-2.** [agitación] efervescência *f*.
mare mágnum, maremágnum *m inv* barafunda *f*.
maremoto *m* maremoto *m*.
mareo *m* **-1.** [malestar] enjôo *m* **-2.** *fam* [fastidio] porre *m*.
marfil *m* marfim *m*.
margarina *f* margarina *f*.
margarita *f* margarida *f*; **deshojar la ~** desfolhar a margarida.
margen ◇ *m o f (gen f)* [orilla] margem *f*. ◇ *m* margem *f*; **~ de beneficio** margem de lucro; **al ~** à margem; **~ de error/de seguridad** margem de erro/de segurança.
marginación *f* marginalização *f*.
marginado, da ◇ *adj* marginalizado(da). ◇ *m, f* marginal *mf*.
mariachi *m conjunto popular mexicano, vocal e instrumental, composto de dois violinos, guitarra, jarana, harpa e dois trompetes.*

marica *m fam despec* maricas *m inv.*
maricón *m mfam despec* maricão *m.*
mariconera *f fam* capanga *f.*
marido *m* marido *m.*
marihuana *f* maconha *f.*
marimacho *m fam despec* machona *f.*
marina *f* ▷ **marino.**
marinero, ra *adj* [buque] marinheiro (ra).
◆ **marinero** *m* marinheiro *m.*
marino, na *adj* marinho(nha).
◆ **marino** *m* marinheiro *m.*
◆ **marina** *f* marinha *f*; ~ **mercante** marinha mercante.
marioneta *f* marionete *f.*
◆ **marionetas** *fpl* marionetes *fpl.*
mariposa *f* **-1.** [gen] borboleta *f* **-2.** [candela, luz] lamparina *f* **-3.** DEP nado *m* borboleta.
mariposear *vi* **-1.** [ser inconstante] mariposar **-2.** [galantear] paquerar.
mariquita ◇ *f* [insecto] joaninha *f.* ◇ *m* **fam** [homosexual] maricas *m inv.*
marisabidilla *f* **fam** sabichão *m*, -chona *f.*
marisco *m* marisco *m*, frutos *mpl* do mar.
marisma *f* alagadiço *m.*
marisquería *f estabelecimento no qual se vendem ou se consomem frutos do mar.*
marítimo, ma *adj* marítimo(ma).
marketing *m* COM marketing *m.*
marmita *f* caldeirão *m.*
mármol *m* mármore *m.*
marmota *f* **-1.** [animal] marmota *f* **-2.** *fig* [persona] dorminhoco *m*, -ca *f.*
mar Muerto *n* Mar Morto.
mar Negro *n* Mar Negro.
maromo *m* **fam** fulano *m.*
marqués, esa *m, f* marquês *m*, -esa *f.*
marquesina *f* marquise *f.*
marranada *f* **fam** chiqueiro *m.*
marrano, na *m, f* **-1.** [animal] porco *m*, -ca *f* **-2. fam** [persona sucia] porco *m*, -ca *f* **-3. fam** [persona sin escrúpulos] canalha *mf.*
mar Rojo *n* Mar Vermelho.
marrón ◇ *adj* [color] marrom. ◇ *m* [color] marrom *m.*
marroquí (*pl* **marroquíes**) ◇ *adj* marroquino(na). ◇ *m, f* marroquino *m*, -na *f.*
Marruecos *n* Marrocos.
Marte *m* Marte.
martes *m* terça-feira *f*; *ver también* **sábado.**
martillear, martillar *vt* martelar.
martillero, ra *m, f* **CSur** leiloeiro *m*, -ra *f.*
martillo *m* **-1.** [herramienta] martelo *m*; ~ **neumático** britadeira *f* **-2. Col** [subasta] leilão *m.*
mártir *mf* mártir *mf.*
martirio *m* martírio *m.*
martirizar *vt* martirizar.
marxismo *m* marxismo *m.*
marxista ◇ *adj* marxista. ◇ *mf* marxista *mf.*
marzo *m* março *m*; *ver también* **setiembre.**
mas *conj* mas.
más ◇ *adv* **-1.** [gen] mais; **Pepe es ~ alto/ambicioso** Pepe é mais alto/ambicioso; **tengo ~ hambre** estou com mais fome; **~ de/que** mais de/que; **~ ... que ...** mais ... que ...; **de ~** a mais; **eso está de ~** isso está de mais; **el/la ~** o/a mais; **no necesitas ~ trabajo** você não precisa de mais trabalho; **¿quién/qué ~?** quem/o que mais; **no vino nadie ~** não veio ninguém mais; **dos ~ dos igual a cuatro** dois mais dois igual a quatro **-2.** [indica intensidad]: **¡qué día ~ bonito!** que dia mais bonito!; **no lo soporto, ¡es ~ tonto!** não o suporto, ele é tão idiota! **-3.** [indica preferencia] mais; **~ vale que te quedes en casa** mais vale ficar em casa **-4.** *loc*: **poco ~** pouco mais; **es ~** e tem mais; **~ o menos** mais ou menos; **por ~ que** por mais que; **por ~ que lo intente no lo conseguirá** por mais que tente, não conseguirá; **¿qué ~ da?** que diferença faz? ◇ *m inv* [em matemáticas] mais *m inv*; **tener sus ~ y sus menos** ter os seus prós e os seus contras.
◆ **por más que** *loc conj* por mais que.
masa *f* **-1.** [gen] massa *f*; ~ **salarial** massa salarial; **en ~** [multitud] em massa **-2.** ELECTR fio *m* terra.
◆ **masas** *fpl* massas *fpl.*
masacre *f* massacre *m.*
masaje *m* massagem *f.*
masajista *mf* massagista *mf.*
mascar *vt* mascar.
máscara *f* máscara *f*; ~ **antigás** máscara contra gases; **quitarse la ~, quitarle la ~ a alguien** *loc* deixar cair a máscara, desmascarar alguém.
mascarada *f* **-1.** [fiesta] baile *m* de

máscaras **-2.** [farsa] farsa *f*.

mascarilla *f* máscara *f*.

mascota *f* mascote *f*.

masculino, na *adj* masculino(na).

◆ **masculino** *m* GRAM masculino *m*.

mascullar *vt* resmungar.

masificación *f* massificação *f*.

masilla *f* massa *f* de vidraceiro, betume *m*.

masivo, va *adj* maciço(ça).

masón, ona ◇ *adj* maçônico(ca). ◇ *m* maçom *m*.

masónico, ca *adj* maçônico(ca).

masoquista ◇ *adj* masoquista. ◇ *mf* masoquista *mf*.

mass media, mass-media *mpl* mídia *f*.

máster (*pl* **másters**) *m* mestrado *m*.

masticar *vt* mastigar.

mástil *m* **-1.** [gen] mastro *m* **-2.** [de instrumentos de cuerda] braço *m*.

mastodonte ◇ *m* mastodonte *m*. ◇ *mf* ***fam*** mastodonte *m*.

masturbación *f* masturbação *f*.

masturbar *vt* masturbar.

◆ **masturbarse** *vpr* masturbar-se.

mata *f* arbusto *m*.

◆ **mata de pelo** *f* cabeleira *f*.

matadero *m* matadouro *m*.

matador, ra *adj* ***fam*** **-1.** [feo] horroroso(sa) **-2.** [agotador] cansativo(va).

◆ **matador** *m* TAUROM matador *m*.

matambre *m* ***Andes, Ven*** [carne] matambre *m*; [plato] *carne de costela cozida, recheada com ovo cozido, azeitona e pimenta vermelha, cortada em fatias e servida fria*.

matamoscas *m inv* **-1.** [insecticida] mata-moscas *m inv* **-2.** [utensilio] enxota-moscas *m inv*.

matanza *f* **-1.** [masacre] matança *f* **-2.** [de cerdo] abate *m*.

matar *vt* **-1.** [gen] matar **-2.** [apagar, atenuar] desbotar **-3.** ***loc***: ~ **las callando** agir por baixo do pano.

◆ **matarse** *vpr* matar-se.

matarratas *m inv* mata-ratos *m inv*.

matasanos *mf inv* ***despec*** matasanos *m inv*.

matasellos *m inv* carimbo *m*.

matasuegras *m inv* língua-de-sogra *f*.

mate ◇ *adj inv* **-1.** [pintura] mate **-2.** [voz] apagado(da). ◇ *m* **-1.** DEP [ajedrez] xeque-mate *m* **-2.** DEP [baloncesto] enterrada *f* **-3.** ***CSur*** [infusión] mate *m* **-4.** ***CSur*** [recipiente] cuia *f*.

matemático, ca ◇ *adj* matemático(ca). ◇ *m, f* matemático *m*, -ca *f*.

◆ **matemáticas** *fpl* matemática *f*.

materia *f* matéria *f*; ~ **prima, primera** ~ matéria-prima *f*; **en** ~ **de** [asunto] em matéria de; **entrar en** ~ entrar no assunto.

material ◇ *adj* material. ◇ *m* material *m*; ~ **de desecho** material de refugo.

materialismo *m* materialismo *m*.

materialista ◇ *adj* materialista. ◇ *mf* materialista *mf*.

materializar *vt* materializar.

◆ **materializarse** *vpr* materializar-se.

maternal *adj* maternal.

maternidad *f* maternidade *f*.

materno, na *adj* materno(na).

matinal *adj* matinal.

matiz *m* matiz *m*.

matizar *vt* **-1.** [gen] matizar **-2.** [distinguir] precisar.

matojo *m* moita *f*.

matón, ona *m, f* ***fam*** valentão *m*, -tona *f*.

matorral *m* matagal *m*.

matraca *f* [instrumento] matraca *f*.

matraz *m* matraz *m*.

matriarcado *m* matriarcado *m*.

matrícula *f* **-1.** [gen] matrícula *f* **-2.** [de coche] placa *f*.

◆ **matrícula de honor** *f* nota *f* máxima.

matricular *vt* **-1.** [persona] matricular **-2.** [coche] licenciar.

◆ **matricularse** *vpr* matricular-se.

matrimonial *adj* matrimonial.

matrimonio *m* **-1.** [unión] matrimônio *m*, casamento *m*; **contraer** ~ contrair matrimônio; ~ **civil/religioso** casamento civil/religioso **-2.** [pareja] casal *m*.

matriz ◇ *f* **-1.** [gen] matriz *f* **-2.** ANAT útero *m* **-3.** [de talonario] canhoto *m*. ◇ *adj* matriz.

matrona *f* **-1.** [madre] matrona *f* **-2.** [comadrona] parteira *f*.

matutino, na *adj* matutino(na).

maullar *vi* miar.

maullido *m* miado *m*.

mausoleo *m* mausoléu *m*.

maxilar ANAT ◇ *adj* maxilar. ◇ *m* maxilar *m*.

máxima *f* ▷ **máximo**.

máxime *adv* sobretudo.

máximo, ma ◇ *superl* ▷ **grande**. ◇ *adj* máximo(ma).

◆ **máximo** *m* máximo *m*; **como ~ no máximo.**

◆ **máxima** *f* **-1.** [dicho] máxima *f* **-2.** [temperatura] temperatura *f* máxima.

mayo *m* maio *m*; *ver también* **setiembre**.

mayonesa *f* ▷ **salsa**.

mayor ◇ *adj* **-1.** [gen] maior; **~ de edad** maior de idade **-2.** [viejo] velho(lha) **-3.** *loc*: **al por ~** por atacado. ◇ *mf* [adulto] adulto *m*. ◇ *m* MIL major *m*.

◆ **mayores** *mpl* [ascendientes] ascendentes *mpl*.

mayoral *m* **-1.** [pastor] maioral *mf* **-2.** [capataz] capataz *m*.

mayordomo *m* mordomo *m*.

mayoreo *m* **Amér** atacado *m*; **al ~** no atacado.

mayoría *f* maioria *f*; **~ de** maioria de.

◆ **mayoría de edad** *f* maioridade *f*.

mayorista ◇ *adj* atacadista. ◇ *mf* atacadista *mf*.

mayoritario, ria *adj* majoritário (ria).

mayúsculo, la *adj* imenso(sa).

◆ **mayúscula** *f* maiúscula *f*.

maza *f* maça *f*.

mazapán *m* marzipã *m*.

mazazo *m* **-1.** [golpe] marretada *f* **-2.** *fig* [desgracia] golpe *m*.

mazmorra *f* masmorra *f*.

mazo *m* **-1.** [martillo] martelo *m* **-2.** [conjunto] maço *m*.

mdd (*abrev de* **millones de dólares**) **Méx** *milhões de dólares*.

me *pron* [complemento directo, reflexivo] me; **no ~ mires así** não me olhe assim; **~ voy, que ya es tarde** vou indo, porque já está tarde; [complemento indirecto] me, mim; **dime la verdad** diga-me a verdade; **~ tiene miedo** tem medo de mim.

meandro *m* meandro *m*.

mear *fam vi* mijar.

◆ **mearse** *vpr* mijar-se.

MEC (*abrev de* **Ministerio de Educación y Ciencia**) *m Ministério da Educação e Ciência da Espanha*.

mecachis *interj* **fam** droga!

mecánica *f* ▷ **mecánico**.

mecánico, ca ◇ *adj* mecânico(ca). ◇ *m, f* mecânico *m*, -ca *f*; **~ dentista** protético *m*, -ca *f*.

◆ **mecánica** *f* mecânica *f*.

mecanismo *m* mecanismo *m*.

mecanizar *vt* mecanizar.

mecano® *m* Meccano® *m*.

mecanografía *f* datilografia *f*.

mecanógrafo, fa *m, f* datilógrafo *m*, -fa *f*.

mecapal *m* **CAm, Méx** *faixa de couro com duas cordas nas extremidades que serve para levar a carga nas costas, utilizada pelos índios*.

mecedora *f* cadeira *f* de balanço.

mecenas *mf inv* mecenas *mpl*.

mecer *vt* embalar.

◆ **mecerse** *vpr* balançar-se.

mecha *f* mecha *f*; **aguantar ~ fam** [soportar] agüentar o tranco; **a toda ~ fam** [muy rápido] a todo vapor.

mechero *m* isqueiro *m*.

mechón *m* mecha *f*.

medalla ◇ *f* medalha *f*. ◇ *mf* medalhista *mf*.

medallón *m* medalhão *m*.

médano *m* **-1.** [deserto] duna *f* **-2.** [en el mar] banco *m* de areia.

media *f* ▷ **medio**.

mediación *f* mediação *f*; **por ~ de** por intermédio de.

mediado, da *adj* meado(da); **a ~s de** nos meados de.

medialuna *f* **Amér** croissant *m*.

mediana *f* ▷ **mediano**.

mediano, na *adj* **-1.** [intermedio] mediano(na) **-2.** [mediocre] medíocre.

◆ **mediana** *f* **-1.** GEOM mediana *f* **-2.** [de carretera] canteiro *m* central.

medianoche (*pl* **mediasnoches**) *f* **-1.** [hora] meia-noite *f*; **a ~** à meia-noite **-2.** [bollo] **Esp** *pãozinho redondo e adocicado, que se come partido ao meio e recheado com algum alimento*.

mediante *prep* mediante.

mediar *vi* **-1.** [llegar a la mitad] chegar à metade **-2.** [distancia] distar **-3.** [estar en medio] interpor-se **-4.** [intervenir] mediar; **~ entre** mediar entre; **~ en** intervir em **-5.** [interceder] interceder; **~ por** interceder por.

mediatizar *vt* influenciar.

medicación *f* medicação *f*.

medicamento *m* medicamento *m*; **~ genérico** medicamento genérico.

medicar *vt* medicar.

◆ **medicarse** *vpr* medicar-se.

medicina *f* **-1.** [ciencia] medicina *f* **-2.** [medicamento] remédio *m*.

medicinal *adj* medicinal.

medición *f* medição *f*.

médico, ca ◇ *adj* médico(ca). ◇

m, f médico *m*, -ca *f*; **ir al ~** ir ao médico; **~ de cabecera** *o* **familia** médico de cabeceira *o* família.

medida *f* medida *f*; **a (la) ~** sob medida; **tomar ~s** tomar medidas; **en gran ~** [grado, proporción] em grande parte; **a ~ que** à medida que.

◆ **medidas** *fpl* medidas *fpl*; **tomar las ~s a alguien** tomar as medidas de alguém.

medidor *m Amér* medidor *m*.

medieval *adj* medieval.

medievo, medioevo *m* medievo *m*.

medio, dia *adj* **-1.** [gen] meio(a); **a medias** [por mitades] meio a meio; [no completamente] pela metade; **un mes y ~** um mês e meio **-2.** [intermedio, corriente] mediano(na) **-3.** [de promedio] médio(dia).

◆ **medio** ◇ *adv* meio; **a ~ hacer** pela metade. ◇ *m* **-1.** [gen] meio *m*; **de ~ a ~** [completamente] completamente; **en ~ de** no meio de; **por (en) ~** no meio; **por ~ de** [mediante] por meio de **-2.** *loc*: **quitar de en ~ a alguien** [apartar] afastar alguém; [matar] matar alguém.

◆ **medios** *mpl* meios *mpl*; **~s de comunicación** meios de comunicação; **~s de información** meios de informação.

◆ **media** *f* **-1.** [promedio] média *f* **-2.** [hora] *referindo-se a uma determinada hora, equivale a essa hora seguida da expressão 'e meia'* **-3.** *(gen pl)* [prenda femenina] meia *f* **-4.** DEP meio-de-campo *m* **-5.** *Amér* [calcetín] meia *f*.

◆ **medio ambiente** *m* meio *m* ambiente.

medioambiental *adj* ambiental.

mediocampista *mf* DEP meio-campista *mf*.

mediocre *adj* medíocre.

mediodía (*pl* **mediodías**) *m* **-1.** [hora] meio-dia *m*; **al ~** ao meio-dia **-2.** [sur] Sul *m*.

medioevo = **medievo**.

mediofondo *m* DEP meio-fundo *m*.

medir *vt* medir.

◆ **medirse** *vpr* **-1.** [dimensión] tirar as próprias medidas **-2.** [moderarse] comedir-se **-3.** [compararse, enfrentarse]: **~se con** medir-se com.

meditar ◇ *vi* meditar; **~ sobre** meditar sobre. ◇ *vt* meditar.

mediterráneo, a *adj* mediterrâneo(nea).

◆ **Mediterráneo** *n*: **el (mar) ~** o (mar) Mediterrâneo.

médium *m inv & f inv* médium *mf*.

médula *f* medula *f*; **~ espinal** medula espinhal.

medusa *f* medusa *f*.

megafonía *f* **-1.** [técnica] sonorização *f* **-2.** [aparatos] alto-falante *m*.

megáfono *m* megafone *m*.

megalómano, na ◇ *adj* megalômano(na). ◇ *m, f* megalômano *m*, -na *f*.

megavatio *m* megawatt *m*.

mejicano = **mexicano**.

Méjico = **México**.

mejilla *f* bochecha *f*.

mejillón *m* mexilhão *m*.

mejor ◇ *adj (compar y superl de bueno)* **-1.** melhor; **~ que** melhor do que; **estar ~** estar melhor; **~ que ~** tanto melhor **-2.** *(seguido de sust)* [superlativo]: **el/la ~** o/a melhor. ◇ *mf* [superlativo]: **el/la ~** o/a melhor. ◇ *adv (compar de bien)* [más bien] melhor.

◆ **a lo mejor** *loc adv* talvez.

mejora *f* melhoria *f*.

mejorana *f* manjerona *f*.

mejorar ◇ *vt* melhorar. ◇ *vi* melhorar.

◆ **mejorarse** *vpr* **-1.** [gen] melhorar **-2.** [volverse mejor] melhorar-se.

mejoría *f* melhora *f*, melhoria *f*.

mejunje *m* **-1.** [medicamento] beberagem *f* **-2.** [mezcla] mistura *f*.

melancolía *f* melancolia *f*.

melancólico, ca *adj* melancólico (ca).

melaza *f* melaço *m*.

melena *f* **-1.** [de persona] cabeleira *f* **-2.** [de león] juba *f*.

melenudo, da *despec* ◇ *adj* cabeludo(da). ◇ *m, f* cabeludo *m*, -da *f*.

melindre *m* CULIN *espécie de trouxas feitas de gemas de ovos, batidas com açúcar e farinha.*

mellado, da *adj* **-1.** [con hendiduras] lascado(da) **-2.** [sin dientes] desdentado(da).

mellizo, za ◇ *adj* gêmeo(a). ◇ *m, f (gen pl)* gêmeo *m*, -a *f*.

melocotón *m* pêssego *m*.

melocotonero *m* pessegueiro *m*.

melodía *f* **-1.** [música] melodia *f* **-2.** [de teléfono móvil] som *m*.

melódico, ca *adj* melódico(ca).

melodioso, sa *adj* melodioso(sa).

melodrama *m* melodrama *m*.
melodramático, ca *adj* melodramático(ca).
melómano, na *m, f* melomaníaco *m*, -ca *f*.
melón *m* melão *m*.
melopea *f fam* pileque *m*.
membrana *f* membrana *f*.
membresía *f* ***Amér*** *qualidade de ser associado a algo.*
membrete *m* timbre *m*.
membrillo *m* **-1.** [fruto] marmelo *m* **-2.** [dulce] marmelada *f*.
memela *f* ***Méx*** *tortilha de milho grossa, com formato oval.*
memez *f* tolice *f*.
memo, ma ***Esp*** <> *adj* tonto(ta). <> *m, f* tonto *m*, -ta *f*.
memorable *adj* memorável.
memorándum (*pl* **memorándums**, *pl* **memoranda**) *m* memorando *m*.
memoria *f* **-1.** [gen] memória *f*; **de ~** de memória; **hacer ~** puxar pela memória; **traer a la ~** trazer à memória **-2.** [disertación, estudio] dissertação *f* **-3.** [informe] relatório *m* **-4.** [lista] relação *f*.
◆ **memorias** *fpl* memórias *fpl*.
memorizar *vt* memorizar.
menaje *m* utensílios *mpl* domésticos.
mención *f* menção *f*; **hacer ~** fazer menção.
mencionar *vt* mencionar.
menda *pron (el verbo va en 3ra persona)* ***Esp fam*** **-1.** [el que habla] eu **-2.** [uno cualquiera] fulano *m*.
mendicidad *f* mendicância *f*.
mendigar <> *vt* mendigar. <> *vi* mendigar.
mendigo, ga *m, f* mendigo *m*, -ga *f*.
mendrugo *m* pedaço *m* de pão duro.
menear *vt* **-1.** [mover] menear **-2.** [activar] remexer.
◆ **menearse** *vpr* mexer-se; **de no te menees** ***Esp fam*** [muy grande] que nem te conto.
meneo *m* requebro *m*.
menester *m* ***desus*** mister *m*; **ser ~ algo** ser mister algo.
◆ **menesteres** *mpl* misteres.
menestra *f* CULIN minestrone *m*.
mengano, na *m, f* sicrano *m*, -na *f*.
menguante *adj* minguante.
menguar <> *vi* minguar. <> *vt* minguar.
menisco *m* ANAT menisco *m*.
menopausia *f* menopausa *f*.
menor <> *adj (compar y superl de pequeño)* **-1.** [comparativo] menor; **~ que** menor que **-2.** *(seguido de sust)* [superlativo]: **el/la ~** o/a menor **-3.** *loc*: **al por ~** COM a varejo. <> *mf* **-1.** [superlativo]: **el/la ~** o/a menor **-2.** [de edad] menor.
Menorca *n* Minorca.
menos <> *adv* **-1.** [gen] menos; **está ~ gordo/agresivo** está menos gordo/agressivo; **ya tengo ~ hambre** já estou com menos fome; **~ manzanas/aire** menos maçãs/ar; **~ que** menos que; **~ de cincuenta/cien** menos de cinqüenta/cem; **~ ... que ...** menos ... que ...; **de ~** a menos; **el /la ~** o/a menos; **lo ~** o mínimo; **es lo de ~** é o de menos; **tres ~ dos igual a uno** três menos dois igual a um; **son las cuatro ~ diez** são dez para as quatro **-2.** [excepto] menos; **acudieron todos ~ él** vieram todos menos ele; **todo ~ eso** tudo menos isso **-3.** *loc*: **a ~ que** a menos que; **no es para ~** não é para menos; **es lo de ~** é o de menos; **poco ~** pouco menos; **¡~ mal!** ainda bem! <> *m inv* [em matemáticas] menos *m inv*; **al/por lo ~** ao/pelo menos.
◆ **a menos que** *loc conj* a menos que.
menoscabar *vt* menoscabar.
menospreciar *vt* menosprezar.
mensaje *m* mensagem *f*; **~ de texto** [en teléfono móvil] mensagem de texto.
mensajero, ra <> *adj* mensageiro (ra). <> *m, f* mensageiro *m*, -ra *f*.
menstruación *f* menstruação *f*.
menstruar *vi* menstruar.
mensual *adj* mensal.
mensualidad *f* mensalidade *f*.
menta *f* menta *f*.
mental *adj* mental.
mentalidad *f* mentalidade *f*.
mentalizar *vt* conscientizar.
◆ **mentalizarse** *vpr* conscientizar-se.
mentar *vt* mencionar.
mente *f* mente *f*; **tener en ~** ter em mente.
mentecato, ta *m, f* mentecapto *m*, -ta *f*.
mentir *vi* mentir.
mentira *f* [falsedad] mentira *f*; **de ~** de mentira; **parecer algo ~** algo parecer mentira.

mentirijillas ◆ **de mentirijillas** *loc adv fam* de mentirinha.
mentiroso, sa ◇ *adj* mentiroso (sa). ◇ *m, f* mentiroso *m*, -sa *f*.
mentol *m* mentol *m*.
mentón *m* queixo *m*.
menú (*pl* **menús**) *m* menu *m*; ~ **del día** prato do dia.
menudencia *f* miudeza *f*.
menudeo *m* ***Amér*** COM venda *f* a varejo.
menudillos *mpl* miúdos *mpl*.
menudo, da *adj* **-1.** [gen] miúdo(da) **-2.** *(antepuesto al sust)* [para enfatizar] senhor(ra).
◆ **a menudo** *loc adv* com freqüencia, amiúde.
meñique *m* ▷ **dedo**.
meollo *m* âmago *m*.
meón, ona *m, f* ***fam*** [que mea] mijão *m*, -jona *f*.
mercader, ra *m, f* mercador *m*, -ra *f*.
mercadería *f* mercadoria *f*.
mercadillo *m* feira *f*.
mercado *m* mercado *m*.
mercancía *f* mercadoria *f*.
mercante *adj* mercante.
mercantil *adj* mercantil.
mercenario, ria ◇ *adj* mercenário(ria). ◇ *m, f* mercenário *m*, -ria *f*.
mercería *f* armarinho *m*.
Mercosur (*abrev de* **Mercado Común del Sur**) *m* Mercosul *m*.
mercurio *m* mercúrio *m*.
Mercurio *m* Mercúrio *m*.
merecedor, ra *adj* merecedor(ra).
merecer ◇ *vt* merecer. ◇ *vi* merecer.
merecido *m* castigo *m*.
merendar ◇ *vi* merendar, lanchar. ◇ *vt* merendar, lanchar.
merendero *m café ou lanchonete ao ar livre, no campo ou na praia*.
merendola *f* ***Esp fam*** merenda *f* abundante.
merengue *m* merengue *m*.
meridiano, na *adj* **-1.** [del mediodía] meridiano(na) **-2.** [claro] claro(ra).
◆ **meridiano** *m* meridiano *m*.
merienda *f* lanche *m*, merenda *f*; ~ **de negros** ***fig*** angu *m*.
mérito *m* mérito *m*; **hacer ~s** mostrar serviço; **de ~** [valor] de mérito.
merluza *f* **-1.** [animal] merluza *f* **-2.** ***fam*** [borrachera] bebedeira *f*.
merma *f* diminuição *f*.
mermar ◇ *vi* diminuir. ◇ *vt* consumir.
mermelada *f* geléia *f*.
mero, ra *adj (antepuesto al sust)* mero (ra).
◆ **mero** *m* mero *m*.
merodear *vi* vaguear.
mes *m* mês *m*.
mesa *f* mesa *f*; ~ **camilla** *mesa redonda, com quatro pés, e um apoio embaixo para colocar um braseiro*; ~ **directiva** [grupo de personas] mesa diretora; ~ **de edad** *mesa constituída para eleger um prefeito ou um presidente de governo, da qual devem participar, entre outros, o membro de maior e o de menor idade*; **poner la ~** [para comer] pôr a mesa.
◆ **mesa electoral** *f* zona *f* eleitoral.
◆ **mesa redonda** *f* mesa-redonda *f*.
mesada *f* **-1.** ***Amér*** [mensualidad] prestação *f* **-2.** ***RP*** [encimera] tampa *f*.
mesero, ra *m, f* ***CAm, Col, Méx*** garçom *m*, -nete *f*.
meseta *f* GEOGR meseta *f*.
mesías *m* messias *m*.
◆ **Mesías** *m*: **el Mesías** o Messias.
mesilla *f* mesinha *f*; ~ **de noche** criado-mudo *m*.
mesón *m restaurante de estilo rústico*.
mesonero, ra *m, f* ***Chile, Ven*** [camarero] garçom *m*, -nete *f*.
mestizo, za ◇ *adj* mestiço(ça). ◇ *m, f* mestiço *m*, -ça *f*.
mesura *f* mesura *f*; **con ~** com moderação.
mesurado, da *adj* mesurado(da).
meta *f* **-1.** DEP [llegada] linha *f* de chegada **-2.** DEP [portería] gol *m* **-3.** [objetivo] meta *f*; **fijarse una ~** estabelecer uma meta.
metabolismo *m* BIOL metabolismo *m*.
metacrilato *m* metacrilato *m*.
metáfora *f* LITER metáfora *f*.
metal *m* **-1.** [material] metal *m*; **~es preciosos** metais preciosos **-2.** MÚS metais *mpl*.
metálico, ca *adj* metálico(ca).
◆ **metálico** *m*: **en ~** em dinheiro.
metalurgia *f* metalurgia *f*.
metamorfosis *f inv* metamorfose *f*.
metate *m* ***Guat, Méx*** mó *m*.
metedura de pata *f* fora *m*.
meteorito *m* meteorito *m*.
meteoro *m* meteoro *m*.

meteorología *f* meteorologia *f*.

meteorológico, ca *adj* meteorológico(ca).

meteorólogo, ga *m, f* meteorologista *mf*.

meter *vt* **-1.** [introducir, internar] meter; **~ algo/a alguien en** meter algo/alguém em; **lo han metido en la cárcel** meteram-no na prisão **-2.** [ingresar] meter; **voy a ~ medio millón en el banco** vou meter meio milhão no banco **-3.** [invertir] apostar; **he metido mis ahorros en esa empresa** apostei minhas economias nessa empresa; **~ a alguien en algo** implicar alguém em algo **-4.** *fam* [hacer soportar] empurrar; **nos meterá su discurso** vai-nos empurrar seu discurso **-5.** *fam* [imponer] tascar; **me han metido una multa** tascaram-me uma multa **-6.** [provocar] dar, meter; **~ miedo a alguien** meter medo em alguém; **~ prisa a alguien** apressar alguém; **no metas ruido** não faça barulho **-7.** *fam* [soltar] dar; **le metieron una bronca por llegar tarde** deram-lhe uma bronca por chegar tarde **-8.** *loc*: **~ la pata** *fam* pisar na bola.

◆ **meterse** *vpr* meter-se; **~se a** [dedicarse a] meter-se a; [iniciar] começar; **~ en** meter-se em.

◆ **meterse con** *v + prep* meter-se com.

meterete *mf* ***CSur fam*** xereta *mf*.

metete *mf* ***Andes, CAm fam*** xereta *mf*.

metiche *mf* ***Méx, Ven fam*** intrometido *m*, -da *f*.

meticuloso, sa *adj* meticuloso(sa).

metido, da *adj* metido(da); **echó a correr con el miedo ~ en el cuerpo** pôs-se a correr possuído pelo medo; **andar** *o* **estar ~ en** andar *o* estar metido em.

metódico, ca *adj* metódico(ca).

metodismo *m* RELIG metodismo *m*.

método *m* método *m*.

metodología *f* metodologia *f*.

metomentodo *fam* ◇ *adj inv* abelhudo(da). ◇ *mf* abelhudo *m*, -da *f*.

metralla *f* metralha *f*.

metralleta *f* metralhadora *f*.

métrico, ca *adj* métrico(ca).

metro *m* **-1.** [unidad] metro *m* **-2.** [forma de transporte] metrô *m*.

metrópoli, metrópolis *f inv* metrópole *f*.

metropolitano, na *adj* metropolitano(na).

◆ **metropolitano** *m* ***desus*** metropolitano *m*.

mexicano, na, mejicano, na ◇ *adj* mexicano(na). ◇ *m, f* mexicano *m*, -na *f*.

México, Méjico *n* México.

mezcla *f* **-1.** [gen] mistura *f* **-2.** [tejido] mescla *f* **-3.** [de grabación] mixagem *f*.

mezclar *vt* **-1.** [gen] misturar **-2.** [implicar]: **~ a alguien en** envolver alguém em.

◆ **mezclarse** *vpr* **-1.** [sustancias, personas] misturar-se; **~se con** misturar-se com **-2.** [intervenir]: **~se en** imiscuir-se em **-3.** : **~se con** *fig* [frecuentar] misturar-se com.

mezquino, na *adj* mesquinho(nha).

mezquita *f* mesquita *f*.

mg (*abrev de* **miligramo**) mg.

MHz (*abrev de* **megahercio**) MHz.

mi[1] *m* MÚS mi *m*.

mi[2] (*pl* **mis**) *adj* meu (minha).

mí *pron* mim; **¡a ~ qué!** e daí?; **para ~** [yo creo] para mim; **por ~ ...** por mim ...

miaja *f* = **migaja**.

miau *m* miau *m*.

michelines *mpl* ***fam*** pneuzinhos *mpl*.

mico *m* **-1.** [mono] mico *m* **-2.** ***fam*** [persona] tribufu *m* **-3.** *loc*: **ser el último ~** *fam* ser o menos importante.

micra *f* micrômetro *m*.

micrero, ra *m, f* ***Chile*** motorista *mf* de microônibus.

micro *m* **-1.** ***fam*** [micrófono] microfone *m* **-2.** ***Arg, Bol, Chile*** [microbús] microônibus *m*.

microbio *m* micróbio *m*.

microbús *f* microônibus *m*.

microficha *f* FOT microficha *f*.

microfilm (*pl* **microfilms**), **microfilme** (*pl* **microfilmes**) *m* FOT microfilme *m*.

micrófono *m* microfone *m*; **~ inalámbrico** microfone sem fio.

microonda *f* microonda *f*.

microondas *m inv* ▷ **horno**.

microordenador *m* INFORM microcomputador *m*.

microprocesador *m* INFORM microprocessador *m*.

microscópico, ca *adj* microscópico(ca).

microscopio *m* microscópio *m*.

miedo *m* medo *m*; **dar ~** ter medo de; **meter ~** meter medo; **temblar de ~** tremer de medo; **tener ~ a algo/hacer algo** [asustarse] ter medo de algo/fazer algo; **tener ~ de** *fig* ter medo de; **de ~** *fam fig* de arrasar; **estar cagado de ~** *vulg fig* estar cagado de medo; **morirse de ~** *fig* morrer de medo.

miedoso, sa ◇ *adj* medroso(sa). ◇ *m, f* medroso *m*, -sa *f*.

miel *f* mel *m*; **~ sobre hojuelas** *loc* melhor ainda.

miembro *m* membro *m*; **~ (viril)** membro viril.

mientras ◇ *conj* enquanto; **~ que** [oposición] enquanto. ◇ *adv* [entre tanto] enquanto.
◆ **mientras tanto** *loc adv* enquanto isso.

miér. (*abrev de* **miércoles**) qua.

miércoles *m inv* quarta-feira *f*.

mierda *vulg* ◇ *f* **-1.** merda *f*; **de ~** de merda **-2.** *loc*: **irse a la ~** [para rechazar] ir à merda; [arruinarse] virar merda; **mandar a la ~** mandar à merda. ◇ *mf* merda *mf*. ◇ *interj* merda!

mies *f* messe *f*.
◆ **mieses** *fpl* messe *f*.

miga *f* **-1.** [de pan] miolo *m* **-2.** *(gen pl)* [restos] migalha *f* **-3.** *loc*: **tener ~** *fam* dar pano para manga.
◆ **migas** *fpl* **-1.** CULIN migas *fpl* **-2.** *loc*: **hacer buenas/malas ~s con alguien** *fam* dar-se bem/mal com alguém; **hacer(se) ~s** *fam* [cosa] virar pó; [persona] deixar em frangalhos.

migaja, miaja *f* **-1.** [fragmento] migalha *f* **-2.** [un poco de]: **una ~ de** um pingo de.
◆ **migajas** *fpl* [restos] migalhas *fpl*.

migra *f* *Méx fam pey*: **la ~** a patrulha de fronteira.

migración *f* migração *f*.

migraña *f* MED enxaqueca *f*.

migrar *vi* migrar.

migratorio, ria *adj* migratório(ria).

mijo *m* painço *m*.

mil ◇ *núm* mil. ◇ *m* mil *m*; **~ y un/una** *fig* mil e um/uma.
◆ **miles** *mpl* [gran cantidad] milhares *mpl*; **~es de** milhares de; *ver también* **seis**.

milagro *m* milagre *m*; **de ~** por milagre; **hacer ~s** *fig* fazer milagres.

milagroso, sa *adj* milagroso(sa).

milamores *f inv* milamores *fpl*.

milanesa *f RP* milanesa *f*.

milenario, ria *adj* milenar.
◆ **milenario** *m* milenário *m*.

milenio *m* milênio *m*.

milésimo, ma *núm* milésimo(ma); **milésima parte** milésima parte.
◆ **milésima** *f* milésimo *m*.

milhojas *m inv* CULIN mil-folhas *fpl*.

mili *f Esp fam* serviço *m* militar; **hacer la ~** servir o exército.

milicia *f* milícia *f*.

miliciano, na ◇ *adj* miliciano(na). ◇ *m, f* miliciano *m*, -na *f*.

milico *m Andes, RP fam pey* [soldado] milico *m*; [policía] tira *m*.

miligramo *m* miligrama *m*.

mililitro *m* mililitro *m*.

milímetro *m* milímetro *m*.

militante ◇ *adj* militante. ◇ *mf* militante *mf*.

militar[1] ◇ *adj* militar. ◇ *mf* militar *mf*.

militar[2] *vi* militar.

militarizar *vt* militarizar.

milla *f* milha *f*.

millar *m* milhar *m*; **~ de** milhar de.

millón *núm* [para contar] milhão; **~ de** [número] milhão de.
◆ **millones** *mpl* milhões *mpl*.

millonada *f fam* dinheirão *m*.

millonario, ria ◇ *adj* milionário(ria). ◇ *m, f* milionário *m*, -ria *f*.

millonésimo, ma *núm* [para ordenar] milionésimo(ma); **millonésima parte** [para fraccionar] milionésima parte.
◆ **millonésima** *f* milionésimo *m*.

milpa *f CAm, Méx* milharal *m*.

mimado, da *adj* mimado(da).

mimar *vt* mimar.

mimbre *m* vime *m*.

mímico, ca *adj* mímico(ca).
◆ **mímica** *f* mímica *f*.

mimo *m* **-1.** [indulgencia excesiva, cariño] mimo *m* **-2.** [actor] mímico *m*, -ca *f* **-3.** [estilo teatral] mímica *f*; **hacer ~** fazer mímica.

mimosa *f* mimosa *f*.

mimoso, sa *adj* mimoso(sa).

min (*abrev de* **minuto**) min.

mina *f* mina *f*.

minar *vt* minar.

mineral ◇ *adj* **-1.** mineral **-2.** ▷ **agua**. ◇ *m* mineral *m*.

minería *f* **-1.** [técnica] mineração *f* **-2.** [sector] indústria *f* mineira.

minero, ra ◇ *adj* mineiro(ra). ◇ *m, f* mineiro *m*, -ra *f*.
minestrone *f* CULIN minestrone *m*.
miniatura *f* miniatura *f*; **en ~** em miniatura.
minibar *m* minibar *m*.
minicadena *f* microsystem *m*.
minifalda *f* minissaia *f*.
minigolf *m* minigolfe *m*.
mínima *f* ▷ **mínimo**.
mínimo, ma ◇ *superl* ▷ **pequeño**. ◇ *adj* mínimo(ma); **como ~** no mínimo; **en lo más ~** nem um pouco.
◆ **mínimo** *m* mínimo *m*.
◆ **mínima** *f* temperatura *f* mínima.
minino, na *m, f fam* bichano *m*, -na *f*.
miniserie *f* minissérie *f*.
ministerio *m* ministério *m*.
ministro, tra *m, f* ministro *m*, -tra *f*; **~ primer ~** primeiro-ministro *m*.
minoría *f* minoria *f*.
minorista ◇ *adj* varejista. ◇ *mf* varejista *mf*.
minoritario, ria *adj* minoritário (ria).
minucia *f* minúcia *f*.
minuciosidad *f* minuciosidade *f*.
minucioso, sa *adj* minucioso(sa).
minué *m* MÚS minueto *m*.
minúsculo, la *adj* minúsculo(la).
◆ **minúscula** *f* letra *f* minúscula.
minusvalía *f* **-1.** ECON desvalorização *f* **-2.** [física] deficiência *f*.
minusválido, da ◇ *adj* deficiente. ◇ *m, f* deficiente *mf*.
minuta *f* **-1.** [factura] fatura *f* de honorários **-2.** [menú] minuta *f* **-3.** *RP* [comida] lanche *m*.
minutero *m* ponteiro *m*.
minuto *m* minuto *m*; **al ~** na hora.
mío, mía ◇ *adj* meu (minha). ◇ *pron*: **el ~, la mía** o meu, a minha; **lo ~ es el deporte** meu negócio é o esporte.
miocardio *m* ANAT miocárdio *m*.
miope ◇ *adj* míope. ◇ *mf* míope *mf*.
miopía *f* miopia *f*.
mira ◇ *f* **-1.** [para mirar] mira *f* **-2.** [intención] intenção *f*; **con ~s a** com vistas a. ◇ *interj* olha!
mirado, da *adj* [prudente] cauteloso (sa); **bien ~** pensando bem.
◆ **mirada** *f* olhar *m*; **apartar la mirada** desviar o olhar; **dirigir** *o* **lanzar una mirada** dirigir *o* lançar um olhar; **echar una mirada** dar uma olhada; **fulminar con la mirada** fulminar com o olhar; **levantar la mirada** levantar o olhar.
mirador *m* **-1.** [balcón] varanda *f* envidraçada **-2.** [para ver paisaje] mirante *m*.
miramiento *m* atenção *f*; **sin ~s** sem consideração.
mirar ◇ *vt* **-1.** olhar; **~ de cerca/lejos** olhar de perto/longe; **~ por encima** olhar superficialmente **-2.** *(en imperativo)* [para introducir una explicación]: **mira, yo creo que es mejor que no insistas** olha, eu acho que é melhor não insistir **-3.** *loc*: **de mírame y no me toques** muito frágil. ◇ *vi* **-1.** [ver] olhar **-2.** [dar]: **~ a mirar** para **-3.** [cuidar]: **~ por alguien/algo** olhar por alguém/algo.
◆ **mirarse** *vpr* mirar-se; **si bien se mira** *fig* se pensar bem.
mirilla *f* olho *m* mágico.
mirlo *m* melro *m*.
mirón, ona *fam* ◇ *adj* voyeur (euse). ◇ *m, f* curioso *m*, -sa *f*.
mirra *f* mirra *f*.
misa *f* RELIG missa *f*; **cantar ~** celebrar a primeira missa; **decir ~** celebrar missa; **ir a ~** ir à missa; *Esp fam* ser indiscutível; **oír ~** assistir à missa; **no saber de la ~ la mitad** *fam* não saber da missa a metade.
misal *m* missal *m*.
misántropo, pa *m, f* misantropo *m*, -pa *f*.
miscelánea *f* **-1.** [mezcla] miscelânea *f* **-2.** [tienda] bazar *m*.
miserable ◇ *adj* miserável. ◇ *mf* miserável *mf*.
miseria *f* miséria *f*.
misericordia *f* misericórdia *f*; **pedir ~** pedir misericórdia.
misericordioso, sa ◇ *adj* misericordioso(sa). ◇ *m, f* misericordioso *m*, -sa *f*.
mísero, ra *adj* [pobre] mísero(ra); **no nos ofreció ni un ~ café** não nos ofereceu nem um mísero café.
misil (*pl* **misiles**) *m* MIL míssil *m*.
misión *f* missão *f*.
◆ **misiones** *fpl* [de misionero] missões *fpl*.
misionero, ra ◇ *adj* missionário (ria). ◇ *m, f* missionário *m*, -ria *f*.
misiva *f culto* missiva *f*.
mismo, ma ◇ *adj* mesmo(ma); **del**

~ **que** do mesmo que; **mí/ti** *etc* ~ mim/ti *etc* mesmo; **¡tú ~!** você mesmo! ◇ *pron* mesmo(ma); **lo ~ (que)** o mesmo (que); **dar** *o* **ser lo ~** dar no mesmo; **estar en las mismas** *fig* estar na mesma; **volver a las mismas** *fig* incorrer no mesmo erro.

◆ **mismo** *adv (después del sustantivo)* **-1.** [para dar énfasis] mesmo; **ahora ~** agora mesmo **-2.** [por ejemplo] mesmo.

misógino, na ◇ *adj* misógino(na). ◇ *m, f* misógino *m*, -na *f*.

miss (*pl* **misses**) *f* miss *f*.

míster *m* **Esp** DEP treinador *m*.

misterio *m* mistério *m*.

misterioso, sa *adj* misterioso(sa).

mística *f* ▷ **místico**.

místico, ca RELIG ◇ *adj* místico(ca). ◇ *m, f* místico *m*, -ca *f*.

◆ **mística** *f* mística *f*.

mitad *f* metade *f*; **a ~ de** pela metade de; **la ~ de** a metade de; **por la ~** pela metade; **~ y ~** meio a meio; **~ de** metade de; **a ~ de** na metade de; **en ~ de** [espacio] no meio de.

mítico, ca *adj* mítico(ca).

mitificar *vt* mitificar.

mitigar *vt* mitigar.

mitin, mítin *m* comício *m*.

mito *m* mito *m*.

mitología *f* mitologia *f*.

mitote *m* **Méx fam** [bulla] algazarra *f*.

mixto, ta *adj* misto(ta).

ml (*abrev de* **mililitro**) ml.

mm (*abrev de* **milímetro**) mm.

moaré = **muaré**.

mobiliario *m* mobiliário *m*.

moca *f* moca *m*.

mocasín *m* mocassim *m*.

mocetón, ona *m, f* **fam** rapagão *m*, rigaça *f*.

mochila *f* mochila *f*.

mocho, cha *adj* mocho(cha).

mochuelo *m* **-1.** [ave] coruja *f* **-2.** **fam** [trabajo]: **sacudirse el ~** livrar-se do abacaxi.

moción *f* [proposición] moção *f*.

moco *m* muco *m*; **tener ~s** estar com muco.

mocoso, sa ◇ *adj* moncoso(sa). ◇ *m, f* **fam** ranhento *m*, -ta *f*.

moda *f* moda *f*; **estar de ~** estar na moda; **estar pasado de ~** estar fora de moda; **ir a la (última) ~** andar na (última) moda.

modal *adj* GRAM modal.

◆ **modales** *mpl* modos *mpl*; **tener buenos/malos ~es** ter bons/maus modos.

modalidad *f* modalidade *f*.

modelar *vt* modelar.

modelo ◇ *adj* exemplar. ◇ *mf* modelo *mf*. ◇ *m* modelo *m*.

módem (*pl* **modems**) *m* INFORM modem *m*.

moderación *f* moderação *f*.

moderado, da ◇ *adj* moderado (da). ◇ *m, f* moderado *m*, -da *f*.

moderador, ra ◇ *adj* moderador (ra). ◇ *m, f* mediador *m*, -ra *f*.

moderar *vt* moderar.

◆ **moderarse** *vpr*: **~se (en)** moderar-se (em).

modernismo *m* modernismo *m*.

modernizar *vt* modernizar.

◆ **modernizarse** *vpr* modernizar-se.

moderno, na ◇ *adj* moderno(na). ◇ *m, f* **fam** pessoa *f* moderna.

modestia *f* modéstia *f*.

modesto, ta *adj* modesto(ta).

módico, ca *adj* módico(ca).

modificado, da *adj*: **~ genéticamente** geneticamente modificado(da).

modificar *vt* modificar.

modista *mf* modista *mf*.

modisto *m* [diseñador] modisto *m*.

modo *m* modo *m*; **a ~ de** [a manera de] a modo de; **al ~ de** [al estilo de] ao modo de; **de todos ~s** de todo modo; **en cierto ~** de certo modo; **~ de empleo** modo de funcionamento; **de ~ que** [de manera que] de modo que; [así que] assim que.

◆ **modos** *mpl* modos *mpl*; **buenos/malos ~s** bons/maus modos.

modorra *f* **fam** modorra *f*.

modoso, sa *adj* recatado(da).

modular[1] *adj* modulado(da).

modular[2] *vt* modular.

módulo *m* módulo *m*.

mofa *f* mofa *f*; **hacer ~ de** fazer mofa de.

mofarse *vpr*: **~ (de)** mofar (de).

moflete *m* bochecha *f*.

mogollón *m* **Esp fam** [lío] confusão *f*; **un ~ de** um montão de.

mohair *m* mohair *m*.

moho *m* mofo *m*.

mohoso, sa *adj* mofado(da).

moisés *m inv* moisés *m*.

mojado, da *adj* molhado(da).

mojar *vt* molhar.

◆ **mojarse** *vpr* **-1.** [con agua] molhar-se **-2.** *fam* [comprometerse] comprometer-se.
mojigato, ta ◇ *adj* **-1.** [por su beatitud] beato(ta) **-2.** [con falsa humildad] fingido(da). ◇ *m, f* **-1.** [beato] beato *m*, -ta *f* **-2.** [con falsa humildad] fingido *m*, -da *f*.
mojón *m* marco *m*.
molar[1] *m* ▷ **diente**.
molar[2] *mfam* ◇ *vt* agradar. ◇ *vi* agradar.
molcajete *m* ***Méx*** almofariz *m*.
Moldavia *n* Moldávia.
molde *m* fôrma *f*.
moldeado *m* **-1.** [en pelo] permanente *f* **-2.** [de figura, cerámica] moldagem *f*.
moldear *vt* **-1.** [gen] modelar **-2.** [persona] moldar.
moldura *f* moldura *f*.
mole *f* **-1.** [gen] mole *f* **-2.** ***Méx*** CULIN *molho de sabor forte, preparado à base de chile, tomate verde, gergelim, especiarias e condimentos e, às vezes, chocolate e amendoim.*
molécula *f* molécula *f*.
moler *vt* **-1.** [grano] moer **-2.** ***fam*** [cansar] moer.
molestar *vt* **-1.** [gen] incomodar **-2.** [ofender] ofender.
◆ **molestarse** *vpr* **-1.** [incomodarse] incomodar-se; **~se en hacer algo** incomodar-se em fazer algo; **~se por** incomodar-se com **-2.** [ofenderse] ofender-se.
molestia *f* incômodo *m*; **tomarse la ~ de hacer algo** ter o incômodo de fazer algo.
molesto, ta *adj* **-1.** [incordiante] incômodo(da) **-2.** [irritado] irritado(da) **-3.** [con malestar] incomodado(da).
molido, da *adj* **-1.** [grano] moído(da) **-2.** ***fam*** [persona] moído(da).
molinero, ra *m, f* moleiro *m*, -ra *f*.
molinete *m* **-1.** [ventilador] exaustor *m* **-2.** [juguete] cata-vento *m*.
molinillo *m* moedor *m*.
molino *m* moinho *m*.
molla *f* **-1.** [parte blanda] polpa *f* **-2.** [grasa] pneu *m*.
molleja *f* moleja *f*.
mollera *f* ***fam*** [juicio] cachola *f*.
molusco *m* molusco *m*.
momentáneo, a *adj* momentâneo(a).
momento *m* [instante] momento *m*; **a cada ~** a cada momento; **al ~** na hora; **desde el ~ (en) que** [tiempo] desde o momento (em) que; **de un ~ a otro** de uma hora para outra; **por ~s** progressivamente; **de ~** de momento.
momia *f* múmia *f*.
mona *f* ▷ **mono**.
Mónaco *n*: **(el principado de) ~** (o principado de) Mônaco.
monada *f* **-1.** [gen] mimo *m* **-2.** [gracia] gracinha *f*.
monaguillo *m* coroinha *m*.
monarca *m* monarca *m*.
monarquía *f* monarquia *f*.
monárquico, ca ◇ *adj* monárquico(ca). ◇ *m, f* monarquista *mf*.
monasterio *m* monastério *m*.
Moncloa *f*: **la ~** POLÍT *residência do presidente do governo espanhol, situada nos arredores de Madri.*
monda *f* descascamento *m*; **ser la ~** ***fam*** [divertido] ser engraçado; [raro] ser esquisito.
mondadientes *m inv* palito *m* (de dentes).
mondadura *f* [piel] casca *f*.
mondar *vt* descascar.
moneda *f* moeda *f*; **pagar con** *o* **en la misma ~** pagar na mesma moeda; **ser ~ corriente** ser corriqueiro.
monedero *m* porta-níqueis *m inv*, porta-moedas *m inv*.
monegasco, ca ◇ *adj* monegasco(ca). ◇ *m, f* monegasco *m*, -ca *f*.
monería *f* **-1.** [gen] macaquice *f* **-2.** [acción graciosa] gracinha *f*.
monetario, ria *adj* monetário(ria).
mongólico, ca ◇ *adj* **-1.** [enfermo] mongolóide **-2.** [de Mongolia] mongol. ◇ *m, f* **-1.** [enfermo] mongolóide *mf* **-2.** [de Mongolia] mongol *mf*.
mongolismo *m* mongolismo *m*.
monigote *m* **-1.** [gen] boneco *m* **-2.** ***fig*** [persona] fantoche *m*.
monitor, ra *m, f* monitor *m*, -ra *f*.
◆ **monitor** *m* monitor *m*.
monja *f* freira *f*.
monje *m* monje *m*.
mono, na ◇ *adj* gracioso(sa). ◇ *m, f* [animal] macaco *m*, -ca *f*; **ser el último ~** ser o menos importante.
◆ **mono** *m* **-1.** [prenda de vestir] macacão *m* **-2.** ***Esp fam*** [síndrome de abstinencia] síndrome *f* de abstinência.
◆ **mona** *f* **-1.** [animal] macaca *f* **-2.** ***fam*** [borrachera] porre *m*; **coger una mona** tomar um porre; **dormir la**

mona curar a bebedeira.
monobloque *m Arg prédio muito alto de apartamentos.*
monóculo *m* monóculo *m.*
monogamia *f* monogamia *f.*
monografía *f* monografia *f.*
monokini *m* monoquíni *m.*
monolingüe *adj* monolíngüe.
monolito *m* monolito *m.*
monólogo *m* monólogo *m.*
monoparental *adj* monoparental.
monopatín *m* skate *m.*
monopolio *m ECON* monopólio *m.*
monopolizar *vt* monopolizar.
monosílabo, ba *adj* monossílabo (ba).
◆ **monosílabo** *m* monossílabo *m.*
monoteísmo *m RELIG* monoteísmo *m.*
monotonía *f* monotonia *f.*
monótono, na *adj* monótono(na).
monovolumen *m* minivan *f*, monovolume *m.*
monseñor *m* monsenhor *m.*
monserga *f fam* lenga-lenga *f.*
monstruo ◇ *adj* grandioso(sa). ◇ *m* monstro *m.*
monstruosidad *f* monstruosidade *f.*
monstruoso, sa *adj* monstruoso (sa).
monta *f* **-1.** [suma] montante *m* **-2.** [en caballo] montaria *f* **-3.** [importancia] monta *f*; **de poca/mucha ~** de pouca/muita monta.
montacargas *m inv* monta-cargas *m inv.*
montaje *m* **-1.** [gen] montagem *f* **-2.** [farsa] armação *f.*
montante *m* montante *m*; **~s compensatorios** *COM* montantes compensatórios.
montaña *f* montanha *f*; **~ rusa** montanha-russa.
montañero, ra ◇ *adj* montanhístico(ca), alpinístico(ca). ◇ *m, f* montanhista *mf*, alpinista *mf.*
montañés, esa ◇ *adj* montanhês (sa). ◇ *m, f* montanhês *m*, -sa *f.*
montañismo *m* montanhismo *m*, alpinismo *m.*
montañoso, sa *adj* montanhoso(sa).
montar ◇ *vt* **-1.** [gen] montar **-2.** *CULIN* bater. ◇ *vi* **-1.** [gen] montar **-2.** [vehículo] subir.
◆ **montarse** *vpr* **-1.** [en vehículo] subir **-2.** [en animal] montar **-3.** *loc*: **montárselo** *fam* virar-se.
montaraz *adj* montês.
monte *m* monte *m.*
◆ **monte de piedad** *m* casa *f* de penhor.
montepío *m* montepio *m.*
montés *adj* montês.
Montevideo *n* Montevidéu.
montículo *m* montículo *m.*
montilla *m* amontillado *m.*
monto *m* montante *m.*
montón *m* montão *m*; **a montones** aos montões; **del ~** comum; **un ~ de, montones de** [muchos] um montão de, montões de.
montuno, na *adj Andes* insociável.
montura *f* **-1.** [cabalgadura] montaria *f* **-2.** [arreos] arreio *m* **-3.** [soporte] armação *f.*
monumental *adj* monumental.
monumento *m* monumento *m.*
monzón *m* monção *f.*
moño *m* **-1.** [peinado] coque *m*; **estar hasta el ~** *fig* estar pelas tampas **-2.** *Amér* [adorno] laço *m.*
moquear *vi*: **estoy tan acatarrado que no paro de ~** estou tão encatarrado que meu nariz não pára de escorrer.
moqueta *f* carpete *m.*
mora *f* amora *f* ▷ **moro.**
morada *f culto* morada *f.*
morado, da *adj* roxo(xa); **pasarlas moradas** *fam fig* passar apuros; **ponerse ~** *fam fig* entupir-se.
◆ **morado** *m* **-1.** [color] roxo *m* **-2.** [golpe] arroxeado *m.*
moral ◇ *adj* moral. ◇ *f* moral *m*; **estar bajo de ~** estar de moral baixo. ◇ *m* amoreira *f.*
moraleja *f* moral *f.*
moralizar *vi* moralizar.
morapio *m Esp fam vinho tinto comum.*
morbo *m* **-1.** *fam* morbidez *f* **-2.** *MED* morbidez *f.*
morboso, sa *adj* mórbido(da).
morcilla *f CULIN* morcela *f*; **¡que te/le** *etc* **den ~!** *mfam fig* que se dane!
mordaz *adj* mordaz.
mordaza *f* mordaça *f.*
mordedura *f* mordida *f.*
morder ◇ *vt* morder; **estar alguien que muerde** alguém estar com humor de cão. ◇ *vi* morder.
◆ **morderse** *vpr* morder-se; **~ la lengua** morder a língua; **el perro se muerde la cola** o cachorro morde seu rabo.
mordida *f CAm, Méx fam* propina *f.*

mordisco *m* mordida *f*; **a ~s** a mordidas.
mordisquear *vt* mordiscar.
moreno, na ◇ *adj* **-1.** moreno(na); **ponerse ~** bronzear-se **-2.** [pan, trigo] integral **-3.** [azúcar] mascavo, moreno. ◇ *m, f* moreno *m*, -na *f*.
morera *f* amoreira-branca *f*.
moretón *m* roxo *m*.
morfina *f* FARM morfina *f*.
moribundo, da ◇ *adj* moribundo(da). ◇ *m, f* moribundo *m*, -da *f*.
morir *vi* morrer.
◆ **morirse** *vpr* morrer; **~se de** morrer de.
mormón, ona RELIG ◇ *adj* mórmon. ◇ *m, f* mórmon *mf*.
moro, ra ◇ *adj* mouro(ra). ◇ *m, f* mouro *m*, -ra *f*; **bajarse al ~** *fam Esp* *viajar ao norte da África para comprar maconha.*
◆ **moro** *m fam despec* [machista] machista *m*.
morocho, cha ◇ *adj Andes, RP* [persona] de cabelo escuro; *Ven* [mellizo] gêmeo(a). ◇ *m, f Andes, RP* [moreno] moreno *m*, -na *f*; *Ven* [mellizo] gêmeo *m*, -a *f*.
moronga *f CAm, Méx* chouriço *m*.
moroso, sa ◇ *adj* atrasado(da). ◇ *m, f* atrasado *m*, -da *f*.
morralla *f* **-1.** *despec* [personas] gentalha *f* **-2.** *despec* [cosas] traste *m* **-3.** [pescado] petinga *f* **-4.** *Méx* [dinero suelto] trocado *m*.
morrear *Esp fam vt* beijar.
◆ **morrearse** *vpr* beijar.
morriña *f* saudade *f*.
morro *m* **-1.** [hocico] focinho *m* **-2.** *(gen pl) fam* [labios] beiço *m*; **estar de ~s** estar fazendo beiço **-3.** *fam*: **¡qué ~ tiene!** que cara-de-pau! **-4.** *fam* [extremo] bico *m*.
morsa *f* morsa *f*.
morse *m* morse *m*.
mortadela *f* CULIN mortadela *f*.
mortaja *f* mortalha *f*.
mortal ◇ *adj* mortal. ◇ *mf* mortal *mf*.
mortalidad *f* mortalidade *f*.
mortandad *f* mortandade *f*.
mortero *m* **-1.** [recipiente] pilão *m* **-2.** [mezcla] argamassa *f* **-3.** [artillería] morteiro *m*.
mortífero, ra *adj* mortífero(ra).
mortificar *vt* mortificar.
mortuorio, ria *adj* mortuário(ria).
moruno, na *adj* mourisco(ca).
mosaico *m* mosaico *m*.
mosca *f* **-1.** mosca *f* **-2.** *fam loc*: **estar ~** *Esp* estar chateado; **por si las ~s** na dúvida; **¿qué ~ me/te ha picado?** que bicho me/te mordeu?
◆ **mosca muerta** *mf* mosca *f* morta.
moscardón *m* **-1.** [insecto] mosca-varejeira *f* **-2.** *fam* [hombre molesto] carrapato *m*.
moscón *m* **-1.** [insecto] moscão *m* **-2.** *fam* [hombre molesto] impertinente *mf*.
moscovita ◇ *adj* moscovita. ◇ *mf* moscovita *mf*.
Moscú *n* Moscou.
mosquearse *vpr fam* [enfadarse] chatear-se.
mosquete *m* mosquete *m*.
mosquetero *m* mosqueteiro *m*.
mosquetón *m* mosquetão *m*.
mosquitero *m* **-1.** [de cama] mosquiteiro *m* **-2.** [de ventana] tela *f*.
mosquito *m* mosquito *m*.
mostacho *m* bigode *m*.
mostaza *f* mostarda *f*.
mosto *m* mosto *m*.
mostrador *m* balcão *m*.
mostrar *vt* mostrar.
◆ **mostrarse** *vpr* mostrar-se.
mota *f* grão *m*.
mote *m* **-1.** [apodo] apelido *m* **-2.** *Andes* [maíz] milho *m* cozido.
motel *m* motel *m*.
motín *m* motim *m*.
motivación *f* motivação *f*.
motivar *vt* motivar.
motivo *m* [causa] motivo *m*; **dar ~ a** *o* **para** dar motivo para; **tener ~s para** ter motivos para.
moto *f* moto *m*; **~ de agua** jet ski.
motocicleta *f* motocicleta *f*.
motociclismo *m* motociclismo *m*.
motociclista *mf* motociclista *mf*.
motocross *m* motocross *m*.
motonáutico, ca *adj* motonáutico (ca).
◆ **motonáutica** *f* motonáutica *f*.
motoneta *f Amér* motoneta.
motonetista *mf Amér* motoqueiro *m*, -ra *f*.
motor, ra, triz *adj* motor(triz).
◆ **motor** *m* motor *m*; **~ de explosión** motor de explosão; **~ de reacción** motor de reação.
◆ **motora** *f* lancha *f*.
motorismo *m* motociclismo *m*.

motorista *mf* motociclista *mf*.
motricidad *f* motricidade *f*.
motriz *f* ▷ **motor**.
mountain bike (*pl* **mountain bikes**) *f* mountain bike *f*.
mousse *m o f inv* CULIN musse *f*.
movedizo, za *adj* movediço(ça).
mover *vt* **-1.** [gen] mover **-2.** [suscitar] causar.
◆ **mover** *vi*: ~ **a** levar a.
◆ **moverse** *vpr* **-1.** [gen] relacionar-se **-2.** [darse prisa] mexer-se.
movido, da *adj* **-1.** [gen] inquieto(ta) **-2.** [borroso] tremido(da).
◆ **movida** *f* ***fam*** [ambiente] agitação *f*, agito *m*; ~ **(madrileña)** ***Esp*** *efervecência cultural espanhola que sucedeu a transição entre a democracia e a ditadura.*
móvil ◇ *adj* móvel. ◇ *m* **-1.** [motivo] móvel *m* **-2.** [objeto] móbile *m* **-3.** [teléfono] celular.
movilidad *f* mobilidade *f*.
movilizar *vt* mobilizar.
movimiento *m* **-1.** [gen] movimento *m*; ~ **obrero** movimento dos trabalhadores **-2.** MÚS andamento *m*.
moviola *f* moviola *f*.
moza *f* ▷ **mozo**.
mozalbete *m* jovem *mf*.
mozárabe ◇ *adj* moçárabe. ◇ *mf* [habitante] moçárabe *mf*. ◇ *m* [lengua] moçárabe *m*.
mozo, za ◇ *adj* moço(ça). ◇ *m, f* **-1.** [joven] moço *m*, -ça *f* **-2.** ***Andes, RP*** [camarero] garçom(nete).
◆ **mozo** *m* **-1.** [trabajador] auxiliar *mf* **-2.** [militar] recruta *mf* **-3.** [camarero] garçom *m*, -nete *f*.
◆ **moza** *f* [sirvienta] empregada *f*.
MP3 (*abrev de* **MPEG-1 Audio Layer-3**) *m* INFORM MP3 *m*.
mu *m* [mugido] mu *m*; **no decir ni** ~ ***fig*** não dar um pio.
mtro. (*abrev de* **ministro**) Min.
muaré, moaré *m* moiré *m*.
mucamo, ma *m, f* ***Andes, RP*** [en casa] empregado *m*, -da *f*; [en hotel] camareiro *m*, -ra *f*.
muchacho, cha *m, f* moço *m*, -ça *f*.
muchedumbre *f* multidão *f*.
mucho, cha ◇ *adj* muito(ta). ◇ *pron* muito.
◆ **mucho** *adv* **-1.** muito; **como** ~ quando muito; **con** ~ de longe **-2.** [en comparaciones]: ~ **más/menos** muito mais/menos **-3.** ***loc***: **ni** ~ **menos** de jeito nenhum.
◆ **por mucho que** *loc conj* por mais que.
mucosidad *f* mucosidade *f*.
mucoso, sa *adj* mucoso(sa).
◆ **mucosas** *fpl* mucosas *fpl*.
muda *f* muda *f*.
mudable *adj* mutável.
mudanza *f* mudança *f*.
mudar ◇ *vt* mudar. ◇ *vi* [cambiar]: ~ **de** mudar de.
◆ **mudarse** *vpr*: ~**se (de)** mudar-se (de).
mudéjar ◇ *adj* mudéjar. ◇ *mf* mudéjar *mf*.
mudo, da ◇ *adj* mudo(da). ◇ *m, f* mudo *m*, -da *f*.
mueble ◇ *adj* móvel. ◇ *m* móvel *m*; ~ **bar** bar *m*.
mueca *f* careta *f*.
muela *f* **-1.** [diente] molar *m*; ~ **del juicio** *o* **cordal** dente do siso **-2.** [de molino] mó *f*.
muelle *m* **-1.** [pieza elástica] mola *f* **-2.** [de barcos] cais *m*.
muérdago *m* [planta] visco *m*.
muermo *m* ***Esp fam*** fossa *f*.
muerte *f* **-1.** [defunción] morte *f*; **de** ~ de morte; ~ **súbita (del lactante)** síndrome *m* do berço **-2.** ***loc***: **de mala** ~ de quinta categoria; **a** ~ mortal.
muerto, ta ◇ *pp irreg* ▷ **morir**. ◇ *adj* morto(ta). ◇ *m, f* **-1.** morto *m*, -ta *f* **-2.** : ~ **de** morto de **-3.** ***loc***: **cargarle a alguien el** ~ jogar a culpa em alguém; **hacer el** ~ boiar.
muesca *f* **-1.** [orificio] entalhe *m* **-2.** [corte] marca *f*.
muesli *m* músli *m*.
muestra *f* **-1.** [pequeña cantidad] amostra *f* **-2.** [señal, prueba] [exposición] mostra *f*; **dar** ~**s de** dar mostras de **-3.** [modelo] modelo *m*.
muestrario *m* mostruário *m*.
muestreo *m* amostragem *f*.
mugido *m* mugido *m*.
mugir *vi* mugir.
mugre *f* sujeira *f*.
mugriento, ta *adj* sujo(ja).
mujer *f* mulher *f*; ~ **de la limpieza** faxineira *f*.
mujeriego *m* mulherengo *m*.
mujerzuela *f* ***despec*** mulherzinha *f*.
mulato, ta ◇ *adj* mulato(ta). ◇ *m, f* mulato *m*, -ta *f*.
muleta *f* muleta *f*.
mullido, da *adj* mole.

mulo, la *m, f* **-1.** [animal] mulo *m*, -la *f* **-2.** *fam* [bruto] cavalo *m*.
multa *f* multa *f*.
multar *vt* multar.
multicine *m inv* complexo *m* de cinemas.
multicopista *f* copiadora *f*.
multimedia *adj inv* INFORM multimídia.
multimillonario, ria ◇ *adj* multimilionário(ria). ◇ *m, f* multimilionário *m*, -ria *f*.
multinacional *f* multinacional *f*.
múltiple *adj* **-1.** [variado] múltiplo **-2.** *(gen pl)* [numerosos] múltiplos.
multiplicación *f* multiplicação *f*.
multiplicar *vt* multiplicar.
◆ **multiplicarse** *vpr* multiplicar-se.
múltiplo, pla *adj* múltiplo(pla).
◆ **múltiplo** *m* múltiplo *m*.
multitud *f* multidão *f*.
multitudinario, ria *adj* multitudinário(ria).
multiuso *adj inv* multiuso.
mundanal *adj* mundanal.
mundano, na *adj* mundano(na).
mundial ◇ *adj* mundial. ◇ *m* mundial *m*.
mundillo *m* círculo *m*.
mundo *m* **-1.** [gen] mundo *m*; **el nuevo ~** o novo mundo; **el primer/el tercer ~** o primeiro/o terceiro mundo; **el otro ~** o outro mundo; **todo el ~** todo mundo **-2.** *loc*: **venir al ~** vir ao mundo **-3.** [experiencia] experiência *f*; **hombre/mujer de ~** homem/mulher experiente; **tener ~** ter experiência.
munición *f* munição *f*.
municipal ◇ *adj* municipal. ◇ *mf* ▷ **guardia.**
municipio *m* município *m*.
muñeco, ca *m, f* [juguete] boneco *m*, -ca *f*.
◆ **muñeca** *f* **-1.** ANAT munheca *f*, pulso *m* **-2.** *fam* [mujer] boneca *f*.
muñequera *f* **-1.** [protección] munhequeira *f* **-2.** [del reloj, de plata] pulseira *f*.
muñón *m* coto *m*.
mural ◇ *adj* mural. ◇ *m* mural *m*.
muralla *f* muralha *f*.
murciélago *m* morcego *m*.
murmullo *m* murmúrio *m*.
murmuración *f* murmuração *f*.
murmurador, ra ◇ *adj* murmurador(ra). ◇ *m, f* murmurador *m*, -ra *f*.
murmurar ◇ *vt* murmurar. ◇ *vi* murmurar.
muro *m* muro *m*.
mus *m inv* mus *m inv*.
musa *f* musa *f*.
musaraña *f* musaranho *m*; **mirar alguien a las ~s** viver alguém no mundo da lua.
muscular *adj* muscular.
musculatura *f* musculatura *f*.
músculo *m* músculo *m*.
musculoso, sa *adj* musculoso(sa).
museo *m* museu *m*.
musgo *m* musgo *m*.
música *f* ▷ **músico.**
musical *adj* musical.
music-hall (*pl* **music-halls**) *m* music-hall *m*.
músico, ca ◇ *adj* musical. ◇ *m, f* músico *m*, -ca *f*.
◆ **música** *f* música *f*; **irse/mandar con la música a otra parte** ir/mandar cantar em outra freguesia.
musicoterapia *f* musicoterapia *f*.
musitar *vt* sussurrar.
muslo *m* coxa *f*.
mustio, tia *adj* murcho(cha).
musulmán, ana ◇ *adj* muçulmano(na). ◇ *m, f* muçulmano *m*, -na *f*.
mutación *f* mutação *f*.
mutante ◇ *adj* mutante. ◇ *m* mutante *mf*.
mutar *vt* **-1.** [gen] mudar **-2.** [biol] mutar.
mutilado, da ◇ *adj* mutilado(da). ◇ *m, f* mutilado *m*, -da *f*.
mutilar *vt* mutilar.
mutismo *m* mutismo *m*.
mutua *f* ▷ **mutuo.**
mutual *m* ***CSur, Perú*** acordo *m* benéfico.
mutualidad *f* cooperativa *f*.
mutuo, tua *adj* mútuo(tua).
◆ **mutua** *f* cooperativa *f*.
muy *adv* muito.

N

n, N *f* [letra] n, N *m*.
◆ **N** *m* : **el 20 ~** *20 de Novembro, o*

dia da morte do general Franco.
nabo *m* nabo *m*.
nácar *m* nácar *m*.
nacer *vi* nascer; ~ **en** nascer em; ~ **para algo** nascer algo, nascer para ser algo.
nacido, da ◇ *adj* nascido(da). ◇ *m, f*: **ser un mal** ~ *fig* ser um malnascido.
naciente *adj* nascente.
nacimiento *m* **-1.** [gen] nascimento *m*; **de** ~ de nascimento **-2.** [belén] presépio *m*.
nación *f* nação *f*.
◆ **Naciones Unidas** *fpl*: **las Naciones Unidas** as Nações Unidas.
nacional *adj* nacional.
nacionalidad *f* nacionalidade *f*; **doble** ~ dupla nacionalidade.
nacionalismo *m* nacionalismo *m*.
nacionalista ◇ *adj* nacionalista. ◇ *mf* nacionalista *mf*.
nacionalizar *vt* nacionalizar.
nada ◇ *pron* **-1.** [ninguna cosa] nada; ~ **de** ~ nada de nada; ~ **más** nada mais **-2.** [cosa sin importancia]: **por** ~ **se asusta** assusta-se por nada; **de** ~ de nada; **como si** ~ como se nada houvesse. ◇ *adv* **-1.** [en absoluto] nada **-2.** [poco]: **no hace** ~ **que salió** faz pouco que saiu; ~ **menos que** ninguém menos que **-3.** *(seguido de infinitivo)*: ~ **más salir de casa se puso a llover** mal saiu de casa começou a chover. ◇ *f* nada *m*.
nadador, ra ◇ *adj* nadador(ra). ◇ *m, f* nadador *m*, -ra *f*.
nadar *vi* nadar; ~ **en** nadar em.
nadería *f* ninharia *f*.
nadie ◇ *pron* ninguém. ◇ *m* ninguém *m*; **un don** ~ um joão-ninguém.
nado *m* ***Méx, RP, Ven*** nado *m*.
◆ **a nado** *loc adv* a nado.
NAFTA (*abrev de* **North American Free Trade Agreement**) *m* NAFTA *m*.
nafta *f* ***RP*** [gasolina] gasolina *f*.
naftalina *f* naftalina *f*.
nagual *m* ***CAm, Méx*** **-1.** [hechicero] feiticeiro *m*, -ra *f* **-2.** [animal] mascote *f*.
nahua ◇ *adj relativo à língua, cultura ou povo Nahuatl.* ◇ *mf membro de um grupo de indígenas mexicanos.*
naïf *adj inv* năïf.
nailon, nylon® *m* náilon *m*.
naipe *m* naipe *m*.
nalga *f* nádega *f*.
nalgada *f* ***Méx fam*** nadegada *f*.
nalgón, ona, nalgudo, da *adj* ***Amér*** bundudo(da).
nana *f* **-1.** [canción] acalanto *m* **-2.** ***fam*** [abuela] vovó *f* **-3.** ***Col, Méx*** [niñera] babá *f*.
nanay *interj* ***Esp fam*** uma ova!
nanómetro *m* nanômetro *m*.
nanosegundo *m* nanossegundo *m*.
nanotecnología *f* nanotecnologia *f*.
nao *f* nau *f*.
napa *f* napa *f*.
napalm *m* napalm *m*.
napias *f (gen pl)* ***fam*** napa *f*.
napoleónico, ca *adj* napoleônico(ca).
naranja ◇ *adj inv* [color] laranja. ◇ *m* laranja *m*. ◇ *f* [fruto] laranja *f*.
◆ **media naranja** *f* ***fam fig*** cara-metade *f*.
naranjada *f* laranjada *f*.
naranjo *m* laranjeira *f*.
narciso *m* narciso *m*.
narcótico, ca *adj* MED narcótico(ca).
◆ **narcótico** *m* MED narcótico *m*.
narcotizar *vt* narcotizar.
narcotraficante *mf* narcotraficante *mf*.
narcotráfico *m* narcotráfico *m*.
nardo *m* nardo *m*.
narigudo, da ◇ *adj* narigudo(da). ◇ *m, f* narigudo *m*, -da *f*.
nariz ◇ *f* **-1.** nariz *m* **-2.** ***loc***: **estar hasta las narices** estar de saco cheio; **meter las narices en algo** meter o nariz em algo. ◇ *interj* ***Esp***: **¡narices!** uma ova!
narizotas *mf inv* ***fam*** narigudo *m*, -da *f*.
narración *f* narração *f*.
narrador, ra *m, f* narrador *m*, -ra *f*.
narrar *vt* narrar.
narrativo, va *adj* narrativo(va).
◆ **narrativa** *f* narrativa *f*.
NASA (*abrev de* **National Aeronautics and Space Administration**) *f*: **la** ~ a NASA.
nasal *adj* nasal.
nata *f* **-1.** [gen] nata *f* **-2.** [crema] creme *m*.
natación *f* natação *f*.
natal *adj* natal.
natalicio *m* natalício *m*.
natalidad *f* natalidade *f*.
natillas *fpl* CULIN *doce feito à base de leite, açúcar e ovos que se cozinha em fogo lento.*

natividad *f* natividade *f*.
◆ **Natividad** *f* Natal *m*.
nativo, va ◇ *adj* nativo(va). ◇ *m, f* nativo *m*, -va *f*.
nato, ta *adj* nato(ta).
natural ◇ *adj* natural; **al ~** [sin artificio] ao natural; [entero] inteiro (ra). ◇ *mf* natural *mf*.
naturaleza *f* natureza *f*; **~ muerta** ARTE natureza morta; **por ~** por natureza.
naturalidad *f* naturalidade *f*.
naturalización *f* naturalização *f*.
naturalizar *vt* naturalizar.
◆ **naturalizarse** *vpr* naturalizar-se.
naturismo *m* naturismo *m*.
naturista *mf* naturista *mf*.
naufragar *vi* naufragar.
naufragio *m* naufrágio *m*.
náufrago, ga *m, f* náufrago *m*, -ga *f*.
náusea *f (gen pl)* náuseas *fpl*; **me da ~s** me dá náuseas.
nauseabundo, da *adj* nauseabundo(da).
náutico, ca *adj* náutico(ca).
◆ **náutica** *f* náutica *f*.
navaja *f* navalha *f*.
navajero, ra *m, f* navalhista *mf*.
naval *adj* naval.
Navarra *n* Navarra.
navarro, rra ◇ *adj* navarro(ra). ◇ *m, f* navarro *m*, -ra *f*.
nave *f* **-1.** [barco] navio *m*; **quemar las ~s** jogar a última cartada **-2.** [vehículo, de iglesia] nave *f*; **~ espacial / extraterrestre** nave espacial *o* extraterrestre **-3.** [industrial] galpão *m*.
navegación *f* navegação *f*.
navegador *m* INFORM navegador *m*, browser *m*.
navegante ◇ *adj* navegante. ◇ *mf* navegante *mf*.
navegar *vi* navegar; **~ por Internet** INFORM navegar na *o* pela Internet.
Navidad *f* **-1.** [día] Natal *m* **-2.** *(gen pl)* [período] festas *fpl* de Natal.
navideño, ña *adj* natalino(na).
naviero, ra *adj* naval.
◆ **naviero** *m* armador *m*, -ra *f*.
◆ **naviera** *f* companhia *f* de navegação.
navío *m* navio *m*.
nazi ◇ *adj* nazi. ◇ *mf* nazi *mf*.
nazismo *m* nazismo *m*.
NBA (*abrev de* **National Basketball Association**) *f* NBA *f*.
neblina *f* neblina *f*.
nebulosa *f* ▷ **nebuloso**.
nebulosidad *f* nebulosidade *f*.
nebuloso, sa *adj* nebuloso(sa).
◆ **nebulosa** *f* ASTRON nebulosa *f*.
necedad *f* necedade *f*.
necesario, ria *adj* necessário(ria).
neceser *m* nécessaire *m*.
necesidad *f* necessidade *f*; **de (primera) ~** de primeira necessidade.
◆ **necesidades** *fpl* necessidades *fpl*; **hacer sus ~es** fazer suas necessidades.
necesitado, da ◇ *adj* **-1.** [pobre] necessitado(da) **-2.** [carente]: **~ (de)** carente (de). ◇ *m, f* necessitado *m*, -da *f*.
necesitar *vt* necessitar.
necio, cia ◇ *adj* [tonto] néscio(cia). ◇ *m, f* **-1.** [tonto] néscio *m*, -cia *f* **-2.** *Méx* [fastidioso] chato *m*, chata *f*.
necrología *f* necrologia *f*.
necrópolis *f inv* necrópole *f*.
néctar *m* néctar *m*.
nectarina *f* nectariana *f*.
nefasto, ta *adj* nefasto(ta).
negación *f* negação *f*.
negado, da ◇ *adj* inepto(ta). ◇ *m, f* inepto *m*, -ta *f*.
negar *vt* negar.
◆ **negarse** *vpr*: **~se (a)** negar-se (a).
negativo, va *adj* negativo(va).
◆ **negativo** *m* negativo *m*.
◆ **negativa** *f* negativa *f*.
negligé *m* négligé *m*.
negligencia *f* negligência *f*.
negligente *adj* negligente.
negociable *adj* negociável.
negociación *f* negociação *f*.
negociante *mf* **-1.** [comerciante] negociante *mf* **-2.** [interesado] mercenário *m*, -ria *f*.
negociar ◇ *vi* negociar; **~ en** negociar com. ◇ *vt* negociar.
negocio *m* negócio *m*; **hacer ~** fazer um bom negócio; **~ sucio** negócio sujo; **traspasar un ~** traspassar um negócio.
negra *f* ▷ **negro**.
negrero, ra ◇ *adj* **-1.** [de esclavos] negreiro(ra) **-2.** [explotador] explorador(ra). ◇ *m, f* **-1.** [esclavista] negreiro *m*, -ra *f* **-2.** [explotador] explorador *m*, -ra *f*.
negrita, negrilla *f* ▷ **letra**.
negro, gra ◇ *adj* **-1.** [gen] preto(ta) **-2.** [raza, suerte, futuro] negro(gra) **-3.**

[furioso] possesso(sa) **- 4.** [clandestino] sujo(ja) **- 5.** [policíaco] policial **- 6.** *loc*: **pasarlas negras** passar um mau bocado. ◇ *m, f* negro *m*, -gra *f*.
◆ **negro** *m* **- 1.** [color] preto *m*, negro *m* **- 2.** *fig* [persona] ghost-writer *mf*.
◆ **negra** *f* MÚS semínima *f*.
negrura *f* negrura *m*.
nene, na *m, f* *fam* nenê *mf*.
nenúfar *m* nenúfar *m*.
neoclasicismo *m* neoclassicismo *m*.
neofascismo *m* neofascismo *m*.
neolítico, ca *adj* neolítico(ca).
◆ **neolítico** *m* neolítico *m*.
neologismo *m* LING neologismo *m*.
neón *m* néon *m*.
neonazi ◇ *adj* neonazista. ◇ *mf* neonazista *mf*.
neopreno® *m* neoprene® *m*.
neoyorquino, na ◇ *adj* nova-iorquino(na). ◇ *m, f* nova-iorquino *m*, -na *f*.
Nepal *n*: **el** ~ o Nepal.
nepotismo *m* nepotismo *m*.
Neptuno *m* Netuno *m*.
nervio *m* **- 1.** [gen] nervo *m* **- 2.** [de planta, bóveda] nervura *f*.
◆ **nervios** *mpl* nervos *mpl*; **tener ~s** ter nervos; **poner los ~s de punta** *fig* pôr nervoso(sa); **tener los ~s de punta** *fig* ter os nervos à flor da pele; **tener ~s de acero** *fig* ter nervos de aço.
nerviosismo *m* nervosismo *m*.
nervioso, sa *adj* nervoso(sa).
nervudo, da *adj* nervudo(da).
netiqueta *f* INFORM netiqueta *f*.
neto, ta *adj* **- 1.** [claro] nítido(da) **- 2.** [sin cargas] líquido(da).
neumático, ca *adj* pneumático(ca).
◆ **neumático** *m* pneu *m*.
neumonía *f* MED pneumonia *f*.
neurálgico, ca *adj* nevrálgico(ca).
neurastenia *f* MED neurastenia *f*.
neurocirugía *f* MED neurocirurgia *f*.
neurología *f* MED neurologia *f*.
neurólogo, ga *m, f* MED neurologista *mf*.
neurona *f* ANAT neurônio *m*.
neurosis *f* MED neurose *f*.
neurótico, ca MED ◇ *adj* neurótico(ca). ◇ *m, f* neurótico *m*, -ca *f*.
neutral ◇ *adj* neutro(tra). ◇ *mf* neutro *m*, -tra *f*.
neutralidad *f* neutralidade *f*.
neutralizar *vt* neutralizar.
◆ **neutralizarse** *vpr* neutralizar-se.
neutro, tra *adj* neutro(tra).
neutrón *m* FÍS nêutron *m*.
nevado, da *adj* nevado(da).
◆ **nevada** *f* nevada *f*.
nevar *v impers* nevar.
nevazón *f* **Arg, Chile** nevasca *f*.
nevera *f* geladeira *f*.
nevería *f* **Carib, Méx** sorveteria *f*.
nevisca *f* *pequena queda de neve*.
neviscar *v impers* neviscar.
nexo *m* ligação *f*.
ni ◇ *conj* nem; ~ **que** nem que. ◇ *adv* nem.
nica ***Amér fam*** ◇ *adj* nicaragüense. ◇ *mf* nicaragüense *mf*.
Nicaragua *n* Nicarágua.
nicaragüense ◇ *adj* nicaragüense. ◇ *mf* nicaragüense *mf*.
nicho *m* nicho *m*.
nicotina *f* QUÍM nicotina *f*.
nido *m* **- 1.** [gen] ninho *m* **- 2.** *fig* [guarida] covil *m*.
niebla *f* névoa *f*.
nieto, ta *m, f* neto *m*, -ta *f*.
nieve *f* **- 1.** METEOR neve *f* **- 2.** *fam* [cocaína] pó *m* **- 3.** **Carib, Méx** [granizado] *refresco feito com gelo picado e um suco de fruta*.
◆ **nieves** *fpl* [nevada] nevada *f*.
NIF (*abrev de* **número de identificación fiscal**) *m* CPF *m*.
night-club (*pl* **night-clubs**) *m* night-club *m*.
nigromancia *f* necromancia *f*.
nigua *f* **Guat** [persona cobarde] covarde *mf*; **pegarse como una ~** *fig* grudar como um carrapato.
Nilo *n*: **el** ~ o Nilo.
nimbo *m* **- 1.** [gen] nimbo *m* **- 2.** [de santo] auréola *f*.
nimiedad *f* **- 1.** [cualidad] insignificância *f* **- 2.** [dicho, hecho] ninharia *f*.
nimio, mia *adj* insignificante.
ninfa *f* ninfa *f*.
ninfómana ◇ *adj f* que sofre de ninfomania. ◇ *f* ninfômana *f*.
ninguno, na ◇ *adj* (*delante de sust masculino* **ningún**) **- 1.** [ni uno] nenhum(ma); **no tengo ningún abrigo de piel** não tenho nenhum casaco de pele **- 2.** [nulo] nenhum(ma). ◇ *pron* nenhum(ma); ~ **de** nenhum de.
niña *f* ▷ **niño**.
niñato, ta *m, f* fedelho *m*, -lha *f*.
niñera *f* babá *f*.
niñería *f* criancice *f*.
niñez *f* **- 1.** [infancia] infância *f* **- 2.** [ton-

tería] infantilidade *f*.
niño, ña ◇ *adj* criança *f*. ◇ *m, f* **-1.** [crío] menino *m*, -na *f*; ~ **bien** filho *m* de papai; ~ **bonito** *fig* queridinho *m*, -nha *f*; ~ **prodigio** criança prodígio; **estar como un** ~ **con zapatos nuevos** estar feliz como uma criança **-2.** [joven] moço *m*, -ça *f* **-3.** *loc*: **ni qué** ~ **muerto** que nada.
◆ **niña** *f* pupila *f*; **niña de los ojos** *fig* menina-dos-olhos *f*.
nipón, ona ◇ *adj* nipônico(ca). ◇ *m, f* nipônico *m*, -ca *f*.
níquel *m* níquel *m*.
niquelar *vt* niquelar.
niqui *m* camiseta *f*.
níspero *m* **-1.** [fruto] nêspera *f* **-2.** [árbol] nespereira *f*.
NIT (*abrev de* **número de identificación tributaria**) *m* **Col** CPF *m*.
nitidez *f* nitidez *f*.
nítido, da *adj* nítido(da).
nitrato *m* QUÍM nitrato *m*.
nitrógeno *m* nitrogênio *m*.
nitroglicerina *f* QUÍM nitroglicerina *f*.
nivel *m* nível *m*; **a** ~ ao nível; ~ **de vida** nível de vida.
nivelación *f* nivelação *f*.
nivelador, ra *adj* nivelador(ra).
◆ **niveladora** *f* niveladora *f*.
nivelar *vt* nivelar.
no (*pl* **noes**) ◇ *adv* **-1.** [de negación] não; **¡a que** ~! duvido!; **¿cómo** ~? como não?; ~ **bien** nem bem; ~ **ya** não só; **pues** ~, **que** ~, **eso sí que** ~ certamente que não **-2.** [en final de interrogación] não? ◇ *m* não *m*.
n^{0} (*abrev de* **número**) n^{0}.
nobiliario, ria *adj* nobiliário(ria).
noble ◇ *adj* nobre. ◇ *mf* nobre *mf*.
nobleza *f* nobreza *f*.
noche *f* noite *f*; **de** ~ de noite; **por la** ~ à noite; **de la** ~ **a la mañana** *fig* da noite para o dia; **hacerse de** ~ anoitecer; **buenas** ~**s** boa noite.
Nochebuena *f* véspera *f* de Natal.
nochero *m* **-1.** *CSur* [vigilante nocturno] guarda-noturno *m* **-2.** *Col* [mesita de noche] criado-mudo *m*.
Nochevieja *f* noite *f* de réveillon.
noción *f* noção *f*; **tener** ~ **de** ter noção de.
◆ **nociones** *fpl*: **tener nociones de** ter noções de.
nocivo, va *adj* nocivo(va).
noctámbulo, la ◇ *adj* noturno (na). ◇ *m, f* notívago *m*, -ga *f*.
nocturno, na *adj* noturno(na).
nodo *m* **-1.** [gen] nodo *m*; ~ **local** INFORM nó local **-2.** FÍS nó *m*.
nodriza *f* ama-de-leite *f*.
Noël *m* ▷ **papá**.
nogal *m* nogueira *f*.
nómada ◇ *adj* nômade. ◇ *mf* nômade *mf*.
nomás *adv* **Amér** apenas.
nombramiento *m* nomeação *f*.
nombrar *vt* nomear.
nombre *m* **-1.** [gen] nome *m*; ~ **artístico** nome artístico; ~ **de dominio** INFORM nome de domínio; ~ **de pila** nome de batismo; **en** ~ **de** em nome de; **no tener algo** ~ ser algo inominável **-2.** [sustantivo] substantivo *m*; ~ **colectivo** substantivo coletivo; ~ **común** substantivo comum; ~ **propio** substantivo próprio.
nomenclatura *f* nomenclatura *f*.
nomeolvides *m inv* BOT miosótis *m inv*, não-me-esqueças *m inv*.
nómina *f* **-1.** [lista de empleados] quadro *m* de pessoal **-2.** [pago] folha *f* de pagamentos.
nominal *adj* nominal.
nominar *vt* indicar.
nominativo, va *adj* nominativo(va).
◆ **nominativo** *m* nominativo *m*.
nomo = **gnomo**.
non ◇ *adj* ímpar. ◇ *m* ímpar *m*.
◆ **nones** *mpl* não *m*.
nonagésimo, ma ◇ *núm* [para ordenar] nonagésimo(ma); **nonagésima parte** [para fraccionar] nonagésima parte. ◇ *m, f* nonagésimo *m*, -ma *f*.
nono, na ◇ *adj culto* nono(na). ◇ *m, f* **RP, Ven fam** vovô *m*, -vó *f*.
noqueado, da *adj* **Amér fam** **-1.** [dormido] desmaiado(da) **-2.** [pasmado] pasmado(da).
nordeste = **noreste**.
nórdico, ca ◇ *adj* nórdico(ca). ◇ *m, f* nórdico *m*, -ca *f*.
noreste, nordeste *m* nordeste *m*.
noria *f* **-1.** [para agua] nora *f* **-2.** [de feria] roda-gigante *f*.
norma *f* norma *f*; **por** ~ por norma.
normal *adj* normal.
normalidad *f* normalidade *f*.
normalizar *vt* **-1.** [volver normal] normalizar **-2.** [estandarizar] normalizar, padronizar.
◆ **normalizarse** *vpr* normalizar-se.

normando, da ◇ *adj* normando(-da). ◇ *m, f* normando *m*, -da *f*.

normar *vt Amér* normatizar.

normativo, va *adj* normativo(va).
◆ **normativa** *f* regulamentação *f*.

noroeste *m* noroeste *m*.

norte *m* norte *m*; **al ~ de** ao norte de.

Norteamérica *n* América do Norte.

norteamericano, na ◇ *adj* norte-americano(na). ◇ *m, f* norte-americano *m*, -na *f*.

norteño, ña *adj* do norte.

Noruega *n* Noruega.

noruego, ga ◇ *adj* norueguês (esa). ◇ *m, f* norueguês *m*, -esa *f*.
◆ **noruego** *m* [lengua] norueguês *m*.

nos *pron* nos.

nosotros, tras *pron* nós; **~ nos vamos** nós nos vamos embora; **entre ~** *fig* (aqui) entre nós; **ven con ~** vem conosco.

nostalgia *f* nostalgia *f*.

nota *f* **-1.** nota *f*; **tomar ~** tomar nota; **~ a pie de página** nota de rodapé; **~ de consumo** nota fiscal; **~ de remisión** recibo *m* de emissão **-2.** *loc*: **dar la ~** dar a nota.

notable ◇ *adj* notável. ◇ *m* **-1.** [calificación] muito bom *m* **-2.** *(gen pl)* [persona] notável *mf*.

notar *vt* notar.
◆ **notarse** *vpr* notar-se.

notaría *f* **-1.** [profesión] notariado *m* **-2.** [oficina] cartório *m*.

notarial *adj* notarial.

notario, ria *m, f* notário *m*, -ria *f*.

noticia *f* notícia *f*; **tener ~s** ter notícias.
◆ **noticias** *fpl* noticiário *m*.

noticiario *m* noticiário *m*.

noticiero *m Amér* noticiário *m*.

noticioso *m Andes, RP* noticiário *m*.

notificación *f* notificação *f*.

notificar *vt* notificar.

notoriedad *f* notoriedade *f*.

notorio, ria *adj* notório(ria).

novatada *f* **-1.** [broma] trote *m* **-2.** [inexperiencia] erro *m* de principiante; **pagar la ~** pagar pela inexperiência.

novato, ta ◇ *adj* novato(ta). ◇ *m, f* novato *m*, -ta *f*.

novecientos, tas *núm* novecentos.
◆ **novecientos** *m* novecentos *m*; *ver también* **seis**.

novedad *f* novidade *f*; **sin ~** sem novidades.
◆ **novedades** *fpl* novidades *fpl*.

novedoso, sa *adj* novo(va).

novel *adj* novel.

novela *f* romance *m*; **~ policíaca** romance policial.

novelar *vt* romancear.

novelero, ra ◇ *adj* **-1.** [fantasioso] fantasioso(sa) **-2.** [aficionado a las novelas] aficionado(da) em romances. ◇ *m, f* **-1.** [fantasioso] fantasista *mf* **-2.** [aficionado a las novelas] aficionado *m*, -da *f* em romances.

novelesco, ca *adj* novelesco(ca).

novelista *mf* romancista *mf*.

noveno, na ◇ *núm* [para ordenar] nono(na); **novena parte** [para fraccionar] nona parte. ◇ *m, f* nono *m*, -na *f*.

noventa ◇ *núm* noventa. ◇ *m* [número] noventa *m*; *ver también* **seis**.

noviar *vi CSur, Méx*: **~ con alguien** namorar com alguém; **están noviando** eles estão namorando.

noviazgo *m* noivado *m*.

noviembre *m* novembro *m*; *ver también* **setiembre**.

novillada *f* TAUROM *corrida de novilhos*.

novillero, ra *m, f* TAUROM *toureador de novilhos*.

novillo, lla *m, f* novilho *m*, -lha *f*; **hacer ~s** *Esp fam* cabular aulas.

novio, via *m, f* **-1.** [compañero] namorado *m*, -da *f* **-2.** [prometido] noivo *m*, -va *f*.

NS/NC (*abrev de* **no sabe/no contesta**) NS/NR.

nubarrón *m* nuvem *f* densa e escura.

nube *f* **-1.** [gen] nuvem *f* **-2.** *loc*: **estar en las ~s** [estar distraído] estar nas nuvens; **poner algo/a alguien por las ~s** [alabar] pôr algo/alguém nas nuvens; **estar por las ~s** [caro] estar pela hora da morte.

nublado, da *adj* nublado(da).

nublar *vt* nublar.
◆ **nublarse** *vpr* nublar-se.

nubosidad *f* nebulosidade *f*.

nuca *f* nuca *f*.

nuclear *adj* nuclear.

núcleo *m* núcleo *m*.

nudillo *m* nó *m*.

nudismo *m* nudismo *m*.

nudo *m* **-1.** [gen] nó *m*; **hacérsele a alguien un ~ en la garganta** fazer-se um nó garganta de alguém **-2.** [cruce] entroncamento *m* **-3.** [vínculo] laço *m*.

nudoso, sa *adj* nodoso(sa).
nuera *f* nora *f*.
nuestro, tra ◇ *adj* nosso(sa). ◇ *pron*: **el ~/la nuestra** o nosso/a nossa; **lo ~** o nosso negócio; **los ~s** os nossos.
nueva *f* ▷ **nuevo**.
Nueva York *n* Nova Iorque.
Nueva Zelanda *n* Nova Zelândia.
nueve ◇ *núm* nove. ◇ *m* nove *m*. ◇ *fpl* [hora] nove *m*; *ver también* **seis**.
nuevo, va ◇ *adj* **-1.** [gen] novo(va) **-2.** [recién cosechado] verde. ◇ *m, f* novato *m*, -ta *f*.
◆ **buena nueva** *f* boa nova *f*.
◆ **de nuevo** *loc adv* de novo.
nuez *f* **-1.** [fruto] noz *f* **-2.** ANAT pomo-de-adão *m*.
◆ **nuez moscada** *f* [condimento] noz-moscada *f*.
nulidad *f* nulidade *f*.
nulo, la *adj* nulo(la).
núm. (*abrev de* **número**) núm.
numeración *f* numeração *f*.
numeral ◇ *adj* numeral. ◇ *m* numeral *m*.
numerar *vt* numerar.
◆ **numerarse** *vpr* numerar-se.
numérico, ca *adj* numérico(ca).
número *m* **-1.** [gen] número *m*; **~ redondo** número redondo; **sin ~** [muchos] sem número **-2.** MIL membro *m* **-3.** *loc*: **en ~s rojos** [sin dinero] no vermelho; **hacer ~s** [calcular el dinero] fazer as contas; **montar el ~** fazer uma cena.
numeroso, sa *adj* numeroso(sa).
nunca *adv* nunca; **~ jamás** *o* **más** nunca jamais *o* mais.
nuncio *m* núncio *m*.
nupcial *adj* nupcial.
nupcias *fpl* núpcias *fpl*.
nutria *f* lontra *f*.
nutrición *f* nutrição *f*.
nutricionista *mf* **Amér** nutricionista *mf*.
nutrido, da *adj* **-1.** [alimentado] nutrido(da) **-2.** [numeroso] grande.
nutrir *vt* **-1.** [gen] nutrir; **~ algo/a alguien con algo** nutrir algo/alguém com algo; **~ algo/a alguien de algo** nutrir algo/alguém de algo **-2.** ***fig*** [suministrar] prover; **~ algo/a alguien de algo** prover algo/alguém de algo.
◆ **nutrirse** *vpr* **-1.** [gen]: **~se de** *o* **con algo** nutrir-se de *o* com algo **-2.** ***fig*** [proveerse]: **~se de** *o* **con algo** abastecer-se de *o* com algo.
nutritivo, va *adj* nutritivo(va).
nylon® = **nailon**.

ñ, Ñ *f eñe, letra do alfabeto espanhol*.
ñapa *f* ***Ven fam*** bônus *m*.
ñato, ta *adj* ***Andes, RP*** de nariz achatado.
ñoñería, ñoñez *f* besteira *f*.
ñoño, ña *adj* **-1.** [recatado] inseguro (ra) **-2.** [soso] sem graça.
ñoqui *m (gen pl)* CULIN nhoque *m*.

O

o¹, O (*pl* **oes**) *f* [letra] o, O *m*.
o², u *conj (delante de las palabras que empiezan por la letra o se usa u)* ou.
◆ **o sea (que)** *loc conj* ou seja.
oasis *m* oásis *m*.
obcecar *vt* obcecar.
◆ **obcecarse** *vpr* obcecar-se.
obedecer ◇ *vt* [órdenes] obedecer; **~ a alguien** obedecer a alguém. ◇ *vi* **-1.** [acatar] obedecer **-2.** [someterse] : **~ a** obedecer a.
obediencia *f* obediência *f*.
obediente *adj* obediente.
obelisco *m* obelisco *m*.
obertura *f* MÚS abertura *f*.
obesidad *f* obesidade *f*.
obeso, sa ◇ *adj* obeso(sa). ◇ *m, f* obeso *m*, -sa *f*.
obispo *m* bispo *m*.
objeción *f* objeção *f*; **~ de conciencia** objeção de consciência.
objetar *vt* objetar.
objetividad *f* objetividade *f*.
objetivo, va *adj* objetivo(va).
◆ **objetivo** *m* **-1.** [gen] objetivo *m*

-2. FOT objetiva *f*.
objeto *m* objeto *m*.
◆ **objetos perdidos** *mpl* seção de achados e perdidos.
objetor, ra *m, f* opositor *m*, -ra *f*; ~ **de conciencia** objetor de consciência.
oblicuo, cua *adj* oblíquo(qua).
obligación *f* **-1.** [gen] obrigação *f* **-2.** *(gen pl)* COM obrigação *f*, debênture *f*.
obligado, da *adj* obrigado(da).
obligar *vt*: ~ **a alguien a hacer algo** obrigar alguém a fazer algo.
◆ **obligarse** *vpr*: ~**se a hacer algo** obrigar-se a fazer algo.
obligatorio, ria *adj* obrigatório(ria).
obnubilar *vt* obnubilar.
oboe ◇ *m* [instrumento] oboé *m*. ◇ *mf* [persona] oboísta *mf*.
obra *f* obra *f*; ~ **de caridad** obra de caridade; ~**s completas** obras completas; ~ **maestra** obra-prima *f*; ~**s públicas** obras públicas; **por** ~ **(y gracia) de** por obra e graça de; **'cerrado por** ~**s'** 'fechado para reforma'.
obrar *vi* **-1.** [gen] obrar **-2.** [estar en poder]: ~ **en** encontrar-se em.
obrero, ra ◇ *adj* operário(ria). ◇ *m, f* operário *m*, -ria *f*.
obscenidad *f* obscenidade *f*.
obsceno, na *adj* obsceno(na).
obscurecer = **oscurecer**.
obscuridad = **oscuridad**.
obscuro, ra = **oscuro**.
obsequiar *vt* obsequiar.
obsequio *m* presente *m*.
obsequioso, sa *adj* obsequioso(sa).
observación *f* observação *f*.
observador, ra ◇ *adj* observador(ra). ◇ *m, f* observador *m*, -ra *f*.
observancia *f* observância *f*.
observar *vt* observar.
◆ **observarse** *vpr* observar-se.
observatorio *m* observatório *m*.
obsesión *f* obsessão *f*.
obsesionar *vt* obcecar.
◆ **obsesionarse** *vpr* obcecar-se.
obsesivo, va *adj* obsessivo(va).
obseso, sa ◇ *adj* obcecado(da) por. ◇ *m, f* obcecado *m*, -da *f*.
obstaculizar *vt* obstaculizar.
obstáculo *m* obstáculo *m*.
obstante ◆ **no obstante** *loc adv* não obstante.
obstetricia *f* MED obstetrícia *f*.
obstinado, da *adj* obstinado(da).
obstinarse *vpr*: ~**se (en)** obstinar-se (em).
obstrucción *f* obstrução *f*.
obstruir *vt* obstruir.
◆ **obstruirse** *vpr* obstruir-se.
obtener *vt* obter.
◆ **obtenerse** *vpr* obter-se.
obturador *m* obturador *m*.
obturar *vt* obturar.
obtuso, sa *adj* obtuso(sa).
obús (*pl* **obuses**) *m* obus *m*.
obviar *vt* [evitar] obviar.
obvio, via *adj* óbvio(via).
oca *f* **-1.** [animal] ganso *m* **-2.** [juego] oca *f*.
ocasión *f* ocasião *f*; **en cierta** ~ em certa ocasião; **con** ~ **de** por ocasião de; **dar** ~ dar motivo; **de** ~ de ocasião.
ocasional *adj* ocasional.
ocasionar *vt* ocasionar.
ocaso *m* ocaso *m*.
occidental ◇ *adj* ocidental. ◇ *mf* ocidental *mf*.
occidente *m* ocidente *m*.
◆ **Occidente** *m* [bloque de países] Ocidente *m*.
OCDE (*abrev de* **Organización para la Cooperación y el Desarrollo Económico**) *f* OCDE *f*.
Oceanía *n* Oceania.
oceánico, ca *adj* oceânico(ca).
océano *m* oceano *m*.
ochenta ◇ *núm* oitenta. ◇ *m* oitenta *m*; *ver también* **seis**.
ocho ◇ *núm* oito. ◇ *m* oito *m*. ◇ *fpl* [hora]: **son las** ~ **de la mañana** são oito da manhã; *ver también* **seis**.
ochocientos, tas *núm* **-1.** [para contar] oitocentos(tas) **-2.** [para ordenar] oitocentos.
◆ **ochocientos** *m inv* oitocentos *m*; *ver también* **seis**.
ocio *m* ócio *m*, lazer *m*.
ociosidad *f* ociosidade *f*.
ocioso, sa *adj* ocioso(sa).
ocluir *vt* ocluir.
◆ **ocluirse** *vpr* ocluir-se.
ocre ◇ *m* **-1.** [color] ocre *m* **-2.** [mineral] ocra *f*. ◇ *adj inv* ocre.
octaedro *m* GEOM octaedro *m*.
octágono, na *m* GEOM octógono(na).
octanaje *m* octanagem *f*.
octano *m* octano *m*.
octava *f* ▷ **octavo**.
octavilla *f* **-1.** [de propaganda] panfleto *m* **-2.** [formato papel] *oitava parte de*

uma folha de papel.

octavo, va *núm* [para ordenar] oitavo (va); **octava parte** [para fracciones] oitava parte.

◆ **octavo** *m* oitavo *m.*

◆ **octava** *f* MÚS oitava *f.*

octeto *m* octeto *m.*

octogenario, ria <> *adj* octogenário(ria). <> *m, f* octogenário *m,* -ria *f.*

octubre *m* outubro *m*; *ver también* **setiembre**.

ocular *adj* ocular.

oculista *mf* MED oculista *mf.*

ocultar *vt* **-1.** [esconder] ocultar **-2.** [callar]: **~le algo a alguien** ocultar algo de alguém.

◆ **ocultarse** *vpr* ocultar-se.

ocultismo *m* ocultismo *m.*

oculto, ta *adj* oculto(ta).

ocupación *f* ocupação *f.*

ocupado, da *adj* ocupado(da).

ocupante <> *adj* ocupante. <> *mf* ocupante *mf.*

ocupar *vt* **-1.** [gen] ocupar **-2.** [dar trabajo] empregar **-3.** *CAm, Méx* [usar] usar.

◆ **ocuparse** *vpr* [encargarse]: **~se (de)** cuidar (de).

ocurrencia *f* **-1.** [idea] idéia *f* **-2.** [dicho gracioso] comentário *m* espirituoso.

ocurrente *adj* espirituoso(sa).

ocurrir *vi* **-1.** [acontecer] ocorrer **-2.** [pasar, preocupar]: **~ algo a alguien** acontecer algo com alguém.

◆ **ocurrirse** *vpr* [venir a la cabeza]: **ocurrírsele algo a alguien** ocorrer-lhe algo a alguém.

oda *f* ode *f.*

ODECA (*abrev de* **Organización de Estados Centroamericanos**) *f* ODECA *f.*

odiar <> *vt* odiar. <> *vi* odiar.

odio *m* ódio *m.*

odioso, sa *adj* odioso(sa).

odisea *f* odisséia *f.*

odontología *f* MED odontologia *f.*

odontólogo, ga *m, f* MED odontologista *mf.*

odre *m* odre *m.*

OEA (*abrev de* **Organización de Estados Americanos**) *f* OEA *f.*

oeste *m* oeste *m*; **al ~ (de)** a oeste (de).

ofender <> *vt* ofender. <> *vi* ofender.

◆ **ofenderse** *vpr* ofender-se.

ofensa *f* ofensa *f.*

ofensivo, va *adj* ofensivo(va).

◆ **ofensiva** *f* MIL ofensiva *f.*

oferta *f* oferta *f*; **~ pública de adquisición** COM oferta pública de aquisição; **de ~** em oferta.

ofertar *vt* liquidar.

off *adj* off.

office *m inv* copa *f.*

oficial, la *m, f* **-1.** [de oficio manual] aprendiz *m,* -za *f* **-2.** [de un taller, peluquería] oficial *mf.*

◆ **oficial** <> *adj* oficial. <> *m* **-1.** MIL oficial *m,* -la *f* **-2.** [funcionario] oficial *mf.*

oficialismo *m* *Amér*: **el ~** [gobierno] o governo; [partidarios del gobierno] os governistas.

oficialista *adj Amér* governista.

oficiar <> *vt* oficiar. <> *vi* **-1.** [sacerdote] oficiar **-2.** [actuar de]: **~ de** atuar como.

oficina *f* escritório *m*; **~ de empleo** agência de empregos; **~ de turismo** centro *m* de informações turísticas.

oficinista *mf* auxiliar *mf* de escritório.

oficio *m* **-1.** [gen] ofício *m* **-2.** [experiencia] experiência *f.*

◆ **Santo Oficio** *m* Santo Ofício *m.*

oficioso, sa *adj* oficioso(sa).

ofimática *f* INFORM *aplicação dos recursos e programas da informática em escritórios.*

ofrecer *vt* oferecer.

◆ **ofrecerse** *vpr* oferecer-se.

ofrecimiento *m* oferecimento *m.*

ofrenda *f* **-1.** [a Dios, santos] oferenda *f* **-2.** [por gratitud, amor] oferta *f.*

ofrendar *vt* oferendar.

oftalmología *f* MED oftalmologia *f.*

oftalmólogo, ga *m, f* MED oftalmologista *mf.*

ofuscación *f* ofuscação *f.*

ofuscar *vt* ofuscar.

◆ **ofuscarse** *vpr* ofuscar-se.

ogro *m* ogro *m.*

oh *interj* oh!

oída ◆ **de oídas** *loc adv* de ouvido.

oído *m* ouvido *m*; **hacer ~s sordos** fazer ouvidos moucos *o* ouvido de mercador; **ser todo ~s** ser todo ouvidos; **de ~** de ouvido; **ser duro de ~** ser duro de ouvido, ter os ouvidos entupidos; **tener (buen) ~** ter (bom) ouvido; **tener mal ~, no tener ~** ter mau ouvido.

oír <> *vt* ouvir; **¡oiga, por favor!**

escute, por favor!; **¡oye!** *fam* escute! ◇ *vi* ouvir.

OIT (*abrev de* **Organización Internacional del Trabajo**) *f* OIT *f*.

ojal *m* casa *f*.

ojalá *interj* tomara!

ojeada *f* olhada *f*; **echar** *o* **dar una ~** dar uma olhada.

ojear *vt* dar uma olhada.

ojeras *fpl* olheiras *fpl*; **tener ~s** ter olheiras.

ojeriza *f* *fam* bronca *f*.

ojeroso, sa *adj* olheirento(ta).

ojete *m* **-1.** [bordado] ilhó *m* **-2.** *vulg* rosca *f*.

ojo ◇ *m* **-1.** [gen] olho *m*; **~ a la funerala** *o* **la virulé** olho roxo **-2.** [agujero] buraco *m* **-3.** *loc*: **abrir los ~s a alguien** abrir os olhos de alguém; **andar con (mucho) ~** ir com (muito) cuidado; **a ~ (de buen cubero)** a olho; **comerse con los ~s a alguien** *fam* comer alguém com os olhos; **echar el ~ a algo** botar o olho em algo; **en un abrir y cerrar de ~s** em um abrir e fechar de olhos; **mirar** *o* **ver con buenos ~s** ver com bons olhos; **mirar** *o* **ver con malos ~s** ver com maus olhos; **no pegar ~** não pregar o olho; **tener (buen) ~** ter (bom) olho; **~ por ~, diente por diente** *prov* olho por olho, dente por dente; **~s que no ven, corazón que no siente** *prov* o que os olhos não vêm o coração não sente. ◇ *interj* cuidado!

◆ **ojo de buey** *m* olho-de-boi *m*.

ojota *f* *RP* [chancletas] chinelo *m*.

OK *interj* ok!

okupa *mf* *Esp fam* ocupante *mf*.

ola *f* onda *f*.

◆ **nueva ola** *f* nova onda.

OLADE (*abrev de* **Organización Latinoamericana de Energía**) *f* OLADE *f*.

ole, olé *interj* olé!

oleada *f* **-1.** [de mar] vaga *f* **-2.** *fig* [abundancia] onda *f*.

oleaje *m* marulho *m*.

óleo *m* óleo *m*; **al ~** a óleo.

oleoducto *m* oleoduto *m*.

oler ◇ *vt* cheirar. ◇ *vi* [exhalar olor] cheirar; **~ a** ter cheiro de.

◆ **olerse** *vpr fig* desconfiar.

olfatear *vt* farejar.

olfato *m* olfato *m*.

oligarquía *f* oligarquia *f*.

olimpiada, olimpíada *f* olimpíada *f*.

olímpicamente *adv fam* completamente.

olisquear *vt* farejar.

oliva *f* oliva *f*.

olivar *m* olival *m*.

olivera *f* oliveira *f*.

olivo *m* oliveira *f*.

olla *f* panela *f*; **~ a presión** *o* **exprés** panela de pressão; **~ podrida** CULIN olha-podrida *f*.

◆ **olla de grillos** *f* balaio-de-gatos *m*.

olmo *m* olmo *m*.

olor *m* cheiro *m*; **~ a** cheiro de.

oloroso, sa *adj* oloroso(sa).

◆ **oloroso** *m* *xerez muito aromático*.

OLP (*abrev de* **Organización para la Liberación de Palestina**) *f* OLP *f*.

olvidadizo, za *adj* esquecidiço(ça).

olvidar *vt* esquecer; **~ algo/hacer algo** esquecer algo/de fazer algo.

◆ **olvidarse** *vpr* **-1.** [no recordar] esquecer-se; **~se de** esquecer-se de **-2.** [descuidar]: **~se de algo/de hacer algo** esquecer-se de algo/de fazer algo.

olvido *m* esquecimento *m*; **caer en el ~** cair no esquecimento.

ombligo *m* umbigo *m*.

OMC (*abrev de* **Organización Mundial del Comercio**) *f* OMC *f*.

omelette *f* *Amér* omelete *mf*.

ominoso, sa *adj* ominoso(sa).

omisión *f* omissão *f*.

omiso, sa *adj* ⊳ **caso**.

omitir *vt* omitir.

ómnibus *m* **-1.** *Cuba, Urug* [urbano] ônibus *m* **-2.** *Andes, Cuba, Urug* [interurbano, internacional] ônibus *m*.

omnipotente *adj* onipotente.

omnipresente *adj* onipresente.

omnívoro, ra ZOOL ◇ *adj* onívoro (ra). ◇ *m, f* onívoro *m*, -ra *f*.

omoplato, omóplato *m* ANAT omoplata *f*.

OMS (*abrev de* **Organización Mundial de la Salud**) *f* OMS *f*.

on *adj* ligado(da).

once ◇ *núm* onze. ◇ *m* onze *m*. ◇ *fpl* [hora] onze *fpl*; *ver también* **seis**.

ONCE (*abrev de* **Organización Nacional de Ciegos Españoles**) *f* *organização beneficiente espanhola que ajuda os deficientes visuais*.

onceavo, va *núm* [para ordenar] décimo-primeiro *m*, décima-primeira *f*; **onceava parte** décima-primeira parte.

onda *f* onda *f*; ~ **corta** onda curta; ~ **larga** onda longa; ~ **media** onda média.
ondear *vi* ondear.
ondulación *f* ondulação *f*.
ondulado, da *adj* ondulado(da).
ondulante *adj* ondulante.
ondular ◇ *vi* ondular. ◇ *vt* ondular.
oneroso, sa *adj* oneroso(sa).
ONG (*abrev de* **Organización no Gubernamental**) *f* ONG *f*.
ónice, ónix *m o f* ônix *m inv*.
onomástico, ca *culto adj* onomástico(ca).
◆ **onomástica** *f* onomástica *f*.
onomatopeya *f* onomatopéia *f*.
ONU (*abrev de* **Organización de las Naciones Unidas**) *f* ONU *f*.
onza *f* **-1.** [unidad de peso] onça *f* **-2.** [de chocolate] *cada uma das oito porções em que se divide um tablete*.
OPA (*abrev de* **oferta pública de adquisición**) *f* OPA *f*; ~ **hostil** OPA hostil.
opaco, ca *adj* opaco(ca).
ópalo *m* opala *f*.
opción *f* **-1.** [elección] opção *f* **-2.** [derecho]: **dar** ~ **a** dar direito a **-3.** [posibilidad]: **tener** ~ **a** ter direito a.
opcional *adj* opcional.
OPEP (*abrev de* **Organización de Países Exportadores de Petróleo**) *f* OPEP *f*.
ópera *f* MÚS ópera *f*.
operación *f* operação *f*; ~ **retorno** operação retorno.
operador, ra *m, f* **-1.** [de teléfono] telefonista *mf* **-2.** [de cámara] cinegrafista *mf* **-3.** INFORM operador *m*, -ra *f*.
◆ **operador turístico** *m* operadora *f* de turismo.
operar ◇ *vt* operar. ◇ *vi* operar.
◆ **operarse** *vpr* **-1.** [hacerse operar] ser operado(da) **-2.** [producirse] operar-se.
operario, ria *m, f* operário *m*, -ria *f*.
operativo, va *adj* operativo(va).
opereta *f* MÚS opereta *f*.
opinar ◇ *vt* opinar. ◇ *vi* opinar; ~ **de** *o* **sobre algo/alguien** pensar de *o* sobre algo/alguém.
opinión *f* opinião *f*; **expresar** *o* **dar su** ~ expressar *o* dar sua opinião; **gozar de buena** ~ gozar de boa fama; ~ **pública** opinião pública.
opio *m* ópio *m*.
opíparo, ra *adj* opíparo(ra).
oponente *mf* oponente *mf*.
oponer *vt* opor.
◆ **oponerse** *vpr* [obstaculizar]: ~**se (a)** opor-se (a).
oporto *m* porto *m*.
oportunidad *f* oportunidade *f*; **aprovechar la** ~ aproveitar a oportunidade.
oportunismo *m* oportunismo *m*.
oportunista ◇ *adj* oportunista. ◇ *mf* oportunista *mf*.
oportuno, na *adj* oportuno(na).
oposición *f* **-1.** [gen] oposição *f* **-2.** [obstáculo] resistência *f*.
◆ **oposiciones** *fpl* concurso *m*.
opositar *vi* **Esp**: ~ **(a)** prestar concurso (para).
opositor, ra *m, f* **-1.** [a cargo] candidato *m*, -ta *f* **-2.** [oponente] opositor *m*, -ra *f*.
opresión *f* **-1.** [represión] opressão *f* **-2.** [de un botón] pressão *f*.
opresivo, va *adj* opressivo(va).
opresor, ra ◇ *adj* opressor(ra). ◇ *m, f* opressor *m*, -ra *f*.
oprimir *vt* **-1.** [botón] pressionar **-2.** [apretar] apertar **-3.** [reprimir] oprimir.
oprobio *m* opróbio *m*.
optar *vi* **-1.** [escoger]: ~ **por** *o* **entre** optar por *o* entre **-2.** [aspirar]: ~ **a** aspirar a.
optativo, va *adj* optativo(va).
óptico, ca ◇ *adj* óptico(ca). ◇ *m, f* opticista *mf*.
◆ **óptica** *f* óptica *f*.
optimismo *m* otimismo *m*.
optimista ◇ *adj* otimista. ◇ *mf* otimista *mf*.
óptimo, ma ◇ *superl* ▷ **bueno**. ◇ *adj* ótimo(ma).
opuesto, ta ◇ *pp irreg* ▷ **oponer**. ◇ *adj* oposto(ta).
opulencia *f* opulência *f*.
opulento, ta *adj* opulento(ta).
oración *f* oração *f*.
oráculo *m* oráculo *m*.
orador, ra *m, f* orador *m*, -ra *f*.
oral ◇ *adj* oral. ◇ *m* ▷ **examen**.
órale *interj* **Méx fam** tá bem!
orangután *m* orangotango *m*.
orar *vi* orar.
oratorio, ria *adj* oratório(ria).
◆ **oratoria** *f* oratória *f*.
órbita *f* órbita *f*; **entrar/poner en** ~ entrar/pôr em órbita.
orca *f* orca *f*.
órdago *m jogada que se faz no jogo mus, na qual se aposta tudo o que*

falta para ganhar; **de ~ *Esp fig*** genial.

orden (*pl* **órdenes**) ◇ *m* **-1.** ordem *f*; **en ~** em ordem; **por ~** em ordem; **sin ~ ni concierto** a torto e a direito; **~ público** ordem pública **-2.** *loc*: ◇ *f* ordem *f*; **dar órdenes** dar ordens; **por ~ de** por ordem de; **a la ~** *MIL* às ordens.

◆ **del orden de** *loc prep* da ordem de.

◆ **orden del día** *m* ordem *f* do dia; **estar algo a la ~ del día** estar algo na ordem do dia.

ordenado, da ◇ *adj* ordenado (da). ◇ *m, f RELIG* ordenado *m*, -da *f*.

ordenador *m INFORM* computador *m*.

ordenanza ◇ *m* **-1.** [empleado] auxiliar *m* de escritório **-2.** *MIL* ordenança *m*. ◇ *f (gen pl)* regulamento *m*.

ordenar *vt* ordenar.

◆ **ordenarse** *vpr RELIG* ordenar-se.

ordeñar *vt* ordenhar.

ordinal *adj* ordinal.

ordinariez *f* grosseria *f*.

ordinario, ria ◇ *adj* ordinário (ria); **de ~** [generalmente] de ordinário. ◇ *m, f* ordinário *m*, -ria *f*.

orear *vt* arejar.

◆ **orearse** *vpr* arejar-se.

orégano *m* orégano *m*.

oreja *f* **-1.** [órgano] orelha *f* **-2.** [sentido] ouvido *m* **-3.** [de sillón] braço *m* **-4.** *loc*: **con las ~s gachas** de orelhas baixas; **verle las ~s al lobo** ver as coisas pretas.

orejera *f* orelheira *f*.

orejudo, da *adj* orelhudo(da).

orfanato, orfelinato *m* orfanato *m*.

orfandad *f* orfandade *f*.

orfebre *mf* ourives *mf*.

orfebrería *f* ourivesaria *f*.

orfelinato = **orfanato**.

orfeón *m MÚS* orfeão *m*.

orgánico, ca *adj* orgânico(ca).

organigrama *m* organograma *m*.

organillo *m* realejo *m*.

organismo *m* organismo *m*.

organista *mf* organista *mf*.

organización *f* organização *f*.

organizar *vt* organizar.

◆ **organizarse** *vpr* organizar-se.

órgano *m* órgão *m*.

orgasmo *m* orgasmo *m*.

orgía *f* orgia *f*.

orgullo *m* orgulho *m*.

orgulloso, sa ◇ *adj* orgulhoso(sa). ◇ *m, f* orgulhoso *m*, -sa *f*.

orientación *f* orientação *f*.

oriental ◇ *adj* oriental. ◇ *mf* oriental *mf*.

orientar *vt* orientar.

◆ **orientarse** *vpr* orientar-se.

oriente *m* oriente *m*.

◆ **Oriente** *m* Oriente *m*; **Cercano Oriente** Oriente Próximo; **Lejano** *o* **Extremo Oriente** Extremo Oriente; **Oriente Medio** Oriente Médio; **Oriente Próximo** Oriente Próximo.

orificio *m* orifício *m*.

origen *m* origem *f*.

original ◇ *adj* original. ◇ *m* original *m*.

originalidad *f* originalidade *f*.

originar *vt* originar.

◆ **originarse** *vpr* originar-se.

originario, ria *adj* originário(ria); **~ de** originário(ria) de.

orilla *f* **-1.** [del agua] margem *f*; **a ~s de** às margens de **-2.** [borde] borda *f* **-3.** [límite] orla *f* **-4.** [acera] calçada *f*.

orillarse *vpr **Méx*** encostar.

orín *m* ferrugem *f*.

◆ **orines** *mpl* urina *f*.

orina *f* urina *f*.

orinal *m* urinol *m*.

orinar ◇ *vi* urinar. ◇ *vt* urinar.

◆ **orinarse** *vpr* urinar-se.

oriundo, da ◇ *adj* **-1.** [originario]: **~ de** oriundo(da) de **-2.** *DEP **Esp** filho de mãe ou pai de nacionalidade espanhola*. ◇ *m, f DEP* oriundo *m*, -da *f*, *desportista filho de mãe ou pai de nacionalidade espanhola*.

orla *f* **-1.** [adorno] moldura *f* **-2.** [fotografía] foto *f* de formatura.

ornamentación *f* ornamentação *f*.

ornamento *m* ornamento *m*.

ornar *vt* ornar.

ornitología *f* ornitologia *f*.

ornitólogo, ga *m, f* ornitólogo *m*, -ga *f*.

oro *m* ouro *m*; **de ~** de ouro; **hacerse de ~** cobrir-se de ouro; **pedir el ~ y el moro** pedir mundos e fundos.

◆ **oros** *mpl* ouros *mpl*.

◆ **oro negro** *m* ouro *m* negro.

orografía *f* orografia *f*.

orondo, da *adj **fam*** **-1.** [satisfecho] orgulhoso(sa) **-2.** [gordo] redondo (da).

orquesta *f* orquestra *f*; **~ de cámara** orquestra de câmara; **~ sinfónica** orquestra sinfônica.

orquestar *vt* orquestrar.

orquestina *f* conjunto *m*.
orquídea *f* orquídea *f*.
ortiga *f* urtiga *f*.
ortodoncia *f* MED ortodontia *f*.
ortodoxia *f* ortodoxia *f*.
ortodoxo, xa ◇ *adj* ortodoxo(xa). ◇ *m, f* RELIG ortodoxo *m*, -xa *f*.
ortografía *f* ortografia *f*.
ortopedia *f* ortopedia *f*.
ortopédico, ca ◇ *adj* ortopédico (ca). ◇ *m, f* ortopedista *mf*.
oruga *f* lagarta *f*.
orujo *m* bagaço *m*.
orzuelo *m* terçol *m*.
os *pron* vos, vocês; ~ **invito a mi fiesta** convido vocês para a minha festa; ~ **tiene miedo** tem medo de vocês; **no** ~ **peleéis por una tontería** não briguem por uma bobagem.
osa *f* ▷ **oso**.
osadía *f* ousadia *f*.
osado, da *adj* ousado(da).
osamenta *f* ossada *f*, esqueleto *m*.
osar *vi* ousar.
osario *m* ossário *m*.
óscar *m inv* CIN óscar *m*.
oscilación *f* oscilação *f*.
oscilar *vi* oscilar.
oscurecer, obscurecer ◇ *vt* obscurecer. ◇ *v impers* [anochecer] escurecer.
◆ **oscurecerse, obscurecerse** *vpr* obscurecer-se.
oscuridad, obscuridad *f* obscuridade *f*.
oscuro, ra, obscuro, ra *adj* **-1.** [gen] obscuro(ra); **a oscuras** às escuras **-2.** [color, cielo] escuro(ra).
óseo, a *adj* ósseo(a).
osezno *m* filhote *m* de urso.
Oslo *n* Oslo.
oso, osa *m, f* urso *m*, -sa *f*; ~ **de felpa** urso de pelúcia; ~ **hormiguero** tamanduá *m*; ~ **panda** urso panda; ~ **de peluche** urso de pelúcia; ~ **polar** urso-polar.
ostensible *adj* ostensível.
ostentación *f* ostentação *f*; **hacer** ~ **de algo** fazer ostentação de algo.
ostentar *vt* ostentar.
ostentoso, sa *adj* ostentoso(sa).
ostión *m* **Amér** *espécie de ostra maior do que a comum.*
ostra ◇ *f* ostra *f*; **aburrirse alguien como una** ~ ***fam fig*** ficar (de saco) cheio. ◇ *interj* ***fam Esp*** caramba!
ostrogodo, da HIST ◇ *adj* ostrogodo(da). ◇ *m, f* ostrogodo *m*, -da *f*.
OTAN (*abrev de* **Organización del Tratado del Atlántico Norte**) *f* OTAN *f*.
otear *vt* observar.
OTI (*abrev de* **Organización de Televisiones Iberoamericanas**) *f* OTI *f*.
otitis *f* MED otite *f*.
otomano, na ◇ *adj* otomano(na). ◇ *m, f* otomano *m*, -na *f*.
otoñal *adj* outonal.
otoño *m* outono *m*.
otorgamiento *m* outorga *f*.
otorgar *vt* outorgar.
otorrino, na *m, f* ***fam*** otorrino *mf*.
otorrinolaringología *f* MED otorrinolaringologia *f*.
otorrinolaringólogo, ga *m, f* MED otorrinolaringologista *mf*.
otro, tra ◇ *adj* outro(tra); **el** ~ **día/mes** o outro dia/mês; **la otra tarde/noche/semana** a outra tarde/noite/semana. ◇ *pron* outro(tra).
OUA (*abrev de* **Organización para la Unidad Africana**) *f* OUA *f*.
output (*pl* **outputs**) *m* INFORM output *m*.
ovación *f* ovação *f*.
ovacionar *vt* ovacionar.
oval *adj* oval.
ovalado, da *adj* ovalado(da).
óvalo *m* GEOM oval *f*.
ovario *m* ANAT ovário *m*.
oveja *f* ovelha *f*.
◆ **oveja negra** *f* ovelha *f* negra.
overbooking *m* overbooking *m*.
ovillo *m* novelo *m*; **hacerse alguien un** ~ ***fig*** alguém enrolar-se como um novelo.
ovino, na ◇ *adj* ovino(na). ◇ *m, f* ovino *m*, -na *f*.
ovíparo, ra ◇ *adj* ovíparo(ra). ◇ *m, f* ovíparo *m*, -ra *f*.
ovni (*pl* **ovnis**) (*abrev de* **objeto volador no identificado**) *m* ovni *m*.
ovoide *adj* ovóide.
ovulación *f* ovulação *f*.
ovular[1] *adj* ovular.
ovular[2] *vi* ovular.
óvulo *m* óvulo *m*.
oxidación *f* oxidação *f*.
oxidar *vt* oxidar.
◆ **oxidarse** *vpr* oxidar-se, enferrujar-se.
óxido *m* **-1.** QUÍM óxido *m* **-2.** [herrumbre] ferrugem *f*.
oxigenado, da *adj* oxigenado(da).
oxigenar *vt* QUÍM oxigenar.
◆ **oxigenarse** *vpr* oxigenar-se.

oxígeno *m* oxigênio *m*.
oyente *mf* ouvinte *mf*.
ozono *m* ozônio *m*.

P

p, P *f* [letra] p, P *m*.
p. = **pág**.
pabellón *m* **-1.** [gen] pavilhão *m* **-2.** [tienda de campaña] barraca *m* de acampamento **-3.** [dosel] dossel *m*.
PAC (*abrev de* **política agrícola común**) *f* *na União Européia, a PAC coordena as políticas agrícolas de todos os países.*
pacer *vi* pastar.
pachá (*pl* **pachaes** *o* **pachás**) *m* paxá *m*; **vivir como un ~** *fam fig* viver como um paxá.
pachanga *f fam* baderna *f*.
pacharán *m licor típico de Navarra, La Rioja e País Basco à base de endrina e aguardente.*
pachorra *f fam* pachorra *f*.
pachucho, cha *adj fam* acabado(da).
pachulí (*pl* **pachulíes**) *m* patchuli *m*.
paciencia *f* paciência *f*; **armarse de ~** armar-se de paciência; **perder la ~** perder a paciência.
paciente ◇ *adj* paciente. ◇ *mf* paciente *mf*.
pacificación *f* pacificação *f*.
pacificar *vt* pacificar.
pacífico, ca *adj* pacífico(ca).
Pacífico *m*: **el (océano) ~** o (oceano) Pacífico.
pacifismo *m* pacifismo *m*.
pacifista ◇ *adj* pacifista. ◇ *mf* pacifista *mf*.
pacotilla ◆ **de pacotilla** *loc adj* de carregação.
pactar ◇ *vt* pactuar. ◇ *vi*: **~ (con)** pactuar (com).
pacto *m* pacto *m*; **hacer un ~** fazer um pacto; **romper un ~** romper um pacto.
padecer ◇ *vt* padecer. ◇ *vi* **-1.** [sufrir] padecer **-2.** [enfermedad]: **~ de** padecer de.
padecimiento *m* padecimento *m*.
pádel *m* DEP paddle *m*.
padrastro *m* padrasto *m*.
padrazo *m fam* paizão *m*.
padre ◇ *m* pai *m*; **~ de familia** pai de família; **de ~ y muy señor mío** *loc fam* dos diabos. ◇ *adj* **-1.** *Esp fam* [considerable] baita **-2.** *Méx* [excelente] genial!; **estar ~** ser muito bom.
◆ **padres** *mpl* pais *mpl*.
padrenuestro (*pl* **padrenuestros**) *m* pai-nosso *m*.
padrino *m* padrinho *m*.
padrísimo *adj Méx fam* bacana, legal; **estar ~** estar um arraso.
padrón *m* cadastro *m*.
paella *f* CULIN paelha *f*.
paellera *f panela com duas alças, grande e rasa, utilizada no preparo de paelha.*
paf *interj* pumba!
pág., p. (*abrev de* **página**) pág.
paga *f* pagamento *m*; **~ extra** *o* **extraordinaria** bônus *m*.
pagadero, ra *adj* pagadouro(ra).
pagano, na ◇ *adj* **-1.** [no cristiano] pagão(gã) **-2.** *Esp fam* [pagador] pagão(gã). ◇ *m, f* **-1.** [no cristiano] pagão *m*, -gã *f* **-2.** *Esp fam* [pagador] pagão *m*, -gã *f*.
pagar ◇ *vt* **-1.** pagar **-2.** *loc*: **~ el pato** *o* **los platos rotos** *fam* pagar o pato; **me las pagarás** *fam* você me paga; **el que la hace la paga** aqui se faz, aqui se paga. ◇ *vi* pagar.
◆ **pagarse** *vpr* pagar-se.
pagaré *m* COM nota *f* promissória; **~ del Tesoro** Letra *f* do Tesouro.
pagel *m* bica *f*.
página *f* página *f*; **paginas amarillas** páginas amarelas; **~ web** página da web.
pago *m* pagamento *m*; **en ~ de** em pagamento a.
pagoda *f* pagode *m*.
paipai (*pl* **paipais**), **paipay** (*pl* **paipays**) *m* abano *m*.
pair ◆ **au pair** *f* babá *f*.
país *m* país *m*.
paisaje *m* paisagem *f*.
paisajista *mf* ARTE paisagista *mf*.
paisano, na ◇ *adj* paisano(na). ◇ *m, f* paisano *m*, -na *f*.
◆ **paisano** *m* paisano *m*; **de ~** à paisana.
Países Bajos *npl*: **los ~** os Países Baixos.
País Vasco *n*: **el ~** o País Basco.
paja *f* **-1.** [tallo seco] palha *f* **-2.** [caña para sorber] canudo *m* **-3.** *fig* [parte

desechable] enrolação *f* **-4.** ***vulg*** [masturbación] punheta *f*.

pajar *m* palheiro *m*.

pájara *f* ***fig*** mulher *f* astuta.

pajarería *f* aviário *m*.

pajarita *f* **-1.** [corbata] gravata *f* borboleta **-2.** [de papel] *dobradura em forma de pássaro*.

pájaro *m* **-1.** [ave] pássaro *m* **-2.** ***fam*** [hombre astuto] pássaro *m*.

pajarraco *m* **-1.** ***despec*** [pájaro] passarolo *m* **-2.** ***fig*** [persona] malandro *m*.

paje *m* pajem *m*.

pajilla, pajita *f* canudinho *m*.

pajizo, za *adj*: **color** ~ cor de palha.

Pakistán *n* Paquistan.

pala *f* **-1.** [gen] pá *f*; ~ **mecánica** *o* **excavadora** pá mecânica **-2.** [raqueta] raquete *f*.

palabra *f* **-1.** palavra *f*; **de** ~ oralmente; ~ **por** ~ palavra por palavra; **no tener** ~ não ter palavra; **tomar** *o* **coger la** ~ **a alguien** cobrar a palavra de alguém; ~ **de honor** palavra de honra; **dar la** ~ **a alguien** [derecho de hablar] dar a palavra a alguém **-2.** ***loc***: **en una** ~ em poucas palavras.

◆ **palabras** *fpl* [discurso] palavras *fpl*.

palabrería *f* ***fam*** palavreado *m*.

palabrota *f* palavrão *m*.

palacete *m* palacete *m*.

palacio *m* palácio *m*; ~ **de congresos/de justicia** palácio do congresso/da justiça; ~ **municipal** ***Amér*** prefeitura *f* municipal.

palada *f* **-1.** [contenido de pala] pazada *f* **-2.** [de remo] remada *f* **-3.** [de hélice] rotação *f*.

paladar *m* paladar *m*.

paladear *vt* saborear.

paladín *m* paladino *m*.

palanca *f* **-1.** [para levantar peso] alavanca *f* **-2.** [trampolín] trampolim *m* **-3.** [mando] manche *m*; ~ **de cambio** alavanca *f* de câmbio.

palangana *f* bacia *f*.

palangre *m* espinhel *m*.

palco *m* camarote *m*.

paleografía *f* paleografia *f*.

paleolítico, ca *adj* paleolítico(ca).

◆ **paleolítico** *m* paleolítico *m*.

paleozoico, ca *adj* paleozóico(ca).

◆ **paleozoico** *m* paleozóico *m*.

Palestina *n* Palestina.

palestino, na ◇ *adj* palestino(na). ◇ *m, f* palestino *m*, -na *f*.

palestra *f* [de lucha] palestra *f*.

paleta *f* **-1.** [herramienta] espátula *f* **-2.** [de pintor] paleta *f* **-3.** ***Méx*** [helado] picolé *m*.

paletilla *f* ANAT omoplata *m*.

paleto, ta ***Esp fam*** ◇ *adj* caipira. ◇ *m, f* caipira *mf*.

paliar *vt* paliar.

paliativo, va *adj* paliativo(va).

◆ **paliativo** *m* paliativo *m*.

palidecer *vi* empalidecer.

palidez *f* palidez *f*.

pálido, da *adj* pálido(da).

palier (*pl* **paliers**) *m* AUTOM eixo *m* da roda.

palillero *m* paliteiro *m*.

palillo *m* **-1.** [gen] palito *m* **-2.** [baqueta] baqueta *f*.

palique *m* ***fam*** bate-papo *m*.

palisandro *m* jacarandá *m*.

paliza *f* **-1.** [gen] surra *f* **-2.** ***fam fig*** [esfuerzo agotador] canseira *f*.

palma *f* **-1.** [gen] palma *f* **-2.** [palmera] palmeira *f*.

◆ **palmas** *fpl* palmas *fpl*; **batir** ~**s** bater palmas.

palmada *f* palmada *f*.

palmar[1] ◇ *adj* palmar. ◇ *m* palmeiral *m*.

palmar[2] *vi* ***Esp fam*** morrer; **palmarla** bater as botas.

palmarés *m* **-1.** [historial] currículo *m* **-2.** [lista] palmarès *m*.

palmear ◇ *vt* aplaudir. ◇ *vi* aplaudir.

palmera *f* **-1.** [árbol] palmeira *f* **-2.** ***Esp*** [pasta dulce] *doce folhado em formato de coração*.

palmito *m* **-1.** [gen] palmito *m* **-2.** ***fam*** [belleza]: **tener mucho** ~ ter um belo corpo esguio; **lucir el** ~ exibir o corpo bonito.

palmo *m* palmo *m*; **dejar a alguien con un** ~ **de narices** deixar alguém a ver navios; **quedarse con un** ~ **de narices** ficar a ver navios; ~ **a** ~ palmo a palmo.

palmotear *vi* aplaudir.

palmoteo *m* aplauso *m*.

palo *m* **-1.** [madera] pau *m* **-2.** [de escoba] cabo *m* **-3.** [de portería] trave *f* **-4.** [para apoyarse] bastão *m* **-5.** [golpe] paulada *f* **-6.** [crítica negativa]: **la crítica le dio un buen** ~ **en su libro** a crítica meteu o pau em seu livro **-7.** [brazo] haste *f* **-8.** [de baraja] naipe *m* **-9.** [mástil] mastro *m* **-10.** BOT madeira *f* **-11.** ***Esp*** [pesadez, molestia]

martírio *m* **-12.** *loc*: **a ~ seco** puro.
paloma *f* pomba *f*; **~ mensajera** pombo-correio *m*.
palomar *m* pombal *m*.
palomilla *f* **-1.** [insecto] mariposa *f* **-2.** [tornillo] borboleta *f* **-3.** [armazón] mão-francesa *f*.
palomino *m* filhote *m* de pomba.
palomita *f* pipoca *f*.
palote *m* [trazo] traço *m*.
palpable *adj* palpável.
palpación *f* MED palpação *f*.
palpar <> *vt* **-1.** [tocar] apalpar **-2.** [percibir] perceber. <> *vi* apalpar.
palpitación *f* palpitação *f*.
palpitante *adj* palpitante.
palpitar *vi* palpitar.
pálpito *m* pressentimento *m*.
palta *f* *Andes, RP* abacate *m*.
palúdico, ca *adj* palúdico(ca).
paludismo *m* malária *f*.
palurdo, da *fam* <> *adj* grosso(sa). <> *m, f* grosso *m*, -sa *f*.
pamela *f* capelina *f*.
pampa *f*: **la ~** o pampa.
pampero, ra <> *adj* pampeiro(ra). <> *m, f* pampeiro *m*, -ra *f*.
pamplinas *fpl fam* bobagem *f*.
PAN *m* **-1.** (*abrev de* **Partido de Acción Nacional**) *partido mexicano de direita* **-2.** (*abrev de* **Partido de Avanzada Nacional**) *partido guatemalteco de centro-direita.*
pana *f* veludo *m* cotelê.
panacea *f* panacéia *f*.
panadería *f* padaria *f*.
panadero, ra *m, f* padeiro *m*, -ra *f*.
panal *m* favo *m*.
Panamá *n* Panamá.
panameño, ña <> *adj* panamenho(nha). <> *m, f* panamenho *m*, -nha *f*.
pancarta *f* cartaz *m*.
panceta *f* toucinho *m*.
pancho, cha <> *adj fam* sossegado(da); **quedarse tan ~** ficar numa boa. <> *m* *RP* [comida] cachorro-quente *m*.
páncreas *m inv* pâncreas *m inv*.
panda <> *m* ⊳ **oso**. <> *f* turma *f*.
pandereta *f* MÚS pandeiro *m*.
pandero *m* **-1.** MÚS pandeiro *m* **-2.** *Esp fam* [culo] pandeiro *m*.
pandilla *f* bando *m*.
panecillo *m* pãozinho *m*.
panegírico, ca *adj* panegírico(ca).
◆ **panegírico** *m* panegírico *m*.
panel *m* **-1.** [gen] painel *m* **-2.** [pared prefabricada] divisória *f*.
panera *f* cesta *f* para pães.
pánfilo, la <> *adj* tonto(ta). <> *m, f* tonto *m*, -ta *f*.
panfleto *m* panfleto *m*.
pánico *m* pânico *m*.
panificadora *f* panificadora *f*.
panocha *f* espiga *f*.
panorama *m* panorama *m*.
panorámico, ca *adj* panorâmico(ca).
◆ **panorámica** *f* panorâmica *f*.
panqueque *m* *Amér* panqueca *f*.
pantaletas *fpl* *CAm, Carib, Méx* calcinha *f*, calcinhas *fpl*.
pantalla *f* **-1.** [para imagen] tela *f*; **mostrar en ~** mostrar na tela; **la pequeña ~** a televisão; **~ de cristal líquido** tela de cristal líquido **-2.** [de lámpara] quebra-luz *m* **-3.** [de chimenea] guarda-fogo *m*.
pantalón *m* (*gen pl*) calças *fpl*; **~ pitillo** calças cigarrete; **~ tejano** *o* **vaquero** calças jeans.
pantano *m* **-1.** [laguna natural] pântano *m* **-2.** [embalse] represa *f*.
pantanoso, sa *adj* **-1.** [con pantanos] pantanoso(sa) **-2.** *fig* [difícil] complicado(da).
panteísmo *m* panteísmo *m*.
panteón *m* **-1.** [mausoleo] jazigo *m* **-2.** [templo] panteão *m*.
pantera *f* pantera *f*; **~ negra** pantera-negra *f*.
pantimedias *fpl* *Méx* meia-calça *f*.
pantorrilla *f* panturrilha *f*.
pantufla *f* (*gen pl*) chinelos *mpl*.
panty (*pl* **pantys**) *m* meia-calça *f*.
panza *f* **-1.** [gen] pança *f* **-2.** [parte abultada] bojo *m*.
panzada *f* **-1.** [golpe] barrigada *f* **-2.** *fam* [hartura] exagero *m*.
pañal *m* fralda *f*.
◆ **pañales** *mpl* [de niño] fralda *f*.
pañería *f* loja *f* de tecidos.
paño *m* **-1.** [tela] tecido *m* **-2.** [trapo] pano *m*; **~ de cocina** pano de prato **-3.** [lienzo] reboco *m* **-4.** *loc*: **ser el ~ de lágrimas de alguien** ser o muro *m* de lamentação para alguém.
◆ **paños** *mpl* **-1.** [vestiduras] vestimenta *f*; **~s menores** roupa *f* íntima **-2.** MED compressa *f*; **~s calientes** panos quentes.
pañuelo *m* lenço *m*; **~ de papel** lenço de papel.
papa *f* **-1.** *Amér* [alimento] batata *f* **-2.** *loc*: **no saber ni ~** *fam fig* não saber patavina.

Papa *m* Papa *m*.
papá (*pl* **papás**) *m* ***fam*** papai *m*.
◆ **Papá Noel** *m* Papai Noel *m*.
papachado, da *adj* ***Méx*** paparicado(da).
papachador, ra *adj* ***Méx*** paparicador(ra).
papachar *vt* ***Méx*** paparicar.
papacho *m* ***Méx*** paparico *m*.
papada *f* papada *f*.
papagayo *m* **-1.** [ave] papagaio *m*; **como un ~** como um papagaio **-2.** ***Ven*** [cometa] pipa *f*.
papamoscas *m inv* papa-moscas *m inv*.
papanatas *mf inv* ***fam*** bobo *m*, -ba *f*.
papaya *f* [fruta] papaia *f*.
papel *m* [gen] papel *m*; **~ de aluminio** papel de alumínio; **~ biblia** papel-bíblia *m*; **~ carbón** papel-carbono *m*; **~ celofán** papel celofane; **~ confort** ***Chile*** papel *m* higiênico; **~ continuo** INFORM papel contínuo; **~ de embalar** *o* **de embalaje** papel de presente; **~ de estaño** papel de alumínio; **~ de lija** lixa *f*; **~ higiénico** papel higiênico; **~ moneda** papel-moeda *m*; **~ pintado** papel de parede; **~ de plata** papel de alumínio; **~ sanitario** ***Cuba, Méx*** papel *m* higiênico; **~ secante** mata-borrão *m*; **desempeñar** *o* **hacer el ~ de** [personaje] desempenhar *o* fazer o papel de.
◆ **papeles** *mpl* [documentos] papéis *mpl*.
papeleo *m* papelada *f*.
papelera *f* ▷ **papelero.**
papelería *f* papelaria *f*.
papelero, ra *adj* papeleiro(ra).
◆ **papelera** *f* **-1.** [cesto, cubo] cesta *f* de papéis **-2.** [fábrica] fábrica *f* de papel.
papeleta *f* **-1.** [de votación] cédula *f* **-2.** [nota] papeleta *f* **-3.** [situación engorrosa] problema *m*.
papera *f* [bocio] bócio *m*.
◆ **paperas** *fpl* MED caxumba *f*.
papi *m* ***fam*** paizinho *m*.
papila *f* papila *f*.
papilla *f* **-1.** [alimento infantil] papinha *f* **-2.** MED contraste *m* **-3.** ***loc***: **hecho ~** [cansado] ***fam*** esbodegado(da); [destrozado, roto] escangalhado(da).
papiro *m* papiro *m*.
paquebote *m* paquete *m*.
paquete *m* **-1.** [gen] pacote *m*; **~ de acciones** [en Bolsa] lote *m* de ações; **~ bomba** pacote-bomba *m*; **~ postal** encomenda *f* postal **-2.** [cajetilla] maço *m* **-3.** [en moto]: **de ~** de *o* na garupa **-4.** ***fam*** [pañales] fralda *f* **-5.** ***fam*** [no apto] burro *m* **-6.** ***fam*** [cosa fastidiosa] fardo *m*.
paquidermo ◇ *adj* paquiderme. ◇ *m* paquiderme *m*.
Paquistán = **Pakistán.**
paquistaní = **pakistaní.**
par ◇ *adj* par; **jugar a ~es o nones** jogar par-ou-ímpar; **sin ~** sem par. ◇ *m* par *m*.
◆ **de par en par** *loc adj* de par em par.
para *prep* **-1.** [finalidad] para; **esta agua no es buena ~ beber** esta água não é boa para beber ; **lo he comprado ~ ti** comprei-o para você; **te lo repetiré ~ que te enteres** vou repetir para que você entenda **-2.** [motivación] para; **lo he hecho ~ agradarte** fiz isso para lhe agradar **-3.** [dirección] para; **ir ~ casa** ir para casa; **salir ~ el aeropuerto** sair para o aeroporto **-4.** [tiempo] para; **lo tendré acabado ~ mañana** estará pronto amanhã; **la ceremonia se ha fijado ~ el día cinco** marcou-se a cerimônia para o dia cinco **-5.** [comparación] para; **está muy delgado ~ lo que come** está magro demais, levando em conta o que come **-6.** [inminencia, propósito] para; **la comida está lista ~ servir** o almoço está pronto para ser servido.
parabién (*pl* **parabienes**) *m* parabéns *mpl*.
parábola *f* parábola *f*.
parabólico, ca *adj* parabólico(ca).
parabrisas *m inv* pára-brisa *m*.
paracaídas *m inv* pára-quedas *m inv*.
paracaidista *mf* pára-quedista *mf*.
parachoques *m inv* pára-choque *m*.
parada *f* ▷ **parado.**
paradero *m* **-1.** [localización] paradeiro *m* **-2.** ***Andes, Méx*** [parada] parada *f*.
paradisiaco, ca, paradisíaco, ca *adj* paradisíaco(ca).
parado, da ◇ *adj* **-1.** [gen] parado(da) **-2.** [sin empleo] desempregado(da) **-3.** ***Amér*** [de pie] parado(da); **estar ~** estar parado **-4.** ***loc***: **mal/bien ~** malparado/bem-parado; **quedarse ~** ficar paralisado. ◇ *m, f* [desempleado] desempregado *m*, -da *f*.

◆ **parada** *f* parada *f*; ~ **de autobús/de taxis** ponto *m* de ônibus/de táxi; ~ **de metro** estação *f* do metrô; ~ **discrecional** parada discricional.
paradoja *f* paradoxo *m*.
paradójico, ca *adj* paradoxal.
parador *m* [mesón] pousada *f*.
◆ **Parador Nacional** *m* ***Esp*** *edifício histórico convertido em hotel.*
parafernalia *f* parafernália *f*.
parafina *f* QUÍM parafina *f*.
parafrasear *vt* parafrasear.
paráfrasis *f* paráfrase *f*.
paragolpes *m inv* ***RP*** pára-choque *m*.
paraguas *m inv* guarda-chuva *m*.
Paraguay *n* Paraguai.
paraguayo, ya ◇ *adj* paraguaio(ia). ◇ *m, f* paraguaio *m*, -ia *f*.
paragüero *m móvel ou recipiente onde se colocam guarda-chuvas e bengalas.*
paraíso *m* paraíso *m*.
paraje *m* paragem *f*.
paralela = **paralelo**.
paralelismo *m* paralelismo *m*.
paralelo, la *adj* paralelo(la); **en** ~ ELECTR em paralelo.
◆ **paralelo** *m* paralelo *m*.
◆ **paralela** *f* GEOM paralela *f*.
◆ **paralelas** *fpl* paralelas *fpl*.
parálisis *f* paralisia *f*; ~ **cerebral/infantil** paralisia cerebral/infantil.
paralítico, ca ◇ *adj* paralítico(ca). ◇ *m, f* paralítico *m*, -ca *f*.
paralizar *vt* paralisar.
paramento *m* **-1.** [adorno] paramento *m* **-2.** CONSTR face *f* de parede.
parámetro *m* parâmetro *m*.
paramilitar *adj* paramilitar.
páramo *m* páramo *m*.
parangón *m* comparação *f*; **sin** ~ sem comparação.
paranoia *f* paranóia *f*.
paranoico, ca ◇ *adj* paranóico (ca). ◇ *m, f* paranóico *m*, -ca *f*.
paranormal *adj* paranormal.
parapente *m* DEP parapente *m*.
parapetarse *vpr* **-1.** [físicamente] entrincheirar-se **-2.** [moralmente] proteger-se.
parapeto *m* **-1.** [de un puente] parapeito *m* **-2.** [barrera] barreira *f*.
parapléjico, ca ◇ *adj* paraplégico(ca). ◇ *m, f* paraplégico *m*, -ca *f*.
parapsicología *f* parapsicologia *f*.
parar ◇ *vi* **-1.** [gen] parar; ~ **de** parar de; **no** ~ **de** não parar de; **sin** ~ sem parar **-2.** [venir a ser propiedad de]: ~ **en** parar em; **ir a** ~ **a** [acabar, llegar] ir parar em **-3.** [alojarse] ficar. ◇ *vt* **-1.** [detener] parar **-2.** [preparar] preparar **-3.** ***Amér*** [levantar] levantar.
◆ **pararse** *vpr* **-1.** [detenerse] parar; ~**se a hacer algo** pôr-se a fazer algo **-2.** ***Amér*** [levantarse] levantar-se.
pararrayos *m inv* pára-raios *m inv*.
parásito, ta *adj* parasita.
◆ **parásito** *m* [animal] parasita *mf*.
◆ **parásitos** *mpl* [interferencias] interferências *fpl*.
parasol *m* **-1.** [sombrilla] guarda-sol *m* **-2.** [de coche] pára-sol *m*.
parcela *f* lote *m*.
parcelar *vt* lotear.
parche *m* **-1.** [gen] remendo *m* **-2.** [de pirata] tapa-olho *m* **-3.** [para curar] emplastro *m*; ~ **de nicotina** adesivo *m* de nicotina.
parchís *m inv* ludo *m*.
parcial ◇ *adj* parcial. ◇ *m* parcial *f*.
parcialidad *f* parcialidade *f*.
parco, ca *adj* **-1.** [moderado] parcimonioso(sa); ~ **en** comedido em **-2.** [escaso] parco(ca).
pardillo, lla ◇ *adj* ingênuo(nua). ◇ *m, f* ingênuo *m*, -nua *f*.
◆ **pardillo** *m* pintarroxo *m*.
pardo, da *adj* pardo(da).
◆ **pardo** *m* pardo *m*.
parear *vt* emparelhar.
parecer ◇ *m* parecer *m*. ◇ *vi* parecer. ◇ *v impers* parecer.
◆ **parecerse** *vpr* parecer-se; ~**se a** parecer-se com; ~**se a alguien/algo en algo** parecer-se com alguém/ /algo em algo.
parecido, da *adj* **-1.** [semejante] parecido(da); ~ **a** parecido com **-2.** [de aspecto]: **bien/mal** ~ bem-/mal-parecido.
◆ **parecido** *m* semelhança *f*.
pared *f* parede *f*; ~ **maestra** parede mestra; **las** ~**es oyen** ***fig*** as paredes têm ouvidos; **si las** ~**es hablasen ...** ***fig*** se as paredes falassem ...; **subirse por las** ~**es** ***fig*** subir pelas paredes.
paredón *m* paredão *m*.
parejo, ja *adj* igual.
◆ **pareja** *f* **-1.** [par] parelha *f* **-2.**

[macho y hembra] casal *m*; ~ **de hecho** casal de fato **-3.** [miembro del par] par *m*.
parentela *f* parentela *f*.
parentesco *m* parentesco *m*.
paréntesis *m inv* parêntese *m*; **entre ~** entre parênteses.
pareo *m* pareô *m*.
paria *mf* pária *mf*.
parida *f* ***Esp fam*** abobrinha *f*.
paridad *f* paridade *f*.
pariente, ta *m*, *f* [familiar] parente *m*.
◆ **parienta** *f* ***fam*** [cónyuge] patroa *f*.
parietal *m* ANAT parietal *m*.
parir ◇ *vi* parir. ◇ *vt* parir.
París *n* Paris.
parking *m* estacionamento *m*.
parlamentar *vi* parlamentar.
parlamentario, ria ◇ *adj* parlamentar. ◇ *m*, *f* parlamentar *mf*.
parlamento *m* **-1.** [gen] parlamento *m* **-2.** TEATR monólogo *m*.
parlanchín, ina ◇ *adj* tagarela. ◇ *m*, *f* tagarela *mf*.
parlante *adj* falante.
parlotear *vi* ***fam*** prosear.
paro *m* **-1.** [carencia de trabajo] desemprego *m*; **estar en ~** estar desempregado; **~ forzoso** desemprego técnico **-2.** [parada, cesación] parada *f*; **~ cardiaco** parada cardíaca.
parodia *f* paródia *f*.
parodiar *vt* parodiar.
parpadear *vi* **-1.** [pestañear] piscar **-2.** [centellear] cintilar.
párpado *m* pálpebra *f*.
parque *m* **-1.** [terreno cercado] parque *m*; **~ acuático** parque aquático; **~ de atracciones** parque de diversões; **~ eólico** parque eólico; **~ nacional** parque nacional; **~ zoológico** jardim *m* zoológico **-2.** [conjunto de instrumentos] conjunto *m*; **~ de bomberos** corpo *m* de bombeiros **-3.** [para niños] cercado *m*.
parqué (*pl* **parqués**), **parquet** (*pl* **parquets**) *m* parquê *m*.
parqueadero *m* ***Amér*** estacionamento *m*.
parquear *vt* ***Amér*** estacionar.
parqueo *m* ***Amér*** estacionamento *m*.
parquet = **parqué**.
parquímetro *m* parquímetro *m*.
parra *f* parreira *f*.
parrafada *f* arenga *f*.
párrafo *m* parágrafo *m*.
parranda *f* **-1.** ***fam*** [juerga] farra *f*; **irse de ~** fazer farra **-2.** [banda] *pequena orquestra de vilarejo*.
parricidio *m* parricídio *m*.
parrilla *f* **-1.** [utensilio] grelha *f*; **a la ~** CULIN na grelha **-2.** [sala de restaurante] grill *m* **-3.** DEP grid *m*; **~ de salida** grid de largada **-4.** ***Amér*** [de coche] bagageiro *m*.
parrillada *f* CULIN *sortido de carnes ou de peixes assados na grelha*.
párroco *m* pároco *m*.
parronal *m* ***Chile*** vinhedo *m*.
parroquia *f* **-1.** [gen] paróquia *f* **-2.** [clientela] freguesia *f*.
parroquiano, na *m*, *f* **-1.** [feligrés] paroquiano *m*, -na *f* **-2.** [cliente] freguês *m*, -esa *f*.
parsimonia *f* morosidade *f*.
parte ◇ *m* [informe] boletim *m*; **dar ~** dar parte; **~ facultativo** *o* **médico** boletim médico. ◇ *f* **-1.** [gen] parte *f*; **en ~** em parte; **formar ~ de** fazer parte; **por ~s** por partes; **estar** *o* **ponerse de ~ de alguien** [bando] estar *o* colocar-se ao lado de alguém; **por mi ~** de minha parte; **por ~ de padre/madre** por parte de pai/mãe **-2.** TEATR papel *m* **-3.** ***loc***: **tener** *o* **tomar ~ en algo** tomar parte em algo.
◆ **partes** *fpl* partes *fpl*.
◆ **de parte de** *loc prep* por parte de; **¿de ~ de quién?** [en el teléfono] da parte de quem?
◆ **por otra parte** *loc adv* por outro lado.
partera *f* parteira *f*.
parterre *m* canteiro *m*.
partición *f* **-1.** [reparto] partilha *f* **-2.** MAT repartição *f*.
participación *f* **-1.** [gen] participação *f*; **~ en los beneficios** ECON participação nos lucros **-2.** [de lotería] bilhete *m*.
participante ◇ *adj* participante. ◇ *mf* participante *mf*.
partícipe ◇ *adj* partícipe; **hacer ~ de algo a alguien** participar algo a alguém. ◇ *mf* partícipe *mf*.
partícula *f* partícula *f*.
particular ◇ *adj* particular; **en ~** em particular. ◇ *mf* particular *mf*. ◇ *m* particular *m*; **sin otro ~** sem outro particular.
particularizar ◇ *vt* particularizar. ◇ *vi* particularizar.
partida *f* ▷ **partido**.

partidario, ria ◇ *adj* partidário (ria). ◇ *m, f* partidário *m*, -ria *f*.
partidista *adj* partidarista.
partido, da *adj* partido(da).
◆ **partido** *m* **-1.** [en política] partido *m*; **buen/mal ~** [futuro cónyuge] bom/mau partido **-2.** [prueba deportiva] partida *f*; **~ amistoso** partida amistosa **-3.** *loc*: **sacar ~ de** tirar partido de; **tomar ~ por alguien/algo** tomar o partido de alguém/algo.
◆ **partida** *f* **-1.** [gen] partida *f*; **jugar** *o* **echar una partida** jogar uma partida **-2.** [documento] certidão *f*; **partida de nacimiento** certidão de nascimento.
partir ◇ *vt* partir. ◇ *vi* **-1.** [marchar] partir **-2.** [basarse en]: **~ de** partir.
◆ **partirse** *vpr* partir-se.
◆ **a partir de** *loc prep* a partir de.
partitura *f* partitura *f*.
parto *m* parto *m*; **ir de ~** dar à luz.
parvulario *m* jardim-de-infância *m*.
pasa *f* [fruta] passa *f*.
pasable *adj* passável.
pasabocas *mpl* ***Col*** tira-gosto *m*.
pasacalle *m* marcha *f*.
pasada *f* ▷ **pasado.**
pasadizo *m* passagem *f*.
pasado, da *adj* passado(da).
◆ **pasado** *m* passado *m*.
◆ **pasada** *f* **-1.** [mano] passada *f* **-2.** ***Esp fam***: **ser una ~** [cosa extraordinaria] ser fora de série.
◆ **de pasada** *loc adv* de passagem.
◆ **mala pasada** *f* safadeza *f*.
pasador *m* **-1.** [cerrojo] ferrolho *m* **-2.** [para pelo] fivela *f*.
pasaje *m* **-1.** passagem *f* **-2.** [pasajeros] passageiros *mpl*.
pasajero, ra ◇ *adj* passageiro(ra). ◇ *m, f* passageiro *m*, -ra *f*.
pasamano *f*, **pasamanos** *m inv* **-1.** [adorno] galão *m* **-2.** [barandilla] corrimão *m*.
pasamontañas *m inv* gorro *m*.
pasapalos *mpl* ***Méx, Ven*** aperitivo *m*.
pasaporte *m* passaporte *m*.
pasapuré *m*, **pasapurés** *m inv* espremedor *m* de batata.
pasar ◇ *vt* **-1.** [gen] passar; **me pasó la mano por el pelo** passou a mão pelo meu cabelo; **¿me pasas la sal?** pode me passar o sal?; **me has pasado la tos** você me passou a tosse; **ya ha pasado los veinticinco** já passou dos vinte e cinco; **mi hijo me pasa dos centímetros** meu filho é dois centímetros mais alto que eu; **pasó dos años en Roma** passou dois anos em Roma; **hemos pasado un buen rato juntos** passamos um bom tempo juntos; **ya he pasado el examen** passei no exame **-2.** [cruzar] atravessar; **ayúdame a ~ la calle** ajude-me a atravessar a rua; **pasé el río a nado** atravessei o rio a nado **-3.** [conducir hacia adentro] levar; **el criado nos pasó al salón** o criado nos levou ao salão **-4.** [admitir] admitir; **no podemos ~ estos ejercicios** não podemos aceitar estes exercícios **-5.** [consentir] tolerar; **te he pasado muchas bromas y tú no aguantas nada** tolerei muita brincadeira sua e você não agüenta nada **-6.** [adelantar] ultrapassar; **no pases el semáforo en rojo** não ultrapasse o sinal vermelho; **~ a un coche/a un rival** ultrapassar um carro/um rival **-7.** [omitir] pular; **te has pasado una página** pulou uma página **-8.** *loc*: **~ lista** fazer a chamada; **~ visita** fazer visita. ◇ *vi* **-1.** [gen] passar; **el pájaro pasó a otra rama** o pássaro pulou para outro galho; **~ de ... a ...** passar de ... a ...; **el autobús pasa por mi casa** o ônibus passa pela minha casa; **pasó por mi lado** passou por mim; **el Manzanares pasa por Madrid** o Manzanares passa por Madri; **~ de largo** passar direto; **déjame más sitio que no paso** dê-me mais espaço que não consigo passar; **pasaré por mi oficina/tu casa** passarei pelo meu escritório/pela tua casa; **vendré cuando pase el verano** virei quando passar o verão; **el tiempo pasa muy deprisa** o tempo passa muito depressa **-2.** [entrar] entrar; **'no pasar'** 'não entre'; **¡pase!** entre!; **'pasen por caja'** 'pagar no caixa' **-3.** [suceder] acontecer, passar-se; **cuéntame lo que pasó** conte-me o que aconteceu; **¿qué te pasa?** o que há com você?; **¿qué pasa aquí?** o que se passa aqui?; **pase lo que pase** aconteça o que acontecer **-4.** [cambiar de situación]: **~ de ... a ...** passar de ...a ... **-5.** [servir] servir; **puede ~** pode servir **-6.** *fam* [prescindir]: **paso de política** nem ligo para política; **pasa de esa chica, es muy**

mala persona deixa essa **-7.** [tolerar]: **~ por** passar por.

◆ **pasarse** *vpr* **-1.** [acabarse, emplear tiempo] passar; **siéntate hasta que se te pase el mareo** sente-se até que passe o enjôo **-2.** [deteriorarse] estragar **-3.** [olvidar] esquecer-se de; **se me pasó felicitarle por su cumpleaños** esqueci de cumprimentá-lo pelo seu aniversário **-4.** [no fijarse] escapar; **pasársele algo a alguien** escapar algo a alguém **-5.** *fam* [propasarse] passar dos limites **-6.** [cambiar de bando]: **~se a** passar-se para **-7.** [divertirse o aburrirse]: **pasárselo** *o* **pasarlo bien** divertir-se; **pasárselo** *o* **pasarlo mal** não se divertir.

pasarela *f* passarela *f*.

pasatiempo *m* passatempo *m*.

◆ **pasatiempos** *mpl* passatempos *mpl*.

pascal *m* FÍS pascal *m*.

Pascua *f* **-1.** Páscoa *f* **-2.** *loc*: **hacer la ~ a alguien** *Esp* [fastidiar] incomodar.

◆ **Pascuas** *fpl* festas *fpl* de fim de ano; **de ~s a Ramos** de vez em quando.

pase *m* **-1.** [gen] passe *m* **-2.** [proyección] projeção *f* **-3.** [desfile] desfile *m*.

pasear <> *vi* passear. <> *vt* passear.

◆ **pasearse** *vpr* passear.

paseo *m* passeio *m*; **dar un ~, ir de ~** dar um passeio, sair a passeio; **mandar** *o* **enviar a alguien a ~** *fam* mandar alguém passear.

pasillo *m* corredor *m*; **~ deslizante** esteira *f* rolante.

pasión *f* paixão *f*.

◆ **Pasión** *f* RELIG Paixão *f*.

pasividad *f* passividade *f*.

pasivo, va *adj* passivo(va).

◆ **pasivo** *m* COM passivo *m*.

pasmado, da *adj* pasmado(da).

pasmar *vt* pasmar.

◆ **pasmarse** *vpr* pasmar-se.

pasmarote *mf* *Esp* *fam* pateta *mf*.

pasmo *m* pasmo *m*.

pasmoso, sa *adj* impressionante.

paso *m* **-1.** [gen] passo *m* **-2.** [camino] passagem *f*; **abrir(se) ~** abrir caminho; **~ de cebra** faixa *f* de pedestres; **~ elevado** passarela; **~ a nivel** passagem de nível; **~ peatonal** *o* **de peatones** faixa de pedestres; **ceder el ~** ceder o passo; **'prohibido el ~'** 'passagem proibida' **-3.** [en procesiones] *escultura ou grupo de esculturas que representam os acontecimentos mais importantes da Paixão de Jesus Cristo* **-4.** *loc*: **a cada ~** a cada passo; **a dos** *o* **cuatro ~s** a dois passos; **~ a ~** passo a passo; **salir al ~ de** fazer cessar; **salir del ~** sair do sufoco.

◆ **de paso** *loc adv* de passagem.

pasodoble *m* paso doble *m*.

pasota *Esp* *fam* <> *adj* desligado (da). <> *mf* desligado *m*, -da *f*.

pasta *f* **-1.** [gen] massa *f*; **~ dentífrica** *o* **de dientes** pasta *f* dentifrícia *o* de dentes **-2.** [pastelillo] biscoito *m* **-3.** *fam* [dinero] grana *f*.

pastar *vi* pastar.

pastel *m* **-1.** CULIN [dulce] bolo *m* **-2.** CULIN [salado] torta *f* **-3.** *fam* [chapucería] mutreta *f* **-4.** [lápiz] pastel *m* **-5.** *loc*: **repartirse el ~** repartir o bolo.

pastelería *f* confeitaria *f*.

pasteurizado, da *adj* pasteurizado(da).

pastiche *m* pastiche *m*.

pastilla *f* **-1.** [gen] pastilha *f* **-2.** [pieza] tablete *m* **-3.** ELECTR chip *m* **-4.** *loc*: **a toda ~** *fam* a todo vapor.

pasto *m* **-1.** [gen] pasto *m* **-2.** [motivo] motivo *m* **-3.** *Amér* [hierba] grama *f*.

pastón *m* *mfam* nota *f* preta.

pastor, ra *m, f* pastor *m*, -ra *f*.

◆ **pastor** *m* **-1.** [sacerdote] pastor *m*, -ra *f* **-2.** ▷ **perro**.

pastoreo *m* pastoreio *m*.

pastoso, sa *adj* pastoso(sa).

pata <> *f* **-1.** [de animales] pata *f* **-2.** *fam* [de personas] perna *f*; **a cuatro ~s** de quatro; **a la ~ coja** *fam* num pé só **-3.** [de cosa] pé *m* **-4.** *loc*: **meter la ~** dar um fora; **poner/estar ~s arriba** ficar/estar de ponta-cabeça; **tener mala ~** ter azar. <> *m* *Perú* chapa *mf*.

◆ **pata de gallo** *f* [arrugas] pé-de-galinha *m*.

◆ **pata negra** *m* *raça de porco ibérico cuja carne é de excelente qualidade*.

patada *f* chute *m*; **tratar a alguien a ~s** *fig* tratar alguém a patadas.

patalear *vi* espernear.

pataleo *m* esperneio *m*.

pataleta *f* cena *f*.

patán <> *adj m* **-1.** [ignorante] bronco **-2.** [grosero] grosseiro. <> *m* **-1.** [ignorante] bronco *m* **-2.** [grosero] grosseirão *m*.

patata *f* batata *f*; **~s fritas** batatas fritas.

patatús *m fam* treco *m*.

paté *m* patê *m*.

patear ◇ *vt* chutar. ◇ *vi* **-1.** [patalear] sapatear **-2.** ***fam*** [andar] andar.
◆ **patearse** *vpr* [recorrer] percorrer.

patentado, da *adj* patenteado(da).

patente ◇ *adj* patente. ◇ *f* **-1.** [gen] licença *f* **-2.** [de un invento] patente *f* **-3.** ***CSur*** [matrícula] chapa *f* de carro.

pateo *m* sapateado *m*.

paternal *adj* paternal.

paternalismo *m* paternalismo *m*.

paternidad *f* paternidade *f*.

paterno, na *adj* paterno(na).

patético, ca *adj* patético(ca).

patetismo *m* pateticismo *m*.

patidifuso, sa *adj* ***fam*** estupefato (ta).

patilla *f* **-1.** [de pelo] costeleta *f* **-2.** [de gafas] haste *f*.

patín *m* **-1.** [de cuchillas, ruedas] patim *m* **-2.** [en línea] patim *m* in-line, roller *m* **-3.** [patinete] patinete *m* **-4.** [embarcación] pedalinho *m*.

pátina *f* pátina *f*.

patinaje *m* patinação *f*.

patinar *vi* **-1.** [con patines] patinar **-2.** [resbalar] derrapar **-3.** ***fam*** [meter la pata] enganar-se.

patinazo *m* **-1.** [resbalón] escorregão *m* **-2.** ***fam*** [metedura de pata] deslize *m*.

patinete *m* patinete *m*.

patio *m* **-1.** [espacio descubierto] pátio *m*; **~ interior** pátio interno **-2.** ***Esp*** [de un teatro] platéia *f*; **~ de butacas** platéia.

patitieso, sa *adj* **-1.** [de frío] enregelado(da) **-2.** [de sorpresa] estupefato(ta).

pato, ta *m, f* pato *m*, -ta *f*; **pagar el ~** ***fig*** pagar o pato.

patológico, ca *adj* MED patológico (ca).

patoso, sa ***fam*** ◇ *adj* desajeitado (da). ◇ *m, f* desajeitado *m*, -da *f*.

patota *f* ***Perú, RP*** turma *f*.

patraña *f* ***fam*** patranha *f*.

patria *f* ▷ **patrio.**

patriarca *m* patriarca *m*.

patrimonio *m* patrimônio *m*.

patrio, tria *adj* pátrio(tria).
◆ **patria** *f* pátria *f*.
◆ **patria potestad** *f* DER pátrio poder *m*.

patriota ◇ *adj* patriota(ta). ◇ *mf* patriota *mf*.

patriotismo *m* patriotismo *m*.

patrocinador, ra ◇ *adj* patrocinador(ra). ◇ *m, f* patrocinador *m*, -ra *f*.

patrocinar *vt* patrocinar.

patrocinio *m* patrocínio *m*.

patrón, ona *m, f* **-1.** [gen] patrão *m*, -troa *f* **-2.** [santo] padroeiro *m*, -ra *f*.
◆ **patrón** *m* **-1.** [de barco] patrão *m* **-2.** [para cortar] molde *m*.

patronal ◇ *adj* **-1.** [empresarial] patronal **-2.** RELIG do padroeiro. ◇ *f* **-1.** [de una empresa] direção *f* **-2.** [de un país] classe *f* patronal.

patronato *m* patronato *m*.

patrono, ona *m, f* **-1.** [de una empresa] patrão *m*, -troa *f* **-2.** [santo] padroeiro *m*, -ra *f*.

patrulla ◇ *f* patrulha *f*; **estar de ~** estar de patrulha; **~ urbana** [civil] **patrulha urbana**.

patrullar ◇ *vt* patrulhar. ◇ *vi* patrulhar.

patuco *m* ***Esp*** sapatinho *m* de bebê.

paulatino, na *adj* paulatino(na).

pausa *f* pausa *f*.

pausado, da *adj* pausado(da).

pauta *f* norma *f*; **seguir una ~** seguir uma norma.

pavada *f* ***RP*** [cosa sin importancia] besteira *f*.

pavimentación *f* **-1.** [de calle] pavimentação *f* **-2.** [de suelo] revestimento *m*.

pavimento *m* **-1.** [de calle] pavimento *m* **-2.** [de suelo] revestimento *m* **-3.** [material] piso *m*.

pavo, va ◇ *adj* ***fam*** parvo(va). ◇ *m, f* **-1.** [ave] peru *m*, -a *f*; **~ real** pavão *m* **-2.** ***fam*** [tímido] tímido *m*, -da *f*.

pavonearse ◆ **pavonearse de** *vpr* pavonear-se de.

pavor *m* pavor *m*.

pay *m* ***Chile, Méx, Ven*** torta *f*.

paya *f* ***Amér*** *composição poética improvisada com acompanhamento de violão.*

payasada *f* palhaçada *f*; **hacer ~s** fazer palhaçadas.

payaso, sa ◇ *adj* palhaço(ça). ◇ *m, f* palhaço *m*, -ça *f*.

payés, esa *m, f camponês da Catalunha e Baleares.*

payo, ya *m, f entre os ciganos, aquele que não pertence ao seu grupo étnico.*

paz *f* paz *f*; **firmar la ~** assinar a paz; **dejar en ~** deixar em paz; **estar** *o* **quedar en ~** estar *o* ficar quites; **hacer las paces** fazer as pazes; **que en ~ descanse**, **que descanse en ~** [tranquilidad] que em paz descanse, que descanse em paz.
PBI (*abrev de* **Producto Bruto Interno**) *m RP* PIB *m*.
PBN (*abrev de* **Producto Bruto Nacional**) *m Amér* PNB *m*.
PC *m* **-1.** (*abrev de* **personal computer**) PC *m* **-2.** (*abrev de* **partido comunista**) PC *m*.
PD (*abrev de* **posdata**) PS.
PDF (*abrev de* **portable document format**) *m* INFORM PDF *m*.
peaje *m* pedágio *m*.
peana *f* pedestal *m*.
peatón, ona *m, f* pedestre *mf*.
peca *f* sarda *f*.
pecado *m* RELIG pecado *m*; **ser un ~** *fig* ser um pecado.
pecador, ra <> *adj* pecador(ra). <> *m, f* pecador *m*, -ra *f*.
pecaminoso, sa *adj* pecaminoso (sa).
pecar *vi* **-1.** RELIG pecar **-2.** [por exceso]: **~ de** pecar por.
pecera *f* aquário *m*.
pecho *m* **-1.** [gen] peito *m* **-2.** [mama] mama *f*; **dar el ~** dar o peito **-3.** *loc*: **a lo hecho, ~** agora não tem volta; **tomarse algo a ~** levar algo a sério.
pechuga *f* **-1.** [de ave] peito *m* **-2.** *mfam* [de mujer] teta *f*.
pecoso, sa *adj* sardento(ta).
peculiar *adj* peculiar.
peculiaridad *f* peculiaridade *f*.
pedagogía *f* pedagogia *f*.
pedagogo, ga *m, f* pedagogo *m*, -ga *f*.
pedal *m* pedal *m*.
pedalear *vi* pedalar.
pedante <> *adj* pedante. <> *mf* pedante *mf*.
pedantería *f* pedantismo *m*.
pedazo *m* pedaço *m*; **hacer ~s** fazer em pedaços.
pedestal *m* [base] pedestal *m*.
pedestre *adj* pedestre.
pediatra *mf* MED pediatra *mf*.
pedicuro, ra *m, f* pedicuro *m*, -ra *f*.
pedido *m* pedido *m*.
pedigrí (*pl* **pedigríes** *o* **pedigrís**), **pedigree** (*pl* **pedigrees**) *m* pedigree *m*.
pedigüeño, ña <> *adj* pedinte. <> *m, f* pedinte *mf*.
pedir <> *vt* **-1.** [gen] pedir; **~ a alguien que haga algo** pedir a alguém que faça algo; **~ prestado** pedir emprestado **-2.** [en matrimonio] pedir em casamento. <> *vi* [mendigar] pedir esmola.
pedo *fam m* [ventosidad] peido *m*; **tirarse un ~** soltar um peido.
pedrada *f* pedrada *f*; **a ~s** a pedradas.
pedrea *f* **-1.** *Esp* [premio menor] *o menor prêmio da loteria espanhola* **-2.** [lucha] apedrejamento *m*.
pedrería *f* pedrarias *fpl*.
pedrusco *m* matacão *m*.
peeling *m* peeling *m*.
pega *f* [obstáculo] obstáculo *m*; **poner ~s** *Esp* pôr obstáculos.
◆ **de pega** *loc adj* de mentira.
pegadizo, za *adj* contagiante.
pegajoso, sa *adj* pegajoso(sa).
pegamento *m* cola *f*.
pegar <> *vt* **-1.** [gen] colar **-2.** [agredir] bater **-3.** [propinar] desferir **-4.** [contagiar] pegar **-5.** [arrimar] encostar. <> *vi* **-1.** [agredir, golpear] bater **-2.** [armonizar] combinar **-3.** [sol] queimar.
◆ **pegarse** *vpr* **-1.** [gen] pegar-se **-2.** [unirse] grudar-se **-3.** [propinarse] desferir **-4.** *despec* [suj: persona] colar-se.
pegatina *f* adesivo *m*.
pego *m*: **dar el ~** *Esp fam* enganar.
pegote *fam m* **-1.** [cosa espesa, pegajosa] grude *m* **-2.** [chapucería] serviço *m* remendado.
peinado *m* penteado *m*.
peinador *m* penteador *m*.
peinar *vt* **-1.** [pelo] pentear **-2.** [registrar] varrer.
◆ **peinarse** *vpr* pentear-se.
peine *m* pente *m*.
peineta *f* pente *m*.
p.ej. (*abrev de* **por ejemplo**) p.e.
Pekín *n* Pequim.
pela *f Esp fam* [dinero] pila *f*.
peladilla *f* drágea *f*.
pelado, da <> *adj* **-1.** [gen] nu(a) **-2.** [con poco pelo] calvo(va) **-3.** [espalda, fruta] descascado(da) **-4.** *fam* [sin dinero] liso(sa) **-5.** [número] redondo(da). <> *m, f Andes fam* [niño] menino *m*, -na *f*.
◆ **pelado** *m Esp* corte *m* de cabelo.
pelagatos *mf inv fam despec* pé-rapado *m*.
pelaje *m* pelagem *f*.

pelambre *m* cabeleira *f*.
pelambrera *f* cabeleira *f*.
pelar *vt* **-1.** [gen] pelar **-2.** [alimentos] descascar **-3.** *fam* [dejar sin dinero] depenar.
◆ **pelarse** *vpr* **-1.** [piel humana] descascar-se **-2.** [pelo] cortar muito os cabelos.
peldaño *m* degrau *m*.
pelea *f* **-1.** [a golpes] luta *f* **-2.** [riña] briga *f*.
pelear *vi* **-1.** [a golpes] lutar **-2.** [reñir] brigar **-3.** [esforzarse] batalhar.
◆ **pelearse** *vpr* **-1.** [a golpes] lutar **-2.** [reñir] brigar.
pelele *m* **-1.** *fam despec* [persona] marionete *m* **-2.** [prenda de vestir] macacão *m* **-3.** [muñeco] *boneco de trapos ou palha que se usa em algumas festas populares para ser espancado*.
peletería *f* peleteria *f*.
peliagudo, da *adj* espinhoso(sa).
pelicano, pelícano *m* pelicano *m*.
película *f* **-1.** [gen] filme *m*; **echar** *o* **poner una ~** passar um filme; **~ de miedo** filme de medo; **~ del Oeste** filme de faroeste; **~ de terror** filme de terror; **de ~** *fig* de cinema **-2.** [capa fina] película *f* **-3.** *fam* [historia] história *f*.
peliculero, ra *m, f fam* imaginativo *m*, -va *f*.
peligro *m* perigo *m*; **correr ~ (de)** correr perigo(de); **estar/poner en ~** estar/pôr em perigo; **fuera de ~** fora de perigo; **~ de muerte** risco de morte.
peligroso, sa *adj* perigoso(sa).
pelín *m fam* pouquinho *m*.
pelirrojo, ja ◇ *adj* ruivo(va). ◇ *m, f* ruivo *m*, -va *f*.
pellejo *m* **-1.** [piel] pele *f* **-2.** [de uña] cutícula *f*.
pellizcar *vt* beliscar.
pellizco *m* **-1.** [en piel] beliscão *m* **-2.** [un poco]: **un ~ de** uma pitada de.
pelma, pelmazo, za *fam* ◇ *adj* chato(ta). ◇ *m, f* chato *m*, -ta *f*.
pelo *m* **-1.** [gen] pêlo *m* **-2.** [de persona - de la cabeza] cabelo *m*; [- del cuerpo] pêlo *m* **-3.** *loc*: **con ~s y señales** nos mínimos detalhes, tintim por tintim; **de ~ en pecho** com H maiúsculo; **no tener ~s en la lengua** *fam* não ter papas na língua; **no verle el ~ a alguien** *fam* não ver nem a sombra de alguém; **ponérsele a alguien los ~s de punta** *fam* alguém ficar com os cabelos em pé; **por los ~s** por um fio; **por un ~** por um triz; **tomar el ~ a alguien** *fam* tirar um sarro de alguém; **venir al ~** *fam* vir a pêlo.
◆ **a contra pelo** *loc adv* a contrapelo.
pelota ◇ *f* **-1.** bola *f*; **~ vasca** *DEP* pelota *f* basca **-2.** *loc*: **hacer la ~** *fam* puxar o saco. ◇ *mf* puxa-saco *mf*.
pelotera *f fam* bate-boca *f*.
pelotón *m* **-1.** [gen] pelotão *m* **-2.** [de gente] multidão *f*.
pelotudo, da *adj RP fam* cretino(na).
peluca *f* peruca *f*.
peluche *m* **-1.** [tejido] pelúcia *f* **-2.** [juguete] bicho *m* de pelúcia.
peludo, da *adj* peludo(da).
peluquería *f* cabeleireiro *m*.
peluquero, ra *m, f* cabeleireiro *m*, -ra *f*.
peluquín *m* peruca *f*.
pelusa *f* **-1.** [de tela] fiapo *m* **-2.** [vello] penugem *f*.
pelvis *f ANAT* pelve *f*.
pena *f* **-1.** [gen] pena *f*; **~ capital** *o* **de muerte** pena capital *o* de morte; **¡qué ~!** que pena!; **dar ~** dar pena; **a duras ~s** a duras penas **-2.** *CAm, Carib, Col, Méx* [vergüenza] vergonha *f*; **dar ~ hacer algo** ter vergonha de fazer algo **-3.** *loc*: **(no) valer** *o* **merecer la ~** (não) valer a pena; **sin ~ ni gloria** despercebido.
penacho *m* penacho *m*.
penal ◇ *adj DER* penal. ◇ *m* presídio *m*.
penalidad *f (gen pl)* dificuldade *f*.
penalización *f* penalidade *f*.
penalti (*pl* **penaltis**), **penalty** (*pl* **penaltys**) *m DEP* pênalti *m*.
penar *vt* condenar.
pendejada *f Amér mfam* estupidez *f*.
pender *vi* **-1.** [cosa colgada] pender; **~ de** pender de **-2.** [amenaza]: **~ sobre** pender sobre.
pendiente ◇ *adj* **-1.** [sin hacer] pendente **-2.** [atento]: **~ de** atento com; **estar ~ de** estar atento com. ◇ *m* brinco *m*. ◇ *f* inclinação *f*.
pendón *m fam* gandaieiro *m*, -ra *f*.
péndulo *m* pêndulo *m*.
pene *m ANAT* pênis *m inv*.
penetración *f* penetração *f*.
penetrante *adj* penetrante.

penetrar ◇ *vi* penetrar; **~ en** penetrar em. ◇ *vt* penetrar.
penicilina *f* FARM penicilina *f*.
península *f* península *f*; **la ~ Ibérica** a Península Ibérica.
peninsular ◇ *adj* peninsular. ◇ *mf* peninsular *mf*.
penique *m* pêni *m*.
penitencia *f* penitência *f*; **hacer ~** fazer penitência.
penitenciaría *f* penitenciária *f*.
penoso, sa *adj* **-1.** [lastimoso] penoso (sa) **-2.** *CAm, Carib, Col, Méx* [vergonzoso] tímido(da).
pensado, da ◇ *adj*: **ser mal ~** ser deturpador(ra). ◇ *m, f*: **ser un mal ~** ser um deturpador *m*, -ra *f*.
◆ **bien pensado** *loc adv* bem pensado.
pensador, ra *m, f* pensador *m*, -ra *f*.
pensamiento *m* **-1.** [gen] pensamento *m*; **leer el ~** ler o pensamento **-2.** BOT amor-perfeito *m*.
pensar ◇ *vi* pensar; **~ en** pensar em; **~ en hacer algo** pensar em fazer algo. ◇ *vt* pensar; **~ hacer algo** pensar em fazer algo.
◆ **pensarse** *vpr* pensar.
pensativo, va *adj* pensativo(va).
pensión *f* pensão *f*; **media ~** [en hotel] meia pensão; [en colegio] semi-internato *m*; **~ completa** pensão completa.
pensionista *mf* **-1.** [gen] pensionista *mf* **-2.** [en colegio] interno *m*, -na *f*.
pentágono *m* GEOM pentágono *m*.
pentagrama *m* MÚS pentagrama *m*.
pentatlón *m* DEP pentatlo *m*.
penthouse *m* *CSur, Ven* ático *m*.
pentotal *m* FARM pentotal *m*.
penúltimo, ma ◇ *adj* penúltimo (ma). ◇ *m, f* penúltimo *m*, -ma *f*.
penumbra *f* penumbra *f*; **en ~** na penumbra.
penuria *f* penúria *f*.
peña *f* **-1.** [roca] rocha *f* **-2.** [grupo de personas] sociedade *f*.
peñasco *m* penhasco *m*.
peñón *m* promontório *m*.
peón *m* **-1.** [obrero] operário *m* **-2.** [en ajedrez] peão *m* **-3.** [peonza] pião *m*.
peonada *f* **-1.** [día de trabajo] jornada *f* **-2.** [sueldo] diária *f* **-3.** *Amér* [grupo de peones] peonada *f*.
peonza *f* pião *m*.
peor ◇ *adj* (*compar y superl de* **malo**) **-1.** [comparativo] pior; **~ que** pior que; **estar ~** estar pior **-2.** *(seguido de sustantivo)* [superlativo]: **el/la ~** o/a pior. ◇ *mf* [superlativo]: **el/la ~** o/a pior. ◇ *adv* (*compar de* **mal**) [más mal] pior.
pepa *f* *Andes, CAm, Carib, Méx* **-1.** [pepita] semente *f* **-2.** [hueso] caroço *m*.
pepinillo *m* pepinilho *m*.
pepino *m* **-1.** [planta] pepineiro *m* **-2.** [fruto] pepino *m* **-3.** *loc*: **me importa un ~** me importa muito pouco.
pepita *f* **-1.** [de fruto] semente *f* **-2.** [de oro] pepita *f*.
pepona *f* *Esp* boneca *f* de papelão.
peppermint = **pipermín**.
pequeñez *f* **-1.** [cualidad] pequenez *f* **-2.** [insignificancia] pequenice *f*.
pequeño, ña ◇ *adj* pequeno(na). ◇ *m, f* [niño] pequeno *m*, -na *f*; **el ~, la pequeña** [benjamín] o/a caçula.
pequinés, esa ◇ *adj* pequinês (esa). ◇ *m, f* pequinês *m*, -esa *f*.
pera *f* **-1.** [fruta] pêra *f* **-2.** *CSur* [barbilla] queixo *m* **-3.** *loc*: **pedir ~s al olmo** pedir o impossível; **ser alguien/algo la ~** *Esp fam* ser alguém/algo o máximo.
peral *m* pereira *f*.
perborato *m* QUÍM perborato *m*.
percal *m* percal *m*.
percance *m* imprevisto *m*.
percatarse *vpr*: **~ (de algo)** aperceber-se (de algo).
percebe *m* perceve *m*.
percepción *f* **-1.** [de sentidos] percepção *f* **-2.** [cobro] recebimento *m*.
perceptible *adj* perceptível.
percha *f* **-1.** [gen] cabide *m* **-2.** [perchero] mancebo *m* **-3.** [para pájaros] poleiro *m*.
perchero *m* cabide *m*.
percibir *vt* perceber.
percusión *f* percussão *f*.
percutor, percusor *m* percussor *m*.
perdedor, ra ◇ *adj* perdedor(ra). ◇ *m, f* perdedor *m*, -ra *f*.
perder ◇ *vt* perder. ◇ *vi* **-1.** [gen] perder **-2.** [dejar escapar] esvaziar.
◆ **perderse** *vpr* **-1.** [extraviarse] perder-se **-2.** [desaprovechar]: **~se algo** perder algo **-3.** [anhelar]: **~se por** perder-se por.
perdición *f* perdição *f*.
pérdida *f* **-1.** [gen] perda *f* **-2.** *(gen pl)* [escape] vazamento *m*.
◆ **pérdidas** *fpl* perdas *fpl*.
perdidamente *adv* perdidamente.
perdido, da ◇ *adj* **-1.** [gen] perdido(da) **-2.** [sucio] sujo(ja) **-3.** *fam* [de

remate] varrido(da). ◇ *m, f* devasso *m*, -sa *f*.
perdigón *m* perdigoto *m*.
perdiz *f* perdiz *f*.
perdón ◇ *m* perdão *m*; **pedir ~** pedir perdão. ◇ *interj* perdão!
perdonar *vt* perdoar; **no ~** não perdoar.
perdonavidas *mf inv* ***fam*** valentão *m*, -ona *f*.
perdurable *adj* **-1.** [que dura siempre] perpétuo(tua) **-2.** [que dura mucho] perdurável.
perdurar *vi* **-1.** [durar mucho] perdurar **-2.** [persistir] persistir.
perecedero, ra *adj* perecível.
perecer *vi* [morir] perecer.
peregrina *f* ▷ **peregrino**.
peregrinación *f* peregrinação *f*.
peregrinaje *m* peregrinação *f*.
peregrino, na ◇ *adj* [extraño] peregrino(na). ◇ *m, f* peregrino *m*, -na *f*.
◆ **peregrina** *f* vieira *f*.
perejil *m* salsa *f*.
perenne *adj* perene.
perentorio, ria *adj* imediato(ta).
pereza *f* preguiça *f*; **dar ~ algo** dar preguiça de fazer algo.
perezoso, sa ◇ *adj* preguiçoso (sa). ◇ *m, f* preguiçoso *m*, -sa *f*.
perfección *f* perfeição *f*.
perfeccionar *vt* aperfeiçoar.
◆ **perfeccionarse** *vpr* aperfeiçoar-se.
perfeccionista ◇ *adj* perfeccionista. ◇ *mf* perfeccionista *mf*.
perfecto, ta *adj* perfeito(ta).
perfidia *f* perfídia *f*.
perfil *m* perfil *m*; **de ~** de perfil.
perfilar *vt* **-1.** [dibujar] perfilar **-2.** [detallar] delinear.
◆ **perfilarse** *vpr* delinear-se.
perforación *f* perfuração *f*.
perforador, ra *adj* perfurador(ra).
◆ **perforadora** *f* perfuradora *f*, perfuratriz *f*.
perforar *vt* perfurar.
perfume *m* perfume *m*.
perfumería *f* perfumaria *f*.
pergamino *m* pergaminho *m*.
pérgola *f* pérgola *f*.
pericardio *m* ANAT pericárdio *m*.
pericia *f* perícia *f*.
periferia *f* periferia *f*.
periférico, ca *adj* periférico(ca).
perifollos *mpl* ***fam*** penduricalho *m*.
perífrasis *f inv* perífrase *f*.
perilla *f* cavanhaque *m*; **de ~(s)** ***fig*** a calhar.
perímetro *m* perímetro *m*.
periódico, ca *adj* periódico(ca).
◆ **periódico** *m* jornal *m*.
periodismo *m* jornalismo *m*.
periodista *mf* jornalista *mf*.
periodo, período *m* período *m*.
peripecia *f* peripécia *f*.
periplo *m* périplo *m*.
peripuesto, ta *adj* ***fam*** embonecado(da).
periquete *m*: **en un ~** ***fam*** num piscar de olhos.
periquito *m* periquito *m*.
peritaje *m* avaliação *f*.
peritar *vt* avaliar.
perito *m* perito *m*.
perjudicar *vt* prejudicar.
perjudicial *adj* prejudicial.
perjuicio *m* prejuízo *m*; **en/sin ~ de** em prejuízo de/sem prejuízo de.
perjurar *vi* **-1.** [jurar mucho] rejurar **-2.** [jurar en falso] perjurar.
perla *f* pérola *f*; **de ~s** muito bom.
permanecer *vi* permanecer.
permanencia *f* permanência *f*.
permanente ◇ *adj* permanente. ◇ *f* permanente *f*.
permeable *adj* permeável.
permisible *adj* permissível.
permisivo, va *adj* permissivo(va).
permiso *m* **-1.** [autorización] permissão *f*; **con ~** com licença; **pedir ~** pedir permissão **-2.** [documento] licença *f*; **~ de conducir** carteira *f* de habilitação **-3.** [vacaciones]: **estar de ~** estar de licença.
permitir *vt* permitir.
◆ **permitirse** *vpr* permitir-se; **no poder ~se algo** não poder se permitir algo; **¿me permite?** com licença.
permuta, permutación *f* permuta *f*.
permutación = **permuta**.
pernera *f* perna *f* de calça.
pernicioso, sa *adj* pernicioso(sa).
perno *m* perno *m*.
pero *conj* mas.
◆ **pero** *m* senão *m*.
perol *m* tacho *m*.
peroné *m* ANAT fíbula *f*.
perorata *f* lengalenga *f*.
peróxido *m* QUÍM peróxido *m*.
perpendicular GEOM ◇ *adj* perpendicular. ◇ *f* perpendicular *f*.
perpetrar *vt* perpetrar.

perpetuar *vt* perpetuar.
◆ **perpetuarse** *vpr* perpetuar-se.
perpetuo, tua *adj* perpétuo(tua).
perplejo, ja *adj* perplexo(xa).
perra *Esp fam f* **-1.** [rabieta] birra *f* **-2.** [dinero] tostão *m* ▷ **perro.**
perrera *f* ▷ **perrero.**
perrería *f fam* cachorrada *f.*
perrero, ra *m, f profissional que recolhe cachorros de locais públicos.*
◆ **perrera** *f* **-1.** [lugar] canil *m* **-2.** [vehículo] carrocinha *f.*
perro, rra ◇ *m, f* cachorro *m,* -ra *f,* cão *m;* ~ **callejero** vira-lata *m;* ~ **lazarillo** cão-guia *m,* cão de cego; ~ **lobo** cão-lobo *m;* ~ **pastor** cão pastor; ~ **policía** cão policial; **andar como (el) ~ y (el) gato** viver como cão e gato; **de ~s** de cão; ~ **ladrador poco mordedor** *o* ~ **que ladra, no muerde** cão que ladra não morde. ◇ *adj* de cão.
◆ **perro caliente** *m* cachorro-quente *m.*
perruno, na *adj* canino(na).
persecución *f* perseguição *f.*
perseguir *vt* perseguir.
perseverante *adj* perseverante.
perseverar *vi:* ~ **en** perseverar em.
persiana *f* persiana *f.*
persignarse *vpr* persignar-se.
persistente *adj* persistente.
persistir *vi* **-1.** [insistir]: ~ **(en)** persistir (em) **-2.** [durar] persistir.
persona *f* pessoa *f;* **en** ~ em pessoa; ~ **mayor** maior de idade.
personaje *m* personagem *mf.*
personal ◇ *adj* pessoal. ◇ *m* **-1.** [trabajadores] pessoal *m* **-2.** *fam* [gente] pessoal *m.* ◇ *f* DEP falta *f* pessoal.
personalidad *f* **-1.** [gen] personalidade *f* **-2.** [identidad] pessoa *f.*
personalizar *vi* personalizar.
personarse *vpr* apresentar-se pessoalmente.
personero, ra *m, f Amér* porta-voz *mf.*
personificar *vt* personificar.
perspectiva *f* perspectiva *f;* **en** ~ em perspectiva.
perspicacia *f* perspicácia *f.*
perspicaz *adj* perspicaz.
persuadir *vt* persuadir.
◆ **persuadirse** *vpr:* ~**se de** persuadir-se de.
persuasión *f* persuasão *f.*
persuasivo, va *adj* persuasivo(va).
◆ **persuasiva** *f* persuasiva *f.*
pertenecer *vi* pertencer; ~ **a** pertencer a.
perteneciente *adj:* ~ **a** pertencente a.
pertenencia *f* **-1.** [propiedad] propriedade *f* **-2.** [afiliación] filiação *f.*
◆ **pertenencias** *fpl* pertences *mpl.*
pértiga *f* pértiga *f.*
pertinaz *adj* pertinaz.
pertinente *adj* pertinente.
pertrechos *mpl* apetrechos *mpl.*
perturbación *f* perturbação *f.*
perturbado, da ◇ *adj* perturbado(da). ◇ *m, f* perturbado *m,* -da *f.*
perturbador, ra ◇ *adj* perturbador(ra). ◇ *m, f* perturbador *m,* -ra *f.*
perturbar *vt* perturbar.
Perú *n:* **(el)** ~ (o) Peru.
peruano, na ◇ *adj* peruano(na). ◇ *m, f* peruano *m,* -na *f.*
perversión *f* perversão *f.*
perverso, sa *adj* perverso(sa).
pervertido, da *m, f* pervertido *m,* -da *f.*
pervertir *vt* perverter.
◆ **pervertirse** *vpr* perverter-se.
pesa *f* peso *m.*
pesadez *f* **-1.** [gen] peso *m* **-2.** [molestia] amolação *f* **-3.** [aburrimiento] chatice *f;* **la ~ de su estilo** o seu estilo pesado.
pesadilla *f* pesadelo *m;* **tener ~s** ter pesadelo.
pesado, da ◇ *adj* **-1.** [gen] pesado (da) **-2.** [aburrido] [molesto] chato(ta); **ponerse ~** ser chato. ◇ *m, f* chato *m,* -ta *f.*
pesadumbre *f* pesar *m.*
pésame *m* pêsames *mpl;* **dar el ~** dar os pêsames.
pesar ◇ *m* pesar *m.* ◇ *vt* pesar. ◇ *vi* pesar.
◆ **pesarse** *vpr* pesar-se.
◆ **a pesar de** *loc prep* apesar de.
◆ **a pesar de que** *loc conj* apesar de que.
pesaroso, sa *adj* pesaroso(sa).
pesca *f* pesca *f;* **ir de ~** ir pescar; ~ **de altura/bajura** pesca em altomar/costeira.
pescadería *f* peixaria *f.*
pescadilla *f* pescadinha *f.*
pescado *m* peixe *m;* ~ **azul/blanco** peixe gordo/magro.
pescador, ra *m, f* pescador *m,* -ra *f.*

pescar *vt* **-1.** [peces] pescar **-2.** [enfermedad] pegar **-3.** ***fam*** [conseguir] fisgar **-4.** ***fam*** [atrapar, entender] pegar.
pescuezo *m* pescoço *m*.
pese ◆ **pese a** *loc prep* em que pese a.
pesebre *m* **-1.** [para animales] estábulo *m* **-2.** [belén] presépio *m*.
pesero *m* ***Méx*** *carro ou pèrua de transporte público, com rota e tarifa fixas.*
peseta *f* [unidad] peseta *f*.
pesetero, ra ***Esp fam*** ◇ *adj* ganancioso(sa). ◇ *m, f* unha-de-fome *mf*.
pesimismo *m* pessimismo *m*.
pesimista ◇ *adj* pessimista. ◇ *mf* pessimista *mf*.
pésimo, ma ◇ *superl* ▷ **malo**. ◇ *adj* péssimo(ma).
peso *m* peso *m*; **vender a ~** vender por peso; **~ bruto** peso bruto; **~ neto** peso líquido; **pagar a ~ de oro** pagar a peso de ouro; **de ~** [importancia] de peso.
pespunte *m* pesponto *m*.
pesquero, ra *adj* pesqueiro(ra).
◆ **pesquero** *m* pesqueiro *m*.
pesquisa *f* investigação *f*.
pestaña *f* **-1.** [de párpados] cílio *m*, pestana *f*; **quemarse las ~s** ***fig*** queimar as pestanas **-2.** [saliente] pestana *f*.
pestañear *vi* pestanejar; **sin ~** ***fig*** sem pestanejar.
peste *f* **-1.** [gen] peste *f*; **~ bubónica** peste bubônica **-2.** [mal olor] fedor *m*.
pesticida ◇ *adj* pesticida. ◇ *m* pesticida *m*.
pestilencia *f* pestilência *f*.
pestillo *m* trinco *m*; **correr** *o* **echar el ~** passar o trinco.
petaca *f* **-1.** [para tabaco] tabaqueira *f* **-2.** [para bebidas] garrafa *f* de bolso **-3.** ***Méx*** [maleta] maleta *f*.
◆ **petacas** *fpl* ***Méx fam*** bumbum *m*.
pétalo *m* pétala *f*.
petanca *f* bocha *f*.
petardo *m* **-1.** [cohete] petardo *m* **-2.** ***fam*** [aburrimiento] bomba *f* **-3.** ***fam*** [persona fea] bagulho *m*.
petate *m* trouxa *f*.
petenera *f canto flamenco de tom grave e grande intensidade dramática*; **salir por ~s** ***fig Esp*** sair pela tangente.
petición *f* **-1.** [acción] pedido *m* **-2.** [escrito] petição *f*.
petiso, sa, petizo, za *adj* ***Andes, RP fam*** baixinho(nha).
peto *m* **-1.** [de prenda] peitilho *m* **-2.** [para protegerse] couraça *f*.
petrificar *vt* [convertir en piedra] petrificar.
petrodólar *m* petrodólar *m*.
petróleo *m* petróleo *m*.
petrolero, ra *adj* petroleiro(ra).
◆ **petrolero** *m* petroleiro *m*.
petrolífero, ra *adj* petrolífero(ra).
petulante ◇ *adj* petulante. ◇ *mf* petulante *mf*.
peyorativo, va *adj* pejorativo(va).
pez ◇ *m* peixe *m*; **~ espada** peixe-espada *m*; **estar ~** ***Esp fam*** estar cru. ◇ *f* pez *m*.
◆ **pez gordo** *m* ***fam*** peixe *m* gordo.
pezón *m* **-1.** [de pecho] mamilo *m* **-2.** [extremo] pedúnculo *m*.
pezuña *f* casco *m*.
PGB (*abrev de* **Producto Geográfico Bruto**) *m* ***Chile*** PIB *m*.
piadoso, sa *adj* [compasivo] piedoso (sa).
pianista *mf* pianista *mf*.
piano *m* piano *m*.
pianola *f* pianola *f*.
piar *vi* [aves] piar.
piastra *f* piastra *f*.
PIB (*abrev de* **producto interior bruto**) *m* PIB *m*.
pibe, ba *m, f* ***RP fam*** garoto *m*, -ta *f*.
pica *f* lança *f*.
◆ **picas** *fpl* [palo de baraja] espadas *fpl*.
picada *f* ▷ **picado**.
picadero *m* **-1.** [de caballos] picadeiro *m* **-2.** ***Esp fam*** [de soltero] garçonnière *f*.
picadillo *m* **-1.** [de carne, verdura] picadinho *m* **-2.** ***Chile*** [tapas] tira-gosto *m*.
picado, da *adj* **-1.** [gen] picado(da) **-2.** [cutis] marcado(da) **-3.** [abrigo] furado(da) **-4.** ***fam*** [enfadado] mordido (da) **-5.** [avinagrado] azedo(da) **-6.** *loc*: **en ~** [verticalmente] em picado; ***fig*** na vertical.
◆ **picada** *f* **-1.** [picadura] picada *f* **-2.** ***RP*** [aperitivo] aperitivo *m*.
picador, ra *m* **-1.** [gen] picador *m* **-2.** [minero] minerador *m*.
◆ **picadora** *f* moedor *m*.
picadura *f* **-1.** [mordedura] picada *f* **-2.** [marca] marca *f* **-3.** [de tabaco] fumo *m*.

picante ◇ *adj* picante. ◇ *m* picante *m*.
picapica *m o f* pó-de-mico *m*.
picaporte *m* trinco *m*.
picar ◇ *vt* **-1.** [gen] picar **-2.** [escocer] coçar **-3.** [comer] beliscar **-4.** [golpear] cavar, furar **-5.** *fig* [enojar] ficar mordido por **-6.** *fig* [estimular] espicaçar **-7.** [cancelar, registrar] marcar **-8.** *fam* [teclear] digitar. ◇ *vi* **-1.** [gen] arder **-2.** [pez] fisgar **-3.** [escocer] pinicar **-4.** [ave] picar **-5.** [comer] beliscar **-6.** [dejarse engañar] cair.
◆ **picarse** *vpr* **-1.** [agujerearse] furar **-2.** [echarse a perder] azedar-se **-3.** *fam* [enfadarse] ficar mordido(da) **-4.** *fam* [inyectarse droga] picar-se **-5.** [oxidarse] enferrujar-se **-6.** [cariarse] cariar.
picardía *f* **-1.** [gen] picardia *f* **-2.** [travesura] travessura *f*.
◆ **picardías** *fpl* ***Esp*** [prenda femenina] baby-doll *m*.
picaresco, ca *adj* picaresco(ca).
◆ **picaresca** *f* **-1.** LITER picaresco *m* **-2.** [modo de vida] picaretagem *f*.
pícaro, ra ◇ *adj* **-1.** [astuto] malandro(dra), pícaro(ra) **-2.** [travieso] danado(da) **-3.** [obsceno] descarado(da). ◇ *m, f* **-1.** [astuto] malandro *m*, -dra *f* **-2.** [travieso] arteiro *m*, -ra *f*.
picatoste *m pedaço pequeno de pão, torrado ou frito*.
picha *f* ***vulg*** pica *f*.
pichi *m* ***Esp*** jardineira *f*.
pichichi *mf* ***Esp*** DEP no futebol espanhol, título dado ao artilheiro do campeonato.
pichincha *f* ***Bol, RP fam*** pechincha *f*.
pichón *m* **-1.** [paloma joven] filhote *m* de pomba **-2.** *fam* [apelativo cariñoso] gatinho *m*.
pickles *mpl* ***RP*** picles *mpl*.
picnic (*pl* **picnics**) *m* piquenique *m*.
pico *m* **-1.** [de aves] bico *m* **-2.** [de objeto] ponta *f* **-3.** [herramienta] picareta *f* **-4.** *fam* [boca] bico *m*; **cerrar el ~** fechar o bico **-5.** [cantidad indeterminada]: **y ~** e pouco **-6.** [cumbre] pico *m*.
picor *m* ardor *m*.
picoso, sa *adj* ***Méx*** apimentado(da).
picotear *vt* **-1.** [suj: ave] bicar **-2.** [comer] beliscar.
pictórico, ca *adj* pictórico(ca).
pie *m* **-1.** [gen] pé *m*; **a ~** a pé; **de** *o* **en ~** de *o* em pé; **de ~s a cabeza** dos pés à cabeça **-2.** [de animal] pata *m* **-3.** [de escrito] rodapé *m* **-4.** TEATR deixa *f* **-5.** *loc*: **al ~ de la letra** ao pé da letra; **a ~s juntillas** de pé junto; **buscarle (los) tres ~s al gato** procurar pêlo em ovo; **cojear del mismo ~** sofrer do mesmo mal; **con buen ~** com pé direito; **con ~s de plomo** com muita cautela; **dar ~** dar pé; **en ~** de pé; **en ~ de guerra** em pé de guerra; **levantarse con el ~ izquierdo** levantar-se com o pé esquerdo; **no dar ~ con bola** não dar uma dentro; **no tener ni ~s ni cabeza** não ter pés nem cabeça; **pararle los ~s a alguien** cortar as asas de alguém.
piedad *f* [compasión] piedade *f*.
piedra *f* [gen] pedra *f*; **~ pómez** pedra-pomes *f*; **~ preciosa** pedra preciosa.
piel *f* **-1.** [gen] pele *f*; **~ roja** pele-vermelha *mf*; **dejar** *o* **jugarse la ~** dar o sangue; **ser de la ~ del diablo** *o* **de Judas** ter o diabo no corpo **-2.** [cuero] couro *m*.
piercing *m* piercing *m*.
pierna *f* **-1.** [de persona] perna *f*; **dormir a ~ suelta** dormir a sono solto; **estirar las ~s** esticar as pernas **-2.** [de animal] pata *f*.
pieza *f* **-1.** [gen] peça *f*; **~ de recambio** *o* **repuesto** peça de reposição *o* sobressalente; **dejar/quedarse de una ~** *fig* deixar/ficar boquiaberto **-2.** *irón* [persona] peça *f*; **buena ~** peça rara **-3.** [parche] remendo *m*.
pifia *f* gafe *f*.
pifiar *vt*: **~la** *fam* dar mancada.
pigmentación *f* pigmentação *f*.
pigmento *m* pigmento *m*.
pijama *m* pijama *m*.
pijo, ja ◇ *adj* ***fam*** de mauricinho, de patricinha. ◇ *m, f* ***fam*** mauricinho *m*, patricinha *f*.
pila *f* **-1.** [gen] pilha *f* **-2.** [recipiente] pia *f* **-3.** ARQUIT pilar *m*.
pilar *m* **-1.** [soporte] pilar *m* **-2.** [sostén] arrimo *m* **-3.** [base] base *f*.
píldora *f* **-1.** pílula *f* **-2.** *loc*: **dorar la ~** dourar a pílula.
pileta *f* ***RP*** **-1.** [piscina] piscina *f* **-2.** [en baño, cocina] pia *f*.
pillaje *m* pilhagem *f*.
pillar ◇ *vt* **-1.** [gen] pilhar **-2.** [atropellar] pegar **-3.** [aprisionar] prender. ◇ *vi* [encontrarse en el camino] ficar.
◆ **pillarse** *vpr* prender.

pillo, lla *fam* ◇ *adj* [pícaro] malandro(dra). ◇ *m, f* [pícaro] malandro *m*, -dra *f*.

pilón *m* **-1.** [recipiente] tanque *m* **-2.** [columna] coluna *f*.

pilotar *vt* pilotar.

piloto ◇ *m* **-1.** [de avión, coche] piloto *m*; ~ **automático** piloto automático **-2.** *CSur* [impermeable] capa *f* de chuva. ◇ *adj inv* piloto.

piltrafa *f* **-1.** [resto, residuo] resto *m* **-2.** *fam* [persona débil] trapo *m*.

pimentón *m* CULIN páprica *f*.

pimienta *f* CULIN pimenta-do-reino *f*.

pimiento *m* pimentão *m*; ~ **morrón** pimentão-doce *m*.

pimpollo *m* **-1.** [brote] broto *m* **-2.** *fam* [persona atractiva] gato *m*.

PIN *m* **-1.** (*abrev de* **producto interior neto**) PIL *m* **-2.** (*abrev de* **personal identification number**) senha *f*.

pinacoteca *f* pinacoteca *f*.

pinar *m* pinhal *m*.

pincel *m* [instrumento] pincel *m*.

pinchadiscos *mf inv* **Esp** disc-jóquei *mf*.

pinchar ◇ *vt* **-1.** [punzar] espetar **-2.** *fig* [irritar] alfinetar **-3.** *fig* [incitar] cutucar **-4.** [poner inyecciones] injetar **-5.** *fam* [teléfono] grampear. ◇ *vi* furar.

◆ **pincharse** *vpr* **-1.** [punzarse] espetar-se **-2.** [inyectarse] injetar-se **-3.** *fam* [droga] picar-se.

pinchazo *m* **-1.** [gen] picada *f* **-2.** [perforación] furo *m*.

pinche ◇ *adj* **Méx** *mfam* **-1.** [maldito] maldito(ta) **-2.** [de poca importancia] mixuruca. ◇ *mf* ajudante *mf* de cozinha.

pinchito *m* espetinho *m*.

pincho *m* **-1.** [espina] espinho *m* **-2.** [varilla] chuço *m* **-3.** CULIN espetinho *m*; ~ **moruno** espetinho de carne.

pingajo *m* ***fam despec*** farrapo *m*.

pingüino *m* pingüim *m*.

ping-pong *m* DEP pingue-pongue *m*.

pinitos *mpl*: **hacer sus** ~ dar seus primeiros passos.

pino *m* pinheiro *m*; **en el quinto** ~ ***fig*** no quinto dos infernos.

pinta *f* ▷ **pinto**.

pintado, da *adj* **-1.** [gen] pintado(da); **venir que ni** ~ vir a calhar **-2.** [moteado] malhado(da).

◆ **pintada** *f* **-1.** [escrito] pichação *f* **-2.** [ave] galinha-d'angola *f*.

pintalabios *m inv* batom *m*.

pintar ◇ *vt* **-1.** [gen] pintar **-2.** [significar, importar] significar. ◇ *vi* [tener aspecto] pintar.

◆ **pintarse** *vpr* pintar-se.

pintarrajear *vt* ***fam despec*** pinturilar.

pinto, ta *adj* malhado(da).

◆ **pinta** *f* **-1.** [lunar] bolinha *f* **-2.** [aspecto] pinta *f*; **tener pinta de** ter pinta de **-3.** [unidad de medida] *unidade de capacidade para líquidos do sistema inglês, equivalente a 0,568 litro.*

pintor, ra *m, f* pintor *m*, -ra *f*.

pintoresco, ca *adj* pitoresco(ca).

pintura *f* **-1.** [gen] pintura *f*; ~ **al óleo** pintura a óleo **-2.** [material] tinta *f*.

pinza *f* pinça *f*.

piña *f* **-1.** [de pino] pinha *f* **-2.** [fruta] abacaxi *m*; ~ **colada** *coquetel à base de rum, suco de abacaxi e leite de coco* **-3.** [de gente] liga *f* **-4.** ***fam*** [golpe] batida *f*.

piñata *f recipiente cheio de guloseimas e pequenos presentes que, ao ser rompido, deixa cair seu conteúdo, utilizado em brincadeiras com crianças em festas de aniversário, gincanas, etc.*

piñón *m* [fruto] pinhole *m*.

pío, a *adj* pio(a).

◆ **pío** *m* pio *m*; **no decir ni** ~ ***fig*** não dar nem um pio.

piojo *m* piolho *m*.

piojoso, sa *adj* piolhento(ta).

pionero, ra *m, f* pioneiro *m*, -ra *f*.

pipa *f* **-1.** [para fumar] cachimbo *m*; **fumar en** ~ fumar cachimbo **-2.** [pepita] semente *f* **-3.** [tonel] pipa *f* **-4.** *loc*: **pasarlo** *o* **pasárselo** ~ ***Esp fam*** divertir-se a valer.

pipermín, peppermint *m* licor *m* de menta.

pipí *m* ***fam*** pipi *m*; **hacer** ~ fazer pipi; **tener** ~ estar molhado.

pique *m* **-1.** [rivalidad] rivalidade *f* **-2.** *loc*: **irse a** ~ ir a pique.

piqueta *f* picareta *f*.

piquete *m* piquete *m*.

pirado, da *adj* ***fam*** pirado(da).

piragua *f* canoa *f*.

piragüismo *m* canoagem *f*.

pirámide *f* pirâmide *f*.

piraña *f* piranha *f*.

pirarse ***fam*** *vpr* **-1.** [irse] puxar o carro **-2.** [enloquecer] pirar.

pirata ◇ *adj inv* pirata. ◇ *mf* pirata *mf*.

piratear ◇ *vi* piratear. ◇ *vt* [copiar, plagiar] piratear.

pirenaico, ca *adj* pirenaico(ca).

pírex, pyrex® *m* pirex® *m*.

Pirineos *npl*: **los ~** os Pirineus.

piripi *adj* ***Esp fam*** alto(ta).

pirómano, na *m, f* pirômano *m*, -na *f*.

piropear *vt* ***fam*** cantar.

piropo *m* ***fam*** cantada *f*.

pirotecnia *f* pirotecnia *f*.

pirrarse *vpr* ***fam***: **~ por** ser louco por.

pirueta *f* **-1.** [cabriola] pirueta *f* **-2.** [esfuerzo] malabarismo *m*.

piruleta *f* ***Esp*** pirulito *m*.

pirulí (*pl* **pirulís**) *m* pirulito *m*.

pis (*pl* **pises**) *m* ***fam*** pipi *m*; **hacer ~** fazer pipi; **tener ~** estar molhado.

pisada *f* **-1.** [acción] passo *m* **-2.** [huella] pegada *f*.

pisapapeles *m inv* pesa-papéis *m inv*.

pisar *vt* **-1.** [gen] pisar **-2.** [anticiparse] antecipar-se.

piscina *f* piscina *f*.

Piscis ◇ *m inv* [signo del zodiaco] Peixes *m inv*; **ser ~** ser (de) Peixes. ◇ *mf inv* **-1.** pisciano *m*, -na *f* **-2.** *(en aposición)* de Peixes.

pisco *m* pisco *m*; **~ sour** *coquetel típico do Chile e Peru à base de pisco, suco de limão e açúcar*.

piscolabis *m* ***fam*** boquinha *f*.

piso *m* **-1.** [vivienda] apartamento *m* **-2.** [planta] andar *m* **-3.** [suelo] piso *m* **-4.** [capa] camada *f* **-5.** ***loc***: **perder ~** ***Amér*** perder terreno.

pisotear *vt* **-1.** [gen] pisotear **-2.** [desobedecer] desobedecer.

pisotón *m* ***fam*** pisão *m*.

pista *f* **-1.** [gen] pista *f*; **~ de esquí** pista de esqui; **~ de tenis** quadra de tênis **-2.** TECN trilha *f*.

pistacho *m* pistache *m*.

pisto *m* CULIN *prato feito principalmente com pimentão, tomate e cebola picados, que são fritos e depois cozidos lentamente*.

pistola *f* pistola *f*.

pistolero, ra *m, f* pistoleiro *m*, -ra *f*.
◆ **pistolera** *f* coldre *m*.

pistón *m* **-1.** [gen] pistão *m* **-2.** [de arma] cartucho *m*.

pitar ◇ *vt* **-1.** [arbitrar] apitar **-2.** [abuchear] vaiar. ◇ *vi* **-1.** [tocar pito] apitar **-2.** ***loc***: **salir** *o* **irse pitando** ***fam*** sair *o* ir voando.

pitido *m* apito *m*.

pitillera *f* cigarreira *f*.

pitillo *m* **-1.** ***fam*** [cigarrillo] cigarro *m* **-2.** ***Col*** [pajita] canudinho *m*.

pito *m* **-1.** [silbato] apito *m* **-2.** ***fam*** [cigarrillo] pito *m* **-3.** ***fam*** [pene] pipi *m* **-4.** ***loc***: **por ~s o por flautas** por um motivo ou por outro; **tomar a alguien por el ~ del sereno** fazer alguém de bobo.

pitón ◇ *m* **-1.** [cuerno] chifre *m* **-2.** [pitorro] gargalo *m*. ◇ *f* ▷ **serpiente**.

pitonisa *f* pitonisa *f*.

pitorrearse *vpr* ***fam*** rir-se, gozar; **~ de alguien/de algo** gozar de alguém/de algo.

pitorreo *m* ***fam*** gozação *f*; **estar de ~** estar de gozação; **tomarse algo a ~** fazer gozação de algo.

pitorro *f* gargalo *m*.

pívot (*pl* **pívots**) *m, f* DEP pivô *mf*.

pizarra *f* **-1.** [gen] ardósia *f* **-2.** [encerado] lousa *f*.

pizarrón *m* ***Amér*** quadro-negro *m*.

pizca *f* ***fam*** [poca cantidad]: **una ~ (de)** uma migalha (de); **ni ~** nem um pingo.

pizza *f* pizza *f*.

pizzería *f* pizzaria *f*.

pl. (*abrev de* **plaza**) Pr.

placa *f* **-1.** [gen] placa *f*; **~ solar** placa solar **-2.** [de cocina] chapa *f*.

placar *m* ***RP*** armário *m* embutido.

placenta *f* ANAT placenta *f*.

placentero, ra *adj* prazeroso(sa).

placer ◇ *m* prazer *m*. ◇ *vi* [gustar] aprazer.

plácido, da *adj* plácido(da).

plafón *m* arandela *m*.

plaga *f* praga *f*.

plagado, da *adj*: **~ de** cheio(a) de.

plagar *vt*: **~ de** encher de.

plagiar *vt* **-1.** [copiar] plagiar.

plagio *m* plágio *m*.

plan *m* **-1.** [gen] plano *m*; **en ~ de** ***fam*** em atitude ou com intenção de; **no ser ~** ***fam fig*** não ser justo **-2.** ***Esp fam*** [ligue] paquera *f*.

plancha *f* **-1.** [gen] chapa *f*; **a la ~** grelhado **-2.** [para planchar] ferro *m* de passar **-3.** ***fam*** [metedura de pata] mancada *f* **-4.** DEP *na ginástica, postura horizontal do corpo no ar, utilizando como apoio as mãos agarradas à barra*.

planchado *m* ação de passar roupa.
planchar *vt* passar roupa.
planchazo *m fam* fora *m*.
planchista *mf* lanterneiro *m*, -ra *f*.
plancton *m* BIOL plâncton *m*.
planeador *m* planador *m*.
planear ◇ *vt* planejar. ◇ *vi* [en el aire] planar.
planeta *m* planeta *m*.
planetario, ria *adj* **-1.** [de planeta] planetário(ria) **-2.** [mundial] mundial.
planicie *f* planície *f*.
planificación *f* planejamento *m*; ~ **familiar** planejamento familiar.
planificar *vt* planejar.
planisferio *m* planisfério *m*.
planning *m* planejamento *m*.
plano, na *adj* plano(na).
◆ **plano** *m* **-1.** plano *m*; **en segundo** ~ *fig* em segundo plano; **primer** ~ primeiro plano **-2.** *loc*: **dar de** ~ dar em cheio.
◆ **plana** *f* **-1.** [página escrita] lauda *f* **-2.** [página impresa] página *f* **-3.** [llanura] planície *f*.
planta *f* **-1.** [gen] planta *f* **-2.** [piso] andar *m*; ~ **baja** andar térreo **-3.** [fábrica] central *f*; ~ **de envase** *o* **envasadora** central de embalagem; ~ **depuradora** central depuradora; ~ **incineradora** central incineradora **-4.** *Amér* [de trabajadores] quadro *m* de pessoal **-5.** *loc*: **tener buena** ~ ter boa aparência.
plantación *f* **-1.** [terreno] plantação *f* **-2.** [acción] plantio *m*.
plantado, da *adj* plantado(da); **dejar** ~ **a alguien** *fam fig* deixar alguém plantado; **ser bien** ~ *fig* ser de bom tipo.
plantar *vt* **-1.** [gen] plantar **-2.** *fam* [decir con brusquedad] desferir **-3.** *fam* [echar] jogar **-4.** *fam* [abandonar] abandonar **-5.** *fam* [colocar] fincar.
◆ **plantarse** *vpr* **-1.** [gen] plantar-se **-2.** [en un sitio con rapidez] chegar voando **-3.** [en cartas] passar.
planteamiento *m* abordagem *f*.
plantear *vt* **-1.** [plan, proyecto] planejar **-2.** [problema, cuestión] colocar.
◆ **plantearse** *vpr* considerar.
plantel *m* **-1.** [de plantas] viveiro *m* **-2.** [de personas] plantel *m*.
plantificar *vt* jogar na cara.
◆ **plantificarse** *vpr* chegar rápido.
plantilla *f* **-1.** [de empresa] quadro *m* de pessoal; **estar en** ~ ser empregado fixo **-2.** [de zapato] palmilha *f* **-3.** [patrón] molde *m*.
plantío *m* plantação *f*.
plantón *m*: **dar (un)** ~ *fam* dar (um) cano; **de** ~ de plantão.
plañidero, ra *adj* choroso(sa).
plañir ◇ *vt* chorar. ◇ *vi* chorar.
plaqueta *f* BIOL plaqueta *f*.
plasmar *vt* plasmar.
◆ **plasmarse** *vpr* plasmar-se.
plasta *fam* ◇ *adj* [soso] chato(ta). ◇ *mf* chato *m*, -ta *f*.
plástica *f* ▷ **plástico**.
plástico, ca *adj* **-1.** [gen] plástico(ca) **-2.** [expresivo] expressivo(va).
◆ **plástico** *m* [material] plástico *m*.
◆ **plástica** *f* modelagem *f*.
plastificar *vt* plastificar.
plastilina *f* plastilina *f*.
plata *f* **-1.** [gen] prata *f*; ~ **de ley** prata de lei; **hablar en** ~ *fam fig* falar claramente **-2.** *Amér* [dinero] dinheiro *m*.
plataforma *f* plataforma *f*.
plátano *m* **-1.** [fruta] banana *f* **-2.** [árbol] bananeira *f*.
platea *f* platéia *f*.
plateado, da *adj* prateado(da).
plática *f CAm, Méx* conversa *f*.
platicar *vi CAm, Méx* conversar.
platillo *m (gen pl)* **-1.** MÚS pratos *mpl* **-2.** [de balanza] prato *m* de balança.
◆ **platillo volante** *m* disco *m* voador.
platina *f* platina *f*.
platino *m* platina *f*.
◆ **platinos** *mpl* platinado *m*.
plato *m* prato *m*; **primer** ~ primeiro prato; **segundo** ~ segundo prato; ~ **combinado** prato combinado; ~ **fuerte** [en una comida] prato principal; *fig* parte principal; **pagar los** ~**s rotos** pagar o pato; **parece que no hubiera roto un** ~ **en su vida** parece que nunca havia cometido um erro na vida.
plató *m* cenário *m*.
platónico, ca *adj* platônico(ca).
platudo, da *adj Amér fam* cheio(a) da grana.
plausible *adj* plausível.
playa *f* praia *f*.
play-back (*pl* **play-backs**) *m* playback *m*.
play-boy (*pl* **play-boys**) *m* playboy *m*.
playero, ra *adj* praiano(na).
◆ **playera** *f CAm, Méx* [prenda de vestir] camiseta *f*.

◆ **playeras** *fpl* **-1.** [zapatillas] tênis *m inv* **-2.** [sandalias] sandálias *fpl* de praia.
plaza *f* **-1.** [en población] praça *f* **-2.** [sitio, puesto de trabajo] vaga *f* **-3.** [asiento] lugar *m* **-4.** [mercado] mercado *m* **-5.** TAUROM: ~ **(de toros)** praça *f* (de touros) **-6.** [zona, población] setor *m* **-7.** [fortificación] praça-forte *f*.
plazo *m* **-1.** [de tiempo] prazo *m*; **a ~** a prazo; **a corto/largo ~** a curto/longo prazo **-2.** [de dinero] prestação *f*; **a ~s** a prestação.
plazoleta *f* pracinha *f*.
pleamar *f* preamar *f*.
plebe *f* plebe *f*.
plebeyo, ya ◇ *adj* plebeu(ba). ◇ *m, f* plebeu *m*, -a *f*.
plebiscito *m* plebiscito *m*.
plegable *adj* dobrável.
plegar *vt* dobrar.
◆ **plegarse** *vpr*: **~se a** submeter-se a.
plegaria *f* prece *f*.
pleito *m* **-1.** DER pleito *m*; **poner un ~** processar **-2.** *Amér* [discusión] discussão *f*.
plenario, ria *adj* plenário(ria).
plenilunio *m* plenilúnio *m*.
plenitud *f* plenitude *f*; **en la ~ de** na plenitude de.
pleno, na *adj* [total] pleno(na); **en ~** em pleno(na).
◆ **pleno** *m* **-1.** [reunión] pleno *m*; **~ del congreso/ayuntamiento** pleno do congresso/daprefeitura **-2.** [en juego de azar] *acerto de todos os resultados em um jogo de azar.*
pletórico, ca *adj*: **~ de** pletórico(ca) de.
pleuresía *f* MED pleurisia *f*.
pliego *m* **-1.** [gen] folha *f* **-2.** [documento] documento *m* lacrado.
pliegue *m* **-1.** [de ropa, papel] prega *f* **-2.** GEOL dobra *f*.
plisado *m* plissado *m*.
plisar *vt* plissar.
plomería *f* ***Méx, RP, Ven*** empresa *f* de encanador.
plomero *m* ***Méx, RP, Ven*** encanador *m*, -ra *f*.
plomizo, za *adj* plúmbeo *m*, -bea *f*.
plomo *m* **-1.** [metal] chumbo *m*; **sin ~** sem combustível; **caer a ~** ***fig*** cair feito uma pedra **-2.** [fusible] fusível *m* **-3.** ***fam*** [pelmazo] chatice *f*.
pluma *f* **-1.** [de ave] pluma *f* **-2.** [para escribir] caneta *f*; **~ estilográfica** caneta-tinteiro *f* **-3.** [estilo, escritor] pena *f* **-4.** *(en aposición inv)* DEP pena *m* **-5.** ***Carib, Méx*** [bolígrafo] caneta *f* esferográfica.
plum-cake (*pl* **plum-cakes**) *m* CULIN bolo *m* inglês.
plumero *m* espanador *m*; **vérsele a alguien el ~** ***Esp fam fig*** sacar as intenções de alguém.
plumier (*pl* **plumiers**) *m* ***Esp*** estojo *m*.
plumilla *f* pena *f*.
plumón *m* **-1.** [de ave] penugem *f* **-2.** [anorak] anoraque *m*.
plural ◇ *adj* plural. ◇ *m* GRAM plural *m*.
pluralidad *f* pluralidade *f*.
pluralismo *m* pluralismo *m*.
pluralizar *vi* generalizar.
pluriempleo *m* pluriemprego *m*.
plus (*pl* **pluses**) *m* adicional *m*.
pluscuamperfecto GRAM ◇ *adj* mais-que-perfeito. ◇ *m* mais-que-perfeito *m*.
plusmarca *f* DEP recorde *m*.
plusvalía *f* ECON mais-valia *f*.
plutocracia *f* plutocracia *f*.
Plutón *m* Plutão *m*.
pluvial *adj* pluvial.
p.m. (*abrev de* **post meridiam**) p.m.
PM (*abrev de* **policía militar**) *f* PE *f*.
PNB (*abrev de* **producto nacional bruto**) *m* PNB *m*.
PNUD (*abrev de* **Programa de las Naciones Unidas para el Desarrollo**) *m* PNUD *m*.
PNUMA (*abrev de* **Programa de las Naciones Unidas para el Medio Ambiente**) *m* PNUMA *m*.
PNV (*abrev de* **Partido Nacionalista Vasco**) *m partido nacionalista basco de direita.*
P^{o} (*abrev de* **paseo**) r.
población *f* **-1.** [gen] população *f* **-2.** [localidad] povoado *m* **-3.** ***Chile*** [chabolas] favela *f*.
poblado, da *adj* **-1.** [gen] povoado(da) **-2.** [barba] espesso(sa).
◆ **poblado** *m* povoado *m*.
poblador, ra *m, f* habitante *mf*.
poblar *vt* povoar.
◆ **poblarse** *vpr* povoar-se.
pobre ◇ *adj* pobre; **~ en** pobre em. ◇ *mf* pobre *mf*; **~ de mí/ti** *etc* pobre de mim/de ti *etc*.
pobreza *f* [escasez] pobreza *f*; **~ de algo** pobreza de algo.
pochismo *m* ***Amér*** *inglês falado pelos mexicanos da Califórnia, com grande*

influência do castelhano.

pocho, cha *adj* **-1.** [alicaído] caído(da) **-2.** [pasado] passado(da) **-3.** ***Méx*** [mexicano] *americano de origem mexicana que conserva os hábitos culturais do México.*

pochoclo *m* ***Arg*** pipoca *f.*

pocilga *f* pocilga *f.*

pócima *f* **-1.** [brebaje] poção *f* **-2.** ***despec*** [bebida de mal sabor] beberagem *f.*

poción *f* poção *f.*

poco, ca ◇ *adj* pouco(ca). ◇ *pron* pouco(ca); **un ~ (de)** um pouco de.
◆ **poco** *adv* pouco; **~ más o menos** mais ou menos; **por ~** por pouco; **dentro de ~** dentro em pouco; **hace ~** faz pouco; **~ a ~** [progresivamente] pouco a pouco; [despacio] devagar!

podadora *f* ***Amér*** podadeira *f.*

podar *vt* podar.

poder ◇ *m* poder *m*; **tiene ~ para convencer a los demás** tem poder para convencer os outros; **~ adquisitivo** poder aquisitivo; **~ ejecutivo** poder executivo; **~ judicial** poder judiciário; **~ legislativo** poder legislativo; **estar/hacerse con el ~** estar no/conquistar o poder; **estar en ~ de alguien** estar em poder de alguém. ◇ *v aux* poder; **puedo levantar esta piedra** posso levantar esta pedra; **¿se puede fumar aquí?** pode-se fumar aqui?; **no puedo salir por la noche** não posso sair à noite; **no podemos abandonarlo** não podemos abandoná-lo; **puedo ir en barco o en avión** posso ir de navio ou de avião; **podías haber cogido el tren** você podia ter tomado o trem; **podría ser más discreto** você poderia ser mais discreto; **¡hubiera podido invitarnos!** devia nos ter convidado! ; ***loc*:** **a** *o* **hasta más no ~** ao máximo; **no ~ más** [estar harto] não agüentar mais; [estar cansado] não poder mais; **¿se puede?** posso? ◇ *v impers* poder; **puede ser que llueva** pode ser que chova; **no puede ser verdad** não pode ser verdade; **¿vendrás mañana? - puede** você virá amanhã? - pode ser. ◇ *vt* [ser más fuerte] poder com; **no hay quien me pueda** comigo ninguém pode.
◆ **poder con** *v + prep* [enfermedad, rival] poder com; [tarea, problema] conseguir; [soportar] poder; **no ~ con algo/alguien** não agüentar algo/alguém.

poderío *m* poderio *m.*

poderoso, sa *adj* poderoso(sa).

podio, pódium *m* pódio *m.*

podólogo, ga *m, f* MED podólogo *m*, -ga *f.*

podrá *etc* ▻ **poder.**

podría *etc* ▻ **poder.**

podrido, da ◇ *pp irreg* ▻ **pudrir.** ◇ *adj* **-1.** [comida, ambiente] podre **-2.** ***RP*** [persona] ***fam*:** **estoy ~** estou de saco cheio.

poema *m* poema *m*; **ser algo/alguien un ~** *fig* algo/alguém ser um espetáculo.

poesía *f* poesia *f.*

poeta *mf* poeta *m.*

poético, ca *adj* poético(ca).

poetisa *f* poetisa *f.*

póker = **póquer.**

polaco, ca ◇ *adj* polonês(esa). ◇ *m, f* polonês *m*, -esa *f.*
◆ **polaco** *m* polonês *m.*

polar *adj* polar.

polaridad *f* polaridade *f.*

polarizar *vt* polarizar.

polaroid® *f inv* FOT polaróide® *f.*

polca *f* polca *f.*

polea *f* roldana *f.*

polémico, ca *adj* polêmico(ca).
◆ **polémica** *f* polêmica *f.*

polemizar *vi* polemizar.

polen *m* pólen *m.*

poleo *m* poejo-das-hortas *m.*

polera *f* ***Arg, Chile, Perú*** camisa *f* polo.

poli *fam* ◇ *mf* tira *mf.* ◇ *f* tiras *mpl.*

poliamida *f* QUÍM poliamida *f.*

polichinela *f* polichinelo *m.*

policía ◇ *mf* policial *mf.* ◇ *f* polícia *f.*

policiaco, ca, policíaco, ca *adj* policial.

policial *adj* policial.

policlínica *f* policlínica *f.*

polideportivo, va *adj* poliesportivo(va).
◆ **polideportivo** *m* ginásio *m* poliesportivo.

poliedro *m* GEOM poliedro *m.*

poliéster *m inv* poliéster *m.*

polietileno *m* polietileno *m.*

polifacético, ca *adj* multifacetado(da).

poligamia *f* poligamia *f.*

polígamo, ma ◇ *adj* polígamo (ma). ◇ *m, f* polígamo *m*, -ma *f*.
poligloto, ta, polígloto, ta ◇ *adj* poliglota. ◇ *m, f* poliglota *mf*.
polígono *m* polígono *m*; ~ **industrial** zona *f* industrial.
polilla *f* traça *f*.
polinomio *m* MAT polinômio *m*.
polio *f* MED poliomielite *f*.
poliomielitis *f inv* MED poliomielite *f*.
polipiel *f* couro *m* sintético.
pólipo *m* MED pólipo *m*.
politécnico, ca *adj* politécnico(ca).
politeísmo *m* RELIG politeísmo *m*.
política *f* ▷ **político**.
politicastro *m* ***despec*** politiqueiro *m*, -ra *f*.
político, ca ◇ *adj* **-1.** [gen] político(ca) **-2.** [pariente] por afinidade. ◇ *m, f* político *m*, -ca *f*.
◆ **política** *f* política *f*.
politizar *vt* politizar.
◆ **politizarse** *vpr* politizar-se.
polivalente *adj* polivalente.
póliza *f* **-1.** [documento] apólice *f* **-2.** [sello] chancela *f*.
polizón *m* clandestino(na).
polla *f* ▷ **pollo**.
pollera *f* ***CSur*** saia *f*.
pollería *f* avícola *f*.
pollito *m* pintinho *m*.
pollo, lla *m, f* **-1.** [cría de gallina] pinto *m* **-2.** *(gen m)* ***Esp*** [joven] frangote *m*.
◆ **pollo** *m* frango *m*.
◆ **polla** *f* ***vulg*** caralho *m*.
polo *m* **-1.** pólo *m*; ~ **negativo** pólo negativo; ~ **norte** pólo norte; ~ **positivo** pólo positivo; ~ **sur** pólo sul **-2.** [helado] picolé *m* **-3.** [camisa] pólo *f*.
pololear *vi* ***Chile fam***: ~ **con algüien** sair com alguém.
pololo, la *m, f* ***Chile fam*** namorado *m*, -da *f*.
Polonia *n* Polônia.
poltrona *f* poltrona *f*.
polución *f* **-1.** [contaminación] poluição *f* **-2.** [eyaculación] polução *f*.
polvareda *f* poeirada *f*.
polvera *f* pozeira *f*, estojo *m* de pó-de-arroz.
polvo *m* **-1.** pó *m*; **en** ~ em pó **-2.** *loc*: **estar hecho** ~ ***fam*** estar acabado.
◆ **polvos** *mpl* pó-de-arroz *m*.
pólvora *f* pólvora *f*.
polvoriento, ta *adj* poeirento(ta).
polvorín *m* paiol *m*.
polvorón *m* amanteigado *m*.
pomada *f* pomada *f*.
pomelo *m* **-1.** [árbol] toranjeira *f* **-2.** [fruto] toranja *f*.
pómez *adj* ▷ **piedra**.
pomo *m* maçaneta *f*.
pompa *f* pompa *f*.
◆ **pompa de jabón** *f (gen pl)* bolha *f* de sabão.
◆ **pompas** *fpl* ***Méx fam*** traseiro *m*.
◆ **pompas fúnebres** *fpl* pompas *fpl* fúnebres.
pompis ***fam*** bumbum *m*.
pompón *m* pompom *m*.
pomposo, sa *adj* pomposo(sa).
pómulo *m* pômulo *m*.
ponchar ***CAm, Méx*** *vt* furar.
◆ **poncharse** *vpr* furar.
ponche *m* ponche *m*.
poncho *m* poncho *m*.
ponderar *vt* **-1.** [gen] ponderar **-2.** [alabar] elogiar.
ponedor, ra *adj* poedeiro(ra).
ponencia *f* **-1.** [conferencia] conferência *f* **-2.** [comisión] comissão *f*.
poner *vt* **-1.** [gen] pôr; ~ **algo/a alguien a** pôr algo/alguém a *o* em **-2.** [ropa]: ~ **algo a alguien** pôr algo em alguém **-3.** [contribuir, invertir] contribuir com; ~ **algo de mi/tu parte** fazer algo de minha/sua parte **-4.** [hacer estar de cierta manera] deixar; **me pones de mal humor** me deixa de mau humor **-5.** [precio, medida] fixar; [multa, deberes] dar **-6.** [esfuerzo, voluntad] dedicar; **puso toda su voluntad pero no lo consiguió** deu o melhor de si mas não conseguiu o que queria **-7.** [fax, telegrama] enviar; ~ **una conferencia** fazer uma ligação interurbana **-8.** [conectar] ligar **-9.** [em cinema, teatro, TV] dar; **¿qué ponen esta noche en la tele?** o que vai passar esta noite na televisão? **-10.** [gas, luz] instalar; [tienda] abrir **-11.** [casa] arrumar **-12.** [nombre] dar **-13.** ***(em subj, imper, gerúndio)*** [suponer] supor.
◆ **ponerse** *vpr* **-1.** [colocarse] pôr-se **-2.** [ropa, galas, maquillaje] pôr **-3.** [estar de cierta manera] ficar; **se puso rojo de la vergüenza que pasó** ficou vermelho da vergonha que passou **-4.** [iniciar acción]: ~ **se a hacer algo** pôr-se a fazer algo **-5.** [de salud]: ~ **se malo** *o* **enfermo** ficar doente; ~ **se bien** ficar bom **-6.** [llenarse]: ~ **se de**

algo encher-se de algo -7. [suj: astro] pôr-se.
poni, poney *m* pônei *m*.
poniente *m* -1. [occidente] poente *m* -2. [viento] oeste *m*.
pontificado *m* pontificado *m*.
pontífice *m* pontífice *m*.
ponzoña *f* [veneno] veneno *m*.
pop *adj* pop.
popa *f* NÁUT popa *f*.
popote *m* *Méx* canudinho *m*.
populacho *m* *despec* populacho *m*.
popular *adj* popular.
popularidad *f* popularidade *f*.
popularizar *vt* popularizar.
◆ **popularizarse** *vpr* popularizar-se.
populoso, sa *adj* populoso(sa).
popurrí (*pl* **popurrís**) *m* pot-pourri *m*.
póquer, póker *m* -1. [juego] pôquer *m* -2. [jugada] quadra *f*.
por *prep* -1. [causa] por; **se enfadó ~ tu comportamiento** irritou-se por causa do seu comportamento -2. [finalidade] para; **lo hizo ~ complacerte** assim o fez para agradar-lhe; **lo compro ~ ti** comprou-o para você -3. [medio, modo] por; **~ mensajero/fax** por mensageiro/fax; **~ escrito** por escrito; **el récord fue batido ~ el atleta** o recorde foi batido pelo atleta -4. [tiempo aproximado] por volta de; **creo que la boda será ~ abril** acho que o casamento será em abril -5. [tiempo concreto] por; **~ la mañana/tarde/noche** pela manhã/tarde/noite; **~ unos días** por uns dias -6. [en lugar aproximado] por; **está ~ ahí** está por aí; **¿~ dónde vive?** onde ele mora? -7. [a través de] por; **pasar ~ la aduana** passar pela alfândega; **entramos en Francia ~ Italia** entramos na França pela Itália -8. [a cambio de, en lugar de] por; **cambio el coche ~ la moto** troco o carro pela moto; **él lo hará ~ mí** ele o fará por mim -9. [distribución] por; **diez euros ~ unidad** dez euros por unidade; **20 km ~ hora** 20 km por hora -10. [em matemáticas] vezes; **dos ~ dos igual a cuatro** duas vezes dois igual a quatro -11. [aún sin]: **la mesa está ~ poner** a mesa ainda não está posta.
porcelana *f* porcelana *f*.
porcentaje *m* porcentagem *f*.
porche *m* alpendre *m*.
porcino, na *adj* porcino(na).
porción *f* porção *f*.
pordiosero, ra *m, f* mendigo *m*, -ga *f*.
porfía *f* porfia *f*.
porfiado, da *adj* porfiado(da).
porfiar *vi* -1. [disputar] porfiar -2. [empeñarse]: **~ en** porfiar em.
pormenor *m* (*gen pl*) pormenor *m*.
porno *adj* *fam* pornô.
pornografía *f* pornografia *f*.
pornográfico, ca *adj* pornográfico (ca).
poro *m* poro *m*.
poroso, sa *adj* poroso(sa).
poroto *m* *Andes, RP* feijão *m* roxinho.
porque *conj* porque.
porqué *m* porquê.
porquería *f* porcaria *f*.
porra ◇ *f* -1. [palo] cacetete *m* -2. *loc*: **irse/mandar a la ~** *Esp mfam* ir/mandar passear. ◇ *interj* (*gen pl*): **¡~s!** *Esp* poxa!
porrada *f* *Esp fam* porrada *f*.
porrazo *m* *mfam* pancada *f*.
porro *m* *fam* [de droga] baseado *m*.
porrón *m* porrão *m*.
portaaviones = **portaviones**.
portada *f* -1. [de obra impresa] capa *f* -2. ARQUIT portal *m*.
portador, ra ◇ *adj* portador(ra). ◇ *m, f* portador *m*, -ra *f*; **al ~** ao portador.
portaequipajes *m inv* porta-malas *m inv*.
portafolios *m inv*, **portafolio** *m* porta-fólio *m*.
portal *m* -1. [entrada] entrada *f* -2. [belén] presépio *m*.
portalámparas *m inv* soquete *m*.
portamaletas *m inv* porta-malas *m inv*.
portamonedas *m inv* porta-moedas *m inv*.
portarse *vpr*: **~se bien/mal** portar-se bem/mal.
portarrollos *m inv* porta-papel *m*.
portátil *adj* portátil.
portaviones, portaaviones *m inv* porta-aviões *m inv*.
portavoz *mf* porta-voz *mf*.
portazo *m* batida *f* de porta.
porte *m* -1. (*gen pl*) [gasto de transporte] frete *m*; **~s debidos** COM frete a pagar; **~s pagados** COM frete pago -2. [transporte] transporte *m* -3. [aspecto] porte *m*.
portento *m* portento *m*.

portentoso, sa *adj* portentoso(sa).
portería *f* **-1.** [gen] portaria *f* **-2.** DEP gol *m*.
portero, ra *m, f* **-1.** [de casa] porteiro *m*, -ra *f*; ~ **automático** *o* **electrónico** porteiro automático *o* eletrônico **-2.** DEP goleiro *m*.
pórtico *m* pórtico *m*.
portillo *m* **-1.** [abertura] brecha *f* **-2.** [puerta pequeña] portinhola *f*.
portuario, ria *adj* portuário(ria).
Portugal *n* Portugal.
portugués, esa ◇ *adj* português (esa). ◇ *m, f* português *m*, -esa *f*. ◆ **portugués** *m* [lengua] português *m*.
porvenir *m* porvir *m*.
pos ◆ **en pos de** *loc prep* atrás de.
posada *f* pousada *f*.
posaderas *fpl fam* nádegas *fpl*.
posar ◇ *vt* pousar. ◇ *vi* posar. ◆ **posarse** *vpr* **-1.** [animal volador] pousar **-2.** [sustancia] depositar.
posavasos *m inv* descanso *m* de copos.
posdata, postdata *f* pós-escrito *m*.
pose *f* pose *f*.
poseedor, ra ◇ *adj* possuidor(ra). ◇ *m, f* possuidor *m*, -ra *f*.
poseer *vt* possuir.
poseído, da ◇ *adj* possuído(da). ◇ *m, f* possuído *m*, -da *f*.
posesión *f* **-1.** [gen] posse **-2.** [del diablo] possessão *f*.
posesivo, va *adj* possessivo(va).
poseso, sa ◇ *adj* possesso(sa). ◇ *m, f* possesso *m*, -sa *f*.
posgraduado, da, postgraduado, da ◇ *adj* pós-graduado(da). ◇ *m, f* pós-graduado *m*, -da *f*.
posguerra, postguerra *f* pós-guerra *m*.
posibilidad *f* possibilidade *f*.
posibilitar *vt* possibilitar.
posible *adj* possível; **de ser** ~ se for possível; **hacer (todo) lo** ~ fazer (todo) o possível; **lo antes** ~ assim que for possível.
posición *f* posição *f*.
posicionarse *vpr* posicionar-se.
positivo, va *adj* positivo(va).
posmeridiano, na, postmeridiano, na *adj* pós-meridiano(na).
poso *m* depósito *m*.
posología *f* posologia *f*.
posponer *vt* pospor.
pospuesto, ta *pp irreg* ▷ **posponer**.
post meridiem *adj* post meridiem.
posta ◆ **a posta** *loc adv* de propósito.
postal ◇ *adj* postal. ◇ *f* postal *m*.
postdata = **posdata**.
poste *m* poste *m*.
póster (*pl* **pósters**) *m* pôster *m*.
postergar *vt* postergar.
posteridad *f* posteridade *f*.
posterior *adj* posterior; ~ **a** [en espacio] atrás de; [en tiempo] posterior a.
posteriori ◆ **a posteriori** *loc adv* a posteriori.
posterioridad *f* posterioridade *f*.
postgraduado, da = **posgraduado**.
postguerra = **posguerra**.
postigo *m* **-1.** [contraventana] veneziana *f* **-2.** [puerta pequeña] postigo *m*.
postín ◆ **de postín** *loc adj* **Esp** de luxo.
postizo, za *adj* postiço(ça). ◆ **postizo** *m* peruca *f*.
postmeridiano, na = **posmeridiano**.
postor, ra *m, f* arrematante *mf*.
postrar *vt* prostrar. ◆ **postrarse** *vpr* prostrar-se.
postre ◇ *m* sobremesa *f*; **de** ~ de sobremesa. ◇ *f* **loc**: **a la** ~ **fig** no final.
postrero, ra *adj* derradeiro(ra).
postrimerías *fpl* fim *m*.
postulado *m* postulado *m*.
postular ◇ *vt* postular. ◇ *vi* coletar.
póstumo, ma *adj* póstumo(ma).
postura *f* **-1.** [gen] postura *f* **-2.** [en subasta] lance *m*.
potable *adj* **-1.** [bebible] potável **-2.** **fam** [aceptable] razoável.
potaje *m* **-1.** [caldo] sopa *m* **-2.** [guiso] guisado *m*.
potasio *m* potássio *m*.
pote *m* pote *m*.
potencia *f* potência *f*.
potencial ◇ *adj* potencial. ◇ *m* **-1.** [gen] potencial *m* **-2.** GRAM futuro *m* do pretérito.
potenciar *vt* potencializar.
potentado, da *m, f* potentado *m*, -da *f*.
potente *adj* potente.
potingue *m fam* gororoba *f*.
potra *f fam* sorte *f*; **tener** ~ ter sorte.
potrero *m* **Amér** [prado] pasto *m*.
potrillo *m* **Amér** copázio *m*.
potro *m* **-1.** [animal] potro *m* **-2.** [en gimnasia] cavalo *m*.

pozo *m* poço *m*.
PP (*abrev de* **Partido Popular**) *m partido político espanhol de direita.*
ppp (*abrev de* **puntos por pulgada**) *INFORM* ppp.
práctica *f* ▷ **práctico**.
practicable *adj* transitável.
practicante ◇ *adj* praticante. ◇ *mf* **-1.** [persona que practica] praticante *mf* **-2.** [auxiliar médico] auxiliar *mf* de enfermagem.
practicar ◇ *vt* praticar. ◇ *vi* praticar.
práctico, ca *adj* prático(ca).
◆ **práctico** *m NÁUT* prático *m*.
◆ **práctica** *f* prática *f*; **en la práctica** na prática; **llevar a la** *o* **poner en práctica** pôr em prática.
pradera *f* pradaria *f*.
prado *m* prado *m*.
Praga *n* Praga.
pragmático, ca ◇ *adj* pragmático(ca). ◇ *m, f* pragmático *m*, -ca *f*.
pral. (*abrev de* **principal**) mez.
praliné *m creme de chocolate com amêndoas ou avelãs.*
PRD (*abrev de* **Partido Revolucionario Democrático**) *m partido mexicano de esquerda.*
preacuerdo *m* acordo *m* preliminar.
preámbulo *m* preâmbulo *m*.
precalentar *vt* aquecer.
precario, ria *adj* precário(ria).
precaución *f* precaução *f*; **tomar precauciones** tomar precauções.
precaver *vt* precaver.
◆ **precaverse** *vpr* precaver-se; ~**se de** *o* **contra** precaver-se de *o* contra.
precavido, da *adj* precavido(da).
precedente ◇ *adj* precedente. ◇ *m* precedente *m*; **sentar** ~ abrir precedentes.
preceder *vt* preceder.
preceptivo, va *adj* preceptivo(va).
◆ **preceptiva** *f* preceptiva *f*.
precepto *m* preceito *m*.
preciado, da *adj* precioso(sa).
preciar *vpr* prezar; ~**se de** orgulhar-se de.
precintar *vt* lacrar.
precinto *m* lacre *m*.
precio *m* preço *m*; ~ **de coste** preço de custo; ~ **de fábrica** preço de fábrica; ~ **de venta (al público)** preço de venda (ao público); **al** ~ **de** ao preço de.
preciosidad *f* preciosidade *f*.
precioso, sa *adj* **-1.** [bonito] lindo(da) **-2.** [valioso] precioso(sa).
precipicio *m* precipício *m*.
precipitación *f* precipitação *f*.
precipitado, da *adj* precipitado(da).
precipitar *vt* precipitar.
◆ **precipitarse** *vpr* precipitar-se.
precisar *vt* **-1.** [determinar] precisar **-2.** [necesitar] precisar de.
precisión *f* precisão *f*.
preciso, sa *adj* preciso(sa).
precocinado, da *adj* pré-cozido(da).
precolombino, na *adj* pré-colombiano(na).
preconcebido, da *adj* preconcebido(da).
preconcebir *vt* preconceber.
preconizar *vt* preconizar.
precoz *adj* precoce.
precursor, ra ◇ *adj* precursor(ra). ◇ *m, f* precursor *m*, -ra *f*.
predecesor, ra *m, f* predecessor *m*, -ra *f*.
predecir *vt* predizer.
predestinado, da *adj* predestinado(da); ~ **a** predestinado a.
predestinar *vt* predestinar.
predeterminación *f* predeterminação *f*.
predeterminar *vt* predeterminar.
prédica *f* prédica *f*.
predicado *m GRAM* predicado *m*.
predicador, ra *m, f* predicador *m*, -ra *f*.
predicar ◇ *vt* pregar. ◇ *vi* pregar.
predicción *f* previsão *f*.
predicho, cha *pp irreg* ▷ **predecir**.
predilección *f* predileção *f*.
predilecto, ta *adj* predileto(ta).
predisponer *vt* predispor.
predisposición *f* **-1.** [facilidad] predisposição *f* **-2.** [tendencia]: ~ **a** predisposição a.
predispuesto, ta ◇ *pp irreg* ▷ **predisponer**. ◇ *adj* **-1.** [inclinado] predisposto(ta) **-2.** [propenso]: ~ **a** predisposto a.
predominante *adj* predominante.
predominar *vi* predominar; ~ **sobre** predominar sobre.
predominio *m* predomínio *m*.
preelectoral *adj* pré-eleitoral.
preeminente *adj* preeminente.
preescolar ◇ *adj* pré-escolar. ◇ *m* pré-escola *f*.
prefabricado, da *adj* pré-fabricado(da).

prefabricar *vt* pré-fabricar.
prefacio *m* prefácio *m*.
preferencia *f* preferência *f*; **tener ~** [vehículos] ter preferência.
preferente *adj* preferencial.
preferible *adj* preferível.
preferir *vt* preferir; **~ algo a algo** preferir algo a algo.
prefigurar *vt* prefigurar.
prefijar *vt* prefixar.
prefijo *m* prefixo *m*.
pregón *m* **-1.** [discurso] discurso *m* de abertura **-2.** [bando] pregão *m*.
pregonar *vt* apregoar.
pregunta *f* pergunta *f*.
preguntar ◇ *vt* perguntar. ◇ *vi*: **~ por** perguntar por.
◆ **preguntarse** *vpr* perguntar-se.
prehistoria *f* pré-história *f*.
prehistórico, ca *adj* pré-histórico (ca).
prejubilación *f aposentadoria antes da idade determinada por lei.*
prejubilarse *vpr aposentar-se antes da idade determinada por lei.*
prejuicio *m* preconceito *m*.
prejuzgar ◇ *vt* prejulgar. ◇ *vi* prejulgar.
preliminar ◇ *adj* preliminar. ◇ *m (gen pl)* preâmbulo *m*.
preludio *m* prelúdio *m*.
prematrimonial *adj* pré-nupcial.
prematuro, ra *adj* prematuro(ra).
premeditación *f* premeditação *f*.
premeditar *vt* premeditar.
premiar *vt* premiar.
premier (*pl* **premiers**) *m* premier *m*.
premio *m* prêmio *m*; **~ gordo** *o maior prêmio sorteado pela loteria pública e, em particular, o do sorteio de Natal.*
premisa *f* premissa *f*.
premonición *f* premonição *f*.
premura *f* premência *f*.
prenatal *adj* pré-natal.
prenda *f* **-1.** [gen] prenda *f* **-2.** [vestido] peça *f* **-3.** [garantía] garantia *f* **-4.** [apelativo cariñoso] jóia *f*.
prendar *vt* encantar.
◆ **prendarse de** *vpr* apaixonar-se por.
prendedor *m* broche *m*.
prender ◇ *vt* **-1.** [gen] prender **-2.** [encender] acender. ◇ *vi* **-1.** [planta] pegar **-2.** [arder] queimar **-3.** [propagarse] propagar-se.
◆ **prenderse** *vpr* incendiar-se.
prendido, da *adj* preso(sa); **quedar ~ de** ficar encantado com.
prensa *f* **-1.** [gen] prensa *f* **-2.** [periódicos] imprensa *f*; **~ del corazón** imprensa de fofocas.
prensar *vt* prensar.
preñado, da *adj* ***fam*** [lleno] cheio(a).
preñar *vt* **-1.** ***fam*** [fecundar] emprenhar **-2.** [llenar] encher.
preñez *f* prenhez *f*.
preocupación *f* preocupação *f*.
preocupado, da *adj* preocupado (da); **~ por** preocupado com.
preocupar *vt* preocupar.
◆ **preocuparse** *vpr* **-1.** [inquietarse] preocupar-se; **~se por** preocupar-se por **-2.** [encargarse]: **~se de** preocupar-se de.
preparación *f* **-1.** [gen] preparação *f* **-2.** [conocimientos] preparo *m*.
preparado, da *adj* preparado(da); **~ para** preparado para.
◆ **preparado** *m* FARM preparado *m*.
preparar *vt* **-1.** [gen] preparar **-2.** [estudiar] preparar-se para.
◆ **prepararse** *vpr* preparar-se; **~se a** *o* **para** preparar-se para.
preparativo, va *adj* preparativo (va).
◆ **preparativo** *m (gen pl)* preparativos *mpl*.
preparatorio, ria *adj* preparatório (ria).
preponderar *vi* preponderar.
preposición *f* GRAM preposição *f*.
prepotente *adj* prepotente.
prerrogativa *f* prerrogativa *f*.
presa *f* ▷ **preso**.
presagiar *vt* pressagiar.
presagio *m* presságio *m*.
presbítero *m* presbítero *m*.
prescindir ◆ **prescindir de** *vi* prescindir de.
prescribir ◇ *vt* prescrever. ◇ *vi* prescrever.
prescripción *f* prescrição *f*.
prescrito, ta *pp irreg* ▷ **prescribir**.
presencia *f* **-1.** [asistencia personal] presença *f*; **en ~ de** em presença de **-2.** [apariencia] aparência *f*.
◆ **presencia de ánimo** *f* presença *f* de espírito.
presencial *adj* presencial.
presenciar *vt* presenciar.
presentación *f* apresentação *f*.
presentador, ra *m, f* apresentador *m*, -ra *f*.
presentar *vt* apresentar.
◆ **presentarse** *vpr* apresentar-se.

presente <> *adj* presente; **hacer ~ algo a alguien** levar algo ao conhecimento de alguém; **tener ~** ter presente. <> *mf* [en lugar] presente *m*. <> *m* **-1.** presente *m* **-2.** *loc*: **mejorando lo ~** com todo respeito aos demais. <> *interj* presente!
presentimiento *m* pressentimento *m*.
presentir *vt* pressentir.
preservar *vt* preservar.
◆ **preservarse de** *vpr* preservar-se de.
preservativo *m* preservativo *m*.
presidencia *f* presidência *f*.
presidenciable *mf* ***Amér*** *POLÍT* presidenciável *mf*.
presidente, ta *m, f* presidente *m*, -ta *f*; **~ municipal** ***Méx*** prefeito *m*, -ta *f*.
presidiario, ria *m, f* presidiário *m*, -ria *f*.
presidio *m* presídio *m*.
presidir *vt* presidir.
presión *f* pressão *f*; **a ~** de pressão; **~ arterial** *MED* pressão arterial; **~ sanguínea** *MED* pressão sangüínea.
presionar *vt* pressionar.
preso, sa <> *adj* preso(sa). <> *m, f* preso *m*, -sa *f*.
◆ **presa** *f* **-1.** [captura] presa *f* **-2.** [dique] represa *f*.
prestación *f* **-1.** [de servicio] prestação *f*; **prestaciones de paro** seguro-desemprego **-2.** [de dinero] indenização.
◆ **prestaciones** *fpl* desempenho *m*.
prestado, da *adj* emprestado(da); **de ~** [con cosas prestadas] com coisas emprestadas; [de modo precario] temporário(ria); **pedir algo ~** pedir algo emprestado; **tomar algo ~** tomar algo emprestado.
prestamista *mf* prestamista *mf*.
préstamo *m* empréstimo *m*.
prestar *vt* **-1.** [gen] prestar **-2.** [dejar] emprestar.
◆ **prestarse a** *vpr* prestar-se a.
presteza *f* presteza *f*.
prestidigitador, ra *m, f* prestidigitador *m*, -ra *f*.
prestigio *m* prestígio *m*.
prestigioso, sa *adj* prestigioso(sa).
presto, ta *adj* pronto(ta).
presumible *adj* presumível.
presumido, da <> *adj* presumido (da). <> *m, f* presumido *m*, -da *f*.
presumir <> *vt* [suponer] presumir. <> *vi* **-1.** [jactarse] vangloriar-se; **~ de algo** presumir de algo **-2.** [de apariencia] cuidar da aparência.
presunción *f* presunção *f*.
presunto, ta *adj* suposto(ta).
presuntuoso, sa <> *adj* presunçoso(sa). <> *m, f* presunçoso *m*, -sa *f*.
presuponer *vt* pressupor.
presupuesto, ta *pp irreg* ▷ **presuponer**.
◆ **presupuesto** *m* **-1.** [cálculo] orçamento *m* **-2.** [suposición] pressuposto *m*.
presuroso, sa *adj* pressuroso(sa).
prêt-à-porter (*pl* **prêts-à-porter**) *m* prêt-à-porter *mf*.
pretencioso, sa, sa, sa <> *adj* pretensioso(sa). <> *m, f* pretensioso *m*, -sa *f*.
pretender *vt* pretender.
pretendido, da *adj* pretenso(sa).
pretendiente <> *mf* pretendente *mf*; **~ a** pretendente a. <> *m* [de mujer] pretendente *m*.
pretensión *f* pretensão *f*.
pretérito, ta *adj* pretérito(ta).
◆ **pretérito** *m* pretérito *GRAM* *m*.
pretexto *m* pretexto *m*.
prevalecer *vi*: **~ sobre** prevalecer sobre.
prevaler *vi*: **~ sobre** prevalecer sobre.
◆ **prevalerse de** *vpr* prevalecer-se de.
prevención *f* prevenção *f*; **en ~ de** para prevenção de.
prevenido, da *adj* **-1.** [previsor]: **ser ~** ser prevenido(da) **-2.** [avisado, dispuesto]: **estar ~** estar prevenido(da).
prevenir *vt* prevenir; **~ a alguien contra algo/alguien** prevenir alguém contra algo/alguém.
preventivo, va *adj* preventivo(va).
prever *vt* prever.
previo, via *adj* prévio(via); **le devolvieron el carné ~ pago de una multa** devolveram-lhe a carteira após o pagamento de uma multa.
previsible *adj* previsível.
previsión *f* **-1.** [predicción] previsão *f*; **en ~ de** em previsão de **-2.** ***Andes, RP*** [social] securidade *f* social.
previsor, ra *adj* previdente.
previsto, ta <> *pp irreg* ▷ **prever**. <> *adj* previsto(ta).

PRI (*abrev de* **Partido Revolucionario Institucional**) *m partido mexicano que esteve no poder de 1929 a 2000.*
prieto, ta *adj* **-1.** [apretado] apertado(da) **-2.** ***Cuba, Méx*** [moreno] moreno(na).
prima ▷ **primo.**
primacía *f* primazia *f.*
primar ◇ *vi* primar; **~ sobre** primar sobre. ◇ *vt* premiar.
primario, ria *adj* primário(ria).
◆ **primarias** *fpl* primárias *fpl.*
primate *m* ZOOL primata *m.*
◆ **primates** *mpl* ZOOL primatas *mpl.*
primavera *f* primavera *f.*
primaveral *adj* primaveril.
primer ▷ **primero.**
primera *f* ▷ **primero.**
primerizo, za ◇ *adj* [principiante] principiante. ◇ *m, f* principiante *mf.*
primero, ra ◇ *adj (delante de sust masc sg:* **primer***)* primeiro(ra); **lo ~** em primeiro lugar; **lo ~ es lo ~** obedeça-se a prioridade; **de primera** de primeira. ◇ *m, f* primeiro *m*, -ra *f*; **a ~s de** no início de.
◆ **primero** ◇ *adv* **-1.** [en primer lugar] primeiro **-2.** [antes] antes. ◇ *m* **-1.** [piso] primeiro(andar) *m* **-2.** [de estudios] primeiro(ano) *m.*
◆ **primera** *f* primeira *f.*
primicia *f* furo *m.*
primitivo, va *adj* primitivo(va).
primo, ma *m, f* **-1.** [pariente] primo *m*, -ma *f* **-2.** ***Esp fam*** [tonto] tolo *m*, -la *f*; **hacer el ~** bancar o idiota.
◆ **prima** *f* **-1.** [recompensa] gratificação *f* **-2.** [por seguro] prêmio *m* **-3.** [subvención] subsídio *m* **-4.** MÚS prima *f.*
◆ **prima dona** *f* MÚS prima-dona *f.*
primogénito, ta ◇ *adj* primogênito(ta). ◇ *m, f* primogênito *m*, -ta *f.*
primor *m*: **ser un ~** ser um primor; **con ~** com primor.
primordial *adj* primordial.
primoroso, sa *adj* primoroso(sa).
princesa *f* princesa *f.*
principado *m* principado *m.*
principal ◇ *adj* principal. ◇ *m* **-1.** ***Esp*** [piso] *andar situado entre o térreo e o primeiro andar* **-2.** [jefe] chefe *m.*
príncipe *m* príncipe *m.*
◆ **príncipe azul** *m* príncipe *m* encantado.
principiante, ta ◇ *adj* principiante. ◇ *m, f* principiante *mf.*
principio *m* princípio *m*; **a ~s de** no princípio de.
◆ **en principio** *loc adv* em princípio.
◆ **principios** *mpl* princípios *mpl.*
pringar ◇ *vt* **-1.** [ensuciar] lambuzar **-2.** ***Esp fam*** [comprometer] meter. ◇ *vi* ***Esp fam*** ralar.
◆ **pringarse** *vpr* **-1.** [ensuciarse] lambuzar-se **-2.** ***Esp fam*** [comprometerse] sujar-se.
pringoso, sa *adj* gordurento(ta).
pringue *m* **-1.** [suciedad] sujeira *f* **-2.** [grasa] gordura *f.*
priorato *m* RELIG priorado *m.*
priori ◆ **a priori** *loc adv* a priori.
prioridad *f* prioridade *f.*
prioritario, ria *adj* prioritário(ria).
prisa *f* pressa *f*; **a** *o* **de ~** depressa; **a toda ~** a toda a pressa; **correr ~** ser urgente; **darse ~** apressar-se; **meter ~** apressar; **tener ~** ter pressa.
prisión *f* prisão *f.*
prisionero, ra *m, f* prisioneiro *m*, -ra *f.*
prisma *m* prisma *m.*
prismáticos *mpl* binóculos *mpl.*
privación *f* privação *f.*
privado, da *adj* privado(da); **en ~** em privado.
privar ◇ *vt* [prohibir]: **~ a alguien de** privar alguém de. ◇ *vi* **-1.** [quitar]: **~ a alguien/a algo de** privar alguém/algo de **-2.** ***Esp fam*** [gustar]: **los pasteles le privan** ele gosta muito de bolos **-3.** ***Esp fam*** [estar de moda] estar na moda **-4.** ***Esp fam*** [beber] entornar.
◆ **privarse de** *vpr* privar-se de.
privativo, va *adj* privativo(va).
privilegiado, da *adj* privilegiado(da).
privilegiar *vt* privilegiar.
privilegio *m* privilégio *m.*
pro ◇ *prep* pró. ◇ *m* pró *m*; **los ~s y los contras** os prós e os contras; **en ~ de** em prol de.
proa *f* **-1.** NÁUT proa *f* **-2.** AERON nariz *m.*
probabilidad *f* probabilidade *f.*
probable *adj* provável.
probador *m* provador *m.*
probar ◇ *vt* provar. ◇ *vi*: **~ a hacer algo** tentar fazer algo.
◆ **probarse** *vpr* provar.
probeta *f* proveta *f.*
problema *m* problema *m.*
problemático, ca *adj* problemático(ca).

◆ **problemática** *f* problemática *f*.

procedencia *f* procedência *f*.

procedente *adj* **-1.** [originario]: **~ de** procedente de **-2.** [oportuno] procedente.

proceder ◇ *m* proceder *m*. ◇ *vi* **-1.** [derivarse, tener origen]: **~ de** proceder de **-2.** [actuar]: **~ con** proceder com **-3.** [empezar]: **~ a** proceder a **-4.** [ser oportuno] convir.

procedimiento *m* procedimento *m*.

procesado, da *m, f* processado *m*, -da *f*.

procesador *m INFORM* processador *m*; **~ de textos** processador de textos.

procesar *vt* processar.

procesión *f* **-1.** [gen] procissão *f*; **andar** *o* **ir por dentro la ~** *fig* sofrer intimamente **-2.** [sucesión] sucessão *f*.

proceso *m* **-1.** [gen] processo *m* **-2.** [intervalo] decurso *m*.

proclama *f* proclamação *f*.

proclamar *vt* proclamar.

◆ **proclamarse** *vpr* proclamar-se.

proclive *adj*: **~ a** propenso(sa) a.

procreación *f* procriação *f*.

procrear ◇ *vi* procriar. ◇ *vt* procriar.

procurador, ra *m, f DER* procurador *m*, -ra *f*.

procuraduría *f Méx* ministério *m* da justiça.

procurar *vt* **-1.** [intentar]: **~ hacer algo** procurar fazer algo **-2.** [proporcionar] conseguir.

prodigar *vt* prodigalizar.

◆ **prodigarse** *vpr* **-1.** [exhibirse] exibir-se **-2.** [excederse]: **~se en** prodigalizar-se em.

prodigio *m* prodígio *m*.

prodigioso, sa *adj* prodigioso(sa).

pródigo, ga ◇ *adj* pródigo(ga). ◇ *m, f* pródigo *m*, -ga *f*.

producción *f* produção *f*; **~ en serie** *ECON* produção em série.

producir *vt* produzir.

◆ **producirse** *vpr* [ocurrir] produzir-se.

productividad *f* produtividade *f*.

productivo, va *adj* produtivo(va).

producto *m* produto *m*; **~ interior bruto** *ECON* produto interno bruto; **~ nacional bruto** *ECON* produto nacional bruto.

productor, ra ◇ *adj* produtor(ra). ◇ *m, f CIN* produtor *m*, -ra *f*.

◆ **productora** *f CIN* empresa *f* produtora.

proeza *f* proeza *f*.

profanar *vt* profanar.

profano, na ◇ *adj* **-1.** [no sagrado] profano(na) **-2.** [ignorante]: **ser ~ en** ser leigo em. ◇ *m, f* leigo *m*, -ga *f*.

profecía *f* profecia *f*.

proferir *vt* proferir.

profesar ◇ *vt* professar. ◇ *vi* professar.

profesión *f* profissão *f*; **de ~** de profissão.

profesional ◇ *adj* profissional. ◇ *mf* profissional *mf*.

profesionalizar *vt* profissionalizar.

profesionista *mf Méx* profissional *mf*.

profesor, ra *m, f* professor *m*, -ra *f*.

profesorado *m* professorado *m*.

profeta *m* profeta *m*.

profetisa *f* profetisa *f*.

profetizar *vt* profetizar.

prófugo, ga ◇ *adj* fugitivo(va). ◇ *m, f* fugitivo *m*, -va *f*.

◆ **prófugo** *m MIL* desertor *m*, -ra *f*.

profundidad *f* profundidade *f*.

profundizar ◇ *vt* aprofundar. ◇ *vi*: **~ en** aprofundar-se em.

profundo, da *adj* profundo(da).

profusión *f* profusão *f*.

progenitor, ra *m, f* progenitor *m*, -ra *f*.

◆ **progenitores** *mpl* progenitores *mpl*.

programa *m* programa *m*.

programación *f* programação *f*.

programador, ra *m, f INFORM* programador *m*, -ra *f*.

◆ **programador** *m* sistema *m* de programação.

programar *vt* programar.

progre *fam* ◇ *adj* progressista. ◇ *mf* progressista *mf*.

progresar *vi* progredir; **~ en** progredir em.

progresión *f* progressão *f*.

progresista ◇ *adj* progressista. ◇ *mf* progressista *mf*.

progresivo, va *adj* progressivo(va).

progreso *m* **-1.** [gen] progresso *m* **-2.** [aumento]: **su egoísmo va en ~ a medida que envejece** seu egoísmo progride à medida que envelhece.

prohibición *f* proibição *f*.

prohibido, da *adj* proibido(da).

prohibir *vt* proibir; **'se prohíbe el paso'** 'entrada proibida'; **'se prohíbe fumar'** 'é proibido fumar'.

prohibitivo, va *adj* proibitivo(va).

prójimo *m* próximo *m*.
prole *f* prole *f*.
prolegómenos *mpl* prolegômenos *mpl*.
proletariado *m* proletariado *m*.
proletario, ria ◇ *adj* proletário (ria). ◇ *m, f* proletário *m*, -ria *f*.
proliferación *f* proliferação *f*.
proliferar *vi* proliferar.
prolífico, ca *adj* prolífero(ra), prolífico(ca).
prólogo *m* prólogo *m*.
prolongación *f* **-1.** [ampliación] prorrogação *f* **-2.** [alargamiento] prolongamento *m*.
prolongado, da *adj* prolongado (da).
prolongar *vt* **-1.** [ampliar] prorrogar **-2.** [alargar] prolongar.
promedio *m* média *f*.
promesa *f* promessa *f*.
prometer ◇ *vt* prometer. ◇ *vi* prometer.
◆ **prometerse** *vpr* comprometer-se.
prometido, da *m, f* prometido *m*, -da *f*.
prominente *adj* proeminente.
promiscuo, cua *adj* promíscuo (cua).
promoción *f* **-1.** [gen] promoção *f* **-2.** [curso] turma *f* **-3.** DEP *partida entre equipes para determinar qual deverá passar para a categoria superior e qual deverá ser rebaixada.*
promocionar *vt* promover.
◆ **promocionarse** *vpr* promover-se.
promotor, ra *m, f* promotor *m*, -ra *f*.
promover *vt* [gen] promover.
promulgar *vt* promulgar.
pronombre *m* GRAM pronome *m*.
pronosticar *vt* prognosticar.
pronóstico *m* prognóstico *m*.
pronto ◇ *adv* **-1.** [rápidamente] logo; **tan ~ como** tão logo **-2.** [temprano] cedo. ◇ *m fam* ataque *m*.
◆ **de pronto** *loc adv* de repente.
◆ **por lo pronto** *loc adv* por enquanto.
pronunciación *f* pronúncia *f*.
pronunciado, da *adj* pronunciado (da).
pronunciamiento *m* pronunciamento *m*.
pronunciar *vt* **-1.** [gen] pronunciar **-2.** [realzar] realçar.
◆ **pronunciarse** *vpr* pronunciar-se.
propagación *f* propagação *f*.
propaganda *f* propaganda *f*.
propagar *vt* propagar.
◆ **propagarse** *vpr* propagar-se.
propalar *vt* propalar.
propano *m* propano *m*.
propasarse *vpr* **-1.** [excederse] exceder-se **-2.** [faltar al respeto] faltar ao respeito.
propensión *f*: **~ a** propensão a.
propenso, sa *adj*: **~ a** propenso(sa) a.
propiciar *vt* propiciar.
propicio, cia *adj* propício(cia).
propiedad *f* propriedade *f*; **de** *o* **en ~** próprio(pria); **~ privada/pública** propriedade privada/pública.
propietario, ria *m, f* **-1.** [de bienes] proprietário *m*, -ria *f* **-2.** [de cargo] titular *mf*.
propina *f* gorjeta *f*.
propinar *vt* dar.
propio, pia *adj* próprio(pria); **~ de** próprio(pria) de.
proponer *vt* propor.
◆ **proponerse** *vpr*: **~se hacer algo** propor-se a fazer algo.
proporción *f* proporção *f*.
proporcionado, da *adj* **-1.** [cuerpo, estatura] proporcionado(da) **-2.** [salario] adequado(da).
proporcionar *vt* **-1.** [gen] proporcionar **-2.** [ajustar] adaptar.
proposición *f* **-1.** [propuesta] proposição *f* **-2.** GRAM oração *f*.
◆ **proposiciones** *fpl* proposta *f*; **hacer proposiciones a alguien** fazer proposta a alguém.
propósito *m* propósito *m*.
◆ **a propósito** ◇ *loc adj* [adecuado] adequado(da). ◇ *loc adv* **-1.** [expresamente] de propósito **-2.** [para argumentar] a propósito.
◆ **a propósito de** *loc prep* a propósito de.
propuesto, ta *pp irreg* ⊳ **proponer**.
◆ **propuesta** *f* proposta *f*.
propugnar *vt* propugnar.
propulsar *vt* **-1.** [impulsar] propulsar **-2.** [impeler] propelir.
propulsión *f* propulsão *f*.
propulsor, ra ◇ *adj* propulsor(ra). ◇ *m, f* incentivador *m*, -ra *f*.
◆ **propulsor** *m* propulsor *m*.
prorrata *f* cota-parte *f*.
prórroga *f* prorrogação *f*.
prorrogar *vt* prorrogar.
prorrumpir *vi*: **~ en** irromper em.

prosa *f* prosa *f*; **en ~** em prosa.
proscrito, ta <> *pp irreg* ▷ **proscribir.** <> *adj* proscrito(ta). <> *m, f* proscrito *m*, -ta *f*.
prosecución *f* prosseguimento *m*.
proseguir <> *vt* prosseguir. <> *vi* prosseguir.
proselitismo *m* proselitismo *m*.
prospección *f* prospecção *f*.
prospecto *m* prospecto *m*.
prosperar *vi* prosperar.
prosperidad *f* prosperidade *f*.
próspero, ra *adj* próspero(ra).
próstata *f* ANAT próstata *f*.
prostíbulo *m* prostíbulo *m*.
prostitución *f* prostituição *f*.
prostituir *vt* prostituir.
◆ **prostituirse** *vpr* prostituir-se.
prostituta *f* prostituta *f*.
protagonismo *m* protagonismo *m*.
protagonista *mf* protagonista *mf*.
protagonizar *vt* protagonizar.
protección *f* proteção *f*; **Protección Civil** defesa *f* civil; **~ oficial** *moradia de programa de habitação popular do governo.*
proteccionismo *m* protecionismo *m*.
protector, ra <> *adj* protetor(ra). <> *m, f* protetor *m*, -ra *f*.
◆ **protector** *m* protetor *m*.
protectorado *m* protetorado *m*.
proteger *vt* proteger.
◆ **protegerse** *vpr* proteger-se.
protege-slips *m inv* protetor *m* diário de calcinha.
protegido, da *m, f* protegido *m*, -da *f*.
proteína *f* proteína *f*.
prótesis *f inv* prótese *f*.
protesta *f* protesto *m*.
protestante <> *adj* protestante. <> *mf* protestante *mf*.
protestar <> *vi* **-1.** [quejarse] protestar **-2.** [refunfuñar] reclamar.
protocolo *m* protocolo *m*.
protón *m* próton *m*.
prototipo *m* protótipo *m*.
protozoo *m* BIOL protozoário *m*.
protuberancia *f* protuberância *f*.
provecho *m* **-1.** [beneficio] proveito *m*; **de ~** de valor; **sacar ~** tirar proveito **-2.** [aprovechamiento, rendimiento] aproveitamento *m*; **buen ~** bom proveito; **hacer ~** ser proveitoso.
provechoso, sa *adj* proveitoso(sa).
proveedor, ra *m, f* fornecedor *m*, -ra *f*; **~ de acceso a Internet** provedor *m* de acesso à Internet.
proveer *vt* prover; **~ a alguien de algo** prover alguém de algo.
◆ **proveerse de** *vpr* prover-se de.
provenir *vi*: **~ de** provir de.
proverbial *adj* proverbial.
proverbio *m* provérbio *m*.
providencia *f* providência *f*.
◆ **Providencia** *f* Providência *f*.
providencial *adj* providencial.
provincia *f* província *f*.
◆ **provincias** *fpl* interior *m*.
provinciano, na <> *adj* provinciano(na). <> *m, f* ***despec*** caipira *mf*.
provisión *f (gen pl)* **-1.** [suministro] provisão *f* **-2.** [disposición] provimento *m*; **~ de fondos** provisão de fundos.
provisional *adj* provisional.
provisorio, ria *adj* ***Amér*** provisório (ria).
provisto, ta *pp irreg* ▷ **proveer.**
provocación *f* provocação *f*.
provocar <> *vt* provocar. <> *vi* ***Carib, Col, Méx*** apetecer; **¿te provoca hacerlo?** [te apetece] gostaria de fazer isto?
provocativo, va *adj* provocativo(va).
proxeneta *mf* proxeneta *mf*.
proximidad *f* proximidade *f*.
◆ **proximidades** *fpl* proximidades *fpl*.
próximo, ma *adj* próximo(ma).
proyección *f* projeção *f*.
proyectar *vt* projetar.
proyectil *m* projétil *m*.
proyecto *m* projeto *m*; **~ de investigación** projeto de pesquisa.
proyector *m* projetor *m*.
prudencia *f* prudência *f*.
prudente *adj* **-1.** [sensato] prudente **-2.** [razonable] razoável.
prueba *f* **-1.** [gen] prova *f*; **la ~ de fuego** a prova de fogo; **en** *o* **como ~ de** como prova de; **~ de acceso a la universidad** exame *m* vestibular; **poner a ~** pôr à prova; **a ~ de algo** à prova de; **a toda ~** a toda prova **-2.** [análisis médico] exame *m*.
prurito *m* prurido *m*.
PS -1. (*abrev de* **post scríptum**) PS **-2.** (*abrev de* **partido socialista**) PS.
pseudónimo, seudónimo *m* pseudônimo *m*.
psicoanálisis *m* psicanálise *f*.
psicoanalista *mf* psicanalista *mf*.
psicodélico, ca *adj* psicodélico(ca).

psicodrama *m* psicodrama *m*.
psicología *f* psicologia *f*.
psicológico, ca *adj* psicológico(ca).
psicólogo, ga *m, f* psicólogo *m*, -ga *f*.
psicomotor, ra *adj* psicomotor(ra).
psicomotricidad *f* psicomotricidade *f*.
psicópata *mf* psicopata *mf*.
psicosis *f* psicose *f*.
psicosomático, ca *adj* psicossomático(ca).
psicotécnico, ca ◇ *adj* psicotécnico(ca). ◇ *m, f* psicotécnico *m*, -ca *f*.
◆ **psicotécnico** *m* psicotécnico *m*.
psiquiatra *mf* psiquiatra *mf*.
psiquiátrico, ca *adj* psiquiátrico (ca).
◆ **psiquiátrico** *m* hospital *m* psiquiátrico.
psíquico, ca *adj* psíquico(ca).
PSOE *m* (*abrev de* **Partido Socialista Obrero Español**) *partido político espanhol de centro-esquerda*.
pta. (*abrev de* **peseta**) pta.
pte. (*abrev de* **presidente**) pres.
púa *f* **-1.** [pincho] espinho *m* **-2.** [de peine] dente *m* **-3.** *MÚS* palheta *f*.
pub (*pl* **pubs**) *m* pub *m*.
pubertad *f* puberdade *f*.
pubis *m* púbis *m*.
publicación *f* publicação *f*.
publicar *vt* publicar.
publicidad *f* publicidade *f*.
publicitario, ria ◇ *adj* publicitário(ria). ◇ *m, f* publicitário *m*, -ria *f*.
público, ca *adj* público(ca); **en ~** em público.
◆ **público** *m* público *m*.
publirreportaje *m* [anuncio] *reportagem publicitária geralmente de grande extensão*.
pucha *interj* ***Andes, RP fam*** puxa!
puchero *m* **-1.** [para guisar] caldeirão *m* **-2.** [comida] puchero *m*.
◆ **pucheros** *mpl* bico *m*.
pucho *m* ***CSur fam*** **-1.** [colilla] bituca *f* **-2.** [cigarrillo] cigarro *m*.
pudding = **pudin**.
púdico, ca *adj* pudico(ca).
pudiente ◇ *adj* rico(ca). ◇ *mf* rico *m*, -ca *f*.
pudiera *etc* ▷ **poder**.
pudin (*pl* **púdines**), **pudding** (*pl* **puddings**) *m* pudim *m*, pavê *m*.
pudor *m* pudor *m*.
pudoroso, sa *adj* pudoroso(sa).
pudrir *vt* apodrecer.
◆ **pudrirse** *vpr* apodrecer-se.
pueblerino, na ◇ *adj* **-1.** [de pueblo] interiorano(na) **-2.** ***despec*** [paleto] caipira. ◇ *m, f* **-1.** [habitante] interiorano *m*, -na *f* **-2.** ***despec*** [paleto] caipira *mf*.
pueblo *m* **-1.** [gen] povo *m* **-2.** [población] povoado *m*.
pueda *etc* ▷ **poder**.
puente *m* **-1.** [gen] ponte *f*; **~ colgante** ponte pênsil **-2.** [días no laborables] ponte *m*; **hacer ~** fazer ponte **-3.** [de gafas] ponte *f*.
◆ **puente aéreo** *m* ponte *f* aérea.
puerco, ca ◇ *adj* porco(ca). ◇ *m, f* **-1.** [animal] porco *m*, -ca *f* **-2.** ***fam*** [persona] porco *m*, -ca *f*.
◆ **puerco** *m* ***Méx*** porco *m*.
puercoespín *m* porco-espinho *m*.
puericultor, ra *m, f* puericultor *m*, -ra *f*.
pueril *adj* [infantil] pueril.
puerro *m* alho-poró *m*.
puerta *f* porta *f*; **de ~ en ~** de porta em porta; **~ a ~** porta a porta; **~ blindada/giratoria** porta blindada/giratória; **a ~ cerrada** a portas fechadas; **a las ~s de** às portas de.
puerto *m* **-1.** [de barcos] porto *m*; **~ franco** *o* **libre** porto franco *o* livre **-2.** [de montaña] desfiladeiro *m* **-3.** *INFORM* interface *f*.
Puerto Rico *n* Porto Rico.
pues *conj* pois.
puesto, ta ◇ *pp irreg* ▷ **poner**. ◇ *adj* ***Esp*** arrumado(da); **con lo ~** com a roupa do corpo.
◆ **puesto** *m* **-1.** [empleo] cargo *m* **-2.** [lugar, nivel] lugar *m* **-3.** [tenderete] banca *f*, barraca *f* **-4.** *MIL* posto *m*.
◆ **puesta** *f* **-1.** [acción] colocação *f*; **~ a punto** regulagem *f*; **~ al día** atualização *f*; **~ en escena** montagem *f*; **~ en marcha** partida *f*; **-2.** [de sol] pôr *m* **-3.** [de ave] postura *f*.
◆ **puesto que** *loc conj* posto que.
puf (*pl* **pufs**) *m* pufe *m*.
púgil *m DEP* púgil *m*.
pugna *f* pugna *f*.
pugnar *vi* pugnar.
puja *f* **-1.** [subasta] leilão *m* **-2.** [cantidad] lance *m*.
pujanza *f* pujança *f*.
pujar *vi* [en subasta] oferecer lances.
pulcro, cra *adj* limpo(pa).

pulga *f* pulga *f*.
pulgada *f* polegada *f*.
pulgar *m* ▷ **dedo**.
pulgón *m* pulgão *m*.
pulidor, ra *adj* polidor *m*, -ra *f*.
pulimentar *vt* polimentar.
pulir *vt* polir.
◆ **pulirse** *vpr* ***Esp fam*** torrar.
pulla *f* ***Esp*** agulhada *f*.
pulmón *m* ANAT pulmão *m*.
pulmonía *f* MED pneumonia *f*.
pulóver *m* ***RP*** pulôver *m*.
pulpa *f* polpa *f*.
púlpito *m* púlpito *m*.
pulpo *m* **-1.** [animal] polvo *m* **-2.** ***fam*** [persona] mão-boba *m*.
pulque *m* ***CAm, Méx*** pulque *m*.
pulquería *f* ***CAm, Méx*** *estabelecimento onde se vende pulque*.
pulsación *f* **-1.** [del corazón] pulsação *f* **-2.** [tecleo] toque *m*; **pulsaciones por minuto** toques por minuto.
pulsador *m* interruptor *m*.
pulsar *vt* **-1.** [tocar] tocar, apertar; ~ **un botón** apertar um botão **-2.** [tantear] sondar.
pulsera *f* pulseira *f*.
pulso *m* pulso *m*.
pulular *vi* pulular.
pulverizador *m* nebulizador *m*.
pulverizar *vt* pulverizar.
puma *m* onça-parda *f*, puma *m*.
puna *f* ***Andes, Arg*** mal *m* de altura.
punción *f* punção *f*.
punk (*pl* **punks** *o* **punkis**) ◇ *adj* punk. ◇ *m, f* punk *mf*.
punta *f* **-1.** ponta *f*; **sacar** ~ **al lápiz** apontar o lápis; **una** ~ **de** uma ponta de **-2.** ***loc***: **a** ~ **(de) pala** ***fam*** a três por quatro.
puntada *f* ponto *m*.
puntaje *m* ***CSur*** nota *f*.
puntal *m* **-1.** [madero] escora *f* **-2.** [apoyo] esteio *m*.
puntapié *m* pontapé *m*; **a** ~**s** [a golpes] a pontapés.
puntear *vt* pontear.
puntera *f* ▷ **puntero**.
puntería *f* pontaria *f*.
puntero, ra *adj* de ponta.
◆ **puntera** *f* biqueira *f*.
puntiagudo, da *adj* pontiagudo(da).
puntilla *f* renda *f*.
◆ **de puntillas** *loc adv* na ponta dos pés.
puntilloso, sa *adj* suscetível.
punto *m* **-1.** [gen] ponto *m*; ~ **cardinal** ponto cardeal; ~ **y coma** ponto e vírgula; ~**s suspensivos** reticências *fpl*; ~ **de venta** ECON ponto de venda; **a** ~ [a tiempo] a tempo; [preparado] no ponto; **en** ~ em ponto; **estar a** ~ **de hacer algo** estar a ponto de fazer algo **-2.** [cláusula] item *m* **-3.** [tejido] tricô *m*; **hacer** ~ fazer tricô **-4.** [un poco] ponta *f* **-5.** ***loc***: **estar en su** ~ estar no ponto; **poner** ~ **final** colocar um ponto final.
◆ **en punto** *loc adv* em ponto.
◆ **hasta cierto punto** *loc adv* até certo ponto.
◆ **punto de partida** *m* ponto *m* de partida.
◆ **punto de vista** *m* ponto *m* de vista.
◆ **punto muerto** *m* **-1.** AUTOM ponto *m* morto **-2.** [en proceso] ponto *m* de estagnação.
puntuación *f* pontuação *f*.
puntual *adj* pontual.
puntualidad *f* **-1.** [en tiempo] pontualidade *f* **-2.** [exactitud] precisão *f*.
puntualizar *vt* precisar.
puntuar ◇ *vt* **-1.** [calificar] dar nota **-2.** [escrito] pontuar. ◇ *vi* **-1.** [calificar] dar nota **-2.** [entrar en cómputo] contar ponto.
punzada *f* **-1.** [pinchazo] espetada *f* **-2.** [dolor intenso] pontada *f*.
punzante *adj* **-1.** [gen] pungente **-2.** [mordaz] sarcástico(ca).
punzar *vt* **-1.** [pinchar] espetar **-2.** [suj: dolor] afligir.
punzón *m* cinzel *m*.
puñado *m* punhado *m*.
puñal *m* punhal *m*.
puñalada *f* punhalada *f*.
puñeta ◇ *f* **-1.** ***fam*** [tontería] tolice *f* **-2.** [bocamanga] punho *m* **-3.** ***loc***: **mandar a hacer** ~**s** ***fam*** mandar pentear macaco. ◇ *interj* droga!
puñetazo *m* soco *m*.
puñetero, ra ***fam*** ◇ *adj* **-1.** [persona] chato(ta) **-2.** [cosa] complicado(da). ◇ *m, f* safado *m*, -da *f*.
puño *m* **-1.** [gen] punho *m* **-2.** [empuñadura] cabo *m* **-3.** ***loc***: **de su** ~ **y letra** de seu próprio punho; **meter** *o* **tener a alguien en un** ~ ter alguém sob domínio; **morderse los** ~**s** [de hambre] passar fome; [de rabia] espumar de raiva.
pupa *f* ***fam*** **-1.** [erupción] erupção *f* **-2.** [daño] dodói *m*.
pupila *f* pupila *f*.

pupilaje *m* mensalista *m.*
pupilo, la *m, f* pupilo *m,* -la *f.*
pupitre *m* carteira *f.*
puré *m* CULIN purê *m.*
pureza *f* pureza *f.*
purga *f* **-1.** [purgante] purgante *m* **-2.** [depuración] expurgo *m.*
purgante *m* purgante *m.*
purgar *vt* **-1.** [gen] purgar **-2.** [depurar] expurgar.
◆ **purgarse** *vpr* purgar-se.
purgatorio *m* purgatório *m.*
purificar *vt* purificar.
puritano, na ◇ *adj* puritano(na). ◇ *m, f* puritano *m,* -na *f.*
puro, ra *adj* puro(ra).
◆ **puro** *m* charuto *m.*
púrpura ◇ *adj inv* púrpura. ◇ *m* púrpura *f.*
purpúreo, a *adj culto* purpúreo (rea).
purpurina *f* purpurina *f.*
pus *m* pus *m.*
pusilánime *adj* pusilânime.
pústula *f* MED pústula *f.*
puteada *f CSur fam* saco *m.*
putear *vt* ***vulg*** [fastidiar] sacanear.
◆ **putearse** *vpr* aborrecer-se.
puto, ta ***vulg*** ◇ adj **-1.** [maldito] maldito(ta) **-2.** [malo]: **¡esta puta sopa está ardiendo!** esta droga de sopa está fervendo! ◇ *m, f* puto *m,* -ta *f.*
putrefacción *f* putrefação *f.*
pútrido, da *adj* pútrido(da).
puzzle, puzle *m* quebra-cabeça *m.*
PVP (*abrev de* **precio de venta al público**) *m* PVP *m.*
PYME (*abrev de* **Pequeña y Mediana Empresa**) *f* PME *f.*
pyrex® = **pírex**.
pza. (*abrev de* **plaza**) pr.

Q

q, Q *f* [letra] q, Q *m.*
q.e.p.d. (*abrev de* **que en paz descanse**) RIP.
que ◇ *pron* que; **ese es el hombre ~ me lo compró** esse é o homem que o comprou de mim; **la moto ~ me gusta es muy cara** a moto que me gosto é muito cara; **el hombre ~ conociste ayer es Juan** o homem que você conheceu ontem é o Juan; **no ha leído el libro ~ le regalé** não leu o livro que lhe dei de presente; **la playa a la ~ fui es preciosa** fui a uma praia linda; **la mujer con la ~ hablas es mi novia** a mulher com a qual você está falando é a minha namorada; **el día en ~ fui era soleado** o dia em que fui estava ensolarado; **la persona de la ~ te hablo es médico** a pessoa de quem lhe falo é um médico; **al/a la ~** ao/à qual. ◇ *conj* **-1.** que; **es importante ~ me escuches** é importante que você me ouça; **me ha confesado ~ me quiere** confessou-me que gosta de mim; **hemos de esperar, ~ todavía no es la hora** temos de esperar, que ainda não está na hora; **tanto me lo pidió ~ se lo di** tanto me pediu que acabei dando-o; **espero ~ te diviertas** espero que você se divirta; **quiero ~ lo hagas** quero que você o faça; **¿~ no quieres hacerlo? pues no pasa nada** não quer fazê-lo? não tem problema; **¡~ te diviertas!** divirta-se!; **¡~ sí/no!** já disse que sim/não! **-2.** [comparativo] (do) que; **es más rápido ~ tú** é mais rápido (do) que você; **antes morir ~ vivir la guerra** antes morrer que viver a guerra **-3.** [expresa finalidad] para que; **ven aquí ~ te vea** venha cá para que eu o veja **-4.** [expresa disyunción] ou; **quieras ~ no, harás lo que yo te mande** querendo ou não, você fará o que eu lhe mandar.
qué ◇ *adj* [interrogativo] que; **¿~ hora es?** que horas são? ◇ *pron* [interrogativo] o que; **no sé ~ hacer** não sei o que fazer. ◇ *adv* [exclamativo] que; **¡~ horror!** que horror!; **¿~?** [¿cómo?] quê?; **¿por ~ (...)?** [interrogativo causal] por que (...)?
quebrada *f* ▷ **quebrado**.
quebradero de cabeza *m* dor *f* de cabeça.
quebradizo, za *adj* **-1.** [gen] débil **-2.** [frágil] quebradiço(ça).
quebrado, da *adj* **-1.** [desigual] irregular **-2.** MAT fracionário(ria) **-3.** LITER quebrado(da).
◆ **quebrado** *m* MAT fração *f.*
◆ **quebrada** *f* [paso estrecho] desfiladeiro *m.*

quebrantahuesos *m inv* xofrango *m*, brita-ossos *m inv*.
quebrantar *vt* **-1.** [palabra] quebrar **-2.** [ley] transgredir **-3.** [obligación, compomiso] descumprir **-4.** [debilitar] debilitar.
◆ **quebrantarse** *vpr* **-1.** [romperse] quebrar-se **-2.** [debilitarse] debilitar-se.
quebranto *m* **-1.** [pérdida] quebra *f* **-2.** [debilitamiento] debilitação *f*.
quebrar ◇ *vt* **-1.** [romper] quebrar **-2.** [color] descorar. ◇ *vi* quebrar.
◆ **quebrarse** *vpr* **-1.** [romperse] quebrar **-2.** [color] descorar-se **-3.** [voz] enfraquecer-se.
quechua ◇ *adj* quíchua. ◇ *mf* quíchua *mf*. ◇ *m* quíchua *m*.
quedar *vi* **-1.** [permanecer] ficar **-2.** [haber aún] restar; ~ **por hacer** restar por fazer **-3.** [mostrarse]: ~ **como** ficar como; ~ **bien/mal con alguien** ficar bem/mal com alguém; ~ **en ridículo** cair no ridículo **-4.** [citarse] marcar encontro; ~ **con alguien** combinar com alguém **-5.** *fam* [estar situado] ficar **-6.** [acabar]: ~ **en nada** dar em nada **-7.** [acordar]: ~ **en algo** combinar algo; **¿en qué quedamos?** como ficamos?
◆ **quedarse** *vpr* **-1.** [permanecer, llegar a ser] ficar **-2.** [retener, adquirir] ficar com.
quedo, da *adj* tranqüilo(la).
◆ **quedo** *adv* em voz baixa.
quehacer *m (gen pl)* afazeres *mpl*.
queja *f* queixa *f*.
quejarse *vpr* queixar-se.
quejica *despec* ◇ *adj* lamuriento (ta). ◇ *mf* lamuriento *m*, -ta *f*.
quejido *m* gemido *m*.
quejoso, sa *adj* queixoso(sa); ~ **de** queixoso(sa) de.
quemado, da *adj* queimado(da); **estar** ~ [harto] *fam* estar queimado(da).
quemador *m* queimador *m*.
quemadura *f* queimadura *f*.
quemar ◇ *vt* queimar. ◇ *vi* queimar.
◆ **quemarse** *vpr* queimar-se.
quemarropa ◆ **a quemarropa** *loc adv* à queima-roupa.
quemazón *f* queimação *f*.
quepa *etc* ▷ **caber**.
quepo *etc* ▷ **caber**.
queque *m* ***Andes, CAm, Méx*** pão-de-ló *m*.
querella *f* [acusación] querela *f*.
querer ◇ *m* querer *m*. ◇ *vt* **-1.** [gen] querer; **el niño quiere una bicicleta** o menino quer uma bicicleta; ~ **que alguien haga algo** querer que alguém faça algo; **queremos que las cosas vayan bien** queremos que as coisas fiquem bem; **quiero fumar** quero fumar; **¿quiere pasar?** queira entrar?; **¿cuánto quiere por el coche?** quanto quer pelo carro?; **tal vez él quiera acompañarte** talvez ele queira acompanhá-lo; **quisiera hacer obras en verano** queria fazer obras no verão **-2.** [amar] amar; **me dijo: te quiero** disse-me: eu te amo; **quiere mucho a su hijo** quer muito bem ao seu filho **-3.** [necesitar] requerer; **esta habitación quiere más luz** este quarto requer mais luz. ◇ *vi* querer; **ven cuando quieras** venha quando quiser; **estoy aquí porque quiero** estou aqui porque quero; **queriendo** por querer; **sin** ~ sem querer. ◇ *v impers* estar como; **hace días que quiere llover** está para chover há dias.
◆ **quererse** *vpr* amar-se.
querido, da ◇ *adj* querido(da). ◇ *m, f* amante *mf*.
queroseno, keroseno *m* querosene *m*.
quesadilla *f* ***CAm, Méx*** tortilha *f* recheda frita.
quesera *f* ▷ **quesero**.
quesería *f* queijaria *f*.
quesero, ra ◇ *adj* de queijos. ◇ *m, f* queijeiro *m*, -ra *f*.
◆ **quesera** *f* queijeira *f*.
queso *m* queijo *m*; ~ **de bola** queijo-do-reino *m*; ~ **rallado/roquefort** queijo ralado/roquefort.
quetzal *m* quetzal *m*.
quibutz (*pl* **quibutzs**), **kibutz** (*pl* **kibutzs**) *m* kibutz *m*.
quicio *m* quício *m*; **estar fuera de** ~ ***fig*** estar fora de si; **sacar de** ~ **a alguien** ***fig*** tirar alguém do sério.
quiebra *f* falência *f*.
quiebro *m* **-1.** [ademán] quebro *m* **-2.** [gorgorito] trinado *m*.
quien *pron* quem; **fue mi hermano** ~ **me lo explicó** foi meu irmão quem me explicou; **era Pepe de** ~ **no me fiaba** era Pepe em quem não confiava; **apoyaré a quienes considere oportuno** apoiarei aqueles que considerar apropriado.

quién *pron* quem; **¿a ~ es has invitado?** quem você convidou?; **¿~ es?** [en la puerta] quem é?; [al teléfono] quem fala?
quienquiera (*pl* **quienesquiera**) *pron* qualquer um.
quieto, ta *adj* quieto(ta).
quietud *f* **-1.** [inmovilidad] imobilidade *f* **-2.** [tranquilidad] quietude *f.*
quijada *f* mandíbula *f.*
quijote *m* quixote *m.*
quijotesco, ca *adj* quixotesco(ca).
quilate *m* quilate *m.*
quilla *f* quilha *f.*
quilo = **kilo.**
quilocaloría = **kilocaloría.**
quilogramo = **kilogramo.**
quilombo *m* ***CSur mfam*** **-1.** [burdel] bordel *m* **-2.** [lío, desorden] confusão *f.*
quilometraje = **kilometraje.**
quilométrico, ca = **kilométrico.**
quilómetro = **kilómetro.**
quilovatio = **kilovatio.**
quilovoltio = **kilovoltio.**
quimbambas *fpl* ***fam*****: está en las quimbambas** está no fim do mundo.
quimera *f* quimera *f.*
quimérico, ca *adj* quimérico(ca).
químico, ca ◇ *adj* químico(ca). ◇ *m, f* químico *m,* -ca *f.*
◆ **química** *f* [ciencia] química *f.*
quimioterapia *f* quimioterapia *f.*
quimono, kimono *m* quimono *m.*
quina *f* **-1.** [planta] quina *f* **-2.** [bebida] quinado *m* **-3.** ***loc*****: tragar ~** engolir.
quincalla *f* quinquilharias *fpl.*
quince ◇ *núm* quinze. ◇ *m* quinze *m*; *ver también* **seis.**
quinceañero, ra ◇ *adj* adolescente. ◇ *m, f* adolescente *mf.*
quinceavo, va *núm* [para ordenar] décimo quinto, décima quinta; **quinceava parte** [para fraccionar] décima quinta parte.
quincena *f* quinzena *f.*
quincenal *adj* quinzenal.
quincho *m* ***RP*** [techo] telhado *m* de sapé; [en jardín, playa] caramanchão *m.*
quiniela *f* [boleto] volante *m.*
◆ **quinielas** *fpl* loteria *f* esportiva.
quinientos, tas ◇ *núm* **-1.** [para contar] quinhentos **-2.** [para ordenar] qüingentésimo(ma); **en el año ~** nos anos quinhentos. ◇ *m* quinhentos *m*; *ver también* **seis.**
quinina *f* quinina *f.*
quinqué *m* lampião *m.*
quinquenio *m* qüinqüênio *m.*
quinqui *mf* ***fam*** delinqüente *mf.*
quinta *f* ▷ **quinto.**
quintaesencia *f* quinta-essência *f.*
quintal *m* quintal *m.*
quinteto *m* quinteto *m.*
quinto, ta *núm* [para ordenar] quinto (ta); **quinta parte** [para fraccionar] quinta parte.
◆ **quinto** *m* **-1.** [en fracción] quinto *m* **-2.** [recluta] recruta *m.*
◆ **quinta** *f* **-1.** [finca] quinta *f* **-2.** ***Esp*** [reemplazo] tropa *f.*
quintuplicar *vt* quintuplicar.
◆ **quintuplicarse** *vpr* quintuplicar-se.
quiosco, kiosco *m* banca *f.*
quiosquero, ra *m, f* jornaleiro *m,* -ra *f.*
quipus *mpl* ***Andes*** quipo *m.*
quiquiriquí (*pl* **quiquiriquíes**) *m* cocorocó *m.*
quirófano *m* sala *f* de cirurgia.
quiromancia *f* quiromancia *f.*
quiromasaje *m* quiroprática *f.*
quirúrgico, ca *adj* cirúrgico(ca).
quisque *m* ***Esp fam*****: cada ~** cada qual; **todo ~** todo mundo.
quisquilloso, sa ◇ *adj* **-1.** [detallista] detalhista **-2.** [susceptible] suscetível. ◇ *m, f* **-1.** [detallista] detalhista *mf* **-2.** [susceptible] suscetível *mf.*
quiste *m* cisto *m.*
quitaesmalte *m* removedor *m* de esmaltes.
quitamanchas *m inv* tira-manchas *m inv.*
quitanieves *m inv* *máquina para retirar a neve das ruas.*
quitar *vt* **-1.** [gen] tirar **-2.** [impedir] impedir **-3.** ***loc*****: de quita y pon** removível.
◆ **quitarse** *vpr* **-1.** [de lugar] retirar-se **-2.** [ropa] tirar **-3.** [evitar] deixar.
quitasol *m* guarda-sol *m.*
quite *m* DEP quite *m*; **estar al ~** ***fig*** estar a postos.
Quito *n* Quito.
quizá, quizás *adv* quiçá.

R

r, R *f* [letra] r, R *m*.
rábano *m* rabanete *m*; **importar un ~** *fig* pouco importar.
rabí (*pl inv o* **rabíes**) *m RELIG* rabino *m*.
rabia *f* raiva *f*; **tenerle ~ a alguien** *fig* ter raiva de alguém.
rabiar *vi* **-1.** [sufrir] sofrer; **~ de** *o* **por** sofrer de *o* por **-2.** [enfadarse] irritar-se; **hacer ~ a alguien** exasperar alguém **-3.** [desear]: **~ por** desejar ardentemente.
rabieta *f* **fam** birra *f*.
rabillo *m* canto *m*; **mirar con el ~ del ojo** *fig* olhar com o rabo do olho.
rabino *m* rabino *m*.
rabioso, sa *adj* **-1.** [furioso] furioso(sa) **-2.** [excesivo] exagerado(da) **-3.** [enfermo de rabia] raivoso(sa) **-4.** [chillón] berrante.
rabo *m* **-1.** [de animal] rabo *m* **-2.** [de hoja, fruto] talo *m* **-3.** ***vulg*** [pene] nabo *m*.
rácano, na ◇ *adj* avaro(ra). ◇ *m, f* avaro *m*, -ra *f*.
racha *f* **-1.** [ráfaga] rajada *f* **-2.** [época] onda *f*; **buena/mala ~** bom/mau período.
racial *adj* racial.
racimo *m* cacho *m*.
raciocinio *m* raciocínio *m*.
ración *f* **-1.** [porción] ração *f* **-2.** [en bar, restaurante] porção *f*.
racional *adj* racional.
racionalizar *vt* racionalizar.
racionar *vt* racionar.
racismo *m* racismo *m*.
racista ◇ *adj* racista. ◇ *mf* racista *mf*.
radar (*pl* **radares**) *m* radar *m*.
radiación *f* radiação *f*.
radiactividad, radioactividad *f FÍS* radioatividade *f*.
radiactivo, va, radioactivo, va *adj FÍS* radioativo(va).
radiado, da *adj* **-1.** [por radio] irradiado(da) **-2.** [radial] radiado(da).
radiador *m* **-1.** [de calefacción] aquecedor *m* **-2.** [de motor] radiador *m*.
radiante *adj* radiante.
radiar *vt* irradiar.
radical ◇ *adj* radical. ◇ *mf* radical *mf*. ◇ *m* radical *m*.
radicalizar *vt* radicalizar.
◆ **radicalizarse** *vpr* radicalizar-se.
radicar *vi*: **~ en** residir em.
radio ◇ *m* **-1.** [gen] raio *m* **-2.** *ANAT & QUÍM* rádio *m*. ◇ *f* rádio *m*.
radioactividad = **radiactividad**.
radioactivo, va = **radiactivo**.
radioaficionado, da *m, f* radioamador *m*, -ra *f*.
radiocasete, radiocassette *m* radiogravador *m*.
radiocontrol *m* controle *m* remoto.
radiodespertador *m* rádio *m* relógio.
radiodifusión *f* radiodifusão *f*.
radioemisor, ra *adj* radioemissor (ra).
◆ **radioemisora** *f* radioemissora *f*.
radioescucha *mf* radioescuta *mf*.
radiofónico, ca *adj* radiofônico(ca).
radiograbador *m* ***CSur*** rádiogravador *m*.
radiografía *f* radiografia *f*.
radiografiar *vt MED* radiografar.
radionovela *f* radionovela *f*.
radiorreloj *m* rádio *m* relógio.
radiotaxi *m* radiotáxi *m*.
radioteléfono *m* radiofone *m*.
radioterapia *f MED* radioterapia *f*.
radioyente *mf* radiouvinte *mf*.
RAE (*abrev de* **Real Academia Española**) *f* ≃ ABL *f*.
raer *vt* raspar.
ráfaga *f* rajada *f*.
ragout (*pl* **ragouts**) = **ragú**.
raído, da *adj* puído(da).
raigambre *f* **-1.** [gen] tradição *f* **-2.** [raíces] raizada *f*.
raíl *m* trilho *m*.
raíz *f* raiz *f*; **echar raíces *fig*** criar raízes; **a ~ de** [origen] por causa de; **~ cuadrada/cúbica** *MAT* raiz quadrada/cúbica.
raja *f* **-1.** [grieta] rachadura *f* **-2.** [porción] fatia *f*.
rajado, da *m, f* **fam** medroso *m*, -sa *f*.
rajar *vt* **-1.** [partir] rachar **-2.** ***fam*** [apuñalar] cortar.
◆ **rajarse** *vpr* **-1.** [partirse] rachar-se **-2.** ***fam*** [desdecirse] tirar o corpo.

rajatabla ◆ **a rajatabla** *loc adv* à risca.

ralea *f* ***despec*** ralé *f*.

rallado, da *adj* ralado(da).

◆ **rallado** *m* ralação *f*.

rallador *m* ralador *m*.

ralladura *f (gen pl)* raspa *f*.

rallar *vt* ralar.

rally (*pl* **rallys**) *m* rali *m*.

ralo, la *adj* ralo(la).

RAM (*abrev de* **random access memory**) *f* RAM *f*.

rama *f* **-1.** [gen] ramo *m* **-2.** [de planta] rama *f*.

ramadán *m* ramadã *m*.

ramaje *m* ramagem *f*.

ramal *m* ramal *m*.

ramalazo ***fam*** *m* **-1.** [hecho que delata] trejeito *m* **-2.** [ataque] veneta *f*.

rambla *f* **-1.** [avenida] *avenida larga com árvores, geralmente com um calçadão central onde as pessoas passeiam* **-2.** [río] canal *m*.

ramera *f* rameira *f*.

ramificación *f* ramificação *f*.

ramificarse *vpr* ramificar-se.

ramillete *m* ramalhete *m*.

ramo *m* ramo *m*.

rampa *f* **-1.** [gen] rampa *f* **-2.** [calambre] cãibra *f*.

rampla *f* ***Amér fam*** rampa *f*.

rana *f* rã *f*.

ranchero, ra *m, f* rancheiro *m*, -ra *f*.

◆ **ranchera** *f* **-1.** *MÚS* rancheira *f* **-2.** *AUTOM* van *f*.

rancho *m* **-1.** [gen] rancho *m* **-2.** ***CSur, Ven*** [choza] barraco *m* **-3.** ***Ven*** [chabola] favela *f*.

rancio, cia *adj* **-1.** [pasado] rançoso (sa) **-2.** [antiguo] antigo(ga).

rango *m* **-1.** [social] nível *m* **-2.** [jerárquico] patente *f*.

ranking *m* ranking *m*.

ranura *f* ranhura *f*.

rap *m* rap *m*.

rapapolvo *m* ***fam*** bronca *f*; **dar** *o* **echar un** ~ dar uma bronca.

rapar *vt* rapar.

◆ **raparse** *vpr* rapar-se.

rapaz, za *m, f* ***desus*** rapaz *m*, -riga *f*.

◆ **rapaz** *adj* [que roba] rapace.

◆ **rapaces** *fpl* *ZOOL* aves *fpl* de rapina.

rape *m* **-1.** [pez] peixe-pescador *m* **-2.** [pelo] **: al** ~ rente.

rapé *m* rapé *m*.

rapero, ra *m, f* cantor *m*, -ra *f* de rap.

rapidez *f* rapidez *f*; **con** ~ com rapidéz.

rápido, da *adj* rápido(da).

◆ **rápido** ◇ *m* **-1.** [tren] rápido *m* **-2.** *(gen pl)* [de río] corredeira *f*. ◇ *adv* rápido.

rapiña *f* **-1.** [robo] rapina *f* **-2.** ▷ **ave**.

rappel (*pl* **rappels**) *m* *DEP* rapel *m*.

rapsodia *f* *MÚS* rapsódia *f*.

raptar *vt* raptar.

rapto *m* rapto *m*.

raqueta *f* raquete *f*.

raquis *m* raque *f*.

raquítico, ca *adj* raquítico(ca).

raquitismo *m* *MED* raquitismo *m*.

rareza *f* **-1.** [gen] raridade *f* **-2.** [extravagancia] esquisitice *f*.

raro, ra *adj* **-1.** [gen] raro(ra) **-2.** [extravagante] esquisito(ta).

ras *m* borda *f*; **a** ~ **de** ao nível de.

rasante *adj* rasante.

rasar *vt* raspar.

rascacielos *m inv* arranha-céu *m*.

rascador *m* **-1.** [herramienta] rascador *m* **-2.** [para cerillas] riscador *m*.

rascar ◇ *vt* **-1.** [piel] coçar **-2.** [superficie] raspar **-3.** ***despec*** [instrumento de cuerda] arranhar. ◇ *vi* arranhar.

◆ **rascarse** *vpr* coçar-se.

rasera *f* escumadeira *f*.

rasgar *vt* rasgar.

◆ **rasgarse** *vpr* rasgar-se; ~**se las vestiduras** escandalizar-se.

rasgo *m* traço *m*.

◆ **rasgos** *mpl* traço *m*; **a grandes** ~**s** de forma geral.

rasguear *vt* dedilhar.

rasguñar *vt* arranhar.

◆ **raguñarse** *vpr* arranhar-se.

rasguño *m* arranhão *m*.

raso, sa *adj* **-1.** [gen] raso(sa) **-2.** [cielo] claro(ra).

◆ **raso** *m* *seda encorpada e brilhante.*

◆ **al raso** *loc adv* ao relento.

raspa *f* espinha *f*.

raspadura *f* **-1.** *(gen pl)* [brizna] raspa *f* **-2.** [señal] arranhado *m* **-3.** [acción] raspagem *f*.

raspar ◇ *vt* raspar. ◇ *vi* arranhar.

rasposo, sa *adj* áspero(ra).

rastras ◆ **a rastras** *loc adv* de rastros.

rastreador, ra ◇ *adj* rastreador (ra). ◇ *m, f* rastreador *m*, -ra *f*.

rastrear ◇ *vt* rastrear. ◇ *vi* [indagar] rastrear.

rastrero, ra *adj* rasteiro(ra).
rastrillar *vt* rastrear.
rastrillo *m* **-1.** [en jardinería] ancinho *m* **-2.** *Esp* [mercado] brechó *m*.
rastro *m* **-1.** [pista] rastro *m* **-2.** [vestigio] vestígio *m* **-3.** *Esp* [mercado] brechó *m*.
rastrojo *m* tigüera *f*.
rasurar *vt* barbear.
◆ **rasurarse** *vpr* barbear-se.
rata ◇ *f* rato *m*. ◇ *adj fam* unha-de-fome. ◇ *mf fam* unha-de-fome *mf*.
ratear *vi* furtar.
ratería *f* furto *m*.
ratero, ra *m, f* larápio *m*, -pia *f*.
ratificar *vt* ratificar.
◆ **ratificarse en** *vpr* ratificar-se.
rato *m* momento *m*; **al (poco) ~ (de)** (pouco) depois (de); **a ~s** às vezes; **haber para ~** faltar muito tempo; **pasar el ~** matar o tempo.
ratón *m* **-1.** [animal] camundongo *m* **-2.** INFORM mouse *m*.
ratonera *f* **-1.** [trampa] ratoeira *f* **-2.** [de ratones] *buraco feito por rato*.
rattán *m Amér* ratã *f*.
raudal *m* **-1.** [de agua] caudal *mf* **-2.** [de muchas cosas] rios *mpl*; **a ~es** a rodo.
ravioli *m (gen pl)* CULIN ravióli *m*.
raya *f* **-1.** [línea] linha *f* **-2.** [de un tejido] listra *f*; **a ~s** listrado(da); **tener ~s en el lomo** ter listras no dorso **-3.** [de pelo] risca *f* **-4.** [de pantalón] vinco *m* **-5.** [límite] limite *m*; **pasarse de la ~** *fam* passar dos limites; **mantener** *o* **tener a ~ a alguien** *fig* manter *o* ter alguém sob controle **-6.** [señal] risco *m* **-7.** [pez] arraia *f*, raia *f*.
rayado, da *adj* **-1.** [a rayas] listrado(da) **-2.** [estropeado] riscado(da).
◆ **rayado** *m* **-1.** [rayas] riscado *m* **-2.** [acción] risca *f*.
rayar ◇ *vt* riscar. ◇ *vi* [aproximarse]: **~ en algo** beirar a algo.
◆ **rayarse** *vpr* riscar.
rayo *m* [gen] raio *m*; **~s infrarrojos** raios infravermelhos; **~ láser** raio laser; **~s ultravioleta** raios ultravioletas; **~s uva** raios UVA; **~s X** raios x.
rayón *m* raiom *m*.
rayuela *f* amarelinha *f*.
raza *f* [gen] raça *f*; **de ~** [animal] de raça.
razón *f* **-1.** [gen] razão *f*; **~ de ser** razão de ser; **dar la ~ a alguien** dar razão a alguém; **tener ~** ter razão **-2.** [información] informação *f*; **~ aquí** informações aqui.
◆ **a razón de** *loc adv* à razão de.
razonable *adj* razoável.
razonamiento *m* **-1.** [acción] raciocínio *m* **-2.** [ideas] argumento *m*.
razonar ◇ *vt* [argumentar] argumentar. ◇ *vi* [pensar] raciocinar.
RDSI (*abrev de* **red digital de servicios integrados**) *f* INFORM RDSI *f*.
re *m* MÚS ré *m*.
reacción *f* reação *f*.
reaccionar *vi* reagir.
reaccionario, ria POLÍT ◇ *adj* reacionário(ria). ◇ *m, f* reacionário *m*, -ria *f*.
reacio, cia *adj* resistente; **ser ~ a algo/hacer algo** ser resistente a algo/fazer algo.
reactivación *f* reativação *f*.
reactor *m* reator *m*.
readaptación *f* readaptação *f*.
readmitir *vt* readmitir.
reafirmar *vt* reafirmar.
◆ **reafirmarse** *vpr* reafirmar; **~se en** reafirmar.
reajuste *m* **-1.** [cambio] ajuste *m* **-2.** ECON reajuste *m*.
real *adj* real.
realce *m* realce *m*; **dar ~ a** dar realce a.
realeza *f* realeza *f*.
realidad *f* realidade *f*; **~ virtual** INFORM realidade virtual; **en ~** [verdad] na verdade.
realista ◇ *adj* realista. ◇ *mf* ARTE realista *mf*.
realización *f* **-1.** [gen] realização *f* **-2.** CIN direção *f*.
realizado, da *adj* realizado(da).
realizador, ra *m, f* CIN diretor *m*, -ra *f*.
realizar *vt* **-1.** [gen] realizar **-2.** CIN dirigir.
◆ **realizarse** *vpr* realizar-se.
realmente *adv* realmente.
realquilado, da *Esp* ◇ *adj* sublocado(da). ◇ *m, f* sublocatário *m*, -ria *f*.
realquilar *vt* sublocar.
realzar *vt* realçar.
reanimar *vt* reanimar.
◆ **reanimarse** *vpr* reanimar-se.
reanudar *vt* reiniciar.
◆ **reanudarse** *vpr* reiniciar-se.
reaparición *f* reaparição *f*.
reapertura *f* reabertura *f*.

rearme *m* rearmamento *m*.
reavivar *vt* reavivar.
rebaja *f* **-1.** [acción] rebaixamento *m* **-2.** [descuento] desconto *m*.
◆ **rebajas** *fpl* liquidação *f*; **de ~s** em liquidação.
rebajado, da *adj* rebaixado(da).
rebajar *vt* **-1.** [gen] rebaixar **-2.** [intensidad] suavizar.
◆ **rebajarse** *vpr* rebaixar-se; **~se a algo/hacer algo** rebaixar-se a algo/fazer algo.
rebanada *f* fatia *f*.
rebanar *vt* fatiar.
rebañar *vt* raspar.
rebaño *m* rebanho *m*.
rebasar ◇ *vt* [sobrepasar] ultrapassar. ◇ *vi CAm, Méx* ultrapassar.
rebatir *vt* rebater.
rebeca *f* cardigã *m*.
rebelarse *vpr* rebelar-se.
rebelde ◇ *adj* **-1.** [gen] rebelde **-2.** DER revel. ◇ *mf* **-1.** [gen] rebelde *mf* **-2.** DER revel *mf*.
rebeldía *f* **-1.** [gen] rebeldia *f* **-2.** DER revelia *f*.
rebelión *f* rebelião *f*.
rebenque *m RP* rebenque *m*.
reblandecer *vt* amolecer.
◆ **reblandecerse** *vpr* amolecer.
rebobinar *vt* rebobinar.
rebosante *adj* transbordante.
rebosar ◇ *vt* [abundar] abundar. ◇ *vi* transbordar; **~ de** transbordar de.
rebotar *vi* **-1.** [pelota] quicar **-2.** [chocar] rebotar.
◆ **rebotarse** *vpr fam* emputecer-se.
rebote *m* rebote *m*; **de ~** *fig* de ricochete.
rebozado, da *adj* CULIN empanado (da).
rebozar *vt* CULIN empanar.
rebozo *m Amér* xale *m*.
rebuscado, da *adj* afetado(da).
rebuznar *vi* zurrar.
recabar *vt* solicitar.
recadero, ra *m, f* mensageiro *m*, -ra *f*.
recado *m* **-1.** [mensaje] recado *m* **-2.** [encargo] tarefa *f*.
recaer *vi* **-1.** [gen] recair **-2.** [reincidir]: **~ en** recair em.
recaída *f* recaída *f*.
recalar *vi* aportar.
recalcar *vt* enfatizar.
recalcitrante *adj* recalcitrante.
recalentar *vt* **-1.** [volver a calentar] requentar **-2.** [calentar demasiado] superaquecer.
◆ **recalentarse** *vpr* superaquecer-se.
recalificar *vt* rezonear.
recámara *f* **-1.** [habitación] recâmara *f* **-2.** [de arma de fuego] tambor *m* **-3.** *CAm, Col, Méx* [dormitorio] quarto *m*.
recamarera *f CAm, Col, Méx* camareira *f*.
recambio *m* peça *f* de reposição; **de ~** de reposição.
recapacitar *vi* recapacitar.
recapitulación *f* recapitulação *f*.
recapitular *vt* recapitular.
recargado, da *adj* empetecado(da).
recargar *vt* **-1.** [volver a cargar] recarregar **-2.** [cargar demasiado] carregar demais **-3.** [adornar en exceso] empetecar **-4.** [aumentar] sobretaxar **-5.** [poner en exceso] carregar.
◆ **recargarse** *vpr Méx* [apoyarse] apoiar-se.
recargo *m* sobretaxa *f*.
recatado, da *adj* recatado(da).
recato *m* recato *m*.
recauchutar *vt* recauchutar.
recaudación *f* arrecadação *f*.
recaudador, ra *m, f* arrecadador *m*, -ra *f*.
recaudar *vt* arrecadar.
recaudo ◆ **a buen recaudo** *loc adv* em segurança.
recelar *vi* recear; **~ de** desconfiar de.
recelo *m* receio *f*.
receloso, sa *adj* receoso(sa).
recepción *f* **-1.** [gen] recepção *f* **-2.** [acción] recebimento *m*.
recepcionista *mf* recepcionista *mf*.
receptáculo *m* receptáculo *m*.
receptivo, va *adj* receptivo(va).
receptor, ra ◇ *adj* receptor(ra). ◇ *m, f* receptor *m*, -ra *f*.
◆ **receptor** *m* receptor *m*.
recesión *f* recessão *f*.
receta *f* receita *f*.
rechazar *vt* **-1.** [gen] rechaçar **-2.** [transplante] rejeitar.
rechazo *m* **-1.** [negativa] rechaço *m* **-2.** [de transplante] rejeição *f*.
rechinar *vi* ranger.
rechistar *vi* chiar; **sin ~** sem chiar.
rechoncho, cha *adj fam* rechonchudo(da).
rechupete ◆ **de rechupete** *loc adv fam* de lamber os beiços.

recibidor *m* entrada *f*.
recibimiento *m* recebimento *m*.
recibir ◇ *vt* receber. ◇ *vi* **-1.** [invitados] receber **-2.** [visitar] atender.
◆ **recibirse** *vpr* ***Amér***: **~se (de)** formar-se (em).
recibo *m* **-1.** [documento] recibo *m* **-2.** [recepción] recebimento *m*.
reciclado, da *adj* reciclado(da).
reciclaje *m* reciclagem *f*.
reciclar *vt* reciclar.
recién *adv* recém; **los ~ llegados** os recém-chegados; **el ~ nacido** o recém-nascido.
reciente *adj* recente.
recinto *m* recinto *m*.
recio, cia *adj* sólido(da).
recipiente *m* recipiente *m*.
reciprocidad *f* reciprocidade *f*.
recíproco, ca *adj* recíproco(ca).
recital *m* **-1.** [gen] recital *m* **-2.** [de rock] concerto *m* **-3.** [exhibición] espetáculo *m*.
recitar *vt* recitar.
reclamación *f* reclamação *f*.
reclamar ◇ *vt* reclamar. ◇ *vi* reclamar.
reclamo *m* **-1.** [para atraer] reclame *m* **-2.** [de ave] pio *m* **-3.** [para cazar] pio *m* de caça **-4.** ***Amér*** [queja] reclamação *f*; [reivindicación] reivindicação *f*.
reclinar *vt* reclinar.
◆ **reclinarse** *vpr* reclinar-se.
recluir *vt* enclausurar.
◆ **recluirse** *vpr* enclausurar-se.
reclusión *f* reclusão *f*.
recluso, sa *m, f* recluso *m*, -sa *f*.
recluta *m* MIL recruta *m*.
reclutamiento *m* recrutamento *m*.
recobrar *vt* recobrar.
◆ **recobrarse (de)** *vpr* recobrar-se (de).
recochineo *m* ***Esp fam*** gozação *f*.
recodo *m* curva *f*.
recogedor *m* pá *f*.
recogepelotas *mf inv* DEP gandula *mf*.
recoger *vt* **-1.** [gen] recolher **-2.** [ir a buscar] buscar **-3.** [cosechar, obtener] colher.
◆ **recogerse** *vpr* **-1.** [gen] recolher-se **-2.** [cabello] prender.
recogido, da *adj* **-1.** [retirado] recolhido(da) **-2.** [reducido] reduzido(da) **-3.** [cabello] preso(sa).
◆ **recogida** *f* coleta *f*.
recogimiento *m* recolhimento *m*.
recolección *f* **-1.** [cosecha] colheita *f* **-2.** [recogida] coleta *f*.
recolector, ra ◇ *adj* produtor(ra). ◇ *m, f* colhedor *m*, -ra *f*.
recomendación *f* recomendação *f*.
recomendado, da *m, f* **-1.** [persona] recomendado *m*, -da *f* **-2.** ***Amér*** [correspondencia] registrado(da).
recomendar *vt* recomendar.
recompensa *f* recompensa *f*.
recompensar *vt* recompensar.
recomponer *vt* consertar.
recompuesto, ta *pp irreg* ▻ **recomponer**.
reconcentrar *vt* concentrar.
◆ **reconcentrarse** *vpr* concentrar-se; **~se en** concentrar-se em.
reconciliación *f* reconciliação *f*.
reconciliar *vt* reconciliar.
◆ **reconciliarse** *vpr* reconciliar-se.
recóndito, ta *adj* recôndito(ta).
reconfortar *vt* reconfortar.
reconocer *vt* **-1.** [gen] reconhecer **-2.** [examinar] examinar.
◆ **reconocerse** *vpr* reconhecer-se.
reconocido, da *adj* reconhecido(da).
reconocimiento *m* **-1.** [gen] reconhecimento *m* **-2.** [examen] exame *m*.
reconquista *f* reconquista *f*.
◆ **Reconquista** *f* HIST: **la ~** a Reconquista.
reconstituyente *m* [medicamento] reconstituinte *m*.
reconstruir *vt* reconstruir.
reconvenir *vt* censurar.
reconversión *f* reconversão *f*; **~ industrial** reconversão industrial.
recopilación *f* compilação *f*.
recopilar *vt* compilar.
récord (*pl* **récords**) *m* recorde *m*; **batir un ~** bater um recorde.
recordar ◇ *vt* recordar. ◇ *vi* recordar-se.
recordatorio *m* **-1.** [aviso] aviso *m* **-2.** [estampa] santinho *m*.
recordman (*pl* **recordmen**, *pl* **recordmans**) *m* recordista *m*.
recorrer *vt* percorrer.
recorrida *f* ***Amér*** **-1.** [ruta, itinerario] rota *f* **-2.** [viaje] viagem *f*.
recorrido *m* percurso *m*.
recortado, da *adj* **-1.** [cortado] cortado(da) **-2.** [abrupto] recortado(da).
recortar *vt* **-1.** [gen] cortar **-2.** [figura] recortar.
◆ **recortarse** *vpr* recortar-se.
recorte *m* **-1.** [gen] recorte *m* **-2.** [reducción] corte *m*.

recostar *vt* recostar.
◆ **recostarse** *vpr* recostar-se.
recoveco *m* **-1.** [gen] meandro *m* **-2.** [rincón] recôndito *m.*
recreación *f* recriação *f.*
recrear *vt* **-1.** [crear] recriar **-2.** [entretener] recrear.
◆ **recrearse** *vpr* recrear-se.
recreativo, va *adj* recreativo(va).
recreo *m* recreio *m.*
recriminar *vt* recriminar.
◆ **recriminarse** *vpr* recriminar-se.
recrudecer *vi* recrudescer.
◆ **recrudecerse** *vpr* recrudescer.
recrudecimiento *m* recrudescimento *m.*
recta *f* ⊳ **recto.**
rectal *adj* ANAT retal.
rectángulo, la *adj* GEOM retângulo (la).
◆ **rectángulo** *m* GEOM retângulo *m.*
rectificar *vt* retificar.
rectitud *f* retidão *f.*
recto, ta *adj* **-1.** [gen] reto(ta) **-2.** [no figurado] próprio(pria).
◆ **recto** ◇ *m* ANAT reto *m.* ◇ *adv* reto.
◆ **recta** *f* reta *f*; **la ~ final** a reta final.
rector, ra ◇ *adj* diretor(ra). ◇ *m, f* reitor *m*, -ra *f.*
◆ **rector** *m* RELIG reitor *m.*
recuadro *m* quadro *m.*
recubrimiento *m* revestimento *m.*
recuento *m* recontagem *f.*
recuerdo *m* recordação *f.*
◆ **recuerdos** *mpl* lembranças *fpl*; **dar ~s a alguien (de parte de alguien)** mandar lembranças a alguém (da parte de alguém).
recular *vi* recuar.
recuperable *adj* recuperável.
recuperación *f* recuperação *f.*
recuperar *vt* [lo perdido] recuperar.
◆ **recuperarse** *vpr* recuperar-se.
recurrente *adj* recorrente.
recurrir *vi* **-1.** [buscar ayuda]: **~ a** recorrer a **-2.** DER recorrer.
recurso *m* recurso *m.*
◆ **recursos** *mpl* recursos *mpl*; **~s propios** ECON recursos próprios.
recusar *vt* recusar.
red *f* rede *f*; **~ viaria** [sistema] rede viária.
redacción *f* redação *f.*
redactar *vt* redigir.
redactor, ra *m, f* [de periódico] redator *m*, -ra *f.*
redada *f* **-1.** [de pesca] redada *f* **-2.** [de policía] batida *f.*
redecilla *f* **-1.** [de pelo] rede *f* **-2.** ANAT retículo *m.*
redención *f* **-1.** [rescate] resgate *m* **-2.** RELIG redenção *f.*
redil *m* redil *m.*
redimir *vt* redimir.
◆ **redimirse** *vpr* [de castigo] redimir-se.
rédito *m* rendimento *m.*
redoblar ◇ *vt* redobrar. ◇ *vi* rufar.
redoble *m* rufo *m.*
redomado, da *adj* refinado(da).
redonda *f* ⊳ **redondo.**
redondear *vt* **-1.** [gen] arredondar **-2.** [completar] concluir.
redondel *m* círculo *m.*
redondo, da *adj* redondo(da); **a la redonda** num raio de.
◆ **redondo** *m* CULIN chã *f.*
◆ **redonda** *f* [tipo de letra] redondo *m.*
reducción *f* redução *f.*
reducido, da *adj* reduzido(da).
reducir ◇ *vt* reduzir. ◇ *vi* AUTOM reduzir.
◆ **reducirse a** *vpr* reduzir-se a.
reducto *m* reduto *m.*
redundancia *f* redundância *f.*
redundante *adj* redundante.
redundar *vi*: **~ en algo** redundar em algo.
reeditar *vt* reeditar.
reeducación *f* reeducação *f.*
reelección *f* reeleição *f.*
reembolsar, rembolsar *vt* reembolsar.
◆ **reembolsarse, rembolsarse** *vpr* reembolsar-se.
reembolso, rembolso *m* reembolso *m.*
reemplazar, remplazar *vt* substituir.
reemplazo, remplazo *m* MIL contingente *m.*
reemprender *vt* retomar.
reencarnación *f* reencarnação *f.*
reencuentro *m* reencontro *m.*
reestreno *m* relançamento *m*, reprise *m.*
reestructurar *vt* reestruturar.
refacción *f* **-1.** ***Andes, CAm, RP, Ven*** [reparación] conserto *m* **-2.** ***Méx*** [recambio] peça *f* de reposição.
refaccionar *vt* ***Andes, CAm, Ven*** consertar.

refaccionaria *f Méx* loja *f* de manutenção.
referencia *f* referência *f*; **con ~ a** com referência a; **hacer ~ a** fazer referência a.
referéndum (*pl* **referéndums**) *m* referendo *m*.
referente *adj*: **~ a** referente a.
referir *vt* **-1.** [gen] referir **-2.** [convertir] converter em.
◆ **referirse a** *vpr* referir-se a.
refilón ◆ **de refilón** *loc adv* **-1.** [de lado] de raspão **-2.** [de pasada] de passagem.
refinado, da *adj* refinado(da).
◆ **refinado** *m* refinação *f*.
refinamiento *m* refinamento *m*.
refinar *vt* refinar.
refinería *f* refinaria *f*.
reflejar *vt* refletir.
◆ **reflejarse** *vpr* refletir-se.
reflejo, ja *adj* reflexo(xa).
◆ **reflejo** *m* reflexo *m*.
reflexión *f* reflexão *f*.
reflexionar *vi* reflexionar, refletir.
reflexivo, va *adj* reflexivo(va).
reflexoterapia *f* reflexoterapia *f*.
reflujo *m* refluxo *m*.
reforma *f* reforma *f*; **~ agraria** reforma agrária; **'cerrado por ~s'** [arreglo] 'fechado para reforma'; **hacer ~s** fazer reforma.
reformar *vt* reformar.
◆ **reformarse** *vpr* reformar-se.
reformatorio *m* reformatório *m*.
reforzar *vt* reforçar.
refractario, ria *adj* [material] refratário(ria).
refrán *m* adágio *m*, provérbio *m*.
refregar *vt* **-1.** [frotar] esfregar **-2.** [reprochar]: **~ algo a alguien en las narices** esfregar algo na cara de alguém.
refrendar *vt* **-1.** [aprobar] referendar **-2.** [legalizar] validar.
refrescante *adj* refrescante.
refrescar ◇ *vt* refrescar. ◇ *vi* refrescar.
◆ **refrescarse** *vpr* refrescar-se.
refresco *m* [bebida] refresco *m*.
refriega *f* refrega *f*.
refrigeración *f* refrigeração *f*.
refrigerador, ra *adj* refrigerador (ra).
◆ **refrigerador** *m* **-1.** [de alimentos] refrigerador *m* **-2.** [de máquinas] resfriador *m*.
refrigerar *vt* refrigerar.
refrigerio *m* lanche *f*.
refrito, ta ◇ *pp irreg* ▷ **refreír.** ◇ *adj* requentado(da).
◆ **refrito** *m* **-1.** CULIN refogado *m* **-2.** [cosa rehecha] miscelânea *f*.
refucilo, refusilo *m Amér* relâmpago *m*.
refuerzo *m* reforço *m*.
◆ **refuerzos** *mpl* MIL reforços *mpl*.
refugiado, da ◇ *adj* refugiado (da). ◇ *m, f* refugiado *m*, -da *f*.
refugiar *vt* esconder.
◆ **refugiarse** *vpr* refugiar-se; **~se de** refugiar-se de.
refugio *m* refúgio *m*.
refulgir *vi* refulgir.
refunfuñar *vi* resmungar.
refusilo *m* = **refucilo**.
refutar *vt* refutar.
regadera *f* **-1.** [recipiente] regador *m* **-2.** *Col, Méx, Ven* [ducha] ducha *f*.
regadío *m terreno de cultivo que necessita irrigação abundante*; **de ~** irrigável.
regalado, da *adj* **-1.** [barato] barato (ta) **-2.** [agradable] agradável.
regalar *vt* **-1.** [gen] regalar **-2.** [dar] regalar com.
◆ **regalarse con** *vpr* regalar-se com.
regaliz *m* alcaçuz *m*.
regalo *m* **-1.** [obsequio] presente *m* **-2.** [placer] regalo *m*.
regañadientes ◆ **a regañadientes** *loc adv fam* a contragosto.
regañar ◇ *vt* [reprender] repreender. ◇ *vi* [pelearse] discutir.
regañina *f* **-1.** [reprimenda] repreensão *f* **-2.** [enfado] discussão *f*.
regaño *m* repreensão *f*.
regañón, ona ◇ *adj* ranzinza. ◇ *m, f* ranzinza *mf*.
regar *vt* **-1.** [gen] regar **-2.** [suj: río] banhar.
regata *f* **-1.** NÁUT regata *f* **-2.** [reguera] regueira *f*.
regate *m* **-1.** DEP drible *m* **-2.** *fig* [evasiva] pretexto *m*.
regatear ◇ *vt* **-1.** [escatimar] poupar **-2.** DEP driblar. ◇ *vi* **-1.** [discutir precio] regatear **-2.** NÁUT participar de uma regata.
regateo *m* regateio *m*.
regazo *m* regaço *m*.
regeneración *f* regeneração *f*.
regenerar *vt* regenerar.
regentar *vt* **-1.** [país] governar **-2.** [negocio] administrar.

regente *mf* **-1.** [de país] regente *mf* **-2.** [administrador] administrador *m*, -ra *f* **-3.** *Méx* [alcalde] prefeito *m*, -ta *f*.
reggae *m* reggae *m*.
regidor, ra *m, f* **-1.** [en ayuntamiento] vereador *m*, -ra *f* **-2.** [en cine, teatro] contra-regra *mf*.
régimen (*pl* **regímenes**) *m* **-1.** [gen] regime *m*; **estar a ~** estar de regime; **ponerse a ~** começar um regime **-2.** *LING* regência *f*.
◆ **Antiguo Régimen** *m HIST* Antigo Regime *m*.
regimiento *m* regimento *m*.
regio, gia *adj* régio(gia).
región *f* região *f*.
regir ◇ *vt* **-1.** [gen] reger **-2.** [administrar] dirigir. ◇ *vi* **-1.** [estar vigente] vigorar **-2.** [tener juicio] ter lucidez.
◆ **regirse** *vpr*: **~se por** reger-se por.
registrado, da *adj* **-1.** [grabado] gravado(da) **-2.** [patentado] registrado (da) **-3.** *Amér* [correspondencia] registrado(da).
registrador, ra ◇ *adj* registrador (ra). ◇ *m, f* tabelião *m*, -oa *f*.
registradora *f Amér* caixa *f* registradora.
registrar ◇ *vt* **-1.** [gen] registrar **-2.** [inspeccionar] revistar **-3.** [grabar] gravar. ◇ *vi* revistar.
◆ **registrarse** *vpr* [suceder] registrar-se.
registro *m* **-1.** [gen] registro *m*; **~ civil** registro civil **-2.** [inspección] revista *f*.
regla *f* **-1.** [gen] regra *f*; **en ~** em ordem; **por ~ general** por via de regra; **~ de tres** *MAT* regra de três **-2.** [para medir] régua *f* **-3.** *fam* [menstruación] menstruação *f*.
reglamentación *f* regulamentação *f*.
reglamentar *vt* regulamentar.
reglamentario, ria *adj* regulamentar.
reglamento *m* regulamento *m*.
reglar *vt* regrar.
regocijar *vt* regozijar.
◆ **regocijarse** *vpr* regozijar-se.
regocijo *m* regozijo *m*.
regodearse *vpr* deleitar-se.
regodeo *m* deleite *m*.
regordete *adj* gorducho(cha).
regresar ◇ *vi* [volver] regressar. ◇ *vt Amér* [devolver] devolver.
◆ **regresarse** *vpr Andes, CAm, Carib, Méx* [yendo] voltar; [viniendo] retornar.
regresión *f* regressão *f*.
regresivo, va *adj* regressivo(va).
regreso *m* regresso *m*.
reguero *m* **-1.** [regato, chorro] jorro *m* **-2.** [huella] rastro *m*.
regulación *f* controle *m*.
regulador, ra *adj* regulador(ra).
regular[1] ◇ *adj* regular. ◇ *adv* não muito bem.
◆ **por lo regular** *loc adv* por via de regra.
regular[2] *vt* **-1.** [gen] regular **-2.** [reglamentar] regulamentar.
regularidad *f* regularidade *f*.
regularizar *vt* regularizar.
◆ **regularizarse** *vpr* regularizar-se.
regusto *m* **-1.** [gen] gosto *m* residual **-2.** [semejanza] ar *m*.
rehabilitación *f* reabilitação *f*.
rehabilitar *vt* reabilitar.
rehacer *vt* refazer.
◆ **rehacerse** *vpr* refazer-se.
rehén *m* refém *m*.
rehogar *vt CULIN* refogar.
rehuir *vt* evitar.
rehusar *vt* recusar.
Reikiavik *n* Reikjavik.
reimplantar *vt* reimplantar.
reimpresión *f* reimpressão *f*.
reina *f* **-1.** [gen] rainha *f* **-2.** [en naipes] dama *f*
reinado *m* reinado *m*.
reinante *adj* reinante.
reinar *vi* reinar.
reincidente ◇ *adj* reincidente. ◇ *mf* reincidente *mf*.
reincidir *vi*: **~ en** reincidir em.
reincorporar *vt* reincorporar.
◆ **reincorporarse** *vpr*: **~se (a)** reincorporar-se (a).
reino *m* reino *m*.
reinserción *f* reinserção *f*.
reinstaurar *vt* reinstaurar.
reintegrar *vt* [devolver] restituir.
◆ **reintegrarse** *vpr*: **~se a** reintegrar-se a.
reintegro *m* **-1.** [reintegración] reintegração *f* **-2.** [premio] reintegro *m*.
reír ◇ *vi* **-1.** [carcajearse] rir **-2.** [sonreír] sorrir. ◇ *vt* rir.
◆ **reírse** *vpr* **-1.** [carcajearse] rir-se **-2.** [burlarse] rir; **~se de** rir-se de.
reiterar *vt* reiterar.
reiterativo, va *adj* reiterativo(va).
reivindicación *f* reivindicação *f*.
reivindicar *vt* reivindicar.

reivindicativo, va *adj* reivindicativo(va).
reja *f* grade *f*.
rejilla *f* **-1.** [enrejado] gelosia *f* **-2.** [tejido] palhinha *f* **-3.** [de cocina] grelha *f*.
rejoneador *m* TAUROM *toureiro que faz a lide a cavalo, usando bandarilhas para matar o touro.*
rejuntarse *vpr* **fam** juntar-se.
rejuvenecer ◇ *vt* rejuvenescer. ◇ *vi* rejuvenescer.
◆ **rejuvenecerse** *vpr* rejuvenescer-se.
relación *f* **-1.** [gen] relação *f*; **con ~ a, en ~ con** com relação a, em relação a; **~ precio-calidad** COM relação preço/qualidade **-2.** [descripción] relato *m* **-3.** [informe] relatório *m*.
◆ **relaciones** *fpl* relações *fpl*.
relacionar *vt* **-1.** [enlazar, vincular] relacionar **-2.** [relatar] relatar.
◆ **relacionarse** *vpr* [comunicarse]: **~se con** relacionar-se com.
relajación *f* relaxação *f*.
relajar *vt* relaxar.
◆ **relajarse** *vpr* relaxar-se.
relajo *m* **Amér fam** baderna *f*.
relamer *vt* lamber.
◆ **relamerse** *vpr* **-1.** [saborear] lamber-se **-2.** [deleitarse] deleitar-se.
relamido, da *adj* arrumado(da).
relámpago *m* **-1.** [gen] relâmpago *m* **-2.** [destello] clarão *m*.
relampaguear ◇ *v impers* relampaguear. ◇ *vi* relampaguear.
relatar *vt* relatar.
relatividad *f* relatividade *f*.
relativo, va *adj* relativo(va); **~ a** [referente a] relativo(va) a; **en lo ~ a** no que se refere a.
relato *m* relato *m*.
relax *m* relax *m*.
relegar *vt* relegar.
relente *m* sereno *m*.
relevante *adj* relevante.
relevar *vt* **-1.** [eximir]: **~ a alguien de algo** dispensar alguém de algo **-2.** [sustituir] substituir.
relevo *m* **-1.** MIL troca *f* **-2.** DEP revezamento *m*.
◆ **relevos** *mpl* DEP revezamento *m*.
relieve *m* **-1.** [gen] relevo *m* **-2.** [importancia] relevância *f*; **poner de ~** pôr em relevo.
religión *f* religião *f*.
religiosamente *adv* religiosamente.
religioso, sa ◇ *adj* religioso(sa). ◇ *m, f* religioso *m*, -sa *f*.
relinchar *vi* relinchar.
relincho *m* relincho *m*.
reliquia *f* **-1.** [gen] relíquia *f* **-2. fam** [antigualla] relíquia *f*.
rellano *m* **-1.** [descansillo] patamar *m* **-2.** [de terreno] plataforma *f*.
rellenar *vt* **-1.** [volver a llenar] reencher **-2.** [cumplimentar] preencher **-3.** [embutir] rechear.
relleno, na *adj* recheado(da).
◆ **relleno** *m* [ingrediente] recheio *m*; **de ~** supérfluo(a).
reloj *m* relógio *m*; **~ de arena** ampulheta *f*; **~ de pared** relógio de parede; **~ de pulsera** relógio de pulso; **hacer algo contra ~ fig** correr contra o relógio.
relojería *f* relojoaria *f*.
relojero, ra *m, f* relojoeiro *m*, -ra *f*.
reluciente *adj* reluzente.
relucir *vi* **-1.** [resplandecer] reluzir **-2.** [destacar] brilhar.
relumbrar *vi* reluzir.
remachar *vt* **-1.** [machacar] martelar **-2.** [recalcar] enfatizar.
remache *m* **-1.** [roblón] rebite *m* **-2.** [remachado] rebitagem *f*.
remanente *m* saldo *m*.
remangar *vt* arregaçar.
remanso *m* remanso *m*.
remar *vi* remar.
rematado, da *adj* **-1.** [acabado] arrematado(da) **-2.** [incurable, redomado] rematado(da).
rematar ◇ *vt* **-1.** [liquidar, vender] vender **-2.** [acabar] terminar **-3.** [matar] matar **-4.** DEP arrematar. ◇ *vi* arrematar.
remate *m* **-1.** [gen] arremate *m* **-2.** [colofón] encerramento *m*; **para ~** [para colmo] para arremate.
◆ **de remate** *loc adv* completamente.
rembolsar = **reembolsar**.
rembolsarse = **reembolsarse**.
rembolso = **reembolso**.
remedar *vt* arremedar.
remediar *vt* remediar.
remedio *m* remédio *m*; **no haber más ~** não haver mais remédio; **sin ~** forçosamente; **no tener ~** não ter remédio; **¡qué ~ (me queda)!** que remédio (me resta)!
remedo *m* arremedo *m*.
rememorar *vt* rememorar.
remendar *vt* remendar.

remero, ra *m, f* remador *m*, -ra *f*.
◆ **remera** *f* [pluma] rêmige *f*.

remesa *f* remessa *f*.

remeter *vt* enfiar.

remezón *m Andes* terremoto *m*.

remiendo *m* **-1.** [parche] remendo *m* **-2.** *fam* [apaño] remendo *m*.

remilgado, da *adj* afetado(da).

remilgo *m* cerimônia *f*.

reminiscencia *f* reminiscência *f*.

remise *m RP* taxi *m (sem medidor)*.

remisero, ra *m, f RP* motorista *mf* de taxi *(em carro sem medidor)*.

remiso, sa *adj*: **ser ~ a hacer algo** estar indeciso(sa) em fazer algo.

remite *m nota com nome e endereço do remetente, que se coloca nas correspondências enviadas por correio.*

remitente *mf* remetente *mf*.

remitir ◇ *vt* **-1.** [gen] remeter **-2.** [perdonar] remitir. ◇ *vi* **-1.** [en texto] remeter **-2.** [disminuir] remitir.
◆ **remitirse** *vpr*: **~se a** remeter-se a.

remo *m* **-1.** [gen] remo *m* **-2.** *(gen pl)* [extremidad] asa *f*.

remoción *f Amér* [de heridos] remoção *f*.

remodelar *vt* remodelar.

remojar *vt* **-1.** [humedecer] embeber **-2.** *fam* [festejar] brindar.

remojo *m*: **en ~** de molho.

remolacha *f* beterraba *f*.

remolcador, ra *adj* rebocador(ra).
◆ **remolcador** *m* rebocador *m*.

remolcar *vt* rebocar.

remolino *m* **-1.** [gen] redemoinho *m* **-2.** [aglomeración, confusión] turbilhão *m*.

remolón, ona *fam* ◇ *adj* preguiçoso(sa). ◇ *m, f* preguiçoso *m*, -sa *f*; **hacerse el ~** fazer corpo mole.

remolque *m* reboque *m*; **ir a ~** *fig* ir a reboque de.

remontar *vt* **-1.** [subir] subir **-2.** [vencer] superar **-3.** [avanzar] avançar **-4.** [elevar] empinar.
◆ **remontarse** *vpr* **-1.** [gen] remontar-se **-2.** [alcanzar] remontar.

remonte *m* teleférico *m*.

rémora *f* **-1.** [pez] rêmora *f* **-2.** *fam* [obstáculo] obstáculo *m*.

remorder *vt* [atormentar, inquietar]: **~le algo a alguien** algo remoer alguém.

remordimiento *m* remorso *m*.

remoto, ta *adj* remoto(ta).

remover *vt* **-1.** [agitar] mexer **-2.** [desplazar] remover **-3.** [investigar] revolver.
◆ **removerse** *vpr* agitar-se.

remplazar = **reemplazar**.

remplazo = **reemplazo**.

remuneración *f* remuneração *f*.

remunerar *vt* remunerar.

renacer *vi* [resurgir] renascer.

renacimiento *m* renascimento *m*.

renacuajo *m* **-1.** [larva] girino *m* **-2.** *fam* [niño pequeño] pirralho *m*.

renal *adj* renal.

rencilla *f* briga *f*.

rencor *m* rancor *m*.

rencoroso, sa ◇ *adj* rancoroso(sa). ◇ *m, f* rancoroso *m*, -sa *f*.

rendición *f* rendição *f*.

rendido, da *adj* **-1.** [agotado] esgotado(da) **-2.** [sumiso] rendido(da).

rendija *f* fresta *f*.

rendimiento *m* [productividad] rendimento *m*.

rendir ◇ *vt* **-1.** [gen] render **-2.** [cansar] exaurir. ◇ *vi* [rentar] render.
◆ **rendirse** *vpr* render-se; **~se a** render-se a.

renegado, da ◇ *adj* renegado(da). ◇ *m, f* renegado *m*, -da *f*.

renegar ◇ *vt* renegar. ◇ *vi* **-1.** [repudiar]: **~ de** renegar de **-2.** *fam* [gruñir] resmungar.

Renfe (*abrev de* **Red Nacional de los Ferrocarriles Españoles**) *f companhia estatal de ferrovias na Espanha.*

renglón *m* [línea] linha *f*; **(a) ~ seguido** *fig* em seguida.

rengo, ga *adj Andes, RP* manco(ca).

renguear *vi Andes, RP* mancar.

reno *m* rena *f*.

renombrar *vt* INFORM renomear.

renombre *m* renome *m*.

renovación *f* **-1.** [gen] renovação *f* **-2.** [reanudación] reinício *m* **-3.** [innovación] inovação *f*.

renovar *vt* renovar.

renquear *vi* **-1.** [cojear] mancar **-2.** [trampear, tirar] ratear.

renta *f* **-1.** [ingresos] renda *f*; **vivir de ~** viver de renda; **~ per cápita** *o* **por habitante** renda per capita *o* por habitante; **~ fija/variable** FIN renda fixa/variável; **~ vitalicia** renda vitalícia **-2.** [alquiler] aluguel *m*.

rentable *adj* rentável.

rentar *vt* **-1.** [dar beneficios] render **-2.** *Méx* [alquilar] alugar.

rentista *mf* rentista *mf*.
renuencia *f* repugnância *f*.
renuncia *f* renúncia *f*.
renunciar *vi* **-1.** [abandonar] renunciar **-2.** [prescindir de]: ~ **a** renunciar a **-3.** [rechazar]: ~ **a** recusar-se a **-4.** [abstenerse de]: ~ **a** abandonar.
reñido, da *adj* **-1.** [enfadado] brigado (da) **-2.** [disputado] disputado(da) **-3.** [opuesto]: **estar algo** ~ **con algo** algo ser incompatível com algo.
reñir ◇ *vt* **-1.** [regañar] repreender **-2.** [disputar] travar. ◇ *vi* [enfadarse] brigar; ~ **con** brigar com.
reo, a *m, f* réu *m*, ré *f*.
reoca *f*: **ser la** ~ ***Esp fam*** ser uma figura.
reojo *m*: **mirar de** ~ olhar de soslaio.
repantingarse *vpr* ***Esp fam*** refestelar-se.
reparación *f* **-1.** [arreglo] conserto *m* **-2.** [compensación] reparação *f*.
reparador, ra *adj* reparador(ra).
reparar ◇ *vt* **-1.** [arreglar] consertar **-2.** [remediar] reparar **-3.** [restablecer] recuperar. ◇ *vi* [advertir]: ~ **en** reparar em.
reparo *m* **-1.** [objección] reparo *m*; **poner** ~**s a algo** fazer objeção a algo **-2.** [apuro]: **dar** ~ dar vergonha; **no tener** ~**s en** não ter escrúpulos em.
repartición *f* repartição *f*.
repartidor, ra *m, f* entregador *m*, -ra *f*.
repartir *vt* **-1.** [gen] distribuir **-2.** [dividir] repartir **-3.** [distribuir] entregar.
reparto *m* **-1.** [división] divisão *f*; ~ **de beneficios** ECON distribuição de lucros **-2.** [distribución] entrega *f* **-3.** [asignación] distribuição *f*.
repasador *m* ***RP*** toalhinha *f* de chá.
repasar *vt* **-1.** [revisar] repassar **-2.** [recoser] pregar **-3.** [volver a pasar] passar.
repaso *m* **-1.** [revisión] revisão *f* **-2.** ***fam*** [reprimenda]: **dar un** ~ **a alguien** dar um sabão em alguém.
repatear *vt* ***fam*** irritar.
repatriar *vt* repatriar.
repecho *m* ladeira *f*.
repelente *adj* **-1.** [gen] repelente **-2.** [repugnante] repugnante.
repeler *vt* repelir.
repelús *m*: **dar** ~ ***Esp*** dar arrepio *o* calafrio.
repente ◆ **de repente** *loc adv* de repente.
repentino, na *adj* repentino(na).
repercusión *f* repercussão *f*.
repercutir *vi* repercutir; ~ **en** repercutir em.
repertorio *m* repertório *m*.
repesca *f* ***Esp*** recuperação *f*.
repetición *f* repetição *f*.
repetidor, ra *m, f* repetente *mf*.
◆ **repetidor** *m* ELECTR amplificador *m*.
repetir ◇ *vt* repetir. ◇ *vi* **-1.** [gen] repetir **-2.** [sabor] fazer arrotar.
◆ **repetirse** *vpr* repetir-se.
repicar ◇ *vt* repicar. ◇ *vi* repicar.
repique *m* repique *m*.
repiqueteo *m* **-1.** [de campanas, tambor] repique *m* **-2.** [de persona, lluvia] tamborilo *m*.
repisa *f* **-1.** [estante] prateleira *f* **-2.** ARQUIT console *m*.
replantear *vt* reconsiderar.
replegar *vt* [ocultar] recolher.
◆ **replegarse** *vpr* [retirarse] retirar-se.
repleto, ta *adj* repleto(ta).
réplica *f* réplica *f*.
replicar ◇ *vt* replicar. ◇ *vi* [objetar] replicar.
repliegue *m* **-1.** [pliegue] prega *f* **-2.** [retirada] retirada *f*.
repoblación *f* repovoamento *m*; ~ **forestal** reflorestamento *m*.
repoblar *vt* repovoar.
repollo *m* repolho *m*.
reponer *vt* **-1.** [gen] repor **-2.** [obra, película] reexibir **-3.** [replicar] replicar.
◆ **reponerse** *vpr* recompor-se; ~**se de** recompor-se de.
reportaje *m* reportagem *f*.
reportar *vt* **-1.** [ofrecer] trazer **-2.** ***Méx*** [denunciar] denunciar **-3.** ***Andes, CAm, Méx, Ven*** [informar] reportar.
◆ **reportarse** *vpr* ***CAm, Méx, Ven***: ~**se (a)** reportar-se (a).
reporte *m* ***Andes, CAm, Méx, Ven*** **-1.** [informe] relatório *m* **-2.** [noticia] notícia *f*.
reportero, ra, repórter *m, f* repórter *mf*.
reposacabezas *m inv* apoio *m* de cabeça.
reposado, da *adj* **-1.** [tono de voz] pausado(da) **-2.** [persona, decisión, actitud] ponderado(da).
reposar *vi* repousar.
reposición *f* **-1.** [de obra, película]

reexibição *f* **-2.** [renovación] reposição *f*.
reposo *m* repouso *m*; **en ~** em repouso.
repostar ◇ *vi* abastecer. ◇ *vt* abastecer.
repostería *f* confeitaria *f*.
reprender *vt* repreender.
reprensión *f* repreensão *f*.
represalia *f (gen pl)* represália *f*.
representación *f* representação *f*; **en ~ de** como representante de.
representante ◇ *adj* representante. ◇ *mf* **-1.** [gen] representante *mf* **-2.** [de artista] empresário *m*, -ria *f*.
representar *vt* representar.
representativo, va *adj* representativo(va).
represión *f* repressão *f*.
reprimenda *f* reprimenda *f*.
reprimir *vt* reprimir.
◆ **reprimirse** *vpr* reprimir-se.
reprobar *vt* **-1.** [condenar] reprovar **-2.** *Amér* [suspender] reprovar.
reprochar *vt* censurar.
◆ **reprocharse** *vpr* censurar-se.
reproche *m* **-1.** [acción] censura *f* **-2.** [recriminación] recriminação *f*.
reproducción *f* reprodução *f*.
reproducir *vt* reproduzir.
◆ **reproducirse** *vpr* reproduzir-se.
reproductor, ra ◇ *adj* **-1.** [repetidor] retransmissor(ra) **-2.** [procreador] reprodutor(ra). ◇ *m*: **~ de DVD** reprodutor *m* de DVD.
reprografía *f* reprografia *f*.
reptil *m* réptil *m*.
república *f* república *f*; **~s bálticas** Países Bálticos.
República Checa *n* República Tcheca.
República de Sudáfrica *n* República da África do Sul.
República Dominicana *n* República Dominicana.
republicano, na ◇ *adj* republicano(na). ◇ *m, f* republicano *m*, -na *f*.
repudiar *vt* repudiar.
repudio *m* repúdio *m*.
repuesto, ta ◇ *pp irreg* ▷ **reponer.** ◇ *adj* restabelecido(da).
◆ **repuesto** *m* peça *f* de reposição; **de ~** de reposição.
repugnancia *f* repugnância *f*.
repugnante *adj* repugnante.
repugnar *vi* repugnar.
repujar *vt* lavrar.
repulsa *f* repulsa *f*.
repulsión *f* **-1.** [aversión] repulsão *f* **-2.** [rechazo] rechaço *m*.
repulsivo, va *adj* repulsivo(va).
repuntar *vi* ***Amér*** [mejorar] melhorar.
repunte *m* ***Amér*** [recuperación] melhoria *f*.
reputación *f* reputação *f*.
requemado, da *adj* queimado(da).
requerimiento *m* **-1.** [demanda] pedido *m*, solicitação *f* **-2.** DER intimação *f*.
requerir *vt* **-1.** [exigir] requerer **-2.** DER intimar.
◆ **requerirse** *vpr* [ser necesario] requerer, precisar.
requesón *m* CULIN requeijão *m*.
réquiem (*pl* **requiems**), **requiem** (*pl* **requiems**) *m* réquiem *m*.
requisa *f* **-1.** [requisición] confisco *m* **-2.** [inspección] inspeção *f*.
requisito *m* requisito *m*.
res *f* rês *f*.
resabio *m* **-1.** [sabor] ressaibo *m* **-2.** [resto] vício *m*.
resaca *f* **-1.** ***fam*** [tras borrachera] ressaca *f* **-2.** [de olas] ressaca *f*.
resalado, da *adj fam* desenvolto(ta).
resaltar ◇ *vi* **-1.** [destacar] ressaltar **-2.** [en edificios] sobressair. ◇ *vt* [destacar] ressaltar.
resarcir *vt* **-1.** [persona]: **~ a alguien de** ressarcir alguém de **-2.** [gastos, daños] ressarcir.
◆ **resarcirse** *vpr* ressarcir-se; **~se de** ressarcir-se de.
resbalada *f* ***Amér fam*** escorregadela *f*.
resbaladizo, za *adj* **-1.** [gen] escorregadio(a) **-2.** [comprometido] embaraçoso(sa).
resbalar *vi* **-1.** [caer] escorregar **-2.** [deslizarse] deslizar.
◆ **resbalarse** *vpr* escorregar.
resbalón *m* escorregão *m*.
rescatar *vt* **-1.** [gen] resgatar **-2.** [recuperar] recuperar.
rescate *m* resgate *m*.
rescindir *vt* rescindir.
rescisión *f* rescisão *f*.
rescoldo *m* rescaldo *m*.
resecar *vt* ressecar.
◆ **resecarse** *vpr* ressecar-se.
reseco, ca *adj* ressecado(da).
resentido, da ◇ *adj* ressentido(da). ◇ *m, f* ressentido *m*, -da *f*.
resentimiento *m* ressentimento *m*.

resentirse *vpr* **-1.** [debilitarse] ressentir-se **-2.** [sentir molestias]: ~ **de** ressentir-se de **-3.** [ofenderse] ressentir-se de.
reseña *f* resenha *f.*
reseñar *vt* resenhar.
reserva ◇ *f* reserva *f*; ~ **natural** [territorio] reserva natural. ◇ *mf* DEP reserva *mf.* ◇ *m* [vino] reserva *f.*
◆ **reservas** *fpl* reservas *fpl.*
reservado, da *adj* reservado(da).
◆ **reservado** *m* reservado *m.*
reservar *vt* reservar.
◆ **reservarse** *vpr* **-1.** [para ocasión] poupar-se **-2.** [guardar para sí] reservar-se.
resfriado, da *adj* resfriado(da).
◆ **resfriado, resfrío** *Andes, RP m* resfriado *m.*
resfriar *vt* resfriar.
◆ **resfriarse** *vpr* [constiparse] resfriar-se.
resfrío *m Andes, RP* = **resfriado.**
resguardar *vt* resguardar.
◆ **resguardarse** *vpr*: ~**se de** resguardar-se de.
resguardo *m* **-1.** [documento] comprovante *m*, recibo *m* **-2.** [protección] abrigo *m.*
residencia *f* **-1.** [gen] residência *f* **-2.** [para ancianos] asilo *m* **-3.** [para estudiantes] república *f* **-4.** [hotel] pousada *f.*
residencial *adj* residencial.
residente *mf* residente *mf.*
residir *vi* **-1.** [vivir] residir **-2.** [radicar]: ~ **en** residir em.
residuo *m* resíduo *m.*
resignación *f* resignação *f.*
resignarse *vpr* resignar-se; ~ **a hacer algo** resignar-se a fazer algo.
resina *f* resina *f.*
resistencia *f* resistência *f.*
resistente *adj* resistente.
resistir *vt* **-1.** [gen] resistir **-2.** [tolerar] suportar.
◆ **resistir a** *vi* resistir a.
◆ **resistirse** *vpr* resistir; ~**se a** resistir a; ~**se a hacer algo** negar-se a fazer algo.
resol *m* reverberação *f* do sol.
resollar *vi* resfolegar.
resolución *f* **-1.** [gen] resolução *f* **-2.** DER sentença *f.*
resolver *vt* **-1.** [gen] resolver **-2.** [en disputa, conflicto] decidir.
◆ **resolverse** *vpr* **-1.** [solucionarse] resolver **-2.** [en disputa, conflicto]: ~**se en** resolver-se em.
resonancia *f* ressonância *f.*
resonar *vi* ressoar.
resoplar *vi* resfolegar.
resoplido *m* bufo *m.*
resorte *m* **-1.** [muelle] mola *f* **-2.** [medio] recurso *m.*
respaldar *vt* respaldar.
◆ **respaldarse** *vpr* **-1.** [en asiento] recostar-se **-2.** [en persona] respaldar.
respaldo *m* **-1.** [de asiento] encosto *m* **-2.** [apoyo] respaldo *m.*
respectar *v impers*: **por lo que respecta a alguien/algo** no que diz respeito a alguém/algo.
respectivo, va *adj* respectivo(va).
respecto *m*: **al** ~ a esse respeito; **(con)** ~ **a** *o* **de** (com) respeito a *o* a respeito de.
respetable *adj* respeitável.
respetar *vt* respeitar.
respeto *m* respeito *m.*
respetuoso, sa *adj* respeitoso(sa).
respingar *vi* reclamar.
respingo *m* **-1.** [contestación seca] patada *f.*
respingón, ona *adj* arrebitado(da).
respiración *f* respiração *f.*
respirar ◇ *vt* **-1.** [aire] respirar **-2.** [desprender] exalar. ◇ *vi* respirar; **no dejar** ~ **a alguien** não deixar alguém respirar.
respiratorio, ria *adj* ANAT respiratório(ria).
respiro *m* **-1.** [descanso] respiro *m* **-2.** [alivio] alívio *m.*
resplandecer *vi* resplandecer.
resplandeciente *adj* resplandecente.
resplandor *m* resplendor *m.*
responder ◇ *vt* [contestar] responder. ◇ *vi* **-1.** [gen] responder; ~ **a** responder a **-2.** [hacerse responsable]: ~ **de algo** responder por algo; ~ **por alguien** responder por alguém **-3.** [corresponder]: ~ **a** corresponder a.
respondón, ona *adj* respondão(dona).
responsabilidad *f* responsabilidade *f.*
responsabilizar *vt*: ~ **a alguien de** responsabilizar alguém por.
◆ **responsabilizarse** *vpr*: ~**se de** responsabilizar-se por.
responsable ◇ *adj* **-1.** [formal] res-

ponsável **-2.** [culpable, encargado]: **~ de** responsável por; **hacerse ~ de algo** assumir a responsabilidade de algo. <> *mf* responsável *mf*.
respuesta *f* resposta *f*; **en ~ a** em resposta a.
resquebrajar *vt* rachar.
◆ **resquebrajarse** *vpr* rachar-se.
resquemor *m* ressentimento *m*.
resquicio *m* **-1.** [abertura] fresta *f* **-2.** [un poco]: **un ~ de** um resquício de.
resta *f* MAT subtração *f*.
restablecer *vt* [volver a establecer] restabelecer.
◆ **restablecerse** *vpr* **-1.** [curarse]: **~se de** restabelecer-se de **-2.** [volver a establecerse] restabelecer-se.
restallar <> *vt* estalar. <> *vi* estalar.
restante *adj* restante; **lo ~** o restante.
restar <> *vt* subtrair. <> *vi* [faltar] restar.
restauración *f* restauração *f*.
restaurante *m* restaurante *m*.
restaurar *vt* restaurar.
restitución *f* restituição *f*.
restituir *vt* restituir.
resto *m* resto *m*.
◆ **restos** *mpl* restos *mpl*.
restregar *vt* [frotar] esfregar.
◆ **restregarse** *vpr* [frotarse] esfregar.
restricción *f* **-1.** [reducción] restrição *f* **-2.** *(gen pl)* [racionamiento] racionamento *m*.
restrictivo, va *adj* restritivo(va).
restringir *vt* restringir.
resucitar <> *vt* ressuscitar. <> *vi* ressuscitar.
resuello *m* arquejo *m*.
resuelto, ta <> *pp irreg* ▻ **resolver.** <> *adj* resoluto(ta).
resultado *m* resultado *m*.
resultante <> *adj* resultante. <> *f* FÍS resultante *f*.
resultar <> *vi* **-1.** [salir resultado] resultar; **nuestro equipo resultó vencedor** nossa equipe saiu vencedora; **nuestros esfuerzos resultaron vanos** nossos esforços foram em vão; **el negocio resultó como esperábamos** o negócio saiu como esperávamos; **resultó ileso en el accidente** saiu ileso do acidente **-2.** [salir bien] dar certo **-3.** [originarse]: **~ de** resultar de **-4.** [ser de una manera] ser **-5.** [venir a costar] sair. <> *v impers* [suceder] acontecer.
resultas ◆ **de resultas de** *loc adv* em conseqüência de.
resumen *m* resumo *m*; **en ~** em resumo.
resumir *vt* [sintetizar] resumir.
◆ **resumirse en** *vpr* resumir-se em.
resurgir *vi* ressurgir.
resurrección *f* ressurreição *f*.
retablo *m* retábulo *m*.
retaguardia *f* retaguarda *f*.
retahíla *f* seqüência *f*.
retal *m* retallho *m*.
retardar *vt* retardar.
retén *m* **-1.** [de bomberos, soldados] reforço *m* **-2.** *Amér* [de menores] reformatório *m*.
retención *f* **-1.** [gen] retenção *f* **-2.** [deducción] dedução *f* **-3.** *(gen pl)* [de tráfico] congestionamento *m*.
retener *vt* **-1.** [gen] reter **-2.** [deducir] deduzir.
reticente *adj* reticente.
retina *f* ANAT retina *f*.
retintín *m* [ruido] retintim *m*.
retirado, da <> *adj* **-1.** [gen] retirado(da) **-2.** [jubilado] aposentado(da). <> *m, f* [jubilado] aposentado *m*, -da *f*.
◆ **retirada** *f* retirada *f*.
retirar *vt* **-1.** [gen] retirar **-2.** [jubilar] aposentar.
◆ **retirarse** *vpr* **-1.** [gen] retirar-se **-2.** [de profesión] aposentar-se **-3.** [apartarse] afastar-se.
retiro *m* **-1.** [gen] aposentadoria *f* **-2.** [refugio, ejercicio piadoso] retiro *m*.
reto *m* desafio *m*.
retocar *vt* retocar.
retomar *vt* retomar.
retoño *m* **-1.** [de persona] rebento *m* **-2.** [de planta] broto *m*.
retoque *m* retoque *m*.
retorcer *vt* [torcer] torcer.
◆ **retorcerse** *vpr* [contraerse] torcer-se.
retorcido, da *adj* **-1.** [torcido] torcido(da) **-2.** [rebuscado] rebuscado(da) **-3.** [malintencionado] mal-intencionado(da).
retórico, ca *adj* retórico(ca).
◆ **retórica** *f* retórica *f*.
retornar <> *vt* **-1.** [devolver] devolver **-2.** [volver a poner] retornar. <> *vi* [regresar] retornar.
retorno *m* **-1.** [gen] retorno *m*; **~ de carro** INFORM enter *m* **-2.** [devolución] devolução *f*.

retortijón *m (gen pl)* cólica *f*.
retozar *vi* saltitar.
retractarse *vpr* retratar-se; ~ **de algo** retratar-se algo.
retraer *vt* [encoger] retrair.
◆ **retraerse** *vpr* **-1.** retrair-se **-2.** [retirarse]: ~**se de** retrair-se de.
retraído, da *adj* retraído(da).
retraimiento *m* retraimento *m*.
retransmisión *f* retransmissão *f*.
retransmitir *vt* retransmitir.
retrasado, da ◇ *adj* atrasado(da). ◇ *m, f* [débil mental] retardado *m*, -da *f*.
retrasar ◇ *vt* **-1.** [gen] atrasar **-2.** [aplazar] adiar **-3.** [hacer más lento] retardar. ◇ *vi* atrasar.
◆ **retrasarse** *vpr* retardar-se.
retraso *m* **-1.** [gen] atraso *m*; **llevar** ~ estar com atraso **-2.** [intelectual] retardamento *m*.
retratar *vt* retratar.
retrato *m* retrato *m*; ~ **robot** retrato falado.
retreta *f* MIL retreta *f*.
retrete *m* vaso *m* sanitário.
retribución *f* remuneração *f*.
retribuir *vt* retribuir.
retro *adj* retrô.
retroactivo, va *adj* retroativo(va).
retroceder *vi* retroceder.
retroceso *m* retrocesso *m*.
retrógrado, da ◇ *adj* retrógrado (da). ◇ *m, f* retrógrado *m*, -da *f*.
retropropulsión *f* retropropulsão *f*.
retroproyector *m* retroprojetor *m*.
retrospectivo, va *adj* retrospectivo(va).
◆ **retrospectiva** *f* retrospectiva *f*.
retrotraer *vt* retrotrair.
retrovisor *m* ▷ **espejo** retrovisor *m*.
retumbar *vi* retumbar.
reuma, reúma *m o f* MED reumatismo *m*.
reumatismo *m* MED reumatismo *m*.
reunificar *vt* reunificar.
◆ **reunificarse** *vpr* reunificar-se.
reunión *f* reunião *f*.
reunir *vt* **-1.** [gen] reunir **-2.** [volver a unir] juntar.
◆ **reunirse** *vpr* [congregarse] reunir-se.
revalidar *vt* revalidar.
revalorar = revalorizar.
revalorizar, revalorar *vt* revalorizar.
◆ **revalorizarse, revalorarse** *vpr* revalorizar-se.
revancha *f* revanche *f*.
revelación *f* revelação *f*.
revelado *m* FOT revelação *f*.
revelador, ra *adj* revelador(ra).
revelar *vt* revelar.
◆ **revelarse** *vpr* revelar-se.
reventa *f* revenda *f*.
reventar ◇ *vt* **-1.** [gen] rebentar **-2.** [hacer fracasar] arruinar. ◇ *vi* **-1.** [explotar] rebentar **-2.** *fam* [fastidiar] aborrecer **-3.** *fam* [desear]: ~ **por** ansiar por **-4.** *fam* [estallar] explodir; ~ **de** explodir de **-5.** *fam* [morir] morrer.
◆ **reventarse** *vpr* **-1.** [explotar] estourar **-2.** *fam* [cansarse] arrebentar-se.
reventón *m* **-1.** [pinchazo] furo *m* **-2.** [estallido] ruptura *f* **-3.** *Méx* [juerga] farra *f*.
reverberar *vi* reverberar.
reverdecer *vi* **-1.** [planta, campo] reverdecer **-2.** [renacer] renascer.
reverencia *f* reverência *f*.
reverenciar *vt* reverenciar.
reverendo, da *adj* reverendo(da).
◆ **reverendo** *m* reverendo *m*.
reverente *adj* reverente.
reversa *f Méx* reversão *f*.
reversible *adj* reversível.
reverso *m* reverso *m*.
revertir *vi* reverter; ~ **en** reverter em.
revés *m* **-1.** [parte opuesta] reverso *m*; **al** ~ ao contrário; **del** ~ do avesso **-2.** [de mano] dorso *m* **-3.** [bofetada] tapa *m* **-4.** [contratiempo, en tenis] revés *m*.
revestimiento *m* revestimento *m*.
revestir *vt* revestir; ~ **de** revestir de.
revisar *vt* revisar.
revisión *f* revisão *f*; ~ **médica** exame *m* médico.
revisor, ra ◇ *adj* revisor(ra). ◇ *m, f* [en transporte público] revisor *m*, -ra *f*.
revista *f* **-1.** [gen] revista *f*; ~ **del corazón** revista de fofocas; **pasar** ~ MIL passar em revista **-2.** [sección de periódico] caderno *m* **-3.** [espectáculo teatral] teatro *m* de revista.
revistero *m* porta-revistas *m inv*.
revitalizar *vt* revitalizar.
revivir ◇ *vi* reviver. ◇ *vt* [recordar] reviver.

revocación *f* DER revogação *f*.
revocar *vt* DER revogar.
revolcar *vt* rebolcar.
◆ **revolcarse** *vpr* rebolcar-se.
revolotear *vi* revolutear.
revoltijo, revoltillo *m* bagunça *f*.
revoltoso, sa ◇ *adj* irrequieto(ta). ◇ *m, f* rebelde *mf*.
revolución *f* **-1.** [gen] revolução *f* **-2.** [en mecánica] rotação *f*.
revolucionar *vt* revolucionar.
revolucionario, ria ◇ *adj* revolucionário(ria). ◇ *m, f* revolucionário *m*, -ria *f*.
revolver *vt* **-1.** [gen] revolver **-2.** [irritar] revirar.
◆ **revolverse** *vpr* revolver-se; **~se contra** revolver-se contra.
revólver *m* revólver *m*.
revuelo *m* **-1.** [de ave] revoada *f* **-2.** [agitación] rebuliço *m*.
revuelto, ta ◇ *pp irreg* ⊳ **revolver**. ◇ *adj* **-1.** [desordenado] revirado(da) **-2.** [alborotado] conturbado(da) **-3.** [tiempo atmosférico] borrascoso(sa) **-4.** [aguas] revolto(ta).
◆ **revuelta** *f* **-1.** [disturbio] revolta *f* **-2.** [curva] curva *f*.
revulsivo, va *adj* revulsivo(va).
◆ **revulsivo** *m* incentivo *m*.
rey *m* rei *m*.
Reyes Magos *mpl*: **los Reyes Magos** os Reis Magos.
reyerta *f* briga *f*.
rezagado, da ◇ *adj* atrasado(da). ◇ *m, f* retardatário *m*, -ria *f*.
rezar ◇ *vt* rezar. ◇ *vi* rezar.
rezo *m* **-1.** [acción] reza *f* **-2.** [oración] prece *f*.
rezongar *vi* resmungar.
rezumar ◇ *vt* ressumar. ◇ *vi* ressumar.
ría *f* ria *f*.
riachuelo *m* riacho *m*.
riada *f* **-1.** [inundación] cheia *f* **-2.** *fig* [multitud] enchente *f*.
ribera *f* ribeira *f*.
ribete *m* debrum *m*.
ribetear *vt* debruar.
ricino *m* [planta] rícino *m*.
rico, ca ◇ *adj* **-1.** rico(ca); **~ en** rico em **-2.** [sabroso] saboroso(sa) **-3.** [simpático] gracioso(sa) **-4.** *fam* [apelativo] cara. ◇ *m, f* rico *m*, -ca *f*.
rictus *m* ricto *m*.
ridiculez *f* **-1.** [payasada] ridicularia *f* **-2.** [nimiedad] ninharia *f*.
ridiculizar *vt* ridicularizar.
ridículo, la *adj* ridículo(la).
◆ **ridículo** *m* ridículo *m*; **hacer el ~** fazer papel ridículo; **poner** *o* **dejar en ~** expor ao ridículo.
riego *m* irrigação *f*; **~ sanguíneo** irrigação sangüínea.
riel *m* trilho *m*.
rienda *f* [de caballería] rédea *f*; **dar ~ suelta a** *fig* dar rédeas largas a.
◆ **riendas** *fpl* [dirección] rédeas *fpl*.
riesgo *m* risco *m*; **a todo ~** [seguro, póliza] com cobertura total; **correr (el) ~ de** correr (o) risco de.
riesgoso, sa *adj* ***Amér*** arriscado(da).
rifa *f* rifa *f*.
rifar *vt* rifar.
◆ **rifarse** *vpr* disputar.
rifle *m* rifle *m*.
rigidez *f* **-1.** [gen] rigidez *f* **-2.** [inexpresividad] impassibilidade *f*.
rígido, da *adj* **-1.** [gen] rígido(da) **-2.** [inexpresivo] impassível.
rigor *m* rigor *m*.
◆ **de rigor** *loc adj* de praxe.
riguroso, sa *adj* rigoroso(sa).
rimar ◇ *vi* rimar. ◇ *vt* rimar.
rimbombante *adj* **-1.** [grandilocuente] grandiloquo(qua) **-2.** [ostentoso] espalhafatoso(sa).
rímel, rimmel *m* rímel *m*.
rincón *m* **-1.** [gen] canto *m* **-2.** [lugar alejado] rincão *m*.
rinconera *f* cantoneira *f*.
ring *m* DEP ringue *m*.
rinoceronte *m* rinoceronte *m*.
riña *f* briga *f*.
riñón *m* ANAT rim *m*.
◆ **riñones** *mpl* rins *mpl*.
riñonera *f* [pequeño bolso] pochete *f*.
río *m* rio *m*.
rioja *m vinho tinto ou branco originário da região espanhola La Rioja*.
riqueza *f* riqueza *f*.
risa *f* risada *f*.
risco *m* penhasco *m*.
risible *adj* risível.
risotada *f* gargalhada *f*.
ristra *f* **-1.** [de ajo, de cebollas] réstia *f* **-2.** [de cosas inmateriales] rosário *m*.
risueño, ña *adj* **-1.** [alegre, sonriente] risonho(nha) **-2.** [próspero] próspero(ra).
ritmo *m* ritmo *m*.
rito *m* **-1.** RELIG rito *m* **-2.** [costumbre] ritual *m*.
ritual ◇ *adj* ritual. ◇ *m* ritual *m*.
rival ◇ *adj* rival. ◇ *mf* rival *mf*.
rivalidad *f* rivalidade *f*.

rivalizar *vi*: ~ **con alguien** rivalizar com alguém.

rizado, da *adj* escrespado(da).
◆ **rizado** *m* encrespamento *m*.

rizar *vt* encrespar.
◆ **rizarse** *vpr* encrespar-se.

rizo *m* **-1.** [de pelo] cacho *m* **-2.** [tela] felpa *f* **-3.** [de avión] parafuso *m*.

RNE (*abrev de* **Radio Nacional de España**) *f estação de rádio pública na Espanha.*

robar *vt* roubar.

roble *m* **-1.** carvalho *m* **-2.** *fig* [persona fuerte] touro *m*.

robledal, robledo *m* carvalhal *m*.

robo *m* roubo *m*; ~ **a mano armada** roubo à mão armada.

robot *m* robô *m*; ~ **de cocina** processador *m* de alimentos.

robótica *f* robótica *f*.

robotizar *vt* robotizar.

robustecer *vt* robustecer.
◆ **robustecerse** *vpr* robustecer-se.

robusto, ta *adj* robusto(ta).

roca *f* [piedra] rocha *f*.

rocalla *f* cascalho *m*.

roce *m* **-1.** [rozamiento, desavenencia] atrito *m* **-2.** [trato] convivência *f*.

rociar ◇ *vt* **-1.** [arrojar gotas] borrifar **-2.** [arrojar cosas] cobrir. ◇ *v impers* orvalhar.

rocío *m* orvalho *m*.

rock (*pl* **rocks**), **rock and roll** (*pl* **rocks and roll**) *m inv* rock *m*.

rockero, ra, roquero, ra ◇ *adj* de rock. ◇ *m, f* roqueiro *m*, -ra *f*.

rocódromo *m* **-1.** [para conciertos] *espaço ao ar livre onde acontecem concertos de rock* **-2.** [para escalar] parede *f* de escalar.

rocoso, sa *adj* rochoso(sa).

rodaballo *m* [pez] linguado *m*.

rodado, da *adj* **-1.** [piedra] arredondado(da) **-2.** [tráfico] rodoviário (ria).
◆ **rodada** *f* marca *f* de pneu.

rodaja *f* rodela *f*.

rodaje *m* **-1.** [filmación] filmagem *f* **-2.** [de motor] amaciamento *m*; **en** ~ em amaciamento **-3.** [experiencia] experiência *f*.

rodapié *m* rodapé *m*.

rodar ◇ *vi* **-1.** [deslizarse, caer] rolar **-2.** [circular, girar] rodar. ◇ *vt* [película] rodar.

rodear *vt* rodear.
◆ **rodearse** *vpr*: ~**se de** rodear-se de.

rodeo *m* rodeio *m*; **dar un** ~ fazer um desvio; **andar** *o* **ir con** ~**s** fazer rodeios; **hablar sin** ~**s** falar sem rodeios.

rodilla *f* joelho *m*; **de** ~**s** de joelhos.

rodillera *f* **-1.** [gen] joelheira *f* **-2.** [remiendo] reforço *m*.

rodillo *m* rolo *m*.

rododendro *m* rododendro *m*.

rodríguez *m* ***Esp fam*** cigarra *f*.

roedor, ra *adj* roedor(ra).
◆ **roedores** *mpl* roedores *mpl*.

roer *vt* **-1.** [gen] roer **-2.** *fig* [malgastar] corroer.

rogar *vt* rogar.

rogativa *f (gen pl)* súplica *f*.

rojizo, za *adj* avermelhado(da).

rojo, ja ◇ *adj* vermelho(lha). ◇ *m, f* vermelho *m*, -lha *f*.
◆ **rojo** *m* [color] vermelho *m*; **al ~ vivo** [en incandescencia] em brasa; *fig* acalorado(da).

rol (*pl* **roles**) *m* **-1.** [papel, función] papel *m* **-2.** NÁUT lista *f*.

rollizo, za *adj* roliço(ça).

rollo *m* **-1.** [gen] rolo *m* **-2.** *fam* [discurso pesado] enrolação *f* **-3.** *fam* [embuste] lorota *f* **-4.** *fam* [persona pesada] chato *m*, -ta *f* **-5.** *fam* [labia] lábia *f* **-6.** ***Esp fam*** [relación] relacionamento *m* **-7.** *fam* [ambiente] ambiente *m* **-8.** ***Esp fam*** [tipo de vida] vida *f* **-9.** *fam* [pesadez] porre *m*; **¡qué ~!** que porre!

ROM (*abrev de* **read-only memory**) *f* ROM *f*.

Roma *n* Roma.

romance ◇ *adj* românico(ca). ◇ *m* **-1.** [gen] romance *m* **-2.** LING românico *m*.

románico, ca *adj* românico(ca).
◆ **románico** *m* ARTE: **el** ~ o românico *m*.

romanización *f* romanização *f*.

romano, na ◇ *adj* romano(na). ◇ *m, f* romano *m*, -na *f*.

romanticismo *m* romantismo *m*.

romántico, ca *adj* romântico(ca).

rombo *m* GEOM losango *m*.

romería *f* romaria *f*.

romero, ra *m, f* romeiro *m*, -ra *f*.
◆ **romero** *m* [planta] romãzeira *f*.

romo, ma *adj* **-1.** [sin filo] rombudo (da) **-2.** [chato] chato(ta).

rompecabezas *m inv* quebra-cabeça *m*.

rompeolas *m inv* quebra-mar *m*.

romper ◇ *vt* [partir] quebrar; [terminar, rasgar] romper; [interrumpir] acabar, romper. ◇ *vi* -**1.** [terminar relación]: ~ **(con alguien)** romper (com alguém) -**2.** [estallar] estourar; **al ~ el día** ao romper do dia -**3.** [empezar]: ~ **a hacer algo** começar a fazer algo.

◆ **romperse** *vpr* [partirse] quebrar-se; [desgastarse] romper-se.

rompevientos *m inv* -**1.** ***Amér*** [anorak] anoraque *m* -**2.** ***RP*** [suéter] suéter *m*.

rompimiento *m* ***Amér*** [de relaciones, conversaciones, pareja] rompimento *m*; [de contrato] quebra *f*.

ron *m* rum *m*.

roncar *vi* roncar.

roncha *f* erupção *f*.

ronco, ca *adj* rouco(ca).

ronda *f* -**1.** [vigilancia] ronda *f* -**2.** [calle] *rua que circunda uma cidade ou sua parte antiga* -**3.** [tanda de consumiciones, en juego] rodada *f*.

rondar ◇ *vt* rondar. ◇ *vi* [dar vueltas, vagar] rondar.

ronquera *f* rouquidão *f*.

ronquido *m* ronco *m*.

ronronear *vi* ronronar.

ronroneo *m* ronrom *m*.

roña ◇ *adj* ***fam*** pão-duro. ◇ *f* -**1.** [suciedad] cascão *m* -**2.** ***fam*** [tacañería] pão-durismo *m* -**3.** VETER sarna *f*.

roñoso, sa *adj* -**1.** [sucio] imundo(da) -**2.** [tacaño] sovina.

ropa *f* roupa *f*; ~ **blanca** roupa branca; ~ **interior** roupa de baixo.

ropaje *m* roupagem *f*.

ropero *m* roupeiro *m*.

roquero, ra = **rockero**.

rosa ◇ *f* [flor] rosa *f*; **estar fresco como una ~** estar fresco como uma rosa. ◇ *adj inv* [color] rosa. ◇ *m* [color] rosa *m*.

◆ **rosa de los vientos** *f* NÁUT rosa-dos-ventos *f*.

rosado, da *adj* rosado(da).

◆ **rosado** *m* ▷ **vino**.

rosal *m* [arbusto] roseira *f*.

rosario *m* -**1.** REL rosário *m* -**2.** [sarta]: **un ~ de** um rosário de.

rosca *f* -**1.** [de tornillo] rosca *f*; **pasarse de ~** ***fig*** [persona] passar dos limites -**2.** CULIN rosquinha *f*.

rosco *m* CULIN rosca *f*.

roscón *m* rosca *f*; ~ **de Reyes** rosca de Reis.

rosetón *m* rosácea *f*.

rosquilla *f* CULIN rosquinha *f*.

rosticería *f* ***Chile*** rotisseria *f*.

rostro *m* rosto *m*.

rotación *f* -**1.** [giro] rotação *f* -**2.** [alternancia] revezamento *m*.

rotativo, va *adj* rotativo(va).

◆ **rotativo** *m* jornal *m*.

◆ **rotativa** *f* rotativa *f*.

rotisería *f* ***CSur*** rotisseria *f*.

roto, ta ◇ *pp irreg* ▷ **romper**. ◇ *adj* -**1.** [fracturado] quebrado(da) -**2.** ***fig*** [deshecho] despedaçado(da).

◆ **roto** *m* rasgão *m*.

rotonda *f* rotunda *f*.

rótula *f* ANAT rótula *f*.

rotulador *m* marcador *m* de texto.

rotular[1] *adj* ANAT patelar.

rotular[2] *vt* rotular.

rótulo *m* letreiro *m*, placa *f*.

rotundo, da *adj* rotundo(da).

rotura *f* ruptura *f*.

roulotte *f* AUTOM trailer *m*.

royalty (*pl* **royalties** *o* **royaltys**) *m* royalty *m*.

rozadura *f* -**1.** [señal] arranhão *m* -**2.** [herida] escoriação *f*.

rozamiento *m* atrito *m*.

rozar *vt* roçar.

◆ **rozar con** *vi* -**1.** [tocar] chegar a -**2.** [tener relación] relacionar-se com.

◆ **rozarse** *vpr* -**1.** [gen] roçar-se -**2.** [herirse] arranhar-se -**3.** [tener trato]: **~se con** relacionar-se com.

RR HH (*abrev de* **recursos humanos**) RH.

Rte. (*abrev de* **remitente**) rem.

RTVE (*abrev de* **Radiotelevisión Española**) *f rádiotelevisão pública na Espanha*.

ruana *f* ***Andes*** poncho *m*.

rubeola, rubéola *f* MED rubéola *f*.

rubí (*pl* **rubís** *o* **rubíes**) *m* rubi *m*.

rubio, bia ◇ *adj* loiro(ra). ◇ *m, f* loiro *m*, -ra *f*.

rublo *m* rublo *m*.

rubor *m* rubor *m*.

ruborizar *vt* ruborizar.

◆ **ruborizarse** *vpr* ruborizar-se.

ruboroso, sa *adj* ruborizado(da).

rúbrica *f* rubrica *f*; **poner ~ a** pôr o ponto final em.

rubricar *vt* -**1.** [firmar] rubricar -**2.** [confirmar] confirmar -**3.** [concluir] finalizar.

rucio *m* ***lit*** asno *m*.

rudeza *f* rudeza *f*.

rudimentario, ria *adj* rudimentar.

rudimentos *mpl* rudimentos *mpl*.

rudo, da *adj* rude.

rueda *f* **-1.** [gen] roda *f*; ~ **de repuesto** estepe **-2.** [rodaja] rodela *f*.
◆ **rueda de prensa** *f* PRENS entrevista *f* coletiva.
ruedo *m* TAUROM arena *f*; **echarse al** ~ *fig* lançar-se na arena.
ruego *m* pedido *m*.
rufián *m* rufião *m*.
rugby *m* DEP rúgbi *m*.
rugido *m* rugido *m*.
rugir *vi* rugir.
rugoso, sa *adj* rugoso(sa).
ruido *m* **-1.** [sonido] ruído *m* **-2.** *fig* [escándalo] barulho *m*.
ruidoso, sa *adj* **-1.** [que hace ruido] barulhento(ta) **-2.** *fig* [escandaloso] ruidoso(sa).
ruin *adj* ruim.
ruina *f* ruína *f*; **dejar/estar en la** ~ deixar/estar na ruína; **amenazar** ~ ameaçar ruir.
◆ **ruinas** *fpl* ruínas *fpl*.
ruinoso, sa *adj* **-1.** [negocio] ruinoso (sa) **-2.** [edificio] arruinado(da).
ruiseñor *m* rouxinol *m*.
ruleta *f* roleta *f*.
ruletero *m* **CAm, Méx** taxista *mf*.
rulo *m* **-1.** [para pelo] bóbi *m* **-2.** [rizo] cacho *m*.
ruma *f* **Andes, Ven** monte *m*.
Rumania, Rumanía *n* Romênia.
rumano, na ◇ *adj* romeno(na). ◇ *m, f* romeno *m*, -na *f*.
◆ **rumano** *m* [lengua] romeno *m*.
rumba *f* rumba *f*.
rumbo *m* rumo *m*.
rumiante ◇ *adj* ruminante. ◇ *m* ruminante *m*.
rumiar ◇ *vt* ruminar. ◇ *vi* [masticar] ruminar.
rumor *m* rumor *m*.
rumorearse *v impers*: **se rumorea que** ... corre o boato que ...
runrún *m* zunzum *m*.
rupestre *adj* rupestre.
rupia *f* rupia *f*.
ruptura *f* ruptura *f*.
rural *adj* rural.
Rusia *n* Rússia.
ruso, sa ◇ *adj* russo(sa). ◇ *m, f* russo *m*, -sa *f*.
◆ **ruso** *m* [lengua] russo *m*.
rústico, ca *adj* rústico(ca).
◆ **en rústica** *loc adj* brochura.
ruta *f* rota *f*.
rutina *f* rotina *f*; **de** ~ de rotina.
rutinario, ria *adj* rotineiro(ra).

S

s¹, S *f* [letra] s, S *m*.
◆ **S** (*abrev de* **san**) S.
s² **-1.** (*abrev de* **segundo**) s **-2.** (*abrev de* **siglo**) séc.
SA (*abrev de* **sociedad anónima**) *f* S.A.
sábado *m* sábado *m*; **¿qué día es hoy? – (es)** ~ que dia é hoje? é sábado; **cada** ~**, todos los** ~**s** cada sábado, todos os sábados; **caer en** ~ cair no sábado; **el próximo** ~**, el** ~ **que viene** no próximo sábado, no sábado que vem; **el** ~ no sábado; **el** ~ **pasado** no sábado passado; **el** ~ **por la mañana/tarde/noche** no sábado pela manhã/tarde/noite; **en** ~ num sábado; **este** ~ [pasado] no sábado passado; [próximo] neste sábado; **los** ~**s** aos sábados; **un** ~ num sábado; **hacer** ~ *fig* fazer faxina.
sabana *f* savana *f*.
sábana *f* lençol *m*.
sabandija *f* **-1.** [animal] bicho *m* **-2.** *fig* [persona] verme *m*.
sabañón *m* frieira *f*.
sabático, ca *adj* [de sábado] sabático (ca).
sabelotodo *mf inv fam* sabe-tudo *mf*.
saber ◇ *m* saber *m*. ◇ *vt* **-1.** saber; **hacer** ~ fazer saber; ~ **hacer algo** saber fazer algo **-2.** *loc*: **a** ~ a saber; **que yo sepa** que eu saiba; **¡vete a** ~**!** vai saber! ◇ *vi* saber; ~ **a** saber a; ~ **mal** saber mal; ~ **de alguien** [tener noticias] saber de alguém.
◆ **saberse** *vpr* saber.
sabiduría *f* sabedoria *f*.
sabiendas ◆ **a sabiendas** *loc adv* sabendo.
sabihondo, da, sabiondo, da ◇ *adj* sabichão(chona). ◇ *m, f* sabichão *m*, -chona *f*.
sabio, bia ◇ *adj* **-1.** [gen] sábio(bia) **-2.** [animal] treinado(da). ◇ *m, f* sábio *m*, -bia *f*.

sabiondo, da = sabihondo.
sablazo *m* **-1.** [gen] facada *f* **-2.** [herida] corte *m*.
sable *m* sabre *m*.
sablear *vi* ***fam*** dar facada.
sabor *m* sabor *m*.
saborear *vt* saborear.
sabotaje *m* sabotagem *f*.
saboteador, ra *m, f* sabotador *m*, -ra *f*.
sabotear *vt* sabotar.
sabrá *etc* ⊳ **saber**.
sabroso, sa *adj* saboroso(sa).
sabueso *m* **-1.** [perro] sabujo *m* **-2.** [policía] investigador *m*.
saca *f* saco *m*.
sacacorchos *m inv* saca-rolha *m*.
sacapuntas *m inv* apontador *m*.
sacar <> *vt* **-1.** [gen] tirar; ~ **a alguien de** tirar alguém de; ~ **en claro** *o* **limpio** tirar a limpo **-2.** [hacer salir de lugar] levar para passear; ~ **a bailar** tirar para dançar **-3.** [de situación]: ~ **adelante** levar adiante **-4.** [extraer] extrair **-5.** [producir] produzir **-6.** [crear] criar **-7.** [exteriorizar] mostrar a cara **-8.** [resolver] resolver **-9.** [deducir] chegar a **-10.** [atribuir] pôr **-11.** [mostrar] mostrar; ~ **a relucir** trazer à tona **-12.** [comprar] comprar. <> *vi* DEP chutar.
◆ **sacarse** *vpr* tirar.
sacarina *f* sacarina *f*.
sacerdote, tisa *m, f* [pagano] sacerdote(tisa).
◆ **sacerdote** *m* [cristiano] sacerdote *m*.
saciar *vt* saciar.
◆ **saciarse** *vpr* saciar-se.
saco *m* **-1.** [gen] saco *m*; **un ~ de** ***fig*** [persona] um saco de **-2.** ***Amér*** [chaqueta, abrigo] casaco *m*.
◆ **saco de dormir** *m* saco *m* de dormir.
sacramento *m* RELIG sacramento *m*.
sacrificar *vt* sacrificar.
◆ **sacrificarse** *vpr* sacrificar-se; **~se para** sacrificar-se para; **~se por** sacrificar-se por.
sacrificio *m* sacrifício *m*.
sacrilegio *m* sacrilégio *m*.
sacrílego, ga *adj* sacrílego(ga).
sacristán, ana *m, f* sacristão(tã).
sacristía *f* sacristia *f*.
sacro, cra *adj* sacro(cra).
◆ **sacro** *m* ANAT sacro *m*.
sacudida *f* sacudida *f*.
sacudir *vt* **-1.** [gen] sacudir **-2.** [golpear] bater **-3.** ***fam*** [pegar] bater.
◆ **sacudirse** *vpr* [librarse de] livrar-se.
sádico, ca <> *adj* sádico(ca). <> *m, f* sádico *m*, -ca *f*.
sadismo *m* sadismo *m*.
sadomasoquismo *m* sadomasoquismo *m*.
saeta *f* **-1.** [flecha] flecha *f* **-2.** [de reloj] ponteiro *m* **-3.** MÚS *tipo de canto andaluz*.
safari *m* safári *m*.
saga *f* saga *f*.
sagacidad *f* sagacidade *f*.
sagaz *adj* sagaz.
Sagitario <> *m inv* [signo del zodíaco] Sagitário *m inv*; **ser ~** ser (de) Sagitário. <> *mf inv* **-1.** sagitariano *m*, -na *f* **-2.** ***(en aposición)*** de Sagitário.
sagrado, da *adj* sagrado(da).
Sahara *n*: **el (desierto del) ~** o (deserto do) Saara.
sal *f* sal *m*.
◆ **sales** *fpl* sais *mpl*.
sala *f* **-1.** [gen] sala *f*; ~ **de estar** sala de estar; ~ **de espera** sala de espera; ~ **de fiestas** salão de festas **-2.** DER [conjunto de magistrados] tribunal *m*.
salado, da *adj* **-1.** [gen] salgado(da) **-2.** ***fig*** [gracioso] espirituoso(sa).
salamandra *f* **-1.** [animal] salamandra *f* **-2.** [estufa] *estufa de combustão lenta para a queima de antracito*.
salami, salame *m* CULIN salame *f*.
salar *vt* salgar.
salarial *adj* salarial.
salario *m* salário *m*; ~ **base** salário-base *m*; ~ **básico** salário básico.
salazón *f* [acción] salga *f*.
salchicha *f* CULIN salsicha *f*.
salchichón *m* CULIN salsichão *m*.
salchichonería *f* ***Méx*** delicatessen *f*.
saldar *vt* **-1.** [gen] saldar **-2.** [poner fin] acertar **-3.** COM liquidar.
◆ **saldarse** *vpr* [acabar en]: **~se con** encerrar-se com.
saldo *m* saldo *m*; ~ **acreedor** COM saldo credor; ~ **deudor** COM saldo devedor.
saledizo, za *adj* saliente.
salero *m* **-1.** [recipiente] saleiro *m* **-2.** ***fig*** [gracia] graça *f*.
salido, da <> *adj* [saliente] saliente. <> *m, f* ***Esp fam*** [persona] sacana *mf*.
◆ **salida** *f* **-1.** [gen] saída *f*; ~ **de emergencia** saída de emergência;

~ **de incendios** saída de incêndio -**2.** [del tren] partida *f* -**3.** [de una carrera] largada *f.*

saliente ◇ *adj* -**1.** [que sobresale] saliente -**2.** [que deja un cargo] que sai. ◇ *m* saliência *f.*

salina *f* ▷ **salino.**

salino, na *adj* salino(na).
◆ **salina** *f* salina *f.*

salir *vi* -**1.** [gen] sair; **salió a la calle** foi para a rua; **¡sal aquí fuera!** venha aqui fora!; ~ **de** sair de; **el tren sale muy temprano** o trem sai muito cedo; **él ha salido para Madrid** foi para Madri; **Juan y María salen juntos** o Juan e a María saem juntos; **Mónica sale con Juan** a Mónica sai com o Juan; **el tapón sale poco a poco** o tampão sai um pouco; **el anillo no le sale del dedo** o anel não lhe sai do dedo; **mi número ha salido premiado** meu número foi premiado; **ya ha salido el sol** já saiu o sol; **ha salido una nueva revista** saiu uma nova revista; **¡qué bien sales en la foto!** como você ficou bem na foto!; **en la película sale tu actor favorito** seu ator favorito atua no filme; **esta esquina sale mucho** este canto sai muito -**2.** [resultar] sair, dar em; **ha salido muy estudioso** deu em muito estudioso; **salió elegida mejor actriz del año** foi escolhida a melhor atriz do ano; **ha salido perjudicado en el reparto** saiu prejudicado na repartição; ~ **bien/mal** ir bem/mal -**3.** [resolver] resolver; **este problema no me sale** não consigo resolver este problema; **me ha salido la división** consegui resolver a divisão -**4.** [proceder]: ~ **de** vir de -**5.** [ocasión, oportunidad] surgir; **me salió un empleo en una oficina** consegui um emprego num escritório; **ahora me salen los traumas infantiles** agora estão começando a aparecer os meus traumas infantis -**6.** [costar] ficar; **la comida le ha salido por diez mil pesetas** o almoço saiu dez mil pesetas; ~ **caro** [de dinero] sair caro; [tener graves consecuencias] sair caro -**7.** [persona, empresa]: ~ **adelante** seguir adiante.
◆ **salirse** *vpr* -**1.** [de lugar, asociación] sair; ~**se de** sair de; [filtrarse]: ~**se (por)** sair (por); [rebosar] transbordar -**2.** *loc*: ~**se con la suya** conseguir o que quer.

salitre *m* salitre *m.*

saliva *f* saliva *f.*

salmo *m* RELIG salmo *m.*

salmodia *f* salmodia *f.*

salmón ◇ *adj inv* [color] salmão. ◇ *m* [pez] salmão *m.* ◇ *m inv* [color] salmão *m.*

salmonete *m* salmonete *m.*

salmuera *f* salmoura *f.*

salobre *adj* salobro(bra).

salomónico, ca *adj* salomônico(ca).

salón *m* -**1.** salão *m*; ~ **de belleza** salão de beleza -**2.** ***Amér*** [aula, clase] sala *f* de aula.
◆ **de salón** *loc adj* de salão.

salpicadera *f* ***Méx*** paralama *m.*

salpicadero *m* AUTOM painel *m.*

salpicadura *f* salpico *m.*

salpicar *vt* salpicar.

salpimentar *vt* CULIN *condimentar com sal e pimenta.*

salpullido = **sarpullido.**

salsa *f* -**1.** [gen] molho *m*; ~ **bechamel** *o* **besamel** molho bechamel; ~ **mayonesa** *o* **mahonesa** maionese; ~ **rosa** molho rosé -**2.** ***fig*** [cosa amena, graciosa] graça *f* -**3.** [música, baile] salsa *f.*

salsera *f* molheira *f.*

saltamontes *m inv* gafanhoto *m.*

saltar ◇ *vt* -**1.** [obstáculo] saltar -**2.** [omitir] pular. ◇ *vi* -**1.** [gen] saltar; ~ **sobre** saltar sobre -**2.** [brincar] pular -**3.** [botón, pintura, agua] cair -**4.** [estallar] explodir -**5.** [romperse] quebrar -**6.** [ser destituido] ser demitido -**7.** [sorprender]: ~ **con** vir com a novidade -**8.** [reaccionar] reagir -**9.** [salir] entrar em campo.
◆ **saltarse** *vpr* -**1.** [omitir] pular -**2.** [desprenderse] cair -**3.** [infringir] passar por cima.

salteado, da *adj* -**1.** CULIN refogado (da) -**2.** [espaciado] salpicado(da).

salteador, ra *m, f* assaltante *mf.*

saltear *vt* -**1.** [asaltar] assaltar -**2.** CULIN saltear.

saltimbanqui *mf* saltimbanco *m.*

salto *m* -**1.** [gen] salto *m*; **dar** *o* **pegar un** ~ dar um salto; ~ **de altura** salto em altura; ~ **de longitud** salto à distância -**2.** [diferencia] diferença *f* -**3.** [omisión] omissão *f* -**4.** [despeñadero] precipício *m* -**5.** ***loc***: **a** ~ **de mata** ao deus-dará.
◆ **salto de agua** *m* queda-d'água *f.*
◆ **salto de cama** *m* penhoar *m.*

saltón, ona *adj* saltado(da).
salubre *adj* salubre.
salud ◇ *f* saúde *f*; **beber a la ~ de alguien** *fig* beber à saúde de alguém. ◇ *interj* saúde!
saludable *adj* saudável.
saludar *vt* saudar.
◆ **saludarse** *vpr* saudar-se.
saludo *m* saudação *f*.
salva *f* MIL salva *f*; **una ~ de aplausos** uma salva de palmas.
salvación *f* **-1.** [gen] salvação *f* **-2.** [rescate] salvamento *m*.
salvado *m* farelo *m*.
salvador, ra ◇ *adj* salvador(ra). ◇ *m, f* salvador *m*, -ra *f*.
salvadoreño, ña ◇ *adj* salvadorenho(nha). ◇ *m, f* salvadorenho *m*, -nha *f*.
salvaguardar *vt* salvaguardar.
salvaguardia *f* salvaguarda *f*.
salvajada *f* selvageria *f*.
salvaje ◇ *adj* **-1.** [gen] selvagem **-2.** [silvestre] silvestre. ◇ *mf* selvagem *mf*.
salvamanteles *m inv* descanso *m* de mesa.
salvamento *m* salvamento *m*.
salvar *vt* **-1.** [gen] salvar **-2.** [superar] superar **-3.** [recorrer] vencer **-4.** [exceptuar] excetuar.
◆ **salvarse** *vpr* salvar-se.
salvaslip *m* ***Esp*** protetor *m* diário de calcinha.
salvavidas NÁUT ◇ *adj inv* salva-vidas. ◇ *m inv* salva-vidas *mf*.
salvedad *f* exceção *f*.
salvia *f* sálvia *f*.
salvo, va *adj* salvo(va); **a ~** a salvo.
◆ **salvo** *adv* salvo; **~ que** salvo se.
salvoconducto *m* salvo-conduto *m*.
samba *f* samba *m*.
sambenito *m* ***fig*** [descrédito] difamação *f*; **ponerle** *o* **colgarle el ~ a alguien** difamar alguém.
samurái (*pl* **samuráis**) *m* samurai *m*.
san *adj* ▷ **santo**.
sanar ◇ *vt* sarar. ◇ *vi* sarar.
sanatorio *m* sanatório *m*.
sanción *f* sanção *f*.
sancionar *vt* **-1.** [castigar] punir **-2.** [aprobar] sancionar.
sancochado *m* ***Amér*** *cozido preparado com carne, mandioca, banana e pouco condimento.*
sancochar *vt* ***Andes*** *cozinhar com pouco condimento.*
sancocho *m* ***Andes*** *cozido preparado com carne, mandioca, banana e pouco condimento.*
sandalia *f* sandália *f*.
sándalo *m* sândalo *m*.
sandez *f* sandice *f*.
sandía *f* melancia *f*.
sándwich (*pl* **sándwiches** *o* **sandwichs**) *m* sanduíche *m*.
saneamiento *m* saneamento *m*.
sanear *vt* sanear.
sanfermines *mpl* *festas realizadas em homenagem a San Fermín, na cidade de Pamplona, com queima de fogos, bandas de música e touros soltos pelas ruas, até serem confinados para a realização da tourada.*
sangrar ◇ *vi* sangrar. ◇ *vt* **-1.** [gen] sangrar **-2.** [texto] espaçar.
sangre *f* **-1.** [gen] sangue *m*; **~ azul** sangue azul **-2.** ***loc*: llevar algo en la ~** ter algo no sangue; **no llegar la ~ al río** não dar em nada.
◆ **sangre fría** *f* sangue-frio *m*; **a ~ fría** a sangue-frio.
sangría *f* sangria *f*.
sangriento, ta *adj* **-1.** [gen] sangrento(ta) **-2.** [despiadado, cruel] sanguinário(ria) **-3.** [hiriente] impiedoso(sa).
sanguijuela *f* sanguessuga *f*.
sanguinario, ria *adj* sanguinário(-ria).
sanguíneo, a *adj* sanguíneo(nea).
sanidad *f* **-1.** [salubridad] sanidade *f* **-2.** [servicio social] saúde *f*.
sanitario, ria ◇ *adj* sanitário(ria). ◇ *m, f* funcionário *m*, -ria *f* da saúde.
◆ **sanitarios** *mpl* aparelho *m* sanitário.
San José *n* San José.
sano, na *adj* **-1.** [gen] saudável **-2.** [vajilla] inteiro(ra) **-3.** [con buena salud] são (sã); **~ y salvo** são e salvo; **cortar por lo ~** ***fig*** cortar o mal pela raiz.
San Salvador *n* San Salvador.
sanseacabó *interj* ***fam*** ponto final!
santería *f* ***Amér*** [tienda] loja *f* de artigos religiosos.
Santiago de Chile *n* Santiago.
santiamén ◆ **en un santiamén** *loc adv* ***fam*** num instante.
santidad *f* santidade *f*.
santificar *vt* santificar.
santiguarse *vpr* **-1.** [persignarse] persignar-se **-2.** ***fam*** [de asombro] benzer-se.

santo, ta <> *adj* santo(ta). <> *m, f* santo *m*, -ta *f*.
◆ **santo** *m* **-1.** [onomástica] *dia do santo onomástico* **-2.** [ilustración, foto] ilustração *f* **-3.** *loc*: **¿a ~ de qué?** a troco de quê?; **írsele a alguien el ~ al cielo** dar um branco em alguém; **llegar y besar el ~** conseguir algo de cara.
◆ **santo y seña** *m* MIL senha *f*.
Santo Domingo *n* Santo Domingo.
santoral *m* santoral *m*.
santuario *m* santuário *m*.
saña *f* **-1.** [ensañamiento] sanha *f* **-2.** [insistencia] pertinácia *f*.
sapo *m* sapo *m*.
saque *m* saque *m*; **~ de esquina** escanteio *m*.
saqueador, ra <> *adj* saqueador (ra). <> *m, f* saqueador *m*, -ra *f*.
saquear *vt* saquear.
saqueo *m* saque *m*.
sarampión *m* MED sarampo *m*.
sarao *m* **-1.** [fiesta] sarau *m* **-2.** *fam* [jaleo, follón] confusão *f*.
sarcasmo *m* sarcasmo *m*.
sarcástico, ca *adj* sarcástico(ca).
sarcófago *m* sarcófago *m*.
sardana *f* sardana *f*.
sardina *f* sardinha *f*; **como ~s en canasta** *o* **en lata** *fig* como sardinha em lata.
sardónico, ca *adj* sardônico(ca).
sarna *f* MED sarna *f*; **~ con gusto no pica** *fig* o que é de gosto, regalo da vida.
sarpullido, salpullido *m* brotoeja *f*.
sarro *m* sarro *m*.
sarta *f* **-1.** [ristra, hilera] fieira *f* **-2.** [serie] enfiada *f*.
sartén *f* [utensilio] frigideira *f*.
sastre, tra *m, f* alfaiate *m*.
sastrería *f* alfaiataria *f*.
Satanás *m* Satanás *m*.
satélite <> *m* satélite *m*. <> *adj inv* satélite *m*.
satén *m* cetim *m*.
satinado, da *adj* acetinado(da).
◆ **satinado** *m* acetinação *f*.
sátira *f* sátira *f*.
satírico, ca *adj* satírico(ca).
satirizar *vt* satirizar.
sátiro *m* sátiro *m*.
satisfacción *f* satisfação *f*.
satisfacer *vt* satisfazer.
satisfactorio, ria *adj* satisfatório(ria).
satisfecho, cha <> *pp irreg* ▻ **satisfacer**. <> *adj* satisfeito(ta).
saturar *vt* saturar.
◆ **saturarse** *vpr* saturar-se.
Saturno *m* Saturno *m*.
sauce *m* salgueiro *m*; **~ llorón** chorão *m*.
sauna *f* sauna *f*.
savia *f* seiva *f*.
savoir-faire *m* savoir-faire *m*.
saxofón, saxófono, saxo <> *m* saxofone *m*. <> *mf* saxofonista *mf*.
saxofonista *mf* saxofonista *mf*.
saxófono = **saxofón**.
sazón *f* **-1.** [madurez] madureza *f* **-2.** [sabor] tempero *m*.
◆ **a la sazón** *loc adv* naquela ocasião.
sazonado, da *adj* temperado(da).
sazonar *vt* temperar.
scanner = **escáner**.
scooter = **escúter**.
scotch (*pl* **scotchs**) *m* scotch *m*.
scout (*pl* **scouts**) *m* escoteiro *m*, -ra *f*.
se *pron* [gen] se; **el niño ~ lava los dientes** a criança escova os dentes; **enfadándose no conseguirán nada** vocês não vão conseguir nada zangando-se; **~ aman con pasión** amam-se com paixão; **~ escriben semanalmente** escrevem-se semanalmente; **las cosas ~ guardan en su sitio** guardam-se as coisas nos seus lugares; **~ ha suspendido la reunión** cancelou-se a reunião; **'~ habla inglés'** 'fala-se inglês'; **'~ prohíbe fumar'** 'proibido fumar'; **~ dice que** diz-se que ; [complemento indirecto] lhe; **cojo las carteras de los niños, yo ~ las daré** levo as pastas das crianças, depois as entregarei; **dame el regalo de Juan, yo ~ lo daré** dê-me o presente de Juan, que eu o entrego; **no utilicen sus hojas, yo ~ las daré** não usem suas folhas, eu as fornecerei.
sé ▻ **saber**, ▻ **ser**.
sebo *m* sebo *m*.
secador *m* secador *m*.
secadora *f* secadora *f*.
secante <> *adj* **-1.** [secador] absorvente **-2.** GEOM secante. <> *f* GEOM secante *f*.
secar *vt* secar.
◆ **secarse** *vpr* secar-se.
sección *f* **-1.** [gen] seção *f* **-2.** [en gran almacén] departamento *m*.
seccionar *vt* secionar.
secesión *f* secessão *f*.
seco, ca *adj* seco(ca); **lavar en ~**

lavar a seco; *fig* deixar alguém surpreso.
◆ **en seco** *loc adv* bruscamente.
◆ **a secas** *loc adv* apenas.
secretaría *f* secretaria *f*.
secretariado *m* **-1.** [profesión] secretariado *m* **- 2.** [cargo, oficina] secretaria *f*.
secretario, ria *m, f* **- 1.** [de oficina, despacho] secretário *m*, -ria *f* **- 2.** ***Amér*** [ministro] secretário *m*.
secreter *m* escrivaninha *f*.
secreto, ta *adj* secreto(ta); **en ~** em segredo.
◆ **secreto** *m* **- 1.** [gen] segredo *m* **- 2.** [sigilo] sigilo *m*.
secta *f* seita *f*.
sectario, ria <> *adj* sectário(ria). <> *m, f* sectário *m*, -ria *f*.
sector *m* setor *m*.
secuaz *mf* ***despec*** sequaz *mf*.
secuela *f* seqüela *f*.
secuencia *f* seqüência *f*.
secuestrador, ra *m, f* seqüestrador *m*, -ra *f*.
secuestrar *vt* seqüestrar.
secuestro *m* seqüestro *m*.
secular <> *adj* secular. <> *m* padre *m* secular.
secundar *vt* secundar.
secundario, ria *adj* secundário(ria).
sed[1] ▻ ser.
sed[2] *f* sede *f*.
seda *f* seda *f*.
sedal *m* linha *f*.
sedante <> *adj* relaxante. <> *m* sedativo *m*.
sede *f* sede *f*.
◆ **Santa Sede** *f*: **la Santa Sede** a Santa Sé.
sedentario, ria *adj* sedentário(ria).
sedición *f* sedição *f*.
sediento, ta *adj* sedento(ta).
sedimentar *vt* sedimentar.
◆ **sedimentarse** *vpr* [líquido] sedimentar-se.
sedimento *m* sedimento *m*.
sedoso, sa *adj* sedoso(sa).
seducción *f* sedução *f*.
seducir *vt* [atraer] seduzir.
seductor, ra <> *adj* sedutor(ra). <> *m, f* sedutor *m*, -ra *f*.
segador, ra *m, f* segador(ra).
◆ **segadora** *f* segadeira *f*.
segar *vt* ceifar.
seglar <> *adj* leigo(ga). <> *m* leigo *m*.
segmentar *vt* segmentar.
segmento *m* segmento *m*.
segregación *f* **- 1.** [separación] separação *f* **- 2.** [discriminación] segregação *f* **- 3.** [secreción] secreção *f*.
segregar *vt* **- 1.** [gen] segregar **- 2.** [separar] separar.
seguidilla *f* **- 1.** LITER *estrofe formada por versos, dos quais o primeiro e o terceiro são heptassílabos e o segundo e o quarto, pentassílabos, muito usada na poesia popular* **- 2.** [baile, cante] seguidilha *f*.
seguido, da *adj* **- 1.** [consecutivo] consecutivo(va) **- 2.** [sin interrupción] seguido(da).
◆ **seguido** *adv* **- 1.** [en línea recta] direto **- 2.** ***Amér*** [frecuentemente] sempre.
◆ **en seguida** *loc adv* em seguida.
seguidor, ra *m, f* **- 1.** [de doctrina, ideología] seguidor *m*, -ra *f* **- 2.** [de equipo deportivo] torcedor *m*, -ra *f*.
seguimiento *m* acompanhamento *m*.
seguir <> *vt* seguir. <> *vi* **- 1.** [sucederse]: **~ a algo** vir depois de algo **- 2.** [continuar] continuar; **sigue haciendo frío** continua fazendo frio **- 3.** [estar todavía] ainda estar; **sigue enferma/soltera** ainda está doente/solteira; **sigo en París** ainda estou em Paris.
según <> *prep* segundo. <> *adv* [como, a medida que] conforme; **todo permanecía ~ lo recordaba** tudo continuava do jeito que eu me lembrava; **~ yo/tú** para mim/você.
segunda *f* ▻ **segundo**.
segundero *m* ponteiro *m* de segundos.
segundo, da <> *adj* **- 1.** [para ordenar] segundo(da); **segunda parte** [para fraccionar] segunda parte **- 2.** [en parentesco] em segundo grau. <> *m, f* segundo *m*, -da *f*.
◆ **segundo** *m* segundo *m*.
◆ **segunda** *f* AUTOM segunda *f*.
◆ **con segundas** *loc adv* com segundas intenções.
segundón, ona *m, f* *segundo filho de uma família*.
seguramente *adv* provavelmente.
seguridad *f* **- 1.** [gen] segurança *f*; **de ~** de segurança **- 2.** [certidumbre] garantia *f*; **con ~** com segurança.
◆ **Seguridad Social** *f* Seguridade *f* Social.

seguro, ra *adj* seguro(ra); **sobre ~** com segurança; **tener por ~** estar certo.
◆ **seguro** <> *m* **-1.** [gen] seguro *m*; **~ de vida** seguro de vida **-2.** [dispositivo] trava *f* de segurança **-3.** [Seguridad Social] Previdência *f* Social.
◆ **Seguro Social** *m* ***Amér*** Seguridade *f* Social.
seis <> *núm* seis. <> *m inv* **-1.** [número] seis *m*; **doscientos ~** duzentos e seis; **treinta y ~** trinta e seis; **echar o tirar un ~** jogar ou tirar um seis **-2.** [dirección]: **calle Mayor (número) ~** rua Mayor (número) seis. <> *mpl* **-1.** [grupo]: **invité a diez y sólo vinieron ~** convidei dez e só vieram seis; **de ~ en ~** de seis em seis; **los ~** os seis **-2.** [temperatura]: **estar a ~ bajo cero** estar seis graus abaixo de zero **-3.** [puntuación]: **empatados a ~** empatados de seis a seis; **~ a cero** seis a zero. <> *fpl* [hora]: **las ~** seis.
seiscientos, tas *núm* seiscentos (tas).
◆ **seiscientos** *núm* seiscentos; *ver también* **seis**.
seísmo *m* sismo *m*.
selección *f* **-1.** [gen] seleção *f* **-2.** [colección] coleção *f*.
seleccionador, ra <> *adj* seletivo (va). <> *m, f* selecionador *m*, -ra *f*.
seleccionar *vt* selecionar.
selectividad *f* **-1.** [selección] seletividade *f* **-2.** EDUC ≃ vestibular *m*.
selectivo, va *adj* seletivo(va).
selecto, ta *adj* seleto(ta).
selfservice (*pl* **selfservices**) *m* self-service *m*.
sellar *vt* **-1.** [gen] selar **-2.** [timbrar] carimbar.
sello *m* **-1.** [de correos] selo *m* **-2.** [tampón, marca, señal] carimbo *m* **-3.** [lacre] lacre *m* **-4.** [carácter] marca *f*.
selva *f* selva *f*.
semáforo *m* semáforo *m*.
semana *f* semana *f*; **entre ~** durante a semana.
◆ **Semana Santa** *f* Semana *f* Santa.
semanada *f* ***Amér*** semanada *f*.
semanal *adj* semanal.
semanario, ria *adj* semanal.
◆ **semanario** *m* semanário *m*.
semántico, ca LING *adj* semântico (ca).
◆ **semántica** *f* semântica *f*.
semblanza *f* nota *f* biográfica.
sembrado, da *adj* **-1.** [plantado] semeado(da) **-2.** ***fig*** [lleno]: **~ de** semeado(da) de.
◆ **sembrado** *m* semeadura *f*.
sembrador, ra <> *adj* semeador (ra). <> *m, f* semeador *m*, -ra *f*.
◆ **sembradora** *f* semeador *m*.
sembrar *vt* semear.
semejante <> *adj* semelhante; **~ a** semelhante a. <> *m (gen pl)* semelhante *m*.
semejanza *f* semelhança *f*.
semejar *vi* parecer.
◆ **semejarse** *vpr*: **~se alguien a** assemelhar-se a alguém.
semen *m* ANAT sêmen *m*.
semental <> *adj* semental. <> *m* semental *m*.
semestral *adj* semestral.
semestre *m* semestre *m*.
semidirecto *m* *veículo que efetua um menor número de paradas durante o seu trajeto.*
semifinal *f* semifinal *f*.
semilla *f* semente *f*.
seminario *m* **-1.** [religioso] seminário *m* **-2.** [departamento] departamento *m*.
semipesado DEP <> *adj* meio-pesado. <> *m* meio-pesado *m*.
semiseco, ca *adj* semi-seco(ca).
semita <> *adj* semita. <> *mf* semita *mf*.
sémola *f* sêmola *f*.
sempiterno, na *adj* ***culto*** sempiterno(na).
Sena *n*: **el ~** o Sena.
senado *m* senado *m*.
senador, ra *m, f* senador *m*, -ra *f*.
sencillez *f* simplicidade *f*.
sencillo, lla *adj* simples.
◆ **sencillo** *m* ***Andes, CAm, Méx*** troco *m*.
senda *f* senda *f*.
sendero *m* sendeiro *m*.
sendos, das *adj (no tiene singular)* seus respectivos (suas respectivas).
senectud *f* ***culto*** senectude *f*.
Senegal *n* Senegal.
senil *adj* senil.
senior (*pl* **seniors**) <> *adj* sênior. <> *m* sênior *m*.
seno *m* **-1.** [gen] seio *m*; **en el ~ de** no seio de **-2.** [matriz] ventre *m* **-3.** [concavidad] concavidade *f* **-4.** MAT seno *m*.

sensación *f* **-1.** [impresión física] sensação *f* **-2.** [efecto]: **causar ~** causar sensação; **me causó una gran ~ volver a verle** causou-me grande emoção tornar a vê-lo **-3.** [premonición]: **tener la ~ de** ter a sensação de.
sensacional *adj* sensacional.
sensacionalista *adj* sensacionalista.
sensatez *f* sensatez *f*.
sensato, ta *adj* sensato(ta).
sensibilidad *f* sensibilidade *f*.
sensibilizar *vt* sensibilizar.
sensible *adj* sensível.
sensiblero, ra *adj* ***despec*** piegas.
sensitivo, va *adj* sensitivo(va).
sensor *m* sensor *m*.
sensorial *adj* sensorial.
sensual *adj* sensual.
sentado, da *adj*: **dar algo por ~** dar algo por certo.
◆ **sentada** *f* *permanência de pessoas sentadas no chão, como forma de reivindicar alguma coisa ou protestar contra algo.*
sentar ◇ *vt* **-1.** [en asiento] sentar **-2.** [establecer] assentar. ◇ *vi* **-1.** [ropa] assentar **-2.** [venir bien] fazer bem **-3.** [causar efecto] cair.
◆ **sentarse** *vpr* **-1.** [en asiento] sentar-se **-2.** [detenerse]: **~se a hacer algo** aguardar para fazer algo.
sentencia *f* sentença *f*.
sentenciar *vt* **-1.** DER sentenciar; **~ a** sentenciar a **-2.** [condenar] condenar **-3.** [juzgar, culpar] julgar.
sentido, da *adj* sentido(da); **ser muy ~** ser muito sensível.
◆ **sentido** *m* **-1.** [gen] sentido *m*; **doble ~** duplo sentido; **sexto ~** sexto sentido; **~ único** sentido único; **sin ~** sem sentido **-2.** [conocimiento] sentidos *mpl* **-3.** [modo de entender, capacidad] senso *m*; **~ común** senso comum; **~ del humor** senso de humor.
sentimental *adj* sentimental.
sentimentaloide ◇ *adj* sentimentalóide. ◇ *mf* sentimentalóide *mf*.
sentimiento *m* sentimentos *m*; **le acompaño en el ~** meus pêsames.
sentir ◇ *m* sentir *m*. ◇ *vt* sentir; **lo siento mucho** sinto muito.
◆ **sentirse** *vpr* sentir-se.
seña *f* [contraseña] senha *f*.
◆ **señas** *fpl* **-1.** [dirección] endereço *m*; **~s personales** dados *mpl* pessoais **-2.** [gesto] sinal *m*; **hacer ~s (a alguien)** fazer sinais (para alguém) **-3.** [detalle] detalhe *m*; **para o por más ~s** para mais informação.
señal *f* **-1.** [gen] sinal *m*; **dar ~es de vida** ***fig*** dar sinais de vida; **en ~ de** em sinal de **-2.** [huella] vestígio *m* **-3.** [cicatriz] marca *f*.
señalado, da *adj* [importante] importante.
señalar *vt* **-1.** [gen] assinalar **-2.** [con dedo] apontar **-3.** [indicar] marcar **-4.** [determinar] determinar.
señalización *f* sinalização *f*.
señalizar *vt* sinalizar.
señera *f* *bandeira da Catalunha e de Valência.*
señor, ra ◇ *adj (en aposición)* ***fam*** [gran] senhor. ◇ *m, f* **-1.** [gen] senhor *m*, -ra *f*; **Muy Señor mío** Caro Senhor **-2.** [persona refinada] cavalheiro *m*.
◆ **señora** *f* senhora *f*.
señoría *f* senhoria *f*; **su ~** Vossa Senhoria.
señorial *adj* senhorial.
señorío *m* **-1.** [dominio] senhorio *m* **-2.** [distinción] distinção *f*.
señorito, ta *m, f* patrãozinho *m*, -nha *f*.
◆ **señorito** *m* filho *m* de papai.
◆ **señorita** *f* **-1.** [soltera] senhorita *f* **-2.** [profesora] professora *f*.
señuelo *m* **-1.** [reclamo] chamariz *m* **-2.** [trampa] isca *f*.
sepa *etc* ▷ **saber**.
separación *f* separação *f*.
separado, da ◇ *adj* separado(da). ◇ *m, f* separado *m*, -da *f*.
separar *vt* **-1.** [gen] separar **-2.** [apartar] tirar.
◆ **separarse** *vpr* **-1.** [gen] separar-se; **~se de** afastar-se de **-2.** [suj: matrimonio]: **~se de** separar-se de.
separatismo *m* POLÍT separatismo *m*.
separo *m* ***Méx*** cela *f*.
sepelio *m* funeral *m*.
sepia *f* [molusco] sépia *f*.
septentrional ◇ *adj* setentrional. ◇ *mf* setentrional *mf*.
septiembre, setiembre *m* setembro *m*; **el 1 de ~** 1º de setembro; **uno de los ~s más lluviosos de la última década** um dos setembros mais chuvosos da última década; **a principios/mediados/finales de ~** no início/em meados/no final de setembro; **el pasado (mes de) ~** em

setembro passado; **el próximo (mes de) ~** no próximo mês (de) setembro; **en pleno ~** em pleno setembro; **en ~** em setembro; **este (mes de) ~** em setembro; **para ~** para setembro; **para ~ calculo que ya habremos terminado** em setembro calculo que já teremos terminado.

séptimo, ma, sétimo, ma *núm* [para ordenar] sétimo(ma); **séptima parte** [para fraccionar] sétima parte.

sepulcral *adj* sepulcral.

sepulcro *m* sepulcro *m*.

sepultar *vt* sepultar.

sepultura *f* sepultura *f*; **dar ~ a alguien** dar sepultura a alguém.

sepulturero, ra *m, f* coveiro *m*, -ra *f*.

sequedad *f* secura *f*.

sequía *f* seca *f*.

séquito *m* **-1.** [comitiva] séquito *m* **-2.** [secuela] conseqüência *f*.

ser ◇ *m* ser *m*; **~ humano/vivo** ser humano/vivo. ◇ *v aux* [forma la voz pasiva] ser; **el atracador fue visto por un testigo** o ladrão foi visto por uma testemunha. ◇ *v cop* [descripción] ser; **mi abrigo es lila** meu casaco é lilás; **este señor es alto/gracioso** este senhor é alto/gracioso; **son estudiantes** são estudantes; **su mujer es abogada** sua mulher é advogada; **el gato es un mamífero** o gato é um mamífero; **el edificio es un monumento nacional** o edifício é um monumento nacional; **~ como** ser como; **~ de** [materia] ser de. ◇ *vi* ser; **el eclipse fue ayer** o eclipse foi ontem; **la riña ha sido en la calle** a briga foi na rua; **esta belleza no es de este mundo** esta beleza não é deste mundo; **~ o no ~** ser ou não ser; **¿cuánto es? - son doscientas** quanto é? - são duzentos; **mañana será martes** amanhã é terça; **hoy es San José** hoje é dia de São José; **¿qué hora es?** que horas são?; **son las tres de la tarde** são três da tarde; **el negocio fue su ruina** o negócio foi a sua ruína; **a no ~ que** a não ser que; **como sea** seja como for; **o sea** ou seja. ◇ *v impers* ser; **~ de día/de noche** ser de dia/de noite; **es muy tarde para ir** é muito tarde para ir.

◆ **ser para** *v + prep* [servir, adequarse] ser para.

Serbia *n* Sérvia.

serenar *vt* [calmar] serenar.

◆ **serenarse** *vpr* **-1.** [calmarse] serenar-se **-2.** [estabilizarse] serenar.

serenata *f* **-1.** *MÚS* serenata *f* **-2.** *fam* [fastidio] sinfonia *f*.

serenidad *f* serenidade *f*.

sereno, na *adj* **-1.** [tranquilo] sereno (na) **-2.** [claro] claro(ra).

◆ **sereno** *m* **-1.** [humedad] sereno *m* **-2.** [vigilante] guarda-noturno *m*.

serial *m* seriado *m*.

serie *f* série *f*.

◆ **en serie** *loc adv* em série.

seriedad *f* seriedade *f*.

serio, ria *adj* sério(ria).

◆ **en serio** *loc adv* a sério; **tomar (se) algo en ~** levar algo a sério.

sermón *m* sermão *m*.

seropositivo, va *MED* ◇ *adj* soropositivo(va). ◇ *m, f* soropositivo *m*, -va *f*.

serpentear *vi* serpentear.

serpentina *f* serpentina *f*.

serpiente *f* cobra *f*, serpente *f*; **~ de cascabel** cobra cascavel; **~ pitón** cobra pitón.

serranía *f* serrania *f*.

serrano, na ◇ *adj* **-1.** [de sierra] serrano(na) **-2.** [hermoso] bonito(ta). ◇ *m, f* serrano *m*, -na *f*.

serrar *vt* serrar.

serrín *m* serragem *f*.

serrucho *m* serrote *m*.

servicial *adj* serviçal.

servicio *m* **-1.** [gen] serviço *m*; **estar de ~** [turno] estar de serviço; **~ militar** serviço militar; **~ posventa** serviço pós-venda; **~ público** serviço público; **~ de urgencias** pronto-socorro *m* **-2.** [servidumbre] criadagem *f* **-3.** [conjunto de utensilios] aparelho *m* **-4.** [cubierto] talher *m* **-5.** [modo] atendimento *m* **-6.** *(gen pl)* [WC] banheiro *m*.

servidor, ra *m, f* [yo mismo] eu.

◆ **servidor** *m INFORM* servidor *m*.

servidumbre *f* **-1.** [criados] criadagem *f* **-2.** [dependencia] servidão *f*.

servil *adj* servil.

servilleta *f* guardanapo *m*.

servilletero *m* porta-guardanapos *m inv*.

servir ◇ *vt* servir. ◇ *vi* servir.

◆ **servirse** *vpr* **-1.** [aprovecharse]: **~se de** servir-se de **-2.** [comida o bebida] servir-se.

sésamo *m* gergelim *m*.

sesenta ◇ *núm* sessenta. ◇ *m*

sessenta *m*; *ver también* **seis**.
sesentavo, va *núm* [para ordenar] sexagésimo(ma); **sesentava parte** sexagésima parte.
sesera *fam f* **-1.** [cabeza] miolos *mpl* **-2.** [inteligencia] juízo *m*.
sesgo, ga *adj* enviesado(da); **al ~** ao viés.
◆ **sesgo** *m* [rumbo] viés *m*.
sesión *f* sessão *f*; **abrir(se)/levantar (se) la ~** abrir/suspender a sessão; **~ continua** [proyección, representación] sessão contínua; **~ golfa** *Esp* sessão da meia-noite.
seso *m (gen pl)* **-1.** [cerebro] miolos *mpl* **-2.** [sensatez] juízo *m*.
sesudo, da *adj* **-1.** [inteligente] inteligente **-2.** [sensato] ajuizado(da).
set (*pl* **sets**) *m* DEP set *m*.
seta *f* cogumelo *m*.
setecientos, tas ◇ *núm* setecentos(tas). ◇ *m* setecentos *m*; *ver también* **seis**.
setenta ◇ *núm* setenta. ◇ *m* setenta *m*; *ver también* **seis**.
setentavo, va *núm* [para ordenar] septuagésimo(ma); **setentava parte** septuagésima parte.
setiembre *m* = **septiembre**.
sétimo, ma = **séptimo**.
seto *m* sebe *f*.
seudónimo = **pseudónimo**.
Seúl *n* Seul.
severidad *f* severidade *f*.
severo, ra *adj* severo(ra).
Sevilla *n* Sevilha.
sevillano, na ◇ *adj* sevilhano(na). ◇ *m, f* sevilhano *m*, -na *f*.
◆ **sevillana** *f tipo de música e dança popular típicos de Andaluzia*.
sexagésimo, ma *núm* [para ordenar] sexagésimo(ma); **sexagésima parte** sexagésima parte.
sex-appeal *m inv* sex appeal *m*.
sexi (*pl* **sexis**), **sexy** (*pl* **sexys**) *adj* sexy.
sexista ◇ *adj* sexista. ◇ *mf* sexista *mf*.
sexo *m* sexo *m*.
sexólogo, ga *m, f* sexólogo *m*, -ga *f*.
sex-shop (*pl* **sex-shops**) *m* sex shop *m*.
sexteto *m* sexteto *m*.
sexto, ta *núm* [para ordenar] sexto(ta); **sexta parte** [para fraccionar] sexta parte.
◆ **sexto** *m* sexto *m*.
séxtuplo, pla *adj* sêxtuplo(pla).
◆ **séxtuplo** *m* sêxtuplo *m*.
sexual *adj* sexual.
sexualidad *f* sexualidade *f*.
sexy = **sexi**.
sheriff *m* xerife *m*.
sherry (*pl* **sherrys** *o* **sherries**) *m* xerez *m*.
shock = **choc**.
shorts *mpl* short *m*.
show (*pl* **shows**) *m* show *m*; **montar un ~** *fam* dar um show.
showman (*pl* **showmans** *o* **showmen**) *m* showman *m*.
si[1] (*pl* **sís**) *m* MÚS si *m*.
si[2] *conj* se; **~ tienes tiempo, llámame** se tiver tempo, me ligue; **dime ~ me quieres** diga se me quer; **¿por qué me riñes, ~ no he hecho nada?** por que briga comigo, si não fiz nada?
sí (*pl* **síes**) ◇ *adv* **-1.** [afirmación] sim; **¿tienes DVD? – ~** você tem DVD? – Tenho **-2.** *loc*: **¡a que ~!** pode apostar que sim!; **porque ~** [sin razón] porque sim. ◇ *pron* [reflexivo] si. ◇ *m* assentimento *m*.
siamés, esa ◇ *adj* siamês(esa). ◇ *m, f* siamês *m*, -esa *f*.
◆ **siamés** *m* [gato] siamês *m*.
sibarita ◇ *adj* sibarita. ◇ *mf* sibarita *mf*.
Siberia *n* Sibéria.
Sicilia *n* Sicília.
sico- = **psico-**.
sida (*abrev de* **síndrome de inmunodeficiencia adquirida**) *m* aids *f*; **tener (el) ~** ter aids.
sidecar *m* sidecar *m*.
siderurgia *f* IND siderurgia *f*.
siderúrgico, ca *adj* IND siderúrgico (ca).
sidra *f* sidra *f*.
siega *f* ceifa *f*.
siembra *f* semeadura *f*.
siempre *adv* **-1.** [gen] sempre; **como ~** como sempre; **de ~** de sempre; **desde ~** desde sempre; **para ~ (jamás)** para sempre; **~ que** [cada vez] sempre que; [con tal de que] desde que; **~ y cuando** desde que; **¿~ nos vemos mañana?** *Amér* nos veremos amanhã, não? **-2.** *Méx* [con toda seguridad] com certeza.
sien *f* fronte *f*.
sierra *f* serra *f*.
siervo, va *m, f* [esclavo] servo *m*, -va *f*.
siesta *f* sesta *f*.
siete ◇ *núm* sete, *ver también* **seis**

◇ *m* sete *m.* ◇ *f inv* sete; **¡la gran ~!** *RP fam* puxa!
◆ **siete y media** *f* sete-e-meio *m inv.*
sífilis *f* MED sífilis *f.*
sifón *m* **-1.** [gen] sifão *m* **-2.** [agua carbónica] água *f* gaseificada.
sig. = s.
sigilo *m* **-1.** [discreción] sigilo *m* **-2.** [silencio] silêncio *m.*
sigiloso, sa *adj* **-1.** [discreto] sigiloso (sa) **-2.** [silencioso] silencioso(sa).
sigla *f* sigla *f.*
siglo *m* século *m.*
signatura *f* **-1.** [en biblioteca] código *m* **-2.** [firma] assinatura *f.*
significación *f* **-1.** [importancia] significado *m* **-2.** [significado] significância *f.*
significado *m* significado *m.*
significar ◇ *vt* significar. ◇ *vi* [tener importancia] significar.
significativo, va *adj* significativo (va).
signo *m* **-1.** [gen] signo *m* **-2.** [en escritura] ponto *m* **-3.** [indicio & MAT] sinal *m.*
siguiente ◇ *adj* seguinte. ◇ *mf* **-1.** [el que sigue]: **el/la ~** o/a seguinte; **¡el ~!** o próximo! **-2.** [lo que sigue]: **lo ~** o seguinte.
sílaba *f* sílaba *f.*
silabear ◇ *vt* silabar. ◇ *vi* silabar.
silbar ◇ *vt* assoviar. ◇ *vi* **-1.** [gen] assoviar **-2.** [con silbato] apitar.
silbato *m* apito *m.*
silbido, silbo *m* **-1.** [gen] assovio *m* **-2.** [de animal] silvo *m.*
silenciador *m* silenciador *m.*
silenciar *vt* silenciar.
silencio *m* **-1.** [ausencia de ruido] silêncio *m*; **en ~** em silêncio; **guardar ~ (sobre algo)** guardar silêncio (sobre algo); **imponer ~** impor silêncio; **romper el ~** romper o silêncio **-2.** MÚS pausa *f.*
silencioso, sa *adj* silencioso(sa).
silicio *m* QUÍM silício *m.*
silicona *f* QUÍM silicone *m.*
silicosis *f* MED silicose *f.*
silla *f* **-1.** [gen] cadeira *f*; **~ eléctrica** cadeira elétrica; **~ de ruedas** cadeira de rodas **-2.** [de caballo] sela *f*; **~ de montar** sela.
sillín *m* selim *m.*
sillón *m* poltrona *f.*
silueta *f* silhueta *f.*
silvestre *adj* silvestre.
simbólico, ca *adj* simbólico(ca).
simbolizar *vt* simbolizar.
símbolo *m* símbolo *m.*
simetría *f* simetria *f.*
simiente *f culto* semente *f.*
símil *m* símile *m.*
similar *adj* similar; **~ a** similar a.
similitud *f* semelhança *f.*
simio, mia *m, f* símio *m*, -mia *f.*
simpatía *f* simpatia *f.*
simpático, ca *adj* simpático(ca).
◆ **simpático** *m* ANAT simpático *m.*
simpatizante ◇ *adj* simpatizante. ◇ *mf* simpatizante *mf.*
simpatizar *vi* simpatizar; **~ con** simpatizar com.
simple ◇ *adj* **-1.** [gen] simples **-2.** [bobo] simplório(ria). ◇ *mf* simplório *m*, -ria *f.* ◇ *m* DEP simples *f.*
simplemente *adv* simplesmente.
simpleza *f* **-1.** [cualidad] simploriedade *f* **-2.** [tontería] bobagem *f.*
simplicidad *f* simplicidade *f.*
simplificar *vt* simplificar.
◆ **simplificarse** *vpr* simplificar-se.
simplista *adj* simplista.
simplón, ona *adj* simplório(ria).
simposio, simposium *m* simpósio *m.*
simulacro *m* simulacro *m.*
simulador, ra *adj* simulador(ra).
◆ **simulador** *m* simulador *m.*
simular *vt* simular.
simultáneo, a *adj* simultâneo(nea).
sin *prep* sem.
◆ **sin embargo** *conj* no entanto.
sinagoga *f* sinagoga *f.*
sincerarse *vpr* desabafar-se; **~se con** desaba-far-se com.
sinceridad *f* sinceridade *f.*
sincero, ra *adj* sincero(ra).
síncope *m* MED síncope *f.*
sincronía *f* sincronia *f.*
sincronización *f* sincronização *f.*
sincronizar *vt* sincronizar.
sindical *adj* sindical.
sindicalismo *m* sindicalismo *m.*
sindicalista ◇ *adj* sindicalista. ◇ *mf* sindicalista *mf.*
sindicato *m* sindicato *m.*
síndrome *m* síndrome *f*; **~ de abstinencia** síndrome de abstinência; **~ de Down** síndrome de Down.
sinfín *m (no se usa en pl)*: **un ~ de** um sem-fim de.
sinfonía *f* sinfonia *f.*
sinfónico, ca *adj* sinfônico(ca).

singani *m Bol* conhaque *m* de uva.
Singapur *n* Cingapura.
singladura *f* singradura *f*.
single *m* **-1.** [disco] disco *m* compacto **-2.** *CSur* [habitación] apartamento *m* de solteiro.
singular ◇ *adj* singular. ◇ *m* GRAM singular *m*.
singularizar *vt* singularizar.
◆ **singularizarse** *vpr* singularizar-se.
siniestra *f desus* sinistra *f* ▷ **siniestro**.
siniestrado, da ◇ *adj* sinistrado (da). ◇ *m, f* vítima *f*.
siniestralidad *f* sinistralidade *f*.
siniestro, tra *adj* sinistro(tra).
◆ **siniestro** *m* sinistro *m*.
sinnúmero *m (no se usa en pl)* sem-número *m*.
sino[1] *m* sina *f*.
sino[2] *conj* senão.
sínodo *m* sínodo *m*.
sinónimo *m* sinônimo *m*.
sinopsis *f inv* sinopse *f*.
sinóptico, ca *adj* sinóptico(ca).
sinrazón *f (gen pl)* irracionalidade *f*.
sinsabor *m (gen pl)* dissabor *m*.
síntesis *f* síntese *f*; **en ~** em síntese; **~ del habla** INFORM & LING síntese de voz.
sintético, ca *adj* sintético(ca).
sintetizador, ra *adj* sintético(ca).
◆ **sintetizador** *m* sintetizador *m*.
sintetizar *vt* sintetizar.
síntoma *m* sintoma *m*.
sintonía *f* **-1.** [gen] sintonia *f* **-2.** [música] música *f* de abertura.
sintonizar ◇ *vt* [conectar] sintonizar. ◇ *vi* sintonizar; **~ con** sintonizar com; **~ con alguien en algo** [compenetrarse] sintonizar com alguém em algo.
sinuoso, sa *adj* sinuoso(sa).
sinvergüenza ◇ *adj* sem-vergonha. ◇ *mf* sem-vergonha *mf*.
sionismo *m* sionismo *m*.
siquiera ◇ *conj* [aunque] nem que. ◇ *adv* [por lo menos] pelo menos.
◆ **ni (tan) siquiera** *loc conj* nem sequer.
sir (*pl* **sires**) *m* sir *m*.
sirena *f* **-1.** MITOL sereia *f* **-2.** [de ambulancia, policía] sirene *f*.
Siria *n* Síria.
sirimiri *m* garoa *f*.
sirviente, ta *m, f* empregado *m* doméstico, empregada *f* doméstica.
sisa *f* **-1.** [de dinero] sisa *f* **-2.** [de prenda de vestir] cava *f*.
sisar ◇ *vt* **-1.** [dinero] sisar **-2.** [prenda de vestir] cavar. ◇ *vi* sisar.
sisear *vi* dizer psiu.
siseo *m* psiu *m*.
sísmico, ca *adj* sísmico(ca).
sismógrafo *m* sismógrafo *m*.
sistema *m* sistema *m*; **~ experto** INFORM sistema especialista; **~ monetario** ECON sistema monetário; **~ operativo** INFORM sistema operacional; **~ planetario** sistema planetário; **~ solar** sistema solar.
◆ **por sistema** *loc adv* sistematicamente.
Sistema Central *m*: **el ~** *sistema montanhoso da península Ibérica, situado no território espanhol e português, que delimita os vales dos rios Douro ao norte e Tejo ao sul.*
Sistema Ibérico *m*: **el ~** *conjunto de serras da península Ibérica, situado entre os vales do Douro e Ebro, a depressão do Tejo e a costa valenciana.*
sistemático, ca *adj* sistemático(ca).
sistematizar *vt* sistematizar.
sitiar *vt* **-1.** [lugar] sitiar **-2.** [persona] encurralar.
sitio *m* **-1.** [gen] lugar *m*; **hacer ~ a alguien** dar lugar para alguém **-2.** [en Internet]: **~ web** site *m* da web **-3.** *Méx* [de taxis] ponto *m*.
situación *f* situação *f*; **estar en ~ de** estar em situação de.
situado, da *adj* situado(da).
situar *vt* situar.
◆ **situarse** *vpr* situar-se.
skai = **escay**.
skateboard (*pl* **skateboards**) *m* **-1.** [tabla] prancha *f* de skate, esqueite *m* **-2.** [deporte] skateboard *m*, esqueite *m*.
skater *mf* esqueitista *mf*.
sketch (*pl* **sketches**) *m* esquete *m*.
SL (*abrev de* **sociedad limitada**) *f* S/C *f*.
slip = **eslip**.
slogan = **eslogan**.
smash (*pl* **smashes** *o* **smashs**) *m* DEP cortada *f*.
SME (*abrev de* **sistema monetario europeo**) *m* SME *m*.
SMI (*abrev de* **sistema monetario internacional**) *m* SMI *m*.
smoking = **esmoquin**.
s/n (*abrev de* **sin número**) s/n.
snack-bar *m inv* snack-bar *m*.

snob = esnob.
snobismo = esnobismo.
snowboard *m* snowboard *m*.
so ◇ *prep* sob. ◇ *adv* seu idiota! ◇ *interj* ô!
sobaco *m* sovaco *m*.
sobado, da *adj* **-1.** [gen] sovado(da) **-2.** *fig* [manoseado] esfarrapado(da). ◆ **sobado** *m* CULIN *bolo ou pãozinho feito com banha ou óleo.*
sobar ◇ *vt* **-1.** [tocar] apalpar **-2.** *fam* [acariciar, besar] bolinar **-3.** [ablandar] sovar. ◇ *vi fam* pegar no sono.
soberanía *f* soberania *f*.
soberano, na ◇ *adj* **-1.** [gen] soberano(na) **-2.** *(gen en aposición) fig* [grande] monumental. ◇ *m, f* soberano *m*, -na *f*.
soberbio, bia *adj* **-1.** [gen] soberbo (ba) **-2.** *(gen aposición)* [grande] senhor(ra). ◆ **soberbia** *f* **-1.** [arrogancia] soberba *f* **-2.** [magnificencia] suntuosidade *f*.
sobón, ona *adj fam* pegajoso(sa).
sobornar *vt* subornar.
soborno *m* suborno *m*.
sobra *f (gen pl)* sobra *f*; **de ~(s)** de sobra.
sobrado, da *adj* **-1.** [de sobra] de sobra **-2.** [de dinero] abastado(da).
sobrante ◇ *adj* restante. ◇ *m* excedente *m*.
sobrar *vi* sobrar.
sobrasada *f* CULIN **Esp** *embutido de carne de porco, bem picada e temperada com sal e pimentão vermelho seco e moído.*
sobre[1] *prep* sobre; **el libro está ~ la mesa** o livro está sobre a mesa; **llegarán ~ las diez** chegarão por volta das dez; **~ todo** sobretudo.
sobre[2] *m* envelope *m*.
sobreático *m* cobertura *f*.
sobrecarga *f* sobrecarga *f*.
sobrecargar *vt* sobrecarregar.
sobrecargo *m* chefe *m* de tripulação.
sobrecogedor, ra *adj* assustador (ra).
sobrecoger *vt* assustar. ◆ **sobrecogerse** *vpr* sobressaltar-se.
sobredosis *f inv* overdose *f*.
sobreentender = sobrentender.
sobrehumano, na *adj* sobre-humano(na).
sobrellevar *vt* sobrelevar.
sobremesa *f período após a refeição em que se conversa ou se vê televisão.*
sobrenatural *adj* sobrenatural.
sobrenombre *m* **-1.** [nombre añadido] alcunha *f* **-2.** [apodo] apelido *m*.
sobrentender, sobreentender *vt* subentender. ◆ **sobrentenderse, sobreentenderse** *vpr* subentender-se.
sobrepasar *vt* **-1.** [exceder] ultrapassar **-2.** [aventajar] superar.
sobrepeso *m* sobrepeso *m*.
sobrepoblación *f* **Amér** superpopulação *f*.
sobreponer *vt* sobrepor. ◆ **sobreponerse** *vpr* superar.
sobreproducción = superproducción.
sobreproteger *vt* superproteger.
sobrepuesto, ta ◇ *pp irreg* ▷ **sobreponer**. ◇ *adj* sobreposto(ta).
sobresaliente ◇ *adj* de destaque. ◇ *m excelente m.*
sobresalir *vi* sobressair.
sobresaltar *vt* sobressaltar. ◆ **sobresaltarse** *vpr* sobressaltar-se.
sobresalto *m* sobressalto *m*; **dar un ~** ter um sobressalto.
sobrestimar, sobreestimar *vt* superestimar.
sobresueldo *m* salário *m* extra.
sobretiempo *m* **Andes** **-1.** [trabajo] hora *f* extra **-2.** [en deporte] prorrogação *f*.
sobretodo *m* sobretudo *m*.
sobrevenir *vi* sobrevir.
sobrevivencia *f* **Amér** sobrevivência *f*.
sobrevivir *vi* sobreviver; **~ a** sobreviver a.
sobrevolar *vt* sobrevoar.
sobriedad *f* sobriedade *m*.
sobrino, na *m, f* sobrinho *m*, -nha *f*.
sobrio, bria *adj* sóbrio(bria); **~ de** *o* **en** sóbrio *o* em.
socarrón, ona *adj* irônico(ca).
socavar *vt* **-1.** [excavar por debajo] escavar **-2.** [debilitar] solapar.
socavón *m* buraco *m*.
sociable *adj* sociável.
social *adj* social.
socialdemócrata POLÍT ◇ *adj* social-democrata. ◇ *mf* social-democrata *mf*.
socialismo *m* POLÍT socialismo *m*.
socialista POLÍT ◇ *adj* socialista. ◇ *mf* socialista *mf*.
socializar *vt* ECON socializar.

sociedad *f* sociedade *f*; ~ **anónima** sociedade anônima; ~ **de consumo** sociedade de consumo; ~ **cooperativa** sociedade cooperativa; ~ **(de responsabilidad) limitada** sociedade (de responsabilidade) limitad.
socio, cia *m, f* **-1.** [gen] sócio *m*, -cia *f* **-2.** *fam* [amigo] sócio *m*, -cia *f*.
sociología *f* sociologia *f*.
sociólogo, ga *m, f* sociólogo *m*, -ga *f*.
socorrer *vt* socorrer.
socorrido, da *adj* prático(ca).
socorrismo *m* primeiros socorros *mpl*.
socorrista *mf* socorrista *mf*.
socorro ◇ *m* socorro *m*. ◇ *interj* socorro!
soda *f* refrigerante *f*.
sodio *m* QUÍM sódio *m*.
soez *adj* grosseiro(ra).
sofá (*pl* **sofás**) *m* sofá *m*; ~ **cama** sofá-cama *m*.
Sofía *n* Sofia.
sofisticación *f* sofisticação *f*.
sofisticado, da *adj* sofisticado(da).
sofisticar *vt* sofisticar.
sofocar *vt* sufocar.
◆ **sofocarse** *vpr* sufocar-se.
sofoco *m* sufoco *m*.
sofocón *m* **fam** desgosto *m*.
sofreír *vt* CULIN refogar.
sofrito, ta *pp irreg* ▷ **sofreír**.
◆ **sofrito** *m* CULIN refogado *m*.
software *m inv* INFORM software *m*.
soga *f* corda *f*.
sois ▷ **ser**.
soja *f* soja *f*.
sojuzgar *vt* subjugar.
sol *m* **-1.** [gen] sol *m*; **de ~ a ~** *fig* de sol a sol; **hacer ~** fazer sol; **tomar el ~** tomar sol **-2.** TAUROM [localidad] *local da arena onde bate sol* **-3.** [persona] amor *m*.
solamente *adv* somente.
solapa *f* **-1.** [de prenda] lapela *f* **-2.** [de sobre] aba *f* **-3.** [de libro] orelha *f*.
solapado, da *adj* dissimulado(da).
solapar ◇ *vt* solapar. ◇ *vi* traspassar.
solar ◇ *adj* solar. ◇ *m* terreno *m*.
solariego, ga *adj* solarengo(ga).
solario (*pl* **solariums**), **solárium** *m* solário *m*.
soldada *f* soldo *m*.
soldado *m* **-1.** [con graduación] militar *m* **-2.** [sin graduación] soldado *m*; ~ **raso** soldado raso **-3.** [partidario] militante *m*.
soldador, ra *m, f* soldador *m*, -ra *f*.
◆ **soldador** *m* soldador *m*.
soldar *vt* soldar.
soleado, da *adj* ensolarado(da).
solear *vt* expor ao sol.
soledad *f* solidão *f*.
solemne *adj* solene.
solemnidad *f* solenidade *f*.
soler *vi*: ~ **hacer algo** costumar fazer algo.
solera *f* **-1.** [tradición] tradição *f* **-2.** [de vino] sedimento *m*.
solfa *f* **-1.** MÚS solfejo *m* **-2.** *fam* [paliza] sova *f*.
solfeo *m* MÚS solfejo *m*.
solicitar *vt* solicitar; **estar/ser muy solicitado** estar/ser muito solicitado.
solícito, ta *adj* solícito(ta).
solicitud *f* **-1.** [gen] solicitação *f* **-2.** [atención] solicitude *f*.
solidaridad *f* solidariedade *f*.
solidario, ria *adj* solidário(ria).
solidarizarse *vpr*: **~se con** solidarizarse com.
solidez *f* solidez *f*.
solidificar *vt* solidificar.
◆ **solidificarse** *vpr* solidificar-se.
sólido, da *adj* sólido(da).
◆ **sólido** *m* sólido *m*.
soliloquio *m* solilóquio *m*.
solista ◇ *adj* solista. ◇ *mf* solista *mf*.
solitario, ria *adj* solitário(ria).
◆ **solitario** *m* **-1.** [diamante] solitário *m* **-2.** [juego] paciência *f*.
◆ **solitaria** *f* solitária *f*.
sollozar *vi* soluçar.
sollozo *m* soluço *m*.
solo, la *adj* **-1.** [gen] só; **a solas** a sós **-2.** [sin acompañamiento] puro(ra).
◆ **solo** ◇ *m* solo *m*. ◇ *adv* = **sólo**.
sólo, solo *adv* [únicamente] só; **no ~ ... sino (también)** não só ... mas (também).
solomillo *m* lombo *m*.
soltar *vt* soltar; **soltó un grito** soltou um grito.
◆ **soltarse** *vpr* **-1.** [gen] soltar-se **-2.** [adquirir habilidad]; **~se en** soltar-se em **-3.** [perder timidez] soltar-se.
soltería *f* solteirismo *m*.
soltero, ra ◇ *adj* solteiro(ra). ◇ *m, f* solteiro *m*, -ra *f*.
solterón, ona *m, f* solteirão *m*, -rona *f*.

soltura *f* soltura *f*.
soluble *adj* solúvel.
solución *f* solução *f*; **sin ~ de continuidad** sem solução de continuidade.
solucionar *vt* solucionar.
solvencia *f* **-1.** [económica] solvência *f* **-2.** [capacidad] capacidade *f*.
solventar *vt* **-1.** [pagar] saldar **-2.** [resolver] solucionar.
solvente *adj* **-1.** [gen] solvente **-2.** [eficaz] capaz.
Somalia *n* Somália.
sombra *f* **-1.** [gen] sombra *f*; **a la ~** à sombra; **ni ~ de** [atisbo] nem sombra de **-2.** [suerte] sorte *f*; **buena/mala ~** boa/má sorte **-3.** TAUROM *parte da arena onde não bate sol no início da tourada* **-4.** *loc*: **a la ~** *fam* na cadeia; **hacer ~ a alguien** fazer sombra a alguém.
sombrero *m* chapéu *m*.
sombrilla *f* sombrinha *f*.
sombrío, a *adj* sombrio(a).
somero, ra *adj* sumário(ria).
someter *vt* submeter; **~ a alguien a** submeter alguém a.
◆ **someterse** *vpr* submeter-se; **~se a** submeter-se a.
somier (*pl* **somieres** *o* **somiers**) *m* somiê *m*.
somnífero, ra *adj* sonífero(ra).
◆ **somnífero** *m* sonífero *m*.
somos *etc* ▷ **ser**.
son[1] *etc* ▷ **ser**.
son[2] *m* **-1.** [sonido] som *m* **-2.** [estilo] tom *m*; **en ~ de** em tom de.
sonado, da *adj* **-1.** [famoso] célebre **-2.** [loco] maluco(ca) **-3.** [atontado] pirado(da).
sonajero *m* chocalho *m*.
sonambulismo *m* sonambulismo *m*.
sonámbulo, la ◇ *adj* sonâmbulo (la). ◇ *m, f* sonâmbulo *m*, -la *f*.
sonar[1] *m* sonar *m*.
sonar[2] ◇ *vi* **-1.** [gen] soar; **así como suena, tal como suena** *loc* com todas as letras; **~ a** [parecer] soar **-2.** [ser familiar] ser familiar **-3.** [rumorearse] correr. ◇ *vt* assoar.
◆ **sonarse** *vpr* assoar-se.
sonata *f* MÚS sonata *f*.
sonda *f* sonda *f*.
sondear *vt* sondar.
sondeo *m* sondagem *f*.
sónico, ca *adj* sônico(ca).
sonido *m* som *m*.
sonoridad *f* sonoridade *f*.
sonoro, ra *adj* sonoro(ra).
sonreír *vi* sorrir.
◆ **sonreírse** *vpr* sorrir-se.
sonriente *adj* sorridente.
sonrisa *f* sorriso *m*.
sonrojar *vt* enrubescer.
◆ **sonrojarse** *vpr* enrubescer-se.
sonrojo *m* enrubescimento *m*.
sonrosado, da *adj* rosado(da).
sonsacar *vt* sacar.
sonso, sa *Amér fam* ◇ *adj* bobo(ba). ◇ *m, f* bobo *m*, -ba *f*, idiota *mf*.
sonsonete *m* **-1.** [ruido] ruído *m* **-2.** [entonación] sonsonete *m* **-3.** [cantinela] cantilena *f*.
soñador, ra ◇ *adj* sonhador(ra). ◇ *m, f* sonhador *m*, -ra *f*.
soñar ◇ *vt* sonhar; **¡ni ~lo!** *fig* nem sonhando! ◇ *vi* sonhar.
soñoliento, ta *adj* sonolento(ta).
sopa *f* sopa *f*; **encontrarse a alguien hasta en la ~** *fig* encontrar alguém em todo lugar; **estar como una ~** *fig* estar como um pinto.
sopapo *m* sopapo *m*.
sope *m Méx* tortilha *f*.
sopero, ra *adj* sopeiro(ra).
◆ **sopera** *f* sopeira *f*.
sopesar *vt* sopesar.
sopetón ◆ **de sopetón** *loc adv* de sopetão.
soplamocos *m inv* soco *m* no nariz.
soplar ◇ *vt* **-1.** [gen] soprar **-2.** *fam* [denunciar] dedurar **-3.** *fam* [hurtar] surrupiar. ◇ *vi* **-1.** [gen] soprar **-2.** *fam* [beber] entornar.
◆ **soplarse** *vpr fam* devorar.
soplete *m* maçarico *m*.
soplido *m* sopro *m*.
soplo *m* **-1.** [gen] sopro *m* **-2.** *fam* [chivatazo] dica *f*; **dar el ~** dar a dica.
soplón, ona *m, f fam* dedo-duro *mf*.
soponcio *m fam* desmaio *m*.
sopor *m* sopor *m*.
soporífero, ra *adj* soporífero(ra).
soportar *vt* suportar.
◆ **soportarse** *vpr* suportar-se.
soporte *m* suporte *m*.
soprano MÚS ◇ *mf* soprano *mf*. ◇ *m* soprano *m*.
sor *f* irmã *f*.
sorber *vt* sorver.
sorbete *m refresco à base de suco de fruta e açúcar, ou de leite, gema de ovo e açúcar, aromatizado com essências e congelado até obter consistência pastosa.*

sorbo *m* sorvo *m*; **(beber) a ~s** (beber) a sorvos; **de un ~** de um sorvo.
sordera *f* surdez *f*.
sórdido, da *adj* sórdido(da).
sordo, da ◇ *adj* surdo(da). ◇ *m, f* surdo *m*, -da *f*.
sordomudo, da ◇ *adj* surdo-mudo (surdamuda). ◇ *m, f* surdo-mudo *m*, surda-muda *f*.
sorna *f* deboche *m*.
soroche *m* ***Andes, Arg*** mal *m* de altura.
sorprendente *adj* surpreendente.
sorprender *vt* surpreender.
◆ **sorprenderse** *vpr* surpreender-se.
sorprendido, da *adj* surpreendido (da).
sorpresa *f* surpresa *f*; **dar una ~** fazer uma surpresa; **de** *o* **por ~** de surpresa; **llevarse una ~** ter uma surpresa.
sorpresivo, va *adj* imprevisto(ta).
sortear *vt* **-1.** [rifar] sortear **-2.** [superar] superar **-3.** [esquivar] driblar.
sorteo *m* sorteio *m*.
sortija *f* anel *m*.
sortilegio *m* **-1.** [hechizo] sortilégio *m* **-2.** ***fig*** [atractivo] magia *f*.
sosa *f* QUÍM soda *f*.
sosegado, da *adj* sossegado(da).
sosegar *vt* sossegar.
◆ **sosegarse** *vpr* sossegar-se.
soseras *mf* ***Esp fam*** pessoa sem-sal.
sosería *f* insipidez *f*.
sosias *m inv*, **sosia** *m* sósia *mf*.
sosiego *m* sossego *m*.
soslayo ◆ **de soslayo** *loc adv* de soslaio.
soso, sa *adj* insosso(sa).
sospecha *f* suspeita *f*.
sospechar ◇ *vt* [creer, suponer] suspeitar. ◇ *vi*: **~ de** suspeitar de.
sospechoso, sa ◇ *adj* suspeito(ta). ◇ *m, f* suspeito *m*, -ta *f*.
sostén *m* **-1.** [apoyo] apoio *m* **-2.** [sustento] arrimo *m* **-3.** [prenda femenina] sutiã *m*.
sostener *vt* sustentar.
◆ **sostenerse** *vpr* sustentar-se.
sostenido, da *adj* **-1.** [persistente] sustentado(da) **-2.** MÚS sustenido.
◆ **sostenido** *m* MÚS sustenido *m*.
sota *f* dez *m*.
sotabarba *f* papada *f*.
sotana *f* sotaina *f*.
sótano *m* porão *m*.
sotavento *m* NÁUT sotavento *m*.
soterrar *vt* enterrar.
soufflé (*pl* **soufflés**) *m* CULIN suflê *m*.
soul *m* MÚS soul *m*.
soviet (*pl* **soviets**) *m* soviete *m*.
soviético, ca ◇ *adj* soviético(ca). ◇ *m, f* soviético *m*, -ca *f*.
soy *etc* ▷ **ser**.
spaghetti = **espagueti**.
sport = **esport**.
spot = **espot**.
spray = **espray**.
sprint = **esprint**.
squash *m inv* DEP squash *m*.
Sr. (*abrev de* **señor**) Sr.
Sra. (*abrev de* **señora**) Sra.
Sres. (*abrev de* **señores**) Srs.
Srta. (*abrev de* **señorita**) Srta.
Sta. (*abrev de* **santa**) Sta.
staff = **estaf**.
stand = **estand**.
status = **estatus**.
Sto. (*abrev de* **santo**) Sto.
stock = **estoc**.
stop, estop *m* **-1.** [señal de tráfico] *pare m* **-2.** [en telegrama] ponto *m*.
stress = **estrés**.
strip-tease *m inv* strip-tease *m*.
su (*pl* **sus**) *adj* seu (sua).
suave *adj* suave.
suavidad *f* suavidade *f*.
suavizante ◇ *adj* suavizante. ◇ *m* **-1.** [para pelo] condicionador *m* **-2.** [para ropa] amaciante *m*.
suavizar *vt* suavizar.
subacuático, ca *adj* subaquático (ca).
subalimentar *vt* subalimentar.
subalquilar *vt* sublocar.
subalterno, na ◇ *adj* subalterno (na). ◇ *m, f* subalterno *m*, -na *f*.
subarrendar *vt* subarrendar.
subasta *f* **-1.** [venta pública] leilão *m* **-2.** [contrata pública] licitação *f*.
subastar *vt* leiloar.
subcampeón, ona ◇ *adj* vice-campeão(peã). ◇ *m, f* vice-campeão *m*, -peã *f*.
subcampeonato *m* vice-campeonato *m*.
subclase *f* subclasse *f*.
subconjunto *m* MAT subconjunto *m*.
subconsciente ◇ *adj* subconsciente. ◇ *m* subconsciente *m*.
subcontrato *m* subcontrato *m*.
subcutáneo, a *adj* subcutâneo(a).
subdelegado, da *m, f* subdelegado *m*, -da *f*.

subdesarrollado, da *adj* subdesenvolvido(da).
subdesarrollo *m* subdesenvolvimento *m*.
subdirector, ra *m, f* subdiretor *m*, -ra *f*.
subdirectorio *m* INFORM subdiretório *m*.
súbdito, ta ◇ *adj* súdito(ta). ◇ *m, f* súdito *m*, -ta *f*.
subdividir *vt* subdividir.
◆ **subdividirse** *vpr* subdividir-se.
subdivisión *f* subdivisão *f*.
subempleo *m* subemprego *m*.
subespecie *f* subespécie *f*.
subestimar *vt* subestimar.
◆ **subestimarse** *vpr* subestimar.
subgénero *m* subgênero *m*.
subido, da *adj* **-1.** [fuerte, intenso] forte **-2.** *fam* [osado, atrevido] atrevido (da).
◆ **subida** *f* subida *f*.
subíndice *m* MAT índice *m*.
subinspector, ra *m, f* subinspetor *m*, -ra *f*.
subir ◇ *vi* subir. ◇ *vt* subir.
◆ **subirse** *vpr* **-1.** [gen] subir **-2.** *fam* [emborrachar] subir.
súbito, ta *adj* [repentino] súbito(ta).
subjefe, fa *m, f* subchefe *m*, -fa *f*.
subjetividad *f* subjetividade *f*.
subjetivo, va *adj* subjetivo(va).
sub júdice *adj* DER sub judice.
subjuntivo, va GRAM *adj* subjuntivo (va).
◆ **subjuntivo** *m* subjuntivo *m*.
sublevación *f*, **sublevamiento** *m* sublevação *f*.
sublevar *vt* **-1.** [amotinar] sublevar **-2.** [indignar] revoltar.
◆ **sublevarse** *vpr* [amotinarse] sublevar-se.
sublimación *f* sublimação *f*.
sublimar *vt* sublimar.
sublime *adj* sublime.
submarinismo *m* mergulho *m*.
submarinista ◇ *adj* submarinista. ◇ *mf* mergulhador *m*, -ra *f*.
submarino, na *adj* submarino(na).
◆ **submarino** *m* submarino *m*.
submúltiplo, pla *adj* divisor(ra).
◆ **submúltiplo** *m* submúltiplo *m*.
subnormal *despec* ◇ *adj* anormal. ◇ *mf* anormal *mf*.
subnormalidad *f despec* anormalidade *f*.
suboficial *m* MIL suboficial *m*.
subordinado, da ◇ *adj* subordinado(da). ◇ *m, f* subordinado *m*, -da *f*.
subordinar *vt* subordinar.
◆ **subordinarse** *vpr* subordinar-se.
subproducto *m* subproduto *m*.
subrayar *vt* sublinhar.
subrogar *vt* DER sub-rogar.
subsanar *vt* sanar.
subsc- = susc-.
subsecretario, ria *m, f* subsecretário *m*, -ria *f*.
subsidiario, ria *adj* subsidiário(ria).
subsidio *m* subsídio *m*.
subsiguiente *adj* subseqüente.
subsistencia *f* subsistência *f*.
◆ **subsistencias** *fpl* meios *mpl* de subsistência.
subsistir *vi* subsistir.
subst- = sust-.
subsuelo *m* subsolo *m*.
subte *m* *RP* metrô *m*.
subterfugio *m* subterfúgio *m*.
subterráneo, a *adj* subterrâneo(a).
◆ **subterráneo** *m* subterrâneo *m*.
subtipo *m* BIOL subfilo *m*.
subtítulo *m (gen pl)* **-1.** [de película] legenda *f* **-2.** [de obra] subtítulo *m*.
suburbano, na *adj* suburbano(na).
suburbio *m* subúrbio *m*.
subvencionar *vt* subvencionar.
subversión *f* subversão *f*.
subversivo, va *adj* subversivo(va).
subyacer *vi* [ocultarse] subjazer.
subyugar *vt* subjugar.
succionar *vt* sugar.
sucedáneo, a *adj* sucedâneo(nea).
◆ **sucedáneo** *m* sucedâneo *m*.
suceder ◇ *v impers* [ocurrir] suceder. ◇ *vt* [continuar, sustituir] suceder; ~ **a alguien en algo** suceder alguém em algo. ◇ *vi* [venir después] suceder.
sucesión *f* sucessão *f*.
sucesivo, va *adj* sucessivo(va); **en lo ~** no futuro.
suceso *m* acontecimento *m*; **sección de ~s** coluna *f* policial.
sucesor, ra ◇ *adj* sucessor(ra). ◇ *m, f* sucessor *m*, -ra *f*.
suciedad *f* sujeira *f*.
sucinto *adj* sucinto(ta).
sucio, cia *adj* **-1.** [gen] sujo(ja) **-2.** [que se ensucia] fácil de sujar **-3.** [que ensucia] porco(ca).
sucre *m* sucre *m*.
suculento, ta *adj* suculento(ta).
sucumbir *vi* sucumbir.

sucursal *f* sucursal *f*.
sudadera *f* **-1.** [sudor abundante] suadeira *f* **-2.** [prenda de vestir] blusão *m* de agasalho.
Sudán *n* Sudão.
sudar ◇ *vi* **-1.** [gen] suar **-2.** *fam* [trabajar mucho] suar. ◇ *vt* **-1.** [empapar] suar **-2.** *fam* [trabajar mucho] suar.
sudeste, sureste ◇ *adj* sudeste. ◇ *m* sudeste *m*.
sudoeste, suroeste ◇ *adj* sudoeste. ◇ *m* sudoeste *m*.
sudor *m* suor *m*.
sudoroso, sa *adj* suarento(ta).
Suecia *n* Suécia.
sueco, ca ◇ *adj* sueco(ca). ◇ *m, f* sueco *m*, -ca *f*.
◆ **sueco** *m* [lengua] sueco *m*.
suegro, gra *m, f* sogro *m*, -gra *f*.
suela *f* sola *f*.
sueldo *m* salário *m*; **asesino a ~** matador de aluguel.
suelo *m* **-1.** [gen] solo *m* **-2.** [para edificar] terreno *m* **-3.** *loc*: **echar por el ~ un plan** fazer cair um plano por terra; **estar algo por los ~s** estar a preço de banana; **poner o tirar por los ~s** pôr alguém abaixo de zero.
suelto, ta *adj* **-1.** [gen] solto(ta) **-2.** [separado] avulso(sa) **-3.** [no envasado] a granel **-4.** [lenguaje, estilo] fluente **-5.** [en calderilla] trocado(da).
◆ **suelto** *m* [calderilla] trocado *m*.
sueño *m* **-1.** [ganas de dormir] sono *m*; **tener ~** ter sono; **coger el ~** [estado] pegar no sono **-2.** [imagen mental] sonho *m*; **en ~s** em sonho.
suero *m* soro *m*.
suerte *f* sorte *f*; **por ~** por sorte; **tener ~** ter sorte; **de ~ que** *culto* de sorte que.
suertudo, da *adj Amér* sortudo(da).
suéter (*pl* **suéteres**), **sweater** (*pl* **sweaters**) *m* suéter *m*.
suficiencia *f* suficiência *f*.
suficiente ◇ *adj* suficiente. ◇ *m* [nota] suficiente *m*.
sufragar *vt* custear.
sufragio *m* sufrágio *m*.
sufragista ◇ *adj* sufragista. ◇ *mf* sufragista *mf*.
sufrido, da *adj* **-1.** [resignado] sofrido(da) **-2.** [resistente] resistente.
sufrimiento *m* sofrimento *m*.
sufrir ◇ *vt* **-1.** [gen] sofrer **-2.** [soportar] suportar. ◇ *vi* [padecer] sofrer; **~ de** sofrer de.
sugerencia *f* sugestão *f*.
sugerente *adj* sugestivo(va).
sugerir *vt* sugerir.
sugestión *f* sugestão *f*.
sugestionar *vt* sugestionar.
◆ **sugestionarse** *vpr* sugestionar-se.
sugestivo, va *adj* sugestivo(va).
suiche *m Col, Ven* interruptor *m*.
suicida ◇ *mf* suicida *mf*. ◇ *adj* suicida.
suicidarse *vpr* suicidar-se.
suicidio *m* suicídio *m*.
suite *f* suíte *f*.
Suiza *n* Suíça.
suizo, za ◇ *adj* suíço(ça). ◇ *m, f* suíço *m*, -ça *f*.
sujeción *f* **-1.** [atadura] atadura *f*, fixação *f* **-2.** [sometimiento] submissão *f*.
sujetador *m* sutiã *m*.
sujetar *vt* **-1.** [gen] sujeitar **-2.** [aguantar] prender.
◆ **sujetarse** *vpr* **-1.** [agarrarse]: **~se a** agarrar-se a **-2.** [someterse]: **~se a** sujeitar-se a **-3.** [aguantarse] prender.
sujeto, ta *adj* **-1.** [agarrado] preso(sa) **-2.** [expuesto]: **~ a** sujeito a.
◆ **sujeto** *m* **-1.** [gen] sujeito *m* **-2.** [tema] assunto *m*.
sulfamida *f* MED sulfamida *f*.
sulfatar *vt* sulfatar.
sulfato *m* QUÍM sulfato *m*.
sulfurar *vt* **-1.** [encolerizar] irritar **-2.** QUÍM sulfurar.
◆ **sulfurarse** *vpr* irritar-se.
sulfúrico, ca *adj* QUÍM sulfúrico(ca).
sulfuro *m* sulfeto *m*.
sultán *m* sultão *m*.
sultana *f* sultana *f*.
suma *f* soma *f*.
sumamente *adv* sumamente.
sumando *m* parcela *f*.
sumar *vt* somar.
◆ **sumarse** *vpr*: **~se a** somar-se a.
sumario, ria *adj* sumário(ria).
◆ **sumario** *m* sumário *m*.
sumergible ◇ *adj* à prova d'água. ◇ *m* submarino *m*.
sumergir *vt* submergir.
◆ **sumergirse** *vpr* **-1.** [hundirse] submergir-se **-2.** [sumirse] submergir.
sumidero *m* ralo *m*.
suministrador, ra ◇ *adj* fornecedor(ra). ◇ *m, f* fornecedor *m*, -ra *f*.
suministrar *vt* fornecer.
suministro *m* fornecimento *m*.

sumir *vt*: ~ **a alguien en** levar alguém a.
◆ **sumirse** *vpr*: ~**se en** mergulhar em.
sumisión *f* submissão *f*.
sumiso, sa *adj* submisso(sa).
sumo, ma *adj* sumo(ma).
◆ **a lo sumo** *loc adv* no máximo.
sunnita ◇ *adj* sunita. ◇ *mf* sunita *mf*.
suntuoso, sa *adj* suntuoso(sa).
supeditar *vt*: ~ **algo a** subordinar algo a.
◆ **supeditarse** *vpr*: ~**se a** subordinar-se a.
súper ◇ *adj fam* bárbaro(ra). ◇ *m* [supermercado] supermercado *m*. ◇ *f* ▷ **gasolina**.
superar *vt* superar.
◆ **superarse** *vpr* superar-se.
superávit (*pl inv o* **superavits**) *m* ECON superávit *m*.
superdotado, da ◇ *adj* superdotado(da). ◇ *m, f* superdotado *m*, -da *f*.
superestructura *f* superestrutura *f*.
superficial *adj* superficial.
superficie *f* superfície *f*.
superfluo, a *adj* supérfluo(flua).
superhombre *m* super-homem *m*.
superintendente *mf* superintendente *mf*.
superior, ra ◇ *adj* superior(ra). ◇ *m, f* RELIG superior *m*, -ra *f*.
◆ **superiores** *mpl* superiores *mpl*.
superioridad *f* superioridade *f*.
superlativo, va *adj* superlativo(va).
supermercado *m* supermercado *m*.
superpoblación *f* superpopulação *f*.
superponer *vt* sobrepor.
◆ **superponerse** *vpr* soprepor-se.
superpotencia *f* superpotência *f*.
superproducción, sobreproducción *f* superprodução *f*.
superpuesto, ta ▷ **superponer**.
superrealismo = **surrealismo**.
supersónico, ca *adj* supersônico (ca).
superstición *f* superstição *f*.
supersticioso, sa *adj* supersticioso(sa).
superventas *m inv* recorde *f* de vendas.
supervisar *vt* supervisionar.
supervisor, ra ◇ *adj* supervisor (ra). ◇ *m, f* supervisor *m*, -ra *f*.
supervivencia *f* sobrevivência *f*.
superviviente *mf* sobrevivente *mf*.
supiera *etc* ▷ **saber**.
supino, na *adj* supino(na).
suplantar *vt* fazer-se passar por alguém.
suplementario, ria *adj* suplementar.
suplemento *m* suplemento *m*.
suplente ◇ *adj* **-1.** [profesor, director] suplente **-2.** [médico, maestro, enfermera] substituto(ta) **-3.** [jugador] reserva. ◇ *mf* **-1.** [de un profesor] suplente *mf* **-2.** [de un equipo deportivo] reserva *mf*.
supletorio, ria *adj* adicional.
◆ **supletorio** *m* extensão *f*.
súplica *f* **-1.** [ruego] súplica *f* **-2.** DER petição *f*.
suplicar *vt* **-1.** [rogar] suplicar **-2.** DER apelar, recorrer.
suplicio *m* suplício *m*.
suplir *vt* suprir.
supo ▷ **saber**.
suponer ◇ *m*: **ser algo un** ~ ser uma simples suposição. ◇ *vt* **-1.** [gen] supor **-2.** [implicar] pressupor. ◇ *vi* significar.
◆ **suponerse** *vpr* supor.
suposición *f* suposição *f*.
supositorio *m* FARM supositório *m*.
supremacía *f* supremacia *f*.
supremo, ma *adj* supremo(ma).
supresión *f* supressão *f*.
suprimir *vt* suprimir.
supuesto, ta ◇ *pp irreg* ▷ **suponer**. ◇ *adj* suposto(ta); **por** ~ certamente.
◆ **supuesto** *m* hipótese *f*.
supurar *vi* supurar.
sur ◇ *m* sul *m*. ◇ *adj* sul.
surcar *vt* sulcar.
surco *m* sulco *m*.
sureño, ña ◇ *adj* sulista. ◇ *m, f* sulista *mf*.
sureste = **sudeste**.
surf, surfing *m* surfe *m*.
surgir *vi* surgir.
suroeste = **sudoeste**.
surrealismo *m* surrealismo *m*.
surtido, da *adj* sortido(da).
◆ **surtido** *m* sortimento *m*.
surtidor *m* **-1.** [de gasolina] bomba *f* **-2.** [de agua] fonte *f*.
surtir ◇ *vt* abastecer. ◇ *vi* jorrar.
◆ **surtirse** *vpr*: ~**se de** abastecer-se de.

susceptible *adj* **-1.** [quisquilloso] suscetível **-2.** [posible]: ~ **de** suscetível de.
suscitar *vt* suscitar.
suscribir *vt* subscrever.
◆ **suscribirse** *vpr* **-1.** [a publicación] assinar **-2.** *COM* subscrever.
suscripción *f* **-1.** [a publicación] assinatura *f* **-2.** *COM* subscrição *f*.
suscriptor, ra *m, f* **-1.** [de publicación] assinante *mf* **-2.** *COM* subscritor *m*, -ra *f*.
susodicho, cha *adj* supracitado(da).
suspender *vt* **-1.** [gen] suspender **-2.** *Esp* [examen] reprovar **-3.** [destituir] demitir.
suspense *m* suspense *m*.
suspensión *f* suspensão *f*; ~ **de pagos** suspensão de pagamento.
suspenso, sa *adj* **-1.** [colgado] suspenso(sa) **-2.** *Esp* [no aprobado] reprovado(da) **-3.** [interrumpido]: **en** ~ em suspenso.
◆ **suspenso** *m Esp* reprovado *m*.
suspicacia *f* suspicácia *f*.
suspicaz *adj* suspicaz.
suspirar *vi* **-1.** [dar suspiros] suspirar **-2.** *fig* [desear]: ~ **por** suspirar por.
suspiro *m* **-1.** [aspiración] suspiro *m* **-2.** [instante] instante *m* **-3.** [poca cantidad] pitada *f*.
sustancia *f* substância *f*.
sustancial *adj* substancial.
sustancioso, sa *adj* substancioso (sa).
sustantivo, va *GRAM adj* substantivo(va).
◆ **sustantivo** *m* substantivo *m*.
sustentar *vt* sustentar.
sustento *m* **-1.** [alimento] sustento *m* **-2.** [apoyo] sustentáculo *m*.
sustitución *f* substituição *f*.
sustituir *vt* substituir.
sustituto, ta *m, f* substituto *m*, -ta *f*.
susto *m* susto *m*; **dar** *o* **pegar un** ~ dar *o* pregar um susto; **llevarse un** ~ levar um susto.
sustraer *vt* subtrair.
◆ **sustraerse** *vpr* subtrair-se; ~**se a** *o* **de** subtrair-se a *o* de.
sustrato *m* substrato *m*.
susurrador, ra, susurrante *adj* sussurante.
susurrar <> *vt* sussurrar. <> *vi* sussurrar.
susurro *m* sussuro *m*.
sutil *adj* **-1.** [gen] sutil **-2.** [velo, tejido] fino(na).
sutileza *f* sutileza *f*.
sutura *f* sutura *f*.
suyo, ya <> *adj* [de él, de ella] seu (sua). <> *pron*: **el** ~ **/la suya** o seu/a sua; **lo** ~ a sua área; **los** ~**s** os seus.
svástica = **esvástica**.
sweater = **suéter**.

T

t¹, T *f* [letra] t, T *m*.
t² (*abrev de* **tonelada**) t.
tabacalero, ra *adj* fumageiro(ra).
◆ **Tabacalera** *f empresa estatal espanhola de produção de tabaco*.
tabaco <> *m* **-1.** [planta] tabaco *m* **-2.** [picadura] fumo *m* **-3.** [cigarrillos] cigarros *mpl*. <> *adj inv* tabaco.
tábano *m* mutuca *f*.
tabaquería *f* tabacaria *f*.
tabarra *f Esp fam* chatice *f*; **dar la** ~ aborrecer.
taberna *f* taberna *f*.
tabernario, ria *adj* tabernal.
tabernero, ra *m, f* taberneiro *m*, -ra *f*.
tabique *m* **-1.** [pared] tabique *m* **-2.** *ANAT* septo *m*.
tabla *f* **-1.** [gen] tábua *f*; ~ **de planchar** tábua de passar roupa **-2.** [pliegue] prega *f* **-3.** [esquema, gráfico] tabela *f* **-4.** *NÁUT* prancha *f*.
◆ **tablas** *fpl* **-1.** [empate] empate *m* **-2.** *TEATR* palco *m* **-3.** *TAUROM* barreira *f*.
tablado *m* tablado *m*.
tablao *m cenário destinado a espetáculos de canto e dança flamencos*.
tablero *m* **-1.** [tabla] quadro *m* **-2.** [de juego] tabuleiro *m*; ~ **de ajedrez** tabuleiro de xadrez **-3.** *DEP* tabela *f* **-4.** [para mandos] painel *m* de instrumentos.
tableta *f* **-1.** [de chocolate] tablete *m* **-2.** [de aspirina] comprimido *m*.
tablón *m* quadro *m* de anúncios.
tabú (*pl* **tabúes**, *pl* **tabús**) <> *adj* tabu. <> *m* tabu *m*.
tabulador *m* tabulador *m*.
tabular <> *vt* tabular. <> *vi* tabular.

taburete *m* tamborete *m*.
tacañería *f* avareza *f*.
tacaño, ña <> *adj* avaro(ra). <> *m*, *f* avaro *m*, -ra *f*.
tacha *f* **-1.** [defecto] mácula *f* **-2.** [clavo] tachinha *f*.
tachar *vt* **-1.** [lo escrito] riscar **-2.** [culpar, acusar]: ~ **a alguien de algo** tachar alguém de algo.
tacho *m* ***Andes, RP*** lixeira *f*.
tachón *m* **-1.** [tachadura] risco *m* **-2.** [clavo] tacha *f*.
tachuela *f* tachinha *f*.
tácito, ta *adj* tácito(ta).
taciturno, na *adj* taciturno(na).
taco *m* **-1.** [gen] taco *m* **-2.** [tarugo] bucha *f* **-3.** [cuña] calço *m* **-4.** ***Esp fam*** [palabrota] palavrão *m* **-5.** ***fam*** [confusión] confusão *f* **-6.** [de papel] maço *m* **-7.** [de jamón, de queso] pedaço *m* **-8.** [tortilla de maíz] taco *m* **-9.** ***Andes, RP*** [tacón] calcanhar *m*.
◆ **tacos** *mpl* ***Esp mfam*** anos *mpl*.
tacón *m* salto *m*; **de** ~ **alto** de salto alto.
táctico, ca *adj* tático(ca).
◆ **táctica** *f* tática *f*.
táctil *adj* tátil.
tacto *m* **-1.** [gen] tato *m* **-2.** [textura] textura *f* **-3.** MED toque *m*.
tafetán *m* tafetá *m*.
taiga *f* taiga *f*.
Tailandia *n* Tailândia.
taimado, da *adj* astucioso(sa).
Taiwán *n* Taiwan.
tajada *f* **-1.** [rodaja] fatia *f* **-2.** ***Esp fam*** [borrachera] porre *m*.
tajante *adj* [categórico] categórico (ca).
tajar *vt* cortar.
tajo *m* **-1.** [corte, herida] corte *m* **-2.** ***fam*** [trabajo] trampo *m* **-3.** [acantilado] fenda *f*.
Tajo *n*: **el** ~ o Tejo.
tal <> *adj* tal. <> *pron* tal; **y** ~ [coletilla] etc.; ~ **vez** talvez. <> *adv*: **¿qué ~ (estás)?** como vai?; **¿qué ~ el viaje?** que tal a viagem?; **¿qué ~ si vamos al cine?** que tal se formos ao cinema?
◆ **con tal de** *(antes de infin) loc prep* para.
◆ **con tal (de) que** *loc conj* contanto que.
◆ **tal (y) como** *loc adv* como.
◆ **tal cual** *loc adv* exatamente como.
tala *f* abatimento *m*.
taladrador, ra *adj* perfurador(ra).
◆ **taladradora** *f* furadeira *f*.
taladrar *vt* furar.
taladro *m* furadeira *f*.
talante *m* **-1.** [humor] humor *m* **-2.** [carácter] índole *f*.
talar *vt* talar.
talco *m* talco *m*.
talega *f* saco *m*.
talego *m* **-1.** [talega] saco *m* **-2.** ***fam*** [cárcel] xadrez *m*.
talento *m* talento *m*.
talibán <> *adj* talibã. <> *m* talibã *m*.
talismán *m* talismã *m*.
talla *f* **-1.** [medida] tamanho *m* **-2.** [estatura] estatura *f* **-3.** [capacidad] competência *f*; **dar la** ~ estar à altura **-4.** ARTE talha *f* **-5.** [de piedras preciosas] lapidação *f*.
tallado, da *adj* **-1.** [madera] esculpido(da) **-2.** [piedras preciosas] lapidado(da).
◆ **tallado** *m* lapidação *f*.
tallar *vt* **-1.** [esculpir] entalhar **-2.** [piedra preciosa] lapidar **-3.** [medir] medir **-4.** ***Méx*** [fregar] esfregar.
tallarines *mpl* talharim *m*.
talle *m* **-1.** [cintura] cintura *f* **-2.** [figura, cuerpo, medida] talhe *m*.
taller *m* oficina *f*.
tallo *m* caule *m*.
talón *m* **-1.** [gen] calcanhar *m*; ~ **de Aquiles** ***fig*** calcanhar de Aquiles **-2.** [cheque] cheque *m*; ~ **bancario/cruzado/devuelto** cheque bancário/cruzado/devolvido; ~ **en blanco** cheque em branco; ~ **sin fondos** cheque sem fundos.
talonario *m* talão *m* de cheques.
tamal *f* *espécie de empanada de milho e carne, enrolada em folha de bananeira ou palha de milho.*
tamaño, ña *adj (en aposición)* tamanho(nha).
◆ **tamaño** *m* tamanho *m*.
tamarindo *m* tamarindo *m*.
tambalearse *vpr* **-1.** [bambolearse] cambalear **-2.** [perder firmeza] titubear.
también *adv* também.
tambo *m* ***RP*** leiteria *f*.
tambor *m* tambor *m*.
Támesis *n*: **el** ~ o Tâmisa.
tamiz *m* crivo *m*.
tamizar *vt* tamisar.
tampoco *adv* tampouco.
tampón *m* **-1.** [sello] almofada *f* **-2.**

[vaginal] tampão *m*, absorvente *m* interno.

tan ▻ **tanto**.

tanda *f* **-1.** [turno] turno *m* **-2.** [serie] série *f* **-3.** [grupo de trabajo] equipe *f*.

tándem (*pl* **tándemes**) *m* **-1.** [bicicleta] tandem *m* **-2.** [pareja] dupla *f*.

tanga *m* tanga *f*.

tangente ◇ *adj* tangente. ◇ *f* GEOM tangente *f*.

tangible *adj* tangível.

tango *m* tango *m*.

tanguero, ra *m, f* **RP** tangueiro *m*, -ra *f*.

tanque *m* **-1.** MIL tanque *m* **-2.** [vehículo cisterna] caminhão-tanque *m* **-3.** [depósito] reservatório *m*.

tantear ◇ *vt* **-1.** [sopesar] estimar **-2.** [probar] testar **-3.** [meditar] refletir sobre **-4.** [ánimo] sondar. ◇ *vi* tatear.

tanteo *m* **-1.** [sondeo] sondagem *f* **-2.** [puntuación] placar *m* **-3.** DER preempção *f*.

tanto, ta (*antes de adj tan*) ◇ *adj* tanto(ta); **es muy rico, tiene ~ dinero** é muito rico, tem muito dinheiro; **no quiero tanta sopa** não quero tanta sopa; **~ ... que** tanto ... que; **nos dieron tantas pesetas al día** deram-nos tantas pesetas por dia; **y ~s** e tantos; **~ ... como** tanto ... quanto; **hay tantas peras como manzanas** há tantas pêras quanto maçãs; **tiene tanta suerte como tú** tem tanta sorte quanto você. ◇ *pron* tanto(ta); **yo tengo muchas posibilidades, él no tantas** eu tenho muitas possibilidades, ele nem tantas; **había mucha gente allí, aquí no tanta** ali havia muita gente, aqui nem tanta; **supongamos que vengan ~s, ¿cómo los alojaremos?** suponhamos que venham tantos, onde os alojaremos?; **a ~s de** [en correspondencia] a tantos de; **(a) las tantas** (às) tantas; **ser uno de ~s** ser um entre tantos. ◇ *m* [punto] tento *m*; **consiguieron el ~ de la victoria** conseguiram o tento da vitória; **marcar un ~** marcar um tento; **~ por ciento** tanto por cento. ◇ *adv* tanto; **no merece la pena disgustarse ~** não vale a pena amargurar-se tanto; **~ que** tanto que; **es tan guapa que me vuelve loco** é tão bonita que me deixa louco; **come ~ que va a reventar** come tanto que vai-se arrebentar; **~ ... como** tanto ... quanto; **es tan alto como su padre** é tão alto quanto o pai; **sabe ~ como yo** sabe tanto quanto eu.

◆ **por (lo) tanto** *loc conj* portanto.

◆ **tanto (es así) que** *loc conj* tanto (é assim) que.

◆ **un tanto** *loc adv* um pouco.

tañido *m* tanger *m*.

tapa *f* **-1.** [para cerrar] tampa *f* **-2.** [para comer] tira-gosto *m* **-3.** [de libro, disco] capa *f*.

tapadera *f* **-1.** [tapa] tampa *f* **-2.** [para encubrir] fachada *f*.

tapadillo ◆ **de tapadillo** *loc adv* às escondidas.

tapar *vt* **-1.** [gen] tapar **-2.** [abrigar] cobrir **-3.** [encubrir] encobrir.

◆ **taparse** *vpr* **-1.** [cubrirse] tapar-se **-2.** [abrigarse] abrigar-se.

taparrabos *m inv*, **taparrabo** *m* tapa-sexo *m*.

tapete *m* **-1.** [pequeño mantel] toalha *f* **-2.** *Amér* [alfombra] tapete *m*; **movérsele a alguien el ~** dar insegurança em alguém.

tapia *f* muro *m*.

tapiar *vt* **-1.** [obstruir] murar **-2.** [cercar] cercar.

tapicería *f* tapeçaria *f*.

tapioca *f* tapioca *f*.

tapiz *m* tapeçaria *f*.

tapizado *m* revestimento *m*.

tapizar *vt* revestir.

tapón *m* **-1.** [para tapar] tampa *m* **-2.** *fam* [persona rechoncha] barrica *f* **-3.** [atasco] congestionamento *m* **-4.** [en oído] tampão *m* **-5.** DEP bloqueio *m* **-6.** *Amér* [fusible] fusível *m*.

taponar *vt* **-1.** [cerrar] tapar **-2.** MED tamponar.

◆ **taponarse** *vpr* tapar-se.

tapujo *m* manobra *f*; **con/sin ~s** com/sem rodeios.

taquería *f* **Méx** *restaurante popular mexicano onde são servidos pratos tradicionais, sobretudo tortilhas.*

taquicardia *f* MED taquicardia *f*.

taquigrafía *f* taquigrafia *f*.

taquígrafo, fa *m, f* taquígrafo *m*, -fa *f*.

taquilla *f* **-1.** [ventanilla] bilheteria *f* **-2.** [armario] armário *m* **-3.** [recaudación] arrecadação *f* **-4.** [casillero] fichário *m*.

taquillero, ra ◇ *adj* de grande bilheteria. ◇ *m, f* bilheteiro *m*, -ra *f*.

tara *f* **-1.** [hereditaria] tara *f* **-2.** [en

prenda] defeito *m*.
tarado, da ◇ *adj* **-1.** [defectuoso] defeituoso(sa) **-2.** ***despec*** [tonto] tolo(la). ◇ *m, f* tolo *m*, -la *f*.
tarántula *f* tarântula *f*.
tararear *vt* cantarolar.
tardanza *f* tardança *f*.
tardar *vi* tardar; **a más ~** o mais tardar.
tarde ◇ *f* [parte del día] tarde *f*; **por la ~** à tarde; **buenas ~s** boa tarde. ◇ *adv* **-1.** tarde; **~ o temprano** cedo ou tarde **-2.** ***loc*: de ~ en ~** de tempos em tempos.
tardío, a *adj* tardio(a).
tardo, da *adj* **-1.** [lento] tardo(da) **-2.** [torpe] lerdo(da).
tarea *f* tarefa *f*.
tarifa *f* tarifa *f*; **~ plana** [para Internet] tarifa plana.
tarima *f* **-1.** [suelo] assoalho *m* **-2.** [plataforma] estrado *m*.
tarjeta *f* cartão *m*; **~ de cliente** cartão de cliente; **~ de débito** cartão de débito; **~ de crédito** cartão de crédito; **~ postal** cartão postal; **~ de recarga** TEL cartão de recarga.
tarot *m* tarô *m*.
tarrina *f* terrina *f*.
tarro *m* **-1.** [recipiente] pote *m* **-2.** ***Esp mfam*** [cabeza] cuca *f*.
tarso *m* ANAT tarso *m*.
tarta *f* bolo *m*.
tartaleta *f* tortinha *f*.
tartamudear *vi* gaguejar.
tartamudeo *m* gagueira *f*.
tartamudo, da ◇ *adj* gago(ga). ◇ *m, f* gago *m*, -ga *f*.
tartana *f* **-1.** [carruaje] tílburi *m* **-2.** [embarcación] tartana *f* **-3.** ***fam*** [coche viejo] carroça *f*.
tártaro, ra ◇ *adj* [pueblo] tártaro (ra) ◇ *m, f* tártaro *m*, -ra *f*.
tartera *f* **-1.** [fiambrera] marmita *f* **-2.** [cazuela] tostadeira *f*.
tarugo *m* **-1.** ***fam*** [necio] bocó *m* **-2.** [de madera] tora *f* **-3.** [de pan] naco *m*.
tarumba ***adj fam*** pirado(da).
tasa *f* **-1.** [gen] taxa *f*; **~s de aeropuerto** taxas de embarque **-2.** [tasación] fixação *f* de preços.
tasación *f* avaliação *f*.
tasador, ra *m, f* avaliador *m*, -ra *f*.
tasar *vt* **-1.** [valorar] avaliar **-2.** [fijar precio] taxar.
tasca *f* bar *m*; **ir de ~s** ir de bar em bar.
tata ◇ *f* babá *f*. ◇ *m* ***Amér fam*** [padre] papai *m*.
tatarabuelo, la *m, f* tataravô *m*, -vó *f*.
tatuaje *m* tatuagem *f*.
tatuar ◇ *vt* tatuar. ◇ *vi* tatuar-se.
◆ **tatuarse** *vpr* tatuar-se.
taurino, na *adj* taurino(na).
Tauro ◇ *m inv* [signo del zodíaco] Touro *m inv*; **ser ~** ser (de) Touro. ◇ *mf inv* **-1.** [persona] taurino *m*, -na *f* **-2.** *(en aposición)* de Touro.
tauromaquia *f* tauromaquia *f*.
taxativo, va *adj* taxativo(va).
taxi *m* táxi *m*.
taxímetro *m* taxímetro *m*.
taxista *mf* taxista *mf*.
taxonomía *f* taxonomia *f*.
taza *f* **-1.** [para beber] xícara *f* **-2.** [de retrete] privada *f*.
tazón *m* tigela *f*.
te *pron* **-1.** [complemento directo] te; **~ vi en el cine** te vi no cinema **-2.** [complemento indirecto] te; **~ tiene miedo** tem medo de você **-3.** [reflexivo]: **acuéstate** deite-se.
té *m* chá *m*; **~ negro** chá preto.
tea *f* [antorcha] tocha *f*.
teatral *adj* teatral.
teatro *m* teatro *m*.
tebeo® *m* ***Esp*** gibi *m*.
teca *f* teca *f*.
techo *m* **-1.** [gen] teto *m*; **bajo ~** [casa, habitación] sob um teto **-2.** ARQUIT [tejado] telhado *m*.
techumbre *f* telhado *m*.
tecla *f* tecla *f*; **pulsar** *o* **tocar una ~** pressionar *o* tocar uma tecla; ***fig*** [hacer muchas cosas] fazer muitas coisas.
teclado *m* teclado *m*.
teclear *vi* teclar.
tecleo *m* toque *m*.
técnico, ca ◇ *adj* técnico(ca). ◇ *m, f* técnico *m*, -ca *f*.
◆ **técnica** *f* técnica *f*.
Tecnicolor® *m* tecnicólor® *m*.
tecnócrata ◇ *adj* tecnocrático (ca). ◇ *mf* tecnocrata *mf*.
tecnología *f* tecnologia *f*; **~s de la información** tecnologias da informação; **~ (de) punta** tecnologia (de) ponta.
tecnológico, ca *adj* tecnológico(ca).
tecolote *m* ***CAm, Méx*** [búho] coruja *f*; [policía] policial *m* (em patrulha noturna).

tedio *m* tédio *m*.
tedioso, sa *adj* tedioso(sa).
Tegucigalpa *n* Tegucigalpa.
Teide *n*: **el ~** o Teide.
teja *f* telha *f*; **a toca ~** *Esp* à vista.
tejado *m* telhado *m*.
tejano, na <> *adj* **-1.** [de Texas] texano(na) **-2.** [tela] jeans. <> *m, f* texano *m*, -na *f*.
◆ **tejano** *m (gen pl)* ▷ **pantalón**.
tejemaneje *fam m* **-1.** [maquinación] maquinação *f* **-2.** [ajetreo] confusão *f*.
tejer <> *vt* **-1.** [gen] tecer **-2.** [hacer punto] tricotar **-3.** [idear] tramar. <> *vi* [hacer punto, ganchillo] tecer.
tejido *m* tecido *m*.
tejo *m* **-1.** [disco] malha *f* **-2.** [árbol, madera] teixo *m*.
tejón *m* texugo *m*.
tel., teléf. (*abrev de* **teléfono**) tel.
tela *f* **-1.** [tejido] pano *m*; **~ metálica** tela de arame **-2.** [lienzo] tela *f* **-3.** *fam* [cosa complicada] abacaxi; **ser ~ marinera** *fam* ser dureza; **tener algo (mucha) ~** [ser difícil] não ser brincadeira.
telar *m* **-1.** [máquina] tear *m* **-2.** *(gen pl)* [fábrica] tecelagem *f*.
telaraña *f* [de araña] teia *f* de aranha.
tele *f* *fam* tevê *f*.
telebanco *m* telebanco *m*, bankfone *m*.
telecomedia *f* comédia *f* de situação, sitcom *f*.
telecompra *f* telecompra *f*.
telecomunicación *f* telecomunicação *f*.
◆ **telecomunicaciones** *fpl* telecomunicações *fpl*.
telecontrol *m* controle *m* remoto.
telediario *m* telejornal *m*.
teledifusión *f* teledifusão *f*.
teledirigido, da *adj* teleguiado(da).
telefax *m* telefax *m*.
teleférico *m* teleférico *m*.
telefilme (*pl* **telefilmes**), **telefilm** (*pl* **telefilms**) *m* telefilme *m*.
telefonear *vi* telefonar.
telefonía *f* telefonia *f*; **~ fija** *o* **convencional** telefonia fixa *o* convencional; **~ móvil** telefonia móvel.
telefónico, ca *adj* telefônico(ca).
telefonista *mf* telefonista *mf*.
teléfono *m* telefone *m*; **colgar el ~** desligar o telefone; **llamar por ~** ligar; **~ inalámbrico** telefone sem fio; **~ móvil** telefone celular; **~ público** telefone público; **~ WAP** telefone WAP.
telegrafía *f* telegrafia *f*.
telegráfico, ca *adj* telegráfico(ca).
telegrafista *mf* telegrafista *mf*.
telégrafo *m* telégrafo *m*.
telegrama *m* telegrama *m*.
telele *m*: **darle a alguien un ~** dar um treco em alguém.
telemando *m* controle *m* remoto.
telemática *f* INFORM telemática *f*.
telenovela *f* telenovela *f*.
telepatía *f* telepatia *f*.
telepático, ca *adj* telepático(ca).
telescópico, ca *adj* telescópico(ca).
telescopio *m* telescópio *m*.
telesilla *m* *cadeira que permite transportar os esquiadores em seus esquis até as pistas*.
telespectador, ra *m, f* telespectador *m*, -ra *f*.
telesquí (*pl* **telesquís** *o* **telesquíes**) *m* *sistema que permite transportar os esquiadores em seus esquis até as pistas*.
teletexto *m* teletexto *m*.
teletipo *m* teletipo *m*.
teletrabajador, ra *m, f* teletrabalhador *m*, -ra *f*.
teletrabajo *m* teletrabalho *m*.
televenta *f* televenda *f*.
televidente *mf* telespectador *m*, -ra *f*.
televisar *vt* televisionar.
televisión *f* televisão *f*; **~ digital** televisão digital; **ver la ~** ver *o* assistir televisão; **~ en color** televisão em cores.
televisor *m* televisor *m*; **~ de pantalla plana** televisor de tela plana; **~ panorámico** *o* **de pantalla ancha** televisor de tela grande *o* larga.
télex *m* telex *m*.
telón *m* cortina *f*; **~ de acero** *fig* cortina de ferro; **~ de fondo** *fig* pano *m* de fundo.
telonero, ra *m, f* *em um espetáculo, artista ou apresentador que atua antes da atração principal*.
tema *m* tema *m*.
temario *m* programa *m*.
temático, ca *adj* temático(ca).
◆ **temática** *f* temática *f*.
temblar *vi* tremer; **~ de** tremer de; **~ por** temer por.
tembleque *m*: **darle** *o* **entrarle un ~ a alguien** dar uma tremedeira em alguém.

temblón, ona *adj* tremelicante.
temblor *m* tremor *m*.
tembloroso, sa *adj* trêmulo(la).
temer ◇ *vt* temer. ◇ *vi* temer; ~ **por** temer por.
◆ **temerse** *vpr* temer.
temerario, ria *adj* temerário(ria).
temeridad *f* temeridade *f*.
temeroso, sa *adj* temeroso(sa).
temible *adj* temível.
temor *m* temor *m*; ~ **a** *o* **de** temor a; **por** ~ **a** *o* **de** por temor de.
témpano *m* [de hielo] bloco *m*.
temperado, da *adj* temperado(da).
temperamental *adj* temperamental.
temperamento *m* temperamento *m*.
temperatura *f* temperatura *f*; **tomar la** ~ tomar a temperatura.
tempestad *f* tempestade *f*.
tempestuoso, sa *adj* tempestuoso (sa).
templado, da *adj* **-1.** [agua, bebida] morno(na) **-2.** [clima, zona] temperado(da) **-3.** [nervios] moderado(da) **-4.** [carácter] calmo.
templanza *f* **-1.** [moderación] temperança *f* **-2.** [benignidad] suavidade *f*.
templar ◇ *vt* **-1.** [gen] temperar **-2.** [entibiar] amornar **-3.** [calmar] acalmar **-4.** [tensar] apertar. ◇ *vi* [entibiar] amenizar.
◆ **templarse** *vpr* esquentar-se.
temple *m* **-1.** [serenidad] caráter *m* **-2.** ARTE têmpera *f*.
templete *m* coreto *m*.
templo *m* templo *m*.
temporada *f* temporada *f*; **de** ~ da época; ~ **alta/media/baja** alta/média/baixa temporada.
temporal ◇ *adj* **-1.** [gen] temporário(ria) **-2.** [terrenal] temporal. ◇ *m* temporal *m*; **capear el** ~ enfrentar a tempestade.
temporalidad *f* temporalidade *f*.
temporario, ria *adj* *Amér* temporário(ria).
temporero, ra ◇ *adj* temporário (ria). ◇ *m, f* temporário *m*, -ria *f*.
temporizador *m* temporizador *m*.
tempranero, ra *adj* madrugador (ra).
temprano, na *adj* precoce; **a horas tempranas** cedo.
◆ **temprano** *adv* cedo.
ten *etc* ▷ **tener**.
tenacidad *f* tenacidade *f*.
tenacillas *fpl* pinça *f*.
tenaz *adj* tenaz.
tenaza *f (gen pl)* **-1.** [herramienta] alicate *m* **-2.** [pinzas] tenaz *f* **-3.** ZOOL pinça *f*.
tendedero *m* **-1.** [armazón] varal *m* **-2.** [lugar] área *f* de serviço.
tendencia *f* tendência *f*; ~ **a** tendência a.
tendencioso, sa *adj* tendencioso (sa).
tender *vt* **-1.** [gen] estender **-2.** [trampa, emboscada] armar **-3.** *Amér* [cama] fazer; [mesa] pôr.
◆ **tender a** *vi* **-1.** [inclinarse] tender a **-2.** [aproximarse] tender.
◆ **tenderse** *vpr* estender-se.
tenderete *m* barraca *f*.
tendero, ra *m, f* vendeiro *m*, -ra *f*.
tendido, da *adj* estendido(da).
◆ **tendido** *m* **-1.** [instalación] rede *f* **-2.** TAUROM *na arena de touros, lugar descoberto e próximo à barreira*.
tendón *m* ANAT tendão *m*.
tendrá *etc* ▷ **tener**.
tenebroso, sa *adj* tenebroso(sa).
tenedor, ra *m, f* portador(ra); ~ **de libros** COM guarda-livros, contador *m*.
◆ **tenedor** *m* **-1.** [utensilio] garfo *m* **-2.** [categoría] estrela *f*.
teneduría *f* contadoria *f*.
tenencia *f* porte *m*.
tener ◇ *vt* **-1.** ter; **tiene mucho dinero** tem muito dinheiro; **la casa tiene cuatro habitaciones** a casa tem quatro ambientes; **México tiene varios millones de habitantes** o México tem vários milhões de habitantes; **la sala tiene cuatro metros de largo** a sala tem quatro metros de comprimento; ~ **fiebre/dolor de muelas** ter febre/dor de dentes; **tenía una enfermedad grave** tinha uma doença grave; **tengo dos hijos** tem dois filhos; **tengo un hermano mayor** tenho um irmão mais velho; **¿cuántos años tiene?** quantos anos tem?; **ya tiene diez años** já tem dez anos; ~ **frío/calor** ter frio/calor; ~ **hambre/sed** estar com fome/sede; ~ **miedo/sueño** estar com medo/sono; **tiene los ojos azules** tem os olhos azuis; **tengo el pelo rubio** tenho o cabelo louro; **nos tiene cariño** tem carinho por nós; **le tiene lástima** tem pena dele; **hemos tenido una discusión**

tivemos uma discussão; **tuvieron una pelea en la calle** tiveram uma briga na rua; ~ **un niño** ter um filho; **espero que tengas un buen viaje** espero que faça uma boa viagem; **que tengan unas felices fiestas** tenham umas boas festas; **hoy tengo clase** hoje tenho aula; **el médico no tiene consulta hoy** o médico não atende hoje; ~ **que** [obligación] ter que; **tengo mucho que contaros del viaje** tenho muito que contar-lhes sobre a viagem; **tiene algo que decirnos** tem algo para nos dizer **-2.** [sujetar, coger] tomar, segurar; **ten el libro que me pediste** tome o livro que você me pediu; **tiene la olla por las asas** segura a panela pelas asas **-3.** [valorar, considerar]: ~ **algo/a alguien por** *o* **como** ter algo/alguém por *o* como; **ten por seguro que lloverá** pode contar com que vai chover; **le tienen por informal** é considerado informal **-4.** ***Amér*** [llevar]: **tengo tres años aquí** estou aqui há três anos **-5.** ***loc***: **¿esas tenemos?** é assim?; **no tenerlas todas consigo** não estar seguro; **no** ~ **donde caerse muerto** não ter onde cair morto; ~ **lugar** [suceder] ter lugar; **la reunión tendrá lugar el jueves** a reunião terá lugar quinta-feira. ◇ *v aux* **-1.** [haber] ter; **teníamos pensado ir a cenar** tínhamos pensado ir jantar fora; **tiene alquilada una casa en la costa** alugou uma casa no litoral **-2.** [hacer estar] deixar; **me tienes loca con tus tonterías** você me deixa louca com suas tolices.

tenia *f* tênia *f*.

teniente *m* MIL tenente *m*.

tenis ◇ *m* DEP tênis *m*; ~ **de mesa** tênis de mesa. ◇ *fpl* tênis *mpl*.

tenista *mf* DEP tenista *mf*.

tenor *m* **-1.** MÚS tenor *m* **-2.** [contenido, estilo] teor *m*; **a** ~ **de** considerando.

tensar *vt* esticar.

tensión *f* tensão *f*; **en** ~ em tensão; ~ **(arterial)** MED pressão *f* arterial.

tenso, sa *adj* tenso(sa).

tensor, ra *adj* **-1.** [que tensa] esticador(ra), tensor(ra) **-2.** ANAT tensor (ra).

◆ **tensor** *m* **-1.** [dispositivo] esticador *m*, tensor *m* **-2.** ANAT tensor *m*.

tentación *f* tentação *f*.

tentáculo *m* tentáculo *m*.

tentador, ra *adj* tentador(ra).

tentar *vt* tentar.

tentativa *f* tentativa *f*.

tentempié *m* **-1.** [comida, bebida] aperitivo *m* **-2.** [juguete] joão-bobo *m*.

tenue *adj* tênue.

teñir *vt* tingir.

◆ **teñirse** *vpr* tingir.

teología *f* teologia *f*.

teólogo, ga *m, f* teólogo(ga).

teorema *m* teorema *m*.

teoría *f* teoria *f*; **en** ~ na teoria.

teórico, ca ◇ *adj* teórico(ca). ◇ *m, f* teórico *m*, -ca *f*.

◆ **teórica** *f* teórica *f*.

teorizar *vi* teorizar.

tepache *m* ***Méx*** *bebida levemente alcoólica, feita de casca de abacaxi fermentada e açúcar não refinado.*

tequila *f* tequila *f*.

terapeuta *mf* MED terapeuta *mf*.

terapéutico, ca *adj* MED terapêutico (ca).

terapia *f* MED terapia *f*.

tercer = **tercero**.

tercera *f* ▷ **tercero**.

tercermundista *adj* terceiro-mundista.

tercero, ra ◇ *núm (delante de sust masc **tercer**)* [para ordenar] terceiro (ra); **tercera parte** [para fraccionar] terceira parte. ◇ *m, f* terceiro *m*, -ra *f*; **a la tercera va la vencida** ***fig*** *na terceira tentativa sempre funciona.*

◆ **tercero** *m* terceiro *m*.

◆ **tercera** *f* AUTOM terceira *f*.

terceto *m* terceto *m*.

terciar *vi* interceder.

◆ **terciarse** *vpr* apresentar-se.

terciario, ria *adj* terciário(ria).

◆ **terciario** *m* GEOL terciário *m*.

tercio, cia *núm* terço(ça).

◆ **tercio** *m* **-1.** [número] terço *m* **-2.** MIL batalhão *m* da infantaria **-3.** TAUROM *cada uma das três partes em que se divide uma tourada.*

terciopelo *m* veludo *m*.

terco, ca *adj* teimoso(sa).

tereré *m* ***Arg, Par*** *mate m com suco de limão.*

tergal® *m* tergal® *m*.

tergiversación *f* tergiversação *f*.

tergiversar *vt* tergiversar.

termal *adj* termal.

termas *fpl* termas *fpl*.

termes = **termita**.

térmico, ca *adj* térmico(ca).

terminación *f* **-1.** [final] término *m*

-**2.** [parte final] terminação *f*.
terminal <> *adj* [final] final. <> *m* INFORM terminal *m*. <> *f* [edificio] terminal *m*.
terminante *adj* terminante.
terminar <> *vt* terminar. <> *vi* -**1.** [gen] terminar; ~ **de** terminar como; ~ **en** terminar em -**2.** [dar como resultado]: ~ **por hablar** acabar falando.
◆ **terminarse** *vpr* terminar.
término *m* -**1.** [gen] término *m*; **dar ~ a algo** dar fim a algo; **poner ~ a algo** colocar um fim em algo -**2.** [extremo] fim *m* -**3.** [plazo] prazo *m*; **por ~ medio** em média -**4.** [lugar, posición] lugar *m*; **en último ~** *fig* em último caso -**5.** [elemento, palabra] termo *m*; ~ **medio** meio-termo *m* -**6.**: **estación de ~** estação *f* terminal.
◆ **términos** *mpl* termos *mpl*; **en ~s generales** em termos gerais.
terminología *f* terminologia *f*.
termita *f*, **termes** *m inv* cupim *m*.
termo *m* garrafa *f* térmica.
termodinámico, ca *adj* FÍS termodinâmico(ca).
◆ **termodinámica** *f* FÍS termodinâmica *f*.
termómetro *m* termômetro *m*.
termonuclear *adj* termonuclear.
termorregulador *m* termorregulador *m*.
termostato *m* termostato *m*.
terna *f* terno *m*.
ternasco *f* *cordeiro que ainda mama*.
ternero, ra *m, f* bezerro *m*, -rra *f*.
◆ **ternera** *f* CULIN vitela *f*.
terno *m* terno *m*.
ternura *f* ternura *f*.
terquedad *f* teimosia *f*.
terracota *f* terracota *f*.
terrado *m* terraço *m*.
terral *m* *Andes* poeira *f*.
terraplén *m* barranco *m*.
terráqueo, a *adj* [globo] terrestre.
terrateniente *mf* latifundiário *m*, -ria *f*.
terraza *f* -**1.** [de casa] varanda *f* -**2.** [de café] *em um bar, restaurante ou lanchonete o local com mesas na calçada* -**3.** [azotea] terraço *m* -**4.** [bancal] *plataforma de plantio nas encostas*.
terrazo *m* *piso de cimento com pedaços de mármore ou outra pedra e depois polido*.
terremoto *m* terremoto *m*.
terrenal *adj* terrenal.
terreno *m* -**1.** [gen] terreno *m* -**2.** DEP campo *m* -**3.** *loc*: **sobre el ~** [in situ] in loco.
terrestre <> *adj* [de la tierra] terrestre. <> *mf* terrestre *mf*.
terrible *adj* terrível.
terrícola <> *adj* terrícola. <> *mf* terrícola *mf*.
territorial *adj* territorial.
territorio *m* território *m*.
terrón *m* torrão *m*.
terror *m* terror *m*.
terrorífico, ca *adj* aterrorizante.
terrorismo *m* terrorismo *m*.
terrorista <> *adj* terrorista. <> *mf* terrorista *mf*.
terroso, sa *adj* terroso(sa).
terso, sa *adj* [liso] liso(sa).
tersura *f* lisura *f*.
tertulia *f* tertúlia *f*.
tesina *f* dissertação *f*.
tesis *f inv* tese *f*.
tesitura *f* tessitura *f*.
tesón *m* afinco *m*.
tesorero, ra *m, f* tesoureiro *m*, -ra *f*.
tesoro *m* tesouro *m*.
◆ **Tesoro Público** *m* -**1.** [recursos] Tesouro *m* Público -**2.** [organización estatal] Ministério *m* da Fazenda.
test (*pl* **tests**) *m* teste *m*.
testaferro *m* testa-de-ferro *mf*.
testamentaría DER *f* -**1.** [documentos] documentos *mpl* testamentais -**2.** [bienes] bens *mpl* testamentais.
testamentario, ria DER <> *adj* testamental. <> *m, f* testamenteiro *m*, -ra *f*.
testamento *m* testamento *m*.
testar <> *vi* testar. <> *vt* testar.
testarudo, da <> *adj* teimoso(sa). <> *m, f* teimoso *m*, -sa *f*.
testear *vt* *CSur* testar.
testículo *m* ANAT testículo *m*.
testificar <> *vt* testemunhar. <> *vi* testemunhar.
testigo <> *mf* testemunha *f*; ~ **de cargo/descargo** testemunha de acusação/defesa. <> *m* -**1.** [prueba] testemunho *m* -**2.** DEP bastão *m*.
testimonial *adj* [de testimonio] testemunhal.
testimoniar <> *vt* testemunhar. <> *vi* testemunhar.
testimonio *m* testemunho *m*; **dar ~ de** dar testemunho de.
testosterona *f* testosterona *f*.
testuz *m o f* [frente] testa *f*.

teta *f fam* teta *f*.
tétanos *m inv* tétano *m*.
tetera *f* chaleira *f*.
tetero *m Col, Ven* mamadeira *f*.
tetilla *f* **-1.** [de macho] maminha *f* **-2.** [de biberón] bico *m*.
tetina *f* bico *m*.
tetraedro *m GEOM* tetraedro *m*.
tétrico, ca *adj* tétrico(ca).
textil ◇ *adj* têxtil. ◇ *m* fibra *f* têxtil.
texto *m* **-1.** [gen] texto *m* **-2.** [libro] texto *m*.
textual *adj* textual.
textura *f* textura *f*.
tez *f* tez *f*.
ti *pron* você; **siempre pienso en ~** sempre penso em você; **me acordaré de ~** me lembrarei de você.
tianguis *m CAm, Méx* feira *m*.
Tibet *n*: **el ~** o Tibet.
tibia *f* ▷ **tibio.**
tibieza *f* tibieza *f*.
tibio, bia *adj* tíbio(a).
tic *m* tique *m*.
ticket = **tíquet.**
tictac *m* tiquetaque *m*.
tiempo *m* **-1.** [gen] tempo *m*; **a un ~** ao mesmo tempo; **con el ~** com o tempo; **con ~** com tempo; **ganar ~** ganhar tempo; **hacer ~** fazer hora; **perder el ~** perder tempo; **~ libre** tempo livre; **del ~** da estação; **en mis/tus** *etc* **~s** no meu/teu *etc* tempo; **al poco ~** após pouco tempo; **cada cierto ~** de tempos em tempos; **hace ~ que** faz tempo que; **todo el ~** todo o tempo; **tomarse ~** gastar um tempo para pensar; **a ~** a tempo; **estar a ~ de** estar em tempo de; **fuera de ~** intempestivamente; **tener ~** ter tempo; **hacer buen/mal ~.** fazer bom/mau tempo **-2.** [edad] idade *f*.
tienda *f* **-1.** [establecimiento] loja *f* **-2.** [para acampar] barraca *f*; **~ (de campaña)** barraca (de campanha).
tiene ▷ **tener.**
tienta *f TAUROM prova que se faz com a bandarilha, e a cavalo, para testar a bravura dos bezerros.*
◆ **a tientas** *loc adv* às apalpadelas.
tiento *m* **-1.** [tacto, cuidado] cautela *f* **-2.** [de ciego] bengala *m* branca **-3.** [de equilibrista] percha *f*.
tierno, na *adj* **-1.** [gen] tenro(ra) **-2.** [reciente] fresco(ca).
tierra *f* **-1.** [gen] terra *f*; **~ firme** terra firme **-2.** [suelo] chão *m*; **tomar ~** aterrissar.
◆ **Tierra** *f*: **la ~** a Terra.
tieso, sa *adj* **-1.** [rígido] duro(ra) **-2.** [erguido] ereto(ta) **-3.** [engreído] convencido(da) **-4.** [distante] frio(a).
tiesto *m* vaso *m*.
tifoideo, a *adj MED* tifóide.
tifón *m METEOR* tufão *m*.
tifus *m inv MED* tifo *m*.
tigre, sa *m, f* tigre *m*, -sa *f*.
tijera *f (gen pl)* tesoura *f*.
tijereta *f* **-1.** [insecto] tesourinha *f* **-2.** [en fútbol] bicicleta *f*.
tijeretear *vt* tesourar.
tila *f* tília *f*.
tildar *vt*: **~ a alguien de** tachar alguém de.
tilde *f* [signo ortográfico] til *m*.
tilín *m* tilintar *m*; **esa chica me hace ~** *Esp fam* essa garota mexe comigo.
tilma *f Méx* cobertor *m*.
tilo *m* tília *f*.
timar *vt* **-1.** [estafar] trapacear **-2.** [engañar] enganar.
timba *f* jogatina *f*.
timbal *m* timbale *m*.
timbrar *vt* timbrar.
timbre *m* **-1.** [gen] timbre *m* **-2.** [aparato] campainha *f*; **tocar el ~** tocar a campainha.
timidez *f* timidez *f*.
tímido, da ◇ *adj* tímido(da). ◇ *m, f* tímido *m*, -da *f*.
timo *m* **-1.** [estafa] trapaça *f* **-2.** *fam* [engaño] conto-do-vigário *m* **-3.** *ANAT* timo *m*.
timón *m* **-1.** [pieza de barco o avión] leme *m* **-2.** [rueda de barco] timão *m* **-3.** *Andes, Cuba* [volante] volante *m* **-4.** [gobierno] leme *m*, timão *m*.
timonel, timonero *m NÁUT* timoneiro *m*.
timorato, ta *adj* timorato(ta).
tímpano *m* **-1.** [gen] tímpano *m* **-2.** *MÚS* [de cuerda] xilofone *m*.
tina *f* **-1.** [gen] tina *f* **-2.** [recipiente de barro] talha *f* **-3.** *CAm, Col, Méx* [bañera] banheira *f*.
tinaco *m CAm, Méx* cisterna *f*.
tinaja *f* tinalha *f*.
tinglado *m* **-1.** [cobertizo] galpão *m* **-2.** [armazón] arquibancada *f* **-3.** [lío] confusão *f* **-4.** [maquinación] manobra *f*.
tinieblas *fpl* escuridão *f*.
tino *m* **-1.** [puntería] pontaria *f* **-2.** [ha-

bilidad] destreza *f* **-3.** [moderación] moderação *f* **-4.** [juicio] tino *m*.
tinta *f* ▷ **tinto**.
tinte *m* **-1.** [sustancia] tinta *f* **-2.** [operación] tingimento *m* **-3.** [tintorería] tinturaria *f* **-4.** ***fig*** [apariencia] matiz *m*.
tintero *m* tinteiro *m*.
tintinear *vi* tilintar.
tinto, ta *adj* tinto(ta).
◆ **tinto** *m* **-1.** [vino] tinto *m* **-2.** ***Col, Ven*** [café] café *m* preto.
◆ **tinta** *f* tinta *f*; **tinta china** nanquim *m*; **cargar** *o* **recargar las ~s** carregar nas tintas.
◆ **medias tintas** *fpl* meias-tintas *fpl*.
tintorera *f* **-1.** tintureira *f* **-2.** ▷ **tintorero**.
tintorería *f* tinturaria *f*.
tintorro *m* ***fam*** carrascão *m*.
tiña *f* MED tinha *f*.
tío, a *m, f* **-1.** [familiar] tio *m*, -a *f* **-2.** ***Esp fam*** [individuo] cara *mf*.
tiovivo *m* carrossel *m*.
tipazo *m* ***fam*** tipão *m*.
tipear ***Amér*** ◇ *vt* digitar. ◇ *vi* digitar.
típico, ca *adj* típico(ca).
tipificar *vt* tipificar.
tiple ◇ *mf* tiple *mf*. ◇ *m* tiple *mf*.
tipo, pa *m, f* ***fam*** tipo *m*, -pa *f*.
◆ **tipo** *m* **-1.** [gen] tipo *m*; **ser el ~ de alguien** ser o tipo de alguém; **todo ~ de** todo tipo de **-2.** [cuerpo] corpo *m* **-3.** ECON taxa *f*; **~ de cambio** ECON taxa de câmbio; **~ de descuento** taxa de desconto; **~ de interés** taxa de juros **-4.** ZOOL filo *m*.
tipografía *f* tipografia *f*.
tipográfico, ca *adj* tipográfico(ca).
tipógrafo, fa *m, f* tipógrafo *m*, -fa *f*.
tíquet (*pl* **tiquets**), **ticket** (*pl* **tickets**) *m* tíquete *m*.
tiquismiquis ◇ *adj inv* ***fam*** [maniático] melindroso(sa). ◇ *mf inv* ***fam*** [maniático] melindroso *m*, -sa *f*.
tira *f* **-1.** [gen] tira *f*; **la ~ (de)** ***fam fig*** um monte (de) **-2.** [la policía]: **la ~** ***Méx fam*** a polícia.
tirabuzón *m* **-1.** [rizo] cacho *m* **-2.** [sacacorchos] saca-rolhas *mpl*.
tirachinas *m inv* estilingue *m*.
tiradero *m* ***Amér*** desordem *f*.
tirado, da ◇ *adj* ***fam*** **-1.** [barato] barato(ta) **-2.** [fácil] fácil; **estar ~** estar uma sopa **-3.** [débil, cansado] abatido(da) **-4.** [miserable] sórdido (da). ◇ *m, f* ***fam*** miserável *mf*.
◆ **tirada** *f* **-1.** [en ruleta, bolos] jogada *f* **-2.** [de obra impresa] tiragem *f* **-3.** [sucesión] série *f* **-4.** [distancia] tirada *f*; **de** *o* **en una tirada** de uma tirada.
tirador, ra *m, f* atirador *m*, -ra *f*.
◆ **tirador** *m* puxador *m*.
tiraje *m* ***Amér*** tiragem *f*.
Tirana *n* Tirana.
tiranía *f* tirania *f*.
tirano, na ◇ *adj* tirano(na). ◇ *m, f* tirano *m*, -na *f*.
tirante ◇ *adj* **-1.** [estirado] esticado(da) **-2.** [violento, tenso] tenso(sa). ◇ *m* **-1.** [de tela] alça *f* **-2.** ***(gen pl)*** [elástico] suspensórios *mpl* **-3.** ARQUIT tirante *m*.
tirantez *f* tensão *f*.
tirar ◇ *vt* **-1.** [lanzar] atirar **-2.** [desechar] jogar fora **-3.** [malgastar] desperdiçar **-4.** [disparar] disparar **-5.** [bomba, petardo] soltar **-6.** [cohete] lançar **-7.** [derribar, dejar caer] derrubar; **~ abajo** colocar abaixo **-8.** [jugar] jogar **-9.** DEP chutar **-10.** [imprimir] imprimir. ◇ *vi* **-1.** [estirar] esticar; **~ de** puxar; **tira y afloja** barganha *f* **-2.** [disparar] atirar **-3.** [atraer] atrair **-4.** [aspirar] aspirar **-5.** [funcionar] funcionar **-6.** [dirección, camino] seguir **-7.** [seguir con cierta dificultad] sobreviver; **ir tirando** ***fam*** ir vivendo **-8.** [parecerse]: **~ a** tender para; **tirando a** tendendo para **-9.** [jugar] jogar **-10.** [tener propensión] tender **-11.** DEP chutar.
◆ **tirarse** *vpr* **-1.** [gen] atirar-se; **~se de** atirar-se de **-2.** [pasarse] passar **-3.** ***vulg*** [fornicar]: **~se a alguien** trepar com alguém.
tirita® *f* curativo *m*.
tiritar *vi* tiritar; **~ de** tiritar de.
tiritera, tiritona *f* tremedeira *f*.
tiro *m* **-1.** [gen] tiro *m*; **pegar(se) un ~** dar(se) um tiro; **a ~ de** a um tiro de; **~ al blanco** [deporte] tiro ao alvo **-2.** [de chimenea, horno] tiragem *f* **-3.** [de pantalón] gancho *m* **-4.** ***loc***: **ni a ~s** nem a pau; **vestirse** *o* **ponerse de ~s largos** engalanar-se.
tiroides *m* ANAT tireóide *f*.
tirón *m* puxão *m*.
◆ **de un tirón** *loc adv* de uma tacada.
tirotear ◇ *vt* tirotear. ◇ *vi* tirotear.
tiroteo *m* tiroteio *m*.
tirria *f* ***fam*** implicância *f*; **tenerle ~**

a alguien/algo ter implicância com alguém/algo.
tisana *f* tisana *f.*
tísico, ca MED <> *adj* tísico(ca). <> *m, f* tísico *m,* -ca *f.*
tisis *f* MED tísica *f.*
titánico, ca *adj* titânico(ca).
titanio *m* QUÍM titânio *m.*
títere *m* [marioneta] títere *m*; ***fig*** [criticar] não escapar ninguém.
titilar, titilear *vi* **-1.** [temblar] tremer **-2.** [centellear] cintilar.
titiritar *vi* tiritar; ~ **de** tiritar de.
titiritero, ra *m, f* **-1.** [de títeres] titereiro *m,* -ra *f* **-2.** [acróbata] acrobata *mf.*
titubeante *adj* titubeante.
titubear *vi* titubear.
titubeo *m (gen pl)* titubeação *f.*
titulado, da <> *adj* diplomado(da); ~ **en** diplomado em. <> *m, f* diplomado *m,* -da *f.*
titular[1] <> *adj* [de plaza] titular. <> *mf* titular *mf.* <> *m* PRENS manchete *f.*
titular[2] *vt* [llamar] intitular.
◆ **titularse** *vpr* **-1.** [llamarse] intitular-se **-2.** [licenciarse] diplomar-se; ~**se en** diplomar-se em.
titulillo *m* ***despec*** diplominha *m.*
título *m* **-1.** [gen] título *m*; **a** ~ **de** a título de **-2.** [documento] diploma *m.*
tiza *f* giz *m.*
tiznar *vt* tisnar.
◆ **tiznarse** *vpr* tisnar-se.
tizne *m o f* tisne *m.*
tizón *m* tição *m.*
tlapalería *f* ***Méx*** *loja de materiais de construção.*
toalla *f* **-1.** [para secarse] toalha *f*; **arrojar** *o* **tirar la** ~ ***fig*** dar-se por vencido **-2.** [tejido] atoalhado *m.*
toallero *m* toalheiro *m.*
tobera *f* chaminé *f.*
tobillera *f* tornozeleira *f.*
tobillo *m* ANAT tornozelo *m.*
tobogán *m* [rampa] escorregador *m.*
toca *f* touca *f.*
tocadiscos *m inv* toca-discos *m inv.*
tocado, da *adj* ***fam*** **-1.** [chiflado] maluco(ca) **-2.** [afectado] afetado(da).
◆ **tocado** *m* **-1.** [prenda] toucado *m* **-2.** [peinado] penteado *m.*
tocador *m* **-1.** [mueble] toucador *m* **-2.** [habitación] banheiro *m.*
tocante *adj*: **en lo** ~ **a** no tocante a.
tocar <> *vt* **-1.** [gen] tocar **-2.** [variar] retocar. <> *vi* **-1.** [entrar en contacto] tocar **-2.** [estar próximo]: ~ **a** *o* **con** confinar com **-3.** [corresponder] caber **-4.** [llegar el momento] ser a vez de **-5.** *loc*: **en** *o* **por lo que toca a algo** no que diz respeito a algo; **en** *o* **por lo que le toca a alguien** no que diz respeito a alguém.
◆ **tocarse** *vpr* tocar-se.
tocateja ◆ **a tocateja** *loc adv* ***Esp*** à vista.
tocayo, ya *m, f* homônimo *m,* -ma *f.*
tocho *m* ***Esp fam*** [libro] calhamaço *m.*
tocino *m* toucinho *m.*
◆ **tocino de cielo** *m* CULIN toucinho *m* do céu.
todavía *adv* ainda.
todo, da <> *adj* todo(da); ~ **eso es muy raro** tudo isso émuito estranho. <> *pron* **-1.** [todas las cosas] tudo; **de** ~ de tudo **-2.** *(gen pl)* [todas las personas] todos(das).
◆ **todo** <> *m* todo *m.* <> *adv* totalmente.
◆ **ante todo** *loc adv* antes de tudo.
◆ **del todo** *loc adv* de todo.
◆ **después de todo** *loc adv* apesar de tudo.
◆ **de todas todas** *loc adv* com toda certeza.
◆ **sobre todo** *loc adv* sobretudo.
◆ **todo terreno** *m* todo-terreno *m.*
todopoderoso, sa *adj* todo-poderoso(sa).
todoterreno *m* todo-terreno *m.*
toga *f* toga *f.*
toldo *m* toldo *m.*
tolerancia *f* tolerância *f.*
tolerante *adj* tolerante.
tolerar *vt* tolerar.
toma *f* **-1.** [gen] tomada *f*; ~ **de tierra** ELECTR tomada de terra **-2.** [ración] dose *f.*
◆ **toma de conciencia** *f* tomada *f* de consciência.
◆ **toma de posesión** *f* tomada *f* de posse.
tomadura *f*: ~ **de pelo** tirada *f* de pelo.
tomar <> *vt* **-1.** [gen] tomar; **¿qué quieres** ~**?, ¿una copa, algo para comer?** o que você quer? beber ou comer algo? **-2.** [coger] pegar; ~ **prestado** tomar *o* pegar emprestado **-3.** [datos, información] tomar nota de **-4.** [aceptar] aceitar **-5.** [contratar] contratar **-6.** [contraer] contrair **-7.** [considerar]: ~ **a alguien por algo/alguien** tomar alguém por algo/al-

guém **- 8.** *loc*: **tomarla(s) con alguien** *fam* cismar com alguém. ◇ *vi* **-1.** [encaminarse] pegar **- 2.** *Amér* [beber] beber.

◆ **tomarse** *vpr* **-1.** [gen] tomar **- 2.** [interpretar] levar; **se toma a mal todas las bromas** ela leva a mal todas as brincadeiras; ~ **a** levar a.

tomate *m* **- 1.** [fruto] tomate *m*; **ponerse como un** ~ ficar vermelho(lha) como um tomate **- 2.** *fam* [de calcetín] furo *m* **- 3.** *Esp fam* [jaleo] briga *f*.

tomatera *f* tomateiro *m*.

tomavistas *m inv* filmadora *f*.

tómbola *f* tômbola *f*.

tomillo *m* tomilho *m*.

tomo *m* tomo *m*.

ton ◆ **sin ton ni son** *loc adv* sem motivo.

tonada *f* **- 1.** [canción] toada *f* **- 2.** [música] melodia *f*.

tonadilla *f* tonadilha *f*.

tonalidad *f* tonalidade *f*.

tonel *m* [recipiente] tonel *m*.

tonelada *f* tonelada *f*.

tonelaje *m* tonelagem *f*.

tongada *f* pilha *f*.

tongo *m* **- 1.** DEP suborno *m* **- 2.** *Andes fam* [sombrero] *chapéu de copa arredondada usado pelos índios bolivianos m*.

tónico, ca *adj* tônico(ca).

◆ **tónico** *m* tônico *m*.

◆ **tónica** *f* tônica *f*.

tonificador, ra, tonificante *adj* tonificante.

tonificar *vt* tonificar.

tono *m* **- 1.** [gen] tom *m* **- 2.** MED tônus *m* **- 3.** [de teléfono] sinal *m* **- 4.** *loc*: **darse** ~ *fam* exibir-se; **fuera de** ~ fora de tom.

tonsura *f* tonsura *f*.

tontear *vi* **- 1.** [hacer el tonto] tontear **- 2.** [coquetear] flertar; ~ **con alguien** flertar com alguém.

tontería *f* besteira *f*; **decir una** ~ dizer uma besteira; **hacer una** ~ fazer uma besteira.

tonto, ta ◇ *adj* idiota. ◇ *m, f* tonto *m*, -ta *f*; **hacer el** ~ bancar o bobo; **hacerse el** ~ fazer-se de desentendido.

◆ **a lo tonto** *loc adv* como quem não quer nada.

◆ **a tontas y a locas** *loc adv* a torto e a direito.

tontorrón, ona ◇ *adj* bobão(ona). ◇ *m, f* bobão *m*, -ona *f*.

top (*pl* **tops**) *m* [prenda de vestir] top *m*.

topacio *m* topázio *m*.

topadora *f RP* máquina *f* de terraplanagem.

topar *vi* **- 1.** [chocar] chocar **- 2.** [encontrarse]: ~ **con** topar com.

tope ◇ *m* **- 1.** [pieza] trava *f* **- 2.** [límite máximo] limite *m* **- 3.** [obstáculo] freio *m*. ◇ *adj* [máximo] máximo(ma). ◇ *adv Esp fam* [muy] super.

◆ **a tope** *loc adv* à toda.

topetazo *m* batida *f*.

tópico, ca *adj* [gen] tópico(ca).

◆ **tópico** *m* lugar-comum *m*.

topo *m* **- 1.** [animal] toupeira *f* **- 2.** [lunar] ponto *m* **- 3.** [contraespía] espião *m*, -ã *f* **- 4.** *fig* [cegato] cego *m*, -ga *f*.

topografía *f* topografia *f*.

topógrafo, fa *m, f* topógrafo *m*, -fa *f*.

topónimo *m* topônimo *m*.

toque *m* toque *m*; **dar un** ~ [avisar] dar um toque; ~ **de queda** [señal] toque de recolher.

toquetear ◇ *vt* **- 1.** [piezas] manusear **- 2.** [a una persona] apalpar. ◇ *vi fam* [sobar] mexer em tudo.

toquilla *f* xale *m*.

torácico, ca *adj* ANAT torácico(ca).

tórax *m* tórax *m*.

torbellino *m* **- 1.** [gen] torvelinho *m* **- 2.** *fig* [mezcla confusa] enxurrada *f*.

torcedura *f* **- 1.** [torsión] torcedura *f* **- 2.** [esguince] torção *f*.

torcer ◇ *vt* **- 1.** [gen] torcer **- 2.** [girar] virar **- 3.** [pervertir, desviar] desviar. ◇ *vi* [girar] virar.

◆ **torcerse** *vpr* **- 1.** [doblar] dobrar-se **- 2.** [dislocarse] torcer **- 3.** [ir mal] ir mal.

torcido, da *adj* torto(ta).

tordo, da ◇ *adj* tordilho(lha). ◇ *m, f* tordilho *m*, -lha *f*.

◆ **tordo** *m* tordo *m*.

torear ◇ *vt* tourear. ◇ *vi* tourear.

toreo *m* toureação *f*.

torero, ra ◇ *m, f* toureiro *m*, -ra *f*; **saltarse algo a la torera** *fig* mandar algo às favas. ◇ *adj* de toureiro.

◆ **torera** *f* jaqueta *f*.

tormenta *f* **- 1.** METEOR tormenta *f* **- 2.** *fig* [alteración anímica] confusão *f*.

tormento *m* tormento *m*.

tormentoso, sa *adj* tormentoso(sa).

tornado *m* METEOR tornado *m*.

tornar *culto* ◇ *vt* tornar. ◇ *vi* [regresar] tornar.

◆ **tornarse** *vpr* [convertirse] tornar-se.

tornasolado, da *adj* furta-cor.

torneado, da *adj* torneado(da).
◆ **torneado** *m* torneado *m*.
torneo *m* torneio *m*.
tornero, ra *m, f* torneiro(ra).
tornillo *m* parafuso *m*; **faltarle a uno un ~** *fam fig* faltar um parafuso a alguém.
torniquete *m* **-1.** MED torniquete *m* **-2.** [en entrada] catraca *f*.
torno *m* **-1.** [gen] torno *m* **-2.** [para levantar pesos] sarilho *m*.
◆ **en torno a** *loc prep* em torno de.
toro *m* touro *m*.
◆ **toros** *mpl* tourada *f*.
toronja *f* toranja *f*.
torpe *adj* **-1.** [gen] desajeitado(da) **-2.** [inoportuno] inconveniente.
torpedear *vt* torpedear.
torpedero, ra *adj* torpedeiro(ra).
◆ **torpedero** *m* torpedeiro *m*.
torpedo *m* **-1.** [proyectil] torpedo *m* **-2.** [pez] raia-elétrica *f*.
torpeza *f* **-1.** [gen] lerdeza *f* **-2.** [falta de habilidad] falta *f* de habilidade **-3.** [inoportunidad] inconveniência *f*.
torre *f* **-1.** [gen] torre *f*; **~ de control** torre de controle **-2.** [edificio] prédio *m*.
torrefacto, ta *adj* torrefato(ta).
torrencial *adj* torrencial.
torrente *m* torrente *f*.
torreón *m* torreão *m*.
torreta *f* torre *f*.
torrezno *m* torresmo *m*.
tórrido, da *adj* tórrido(da).
torrija *f* CULIN rabanada *f*.
torsión *f* torção *f*.
torso *m* torso *m*.
torta *f* **-1.** CULIN torta *f* **-2.** ***CSur, Ven*** [tarta] torta *f* **-3.** ***fam*** [bofetada] bofetada *f*; **dar** *o* **pegar una ~ a alguien** dar uma bofetada em alguém.
◆ **ni torta** *fam loc adv* nada.
tortazo *m* **-1.** [bofetada] bofetão *m* **-2.** [golpe] pancada *f*.
tortícolis *f* MED torcicolo *m*.
tortilla *f* **-1.** [de huevo] omelete *m*; **~ a la española** *o* **de patatas** CULIN omelete à espanhola *o* de batatas; **~ a la francesa** omelete à francesa **-2.** ***CAm, Méx*** [de harina] tortilha *f*.
tórtola *f* rola *f*.
tortolito, ta *m, f* **-1.** [inexperto] inexperiente *mf* **-2.** ***(gen pl) fam*** [enamorado] pombinho *m*, -nha *f*.
tórtolo *m* **-1.** [ave] pombo *m* **-2.** ***(gen pl) fam*** [enamorado] pombinho *m*, -nha *f*.
tortuga *f* tartaruga *f*.
tortuoso, sa *adj* tortuoso(sa).
tortura *f* tortura *f*.
torturar *vt* torturar.
◆ **torturarse** *vpr* torturar-se.
torvisco *m* trovisco *m*.
torvo, va *adj* torvo(va).
tos *f* tosse *f*; **~ ferina = tosferina.**
tosco, ca *adj* tosco(ca).
toser *vi* tossir.
tosferina, tos ferina *f* MED coqueluche *f*.
tostada *f* ▷ **tostado.**
tostado, da *adj* torrado(da).
◆ **tostada** *f* torrada *f*.
tostador, ra *adj* tostador(ra).
◆ **tostadora** *f* torradeira *f*.
tostar *vt* **-1.** [dorar, calentar] tostar **-2.** [curtir, broncear] bronzear.
◆ **tostarse** *vpr* bronzear-se.
tostón *m* ***Esp fam*** **-1.** [rollo, aburrimiento] chateação *f* **-2.** [persona molesta] chato *m*, -ta *f*.
total ◇ *adj* total. ◇ *m* **-1.** [suma] total *m*; **en ~** no total **-2.** [totalidad, conjunto] totalidade *f*. ◇ *adv* afinal.
totalidad *f* totalidade *f*.
totalitario, ria *adj* totalitário(ria).
totalizar *vt* totalizar.
tótem (*pl* **tótems** *o* **tótemes**) *m* totem *m*.
tóxico, ca *adj* tóxico(ca).
◆ **tóxico** *m* tóxico *m*.
toxicómano, na *m, f* toxicômano *m*, -na *f*.
toxina *f* toxina *f*.
tozudo, da ◇ *adj* obstinado(da). ◇ *m, f* obstinado *m*, -da *f*.
traba *f* **-1.** [sujeción] trava *f* **-2.** [obstáculo] empecilho *m*; **poner ~s** colocar empecilhos.
trabajador, ra ◇ *adj* trabalhador(ra). ◇ *m, f* trabalhador *m*, -ra *f*.
trabajar ◇ *vi* trabalhar. ◇ *vt* trabalhar.
trabajo *m* trabalho *m*; **~ temporal** trabalho temporário; **tomarse el ~ de** ter o trabalho de; **costar algo (mucho) ~** algo custar (muito) trabalho.
trabajoso, sa *adj* **-1.** [difícil] trabalhoso(sa) **-2.** [molesto] cansativo(va).
trabalenguas *m inv* trava-língua *m*.
trabar *vt* **-1.** [sujetar] prender **-2.** [relación, amistad] travar **-3.** [obstaculizar] entravar **-4.** [espesar] engrossar.
◆ **trabarse** *vpr* travar.
trabazón *f* **-1.** [ensambladura] ensam-

bladura *f* **-2.** [conexión, enlace] encadeamento *m*.
trabilla *f* passador *m*.
trabuco *m* trabuco *m*.
traca *f* fogos *mpl*.
tracción *f* tração *f*.
tractor *m* trator *m*.
tradición *f* tradição *f*.
tradicional *adj* tradicional.
tradicionalismo *m* tradicionalismo *m*.
traducción *f* tradução *f*.
traducir ◇ *vt* traduzir. ◇ *vi* traduzir.
◆ **traducirse** *vpr* **-1.** [a otro idioma] traduzir-se **-2.** [dar lugar]: **~se en** traduzir-se em.
traductor, ra ◇ *adj* tradutor(ra). ◇ *m, f* tradutor *m*, -ra *f*.
traer *vt* **-1.** [gen] trazer **-2.** [llevar puesto] vestir **-3.** *loc*: **~ algo entre manos** maquinar algo.
◆ **traerse** *vpr*: **¡desde luego el comentario que hizo se las traía!** *fam* sem dúvida o comentário que fez foi péssimo; **tengo una profesora nueva de gimnasia que se las trae** *fam* tenho uma nova professora de ginástica que é muito ruim.
tráfago *m* movimentação *f*.
traficar *vi* traficar.
tráfico *m* **-1.** [circulación] trânsito *m*, tráfego *m* **-2.** [comercio ilegal] tráfico *m*.
tragaderas *fpl* **-1.** *fam*: **tener (buenas) ~** [ser crédulo] ser crédulo; [comer mucho] ser um bom garfo **-2.** [no tener escrúpulos] ser inescrupuloso.
tragaluz *m* clarabóia *f*.
tragaperras *f inv (en aposición)* caça-níquel *m*.
tragar ◇ *vt* **-1.** [gen] engolir **-2.** [soportar] traga **-3.** *fam* [comer mucho] devorar **-4.** [consumir] consumir. ◇ *vi* engolir.
◆ **tragarse** *vpr* **-1.** [gen] engolir **-2.** *fig* [soportarse] tragar-se.
tragedia *f* tragédia *f*.
trágico, ca ◇ *adj* trágico(ca). ◇ *m, f* trágico *m*, -ca *f*.
tragicomedia *f* tragicomédia *f*.
trago *m* **-1.** [de líquido] trago *m* **-2.** *fam* [copa] trago *m* **-3.** *fam* [disgusto] desgosto *m*; **pasar un mal ~** passar um mau momento.
tragón, ona ◇ *adj fam* comilão(lona). ◇ *m, f fam* comilão *m*, -lona *f*.
traición *f* traição *f*.
traicionar *vt* trair.
traicionero, ra ◇ *adj* traiçoeiro (ra). ◇ *m, f* [malicioso] traiçoeiro *m*, -ra *f*.
traidor, ra ◇ *adj* traidor(ra). ◇ *m, f* [desleal] traidor *m*, -ra *f*.
trailer (*pl* **trailers**) *m* **-1.** [camión] trailer *m* **-2.** *Méx* [caravana] trailer *m*.
traje *m* **-1.** [vestido exterior] traje *m*; **~ de baño** traje de banho; **~ de paisano** traje à paisana **-2.** [conjunto con chaqueta] conjunto *m*; **~ de luces** TAUROM traje *m* de luzes.
trajeado, da *adj* **-1.** [con chaqueta] com terno **-2.** *fam* [arreglado] arrumado(da).
trajera *etc* ▷ **traer**.
trajín *m* **-1.** *fam* [ajetreo] movimento *m* **-2.** [transporte] transporte *m*.
trajinar ◇ *vi fam* movimentar. ◇ *vt* transportar.
trama *f* trama *f*.
tramar *vt* tramar.
tramitar *vt* tramitar.
trámite *m* [diligencia] trâmite *m*.
tramo *m* **-1.** [espacio] trecho *m* **-2.** [de escalera] degrau *m*.
tramoya *f* **-1.** TEATR maquinismo *m* **-2.** *fig* [enredo] tramóia *f*.
tramoyista *mf* **-1.** TEATR maquinista *mf* **-2.** *fig* [tramposo] tramoieiro *m*, -ra *f*.
trampa *f* **-1.** [gen] armadilha *f*; **hacer ~s** fazer trapaças **-2.** [puerta] alçapão *m* **-3.** *fig* [deuda] calote *m*.
trampear *fam vi* **-1.** [endeudarse] endividar-se **-2.** *Esp* [ir tirando] virar-se.
trampilla *f* alçapão *m*.
trampolín *m* trampolim *m*.
tramposo, sa ◇ *adj* **-1.** [fullero] trapaceiro(ra) **-2.** [moroso] caloteiro (ra). ◇ *m, f* **-1.** [fullero] trapaceiro *m*, -ra *f* **-2.** [moroso] caloteiro *m*, -ra *f*.
tranca *f* **-1.** [palo] tranca *f* **-2.** *Esp fam* [borrachera] bebedeira *f* **-3.** *loc*: **a ~s y a barrancas** aos trancos e barrancos.
trancazo *m* **-1.** [golpe con tranca] paulada *f* **-2.** *Esp fam* [gripe] gripe *f*.
trance *m* transe *m*.
◆ **a todo trance** *loc adv* a todo custo.
tranco *m* passada *f*.
tranquilidad *f* tranqüilidade *f*.
tranquilizante ◇ *adj* tranqüilizante. ◇ *m* tranqüilizante *m*.
tranquilizar *vt* tranqüilizar.

◆ **tranquilizarse** *vpr* tranqüilizar-se.
tranquillo *m fam*: **cogerle el ~ a algo** pegar a manha de algo.
tranquilo, la *adj* tranqüilo(la); **(tú) ~** fique tranqüilo.
transacción *f* COM transação *f*.
transatlántico, ca, trasatlántico, ca *adj* transatlântico(ca).
◆ **transatlántico** *m* NÁUT transatlântico *m*.
transbordador, ra, trasbordador, ra *adj* transportador(ra).
◆ **transbordador** *m* NÁUT balsa *f*, ferryboat *m*.
transbordar, trasbordar ◇ *vt* transportar. ◇ *vi* baldear.
transbordo, trasbordo *m*: **hacer ~** fazer baldeação.
transcendencia, trascendencia *f* transcendência *f*.
transcendental = trascendental.
transcendente = trascendente.
transcender = trascender.
transcribir, trascribir *vt* transcrever.
transcurrir, trascurrir *vi* transcorrer.
transcurso, trascurso *m* **-1.** [paso de tiempo] transcurso *m* **-2.** [periodo de tiempo] decurso *m*.
transeúnte *mf* [paseante] transeunte *mf*.
transexual ◇ *adj* transexual. ◇ *mf* transexual *mf*.
transferencia, trasferencia *f* transferência *f*.
transferir, trasferir *vt* transferir.
transfigurar, trasfigurar *vt* transfigurar.
◆ **transfigurarse** *vpr* transfigurar-se.
transformación, trasformación *f* transformação *f*.
transformador, ra, trasformador, ra *adj* transformador(ra).
◆ **transformador** *m* ELECTRÓN transformador *m*.
transformar, trasformar *vt* transformar; **~ algo/a alguien en algo** transformar algo/alguém em algo.
◆ **transformarse** *vpr* transformar-se.
transformista, trasformista ◇ *adj* transformista. ◇ *mf* transformista *mf*.
tránsfuga, trásfuga *mf* trânsfuga *mf*.
transfusión, trasfusión *f* MED transfusão *f*.
transgénico, ca *adj* transgênico(ca).
transgredir, trasgredir *vt* transgredir.
transgresor, ra, trasgresor, ra ◇ *adj* transgressor(ra). ◇ *m, f* transgressor *m*, -ra *f*.
transición *f* transição *f*.
transido, da *adj* transido(da).
transigente *adj* transigente.
transigir *vi* transigir.
transistor *m* transistor *m*.
transitar *vi* transitar.
tránsito *m* trânsito *m*.
transitorio, ria *adj* transitório(ria).
translúcido, da, traslúcido, da *adj* translúcido(da).
translucirse, traslucirse *vpr* transluzir-se.
transmisión, trasmisión *f* transmissão *f*.
transmisor, ra, trasmisor, ra ◇ *adj* transmissor(ra). ◇ *m, f* transmissor *m*, -ra *f*.
◆ **transmisor** *m* transmissor *m*.
transmitir, trasmitir *vt* transmitir.
◆ **transmitirse** *vpr* transmitir-se.
transmutación, trasmutación *f* transmutação *f*.
transoceánico, ca, trasoceánico, ca *adj* transoceânico(ca).
transparencia, trasparencia *f* transparência *f*.
transparentarse, trasparentarse *vpr* transparecer.
transparente, trasparente *adj* transparente.
transpiración, traspiración *f* transpiração *f*.
transpirar, traspirar *vi* transpirar.
transplantar, trasplantar *vt* transplantar.
transplante, trasplante *m* transplante *m*.
transponer, trasponer *vt* [cambiar] mudar.
transportador, ra, trasportador, ra *adj* transportador(ra).
◆ **transportador** *m* **-1.** [para transportar] transportador *m* **-2.** [para medir ángulos] transferidor *m*.
transportar, trasportar *vt* transportar.
◆ **transportarse** *vpr* extasiar-se.
transporte, trasporte *m* transporte *m*.
transportista, trasportista *mf*

transportador *m*, -ra *f*.
transvase, trasvase *m* [de río] canal *m*.
transversal, trasversal <> *adj* transversal. <> *f* GEOM transversal *f*.
tranvía *m* bonde *m*.
trapear *vt* ***Andes, CAm, Méx*** esfregar com pano.
trapecio *m* trapézio *m*.
trapecista *mf* trapezista *mf*.
trapeo *m* ***Andes, CAm, Méx*** *ação de esfregar o chão*.
trapero, ra *m, f* trapeiro *m*, -ra *f*.
trapezoide *m* **-1.** GEOM polígono *m* trapezóide **-2.** ANAT trapezóide *m*.
trapicheo *m* ***fam*** manobra *f*.
trapío *m* galhardia *f*.
trapisonda *f* ***fam*** encrenca *f*.
trapo *m* **-1.** [gen] trapo *m*; **poner a alguien como un ~** ***fig*** pôr alguém abaixo de zero **-2.** TAUROM capinha *f*.
◆ **trapos** *mpl* roupa *f* feminina.
tráquea *f* ANAT traquéia *f*.
traqueteo *m* balanço *m*.
tras *prep* **-1.** [detrás de, en pos de] atrás de **-2.** [después de] depois de.
trasatlántico, ca = transatlántico.
trasbordador, ra = transbordador.
trasbordar = transbordar.
trasbordo = transbordo.
trascendencia = transcendencia.
trascendental, transcendental *adj* transcendental.
trascendente, transcendente *adj* transcendente.
trascender, transcender *vi* transcender.
trascribir = transcribir.
trascurrir = transcurrir.
trascurso = transcurso.
trasegar *vt* **-1.** [desordenar] desarrumar **-2.** [transvasar] transvasar.
trasero, ra *adj* traseiro(ra).
◆ **trasero** *m* ***fam*** traseiro *m*.
trasferencia = transferencia.
trasferir = transferir.
trasfigurar = transfigurar.
trasfondo *m* fundo *m*.
trasformación = transformación.
trasformador, ra = transformador.
trasformar = transformar.
trasformista = transformista.
trásfuga = tránsfuga.
trasfusión = transfusión.
trasgredir = transgredir.
trasgresor, ra = transgresor.
trashumante *adj* transumante.
trasiego *m* **-1.** [desorden] desordem *f* **-2.** [transvase] trasfega *f*.
traslación *f* translação *f*.
trasladar *vt* trasladar.
◆ **trasladarse** *vpr* **-1.** [desplazarse] trasladar-se **-2.** [mudarse] mudar-se.
traslado *m* **-1.** [gen] traslado *m* **-2.** [mudanza] mudança *f*.
traslúcido, da = translúcido.
traslucirse = translucirse.
trasluz *m* réstia *f*; **al ~** à contraluz.
trasmano ◆ **a trasmano** *loc adv* fora de mão.
trasmisión = transmisión.
trasmisor, ra = transmisor.
trasmitir = transmitir.
trasmutación = transmutación.
trasnochar *vi* passar a noite em claro.
trasoceánico, ca = transoceánico.
traspapelar *vt* extraviar.
◆ **traspapelarse** *vpr* extraviar-se.
trasparencia = transparencia.
trasparentarse = transparentarse.
trasparente = transparente.
traspasar *vt* transpassar.
traspaso *m* **-1.** [gen] transpasse *m* **-2.** DEP passe *m*.
traspié *m* **-1.** [resbalón] tropeção *m* **-2.** [error] tropeço *m*.
traspiración = transpiración.
traspirar = transpirar.
trasplantar = transplantar.
trasplante = transplante.
trasponer = transponer.
trasportador, ra = transportador.
trasportar = transportar.
trasporte = transporte.
trasportista = transportista.
trasquilar *vt* **-1.** [cortar mal el pelo] cortar mal **-2.** [esquilar] tosquiar.
trastabillar *vi* tropeçar.
trastada *f* cachorrada *f*; **hacerle una ~ a alguien** fazer uma cachorrada com alguém.
trastazo *m* pancada *f*; **darse** *o* **pegarse un ~** levar uma pancada.
traste *m* **-1.** MÚS traste *m* **-2.** ***Andes, CAm, Carib, Méx*** [trasto] utensílio *m* de cozinha **-3.** ***CSur*** [trasero] traseiro *m* **-4.** ***loc***: **dar al ~ con algo** ***fig*** acabar com algo; **irse al ~ algo** ***fig*** algo ir para o espaço.
trastero *m* quarto *m* de despejo.
trastienda *f* fundos *mpl*.
trasto *m* **-1.** [utensilio inútil] traste *m* **-2.** ***fam*** [persona traviesa] traquinas *mf inv*.

◆ **trastos** *mpl* **-1.** [pertenencias] tralha *f*; **tirarse los ~s a la cabeza** quebrar o pau **-2.** [equipo, herramientas] petrechos *mpl*.
trastocar *vt* desarrumar.
◆ **trastocarse** *vpr* transtornar-se.
trastornado, da *adj* transtornado (da).
trastornar *vt* transtornar.
◆ **trastornarse** *vpr* [volverse loco] transtornar-se.
trastorno *m* transtorno *m*.
trastrocar *vt* **-1.** [cambiar de orden] trocar **-2.** [cambiar de sentido] inverter.
trasvase = **transvase**.
trasversal = **transversal**.
tratable *adj* tratável.
tratado *m* tratado *m*.
tratamiento *m* tratamento *m*.
◆ **tratamiento de textos** *m* INFORM processamento *m* de textos.
tratar ◇ *vt* **-1.** [gen] tratar **-2.** [dar tratamiento]: **~ de tú/usted** tratar alguém de tu/você **-3.** [calificar]: **~ de** tratar de. ◇ *vi* **-1.** [gen] tratar; **~ de** tratar de **-2.** [tener relación]: **~ con alguien** tratar com alguém **-3.** [intentar]: **~ de hacer algo** tratar de fazer algo **-4.** [utilizar] manipular.
◆ **tratarse** *vpr* **-1.** [relacionarse]: **~se con** conviver com **-2.** [versar]: **~se de** tratar-se de.
trato *m* **-1.** [gen] tratamento *m* **-2.** [relación] relação *f*; **tener ~ con alguien** ter comunicação *o* relações com alguém **-3.** [acuerdo] trato *m*; **cerrar** *o* **hacer un ~** fazer um trato; **¡~ hecho!** trato feito!
trauma *m* trauma *m*.
traumatizar *vt* traumatizar.
◆ **traumatizarse** *vpr* traumatizar-se.
traumatólogo, ga *m, f* MED traumatologista *mf*.
través ◆ **a través de** *loc prep* através de.
◆ **al través** *loc adv* de atravessado.
◆ **de través** *loc adv* de atravessado.
travesaño *m* **-1.** travessa *f* **-2.** DEP travessão *m*.
travesía *f* **-1.** [viaje] travessia *f* **-2.** [calle] travessa *f* **-3.** [de carretera] *trecho de estrada dentro do perímetro urbano*.
travestido, da, travesti, travestí (*pl* **travestís** *o* **travesties**) *m, f* travesti *mf*.
travesura *f* travessura *f*.
traviesa *f* dormente *m*.
travieso, sa *adj* travesso(sa).
trayecto *m* trajeto *m*.
trayectoria *f* trajetória *f*.
traza *f* **-1.** [boceto, plano] planta *f* **-2.** [aspecto] aspecto *m* **-3.** [habilidad]: **tener buena** *o* **mucha ~ (para)** ter muito jeito (para); **tener mala** *o* **poca ~ (para)** ter pouco jeito (para).
trazado *m* traçado *m*.
trazar *vt* traçar.
trazo *m* traço *n*.
trébol *m* **-1.** [planta] trevo *m* **-2.** [naipe] paus *mpl*.
◆ **tréboles** *mpl* paus *mpl*.
trece ◇ *núm* treze. ◇ *m* treze *m*; *ver también* **seis**.
treceavo, va *núm*: **treceava parte** décima terceira parte.
trecho *m* **-1.** [tramo] trecho *m*; **de ~ en ~** de trecho em trecho **-2.** [de tiempo] tempo; **de ~ en ~** de tempo em tempo.
tregua *f* trégua *f*.
treinta ◇ *núm* trinta. ◇ *m* trinta *m*; *ver también* **seis**.
trekking *m* trekking *m*.
tremebundo, da *adj* horripilante.
tremendo, da *adj* **-1.** [extraordinario] tremendo(da) **-2.** [travieso] terrível.
trémulo, la *adj* trêmulo(la).
tren *m* **-1.** [gen] trem *m*; **~ de aterrizaje** trem de aterrissagem; **~ de alta velocidad** trem-bala; **~ expreso** trem expresso; **~ de lavado** máquina *f* automática de lavagem; **~ semidirecto** trem semidireto **-2.** *fig* [lujo] luxo *m*; **~ de vida** nível de vida.
trenca *f* *casaco com capuz*.
trenza *f* trança *f*.
trenzar *vtr* trançar.
trepa *mf* ***Esp fam*** arrivista *mf*.
trepador, ra ◇ *adj* trepador(ra). ◇ *m, f* ***Esp fam*** carreirista *mf*.
trepar ◇ *vi* **-1.** [gen] trepar **-2.** ***fam*** [socialmente] subir. ◇ *vt* ***fam*** escalar.
trepidar *vi* trepidar.
tres ◇ *núm* três. ◇ *m* [número] três *m*; **ni a la de ~** ***Esp fig*** por nada deste mundo. ◇ *fpl* [hora] três horas *fpl*; *ver también* **seis**.
◆ **tres cuartos** *m* casaco *m* três quartos.
◆ **tres en raya** *m* jogo-da-velha *m*.
trescientos, tas *núm* trezentos(tas).

◆ **trescientos** *m* trezentos *m*; *ver también* **seis**.
tresillo *m* [tipo de sofá] *conjunto composto por um sofá e duas poltronas*.
treta *f* [engaño] treta *f*.
trial *m inv* trial *m*.
triangular *adj* triangular.
triángulo *m* **-1.** [gen] triângulo *m* **-2.** *fam* [amoroso] triângulo *m*.
tribu *f* tribo *f*.
tribulación *f* tribulação *f*.
tribuna *f* **-1.** [estrado] tribuna *f* **-2.** [en espectáculo] camarote *m* **-3.** [en campo de deportes] arquibancada *f*.
tribunal *m* **-1.** tribunal **-2.** [de concurso] júri *m* **-3.** [de examen] banca *f*.
◆ **tribunales** *mpl* [vía judicial] justiça *f*; **llevar a alguien a los ~es** levar alguém ao tribunal.
tributar ◇ *vt* [profesar] tributar. ◇ *vi* [pagar impuestos] pagar impostos.
tributo *m* tributo *m*.
triciclo *m* triciclo *m*.
tricornio *m* tricórnio *m*.
tricot *m inv* tricô *m*.
tricotar ◇ *vi* tricotar. ◇ *vt* tricotar.
tricotosa *f* máquina *f* de tricô.
tridimensional *adj* tridimensional.
trifulca *f* *fam* bate-boca *m*.
trigal *m* trigal *m*.
trigésimo, ma *núm* [para ordenar] trigésimo(ma); **trigésima parte** trigésima parte.
trigo *m* trigo *m*.
trigonometría *f* MAT trigonometria *f*.
trigueño, ña *adj* [pelo] castanho (nha); *Ven* [persona] trigueiro(ra).
trillado, da *adj* batido(da).
trillar *vt* trilhar.
trillizo, za ◇ *adj* trigêmeo(mea). ◇ *m, f* trigêmeo *m*, -mea *f*.
trilogía *f* trilogia *f*.
trimestral *adj* trimestral.
trimestre *m* trimestre *m*.
trinar *vi* trinar; **estar alguien que trina** *fig* estar alguém bufando.
trincar *Esp fam* ◇ *vt* [detener] grampear. ◇ *vi* [beber] entornar.
◆ **trincarse** *vpr* [beberse] entornar.
trinchante *m* trinchante *m*.
trinchar *vt* trinchar.
trinchera *f* trincheira *f*.
trineo *m* trenó *m*.
Trinidad *f* RELIG: **la (Santísma) ~** a (Santissima) Trindade.
Trinidad y Tobago *n* Trinidad e Tobago.
trío *m* **-1.** [gen] trio *m* **-2.** [de naipes] trinca *f*.
tripa *f* **-1.** [intestino] tripa *f* **-2.** *fam* [barriga] barriga *f*.
◆ **tripas** *fpl fig* [interior] interior *m*.
tripi *m Esp fam* ácido *m*.
triple ◇ *adj* triplo(pla). ◇ *m* triplo *m*.
triplicado *m* triplicata *f*.
triplicar *vt* triplicar.
◆ **triplicarse** *vpr* triplicar-se.
trípode *m* tripé *m*.
tríptico *m* tríptico *m*.
tripulación *f* tripulação *f*.
tripulante *mf* tripulante *mf*.
tripular *vt* tripular.
triquiñuela *f (gen pl) fam* [truco] manha *f*.
tris *m inv*: **estar en un ~ de (que)** *fig* estar por um triz de.
triste *adj* triste; **ni un ~** nem um triste.
tristeza *f* tristeza *f*.
triturador, ra *adj* triturador(ra).
◆ **triturador** *m* triturador *m*.
◆ **trituradora** *f* britador *m*, -ra *f*.
triturar *vt* triturar.
triunfador, ra ◇ *adj* vencedor(ra). ◇ *m, f* vencedor *m*, -ra *f*.
triunfal *adj* triunfal.
triunfar *vi* triunfar.
triunfo *m* **-1.** [gen] triunfo *m* **-2.** [trofeo] troféu *m* **-3.** [en juegos de naipes] trunfo *m*.
trivial *adj* trivial.
trivialidad *f* trivialidade *f*.
trivializar *vt* trivializar.
triza *f (gen pl)* pedaço *m*; **hacer ~s algo** fazer algo em pedaços; **hacer ~s a alguien** *fig* fazer alguém em pedaços.
trocar *vt* trocar; **~ algo en algo** transformar algo em algo.
◆ **trocarse** *vpr* [mudarse, transformarse] transformar-se; **~se en** transformar-se em.
trocear *vt* cortar.
trocha *f Amér desvio das vias dos trilhos de trem*.
troche ◆ **a troche y moche** *loc adv fam* a torto e a direito.
trofeo *m* troféu *m*.
troglodita ◇ *adj* troglodita *mf*. ◇ *mf* troglodita *mf*.
trola *f Esp fam* lorota *f*.
trolebús *m* trólebus *m*.
trolero, ra *Esp fam* ◇ *adj* mentiroso(sa). ◇ *m, f* mentiroso *m*, -sa *f*.

tromba *f* tromba *f*; ~ **de agua** tromba d'água.
trombón *m* **-1.** [instrumento] trombone *m* **-2.** [músico] trombone *mf*, trombonista *mf*.
trombosis *f* MED trombose *f*.
trompa ◇ *f* **-1.** [gen] trompa *f* **-2.** [de animal] tromba *f* **-3.** *fam* [borrachera] porre *m*; **coger** *o* **pillar una** ~ tomar um porre. ◇ *adj fam* [borracho] alto(ta).
trompazo *m* batida *f*; **darse** *o* **pegarse un** ~ dar *o* levar uma batida.
trompeta ◇ *f* trompete *m*. ◇ *mf* trompete *mf*.
trompetista *mf* trompetista *mf*.
trompicón *m* [tropezón] tropicão *m*; **a trompicones** *fig* aos tropicões.
trompo *m* pião *m*.
tronado, da *adj fam* surrado(da).
◆ **tronada** *f* trovoada *f*.
tronar ◇ *v impers* trovejar. ◇ *vi* **-1.** [resonar] ressoar **-2.** *Méx fam* [venirse abajo] despencar. ◇ *vt Méx fam* [fracasar] fracassar.
tronchar *vt* [partir] quebrar.
◆ **troncharse** *vpr fam*: **~se (de risa)** morrer (de rir).
tronco *m* **-1.** [gen] tronco *m*; **dormir como un** ~ *fig* dormir como uma pedra **-2.** *Esp fam* [colega] chapa *mf*.
tronera *mf fam* boa-vida *mf*.
trono *m* trono *m*.
tropa *f* tropa *f*.
tropel *m* **-1.** [de personas] tropel *m* **-2.** [de cosas] monte *m*.
tropelía *f* abuso *m*.
tropezar *vi* **-1.** [gen] tropeçar; ~ **con** tropeçar em **-2.** *fam* [encontrar]: ~ **con** topar com.
◆ **tropezarse** *vpr fam* [encontrarse] topar-se; **~se con** topar-se com.
tropezón *m* **-1.** [tropiezo] tropeção *m* **-2.** [desacierto, fallo] tropeço *m*.
◆ **tropezones** *mpl pedaços pequenos de carne, presunto ou pão misturados à sopa ou aos legumes.*
tropical *adj* tropical.
trópico *m* trópico *m*; ~ **de Cáncer** trópico *m* de Câncer; ~ **de Capricornio** trópico de Capricórnio.
tropiezo *m* **-1.** [gen] tropeço *m* **-2.** [desliz sexual] deslize *m*; **tener un** ~ cometer um deslize.
troquel *m* [molde] troquel *m*.
trotamundos *mf inv* globe-trotter *mf*.
trotar *vi* **-1.** [gen] trotar **-2.** *fam fig* [andar mucho] correr.
trote *m* **-1.** [de caballo] trote *m* **-2.** *fam* [actividad intensa] correria *f*; **no estoy para estos ~s** não tenho mais idade para esse tipo de coisa.
troupe *f* trupe *f*.
trovador *m* trovador *m*.
troyano, na ◇ *adj* troiano(na). ◇ *m, f* troiano *m*, -na *f*.
trozar *vt Amér* [carne] trinchar; [res, tronco] trinchar.
trozo *m* pedaço *m*.
trucar *vt* adulterar.
trucha *f* [pez] truta *f*.
truco *m* **-1.** [trampa, engaño] truque *m* **-2.** [habilidad, técnica] manha *f*; **coger el** ~ pegar as manhas.
truculento, ta *adj* truculento(ta).
trueno *m* **-1.** METEOR trovão *m* **-2.** [ruido] estampido *m*.
trueque *m* troca *f*.
trufa *f* trufa *f*.
truhán, ana *m, f* vigarista *mf*.
truncar *vt* **-1.** [frustrar] frustrar **-2.** [omitir] truncar.
trusa *f* **-1.** *Carib* [traje de baño] maiô *m* **-2.** *RP* [faja] cinta *f*.
tu (*pl* **tus**) *adj* teu (tua).
tú *pron* você; **hablar** *o* **tratar de** ~ tratar de você.
tuareg ◇ *adj inv* tuaregue. ◇ *mf inv* tuaregue *mf*.
tubérculo *m* BOT tubérculo *m*.
tuberculosis *f* MED tuberculose *f*.
tuberculoso, sa ◇ *adj* **-1.** MED tuberculoso(sa) **-2.** BOT tuberculado (da). ◇ *m, f* tuberculoso *m*, -sa *f*.
tubería *f* tubulação *f*.
tubo *m* cano *m*; ~ **digestivo** tubo digestivo; ~ **de ensayo** tubo de ensaio; ~ **de escape** AUTOM cano de escapamento.
tuerca *f* porca *f*; **apretarle las ~s a alguien** *fig* pôr alguém contra a parede.
tuerto, ta ◇ *adj* caolho(lha). ◇ *m, f* caolho *m*, -lha *f*.
tuétano *m* **-1.** ANAT tutano *m* **-2.** *fig* [meollo] âmago *m*.
tufillo *m* fedentina *f*.
tufo *m* fedor *m*.
tugurio *m* boteco *m*.
tul *m* tule *m*.
tulipa *f* tulipa *f*.
tulipán *m* tulipa *f*.
tullido, da ◇ *adj* inválido(da). ◇ *m, f* inválido *m*, -da *f*.
tumba *f* tumba *f*; **ser (como) una** ~

fig ser (como) um túmulo.
tumbar *vt* **-1.** [derribar] derrubar **-2.** *fam* [suspender] chumbar **-3.** *fam* [perturbar, atontar] matar.
◆ **tumbarse** *vpr* deitar-se.
tumbo *m* solavanco *m*; **dando ~s** *fig* [con dificultades, obstáculos] dando tropeções.
tumbona *f* cadeira *f* reclinável.
tumor *m MED* tumor *m*.
tumulto *m* [disturbio] tumulto *m*.
tumultuoso, sa *adj* tumultuoso(sa).
tuna *f* ▷ **tuno**.
tunante, ta *m, f* trapaceiro *m*, -ra *f*.
tunda *fam f* **-1.** [paliza] tunda *f* **-2.** [esfuerzo] canseira *f*.
túnel *m* túnel *m*.
◆ **túnel de lavado** *m AUTOM* sistema *m* de lavagem automática.
Túnez *n* Túnis.
túnica *f* túnica *f*.
Tunicia *n* Tunísia.
tuno, na *m, f* esperto *m*, -ta *f*.
◆ **tuna** *f* **-1.** [grupo musical] tuna *f* **-2.** *CAm, Méx* [fruta] figo-da-índia *m*.
tuntún ◆ **al buen tuntún** *loc adv* ao acaso.
tupé *m* topete *m*.
tupido, da *adj* denso(sa).
turba *f* **-1.** [carbón] hulha *f* **-2.** [muchedumbre] turba *f*.
turbación *f* turbação *f*.
turbante *m* turbante *m*.
turbar *vt* turbar.
◆ **turbarse** *vpr* turbar-se.
turbina *f* turbina *f*.
turbio, bia *adj* **-1.** [sucio] turvo(va) **-2.** [poco legal] escuso(sa) **-3.** [turbulento] turbulento(ta).
turbodiésel *m* turbodiesel *m*.
turbulencia *f* turbulência *f*.
turbulento, ta *adj* turbulento(ta).
turco, ca ◇ *adj* turco(ca). ◇ *m, f* turco *m*, -ca *f*.
◆ **turco** *m* turco *m*.
turismo *m* turismo *m*; **~ rural** turismo rural.
turista *mf* turista *mf*.
turístico, ca *adj* turístico(ca).
túrmix® *f Esp* mixer *m*.
turnarse *vpr* revezar-se; **~se con alguien** revezar-se com alguém.
turno *m* **-1.** [tanda] vez *f* **-2.** [de trabajo] turno *m*.
turquesa ◇ *f* [mineral] turquesa *f*. ◇ *m* [color] turquesa *m*. ◇ *adj inv* [color] turquesa.
Turquía *n* Turquia.
turrón *m CULIN* *doce em forma de tablete, feito à base de amêndoas ou de outros frutos secos, mel e açúcar.*
tururú *interj fam* neca!
tute *m* **-1.** [juego] *jogo de baralho* **-2.** *fig* [paliza] trabalheira *f*; **darse un ~** dar um duro.
tutear *vt* tutear.
◆ **tutearse** *vpr* tutear-se.
tutela *f* **-1.** *DER* tutela *f* **-2.** [cargo] orientação *f*.
tutelar ◇ *adj* tutelar. ◇ *vt* tutelar.
tutor, ra *m, f* **-1.** *DER* tutor *m*, -ra *f* **-2.** [profesor privado] preceptor *m*, -ra *f* **-3.** [de curso] orientador *m*, -ra *f*.
tutoría *f* **-1.** *DER* tutela *f* **-2.** [de curso] orientação *f*.
tutti frutti, tuttifrutti *m* tutti frutti *m*.
tutú (*pl* **tutús**) *m* tutu *m*.
tuviera *etc* ▷ **tener**.
TV (*abrev de* **televisión**) *f* TV *f*.
TVE (*abrev de* **Televisión Española**) *f* *televisão pública da Espanha*.
twist *m inv* twist *m*.
tuyo, ya ◇ *adj* teu (tua). ◇ *pron*: **el ~/la tuya** o teu/a tua; **lo ~** o teu; **los ~** os teus.

u[1], **U** (*pl* **úes**) *f* [letra] u, U *m*.
u[2] = o.
UBA (*abrev de* **Universidad de Buenos Aires**) *f Universidade de Buenos Aires*.
ubicación *f* localização *f*.
ubicar *vt* localizar.
◆ **ubicarse** *vpr* localizar-se.
ubre *f* úbere *m*.
UCI (*abrev de* **unidad de cuidados intensivos**) *f* UTI *f*.
UCR (*abrev de* **Unión Cívica Radical**) *f partido político argentino*.
Ud., Vd. (*abrev de* **usted**) vc.
Uds., Vds. (*abrev de* **ustedes**) vcs.
UE (*abrev de* **Unión Europea**) UE.
UEFA (*abrev de* **Union of European Football Associations**) *f*: **la ~** a UEFA.
UEO (*abrev de* **Unión Europea Occidental**) *f* UEO *f*.

uf *interj* ufa!
ufanarse *vpr*: **~se de** *o* **con** vangloriar-se de.
ufano, na *adj* **-1.** [satisfecho] satisfeito(ta) **-2.** [engreído] convencido(da) **-3.** [lozano] viçoso(sa).
Uganda *n* Uganda.
UGT (*abrev de* **Unión General de los Trabajadores**) *f sindicato espanhol de esquerda.*
UHF (*abrev de* **ultra-high frequency**) *f* UHF *f*.
UHT (*abrev de* **ultra-heat-treated**) *adj* UHT.
ujier *m* porteiro *m*.
úlcera *f* MED úlcera *f*.
ulterior *adj* ulterior.
ultimar *vt* [gen] ultimar.
ultimátum (*pl inv o* **ultimatos**) *m* ultimato *m*.
último, ma ◇ *adj* último(ma); **por ~** por último; **a la última** *fam* na última moda; **estar en las últimas** estar nas últimas. ◇ *m, f (precedido de art def)* último *m*, -ma *f*.
ultra POLÍT ◇ *adj* extremista. ◇ *mf* extremista *mf*.
◆ **non plus ultra** *m*: **el ~** o que há de melhor, o apogeu.
ultraderecha *f* POLÍT extrema direita *f*.
ultraizquierda *f* POLÍT extrema esquerda *f*.
ultrajar *vt* ultrajar.
ultraje *m* ultraje *m*.
ultramar *m* ultramar.
ultramarino, na *adj* ultramarino (na).
◆ **ultramarinos** *mpl* **-1.** [comestibles] conservas *fpl* **-2.** [tienda] *estabelecimento que vende produtos comestíveis.*
ultranza ◆ **a ultranza** *loc adv* **-1.** [con decisión] com veemência **-2.** [sin concesiones] incondicional.
ultrarrojo, ja = **infrarrojo**.
ultrasonido *m* ultra-som *m*.
ultratumba *f*: **de ~** do além-túmulo.
ultravioleta *adj inv* ultravioleta.
ulular *vi* **-1.** [viento] ulular **-2.** [búho] piar.
umbilical *adj* umbilical.
umbral *m* **-1.** [de puerta] soleira *f* **-2.** [principio, límite] limiar *m*.
umbrío, a *adj* sombrio(a).
un, una ◇ *art* um (uma). ◇ *adj* = **uno**.
UNAM (*abrev de* **Universidad Nacional Autónoma de México**) *f Universidade Nacional Autônoma do México.*
unánime *adj* unânime.
unanimidad *f* unanimidade *f*; **por ~** por unanimidade.
unción *f* unção *f*.
undécimo, ma ◇ *núm* [para ordenar] décimo-primeiro, décima-primeira; **undécima parte** [para fraccionar] décima-primeira parte. ◇ *m, f (precedido de art def)* décimo-primeiro *m*, -ra *f*.
◆ **undécimo** *m* undécimo *m*.
underground *adj inv* underground.
UNED (*abrev de* **Universidad Nacional de Educación a Distancia**) *f universidade espanhola que permite cursos à distância em todo o país.*
ungir *vt* ungir.
ungüento *m* ungüento *m*.
únicamente *adv* unicamente.
único, ca ◇ *adj* único(ca). ◇ *pron* único(ca).
unicornio *m* MITOL unicórnio *m*.
unidad *f* unidade *f*; **~ central de proceso** INFORM unidade central de processamento; **~ de disco** INFORM unidade de disco.
unidireccional *adj* unidirecional.
unido, da *adj* unido(da).
unifamiliar *adj* unifamiliar.
unificar *vt* unificar.
uniformar *vt* uniformizar.
uniforme ◇ *adj* uniforme. ◇ *m* uniforme *m*.
uniformidad *f* uniformidade *f*.
uniformizar *vt* uniformizar.
unilateral *adj* unilateral.
unión *f* **-1.** [gen] união *f* **-2.** [de partes separadas] junção *f*.
unir *vt* **-1.** [gen] unir **-2.** [mezclar] juntar **-3.** [trabar] ligar.
◆ **unirse** *vpr* **-1.** [gen] unir-se **-2.** [partes separadas] juntar-se.
unisexo, unisex *adj* unissex.
unísono ◆ **al unísono** *loc adv* em uníssono.
unitario, ria *adj* unitário(ria).
universal *adj* universal.
universidad *f* universidade *f*.
universitario, ria ◇ *adj* universitário(ria). ◇ *m, f* universitário *m*, -ria *f*.
universo *m* universo *m*.
unívoco, ca *adj* unívoco(ca).
uno, na ◇ *adj* um (uma); **~ día volveré** um dia voltarei; **en la calle ha-**

bía unos coches mal aparcados na rua havia uns carros mal estacionados; **he conocido a unas chicas muy simpáticas** conheci umas garotas muitos simpáticas; **tienes treinta y un días para decidirte** trinta e um dias para você se decidir; **había cincuenta y una mujeres** havia cinqüenta e uma mulheres; **había unas doce personas** havia umas doze pessoas. <> *pron* **-1.** [indefinido] um (uma); **los bombones están muy buenos, coge uno** os bombons estão muito bons, pegue um; **tienes muchas manzanas, dame unas** você tem muitas maçãs, dê-me algumas; **~ de** um de; **~ ... otro** um ... outro **-2.** *fam* [referido a personas] um (uma); **ayer hablé con ~ que te conoce** ontem falei com um que lhe conhece **-3.** [yo] um mesmo; **una ya está acostumbrada a eso** já estou acostumado a isso **-4.** *loc*: **de ~ en ~** de um em um; **una de dos** de duas uma; **~ a ~** um a um; **~ por ~** um por um; **más de ~** mais de um; **~ más** mais um; ▷ **seis.**

unos, nas ▷ **uno.**

UNRG (*abrev de* **Unidad Nacional Revolucionaria de Guatemala**) *f antiga coalizão guerrilheira da Guatemala, agora convertida em partido político de esquerda.*

untar *vt* **-1.** [con grasa] untar **-2.** *fam* [sobornar] engraxar.

untuoso, sa *adj* [graso] untuoso(sa).

uña *f* **-1.** [gen] unha *f*; **ser ~ y carne dos personas** *fig* duas pessoas serem unha e carne **-2.** [casco] casco *m* **-3.** [punta] ferrão *m*.

uralita® *f* CONSTR cimento-amianto *m*.

uranio *m* QUÍM urânio *m*.

Urano *m* Urano *m*.

urbanidad *f* urbanidade *f*.

urbanismo *m* urbanismo *m*.

urbanización *f* **-1.** [acción] urbanização *f* **-2.** [zona residencial] condomínio *m* fechado.

urbanizar *vt* urbanizar.

urbano, na <> *adj* urbano(na). <> *m, f* **Esp** guarda *mf* municipal.

urbe *f* urbe *f*.

urdimbre *f* urdidura *f*.

urdir *vt* urdir.

urgencia *f* urgência *f*.

◆ **urgencias** *fpl* pronto-socorro *m*.

urgente *adj* urgente.

urgir *vi* urgir.

urinario, ria *adj* urinário(ria).

◆ **urinario** *m* mictório *m*.

URL (*abrev de* **uniform resource locator**) *f* INFORM URL *f*.

urna *f* urna *f*.

urólogo, ga *m, f* MED urologista *mf*.

urraca *f* gralha *f*.

urticaria *f* MED urticária *f*.

Uruguay *n* Uruguai.

uruguayo, ya <> *adj* uruguaio(a). <> *m, f* uruguaio *m*, -a *f*.

USA (*abrev de* **United States of America**) *mpl*: **los ~** os EUA.

usado, da *adj* usado(da).

usanza *f* costume *m*; **a la vieja ~** à moda antiga.

usar *vt* usar.

◆ **usarse** *vpr* usar-se.

USB (*abrev de* **Universal Serial Bus**) *m* INFORM USB *m*.

usina *f* **Andes, RP**: **~ eléctrica** usina *f* elétrica; **~ nuclear** usina nuclear.

uso *m* uso *m*; **hacer ~ de** fazer uso de.

usted (*pl* **-des**) *pron* o senhor (a senhora); **me gustaría hablar con ~** gostaria de falar com o senhor.

usual *adj* usual.

usuario, ria *m, f* usuário *m*, -ria *f*.

usufructo *m* DER usufruto *m*.

usura *f* usura *f*.

usurero, ra *m, f* usurário *m*, -ria *f*.

usurpar *vt* usurpar.

utensilio *m* utensílio *m*.

útero *m* ANAT útero *m*.

UTI (*abrev de* **unidad de tratamiento intensivo**) *f* **CSur** UTI *f*.

útil *adj* útil.

◆ **útiles** *mpl* utensílios *mpl*.

utilidad *f* **-1.** [cualidad] utilidade *f* **-2.** [beneficio] proveito *m*.

utilitario, ria *adj* utilitário(ria).

◆ **utilitario** *m* AUTOM utilitário *m*.

utilización *f* utilização *f*.

utilizar *vt* utilizar.

utopía *f* utopia *f*.

utópico, ca *adj* utópico(ca).

uva *f* uva *f*; **uvas de la suerte** *tradição segundo a qual, na noite de 31 de dezembro, devem ser comidas doze uvas*; **tener mala ~** *fam* ser mal-humorado.

UVI (*abrev de* **unidad de vigilancia intensiva**) *f* UTI *f*.

uy *interj* ui!

V

v, V *f* [letra] v, V *m*.
◆ **v doble** *f* dábliu *m*.
va *etc* ▷ **ir**.
vaca *f* vaca *f*; **~s flacas/gordas** *fig* vacas magras/gordas.
vacaciones *fpl* férias *fpl*; **hacer** *o* **coger (las) ~** entrar de *o* tirar (as) férias; **irse** *o* **marcharse de ~** ir *o* sair de férias; **estar de ~** estar de férias.
vacacionista *mf* ***Méx*** turista *mf*.
vacante ◇ *adj* vacante. ◇ *f* vaga *f*.
vaciar *vt* **-1.** [recipiente] esvaziar; **~ algo de algo** esvaziar algo de algo **-2.** [evacuar] evacuar **-3.** [formar hueco] vazar.
vaciedad *f* [tontería] bobagem *f*.
vacilación *f* vacilação *f*.
vacilante *adj* vacilante.
vacilar ◇ *vi* **-1.** [gen] vacilar **-2.** ***Esp fam*** [chulear] costurar. ◇ *vt* ***Esp fam*** [chulear] tirar sarro de.
vacilón, ona ◇ *adj* **-1.** ***Esp fam*** [chulo] exibido(da) **-2.** ***CAm, Carib, Méx*** [fiestero] festeiro(ra). ◇ *m, f* ***Esp fam*** farsante *mf*.
vacío, a *adj* vazio(zia); **~ de** vazio (zia) de.
◆ **vacío** *m* **-1.** [gen] vazio *m* **-2.** FÍS vácuo *m*; **al ~** a vácuo.
vacuna *f* vacina *f*.
vacunar *vt* vacinar.
◆ **vacunarse** *vpr* vacinar-se.
vacuno, na *adj* bovino(na).
◆ **vacuno** *m* bovino *m*.
vacuo, cua *adj* [trivial] vazio(zia).
vadear *vt* vadear.
vado *m* **-1.** [en acera] guia *f* rebaixada; **~ permanente** entrada *f* de veículos **-2.** [de río] vau *m*.
vagabundear *vi* **-1.** [holgazanear] vagabundear **-2.** [vagar] vagar.
vagabundo, da ◇ *adj* vagabundo(da). ◇ *m, f* vagabundo *m*, -da *f*.
vagancia *f* vagabundagem *f*.
vagar *vi* vagar.
vagina *f* ANAT vagina *f*.
vago, ga ◇ *adj* **-1.** [perezoso] preguiçoso(sa) **-2.** [impreciso] vago(ga). ◇ *m, f* preguiçoso *m*, -sa *f*.
vagón *m* vagão *m*.
vagoneta *f* vagonete *f*.
vaguedad *f* **-1.** [imprecisión] vaguidade *f* **-2.** [divagación] divagação *f*.
vahído *m* vertigem *m*.
vaho *m* vapor *m*.
◆ **vahos** *mpl* inalação *f*.
vaina *f* **-1.** [funda] bainha *f* **-2.** BOT [envoltura] vagem *f* **-3.** ***fam Col, Perú, Ven*** [contratiempo]: **¡qué ~!** que saco!
vainilla *f* baunilha *f*.
vaivén *m* **-1.** [balanceo] vaivém *m* **-2.** [altibajo] altos *mpl* e baixos.
vajilla *f* louça *f*.
vale ◇ *m* **-1.** [bono] vale-brinde *m* **-2.** [entrada gratuita] ingresso *m* gratuito **-3.** [comprobante] vale-compra *m* **-4.** ***Méx, Ven fam*** [amigo] chapa *m*. ◇ *interj* ***Esp*** tá bem!
valedero, ra *adj* válido(da).
Valencia *n* Valência.
valenciano, na ◇ *adj* valenciano (na). ◇ *m, f* valenciano *m*, -na *f*.
◆ **valenciano** *m* valenciano *m*.
valentía *f* **-1.** [valor, brío] valentia *f* **-2.** [hazaña] façanha *f*.
valentón, ona ◇ *adj* valentão(tona). ◇ *m, f* valentão *m*, -tona *f*.
valer ◇ *m* valor *m*. ◇ *vt* valer. ◇ *vi* **-1.** valer; **hacerse ~** valorizar-se **-2.** [equivaler]: **~ por** valer por **-3.** [ser mejor]: **más vale que** é melhor que; **más vale tarde que nunca** ***prov*** antes tarde do que nunca **-4.** ***loc***: **¿vale?** combinado?; **¡vale (ya)!** (já) basta!
◆ **valerse** *vpr* valer-se; **no poder ~se** não poder valer-se; **~se de algo/alguien** valer-se de algo/alguém.
valeroso, sa *adj* valoroso(sa).
valía *f* valia *f*.
validar *vt* validar.
validez *f* validez *f*.
válido, da *adj* válido(da).
valiente *adj* **-1.** [valeroso] valente **-2.** [menudo] grande, belo(la).
valija *f* valise *f*; **~ diplomática** mala *f* diplomática.
valioso, sa *adj* valioso(sa).
valla *f* **-1.** [cerca] cerca *f* **-2.** DEP barreira *f*.
vallado *m* cerca *f*.
vallar *vt* cercar.

valle *m* vale *m*.

valor *m* **-1.** [gen] valor *m*; **de ~** de valor **-2.** [valentía, osadía] coragem *f*; **armarse de ~** armar-se de coragem.

◆ **valores** *mpl* valores *mpl*.

valoración *f* avaliação *f*.

valorar *vt* **-1.** [gen] avaliar **-2.** [mérito, cualidad] valorizar.

valorizar *vt* valorizar.

◆ **valorizarse** *vpr* valorizar-se.

vals (*pl* **valses**) *m* valsa *f*.

valuar *vt* valorizar.

válvula *f* válvula *f*.

◆ **válvula de escape** *f* válvula *f* de escape.

vampiresa *f fam* vampe *f*.

vampiro *m* vampiro *m*.

vanagloriarse *vpr*: **~ de** vangloriar-se de.

vándalo, la ◇ *adj* vândalo(la). ◇ *m, f* vândalo *m*, -la *f*.

vanguardia *f* vanguarda *f*.

vanguardismo *m* vanguardismo *m*.

vanidad *f* **-1.** [orgullo] vaidade *f* **-2.** [inutilidad] inutilidade *f*.

vanidoso, sa ◇ *adj* vaidoso(sa). ◇ *m, f* vaidoso *m*, -sa *f*.

vano, na *adj* vão (vã); **en ~** em vão.

◆ **vano** *m* ARQUIT vão *m*.

vapor *m* vapor *m*; **al ~** CULIN ao vapor.

vaporizador *m* vaporizador *m*.

vaporizar *vt* vaporizar.

◆ **vaporizarse** *vpr* FÍS vaporizar-se.

vaporoso, sa *adj* vaporoso(sa).

vapulear *vt* **-1.** [azotar] surrar **-2.** [criticar, reñir] repreender.

vaquero, ra ◇ *adj* vaqueiro(ra). ◇ *m, f* vaqueiro *m*, -ra *f* ▷ **pantalón**.

vara *f* **-1.** [gen] vara *f* **-2.** [rama] ramo *m* **-3.** [tallo] galho *m* **-4.** [insignia] cetro *m*.

variable *adj* **-1.** [cambiable] variável **-2.** [inestable] instável.

variación *f* variação *f*.

variado, da *adj* variado(da).

variante ◇ *adj* variante. ◇ *f* **-1.** [gen] variante *f* **-2.** ***Esp*** [en quiniela] *aposta no empate ou na vitória da equipe visitante*.

variar ◇ *vt* **-1.** [dar variedad] variar **-2.** [modificar] mudar. ◇ *vi* **-1.** [cambiar] mudar; **~ de** mudar de **-2.** [ser diferente] variar; **~ de** variar de.

varicela *f* MED varicela *f*.

varicoso, sa *adj* varicoso(sa).

variedad *f* variedade *f*.

◆ **variedades, varietés** *fpl* variedades *fpl*.

varilla *f* vareta *f*.

varillaje *m* armação *f*.

vario, ria *adj* [variado] vário(ria).

◆ **varios, rias** ◇ *adj pl* vários(rias). ◇ *pron pl* [algunos] vários(rias).

variopinto, ta *adj* variado(da).

varita *f* varinha *f*; **~ mágica** varinha de condão.

variz (*pl* **varices**) *f (gen pl)* variz *f*.

varón *m* varão *m*.

varonil *adj* **-1.** [rasgos] varonil **-2.** [prendas, colonia] masculino(na).

Varsovia *n* Varsóvia.

varsoviano, na ◇ *adj* varsoviano (na). ◇ *m, f* varsoviano *m*, -na *f*.

vasallaje *m* vassalagem *f*.

vasallo, lla *m, f* vassalo *m*, -la *f*.

vasco, ca ◇ *adj* basco(ca). ◇ *m, f* [habitante] basco *m*, -ca *f*.

◆ **vasco, vascuence** *m* [lengua] basco *m*.

vascular *adj* vascular.

vasectomía *f* MED vasectomia *f*.

vaselina *f* vaselina *f*.

vasija *f* vasilha *f*.

vaso *m* **-1.** [gen] copo *m*; **ahogarse en un ~ de agua** ***fig*** afogar-se num copo de água **-2.** ANAT & BOT vaso *m*; **~s capilares** vasos capilares; **~s sanguíneos** vasos sangüíneos.

vasoconstrictor *m* MED vasoconstritor *m*.

vasodilatador *m* MED vasodilatador *m*.

vástago *m* **-1.** [descendiente] descendente *mf* **-2.** [brote] broto *m* **-3.** [varilla] eixo *m*.

vasto, ta *adj* vasto(ta).

vate *m* vate *m*.

váter = **wáter**.

vaticano, na *adj* vaticano(na).

vaticinar *vt* vaticinar.

vaticinio *m* vaticínio *m*.

vatio, watio *m* watt *m*.

vaya[1] *etc* ▷ **ir**.

vaya[2] *interj* **-1.** [sorpresa] eta! **-2.** [énfasis] baita!

VB (*abrev de* **visto bueno**) de acordo.

Vd. = **Ud.**

Vda. (*abrev de* **viuda**) Vva.

Vds. = **Uds.**

ve *etc* ▷ **ir**.

vecinal *adj* vicinal.

vecindad *f* **-1.** [gen] vizinhança *f* **-2.** [alrededores] arredores *mpl* **-3.** ***Méx***

[vivienda] pensão *f*.
vecindario *m* vizinhança *f*.
vecino, na ◇ *adj* **-1.** [gen] vizinho (nha); ~ a vizinho(nha) a **-2.** [habitante] habitante. ◇ *m, f* **-1.** [gen] vizinho *m*, -nha *f* **-2.** [habitante] habitante *mf*.
vector *m* GEOM & MAT vetor *m*.
vectorial *adj* GEOM & MAT vetorial.
veda *f* **-1.** [prohibición] *período de proibição da caça e da pesca*; **levantar(se) la** ~ *suspender a proibição da caça e da pesca* **-2.** [período] *proibição da caça e da pesca*.
vedado, da *adj* **-1.** [prohibido] proibido(da) **-2.** [lugar] proibido(da), interditado(da).
◆ **vedado** *m terreno demarcado onde está proibida a entrada e a caça*.
vedar *vt* vedar.
vedette *f* vedete *f*.
vega *f* várzea *f*.
vegetación *f* vegetação *f*.
vegetal ◇ *adj* vegetal. ◇ *m* vegetal *m*.
vegetar *vi* **-1.** [gen] vegetar **-2.** [holgazanear] vaguear.
vegetariano, na ◇ *adj* vegetariano(na). ◇ *m, f* vegetariano *m*, -na *f*.
vehemencia *f* veemência *f*.
vehemente *adj* veemente.
vehículo *m* veículo *m*.
veinte ◇ *núm* vinte. ◇ *m* vinte *m*; *ver también* **seis**.
veinteavo, va *núm*: **veinteava parte** vigésima parte.
veintena *f* vintena *f*.
vejación *f*, **vejamen** *m* vexame *m*.
vejar *vt* vexar.
vejestorio *m* ancião *m*, -ã *f*.
vejez *f* velhice *f*.
vejiga *f* bexiga *f*.
vela *f* vela *f*; **a toda** ~ a toda; **en** ~ em vigília.
◆ **velas** *fpl* ***fam*** [mocos] ranho *m*; **estar a dos** ~**s** ***fig*** estar sem grana.
velada *f* noitada *f*.
velado, da *adj* velado(da).
velador *m* **-1.** [mesa] velador *m* **-2.** ***Andes, Méx*** [mueble] criado-mudo *m* **-3.** ***Méx, RP*** [luz] abajur *m* **-4.** ***Méx*** [centinela] guarda-noturno *m*.
veladora *f* ***Méx, RP*** abajur *m*.
velamen *m* velame *m*.
velar ◇ *vi* **-1.** [estar sin dormir] velar **-2.** [cuidar]: ~ **por** velar por. ◇ *vt* velar.
velcro® *m* velcro® *m*.
veleidad *f* veleidade *f*.
velero, ra *adj* veleiro(ra).
◆ **velero** *m* veleiro *m*.
veleta ◇ *f* veleta *f*, cata-vento *m*. ◇ *mf* ***fam*** veleta *mf*.
vello *m* pêlo *m*.
vellón *m* [lana] velo *m*.
velloso, sa *adj* peludo(da).
velludo, da *adj* peludo(da).
velo *m* véu *m*.
◆ **velo del paladar** *m* véu *m* do paladar.
velocidad *f* **-1.** [gen] velocidade *f* **-2.** AUTOM [marcha] marcha *f*.
velocímetro *m* velocímetro *m*.
velódromo *m* velódromo *m*.
velomotor *m* ciclomotor *m*.
veloz *adj* veloz.
ven *etc* ▷ **venir**.
vena *f* **-1.** [gen] veia *f*; **tener** ~ **de** ter veia de; **darle a alguien la** ~ dar na veneta de alguém **-2.** ANAT veia *f* **-3.** [de planta] nervura *f* **-4.** [filón, veta] veio *m*.
venado *m* veado *m*.
vencedor, ra ◇ *adj* vencedor(ra). ◇ *m, f* vencedor *m*, -ra *f*.
vencer ◇ *vt* vencer. ◇ *vi* vencer.
◆ **vencerse** *vpr* vergar-se.
vencido, da ◇ *adj* vencido(da); **darse por** ~ dar-se por vencido. ◇ *m, f* vencido *m*, -da *f*.
vencimiento *m* **-1.** [expiración] vencimento *m* **-2.** [inclinación] vergadura *f*.
venda *f* atadura *f*.
vendaje *m* bandagem *f*.
vendar *vt* vendar.
vendaval *m* vendaval *m*.
vendedor, ra *m, f* vendedor *m*, -ra *f*.
vender *vt* vender; **se vende** vende-se.
◆ **venderse** *vpr* vender-se.
vendimia *f* vindima *f*.
vendrá *etc* ▷ **venir**.
veneno *m* veneno *m*.
venenoso, sa *adj* venenoso(sa).
venerable *adj* venerável.
veneración *f* veneração *f*.
venerar *vt* venerar.
venéreo, a *adj* venéreo(a).
venezolano, no ◇ *adj* venezuelano(na). ◇ *m, f* venezuelano *m*, -na *f*.
Venezuela *n* Venezuela.
venga *etc* ▷ **venir**.
venganza *f* vingança *f*.

vengar *vt* vingar.
◆ **vengarse** *vpr* vingar-se; **~se de** vingar-se de.
vengativo, va *adj* vingativo(va).
vengo ▷ **venir**.
venia *f* vênia *f*.
venial *adj* venial.
venida *f* **-1.** [llegada] chegada *f* **-2.** [regreso] volta *f*.
venidero, ra *adj* vindouro(ra).
venir *vi* **-1.** [gen] vir; **ya vienen los turistas** os turistas estão chegando; **vino a las doce** veio às doze; **vino de visita ayer por la tarde** veio visitar-nos ontem de tarde; **vino a verme apenas llegó** veio ver-me assim que chegou; **el año que viene iremos a París** o ano que vem iremos a Paris; **ahora viene la escena más divertida** agora vem a cena mais divertida; **su foto viene en la primera página** a sua fotografia vem na primeira página; **el texto viene en inglés** o texto vem em inglês **-2.** [suceder] acontecer; **le vino una desgracia inesperada** aconteceu-lhe uma desgraça inesperada; **vino la guerra** veio a guerra; **~ de** vir de **-3.** [caber] estar; **el abrigo le viene pequeño** o casaco é pequeno para ele; **tus zapatos no me vienen** seus sapatos não me servem **-4.** *loc*: **¿a qué viene esto?** o que significa isso?; **venirle algo a alguien a la memoria** vir algo à memória de alguém; **~ al mundo** vir ao mundo; **~ a ser** vir a ser.
◆ **venirse** *vpr* [llegar] vir; **~se abajo** [edificio] vir abaixo; [proyecto] ir por água abaixo; [persona] desmoronar-se.
venta *f* **-1.** [gen] venda *f*; **estar en ~** estar à venda; **~ al contado** venda à vista; **~ a plazos** venda a prazo **-2.** [posada] pousada *f*.
ventaja *f* vantagem *f*; **dar ~** dar vantagem; **llevar ~** levar vantagem.
ventajoso, sa *adj* vantajoso(sa).
ventana *f* **-1.** [gen] janela *f*; **~ de guillotina** janela de guilhotina **-2.** [de nariz] narina *f*.
ventanal *m* janelão *m*.
ventanilla *f* **-1.** [gen] janela *f* **-2.** [taquilla] guichê *m*.
ventilación *f* ventilação *f*.
ventilador *m* ventilador *m*.
ventilar *vt* ventilar.
◆ **ventilarse** *vpr* **-1.** [airearse] arejar **-2.** *Esp fam* [terminarse] devorar.
ventisca *f* nevasca *f*.
ventolera *f* **-1.** [viento] ventania *f* **-2.** [idea extravagante] veneta *f*; **darle la ~ a alguien** dar na veneta de alguém.
ventosa *f* ventosa *f*.
ventosidad *f* ventosidade *f*.
ventoso, sa *adj* ventoso(sa).
ventrílocuo, cua *m, f* ventríloquo *m*, -qua *f*.
ventura *f* **-1.** [suerte] ventura *f*; **a la (buena) ~** à ventura **-2.** [casualidad] acaso *m*.
venturoso, sa *adj* venturoso(sa).
Venus *f* Vênus *f*.
ver ◇ *vt* ver; **desde casa vemos el mar** de casa vemos o mar; **~ la televisión/una película** ver televisão/um filme, assistir televisão/um filme; **fui a ~ a unos amigos** fui ver uns amigos; **¿no ves que no funciona la máquina?** não vê que a máquina não funciona?; **ya veo que estás de mal humor** estou vendo que você está de mau humor; **ya veo lo que pretendes** estou vendo o que pretende; **voy a ~ si han venido ya** vou ver se já chegaram; **ayer lo vi en el parque** ontem vi-o no parque; **yo no lo veo tan mal** eu não vejo as coisas assim tão mal; **esta es tu manera de ~ las cosas** esta é a sua maneira de ver; **hay que ~** só vendo; **por lo visto, por lo que se ve** pelo visto; **~ mundo** ver mundo; **no poder ~ a alguien** *fam* não poder ver alguém; **si no lo veo, no lo creo** só vendo para crer. ◇ *vi* ver; **los ciegos no ven** os cegos não vêem; **~ bien/mal** ver bem/mal; **a ~** vejamos; **ya veremos** veremos.
◆ **verse** *vpr* ver-se; **~se con** [tratarse] ver a.
vera *f* **-1.** [orilla] margem *f* **-2.** [lado] lado *m*; **a la ~ de** ao lado de.
veracidad *f* veracidade *f*.
veraneante *mf* veranista *mf*.
veranear *vi* veranear.
veraneo *m* veraneio *m*.
veraniego, ga *adj* de verão.
verano *m* verão *m*.
veras *fpl* verdade *f*; **de ~** deveras.
veraz *adj* veraz.
verbal *adj* verbal.
verbena *f* **-1.** [fiesta] quermesse *f* **-2.** [planta] verbena *f*.

verbo *m* verbo *m*.
verboso, sa *adj* verboso(sa).
verdad *f* **-1.** verdade *f*; **a decir ~** para dizer a verdade; **de ~** de verdade; **en ~** verdade **-2.** *loc*: **¿~?** [para confirmar] não é verdade?; [respondiendo a pregunta] verdade?
◆ **verdades** *fpl* verdade *f*; **cantarle** *o* **decirle a alguien cuatro ~es** *fig* dizer a alguém umas verdades.
verdadero, ra *adj* verdadeiro(ra).
verde ◇ *adj* **-1.** [gen] verde **-2.** *fig* [obsceno] obsceno(na) **-3.** *loc*: **poner ~ a alguien** falar mal de alguém. ◇ *m* [color] verde *m*. ◇ *mf* verde *mf*; **los ~s** os verdes.
verdear *vi* verdejar.
verdecer *vi* verdecer.
verdor *m* verdor *m*.
verdoso, sa *adj* esverdeado(da).
verdugo *m* **-1.** [gen] verdugo *m* **-2.** *Esp* [pasamontañas] balaclava *f*.
verdulería *f* quitanda *f*.
verdulero, ra *m, f* verdureiro *m*, -ra *f*.
verdura *f* verdura *f*.
vereda *f* **-1.** [senda] vereda *f* **-2.** *CSur, Perú* [acera] calçada *f*.
veredicto *m* veredito *m*.
vergonzoso, sa *adj* **-1.** [deshonroso] vergonhoso(sa) **-2.** [tímido] envergonhado(da).
vergüenza *f* vergonha *f*; **sentir ~ ajena** *sentir vergonha por outra pessoa*; **dar ~** dar vergonha.
◆ **vergüenzas** *fpl* vergonhas *fpl*.
vericueto *m (gen pl)* senda *m*.
verídico, ca *adj* verídico(ca).
verificar *vt* verificar.
◆ **verificarse** *vpr* verificar-se.
verja *f* grade *f*.
vermú (*pl* **vermús**), **vermut** (*pl* **vermuts**) *m* **-1.** [aperitivo] vermute *m* **-2.** *Andes, RP* [en cine, teatro] matinê *f*.
vernáculo, la *adj* vernáculo(la).
verosímil *adj* verossímil.
verruga *f* verruga *f*.
versado, da *adj* versado(da); **~ en** versado em.
versar *vi*: **~ sobre** versar sobre.
versátil *adj* versátil.
versículo *m* versículo *m*.
versión *f* versão *f*; **~ original** versão original.
verso *m* verso *m*; **en ~** em verso.
vértebra *f* ANAT vértebra *f*.
vertebrado, da *adj* vertebrado(da).
◆ **vertebrados** *mpl* ZOOL vertebrados *mpl*.
vertebral *adj* vertebral.
vertedero *m* **-1.** [de basura] depósito *m* de lixo **-2.** [de agua] vazadouro *m*.
verter ◇ *vt* **-1.** [derramar] derramar **-2.** [vaciar de líquido] entornar **-3.** [traducir] verter **-4.** *fig* [decir] espalhar. ◇ *vi*: **~ a** verter em.
◆ **verterse** *vpr* [derramarse] derramar-se.
vertical ◇ *adj* GEOM vertical. ◇ *m* vertical *f*. ◇ *f* GEOM vertical *f*.
vértice *m* vértice *m*.
vertido *m* rejeito *m*.
vertiente *f* **-1.** [gen] vertente *f* **-2.** [aspecto] aspecto *m*.
vertiginoso, sa *adj* vertiginoso(sa).
vértigo *m* vertigem *f*.
vesícula *f* ANAT vesícula *f*.
vespertino, na *adj* vespertino(na).
vestíbulo *m* vestíbulo *m*.
vestido, da *adj* vestido(da).
◆ **vestido** *m* vestido *m*.
vestidura *f (gen pl)* vestidura *f*; **rasgarse las ~s** *fig* escandalizar-se.
vestigio *m* vestígio *m*.
vestimenta *f* vestimenta *f*.
vestir ◇ *vt* vestir. ◇ *vi* **-1.** [gen] vestir; **esa blusa viste mucho** essa blusa veste bem; **de (mucho) ~** (muito) elegante **-2.** [llevar ropa] vestir-se.
◆ **vestirse** *vpr* vestir-se.
vestuario *m* **-1.** [vestimenta] vestuário *m* **-2.** [de teatro] guarda-roupa *m* **-3.** [guardarropía] vestiário *m* **-4.** [para cambiarse de ropa - en club, colegio] vestiário *m*; [- en teatro] camarim *m*.
veta *f* veio *m*.
vetar *vt* vetar.
veteranía *f* veteranice *f*.
veterano, na ◇ *adj* veterano(na). ◇ *m, f* veterano *m*, -na *f*.
veterinario, ria *m, f* veterinário *m*, -ria *f*.
◆ **veterinaria** *f* veterinária *f*.
veto *m* veto *m*; **poner ~ a algo** vetar algo.
vetusto, ta *adj culto* vetusto(ta).
vez *f* vez *f*; **a mi/tu** *etc* **~** por minha/tua *etc* vez; **de una ~** de uma vez; **de una ~ para siempre** *o* **por todas** de uma vez para sempre *o* por todas; **muchas veces** muitas vezes; **por última ~** pela última vez; **a la ~ (que)** ao mesmo tempo (que); **cada ~ que** cada vez que; **en ~ de** em vez de; **una ~ que** uma vez que; **algunas veces, a veces** algumas vezes,

às vezes; **cada ~** cada vez; **de ~ en cuando** de vez em quando; **otra ~** outra vez; **rara ~**, **pocas veces** raras vezes, poucas vezes; **una** *o* **alguna que otra ~** uma *o* alguma vez ou outra; **hacer las veces de** fazer as vezes de.

◆ **tal vez** *loc adv* talvez.

VHS (*abrev de* **video home system**) *m* VHS *m*.

vía ◇ *f* **-1.** [gen] via *f*; **~ de comunicación** via de comunicação; **~ pública** via pública; **estar en ~s de** estar em vias de; **dar ~ libre** *fig* dar passe livre **-2.** [raíl] trilho *m*. ◇ *prep* via.

◆ **Vía Láctea** *f* Via Láctea *f*.

viabilidad *f* viabilidade *f*.

viable *adj* [posible] viável.

viaducto *m* viaduto *m*.

viajante *mf* viajante *mf*.

viajar *vi* viajar.

viaje *m* **-1.** [gen] viagem *f*; **¡buen ~!** boa viagem!; **estar de ~** estar de viagem; **~ de ida/vuelta** viagem de ida/volta; **~ de ida y vuelta** viagem de ida e volta; **~ de novios** viagem de núpcias; **~ relámpago** viagem-relâmpago *f* **-2.** *Esp fam* [golpe] bordoada *f*.

viajero, ra ◇ *adj* viajante. ◇ *m, f* viajante *mf*.

vial ◇ *adj* viatório(ria). ◇ *m* FARM frasco *m*.

viaraza *f RP* ataque *m*.

viario, ria *adj* viário(ria).

víbora *f* víbora *f*.

vibración *f* vibração *f*.

vibrador, ra *adj* vibratório(ria).

◆ **vibrador** *m* vibrador *m*.

vibrante *adj* vibrante.

vibrar ◇ *vt* vibrar. ◇ *vi* vibrar.

vibratorio, ria *adj* vibratório(ria).

vicaría *f* vicariato *m*.

vicario *m* vicário *m*.

vicepresidente, ta *m, f* vice-presidente *m*, -ta *f*.

viceversa *adv* vice-versa.

viciado, da *adj* viciado(da).

viciar *vt* **-1.** [gen] viciar **-2.** [adulterar] adulterar.

◆ **viciarse** *vpr* **-1.** [pervertirse, habituarse] viciar-se **-2.** [deformarse] deformar-se.

vicio *m* **-1.** [gen] vício *m* **-2.** *fam* [mimo] mimo *m*.

vicioso, sa ◇ *adj* **-1.** [defectuoso] vicioso(sa) **-2.** [depravado] viciado (da). ◇ *m, f* viciado *m*, -da *f*.

vicisitud *f* vicissitude *f*.

◆ **vicisitudes** *fpl* vicissitude *f*.

víctima *f* vítima *f*; **ser ~ de** ser vítima de.

victimar *vt Amér* assassinar.

victimario, ria *m, f Amér* assassino *m*, -na *f*.

victoria *f* vitória *f*; **cantar ~** *fig* cantar vitória.

victorioso, sa *adj* vitorioso(sa).

vicuña *f* vicunha *f*.

vid *f* videira *f*.

vida *f* vida *f*; **en ~** em vida; **pasar a mejor ~** passar desta para melhor; **perder la ~** perder a vida; **¡así es la ~!** assim é a vida!; **darse** *o* **pegarse la gran ~** viver a boa vida; **de por ~** para sempre; **en mi/tu** *etc* **~** *fam* em minha/tua *etc* vida; **¡mi ~!**, **¡~ mía!** minha vida!, vida minha!

vidente *mf* vidente *mf*.

vídeo, video *Amér* ◇ *m* **-1.** vídeo *m* **-2.** [aparato reproductor] videocassete *m* **-3.** [aparato filmador] filmadora *f*. ◇ *adj inv* de vídeo.

videoarte *m* videoarte *f*.

videocámara *f* videocâmara *f*.

videocasete *m* videocassete *m*.

videoclip *m* videoclipe *m*.

videoclub (*pl* **videoclubs** *o* **videoclubes**) *m* videolocadora *f*.

videoconferencia *f* videoconferência *f*.

videojuego *m* videogame *m*.

videotexto, videotex *m* INFORM videotexto *m*.

vidorra *f fam* vidão *m*.

vidriero, ra *m, f* vidreiro *m*, -ra *f*.

◆ **vidriera** *f* vitral *m*.

vidrio *m* vidro *m*; **pagar los ~s rotos** *fig* pagar o pato.

vidrioso, sa *adj* **-1.** [quebradizo] vidrento(ta) **-2.** [delicado] espinhoso (sa) **-3.** [ojos] vidrado(da).

vieira *f* vieira *f*.

viejo, ja ◇ *adj* velho(lha); **hacerse ~** ficar velho. ◇ *m, f* **-1.** [persona mayor] velho *m*, -lha *f*; **Viejo de Pascua** *o* **Pascuero** *Chile* Papai *m* Noel **-2.** *fam* [padres] velho *m*, -lha *f* **-3.** *Amér fam* [amigo] velho *m*, -lha *f*.

◆ **viejo verde** *m* velho *m* obsceno.

Viena *n* Viena.

viene ▷ **venir**.

vienés, esa ◇ *adj* vienense. ◇ *m, f* vienense *mf*.

viento *m* **-1.** [gen] vento *m*; **hacer ~**

ventar; **contra ~ y marea** contra ventos e marés **-2.** [cuerda] corda *f* **-3.** *loc*: **a los cuatro ~s** aos quatro ventos; **beber los ~s por alguien/algo** beber os ventos por alguém/algo; **con ~ fresco** que bons ventos o levem; **~ en popa** de vento em popa.
vientre *m* **-1.** *ANAT* ventre *m*; **hacer de ~** fazer cocô **-2.** [cavidad] bojo *m*.
viernes *m inv* sexta-feira *f inv*.
◆ **Viernes Santo** *m RELIG* Sexta-feira Santa *f*; *ver también* **sábado**.
Vietnam *n*: **(el) ~** (o) Vietnã.
vietnamita ◇ *adj* vietnamita. ◇ *mf* vietnamita *mf*. ◇ *m* vietnamita *m*.
viga *f* viga *f*.
vigencia *f* vigência *f*.
vigente *adj* vigente.
vigésimo, ma *núm* [para ordenar] vigésimo(ma); **vigésima parte** vigésima parte.
vigía ◇ *f* vigia *f*. ◇ *mf* vigia *mf*.
vigilancia *f* vigilância *f*.
vigilante ◇ *mf* vigilante *mf*. ◇ *adj* vigilante.
vigilar ◇ *vt* vigiar. ◇ *vi* prestar atenção.
vigilia *f* vigília *f*; **estar de ~** ficar de vigília.
vigor *m* **-1.** vigor *m* **-2.**: **en ~** em vigor.
vigorizar *vt* revigorar.
vigoroso, sa *adj* vigoroso(sa).
VIH (*abrev de* **virus de la inmunodeficiencia humana**) *m* HIV *m*.
vikingo, ga ◇ *adj* viking. ◇ *m, f* viking *mf*.
vil *adj* vil.
vileza *f* vileza *f*.
vilipendiar *vt desus* vilipendiar.
villa *f* **-1.** [población] vila *f*; **~ miseria** *Arg, Bol* favela *f* **-2.** [casa] casa *f* de campo.
villadiego *m*: **coger** *o* **tomar las de ~** *fig* ausentar-se.
villancico *m* vilancico *m*.
villano, na ◇ *adj* vilão(lã). ◇ *m, f* vilão *m*, -lã *f*.
vilo ◆ **en vilo** *loc adv*: **estar en ~** estar em brasas.
vinagre *m* vinagre *m*.
vinagreras *fpl* galheteiro *m*.
vinagreta *f CULIN* vinagrete *m*.
vinculación *f* vinculação *f*.
vincular *vt* vincular.
◆ **vincularse** *vpr* [enlazarse] vincular-se.
vínculo *m* vínculo *m*.
vinícola *adj* vinícola.
vinicultura *f* vinicultura *f*.
viniera *etc* ▷ **venir**.
vino[1] *etc* ▷ **venir**.
vino[2] *m* vinho *m*; **~ blanco** vinho branco; **~ dulce** vinho doce; **~ rosado** vinho rosado; **~ tinto** vinho tinto.
viña *f* vinha *f*.
viñedo *m* vinhedo *m*.
viñeta *f* vinheta *f*.
viola ◇ *f* viola *f*. ◇ *mf* violista *mf*.
violación *f* **-1.** [de persona] estupro *m* **-2.** [de ley, derechos] violação *f*.
violador, ra *m, f* **-1.** [de persona] estuprador *m*, -ra *f* **-2.** [de ley, derechos] violador *m*, -ra *f*.
violar *vt* **-1.** [persona] estuprar **-2.** [ley, derechos] violar.
violencia *f* **-1.** [gen] violência *f* **-2.** [incomodidad] constrangimento *m*.
violentar *vt* violentar.
◆ **violentarse** *vpr* constranger-se.
violento, ta *adj* **-1.** [gen] violento(ta) **-2.** [embarazoso, incómodo]: **estar/sentirse ~** estar/sentir-se embaraçado(da); **ser ~** ser embaraçoso.
violeta ◇ *f* [flor] violeta *f*. ◇ *adj inv* [color] violeta. ◇ *m* [color] violeta *m*.
violín ◇ *m* violino *m*. ◇ *mf* violino *m*.
violinista *mf* violinista *mf*.
violón ◇ *m* contrabaixo *m*. ◇ *mf* contrabaixo *m*.
violoncelista = **violonchelista**.
violoncelo = **violonchelo**.
violonchelista, violoncelista *mf* violoncelista *mf*.
violonchelo, violoncelo ◇ *m* violoncelo *m*. ◇ *mf* violoncelo *mf*.
VIP (*abrev de* **very important person**) *mf* VIP *m*.
viperino, na *adj* viperino(na).
viraje *m* **-1.** [gen] viragem *f* **-2.** [cambio] virada *f*.
virar ◇ *vt* virar. ◇ *vi* [girar] virar.
virgen ◇ *adj* virgem. ◇ *f* virgem *f*.
◆ **Virgen** *f*: **la Virgen** *RELIG* a Virgem.
virginidad *f* virgindade *f*.
virgo *m* [virginidad] virgindade *f*.
◆ **Virgo** ◇ *m inv* [signo del Zodíaco] Virgem *f*; **ser Virgo** ser de Virgem. ◇ *mf inv* **-1.** [persona] virginiano *m*, -na *f* **-2.** *(en aposición)* de Virgem.

virguería *f Esp fam* jóia *f*.
viril *adj* viril.
virilidad *f* virilidade *f*.
virreina *f* vice-rainha *f*.
virreino *m* vice-reinado *m*.
virrey *m* vice-rei *m*.
virtual *adj* virtual.
virtud *f* virtude *f*; **tener la ~ de** ter a virtude de.
◆ **en virtud de** *loc prep* em virtude de.
virtuoso, sa ◇ *adj* virtuoso(sa). ◇ *m, f* virtuose *mf*.
viruela *f* MED varíola *f*.
virulé ◆ **a la virulé** *loc adj Esp fam* **-1.** [torcido] torto(ta) **-2.** [en mal estado] em estado lamentável.
virulencia *f* virulência *f*.
virulento, ta *adj* virulento(ta).
virus *m inv* vírus *m*.
viruta *f* apara *f*.
vis ◆ **vis a vis** *loc adv* vis-à-vis.
visa *f Amér* visto *m*.
visado *m* visto *m*.
víscera *f* ANAT víscera *f*.
visceral *adj* visceral.
viscoso, sa *adj* viscoso(sa).
◆ **viscosa** *f* viscose *f*.
visera *f* **-1.** [gen] viseira *f* **-2.** [de automóvil] pára-sol *m*.
visibilidad *f* visibilidade *f*.
visible *adj* visível.
visigodo, da ◇ *adj* visigodo(da). ◇ *m, f* visigodo *m*, -da *f*.
visillo *m (gen pl)* cortina *f*.
visión *f* visão *f*; **ver visiones** ter visões.
visionar *vt* visionar.
visionario, ria *m, f* visionário *m*, -ria *f*.
visir *m* vizir *m*.
visita *f* visita *f*; **hacer una ~** fazer uma visita; **tener ~s** ter visitas; **pasar ~** dando consultas; **~ médica** visita médica; **~ relámpago** visita relâmpago.
visitante ◇ *adj* DEP visitante. ◇ *mf* visitante *mf*.
visitar *vt* visitar.
vislumbrar *vt* vislumbrar.
◆ **vislumbrarse** *vpr* entrever-se.
viso *m* **-1.** [aspecto]: **tener ~s de** ter jeito de **-2.** [reflejo] reflexo *m* **-3.** [prenda] anágua *f*.
visón *m* vison *m*.
visor *m* **-1.** FOT visor *m* **-2.** [de arma] mira *f*.
víspera *f* **-1.** [día anterior] véspera *f*; **en ~s de** nas vésperas de **-2.** *(gen pl)* RELIG vésperas *fpl*.
vistazo *m* olhada *f*; **echar** *o* **dar un ~** dar uma olhada.
visto, ta ◇ *pp irreg* ▷ **ver**. ◇ *adj* visto(ta); **está ~ que** está claro que; **estar algo muy ~** ser algo pouco original; **estar bien/mal ~** ser bem/mal visto.
◆ **por lo visto** *loc adv* pelo visto.
◆ **visto que** *loc conj* visto que.
◆ **vista** *f* **-1.** [gen] vista *f*; **estar a la vista** estar à vista; **fijar la vista** fixar a vista; **a la vista de** à vista de; **a primera** *o* **simple vista** à primeira *o* simples vista **-2.** DER audiência *f* **-3.** *loc*: **conocer a alguien de vista** conhecer alguém de vista; **hacer la vista gorda** fazer vista grossa(a); **¡hasta la vista!** até a vista!; **(no) perder de vista** (não) perder de vista; **saltar algo a la vista** algo saltar à vista; **tener vista** ter visão; **volver la vista atrás** olhar para trás.
◆ **vistas** *fpl* vista *f*.
◆ **a la vista** *loc adj* à vista.
◆ **con vistas a** *loc prep* com vista a.
◆ **en vista de** *loc prep* em vista de.
◆ **en vista de que** *loc conj* já que.
◆ **visto bueno** *m* de acordo.
vistoso, sa *adj* vistoso(sa).
visual ◇ *adj* visual. ◇ *f* campo *m* visual.
visualizar *vt* visualizar.
vital *adj* **-1.** [gen] vital **-2.** [enérgico] vivaz.
vitalicio, cia *adj* vitalício(cia).
◆ **vitalicio** *m* **-1.** [pensión] pensão *f* vitalícia **-2.** [seguro de vida] seguro *m* de vida.
vitalidad *f* vitalidade *f*.
vitamina *f* vitamina *f*.
vitaminado, da *adj* vitaminado(da).
vitamínico, ca *adj* vitamínico(ca).
viticultor, ra *m, f* viticultor *m*, -ra *f*.
viticultura *f* viticultura *f*.
vitorear *vt* aclamar.
vítreo, a *adj* vítreo(trea).
vitrina *f* **-1.** [mueble] cristaleira *f* **-2.** *Amér* [escaparate] vitrina *f*.
vitro ◆ **in vitro** *loc adv* BIOL in vitro.
vituperar *vt* vituperar.
vituperio *m* vitupério *m*.
viudedad *f* **-1.** [viudez] viuvez *f* **-2.** [pensión] pensão *f* de viuvez.
viudo, da ◇ *adj* viúvo(va). ◇ *m, f* viúvo *m*, -va *f*.
viva ◇ *m* viva *m*. ◇ *interj* viva!

vivac = **vivaque**.
vivacidad *f* vivacidade *f*.
vivalavirgen *mf inv* ***Esp fam*** boa-vida *mf*.
vivales *mf inv* ***Esp fam*** sabido *m*, -da *f*.
vivaque, vivac *m* bivaque *m*.
vivaracho, cha *adj* vivo(va).
vivaz *adj* vivaz.
vivencia *f (gen pl)* vivência *f*.
víveres *mpl* víveres *mpl*.
vivero *m* viveiro *m*.
viveza *f* vivacidade *f*.
vivido, da *adj* vivido(da).
vívido, da *adj* vívido(da).
vividor, ra *m, f* ***despec*** boa-vida *mf*.
vivienda *f* moradia *f*.
viviente *adj* vivo(va).
vivir ◇ *vi* viver; ~ **de** viver de; ~ **para ver** quem viver verá. ◇ *vt* viver.
vivito *adj*: ~ **y coleando** ***fam*** vivinho da silva.
vivo, va ◇ *adj* vivo(va). ◇ *m, f (gen pl)* vivo *m*, -va *f*.
◆ **en vivo** *loc adv* **-1.** [no muerto] com vida **-2.** [en directo] ao vivo.
vizcaíno, na ◇ *adj* biscainho(nha); **a la vizcaína** CULIN à biscainha. ◇ *m, f* biscainho *m*, -nha *f*.
vizconde, desa *m, f* visconde *m*, -sa *f*.
vocablo *m* vocábulo *m*.
vocabulario *m* vocabulário *m*.
vocación *f* vocação *f*.
vocacional *adj* vocacional.
vocal ◇ *adj* vocal. ◇ *mf* vogal *mf*. ◇ *f* vogal *f*.
vocalista *mf* MÚS vocalista *mf*.
vocalizar *vi* vocalizar.
vocativo *m* GRAM vocativo *m*.
vocear ◇ *vt* **-1.** [gritar] gritar **-2.** [llamar] chamar **-3.** [vitorear] aclamar **-4.** [pregonar] apregoar. ◇ *vi* [gritar] gritar.
vocerío *m* vozerio *m*.
vociferar *vi* vociferar.
vodka *m o f* vodca *f*.
vol. (*abrev de* **volumen**) vol.
volado, da *adj* ***fam*** [ido]: **estar** ~ estar transtornado(da).
◆ **volada** *f* [de ave] vôo *m*.
volador, ra *adj* voador(ra).
◆ **volador** *m* **-1.** [pez] peixe-voador *m* **-2.** [cohete] rojão *m*.
volandas ◆ **en volandas** *loc adv* no ar.
volante ◇ *adj* **-1.** [que vuela] voador(ra) **-2.** [ambulante] itinerante. ◇ *m* **-1.** [gen] volante *m*; **estar** *o* **ir al** ~ estar ao volante **-2.** [adorno de tela] babado *m* **-3.** [de talonario] requisição *f* **-4.** [en bádminton] peteca *f*.
volar ◇ *vi* voar; ~ **a** voar a; **echar (se) a** ~ alçar vôo; **hacer algo volando** fazer algo voando. ◇ *vt* [hacer explotar] voar.
volátil *adj* **-1.** [gen] volátil **-2.** [inconstante] volúvel.
volatilizar *vt* [transformar] volatilizar.
◆ **volatilizarse** *vpr* **-1.** [transformarse] volatilizar-se **-2.** ***fam*** [desaparecer] evaporar.
vol-au-vent = **volován**.
volcán *m* vulcão *m*.
volcánico, ca *adj* vulcânico(ca).
volcar ◇ *vt* **-1.** [tirar] esvaziar **-2.** [derribar] derrubar. ◇ *vi* [vehículo] virar.
◆ **volcarse** *vpr* **-1.** [esforzarse] desdobrar-se; ~**se con** *o* **en** devotar-se a **-2.** [caerse] entornar-se.
volea *f* DEP voleio *m*.
voleibol *m* voleibol *m*, vôlei *m*.
voleo *m* voleio *m*; **ao al** ~ ***fig*** ao voleio; [arbitrariamente] ao azar.
volován, vol-au-vent (*pl* **vol-au-vents**) *m* CULIN volovã *m*.
volquete *m* caminhão *m* basculante.
voltaje *m* ELECTR voltagem *f*.
voltear ◇ *vt* **-1.** [gen] voltear **-2.** ***Amér*** [derribar] cair **-3.** ***Amér*** [volcar] derramar. ◇ *vi* ***Méx*** [torcer] retornar.
◆ **voltearse** *vpr* ***Andes, CAm, Carib, Méx*** **-1.** [darse la vuelta] voltar-se **-2.** [volcarse] derramar-se.
voltereta *f* pirueta *f*; **dar una** ~ dar uma pirueta.
voltio *m* ELECTR volt *m*.
voluble *adj* volúvel.
volumen *m* volume *m*; **subir/bajar el** ~ aumentar/abaixar o volume.
voluminoso, sa *adj* volumoso(sa).
voluntad *f* **-1.** vontade *f*; ~ **de hierro** vontade de ferro; **buena/mala** ~ boa/má vontade; **a** ~ à vontade; **contra la** ~ **de alguien** contra a vontade de alguém; **por** ~ **propia** por vontade própria **-2.** [cantidad no fija]: **la** ~ ***Esp*** quanto quiser.
voluntariado *m* voluntariado *m*.
voluntario, ria ◇ *adj* voluntário (ria). ◇ *m, f* voluntário *m*, -ria *f*.

voluntarioso, sa *adj* voluntarioso (sa).

voluptuoso, sa *adj* voluptuoso(sa).

volver ◇ *vt* **-1.** [colchón, tortilla] virar **-2.** [cabeza, mirada] voltar **-3.** [transformar] deixar; **lo volvió tonto** deixou-o bobo; **vas a ~ tonto al niño** você vai acabar deixando o menino abobado. ◇ *vi* **-1.** [gen] voltar; **~ a** voltar a; **~ en sí** *fig* voltar a si **-2.** *(antes de infin)* [hacer otra vez]: **~ a** tornar a.

◆ **volverse** *vpr* **-1.** [variar de posición] virar-se **-2.** [retornar] voltar **-3.** [convertirse] tornar-se; **se ha vuelto loco** ficou louco **-4.** [girar cabeza] voltar-se **-5.** *loc*: **~se atrás** voltar atrás; **~se algo/alguien contra alguien** voltar-se algo/alguém contra alguém.

vomitar ◇ *vt* **-1.** [devolver] vomitar **-2.** *fig* [desembuchar] desembuchar. ◇ *vi* [devolver] vomitar.

vomitera *f* vômito *m*.

vomitivo, va *adj* vomitivo(va).

◆ **vomitivo** *m* vomitório *m*.

vómito *m* vômito *m*.

voraz *adj* voraz.

vórtice *m* vórtice *m*.

vos *pron* ***Andes***, ***CAm***, ***Carib*** & ***RP*** você.

vosotros, tras *pron* vocês.

votación *f* [efecto] votação *f*.

votante ◇ *adj* votante. ◇ *mf* votante *mf*.

votar ◇ *vt* votar. ◇ *vi* votar; **~ en blanco** votar em branco; **~ por** [emitir voto] votar em; [estar a favor] votar a favor de.

voto *m* **-1.** [gen] voto *m*; **~ de censura** voto de censura; **~ de confianza** voto de confiança **-2.** [derecho a votar] direito *m* a voto.

voy ▷ **ir**.

voyeur (*pl* **voyeurs**) *m*, *f* voyeur *m*, -euse *f*.

voz *f* **-1.** [gen] voz *f*; **alzar** *o* **levantar la ~ a alguien** erguer *o* levantar a voz para alguém; **a media ~** a meia-voz; **a voces** aos gritos; **a ~ en cuello** *o* **grito** aos gritos; **en ~ alta/baja** em voz alta/baixa; **~ en off** voz em off; **llevar la ~ cantante** *fig* dar as ordens; **dar voces** [gritar] gritar; [dar a conocer] divulgar; **~ de la conciencia** voz da consciência; **~ de mando** voz de comando; **no tener ni ~ ni voto** não ter nem voz nem voto **-2.** [vocablo] vocábulo *m*.

vozarrón *m* *fam* vozeirão *m*.

vudú *m* *(en aposición inv)* vodu *m*.

vuelco *m* reviravolta *f*; **darle a alguien un ~ el corazón** *fig* dar um sobressalto em alguém.

vuelo *m* **-1.** [gen] vôo *m*; **al ~** no ar; **alzar** *o* **emprender** *o* **levantar el ~** [despegar] alçar *o* levantar vôo; **~ chárter** vôo charter; **~ libre** *o* **sin motor** vôo livre *o* planado; **~ regular** vôo regular **-2.** [de vestido] roda *f* **-3.** ARQUIT beiral *m* **-4.** [de ave] asa *f* **-5.** *loc*: **de altos ~s**, **de mucho ~** de muito fôlego.

vuelto, ta ◇ *pp irreg* ▷ **volver**. ◇ *adj* virado(da).

◆ **vuelto** *m* ***Amér*** troco *m*.

◆ **vuelta** *f* **-1.** [gen] volta *f*; **media vuelta** meia-volta *f*; **vuelta atrás** fazer meia-volta; **vuelta ciclista** volta ciclística; **a vuelta de correo** pelo correio expresso; **dar la vuelta a la tortilla** ***fam*** provocar uma reviravolta; **darle cien vueltas a alguien** ser mil vezes melhor que alguém; **darle vueltas a algo** remoer algo; **dar una vuelta de campana** capotar; **dar vueltas la cabeza a alguien** sentir tontura; **estar de vuelta de todo** achar que sabe tudo; **no tener vuelta de hoja** não ter escolha; **poner a alguien de vuelta y media** insultar alguém; **dar vueltas** dar voltas **-2.** [medio giro]: **dar(se) la vuelta** virar-se **-3.** [paseo]: **dar una vuelta** dar uma volta **-4.** [curva] curva *f* **-5.** [dinero sobrante] troco *m* **-6.** [devolución] devolução *f* **-7.** [ronda, turno] turno *m* **-8.** [de labor] carreira *f* **-9.** [parte opuesta] verso *m*; **a la vuelta** [detrás] atrás **-10.** [de prenda] canhão *m*.

vuestro, tra ◇ *adj* vosso(sa), de vocês. ◇ *pron*: **el ~ /la vuestra** o vosso/a vossa, o/a de vocês, o seu/ a sua; **lo ~** o negócio de vocês.

vulgar *adj* vulgar.

vulgaridad *f* vulgaridade *f*.

vulgarizar *vt* vulgarizar.

◆ **vulgarizarse** *vpr* vulgarizar-se.

vulgo *m* ***despec*** [plebe] plebe *f*.

vulnerable *adj* vulnerável.

vulnerar *vt* **-1.** [deshonrar] vulnerar **-2.** [violar] transgredir.

vulva *f* ANAT vulva *f*.

W

w, W *f* [letra] w, W *m.*
walkie-talkie (*pl* **walkie-talkies**) *m* walkie-talkie *m.*
walkman® (*pl* **walkmans**) *m* walkman® *m.*
WAP (*abrev de* **Wireless Application Protocol**) *m* WAP *m.*
Washington *n* Washington.
wáter (*pl* **wáteres**), **váter** (*pl* **váteres**) *m* vaso *m* sanitário.
waterpolo *m* DEP pólo *m* aquático.
watio = **vatio**.
WC (*abrev de* **water closet**) *m* WC *m.*
Web [webl] *f*: **la (World Wide) ~** a (World Wide) Web.
western (*pl* **westerns**) *m* CIN western *m*, faroeste *m.*
whisky = **güisqui**.
windsurf, windsurfing *m* DEP windsurfe *m.*

x¹, X *f* [letra] x, X *m.*
x² (*abrev de* **miércoles**) qua.
xenofobia *f* xenofobia *f.*
xilofón, xilófono *m* MÚS xilofone *m.*

Y

y¹, Y *f* [letra] y, Y *m.*
y² *conj (se usa e delante de palabras que empiezan por i o hi sin formar diptongo)* e.
ya ◇ *adv* já; **~ me lo habías contado** já tinha me contado isso; **hay que hacer algo ~** tem que fazer algo já; **~ era hora** já era hora. ◇ *interj* tá! ◇ *conj* já; **~ ... ~ ...** ou ... ou ...
◆ **ya que** *loc conj* já que; **~ que has venido, ayúdame con esto** já que veio, ajuda-me com isto.
yacente, yaciente *adj* jacente.
yacer *vi* jazer.
yaciente = **yacente**.
yacimiento *m* jazida *f.*
yanqui ◇ *adj* ianque. ◇ *mf* ianque *mf.*
yarda *f* jarda *f.*
yate *m* NÁUT iate *m.*
yayo, ya *m, f* **fam** vovô *m*, -vó *f.*
yegua *f* égua *f.*
yema *f* **-1.** [gen] gema *f* **-2.** [de dedo] ponta *f* **-3.** CULIN *doce feito com gema de ovo e açúcar.*
Yemen *n* Iêmen.
yen *m* iene *m.*
yerba *f*: **~ mate** *RP* erva-mate *f.*
yerbatero *m* ***Andes, Carib*** [curandero] curandeiro *m*, -ra *f*; [vendedor de hierbas] herborista *mf.*
yermo, ma *adj* ermo(ma).
◆ **yermo** *m* ermo *m.*
yerno *m* genro *m.*
yesca *f matéria muito seca, inflamável e preparada, para acender o fogo.*
yeso *m* **-1.** MIN gipsita *f* **-2.** PÓ gesso *m.*
yeti *m* yeti *m.*
yeyé (*pl* **yeyés**) *adj* yê-yê-yê.
yo *pron* eu; **~ de ti** eu se fosse você; **~ que tú/él etc** eu se fosse você/ele etc.
yodo, iodo *m* QUÍM iodo *m.*
yoga *m* ioga *f.*
yogui *mf* iogue *mf.*
yogur (*pl* **yogures**), **yogurt** (*pl* yo-

gurts) *m* iogurte *m*; ~ **enriquecido** iogurte enriquecido.
yogurtera *f* iogurteira *f*.
yonqui *mf fam* drogado *m*, -da *f*.
yoquey (*pl* **yoqueys**), **jockey** (*pl* **jockeys**) *m* jóquei *m*, joqueta *f*.
yoyó *m* ioiô *m*.
yuca *f* **-1.** [planta liliácea] iúca *f* **-2.** [mandioca] mandioca *f*.
yudo, judo *m* judô *m*.
yudoka, judoka *mf* judoca *mf*.
yugo *m* jugo *m*.
Yugoslavia *n* Iugoslávia; **la ex** ~ a ex-Iugoslávia.
yugoslavo, va ◇ *adj* iugoslavo(va). ◇ *m, f* iugoslavo *m*, -va *f*.
yugular ◇ *adj* jugular. ◇ *f* jugular *f*.
yunque *m* bigorna *f*.
yunta *f* [de bueyes] junta *f*.
yuppie (*pl* **yuppies**) *m, f* yuppie *mf*.
yuxtaponer *vt* justapor.
◆ **yuxtaponerse** *vpr* justapor-se.
yuxtaposición *f* justaposição *f*.
yuxtapuesto, ta *pp irreg* ▷ **yuxtaponer**.
yuyo *m* **CSur -1.** [hierba medicinal] erva *f* medicinal **-2.** [hierba mala] tiririca *f* **-3.** [hierba silvestre] erva *f* silvestre.

Z

z, Z *f* [letra] z, Z *m*.
zacate *m* **CAm, Méx** forragem *f*.
zafarrancho *m* **-1.** MIL: ~ **de combate** preparativos *mpl* de combate **-2.** [destrozo] **fam** estrago *m* **-3. fam** [riña] briga *f*.
zafio, fia *adj* grosseirão(na).
zafiro *m* MIN safira *f*.
zaga *f*: **ir a la** ~ ficar atrás.
zaguán *m* saguão *m*.
zaherir *vt* humilhar.
zahorí (*pl* **zahoríes**) *m, f* **-1.** [buscador de agua] *pessoa com capacidade de descobrir o que está oculto, especialmente veios subterrâneos de água e jazidas minerais* **-2. fig** [persona perspicaz] vidente *mf*.
Zaire *n* Zaire.
zalamería *f (gen pl)* adulação *f*.
zalamero, ra ◇ *adj* adulador(ra). ◇ *m, f* adulador *m*, -ra *f*.
zamarra *f* samarra *f*.
zambo, ba ◇ *adj* zambo(ba). ◇ *m, f* zambo *m*, -ba *f*.
zambomba *f* MÚS cuíca *f*.
zambombazo *m* **-1.** [explosión] estampido *m* **-2. fam** [porrazo] pancada *f*.
zambullir *vt* mergulhar.
◆ **zambullirse** *vpr* mergulhar-se.
zampar *vi fam* zampar.
◆ **zamparse** *vpr fam* zampar.
zanahoria *f* cenoura *f*.
zanca *f* [de ave] *perna fina e comprida de algumas aves*.
zancada *f* passada *f*.
zancadilla *f* **-1.** [traspiés] rasteira *f*; **ponerle la** ~ **a alguien** [hacer tropezar] dar uma rasteira em alguém **-2.** [engaño] tramóia *f*.
zancadillear *vt* dar uma rasteira.
zanco *m* pernas *fpl* de pau.
zancudo, da *adj* pernalta.
◆ **zancudo** *m* **Amér** pernilongo *m*.
zanganear *vi fam* vadiar.
zángano, na *m, f* **fam** folgado *m*, -da *f*.
◆ **zángano** *m* zangão *m*.
zanja *f* vala *f*.
zanjar *vt* resolver.
zapallito *m* **CSur** [calabacín] beringela *f*.
zapata *f* **-1.** [cuña] calço *m* **-2.** [de freno] sapata *f*.
zapateado *m* [baile] sapateado *m*.
zapatear *vi* sapatear.
zapatería *f* sapataria *f*.
zapatero, ra *m, f* sapateiro *m*, -ra *f*.
zapatilla *f* **-1.** [gen] sapatilha *f* **-2.** [zapato deportivo] tênis *m*.
zapato *m* sapato *m*.
zapear *vi* fazer zapping.
zapping, zapeo *m inv* zapping *m*; **hacer** ~ fazer zapping.
zar *m* czar *m*.
zarabanda *f* MÚS sarabanda *f*.
zarandear *vt* sacudir.
◆ **zarandearse** *vpr* sacudir-se.
zarandeo *m* sacolejo *m*.
zarcillo *m (gen pl)* brincos *mpl*.
zarina *f* czarina *f*.
zarpa *f* garra *f*.
zarpar *vi* NÁUT zarpar.
zarpazo *m* unhada *f*.
zarrapastroso, sa *adj* esfarrapado (da).
zarza *f* sarça *f*.

zarzal *m* sarçal *m.*
zarzamora *f* amora *f.*
zarzaparrilla *f* salsaparrilha *f.*
zarzuela *f MÚS* zarzuela *f.*
zas *interj* zás!
zenit, cenit *m* zênite *m.*
zepelín *m AERON* zepelim *m.*
zigzag (*pl* **zigzags** *o* **zigzagues**) *m* ziguezague *m.*
zigzaguear *vi* ziguezaguear.
zinc = **cinc**.
zíngaro, ra = **cíngaro**.
zíper *m CAm, Méx* zíper *m.*
zipizape *m fam* auê *m.*
zócalo *m* **-1.** [de pared] rodapé *m* **-2.** [de edificio] fundação *f* **-3.** [de pedestal] plinto *m.*
zoco *m* mercado *m.*
zodiacal *adj* zodiacal.
zodíaco, zodiaco *m* zodíaco *m.*
zombi, zombie *mf* zumbi *m.*
zona *f* **-1.** [espacio delimitado] zona *f*; ~ **azul** *AUTOM* zona azul; ~ **euro** zona euro; ~ **verde** zona verde **-2.** [parte] área *f.*
zonzo, za, sonso, sa bobo *m,* -ba *f*; **hacerse el** ~ *fam* fazer-se de bobo.
zoo *m* zôo *m.*
zoología *f* zoologia *f.*
zoológico, ca *adj* zoológico(ca).
◆ **zoológico** *m* ⊳ **parque**.
zoólogo, ga *m, f* zoólogo *m,* -ga *f.*
zoom (*pl* **zooms**) *m* zum *m.*
zopenco *fam,* **ca** ◇ *adj* tapado(da). ◇ *m, f* tapado *m,* -da *f.*
zoquete ◇ *adj* cabeça-dura. ◇ *mf* cabeça-dura *mf.* ◇ *m CSur* [calcetín] meia *f* soquete.
zorro, rra ◇ *adj fam* astuto(ta). ◇ *m, f* raposa *f.*
◆ **zorro** *m* [piel] raposa *f.*
◆ **zorra** *f mfam* [ramera] rameira *f.*
◆ **zorros** *mpl* [utensilio] espanador *m*; **estar hecho unos ~s** [cansado, maltrecho] *Esp fam* estar um trapo; [enfurecido] estar furioso.
zozobra *f* angústia *f.*
zozobrar *vi* soçobrar.
zueco *m* tamanco *m.*
zulo *m* esconderijo *m.*
zulú (*pl* **zulúes**) ◇ *adj* zulu. ◇ *m, f* zulu *mf.*
zumbar ◇ *vi* [abeja] zumbir. ◇ *vt fam* [pegar] bater.
zumbido *m* zumbido *m.*
zumo *m* **-1.** [jugo] suco *m* **-2.** *fig* [provecho] proveito *m.*
zurcido *m* cerzido *m.*
zurcir *vt* cerzir; **¡anda y que te zurzan!** *fam* que se dane!
zurdo, da *m, f* canhoto *m,* -ta *f.*
◆ **zurda** *f* **-1.** [mano izquierda] esquerda *f,* canhota *f* **-2.** [pie izquierdo] esquerda *f.*
zurra *f* surra *f.*
zurrar *vt* **-1.** [pegar] surrar **-2.** [curtir] curtir.
zurrón *m* embornal *m.*
zutano, na *m, f* beltrano *m,* -na *f.*

a¹, A [a] *m* [letra] a, A *f*.

a² [a] *prep* **-1.** [introduz um complemento indireto] a; **dar algo a alguém** dar algo a alguien; **diga ao João para vir** dile a João que venga; **mostrar algo a alguém** mostrar algo a alguien. **-2.** [relativo a direção] a; **vamos ao cinema** vamos al cine; **fomos à praia** fuimos a la playa; **percorreu o país de norte a sul** recorrió el país de norte a sur. **-3.** [relativo a posição, lugar, distância] a; **fica na saída do teatro** queda a la salida del teatro; **é à esquerda/direita** es a la izquierda/derecha; **fica a dez quilômetros** queda a diez kilómetros. **-4.** [introduz um complemento direto] a; **amar a Deus** amar a Dios; **criou o menino como a um filho** crió al niño como a un hijo. **-5.** [relativo a quantidade, medida, preço, velocidade]: **às centenas/dúzias** por centenares/docenas, de a centenas/docenas *Amér*; **a quanto estão as pêras?** ¿a cuánto están las peras?; **vender a metro** vender por metros *ou* metro *RP*; **ia a cem por hora** iba a cien por hora. **-6.** [indica modo, maneira] a; **feito à mão** hecho(cha) a mano; **bater à máquina** escribir a máquina; **sal a gosto** sal a gusto; **fique à vontade** póngase cómodo(da); **ir a pé/cavalo** ir a pie/caballo; **viajar a trabalho/passeio** ir en viaje de negocios/placer; **pagar a prazo/à vista** pagar a crédito/al contado; **a olho nu** a simple vista. **-7.** [indica freqüência]: **três vezes ao dia** tres veces al día, tres veces por día *Amér*; **estou lá às terças-feiras e quintas-feiras** estoy allí los martes y los jueves. **-8.** [introduz complemento de tempo] a; **abertura às oito horas** abrimos a las ocho; **fica a dez minutos daqui** queda a diez minutos de aquí; **à noite** por la noche *Esp, Caribe & Méx*, a la noche *Arg*, de noche *Urug*. **-9.** [indica série]: **de ... a ...** desde ... hasta ...; **a loja tem de tudo, de pregos a máquinas de lavar** la tienda tiene de todo, desde clavos hasta lavadoras. **-10.** [seguido de infinito para exprimir momento] a; **engasgou-se ao comer** se atragantó al comer; **gagueja ao ler** tartamudea al leer. **-11.** [seguido de infinitivo indicando duas ações] a; **saiu a cantar** salió a cantar; **nunca aprendeu a assobiar** nunca aprendió a silbar; **começou a chover** empezó a llover. **-12.** [em locuções]: **a não ser que** a no ser que; **à exceção de** exceptuando, excepto; **a partir de** a partir de; **a respeito de** respecto a.

à [a] = **a** + **a**.

AA (*abrev de* **Alcoólicos Anônimos**) AA.

AACC (*abrev de* **Associação de Assistência à Criança com Câncer**) *f asociación de ayuda a los niños con cáncer.*

AACD (*abrev de* **Associação de Assistência à Criança Defeituosa**) *f asociación de ayuda a los niños y adolescentes con minusvalías físicas.*

aba ['aba] *f* **-1.** [de chapéu] ala *f*. **-2.** [de casaca] faldón *m*.

abacate [aba'katʃi] *m* aguacate *m (fruto)*, palta *f* ***Andes, RP***.

abacaxi [abaka'ʃi] *m* **-1.** [fruta] piña *m*, ananá *m* ***RP***. **-2.** ***fam*** [problema, dificuldade] lío *m*.

abade, dessa [a'badʒi, desa] *m, f* abad *m*, -esa *f*.

abadia [aba'dʒia] *f* abadía *f*.

abafado, da [aba'fadu, da] *adj* **-1.** [ar, sala] cargado(da). **-2.** [pessoa - atarefado] ocupado(da); [- aflito] angustiado(da). **-3.** [som] apagado(da).

abafamento [abafa'mẽntu] *m* [sufoco] ahogo *m*.

abafar [aba'fa(x)] <> *vt* **-1.** [sufocar]

ahogar. **-2.** [cobrir] tapar. **-3.** [apagar] apagar. **-4.** [amortecer] ahogar. **-5.** [ocultar] encubrir. **-6.** *fam* [roubar] birlar. ◇ *vi* **-1.** [sufocar] ahogar. **-2.** *fam* [fazer sucesso] arrasar.

abaixado, da [abaj'ʃadu, da] *adj* **-1.** [pessoa] agachado(da). **-2.** [persiana] bajado(da).

abaixar [abaj'ʃa(x)] *vt* **-1.** [olhos, cabeça, objeto] bajar. **-2.** [preço, voz, volume] bajar.

◆ **abaixar-se** *vp* [curvar-se] agacharse.

abaixo [a'bajʃu] ◇ *adv* **-1.** [posição] abajo. **-2.** [direção] abajo; **escada/ladeira/rio ~** escalera/ladera/río abajo. **-3.** [em texto] abajo. ◇ *interj* abajo.

◆ **abaixo de** *loc prep* por debajo de.

abaixo-assinado [aˌbajʃuasi'nadu] (*pl* **abaixo-assinados**) *m* petición *f.*

abajur [aba'ʒu(x)] (*pl* **-res**) *m* lámpara *f.*

abalado, da [aba'ladu, da] *adj* **-1.** [pessoa] conmovido(da). **-2.** [saúde] frágil.

abalar [aba'la(x)] *vt* **-1.** [fazer estremecer] sacudir. **-2.** *fig* [afetar, comover] afectar. **-3.** [enfraquecer] debilitar.

◆ **abalar-se** *vp fig* [comover-se] emocionarse.

abalizado, da [abali'zadu, da] *adj* [competente] cualificado(da).

abalo [a'balu] *m* **-1.** [tremor] temblor *m*; **~ sísmico** temblor de tierra. **-2.** *fig* [efeito ruim, comoção] sacudida *f.*

abanar [aba'na(x)] *vt* **-1.** [ventilar] abanicar. **-2.** [acenar] agitar. **-3.** [agitar] menear.

◆ **abanar-se** *vp* [ventilar-se] abanicarse.

abandonado, da [abãndo'nadu, da] *adj* abandonado(da).

abandonar [abãndo'na(x)] *vt* **-1.** [desamparar, deixar] abandonar. **-2.** [negligenciar] abandonar. **-3.** [renegar] renegar de.

◆ **abandonar-se** *vp* **-1.** [desleixar-se] abandonarse. **-2.** [entregar-se]: **~-se a algo** abandonarse a algo.

abandono [abãn'donu] *m* abandono *m.*

abarcar [abax'ka(x)] *vt* **-1.** [cingir] abrazar. **-2.** [abranger] abarcar. **-3.** [alcançar] cubrir. **-4.** [monopolizar] monopolizar.

abarrotado, da [abaxo'tadu, da] *adj*: **~ (de)** abarrotado(da) (de).

abarrotar [abaxo'ta(x)] *vt*: **~ (de)** abarrotar (de).

abastado, da [abaʃ'tadu, da] *adj* adinerado(da).

abastecer [abaʃte'se(x)] *vt*: **~ (de)** abastecer (de).

◆ **abastecer-se** *vp*: **~-se (de)** abastecerse (de).

abastecimento [abaʃtesi'mẽntu] *m* abastecimiento *m.*

abatedouro [abate'doru] *m* [matadouro] matadero *m.*

abater [aba'te(x)] *vt* **-1.** [derrubar] derribar. **-2.** [matar] sacrificar. **-3.** [diminuir] descontar. **-4.** [enfraquecer] debilitar. **-5.** [desanimar] abatir.

abatido, da [aba'tʃidu, da] *adj* **-1.** [pálido] pálido(da). **-2.** [enfraquecido] debilitado(da). **-3.** [desanimado] abatido(da).

abatimento [abatʃi'mẽntu] *m* **-1.** [palidez] palidez *f.* **-2.** [fraqueza] debilidad *f.* **-3.** [desânimo] abatimiento *m.* **-4.** [redução] descuento *m*; **fazer um ~** hacer un descuento.

abaulado, da [abaw'ladu, da] *adj* curvado(da).

abdicação [abdʒika'sãw] (*pl* **-ões**) *f* abdicación *f.*

abdicar [abdʒi'ka(x)] *vi* abdicar; **~ de algo** *fig* renunciar a algo.

abecedário [abese'darju] *m* abecedario *m.*

abelha [a'beʎa] *f* abeja *f.*

abelha-rainha [aˌbeʎaxa'iɲa] (*pl* **abelhas-rainhas**) *f* abeja *f* reina.

abelhudo, da [abe'ʎudu, da] *adj* entrometido(da).

abençoar [abẽn'swa(x)] *vt* bendecir; **que Deus o abençoe!** ¡que Dios lo bendiga!

aberração [abexa'sãw] (*pl* **-ões**) *f* aberración *f.*

aberto, ta [a'bɛxtu, ta] *adj* abierto(-ta).

abertura [abex'tura] *f* **-1.** [ger] apertura *f.* **-2.** MÚS abertura *f.*

abestalhado, da [abeʃta'ʎadu, da] *adj* atontado(da).

ABF (*abrev de* **Associação Brasileira de Franchising**) *f asociación brasileña que reglamenta el franquiciado en el país.*

ABI (*abrev de* **Associação Brasileira de Imprensa**) *f Asociación Brasileña de Prensa.*

abismado, da [abiʒ'madu, da] *adj* asombrado(da).

abismo [a'biʒmu] *m* [ger] abismo *m*; **estar à beira de um ~** *fig* estar al borde del abismo.

abjeto, ta [ab'ʒɛtu, ta] *adj* abyecto (ta).

ABL (*abrev de* **Academia Brasileira de Letras**) *f* Academia *f* Brasileña de las Letras, ≃ RAE *f*.

abnegado, da [abne'gadu, da] *adj* abnegado(da).

abnegar [abne'ga(x)] *vi* [renunciar]: **~ de algo** renunciar a algo.
◆ **abnegar-se** *vp* [sacrificar-se] sacrificarse.

ABNT (*abrev de* **Associação Brasileira de Normas Técnicas**) *f asociación brasileña de normalización técnica*, ≃ AENOR *f Esp*.

abóbada [a'bɔbada] *f* bóveda *f*.

abóbora [a'bɔbora] *f* calabaza *f*, zapallo *m CSur*, ahuyama *f Col & Ven*.

abolição [abolisãw] *f* abolición *f*.

abolir [abo'li(x)] *vt* abolir.

abominação [abomina'sãw] (*pl* **-ões**) *f* abominación *f*.

abominar [abomi'na(x)] *vt* abominar.

abonado, da [abo'nadu, da] ◇ *adj* [rico] adinerado(da). ◇ *m, f* [rico] adinerado *m*, -da *f*.

abonar [abo'na(x)] *vt* **-1.** [declarar bom, verdadeiro] confirmar. **-2.** [afiançar] garantizar. **-3.** [aprovar] aprobar. **-4.** [dar] otorgar. **-5.** [adiantar] adelantar. **-6.** [relevar] disculpar. **-7.** [palavra, expressão] documentar.

abono [a'bonu] *m* **-1.** [aprovação] aprobación *f*. **-2.** [fiança] garantía *f*. **-3.** [pagamento extra] paga *f*. **-4.** [relevação] disculpa *f*.

abordagem [abox'daʒẽ] (*pl* **-ns**) *f*: **sua ~ do tema é muito técnica** la manera en que aborda el tema es muy técnica.

abordar [abox'da(x)] *vt* **-1.** [ir a bordo de] embarcar en. **-2.** [pessoa, assunto] abordar.

aborígene [abo'riʒeni] *adj* aborigen.

aborrecer [aboxe'se(x)] *vt* **-1.** [amolar] enfadar *Esp*, enojar *Amér*. **-2.** [entediar] aburrir.
◆ **aborrecer-se** *vp* [amolar-se]: **~-se com alguém** enfadarse *Esp ou* enojarse *Amér* con alguien.

aborrecido, da [aboxe'sidu, da] *adj* **-1.** [amolado] enfadado(da) *Esp*, enojado(da) *Amér*. **-2.** [enfadonho] tedioso(sa).

aborrecimento [aboxesi'mẽntu] *m* [amolação] enfado *m Esp*, enojo *m Amér*.

abortar [abox'ta(x)] ◇ *vi* abortar. ◇ *vt* [plano, greve *etc*] abortar.

aborto [a'boxtu] *m* aborto *m*.

abotoadura [abotwa'dura] *f* gemelo *m*.

abotoar [abo'twa(x)] *vt* [roupa] abotonar, abrochar.

abr. (*abrev de* **abril**) *f* abr.

abraçar [abra'sa(x)] *vt* abrazar.
◆ **abraçar-se** *vp* abrazarse.

abraço [a'brasu] *m* abrazo *m*; **dar um ~ em alguém** dar un abrazo a alguien.

abrandar [abrãn'da(x)] ◇ *vt* [dor] calmar; [lei, pessoa] ablandar; [via, palavreado] suavizar. ◇ *vi* [dor, pessoa, vento] calmarse; [calor, ira] disminuir.

abranger [abrãn'ʒe(x)] *vt* **-1.** [incluir] abarcar. **-2.** [conter em sua área] comprender.

abrasar [abra'za(x)] *vt* abrasar.

abreviar [abre'vja(x)] *vt* **-1.** [pôr em abreviatura, resumir] abreviar. **-2.** [tornar breve] abreviar.

abreviatura [abrevja'tura] *f* abreviatura *f*.

abridor [abri'do(x)] (*pl* **-res**) *m*: **~ de garrafas** abrebotellas *m inv*; **~ de latas** abrelatas *m inv*.

abrigar [abri'ga(x)] *vt* [albergar] albergar.
◆ **abrigar-se** *vp* [albergar-se] albergarse.

abrigo [a'brigu] *m* **-1.** [refúgio] abrigo *m*; **~ anti-aéreo** refugio *m* antiaéreo. **-2.** [cobertura] techo *m*. **-3.** [asilo] refugio *m*.

abril [a'briw] *m* abril *m*; *veja também* **setembro**.

abrir [a'bri(x)] ◇ *vt* **-1.** [ger] abrir. **-2.** [exceção, precedente] crear. ◇ *vi* **-1.** [abrir a porta, ter expediente] abrir. **-2.** [sinal de tráfego, tempo, flor] abrirse.
◆ **abrir-se** *vp* [confidenciar]: **~-se com alguém** abrirse a alguien.

abrolho [a'broʎu] *m* espina *f*.

abrupto, ta [a'bruptu, ta] *adj* **-1.** [súbito] repentino(na). **-2.** [áspero] brusco(ca).

ABS (*abrev de* **antilock braking system**) *m* ABS *m*; **freios ~** frenos ABS.

absolutamente [absoˌluta'mẽntʃi]

adv **-1.** [completamente] absolutamente. **-2.** [de modo nenhum] en absoluto.

absoluto, ta [abso'lutu, ta] *adj* absoluto(ta); **em ~** en absoluto.

absolver [absow've(x)] *vt* absolver; **~ alguém (de algo)** absolver a alguien (de algo).

absolvição [absowvi'sãw] *f* absolución *f*.

absorção [absox'sãw] *f* **-1.** [de água, tempo, cultura] absorción *f*. **-2.** [concentração] concentración *f*.

absorto, ta [ab'soxtu, ta] *adj* [concentrado] absorto(ta).

absorvente [absox'vẽntʃi] *adj* absorbente.

◆ **absorvente** *m*: **~ higiênico** tampón *m*.

absorver [absoxve(x)] *vt* absorber.

abstêmio, mia [abʃ'temju, mja] ◇ *adj* abstemio(mia). ◇ *m, f* abstemio *m*, -mia *f*.

abstenção [abʃtẽn'sãw] (*pl* **-ões**) *f* abstención *f*.

abster-se [abʃ'texsi] *vp*: **~ (de algo/ de fazer algo)** abstenerse (de algo/ de hacer algo).

abstrair [abʃtra'i(x)] *vt* **-1.** [afastar] abstraer. **-2.** [isolar] aislar.

◆ **abstrair-se** *vp* **-1.** [alhear-se]: **~-se de** abstraerse de. **-2.** [concentrar-se]: **~-se em** concentrarse en.

abstrato, ta [abʃ'tratu, ta] *adj* abstracto(ta).

absurdo, da [ab'suxdu, da] *adj* absurdo(da).

◆ **absurdo** *m* absurdo *m*.

abulia [abu'lia] *f* abulia *f*.

abundância [abũn'dãnsja] *f* abundancia *f*; **em ~** en abundancia.

abundante [abũn'dãntʃi] *adj*: **~ (em)** abundante (en).

abundar [abũn'da(x)] *vi* abundar.

abusado, da [abu'zadu, da] *adj* abusón(ona).

abusar [abu'za(x)] *vi* **-1.** [aproveitar-se, exceder-se] abusar; **~ de alguém/algo** abusar de alguien/algo. **-2.** [sexualmente]: **~ de alguém** abusar de alguien.

abuso [a'buzu] *m* abuso *m*; **~ sexual** abuso sexual.

abutre [a'butri] *m* buitre *m*.

a.C. (*abrev de* **antes de Cristo**) a. de C.

AC (*abrev de* **Estado do Acre**) *estado de Acre.*

acabamento [akaba'mẽntu] *m* acabado *m*.

acabar [aka'ba(x)] ◇ *vt* acabar. ◇ *vi* **-1.** [terminar] acabar; **~ de fazer algo** acabar de hacer algo. **-2.** [ter como resultado]: **~ em algo** acabar en algo. **-3.** [abolir, destruir]: **~ com algo** acabar con algo.

◆ **acabar-se** *vp* **-1.** [terminar] acabarse. **-2.** [desgastar-se] agotarse.

acabrunhar [akabru'ɲa(x)] *vt* **-1.** [desanimar] deprimir. **-2.** [envergonhar] avergonzar, apenar ***Carib, Col, Méx.***

academia [akade'mia] *f* **-1.** [escola, sociedade] academia *f*. **-2.** ESP academia *f*.

acadêmico, ca [aka'demiku, ka] ◇ *adj* académico(ca). ◇ *m, f* académico *m*, -ca *f*.

açafrão [asa'frãw] *m* azafrán *m*.

acalentar [akalẽn'ta(x)] *vt* **-1.** [ninar] arrullar. **-2.** *fig* [nutrir] albergar. **-3.** [aconchegar] acurrucar.

acalmar [akaw'ma(x)] ◇ *vt* [pessoa, ânimos] calmar. ◇ *vi* calmarse.

◆ **acalmar-se** *vp* [pessoa, ânimos] calmarse.

acalorado, da [akalo'radu, da] *adj* [discussão *etc*] acalorado(da).

acamado, da [aka'madu, da] *adj* en cama.

açambarcar [asãnbax'ka(x)] *vt* **-1.** [apropriar-se de] apropiarse de. **-2.** [monopolizar] monopolizar.

acampamento [akãnpa'mẽntu] *m* **-1.** [camping] camping *m*. **-2.** MIL campamento *m*.

acanhado, da [aka'ɲadu, da] *adj* vergonzoso(sa).

acanhar-se [aka'ɲaxsi] *vp*: **~ (de fazer algo)** avergonzarse (de hacer algo).

ação [a'sãw] (*pl* **-ões**) *f* **-1.** [atuação, feito] acción *f*. **-2.** [capacidade de agir]: **sem ~** sin capacidad de reacción. **-3.** [enredo] acción *f*. **-4.** JUR acción *f*; **mover uma ~ contra alguém** iniciar acciones legales contra alguien. **-5.** FIN acción *f*; **~ ordinária** acción ordinaria; **~ preferencial** acción preferencial.

acarajé [akara'ʒɛ] *m buñuelo picante de masa de frijoles, frito, y relleno con gambas y cebolla, típico de la comida afrobrasileña de Bahía.*

acarear [aka'rja(x)] *vt* carear.

acariciar [akari'sja(x)] *vt* acariciar.

acarretar [akaxe'ta(x)] *vt* acarrear.

acaso [a'kazu] *m* casualidad *f*.

◆ **ao acaso** *loc adv* sin dirección.

◆ **por acaso** *loc adv* por casualidad.

acatar [aka'ta(x)] *vt* **-1.** [respeitar] respetar. **-2.** [cumprir] acatar.

acautelar [akawte'la(x)] *vt* prevenir.
◆ **acautelar-se** *vp*: **~-se (contra)** prevenirse (contra).

acebolado, da [asebo'ladu, da] *adj* con cebolla.

aceder [ase'de(x)] *vi*: **~ a algo** acceder a algo.

aceitação [asejta'sãw] *f* aceptación *f*.

aceitar [asej'ta(x)] *vt* aceptar.

aceito, ta [a'sejtu, ta] ◇ *pp* ▷ **aceitar.** ◇ *adj* aceptado(da).

aceleração [aselera'sãw] *f* aceleración *f*.

acelerador [aselera'do(x)] (*pl* **-es**) *m* acelerador *m*.

acelerar [asele'ra(x)] ◇ *vt* acelerar. ◇ *vi* AUTO acelerar.

acenar [ase'na(x)] *vi* **-1.** [sinalizar] hacer señales. **-2.** [prometer]: **~ algo (a alguém)** prometer algo (a alguien).

acendedor [asẽnde'do(x)] *m* [de bico de gás] encendedor *m (de quemador de gas)*.

acender [asẽn'de(x)] ◇ *vt* **-1.** [cigarro, lâmpada, luz] encender, prender *Amér.* **-2.** *fig* [ânimo] encender. ◇ *vi* [lâmpada, luz] encenderse, prenderse *Amér.*

aceno [a'senu] *m* **-1.** [gesto] gesto *m*. **-2.** [com a mão] saludo *m*.

acento [a'sẽntu] *m* **-1.** [gráfico] acento *m*. **-2.** [intensidade] acento *m*.

acentuação [asẽntwa'sãw] *f* acentuación *f*.

acentuar [asẽn'twa(x)] *vt* acentuar.

acepção [asep'sãw] (*pl* **-ões**) *f* acepción *f*.

acerca [a'sexka] ◆ **acerca de** *loc adv* acerca de.

acerola [ase'rɔla] *f* acerola *f*.

acertado, da [asex'tadu, da] *adj* **-1.** [relógio] en hora puntual. **-2.** [medida, decisão] acertado(da). **-3.** [combinado] acordado(da).

acertar [asex'ta(x)] ◇ *vt* **-1.** [relógio] poner en hora. **-2.** [combinar] acordar. **-3.** [contas] cuadrar. **-4.** [igualar] igualar. **-5.** [encontrar] acertar con. **-6.** [fazer atingir]: **~ algo em algo** acertar algo en algo. **-7.** [aplicar] dar. ◇ *vi* **-1.** [em adivinhação, jogo] acertar. **-2.** [encontrar]: **~ com algo/alguém** dar con algo/alguien. **-3.** [atingir]: **~ em algo/alguém** acertar en algo/alguien.

acerto [a'sextu] *m* **-1.** [em decisão, escolha] acierto *m*. **-2.** [acordo] acuerdo *m*. **-3.** [de contas] ajuste *m*.

acervo [a'sexvu] *m* **-1.** [patrimônio] patrimonio *m*. **-2.** [quantidade] montón *m*.

aceso, sa [a'sezu, za] ◇ *pp* ▷ **acender.** ◇ *adj* **-1.** [cigarro, lâmpada, luz] encendido(da), prendido(da) *Amér.* **-2.** *fig* [pessoa] entusiasmado (da).

acessar [ase'sa(x)] *vt* COMPUT acceder a.

acessível [ase'sivɛw] (*pl* **-eis**) *adj* accesible.

acesso [a'sɛsu] *m* **-1.** [ger] acceso *m*. **-2.** COMPUT acceso *m*; **~ discado** acceso *m* telefónico.

acessório, ria [ase'sɔrju, rja] *adj* accesorio(ria).
◆ **acessório** *m* accesorio *m*.

achado [a'ʃadu] *m* **-1.** [ger] hallazgo *m*. **-2.** [pechincha] *fam* ganga *f*.

achaque [a'ʃaki] *m* achaque *m*.

achar [a'ʃa(x)] *vt* **-1.** [descobrir] hallar. **-2.** [considerar, pensar] pensar; **~ que ...** creo que ...; **acho que sim** creo que sí; **acho-a agradável** la encuentro agradable; **não acho graça nisso** no le veo ninguna gracia.
◆ **achar-se** *vp* **-1.** [estar] hallarse. **-2.** [considerar-se] considerarse.

achatar [aʃa'ta(x)] *vt* [aplanar] aplastar, achatar *RP.*

achegar-se [aʃe'gaxsi] *vp*: **~ (a/de)** acercarse (a).

acidentado, da [asidẽn'tadu, da] ◇ *adj* accidentado(da). ◇ *m, f* [pessoa] accidentado *m*, -da *f*.

acidental [asidẽn'taw] (*pl* **-ais**) *adj* accidental.

acidente [asi'dẽntʃi] *m* accidente *m*; **por ~** por accidente.

acidez [asi'deʒ] *f* acidez *f*.

ácido, da ['asidu, da] *adj* ácido(da).
◆ **ácido** *m* **-1.** QUÍM ácido *m*. **-2.** *fam* [droga] ácido *m*.

acima [a'sima] *adj* **-1.** [em lugar mais alto] de arriba; **mais ~** más arriba. **-2.** [em direção à parte superior]: **morro/ladeira ~** cuesta arriba.
◆ **acima de** *loc prep* por encima de, arriba de *Amér.*

acinte [a'sĩntʃi] *m* provocación *f*.

acintosamente [asĩntoza'mẽntʃi] *adv* provocadoramente.

acionar [asjo'na(x)] *vt* **-1.** [fazer funcionar] activar. **-2.** JUR demandar.

acionista [asjo'niʃta] *mf* accionista *mf*.

acirrado, da [asi'xadu, da] *adj* exacerbado(da).

aclamação [aklama'sãw] *f* **-1.** [ovação] aclamación *f*. **-2.** [proclamação] proclamación *f*.

aclamar [akla'ma(x)] *vt* **-1.** [ovacionar] aclamar. **-2.** [proclamar] proclamar.

aclive [a'klivi] *m* subida *f*; **em ~** en subida.

ACM (*abrev de* **Associação Cristã de Moços**) *f* ≃ ACJ *f*.

aço ['asu] *m* acero *m*; **~ inoxidável** acero inoxidable.

ações [a'sõjʃ] *pl* ▷ **ação**.

açoitar [asoj'ta(x)] *vt* azotar.

açoite [a'sojtʃi] *m* azote *m*.

acolá [ako'la] *adv* allá, acullá *RP*.

acolchoado, da [akow'ʃwadu, da] *adj* acolchado(da), acolchonado(da) *RP*.

acolchoar [akow'ʃwa(x)] *vt* acolchar, acolchonar *RP*.

acolhedor, ra [akoʎe'do(x), ra] *adj* acogedor(ra), cálido(da) *RP*.

acolher [ako'ʎe(x)] *vt* **-1.** [hospedar, receber] acoger, recibir *RP*. **-2.** [atender] atender. **-3.** [admitir] admitir.

acolhida [ako'ʎida] *f* **-1.** [hospedagem] hospedaje *m*. **-2.** [recepção] recepción *f*.

acometer [akome'te(x)] *vt* acometer.

acomodação [akomoda'sãw] (*pl* **-ões**) *f* **-1.** [alojamento] alojamiento *m*. **-2.** [cômodo, instalação] habitación *f*. **-3.** [arranjo, arrumação] acomodación *f*, acomodamiento *m* ***Méx***, arreglo *m* *RP*. **-4.** [adaptação] adaptación *f*.

acomodado, da [akomo'dadu, da] *adj* **-1.** [alojado, instalado] acomodado (da), instalado(da) *RP*. **-2.** [conformado] conformado(da), adaptado(da) *RP*.

acomodar [akomo'da(x)] *vt* [alojar, instalar] acomodar, instalar *RP*.

◆ **acomodar-se** *vp* **-1.** [alojar-se, instalar-se] acomodarse, instalarse *RP*. **-2.** [conformar-se] conformarse, acomodarse ***Méx***, adaptarse *RP*.

acompanhado, da [akõnpa'ɲadu, da] *adj* acompañado(da).

acompanhamento [akõnpaɲa'mẽntu] *m* **-1.** [ger] acompañamiento *m*. **-2.** [cortejo] cortejo *m*.

acompanhante [akõnpa'ɲãntʃi] *mf* acompañante *mf*.

acompanhar [akõnpa'ɲa(x)] *vt* **-1.** [ger] acompañar; **~ algo com algo** acompañar algo con algo. **-2.** [margear] seguir. **-3.** [compreender] comprender.

aconchegante [akõnʃe'gãntʃi] *adj* acogedor(ra), cálido(da) *RP*.

aconchegar [akõnʃe'ga(x)] *vt* acomodar.

◆ **aconchegar-se** *vp* acomodarse.

aconchego [akõn'ʃegu] *m* calor *m*.

acondicionamento [akõndʒisjona'mẽntu] *m* acondicionamiento *m*.

acondicionar [akõndʒisjo'na(x)] *vt* **-1.** [embrulhar] envolver, acondicionar *RP*. **-2.** [embalar] empaquetar, acondicionar *RP*.

aconselhar [akõnse'ʎa(x)] *vt*: **~ alguém (a fazer algo/a que faça algo)** aconsejar a alguien (hacer algo/ que haga algo).

◆ **aconselhar-se** *vp* aconsejarse; **~-se com alguém** aconsejarse de alguien.

aconselhável [akõnse'ʎavɛw] (*pl* **-eis**) *adj* aconsejable.

acontecer [akõnte'se(x)] *vi* suceder, ocurrir, acontecer ***Andes*** & ***Méx***.

acontecimento [akõntesi'mẽntu] *m* suceso *m*, acontecimiento *m*.

acoplado, da [ako'pladu, da] *adj* [conectado] acoplado(da).

acordado, da [akox'dadu, da] *adj* **-1.** [desperto] despierto(ta); **sonhar ~** soñar despierto. **-2.** [combinado] acordado(da).

acordar [akox'da(x)] ◇ *vt* [despertar] despertar. ◇ *vi* [despertar] despertar.

acordeão [akox'dʒjãw] (*pl* **-ões**) *m* acordeón *m*.

acordo [a'koxdu] *m* acuerdo *m*; **chegar a um ~** llegar a un acuerdo; **de ~** de acuerdo; **de ~ com** [conforme] de acuerdo con; **estar de ~ (com alguém/em fazer algo)** estar de acuerdo (con alguien/en hacer algo); **de comum ~** de común acuerdo.

acorrentar [akoxẽn'ta(x)] *vt* encadenar.

acorrer [ako'xe(x)] *vi* **-1.** [ir às pressas] acudir corriendo. **-2.** [vir às pressas] venir corriendo.

acossado, da [ako'sadu, da] ◇ *adj* [perseguido] acosado(da). ◇ *m, f* perseguido *m*.

acossar [ako'sa(x)] *vt* acosar.

acostamento [akoʃta'mẽntu] *m* arcén *m* ***Esp***, acotamiento *m* ***Méx***, banquina *f* ***RP***.

acostumado, da [akoʃtuˈmadu, da] *adj* **-1.** [habitual] acostumbrado(da). **-2.** [habituado]: **estar ~** estar acostumbrado; **estar ~ a** *ou* **com algo** estar acostumbrado a algo; **estar ~ a fazer algo** estar acostumbrado a hacer algo.

acostumar [akoʃtuˈma(x)] *vt*: **~ alguém a algo** acostumbrar a alguien a algo; **~ alguém a fazer algo** acostumbrar a alguien a hacer algo.

◆ **acostumar-se** *vp* acostumbrarse; **~-se a algo/a fazer algo** acostumbrarse a algo/a hacer algo.

acotovelar [akotoveˈla(x)] *vt* **-1.** [para chamar a atenção] dar un codazo a, codear ***Amér***. **-2.** [empurrar] dar codazos a, codear ***Amér***.

◆ **acotovelar-se** *vp* [empurrar-se] darse codazos, codearse ***Amér***.

açougue [aˈsogi] *m, f* carnicería *f*.

açougueiro, ra [asoˈgejru, ra] *m, f* carnicero *m*, -ra *f*.

acre [ˈakri] *adj* **-1.** [ácido] ácido(da). **-2.** [amargo] amargo(ga). **-3.** *fig* [áspero] áspero(ra).

acreditar [akredʒiˈta(x)] ◇ *vt* **-1.** [crer] creer. **-2.** [abonar] acreditar. ◇ *vi*: **~ em algo/alguém** creer en algo/alguien.

acrescentar [akresẽnˈta(x)] *vt* añadir, acrecentar ***Méx***.

acréscimo [aˈkrɛsimu] *m* **-1.** [adição] añadidura *f*, anexión *f* ***Méx***, agregado *m* ***RP***. **-2.** [aumento] aumento *m*.

acrílico [aˈkriliku] *m* acrílico *m*.

acrobacia [akrobaˈsia] *f* acrobacia *f*.

acrobata [akroˈbata] *mf* acróbata *mf*.

acuado, da [aˈkuadu, da] *adj* [acossado] acosado(da).

açúcar [aˈsuka(x)] *m* azúcar *mf*; **~ mascavo** azúcar moreno ***Esp*** & ***RP***, azúcar mascabo ***Méx***.

açucareiro [asukaˈrejru] *m* azucarero *m*.

açude [aˈsudʒi] *m* presa *f*.

acudir [akuˈdʒi(x)] *vi* ayudar.

acumular [akumuˈla(x)] *vt* **-1.** [ger] acumular. **-2.** [amontoar] amontonar. **-3.** [reunir] juntar, acumular ***RP***.

acúmulo [aˈkumulu] *m* acumulación *f*.

acusação [akuzaˈsãw] (*pl* **-ões**) *f* **-1.** [inculpação] acusación *f*. **-2.** [promotoria]: **a ~** la acusación.

acusado, da [akuˈzadu, da] *m, f* [réu] acusado *m*, -da *f*.

acusar [akuˈza(x)] *vt* **-1.** [culpar]: **~ alguém (de algo/de fazer algo)** acusar a alguien (de algo/de hacer algo). **-2.** [recebimento] acusar. **-3.** [mostrar] mostrar, acusar ***RP***.

acústico, ca [aˈkuʃtʃiku, ka] *adj* acústico(ca).

◆ **acústica** *f* FÍS acústica *f*.

AD (*abrev de* **Anno Domini**) AD.

adaptação [adaptaˈsãw] (*pl* **-ões**) *f* adaptación *f*.

adaptar [adapˈta(x)] *vt* **-1.** [fixar] fijar. **-2.** [adequar] adaptar, acomodar ***Méx***.

◆ **adaptar-se** *vp* [ambientar-se] adaptarse, amoldarse.

adega [aˈdɛga] *f* bodega *f*.

ademais [adʒiˈmajʃ] *adv* [além disso] además.

adentro [aˈdẽntru] *adv*: **casa ~** hacia adentro de la casa; **mar ~** mar adentro; **noite ~** entrada la noche.

adepto, ta [aˈdɛptu, ta] *m, f*: **~ (de)** adepto *m*, -ta *f*.

adequado, da [adeˈkwadu, da] *adj* adecuado(da).

adequar [adeˈkwa(x)] *vt*: **~ algo a algo** adecuar algo a algo.

aderente [adeˈrẽntʃi] ◇ *adj* [substância] adherente. ◇ *mf* [adepto] adepto *m*, -ta *f*.

aderir [adeˈri(x)] *vi*: **~ (a)** adherirse (a).

adesão [adeˈzãw] (*pl* **-ões**) *f* [a partido, campanha] adhesión *f*.

adesivo, va [adeˈzivu, va] *adj* adhesivo(va).

◆ **adesivo** *m* adhesivo *m*.

adestramento [adeʃtraˈmẽntu] *m* adiestramiento *m*.

adestrar [adeʃˈtra(x)] *vt* adiestrar.

adeus [aˈdewʃ] ◇ *m* adiós *m*. ◇ *interj* ¡adiós!

adiamento [adʒjaˈmẽntu] *m* aplazamiento *m*, postergación *f* ***Amér***.

adiantado, da [adʒjãnˈtadu, da] *adj* adelantado(da).

◆ **adiantado** *adv* adelantado; **pagar ~** pagar por adelantado.

adiantamento [adʒjãntaˈmẽntu] *m* adelanto *m*.

adiantar [adʒjãnˈta(x)] ◇ *vt* adelantar. ◇ *vi* **-1.** [relógio] adelantar, adelantarse. **-2.** [trazer benefício]: **agressões nunca adiantam** con las

agresiones no se gana nada.
◆ **adiantar-se** *vp* [em trabalho, estudos] adelantarse.
adiante [a'dʒjãntʃi] *adv* **-1.** [na frente] adelante; **mais** ~ más adelante. **-2.**: **levar algo** ~ [obra, plano] llevar algo adelante.
adiar [a'dʒja(x)] *vt* aplazar, postergar *Amér.*
adição [adʒi'sãw] (*pl* **-ões**) *f* adición *f*, agregado *m* *RP.*
adicionar [adʒisjo'na(x)] *vt* **-1.** [acrescentar] adicionar, agregar *RP.* **-2.** MAT sumar.
adido, da [a'dʒidu, da] *m,f* [em embaixada] agregado *m*, -da *f*; ~ **cultural** agregado cultural; ~ **militar** agregado militar; ~ **de imprensa** agregado de prensa.
adivinhar [adʒivi'ɲa(x)] *vt* **-1.** [prever, conjeturar, acertar] adivinar. **-2.** [decifrar] descifrar.
adivinho, nha [adʒi'viɲu, ɲa] *m,f* adivino *m*, -na *f.*
adjacente [adʒa'sẽntʃi] *adj* adyacente.
adjetivo [adʒɛ'tʃivu] *m* adjetivo *m.*
adjudicação [adʒudʒika'sãw] (*pl* **-ões**) *f* JUR adjudicación *f.*
adjudicar [adʒudʒi'ka(x)] *vt* JUR: ~ **algo a alguém** adjudicar algo a alguien.
adjunto, ta [ad'ʒũntu, ta] ◇ *adj* [assistente] adjunto(ta). ◇ *m, f* [assistente] adjunto *m*, -ta *f.* ◇ *m* GRAM complemento *m.*
administração [adʒiminiʃtra'sãw] (*pl* **-ões**) *f* administración *f*; ~ **de empresas** [curso] administración de empresas.
administrador, ra [adʒiminiʃtra'do(x), ra] (*mpl* **-es**, *fpl* **-s**) *m, f* administrador *m*, -ra *f.*
administrar [adʒiminiʃ'tra(x)] *vt* administrar.
administrativo, va [adʒiminiʃtra'tʃivu, va] *adj* administrativo(va).
admiração [adʒimira'sãw] *f* admiración *f.*
admirado, da [adʒimi'radu, da] *adj* [respeitado] admirado(da).
admirador, ra [adʒimira'do(x), ra] (*mpl* **-es**, *fpl* **-s**) *m, f* admirador *m*, -ra *f.*
admirar [adʒimi'ra(x)] ◇ *vt* admirar. ◇ *vi* [surpreender] admirar.
◆ **admirar-se** *vp* **-1.** [mutuamente] admirarse. **-2.** [surpreender-se]: ~**-se (de algo)** admirarse (de algo).
admirável [adʒimi'ravɛw] (*pl* **-eis**) *adj* admirable.
admissão [adʒimi'sãw] (*pl* **-ões**) *f* **-1.** [ger] admisión *f.* **-2.** [contratação] contratación *f*, admisión *f* *RP.*
admitir [adʒimi'tʃi(x)] *vt* **-1.** [ger] admitir. **-2.** [contratar] contratar, admitir *RP.*
admoestação [adʒmweʃta'sãw] (*pl* **-ões**) *f* amonestación *f.*
ADN (*abrev de* **ácido desoxirribonucleico**) *m* ADN *m.*
adoçante [ado'sãntʃi] *m* edulcorante *m*, endulzante *m.*
adoção [ado'sãw] (*pl* **-ões**) *f* adopción *f.*
adoçar [ado'sa(x)] *vt* endulzar.
adoecer [adwe'se(x)] ◇ *vi* enfermar ◇ *vt*: **o hábito do cigarro adoeceu-o** se puso enfermo de tanto fumar *Esp*, se enfermó de tanto fumar *Amér.*
adoidado, da [adoj'dadu, da] ◇ *adj* [amalucado] enloquecido(da). ◇ *adv* *fam* [muito] como loco(ca).
adolescência [adole'sẽnsja] *f* adolescencia *f.*
adolescente [adole'sẽntʃi] ◇ *adj* adolescente. ◇ *mf* adolescente *mf.*
adorar [ado'ra(x)] *vt* adorar.
adorável [ado'ravɛw] (*pl* **-eis**) *adj* adorable.
adormecer [adoxme'se(x)] ◇ *vi* adormecerse. ◇ *vt* [causar sono a] adormecer.
adornar [adox'na(x)] *vt* adornar.
adorno [a'doxnu] *m* adorno *m.*
adotar [ado'ta(x)] *vt* adoptar.
adotivo, va [ado'tʃivu, va] *adj* adoptivo(va).
adquirir [adʒiki'ri(x)] *vt* adquirir.
adro ['adru] *m* atrio *m.*
aduana [a'dwana] *f* aduana *f.*
aduaneiro, ra [adwa'nejru, ra] *adj* aduanero(ra).
adubar [adu'ba(x)] *vt* adobar.
adubo [a'dubu] *m* [fertilizante] abono *m*; ~ **orgânico** abono orgánico; ~ **químico** abono químico.
adulação [adula'sãw] *f* adulación *f.*
adular [adu'la(x)] *vt* adular.
adulterar [aduwte'ra(x)] *vt* adulterar.
adultério [aduw'tɛrju] *m* adulterio *m.*
adúltero, ra [a'duwteru, ra] ◇ *adj* adúltero(ra). ◇ *m, f* adúltero *m*, -ra *f.*

adulto, ta [a'duwtu, ta] <> *adj* adulto(ta). <> *m, f* adulto *m*, -ta *f*.
advento [adʒ'vẽntu] *m* aparición *f*.
advérbio [adʒ'vɛxbju] *m* adverbio *m*.
adversário, ria [adʒivex'sarju, rja] *m, f* adversario *m*, -ria *f*.
adversidade [adʒivexsi'dadʒi] *f* adversidad *f*.
adverso, sa [adʒi'vɛxsu, sa] *adj* [difícil] adverso(sa).
advertência [adʒivex'tẽnsja] *f* advertencia *f*.
advertir [adʒivex'tʃi(x)] *vt* advertir.
advir [adʒ'vi(x)] *vi* [resultar]: ~ **de** resultar de.
advocacia [adʒivoka'sia] *f* abogacía *f*.
advogado, da [adʒivo'gadu, da] *m, f* abogado *m*, -da *f*.
advogar [adʒivo'ga(x)] <> *vt* abogar por. <> *vi* [exercer a profissão de advogado] trabajar de abogado(da), abogar *Méx*.
aéreo, rea [a'ɛrju, rja] *adj* **-1.** AERON aéreo(a). **-2.** [pessoa] distraído(da).
aerobarco [aɛro'baxku] *m* hidroplano *m*, aliscafo *m* *Andes* & *RP*.
aeróbico, ca [ae'rɔbiku, ka] *adj* aeróbico(ca).
◆ **aeróbica** *f* aerobic *m* *Esp*, aeróbica *f* *Amér*, aerobics *mpl* *Méx*.
aeroclube [aɛro'klubi] *m* aeroclub *m*.
aerodinâmico, ca [aɛrodʒi'nãmiku, ka] *adj* aerodinámico(ca).
◆ **aerodinâmica** *f* aerodinámica *f*.
aeródromo [aɛ'rɔdromu] *m* aeródromo *m*.
aerograma [aɛro'grama] *m* aerograma *m*.
aeromoça [aɛro'mosa] *f* azafata *f*, aeromoza *f* *Amér*.
aeronáutica [aɛro'nawtʃika] *f* **-1.** [ciência] aeronáutica *f*. **-2.** MIL fuerza *f* aérea.
aeronave [aɛro'navi] *f* avión *m*, aeronave *f*.
aeroporto [aɛro'poxtu] *m* aeropuerto *m*.
afã [a'fã] *m* afán *m*; ~ **de** *ou* **por** *ou* **em** afán de *ou* por.
afabilidade [afabili'dadʒi] *f* afabilidad *f*.
afagar [afa'ga(x)] *vt* acariciar.
afamado, da [afa'madu, da] *adj* afamado(da).
afanar [afa'na(x)] *vt* *fam* [roubar] afanar.
afastado, da [afaʃ'tadu, da] *adj* **-1.** [distante] alejado(da), apartado(da). **-2.** [parente] lejano(na). **-3.** [pernas] separado(da).
afastamento [afaʃta'mẽntu] *m* **-1.** [distanciamento] alejamiento *m*. **-2.** [de cargo] separación *f*.
afastar [afaʃ'ta(x)] *vt* **-1.** [tirar do caminho, pôr de lado] apartar, quitar. **-2.** [apartar] separar. **-3.** [distanciar, frustrar] alejar.
◆ **afastar-se** *vp* **-1.** [pôr-se de lado] apartarse. **-2.** [distanciar-se] alejarse. **-3.** [de cargo] abandonar.
afável [a'favɛw] (*pl* **-eis**) *adj* afable.
afazer [afa'ze(x)] *vt* adaptar, habituar *Méx*.
afazeres [afa'zeriʃ] *mpl* quehaceres *mpl*; ~ **domésticos** quehaceres domésticos.
afeição [afej'sãw] *f* **-1.** [sentimento] simpatía *f*, afecto *m*; **sentir** ~ **por alguém** sentir simpatía *ou* afecto por alguien. **-2.** [tendência] inclinación *f*.
afeiçoado, da [afej'swadu, da] *adj* simpatizante.
afeiçoar-se [afej'swaxsi] *vp* [tomar afeição]: ~ **a alguém/algo** encariñarse con alguien/algo.
afeito, ta [a'fejtu, ta] *adj*: ~ **a** acostumbrado(da) a, habituado(da) a *Méx*, afecto(ta) a *RP*.
afeminado, da, [afemi'nadu, da] *adj* afeminado(da).
aferir [afe'ri(x)] *vt* **-1.** [conferir] comprobar, cotejar *Méx*. **-2.** [avaliar] evaluar. **-3.** [cotejar]: ~ **algo a/por algo** juzgar *ou* evaluar *RP* algo por algo.
aferrado, da [afe'xadu, da] *adj* [apegado] aferrado(da).
aferrar-se [afe'xaxsi] *vp* [apegar-se]: ~ **a algo** aferrarse a algo.
afetado, da [afe'tadu, da] *adj* afectado(da).
afetar [afe'ta(x)] *vt* afectar.
afetividade [afetʃivi'dadʒi] *f* afectividad *f*.
afetivo, va [afe'tʃivu, va] *adj* afectivo(va).
afeto [a'fɛtu] *m* afecto *m*.
afetuoso, sa [afe'tuozu, ɔza] *adj* afectuoso(sa).
afiado, da [a'fjadu, da] *adj* **-1.** [faca, tesoura] afilado(da). **-2.** [pessoa] preparado(da), afilado(da) *Amér*.
afiançar [afjãn'sa(x)] *vt* **-1.** [réu] pagar la fianza de. **-2.** [dívida, empréstimo]

afianzar. **-3.** [garantir] garantizar.

afiar [a'fja(x)] *vt* [faca, tesoura] afilar.

aficionado, da [afisjo'nadu, da] *m, f* aficionado *m*, -da *f*.

afilhado, da [afi'ʎadu, da] *m, f* ahijado *m*, -da *f*.

afiliar [afi'lja(x)] *vt* afiliar.
◆ **afiliar-se** *vp*: **~-se a algo** afiliarse a algo.

afim [a'fĩ] (*pl* **-ns**) *adj* **-1.** [análogo] afín. **-2.**: **parente ~** pariente por afinidad.

afinado, da [afi'nadu, da] *adj* **-1.** [instrumento] afinado(da). **-2.** [concorde] en sintonía con.

afinal [afi'naw] *adv* **-1.** [por fim]: **~ (de contas)** a fin de cuentas. **-2.** [pensando bem] después de todo, al final *Amér.*

afinar [afi'na(x)] ◇ *vt* [instrumento] afinar. ◇ *vi* **-1.** [peso, chuva] disminuir. **-2.** [concordar]: **~ com alguém em algo** ponerse de acuerdo con alguien sobre algo.

afinco [a'fĩŋku] *m* ahínco *m*; **com ~** con ahínco.

afinidade [afini'dadʒi] *f* [analogia] afinidad *f*.

afins [a'fĩʃ] *pl* ▷ **afim**.

afirmação [afixma'sãw] (*pl* **-ões**) *f* **-1.** [declaração] afirmación *f*. **-2.** [autoafirmação] autoafirmación *f*.

afirmar [afix'ma(x)] *vt* afirmar.
◆ **afirmar-se** *vp* **-1.** [ficar firme, aparentar segurança] ponerse firme. **-2.** [impor-se] afianzarse.

afirmativo, va [afixma'tʃivu, va] *adj* afirmativo(va).
◆ **afirmativa** *f* afirmación *f*.

afivelar [afive'la(x)] *vt* apretar, ajustar.

afixar [afik'sa(x)] *vt* [aviso, cartaz] fijar.

aflição [afli'sãw] (*pl* **-ões**) *f* **-1.** [sofrimento] aflicción *f*. **-2.** [ansiedade] nerviosismo *m*. **-3.** [incômodo] molestia *f*; **me dá ~** me molesta. **-4.** [pena] lástima *f*. **-5.** [asco] asco *m*.

afligir [afli'ʒi(x)] *vt* **-1.** [causar sofrimento] afligir, abrumar *Méx*, angustiar *RP*. **-2.** [causar angústia a] agobiar, abrumar *Méx*, angustiar *RP*.
◆ **afligir-se** *vp*: **afligir-se (com)** afligirse (con *ou* por).

aflito, ta [a'flitu, ta] *adj* afligido(da), agobiado(da), abrumado(da) *Méx*, angustiado(da) *RP*.

aflorar [aflo'ra(x)] *vi* **-1.** [vir à tona] manifestarse. **-2.** [surgir] aflorar.

afluência [aflu'ẽnsja] *f* afluencia *f*.

afluente [aflu'ẽntʃi] *m* afluente *m*.

afluir [a'flwi(x)] *vi* **-1.** [rio]: **~ a** *ou* **para** afluir a *ou* hacia. **-2.** [pessoas]: **~ (a** *ou* **para)** afluir (a *ou* hacia).

afobação [afoba'sãw] *f* **-1.** [agitação, atrapalhação] desesperación *f*, locura *f RP*. **-2.** [pressa] prisa *f*, apuro *m Amér.* **-3.** [ansiedade] agitación *f*, angustia *f RP*.

afobado, da [afo'badu, da] *adj* **-1.** [agitado, atrapalhado] desesperado(da), aturullado(da) *Amér*, enloquecido(da) *RP*. **-2.** [apressado] con prisa, apurado(da) *Amér.* **-3.** [ansioso] agitado(da), angustiado(da) *RP*.

afobamento [afoba'mẽntu] *m* = **afobação**.

afobar [afo'ba(x)] *vt* **-1.** [causar agitação] desesperar, enloquecer *RP*. **-2.** [apressar] meter prisa a, apurar *Amér.* **-3.** [deixar ansioso] inquietar, angustiar *RP*.
◆ **afobar-se** *vp* **-1.** [ficar agitado, ansioso] desesperarse, enloquecerse *RP*. **-2.** [apressar-se] darse prisa, apurarse.

afogado, da [afo'gadu, da] *adj* **-1.** [ger] ahogado(da). **-2.** [blusa, gola] cerrado(da).

afogador [afoga'do(x)] (*pl* **-es**) *m* AUTO estárter *m*, acelerador *m* de mano *Cuba*, toma *f* de aire *RP*.

afogamento [afoga'mẽntu] *m*: **no verão, aumenta o número de ~** en verano aumenta el número de personas ahogadas.

afogar [afo'ga(x)] ◇ *vt* ahogar. ◇ *vi* [pessoa, motor] ahogarse.
◆ **afogar-se** *vp* [pessoa] ahogarse.

afoito, ta [a'fojtu, ta] *adj* valeroso(sa), audaz.

afônico, ca [a'foniku, ka] *adj* afónico(ca).

afora [a'fɔra] ◇ *adv* afuera; **pelo mundo ~** por todo el mundo; **pela vida ~** toda la vida, a lo largo de la vida; **mar ~** mar abierto; **por aí ~** por ahí afuera; **porta ~** puertas afuera. ◇ *prep* aparte de, excepto, fuera de *Méx*.

afortunado, da [afoxtu'nadu, da] *adj* afortunado(da).

Afoxés [a'fɔʃɛʃ] *mpl* *grupo tradicional de naturaleza semirreligiosa que sale de procesión durante el carnaval.*

afresco [a'freʃku] *m* fresco *m*.

África ['afrika] *n* África.

africano, na [afri'kãnu, na] <> *adj* africano(na). <> *m, f* africano *m*, -na *f*.

afro-americano, na [afrwamerikãnu, na] <> *adj* afroamericano(na). <> *m, f* afroamericano *m*, -na *f*.

afro-brasileiro, ra [ˌafrobrazi'lejru, ra] *adj* afrobrasileño(ña), afrobrasilero(ra) ***RP***.

afronta [a'frõnta] *f* afrenta *f*.

afrontar [afrõn'ta(x)] *vt* **-1.** [ultrajar] afrentar. **-2.** [atacar] afrontar. **-3.** [suj: comida] empachar.

afrouxar [afro'ʃa(x)] <> *vt* **-1.** [soltar] aflojar. **-2.** [relaxar] relajar. <> *vi* **-1.** [soltar-se] aflojarse. **-2.** [pessoa] aflojar, flaquear.

afta ['afta] *f* afta *f*.

afugentar [afuʒẽn'ta(x)] *vt* ahuyentar.

afundar [afũn'da(x)] <> *vt* **-1.** [submergir] hundir. **-2.** [aprofundar] ahondar. <> *vi* [submergir-se] hundirse.
◆ **afundar-se** *vp* ***fam*** [em exame] suspender, catear ***Esp***, ponchar ***Cuba***, marchar ***RP***.

agá [a'ga] *m* hache *f*.

agachar-se [aga'ʃaxsi] *vp* agacharse.

agarrado, da [aga'xadu, da] *adj* **-1.** [preso]: ~ **a** *ou* **em algo** agarrado(da) a algo. **-2.** [apegado]: ~ **a** *ou* **com alguém** apegado(da) a alguien. **-3.** [a dinheiro] agarrado(da).

agarrar [aga'xa(x)] <> *vt* **-1.** [ger] agarrar. **-2.** [suj: goleiro] parar. <> *vi* **-1.** [segurar com força]: ~ **em** agarrarse de. **-2.** [suj: goleiro] defender.
◆ **agarrar-se** *vp* **-1.** [segurar-se com força]: ~**-se a/em** agarrarse a/de. **-2.** [namorados] toquetearse.

agasalhar [agaza'ʎa(x)] *vt* abrigar.
◆ **agasalhar-se** *vp* abrigarse.

agasalho [aga'zaʎu] *m* abrigo *m*.

ágeis ['aʒejʃ] *pl* ⊳ **ágil**.

agência [a'ʒẽnsja] *f* agencia *f*; ~ **de correios** oficina de correos.

agenciamento [a'ʒẽsjamẽntu] *m* **-1.** [negociação] gestión *f*. **-2.** [representação] representación *f*. **-3.** [obtenção, busca] búsqueda *f*.

agenciar [a'ʒẽsja(x)] *vt* **-1.** [servir de agente a] representar. **-2.** [cuidar de] administrar. **-3.** [tentar conseguir] agenciar, resolver.

agenda [a'ʒẽnda] *f* [caderneta, programação] agenda *f*.

agente [a'ʒẽntʃi] <> *mf* [pessoa] agente *mf*; ~ **secreto** agente secreto. <> *m* agente *m*.

ágil ['aʒiw] (*pl* **ágeis**) *adj* ágil.

agilidade [aʒili'dadʒi] *f* agilidad *f*.

ágio ['aʒju] *m* agio *m*.

agiota [a'ʒjɔta] *mf* [usurário] agiotista *mf*.

agir [a'ʒi(x)] *vi* actuar; ~ **bem/mal** actuar bien/mal.

agitação [aʒita'sãw] (*pl* **-ões**) *f* **-1.** [ger] agitación *f*. **-2.** [de braços] movimiento *m*.

agitar [aʒi'ta(x)] <> *vt* **-1.** [ger] agitar. **-2.** ***fam*** [fazer, organizar] armar. <> *vi* [movimentar]: **'agite antes de usar'** 'agítese antes de usar'.
◆ **agitar-se** *vp* [movimentar-se] agitarse.

aglomeração [aglomera'sãw] (*pl* **-ões**) *f* aglomeración *f*.

aglomerado [aglome'radu] *m* aglomeración *f*.

aglomerar [aglome'ra(x)] *vt* aglomerar.
◆ **aglomerar-se** *vp* [pessoas] aglomerarse.

aglutinação [aglutʃina'sãw] *f* aglutinación *f*.

ago. (*abrev de* **agosto**) ago.

agonia [ago'nia] *f* **-1.** [ger] agonía *f*. **-2.** [indecisão] angustia *f*.

agonizante [agoni'zãntʃi] *adj* agonizante.

agonizar [agoni'za(x)] *vi* agonizar.

agora [a'gɔra] <> *adv* ahora; ~ **mesmo** ahora mismo; **até** ~ hasta ahora; **de** ~ **em diante** de ahora en adelante. <> *conj* [mas] ahora, ahora bien.

agosto [a'goʃtu] *m* agosto *m*; *veja também* **setembro**.

agourar [ago'ra(x)] <> *vt* [pressagiar] augurar. <> *vi* [fazer mau agouro] traer mal agüero.

agouro [a'goru] *m* agüero *m*; **mau** ~ mal agüero.

agradar [agra'da(x)] <> *vt* [causar prazer a] agradar. <> *vi* [ser agradável, satisfazer, aprazer] agradar.

agradável [agra'davɛw] (*pl* **-eis**) *adj* agradable.

agradecer [agrade'se(x)] <> *vt*: ~ **algo (a alguém)** agradecer algo (a alguien). <> *vi* **-1.** [dizer obrigado] dar las gracias; ~ **a alguém por algo** dar las gracias a alguien por algo. **-2.** [ficar grato] agradecer.

agradecido, da [agrade'sidu, da] *adj* agradecido(da); **mal** ~ desagradecido(da), mal agradecido(da).

agradecimento [agradesi'mẽntu] *m* [gratidão] agradecimiento *m*.

◆ **agradecimentos** *mpl* agradecimiento *m*.

agrado [a'gradu] *m* **-1.** [gosto, contentamento] agrado *m*. **-2.**: **fazer um ~ a alguém** [presentear] dar un regalo a alguien, hacer una atención a alguien ***RP***; [acariciar] hacer una caricia a alguien.

agrário, ria [a'grarju, rja] *adj* agrario(ria).

agravamento [agrava'mẽntu] *m* agravamiento *m*.

agravante [agra'vãntʃi] <> *adj* agravante. <> *f* agravante *mf*.

agravar [agra'va(x)] *vt* [piorar] agravar.

◆ **agravar-se** *vp* [piorar] agravarse.

agravo [a'gravu] *m* JUR apelación *f*.

agredir [agre'dʒi(x)] *vt* agredir.

agregado, da [agre'gadu, da] *m, f* **-1.** [hóspede] huésped *mf*, invitado *m*, -da *f*, agregado *m*, -da *f* ***RP***. **-2.** [lavrador] arrendatario *m*, -ria *f*.

agregar [agre'ga(x)] *vt* **-1.** [juntar] agregar. **-2.** [congregar] reunir.

agressão [agre'sãw] (*pl* **-ões**) *f* agresión *f*.

agressivo, va [agre'sivu, va] *adj* agresivo(va).

agressor, ra [agre'so(x), ra] *m, f* agresor *m*, -ra *f*.

agreste [a'grɛʃtʃi] <> *adj* agreste. <> *m región del nordeste brasileño de suelo pedregoso y vegetación escasa.*

agrião [agri'ãw] (*pl* **-ões**) *m* berro *m*.

agrícola [a'grikola] *adj* agrícola.

agricultor, ra [agrikuw'to(x), ra] *m, f* agricultor *m*, -ra *f*.

agricultura [agrikuw'tura] *f* agricultura *f*.

agridoce [agri'dosi] *adj* agridulce.

agronomia [agrono'mia] *f* agronomía *f*.

agropecuário, ria [agrope'kwarju, rja] *adj* agropecuario(ria).

◆ **agropecuária** *f* ingeniería *f* agropecuaria.

agrupar [agru'pa(x)] *vt* agrupar.

◆ **agrupar-se** *vp* agruparse.

água ['agwa] *f* agua *f*; ~ **corrente** agua corriente; ~ **doce/salgada** agua dulce/salada; ~ **mineral gasosa/sem gás** agua mineral con gas/sin gas; ~ **oxigenada** agua oxigenada; ~ **sanitária** lejía *f* ***Esp***, lavandina *f* ***Arg***, cloro *m* ***CAm***, ***Chile*** & ***Méx***, agua jane® ***Urug***; **a menina olhava o doce com ~ na boca** [com apetite] la niña miraba el dulce y se le hacía la boca agua ***Esp***, la niña miraba el dulce y se le hacía agua la boca ***Amér***; [com inveja] muerto(ta) de envidia; **ir por ~ abaixo** irse al garete ***Esp***, irse a bolina ***Cuba***, irse por el caño ***Méx***, irse al cuerno ***RP***.

aguaceiro [agwa'sejru] *m* aguacero *m*.

água-de-coco [ˌagwadʒi'koku] *f* agua *f* de coco.

água-de-colônia [ˌagwadʒiko'lonja] (*pl* **águas-de-colônia**) *f* agua *f* de colonia.

aguado, da [a'gwadu, da] *adj* aguado(da).

água-furtada [ˌagwafux'tada] (*pl* **águas-furtadas**) *f* buhardilla *f*.

aguar [a'gwa(x)] *vt* **-1.** [diluir] aguar, rebajar ***Amér***. **-2.** [regar] regar.

aguardar [agwax'da(x)] <> *vt* aguardar. <> *vi* aguardar.

aguardente [agwax'dẽntʃi] *f* aguardiente *m*; ~ **de cana** aguardiente de caña *f* ***Amér***.

aguarrás [agwa'xaʃ] *f* aguarrás *m*.

água-viva [ˌagwa'viva] (*pl* **águas-vivas**) *f* medusa *f*, aguamala *f* ***Carib***, aguaviva *f* ***RP***.

aguçado, da [agu'sadu, da] *adj* **-1.** [pontudo] afilado(da). **-2.** [espírito, apetite, olfato] aguzado(da). **-3.** [ódio] intensificado(da).

agudo, da [a'gudu, da] *adj* agudo (da).

agüentar [agwẽn'ta(x)] <> *vt* aguantar; ~ **fazer algo** aguantar hacer algo. <> *vi* [resistir] aguantar; ~ **com algo** aguantar algo; **não ~ de algo** no aguantar de algo.

águia ['agja] *f* águila *f*.

agulha [a'guʎa] *f* aguja *f*.

ai [ˌaj] <> *interj* ¡ay! <> *m* [de dor] ay *m*.

◆ **ai de** *loc adj* ay de.

aí [a'i] *adv* **-1.** [nesse lugar] ahí; **espera ~!** ¡espérate ahí!, ¡esperá! ***RP***. **-2.** [a esse lugar] ahí, allí. **-3.** [em lugar indeterminado]: **por ~** por ahí. **-4.** [junto, em anexo] ahí. **-5.** [nesse caso] en ese caso, ahí ***RP***. **-6.** [nesse aspecto] ahí. **-7.** [então] entonces.

AIDS [ajdʒs] (*abrev de* **Acquired Immunodeficiency Syndrome**) *f* sida *m*.

ainda [a'ĩnda] *adv* **-1.** [ger] todavía, aún; ~ **não** todavía no, aún no. **-2.** [um dia] algún día, todavía *RP*. **-3.** [além disso] además, por si fuera poco. **-4.** [mesmo assim]: ~ **(assim)** a pesar de todo. **-5.** [por fim] por último.

◆ **ainda agora** *loc adv* ahora mismo.

◆ **ainda bem** *loc adv*: ~ **bem (que)** menos mal (que).

◆ **ainda por cima** *loc adv* para colmo, y encima.

◆ **ainda que** *loc conj* **-1.** [mesmo que] aunque. **-2.** [embora] aun cuando, aunque *RP*.

aipim [aj'pĩ] (*pl* **-ns**) *m* mandioca *f*, yuca *f* **Andes** & **Méx**.

aipo ['ajpu] *m* apio *m*.

ajeitar [aʒej'ta(x)] *vt* **-1.** [endireitar, arrumar] arreglar. **-2.** [acomodar] acomodar.

◆ **ajeitar-se** *vp* **-1.** [arrumar-se] arreglarse. **-2.** [acomodar-se] acomodarse. **-3.** [na vida, em emprego] arreglárselas.

ajoelhado, da [aʒwe'ʎadu, da] *adj* arrodillado(da).

ajoelhar [aʒwe'ʎa(x)] *vi* arrodillarse.

◆ **ajoelhar-se** *vp* arrodillarse.

ajuda [a'ʒuda] *f* ayuda *f*; **dar** ~ **a alguém (em algo)** dar ayuda a alguien (con algo); ~ **de custo** dietas *fpl*, viáticos *mpl* **Amér**.

ajudante [aʒu'dãntʃi] *mf* ayudante *mf*.

ajudar [aʒu'da(x)] ◇ *vt* **-1.** [auxiliar]: ~ **alguém (em algo)** ayudar a alguien (con algo); ~ **alguém a fazer algo** ayudar a alguien a hacer algo. **-2.** [facilitar] favorecer. ◇ *vi* ayudar; ~ **a alguém** ayudar a alguien; ~ **em algo** ayudar con algo.

◆ **ajudar-se** *vp* ayudarse.

ajuizado, da [aʒwi'zadu, da] *adj* sensato(ta).

ajuntamento [aʒũnta'mẽntu] *m* **-1.** [de pessoas] montón *m*. **-2.** [de lixo *etc*] amontonamiento *m*.

ajuntar [aʒũn'ta(x)] *vt* **-1.** [reunir] juntar. **-2.** [acrescentar] añadir. **-3.** [dizer em seguida]: ~ **que** añadir que.

ajustável [aʒuʃ'tavew] (*pl* **-eis**) *adj* ajustable, adaptable **Amér**.

ajuste [a'ʒuʃtʃi] *m* ajuste *m*; ~ **de contas** liquidación *f* de cuentas, ajuste final de cuentas; *fig* ajuste de cuentas.

AL (*abrev de* **Estado de Alagoas**) *estado de Alagoas*.

ala ['ala] *f* **-1.** [ger] ala *f*. **-2.** ESP ala *mf*.

Alá [a'la] *m* Alá *m*.

alagar [ala'ga(x)] *vt* inundar.

ALALC (*abrev de* **Associação Latino-Americana de Livre-Comércio**) *f* ALALC *f*.

alambique [alãn'biki] *m* alambique *m*.

alameda [ala'meda] *f* **-1.** [aléia] alameda *f*. **-2.** [avenida] avenida *f*.

alarde [a'laxdʒi] *m* **-1.** [ostentação] alarde *m*. **-2.** [bazófia] ostentación *f*; **fazer** ~ **de** hacer ostentación de.

alardear [alax'dʒja(x)] *vt* **-1.** [ostentar] alardear de. **-2.** [gabar-se de] ostentar.

alargar [alax'ga(x)] *vt* **-1.** [estrada] ensanchar. **-2.** [roupa] ensanchar, dar de ancho a **Cuba**.

alarido [ala'ridu] *m* [gritaria, algazarra] griterío *m*.

alarma [a'laxma] = **alarme**.

alarmante [alax'mãntʃi] *adj* alarmante.

alarmar [alax'ma(x)] *vt* alarmar.

◆ **alarmar-se** *vp* alarmarse.

alarme [a'laxmi] *m* alarma *f*; **dar o** ~ dar la alarma.

alastrar [alaʃ'tra(x)] *vt* **-1.** [espalhar] esparcir. **-2.** [propagar] extender.

◆ **alastrar-se** *vp* extenderse.

alavanca [ala'vãŋka] *f* palanca *f*; ~ **de mudanças** AUTO palanca de cambio.

Albânia [aw'bãnja] *n* Albania.

albergue [aw'bɛxgi] *m* **-1.** [hospedaria] albergue *m*, hostería *f* **Amér**; [para jovens] albergue *m*. **-2.** [asilo] albergue *m*, refugio *m*.

álbum ['awbũ] (*pl* **-ns**) *m* álbum *m*.

ALCA ['awka] (*abrev de* **Área de Livre-Comércio das Américas**) ALCA *f*.

alça ['awsa] *f* **-1.** [de mala, de bolsa] asa *f*. **-2.** [de vestuário] tirante *m*, bretel *m* **RP**.

alcachofra [awka'ʃofra] *f* alcachofa *f*, alcaucil *m* **RP**.

alçada [aw'sada] *f* **-1.** [competência] competencia *f*; **ser da** ~ **de alguém** ser de la competencia de alguien. **-2.** JUR jurisdicción *f*.

alcançar [awkãn'sa(x)] *vt* **-1.** [ger] alcanzar. **-2.** [entender] captar. **-3.** [desfalcar] desfalcar.

alcance [aw'kãnsi] *m* **-1.** [ger] alcance *m*; **ao meu/ao teu** *etc* ~ a mi/a tu *etc* alcance; **ao ~ da mão/vista** al alcance de la mano/de la vista; **estar fora do ~ de** estar fuera del alcance de, no estar al alcance de. **-2.** [desfalque] desfalco *m*.

alçapão [awsa'pãw] (*pl* **-ões**) *m* **-1.** [portinhola] trampilla *f*. **-2.** [armadilha] trampa *f*.

alcaparra [awka'paxa] *f* alcaparra *f*.

alçar [aw'sa(x)] *vt* [ger] alzar.

alcatéia [awka'tɛja] *f* **-1.** [de lobos] manada *f*. **-2.** [de malfeitores] pandilla *f*, banda *f*.

alcatrão [awka'trãw] *m* alquitrán *m*.

álcool ['awkow] (*pl* **-óis**) *m* alcohol *m*.

alcoólatra [aw'kɔlatra] ◇ *adj* alcohólico(ca). ◇ *mf* alcohólico *m*, -ca *f*.

alcoólico, ca [aw'kwɔliku, ka] *adj* alcohólico(ca); **problema ~** problema con el alcohol.

Alcorão [awko'rãw] *m* Corán *m*.

alcova [aw'kova] *f* habitación *f*, recámara *f* ***Méx***, cuarto *m* ***RP***.

alcunha [aw'kuɲa] *f* apodo *m*, sobrenombre *m*, nombrete *m* ***Carib***.

aldeão, deã [aw'dʒjãw, dʒeja] (*mpl* **-ões, -ãos,** *fpl* **-s**) *m, f* aldeano *m*, -na *f*.

aldeia [aw'deja] *f* aldea *f*.

aleatório, ria [alea'tɔrju, rja] *adj* aleatorio(ria).

alecrim [ale'krĩ] *m* romero *m*.

alegação [alega'sãw] (*pl* **-ões**) *f* alegación *f*.

alegar [ale'ga(x)] *vt* alegar.

alegoria [alego'ria] *f* alegoría *f*.

alegórico, ca [ale'gɔriku] *adj* alegórico(ca); ▷ **carro**.

alegrar [ale'gra(x)] *vt* alegrar.

◆ **alegrar-se** *vp* alegrarse.

alegre [a'lɛgri] *adj* alegre.

alegria [ale'gria] *f* alegría *f*.

aleijado, da [alej'ʒadu, da] ◇ *adj* tullido(da), lisiado(da). ◇ *m, f* tullido *m*, -da *f*, lisiado *m*, -da *f*.

além [a'lẽj] ◇ *m* [o outro mundo]: **o ~** el más allá. ◇ *adv* **-1.** [em lugar afastado] más allá. **-2.** [mais adiante] adelante, más allá; **mais ~** más allá.

◆ **além de** *loc prep* **-1.** [ger] más allá de. **-2.** [do outro lado de] al otro lado de, del otro lado de ***RP***. **-3.** [afora] además de.

◆ **além disso** *loc conj* además, por otra parte.

◆ **além do mais** *loc conj* = **além disso**.

Alemanha [ale'maɲa] *n* Alemania.

alemão, mã [ale'mãw, mã] ◇ *adj* alemán(ana). ◇ *m, f* alemán *m*, -ana *f*.

◆ **alemão** *m* [língua] alemán *m*.

alentado, da [alẽn'tadu, da] *adj* **-1.** [animado] animado(da). **-2.** [volumoso] voluminoso(sa). **-3.** [corpulento] robusto(ta), fornido(da).

alento [a'lẽntu] *m* **-1.** [ânimo] ánimo *m*. **-2.** [fôlego] aliento *m*.

alergia [alex'ʒia] *f* alergia *f*; **ter ~ a algo/alguém** tener alergia a algo/a alguien.

alérgico, ca [a'lɛxʒiku, ka] *adj*: **~ (a)** alérgico(ca) (a).

alerta [a'lɛxta] ◇ *adj* atento(ta). ◇ *adv* alerta. ◇ *m* alerta *f*.

alertar [alex'ta(x)] *vt*: **~ alguém (de/contra/sobre)** alertar a alguien (de/contra/sobre).

alfabético, ca [awfa'bɛtʃiku, ka] *adj* alfabético(ca).

alfabetização [awfabetʃiza'sãw] *f* alfabetización *f*.

alfabetizado, da [awfabetʃi'zadu, da] *adj* alfabetizado(da).

alfabeto [awfa'bɛtu] *m* alfabeto *m*.

alface [aw'fasi] *f* lechuga *f*.

alfaiate [awfa'jatʃi] *m* sastre *m*.

alfândega [aw'fãndega] *f* aduana *f*.

alfandegário, ria [awfãnde'garju, rja] *adj* aduanero(ra).

alfazema [awfa'zema] *f* espliego *m*.

alfinetada [awfine'tada] *f* **-1.** [picada de alfinete] alfilerazo *m*, pinchazo *m*. **-2.** [dor] punzada *f*, puntada *f* ***RP***. **-3.** ***fig*** [dito] pulla *f*, burla *f*; **dar uma ~ em alguém** lanzar una pulla a alguien, burlarse de alguien.

alfinete [awfi'netʃi] *m* **-1.** COST alfiler *m*. **-2.** [prendedor]: **~ de fralda** imperdible *m*, seguro *m* ***Méx***; **~ de segurança** imperdible *m*, seguro *m* ***Méx***. **-3.** [jóia] alfiler *m*, fistol *m* ***Méx***.

alga ['awga] *f* alga *f*.

algarismo [awga'riʒmu] *m* cifra *f*.

algazarra [awga'zaxa] *f* bulla *f*, relajo *f* ***Amér***; **fazer ~** armar bulla, hacer relajo ***Amér***.

álgebra ['awʒebra] *f* álgebra *f*.

algébrico, ca [aw'ʒɛbriku, ka] *adj* MAT algebraico(ca).

algemas [aw'ʒemaʃ] *fpl* esposas *fpl*.

algo ['awgu] ◇ *pron* algo. ◇ *adv* algo.

algodão [awgo'dãw] *m* **-1.** BOT algodón *m*; **~ (hidrófilo)** algodón hidrófilo; **de ~** de algodón. **-2.** [doce] algodón *m* dulce *ou* de azúcar ***Méx.***

algodoeiro [awgo'dwejru] *m* algodón *m.*

algoz [aw'goʒ] *m* verdugo *m.*

alguém [aw'gẽj] ◇ *pron indef* **-1.** [alguma pessoa] alguien; **~ quebrou este vaso** alguien rompió este vaso; **tem ~ lá embaixo** hay alguien abajo; [em frases interrogativas] alguien; **~ me telefonou?** ¿me llamó alguien?; **~ quer mais café?** ¿alguien quiere más café?; **tem ~ aí?** ¿hay alguien ahí?; **~ mais** alguien más. **-2.** [determinada pessoa] alguien; **ele sabia que haveria ~ à sua espera** (é) sabía que habría alguien esperándola; **você é ~ que admiro muito** eres *ou* sos ***RP*** alguien a quien admiro mucho. **-3.** ***fig*** [pessoa importante] alguien; **se um dia eu me tornar ~, lembrarei dos velhos amigos** si algún día llego a ser alguien, me acordaré de los viejos amigos; **hoje ele é ~ na empresa** hoy es alguien en la empresa; **ser ~ (na vida)** ser alguien. ◇ *m* [uma pessoa]: **esse ~** ese alguien; **ele acha que ela tem ~** él cree que ella tiene a alguien.

algum, ma [aw'gũ, ma] (*mpl* **-ns**, *fpl* **-s**) ◇ *adj* **-1.** [em frases afirmativas] algún (una), un(na); **morou ~ tempo em Londres** vivió algún *ou* un tiempo en Londres; **me dê ~ dinheiro** dame algo de dinero; **~ dia vamos te visitar** un día vamos a ir a visitarte. **-2.** [em frases interrogativas] algún(una); **~ problema?** ¿algún problema? **-3.** ***(depois de subst)*** [em frases negativas] ningún(una); **de jeito** *ou* **modo ~** de ninguna manera; **não há problema ~** no hay ningún problema; **em parte alguma do país** en ninguna parte del país; **coisa alguma** nada. ◇ *pron* alguno(na), un(na); **~ dia** algún *ou* un día; **alguma coisa** algo; **alguma vez** alguna *ou* una vez; **abra a caixa de bombons e prove alguns** abre la caja de bombones y prueba algunos; **~s preferem cinema, outros, teatro** unos prefieren el cine, otros el teatro.

◆ **alguma** *f* [evento, feito]: **deve ter lhe acontecido alguma** debe de haberle pasado algo; **esse menino aprontou alguma** ese niño debe haber hecho algo malo, ese chiquilín se mandó alguna ***RP.***

algures [aw'guriʃ] *adv* en algún lugar en alguna parte.

alheamento [aʎea'mẽntu] *m* [indiferença] distanciamiento *m.*

alheio, alheia [a'ʎeju, a'ʎeja] *adj* **-1.** [ger] ajeno(na); **~ a** ajeno(na) a. **-2.** [estrangeiro] extraño(ña).

alho ['aʎu] *m* ajo *m.*

alho-poró [aʎupo'rɔ] (*pl* **alhos-porós**) *m* puerro *m.*

alhures [a'ʎuriʃ] *adv* en otro lugar, en otra parte.

ali [a'li] *adv* **-1.** [naquele lugar] allí, allá; **~ dentro/fora** allí *ou* allá dentro/fuera; **até ~** hasta allí *ou* allá; **logo ~** allí mismo, ahí mismo; **por ~** por ahí. **-2.** [naquele momento] allí, ah. **-3.** [naquela atitude] ahí.

aliado, da [a'ljadu, da] ◇ *adj* aliado(da). ◇ *m, f* aliado *m*, -da *f.*

◆ **Aliados** *npl*: **os Aliados** los Aliados.

aliança [a'ljãnsa] *f* alianza *f.*

aliar [a'lja(x)] *vt* aliar.

◆ **aliar-se** *vp* [nações] aliarse.

aliás [a'ljajʃ] *adv* **-1.** [a propósito] a propósito, por cierto. **-2.** [diga-se de passagem] además, de paso ***RP.*** **-3.** [ou por outra] digo.

álibi ['alibi] *m* coartada *f.*

alicate [ali'katʃi] *m* alicates *mpl* ***Esp***, pinza *f* ***Amér***; **~ de unhas** cortaúñas *m inv*, alicate *m* de uñas ***Amér.***

alicerce [ali'sɛxsi] *m* CONSTR cimiento *m.*

aliciamento [alisia'mẽntu] *m* [sedução] reclutamiento *m.*

aliciar [ali'sja(x)] *vt* **-1.** [atrair, seduzir] atraer. **-2.** [convocar] captar. **-3.** [subornar] sobornar.

alienação [aljena'sãw] *f* **-1.** [ger] enajenación *f*, alienación *f.* **-2.** PSIC: **~ mental** enajenación mental.

alienado, da [alje'nadu, da] *adj* **-1.** [não participante] alienado(da). **-2.** [louco] alienado(da), enajenado (da). **-3.** [bens] enajenado(da), alienado(da) ***Carib*** & ***RP.***

alienígena [alje'niʒena] *mf* extranjero *m*, -ra *f.*

alijar [ali'ʒa(x)] *vt* **-1.** [carga] aliviar. **-2.** [isentar]: **~ alguém de algo** librar a alguien de algo.

alimentação [alimẽnta'sãw] *f* **-1.** [ger] alimentación *f.* **-2.** ELETR fuente *f* de alimentación.

alimentador [alimẽnta'do(x)] *m*: **~ de papel** alimentador *m* de papel.

alimentar [alimẽn'ta(x)] (*pl* **-es**) ◇ *adj* alimenticio(cia). ◇ *vt* alimentar. ◇ *vi* [nutrir] alimentar.
◆ **alimentar-se** *vp* alimentarse; **~-se de algo** alimentarse de algo.

alimentício, cia [alimẽn'tʃisju, sja] *adj* alimenticio(cia).

alimento [ali'mẽntu] *m* alimento *m*.

alinhado, da [ali'ɲadu, da] *adj* **-1.** [posto em linha reta] alineado(da). **-2.** [elegante] arreglado(da), prolijo(ja) *RP*. **-3.** [correto] recto(ta), derecho (cha) *Amér*.

alinhar [ali'ɲa(x)] *vt* **-1.** [ger] alinear. **-2.** [estrada] trazar en línea recta.

alinhavar [aliɲa'va(x)] *vt* COST hilvanar.

alíquota [a'likwota] *f* índiçe *m*, porcentaje *m*.

alisar [ali'za(x)] *vt* **-1.** [tornar liso] alisar. **-2.** [acariciar] acariciar.

alistamento [aliʃta'mẽntu] *m* **-1.** [em partido] afiliación *f*. **-2.** MIL alistamiento *m*, enrolamiento *m* *Amér*.

alistar [aliʃ'ta(x)] *vt* **-1.** [em partido] afiliarse. **-2.** MIL alistar, enrolar *Amér*.
◆ **alistar-se** *vp* **-1.** [em partido] afiliarse. **-2.** MIL alistarse, enrolarse *Amér*.

aliviado, da [ali'vjadu, da] *adj* aliviado(da).

aliviar [ali'vja(x)] ◇ *vt* **-1.** aliviar. **-2.** [desafogar]: **~ alguém de algo** aliviar a alguien de algo. ◇ *vi* **-1.** [diminuir] disminuir. **-2.** [confortar] aliviar.
◆ **aliviar-se** *vp* **-1.** [tranqüilizar-se] aliviarse. **-2.** [desafogar-se]: **~-se de algo** aliviarse de algo.

alívio [a'livju] *m* alivio *m*; **que ~!** ¡qué alivio!

alma ['awma] *f* [ger] alma *f*; **com ~** con el alma; **não ver viva ~** no ver un alma; **pessoa sem ~** persona sin corazón, persona desalmada.

almanaque [awma'naki] *m* almanaque *m*.

almejar [awme'ʒa(x)] *vt* anhelar; **~ fazer algo** anhelar hacer algo.

almirante [awmi'rãntʃi] *m* almirante *m*.

almoçar [awmo'sa(x)] ◇ *vt* almorzar comer. ◇ *vi* almorzar comer.

almoço [aw'mosu] *m* almuerzo *m*, comida *f*; **na hora do ~** a la hora del almuerzo OU de la comida; **~ executivo** menú *m*.

almofada [awmo'fada] *f* cojín *m*, almohadón *m*.

almôndega [aw'mõndega] *f* albóndiga *f*.

almoxarifado [awmoʃari'fadu] *m* depósito *m*.

alô [a'lo] ◇ *interj* [ao telefone] ¡diga! *Esp*, ¡aló! *Andes*, ¡oigo! *Cuba*, ¡bueno! *Méx*, ¡hola! *RP*. ◇ *m* saludo *m*.

alocar [alo'ka(x)] *vt* destinar, asignar.

aloirado, da [aloj'radu, da] = **alourado**.

alojamento [aloʒa'mẽntu] *m* **-1.** [ger] alojamiento *m*. **-2.** MIL acuartelamiento *m*.

alojar [alo'ʒa(x)] *vt* **-1.** [hospedar] alojar. **-2.** MIL acuartelar. **-3.** [armazenar] almacenar.
◆ **alojar-se** *vp* **-1.** [hospedar-se] alojarse. **-2.** [acampar] acampar.

alongar [alõŋ'ga(x)] *vt* **-1.** [corda, saia] alargar. **-2.** [perna, braço] estirar. **-3.** [prazo] prorrogar. **-4.** [conversa] estirar, alargar *Méx*.
◆ **alongar-se** *vp* **-1.** [cobra] estirarse. **-2.** [conversa] alargarse. **-3.** [sobre assunto] extenderse.

aloprado, da [alo'pradu, da] *adj* chiflado(da).

alourado, da [alow'radu, da] *adj* medio rubio(bia).

alpendre [aw'pẽndri] *m* [telheiro] toldo *m*.

Alpes ['awpiʃ] *npl*: **os ~** los Alpes.

alpinismo [awpi'niʒmu] *m* alpinismo *m*.

alpinista [awpi'niʃta] *mf* alpinista *mf*.

alpino, na [aw'pinu] *adj* alpino(na).

alqueire [aw'kejri] *m* *medida de superficie agraria equivalente a 4,84 hectáreas en Río, Minas Gerais y Goiás y a 2,42 hectáreas en São Paulo*.

alquimia [awki'mia] *f* alquimia *f*.

alta ['awta] *f* ▷ **alto**.

altar [aw'ta(x)] (*pl* **-es**) *m* altar *m*.

alta-roda [ˌawta'xɔda] (*pl* **altas-rodas**) *f* alta sociedad *f*.

alta-tensão [ˌawtatẽnsãw] (*pl* **altas-tensões**) *f* alta tensión *f*.

altear [awte'a(x)] *vt* **-1.** [elevar] elevar. **-2.** [construir] erguir.

alteração [awtera'sãw] (*pl* **-ões**) *f* alteración *f*.

alterar [awte'ra(x)] *vt* alterar.
◆ **alterar-se** *vp* [perturbar-se] alterarse.

altercar [awtex'ka(x)] *vi*: **~ (com)** altercar (con).

alternar [awtex'na(x)] ◇ *vt*: **~ algo**

(com) alternar algo (con). ◇ *vi*: ~ **com** alternarse con.
◆ **alternar-se** *vp* alternarse.

alternativo, va [awtexna'tʃivu, va] *adj* alternativo(va).
◆ **alternativa** *f* alternativa *f*.

alteza [aw'teza] *f*: **Sua Alteza** Su Alteza.

altissonante [awtʃiso'nãntʃi] *adj* estridente.

altitude [awtʃi'tudʒi] *f* altitud *f*.

altivez [awtʃi'veʒ] *f* **-1.** [arrogância] altivez *f*. **-2.** [dignidade] dignidad *f*, altura *f* **RP**.

altivo, va [aw'tʃivu, va] *adj* **-1.** [arrogante] altivo(va). **-2.** [digno] digno(na).

alto, ta ['awtu, ta] *adj* **-1.** [ger] alto(ta). **-2.** *fam* [embriagado] borracho(cha), cocido(da) **Esp**, mamado(da) **RP**.
◆ **alto** ◇ *m* **-1.** [topo] alto *m*. **-2.** MÚS [saxofone] saxofón *m*. **-3.** [mando, poder]: **do** ~ de arriba. ◇ *adv* alto. ◇ *interj* ¡alto!
◆ **alta** *f* **-1.** [ger] alta *f*; **dar/receber alta** dar/recibir el alta. **-2.** [de cotação, de preços] alza *f*; **estar em alta** [cotação] estar al alza; *fam* [reputação] estar al alza; ~ **costura** alta costura.
◆ **por alto** *loc adv* por encima, por arriba **RP**.

alto-falante ['awtufa'lãntʃi] (*pl* **-tes**) *m* altavoz *m*, altoparlante *m* **Amér**.

alto-mar [ˌawtu'ma(x)] (*pl* **altos-mares**) *m* altamar *f*.

altura [aw'tura] *f* **-1.** [ger] altura *f*. **-2.** [valor]: **à** ~ **de** a la altura de; **por** ~ **de** alrededor *ou* cerca de.

alucinação [alusina'sãw] (*pl* **-ões**) *f* alucinación *f*.

alucinado, da [alusi'nadu, da] ◇ *adj* **-1.** PSIC alucinado(da). **-2.** [apaixonado]: ~ **por** fascinado(da) por. **-3.** [desvairado] enloquecido(da). ◇ *m, f* PSIC alucinado *m*, -da *f*.

alucinante [alusi'nãntʃi] *adj* alucinante.

aludir [alu'dʒi(x)] *vi*: ~ **a** aludir a.

alugar [alu'ga(x)] *vt* **-1.** [ger] alquilar, rentar **Méx**. **-2.** *fam* [incomodar] enredar **Esp**, acosar **Amér**, abrumar **Méx**.

aluguel [alu'gɛw] (*pl* **-eis**) *m* alquiler *m*, renta *f* **Méx**.

alumínio [alu'minju] *m* aluminio *m*.

alunissar [aluni'sa(x)] *vi* alunizar.

aluno, na [a'lunu, na] *m, f* alumno *m*, -na *f*.

alusão [alu'zãw] (*pl* **-ões**) *f* alusión *f*.

alvejante [awve'ʒãntʃi] ◇ *adj* blanqueador(ra). ◇ *m* blanqueador *m*.

alvejar [awve'ʒa(x)] *vt* **-1.** [mirar em] apuntar a. **-2.** [branquear] blanquear.

alvenaria [awvena'ria] *f* albañilería *f*; **de** ~ de albañilería **Esp**, de ladrillo **Méx**, de bloques **RP**.

alvéolo [al'vɛwlu] *f* alveolo *m*, alvéolo *m*; ~ **pulmonar** alveolo *ou* alvéolo pulmonar.

alvitre [aw'vitri] *m* consejo *m*.

alvo, va ['awvu, va] *adj* blanco(ca), albo(ba) **Amér**.
◆ **alvo** *m* **-1.** [mira] blanco *m*; **acertar no** ~ dar en el blanco. **-2.** *fig* [objeto]: **ser** ~ **de** ser blanco de.

alvorada [awvo'rada] *f* alba *f*, alborada *f*.

alvorecer [awvore'se(x)] ◇ *m* [alvorada] alba *f*, alborada *f*. ◇ *vi* [amanhecer] alborear.

alvoroçar [awvoro'sa(x)] *vt* **-1.** [agitar] alborotar. **-2.** [entusiasmar] entusiasmar.
◆ **alvoroçar-se** *vp* **-1.** [agitar-se] alborotarse. **-2.** [entusiasmar-se] entusiasmarse.

alvoroço [awvo'rosu] *m* **-1.** [agitação] alboroto *m*. **-2.** [entusiasmo] entusiasmo *m*.

alvura [aw'vura] *f* **-1.** [branqueza] blancura *f*. **-2.** [pureza] pureza *f*.

AM [a'emi] **-1.** (*abrev de* **Amplitude Modulation**) AM. **-2.** (*abrev de* **Estado do Amazonas**) *estado de Amazonas*.

amabilidade [amabili'dadʒi] *f* amabilidad *f*.

amaciante [ama'sjãntʃi] *m*: ~ **de roupas** suavizante *m* (de ropa), suavitel® *m* **Méx**.

amaciar [ama'sja(x)] *vt* **-1.** [tornar macio] suavizar. **-2.** [motor] hacer el rodaje de, ablandar **Cuba** & **RP**.

ama-de-leite [ˌãmadʒi'lejtʃi] (*pl* **amas-de-leite**) *f* nodriza *f*.

amado, da [a'madu, da] ◇ *adj* amado(da). ◇ *m, f* amado *m*, -da *f*.

amador, ra [ama'do(x), ra] (*mpl* **-es**, *fpl* **-s**) ◇ *adj* amateur aficionado(da). ◇ *m, f* amateur *mf*, aficionado *m*, -da *f*.

amadurecer [amadure'se(x)] ◇ *vt* madurar. ◇ *vi* madurar.

âmago ['ãmagu] *m* **-1.** [cerne - de madeira] duramen *m*; [- de questão] quid *m*. **-2.** [essência] esencia *f*. **-3.** [alma, interior] alma *f*.

amaldiçoar [amawdi'swa(x)] *vt* maldecir.
amálgama [a'mawgama] *m* amalgama *f*.
amalgamar [amawga'ma(x)] *vt* amalgamar.
amalucado, da [amalu'kadu, da] *adj* chiflado(da), chalado(da) ***Esp***.
amamentar [amamẽn'ta(x)] ◇ *vt* amamantar. ◇ *vi* amamantar.
amanhã [amã'ɲã] ◇ *adv* mañana; ~ **de manhã** mañana por la mañana, mañana a la mañana ***Arg***, mañana en la mañana ***Andes***, ***CAm***, ***Carib*** & ***Méx***, mañana de mañana ***Urug***; ~ **à noite** mañana por la noche, mañana a la noche ***Arg***, mañana en la noche ***Andes***, ***CAm***, ***Carib*** & ***Méx***, mañana de noche ***Urug***; ~ **de tarde** mañana por la tarde, mañana a la tarde ***Arg***, mañana en la tarde ***Andes***, ***CAm***, ***Carib*** & ***Méx***, mañana de tarde ***Urug***; **depois de** ~ pasado mañana. ◇ *m* mañana *m*.
amanhecer [amãɲe'se(x)] ◇ *m* amanecer *m*; **ao** ~ al amanecer. ◇ *vi* amanecer.
amansar [amãn'sa(x)] ◇ *vt* **-1.** [animal] amansar. **-2.** [pessoa, revolta] aplacar. ◇ *vi* amansarse.
amante [a'mãntʃi] *mf* amante *mf*.
Amapá [ama'pa] *n* Amapá.
amar [a'ma(x)] ◇ *vt* **-1.** [sentir amor por] amar. **-2.** [fazer amor com] hacer el amor a. ◇ *vi* [sentir amor] amar.
◆ **amar-se** *vp* amarse.
amarelado, da [amare'ladu, da] *adj* amarillento(ta).
amarelo, la [ama'rɛlu, la] *adj* amarillo(lla); **sorriso** ~ sonrisa forzada.
◆ **amarelo** *m* amarillo *m*.
amarfanhar [amaxfa'ɲa(x)] *vt* arrugar.
amargar [amax'ga(x)] ◇ *vt* **-1.** [tornar amargo] amargar. **-2.** ***fig*** [sofrer] sufrir. ◇ *vi* [tornar-se amargo] ponerse amargo(ga), agriarse, amargarse ***Méx***.
amargo, ga [a'maxgu, ga] *adj* amargo(ga).
amargor [amax'go(x)] *m* **-1.** [sabor amargo] amargor *m*. **-2.** [sensação de desgosto] amargura *f*.
amargura [amax'gura] *f* **-1.** [de paladar] amargura *f*, amargor *m* ***RP***. **-2.** [sofrimento] amargura *f*.
amarrado, da [ama'xadu, da] *adj* **-1.** [atado] atado(da), amarrado(da) ***Amér***. **-2.** [cara] con el ceño fruncido. **-3.** ***fam*** [comprometido] comprometido(da).
amarrar [ama'xa(x)] *vt* **-1.** [atar] atar, amarrar ***Amér***. **-2.** NÁUT amarrar. **-3.** [cara]: **amarrar a cara** fruncir el ceño.
amarrotar [amaxo'ta(x)] ◇ *vt* arrugar. ◇ *vi* arrugarse.
amassado, da [ama'sadu, da] *adj* **-1.** [tecido, roupa, papel] arrugado(da). **-2.** [carro] abollado(da).
amassar [ama'sa(x)] *vt* **-1.** [massa, bolo, pão] amasar. **-2.** [roupa, papel] arrugar. **-3.** [carro] abollar.
amável [a'mavɛw] (*pl* **-eis**) *adj* amable.
amazona [ama'zona] *f* amazona *f*.
Amazonas [ama'zonaʃ] *n* **-1.** [rio]: **o** ~ el Amazonas. **-2.** [estado] Amazonas.
AMBEV (*abrev de* **American Beverage Company**) *f empresa brasileña fabricante de bebidas*.
ambição [ãnbi'sãw] (*pl* **-ões**) *f* ambición *f*.
ambicionar [ãnbisjo'na(x)] *vt* ambicionar.
ambicioso, osa [ãnbi'sjozu, ɔza] ◇ *adj* ambicioso(sa). ◇ *m, f* ambicioso *m*, -sa *f*.
ambidestro, tra [ãnbi'deʃtru, tra] *adj* ambidiestro(tra).
ambiental [ãnbjẽn'taw] (*pl* **-ais**) *adj* ambiental.
ambientalista [ãnbjẽnta'liʃta] ◇ *adj* ecologista, ambientalista ***Amér***. ◇ *mf* ecologista *mf*, ambientalista *mf* ***Amér***.
ambientar [ãnbjẽn'tar] *vt* ambientar.
◆ **ambientar-se** *vp* [adaptar-se] ambientarse.
ambiente [ãn'bjẽntʃi] ◇ *adj* ambiente. ◇ *m* **-1.** [ger] ambiente *m*. **-2.** COMPUT entorno *m*.
ambigüidade [ãnbigwi'dadʒi] *f* ambigüedad *f*.
ambíguo, gua [ãn'bigwu, gwa] *adj* ambiguo(gua).
âmbito ['ãnbitu] *m* **-1.** [área, extensão] extensión *f*. **-2.** ***fig*** [campo de ação] ámbito *m*.
ambivalente [ãnbiva'lẽntʃi] *adj* ambivalente.
ambos, bas ['ãnbuʃ, baʃ] ◇ *adj* ambos(bas). ◇ *pron* ambos *m*, -bas *f*.
ambrosia [ãnbro'zia] *f* ambrosía *f*.
ambulância [ãnbu'lãnsja] *f* ambulancia *f*.

ambulante [ãnbu'lãntʃi] *adj* ambulante.
ambulatório [ãnbula'tɔrju] *m* ambulatorio *m*.
ameaça [a'mjasa] *f* amenaza *f*.
ameaçar [amja'sa(x)] *vt* amenazar; ~ **fazer algo** amenazar con hacer algo.
ameba [a'mɛba] *f* ameba *f*.
amedrontar [amedrõn'ta(x)] *vt* amedrentar.
◆ **amedrontar-se** *vp* amedrentarse.
ameixa [a'mejʃa] *f* **-1.** [fresca] ciruela *f*. **-2.** [seca] ciruela *f* seca *ou* pasa *Méx*.
amém [a'mẽ] *interj* amén.
amêndoa [a'mẽndwa] *f* almendra *f*.
amendoeira [amẽn'dwejra] *f* almendro *m*.
amendoim [amẽn'dwĩ] (*pl* **-ns**) *m* cacahuete *m* ***Esp***, cacahuate *m* ***CAm*** & ***Méx***, maní *m* ***Andes***, ***RP*** & ***Ven***; ~ **torrado** cacahuete tostado ***Esp***, cacahuate tostado ***CAm*** & ***Méx***, maní tostado ***Andes***, ***RP*** & ***Ven***.
amenidade [ameni'dadʒi] *f* suavidad *f*.
◆ **amenidades** *fpl* [futilidades] banalidades *fpl*, superficialidades *fpl*.
amenizar [ameni'za(x)] *vt* **-1.** [ger] suavizar. **-2.** [tornar agradável] mejorar. **-3.** [briga, conflito] suavizar, atenuar.
ameno, na [a'menu, na] *adj* agradable.
América [a'mɛrika] *n* América; ~ **Central** América Central, Centroamérica; ~ **do Norte** América del Norte, Norteamérica; ~ **do Sul** América del Sur, Sudamérica, Suramérica; ~ **Hispânica** Hispanoamérica; ~ **Latina** Latinoamérica.
amesquinhar [ameʃki'ɲa(x)] *vt* **-1.** [tornar mesquinho] empequeñecer. **-2.** [caráter] envilecer.
◆ **amesquinhar-se** *vp* **-1.** [tornar-se avaro] volverse mezquino(na). **-2.** [humilhar-se] humillarse.
ametista [ame'tʃiʃta] *f* amatista *f*.
amianto [a'mjãntu] *m* amianto *m*.
amido [a'midu] *m* almidón *m*.
amigável [ami'gavɛw] (*pl* **-eis**) *adj* amigable.
amígdala [a'migdala] *f* amígdala *f*.
amigdalite [amigda'litʃi] *f* amigdalitis *f*.
amigo, ga [a'migu, ga] ◇ *adj* amigo(ga). ◇ *m, f* **-1.** [pessoa] amigo *m*, -ga *f*. **-2.** *fam* [tratamento] amigo(ga), compadre *m* ***Méx***.
amistoso, osa [amiʃ'tozu, ɔza] *adj* amistoso(sa).
◆ **amistoso** *m* amistoso *m* ESP.
amizade [ami'zadʒi] *f* **-1.** amistad *f*; **fazer** ~ **(com alguém)** hacer amistad (con alguien); ~ **colorida** *fam amistad acompañada de relaciones íntimas ocasionales*. **-2.** *fam* [pessoa] amigo *m*, -ga *f*.
amnésia [am'nɛzja] *f* amnesia *f*.
amofinar [amofi'na(x)] *vt* **-1.** [afligir] atormentar. **-2.** [incomodar] molestar, fastidiar.
◆ **amofinar-se** *vp* afiligirse.
amolação [amola'sãw] (*pl* **-ões**) *f* [incômodo, aborrecimento] molestia *f*.
amolar [amo'la(x)] ◇ *vt* **-1.** [faca] afilar. **-2.** [incomodar, aborrecer] molestar. ◇ *vi* [causar incômodo] molestar, fastidiar.
◆ **amolar-se** *vp* [aborrecer-se] molestarse, alterarse.
amoldar [amow'da(x)] *vt* [adaptar, ajustar]: ~ **algo (a)** amoldar algo (a).
◆ **amoldar-se** *vp* [adaptar-se, ajustar-se]: ~**-se (a)** amoldarse (a).
amolecer [amole'se(x)] ◇ *vt* ablandar. ◇ *vi* [tornar-se mole] ablandarse.
amônia [a'monja] *f* solución *f* de amoníaco.
amoníaco [amo'niaku] *m* amoníaco *m*, amoniaco *m*.
amontoar [amõn'twa(x)] *vt* amontonar.
amor [a'mo(x)] (*pl* **-es**) *m* amor *m*; **fazer** ~ hacer el amor; **pelo** ~ **de Deus!** ¡por amor de Dios!; **ser um** ~ **(de pessoa)** ser un amor (de persona).
amora [a'mɔra] *f* mora *f*.
amoral [amo'raw] (*pl* **-ais**) ◇ *adj* amoral. ◇ *mf* amoral *mf*.
amora-preta [a,mɔra'preta] (*pl* **amoras-pretas**) *f* mora *f* negra.
amordaçar [amoxda'sa(x)] *vt* amordazar.
amornar [amox'na(x)] ◇ *vt* entibiar. ◇ *vi* entibiarse.
amoroso, osa [amo'rozu, ɔza] *adj* amoroso(sa).
amor-perfeito [a,moxpex'fejtu] (*pl* **amores-perfeitos**) *m* pensamiento *m*.
amor-próprio [a,mox'prɔprju] (*pl*

amores-próprios) *m* amor *m* propio.
amortecedor [amoxtese'do(x)] (*pl* **-es**) *m* amortiguador *m*.
amortização [amoxtiza'sãw] (*pl* **-ões**) *f* amortización *f*.
amortizar [amoxti'za(x)] *vt* amortizar.
amostra [a'mɔʃtra] *f* muestra *f*.
amotinar [amotʃi'na(x)] *vt* amotinar.
◆ **amotinar-se** *vp* amotinarse.
amparar [ãnpa'ra(x)] *vt* **-1.** [escorar, segurar] agarrar coger *Esp*. **-2.** [ajudar] amparar. **-3.** [financeiramente] mantener.
◆ **amparar-se** *vp* **-1.** [escorar-se, segurar-se]: **~-se (contra/em)** apoyarse (en). **-2.** [na parede] apoyarse (en), recargarse (en) *Méx*.
amparo [ãn'paru] *m* **-1.** [apoio] apoyo *m*. **-2.** [ajuda] ayuda *f*, amparo *m Amér*.
amperagem [ãnpe'raʒẽ] *f* ELETR amperaje *m*.
ampère [ãn'pɛri] *m* amperio *m*.
ampliação [ãnplia'sãw] (*pl* **-ões**) *f* ampliación *f*.
ampliar [ãnpli'a(x)] *vt* ampliar.
amplificação [anplifika'sãw] (*pl* **-ões**) *f* ampliación *f*.
amplificador [ãnplifika'do(x)] (*pl* **-es**) *m* [de som] amplificador *m*.
amplificar [ãnplifi'ka(x)] *vt* ampliar.
amplitude [ãnpli'tudʒi] *f* amplitud *f*.
amplo, pla ['ãnplu, pla] *adj* amplio (plia); **no sentido mais ~ da palavra** en el más amplio sentido de la palabra.
ampulheta [ãnpu'ʎeta] *f* reloj *m* de arena.
amputar [ãnpu'ta(x)] *vt* amputar.
Amsterdã [amiʃtex'dã] *n* Amsterdam.
amuado, da [a'mwadu, da] *adj* [aborrecido] fastidiado(da), molesto(ta).
anã [a'nã] *f* ▷ **anão**.
anacronismo [anakro'niʒmu] *m* anacronismo *m*.
anafilático, ca [anafi'latiku, ka] *adj* anafiláctico(ca).
anagrama [ana'grãma] *m* anagrama *m*.
anágua [a'nagwa] *f* enagua *f*.
anais [a'najʃ] *mpl* anales *mpl*.
anal [a'naw] (*pl* **-ais**) *adj* anal.
analfabetismo [anawfabe'tʃiʒmu] *m* analfabetismo *m*.
analfabeto, ta [anawfa'bɛtu, ta] ◇ *adj* analfabeto(ta). ◇ *m, f* analfabeto *m*, -ta *f*.
analgésico, ca [anaw'ʒɛziku] *adj* analgésico(ca).
◆ **analgésico** *m* [remédio] analgésico *m*.
analisar [anali'za(x)] *vt* analizar.
análise [a'nalizi] *f* [ger] análisis *m inv*; **em última ~** en última instancia.
analista [ana'liʃta] *mf* analista *mf*; **~ de sistemas** analista de sistemas.
analogia [analo'ʒia] *f* analogía *f*.
análogo, ga [a'nalogu, ga] *adj* análogo(ga).
ananás [ana'naʃ] (*pl* **-ases**) *m* piña *f*, ananá *m RP*.
anão, ã [a'nãw, ã] (*mpl* **-ões**, *fpl* **-s**) *m, f* enano *m*, -na *f*.
anarquia [anax'kia] *f* anarquía *f*.
anarquista [anax'kiʃta] ◇ *adj* [partido, sociedade] anarquista. ◇ *mf* anarquista *mf*.
ANATEL (*abrev de* **Agência Nacional de Telecomunicações**) *f comisión reguladora del sector de las telecomunicaciones*, ≃ CMT *f Esp*.
anatomia [anato'mia] *f* anatomía *f*.
anatômico, ca [ana'tomiku, ka] *adj* anatómico(ca).
anca ['ãŋka] *f* **-1.** [de pessoa] nalga *f*. **-2.** [de animal] cuadril *m*, anca *f Amér*.
ancestral, trais [ãn'seʃtraw, trais] ◇ *adj* ancestral. ◇ *mf* ancestro *m*.
anchova [ãn'ʃova] *f* anchoa *f*.
anciães [ãnsi'ãjʃ] *pl* ▷ **ancião**.
ancião, ciã [ã'sjãw, sjã] (*mpl* **-ões**, *fpl* **-s**) ◇ *adj* anciano(na), viejo(ja). ◇ *m, f* anciano *m*, -na *f*.
ancinho [ãn'siɲu] *m* rastrillo *m*.
âncora ['ãŋkora] *f* NÁUT ancla *f*.
ancoradouro [ãŋkora'doru] *m* fondeadero *m*.
ancorar [ãŋko'ra(x)] ◇ *vt* **-1.** [fundear] anclar. **-2.** [basear] basar. ◇ *vi* **-1.** [fundear] anclar, fondear. **-2.** [basear-se] basarse.
andaime [ãn'dãjmi] *m* andamio *m*.
andamento [ãnda'mẽntu] *m* **-1.** [prosseguimento] curso *m*, marcha *f*, trámite *m Amér*; **estar em ~** estar en marcha *ou* trámite. **-2.** [direção] curso *m*. **-3.** MÚS tempo *m*, tiempo *m*.
andança [ãn'dãnsa] *f* [viagem] andanza *f*.
andar [ãn'da(x)] (*pl* **-es**) ◇ *m* **-1.** [jeito de caminhar] andar *m*. **-2.** [pavimento] piso *m*. ◇ *vi* **-1.** [ger] andar; **~ com alguém** andar con alguien; **~ em/por** andar en/por; **ir andando** ir

yéndose; ~ **por** andar por, estar por; ~ **fazendo algo** andar haciendo algo; ~ **de bicicleta/a cavalo** andar en bicicleta/a caballo; ~ **de navio/carro/trem** ir en barco/carro/tren, andar en barco/carro/tren *Amér*; **anda (com isso)!** ¡venga, vamos!, ¡dale, dale! *RP*, ¡ándale, ándale! *Méx*. **-2.** [caminhar] caminar, andar *Esp*. **-3.** [passar] pasar. ◇ *vt* [percorrer] andar.

Andes ['ãndiʃ] *npl*: **os** ~ los Andes.

andino, na [ãn'dinu, na] ◇ *adj* andino(na). ◇ *m, f* andino *m*, -na *f*.

andorinha [ãndo'riɲa] *f* golondrina *f*.

Andorra [ãn'doxa] *n*: **(o principado de)** ~ (el principado de) Andorra.

anedota [ane'dɔta] *f* anécdota *f*.

anel [a'nɛw] (*pl* **-éis**) *m* **-1.** [jóia, corpo celeste] anillo *m*. **-2.** [de corrente] eslabón *m*, cadena *f Méx*. **-3.** [de cabelo] rizo *m*, chino *m Méx*, rulo *m RP*.

anelado, da [ane'ladu, da] *adj* rizado(da), enchinado(da) *Méx*, enrulado(da) *RP*.

anemia [ane'mia] *f* anemia *f*.

anestesia [aneʃte'zia] *f* anestesia *f*; ~ **geral/local** anestesia general/local.

anestesiado, da [aneʃte'zjadu, da] *adj* **-1.** [paciente] anestesiado(da). **-2.** [embotado] loco(ca).

anestésico, ca [aneʃ'tɛziku, ka] *adj* anestésico(ca).

◆ **anestésico** *m* anestésico *m*.

anexar [anek'sa(x)] *vt* anexar.

anexo, xa [a'nɛksu, ksa] *adj* anexo(xa).

◆ **anexo** *m* anexo *m*; **em** ~ como anexo.

ANFAVEA (*abrev de* **Associação Nacional dos Fabricantes de Veículos Automotores**) *f asociación brasileña de fabricantes de automóviles*.

anfíbio, bia [ãn'fibju, bja] *adj* anfibio(bia).

◆ **anfíbio** *m* [animal] anfibio *m*.

anfiteatro [ãnfi'tʃjatru] *m* anfiteatro *m*.

anfitrião, triã [ãnfi'trjãw, trjã] (*mpl* **-ões**, *fpl* **-s**) *m, f* anfitrión *m*, -ona *f*.

angariar [ãŋga'rja(x)] *vt* conseguir.

angina [ãn'ʒina] *f*: ~ **(do peito)** angina *f* (de pecho).

anglicano, na [ãŋgli'kanu, na] ◇ *adj* anglicano(na). ◇ *m, f* anglicano *m*, -na *f*.

anglo-saxão, xã [ˌãŋglosak'sãw, sã] (*mpl* **-ões**, *fpl* **-ãs**) ◇ *adj* anglosajón(ona). ◇ *m, f* anglosajón *m*, -ona *f*.

Angola [ãŋ'gɔla] *n* Angola.

angorá [ãŋgo'ra] ◇ *adj* angora. ◇ *m* [lã, tecido] angora *f*. ◇ *mf* [gato] angora *mf*.

angra ['ãŋgra] *f* ensenada *f*.

angu [ãŋ'gu] *m* papilla *f*.

ângulo ['ãŋgulu] *m* **-1.** [ger] ángulo *m*. **-2.** [canto] esquina *f*, rincón *m*.

anguloso, osa [ãŋgu'lozu, lɔza] *adj* anguloso(sa).

angústia [ãŋ'guʃtʃja] *f* angustia *f*.

angustiante [ãŋguʃ'tʃjãntʃi] *adj* angustiante.

angustiar [ãŋguʃ'tʃja(x)] *vt* angustiar.

◆ **angustiar-se** *vp* angustiarse; ~**-se com algo** angustiarse con algo.

anil [a'niw] *m* [cor] añil *m*.

animação [anima'sãw] *f* **-1.** [ger] animación *f*. **-2.** [entusiasmo] entusiasmo *m*. **-3.** [movimento] animación *f*, movimiento *m*.

animado, da [ani'madu, da] *adj* **-1.** [entusiasmado - jogador] entusiasmado(da); [- conversa] animado(da). **-2.** [alegre, movimentado] animado(da).

animador, ra [anima'do(x), ra] (*mpl* **-es**, *fpl* **-s**) ◇ *adj* alentador(ra), estimulante. ◇ *m, f* animador *m*, -ra *f*.

animal [ani'maw] (*pl* **-ais**) ◇ *adj* animal. ◇ *m* **-1.** ZOOL animal *m*; ~ **doméstico** [de estimação] animal doméstico, mascota *f*; [de criação] animal doméstico. **-2.** [pessoa ignorante, estúpida] animal *m*, bestia *f*.

animalesco, ca [anima'leʃku, ka] *adj* animal salvaje.

animar [ani'ma(x)] *vt* **-1.** [ger] animar; ~ **alguém (a fazer algo)** animar a alguien (a hacer algo). **-2.** [estimular] fomentar.

◆ **animar-se** *vp* **-1.** [ger] animarse; ~**-se (a fazer algo)** animarse (a hacer algo). **-2.** [adquirir vida] cobrar vida.

ânimo ['ãnimu] ◇ *m* **-1.** [coragem] ánimo *m*, coraje *m RP*. **-2.** [entusiasmo] entusiasmo *m*; **perder o** ~ desanimarse. **-3.** [estímulo] aliento *m*, impulso *m*. ◇ *interj* ¡ánimo!

animosidade [animozi'dadʒi] *f* animosidad *f*.

aniquilar [aniki'la(x)] *vt* **-1.** [anular] anular. **-2.** [esgotar] agótar. **-3.** [destruir] destruir. **-4.** [prostrar] aniquilar. **-5.** [arruinar] arruinar.

◆ **aniquilar-se** *vp* [esgotar-se] agotarse.

anis [a'niʃ] (*pl* **-es**) *m* anís *m*; **licor de ~** licor *m* de anís, anisado *m*.

anistia [aniʃ'tʃia] *f* amnistía *f*.

anistiado, da [aniʃ'tʃiadu, da] ◇ *adj* amnistiado(da). ◇ *m, f* amnistiado *m*, -da *f*.

aniversariar [anivexsa'rja(x)] *vi* cumplir años, conmemorar aniversario.

aniversário [anivex'sarju] *m* **-1.** [de pessoa] cumpleaños *m inv*. **-2.** [de casamento, morte, cidade] aniversario *m*.

anjo ['ãnʒu] *m* **-1.** RELIG ángel *m*; **~ da guarda** ángel de la guarda. **-2.** [pessoa] santo *m*, ángel *m*.

ano ['ãnu] *m* [intervalo de tempo] año *m*; **~ bissexto** año bisiesto; **~ fiscal** año fiscal; **~ letivo** año escolar, año lectivo; **há ~s** *ou* **faz ~s que** hace años que; **no ~ passado** el año pasado; **no ~ que vem** el año que viene.

◆ **Ano-Novo** *m* [saudação]: **Feliz** *ou* **Próspero Ano-Novo!** ¡Feliz *ou* Próspero Año Nuevo!

◆ **anos** *mpl* [idade] años *mpl*; **fazer ~s** cumplir años.

anos ['ãnuʃ] *pl* ▷ **ano**.

anoitecer [anojte'se(x)] ◇ *m* anochecer *m*; **ao ~** al anochecer. ◇ *vi* [cair a noite] anochecer.

ano-luz [ˌãnu'luʃ] (*pl* **anos-luz**) *m* año *m* luz.

anomalia [anoma'lia] *f* anomalía *f*.

anônimo, ma [a'nonimu, ma] *adj* anónimo(ma).

ano-novo [ˌãnu'novu] (*pl* **anos-novos**) *m* año *m* nuevo.

anoréxico, ca [ano'reksiku, ka] ◇ *adj* anoréxico(ca). ◇ *m, f* anoréxico *m*, -ca *f*.

anormal [anox'maw] (*pl* **-ais**) ◇ *adj* **-1.** [ger] anormal. **-2.** [incomum] anormal, extraño(ña). **-3.** [extraordinário] excepcional. ◇ *m* **-1.** [pessoa excepcional] anormal *mf*. **-2.** *fam* [pessoa degenerada] anormal *mf*, tarado *m*, -da *f Amér*.

anormalidade [anoxmali'dadʒi] *f* anormalidad *f*.

anotação [anota'sãw] (*pl* **-ões**) *f* [apontamento, observação] apunte *m*, anotación *f*.

anotar [ano'ta(x)] *vt* anotar, apuntar.

anseio [ãn'seju] *m* anhelo *m*, ansia *f*.

ânsia ['ãnsja] *f* **-1.** [desejo]: **~ (de/por algo)** ansia *f* (de algo). **-2.** [ansiedade] ansiedad *f*. **-3.** [náuseas]: **~s** náuseas *fpl*.

ansiar [ãn'sja(x)] *vi*: **~ por algo** ansiar algo; **~ por fazer algo** ansiar hacer algo.

ansiedade [ãnsje'dadʒi] *f* [desejo, angústia] ansiedad *f*; **com ~** con ansiedad, ansiosamente.

ansioso, osa [ãn'sjozu, ɔza] *adj* [desejoso, angustiado] ansioso(sa).

antagonista [ãntago'niʃta] ◇ *adj* [contrário, adversário] antagónico(ca). ◇ *mf* [adversário] antagonista *mf*.

antártico, ca [ãn'taxtʃiku, ka] *adj* antártico(ca).

◆ **Antártico** *n*: **o (oceano) ~** el (océano) Antártico.

Antártida [ãn'taxtʃida] *n*: **a ~** la Antártida.

ante ['ãntʃi] *prep* [diante de] ante.

ante- ['ãntʃi-] *prefixo* ante-.

antebraço [ãntʃi'brasu] *m* antebrazo *m*.

antecedência [ãntese'dẽnsja] *f*: **com ~** con antelación; **com uma semana de ~** con una semana de antelación.

antecedente [ãntese'dẽntʃi] ◇ *adj* [precedente] precedente. ◇ *m* **-1.** [precedente] antecesor *m*. **-2.** GRAM & MAT antecedente *m*.

◆ **antecedentes** *mpl* [fatos anteriores] antecedentes *mpl*; **~s criminais** antecedentes penales.

anteceder [ãntese'de(x)] *vt* **-1.** [preceder] preceder. **-2.** [antecipar] anticipar.

antecessor, ra [ãntese'so(x), ra] *m, f* antecesor *m*, -ra *f*, precedesor *m*, -ra *f*.

antecipação [ãntesipa'sãw] (*pl* **-ões**) *f* **-1.** [antecedência, adiantamento] anticipación *f*; **com ~** con anticipación. **-2.** [salarial] anticipo *m*, adelanto *m*.

antecipado, da [ãntesi'padu, da] *adj* **-1.** [pagamento] por anticipado. **-2.** [eleições] anticipado(da).

antecipar [ãntesi'pa(x)] *vt* **-1.** [fazer ocorrer mais cedo] anticipar. **-2.** [adiantar-se a] anticiparse a.

antemão [ãnte'mãw] ◆ **de antemão** *loc adv* de antemano.

antena [ãn'tena] *f* antena *f*; **~ para-**

bólica antena parabólica.

anteontem [ãntʃi'õntẽ] *adv* anteayer, antier *Méx*, antes de ayer *RP*.

antepassado, da [ˌãntepa'sadu] *m, f* antepasado *m*, -da *f*.

antepor [ãntepo(x)] *vt* [contrapor]: ~ **algo a algo** contraponer algo a algo.

anterior [ãnte'rjo(x)] (*pl* **-es**) *adj* **-1.** [prévio]: ~ **(a)** anterior (a), previo (via) (a) *Amér*. **-2.** [em posição] anterior.

antes ['ãntiʃ] *adv* **-1.** [ger] antes; **o quanto** ~ cuanto antes; **pouco** ~ poco antes. **-2.** [de preferência] más bien. **-3.** [ao contrário] por el contrario, es más.

◆ **antes de** *loc prep* antes de; ~ **de fazer algo** antes de hacer algo; ~ **da hora/do tempo** antes de hora/tiempo; ~ **de tudo** por encima de todo, ante todo *Amér*, antes que nada *RP*.

◆ **antes que** *loc conj* antes de que, antes que.

antever [ˌãnte've(x)] *vt* prever.

antevisão [ˌãnte'vizãw] *f* **-1.** [visão antecipada] previsión *f*. **-2.** [pressentimento] visión *f*.

anti- ['ãntʃi-] *prefixo* anti-.

antiácido, da [ãn'tʃjasidu, da] *adj* antiácido(da).

◆ **antiácido** *m* antiácido *m*.

antiaéreo, rea [ãntʃja'ɛrju, rja] *adj* antiaéreo(a).

antialérgico, ca [ãntʃja'lɛxʒiku, ka] *adj* antialérgico(ca).

◆ **antialérgico** *m* antialérgico *m*.

antibiótico, ca [ãntʃi'bjɔtʃiku, ka] *adj* antibiótico(ca).

◆ **antibiótico** *m* antibiótico *m*.

anticoncepcional [ãntʃikõnsepsjo'naw] (*pl* **-ais**) ◇ *adj* anticonceptivo(va). ◇ *m* [pílula, dispositivo] anticonceptivo *m*.

anticorpo [ãntʃi'koxpu] *m* anticuerpo *m*.

antídoto [ãn'tʃidotu] *m* antídoto *m*.

antiético, ca [ãn'tʃjɛtʃiku, ka] *adj* inmoral.

antigamente [ãntʃiga'mẽntʃi] *adv* **-1.** [anteriormente] antes. **-2.** [tempos atrás] antiguamente, en el pasado; **de** ~ de antes de antaño.

antigo, ga [ãn'tʃigu, ga] *adj* **-1.** [do tempo remoto, velho] antiguo(gua). **-2.** [antiquado] anticuado(da). **-3.** *(antes de subst)* [anterior] anterior, antiguo(gua). **-4.** *(antes de subst)* [veterano] antiguo(gua); **ser** ~ **em algo** ser veterano en algo.

◆ **antigos** *mpl* [homens do passado] hombre *m* antiguo, antiguos *mpl* *Esp*.

antiguidade [ãntʃigi'dadʒi] *f* **-1.** [ger] antigüedad *f*. **-2.** [peça, monumento] reliquia *f*.

◆ **Antiguidade** *f* [época] Antigüedad *f*.

◆ **antiguidades** *fpl* antigüedades *fpl*; **loja de** ~**s** tienda *f* de antigüedades, anticuario *m*.

anti-higiênico, ca [ãntʃji'ʒjeniku, ka] (*mpl* **-s**, *fpl* **-s**) *adj* antihigiénico(ca).

anti-horário [ãntʃjo'rarju] *adj*: **sentido/movimento** ~ sentido/movimiento en contra de/opuesto a *Méx* las agujas del reloj.

antiinflamatório, ria [ãntʃinflama'tɔrju, rja] ◇ *adj* antiinflamatorio(ria). ◇ *m* antiinflamatorio *m*, -ria *f*.

antílope [ãn'tʃilopi] *m* antílope *m*.

antipático, ca [ãntʃi'patʃiku, ka] *adj* antipático(ca).

antipatizar [ãntʃipatʃi'za(x)] *vi*: ~ **com alguém** sentir antipatía por alguien.

antiquado, da [ãntʃi'kwadu, da] *adj* anticuado(da).

antiquário, ria [ãntʃi'kwarju] *m, f* [comerciante] anticuario *m*, -ria *f*.

◆ **antiquário** *m* [loja] anticuario *m*, tienda *f* de antigüedades.

antiqüíssimo, ma [ãntʃi'kisimu, ma] *superl* ▷ **antigo**.

anti-semita [ãntʃise'mita] (*pl* **-s**) ◇ *adj* antisemita. ◇ *m, f* antisemita *mf*.

anti-séptico, ca [antʃi'sɛptʃiku, ka] *adj* antiséptico(ca).

◆ **anti-séptico** *m* [desinfetante] antiséptico *m*.

anti-social [ãntʃiso'sjaw] (*pl* **-ais**) *adj* antisocial.

antisséptico [ˌãntʃi'sɛptʃiku] = **anti-séptico**.

antitérmico, ca [ãntʃi'tɛxmiku, ka] *adj* antipirético(ca).

◆ **antitérmico** *m* antipirético *m*.

antítese [ãn'tʃitezi] *f* antítesis *f inv*; ~ **de algo** antítesis de algo.

antologia [ãntolo'ʒia] *f* antología *f*.

antológico, ca [ãnto'lɔʒiko, ka] *adj* antológico(ca).

antro ['ãntru] *m* **-1.** [de bandidos, ladrões] antro *m*. **-2.** [de animal] cueva *f*.

antropófago, ga [ãntro'pɔfagu, ga] <> *adj* antropófago(ga). <> *m, f* antropófago *m*, -ga *f*.

antropologia [ãntropolo'ʒia] *f* antropología *f*.

anual [a'nwaw] (*pl* **-ais**) *adj* anual.

anuário [a'nwarju] *m* anuario *m*.

anuidade [anwi'dadʒi] *f* anualidad *f*.

anulação [anula'sãw] (*pl* **-ões**) *f* anulación *f*.

anular [anu'la(x)] <> *vt* anular. <> *adj* anular. <> *m* [dedo] anular *m*.

anunciante [anũn'sjãntʃi] *mf* COM anunciante *mf*.

anunciar [anũn'sja(x)] *vt* anunciar.

anúncio [a'nũnsju] *m* **-1.** [notícia] anuncio *m*, aviso *m* ***RP***. **-2.** [cartaz, aviso] aviso *m*, cartel *m* ***RP***. **-3.** [publicitário] anuncio *m*, aviso *m* ***RP***; ~ **classificado** clasificados *mpl*.

ânus ['ãnuʃ] *m inv* ano *m*.

anzol [ãn'zɔw] (*pl* **-óis**) *m* anzuelo *m*.

ao [aw] = **a** + **o**.

aonde [a'õndʒi] *adv* [afirmativo] adonde; [interrogativo] adónde; ~ **quer que ...** dondequiera que ..., adonde *ou* donde sea que ... ***Amér***.

aos [awʃ] = **a** + **os**.

AP (*abrev de* **Estado do Amapá**) *estado de Amapá*.

APAE (*abrev de* **Associação de Pais e Amigos dos Excepcionais**) *f asociación de padres y amigos de niños y adolescentes discapacitados*.

apagado, da [apa'gadu, da] *adj* **-1.** [ger] apagado(da). **-2.** [com borracha] borrado(da). **-3.** [desvanecido - pintura, texto] borroso(sa); [- amor, recordação] muerto(ta). **-4.** [sem brilho] pobre. **-5.** [pessoa] desabrido(da).

apagão [apa'gãw] (*pl* **-ões**) *m* [blecaute] apagón *m*.

apagar [apa'ga(x)] <> *vt* **-1.** [vela, luz, incêndio] apagar. **-2.** [palavra, quadro-negro, amor] borrar. **-3.** ***fam*** [matar] liquidar. <> *vi* **-1.** ***fam*** [adormecer] dormirse como un tronco. **-2.** ***fam*** [morrer] estirar la pata.

◆ **apagar-se** *vp* [extinguir-se, abrandar-se] apagarse.

apaixonado, da [apajʃo'nadu, da] *adj* **-1.** [enamorado] enamorado(da); **estar ~ (por alguém)** estar enamorado (de alguien). **-2.** [exaltado] apasionado(da). **-3.** [aficionado]: **ser ~ (por algo)** ser un gran amante (de algo).

apaixonar-se [apajʃo'naxsi] *vp* **-1.** [enamorar-se]: ~ **(por alguém)** enamorarse (de alguien). **-2.** [entusiasmar-se]: ~ **(por algo)** apasionarse (por algo).

apalermado, da [apalex'madu, da] *adj* atontado(da).

apalpar [apaw'pa(x)] *vt* [tatear, examinar] palpar.

◆ **apalpar-se** *vp* [examinar-se] examinarse, palparse ***RP***.

apanhado [apã'ɲadu] *m* **-1.** [resumo] resumen *m*, síntesis *f inv*. **-2.** [de pregas, dobras] tableado *m*, plegado *m*. **-3.** [de flores] ramillete *m*.

apanhar [apã'ɲa(x)] <> *vt* **-1.** [pegar] agarrar, coger ***Esp*** & ***Cuba***. **-2.** [alcançar] alcanzar. **-3.** [colher, levantar do chão] recoger. **-4.** [agarrar] agarrar. **-5.** [ir buscar] buscar. **-6.** [táxi, ônibus, metrô] tomar, coger ***Esp*** & ***Cuba***; ~ **sol** tomar el sol; ~ **chuva** mojarse. **-7.** [doença] coger ***Esp*** & ***Cuba***, agarrarse ***Amér***. **-8.** [surpreender] coger ***Esp*** & ***Cuba***, agarrar ***Amér***. <> *vi* **-1.** [ser espancado] recibir muchos golpes; **apanhou do policial** el policía lo golpeó; **apanhou de cassetete** le dieron con la porra. **-2.** [perder jogo, luta, guerra] perder. **-3.** [ter dificuldades] sudar la gota gorda.

apara [a'para] *f* **-1.** [de madeira] aserrín *m*. **-2.** [de papel] recortes *mpl*.

aparador [apara'do(x)] (*pl* **-es**) *m* [móvel] aparador *m*, vitrina *f* ***Méx***.

aparafusar [aparafu'za(x)] *vt* atornillar.

aparar [apa'ra(x)] *vt* **-1.** [cabelo, barba, unhas] recortar. **-2.** [folhas] podar. **-3.** [lápis] sacar punta a, afilar ***Esp***. **-4.** [tábua] alisar. **-5.** [golpe] parar, atajar ***Amér***. **-6.** [o que cai ou é arremessado] agarrar, coger ***Esp*** & ***Cuba***, cachar ***Méx***, atajar ***RP***.

aparato [apa'ratu] *m* **-1.** [pompa] pompa *f*, aparato *m*. **-2.** [conjunto de elementos]: ~ **bélico** [de armas] arsenal *m*; ~ **crítico** aparato crítico.

aparecer [apare'se(x)] <> *vt* aparecer. <> *vi* **-1.** aparecer. **-2.** [fazer-se notar] lucirse, hacerse notar.

aparecimento [aparesi'mẽntu] *m* aparición *f*.

aparelhado, da [apare'ʎadu, da] *adj* **-1.** [preparado] preparado(da). **-2.** [madeira] cepillado(da).

aparelhagem [apare'ʎaʒẽ] (*pl* **-ns**) *f* **-1.** [equipamento] equipo *m*, aparejos *mpl*; ~ **de som** equipo *OU* aparato *m* de sonido. **-2.** [da madeira] cepillado *m*. **-3.** *NÁUT* aparejo *m*.

aparelhar [apare'ʎa(x)] *vt* **-1.** [preparar] preparar. **-2.** *NÁUT* aparejar.

◆ **aparelhar-se** *vp* [preparar-se] prepararse.

aparelho [apa'reʎu] *m* **-1.** [serviço de mesa] vajilla *f*; ~ **de chá** juego *m* de té. **-2.** [máquina] máquina *f*, aparato *m*; ~ **de barbear** maquinilla *f* *OU* máquina de afeitar; ~ **de som** equipo *m* *OU* aparato de sonido; ~ **de rádio/TV** aparato de radio/televisión. **-3.** *ANAT* aparato *m*; ~ **digestivo** aparato digestivo. **-4.** [local clandestino] escondite *m*.

aparência [apa'rẽnsja] *f* [aspecto, ilusão] apariencia *f*; **sob a** ~ **de** detrás de esa cara de, detrás de esa fachada de; **na** ~ en apariencia.

◆ **aparências** *fpl* [exterioridades] apariencias *fpl*; **as** ~**s enganam** *prov* las apariencias engañan; **manter as** ~**s** guardar las apariencias.

aparentar [aparẽn'ta(x)] *vt* **-1.** [parecer] parecer. **-2.** [fingir] aparentar.

aparente [apa'rẽntʃi] *adj* **-1.** [falso] falso(sa). **-2.** [visível] visible.

aparição [apari'sãw] (*pl* **-ões**) *f* aparición *f*.

apartamento [apaxta'mẽntu] *m* **-1.** [residência] apartamento *m*, departamento *m* ***Arg*** & ***Méx***. **-2.** [de hotel] habitación *f*, cuarto *m* ***RP***.

apartar [apax'ta(x)] *vt* apartar.

◆ **apartar-se** *vp* [afastar-se] alejarse, apartarse.

aparte [a'paxtʃi] *m* [interrupção] observación *f*; **fazer um** ~ hacer un paréntesis.

apartheid [apax'tajdʒi] *m* apartheid *m*.

apartidário, ria [apartʃi'darju] *adj* no partidista, apartidario(ria) ***Méx*** & ***RP***.

apatetado, da [apate'tadu, da] *adj* [tolo] distraído(da), chambón(ona) ***RP***.

apatia [apa'tʃia] *f* apatía *f*.

apático, ca [a'patʃiku, ka] *adj* apático(ca).

apavorado, da [apavo'radu, da] *adj* aterrado(da).

apavorante [apavo'rãntʃi] *adj* aterrador(ra).

apavorar [apavo'ra(x)] ◇ *vt* aterrar. ◇ *vi* aterrar.

◆ **apavorar-se** *vp* aterrarse.

apaziguar [apazi'gwa(x)] *vt* apaciguar.

◆ **apaziguar-se** *vp* apaciguarse.

apear [a'pja(x)] *vi* apearse.

apedrejar [apedre'ʒa(x)] *vt* apedrear.

apegado, da [ape'gadu, da] *adj* [afeiçoado]: ~ **(a)** apegado(da) (a).

apegar-se [ape'gaxsi] *vp* [afeiçoar-se]: ~ **a algo/alguém** apegarse a algo/alguien.

apego [a'pegu] *m* [afeição] apego *m*; **ter** ~ **a** tener apego a *OU* por ***Amér***.

apelação [apela'sãw] (*pl* **-ões**) *f* **-1.** [apelo & *JUR*] apelación *f*. **-2.** ***fam*** [vulgarização] vulgaridad *f*.

apelar [ape'la(x)] *vi* **-1.** [recorrer]: ~ **a** apelar a; ~ **para** recurrir a. **-2.** [invocar]: ~ **a** [compreensão, amizade] apelar a. **-3.** *JUR*: ~ **(de algo)** apelar algo. **-4.** [vulgarmente] recurrir a la grosería.

apelidar [apeli'da(x)] *vt*: ~ **alguém de** apodar a alguien.

apelido [ape'lidu] *m* [cognome] sobrenombre *m*, apodo *m*, apelativo *m* ***Méx***.

apelo [a'pelu] *m* **-1.** [ger] llamamiento *m*. **-2.** [atração] atractivo *m*, gancho *m* ***RP***.

apenas [a'penaʃ] *adv* [só] apenas.

apêndice [a'pẽndʒisi] *m* apéndice *m*.

apendicite [apẽndʒi'sitʃi] *f* apendicitis *f inv*.

aperceber-se [apexse'bexsi] *vp*: ~ **de** darse cuenta de.

aperfeiçoamento [apexfejswa'mẽntu] *m* [aprimoramento] perfeccionamiento *m*.

aperfeiçoar [apexfej'swa(x)] *vt* **-1.** [aprimorar] perfeccionar; ~ **algo em algo** perfeccionar algo en algo. **-2.** [perfazer] completar.

◆ **aperfeiçoar-se** *vp* [aprimorar-se] perfeccionarse; ~**-se em algo** perfeccionarse en algo.

aperitivo, va [aperi'tʃivu] *adj* de aperitivo.

◆ **aperitivo** *m* aperitivo *m*.

aperreado, da [ape'xjadu, da] *adj* **-1.** [aborrecido] molesto(ta), fastidiado(da) ***RP***. **-2.** [em situação difícil] en dificultades.

apertado, da [apex'tadu, da] ◇ *adj* **-1.** [roupa, prazo] apretado(da), justo(ta) ***RP***. **-2.** [passagem, poltrona] estrecho(cha), angosto(ta) ***RP***. **-3.** [vida, negócio] duro(ra). **-4.** [sem dinheiro] sin dinero, apretado(da) (de dinero) *Amér.* **-5.** *fam* [para ir ao banheiro]: **estar ~** tener muchas ganas de ir al baño, estar haciéndose *RP.* **-6.** [coração]: **fiquei com o coração ~** se me encogió el corazón. **-7.** [abraço] fuerte. <> *adv* [com dificuldade] justo.

apertar [apex'ta(x)] <> *vt* **-1.** [cingir]: **~ algo (contra/entre)** apretar algo (contra/entre); **~ alguém (contra/entre)** apretar a alguien (contra/entre); **~ a mão de alguém** [cumprimentar] dar la mano a alguien. **-2.** [esponja, passo, ritmo] apretar. **-3.** [incomodar por ser justo]: **essa calça está apertando minha cintura** estos pantalones me aprietan la cintura. **-4.** [tornar mais justo] ajustar. **-5.** [pressionar] apretar, machucar *Perú.* **-6.** [intensificar] intensificar. **-7.** [cortar] recortar. **-8.** [coração] *fig*: **apertou meu coracão ver a criança abandonadá** se me encogió el corazón de ver al niño abandonado. **-9.** *fig* [pessoa] apretar las clavijas a. <> *vi* **-1.** [ger] apretar. **-2.** [prazo] aproximarse, venirse encima *RP.* **-3.** [estrada, rio] estrecharse.

aperto [a'pextu] *m* **-1.** [em cumprimento]: **~ de mãos** apretón *m* de manos. **-2.** [apuro] aprieto *m*; **passar um ~** encontrarse en un apuro, estar en aprietos *Méx*, pasar un mal rato *RP.*

apesar [ape'za(x)] *prep*: **~ de** a pesar de; **~ de que** a pesar de que; **~ disso** a pesar de eso.

apetecer [apete'se(x)] *vi* apetecer; **~ a alguém** apetecer a alguien.

apetecível [apete'sivew] (*pl* **-eis**) *adj* apetecible.

apetite [ape'tʃitʃi] *m* **-1.** [para comer] apetito *m*; **bom ~!** ¡buen provecho!, ¡que aproveche! **-2.** [ânimo] ganas *fpl.* **-3.** [ambição] sed *f.*

apetitoso, osa [apetʃi'tozu, ɔza] *adj* apetitoso(sa).

apetrechos [ape'treʃuʃ] *mpl* pertrechos *mpl.*

ápice ['apisi] *m* ápice *m.*

apiedar-se [apje'daxsi] *vp*: **~ (de algo/alguém)** apiadarse (de algo/alguien).

apimentado, da [apimẽn'tadu, da] *adj* picante.

apimentar [apimẽn'ta(x)] *vt* añadir pimienta a.

apinhado, da [api'ɲadu, da] *adj* abarrotado(da).

apinhar [api'ɲa(x)] *vt* [lotar] abarrotar.

◆ **apinhar-se** *vp* **-1.** [aglomerar-se] apiñarse. **-2.** [lotar]: **~-se (de gente)** llenarse *ou* abarrotarse *RP* (de gente).

apitar [api'ta(x)] <> *vi* **-1.** [com apito] pitar, chiflar *Amér*, silbar *Méx.* **-2.** *fam* [ter autoridade em] mandar. <> *vt ESP* pitar, chiflar *Amér*, silbar *Méx.*

apito [a'pitu] *m* **-1.** [instrumento] pito *m*, silbato *m*, chifle *m Amér.* **-2.** [silvo] pitido *m*, chiflido *m Amér*, silbido *m Méx.*

aplacar [apla'ka(x)] <> *vt* aplacar. <> *vi* aplacarse.

◆ **aplacar-se** *vp* aplacarse.

aplainar [aplaj'na(x)] *vt* aplanar.

aplanar [apla'na(x)] *vt* **-1.** [nivelar, alisar] aplanar. **-2.** *fig* [obstáculos] allanar.

aplaudir [aplaw'di(x)] <> *vt* aplaudir. <> *vi* aplaudir.

aplauso [a'plawzu] *m* aplauso *m.*

aplicação [aplika'sãw] (*pl* **-ões**) *f* aplicación *f.*

aplicado, da [apli'kadu, da] *adj* aplicado(da).

aplicar [apli'ka(x)] <> *vt* **-1.** [ger] aplicar. **-2.** *FIN* invertir, depositar *RP.* <> *vi FIN* invertir.

◆ **aplicar-se** *vp* **-1.** [esforçar-se]: **~-se em/para algo** aplicarse en/para algo. **-2.** [adequar-se]: **~-se a algo** aplicarse a algo.

aplicativo, va [aplika'tʃivu, va] *m COMPUT* aplicación *f.*

APM (*abrev de* **Associação de Pais e Mestres**) *f asociación de profesores y padres de alumnos*, ≃ APA *f Esp.*

apocalipse [apoka'lipsi] *m* apocalipsis *m inv.*

apoderar-se [apode'raxsi] *vp*: **~ de algo** apoderarse de algo.

apodrecer [apodre'se(x)] *vi* **-1.** [comida, dente] pudrirse. **-2.** *fam* [pessoa]: **~ em** pudrirse en.

apodrecimento [apodresi'mẽntu] *m* pudrición *f.*

apogeu [apo'ʒew] *m* apogeo *m.*

apoiar [apo'ja(x)] *vt* **-1.** [defender, aprovar] apoyar. **-2.** [amparar] mantener. **-3.** [firmar]: **~ algo em** *ou* **sobre** apoyar algo en *ou* sobre. **-4.** [fundamentar]: **~ algo em** *ou* **sobre** apoyar algo en.

◆ **apoiar-se** *vp* apoyarse.

apoio [a'poju] *m* **-1.** [ger] apoyo *m*. **-2.** [patrocínio] patrocinio *m*, apoyo *m* ***RP***. **-3.** [fundamento] fundamento *m*.

apólice [a'pɔlisi] *f* [documento] póliza *f*; ~ **de seguro** póliza de seguro.

apologia [apolo'ʒia] *f* apología *f*.

apontador [apõnta'do(x)] (*pl* **-es**) *m* **-1.** [de lápis] sacapuntas *m inv*. **-2.** [de jogo] persona *f* que apunta, apuntador *m* ***Méx***.

apontamento [apõnta'mẽntu] *m* [anotação] apunte *m*.

apontar [apõn'ta(x)] ◇ *vt* **-1.** [ger] apuntar. **-2.** [lápis] sacar punta a. ◇ *vi* apuntar; ~ **para** apuntar a; **apontar!** ¡apunten!

apoquentar [apokẽnta(x)] *vt* molestar, fastidiar.

◆ **apoquentar-se** *vp* molestarse, fastidiarse.

após [a'pɔjʃ] *prep* tras.

aposentado, da [apozẽn'tadu, da] ◇ *adj* **-1.** [funcionário] jubilado(da). **-2.** ***fam*** [fora de uso] jubilado(da). ◇ *m, f* jubilado *m*, -da *f*.

aposentadoria [apozẽntado'ria] *f* jubilación *f*.

aposentar [apozẽn'ta(x)] *vt* **-1.** [funcionário] jubilar. **-2.** ***fam*** [máquina *etc*] jubilar.

◆ **aposentar-se** *vp* jubilarse.

aposento [apo'zẽntu] *m* aposento *m*.

apossar-se [apo'saxsi] *vp*: ~ **de algo** apoderarse de algo.

aposta [a'pɔʃta] *f* apuesta *f*.

apostar [apoʃ'ta(x)] ◇ *vt* apostar; ~ **que** apostar que. ◇ *vi*: ~ **em** apostar por.

apostila [apoʃ'tʃila] *f apuntes de clase editados e impresos*, apostilla *f* ***Méx***.

apóstolo [a'pɔʃtulu] *m* apóstol *m*.

apóstrofo [a'pɔʃtrofu] *m* apóstrofo *m*.

apoteose [apote'ɔzi] *f* apoteosis *f inv*.

aprazível [apra'zivɛw] (*pl* **-eis**) *adj* placentero(ra).

apreciação [apresja'sãw] (*pl* **-ões**) *f* apreciación *f*.

apreciar [apre'sja(x)] *vt* apreciar.

apreciativo, va [apresja'tʃivu, va] *adj* apreciativo(va).

apreço [a'presu] *m* [estima, consideração] aprecio *m*.

apreender [aprjẽn'de(x)] *vt* **-1.** [tomar] aprehender. **-2.** [compreender] comprender.

apreensão [aprjẽn'sãw] (*pl* **-ões**) *f* **-1.** [tomada] aprehensión *f*. **-2.** [percepção] comprensión *f*. **-3.** [preocupação] aprensión *f*.

apreensivo, va [aprjẽn'sivu, va] *adj* aprensivo(va).

apregoar [apre'gwa(x)] *vt* pregonar.

aprender [aprẽn'de(x)] ◇ *vt* aprender. ◇ *vi* aprender; ~ **a fazer algo** aprender a hacer algo; ~ **de cor** aprender de memoria.

aprendiz [aprẽn'dʒiʒ] (*pl* **-es**) *mf* aprendiz *mf*.

aprendizado [aprendʒi'zadu] *m*, **aprendizagem** *f* [aprẽndʒi'zaʒẽ] aprendizaje *m*.

apresentação [aprezẽnta'sãw] (*pl* **-ões**) *f* presentación *f*.

apresentador, ra [aprezẽnta'do(x), ra] *m, f* presentador *m*, -ra *f*.

apresentar [aprezẽn'ta(x)] *vt* presentar.

◆ **apresentar-se** *vp* presentarse.

apressado, da [apre'sadu, da] *adj* apresurado(da), apurado(da) ***Amér***; **estar** ~ estar con prisa, estar apurado(da) ***Amér***.

apressar [apre'sa(x)] *vt* apresurar, apurar ***Amér***.

◆ **apressar-se** *vp* apresurarse, apurarse ***Amér***.

aprimorar [aprimo'ra(x)] *vt* perfeccionar.

◆ **aprimorar-se** *vp*: ~**-se (em algo)** perfeccionarse (en algo).

aprisionamento [aprizjona'mẽntu] *m* captura *f*.

aprisionar [aprizjo'na(x)] *vt* apresar.

aprofundamento [aprofũnda'mẽntu] *m* profundización *f*.

aprofundar [aprofũn'da(x)] *vt* profundizar.

◆ **aprofundar-se** *vp* hundirse.

aprontar [aprõnta(x)] ◇ *vt* **-1.** [preparar, terminar] preparar, alistar ***Méx***, aprontar ***RP***. **-2.** ***fam*** [briga, confusão] armar lío *ou* jaleo ***Esp***, armar *ou* hacer relajo ***Amér***. ◇ *vi* ***fam*** [criar confusão] armar lío *ou* jaleo ***Esp***, armar *ou* hacer relajo ***Amér***.

◆ **aprontar-se** *vp* **-1.** [vestir-se, arrumar-se] arreglarse, alistarse ***Méx***, aprontarse ***RP***. **-2.** [preparar-se] prepararse, alistarse ***Méx***, aprontarse ***RP***.

apropriação [aproprja'sãw] (*pl* **-ões**) *f* [assenhoramento, tomada] apropiación *f*.

apropriado, da [apro'prjadu, da] *adj* apropiado(da).

apropriar [apro'prja(x)] *vt* [adequar] apropiar.
◆ **apropriar-se** *vp*: **~-se de algo** [assenhorar-se] apropiarse de algo; [tomar posse] tomar posesión de algo, apropiarse de algo ***RP***.
aprovação [aprova'sãw] (*pl* **-ões**) *f* aprobación *f*.
aprovar [apro'va(x)] *vt* aprobar.
aproveitador, ra [aprovejta'do(x), ra] (*mpl* **-es**, *fpl* **-s**) *m, f* [oportunista] aprovechado *m*, -da *f*.
aproveitamento [aprovejta'mẽntu] *m* aprovechamiento *m*.
aproveitar [aprovej'ta(x)] ◇ *vt* aprovechar. ◇ *vi* [tirar proveito] aprovechar.
◆ **aproveitar-se** *vp* **-1.** [tirar proveito de]: **~-se de algo** aprovecharse de algo. **-2.** [abusar]: **~-se de alguém** aprovecharse de alguien; ***fam*** [sexualmente] aprovecharse de alguien.
aprovisionar [aprovizjo'na(x)] *vt* [abastecer] aprovisionar.
aprox. (*abrev de* **aproximadamente**) aprox.
aproximação [aprosima'sãw] (*pl* **-ões**) *f* aproximación *f*.
aproximado, da [aprosi'madu, da] *adj* aproximado(da).
aproximar [aprosi'ma(x)] *vt* **-1.** [ger] aproximar. **-2.** [precipitar] precipitar.
◆ **aproximar-se** *vp* aproximarse.
aptidão [aptʃi'dãw] (*pl* **-ões**) *f* aptitud *f*; **ter ~ para** tener aptitud para.
apto, ta ['aptu, ta] *adj* apto(ta).
Apto. (*abrev de* **apartamento**) Apto. ***Esp*** & ***Méx***, Depto. ***Arg*** & ***Méx***.
apunhalar [apuɲa'la(x)] *vt* apuñalar.
apuração [apura'sãw] (*pl* **-ões**) *f* **-1.** [de votos] escrutinio *m*. **-2.** [de dados, informações] recogida *f*, recolección *f* ***Amér***. **-3.** [de conta] liquidación *f*.
apurado, da [apu'radu, da] *adj* **-1.** [puro] puro(ra), purificado(da) ***RP***. **-2.** [refinado] refinado(da). **-3.** [aguçado] fino(na).
apurar [apu'ra(x)] *vt* **-1.** [tornar puro] purificar. **-2.** [refinar] refinar. **-3.** [aprimorar] perfeccionar. **-4.** [aguçar] aguzar. **-5.** [averiguar] averiguar, recolectar ***Amér***. **-6.** [votos] contar. **-7.** [conta] recaudar.
◆ **apurar-se** *vp* **-1.** [tornar-se puro] purificarse. **-2.** [no trajar] esmerarse. **-3.** [aprimorar-se] perfeccionarse.
apuro [a'puru] *m* **-1.** [esmero] esmero *m*, prolijidad *f* ***RP***. **-2.** [dificuldade] apuro *m*, dificultad *f* ***Amér***; **estar em ~s** estar en apuros *ou* dificultades ***Amér***. **-3.** [financeiro] apuros *mpl*. **-4.** [pressa] apuro *m*.
aquarela [akwa'rɛla] *f* acuarela *f*.
aquário [a'kwarju] *m* **-1.** [recipiente] pecera *f*. **-2.** [para visitação] acuario *m*.
◆ **Aquário** *m* ASTROL acuario *m*.
aquático, ca [a'kwatʃiku, ka] *adj* acuático(ca).
aquecedor [akese'do(x)] (*pl* **-es**) *m* **-1.** [para água] calentador *m*. **-2.** [para ambiente] radiador *m*.
aquecer [ake'se(x)] ◇ *vt* calentar. ◇ *vi* **-1.** [esquentar-se] calentarse. **-2.** [fornecer calor] calentar.
◆ **aquecer-se** *vp* calentarse.
aquecimento [akesi'mẽntu] *m* **-1.** [ger] calentamiento *m*. **-2.** [calefação] calefacción *f*; **~ central** calefacción central.
àquela [a'kɛla] = **a + aquela**.
àquelas [a'kɛlaʃ] = **a + aquelas**.
aquele, aquela [a'keli, a'kɛla] ◇ *adj* aquel(lla), ese(sa); **chegou naquele estado** llegó en un estado lamentable; **~ abraço** un súper abrazo, un abrazote ***RP***; **daquele jeito** muy mal. ◇ *pron* aquél(lla), ése(sa); **~ ali** aquél de allá; **~ que** el que; **chama aquele homem/aquela mulher** llama *ou* llamá ***RP*** a aquel hombre/aquella mujer, llama *ou* llamá ***RP*** a ese hombre/esa mujer.
àquele [a'keli] = **a + aquele**.
àqueles [a'keliʃ] = **a + aqueles**.
aquém [a'kẽj] *adv* **-1.** [deste lado] de este lado; **~ de** de este lado de. **-2.** [abaixo]: **~ de** por debajo de abajo de ***Amér***.
aqui [a'ki] *adv* **-1.** [neste lugar] aquí, acá ***Amér***; **~ mesmo** aquí *ou* acá ***Amér*** mismo; **eis ~** aquí *ou* acá ***Amér*** está; **por ~** por aquí *ou* acá ***Amér***; **estar por ~ (com algo/alguém)** estar hasta aquí *ou* acá ***Amér*** (de algo/alguien). **-2.** [a este lugar] aquí, acá ***Amér***. **-3.** [neste momento] ahí; **até ~** por ahora. **-4.** [nisto] aquí, ahí ***Amér***.
aquietar [akje'ta(x)] *vt* tranquilizar.
◆ **aquietar-se** *vp* tranquilizarse.
aquilo [a'kilu] *pron* [aquelas coisas] aquello, eso; **~ está errado** eso está mal; **~ é uma baía** aquello es

una bahía; **não entendi por que ele fez ~** no entendí por qué hizo eso; **não consigo parar de pensar naquilo** no puedo dejar de pensar en el tema; **~ que ele disse era mentira** eso que dijo era mentira; **~ que nos preocupa mais são as crianças** lo que más nos preocupa son los niños; **~ de** esa historia de.

àquilo [a'kilu] = **a + aquilo**.

aquisição [akizi'sãw] (*pl* **-ões**) *f* adquisición *f*.

aquisitivo, va [akizi'tʃivu, va] *adj* [poder] adquisitivo(va).

ar [a(x)] (*pl* **ares**) *m* aire *m*; **ao ~ livre** al aire libre; **apanhar as coisas no ~** agarrar las cosas en el aire, pescar todo en el aire *RP*; **estar no ~** estar en el aire; **no ~** *RÁDIO* & *TV* en el aire; **ir ao ~** *RÁDIO* & *TV* salir al aire; **ir pelos ares** saltar por los aires, saltar por el aire *RP*; **~ condicionado** [sistema] aire acondicionado.

árabe ['arabi] ◇ *adj* árabe. ◇ *mf* árabe *mf*. ◇ *m* [língua] árabe *m*.

arabesco [ara'beʃku] *m* arabesco *m*.

Arábia Saudita [aˌrabjasaw'dʒita] *n* Arabia Saudí.

arábico, ca [a'rabiku, ka] *adj* arábigo(ga).

Aracajú [araka'ʒu] *n* Aracajú.

arado [a'radu] *m* arado *m*.

aragem [a'raʒẽ] (*pl* **-ns**) *f* brisa *f*.

arame [a'rãmi] *m* **-1.** [cabo] alambre *m*; **~ farpado** alambre de púas. **-2.** *fam* [dinheiro] pasta *f* *Esp*, lana *f* *Méx*, guita *f* *RP*.

aranha [a'rãɲa] *f* araña *f*.

aranha-caranguejeira [aˌrãɲakarãŋge'ʒejra] (*pl* **aranhas-caranguejeiras**) *f araña carnívora e inofensiva para el hombre*.

arar [a'ra(x)] *vt* arar.

arara [a'rara] *f* guacamayo *m*.

arbitragem [axbi'traʒẽ] (*pl* **-ns**) *f* arbitraje *m*.

arbitrar [axbi'tra(x)] *vt* [litígio, jogo] arbitrar.

arbitrariedade [axbitrarje'dadʒi] *f* arbitrariedad *f*.

arbitrário, ria [axbi'trarju, rja] *adj* arbitrario(ria).

arbítrio [ax'bitrju] *m* **-1.** [resolução] arbitrio *m*. **-2.** [faculdade] albedrío *m*.

árbitro ['axbitru] *m* árbitro *m*.

arborizado, da [axbori'zadu, da] *adj* arbolado(da).

arbusto [ax'buʃtu] *m* arbusto *m*.

arca ['axka] *f* **-1.** [caixa] arca *f*. **-2.** [barca]: **Arca de Noé** Arca *f* de Noé.

arcada [ax'kada] *f* [de arcos] arcada *f*; **~ dentária** arco *m* dental.

arcaico, ca [ax'kajku, ka] *adj* **-1.** [antigo] arcaico(ca). **-2.** [antiquado] anticuado(da).

arcaizante [axkaj'zãntʃi] *adj* arcaizante.

arcar [ax'ka(x)] *vi*: **~ com algo** cargar con algo.

arcebispo [axse'biʃpu] *m* arzobispo *m*.

arco ['axku] *m* arco *m*.

arco-íris [ax'kwiriʃ] (*pl* **arcos-íris**) *m inv* arco *m* iris.

ar-condicionado [ˌa(x)kõndʒisjo'nadu] (*pl* **ares-condicionados**) *m* [aparelho] aire *m* acondicionado.

ardência [ax'dẽnsja] *f* **-1.** [sensação] ardor *m*. **-2.** [de chama, lenha] quemazón *f*.

ardente [ax'dẽntʃi] *adj* ardiente.

arder [ax'de(x)] *vi* arder.

ardido, da [ax'dʒidu, da] *adj* **-1.** [olhos] irritado(da). **-2.** [pimenta] picante.

ardil [ax'dʒiw] (*pl* **-is**) *m* ardid *m*.

ardiloso, osa [axdʒi'lozu, ɔza] *adj* [pessoa] astuto(ta).

ardor [ax'do(x)] (*pl* **-es**) *m* [paixão] ardor *m*.

ardoroso, rosa [axdo'rozu, rɔza] *adj* ardiente.

ardósia [ax'dɔzja] *f* pizarra *f*.

árduo, dua ['axdwu, dwa] *adj* arduo(a).

área ['arja] *f* área *f*; **~ de serviço** *espacio contiguo a la cocina en el que está el lavadero y la habitación de servicio*, área *f* de servicio *Méx*.

areia [a'reja] *f* arena *f*; **~ movediça** arena movediza.

arejado, da [are'ʒadu, da] *adj* **-1.** [ventilado] aireado(da), ventilado(da). **-2.** [fig] [pessoa, cabeça] aireado(da), despejado(da).

arena [a'rena] *f* **-1.** [de circo] pista *f*. **-2.** [de teatro] arena *f* *Esp*, explanada *f* *Amér*. **-3.** [para lutas] arena *f*.

arenito [are'nitu] *m* arenisca *f*.

arenoso, osa [are'nozu, ɔza] *adj* arenoso(sa).

arenque [a'rẽŋki] *m* arenque *m*.

ares ['ariʃ] ▷ **ar**.

argamassa [axga'masa] *f* argamasa *f*.

Argel [ax'ʒɛw] *n* Argel.

Argélia [ax'ʒɛlja] *n* Argelia.

argelino, na [axʒe'linu, na] ◇ *adj* argelino(na). ◇ *m, f* argelino *m*, -na *f*.

Argentina [axʒẽn'tʃina] *n*: **(a)** ~ (la) Argentina.

argentino, na [axʒẽn'tʃinu, na] ◇ *adj* argentino(na). ◇ *m, f* argentino *m*, -na *f*.

argila [ax'ʒila] *f* arcilla *f*.

argola [ax'gɔla] *f* **-1.** [aro] argolla *f*. **-2.** [de porta] aldaba *f*.

◆ **argolas** *fpl* [brincos] aros *mpl* caravanas *fpl* ***Méx***.

argumentação [axgumẽnta'sãw] (*pl* **-ões**) *f* argumento *m*.

argumentar [axgumẽn'ta(x)] ◇ *vt* [alegar] argumentar. ◇ *vi* [expor argumentos] argumentar.

argumento [axgu'mẽntu] *m* argumento *m*.

arguto, ta [ax'gutu, ta] *adj* perspicaz.

ária ['arja] *f* MÚS aria *f*.

aridez [ari'deʒ] *f* aridez *f*.

árido, da ['aridu, da] *adj* árido(da).

aristocrata [ariʃto'krata] *mf* aristócrata *mf*.

aristocrático, ca [ariʃto'kratʃiku, ka] *adj* aristocrático(ca).

aritmético, ca [aritʃ'mɛtʃiku, ka] *adj* aritmético(ca).

◆ **aritmética** *f* aritmética *f*.

arma ['axma] *f* arma *f*; ~ **de fogo** arma de fuego; ~ **nuclear** arma nuclear.

◆ **armas** *fpl* armas *fpl*.

armação [axma'sãw] (*pl* **-ões**) *f* **-1.** [de barraca, estrutura, peças] armazón *m*. **-2.** [estrutura] armazón *m* estructura *f* ***Amér***. **-3.** [de óculos] montura *f*, armazón *m* ***Méx*** & ***RP***. **-4.** [de tempestade] preparación *f*. **-5.** ***fam*** [golpe] trampa *f*, fraude *m* ***Amér***.

armada [ax'mada] ◆ **Armada** *f* Armada *f*.

armadilha [axma'diʎa] *f* trampa *f*.

armadura [axma'dura] *f* armadura *f*.

armamento [axma'mẽntu] *m* **-1.** [ger] armamento *m*. **-2.** [ato] montaje *m*, armado *m* ***Amér***.

armar [ax'ma(x)] *vt* **-1.** [ger] armar. **-2.** [planejar - golpe] preparar; [- programa, aventura] montar, planear.

◆ **armar-se** *vp* [com armas] armarse.

armarinho [axma'riɲu] *m* mercería *f*.

armário [ax'marju] *m* **-1.** [de roupa] armario *m*, ropero *m*; ~ **embutido** armario empotrado. **-2.** [para vajilla] armario *m*, placard *m* ***Amér***. **-3.** [para comida] armario *m*, alacena *f* ***Amér***. **-4.** [para remédios] botiquín *m*.

armazém [axma'zẽ] (*pl* **-ns**) *m* **-1.** [depósito] almacén *m* ***Esp***, almacenadora *f* ***Méx***, depósito *m* ***RP***. **-2.** [loja] almacén *m*, abarrotería *f* ***Méx***, miscelánea *f* ***Méx***.

armazenar [axmaze'na(x)] *vt* almacenar.

arminho [ax'miɲu] *m* armiño *m*.

aro ['aru] *m* **-1.** [argola] aro *m*, argolla *f* ***Méx***. **-2.** [de óculos] montura *f*, armazón *m* ***Méx*** & ***RP***. **-3.** [de roda] aro *m*. **-4.** [de porta] aldaba *f*.

aroma [a'roma] *m* aroma *m*.

aromático, ca [aro'matʃiku, ka] *adj* aromático(ca).

arpão [ax'pãw] (*pl* **-ões**) *m* arpón *m*.

arpões [ax'põjʃ] *pl* ▷ **arpão**.

arqueado, da [ax'kjadu, da] *adj* arqueado(da).

arquear [ax'kja(x)] *vt* arquear.

◆ **arquear-se** *vp* arquearse.

arqueiro, ra [ax'kejru, ra] *m, f* **-1.** [atirador] arquero *m*, -ra *f*. **-2.** [goleiro] portero *m*, -ra *f*, arquero *m*, -ra *f* ***Amér***, golero *m*, -ra *f* ***RP***.

arqueologia [axkjolo'ʒia] *f* arqueología *f*.

arqueólogo, ga [ax'kjɔlogu, ga] *m, f* arqueólogo(ga).

arquibancada [axkibãŋ'kada] *f* grada *f*, graderío *m*, gradería *f* ***Amér***; **ir de** ~ ir a la grada *ou* el graderío.

arquipélago [axki'pɛlagu] *m* archipiélago *m*.

arquiteto, ta [axki'tɛtu, ta] *m, f* arquitecto *m*, -ta *f*.

arquitetônico, ca [axkite'toniku, ka] *adj* arquitectónico(ca).

arquitetura [axkite'tura] *f* arquitectura *f*.

arquivar [axki'va(x)] *vt* archivar.

arquivista [axki'viʃta] *mf* archivero *m*, -ra *f*, archivólogo *m*, -ga *f* ***RP***.

arquivo [ax'kivu] *m* **-1.** [ger] archivo *m*; **abrir/fechar um** ~ abrir/cerrar un archivo. **-2.** [móvel] archivador *m*.

arraia [a'xaja] *f* [peixe] raya *f*.

arraial [axa'jaw] (*pl* **-ais**) *m* [povoado] campamento *m*.

arraigado, da [axaj'gadu, da] *adj* **-1.** [costume, idéia, mentalidade] arraigado(da). **-2.** [defensor, admirador] incondicional.

arraigar [axaj'ga(x)] *vi* [criar raízes] arraigar.
◆ **arraigar-se** *vp* arraigarse.

arrancada [axãŋ'kada] *f* **-1.** [puxão] tirón *m*. **-2.** [partida] arrancada *f*, arrancón *m* ***Amér.*** **-3.** [em competição, disputa] tirón *m*, arranque *m* ***Méx***; **dar uma ~** dar un tirón.

arrancar [axãŋ'ka(x)] ◇ *vt* **-1.** [tirar]: **~ algo (de alguém/algo)** arrancar algo (a alguien/de algo). **-2.** [conseguir]: **~ algo de alguém** arrancar algo a alguien. **-3.** [fazer sair]: **~ alguém de algum lugar** arrancar a alguien de algún lugar. ◇ *vi* arrancar.
◆ **arrancar-se** *vt* ***fam*** [fugir]: **~-se (de)** abrirse (de) ***Esp***, zafarse (de) ***Amér.***

arranha-céu [aˌxãɲa'sɛw] (*pl* **arranha-céus**) *m* rascacielos *m inv.*

arranhão [axã'ɲãw] (*pl* **-ões**) *m* **-1.** [arranhadura] arañazo *m*. **-2.** [moral] arañazo *m*, arañón *m* ***Amér.***

arranhar [axa'ɲa(x)] ◇ *vt* **-1.** [ger] arañar. **-2.** [raspar] raspar. **-3.** [tocar mal] rascar. **-4.** [idioma] chapurrear. ◇ *vi* [provocar arranhão] arañar.
◆ **arranhar-se** *vp* arañarse ***Esp***, rasparse ***Amér.***

arranjar [axãn'ʒa(x)] *vt* **-1.** [arrumar] ordenar. **-2.** [resolver] resolver. **-3.** [conseguir, encontrar] conseguir. **-4.** [contrair] coger ***Esp***, agarrarse ***Amér***, contagiarse ***Méx***. **-5.** MÚS arreglar.
◆ **arranjar-se** *vp* [virar-se] arreglárselas.

arranjo [a'xãnʒu] *m* **-1.** [arrumação] disposición *f*, distribución *f*. **-2.** [acordo] acuerdo *m*, arreglo *m*. **-3.** [de música, flores] arreglo *m*. **-4.** ***fam*** [caso] lío *m*, aventura *f*, historia *f* ***RP.***

arrasado, da [axa'zadu, da] *adj* **-1.** [devastado] devastado(da). **-2.** [arruinado] arruinado(da). **-3.** [deprimido] hundido(da), devastado(da). **-4.** [muito cansado] destruido(da), molido(da).

arrasador, ra [axaza'do(x), ra] *adj* **-1.** [ger] devastador(ra). **-2.** [vitória] arrasador(ra).

arrasar [axa'za(x)] *vt* **-1.** [devastar] arrasar. **-2.** [arruinar] destrozar. **-3.** [com críticas] vapulear, destruir ***Amér.***
◆ **arrasar-se** *vp* **-1.** [ger] quedar destruido(da). **-2.** [em exame, competição] arrasar.

arrastão [axaʃ'tãw] (*pl* **-ões**) *m* **-1.** [ger] arrastre *m*. **-2.** [puxão] tirón *m*. **-3.** [assalto] *robo en masa practicado por grupos de ladrones en lugares con grandes concentraciones de personas.*

arrastar [axaʃ'ta(x)] ◇ *vt* arrastrar. ◇ *vi* [roçar] arrastrarse.
◆ **arrastar-se** *vp* [ger] arrastrarse.

arrear [a'xja(x)] *vt* [montaria] ensillar.

arrebatado, da [axeba'tadu, da] *adj* arrebatado(da).

arrebatar [axeba'ta(x)] *vt* **-1.** [arrancar]: **~ algo de** arrebatar algo a. **-2.** [carregar] llevar. **-3.** [aplausos] arrancar. **-4.** ***fig*** [coração] arrebatar.
◆ **arrebatar-se** *vp* **-1.** [exaltar-se] exaltarse. **-2.** [maravilhar-se] maravillarse.

arrebentação [axebẽnta'sãw] *f* [local] rompeolas *m inv.*

arrebentado, da [axebẽn'tadu, da] *adj* **-1.** [em mau estado, ferido] destrozado(da). **-2.** [muito cansado] reventado(da), molido(da).

arrebentar [axebẽn'ta(x)] ◇ *vt* **-1.** [ger] reventar. **-2.** [ferir] destrozarse. ◇ *vi* **-1.** [quebrar-se, romper-se] reventarse. **-2.** [bomba] estallar, reventar ***RP.*** **-3.** [guerra, revolução] estallar.
◆ **arrebentar-se** *vp* [ferir-se] reventarse.

arrebitado, da [axebi'tadu, da] *adj* **-1.** [para cima] levantado(da), alzado (da). **-2.** [nariz] respingón(ona) ***Esp***, respingado(da) ***Amér.***

arrecadação [axekada'sãw] (*pl* **-ões**) *f* recaudación *f.*

arrecadar [axeka'da(x)] *vt* recaudar.

arrecife [axe'sifi] *m* arrecife *m.*

arredar [axe'da(x)] *vt* [retirar] apartar; **~ (o) pé** [de lugar] retirarse; [de intenção, princípios] abandonar.

arredio, dia [axe'dʒiu, dʒia] *adj* [pessoa] antipático(ca), chúcaro(ra) ***Andes***, ***CAm*** & ***RP.***

arredondado, da [axedõn'dadu, da] *adj* redondeado(da).

arredondar [axedõn'da(x)] *vt* redondear.

arredores [axe'dɔriʃ] *mpl* alrededores *mpl.*

arrefecer [axefe'se(x)] ◇ *vt* **-1.** [ger] enfriar. **-2.** [febre] hacer bajar. ◇ *vi* **-1.** [ger] enfriarse. **-2.** [febre] bajar.

ar-refrigerado [ˌa(x)xefriʒe'radu] (*pl* **ares-refrigerados**) *m* aire *m* acondicionado.

arregaçar [axega'sa(x)] *vt* arremangar, remangar.
arregalado, da [axega'ladu, da] *adj* abierto(ta) de par en par.
arregalar [axega'la(x)] *vt* abrir de par en par, abrir como platos *RP*.
arreganhado, da [axega'ɲadu, da] *adj* abierto(ta) de par en par.
arregimentar [axeʒimẽn'ta(x)] *vt* reclutar.
arreio [a'xeju] *m* [arreamento] arreos *mpl*.
arrematar [axema'ta(x)] *vt* **-1.** [ger] rematar. **-2.** [em leilão - comprar, vender] subastar *Esp* & *Méx*, rematar *Andes* & *RP*.
arremessar [axeme'sa(x)] *vt* lanzar, aventar *Andes*, *CAm* & *Méx*.
arremesso [axe'mesu] *m* [lançamento] lanzamiento *m*; ~ **de peso** *ESP* lanzamiento de peso *ou* bala *Amér*.
arremeter [axeme'te(x)] *vi* arremeter; ~ **contra** arremeter contra.
arrendamento [axẽnda'mẽntu] *m* arrendamiento *m*.
arrendar [axẽn'da(x)] *vt* arrendar, alquilar, rentar *Méx*.
arrepender-se [axepẽn'dexsi] *vp* arrepentirse; ~ **de algo/de fazer algo** arrepentirse de algo/de hacer algo.
arrependido, da [axepẽn'dʒidu, da] *adj* arrepentido(da).
arrependimento [axepẽndʒi'mẽntu] *m* arrepentimiento *m*.
arrepiado, da [axe'pjadu, da] *adj* **-1.** [eriçado] erizado(da), chino(na) *Méx*. **-2.** [assustado] aterrorizado (da).
arrepiar [axe'pja(x)] *vt* **-1.** [eriçar] erizar, enchinar *Méx*. **-2.** [assustar] aterrorizar; **(ser) de ~ os cabelos** (ser) de poner los pelos de punta, (ser) de enchinar la piel *Méx*.
◆ **arrepiar-se** *vp* [ficar eriçado] erizarse.
arrepio [axe'piw] *m* escalofrío *m*; **dar ~s** *fig* poner la piel de gallina, enchinar la piel *Méx*.
arresto [a'xɛʃtu] *m JUR* embargo *m*.
arriar [a'xja(x)] ◇ *vt* **-1.** [abaixar] bajar. **-2.** [cansar muito] extenuar. **-3.** [pôr de cama] postrar *ou* dejar *Méx* en cama a. ◇ *vi* **-1.** [pneu] desinflarse. **-2.** *AUTO* [bateria] descargarse. **-3.** [vergar] arquearse. **-4.** [desanimar] desanimarse.
arriscado, da [axiʃ'kadu, da] *adj* arriesgado(da), riesgoso(sa) *Amér*.
arriscar [axiʃ'ka(x)] ◇ *vt* arriesgar. ◇ *vi* [tentar] arriesgarse.
◆ **arriscar-se** *vp* [pôr-se em perigo] arriesgarse; **~-se a fazer algo** arriesgarse a hacer algo.
arrivista [axi'viʃta] ◇ *adj* arribista. ◇ *mf* arribista *mf*.
arrocho [a'xoʃu] *m* **-1.** [diminuição] reducción *f*; ~ **salarial** contención *f* salarial. **-2.** [dificuldade financeira] apuro *m*. **-3.** *fam fig* [pressão] presión *f*.
arrogância [axo'gãnsja] *f* arrogancia *f*.
arrogante [axo'gãntʃi] *adj* arrogante.
arroio [a'xoju] *m* arroyo *m*.
arrojado, da [axo'ʒadu, da] *adj* **-1.** [ger] audaz. **-2.** [avançado] innovador(ra).
arrolamento [axola'mẽntu] *m* **-1.** [levantamento] relación *f*, levantamiento *m Méx*, relevamiento *m RP*. **-2.** [lista] listado *m*, relación *f Amér*.
arrolar [axo'la(x)] *vt* [listar] listar, relacionar *Amér*.
arrombamento [axõnba'mẽntu] *m* [abertura forçada]: **ordenou o ~ da porta** ordenó que forzaran la puerta.
arrombar [axõn'ba(x)] *vt* forzar.
arrotar [axo'ta(x)] ◇ *vi* [dar arroto] eructar *m*. ◇ *vt* **-1.** [cheiro] eructar. **-2.** *fam* [alardear] vanagloriarse de.
arroto [a'xotu] *m* eructo *m*.
arroubo [a'xobu] *m* [enlevo] éxtasis *m inv*.
arroz [a'xoʒ] *m* arroz *m*.
arroz-doce [axoʒ'dosi] *m CULIN* arroz *m* con leche.
arruaça [a'xwasa] *f* camorra *f*, lío *m Amér*.
arruaceiro, ra [axwa'sejru, ra] ◇ *adj* camorrista buscapleitos *Méx*, camorrero(ra) *RP*. ◇ *m, f* camorrista *mf*, buscapleitos *mf inv Méx*, camorrero *m*, -ra *f RP*.
arruela [a'xwɛla] *f* arandela *f*.
arruinado, da [axwi'nadu, da] *adj* arruinado(da).
arruinar [axwi'na(x)] *vt* arruinar.
◆ **arruinar-se** *vp* [ruir] arruinarse.
arrulhar [axu'ʎa(x)] *vi* **-1.** [pombo] arrullar. **-2.** [namorados] arrullarse, apapacharse *Méx*.
arrumação [axuma'sãw] *f* **-1.** [arranjo]

colocación *f*, disposición *f* ***Esp*** & ***RP***, distribución *f* ***Méx***. **-2.** [de quarto, armário] arreglo *m*, orden *m*. **-3.** [de malas, bagagem] preparación *f*.

arrumadeira [axuma'dejra] *f* [criada] criada *f*.

arrumar [axu'ma(x)] *vt* **-1.** [ger] arreglar, ordenar. **-2.** [malas, bagagem] preparar. **-3.** [vestir, aprontar] arreglar, alistar ***Amér***. **-4.** [conseguir] conseguir. **-5.** [inventar] inventar. **-6.** [armar] armar.

◆ **arrumar-se** *vp* **-1.** [vestir-se, aprontar-se] arreglarse, alistarse ***Amér***. **-2.** [na vida] arreglárselas. **-3.** [virar-se] espabilarse, arreglárselas.

arsenal [axse'naw] (*pl* **-ais**) *m* arsenal *m*.

arsênio [ax'senju] *m* arsénico *m*.

arte ['axtʃi] *f* **-1.** [ger] arte *m*; ~ **dramática** arte dramático. **-2.** [técnica]: ~ **culinária** arte culinario; ~ **marcial** arte marcial. **-3.** [primor]: **com** ~ con maña. **-4.** [astúcia] astucia *f*. **-5.** ***fam*** [travessura] travesura *f*; **fazer** ~ hacer travesuras.

◆ **artes** *fpl* **-1.** [visuais] artes *fpl*; ~**s plásticas** artes plásticas. **-2.** [curso]: **(belas)** ~**s** bellas artes.

artefato [axte'fatu] *m* **-1.** [instrumento] artefacto *m*. **-2.** [produto] artículo *m*.

artéria [ax'tɛrja] *f* arteria *f*.

arterial [axte'rjaw] (*pl* **-ais**) *adj* arterial.

artesã [axte'zã] *f* ▻ **artesão**.

artesanal [axteza'naw] (*pl* **-ais**) *adj* artesanal.

artesanato [axteza'natu] *m* artesanía *f*.

artesão, sã [axte'zãw, zã] (*mpl* **-ãos**, *fpl* **-s**) *m, f* artesano *m*, -na *f*.

ártico, ca ['axtʃiku, ka] *adj* ártico(ca).

◆ **Ártico** *n*: **o Ártico** el Ártico; **o oceano Glacial Ártico** el océano Glacial Ártico.

articulação [axtʃikula'sãw] (*pl* **-ões**) *f* **-1.** [ger] articulación *f*. **-2.** POL complot *m*, trama *f*.

articulista [axtʃiku'liʃta] *mf* JORN articulista *mf*.

artífice [ax'tʃifisi] *mf* artífice *mf*.

artificial [axtʃifi'sjaw] (*pl* **-ais**) *adj* **-1.** [ger] artificial. **-2.** [pessoa] artificial, falso(sa).

artifício [axtʃi'fisju] *m* artificio *m*.

artigo [ax'tʃigu] *m* artículo *m*; ~ **de luxo** artículo de lujo; ~**s esportivos** artículos deportivos.

artilharia [axtʃiʎa'ria] *f* artillería *f*.

artista [ax'tʃiʃta] *mf* artista *mf*; ~ **plástico** artista plástico.

artístico, ca [ax'tʃiʃtʃiku, ka] *adj* artístico(ca).

artrite [ax'tritʃi] *f* artritis *f*.

árvore ['axvori] *f* árbol *m*; ~ **de Natal** árbol de Navidad.

arvoredo [axvo'redu] *m* arboleda *f*.

as [aʃ] ▻ **a**[2].

ás ['ajʃ] (*pl* **ases**) ◇ *mf* [pessoa exímia]: ~ **de algo** as de algo. ◇ *m* [carta] as *m*.

às [ajʃ] = **a** + **as**.

asa ['aza] *f* **-1.** [de pássaro, avião, inseto] ala *f*. **-2.** [de xícara] asa *f*.

asa-delta [ˌaza'dɛwta] (*pl* **asas-delta**) *f* ala *m* delta.

ascendência [asẽn'dẽnsja] *f* ascendencia *f*; **ter** ~ **sobre** tener ascendencia sobre.

ascendente [asẽn'dẽntʃi] ◇ *adj* ascendente. ◇ *m, f* [antepassado] ascendiente *mf*.

ascender [asẽn'de(x)] *vi* ascender.

ascensão [asẽn'sãw] (*pl* **-ões**) *f* ascensión *f*.

ascensorista [asẽnso'riʃta] *mf* ascensorista *mf*, elevadorista *mf* ***Méx***.

ASCII (*abrev de* **American Standard Code for Information Interchange**) *m* ASCII *m*.

asco ['aʃku] *m* asco *m*; **dar** ~ dar asco.

asfaltado, da [aʃfaw'tadu, da] *adj* asfaltado(da).

asfalto [aʃ'fawtu] *m* asfalto *m*.

asfixia [aʃfik'sia] *f* asfixia *f*.

asfixiar [aʃfik'sja(x)] *vt* asfixiar.

◆ **asfixiar-se** *vp* asfixiarse.

Ásia ['azja] *n* Asia.

asilo [a'zilu] *m* asilo *m*; ~ **político** asilo político.

asma ['aʒma] *f* asma *m*.

asneira [aʒ'nejra] *f* [ação] burrada *f*.

asno ['aʒnu] *m* **-1.** [animal] asno *m*, burro *m*, -rra *f* ***Amér***. **-2.** ***fam*** [idiota] burro *m*, -rra *f*.

aspargo [aʃ'paxgu] *m* espárrago *m*.

aspas ['aʃpaʃ] *fpl* comillas *f*.

aspecto [aʃ'pɛktu] *m* aspecto *m*.

aspereza [aʃpe'reza] *f* aspereza *f*.

aspergir [aʃpex'ʒi(x)] *vt* rociar.

áspero, ra ['aʃperu, ra] *adj* áspero(ra).

asperso, sa [aʃ'pexsu, sa] *pp* ▻ **aspergir**.

aspiração [aʃpira'sãw] (*pl* **-ões**) *f* aspiración *f*; ~ **a algo** aspiración a algo.

aspirador [aʃpira'do(x)] (*pl* **-es**) *m*: ~ **(de pó)** aspiradora *f*, aspirador *m*; **passar o** ~ **(em)** pasar la aspiradora (por).

aspirante [aʃpi'rãntʃi] *mf* aspirante *mf*; ~ **(a algo)** aspirante (a algo).

aspirar [aʃpi'ra(x)] ◇ *vt* aspirar. ◇ *vi* **-1.** [desejar]: ~ **a algo** aspirar a algo. **-2.** [respirar] respirar. **-3.** [soprar brisa] soplar.

aspirina® [aʃpi'rina] *f* aspirina® *f*.

asqueroso, osa [aʃke'rozu, ɔza] *adj* asqueroso(sa).

assado, da [a'sadu, da] *adj* asado(da).

◆ **assado** *m* asado *m*.

assadura [asa'dura] *f* irritación *f*, paspadura *f* ***Andes*** & ***RP***, rozadura *f* ***Méx***.

assaltante [asaw'tãntʃi] *mf* asaltante *mf*.

assaltar [asaw'ta(x)] *vt* asaltar.

assalto [a'sawtu] *m* asalto *m*.

assar [a'sa(x)] ◇ *vt* asar. ◇ *vi* asarse.

assassinar [asasi'na(x)] *vt* asesinar.

assassinato [asasi'natu], **assassínio** [asa'sinju] *m* asesinato *m*.

assassino, na [asa'sinu, na] ◇ *adj* asesino(na). ◇ *m, f* asesino *m*, -na *f*.

assaz [a'saʒ] *adv* bastante.

asseado, da [a'sjadu, da] *adj* aseado(da).

assediar [ase'dʒja(x)] *vt* **-1.** [ger] asediar. **-2.** [sexualmente] acosar.

assédio [a'sɛdʒju] *m* [ger] asedio *m*; ~ **sexual** acoso *m* sexual.

assegurar [asegu'ra(x)] *vt* asegurar; ~ **algo a alguém** asegurar algo a alguien.

◆ **assegurar-se** *vp*: ~**-se de** asegurarse de.

asseio [a'seju] *m* aseo *m*.

assembléia [asẽn'blɛja] *f* asamblea *f*; ~ **geral** asamblea general.

assemelhar [aseme'ʎa(x)] *vt* [tornar semelhante] asemejar.

◆ **assemelhar-se** *vp* [ser parecido]: ~**-se (a)** asemejarse (a).

assentado, da [asẽn'tadu, da] *adj* **-1.** [firme] firme. **-2.** [combinado] convenido(da), pactado(da). **-3.** [ajuizado] sensato(ta). **-4.** [em terras] asentado(da).

assentar [asẽn'ta(x)] ◇ *vt* **-1.** [ger] asentar. **-2.** [tijolos] colocar. **-3.** *fig* [basear] basar. **-4.** [anotar, registrar] asentar, anotar ***Méx***. **-5.** [determinar] fijar. **-6.** [decidir] decidir. ◇ *vi* [ger] asentarse.

◆ **assentar-se** *vp* **-1.** [ger] asentarse. **-2.** *fig* [ajuizar-se] sentar la cabeza ***Esp***, sentar cabeza ***Amér***.

assente [a'sẽntʃi] ◇ *pp* ▷ **assentar**. ◇ *adj* [combinado, fixo] acordado(da) pactado(da).

assentir [asẽn'tʃi(x)] *vi* **-1.** [concordar]: ~ **(em)** asentir (en). **-2.** [aceder]: ~ **(a)** acceder a.

assento [a'sẽntu] *m* **-1.** [para sentar] asiento *m*. **-2.** *fig* [base] base *f*.

assessor, ra [ase'so(x), ra] *m, f* **-1.** [ger] asesor *m*, -ra *f*. **-2.** [assistente] asistente *mf*.

assessoria [aseso'ria] *f* **-1.** [ger] asesoría *f*. **-2.** [assistência] asistencia *f*.

assiduidade [asidwi'dadʒi] *f* **-1.** [a aulas, trabalho] asiduidad *f*. **-2.** [diligência] seriedad *f*.

assíduo, dua [a'sidwu, dwa] *adj* **-1.** [a aulas, trabalho] asiduo(a). **-2.** [diligente] responsable.

assim [a'sĩ] ◇ *adv* **-1.** [ger] así; ~**,** ~ así, así más o menos ***Méx***; **como** ~? ¿cómo?, ¿cómo así? ***Méx***. **-2.** [igualmente] así, así mismo; **e** ~ **por diante** y así en adelante; ~ **como** así como. ◇ *conj* [então] así; ~ **mesmo, mesmo** ~ asimismo.

◆ **assim que** *loc conj* en cuanto, tan pronto ***Méx***.

assimilar [asimi'la(x)] *vt* [ger] asimilar.

assinalar [asina'la(x)] *vt* **-1.** [marcar] marcar, señalar ***RP***. **-2.** [distinguir] marcar, resaltar ***Méx***, señalar ***RP***. **-3.** [especificar] marcar, destacar. **-4.** [observar] señalar, destacar. **-5.** [celebrizar] marcar.

assinante [asi'nãntʃi] *mf* **-1.** [de jornal, serviço] suscriptor *m*, -ra *f*. **-2.** [de linha telefônica] abonado *m*, -da *f*, suscriptor *m*, -ra *f* ***Méx***.

assinar [asi'na(x)] ◇ *vt* **-1.** [firmar] firmar. **-2.** [ser assinante de] suscribirse a. ◇ *vi* [firmar] firmar.

assinatura [asina'tura] *f* **-1.** [firma] firma *f*, rúbrica *f* ***Amér***. **-2.** [subscrição] suscripción *f*.

assistência [asiʃ'tẽnsja] *f* **-1.** [ger] asistencia *f*; ~ **técnica** asistencia técnica. **-2.** [espectadores] asistentes *mpl*. **-3.** [ambulância] ambulancia *f*.

assistente [asiʃ'tẽntʃi] ◇ *adj* [auxiliar] asistente. ◇ *mf* [ger] asistente *mf*; ~ **social** asistente social, trabajador *m*, -ra *f* social ***Méx***.

assistir [asiʃ'tʃi(x)] ◇ *vt* **-1.** [ger] asistir. **-2.** [fazer companhia a] cuidar. ◇ *vi* **-1.** [ger]: ~ **a** asistir a; [testemunhar] asistir a presenciar; ~ **à TV** ver la televisión. **-2.** [caber]: ~ **a alguém** corresponder a alguien.

assoalho [a'swaʎu] *m* parqué *m*, parquet *m*.

assoar [a'swa(x)] *vt* sonar.

◆ **assoar-se** *vp* sonarse.

assobiar [aso'bja(x)] = **assoviar**.

assobio [aso'biw] *m* = **assovio**.

associação [asosja'sãw] (*pl* **-ões**) *f* asociación *f*; ~ **de moradores** asociación de vecinos.

associado, da [aso'sjadu, da] ◇ *adj* asociado(da). ◇ *m, f* [sócio] asociado *m*, -da *f*.

associar [aso'sja(x)] *vt* asociar; ~ **algo a algo** asociar algo a algo.

◆ **associar-se** *vp* **-1.** COM [formar associação] asociarse. **-2.** [entrar de sócio]: ~**-se a** asociarse a.

assolar [aso'la(x)] *vt* asolar.

assombração [asõnbra'sãw] (*pl* **-ões**) *f* fantasma *m*.

assombrar [asõn'bra(x)] *vt* **-1.** [assustar] espantar. **-2.** [rondar] rondar por. **-3.** [impressionar] asombrar.

assombro [a'sõnbru] *m* **-1.** [admiração] asombro *m*. **-2.** [espanto, maravilha]: **ser um** ~ ser asombroso.

assoviar [aso'vja(x)] ◇ *vi* silbar, chiflar ***Amér***. ◇ *vt* silbar, chiflar ***Amér***.

assovio [aso'vju] *m* silbido *m*.

assumir [asu'mi(x)] ◇ *vt* **-1.** [ger] asumir. **-2.** [adotar, adquirir] asumir, adoptar ***Amér***. ◇ *vi* [tomar posse] tomar posesión, asumir ***Amér***.

Assunção [asũn'sãw] *n* [cidade] Asunción.

assunto [a'sũntu] *m* [tema] tema *m*.

assustador, ra [asuʃta'do(x), ra] (*mpl* **-es**, *fpl* **-s**) *adj* **-1.** [amedrontador] que asusta. **-2.** [alarmante] alarmante.

assustar [asuʃ'ta(x)] ◇ *vt* **-1.** [amedrontar] asustar. **-2.** [alarmar] alarmar. ◇ *vi* asustar.

◆ **assustar-se** *vp*: ~**-se (com)** asustarse (de).

asteca [aʃ'tɛka] ◇ *adj* azteca. ◇ *mf* azteca *mf*.

asterisco [aʃte'riʃku] *m* asterisco *m*.

astral [aʃ'traw] (*pl* **-ais**) ◇ *adj* ASTRO astral. ◇ *m* **-1.** [ambiente] *fam* ambiente *m*. **-2.** *fam* [humor] humor *m*.

astrologia [aʃtrolo'ʒia] *f* astrología *f*.

astrólogo, ga [aʃ'trɔlogu, ga] *m, f* astrólogo *m*, -ga *f*.

astronauta [aʃtro'nawta] *mf* astronauta *mf*.

astronomia [aʃtrono'mia] *f* astronomía *f*.

astronômico, ca [aʃtro'nomiku, ka] *adj* astronómico(ca).

astúcia [aʃ'tusja] *f* astucia *f*.

astuto, ta [aʃ'tutu, ta] *adj* astuto(ta).

at. (*abrev de* **atenção a**) at.

ata ['ata] *f* [de reunião] acta *f*.

atacadista [ataka'dʒiʃta] COM ◇ *adj* mayorista. ◇ *mf* [vendedor] mayorista *mf*.

atacado, da [ata'kadu] *adj fam* [pessoa] de malas pulgas, atacado(da) ***RP*** & ***Ven***.

◆ **atacado** *m* COM: **no/por** ~ al por mayor, al mayoreo ***Méx***.

atacante [ata'kãntʃi] ◇ *adj* atacante. ◇ *m, f* atacante *mf*.

atacar [ata'ka(x)] ◇ *vt* atacar. ◇ *vi* atacar; **atacar!** ¡al ataque!

atado, da [a'tadu, da] *adj* **-1.** [amarrado] atado(da). **-2.** [desajeitado] torpe. **-3.** [confuso, perplexo] perplejo(ja).

atadura [ata'dura] *f* gasa *f*, curación *f* ***Amér***.

atalho [a'taʎu] *m* atajo *m*.

atapetar [atape'ta(x)] *vt* alfombrar.

ataque [a'taki] *m* ataque *m*; **no** ~ atacando; ~ **aéreo** ataque aéreo; ~ **cardíaco** ataque cardíaco; **ter um** ~ **(de raiva)** *fam* tener un ataque (de rabia).

atar [a'ta(x)] *vt* atar, amarrar ***Andes*** & ***Méx***; **não** ~ **nem desatar** [pessoa] no aclararse, no atar ni desatar ***Méx***; [negócio, namoro] no decidirse.

atarefado, da [ˌatare'fadu] *adj* atareado(da).

atarracado, da [ataxa'kadu, da] *adj* **-1.** [pessoa] achaparrado(da). **-2.** [perna, pescoço] corto(ta).

até [a'tɛ] ◇ *prep* **-1.** [ger] hasta; ~ **agora** hasta ahora. **-2.** [limite de tempo] antes de. **-3.** [despedida]: ~ hasta luego; ~ **amanhã** hasta mañana; ~ **já** hasta pronto. **-4.** [em ações]: ~ **que enfim!** ¡al fin!, ¡por fin! ◇ *adv* [mesmo, inclusive] hasta.

◆ **até que** *loc conj* **-1.** [até quando] hasta que. **-2.** [bem que] aunque, sin duda.

atear [ate'a(x)] *vt* **-1.** [fogo] prender fuego a. **-2.** *fig* [espalhar] fomentar.
atéia [a'tɛja] *f* ▷ **ateu.**
ateliê [ate'lje] *m* estudio *m.*
atemorizador, ra [atemoriza'do(x), ra] *adj* atemorizador(ra).
atemorizar [atemori'za(x)] *vt* atemorizar.
Atenas [a'tenaʃ] *n* Atenas.
atenção [atẽn'sãw] (*pl* **-ões**) ◇ *f* atención *f*; **chamar a ~ (de)** [atrair] llamar la atención (de); **chamar a ~ de alguém** [advertir] llamar la atención a alguien. ◇ *interj* ¡atención!
atencioso, osa [atẽn'sjozu, ɔsa] *adj* atento(ta).
atender [atẽn'de(x)] ◇ *vt* **-1.** [ger] atender. **-2.** [responder] atender, contestar. ◇ *vi* **-1.** [ger]: **~ a** atender a. **-2.** [responder]: **~ (a)** atender (a), contestar. **-3.** [loja, vendedor] atender.
atendimento [atẽndʒi'mẽntu] *m* atención *f*; **horário de ~** horario de atención.
atentado [atẽn'tadu] *m* **-1.** atentado *m*; **~ terrorista** atentado terrorista. **-2.** [contra edifício, monumento]: **~ (a/contra)** atentado (contra). **-3.** [crime, ofensa]: **~ (a algo)** atentado (a algo).
atentar [atẽn'ta(x)] *vi* **-1.** [prestar atenção]: **~ para** *ou* **a** prestar atención a. **-2.** [cometer atentado]: **~ contra (a vida de) alguém** atentar contra (la vida de) alguien; **~ contra algo** [violar, ofender] atentar contra algo.
atento, ta [a'tẽntu, ta] *adj* atento(ta).
atenuante [ate'nwãntʃi] ◇ *adj* atenuante. ◇ *m* JUR atenuante *m.*
atenuar [ate'nwa(x)] *vt* [diminuir] atenuar.
aterragem [ate'xaʒẽj] (*pl* **-ns**) *f* = **aterrissagem.**
aterrar [ate'xar] *vt* [cobrir com terra] cubrir con tierra.
aterrissagem [atexi'saʒẽj] (*pl* **-ns**) *f* aterrizaje *m.*
aterrissar, aterrizar [atexi'sa(x)] *vi* aterrizar.
aterro [a'texu] *m* [área aterrada] terraplén *m.*
aterrorizante [atexori'zãntʃi] *adj* aterrorizante.
aterrorizar [atexori'za(x)] *vt* aterrorizar.
ater-se [a'texsi] *vp* **-1.** [limitar-se]: **~ a** atenerse a. **-2.** [fiar-se por] fiarse de.
atestado, da [ateʃ'tadu] *adj* certificado(da).
◆ **atestado** *m* **-1.** [certificado] certificado *m*; **~ médico** certificado médico. **-2.** [prova] testimonio *m.* **-3.** JUR prueba *f.*
atestar [ateʃ'ta(x)] *vt* **-1.** [certificar] certificar. **-2.** [provar] probar. **-3.** [testemunhar] garantizar.
ateu, atéia [a'tew, a'tɛja] ◇ *adj* ateo(a). ◇ *m, f* ateo *m*, -a *f.*
atinar [atʃi'na(x)] ◇ *vt* **-1.** [descobrir, acertar] dar con. **-2.** [perceber] darse cuenta de, percibir *Amér.* ◇ *vi* **-1.** [encontrar]: **~ com** atinar con, dar con *Amér.* **-2.** [ter consciência de]: **~ em** acertar en.
atingir [atʃĩn'ʒi(x)] *vt* **-1.** [ger] alcanzar. **-2.** *fig* [ferir] herir. **-3.** [afetar] afectar. **-4.** [compreender] entender.
atirador, ra [atʃira'do(x), ra] *m, f* tirador *m*, -ra *f.*
atirar [atʃi'ra(x)] ◇ *vt* **-1.** [lançar]: **~ algo (em)** tirar algo (en), aventar algo (en *ou* a) *Andes, CAm & Méx*; **~ algo (por)** tirar algo (por), aventar algo (por) *Andes, CAm & Méx.* **-2.** [olhares, beijos] lanzar, aventar *Andes, CAm & Méx*, tirar *RP.* ◇ *vi* [dar disparo]: **~ (em)** disparar (a).
◆ **atirar-se** *vp* **-1.** [lançar-se]: **~-se (a/em)** tirarse (a/en); *fig* [dedicar-se] volcarse (en). **-2.** *fam* [insinuar-se amorosamente] intentar ligar con, provocar a.
atitude [atʃi'tudʒi] *f* **-1.** [ger] actitud *f.* **-2.** [comportamento] actitud *f Esp*, postura *f Amér.*
atividade [atʃivi'dadʒi] *f* actividad *f.*
ativo, va [a'tivu, va] *adj* activo(va).
◆ **ativo** *m* COM activo *m.*
atlântico, ca [at'lãntʃiku, ka] *adj* atlántico(ca).
◆ **Atlântico** *n*: **o Atlântico** el Atlántico.
atlas ['atlaʃ] *m inv* atlas *m inv.*
atleta [a'tlɛta] *mf* atleta *mf.*
atlético, ca [a'tlɛtʃiku, ka] *adj* atlético(ca).
atmosfera [atmoʃ'fɛra] *f* atmósfera *f.*
ato ['atu] *m* [ger] acto *m*; **~ público** acto público; **no ~** [imediatamente] en el acto.
à-toa [a'toa] *adj* **-1.** [sem importância] insignificante. **-2.** [simples] simple.
atoalhado, da [atwa'ʎadu, da] *adj* de toalla.

atolar [ato'la(x)] ◇ *vt* atascar, empantanar *RP.* ◇ *vi* atascarse, empantanarse *RP.*

◆ **atolar-se** *vp fig* [pessoa] bloquearse, empantanarse *RP.*

atoleiro [ato'lejru] *m* **-1.** [de lama] lodazal *m.* **-2.** [situação] atolladero *m.*

atômico, ca [a'tomiku, ka] *adj* atómico(ca).

átomo ['atomu] *m* átomo *m.*

atônito, ta [a'tonitu, ta] *adj* atónito (ta).

ator, atriz [a'to(x), a'triʒ] (*mpl* **-res**, *fpl* **-zes**) *m, f* actor *m*, -triz *f.*

atordoado, da [atox'dwadu, da] *adj* aturdido(da).

atordoamento [atoxdwa'mẽntu] *m* aturdimiento *m.*

atordoante [atox'dwãntʃi] *adj* aturdidor(ra).

atordoar [atox'dwa(x)] *vt* aturdir.

atormentado, da [atoxmẽn'tadu, da] *adj* atormentado(da).

atormentar [atoxmẽn'ta(x)] *vt* atormentar.

ATP (*abrev de* **Associação dos Tenistas Profissionais**) *f* ATP *f.*

atração [atra'sãw] (*pl* **-ões**) *f* atracción *f.*

atracar [atra'ka(x)] NÁUT ◇ *vt* atracar. ◇ *vi* atracar.

◆ **atracar-se** *vp* **-1.** *fig* [em briga] agarrarse, golpearse *Méx.* **-2.** *fam* [amorosamente] darse el lote *Esp*, agasajarse *Méx*, amasijar *RP.*

atraente [atra'ẽntʃi] *adj* atractivo(va).

atrair [atra'i(x)] *vt* atraer.

atrapalhar [atrapa'ʎa(x)] ◇ *vt* **-1.** [ger] confundir. **-2.** [perturbar] perturbar. **-3.** [dificultar] entorpecer. ◇ *vi* [perturbar] estorbar.

◆ **atrapalhar-se** *vp* [confundir-se] confundirse, embrollarse *RP.*

atrás [a'trajʃ] *adv* **-1.** atrás; **lá ~** atrás. **-2.** [em classificação]: **estar/ficar ~ (de)** estar/quedar detrás (de).

◆ **atrás de** *loc prep* detrás de, atrás de *Amér*; **logo ~ de** inmediatamente detrás de *Esp*, inmediatamente atrás de *Amér.*

atrasado, da [atra'zadu, da] *adj* **-1.** [ger] atrasado(da). **-2.** [tardio] atrasado(da), retrasado(da). **-3.** [número, edição] atrasado(da), pasado(da) *Méx.*

◆ **atrasados** *mpl* [pagamento] atrasos *mpl.*

atrasar [atra'za(x)] ◇ *vt* **-1.** [ger] atrasar, retrasar. **-2.** [relógio, pagamento] atrasar. ◇ *vi* **-1.** [ger] atrasarse, retrasarse. **-2.** [relógio] atrasar, atrasarse. **-3.** [pagamento] atrasarse.

◆ **atrasar-se** *vp* [pessoa]: **~-se (para)** no llegar a tiempo (a).

atraso [a'trazu] *m* atraso *m.*

atrativo, va [atra'tʃivu, va] *adj* atractivo(va).

atravancar [atravãŋ'ka(x)] *vt* **-1.** [bloquear] obstruir. **-2.** [lotar] abarrotar.

através [atra'vɛʃ] *adv* [de lado, a lado] a través.

◆ **através de** *loc adv* [por entre] a través de.

atravessar [atrave'sa(x)] *vt* atravesar.

atrever-se [atre'vexsi] *vp*: **~ (a fazer algo)** atreverse (a hacer algo).

atrevido, da [atre'vidu, da] *adj* atrevido(da) audaz.

atrevimento [atrevi'mẽntu] *m* [petulância] atrevimiento *m*, audacia *f.*

atribuir [atri'bwi(x)] *vt* [imputar]: **~ algo a alguém/algo** atribuir algo a alguien/algo.

atributo [atri'butu] *m* atributo *m.*

átrio ['atriu] *m* **-1.** [vestíbulo] vestíbulo *m*, recibidor *m*, zaguán *m* ***Arg***, hall *m* ***Urug***. **-2.** [pátio] patio *m.*

atritar [atri'ta(x)] *vt* friccionar.

atrito [a'tritu] *m* fricción *f*; **entrar em ~** entrar en conflicto.

atriz [a'triʒ] *f* ▷ **ator**.

atrocidade [atrosi'dadʒi] *f* atrocidad *f.*

atrofiado, da [atro'fjadu, da] *adj* atrofiado(da).

atropelamento [atropela'mẽntu] *m* [de pedestre] atropello *m*, atropellamiento *m.*

atropelar [atrope'la(x)] *vt* [ger] atropellar.

atroz [a'trɔʒ] *adj* [cruel] atroz.

atuação [atwa'sãw] (*pl* **-ões**) *f* actuación *f.*

atual [a'twaw] (*pl* **-ais**) *adj* actual.

atualidade [atwali'dadʒi] *f* [ger] actualidad *f.*

◆ **atualidades** *fpl* JORN actualidades *fpl.*

atualizar [atwali'za(x)] *vt* actualizar.

◆ **atualizar-se** *vp* [pessoa] actualizarse.

atualmente [atwaw'mẽntʃi] *adv* actualmente.

atuante [a'twãntʃi] *adj* activo(va).

atuar [a'twa(x)] *vi* **-1.** [ger] actuar. **-2.** [participar de]: ~ **em** actuar en. **-3.** [influenciar]: ~ **sobre** actuar sobre.

atum [a'tũ] (*pl* **-ns**) *m* atún *m*.

aturar [atu'ra(x)] *vt* aguantar, soportar.

aturdido, da [atur'dʒidu, da] *adj* aturdido(da).

aturdir [atux'dʒi(x)] <> *vt* aturdir. <> *vi* aturdir.

atxim [a'tʃĩ] *interj* ¡achís!, ¡achú! *Méx*.

audácia [aw'dasja] *f* **-1.** [intrepidez] audacia *f*. **-2.** [insolência] atrevimiento *m*.

audacioso, osa [awda'sjozo, ɔza] *adj* [intrépido] audaz.

audaz [aw'daʒ] (*pl* **-es**) *adj* [intrépido] audaz.

audição [awdʒi'sãw] (*pl* **-ões**) *f* **-1.** [sentido] oído *m*. **-2.** [processo de ouvir, concerto] audición *f*.

audiência [aw'dʒjẽnsja] *f* [ger] audiencia *f*.

audiovisual [ˌawdʒuvi'zwaw] (*pl* **-ais**) <> *adj* audiovisual. <> *m* audiovisual *m*.

auditor, ra [awdʒi'to(x), ra] *m, f* **-1.** *FIN* auditor *m*, -ra *f*. **-2.** [em justiça militar] magistrado *m*, -da *f* militar. **-3.** [ouvinte] oyente *mf*.

auditoria [awdʒito'ria] *f* **-1.** [serviço] auditoría *f*; **fazer a** ~ **de** hacer la auditoría de. **-2.** [empresa] auditora *f*.

auditório [awdʒi'tɔrju] *m* auditorio *m*.

auê [aw'e] *m fam* [confusão] tumulto *m*, follón *m* ***Esp***, relajo *m* ***RP***; **fazer um** ~ organizar un tumulto, armar un follón ***Esp***, hacer un escándalo ***RP***.

auge ['awʒi] *m* auge *m*.

augúrio [aw'gurju] *m* augurio *m*.

aula ['awla] *f* clase *f*; **dar** ~ dar clases.

aumentar [awmẽn'ta(x)] <> *vt* [ger] aumentar.

aumento [aw'mẽntu] *m* aumento *m*.

auréola [aw'rɛwla] *f* aureola *f*, auréola *f*.

aurora [aw'rɔra] *f* aurora *f*.

ausência [aw'zẽnsja] *f* ausencia *f*.

ausentar-se [awzẽn'taxsi] *vp* ausentarse.

ausente [aw'zẽntʃi] <> *adj* ausente. <> *mf* ausente *mf*.

auspício [awʃ'pisju] *m* **-1.** [prenúncio] auspicio *m*. **-2.** [patrocínio]: **sob os** ~**s de** bajo los auspicios de, con el auspicio de ***RP***.

austeridade [awʃteri'dadʒi] *f* austeridad *f*.

austero, ra [awʃ'tɛru, ra] *adj* austero(ra).

austral [awʃ'traw] (*pl* **-ais**) *adj* austral.

Austrália [awʃ'tralja] *n* Australia.

australiano, na [awʃtra'ljãnu, na] <> *adj* australiano(na). <> *m, f* australiano *m*, -na *f*.

Áustria ['awʃtria] *n* Austria.

austríaco, ca [awʃ'triaku, ka] <> *adj* austriaco(ca), austríaco(ca). <> *m, f* austriaco *m*, -ca *f*, austríaco *m*, -ca *f*.

autenticidade [awtẽntʃisi'dadʒi] *f* [genuinidade] autenticidad *f*.

autêntico, ca [aw'tẽntʃiku, ka] *adj* auténtico(ca).

auto ['awtu] *m* auto *m*.

◆ **autos** *mpl JUR* autos *mpl*.

auto-adesivo, va [ˌawtwade'zivu, va] (*mpl* **-s**, *fpl* **-s**) *adj* autoadhesivo(va).

autobiografia [awtubjogra'fia] *f* autobiografía *f*.

autocrítica [awto'kritika] *f* autocrítica *f*; **fazer uma** ~ hacer una autocrítica.

autodefesa [awtude'feza] *f* autodefensa *f*.

autodeterminação [awtudetexmina'sãw] *f* autodeterminación *f*.

autodidata [awtodʒi'data] <> *adj* autodidacta. <> *mf* autodidacta *mf*.

autódromo [aw'tɔdromu] *m* autódromo *m*.

auto-escola [ˌawtwiʃ'kɔla] (*pl* **auto-escolas**) *f* autoescuela *f*, escuela *f* de manejar ***Amér***, escuela *f* de manejo ***Méx***, escuela *f* de conducir ***Urug***.

auto-estima [ˌawtwiʃ'tʃima] *f* autoestima *f*, amor *m* propio.

auto-estrada [ˌawtwiʃ'trada] (*pl* **auto-estradas**) *f* autopista *f*.

autógrafo [aw'tɔgrafu] *m* autógrafo *m*.

automação [awtoma'sãw] *f* = **automatização**.

automático, ca [awto'matʃiku, ka] *adj* [máquina *etc*] automático(ca).

automatização [awtomatʃiza'sãw] (*pl* **-ões**) *f* automatización *f*.

automobilismo [awtomobi'liʒmu] *m* automovilismo *m*.

automóvel [awto'mɔvɛw] (*pl* **-eis**) *m* automóvil *m*.

autonomia [awtono'mia] *f* autonomía *f*.

autônomo, ma [aw'tonomu, ma] ◇ *adj* autónomo(ma). ◇ *m, f* [trabalhador] autónomo *m*, -ma *f*.

autópsia [aw'tɔpsja] *f* autopsia *f*.

autor, ra [aw'to(x), ra] (*mpl* **-es**, *fpl* **-s**) *m, f* autor *m*, -ra *f*.

autoral [awto'raw] (*pl* **-ais**) *adj* ▷ **direito**.

auto-retrato [ˌawtoxe'tratu] (*pl* **autoretratos**) *m* autorretrato *m*.

autoria [awto'ria] *f* autoría *f*; **ser de ~ de alguém** ser de la autoría de alguien.

autoridade [awtori'dadʒi] *f* autoridad *f*; **ser uma ~ em algo** ser una autoridad en algo.

autoritário, ria [awtori'tarju, ja] *adj* autoritario(ria).

autorização [awtoriza'sãw] (*pl* **-ões**) *f* autorización *f*; **dar ~ a alguém (para algo)** dar autorización a alguien (para algo).

autorizar [awtori'za(x)] *vt* autorizar.

auto-suficiente [ˌawtusufi'sjẽntʃi] (*pl* **-s**) *adj* autosuficiente; **ser ~ em algo** ser autosuficiente en algo.

auxiliar [awsi'lja(x)] (*pl* **-es**) ◇ *adj* auxiliar. ◇ *mf* auxiliar *mf*. ◇ *vt* auxiliar.

auxílio [aw'silju] *m* auxilio *m*.

av. (*abrev de* **avenida**) av., avda.

avacalhar [avaka'ʎa(x)] *vt* **-1.** [pôr em ridículo] *fam* ridiculizar. **-2.** [executar com desleixo] *fam* hacer una chapuza con.

aval [a'vaw] (*pl* **-ais**) *m* aval *m*.

avalanche [ava'lãnʃi], **avalancha** [ava'lãnʃa] *f* avalancha *f*, alud *m*.

avaliação [avalja'sãw] (*pl* **-ões**) *f* **-1.** [de preço, prejuízos] tasación *f*, valuación *f* **Méx**. **-2.** [de qualidade, opinião, aluno] evaluación *f*, valoración *f* **Méx**.

avaliar [ava'lja(x)] *vt* **-1.** [preço, prejuízo] tasar, valuar **Méx**. **-2.** [qualidade, opinião, aluno] evaluar, valorar **Méx**.

avançado, da [avãn'sadu, da] *adj* **-1.** [ger] avanzado(da). **-2.** [hora] adelantado(da).

avançar [avã'sa(x)] ◇ *vi* **-1.** [ger] avanzar. **-2.** [atirar-se] abalanzarse. ◇ *vt* [adiantar] avanzar.

avanço [a'vãsu] *m* avance *m*.

avante [a'vãntʃi] ◇ *adv* adelante. ◇ *interj* ¡adelante!

avarento, ta [ava'rẽntu, ta] ◇ *adj* avaro(ra), avariento(ta) **Méx**. ◇ *m, f* avaro *m*, -ra *f*, avariento *m*, -ta *f* **Méx**.

avareza [ava'reza] *f* avaricia *f*.

avaria [ava'ria] *f* avería *f*.

avariado, da [ava'rjadu, da] *adj* averiado(da).

avaro, ra [a'varu, ra] ◇ *adj* avaro (ra). ◇ *m, f* avaro *m*, -ra *f*.

ave ['avi] *f* ave *f*.

aveia [a'veja] *f* avena *f*.

avelã [ave'lã] *f* avellana *f*.

avenida [ave'nida] *f* avenida *f*.

avental [avẽn'taw] (*pl* **-ais**) *m* **-1.** [proteção] delantal *m*, mandil *m* **Méx**. **-2.** [vestido] guardapolvo *m*, overol *m* **Méx**.

aventura [avẽn'tura] *f* aventura *f*.

aventureiro, ra [avẽntu'rejru, ra] ◇ *adj* aventurero(ra). ◇ *m, f* aventurero *m*, -ra *f*.

averiguação [averigwa'sãw] (*pl* **-ões**) *f* averiguación *f*.

averiguar [averi'gwa(x)] *vt* averiguar.

avermelhado, da [avexme'ʎadu, da] *adj* rojizo(za).

aversão [avex'sãw] (*pl* **-ões**) *f* aversión *f*; **ter ~ a algo** tener aversión a algo.

avesso, ssa [a'vesu, sa] *adj* [lado] del revés.

◆ **avesso** *m* [lado] revés *m*; **virar pelo ~** [blusa *etc*] dar la vuelta a, voltear al revés **Méx**, dar vuelta a **RP**; *fig* [revirar] poner patas arriba, poner patas para arriba **Amér**.

◆ **às avessas** *loc adj* [oposto] al revés.

avestruz [aveʃ'truʃ] (*pl* **-es**) *f* avestruz *f*.

aviação [avja'sãw] *f* aviación *f*.

aviador, ra [avja'do(x), ra] *m, f* aviador *m*, -ra *f*.

aviamento [avja'mẽntu] *m* **-1.** COST accesorios *mpl*. **-2.** [de receita médica] preparación *f*.

avião [a'vjãw] (*pl* **-ões**) *m* [veículo] avión *m*; **~ a jato** avión a reacción *ou* chorro **RP**; **ir de ~** ir en avión.

avicultura [avikuw'tura] *f* avicultura *f*.

avidez [avi'deʒ] *f* avidez *f*.

ávido, da ['avidu, da] *adj* ávido(da).

aviltar [aviw'ta(x)] *vt* [degradar] degradar, envilecer **RP**.

◆ **aviltar-se** *vp* [degradar-se] degradarse, envilecerse **RP**.

avisar [avi'za(x)] *vt* [informar] avisar; **~ alguém de algo** avisar a alguien de algo.

aviso [a'vizu] *m* aviso *m*; ~ **prévio** preaviso *m*, aviso *m* previo.
avistar [aviʃ'ta(x)] *vt* avistar.
avizinhar-se [avizi'ɲaxsi] *vp* [aproximar-se] aproximarse, avecinarse *RP*.
avo ['avu] *m* [fração]: **um doze ~s** un doceavo.
avô, avó [a'vo, a'vɔ] *m, f* abuelo *m*, -la *f*.
◆ **avós** *pl* abuelos *mpl*.
avoado, da [avo'adu, da] *adj* despistado(da).
avós [a'vɔʃ] *pl* ▷ **avô**.
avulso, sa [a'vuwsu, sa] *adj* suelto(ta).
axila [ak'sila] *f* axila *f*.
axiomático, ca [aksio'matʃiku, ka] *adj* axiomático(ca).
azaléia [aza'lɛja] *f* azalea *f*.
azar [a'za(x)] (*pl* **-es**) *m* mala suerte *f*; **azar!** ¡mala suerte!; **dar** ~ dar mala suerte.
azedar [aze'da(x)] ◇ *vt* **-1.** [comida, leite] cortarse. **-2.** [pessoa] irritar. ◇ *vi* [leite, vinho] agriarse.
azedo, da [a'zedu, da] *adj* **-1.** [sabor etc] ácido(da), agrio(gria). **-2.** [pessoa] irritado(da).
azeite [a'zejtʃi] *m*: ~ **(de oliva)** aceite *m* de oliva.
azeitona [azej'tona] *f* aceituna *f*, oliva *f* *Esp*.
azeviche [aze'viʃi] *m* [cor] azabache *m*.
azia [a'zia] *f* acidez *f*.
aziago, ga [azi'agu, ga] *adj* aciago (ga).
azougue [a'zogi] *m* **-1.** [ger] azogue *m*. **-2.** [pessoa - agitada] diablillo *m*, pingo *m* *Méx*, jurguillo *m* *RP*; [- esperta] vivo *m*, -va *f*.
azucrinar [azukri'na(x)] *vt* molestar.
azul [a'zuw] (*pl* **azuis**) ◇ *adj* azul; **estar tudo** ~ *fig* ir todo a las mil maravillas. ◇ *m* azul *m*.
azulado, da [azu'ladu, da] *adj* azulado(da).
azul-claro, ra [a'zuwklaru, ra] ◇ *adj* azul claro. ◇ *m* azul *m* claro.
azulejo [azu'leʒu] *m* azulejo *m*.
azul-escuro [a'zuwiʃkuru] ◇ *adj* azul oscuro. ◇ *m* azul *m* oscuro.
azul-marinho [aˌzuwma'riɲu] ◇ *adj inv* azul marino. ◇ *m* azul *m* marino.
azul-turquesa [aˌzuwtux'keza] ◇ *adj inv* azul turquesa. ◇ *m* azul *m* turquesa.

B

b, B [be] *m* [letra] b, B *f*.
BA (*abrev de* **Estado da Bahia**) *estado de Bahía*.
baba ['baba] *f* baba *f*.
babá [ba'ba] *f* niñera *f*, nana *f* *Méx*.
babaca [ba'baka] *mfam adj* gilipollas *Esp*, estúpido(da) *Méx*, bobo(ba) *RP*.
baba-de-moça [ˌbabadʒi'mosa] (*pl* **babas-de-moça**) *f* CULIN *dulce hecho con almíbar, leche de coco y yemas de huevo*.
babado, da [ba'badu, da] *adj* **-1.** [molhado de baba] babeado(da). **-2.** *fam* [apaixonado] colado(da) *Esp*, volado (da) *Méx*, remetido(da) *RP*.
◆ **babado** *m* **-1.** [em roupa etc] volado *m*. **-2.** *fam* [caso] chisme *m*, chusmerío *m* *RP*.
babador [baba'do(x)] *m* babero *m*.
babar [ba'ba(x)] ◇ *vt* [deitar baba em] babear. ◇ *vi* **-1.** [deitar baba] babear. **-2.** *fam* [ficar impressionado]: **os vizinhos ~am com seu carro novo** a los vecinos se les caía la baba con su coche nuevo.
◆ **babar-se** *vp* [deitar baba em si] caérsele la baba.
baby-sitter [ˌbejbi'site(x)] (*pl* **baby-sitters**) *mf* niñera *f*, canguro *mf* *Esp*, baby-sitter *mf* *Amér*.
bacalhau [baka'ʎaw] *m* bacalao *m*.
bacalhoada [bakaʎo'ada] *f plato hecho con bacalao guisado en aceite, com patatas y col*, bacalao *m* *RP*.
bacana [ba'kãna] ◇ *adj fam* **-1.** [chique] fino(na), finoli(s). **-2.** [ótimo] estupendo(da), guay *Esp*, bárbaro (ra) *RP*. ◇ *mf* [pessoa] ricachón *m*, -ona *f*, bacán *m*, -ana *f* *RP*.
BACEN (*abrev de* **Banco Central do Brasil**) *m Banco Central de Brasil*.
bacharel [baʃa'rɛw] (*pl* **-éis**) *mf* licenciado *m*, -da *f*.
bacharelar-se [baʃare'laxsi] *vp*: ~ **(em algo)** licenciarse (en algo).
bacia [ba'sia] *f* **-1.** [vasilhame] palanga-

na *f*. **-2.** [sanitária] inodoro *m*, wáter *m* ***Urug***. **-3.** *ANAT* pelvis *f inv*. **-4.** *GEOGR* cuenca *f*.

backup [bɛ'kapi] (*pl* **-s**) *m COMPUT* copia *f* de seguridad, backup *m* ***Méx***.

baço, ça ['basu, sa] ◇ *adj* [pele, pedra, cor] mate. ◇ *m ANAT* bazo *m*.

bacon ['bejkõ] *m* panceta *f*, bacon *m* ***Esp***, béicon *m* ***Esp***, tocino *m* ***Méx***.

bactéria [bak'tɛrja] *f* bacteria *f*.

badalado, da [bada'ladu, da] *fam adj* **-1.** [divertido, movimentado] con marcha ***Esp***, movido(da) ***Amér***, con mucho agite ***RP***. **-2.** [famoso, falado] comentado(da).

◆ **badalada** *f* [de sino] campanada *f*.

badalar [bada'la(x)] ◇ *vt* [dar badaladas em] tocar. ◇ *vi* **-1.** [dar badaladas] sonar. **-2.** *fam* [sair, divertir-se] divertirse, salir de marcha ***Esp***, salir ***Méx***, pasearse ***RP***.

badalo [ba'dalu] *m* [de sino] badajo *m*.

badejo [ba'deʒu] *m* abadejo *m*.

baderna [ba'dɛxna] *f* [bagunça, tumulto] follón *m* ***Esp***, relajo *m* ***Amér***.

badulaque [badu'laki] *m* [berloque] dije *m*.

◆ **badulaques** *mpl* [objetos de pouco valor] trastos *mpl*, chucherías *fpl* ***Amér***, baratijas *fpl* ***Méx***.

bafejar [bafe'ʒa(x)] *vt* calentar soplando.

bafejo [ba'feʒu] *m* **-1.** [sopro] soplido *m*. **-2.** [favor] protección *f*, soplo *m* ***Méx***.

bafo ['bafu] *m* **-1.** [hálito] aliento *m*. **-2.** *fam* [mentira] mentira *f*, bola *f* ***Esp***, paco *m* ***RP***.

bafômetro [ba'fometru] *m* alcoholímetro *m*.

baforada [bafo'rada] *f* [fumaça] ola *f* de calor.

bagaço [ba'gasu] *m* [de fruta] bagazo *m*; **estar/ficar um ~** *fig* estar/quedar hecho un trapo *ou* guiñapo.

bagageiro [baga'ʒejru] *m AUTO* maletero *m*, cajuela *f* ***Cam*** & ***Méx***, baúl *m* ***RP***.

bagagem [ba'gaʒẽ] (*pl* **-ns**) *f* **-1.** [equipagem] equipaje *m*. **-2.** [conhecimento, experiência] bagaje *m*.

bagatela [baga'tɛla] *f* [ninharia] bagatela *f*.

bago ['bagu] *m* **-1.** [ger] grano *m*. **-2.** *mfam* [testículo] huevo *m*.

baguete [ba'gɛtʃi] *f* baguette *f*, flauta *f* ***RP***.

bagulho [ba'guʎu] *m* **-1.** [objeto] trasto *m*, chuchería *f* ***Amér***, baratija *f* ***Méx***.

bagunça [ba'gũnsa] *f* follón *m* ***Esp***, desmadre *m* ***Méx***, despelote *m* ***RP***.

bagunçado, da [bagũn'sadu, da] *adj* desordenado(da), despelotado(da) ***RP***.

bagunçar [bagũn'sa(x)] *vt* **-1.** [fazer confusão em] desordenar, despelotar ***RP***. **-2.** [atrapalhar, tumultuar] alborotar, desordenar ***Méx***, despelotar ***RP***.

bagunceiro, ra [bagũn'sejru, ra] *adj* desordenado(da), despelotado(da) ***RP***.

baía [ba'ia] *f* bahía *f*.

baião [baj'ãw] (*pl* **-ões**) *m* **-1.** [ritmo] *tipo de ritmo popular brasileño*. **-2.** [dança] *tipo de baile popular brasileño, acompañado del acordeón*.

bailado [baj'ladu] *m* baile *m*, danza *f*.

bailar [baj'la(x)] ◇ *vt* bailar. ◇ *vi* bailar.

bailarino, na [bajla'rinu, na] *m, f* bailarín *m*, -ina *f*.

baile ['bajli] *m* baile *m*; **~ de carnaval/à fantasia** baile de carnaval/de disfraces; **dar um ~ em** *fig* [superar] dar un baño a ***Esp***, bailar a ***Méx***, dar un baile a ***RP***.

bainha [ba'iɲa] *f* **-1.** [de arma] vaina *f*. **-2.** *COST* ruedo *m*, dobladillo *m*.

bairrista [baj'xiʃta] ◇ *adj* chauvinista. ◇ *mf* chauvinista *mf*.

bairro ['bajxu] *m* barrio *m*.

baixa ['bajʃa] ▷ **baixo**.

baixada [baj'ʃada] *f GEOGR* bajada *f*.

baixar [baj'ʃa(x)] ◇ *vt* **-1.** [ger] bajar. **-2.** [despachar, expedir - lei] decretar; [- decreto] emitir. **-3.** *COMPUT* bajar, descargar. ◇ *vi* **-1.** [ger] bajar. **-2.** *fam* [aparecer]: **~ (em)** aparecer (en).

baixaria [bajʃa'ria] *f* vergüenza *f*.

baixista [baj'ʃiʃta] *mf* bajista *mf*.

baixo, xa ['bajʃu, ʃa] *adj* bajo(ja).

◆ **baixo** ◇ *m* bajo *m*. ◇ *adv* [ger] bajo.

◆ **baixa** *f* baja *f*; **ações em ~** acciones a la baja.

◆ **para baixo** *loc adv* para abajo.

◆ **por baixo** *loc adv*: **por ~ (de)** por debajo (de); **estar/ficar por ~** [em posição inferior] *fig* estar/quedar muy mal.

baixo-astral [ˌbajʃwaʃ'trawl] *m fam* depre *f*, bajón *m* ***Amér***.

bajulador, ra [baʒula'do(x), ra] <> *adj* adulador(ra). <> *m, f* adulador *m*, -ra *f*.
bajular [baʒu'la(x)] *vt* adular.
bala ['bala] *f* **-1.** [munição] bala *f*; ~ **de festim** bala de fogueo. **-2.** [doce] caramelo *m*, dulce *m* ***Méx***.
balada [ba'lada] *f* balada *f*.
balaio [ba'laju] *m* cesta *f*, canasto *m*.
balança [ba'lãnsa] *f* balanza *f*; ECON ~ **comercial** balanza comercial.
◆ **Balança** *f* ASTRO Libra *f*.
balançar [balãn'sa(x)] <> *vt* **-1.** [fazer oscilar - galho, quadril, navio] balancear; [- bebê] mecer. **-2.** [compensar] compensar. <> *vi* balancearse.
◆ **balançar-se** *vp* [sacudir-se] balancearse, contonearse.
balanço [ba'lãnsu] *m* **-1.** [movimento] balanceo *m*. **-2.** [brinquedo] columpio *m*, hamaca *f* ***RP***. **-3.** ***fam*** [no andar] balanceo *m*, contoneo *m*. **-4.** ***fam*** [ritmo] ritmo *m*. **-5.** COM balance *m*. **-6.** [avaliação]: **fazer um ~ de** hacer (un) balance de. **-7.** ECON: ~ **de pagamentos** balanza *f* de pagos.
balão [ba'lãw] (*pl* **-ões**) *m* **-1.** [dirigível, de brinquedo] globo *m*. **-2.** [de festa junina] *especie de globo de papel que se suelta en las fiestas de San Juan*. **-3.** [sonda] globo *m* sonda. **-4.** [tanque]: ~ **de oxigênio** balón *ou* tanque ***RP*** de oxígeno. **-5.** [em estrada *etc*] rotonda *f*, glorieta *f*. **-6.** [em história em quadrinhos] bocadillo *m*.
balaústre [bala'uʃtri] *m* balaustre *m*.
balbuciar [bawbu'sja(x)] <> *vt* balbucear. <> *vi* balbucear.
balbúrdia [baw'buxdʒja] *f* bulla *f*, bullicio *m*, bochinche *m* ***RP***.
balcão [baw'kãw] (*pl* **-ões**) *m* **-1.** [sacada] balcón *m*. **-2.** [de loja] mostrador *m*. **-3.** TEATRO primer piso *m*, palco *m* ***Méx***; ~ **nobre** primer anfiteatro *m*, palco *m* principal ***Méx***, tertulia *f* ***RP***; ~ **simples** primer anfiteatro, palco *m* sencillo ***Méx***, galería *f* ***RP***.
Balcãs ['bawkãʃ] *npl*: **os ~** los Balcanes.
balconista [bawko'niʃta] *mf* dependiente *mf*.
balde ['bawdʒi] *m* balde *m*, cubo *m* ***Esp***.
baldeação [bawdʒja'sãw] (*pl* **-ões**) *f* transbordo *m*, combinación *f* ***RP***; **fazer ~** hacer transbordo *ou* combinación ***RP***.
baldio, dia [baw'dʒiu, dʒia] *adj* baldío(día).
balé [ba'lɛ] *m* ballet *m*.
baleia [ba'leja] *f* ZOOL ballena *f*.
baleiro, ra [ba'lejru, ra] <> *m, f* [vendedor] vendedor *m*, -ra *f* de caramelos. <> *m* [pote] bote *m* de caramelos.
balística [ba'liʃtʃika] *f* **-1.** [ciência] balística *f*. **-2.** [exame] examen *m* de balística.
baliza [ba'liza] *f* **-1.** [ger] baliza *f*. **-2.** ESP meta *f*.
balizamento [baliza'mẽntu] *m* balizamiento *m*.
balneário [baw'njarju] *m* balneario *m*.
balões [ba'lõjʃ] *pl* ⊳ **balão**.
balofo, fa [ba'lofu, fa] <> *adj* gordo (da), desmesurado(da) ***RP***. <> *m, f* gordo *m*, -da *f*, desmesurado *m*, -da *f* ***RP***.
balsa ['bawsa] *f* balsa *f*.
bálsamo ['bawsamu] *m* bálsamo *m*.
baluarte [ba'lwaxtʃi] *m* baluarte *m*.
bamba ['bãnba] ***fam*** <> *adj* [perito] experto(ta), capo(pa) ***RP***. <> *mf* [perito] experto *m*, -ta *f*, capo *m*, -pa *f* ***RP***.
bambo, ba ['bãnbu, ba] *adj* flojo(ja).
bambolear [bãnbo'lja(x)] <> *vt* [balançar] bambolear. <> *vi* bambolearse.
bambu [bãn'bu] *m* bambú *m*.
banal [ba'naw] (*pl* **-ais**) *adj* banal.
banalidade [banali'dadʒi] *f* banalidad *f*.
banana [ba'nãna] <> *f* [fruta] plátano *m*, banano *m* ***Carib*** & ***Col***, banana *f* ***Méx*** & ***RP***; **dar uma ~ (para alguém)** ***fam fig*** hacer un corte de mangas (a alguien), mandar (a alguien) a pasear ***RP***. <> *mf* ***fam pej*** [bobo, idiota] pasota *mf* ***Esp***, flojo *m*, -ja *f* ***Méx***, banana *mf* ***RP***.
bananada [bana'nada] *f dulce hecho con pulpa de plátanos*.
bananeira [bana'nejra] *f* bananero *m*.
banca ['bãŋka] *f* **-1.** [de jogo] banca *f*. **-2.** [quiosque]: ~ **(de jornal)** quiosco *m*, puesto *m* de periódicos ***Méx***. **-3.** [comissão]: ~ **(examinadora)** tribunal *m* examinador. **-4.** [escritório] bufete *m*. **-5.** [mesa de trabalho] mesa *f*.
bancada [bãŋ'kada] *f* **-1.** [banco] banco *m*. **-2.** [de partido, estado] represen-

tación *f*, bancada *f* ***RP***. **-3.** [mesa de trabalho] encimera *f*, mesa *f* de trabajo ***Amér***, mesada *f* ***RP***.

bancar [bãɲ'ka(x)] *vt* **-1.** [financiar] financiar. **-2.** [comportar-se como] dárselas de.

bancário, ria [bãŋ'karju, rja] ◇ *adj* bancario(ria). ◇ *m, f* [empregado] bancario *m*, -ria *f*.

bancarrota [bãŋka'xota] *f* bancarrota *f*; **ir à ~** ir a la bancarrota.

banco ['bãŋku] *m* banco *m*; **~ 24 horas** cajero automático; **~ de areia** banco de arena; **~ de dados** *COMPUT* banco de datos.

banda ['bãnda] *f* **-1.** *MÚS* banda *f*, grupo *m*. **-2.** [barra] banda *f*.

◆ **bandas** *fpl* [área, região] lugar *m*, lados *mpl* ***RP***.

Band-aid® [bãn'dejdʒ] *m* tirita *f*, curita *f* ***Amér***.

bandalheira [bãnda'ʎejra] *f* pillería *f*, vandalismo *m* ***Amér***.

bandeira [bãn'dejra] *f* **-1.** [ger] bandera *f*; **~ a meio pau** bandera a media asta. **-2.** [de taxímetro]: **~ dois** *bandera en los taxis que incrementa la tarifa*, tarifa *f* especial ***RP***. **-3.** *loc*: **dar ~** dar señales, mostrar ***Esp***.

bandeirante [bãndej'rãntʃi] ◇ *m* [explorador] *explorador que a finales del siglo XVI y principios del XVII formaba parte de una expedición armada que se adentraba en el interior de Brasil en busca de esclavos y riquezas*, bandeirante *m* ***RP***. ◇ *f* [moça] exploradora *f*.

bandeirinha [bãn'dejriɲa] *m* *ESP* juez *m* de línea.

bandeja [bãn'deʒa] *f* bandeja *f*.

bandejão [bãnde'ʒãw] (*pl* **-ões**) *m* **-1.** [refeição] *comida económica que se sirve en bandejas especiales en fábricas, escuelas, etc.* **-2.** [refeitório] comedor *m*.

bandido, da [bãn'dʒidu, da] ◇ *m, f* bandido *m*, -da *f*. ◇ *adj* ***fam*** [malvado, ruim] bandido(da).

banditismo [bãndʒi'tʃiʒmu] *m* bandolerismo *m*, vandalismo *m* ***Méx***, bandidaje *m* ***RP***.

bando ['bãndu] *m* **-1.** [de pessoas, animais] bandada *m*; **em ~** en bandada. **-2.** [quadrilha, facção] bando *m*. **-3.** [monte] montón *m*, bonche *m* ***Méx***.

bandô [bãn'do] *m* cenefa *f*.

bandoleiro, ra [bãndo'lejru, ra] *m, f* bandolero *m*, -ra *f*.

bandolim [bãndo'lĩ] (*pl* **-ns**) *m* mandolina *f*.

bandolinista [bãndoli'niʃta] *mf* mandolinista *mf*.

bangalô [bãŋga'lo] *m* bungalow *m*.

banha ['bãɲa] *f* grasa *f*.

banhar [bã'ɲa(x)] *vt* **-1.** [ger] bañar. **-2.** [mergulhar]: **~ algo (em)** bañar algo (en).

◆ **banhar-se** *vp* [ger] bañarse.

banheira [bã'ɲejra] *f* **-1.** [para banho] bañera *f*, bañadera *f* ***Arg***, tina *f* ***Méx***. **-2.** ***fam*** [carro] coche *m* gigantesco, lancha *f* ***Méx***, colachata *m* ***RP***.

banheiro [bã'ɲejru] *m* baño *m*.

banhista [bã'ɲiʃta] *mf* bañista *mf*.

banho ['bãɲu] *m* **-1.** [para asseio]: **~ (de chuveiro)** ducha *f*, regadera *f* ***Méx***; **tomar ~** ducharse, bañarse ***Amér***, darse un regaderazo ***Méx***; **~ (de banheira)** baño (en la bañera), baño de tina ***Méx***. **-2.** [na praia, no clube *etc*]: **~ de mar/piscina** baño en el mar/la piscina; **~ de sol** baño de sol. **-3.** [solução] baño *m*. **-4.** [de cultura *etc*] baño *m*. **-5.** ***fam*** [surra]: **dar um ~ em alguém** dar una paliza a alguien. **-6.** *loc:* **vai tomar ~!** ***fam*** ¡vete a paseo! ***Esp***, ¡sácate a bañar! ***Méx***, ¡andá a bañarte! ***RP***.

banho-maria [,bãɲuma'ria] (*pl* **banhos-marias, banhos-maria**) *m* *CULIN* baño *m* María.

banir [ba'ni(x)] *vt* **-1.** [desterrar] expulsar. **-2.** [eliminar] eliminar.

banqueiro, ra [bãɲ'kejru, ra] *m, f* banquero *m*, -ra *f*.

banqueta [bãŋ'keta] *f* banqueta *f*.

banquete [bãŋ'ketʃi] *m* banquete *m*.

baque ['baki] *m* **-1.** [choque, revés] golpe *m*; **levar um ~** llevarse un golpe. **-2.** [ruído] barullo *m*, golpe *m* ***Méx***. **-3.** [queda] caída *f*.

bar ['ba(x)] (*pl* **-es**) *m* bar *m*.

barafunda [bara'fũnda] *f* lío *m*.

baralho [ba'raʎu] *m* baraja *f* mazo *m* *(de cartas)* ***RP***.

barão [ba'rãw] (*pl* **-ões**) *m, f* barón *m*, -esa *f*.

barata [ba'rata] *f* cucaracha *f*.

barateiro, ra [bara'tejru, ra] *adj* barato(ta).

baratinado, da [baratʃi'nadu, da] *adj* trastornado(da).

baratinar [baratʃi'na(x)] *vt* trastornar.

barato, ta [ba'ratu, ta] ◇ *adj* **-1.** [ger]

barato(ta). **-2.** *fam* [ordinário] barato(ta). ◇ *adv* barato. ◇ *m* **-1.** *fam* [de droga] colocón *m*, viaje *m* ***RP.*** **-2.** *fam* [legal]: **que ~!** ¡qué barbaro!; **ser um ~** ser fenomenal.

barba ['baxba] *f* barba *f*; **fazer a ~** afeitarse, rasurarse ***Méx***; **pôr as ~s de molho** ***fig*** poner las barbas en remojo.

barbado, da [bax'badu, da] *adj* barbudo(da).

Barbados [bax'baduʃ] *n* Barbados.

barbante [bax'bãntʃi] *m* cordel *m*, piolín *m* ***RP.***

barbaridade [baxbari'dadʒi] *f* barbaridad *f*; **que ~!** ¡qué barbaridad!

barbárie [bax'barje] *f* barbarie *f*.

bárbaro, ra ['baxbaru, ra] *adj* bárbaro(ra).

barbatana [baxba'tãna] *f* aleta *f*.

barbeador [barbja'do(x)] (*pl* **-es**) *m* **-1.** [manual] maquinilla *f*, rastrillo *f* ***Méx.*** **-2.** [elétrico] máquina *f* de afeitar, rasuradora *f* ***Méx.***

barbear [bax'bja(x)] *vt* afeitar, rasurar ***Méx.***

◆ **barbear-se** *vp* afeitarse, rasurarse ***Méx.***

barbearia [baxbja'ria] *f* barbería *f*, peluquería *f* ***Amér.***

barbeiragem [baxbej'raʒẽ] *f* ***fam*** [no trânsito] bestialidad *f*.

barbeiro, ra [bax'bejru] ◇ *adj* ***fam*** **-1.** [motorista] dominguero(ra), cafre ***Méx.*** **-2.** [cirurgião *etc*] carnicero(ra). ◇ *m* **-1.** [ger] barbero *m*, peluquero *m*. **-2.** [inseto] vinchuca *f*.

barbudo, da [bax'budu, da] ◇ *adj* barbudo(da). ◇ *m* barbudo *m*.

barca ['baxka] *f* barca *f*.

barcaça [bax'kasa] *f* barcaza *f*.

barco ['baxku] *m* barco *m*; **~ a motor** barco a motor; **~ a remo** barco de remos; **~ a vela** barco de *OU* a ***RP*** vela; **estar no mesmo ~** ***fig*** estar en el mismo barco; **tocar o ~ para frente** ***fig*** continuar *OU* seguir adelante.

barganha [bax'gãɲa] *f* fraude *m*.

barganhar [baxgã'ɲa(x)] ◇ *vt* negociar, regatear. ◇ *vi* negociar, regatear.

barítono, na [ba'ritonu, na] ◇ *adj* barítono(na). ◇ *m* **-1.** [cantor] barítono *m*. **-2.** [sax] saxofón *m* barítono.

barman ['baxmɛ] (*pl* **-s**) *m* barman *m*.

barões [ba'rõjʃ] *pl* ▷ **barão**.

barômetro [ba'rometru] *m* barómetro *m*.

barqueiro, ra [bax'kejru, ra] *m, f* barquero *m*, -ra *f*.

barra ['baxa] *f* **-1.** [ger] barra *f*; **~ de direção** *AUTO* barra *f* de dirección; **~s paralelas** barras paralelas. **-2.** [em roupa, tapete] dobladillo *m*. **-3.** [em tribunal] estrado *m*. **-4.** ***fam*** [situação] situación *f*, onda *f* ***RP.*** **-5.** ***loc:*** **agüentar a ~** aguantar la situación, aguantar la onda ***RP***; **forçar a ~** forzar la situación, forzar la cosa ***RP.***

barraca [ba'xaka] *f* **-1.** [em acampamento *etc*] tienda *f* de campaña, carpa *f* ***Amér.*** **-2.** [em feira] barraca *f*, puesto *m* ***RP.*** **-3.** [de madeira] cabaña *f*. **-4.** [guarda-sol] parasol *m*, sombrilla *f*.

barracão [baxa'kãw] (*pl* **-ões**) *m* cobertizo *m*, galpón *m* ***RP.***

barraco [ba'xaku] *m* chabola *f* ***Esp***, choza *f* ***Amér***, jacal *m* ***Méx***, rancho *m* ***RP.***

barragem [ba'xaʒẽ] (*pl* **-ns**) *f* **-1.** [represa] embalse *m*. **-2.** [barreira] presa *f*.

barranco [ba'xãŋku] *m* barranco *m*.

barra-pesada [ˌbaxape'zada] (*pl* **barras-pesadas**) *adj* ***fam*** **-1.** [violento] violento(ta), de la pesada ***RP.*** **-2.** [difícil] difícil complicado(da).

barrar [ba'xa(x)] *vt* **-1.** [obstruir] obstruir. **-2.** [excluir] cerrar el paso a.

barreira [ba'xejra] *f* barrera *f*.

barrento, ta [ba'xẽntu, ta] *adj* arcilloso(sa).

barricada [baxi'kada] *f* barricada *f*.

barriga [ba'xiga] *f* **-1.** *ANAT* barriga *f*. **-2.** [saliência] abultamiento *m*.

barrigudo, da [baxi'gudu, da] *adj* barrigudo(da), barrigón(ona) ***RP.***

barril [ba'xiw] (*pl* **-is**) *m* barril *m*.

barro ['baxu] *m* barro *m*.

barroco, ca [ba'xoku, ka] *adj* barroco(ca).

barulhento, ta [baru'ʎẽntu, ta] *adj* ruidoso(sa), barullento(ta) ***RP.***

barulho [ba'ruʎu] *m* **-1.** [ruído] ruido *m*, barullo *m*. **-2.** [confusão] barullo *m*, escándalo *m*.

basco, ca ['baʃku, ka] ◇ *adj* vasco (ca). ◇ *m, f* vasco *m*, -ca *f*.

◆ **basco** *m* [língua] vasco *m*, euskera *m*.

basculante [baʃku'lãntʃi] *m* ventana *f* basculante, banderola *f* ***RP.***

base ['bazi] *f* base *f*; **com ~ em** con base en; **na ~ de** a base de; **~ mo-**

netária base *f* monetaria.
baseado, da [ba'zjadu, da] *adj* [fundamentado] basado(da).
◆ **baseado** *m gír droga* porro *m*.
basear [ba'zja(x)] *vt*: ~ **algo em algo** basar algo en algo.
◆ **basear-se** *vp*: ~**-se em algo** basarse en algo.
básico, ca ['baziku, ka] *adj* básico (ca).
basílica [ba'zilika] *f* basílica *f*.
basquete [baʃ'kɛtʃi], **basquetebol** [baʃ'ketʃ'bɔw] *m* baloncesto *m Esp*, básquetbol *m Amér*.
basta ['baʃta] ◇ *m*: **dar um** ~ **em** decir basta a, ajustar las riendas a *RP*. ◇ *interj* ¡basta!
bastante [baʃ'tãntʃi] ◇ *adj* bastante. ◇ *adv* bastante.
bastão [baʃ'tãw] (*pl* **-ões**) *m* bastón *m*.
bastar [baʃ'ta(x)] *vi* [ser suficiente] bastar.
bastardo, da [baʃ'taxdu, da] *adj* bastardo(da).
bastidor [baʃtʃi'do(x)] *m* [moldura] bastidor *m*.
◆ **bastidores** *mpl* bastidores *mpl*.
bastões [baʃ'tõjʃ] *pl* ⊳ **bastão**.
bata ['bata] *f* **-1.** [blusa] blusa *f*, bata *f RP*. **-2.** [jaleco] bata *f*, guardapolvo *m Esp* & *RP*, túnica *f RP*.
batalha [ba'taʎa] *f* batalla *f*.
batalhador, ra [bataʎa'do(x), ra] *adj* batallador(ra).
batalhão [bata'ʎãw] (*pl* **-ões**) *m* batallón *m*.
batata [ba'tata] *f* patata *f Esp*, papa *f Amér*; ~ **frita** patata *f Esp* OU papa *Amér* frita; ~ **da perna** pantorrilla *f*, chamorro *m Méx*.
batata-doce [ba,tata'dosi] (*pl* **batatas-doces**) *f* batata *f Arg* & *Esp*, boniato *m Esp* & *Urug*, camote *m Andes*, *CAm* & *Méx*.
bate-boca [,batʃi'boka] (*pl* **bate-bocas**) *m* discusión *f*.
batedor [bate'do(x)] *m* **-1.** [polícia] escolta *m*. **-2.**: ~ **de carteiras** [ladrão] carterista *m*, punguista *m RP*.
batente [ba'tẽntʃi] *m* **-1.** [ombreira] batiente *m*. **-2.** *fam* [trabalho] trabajo *m*, curro *m Esp*, laburo *m RP*.
bate-papo [,batʃi'papu] (*pl* **bate-papos**) *m fam* charla *f*, plática *f CAm* & *Méx*.
bater [ba'te(x)] ◇ *vt* **-1.** [ger] golpear. **-2.** [datilografar]: ~ **algo (à máquina)** escribir algo a máquina. **-3.** [ovos, asas, recorde] batir. **-4.** [foto] hacer, sacar. **-5.** [usar todo dia] usar a diario. **-6.** *fam* [furtar]: ~ **carteira** levantar *Esp* & *Méx*, punguear *RP*. ◇ *vi* **-1.** [dar pancadas]: ~ **em algo/alguém** golpear algo/a alguien. **-2.** [colidir]: ~ **em algo** chocar contra algo. **-3.** [horas, sino] dar. **-4.** [coração] latir. **-5.** *loc*: **não** ~ **bem** *fam* [ser meio doido] estar chiflado(da), estar majareta *Esp*, estar piantado(da) *RP*.
◆ **bater-se** *vp*: ~**-se por** luchar por.
bateria [bate'ria] *f* batería *f*.
baterista [bate'riʃta] *mf* MÚS batería *mf Esp*, baterista *mf Amér*.
batido, da [ba'tʃidu, da] ◇ *adj* **-1.** [terra] batido(da). **-2.** [comum demais] trillado(da). **-3.** [vencido] derrotado(da). ◇ *adv* [às pressas] rápidamente, rapidísimo *RP*.
◆ **batida** *f* **-1.** [de coração] latido *m*. **-2.** [de relógio, sino] campanada *f*. **-3.** [à porta] golpe *m*. **-4.** [policial] redada *f*. **-5.** AUTO colisión *f*, choque *m*. **-6.** *fam* & MÚS tiempo *m*. **-7.** [bebida] *cóctel de frutas con aguardiente de caña*.
batina [ba'tʃina] *f* RELIG sotana *f*.
batismo [ba'tʃiʒmu] *m* bautismo *m*.
batistério [batʃiʃ'tɛrju] *m* baptisterio *m*.
batizar [batʃi'za(x)] *vt* bautizar.
batom [ba'tõ] (*pl* **-ns**) *m* lápiz *m* de labios, lápiz *m* labial *RP*.
batucada [batu'kada] *f* [reunião] *fiesta callejera en la que se tocan ritmos de samba con instrumentos de percusión y a veces con acompañamiento vocal*, batucada *f Amér*.
batucar [batu'ka(x)] *vi* **-1.** MÚS *bailar y cantar al ritmo de instrumentos de percusión*. **-2.** [martelar] martillear.
batuque [ba'tuki] *m* [reunião] *fiesta callejera en la que se tocan ritmos de samba con instrumentos de percusión y a veces con acompañamiento vocal*, batuque *m Amér*.
batuta [ba'tuta] *f* [de maestro] batuta *f*.
baú [ba'u] *m* baúl *m*.
baunilha [baw'niʎa] *f* vainilla *f*.
bazar [ba'za(x)] (*pl* **-es**) *m* **-1.** [ger] bazar *m*. **-2.** [em casa, igreja *etc*] rastro *m* benéfico, venta *f* de garaje *Méx*, feria *f* de beneficencia *RP*.
B2B (*abrev de* **business-to-business**) *m* B2B *m*.

BB (*abrev de* **Banco do Brasil**) *m Banco de Brasil.*

BBC (*abrev de* **British Broadcasting Corporation**) *f* BBC *f.*

BC (*abrev de* **Banco Central do Brasil**) *Banco Central de Brasil.*

beato, ta [be'atu, ta] <> *adj* beato (ta). <> *m* beato *m*, -ta *f.*

bêbado, da ['bebadu, da] <> *adj* borracho(cha), bebido(da) *Méx.* <> *m, f* borracho *m*, -cha *f.*

bebê [be'be] *m* bebé *m*, bebe *m*, -ba *f* *RP.*

bebedeira [bebe'dejra] *f* borrachera *f*; **tomar uma ~** emborracharse.

bêbedo ['bebedu] **bêbado.**

bebedor [bebe'do(x)] <> *adj* bebedor(ra), tomador(ra) *RP.* <> *m* bebedor *m*, -ra *f*, tomador *m*, -ra *f RP.*

bebedouro [bebe'doru] *m* **-1.** [aparelho] fuente *f.* **-2.** [para animais] abrevadero *m.*

beber [be'be(x)] <> *vt* **-1.** [tomar líquido] beber. **-2.** [absorver] absorber, chupar *Amér.* <> *vi* **-1.** [tomar bebida alcoólica] beber, tomar *Amér.* **-2.** [embriagar-se] emborracharse.

bebida [be'bida] *f* bebida *f.*

beça ['bɛsa] *f*: **à ~** [em grande quantidade] a montones pila de *RP*; [ao extremo] un montón pilas *RP.*

beco ['beku] *m* callejón *m*; **estar num ~ sem saída** estar en un callejón sin salida.

beduíno, na [be'dwinu, na] <> *adj* beduino(na). <> *m, f* beduino *m*, -na *f.*

bege ['bɛʒi] <> *adj inv* beige, beis *Esp.* <> *m* beige *m*, beis *m Esp.*

begônia [be'gonja] *f* begonia *f.*

beiço ['bejsu] *m* labio *m.*

beija-flor [ˌbejʒa'flo(x)] (*pl* **beija-flores**) *m* colibrí *m*, chupamirtos *m inv Méx*, picaflor *m RP.*

beijar [bej'ʒa(x)] *vt* besar.

◆ **beijar-se** *vp* besarse.

beijo ['bejʒu] *m* beso *m*; **dar um ~ em alguém** dar un beso a alguien.

beira ['bejra] *f* borde *m*; **à ~ de** al borde de.

beira-mar [ˌbejra'ma(x)] *f*: **à ~** a la orilla del mar.

beirar [bej'ra(x)] *vt* bordear.

beisebol [bejze'bɔw] *m* béisbol *m*, pelota *f Cuba*, beisbol *m Méx.*

belas-artes [ˌbɛla'zaxtʃiʃ] *fpl* bellas artes *fpl.*

beldade [bew'dadʒi] *f* beldad *f.*

Belém [be'lẽj] *n* **-1.** [no Brasil] Belén. **-2.** [na Palestina] Belén.

beleza [be'leza] *f* belleza *f.*

belga ['bɛwga] <> *adj* belga. <> *mf* belga *mf.*

Bélgica ['bɛwʒika] *n* Bélgica.

Belgrado [bew'gradu] *n* Belgardo.

beliche [be'liʃi] *m* litera *f*, cucheta *f RP.*

bélico, ca ['bɛliku, ka] *adj* bélico(ca).

beliscão [beliʃ'kãw] (*pl* **-ões**) *m* pellizco *m*, pellizcón *m RP.*

beliscar [beliʃ'ka(x)] *vt* **-1.** [pessoa] pellizcar. **-2.** [comida] picotear, pellizcar *Amér.*

belo, la ['bɛlu, la] <> *adj* **-1.** [ger] bello(lla). **-2.** [indefinido]: **um ~ dia ...** un buen día ... <> *m* [estética]: **o ~** lo bello.

bem ['bẽj] <> *adv* **-1.** [ger] bien. **-2.** [muito] mucho; **dormi até ~ mais tarde** dormí hasta mucho más tarde. **-3.** [exatamente] exactamente. **-4.** [expressando opinião]: **estar ~** estar bien; **fazer ~ a** [suj: exercício *etc*] hacer bien a; **ficar** *ou* **cair ~** [atitude] quedar *ou* caer bien. **-5.** [saudando]: **tudo ~?** *fam* ¿qué tal?, ¿todo bien? *Méx*; **tudo ~** [em resposta] muy bien, todo bien *Méx.* **-6.** [concordando]: **está ~** está bien. **-7.** [em conclusão, introdução] bien, bueno *RP.* **-8.** [em congratulação]: **muito ~!** ¡muy bien! <> *m* **-1.** [ger] bien *m.* **-2.** [vantagem] ventaja *f*, bien *m Méx.* **-3.** [pessoa amada] amor *m.* **-4.** *fam* [forma de tratamento]: **meu ~** mi amor.

◆ **bens** *mpl* **-1.** [patrimônio] bienes *mpl.* **-2.** [produtos]: **~s de consumo** bienes de consumo.

◆ **bem como** *loc adv* así como.

◆ **se bem que** *loc conj* si bien, aunque.

bem-acabado, da [bẽjaka'badu, da] (*mpl* **-s**, *fpl* **-s**) *adj* bien acabado(da), bien terminado(da).

bem-apessoado, da [bẽjape'swadu, da] (*mpl* **-s**, *fpl* **-s**) *adj* bien parecido (da), de buena presencia.

bem-arrumado, da [bẽjaxu'madu, da] (*mpl* **-s**, *fpl* **-s**) *adj* bien arreglado(da).

bem-casado, da [bẽjka'zadu, da] (*mpl* **-s**, *fpl* **-s**) *adj* bien casado(da).

bem-conceituado, da [bẽjkõnsej'twadu, da] (*mpl* **-s**, *fpl* **-s**) *adj* con una buena reputación.

bem-disposto, ta [bẽjdʒiʃ'poʃtu, ta]

adj con buena disposición.
bem-educado, da [bẽjedu'kadu, da] (*mpl* -s, *fpl* -s) *adj* educado(da), bien educado(da) *Amér.*
bem-estar [bẽjʃ'ta(x)] *m* bienestar *m.*
bem-feito, ta [bẽj'fejtu, ta] (*mpl* -s, *fpl* -s) *adj* bien hecho(cha).
bem-humorado, da [bẽjumo'radu, da] (*mpl* -s, *fpl* -s) *adj* bienhumorado(da).
bem-intencionado, da [bẽjĩntẽnsjo'nadu, da] (*mpl* -s, *fpl* -s) *adj* bienintencionado(da).
bem-me-quer [bẽjmi'kɛ(x)] *m* margarita *f.*
bem-passado, da [bẽjpa'sadu, da] (*mpl* -s, *fpl* -s) *adj* [carne] bien hecho (cha) *Esp*, bien cocido(da) *Amér.*
bem-sucedido, da [bẽjsuse'dʒidu, da] (*mpl* -s, *fpl* -s) *adj* exitoso(sa).
bem-vindo, bem-vinda [bẽj'vĩndu, da] *adj* bienvenido(da).
benção [bẽnsãw] (*pl* **-ões**) *f* bendición *f.*
benchmarking [bɛnʃmarkiŋ] *m* ECON evaluación *f* comparativa.
bendito, ta [bẽn'dʒitu, ta] *adj* [abençoado] bendito(ta).
bendizer [bẽndʒi'ze(x)] *vt* bendecir.
beneficência [benefi'sẽnsja] *f* [bondade] beneficencia *f.*
beneficiado, da [benefi'sjadu, da] ◇ *adj* beneficiado(da). ◇ *m* [beneficiário] beneficiario *m*, -ria *f.*
beneficiar [benefi'sja(x)] *vt* **-1.** [favorecer] beneficiar. **-2.** [processar] procesar. **-3.** [melhorar] reformar.
◆ **beneficiar-se** *vp* [favorecer-se] beneficiarse.
benefício [bene'fisju] *m* **-1.** [ger] beneficio *m.* **-2.** [auxílio do governo] subsidio *m.*
benéfico, ca [be'nɛfiku, ka] *adj* **-1.** [ger] benéfico(ca). **-2.** [favorável] favorable.
Benelux (*abrev de* **België-Nederland-Luxembourg**) *n* Benelux.
benemérito, ta [bene'mɛritu, ta] ◇ *adj* benemérito(ta). ◇ *m* benemérito *m*, -ta *f.*
benevolente [benevo'lẽntʃi] *adj* benevolente.
benfeitor, ra [bẽnfej'to(x), ra] ◇ *adj* [benévolo] benefactor(ra). ◇ *m* benefactor *m*, -ra *f.*
bengala [bẽŋ'gala] *f* bastón *m.*
benigno, na [be'nignu, na] *adj* benigno(na).
benjamim [bẽnʒa'mĩ] (*pl* **-ns**) *m* ELETR ladrón *m.*
bens ['bẽjʃ] *pl* ▷ **bem.**
bento, ta ['bẽntu, ta] ◇ *pp* ▷ **benzer.** ◇ *adj* bendito(ta).
benzer [bẽn'ze(x)] *vt* [abençoar] bendecir.
◆ **benzer-se** *vp* [fazer o sinal da cruz] santiguarse.
berço ['bexsu] *m* cuna *f*; **nascer em ~ de ouro** *loc* nacer rico(ca), nacer en cuna de oro *Amér.*
berimbau [berĩn'baw] *m* MÚS *instrumento de percusión de origen africano con el cual se acompaña la capoeira.*
berinjela [berĩn'ʒɛla] *f* berenjena *f.*
Berlim [bex'lĩ] *n* Berlín.
berlinense [bexli'nẽnsi] ◇ *adj* berlinés(esa). ◇ *mf* berlinés *m*, -esa *f.*
bermuda [bex'muda] *f* bermudas *fpl.*
Berna ['bexna] *n* Berna.
berrar [be'xa(x)] ◇ *vt* [ofensas, ameaças] gritar. ◇ *vi* **-1.** [ger] gritar. **-2.** [animal] berrear.
berreiro [be'xejru] *m* **-1.** [gritaria] griterío *m.* **-2.** [choradeira] berridos *mpl*, llantos *mpl* *RP.*
berro ['bɛxu] *m* bramido *m.*
besouro [be'zoru] *m* abejorro *m.*
besta ['beʃta] *fam* ◇ *adj* **-1.** [pedante] pedante. **-2.** [idiota] bestia. **-3.** [surpreso]: **ficar ~** quedar boquiabierto(ta). **-4.** [insignificante] sin importancia. ◇ *f* **-1.** [animal] bestia *f.* **-2.** *fam* [pessoa pedante] pedante *m.* **-3.** *fam* [pessoa idiota] bestia *mf.*
bestial [beʃ'tjaw] (*pl* **-ais**) *adj* bestial.
best-seller [ˌbɛʃt'sɛle(x)] (*pl* **-s**) *m* éxito *m* de ventas best-seller *m.*
besuntar [bezũn'ta(x)] *vt* [untar]: **~ de** *ou* **com** untar de *ou* con.
beterraba [bete'xaba] *f* remolacha *f*, betabel *m* *Méx.*
betume [be'tumi] *m* betún *m.*
bexiga [be'ʃiga] *f* ANAT vejiga *f.*
bezerro, rra [be'zexu, xa] *m, f* becerro *m*, -rra *f.*
bibelô [bibe'lo] *m* [objeto decorativo] bibelot *m.*
bíblia ['biblja] *f* biblia *f.*
bíblico, ca ['bibliku, ka] *adj* bíblico (ca).
bibliografia [bibljogra'fia] *f* bibliografía *f.*
biblioteca [bibljo'tɛka] *f* biblioteca *f.*
bibliotecário, ria [bibljote'karju, rja] *m, f* bibliotecario *m*, -ria *f.*

bica ['bika] *f* caño *m*.
bicampeão, peã [bikãnpjãw, pjã] (*mpl* -peões, *fpl* -s) <> *adj* bicampeón (ona). <> *m* bicampeón *m*, -ona *f*.
bicar [bi'ka(x)] *vt* -**1.** [dar bicadas] picotear. -**2.** [bebericar] beber a tragos, tomar de a traguitos ***RP***.
bicentenário, ria [bisẽnte'narju, rja] <> *adj* bicentenario(ria). <> *m* bicentenario *m*.
bicha ['biʃa] *f* -**1.** [lombriga] lombriz *f*. -**2.** *fam pej* [efeminado] marica *m*.
bicheiro [bi'ʃejru] *m* [em jogo do bicho] banquero *m*.
bicho ['biʃu] *m* -**1.** [ger] bicho *m*. -**2.** *fam* [sujeito] tío *m*, -a *f* ***Esp***, cuate *m*, -ta *f* ***Méx***, che *mf* ***RP***.
bicicleta [besi'klɛta] *f* bicicleta *f*; **andar de ~** andar en bicicleta.
bico ['biku] *m* -**1.** [de ave] pico *m*. -**2.** [ponta] punta *f*. -**3.** *fam* [boca] pico *m*; **calar o ~** cerrar el pico. -**4.** [chupeta] tetina *f*. -**5.** *fam* [biscate] trabajillo *m* ***Esp***, chamba *f* ***Méx***, changa *f* ***RP***. -**6.** ANAT: **~ do peito** pezón *m*. -**7.** [de gás] espita *f*.
BID (*abrev de* **Banco Interamericano de Desenvolvimento**) *m* BID *m*.
bidê [bi'de] *m* bidé *m*, bidet *m* ***RP***.
Bielo-Rússia [bjɛlo'xusja] *n* Bielorrusia.
bienal [bje'naw] (*pl* **-ais**) <> *adj* bienal. <> *f* bienal *f*.
bife ['bifi] *m* CULIN bistec *m*, bife *m* ***RP***, carne *f* asada ***Méx***; **~ a cavalo** *bistec con huevos fritos encima*, bife a caballo ***RP***; **~ à milanesa** bistec a la milanesa, milanesa *f* de res ***Méx***, milanesa *f* ***RP***.
bifocal [bifo'kaw] (*pl* **-ais**) *adj* bifocal.
bifurcar [bifux'ka(x)] *vi* bifurcarse.
◆ **bifurcar-se** *vp* bifurcarse.
bígamo, ma ['bigamu, ma] <> *adj* bígamo(ma). <> *m, f* bígamo *m*, -ma *f*.
bigode [bi'gɔdʒi] *m* bigote *m*.
bigorna [bi'gɔxna] *f* yunque *m*.
bijuteria [biʒute'ria] *f* bisutería *f*, bijouterie *f* ***RP***.
bilhão [bi'ʎãw] (*pl* **-ões**) *num* mil millones.
bilhar [bi'ʎa(x)] (*pl* **-es**) *m* billar *m*.
bilhete [bi'ʎetʃi] *m* -**1.** [mensagem] nota *f*. -**2.** [ingressso] entrada *f*, tiquete *m* ***Amér***, boleto *m* ***Méx***. -**3.** [passagem] billete *m* ***Esp***, pasaje *m* ***Amér***, tiquete *m* ***Andes***, boleto *m* ***Méx***; **~ de ida** billete de ida ***Esp***, pasaje sencillo ***Amér***, boleto sencillo ***Méx***; **~ de ida e volta** billete de ida y vuelta, pasaje de ida y vuelta ***Amér***, pasaje redondo ***Méx***. -**4.** [de loteria] billete *m*.
bilheteria [biʎete'ria] *f* taquilla *f*, boletería *f* ***RP***.
bilhões [bi'ʎõjʃ] *pl* ▷ **bilhão**.
bilíngüe [bi'lĩŋgwi] *adj* bilingüe.
bilionário, ria [biljo'narju, rja] <> *adj* multimillonario(ria). <> *m, f* multimillonario *m*, -ria *f*.
bílis ['biliʃ] *f* bilis *f inv*.
bimestral [bimeʃ'traw] (*pl* **-ais**) *adj* bimestral.
bimotor [bimo'to(x)] <> *adj* bimotor. <> *m* bimotor *m*.
bingo ['bĩŋgu] *m* bingo *m*.
binóculo [bi'nɔkulu] *m* prismáticos *mpl*, binoculares *mpl* ***Amér***, largavistas *mpl* ***RP***.
binômio [bi'nomju] *m* MAT binomio *m*.
biodegradável [bjwdegra'davew] (*pl* -eis) *adj* biodegradable.
biodiversidade [bjwdʒivexsi'dadʒi] *f* biodiversidad *f*.
bioengenharia [biowẽnʒeɲa'ria] *f* bioingeniería *f*.
biografia [bjogra'fia] *f* biografía *f*.
biográfico, ca [bjo'grafiku, ka] *adj* biográfico(ca).
biologia [bjolo'ʒia] *f* biología *f*.
biológico, ca [bjo'lɔʒiku, ka] *adj* biológico(ca).
biólogo, ga ['bjɔlogu, ga] *m, f* biólogo *m*, -ga *f*.
biombo ['bjõnbu] *m* biombo *m*.
BIOS (*abrev de* **Basic Input/Output System**) *m* BIOS *m*.
bipartidarismo [bipaxtʃida'riʒmu] *m* bipartidismo *m*.
biquíni [bi'kini] *m* biquini *m*.
BIRD (*abrev de* **Banco Internacional de Reconstrução e Desenvolvimento**) *m* BIRD *m*.
birita [bi'rita] *f fam* copa *f*, trago *m* ***Amér***.
birosca [bi'rɔʃka] *f* -**1.** [pequena mercearia] tienda *f* pequeña. -**2.** [botequim] cantina *f*, boliche *m* ***RP***.
birra ['bixa] *f* -**1.** [obstinação] rabieta *f*; **de ~** por cabezonería. -**2.** [antipatia]: **ter ~ com** sentir antipatía por ***Esp***, tener adversión por ***Méx***, tener idea a ***RP***.
biruta [bi'ruta] <> *adj* [pessoa] atolondrado(da), disperso(sa) ***Méx***.

◇ *m* [pessoa] tarambana *m*, atarantado *m* ***Méx***. ◇ *f* [dispositivo] manga *f* catavientos.

bis ['biʃ] ◇ *m* bis *m*. ◇ *interj* ¡otra!

bisavô, vó [biza'vo, vɔ] *m, f* bisabuelo *m*, -la *f*.

◆ **bisavós** *mpl* bisabuelos *mpl*.

bisbilhotar [biʒbiʎo'ta(x)] ◇ *vt* [examinar] escudriñar. ◇ *vi* ***fam*** [fazer mexericos] cotillear ***Esp***, chismear ***Méx***, chusmear ***RP***.

bisbilhoteiro, ra [biʒbiʎo'tejru, ra] ◇ *adj* **-1.** [curioso] cotilla ***Esp***, chismoso(sa) ***Amér***, metiche ***Méx***, chusma ***RP***. **-2.** [mexeriqueiro] chismoso(sa), chusma ***RP***. ◇ *m, f* **-1.** [pessoa curiosa] cotilla *mf* ***Esp***, chismoso *m*, -sa *f* ***Amér***, metiche *mf* ***Méx***, chusma *mf* ***RP***. **-2.** [pessoa mexeriqueria] chismoso *m*, -sa *f*, metiche *mf* ***Méx***, chusma *mf* ***RP***.

biscate [biʃ'katʃi] *m* ***fam*** trabajo *m* de poca monta, chamba *f* ***Méx***, changa *f* ***RP***.

biscoito [biʃ'kojtu] *m* galleta *f*.

bisnaga [biʒ'naga] *f* **-1.** [pão] barra *f* ***Esp***, baguet *f* ***Amér***, flauta *f* ***RP***. **-2.** [tubo] tubo *m*.

bisneto, ta [biʒ'nɛtu, ta] *m, f* biznieto *m*, -ta *f*.

bispo ['biʃpu] *m* **-1.** RELIG obispo *m*. **-2.** [xadrez] alfil *m*.

bissexto, ta [bi'sejʃtu] *adj*: **ano ~** año bisiesto.

◆ **bissexto** *m día adicional que se añade al mes de febrero en un año bisiesto*, bisiesto *m* ***Amér***.

bissexual [bisek'swaw] (*pl* **-ais**) ◇ *adj* bisexual. ◇ *mf* bisexual *mf*.

bisturi [biʃtu'ri] *m* bisturí *m*.

bit ['bitʃi] *m* COMPUT bit *m*.

bitola [bi'tɔla] *f* **-1.** [de eixo] eje *m*. **-2.** [medida reguladora] patrón *m*. **-3.** [de filme] formato *m*.

bizarro, a [bi'zaxu, xa] *adj* raro(ra).

black-tie [blɛk'taj] *m* esmoquin *m*.

blasé [bla'ze] *adj* con aires de superioridad.

blasfemar [blaʃfe'ma(x)] ◇ *vt* RELIG maldecir. ◇ *vi* RELIG blasfemar.

blasfêmia [blaʃ'femja] *f* **-1.** RELIG blasfemia *f*. **-2.** [ultraje] injuria *f*.

blazer ['blejzɛ(x)] (*pl* **-es**) *m* chaqueta *f*, americana *f* ***Esp***, blazer *m* ***Amér***.

blecaute [ble'kawtʃi] *m* apagón *m*.

blefar [ble'fa(x)] *vi* **-1.** [em jogo] hacer trampas. **-2.** [tapear] engañar.

blefe ['blɛfi] *m* engaño *m*.

blindado, da [blĩn'dadu, da] *adj* blindado(da).

blindagem [blĩn'daʒẽ] *f* blindaje *m*.

blitz ['blitiʃ] (*pl* **blitze**) *f* redada *f* masiva.

bloco ['blɔku] *m* **-1.** [prédio, massa, estrutura] bloque *m*. **-2.** [papel] bloc *m*. **-3.** [grupo]: **~ de Carnaval** comparsa *f*.

◆ **em bloco** *loc adv* en bloque.

bloquear [blo'kja(x)] *vt* bloquear.

bloqueio [blo'keju] *m* bloqueo *m*; **~ econômico** bloqueo *m* económico.

blusa ['bluza] *f* suéter *m*, jersey *m* ***Esp***, pulóver *m* ***RP***, buzo *m* ***Urug***.

BM (*abrev de* **Banco Mundial**) *m* BM *m*.

BM&F (*abrev de* **Bolsa de Mercadorias e Futuros**) *f bolsa de productos básicos y futuros*.

BNDES (*abrev de* **Banco Nacional de Desenvolvimento Econômico e Social**) *m banco público brasileño de fomento al desarrollo económico y social*.

BNH (*abrev de* **Banco Nacional da Habitação**) *m banco nacional para la financiación de la compra de vivienda por parte de personas con baja renta*.

BO (*abrev de* **Boletim de Ocorrência**) *m denuncia efectuada en una comisaría de policía*.

boa ['boa] *f* ▷ **bom**.

boate ['bwatʃi] *f* discoteca *f*.

boato ['bwatu] *m* rumor *m*.

boa-vida [ˌboa'vida] (*pl* **boas-vidas**) *m,f* sibarita *mf*, bon vivant *m* ***RP***.

Boa Vista [ˌboa'viʃta] *n* Boa Vista.

bobagem [bo'baʒẽ] (*pl* **-ns**) ◇ *f* tontería *f*, bobada *f*. ◇ *adj* [desaconselhável]: **ser ~ fazer algo** ser una tontería *ou* bobada hacer algo.

bobeada [bo'bjada] *f* ***fam*** bobada *f*, tarugada *f* ***Méx***, chotada *f* ***RP***; **dar uma ~** hacer una bobada *ou* tarugada ***Méx*** *ou* chotada ***RP***.

bobear [bo'bja(x)] *vi* **-1.** [fazer besteira] hacer una tontería *ou* tarugada ***Méx*** *ou* bobada ***RP***. **-2.** [deixar-se enganar] dejarse engañar, atarugarse ***Méx***, embarrarla ***RP***. **-3.** [descuidar-se] descuidarse. **-4.** [perder uma chance] perder una oportunidad.

bobeira [bo'bejra] *f* bobada *f*, tontería *f*; **marcar ~** ***fam*** [ser enganado] equivocarse; [perder uma chance] perder una buena oportunidad.

bobina [bo'bina] *f* bobina *f*.

bobinar [bobi'na(x)] *vt* **-1.** [papel, fita, fio] enrollar. **-2.** [filme] rebobinar.

bobo, ba ['bobu, ba] <> *adj* bobo(ba). <> *m, f* bobo *m*, -ba *f*.
◆ **bobo** *m*: ~ **da corte** bufón *m*.
bobó [bo'bɔ] *m* CULIN: ~ **(de camarão)** *comida de origen africano hecha con gambas, leche de coco, aceite de palma y mandioca.*
boca ['boka] *f* **-1.** [ger] boca *f*; ~ **do estômago** *fam* boca del estómago; ~ **de calça** boca de la pernera; ~ **de urna** *propaganda electoral realizada en las proximidades del colegio electoral*; **bater** ~ *loc* discutir; **falar da** ~ **para fora** *fam loc* hablar por hablar, decir de los dientes pa' fuera *Méx*, decir de la boca para afuera *RP*; **cala a** ~**!** ¡cierra el pico! *Esp*, ¡cierra la boca! *Amér*. **-2.** [bocal] abertura *f*, boca *f Amér*. **-3.** [de fogão] quemador *m*, hornilla *f Andes & Méx*, hornalla *f RP*. **-4.** [de serra] desfiladero *m*. **-5.** [de rio] embocadura *f*. **-6.** *fam* [emprego]: **arrumou uma** ~ **para ela num ministério** le consiguió un chollo en un ministerio *Esp*, la acomodó en un ministerio *Amér*. **-7.** *fam* [pessoa para sustentar]: **manter muitas** ~**s** mantener muchas bocas.
boca-a-boca [ˌboka'boka] <> *m* MED boca a boca *m*. <> *adj*: **respiração** ~ respiración *f* boca a boca.
boca-de-fumo [ˌbokadʒi'fumu] (*pl* **bocas-de-fumo**) *f punto de venta de drogas.*
bocadinho [boka'dʒiɲu] *m* **-1.** [pequena quantidade]: **um** ~ **(de)** un poquito (de). **-2.** [tempo curto]: **um** ~ un ratito.
bocado [bo'kadu] *m* **-1.** [grande quantidade]: **um** ~ **de** un montón de. **-2.** [pedaço, porção]: **um** ~ **(de)** un trozo (de). **-3.** [mordida] mordisco *m*, mordida *f Méx*.
◆ **um bocado** *loc adv* [bastante] muy.
bocal [bo'kaw] (*pl* **-ais**) *m* **-1.** [abertura] abertura *f*, boca *f Amér*. **-2.** MÚS boquilla *f*. **-3.** [de cano] embocadura *f*.
boçal [bo'saw] (*pl* **-ais**) *adj* **-1.** [ignorante] ignorante bestia. **-2.** [grosseiro] grosero(ra) animal.
bocejar [bose'ʒa(x)] *vi* bostezar.
bocejo [bo'seʒu] *m* bostezo *m*.
bochecha [bu'ʃeʃa] *f* moflete *m*, cachete *m Amér*.
bochecho [bo'ʃeʃu] *m* **-1.** [ato] enjuague *m Esp*, buche *m Amér*. **-2.** [líquido] bocanada *f Esp*, buche *m Amér*.
bodas ['bodaʃ] *fpl* bodas *fpl*; ~ **de ouro** bodas de oro; ~ **de prata** bodas de plata.
bode ['bɔdʒi] *m* ZOOL macho *m* cabrío; ~ **expiatório** *fig* chivo *m* expiatorio.
bodum [bo'dũ] *m* [de bode] hedor *m*.
boêmio, mia [bo'emju, mja] <> *adj* bohemio(mia). <> *m, f* bohemio *m*, -mia *f*.
bofe ['bɔfi] *m fam* **-1.** [pulmão] pulmón *m*. **-2.** *fam* [pessoa feia] coco *m*.
bofetada [bofe'tada] *f* [tapa] bofetada *f*, cachetada *f Amér*.
bofetão [bofe'tãw] (*pl* **-ões**) *m* bofetón *m*, cachetadón *m Méx*, cachetazo *m RP*.
Bogotá [bogo'ta] *n* Bogotá.
boi ['boj] *m* buey *m*.
bóia ['bɔja] *f* **-1.** NÁUT flotador *m*; ~ **salva-vidas** salvavidas *m inv*. **-2.** *fam* [comida] rancho *m*.
boiada [bo'jada] *f* manada *f* OU hato *m Méx* de bueyes.
boiar [bo'ja(x)] *vi* **-1.** [flutuar] flotar. **-2.** *fam* [não entender]: **estar boiando** no pescar nada, no pescar (una) *Amér*, no cazar (una) *RP*.
boicotar [bojko'ta(x)] *vt* boicotear.
boicote [boj'kɔtʃi] *m* boicot *m*.
boiler ['bɔjle(x)] (*pl* **-s**) *m* caldera *f*, bóiler *m Méx*, calefón *m RP*.
boina ['bojna] *f* boina *f*.
bojo ['boʒu] *m* [saliência] bolsa *f*.
bola ['bɔla] *f* **-1.** [objeto] pelota *f*; **ser bom de** ~ jugar muy bien al fútbol; ~ **de futebol** pelota de fútbol. **-2.** ESP [jogada] jugada *f*. **-3.** *loc*: **dar** ~ **para alguém** [flertar] intentar ligar con alguien *Esp*, flirtear con alguien *Amér*, cargar (se) a alguien *RP*; **não dar** ~ **(para)** [ignorar] no hacer caso (a), no dar bola (a) *Amér*; **não dar** ~ **para algo** [não dar importância a] no dar importancia a algo, no dar bola a algo *Amér*; **pisar na** ~ *fig* meter la pata, regarla *Méx*.
bolacha [bo'laʃa] *f* **-1.** [biscoito] galleta *f*; ~ **d'água** galleta salada, galleta al agua *RP*. **-2.** *fam* [bofetada]: **dar uma** ~ **em alguém** dar una galleta a alguien *Esp*, dar una bofetada a alguien *Amér*, dar una cachetada a alguien *Méx & RP*, dar un bife a alguien *RP*. **-3.** [para contagem de chopes] posavasos *m inv Amér*.

bolada [bo'lada] *f* **-1.** [pancada] pelotazo *m.* **-2.** [de dinheiro] dineral *m*, fangote *m* ***RP.***

bolar [bo'la(x)] ◇ *vt* ***fam*** elaborar. ◇ *vi* estar en trance.

boléia [bo'lɛja] *f* asiento *m* del conductor.

boletim [bole'tʃĩ] (*pl* **-ns**) *m* **-1.** [ger] boletín *m*; ~ **médico** [nota] parte *m* médico, informe *m* médico ***Méx.*** **-2.** *EDUC* boletín *m*, boleta *f* ***Méx***, carné *m* ***RP.***

bolha ['boʎa] ◇ *f* **-1.** [em líquido, material] burbuja *f.* **-2.** [na pele] ampolla *f.* ◇ *mf* ***fam*** [pessoa] soseras *mf inv.*

boliche [bo'liʃi] *m* **-1.** [jogo] bolos *mpl*, boliche *m* ***Méx.*** **-2.** [estabelecimento] bolera *f*, boliche *m* ***Méx.***

bolinagem [bolina'ʒẽ] (*pl* **-ns**) *f* ***fam*** toqueteo *m.*

bolinar [boli'na(x)] *vt* toquetear.

bolinho [bo'liɲu] *m* croqueta *f*; ~ **de bacalhau** buñuelo *m* de bacalao.

Bolívia [bo'livja] *n* Bolivia.

boliviano, na [boli'vjãnu, nã] ◇ *adj* boliviano(na). ◇ *m, f* boliviano *m*, -na *f.*

bolo ['bolu] *m* **-1.** *CULIN* pastel *m*, torta *f* ***RP.*** **-2.** [quantidade]: **um ~ de** un montón de. **-3.** ***fam*** [confusão] lío *m*; **dar ~** haber problemas. **-4.** [em jogo *etc*] bote *m.* **-5.** ***loc***: **dar o ~ em alguém** dejar plantado(da) a alguien.

bolor [bo'lo(x)] *m* moho *m.*

bolsa ['bowsa] *f* **-1.** [acessório] bolsa *f*, cartera *f* ***RP.*** **-2.** *EDUC*: **~ (de estudos)** beca *f* (de estudios). **-3.** *FIN*: **~ (de valores)** bolsa *f* (de valores).

bolso ['bowsu] *m* bolsillo *m*; **de ~** de bolsillo.

bom, boa ['bõ, 'boa] (*mpl* **bons**, *fpl* **boas**) *adj* **-1.** [ger] bueno(na); **ficar ~** quedar bien. **-2.** [curado]: **ficar** *OU* **estar ~** quedar *OU* estar bien. **-3.** [que funciona bem]: **a TV não anda muito boa** la tele no funciona muy bien. **-4.** [aconselhável] mejor. **-5.** [pedindo opinião, permissão]: **está ~?** ¿qué te parece?

◆ **bom** *interj*: **que ~!** ¡qué bien!

◆ **às boas** *loc adv*: **voltar às boas (com alguém)** reconciliarse (con alguien).

bomba ['bõnba] *f* **-1.** [ger] bomba *f*; ~ **atômica** bomba atomica. **-2.** [fogo de artifício] *tipo de fuego artificial*, bomba *f* brasileña ***Amér.*** **-3.** [máquina, aparelho]: ~ **d'água** bomba *f* de agua; ~ **de gasolina** gasolinera *f* ***Esp***, bomba de gasolina ***Amér***, estación *f* de servicio ***RP.*** **-4.** [coisa ruim]: **ser uma ~** ser un horror. **-5.** *EDUC*: **levar ~ (em algo)** ***fam*** catear (algo) ***Esp***, reprobar (algo) ***Amér***, tronar (algo) ***Méx***, marchar (algo) ***RP.*** **-6.** [doce] *dulce en forma de bomba*, bomba *f* ***RP.***

bombardear [bõnbax'dʒja(x)] *vt* bombardear.

bombardeio [bõnbax'deju] *m* bombardeo *m.*

bomba-relógio [ˌbõnbaxe'lɔʒju] (*pl* **bombas-relógios**, **bombas-relógio**) *f* bomba *f* de relojería ***Esp*** *OU* de tiempo ***Amér.***

bombear [bõn'bja(x)] ◇ *vt* bombear. ◇ *vi* bombear.

bombeiro [bõn'bejru] *m* **-1.** [de incêndios] bombero *m*, -ra *f.* **-2.** [encanador] fontanero *m*, -ra *f* ***Esp***, plomero *m*, -ra *f* ***Amér.***

bombom [bõn'bõ] (*pl* **-ns**) *m* bombón *m*, chocolate *m* ***Méx.***

bom-tom [bõn'tõ] *m* **-1.** etiqueta *f.* **-2.**: **ser de ~** ser distinguido(da).

bonança [bo'nãnsa] *f* **-1.** *NÁUT* bonanza *f.* **-2.** [tranqüilidade] tranquilidad *f.*

bondade [bõn'dadʒi] *f* bondad *f*; **ter a ~ de fazer algo** tener la bondad de hacer algo.

bonde ['bõndʒi] *m* **-1.** [veículo] tranvía *m*; **pegar o ~ andando** ***fig*** subirse al tren en marcha. **-2.** ***fam*** [mulher feia] bruja *f*, bagre *m* ***RP.***

bondoso, osa [bõn'dozu, ɔza] *adj* bondadoso(sa).

boné [bo'nɛ] *m* gorra *f*, cachucha *f* ***Méx.***

boneca [bo'nɛka] *f* **-1.** [ger] muñeca *f.* **-2.** ***fig*** [mulher que se enfeita demais] coqueta *f.* **-3.** ***fam*** [homossexual] marica *m.*

boneco [bo'nɛku] *m* **-1.** [brinquedo, bibelô] muñeco *m.* **-2.** [em desenho] monigote *m.* **-3.** ***fig*** [fantoche] marioneta *f.*

boníssimo, ma [bo'nisimu, ma] *superl* ▷ **bom.**

bonito, ta [bo'nitu, ta] *adj* **-1.** [belo] bonito(ta). **-2.** [generoso] generoso (sa). **-3.** [excelente] excelente. **-4.** [ensolarado] soleado(da) ***Esp***, lindo(da) ***Amér.*** **-5.** ***iron*** [lamentável] genial ***Esp***, bonito(ta) ***Amér***, lindo(da) ***RP.***

◆ **bonito** *adv* [bem] bien.

bons ['bõjʃ] *pl* ▻ **bom.**
bônus ['bonuʃ] *m inv* **-1.** [prêmio] premio *m.* **-2.** [debênture] prima *f.*
boquiaberto, ta [bokja'bɛxtu, ta] *adj* [de boca aberta] boquiabierto(ta).
boquinha [bo'kiɲa] *f fig* [refeição]: **fazer uma ~** picar alguna cosa.
borboleta [boxbo'leta] *f* **-1.** ZOOL mariposa *f.* **-2.** [roleta] ruleta *f.*
borbotão [boxbo'tãw] (*pl* **-ões**) *m*: **aos borbotões** a borbotones.
borbulhante [boxbu'ʎãntʃi] *adj* burbujeante.
borbulhar [boxbu'ʎa(x)] *vi* salir a borbotones.
borco ['boxku] ◆ **de borco** *loc adv*: **de ~** de bruces.
borda ['bɔxda] *f* borde *m.*
bordadeira [boxda'dejra] *f* bordadora *f.*
bordado, da [box'dadu, da] *adj* bordado(da).
◆ **bordado** *m* bordado *m.*
bordão [box'dãw] (*pl* **-ões**) *m* **-1.** [cajado] bastón *m.* **-2.** *fig* [arrimo] amparo *m.* **-3.** [corda] bordón *m.* **-4.** [frase] muletilla *f.*
bordar [box'da(x)] ◇ *vt* bordar. ◇ *vi* bordar.
bordejar [boxde'ʒa(x)] *vi* NÁUT dar bordadas.
bordel [box'dɛw] (*pl* **-eis**) *m* burdel *m.*
bordo ['bɔxdu] *m* **-1.** [de navio] borda *f*; **a ~** a bordo. **-2.** [ao bordejar] bordada *f.*
bordões [box'dõjʃ] *pl* ▻ **bordão.**
borla ['bɔxla] *f* **-1.** [pendão] borla *f.* **-2.** [pompom] pompón *m.*
borra ['boxa] *f* posos *mpl* **Esp**, borra *f* **Amér.**
borracha [bo'xaʃa] *f* **-1.** [látex] caucho *m.* **-2.** [material, objeto para apagar] goma *f.* **-3.** [mangueira] manguera *f.*
borrachudo [boxa'ʃudu] *m tipo de mosquito.*
borracheiro [boxa'ʃejru] *m* **-1.** [pessoa] gomero *m.* **-2.** [oficina] gomería *f.*
borrão [bo'xãw] (*pl* **-ões**) *m* mancha *f.*
borrar [bo'xa(x)] *vt* **-1.** [manchar] manchar. **-2.** [riscar] tachar. **-3.** [pintar] pintarrajear. **-4.** *fam* [de fezes] cagar.
borrasca [bo'xaʃka] *f* **-1.** [tempestade] tormenta *f.* **-2.** [em alto mar] tempestad *f.*
borrifar [boxi'fa(x)] *vt* rociar.
borrifo [bo'xifu] *m* rociada *f.*
borrões [bo'xõjʃ] *pl* ▻ **borrão.**
Bósnia-Herzegovina [ˌbɔʒnjexzego'vina] *n* Bosnia y Hercegovina.
bósnio, nia ['bɔʒnju, nja], **bosniano, na** [boʒni'ãnu, na] ◇ *adj* bosnio(-nia). ◇ *m, f* bosnio *m*, -nia *f.*
bosque ['bɔʃki] *m* bosque *m.*
bossa ['bɔsa] *f* **-1.** *fam* [charme] encanto *m*; **ter ~** tener encanto. **-2.** [inchaço] moretón *m.* **-3.** MÚS: **~ nova** bossa nova *f.*
bosta ['bɔʃta] *f* **-1.** [de animal] bosta *f*, majada *f* **Méx.** **-2.** [de ser humano] excremento *m*, bosta *f* **RP.**
bota ['bɔta] *f* bota *f*; **~s de borracha** botas de goma.
bôtanico, ca [bo'tãniku, ka] ◇ *adj* [qualidade] botánico(ca). ◇ *m, f* [pessoa] botánico *m*, -ca *f.*
◆ **botânica** *f* [disciplina] botánica *f.*
botão [bo'tãw] (*pl* **-ões**) *m* botón *m.*
botar [bo'ta(x)] ◇ *vt* **-1.** [ger] poner; **~ algo em dia** poner algo al día. **-2.** [roupa, sapatos] ponerse. **-3.** [defeito] encontrar. ◇ *vi* **loc**: **~ para quebrar** [empreender mudanças] romper con todo; [fazer sucesso] tener éxito.
bote ['bɔtʃi] *m* **-1.** [barco] bote *m*; **~ salva-vidas** bote salvavidas. **-2.** [golpe - com arma] golpe *m*; [- salto] salto *m*; **dar o ~** atacar.
boteco [bo'tɛku] (*pl* **-s**), **botequim** [bote'kĩ] (*pl* **-ns**) *m* bar *m*, cantina *f* **Méx**, boliche *m* **RP.**
boticário, ria [botʃi'karju, rja] *m, f* boticario *m*, -ria *f.*
botijão [botʃi'ʒãw] (*pl* **-ões**) *m* garrafa *f*, tanque *m* **Méx.**
botões [bo'tõjʃ] *pl* ▻ **botão.**
BOVESPA (*abrev de* **Bolsa de Valores do Estado de São Paulo**) *f Bolsa de Valores de São Paulo.*
bovino, na [bo'vinu, na] *adj* bovino(na).
boxe ['bɔksi] *m* **-1.** ESP boxeo *m*, box *m* **Amér.** **-2.** [em banheiro] ducha *f*, regadera *f* **Méx**, duchero *m* **RP.**
boxeador [boksja'do(x)] *m* boxeador *m.*
BR (*abrev de* **Brasil**) BR.
braça ['brasa] *f* NÁUT braza *f.*
braçada [bra'sada] *f* brazada *f.*
braçadeira [brasa'dejra] *f* **-1.** [para o braço] flotador *m.* **-2.** [de cortina] presilla *f.* **-3.** [metálica] abrazadera *f.* **-4.** ESP muñequera *f.*
braçal [bra'saw] (*pl* **-ais**) *adj* brazal.
bracelete [brase'letʃi] *m* brazalete *m.*

braço ['brasu] *m* **-1.** [ger] brazo *m*; **de ~s cruzados** con los brazos cruzados; **dar o ~ a alguém** dar el brazo a alguien; **de ~ dado** del brazo; **~ direito** *fig* brazo derecho. **-2.**: **~s** [trabalhadores] brazos *mpl*. **-3.** *loc*: **não deu o ~ a torcer** no dio su brazo a torcer ***Esp*** & ***Méx***, no dio el brazo a torcer ***RP***; **receber de ~s abertos** recibir con los brazos abiertos.

bradar [bra'da(x)] ◇ *vt* gritar. ◇ *vi* gritar.

BRADESCO (*abrev de* **Banco Brasileiro de Descontos**) *m el mayor banco privado brasileño.*

brado ['bradu] *m* grito *m*.

braguilha [bra'giʎa] *f* bragueta *f*.

bramido [bra'midu] *m* bramido *m*.

bramir [bra'mi(x)] *vi* bramar.

branco, ca ['brãŋku, ka] ◇ *adj* **-1.** [ger] blanco(ca); **arma branca** arma *f* blanca; **versos ~s** versos *mpl* blancos. **-2.** [grisalho] encanecido (da), cano(na). ◇ *m, f* [pessoa] blanco *m*, -ca *f*.

◆ **branco** *m* **-1.** [cor] blanco *m*; **~ do olho** blanco del ojo. **-2.** [espaço] espacio *m* en blanco.

◆ **em branco** ◇ *loc adj* [espaço] en blanco. ◇ *loc adv* [sem dormir]: **passar a noite em ~** pasar la noche en vela.

brancura [brãŋ'kura] *f* blancura *f*.

brandir [brãn'dʒi(x)] *vt* blandir.

brando, da ['brãndu, da] *adj* **-1.** [ger] suave. **-2.** [fogo] lento(ta).

brandura [brãn'dura] *f* suavidad *f*.

brasa ['braza] *f* **-1.** [de carvão] brasa *f*; **na ~** a la brasa, a las brasas ***RP***. **-2.** [incandescência] brasas *fpl*; **em ~** incandescente. **-3.** *loc*: **mandar ~** *fam* liquidar el trabajo, darle ***RP***.

brasão [bra'zãw] (*pl* **-ões**) *m* blasón *m*.

braseiro [bra'zejru] *m* brasero *m*.

Brasil [bra'ziw] *n*: **(o) ~** (el) Brasil.

brasileiro, ra [brazi'lejru, ra] ◇ *adj* brasileño(ña), brasilero(ra) ***RP***. ◇ *m, f* brasileño *m*, -ña *f*, brasilero *m*, -ra *f* ***RP***.

brasões [bra'zõjʃ] *pl* ▷ **brasão**.

bravata [bra'vata] *f* bravata *f*.

bravio, via [bra'viw, via] *adj* bravío(a).

bravo, va ['bravu, va] ◇ *adj* **-1.** [corajoso] bravo(va), valiente. **-2.** [animal] feroz. **-3.** [mar] tempestuoso(sa). ◇ *m, f* [pessoa] valiente *mf*.

◆ **bravo** *interj* ¡bravo!

bravura [bra'vura] *f* **-1.** [coragem] coraje *m*, valentía *f*. **-2.** [de animal] ferocidad *f*.

brecha ['brɛʃa] *f* **-1.** [fenda, abertura] brecha *f*. **-2.** [prejuízo] perjuicio *m*. **-3.** *fig* [lacuna] laguna *f*. **-4.** ***fam*** [passagem] paso *m*. **-5.** ***fam*** [oportunidade] oportunidad *f*.

brechó [bre'ʃɔ] *m tienda de ropa y muebles de segunda mano.*

brejo ['brɛʒu] *m* pantano *m*; **a vaca foi para o ~** se fue todo al diablo, se fue todo a paseo ***Esp***, se fue todo al carajo ***Méx***, se fue todo al cuerno ***RP***.

breu ['brew] *m* **-1.** brea *f*. **-2.** [escuridão] oscuridad *f*.

breve ['brɛvi] ◇ *adj* **-1.** [ger] breve. **-2.** [rápido] rápido(da). ◇ *f* MÚS breve *f*.

brevidade [brevi'dadʒi] *f* **-1.** [ger] brevedad *f*. **-2.** CULIN *dulce hecho con harina de mandioca, huevos y azúcar; se realiza asado al horno.*

bridge ['bridʒi] *m* bridge *m*.

briga ['briga] *f* **-1.** [luta] pelea *f*. **-2.** [desavença] discusión *f*, riña *f* ***Méx***. **-3.** [rixa] lucha *f*.

brigadeiro [briga'dejru] *m* **-1.** MIL brigadier *m*. **-2.** CULIN *dulce hecho con leche condensada y chocolate.*

brigão, ona [bri'gãw, ona] (*mpl* **-ões**, *fpl* **-s**) ◇ *adj* peleador(ra). ◇ *m, f* peleador *m*, -ra *f*.

brigar [bri'ga(x)] *vi* **-1.** [lutar] pelear, agarrarse a piñazos ***RP***. **-2.** [desavir-se] pelearse. **-3.** [disputar] luchar; **~ por algo** luchar por algo.

brigões [bri'gõjʃ] *pl* ▷ **brigão**.

brigona [bri'gona] *f* ▷ **brigão**.

brilhante [bri'ʎãntʃi] ◇ *adj* brillante. ◇ *m* [diamante] brillante *m*.

brilhar [bri'ʎa(x)] *vi* brillar.

brilho ['briʎu] *m* **-1.** [ger] brillo *m*. **-2.** *fig* [distinção] calidad *f*. **-3.** *fig* [esplendor] esplendor *m*. **-4.** ***fam*** [cocaína] blanca *f*.

brincadeira [brĩŋka'dejra] *f* **-1.** [ger] juego *m*. **-2.** [gracejo] chiste *m*; **de ~** en broma; **deixe de ~!** ¡déjese de bromas! **-3.** ***fam*** [coisa fácil] juego *m*; **não ser ~** no ser una broma, no ser broma ***RP***.

brincalhão, ona [brĩŋka'ʎãw] (*mpl* **-ões**, *fpl* **-s**) *adj* juguetón(ona).

brincar [brĩŋ'ka(x)] ◇ *vi* **-1.** [divertir-se] jugar; **~ de algo/de fazer algo**

jugar a algo/a hacer algo. **-2.** [gracejar]: ~ **com alguém** bromear con alguien, jorobar a alguien *RP*; **está brincando?** ¡estás bromeando!, ¡estás jorobando! *RP*; **estar (só) brincando** estar (sólo) bromeando, estar jorobando *RP*. **-3.** [no Carnaval] participar. <> *vt* [Carnaval] pasar.

brinco ['brĩŋku] *m* [adorno] pendiente *m*, aro *m* ***Andes*** & ***RP***.

brindar [brĩn'da(x)] <> *vt* [no ato de beber] brindar por. <> *vi* [no ato de beber]: ~ **a algo** brindar por algo.

brinde ['brĩndʒi] *m* **-1.** [no ato de beber] brindis *m inv*. **-2.** [presente] regalo *m*.

brinquedo [brĩŋ'kedu] *m* juguete *m*.

brio ['briw] *m* brío *m*.

brioche [bri'ɔʃi] *m* brioche *m*.

brisa ['briza] *f* brisa *f*.

brita ['brita] *f* CONSTR gravilla *f*.

britânico, ca [bri'tãniku, ka] <> *adj* británico(ca). <> *m, f* británico *m*, -ca *f*.

broa ['broa] *f pan redondo de maíz, trigo, arroz, etc*; ~ **de milho** pan de maíz *m*.

broca ['brɔka] *f* taladro *m*.

broche ['brɔʃi] *m* prendedor *m*.

brochura [bro'ʃura] *f* **-1.** [livro] publicación *f*. **-2.** [folheto] folleto *m*.

brócolis ['brɔkoliʃ] *mpl* brócolis *mpl*, brócoli *m*.

bronco, ca ['brõŋku, ka] *adj* **-1.** [rude] rudo(da). **-2.** [burro] burro(rra).
◆ **bronca** *f fam* [repreensão] regaño *m*, bronca *f* ***Esp***, reto *m* ***RP***.

bronquear [brõŋ'kja(x)] *vi fam* ponerse furioso(sa), cabrearse ***Esp***, enojarse ***Méx***, calentarse ***RP***.

bronquite [brõŋ'kitʃi] *f* bronquitis *f inv*.

bronze ['brõnzi] *m* bronce *m*.

bronzeado, da [brõn'zeadu, da] *adj* bronceado(da), moreno(na) ***Esp***.
◆ **bronzeado** *m* bronceado *m*, moreno *m* ***Esp***.

bronzeador [brõnzea'do(x)] (*pl* **-es**) *adj* bronceador(ra).
◆ **bronzeador** *m* bronceador *m*.

bronzear [brõn'zja(x)] *vt* broncear.
◆ **bronzear-se** *vp* broncearse.

brotar [bro'ta(x)] *vi* **-1.** [ger] brotar. **-2.** [esperança, suspeita, paixão] nacer.

broto ['brotu] *m* **-1.** [ger] brote *m*; ~ **de bambu** brote de bambú; ~ **de feijão** brote de judía ***Esp*** OU frijol ***Méx*** OU poroto ***RP***. **-2.** [jovem] niño *m*, -ña *f*.

bruços ['brusuʃ] *mpl*: **de** ~ boca abajo.

bruma ['bruma] *f* bruma *f*.

brumoso, mosa [bru'mozu, mɔza] *adj* brumoso(sa).

brusco, ca ['bruʃku, ka] *adj* **-1.** [repentino] brusco(ca). **-2.** [tosco, grosseiro] tosco(ca).

brutal [bru'taw] (*pl* **-ais**) *adj* brutal.

brutalidade [brutali'dadʒi] *f* brutalidad *f*.

bruto, ta ['brutu, ta] *adj* **-1.** [ger] bruto(ta); **em** ~ en bruto. **-2.** [tosco] tosco(ca). **-3.** *(antes de subst)* [tremendo, grande] tremendo(da), bruto(ta) ***RP***.

bruxa ['bruʃa] *f* **-1.** [feiticeira] bruja *f*. **-2.** [mariposa] mariposa *f* nocturna. **-3.** *fam pej* [mulher má, feia] bruja *f*.

bruxaria [bruʃa'ria] *f* brujería *f*.

Bruxelas [bru'ʃɛlaʃ] *n* Bruselas.

bruxo ['bruʃu] *m* brujo *m*.

Bucareste [buka'rɛʃtʃi] *n* Bucarest.

buço ['busu] *m* bozo *m*.

Budapeste [buda'pɛʃtʃi] *n* Budapest.

budismo [bu'dʒiʒmu] *m* budismo *m*.

bueiro [bu'ejru] *m* desagüe *m*.

Buenos Aires [bwenu'zajriʃ] *n* Buenos Aires.

búfalo ['bufalu] *m* búfalo *m*.

bufar [bu'fa(x)] *vi* resoplar.

bufê, buffet [bu'fe] *m* **-1.** [ger] buffet *m*, bufé *m*. **-2.** [restaurante] bar *m*.

bugiganga [buʒĩŋ'gãŋga] *f* baratija *f*.

bujão [bu'ʒãw] (*pl* **-ões**) *m* garrafa *f*, tanque *m* ***Méx***; ~ **de gás** garrafa OU tanque ***Méx*** de gas.

bula ['bula] *f* MED prospecto *m*.

bulbo ['buwbu] *m* bulbo *m*.

buldôzer [buw'doze(x)] (*pl* **-es**) *m* bulldozer *m*.

bule ['buli] *m* **-1.** [de café] cafetera *f*. **-2.** [de chá] tetera *f*.

Bulgária [buw'garja] *n* Bulgaria.

búlgaro, ra ['buwgaru, ra] <> *adj* búlgaro(ra). <> *m, f* búlgaro *m*, -ra *f*.
◆ **búlgaro** *m* [língua] búlgaro *m*.

bumbum [bũn'bũ] (*pl* **-ns**) *m fam* trasero *m*, cola *f* ***Amér***.

bunda ['bũnda] (*pl* **-ns**) *f fam* trasero *m*, cola *f* ***Amér***.

buquê [bu'ke] *m* **-1.** [ger] bouquet *m*. **-2.** [ramalhete] ramillete *m*; ~ **de flores** ramo *m* de flores.

buraco [bu'raku] *m* **-1.** [cavidade] pozo *m*. **-2.** [orifício] agujero *m*; ~ **da fechadura** ojo *m* de la cerradura. **-3.**

[de agulha] ojo *m*. **-4.** [jogo] *juego de naipes similar a la canasta*. **-5.** [coisa, situação difícil]: **ser um ~** ser un callejón sin salida.

burguês, guesa [bux'geʃ, geza] <> *adj* burgués(esa). <> *m, f* [pessoa] burgués *m*, -esa *f*.

burguesia [bũxge'zia] *f* burguesía *f*.

burla ['buxla] *f* **-1.** [fraude] trampa *f*. **-2.** [zombaria] burla *f*.

burlar [bux'la(x)] *vt* burlar.

burocracia [burokra'sia] *f* burocracia *f*.

burocrata [buro'krata] *m f* burócrata *mf*.

burrice [bu'xisi] *f* estupidez *f*, burrez *f* ***RP***.

burro, rra ['buxu, xa] <> *adj* burro (rra). <> *m, f* [pessoa imbecil] burro *m*, -rra *f*.

◆ **burro** *m* ZOOL burro *m*.

◆ **pra burro** *fam loc adv*: **é dinheiro pra ~** es cantidad de dinero, es una carrada de guita ***RP***; **ele fala pra ~** habla por los codos.

busca ['buʃka] *f* busca *f*, búsqueda *f*; **à** OU **em ~ de** a la busca OU búsqueda de, en busca OU búsqueda de; **dar ~ a** salir en busca OU búsqueda de.

buscar [buʃ'ka(x)] *vt* **-1.** [ger] buscar; **ir ~** ir a buscar; **mandar ~** mandar buscar. **-2.** [esforçar-se por]: **~ fazer algo** buscar hacer algo.

bússola ['busola] *f* brújula *f*.

busto ['buʃtu] *m* **-1.** [ger] busto *m*. **-2.** [torso] torso *m*.

butique [bu'tʃiki] *f* boutique *f*.

buzina [bu'zina] *f* bocina *f*.

buzinar [buzi'na(x)] <> *vt* **-1.** AUTO tocar la bocina de. **-2.** ***fig*** [dizer com insistência] quejarse. <> *vi* AUTO dar bocinazos.

búzio ['buzjul *m* [concha] caracola *f*, caracol *m* ***Amér***.

byte ['bajtʃi] *m* COMPUT byte *m*.

C

c, C ['se] *m* [letra] c, C *f*.

◆ **C** (*abrev de* **celsius**) C.

CA (*abrev de* **Centro Acadêmico**) *centro académico*.

cá ['ka] *adv* **-1.** [lugar] aquí, acá; **vem ~!** ¡ven aquí OU acá!; **de ~ para lá** de acá/aquí OU para allá; **do lado de ~** del lado de aquí OU acá. **-2.** [tempo]: **de uma semana para ~** desde hace una semana. **-3.** [na intimidade]: **~ entre nós** aquí entre nosotros, acá entre nos ***Méx***.

caatinga [ka'tʃĩŋga] *f vegetación propia del nordeste del Brasil constituida por arbustos pequeños y espinosos*.

cabal [ka'baw] (*pl* -ais) *adj* cabal.

cabalístico, ca [kaba'liʃtʃiku, ka] *adj* cabalístico(ca).

cabana [ka'bãna] *f* cabaña *f*.

cabaré [kaba'rɛ] *m* cabaret *m*.

cabeça [ka'besa] <> *f* **-1.** [ger] cabeza *f*; **de ~** [juízo, mente] de memoria; **passar pela ~** pasar por la cabeza; **subir à ~** [suj: sucesso, dinheiro] subirse a la cabeza; **~ fria** ***fig*** cabeza fría; **de ~** de cabeza; **por ~** por cabeza; **usar a ~** [inteligência] usar la cabeza. **-2.** [pessoa inteligente] cerebro *m*; **~ a ~** [turfe] cabeza a cabeza. **-3.** [topo, parte de cima]: **de ~ para baixo** cabeza abajo. **-4.** ***fam*** [de glande] capullo *m*, cabeza *f* ***RP***. **-5.** [loc]: **fazer a ~ de alguém** comer el coco a alguien, lavarle la cabeza a alguien ***Méx***, hacer la cabeza a alguien ***RP***; **não esquentar a ~** no calentarse la cabeza, no calentarse ***RP***; **perder a ~** perder la cabeza. <> *mf* cabecilla *mf*.

cabeçada [kabe'sada] *f* cabezazo *m*.

cabeçalho [kabe'saʎu] *m* encabezamiento *m*.

cabecear [kabe'sja(x)] FUT <> *vt* [bola] cabecear. <> *vi* [tocar com a cabeça] cabecear.

cabeceira [kabe'sejra] *f* cabecera *f*; **livro de ~** libro de cabecera.

cabeçudo, da [kabe'sudu, da] *adj* **-1.** [de cabeça grande] cabezón(ona). **-2.** ***fam*** [teimoso] cabezón(ona), cabezota ***Esp***.

cabeleira [kabe'lejra] *f* **-1.** [natural] cabellera *f*. **-2.** [peruca] peluca *f*.

cabelereiro, ra [kabelej'rejru, ra] *m, f* [profissional] peluquero *m*, -ra *f*.

◆ **cabeleireiro** *m* [salão] peluquería *f*.

cabelo [ka'belu] *m* **-1.** [da cabeça] cabello *m*, pelo *m*; **~ liso/crespo** cabello OU pelo ***RP*** lacio/crespo.

-2. [fio, do corpo] pelo *m*.

cabeludo, da [kabe'ludu, da] *adj* **-1.** [pessoa, peito *etc*] peludo(da). **-2.** *fam fig* [stiuação, problema] peliagudo(da). **-3.** *fam fig* [obsceno] verde.

◆ **cabeludo** *m fam* [homem] peludo *m*.

caber [ka'be(x)] *vi* **-1.** [ger]: ~ **(em)** caber (en); ~ **fazer algo** caber hacer algo; ~ **a alguém fazer algo** caber a alguien hacer algo. **-2.** [partilha]: ~ **a alguém** corresponder a alguien.

cabide [ka'bidʒi] *m* [de armário] percha *f*, gancho *m Méx*; [de parede, pé] perchero *m*; ~ **de empregos** *fig* [pessoa] pluriempleado *m*, -da *f*; *fig* [empresa estatal] fuente *f* de trabajos.

cabimento [kabi'mẽntu] *m* [adequação] cabida *f*; **ter/não ter** ~ tener/no tener cabida.

cabine [ka'bini] *f* **-1.** [ger] cabina *f*. **-2.** [guarita] garita *f*. **-3.** NÁUT camarote *m*. **-4.** [vestuário] vestuario *m*. **-5.** [provador] probador *m*.

cabisbaixo, xa [kabiʒ'bajʃu, ʃa] *adj* cabizbajo(ja).

cabo ['kabu] *m* **-1.** [ger] cabo *m*. **-2.** [de panela, faca, vassoura] mango *m*. **-3.** ELETR cable *m*. **-4.** [fim]: **dar** ~ **de** [pessoa] matar; [problema] resolver; [tarefa] terminar; **levar a** ~ [tarefa, projeto] llevar a cabo; **ao** ~ **de** al cabo de.

caboclo, cla [ka'boklu, kla] ◇ *adj* mestizo(za). ◇ *m, f* mestizo *m*, -za *f*.

cabra ['kabra] ◇ *f* [animal] cabra *f*. ◇ *m fam* [homem] tipo *m*, tío *m Esp*, sujeto *m Méx*.

cabra-cega [ˌkabra'sɛga] (*pl* **cabras-cegas**) *f* gallina *f* ciega.

cabreiro, ra [ka'brejru, ra] *adj fam* [desconfiado] desconfiado(da).

cabresto [ka'breʃtu] *m* [para cavalos] cabestro *m*.

cabrito [ka'britu] *m* cabrito *m*.

caça ['kasa] ◇ *f* caza *f*. ◇ *m* AERON caza *m*.

caçada [ka'sada] *f* [jornada] cacería *f*.

caçador, ra [kasa'do(x), ra] (*mpl* **-es**, *fpl* **-s**) *m, f* cazador *m*, -ra *f*.

caça-níqueis [ˌkasa'nikejʃ] *m inv* [máquina] tragaperras *f inv Esp*, tragamonedas *f inv Amér*.

cação [ka'sãw] (*pl* **-ões**) *m* cazón *m*.

caçar [ka'sa(x)] ◇ *vt* **-1.** [ger] cazar. **-2.** *fam* [marido] cazar. **-3.** [buscar] buscar. ◇ *vi* [andar à caça] cazar.

cacarejar [kakare'ʒa(x)] *vi* cacarear.

caçarola [kasa'rɔla] *f* cacerola *f*.

cacau [ka'kaw] *m* cacao *m*.

cacetada [kase'tada] *f* porrazo *m Esp* & *Méx*, palazo *m RP*.

cacete [ka'setʃi] ◇ *adj* [tedioso] aburrido(da). ◇ *m* **-1.** [porrete] cachiporra *f*. **-2.** *vulg* [pênis] pija *f*, polla *f Esp*.

◆ **pra cacete** *mfam* ◇ *loc pron*: **tinha gente pra** ~ **na festa** había mogollón *Esp* *ou* un chingo *Méx* *ou* una troja *RP* de gente en la fiesta. ◇ *loc adv*: **o filme é chato pra** ~ la película es superaburrida.

cachaça [ka'ʃasa] *f* cachaza *f*, caña *f Andes, Cuba* & *RP*, aguardiente *m Méx*.

cachaceiro, ra [kaʃa'sejru, ra] ◇ *adj* borracho(cha). ◇ *m, f* borracho *m*, -cha *f*.

cachê [ka'ʃe] *m* cachet *m*.

cacheado, da [ka'ʃjadu, da] *adj* ondulado(da).

cachecol [kaʃe'kɔw] (*pl* **-óis**) *m* bufanda *f*.

cachepô [kaʃe'po] *m* macetero *m*.

cachimbo [ka'ʃĩnbu] *m* pipa *f*.

cacho ['kaʃu] *m* **-1.** [de uvas, bananas] racimo *m*. **-2.** [de flores] ramo *m*. **-3.** [de cabelos] rizo *m*, mechón *m Méx*, rulo *m RP*. **-4.** *fam* [caso] affaire *m*, aventura *f*, enredo *m Méx*.

cachoeira [ka'ʃwejra] *f* cascada *f*.

cachorra [ka'ʃoxa] *f* ▷ **cachorro**.

cachorrada [kaʃo'xada] *f* **-1.** [matilha] jauría *f*. **-2.** *fam fig* [canalhice] canallada *f*, perrada *f Amér*, jalada *f Méx*; **fazer uma** ~ **com alguém** hacer una canallada *ou* perrada *Amér* *ou* jalada *Méx* a alguien.

cachorro, rra [ka'ʃoxu, xa] *m, f* **-1.** [cão] perro *m*, -rra *f*; **soltar os** ~**s (em cima de alguém)** *fig* casi matar (a alguien). **-2.** *fam pej* [patife] canalla *mf*, perro *m*, -rra *f Amér*.

cachorro-quente [kaˌʃoxu'kẽntʃi] (*pl* **cachorros-quentes**) *m* perrito *m* caliente *Esp*, hot dog *m Méx*, pancho *m RP*.

cacique [ka'siki] *m* **-1.** [indígena] cacique *m*. **-2.** *fig* [chefão] jefe *m*.

caco ['kaku] *m* **-1.** [de vidro *etc*] pedazo *m*. **-2.** *fam* [pessoa]: **estar um** ~ [estar velho, desgastado] estar hecho(cha) una ruina, estar en pedazos *RP*; [estar exausto] estar hecho(cha) añicos *ou* pomada *RP*.

caçoada [ka'swada] *f* burla *f*.

caçoar [ka'swa(x)] *vi* burlarse; ~ **de algo/alguém** burlarse de algo/alguien.

cações [ka'sõjʃ] *pl* ⊳ **cação**.

cacoete [ka'kwetʃi] *m* tic *m*.

cacto ['kaktu] *m* cactus *m inv*.

caçula [ka'sula] ◇ *adj* benjamín, menor *Méx*. ◇ *m f* benjamín *m*, -ina *f*, menor *mf Méx*.

CAD (*abrev de* **Computer Aided Design**) *m* CAD *m*.

cada ['kada] *adj inv* cada; ~ **(um)** [em preço] cada uno, cada (uno) *Esp*; ~ **qual**, ~ **um** cada cual, cada uno; **a** ~ **duas horas** cada dos horas.

cadafalso [kada'fawsu] *m* cadalso *m*.

cadarço [ka'daxsu] *m* cordón *m*.

cadastramento [kadaʃtra'mẽntu] *m* registro *m*.

cadastro [ka'daʃtru] *m* **-1.** [ger] inscripción *f*. **-2.** [ficha de criminoso] ficha *f*. **-3.** [de imóveis] catastro *m*.

cadáver [ka'davɛ(x)] (*pl* **-es**) *m* cadáver *m*.

cadê [ka'de] *adv fam* ¿dónde está?

cadeado [ka'dʒjadu] *m* candado *m*.

cadeia [ka'deja] *f* **-1.** [ger] cadena *f*. **-2.** [prisão] cárcel *f*.

cadeira [ka'dejra] *f* **-1.** [móvel] silla *f*; ~ **de balanço** mecedora *f*, hamaca *f RP*; ~ **de rodas** silla de ruedas. **-2.** [cátedra] cátedra *f*. **-3.** [disciplina] materia *f*. **-4.** [em teatro] butaca *f*.
◆ **cadeiras** *fpl* ANAT cadera *f*.

cadência [ka'dẽnsja] *f* cadencia *f*.

caderneta [kadex'neta] *f* libreta *f*; ~ **de poupança** cuenta *f* de ahorros.

caderno [ka'dɛxnu] *m* **-1.** [ger] cuaderno *m*. **-2.** [de jornal] suplemento *m*.

cadete [ka'detʃi] *m* cadete *m*.

caducar [kadu'ka(x)] *vi* **-1.** [prazo, documento, lei] caducar. **-2.** [pessoa] ponerse chocho(cha).

caduco, ca [ka'duku, ka] *adj* **-1.** [prazo, documento, lei] caducado(da). **-2.** [pessoa, folha] caduco(ca).

cães ['kãjʃ] *pl* ⊳ **cão**.

cafajeste [kafa'ʒɛʃtʃi] *fam* ◇ *adj* canalla. ◇ *mf* [pessoa canalha] canalla *mf*.

café [ka'fɛ] *m* **-1.** [fruto, bebida] café *m*; ~ **(preto)** café solo *ou* negro *Amér*; ~ **com leite** café con leche; ~ **expresso** café expreso. **-2.** [desjejum]: ~ **(da manhã)** desayuno *m*. **-3.** [estabelecimento] café *m*, cafetería *f*.

cafeína [kafe'ina] *f* cafeína *f*.

cafetão, tina [kafe'tãw, tʃina] (*mpl* **-ões**, *fpl* **-s**) *m, f* rufián *m*.

cafeteira [kafe'tejra] *f* cafetera *f*.

cafetina [kafe'tʃina] *f* ⊳ **cafetão**.

cafezal [kafe'zaw] (*pl* **-ais**) *m* cafetal *m*.

cafezinho [kafɛ'ziɲu] *m fam* café *m* solo *ou* negro *Amér*.

cafona [ka'fona] ◇ *adj* [pessoa, roupa, música] cursi, hortera *Esp*, vulgar *Méx*, terraja *RP*. ◇ *m f* [pessoa] cursi *mf*, hortera *mf Esp*, naco *m*, -ca *f Méx*, terraja *mf RP*.

cafuné [kafu'nɛ] *m* caricia *f* (en la cabeza), mimo *m* (en la cabeza) *RP*.

cagada [ka'gada] *f mfam* cagada *f*.

cágado ['kagadu] *m tortuga de agua dulce con patas con uñas y membranas entre los dedos*.

cagar [ka'ga(x)] *mfam* ◇ *vi* **-1.** [defecar] cagar. **-2.** *fig* [menosprezar]: ~ **para alguém/algo** cagarse en alguien/algo. ◇ *vt* [sujar] cagar.

cagüetar [kagwe'ta(x)] *vt* delatar, alcahuetear.

cagüete [ka'gwetʃi] *m f* soplón *m*, -ona *f*, alcahuete *mf*.

caiado, da [ka'jadu, da] *adj* ≃ encalado(da).

caiaque [ka'jaki] *m* kayac *m*, kayak *m*.

caiar [ka'ja(x)] *vt* encalar.

caído, da [ka'idu, da] *adj* **-1.** [derrubado, pendente] caído(da). **-2.** *fig* [abatido] decaído(da). **-3.** *fig* [desanimado] abatido(da), decaído(da).
◆ **caída** *f* [queda] caída *f*.

caipira [kaj'pira] *fam* ◇ *adj* pueblerino(na), pajuerano(na) *RP*. ◇ *mf* pueblerino *m*, -na *f* pajuerano *m*, -na *f RP*.

caipirinha [kajpi'riɲa] *f* caipiriña *f*.

cair [ka'i(x)] *vi* **-1.** [ger] caer. **-2.** [ir ao chão] caerse. **-3.** [desabar, desprender-se] caerse. **-4.** [incorrer em]: ~ **em** caer en. **-5.** [ser presa de]: ~ **em** caer en. **-6.** EDUC [em prova] suspender, perder *Amér*. **-7.** *loc*: ~ **bem/mal** [penteado, roupa, cor] caer *ou* sentar *ou* quedar *RP* bien/mal; [frase, atitude] caer *ou* sentar bien/mal; ~ **em si** [reconhecer o erro] caer en la cuenta; [voltar à realidade] volver a la realidad; **não ter onde** ~ **morto** no tener dónde caerse muerto.

cais ['kajʃ] *m inv* muelle *m*.

caixa ['kajʃa] <> *f* **-1.** [ger] caja *f*; ~ **acústica** caja acústica; ~ **alta/baixa** *TIP* caja alta/baja; ~ **de correio** buzón *m*; ~ **craniana** cavidad *f* craneana; ~ **de marchas** *OU* **de mudanças** caja de marchas/cambios; ~ **postal** caja postal, buzón postal *Méx*; ~ **registradora** caja registradora; ~ **torácica** caja torácica. **-2.** [banco]: **Caixa Econômica** *caja de ahorros pública*. <> *m* [máquina]: ~ **eletrônico** cajero *m* automático. <> *mf* [funcionário] cajero *m*, -ra *f*.

caixa-d'água ['kajʃa'dagwa] (*pl* **caixas-d'água**) *f* depósito *m* *OU* tanque *m* de agua.

caixa-de-fósforos ['kajʃadʒi'fɔʃforuʃ] *f fam* **-1.** [habitação diminuta] caja *f* de cerillas. **-2.** [veículo pequeno] coche *m* diminuto.

caixa-forte ['kajʃa'fɔxtʃi] (*pl* **caixas-fortes**) *f* caja *f* fuerte.

caixão [kaj'ʃãw] (*pl* **-ões**) *m* [ataúde] ataúd *m*, féretro *m*, cajón *m* *RP*.

caixa-preta ['kajʃa'preta] (*pl* **caixas-pretas**) *f* *AERON* caja *f* negra.

caixeiro-viajante [kaj,ʃejruvja'ʒãntʃi] *m, f* viajante *mf*, vendedor *m* foráneo, vendedora *f* foránea *Méx*.

caixilho [kaj'ʃiʎu] *m* [moldura] marco *m*.

caixões [kaj'ʃõjʃ] *pl* ▻ **caixão**.

caixote [kaj'ʃɔtʃi] *m* cajón *m*.

caju [ka'ʒu] *m* anacardo *m*, castaña *f* de cajú *Amér*.

cajueiro [ka'ʒwejru] *m* anacardo *m*, castaño *m* *Amér*.

cal ['kaw] *f* cal *f*.

calabouço [kala'bosu] *m* calabozo *m*.

calado, da [ka'ladu, da] *adj* callado (da).

calafetagem [kalafe'taʒẽ] (*pl* **-ns**) *f* calafateo *m*.

calafrio [kala'friw] *m* escalofrío *m*; **ter ~s** tener escalofríos.

calamar [kala'ma(x)] *m* calamar *m*.

calamidade [kalami'dadʒi] *f* calamidad *f*.

calamitoso, tosa [kalami'tozu, tɔza] *adj* calamitoso(sa).

calar [ka'la(x)] <> *vt* **-1.** [ger] callar; **cala a boca!** ¡cierra el pico!, ¡callate la boca! *RP*. **-2.** *euf* [armas, canhões] callar. <> *vi* [manter-se em silêncio] callarse.

◆ **calar-se** *vp* [parar de falar] callarse.

calça ['kawsa] *f* pantalones *mpl*, pantalón *m*.

calçada [kaw'sada] *f* acera *f*, banqueta *f* *CAm* & *Méx*, vereda *f* *RP*.

calçadão [kawsa'dãw] (*pl* **-ões**) *m* paseo *m*.

calçadeira [kawsa'dejra] *f* calzador *m*.

calçado, da [kaw'sadu, da] *adj* **-1.** [caminho, rua] pavimentado(da). **-2.** [pessoa, pé] calzado(da).

◆ **calçado** *m* [sapato, tênis] calzado *m*.

calçamento [kawsa'mẽntu] *m* pavimento *m*.

calcanhar [kawka'ɲa(x)] (*pl* **-es**) *m* talón *m*.

calção [kaw'sãw] (*pl* **-ões**) *m* pantalones *mpl* cortos *Esp*, short *m* *Amér*; ~ **de banho** traje *m* de baño, malla *f* *Arg*.

calcar [kaw'ka(x)] *vt* **-1.** [pisar] pisar. **-2.** [desprezar] despreciar. **-3.** [basear]: ~ **algo em** basar algo en.

calçar [kaw'sa(x)] *vt* **-1.** [ger] calzar. **-2.** [pavimentar] pavimentar.

◆ **calçar-se** *vp* [pôr sapatos] calzarse.

calcário, ria [kaw'karju, rja] *adj* calcáreo(rea).

◆ **calcário** *m* [rocha] caliza *f*.

calcinha [kaw'siɲa] *f* bragas *fpl* *Esp*, pantaleta *f* *CAm*, *Carib* & *Méx*, calzones *mpl* *Méx*, bombacha *f* *RP*.

cálcio ['kawsju] *m* calcio *m*.

calço ['kawsu] *m* [cunha] cuña *f*, taco *m* *RP*.

calções [kal'sõiʃ] *pl* ▻ **calção**.

calculadora [kawkula'dora] *f* calculadora *f*.

calcular [kawku'la(x)] <> *vt* calcular; ~ **que** calcular que. <> *vi* [fazer contas] calcular.

calculista [kawku'liʃta] <> *adj* calculador(ra). <> *mf* calculador *m*, -ra *f*.

cálculo ['kawkulu] *m* cálculo *m*; ~ **renal** cálculo renal.

calda ['kawda] *f* almíbar *m*.

caldeira [kaw'dejra] *f* *TEC* caldera *f*.

caldeirada [kawdej'rada] *f* *CULIN* caldereda *f*, chupín *m* de pescado *RP*.

caldeirão [kawdej'rãw] (*pl* **-ões**) *m* olla *f*, caldero *m*.

caldo ['kawdu] *m* **-1.** [sopa] caldo *m*; ~ **verde** sopa hecha con patatas *Esp* *OU* papas *Amér* y hojas de col verde *Esp ou* repollo blanco *Amér*. **-2.** [sumo] zumo *m Esp*, jugo *m Amér*; ~ **de cana** zumo *Esp ou* jugo *Amér* de caña de azúcar. **-3.** [tempero]: ~ **de carne/galinha** caldo de carne/ gallina.

calefação [kalefa'sãw] *f* calefacción *f*.

calendário [kalẽn'darju] *m* calendario *m*.

calha [ka'ʎa] *f* canalón *m*, canaleta *f Amér*.

calhamaço [kaʎa'masu] *m* ladrillo *m*.

calhar [ka'ʎa(x)] *vi* **-1.** [coincidir] coincidir que; ~ **de** coincidir que. **-2.** [convir]: **vir a** ~ ser oportuno(na).

calibragem [kali'braʒẽj] (*pl* **-ns**) *f* calibrado *m*.

calibre [ka'libri] *m* [de cano] calibre *m*.

cálice ['kalisi] *m* cáliz *m*.

cálido, da ['kalidu, da] *adj* cálido(da).

caligrafia [kaligra'fia] *f* caligrafía *f*.

calista [ka'liʃta] *mf* callista *mf*.

calma ['kawma] *f* ▷ **calmo**.

calmante [kaw'mãntʃi] ◇ *adj* calmante. ◇ *m* calmante *m*.

calmaria [kaw'maria] *f* calma *f*.

calmo, ma ['kawmu, ma] *adj* **-1.** [lugar, dia, pessoa] tranquilo(la). **-2.** [mar] calmo(ma).

◆ **calma** *f* calma *f*; **calma!** ¡calma!, ¡tranquilo!(la!) *RP*.

calo ['kalu] *m* callo *m*.

calor [ka'lo(x)] *m* calor *m*; **estar com** ~ tener calor; **sentir** ~ sentir calor; **fazer** ~ hacer calor.

calorento, ta [kalo'rẽntu, ta] *adj* caluroso(sa), acalorado(da) *RP*.

caloria [kalo'ria] *f* caloría *f*.

caloroso, rosa [kalo'rozu, rɔza] *adj* caluroso(sa), cálido(da).

calota [ka'lɔta] *f AUTO* tapacubos *m inv*, tapones *m inv Méx*, taza *f RP*.

calouro, ra [ka'loru, ra] *m, f* novato *m*, -ta *f*.

calúnia [ka'lunja] *f* calumnia *f*.

calunioso, osa [kalu'njozu, ɔza] *adj* calumnioso(sa).

calvo, va ['kawvu, va] *adj* calvo(va).

cama ['kãma] *f* cama *f*; ~ **de casal** cama de matrimonio *ou* matrimonial *Méx*; ~ **de solteiro** cama individual; **estar de** ~ [estar doente] estar en cama.

cama-beliche [ˌkãmabe'liʃi] (*pl* **camas-beliches**) *f* litera *f*, cucheta *f RP*.

camada [ka'mada] *f* capa *f*.

camafeu [kama'few] *m* camafeo *m*.

câmara ['kãmara] *f* [ger] cámara *f*; ~ **de ar** cámara (de aire); **Câmara dos Deputados** cámara de diputados; ~ **escura** [foto] cámara oscura.

camarada [kama'rada] *adj* **-1.** [amigável] simpático(ca). **-2.** [preço] de amigo.

camarão [kama'rãw] (*pl* **-ões**) *m* camarón *m*, gamba *f Esp*.

camareiro, ra [kama'rejru, ra] *m, f* camarero *m*, -ra *f*.

camarim [kama'rĩ] (*pl* **-ns**) *m* camarín *m*.

camarote [kama'rɔtʃi] *m* **-1.** *NÁUT* camarote *m*. **-2.** *TEATRO* palco *m*.

cambaleante [kãnba'ljãntʃi] *adj* tambaleante.

cambalear [kãnba'lja(x)] *vi* tambalearse.

cambalhota [kãnba'ʎɔta] *f* voltereta *f*, pirueta *f Méx*.

câmbio ['kãnbju] *m* cambio *m*; ~ **livre** libre cambio; ~ **negro** mercado negro; ~ **oficial** cambio oficial; ~ **paralelo** cambio en el mercado negro.

cambista [kãn'biʃta] *mf* cambista *mf*.

camburão [kãnbu'rãw] (*pl* **-ões**) *m* furgón *m* policial.

camelo [ka'melu] *m* **-1.** [animal] camello *m*. **-2.** [pessoa burra] burro *m*, -rra *f*.

camelô [kame'lo] *m* vendedor *m*, -ra *f* ambulante.

câmera ['kãmera] ◇ *f* cámara *f*. ◇ *mf* [operador] camarógrafo *m*, -fa *f*, cámara *mf Esp*.

caminhada [kami'ɲada] *f* **-1.** [passeio] vuelta *f*, paseo *m*. **-2.** [extensão] caminata *f*.

caminho [ka'miɲu] *m* **-1.** [via, direção] camino *m*. **-2.** [extensão]: **cortar** ~ atajar *Esp*, cortar camino *Amér*. **-3.** *fig* [meio] medio *m*, camino *m Amér*. **-4.** *fig* [rumo] rumbo *m*, camino *m Amér*.

caminhoneiro, ra [kamiɲo'nejru, ra] *m, f* camionero *m*, -ra *f*.

caminhonete [kamjo'nɛtʃi], **camioneta** [kamjo'nɛta] *f* camioneta *f*.

camisa [ka'miza] *f* camisa *f*; ~ **esporte** camisa (de sport); ~ **pólo** polo *m*, playera *f* sport *Méx*; ~ **social** camisa (de vestir).

camisa-de-força [kaˌmizadʒi'foxsa] (*pl* **camisas-de-força**) *f* camisa *f* de fuerza.

camisa-de-vênus [kaˌmizadʒi'venuʃ] *f* = **camisinha**.

camiseta [kami'zeta] *f* camiseta *f*, pullover *m* **Cuba,** playera *f* **Méx,** remera *f* **RP.**
camisinha [kami'ziɲa] *f* preservativo *m*, condón *m*, forro *m* **Arg.**
camisola [kami'zɔla] *f* camisón *m* **Méx** & **RP.**
camomila [kamo'mila] *f* manzanilla *f*, camomila *f*.
campainha [kãnpa'iɲa] *f* timbre *m*, campanilla *f*.
campanha [kãn'pãɲa] *f* **-1.** [ger] campaña *f*; **fazer ~ (de/contra)** hacer campaña (de/contra). **-2.** [planície] campo *m*.
campeão, ã [kãn'pjãw, pjã] (*mpl* **-ões**, *fpl* **-s**) <> *m, f* campeón *m*, -ona *f*. <> *adj* [time *etc*] campeón(ona).
campeonato [kãnpjo'natu] *m* campeonato *m*.
campestre [kãn'pɛʃtri] *adj* campestre.
camping [kãn'pĩŋ] *m* camping *m*, campamento *m* **Amér.**
campismo [kãn'piʒmu] *m* camping *m*, campismo *m* **Amér.**
campista [kãn'piʃta] *mf* campista *mf*.
campo ['kãnpu] *m* **-1.** [ger] campo *m*; **casa de ~** casa de campo. **-2.** [área]: **~ de concentração** campo de concentración. **-3.** ESP campo *m*, cancha *f* **Amér. -4.** *fig* [ocasião] espacio *m*. **-5.** *loc*: **embolar o meio de ~** armar una buena; **sair em ~** echarse *ou* salir a la calle.
Campo Grande [ˌkãnpu'grãndʒi] *n* Campo Grande.
camponês, esa ['kãnpo'neʃ, eza] (*mpl* **-eses**, *fpl* **-s**) *m, f* campesino *m*, -na *f*.
campus ['kãnpuʃ] *m inv* campus *m inv*.
camuflado, da [kamu'fladu, da] *adj* camuflado(da).
camuflagem [kamu'flaʒẽ] (*pl* **-ns**) *f* camuflaje *m*.
camundongo [kamũn'dõŋgu] *m* ratón *m* casero, guayabito *m* **Cuba.**
camurça [ka'muxsa] *f* gamuza *f*.
cana ['kãna] *f* **-1.** [caule] caña *f*. **-2.** *fam* [cachaça] aguardiente *m*, caña *f* **RP. -3.** *fam* [cadeia] chirona *f* **Esp**, cana *f* **Andes, Cuba** & **RP**, tambo *m* **Méx**; **ir em ~** ser enchironado **Esp**, caer en cana **Andes, Cuba** & **RP**, caer en el tambo **Méx.**
Canadá [kana'da] *n*: **(o) ~** (el) Canadá.
cana-de-açúcar [ˌkãnadʒja'suka(x)] (*pl* **canas-de-açúcar**) *f* caña *f* de azúcar.
canadense [kana'dẽnsi] <> *adj* canadiense. <> *mf* canadiense *mf*.
canal [ka'naw] (*pl* **-ais**) *m* **-1.** [ger] canal *m*. **-2.** *fig* [meio, via] vía *f*.
canalha [ka'naʎa] <> *adj* canalla. <> *mf* canalla *mf*.
canalizar [kanali'za(x)] *vt* **-1.** [ger] canalizar. **-2.** [pôr canos de esgotos] alcantarillar.
canapê [kana'pe] *m* canapé *m* (*aperitivo*).
Canárias [ka'narjaʃ] *npl*: **as (ilhas) ~** las (islas) Canarias.
canário [ka'narju] *m* canario *m*.
canastrão, trona [kanaʃ'trãw, trona] (*mpl* **-ões**, *fpl* **-s**) *m, f* TEATRO actor *m*, -triz *f* mediocre.
canavial [kana'vjaw] (*pl* **-ais**) *m* cañaveral *m*.
canção [kãn'sãw] (*pl* **-ões**) *f* canción *f*.
cancela [kãn'sɛla] *f* reja *f*, cancela *f*, cancel *m* **Amér.**
cancelamento [kãnsela'mẽntu] *m* cancelación *f*.
cancelar [kãnse'la(x)] *vt* **-1.** [ger] cancelar. **-2.** [riscar] tachar.
câncer ['kãnse(x)] (*pl* **-es**) *m* MED cáncer.
◆ **Câncer** *m* ASTRO Cáncer *m*.
canceriano, na [kãnse'rjãnu, na] <> *adj* ASTRO (de) cáncer. <> *m, f* cáncer *mf*.
canções [kãn'sõjʃ] *pl* ⊳ **canção.**
candelabro [kãnde'labru] *m* **-1.** [castiçal] candelabro *m*, candelero *m* **Méx. -2.** [lustre] araña *f*, candelabro *m* **Méx.**
candidatar-se [kãndʒida'taxsi] *vp*: **~ (a)** presentarse como candidato (ta) (a), candidatearse (a *ou* para) **Amér.**
candidato, ta [kãndʒi'datu, ta] *m* candidato *m*, -ta *f*.
candidatura [kãndʒida'tura] *f* candidatura *f*.
cândido, da ['kãndʒidu, da] *adj* **-1.** [alvo] albo(ba). **-2.** *fig* [inocente] cándido(da).
candomblé [kãndõn'blɛ] *m* **-1.** [religião] *religión híbrida que es resultado de la fusión del catolicismo portugués con los cultos africanos llegados a Brasil con los esclavos*, ≃ santería *f*, ≃ candomblé *m* **RP. -2.** [local] *lugar donde se practica la santería.*
caneca [ka'nɛka] *f* taza *f*.

canela [ka'nɛla] *f* **-1.** [especiaria] canela *f*. **-2.** ANAT espinilla *f*, canilla *f*.

caneta [ka'neta] *f* bolígrafo *m*, pluma *f* **Méx**, lapicera *f* **RP**, birome *f* **Cuba** & **RP**; ~ **esferográfica** bolígrafo *m*, pluma *f* **Méx**, lapicera *f* **RP**, birome *f* **Cuba** & **RP**.

caneta-tinteiro [ka,netatʃĩn'tejru] (*pl* **canetas-tinteiros**) *f* pluma *f* estilográfica, pluma *f* de fuente **Cuba**, pluma *f* fuente **Méx**, lapicera *f* fuente **RP**.

cangote [kãn'gɔtʃi] *m* cogote *m*.

canguru [kãŋgu'ru] *m* canguro *m*.

cânhamo ['kãɲamu] *m* cáñamo *m*.

canhão [ka'ɲãw] (*pl* **-ões**) *m* MIL cañón *m*.

canhões [ka'ɲõjʃ] *pl* ⊳ **canhão**.

canhoto, ota [ka'ɲotu, ɔta] ◇ *adj* zurdo(da). ◇ *m, f* zurdo *m*, -da *f*.

◆ **canhoto** *m* [em talão] matriz *f*, talón *m*.

canibal [kani'baw] (*pl* **-ais**) ◇ *adj* caníbal. ◇ *m, f* caníbal *mf*.

caniço [ka'nisu] *m* **-1.** PESCA caña *f* OU vara *f* **Cuba** de pescar. **-2.** *fam* [perna fina] palillo *m*, piolín *m* **RP**, popote *m* **Méx**.

canil [ka'niw] (*pl* **-is**) *m* **-1.** [instituição] perrera *f*. **-2.** [casa] caseta *f*.

caninha [ka'niɲa] *f* aguardiente *m*, caña *f* **RP**.

canino, na [ka'ninu, na] *adj* canino (na).

◆ **canino** *m* [dente] canino *m*.

canivete [kani'vɛtʃi] *m* navaja *f*.

canja ['kãnʒa] *f* **-1.** CULIN ≃ caldo *m* de gallina, ≃ caldosa *f* **Cuba**. **-2.** MÚS: **dar uma** ~ improvisar un numerito.

canjica [kãn'ʒika] *f plato hecho con granos de maíz cocidos en almíbar, servidos a veces con leche de coco*, majarete *m* **Cuba**, atol *m* **Cuba**, natilla *f* **Méx**.

cano ['kãnu] *m* **-1.** [tubo] caño *m*, tubería *f*; ~ **de esgoto** tubo *m* OU caño **RP** de desagüe. **-2.** [de arma] cañón *m*. **-3.** [de bota] caña *f*. **-4.** [trambique] chasco *m*. **-5.** *loc*: **entrar pelo** ~ salir mal parado(da).

canoa [ka'noa] *f* canoa *f*.

canonização [kanoniza'sãw] (*pl* **-ões**) *f* canonización *f*.

cansaço [kãn'sasu] *m* cansancio *m*.

cansado, da [kãn'sadu, da] *adj* cansado(da).

cansar [kãn'sa(x)] ◇ *vt* cansar. ◇ *vi* **-1.** [ficar cansado] cansarse; ~ **de algo/alguém** cansarse de algo/alguien; ~ **de fazer algo** cansarse de hacer algo. **-2.** [aborrecer] cansar.

◆ **cansar-se** *vp* **-1.** [fatigar-se] cansarse. **-2.** [entediar-se, aborrecer-se]: ~**-se de algo** cansarse de algo.

cansativo, va [kãnsa'tʃivu, va] *adj* **-1.** [fatigante] agotador(ra), cansador(ra) **RP**. **-2.** [enfadonho] aburrido (da).

canseira [kãn'sejra] *f* **-1.** [cansaço] cansancio *m*. **-2.** *fam* [esforço] trabajo *m*.

cantar [kãn'ta(x)] ◇ *vt* **-1.** MÚS cantar. **-2.** [celebrar] cantar, celebrar. **-3.** [dizer em voz alta] decir en voz alta, cantar **Amér**. ◇ *vi* MÚS cantar.

cantarolar [kãntaro'la(x)] ◇ *vt* canturrear, tararear. ◇ *vi* canturrear, tararear.

canteiro [kãn'tejru] *m* parterre *m*, cantero *m* **Amér**.

cantiga [kãn'tʃiga] *f* cantiga *f*, cántico *m* **Amér**.

cantil [kãn'tʃiw] (*pl* **-is**) *m* **-1.** [frasco] cantimplora *f*. **-2.** [ferramenta] buril *m*.

cantina [kãn'tʃina] *f* comedor *m*.

canto ['kãntu] *m* **-1.** MÚS canto *m*. **-2.** [da mesa] esquina *f*, punta *f* **RP**. **-3.** [da sala] rincón *m*, esquina *f* **RP**. **-4.** [de boca, olhos] comisura *f*. **-5.** [aresta] arista *f*. **-6.** [de quadro, fotografia] ángulo *m*. **-7.** [habitação, lugar retirado] rincón *m*.

cantor, ra [kãn'to(x), ra] (*mpl* **-es**, *fpl* **-s**) *m, f* cantante *mf*.

canudo [ka'nudu] *m* **-1.** [tubo] tubo *m*. **-2.** [para beber] pajita *f*, canutillo *m* **Cuba**, popote *m* **Méx**. **-3.** *fam* [diploma] título *m*, diploma *m* **Méx**, cartón *m* **RP**.

cão ['kãw] (*pl* **cães**) *mf* **-1.** perro *m*, -rra *f*. **-2.** *loc*: **quem não tem** ~ **caça com gato** a falta de pan, buenas son tortas a falta de pan, casabe **Cuba** a falta de pan, tortillas **Méx**.

◆ **de cão** *loc adj* [dia, férias *etc*] de perros.

caolho, lha [ka'oʎu, ʎa] ◇ *adj* **-1.** [zarolho] tuerto(ta). **-2.** [estrábico] bizco(-ca), estrábico(ca) **Amér**. ◇ *m, f* **-1.** [pessoa zarolha] tuerto *m*, -ta *f*. **-2.** [pessoa estrábica] bizco *m*, -ca *f*, estrábico *m*, -ca *f* **Amér**.

caos ['kawʃ] *m inv* caos *m inv*.

caótico, ca [ka'ɔtʃiku, ka] *adj* caótico(ca).

capa ['kapa] *f* **-1.** [roupa] capa *f*; ~ **(de chuva)** impermeable *m*. **-2.** [cobertura] forro *m*, funda *f*. **-3.** [de livro] tapa *f*, carátula *f* ***Cuba*** portada *f* ***Méx***; ~ **dura** tapa dura.

capacete [kapa'setʃi] *m* casco *m*.

capacho [ka'paʃu] *m* **-1.** [tapete] felpudo *m*, tapete *m* ***Méx***. **-2.** ***fig*** [pessoa servil] lamebotas *mf inv*, chupamedias *mf inv* ***RP***.

capacidade [kapasi'dadʒi] *f* **-1.** [ger] capacidad *f*. **-2.** ***fig*** [sumidade] talento *m*.

capacitar [kapasi'ta(x)] *vt* [habilitar]: ~ **alguém a fazer algo** capacitar a alguien para hacer algo.

capado, da [ka'padu, da] ◇ *adj* [castrado] capado(da). ◇ *m* cerdo *m* cebón castrado.

capataz [kapa'taʒ] *m* capataz *m*.

capaz [ka'paʃ] (*pl* **-es**) *adj* **-1.** [competente] capaz. **-2.** [apropriado] adecuado(da), capaz ***Amér***. **-3.** [provável]: **é ~ de nevar** es probable que nieve, capaz que nieva ***Amér***, capaz nieva ***RP***; **é ~ de eu ir vê-la hoje** es probable que vaya a verla hoy, capaz que vaya a verla hoy ***Amér***, capaz que voy a verla hoy ***Amér***. **-4.**: **ser ~ de fazer algo** [dispor-se a, ter coragem de] ser capaz de hacer algo.

capcioso, osa [kap'sjozu, ɔza] *adj* [pergunta] capcioso(sa).

capela [ka'pɛla] *f* capilla *f*.

capenga [ka'pẽŋga] ◇ *adj* cojo(ja), rengo(ga) ***RP***. ◇ *mf* cojo *m*, -ja *f*, rengo *m*, -ga *f* ***RP***.

CAPES (*abrev de* **Coordenação de Aperfeiçoamento de Pessoal de Nível Superior**) *f organismo educativo que financia investigaciones en maestrías y doctorados*.

capeta [ka'peta] *m* **-1.** [diabo] diablo *m*, Mandinga *m* ***RP***. **-2.** ***fam*** [traquinas] diablillo *m*, reguilete *m* ***Cuba***, indio *m* ***RP***.

capim [ka'pĩ] *m* hierba *f* de guinea, grama *m* ***Col***.

capinar [kapi'na(x)] *vt* [limpar] limpiar de maleza, chapear ***Cuba***.

capita ['kapita] ◆ **per capita** *loc adj* per cápita.

capital [kapi'taw] (*pl* **-ais**) ◇ *adj* capital. ◇ *m* ECON capital *m*. ◇ *f* [cidade] capital *f*.

capitalismo [kapita'liʒmu] *m* capitalismo *m*.

capitalista [kapita'liʃta] ◇ *adj* capitalista. ◇ *mf* capitalista *mf*.

capitalização [kapitaliza'sãw] *f* ECON capitalización *f*.

capitão, ã [kapi'tãw, ã] (*mpl* **-ães**, *fpl* **-s**) *m, f* capitán *m*, -ana *f*.

capitular [kapitu'la(x)] ◇ *vi* capitular. ◇ *adj* capitular. ◇ *f* [letra] letra *f* capitular.

capítulo [ka'pitulu] *m* capítulo *m*.

capô [ka'po] *m* AUTO capó *m*.

capoeira [ka'pwejra] *f* [dança] capoeira *f*, *mezcla de danza y arte marcial brasileño de origen africano, que se baila al son de instrumentos típicos de percusión*.

capoeirista [kapwej'riʃta] *mf practicante de capoeira*.

capota [ka'pɔta] *f* AUTO capota *f*.

capotar [kapo'ta(x)] *vi* capotar, voltearse ***Cuba*** & ***Méx***, volcar ***RP***.

capricho [ka'priʃu] *m* **-1.** [ger] capricho *m*. **-2.** [esmero] esmero *m*.

caprichoso, osa [kapri'ʃozu, ɔza] *adj* **-1.** [ger] caprichoso(sa). **-2.** [cuidadoso] cuidadoso(sa), esmerado(da) ***Amér***.

capricorniano, na [kaprikox'njãnu, na] ◇ *adj* (de) capricornio. ◇ *m, f* capricornio *mf*.

Capricórnio [kapri'kɔxnju] *m* ASTRO Capricornio *m*.

cápsula ['kapsula] *f* cápsula *f*.

captar [kap'ta(x)] *vt* captar.

captura [kap'tura] *f* captura *f*.

capuz [ka'puʃ] (*pl* **-es**) *m* capucha *f*.

caqui [ka'ki] *m* [fruto] caqui *m*.

cáqui ['kaki] ◇ *adj inv* caqui. ◇ *m* caqui *m (color)*.

cara ['kara] ◇ *f* **-1.** [ger] cara *f*; ~ **a ~** cara a cara; **ser a ~ de alguém** ser clavado(da) OU idéntico(ca) a alguien, ser la copia de alguien ***Méx***. **-2.** [aspecto] pinta *f*. **-3.** ***fam*** [coragem] valor *m*, cara *f*. **-4.** ***loc***: **dar de ~ com alguém** toparse con alguien; **encher a ~** ***fam*** empinar el codo, mamarse ***RP***; **estar com ~ de que** [parecer que] parece que; **estar na ~** saltar a la cara; **não vou com a ~ dele** no me cae bien. ◇ *m* ***fam*** [sujeito] tío *m* ***Esp***, tipo *m* ***Amér***, fulano *m* ***Méx***.

carabina [kara'bina] *f* carabina *f*.

Caracas [ka'rakaʃ] *n* Caracas.

caracol [kara'kɔw] (*pl* **-óis**) *m* **-1.** [molusco] caracol *m*. **-2.** [de cabelo] rizo *m*, chino *m* ***Méx***.

◆ **de caracol** *loc adj* [escada] de caracol.

caractere [karak'tɛri] *m* carácter *m*.

caracteres [karak'tɛriʃ] *pl* ▷ **caráter**.

característico, ca [karakte'riʃtʃiku, ka] *adj* característico(ca).

◆ **característica** *f* característica *f*.

caracterizar [karakteri'za(x)] *vt* caracterizar.

◆ **caracterizar-se** *vp* [distinguir-se]: **~-se por** caracterizarse por.

cara-de-pau [ˌkaradʒi'paw] *fam* ◇ *adj* caradura. ◇ *mf* caradura *mf*, sinvergüenza *mf*.

carambola [karãm'bɔla] *f* **-1.** [no bilhar] carambola *f*. **-2.** [fruto] carambola *f*, ciruela *f* china ***Cuba***.

caramelado, da [karame'ladu, da] *adj* acaramelado(da).

caramelo [kara'mɛlu] *m* **-1.** [calda] caramelo *m*. **-2.** [bala] caramelo *m*, dulce *m* ***Méx***.

caramujo [kara'muʒu] *m* caracol *m*, cobo *m* ***Cuba***.

caranguejo [karãŋ'gejʒu] *m* cangrejo *m*.

caratê [kara'te] *m* kárate *m*, karate *m* ***Amér***.

caráter [ka'rate(x)] (*pl* **-res**) *m* carácter *m*; **uma pessoa de ~/sem ~** una persona con/sin carácter.

◆ **a caráter** *loc adv* [vestir-se] a la moda, al estilo de la época, de carácter ***Méx***.

caravana [kara'vãna] *f* caravana *f*.

carboidrato [kaxbwi'dratu] *m* carbohidrato *m*.

carbônico, ca [kax'boniku, ka] *adj* carbónico(ca).

carbono [kax'bonu] *m* QUÍM carbono *m*.

carburador [kaxbura'do(x)] (*pl* **-es**) *m* carburador *m*.

carcaça [kax'kasa] *f* **-1.** [esqueleto] esqueleto *m*. **-2.** [armação] estructura *f*. **-3.** [de navio] casco *m*.

cárcere ['kaxseri] *m* cárcel *f*.

carcereiro, ra [kaxse'rejru, ra] *m* carcelero *m*, carcele, -ra *f*.

carcomer [kaxko'me(x)] *vt* [roer] carcomer.

carcomido, da [kaxko'midu, da] *adj* **-1.** [ger] carcomido(da). **-2.** [gasto] desgastado(da), gastado(da) ***RP***.

cardápio [kax'dapju] *m* menú *m*, carta *f*.

cardeal [kax'dʒjaw] (*pl* **-ais**) ◇ *m* RELIG cardenal *m*. ◇ *adj* [ponto] cardinal.

cardíaco, ca [kax'dʒiaku, ka] ◇ *adj* cardiaco(ca), cardíaco(ca). ◇ *m, f* cardiaco *m*, -ca *f*, cardíaco *m*, -ca *f*.

cardigã [kaxdʒi'gã] *m* cárdigan *m*, cardigán *m* ***Cuba***.

cardinal [kaxdʒi'naw] (*pl* **-ais**) *adj* cardinal.

cardiovascular [ˌkaxdʒjovaʃku'la(x)] (*pl* **-res**) *adj* cardiovascular.

cardume [kax'dumi] *m* banco *m*, cardumen *m*.

careca [ka'rɛka] ◇ *adj* calvo(va); **estar ~ de saber algo** saber algo muy bien. ◇ *mf* calvo *m*, -va *f*. ◇ *f* calva *f*.

carecer [kare'se(x)] *vt* **-1.** [não ter]: **~ de** carecer de. **-2.** [precisar]: **~ de** necesitar.

careiro, ra [ka'rejru, ra] *adj* carero (ra).

carência [ka'rẽnsja] *f* carencia *f*; **~ afetiva** carencia afectiva.

carente [ka'rẽntʃi] *adj* **-1.** [ger] carente de. **-2.** [pobre] necesitado(da).

carestia [kareʃ'tʃia] *f* **-1.** [custo alto] carestía *f*. **-2.** [escassez] carestía *f*, escasez *f*.

careta [ka'reta] ◇ *f* [com o rosto] mueca *f*, gesto *m* ***Méx***; **fazer ~** hacer muecas *OU* gestos ***Méx***. ◇ *adj* **-1.** ***fam*** [conservador] conservador(ra). **-2.** ***fam*** [que não usa drogas]: **é um jovem ~** es un joven que no se mete drogas.

caretice [kare'tʃisi] *f* ***fam*** [convencionalismo]: **meu pai é a ~ em pessoa** mi padre es un carca de tomo y lomo.

carga ['kaxga] *f* **-1.** [ger] carga *f*. **-2.** ELETR: **~ elétrica** carga eléctrica. **-3.** [número de horas]: **~ horária** número *m* de horas. **-4.** ***fig*** [responsabilidade] peso *m*.

cargo ['kaxgu] *m* cargo *m*.

cargueiro, ra [kax'gejru, ra] *adj* de carga.

◆ **cargueiro** *m* carguero *m*.

cariado, da [ka'rjadu, da] *adj* [dente] cariado(da).

Caribe [ka'ribi] *n*: **o (mar do) ~** el (mar) Caribe.

caricatura [karika'tura] *f* caricatura *f*.

carícia [ka'risja] *f* caricia *f*.

caridade [kari'dadʒi] *f* caridad *f*.

caridoso, osa [kariẽdozu, ɔza] *adj* caritativo(va).

cárie ['kari] *f* caries *f inv*.

carimbar [karĩn'ba(x)] *vt* sellar, acuñar ***Cuba***.

carimbo [ka'rĩnbu] *m* sello *m*, cuño *m* ***Cuba***.

carinho [ka'riɲu] *m* [afago, cuidado] cariño *m*.

carinhoso, osa [kari'ɲozu, ɔza] *adj* cariñoso(sa).

carisma [ka'riʒma] *m* carisma *m*.

caritativo, va [karita'tʃivu, va] *adj* caritativo(va).

carnal [kax'naw] (*pl* **-ais**) *adj* carnal.

carnaval [kaxna'vaw] (*pl* **-ais**) *m* **-1.** [festa popular] carnaval *m*. **-2.** ***fam*** [desordem] follón *m*, reguero *m* ***Cuba***, pachanga *f* ***Amér***, carnaval *m* ***RP***. **-3.** ***fam*** [estardalhaço] bulla *f*, alboroto *m*.

carnavalesco, ca [kaxnava'leʃku, ka] *adj* **-1.** [relativo ao carnaval] carnavalesco(ca). **-2.** [grotesco] grotesco(ca), carnavalesco(ca) ***Amér***.

◆ **carnavalesco** *m* **-1.** [folião] fiestero. **-2.** [organizador] *persona que prepara el desfile del carnaval, los motivos alegóricos de las carrozas y comparsas, etc.*

carne ['kaxni] *f* **-1.** [ger] carne *f*; ~ **assada** carne asada, carne horneada ***Méx***, asado *m* ***RP***. **-2.** [parentesco] sangre *f*, carne *f* ***Amér***.

carnê [kax'ne] *m* [de pagamento] libreta *f* para compra a plazos, libreta *f* de cuentas ***Amér***.

carne-de-sol [ˌkaxnidʒi'sɔw] (*pl* **carnes-de-sol**) *f* CULIN carne *f* seca, tasajo *m* ***Cuba*** & ***RP***.

carneiro [kax'nejru] *m* carnero *m*.

carne-seca [ˌkaxni'seka] (*pl* **carnes-secas**) *f* CULIN cecina *f*.

carniça [kax'nisa] *f* carroña *f*.

carnificina [kaxnifi'sina] *f* matanza *f*, carnicería *f*.

carnívoro, ra [kax'nivoru, ra] *adj* carnívoro(ra).

◆ **carnívoro** *m* carnívoro *m*.

carnudo, da [kax'nudu, da] *adj* carnoso(sa).

caro, ra ['karu, ra] *adj* **-1.** [custoso] caro(ra). **-2.** [que cobra muito] caro (ra), carero(ra). **-3.** [querido] querido(da).

◆ **caro** *adv* [por alto preço] caro.

carochinha [karɔ'ʃiɲa] *f*: **conto/história da** ~ cuento *m* de hadas.

caroço [ka'rosu] *m* **-1.** [de fruto] hueso *m*, carozo *m* ***RP***. **-2.** [na pele] grano *m*. **-3.** [tumor] tumor *m*.

carona [ka'rona] *f*: **dei uma** ~ **para minha amiga** llevé a mi amiga en coche *ou* carro ***Amér***, di ride *ou* aventón a mi amiga ***Méx***, di botella a mi amiga ***Cuba***.

carpete [kax'pɛtʃi] *m* moqueta *f* ***Esp***, alfombra *f* ***Amér***, moquette *f* ***RP***.

carpintaria [kaxpĩnta'ria] *f* carpintería *f*.

carpinteiro, ra [kaxpĩn'tejru, ra] *m, f* carpintero *m*, -ra *f*.

carranca [ka'xãŋka] *f* **-1.** [semblante] cara *f* de perro, trompa *f* ***Méx*** & ***RP***. **-2.** ***fam*** [em embarcação] mascarón *m* de proa.

carrapato [kaxa'patu] *m* **-1.** [ácaro] garrapata *f*. **-2.** ***fam*** [pessoa importuna] pesado *m*, ladilla *f* ***Amér***, garrapata *f* ***Méx***.

carrasco [ka'xaʃku] *m* **-1.** [algoz] verdugo *m*. **-2.** [tirano] tirano *m*.

carregado, da [kaxe'gadu, da] *adj* **-1.** [caminhão, árvore, pessoa]: ~ **(de)** cargado(da) (de). **-2.** [fisionomia] sombrío(a), serio(ria). **-3.** [ambiente] cargado(da), pesado(da) ***Amér***. **-4.** [estilo, céu] cargado(da).

carregador [kaxega'do(x)] (*pl* **-es**) *m, f* **-1.** [de bagagem] mozo *m*, -za *f* de equipaje, maletero *m*, -ra *f*. **-2.** [transportador] transportista *mf*.

carregamento [kaxega'mẽntu] *m* **-1.** [ato] carga *f*. **-2.** [carga] cargamento *m*.

carregar [kaxe'ga(x)] <> *vt* **-1.** [ger] cargar. **-2.** [impregnar] impregnar. <> *vi* **-1.** [pôr em demasia]: **o cozinheiro carregou na pimenta** el cocinero se pasó con la pimienta. **-2.** [exagerar]: **o mercado sempre carrega no preço da carne** el mercado siempre se pasa con el precio de la carne; **carregou muito na história que contou** cargó demasiado las tintas en la historia que contó.

carreira [ka'xejra] *f* **-1.** [correria]: **fui numa** ~ **para não perder o ônibus** me tuve que pegar una corrida para no perder el autobús. **-2.** [profissão, páreo] carrera *f*. **-3.** NÁUT rampa *f*. **-4.** [trilha] sendero *m*, trillo *m* ***Cuba***.

carreta [ka'xeta] *f* **-1.** [caminhão] camión *m*. **-2.** [carroça] carreta *f*, carcacha *f* ***Méx***, cachilo *m* ***RP***.

carretel [kaxe'tɛw] (*pl* **-éis**) *m* [retrós, molinete] carrete *m*.

carretilha [kaxe'tʃiʎa] *f* **-1.** [roldana] roldana *f*. **-2.** [cortadeira] cortador *m* de pasta.

carrilhão [kaxi'ʎãw] (*pl* **-ões**) *m* [sinos, relógio] carillón *m*.

carrinho [ka'xiɲu] *m* **-1.** [de bebê] cochecito *m*, carreola *f* ***Méx***. **-2.** [para bagagem, comida] carrito *m*. **-3.** [de chá] carrito para el té. **-4.** [de feira] carrito de compras, changuito *m* ***Arg***. **-5.** [de mão] carretilla *f*.

carro ['kaxu] *m* **-1.** [veículo] coche *m*, carro *m* ***Andes***, ***CAm***, ***Carib*** & ***Méx***, auto *m* ***CSur***; ~ **alegórico** carroza *f*, carro *m* alegórico ***RP***; ~ **de bombeiro** coche de bomberos, camión de bomberos ***Méx***, carro de bomberos ***RP***; ~ **de praça** taxi *m*. **-2.** [vagão] coche *m*, vagón *m*. **-3.** [de boi] carreta *f*. **-4.** [de máquina de escrever] carro *m*.

carro-bomba [ˌkaxu'bõnba] (*pl* **carros-bombas, carros-bomba**) *m* coche *m* bomba, carro *m* bomba ***Amér***, auto *m* bomba ***CSur***.

carroça [ka'xɔsa] *f* **-1.** [de tração animal] carreta *f*. **-2.** [calhambeque] cafetera *f*, carcacha *f* ***Méx***, cachilo *m* ***RP***.

carroceria [kaxose'ria] *f* carrocería *f*.

carro-chefe [ˌkaxũ'ʃɛfi] (*pl* **carros-chefes**) *m carroza de más importancia en el desfile de carnaval.*

carrocinha [kaxɔ'siɲa] *f* vehículo *m* de la perrera.

carrossel [kaxɔ'sɛw] (*pl* **-éis**) *m* carrusel *m*, tiovivo *m* ***Esp***, calesita *f* ***RP***.

carruagem [ka'xwaʒẽ] (*pl* **-ns**) *f* carruaje *m*, coche *m* de caballos.

carta ['kaxta] *f* carta *f*; ~ **registrada** carta certificada; **dar as ~s** repartir las cartas; ~ **magna** carta magna.

cartão [kax'tãw] (*pl* **-ões**) *m* **-1.** [papelão] cartón *m*. **-2.** [do banco, contribuinte *etc*] tarjeta *f*; ~ **de crédito** tarjeta de crédito; ~ **de embarque/desembarque** tarjeta de embarque/desembarque; ~ **bancário** tarjeta bancária; ~ **comercial** tarjeta de visita.

cartão-postal [kaxˌtãwpoʃtaw] (*pl* **cartões-postais**) *m* (tarjeta *f*) postal *f*.

cartaz [kax'taʃ] (*pl* **-es**) *m* **-1.** [anúncio] cartel *m*. **-2.** CINE & TEATRO: **estar em** ~ estar en cartelera.

carteira [kax'tejra] *f* **-1.** [de dinheiro] billetera *f*, cartera *f*. **-2.** [escrivaninha] escritorio *m*. **-3.** [de sala de aula] pupitre *m*. **-4.** [documento] cartera *f* ***Esp***, credencial *f* ***Méx***, carnet *m* ***RP***; ~ **de identidade** carnet *m* de identidad, documento *m* de identidad, cartilla *f* (del ejército) ***Méx***, tarjeta *f* de elector ***Méx***; ~ **de investimentos** cartera *f* de inversiones; ~ **de motorista** carnet *m* de conducir, licencia *f* de conducir ***Méx***, libreta *f* de conducir ***RP***. **-5.** [de cigarros] cajetilla *f*, mazo *m* ***Arg***. **-6.** [de títulos, ações] cartera *f*, portafolio *m* ***Méx***.

carteiro [kax'tejru] *mf* cartero *m*, -ra *f*.

cartões [kax'tõjʃ] *pl* ▻ **cartão**.

cartola [kax'tɔla] ◇ *f* [chapéu] sombrero *m* de copa, galera *f* ***RP***. ◇ *m* **-1.** *fam* [pessoa importante] señorón *m*. **-2.** ***fam pej*** & FUT mandamás *m inv*.

cartolina [kaxto'lina] *f* cartulina *f*.

cartomante [kaxto'mãntʃi] *mf* lector *m*, -ra *f* de cartas.

cartório [kax'tɔrju] *m* notaría *f* ***Esp***, ***Cuba*** & ***Méx***, escribanía *f* ***RP***.

cartucho [kax'tuʃu] *m* **-1.** [munição] cartucho *m*. **-2.** [embalagem de papel] cucurucho *m*.

cartum [kax'tũ] (*pl* **-ns**) *m* **-1.** [animado] dibujos *mpl* animados, caricaturas *fpl* ***Méx***. **-2.** [em revista] tira *f* cómica.

cartunista [kaxtu'niʃta] *mf* dibujante *mf*, cartonista *mf* ***Méx***.

carvalho [kax'vaʎu] *m* roble *m*.

carvão [kax'vãw] (*pl* **-ões**) *m* carbón *m*; ~ **vegetal** carbón vegetal.

casa ['kaza] *f* **-1.** [ger] casa *f*; **em** ~ en casa; **ir para** ~ ir a casa; ~ **de máquinas** sala *f* de máquinas. **-2.** [estabelecimento] casa *f*, establecimiento *m* ***Amér***; ~ **de câmbio** casa de cambio; **Casa da Moeda** Casa de la Moneda; ~ **de saúde** clínica *f*. **-3.** [de botões] ojal *m*. **-4.** MAT decimal *m*.

casacão [kaza'kãw] (*pl* **-ões**) *m* abrigo *m*, sobretodo *m*, saco *m* ***Amér***.

casaco [ka'zaku] *m* chaqueta *f*, saco *m* ***Amér***; ~ **de pele** chaqueta *ou* chamarra *f* ***Méx*** de piel.

casa-grande [ˌkaza'grãndʒi] (*pl* **casas-grandes**) *f en tiempos de la colonia o el Imperio, casa señorial brasileña en la que vivían los dueños de las haciendas y las plantaciones de azúcar.*

casal [ka'zaw] (*pl* **-ais**) *m* pareja *f*.

casamento [kaza'mẽntu] *m* **-1.** [matrimônio] boda *f*, matrimonio *m*. **-2.** [cerimônia] boda *f*, casamiento *m* ***Amér***. **-3.** ***fig*** [união, aliança] unión *f*.

casar [ka'za(x)] <> *vt* **-1.** [em matrimônio] casar. **-2.** [combinar] casar, empatar *Méx*, combinar *RP*. **-3.** [emparelhar] juntar, ordenar. <> *vi* [em matrimônio]: ~ **(com)** casarse (con); ~ **no civil/no religioso** casarse por lo civil/por la iglesia.
◆ **casar-se** *vp* **-1.** [em matrimônio] casarse. **-2.** [combinar-se] combinar, empatar *Méx*.
casarão [kaza'rãw] (*pl* **-ões**) *m* **-1.** [casa grande] caserón *m*. **-2.** [casa opulenta] mansión *m*.
casca ['kaʃka] *f* **-1.** [de pão] corteza *f*, costra *f* *RP*. **-2.** [de ferida] costra *f*, postilla *f* *Esp*. **-3.** [de ovos] cáscara *f*, cascarón *m* *Méx*. **-4.** [de fruta] cáscara *f*. **-5.** *fig* [aparência] superficie *f*.
cascalho [kaʃ'kaʎu] *m* grava *f*, gravilla *f*, cascajo *m* *Méx*, pedregullo *m* *RP*.
cascão [kaʃ'kãw] (*pl* **-ões**) *m* costra *f*.
cascata [kaʃ'kata] *f* **-1.** [queda d'água] cascada *f*, salto *m* de agua. **-2.** *fam* [mentira] bola *f*, guayaba *f* *Cuba*, cuento *m* *Méx*, paco *m* *RP*. **-3.** *fam* [bazófia] fanfarronería *f*, fantasmada *f* *Esp*, historia *f* *RP*.
cascavel [kaʃka'vɛw] (*pl* **-éis**) <> *m* ZOOL serpiente *f* de cascabel. <> *f* *fig* [mulher] ogro *m*.
casco ['kaʃku] *m* **-1.** [de navio] casco *m*. **-2.** [de tartaruga] caparazón *m*, concha *f* *Esp*. **-3.** [garrafa] casco *m*, envase *m*. **-4.** [crânio] cráneo *m*, casco *m* *Amér*.
casebre [ka'zɛbri] *m* choza *f*.
caseiro, ra [ka'zejru, ra] <> *adj* **-1.** [ger] casero(ra). **-2.** [roupa] de casa de, entre casa *RP*. <> *m, f* [empregado] casero *m*, -ra *f*, cuidador *m*, -ra *f* de casa *Méx*.
caserna [ka'zɛxna] *f* MIL barracón *m*, barraca *f*.
caso ['kazu] <> *m* **-1.** [ger] caso *m*; **em todo** ~ en todo caso; **neste** ~ si es así, de ser así; **no** ~ **de** en caso de; **criar** ~ complicar las cosas, formar rollo *Cuba*, armar problema *Méx*, armar lío *RP*; ~ **de emergência** en caso de emergencia; **não fez** ~ **do namorado e ele arrumou outra** no hacía el más mínimo caso del novio y éste se buscó otra; **não vir ao** ~ *loc* no venir al caso; **ser um** ~ **perdido** *loc* ser un caso perdido. **-2.** [história] cuento *m*, historia *f*. **-3.** *fam* [amoroso] aventura *f*, lío *m* *Esp*, negocio *m* *Méx*, historia *f* *RP*. <> *conj* si por si acaso *Méx*.
caspa ['kaʃpa] *f* caspa *f*.
casquinha [kaʃ'kiɲa] *f* [de pele] costra *f*, cáscara *f* *RP*.
cassado, da [ka'sadu, da] *m, f* *persona a la que se le han retirado los derechos políticos o ciudadanos.*
cassete [ka'sɛtʃi] <> *adj*: **gravador** ~ magnetófono *m*, casete *f*; **fita** ~ casete *f*. <> *m* [gravador] magnetófono *m*, casete *f*, casetera *f* *Méx*, grabador *m* *Amér*, grabadora *f* *Amér*.
cassetete [kase'tɛtʃi] *m inv* porra *f*, cachiporra *f*.
cassino [ka'sinu] *m* casino *m*.
casta ['kaʃta] *f* casta *f*.
castanha [kaʃ'tãɲa] *f* castaña *f*.
castanha-do-pará [kaʃˌtãɲadupa'ra] (*pl* **castanhas-do-pará**) *f* nuez *f* de Brasil, castaña *f* de Pará *RP*.
castanheiro [kaʃtã'ɲejru] *m* castaño *m*.
castanho, nha [kaʃ'tãɲu, ɲa] *adj* [olhos, cabelo, cor] castaño(ña) café *Amér*.
◆ **castanha** *f* [fruto] castaña *f*; ~ **de caju** anacardo *m*, nuez *f* de la India *Méx*, castaña *f* de cajú *RP*.
castanholas [kaʃtã'ɲɔlaʃ] *fpl* castañuelas *fpl*.
castelo [kaʃ'tɛlu] *m* castillo *m*.
castiçal [kaʃtʃi'saw] (*pl* **-ais**) *m* palmatoria *f*, candelabro *m*, candelero *m* *Méx*.
castiço, ça [kaʃ'tʃisu, sa] *adj* castizo (za).
castidade [kaʃtʃi'dadʒi] *f* castidad *f*.
castigar [kaʃtʃi'ga(x)] *vt* castigar.
castigo [kaʃ'tʃigu] *m* **-1.** [punição] castigo *m*. **-2.** [mortificação] castigo *m*, penitencia *f* *Méx*.
casto, ta ['kaʃtu, ta] *adj* casto(ta).
casual [ka'zwaw] (*pl* **-ais**) *adj* casual.
casualidade [kazwali'dadʒi] *f* casualidad *f*.
casulo [ka'zulu] *m* **-1.** [de insetos] capullo *m*. **-2.** [de sementes] vaina *f*.
cata ['kata] *f*: **à** ~ **de** a la caza de.
catalão, lã [kata'lãw, lã] <> *adj* catalán(ana). <> *m,f* catalán *m*, -ana *f*.
◆ **catalão** *m* [língua] catalán *m*.
catalogar [katalo'ga(x)] *vt* catalogar.
catálogo [ka'talogu] *m* catálogo *m*; ~ **de telefones** guía *f* telefónica, directorio *m* telefónico *Amér*.
Catalunha [kata'lũɲa] *n* Cataluña.

catapora [kata'pɔra] *f* varicela *f.*

catar [ka'ta(x)] *vt* **-1.** [procurar] buscar. **-2.** [recolher] recoger. **-3.** [piolhos] sacar. **-4.** [escolher] limpiar.

catarata [kata'rata] *f* catarata *f.*

catarro [ka'taxu] *m* flema *f.*

catástrofe [ka'taʃtrofi] *f* catástrofe *f.*

cata-vento [kata'vẽntu] (*pl* **cata-ventos**) *m* veleta *f.*

catecismo [kate'siʒmu] *m* catecismo *m.*

cátedra ['katedra] *f* cátedra *f.*

catedral [kate'draw] (*pl* **-ais**) *f* catedral *f.*

catedrático, ca [kate'dratʃiku, ka] *m, f* catedrático *m*, -ca *f.*

categoria [katego'ria] *f* **-1.** [ger] categoría *f*; **de (alta) ~** de categoría. **-2.** [social] clase *f.*

categorização [kategoriza'sãw] (*pl* **-ões**) *f* categorización *f.*

catequese [kate'kɛzi] *f* catequesis *f inv.*

cateterismo [katete'riʒmu] *m* MED cateterismo *m.*

cativar [katʃi'va(x)] *vt* **-1.** [tornar cativo] capturar. **-2.** [seduzir] cautivar.

cativeiro [katʃi'vejru] *m* **-1.** [escravidão] esclavitud *f.* **-2.** [prisão] cautiverio *m.*

cativo, va [ka'tʃivu, va] <> *adj* **-1.** [preso] cautivo(va). **-2.** [cadeira] reservado(da). <> *m, f* **-1.** [escravo] esclavo *m*, -va *f.* **-2.** [indivíduo cativo] cautivo *m*, -va *f.*

catolicismo [katoli'siʒmu] *m* catolicismo *m.*

católico, ca [ka'tɔliku, ka] *adj* RELIG católico(ca).

catorze [ka'toxzi] *num* catorce *m*; *veja também* **seis.**

catucar [katu'ka(x)] *vt* = **cutucar.**

caução [kaw'sãw] (*pl* **-ões**) *f* **-1.** [cautela] cautela *f.* **-2.** [garantia] garantía *f.* **-3.** JUR fianza *f.*

cauções [kaw'sõjʃ] *pl* ▷ **caução.**

cauda ['kawda] *f* **-1.** [de animal] cola *f*, rabo *m.* **-2.** [de vestido] cola *f.*

caudaloso, losa [kawda'lozu, lɔza] *adj* caudaloso(sa).

caudilho [kaw'dʒiʎu] *m* caudillo *m.*

caule ['kawli] *m* **-1.** [do girassol, espinafre] tallo *m.* **-2.** [do carvalho, figueira] tronco *m.*

causa ['kawza] *f* causa *f*; **por ~ de** a causa de.

causador, ra [kawza'do(x), ra] <> *adj* causante. <> *m, f* causante *mf.*

causar [kaw'za(x)] *vt* causar.

cautela [kaw'tɛla] *f* **-1.** [precaução] cautela *f.* **-2.** [título] título *m.* **-3.** [recibo de depósito] recibo *m*, hoja *f* de empeño *Amér.*

cauteloso, osa [kawte'lozu, ɔza] *adj* cauteloso(sa).

cava ['kava] *f* ▷ **cavo.**

cavado, da [ka'vadu, da] *adj* **-1.** [terreno] excavado(da). **-2.** [decote] pronunciado(da), bajo(ja) *RP.* **-3.** [olhos] hundido(da).

cavala [ka'vala] *f* [peixe] caballa *f.*

cavalaria [kavala'ria] *f* **-1.** [tropa, ordem] caballería *f.* **-2.** [cavalos] manada *f* de caballos.

cavalariça [kavala'risa] *f* [estrebaria] caballeriza *f.*

cavalariço [kavala'risu] *m* [estribeiro] caballerizo *m.*

cavaleiro [kava'lejru] *m* **-1.** [homem a cavalo] jinete *m.* **-2.** [medieval]: **~ andante** caballero *m* andante.

cavalete [kava'letʃi] *m* **-1.** [de pintor, mesa] caballete *m.* **-2.** [para instrumento] puente *m.*

cavalgar [kavaw'ga(x)] <> *vt* cabalgar. <> *vi* cabalgar.

cavalheiro [kava'ʎejru] <> *m* caballero *m.* <> *adj* [educado] caballeroso(sa), caballero(ra) *RP.*

cavalo [ka'valu] *m* **-1.** [animal, peça de xadrez] caballo *m*; **a ~** a caballo. **-2.** [cavalo-vapor] caballo *m* de vapor. **-3.** *fig*: **tirar o ~ da chuva** *loc* esperar sentado(da).

cavalo-de-pau [ka'valudʒi'paw] (*pl* **cavalos-de-pau**) *m inversión repentina de la marcha realizada con la ayuda de los frenos.*

cavanhaque [kava'ɲaki] *m* perilla *f*, chivo *m* **Cuba**, barba *f* de candado **Méx**, chivita *f* **RP.**

cavaquinho [kava'kiɲu] *m guitarra pequeña de cuatro cuerdas.*

cavar [ka'va(x)] <> *vt* **-1.** [revolver, furar] cavar. **-2.** [decote, mangas] recortar. **-3.** [obter com esforço] pelear por. <> *vi* [escavar] cavar.

cave ['kavi] *f* bodega *f.*

caveira [ka'vejra] *f* [crânio, rosto macilento] calavera *f.*

caverna [ka'vɛxna] *f* cueva *f*, caverna *f.*

caviar [ka'vja(x)] *m* caviar *m.*

cavidade [kavi'dadʒi] *f* cavidad *f.*

cavilha [ka'viʎa] *f* **-1.** [de madeira] clavija *f.* **-2.** [de metal] pasador *m.*

cavo, va ['kavu, va] *adj* [côncavo] cóncavo(va).
◆ **cava** *f* [de manga] hueco *m*, abertura *f*.
caxumba [ka'ʃũnba] *f* paperas *fpl*.
CBF (*abrev de* **Confederação Brasileira de Futebol**) *f Federación Brasileña de Fútbol*.
c/c (*abrev de* **conta corrente**) c/c.
CD [se'de] (*abrev de* **Compact Disc**) *m* CD *m*.
CDB (*abrev de* **Certificado de Depósitos Bancários**) *m tipo de inversión ofrecida por los bancos brasileños*.
CD-i (*abrev de* **Compact Disc-Interativo**) *m* CD-i *m*.
CD-ROM [sede'rõ] (*abrev de* **Compact Disc-Read Only Memory**) *m* CD-ROM *m*.
CE -1. (*abrev de* **Estado do Ceará**) *estado de Ceará*. **-2.** (*abrev de* **Comunidade Européia**) *f* CE *f*.
cear ['sja(x)] ◇ *vt* cenar. ◇ *vi* cenar.
CEASA (*abrev de* **Companhia de Entrepostos e Armazéns S.A**) *m compañía de venta al por mayor de productos hortícolas*.
cebola [se'bola] *f* cebolla *f*.
cebolinha [sebo'liɲa] *f* cebolleta *f*, cebollana *f* ***Cuba***, cebollita *f* de cambray ***Méx***, cebollita *f* de verdeo ***RP***.
CEBRAP (*abrev de* **Centro Brasileiro de Análise e Planejamento**) *m organismo independiente de estudio de la sociedad brasileña*.
cê-cedilha [ˌsese'dʒiʎa] (*pl* **cês-cedilhas**) *m* ce *f* con cedilla.
ceder [se'de(x)] ◇ *vt* [dar, emprestar] ceder. ◇ *vi* ceder; ~ **a algo** ceder a algo.
cedilha [se'diʎa] *f* cedilla *f*.
cedo ['sedu] *adv* **-1.** [de manhãzinha] temprano, pronto ***Esp***. **-2.** [prematuramente] pronto, temprano; **mais ~ ou mais tarde** tarde o temprano; **quanto mais ~ melhor** cuanto antes mejor.
cedro ['sɛdru] *m* cedro *m*.
cédula ['sɛdula] *f* **-1.** [dinheiro] billete *m*. **-2.** [voto]: ~ **eleitoral** papeleta *f* electoral, boleta *f* electoral ***Cuba*** & ***Méx***, cédula *f* electoral ***Cuba***.
CEF (*abrev de* **Caixa Econômica Federal**) *f caja de ahorros pública*, ≃ Caja *f* Postal ***Esp***.
cegar [se'ga(x)] *vt* **-1.** [tornar cego] cegar. **-2.** [tirar o gume de] desafilar.
cego, ga ['sɛgu, ga] ◇ *adj* **-1.** [ger] ciego(ga); **vôo ~** vuelo a ciegas. **-2.** [sem gume] desafilado(da). ◇ *m, f* ciego *m*, -ga *f*.
◆ **às cegas** *loc adv* a ciegas.
cegonha [se'goɲa] *f* cigüeña *f*; **ela está esperando a ~** ***fam fig*** está esperando a la cigüeña.
cegueira [se'gejra] *f* ceguera *f*.
ceia ['seja] *f* cena *f*; ~ **de Natal** cena de Nochebuena *ou* de Navidad.
ceifa ['sejfa] *f* **-1.** [ger] siega *f*. **-2.** ***fig*** [destruição, mortandade] mortandad *f*.
cela ['sɛla] *f* celda *f*.
celebração [selebra'sãw] (*pl* **-ões**) *f* celebración *f*, festejo *m* ***RP***.
celebrar [sele'bra(x)] *vt* celebrar, festejar ***RP***.
célebre ['sɛlebri] *adj* célebre, famoso(sa).
celebridade [selebri'dadʒi] *mf* celebridad *f*.
celeiro [se'lejru] *m* **-1.** [para cereais] granero *m*. **-2.** [depósito] silo *m*.
celeste [se'lɛʃtʃi] *adj* celeste.
celibato [seli'batu] *m* celibato *m*.
celofane [selo'fãni] *m* celofán *m*.
celsius [sew'siuʃ] *adj* Celsius.
celta ['sɛwta] ◇ *adj* celta. ◇ *mf* [pessoa] celta *mf*. ◇ *m* [língua] celta *m*.
célula ['sɛlula] *f* BIOL, ELETR célula *f*; ~ **fotoelétrica** célula fotoeléctrica.
celular [selu'la(x)] ◇ *adj* celular. ◇ *m* TELEC móvil *m* ***Esp***, celular *m* ***Amér***.
celulite [selu'litʃi] *f* celulitis *f*.
cem ['sẽ] *num* **-1.** [cardinal] cien; ~ **por cento** cien por ciento. **-2.** [muitos]: ~ **vezes** cien veces; *veja também* **seis**.
◆ **cem por cento** ◇ *loc adj*: **ser ~ por cento** ser excelente. ◇ *loc adv* [totalmente] absolutamente.
cemitério [semi'tɛrju] *m* cementerio *m*.
cena ['sena] *f* escena *f*; **em ~** en escena; **fazer uma ~** hacer una escena.
cenário [se'narju] *m* escenario *m*.
cenografia [senogra'fia] *f* escenografía *f*.
cenógrafo, fa [se'nɔgrafu, fa] *m, f* escenógrafo *m*, -fa *f*.
cenoura [se'nora] *f* zanahoria *f*.
censo ['sẽnsu] *m* censo *m*.
censura [sẽn'sura] *f* censura *f*.
censurado, da [sẽnsu'radu, da] *adj* [proibido] censurado(da).

censurar [sẽnsu'ra(x)] *vt* censurar.
centavo [sẽn'tavu] *m* centavo *m*; **estar sem um** ~ estar sin un centavo *ou* peso ***Amér.***
centeio [sẽn'teju] *m* centeno *m.*
centelha [sẽn'teʎa] *f* centella *f.*
centena [sẽn'tena] *f* centena *f*; **havia baratas às** ~**s** había miles de cucarachas; **uma** ~ **de** cientos de.
centenário, ria [sẽnte'narju, rja] <> *adj* centenario(ria). <> *m, f* [pessoa] centenario *m*, -ria *f.*
◆ **centenário** *m* [comemoração] centenario *m.*
centésimo, ma [sẽn'tɛzimu, ma] <> *num* céntesimo(ma). <> *m, f* [pessoa] centenario *m*, -ria *f.*
◆ **centésimo** *m* **-1.** [parte] centésimo *m.* **-2.** [de segundo] centésima *f.*
centígrado, da [sẽn'tʃigradu] *adj* centígrado(da).
◆ **centígrado** *m* grado *m* centígrado.
centilitro [sẽntʃi'litru] *m* centilitro *m.*
centímetro [sẽn'tʃimetru] *m* centímetro *m.*
cento ['sẽntu] *num*: ~ **e dez** ciento diez; **por** ~ por ciento; *veja também* seis.
centopéia [sẽnto'pɛja] *f* ciempiés *m inv.*
central [sẽn'traw] (*pl* **-ais**) <> *adj* central. <> *f* **-1.** [agência, delegacia] central *f*; ~ **telefônica** centralita *f*, conmutador *m* ***Amér.*** **-2.** [usina]: ~ **elétrica** central eléctrica.
centralizar [sẽntrali'za(x)] *vt* centralizar.
centrar [sẽn'tra(x)] <> *vt* centrar. <> *vi* FUT centrar.
centrifuga [sẽntri'fuga], **centrifugadora** [sẽntrifuga'dora] *f* centrifugadora *f.*
centro ['sẽntru] *m* centro *m*; ~ **comercial/cultural** centro comercial; ~ **espírita** *templo religioso donde se profesa la doctrina de Kardec*; ~ **de processamento de dados** centro de procesamiento de datos; **ser o** ~ **das atenções** ser el centro de atención.
centroavante [ˌsẽntrw'vãntʃi] *m* delantero *m* centro ***Esp***, centro *m* delantero ***Amér.***
CEO (*abrev de* **Chief Executive Officer**) *m* CEO *m.*
CEP (*abrev de* **Código de Endereçamento Postal**) *m* CP *m.*
CEPAL (*abrev de* **Comissão Econômica para a América Latina**) *f* CEPAL *f.*
cera ['sera] *f* [ger] cera *f.*
cerâmica [se'rãmika] *f* **-1.** [ger] cerámica *f.* **-2.** [fábrica] fábrica *f* de cerámica.
ceramista [sera'miʃta] *mf* ceramista *mf.*
cerca ['sexka] *f* [de arame, madeira, ferro] cerca *f*; ~ **viva** seto *m.*
◆ **cerca de** *loc prep* cerca de.
cercanias [sexka'niaʃ] *fpl* cercanías *fpl.*
cercar [sex'ka(x)] *vt* cercar.
◆ **cercar-se** *vp* [rodear-se] rodearse.
cerco ['sexku] *m* [assédio] cerco *m*; **pôr** ~ a poner cerco a.
cereal [se'rjal] (*pl* **-ais**) *m* cereal *m.*
cérebro ['sɛrebru] *m* cerebro *m.*
cereja [se'reʒa] *f* cereza *f.*
cerimônia [seri'monja] *f* ceremonia *f*; **fazer** ~ hacer ceremonia.
cerne ['sɛxni] *m* **-1.** [de madeira] cerne *m.* **-2.** *fig* [de questão] meollo *m.*
ceroulas [se'rolaʃ] *fpl* calzoncillos *mpl* largos.
cerração [sexa'sãw] *f* [neblina] cerrazón *f.*
cerrado, da [se'xadu, da] *adj* **-1.** [ger] cerrado(da). **-2.** [dentes] apretado (da).
◆ **cerrado** *m* [vegetação] matorral *m.*
cerrar [se'xa(x)] *vt* [fechar] cerrar.
certa ['sɛxta] *f* ▷ **certo.**
certeiro, ra [sex'tejru, ra] *adj* certero(ra).
certeza [sex'teza] *f* certeza *f*, seguridad *f* ***RP***; **ter** ~ **de algo** estar seguro(ra) de algo; **ter** ~ **de que** estar seguro(ra) de que; **com** ~ con seguridad.
certidão [sextʃi'dãw] (*pl* **-ões**) *f* certificado *m*; ~ **de casamento** certificado *m* de matrimonio, partida *f* de matrimonio, acta *f* de casamiento ***Méx***, libreta *f* de casamiento ***RP***; ~ **de nascimento** certificado *m* de nacimiento, partida *f* de nacimiento, acta *f* de nacimiento ***Méx.***
certificação [sextʃifika'sãw] (*pl* **-ões**) *f* certificación *f.*
certificado [sextʃifi'kadu] *m* certificado *m.*
certificar [sextʃifi'ka(x)] *vt* **-1.** [assegurar] asegurar; ~ **alguém de algo/de que** asegurar a alguien algo/de que. **-2.** [atestar] certificar.

◆ **certificar-se** *vp* asegurarse; ~ **-se de algo/de que** asegurarse de algo/de que.

certo, ta [ˈsɛxtu, ta] ◇ *adj* **-1.** [ger] correcto(ta). **-2.** [ajustado] exacto (ta). **-3.** [determinado] cierto(ta). **-4.** [infalível, seguro] seguro(ra). **-5.** [certeiro] certero(ra). **-6.** [com razão]: **estar** ~ estar en lo cierto. **-7.** [com certeza]: **estar** ~ **de algo/de que** estar seguro(ra) de algo/de que. ◇ *pron* **-1.** *(antes de subst)* [um, algum] cierto *m*, -ta *f*; **certa vez** cierta vez. **-2.** *loc*: **dar** ~ tener éxito, salir bien; **está** ~ [está bem] está bien, vale *Esp*.

◆ **certo** ◇ *m*: **o** ~ lo que está bien. ◇ *adv* **-1.** [certamente] ciertamente. **-2.** [corretamente] correctamente.

◆ **certa** *f*: **na certa** sin duda, seguro.

◆ **ao certo** *loc adv* exactamente.

cerveja [sexˈveʒa] *f* **-1.** [bebida] cerveza *f*. **-2.** *fam* [gorjeta] propina *f*.

cervejaria [sexveʒaˈria] *f* cervecería *f*.

cessação [sesaˈsãw] *f* cese *m*.

cessão [seˈsãw] (*pl* **-ões**) *f* cesión *f*.

cessar [seˈsa(x)] ◇ *vi* cesar; **sem** ~ sin parar, sin cesar. ◇ *vt* [fogo] apagar; [trabalho] terminar.

cessar-fogo [seˌsaxˈfogu] *m inv* alto *m* el fuego, cese *m* al fuego *Amér*.

cessões [seˈsõjʃ] *pl* ▷ **cessão**.

cesta [ˈseʃta] *f* **-1.** [ger] canasta *f*; ~ **básica** cesta *f* básica, canasta básica *Méx*, canasta familiar *Urug*. **-2.** [de lixo] cubo *m*, tacho *m* *RP*. **-3.** [*ESP* - aro, ponto] cesta *f*.

cesto [ˈseʃtu] *m* cesto *m*, canasto *m* *Amér*, bote *m* *Méx*.

CETESB (*abrev de* **Companhia Estadual de Tecnologica de Saneamento Básico e Defesa do Meio Ambiente**) *f agencia responsable del control del medio ambiente en el estado de São Paulo.*

cético, ca [ˈsɛtʃiku, ka] ◇ *adj* escéptico(ca). ◇ *m, f* escéptico *m*, -ca *f*.

cetim [seˈtʃĩ] *m* satén *m*.

cetro [ˈsɛtru] *m* cetro *m*.

céu [ˈsɛw] *m* cielo *m*; **cair do** ~ *fig* caer del cielo; ~ **da boca** *ANAT* paladar *m*.

cevada [seˈvada] *f* cebada *f*.

cevar [seˈva(x)] *vt* cebar.

CFC (*abrev de* **clorofluorocarboneto**) *m* CFC *m*.

chá [ˈʃa] *m* té *m*; ~ **beneficente** té de beneficiencia; ~ **completo** té completo; ~ **de camomila/de menta/preto** té de manzanilla/de menta/negro; ~ **dançante** *reunión informal en la que se baila y se cena*; **dar um** ~ **de sumiço** *fam loc* esfumarse, borrarse *RP*; **ela tomou** ~ **de cadeira no baile** *loc* nadie la sacó a bailar, planchó toda la noche *RP*.

chã [ˈʃã] *f* llanura *f*.

chacal [ʃaˈkaw] (*pl* **-ais**) *m* chacal *m*.

chácara [ˈʃakara] *f* **-1.** [granja] granja *f*, chacra *f* *Andes* & *RP*. **-2.** [casa de campo] casa *f* de campo, chacra *f* *Andes* & *RP*.

chacina [ʃaˈsina] *f* matanza *f*.

chacota [ʃaˈkɔta] *f* burla *f*.

chafariz [ʃafaˈriʃ] (*pl* **-es**) *m* fuente *f*.

chafurdar [ʃafuxˈda(x)] *vi*: ~ **em** [lama etc] atascarse en; *fig* [vícios etc] perderse en.

chaga [ˈʃaga] *f* **-1.** [ferida] llaga *f*. **-2.** *fig* [mal] desgracia *f*.

chalé [ʃaˈlɛ] *m* chalet *m*.

chaleira [ʃaˈlejra] *f* tetera *f*.

chama [ˈʃãma] *f* llama *f*; **em** ~**s** en llamas.

chamada [ʃaˈmada] *f* **-1.** [telefônica] llamada *f*; ~ **a cobrar** llamada a cobro revertido *ou* por cobrar *Méx*. **-2.** [verificação de presença] lista *f*, llamado *m* *Méx*. **-3.** *JORN* titular *m*.

chamar [ʃaˈma(x)] ◇ *vt* llamar; ~ **a atenção** llamar la atención; ~ **alguém de algo** llamar a alguien algo. ◇ *vi* llamar; ~ **por alguém** llamar a alguien.

◆ **chamar-se** *vp* [ter por nome] llamarse.

chamariz [ʃamaˈriʒ] *m* **-1.** [isca] cebo *m*. **-2.** [seta, anúncio] reclamo *m*. **-3.** *fig* [engodo] fachada *f*, engañapichanga *f* *RP*.

chamativo, va [ʃamaˈtʃivu, va] *adj* llamativo(va).

chaminé [ʃamiˈnɛ] *f* chimenea *f*.

champanha [ʃãmˈpãɲa], **champanhe** [ʃãmˈpãɲi] *m, f* champaña *f*, champagne *m*.

chamuscar [ʃamuʃˈka(x)] *vt* chamuscar.

chance [ˈʃãnsi] *f* **-1.** [oportunidade] oportunidad *f*, chance *m* *Méx*, chance *f* *RP*; **dar uma** ~ **a** *ou* **para** dar una oportunidad *ou* chance *RP* a, dar un chance a *Méx*. **-2.** [probabilidade] probabilidad *f*, chance *m* *Méx*, chance *f* *RP*.

chanceler [ʃãnse'lɛ(x)] *mf* canciller *mf*.
chantagear [ʃãnta'ʒja(x)] *vt* chantajear.
chantagem [ʃãn'taʒẽ] (*pl* **-ns**) *f* chantaje *m*.
chantagista [ʃãnta'ʒiʃta] *mf* chantajista *mf*.
chão ['ʃãw] *m* **-1.** [piso] piso *m*, pavimento *m*. **-2.** [solo] suelo *m*.
chapa ['ʃapa] *f* **-1.** [folha] chapa *f*. **-2.** [para grelhar] plancha *f*; **na ~** [bife] a la plancha. **-3.** AUTO placa *f*, chapa *f* *RP*. **-4.** [de impressão] plancha *f*. **-5.** FOT rollo *m*. **-6.** [radiografia] radiografía *f*. **-7.** [eleitoral] papeleta *f*.
chapado, da [ʃa'padu, da] *adj* **-1.** [estirado] estirado(da). **-2.** *mfam* [drogado, embriagado] colocado(da).
chapéu [ʃa'pɛw] *m* sombrero *m*; **de tirar o ~** de sacarse el sombrero.
chapinha [ʃa'piɲa] *f* [de garrafa] chapita *f*.
charada [ʃa'rada] *f* [enigma] acertijo *m*.
charco ['ʃaxku] *m* charco *m*.
charge ['ʃaxʒi] *f* caricatura *f* satírica.
chargista [ʃax'ʒiʃta] *mf* caricaturista *mf*.
charlatão, tã [ʃaxla'tãw, tã] (*mpl* **-ães**, *fpl* **-s**) <> *adj* charlatán(ana). <> *m, f* charlatán *m*, -ana *f*.
charme ['ʃaxmi] *m* encanto *m*, charme *m* ***Amér***.
charmoso, osa [ʃax'mozu, ɔza] *adj* seductor(ra).
charneca [ʃax'nɛka] *f* erial *m*.
charrete [ʃa'xɛtʃi] *f* carro *m*, carreta *f*.
charter ['ʃarte(x)] <> *adj inv* chárter. <> *m* chárter *m inv*.
charuto [ʃa'rutu] *m* cigarro *m*, puro *m* ***Esp***.
chassi [ʃa'si] *m* **-1.** *inv* [AUTO - parte] chasis *m inv*; [- número] número *m* de chasis. **-2.** ELETRON placa *f*. **-3.** [para tela, vidro, plástico] armazón *m*.
chata ['ʃata] *f* & *adj* ⊳ **chato**.
chateação [ʃatʃja'sãw] (*pl* **-ões**) *f* **-1.** [aborrecimento] fastidio *m*. **-2.** [maçada] lata *f* ***Esp***, aburrición *f* ***Méx***, embole *m* ***RP***.
chatear [ʃa'tʃja(x)] <> *vt* **-1.** [ger] fastidiar. **-2.** [incomodar] molestar. **-3.** [implicar com] molestar, jorobar *RP*. <> *vi* [aborrecer] fastidiar, molestar.
◆ **chatear-se** *vp* [aborrecer-se] irritarse, fastidiarse.
chatice [ʃa'tʃisi] *f* aburrimiento *m*.
chato, ta ['ʃatu, ta] <> *adj* **-1.** [plano] plano(na), chato(ta). **-2.** [tedioso] aburrido(da). **-3.** [irritante] molesto (ta). **-4.** [desagradável] desagradable. **-5.** [embaraçoso] vergonzoso(sa). **-6.** [mal]: **ficar ~** quedar mal. <> *m, f* **-1.** [pessoa tediosa] aburrido *m*, -da *f*. **-2.** [pessoa irritante] desagradable *mf*.
chauvinista [ʃovi'niʃta] *mf* chauvinista *mf*.
chavão [ʃa'vãw] (*pl* **-ões**) *m* patrón *m*.
chave ['ʃavi] *f* **-1.** [ger] llave *f*; **~ de fenda** *ou* **parafusos** destornillador; **~ inglesa** llave inglesa. **-2.** [de problema] clave *f*.
chaveiro [ʃa'vejru] *m* **-1.** [utensílio] llavero *m*. **-2.** [profissional] cerrajero *m*.
chavões [ʃa'võjʃ] *pl* ⊳ **chavão**.
checar [ʃe'ka(x)] *vt* comprobar, chequear ***Amér***, checar ***Méx***.
check-up [ʃe'kapi] (*pl* **check-ups**) *m* examen *m* médico, reconocimiento *m* médico, chequeo *m* médico ***Amér***.
chefe ['ʃɛfi] *mf* **-1.** [superior] jefe *m*, -fa *f*; **~ de estado** jefe de estado. **-2.** ***fam*** [garçom] jefe *m*, -fa *f*. **-3.** ***fam*** [freguês] jefe *m*, -fa *f*, patrón *m*, -ona *f*.
chefia [ʃe'fia] *f* jefatura *f*.
chefiar [ʃe'fja(x)] *vt* dirigir.
chega ['ʃega] *m* [repreensão] ***fam***: **dar um ~ (para lá) em alguém** parar los pies a alguien.
chegada [ʃe'gada] *f* llegada *f*.
chegar [ʃe'ga(x)] <> *vi* **-1.** [ger] llegar; **não ~ aos pés de** [não ser comparável a] no llegar a la suela del zapato *ou* de los zapatos ***Méx***; **~ em** llegar a; **~ de** llegar de. **-2.** [afastar-se]: **~ para lá** alejarse, correrse *RP*. **-3.** [bastar] bastar; **chega!** ¡basta! **-4.** [conseguir]: **~ a (ser) algo** llegar a (ser) algo; **~ a fazer algo** llegar a hacer algo. **-5.** [ir ao extremo]: **~ a fazer algo** llegar a hacer algo. <> *vt* **-1.** [aproximar]: **~ algo para cá** arrimar algo para acá. **-2.** [afastar]: **~ algo para lá/para o lado** apartar algo para allá/a un lado.
◆ **chegar-se** *vp* [aproximar-se] aproximarse.
cheio, cheia ['ʃeju, 'ʃeja] *adj* **-1.** [ger] lleno(na); **~ de si** lleno(na) de sí. **-2.** [gordo] rellenito(ta). **-3.** ***fam*** [far-

to]: **estar ~ (de alguém/algo)** estar harto(ta) (de alguien/algo).
◆ **cheia** *f* **-1.** [de rio] inundación *f.* **-2.** [época] época *f* de inundaciones.
◆ **em cheio** *loc adv*: **acertar em ~** acertar de lleno.
cheirar [ʃej'ra(x)] <> *vt* **-1.** [flor, perfume, comida] oler. **-2.** [cocaína] aspirar. <> *vi* **-1.** [flor, perfume, comida] oler; **~ a** oler a; **~ bem/mal** oler bien/mal. **-2.** [aspirar cocaína] aspirar cocaína.
cheiro ['ʃejru] *m* olor *m.*
cheiroso, osa [ʃej'rosu, ɔza] *adj* perfumado(da).
cheiro-verde [ˌʃeju'vexdʒi] (*pl* **cheiros-verdes**) *m* hierbas *fpl* verdes.
cheque ['ʃɛki] *m* cheque *m*; **~ especial** *cheque que tiene una cobertura máxima, incluso mayor que la de los fondos de quien lo emite*; **~ nominal/ao portador** cheque nominativo/al portador; **~ pré-datado** cheque diferido; **~ voador** *ou* **sem fundos** cheque sin fondos.
chiado ['ʃjadu] *m* **-1.** [de roda, porta] chirrido *m*, rechinido *m* ***Méx***. **-2.** [de passarinho] chillido *m.*
chiar ['ʃja(x)] *vi* **-1.** [pessoa, rato, vento] chillar. **-2.** [porta, roda] chirriar, rechinar. **-3.** ***fam*** [reclamar] chillar.
chiclete [ʃi'klɛtʃi] *m* chicle *m*; **~ de bola** chicle *m*, chicle de bola ***Méx***, chicle globero ***RP***.
chicória [ʃi'kɔrja] *f* achicoria *f.*
chicote [ʃi'kɔtʃi] *m* látigo *m*, chicote *m* ***Amér***.
chicotear [ʃiko'tʃja(x)] *vt* dar latigazos a, chicotear ***Amér***.
chifrada [ʃi'frada] *f* cornada *f.*
chifrar [ʃi'fra(x)] *vt* **-1.** [toureiro, tronco] cornear. **-2.** ***fam fig*** [marido, namorada] poner los cuernos a.
chifre ['ʃifri] *m* [de animal] cuerno *m*; **pôr ~s em *fam fig*** [em marido, namorada] poner los cuernos a.
Chile ['ʃili] *n* Chile.
chileno, na [ʃi'lenu, na] <> *adj* chileno(na). <> *m, f* chileno *m*, -na *f.*
chimarrão [ʃima'xãw] (*pl* **-ões**) *m mate cebado sin azúcar típico de la región de Río Grande do Sul*, mate *m* ***RP***.
chimpanzé [ʃĩnpãn'zɛ] *m* chimpancé *m.*
China ['ʃina] *n*: **(a) ~** (la) China.
chinelo [ʃi'nɛlu] *m* chinela *f.*
chinês, esa [ʃi'neʃ, ezа] (*pl* **-eses**, *fpl* **-s**) <> *adj* chino(na). <> *m, f* [da China] chino *m*, -na *f.*
chip ['ʃipi] *m* COMPUT chip *m.*
Chipre ['ʃipri] *n* Chipre.
chique ['ʃiki] *adj* chic, elegante.
chiqueiro [ʃi'kejru] *m* **-1.** [de porcos] pocilga *f*, chiquero *m* ***Amér***. **-2.** ***fam fig*** [bagunça] pocilga *f*, chiquero *m* ***Amér***.
chispa ['ʃiʃpa] *f* [faísca] chispa *f.*
chispar [ʃiʃ'pa(x)] *vi* [correr] chispear.
chocalhar [ʃoka'ʎa(x)] <> *vt* agitar, sacudir. <> *vi* [soar] tintinear.
chocalho [ʃo'kaʎu] *m* **-1.** MÚS cascabel *m*. **-2.** [brinquedo] sonajero *m*, sonaja *f* ***Méx***. **-3.** [de gado, cavalo] cencerro *m.*
chocante [ʃo'kãntʃi] *adj* **-1.** [assustador, ofensivo] horrible. **-2.** ***fam*** [ótimo] alucinante, bárbaro(ra) ***RP***.
chocar [ʃo'ka(x)] <> *vt* **-1.** [assustar, ofender] chocar. **-2.** ZOOL incubar, empollar. <> *vi* **-1.** [causar espanto, ofensa] chocar. **-2.** ZOOL incubar, empollar. **-3.** ***fam*** [perder o gás] perder el gas.
◆ **chocar-se** *vp* **-1.** [colidir]: **~-se (contra)** chocar (contra). **-2.** [assustar-se] chocar a alguien. **-3.** [discordar] estar en desacuerdo, chocar ***RP***.
chocho, cha ['ʃoʃu, ʃa] *adj* **-1.** [enfadonho] pesado(da). **-2.** [fruta, ovo] estropeado(da).
chocolate [ʃoko'latʃi] *m* chocolate *m.*
chofer [ʃo'fɛ(x)] (*pl* **-es**) *mf* chófer *mf* ***Esp***, chofer *mf* ***Amér***.
chope ['ʃopi] *m* caña *f* ***Esp***, chop *m* ***CSur & Méx***.
choque ['ʃɔki] *m* **-1.** [ger] choque *m*. **-2.** [elétrico] descarga *f*, patada *f* ***RP***. **-3.** MED shock *m*; **estado de ~** estado *m* de shock, shock ***RP***.
choramingas [ʃora'mĩŋgaʃ] *mf* llorón *m*, -ona *f.*
choramingo [ʃora'mĩŋgu] *m* lloriqueo *m*, llorido *m* ***Méx***.
chorão, ona [ʃo'rãw, ona] (*mpl* **-ões**, *fpl* **-onas**) <> *adj* llorón(ona), chillón *m*, -ona *f* ***Méx***. <> *m, f* [pessoa] llorón *m*, -ona *f*, chillón *m*, -ona *f* ***Méx***.
◆ **chorão** *m* BOT sauce *m* llorón.
chorar [ʃo'ra(x)] <> *vi* llorar. <> *vt* **-1.** [lágrima] llorar; **~ as mágoas** llorar las penas; **~ miséria** llorar miseria. **-2.** ***fig*** [barganhar] pedir.
choro ['ʃoru] *m* **-1.** [pranto] llanto *m*. **-2.** MÚS *música brasileña de carácter sentimental y pícaro, acompañada con flauta y guitarra.*

chorona [ʃo'rona] *f* ▻ **chorão**.
choroso, rosa [ʃo'rozu, rɔza] *adj* lloroso(sa).
chouriço [ʃo'risu] *m* morcilla *f*.
chover [ʃo've(x)] *v impess* llover.
chucro, cra [ʃu'kru, kra] *adj* **-1.** [animal] bravío(a). **-2.** [grosseiro] grosero(ra). **-3.** [ignorante] ignorante.
chuchu [ʃu'ʃu] *m* chayote *m*, papa *f* del aire *RP*; **ela reclama pra ~** *fam* se queja todo el tiempo; **está frio pra ~** *fam* hace un frío espantoso *ou* de locos *RP*; **tinha comida pra ~ na festa** *fam* había toneladas de comida en la fiesta, había comida a lo bestia en la fiesta *RP*; **pra ~** *fam* muchísimo(ma), a mogollón *Esp*.
chucrute [ʃu'krutʃi] *m* chucrut *m*.
chulé [ʃu'lɛ] *m* olor *m* a pies *ou* a queso.
chulo, lo ['ʃulu, la] *adj* vulgar.
chumaço [ʃu'masu] *m* guata *f*.
chumbar [ʃũn'ba(x)] *vt* **-1.** [cano, grade] soldar. **-2.** [rede, anzol] emplomar.
chumbo ['ʃũnbu] *m* plomo *m*.
chupar [ʃu'pa(x)] *vt* chupar.
chupeta [ʃu'peta] *f* **-1.** [de criança] chupete *m*, chupón *m* *Méx*. **-2.** *fam* AUTO: **fazer uma ~** conectar con cables.
churrascaria [ʃuxaʃka'ria] *f* parrilla *f*, parrillada *f* *RP*; **~ rodízio** parrilla bufet, diente *m* libre *Arg*, espeto *m* corrido *RP*.
churrasco [ʃu'xaʃku] *m* parrillada *m*, asado *m* *RP*.
churrasqueira [ʃuxaʃ'kejra] *f* parrilla *f*.
churrasquinho [ʃuxaʃ'kiɲu] *m* brocheta *f*, brochette *f* *RP*.
chutar [ʃu'ta(x)] ◇ *vt* **-1.** [dar chute em] dar una patada a *Esp*, chutar *Méx*, patear *RP*. **-2.** *fam* [resposta] intentar, adivinar. **-3.** *fam* [funcionário, namorado] poner de patitas en la calle a, patear *Amér*. ◇ *vi* **-1.** [dar chute] chutar, patear *RP*. **-2.** *fam* [em prova] intentar, adivinar. **-3.** *fam* [mentir] mentir, contar bolas *Esp*, meter pacos *RP*; **~ alto** *loc* contar bolas increíbles *Esp*, patearalto *Méx*, meter unos pacos increíbles *RP*.
chute ['ʃutʃi] *m* **-1.** [pontapé] puntapié *m*, patada *f*. **-2.** FUT chut *m*, disparo *m*. **-3.** *fam* [mentira] mentira *f*, bola *f* *Esp*, paco *m* *RP*. **-4.** *fam* [dispensa]: **ele levou um ~ da namorada** la novia lo puso de patitas en la calle, la novia lo pateó *Amér*; **a namorada deu um ~ nele** la novia lo puso de patitas en la calle, la novia lo pateó *Amér*.
chuteira [ʃu'tejra] *f* botas *fpl* de fútbol *Esp*, tacos *mpl* *Méx*, zapatos *mpl* de fútbol *RP*; **pendurar as ~s** [aposentar-se] colgar las botas, colgar los tenis *Méx*.
chuva ['ʃuva] *f* lluvia *f*; **~ de granizo** *ou* **pedra** granizada *f*, pedrisco *m*.
chuveirada [ʃuvej'rada] *f* ducha *f* rápida, duchazo *m* *Amér*.
chuveiro [ʃu'vejru] *m* ducha *f*.
chuviscar [ʃuviʃ'ka(x)] *vi* lloviznar.
chuvisco [ʃu'viʃku] *m* **-1.** [chuva] llovizna *f*. **-2.** CULIN *dulce en forma de gota hecho de yemas de huevo y azúcar*.
chuvoso, osa [ʃu'vozu, ɔza] *adj* lluvioso(sa).
Cia (*abrev de* **Companhia**) Cía.
CIA (*abrev de* **Central Intelligence Agency**) *f* CIA *f*.
cibernética [sibex'nɛtʃika] *f* cibernética *f*.
cibernético, ca [sibex'netʃiku, ka] *adj* cibernético(ca).
◆ **cibernética** *f* cibernética *f*.
ciberpunk [sibex'pũŋki] *mf* ciberpunk *m*.
CIC (*abrev de* **Cartão de Identificação do Contribuinte**) *m* *documento de identificación del contribuyente*, ≃ NIF *m* *Esp*.
cicatriz [sika'triʃ] (*pl* **-es**) *f* cicatriz *f*.
cicatrizar [sikatri'za(x)] ◇ *vt* cicatrizar. ◇ *vi* cicatrizar.
cicerone [sise'roni] *mf* cicerone *mf*.
ciclismo [si'kliʒmu] *m* ciclismo *m*.
ciclista [si'kliʃta] *mf* ciclista *mf*.
ciclo ['siklu] *m* ciclo *m*.
ciclone [si'kloni] *m* ciclón *m*.
ciclotimia [siclotʃi'mia] *f* PSIC ciclotimia *f*.
ciclotímico, ca [siklo'tʃimiku, ka] ◇ *adj* ciclotímico(ca). ◇ *m, f* ciclotímico *m*, -ca *f*.
ciclovia [siklo'via] *f* carril *m* bici *Esp*, ciclovía *f* *Amér*, ruta *f* de bicicleta *Méx*.
cidadã [sida'dã] *f* ▻ **cidadão**.
cidadania [sidada'nia] *f* ciudadanía *f*.
cidadão, dã [sida'dãw, dã] (*pl* **-ãos**, *fpl* **-s**) *m, f* ciudadano *m*, -na *f*.
cidade [si'dadʒi] *f* **-1.** [ger] ciudad *n*.

-**2.** [bairro central] centro *m*.

Cidade do México [si͵dadʒidu'mɛʃiku] *n* Ciudad de México.

cidade-satélite [si͵dadʒisa'tɛlitʃi] *f* ciudad *f* satélite.

cidra ['sidra] *f* cidra *f*.

ciência ['sjẽnsja] *f* -**1.** [ger] ciencia *f*. -**2.** [conhecimento] conocimiento *m*.

ciente ['sjẽntʃi] *adj* consciente.

cientificismo [sjẽntʃifi'siʒmu] *m* cientificismo *m*.

científico, ca [sjẽn'tʃifiku, ka] *adj* científico(ca).

cientista [sjẽn'tʃiʃta] *mf* científico *m*, -ca *f*.

cifrão [si'frãw] (*pl* **-ões**) *m el símbolo "$"*.

cifrar [si'fra(x)] *vt* cifrar.

cigano, na [si'gãnu, na] ◇ *adj* gitano(na). ◇ *m, f* gitano *m*, -na *f*.

cigarra [si'gaxa] *f* -**1.** ZOOL cigarra *f*, chicharra *f RP*. -**2.** [campainha] timbre *m*, chicharra *f Amér*.

cigarrilha [siga'xiʎa] *f* cigarro *m* puro.

cigarro [si'gaxu] *m* cigarrillo *m*, cigarro *m Méx*.

cilada [si'lada] *f* trampa *f*.

cilíndrico, ca [si'lĩndriku, ka] *adj* cilíndrico(ca).

cilindro [si'lĩndru] *m* cilindro *m*.

cílio ['silju] *m* pestaña *f*.

cima ['sima] *f* -**1.**: **lá em** ~ allá arriba; **andar de** ~ piso de arriba; **ainda por** ~ y encima; **de** ~ de arriba; **de** ~ **para baixo** de arriba abajo; **em** ~ **de** encima de, arriba de *Amér*; **para** ~ hacia arriba; **por** ~ **de** por encima de, por arriba de *Amér*. -**2.** *loc*: **dar em** ~ **de alguém** *fam* intentar ligar con alguien, cargar(se) a alguien *RP*.

cimentado, da [simẽn'tadu, da] *adj* -**1.** CONSTR unido(da) con cemento. -**2.** [consolidado] sellado(da).

cimentar [simẽn'ta(x)] *vt* pavimentar.

cimento [si'mẽntu] *m* cemento *m*.

cimo ['simu] *m* cima *f*.

cinco ['sĩŋku] *num* cinco *m*; *veja também* **seis**.

cineasta [si'njaʃta] *mf* cineasta *mf*.

cinegrafista [sinegra'fiʃta] *mf* [operador] cámara *mf*, cameraman *mf RP*.

cinema [si'nema] *m* cine *m*.

cinematografia [sinematogra'fia] *f* cinematografía *f*.

Cingapura [sĩŋga'pura] *n* Singapur.

cínico, ca ['siniku, ka] ◇ *adj* cínico (ca). ◇ *m, f* cínico *m*, -ca *f*.

cinismo [si'niʒmu] *m* cinismo *m*.

cinqüenta [sĩŋ'kwẽnta] *num* cincuenta *m*; *veja também* **seis**.

cinqüentão, tona [sĩŋkwẽn'tãw] (*mpl* **-ões**, *fpl* **-tonas**) ◇ *adj* cincuentón (ona). ◇ *m, f* cincuentón *m*, -ona *f*.

cinta ['sĩnta] *f* -**1.** [faixa] cinta *f*. -**2.** [feminina] faja *f*.

cinta-liga [͵sĩnta'liga] (*pl* **cintas-ligas**) *f* portaligas *m inv*, liguero *m*.

cintilar [sĩntʃi'la(x)] *vi* centellear.

cinto ['sĩntu] *m* cinturón *m*; ~ **de segurança** cinturón de seguridad.

cintura [sĩn'tura] *f* cintura *f*.

cinturão [sĩntu'rãw] (*pl* **-ões**) *m* cinturón *m*; ~ **verde** cinturón verde.

cinza ['sĩnza] ◇ *adj inv* [cor] gris. ◇ *m* [cor] gris *m*.

◆ **cinzas** *fpl* cenizas *fpl*.

cinzeiro [sĩn'zejru] *m* cenicero *m*.

cinzento, ta [sĩn'zẽntu, ta] *adj* grisáceo(a).

cio ['siw] *m* celo *m*.

CIPA (*abrev de* **Comissão Interna de Prevenção de Acidentes**) *f comisión empresarial para la prevención de accidentes de trabajo*.

cipreste [si'prɛʃtʃi] *m* ciprés *m*.

circo ['sixku] *m* circo *m*.

circuito [six'kujtu] *m* circuito *m*.

circulação [sixkula'sãw] *f* circulación *f*.

circulante [sirku'lãntʃi] *adj* -**1.** [itinerante] itinerante. -**2.** ECON: **capital** ~ capital *m* circulante.

circular [sixku'la(x)] (*pl* **-es**) ◇ *adj* circular. ◇ *m* [ônibus] circular *m*. ◇ *f* [carta, ofício] circular *f*. ◇ *vt* -**1.** [rodear] rodear, cercar. -**2.** [percorrer à roda] rodear. ◇ *vi* circular.

círculo ['sixkulu] *m* círculo *m*.

circuncisão [sixkũnsi'zãw] *f* circuncisión *f*.

circundar [sixkũn'da(x)] *vt* circundar.

circunferência [sixkũnfe'rẽnsja] *f* circunferencia *f*.

circunflexo [sixkũn'flɛksu] ◇ *adj* circunflejo. ◇ *m* circunflejo *m*.

circunscrição [sixkũnʃkri'sãw] (*pl* **-ões**) *f* [repartição] circunscripción *f*.

circunspeção [sixkũnʃpesãw] (*pl* **-ões**), **circunspecção** [sixkũnʃpek'sãw] (*pl* **-ões**) *f* circunspección *f*.

circunspecto, ta [sixkũnʃ'pɛktu, ta] *adj* circunspecto(ta).

circunstância [sixkũnʃ'tãnsja] *f* circunstancia *f*; ~**s atenuantes/agravantes** circunstancias atenuantes/ agravantes.

circunstanciado, da [sixkũnʃtãn'sjadu, da] *adj* pormenorizado(da), detallado(da).

cirurgia [sirux'ʒia] *f* cirugía *f*; ~ **plástica** cirugía plástica.

cirurgião, ã [sirux'ʒjãwʒjã] (*pl* **-ões**, *fpl* **-s**) *m, f* cirujano *m*, -na *f*.

cirurgião-dentista, cirurgiã-dentista [sirux,ʒjãwdẽn'tʃiʃta, sirux,ʒjãdẽntʃiʃta] (*mpl* **cirurgiões-dentistas**, *fpl* **cirurgiãs-dentistas**) *m, f* ciru-jano *m*, -na *f* dentista.

cirúrgico, ca [si'ruxʒiku, ka] *adj* quirúrgico(ca).

cisco ['siʃku] *m* mota *f*, pelusa *f* ***RP***.

cisma ['siʒma] <> *m* cisma *m*. <> *f* [mania] manía *f*.

cismado, da [siʒ'madu, da] *adj* desconfiado(da).

cismar [siʒ'ma(x)] <> *vt* [convencer-se de]: ~ **que** convencerse de que. <> *vi* **-1.** [teimar]: ~ **de fazer algo** insistir en hacer algo. **-2.** [antipatizar]: ~ **com** antipatizar con, tomar idea a ***RP***.

cisne ['siʒni] *m* cisne *m*.

cisterna [siʃ'tɛxna] *f* cisterna *f*.

citação [sita'sãw] (*pl* **-ões**) *f* **-1.** [de trecho, autor] cita *f*. **-2.** JUR citación *f*.

citar [si'ta(x)] *vt* citar.

cítrico, ca ['sitriku, ka] *adj* cítrico(ca).

ciúme ['sjumi] *m* celos *mpl*.

ciumento, ta [sju'mẽntu, ta] *adj* celoso(sa).

cívico, ca ['siviku, ka] *adj* cívico(ca).

civil [si'viw] (*pl* **-is**) <> *adj* civil. <> *mf* [pessoa] civil *mf*.

civilidade [sivili'dadʒi] *f* civilidad *f*.

civilização [siviliza'sãw] (*pl* **-ões**) *f* civilización *f*.

civismo [si'viʒmu] *m* civismo *m*.

cl. (*abrev de* **centilitro**) cl.

clã ['klã] (*pl* **clãs**) *m* clan *m*.

clamar [kla'ma(x)] <> *vt* clamar. <> *vi*: ~ **por/contra algo** clamar por/ contra algo.

clamor [kla'mo(x)] (*pl* **-es**) *m* clamor *m*.

clamoroso, rosa [klamo'rozu, rɔza] *adj* clamoroso(sa).

clandestino, na [klãndeʃ'tʃinu, na] *adj* clandestino(na).

clara ['klara] *f*: ~ **(de ovo)** clara *f* (de huevo).

clarabóia [klara'bɔja] *f* claraboya *f*.

clarão [kla'rãw] (*pl* **-ões**) *m* **-1.** [de raio, flash] resplandor *m*. **-2.** [claridade] claridad *f*.

clarear [kla'rja(x)] <> *vt* clarear. <> *vi* clarear.

clareira [kla'rejra] *f* [em floresta] claro *m*.

clareza [kla'reza] *f* claridad *f*.

claridade [klari'dadʒi] *f* [luz] claridad *f*.

clarim [kla'rĩ] (*pl* **-ns**) *m* clarín *m*.

clarinete [klari'netʃi] *m* clarinete *m*.

clarividente [klarivi'dẽntʃi] <> *adj* clarividente. <> *mf* [vidente] clarividente *mf*.

claro, ra ['klaru, ra] *adj* claro(ra).

◆ **claro** <> *adv* [evidentemente]: ~**!** ¡claro!; ~ **que sim!/que não!** ¡claro que sí/que no! <> *m* [em escrita, pintura] claro *m*, blanco *m* ***RP***.

◆ **às claras** *loc adv* a las claras.

◆ **em claro** *loc adv*: **passar a noite em** ~ pasar la noche en vela.

clarões [kla'rõjʃ] *pl* ▷ **clarão**.

classe ['klasi] *f* **-1.** [ger] clase *f*; ~ **média** clase media. **-2.** [em transporte]: ~ **executiva** clase ejecutiva; ~ **turística** clase turista *ou* económica; **primeira** ~ primera clase. **-3.** [categoria]: **de primeira** ~ de primera clase. **-4.** [requinte]: **de** ~ de clase.

clássico, ca ['klasiku, ka] *adj* clásico (ca).

◆ **clássico** *m* [obra-prima] clásico *m*.

classificação [klasifika'sãw] (*pl* **-ões**) *f* clasificación *f*.

classificado, da [klasifi'kadu, da] <> *adj* clasificado(da). <> *m, f* [em concurso, competição] clasificado *m*, -da *f*.

◆ **classificados** *mpl* [seção] anuncios *mpl* clasificados, clasificados *mpl* *Amér*.

classificar [klasifi'ka(x)] *vt* clasificar.

◆ **classificar-se** *vp* clasificarse; ~**-se em primeiro lugar** clasificarse en primer lugar.

claudicante [klawdʒi'kãntʃi] *adj* [capengante] renqueante.

claustro ['klawʃtru] *m* claustro *m*.

claustrofobia [klawʃtrofo'bia] *f* claustrofobia *f*.

cláusula ['klawzula] *f* claúsula *f*.

clausura [klaw'zura] *f* clausura *f*.

clave ['klavi] *f* MÚS clave *f*.

clavícula [kla'vikula] *f* clavícula *f*.

clemência [kle'mẽnsja] *f* clemencia *f*.

clero ['klɛru] *m* clero *m*.

clicar [kli'ka(x)] *vi* hacer clic, clicar

Méx, machucar *Perú*, apretar *RP*.
clichê [kli'ʃe] *m* cliché *m*; **segundo** ~ segunda edición.
cliente [kli'ẽntʃi] *mf* cliente *mf*.
clientela [kliẽn'tɛla] *f* clientela *f*.
clima ['klima] *m* clima *m*.
clímax ['klimaks] *m inv* clímax *m*.
clínica ['klinika] *f* ▷ **clínico**.
clínico, ca ['kliniku, ka] ◇ *adj* clínico(ca). ◇ *m, f* [médico] clínico *m*, -ca *f*; ~ **geral** médico *m*, -ca *f* de cabecera *ou* general *RP*, doctor *m*, -ra *f* general *Méx*.
◆ **clínica** *f* clínica *f*.
clipe ['klipi] *m* **-1.** [videoclipe] videoclip *m*. **-2.** [para papéis] clip *m*.
clitóris [kli'tɔriʃ] *m inv* clítoris *m inv*.
clonagem [klo'naʒẽ] (*pl* **-ns**) *f* BIOL clonación *f*.
clonar [klo'na(x)] *vt* BIOL clonar.
cloro ['klɔru] *m* cloro *m*.
clorofila [kloro'fila] *f* clorofila *f*.
clorofórmio [kloro'fɔxmju] *m* cloroformo *m*.
close ['klozi] *m* primer plano *m*.
CLT (*abrev de* **Consolidação das Leis do Trabalho**) *f leyes que regulan los derechos y deberes de los trabajadores*.
clube ['klubi] *m* club *m*.
cm (*abrev de* **centímetro**) cm.
CNH (*abrev de* **Carteira Nacional de Habilitação**) *f* permiso *m* de conducir.
coação [koa'sãw] *f* coacción *f*.
coadjuvante [kwadʒu'vãntʃi] ◇ *adj* **-1.** [ator, atriz] secundario(ria), coadyuvante *RP*. **-2.** [criminoso] cómplice. ◇ *mf* **-1.** [ger] secundario *m*, -ria *f*, coadyuvante *mf RP*. **-2.** [cúmplice] coautor *m*, -ra *f*, cómplice *mf*.
coador [kwa'do(x)] (*pl* **-es**) *m* colador *m*.
coagir [kwa'ʒi(x)] *vt*: ~ **alguém (a)** coaccionar a alguien (a).
coagulação [kwagula'sãw] (*pl* **-ões**) *f* [do sangue] coagulación *f*.
coagular [kwagu'la(x)] ◇ *vt* **-1.** [sangue] coagular. **-2.** [leite] cuajar. ◇ *vi* **-1.** [sangue] coagularse. **-2.** [leite] cuajarse.
◆ **coagular-se** *vp* **-1.** [sangue] coagularse. **-2.** [leite] cuajarse.
coágulo ['kwagulu] *m* coágulo *m*.
coalhado, da [kwa'ʎadu, da] *adj* **-1.** [leite] cuajado(da). **-2.** [cheio]: ~ **de** lleno(na) *ou* repleto(ta) de.
◆ **coalhada** *f* cuajada *f*.
coalhar [kwa'ʎa(x)] ◇ *vt* cuajar. ◇ *vi* cuajarse.
coalizão [kwali'zãw] (*pl* **-ões**) *f* coalición *f*.
coar ['kwa(x)] *vt* colar.
cobaia [ko'baja] *f* conejillo *m* de Indias, cobaya *f*.
cobalto [ko'bawtu] *m* cobalto *m*.
coberto, ta [ko'bɛxtu, ta] ◇ *pp* ▷ cobrir. ◇ *adj* cubierto(ta).
◆ **coberta** *f* **-1.** [colcha] colcha *f*. **-2.** [cobertor] manta *f*, cobija *f* **Andes** & **Méx**, frazada *f RP*. **-3.** [cobertura, telhado] cubierta *f*.
cobertura [kobex'tura] *f* **-1.** [telhado] cubierta *f*. **-2.** [apartamento] ático *m*, cobertura *f* **Arg**, penthouse *m* **Urug**. **-3.** [calda] baño *m*. **-4.** [proteção] protección *f*; **dar** ~ **a** dar protección a. **-5.** [de notícia, seguro] cobertura *f*.
cobiça [ko'bisa] *f* codicia *f*.
cobiçar [kobi'sa(x)] *vt* codiciar.
cobra ['kɔbra] ◇ *adj* **fam** [perito] experto(ta), crack **Urug**. ◇ *f* **-1.** ZOOL serpiente *f*. **-2.** **pej** [mau-caráter] víbora *f*. ◇ *mf* **fam** [perito] as *mf*, crack *mf* **Urug**.
cobrador, ra [kobra'do(x), ra] (*mpl* **-es**, *fpl* **-s**) *m, f* cobrador *m*, -ra *f*.
cobrança [ko'brãnsa] *f* **-1.** [de taxa, passagem, ingresso] cobro *m*. **-2.** **fig** [exigência] exigencia *f*, reclamo *m RP*. **-3.** ESP ejecución *f*; ~ **de pênalti** FUT ejecución de un penalti *ou* penal *RP*.
cobrar [ko'bra(x)] *vt* **-1.** [ger] cobrar. **-2.** **fig** [promessa] pasar cuenta por, cobrar **Méx**, exigir el cumplimiento de *RP*; [favor] cobrarse. **-3.** ESP lanzar, cobrar **Amér**; ~ **um pênalti** FUT lanzar *ou* cobrar **Amér** un penalti, cobrar un penalti **Méx**.
cobre ['kɔbri] *m* **-1.** [metal] cobre *m*. **-2.** [dinheiro miúdo] centavo *m*.
cobrir [ko'bri(x)] *vt* [ger] cubrir.
◆ **cobrir-se** *vp* [ocultar-se, resguardar-se] cubrirse.
cocada [ko'kada] *f dulce hecho con coco y azúcar*, cocada *f* **Méx**.
cocaína [koka'ina] *f* cocaína *f*.
coçar [ko'sa(x)] *vt* rascar.
◆ **coçar-se** *vp* rascarse.
cocar [ko'ka(x)] *m* penacho *m*.
cócegas ['kɔsigaʃ] *fpl*: **fazer** ~ **em alguém** hacer cosquillas a alguien; **sentir** ~ tener cosquillas.
coceguento, ta [kose'gẽntu, ta] *adj* cosquilloso(sa).
coceira [ko'sejra] *f* [sensação] picazón *f*.

cochichar [koʃi'ʃa(x)] *vi* cuchichear.

cochilar [koʃi'la(x)] *vi* dormitar.

cochilo [ko'ʃilu] *m* siesta *f*, cabezada *f Esp*; **tirar um ~** dormir una siesta, echar una cabezada *Esp*, sestear *Amér*.

coco ['koku] *m* **-1.** [fruta] coco *m*. **-2.** *fam fig* [cabeça] coco *m*, mate *m RP*.

cocô [ko'ko] *m fam* caca *f*.

cócoras ['kɔkoraʃ] ◆ **de cócoras** *loc adv* en cuclillas.

codificação [kodʒiʃika'sãw] (*pl* **-ões**) *f* COMPUT codificación *f*.

código ['kɔdʒigu] *m* código *m*; **~ civil** código civil; **~ de barras** código de barras; **~ Morse** alfabeto Morse.

codorna [ko'dɔxna] *f* codorniz *f*.

co-editor, ra [koedʒi'to(x), ra] (*mpl* **-res**, *fpl* **-ras**) *m, f* coeditor *m*, -ra *f*.

coeficiente [koefi'sjẽntʃi] *m* **-1.** MAT coeficiente *m*. **-2.** *fig* [fator] factor *m*.

coelho ['kweʎu] *m* conejo *m*.

coentro ['kwẽntru] *m* cilantro *m*.

coerção [koex'sãw] *f* coacción *f*.

coercitivo, va [koexsi'tʃivu, va], **coercivo, va** [koex'sivu, va] *adj* coercitivo(va).

coerência [koe'rẽnsja] *f* coherencia *f*.

coerente [koe'rẽntʃi] *adj* coherente.

coesão [koe'zãw] *f* cohesión *f*.

COFINS (*abrev de* **Contribuição para o Financiamento da Seguridade Social**) *m* *cotización a la Seguridad Social de las personas jurídicas*.

cofre ['kɔfri] *m* **-1.** [móvel de metal] caja *f* fuerte. **-2.** [caixa] cofre *m*.

cofre-forte [ˌkɔfri'fɔxtʃi] (*pl* **cofres-fortes**) *m* caja *f* fuerte.

cogitar [koʒi'ta(x)] ◇ *vt* **-1.** [considerar] considerar. **-2.** [planejar]: **~ fazer algo** planear hacer algo. ◇ *vi* [refletir] reflexionar.

cogumelo [kogu'mɛlu] *m* hongo *m*, seta *f Esp*, champiñón *m Amér*.

COI (*abrev de* **Comitê Olímpico Internacional**) *m* COI *m*.

coibir [koj'bi(x)] *vt* reprimir; **~ alguém de fazer algo** impedir a alguien hacer algo.

coice ['kojsi] *m* **-1.** [de animal] coz *m*, patada *f*; **dar um ~ em** *fig* dar una patada a. **-2.** [de arma] retroceso *m*.

coincidência [koĩnsi'dẽnsja] *f* coincidencia *f*.

coincidente [koĩnsi'dẽntʃi] *adj* coincidente.

coincidentemente [koĩnsidẽntʃi'mẽntʃi] *adv* coincidentemente.

coincidir [koĩnsi'di(x)] *vi* **-1.** [eventos, datas] coincidir. **-2.** [concordar]: **~ (em)** coincidir (en).

coisa ['kojza] *f* **-1.** cosa *f*. **-2.** *loc*: **não dizer ~ com ~** decir disparates; **que ~!** ¡qué barbaridad! *Esp*, ¡qué cosa! *Amér*.

◆ **coisa de** *loc adv* cerca de *Esp*, cosa de *Amér*.

coitado, da [koj'tadu, da] ◇ *adj* [pessoa] pobrecito(ta), pobre; **coitado!** ¡pobrecito!, ¡pobre! ◇ *m, f* desgraciado *m*, -da *f*, pobrecito *m*, -ta *f Esp*.

coito ['kojtu] *m* coito *m*; **~ anal** coito anal.

cola ['kɔla] *f* **-1.** [adesivo] cola *f*, pegamento *m*. **-2.** *fam* EDUC [ato] copiar *m*. **-3.** *fam* EDUC [objeto] chuleta *f Esp & Ven*, machete *m Arg*, torpedo *m Chile*, comprimido *m Col & Perú*, acordeón *m Méx*, trencito *m Urug*.

colaboração [kolabora'sãw] (*pl* **-ões**) *f* colaboración *f*.

colaborador, ra [kolabora'do(x), ra] *m, f* colaborador *m*, -ra *f*.

colaborar [kolabo'ra(x)] *vi* **-1.** [ajudar] colaborar; **~ com alguém (em algo)** colaborar con alguien (en algo). **-2.** [em jornal *etc*]: **~ em algo** colaborar en algo.

colagem [ko'laʒẽ] (*pl* **-ns**) *f* **-1.** [ato] encolado *m*, engomado *m*. **-2.** ARTE collage *m*.

colante [ko'lãntʃi] *adj* [roupa] ceñido (da), justo(ta) *RP*.

colapso [ko'lapsu] *f* colapso *m*; **~ cardíaco** colapso cardíaco; **~ nervoso** colapso nervioso.

colar [ko'la(x)] (*pl* **-es**) ◇ *m* [ornato] collar *m*. ◇ *vt* **-1.** [ger] pegar. **-2.** *fam* EDUC copiar. ◇ *vi* **-1.** [grudar] pegarse. **-2.** *fam* EDUC copiar.

colarinho [kola'riɲu] *m* **-1.** [de camisa] cuello *m*. **-2.** *fam* [de cerveja] espuma *f*; **com/sem ~** con/sin espuma.

colateral [kolate'raw] (*pl* **-ais**) *adj* ▷ **efeito**.

colcha ['kowʃa] *f* colcha *f*.

colchão [kow'ʃãw] (*pl* **-ões**) *m* colchón *m*.

colcheia [kow'ʃeja] *f* MÚS corchea *f*.

colchete [kow'ʃetʃi] *m* **-1.** [de roupa] corchete *m Esp*, broche *m Méx*, ganchito *m RP*; **~ de gancho** corchete *Esp*, broche de gancho *Méx*, ganchito *RP*; **~ de pressão** corchete de presión *Esp*, broche

de presión *Amér.* **-2.** [sinal] corchete *m.*
colchões [kow'ʃõjʃ] *pl* ▷ **colchão.**
colchonete [kowʃo'nɛtʃi] *m* colchoneta *f.*
coleção [kole'sãw] (*pl* **-ões**) *f* colección *f.*
colecionador, ra [kolesjona'do(x), ra] (*mpl* **-res**, *fpl* **-s**) *m, f* coleccionista *mf*, coleccionador *m*, -ra *f* ***RP.***
colecionar [kolesjo'na(x)] *vt* coleccionar.
colega [ko'lɛga] *mf* colega *mf.*
colegial [kole'ʒjaw] (*pl* **-ais**) ◇ *adj* colegial. ◇ *mf* colegial *mf.*
colégio [ko'lɛʒju] *m* colegio *m.*
coleira [ko'lejra] *f* collar *m.*
cólera ['kɔlera] ◇ *f* [ira] cólera *f.* ◇ *m* OU *f* MED cólera *m.*
colérico, ca [ko'lɛriku, ka] ◇ *adj* [irado] colérico(ca). ◇ *m, f* MED enfermo *m*, -ma *f* de cólera.
colesterol [koleʃte'rɔw] *m* colesterol *m.*
coleta [ko'lɛta] *f* **-1.** [colheita] colecta *f*, recolección *f* ***RP.*** **-2.** [imposto] recaudación *f.*
coletar [kole'ta(x)] *vt* **-1.** [quantia] recaudar. **-2.** [angariar, recolher] recolectar.
colete [ko'letʃi] *m* chaleco *m*; ~ **salva-vidas** chaleco salvavidas.
coletivo, va [kole'tʃivu, va] *adj* colectivo(va).
◆ **coletivo** *m* [ônibus] autobús *m* ***Esp***, colectivo *m* ***Arg***, camión *m* ***CAm*** & ***Méx***, guagua *f* ***Cuba***, ómnibus *m* ***Cuba*** & ***Urug.***
coletor, ra [kole'to(x), ra] *m, f* [de impostos] recaudador *m*, -ra *f.*
colheita [ko'ʎejta] *f* cosecha *f.*
colher[1] [ko'ʎɛ(x)] (*pl* **-es**) *f* [talher] cuchara *f*; ~ **de chá** cucharita *f* de té; ~ **de sobremesa/sopa** cuchara de postre/de sopa.
colher[2] [ko'ʎe(x)] *vt* recoger.
colherada [koʎe'rada] *f* cucharada *f.*
colibri [koli'bri] *m* colibrí *m*, chupamirto *m* ***Méx***, picaflor *m* ***RP.***
cólica ['kɔlika] *f* cólico *m.*
colidir [koli'dʒi(x)] *vi* [chocar-se] chocar, colisionar; ~ **com** OU **contra** chocar con OU contra.
coligação [koliga'sãw] (*pl* **-ões**) *f* coalición *f.*
coligir [koli'ʒi(x)] *vt* compilar.
colina [ko'lina] *f* colina *f.*
colírio [ko'lirju] *m* colirio *m.*
colisão [koli'zãw] (*pl* **-ões**) *f* colisión *f.*
collant [ko'lã] *m* leotardos *mpl*, malla *f*, payasito *m* ***Méx.***
colméia [kow'mɛja] *f* colmena *f.*
colo ['kɔlu] *m* **-1.** [ger] cuello *m.* **-2.** [regaço] regazo *m*, falda *f.*
colocação [koloka'sãw] (*pl* **-ões**) *f* **-1.** [ger] colocación *f.* **-2.** [posição] colocación *f*, ubicación *f* ***Amér.*** **-3.** [em concurso, competição] lugar *m.* **-4.** [observação] planteamiento *m*, planteo *m* ***RP.***
colocar [kolo'ka(x)] *vt* **-1.** [ger] colocar. **-2.** [situar - no espaço] colocar, ubicar ***Amér.*** **-3.** [instalar] poner. **-4.** [levantar] plantear.
◆ **colocar-se** *vp* **-1.** [pôr-se] colocarse. **-2.** [em concurso, competição] colocarse, ubicarse ***Amér.*** **-3.** [imaginar-se]: ~**-se no lugar de alguém** ponerse en el lugar de alguien.
Colômbia [ko'lõnbja] *n* Colombia.
colombiano, na [kolõn'bjãnu, na] ◇ *adj* colombiano(na). ◇ *m, f* colombiano *m*, -na *f.*
cólon ['kɔlõ] *m* ANAT colon *m.*
colônia [ko'lonja] *f* colonia *f*; ~ **de férias** colonia de vacaciones; **água de** ~ agua de colonia.
colonial [kolo'njaw] (*pl* **-ais**) *adj* colonial.
colonização [koloniza'sãw] *f* colonización *f.*
colonizador, ra [koloniza'do(x), ra] ◇ *adj* [nação, esforço] colonizador(ra). ◇ *m, f* [pessoa] colonizador *m*, -ra *f.*
colono, na [ko'lonu, na] *m, f* colono *m*, -na *f.*
coloquial [kolo'kjaw] (*pl* **-ais**) *adj* coloquial.
coloquialismo [kolokja'liʒmu] *m* tono *m* coloquial.
colóquio [ko'lɔkju] *m* [congresso] coloquio *m.*
colorido, da [kolo'ridu, da] *adj* coloreado(ra).
◆ **colorido** *m* colorido *m.*
colorir [kolo'ri(x)] *vt* **-1.** [dar cor a] colorear. **-2.** *fig* [avivar] dar color a.
coluna [ko'luna] *f* columna *f*; ~ **vertebral** columna vertebral; ~ **social** eco *m* de sociedad ***Esp***, sociales *mpl* ***Amér.***
colunável [kolu'navew] (*pl* **-eis**) ◇ *adj*: **pessoa** ~ famoso *m*; **evento** ~ fiesta *f* de sociedad. ◇ *mf* [celebridade] celebridad *f.*

colunista [kolu'niʃta] *mf* columnista *mf.*

com [kõ] *prep* **-1.** [companhia] con; **mora ~ um amigo** vive con un amigo; **~ quem você vai?** ¿con quién vas?; [relativo a modo] con; **~ cuidado** con cuidado; **olhou para mim ~ desprezo** me miró con desprecio; [relativo a instrumento] con; **escreve ~ a mão direita** escribe con la mano derecha; **~ o tempo, conseguiu superar o trauma** con el tiempo, logró superar el trauma; [relativo a estado] con; **estar ~ dor de cabeça/fome** tener dolor de cabeza/hambre; **estar ~ pressa** tener prisa *ou* afán *Col*, estar apurado(da) *RP.* **-2.** [por causa de] con; **~ a seca, diminuiu a produção de grãos** con la sequía, disminuyó la producción de granos. **-3.** [apesar de] con; **~ todo esse trabalho, ele ainda encontra tempo para estudar** con todo ese trabajo igual encuentra tiempo para estudiar; **você vai jogar bola ~ chuva?** ¿con esta lluvia vas a jugar a la pelota?; **~ 86 anos, ele continua cheio de energia** con 86 años, sigue repleto de energía. **-4.** *(em loc prep)* con; **~ relação a** con relación a; **~ vistas a** con el fin de; **de acordo ~** de acuerdo con; **em parceria ~** en sociedad con.

coma ['koma] *m* MED coma *m.*

comadre [ko'madri] *f* **-1.** [ger] comadre *f.* **-2.** [urinol] chata *f*, bacínica *f* *Méx.*

comandante [komãn'dãntʃi] *mf* comandante *mf.*

comandar [komãn'da(x)] *vt* comandar.

comando [ko'mãndu] *m* comando *m.*

combate [kõn'batʃi] *m* combate *m*; **fora de ~** *fig* fuera de combate.

combater [kõnba'te(x)] <> *vt* [lutar contra, opor-se a] combatir. <> *vi* [belicamente] combatir.

combinação [kõnbina'sãw] (*pl* **-ões**) *f* **-1.** [ger] combinación *f.* **-2.** [acordo] acuerdo *m.* **-3.** [plano] plan *m.*

combinar [kõnbi'na(x)] <> *vt* **-1.** [associar, reunir] combinar. **-2.** [encontro, fuga] planear; **combinado!** ¡de acuerdo!, ¡hecho! <> *vi* **-1.** [planejar]: **~ de fazer algo** ponerse de acuerdo para hacer algo, quedar de hacer algo *RP.* **-2.** [cores, roupas] combinar; **~ com algo** combinar con algo.

comboio [kõn'boju] *m* **-1.** [caravana] convoy *m.* **-2.** [de navios] convoy *m.*

combustível [kõnbuʃ'tʃivɛw] (*pl* **-eis**) <> *adj* combustible. <> *m* combustible *m.*

começar [kome'sa(x)] <> *vt* empezar, comenzar. <> *vi* empezar, comenzar; **~ a fazer algo** empezar *ou* comenzar a hacer algo; **~ por** empezar *ou* comenzar por.

começo [ko'mesu] *m* comienzo *m*, principio *m* *RP.*

comédia [ko'mɛdʒja] *f* comedia *f.*

comedido, da [kome'dʒidu, da] *adj* comedido(da).

comemoração [komemora'sãw] (*pl* **-ões**) *f* [de vitória, sucesso] celebración *f*, festejo *m* *Amér*; [de aniversário] fiesta *f.*

comemorar [komemo'ra(x)] *vt* celebrar, festejar *Amér.*

comentar [komẽn'ta(x)] *vt* **-1.** [fato, festa, incidente] comentar. **-2.** [observar]: **~ que** comentar que.

comentário [komẽn'tarju] *m* [sobre fato, festa] comentario *m*; **fazer um ~** hacer un comentario.

comentarista [komẽnta'riʃta] *mf* comentarista *mf*; **~ esportivo** comentarista deportivo; **~ político** comentarista político.

comer [ko'me(x)] (*pl* **-es**) <> *vt* **-1.** [ger] comer. **-2.** *vulg fig* [sexualmente] follar *Esp*, coger *Amér.* <> *vi* [alimentar-se] comer; **dar de ~ a alguém** dar de comer a alguien.

comercial [komex'sjaw] (*pl* **-ais**) <> *adj* comercial. <> *m* [anúncio] anuncio *m*, comercial *m* *Col* & *RP*, anuncio *m* publicitario *Méx*, propaganda *f* *RP.*

comercialização [komexsjaliza'sãw] (*pl* **-ões**) *f* comercialización *f.*

comercializar [komexsjali'za(x)] *vt* comercializar.

comerciante [komex'sjãntʃi] *mf* comerciante *mf.*

comerciar [komex'sja(x)] *vi* comerciar.

comércio [ko'mɛxsju] *m* comercio *m.*

comes ['kɔmiʃ] *mpl fam*: **~ e bebes** comida *f* y bebida, comestible *m* y bebestible *RP.*

comestíveis [komeʃ'tʃivejʃ] *mpl* comestibles *mpl.*

comestível [komeʃ'tʃivɛw] (*pl* **-eis**) *adj* comestible.

cometa [ko'meta] *m* cometa *m.*

cometer [kome'te(x)] *vt* cometer.

comichão [komi'ʃãw] (*pl* -**ões**) *f* picazón *f*, comezón *f*.

comício [ko'misju] *m* mitin *m*, acto *m* político *RP*.

cômico, co ['komiku, ka] ◇ *adj* cómico(ca). ◇ *m, f* [comediante] cómico *m*, -ca *f*.

comida [ko'mida] *f* comida *f*; ~ **caseira** comida casera.

comigo [ko'migu] *pron* conmigo; **pensei que não era** ~ pensé que no era para mí; **deixa** ~**!** ¡déjame a mí!; **pensei** ~ pensé para mis adentros.

comilão, lona [komi'lãw, lona] (*mpl* -**ões**, *fpl* -**s**) ◇ *adj* glotón(ona), tragón(ona) *Méx*, comilón(ona) *RP*. ◇ *m, f* glotón *m*, -ona *f*, tragón *m*, -ona *f Méx*, comilón *m*, -ona *f RP*.

cominho [ko'miɲu] *m* comino *m*.

comiserar-se [komize'raxsi] *vp* compadecerse; ~ **(de)** compadecerse de.

comissão [komi'sãw] (*pl* -**ões**) *f* comisión *f*.

comissário, ria [komi'sarju, rja] *m, f* comisario *m*, -ria *f*; ~ **de bordo** auxiliar *mf* de vuelo.

comissionar [komisjo'na(x)] *vt* -**1.** [encarregar] encargar. -**2.** [confiar] confiar.

comitê [komi'te] *m* comité *m*.

comitiva [komi'tʃiva] *f* comitiva *f*.

como ['komu] ◇ *adv* -**1.** [ger] como. -**2.** [interrogativo] cómo. -**3.** [comparativo]: **tão ...** ~ **...** tan ... como ...; **ser** ~ **algo/alguém** ser como algo/alguien. -**4.** [exclamativo] cómo; **e** ~**!** *fam* ¡ya lo creo!, ¡y cómo!; ~ **não!** [pois não] ¡cómo no! ◇ *conj* como.

◆ **como que** *loc adv* como.

◆ **como quer que** *loc conj* como quiera que.

◆ **como se** *loc conj* como si.

comoção [komo'sãw] (*pl* -**ões**) *f* -**1.** [abalo] conmoción *f*. -**2.** [revolta] motín *m*.

cômoda ['komoda] *f* cómoda *f*.

comodidade [komodʒi'dadʒi] *f* comodidad *f*.

comodismo [komo'dʒiʒmu] *m* abandono *m*.

comodista [komo'dʒiʃta] ◇ *adj* comodón(ona). ◇ *mf* comodón *m*, -ona *f*.

cômodo, da ['komodu, da] *adj* cómodo(da).

◆ **cômodo** *m* [aposento] habitación *f*.

comovente [komo'vẽntʃi], **comovedor, ra** [komove'do(x), ra] *adj* conmovedor(ra).

comover [komo've(x)] ◇ *vt* conmover. ◇ *vi* conmover.

◆ **comover-se** *vp* conmoverse.

comovido, da [komo'vidu, da] *adj* conmovido(da).

compacto, ta [kõm'paktu, ta] *adj* compacto(ta).

◆ **compacto** *m* [disco] sencillo *m*, single *m*.

compadecer-se [kõnpade'sexsi] *vp*: ~ **de** compadecerse de.

compadecido, da [kõnpade'sidu, da] *adj* compasivo(va).

compadre [kõn'padri] *m* -**1.** [padrinho do filho] compadre *m*. -**2.** *fam* [companheiro] amigo *m*, compadre *m Méx*.

compaixão [kõnpaj'ʃãw] *f* compasión *f*.

companheirismo [kõnpaɲej'riʒmu] *m* compañerismo *m*.

companheiro, ra [kõnpa'ɲejru, ra] *m, f* -**1.** [ger] compañero *m*, -ra *f*. -**2.** *fam* [amigo] compañero *m*, -ra *f*.

companhia [kõnpa'ɲia] *f* compañía *f*; **fazer** ~ **a alguém** hacer compañía a alguien; **em** ~ **de** en compañía de.

comparação [kõnpara'sãw] (*pl* -**ões**) *f* comparación *f*.

comparar [kõnpa'ra(x)] *vt*: ~ **algo/alguém (com)** comparar algo/a alguien (con).

comparável [kõnpa'ravew] (*pl* -**eis**) *adj* comparable.

comparecer [kõnpare'se(x)] *vi* -**1.** [a reunião, encontro, prova]: ~ **(a)** comparecer (a), presentarse (a). -**2.** [a festa]: ~ **(a)** aparecer (en *ou* por).

comparecimento [kõnparesi'mẽntu] *m* comparecencia *f*.

comparsa [kõn'paxsa] *mf* -**1.** [cúmplice] cómplice *mf*. -**2.** TEATRO comparsa *f*.

compartilhar [kõnpaxtʃi'ʎa(x)] ◇ *vt* [partilhar] compartir. ◇ *vi* [participar]: ~ **de** participar de.

compartimento [kõnpaxtʃi'mẽntu] *m* -**1.** [divisão] compartimento *m*. -**2.** [aposento] habitación *f*, pieza *f Amér*, recámara *f Méx*.

compartir [kõnpax'tʃi(x)] = **compartilhar**.

compassado, da [kõnpa'sadu, da] *adj* -**1.** [pausado, cadenciado] acompasado(da). **-2.** [comedido] moderado (da).

compassivo, va [kõnpa'sivu, va] *adj* compasivo(va).

compasso [kõn'pasu] *m* [instrumento] compás *m*.

compatível [kõnpa'tʃivɛw] (*pl* **-eis**) *adj* compatible.

compatriota [kõnpatri'ɔta] *mf* compatriota *mf*.

compelir [kõnpe'li(x)] *vt*: ~ **alguém a** empujar a alguien a.

compêndio [kõn'pẽndʒju] *m* compendio *m*.

compensação [kõnpẽnsa'sãw] (*pl* **-ões**) *f* compensación *f*; **em** ~ para compensar, en compensación.

compensado [kõnpẽn'sadu] *m* [madeira] aglomerado *m*, conglomerado *m*, compensado *m* ***RP***.

compensar [kõnpẽn'sa(x)] ◇ *vt* compensar. ◇ *vi* [valer a pena] compensar.

competência [kõnpe'tẽnsja] *f* competencia *f*.

competente [kõnpe'tẽntʃi] *adj* competente.

competição [kõnpetʃi'sãw] (*pl* **-ões**) *f* **-1.** [disputa, concorrência] competencia *f*. **-2.** *ESP* competición *f*, competencia *f* ***Amér***.

competidor, ra [kõnpetʃi'do(x), ra] *m, f* *ESP* competidor *m*, -ra *f*.

competir [kõnpe'tʃi(x)] *vi* competir.

compilação [kõnpila'sãw] *f* compilación *f*.

compilar [kõnpi'la(x)] *vt* compilar.

complacente [kõnpla'sẽntʃi] *adj* complaciente.

complementar [kõnplemẽn'ta(x)] (*pl* **-es**) ◇ *adj* complementario(ria). ◇ *vt* complementar.

complemento [kõnple'mẽntu] *m* complemento *m*.

completar [kõnple'ta(x)] *vt* **-1.** [terminar] completar. **-2.** [idade] cumplir. **-3.** [com gasolina] llenar.

completo, ta [kõn'plɛtu, ta] *adj* **-1.** [terminado] completo(ta). **-2.** [idade] cumplido(da). **-3.** [tanque] lleno(na).
◆ **por completo** *loc adv* [inteiramente] por completo.

complexo, xa [kõn'plɛksu, ksa] *adj* complejo(ja).
◆ **complexo** *m* complejo *m*.

complicado, da [kõnpli'kadu, da] *adj* complicado(da).

complicar [kõnpli'ka(x)] *vt* [tornar complexo] complicar.

complô [kõn'plo] *m* complot *m*.

componente [kõnpo'nẽntʃi] *m* componente *m*.

compor [kõn'po(x)] ◇ *vt* **-1.** [ger] componer. **-2.** [discurso, livro] escribir. **-3.** [enfeitar] arreglar. **-4.** [aliança, acordo] establecer. ◇ *vi* componer.
◆ **compor-se** *vp* **-1.** [ser integrado por]: ~**-se de** componerse de. **-2.** [controlar-se] recomponerse.

comporta [kõn'pɔxta] *f* compuerta *f*.

comportamento [kõnpoxta'mẽntu] *m* comportamiento *m*.

comportar [kõnpox'ta(x)] *vt* **-1.** [suportar] tener capacidad para. **-2.** [conter] contener.
◆ **comportar-se** *vp* comportarse.

composição [kõnpozi'sãw] (*pl* **-ões**) *f* composición *f*.

compositor, ra [kõnpozi'to(x), ra] (*mpl* **-es**, *fpl* **-s**) *m, f* *MÚS* compositor *m*, -ra *f*.

composto, ta [kõn'poʃtu, ta] ◇ *pp* ▷ **compor**. ◇ *adj* **-1.** [de elementos] compuesto(ta). **-2.** [sério] serio(ria).
◆ **composto** *m* *QUÍM* compuesto *m*.

compostura [kõnpoʃ'tura] *f* compostura *f*.

compota [kõn'pɔta] *f* compota *f*.

compra ['kõnpra] *f* compra *f*; **fazer** ~**s** hacer las compras.

comprar [kõn'pra(x)] *vt* comprar; ~ **a briga de alguém** *loc* salir en defensa de alguien.

compreender [kõnprjẽn'de(x)] *vt* comprender.

compreensão [kõnprjẽ'sãw] *f* comprensión *f*.

compreensivo, va [kõnprjẽ'sivu, va] *adj* comprensivo(va).

compressor, ra [kõnpre'so(x), ra] *adj* ▷ **rolo**.

comprido, da [kõn'pridu, da] *adj* **-1.** [longo] largo(ga). **-2.** [alto] alto(ta).

comprimento [kõnpri'mẽntu] *m* longitud *f*, largo *m*.

comprimido, da [kõnpri'midu, da] *adj* comprimido(da).
◆ **comprimido** *m* comprimido *m*.

comprimir [kõnpri'mi(x)] *vt* comprimir.

comprometer [kõnprome'te(x)] *vt* comprometer.
◆ **comprometer-se** *vp* [assumir compromisso]: ~**-se (com)** comprometerse (con).

comprometido, da [kõnprome'tʃidu, da] *adj* comprometido(da).

compromisso [kõnpro'misu] *m* compromiso *m*; **sem ~** sin compromiso.
comprovante [kõnpro'vantʃi] <> *adj* comprobante. <> *m* comprobante *m*.
comprovar [kõnpro'va(x)] *vt* comprobar.
compulsão [kõnpuw'sãw] (*pl* **-ões**) *f* compulsión *f*.
compulsivo, va [kõnpuw'sivu, va] *adj* compulsivo(va).
compulsório, ria [kõnpuw'sɔrju, rja] *adj* obligatorio(ria).
computação [kõnputa'sãw] *f* **-1.** [ato] cómputo *m*. **-2.** [ciência, curso] informática *f*, computación *f* ***Amér***.
computador [kõnputa'do(x)] (*pl* **-es**) *m* ordenador *m* ***Esp***, computadora *f* ***Amér***; **~ pessoal** ordenador personal ***Esp***, computadora personal ***Amér***.
computadorizar [kõnputadori'za(x)] *vt* informatizar, computarizar ***Amér***.
computar [kõnpu'ta(x)] *vt* computar.
comum [ko'mũ] (*pl* **-ns**) <> *adj* común; **ter algo em ~** tener algo en común. <> *m* [usual]: **o ~** lo común; **fora do ~** [extraordinário] fuera de lo común.
comungar [komũn'ga(x)] *vi* comulgar; **~ de** ***fig*** comulgar con.
comunhão [komu'ɲãw] (*pl* **-ões**) *f* comunión *f*; **~ de bens** [em matrimônio] comunidad *f* de bienes, bienes *mpl* mancomunados ***Méx***.
comunicação [komunika'sãw] (*pl* **-ões**) *f* comunicación *f*.
comunicar [komuni'ka(x)] *vt* **-1.** [informar sobre]: **~ algo (a alguém)** comunicar algo (a alguien). **-2.** [ligar] comunicar.
◆ **comunicar-se** *vp* **-1.** [dialogar, entender-se] comunicarse. **-2.** [entrar em contato]: **~-se com** comunicarse con.
comunicativo, va [komunika'tʃivu, va] *adj* comunicativo(va).
comunidade [komuni'dadʒi] *f* comunidad *f*; **Comunidade Européia** Comunidad Europea.
comunismo [komu'niʒmu] *m* comunismo *m*.
comunista [komu'niʃta] <> *adj* comunista. <> *mf* comunista *mf*.
comunitário, ria [komuni'tarju, rja] *adj* comunitario(ria).
concatenação [kõnkatena'sãw] (*pl* **-ões**) *f* [encadeamento] concatenación *f*.
côncavo, va ['kõnkavu, va] *adj* cóncavo(va).
conceber [kõnse'be(x)] <> *vt* concebir. <> *vi* [engravidar] concebir.
conceder [kõnse'de(x)] *vt* [dar, outorgar] conceder.
conceito [kõn'sejtu] *m* **-1.** [ger] concepto *m*. **-2.** [em prova] nota *f*.
conceituação [kõnsejtua'sãw] (*pl* **-ões**) *f* **-1.** [definição] conceptualización *f*. **-2.** [avaliação] evaluación *f*.
conceituado, da [kõsej'twadu, da] *adj* reconocido(da).
concentração [kõnsẽntra'sãw] (*pl* **-ões**) *f* concentración *f*.
concentrado, da [kõnsẽn'tradu, da] *adj* **-1.** [ger] concentrado(da). **-2.** [atento] atento(ta).
◆ **concentrado** *m* [substância] extracto *m*, concentrado *m* ***Esp*** & ***Méx***.
concentrar [kõnsẽn'tra(x)] *vt* concentrar.
◆ **concentrar-se** *vp* **-1.** [aglomerar-se] concentrarse. **-2.** [pessoa, atenção, esforço]: **~-se (em algo)** concentrarse (en algo).
concepção [kõnsep'sãw] (*pl* **-ões**) *f* **-1.** [geração, conceito] concepción *f*. **-2.** [opinião] opinión *f*.
concernente [kõnsex'nẽntʃi] *adj*: **~ a** concerniente a.
concernir [kõnsex'ni(x)] *vi*: **~ a** concernir a.
concerto [kõn'sextu] *m* **-1.** MÚS concierto *m*. **-2.** [acordo] acuerdo *m*.
concessão [kõnse'sãw] (*pl* **-ões**) *f* **-1.** [ger] concesión *f*. **-2.** [permissão] permiso *m*.
concessionário, ria [kõnsesjo'narju] *m, f* concesionario *m*, -ria *f*.
◆ **concessionária** *f* [empresa] concesionaria *f*.
concha ['kõnʃa] *f* **-1.** [de molusco] concha *f*, cáscara *f* ***RP***. **-2.** [para líquidos] cucharón *m*.
conchavo [kõn'ʃavu] *m* maquinación *f*, confabulación *f*, arreglo *m* ***RP***.
conciliação [kõnsilja'sãw] (*pl* **-ões**) *f* conciliación *f*.
conciliador, ra [kõnsilja'do(x), ra] <> *adj* conciliador(ra). <> *m, f* conciliador *m*, -ra *f*.
conciliar [kõnsi'lja(x)] *vt* conciliar.
concílio [kõn'silju] *m* RELIG concilio *m*.
concisão [kõnsi'sãw] *f* concisión *f*.

conciso, sa [kõn'sizu, za] *adj* conciso(sa).

conclamar [kõnkla'ma(x)] *vt* **-1.** [bradar] gritar. **-2.** [aclamar] aclamar. **-3.** [convocar]: **~ alguém a fazer algo** alentar *ou* instar a alguien a hacer algo.

concluir [kõŋklu'i(x)] *vt* concluir.

conclusão [kõŋklu'zãw] (*pl* **-ões**) *f* conclusión *f*; **chegar a uma ~** llegar a una conclusión; **o relógio parou; ~: ele chegou atrasado** [resultado] el reloj se paró; conclusión: llegó tarde.

conclusivo, va [kõnklu'zivu, va] *adj* concluyente.

concordância [kõŋkox'dãnsja] *f* concordancia *f*.

concordante [kõŋkox'dãntʃi] *adj* concordante, coincidente.

concordar [kõŋkox'da(x)] ◇ *vt*: **~ que** estar de acuerdo en que. ◇ *vi* ponerse de acuerdo; **~ com algo/alguém** concordar con algo/alguien; **~ em fazer algo** estar de acuerdo en hacer algo; **não concordo!** ¡no estoy de acuerdo!

concorrência [kõŋko'xẽnsja] *f* **-1.** [ger] competencia *f*. **-2.** [deportiva] competición *f* ***Esp***, competencia *f* ***Amér***. **-3.** [licitação] concurso *m* público ***Esp***, licitación *f* pública ***Amér***.

concorrente [kõŋko'xẽntʃi] *adj* competidor(ra).

concorrer [kõŋko'xe(x)] *vi* **-1.** competir. **-2.** [candidatar-se]: **~ a algo** disputar algo.

concretizar [kõŋkreti'za(x)] *vt* concretar.
◆ **concretizar-se** *vp* [sonho, projeto, anseio] concretarse.

concreto, ta [kõŋ'krɛtu, ta] *adj* **-1.** [ger] concreto(ta). **-2.** [sólido] sólido(da).
◆ **concreto** *m* hormigón *m*, cemento *m*, concreto *m* ***Méx***.

concretude [kõnkre'tudʒi] *f* carácter *m* concreto.

concupiscente [kõŋkupis'sẽntʃi] *adj* concupiscente.

concursado, da [kõŋkux'sadu, da] ◇ *adj* concursante. ◇ *m, f* concursante *mf*.

concurso [kõŋ'kuxsu] *m* **-1.** [ger] concurso *m*. **-2.** [exame] oposición *f*, concurso *m* ***Amér***.

condado [kõn'dadu] *m* condado *m*.

condão [kõn'dãw] *m* ▷ **varinha**.

conde, dessa ['kõndʒi, desa] *m, f* conde *m*, -sa *f*.

condecorar [kõndeko'ra(x)] *vt* condecorar.

condenação [kõndena'sãw] (*pl* **-ões**) *f* condena *f*.

condenar [kõnde'na(x)] *vt* **-1.** [ger] condenar; **~ alguém a algo** [sentenciar] condenar a alguien a algo. **-2.** *fig* [interditar] cerrar. **-3.** *fig* [desenganar] desahuciar.

condensação [kõndẽnsa'sãw] (*pl* **-ões**) *f* condensación *f*.

condensar [kõndẽn'sa(x)] *vt* **-1.** [ger] condensar. **-2.** [engrossar] espesar.
◆ **condensar-se** *vp* **-1.** [liquefazer-se] condensarse. **-2.** [engrossar] espesarse.

condescendente [kõndesẽn'dẽntʃi] *adj* condescendiente.

condescender [kõndesẽn'de(x)] *vi* condescender; **~ a** *ou* **em** condescender a *ou* en.

condessa [kõn'desa] *f* ▷ **conde**.

condição [kõndʒi'sãw] (*pl* **-ões**) *f* condición *f*; **com a ~ de que** con la condición de que.
◆ **condições** *fpl* condiciones *fpl*; **condições de trabalho** condiciones de trabajo; **condições próprias/impróprias para o banho** condiciones apropiadas/inapropiadas para el baño; **em boas condições (de uso)** en perfectas condiciones; **estar em condições de fazer algo** estar en condiciones de hacer algo.

condimento [kõndʒi'mẽntu] *m* condimento *m*.

condizer [kõndʒi'ze(x)] *vi*: **~ com** estar acorde con, concordar con ***Amér***.

condomínio [kõndo'minju] *m* **-1.** [condôminos] comunidad *f* de propietarios, copropietarios *mpl* ***RP***. **-2.** [conjunto de casas] urbanización *f*, condominio *m* ***Amér***, country *m* ***RP***. **-3.** [pagamento] gastos *mpl* de comunidad, expensas *fpl* ***Arg***, cuota *f* de mantenimiento ***Méx***, gastos *mpl* comunes ***Urug***.

condução [kõndu'sãw] (*pl* **-ões**) *f* **-1.** [ger] conducción *f*. **-2.** [transporte] medio *m* de transporte, transportación *f* ***Méx***, transporte *m* ***RP***. **-3.** [ônibus] autobús *m*, colectivo *m* ***Arg***, camión *m* ***CAm*** & ***Méx***, guagua *f* ***Carib***, ómnibus *m* ***Cuba*** & ***Urug***.

conduta [kõn'duta] *f* conducta *f*.

conduto [kõn'dutu] *m* conducto *m*.

condutor, ra [kõndu'to(x), ra] (*mpl* **-es**, *fpl* **-s**) ◇ *adj* [de eletricidade] conductor(ra). ◇ *m, f* [de veículo] conductor *m*, -ra *f*, chofer *mf* ***Amér.***

◆ **condutor** *m* ELETR conductor *m*.

conduzir [kõndu'zi(x)] ◇ *vt* **-1.** [levar]: ~ **algo/alguém (a)** conducir algo/a alguien (a). **-2.** [empresa, equipe] dirigir. **-3.** ELETR conducir. ◇ *vi* [levar]: ~ **a** conducir a.

cone ['koni] *m* cono *m*.

conectar [konek'ta(x)] *vt* conectar.

◆ **conectarse** *vp* conectarse; ~ **à internet** conectarse a Internet.

conectividade [konektʃivi'dadʒi] *f* conectividad *f*.

cônego ['konegu] *m* canónigo *m*.

conexão [konek'sãw] (*pl* **-ões**) *f* conexión *f*.

confecção [kõnfek'sãw] (*pl* **-ões**) *f* **-1.** [fabrico, feitura] confección *f*. **-2.** [produção] producción *f*. **-3.** [roupa] prenda *f* de confección. **-4.** [fábrica de roupas] taller *m* de costura *ou* confección ***Amér.***

confeccionar [kõnfeksjo'na(x)] *vt* **-1.** [fabricar, fazer] confeccionar. **-2.** [produzir] producir.

confederação [kõnfedera'sãw] (*pl* **-ões**) *f* confederación *f*.

confeitar [kõnfej'ta(x)] *vt* [bolo] confitar.

confeitaria [kõnfejta'ria] *f* confitería *f*, dulcería *f* ***Amér.***

confeiteiro, ra [kõnfej'tejru, ra] *m, f* confitero *m*, -ra *f*, dulcero *m*, -ra *f* ***Amér.***

conferência [kõnfe'rẽnsja] *f* **-1.** [verificação] verificación *f*, revisión *f*. **-2.** [palestra] conferencia *f*.

conferir [kõnfe'ri(x)] ◇ *vt* **-1.** [verificar] verificar, revisar, checar ***Méx.*** **-2.** [cotejar, comparar] comparar, cotejar. **-3.** [dar]: ~ **algo a** conferir *ou* otorgar algo a. **-4.** [título, encargo] conferir, otorgar. ◇ *vi* **-1.** [estar correto]: ~ **(com)** coincidir (con). **-2.** ESP [assegurar pontos] asegurarse.

confessar [kõnfe'sa(x)] ◇ *vt* **-1.** [ger] confesar. **-2.** [professar] profesar. ◇ *vi* confesar.

◆ **confessar-se** *vp* confesarse; ~**-se culpado** JUR confesarse culpable.

confesso, ssa [kõn'fɛsu, sa] *adj* confeso(sa).

confete [kõn'fɛtʃi] *m* confeti *m*, papel *m* picado ***RP.***

confiabilidade [kõnfjabili'dadʒi] *f* [credibilidade] fiabilidad *f*, confiabilidad *f* ***Amér.***

confiado, da [kõn'fjadu, da] *adj* confiado(da).

confiança [kõn'fjãnsa] *f* confianza *f*; **ter ~ em alguém** tener confianza en alguien; **de ~** de confianza.

confiante [kõn'fjãntʃi] *adj* **-1.** [seguro] confiado(da). **-2.** [esperançoso]: ~ **(em)** confiado (en).

confiar [kõn'fja(x)] ◇ *vi* **-1.** [acreditar]: ~ **em** creer en. **-2.** [ter esperança de]: ~ **em** confiar en. ◇ *vt*: ~ **algo a alguém** confiar algo a alguien.

confiável [kõn'fjavew] (*pl* **-eis**) *adj* de confianza, fiable, confiable ***Amér,*** de fiar ***Méx.***

confidência [kõnfi'dẽnsja] *f* confidencia *f*; **em ~** confidencialmente.

confidencial [kõnfidẽn'sjaw] (*pl* **-ais**) *adj* confidencial.

confinamento [kõnfina'mẽntu] *m* confinamiento *m*.

confinar [kõnfi'na(x)] ◇ *vt* **-1.** [limitar] rodear, confinar ***Amér.*** **-2.** [isolar, enclausurar] aislar, confinar. ◇ *vi* [fazer fronteira]: ~ **com** limitar con, hacer frontera con ***Méx.***

◆ **confinar-se** *vp* [isolar-se, enclausurar-se] aislarse, confinarse.

confins [kõn'fĩʃ] *mpl* [limite extremo] confines *mpl*.

confirmação [kõnfixma'sãw] (*pl* **-ões**) *f* confirmación *f*.

confirmar [kõnfix'ma(x)] *vt* confirmar.

◆ **confirmar-se** *vp* [cumprir-se] confirmarse.

confiscar [kõnfiʃ'ka(x)] *vt* confiscar.

confisco [kõn'fiʃku] *m* confiscación *f*.

confissão [kõnfi'sãw] (*pl* **-ões**) *f* [de falta, crime] confesión *f*.

conflito [kõn'flitu] *m* conflicto *m*; **entrar em ~ (com)** entrar en conflicto (con).

conformação [kõnfoxma'sãw] (*pl* **-ões**) *f* **-1.** [resignação] resignación *f*. **-2.** [forma] forma *f*, conformación *f* ***Amér.***

conformado, da [kõnfox'madu, da] *adj* [resignado] resignado(da).

conformar [kõnfox'ma(x)] *vt* [formar] conformar, formar.

◆ **conformar-se** *vp* [resignar-se]: ~**-se com** resignarse a.

conforme [kõn'fɔxmi] ◇ *prep* [de acordo com, segundo] conforme. ◇ *conj* **-1.** [de acordo com] conforme. **-2.** [como] como, conforme a ***Amér.*** **-3.**

[à medida que] conforme. **-4.** [dependendo de] según.

conformidade [kõnfoxmi'dadʒi] *f* [acordo] conformidad *f*; **em ~ com** conforme a.

conformista [kõnfox'miʃta] *m f* conformista *mf*.

confortar [kõnfox'ta(x)] *vt* [consolar] confortar, reconfortar.

confortável [kõnfox'tavɛw] (*pl* **-eis**) *adj* confortable, cómodo(da).

conforto [kõn'foxtu] *m* **-1.** [bem-estar] confort *m*, comodidad *f*. **-2.** [consolo] consuelo *m*.

confraria [kõnfra'ria] *f* cofradía *f*.

confraternização [kõnfratexniza'sãw] (*pl* **-ões**) *f* **-1.** [reunião] confraternización *f*. **-2.** [comemoração] conmemoración *f*.

confrontar [kõnfrõn'ta(x)] *vt* **-1.** [comparar] comparar, cotejar *RP*. **-2.** [acarear] carear.

◆ **confrontar-se** *vp* [defrontar-se] enfrentarse.

confronto [kõn'frõntu] *m* **-1.** [choque] choque *m*, encuentro *m* ***Amér***. **-2.** [comparação] cotejo *m*.

confundir [kõnfũn'di(x)] *vt* **-1.** [ger] confundir. **-2.**: **~ algo com** confundir algo con. **-3.** [misturar] mezclar.

◆ **confundir-se** *vp* confundirse; **~-se com** confundirse con.

confusão [kõnfu'zãw] (*pl* **-ões**) *f* **-1.** [ger] confusión *f*. **-2.** [mistura] mezcolanza *f*, revoltura *f* ***Méx***. **-3.** [caos] lío *m*, caos *m inv*. **-4.** [problema] lío *m*, complicación *f* ***Amér***; **dar ~** ser complicado(da). **-5.** [tumulto] tumulto *m*, confusión *f* ***Esp***.

confuso, sa [kõn'fuzu, za] *adj* **-1.** [ger] confuso(sa). **-2.** [misturado] mezclado(da).

congelado, da [kõnʒe'ladu, da] *adj* congelado(da).

◆ **congelados** *m* congelados *mpl*.

congelador [kõnʒela'do(x)] (*pl* **-es**) *m* congelador *m*.

congelamento [kõnʒela'mẽntu] *m* congelación *f*, congelamiento *m* ***Amér***.

congelar [kõnʒe'la(x)] ◇ *vt* [água, rio, alimento] congelar. ◇ *vi* congelarse.

congênito, ta [kõnʒenitu, ta] *adj* congénito(ta).

congestionado, da [kõnʒeʃtjo'nadu, da] *adj* congestionado(da).

congestionamento [kõnʒeʃtjona'mẽntu] *m* congestión *f*, congestionamiento *m* ***Amér***.

congestionar [kõnʒeʃtʃjo'na(x)] *vt* congestionar.

conglomerado [kõŋglome'radu] *m* conglomerado *m*.

congregação [kõŋgrega'sãw] (*pl* **-ões**) *f* congregación *f*.

congregar [kõŋgre'ga(x)] *vt* [reunir] congregar.

congressista [kõŋgre'siʃta] *m f* congresista *mf*.

congresso [kõŋ'grɛsu] *m* **-1.** [conferência] congreso *m*. **-2.** POL: **o Congresso** [orgão, edifício] el Congreso.

conhaque [ko'ɲaki] *m* coñac *m*.

conhecedor, ra [koɲese'do(x), ra] (*mpl* **-es**, *fpl* **-s**) ◇ *adj* [ciente]: **~ (de)** conocedor(ra) (de). ◇ *m, f* [especialista]: **~ (de)** conocedor *m*, -ra *f* (de).

conhecer [koɲe'se(x)] *vt* **-1.** conocer. **-2.** [reconhecer]: **~ algo/alguém (por)** reconocer algo/a alguien (por).

◆ **conhecer-se** *vp* conocerse.

conhecido, da [koɲe'sidu, da] ◇ *adj* conocido(da); **~ por** conocido(da) por. ◇ *m, f* [pessoa] conocido *m*, -da *f*.

conhecimento [koɲesi'mẽntu] *m* **-1.** [saber] conocimiento *m*; **levar algo ao ~ de alguém** poner algo en conocimiento de alguien; **ter ~ de** saber. **-2.** [conhecido] conocido *m*, -da *f*.

◆ **conhecimentos** *mpl* **-1.** [noções] conocimientos *mpl*. **-2.** [relações, conhecidos] conocidos *mpl*.

conivência [koni'vẽnsja] *f* connivencia *f*, complicidad *f*.

conivente [koni'vẽntʃi] *adj* cómplice; **ser ~ com** ser cómplice en.

conjugação [kõnʒuga'sãw] (*pl* **-ões**) *f* conjugación *f*.

conjugado, da [kõnʒu'gadu, da] *adj* conjugado(da); **apartamento ~** estudio *m* ***Esp***, monoambiente *m* ***Amér***, departamento *m* con kitchenette ***Arg***.

◆ **conjugado** *m* [apartamento] estudio *m* ***Esp***, monoambiente *m* ***Amér***, departamento *m* con kitchenette ***Arg***.

conjugal [kõnʒu'gaw] (*pl* **-ais**) *adj* conyugal.

cônjuge ['kõnʒuʒi] *m* cónyuge *mf*.

conjunção [kõnʒũn'sãw] (*pl* **-ões**) *f* conjunción *f*.

conjuntivite [kõnʒũntʃi'vitʃi] *f inv* conjuntivitis *f inv*.

conjunto, ta [kõn'ʒũntu] *adj* conjunto(ta).

◆ **conjunto** *m* **-1.** [ger] conjunto *m*. **-2.** [totalidade] totalidad *f*; **em ~** conjuntamente. **-3.**: **~ residencial** urbanización *f*; **~ habitacional** viviendas *fpl* de protección oficial *Esp*, viviendas *fpl* de interés social *Méx*, viviendas *fpl* económicas *RP*.

conjuntura [kõnʒũn'tura] *f* coyuntura *f*.

conosco [ko'noʃku] *pron pess* con nosotros.

conquanto [kõŋ'kwãntu] *conj* aunque.

conquista [kõŋ'kiʃta] *f* conquista *f*.

conquistador, ra [kõŋkiʃta'do(x), ra] <> *adj* conquistador(ra). <> *m, f* conquistador *m*, -ra *f*.

conquistar [kõŋkiʃ'ta(x)] *vt* **-1.** [ger] conquistar. **-2.** [ganhar] conquistar, ganar.

consagração [kõnsagra'sãw] (*pl* **-ões**) *f* consagración *f*.

consagrar [kõnsa'gra(x)] *vt* consagrar.

◆ **consagrar-se** *vi* [atingir a aclamação] consagrarse.

consangüíneo, nea [kõnsãn'gwinju, nja] <> *adj* consanguíneo(a). <> *m, f* [parente] consanguíneo *m*, -a *f*.

consciência [kõn'sjẽnsja] *f* **-1.** [ger] conciencia *f*; **ter/tomar ~ de** tener/tomar conciencia de. **-2.** [sentidos]: **perder a ~** perder el conocimiento. **-3.** [moral]: **estar com a ~ limpa** tener la conciencia limpia; **estar com a ~ pesada** no tener la conciencia limpia, tener remordimientos.

consciencioso, osa [kõnsjẽn'sjozu, ozа] *adj* concienzudo(da).

consciente [kõnʃ'sjẽntʃi] <> *adj* consciente. <> *m* PSIC consciente *m*, consciencia *f RP*.

consecutivo, va [kõnseku'tʃivu, va] *adj* consecutivo(va).

conseguinte [kõnse'gĩntʃi] ◆ **por conseguinte** *loc conj* por consiguiente.

conseguir [kõnse'gi(x)] *vt* conseguir; **~ fazer algo** conseguir *ou* lograr hacer algo.

conselheiro, ra [kõnse'ʎejru, ra] *m, f* **-1.** [ger] consejero *m*, -ra *f*. **-2.** POL consejero *m*, -ra *f*, asesor *m*, -ra *f*.

conselho [kõ'seʎu] *m* **-1.** consejo *m*. **-2.** [órgão]: **~ de ministros** consejo de ministros; **~ de guerra** consejo de guerra.

consenso [kõn'sẽnsu] *m* consenso *m*.

consentimento [kõnsẽntʃi'mẽntu] *m* consentimiento *m*.

consentir [kõnsẽn'tʃi(x)] <> *vt* consentir. <> *vi* [concordar, anuir]: **~ em algo** consentir en algo.

conseqüência [kõnse'kwẽnsja] *f* [resultado] consecuencia *f*; **em ~ de** a consecuencia de; **por ~** como consecuencia.

conseqüente [kõnse'kwẽntʃi] *adj* consecuente.

consertar [kõnsex'ta(x)] *vt* **-1.** [reparar] arreglar, componer *Amér*. **-2.** [remediar] reparar, arreglar *Esp*.

conserto [kõn'sextu] *m* **-1.** [de equipamento] arreglo *m*, reparación *f Amér*. **-2.** [de erro, falta] corrección *f*.

conserva [kõn'sɛrva] *f* conserva *f*; **em ~** en conserva.

conservação [kõnsexva'sãw] *f* conservación *f*.

conservador, ra [kõnsexva'do(x), ra] <> *adj* conservador(ra). <> *m, f* conservador *m*, -ra *f*.

conservante [kõnser'vãntʃi] *m* conservante *m*.

conservar [kõnsex'va(x)] *vt* conservar.

◆ **conservar-se** *vp* conservarse.

conservatório [kõnsexva'tɔrju] *m* conservatorio *m*.

consideração [kõnsidera'sãw] (*pl* **-ões**) *f* **-1.** consideración *f*; **levar em ~** tener en consideración. **-2.** [respeito, estima]: **falta de ~ (com alguém)** falta de consideración (con alguien).

considerar [kõnside'ra(x)] *vt* considerar.

◆ **considerar-se** *vp* [julgar-se] considerarse.

considerável [kõnside'ravɛw] (*pl* **-eis**) *adj* considerable.

consignação [kõnsigna'sãw] (*pl* **-ões**) *f* **-1.** consignación *f*. **-2.** COM: **em ~** en consignación.

consignar [kõnsig'na(x)] *vt* consignar.

consigo [kõn'sigu] *pron pess* consigo.

consistência [kõnsiʃ'tẽnsja] *f* consistencia *f*.

consistente [kõnsiʃ'tẽntʃi] *adj* **-1.** [ger] consistente. **-2.** *fig* [coerente, sólido] consistente, coherente.

consistir [kõnsiʃ'tʃi(x)] *vi* [constituir-se]: ~ **em** consistir en; ~ **em fazer algo** consistir en hacer algo.

consoante [kõn'swãntʃi] ◇ *adj* LING consonante. ◇ *f* LING consonante *f.* ◇ *prep* [de acordo com] según. ◇ *conj* [conforme] conforme.

consolação [kõnsola'sãw] (*pl* **-ões**) *f* consuelo *m.*

consolar [kõnso'la(x)] *vt* consolar.

◆ **consolar-se** *vp*: ~**-se (com)** consolarse (con).

console [kõn'soli] *m* consola *f.*

consolidação [kõnsolida'sãw] (*pl* **-ões**) *f* [estabilização] consolidación *f.*

consolidar [kõnsoli'da(x)] ◇ *vt* **-1.** [estabilizar, ratificar] consolidar. **-2.** [fratura] soldar. ◇ *vi* [tornar-se sólido] solidificarse.

consolo [kõn'solu] *m* **-1.** [consolação] consuelo *m.* **-2.** ***vulg*** [consolo-de-viúva] consolador *m.*

consomê [kõnso'me] *m* consomé *m.*

consórcio [kõn'sɔxsju] *m* consorcio *m.*

conspícuo, cua [kõnʃ'pikwu, kwa] *adj* **-1.** [evidente] evidente. **-2.** [ilustre] conspicuo(cua).

conspiração [kõnʃpira'sãw] (*pl* **-ões**) *f* conspiración *f.*

conspirador, ra [kõnʃpira'do(x), ra] *m, f* conspirador *m,* -ra *f.*

conspirar [kõnʃpi'ra(x)] ◇ *vi*: ~ **(contra)** conspirar (contra). ◇ *vt* tramar.

conspiratório, ria [kõnʃpira'tɔrju, rja] *adj* conspiratorio(ria).

constante [kõnʃ'tãntʃi] *adj* **-1.** [ger] constante. **-2.** [que consta] que consta.

constar [kõnʃ'ta(x)] *vi* **-1.** [informação]: ~ **(em** OU **de)** constar (en). **-2.** [constituir-se]: ~ **de** constar de.

constatação [kõnʃtata'sãw] (*pl* **-ões**) *f* constatación *f.*

constatar [kõnʃta'ta(x)] *vt* constatar.

constelação [kõnʃtela'sãw] (*pl* **-ões**) *f* constelación *f.*

consternado, da [kõnʃter'nadu, da] *adj* consternado(da).

consternar [kõnʃtex'na(x)] *vt* consternar.

constipação [kõnʃtʃipa'sãw] (*pl* **-ões**) *f* estreñimiento *m,* constipación *f* ***Méx.***

constipado, da [kõnʃtʃi'padu, da] *adj* **-1.** [com prisão de ventre]: **estar** ~ estar estreñido(da), estar constipado(da) ***Méx.*** **-2.** [resfriado]: **estar** ~ estar resfriado(da).

constitucional [kõnʃtʃitusjo'naw] (*pl* **-ais**) *adj* constitucional.

constituição [kõnʃtʃitwi'sãw] (*pl* **-ões**) *f* **-1.** [ger] constitución *f.* **-2.** POL [carta] Constitución *f.*

constituinte [kõnʃtʃi'twĩntʃi] ◇ *adj* constituyente. ◇ *mf* POL [deputado] constituyente *mf.*

◆ **Constituinte** *f* POL [assembléia]: **a Constituinte** la Constituyente.

constituir [kõnʃtʃi'twi(x)] *vt* constituir.

◆ **constituir-se** *vp* **-1.** [estabelecer-se como]: ~**-se em algo** convertirse en algo. **-2.** [ser]: ~**-se em algo** constituir algo.

constrangedor, ra [kõnʃtrãnʒe'do(x), ra] *adj* **-1.** [embaraçador] embarazoso(sa), incómodo(da). **-2.** [repressivo] coercitivo(va).

constranger [kõnʃtrãn'ʒe(x)] *vt* **-1.** [embaraçar] avergonzar, apenar ***Andes, Carib*** & ***Méx.*** **-2.** [reprimir, refrear] constreñir, coercer.

◆ **constranger-se** *vp* [ficar embaraçado] avergonzarse, apenarse ***Andes, Carib*** & ***Méx.***

constrangimento [kõnʃtrãnʒi'mẽntu] *m* **-1.** [embaraço] vergüenza *f,* pena *f* ***Andes, Carib*** & ***Méx.*** **-2.** [repressão] represión *f.*

construção [kõnʃtru'sãw] (*pl* **-ões**) *f* **-1.** [edifício] construcción *f;* **em** ~ en construcción. **-2.** [intelectual, imaginária] construcción *f,* constructo *m* ***RP.***

construir [kõnʃtru'i(x)] *vt* construir.

construtivo, va [kõnʃtru'tʃivu, va] *adj* constructivo(va).

construtor, ra [kõnʃtru'to(x), ra] (*mpl* **-es**, *fpl* **-s**) ◇ *adj* constructor(ra). ◇ *m, f* constructor *m,* -ra *f.*

◆ **construtora** *f* [empresa] constructora *f.*

cônsul ['kõnsuw] (*pl* **-es**) *m* cónsul *m.*

consulado [kõnsu'ladu] *m* consulado *m.*

cônsules ['kõnsuliʃ] *pl* ▷ **cônsul**.

consulesa [kõnsu'leza] *f* **-1.** [diplomata] cónsul *f.* **-2.** [esposa] esposa *f* del cónsul.

consulta [kõn'suwta] *f* **-1.** consulta *f.* **-2.** MED: **horário de** ~ horario de consulta; **ter uma** ~ **(com)** tener consulta (con).

consultar [kõnsuw'ta(x)] *vt* consultar.

consultório [kõnsuw'tɔrju] *m MED* consultorio *m.*

consumação [kõnsuma'sãw] (*pl* **-ões**) *f* **-1.** [realização] consumación *f.* **-2.** [em restaurante] consumición *f*; **~ mínima** consumición mínima.

consumar [kõnsu'ma(x)] *vt* consumar.
◆ **consumar-se** *vp* consumarse.

consumidor, ra [kõsumi'do(x), ra] (*mpl* **-es**, *fpl* **-s**) ◇ *adj* consumidor(ra). ◇ *m, f* consumidor *m*, -ra *f.*

consumir [kõnsu'mi(x)] ◇ *vt* consumir. ◇ *vi* [comprar] consumir.
◆ **consumir-se** *vp* consumirse.

consumo [kõn'sumu] *m* consumo *m*; **bens de ~** bienes de consumo.

conta ['kõnta] *f* **-1.** [ger] cuenta *f*; **acertar** *ou* **ajustar contas com alguém** *fig* ajustar cuentas con alguien; **pedir as ~s** *fig* [demitir-se] renunciar; **afinal de ~s** al fin y al cabo, a fin de cuentas. **-2.** [em restaurante]: **a ~, por favor!** ¡la cuenta, por favor!; **pedir a ~** pedir la cuenta. **-3.** [fatura]: **~ de gás/luz/telefone** cuenta *ou* recibo del gas/la luz/el teléfono. **-4.** [em banco]: **abrir uma ~** abrir una cuenta; **~ conjunta** cuenta conjunta; **~ corrente** cuenta corriente. **-5.** [consideração]: **levar algo em ~** tener algo en cuenta; **dar(-se) ~ de** darse cuenta de. **-6.** [justificação, razão]: **por ~ de** por causa de. **-7.** [informação, satisfação]: **dar ~ de** informar sobre, dar cuenta de; **prestar ~s de** rendir cuentas de. **-8.** [responsabilidade, capacidade]: **dar ~ de** poder con; **não ser da ~ de alguém** no importarle a alguien, no ser de la incumbencia de alguien. **-9.** [cuidar, encarregar-se de]: **tomar ~ de alguém/algo** encargarse de alguien/algo. **-10.** [difundir-se por]: **tomar ~ de** apoderarse de. **-11.** *loc*: **fazer de ~ que** hacer de cuenta que; **ficar por ~** ponerse furioso(-sa).
◆ **por conta própria** *loc adv* por cuenta propia.

contabilidade [kõntabili'dadʒi] *f* **-1.** [ofício] contabilidad *f.* **-2.** [setor] contabilidad *f*, contaduría *f RP.*

contabilista [kõntabi'liʃta] *mf* contable *mf Esp*, contador *m*, -ra *f Amér.*

contabilizar [kõntabili'za(x)] *vt* contabilizar.

contador, ra [kõnta'do(x), ra] (*pl* **-es**) *m, f COM* contable *mf Esp*, contador *m*, -ra *f Amér.*
◆ **contador** *m TEC* contador *m.*

contagem [kõn'taʒẽ] (*pl* **-ns**) *f* **-1.** [ato] recuento *m.* **-2.** [escore] marcador *m.*

contagiar [kõnta'ʒja(x)] *vt* contagiar.

contágio [kõn'taʒju] *m* contagio *m.*

contagioso, osa [kõnta'ʒjozu, ɔza] *adj* contagioso(sa).

contaminação [kõntamina'sãw] (*pl* **-ões**) *f* contaminación *f.*

contaminar [kõntami'na(x)] ◇ *vt* [contagiar] contaminar. ◇ *vi* ***fig*** [corromper] corromper.

contanto [kõn'tãntu] ◆ **contanto que** *loc adv* con tal de que.

contar [kõn'ta(x)] ◇ *vt* **-1.** [ger] contar. **-2.** [supor]: **~ que** contar con que. ◇ *vi* [ger] contar; **~ com** contar con.

contatar [kõnta'ta(x)] *vt* contactar.

contato [kõn'tatu] *m* contacto *m.*

contemplar [kõntẽn'pla(x)] *vt* **-1.** [olhar] contemplar. **-2.** [premiar] premiar.
◆ **contemplar-se** *vp* [olhar-se] contemplarse.

contemplativo, va [kõntẽnpla'tʃivu, va] *adj* contemplativo(va).

contemporaneidade [kõntẽnporãnej'dadʒi] *f* contemporaneidad *f.*

contemporâneo, nea [kõntẽnpo'rãnjo, nja] ◇ *adj* contemporáneo(a). ◇ *m, f* contemporáneo *m*, -a *f.*

contenção [kõntẽn'sãw] *f* contención *f.*

contenda [kõn'tẽnda] *f* contienda *f.*

contentamento [kõntẽnta'mẽntu] *m* **-1.** [alegria] alegría *f.* **-2.** [satisfação] contento *m*, satisfacción *f.*

contentar [kõntẽn'ta(x)] *vt* contentar.
◆ **contentar-se** *vp* [satisfazer-se]: **~-se com** contentarse con.

contente [kõn'tẽntʃi] *adj* contento(ta).

contento [kõn'tẽntu] ◆ **a contento** *loc adv* satisfactoriamente.

conter [kõn'te(x)] *vt* contener.
◆ **conter-se** *vp* [controlar-se] contenerse.

conterrâneo, nea [kõnte'xãnju, nja] ◇ *adj* compatriota. ◇ *m, f* compatriota *mf.*

contestação [kõnteʃta'sãw] (*pl* **-ões**) *f* **-1.** [ger] cuestionamiento *m.* **-2.** [oposição] contestación *f Esp*, cuestionamiento *m Amér.* **-3.** [réplica] contestación *f.*

contestar [kõnteʃ'ta(x)] <> *vt* cuestionar. <> *vi* [opor-se] oponerse.

contestatório, ria [kõnteʃta'tɔrju, rja] *adj* contestatario(ria).

conteúdo [kõn'tjudu] *m* contenido *m.*

contexto [kõn'teʃtu] *m* contexto *m.*

contextualização [kõnteʃtwaliza'sãw] (*pl* **-ões**) *f* contextualización *f.*

contextualizar [kõnteʃtwali'za(x)] *vt* contextualizar.

contigo [kõn'tʃigu] *pron pess* contigo.

contíguo, gua [kõn'tʃigwu, gwa] *adj* contiguo(gua); ~ **a** contiguo a.

continental [kõntʃinẽn'taw] (*pl* **-ais**) *adj* continental.

continente [kõntʃi'nẽntʃi] *m* continente *m.*

contingência [kõntʃĩn'ʒẽnsja] *f* contingencia *f.*

contingente [kõntʃĩn'ʒẽntʃi] <> *adj* contingente. <> *m* contingente *m.*

continuação [kõntʃinwa'sãw] (*pl* **-ões**) *f* continuación *f.*

continuar [kõntʃi'nwa(x)] <> *vt* [prosseguir] continuar. <> *vi* **-1.** [ger] continuar. **-2.** [prosseguir]: ~ **em algo** continuar en algo; ~ **fazendo algo** *ou* **a fazer algo** continuar haciendo algo. <> *v de ligação (antes de adjetivo)* [expressa qualidade, estado] seguir, continuar *Esp.*

continuidade [kõntʃinwi'dadʒi] *f* continuidad *f*; **dar ~ a** dar continuidad a; **sem ~** ininterrumpido(da).

contínuo, nua [kõn'tʃinwu, nwa] <> *adj* **-1.** [sem interrupção] continuo (nua). **-2.** [constante] continuo(nua), constante. <> *m* [pessoa] ordenanza *m*, auxiliar *m Méx*, cadete *m RP.*

conto ['kõntu] *m* cuento *m.*

contorção [kõntox'sãw] (*pl* **-ões**) *f* contorsión *f.*

contorcer [kõntox'se(x)] *vt* retorcer.

◆ **contorcer-se** *vp* retorcerse.

contornar [kõntox'na(x)] *vt* **-1.** [rodear] dar la vuelta a. **-2.** *fig* [resolver] encontrar una salida *ou* la vuelta *RP* a.

contorno [kõn'toxnu] *m* contorno *m.*

contra ['kõntra] <> *prep* contra. <> *adv* en contra. <> *m* objeción *f*; **pesar os prós e os ~s** sopesar los pros y los contras; **ser do ~** llevar la contraria *ou* contra *Amér.*

contra-ataque [ˌkõntra'taki] (*pl* **contra-ataques**) *m* contraataque *m.*

contrabaixo [ˌkõntra'bajʃu] *m* [instrumento] contrabajo *m.*

contrabandear [ˌkõntrabãn'dʒja(x)] *vt* hacer contrabando de, contrabandear.

contrabandista [ˌkõntrabãn'dʒiʃta] *m f* contrabandista *mf.*

contrabando [ˌkõntra'bãndu] *m* contrabando *m*; **fazer ~** hacer contrabando, contrabandear.

contração [kõntra'sãw] (*pl* **-ões**) *f* contracción *f.*

contracapa [ˌkõntra'kapa] *f* contraportada *f*, contratapa *f Chile, Perú & RP.*

contracepção [ˌkõntrasep'sãw] (*pl* **-ões**) *f* contraconcepción *f.*

contraceptivo, va [ˌkõntrasep'tʃivu, va] *m* anticonceptivo *m*, contraceptivo *m Amér.*

contracheque [ˌkõntra'ʃɛki] *m* nómina *f*, planilla *f* de pagos *RP.*

contradição [ˌkõntradʒi'sãw] (*pl* **-ões**) *f* contradicción *f.*

contraditório, ria [ˌkõntradʒi'tɔrju, rja] *adj* contradictorio(ria).

contradizer [ˌkõntradʒi'ze(x)] *vt* contradecir.

◆ **contradizer-se** *vp* contradecirse.

contrafilé [ˌkõntrafi'lɛ] *m* entrecot *m*, rosbife *m Méx.*

contagosto [ˌkõntra'goʃtu] ◆ **a contragosto** *loc adv* a disgusto.

contrair [kõntra'i(x)] *vt* **-1.** [ger] contraer. **-2.** [hábito] adquirir.

◆ **contrair-se** *vp* [encolher-se] contraerse.

contramão [ˌkõntra'mãw] <> *adj* [em sentido contrário] a contramano *Esp*, contramano *RP*, sentido contrario *Méx.* <> *adv*: **sua casa fica ~ para mim** tu casa me queda a contramano. <> *f*: **na ~** a contramano, en sentido contrario *Méx.*

contramestre [ˌkõntra'mɛʃtri] *m* contramaestre *m.*

contrapartida [ˌkõntrapar'tʃida] *f* **-1.** [oposto] contrapartida *f.* **-2.** [compensação]: **em ~** como contrapartida.

contrapeso [ˌkõntra'pezu] *m* contrapeso *m.*

contrapor [ˌkõntra'po(x)] *vt* [confrontar] contraponer; ~ **algo a algo** contraponer algo con algo.

contraproducente [ˌkõntraprodu'sẽntʃi] *adj* contraproducente.

contra-regra [ˌkõntraˈxɛgra] (*pl* **contra-regras**) *m f* traspunte *mf*.

contrariado, da [kõntraˈrjadu, da] *adj* contrariado(da).

contrariar [kõntraˈrja(x)] *vt* **-1.** [ger] contrariar. **-2.** [desobedecer] desobedecer. **-3.** [contradizer] contradecir.

contrário, ria [kõnˈtrarju, rja] *adj* contrario(ria); **ser ~ a algo** ser contrario a algo; **caso ~** en caso contrario, de lo contrario.
◆ **contrário** *m* contrario *m*; **do ~** de lo contrario; **pelo** *ou* **ao ~** por el contrario, al contrario.

contra-senso [ˌkõntraˈsẽnsu] (*pl* **contra-sensos**) *m* contrasentido *m*.

contrastante [kõntraʃˈtãntʃi] *adj* contrastante.

contrastar [kõntraʃˈta(x)] ◇ *vt*: **~ algo com algo** contrastar algo con algo. ◇ *vi* contrastar.

contraste [kõnˈtraʃtʃi] *m* contraste *m*.

contratação [kõntrataˈsãw] (*pl* **-ões**) *f* contratación *f*.

contratante [kõntraˈtãntʃi] ◇ *adj* contratante. ◇ *m f* contratante *mf*.

contratar [kõntraˈta(x)] *vt* contratar.

contratempo [ˌkõntraˈtẽnpu] *m* **-1.** [ger] contratiempo *m*. **-2.** [aborrecimento] contrariedad *f*.

contrato [kõnˈtratu] *m* [ger] contrato *m*.

contribuição [kõntribwiˈsãw] (*pl* **-ões**) *f* [ger] contribución *f*.

contribuinte [kõntriˈbwĩntʃi] *m f* **-1.** [colaborador] colaborador *m*, -ra *f*. **-2.** [aquele que paga imposto] contribuyente *mf*.

contribuir [kõntriˈbwi(x)] *vi* **-1.**: [fornecer] **~ com algo (para algo)** contribuir con algo (para algo). **-2.** [com dinheiro] contribuir. **-3.** [ter parte em um resultado]: **~ para algo** contribuir para algo.

controlar [kõntroˈla(x)] *vt* controlar.
◆ **controlar-se** *vp* [dominar-se] controlarse.

controle [kõnˈtroli] *m* **-1.** [ger] control *m*. **-2.** [dispositivo]: **~ remoto** control remoto, mando *m* a distancia ***Esp***.

controvérsia [kõntroˈvɛrsja] *f* controversia *f*.

controverso, sa [kõntroˈvɛrsu, sa] *adj* controvertido(da).

contudo [kõnˈtudu] *conj* no obstante, sin embargo.

contumaz [kõntuˈmajʒ] *adj* contumaz.

contundir [kõntũnˈdʒi(x)] *vt* contusionar.
◆ **contundir-se** *vp* contusionarse.

contusão [kõntuˈzãw] (*pl* **-ões**) *f* contusión *f*.

convalescença [kõnvaleʃˈsẽnsa] *f* [ato] convalecencia *f*.

convalescer [kõnvaleˈse(x)] *vi* convalecer.

convenção [kõnvẽnˈsãw] (*pl* **-ões**) *f* **-1.** [acordo] acuerdo *m*, convención *f*. **-2.** [norma] convención *f*.

convencer [kõnvẽnˈse(x)] ◇ *vt* [persuadir]: **~ alguém (de algo)** convencer a alguien (de algo); **~ alguém a fazer algo** convencer a alguien para que haga algo. ◇ *vi fig* [agradar] convencer.
◆ **convencer-se** *vp* [persuadir-se]: **~-se de algo** convencerse de algo.

convencido, da [kõnvẽnˈsidu, da] *adj* **-1.** [convicto] convencido(da). **-2.** *fig* [presunçoso] creído(da).

convencional [kõnvẽnsjoˈnaw] (*pl* **-ais**) *adj* **-1.** [relativo a norma] convencional. **-2.** [comum] común.

conveniência [kõnveˈnjẽnsja] *f* conveniencia *f*.

conveniente [kõnveˈnjẽntʃi] *adj* **-1.** [ger] conveniente. **-2.** [cômodo] cómodo(da). **-3.** [oportuno] oportuno (na).

convênio [kõnˈvenju] *m* convenio *m*.

convento [kõnˈvẽntu] *m* convento *m*.

convergência [kõnverˈgẽnsja] *f* convergencia *f*.

convergir [kõnvexˈʒi(x)] *vi* **-1.** [mesma direção]: **~ para** converger en. **-2.** [afluir]: **~ (de/para)** converger (de/en).

conversa [kõnˈvɛxsa] *f* **-1.** [diálogo] conversación *f*, charla *f*, plática *f* ***Méx***; **~ fiada** *ou* **mole** cháchara *f*, palabrerío *m* ***Amér***, cotorreo *m* ***Méx***. **-2.** *loc*: **passar uma ~ em alguém** engatusar a alguien.

conversação [kõnvexsaˈsãw] (*pl* **-ões**) *f* conversación *f*.

conversão [kõnvexˈsãw] (*pl* **-ões**) *f* conversión *f*.

conversar [kõnvexˈsa(x)] *vi* conversar, charlar, platicar ***Méx***.

conversível [kõnvexˈsivew] (*pl* **-eis**) ◇ *adj* convertible. ◇ *m* AUTO convertible *m*.

conversor [kõnvexˈso(x)] *m* convertidor *m*.

converter [kõnvexˈte(x)] *vt* **-1.** [transformar]: ~ **algo/alguém em** convertir algo/a alguien en. **-2.** POL & RELIG: ~ **alguém a** convertir a alguien a.

◆ **converter-se** *vp* POL & RELIG: ~**-se (a)** convertirse (a).

convertido, da [kõnvex'tʃidu, da] <> *adj* **-1.** [transformado] convertido(da). **-2.** POL & RELIG converso(sa). <> *m, f* POL & RELIG converso *m*, -sa *f*.

convés [kõn'vɛʃ] (*pl* **-veses**) *m* cubierta *f*.

convexo, xa [kõn'vɛksu, sa] *adj* convexo(xa).

convicção [kõnvik'sãw] (*pl* **-ões**) *f* convicción *f*.

convicto, ta [kõn'viktu, ta] *adj* **-1.** [convencido] convencido(da). **-2.** [réu] convicto(ta).

convidado, da [kõnvi'dadu, da] *m, f* invitado *m*, -da *f*.

convidar [kõnvi'da(x)] *vt* invitar.

convidativo, va [kõnvida'tʃivu, va] *adj* interesante, atractivo(va).

convincente [kõnvĩn'sẽntʃi] *adj* convincente.

convir [kõn'vi(x)] *vi* **-1.** [concordar]: ~ **(com alguém) em algo** estar de acuerdo (con alguien) en algo. **-2.** [ser conveniente, proveitoso]: ~ **a alguém** convenir a alguien.

convite [kõn'vitʃi] *m* invitación *f*.

convivência [kõnvi'vẽnsja] *f* **-1.** [convívio] convivencia *f*. **-2.** [familiaridade] familiaridad *f*.

conviver [kõnvi've(x)] *vi* **-1.** [coexistir] convivir. **-2.** [lidar]: ~ **com** lidiar con.

convívio [kõn'vivju] *m* [convivência] convivencia *f*.

convocar [kõnvo'ka(x)] *vt* convocar.

convosco [kõn'voʃku] *pron pess* con vosotros *Esp*, con ustedes *Amér*.

convulsão [kõnvuw'sãw] (*pl* **-ões**) *f* convulsión *f*.

convulsionar [kõnvuwsjo'na(x)] *vt* convulsionar.

cooper ['kupe(x)] *m* footing *m*, jogging *m*; **fazer** ~ hacer footing *ou* jogging.

cooperação [kwopera'sãw] (*pl* **-ões**) *f* cooperación *f*.

cooperar [kwope'ra(x)] *vi*: ~ **(com)** cooperar (con).

cooperativo, va [kwopera'tʃivu, va] *adj* cooperativo(va), cooperador(ra).

◆ **cooperativa** *f* cooperativa *f*.

coordenação [kooxdena'sãw] *f* coordinación *f*.

coordenada [kooxde'nada] *f* **-1.** GEOM coordenada *f*. **-2.** *fam* [orientação] orientación *f*, coordenada *f Amér*.

coordenar [koorde'na(x)] *m* coordinar.

copa ['kɔpa] *f* **-1.** [ger] copa *f*. **-2.** [cômodo] antecocina *f*, antecomedor *m Méx*.

◆ **copas** *fpl* [naipe] copas *fpl*.

copeiro, ra [ko'pejro, ra] *m, f* camarero *m*, -ra *f*.

Copenhague [kope'ɲagi] *n* Copenhague.

cópia ['kɔpja] *f* **-1.** [ger] copia *f*. **-2.** [fotocópia] copia *f*, fotocopia *f*.

copiadora [kopja'dora] *f* **-1.** [loja] fotocopiadora *f*, copistería *f Esp*. **-2.** [máquina] fotocopiadora *f*.

copiar [ko'pja(x)] *vt* copiar.

copioso, piosa [ko'pjozu, pjɔza] *adj* copioso(sa).

copo ['kɔpu] *m* [ger] vaso *m*.

COPOM [ko'põ] (*abrev de* **Comitê de Política Monetária**) *m* ECON *consejo de política monetaria vinculado al Banco Central.*

copular [ko'pula(x)] *vi* copular.

coqueiro [ko'kejru] *m* cocotero *m*.

coqueluche [koke'luʃi] *f* **-1.** [doença] tos *f* ferina, tosferina *f*, tos *f* convulsa *RP*. **-2.** *fig* [moda] moda *f*, manía *f Amér*.

coquetel [koke'tɛw] (*pl* **-éis**) *m* cóctel *m*.

cor ['ko(x)] (*pl* **-es**) *f* **-1.** color *m*. **-2.** [de pele]: **ficar sem** ~ ponerse blanco; **pessoa de** ~ persona de color.

◆ **de cor** *loc adv* de memoria.

coração [kora'sãw] (*pl* **-ões**) *m* [ger] corazón *m*.

corado, da [ko'radu, da] *adj* **-1.** [na face] colorado(da). **-2.** [avermelhado] rojo(ja). **-3.** *fig* [envergonhado] colorado(da), rojo(ja) *Méx*. **-4.** CULIN dorado(da).

coragem [ko'raʒẽ] *f* coraje *m*.

corajoso, osa [kora'ʒozu, ɔza] *adj* valiente.

coral [ko'raw] (*pl* **-ais**) <> *m* **-1.** [ger] coral *m*. **-2.** MÚS coro *m*, coral *f Esp*. <> *f* [cobra] coral *f*. <> *adj* coral.

corante [ko'rãntʃi] <> *adj* colorante. <> *m* colorante *m*.

corcova [kox'kɔva] *f* **-1.** [nas costas] joroba *f*. **-2.** [curva saliente] loma *f*.

corcunda [kox'kũnda] <> *adj* jorobado(da). <> *f* jorobado *m*, -da *f*.

corda ['kɔrda] *f* **-1.** [ger] cuerda *f*. **-2.**

[de relógio]: **dar ~ em** dar cuerda a. **-3.** [varal] cuerda *f*, lazo *m* ***Amér***, metate *m* Méx.

◆ **cordas** *fpl* **-1.** ANAT: **~s vocais** cuerdas *fpl* vocales. **-2.** MÚS cuerdas *fpl*.

cordão [kor'dãw] (*pl* **-ões**) *m* **-1.** [corda fina] cordón *m*. **-2.** [jóia] cadena *f*. **-3.** [cadarço] cordón *m*, agujeta *f* ***Méx***. **-4.** [bloco carnavalesco] comparsa *f*. **-5.** ANAT: **~ umbilical** cordón umbilical.

cordeiro [kor'dejru] *m* cordero *m*.

cordel [kor'dɛw] (*pl* **-éis**) *m* **-1.** [barbante] cordel *m*, piolín *m* ***RP***. **-2.** LITER: **(literatura de) ~** *literatura originalmente oral, típica del nordeste de Brasil, que se suele vender en mercados y ferias.*

cor-de-rosa [ˌkordʒi'xɔza] ◇ *adj* **-1.** [cor] rosa, rosado(da). **-2.** ***fig*** [feliz] de color de rosa. ◇ *m* [cor] rosa *m*, rosado *m* ***RP***.

cordial [kor'dʒjaw] (*pl* **-ais**) *adj* cordial.

cordilheira [kordʒi'ʎejra] *f* cordillera *f*.

cordões [kox'dõjʃ] *pl* ▷ **cordão**.

Coréia [ko'rɛja] *n* Corea; **~ do Norte** Corea del Norte; **~ do Sul** Corea del Sur.

coreografia [korjogra'fia] *f* coreografía *f*.

coreto [ko'retu] *m* quiosco *m* (de música).

coriza [ko'riza] *f* coriza *f*, rinitis *f inv*.

corja ['kɔxʒa] *f* pandilla *f*, banda *f*.

córnea ['kɔxnja] *f* córnea *f*.

córner ['kɔxne(x)] *m* **-1.** [área] córner *m*. **-2.** [infração] córner *m*, saque *m* *ou* tiro ***Amér*** de esquina.

corneta [kox'neta] *f* corneta *f*.

coroa [ko'roa] ◇ *f* **-1.** [ger] corona *f*. **-2.** [calvície] coronilla *f*. ◇ *m*, *f* [pessoa] ***fam*** viejo *m*, -ja *f*, ruco *m*, -ca *f* ***Méx***, veterano *m*, -na *f* ***RP***.

coroação [korwa'sãw] (*pl* **-ões**) *f* coronación *f*.

coroar [koro'a(x)] *vt* **-1.** [ger] coronar. **-2.** [premiar] recompensar, coronar ***Amér***.

coronel [koro'nɛw] (*pl* **-éis**) *m* **-1.** MIL coronel *m*. **-2.** POL caudillo *m*, cacique *m*.

coronha [ko'roɲa] *f* culata *f*, cacha *f* ***Méx***.

coronhada [koro'ɲada] *f* culatazo *m*.

corpete [kox'petʃi] *m* body *m*.

corpo ['koxpu] *m* [ger] cuerpo *m*; **~ de bombeiros** cuerpo de bomberos; **~ de delito** DER cuerpo del delito; **~ diplomático** cuerpo diplomático; **tomar ~** [consistência] tomar cuerpo; **fazer ~ mole** escaquearse ***Esp***, esquivarse ***Amér***, hacerse el loco ***Méx***; **tirar o ~ fora** escurrir el bulto, echarse para atrás ***Amér***, esquivarse ***RP***.

corporação [koxpora'sãw] (*pl* **-ões**) *f* corporación *f*.

corporal [koxpo'raw] (*pl* **-ais**) *adj* corporal.

corporativismo [koxporatʃi'viʒmu] *m* corporativismo *m*.

corporativo, va [koxpora'tʃivu, va] *adj* corporativo(va).

corpulento, ta [koxpu'lẽntu, ta] *adj* corpulento(ta).

correção [koxe'sãw] (*pl* **-ões**) *f* **-1.** [ato] corrección *f*. **-2.** [qualidade] corrección *f*, honestidad *f*.

corre-corre [kɔxi'kɔxi] *m* prisa *f*, apuro *m*.

corredor, ra [koxe'do(x), ra] (*mpl* **-es**, *fpl* **-s**) *m*, *f* [atleta] corredor *m*, -ra *f*.

◆ **corredor** *m* [passagem] pasillo *m*, corredor *m*.

córrego ['kɔxegu] *m* arroyo *m*.

correia [ko'xeja] *f* correa *f*.

correio [ko'xeju] *m* **-1.** [ger] correo *m*; **agência dos ~s** correos ***Esp***, correo ***Amér***. **-2.** ***fig*** [carteiro] correo *m*, cartero *m*.

corrente [ko'xẽntʃi] ◇ *adj* **-1.** [ger] corriente. **-2.** [fluente] fluido(da). ◇ *f* **-1.** [ger] corriente *f*. **-2.** [adereço, grilhão] cadena *f*. **-3.** [tendência]: **remar contra a ~** nadar contra corriente, remar contra la corriente ***Amér***. **-4.** [vento]: **~ de ar** corriente de aire.

correnteza [koxẽn'teza] *f* corriente *f*.

correr [ko'xe(x)] ◇ *vi* **-1.** [ger] correr. **-2.** [escorrer] correr, escurrir ***Méx***. **-3.** [circular, transitar] pasar. ◇ *vt* **-1.** [percorrer] recorrer. **-2.** [olhar rapidamente]: **~ os olhos por** echar un vistazo en. **-3.** [passar de leve] pasar.

correria [koxe'ria] *f* corrida *f*.

correspondência [koxeʃpõn'dẽnsja] *f* correspondencia *f*.

correspondente [koxeʃpõn'dẽntʃi] ◇ *adj* correspondiente. ◇ *mf* corresponsal *mf*.

corresponder [koxeʃpõn'de(x)] *vi*: **~ a** corresponder a.

◆ **corresponder-se** *vp* corresponderse.

correto, ta [ko'xɛtu] *adj* **-1.** [sem erros] correcto(ta). **-2.** [íntegro] correcto (ta), honesto(ta). **-3.** [apropriado] apropiado(da).

corretor, ra [koxe'to(x), ra] (*mpl* **-es**, *fpl* **-s**) *m, f* [agente] corredor *m*, -ra *f*; **~ de imóveis** agente *mf* inmobiliario, agente de bienes raíces ***Méx***; **~ de Bolsa** corredor *m*, -ra *f* de Bolsa.

corrida [ko'xida] *f* **-1.** [ato] corrida *f*, carrera *f* ***Esp***. **-2.** *ESP* carrera *f*. **-3.** [de táxi] carrera *f* ***Esp***, viaje *m* ***Amér***; **de ~** [às pressas] aprisa ***Esp***, a toda carrera ***Méx***, volando ***RP***.

corrido, da [ko'xidu, da] *adj* **-1.** [rápido] rápido(da). **-2.** [passado]: **tempo ~** tiempo pasado.

corrigir [koxi'ʒi(x)] *vt* **-1.** [ger] corregir. **-2.** [repreender] regañar, rezongar ***RP***.

◆ **corrigir-se** *vp* [emendar-se] corregirse.

corrimão [koxi'mãw] (*pl* **-ãos, -ões**) *m* pasamanos *m inv*.

corriqueiro, ra [koxi'kejru, ra] *adj* común, corriente.

corroborar [koxobo'ra(x)] *vt* corroborar.

corroer [koxo'e(x)] *vt* corroer.

corromper [koxõn'pe(x)] *vt* **-1.** [ger] corromper. **-2.** [adulterar] adulterar.

◆ **corromper-se** *vp* [perverter-se] corromperse.

corrosão [koxo'sãw] (*pl* **-ões**) *f* corrosión *f*.

corrosivo, va [koxo'zivu, va] *adj* corrosivo(va).

corrupção [koxup'sãw] (*pl* **-ões**) *f* corrupción *f*.

corrupto, ta [ko'xuptu, ta] *adj* corrupto(ta).

Córsega ['kɔxsega] *n* Córcega.

cortada [kox'tada] *f* *ESP* dejada *f*; **dar uma ~ em alguém** ***fig*** parar el carro a alguien.

cortado, da [kox'tadu, da] *adj* **-1.** [ger] cortado(da). **-2.** ***fig*** [ferido] partido (da).

cortador [koxta'do(x)] *m* cortador *m*.

cortante [kox'tãntʃi] *adj* **-1.** [ger] cortante. **-2.** [estridente] estridente.

cortar [kox'ta(x)] ◇ *vt* **-1.** [ger] cortar. **-2.** [aparar] cortar, recortar ***RP***. **-3.** *AUTO* cruzarse por delante de. **-4.** [encurtar]: **~ caminho** acortar, cortar ***Amér***. ◇ *vi* **-1.** [ter bom gume] cortar. **-2.** *ESP* golpear de volea.

◆ **cortar-se** *vp* [ferir-se] cortarse.

corte[1] ['kɔxtʃi] *m* **-1.** [ger] corte *m*. **-2.** [gume] filo *m*. **-3.** [redução] corte *m*, recorte *m*. **-4.** [porção de tecido]: **~ de algo** corte de algo.

corte[2] ['koxtʃi] *f* corte *f*.

cortejar [koxte'ʒa(x)] *vt* cortejar.

cortejo [kox'teʒu] *m* cortejo *m*.

cortês [kox'teʃ] *adj* cortés.

cortesão, sã [koxte'zãw, zã] (*mpl* **-ãos, -ões**, *fpl* **-s**) ◇ *adj* cortesano(na). ◇ *m, f* cortesano *m*, -na *f*.

cortesia [koxte'zia] *f* **-1.** [ger] cortesía *f*. **-2.** [mesura] reverencia *f*.

cortiça [kox'tʃisa] *f* corcho *m*.

cortiço [kox'tʃisu] *m edificio antiguo, muchas veces sin agua ni luz, ocupado por muchas familias con pocos ingresos*, vecindad *f* ***Méx***, conventillo *m* ***RP***.

cortina [kox'tʃina] *f* cortina *f*.

coruja [ko'ruʒa] ◇ *f* *ZOOL* lechuza *m*. ◇ *adj* [pai, mãe] protector(ra), gallina ***Amér***.

corvo ['koxvu] *m* cuervo *m*.

cós ['kɔʃ] *m inv* pretina *f*.

coser [ko'ze(x)] ◇ *vt* coser. ◇ *vi* coser.

cosmético, ca [koʒ'mɛtʃiku] *adj* cosmético(ca).

◆ **cosmético** *m* cosmético *m*.

cosmopolita [koʒmopo'lita] ◇ *adj* cosmopolita. ◇ *mf* [pessoa] cosmopolita *mf*.

costa ['kɔʃta] *f* [litoral] costa *f*.

costado [koʃ'tadu] *m* *NÁUT* [forro] costado *m*.

Costa Rica [ˌkɔʃta'xika] *n* Costa Rica.

costa-riquense [ˌkɔʃtaxi'kẽnsi], **costarriquenho, nha** [ˌkɔʃtaxi'kẽɲu, ɲa] ◇ *adj* costarricense. ◇ *m, f* costarricense *mf*.

costas ['kɔʃtaʃ] *fpl* **-1.** *ANAT* espalda *f*. **-2.** [reverso] reverso *m*. **-3.** [encosto] respaldo *m*. **-4.** *loc*: **carregar nas ~** hacer casi todo el trabajo de, cargar en las espaldas ***Amér***; **ter ~ quentes** tener enchufe ***Esp***, tener palanca ***Amér***.

costela [koʃ'tɛla] *f* costilla *f*.

costeleta [koʃte'leta] *f* **-1.** *CULIN* costilla *f*. **-2.** [suíças] patilla *f*.

costumar [koʃtu'ma(x)] *vt* **-1.** [ter o hábito de]: **~ fazer algo** acostumbrar hacer algo. **-2.** [habituar] acostumbrar.

costume [koʃ'tumi] *m* **-1.** [hábito] costumbre *f*; **como de ~** como de costumbre. **-2.** [roupa] traje *m*.

◆ **costumes** *mpl* [de um povo] costumbres *fpl*.
costumeiro, ra [koʃtu'mejru, ra] *adj* usual.
costura [koʃ'tura] *f* costura *f*; **alta ~** alta costura.
costurar [koʃtu'ra(x)] <> *vt* **-1.** *COST* coser. **-2.** *fig* [texto] articular. <> *vi* **-1.** *COST* coser. **-2.** *fam AUTO* *zigzaguear, conducir dando bandazos* ***Esp***.
costureira [koʃtu'rejra] *f* costurera *f*.
cota ['kɔta] *f* cuota *f*.
cotação [kota'sãw] (*pl* **-ões**) *f* **-1.** [ger] cotización *f*. **-2.** *fig* [possibilidade de êxito] posibilidades *fpl*, chance *m* ***Méx***. **-3.** *fig* [conceito] cotización *f*, popularidad *f*.
cotado, da [ko'tadu, da] *adj* **-1.** [ger] cotizado(da). **-2.** [avaliado] cotizado (da), tasado(da) ***RP***.
cotar [ko'ta(x)] *vt* **-1.** [ger] cotizar. **-2.** [avaliar]: **~ algo/alguém em** tasar *ou* cotizar ***Méx*** algo/a alguien en.
cotejar [kote'ʒa(x)] *vt* cotejar.
cotejo [ko'teʒu] *m* cotejo *m*.
cotidiano, na [kotʃi'dʒjanu] *adj* cotidiano(na).
◆ **cotidiano** *m* rutina *f*.
cotoco [ko'toku] *m* [do corpo] muñón *m*; [do vela, pau] trozo *m*, pedazo *m*, cabito *m* ***Méx***.
cotonete [koto'nɛtʃi] *m* bastoncillo *m* de algodón, cotonete *m* ***Amér***.
cotovelada [kotove'lada] *f* codazo *m*.
cotovelo [koto'velu] *m* **-1.** *ANAT* codo *m*; **falar pelos ~s** hablar por los codos. **-2.** [de estrada *etc*] recodo *m*.
couraça [ko'rasa] *f* **-1.** [ger] coraza *f*. **-2.** [de animal] coraza *f*, caparazón *m*.
couraçado, da [kora'sadu, da] *adj* [que tem couraça] acorazado(da).
◆ **couraçado** *m NÁUT* acorazado *m*.
couro ['koru] *m* [ger] cuero *m*; [curtido]: **~ cru** cuero crudo.
couve ['kovi] *f* col *f* ***Esp*** & ***Méx***, repollo *m* ***Andes*** & ***RP***; **~ roxa** col lombarda ***Esp*** & ***Méx***, repollo colorado ***RP***.
couve-de-bruxelas [ˌkovidʒibru'ʃɛlaʃ] (*pl* **couves-de-bruxelas**) *f* col *f* de Bruselas ***Esp*** & ***Méx***, repollito *m* de Bruselas ***Andes*** & ***RP***.
couve-flor [ˌkovi'flo(x)] (*pl* **couves-flores**) *f* coliflor *f*.
couvert [ko'vɛ(x)] *m* cubierto *m*.
cova ['kɔva] *f* **-1.** [sepultura] sepultura *f*. **-2.** [caverna, buraco] cueva *f*.
covarde [ko'vaxdʒi] <> *adj* cobarde. <> *mf* cobarde *mf*.
covardia [kovax'dʒia] *f* cobardía *f*.
covil [ko'viw] (*pl* **-is**) *m* **-1.** [ger] madriguera *f*. **-2.** *fig* [casebre] cabaña *f*, cueva *f* ***Amér***.
coxa ['koʃa] *f ANAT* muslo *m*.
coxear [ko'ʃja(x)] *vi* cojear, renguear ***Amér***.
coxia [ko'ʃia] *f* pasillo *m*.
coxo, xa ['koʃu, ʃa] *adj* **-1.** [ger] cojo(ja) ***Esp***, rengo(ga) ***Amér***. **-2.** *fig* [imperfeito] cojo(ja), incompleto(ta) ***RP***.
cozer [ko'ze(x)] *vt* cocer.
cozido, da [ko'zidu, da] *adj* cocido (da).
◆ **cozido** *m* cocido *m*, guisado *m*, puchero *m* ***Andes*** & ***RP***.
cozinha [ko'ziɲa] *f* cocina *f*.
cozinhar [kozi'ɲa(x)] <> *vt* **-1.** [cozer] cocinar. **-2.** *fig* [adiar] congelar, meter al congelador. <> *vi* **-1.** [ger] cocinar. **-2.** *fig* [remanchar] haraganear, hacerse el loco ***Méx***, dar vueltas ***RP***.
cozinheiro, ra [kozi'ɲejru, ra] *m, f* cocinero *m*, -ra *f*.
CPD (*abrev de* **Centro de Processamento de Dados**) *m* centro *m* de procesamiento de datos.
CPF (*abrev de* **Cadastro de Pessoa Física**) *m documento de identificación del contribuyente*, ≃ NIF *m* ***Esp***.
CPMF (*abrev de* **Contribuição Provisória sobre Movimentação Financeira**) *f impuesto aplicado a las transacciones bancarias y creado para financiar el sistema brasileño de salud pública*.
crachá [kra'ʃa] *m* identificación *f*, gafete *m* ***Méx***.
crack ['kraki] *m* crack *m*.
crânio ['krãnju] *m ANAT* cráneo *m*.
craque ['kraki] <> *m f* [pessoa exímia]: **ser um ~ em algo** ser un as *ou* crack ***RP*** *ou* maestro ***Méx*** en algo. <> *m FUT* crack *mf*.
crasso, ssa ['krasu, sa] *adj* **-1.** [grosseiro] craso(sa). **-2.** [espesso] denso(sa), espeso(sa).
cratera [kra'tɛra] *f* cráter *m*.
cravar [kra'va(x)] *vt* **-1.** [fazer penetrar] clavar. **-2.** [engastar] engastar, engarzar. **-3.** *fig* [fixar]: **~ os olhos em alguém** clavar los ojos en alguien.
cravejar [krave'ʒa(x)] *vt* **-1.** [com cravos] clavetear. **-2.** [com pedras preciosas] engastar, engarzar.
cravo ['kravu] *m* **-1.** [flor] clavel *m*. **-2.**

[prego] clavo *m.* **-3.** *MÚS* clave *m.* **-4.** [especiaria] clavo *m*, clavo de olor *RP.* **-5.** [na pele] grano *m.*

creche ['krɛʃi] *f* guardería *f.*

credencial, ais [kredẽnsi'aw, ajʃ] ◆ **credenciais** *fpl* [qualificações] credenciales *fpl.*

credenciamento [kredẽnsia'mẽntu] *m* acreditación *f.*

crediário [kre'dʒjarju] *m* venta *f* a plazos *Esp*, venta a crédito *Amér.*

creditar [kredʒi'ta(x)] *vt* [depositar] depositar, ingresar.

crédito ['krɛdʒitu] *m* crédito *m*; **digno de ~** digno de crédito.

credo ['krɛdu] *m* **-1.** [crença] credo *m.* **-2.** [reza]: **o Credo** el Credo.

credor, ra [kre'do(x), ra] (*mpl* **-es**, *fpl* **-s**) ◇ *adj* acreedor(ra). ◇ *m, f* *FIN* acreedor *m*, -ra *f.*

cremar [kre'ma(x)] *vt* cremar.

crematório [krema'tɔrju] *m* crematorio *m.*

creme ['kremi] ◇ *adj inv* [bege] crema. ◇ *m* **-1.** [ger] crema *f.* **-2.** [nata do leite] nata *f* *Esp*, crema *f* *Amér*; **~ de leite** nata *f* líquida *Esp*, crema de leche *Amér*, crema doble *RP.* **-3.** [pasta]: **~ dental** crema dental, pasta *f* dental; **~ rinse** *Br* suavizante *m*, enjuague *m* *Amér.*

cremoso, osa [kre'mozu, ɔza] *adj* cremoso(sa).

crença ['krẽnsa] *f* creencia *f.*

crendice [krẽn'diʃi] *f* creencia *f* popular, superstición *f.*

crente ['krẽntʃi] ◇ *adj* **-1.** [que tem fé] creyente. **-2.** [protestante] protestante. ◇ *mf* **-1.** [quem tem fé] creyente *mf.* **-2.** [protestante] protestante *mf.*

crepe ['krɛpi] *m* *CULIN* crepe *f* *Esp*, crepa *f* *Méx*, panqueque *m* *RP*; [tecido] crepé *m.*

crepitante [krepi'tãntʃi] *adj* crepitante.

crepúsculo [kre'puʃkulu] *m* crepúsculo *m.*

crer ['kre(x)] ◇ *vt* creer. ◇ *vi* [acreditar]: **~ em** creer en.

crescente [kre'sẽntʃi] ◇ *adj* creciente. ◇ *m* [fase da lua] creciente *f.*

crescer [kre'se(x)] *vi* crecer.

crescimento [kresi'mẽntu] *m* crecimiento *m.*

crespo, pa ['kreʃpu, pa] *adj* **-1.** [anelado] crespo(pa), chino(na) *Méx.* **-2.** [áspero] áspero(ra).

cretinice [kretʃi'nisi] *f* cretinada *f.*

cretino, na [kre'tʃinu, na] ◇ *adj* cretino(na). ◇ *m, f* cretino *m*, -na *f.*

cria ['kria] *f* cría *f.*

criação [krja'sãw] (*pl* **-ões**) *f* **-1.** [ger] creación *f.* **-2.** [de animais, filhos] crianza *f.*

◆ **de criação** *loc adj* adoptivo(va).

criado-mudo [ˌkrjadu'mudu] (*pl* **criados-mudos**) *m* mesilla *f* de noche, mesita *f* de luz *RP*, buró *m* *Méx.*

criador, ra [kria'do(x), ra] (*mpl* **-es**, *fpl* **-s**) ◇ *adj* creador(ra). ◇ *m, f* **-1.** [autor] creador *m*, -ra *f.* **-2.** [de animais] criador *m*, -ra *f.*

criança [kri'ãnsa] *f* niño *m*, -ña *f.*

criançada [krjãn'sada] *f* niños *mpl.*

criar [kri'a(x)] *vt* **-1.** [ger] criar. **-2.** [fundar, produzir] crear. **-3.** [plantas] cultivar.

◆ **criar-se** *vp* [educar-se] criarse.

criatividade [kriatʃivi'dadʒi] *f* creatividad *f.*

criativo, va [kria'tʃivu, va] *adj* creativo(va).

criatura [kria'tura] *f* criatura *f.*

crime ['krimi] *m* crimen *m.*

criminal [krimi'naw] (*pl* **-ais**) *adj* criminal.

criminalidade [kriminali'dadʒi] *f* criminalidad *f.*

criminoso, osa [krimi'nozu, ɔza] ◇ *adj* criminal. ◇ *m, f* criminal *mf.*

crina ['krina] *f* crin *f.*

crioulo, la ['krjolu, la] ◇ *adj* **-1.** [comida, dialeto] criollo(lla). **-2.** [negro] negro(gra), niche *Col.* ◇ *m, f* [pessoa negra] negro *m*, -gra *f*, niche *mf* *Col.*

crisântemo [kri'zãntemu] *m* crisantemo *m.*

crise ['krizi] *f* crisis *f inv.*

crisma ['kriʒma] *f* confirmación *f.*

crismar [kriʒ'ma(x)] *vt* confirmar.

crista ['kriʃta] *f* **-1.** [de galo] cresta *f.* **-2.** [cume] cima *f.*

cristal [kriʃ'taw] (*pl* **-ais**) *m* **-1.** [ger] cristal *m.* **-2.** [objeto] objeto *m* de cristal, cristal *m* *RP.*

cristaleira [kriʃta'lejra] *f* cristalera *f*, cristalería *f* *Méx.*

cristalino, na [kriʃta'linu, na] *adj* cristalino(na).

cristalização [kriʃtaliza'sãw] (*pl* **-ões**) *f* cristalización *f.*

cristandade [kriʃtãn'dadʒi] *f* cristiandad *f.*

cristão, tã [kriʃ'tãw, tã] ◇ *adj* cris-

tiano(na). <> *m, f* cristiano *m*, -na *f*.
cristianismo [kriʃtʃjã'niʒmu] *m* cristianismo *m*.
cristo ['kriʃtu] *m fig* [vítima] mártir *mf*.
Cristo ['kriʃtu] *m* Cristo *m*.
critério [kri'tɛrju] *m* criterio *m*.
criterioso, osa [krite'rjozu, ɔza] *adj* sensato(ta), criterioso(sa) *RP*.
criticar [kritʃi'ka(x)] *vt* [censurar, analisar] criticar.
crítico, ca ['kritʃiku, ka] <> *adj* [grave, com julgamento] crítico(ca). <> *m, f* [pessoa] crítico *m*, -ca *f*.
◆ **crítica** *f* **-1.** [censura, análise] crítica *f*. **-2.** [os críticos]: **a** ~ la crítica.
crivar [kri'va(x)] *vt* [encher, furar] acribillar; ~ **com balas/perguntas** acribillar a balazos/preguntas.
crível ['krivew] (*pl* **-eis**) *adj* creíble.
crivo ['krivu] *m* **-1.** [peneira] cernidor *m*, tamiz *m*. **-2.** *fig* [crítica] criba *f*.
Croácia [kro'asja] *n* Croacia.
croata [kro'ata] <> *adj* croata. <> *mf* croata *mf*.
crocante [kro'kãntʃi] *adj* crujiente, crocante *RP*.
crochê [kro'ʃe] *m* crochet *m*, croché *m*.
crocodilo [kroko'dʒilu] *m* cocodrilo *m*.
cromo ['kromu] *m* cromo *m*.
cromossomo [kromo'somu] *m* [genética] cromosoma *m*.
crônica ['kronika] *f* HIST, LITER & JORN crónica *f*.
crônico, ca ['kroniku, ka] *adj* **-1.** [que dura há muito] crónico(ca). **-2.** *fig* [inveterado] crónico(ca), profundo(da).
cronista [kro'niʃta] *m f* HIST, LITER & JORN cronista *mf*.
cronológico, ca [krono'lɔʒiku, ka] *adj* cronológico(ca).
cronometrar [kronome'tra(x)] *vt* cronometrar.
cronômetro [kro'nometru] *m* cronómetro *m*.
croquete [kro'kɛtʃi] *m* croqueta *f*.
croqui [kro'ki] *m* croquis *m inv*.
crosta ['kroʃta] *f* costra *f*.
cru, crua ['kru, 'krua] *adj* crudo(da).
crucial [kru'sjaw] (*pl* **-ais**) *adj* crucial.
crucificação [krusifika'sãw] (*pl* **-ões**) *f* RELIG crucifixión *f*.
crucificar [krusifi'ka(x)] *vt* [pregar na cruz, atormentar] crucificar.
crucifixo [krusi'fiksu] *m* crucifijo *m*.
cruel [kru'ɛw] (*pl* **-éis**) *adj* cruel.
crueldade [kruew'dadʒi] *f* crueldad *f*.
cruz ['kruʃ] (*pl* **-es**) *f* cruz *f*.
◆ **Cruz Vermelha** *f* Cruz *f* Roja.
cruzada [kru'zada] *f* cruzada *f*.
cruzado, da [kru'zadu, da] <> *adj* cruzado(da). <> *m* [moeda] cruzado *m*.
cruzador [kruza'do(x)] *m* [navio de combate] crucero *m*.
cruzamento [kruza'mẽntu] *m* [de estradas, raças] cruce *m*.
cruzar [kru'za(x)] <> *vt* [dispor em cruz, atravessar] cruzar; ~ **com** cruzarse con. <> *vi* **-1.** [percorrer o mar] cruzar. **-2.** [encontrar]: ~ **com alguém** cruzarse con alguien.
cruzeiro [kru'zejru] *m* **-1.** NÁUT crucero *m*. **-2.** [moeda] cruceiro *m*.
CTI (*abrev de* **Centro de Terapia Intensiva**) *m* UCI *f*, UVI *f*.
cu ['ku] *m vulg* culo *m*; ~**-de-judas** culo *m* del mundo; **fazer** ~**-doce** hacerse el remolón; ~**-do-mundo** culo del mundo.
Cuba ['kuba] *n* Cuba.
cubano, na [ku'bãnu, na] <> *adj* cubano(na). <> *m, f* cubano *m*, -na *f*.
cubículo [ku'bikulu] *m* cubículo *m*.
cubista [ku'biʃta] <> *adj* cubista. <> *mf* cubista *mf*.
cubo ['kubu] *m* cubo *m*.
cuca ['kuka] *fam f* **-1.** [cabeça] coco *m*, tatema *f Méx*, bocho *m RP*. **-2.** [mente] coco *m*, bocho *m RP*; **fundir a** ~ [baratinar] volver loco(ca), volar el coco *Méx* & *RP*; [confundir] volver loco(ca).
cuco ['kuku] *m* **-1.** [ave] cuco *m*, cucú *m RP*. **-2.** [relógio] cucú *m*.
cueca ['kwɛka] *f* calzoncillo *m*, calzoncillos *mpl*, trusa *f Méx*.
Cuiabá [kuja'ba] *n* Cuiabá.
cuíca ['kwika] *f* zambomba *f*, cuica *f Amér*.
cuidado, da [kwi'dadu, da] *adj* [tratado]: **bem/mal** ~ bien/mal cuidado(da).
◆ **cuidado** *m* [atenção, cautela] cuidado *m*; **cuidado!** ¡cuidado!, ¡aguas! *Méx*.
cuidadoso, osa [kwida'dozu, ɔza] *adj* cuidadoso(sa).
cuidar [kwi'da(x)] *vi* [tratar]: ~ **de alguém/algo** cuidar de *ou* a alguien/algo.
◆ **cuidar-se** *vp* **-1.** [ger] cuidarse. **-2.** [prevenir-se] andarse con cuidado.
cujo, ja ['kuʒu, ʒa] *pron rel* [de que, de quem] cuyo(ya).

culinário, ria [kuli'narju, rja] *adj* culinario(ria).
◆ **culinária** *f* cocina *f*, culinaria *f* *RP*.
culminar [kuwmi'na(x)] *vi*: ~ **com algo** culminar con algo.
culote [ku'lɔtʃi] *m* **-1.** [calça] pantalón *m* de montar. **-2.** [nas coxas] jamones *mpl*, chaparreras *fpl* ***Méx***.
culpa ['kuwpa] *f* culpa *f*; **pôr a** ~ **em** echar la culpa a alguien.
culpabilidade [kuwpabili'dadʒi] *f* culpabilidad *f*.
culpado, da [kuw'padu, da] <> *adj* culpable. <> *m, f* culpable *mf*.
culpar [kuw'pa(x)] *vt* [acusar, incriminar]: ~ **alguém (de)** culpar a alguien (de).
cultivar [kuwtʃi'va(x)] *vt* cultivar.
◆ **cultivar-se** *vp* [instruir-se] cultivarse.
cultivo [kuw'tʃivu] *m* cultivo *m*.
culto, ta ['kuwtu, ta] *adj* [instruído, civilizado] culto(ta).
◆ **culto** *m* [cerimônia, veneração] culto *m*.
cultura [kuw'tura] *f* **-1.** [conhecimento, civilização] cultura *f*. **-2.** [cultivo, criação] cultivo *m*.
cultural [kuwtu'raw] (*pl* **-ais**) *adj* cultural.
cume ['kumi] *m* [topo, apogeu] cumbre *f*.
cúmplice ['kũnplisi] *m f* [co-autor, parceiro] cómplice *mf*.
cumplicidade [kũnplisi'dadʒi] *f* complicidad *f*.
cumprimentar [kũnprimẽn'ta(x)] *vt* **-1.** [saudar] saludar. **-2.** [elogiar] felicitar.
cumprimento [kũnpri'mẽntu] *m* **-1.** [saudação] saludo *m*. **-2.** [elogio] elogio *m*. **-3.** [ato de cumprir] cumplimiento *m*.
cumprir [kũn'pri(x)] <> *vt* [executar] cumplir. <> *vi* **-1.** [convir] convenir. **-2.** [caber] corresponder.
cúmulo ['kumulu] *m* [máximo] colmo *m*.
cunhado, da [ku'ɲadu, da] *m, f* cuñado *m*, -da *f*.
cunhar [ku'ɲa(x)] *vt* [moedas, palavras] acuñar.
cunho ['kuɲu] *m* [caráter, marca, selo] cuño *m*.
cupim [ku'pĩ] (*pl* **-ns**) *m* termita *f*.
cupom [ku'põ] (*pl* **-ns**) *m* cupón *m*.
cúpula ['kupula] *f* **-1.** [abóbada, chefia] cúpula *f*. **-2.** [de abajur] pantalla *f*.
cura ['kura] <> *f* **-1.** [ger] cura *f*. **-2.** [de carne, queijo] curado *m*. <> *m* [pároco] cura *m*.
curador, ra [kura'do(x), ra] *m, f* **-1.** [de menores] tutor *m*, -ra *f*. **-2.** [de instituições] curador *m*, -ra *f*.
curandeiro, ra [kurãn'dejru, ra] *m* curandero *m*, -ra *f*.
curar [ku'ra(x)] <> *vt* [defumar] curar. <> *vi* [exercer a medicina] curar.
◆ **curar-se** *vp* [sarar, emendar-se] curarse.
curativo [kura'tʃivu] *m* **-1.** [aplicação de remédios] curación *f*. **-2.** [gaze, adesivo] apósito *m*.
curdo, da ['kuxdu, da] <> *adj* curdo(da), kurdo(da). <> *m, f* curdo *m*, -da *f*, kurdo *m*, -da *f*.
curiosidade [kurjozi'dadʒi] *f* [interesse, raridade] curiosidad *f*.
curioso, osa [ku'rjozu, ɔza] <> *adj* curioso(sa). <> *m, f* curioso *m*, -sa *f*.
◆ **curioso** *m* [fato singular]: **o** ~ **é ...** lo curioso es ...
◆ **curiosos** *mpl* [espectadores] curiosos *mpl*.
curral [ku'xaw] (*pl* **-ais**) *m* corral *m*.
currar [ku'xa(x)] *vt* ***fam*** violar, estuprar ***Méx***.
currículo [ku'xikulu] *m* **-1.** [conjunto de dados] currículum *m*, hoja *f* de vida ***Col***. **-2.** [matérias] currículo *m*.
cursar [kux'sa(x)] *vt* [realizar curso] cursar.
cursinho [kur'siɲu] *m* [pré-vestibular] *curso preliminar al examen de ingreso a la universidad*.
curso ['kursu] *m* **-1.** [movimento, andamento] curso *m*; **em** ~ en curso. **-2.** [nível de ensino]: ~ **superior** estudios *mpl* universitarios; ~ **supletivo** *curso de educación para adultos*. **-3.** [série de aulas]: ~ **de idiomas** curso de idiomas; ~ **de computação** curso de computación.
cursor [kux'so(x)] (*pl* **-es**) *m* COMPUT cursor *m*.
curtição [kuxtʃi'sãw] *f* **-1.** [de couro] curtido *m*. **-2.** ***fam*** [que causa prazer] placer *m*, delicia *f*, gozada *f* ***Esp***.
curtido, da [kux'tʃidu, da] *adj* curtido(da).
curtir [kux'tʃi(x)] <> *vt* **-1.** [couro] curtir. **-2.** [sofrer] sufrir. **-3.** ***fam*** [desfrutar]: **ela curte ir a festas** disfruta de las fiestas, lo pasa guay en las fiestas ***Esp***, curte las fiestas ***Arg***;

eles curtem bater papo les encanta *ou* mola ***Esp*** charlar; **curtimos as mesmas músicas** nos encantan *ou* molan ***Esp*** las mismas canciones. ◇ *vi* ***fam*** [desfrutar]: **passamos quatro dias na praia, curtindo** estuvimos cuatro días en la playa disfrutando, estuvimos cuatro días en la playa pasándolo de vicio ***Esp***.

◆ **curtir-se** *vp* ***fam***: **eles se curtem muito** se gustan mucho.

curto, ta ['kuxtu, ta] ◇ *adj* **-1.** [breve, de pouco comprimento] corto(ta). **-2.** [escasso]: **o dinheiro anda** ~ ando corto de dinero. **-3.** [limitado] ***fig***: **homem de inteligência curta** hombre de poca inteligencia. ◇ *m* [curto-circuito] cortocircuito *m*, corto *m* ***Méx***.

curto-circuito [ˌkuxtusix'kujtu] (*pl* **curtos-circuitos**) *m* ELETR cortocircuito *m*.

curva ['kuxva] *f* curva *f*; ~ **fechada** curva cerrada.

curvar [kux'va(x)] ◇ *vt* **-1.** [arquear] curvar. **-2.** ***fig*** [dominar] someter, doblegar. ◇ *vi* [envergar] encorvarse.

◆ **curvar-se** *vp* **-1.** [ger] inclinarse. **-2.** [submeter-se]: **~-se a** someterse a.

curvo, va ['kuxvu, va] *adj* [arqueado, sinuoso] curvo(va).

cuscuz [kuʃ'kuʃ] *m* [salgado] *marisco cocido al vapor y servido con huevos, guisantes y cuscús*; [doce] *bola de mandioca con coco rallado y azúcar y bañada en leche*.

cusparada [kuʃpa'rada] *f* escupitajo *m*, escupida *f* ***RP***.

cuspe ['kuʃpi] *m* escupitajo *m*, escupida *f* ***RP***.

cuspida [kuʃ'pida] *f* ***fam*** [cuspidela] escupitajo *m*.

cuspido, da [kuʃ'pidu, da] *adj* con escupitajos.

cuspir [kuʃ'pi(x)] ◇ *vt* escupir. ◇ *vi* escupir.

custa ['kuʃta] *f*: **à** ~ **de** a costa de.

◆ **custas** *fpl* JUR costas *fpl*.

custar [kuʃ'ta(x)] ◇ *vt* costar; ~ **os olhos da cara** costar un ojo de la cara; **não** ~ **nada fazer algo** no costar nada hacer algo. ◇ *vi* **-1.** [ser difícil, custoso] costar. **-2.** [demorar]: **ela custou a se recuperar** le costó recuperarse. **-3.** [preço de produto, serviço]: ~ **barato/caro** *loc* costar barato/caro. **-4.** [ser obtido com sacrifício]: ~ **caro** *loc* costar caro.

custo ['kuʃtu] *m* **-1.** [preço] costo *m*, coste *m* ***Esp***; ~ **de vida** costo *ou* coste ***Esp*** de vida. **-2.** ***fig*** [dificuldade]: **a todo** ~ a toda costa.

custódia [kuʃ'tɔdʒja] *f* custodia *f*.

CUT (*abrev de* **Central Única dos Trabalhadores**) *f entidad sindical brasileña que tiene como objetivo el fomento de la organización de los trabajadores*.

cutelo [ku'tɛlu] *m* cuchillo *m*.

cutia [ku'tʃia] *f* agutí *m*.

cutícula [ku'tʃikula] *f* cutícula *f*.

cútis ['kutʃiʃ] *f inv* cutis *m inv*.

cutucar [kutu'ka(x)], **catucar** [katu'ka(x)] *vt* **-1.** [com o cotovelo] dar un codazo a, codear a ***Amér***. **-2.** [com o dedo] tocar con el dedo a, dedear a ***Amér***.

C.V. (*abrev de* **curriculum vitae**) *m* CV *m*.

CVM (*abrev de* **Comissão de Valores Mobiliários**) *f comisión que regula el mercado de acciones y bienes mobiliarios*, ≃ CNMV *f* ***Esp***.

czar, ina ['kza(x), ina] *m, f* zar *m*, -ina *f*.

D

d, D [de] *m* [letra] d, D *f*.

da [da] = **de + la**.

DAC (*abrev de* **Departamento de Aviação Civil**) *m departamento de aviación civil*, ≃ AENA *f* ***Esp***.

dadaísta [dada'iʃta] ◇ *adj* dadaísta. ◇ *mf* dadaísta *mf*.

dádiva ['dadiva] *f* [donativo] dádiva *f*.

dado, da ['dadu, da] *adj* **-1.** [concedido] dado(da). **-2.** [presenteado] regalado(da). **-3.** [afável] afable, dado(da) ***RP***. **-4.** [determinado] dado(da).

◆ **dado** *m* **-1.** [em jogo] dado *m*. **-2.** [informação] dato *m*.

◆ **dado que** *loc conj* dado que.

daí [da'i] = **de + aí**.

dali [da'li] = **de + ali**.

daltônico, ca [daw'toniku, ka] ◇ *adj* daltónico(ca). ◇ *m, f* daltónico *m* daltóni, -ca *f*.

dama ['dãma] *f* **-1.** [mulher] dama *f*; ~ **de honra** dama de honor. **-2.** [em xadrez, baralho] reina *f*.
◆ **damas** *fpl* [jogo] damas *fpl*.

damasco [da'maʃku] *m* **-1.** [fruta] albaricoque *m* ***Esp***, chabacano *m* ***Méx***, damasco *m* ***RP***. **-2.** [tecido] damasco *m*.

danado, da [da'nadu, da] ◇ *adj* **-1.** [amaldiçoado] desgraciado(da). **-2.** [zangado] furioso(sa). **-3.** ***fam*** [travesso] travieso(sa). **-4.** [incrível] increíble. ◇ *m* **-1.** [pessoa amaldiçoada] desgraciado *m*, -da *f*. **-2.** ***fam*** [pessoa esperta] granuja *mf*, gandalla *mf* ***Méx***.

dança ['dãnsa] *f* danza *f*.

dançar [dãn'sa(x)] ◇ *vi* **-1.** [bailar] bailar. **-2.** ***fam*** [sair-se mal] fastidiarla ***Esp***, valer gorro ***Méx***, marchar ***RP***. ◇ *vt* [bailar] bailar.

dançarino, na [dãnsa'rinu, na] *m, f* bailarín *m*, -ina *f*.

danceteria [dãnsete'ria] *f* discoteca *f*.

danificar [danifi'ka(x)] *vt* dañar.
◆ **danificar-se** *vp* dañarse.

dano ['dãnu] *m* [material, moral] daño *m*.

Danúbio [da'nubju] *n*: **o** ~ el Danubio.

daquela [da'kɛla] = **de + aquela** ▷ **aquele**.

daquele [da'keli] = **de + aquele** ▷ **aquele**.

daqui [da'ki] = **de + aqui** ▷ **aqui**.

daquilo [da'kilu] = **de + aquilo** ▷ **aquilo**.

dar ['da(x)] ◇ *vt* **-1.** [ger] dar: ~ **algo a alguém** dar algo a alguien; **ela dá aulas numa escola** da clases en un colegio *ou* escuela ***Amér***; **dá-me sono/pena/medo** me da sueño/pena/miedo; **isto vai ~ muito que fazer** esto va a dar mucho trabajo; **o passeio me deu fome** el paseo me dio hambre; **ainda não deu sinal de vida** todavía no ha dado ***Esp*** *ou* dio ***Amér*** señales de vida; **ele começa a ~ sinais de cansaço** comienza a dar señales de cansancio; ~ **um berro** dar un grito; ~ **um pontapé** dar una patada; **vão ~ uma festa** van a dar *ou* hacer ***RP*** una fiesta; **ele me deu boa-noite** me dio las buenas noches. **-2.** [aprender, estudar] dar; **o que é que estão dando em Espanhol?** ¿qué están dando en Español? ◇ *vi* **-1.** [horas] dar; **já deram cinco horas** ya dieron las cinco. **-2.** [condizer]: ~ **com** combinar *ou* pegar ***RP*** con; **as cores não dão umas com as outras** esos colores no combinan *ou* pegan ***RP***. **-3.** [proporcionar]: ~ **de beber a alguém** dar de beber a alguien; ~ **de comer** dar de comer. **-4.** [filme, programa]: **deu no noticiário hoje** lo dieron en las noticias de hoy. **-5.** [em locuções]: **dá igual** da igual; **dá no mesmo** da lo mismo; ~ **ares de** darse aires de; ~ **à luz** dar a luz; ~ **de si** dar de sí ***Esp***, ceder ***Amér***; ~ **na vista** llamar la atención.
◆ **dar com** *v + prep* [encontrar] encontrarse con.
◆ **dar em** *v + prep* [resultar] resultar.
◆ **dar para** *v + prep* [servir para, ser útil para] servir; [suj: varanda, janela] dar a; [ser suficiente para] dar para; [ser possível] poder; **dá para você fazer isso hoje?** ¿puedes hacer esto hoy mismo?; **dá para ir a pé?** ¿se puede ir a pie?; **não vai ~ para eu chegar na hora** no voy a poder llegar puntual.
◆ **dar por** *v + prep* [aperceber-se] darse cuenta de.
◆ **dar-se** *vp*: ~**-se bem/mal com algo** irle bien/mal a alguien con algo; ~**-se bem/mal com alguém** llevarse bien/mal alguien con alguien; ~**-se por vencido** darse por vencido(da); **deu-se mal com a brincadeira** le salió el tiro por la culata.

dardo ['daxdu] *m* dardo *m*.

das [daʃ] = **de + as**.

DAT (*abrev de* **digital audio tape**) DAT *f*.

data ['data] *f* [ger] fecha *f*.

datar [da'ta(x)] ◇ *vt* [pôr data em] datar, fechar. ◇ *vi* [começar a contar-se] datar de; ~ **de** datar de.

datilógrafo, fa [datʃi'lɔgrafu, fa] *m, f* mecanógrafo *m*, -fa *f*, dactilógrafo *m*, -fa *f* ***RP***.

DC (*abrev de* **Depois de Cristo**) d. de C.

DDT (*abrev de* **Dicloro-Difenil-Tricloretana**) *m* DDT *m*.

de [dʒi] *prep* **-1.** [indica posse] de; **a casa é dela** la casa es de ella; **o carro daquele rapaz** el coche de ese chico, el auto de ese muchacho ***RP***; **a recepção do hotel** la recepción del hotel. **-2.** [indica matéria] de; **um bolinho ~ bacalhau** un pastel de bacalao; **um relógio ~ ouro** un reloj de oro. **-3.** [indica conteúdo] de; **um copo ~ água** un vaso de agua. **-4.** [usado em descrições, determinações] de; **uma camisa ~ manga curta** una camisa de manga corta; **uma nota ~ cinqüenta reais** un billete de cincuenta reales; **o senhor ~ preto** el señor de negro. **-5.** [indica assunto] de; **fale-me ~ ti** háblame de ti, hablame de vos; **um livro ~ inglês** un libro de inglés. **-6.** [indica origem] de; **os passageiros do avião** los pasajeros del avión; **um produto do Brasil** un producto de Brasil; **sou da Bahia** soy de Bahía. **-7.** [indica tempo] de; **chegamos ~ madrugada** llegamos de madrugada; **partimos às três da tarde** salimos a las tres de la tarde; **trabalho das nove às cinco** trabajo de nueve a cinco. **-8.** [indica uso] de; **a sala ~ espera** la sala de espera; **uma máquina ~ costura** una máquina de coser; **uma máquina ~ calcular** una calculadora; **a porta ~ entrada** la puerta de entrada. **-9.** [usado em denominações, nomes] de. **-10.** [indica causa] de; **chorar ~ alegria** llorar de alegría; **morrer ~ frio** morir de frío. **-11.** [indica modo]: **morreu ~ repente** murió de repente; **viajou ~ avião/trem/carro** viajó en avión/tren/coche *ou* carro *Andes*, *Caribe*, *CAm* & *Méx* *ou* auto *RP*; **deitou-se ~ lado** se acostó de lado *Esp* & *Méx* *ou* costado *RP*; **está tudo ~ cabeça para baixo** está todo patas arriba *ou* para arriba *RP*. **-12.** [usado em qualificações] de; **cheio ~ gente** lleno de gente; **digno ~ atenção** digno de atención; **lindo ~ morrer** divino(na). **-13.** [introduz complemento direto]: **gosto do Paulo** Paulo me cae bien; **tenho ~ ir às compras** tengo que ir de compras; **desconfiar ~ alguém** desconfiar de alguien; **gostar ~ algo/alguém** gustar algo/alguien a alguien. **-14.** [em comparações] de; **o melhor ~ todos** el mejor de todos. **-15.** [em superlativos]: **é mais rápido do que este** es más rápido que éste. **-16.** [dentre] de; **uma daquelas cadeiras é para mim** una de esas sillas es para mí; **um dia destes volto** volveré *ou* vuelvo *RP* un día de estos; **um desses hotéis serve** alguno de estos hoteles estará *ou* está *RP* bien. **-17.** [indica série] de; **~ dois em dois dias** cada dos días; **~ quinze em quinze minutos** cada quince minutos; **~ três em três metros** cada tres metros. **-18.** [indica autor] de; **um filme ~ Cacá Diegues** una película de Cacá Diegues; **o último livro ~ Saramago** el último libro de Saramago.

debaixo [de'bajʃu] *adv* debajo, abajo *RP*.

◆ **debaixo de** *loc prep* debajo de, abajo de *Amér*.

debate [de'batʃi] *m* [discussão, disputa] debate *m*.

debatedor, ra [debate'do(x), ra] *m,f* participante *mf* en un debate.

debater [deba'te(x)] ◇ *vt* [discutir, questionar] debatir. ◇ *vi* [discutir] debatir.

◆ **debater-se** *vp* [agitar-se] debatirse.

débeis ['dɛbejʃ] *pl* ⊳ **débil**.

debelar [debe'la(x)] *vt* **-1.** [dominar] sofocar. **-2.** [combater] combatir. **-3.** [extinguir] curar.

débil ['dɛbiw] (*pl* **-eis**) ◇ *adj* [fraco, que tem atraso mental] débil. ◇ *mf* **-1.** PSIC débil *mf* mental. **-2.** *fam* [idiota] tonto *m*, -ta *f*, menso *m*, -sa *f* *Méx*.

debilidade [debili'dadʒi] *f* **-1.** [fraqueza] debilidad *f*. **-2.** PSIC: **~ mental** debilidad *f* mental.

debilitar [debili'ta(x)] *vt* debilitar.

◆ **debilitar-se** *vp* debilitarse.

debilóide [debi'lɔjdʒi] *fam* ◇ *adj pej* debilucho(cha). ◇ *mf pej* débil *mf* mental.

debitar [debi'ta(x)] *vt* debitar.

débito ['dɛbitu] *m* débito *m*.

debochado, da [debo'ʃadu, da] *adj fam* [gozador] burlón(ona).

debochar [debo'ʃa(x)] *vi fam* [zombar]: **~ de alguém/algo** burlarse de alguien/algo.

deboche [de'bɔʃi] *m fam* [zombaria] burla *f*.

debruçar [debru'sa(x)] *vt* inclinar.

◆ **debruçar-se** *vp* inclinarse.

década ['dɛkada] *f* década *f*.

decadência [deka'dẽnsja] *f* decadencia *f*.

decadente [deka'dẽntʃi] *adj* decadente.

decair [deka'i(x)] *vi* **-1.** [ger] decaer. **-2.** [pender] marchitarse.

decapitar [dekapi'ta(x)] *vt* decapitar.

decatleta [deka'tlɛta] *mf* ESP decatleta *mf*.

decatlo [de'katlu] *m* decatlón *m*.
decência [de'sẽnsja] *f* decencia *f*.
decente [de'sẽntʃi] *adj* decente.
decepar [dese'pa(x)] *vt* cortar.
decepção [desep'sãw] (*pl* -ões) *f* decepción *f*.
decepcionado, da [desepsjo'nadu, da] *adj* decepcionado(da).
decepcionar [desepsjo'na(x)] *vt* decepcionar.
◆ **decepcionar-se** *vp* [desapontar-se]: **~-se com algo/alguém** decepcionarse con algo alguien, decepcionarse de algo alguien *Méx*.
decerto [dʒi'sextu] *adv* seguramente.
decididamente [desidʒida'mẽntʃi] *adv* decididamente.
decidido, da [desi'dʒidu, da] *adj* **-1.** [resolvido] resuelto(ta). **-2.** [resoluto] decidido(da).
decidir [desi'dʒi(x)] ◇ *vt* **-1.** [ger] decidir. **-2.** [resolver] resolver. ◇ *vi* **-1.** [tomar decisão] decidir; **~ sobre** decidir sobre. **-2.** [optar]: **~ entre** decidir entre.
◆ **decidir-se** *vp* **-1.** [tomar decisão] decidirse. **-2.** [optar]: **~-se por** decidirse por.
decifrar [desi'fra(x)] *vt* descifrar.
decimal [desi'maw] (*pl* -ais) ◇ *adj* decimal. ◇ *m* decimal *m*.
décimo, ma ['dɛsimu, ma] *num* décimo.
◆ **décimo** *m* décimo *m*; *veja também* **sexto**.
decisão [desi'zãw] (*pl* -ões) *f* decisión *f*; **tomar uma ~** tomar una decisión.
decisivo, va [desi'zivu, va] *adj* decisivo(va).
declaração [deklara'sãw] (*pl* -ões) *f* declaración *f*; **fazer uma ~** hacer una declaración; **~ de imposto de renda** declaración del impuesto sobre la renta.
declarado, da [dekla'radu, da] *adj* declarado(da).
declarante [dekla'rãntʃi] *mf* JUR declarante *mf*.
declarar [dekla'ra(x)] *vt* [anunciar] declarar.
◆ **declarar-se** *vp* declararse; **~-se por/contra** declararse a favor/en contra.
declinar [dekli'na(x)] ◇ *vt* **-1.** [ger] declinar. **-2.** [revelar] revelar. ◇ *vi* **-1.** [dia, tarde] declinar. **-2.** [astro] caer. **-3.** [mesa, terreno] inclinarse. **-4.** [avião] descender.
declínio [de'klinju] *m* decadencia *f*.
declive [de'klivi] *m* [de terreno] declive *m*.
decodificador [dekodʒifika'do(x)] *m* descodificador *m*, decodificador *m*.
decodificar [dekodʒifi'ka(x)] *vt* descodificar, decodificar.
decolagem [deko'laʒẽ] (*pl* -ns) *f* despegue *m*, decolaje *m* *Andes & RP*.
decolar [deko'la(x)] *vi* despegar, decolar *Andes & RP*.
decompor [dekõn'po(x)] *vt* descomponer.
◆ **decompor-se** *vp* descomponerse.
decomposição [dekõnpozi'sãw] (*pl* -ões) *f* descomposición *f*.
decoração [dekora'sãw] (*pl* -ões) *f* **-1.** [ato, efeito] decoración *f*. **-2.** [adorno] adorno *m*.
decorador, ra [dekora'do(x), ra] *m, f* [profissional] decorador *m*, -ra *f*.
decorar [deko'ra(x)] *vt* **-1.** [memorizar] memorizar. **-2.** [ornamentar] decorar.
decorativo, va [dekora'tʃivu, va] *adj* decorativo(va).
decoro [de'koru] *m* decoro *m*.
decoroso, osa [deko'rozu, ɔza] *adj* decoroso(sa).
decorrência [deko'xẽnsja] *f* consecuencia *f*; **em ~ de** como consecuencia de.
decorrente [deko'xẽntʃi] *adj*: **~ de** derivado(da) de.
decorrer [deko'xe(x)] ◇ *m* [decurso]: **no ~ de** en el transcurso de. ◇ *vi* **-1.** [derivar]: **~ de** derivar de. **-2.** [passar] transcurrir. **-3.** [acontecer] ocurrir, suceder.
decorrido, da [deko'xidu, da] *adj* [findo] pasado(da).
decote [de'kɔtʃi] *m* escote *m*.
decrepitude [dekrepi'tudʒi] *f* [caducidade] decrepitud *f*.
decrescer [dekre'se(x)] *vi* decrecer.
decréscimo [de'krɛsimu] *m* disminución *f*.
decretar [dekre'ta(x)] ◇ *vt* decretar. ◇ *vi* [ordenar] decretar.
decreto [de'krɛtu] *m* [ger] decreto *m*.
decreto-lei [de,krɛtu'lej] (*pl* **decretos-lei**) *m* decreto *m* ley, decreto *m* de ley *Méx*.
decurso [de'kuxsu] *m* curso *m*; **no ~ de** en el curso de.
dedal [de'daw] (*pl* -ais) *m* dedal *m*.

dedão [de'dãw] (*pl* **-ões**) *m* dedo *m* gordo.

dedetização [dedetʃiza'sãw] (*pl* **-ões**) *f* fumigación *f.*

dedicação [dedʒika'sãw] (*pl* **-ões**) *f* dedicación *f.*

dedicado, da [dedʒi'kadu, da] *adj* dedicado(da).

dedicar [dedʒi'ka(x)] *vt* [oferecer] dedicar; [devotar]: ~ **algo a alguém** dedicar algo a alguien.
◆ **dedicar-se** *vp* [devotar-se]: ~**-se a fazer algo** dedicarse a hacer algo.

dedicatória [dedʒika'tɔrja] *f* dedicatoria *f.*

dedo ['dedu] *m* **-1.** dedo *m*; **um** ~ **de algo** un dedo de algo; ~ **anular** dedo anular; ~ **indicador** dedo índice *m*; ~ **mindinho** *ou* **mínimo** dedo meñique *m*; ~ **polegar** dedo pulgar *m.* **-2.** *loc*: **cheio de** ~**s** confuso(sa); **não levantar um** ~ no levantar un dedo.

dedões [de'dõjʃ] *pl* ▻ **dedão**.

dedução [dedu'sãw] (*pl* **-ões**) *f* deducción *f.*

dedutível [dedu'tʃivew] (*pl* **-eis**) *adj* deducible.

deduzir [dedu'zi(x)] ◇ *vt* deducir. ◇ *vi* [tirar dedução] deducir.

defasado, da [defa'zadu, da] *adj* desfasado(da).

defasagem [defa'zaʒẽ] (*pl* **-ns**) *f* [discrepância] desfase *m*, desfasaje *m* **RP**.

defecar [defe'ka(x)] *vi* defecar.

defeito [de'fejtu] *m* **-1.** [ger] defecto *m.* **-2.** [falha]: **com** ~ estropeado (da).

defeituoso, osa [defej'twozu, ɔza] *adj* **-1.** [com falha] defectuoso(sa) **Esp**, fallado(da) **Amér.** **-2.** [físico] defectuoso(sa).

defender [defẽn'de(x)] *vt* defender; ~ **algo/alguém (contra)** defender algo/a alguien (contra); ~ **algo/alguém (de)** defender algo/a alguien (de).
◆ **defender-se** *vp* [proteger-se]: ~**-se (contra** *ou* **de)** defenderse de.

defensivo, va [defẽn'sivu, va] *adj* defensivo(va).
◆ **defensiva** *f* defensiva *f*; **estar/ficar na** ~ estar/ponerse a la defensiva.

defensor, ra [defẽn'so(x), ra] (*mpl* **-es**, *fpl* **-s**) *m, f* defensor *m* defenso, -ra *f.*

deferir [defe'ri(x)] ◇ *vt* **-1.** [atender] deferir. **-2.** [conceder]: ~ **algo a alguém** conceder algo a alguien. ◇ *vi* [acatar]: ~ **a algo** aceptar algo.

defesa [de'feza] *f* defensa *f*; ~ **de tese** defensa de tesis.

deficiente [defi'sjẽntʃi] ◇ *adj* **-1.** [insuficiente] insuficiente. **-2.** [imperfeito] deficiente. ◇ *mf* MED: ~ **(físico/mental)** deficiente *mf* (físico/mental).

déficit ['dɛfisitʃ] *m* déficit *m*; ECON: ~ **público** déficit *m* público.

definhamento [deʃiɲa'mẽntu] *m* [debilitação] debilitamiento *m.*

definhar [defi'ɲa(x)] ◇ *vt* consumir. ◇ *vi* consumirse.

definição [defini'sãw] (*pl* **-ões**) *f* definición *f.*

definir [defi'ni(x)] *vt* definir.
◆ **definir-se** *vp* [decidir-se] definirse; ~**-se sobre/contra/a favor de** definirse sobre/contra/a favor de; ~**-se como** definirse como.

definitivamente [definitʃiva'mẽntʃi] *adv* **-1.** [para sempre] definitivamente. **-2.** [decididamente] indudablemente.

definitivo, va [defini'tʃivu, va] *adj* definitivo(va).

deformação [defoxma'sãw] (*pl* **-ões**) *f* deformación *f.*

deformar [defox'ma(x)] *vt* deformar.
◆ **deformar-se** *vp* [tornar-se disforme] deformarse.

defraudar [defraw'da(x)] *vt* defraudar.

defrontar [defrõn'ta(x)] ◇ *vi* [estar]: ~ **com** estar frente a. ◇ *vt* **-1.** [encarar] enfrentar. **-2.** [confrontar] confrontar.
◆ **defrontar-se** *vp* [deparar-se]: ~**-se com** enfrentarse con.

defronte [de'frõntʃi] ◇ *adv* [em frente] enfrente. ◇ *prep*: ~ **a/de** [diante de] frente a; [em comparação] comparado con.

defumador [defuma'do(x)] *m* **-1.** [recipiente] sahumador *m* **Esp**, sahumerio *m* **Amér.** **-2.** [substância] sahumerio *m.*

defumar [defu'ma(x)] *vt* **-1.** [curar] curar. **-2.** [perfumar] perfumar, sahumar **Amér.**

defunto, ta [de'fũntu, ta] ◇ *adj* [morto] difunto(ta). ◇ *m, f* [cadáver] difunto *m*, -ta *f.*

degelar [deʒe'la(x)] ◇ *vt* [descongelar] descongelar. ◇ *vi* [derreter-se] descongelarse.

degelo [de'ʒelu] *m* deshielo *m*.

degenerar [deʒene'ra(x)] *vi* **-1.** [ger] degenerar. **-2.** [deteriorar] deteriorar.

◆ **degenerar-se** *vp* [depravar-se] degenerarse.

degenerativo, va [deʒenera'tʃivu, va] *adj* degenerativo(va).

deglutição [deglutʃi'sãw] (*pl* **-ões**) *f* deglución *f*.

deglutir [deglu'tʃi(x)] ◇ *vt* deglutir. ◇ *vi* deglutir.

degola [de'gɔla] *f* **-1.** [decapitação] decapitación *f*. **-2.** [demissão] despido *m* masivo. **-3.** ESP eliminación *f*.

degolar [dego'la(x)] *vt* degollar.

degradante [degra'dãntʃi] *adj* ***fig*** [aviltante] degradante.

degradar [degra'da(x)] *vt* degradar.

◆ **degradar-se** *vp* [aviltar-se] degradarse.

degrau [de'graw] *m* escalón *m*.

degredo [de'gredu] *m* destierro *m*.

degringolar [degrĩŋgo'la(x)] *vi* **-1.** [cair] desmoronarse. **-2.** [deteriorar-se, arruinar-se] arruinarse. **-3.** [desordenar-se] desarmarse.

degustação [deguʃta'sãw] (*pl* **-ões**) *f* degustación *f*.

degustar [deguʃ'ta(x)] *vt* degustar.

deitada [dej'tada] *f* *fam*: **dar uma ~** dar una cabezada.

deitado, da [dej'tadu, da] *adj* acostado(da).

deitar [dej'ta(x)] ◇ *vt* acostar. ◇ *vi* [pessoa] acostarse; **ela deitou e rolou na festa** *fig* hizo lo que le dio la gana en la fiesta.

◆ **deitar-se** *vp* [pessoa] acostarse.

deixa ['dejʃa] *f* **-1.** *fam* [dica] pista *f*, onda *f* ***RP***. **-2.** TEATRO entrada *f*. **-3.** *fam* [chance] ocasión *f*, chance *f* ***RP***.

deixar [dej'ʃa(x)] ◇ *vt* dejar; **~ alguém fazer/que alguém faça algo** dejar a alguien hacer/que alguien haga algo; **~ passar algo** dejar pasar algo; **não ~ alguém fazer algo** no dejar a alguien hacer algo; **~ algo/alguém pra lá** dejar algo/a alguien; **me deixa!** ¡déjame!, ¡dejame! ***RP***. ◇ *vi* **-1.** [ger] dejar; **~ de fazer algo** dejar de hacer algo; **não ~ de** no dejar de; **deixa pra lá!** ¡olvídalo! **-2.** *loc*: **~ (muito) a desejar** dejar mucho que desear.

◆ **deixar-se** *vp* [permitir-se] dejarse.

dela ['dɛla] = **de + ela**.

delação [dela'sãw] (*pl* **-ões**) *f* delación *f*.

delatar [dela'ta(x)] *vt* **-1.** [ger] delatar. **-2.** [denunciar] delatar, denunciar.

delator, ra [dela'to(x), ra] *m, f* delator *m*, -ra *f*.

dele ['deli] = **de + ele**.

delegação [delega'sãw] (*pl* **-ões**) *f* delegación *f*; **~ de poderes** delegación de poderes.

delegacia [delega'sia] *f* comisaría *f*.

delegado, da [dele'gadu, da] *m* delegado *m*; **~ de polícia** comisario *m*.

delegar [dele'ga(x)] *vt* **-1.** [dar]: **~ algo a alguém** delegar algo en alguien. **-2.** [enviar] delegar.

deleitar [delej'ta(x)] *vt* deleitar.

◆ **deleitar-se** *vp*: **~-se com** deleitarse con.

deleite [de'lejtʃi] *m* deleite *m*.

deleitoso, osa [delej'tozu, ɔza] *adj* deleitoso(sa) ***Esp***, deleitable ***Amér***.

deletar [dele'ta(x)] *vt* COMPUT borrar.

delgado, da [dew'gadu, da] *adj* delgado(da).

deliberação [delibera'sãw] (*pl* **-ões**) *f* **-1.** [discussão] deliberación *f*. **-2.** [decisão] decisión *f*.

deliberar [delibe'ra(x)] ◇ *vt* [decidir] decidir. ◇ *vi* [refletir sobre]: **~ sobre** deliberar sobre.

delicadeza [delika'deza] *f* delicadeza *f*.

delicado, da [deli'kadu, da] *adj* delicado(da).

delícia [de'lisja] *f* **-1.** [deleite] placer *m*. **-2.** [coisa saborosa]: **ser/estar uma ~** ser una delicia.

deliciar [deli'sja(x)] *vt* deleitar.

◆ **deliciar-se** *vp*: **~-se com algo** deleitarse con algo.

delicioso, osa [deli'sjozu, ɔza] *adj* delicioso(sa).

delineador [delinja'do(x)] *m* delineador *m*.

delinear [deli'nja(x)] *vt* delinear.

delinqüência [delĩŋ'kwẽnsja] *f* delincuencia *f*.

delinqüente [delĩŋ'kwẽntʃi] ◇ *adj* delincuente. ◇ *mf* delincuente *mf*.

delirante [deli'rãntʃi] *adj* delirante.

delirar [deli'ra(x)] *vi* **-1.** PSIC delirar. **-2.** [sentir intensamente]: **~ de algo** delirar de algo.

delírio [de'lirju] *m* delirio *m*.

delito [de'litu] *m* delito *m*.

delonga [de'lõŋga] *f* demora *f*; **sem mais ~** sin más demora.

delongar [de'lõŋ'ga(x)] *vt* [retardar] demorar.

◆ **delongar-se** *vp* **-1.** [demorar-se] demorarse. **-2.** [prolongar-se] alargar.
demagogia [demago'ʒia] *f* demagogia *f*.
demais [de'majʃ] *adv* **-1.** [ger] demasiado. **-2.** *fam* [ótimo]: **estar/ser ~** estar/ser demasiado *Esp*, estar lo máximo *Amér*, estar/ser demás *RP*.
demanda [de'mãnda] *f* demanda *f*.
demão [de'mãw] (*pl* **-s**) *f* mano *f*.
demarcação [demaxka'sãw] (*pl* **-ões**) *f* demarcación *f*.
demasia [dema'zia] *f* [ger] exceso *m*; **em ~** en demasía.
demasiadamente [demazjada'mẽntʃi] *adv* demasiado.
demasiado, da [dema'zjadu, da] ◇ *adj* demasiado(da). ◇ *adv* demasiado.
demente [de'mẽntʃi] *adj* demente.
demissão [demi'sãw] (*pl* **-ões**) *f* dimisión *f*, renuncia *f*; **pedir ~** dimitir, pedir la renuncia *Amér*, renunciar *RP*.
demitir [demi'tʃi(x)] *vt* despedir.
◆ **demitir-se** *vp* dimitir, pedir la renuncia *Amér*, renunciar *RP*.
democracia [demokra'sia] *f* democracia *f*.
democrata [demo'krata] *mf* demócrata *mf*.
democrático, ca [demo'kratʃiku, ka] *adj* democrático(ca).
demolição [demoli'sãw] (*pl* **-ões**) *f* **-1.** [destruição] demolición *f*. **-2.** *fig* [arruinamento] destrucción *f*.
demolidor, ra [demo'lido(x),ra] ◇ *adj* de demolición. ◇ *m,f* operario *m*, -ria *f* de empresa de demolición.
demolir [demo'li(x)] *vt* **-1.** [destruir] demoler. **-2.** *fig* [arruinar] destruir.
demônio [de'monju] *m* demonio *m*.
demonstração [demõnʃtra'sãw] (*pl* **-ões**) *f* demostración *f*.
demonstrar [demõnʃ'tra(x)] *vt* demostrar.
demora [de'mɔra] *f* [atraso] demora *f*, retraso *m*, atraso *m RP*; **sem ~** sin demora *ou* retraso *ou* atraso *RP*.
demorado, da [demo'radu, da] *adj* lento(ta).
demorar [demo'ra(x)] ◇ *vt* [retardar] demorar, retrasar. ◇ *vi* **-1.** [tardar] tardar, demorar *Amér*, tardarse *Méx*, demorarse *Méx*; **~ a fazer algo** tardar *ou* demorar *Amér* en hacer algo, tardarse *ou* demorarse en hacer algo *Méx*. **-2.** [permanecer] quedarse.
◆ **demorar-se** *vp* **-1.** [tardar] tardar, demorar *Amér*, tardarse *Méx*, demorarse *Méx*. **-2.** [permanecer] permanecer.
demover [demo've(x)] *vt* **-1.** [dissuadir]: **~ alguém de algo** disuadir a alguien de algo. **-2.** [remover] mover.
DENARC (*abrev de* **Departamento de Investigações sobre Narcóticos**) *m departamento policial responsable de la lucha contra el narcotráfico.*
DENATRAN (*abrev de* **Departamento Nacional de Trânsito**) *m organismo federal responsable de las leyes de tráfico*, ≃ DGT *f* *Esp*.
dendê [dẽn'de] *m* **-1.** BOT *planta de la cual se extrae el aceite de palma (del nordeste de Brasil)*. **-2.** [azeite] aceite *m* de palma.
denegrir [dene'gri(x)] *vt* manchar.
dengoso, osa [dẽn'gozu, ɔza] *adj* **-1.** [faceiro] astuto(ta). **-2.** [afetado] melindroso(sa).
dengue ['dẽŋgi] *f* MED dengue *m*.
denominação [denomina'sãw] (*pl* **-ões**) *f* **-1.** [ger] denominación *f*. **-2.** REL confesión *f*.
denominar [denomi'na(x)] *vt* denominar.
◆ **denominar-se** *vp* denominarse.
denotar [deno'ta(x)] *vt* denotar.
densidade [dẽnsi'dadʒi] *f* densidad *f*; **de alta/dupla ~** de alta/doble densidad.
denso, sa ['dẽnsu, sa] *adj* **-1.** [ger] denso(sa). **-2.** [cerrado] denso(sa), cerrado(da) *Méx*.
dentada [dẽn'tada] *f* mordisco *m*, mordida *f Amér*.
dentadura [dẽnta'dura] *f* dentadura *f*.
dental [dẽn'taw] (*pl* **-ais**) *adj* dental.
dente ['dẽntʃi] *m* diente *m*; **~ de leite** diente de leche; **~ de siso** muela del juicio.
dentifrício, cia [dẽntʃi'frisju, sja] *adj* dentífrico(ca), dental *Amér*.
◆ **dentifrício** *m* dentífrico *m*, pasta *f* dental *Amér*.
dentista [dẽn'tʃiʃta] *mf* dentista *mf*.
dentre ['dẽntri] *prep* de entre.
dentro ['dẽntru] ◇ *adv* dentro, adentro *Amér*; **aí/lá ~** ahí/allá dentro *ou* adentro *Amér*. ◇ *prep* **-1.**: **~ de** [no interior de] dentro de,

adentro de *Amér*; [no tempo] dentro de; **por** ~ [na parte interna] por dentro. **-2.** *loc*: **estar por ~ (de algo)** *fam* estar al tanto (de algo).

dentuço, ça [dẽn'tusu, sa] <> *adj* dentudo(da), dientudo(da) *Amér*; **ser** ~ ser dentudo *ou* dientudo *Amér*. <> *m, f* [pessoa] dentudo *m*, -da *f*, dientudo *m*, -da *f Amér*.

denúncia [de'nũnsja] *f* **-1.** [ger] denuncia *f*. **-2.** [de contrato] rescisión *f*.

denunciar [denũn'sja(x)] *vt* **-1.** [ger] denunciar; ~ **alguém (por)** denunciar a alguien (por). **-2.** [contrato] rescindir.

deparar [depa'ra(x)] *vi*: ~ **com** encontrarse con.

departamento [departa'mẽntu] *m* departamento *m*.

depauperado, da [depawpe'radu, da] *adj* depauperado(da).

dependência [depẽn'dẽnsja] *f* dependencia *f*.

dependente [depẽn'dẽntʃi] <> *adj* [subordinado] dependiente. <> *mf* dependiente *mf*.

depender [depẽn'de(x)] *vi*: ~ **de** depender de.

depilador, ra [depila'do(x), ra] *m, f* depilador *m*, -ra *f*.

depilar [depi'la(x)] *vt* depilar.

◆ **depilar-se** *vp* depilarse.

deplorar [deplo'ra(x)] *vt* deplorar.

deplorável [deplo'ravew] (*pl* **-eis**) *adj* deplorable.

depoimento [depoj'mẽntu] *m* **-1.** [ger] declaración *f*. **-2.** [testemunho] testimonio *m*.

depois [de'pojʃ] <> *adv* **-1.** [posteriormente] después, luego. **-2.** [além disso] además. <> *prep*: ~ **de** después de.

◆ **depois que** *loc conj* después de.

depor [de'po(x)] <> *vt* **-1.** [colocar] depositar. **-2.** [destituir] deponer. <> *vi*: ~ **a favor/contra** declarar a favor/en contra.

deportar [depox'ta(x)] *vt* deportar.

depositar [depozi'ta(x)] *vt* depositar.

◆ **depositar-se** *vp* [assentar] depositarse.

depósito [de'pɔzitu] *m* **-1.** [ger] depósito *m*. **-2.** [de mercadorias, munições] depósito *m*, bodega *f Méx*.

depravado, da [depra'vadu, da] <> *adj* depravado(da). <> *m, f* depravado *m*, -da *f*.

depravar [depra'va(x)] *vt* depravar.

◆ **depravar-se** *vp* [corromper-se] depravarse, pervertirse *Méx*.

depreciação [depresja'sãw] (*pl* **-ões**) *f* [desvalorização] depreciación *f*.

depreciar [depre'sja(x)] *vt* **-1.** [desvalorizar] depreciar, devaluar. **-2.** [subestimar] subestimar.

◆ **depreciar-se** *vp* **-1.** [desvalorizar-se] depreciarse, devaluarse. **-2.** [subestimar-se] subestimarse.

depredar [depre'da(x)] *vt* depredar.

depressa [de'prɛsa] *adv* deprisa.

depressão [depre'sãw] (*pl* **-ões**) *f* depresión *f*.

deprimente [depri'mẽntʃi] *adj* deprimente.

deprimido, da [depri'midu, da] *adj* deprimido(da).

deprimir [depri'mi(x)] *vt* deprimir.

◆ **deprimir-se** *vp* deprimirse.

depto (*abrev de* **departamento**) dpto.

depurar [depu'ra(x)] *vt* depurar.

deputado, da [depu'tadu, da] *m, f* **-1.** POL diputado *m*, -da *f*. **-2.** [delegado] delegado *m*, -da *f*.

deque ['dɛki] *m* cubierta *f*.

DER (*abrev de* **Departamento de Estradas de Rodagem**) *m organismo responsable de las carreteras*.

deriva [de'riva] *f* deriva *f*; **à** ~ a la deriva.

derivado, da [deri'vadu, da] *adj* [proveniente]: ~ **de** derivado(da) de.

◆ **derivado** *m* derivado *m*.

derivar [deri'va(x)] *vi* **-1.**: ~ **de** derivar de. **-2.** [ficar à deriva] quedar a la deriva.

dermatológico, ca [dexmato'lɔʒiku, ka] *adj* dermatológico(ca).

dermatologista [dexmatolo'ʒiʃta] *mf* dermatólogo *m*, -ga *f*.

derradeiro, ra [dexa'dejru, ra] *adj* postrero(ra).

derramamento [dexama'mẽntu] *m* derramamiento *m*, derrame *m Amér*.

derramar [dexa'ma(x)] *vt* **-1.** [não proposital] derramar, volcar. **-2.** [lágrimas, sangue] derramar. **-3.** [espalhar] esparcir.

◆ **derramar-se** *vp* **-1.** [verter] derramarse. **-2.** [divulgar-se] difundirse.

derrame [de'xãmi] *m* derrame *m*; ~ **cerebral** derrame cerebral.

derrapagem [dexa'paʒẽ] (*pl* **-ns**) *f* derrapaje *m*, derrape *m*.

derrapar [dexa'pa(x)] *vi* derrapar.

derredor [dexe'do(x)] *adv*: **em ~ (de)**

alrededor (de).
derreter [dexe'te(x)] <> *vt* derretir. <> *vi* [liquefazer-se] derretirse.
◆ **derreter-se** *vp* **-1.** *fig* [comover-se] derretirse. **-2.** *fig* [apaixonar-se]: **~-se (por)** derretirse (por).
derretido, da [dexe'tʃidu, da] *adj* derretido(da).
derrota [de'xɔta] *f* derrota *f*.
derrotado, da [dexo'tadu, da] *adj* derrotado(da).
derrotar [dexo'ta(x)] *vt* derrotar.
derrubar [dexu'ba(x)] *vt* **-1.** [ger] derribar. **-2.** [prostrar] postrar. **-3.** *fam* [prejudicar] molestar, fastidiar ***Esp***.
desabafar [dʒizaba'fa(x)] <> *vt*: **~ algo (com alguém)** desahogar algo (en alguien). <> *vi*: **~ (com alguém)** desahogarse (con alguien).
◆ **desabafar-se** *vp*: **~-se com alguém** desahogarse con alguien.
desabafo [dʒiza'bafu] *m* desahogo *m*.
desabalado, da [dʒizaba'ladu, da] *adj* [excessivo] descontrolado(da).
desabamento [dʒizaba'mẽntu] *m* **-1.** [de terra, pedras] desprendimiento *m*. **-2.** [de neve] alud *m*. **-3.** [de edifício] derrumbamiento *m*, derrumbe *m* ***Amér***.
desabar [dʒiza'ba(x)] *vi* **-1.** [ruir] derrumbarse. **-2.** [cair com força] desatarse.
desabitado, da [dʒizabi'tadu, da] *adj* deshabitado(da).
desabotoar [dʒizabo'twa(x)] *vt* desabotonar.
desabrigado, da [dʒizabri'gadu, da] <> *adj* **-1.** [sem casa] sin casa. **-2.** [exposto] expuesto(ta). <> *m, f* [pessoa] sin casa *mf*.
desabrigar [dʒiza'briga(x)] *vt* **-1.** [tirar do abrigo] dejar sin abrigo. **-2.** [desproteger] dejar sin amparo.
desabrochar [dʒizabro'ʃa(x)] *vi* **-1.** [flor] abrirse. **-2.** *fig* [pessoa] florecer.
desacatar [dʒizaka'ta(x)] <> *vt* desacatar. <> *vi* ***fam*** [causar espanto] impresionar.
desacato [dʒiza'katu] *m* [ger] desacato *m*.
desacerto [dʒiza'sextu] *m* **-1.** [erro] desacierto *m*. **-2.** [tolice] burrada *f*.
desacompanhado, da [dʒizakõnpa'ɲadu, da] *adj* solo(la).
desaconselhar [dʒizakõnse'ʎa(x)] *vt*: **~ algo (a alguém)** no aconsejar (a alguien) hacer algo.
desaconselhável [dʒizakõnse'ʎavɛw] (*pl* **-eis**) *adj* desaconsejable.
desacordado, da [dʒizakox'dadu, da] *adj* inconsciente.
desacordo [dʒiza'koxdu] *m* **-1.** [falta de acordo] desacuerdo *m*. **-2.** [desarmonia] discordancia *f*.
desacostumado, da [dʒizakoʃtu'madu, da] *adj*: **~ (a)** desacostumbrado(da) (a).
desacostumar [dʒizakoʃtu'ma(x)] *vt*: **~ alguém de algo** desacostumbrar a alguien a algo.
◆ **desacostumar-se** *vp* [desabituar-se]: **~-se de algo/de fazer algo** desacostumbrarse a algo/a hacer algo, desacostumbrarse de hacer algo ***Amér***.
desacreditar [dʒizakredi'ta(x)] *vt* desacreditar.
◆ **desacreditar-se** *vp* [perder o crédito] desacreditarse.
desafeto [dʒiza'fɛtu] *m* rival *m*.
desafiador, ra [dʒizafja'do(x), ra] <> *adj* desafiante. <> *m, f* oponente *mf*.
desafiar [dʒiza'fja(x)] *vt* desafiar.
desafinado, da [dʒizafi'nadu, da] *adj* desafinado(da).
desafinar [dʒizafi'na(x)] <> *vt* desafinar. <> *vi* desafinar.
desafio [dʒiza'fiw] *m* **-1.** [provocação] desafío. **-2.** MÚS *duelo cantado de versos improvisados*, bombas *fpl* yucatecas ***Méx***, payada *f* ***RP***.
desafogado, da [dʒizafo'gadu, da] *adj* **-1.** [pessoa - de preocupações, de opressão] libre; [- de trabalho] desahogado(da). **-2.** [trânsito] descongestionado(da).
desafogar [dʒizafo'ga(x)] *vt* [desoprimir, desabafar] desahogar.
◆ **desafogar-se** *vp* [desabafar-se] desahogarse.
desafogo [dʒiza'fogu] *m* desahogo *m*.
desaforado, da [dʒizafo'radu, da] *adj* insolente.
desaforo [dʒiza'foru] *m* insolencia *f*.
desafortunado, da [dʒizafoxtu'nadu, da] *adj* desafortunado(da).
desagasalhado, da [dʒizagaza'ʎadu, da] *adj* desabrigado(da).
desagradar [dʒizagra'da(x)] <> *vt* desagradar. <> *vi*: **~ a alguém** desagradar a alguien.
desagradável [dʒizagra'davew] (*pl* **-eis**) *adj* desagradable.
desagrado [dʒiza'gradu] *m* desagrado *m*.

desagravo [dʒiza'gravu] *m* desagravio *m*.

desaguar [dʒiza'gwa(x)] ◇ *vi* [vazarse]: ~ **em** desembocar en. ◇ *vt* [drenar] drenar.

desajeitado, da [dʒizaʒej'tadu, da] *adj* torpe.

desajuste [dʒiza'ʒuʃtʃi] *m* **-1.** [de peças, máquina] desajuste *m*. **-2.** PSIC desequilibrio *m*.

desalentado, da [dʒizalẽn'tadu, da] *adj* desalentado(da).

desalentar [dʒizalẽn'ta(x)] ◇ *vt* desalentar. ◇ *vi* desalentarse.

desalento [dʒiza'lẽntu] *m* desaliento *m*.

desalinhado, da [dʒizali'ɲadu, da] *adj* desaliñado(da), fachoso(sa) *Méx*, desprolijo(ja) *RP*.

desalinhar [dʒiza'liɲa(x)] *vt* **-1.** [fileira] desalinear. **-2.** [desarrumar] desordenar.

desalinho [dʒiza'liɲu] *m* desaliño *m*, facha *f* *Méx*, desprolijidad *f* *RP*.

desalmado, da [dʒizaw'madu, da] *adj* desalmado(da).

desalojar [dʒizalo'ʒa(x)] *vt*: ~ **alguém de** sacar a alguien de.

desamarrar [dʒizama'xa(x)] ◇ *vt* [desfazer] desatar. ◇ *vi* NÁUT soltar amarras.

desamassar [dʒizama'sa(x)] *vt* **-1.** [papel/chapéu] alisar. **-2.** [pára-lama] desabollar.

desambientado, da [dʒizãnbjẽn'tadu, da] *adj* desambientado(da).

desamor [dʒiza'mo(x)] *m* desamor *m*.

desamparado, da [dʒizãnpa'radu, da] *adj* **-1.** [pessoa] desamparado(da). **-2.** [lugar] abandonado(da).

desamparar [dʒizãnpa'ra(x)] *vt* [abandonar] desamparar.

desandar [dʒizãn'da(x)] *vi* [clara, maionese] cortarse.

desanimador, ra [dʒizanima'do(x), ra] *adj* deprimente, desanimador(ra) *Méx*.

desanimar [dʒizani'ma(x)] ◇ *vt* **-1.** [fazer perder o ânimo]: ~ **alguém (de fazer algo)** desanimar a alguien (de hacer algo). **-2.** [desencorajar]: ~ **alguém de fazer algo** desanimar a alguien de hacer algo. ◇ *vi* **-1.** [perder o ânimo] desanimarse; ~ **de fazer algo** desanimarse de hacer algo. **-2.** [ser desencorajador] desanimar.

desânimo [dʒi'zãnimu] *m* desánimo *m*.

desanuviar [dʒizanu'vja(x)] *vt* **-1.** [céu, mente] despejar. **-2.** *fig* [pessoa] tranquilizar.

◆ **desanuviar-se** *vp* **-1.** [céu, mente] despejarse. **-2.** *fig* [pessoa] tranquilizarse.

desaparafusar [dʒizaparafu'za(x)] *vt* desatornillar, destornillar.

desaparecer [dʒizapare'se(x)] *vi* desaparecer.

desaparecido, da [dʒizapare'sidu, da] ◇ *adj* desaparecido(da). ◇ *m, f* [pessoa] desaparecido *m*, -da *f*.

desaparecimento [dʒizaparesi'mẽntu] *m* desaparición *f*.

desapegado, da [dʒizape'gadu, da] *adj* desapegado(da).

desapego [dʒiza'pegu] *m* desapego *m*.

desapertar [dʒizapex'ta(x)] *vt* aflojar.

desapiedado, da [dʒizapje'dadu, da] *adj* despiadado(da).

desapontador, ra [dʒizapõnta'do(x), ra] *adj* decepcionante.

desapontamento [dʒizapõnta'mẽntu] *m* decepción *f*.

desapontar [dʒizapõn'ta(x)] *vt* decepcionar.

◆ **desapontar-se** *vp* decepcionarse.

desapropriação [dʒizaproprja'sãw] (*pl* -ões) *f* expropiación *f*.

desapropriar [dʒizapro'prja(x)] *vt* **-1.** [desapossar]: ~ **alguém de algo** despojar a alguien de algo. **-2.** [expropriar]: ~ **algo (de alguém)** expropiar algo (a alguien).

desaprovação [dʒizaprova'sãw] (*pl* -ões) *f* desaprobación *f*.

desaprovar [dʒizapro'va(x)] *vt* desaprobar.

desarmado, da [dʒizax'madu, da] *adj* desarmado(da).

desarmamento [dʒizaxma'mẽntu] *m* desarme *m*.

desarmar [dʒizax'ma(x)] *vt* desarmar.

desarmonia [dʒizaxmo'nia] *f* falta *f* de armonía.

desarranjado, da [dʒizaxãn'ʒadu, da] *adj* **-1.** [desarrumado] desordenado(da). **-2.** MED: **estar** ~ estar descompuesto(ta), estar maluco(ca) *Col*, tener descomposición *Esp*.

desarranjar [dʒizaxãn'ʒa(x)] *vt* [desarrumar] desordenar.

desarranjo [dʒiza'xãnʒu] *m* **-1.** [desordem] desorden *m*. **-2.** MED descomposición *f Esp*, descompostura *m Amér*, maluquez *f Col*.

desarrumado, da [dʒizaxu'madu, da] *adj* desordenado(da).

desarrumar [dʒizaxu'ma(x)] *vt* desordenar.

desarticulado, da [dʒizaxtʃiku'ladu, da] *adj* **-1.** [deslocado] dislocado(da). **-2.** [desfeito] desarticulado(da).

desarticular [dʒizaxtʃiku'la(x)] *vt* desarticular.

desassossego [dʒizaso'segu] *m* desasosiego *m*.

desastrado, da [dʒizaʃ'tradu, da] *adj* torpe.

desastre [dʒi'zaʃtri] *m* **-1.** [acidente] desastre *m*. **-2.** *fig* [fracasso]: **ser um ~** ser un desastre.

desastroso, osa [dʒizaʃ'trozu, ɔza] *adj* desastroso(sa).

desatar [dʒiza'ta(x)] <> *vt* **-1.** [desfazer] deshacer. **-2.** [desprender] desatar. <> *vi* [começar]: **~ a fazer algo** romper *ou* ponerse *ou* soltarse *Méx* a hacer algo.

desatento, ta [dʒiza'tẽntu, ta] *adj* **-1.** [distraído] distraído(da), descuidado(da) *Méx*. **-2.** [descortês] desatento(ta).

desatinado, da [dʒizatʃi'nadu, da] <> *adj* desquiciado(da). <> *m, f* imprudente *mf*.

desatino [dʒiza'tʃinu] *m* [ato insensato, loucura] desatino *m*.

desativar [dʒizatʃi'va(x)] *vt* [tornar inativo, desmontar] desactivar.

desatualizado, da [dʒizatwali'zadu, da] *adj* desactualizado(da).

desavença [dʒiza'vẽnsa] *f* [briga, dissensão] desavenencia *f*.

desavergonhado, da [dʒizavexgo'ɲadu, da] *adj* desvergonzado(da).

desavisado, da [dʒizavi'zadu, da] *adj* imprudente.

desbancar [dʒiʒbãŋ'ka(x)] *vt*: **~ alguém (em algo)** desbancar a alguien (en algo).

desbaratar [dʒiʒbara'ta(x)] *vt* **-1.** [dissipar]: **~ algo (em algo)** malgastar *ou* dilapidar *RP* algo (en algo). **-2.** [arruinar] arruinar. **-3.** [vencer] derrotar.

desbastar [dʒiʒbaʃ'ta(x)] *vt* cortar.

desbocado, da [dʒiʒbo'kadu, da] *adj fig* deslenguado(da).

desbotado, da [dʒiʒbo'tadu, da] *adj* desteñido(da).

desbotar [dʒiʒbo'ta(x)] *vt* desteñir.

desbragadamente [dʒiʒbragada'mẽntʃi] *adv* **-1.** [beber, comer, falar] descontroladamente. **-2.** [mentir] descaradamente.

desbravador, ra [dʒiʒbrava'do(x), ra] *m, f* explorador *m*, -ra *f*.

desbravar [dʒiʒbra'va(x)] *vt* limpiar.

descabelar [dʒiʃkabe'la(x)] *vt* arrancar el pelo a, desgreñar *Méx*.

◆ **descabelar-se** *vp fig* volverse loco(ca).

descabido, da [dʒiʃka'bidu, da] *adj* **-1.** [absurdo] descabellado(da). **-2.** [impróprio] inapropiado(da), inadecuado(da).

descalabro [dʒiʃka'labru] *m* descalabro *m*.

descalçar [dʒiʃkaw'sa(x)] *vt* **-1.** [sapatos] descalzar. **-2.** [luvas] quitarse.

◆ **descalçar-se** *vp* descalzarse.

descalço, ça [dʒiʃ'kawsu, sa] *adj* descalzo(za).

descampado, da [dʒiʃkãn'padu, da] *adj* descampado(da).

◆ **descampado** *m* descampado *m*.

descansado, da [dʒiʃkãn'sadu, da] *adj* **-1.** [tranqüilo] tranquilo(la). **-2.** [lento] lento(ta).

descansar [dʒiʃkãn'sa(x)] <> *vt* **-1.** [livrar de fadiga, apoiar] descansar. **-2.** [tranqüilizar] tranquilizar. <> *vi* [repousar, tranqüilizar-se, morrer] descansar.

descanso [dʒiʃ'kãnsu] *m* **-1.** [repouso, folga] descanso *m*. **-2.** [suporte para mesa] salvamanteles *m inv*, apoyador *m RP*.

descarado, da [dʒiʃka'radu, da] <> *adj* descarado(da). <> *m, f* descarado *m*, -da *f*.

descaramento [dʒiʃkara'mẽntu] *m* descaro *m*.

descarga [dʒiʃ'kaxga] *f* descarga *f*; **~ elétrica** descarga eléctrica; **dar a ~** [vaso sanitário] tirar la cadena.

descarregar [dʒiʃkaxe'ga(x)] <> *vt* descargar. <> *vi* [bateria] descargarse.

descarrilamento [dʒiʃkaxila'mẽntu] *m* descarrilamiento *m*.

descarrilar [dʒiʃkaxi'la(x)] <> *vt* hacer descarrilar a. <> *vi* descarrilar.

descartar [dʒiʃkax'ta(x)] *vt* descartar.

◆ **descartar-se** *vp*: **~-se de** deshacerse de.

descartável [dʒiʃkax'tavɛw] (*pl* **-eis**) *adj* desechable, descartable *Amér*.

descascador [dʒiʃkaʃka'do(x)] *m* pelador *m*.

descascar [dʒiʃkaʃ'ka(x)] <> *vt* [tirar a casca de] pelar. <> *vi* [perder a casca, a pele] pelarse.

descaso [dʒiʃ'kasu] *m* dejadez *f*.

descendência [desẽn'dẽnsja] *f* descendencia *f*.

descendente [desẽn'dẽntʃi] <> *adj* **-1.** [movimento] descendente. **-2.** [pessoa] descendiente. <> *mf* [pessoa] descendiente *mf*.

descender [desẽn'de(x)] *vi* [pessoa, idioma]: ~ **de** descender de.

descer [de'se(x)] <> *vt* **-1.** [escada] bajar. **-2.** [carga] descargar. <> *vi* bajar.

descida [de'sida] *f* [declive] bajada *f*.

desclassificar [dʒiʃklasifi'ka(x)] *vt* **-1.** [eliminar] descalificar. **-2.** [desmoralizar] desmoralizar.

descoberto, ta [dʒiʃko'bɛxtu, ta] <> *pp* ▻ **descobrir.** <> *adj* **-1.** descubierto(ta). **-2.** BANCO con descubierto.

◆ **descoberta** *f* [achado, invenção] descubrimiento *m*.

descobridor, ra [dʒiʃkobri'do(x), ra] *m, f* descubridor *m*, -ra *f*.

descobrimento [dʒiʃkobri'mẽntu] *m* [de continentes] descubrimiento *m*.

descobrir [dʒiʃko'bri(x)] *vt* descubrir.

◆ **descobrir-se** *vp* [tirar a coberta] destaparse.

descolar [deʃko'lar] *vt* **-1.** [desgrudar]: ~ **algo (de)** despegar algo (de). **-2.** *fam* [conseguir] agenciarse.

descolorir [dʒiʃkolo'ri(x)] <> *vt* [tirar a cor] descolorir, decolorar. <> *vi* [perder a cor] descolorirse, decolorarse.

descompor [dʒiʃkõn'po(x)] *vt* **-1.** [desordenar] descomponer. **-2.** [insultar] insultar. **-3.** [desnudar] desnudar. **-4.** [repreender] regañar, retar *RP*.

descomposto, osta [dʒiʃkõn'poʃtu, ɔʃta] <> *pp* ▻ **descompor.** <> *adj* **-1.** [desalinhado] desaliñado(da), fachoso(sa) *Méx*, desprolijo(ja) *RP*. **-2.** [desfeito] deshecho(cha). **-3.** [desfigurado] descompuesto(ta).

descompostura [dʒiʃkõnpoʃ'tura] *f* **-1.** [repreensão] reprimenda *f*, regaño *m Méx*, reto *m RP*; **passar uma ~ em alguém** regañar a alguien, darle un reto a alguien *RP*. **-2.** [insulto] falta *f* de respeto.

descomunal [dʒiʃkomu'naw] (*pl* **-ais**) *adj* descomunal.

desconcentrar [dʒiʃkõnsẽn'tra(x)] *vt* desconcentrar.

◆ **desconcentrar-se** *vp* desconcentrarse.

desconcertante [dʒiʃkõnsex'tãntʃi] *adj* desconcertante.

desconcertar [dʒiʃkõnsex'ta(x)] *vt* desconcertar.

◆ **desconcertar-se** *vp* [desarranjar-se, perturbar-se] desconcentrarse.

desconectar [dʒiʃkonek'ta(x)] *vt* desconectar.

◆ **desconectar-se** *vp* [comput] desconectarse.

desconexo, xa [dʒiʃko'nɛksu, ksa] *adj* [incoerente, desunido] inconexo(xa).

desconfiado, da [dʒiʃkõn'fjadu, da] *adj* desconfiado(da).

desconfiança [dʒiʃkõn'fjãnsa] *f* desconfianza *f*.

desconfiar [dʒiʃkõn'fja(x)] <> *vt* [conjeturar]: ~ **que** sospechar que. <> *vi* **-1.** [ficar suspeitoso] desconfiar. **-2.** [não confiar em, suspeitar de]: ~ **de** desconfiar de.

desconfortável [dʒiʃkõnfor'tavɛw] (*pl* **-eis**) *adj* incómodo(da).

desconforto [dʒiʃkõn'foxtu] *m* incomodidad *f*.

descongelar [dʒiʃkõnʒe'la(x)] *vt* descongelar.

descongestionante [dʒiʃkõnʒeʃtʃjo'nãntʃi] <> *adj* descongestionante. <> *m* descongestionante *m*.

descongestionar [dʒiʃkõnʒeʃtʃjo'na(x)] *vt* [trânsito] descongestionar.

desconhecer [dʒiʃkoɲe'se(x)] *vt* **-1.** [ignorar, estranhar] desconocer. **-2.** [ser ingrato a] mostrarse ingrato(ta) con.

desconhecido, da [dʒiʃkoɲe'sidu, da] <> *adj* [incógnito] desconocido(da). <> *m, f* [pessoa] desconocido *m*, -da *f*.

desconhecimento [dʒiʃkoɲesi'mẽntu] *m* desconocimiento *m*.

desconsolado, da [dʒiʃkõnso'ladu, da] *adj* desconsolado(da).

desconsolar [dʒiʃkõnso'la(x)] <> *vt* desconsolar. <> *vi* afligirse.

◆ **desconsolar-se** *vp* afligirse.

descontar [dʒiʃkõn'ta(x)] *vt* **-1.** [deduzir]: ~ **algo (de)** descontar algo (de). **-2.** [negociar título de crédito] descontar. **-3.** *fam* [revidar]: ~ **algo (em alguém)** descargar algo (en alguien). **-4.** [não fazer caso de] ignorar.

descontentamento [dʒiʃkõntẽnta'-

mẽntul *m* [desprazer, insatisfação] descontento *m*.

descontentar [dʒiʃkõntẽn'ta(x)] *vt* disgustar.

◆ **descontentar-se** *vp* disgustarse.

descontente [dʒiʃkõn'tẽntʃi] *adj* descontento(ta).

descontínuo, nua [dʒiʃkõn'tʃinwu, nwa] *adj* discontinuo(nua).

desconto [dʒiʃ'kõntu] *m* descuento *m*.

descontraído, da [dʒiʃkõntra'idu, da] *adj* relajado(da), agradable.

descontrair [dʒiʃkõntra'i(x)] *vt* relajar, aflojar *RP*.

◆ **descontrair-se** *vp* relajarse, aflojarse *RP*.

descontrolar [dʒiʃkõntro'la(x)] *vt* descontrolar.

◆ **descontrolar-se** *vp* [pessoa, situação] descontrolarse.

desconversar [dʒiʃkõnvex'sa(x)] *vi* cambiar de tema.

descorar [dʒiko'ra(x)] <> *vt* [cabelo] descolorar, decolorar. <> *vi* [perder a cor] descolorarse, decolorarse, empalidecer.

descortês [dʒiʃkox'teʃ] *adj* descortés.

descortesia [dʒiʃkoxte'zia] *f* descortesía *f*.

descortinar [dʒiʃkoxtʃi'na(x)] *vt* **-1.** [avistar] avistar. **-2.** [correndo a cortina] mostrar. **-3.** [revelar]: ~ **algo a alguém** revelar algo a alguien.

descoser [dʒiʃko'ze(x)] <> *vt* descoser. <> *vi* descoserse.

descrédito [dʒiʃ'krɛdʒitu] *m* descrédito *m*.

descrença [dʒiʃ'krẽnsa] *f* incredulidad *f*.

descrente [dʒiʃ'krẽntʃi] *adj* incrédulo(la).

descrever [dʒiʃkre've(x)] *vt* [expor, traçar] describir.

descrição [dʒiʃkri'sãw] (*pl* **-ões**) *f* descripción *f*.

descuidado, da [dʒiʃkuj'dadu, da] *adj* [desleixado, irrefletido] descuidado (da).

descuidar [dʒiʃkuj'da(x)] *vi*: ~ **de** descuidar.

◆ **descuidar-se** *vp*: ~**-se de** descuidar.

descuido [dʒiʃ'kujdu] *m* descuido *m*.

desculpa [dʒiʃ'kuwpa] *f* **-1.** [justificação, perdão] disculpa *f*; **pedir** ~**s (a alguém por algo)** pedir *ou* ofrecer *Méx* disculpas (a alguien por algo). **-2.** [evasiva] disculpa *f*, excusa *f*.

desculpar [dʒiʃkuw'pa(x)] *vt* **-1.** [perdoar]: ~ **alguém (por algo)** disculpar a alguien (por algo). **-2.** [justificar] servir de disculpa para.

◆ **desculpar-se** *vp* [justificar-se]: ~**-se (com alguém) por algo** disculparse (con alguien) por algo.

desculpável [dʒiʃkuw'pavew] (*pl* **-eis**) *adj* disculpable.

desde ['deʒdʒi] *prep* [tempo, espaço] desde; ~ **então** desde entonces; ~ **já** desde ya.

◆ **desde que** *loc conj* **-1.** [tempo] desde que. **-2.** [visto que] como, ya que. **-3.** [contanto que] siempre que.

desdém [deʒ'dẽ] *m* desdén *m*.

desdenhar [deʒde'ɲa(x)] *vt* **-1.** [desprezar] desdeñar. **-2.** [escarnecer] burlarse de.

desdenhoso, osa [deʒde'ɲosu, ɔza] *adj* desdeñoso(sa).

desdita [dʒiʒ'dʒita] *f* desdicha *f*.

desdizer [dziʒdʒi'ze(x)] *vt* [negar, desmentir] desdecir.

◆ **desdizer-se** *vp* [negar o que havia dito] desdecirse.

desdobrar [dziʒdo'bra(x)] *vt* **-1.** [abrir] desdoblar. **-2.** [dividir]: ~ **algo em algo** desdoblar algo en algo. **-3.** [aumentar] redoblar.

◆ **desdobrar-se** *vp* **-1.** desdoblarse. **-2.** [empenhar-se]: ~**-se (em algo)** empeñarse (en algo).

desejar [deze'ʒa(x)] <> *vt* desear; ~ **algo a alguém** desear algo a alguien. <> *vi*: **deixar a** ~ dejar que desear.

desejável [dese'ʒavew] (*pl* **-eis**) *adj* deseable.

desejo [de'zeʒu] *m* **-1.** [ger] deseo *m*. **-2.** [de grávida] antojo *m*.

desejoso, osa [dese'ʒosu, ɔsa] *adj*: ~ **de algo/de fazer algo** deseoso de algo/de hacer algo.

desembaraçar [dʒizĩnbara'sa(x)] *vt* **-1.** [livrar] librar. **-2.** [desemaranhar] desenredar, desenmarañar *Méx*. **-3.** [liberar] liberar.

◆ **desembaraçar-se** *vp* **-1.** [desinibir-se] desinhibirse. **-2.** [livrar-se]: ~**-se de algo/alguém** desembarazarse de algo/alguien, deshacerse de algo/alguien, librarse de algo/alguien *Méx*.

desembaraço [dʒizĩnba'rasu] *m* **-1.** [desinibição] desinhibición *f*. **-2.** [agilidade] agilidad *f*.

desembarcar [dʒizĩnbax'ka(x)] ◇ *vt* [carga, passageiros] desembarcar. ◇ *vi* [descer de transporte] desembarcar.

desembarque [dʒizĩn'baxki] *m* desembarque *m*.

desembocar [dʒizĩnbo'ka(x)] *vi* [rio, rua]: ~ **em** desembocar en.

desembolsar [dʒizĩnbow'sa(x)] *vt* **-1.** [gastar] desembolsar. **-2.** [tirar da bolsa] sacar del bolsillo, desembolsar *Méx*.

desembolso [dʒizĩn'bowsu] *m* [gasto, pagamento adiantado] desembolso *m*.

desembrulhar [dʒizĩnbru'ʎa(x)] *vt* desenvolver.

desempacotar [dʒizĩnpako'ta(x)] *vt* desempaquetar.

desempatar [dezĩnpa'ta(x)] ◇ *vt* **-1.** [negócio] resolver. **-2.** [jogo, eleição] desempatar. ◇ *vi* desempatar.

desempate [dʒizĩn'patʃi] *m* ESP desempate *m*.

desempenhar [dʒizĩnpe'ɲa(x)] *vt* **-1.** [cumprir] cumplir. **-2.** [exercer, representar] desempeñar.

desempenho [dʒizĩn'peɲu] *m* **-1.** [execução] desempeño *m*. **-2.** [atuação] actuación *f*, desempeño *m* *Amér*. **-3.** [funcionamento] rendimiento *m*.

desempregado, da [dʒizĩnpre'gadu, da] ◇ *adj* desempleado(da), parado(da) *Esp*. ◇ *m, f* desempleado *m*, -da *f*, parado *m*, -da *f* *Esp*.

desemprego [dʒizĩn'pregu] *m* desempleo *m*, paro *m* *Esp*.

desencadear [dʒizĩŋka'dʒja(x)] *vt* [provocar] desencadenar.

◆ **desencadear-se** *vp* [irromper] desencadenarse.

desencaixar [dʒizĩŋkaj'ʃa(x)] *vt* desencajar.

◆ **desencaixar-se** *vp* desencajarse.

desencaixotar [dʒizĩŋkajʃo'ta(x)] *vt* sacar de cajas.

desencanto [dʒizĩŋ'kãntu] *m* [desilusão] desencanto *m*, desilusión *f*.

desencargo [dʒizĩŋ'kaxgu] *m* [cumprimento] cumplimiento *m*; **por ~ de consciência** para quedarse con la conciencia tranquila, por descargo de conciencia *Méx*.

desencarregar [dʒizĩŋkaxe'ga(x)] *vp* [desobrigar]: ~ **alguém de algo** librar a alguien de algo.

desencontrar [dʒizĩŋkõn'tra(x)] *vt* [fazer que não se encontrem] hacer que no se encuentren.

◆ **desencontrar-se** *vp* **-1.** [não se encontrar]: **~-se (de)** no encontrarse con, desencontrarse con *Amér*. **-2.** [perder-se um do outro] separarse, perderse.

desencontro [dʒizĩŋ'kõntru] *m* **-1.** [falta de encontro] desencuentro *m*. **-2.** [divergência] desencuentro *m*, desacuerdo *m*.

desencorajar [dʒizĩŋkora'ʒa(x)] *vt* desanimar, desestimular *RP*.

desencostar [dʒizĩŋkoʃ'ta(x)] *vt*: ~ **algo/alguém (de)** apartar algo/alguien (de).

◆ **desencostar-se** *vp*: **~-se de algo** apartarse de algo.

desenfreado, da [dʒizẽnfre'adu, da] *adj* desenfrenado(da).

desenganado, da [dʒizĩŋga'nadu, da] *adj* [sem cura] desahuciado(da); [desiludido] desengañado(da).

desenganar [dʒizĩŋga'na(x)] *vt* **-1.** [doente] desahuciar. **-2.** [desiludir] desengañar.

desengano [dʒizĩn'gãnu] *m* [desilusão] desengaño *m*.

desengonçado, da [dʒizĩŋgõn'sadu, da] *adj* **-1.** [desconjuntado] descoyuntado(da). **-2.** [desajeitado] palillo, flaco perchento (flaca perchenta) *RP*.

desenhar [deze'ɲa(x)] ◇ *vt* **-1.** [boneco, figura, paisagem] dibujar. **-2.** [projeto, maquete] diseñar. ◇ *vi* [traçar desenhos] dibujar.

desenhista [deze'ɲiʃta] *m, f* **-1.** [de desenho industrial] diseñador *m*, -ra *f*. **-2.** [de quadros] dibujante *mf*.

desenho [de'zeɲu] *m* **-1.** [expressão de formas] dibujo *m*; ~ **animado** dibujo animado. **-2.** [de edifício, de roupas] diseño *m*.

desenlace [dʒizẽn'lasi] *m* desenlace *m*.

desenrolar [dʒizẽnxo'la(x)] ◇ *m* desarrollo *m*. ◇ *vt* **-1.** [estender] desenrollar. **-2.** [expor] exponer.

◆ **desenrolar-se** *vp* **-1.** [desenroscar-se] desenroscarse. **-2.** [mostrar-se] presentarse, mostrarse *Méx*.

desentender-se [dʒizẽntẽn'dexsi] *vp*: ~ **(com)** pelearse (con).

desentendido, da [dʒizẽntẽn'dʒidu, da] *adj*: **fazer-se de ~** hacerse el desentendido.

desentendimento [dʒizĩntẽndʒi'mẽntu] *m* [desentendido, desavença] malentendido *m*.

desenterrar [dʒizẽnte'xa(x)] *vt* desenterrar.
desentupir [dʒizẽntu'pi(x)] *vt* destapar.
desenvoltura [dʒizĩnvow'tura] *f* desenvoltura *f*.
desenvolver [dʒizĩnvow've(x)] *vt* desarrollar.
◆ **desenvolver-se** *vp* [crescer, progredir] desarrollarse.
desenvolvido, da [dʒizĩnvow'vidu, da] *adj* desarrollado(da).
desenvolvimento [dʒizĩnvowvi'mẽntu] *m* [crescimento, concepção] desarrollo *m*.
desequilibrado, da [dʒizekili'bradu, da] <> *adj* [sem equilíbrio & PSIC] desequilibrado(da). <> *m, f* PSIC desequilibrado *m*, -da *f*.
desequilibrar [dʒizekili'bra(x)] *vt* desequilibrar.
desequilíbrio [dʒizeki'librju] *m* [falta de equilíbrio & PSIC] desequilibrio *m*.
desertar [dezex'ta(x)] <> *vt* [abandonar] desertar. <> *vi* MIL desertar.
deserto, ta [de'zɛxtu, ta] *adj* [despovoado, vazio] desierto(ta).
◆ **deserto** *m* desierto *m*.
desertor, ra [dezex'to(x), ra] *m, f* desertor *m*, -ra *f*.
desesperado, da [dʒiziʃpe'radu, da] *adj* -**1.** [sem esperança, irritado] desesperado(da). -**2.** [briga, competição] encarnizado(da). -**3.** [amor] intenso(sa).
desesperador, ra [dʒiziʃpera'do(x), ra] *adj* [sem esperança, irritante] desesperante.
desesperança [dʒiziʃpe'rãnsa] *f* desesperanza *f*.
desesperar [dʒizeʃpe'ra(x)] <> *vt* [arrasar, irritar] desesperar. <> *vi* [perder a esperança] desesperar.
◆ **desesperar-se** *vp* [perder a esperança, afligir-se] desesperarse.
desespero [dʒizi'ʃperu] *m* [desesperança, aflição] desesperación *f*; **levar alguém ao** ~ llevar a alguien a la desesperación.
desestimular [dʒiziʃtʃimu'la(x)] *vt* desestimular.
desfalcar [dʒiʃfaw'ka(x)] *vt* -**1.** [reduzir] reducir. -**2.** FUT dejar cojo a. -**3.** [defraudar] desfalcar.
desfalecer [dʒiʃfale'se(x)] *vi* [desmaiar] desfallecer.
desfalque [dʒiʃ'fawki] *m* -**1.** [redução] reducción *f*. -**2.** [privação] falta *f*. -**3.** [fraude] desfalco *m*.
desfavorável [dʒiʃfavo'ravɛw] (*pl* **-eis**) *adj* -**1.** [clima, condição, parecer] desfavorable. -**2.** [pessoa] en contra de.
desfazer [dʒiʃfa'ze(x)] *vt* -**1.** [ger] deshacer. -**2.** [dispersar] dispersar. -**3.** [amizade] deshacer, terminar con *Amér*, acabar *Méx*. -**4.** [encantamento] deshacer.
◆ **desfazer-se** *vp* -**1.** [ger] deshacerse. -**2.** [grupo, multidão] dispersarse. -**3.** [nevoeiro] disiparse. -**4.** [amizade] deshacerse, terminarse *Amér*, acabarse *Méx*. -**5.** [desmanchar-se]: **~-se em algo** deshacerse en algo.
desfechar [dʒiʃfe'ʃa(x)] *vt* -**1.** [golpe, seta] disparar, lanzar. -**2.** [tiro] disparar, descerrajar *Amér*. -**3.** [dizer] lanzar.
desfecho [dʒiʃ'feʃu] *m* desenlace *m*.
desfeita [dʒiʃ'fejta] *f* ofensa *f*.
desfeito, ta [dʒʃ'fejtu, ta] <> *pp* ▷ desfazer. <> *adj* deshecho(cha).
desferir [dʒiʃfe'ri(x)] *vt* [aplicar, emitir, arremessar] lanzar.
desfiar [dʒiʃ'fja(x)] <> *vt* -**1.** [tecido] deshilar. -**2.** [galinha] desmenuzar. -**3.** [terço] pasar las cuentas de *Esp*, pasar los misterios en *Amér*. <> *vi* [tecido] deshilacharse.
desfigurar [dʒiʃfigu'ra(x)] *vt* [transformar, adulterar] desfigurar.
◆ **desfigurar-se** *vp* [transformar-se] desfigurarse.
desfiladeiro [dʒiʃfila'dejru] *m* desfiladero *m*.
desfilar [dʒiʃfi'la(x)] <> *vi* [passar em desfile] desfilar. <> *vt* [exibir] exhibir.
desfile [dʒiʃ'fili] *m* desfile *m*.
desforra [dʒiʃ'fɔxa] *f* venganza *f*.
desfrutar [dʒiʃfru'ta(x)] <> *vt* [usufruir, deliciar-se com] disfrutar. <> *vi* [usufruir]: ~ **de algo** disfrutar algo.
desgarrado, da [dʒiʒga'xadu, da] *adj* [perdido] extraviado(da).
desgarrar-se [dʒiʒga'xaxsi] *vp* [perderse]: ~ **de algo** desviarse de algo.
desgastante [dʒiʒgaʃ'tãntʃi] *adj* desgastante.
desgastar [dʒiʒgaʃ'ta(x)] *vt* desgastar.
desgaste [dʒiʒ'gaʃtʃi] *m* [deterioração, dano] desgaste *m*.
desgostar [dʒiʒgoʃ'ta(x)] <> *vt* [contrariar] disgustar. <> *vi* [não gostar]: **passou a ~ da companhia da noiva** le disgustó la compañía de la novia.

◆ **desgostar-se** *vp* [deixar de gostar]: **~-se de algo/de fazer algo** perder el gusto por algo/de hacer algo.

desgosto [dʒiʒ'goʃtu] *m* [desprazer, pesar] disgusto *m*.

desgostoso, osa [dʒiʒgoʃ'tozu, ɔza] *adj* **-1.** [triste] descontento(ta). **-2.** [contrariado] contrariado(da).

desgraça [dʒiʒ'grasa] *f* **-1.** [infortúnio, miséria] desgracia *f*. **-2.** *fam* [pessoa inábil]: **ser uma ~** ser una desgracia.

desgraçado, da [dʒiʒgra'sadu, da] ◇ *adj* **-1.** [desafortunado, miserável, vil] desgraciado(da). **-2.** *fam* [grande] terrible, desgraciado(da) *CAm & Méx*. ◇ *m, f* [desafortunado, vil] desgraciado *m*, -da *f*.

desgraçar [dʒiʒgra'sa(x)] *vt* causar desgracia a, desgraciar *Méx*.

desgrenhado, da [dʒiʒgre'ɲadu, da] *adj* **-1.** [despenteado] despeinado(da), greñudo(da) *Méx*. **-2.** [desarrumado] desarreglado(da), desprolijo(ja) *Amér*, chirgo(ga) *Méx*.

desgrudar [dʒiʒgru'da(x)] *vt* **-1.** [descolar]: **~ algo de algo** despegar algo de algo. **-2.** [afastar]: **~ alguém de alguém/algo** despegar alguien de alguien/algo.

◆ **desgrudar-se** *vp* [afastar-se] despegarse.

desidratar [dʒizidra'ta(x)] *vt* deshidratar.

◆ **desidratar-se** *vp* deshidratarse.

design [dʒi'zajni] (*pl* **-s**) *m* diseño *m*.

designar [dezig'na(x)] *vt* **-1.** [denominar] designar. **-2.** [simbolizar] simbolizar. **-3.** [determinar] asignar. **-4.** [escolher]: **~ alguém para algo** designar a alguien como algo.

designer [dʒi'zajnɛ(x)] (*pl* **-s**) *mf* diseñador *m*, -ra *f*.

desigual [dezi'gwaw] (*pl* **-ais**) *adj* **-1.** [diferente] desigual, diferente. **-2.** [irregular, injusto] desigual.

desilusão [dʒizilu'zãw] (*pl* **-ões**) *f* desilusión *f*.

desimpedir [dʒizĩnpe'dʒi(x)] *vt* despejar.

desinfetante [dʒizĩnfe'tãntʃi] ◇ *adj* desinfectante. ◇ *m* desinfectante *m*.

desinfetar [dʒizĩnfe'ta(x)] *vt MED* desinfectar.

desinibido, da [dʒizini'bidu, da] *adj* deshinibido(da).

desintegração [dʒizĩntegra'sãw] *f* desintegración *f*.

desinteressado, da [dʒizĩntere'sadu, da] *adj* [sem interesse, desprendido] desinteresado(da).

desinteressar [dʒizĩntere'sa(x)] *vt*: **~ alguém de algo** quitar el interés de alguien por algo.

◆ **desinteressar-se** *vp*: **~-se de algo** desinteresarse de algo.

desinteresse [dʒizĩnte'resi] *m* [falta de interesse, desprendimento] desinterés *m*.

desistência [deziʃ'tẽnsja] *f* desistimiento *m*.

desistir [deziʃ'tʃi(x)] *vi* desistir, renunciar *RP*; **~ de algo/de fazer algo** desistir de algo/de hacer algo, renunciar a algo/a hacer algo *RP*.

desjejum [dʒiʒe'ʒũ] (*pl* **-ns**) *m* desayuno *m*.

deslavado, da [dʒiʒla'vadu, da] *adj* **-1.** [cara] deslavado(da). **-2.** [atitude, mentira] descarado(da).

desleal [dʒiʒ'ljaw] (*pl* **-ais**) *adj* desleal.

desleixado, da [dʒiʒlej'ʃadu, da] *adj* descuidado(da), desprolijo(ja) *RP*.

desligado, da [dʒiʒli'gadu, da] *adj* **-1.** *ELETR* apagado(da). **-2.** [desconectado] desconectado(da). **-3.** [afastado]: **~ de** desconectado(da) de. **-4.** [desprendido] desvinculado(da). **-5.** *fam* [distraído] distraído(da).

desligar [dʒiʒli'ga(x)] *vt ELETR* apagar.

◆ **desligar-se** *vp* **-1.** [afastar-se]: **~-se de** desvincularse de, desconectarse de *Méx*. **-2.** [desprender-se]: **~-se de** desvincularse de. **-3.** [distrair-se] desconectar *Esp*, desconectarse *Amér*.

deslizamento [dʒiʒliza'mẽntu] *m* deslizamiento *m*; **~ de terra** deslizamiento de tierra.

deslizar [dʒiʒli'za(x)] *vi* **-1.** [ger] deslizarse. **-2.** [falhar] patinar.

deslize [dʒiʒ'lizi] *m* **-1.** [escorregão] resbalón *m*. **-2.** [falha, engano] desliz *m*.

deslocado, da [dʒiʒlo'kadu, da] *adj* **-1.** *MED* dislocado(da). **-2.** [transferido] transferido(da). **-3.** [desambientado] fuera de lugar, desubicado(da) *Amér*.

deslocar [dʒiʒlo'ka(x)] *vt* **-1.** *MED* dislocar. **-2.** [transferir] transferir. **-3.** [mover] desplazar.

◆ **deslocar-se** *vp* [mover-se] desplazarse, moverse.

deslumbramento [dʒiʒlũnbra'mẽntu] *m* deslumbramiento *m*.

deslumbrante [dʒiʒlũn'brãntʃi] *adj* deslumbrante.
deslumbrar [dʒiʒlũn'bra(x)] ◇ *vt* deslumbrar. ◇ *vi* deslumbrarse.
◆ **deslumbrar-se** *vp* deslumbrarse.
desmaiado, da [dʒiʒma'jadu, da] *adj* **-1.** MED desmayado(da). **-2.** [pálido] pálido(da).
desmaiar [dʒiʒmaj'a(x)] ◇ *vt* desmayar. ◇ *vi* desmayarse.
◆ **desmaiar-se** *vp* desmayarse.
desmaio [dʒiʒ'maju] *m* desmayo *m*.
desmamar [dʒiʒma'ma(x)] ◇ *vt* destetar. ◇ *vi* destetarse.
desmancha-prazeres [dʒiʒˌmãnʃapra'zeriʃ] *mf inv* aguafiestas *mf inv*.
desmanchar [dʒiʒmãn'ʃa(x)] *vt* [desfazer, acabar com] deshacer.
◆ **desmanchar-se** *vp* **-1.** [dissolver-se] deshacerse. **-2.** [exceder-se]: **~-se em algo** deshacerse en algo.
desmarcar [dʒiʒmax'ka(x)] *vt* **-1.** [tirar as marcas de] quitar las marcas a. **-2.** [adiar] cancelar.
desmascarar [dʒiʒmaʃka'ra(x)] *vt* [revelar, desmoralizar] desenmascarar.
desmatamento [dʒiʒmata'mẽntu] *m* desmonte *m*.
desmatar [dʒiʒma'ta(x)] *vt* desmontar.
desmedido, da [dʒiʒme'dʒidu, da] *adj* desmedido(da).
desmentir [dʒiʒmẽn'tʃi(x)] *vt* desmentir.
◆ **desmentir-se** *vp* [contradizer-se] desmentirse.
desmerecer [dʒiʒmere'se(x)] *vt* **-1.** [menosprezar] menospreciar. **-2.** [não merecer] desmerecer.
desmesurado, da [dʒiʒmezu'radu, da] *adj* desmesurado(da).
desmiolado, da [dʒiʒmjo'ladu, da] *adj* **-1.** [sem juízo] insensato(ta). **-2.** [esquecido] desmemoriado(da).
desmontar [dʒiʒmõn'ta(x)] ◇ *vt* **-1.** [separar as partes de] desmontar, desarmar. **-2.** [destruir] desmontar. ◇ *vi* [apear]: **~ (de algo)** [de cavalo] desmontarse (de algo); [de moto, bicicleta] bajarse de algo.
desmoralizar [dʒiʒmorali'za(x)] *vt* desmoralizar.
◆ **desmoralizar-se** *vp* desmoralizarse.
desmoronamento [dʒiʒmorona'mẽntu] *m* desmoronamiento *m*.
desmoronar [dʒiʒmoro'na(x)] ◇ *vt* desmoronar. ◇ *vi* desmoronarse.
desmotivado, da [dʒiʒmotʃi'vadu, da] *adj* desmotivado(da).
desnatado, da [dʒiʒna'tadu, da] *adj* desnatado(da) ***Esp***, descremado(-da) ***Amér***.
desnecessário, ria [dʒiʒnese'sarju, rja] *adj* innecesario(ria).
desnível [dʒiʒ'nivɛw] (*pl* **-eis**) *m* desnivel *m*.
desnorteado, da [dʒiʒnox'tʃjadu, da] *adj* [perturbado] desorientado(da), norteado(da) ***Méx***, desnorteado (da) ***RP***.
desnortear [dʒiʒnox'tʃja(x)] *vt* **-1.** [desorientar] desorientar, nortear ***Méx***, desnortear ***RP***. **-2.** [perturbar] desorientar.
◆ **desnortear-se** *vp* **-1.** [perder-se] desorientarse, desnortearse ***RP***. **-2.** [perturbar-se] desorientarse.
desnudar [dʒiʒnu'da(x)] *vt* [despir, revelar] desnudar.
◆ **desnudar-se** *vp* [despir-se] desnudarse.
desnutrição [dʒiʒnutri'sãw] *f* desnutrición *f*.
desobedecer [dʒizobede'se(x)] *vi*: **~ a** desobedecer a.
desobediência [dʒizobe'dʒjẽnsja] *f* desobediencia *f*.
desobediente [dʒizobe'dʒjẽntʃi] *adj* desobediente.
desobrigar [dʒizobri'ga(x)] *vt*: **~ alguém de algo/de fazer algo** liberar a alguien de algo/de hacer algo.
desobstruir [dʒizobʃtru'i(x)] *vt* **-1.** [corredor, rua] desatascar, despejar. **-2.** [artéria] desatascar, desobstruir.
desocupado, da [dʒizoku'padu, da] ◇ *adj* **-1.** [ocioso, disponível, vazio] desocupado(da). **-2.** [desempregado] desocupado(da), desempleado (da), parado(da) ***Esp***. ◇ *m, f* **-1.** [desempregado] desocupado *m*, -da *f*, desempleado *m*, -da *f*, parado *m*, -da *f* ***Esp***. **-2.** [vagabundo] desocupado *m*, -da *f* ***Esp***, vago *m*, -ga *f* ***Amér***.
desocupar [dʒizoku'pa(x)] *vt* [deixar livre, esvaziar] desocupar.
desodorante [dʒizodo'rãntʃi] *m* desodorante *m*.
desolação [dezola'sãw] *f* [tristeza, devastação] desolación *f*.
desolado, da [dezo'ladu, da] *adj* [triste, devastado] desolado(da).
desolar [dezo'la(x)] *vt* [entristecer, devastar] desolar.

desonesto, ta [dʒizoˈnɛʃtu, ta] <> *adj* [indigno, mentiroso] deshonesto(ta). <> *m, f* [pessoa indigna] deshonesto *m*, -ta *f*.

desonra [dʒiˈzõnxa] *f* deshonra *f*.

desonrar [dʒizõnˈxa(x)] *vt* deshonrar.
◆ **desonrar-se** *vp* deshonrarse.

desordeiro, ra [dʒizoxˈdejru, ra] <> *adj* agitador(ra). <> *m, f* agitador *m*, -ra *f*.

desordem [dʒiˈzɔxdẽ] (*pl* **-ns**) *f* [bagunça, tumulto] desorden *m*.

desorganização [dʒizoxganizaˈsãw] *f* desorganización *f*.

desorganizar [dʒizoxganiˈza(x)] *vt* desorganizar.
◆ **desorganizar-se** *vp* desorganizarse.

desorientação [dʒizorjẽntaˈsãw] *f* desorientación *f*.

desorientar [dʒizorjẽnˈta(x)] *vt* desorientar.
◆ **desorientar-se** *vp* desorientarse.

desossar [dʒizoˈsa(x)] *vt* deshuesar.

desovar [dʒizoˈva(x)] <> *vi* [pôr ovos] desovar. <> *vt* ***fam fig*** [livrar-se de] deshacerse de.

despachado, da [dʒiʃpaˈʃadu, da] *adj* **-1.** [enviado] despachado(da). **-2.** [eficiente] eficiente.

despachar [dʒiʃpaˈʃa(x)] *vt* despachar.

despacho [dʒiʃˈpaʃu] *m* **-1.** [resolução] despacho *m*. **-2.** [espirit] ofrenda *f*.

despedaçar [dʒiʃpedaˈsa(x)] *vt* [quebrar] despedazar.
◆ **despedaçar-se** *vp* [quebrar-se em pedaços] despedazarse.

despedida [dʒiʃpeˈdʒida] *f* [ato] despedida *f*.

despedir [dʒiʃpeˈdʒi(x)] *vt* [demitir] despedir.
◆ **despedir-se** *vp* [dizer adeus]: **~-se (de alguém)** despedirse (de alguien).

despeitado, da [dʒiʃpejˈtadu, da] *adj* **-1.** [invejoso] despechado(da). **-2.** ***fam*** [que tem o peito magro] liso(sa), plano(na) ***Méx***, chato(ta) ***RP***.

despeito [dʒiʃˈpejtu] *m* [inveja] despecho *m*.
◆ **a despeito de** *loc conj* [apesar de] a pesar de.

despejar [dʒiʃpeˈʒa(x)] *vt* **-1.** [inquilino] desalojar. **-2.** [entornar] derramar.

despejo [dʒiʃˈpeʒu] *m* [de inquilino] desalojo *m*.

despencar [dʒiʃpẽŋˈka(x)] *vi* **-1.** [cair]: **~ de algo** caerse de algo. **-2.** ***fam*** [ir depressa] largarse, lanzarse ***Méx***.

despensa [dʒiʃˈpẽnsa] *f* despensa *f*.

despentear [dʒiʃpẽnˈtʒja(x)] *vt* despeinar.
◆ **despentear-se** *vp* despeinarse.

despercebido, da [dʒiʃpexseˈbidu, da] *adj* desapercibido(da).

desperdiçar [dʒiʃpexdʒiˈsa(x)] *vt* desperdiciar.

desperdício [dʒiʃpexˈdʒisju] *m* desperdicio *m*.

despertador [dʒiʃpextaˈdo(x)] (*pl* **-es**) *m* despertador *m*.

despertar [dʒiʃpexˈta(x)] <> *vt* **-1.** [acordar] despertar. **-2.** [provocar] despertar, dar ***Méx***. **-3.** ***fig*** [tirar]: **~ alguém de algo** despertar *ou* sacar a alguien de algo. <> *vi* **-1.** [acordar] despertarse. **-2.** ***fig*** [sair]: **~ de algo** despertarse de algo, salirse de algo ***Méx***, salir de algo ***RP***. **-3.** ***fig*** [perceber uma situação] despertarse, darse cuenta ***Méx***, avivarse ***RP***. <> *m* despertar *m*.

desperto, ta [dʒiʃˈpɛxtu, ta] *adj* despierto(ta).

despesa [dʒiʃˈpeza] *f* gasto *m*.

despido, da [dʒiʃˈpidu, da] *adj* **-1.** [nu] desvestido(da). **-2.** ***fig*** [desprovido]: **~ de algo** desprovisto(ta) de algo.

despir [dʒiʃˈpi(x)] *vt* **-1.** [pessoa] desvestir. **-2.** [roupa] quitarse, sacarse ***Amér***.
◆ **despir-se** *vp* **-1.** [tirar a roupa] quitarse, sacarse ***Amér***. **-2.** ***fig*** [despojar-se]: **~-se de algo** despojarse de algo.

despojado, da [dʒiʃpoˈʒadu, da] *adj* **-1.** [privado]: **~ de algo** despojado (da) de algo. **-2.** [desprendido] desprendido(da). **-3.** [sem enfeite] sencillo(lla).

despojar [dʒiʃpoˈʒa(x)] *vt* despojar.
◆ **despojar-se** *vp* [privar-se]: **~-se de algo** despojarse de algo.

despojos [dʒiʃˈpɔʒoʃ] *mpl* despojos *mpl*; **~ mortais** despojos mortales.

despoluir [dʒiʃpoˈlwi(x)] *vt* descontaminar.

despontar [dʒiʃpõnˈta(x)] *vi* despuntar.

déspota [ˈdɛʃpota] <> *adj* déspota. <> *mf* déspota *mf*.

despovoado, da [dʒiʃpoˈvwadu, da] *adj* despoblado(da).

desprazer [dʒiʃpraˈze(x)] *m* disgusto *m*.

desprender [dʒiʃprẽn'de(x)] *vt* **-1.** [soltar]: ~ **alguém/algo (de algo)** soltar a alguien/algo (de algo). **-2.** [escalar] desprender.

◆ **desprender-se** *vp*: ~**-se (de algo)** desprenderse (de algo).

despreocupado, da [dʒiʃpreoku'padu, da] *adj* despreocupado(da).

despreparado, da [dʒiʃprepa'radu, da] *adj* sin preparación, descapacitado(da) *Méx*.

desprestigiar [dʒiʃpreʃtʃi'ʒja(x)] *vt* desprestigiar.

despretensioso, osa [dʒiʃpretẽn'sjozu, ɔza] *adj* modesto(ta).

desprevenido, da [dʒiʃpreve'nidu, da] *adj* **-1.** [distraído] desprevenido(da). **-2.** *fig* [sem dinheiro] sin dinero.

desprezar [dʒiʃpre'za(x)] *vt* **-1.** [ger] despreciar. **-2.** [não considerar] descontar.

desprezível [dʒiʃpre'zivew] (*pl* **-eis**) *adj* **-1.** [vil] despreciable. **-2.** [ínfimo] simbólico(ca).

desprezo [dʒiʃ'prezu] *m* desprecio *m*.

desproporcional [dʒiʃpropoxsjo'naw] (*pl* **-ais**) *adj*: ~ **(a)** desproporcionado(da) (a).

despropositado, da [dʒiʃpropozi'tadu, da] *adj* absurdo(da).

despropósito [dʒiʃpro'pɔzitu] *m* **-1.** [disparate] despropósito *m*. **-2.** *fig* [excesso] disparate *m*, titipuchal *m* *Méx*.

desprover [dʒiʃpro've(x)] *vt*: ~ **alguém (de algo)** privar a alguien (de algo).

desprovido, da [dʒiʃpro'vidu, da] *adj*: ~ **de algo** desprovisto de algo.

desqualificar [dʒiʃkwalifi'ka(x)] *vt* descalificar; ~ **alguém (para)** descalificar a alguien (para).

desregrado, da [dʒiʒxe'gradu, da] ◇ *adj* **-1.** [desordenado] irregular. **-2.** [devasso] libertino(na). ◇ *m, f* [devasso] libertino *m*, -na *f*.

desrespeitar [dʒiʒxeʃpej'ta(x)] *vt* no respetar.

desrespeito [dʒiʒxeʃ'pejtu] *m*: ~ **(a)** falta *f* de respeto (a).

dessa ['dɛsa] = **de + esse**.

desse ['desi] = **de + esse**.

destacado, da [dʒiʃta'kadu, da] *adj* **-1.** [separado] suelto(ta). **-2.** [proeminente] destacado(da).

destacar [dʒiʃta'ka(x)] *vt* separar.

◆ **destacar-se** *vp* [fazer-se notar] destacarse.

destampar [dʒiʃtãn'pa(x)] *vt* destapar.

destapar [dʒiʃta'pa(x)] *vt* destapar.

destaque [dʒiʃ'taki] *m* **-1.** [realce] importancia *f*, realce *f*. **-2.** [pessoa] estrella *f*. **-3.** [assunto relevante] noticia *f* más importante.

desta ['dɛʃta] = **de + esta**.

deste ['deʃtʃi] = **de + este**.

destemido, da [dʒiʃte'midu, da] *adj* intrépido(da).

desterrar [dʒiʃte'xa(x)] *vt* desterrar.

desterro [dʒiʃ'texu] *m* destierro *m*.

destilar [deʃtʃi'la(x)] *vt* destilar.

destilaria [deʃtʃila'ria] *f* destilería *f*.

destinação [deʃtʃina'sãw] (*pl* **-oes**) *f* destino *m*.

destinar [deʃtʃi'na(x)] *vt* destinar.

◆ **destinar-se** *vp* **-1.** [ser designado]: ~**-se a** destinarse a. **-2.** [dedicar-se] dedicarse.

destinatário, ria [deʃtʃina'tarju, rja] *m, f* destinatario *m*, -ria *f*.

destino [deʃ'tʃinu] *m* destino *m*.

destituição [deʃtʃitwi'sãw] *f* destitución *f*.

destituir [deʃtʃi'twi(x)] *vt* **-1.** [privar]: ~ **alguém de algo** despojar a alguien de algo. **-2.** [demitir]: ~ **alguém (de algo)** destituir a alguien (de algo).

destorcer [dʒiʃtox'se(x)] *vt* [endireitar] enderezar.

destorcido, da [dʒiʃtox'sidu, da] *adj* [endireitado] enderezado(da).

destrancar [dʒiʃtrãŋ'ka(x)] *vt* desatrancar, destrancar *RP*.

destratar [dʒiʃtra'ta(x)] *vt* maltratar, destratar *RP*.

destreza [deʃ'treza] *f* destreza *f*.

destro, tra ['dɛʃtru, tra] *adj* diestro (tra).

destroçar [dʒiʃtro'sa(x)] *vt* **-1.** [ger] destrozar. **-2.** [devastar] devastar.

destroços [dʒiʃ'trɔsuʃ] *mpl* restos *mpl*.

destroncar [dʒiʃtrõŋ'ka(x)] *vt* desarticularse.

destruição [dʒiʃtruj'sãw] *f* destrucción *f*.

destruidor, ra [dʒiʃtruj'do(x), ra] ◇ *adj* destructor(ra). ◇ *m, f* destructor *m*, -ra *f*.

destruir [dʒiʃtru'i(x)] ◇ *vt* destruir. ◇ *vi* [ter efeito negativo] destruir.

◆ **destruir-se** *vp* *fig* [acabar-se] destruirse, acabarse *Amér*.

desumano, na [dʒizu'mãnu, na] *adj* inhumano(na).

desunião [dʒiʒun'jãw] *f* **-1.** [separação] desunión *f*. **-2.** [discórdia] desunión *f*, discrepancia *f* ***Méx***.

desvairado, da [dʒiʒvaj'radu, da] ◇ *adj* **-1.** [louco] trastornado(da). **-2.** [descontrolado] descontrolado(da). ◇ *m, f* **-1.** [pessoa louca] trastornado *m*, -da *f*. **-2.** [pessoa descontrolada] descontrolado *m*, -da *f*.

desvalorizar [dʒiʃvalori'za(x)] ◇ *vt* [carro, pessoa] desvalorizar; [moeda] devaluar, desvalorizar. ◇ *vi* [moeda] devaluarse, desvalorizarse.

desvantagem [dʒiʒvãn'taʒẽ] (*pl* **-ns**) *f* desventaja *f*; **em ~** en desventaja.

desvão [dʒiʒ'vãw] *m* desván *m*.

desvario [dʒiʒva'riw] *m* desvarío *m*.

desvelo [dʒiʒ'velu] *m* [zelo] desvelo *m*.

desvencilhar [dʒiʒvẽnsi'ʎa(x)] *vt* [soltar]: **~ algo/alguém (de algo)** soltar algo/a alguien (de algo), desvencijar algo/a alguien (de algo) ***RP***.

◆ **desvencilhar-se** *vp* **-1.** [soltar-se]: **~-se (de algo)** soltarse de algo, desvencijarse de algo ***RP***. **-2.** [livrar-se]: **~ de alguém/algo** librarse de alguien/algo, desvencijarse de alguien/algo ***RP***.

desvendar [dʒiʒvẽn'da(x)] *vt* **-1.** [tirar a venda de] quitar *ou* sacar la venda de. **-2.** [revelar] revelar, develar ***Amér***.

desventura [dʒiʒvẽn'tura] *f* desventura *f*.

desviar [dʒiʒ'vja(x)] *vt* **-1.** [mudar a direção de] desviar. **-2.** *fig* [roubar] desviar, malversar.

◆ **desviar-se** *vp* [mudar a direção] desviarse.

desvio [dʒiʒ'viw] *m* **-1.** [ger] desvío *m*. **-2.** [roubo] desvío *m*, malversación *f*.

desvirar [dʒiʒvi'ra(x)] *vt* colocar del derecho, poner al derecho ***RP***.

detalhado, da [deta'ʎadu, da] *adj* detallado(da).

detalhar [deta'ʎa(x)] *vt* detallar.

detalhe [de'taʎi] *m* detalle *m*.

detalhista [deta'ʎiʃta] *adj* detallista.

detectar [detek'ta(x)] *vt* detectar.

detector [detek'to(x)] (*pl* **-es**) *m* detector *m*.

detenção [detẽn'sãw] (*pl* **-ões**) *f* detención *f*.

deter [de'te(x)] *vt* **-1.** [parar, prender, manter] detener. **-2.** [reprimir] retener. **-3.** [ter em seu poder] detentar.

◆ **deter-se** *vp* **-1.** [parar, ficar] detenerse. **-2.** [ocupar-se]: **~-se em algo** detenerse en algo. **-3.** [reprimir-se] reprimirse.

detergente [detex'ʒẽntʃi] ◇ *adj* detergente. ◇ *m* detergente *m*.

deterioração [deterjora'sãw] *f* deterioro *m*.

deteriorar [deterjo'ra(x)] ◇ *vt* deteriorar. ◇ *vi fig* [piorar] deteriorarse.

◆ **deteriorar-se** *vp* deteriorarse.

determinação [detexmina'sãw] (*pl* **-ões**) *f* determinación *f*.

determinado, da [detexmi'nadu, da] *adj* determinado(da).

determinar [detexmi'na(x)] *vt* determinar.

detestar [deteʃ'ta(x)] *vt* detestar.

◆ **detestar-se** *vp* detestarse.

detestável [deteʃ'tavew] (*pl* **-eis**) *adj* detestable.

detetive [dete'tʃivi] *m f* detective *mf*.

detido, da [de'tʃidu, da] *adj* detenido(da).

detonação [detona'sãw] (*pl* **-ões**) *f* detonación *f*.

detonar [deto'na(x)] ◇ *vt* [arma, bomba] detonar. ◇ *vi* **-1.** [arma, bomba] detonar. **-2.** [trovão] retumbar.

DETRAN (*abrev de* **Departamento Estadual de Trânsito**) *m organismo encargado de administrar la concesión de permisos de conducir*, ≃ DGT *f* ***Esp***.

detrás [de'trajʃ] *adv* detrás, atrás ***RP***.

◆ **detrás de** *loc prep* detrás *ou* atrás ***RP*** de.

◆ **por detrás** *loc adv* por detrás *ou* atrás ***RP***.

detrimento [detri'mẽntu] *m*: **em ~ de** en detrimento de.

detrito [de'tritu] *m* detrito *m*.

deturpação [detuxpa'sãw] (*pl* **-ões**) *f* [distorção] distorsión *f*.

deturpar [detux'pa(x)] *vt* **-1.** [adulterar] manipular, distorsionar ***Amér***. **-2.** [corromper] corromper.

deus, sa ['dewʃ, za] (*mpl* **-ses**, *fpl* **-sas**) *m, f* dios *m*, -sa *f*.

◆ **Deus** *m* Dios *m*; **graças a Deus!** ¡Gracias a Dios!; **meu Deus do céu!** ¡Dios mío!

deus-nos-acuda [ˌdewʃnuʃa'kuda] *m*: **um ~** un caos, un relajo ***Méx***.

devagar [dʒiva'ga(x)] ◇ *adv* despacio. ◇ *adj inv fam* **-1.** [lento] lento(ta). **-2.** [sem graça] aburrido(da); **estar ~, quase parando** estar casi paralizado.

devaneio [deva'neju] *m* fantasía *f*, devaneo *m* ***Amér***.

devassado, da [deva'sadu, da] *adj* abierto(ta).
devassidão [devasi'dãw] *f* libertinaje *m.*
devasso, ssa [de'vasu, sa] <> *adj* libertino(na). <> *m, f* libertino *m,* -na *f.*
devastar [devaʃ'ta(x)] *vt* devastar.
deve ['dɛvi] *m COM* debe *m.*
devedor, ra [deve'do(x), ra] <> *adj* deudor(ra). <> *m, f* deudor *m,* -ra *f.*
dever [de've(x)] (*pl* **-es**) <> *m* **-1.** [obrigação] deber *m.* **-2.** *EDUC*: ~ **(de casa)** deberes *mpl.* <> *vt* **-1.** [dinheiro]: ~ **algo (a alguém)** deber algo (a alguien); ~ **fazer algo** deber hacer algo. **-2.** [expressando probabilidade] deber de. <> *vi* [ter dívida]: ~ **dinheiro** deber dinero.
◆ **dever-se a** *vp* [ser conseqüência de] deberse a.
deveras [de'vɛraʃ] *adv* de veras.
devidamente [de,vida'mẽntʃi] *adv* debidamente.
devido, da [de'vidu, da] *adj* debido (da); **no ~ tempo** a su debido tiempo.
◆ **devido a** *loc adv* debido a.
devoção [devo'sãw] *f* devoción *f.*
devolução [devolu'sãw] (*pl* **-ões**) *f* devolución *f.*
devolver [devow've(x)] *vt* devolver.
devorar [devo'ra(x)] *vt* devorar.
devotar [devo'ta(x)] *vt*: ~ **algo a algo/alguém** dedicar algo a algo/alguien.
◆ **devotar-se** *vp*: **~-se a algo/alguém** dedicarse a algo/alguien.
devoto, ta [de'vɔtu, ta] <> *adj* devoto(ta). <> *m, f* devoto *m,* -ta *f.*
dez ['dɛʒ] *num* diez; *veja também* **seis**.
dez. (*abrev de* **dezembro**) dic.
dezembro [de'zẽnbru] *m* diciembre *m*; *veja também* **setembro**.
dezena [de'zena] *f* decena *f.*
dezenove [deze'nɔvi] *num* diecinueve; *veja também* **seis**.
dezesseis [deze'seiʃ] *num* dieciséis; *veja também* **seis**.
dezessete [deze'sɛtʃi] *num* diecisiete; *veja também* **seis**.
dezoito [de'zojtu] *num* dieciocho; *veja também* **seis**.
DF (*abrev de* **Distrito Federal**) Brasilia.
dia ['dʒia] *m* **-1.** [ger] día *m*; **bom ~!** ¡buenos días!; **de um ~ para outro** de un día para otro; **no ~ anterior** el día anterior; **no ~ seguinte** al día siguiente; **mais ~, menos ~** día más, día menos; **o ~ todo** todo el día; **todo ~, todos os ~s** todos los días. **-2.** [data]: **no ~ dez** el día diez; **~ de folga** día de descanso; **~ útil** día útil; **~ cheio** día repleto; **um ~ daqueles** uno de esos días. **-3.** [luz do sol]: **de ~** de día. **-4.** [atualidade]: **em ~** al día; **hoje em ~** hoy en día.
dia-a-dia [dʒia'dʒia] *m* día a día *f.*
diabetes [dʒja'bɛtʃiʃ] *m ou f* diabetes *f.*
diabético, ca [dʒja'bɛtʃiku, ka] <> *adj* diabético(ca). <> *m, f* diabético *m,* -ca *f.*
diabo ['dʒjabu] <> *m* diablo *m*; **acontecer o ~** suceder de todo; **comer o pão que o ~ amassou** pasarlas canutas; **fazer o ~** hacer el diablillo. <> *interj* ¡diablos!
◆ **como o diabo** *loc adv* ***fam*** [em excesso, muito]: **ela é feia como o ~** es más fea que Picio; **ele corre como o ~** corre como un bólido.
diabrura [dʒja'brura] *f* diablura *f.*
diafragma [dʒja'fragma] *m* diafragma *m.*
diagnóstico [dʒjag'nɔʃtʃiku] *m* diagnóstico *m.*
diagonal [dʒjago'naw] (*pl* **-ais**) <> *adj* diagonal. <> *f* diagonal *f.*
diagrama [dʒja'grãma] *m* diagrama *m.*
diagramador, ra [dʒjagrama'do(x), ra] *m, f* maquetador *m,* -ra *f,* diagramador *m,* -ra *f* ***RP***.
dialeto [dʒja'lɛtu] *m* dialecto *m.*
dialogar [dʒjalo'ga(x)] *vi*: ~ **(com)** dialogar (con).
diálogo ['dʒjalogu] *m* diálogo *m.*
diamante [dʒja'mãntʃi] *m* diamante *m.*
diâmetro ['dʒjãmetru] *m* diámetro *m.*
diante ['dʒjãntʃi] ◆ **diante de** *loc adv* delante de; ~ **dos argumentos** ante los argumentos.
dianteira [dʒjãn'tejra] *f* delantera *f*; **na ~** en la delantera.
dianteiro, ra [dʒjãn'tejru, ra] *adj* delantero(ra).
diapositivo [dʒjapozi'tʃivu] *m* diapositiva *f.*
diário, ria ['dʒjarju, rja] *adj* diario (ria).
◆ **diário** *m* diario *m.*
◆ **diária** *f* **-1.** [de hotel] precio *m* por

noche. **-2.** [para viagem] dietas *fpl*, viático *m* ***RP***.

dica ['dʒika] *f fam* pista *f*.

dicção [dʒik'sãw] *f* dicción *f*.

dicionário [dʒisjo'narju] *m* diccionario *m*.

dicionarista [dʒisjona'riʃta] *m f* lexicógrafo *m*, -fa *f*.

dicotomia [dʒikoto'mia] *f* dicotomía *f*.

didático, ca [dʒi'datʃiku, ka] *adj* didáctico(ca).

DIEESE (*abrev de* **Departamento Intersindical de Estatísticas e Estudos Sócio-Econômicos**) *m organismo de apoyo a las actividades sindicales mantenido por los sindicatos de São Paulo*.

diesel ['dʒizɛw] *m* diesel *m*, diésel *m*; **motor (a)** ~ motor diesel *ou* diésel.

dieta ['dʒjɛta] *f* dieta *f*; **fazer** ~ hacer dieta.

dietético, ca [dʒje'tɛtʃiku, ka] *adj* dietético(ca).

difamar [dʒifa'ma(x)] *vt* difamar.

diferença [dʒife'rẽnsa] *f* **-1.** [ger] diferencia *f*. **-2.** [distinção]: **fazer** ~ **entre** hacer distinción entre, hacer diferencias entre ***Amér***; **não fazer** ~ no importar. **-3.** [discordância]: **ter** ~ **(s) com alguém** tener diferencias (con alguien).

diferenciar [dʒiferẽn'sja(x)] *vt*: ~ **algo/alguém (de)** distinguir algo/alguien (de), diferenciar algo/alguien (de).

◆ **diferenciar-se** *vp* diferenciarse.

diferente [dʒife'rẽntʃi] ◇ *adj* **-1.** [diverso]: ~ **(de)** diferente (a *ou* de). **-2.** [incomum] inusitado(da), diferente ***Méx***, original ***RP***. ◇ *adv* diferente, distinto.

diferir [dʒife'ri(x)] *vi*: ~ **(em)** diferir (en); ~ **de algo/alguém** diferir de algo/alguien.

difícil [dʒi'fisiw] (*pl* **-eis**) ◇ *adj* **-1.** difícil. **-2.** [improvável]: **(ser)** ~ **algo/fazer algo** (ser) difícil algo/hacer algo. ◇ *adv*: **falar/escrever** ~ hablar/escribir de manera difícil. ◇ *m*: **o** ~ **é** lo difícil es.

dificuldade [dʒifikuw'dadʒi] *f* **-1.** [ger] dificultad *f*. **-2.** [problema]: **ter** ~ **em fazer algo** tener dificultad para hacer algo. **-3.** [situação crítica] dificultad *f*, apuro *m*; **em** ~ **(s)** en apuros.

dificultar [dʒifikuw'ta(x)] *vt* dificultar.

difundir [dʒifũn'di(x)] *vt* difundir.

difuso, sa [dʒi'fuzu, za] *adj* difuso (sa).

digerir [dʒiʒe'ri(x)] *vt* digerir.

digestão [dʒiʒeʃ'tãw] *f* digestión *f*.

digitação [dʒiʒita'sãw] (*pl* **-ões**) *f* COMPUT tecleado *m*.

digital [dʒiʒi'taw] (*pl* **-ais**) *adj* digital.

digitalizar [dʒiʒitali'za(x)] *vt* COMPUT digitalizar.

digitar [dʒiʒi'ta(x)] *vt* COMPUT teclear, digitar ***Amér***.

dígito ['dʒiʒitu] *m* dígito *m*.

dignidade [dʒigni'dadʒi] *f* dignidad *f*; **com** ~ con dignidad.

digno, na ['dʒignu, na] *adj* digno(na); **ser** ~ **de algo/de fazer algo** ser digno de algo/de hacer algo.

dilacerante [dʒilase'rãntʃi] *adj* dilacerante.

dilacerar [dʒilase'ra(x)] *vt* [despedaçar] dilacerar.

◆ **dilacerar-se** *vp* [afligir-se] partirse.

dilapidar [dʒilapi'da(x)] *vt* dilapidar.

dilatar [dʒila'ta(x)] *vt* dilatar.

dilema [dʒi'lema] *m* dilema *m*.

diletante [dʒile'tãntʃi] ◇ *adj* diletante. ◇ *mf* diletante *mf*.

diligência [dʒili'ʒẽnsja] *f* **-1.** [ger] diligencia *f*. **-2.** [pesquisa] averiguación *f*, diligencia *f* ***RP***.

diligente [dʒili'ʒẽntʃi] *adj* diligente.

diluição [dʒilwi'sãw] *f* dilución *f*.

diluir [dʒi'lwi(x)] *vt*: ~ **algo (em algo)** diluir algo (en algo).

dilúvio [dʒi'luviw] *m* diluvio *m*.

dimensão [dʒimẽn'sãw] (*pl* **-ões**) *f* dimensión *f*.

diminuição [dʒiminwi'sãw] *f* disminución *f*.

diminuir [dʒimi'nwi(x)] ◇ *vt* **-1.** [reduzir] disminuir. **-2.** [subtrair]: ~ **algo de/em algo** disminuir algo en algo. ◇ *vi* [reduzir-se] disminuir; ~ **de peso** bajar de peso.

diminutivo [dʒiminu'tʃivu] *m* GRAM diminutivo *m*.

diminuto, ta [dʒimi'nutu, ta] *adj* diminuto(ta).

Dinamarca [dʒina'marka] *n* Dinamarca.

dinâmico, ca [dʒi'nãmiku, ka] *adj* dinámico(ca).

◆ **dinâmica** *f* dinámica *f*; ~ **de grupo** dinámica de grupo.

dinamismo [dʒina'miʒmu] *m* dinamismo *m*.

dinamite [dʒina'mitʃi] *f* dinamita *f*.
dínamo ['dʒinamu] *m* dinamo *f* **Esp**, dinamo *m* **Amér**.
dinastia [dʒinaʃ'tʃia] *f* dinastía *f*.
dinheirão [dʒiɲej'rãw] *m*: **um** ~ un dineral.
dinheiro [dʒi'ɲejru] *m* dinero *m*, plata *f* **Amér**; ~ **vivo** efectivo *m*.
dinossauro [dʒino'sawru] *m* dinosaurio *m*.
diocese [dʒjo'sɛzi] *f* diócesis *f inv*.
dióxido ['dʒjɔksidu] *m* QUÍM dióxido *m*; ~ **de carbono** dióxido de carbono.
diploma [dʒi'ploma] *m* diploma *m*.
diplomacia [dʒiploma'sia] *f* diplomacia *f*; **com** ~ con diplomacia.
diplomado, da [dʒiploma'du, da] ◇ *adj* [formado] diplomado(da). ◇ *m, f* diplomado *m*, -da *f*.
diplomar [dʒiplo'ma(x)] *vt* diplomar.
◆ **diplomar-se** *vp*: ~**-se (em algo)** diplomarse (en algo).
diplomata [dʒiplo'mata] *mf* **-1.** [representante] diplomático *m*, -ca *f*. **-2.** *fig* [negociador hábil] negociador *m*, -ra *f* excelente.
diplomático, ca [dʒiplo'matʃiku, ka] *adj* diplomático(ca).
dique ['dʒiki] *m* dique *m*.
direção [dʒire'sãw] (*pl* **-ões**) *f* dirección *f*; **em** ~ **a** en dirección a.
direcionamento [dʒiresiona'mẽntu] *m* COMPUT direccionamiento *m*.
direita [dʒi'rejta] *f* ▷ **direito**.
direito, ta [dʒi'rejtu, ta] *adj* **-1.** [ger] derecho(cha). **-2.** [digno] recto(ta), derecho(cha) **Amér**. **-3.** [arrumado] arreglado(da).
◆ **direito** ◇ *m* derecho *m*; ~ **civil** derecho civil. ◇ *adv* bien.
◆ **direita** *f* [ger] derecha *f*; **à** ~ a la derecha.
◆ **direitos** *mpl*: ~ **autorais** derechos *mpl* de autor; ~ **humanos** derechos humanos.
direto, ta [dʒi'rɛtu, ta] *adj* **-1.** [reto] recto(ta). **-2.** [franco] directo(ta). **-3.** TV [transmissão] en directo.
◆ **direto** *adv*: **falar** ~ hablar sin parar; **ir** ~ **(para)** ir directo (a).
diretor, ra [dʒire'to(x), ra] (*mpl* **-res**, *fpl* **-ras**) *m, f* director *m*, -ra *f*.
diretoria [dʒireto'ria] *f* **-1.** [de escola] dirección *f*. **-2.** [de empresa] dirección *f*, directorio *m* **RP**.
DIRF (*abrev de* **Declaração de Imposto de Renda na Fonte**) *declaración del impuesto sobre la renta en fuente*.
dirigente [dʒiri'ʒẽntʃi] *mf* dirigente *mf*.
dirigir [dʒiri'ʒi(x)] ◇ *vt* **-1.** [ger] dirigir. **-2.** [atenção, esforços]: ~ **algo para** dirigir algo a. **-3.** AUTO conducir, manejar **Amér**. ◇ *vi* AUTO conducir, manejar **Amér**.
◆ **dirigir-se** *vp* **-1.** [encaminhar-se]: ~**-se a algo** dirigirse a algo. **-2.** [falar com]: ~**-se a alguém** dirigirse a alguien.
discagem [dʒiʃ'kaʒẽ] *f* marcado *m*, discado *m* **RP**; ~ **direta** marcado *ou* discado **RP** directo.
discar [dʒiʃ'ka(x)] *vt* marcar, discar **RP**.
discernimento [dʒisexni'mẽntu] *m* discernimiento *m*.
disciplina [dʒisi'plina] *f* disciplina *f*.
discípulo, la [dʒi'sipulu, la] *m, f* discípulo *m*, -la *f*.
disc-jóquei [dʒisk'ʒɔkej] (*pl* **disc-jóqueis**) *mf* disc-jokey *mf*.
disco ['dʒiʃku] *m* **-1.** [ger] disco *m*; ~ **a laser** láser disc *m*; **não mudar o** ~ parecer un disco rayado. **-2.** [objeto circular]: ~ **voador** platillo *m* volador *ou* volante **Esp**. **-3.** COMPUT: ~ **flexível/rígido** disco flexible/duro; ~ **de sistema** disco de sistema.
discordar [dʒiʃkox'da(x)] *vi*: ~ **(de algo/alguém)** discrepar (de algo/alguien), no estar de acuerdo (con algo/alguien).
discórdia [dʒiʃ'kɔrdʒja] *f* discordia *f*.
discoteca [dʒiʃko'tɛka] *f* discoteca *f*.
discotecário, ria [dʒiʃkote'kariw, ria] *m, f* gerente *mf* de una discoteca.
discrepância [dʒiʃkre'pãnsja] *f* discrepancia *f*.
discreto, ta [dʒiʃ'krɛtu, ta] *adj* discreto(ta).
discrição [dʒiʃkri'sãw] *f* discreción *f*.
discriminação [dʒiʃkrimina'sãw] *f* discriminación *f*.
discriminador, ra [dʒiʃkrimina'do(x), ra] *adj* que discrimina.
discriminar [dʒiʃkrimi'na(x)] *vt* **-1.** [segregar] discriminar. **-2.** [listar] enumerar, listar **RP**.
discursar [dʒiʃkux'sa(x)] *vi*: ~ **(sobre)** discurrir (sobre).
discurso [dʒiʃ'kuxsu] *m* **-1.** [fala] discurso *m*. **-2.** GRAM estilo *m*.
discussão [dʒiʃku'sãw] (*pl* **-ões**) *f* discusión *f*.
discutir [dʒiʃku'tʃi(x)] ◇ *vt* [debater]: ~ **algo (com alguém)** discutir algo

(con alguien). <> *vi* [brigar]: ~ **(com alguém)** discutir (con alguien).
discutível [dʒiʃku'tʃivew] (*pl* **-eis**) *adj* discutible.
disenteria [dʒizẽnte'ria] *f* disentería *f*.
disfarçar [dʒiʃfax'sa(x)] *vt* [dissimular] disimular.
◆ **disfarçar-se** *vp* [fantasiando-se]: **~-se de algo** disfrazarse de algo.
disfarce [dʒiʃ'faxsi] *m* disfraz *m*.
díspar ['dʒiʃpa(x)] *adj* dispar.
disparada [dʒiʃpa'rada] *f*: **em ~** disparado(da), a todo correr, a las disparadas *RP*.
disparado, da [dʒiʃpa'radu, da] *adj* [lançado] disparado(da).
◆ **disparado** *adv* **-1.** [a toda velocidade] disparado(da), a las disparadas *RP*. **-2.** [com grande superioridade] de lejos, por mucho *Méx*.
disparar [dʒiʃpa'ra(x)] <> *vt* [desfechar, lançar] disparar. <> *vi* **-1.** [descarregar-se] dispararse. **-2.** [correr]: ~ **(por)** salir disparado (tras).
disparatado, da [dʒiʃpara'tadu, da] *adj* disparatado(da).
disparate [dʒiʃpa'ratʃi] *m* disparate *m*.
disparidade [dʒiʃpari'dadʒi] *f* disparidad *f*.
dispensa [dʒiʃ'pẽnsa] *f* dispensa *f*.
dispensar [dʒiʃpẽn'sa(x)] *vt* **-1.** [prescindir] prescindir de. **-2.** [conceder]: ~ **algo a alguém** dispensar algo a alguien. **-3.** [eximir]: ~ **alguém (de algo)** dispensar a alguien (de algo).
dispensável [dʒiʃpẽn'savew] (*pl* **-eis**) *adj* prescindible.
dispersar [dʒiʃpex'sa(x)] *vt* dispersar.
◆ **dispersar-se** *vp* dispersarse.
displicência [dʒiʃpli'sẽnsja] *f* displicencia *f*.
displicente [dʒiʃpli'sẽntʃi] *adj* displicente.
disponível [dʒiʃpo'nivɛw] (*pl* **-eis**) *adj* disponible.
dispor [dʒiʃ'po(x)] <> *m*: **ao ~ de alguém** a disposición de alguien. <> *vt* disponer. <> *vi*: ~ **de** disponer de.
◆ **dispor-se** *vp* disponerse.
disposição [dʒiʃpozi'sãw] *m* **-1.** [ger] disposición *f*. **-2.** [subordinação]: **à ~ de** a disposición de, a la orden de *Méx*.
dispositivo [dʒiʃpozi'tʃivu] *m* **-1.** [ger] dispositivo *m*; ~ **intra-uterino** dispositivo intrauterino. **-2.** *JUR* artículo *m*.
disposto, ta [dʒiʃ'poʃtu, ta] *adj* **-1.** [arrumado] dispuesto(ta). **-2.** [animado] animado(da).
disputa [dʒiʃ'puta] *f* disputa *f*.
disputar [dʒiʃpu'ta(x)] <> *vt* **-1.** [concorrer a] disputar. **-2.** [competir por] disputarse. <> *vi* [rivalizar]: ~ **com algo/alguém** competir con algo/alguien.
disquete [dʒiʃ'kɛtʃi] *m COMPUT* disquete *m*.
dissabor [dʒisa'bo(x)] *m* sinsabor *m*.
dissecar [dʒise'ka(x)] *vt* diseccionar, disecar *RP*.
disseminar [dʒisemi'na(x)] *vt* diseminar.
◆ **disseminar-se** *vp* diseminarse.
dissertação [dʒisexta'sãw] (*pl* **-ões**) *f* disertación *f*.
dissidência [dʒisi'dẽnsja] *f* **-1.** [ger] disidencia *f*. **-2.** [divergência] divergencia *f*.
dissidente [dʒisi'dẽntʃi] <> *adj* disidente. <> *mf* disidente *mf*.
dissimular [dʒisimu'la(x)] <> *vt* **-1.** [disfarçar] disimular. **-2.** [fingir] fingir. <> *vi* [disfarçar] disimular.
dissipar [dʒisi'pa(x)] *vt* disipar.
◆ **dissipar-se** *vp* disiparse.
disso ['dʒisu] = **de + isso**.
dissociar [dʒiso'sja(x)] *vt*: ~ **algo de algo** disociar algo de algo.
dissolução [dʒisolu'sãw] *f* disolución *f*.
dissoluto, ta [dʒiso'lutu, ta] *adj* disoluto(ta).
dissolver [dʒisow've(x)] *vt* disolver.
◆ **dissolver-se** *vp* disolverse.
dissuadir [dʒiswa'di(x)] *vt*: ~ **alguém (de algo/de fazer algo)** disuadir a alguien (de algo/de hacer algo).
dissuasão [dʒiswa'zãw] *f* disuasión *f*.
distância [dʒiʃ'tãnsja] *f* distancia *f*; **manter-se à ~** mantenerse a distancia.
distanciar [dʒiʃtãn'sja(x)] *vt* distanciar.
◆ **distanciar-se** *vp* distanciarse.
distante [dʒiʃ'tãntʃi] *adj* distante.
distender [dʒiʃtẽn'de(x)] *vt* distender.
distensão [dʒiʃtẽn'sãw] (*pl* **-ões**) *f* distensión *f*.
distinção [dʒiʃtĩn'sãw] (*pl* **-ões**) *f* distinción *f*.
distinguir [dʒiʃtĩŋ'gi(x)] *vt* distinguir.

◆ **distinguir-se** *vp* [sobressair-se] distinguirse.
distintivo, va [dʒiʃtʃĩn'tʃivu, va] *adj* distintivo(va).
◆ **distintivo** *m* distintivo *m.*
distinto, ta [dʒiʃ'tʃintu, ta] *adj* **-1.** [diferente] distinto(ta). **-2.** [perceptível] nítido(da). **-3.** [ilustre, elegante] distinguido(da).
disto ['dʒiʃtu] = **de + isto**.
distorcer [dʒiʃtox'se(x)] *vt* distorsionar.
distração [dʒiʃtra'sãw] (*pl* **-ões**) *f* [falta de atenção] distracción *f.*
distraído, da [dʒiʃtra'idu, da] *adj* distraído(da).
distrair [dʒiʃtra'i(x)] *vt* **-1.** [divertir] distraer. **-2.** [entreter] entretener. **-3.** [desviar a atenção]: ~ **alguém (de)** distraer a alguien (de).
◆ **distrair-se** *vp* **-1.** [divertir-se] distraerse, entretenerse. **-2.** [alhear-se] distraerse.
distribuição [dʒiʃtribwi'sãw] (*pl* **-ões**) *f* distribución *f.*
distribuidor, ra [dʒiʃtribwi'do(x), ra] (*mpl* **-es**, *fpl* **-s**) *m, f* [pessoa] distribuidor *m*, -ra *f.*
◆ **distribuidor** *m AUTO* distribuidor *m*, delco *m* ***Esp***.
distribuir [dʒiʃtri'bwi(x)] *vt* distribuir.
distrito [dʒiʃ'tritu] *m* **-1.** [divisão administrativa] distrito *m*; ~ **eleitoral** distrito electoral. **-2.** [policial] distrito *m*, seccional *f* ***RP***.
◆ **Distrito Federal** *m* [no Brasil] Brasilia.
distúrbio [dʒiʃ'tuxbju] *m* **-1.** [ger] disturbio *m.* **-2.** *MED & PSIC* trastorno *m.*
ditado [dʒi'tadu] *m* **-1.** [exercício escolar] dictado *m.* **-2.** [provérbio] dicho *m.*
ditador, ra [dʒita'do(x), ra] (*mpl* **-es**, *fpl* **-s**) *m, f* dictador *m*, -ra *f.*
ditadura [dʒita'dura] *f* dictadura *f.*
ditar [dʒi'ta(x)] *vt* dictar.
dito, ta ['dʒitu, ta] *adj* dicho(cha).
ditongo [dʒi'tõŋgu] *m* diptongo *m.*
DIU (*abrev de* **Dispositivo Intra Uterino**) *m* DIU *m.*
diurno, na ['dʒjuxnu, na] *adj* diurno (na).
divã [dʒi'vã] *m* diván *m.*
divagar [dʒiva'ga(x)] *vi* **-1.** [vaguear]: ~ **por** vagar por. **-2.** [devanear] delirar, divagar ***Amér***. **-3.** [desviar-se do assunto] divagar.
divergir [dʒivex'ʒi(x)] *vi* **-1.** [afastar-se] divergir. **-2.** [discordar]: **eu divirjo de você** divergimos.
diversão [dʒivex'sãw] (*pl* **-ões**) *f* diversión *f.*
diversidade [dʒivexsi'dadʒi] *f* diversidad *f.*
diverso, sa [dʒi'vɛxsu, sa] *adj* [diferente] diverso(sa).
◆ **diversos** *adj pl* [vários] diversos (sas).
divertido, da [dʒivex'tʃidu, da] *adj* divertido(da).
divertimento [dʒivextʃi'mẽntu] *m* diversión *f.*
divertir [dʒivex'tʃi(x)] *vt* divertir.
◆ **divertir-se** *vp* divertirse.
dívida ['dʒivida] *f* deuda *f*; ~ **externa** deuda externa.
dividendo [dʒivi'dẽndu] *m* dividendo *m.*
dividir [dʒivi'dʒi(x)] ◇ *vt* dividir. ◇ *vi MAT* dividir.
◆ **dividir-se** *vp* dividirse.
divindade [dʒivĩn'dadʒi] *f* divinidad *f.*
divisa [dʒi'viza] *f* **-1.** [fronteira] frontera *f.* **-2.** [insígnia] emblema *m*, divisa *f* ***Esp*** & ***RP***. **-3.** [slogan] eslógan *m.*
◆ **divisas** *fpl FIN* divisas *fpl.*
divisão [dʒivi'zãw] (*pl* **-ões**) *f* **-1.** [ger] división *f.* **-2.** [partilha] división *f*, reparto *m* ***Amér***. **-3.** [discórdia] divergencia *f.*
divisório, ria [dʒivi'zɔrju, rja] *adj* divisorio(ria).
◆ **divisória** *f* línea *f* divisoria.
divorciado, da [dʒivox'sjadu, da] ◇ *adj* divorciado(da). ◇ *m, f* divorciado *m*, -da *f.*
divorciar [dʒivox'sja(x)] *vt* divorciar.
◆ **divorciar-se** *vp* **-1.** [cônjuges]: ~**-se (de)** divorciarse de. **-2.** [afastar-se] apartarse, divorciarse ***Amér***.
divórcio [dʒi'vɔxsju] *m* divorcio *m.*
divulgar [dʒivuw'ga(x)] *vt* divulgar.
dizer [dʒi'ze(x)] ◇ *vt* **-1.** [falar]: ~ **que** decir que; ~ **algo (a alguém)** decir algo (a alguien); **a bem** ~ [na verdade] en realidad; **que dirá** [muito menos] mucho menos. **-2.** [significar]: **querer** ~ querer decir; **quer** ~ es decir. ◇ *vi* [falar] decir; **dito e feito** dicho y hecho. ◇ *v impess* [afirmar]: **dizem que** dicen que.
◆ **dizer-se** *vp* [afirmar de si mesmo] decirse.
◆ **até dizer chega** *loc adv* hasta hartarse ***Esp*** & ***Méx***, hasta decir basta ***RP***.

◆ **por assim dizer** *loc adv* por así decir.
dizimar [dʒizi'ma(x)] *vt* **-1.** [destruir em parte] diezmar. **-2.** *fig* [dissipar] malgastar.
DJ [di'ʒej] (*abrev de* **Disc jockey**) *m* DJ *m*.
dl (*abrev de* **delicitro**) dl.
dm (*abrev de* **decímetro**) dm.
DNA (*abrev de* **ácido desoxirribonucleico**) *m* ≃ ADN *m*.
do [du] = **de** + **o**.
doação [dwa'sãw] (*pl* **-ões**) *f* donativo *m* ***Esp***, donación *f* ***Amér***.
doador, ra [dwa'do(x), ra] *m, f* donante *mf*.
doar ['dwa(x)] *vt*: ~ **algo (a alguém/ algo)** donar algo (a alguien/algo).
dobra ['dɔbra] *f* [de calça] vuelta *f* ***Esp***, ruedo *m* ***Amér***; [parte voltada, vinco] doblez *m*.
dobradiça [dobra'disa] *f* bisagra *f*.
dobrado, da [do'bradu, da] *adj* **-1.** [ger] doblado(da). **-2.** [duplicado] doble, duplicado(da). **-3.** *fam* [robusto] robusto(ta), cachas ***Esp***.
dobrar [do'bra(x)] ◇ *vt* **-1.** [ger] doblar. **-2.** [duplicar] doblar, duplicar. **-3.** [circundar] doblar, voltear ***Andes*** & ***Méx***. **-4.** *fig* [fazer ceder] doblegar. ◇ *vi* **-1.** [ger] doblar. **-2.** [duplicar-se] duplicarse.
◆ **dobrar-se** *vp* **-1.** [curvar-se] doblarse. **-2.** *fig* [ceder] doblegarse.
dobra ['dɔbra] *m* [de lençol] doblez *m*; [de saia] tabla *f*; [de calça] vuelta *f* ***Esp***, dobladillo *m* ***Amér***, ruedo *m* ***RP***.
DOC (*abrev de* **Documento de Operação de Crédito**) *m documento de transferencia bancaria*.
doca ['dɔka] *f* dársena *f*.
doce ['dosi] ◇ *adj* dulce. ◇ *m* **-1.** CULIN dulce *m*; ~ **de abóbora** dulce de calabaza ***Esp*** & ***Méx***, dulce de zapallo ***RP***; ~ **de leite** dulce de leche. **-2.** [loc]: **fazer** ~ *fam* hacerse el/la difícil; **ser um** ~ **(de pessoa)** ser un amor.
docente [do'sẽntʃi] ◇ *adj* docente. ◇ *mf* docente *mf*.
dócil ['dɔsiw] (*pl* **-eis**) *adj* dócil.
documentação [dokumẽnta'sãw] *f* documentación *f*.
documental [dokumẽn'taw] (*pl* **-ais**) *adj* documental.
documentário [dokumẽn'tarju] *m* CINE, TV documental *m*.
documento [doku'mẽntu] *m* documento *m*.
doçura [do'sura] *f* dulzura *f*.
doença ['dwẽnsa] *f* **-1.** MED enfermedad *f*. **-2.** *fig* [mania] manía *f*.
doente ['dwẽntʃi] ◇ *adj* **-1.** MED enfermo(ma). **-2.** *fam* [fanático] fanático(ca). ◇ *mf* [pessoa] enfermo *m*, -ma *f*.
doentio, tia [dwẽn'tʃiw, tʃia] *adj* enfermizo(za).
doer ['dwe(x)] *vi* **-1.** [fisicamente] doler. **-2.** [causar pena, dó]: ~ **(a alguém)** doler (a alguien).
doido, da ['dojdu, da] ◇ *adj* **-1.** [ger] loco(ca). **-2.** [apaixonado]: **ser** ~ **por** estar loco(ca) por, ser loco(ca) por ***RP***. **-3.** [encantado] encantado(da). ◇ *m, f* [pessoa] loco *m*, -ca *f*.
doído, da [do'idu, da] *adj* **-1.** [dolorido] dolorido(da). **-2.** [doloroso] doloroso(sa). **-3.** [magoado] de dolor.
dois, duas ['dojʃ, 'duaʃ] *num* dos *m*; *veja também* **seis**.
dois-pontos [ˌdojʃ'põntuʃ] *m inv* dos puntos *mpl*.
dólar ['dɔla(x)] (*pl* **-es**) *m* dólar *m*.
dolo ['dɔlu] *m* fraude *m*.
dolorido, da [dolo'ridu, da] *adj* dolorido(da).
doloroso, osa [dolo'rozu, ɔza] *adj* doloroso(sa).
◆ **dolorosa** *f fam* [conta] dolorosa *f*.
dom ['dõ] (*pl* **-ns**) *m* **-1.** [ger] don *m*. **-2.** [dádiva] donativo *m* ***Esp***, donación *f* ***Amér***.
dom. (*abrev de* **domingo**) *f* dom.
domar [do'ma(x)] *vt* domar.
doméstica [do'mɛʃtʃika] *f* ⊳ **doméstico**.
domesticado, da [domeʃtʃi'kadu, da] *adj* domesticado(da).
domesticar [domeʃtʃi'ka(x)] *vt* domesticar.
doméstico, ca [do'mɛʃtʃiku, ka] *adj* doméstico(ca).
◆ **doméstica** *f* doméstica *f*, sirvienta *f* ***Amér***.
domiciliar [domisi'lja(x)] *adj* domiciliar.
domicílio [domi'silju] *m* domicilio *m*; **entrega em** ~ entrega a domicilio.
dominador, ra [domina'do(x), ra] ◇ *adj* dominador(ra). ◇ *m, f* [pessoa] dominador *m*, -ra *f*.
dominante [domi'nãntʃi] *adj* dominante.
dominar [domi'na(x)] ◇ *vt* dominar. ◇ *vi*: ~ **em** dominar en.
◆ **dominar-se** *vp* [controlar-se] do-

minarse, controlarse.
domingo [do'mĩŋgu] *m* domingo *m*; *veja também* **sexta-feira**.
domínio [do'minju] *m* **-1.** [ger] dominio *m*. **-2.** [dominação]: ~ **(sobre)** dominio *m* (sobre).
domo ['domu] *m* cúpula *f*.
dona ['dona] *f* ⊳ **dono**.
donde ['dõnde] = **de** + **onde**.
dondoca [dõn'dɔka] *f fam* pija *f* **Esp**, señora *f* bien **Amér**, fresa *f* **Méx**, pituca *f* **RP**.
dono, na ['donu, na] *m, f* [proprietário, senhor] dueño *m*, -ña *f*; **ser ~ de seu nariz** ser independiente, rascarse con sus propias uñas **Méx**.
◆ **dona** *f* **-1.** [título] doña *f*. **-2.** *fam* [mulher] doña *f*.
◆ **dona de casa** *f* [função] ama *f* de casa.
dons ['dõjʃ] *pl* ⊳ **dom**.
donzela [dõn'zɛla] *f* doncella *f*.
dor ['do(x)] (*pl* **-es**) *f* [ger] dolor *m*; ~ **de barriga** dolor de barriga *ou* tripa **Esp**; ~ **de cabeça** dolor de cabeza; ~ **nas costas** dolor de espalda; ~ **de cotovelo** *fig* celos *mpl*; ~ **de dente** dolor de muelas; ~ **de estômago** dolor de estómago; ~ **de garganta** dolor de garganta; ~ **de ouvido** dolor de oídos; ~ **es menstruais** dolores menstruales.
dor-d'olhos ['do(x)dɔʎuʃ] (*pl* **dores-d'olhos**) *f fam* infección *f* en los ojos.
dormente [dor'mẽntʃi] *adj* adormecido(da).
◆ **dormente** *m* FERRO durmiente *m*, traviesa *f*.
dormir [dor'mi(x)] <> *vi* [cair no sono] dormir. <> *vt* [sono, sesta] dormir.
dormitório [dormi'tɔrju] *m* **-1.** [coletivo] dormitorio *m*. **-2.** [quarto] dormitorio *m*, habitación *f* **Amér**, recámara *f* **Méx**, cuarto *m* **RP**.
dorso ['doxsu] *m* dorso *m*.
dos [duʃ] = **de** + **os**.
DOS (*abrev de* **Disc Operating System**) *m* DOS *m*.
dosagem [do'zaʒẽ] (*pl* **-ns**) *f* dosificación *f*.
dosar [do'za(x)] *vt* dosificar.
dose ['dɔzi] *f* [de medicamento] dosis *f inv*; [de bebida] medida *f*.
dossiê [do'sje] *m* dossier *m*, expediente *m* **RP**.
dotado, da [do'tadu, da] *adj* **-1.** [que tem dote] dotado(da). **-2.** [possuidor]: ~ **de** dotado de.
dotar [do'ta(x)] *vt* **-1.** [em casamento]: ~ **alguém de algo** dotar a alguien de algo. **-2.** [favorecer]: ~ **alguém/algo de algo** dotar a alguien/algo de algo. **-3.** [prover]: ~ **algo de algo** dotar algo de algo.
dote ['dɔtʃi] *m* dote *f*.
DOU (*abrev de* **Diário Oficial da União**) *m diario oficial del gobierno brasileño*, ≃ BOE *m* **Esp**.
dourado, da [do'radu, da] *adj* dorado(da).
◆ **dourado** *m* dorado *m*.
douto, ta ['dotu, ta] *adj*: ~ **(em)** docto(ta) (en).
doutor, ra [do'to(x), ra] (*mpl* **-es**, *fpl* **-s**) *m, f* **-1.** MED doctor *m*, -ra *f*. **-2.** UNIV: ~ **(em)** doctor *m*, -ra *f* (en). **-3.** [conhecedor]: ~ **em** experto *m*, -ta *f* en; [forma de tratamento] señor *m*, -ra *f*, doctor *m*, -ra *f* **Amér**.
doutorado [doto'radu] *m* doctorado *m*.
doutrina [do'trina] *f* doctrina *f*.
doutrinar [dotri'na(x)] <> *vt* adoctrinar. <> *vi* adoctrinar.
doze ['dozi] *num* doce *m*; *veja também* **seis**.
DP (*abrev de* **Distrito Policial**) *m* distrito *m* policial.
Dr. (*abrev de* **Doutor**) Dr.
Dra. (*abrev de* **Doutora**) *f* Dra.
dragão [dra'gãw] (*pl* **-ões**) *m* dragón *m*.
drama ['drãma] *m* **-1.** [ger] drama *m*. **-2.** *loc*: **fazer ~** montar un escándalo **Esp**, armar un escándalo **Amér**, hacer un drama **RP**; **ser um ~** ser un drama.
dramático, ca [dra'matʃiku, ka] *adj* dramático(ca).
dramatizar [dramatʃi'za(x)] <> *vt* dramatizar. <> *vi* **fig** [ser dramático] dramatizar.
dramaturgo, ga [drama'turgu, ga] *m, f* dramaturgo *m*, -ga *f*.
drástico, ca ['draʃtʃiku, ka] *adj* drástico(ca).
drenagem [dre'naʒẽ] (*pl* **-ns**) *f* drenaje *m*.
drenar [dre'na(x)] *vt* drenar.
driblar [dri'bla(x)] *vt* **-1.** FUT driblar, esquivar **Amér**. **-2.** *fig* [enganar] engañar.
drinque ['drĩŋki] *m* copa *f*, trago *m* **Amér**.
drive ['drajvi] (*pl* **drives**) *m* COMPUT unidad *f* de disco.

droga ['drɔga] <> *f* **-1.** [ger] droga *f*. **-2.** *fam fig* [coisa ruim]: **ser uma ~** ser una porquería. <> *interj*: **droga!** ¡ostras! *Esp*, ¡carajo *CAm* & *Méx*, ¡chinga! *Méx*, ¡pucha! *RP*.
drogado, da [dro'gadu, da] <> *adj* drogado(da). <> *m, f* [pessoa] drogadicto *m*, -ta *f*.
drogaria [droga'ria] *f* droguería *f*, farmacia *f*.
dromedário [drome'darju] *m* dromedario *m*.
duas ['duaʃ] *num* dos ▷ **dois**.
dubiedade [dubje'dadʒi] *f* [ambigüidade] ambigüedad *f*.
dúbio, bia ['dubju, bja] *adj* dudoso (sa).
dublado, da [du'bladu, da] *adj* CINE, TV doblado(da).
dublagem [du'blaʒẽ] (*pl* **-ns**) *f* CINE, TV doblaje *m*.
dublar [du'blax] *vt* CINE, TV doblar.
dublê [du'ble] *mf* doble *mf*.
Dublin ['dublĩ] *n* Dublín.
dublinense [dubli'nẽnsi] <> *adj* dublinés(esa). <> *mf* dublinés *m*, -esa *f*.
ducha ['duʃa] *f* [ger] ducha *f Esp* & *RP*, regadera *f Col*, *Méx* & *Ven*.
duelar [dwe'la(x)] *vi* **-1.** [combater] batirse en duelo. **-2.** *fig* [confrontar] enfrentarse.
duelo ['dwɛlu] *m* duelo *m*.
dueto ['dwetu] *m* dueto *m*.
dupla ['dupla] *f* ▷ **duplo**.
duplex [du'plɛkiʃ] *m* dúplex *m*.
duplicar [dupli'ka(x)] <> *vt* duplicar. <> *vi* [dobrar] duplicar.
duplicata [dupli'kata] *f* duplicado *m*.
duplo, pla ['duplu, pla] *adj* doble; **dupla cidadania** doble ciudadanía.
◆ **duplo** *m* [dobro] doble *m*.
◆ **dupla** *f* **-1.** [duas pessoas] pareja *f*. **-2.** ESP doble *m*.
duque, duquesa ['duki, du'keza] *m, f* duque *m*, -sa *f*.
duração [dura'sãw] *f* duración *f*.
duradouro, ra [dura'doru, ra] *adj* duradero(ra).
durante [du'rãntʃi] *prep* durante.
durar [du'ra(x)] *vi* durar.
durável [du'ravew] (*pl* **-eis**) *adj* durable.
durex® [du'rɛkiʃ] *m* [fita adesiva] cinta *f* adhesiva, dúrex® *m Méx*, scotch® *f RP*.
dureza [du'reza] *f* **-1.** [ger] dureza *f*. **-2.** [rigor] dureza *f*, rigidez *f*. **-3.** *fam* [falta de dinheiro]: **estar na (maior) ~** estar sin un duro *Esp*, estar bruja *Méx*, no tener un mango *RP*.
duro, ra ['duru, ra] *adj* **-1.** [ger] duro (ra). **-2.** *fam* [sem dinheiro]: **estar ~** estar sin un centavo *ou* duro *Esp ou* quinto *Méx ou* mango *RP*. **-3.** *loc*: **dar um ~** machacarse *Esp*, matarse *Amér*, reventarse *RP*.
durões [du'rõjʃ] *pl* ▷ **duro**.
dúvida ['duvida] *f* duda *f*; **estar em ~** no estar seguro *Esp*, estar en duda *Amér*; **pôr em ~** poner en duda; **sem ~** por supuesto, sin duda.
duvidar [duvi'da(x)] <> *vt* dudar; **~ que** dudar (de) que. <> *vi*: **~ de alguém/algo** dudar de alguien/algo.
duvidoso, osa [duvi'dozu, ɔza] *adj* dudoso(sa).
duzentos, tas [du'zẽntuʃ, taʃ] *num* doscientos; *veja também* **seis**.
dúzia ['duzja] *f* docena *f*; **meia ~** media docena.
DVD (*abrev de* **Digital Video Disk**) *m* DVD *m*.

E

e, E [ɛ] *m* [letra] e, E *f*.
ébano ['ɛbanu] *m* ébano *m*.
ébrio, ébria ['ɛbrju, 'ɛbrja] <> *adj* ebrio(bria). <> *m, f* ebrio *m*, -bria *f*.
EBTU (*abrev de* **Empresa Brasileira de Transportes Urbanos**) *f empresa que elabora planes de transporte para las regiones metropolitanas brasileñas.*
ebulição [ebuli'sãw] *f* [fervura, agitação] ebullición *f*.
écharpe [e'ʃarpi] *f* bufanda *f*, echarpe *m Amér*.
eclesiástico, ca [ekle'zjastʃiku, ka] *adj* eclesiástico(ca).
◆ **eclesiástico** *m* [membro do clero] eclesiástico *m*.
eclético, ca [e'klɛtʃiku, ka] *adj* ecléctico(ca).
eclipse [e'klipsi] *m* eclipse *m*.
eclosão [eklo'zãw] (*pl* **-ões**) *f* eclosión *f*.
eclusa [e'kluza] *f* esclusa *f*.

eco [ˈɛkul *m* eco *m*.

ecoar [eˈkwa(x)], <> *vi* **-1.** [ressoar] resonar, retumbar *RP.* **- 2.** [repercutir] tener eco. <> *vt* devolver el eco de.

ecologia [ekoloˈʒia] *f* ecología *f*.

ecológico, ca [ekoˈlɔʒiku, ka] *adj* ecológico(ca).

ecólogo, ga [eˈkɔlogu, ga] *m,f* ecólogo *m*, -ga *f*.

economia [ekonoˈmia] *f* economía *f*; **fazer** ~ economizar; ~ **de mercado** economía de mercado.

◆ **economias** *fpl* [poupança] ahorros *mpl*.

econômico, ca [ekoˈnomiku, ka] *adj* **-1.** [ger] económico(ca). **- 2.** [pessoa] ahorrador(ra), ahorrativo(va) *Amér.*

economista [ekonoˈmiʃta] *mf* economista *mf*.

economizar [ekonomiˈza(x)] <> *vt* ahorrar. <> *vi* [fazer economia] ahorrar, economizar.

ecossistema [ˌɛkosiʃˈtema] *m* ecosistema *m*.

ECT (*abrev de* **Empresa Brasileira de Correios e Telégrafos**) *f* ≃ Correos *mpl*.

ecumênico, ca [ekuˈmeniku, ka] *adj* ecuménico(ca).

ed. (*abrev de* **edifício**) *m* ed.

edição [edʒiˈsãw] (*pl* **-ões**) *f* edición *f*; ~ **atualizada** edición actualizada; ~ **pirata** edición pirata.

edificante [edʒifiˈkãntʃi] *adj* [moralizante, instrutivo] edificante.

edifício [edʒiˈfisju] *m* edificio *m*.

edifício-garagem [edʒiˌfisjugaˈraʒẽ] (*pl* **edifícios-garagens**) *m* párking *m* (de varias plantas), estacionamiento *m* (de varias plantas) *Amér.*

edital [edʒiˈtaw] (*pl* **-ais**) *m* edicto *m*.

editar [edʒiˈta(x)] *vt* editar.

edito [eˈdʒitu] *m* edicto *m*.

editor, ra [edʒiˈto(x), ra] <> *adj* [casa] editorial. <> *m, f* [ger] editor *m*, -ra *f*.

◆ **editor** *m* [comp]: ~ **de texto** editor *m* de texto.

◆ **editora** *f* [estabelecimento] editorial *f*.

editoração [edʒitoraˈsãw] *f* edición *f*; ~ **eletrônica** edición electrónica.

editorial [edʒitorˈjaw] (*pl* **-ais**) <> *adj* editorial. <> *m* editorial *m*.

edredom [edreˈdõ] (*pl* **-ns**) *m* edredón *m*, acolchado *m RP.*

educação [edukaˈsãw] *f* educación *f*; falta de ~ falta de educación.

educacional [edukasjoˈnaw] (*pl* **-ais**) *adj* educativo(va).

educar [eduˈka(x)] *vt* educar.

◆ **educar-se** *vp* [instruir-se] educarse.

EEUU (*abrev de* **Estados Unidos da América do Norte**) *mpl* EE. UU. *mpl.*

efeito [eˈfejtu] *m* efecto *m*; ~ **colateral** efecto colateral *ou* secundario; ~ **estufa** efecto invernadero; ~**s especiais** efectos especiales; **fazer** ~ hacer efecto; **levar a** ~ llevar a efecto.

efeminado [efemiˈnadu] *adj* = **afeminado**.

efervescente [eferveˈsẽntʃi] *adj* **-1.** [líquido, comprimido] efervescente. **- 2.** *fig* [agitado] agitado(da).

efetivo, va [efeˈtʃivu, va] *adj* **-1.** [positivo, seguro] efectivo(va). **- 2.** [permanente] permanente.

◆ **efetivo** *m* **-1.** MIL oficial *m*, efectivo *m Amér.* **- 2.** COM efectivo *m*.

efetuar [efeˈtwa(x)] *vt* efectuar.

eficácia [efiˈkasja] *f* eficacia *f*.

eficaz [efiˈkaʃ] (*pl* **-es**) *adj* eficaz.

eficiência [efiˈsjẽnsja] *f* eficiencia *f*.

eficiente [efiˈsjẽntʃi] *adj* eficiente.

efusivo, va [efuˈzivu, va] *adj* [expansivo] efusivo(va).

e.g. (*abrev de* **Exempli gratia**) e.g.

egípcio, cia [eˈʒipsju, sja] <> *adj* egipcio(cia). <> *m, f* egipcio *m*, -cia *f*.

Egito [eˈʒitu] *n* Egipto.

egocêntrico, ca [egoˈsẽntriku, ka] <> *adj* egocéntrico(ca). <> *m, f* egocéntrico *m*, -ca *f*.

egoísmo [eˈgwiʒmu] *m* egoísmo *m*.

egoísta [eˈgwiʃta] <> *adj* egoísta. <> *mf* [pessoa] egoísta *mf*. <> *m* [aparelho] auricular *m*, chícharo *m* ***Méx***, audífono *m* ***RP.***

égua [ˈɛgwa] *f* yegua *f*.

ei [ej] *interj* ¡eh!

ei-lo [ˈejlu] = **eis + o**.

eis [ˈejʃ] *adv* aquí está.

eixo [ˈejʃu] *m* [trecho] eje *m*, ruta *f Amér.*

ejacular [eʒakuˈla(x)] <> *vt* eyacular. <> *vi* eyacular.

ela [ˈɛla] ella.

elaboração [elaboraˈsãw] (*pl* **-ões**) *f* elaboración *f*.

elaborar [elaboˈra(x)] *vt* elaborar.

elástico, ca [eˈlaʃtʃiku, ka] *adj* **-1.** [tecido, cama] elástico(ca). **- 2.** *fig* [consciência, mentalidade] elástico(ca), flexible.

◆ **elástico** *m* **-1.** [para prender notas] elástico *m*, liga *f* ***Méx***, gomita *f* ***RP***. **-2.** [para roupa] elástico *m*, resorte *m* ***Méx***. **-3.** [para cabelo] elástico *m*, gomita *f* ***Amér***.

ele, ela ['eli, 'ɛla] (*mpl* **eles**, *fpl* **elas**) *pron pess (de + ele = dele; de + ela = dela; em + ele = nele; em + ela = nela)* **-1.** [pessoa, animal] él(ella); ~ **é médico** (él) es médico; **ela foi embora** (ella) se fue; ~ **uivou a noite inteira** aulló toda la noche; **que só** ~ como él solo; ~ **mesmo** *ou* **próprio** él mismo. **-2.** [coisa]: ~ **está com um defeito na ré** tiene un desperfecto en la marcha atrás; **ela dá flor em novembro** florece en noviembre; **o relatório? aqui está** ~ ¿el informe? aquí está; **eles já foram vendidos** ya se vendieron. **-3.** *(depois de prep)* [pessoa, animal]: **este livro pertence a** ~ este libro le pertenece a él; **jantei com** ~ cené con él; **todos olharam para eles** ~ todos los miraron; **sou mais velho que** ~ soy mayor que él; **decidimos ir sem ela** decidimos ir sin ella; **deram um tiro nele** le pegaron un tiro; **aquele é o carro dele** aquél es el coche de él. **-4.** *loc*: **agora é que são elas** ¡estoy frito!; **ser elas por elas** quedar en paz quedar a mano ***RP***.

elefante [ele'fãntʃi] *m* elefante *m*.

elegância [ele'gãnsja] *f* elegancia *f*; **com** ~ con elegancia.

elegante [ele'gãntʃi] *adj* elegante.

eleger [ele'ʒe(x)] *vt* elegir.

elegível [ele'ʒivew] (*pl* **-eis**) *adj* elegible.

eleição [elej'sãw] (*pl* **-ões**) *f* elección *f*.

eleito, ta [e'lejtu, ta] <> *pp* ▷ **eleger**. <> *adj* **-1.** [por votos] electo(ta). **-2.** [escolhido] elegido(da).

eleitor, ra [elej'to(x), ra] (*mpl* **-es**, *fpl* **-s**) *m, f* elector *m*, -ra *f*.

eleitorado [elejto'radu] *m* electorado *m*; **conheço muito bem o meu** ~ *fam* sé muy bien con quién me trato, sé muy bien con quién me duermo ***Méx***, conozco muy bien los bueyes con que aro ***RP***.

eleitoreiro, ra [elejto'rejru, ra] *adj pej* electoralista.

elementar [elemẽn'ta(x)] (*pl* **-es**) *adj* [rudimentar, fundamental] elemental.

elemento [ele'mẽntu] *m* elemento *m*; **bom/mau** ~ buen/mal elemento.

◆ **elementos** *mpl* elementos *mpl*.

elencar [elẽn'ka(x)] *vt* [incluir] incluir.

elenco [e'lẽnku] *m* elenco *m*.

elepê [eli'pe] *m* elepé *m*.

eletricidade [eletrisi'dadʒi] *f* electricidad *f*.

eletricista [eletri'siʃta] *mf* electricista *mf*.

elétrico, ca [e'lɛtriku, ka] *adj* **-1.** [trem, cadeira, carga] eléctrico(ca). **-2.** *fig* [pessoa] nervioso(sa), enloquecido (da) ***RP***.

eletrificar [eletrifi'ka(x)] *vt* electrificar.

eletrizar [eletri'za(x)] *vt* [carregar de eletricidade, arrebatar] electrizar.

ELETROBRAS (*abrev de* **Centrais Elétricas Brasileiras S/A**) *f empresa pública responsable del suministro de energía eléctrica*.

eletrocutar [eletroku'ta(x)] *vt* electrocutar.

eletrodinâmica [elɛtrodʒi'nãmika] *f* *FÍS* electrodinámica *f*.

eletrodo [ele'trodu] *m* electrodo *m*.

eletrodoméstico [eˌlɛtrodo'mɛʃtʃiku] *m* electrodoméstico *m*.

eletroeletrônico, ca [elɛwtr'eletroniku, ka] <> *adj* electrónico(ca). <> *m, f* aparato *m* electrónico.

eletrônica [ele'tronika] *f* electrónica *f*.

eletrônico, ca [ele'troniku, ka] *adj* electrónico(ca).

elevação [eleva'sãw] (*pl* **-ões**) *f* **-1.** [de preço, temperatura, terreno] elevación *f*. **-2.** [ascensão] ascensión *f*. **-3.** [promoção] ascenso *m*, promoción *f* ***Méx***.

elevado, da [ele'vadu, da] *adj* [alto, nobre] elevado(da).

◆ **elevado** *m* [via] paso *m* elevado, paso *m* a desnivel ***Méx***, paso *m* a nivel ***RP***.

elevador [eleva'do(x)] (*pl* **-es**) *m* ascensor *m*, elevador *m* ***Méx***.

elevar [ele'va(x)] *vt* **-1.** [ger] elevar. **-2.** [exaltar] exaltar.

◆ **elevar-se** *vp* **-1.** [erguer-se] elevarse. **-2.** [exaltar-se] exaltarse.

eliminar [elimi'na(x)] *vt* eliminar.

eliminatório, ria [elimina'tɔrju, rja] *adj* eliminatorio(ria).

◆ **eliminatória** *f* **-1.** *ESP* eliminatoria *f*. **-2.** *EDUC* prueba *f* eliminatoria.

elite [e'litʃi] *f* élite *f*.

elo ['ɛlu] *m* eslabón *m*.

elocução [eloku'sãw] *f* elocución *f*.

elogiar [elo'ʒjar] *vt* elogiar.

elogio [elo'ʒiu] *m* elogio *m.*

eloqüência [elo'kwẽnsja] *f* elocuencia *f.*

eloqüente [elo'kwẽntʃi] *adj* elocuente.

El Salvador [ˌɛwsawva'do(x)] *n* El Salvador.

elucidar [elusi'da(x)] *vt* elucidar.

em [ẽ] *prep (em + o = no; em + a = na)* **-1.** [lugar - dentro de] en; **no bolso/envelope/quarto** en el bolsillo/sobre/cuarto; **na sacola/caixa/sala** en la bolsa/caja/sala; [- num certo ponto de] en; ~ **casa** en casa; **chegou atrasado no trabalho** llegó tarde al trabajo; **moramos na capital** vivimos en la capital; **depositei o dinheiro no banco** depoisté el dinero en el banco; [- sobre] en; **deixou um copo no balcão** dejó un vaso en el mostrador; **o bife mal cabia no prato** el bife *ou* churrasco *RP* mal cabía en el plato; **havia um vaso de flores na mesa** había un florero en la mesa; [- cidade, país] en; ~ **Londres/São Paulo** en Londres/São Paulo; **no Porto/Rio de Janeiro** en Porto/Río de Janeiro; ~ **Portugal** en Portugal; **no Brasil** en (el) Brasil; **na França** en Francia; **nos Estados Unidos** en (los) Estados Unidos. **-2.** [tempo] en; **inaugurado** ~ **1967** inaugurado en 1967; **casaram-se** ~ **setembro** se casaron en septiembre; ~ **7 de setembro de 1622** el 7 de septiembre de 1622; **comemoram a liberdade no 25 de abril** conmemoran la libertad el 25 de abril; **no Natal** en Navidad; **na Semana Santa** en Semana Santa; **fez tudo** ~ **uma semana** hizo todo en una semana; **o serviço ficará pronto** ~ **dois dias** el trabajo quedará pronto en dos días; **naquela época** en aquella época; ~ **breve** en breve. **-3.** [introduzindo o objeto indireto] en; **enfiar/esquecer/guardar algo** ~ meter/olvidar/guardar algo en; **acreditar/pensar** ~ creer/pensar en; **caiu no chão** se cayó al suelo; **entrou na sala** entró a/en la sala; **vou na padaria e já volto** voy hasta la panadería y ya vuelvo. **-4.** [assunto] en; **doutorado** ~ **sociologia** doctorado en sociología; **ele é perito** ~ **balística** (él) es perito en balística. **-5.** [modo] en; **falou** ~ **voz baixa** habló en voz baja; **escreveu** ~ **português** escribió en portugués; **dirige** ~ **alta velocidade** conduce *Esp ou* maneja *Amér* a gran velocidad; **pagou** ~ **libras/reais** pagó en libras/reales; **gasta tudo o que ganha** ~ **livros** gasta todo lo que gana en libros. **-6.** [estado]: **a multidão** ~ **euforia** la multitud eufórica; **ela ainda está** ~ **convalescença** todavía está convalesciente; **um carro usado** ~ **boas condições** un coche usado, en buenas condiciones; **países** ~ **guerra** países en guerra. **-7.** [material] en; **estátua** ~ **bronze** estatua en bronce. **-8.** *(em loc adv e loc prep)* en; **com base** ~ con base en; **de tempos** ~ **tempos** de tanto en tanto; ~ **busca de** en busca de; ~ **caso de** en caso de; ~ **geral** en general; ~ **meio a** en medio de; **na verdade** en verdad; **no máximo/mínimo** como máximo/mínimo.

emagrecer [emagre'se(x)] <> *vt* [tornar magro] adelgazar. <> *vi* [tornar-se magro] adelgazar.

emagrecimento [emagresi'mẽntu] *m* adelgazamiento *m.*

E-mail (*abrev de* **Electronic Mail**) *m* e-mail *m*, correo *m* electrónico.

emanar [ema'na(x)] *vi* [exalar-se, originar-se]: ~ **de** emanar de.

emancipado, da [emãnsi'padu, da] *adj* emancipado(da).

emancipar [emãnsi'pa(x)] *vt* emancipar.

◆ **emancipar-se** *vp* emanciparse.

emaranhado, da [emarã'ɲadu, da] *adj* [embaraçado] enredado(da).

◆ **emaranhado** *m* [confusão] enredo *m*, lío *m.*

emaranhar [emarã'ɲa(x)] *vt* [enredar, complicar] enredar.

◆ **emaranhar-se** *vp* [enredar-se] enredarse.

embaçado, da [ẽnba'sadu, da] *adj* empañado(da).

embaixada [ẽnbaj'ʃada] *f* **-1.** [ger] embajada *f.* **-2.** [fut] toques repetidos de la pelota sin dejar que caiga al suelo.

embaixador, ra [ẽnbajʃa'do(x), ra] (*mpl* **-es**, *fpl* **-s**) *m, f* embajador *m*, -ra *f.*

embaixatriz [ẽnbajʃa'triʃ] *f* [esposa do embaixador] embajadora *f.*

embaixo [ẽn'bajʃu] *adv* debajo, abajo *Amér.*

◆ **embaixo de** *loc prep* debajo de, abajo de *Amér.*

embalado, da [ẽnba'ladu, da] <> *adj* **-1.** [empacotado] embalado(da), empaquetado(da). **-2.** *fam* [acelerado] embalado(da) *Esp* & *RP*, acelerado (da) *Méx.* **-3.** *fam* [drogado] drogado(da). <> *adv* [em disparada] embalado(da).

embalagem [ẽnba'laʒẽ] (*pl* **-ns**) *f* **-1.** [ato] embalaje *m*, envoltura *f Méx*, embalado *m RP.* **-2.** [invólucro] paquete *m.*

embalar [ẽnba'la(x)] *vt* **-1.** [acondicionar] embalar, envolver *f.* **-2.** [balançar] arrullar.

embalsamado, da [ẽnbawsa'madu, da] *adj* **-1.** [cadáver] embalsamado (da). **-2.** [perfumado] perfumado (da).

embaraçar [ẽnbara'sa(x)] *vt* **-1.** [obstruir] obstruir. **-2.** [acanhar] avergonzar, apenar *Andes*, *CAm*, *Carib* & *Méx*, abochornar *Méx.* **-3.** [cabelos] enredar. **-4.** [dificultar] complicar.

◆ **embaraçar-se** *vp* [complicar-se] complicarse, entramparse *Méx.*

embaraço [ẽnba'rasu] *m* **-1.** [obstáculo] obstáculo *m.* **-2.** [perturbação] vergüenza *f*, pena *f Andes*, *CAm*, *Carib* & *Méx.* **-3.** [dificuldade] dificultad *f.*

embaraçoso, osa [ẽnbara'sozu, ɔza] *adj* embarazoso(sa), bochornoso (sa) *Méx.*

embaralhar [ẽnbara'ʎa(x)] *vt* **-1.** [cartas] barajar. **-2.** [confundir] confundir.

◆ **embaralhar-se** *vp* [confundir-se] confundirse, entramparse *Méx.*

embarcação [ẽnbaxka'sãw] (*pl* **-ões**) *f* embarcación *f.*

embarcadouro [ẽnbaxka'doru] *m* embarcadero *m.*

embarcar [ẽnbax'ka(x)] <> *vt* [pessoa, carga] embarcar. <> *vi* [entrar em embarcação para viajar]: ~ **(em)** embarcar (en).

embargar [ẽnbax'ga(x)] *vt* **-1.** [apreender, conter] embargar. **-2.** [impedir] obstaculizar.

embargo [ẽn'baxgu] *m* **-1.** JUR embargo *m.* **-2.** [obstáculo] estorbo *m.*

embarque [ẽn'baxki] *m* [de pessoa, carga] embarque *m.*

embasamento [ẽnbaza'mẽntu] *m* **-1.** [base] cimiento *m.* **-2.** *fig* [fundamento] fundamento *m*, base *f.*

embebedar [ẽnbebe'da(x)] <> *vt* emborrachar. <> *vi* emborracharse.

◆ **embebedar-se** *vp* emborracharse.

embelezar [ẽnbele'za(x)] *vt* [tornar belo] embellecer.

◆ **embelezar-se** *vp* [enfeitar-se] embellecerse.

embicar [ẽnbi'ka(x)] <> *vt* [tornar bicudo] dar forma de pico a. <> *vi* **-1.** [esbarrar] terminar, ir a dar. **-2.** [implicar]: ~ **com alguém** discutir con alguien.

emblema [ẽn'blema] *m* [de equipe, associação] emblema *m*, insignia *f.*

embocadura [ẽnboka'dura] *f* [de rio, instrumento] embocadura *f.*

êmbolo ['ẽnbolu] *m* émbolo *m.*

embolsar [ẽnbow'sa(x)] *vt* **-1.** [pôr no bolso, na bolsa] embolsar. **-2.** [receber] embolsarse. **-3.** [pagar] pagar.

embora [ẽn'bɔra] <> *conj* aunque. <> *adv*: **ir** ~ irse, marcharse.

emboscada [ẽnboʃ'kada] *f* emboscada *f.*

EMBRAER (*abrev de* **Empresa Brasileira de Aeronáutica**) *f empresa brasileña de construcción aeronáutica*, ≃ CASA *f Esp.*

EMBRATEL (*abrev de* **Empresa Brasileira de Telecomunicações S/A.**) *f operadora telefónica brasileña.*

embreagem [ẽnbre'aʒẽ] (*pl* **-ns**) *f* embrague *m.*

embrenhar-se [ẽnbre'ɲaxsi] *vp*: ~**-se em** meterse en.

embriagar [ẽnbrja'ga(x)] <> *vt* embriagar. <> *vi* [embebedar] embriagar.

◆ **embriagar-se** *vp* embriagarse.

embriaguez [ẽnbrja'geʒ] *f* embriaguez *f.*

embrião [ẽn'brjãw] (*pl* **-ões**) *m* embrión *m.*

embromar [ẽnbro'ma(x)] *fam* <> *vt* embaucar, embromar *RP.* <> *vi* **-1.** [protelar] retrasar las cosas, postergar. **-2.** [fazer rodeios] dar un rodeo, hacer rodeos *Méx.*

embrulhada [ẽnbru'ʎada] *f fam* [confusão] lío *m*, relajo *m Amér*, follón *m Esp*, despelote *m RP.*

embrulhar [ẽnbru'ʎa(x)] *vt* **-1.** [empacotar] envolver. **-2.** *fig* [nausear] revolver. **-3.** *fam* [confundir] enmarañar, enredar *Amér.* **-4.** *fam* [enganar] camelar *Esp*, hacer el cuento a *Amér*, dar atole con el dedo a *Méx*, empaquetar a *RP.*

embrulho [ẽn'bruʎu] *m* **-1.** [pacote]

paquete *m.* **-2.** *fam* [confusão] enredo *m.*

embrutecer [ẽnbrute'se(x)] ◇ *vt* embrutecer. ◇ *vi* embrutecer.
◆ **embrutecer-se** *vp* embrutecerse.

emburrado, da [ẽnbu'xadu, da] *adj* [aborrecido] enfadado(da) ***Esp***, enojado(da) ***Amér***, chinchudo(da) ***RP***.

embuste [ẽn'buʃtʃi] *m* **-1.** [mentira] embuste *m*, engaño *m.* **-2.** [armadilha] trampa *f.*

embusteiro, ra [ẽnbuʃ'tejru, ra] ◇ *adj* **-1.** [mentiroso] embustero(ra), mentiroso(sa). **-2.** [impostor] embustero(ra). ◇ *m, f* [pessoa] embustero *m*, -ra *f.*

embutido, da [ẽnbu'tʃidu, da] *adj* [armário, estante] empotrado(da).

emenda [e'mẽnda] *f* **-1.** [ger] enmienda *f.* **-2.** [ligação] juntura *f*, unión *f* ***Méx***.

emendar [emẽn'da(x)] *vt* **-1.** [ger] enmendar. **-2.** [ligar] unir.
◆ **emendar-se** *vp* [corrigir-se] enmendarse.

emergência [emex'ʒẽnsja] *f* **-1.** [situação crítica, surgimento] emergencia *f.* **-2.** MED emergencia *f*, urgencia *f.*

emergir [emex'ʒi(x)] *vi* emerger.

emigração [emigra'sãw] (*pl* **-ões**) *f* emigración *f.*

emigrado, da [emi'gradu, da] ◇ *adj* emigrado(da), emigrante. ◇ *m, f* emigrante *mf.*

emigrante [emi'grãntʃi] ◇ *adj* emigrante. ◇ *m f* emigrante *mf.*

emigrar [emi'gra(x)] *vi* emigrar.

eminência [emi'nẽnsja] *f* **-1.** [ger] eminencia *f.* **-2.** [elevação] protuberancia *f.*

eminente [emi'nẽntʃi] *adj* **-1.** [ilustre] eminente. **-2.** [elevado] elevado(da).

Emirados Árabes Unidos [emiˌraduʒˌarabizu'niduʃ] *npl*: **os** ~ los Emiratos Árabes Unidos.

emissão [emi'sãw] (*pl* **-ões**) *f* emisión *f.*

emissário, ria [emi'sarju, rja] *m, f* [mensageiro] emisario *m*, -ria *f.*
◆ **emissário** *m* [esgoto] emisario *m*; ~ **submarino** emisario submarino.

emissor, ra [emi'so(x), ra] (*mpl* **-es**, *fpl* **-s**) *adj* FIN emisor(ra).
◆ **emissor** *m* [transmissor] emisor *m.*
◆ **emissora** *f* emisora *f.*

emitir [emi'tʃi(x)] ◇ *vt* emitir. ◇ *vi* FIN emitir dinero.

emoção [emo'sãw] (*pl* **-ões**) *f* emoción *f.*

emocional [emosjo'naw] (*pl* **-ais**) *adj* emocional.

emocionante [emosjo'nãntʃi] *adj* emocionante.

emocionar [emosjo'na(x)] ◇ *vt* emocionar. ◇ *vi* [provocar emoção] emocionar.
◆ **emocionar-se** *vp* [comover-se]: **~-se com algo/alguém** emocionarse con algo/alguien.

emoldurar [emowdu'ra(x)] *vt* enmarcar.

emotivo, va [emo'tʃivu, va] *adj* emotivo(va).

empacotar [ẽnpako'ta(x)] ◇ *vt* [embalar] empaquetar. ◇ *vi* ***fam*** [morrer] estirar la pata, petatearse ***Méx***.

empada [ẽn'pada] *f* CULIN empanadilla *f* ***Esp***, empanada *f* ***Amér***.

empadão [ẽnpa'dãw] (*pl* **-ões**) *m* empanada *f* ***Esp***, tarta *f* ***Amér***.

empadinha [ẽnpa'dʒiɲa] *f* ***Br*** empanadilla *f* ***Esp***, empanadita *f* ***Amér***; ~ **de camarão** OU **de palmito** OU **de queijo** empanadilla de gambas/de palmito/de queso ***Esp***, empanadita de camarones/de palmito/de queso ***Amér***.

empalhar [ẽnpa'ʎa(x)] *vt* **-1.** [animal] embalsamar. **-2.** [cadeira, garrafa] cubrir de paja.

empalidecer [ẽnpalide'se(x)] ◇ *vt* [tornar pálido] palidecer. ◇ *vi* [perder a cor] palidecer.

empanada [ẽnpa'nada] *f* CULIN empanada *f.*

empanturrado, da [ẽnpãntu'xadu, da] *adj* atiborrado(da), empachado(da).

empanturrar [ẽnpãntu'xa(x)] *vt*: ~ **alguém de algo** atiborrar a alguien de algo.
◆ **empanturrar-se** *vp*: **~-se de algo** empacharse de algo.

empapuçar [ẽnpapu'sa(x)] *vt* [inchar] hinchar.

emparelhado, da [ẽnpare'ʎadu, da] *adj* [lado a lado] emparejado(da).

emparelhar [ẽnpare'ʎa(x)] ◇ *vt* [pôr em pares] emparejar. ◇ *vi* **-1.** [equivaler]: ~ **(em algo)** igualarse (en algo). **-2.** [correr parelhas]: ~ **(com alguém)** emparejarse (con alguien).

empata-foda [ẽnpata'fɔda] (*f* **empata-fodas**) *mf* ***vulg*** entrometido *m*, -da *f* de mierda.

empatar [ẽnpa'ta(x)] <> *vi* [em jogo]: ~ **com** empatar con. <> *vt* **-1.** [impedir] frenar. **-2.** [ocupar] ocupar. **-3.** [aplicar] invertir. **-4.** [igualar]: **se os times empatams, há prorrogação** si los equipos empatan, habrá prórroga.

empate [ẽn'patʃi] *m* [jogo, votação] empate *m*; **dar** ~ empatar.

empecilho [ẽnpe'siʎu] *m* obstáculo *m*.

empedernido, da [ẽnpedex'nidu, da] *adj* empedernido(da).

empedrar [ẽnpe'dra(x)] *vt* [cobrir com pedras] empedrar.

empenhado, da [ẽnpe'ɲadu, da] *adj* empeñado(da).

empenar [ẽnpe'na(x)] <> *vt* [entortar] torcer. <> *vi* [entortar-se] torcerse.

empenhar [ẽnpe'ɲa(x)] *vt* empeñar.
◆ **empenhar-se** *vp* [aplicar-se]: **~-se (para fazer algo)** empeñarse (para hacer algo); **~-se em algo** empeñarse en algo.

empenho [ẽn'peɲu] *m* empeño *m*; **pôr todo o ~ em algo** poner todo el empeño en algo.

emperrado, da [ẽnpe'xadu, da] *adj* **-1.** [entravado] atascado(da). **-2.** [teimoso] cabezota.

emperrar [ẽnpe'xa(x)] <> *vi* [tornar-se imóvel] atrancarse, trancarse *RP*. <> *vt* **-1.** [entravar] atrancar, trancar *RP*. **-2.** [dificultar] trabar.

empestear [ẽnpeʃ'tʃja(x)] *vt* **-1.** [contaminar] apestar. **-2.** [infectar com mau cheiro]: ~ **algo (com algo)** apestar algo (con algo).

empilhar [ẽnpi'ʎa(x)] *vt* [amontoar] amontonar, apilar.

empinado, da [ẽnpi'nadu, da] *adj* levantado(da).

empinar [ẽnpi'na(x)] <> *vt* **-1.** [peito, corpo, nariz] levantar. **-2.** [pipa] hacer volar, remontar *RP*. <> *vi* [cavalo] encabritarse, respingarse *Méx*.

emplastro [ẽn'plaʃtru] *m* [medicamento] emplasto *m*.

empobrecer [ẽnpobre'se(x)] <> *vt* empobrecer. <> *vi* [tornar-se pobre] empobrecerse.

empobrecimento [ẽnpobresi'mẽntu] *m* empobrecimiento *m*.

empoeirado, da [ẽnpoej'radu, da] *adj* empolvado(da).

empolado, da [ẽnpo'ladu, da] *adj* **-1.** [pele] con ampollas *Esp*, ampollado(da) *Amér*. **-2.** *fig* [linguagem, estilo] pomposo(sa), rebuscado(da).

empolgação [ẽnpowga'sãw] *f* [entusiasmo] entusiasmo *m*.

empolgante [ẽnpow'gãntʃi] *adj* emocionante.

empolgar [ẽnpow'ga(x)] *vt* entusiasmar.
◆ **empolgar-se** *vp* [entusiasmar-se] entusiasmarse.

empório [ẽn'pɔrju] *m* **-1.** [mercado] emporio *m*, abarrotería *f* ***Méx***, almacén *m* ***RP***. **-2.** [armazém] almacén *m*, depósito *m* ***Amér***.

empossar [ẽnpo'sa(x)] *vt* [dar posse a] investir, dar posesión a ***Amér***.

empreendedor, ra [ẽnprjẽnde'do(x), ra] <> *adj* [ativo] emprendedor(ra). <> *m, f* [pessoa] emprendedor *m*, -ra *f*.

empreender [ẽnprjẽn'de(x)] *vt* emprender.

empreendimento [ẽnprjẽndʒi'mẽntu] *m* **-1.** [ato] emprendimiento *m*. **-2.** [realização] realización *f*, emprendimiento *m* ***Amér***.

empregado, da [ẽnpre'gadu, da] *m, f* [funcionário] empleado *m*, -da *f*; ~ **de balcão** dependiente *m*, -ta *f*, vendedor *m*, -ra *f* ***Amér***.
◆ **empregada** *f* [em casa de família]: **empregada (doméstica)** empleada (doméstica).

empregador, ra [ẽnprega'do(x), ra] *m, f* empresario *m*, -ria *f*.

empregar [ẽnpre'ga(x)] *vt* **-1.** [ger] emplear. **-2.** [aplicar] invertir, ocupar ***Méx***.
◆ **empregar-se** *vp* [obter trabalho] emplearse.

emprego [ẽn'pregu] *m* **-1.** [ger] empleo *m*. **-2.** [local de trabalho] trabajo *m*.

empreiteira [ẽnprej'tejra] *f* contratista *f*.

empreiteiro [ẽnprej'tejru] *m* contratista *m*.

empresa [ẽn'preza] *f* empresa *f*; ~ **estatal/privada** empresa pública/ privada.

empresário, ria [ẽnpre'zarju, rja] *m, f* **-1.** [dono de empresa] empresario *m*, -ria *f*. **-2.** [de artista, jogador] agente *mf*.

emprestado, da [ẽnpreʃ'tadu, da] *adj* prestado(da); **pedir algo ~** pedir algo prestado.

emprestar [ẽnpreʃ'ta(x)] *vt* prestar.

empréstimo [ẽn'prɛʃtʃimu] *m* [de dinheiro] préstamo *m*.

empurrão [ẽnpu'xãw] (*pl* -ões) *m* empujón *m*.

empurrar [ẽnpu'xa(x)] *vt* **-1.** [impelir com força] empujar, aventar ***Méx***; **'empurre'** [aviso] 'empujar', 'empuje'. **-2.** [impingir] endosar, entildar ***Méx***, enchufar ***RP***.

emudecer [emude'se(x)] <> *vt* [fazer calar] enmudecer. <> *vi* [calar-se] enmudecer.

enamorado, da [enamo'radu, da] *adj* enamorado(da).

encabeçar [ẽŋkabe'sa(x)] *vt* encabezar.

encabulado, da [ẽŋkabu'ladu, da] *adj* **-1.** [acanhado] tímido(da), penoso(sa) ***Andes***, ***CAm***, ***Carib*** & ***Méx***. **-2.** [envergonhado] avergonzado(da), abochornado(da) ***Amér***, apenado(da) ***Andes***, ***CAm***, ***Carib*** & ***Méx***.

encabular [ẽŋkabu'la(x)] <> *vt* [envergonhar] avergonzar, abochornar ***Amér***, apenar ***Andes***, ***CAm***, ***Carib*** & ***Méx***. <> *vi* [acanhar-se] avergonzarse, apenarse ***Andes***, ***CAm***, ***Carib*** & ***Méx***.

◆ **encabular-se** *vp* **-1.** [acanhar-se] avergonzarse, apenarse ***Andes***, ***CAm***, ***Carib*** & ***Méx***. **-2.** [envergonhar-se] avergonzarse.

encadernação [ẽŋkadexna'sãw] (*pl* -ões) *f* encuadernación *f*.

encadernado, da [ẽŋkadex'nadu, da] *adj* encuadernado(da).

encadernar [ẽŋkadex'na(x)] *vt* encuadernar.

encaixar [ẽŋkaj'ʃa(x)] <> *vt* **-1.** [inserir]: ~ **algo (em algo)** encajar algo (en algo). **-2.** [encaixotar] meter en cajas. <> *vi* [entrar no encaixe] encajar, embonar ***Andes***, ***Cuba*** & ***Méx***.

◆ **encaixar-se** *vp* encajarse.

encaixe [ẽŋ'kajʃi] *m* encaje *m*.

encalço [ẽŋ'kawsu] *m*: **estar no ~ de algo/alguém** seguir la pista de algo/alguien.

encalhado, da [ẽŋka'ʎadu, da] *adj* **-1.** [embarcação] encallado(da). **-2.** [mercadoria] sin salida, estancado(da) ***Méx***. **-3.** *fam* [pessoa] solterón(na), quedado(da) ***Méx***.

encalhar [ẽŋka'ʎa(x)] *vi* **-1.** [embarcação] encallar. **-2.** [mercadoria] quedarse sin salida, estancarse ***Méx***. **-3.** [processo] paralizarse, detenerse. **-4.** *fam* [pessoa] quedarse solterón(na), quedarse para vestir santos.

encaminhar [ẽŋkami'ɲa(x)] *vt* encaminar.

◆ **encaminhar-se** *vp* [dirigir-se]: ~-**se para/a** encaminarse a/hacia.

encanador, ra [ẽŋkana'do(x), ra] (*mpl* -es, *fpl* -s) *m, f* fontanero *m*, -ra *f* ***Esp***, plomero *m*, -ra *f* ***Amér***.

encanamento [ẽŋkana'mẽntu] *m* [sistema] cañerías *fpl*.

encanar [ẽŋka'na(x)] *vt* **-1.** [canalizar] canalizar. **-2.** *fam* [prender] meter en chirona ***Esp***, encanar ***Andes***, ***Cuba*** & ***RP***, entambar ***Méx***.

encantado, da [ẽŋkãnta'du, da] (*mpl* -es, *fpl* -s) *adj* encantado(da); ~**!** ***fml*** [em apresentações] ¡encantado(da)!

encantador, ra [ẽŋkãnta'do(x), ra] *adj* **-1.** [fascinante] encantador(ra). **-2.** [deslumbrante] deslumbrante, fascinante.

encantamento [ẽŋkãnta'mẽntu] *m* **-1.** [magia] hechizo *m*. **-2.** [deslumbramento] deslumbramiento *m*.

encantar [ẽŋkãn'ta(x)] *vt* **-1.** [ger] hechizar. **-2.** [deslumbrar] encantar.

◆ **encantar-se** *vp*: ~**-se com algo** quedar encantado(da) con algo.

encanto [ẽŋ'kãntu] *m* **-1.** [ger] encanto *m*. **-2.** *fam* [pessoa]: **ser um ~** ser un encanto.

encapado, da [ẽŋka'padu, da] *adj* forrado(da).

encapar [ẽŋka'pa(x)] *vt* forrar.

encapetar-se [ẽŋkape'ta(x)si] *vp* [endiabrar-se] volverse loco(ca).

encapotar [ẽŋkapo'ta(x)] *vt* [cobrir] cubrir.

◆ **encapotar-se** *vp* [cobrir-se] cubrirse.

encarar [ẽŋka'ra(x)] *vt* **-1.** [fitar] mirar (fijamente) a. **-2.** [enfrentar, considerar] encarar.

encarcerar [ẽŋkaxse'ra(x)] *vt* [prender] encarcelar.

encardido, da [ẽŋkar'dʒidu, da] *adj* **-1.** [roupa] mugriento(ta), percudido(da) ***Amér***, emprecudido(da) ***RP***. **-2.** [pele] mugriento(ta).

encardir [ẽŋkax'dʒi(x)] <> *vt* **-1.** [roupa] enmugrecer, percudir ***Amér***, emprecudir ***RP***. **-2.** [pele] enmugrecer, emprecudir ***RP***. <> *vi* [ficar mal lavado] enmugrecerse, percudirse ***Amér***, emprecudirse ***RP***.

encarecer [ẽŋkare'se(x)] <> *vt* **-1.** [tornar mais caro] encarecer. **-2.** [elogiar] alabar. <> *vi* [ficar mais caro] encarecerse.

encarecidamente [ẽŋkaresida'mẽntʃi] *adv* [insistentemente]: **pedir ~** pedir encarecidamente.

encargo [ẽŋ'kaxgu] *m* **-1.** [responsabilidade] encargo *m*. **-2.** [cargo, ônus] cargo *m*.

encarnação [ẽŋkaxna'sãw] (*pl* **-ões**) *f* **-1.** [ger] encarnación *f*; **ser a ~ de algo** [personificação] ser la encarnación de algo. **-2.** *fam* [importunação] burlas *fpl*.

encarnado, da [ẽŋkax'nadu, da] *adj* [vermelho] colorado(da), encarnado(da) *Esp & Méx*.

encarnar [ẽŋkax'na(x)] ◇ *vi* **-1.** [alma, espírito] encarnar. **-2.** [importunar] *fam*: **~ em alguém** burlarse de alguien. ◇ *vt* encarnar.

encarregado, da [ẽŋkaxe'gadu, da] ◇ *adj*: **~ de algo/fazer algo** encargado(da) de algo/hacer algo. ◇ *m, f* encargado *m*, -da *f*.

encarregar [ẽŋkaxe'ga(x)] *vt*: **~ alguém de algo** encargar algo a alguien.

◆ **encarregar-se** *vp*: **~-se de algo/fazer algo** encargarse de algo/hacer algo.

encarte [ẽŋ'kaxtʃi] *m* encarte *m*.

encenação [ẽnsena'sãw] (*pl* **-ões**) *f* **-1.** TEATRO escenificación *f*. **-2.** [produção] montaje *m*. **-3.** *fig* [fingimento] teatro *m*.

encenar [ẽnse'na(x)] *vt* **-1.** TEATRO escenificar, representar. **-2.** [produzir] escenificar. **-3.** *fig* [fingir] actuar.

encerado, da [ẽnse'radu, da] *adj* encerado(da).

◆ **encerado** *m* [oleado] impermeable *m*.

encerar [ẽnse'ra(x)] *vt* encerar.

encerramento [ẽnsexa'mẽntu] *m* cierre *m*, clausura *f*.

encerrar [ẽnse'xa(x)] *vt* **-1.** [acabar]: **~ algo (com algo)** cerrar OU clausurar algo (con algo). **-2.** [confinar, conter] encerrar.

◆ **encerrar-se** *vp* [enclausurar-se]: **~-se (em)** encerrarse (en).

encharcado, da [ẽnʃax'kadu, da] *adj* **-1.** [alagado] encharcado(da). **-2.** [ensopado] empapado(da).

encharcar [ẽnʃar'ka(x)] *vt* **-1.** [alagar] encharcar. **-2.** [ensopar] empapar.

◆ **encharcar-se** *vp* [ensopar-se] empaparse.

enchente [ẽn'ʃẽntʃi] *f* inundación *f*.

encher [ẽn'ʃe(x)] ◇ *vt* **-1.** [ger] llenar; **~ o saco (de alguém)** *mfam* tocar los huevos (a alguien), hinchar las pelotas (de alguien) *RP*. **-2.** [fartar]: **~ algo (de)** llenar algo (de); **~ alguém de** llenar a alguien de. **-3.** [balão, bola, pneu] inflar, hinchar *Esp*. ◇ *vi* [tornar-se cheio] llenarse.

◆ **encher-se** *vp* **-1.** [tornar-se cheio] llenarse. **-2.** [fartar-se]: **~-se de** llenarse de. **-3.** [aborrecer-se] hartarse, llenarse *Amér*.

enchimento [ẽnʃi'mẽntu] *m* **-1.** [ato] relleno *m Esp*, llenado *m Amér*. **-2.** [coisa com que se enche] relleno *m*.

enchova [ẽn'ʃova] *f* anchoa *f*.

enciclopédia [ẽnsiklo'pɛdʒja] *f* enciclopedia *f*.

enciumar-se [ẽnsju'maxsi] *vp* ponerse celoso(sa).

encoberto, ta [ẽŋko'bɛxtu, ta] ◇ *pp* ⊳ encobrir. ◇ *adj* **-1.** [ger] cubierto(ta). **-2.** [disfarçado] encubierto(ta).

encobrir [ẽŋko'bri(x)] *vt* **-1.** [ger] encubrir. **-2.** [disfarçar] encubrir, disimular, disfrazar *Méx*.

◆ **encobrir-se** *vp* **-1.** [esconder-se] esconderse. **-2.** [disfarçar-se] disfrazarse. **-3.** [céu, sol] cubrirse.

encolher [ẽŋko'ʎe(x)] ◇ *vt* encoger; **~ os ombros** encoger los hombros. ◇ *vi* [roupa] encoger.

◆ **encolher-se** *vp* encogerse.

encomenda [ẽŋko'mẽnda] *f* **-1.** [mercadoria] pedido *m*. **-2.** [ato]: **fazer uma ~** hacer un pedido; **feito sob ~** hecho a la medida. **-3.** [pacote] paquete *m*, encomienda *f RP*.

encomendar [ẽŋkomẽn'da(x)] *vt* **-1.** [obra, compra]: **~ algo a alguém** encargar algo a alguien. **-2.** RELIG encomendar.

encontrão [ẽŋkõ'trãw] (*pl* **-ões**) *m* **-1.** [esbarrão] encontronazo *m*, encontrón *m Amér*. **-2.** [empurrão] empujón *m*; **aos encontrões** a empujones; **dar um ~** dar un empujón.

encontrar [ẽŋkõn'tra(x)] ◇ *vt* encontrar. ◇ *vi*: **~ com alguém** encontrarse con alguien.

◆ **encontrar-se** *vp* **-1.**: **~-se (com alguém)** encontrarse (con alguien). **-2.** [estar] encontrarse. **-3.** [colidir] encontrarse, chocarse *Méx*. **-4.** PSIC encontrarse a uno mismo.

encontro [ẽŋ'kõntru] *m* encuentro *m*; **ao ~ de** al encuentro de; **de ~ a** [contra] contra.

encorajar [ẽŋkora'ʒa(x)] *vt* animar.

encorpar [ẽŋkox'pa(x)] *vt* **-1.** [fazer crescer] hacer crecer. **-2.** [engrossar] dar más cuerpo a.
encosta [ẽŋ'kɔʃta] *f* ladera *f.*
encostar [ẽŋkoʃ'ta(x)] ◇ *vt* **-1.** [aproximar] arrimar. **-2.** [semicerrar] entornar, emparejar ***Méx***. **-3.** [estacionar] acercar a la acera ***Esp***, orillar ***Méx***, acercar al cordón ***CSur*** & ***Cuba***. **-4.** [deitar] recostar, recargar ***Méx***. **-5.** ***fig*** [pôr de lado] abandonar, dejar ***Méx***. ◇ *vi* [tocar]: **~ em algo/alguém** tocar algo/a alguien.
◆ **encostar-se** *vp* **-1.** [deitar-se] recostarse. **-2.** [apoiar-se] apoyarse, recargarse ***Méx***. **-3.** ***fig*** [fugir de trabalho] escaquearse.
encosto [ẽŋ'koʃtu] *m* **-1.** [espaldar] respaldo *m.* **-2.** ***fam fig*** [estorvo] estorbo *m.*
encrencar [ẽŋkrẽn'ka(x)] ◇ *vt* [meter em complicação] meter en dificultades a. ◇ *vi* **-1.** [quebrar] estropearse. **-2.** [complicar-se] complicarse. **-3.** ***fam*** [implicar]: **~ com alguém/algo** poner peros a alguien/algo, poner pegas a alguien/algo ***Esp***.
encrespar [ẽŋkreʃ'pa(x)] *vt* **-1.** [cabelo] encrespar, rizar, enchinar ***Méx***. **-2.** [mar] encrespar, rizar.
◆ **encrespar-se** *vp* **-1.** [mar] encresparse, rizarse. **-2.** ***fig*** [irritar-se] crisparse.
encruzilhada [ẽŋkruzi'ʎada] *f* encrucijada *f.*
encurralado, da [ẽŋkuxa'ladu, da] *adj* [cercado] acorralado(da).
encurralar [ẽŋkuxa'la(x)] *vt* acorralar.
encurtar [ẽŋkux'ta(x)] *vt* acortar.
end. (*abrev de* **endereço**) ≃ dirección *f.*
endêmico, ca [ẽn'demiku, ka] *adj* endémico(ca).
endereçamento [ẽnderesa'mẽntu] *m* **-1.** [ato de endereçar]: **fazer o ~ em um envelope** poner una dirección en un sobre. **-2.** COMPUT dirección *f.*
endereçar [ẽndere'sa(x)] *vt* **-1.** [sobrescrever] poner una dirección en. **-2.** [enviar] dirigir, enviar.
endereço [ẽnde'resu] *m* dirección *f.*
endiabrado, da [ẽndʒja'bradu, da] *adj* endiablado(da).
endinheirado, da [ẽndʒiɲej'radu, da] *adj* adinerado(da).
endireitar [ẽndʒirej'ta(x)] *vt* **-1.** [desencurvar] enderezar. **-2.** [arrumar] arreglar.
◆ **endireitar-se** *vp* [corrigir-se] enderezarse.
endividado, da [ẽndʒivi'dadu, da] *adj* endeudado(da).
endividar-se [ẽndʒivi'daxsi] *vp* endeudarse.
endocrinologia [ẽn,dokrinolo'ʒia] *f* endocrinología *f.*
endoidecer [ẽndojde'se(x)] ◇ *vt* enloquecer. ◇ *vi* enloquecer.
endossar [ẽndo'sa(x)] *vt* endosar.
endosso [ẽn'dosu] *m* endoso *m.*
endurecer [ẽndure'se(x)] ◇ *vt* endurecer. ◇ *vi* endurecerse; **~ (com alguém)** ***fig*** ponerse más duro (con alguien).
endurecimento [ẽnduresi'mẽntu] *m* endurecimiento *m.*
ENEM (*abrev de* **Exame Nacional do Ensino Médio**) *m examen de finalización de la enseñanza media.*
energia [enex'ʒia] *f* energía *f*; **~ atômica** *ou* **nuclear** energía atómica *ou* nuclear; **~ solar** energía solar.
enérgico, ca [e'nɛxʒiku, ka] *adj* enérgico(ca).
enervante [enex'vãntʃi] *adj* enervante.
enevoado, da [ene'vwadu, da] *adj* nublado(da).
enfado [ẽn'fadu] *m* enfado *m* ***Esp***, enojo *m* ***Amér***.
enfadonho, nha [ẽnfa'doɲu, ɲa] *adj* fastidioso(sa).
enfaixar [ẽnfaj'ʃa(x)] *vt* vendar.
enfarte [ẽn'faxtʃi] *m* infarto *m.*
ênfase ['ẽnfazi] *f* énfasis *f.*
enfastiado, da [ẽnfaʃ'tʃjadu, da] *adj* fastidiado(da).
enfastiar [ẽnfaʃ'tʃja(x)] *vt* fastidiar.
◆ **enfastiar-se** *vp* fastidiarse.
enfático, ca [ẽn'fatʃiku, ka] *adj* enfático(ca).
enfatizar [ẽnfatʃi'za(x)] *vt* enfatizar.
enfeitar [ẽnfej'ta(x)] *vt* adornar.
◆ **enfeitar-se** *vp* arreglarse.
enfeite [ẽn'fejtʃi] *m* adorno *m.*
enfeitiçar [ẽnfejtʃi'sa(x)] *vt* hechizar.
enfermagem [ẽnfex'maʒẽ] *f* enfermería *f (profesión).*
enfermaria [ẽnfexma'ria] *f* enfermería *f (lugar).*
enfermeiro, ra [ẽnfex'mejru, ra] *m, f* enfermero *m*, -ra *f.*
enfermidade [ẽnfexmi'dadʒi] *f* enfermedad *f.*
enfermo, ma [ẽn'fexmu, ma] ◇ *adj* enfermo(ma). ◇ *m, f* enfermo *m*, -ma *f.*

enferrujado, da [ẽnfexu'ʒadu, da] *adj* [oxidado] oxidado(da).
enferrujar [ẽnfexu'ʒa(x)] <> *vt* oxidar, herrumbrar *RP.* <> *vi* oxidarse, herrumbrarse *RP.*
enfezar [ẽnfe'za(x)] *vt* enfadar *Esp*, enojar *Amér.*
◆ **enfezar-se** *vp* enfadarse *Esp*, enojarse *Amér.*
enfiada [ẽn'fjada] *f* sucesión *f.*
enfiar [ẽn'fja(x)] *vt* **-1.** [introduzir]: ~ **algo (em algo)** meter algo (en algo). **-2.** [vestir] ponerse. **-3.** [pôr] poner, meter *RP.*
◆ **enfiar-se** *vp* [meter-se]: ~**-se em algo** meterse en algo.
enfim [ẽn'fĩ] *adv* finalmente; **até que ~** por fin.
enfocar [ẽnfo'ka(x)] *vt* enfocar.
enfoque [ẽn'fɔki] *m* enfoque *m.*
enforcar [ẽnfox'ka(x)] *vt* **-1.** [em forca] ahorcar. **-2.** *fam fig* [dia de trabalho, aula] saltarse.
◆ **enforcar-se** *vp* [em forca] ahorcarse.
enfraquecer [ẽnfrake'se(x)] <> *vt* debilitar. <> *vi* debilitarse.
◆ **enfraquecer-se** *vp* debilitarse.
enfrentamento [ẽnfrẽnta'mẽntu] *m* enfrentamiento *m.*
enfrentar [ẽnfrẽn'ta(x)] *vt* hacer frente a, enfrentar.
enfurecer [ẽnfure'se(x)] *vt* enfurecer.
◆ **enfurecer-se** *vp* enfurecerse.
enfurecido, da [ẽnfure'sidu, da] *adj* enfurecido(da).
engajado, da [ẽŋga'ʒadu, da] *adj* **-1.** *POL* militante. **-2.** *MIL* alistado(da), enrolado(da). **-3.** [contratado] contratado(da).
engajar [ẽŋga'ʒa(x)] *vt* [trabalhadores] contratar.
◆ **engajar-se** *vp* **-1.** *MIL*: ~**-se (em)** alistarse (en), enrolarse (en). **-2.** [em campanha, luta]: ~**-se em** comprometerse en. **-3.** [trabalhador]: ~**-se (em)** incorporarse (a).
enganador, ra [ẽŋgana'do(x), ra] *adj* engañoso(sa).
enganar [ẽŋga'na(x)] *vt* engañar.
◆ **enganar-se** *vp* **-1.** [iludir-se] engañarse. **-2.** [cometer um erro] equivocarse.
enganchar [ẽŋgãn'ʃa(x)] *vt*: ~ **algo (em algo)** enganchar algo (en algo), atorar algo (en algo) *Méx.*
engano [ẽŋ'gãnu] *m* [equívoco] equivocación *f*; [em telefonema]: **desculpe, foi ~** perdón, me equivoqué de número.
engarrafado, da [ẽŋgaxa'fadu, da] *adj* embotellado(da).
engarrafamento [ẽŋgaxafa'mẽntu] *m* embotellamiento *m.*
engarrafar [ẽŋgaxa'fa(x)] *vt* embotellar.
engasgar [ẽŋgaʒ'ga(x)] <> *vt* [na garganta] atragantar, ahogar. <> *vi* **-1.** [na garganta] atragantarse. **-2.** *AUTO* ahogarse.
◆ **engasgar-se** *vp* atragantarse.
engasgo [ẽŋ'gaʒgu] *m* [na garganta] atragantamiento *m.*
engastar [ẽŋgaʃ'ta(x)] *vt* engarzar, incrustar *Méx.*
engatar [ẽŋga'ta(x)] *vt* **-1.** [atrelar]: ~ **algo (em algo)** enganchar algo (en algo), atorar algo (en algo) *Méx.* **-2.** *AUTO* meter. **-3.** [iniciar] comenzar, arrancar *Amér.*
engate [ẽɲ'gatʃi] *m* enganche *m.*
engatinhar [ẽŋgatʃi'ɲa(x)] *vi* **-1.** [bebê] gatear. **-2.** *fig* [ser principiante]: ~ **em algo** hacer pinitos en algo.
engendrar [ẽnʒẽn'dra(x)] *vt* engendrar.
engenharia [ẽnʒeɲa'ria] *f* ingeniería *f*; ~ **genética** ingeniería genética.
engenheiro, ra [ẽnʒe'ɲejru, ra] *m, f* ingeniero *m*, -ra *f.*
engenho [ẽn'ʒeɲu] *m* ingenio *m.*
engenhoso, osa [ẽnʒe'ɲozu, ɔza] *adj* ingenioso(sa).
engessado, da [ẽnʒe'sadu, da] *adj* enyesado(da).
engessar [ẽnʒe'sa(x)] *vt* enyesar.
englobar [ẽŋglo'ba(x)] *vt* englobar.
engodo [ẽŋ'godu] *m* **-1.** [isca] cebo *m*, carnada *f.* **-2.** [farsa] cebo *m.*
engolir [ẽŋgo'li(x)] *vt* **-1.** [ger] tragar. **-2.** *fig* [sobrepujar]: ~ **alguém** devorar a alguien *Esp*, comerse a alguien *Méx*, caminar a alguien *RP.*
engomar [ẽŋgo'ma(x)] *vt* almidonar.
engordar [ẽŋgox'da(x)] <> *vt* engordar. <> *vi* engordar.
engordurado, da [ẽŋgoxdu'radu, da] *adj* engrasado(da).
engraçado, da [ẽŋgra'sadu, da] *adj* gracioso(sa).
engradado [ẽŋgra'dadu] *m* enrejado *m.*
engrandecer [ẽŋgrãnde'se(x)] *vt* engrandecer.
◆ **engrandecer-se** *vp* engrandecerse.

engravidar [ẽŋgravi'da(x)] ◇ *vt* dejar embarazada, embarazar *Amér.* ◇ *vi* quedar embarazada, embarazarse *Amér.*

engraxar [ẽŋgra'ʃa(x)] *vt* lustrar, bolear *Méx.*

engraxate [ẽŋgra'ʃatʃi] *mf* limpiabotas *m inv*, lustrabotas *m inv* **Andes** & **RP**, bolero *m*, -ra *f* **Méx**.

engrenagem [ẽŋgre'naʒẽ] (*pl* **-ns**) *f* engranaje *m*.

engrenar [ẽŋgre'na(x)] *vt* **-1.** AUTO meter, embragar *Amér.* **-2.** [iniciar] comenzar, arrancar *Amér.*

engrossar [ẽŋgro'sa(x)] ◇ *vt* **-1.** [aumentar] engrosar. **-2.** [encorpar] espesar. **-3.** [tornar grave] poner más grave, engrosar *Méx.* ◇ *vi fig* [ser grosseiro]: ~ **(com alguém)** ponerse grosero(ra) (con alguien) *Amér.*

enguia [ẽŋ'gia] *f* anguila *f*.

enguiçar [ẽŋgi'sa(x)] *vi* estropearse **Esp**, descomponerse *Amér*, malograrse *Andes*.

enguiço [ẽŋ'gisu] *m* mal *m* de ojo.

enigma [e'nigma] *m* **-1.** [charada] enigma *m* **Esp**, adivinanza *f* *Amér.* **-2.** [mistério] enigma *m*.

enjaular [ẽnʒaw'la(x)] *vt* enjaular.

enjeitado, da [ẽnʒej'tadu, da] *adj* abandonado(da).

enjeitar [ẽnʒej'ta(x)] *vt* **-1.** [rejeitar] rechazar. **-2.** [abandonar] abandonar.

enjoado, da [ẽn'ʒwadu, da] *adj* **-1.** [nauseado] mareado(da). **-2.** *fig* [cansado]: ~ **de algo/de fazer algo** harto(ta) de algo/hacer algo. **-3.** *fig* [chato] aburrido(da).

enjoar [ẽn'ʒwa(x)] ◇ *vt* **-1.** [nausear] dar náuseas a. **-2.** *fig* [cansar] asquear. ◇ *vi* **-1.** [nausear-se] marearse. **-2.** *fig* [cansar-se]: ~ **de algo/de fazer algo** hartarse de algo/hacer algo.

enjôo [ẽn'ʒou] *m* [náusea - em carro, navio] mareo *m*; [- de gravidez] náuseas *fpl*.

enlaçar [ẽnla'sa(x)] *vt* **-1.** [laçar] enlazar. **-2.** [cingir] abrazar.

enlace [ẽn'lasi] *m* enlace *m*.

enlatado, da [ẽnla'tadu, da] *adj* enlatado(da).

◆ **enlatado** *m* **-1.** [comida em lata] comida *f* enlatada, enlatado *m* **RP**. **-2.** *pej* [série de tv] *serie importada de escasa calidad*, enlatado *m* **RP**.

enlatar [ẽnla'ta(x)] *vt* enlatar.

enlouquecer [ẽnloke'se(x)] ◇ *vt* enloquecer. ◇ *vi* enloquecer.

enlouquecido, da [ẽnloke'sidu, da] *adj* enloquecido(da).

enlouquecimento [ẽnlokesi'mẽntu] *m* enloquecimiento *m*.

enojado, da [eno'ʒadu, da] *adj* enojado(da), enfadado(da) **Esp**.

enorme [e'nɔxmi] *adj* enorme.

enormidade [enoxmi'dadʒi] *f* enormidad *f*; **uma** ~ **de** una enormidad de.

enquadramento [ẽŋkwadra'mẽntu] *m* CINE & FOTO encuadre *m*.

enquadrar [ẽŋkwa'dra(x)] ◇ *vt* **-1.** [ajustar]: ~ **algo em algo** encuadrar algo con algo, empatar algo con algo *Méx.* **-2.** *fam* [render para averiguação] detener. ◇ *vi* [combinar]: ~ **com** ir con, empatar con *Méx.*

◆ **enquadrar-se** *vp* [ajustar-se]: ~**-se (em algo)** ajustarse (a algo).

enquanto [ẽŋ'kwãntu] *conj* **-1.** [ger] mientras; ~ **isso** mientras tanto, en tanto *Méx.* **-2.** [considerado como] como.

◆ **por enquanto** *loc adv* por ahora.

enquete [ẽn'kɛtʃi] *f* encuesta *f*.

enraivecer [ẽnxajve'se(x)] *vt* enfurecer, encolerizar.

◆ **enraivecer-se** *vp* enfurecerse, encolerizarse.

enredo [ẽn'xedu] *m* argumento *m*.

enriquecer [ẽnxike'se(x)] ◇ *vt* enriquecer. ◇ *vi* enriquecerse.

◆ **enriquecer-se** *vp*: ~**-se com algo** enriquecerse con algo.

enriquecimento [ẽnxikesi'mẽntu] *m* enriquecimiento *m*.

enrolado, da [ẽnxo'ladu, da] *adj* **-1.** *fam* [confuso] confuso(sa); ~ **em algo** [embrulhado] metido(da) en algo. **-2.** [cabelo] rizado(da), enchinado(da) *Méx.*

enrolar [ẽnxo'la(x)] ◇ *vt* **-1.** [dar forma de rolo] enrollar. **-2.** [embrulhar]: ~ **algo/alguém em algo** envolver algo/a alguien en algo. **-3.** *fam* [complicar] complicar, enredar. **-4.** *fam* [enganar] engatusar, camelar **Esp**. ◇ *vi fam* [protelar] perder el tiempo, dar vueltas **RP**.

◆ **enrolar-se** *vp* **-1.** [agasalhar-se]: ~**-se em algo** envolverse en algo. **-2.** *fam* [confundir-se] enredarse.

enroscar [ẽnxoʃ'ka(x)] *vt*: ~ **algo em** [perna, cobra] enroscar algo en; [corda, mangueira] enredarse en.

◆ **enroscar-se** *vp* **-1.** [encolher-se de frio] encogerse. **-2.** [embolar-se] enredarse.

enrubescer [ẽnxube'se(x)] <> *vt* enrojecer. <> *vi* enrojecerse.

enrugado, da [ẽnxu'gadu, da] *adj* arrugado(da).

enrugar [ẽnxu'ga(x)] <> *vt* arrugar. <> *vi* arrugarse.

ensaiar [ẽnsa'ja(x)] *vt* ensayar.

ensaio [ẽn'saju] *m* ensayo *m*.

ensangüentado, da [ẽnsãngwẽn'tadu, da] *adj* ensangrentado(da).

enseada [ẽn'sjada] *f* ensenada *f*.

ensejo [ẽn'seʒu] *m* oportunidad *f*.

ensinamento [ẽnsina'mẽntu] *m* enseñanza *f*.

ensinar [ẽnsi'na(x)] *vt*: ~ **alguém a fazer algo** enseñar a alguien a hacer algo; ~ **algo a alguém** enseñar algo a alguien.

ensino [ẽn'sinu] *m* enseñanza *f*; ~ **fundamental/médio** enseñanza primaria/secundaria; ~ **supletivo** *enseñanza orientada a adolescentes y adultos que no acabaron sus estudios en la edad apropiada.*

ensolarado, da [ẽnsola'radu, da] *adj* soleado(da).

ensopado, da [ẽnso'padu, da] *adj* **-1.** CULIN: **frango/peixe** ~ guiso *m* de pollo/pescado. **-2.** *fig* [encharcado] empapado(da), ensopado(da) *RP*.

◆ **ensopado** *m* CULIN guiso *m*, guisado *m*, ensopado *m RP*.

ensopar [ẽnso'pa(x)] *vt* empapar, ensopar *RP*.

ensurdecer [ẽnsuxde'se(x)] *vt* ensordecer.

entalar [ẽnta'la(x)] <> *vt* [em lugar estreito] atrapar. <> *vi* [encravar] atragantarse; **uma espinha entalou na minha garganta** se me atragantó una espina.

entalhar [ẽnta'ʎa(x)] *vt* tallar.

entalhe [ẽn'taʎi] *m* talla *f*.

então [ẽn'tãw] *adv* entonces; **até** ~ hasta entonces, hasta ese momento *Méx*; **desde** ~ desde entonces; **para** ~ para entonces; **pois** ~ entonces.

entardecer [ẽntaxde'se(x)] <> *vi* atardecer. <> *m* atardecer *m*.

ente ['ẽntʃi] *m* ente *m*.

enteado, da [ẽn'tʒjadu, da] *m, f* hijastro *m*, -tra *f*, entenado *m*, -da *f Méx*.

entediar [ẽnte'dʒa(x)] *vt* aburrir.

◆ **entediar-se** *vp* aburrirse.

entender [ẽntẽn'de(x)] <> *vt* **-1.** [ger] entender; **dar a** ~ dar a entender; ~ **(que)** [deduzir] entender (que). **-2.** [ouvir] oír. <> *vi* [conhecer]: ~ **de** entender de. <> *m*: **no** ~ **de alguém** según la interpretación de alguien.

◆ **entender-se** *vp* **-1.** [comunicar-se] entenderse. **-2.** [chegar a um acordo]: ~**-se (com alguém)** entenderse (con alguien).

entendido, da [ẽntẽn'dʒidu, da] <> *adj* **-1.** [perito] entendido(da), experto(ta); ~ **em algo** entendido(da) en algo, experto(ta) en algo. **-2.** *fam* [homossexual] que entiende. <> *m, f* **-1.** [perito] entendido *m*, -da *f*, entendedor *m*, -ra *f Méx*. **-2.** *fam* [homossexual]: **é um** ~ entiende.

◆ **bem entendido** *loc adv* sin duda.

entendimento [ẽntẽndʒi'mẽntu] *m* entendimiento *m*.

enternecer [ẽntexne'se(x)] *vt* enternecer.

◆ **enternecer-se** *vp* enternecerse.

enterrar [ẽnte'xa(x)] *vt* **-1.** [ger] enterrar; ~ **algo em algo** enterrar algo en algo. **-2.** [chapéu]: ~ **algo em algo** ponerse algo en algo. **-3.** [arruinar] arruinar.

enterro [ẽn'texu] *m* entierro *m*.

entidade [ẽntʃi'dadʒi] *f* entidad *f*.

entoar [ẽn'twa(x)] *vt* entonar.

entonação [ẽntona'sãw] *f* entonación *f*.

entornar [ẽntox'na(x)] <> *vt* **-1.** [derramar] derramar, volcar. **-2.** [despejar] servir. <> *vi fig* [embriagar-se] emborracharse.

entorpecente [ẽntoxpe'sẽntʃi] *m* estupefaciente *m*.

entorpecer [ẽntoxpe'se(x)] *vt* **-1.** [causar torpor] entorpecer. **-2.** *fig* [insensibilizar] embrutecer.

entortar [ẽntox'ta(x)] <> *vt* torcer, enchuecar *Méx*. <> *vi* [empenar] torcerse, enchuecarse *Méx*.

entrada [ẽn'trada] *f* **-1.** [ger] entrada *f*; **'proibida a ~'** 'prohibida la entrada'. **-2.** CULIN entrada *f*, entrante *m Esp*. **-3.** [pagamento inicial] entrada *f Esp*, enganche *m Méx*, cuota *f* inicial *RP*. **-4.** [ingresso] entrada *f*, boleto *m Col & Méx*; ~ **gratuita** *ou* **franca** entrada gratis *ou* libre, entrada *f* gratuita *Col & Méx*; **meia** ~ entrada reducida. **-5.** [abertura] boca *f*. - **6.** COMPUT entrada *f* **Esp**, ingreso *m* **Amér**.

entra-e-sai [ˌẽntri'saj] *m inv* ir y venir *m*.

entranhado, da [ẽntra'ɲadu, da] *adj* penetrante.

entranhas [ẽn'traɲaʃ] *fpl* entrañas *fpl*.

entrar [ẽn'tra(x)] *vi* **-1.** [adentrar]: **~ (em)** entrar (en), entrar (a) **Amér**. **-2.** [contribuir]: **~ com algo** contribuir con algo, entrar con algo **Méx**. **-3.** [envolver-se]: **~ em algo** meterse en algo. **-4.** [ingressar]: **~ para algo** entrar a *ou* en algo **Esp**, entrar a algo **Amér**. **-5.** COMPUT: **~ com algo** entrar con algo **Esp**, ingresar algo **Amér**.

entre ['ẽntri] *prep* entre; **~ si** entre sí.

entreaberto, ta [ˌẽntrja'bɛxtu, ta] *adj* entreabierto(ta).

entreabrir [ẽntrja'bri(x)] *vt* entreabrir.

◆ **entreabrir-se** *vp* entreabrirse.

entrecortar [ẽntre'koxta(x)] *vt* entrecortar.

entrega [ẽn'trɛga] *f* **-1.** [de carta] entrega *f*; **~ em domicílio** entrega a domicilio. **-2.** [dedicação]: **~ a algo/alguém** entrega a algo/alguien. **-3.** [rendição] rendición *f*.

entregador, ra [ẽntrega'do(x), ra] *m, f* **-1.** [funcionário] repartidor *m*, -ra *f*. **-2.** [delator] delator *m*, -ra *f*.

entregar [ẽntre'ga(x)] *vt* entregar; **~ algo/alguém a alguém** entregar algo/alguien a alguien; **~ os pontos** *fam loc* tirar la toalla, aventar la toalla **Méx**.

◆ **entregar-se** *vp* entregarse; **~-se a algo** entregarse a algo; **~-se a alguém** entregarse a alguien.

entregue [ẽn'trɛgi] *pp* ▷ **entregar**.

entreguismo [ẽntre'giʒmu] *m* entreguismo *m*.

entreguista [ẽntre'giʃta] *adj* entreguista.

entrelaçamento [ẽntrelasa'mẽntu] *m* [união] unión *f*.

entrelaçar [ẽntrela'sa(x)] *vt* entrelazar.

entrelinha [ẽntre'liɲa] *f* [espaço] interlineado *m*.

◆ **entrelinhas** *fpl*: **nas ~s** *fig* [subentendido] entre líneas.

entremear [ẽntre'mja(x)] *vt*: **~ algo com algo** intercalar algo con algo.

entreolhar-se [ẽntrjo'ʎaxsi] *vp* intercambiar miradas.

entreposto [ẽntre'poʃtu] *m* almacén *m*.

entretanto [ẽntri'tãntu] *conj* sin embargo.

entretenimento [ẽntriteni'mẽntu] *m* entretenimiento *m*.

entreter [ẽntre'te(x)] *vt* entretener.

◆ **entreter-se** *vp* entretenerse.

entrevista [ẽntre'viʃta] *f* entrevista *f*; **~ coletiva** rueda *f* de prensa, conferencia *f* de prensa **Amér**.

entrevistado, da [ẽntre'viʃ'tadu, da] *m, f* entrevistado(da).

entrevistar [ẽntre'viʃ'ta(x)] *vt* entrevistar.

entristecer [ẽntriʃte'se(x)] <> *vt* entristecer. <> *vi* entristecerse.

entroncamento [ẽntrõŋka'mẽntu] *m* empalme *m*, unión *f*, empate *m* **Andes & Ven**.

entulhar [ẽntu'ʎa(x)] *vt*: **~ algo (de** *ou* **com)** abarrotar algo (de *ou* con).

entulho [ẽn'tuʎu] *m* escombros *mpl*.

entupido, da [ẽntu'pidu, da] *adj* [nariz, ouvido] tapado(da); [pia] atascado(da) **Esp**, tapado(da) **Amér**; [de comida, gente] lleno(na).

entupimento [ẽntupi'mẽntu] *m* obstrucción *f*.

entupir [ẽntu'pi(x)] *vt* tapar.

◆ **entupir-se** *vp*: **~-se de algo** llenarse de algo.

entusiasmar [ẽntuzjaʒ'ma(x)] *vt* entusiasmar.

◆ **entusiasmar-se** *vp* entusiasmarse.

entusiasmo [ẽntu'zjaʒmu] *m* entusiasmo *m*.

entusiasta [ẽntu'zjaʃta] <> *adj* entusiasta. <> *mf* entusiasta *mf*.

enumerar [enume'ra(x)] *vt* enumerar.

enunciado, da [enũ'sjadu, da] <> *adj* enunciado(da). <> *m* enunciado *m*.

enunciar [enũ'sja(x)] *vt* enunciar.

envelhecer [ẽnveʎe'se(x)] <> *vt* envejecer. <> *vi* envejecer.

envelhecimento [ẽnveʎesi'mẽntu] *m* envejecimiento *m*.

envelopar [ẽnve'lopa(x)] *vt* ensobrar.

envelope [ẽnve'lɔpi] *m* sobre *m*.

envenenamento [ẽnvenena'mẽntu] *m* envenenamiento *m*.

envenenar [ẽnvene'na(x)] *vt* **-1.** [ger] envenenar. **-2.** AUTO trucar.

◆ **envenenar-se** *vp* [intoxicar-se] envenenarse.

enveredar [ẽnvere'da(x)] *vi* encaminarse; ~ **por/para** encaminarse por/hacia.

envergadura [ẽnvexga'dura] *f* envergadura *f*.

envergonhado, da [ẽnvexgo'ɲadu, da] *adj* **-1.** [acanhado] vergonzoso(sa), penoso(sa) *Andes, CAm & Méx.* **-2.** [por má ação] avergonzado(da), apenado(da) *Andes, CAm & Méx.*

envergonhar [ẽnvexgo'ɲa(x)] *vt* **-1.** [acanhar] avergonzar, apenar *Andes, CAm & Méx*, abochornar *Méx.* **-2.** [com má ação] avergonzar, abochornar *Méx.*

◆ **envergonhar-se** *vp* **-1.** [acanhar-se] avergonzarse, apenarse *Andes, CAm & Méx*, abochornarse *Méx.* **-2.** [por má ação] avergonzarse, apenarse, *Andes, CAm & Méx.*

envernizado, da [ẽnvexni'zadu, da] *adj* [com verniz] barnizado(da).

envernizar [ẽnvexni'za(x)] *vt* barnizar, embarnizar *Méx.*

enviado, da [ẽn'vjadu, da] *m, f* enviado *m*, -da *f*.

enviar [ẽn'vja(x)] *vt*: ~ **algo a** *ou* **para alguém** enviar algo a *ou* para alguien.

envidraçar [ẽnvidra'sa(x)] *vt* acristalar *Esp*, vidriar *Amér*, envidriar *Méx.*

enviesar [ẽnvje'za(x)] *vt* **-1.** [pôr obliquamente] colocar diagonalmente. **-2.** [envesgar] dejar bizco.

envio [ẽn'viu] *m* envío *m*.

enviuvar [ẽnvju'va(x)] *vi* enviudar.

envolto, ta [ẽn'vowtu, ta] ◇ *pp* ▷ envolver. ◇ *adj* envuelto(ta).

envoltório [ẽnvow'tɔrju] *m* envoltorio *m*.

envolvente [ẽnvow'vẽntʃi] *adj* envolvente.

envolver [ẽnvow've(x)] *vt* **-1.** [cobrir]: ~ **algo/alguém (em)** envolver algo/a alguien (con). **-2.** [comprometer]: ~ **alguém (em)** involucrar a alguien (en). **-3.** [acarretar] conllevar, implicar *Amér.* **-4.** [abraçar] abrazar.

◆ **envolver-se** *vp* **-1.** [comprometer-se]: ~**-se em** *ou* **com** involucrarse en. **-2.** [intrometer-se]: ~**-se em** meterse en.

envolvimento [ẽnvowvi'mẽntu] *m* involucramiento *m*.

enxada [ẽn'ʃada] *f* azada *f*.

enxaguar [ẽnʃa'gwa(x)] *vt* enjuagar, aclarar *Esp.*

enxame [ẽn'ʃami] *m* enjambre *m*.

enxaqueca [ẽnʃa'keka] *f* jaqueca *f*, migraña *f*.

enxergar [ẽnʃex'ga(x)] ◇ *vt* **-1.** [ver] ver. **-2.** *fig* [perceber] entender. ◇ *vi* [ver] ver.

enxofre [ẽn'ʃofri] *m* azufre *m*.

enxotar [ẽnʃo'ta(x)] *vt* ahuyentar, espantar.

enxoval [ẽnʃo'vaw] (*pl* **-ais**) *m* ajuar *m*.

enxugador [ẽnʃuga'do(x)] *m* secadora *f* de ropa, secarropa *f RP.*

enxugar [ẽnʃu'ga(x)] *vt* **-1.** [secar] secar. **-2.** *fig* [diminuir] recortar, ajustar *Méx.*

enxurrada [ẽnʃu'xada] *f* **-1.** [torrente] torrente *m*. **-2.** *fig* [amontoado] torrente *m*, montón *m*, bonche *m Méx.*

enxuto, ta [ẽn'ʃutu, ta] *adj* **-1.** [seco] seco(ca). **-2.** [bonito] en forma.

épico, ca ['ɛpiku, ka] *adj* épico(ca).

epidemia [epide'mia] *f* epidemia *f*.

epigrama [epi'grama] *f* epigrama *m*.

epilepsia [epilep'sia] *f* epilepsia *f*.

epiléptico, ca [epi'lɛptʃiku, ka] ◇ *adj* epiléptico(ca). ◇ *m, f* epiléptico *m*, -ca *f*.

epílogo [e'pilugu] *m* epílogo *m*.

episódico, ca [epi'zɔdiku, ka] *adj* episódico(ca).

episódio [epi'zɔdju] *m* episodio *m*.

epístola [e'piʃtola] *f* epístola *f*.

epistolar [epiʃto'la(x)] *adj* epistolar.

epitáfio [epi'tafju] *m* epitafio *m*.

época ['ɛpoka] *f* época *f*; **naquela** ~ en aquella época; **fazer** ~ hacer época.

epopéia [epo'pɛja] *f* epopeya *f*.

equação [ekwa'sãw] (*pl* **-ões**) *f* ecuación *f*.

equacionamento [ekwasiona'mẽntu] *m* racionalización *f*.

equador [ekwa'do(x)] *m* ecuador *m*.

Equador [ekwa'do(x)] *n* Ecuador.

equânime [e'kwãnimi] *adj* ecuánime.

equatorial [ekwato'rjaw] (*pl* **-ais**) *adj* ecuatorial.

equatoriano, na [ekwato'rjãnu, na] ◇ *adj* ecuatoriano(na). ◇ *m, f* ecuatoriano *m*, -na *f*.

eqüestre [e'kwɛʃtri] *adj* ecuestre.

equilibrado, da [ekili'bradu, da] *adj* equilibrado(da).

equilibrar [ekili'bra(x)] *vt* equilibrar.

◆ **equilibrar-se** *vp* equilibrarse.

equilíbrio [eki'libriw] *m* equilibrio *m*.

equipamento [ekipa'mẽntu] *m* equipamiento *m*.
equipar [eki'pa(x)] *vt*: ~ **algo/alguém (de)** equipar algo/a alguien (con).
◆ **equipar-se** *vp*: ~**-se (de)** equiparse (con).
equiparar [ekipa'ra(x)] *vt*: ~ **algo (a** *ou* **com algo)** equiparar algo (a *ou* con algo).
◆ **equiparar-se** *vp* **-1.** [igualar-se]: ~**-se (a** *ou* **com algo)** equipararse (a *ou* con algo). **-2.** [comparar-se]: ~**-se (a ou com alguém)** equipararse (a *ou* con alguien).
equipe [e'kipi] *f* equipo *m*.
equitação [ekita'sãw] *f* equitación *f*.
eqüitativo, va [ekwita'tʃivu, va] *adj* equitativo(va).
equivalente [ekiva'lẽntʃi] *adj* equivalente.
equivocado, da [ekivo'kadu, da] *adj* equivocado(da).
equivocar-se [ekivo'kaxsi] *vp* equivocarse.
equívoco [e'kivoku] *m* equívoco *m*.
era ['ɛra] *f* era *f*.
erário [e'rarju] *m* erario *m* público.
ereção [ere'sãw] (*pl* **-ões**) *f* erección *f*.
eremita [ere'mita] *mf* eremita *mf*.
ereto, ta [e'rɛtu, ta] *adj* erecto(ta).
erguer [ex'ge(x)] *vt* erguir.
◆ **erguer-se** *vp* [levantar-se] erguirse.
eriçado, da [ẽri'sadu, da] *adj* erizado(da).
eriçar [eri'sa(x)] *vt* erizar.
erigir [eri'ʒi(x)] *vt* erigir.
ermo, ma ['exmu, ma] *adj* yermo (ma).
erosão [ero'zãw] *f* erosión *f*.
erótico, ca [e'rɔtʃiku, ka] *adj* erótico (ca).
erotismo [ero'tʃiʒmu] *m* erotismo *m*.
erradicar [exadʒi'ka(x)] *vt* erradicar.
errado, da [e'xadu, da] *adj* **-1.** [ger] equivocado(da). **-2.** *loc*: **dar** ~ salir mal.
errar [e'xa(x)] ◇ *vt* [não acertar] equivocarse en, errar *RP*. ◇ *vi* **-1.** [enganar-se]: ~ **(em algo)** equivocarse (en algo), errarla *Amér*. **-2.** [proceder mal] equivocarse, errarla *Amér*. **-3.** [vagar] errar.
erro ['exu] *m* error *m*; ~ **de impressão** error de impresión.
errôneo, nea [e'xonju, nja] *adj* equivocado(da), erróneo(a) *Amér*.
erudição [erudʒi'sãw] *f* erudición *f*.
erudito, ta [eru'dʒitu, ta] ◇ *adj* erudito(ta). ◇ *m, f* erudito *m*, -ta *f*.
erupção [erup'sãw] (*pl* **-ões**) *f* erupción *f*.
erva ['ɛxva] *f* **-1.** BOT hierba *f*; ~ **daninha** mala hierba, yuyo *m* *RP*. **-2.** *fam* [dinheiro] pasta *f* *Esp*, lana *f* *Andes* & *Méx*, guita *f* *RP*. **-3.** *fam* [maconha] hierba *f*, mota *f* *Méx*, fumo *m* *RP*.
erva-cidreira [ˌɛxva'sidrejra] (*pl* **ervas-cidreiras**) *f* toronjil *m*.
erva-doce [ˌɛxva'dosi] (*pl* **ervas-doces**) *f* anís *m*.
erva-mate [ˌɛxva'matʃi] (*pl* **ervas-mates**) *f* yerba *f* mate.
ervilha [ex'viʎa] *f* guisante *m* *Esp*, chícharo *m* *Méx*, arveja *f* *Andes* & *RP*.
ES (*abrev de* **Estado do Espírito Santo**) *estado de Espíritu Santo.*
esbaforido, da [iʒbafo'ridu, da] *adj* jadeante.
esbanjador, ra [iʒbãnʒa'do(x), ra] *adj* derrochador(ra).
esbanjar [iʒbãn'ʒa(x)] *vt* derrochar.
esbarrão [iʒba'xãw] *m* **-1.** [encontrão] encontronazo *m*, porrazo *m* *Amér*, madrazo *m* *Méx*. **-2.** [tropeção] tropezón *m*.
esbarrar [iʒba'xa(x)] *vi*: ~ **em algo/alguém** chocar con *ou* contra algo/alguien.
esbelto, ta [iʒ'bɛwtu, ta] *adj* esbelto (ta).
esboçar [iʒbo'sa(x)] *vt* esbozar.
esboço [iʒ'bosu] *m* esbozo *m*.
esbofetear [iʒbofe'tʃja(x)] *vt* abofetear, cachetear *Méx*.
esborrachar [iʒboxa'ʃa(x)] *vt* [arrebentar] chafar *Esp*, reventar *Amér*, escrachar *RP*.
◆ **esborrachar-se** *vp* [cair] caerse, reventarse *Amér*, estamparse *Méx*, escracharse *RP*.
esbranquiçado, da [iʒbrãnki'sadu, da] *adj* blanquecino(na).
esbugalhado, da [iʒbuga'ʎadu, da] *adj* saltón(na).
esburacado, da [iʒbura'kadu, da] *adj* [rua] lleno(na) de baches *ou* hoyos *Méx* *ou* pozos *RP*, bacheado(da) *Amér*; [rosto] picado(da), carcomido(da) *Méx*; [jardim] lleno(na) de agujeros *ou* hoyos *Méx* *ou* pozos *RP*.
esburacar [iʒbura'ka(x)] *vt* hacer agujeros en, destrozar.
escabeche [iʃka'bɛʃi] *m* escabeche *m*.

escada [iʃ'kada] *f* **-1.** [degraus] escalera *f*; **~ rolante** escalera mecánica; **~ de incêndio** escalera de incendio. **-2.** *fig* [meio de vencer] plataforma *f*, trampolín *m*.
escadaria [iʃkada'ria] *f* escalinata *f*.
escala [iʃ'kala] *f* **-1.** [ger] escala *f*; **sem ~** sin escala. **-2.** [turno] turno *m*.
escalada [iʃka'lada] *f* **-1.** [de montanha] escalada *f*. **-2.** [social] arribismo *m*.
escalão [iʃka'lãw] (*pl* **-ões**) *m* **-1.** [degrau] escalón *m*, peldaño *m*. **-2.** [conjunto de elementos] escalón *m*.
escalar [iʃka'la(x)] *vt* **-1.** [subir] escalar. **-2.** [designar] designar.
escaldar [iʃkaw'da(x)] *vt* escaldar.
escalonar [iʃkalo'na(x)] *vt* escalonar.
escalope [iʃka'lɔpi] *m* escalope *m*.
escalpelar [iʃkawpe'la(x)] *vt* [escalpar] cortar el cuero cabelludo a.
escama [iʃ'kãma] *f* escama *f*.
escamar [iʃka'ma(x)] ◇ *vt* [peixe] descamar, escamar *Esp*. ◇ *vi* [pele] escamarse.
escamotear [iʃkamo'tʃja(x)] *vt* escamotear.
escancarado, da [iʃkãŋka'radu, da] *adj* **-1.** [aberto de par em par] abierto(ta) de par en par. **-2.** [totalmente aberto] bien abierto(ta). **-3.** [evidente] evidente. **-4.** [franco] franco(ca).
escancarar [iʃkãŋka'ra(x)] *vt* **-1.** [porta, janela] abrir de par en par. **-2.** [casa, boca] abrir bien. **-3.** [exibir] exponer.
escandalizar [iʃkãndali'za(x)] *vt* escandalizar.
◆ **escandalizar-se** *vp* escandalizarse.
escândalo [iʃ'kãndalu] *m* escándalo *m*; **fazer** *ou* **dar um ~** armar un escándalo.
escandaloso, osa [iʃkãnda'lozu, ɔza] *adj* escandaloso(sa).
escanear [iʃkã'nea(x)] *vt* escanear.
escangalhar [iʃkãŋga'ʎa(x)] *vt* romper, malograr *Andes*.
escaninho [iʃka'niɲu] *m* casillero *m*.
escanteio [iʃkãn'teju] *m* córner *m*.
escapar [iʃka'pa(x)] *vi* **-1.** [sobreviver]: **~ (de algo)** escapar (de algo). **-2.** [passar despercebido]: **~ algo a alguém** escaparse algo a alguien. **-3.** [fugir] escapar. **-4.** [esquivar-se] escaparse. **-5.** *loc*: **~ de boa** librarse de una buena; **deixar ~** dejar escapar.
escapatória [iʃkapa'tɔrja] *f* escapatoria *f*.
escapulir [iʃkapu'li(x)] *vi*: **~ (de algo)** escabullirse (de algo).
escaramuça [iʃkara'musa] *f* escaramuza *f*.
escaravelho [iʃkara'veʎu] *m* escarabajo *m*.
escarcéu [iʃkax'sɛw] *m* escarceo *m*.
escarlate [iʃkax'latʃi] *adj* escarlata.
escarlatina [iʃkaxla'tʃina] *f* escarlatina *f*.
escárnio [iʃ'karnju] *m* **-1.** [desdém] desprecio *m*. **-2.** [zombaria] escarnio *m*.
escarpado, da [iʃkar'padu, da] *adj* escarpado(da).
escarrar [iʃka'xa(x)] ◇ *vt* escupir. ◇ *vi* escupir.
escarro [iʃ'kaxu] *m* gargajo *m*, flema *f*.
escassear [iʃka'sja(x)] ◇ *vt* escasear. ◇ *vi* escasear.
escassez [iʃka'seʒ] *f* escasez *f*.
escasso, sa [iʃ'kasu, sa] *adj* escaso(sa).
escavação [iʃkava'sãw] (*pl* **-ões**) *f* excavación *f*.
escavar [iʃka'va(x)] *vt* excavar.
esclarecer [iʃklare'se(x)] *vt* **-1.** [explicar] aclarar. **-2.** [elucidar] esclarecer. **-3.** [informar] informar.
◆ **esclarecer-se** *vp* [informar-se] informarse.
esclarecimento [iʃklaresi'mẽntu] *m* **-1.** [explicação] explicación *f*. **-2.** [informação] información *f*.
◆ **Esclarecimento** *m* [Iluminismo] Ilustración *f*.
esclerose [iʃkle'rɔzi] *f* esclerosis *f*; **~ múltipla** esclerosis múltiple.
escoadouro [iʃkoa'doru] *m* desagüe *m*, drenaje *m* *Méx*.
escoar [iʃ'kwa(x)] *vi*: **~ (por)** desaguar (por).
escocês, esa [iʃko'seʒ, eza] ◇ *adj* escocés(esa). ◇ *m, f* escocés *m*, -esa *f*.
◆ **escocês** *m* [língua] escocés *m*.
Escócia [iʃ'kɔsja] *n* Escocia.
escola [iʃ'kɔla] *f* escuela *f*; **~ particular/pública** escuela privada/pública; **~ naval** escuela naval; **~ de samba** escuela de samba, escola *f* de samba *RP*.
escolar [iʃko'la(x)] (*pl* **-es**) *adj* escolar.
escolaridade [iʃkolari'dadʒi] *f* escolaridad *f*.
escolha [iʃ'koʎa] *f* elección *f*.
escolher [iʃko'ʎe(x)] *vt* escoger, elegir.

escolhido, da [iʃko'ʎidu, da] *adj* escogido(da), elegido(da).
escoliose [iʃkoli'ɔzi] *f MED* escoliosis *f inv.*
escolta [iʃkɔwta] *f* escolta *f.*
escombros [iʃ'kõnbruʃ] *mpl* escombros *mpl.*
esconder [iʃkõn'de(x)] *vt* esconder.
◆ **esconder-se** *vp* esconderse.
esconderijo [iʃkõnde'riʒu] *m* escondrijo *m.*
escondidas [iʃkõn'dʒidaʃ] ◆ **às escondidas** *loc adv* a escondidas.
escopeta [iʃko'peta] *f* escopeta *f.*
escopo [iʃ'kopu] *m* propósito *m*, fin *m.*
escora [iʃ'kɔra] *f* puntal *m.*
escorar [iʃko'ra(x)] *vt* [com escoras] apuntalar.
◆ **escorar-se** *vp* **-1.** [encostar-se]: **~-se (em)** apoyarse (en), recargarse (en) *Méx.* **-2.** [fundamentar-se]: **~-se em** apoyarse (en), basarse (en).
escoriação [iʃkorja'sãw] (*pl* **-ões**) *f* escoriación *f.*
escorpiano, na [iʃkox'pjãnu, na] <> *adj* escorpio *Esp*, escorpiano(na) *Amér*, escorpión *Méx.* <> *m, f* escorpio *m Esp*, escorpiano *m*, -na *f Amér*, escorpión *mf Méx.*
escorpião [iʃkox'pjãw] (*pl* **-ões**) *m ZOOL* escorpión *m.*
◆ **Escorpião** *m ASTRO* Escorpión *m.*
escorredor [iʃkoxe'do(x)] *m* [para alimentos] escurridor *m*; **~ de pratos** escurridor (de platos), escurreplatos *m inv Esp.*
escorregadiço, ça [iʃkoxega'dʒisu, sa], **escorregadio, dia** [iʃkoxega'dʒiu, dʒia] *adj* resbaladizo(za), resbaloso(sa) *Amér.*
escorregador [iʃkoxega'do(x)] *m* tobogán *m.*
escorregão [iʃkoxe'gãw] (*pl* **-ões**) *m* resbalón *m.*
escorregar [iʃkoxe'ga(x)] *vi* **-1.** [deslizar] resbalar. **-2.** *fig* [errar]: **~ em algo** patinar en algo.
escorrer [iʃko'xe(x)] <> *vt* [tirar líquido de] escurrir. <> *vi* [verter] chorrear, escurrir *Méx.*
escoteiro, ra [iʃko'tejru, ra] *m* explorador *m*, scout *m.*
escotilha [iʃko'tiʎa] *f* escotilla *f.*
escova [iʃ'kova] *f* [utensílio] cepillo *m*, escobilla *f Méx*; **~ de dentes** cepillo de dientes; **~ de cabelo** cepillo para el pelo; **fazer uma ~** [penteado] peinarse, hacerse el brushing *RP.*
escovar [iʃko'va(x)] *vt* cepillar.
escrachar [iʃkra'ʃa(x)] *vt fam* **-1.** [desmascarar] desenmascarar. **-2.** [repreender] reñir.
escravidão [iʃkravi'dãw] *f* esclavitud *f.*
escravizar [iʃkravi'za(x)] *vt* [tornar escravo] esclavizar.
escravo, va [iʃ'kravu, va] <> *adj* esclavo(va); **ser ~ de alguém/algo** ser esclavo(va) de alguien/algo. <> *m, f* esclavo *m*, -va *f.*
escravocrata [iʃkravo'krata] <> *adj* esclavista. <> *mf* esclavista *mf.*
escrevente [iʃkre'vẽntʃi] *mf* escribiente *mf*, escribano *m*, -na *f Méx.*
escrever [iʃkre've(x)] <> *vt* escribir. <> *vi* escribir.
◆ **escrever-se** *vp* escribirse.
escrita [iʃ'krita] *f* **-1.** [caligrafia] letra *f.* **-2.** *fam* [rotina] tradición *f.*
escrito, ta [iʃ'kritu, ta] <> *pp* ▷ **escrever.** <> *adj* escrito(ta); **por ~** por escrito.
◆ **escrito** *m* escrito *m.*
◆ **escritos** *mpl* [obra literária] escritos *mpl.*
escritor, ra [iʃkri'to(x), ra] (*mpl* **-es**, *fpl* **-s**) *m, f* escritor *m*, -ra *f.*
escritório [iʃkri'tɔrju] *m* **-1.** *COM* oficina *f.* **-2.** [em casa] despacho *m Esp*, estudio *m Amér.*
escritura [iʃkri'tura] *f* escritura *f.*
◆ **Escrituras** *fpl*: **as ~** las Escrituras.
escriturar [iʃkri'tura(x)] *vt* escriturar.
escrivã [iʃkri'vã] *f* ▷ **escrivão.**
escrivaninha [iʃkriva'niɲa] *f* escritorio *m.*
escrivão, vã [iʃkri'vãw, va] (*mpl* **-ões**, *fpl* **-s**) *m, f* notario *m*, -ria *f*, escribano *m*, -na *f RP.*
escrúpulo [iʃ'krupulu] *m* **-1.** [ger] escrúpulo *m*; **sem ~s** sin escrúpulos. **-2.** [cuidado] cuidado *m.*
escrupuloso, osa [iʃkrupu'lozu, ɔza] *adj* escrupuloso(sa).
escrutínio [iʃkru'tʃinju] *m* escrutinio *m.*
escudo [iʃkudu] *m* escudo *m.*
esculhambado, da [iʃkuʎãn'badu, da] *adj fam* desgastado(da).
esculhambar [iʃkuʎãn'ba(x)] *fam vt* **-1.** [repreender] echar la bronca a *Esp*, regañar *Méx*, retar *RP.* **-2.** [avacalhar] ridiculizar, destrozar, hacer

pedazos *Méx.* **-3.** [desarrumar] desarreglar. **-4.** [quebrar] destrozar, malograr *Andes*, descomponer *Méx*, hacer bolsa *RP.*

esculpir [iʃkuw'pi(x)] *vt* esculpir.

escultor, ra [iʃkuw'to(x), ra] (*mpl* **-es**, *fpl* **-s**) *m, f* escultor *m*, -ra *f.*

escultura [iʃkuw'tura] *f* escultura *f.*

escuna [iʃ'kuna] *f* goleta *f.*

escuras [iʃ'kuraʃ] *fpl* ⊳ **escuro**.

escurecer [iʃkure'se(x)] ◇ *vt* [tornar escuro] oscurecer. ◇ *vi* **-1.** [anoitecer] oscurecer. **-2.** [ficar escuro] oscurecerse.

escuridão [iʃkuri'dãw] *f* oscuridad *f.*

escuro, ra [iʃ'kuru, ra] *adj* **-1.** [ger] oscuro(ra). **-2.** [pessoa] negro(gra).

◆ **escuro** *m* [escuridão] oscuridad *f.*

◆ **às escuras** *loc adv* **-1.** [sem luz] a oscuras. **-2.** [às escondidas] a escondidas *ou* hurtadillas.

escusa [iʃ'kuza] *f* excusa *f.*

escusar [iʃku'za(x)] *vt* [desculpar]: **~ alguém (de)** excusar a alguien (de).

◆ **escusar-se** *vp* **-1.** [desculpar-se]: **~-se (de)** excusarse (de). **-2.** [dispensar-se]: **~-se de** dispensarse de.

escuta [iʃ'kuta] *f* escucha *f*; **~ telefônica** escucha telefónica, espionaje telefónico *Méx.*

◆ **à escuta** *loc adv* a la escucha.

escutar [iʃku'ta(x)] ◇ *vt* escuchar. ◇ *vi* [ouvir] oír; [com atenção] escuchar.

esfacelar [iʃfase'la(x)] *vt* [destruir] despedazar.

◆ **esfacelar-se** *vp* [desfazer-se] deshacerse.

esfaquear [iʃfa'kja(x)] *vt* acuchillar.

esfarelar [iʃfare'la(x)] *vt* desmigajar.

◆ **esfarelar-se** *vp* desmoronarse.

esfarrapado, da [iʃfaxa'padu, da] *adj* **-1.** [roto] andrajoso(sa). **-2.** [não convincente] pobre.

esfarrapar [iʃfaxa'pa(x)] *vt* hacer jirones.

esfera [iʃ'fɛra] *f* esfera *f.*

esférico, ca [iʃ'fɛriku, ka] *adj* esférico(ca).

esferográfica [iʃfero'grafika] *f* bolígrafo *m.*

esferográfico, ca [iʃfero'grafiku, ka] *adj* ⊳ **caneta**.

esfomeado, da [iʃfo'mjadu, da] *adj* famélico(ca), hambriento(ta).

esforçado, da [iʃfox'sadu, da] *adj* esforzado(da).

esforçar-se [iʃfox'saxsi] *vp* esforzarse.

esforço [iʃ'foxsu] *m* esfuerzo *m.*

esfregar [iʃfre'ga(x)] *vt* **-1.** [friccionar] fregar, frotar, refregar *RP.* **-2.** [lavar] fregar, tallar *Méx*, refregar *RP.*

◆ **esfregar-se** *vp* **-1.** [friccionar-se] frotarse. **-2.** [lavar-se] fregarse, tallarse *Méx*, refregarse *RP.* **-3.** *fam* [bolinar] meterse mano, fajarse *Méx*, amasijar *RP.*

esfriar [iʃfri'a(x)] ◇ *vt* enfriar. ◇ *vi* enfriarse.

esfuziante [iʃfu'zjãntʃi] *adj* [alegre] radiante.

esganar [iʒga'na(x)] *vt* estrangular.

esganiçado, da [iʒgani'sadu, da] *adj* agudo(da).

esgarçar [iʒgax'sa(x)] ◇ *vt* rasgar. ◇ *vi* rasgarse.

esgotado, da [iʒgo'tadu, da] *adj* agotado(da).

esgotamento [iʒgota'mẽntu] *m* [exaustão] agotamiento *m.*

esgotar [iʒgo'ta(x)] *vt* **-1.** [ger] agotar. **-2.** [esquadrinhar] examinar. **-3.** [esvaziar, secar] agotar, vaciar *Amér.*

◆ **esgotar-se** *vp* agotarse.

esgoto [iʒ'gotu] *m* cloaca *f*, coladera *f Méx.*

esgrima [iʒ'grima] *f* esgrima *f.*

esguelha [iʒ'geʎa] *f* bies *m*, sesgo *m.*

◆ **de esguelha** *loc adv* de reojo.

esguichar [iʒgi'ʃa(x)] ◇ *vt* chorrear. ◇ *vi* salir a borbotones.

esguicho [iʒ'giʃu] *m* chorro *m.*

esguio, guia [iʒ'giu, gia] *adj* larguirucho(cha).

esmagador, ra [iʒmaga'do(x), ra] (*mpl* **-es**, *fpl* **-s**) *adj* aplastante.

esmagar [iʒma'ga(x)] *vt* aplastar.

esmalte [iʒ'mawtʃi] *m* esmalte *m*; **~ de unha** esmalte *ou* laca *Esp* de uñas, barniz *m Méx.*

esmerado, da [iʒme'radu, da] *adj* esmerado(da), pulcro(cra), prolijo (ja) *RP.*

esmeralda [iʒme'rawda] *f* esmeralda *f.*

esmerar-se [iʒme'raxsi] *vp*: **~-se em algo/em fazer algo** esmerarse en algo/en hacer algo.

esmero ['iʒmeru] *m* esmero *m.*

esmigalhar [iʒmiga'ʎa(x)] *vt* **-1.** [reduzir a migalhas] desmigajar, desmoronar *Méx.* **-2.** [despedaçar] triturar, despedazar. **-3.** [esmagar] hacer añicos *ou* polvo.

◆ **esmigalhar-se** *vp* **-1.** [fazer-se em migalhas] desmigajarse, desmoronarse *Méx*. **-2.** [despedaçar-se] hacerse añicos *ou* polvo.

esmiuçar [iʒmju'sa(x)] *vt* **-1.** [explicar] analizar (en detalle), desmenuzar *Esp*. **-2.** [investigar] investigar.

esmo ['eʒmu] ◆ **a esmo** *loc adv* **-1.** [andar] sin rumbo. **-2.** [atirar] al aire.

esmola [iʒ'mɔla] *f* limosna *f*.

esmorecer [iʒmore'se(x)] ◇ *vt* [desalentar] desanimar, desalentar *RP*. ◇ *vi* **-1.** [perder o ânimo] desanimarse. **-2.** [extinguir-se] apagarse, extinguirse.

esmurrar [iʒmu'xa(x)] *vt* dar puñetazos a, puñetear *Méx*.

esnobe [iʒ'nɔbi] ◇ *adj* esnob. ◇ *mf* esnob *mf*.

esnobismo [iʒno'biʒmu] *m* esnobismo *m*.

esotérico, ca [ezo'tɛriku, ka] *adj* esotérico(ca).

esoterismo [ezote'riʃmu] *m* esoterismo *m*.

espaçado, da [iʃpa'sadu, da] *adj* espaciado(da).

espacial [iʃpa'sjaw] (*pl* **-ais**) *adj* espacial.

espaço [iʃ'pasu] *m* **-1.** [ger] espacio *m*; ~ **aéreo** espacio aéreo. **-2.** [período] espacio *m*, lapso *m Amér*.

espaçoso, osa [iʃpa'sozu, ɔza] *adj* espacioso(sa), amplio(plia).

espada [iʃ'pada] *f* [arma] espada *f*.

◆ **espadas** *fpl* [naipe] espadas *fpl*.

espaguete [iʃpa'gɛtʃi] *m* espagueti *m*.

espairecer [iʃpajre'se(x)] ◇ *vt* despejar. ◇ *vi* [distrair-se] despejarse.

espaldar [iʃpaw'da(x)] *m* respaldo *m*.

espalhafato [iʃpaʎa'fatu] *m* barullo *m*.

espalhar [iʃpa'ʎa(x)] *vt* **-1.** [dispersar] esparcir. **-2.** [propalar] difundir. **-3.** [difundir] propagar.

◆ **espalhar-se** *vp* **-1.** [dissipar-se] esparcirse. **-2.** [propagar-se] propagarse.

espanador [iʃpana'do(x)] (*pl* **-es**) *m* plumero *m*.

espancamento [iʃpãŋka'mẽntu] *m* apaleamiento *m*.

espancar [iʃpãŋ'ka(x)] *vt* apalear.

Espanha [iʃ'pãɲa] *n* España.

espanhol, la [iʃpã'ɲɔw, la] (*mpl* **-óis**, *fpl* **-s**) ◇ *adj* español(la). ◇ *m, f* español *m*, -la *f*.

◆ **espanhol** *m* [língua] español *m*.

espantado, da [iʃpãn'tadu, da] *adj* **-1.** [assustado] espantado(da), horrorizado(da). **-2.** [surpreso] pasmado (da), atónito(ta).

espantalho [iʃpãn'taʎu] *m* espantapájaros *mpl*.

espantar [iʃpãn'ta(x)] ◇ *vt* **-1.** [assustar] espantar, aterrar. **-2.** [afugentar] espantar, ahuyentar. **-3.** [surpreender] sorprender. ◇ *vi* [causar espanto] asustar.

◆ **espantar-se** *vp* **-1.** [assustar-se] asustarse. **-2.** [surpreender-se] sorprenderse.

espanto [iʃ'pãntu] *m* **-1.** [susto] espanto *m*. **-2.** [assombro] sorpresa *f*.

espantoso, osa [iʃpãn'tozu, ɔza] *adj* sorprendente.

esparadrapo [iʃpara'drapu] *m* esparadrapo *m*, tela *f* adhesiva *Méx*, leukoplast® *m RP*.

esparramar [iʃpaxa'ma(x)] *vt* **-1.** [espalhar] desparramar. **-2.** [derramar] derramar.

◆ **esparramar-se** *vp* [refestelar-se] desparramarse.

esparso, sa [iʃ'paxsu, sa] *adj* [espalhado] diseminado(da).

espartilho [iʃpax'tiʎu] *m* corsé *m*.

espasmo [iʃ'paʒmu] *m* espasmo *m*.

espatifar [iʃpatʃi'fa(x)] ◇ *vt* despedazar. ◇ *vi* despedazarse.

◆ **espatifar-se** *vp* despedazarse.

espátula [iʃ'patula] *f* espátula *f*.

especial [iʃpe'sjaw] (*pl* **-ais**) *adj* especial; **em** ~ en especial.

especialidade [iʃpesjali'dadʒi] *f* especialidad *f*.

especialista [iʃpesja'liʃta] ◇ *adj* [perito]: ~ **em** especialista en. ◇ *mf* **-1.** [de ramo profissional] especialista *mf*. **-2.** [perito]: ~ **em** especialista en.

especializar-se [iʃpesjali'zaxsi] *vp*: ~ **(em)** especializarse (en).

especiaria [iʃpesja'ria] *f* especia *f*.

espécie [iʃ'pɛsji] *f* especie *f*; **causar** ~ *loc* sorprender.

◆ **em espécie** *loc adv* FIN en especie, en especies *RP*.

especificar [iʃpesifi'ka(x)] *vt* especificar.

específico, ca [iʃpe'sifiku, ka] *adj* específico(ca).

espécime [iʃ'pɛsimi] (*pl* **-mes**) (*pl* **-mens**) *m* espécimen *m*.

espectador, ra [iʃpekta'do(x), ra] (*mpl* **-res**, *fpl* **-ras**) *m, f* espectador *m*, -ra *f*.

espectro [iʃ'pɛktru] *m* **-1.** [fantasma]

espectro *m*, fantasma *m* **Méx**. **-2.** FÍSICA espectro *m*. **-3.** [pessoa esquálida] esqueleto *m*.

especulação [iʃpekula'sãw] (*pl* **-ções**) *f* especulación *f*.

especular [iʃpeku'la(x)] *vt* [averiguar] investigar.

espelho [iʃ'peʎu] *m* espejo *m*; ~ **retrovisor** espejo retrovisor.

espera [iʃ'pɛra] *f* **-1.** [ger] espera *f*; **à ~ de** a la espera de. **-2.** [tocaia] acecho *m*.

esperança [iʃpe'rãnsa] *f* esperanza *f*.

esperançoso, osa [iʃperãn'sozu, ɔza] *adj* **-1.** [que dá esperança] esperanzador(ra). **-2.** [que tem esperança] esperanzado(da).

esperar [iʃpe'ra(x)] ◇ *vt* esperar; ~ **que** esperar que; ~ **fazer algo** esperar hacer algo. ◇ *vi* [aguardar]: ~ **(por)** esperar (a); **espera (aí)!** ¡un momento!

esperma [iʃ'pɛxma] *m* esperma *m*.

espermicida [iʃpexmi'sida] ◇ *adj* espermicida. ◇ *m* espermicida *m*.

espernear [iʃpex'nja(x)] *vi* **-1.** [sacudir as pernas] patalear. **-2.** [protestar] protestar, patalear **Amér**.

espertalhão, ona [iʃpexta'ʎãw, ona] (*mpl* **-ões**, *fpl* **-s**) ◇ *adj* astuto(ta), vivo(va) **Amér**. ◇ *m, f* astuto *m*, -ta *f*, vivo *m*, -va *f* **Amér**.

esperteza [iʃpex'teza] *f* **-1.** [inteligência] astucia *f*, viveza *f* **Amér**. **-2.** [astúcia] astucia *f*, avivada *f* **Amér**.

esperto, ta [iʃ'pɛxtu, ta] *adj* **-1.** [inteligente] vivo(va). **-2.** [ativo] despierto (ta), activo(va) **Amér**. **-3.** [espertalhão] astuto(ta), vivo(va). **-4.** *fam* [bacana] espectacular, guay **Esp**, bacán(na) **Andes**, bárbaro(ra) **RP**.

espesso, sa [iʃ'pesu, sa] *adj* espeso (sa).

espessura [iʃpe'sura] *f* espesura *f*, espesor *m*.

espetacular [iʃpetaku'la(x)] (*pl* **-es**) *adj* espectacular.

espetáculo [iʃpe'takulu] *m* **-1.** [show] espectáculo *m*. **-2.** [maravilha]: **ser um ~** ser un espectáculo. **-3.** [cena ridícula] espectáculo *m*, show *m* **Méx**.

espetar [iʃpe'ta(x)] *vt* [furar] espetar, clavar.

◆ **espetar-se** *vp* [cravar-se] pincharse, clavarse.

espeto [iʃ'petu] *m* **-1.** [utensílio para churrasco] pincho *m*, brocheta *f*. **-2.** *fig* [pessoa magra] palillo *m*, palito *m* **RP**. **-3.** *fam* [situação difícil]: **ser um ~** ser difícil, ser un palo **Esp**, ser un triunfo **Amér**, ser un cuete **Méx**.

espevitado, da [iʃpevi'tadu, da] *adj* listo(ta), vivo(va).

espevitar [iʃpevi'ta(x)] ◆ **espevitar-se** *vp* **-1.** [mostrar-se afetado] ponerse petulante(da). **-2.** [irritar-se] enfadarse.

espezinhar [iʃpɛzi'ɲa(x)] *vt* **-1.** [tratar com desprezo] despreciar. **-2.** [humilhar] pisotear.

espiã [iʃ'pjã] *f* ▷ **espião**.

espiada [iʃ'pjada] *f* mirada *f*; **dar uma ~** dar una mirada, echar un ojo **Amér**.

espião, piã [iʃ'pjãw, pjã] (*mpl* **-ões**, *fpl* **-s**) *m, f* espía *mf*.

espiar [iʃ'pja(x)] ◇ *vt* espiar. ◇ *vi* **-1.** [olhar]: ~ **(por)** espiar (por). **-2.** [espionar] espiar.

espichado, da [iʃpi'ʃadu, da] *adj* estirado(da).

espichar [iʃpi'ʃa(x)] *vt* [esticar] estirar, extender.

◆ **espichar-se** *vp* [espreguiçar-se] estirarse, desperezarse **Esp**.

espiga [iʃ'piga] *f* espiga *f*.

espinafrar [iʃpina'fra(x)] *fam vt* **-1.** [repreender] echar una bronca a **Esp**, dar una chinga a **Méx**, putear **RP**. **-2.** [criticar] destrozar, hacer pedazos.

espinafre [iʃpi'nafri] *m* espinaca *f*.

espingarda [iʃpĩŋ'gaxda] *f* escopeta *f*.

espinha [iʃ'piɲa] *f* **-1.** [acne] grano *m*, espinilla *f* **Esp** & **Méx**. **-2.** ANAT columna *f*. **-3.** [de peixe] espina *f*.

espinho [iʃ'piɲu] *m* **-1.** [de planta] espina *f*. **-2.** [de animal] púa *f*. **-3.** *fig* [reveses] reveses *mpl* **Esp**, espinas *fpl* **Amér**.

espinhoso, osa [iʃpi'ɲozu, ɔza] *adj* espinoso(sa).

espionagem [iʃpio'naʒẽ] *f* espionaje *m*.

espionar [iʃpio'na(x)] ◇ *vt* espiar. ◇ *vi* espiar.

espiral [iʃpi'raw] (*pl* **-ais**) ◇ *adj* espiral. ◇ *f* espiral *f*; **em ~** en espiral.

espiritismo [iʃpiri'tʃiʒmu] *m* espiritismo *m*.

espírito [iʃ'piritu] *m* espíritu *m*; ~ **esportivo** espíritu deportivo.

◆ **Espírito Santo** *m* Espíritu *m* Santo.

espiritual [iʃpiri'twaw] (*pl* -ais) *adj* espiritual.

espirituoso, osa [iʃpiri'twozu, ɔza] *adj* animado(da).

espirrar [iʃpi'xa(x)] ◇ *vi* **-1.** [dar espirro] estornudar. **-2.** [jorrar] salpicar. ◇ *vt* [jorrar] salpicar.

espirro [iʃ'pixu] *m* estornudo *m.*

esplanada [iʃpla'nada] *f* explanada *f.*

esplêndido, da [iʃ'plẽndʒidu, da] *adj* espléndido(da).

esplendor [iʃplẽn'do(x)] *m* esplendor *m.*

espólio [iʃ'pɔlju] *m* **-1.** [herança] herencia *f.* **-2.** [despojo] expolio *m.*

esponja [iʃ'põnʒa] *f* esponja *f.*

espontâneo, nea [iʃpõn'tãnju, nja] *adj* espontáneo(nea).

espora [iʃ'pɔra] *f* espuela *f.*

esporádico, ca [iʃpo'radʒiku, ka] *adj* esporádico(ca).

esporte [iʃ'pɔxtʃi] *m* deporte *m.*

esportista [iʃpox'tʃiʃta] ◇ *adj* deportista. ◇ *mf* deportista *mf.*

esportivo, va [iʃpox'tʃivu, va] *adj* deportivo(va).

◆ **esportiva** *f fam* espíritu *m* deportivo.

esposa [iʃpo'za] *f* ▷ **esposo.**

esposo, sa [iʃ'pozu, za] *m, f* esposo *m,* -sa *f.*

espreguiçadeira [iʃpregisa'dejra] *f* tumbona *f* ***Esp***, reposera *f* ***Amér.***

espreguiçar-se [iʃpregi'saxsi] *vp* desperezarse.

espreita [iʃ'prejta] *f* acecho *m,* vigilancia *f;* **à ~** al acecho; *loc:* **à ~ (de)** al acecho (de).

espremedor [iʃpreme'do(x)] (*pl* **-es**) *m* exprimidor *m;* **~ de laranja** exprimidor de naranjas.

espremer [iʃpre'me(x)] *vt* **-1.** [apertar] apretar. **-2.** [comprimir] exprimir.

espuma [iʃ'puma] *f* **-1.** [bolhas] espuma *f.* **-2.** [acolchoamento] espuma *f,* hule *m* espuma ***Méx.***

espumante [iʃpu'mãntʃi] *adj* espumoso(sa), espumante ***RP.***

espumar [iʃpu'ma(x)] *vi* **-1.** [fazer espuma] espumar. **-2.** [de raiva] echar espuma.

espúrio, ria [iʃ'purju, rja] *adj* **-1.** [ilegal] ilegal. **-2.** [não genuíno] falso(sa).

esquadra [iʃ'kwadra] *f* escuadra *f.*

esquadrão [iʃkwa'drãw] (*pl* **-ões**) *m* escuadrón *m.*

esquadrilha [iʃkwa'driʎa] *f* escuadrilla *f.*

esquartejar [iʃkwaxte'ʒa(x)] *vt* descuartizar.

esquecer [iʃke'se(x)] ◇ *vt* olvidar; **~ que** olvidar que. ◇ *vi:* **~ (de algo/alguém)** olvidarse (de algo/alguien); **~ de fazer algo** olvidarse de hacer algo.

◆ **esquecer-se** *vp:* **~-se (de algo)** olvidarse (de algo); **~-se de fazer algo** olvidarse de hacer algo.

esquecido, da [iʃke'sidu, da] *adj* **-1.** [não lembrado] olvidado(da). **-2.** [distraído] olvidadizo(za).

esqueleto [iʃke'letu] *m* **-1.** [ger] esqueleto *m.* **-2.** ***fam*** [esboço] esbozo *m,* esqueleto *m* ***RP.***

esquema [iʃ'kema] *m* **-1.** [ger] esquema *m.* **-2.** [plano] plan *m.*

esquentar [iʃkẽn'ta(x)] ◇ *vt* [aquecer] calentar. ◇ *vi* **-1.** [aquecer] calentarse. **-2.** ***fig*** [exaltar-se] caldearse.

◆ **esquentar-se** *vp* **-1.** [aquecer-se] calentarse. **-2.** ***fig*** [exaltar-se] acalorarse, calentarse.

esquerda [iʃ'kexda] *f* ▷ **esquerdo.**

esquerdo, da [iʃ'kexdu, da] *adj* izquierdo(da).

◆ **esquerda** *f* izquierda *f;* **à ~** a la izquierda.

esquete [iʃ'kɛtʃi] *m* sketch *m.*

esqui [iʃ'ki] *m* esquí *m;* **~ aquático** esquí acuático.

esquiador, ra [iʃkja'do(x), ra] *m, f* esquiador *m,* -ra *f.*

esquiar [iʃ'kja(x)] *vi* esquiar.

esquilo [iʃ'kilu] *m* ardilla *f.*

esquimó [iʃki'mɔ] ◇ *adj* esquimal. ◇ *m, f* esquimal *mf.* ◇ *m* [língua] esquimal *m.*

esquina [iʃ'kina] *f* esquina *f;* **dobrar a ~** doblar la esquina.

esquisito, ta [iʃki'zitu, ta] *adj* **-1.** [incomum] raro(ra). **-2.** [extravagante] excéntrico(ca).

esquiva [iʃ'kiva] *f* ▷ **esquivo.**

esquivar-se [iʃki'vaxsi] *vp:* **~-se de** [soco, tiro, bola] esquivar; [obrigações, perguntas] librarse *ou* esquivarse ***Amér*** de.

esquivo, va [iʃ'kivu, va] *adj* esquivo (va).

◆ **esquiva** *f* movimiento *m* ***Esp***, esquivada *f* ***Amér.***

esse, essa ['esi, 'ɛsa] ◇ *adj* ese (esa). ◇ *pron* ese *m,* -esa *f;* **essa é boa!** ¡qué increíble!; **só faltava mais essa!** ¡lo que faltaba!

essência [e'sẽnsja] *f* esencia *f.*

essencial [esẽn'sjaw] (*pl* **-ais**) <> *adj* esencial. <> *m*: **o ~** [o mais importante] lo esencial *m*.
esses ['esiʃ] ▻ **esse**.
esta ['ɛʃta] ▻ **este**.
estabelecer [iʃtabele'se(x)] *vt* establecer.
◆ **estabelecer-se** *vp* establecerse; **~-se (que)** establecerse (que).
estabelecimento [iʃtabelesi'mẽntu] *m* establecimiento *m*.
estabilidade [iʃtabili'dadʒi] *f* estabilidad *f*.
estabilizador [iʃtabiliza'do(x)] (*pl* **-es**) *m* COMPUT sistema *m* de alimentación ininterrumpida, regulador *m* **Méx**, estabilizador *m* **RP**.
estabilizar [iʃtabili'za(x)] *vt* estabilizar.
◆ **estabilizar-se** *vp* estabilizarse.
estábulo [iʃ'tabulu] *m* establo *m*.
estaca [iʃ'taka] *f* estaca *f*; **voltar à ~ zero** *loc* volver al punto de partida, volver a la salida **Méx**.
estação [iʃta'sãw] (*pl* **-ões**) *f* **-1.** [ger] estación *f*; **~ (do ano)** estación (del año); **~ de chuvas** estación *ou* temporada *f* de lluvias; **~ de águas** balneario *m* **Esp**, balneario termal **Méx**, estación *f* termal **RP**. **-2.** [de colheita] estación *f*, temporada *f*. **-3.** TV, RÁDIO emisora *f*, estación *f* **Amér**.
estacionamento [iʃtasjona'mẽntu] *m* estacionamiento *m*.
estacionar [iʃtasjo'na(x)] <> *vt* AUTO aparcar, estacionar **Amér**. <> *vi* **-1.** AUTO aparcar, estacionar **Amér**. **-2.** [não evoluir] estacionarse, estancarse **Méx**.
estacionário, ria [iʃtasjo'narju, rja] *adj* [parado] paralizado(da), parado(da) **Méx**, estacionario(ria) **RP**.
estada [iʃ'tada], **estadia** [iʃta'dʒia] *f* estancia *f*, estadía *f* **Amér**.
estádio [iʃ'tadʒju] *m* estadio *m*.
estadista [iʃta'dʒiʃta] *m f* estadista *mf*.
estado [iʃ'tadu] *m* estado *m*; **em bom/mau ~** en buen/mal estado; **~ civil** estado civil; **~ de espírito** estado de espíritu; **~ de saúde** estado de salud; **~ de sítio** estado de sitio; **~ gasoso/líquido/sólido** estado gaseoso/líquido/sólido.
◆ **Estado** *m* POL Estado *m*.
estado-maior [iʃ,taduma'jɔ(x)] (*pl* **estados-maiores**) *m* MIL estado *m* mayor.
Estados Unidos da América [iʃtaduʒu,niduʃ da'mɛrika] *npl*: **os ~** los Estados Unidos de América.
estadual [iʃta'dwaw] (*pl* **-ais**) *adj* estatal.
estadunidense [iʃtaduni'dẽnsi] <> *adj* estadounidense. <> *mf* estadounidense *mf*.
estafa [iʃ'tafa] *f* agotamiento *m*.
estafado, da [iʃta'fadu, da] *adj* agotado(da).
estagflação [iʃtag'flasãw] *f* ECON estanflación *f*.
estagiário, ria [iʃta'ʒjarju, rja] *m, f* persona *f* en prácticas, practicante *mf* **Méx**, pasante *mf* **RP**.
estágio [iʃ'taʒu] *m* **-1.** [fase] fase *f*, etapa *f*, estadio *m* **RP**. **-2.** [treinamento] prácticas *fpl*, pasantía *f* **RP**.
estagnação [iʃtagna'sãw] *f* estancamiento *m*.
estagnado, da [iʃtag'nadu, da] *adj* estancado(da).
estagnar [iʃtag'na(x)] <> *vt* estancar. <> *vi* estancarse.
◆ **estagnar-se** *vp* estancarse.
estalagem [iʃta'laʒẽ] (*pl* **-ns**) *f* albergue *m*.
estalar [iʃta'la(x)] <> *vt* **-1.** [dedos] chasquear, tronar **Méx**. **-2.** [nozes, ovos] partir. <> *vi* **-1.** [rachar] romperse **Esp**, estrellarse **Méx**, rajarse **RP**. **-2.** [crepitar] crepitar.
estaleiro [iʃta'lejru] *m* astillero *m*.
estalido [iʃta'lidu] *m* [de dedos] chasquido *m*; [de chicote, fogos] estallido *m*.
estalo [iʃ'talu] *m* **-1.** [de dedos] chasquido *m*; [de chicote, foguete, trovão] estallido *m*. **-2.**: **de ~** [de repente] de repente.
estampa [iʃ'tãnpa] *f* **-1.** [ger] estampa *f*. **-2.** [padrão impresso] estampado *m*.
estampado, da [iʃtãn'padu, da] *adj* estampado(da).
◆ **estampado** *m* estampado *m*.
estampar [iʃtãn'pa(x)] *vt* estampar; **a mulher estampava no rosto seu desespero** la mujer llevaba el desespero estampado en la cara.
estampido [iʃtãn'pidu] *m* estampido *m*, estampida *f* **Amér**.
estancar [iʃtãŋ'ka(x)] <> *vt* detener. <> *vi* parar.
estância [iʃ'tãnsja] *f* **-1.** [fazenda] hacienda *f*, estancia *f* **RP**. **-2.** [estação de águas]: **~ hidromineral** balneario *m* (de aguas termales), estación *f* termal **RP**.

estandarte [iʃtãn'daxtʃi] *m* estandarte *m*.

estanho [iʃ'tãɲu] *m* estaño *m*.

estante [iʃ'tãntʃi] *f* **-1.** [móvel] estantería *f*, estante *m* ***Méx***. **-2.** [suporte] atril *m*.

estapafúrdio, dia [iʃtapa'furdʒju, dʒja] *adj* estrambótico(ca).

estar [iʃ'ta(x)] *vi* estar; **estará lá à hora certa** estará allí puntualmente; **estarei no emprego às dez** estaré en el trabajo a las diez; ~ **bem/mal de saúde** estar bien/mal de salud; **está muito calor/frio** hace mucho calor/frío; **estará de férias duas semanas** estará de vacaciones dos semanas; **estive em casa toda a tarde** estuve en casa toda la tarde; **estive à sua espera uma hora** estuve esperándolo una hora; **está bem** *ou* **certo!** está bien!

◆ **estar a** *v + prep [relativo a preço]* estar a; **o corte de cabelo está a 60 reais** el corte de pelo cuesta 60 reales, el corte de pelo está a 60 reales ***Amér***; **está chovendo** está lloviendo; **estou estudando** estoy estudiando.

◆ **estar de** *v + prep*: ~ **de folga** *ou* **férias** estar de vacaciones; ~ **de cama** estar en cama; ~ **de calça e chapéu** llevar pantalón y sombrero, estar de pantalón y sombrero ***Amér***; ~ **de plantão** estar de guardia.

◆ **estar para** *v + prep* estar a punto de; **ele está para chegar** está a punto de llegar; **estou para sair** estoy a punto de salir, estoy saliendo ***RP***; **não estou para brincadeiras** no estoy para tonterías.

◆ **estar perante** *v + prep* estar ante.

◆ **estar por** *v + prep* estar por.

◆ **estar sem** *v + prep* no tener, estar sin ***Amér***.

estardalhaço [iʃtaxda'ʎasu] *m* **-1.** [barulho] escándalo *m*, mitote *m* ***Méx***. **-2.** [ostentação] ostentación *f*.

estarrecer [iʃtaxe'se(x)] ◇ *vt* atemorizar ***Esp***, estremecer ***Amér***. ◇ *vi* atemorizarse ***Esp***, estremecerse ***Amér***.

estarrecido, da [iʃtaxe'sidu, da] *adj* conmocionado(da).

estas ['ɛʃtaʃ] ▷ **este**.

estatal [iʃta'taw] (*pl* **-ais**) ◇ *adj* estatal. ◇ *f* [empresa] empresa *f* estatal, paraestatal *f* ***Méx***.

estatelado, da [iʃtate'ladu, da] *adj* [no chão] tendido(da).

estático, ca [iʃ'tatʃiku, ka] *adj* estático(ca).

estatístico, ca [iʃta'tʃiʃtʃiku, ka] ◇ *adj* estadístico(ca). ◇ *m, f* [profissional] estadístico *m*, -ca *f*.

◆ **estatística** *f* estadística *f*.

estátua [iʃ'tatwa] *f* estatua *f*.

estatura [iʃta'tura] *f* estatura *f*; ~ **alta/baixa/mediana** estatura alta/baja/media.

estatuto [iʃta'tutu] *m* estatuto *m*.

estável [iʃ'tavɛw] (*pl* **-eis**) *adj* estable.

este[1] ['ɛʃtʃi] = **leste**.

este[2], **esta** ['eʃtʃi, 'ɛʃta] ◇ *adj dem (de + este = deste; em + este = neste)* **-1.** [pessoa, coisa, lugar, tempo] este(ta); ~**s meninos/bombons** estos niños/bombones; **deste jeito é mais fácil** de esta forma es más fácil; ~ **ano tenho trabalhado demais** este año trabajé demasiado; **esta semana passou tão depressa** esta semana pasó tan rápido; **pretendo tirar férias nesta primavera** quiero salir de vacaciones esta primavera; **esta noite** [a noite passada] a noche; [a noite de hoje] esta noche. **-2.** [a ser enunciado] este(ta); **na porta, pendurou** ~ **aviso 'cuidado — cão feroz'** en la puerta colgó este cartel: 'cuidado con el perro'; **a questão é esta: quem se importa com isso?** la cuestión es ésta: ¿a quién le importa? ◇ *pron dem* **-1.** [indicando pessoa, coisa, tempo] éste(ta); **quero** ~ **aqui** quiero éste; **estas são mais duráveis** éstas son más durables. **-2.** [o mencionado por último] éste(ta); **Carlos e João,** ~ **com a mulher, Marlene** Carlos y João, éste con la mujer, Marlene.

esteio [iʃ'teju] *m* **-1.** [ger] escora *f*. **-2.** ***fig*** [arrimo] sustento *m*.

esteira [iʃ'tejra] *f* **-1.** [tecido] estera *f*. **-2.** [usada na praia] esterilla *f*. **-3.** [rolante] cinta *f* transportadora. **-4.** ***fig*** [caminho] camino *m*; **na** ~ **de** en el camino de.

estelionato [iʃteljo'natu] *m* estafa *f*.

estender [iʃtẽn'de(x)] *vt* **-1.** [ger] extender; ~ **algo a alguém/algo** extender algo a alguien/algo. **-2.** [roupa] tender. **-3.** [oferecer]: ~ **algo para alguém** ofrecer algo a alguien.

◆ **estender-se** *vp* **-1.** [ocupar]: ~**-se**

por extenderse por. **-2.** [durar]: **~-se (por)** extenderse (durante). **-3.** [deitar-se]: **~-se (em)** extenderse (en).

estenodatilógrafo, fa [iʃtenodatʃi'lɔgrafu, fa] *m, f* estenógrafo *m*, -fa *f*, taquidactilógrafo *m*, -fa *f RP*.

estenografia [iʃtenogra'fia] *f* estenografía *f*, taquidactilografía *f RP*.

estepe [iʃ'tɛpi] ◇ *m* [pneu] rueda *f* de recambio, llanta *f* de repuesto *Méx*, rueda *f* auxiliar *RP*. ◇ *f* [vegetação] estepa *f*.

esterco [iʃ'texku] *m* estiércol *m*.

estéreo [iʃ'tɛrju] *adj* estéreo.

estereofônico, ca [iʃterjo'foniku, ka] *adj* estereofónico(ca).

estereótipo [iʃte'rjɔtʃipu] *m* estereotipo *m*.

estéril [iʃ'tɛriw] (*pl* **-eis**) *adj* estéril.

esterilização [iʃteriliza'sãw] (*pl* **-ões**) *f* esterilización *f*.

esterilizado, da [iʃterili'zadu, da] *adj* esterilizado(da).

esterilizar [iʃterili'za(x)] *vt* esterilizar.

esterlino, na [iʃtex'linu, na] ◇ *adj*: **libra ~** libra esterlina. ◇ *m* esterlina *f*.

estes ['eʃtʃiʃ] ▻ **este.**

estética [iʃ'tɛtika] *f* ▻ **estético.**

estético, ca [iʃ'tɛtʃiku, ka] *adj* estético(ca).
◆ **estética** *f* estética *f*.

estetoscópio [iʃtɛtoʃ'kɔpju] *m* estetoscopio *m*.

estiagem [iʃ'tʃjaʒẽ] (*pl* **-ns**) *f* **-1.** [após a chuva] escampada *f*; **esperei a ~ para ir almoçar** esperé a que parara de llover para salir a comer. **-2.** [falta de chuva] sequía *f*. **-3.** [de rio, fonte] estiaje *m*.

estiar [iʃ'tʃja(x)] *vi* **-1.** [parar de chover] escampar, parar de llover. **-2.** [faltar chuva] haber sequía.

estibordo [iʃtʃi'bɔxdu] *m* estribor *m*; **a ~** a estribor.

esticar [iʃtʃi'ka(x)] ◇ *vt* estirar. ◇ *vi* **-1.** [distender-se] estirarse, ceder. **-2.** *fam* [prolongar uma saída]: **~ (em)** continuar *ou* seguirla *Amér* (en).
◆ **esticar-se** *vp* [pessoa] estirarse.

estigma [iʃ'tʃigma] *m* estigma *m*.

estigmatizar [iʃtʃigmatʃi'za(x)] *vt* estigmatizar.

estilhaçar [iʃtʃiʎa'sa(x)] *vt* astillar, estrellar *Méx*.
◆ **estilhaçar-se** *vp* astillarse, estrellarse *Méx*.

estilhaço [iʃtʃi'ʎasu] *m* astilla *f*.

estilista [iʃtʃi'liʃta] *m f* estilista *mf*.

estilo [iʃ'tʃilu] *m* estilo *m*; **~ de vida** estilo de vida; **em grande ~** a lo grande.

estima [iʃ'tʃima] *f* estima *f*.

estimação [iʃtʃima'sãw] *f*: **de ~** [objeto] favorito(ta); **animal de ~** mascota *f*.

estimado, da [iʃtʃi'madu, da] *adj* estimado(da).

estimar [iʃtʃi'ma(x)] *vt* **-1.** [avaliar]: **~ algo (em)** calcular algo (en). **-2.** [apreciar, ter afeto por] estimar. **-3.** [desejar] esperar; **~ que** esperar que.

estimativa [iʃtʃima'tʃiva] *f* estimación *f*.

estimulante [iʃtʃimu'lãntʃi] ◇ *adj* estimulante. ◇ *m* estimulante *m*.

estimular [iʃtʃimu'la(x)] *vt* estimular; **~ alguém (a fazer algo)** estimular a alguien (a hacer algo).

estímulo [iʃ'tʃimulu] *m* **-1.** [ger] estímulo *m*. **-2.** [incentivo] estímulo *m*, incentivo *m*.

estipular [iʃtipu'la(x)] *vt* estipular.

estirar [iʃtʃi'ra(x)] *vt* estirar.
◆ **estirar-se** *vp* [deitar-se] tumbarse, tirarse.

estivador, ra [iʃtʃiva'do(x), ra] (*mpl* **-es**, *fpl* **-s**) *m, f* estibador *m*, -ra *f*.

estocada [iʃto'kada] *f* estocada *f*.

estocar [iʃto'ka(x)] *vt* **-1.** [armazenar] almacenar. **-2.** [golpear com estoque] dar una estocada en.

Estocolmo [iʃto'kowmu] *n* Estocolmo.

estofar [iʃto'fa(x)] *vt* **-1.** [revestir] tapizar. **-2.** [acolchoar] acolchar, acolchonar *Méx*, rellenar *RP*.

estofo [iʃ'tofu] *m* **-1.** [revestimento] tapizado *m*. **-2.** [acolchoamento] relleno *m*. **-3.** *fig* [fibra, firmeza] firmeza *f*, garra *f RP*.

estoicismo [iʃtoj'siʒmu] *m* estoicismo *m*.

estóico, ca [iʃ'tɔjku, ka] ◇ *adj* estoico(ca). ◇ *m, f* estoico *m*, -ca *f*.

estojo [iʃ'toʒu] *m* [de óculos, jóias, violino] estuche *m*; [de lápis] estuche *m*, lapicera *f Mex*, cartuchera *f RP*; [de ferramentas] caja *f*.

estola [iʃ'tɔla] *f* estola *f*.

estômago [iʃ'tomagu] *m* estómago *m*; **ter ~ para (fazer) algo** *fig* tener estómago para (hacer) algo.

Estônia [iʃ'tonja] *n* Estonia.

estoque [iʃ'tɔki] *m* **-1.** [provisão] stock *m*, existencias *fpl*. **-2.** [local] almacén *m*, depósito *m* ***RP***.
estória [iʃ'tɔrja] *f* historia *f*.
estorricar [iʃtoxi'ka(x)] *vt* & *vi* torrarse.
estorvo [iʃ'toxvu] *m* **-1.** [obstáculo] estorbo *m*, obstáculo *m* ***Méx***; [pessoa] estorbo *m*. **-2.** [incômodo] molestia *f*, estorbo *m* ***RP***.
estourado, da [iʃto'radu, da] *adj* **-1.** [temperamental] temperamental. **-2.** ***fam*** [fatigado] reventado(da), destrozado(da).
estourar [iʃto'ra(x)] ◇ *vi* **-1.** [bomba] explotar, estallar. **-2.** [pneu] reventar, ponchar ***Méx***. **-3.** [guerra, escândalo] estallar. **-4.** [latejar] reventar; **estar estourando de raiva/alegria** estar explotando de rabia/alegría; **estou estourando de dor de cabeça** me estalla la cabeza. **-6.** ***fig*** [no mais tardar]: **estourando cinco e meia** a más tardar a las cinco y media. ◇ *vt* **-1.** [bomba] explotar, estallar. **-2.** [boca-de-fumo] reventar.
estouro [iʃ'toru] *m* **-1.** [ger] explosión *f*, estallido *m*. **-2.** ***fam*** [coisa, pessoa espetacular]: **ser um** ~ ser alucinante.
estrábico, ca [iʃ'trabiku, ka] *adj* estrábico(ca).
estrabismo [iʃtra'biʒmu] *m* estrabismo *m*.
estraçalhar [iʃtrasa'ʎa(x)] *vt* ***fam*** **-1.** [despedaçar] destrozar, romper ***Méx***. **-2.** [pessoa] despedazar.
◆ **estraçalhar-se** *vp* ***fam*** **-1.** [despedaçar-se] destrozarse, romperse ***Méx***. **-2.** [pessoa] despedazarse.
estrada [iʃ'trada] *m* **-1.** [rodovia] carretera *f*, ruta *f* ***RP***; ~ **de ferro** vía *f* férrea. **-2.** ***fig*** [carreira] carrera *f*, calle *f* ***RP***; **estar na** ~ llevar trabajando. **-3.** ***fig*** [caminho] camino *m*, senda *f* ***RP***.
estrado [iʃ'tradu] *m* **-1.** [de cama] somier *m*, base *m* ***Amér***, parrilla *f* ***RP***. **-2.** [tablado] tarima *f*, estrado *m*.
estragado, da [iʃtra'gadu, da] *adj* **-1.** [danificado - rádio, carro, saúde] estropeado(da); [- livro, paletó] roto(ta), dañado(da) ***Méx***, estropeado(da) ***RP***; [- dente] cariado(da), picado (da). **-2.** [podre] estropeado(da), echado(da) a perder ***Amér***, malogrado(da) ***Andes***. **-3.** [mimado] mimado(da), consentido(da), echado(da) a perder ***Méx***.
estragão [iʃtra'gãw] *m* estragón *m*.
estraga-prazeres [iʃˌtragapra'zeriʃ] *mf inv* aguafiestas *mf inv*, pinchaglobos *mf inv* ***Arg***.
estragar [iʃtra'ga(x)] ◇ *vt* **-1.** [danificar - rádio, carro, saúde] estropear, descomponer ***Amér***; [- livro, paletó] romper, descomponer ***Amér***; [- dente] cariar. **-2.** [arruinar] arruinar, echar a perder. **-3.** [apodrecer] estropear, malograr ***Andes***. **-4.** [mimar] mimar, consentir, echar a perder ***Méx***. ◇ *vi* [apodrecer] estropearse, pudrirse, echarse a perder ***Méx***, malograrse ***Andes***.
estragar [iʃtra'ga(x)] ◆ **estragar-se** *vp* estropearse.
estrago [iʃ'tragu] *m* [dano] estragos *mpl*.
estrangeiro, ra [iʃtrãn'ʒejru, ra] ◇ *adj* extranjero(ra). ◇ *m, f* [pessoa] extranjero *m*, -ra *f*.
◆ **estrangeiro** *m* [território] extranjero *m*.
estrangular [iʃtrãŋgu'la(x)] *vt* estrangular.
estranhamento [iʃtrãɲa'mentu] *m* [espanto] sorpresa *f*.
estranhar [iʃtrã'ɲa(x)] ◇ *vt* **-1.** [achar fora do comum] extrañarse de, sorprenderse de ***Méx***. **-2.** [surpreender-se com] extrañarse ***Esp***, extrañarse con ***Amér***, sorprenderse con ***Méx***. **-3.** [não se habituar a] no acostumbrarse a. **-4.** [retrair-se diante de] mostrarse tímido(da) ante. **-5.** [hostilizar] tratar con hostilidad a ***Esp***, hostilizar a ***Amér***. ◇ *vi* [causar estranheza] causar extrañeza.
◆ **estranhar-se** *vp* [hostilizar-se] pelearse, discutir.
estranho, nha [iʃ'trãɲu, ɲa] *adj* **-1.** [ger] extraño(ña). **-2.** [estrangeiro] extranjero(ra). **-3.** [desconhecido] desconocido(da).
estratagema [iʃtrata'ʒema] *m* estratagema *f*.
estratégia [iʃtra'tɛʒja] *f* estrategia *f*.
estratégico, ca [iʃtra'tɛʒiku, ka] *adj* estratégico(ca).
estrategista [iʃtrate'ʒiʃta] *mf* estratega *mf*.
estrato [iʃ'tratu] *m* estrato *m*.
estrear [iʃtre'a(x)] ◇ *vt* **-1.** [filme, roupa, carro] estrenar. **-2.** [show] estrenar, debutar ***Méx***. **-3.** [carreira] estrenar ***Esp***, iniciar ***Amér***. ◇ *vi*

-**1.** [filme] estrenarse; [show, peça] estrenarse, debutar *Méx.* -**2.** [ator, músico, jogador] debutar, estrenarse *Esp.*

estrebaria [iʃtreba'ria] *f* caballeriza *f.*

estréia [iʃ'trɛja] *f* -**1.** [de filme, roupa, carro] estreno *m*; [de show] estreno *m*, debut *m Méx.* -**2.** [de artista, jogador] debut *m*, estreno *m Esp.*

estreitar [iʃtrej'ta(x)] <> *vt* -**1.** [ger] estrechar. -**2.** [roupa] achicar, ajustar *Amér.* <> *vi* [estrada] estrecharse.

◆ **estreitar-se** *vp* estrecharse.

estreito, ta [iʃ'trejtu, ta] *adj* -**1.** [apertado] estrecho(cha), angosto(ta) *Amér.* -**2.** [justo] estrecho(cha), angosto(ta) *RP.* -**3.** [relação, amizade] estrecho(cha).

◆ **estreito** *m GEOGR* estrecho *m.*

estrela [iʃ'trela] *f* estrella *f*; ~ **cadente** estrella fugaz; **ter boa/má ~** tener buena/mala estrella.

estrela-de-davi [iʃ'treladzida'vi] (*pl* **estrelas-de-davi**) *f* estrella *f* de David.

estrelado, da [iʃtre'ladu, da] *adj* -**1.** [céu, noite] estrellado(da). -**2.** [ovo] frito(ta), estrellado(da) *Méx.*

estrela-do-mar [iʃtreladu'ma(x)] (*pl* **estrelas-do-mar**) *f* estrella *f* de mar.

estremecer [iʃtreme'se(x)] <> *vt* -**1.** [ger] estremecer. -**2.** [amizade, união] afectar. <> *vi* -**1.** [ger] estremecerse. -**2.** [amizade, união] verse afectado(da), estremecerse *Esp.*

estremecimento [iʃtremesi'mẽntu] *m* -**1.** [abalo] estremecimiento *m Esp*, cimbrón *m Amér.* -**2.** [de amizade, união] crisis *f inv.*

estrépito [iʃ'trɛpitu] *m* estrépito *m.*

estressado, da [iʃtre'sadu, da] *adj* estresado(da).

estressante [iʃtre'sãntʃi] *adj* estresante.

estresse [iʃ'trɛʃi] *m* estrés *m.*

estria [iʃ'tria] *f* estría *f.*

estribeira [iʃtri'bejra] *f*: **perder as ~s** *fam* perder los estribos.

estribo [iʃ'tribu] *m* estribo *m.*

estridente [iʃtri'dẽntʃi] *adj* estridente.

estripulia [iʃtripu'lia] *f fam* travesura *f*, diablura *f.*

estritamente [iʃtrita'mẽntʃi] *adv* [à risca] a rajatabla.

estrito, ta [iʃ'tritu, ta] *adj* -**1.** [rigoroso] estricto(ta). -**2.** [exato] exacto(ta); **no sentido ~ da palavra** en el sentido estricto de la palabra.

estrofe [iʃ'trɔfi] *f* estrofa *f.*

estrogonofe [iʃtrogo'nɔfi] *m CULIN* estrogonof *m.*

estrondo [iʃ'trõndu] *m* estruendo *m.*

estrondoso, osa [iʃtrõn'dozu, ɔza] *adj* -**1.** [ruidoso] estruendoso(sa). -**2.** *fig* [espetacular] espectacular.

estropiado, da [iʃtro'pjadu, da] *adj* -**1.** [aleijado] estropeado(da). -**2.** [exausto] agotado(da).

estropiar [iʃtro'pja(x)] *vt* -**1.** [aleijar] mutilar. -**2.** [cansar] fatigar, cansar. -**3.** [mutilar] arruinar. -**4.** [palavras, idioma] destrozar.

estrume [iʃ'trumi] *m* estiércol *m.*

estrutura [iʃtru'tura] *f* estructura *f.*

estruturação [iʃtrutura'sãw] (*pl* **-ões**) *f* estructuración *f.*

estrutural [iʃtrutu'raw] (*pl* **-ais**) *adj* estructural.

estruturalista [iʃtrutura'liʃta] *adj* estructuralista.

estuário [iʃ'twarju] *m* estuario *m.*

estudantada [iʃtudãn'tada] *f* [grupo] estudiantes *mpl.*

estudantado [iʃtudãn'tadu] *m* estudiantado *m.*

estudante [iʃtu'dãntʃi] *mf* estudiante *mf.*

estudantil [iʃtudãn'tʃiw] (*pl* **-is**) *adj* estudiantil.

estudar [iʃtu'da(x)] <> *vt* -**1.** [para aprender] estudiar. -**2.** [observar] estudiar, observar *Méx.* <> *vi* [adquirir conhecimento] estudiar.

estúdio [iʃ'tudʒju] *m* estudio *m.*

estudioso, osa [iʃtu'dʒjozu, ɔza] <> *adj* estudioso(sa). <> *m, f* estudioso *m*, -sa *f.*

estudo [iʃ'tudu] *m* estudio *m.*

◆ **estudos** *mpl* [formação escolar] estudios *mpl.*

estufa [iʃ'tufa] *f* -**1.** [de fogão] calientaplatos *m inv.* -**2.** [para plantas] invernadero *m.* -**3.** [fogão] cocina *f*, estufa *f Carib* & *Méx.*

estupefação [iʃtupefa'sãw] *f* [espanto] estupefacción *f.*

estupefato, ta [iʃtupe'fatu, ta] *adj* [espantado] estupefacto(ta).

estupendo, da [iʃtu'pẽndu, da] *adj* -**1.** [maravilhoso] estupendo(da). -**2.** [espantoso] extraordinario(ria).

estupidez [iʃtupi'deʃ] *f* -**1.** [ger] estupidez *f.* -**2.** *fam* [grosseria] grosería *f.*

estúpido, da [iʃ'tupidu, da] ◇ *adj* **-1.** [burro] estúpido(da). **-2.** *fam* [grosseiro] grosero(ra). **-3.** [insuportável]: **um calor ~** un calor exagerado *ou* grosero *Méx ou* de locos *RP*. ◇ *m, f* **-1.** [pessoa burra] estúpido *m*, -da *f*. **-2.** *fam* [pessoa grosseira] grosero *m*, -ra *f*.

estuprar [iʃtu'pra(x)] *vt* violar.

estupro [iʃ'tupru] *m* violación *f*.

estuque [iʃ'tuki] *m* [massa, revestimento] estuco *m*, yeso *m Méx*, enduido *m RP*.

esvair-se [iʒva'ixsi] *vp* **-1.** [desaparecer] desaparecer, esfumarse. **-2.** *loc*: **~ em lágrimas** deshacerse en lágrimas; **~ em sangue** desangrarse.

esvaziar [iʒva'zja(x)] *vt* vaciar.

esvoaçante [iʒvwa'sãntʃi] *adj* flotante.

esvoaçar [iʒvwa'sa(x)] *vi* **-1.** [pássaro, borboleta] revolotear. **-2.** *fig* [asa, vestido, cortina] agitarse.

ET (*abrev de* **ExtraTerrestre**) *m* extraterrestre *m*.

ETA (*abrev de* **Euskadi Ta Askatasuna**) *f* ETA *f*.

etapa [e'tapa] *f* etapa *f*.

etc. (*abrev de* **et cetera**) *mpl* etc.

eternidade [etexni'dadʒi] *f* eternidad *f*.

eternizar [etexni'za(x)] *vt* eternizar.
◆ **eternizar-se** *vp* eternizarse.

eterno, na [e'tɛxnu, na] *adj* eterno (na).

ético, ca ['ɛtʃiku, ka] *adj* ético(ca).
◆ **ética** *f* ética *f*.

Etiópia [etʃi'ɔpja] *n* Etiopía.

etiqueta [etʃi'keta] *f* etiqueta *f*; **~ adesiva** etiqueta adhesiva.

etnia [etʃ'nia] *f* etnia *f*.

étnico, ca ['ɛtʃniku, ka] *adj* étnico (ca).

etnocentrismo [etʃnosẽn'triʒmu] *m* etnocentrismo *m*.

eu ['ew] ◇ *pron pess* **-1.** *(sujeito)* yo; **~ sou arquiteto** (yo) soy arquitecto; **ela e ~ vamos ao teatro** ella y yo vamos al teatro; **~, que não sou bobo, fiquei atento** yo, que no soy bobo, presté atención; **e ~ que gostava tanto daquela ingrata** y yo que la quería tanto a aquella ingrata; **se ~ fosse você ...** yo en tu lugar ...; **~ mesmo** *ou* **próprio** yo mismo. **-2.** *(predicado)* yo; **ele é mais forte que ~** él es más fuerte que yo; **quem quebrou o vaso? — não fui ~!** ¿quién rompió el jarrón? — ¡yo no fui!; **passe a faca para eu fatiar o rosbife** pásame *ou* pasame *RP* el cuchillo para que corte el rosbif; **não deu tempo de eu ir ao clube** no me dio el tiempo de ir al club; **quem é? — sou ~** ¿quién es? — soy yo. **-3.** *loc*: **~, hein!** ¡qué cosa!; **~, quem?** ¿quién es 'yo'?; **e ~?** ¿y yo?; **tudo ~!** ¡todo yo! ◇ *m* [ego]: **(o) ~** el yo.

EUA (*abrev de* **Estados Unidos da América**) *npl* EUA *mpl*.

eucalipto [ewka'liptu] *m* eucalipto *m*.

eucaristia [ewkariʃ'tʃia] *f* eucaristía *f*.

eufemismo [ewfe'miʒmu] *m* eufemismo *m*.

euforia [ewfo'ria] *f* euforia *f*.

eurodólar [ewro'dɔla(x)] *m* eurodólar *m*.

Europa [ew'rɔpa] *n* Europa.

europeu, péia [ewro'pew, pɛja] ◇ *adj* europeo(pea). ◇ *m, f* europeo *m*, -pea *f*.

evacuação [evakwa'sãw] (*pl* **-ões**) *f* evacuación *f*.

evacuar [eva'kwa(x)] ◇ *vt* evacuar. ◇ *vi* [defecar] evacuar.

evadir [eva'dʒi(x)] *vt* **-1.** [evitar] evadir, eludir, evitar *Méx*. **-2.** [eludir] evadir, eludir.
◆ **evadir-se** *vp* [escapar] evadirse.

evangelho [evãn'ʒɛʎu] *m* evangelio *m*.

evangélico, ca [evãn'ʒɛliku, ka] ◇ *adj* evangélico(ca). ◇ *m, f* [pessoa] evangélico *m*, -ca *f*.

evangelização [evãnʒeliza'sãw] (*pl* **-ões**) *f* evangelización *f*.

evangelizar [evãnʒeli'za(x)] *vt* evangelizar.

evaporar [evapo'ra(x)] ◇ *vt* [vaporizar] evaporar. ◇ *vi* evaporarse.

evasão [eva'zãw] (*pl* **-ões**) *f* **-1.** [fuga] evasión *f*. **-2.** *fig* [evasiva] evasiva *f*.

evasivo, va [eva'zivu, va] *adj* evasivo (va).
◆ **evasiva** *f* evasiva *f*.

evento [e'vẽntu] *m* **-1.** [acontecimento] acontecimiento *m*, evento *m*. **-2.** [espetáculo, exposição] espectáculo *m*.

eventual [evẽn'twaw] (*pl* **-ais**) *adj* eventual.

Everest [eve'rɛʃtʃi] *n*: **o ~** el Everest.

evidência [evi'dẽnsja] *f* evidencia *f*; **em ~** [destacado] destacado(da).

evidenciar [evidẽ'sja(x)] *vt* **-1.** [comprovar] evidenciar. **-2.** [mostrar] evidenciar, revelar. **-3.** [destacar] destacar.

◆ **evidenciar-se** *vp* **-1.** [comprovar-se] evidenciarse. **-2.** [destacar-se] evidenciarse, destacarse.

evidente [evi'dẽntʃi] *adj* evidente.

evidentemente [evidẽntʃi'mẽntʃi] *adv* evidentemente.

evitar [evi'ta(x)] *vt* evitar; ~ **fazer algo** evitar hacer algo.

evocar [evo'ka(x)] *vt* [trazer à lembrança] evocar.

evolução [evolu'sãw] (*pl* **-ões**) *f* evolución *f.*

evoluir [evo'lwi(x)] *vi* evolucionar.

ex. (*abrev de* **exemplo**) ej.

exacerbar [ezasex'ba(x)] *vt* exacerbar.

◆ **exacerbar-se** *vp* exacerbarse.

exagerado, da [ezaʒe'radu, da] ◇ *adj* exagerado(da). ◇ *m, f* exagerado *m*, -da *f.*

exagerar [ezaʒe'ra(x)] ◇ *vt* exagerar. ◇ *vi* exagerar.

exagero [eza'ʒeru] *m* exageración *f.*

exalação [ezala'sãw] (*pl* **-ões**) *f* exhalación *f.*

exalar [eza'la(x)] *vt* exhalar.

exaltado, da [ezaw'tadu, da] *adj* exaltado(da).

exaltar [exaw'ta(x)] *vt* exaltar.

◆ **exaltar-se** *vp* exaltarse.

exame [e'zãmi] *m* examen *m*; **fazer um** ~ hacer un examen ***Esp*** & ***Méx***, tomar un examen ***Andes***, dar un examen ***RP***; MED hacerse un examen, hacerse un análisis ***Amér.***

examinar [ezami'na(x)] *vt* **-1.** [submeter a exame, analisar] examinar. **-2.** [inspecionar] examinar, revisar ***Amér***, checar ***Méx***.

exasperado, da [ezaʃpe'radu, da] *adj* exasperado(da).

exasperar [ezaʃpe'ra(x)] *vt* exasperar.

◆ **exasperar-se** *vp* exasperarse.

exatidão [ezatʃi'dãw] *f* exactitud *f.*

exato, ta [e'zatu, ta] *adj* exacto(ta).

exaurir [ezaw'ri(x)] *vt* [esgotar] agotar.

◆ **exaurir-se** *vp* agotarse.

exaustão [ezawʃ'tãw] *f* agotamiento *m.*

exausto, ta [e'zawʃtu, ta] ◇ *pp* ▷ exaurir. ◇ *adj* agotado(da).

exaustor [ezawʃ'to(x)] (*pl* **-es**) *m* extractor *m.*

excedente [ese'dẽntʃi] ◇ *adj* excedente. ◇ *m* **-1.** COM excedente *m.* **-2.** [aluno] *alumno que aunque aprueba el examen de ingreso, no consigue entrar en un centro de enseñanza por ser limitado el número de plazas disponibles.*

exceder [ese'de(x)] *vt* exceder.

◆ **exceder-se** *vp* [cometer excessos] excederse.

excelência [ese'lẽnsja] *f* **-1.** [primazia] excelencia *f.* **-2.** [tratamento]: **(Vossa) Excelência** (Su) Excelencia.

excelente [ese'lẽntʃi] *adj* excelente.

excentricidade [esẽntrisi'dadʒi] *f* excentricidad *f.*

excêntrico, ca [e'sẽntriku, ka] ◇ *adj* excéntrico(ca). ◇ *m, f* excéntrico *m*, -ca *f.*

excepcional [esepsjo'naw] (*pl* **-ais**) ◇ *adj* **-1.** [extraordinário, excelente] excepcional. **-2.** MED discapacitado(da), con capacidades especiales ***Méx.*** ◇ *mf* MED discapacitado *m*, -da *f*, persona *f* con capacidades especiales ***Méx.***

excessivo, va [ese'sivu, va] *adj* excesivo(va).

excesso [e'sɛsu] *m* exceso *m*; ~ **de velocidade** exceso de velocidad.

exceto [e'sɛtu] *prep* excepto.

excetuar [ese'twa(x)] *vt* exceptuar.

excitação [esita'sãw] *f* excitación *f.*

excitado, da [esi'tadu, da] *adj* excitado(da).

excitante [esi'tãntʃi] *adj* excitante.

excitar [esi'ta(x)] *vt* excitar.

◆ **excitar-se** *vp* excitarse.

exclamação [iʃklama'sãw] (*pl* **-ões**) *f* exclamación *f.*

exclamar [iʃkla'ma(x)] *vi* exclamar.

excluir [iʃklu'i(x)] *vt* excluir; ~ **algo/alguém de** excluir algo/a alguien de.

exclusão [iʃklu'zãw] (*pl* **-ões**) *f* exclusión *f.*

exclusivista [iʃkluzi'viʃta] ◇ *adj* exclusivista. ◇ *mf* exclusivista *mf.*

exclusivo, va [iʃklu'zivu, va] *adj* exclusivo(va).

excomungar [iʃkomũŋ'ga(x)] *vt* excomulgar.

excremento [iʃkre'mẽntu] *m* excremento *m.*

excretar [iʃkre'ta(x)] *vt* [expelir] excretar.

excursão [iʃkux'sãw] (*pl* **-ões**) *f* excursión *f.*

excursionista [iʃkuxsjo'niʃta] *mf* excursionista *mf*.

execução [ezeku'sãw] (*pl* **-ões**) *f* ejecución *f*.

executar [ezeku'ta(x)] *vt* ejecutar.

executivo, va [ezeku'tʃivu, va] ◇ *adj* ejecutivo(va). ◇ *m, f* ejecutivo *m*, -va *f*.

executor, ra [ezeku'to(x), ra] *m, f* ejecutor *m*, -ra *f*.

exemplar [ezẽn'pla(x)] (*pl* **-es**) ◇ *adj* [modelar] ejemplar. ◇ *m* ejemplar *m*.

exemplo [e'zẽnplu] *m* ejemplo *m*; **por ~** por ejemplo; **bom/mau ~** buen/mal ejemplo; **a ~ de** siguiendo el ejemplo de; **servir de ~ a alguém** servir de ejemplo a alguien.

exercer [ezex'se(x)] *vt* ejercer; **~ algo (sobre)** ejercer algo (sobre).

exercício [ezex'sisju] *m* ejercicio *m*; **presidente em ~** presidente en ejercicio; **professor em ~** profesor titular; **fazer ~** hacer ejercicio; **~ anterior/corrente** ejercicio anterior/actual.

exército [e'zɛxsitu] *m* ejército *m*.

exibição [ezibi'sãw] (*pl* **-ões**) *f* exhibición *f*.

exibido, da [ezi'bidu, da] *fam* ◇ *adj* [exibicionista] exhibicionista. ◇ *m, f* [exibicionista] exhibicionista *mf*.

exibir [ezi'bi(x)] *vt* exhibir.
◆ **exibir-se** *vp* exhibirse.

exigência [ezi'ʒẽnsja] *f* exigencia *f*.

exigente [ezi'ʒẽntʃi] *adj* [rigoroso] exigente.

exigir [ezi'ʒi(x)] *vt* exigir; **~ que alguém faça algo** exigir que alguien haga algo.

exíguo, gua [e'zigwu, gwa] *adj* [diminuto, minguado] exiguo(gua).

exilado, da [ezi'ladu, da] ◇ *adj* exiliado(da), exilado(da) *RP*. ◇ *m, f* exiliado *m*, -da *f*, exilado *m*, -da *f* *RP*.

exilar [ezi'la(x)] *vt* exiliar, exilar *RP*.
◆ **exilar-se** *vp* exiliarse, exilarse *RP*.

exílio [e'ziljul] *m* exilio *m*.

exímio, mia [e'zimju, mja] *adj* [excelente] eximio(mia).

eximir [ezi'mi(x)] *vt*: **~ alguém de algo** eximir a alguien de algo.
◆ **eximir-se** *vp*: **~-se de algo** eximirse de algo.

existência [eziʃ'tẽnsja] *f* existencia *f*.

existente [eziʃ'tẽntʃi] *adj* **-1.** [que existe] existente. **-2.** [vivente] vivo(va).

existir [eziʃ'tʃi(x)] *vi* existir; **não ~** *fam loc* ser de otro mundo, no existir *Amér*, ser nunca visto(ta) *Méx*.

êxito ['ezitu] *m* éxito *m*; **ter/não ter ~ (em)** tener/no tener éxito (en); **ser um ~** ser un éxito.

êxodo ['ezodu] *m* éxodo *m*; **~ rural** éxodo rural.

exonerar [ezone'ra(x)] *vt* **-1.** [demitir]: **~ alguém de algo** destituir a alguien de algo. **-2.** [desobrigar]: **~ alguém de algo** exonerar a alguien de algo.
◆ **exonerar-se** *vp* **-1.** [demitir-se]: **~-se de algo** renunciar a algo, dimitir de algo *Méx*. **-2.** [desobrigar-se]: **~-se de algo** exonerarse de algo.

exorbitância [ezoxbi'tãnsja] *f* **-1.** *fig* [excesso] exceso *m*. **-2.** *fam* [preço excessivo] robo *m*.

exótico, ca [e'zɔtʃiku, ka] *f* exótico (ca).

expandir [iʃpãn'dʒi(x)] *vt* **-1.** [inflar] extender. **-2.** [ampliar] expandir. **-3.** [difundir] expandir, difundir.
◆ **expandir-se** *vp* **-1.** [ger] expandirse. **-2.** [desabafar-se]: **~-se com alguém** abrirse con alguien.

expansão [iʃpãn'sãw] (*pl* **-ões**) *f* expansión *f*.

expansivo, va [iʃpãn'sivu, va] *adj* expansivo(va).

expatriação [iʃpatrja'sãw] (*pl* **-ões**) *f* expatriación *f*.

expatriar [iʃpa'trja(x)] *vt* expatriar.

expectativa [iʃpekta'tʃiva] *f* expectativa *f*; **na ~ de** a la expectativa de; **~ de vida** esperanza *f* ou expectativa de vida.

expedição [iʃpedʒi'sãw] (*pl* **-ões**) *f* expedición *f*.

expediente [iʃpe'dʒjẽntʃi] ◇ *adj* [que resolve] diligente. ◇ *m* **-1.** [horário] horario *m* de trabajo; **~ bancário** horario bancario; **meio ~** media jornada. **-2.** [diligência]: **ter ~** ser diligente. **-3.** [meios, recursos] recurso *m*. **-4.** [correspondência] correspondencia *f*.

expedir [iʃpe'dʒi(x)] *vt* [despachar] expedir.

expedito, ta [iʃpe'dʒitu, ta] *adj* **-1.** [pessoa] expeditivo(va). **-2.** [trabalho, solução] expedito(ta).

expelir [iʃpe'li(x)] *vt* expulsar.

experiência [iʃpe'rjẽnsja] *f* **-1.** [prática]

experiencia *f*. **-2.** [experimento] experimento *m*.

experiente [iʃpe'rjẽntʃi] *adj* experimentado(da).

experimentar [iʃperimẽn'ta(x)] *vt* **-1.** [testar] probar, testar ***Méx***. **-2.** [provar] probar. **-3.** [sofrer] experimentar. **-4.** [sentir] sentir.

experimento [iʃperi'mẽntu] *m* experimento *m*.

expiar [iʃ'pja(x)] *vt* expiar.

expiatório, ria [iʃpja'tɔrju, rja] *adj* ▷ **bode**.

expirar [iʃpi'ra(x)] ◇ *vt* [ar] espirar. ◇ *vi* [encerrar, morrer] expirar.

explicação [iʃplika'sãw] (*pl* **-ões**) *f* explicación *f*.

explicar [iʃpli'ka(x)] ◇ *vt* explicar. ◇ *vi* [dar explicação] explicar.

◆ **explicar-se** *vp* [justificar-se] explicarse.

explicativo, va [iʃplika'tʃivu, va] *adj* explicativo(va).

explícito, ta [iʃ'plisitu, ta] *adj* explícito(ta).

explodir [iʃplo'dʒi(x)] ◇ *vi* **-1.** [bomba] explotar. **-2.** [não conter-se] estallar; ~ **de** estallar de; ~ **em** estallar en. ◇ *vt* **-1.** [bomba] hacer explotar, explosionar ***Esp***. **-2.** [edifício, avião] volar.

exploração [iʃplora'sãw] (*pl* **-ões**) *f* **-1.** [ger] explotación *f*. **-2.** [desbravamento] exploración *f*. **-3.** [exorbitância]: **(ser) uma** ~ ser un robo.

explorador, ra [iʃplora'do(x), ra] ◇ *adj* explotador(ra). ◇ *m, f* **-1.** [desbravador] explorador *m*, -ra *f*. **-2.** [aproveitador] explotador *m*, -ra *f*.

explorar [iʃplo'ra(x)] *vt* **-1.** [ger] explotar. **-2.** [desbravar] explorar.

exploratório, ria [iʃplora'tɔrju, rja] *adj* exploratorio(ria).

explosão [iʃplo'zãw] (*pl* **-ões**) *f* **-1.** [detonação] explosión *f*. **-2.** ***fig*** [manifestação] explosión *f*, estallido *m*.

explosivo, va [iʃplo'zivu, va] *adj* explosivo(va).

◆ **explosivo** *m* [material] explosivo *m*.

EXPO (*abrev de* **Exposição**) expo *f*.

expor [iʃ'po(x)] *vt* **-1.** [ger] exponer; ~ **algo (a algo)** exponer algo (a algo). **-2.** [revelar] revelar.

◆ **expor-se** *vp* **-1.** [submeter-se]: ~**-se a algo** exponerse a algo. **-2.** [exibir-se] exhibirse.

exportação [iʃpoxta'sãw] (*pl* **-ões**) *f* exportación *f*.

exportador, ra [iʃpoxta'do(x), ra] ◇ *adj* exportador(ra). ◇ *m, f* exportador *m*, -ra *f*.

exportar [iʃpox'ta(x)] *vt* exportar.

exposição [iʃpozi'sãw] (*pl* **-ões**) *f* exposición *f*.

exposto, osta [iʃ'poʃtu, ɔʃta] ◇ *pp* ▷ **expor**. ◇ *adj* [à vista] expuesto (ta).

expressão [iʃpre'sãw] (*pl* **-ões**) *f* **-1.** [ger] expresión *f*; ~ **(de algo)** expresión (de algo); ~ **artística** expresión artística. **-2.** [vivacidade] expresividad *f*.

expressar [iʃpre'sa(x)] *vt* expresar.

◆ **expressar-se** *vp* expresarse.

expressivo, va [iʃpre'sivu, va] *adj* expresivo(va).

expresso, sa [iʃ'prɛsu, sa] ◇ *pp* ▷ **expressar**. ◇ *adj* expreso(sa).

◆ **expresso** *m* **-1.** [trem] expreso *m*. **-2.** [café] café *m* expreso.

exprimir [iʃpri'mi(x)] *vt* expresar.

◆ **exprimir-se** *vp* expresarse.

expulsão [iʃpuw'sãw] (*pl* **-ões**) *f* expulsión *f*.

expulsar [iʃpuw'sa(x)] *vt* expulsar.

expulso, sa [iʃ'puwsu, sa] ◇ *pp* ▷ **expulsar**. ◇ *adj* expulsado(da).

expurgar [iʃpux'ga(x)] *vt* **-1.** [limpar] limpiar, expurgar ***Amér***. **-2.** [corrigir] expurgar. **-3.** [livrar]: ~ **algo (de algo)** expurgar algo (de algo).

êxtase ['eʃtazi] *m* [enlevo] éxtasis *m inv*; **estar em** ~ estar en éxtasis.

extasiar [iʃta'zja(x)] *vt* extasiar.

◆ **extasiar-se** *vp* extasiarse.

extensão [iʃtẽn'sãw] (*pl* **-ões**) *f* **-1.** [ger] extensión *f*. **-2.** [ampliação] ampliación *f*. **-3.** [amplitude] magnitud *f*. **-4.** [ramal telefônico] extensión *f*, interno *m* ***RP***. **-5.** [fio elétrico] extensión *f*, alargue *m* ***RP***.

extensivo, va [iʃtẽn'sivu, va] *adj* **-1.** [extensível] extensible. **-2.** [amplo] extenso(sa).

extenso, sa [iʃ'tẽnsu, sa] *adj* **-1.** [ger] extenso(sa); **por** ~ entero. **-2.** [longo] extenso(sa), largo(ga).

extenuado, da [iʃte'nwadu, da] *adj* extenuado(da).

extenuante [iʃte'nwãntʃi] *adj* extenuante.

extenuar [iʃte'nwa(x)] *vt* [cansar, debilitar] extenuar.

◆ **extenuar-se** *vp* extenuarse.

exterior [iʃte'rjo(x)] (*pl* **-es**) ◇ *adj* exterior. ◇ *m* **-1.** [aparência, parte ex-

terna] exterior. **-2.** [o estrangeiro]: **o ~** el extranjero, el exterior *RP.*
exterioridade [iʃterjori'dadʒi] *f.* [aparências] apariencias *fpl*
exterminar [iʃtexmi'na(x)] *vt* **-1.** [aniquilar] exterminar. **-2.** [erradicar] eliminar.
extermínio [iʃtex'minju] *m* exterminio *m.*
externato [iʃtɛx'natu] *m* externado *m.*
externo, na [iʃtɛxnu, na] *adj* externo(na); **medicamento de uso ~** medicamento de uso externo.
extinção [iʃtʃĩn'sãw] *f* extinción *f*; **em ~** en extinción.
extinguir [iʃtʃĩŋ'gi(x)] *vt* **-1.** [fogo] extinguir. **-2.** [exterminar] exterminar. **-3.** [dissolver] disolver.
◆ **extinguir-se** *vp* extinguirse.
extinto, ta [iʃ'tʃĩntu, ta] *adj* **-1.** [ger] extinto(ta). **-2.** [vulcão] extinto(ta), muerto(ta) *Méx.* **-3.** [associação] disuelto(ta).
extintor [iʃtʃĩn'to(x)] (*pl* **-res**) *m*: **~ (de incêndio)** extintor *m ou* extinguidor *m Amér* (de incendios).
extirpar [iʃtʃix'pa(x)] *vt* extirpar.
extorquir [iʃtox'ki(x)] *vt* **-1.** [fórmula, segredo]: **~ algo (de alguém)** arrancar algo (a alguien). **-2.** [dinheiro]: **~ dinheiro de alguém** extorsionar a alguien.
extorsão [iʃtox'sãw] (*pl* **-ões**) *f* extorsión *f.*
extra ['ɛʃtra] ◇ *adj* [extraordinário] extra. ◇ *mf* extra *mf.*
extração [iʃtra'sãw] (*pl* **-ões**) *f* **-1.** [de minério, dente] extracción *f.* **-2.** [sorteio] sorteo *m.*
extraditar [eʃtradʒi'ta(x)] *vt* extraditar.
extrair [iʃtra'i(x)] *vt*: **~ algo (de)** extraer algo (de).
extraordinário, ria [eʃtraordʒi'narju, rja] *adj* extraordinario(ria).
extrapolação [eʃtrapola'sãw] (*pl* **-ões**) *f* extrapolación *f.*
extrapolar [eʃtrapo'la(x)] *vt* sobrepasar.
extraterrestre [eʃtrate'xɛʃtri] ◇ *adj* extraterrestre. ◇ *mf* extraterrestre *mf.*
extrato [iʃ'tratu] *m* extracto *m*; **~ de tomate** extracto de tomate; **~ bancário** extracto de cuentas *Esp*, estado *m* de cuenta *Amér.*
extravagância [iʃtrava'gãnsja] *f* extravagancia *f*; **fazer uma ~** hacer una extravagancia.
extravagante [iʃtrava'gãntʃi] ◇ *adj* [excêntrico] extravagante. ◇ *mf* extravagante *mf.*
extravasar [iʃtrava'za(x)] ◇ *vt* [exteriorizar] exteriorizar. ◇ *vi* **-1.** [expandir-se] extralimitarse. **-2.** [transbordar] derramarse.
extraviado, da [iʃtra'vjadu, da] *adj* extraviado(da).
extraviar [iʃtra'vja(x)] *vt* **-1.** [perder] extraviar. **-2.** [dinheiro] sustraer. **-3.** [perverter] corromper.
◆ **extraviar-se** *vp* [perder-se] extraviarse.
extravio [iʃtra'viw] *m* **-1.** [perda]: **~ (de algo)** extravío *m* (de algo). **-2.** [roubo] sustracción *f.* **-3.** [desvio] desvío *m.*
extremidade [iʃtremi'dadʒi] *f* **-1.** [fim, limite] extremo *m.* **-2.** [ponta] punta *f*, extremo *m.* **-3.** [beira] borde *m*, extremo *m.*
◆ **extremidades** *fpl* ANAT extremidades *fpl.*
extremo, ma [iʃ'tremu, ma] *adj* **-1.** [ger] extremo(ma); **o Extremo Oriente** el extremo Oriente. **-2.** [exagerado] extremado(da).
◆ **extremo** *m* **-1.** [limite, ponta] extremo *m.* **-2.** [máximo] máximo *m*; **em ~** en extremo.
extroversão [iʃtrovex'sãw] *f* extroversión *f.*
extrovertido, da [iʃtrovex'tʃidu, da] ◇ *adj* extrovertido(da). ◇ *m, f* extrovertido *m*, -da *f.*
exuberante [ezube'rãntʃi] *adj* **-1.** [vivo] animado(da). **-2.** [viçoso] exuberante.
exultante [ezuw'tãntʃi] *adj* exultante.
exultar [ezuw'ta(x)] *vi*: **~ (de)** exultar (de).
exumação [ezu'masãw] (*pl* **-ões**) *f* exhumación *f.*
exumar [ezu'ma(x)] *vt* **-1.** [corpo] exhumar. **-2.** [recordar] resucitar.

F

f, F ['ɛfi] *m* [letra] f, F *f.*

fá [fa] *m MÚS* fa *m.*

fã [fã] (*pl* **fãs**) *mf* fan *mf.*

fábrica ['fabrika] *f* fábrica *f.*

fabricação [fabrika'sãw] (*pl* **-ões**) *f* fabricación *f*; **de ~ caseira** de fabricación casera.

fabricar [fabri'ka(x)] *vt* [manufaturar, inventar] fabricar.

fábula ['fabula] *f* **-1.** [conto] fábula *f.* **-2.** *fam* [fortuna] pastón *m Esp*, dineral *m Amér.*

fabuloso, osa [fabu'lozu, ɔza] *adj* [imaginário, ótimo] fabuloso(sa).

faca ['faka] *f* cuchillo *m*; **ser uma ~ de dois gumes** *loc* ser un arma de doble filo.

facada [fa'kada] *f* **-1.** [golpe de faca] cuchillada *f.* **-2.** *fam* [pedir dinheiro]: **dar uma ~ em alguém** dar un sablazo a alguien.

façanha [fa'sãɲa] *f* hazaña *f.*

facão [fa'kãw] (*pl* **-ões**) *m* machete *m.*

facção [fak'sãw] (*pl* **-ões**) *f* facción *f.*

face ['fasi] *f* **-1.** [rosto] cara *f*, rostro *m*; **~ a ~** cara a cara. **-2.**: **fazer ~ a** [enfrentar] hacer frente a, dar la cara a *Méx*; [custear] hacerse cargo de, correr con los gastos de. **-3.** [lado] cara *f.* **-4.** [aspecto] lado *m*, cara *f Amér.*

◆ **em face de** *loc prep* [diante de] ante, frente a.

fáceis ['fasejʃ] *pl* ▷ **fácil**.

faceta [fa'seta] *f* [aspecto] faceta *f.*

fachada [fa'ʃada] *f* **-1.** [de prédio] fachada *f.* **-2.** *fig* [aparência] apariencia *f.*

fácil ['fasiw] (*pl* **-eis**) *adj* fácil.

◆ **fácil** *adv* con facilidad.

facilidade [fasili'dadʒi] *f* **-1.** [sem dificuldade] facilidad *f.* **-2.** [aptidão]: **ter ~ (para algo)** tener facilidad (para algo).

◆ **facilidades** *fpl* [meios] facilidades *fpl.*

facílimo, ma [fa'silimu, ma] *adj superl* ▷ **fácil**.

facilitar [fasili'ta(x)] ◇ *vt* [tornar fácil, facultar] facilitar. ◇ *vi* [descuidar-se] descuidarse.

facões [fa'kõjʃ] *pl* ▷ **facão**.

fac-símile [fak'simili] (*pl* **fac-símiles**) *m* facsímil *m.*

faculdade [fakuw'dadʒi] *f* facultad *f.*

facultativo, va [fakuwta'tʃivu, va] ◇ *adj* facultativo(va). ◇ *m, f* [médico] facultativo *m*, -va *f.*

fada ['fada] *f* hada *f.*

fadado, da [fa'dadu, da] *adj*: **estar ~ a** estar condenado(da) a.

fadiga [fa'dʒiga] *f* [cansaço] cansancio *m*, fatiga *f.*

fado ['fadu] *m* **-1.** [destino] hado *m.* **-2.** *MÚS* fado *m.*

fagulha [fa'guʎa] *f* chispa *f.*

fahrenheit [fare'najtʃi] *adj* Fahrenheit.

faia ['faja] *f* haya *f.*

faisão [faj'zãw] (*pl* **-ões**) *m* faisán *m.*

faísca [fa'iʃka] *f* chispa *f.*

faiscar [fajʃ'ka(x)] *vi* **-1.** [lançar faíscas] chispear. **-2.** [brilhar] centellear.

faixa ['fajʃa] *f* **-1.** [cinto, orla] faja *f.* **-2.** [tira] tira *f*, fajita *f Méx.* **-3.** [para o peito] banda *f*; **~ presidencial** banda presidencial. **-4.** [de pedestres]: **~ (de pedestres)** paso *m* de cebra *ou* de peatones, cebra *f Amér.* **-5.** [pista de rolamento] carril *m.* **-6.** [atadura] vendaje *m.* **-7.** [para mensagem] cartel *m.* **-8.** [intervalo] banda *f*, rango *m Amér*; **~ etária** franja *f ou* rango *Amér* de edad. **-9.** [de disco] corte *m*, pista *f Méx*, surco *m RP.*

fala ['fala] *f* **-1.** [faculdade de falar] habla *f.* **-2.** [discurso] intervención *f.* **-3.** [parte de diálogo] parlamento *m.*

falácia [fa'lasja] *f* falacia *f.*

falante [fa'lãntʃi] *adj* parlanchín(china).

falar [fa'la(x)] ◇ *vi* hablar; **~ de** *ou* **em algo** hablar de algo; **~ com alguém** hablar con alguien; **~ alto/baixo** hablar alto/bajo; **~ mais alto** poder más; **~ da boca para fora** *fam* hablar por hablar *Esp*, hablar de dientes para afuera *Méx*, decir algo de la boca para afuera *RP*; **~ pelos cotovelos** hablar por los codos; **~ por alguém** hablar por alguien; **~ por ~** hablar por hablar; **~ sozinho/dormindo** hablar solo/dormido; **por ~ em ...**

hablando de ...; **sem ~ de** *ou* **em ...** por no hablar de ...; **falou, está falado!** *fam* [o.k.] ¡vale!, ¡está bien! <> *vt* **-1.** [dizer] decir; **~ que** decir que; **~ bem/mal de** hablar bien/mal de. **-2.** [contar]: **~ algo (para alguém)** contar algo (a alguien). **-3.** [idioma]: **~ inglês/espanhol** hablar inglés/español.

◆ **falar-se** *vp* hablarse; **não se ~** no hablarse.

falatório [fala'tɔrju] *m* **-1.** [ruído] murmullo *m*, susurro *m*. **-2.** [discurso] perorata *f*. **-3.** [maledicência] chisme *m*.

falecer [fale'se(x)] *vi* fallecer.

falecido, da [fale'sidu, da] <> *adj* [morto] fallecido(da). <> *m, f* fallecido *m*, -da *f*.

falência [fa'lẽnsja] *f* quiebra *f*; **abrir ~** declararse en quiebra; **ir à ~** ir a la quiebra, arruinarse, fundirse *RP*; **levar à ~** llevar a la quiebra, arruinar, fundir *RP*.

falésia [fa'lɛzja] *f* acantilado *m*.

falha ['faʎa] *f* **-1.** [fenda] grieta *f*. **-2.** [defeito] defecto *m*, falla *f* **Amér**. **-3.** [omissão] fallo *m* **Esp**, falla *f* **Amér**.

falhar [fa'ʎa(x)] <> *vt* [errar] fallar. <> *vi* **-1.** [ger] fallar. **-2.** [faltar] faltar.

falho, lha ['faʎu, ʎa] *adj* **-1.** [defeituoso] defectuoso(sa), fallado(da) *RP*. **-2.** [deficiente] deficiente.

falido, da [fa'lidu, da] <> *adj* arruinado(da), en quiebra, quebrado (da) *Amér*, fundido(da) *RP*. <> *m, f* [aquele que faliu] persona *f* en quiebra, arruinado *m*, -da *f*, fundido *m*, -da *f RP*.

falir [fa'li(x)] *vi* **-1.** [abrir falência] arruinarse, quebrar, fundirse *RP*. **-2.** [fracassar] fallar.

falo ['falu] *m* falo *m*.

falsário, ria [faw'sarju, rja] *m* **-1.** [falsificador] falsificador *m*, -ra *f*. **-2.** [perjuro] falsario *m*, -ria *f*.

falsidade [fawsi'dadʒi] *f* [fingimento, mentira] falsedad *f*.

falsificação [fawsifika'sãw] (*pl* **-ões**) *f* falsificación *f*.

falsificar [fawsifi'ka(x)] *vt* **-1.** [ger] falsificar. **-2.** [desvirtuar] distorsionar.

falso, sa ['fawsu, sa] *adj* falso(sa); **pisar em ~** *loc* pisar en falso.

falta ['fawta] *f* falta *f*; **~ de ar** falta de aire; **~ de respeito** falta de respeto; **sentir ~ de algo/alguém** echar de menos algo/a alguien, echar en falta algo/a alguien **Esp**, extrañar algo/a alguien **Amér**; **na ~ de** a falta de; **sem ~** sin falta.

faltar [faw'ta(x)] *vi* faltar; **~ algo (a alguém)** faltar algo (a alguien); **~ fazer algo** faltar hacer algo; **só me faltava essa!** *fam* ¡es lo único que faltaba!; **~ sal/tempero** faltar sal/condimento.

fama ['fãma] *f* [celebridade, reputação] fama *f*.

família [fa'milja] *f* familia *f*; **ser de ~** ser de familia; **ser ~** ser decente, ser legal **Esp**.

familiar [fami'lja(x)] (*pl* **-es**) <> *adj* [da família, conhecido] familiar. <> *m* [pessoa da família] familiar *m*.

familiaridade [familjari'dadʒi] *f* **-1.** [intimidade] familiaridad *f*. **-2.** [informalidade] informalidad *f*.

familiarizar [familjari'za(x)] *vt* familiarizar.

◆ **familiarizar-se** *vp*: **~-se com algo/alguém** familiarizarse con algo/alguien.

faminto, ta [fa'mĩntu, ta] *adj* hambriento(ta), famélico(ca).

famoso, osa [fa'mozu, ɔza] *adj* famoso(sa).

fanático, ca [fa'natʃiku, ka] <> *adj* **-1.** POL & RELIG fanático(ca). **-2.** [apaixonado]: **~ (por)** fanático (de). <> *m, f* [pessoa] fanático *m*, -ca *f*.

fanfarronice [fãnwfaxo'nisi] *f* [gabarolice] fanfarronería *f*.

fantasia [fãnta'zia] *f* **-1.** [ger] fantasía *f*. **-2.** [traje] disfraz *m*; **~ de árabe/pirata** disfraz de árabe/pirata. **-3.** [imaginação] imaginación *f*. **-4.** [capricho] antojo *m*.

fantasiar [fãnta'zja(x)] <> *vt* [imaginar] fantasear. <> *vi* [devanear] fantasear.

◆ **fantasiar-se** *vp*: **~-se (de)** disfrazarse (de).

fantasioso, osa [fãnta'zjozu, ɔza] *adj* fantasioso(sa).

fantasma [fãn'taʒma] *m* fantasma *m*.

fantástico, ca [fãn'taʃtʃiku, ka] *adj* **-1.** [que existe na fantasia] fantástico(ca). **-2.** [extraordinário] fantástico(ca), bárbaro(ra) *RP*.

fantoche [fãn'tɔʃi] *m* **-1.** [boneco] fantoche *m*, títere *m*. **-2.** *fig* [autômato] títere *m*.

FARC (*abrev de* **Forças Armadas Revolucionárias da Colômbia**) *fpl* FARC *fpl*.

farda ['faxda] *f* [uniforme] uniforme *m.*
fardo ['faxdu] *m* **-1.** [carga] fardo *m.* **-2.** *fig* [peso] carga *f*, fardo *m* ***Amér.***
farejar [fare'ʒa(x)] <> *vt* **-1.** [cheirar] olfatear, oler. **-2.** [seguir pelo faro] olfatear, rastrear. <> *vi* [tomar o faro] olfatear.
farelo [fa'rɛlu] *m* salvado *m*; ~ **de trigo** salvado de trigo.
farfalhar [faxfa'ʎa(x)] *vi* susurrar.
farinha [fa'riɲa] *f*: ~ **(de mesa** *ou* **de mandioca)** harina *f* (de mandioca *ou* yuca); ~ **de rosca** pan *m* rallado *ou* molido ***Méx***; ~ **de trigo** harina de trigo.
farmacêutico, ca [farma'sewtʃiku, ka] <> *adj* farmacéutico(ca). <> *m, f* farmacéutico *m*, -ca *f.*
farmácia [fax'masja] *f* **-1.** [estabelecimento] farmacia *f.* **-2.** [caixa de medicamentos] botiquín *m.*
faro ['faru] *m* [olfato, intuição] olfato *m.*
farofa [fa'rɔfa] *f* CULIN *harina comestible elaborada a base de mandioca mezclada con huevos, aceitunas, cebolla y otros ingredientes, cuyo consumo está muy extendido en Brasil.*
farol [fa'rɔw] (*pl* **-óis**) *m* **-1.** [para navegantes] faro *m.* **-2.** AUTO luz *f*, faro *m* ***Esp*** & ***Méx***; ~ **alto/baixo** luces *fpl* largas/cortas.
farolete [farɔ'letʃi] *m* AUTO luz *f* de posición, faro *m* ***Méx.***
farpa ['faxpa] *f* **-1.** [de madeira] astilla *f.* **-2.** [metálica] esquirla *f.* **-3.** *fig* [crítica] pulla *f.*
farpado, da [fax'padu, da] *adj* ▷ **arame.**
farra ['faxa] *f* farra *f*, juerga *f.*
farrapo [fa'xapu] *m* [trapo] harapo *m*; **estar um** ~ [objeto, pessoa] estar hecho pedazos.
farsa ['faxsa] *f* [peça cômica, embuste] farsa *f.*
farsante [fax'sãntʃi] *mf* **-1.** *pej* [pessoa sem palavra] farsante *mf.* **-2.** [pessoa brincalhona] bromista *mf.*
fartar [fax'ta(x)] *vt* [saciar] llenar, hartar ***Esp***, ***Andes***, ***Carib*** & ***Méx.***
◆ **fartar-se** *vp* **-1.** [empanturrar-se]: ~**-se (de algo)** llenarse (de algo), hartarse (de algo) ***Esp***, ***Andes***, ***Carib*** & ***Méx.*** **-2.** [cansar-se]: ~**-se (de algo/alguém)** hartarse (de algo/alguien).
farto, ta ['faxtu, ta] *adj* **-1.** [empanturrado] lleno(na). **-2.** [abundante] abundante. **-3.** [enfastiado]: **estar** ~ **(de algo/alguém)** estar harto (de algo/alguien).
fartura [fax'tura] *f* [abundância] abundancia *f*; ~ **de algo** abundancia de algo.
fascículo [fa'sikulu] *m* [de publicação] fascículo *m.*
fascinante [fasi'nãntʃi] *adj* [cativante, atraente] fascinante.
fascinar [fasi'na(x)] <> *vt* [cativar] fascinar. <> *vi* [deslumbrar] fascinar.
fascínio [fa'sinju] *m* [atração] fascinación *f.*
fascismo [fa'siʒmu] *m* fascismo *m.*
fase ['fazi] *f* fase *f*; **as** ~**s da Lua** las fases de la Luna.
fastidioso, osa [faʃtʃi'dʒjozu, ɔza] *adj* fastidioso(sa).
fatal [fa'taw] (*pl* **-ais**) *adj* [mortal, inevitável] fatal.
fatalidade [fatali'dadʒi] *f* [destino, desgraça] fatalidad *f.*
fatia [fa'tʃia] *f* **-1.** [de pão] rebanada *f.* **-2.** [de queijo, embutido] loncha *f*, lasca *f* ***Cuba***, feta *f* ***Cuba.*** **-3.** [de embutido] loncha *f*, feta *f* ***RP.***
fatiado, da [fa'tʃjadu, da] *adj* **-1.** [pão] en rebanadas. **-2.** [fruta] en rodajas. **-3.** [queijo, embutido] en lonchas.
fatigante [fati'gãntʃi] *adj* **-1.** [cansativo] fatigante. **-2.** [enfadonho] agotador (ra), tedioso(sa).
fatigar [fati'ga(x)] *vt* **-1.** [cansar] fatigar. **-2.** [enfadar] cansar.
◆ **fatigar-se** *vp* **-1.** [cansar-se] fatigarse. **-2.** [enfadar-se] cansarse.
fato ['fatu] *m* [acontecimento, aquilo que é real] hecho *m.*
◆ **de fato** *loc adv* de hecho.
fator [fa'to(x)] (*mpl* **-res**) *m* factor *m*; ~ **Rh** factor Rh.
fatura [fa'tura] *f* factura *f.*
faturamento [fatura'mẽntu] *m* **-1.** COM facturación *f.* **-2.** [ato de faturar] factura *f.*
faturar [fatu'ra(x)] <> *vt* **-1.** [mercadorias]: ~ **algo a alguém** facturar algo a alguien. **-2.** *fam* [dinheiro] ganar. **-3.** *fam* [obter] ganarse, agenciarse ***Esp***, conseguirse ***RP.*** <> *vi* ***fam*** [ganhar dinheiro] forrarse.
fauna ['fawna] *f* fauna *f.*
faustoso, osa [fawʃ'tozu, ɔza] *adj* [luxuoso] fastuoso(sa).
fava ['fava] *f* haba *f*; **mandar às** ~**s** *loc* mandar a freír espárragos *ou* tusas ***Cuba***, mandar al diablo; **ser** ~**s contadas** ser habas contadas.

favela [fa'vɛla] *f* favela *f*, barrio *m* de chabolas ***Esp***, villa *f* miseria ***Arg***, callampas *fpl* ***Chile***, ciudadela *f* ***Cuba***, arrabal *m* ***Méx***, pueblo *m* joven ***Perú***, cantegril *m* ***Urug***.

favelado, da [favɛ'ladu, da] *m, f* habitante *mf* de la favela.

favo ['favu] *m* celdilla *f*, celda *f*.

favor [fa'vo(x)] (*pl* **-es**) *m* **-1.** [obséquio] favor *m*; **fazer um ~ para alguém** hacer un favor a alguien; **pedir um ~ a alguém** pedir un favor a alguien; **por ~** por favor. **-2.** [benefício]: **a ~ de** a favor de. **-3.** [proteção] favor *m*, protección *f*. **-4.** [simpatia] favor *m*, simpatía *f*.

favorável [favo'ravɛw] (*pl* **-es**) *adj*: **~ (a algo)** favorable (a algo).

favorecer [favore'se(x)] *vt* favorecer.

favorito, ta [favo'ritu, ta] ◇ *adj* favorito(ta). ◇ *m, f* favorito *m*, -ta *f*.

faxina [fa'ʃina] *f* limpieza *f* general; **fazer ~ (em)** hacer limpieza general (en).

faxineiro, ra [faʃi'nejru, ra] *m, f* limpiador *m*, -ra *f*.

fazenda [fa'zẽnda] *f* **-1.** [propriedade rural] hacienda *f*, estancia *f* ***RP***. **-2.** [de gado] hacienda *f*, rancho *m* ***Méx***, estancia *f* ***RP***. **-3.** [de café, cacau] hacienda *f*, finca *f*. **-4.** [tecido] tela *f*, tejido *m*. **-5.** ECON hacienda *f*.

fazendeiro, ra [fazẽn'dejru, ra] *m, f* **-1.** [dono de fazenda] hacendado *m*, -da *f*, estanciero *m*, -ra *f* ***RP***. **-2.** [de cacau] hacendado *m*, -da *f*. **-3.** [de café] cafetalero *m*, -ra *f*. **-4.** [de gado] ganadero *m*, -ra *f*, estanciero *m*, -ra *f* ***RP***.

fazer [fa'ze(x)] ◇ *vt* hacer; **~ barulho** hacer ruido; **~ perguntas** hacer preguntas; **~ planos/um vestido** hacer planes/un vestido; **vamos ~ uma festa** vamos a hacer una fiesta; **você devia ~ mais exercício** deberías hacer más ejercicio; **~ alguém feliz** hacer feliz a alguien; **faço anos amanhã** cumplo *ou* hago ***Esp*** años mañana; **fazemos cinco anos de casados** cumplimos *ou* hacemos ***Esp*** cinco años de casados; **~ alguém fazer algo** hacer que alguien haga algo, hacer a alguien hacer algo ***RP***; **~ alguém rir/chorar** hacer reír/llorar a alguien. ◇ *vi* **-1.** [aparentar]: **~ como se** hacer como si. **-2.** [causar]: **~ bem/mal a algo** hacerle bien/mal a algo; **~ bem/mal algo a alguém** sentar ***Esp*** *ou* hacer ***Amér*** bien/mal algo a alguien; **você me faz bem** me hace mucho bien estar contigo; **~ mal a alguém** hacer daño ***Esp*** *ou* lastimar ***Amér*** a alguien. **-3.** [obrigar]: **~ (com) que** hacer que. ◇ *v impess* **-1.** : **~ frio/calor** hacer frío/calor. **-2.** : **faz um ano que não o vejo** hace un año que no lo veo; **faz tempo que estou à espera** hace rato que estoy esperando; **ele partiu faz três meses** se marchó *ou* fue hace tres meses. **-3.** [importar]: **não faz mal se está quebrado** no importa si está roto; **não se preocupe, não faz mal!** no se preocupe, ¡no ha sido nada!/¡no fue nada! ***Amér***; **tanto faz** da igual, tanto da ***RP***.

◆ **fazer-se** *vp* hacerse; **~-se com** hacerse con.

◆ **fazer-se de** *vp + prep* [pretender ser] dárselas de, hacerse el ***Amér***; **~-se de tolo** hacerse el tonto *ou* bobo ***RP***; **~-se de esperto** dárselas de listo, hacerse el vivo ***RP***; **~-se de desentendido** hacerse el desentendido.

FBI (*abrev de* **Federal Bureau of Investigation**) *m* FBI *m*.

fé ['fɛ] *f* [crença, confiança] fe *f*; **de boa/má ~** de buena/mala fe.

FEBEM (*abrev de* **Fundação Estadual do Bem Estar do Menor**) *f institución de ayuda a delincuentes juveniles*.

FEBRABAN (*abrev de* **Federação Brasileira de Associações de Bancos**) *f entidad civil que representa a los bancos brasileños*.

febre ['fɛbri] *f* **-1.** MED fiebre *f*; **~ amarela** fiebre amarilla; **~ do feno** fiebre del heno. **-2.** ***fig*** [mania] fiebre *f*.

febril [fe'briw] (*pl* **-is**) *adj* febril.

fechado, da [fe'ʃadu, da] *adj* **-1.** [ger] cerrado(da). **-2.** [sinal de tráfego] en rojo. **-3.** [semblante carregado] severo(ra).

fechadura [feʃa'dura] *f* cerradura *f*.

fechar [fe'ʃa(x)] ◇ *vt* **-1.** [ger] cerrar. **-2.** [concluir] cerrar, clausurar. **-3.** CORTAR cerrar el paso a, dar un cerrón a ***Cuba*** & ***Méx***. ◇ *vi* **-1.** [ferimento, tempo] cerrarse. **-2.** [sinal de trânsito] ponerse en rojo. **-3.** [deixar de funcionar] cerrar.

◆ **fechar-se** *vp* **-1.** [encerrar-se] encerrarse. **-2.** [retrair-se] cerrarse, encerrarse.

fecho ['feʃu] *m* **-1.** [de roupa, bolsa, poema] cierre *m*; ~ **ecler** cremallera *f*, cierre *m* **Amér**, zíper *m* **Carib**. **-2.** [de porta] cerrojo *m*.
fécula ['fɛkula] *f* fécula *f*.
fecundar [fekũn'da(x)] *vt* fecundar.
feder [fe'de(x)] *vi* heder; **não ~ nem cheirar** no ser ni fu ni fa, no pintar ni dar color **Cuba**.
federação [federa'sãw] (*pl* **-ões**) *f* federación *f*.
federal [fede'raw] (*pl* **-ais**) *adj* **-1.** [da federação] federal. **-2.** *fam* [enorme] descomunal.
federativo, va [federa'tʃivu, va] *adj* federativo(va).
fedor [fe'do(x)] *m* peste *f*, hedor *m*.
fedorento, ta [fedo'rẽntu, ta] *adj* hediondo(da).
feérico, ca [fe'ɛriku, ka] *adj* mágico (ca).
feijão [fej'ʒãw] (*pl* **-ões**) *m* alubia *f*, judía *f* **Esp**, frijol *m* **Andes**, **Cam**, **Carib** & **Méx**, poroto *m* **Andes** & **RP**.
feijão-fradinho [fejʒãwfra'dʒiɲu] (*pl* **feijões-fradinhos**) *m* alubia *f* carilla, frijol *m* arauca **Cuba**, alubia *f* **Méx**.
feijão-preto [fejʒãw'pretu] (*pl* **feijões-pretos**) *m* alubia *f* negrita, frijol *m* negro *ou* prieto **Andes**, **Cam**, **Carib** & **Méx**, poroto *m* negro **Andes** & **RP**.
feijão-tropeiro [fejʒãwtro'pejru] (*pl* **feijões-tropeiros**) *m plato típico de la cocina de Minas Gerais, con alubias negritas rehogadas en grasa y servidas con harina de mandioca, chorizo y cortezas de cerdo.*
feijoada [fej'ʒwada] *f* feijoada *f*, *cocido de alubias negritas* **Esp**.
feio, feia ['fejo, 'feja] *adj* feo(a).
◆ **feio** *adv*: **fazer ~** [fazer má figura] hacer el ridículo, hacer un papelazo **Cuba**, hacer un oso **Méx**, hacer un papelón **RP**; **ficar ~** [causar má impressão] quedar feo.
feira ['fejra] *f* **-1.** [exposição de mercadorias] feria *f*; ~ **livre** mercado *m* al aire libre, agromercado *m* **Cuba**, tianguis *m inv* **Méx**, feria *f* **RP**. **-2.** [de arte, livros] feria *f*.
feiticeiro, ra [fejtʃi'sejru, ra] ◇ *adj fig* [encantador] hechizante. ◇ *m, f* [bruxo] hechicero *m*, -ra *f*.
feitiço [fej'tʃisu] *m* hechizo *m*; **voltar-se o ~ contra o feiticeiro** salir el tiro por la culata.
feitio [fej'tʃiw] *m* **-1.** [forma] tipo *m*. **-2.** [natureza] carácter *m*. **-3.** [de roupa] corte *m*, hechura *f*.
feito, ta ['fejtu, ta] ◇ *pp* ▷ **fazer**. ◇ *adj* **-1.** [concluído, pronto] hecho (cha). **-2.** [adulto]: **homem ~** hombre hecho (y derecho); **mulher feita** mujer hecha (y derecha).
◆ **feito** ◇ *m* [façanha] hazaña *f*. ◇ *conj* [tal qual] como.
feixe ['fejʃi] *m* [de lenha, luz] haz *m*.
fel ['fɛw] *m* **-1.** [bílis, mau humor] hiel *f*. **-2.** *fig* [gosto amargo] amargor *m*.
felicidade [felisi'dadʒi] *f* **-1.** [contentamento] felicidad *f*. **-2.** [êxito] éxito *m*, felicidad *f*. **-3.** [boa sorte] suerte *f*.
◆ **felicidades** *fpl* felicidades *fpl*.
felicíssimo, ma [feli'sisimu, ma] *superl* ▷ **feliz**.
felicitação [felisita'sãw] (*pl* **-ões**) *f* felicitación *f*.
◆ **felicitações** *fpl* felicitaciones *fpl*.
felino, na [fe'linu, na] ◇ *adj* **-1.** [relativo a gato] felino(na). **-2.** *fig* [traiçoeiro] traicionero(ra). ◇ *m* [animal] felino *m*.
feliz [fe'liʒ] (*pl* **-es**) *adj* **-1.** [ger] feliz; ~ **aniversário!** ¡feliz cumpleaños!; **Feliz Natal!** ¡feliz Navidad!; **ser ~ em algo** acertar en algo. **-2.** [oportuno] feliz, acertado(da).
felizmente [feliʒ'mẽntʃi] *adv* **-1.** [por felicidade] afortunadamente, por suerte **RP**. **-2.** [de modo feliz] felizmente.
feltro ['fewtru] *m* fieltro *m*.
fêmea ['femja] *f* hembra *f*.
feminilidade [feminili'dadʒi] *f* femineidad *f*, feminidad *f*.
feminino, na [femi'ninu, na] *adj* femenino(na).
◆ **feminino** *m* GRAM femenino *m*.
feminismo [femi'niʒmu] *m* feminismo *m*.
feminista [femi'niʃta] ◇ *adj* feminista. ◇ *mf* feminista *mf*.
fêmur ['femu(x)] *m* fémur *m*.
fenda ['fẽnda] *f* grieta *f*.
fender [fẽn'de(x)] *vt* hender.
◆ **fender-se** *vp* agrietarse.
fenecer [fene'se(x)] *vi* **-1.** [extinguir-se] terminarse. **-2.** [morrer] fenecer. **-3.** [murchar] marchitarse.
feno ['fenu] *m* heno *m*.
fenomenal [fenome'naw] (*pl* **-ais**) *adj* fenomenal.
fenômeno [fe'nomenu] *m* fenómeno *m*; **ser um ~** ser un fenómeno.
fera ['fɛra] *f* **-1.** [animal, pessoa severa]

fiera *f.* **-2.** [pessoa cruel] bestia *f,* fiera *f.* **-3.** ***fam*** [pessoa perita] fiera *mf,* as *mf* ***Amér,*** chingón *m,* -na *f* ***Méx,*** crack *mf* ***RP;*** **ser (uma) ~ em algo** ***fam fig*** ser una fiera *ou* un as ***Amér*** *ou* un chingón ***Méx*** *ou* un crack ***RP*** (en algo).

féretro ['fɛretru] *m* féretro *m.*

feriado [fe'rjadu] *m* (día *m*) festivo *m* ***Esp,*** (día *m*) feriado *m* ***Amér.***

férias ['fɛrjaʃ] *fpl* vacaciones *fpl;* **de ~** de vacaciones; **entrar** *ou* **sair de ~** empezar las vacaciones.

ferida [fe'rida] *f* herida *f.*

ferido, da [fe'ridu, da] <> *adj* [machucado, magoado] herido(da). <> *m, f* herido *m,* -da *f.*

ferimento [feri'mẽntu] *m* herida *f.*

ferir [fe'ri(x)] *vt* [machucar, magoar] herir.

◆ **ferir-se** *vp* **-1.** [machucar-se] lastimarse. **-2.** [magoar-se]: **feriu-se com a ingratidão do filho** le hirió la ingratitud del hijo.

fermentar [fexmẽn'ta(x)] <> *vt* **-1.** [fazer levedar] fermentar. **-2.** [fomentar] alimentar, fermentar ***Esp.*** <> *vi* **-1.** [levedar] fermentar. **-2.** [agitar-se] hervir.

fermento [fex'mẽntu] *m* **-1.** [que provoca fermentação] fermento *m.* **-2.** [levedura] levadura *f* en polvo, polvo *m* de hornear ***Amér.***

ferocidade [ferosi'dadʒi] *f* ferocidad *f.*

ferocíssimo, ma [fero'sisimu, ma] *superl* ▻ **feroz.**

feroz [fe'rɔʃ] (*pl* **-es**) *adj* feroz.

ferradura [fexa'dura] *f* herradura *f.*

ferragem [fe'xaʒẽ] (*pl* **-ns**) *f* **-1.** [peças] herraje *m.* **-2.** [guarnição] guarnición *f,* manija *f* ***Méx,*** tiradores *mpl* ***RP.***

ferramenta [fexa'mẽnta] *f* herramienta *f.*

ferramental [fexa'mẽntaw] (*pl* **-ais**) *m* instrumental *m.*

ferrão [fe'xãw] (*pl* **-ões**) *m* [dardo de inseto, aguilhão] aguijón *m.*

ferreiro [fe'xejru] *m* herrero *m.*

ferrenho, nha [fe'xeɲu, ɲa] *adj* ***fig*** [inflexível, obstinado] férreo(a).

férreo, rrea ['fɛxju, xja] *adj* férreo(a).

ferro ['fɛxu] *m* **-1.** [material] hierro *m;* **de ~** ***fig*** [pessoa, punhos, vontade] de hierro; **~ batido** hierro forjado; **~ fundido** hierro fundido. **-2.** [aparelho]: **~ (de passar)** plancha *f;* **passar a ~** planchar.

ferroar [fe'xwa(x)] <> *vt* **-1.** [picar] picar. **-2.** [criticar] criticar. <> *vi* **-1.** [picar] picar. **-2.** [latejar, doer] doler espantosamente.

ferrões [fe'xõjʃ] *pl* ▻ **ferrão.**

ferrolho [fe'xoʎu] *m* cerrojo *m.*

ferro-velho [ˌfɛxu'vɛʎu] (*pl* **ferros-velhos**) *m* **-1.** [estabelecimento] chatarrería *f.* **-2.** [sucata] chatarra *f.*

ferrovia [fexo'via] *f* vía *f* férrea, ferrocarril *m.*

ferroviário, ria [fexo'vjarju, rja] <> *adj* ferroviario(ria). <> *m, f* ferroviario *m,* -ria *f.*

ferrugem [fe'xuʒẽ] *f* **-1.** [óxido] herrumbre *f,* óxido *m.* **-2.** BOT roya *f.*

fértil ['fɛxtiw] (*pl* **-eis**) *adj* fértil.

fertilidade [fextʃili'dadʒi] *f* fertilidad *f.*

fertilizante [fextʃili'zãntʃi] <> *adj* fertilizante. <> *m* fertilizante *m.*

fertilizar [fextʃili'za(x)] *vt* fertilizar.

fervente [fex'vẽntʃi] *adj* hirviendo, hirviente ***Méx.***

ferver [fex've(x)] <> *vt* hervir; **~ algo em fogo baixo** hervir algo a fuego lento. <> *vi* **-1.** [entrar em ebulição] hervir. **-2.** [exaltar-se] caldearse; **~ de raiva** hervir de rabia.

fervilhar [fexvi'ʎa(x)] *vi* **-1.** [ferver, esfervilhar] hervir. **-2.** ***fig*** [estar cheio]: **~ de** hervir de.

fervor [fex'vo(x)] *m* **-1.** [ato de ferver] hervor *m.* **-2.** ***fig*** [ardor, devoção] fervor *m.*

fervoroso, osa [fexvo'rozu, ɔza] *adj* **-1.** [ardoroso] fervoroso(sa). **-2.** [dedicado] consagrado(da).

festa ['fɛʃta] *f* **-1.** [reunião] fiesta *f.* **-2.** [comemoração] fiesta *f,* celebración *f.* **-3.** [alegria] alegría *f,* fiesta *f* ***Méx.*** **-4.** [carinho]: **fazer ~(s) (em)** hacerle caricias (a).

◆ **festas** *fpl* [Natal e ano-novo] fiestas *fpl.*

festejar [feʃte'ʒa(x)] *vt* festejar.

festejo [feʃ'teʒu] *m* festejo *m.*

festim [feʃ'tʃĩ] (*pl* **-ns**) *m* **-1.** [festa] festín *m.* **-2.** [cartucho sem bala]: **tiro de ~** bala *f* de fogueo *ou* de salva ***Amér.***

festival [feʃtʃi'vaw] (*pl* **-ais**) *m* **-1.** [festa] festival *m.* **-2.** ***fig*** [grande quantidade] sarta *f,* festival *m* ***RP.***

festividade [feʃtʃivi'dadʒi] *f* festividad *f.*

festivo, va [feʃ'tʃivu, va] *adj* festivo (va).

fetiche [fe'tʃiʃi] *m* fetiche *m*.
fétido, da ['fɛtʃidu, da] *adj* fétido(da).
feto ['fɛtu] *m* feto *m*.
fev. (*abrev de* **fevereiro**) feb.
fevereiro [feve'rejru] *m* febrero *m*; *veja também* **setembro**.
fezes ['fɛziʃ] *fpl* heces *fpl*.
FGTS (*abrev de* **Fundo de Garantia por Tempo de Serviço**) *m contribución mensual para garantizar las indemnizaciones a los trabajadores que pierden el empleo.*
FGV (*abrev de* **Fundação Getúlio Vargas**) *f institución privada para el desarrollo y enseñanza de las Ciencias Sociales.*
FIA (*abrev de* **Federação Internacional de Automobilismo**) *f* FIA *f*.
fiação [fja'sãw] (*pl* **-ões**) *f* **-1.** ELETR cableado *m*, instalación *f* eléctrica. **-2.** [fábrica] hilandería *f*.
fiado, da ['fjadu, da] *adj* **-1.** [vendido a crédito] fiado(da). **-2.** [conversa]: **conversa fiada** puro cuento.
◆ **fiado** *adv* [a crédito] al fiado *Esp*, fiado *Amér*.
fiador, ra [fja'do(x), ra] *m, f* **-1.** JUR fiador *m*, -ra *f*. **-2.** COM fiador *m*, -ra *f*, garante *mf RP*.
fiambre ['fjãnbri] *m* fiambre *m*, carne *f* fría *Méx*.
fiança ['fjãnsa] *f* **-1.** JUR fianza *f*; **sob ~** bajo fianza; **pagar ~** pagar fianza. **-2.** [garantia] garantía *f*, prenda *f Méx*.
fiapo ['fjapu] *m* hilacha *f*.
fiar ['fja(x)] *vt* [reduzer a fio] hilar.
◆ **fiar-se** *vp* [confiar em]: **~-se em alguém/algo** fiarse de alguien/algo.
fiasco ['fjaʃku] *m* fiasco *m*.
fibra ['fibra] *f* **-1.** [ger] fibra *f*; **~ de vidro** fibra de vidrio. **-2.** *fig* [coragem] garra *f*, fibra *f Amér*.
fibroso, osa [fi'brozu, ɔza] *adj* fibroso(sa).
ficar [fi'ka(x)] *vi* **-1.** [permanecer] quedarse; **~ entre nós** quedar entre nosotros; **~ sentado/de pé** quedarse sentado/de pie *ou* parado *Amér*; **~ por isso mesmo** quedar así. **-2.** [estar situado]: **~ em** quedar en. **-3.** [tornar-se] quedarse; **ela está ficando ótima bailarina** se está convirtiendo en uma excelente bailarina; **~ bom** [de doença] recuperarse, ponerse bueno(na) *Esp*, ponerse bien *Amér*, mejorarse *RP*; [pintura *etc*] quedar bien. **-4.** [restar, subsistir] quedar. **-5.** [ser adiado]: **~ para** quedar para. **-6.** [combinar]: **~ de fazer algo** quedar para hacer algo. **-7.** [persistir]: **~ fazendo algo** quedarse haciendo algo. **-8.** [prometer]: **~ de fazer algo** quedar en hacer algo. **-9.** [custar]: **~ em** salir por *ou* en *Méx*, salir *Amér*. **-10.** [comprar]: **~ com** quedarse con. **-11.** [ser apropriado]: **~ bem** venir bien, ser adecuado. **-12.** [vir a]: **~ sabendo de algo** enterarse *ou* saber *Amér* de algo. **-13.** *loc*: **~ atrás** [ser inferior] quedarse atrás.
ficção [fik'sãw] (*pl* **-ões**) *f* ficción *f*.
ficcional [fik'sjonaw] (*pl* **-ais**) *adj* LITER ficcional.
ficha ['fiʃa] *f* **-1.** [ger] ficha *f*. **-2.** [de dados pessoais] expediente *m*. **-3.** [de telefone] ficha *f*, cospel *m Arg*.
fichar [fi'ʃa(x)] *vt* fichar.
fichário [fi'ʃarju] *m* **-1.** [caixa] fichero *m*. **-2.** [caderno] libreta *f*, cuaderno *m*, carpeta *f Méx*, bibliorato *m RP*. **-3.** [móvel] fichero *m*, archivo *m*, archivero *m Méx*, archivador *m RP*.
fictício, cia [fik'tʃisju, sja] *adj* ficticio (cia).
fidalgo, ga [fi'dawgu, ga] *m, f* hidalgo *m* hidal, -ga *f*.
fidalguia [fidaw'gia] *f* hidalguía *f*.
fidelidade [fideli'dadʒi] *f* fidelidad *f*.
fiel ['fjɛw] (*pl* **-éis**) *adj* fiel.
◆ **fiéis** *mpl* RELIG fieles *mpl*.
FIFA (*abrev de* **Féderation Internationale de Football Association**) *f* FIFA *f*.
figa ['figaʃ] *f señal que se hace con el puño cerrado y el pulgar entre el dedo índice y el del medio, como forma de conjuro*, chonguitos *mpl Méx*.
fígado ['figadu] *m* hígado *m*.
figo ['figu] *m* higo *m*.
figura [fi'gura] *f* **-1.** [ger] figura *f*; **mudar de ~** *loc* cambiar de aspecto. **-2.** [pessoa] figura *f*, personalidad *mf*; **ser uma ~** *fam loc* ser todo un personaje.
figurante [figu'rãntʃi] *mf* figurante *mf*, extra *mf*.
figurão [figu'rãw] (*pl* **-ões**) *m* personaje *m*.
figurar [figu'ra(x)] ◇ *vt* **-1.** [representar] representar. **-2.** [ter a forma de] tener la forma de. **-3.** [aparentar] figurar, aparentar. ◇ *vi* [fazer parte]: **~ em** figurar en.
figurino [figu'rinu] *m* **-1.** [ger] figurín *m*. **-2.** CINE, TEATRO vestuario *m*. **-3.** *fig*:

como manda o ~ como Dios manda.
fila ['fila] <> *f* [fileira] fila *f*; **em ~** en fila; **fazer ~** hacer fila *ou* cola; **~ indiana** fila india; **furar ~** colarse. <> *m* [cão] *perro de una raza de origen brasileño.*
filamento [fila'mẽntu] *m* filamento *m*.
filantropia [filãntro'pia] *f* filantropía *f*.
filantrópico, ca [filãn'trɔpiku, ka] *adj* filantrópico(ca).
filarmônico, ca [filax'moniku, ka] *adj* filarmónico(ca).
◆ **filarmônica** *f* filarmónica *f*.
filatelia [filate'lia] *f* filatelia *f*.
filé [fi'lɛ] *m* filete *m*; **~ mignon** filete mignon, lomo *m RP*.
fileira [fi'lejra] *f* hilera *f*.
◆ **fileiras** *fpl MIL* vida *f* de cuartel.
filha ['fiʎa] *f* ▷ **filho**.
filho, lha ['fiʎu, ʎa] *m, f* [descendente] hijo *m*, -ja *f*; **~ adotivo** hijo adoptivo; **~ da mãe** *ou* **da puta** *vulg* hijo de puta, hijo de la madre *Amér*, hijo de la chingada *Méx*.
filhote [fi'ʎɔtʃi] *m* **-1.** [de mamífero] cachorro *m*. **-2.** [de ave] pollito *m*. **-3.** [filho] hijo *m*, -ja *f*.
filial [fi'ljaw] (*pl* **-ais**) <> *adj* [amor] filial. <> *f* [sucursal] filial *f*.
filiar [fi'lja(x)] *vt*: **~ alguém a algo** afiliar a alguien a algo.
◆ **filiar-se** *vp*: **~-se a algo** afiliarse a algo.
Filipinas [fili'pinaʃ] *npl*: **(as) ~** las Filipinas.
filipino, na [fili'pinu, na] <> *adj* filipino(na). <> *m, f* filipino *m*, -na *f*.
◆ **filipino** *m* [ergua] filipino *m*.
filmadora [fiwma'dora] *f* videocámara *f*, cámara *f* de vídeo *Esp ou* video *Amér*, filmadora *f RP*.
filmagem [fiw'maʒẽ] (*pl* **-ns**) *f* filmación *f*.
filmar [fiw'ma(x)] <> *vt* filmar. <> *vi* filmar.
filme ['fiwmi] *m* **-1.** [obra cinematográfica] película *f*. **-2.** *loc*: **queimar o ~** marcar a alguien, quemar a alguien *Amér*.
filmografia [fiwmogra'fia] *f* filmografía *f*.
filologia [filolo'ʒia] *f* filología *f*.
filosofia [filozo'fia] *f* filosofía *f*.
filósofo, fa [fi'lɔzofu, fa] *m, f* filósofo *m*, -fa *f*.
filtragem [fiwtra'ʒẽ] (*pl* **-ens**) *f* **-1.** [filtração] filtración *f*. **-2.** [seleção] filtrado *m*.
filtrar [fiw'tra(x)] *vt* filtrar.
filtro ['fiwtru] *m* filtro *m*; **~ de ar** filtro de aire.
fim ['fĩ] (*pl* **-ns**) *m* [ger] fin *m*; **~ de semana** fin de semana; **~ do mundo** [desgraça total] fin del mundo; **no ~ das contas** a fin de cuentas; **ser o ~ (da picada)** ser el colmo.
◆ **a fim de** *loc prep* a fin de; **estar a ~ de fazer algo** tener ganas de hacer algo, estar a fin de hacer algo *RP*.
final [fi'naw] (*pl* **-ais**) <> *adj* final. <> *m* final *m*. <> *f ESP* final *f*.
finalidade [finali'dadʒi] *f* finalidad *f*.
finalista [fina'liʃta] *mf* finalista *mf*.
finalizar [finali'za(x)] <> *vt* [concluir] finalizar. <> *vi FUT* [fazer gol] definir.
financeiro, ra [finãn'sejru, ra] *adj* financiero(ra).
◆ **financeira** *f* [firma] financiera *f*.
financiamento [finãnsja'mẽntu] *m* financiación *f*, financiamiento *m Amér*.
financiar [finãn'sja(x)] *vt* financiar.
fineza [fi'neza] *f* **-1.** [espessura] espesor *m*. **-2.** [gentileza] delicadeza *f*, fineza *f*.
fingimento [fĩnʒi'mẽntu] *m* fingimiento *m*, fallutería *f RP*.
fingir [fĩn'ʒi(x)] <> *vt* fingir. <> *vi* fingir.
◆ **fingir-se** *vp*: **fingiu-se de morto** se hizo el muerto.
finito, ta [fi'nitu, ta] *adj* finito(ta).
finitude [fini'tudʒi] *f* [limitação]: **a ~** lo finito.
finlandês, esa [fĩnlãn'dejʃ, eza] <> *adj* finlandés(esa). <> *m, f* finlandés *m*, -esa *f*.
◆ **finlandês** *m* [língua] finlandés *m*.
Finlândia [fĩn'lãndʒja] *n* Finlandia.
fino, na ['finw, na] *adj* **-1.** [ger] fino (na). **-2.** [agudo] agudo(da), fino(na). **-3.** *loc*: **tirar um ~ de** pasar rozando a, hacer finitos *Amér*.
fins [fĩʃ] *mpl* ▷ **fim**.
finura [fi'nura] *f* **-1.** [espessura] espesor *m*, finura *f Méx*. **-2.** [refinamentos] finura *f*.
fio ['fiw] *m* **-1.** *ELETR* cable *m*. **-2.** [fibra] hilo *m*, hebra *f*. **-3.** [gume] filo *m*. **-4.** [filete] hilo *m*, hilillo *m*. **-5.** [seqüência] hilo *m*.
◆ **a fio** *loc adj*: **dias a ~** días sin fin,

día tras día *Méx*, días y días *RP*; **horas a ~** horas sin fin, hora tras hora *Méx*, horas y horas *RP*.

fiorde ['fjoxdʒi] *m* fiordo *m*.

firma ['fixma] *f* firma *f*.

firmar [fix'ma(x)] <> *vt* **-1.** [fixar] asegurar, reforzar, afirmar *RP*. **-2.** [assinar] firmar. **-3.** [estabelecer] establecer. **-4.** [basear]: **~ algo em algo** basar algo en algo. <> *vi* [estabilizar-se] estabilizarse.

◆ **firmar-se** *vp* **-1.** [basear-se] basarse. **-2.** [confirmar-se] fortalecerse, afirmarse *Amér*.

firme ['fixmi] *adj* **-1.** [ger] firme. **-2.** [constante, estável] estable.

firmeza [fix'meza] *f* firmeza *f*.

fiscal [fiʃ'kaw] (*pl* **-ais**) <> *adj* [relativo ao fisco] fiscal. <> *mf* inspector *m*, -ra *f*.

fiscalizar [fiʃkali'za(x)] *vt* inspeccionar, fiscalizar *RP*.

fisco ['fiʃku] *m*: **o ~** el fisco.

fisgar [fiʒ'ga(x)] *vt* **-1.** [peixe] arponear. **-2.** [pessoa] atrapar.

físico, ca ['fiziku, ka] <> *adj* físico (ca). <> *m, f* FÍSICA físico *m*, -ca *f*.

◆ **físico** *m* [corpo] físico *m*.

◆ **física** *f* [ciência] física *f*.

fisionomia [fizjono'mia] *f* fisonomía *f*, fisionomía *f*.

fisioterapia [fizjɔtera'pia] *f* fisioterapia *f*.

fissura [fi'sura] *f* **-1.** GEOL fisura *f*. **-2.** *fam* [gana]: **estou com a maior ~ de viajar** me muero de ganas de viajar.

fissurado, da [fisu'radu, da] *adj* **-1.** [rachado] astillado(da). **-2.** *fam* [maluco por]: **~ em** fanático(ca) de, loco(ca) por.

fita ['fita] *f* **-1.** [tira] cinta *f*; **~ adesiva** *ou* **colante** cinta adhesiva, cinta durex® *Andes*, *CAm*, *Carib* & *Méx*, cinta scotch® *Méx*; **~ de impressora** cinta de impresora; **~ isolante** cinta aislante *ou* aisladora *RP*, cinta de aislar *Méx*; **~ métrica** cinta métrica, metro *m*. **-2.** [filme] película *f*, cinta *f*. **-3.** [cassete]: **~ de vídeo** cinta de vídeo *Esp ou* video *Amér*, videocasete *m*; **~ virgem** cinta *ou* casete *Amér* virgen. **-4.** [manha] teatro *m*.

fivela [fi'vɛla] *f* **-1.** [fecho] hebilla *f*. **-2.** [de cabelo] pasador *m*, broche *m Méx* & *RP*.

fixador [fiksa'do(x)] (*pl* **-es**) *m* fijador *m*.

fixar [fik'sa(x)] *vt* **-1.** [ger] fijar. **-2.** [apreender] memorizar, fijar *RP*.

fixar [fik'sa(x)] ◆ **fixar-se** *vp* **-1.** [estabilizar-se] esta. **-2.** [estabelecer residência] establecerse. **-3.** [fitar] fijarse.

fixo, xa ['fiksu, ksa] *adj* fijo(ja).

flácido, da ['flasidu, da] *adj* flácido (da), fláccido(da).

flagelado, da [flaʒe'ladu, da] <> *adj* flagelado(da). <> *m, f* damnificado *m*, -da *f*.

flagelante [flaʒe'lãntʃi] *adj* flagelador(ra).

flagrante [fla'grãntʃi] <> *adj* flagrante. <> *m* delito *m* flagrante; **em ~** in fraganti.

flagrar [fla'gra(x)] *vt* sorprender in fraganti.

flambar [flãn'ba(x)] *vt* flamear, flambear.

flamejante [flame'ʒãntʃi] *adj* ardiente.

flamenco, ca [fla'mẽŋku, ka] <> *adj* flamenco(ca). <> *m* flamenco *m*.

flâmula ['flãmula] *f* **-1.** [bandeira] banderín *m*. **-2.** [chama pequena] llama *f*.

flanco ['flãŋku] *m* flanco *m*.

flanela [fla'nɛla] *f* franela *f*.

flanelinha [flane'liɲa] *mf fam persona que de manera no oficial cuida vehículos en la calle a cambio de unas monedas*, cuidacoches *mf inv Amér*.

flash ['flɛʃi] (*pl* **-es**) *m* flash *m*.

flauta ['flawta] *f* flauta *f*; **~ doce** flauta dulce; **~ transversa** flauta travesera.

flecha ['flɛʃa] *f* flecha *f*.

flechada [fle'ʃada] *f* **-1.** [golpe] flechazo *m*. **-2.** [ferimento] flechazo *m*.

flertar [flex'ta(x)] *vi*: **~ (com alguém)** flirtear con alguien.

fleuma ['flewma] *f* flema *f*.

flexão [flek'sãw] (*pl* **-ões**) *f* flexión *f*.

flexibilidade [fleksibili'dadʒi] *f* flexibilidad *f*.

flexibilização [fleksibiliza'sãw] (*pl* **-ões**) *f* flexibilización *f*.

flexionado, da [fleksio'nadu, da] *adj* LING flexivo(va).

flexível [flek'sivɛw] (*pl* **-eis**) *adj* flexible.

flexões [flek'sõjʃ] *fpl* ▷ **flexão**.

fliperama [flipe'rãma] *m* salón *m* recreativo, maquinitas *fpl Amér*.

floco ['flɔku] *m* copo *m*; **~ de milho** copo *m ou* hojuela *f Méx* de maíz; **~ de neve** copo de nieve.

◆ **flocos** *mpl*: **sorvete de ~s** *helado de virutas* OU *chispas* ***Méx*** *&* ***RP*** *de chocolate.*
flor ['flo(x)] (*pl* **-es**) *f* **-1.** [pessoa boa]: **ser uma ~** ser un ángel. **-2.** *loc*: **a fina ~ de** la crema y nata de.
floreado, da [flo'rjadu, da] *adj* **-1.** [rebuscado] rebuscado(da), con florituras. **-2.** [enfeitado] floreado(da).
florescente [flore'sẽntʃi] *adj* **-1.** BOT en flor. **-2.** *fig* [próspero] floreciente.
florescer [flore'se(x)] *vi* florecer.
floresta [flo'rɛʃta] *f* bosque *m*, floresta *f* ***Amér.***
florido, da [flo'ridu, da] *adj* florido (da) ***Amér.***
florista [flo'riʃta] *mf* florista *mf.*
fluente [flu'ẽntʃi] *adj* fluido(da).
fluido, da ['flwidu, da] *adj* fluido(da).
◆ **fluido** *m* fluido *m.*
fluir [flu'i(x)] *vi* [ger] fluir.
flúor ['fluo(x)] *m* flúor *m.*
flutuar [flu'twa(x)] *vi* **-1.** [ger] flotar. **-2.** [tremular] hondear. **-3.** [variar] fluctuar.
fluvial [flu'vjaw] (*pl* **-ais**) *adj* fluvial.
fluxo ['fluksu] ◇ *m* **-1.** [movimento] flujo *m.* **-2.** COM: **~ de caixa** flujo de caja. **-3.** *fig* [de acontecimentos] curso *m.* **-4.** MED: **~ menstrual** flujo menstrual. ◇ *adj* [mudável] pasajero(ra).
fluxograma [flukso'grama] *m* diagrama *m* de flujo.
FM (*abrev de* **freqüencia modulada**) FM *f.*
FMI (*abrev de* **Fundo Monetário Internacional**) *m* FMI *m.*
fobia [fo'bia] *f* fobia *f.*
foca ['fɔka] ◇ *f* ZOOL foca *f.* ◇ *mf* [jornalista] periodista *mf* novato, -ta.
focalizar [fokali'za(x)], **focar** [fo'ka(x)] *vt* enfocar.
focinho [fo'siɲu] *m* hocico *m.*
foco ['fɔku] *m* foco *m.*
foder ['fode(x)] ***vulg*** ◇ *vt* [copular com] joder (con), coger ***Amér,*** templar (con) ***Cuba.*** ◇ *vi* [copular] joder, coger ***Amér,*** templar ***Cuba***; **fodeu** se jodió.
◆ **foder-se** *vp* [dar-se mal] joderse.
fofo, fa ['fofu, fa] *adj* **-1.** [macio] blando(da), mullido(da). **-2.** [gracioso] majo(ja), lindo(da).
fofoca [fo'fɔka] *f* cotilleo *m* ***Esp,*** chisme *m* ***Amér,*** chusmerío *m* ***RP.***
fofocar [fofo'ka(x)] *vi* cotillear ***Esp,*** chismear ***Amér,*** chusmear ***RP.***
fogão [fo'gãw] (*pl* **-ões**) *m* cocina *f* ***Esp, Cuba*** *&* ***RP,*** estufa *f* ***Méx.***
fogareiro [foga'rejru] *m* infiernillo *m*, hornalla *f* ***RP.***
fogo ['fogu] (*pl* **fogos**) *m* **-1.** [ger] fuego *m*; **pegar ~** prenderse fuego; **ser ~ (na roupa)** ser de cuidado, ser de armas tomar. **-2.** [lume] fuego *m*, candela *f* ***Cuba,*** lumbre *f* ***Méx.*** **-3.** [desejo sexual] deseo *m.* **-4.** [disparo]: **abrir ~** abrir fuego; **fogo!** ¡fuego!. **-5.** [pirotecnia]: **~(s) de artifício** fuego(s) artificial(es).
fogões [fo'gõjʃ] *mpl* ⊳ **fogão.**
fogoso, osa [fo'gozu, ɔza] *adj* fogoso (sa).
fogueira [fo'gejra] *f* hoguera *f.*
foguete [fo'getʃi] *m* cohete *m.*
foguetório [foge'tɔrju] *m* estallido *m* de fuegos artificiales.
foice ['fojsi] *f* hoz *f.*
folclore [fow'klɔri] *m* folclore *m*, folclor *m.*
folclórico, ca [fow'klɔriku, ka] *adj* folclórico(ca).
fole ['fɔli] *m* fuelle *m.*
fôlego ['folegu] *m* aliento *m*; **perder o ~** perder el aliento.
folga ['fɔwga] *f* **-1.** [descanso] descanso *m*; **dia de ~** día *f* de descanso, día libre. **-2.** [abuso] descaro *m.* **-3.** [sobra de espaço, de tempo] hueco *m.*
folha ['foʎa] *f* **-1.** [ger] hoja *f.* **-2.** [página]: **~ de pagamento** nómina *f*, planilla *f* de pagos ***RP.*** **-3.** [chapa] hoja *f*, lámina *f*, chapa *f.* **-4.** [jornal] periódico *m.* **-5.** [pedaço de papel] hoja *f*, pliego *m* ***Amér.***
◆ **em folha** *loc adv*: **novo em ~** sin estrenar, nuevo(va) de paquete ***Cuba,*** flamante ***RP.***
folhagem [fo'ʎaʒẽ] (*pl* **-ns**) *f* follaje *m.*
folheado, da [fo'ʎadu, da] *adj* **-1.** [revestido]: **~ a ouro/prata** bañado(da) en oro/plata, enchapado(da) en oro/plata ***Amér.*** **-2.** CULIN [massa] hojaldrado(da).
folhear [fo'ʎja(x)] *vt* hojear.
folheto [fo'ʎetu] *m* folleto *m.*
folhinha [fo'ʎiɲa] *f* [calendário] almanaque *m*, calendario *m.*
folia [fo'lia] *f* fiesta *f*, parranda *f* ***Amér,*** pachanga *f* ***Méx.***
folião, ona [fo'ljãw, ona] (*mpl* **-ões**, *fpl* **-s**) *m*, *f* juerguista *mf*, parrandero *m*, -ra *f* ***Amér,*** pachanguero *m*, -ra *f* ***Méx.***
foliona [fo'ljona] *f* ⊳ **folião.**
fome ['fɔmi] *f* hambre *f*; **estar com ~**

tener hambre; **passar** ~ pasar hambre.

fomentar [fomẽn'ta(x)] *vt* fomentar.

fomento [fo'mẽntu] *m* **-1.** MED fomento *m*, cataplasma *m* *RP*. **-2.** [estímulo] fomento *m*.

fone ['foni] (*abrev de* **telefone**) ≃ tel.

fonético, ca [fo'nɛtʃiku, ka] *adj* fonético(ca).

◆ **fonética** *f* fonética *f*.

fonoaudiologia [fonawdʒiolo'gia] *f* fonoaudiología *f*.

fonte ['fõntʃi] ◇ *f* [ger] fuente *f*. ◇ *m* COMPUT código *m* fuente.

fora [fɔra] ◇ *m* **-1.** [gafe] metedura *f* de pata; **dar um** ~ meter la pata. **-2.** [lição de moral] lección *f*. **-3.** *fig* [dispensa]: **dar um** ~ **em alguém** dejar plantado a alguien, cortar con alguien, mandar a alguien al diablo *Amér*; **fora!** ¡fuera! **-4.** *loc*: **dar o** ~ [partir] levantar el campamento. ◇ *adv* **-1.** [na parte exterior]: **do lado de** ~ por fuera; **por** ~ por fuera. **-2.** [ao ar livre]: **lá** ~ allá afuera. **-3.** [em outro lugar] afuera; [no estrangeiro] en el extranjero, en otro país. **-4.** *fig* [distanciado]: ~ **de** fuera de; **estar** ~ **de si** estar fuera de sí. ◇ *prep* [exceto] excepto.

◆ **para fora** *loc adv* [costurar *etc*] para otros, para afuera *RP*.

◆ **por fora** *loc adv* **-1.** [cobrar, pagar] bajo mano, por debajo *Amér*, debajo del agua *Méx*. **-2.** [ignorante]: **estar por** ~ **(de)** no estar al tanto (de), estar por fuera de *RP*.

◆ **fora de série** *loc adj* [excepcional] fuera de serie.

foragido, da [fora'ʒidu, da] ◇ *adj* fugitivo(va). ◇ *m, f* fugitivo *m*, -va *f*.

forasteiro, ra [foraʃ'tejru, ra] *m, f* forastero *m*, -ra *f*.

forca ['foxka] *f* horca *f*.

força ['foxsa] *f* **-1.** [ger] fuerza *f*. **-2.** [energia moral]: ~ **de vontade** fuerza de voluntad. **-3.** [violência]: **à** ~ a la fuerza, por la fuerza *Amér*. **-4.** [esforço]: **fazer** ~ hacer esfuerzo. **-5.** MIL: ~**s armadas** fuerzas armadas. **-6.** ELETR energía *f*. **-7.** [ânimo, apoio]: **dar** ~ **a alguém** dar ánimo a alguien.

forçar [fox'sar] *vt* **-1.** [ger] forzar. **-2.** [obrigar]: ~ **alguém (a algo/a fazer algo)** forzar a alguien (a algo/a hacer algo). **-3.** [obter por força] forzar, arrancar. **-4.** *loc*: ~ **a barra** [insistir, pressionar] apretar, presionar *Amér*, orillar *Méx*.

◆ **forçar-se** *vp*: ~**-se a fazer algo** esforzarse para algo.

forçoso, osa [fox'sozu, ɔza] *adj* forzoso(sa).

forjado, da [fox'ʒadu, da] *adj* **-1.** [utensílio, metal] forjado(da). **-2.** [notícia] inventado(da).

forjar [fox'ʒa(x)] *vt* **-1.** [fundir] forjar. **-2.** [inventar] inventar.

forma ['fɔxma] *f* **-1.** [ger] forma *f*; **estar em** ~ estar en forma. **-2.** [feitio]: **em** ~ **de** en forma de. **-3.** [maneira]: **desta** ~ de esta forma.

◆ **de forma que** *loc conj* de forma que.

◆ **da mesma forma** *loc adv* de la misma manera, de igual forma *Amér*.

◆ **de forma alguma** *loc adv* de ninguna manera.

◆ **de tal forma** *loc adv* de tal modo *ou* forma.

fôrma ['foxma] *f* **-1.** [ger] molde *m*. **-2.** [de sapato] horma *f*.

formação [foxma'sãw] (*pl* **-ões**) *f* formación *f*.

formado, da [fox'madu, da] *adj* **-1.** [constituído] formado(da). **-2.** [graduado] graduado(da).

foragido, da [fora'ʒidu, da] ◇ *adj* fugitivo(va). ◇ *m, f* fugitivo *m*, -va *f*.

formal [fox'maw] (*pl* **-ais**) *adj* formal.

formalidade [foxmali'dadʒi] *f* formalidad *f*.

formão [fox'mãw] (*pl* **-ões**) *m* escoplo *m*.

formar [fox'ma(x)] ◇ *vt* formar. ◇ *vi*

◆ **formar-se** *vp* **-1.** [constituir-se] formarse. **-2.** [graduar-se] licenciarse *Esp*, graduarse *Amér*, recibirse *Méx & RP*.

formatar [foxma'ta(x)] *vt* COMPUT formatear.

formato [fox'matu] *m* **-1.** [forma] formato *m*, forma *f*. **-2.** [modelo] formato *m*.

fórmica ['fɔxmika] *f* formica *f*, fórmica *f*.

formidável [foxmi'davɛw] (*pl* **-eis**) *adj* formidable.

formiga [fox'miga] *f* hormiga *f*.

formigar [foxmi'ga(x)] *vi* [coçar] picar, tener comezón *Méx*.

formigueiro [foxmi'gejru] *m* hormiguero *m*.
formoso, osa [fox'mozu, ɔza] *adj* hermoso(sa).
fórmula ['fɔxmula] *f* fórmula *f*; ~ **um** fórmula *f* uno.
formulário [foxmu'larju] *m* formulario *m*, forma *f* **Méx**; ~ **contínuo** papel *m* continuo.
fornecedor, ra [foxnese'do(x), ra] (*mpl* **-es**, *fpl* **-s**) <> *adj* suministrador(ra), proveedor(ra). <> *m, f* suministrador *m*, -ra *f*, proveedor *m*, -ra *f*.
fornecer [foxne'se(x)] *vt* **-1.** [abastecer] abastecer de, proveer (de). **-2.** [dar] ofrecer, proveer.
fornecimento [foxnesi'mẽntu] *m* suministro *m*, provisión *f* **Amér**.
forno ['foxnu] *m* [ger] horno *m*; ~ **de microondas** horno (de) microondas.
foro ['foru] *m* **-1.** JUR foro *m*. **-2.** [âmbito] fuero *m*.
forra ['fɔxa] *f*: **ir à** ~ vengarse.
forrar [fo'xa(x)] *vt* **-1.** [roupa, gaveta] forrar. **-2.** [sofá] tapizar. **-3.** [parede] empapelar. **-4.** *fig* [estômago] llenar, hacer (una) base **RP**.
forro ['foxu] *m* **-1.** [interno] forro *m*. **-2.** [externo] tapizado *m*.
forró [fo'xɔ] *m música y baile popular, originario del nordeste de Brasil*.
fortalecer [foxtale'se(x)] *vt* **-1.** [tornar forte] fortalecer. **-2.** *fig* [corroborar] reforzar.
fortaleza [foxta'leza] *f* **-1.** [forte] fortaleza *f*. **-2.** *fig* [bastião] bastión *m*.
forte ['fɔxtʃi] <> *adj* fuerte; **ser** ~ **em algo** estar fuerte en algo. <> *m* fuerte *m*. <> *adv* fuerte.
fortuito, ta [fox'twitu, ta] *adj* fortuito(ta).
fortuna [fox'tuna] *f* fortuna *f*.
fosco, ca ['foʃku, ka] *adj* translúcido (da).
fósforo ['fɔʃfuru] *m* **-1.** QUÍM fósforo *m*. **-2.** [palito] fósforo *m*, cerilla *f*, cerillo *m* **Méx**.
fossa ['fɔsa] *f* **-1.** [ger] fosa *f*. **-2.** *fig* [depressão] depresión *f*, chipilez *f* **Méx**, bajón *m* **RP**.
fóssil ['fɔsiw] (*pl* **-eis**) *m* fósil *m*.
fosso ['fosu] *m* foso *m*.
foto ['fɔtu] *f* foto *f*.
fotocópia [foto'kɔpja] *f* fotocopia *f*.
fotocopiar [fotoko'pja(x)] *vt* fotocopiar.
fotografia [fotogra'fia] *f* fotografía *f*.
fotógrafo, fa [fo'tɔgrafu, fa] *m, f* fotógrafo *m*, -fa *f*.
fóton ['fɔtõ] (*pl* **-tons, -nes**) *m* FÍS fotón *m*.
fotonovela [fotono'vɛla] *f* fotonovela *f*.
foz ['fɔʃ] *f* desembocadura *f*.
fração [fra'sãw] (*pl* **-ões**) *f* **-1.** MAT fracción *f*. **-2.** [de bolo, terra] pedazo *m*. **-3.** [de tempo] lapso *m*.
fracassar [fraka'sa(x)] *vi* fracasar.
fracasso [fra'kasu] *m* fracaso *m*.
fracionário, ria [frasiona'rju, rja] *adj* MAT fraccionario(ria).
fraco, ca ['fraku, ka] *adj* **-1.** [ger] débil. **-2.** [tênue] suave. **-3.** [medíocre]: ~ **(em)** flojo(ja) (en). **-4.** [covarde] flojo(ja), cobarde **Amér**. **-5.** [contestável] flojo(ja).
◆ **fraco** <> *adv* débilmente. <> *m* **-1.** [ponto fraco] punto *m* débil. **-2.** [inclinação] debilidad *f*.
frade ['fradʒi] *m* fraile *m*.
fragata [fra'gata] *f* fragata *f*.
frágil ['fraʒiw] (*pl* **-geis**) *adj* frágil.
fragilidade [fraʒili'dadʒi] *f* fragilidad *f*.
fragmentação [fragmẽnta'sãw] (*pl* **-ões**) *f* fragmentación *f*.
fragmento [frag'mẽntu] *m* fragmento *m*.
fragrância [fra'grãnsja] *f* fragancia *f*.
fralda ['frawda] *f* **-1.** [cueiro] pañal *m*, culero *m* **Cuba**. **-2.** [de camisa] parte *f* inferior, falda *f* **RP**.
framboesa [frãn'bweza] *f* frambuesa *f*.
França ['frãnsa] *n* Francia.
francamente [ˌfrãŋka'mẽntʃi] *adv* **-1.** [sinceramente] francamente. **-2.** [realmente] sinceramente.
francês, esa [frãn'seʃ, eza] (*mpl* **-eses**, *fpl* **-s**) <> *adj* francés(esa). <> *m, f* francés *m*, -esa *f*.
◆ **francês** *m* [língua] francés *m*.
franco, ca ['frãŋku, ka] *adj* **-1.** [ger] franco(ca). **-2.** [grátis] libre.
◆ **franco** *m* [moeda] franco *m*.
franco-atirador, ra [ˌfrãŋkwatʃira'do(x), ra] *m, f* francotirador *m*, -ra *f*.
francófono, na [frãŋ'kɔfonu, na] <> *adj* francófono(na). <> *m,f* francófono *m*, -na *f*.
frango ['frãŋgu] <> *m* ZOOL pollo *m*. <> *m* FUT cantada *f*.
franja ['frãnʒa] *f* **-1.** [de roupa, xale] fleco *m*. **-2.** [de cabelo] flequillo *m*, fleco *m* **Méx**, cerquillo *m* **RP**.
franjado, da [frãn'ʒadu, da] *adj* **-1.** [toalha, xale] con flecos. **-2.** [cabelo]

con flequillo. **-3.** [rebuscado] rebuscado(da).

franquear [frãɲ'kja(x)] *vt* **-1.** [ger] franquear. **-2.** [isentar de imposto] librar de impuestos. **-3.** [ceder franquia] franquiciar.

franqueza [frãŋ'keza] *f* franqueza *f.*

franquia [frãŋ'kia] *f* **-1.** *COM* franquicia *f.* **-2.** [isenção] franquicia *f*, exención *f.*

franzido, da [frãn'zidu, da] *adj* **-1.** [roupa] fruncido(da). **-2.** [pele] arrugado(da).

franzino, na [frãn'zinu, na] *adj* enclenque, flacucho(cha), ñango(ga) *Méx.*

franzir [frãn'zi(x)] *vt* **-1.** [preguear] fruncir. **-2.** [enrugar] fruncir.

fraque ['fraki] *m* frac *m.*

fraqueza [fra'keza] *f* **-1.** [ger] debilidad *f.* **-2.** [covardia] flaqueza *f.*

frasco ['fraʃku] *m* frasco *m.*

frase ['frazi] *f* frase *f*; ~ **feita** frase hecha.

frasqueira [fraʃ'kejra] *f* neceser *m.*

fraternidade [fratexni'dadʒi] *f* fraternidad *f.*

fraterno, na [fra'tɛxnu, na] *adj* fraterno(na).

fratura [fra'tura] *f* fractura *f.*

fraturar [fratu'ra(x)] *vt* fracturar.

fraudar [fraw'da(x)] *vt* defraudar.

fraude ['frawdʒi] *f* fraude *m.*

freada [fre'ada] *f* frenazo *m*, frenón *m Méx*; **dar uma** ~ dar un frenazo *ou* frenón *Méx.*

frear [fre'a(x)] <> *vt* frenar. <> *vi* *AUTO* frenar.

freezer ['frizɛx] (*pl* **-res**) *m* congelador *m*, freezer *m Amér.*

freguês, esa [fre'geʃ, eza] (*mpl* **-eses**, *fpl* **-s**) *m, f* cliente *m*, -ta *f.*

freguesia [frege'zia] *f* clientela *f.*

frei [frej] *m* fray *m.*

freio ['freju] *m* freno *m*; ~ **de mão** freno de mano.

freira ['frejra] *f* monja *f.*

fremir [fre'mi(x)] *vi* **-1.** [rugir] bramar. **-2.** [tremer] temblar.

frêmito ['fremitu] *m* estremecimiento *m.*

frenesi [frene'zi] *m* frenesí *m.*

frente ['frẽntʃi] *f* **-1.** [lado dianteiro]: **na** ~ **(de)** delante de, (en) frente de *Méx*; **estar à** ~ **de** *fig* estar al frente de. **-2.** [avante]: **em** ~ adelante, derecho *Amér*, de frente *Méx*; **ir para a** ~ salir adelante, avanzar *Amér.* **-3.** [resistência] frente *m*; ~ **de combate** frente de batalla. **-4.** [presença]: ~ **de alguém** delante de alguien; ~ **a** ~ frente a frente.

frentista [frẽn'tʃiʃta] *mf* empleado *m*, -da *f* de gasolinera *ou* gasolinería *Méx.*

freqüentar [frekwẽn'ta(x)] *vt* **-1.** [visitar] frecuentar. **-2.** [cursar] asistir.

freqüente [fre'kwẽntʃi] *adj* frecuente.

frescão [freʃ'kãw] (*pl* **-ões**) *m* autobús *m* con aire acondicionado.

fresco, ca ['freʃku, ka] *adj* **-1.** [ger] fresco(ca). **-2.** *fam* [luxento] comodón(ona), comodino(na) *Méx.* **-3.** *fam* [homossexual] marica.

◆ **fresca** *f* [aragem] fresco *m*, fresca *f.*

frescobol [freʃko'bɔw] (*pl* **-óis**) *m* *tenis de playa que se juega con raquetas de madera y una pelota de goma, por lo general sin red*, paleta *f RP.*

frescões [freʃ'kõjʃ] *mpl* ⊳ **frescão.**

frescura [freʃ'kura] *f* **-1.** [frescor] frescura *f.* **-2.** [afetação] melindre *m*, remilgo *m Amér.* **-3.** [formalidade] remilgo *m.*

fretar [fre'ta(x)] *vt* fletar.

frete ['frɛtʃi] *m* [carregamento] flete *m.*

frevo ['frevu] *m* *baile en el cual los bailarines llevan paraguas y ejecutan una coreografía con un ágil movimiento de las piernas.*

fria ['fria] *f* *fam* [apuros] rollo *m*; **entrar numa** ~ meterse en líos, buscarse un mal rollo *Esp.*

fricção [frik'sãw] *f* fricción *f.*

frieza ['frjeza] *f* frialdad *f.*

frigideira [friʒi'dejra] *f* sartén *f*, sartén *m Amér.*

frígido, da ['friʒidu, da] *adj* frígido (da).

frigir [fri'ʒi(x)] *vt* freír.

frigorífico [frigo'rifiku] *m* **-1.** [loja] frigorífico *m.* **-2.** [aparelho] cámara *f* frigorífica.

frio, fria ['friw, 'fria] *adj* **-1.** [ger] frío(a). **-2.** [falso] falso(sa).

◆ **frio** *m* [baixa temperatura] frío *m*; **estar com** ~ tener frío; **fazer** ~ hacer frío.

◆ **frios** *mpl* [carne] embutidos *mpl*, fiambres *mpl*, carnes *fpl* frías *Méx.*

frios ['friwʃ] *mpl* ⊳ **frio.**

frisa ['friza] *f* *TEATRO* palco *m.*

frisar [fri'za(x)] *vt* **-1.** [salientar] subrayar. **-2.** [enrolar] rizar, enchinar *Méx.*

fritar [fri'ta(x)] *vt* freír, fritar *RP*.
frito, ta ['fritu, ta] *adj* **-1.** *CULIN* frito(ta). **-2.** *fam* [em apuros]: **estar** ~ estar perdido(da), estar frito(ta) *Amér*.
◆ **fritas** *fpl* patatas *fpl* fritas *Esp*, papas *fpl* fritas *Amér*.
frívolo, la ['frivolu, la] *adj* frívolo(la).
fronha ['froɲa] *f* funda *f*.
fronte ['frõntʃi] *f* frente *f*.
fronteira [frõn'tejra] *f* ▷ **fronteiro**.
fronteiro, ra [frõn'tejru, ra] *adj* colindante, fronterizo(za).
◆ **fronteira** *f* **-1.** [extremidade] frontera *f*. **-2.** *fig* [limite] límite *m*.
frota ['frɔta] *f* flota *f*.
frouxo, xa ['froʃu, ʃa] *adj* **-1.** [ger] flojo(ja). **-2.** [ineficiente] flojo(ja), débil *Méx*. **-3.** [condescendente]: **ser** ~ **com alguém** ser complaciente *OU* flojo(ja) *Cuba* con alguien. **-4.** [covarde] cobarde, miedoso(sa).
frustração [fruʃtra'sãw] (*pl* **-ões**) *f* frustración *f*.
frustrante [fruʃ'trãntʃi] *adj* frustrante.
frustrar [fruʃ'tra(x)] *vt* frustrar.
◆ **frustrar-se** *vp* frustrarse.
fruta ['fruta] *f* fruta *f*.
fruta-de-conde [ˌfrutadʒi'kõndʒi] (*pl* **frutas-de-conde**) *f* anón *m*, chirimoya *f*.
fruteiro, ra [fru'tejru, ra] *adj* frutero (ra).
◆ **fruteira** *f* frutería *f*.
frutífero, ra [fru'tʃiferu, ra] *adj* **-1.** [árvore] frutal. **-2.** [proveitoso] fructífero(ra).
fruto ['frutu] *m* fruto *m*.
FTP (*abrev de* **FileTransmission Protocol**) FTP *m*.
fubá [fu'ba] *m* harina *f* de maíz.
fuga ['fuga] *f* **-1.** [ger] fuga *f*. **-2.** *fig* [alívio] huida *f*, escape *m Amér*.
fugaz [fu'gaʒ] *adj* fugaz.
fugir [fu'ʒi(x)] *vi* **-1.** [escapar]: ~ **(de)** huir (de). **-2.** [evitar]: ~ **de algo/alguém** huir de algo/alguien, escapar de algo/alguien.
fugitivo, va [fuʒi'tʃivu, va] ◇ *adj* fugitivo(va). ◇ *m, f* fugitivo *m*, -va *f*.
fulano, na [fu'lãnu, na] *m, f* fulano *m*, -na *f*; ~ **de tal** fulano de tal.
fulgor [fuw'go(x)] *m* fulgor *m*.
fulgurante [fuwgu'rãntʃi] *adj* fulgurante.
fuligem [fu'liʒẽ] *f* hollín *m*.
fulminante [fuwmi'nãntʃi] *adj* fulminante.
fulminar [fuwmi'na(x)] *vt* fulminar.
fumaça [fu'masa] *f* humo *m*.
fumante [fu'mãntʃi] *mf* fumador *m*, -ra *f*; **não** ~ no fumador.
fumar [fu'ma(x)] ◇ *vt* fumar. ◇ *vi* fumar.
fumê [fu'me] *adj inv* ahumado(da), polarizado(da) *Méx*.
fumo ['fumu] *m* **-1.** [ger] tabaco *m*. **-2.** *fam* [maconha] hierba *f*, maría *f Esp*, fumo *m RP*.
fumódromo [fu'mɔdromu] *m fam* zona *f* de fumadores.
FUNAI (*abrev de* **Fundação Nacional do Índio**) *f organismo gubernamental para la defensa del patrimonio y las poblaciones indígenas*.
FUNARTE (*abrev de* **Fundação Nacional de Arte**) *f organismo gubernamental para la promoción y difusión de actividades artísticas*.
FUNASA (*abrev de* **Fundação Nacional de Saúde**) *f organismo gubernamental para la prevención y el control de la salud de los pueblos indígenas*.
função [fũn'sãw] (*pl* **-ões**) *f* función *f*.
◆ **em função de** *loc prep* en función de.
funcionalidade [fũnsjonali'dadʒi] *f* funcionalidad *f*.
funcionalismo [fũnsjona'liʒmu] *m* [servidores]: ~ **público** funcionariado *m Esp*, totalidad *f* de los funcionarios públicos *Amér*.
funcionamento [fũnsjona'mẽntu] *m* **-1.** [de máquina *etc*] funcionamiento *m*. **-2.** [de loja *etc*] atención *f*; **horário de** ~ horario de atención.
funcionar [fũnsjo'na(x)] *vi* **-1.** [ger] funcionar; **pôr algo para** ~ poner algo a funcionar. **-2.** [loja *etc*] abrir. **-3.** [exercer função]: ~ **como algo** actuar de algo.
funcionário, ria [fũnsjo'narju, rja] *m, f* funcionario *m*, -ria *f*; ~ **público** funcionario *m* público, funcionaria *f* pública, funcionario *m*, -ria *f Esp*.
funções [fũn'sõjʃ] *fpl* ▷ **função**.
fundação [fũnda'sãw] (*pl* **-ões**) *f* **-1.** [ger] fundación *f*. **-2.** [alicerce] cimiento *m*.
fundamental [fũndamẽn'taw] (*pl* **-ais**) *adj* fundamental.
fundamento [fũnda'mẽntu] *m* fundamento *m*.
FUNDAP (*abrev de* **Fundação do Desenvolvimento Administrativo**) *f organismo para la coordinación de*

programas de prácticas.

fundar [fũn'da(x)] *vt* fundar.

fundir [fũn'dʒi(x)] *vt* **-1.** [ger] fundir. **-2.** [incorporar] fusionar.

◆ **fundir-se** *vp* **-1.** [derreter-se] fundirse, derretirse. **-2.** [incorporar-se] fusionarse.

fundo, da ['fũndu, da] *adj* **-1.** [profundo] hondo(da). **-2.** [reentrante] enorme. **-3.** *fam* [despreparado]: ~ **(em algo)** burro(rra) (en algo).

◆ **fundo** <> *m* **-1.** [ger] fondo *m*. **-2.** *MÚS*: ~ **musical** fondo *m* musical. **-3.** *FIN*: ~ **de garantia** fondo de garantía; ~ **de investimento** fondo *ou* sociedad *f* ***Méx*** de inversión. <> *adv* [profundamente] hondo; **a** ~ a fondo.

◆ **fundos** *mpl* **-1.** [de casa] fondo *m*. **-2.** [capital] fondos *mpl*; **cheque sem** ~ cheque sin fondos.

◆ **no fundo** *loc adv* [intrinsecamente] en el fondo.

fúnebre ['funebri] *adj* fúnebre.

funeral [fune'raw] (*pl* **-ais**) *m* funeral *m*.

funesto, ta [fu'nɛʃtu, ta] *adj* funesto (ta).

fungo ['fũŋgu] *m* hongo *m*.

funil [fu'niw] (*pl* **-is**) *m* embudo *m*.

FUNRURAL (*abrev de* **Fundo de Assistência e Previdência ao Trabalhador Rural**) *m fondo de ayuda al trabajador rural.*

furacão [fura'kãw] (*pl* **-ões**) *m* [ciclone] huracán *m*.

furado, da [fu'radu, da] *adj* **-1.** [perfurado - orelha, saco, roupa] agujereado(da); [- pneu] pinchado(da), ponchado(da) ***Cam***, ***Carib*** & ***Méx***. **-2.** *fam* [infrutífero] fracasado(da).

furão, rona [fu'rãw, rona] (*mpl* **-ões**, *fpl* **-s**) <> *adj* [cavador] *fam* chanchullero(ra). <> *m* hurón *m*.

furar [fu'ra(x)] <> *vt* **-1.** [perfurar - orelha, sapato] agujerear; [- pneu, bola] pinchar, ponchar ***Cam***, ***Carib*** & ***Méx***. **-2.** [frustrar] desbaratar. **-3.** [não aderir a] romper. <> *vi* **-1.** [perfurar - sapato, saco] agujerearse; [- pneu, bola] pincharse, poncharse ***Cam***, ***Carib*** & ***Méx***. **-2.** [malograr] desbaratarse.

furgão [fux'gãw] (*pl* **-ões**) *m* furgón *m*.

fúria ['furja] *f* furia *f*.

furioso, osa [fu'rjozu, ɔza] *adj* furioso(sa).

furo ['furu] *m* **-1.** [buraco] agujero *m*. **-2.** *fig* [falha] pifia *f*, error *m*; **dar um** ~ meter la pata.

furões [fu'rõjʃ] *mpl* ▷ **furão**.

furor [fu'ro(x)] *m* **-1.** [fúria] furor *m*. **-2.** *loc*: **causar** ~ hacer *ou* causar furor.

furtar [fux'ta(x)] <> *vt* [roubar] hurtar. <> *vi* [roubar] hurtar.

◆ **furtar-se** *vp* [esquivar-se]: ~**-se a algo** evitar algo, zafarse de algo.

furtivo, va [fux'tʃivu, va] *adj* furtivo(-va).

furto ['fuxtu] *m* hurto *m*.

fusão [fu'zãw] (*pl* **-ões**) *f* fusión *f*.

fusca ['fuʃka] *m* ***fam*** [automóvel] escarabajo *m*, cucarachita *f* ***Cuba***, vocho *m* ***Méx***, fusca *m* ***RP***.

fusível [fu'zivew] (*pl* **-eis**) *m* fusible *m*.

fuso ['fuzu] *m* [peça] huso *m*.

◆ **fuso horário** *m* huso *m* horario.

fusões [fu'zõjʃ] *fpl* ▷ **fusão**.

fustigar [fuʃtʃi'ga(x)] *vt* fustigar.

futebol [futʃi'bɔw] *m* fútbol *m*; ~ **de salão** fútbol sala, fútbol rápido ***Méx***, fútbol de salón ***RP***.

fútil ['futʃiw] (*pl* **-teis**) *adj* fútil.

futilidade [futʃili'dadʒi] *f* futilidad *f*.

futuro, ra [fu'turu, ra] *adj* futuro(ra).

◆ **futuro** *m* futuro *m*.

FUVEST (**Fundação do Vestibular do Estado de São Paulo**) *f fundación educativa que regula los exámenes de selectividad para la Universidad de São Paulo.*

fuzil [fu'ziw] (*pl* **-is**) *m* fusil *m*.

fuzilar [fuzi'la(x)] *vt* **-1.** [atirar] fusilar. **-2.** *fig* [ameaçar]: ~ **alguém com os olhos** fulminar a alguien con la mirada.

fuzileiro [fuzi'lejru] *m* infante *m* de marina, fusilero *m* ***Méx*** & ***RP***; ~ **naval** infante *m* de marina, fusilero *m* naval ***Méx*** & ***RP***.

G

g[1]**, G** [ʒe] *m* [letra] g, G *f*.

g[2] (*abrev de* **grama**) g.

gabar-se [gabax'si] *vp*: ~**-se (de)** jactarse (de).

gabinete [gabi'netʃi] *m* **-1.** [escritório] oficina *f*, escritorio *m* ***Méx***. **-2.** *POL* gabinete *m*.

gado ['gadu] *m* ganado *m.*
gafanhoto [gafã'ɲotu] *m* saltamontes *m inv*, chapulín *m* ***Méx***.
gafe ['gafi] *f* metedura *f ou* metida ***Amér*** de pata.
gafieira [ga'fjejra] *f* **-1.** [estabelecimento] sala *f* de baile. **-2.** [dança] *baile popular de Brasil.*
gago, ga ['gagu, ga] <> *adj* tartamudo(da), gago(ga) ***Andes*** & ***Carib***. <> *m, f* tartamudo *m*, -da *f*, gago *m*, -ga *f* ***Andes*** & ***Carib***.
gaguejar [gage'ʒa(x)] <> *vt* tartamudear, gaguear ***Andes*** & ***Carib***. <> *vi* tartamudear, gaguear ***Andes*** & ***Carib***.
gaiato, ta [ga'jatu, ta] *adj* pícaro(ra), travieso(sa).
gaiola [ga'jɔla] <> *f* **-1.** [clausura] jaula *f*. **-2.** ***fam*** [prisão] chirona *f* ***Esp***, cana *f* ***Andes***, ***Cuba*** & ***RP***, bote *m* ***Méx***. <> *m* [vapor] vapor *m*, patana *f* ***Cuba***.
gaita ['gajta] *f* **-1.** MÚS armónica *f*, filarmónica *f* ***Cuba***; ~ **de foles** gaita *f* (gallega). **-2.** ***fam fig*** [dinheiro] pasta *f* ***Esp***, plata *f* ***Amér***, lana *f* ***Chile*** & ***Méx***, guita *f* ***RP***.
gaivota [gaj'vɔta] *f* gaviota *f.*
gala ['gala] *f*: **de** ~ de gala; **uniforme de** ~ uniforme *m* de gala.
galante [ga'lãntʃi] *adj* galante.
galanteio [galãn'teju] *m* galanteo *m.*
galão [ga'lãw] (*pl* **-ões**) *m* **-1.** [ger] galón *m*. **-2.** [enfeite] galón *m*, adorno *m* ***Méx***.
galáxia [ga'laksja] *f* galaxia *f.*
galera [ga'lɛra] *f* **-1.** NÁUT galera *f*. **-2.** ***fam*** [grupo] peña *f* ***Esp***, piquete *m* ***Cuba***, bola *f* ***Méx***, barra *f* ***RP***.
galeria [gale'ria] *f* **-1.** [ger] galería *f*. **-2.** TEATRO gallinero *m*, galería *f* ***Méx***.
Gales ['galiʃ] *n* Gales.
galês, esa [ga'leʃ, eza] <> *adj* galés(esa). <> *m, f* galés *m*, -esa *f*.
◆ **galês** *m* [língua] galés *m.*
galeto [ga'letu] *m* pollo *m.*
galheteiro [gaʎe'tejru] *m* aceitera *f* y vinagrera.
galho ['gaʎu] *m* **-1.** BOT rama *f*. **-2.** ***fam*** [problema] rollo *m*; **quebrar um** ~ echar *ou* dar ***RP*** una mano, matar el gallo ***Cuba***.
Galícia [ga'lisja] *n* Galicia.
galinha [ga'liɲa] *f* **-1.** [ger] gallina *f*. **-2.** ***fam*** [namorador] don Juan *m*, ligón *m*, -ona *f*.
galinheiro [gali'ɲejru] *m* gallinero *m.*
galo ['galu] *m* **-1.** [ave] gallo *m*. **-2.** [inchaço] chichón *m*, chipote *m* ***Méx***.
galocha [ga'lɔʃa] *f* bota *f* de agua.
galopar [galo'pa(x)] *vi* galopar.
galope [ga'lɔpi] *m* galope *m.*
galpão [gaw'pãw] (*pl* **-ões**) *m* cobertizo *m*, galpón *m* ***Amér***.
gama ['gãma] *f* gama *f*.
gamão [ga'mãw] *m* backgammon *m.*
gamar [ga'ma(x)] *vi* ***fam***: ~ **por algo/alguém** volverse loco(ca) por algo/alguien; **logo no primeiro dia que o vi, gamei** quedé colado por él desde el primer día en el que lo vi.
gambá [gãn'ba] *m* ZOOL zarigüeya *f*, tlacuache *m* ***Méx***, zorrino *m* ***RP***.
gamela [ga'mɛla] *f* [vasilha] escudilla *f*.
gana ['gãna] *f* **-1.** [desejo]: ~ **de algo/de fazer algo** ganas *fpl* de algo/de hacer algo. **-2.** [raiva]: **ter** ~ **de alguém** tenerle ganas a alguien.
ganância [ga'nãnsja] *f* ganancia *f*.
ganancioso, osa [ganãn'sjozu, ɔza] *adj* avaro(ra), avaricioso(sa).
gancho ['gãnʃu] *m* **-1.** [ger] gancho *m*. **-2.** COST costura *f*.
gangorra [gãŋ'goxa] *f* [brinquedo] subibaja *m.*
gângster ['gãŋgiʃte(x)] *m* gángster *m.*
gangue ['gãŋgi] *f* banda *f*, pandilla *f*.
ganhador, ra [gaɲa'do(x), ra] <> *adj* ganador(ra). <> *m, f* ganador *m*, -ra *f*.
ganha-pão [ˌgãɲa'pãw] (*pl* **ganha-pães**) *m* [trabalho, objeto de trabalho] sustento *m.*
ganhar [gã'ɲa(x)] <> *vt* **-1.** [ger] ganar. **-2.** [receber]: **ganhei um presente/um beijo** me dieron un regalo/un beso. **-3.** [atingir] alcanzar. <> *vi* **-1.** [vencer]: ~ **de alguém** ganar a alguien. **-2.** [como remuneração] ganar. **-3.** [lucrar]: ~ **(com)** ganar (con); **sair ganhando** salir ganando.
ganho ['gãɲu] <> *pp* ▷ **ganhar**. <> *m* **-1.** [salário] sueldo *m*. **-2.** [lucro] ganancia *f*. **-3.** JUR: ~ **de causa** triunfo *m* judicial.
ganir [ga'ni(x)] *vi* [cão, pessoa] aullar.
ganso ['gãnsu] *m* ganso *m.*
GAPA (*abrev de* **Grupo de Apoio à Prevenção à Aids**) *m organizacion no gubernamental que trabaja en la prevención del sida.*
garagem [ga'raʒẽ] (*pl* **-ns**) *f* garaje *m*, cochera *f* ***Méx***.
garanhão [gara'ɲãw] (*pl* **-ões**) *m* **-1.** [cavalo] garañón *m*, semental *m*. **-2.**

fig [homem] semental *m* ***Esp***, mujeriego *m* ***Amér***, garañón *m* ***Méx***.

garantia [garãn'tʃia] *f* garantía *f*; **estar na ~** estar en garantía.

garantir [garãn'tʃi(x)] *vt* **-1.** [assegurar, prometer]: **~ algo a alguém** garantizar algo a alguien. **-2.** [asseverar] garantizar, asegurar.
◆ **garantir-se** *vp* [defender-se]: **~-se contra algo** protegerse contra algo.

garça ['gaxsa] *f* garza *f*.

garçom [gax'sõ] (*pl* **-ns**) *m* camarero *m* ***Esp***, mesero *m* ***Méx***, mozo *m* ***Andes*** & ***RP***.

garçonete [garso'nɛtʃi] *f* camarera *f* ***Esp***, mesera *f* ***Méx***, moza *f* ***Andes*** & ***RP***.

garfo ['gaxfu] *m* tenedor *m*.

gargalhada [gaxga'ʎada] *f* carcajada *f*; **cair na ~** reír a carcajadas.

gargalo [gax'galu] *m* gargajo *m*.

garganta [gax'gãnta] *f* **-1.** [ger] garganta *f*. **-2.** *fam* [mentira] bola *f*, puro cuento *m* ***Amér***, bolazo *m* ***RP***.

gargarejar [gaxgare'ʒa(x)] *vi* hacer gárgaras.

gargarejo [gaxga'reʒu] *m* gárgara *f*.

gari [ga'ri] *mf* barrendero *m*, -ra *f*.

garimpeiro, ra [garĩn'pejru, ra] *m, f* *buscador de diamantes y piedras preciosas*.

garimpo [ga'rĩnpu] *m* [mina] yacimiento *m*.

garoa [ga'roa] *f* llovizna *f*, garúa *f* ***Andes***, ***RP*** & ***Ven***.

garota [ga'rota] *f* ▷ **garoto**.

garotada [garo'tada] *f*: **a ~** la muchachada, los pibes ***Arg***, la chamacada ***Méx***, la gurisada ***Urug***.

garoto, ta [ga'rotu, ta] *m, f* [menino] niño *m*, -ña *f*, pibe *m*, -ba *f* ***Arg***, pelado *m*, -da *f* ***Bol*** & ***Col***, chamaco *m*, -ca *f* ***Méx***, gurí *m*, -sa *f* ***Urug***.
◆ **garota** *f* [namorada] novia *f*, chica *f* ***Esp***, polola *f* ***Chile***, enamorada *f* ***Bol***.

garoupa [ga'ropa] *f* *especie de pez teleósteo marino que vive en fondos rocosos*.

garra ['gaxa] *f* [de animal] garra *f*; **ter ~** [entusiasmo] *fig* tener garra.

garrafa [ga'xafa] *f* botella *f*; **~ térmica** termo *m*.

garrote [ga'xɔtʃi] *m* **-1.** [de tortura] garrote *m*. **-2.** [torniquete] torniquete *m*.

garupa [ga'rupa] *f* **-1.** [de cavalo] grupa *f*. **-2.** [de bicicleta, moto] sillín *m* trasero.

gás ['gajʃ] (*pl* **gases**) *m* **-1.** [fluido] gas *m*; **~ natural** gas natural; **~ lacrimogêneo** gas lacrimógeno. **-2.** *fam fig* [entusiasmo] gas *m*, pilas *fpl* ***RP***.

gasoduto [gazo'dutu] *m* gasoducto *m*, gaseoducto *m*.

gasolina [gazo'lina] *f* gasolina *f*, nafta *f* ***RP***.

gasoso, osa [ga'zozu, ɔza] *adj* gaseoso(sa).
◆ **gasosa** *f* gaseosa *f*.

gastador, ra [gaʃta'do(x), ra] ◇ *adj* gastador(ra). ◇ *m, f* gastador *m*, -ra *f*.

gastar [gaʃ'ta(x)] ◇ *vt* gastar. ◇ *vi* **-1.** [despender dinheiro] gastar. **-2.** [desgastar-se] gastarse.
◆ **gastar-se** *vp* [desgastar-se] gastarse.

gasto, ta ['gaʃtu, ta] ◇ *pp* ▷ **gastar**. ◇ *adj* **-1.** [ger] gastado(da). **-2.** [envelhecido] envejecido(da), desgastado(da).
◆ **gasto** *m* [despesa] gasto *m*.
◆ **gastos** *mpl* [despesas] gastos *mpl*.

gástrico, ca ['gaʃtriku, ka] *adj* gástrico(ca).

gastronomia [gaʃtrono'mia] *f* gastronomía *f*.

gatilho [ga'tʃiʎu] *m* gatillo *m*.

gato, ta ['gatu, ta] *m, f* **-1.** [animal] gato *m*, -ta *f*; **vender ~ por lebre** dar gato por liebre. **-2.** *fam* [homem bonito] guaperas *m inv* ***Esp***, chulo *m* ***Méx***, buenmozo *m* ***RP***; *fam* [mulher bonita] bombón *m*, chula *f* ***Méx***, muñeca *f* ***RP***.
◆ **gato** *m fam* ELETR *conexión eléctrica clandestina*, diablito *m* ***Méx***; **fazer um ~** hacer una conexión eléctrica clandestina, hacer *ou* poner un diablito ***Méx***.

gatuno, na [ga'tunu, na] ◇ *adj* ladrón(ona). ◇ *m, f* ladrón *m*, -ona *f*.

gaveta [ga'veta] *f* cajón *m*.

gavião [ga'vjãw] (*pl* **-ões**) *m* gavilán *m*.

gaze ['gazi] *f* gasa *f*.

gazela [ga'zɛla] *f* gacela *f*.

gazeta [ga'zeta] *f* [jornal] gaceta *f*.

GB (*abrev de* **Great Britain**) GB.

geada ['ʒjada] *f* helada *f*.

gel [ʒɛl] *f* gel *m*.

geladeira [ʒela'dejra] *f* refrigerador *m*, nevera *f* ***Esp***, heladera *f* ***CSur***.

gelado, da [ʒe'ladu, da] *adj* helado (da).

gelar [ʒe'la(x)] ◇ *vt* congelar. ◇ *vi* congelarse.

gelatina [ʒela'tʃina] *f* gelatina *f*.
gelatinoso, osa [ʒelatʃi'nozu, ɔza] *adj* gelatinoso(sa).
geléia [ʒe'lɛja] *f* jalea *f*.
geleira [ʒe'lejra] *f* glaciar *m*.
gélido, da ['ʒɛlidu, da] *adj* **-1.** [gelado] gélido(da). **-2.** *fig* [imóvel] petrificado(da).
gelo ['ʒelu] <> *adj (inv)* gris claro, hielo *RP*. <> *m* **-1.** [água solidificada] hielo *m*. **-2.** [cor] gris *m* claro, hielo *m RP*. **-3.** [indiferença] *fam*: **dar um ~ em alguém** hacer el vacío a alguien; **quebrar o ~** *fig* romper el hielo. **-4.** [frio intenso] *fig*: **estar um ~** hacer mucho frío, estar helando *Méx*, estar helado *RP*.
gema ['ʒema] *f* **-1.** [do ovo] yema *f*. **-2.** [pedra preciosa] gema *f*.
gemada [ʒe'mada] *f yemas de huevo batidas con azúcar, a las que a veces se les añade leche caliente.*
gêmeo, mea ['ʒemju, mja] <> *adj* **-1.** [irmãos]: **~s idênticos** gemelo(la); **~s fraternos** mellizo(za). **-2.** [alma] gemelo(la). <> *m, f* gemelo *m*, -la *f*.
◆ **Gêmeos** *mpl* ASTRO géminis *m*; **ser Gêmeos** ser géminis *Esp* & *Méx*, ser de géminis *RP*.
gemer [ʒe'me(x)] *vi* **-1.** [de dor] gemir. **-2.** [lastimar-se] lamentarse. **-3.** [ranger] crujir. **-4.** [vento] gemir, aullar.
gemido [ʒe'midu] *m* **-1.** [de animal, dor] gemido *m*. **-2.** [lamento] lamento *m*.
geminiano, na [ʒemi'njãnu, na] <> *adj* géminis, geminiano(na) *RP*. <> *m, f* géminis *mf inv*, geminiano *m*, -na *f RP*.
gene ['ʒeni] *m* gen *m*.
genealógico, ca [ʒenja'lɔʒiku, ka] *adj* genealógico(ca); **árvore genealógica** árbol genealógico.
Genebra [ʒe'nɛbra] *n* Ginebra.
general [gene'raw] (*pl* **-ais**) *m* general *m*.
generalizar [generali'za(x)] <> *vi* [fazer generalizações] generalizar. <> *vt* **-1.** [difundir] generalizar, extender. **-2.** [vulgarizar] generalizar, popularizar.
◆ **generalizar-se** *vp* [difundir-se] generalizarse, extenderse.
gênero ['ʒeneru] *m* género *m*; **fazer ~** *fam loc* aparentar.
◆ **gêneros** *mpl* [mercadorias] géneros *mpl*, productos *mpl*; **~s alimentícios** géneros alimenticios.
generosidade [ʒenerozi'dadʒi] *f* generosidad *f*.
generoso, osa [ʒene'rozu, ɔza] *adj* generoso(sa).
genético, ca [ʒe'nɛtʃiku, ka] *adj* genético(ca).
◆ **genética** *f* genética *f*.
gengibre [ʒẽn'ʒibri] *m* jengibre *m*.
gengiva [ʒẽn'ʒiva] *f* encía *f*.
gengivite [ʒẽnʒi'vitʃi] *f* gingivitis *f inv*.
genial [ʒe'njaw] (*pl* **-ais**) *adj* **-1.** [extraordinário] genial. **-2.** *fam* [formidável] genial.
genialidade [ʒenjali'dadʒi] *f* genialidad *f*.
gênio ['ʒenju] *m* genio *m*; **~ bom/ruim** buen/mal genio.
genital [ʒeni'taw] (*pl* **-ais**) *adj* genital.
genitor, ra [ʒeni'to(x), ra] *m, f* [pai] progenitor *m*, -ra *f*.
genocídio [ʒeno'sidʒju] *m* genocidio *m*.
genro ['ʒẽnxu] *m* yerno *m*.
gente ['ʒẽntʃi] *f* gente *f*; **~ bem** gente bien; **ser ~ boa** *ou* **fina** *fam* ser buena gente; **toda a ~** toda la gente, todo el mundo; **oi/tchau, ~** hola/chao, gente, hola/bye, gente *Méx*, hola/chau, che *RP*; **a ~** nosotros; **~! que preço absurdo!** *fam* ¡qué barbaridad!, ¡qué precio disparatado!
gentil [ʒẽn'tʃiw] (*pl* **-is**) *adj* gentil.
gentileza [ʒẽntʃi'leza] *f* gentileza *f*; **por ~** por gentileza.
genuíno, na [ʒe'nwinu, na] *adj* genuino(na).
geografia [ʒjogra'fia] *f* geografía *f*.
geográfico, ca [ʒjo'grafiku, ka] *adj* geográfico(ca).
geologia [ʒjolo'ʒia] *f* geología *f*.
geometria [ʒjome'tria] *f* geometría *f*.
geométrico, ca [ʒjo'mɛtriku, ka] *adj* geométrico(ca).
geração [ʒera'sãw] (*pl* **-ões**) *f* generación *f*; **de última ~** de última generación.
gerador [ʒera'do(x)] (*pl* **-res**) *adj*: **~ de algo** generador(ra) de algo.
◆ **gerador** *m* TEC generador *m*.
geral [ʒe'raw] (*pl* **-ais**) <> *adj* [genérico] general; **de (um) modo ~** de (un) modo general. <> *m* [normal]: **o ~** lo normal. <> *f* **-1.** FUT general *f* de pie, talud *m RP*. **-2.** TEATRO gallinero *m*, galeras *fpl Méx*, generales *fpl RP*. **-3.** *fam* [inspecionar]: **dar uma ~ no carro** hacer una revisión en el coche. **-4.** *fam* [fazer limpeza, arruma-

ção]: **dar uma ~ na casa** hacer limpieza general en la casa.

◆ **em geral** *loc adv* en general, por lo general.

geralmente [ʒeraw'mẽntʃi] *adv* generalmente.

gerânio [ʒe'rãnju] *m* geranio *m*.

gerar [ʒe'ra(x)] *vt* generar.

gerência [ʒe'rẽnsja] *f* [ato, seção] gerencia *f*.

gerenciamento [ʒerẽnsja'mẽntu] *m* administración *f*.

gerenciar [ʒerẽn'sja(x)] ◇ *vt* administrar. ◇ *vi* administrar.

gerente [ʒe'rẽntʃi] *mf* gerente *mf*.

gergelim [ʒexʒe'lĩ] *m* ajonjolí *m*, sésamo *m*.

gerir [ʒe'ri(x)] *vt* administrar.

germanófono, na [gexma'nɔfonu, na] ◇ *adj* germanófono(na). ◇ *m,f* germanófono *m*, -na *f*.

germe ['ʒɛxmi] *m* germen *m*.

germinar [ʒexmi'na(x)] *vi* [semente, idéia] germinar.

gesso ['ʒesu] *m* yeso *m*.

gestante [ʒeʃ'tãntʃi] *f* gestante *f*.

gestão [ʒeʃ'tãw] (*pl* **-ões**) *f* [administração, gerência] gestión *f*.

gesticular [ʒeʃtʃiku'la(x)] *vi* gesticular.

gesto ['ʒɛʃtu] *m* [movimento, ato] gesto *m*; **fazer um ~** hacer un gesto.

gestual [ʒeʃ'tuaw] (*pl* **-ais**) *adj* gestual.

Gibraltar [ʒibraw'ta(x)] *n* Gibraltar.

GIF (*abrev de* **Graphics Interchange Format**) *m* GIF *m*.

gigante [ʒi'gãntʃi] ◇ *adj* gigante. ◇ *m* gigante *mf*.

gigantesco, ca [ʒigãn'teʃku, ka] *adj* gigantesco(ca).

gilete® [ʒi'lɛtʃi] ◇ *f* [lâmina] hoja *f ou* cuchilla *f ou* navaja *f* ***Méx*** de afeitar, gilette® *f* ***RP***. ◇ *m* ***vulg*** [bissexual] bi *mf*, bisexual *mf*.

gim ['ʒĩ] (*pl* **-ns**) *m* ginebra *f*, gin *m* ***RP***.

ginasial [ʒina'zjaw] (*pl* **-ais**) ◇ *adj* [relativo a ginásio] del "ginásio". ◇ *m* [curso] escuela *f* primaria.

ginasiano, na [ʒina'zjãnu, na] *m,f* alumno *m*, -na *f* de primaria.

ginásio [ʒi'nazju] *m* **-1.** ***ant*** & EDUC escuela *f* primaria. **-2.** [para esportes] gimnasio *m*.

ginástica [ʒi'naʃtʃika] *f* gimnasia *f*.

ginecologia [ˌʒinɛkolo'ʒia] *f* ginecología *f*.

ginecologista [ˌʒinekolo'ʒiʃta] *mf* ginecólogo *m*, -ga *f*.

girafa [ʒi'rafa] *f* jirafa *f*.

girar [ʒi'ra(x)] ◇ *vi* **-1.** [rodar] girar. **-2.** ***fig*** [funcionar]: **~ em torno de** girar en torno a, girar alrededor de. ◇ *vt* [fazer rodar] girar.

girassol [ˌʒira'sɔw] (*pl* **-óis**) *m* girasol *m*.

giratório, ria [ʒira'tɔrju, rja] *adj* giratorio(ria).

gíria ['ʒirja] *f* [calão, jargão] jerga *f*, argot *m*, caló *m* ***Méx***.

giro, ra ['ʒiru, ra] *m* **-1.** [volta] giro *m*. **-2.** ***fam*** [passeio] vuelta *f*; **dar um ~** dar una vuelta.

giz ['ʒiʒ] *m* tiza *f*, gis *m* ***Méx***.

glaciação [glasja'sãw] (*pl* **-ões**) *f* [período geológico] glaciación *f*.

glacial [gla'sjaw] (*pl* **-ais**) *adj* glacial.

glamouroso, osa [glamu'rozu, ɔza] *adj* encantador(ra), glamo(u)roso(sa).

glândula ['glãndula] *f* glándula *f*.

glicerina [glise'rina] *f* glicerina *f*.

glicose [gli'kɔzi] *f* glucosa *f*.

global [glo'baw] (*pl* **-ais**) *adj* global.

globalização [globaliza'sãw] (*pl* **-ões**) *f* globalización *f*.

globalizado, da [globali'zadu, da] *adj* globalizado(da).

globalizante [globali'zãntʃi] *adj* globalizante.

globalizar [globa'liza(x)] *vt* globalizar.

◆ **globalizar-se** *vp* globalizarse.

globo ['globu] *m* globo *m*; **~ ocular** globo ocular.

glória ['glɔrja] *f* gloria *f*.

glorificação [glorifika'sãw] (*pl* **-ões**) *f* glorificación *f*.

glorificar [glorifi'ka(x)] *vt* **-1.** [honrar] glorificar. **-2.** [canonizar] canonizar.

glorioso, osa [glo'rjozu, ɔza] *adj* glorioso(sa).

glossário [glo'sarju] *m* glosario *m*.

GLP (*abrev de* **Gás Liquefeito de Petróleo**) *m gas utilizado como combustible*.

glúten ['glutẽ] (*pl* **-s**) *m* gluten *m*.

glúteo, tea ['glutew, tʃja] ◇ *adj* glúteo(a). ◇ *m* glúteo *m*.

GO (*abrev de* **Estado de Goiás**) *m* estado de Goiás.

godê [go'de] *adj* al bies.

goela ['gwɛla] *f* garganta *f*.

goiaba [go'jaba] *f* guayaba *f*.

goiabada [goja'bada] *f* dulce *m* de guayaba, guayabada *f* ***Urug***.

gol ['gow] (*pl* **-es**) *m* gol *m*; **marcar um**

~ marcar *ou* hacer ***RP*** un gol.
gola ['gɔla] *f* cuello *m*.
gole ['gɔli] *m* trago *m*; **de um** ~ **só** de un solo trago.
goleada [go'ljada] *f* goleada *f*.
goleiro [go'lejru] *m* portero *m* ***Esp***, arquero *m* ***Amér***, golero *m* ***RP***.
golfe ['gowfi] *m* golf *m*.
golfinho [gow'fiɲu] *m* delfín *m*.
golfista [gow'fiʃta] *mf* golfista *mf*.
golfo ['gowfu] *m* golfo *m*.
Golfo Pérsico [ˌgowfu'pɛxsiku] *n* Golfo *m* Pérsico.
golpe ['gɔwpi] *m* **-1.** [ger] golpe *m*; ~ **baixo** ***fam fig*** golpe bajo; ~ **mortal** golpe mortal. **-2.** POL: ~ **de Estado** golpe de Estado. **-3.** [rasgo, lance]: ~ **de coragem** arrebato *m* de coraje, ataque *m* de valentía ***RP***; ~ **de sorte** golpe de suerte. **-4.** [manobra]: ~ **de mestre** golpe maestro.
golpear [gow'pja(x)] *vt* golpear.
goma ['goma] *f* **-1.** [cola] engrudo *m*. **-2.** [para roupa] almidón *m*. **-3.** [chiclete]: ~ **de mascar** goma de mascar, chicle *m*.
gomo ['gomu] *m* gajo *m*.
gongo ['gõŋgu] *m* **-1.** MÚS gong *m*. **-2.** [sino] campana *f*.
gorar [go'ra(x)] ◇ *vt* [fracassar] malograr. ◇ *vi* [fracassar] malograrse.
gordo, da ['goxdu, da] ◇ *adj* **-1.** [pessoa] gordo(da); **nunca ter visto alguém mais** ~ [não conhecer] no haber visto alguien nada así. **-2.** [carne] graso(sa). **-3.** ***fig*** [quantia] abultado(da). ◇ *m, f* gordo *m*, -da *f*.
gordura [gox'dura] *f* **-1.** [substância gordurosa] grasa *f*. **-2.** [obesidade] gordura *f*.
gorduroso, osa [goxdu'rozu, ɔza] *adj* **-1.** [comida, pele, cabelos] grasiento (ta), grasoso(sa) ***Amér***. **-2.** [superfície] grasiento(ta), grasoso(sa) ***Amér***, engrasado(da) ***RP***.
gorila [go'rila] *m* gorila *m*.
gorjeta [gox'ʒeta] *f* propina *f*.
gorro ['goxu] *m* gorro *m*.
gosma ['gɔʒma] *f* baba *f*.
gosmento, ta [goʒ'mẽntu, ta] *adj* pegajoso(sa).
gostar [goʃ'ta(x)] *vi* **-1.** [ter prazer, gosto]: **gosto de cinema/de praia** me gusta el cine/la playa; **gosto de viajar** me gusta viajar; **gosto dele** [simpatizar com] me cae bien; [sentir afeição por] me gusta. **-2.** [ter costume]: **ela gosta de caminhar após as refeições** le gusta caminar después de las comidas. **-3.** [aprovar]: **gostei da idéia** me gustó la idea.
◆ **gostar-se** *vp* [mutuamente] gustarse.
gosto ['goʃtu] *m* **-1.** [ger] gusto *m*; **ter** ~ **de** tener gusto a. **-2.** [prazer]: **de bom/mau** ~ de buen/mal gusto; **falta de** ~ falta de gusto.
gostoso, osa [goʃ'tozu, ɔza] *adj* **-1.** [ger] rico(ca). **-2.** [ambiente, música] agradable. **-3.** [cama, cadeira] cómodo(da). **-4.** [risada] alegre. **-5.** ***fam*** [sensual, bonito]: **estar gostosa** estar muy buena.
gota ['gota] *f* gota *f*.
goteira [go'tejra] *f* [fenda] gotera *f*.
gotejar [gote'ʒa(x)] ◇ *vt* gotear. ◇ *vi* gotear.
gourmet [gux'me] (*pl* **-s**) *mf* gourmet *mf*.
governabilidade [govexnabili'dadʒi] *f* gobernabilidad *f*.
governador, ra [govexna'do(x), ra] *m, f* gobernador *m*, -ra *f*.
governamental [govexnamẽn'taw] (*pl* **-ais**) *adj* gubernamental.
governanta [govex'nãnta] *f* **-1.** [de criança] niñera *f*. **-2.** [de casa] ama *f* de llaves, gobernanta *f* ***Esp***.
governante [govex'nãntʃi] ◇ *adj* [que governa] gobernante. ◇ *mf* [quem governa] gobernante *mf*.
governar [govex'na(x)] ◇ *vt* gobernar. ◇ *vi* POL gobernar.
governo [go'vexnu] *m* **-1.** [ger] gobierno *m*. **-2.** [controle] control *m*.
gozação [goza'sãw] (*pl* **-ões**) *f* burla *f*.
gozar [go'za(x)] ◇ *vt* **-1.** [desfrutar] disfrutar. **-2.** ***fam*** [troçar de] burlarse de. ◇ *vi* **-1.** [desfrutar]: ~ **de** gozar de. **-2.** ***fam*** [troçar] burlarse; ~ **da cara de alguém** burlarse de alguien, tomarle el pelo a alguien. **-3.** ***fam*** [ter orgasmo] correrse ***Andes & Esp***, venirse ***Méx***, acabar ***RP***.
gozo ['gozu] *m* **-1.** [prazer] gozo *m*. **-2.** [uso]: ~ **de algo** goce *m* de algo. **-3.** [orgasmo] placer *m*.
GP (*abrev de* **Grande Prêmio**) *m* GP *m*.
GPS (*abrev de* **Global Positioning System**) *m* GPS *m*.
Grã-Bretanha [ˌgrãnbre'tãɲa] *n*: **(a)** ~ (la) Gran Bretaña.
graça ['grasa] *f* **-1.** [ger] gracia *f*; **achar** ~ **(de** *ou* **em algo)** encontrar gracia (en algo); **ter** ~ ser gracioso(sa).

-2. [encanto]: **cheio de ~** con mucha gracia; **sem ~** sin gracia. -3. [nome] nombre *m*.

◆ **graças a** *loc prep* -1. [devido a] gracias a. -2. [agradecimento]: **dar ~s a** dar (las) gracias a; **~s a Deus!** ¡gracias a Dios!

◆ **de graça** *loc adj* -1. [grátis] gratis, gratuito(ta). -2. [muito barato] regalado(da).

gracejar [grase'ʒa(x)] *vi* bromear.

gracejo [gra'seʒu] *m* broma *f*.

gracinha [gra'siɲa] *f*: **ser uma ~** ser un encanto; **que ~!** ¡qué encanto!, ¡qué divino(na)!

gracioso, osa [gra'sjozu, ɔza] *adj* gracioso(sa).

gradativo, va [grada'tʃivu, va] *adj* gradual.

grade ['gradʒi] *f* enrejado *m*; **atrás das ~s** *fam* [na cadeia] entre rejas.

gradeado, da [gra'dʒiadu, da] *adj* [com grades] enrejado(da).

◆ **gradeado** *m* [gradeamento] enrejado *m*.

gradear [gra'dʒja(x)] *vt* enrejar.

graduação [gradwa'sãw] (*pl* **-ões**) *f* -1. [ger] graduación *f*. -2. [curso] licenciatura *f*.

gradual [gra'dwaw] (*pl* **-ais**) *adj* gradual.

graduar [gra'dwa(x)] *vt* -1. [ger] graduar. -2. [classificar]: **~ em** clasificar en. -3. EDUC: **~ alguém em algo** graduar a alguien en algo. -4. MIL: **~ alguém em** graduar a alguien de.

◆ **graduar-se** *vp* EDUC: **~-se em algo** graduarse *ou* diplomarse *RP* en algo.

grafia [gra'fia] *f* grafía *f*.

gráfico, ca ['grafiku, ka] <> *adj* gráfico(ca). <> *m, f* [profissional] impresor *m*, -ra *f*, gráfico *m*, -ca *f RP*.

◆ **gráfico** *m* gráfico *m*; **~ de barras** gráfico de barras.

◆ **gráfica** *f* [estabelecimento] imprenta *f*.

grã-fino, na [grãn'finu, na] (*mpl* **grã-finos**, *fpl* **grã-finas**) <> *adj* pijo(ja). <> *m, f* pijo *m*, -ja *f*.

grafite [gra'fitʃi] *f* -1. [ger] grafito *m*. -2. [pichação] graffiti *m*.

grama ['grãma] <> *f* [relva] hierba *f*, césped *m*. <> *m* [medida] gramo *m*.

gramado [gra'madu] *m* césped *m*.

gramar [gra'ma(x)] *vt* plantar césped sobre.

gramatical [gramatʃi'kaw] (*pl* **-ais**) *adj* gramatical.

gramático, ca [gra'matʃiku, ka] <> *adj* gramatical. <> *m f* gramático *m*, -ca *f*.

◆ **gramática** *f* gramática *f*.

gramofone [gramo'foni] *m* gramófono *m*.

grampeador [grãnpja'do(x)] (*pl* **-es**) *m* grapadora *f*, engrampadora *f RP*.

grampear [grãn'pja(x)] *vt* -1. [prender com grampos] grapar, engrampar *RP*. -2. [telefone] intervenir.

grampo ['grãnpu] *m* -1. [para papel] grapa *f*, grampa *f RP*. -2. [para cabelos] horquilla *f Esp* & *RP*, gancho *m Méx*. -3. [de chapéu] gancho *m*.

granada [gra'nada] *f* -1. [arma] granada *f*; **~ de mão** granada de mano. -2. [pedra] granate *m*.

grande ['grãndʒi] *adj* grande.

◆ **grandes** *mpl*: **os ~s** [os poderosos] los poderosos.

grandeza [grãn'deza] *f* grandeza *f*.

grandiloqüência [grãndʒilo'kwẽnsja] *f* grandilocuencia *f*.

grandioso, osa [grãn'dʒjozu, ɔza] *adj* grandioso(sa).

granel [gra'nɛw] *m*: **a ~** a granel.

granito [gra'nitu] *m* granito *m*.

granizo [gra'nizu] *m* granizo *m*.

granja ['grãnʒa] *f* granja *f*.

granulado, da [granu'ladu, da] *adj* granulado(da).

grão ['grãw] (*pl* **grãos**) *m* -1. [ger] grano *m*. -2. *fig* [mínimo] gramo *m*.

◆ **grãos** *mpl* [cereais] granos *mpl*.

grão-de-bico [ˌgrãwdʒi'biku] (*pl* **grãos-de-bico**) *m* garbanzo *m*.

grasnar [graʒ'na(x)] *vi* graznar.

gratidão [gratʃi'dãw] *f* gratitud *f*.

gratificação [gratʃifika'sãw] (*pl* **-ões**) *f* gratificación *f*.

gratificante [gratʃifi'kãntʃi] *adj* gratificante.

gratificar [gratʃifi'ka(x)] *vt* gratificar.

gratinado, da [gratʃi'nadu, da] *adj* gratinado(da).

grátis ['gratʃiʃ] *adj* gratis.

grato, ta ['gratu, ta] *adj* -1. [agradecido]: **ficar ~ a alguém por algo** estar agradecido(da) a alguien por algo. -2. *(antes de subst)* [agradável] grato(ta).

gratuito, ta [gra'twitu, ta] *adj* gratuito(ta).

grau ['graw] *m* grado *m*.

gravação [grava'sãw] (*pl* **-ões**) *f* -1. [em

fita, disco, telefone] grabación *f*. **-2.** [em madeira] grabado *m*.
gravador [grava'do(x)] (*pl* **-es**) *m, f* [quem faz gravuras] grabador *m*, -ra *f*.
◆ **gravador** *m* [aparelho] grabador *m*.
◆ **gravadora** *f* [empresa] estudio *m* de grabación.
gravar [gra'va(x)] *vt* grabar.
gravata [gra'vata] *f* [adereço] corbata *f*.
gravata-borboleta [gra,vataboxbo'leta] (*pl* **gravatas-borboletas, gravatas-borboleta**) *f* pajarita *f* ***Esp***, moñito *m* ***Arg***, corbata *f* de moño ***Méx***, moñita *f* ***Urug***.
grave ['gravi] *adj* grave.
grávida ['gravida] *adj* embarazada.
gravidade [gravi'dadʒi] *f* gravedad *f*.
gravidez [gravi'deʒ] *f* embarazo *m*.
graviola [gra'vjɔla] *f* chirimoyo *m*.
gravura [gra'vura] *f* grabado *m*.
graxa ['graʃa] *f* **-1.** [para couro] betún *m*; ~ **de sapatos** betún para zapatos. **-2.** [lubrificante] grasa *f*.
Grécia ['grɛsja] *n* Grecia.
grego, ga ['gregu, ga] <> *adj* **-1.** [relativo à Grécia] griego(ga). **-2.** *fig* [obscuro]: **foi ~ para mim** me sonó a chino. <> *m, f* [pessoa] griego *m*, -ga *f*.
◆ **grego** *m* [língua] griego *m*; **falar ~** *fam* hablar en chino.
◆ **grega** *f* [galão] greca *f*.
grelha ['greʎa] *f* parilla *f*; **na ~** a la parrilla.
grelhado, da [gre'ʎadu, da] *adj* a la parrilla.
◆ **grelhado** *m* platos *mpl* asados a la parrilla.
grelhar [gre'ʎa(x)] *vt* asar a la parrilla.
grêmio ['gremju] *m* **-1.** [associação] gremio *m*. **-2.** [clube] club *m*.
grená [gre'na] <> *adj* burdeos, bordó ***RP***. <> *m* burdeos *m*, bordó *m* ***RP***.
greta ['greta] *f* grieta *f*.
greve ['grɛvi] *f* huelga *f*; **fazer ~** hacer huelga.
grevista [gre'viʃta] *mf* huelguista *mf*.
grifar [gri'fa(x)] *vt* subrayar.
grife ['grifi] *f* marca *f*.
grifo ['griful] *m* itálica *f*.
grilagem [grila'ʒẽ] (*pl* **-ens**) *f falsificación de títulos de propiedad de la tierra*.
grileiro, ra [gri'lejru, ra] *m, f falsificador de títulos de propiedad de la tierra*.
grilhão [gri'ʎãw] (*pl* **-ões**) *m* cadena *f*.
grilo ['grilu] *m* **-1.** [inseto] grillo *m*. **-2.** *fam* [problema] problema *m*; **dar ~** ser problemático(ca).
grinalda [gri'nawda] *f* guirnalda *f*.
gringo, ga ['grĩŋgu, ga] *m, f* ***fam*** [pej] guiri *mf* ***Esp***, gringo *m*, -ga *f* ***Amér***.
gripado, da [gri'padu, da] *adj* griposo(sa); **estar/ficar ~** estar griposo(sa).
gripe ['gripi] *f* gripe *f*, gripa *f* ***Méx***.
grisalho, lha [gri'zaʎu, ʎa] *adj* ceniciento(ta).
gritante [gri'tãntʃi] *adj* **-1.** [evidente] llamativo(va). **-2.** [de cor viva] chillón (ona).
gritar [gri'ta(x)] <> *vt* gritar. <> *vi* gritar; **~ com alguém** gritar a alguien.
gritaria [grita'ria] *f* griterío *m*.
grito ['gritu] *m* grito *m*; **dar um ~** dar un grito.
Groenlândia [groẽn'lãndʒja] *n* Groenlandia.
grosar [gro'za(x)] *vt* [limar, debastar] limar.
groselha [gro'zɛʎa] *f* grosella *f*.
grosseiro, ra [gro'sejru, ra] *adj* **-1.** [ger] grosero(ra). **-2.** [ordinário] ordinario(ria).
grosseria [grose'ria] *f* grosería *f*; **dizer/fazer uma ~** decir/hacer una grosería.
grosso, ossa ['grosu, ɔsa] *adj* **-1.** [espesso] grueso(sa). **-2.** [consistente] espeso(sa). **-3.** [áspero] áspero(ra). **-4.** [rude] grosero(ra). **-5.** *fam* [abundante] abundante.
◆ **grosso** *adv*: **falar ~ com alguém** hablar groseramente a alguien.
◆ **grosso modo** *loc adv* grosso modo.
grossura [gro'sura] *f* **-1.** [espessura] grosor *m*. **-2.** *fam* [grosseria] grosería *f*.
grotesco, ca [gro'teʃku, ka] *adj* grotesco(ca).
grudar [gru'da(x)] <> *vt*: **~ algo em algo** pegar algo en algo. <> *vi* pegarse.
grude ['grudʒi] *m* **-1.** [cola] engrudo *m*. **-2.** *fam* [comida ruim] bazofia *f*.
grunhido [gru'ɲidu] *m* gruñido *m*.
grunhir [gru'ɲi(x)] *vi* gruñir.
grupo ['grupu] *m* grupo *m*; **~ sanguíneo** grupo sanguíneo.
gruta ['gruta] *f* gruta *f*.
guache ['gwaʃi] *m* gouache *m*.
guaraná [gwara'na] *m* guaraná *f*; ~

em pó guaraná en polvo; ~ **natural** guaraná natural.

guarda ['gwaxda] <> *f* **-1.** [proteção] tutela *f*; **ficar de** ~ quedarse de guardia. **-2.** *MIL* guardia *f*. <> *mf* [policial] guardia *mf*.

guarda-chuva [ˌgwaxda'ʃuva] (*pl* **guarda-chuvas**) *m* paraguas *m*.

guarda-costas [ˌgwaxda'kɔʃtaʃ] *mf inv* **-1.** *NÁUT* guardacostas *m inv*. **-2.** *fig* [capanga] guardaespaldas *mf inv*.

guardados [gwax'daduʃ] *mpl* ahorros *mpl*.

guarda-florestal [ˌgwaxdafloreʃ'taw] (*pl* **guardas-florestais**) *mf* guarda *mf* forestal, guardabosques *mf inv*.

guarda-louça [ˌgwaxda'losa] (*pl* **guarda-louças**) *m* aparador *m*.

guardanapo [ˌgwaxda'napu] *m* servilleta *f*.

guarda-noturno [ˌgwaxdano'tuxnu] (*pl* **guardas-noturnos**) *mf* vigilante *mf* nocturno, -na, velador *m* velado, -ra *f* **Méx**, sereno *m* sere, -na *f* **RP**.

guardar [gwax'da(x)] *vt* **-1.** [ger] guardar. **-2.** [pôr no lugar]: ~ **algo (em)** guardar algo (en). **-3.** [reservar]: ~ **algo (para)** guardar algo (para). **-4.** [manter]: ~ **segredo sobre algo** guardar secreto sobre algo. **-5.** [gravar na memória] recordar. **-6.** [vigiar] vigilar. **-7.** [cuidar de] cuidar (de), encargarse de. **-8.** [observar]: **guardadas as proporções** salvando las distancias, guardadas las proporciones **Méx**.

◆ **guardar-se** *vp* [proteger-se, prevenir-se]: ~**-se de** guardarse de.

guarda-roupa [ˌgwaxda'xopa] (*pl* **guarda-roupas**) *m* guardarropa *m*, ropero *m*.

guarda-sol [ˌgwaxda'sɔw] (*pl* **guarda-sóis**) *m* sombrilla *f*, paraguas *m inv* **Méx**.

guarda-volumes [ˌgwaxdavo'lumiʃ] *m* consigna *f*, depósito *m* de equipajes **RP**.

guardião, diã [gwax'dʒjãw, dʒjã] (*mpl* **-ães**, **-ões**, *fpl* **-s**) *m, f* guardián *m*, -ana *f*.

guarnecer [gwaxne'se(x)] *vt* **-1.** [abastecer] proveer; ~ **alguém de algo** proveer a alguien de algo. **-2.** *MIL* guarnecer. **-3.** *NÁUT* tripular. **-4.** [enfeitar]: ~ **algo de/com algo** guarnecer algo de/con algo.

guarnição [gwaxni'sãw] (*pl* **-ões**) *f* **-1.** [ger] guarnición *f*. **-2.** [náut] tripulación *f*.

Guatemala [gwate'mala] *n* Guatemala.

guatemalteco, ca [gwatemaw'tɛku, ka] <> *adj* guatemalteco(ca). <> *m, f* guatemalteco *m*, -ca *f*.

guelra ['gɛwxa] *f* agalla *f*.

guerra ['gɛxa] *f* **-1.** *MIL* guerra *f*; **em** ~ en guerra; ~ **civil** guerra civil; ~ **fria** guerra fría; ~ **mundial** guerra mundial. **-2.** *fig* [hostilidade]: **fazer** ~ **a** hacer la guerra a.

guerra-relâmpago [ˌgɛxaxe'lãnpagu] (*pl* **guerras-relâmpago**) *f* guerra *f* relámpago.

guerreiro, ra [ge'xejru, ra] <> *adj* guerrero(ra). <> *m, f* [pessoa] guerrero *m*, -ra *f*.

guerrilha [ge'xiʎa] *f* guerrilla *f*.

guerrilheiro, ra [gexi'ʎejru, ra] <> *adj* guerrillero(ra). <> *m, f* guerrillero *m*, -ra *f*.

gueto ['getu] *m* gueto *m*.

guia ['gia] <> *f* **-1.** *COM* *documento que acompaña a cartas o mercancías para que tengan libre tránsito*, guía *f* **RP**. **-2.** [formulário] formulario *m*. <> *m* [manual] guía *f*. <> *mf* [pessoa] guía *mf*; ~ **turístico** guía turístico(ca) *ou* de turismo.

Guiana [gwi'jãna] *n* Guyana.

guiar ['gja(x)] <> *vt* **-1.** [ger] guiar. **-2.** *AUTO* [dirigir] conducir **Esp**, manejar **Amér**. <> *vi* *AUTO* conducir **Esp**, manejar **Amér**.

◆ **guiar-se** *vp* [orientar-se] guiarse.

guichê [gi'ʃe] *m* ventanilla *f*.

guidom [gi'dõ] (*pl* **-ns**) *m* manillar *m*, manubrio *m* **Amér**.

guilhotina [giʎo'tʃina] *f* guillotina *f*.

guinada [gi'nada] *f* **-1.** *NÁUT* bandazo *m*. **-2.** *AUTO* volantazo *m*, bandazo *m* **RP**; **dar uma** ~ dar un volantazo *ou* bandazo **RP**.

guincho ['gĩnʃu] *m* **-1.** [reboque] grúa *f*, guinche *m* **RP**. **-2.** [chiado] chillido *m*. **-3.** [rangido] chirrido *m*.

guindaste [gĩn'daʃtʃi] *m* grúa *f*.

guisado, da [gi'zadu, da] *m* *CULIN* guisado *m*.

guisar [gi'za(x)] *vt* cocinar.

guitarra [gi'taxa] *f*: ~ **(elétrica)** guitarra *f* eléctrica; ~ **portuguesa** guitarra portuguesa.

guitarrista [gita'xiʃta] *mf* guitarrista *mf*.

gula ['gula] *f* gula *f*.

gulodice [gulo'dʒisi] *f* gula *f*.

guloseima [gulo'zejma] *f* golosina *f*.

guloso, osa [gu'lozu, ɔza] *adj* goloso (sa).
gume ['gumi] *m* filo *m*.
guri, ria [gu'ri, ria] *m* niño *m*, -ña *f*, pibe *m*, -ba *f* **Arg**, chamaco *m*, -ca *f* **Méx**, chiquilín *m*, -ina *f* **RP**, gurí *m*, -isa *f* **Urug**.
gurizada [guri'zada] *f* [criançada] chiquillada *f*.
guru [gu'ru] *m* gurú *m*.

h¹, H [a'ga] *m* [letra] h, H *f*.
h² (*abrev de* **hora**) h.
ha (*abrev de* **hectare**) ha.
hábil ['abiw] (*pl* **-beis**) *adj* **-1.** [ger] hábil. **-2.** [sutil] sutil. **-3.** *loc*: **em tempo** ~ a tiempo.
habilidade [abili'dadʒi] *f* **-1.** [ger] habilidad *f*. **-2.** [sutileza] sutileza *f*.
habilidoso, osa [abili'dozu, ɔza] *adj* habilidoso(sa).
habilitação [abilita'sãw] (*pl* **-ões**) *f* **-1.** [ger] habilitación *f*. **-2.** [aptidão] aptitud *f*.
◆ **habilitações** *fpl* [qualificações] capacidad *f*.
habilitado, da [abili'tadu, da] *adj* capacitado(da).
habilitar [abili'ta(x)] *vt* **-1.** [ger] capacitar. **-2.** [preparar] preparar.
◆ **habilitar-se** *vp* [capacitar-se] capacitarse.
habitação [abita'sãw] (*pl* **-ões**) *f* vivienda *f*.
habitante [abi'tãntʃi] *mf* habitante *mf*.
habitar [abi'ta(x)] ◇ *vt* habitar. ◇ *vi* [viver] habitar.
hábitat ['abitatʃ] *m* hábitat *m*.
hábito ['abitu] *m* [ger] hábito *m*.
habituado, da [abi'twadu, da] *adj*: ~ **(a algo)** habituado(da) (a algo); ~ **a fazer algo** habituado a hacer algo.
habitual [abi'twaw] (*pl* **-ais**) *adj* habitual.
habituar [abi'twa(x)] *vt* habituar; ~ **alguém a algo** habituar a alguien a algo.
◆ **habituar-se** *vp*: ~**-se a (fazer) algo** habituarse a (hacer) algo.
hadoque [a'dɔki] *m* eglefino *m*.
Haia ['aja] *n* La Haya.
Haiti [aj'tʃi] *n* Haití.
hálito ['alitu] *m* aliento *m*; **mau** ~ mal aliento.
hall ['ɔwl] *m* hall *m*; ~ **de entrada** hall de entrada.
halterofilista [awterofi'liʃta] *mf* halterófilo *m*, -la *f*.
hambúrguer [ãn'buxge(x)] (*pl* **-es**) *m* hamburguesa *f*.
handicap [ãndʒi'kapi] *m* hándicap *m*.
hangar [ãŋ'ga(x)] (*pl* **-es**) *m* hangar *m*.
haras ['araʃ] *m inv centro de cría de caballos*, haras *m inv* **Andes**, **RP** & **Ven**.
hardware [ax'dwɛ(x)] *m* COMPUT hardware *m*.
harmonia [axmo'nia] *f* armonía *f*.
harmônico, ca [ax'moniku, ka] *adj* armónico(ca).
◆ **harmônica** *f* **-1.** [acordeão] acordeón *m*. **-2.** [gaita de boca] armónica *f*.
harmonioso, osa [axmo'njozu, ɔza] *adj* armonioso(sa).
harmonizar [axmoni'za(x)] *vt* **-1.** MÚS armonizar. **-2.** [conciliar]: ~ **algo com algo** armonizar algo con algo.
◆ **harmonizar-se** *vp*: ~**-se (com algo)** armonizarse (con algo).
harpa ['axpa] *f* arpa *f*.
haste ['aʃtʃi] *f* **-1.** [de bandeira] asta *f*. **-2.** [caule] tallo *m*.
hasteamento [aʃtʃja'mẽntu] *m* izamiento *m*.
havana [a'vãna] ◇ *adj* [cor] castaño claro, habano **RP**. ◇ *m* [charuto] habano *m*.
Havana [a'vãna] *n* La Habana.
haver [a've(x)] ◇ *v aux* haber; **como não havia comido, estava com fome** como no había comido tenía hambre; **havíamos reservado antes** habíamos reservado con antelación. ◇ *v impess* **-1.** [ger] haber; **há um café muito bom no fim da rua** hay un café muy bonito *ou* lindo **RP** al final de la calle; **há alguém na porta** hay alguien en la puerta; **não há correio amanhã** mañana no habrá *ou* hay **RP** correo. **-2.** [exprime tempo] hacer; **estou à espera há dez minutos** hace diez minutos que estoy esperando, llevo esperando diez minutos **Esp**; **há séculos que não vou lá** hace siglos que no voy allá; **há três dias**

que não o vejo hace tres días que no lo veo. **-3.** [exprime obrigação]: ~ **que fazer algo** haber que hacer algo. **-4.** [em locuções]: **haja o que houver** pase lo que pase; **não há de quê!** ¡no hay de qué!

◆ **haver-se com** *vp + prep*: ~**-se com alguém** vérselas con alguien.

◆ **haver de** *v + prep*: **hei de conseguir o que quero** he de *ou* voy a *RP* conseguir lo que quiero.

◆ **haveres** *mpl* [pertences] pertenencias *fpl*; [bens] haberes *mpl*.

haxixe [a'ʃiʃi] *m* hachís *m*, hashish *m RP*.

HC (*abrev de* **Hospital das Clínicas**) *m importante hospital y centro de investigaciones médicas en São Paulo.*

HD (*abrev de* **Hard Disk**) *m* HD *m*.

hectare [ek'tari] *m* hectárea *f*.

hedge [ɛdji] *m* ECON [proteção cambial] protección *f*.

hediondo, da [e'dʒjõndu, da] *adj* **-1.** [repulsivo] horrible. **-2.** [horrendo] horrendo(da).

hegemonia [eʒemo'nia] *f* hegemonía *f*.

hegemônico, ca [eʒe'moniku, ka] *adj* hegemónico(ca).

hélice ['ɛlisi] *f* hélice *f*.

helicóptero [eli'kɔpteru] *m* helicóptero *m*.

Helsinki [ɛw'sĩŋki] *n* Helsinki.

hematoma [ema'toma] *f* hematoma *m*.

hemisfério [emiʃ'fɛrju] *m* hemisferio *m*.

hemodiálise [emo'dʒjalizi] *f* hemodiálisis *f inv*.

hemofílico, ca [emo'filiku, ka] <> *adj* hemofílico(ca). <> *m, f* hemofílico *m*, -ca *f*.

hemorragia [emoxa'ʒia] *f* hemorragia *f*.

hemorrágico, ca [emo'xagiku, ka] *adj* hemorrágico(ca).

hemorróidas [emo'xɔjdaʃ] *fpl* hemorroides *fpl*.

hepatite [epa'tʃitʃi] *f* hepatitis *f inv*.

hera ['ɛra] *f* hiedra *f*.

heráldica [e'rawdʒika] *f* heráldica *f*.

herança [e'rãnsa] *f* herencia *f*.

herdar [ex'da(x)] *vt* [por herança, hereditariedade, transmissão]: ~ **algo de alguém** heredar algo de alguien.

herdeiro, ra [ex'dejru, ra] *m, f* heredero *m*, -ra *f*.

herege [e'rɛʒi] *mf* hereje *mf*.

heresia [ere'zia] *f* herejía *f*.

hermético, ca [ex'mɛtʃiku, ka] *adj* hermético(ca).

hérnia ['ɛxnja] *f* hernia *f*.

herói [e'rɔj] *m* héroe *m*.

heróico, ca [e'rɔjku, ka] *adj* heroico (ca).

heroína [e'rwina] *f* heroína *f*.

herpes ['ɛxpiʃ] *m* herpes *m*.

hesitação [ezita'sãw] (*pl* **-ões**) *f* vacilación *f*.

hesitante [ezi'tãntʃi] *adj* vacilante.

hesitar [ezi'ta(x)] *vi*: ~ **em fazer algo** vacilar en hacer algo.

heterogêneo, nea [etero'ʒenju, nja] *adj* heterogéneo(a).

heterossexual [eterosek'swaw] (*pl* **-ais**) <> *adj* heterosexual. <> *mf* heterosexual *mf*.

hibernar [ibex'na(x)] *vi* hibernar.

hibisco [i'biʃku] *m* hibisco *m*.

híbrido, da ['ibridu, da] *adj* [mesclado] híbrido(da).

◆ **híbrido** *m* [animal ou vegetal]: **ser um** ~ **(de)** ser un híbrido (de).

hidramático, ca [idra'matʃiku, ka] *adj* hidráulico(ca).

hidratante [idra'tãntʃi] <> *adj* hidratante. <> *m* hidratante *m*.

hidratar [idra'ta(x)] *vt* hidratar.

hidrófobo, ba [i'drɔfobu, ba] <> *adj* hidrófobo(ba). <> *m,f* hidrófobo *m*, -ba *f*.

hidrogênio [idro'ʒenju] *m* hidrógeno *m*.

hidromassagem [idruma'saʒẽ] (*pl* **-ns**) *f* hidromasaje *m*.

hiena ['jena] *f* hiena *f*.

hierarquia [jerar'kia] *f* jerarquía *f*.

hierárquico, ca [je'raxkiku, ka] *adj* jerárquico(ca).

hieróglifo [je'rɔgliful] *m* jeroglífico *m*.

hífen ['ifẽ] (*pl* **-es**) *m* guion *m*.

hifenizar [ifeni'za(x)] *vt* separar con guión.

Hi-Fi (*abrev de* **High Fidelity**) hi-fi *f*.

higiene [i'ʒjeni] *f* higiene *f*.

higiênico, ca [i'ʒjeniku, ka] *adj* higiénico(ca).

higienizar [ʒjeni'za(x)] *vt* higienizar.

hilariante [ila'rjãntʃi] *adj* muy gracioso(sa).

hilaridade [ilari'dadʒi] *f* hilaridad *f*.

hilário, ria [i'larju, rja] *adj* [hilariante] muy gracioso(sa).

Himalaia [ima'laja] *n*: **o** ~ el Himalaya.

hindi ['ĩndʒi] *m* hindi *m*.

hindu [ĩn'du] (*pl* **hindus**) <> *adj* **-1.** [da Índia] hindú. **-2.** *RELIG* hindú. <> *mf* **-1.** [da Índia] hindú *mf*. **-2.** *RELIG* hindú *mf*.
hino ['inu] *m* himno *m*; ~ **nacional** himno nacional.
hipermercado [ˌipexmex'kadu] *m* hipermercado *m*.
hipertensão [ˌipextẽn'sãw] (*pl* **-ões**) *f* hipertensión *f*.
hipertenso, sa [ipex'tẽnsu, sa] *adj* hipertenso(sa).
hipertexto [ipex'tejʃtu] *m COMPUT* hipertexto *m*.
hipertrofia [ipextro'fia] *f* hipertrofia *f*.
hipertrofiar [ipextro'fja(x)] *vt* hipertrofiar.
◆ **hipertrofiar-se** *vp* hipertrofiarse.
hípico, ca ['ipiku, ka] *adj* hípico(ca).
hipismo [i'piʒmu] *m* equitación *f*, hípica *f* **Esp**.
hipnose [ip'nɔzi] *f* hipnosis *f*.
hipnótico, ca [ip'nɔtʃiku, ka] *adj* hipnótico(ca).
◆ **hipnótico** *m* [substância] hipnótico *m*.
hipnotizado, da [ipnotʃi'zadu, da] *adj* hipnotizado(da).
hipnotizar [ipnotʃi'za(x)] *vt* hipnotizar.
hipocondria [ipokõn'dria] *f* hipocondría *f*.
hipocondríaco, ca [ˌipokõn'driaku, ka] <> *adj* hipocondriaco(ca), hipocondríaco(ca). <> *m, f* hipocondriaco *m*, -ca *f*, hipocondríaco *m*, -ca *f*.
hipocrisia [ipokri'zia] *f* hipocresía *f*.
hipócrita [i'pɔkrita] <> *adj* hipócrita. <> *mf* hipócrita *mf*.
hipódromo [i'pɔdrumu] *m* hipódromo *m*.
hipopótamo [ipo'pɔtamu] *m* hipopótamo *m*.
hipoteca [ipo'tɛka] *f* [empréstimo, dívida] hipoteca *f*.
hipótese [i'pɔtezi] *f* [conjectura, possibilidade] hipótesis *f inv*; **em ~ alguma** de ninguna manera; **na melhor/pior das ~s** en el mejor/peor de los casos.
hispânico, ca [iʃ'pãniku, ka] <> *adj* hispánico(ca). <> *m, f* hispano *m*, -na *f*.
hispano, na [iʃ'pãnu, na] <> *adj* hispano(na). <> *m, f* hispano *m*, -na *f*.
hispano-americano, na [iʃˌpãnwameri'kãnu, na] <> *adj* hispanoamericano(na). <> *m, f* hispanoamericano *m*, -na *f*.
histeria [iʃte'ria] *f MED* [descontrole] histeria *f*.
histérico, ca [iʃ'tɛriku, ka] *adj MED* [descontrolado] histérico(ca).
história [iʃ'tɔrja] *f* **-1.** [ger] historia *f*; **deixar de ~** [melindre] dejarse de historias *ou* cuentos ***Méx***; **~ em quadrinhos** tira *f* cómica. **-2.** [enredo] trama *f*, historia *f* ***Amér***. **-3.** [tradição] tradición *f*, historia *f* ***RP***. **-4.** [lorota] cuento *m*. **-5.** *fam* [abuso]: **que ~ é essa de ...?** ¿qué es eso de ...?
historiador, ra [iʃtorja'do(x), ra] *m, f* historiador *m*, -ra *f*.
historicidade [iʃtorisi'dadʒi] *f* historicidad *f*.
histórico, ca [iʃ'tɔriku, ka] *adj* [da história, importante, real] histórico(ca).
◆ **histórico** *m* historial *m*.
histrião [iʃ'trjãw] (*pl* **-ões**) *m* [comediante] histrión *m*.
histriônico, ca [iʃ'trjoniku, ka] *adj* histriónico(ca).
HIV (*abrev de* **Human Immunodeficiency Virus**) *m* ≃ VIH *m*.
hobby ['ɔbi] (*pl* **hobbies**) *m* hobby *m*, afición *f*, pasatiempo *m*.
hoje ['oʒi] *adv* hoy; **de ~ em diante** de hoy en adelante; **~ à noite** hoy de noche; **~ em dia** hoy en día.
Holanda [o'lãnda] *n* Holanda.
holandês, esa [olãn'deʃ, eza] (*mpl* **-eses**, *fpl* **-s**) <> *adj* holandés(esa). <> *m, f* holandés *m*, -esa *f*.
◆ **holandês** *m* [língua] holandés *m*.
holofote [olo'fɔtʃi] *m* foco *m*.
homem ['ɔmẽ] (*pl* **-ns**) *m* [ger] hombre *m*; **o ~** [humanidade] el hombre; **~ de negócios** hombre de negocios; **ser o ~ da casa** [chefe] ser el hombre de la casa.
homem-rã [ˌomẽn'xã] (*pl* **homens-rãs**) *m* hombre *m* rana.
homenagear [omena'ʒja(x)] *vt* homenajear.
homenagem [ome'naʒẽ] (*pl* **-ns**) *f* homenaje *m*; **em ~ a algo/alguém** en homenaje a algo/alguien.
homeopatia [omjopa'tʃia] *f* homeopatía *f*.
homeopático, ca [omjo'patʃiku, ka] *adj* homeopático(ca).
homicida [omi'sida] <> *adj* homicida. <> *mf* homicida *mf*.

homicídio [omi'sidʒju] *m* homicidio *m*; ~ **culposo** homicidio involuntario.

homiziar [omi'zja(x)] *vt* [dar refúgio] dar refugio a.
◆ **homiziar-se** *vp* refugiarse.

homogêneo, nea [omo'ʒenju, nja] *adj* homogéneo(a).

homologação [omologa'sãw] (*pl* **-ões**) *f* homologación *f*.

homologar [omolo'ga(x)] *vt* homologar.

homossexual [omosek'swaw] (*pl* **-ais**) ◇ *adj* homosexual. ◇ *m, f* homosexual *mf*.

homossexualidade [omosekswali'dadʒi] *f* homosexualidad *f*.

Honduras [õn'duraʃ] *n* Honduras.

hondurenho, nha [õndu'reɲu, ɲa] ◇ *adj* hondureño(ña). ◇ *m, f* hondureño *m*, -ña *f*.

honestidade [oneʃtʃi'dadʒi] *f* [decência, franqueza] honestidad *f*.

honesto, ta [o'nɛʃtu, ta] *adj* [decente, franco, legal] honesto(ta).

honorário, ria [ono'rarju, rja] *adj* honorario(ria).

honorários [ono'rarjuʃ] *mpl* honorarios *mpl*.

honra ['õnxa] *f* **-1.** [brio, castidade, motivo de orgulho] honra *f*. **-2.** [distinção, homenagem, reputação] honor *m*; **em ~ de alguém** en honor a alguien.
◆ **honras** *fpl* **-1.** [título] honores *mpl*. **-2.** [honraria] honor *m*; ~ **militares** honores militares.

honradez [õnxa'deʒ] *f* honradez *f*.

honrado, da [õn'xadu, da] *adj* [digno, respeitado] honrado(da).

honrar [õn'xa(x)] *vt* honrar.

honroso, osa [õn'xozu, ɔza] *adj* honroso(sa).

hóquei ['ɔkej] *m* hockey *m*.

hora ['ɔra] *f* hora *f*; **marcar ~ com alguém** marcar una cita con alguien, marcar hora con alguien *Méx*, pedir hora con alguien *RP*; **fazer ~ com alguém** *fam* burlarse de alguien; **fazer ~** hacer tiempo; **de ~ em ~** a cada hora; **altas ~s** altas horas; **que ~s são?** ¿qué hora es?, ¿qué horas son? *Amér*; ~ **extra** hora extra; **chegar na ~** llegar a tiempo; **fora de ~** a deshora; **estar na ~** ser hora de; **na ~ H** a la hora de la verdad; **de última ~** de última hora; **não ver a ~ de fazer algo** no ver la hora de hacer algo; **perdi a ~ conversando** se me hizo tarde conversando.

horário, ria [o'rarju, rja] *adj* horario(-ria).
◆ **horário** *m* [tabela, hora préfixada] horario *m*; ~ **nobre** horario de máxima audiencia; ~ **de verão** horario de verano.

horda ['ɔxda] *f* horda *f*.

horizontal [orizõn'taw] (*pl* **-ais**) ◇ *adj* horizontal. ◇ *f* **-1.** [linha] horizontal *f*. **-2.** *fam* [posição]: **na ~** horizontal.

horizonte [ori'zõntʃi] *m* horizonte *m*.

hormônio [ox'monju] *m* hormona *f*.

horóscopo [o'rɔʃkopu] *m* [zodíaco, previsão] horóscopo *m*.

horrendo, da [o'xẽndu, da] *adj* [atemorizante, feio] horrendo(da).

horrível [o'xivɛw] (*pl* **-eis**) *adj* horrible.

horror [o'xo(x)] (*pl* **-es**) *m* **-1.** [medo]: ~ **(de** *ou* **a algo)** horror *m* (a algo), terror *m* (a algo). **-2.** [repulsa]: ~ **a algo/a fazer algo** horror *m* a algo/a hacer algo, terror *m* a algo/a hacer algo. **-3.** [coisa feia] horror *m*, espanto *m* *RP*. **-4.** *fam* [atrocidade] horror *m*. **-5.** [ruim]: **ser um ~** ser horrible, ser un espanto *RP*.
◆ **horrores** *mpl* **-1.** [palavras injuriosas]: **dizer ~es de algo/alguém** decir pestes de algo/alguien, decir horrores de algo/alguien *Amér*. **-2.** [ações terríveis]: **fazer ~es** hacer barbaridades, hacer atrocidades *Amér*. **-3.** *fam* [quantia vultuosa]: **a loja fatura ~es o ano todo** la tienda factura un montón durante todo el año.

horrorizar [oxori'za(x)] *vt* horrorizar.
◆ **horrorizar-se** *vp* horrorizarse.

horroroso, osa [oxo'rozu, ɔza] *adj* horroroso(sa).

horta ['ɔxta] *f* huerta *f*.

hortaliças [oxta'lisaʃ] *fpl* hortalizas *fpl*.

hortelã [oxte'lã] *f* menta *f*, hierbabuena *f*.

hortelã-pimenta [oxte,lãpi'mẽnta] (*pl* **hortelãs-pimenta**) *f* menta *f* piperita, menta *f* *Méx*.

hortênsia [ox'tẽnsja] *f* hortensia *f*.

horticultor, ra [oxtʃikuw'to(x), ra] (*mpl* **-es**, *fpl* **-s**) *m, f* horticultor *m*, -ra *f*.

hortifrutigranjeiro, ra [oxtʃiʃrutʃigrãn'ʒejru, ra] *adj* hortofrutícola y de granja.

◆ **hortifrutigranjeiro** *m* productor *m* hortofrutícola y de granja.
hortigranjeiros [oxtʃigrãn'ʒeiruʃ] *mpl* productos *mpl* hortofrutícolas y de granja.
horto ['oxtu] *m* huerto *m*.
hospedagem [oʃpe'daʒẽ] (*pl* **-ns**) *f* [acomodação, diária, pensão] hospedaje *m*.
hospedar [oʃpe'da(x)] *vt* hospedar.
◆ **hospedar-se** *vp* hospedarse.
hospedaria [oʃpeda'ria] *f* hostal *m*.
hóspede ['ɔʃpedʒi] *mf* huésped *mf*.
hospício [oʃ'pisju] *m* hospicio *m*.
hospital [oʃpi'taw] (*pl* **-ais**) *m* hospital *m*.
hospitaleiro, ra [oʃpita'lejru, ra] *adj* hospitalario(ria).
hospitalidade [oʃpitali'dadʒi] *f* hospitalidad *f*.
hostess ['ɔʃtes] *f* anfitriona *f*.
hostil [oʃ'tiw] (*pl* **-is**) *adj* **-1.** [agressivo] hostil. **-2.** [contrário]: **~ a algo/alguém** hostil a algo/alguien.
hostilidade [oʃtʃili'dadʒi] *f* [sentimento] hostilidad *f*.
hostilizar [oʃtʃili'za(x)] *vt* acosar.
hotel [o'tɛw] (*pl* **-éis**) *m* hotel *m*; **~ fazenda** hotel *m* en una hacienda.
hp (*abrev de* **horse power**) ≃ c.v. *m*.
HTML (*abrev de* **Hypertext Markup Language**) *m* HTML *m*.
HTTP (*abrev de* **Hypertext Transfer Protocol**) *m* HTTP *m*.
humanidade [umani'dadʒi] *f* [raça humana, benevolência] humanidad *f*.
humanitário, ria [umani'tarju, rja] *adj* humanitario(ria).
humano, na [u'mãnu, na] *adj* humano(na); **ser ~** ser humano.
humanóide [uma'nɔjdʒi] ◇ *adj* humanoide. ◇ *mf* humanoide *m*.
humildade [umiw'dadʒi] *f* [pobreza, modéstia, submissão] humildad *f*.
humilde [u'miwdʒi] ◇ *adj* [pobre, modesto, submisso] humilde. ◇ *mf*: **os ~s** los humildes.
humildemente [umiwdʒi'mẽntʃi] *adv* humildemente.
humilhação [umiʎa'sãw] (*pl* **-ões**) *f* humillación *f*.
humilhar [umi'ʎa(x)] *vt* humillar.
humor [u'mo(x)] *m* humor *m*; **estar de bom/mau ~** estar de buen/mal humor.
humorista [umo'riʃta] *mf* humorista *mf*.
humorístico, ca [umo'riʃtʃiku, ka] *adj* humorístico(ca).
húngaro, ra ['ũŋgaru, ra] ◇ *adj* húngaro(ra). ◇ *m, f* [habitante] húngaro *m*, -ra *f*.
◆ **húngaro** *m* [língua] húngaro *m*.
Hungria [ũŋ'gria] *n* Hungría.
Hz (*abrev de* **hertz**) Hz.

i, I [i] *m* [letra] i, I *f*.
ianque ['jãŋki] ◇ *adj* yanqui. ◇ *m, f* yanqui *mf*.
iate ['jatʃi] *m* yate *m*.
iatismo [ja'tʃiʒmu] *m* vela *f*, veleo *m Méx*.
iatista [ja'tʃiʃta] *mf* tripulante *mf*.
IBAMA (*abrev de* **Instituto Brasileiro do Meio Ambiente e dos Recursos Naturais Renováveis**) *m instituto oficial brasileño de protección del medio ambiente*.
Ibase (*abrev de* **Instituto Brasileiro de Análises Sociais e Econômicas**) *m instituto de análisis sociales y económicos*.
IBDF (*abrev de* **Instituto Brasileiro de Desenvolvimento Florestal**) *m instituto brasileño de protección de la masa forestal*.
IBGE (*abrev de* **Instituto Brasileiro de Geografia e Estatística**) *m instituto brasileño de geografía y estadística*.
IBM (*abrev de* **International Business Machine**) *f* IBM *f*.
Ibope (*abrev de* **Instituto Brasileiro de Opinião Pública e Estatística**) *m organismo encargado de la medición de las tasas de audiencia en radio y televisión*.
IBP (*abrev de* **Instituto Brasileiro de Petróleo**) *m instituto para el desarrollo de la industria del petróleo y afines*.
içar [i'sa(x)] *vt* izar.
iceberg [ajs'bɛxgi] *m* iceberg *m*.
ICM/S (*abrev de* **Imposto sobre a Circulação de Mercadorias e Serviços**) *m* ≃ IVA *m*.
ícone ['ikoni] *m* ícono *m*.
iconoclasta [ikono'klaʃta] ◇ *adj* iconoclasta. ◇ *mf* iconoclasta *mf*.
ida ['ida] *f* **-1.** [ger] ida *f*; **(bilhete de) ~ e volta** (billete *ou* pasaje *Amér* de)

ida y vuelta. **-2.** [partida] partida *f.*

idade [i'dadʒi] *f* edad *f*; **de ~** mayor, de edad *Amér*; **ser menor/maior de ~** ser menor/mayor de edad; **terceira ~** tercera edad; **Idade Média** Edad Media; **~ da pedra** Edad de Piedra.

ideal [i'deaw] (*pl* **-ais**) <> *adj* [imaginário, perfeito] ideal. <> *m* [valores, perfeição] ideal *m.*

idealista [idea'liʃta] <> *adj* idealista. <> *mf* idealista *mf.*

idealizador [idealiza'do(x)] *m, f* creador *m*, -ra *f.*

idealizar [ideali'za(x)] *vt* **-1.** [endeusar] idealizar. **-2.** [planejar] idear.

idear ['idea(x)] *vt* [planejar] idear.

idéia [i'dɛja] *f* **-1.** [ger] idea *f*; **estar com ~ de** tener idea de *Esp*, estar con la idea de *Amér*; **ter uma ~ errada de algo** tener una idea equivocada de algo; **fazer** *ou* **ter ~ de algo** tener idea de algo; **mudar de ~** cambiar de idea. **-2.** [mente] cabeza *f.*

idem ['idẽ] *pron* ídem.

idêntico, ca [i'dẽntʃiku, ka] *adj* idéntico(ca).

identidade [idẽntʃi'dadʒi] *f* identidad *f*; **(carteira de) ~** carnet *m* de identidad, identificación *f* ***Méx***, cédula *f* de identidad ***Urug***.

identificação [idẽntʃifika'sãw] (*pl* **-ões**) *f* [identidade, reconhecimento] identificación *f.*

identificar [idẽntʃifi'ka(x)] *vt* identificar.

◆ **identificar-se** *vp* **-1.** [revelar-se] identificarse. **-2.** [espelhar-se]: **~-se com algo/alguém** identificarse con algo/alguien.

ideologia [ideolo'ʒia] *f* ideología *f.*

ídiche ['idiʃi] *m* = **iídiche**.

idílico, ca [i'dʒiliku, ka] *adj* idílico (ca).

idioma [i'dʒjoma] *m* idioma *m.*

idiomático, ca [idʒjo'matʃiku, ka] *adj* idiomático(ca).

idiota [i'dʒjɔta] <> *adj* idiota. <> *mf* idiota *mf.*

idiotia [idʒjo'tʃia] *f* idiotez *f.*

ido, ida ['idu, 'ida] *adj* pasado(da).

idólatra [i'dɔlatra] <> *adj* idólatra. <> *mf* [de ídolos] idólatra *mf.*

idolatrar [idola'tra(x)] *vt* idolatrar.

ídolo ['idulu] *m* ídolo *m.*

idôneo, nea [i'donju, nja] *adj* idóneo(a).

idoso, osa [i'dozu, ɔza] *adj* mayor.

Iemanjá [jemãn'ʒa] *f* Iemanyá, *diosa del mar en el culto afrobrasilero.*

Ierevan [jere'vã] *n* Ereván.

ignição [igni'sãw] *f* ignición *f.*

ignomínia [igno'minja] *f* ignominia *f.*

ignorado, da [igno'radu, da] *adj* ignorado(da).

ignorância [igno'rãnsja] *f* **-1.** [desconhecimento] ignorancia *f.* **-2.** [grosseria] descortesía *f.* **-3.** [violência]: **apelar para a ~** perder los estribos.

ignorante [igno'rãntʃi] <> *adj* **-1.** [leigo]: **~ (em)** ignorante (en). **-2.** [grosseiro] grosero(ra). <> *mf* **-1.** [leigo] ignorante *mf.* **-2.** [grosseiro] grosero *m*, -ra *f.*

ignorar [igno'ra(x)] *vt* [desconhecer, desprezar] ignorar.

IGP (*abrev de* **Índice Geral de Preços**) *m* IPC *m.*

IGP-M (*abrev de* **Índice Geral de Preços de Mercado**) *m* IPC *m.*

igreja [i'greʒa] *f* [templo, seita] iglesia *f.*

Iguaçu [igwa'su] *m*: **(as cataratas do) ~** las cataratas del Iguazú.

igual [i'gwaw] (*pl* **-ais**) <> *adj* [idêntico, uniforme] igual. <> *mf* igual *mf*; **por ~** por igual. <> *adv* igual.

igualar [igwa'la(x)] *vt* **-1.** [tornar igual] igualar. **-2.** [nivelar] igualar, emparejar ***RP***.

◆ **igualar-se** *vp* [tornar-se igual, comparar-se]: **~-se a algo/alguém** igualarse a algo/alguien.

igualdade [igwaw'dadʒi] *f* [paridade, constância, justiça] igualdad *f.*

iguaria [igwa'ria] *f* manjar *m.*

iídiche ['jidiʃi] *m* yiddish *m.*

ilegal [ile'gaw] (*pl* **-ais**) *adj* ilegal.

ilegítimo, ma [ile'ʒitʃimu, ma] *adj* [ilegal, não razoável] ilegítimo(ma).

ilegível [ile'ʒivɛw] (*pl* **-eis**) *adj* ilegible.

ileso, sa [i'lezu, za] *adj* ileso(sa).

iletrado, da [ile'tradu, da] *adj* [inculto, analfabeto] iletrado(da).

ilha ['iʎa] *f* isla *f.*

ilhéu, ilhoa [i'ʎɛw, i'ʎoa] *m, f* isleño *m*, -ña *f.*

ilhota [i'ʎɔta] *f* islote *m.*

ilícito, ta [i'lisitu, ta] *adj* ilícito(ta).

ilimitado, da [ilimi'tadu, da] *adj* ilimitado(da).

ilógico, ca [i'lɔʒiku, ka] *adj* ilógico (ca).

iludir [ilu'dʒi(x)] *vt* engañar.

◆ **iludir-se** *vp* engañarse.
iluminação [ilumina'sãw] (*pl* **-ões**) *f* **-1.** [luzes] iluminación *f.* **-2.** *fig* [insight] inspiración *f.*
iluminar [ilumi'na(x)] *vt* iluminar.
Iluminismo [ilumi'niʒmu] *m* Ilustración *f.*
iluminista [ilumi'niʃta] <> *adj* ilustrado(da). <> *mf* ilustrado *m*, -da *f.*
ilusão [ilu'zãw] (*pl* **-ões**) *f* ilusión *f*; ~ **de ótica** ilusión optica.
ilusionista [iluzjo'niʃta] *mf* ilusionista *mf.*
ilusório, ria [ilu'zɔrju, rja] *adj* ilusorio(ria).
ilustração [iluʃtra'sãw] (*pl* **-ões**) *f* ilustración *f.*
ilustrado, da [iluʃ'tradu, da] *adj* ilustrado(da).
ilustrar [iluʃ'tra(x)] *vt* ilustrar.
ilustre [i'luʃtri] *adj* ilustre; **um ~ desconhecido** un ilustre desconocido.
ilustríssimo, ma [iluʃ'trisimu, ma] *superl* ilustrísimo(ma); ~ **senhor** ilustrísimo señor.
ímã ['imã] *m* imán *m.*
imaculado, da [imaku'ladu, da] *adj* inmaculado(da).
imagem [i'maʒẽ] (*pl* **-ns**) *f* imagen *f.*
imaginação [imaʒina'sãw] *f* imaginación *f.*
imaginar [imaʒi'na(x)] <> *vt* **-1.** [fantasiar] imaginar(se). **-2.** [supor]: ~ **que** imaginar(se) que. <> *vi* soñar despierto; **imagina!** ¡qué ocurrencia!
◆ **imaginar-se** *vp* [supor-se] imaginarse.
imaginário, ria [imaʒi'narju, rja] *adj* imaginario(ria).
imaginativo, va [imaʒina'tʃivu, va] *adj* imaginativo(va).
imanência [ima'nẽsja] *f* [filosofia] inmanencia *f.*
imaturo, ra [ima'turu, ra] *adj* inmaduro(ra).
imbatível [ĩnba'tʃivɛw] (*pl* **-eis**) *adj* imbatible.
imbecil [ĩnbe'siw] (*pl* **-is**) <> *adj* imbécil. <> *mf* imbécil *mf.*
imbecilidade [ĩnbesili'dadʒi] *f* imbecilidad *f.*
imediações [imedʒja'sõiʃ] *fpl* inmediaciones *fpl.*
imediatamente [ime,dʒjata'mẽntʃi] *adv* inmediatamente.
imediatismo [imedʒja'tʃiʒmu] *m* carácter *m* inmediato.
imensidão [imẽnsi'dãw], **imensidade** [imẽnsi'dadʒi] *f* inmensidad *f.*
imenso, sa [i'mẽnsu, sa] *adj* inmenso(sa).
imerecido, da [imere'sidu, da] *adj* inmerecido(da).
imergir [imex'ʒi(x)] <> *vt* sumergir. <> *vi* **-1.** [afundar] hundirse. **-2.** *fig* [entrar]: ~ **em algo** hundirse en algo.
imerso, sa [i'mɛxsu, sa] *adj* inmerso(-sa).
imigração [imigra'sãw] (*pl* **-ões**) *f* inmigración *f.*
imigrante [imi'grãntʃi] <> *adj* inmigrante. <> *mf* inmigrante *mf.*
iminente [imi'nẽntʃi] *adj* inminente.
imitação [imita'sãw] (*pl* **-ões**) *f* imitación *f.*
imitar [imi'ta(x)] *vt* imitar.
IML (*abrev de* **Instituto Médico Legal**) *m* *instituto anatómico forense.*
imobiliário, ria [imobi'ljarju, rja] *adj* inmobiliario(ria).
◆ **imobiliária** *f* inmobiliaria *f.*
imobilizar [imobili'za(x)] *vt* inmovilizar.
imodesto, ta [imo'dɛʃtu, ta] *adj* inmodesto(ta), arrogante.
imoral [imo'raw] (*pl* **-ais**) *adj* inmoral.
imoralidade [imorali'dadʒi] *f* inmoralidad *f.*
imortal [imox'taw] (*pl* **-ais**) <> *adj* inmortal. <> *mf miembro vitalicio de la Academia Brasileña de las Letras.*
imortalidade [imoxtali'dadʒi] *f* inmortalidad *f.*
imóvel [i'mɔvɛw] (*pl* **-eis**) <> *adj* inmóvil. <> *m* inmueble *m.*
impaciência [ĩnpa'sjẽnsja] *f* impaciencia *f.*
impacientar [ĩnpasjẽn'ta(x)] *vt* impacientar.
◆ **impacientar-se** *vp* impacientarse.
impaciente [ĩnpa'sjẽntʃi] *adj* impaciente.
impactar [ĩnpak'ta(x)] <> *vt* **-1.** [impressionar, abalar] impactar. **-2.** [colidir contra] impactar en. <> *vi* impactar.
impacto [ĩn'paktu] *m* impacto *m.*
impagável [ĩmpa'gavew] (*pl* **-eis**) *adj* impagable.
ímpar ['ĩnpa(x)] (*pl* **-es**) *adj* impar.
imparcial [ĩnpax'sjaw] (*pl* **-ais**) *adj* imparcial.

impasse [ĩn'pasi] *m* impasse *m*, callejón *m* sin salida.
impassível [ĩnpa'sivew] (*pl* **-eis**) *adj* impasible.
impecável [ĩnpe'kavɛw] (*pl* **-eis**) *adj* impecable.
impedido, da [ĩnpe'dʒidu, da] *adj* **-1.** [bloqueado] obstruido(da). **-2.** *FUT* en fuera de juego. **-3.** [estorvado]: **~ de fazer algo** imposibilitado(da) para hacer algo.
impedimento [ĩnpedʒi'mẽntu] *m* **-1.** *FUT* fuera de juego *m*. **-2.** *fig* [obstáculo] impedimento *m*. **-3.** *POL* proceso *m* de destitución, impeachment *m*.
impedir [ĩnpe'dʒi(x)] *v* impedir; **~ alguém de fazer algo** impedir a alguien hacer algo.
impelir [ĩnpe'li(x)] *vt* **-1.** [empurrar] empujar, proyectar. **-2.** [instigar]: **~ alguém a algo** empujar a alguien a algo; **~ alguém a fazer algo** empujar a alguien a hacer algo.
impenetrável [ĩnpene'travɛw] (*pl* **-eis**) *adj* impenetrable.
impensado, da [ĩnpẽn'sadu, da] *adj* impensado(da).
impensável [ĩnpẽn'savɛw] (*pl* **-eis**) *adj* impensable.
imperador, triz [ĩnpera'do(x), triʃ] (*mpl* **-es**, *fpl* **-zes**) *m, f* emperador *m*, -triz *f*.
imperativo, va [ĩnpera'tʃivu, va] *adj* **-1.** [urgente] urgente. **-2.** [autoritário] autoritario(ria) *RP*.
◆ **imperativo** *m* **-1.** [obrigação] condición *m* sine qua non. **-2.** *GRAM* imperativo *m*.
imperdível [ĩnpex'dʒivew] (*pl* **-eis**) *adj* **-1.** [fundamental] imperdible. **-2.** [garantido] que no se puede perder.
imperdoável [ĩnpex'dwavɛw] (*pl* **-eis**) *adj* imperdonable.
imperfeição [ĩnpexfej'sãw] (*pl* **-ões**) *f* imperfección *f*.
imperfeito, ta [ĩnpex'fejtu, ta] *adj* imperfecto(ta).
◆ **imperfeito** *m GRAM* imperfecto *m*.
imperial [ĩnpe'rjaw] (*pl* **-ais**) *adj* imperial.
imperialismo [ĩnperja'liʒmu] *m* imperialismo *m*.
imperícia [ĩnpe'risja] *f* **-1.** [inabilidade] falta *f* de habilidad. **-2.** [inexperiência] inexperiencia *f*.
império [ĩn'pɛrju] *m* imperio *m*.
impermeável [ĩnpex'mjavɛw] (*pl* **-eis**) ◇ *adj* impermeable. ◇ *m* [capa de chuva] impermeable *m*.
impertinência [ĩnpextʃi'nẽnsja] *f* impertinencia *f*.
impertinente [ĩnpextʃi'nẽntʃi] *adj* impertinente.
imperturbável [ĩnpextux'bavɛw] (*pl* **-eis**) *adj* imperturbable.
impessoal [ĩnpe'swaw] (*pl* **-ais**) *adj* impersonal.
ímpeto ['ĩnpetu] *m* **-1.** [movimento] tirón *m*. **-2.** [impulso] impulso *m*.
impetuoso, osa [ĩnpe'twozu, ɔza] *adj* impetuoso(sa).
impiedade [ĩnpje'dadʒi] *f* falta *f* de piedad.
impiedoso, osa [ĩnpje'dozu, ɔza] *adj* impiadoso(sa).
ímpio, pia ['ĩnpju, pja] ◇ *adj* impío(-pía). ◇ *m, f* impío *m*, -pía *f*.
implacável [ĩnpla'kavɛw] (*pl* **-eis**) *adj* implacable.
implantação [ĩnplãnta'sãw] *f* [introdução] implantación *f*.
implementar [ĩnplemẽn'ta(x)] *vt* implantar.
implemento [ĩnple'mẽntu] *m* implemento *m*.
implicância [ĩnpli'kãnsja] *f* **-1.** [provocação] provocación *f*. **-2.** [birra] ojeriza *f*, tirria *f*, idea *f RP*.
implicar [ĩnpli'ka(x)] ◇ *vt* [envolver]: **~ alguém em algo** meter a alguien en algo. ◇ *vi* **-1.** [ger]: **~ algo** implicar algo. **-2.** [provocar]: **~ com alguém** meterse con alguien, provocar a alguien *RP*.
implícito, ta [ĩn'plisitu, ta] *adj* implícito(ta).
implorar [ĩnplo'ra(x)] *vt*: **~ algo (a alguém)** implorar algo (a alguien).
imponderável [ĩnpõnde'ravew] (*pl* **-eis**) *adj* imponderable.
imponente [ĩnpo'nẽntʃi] *adj* imponente.
impontual [ĩnpõn'twaw] (*pl* **-ais**) *adj* impuntual.
impopular [ĩnpopu'la(x)] (*pl* **-es**) *adj* impopular.
impopularidade [ĩnpopulari'dadʒi] *f* impopularidad *f*.
impor [ĩn'po(x)] *vt* imponer; **~ algo a alguém** imponer algo a alguien.
◆ **impor-se** *vp* [afirmar-se] imponerse.
importação [ĩnpoxta'sãw] (*pl* **-ões**) *f* importación *f*.
importador, ra [ĩnpoxta'do(x), ra] ◇

adj importador(ra). ◇ *m, f* importador *m*, -ra *f*.
◆ **importadora** *f* [companhia] importadora *f*.
importância [ĩnpox'tãnsja] *f* **-1.** [mérito] importancia *f*. **-2.** [quantia] suma *f*.
importante [ĩnpox'tãntʃi] *adj* importante.
importar [ĩnpox'ta(x)] ◇ *vt* COM importar. ◇ *vi* **-1.** [ser importante] importar. **-2.** [resultar]: ~ **em** resultar en. **-3.** [atingir]: ~ **em** ascender a.
◆ **importar-se** *vp* [fazer caso]: **não me importo com o que dizem de mim** no me importa lo que dicen de mí; **não me importo de ajudar** no me importa ayudar.
importunar [ĩnpoxtu'na(x)] *vt* importunar.
importuno, na [ĩnpox'tunu, na] *adj* inoportuno(na).
imposição [ĩnpozi'sãw] (*pl* **-ões**) *f* imposición *f*.
impossibilidade [ĩnposibili'dadʒi] *f* imposibilidad *f*.
impossibilitado, da [ĩnposibili'tadu, da] *adj*: ~ **de fazer algo** imposibilitado para hacer algo.
impossibilitar [ĩnposi'bili'ta(x)] *vt* imposibilitar; ~ **alguém de fazer algo** imposibilitar a alguien para hacer algo.
impossível [ĩnpo'sivɛw] (*pl* **-eis**) *adj* imposible.
imposto, ta [ĩn'poʃtu, ta] *pp* ▷ **impor**.
◆ **imposto** *m* impuesto *m*; ~ **sobre Circulação de Mercadoria** impuesto sobre el valor añadido, impuesto al valor agregado *Amér*; ~ **predial** ≃ contribución *f* urbana *OU* inmobiliaria *RP*, ≃ impuesto *m* predial *Méx*; ~ **de renda** impuesto sobre la renta *OU* a la renta *RP*.
impostor, ra [ĩnpoʃ'to(x), ra] (*mpl* **-es**, *fpl* **-s**) *m, f* impostor *m*, -ra *f*.
impotente [ĩnpo'tẽntʃi] *adj* impotente.
impraticável [ĩnpratʃi'kavɛw] (*pl* **-eis**) *adj* impracticable.
impreciso, sa [ĩnpre'sizu, za] *adj* impreciso(sa).
impregnar [ĩnpreg'na(x)] ◇ *vt* impregnar. ◇ *vi* impregnarse.
imprensa [ĩn'prẽnsa] *f* **-1.** [ger] prensa *f*. **-2.** [tipografia] imprenta *f*.
imprescindível [ĩnpresĩn'dʒivɛw] (*pl* **-eis**) *adj* imprescindible.
impressão [ĩnpre'sãw] (*pl* **-ões**) *f* **-1.** [ger] impresión *f*. **-2.** [sensação]: **ter boa impressão de algo/alguém** tener buena impresión de algo/alguien; **ter má impressão de algo/alguém** tener mala impresión de algo/alguien.
impressionante [ĩnpresjo'nãntʃi] *adj* impresionante.
impressionar [ĩnpresjo'na(x)] ◇ *vt* impresionar. ◇ *vi* impresionar.
◆ **impressionar-se** *vp* impresionarse.
impresso, sa [ĩn'prɛsu, sa] ◇ *pp* ▷ **imprimir**. ◇ *adj* impreso(sa).
◆ **impresso** *m* impreso *m*.
impressora [ĩnpre'sora] *f* **-1.** [ger] impresora *f*. **-2.** COMPUT: ~ **a jato de tinta** impresora de chorro de tinta; ~ **a laser** impresora láser; ~ **matricial** impresora matricial.
imprestável [ĩnpreʃ'tavɛw] (*pl* **-eis**) *adj* **-1.** [inútil] inútil. **-2.** [estragado] inservible.
imprevidente [ĩnprevi'dẽntʃi] *adj* negligente.
imprevisível [ĩnprevi'zivɛw] (*pl* **-eis**) *adj* imprevisible.
imprevisto, ta [ĩnpre'viʃtu, ta] *adj* imprevisto(ta).
◆ **imprevisto** *m* imprevisto *m*.
imprimir [ĩnpri'mi(x)] ◇ *vt* imprimir. ◇ *vi* COMPUT imprimir.
improcedente [ĩnprose'dẽntʃi] *adj* improcedente.
improdutivo, va [ĩnprodu'tʃivu, va] *adj* improductivo(va).
impróprio, pria [ĩn'prɔprju, prja] *adj* impropio(pia), inapropiado(da).
improvável [ĩnpro'vavɛw] (*pl* **-eis**) *adj* improbable.
improvisar [ĩnprovi'za(x)] ◇ *vt* improvisar. ◇ *vi* improvisar.
improviso [ĩnpro'vizu] *m* **-1.** [repente]: **de** ~ de improviso; **fazer algo de** ~ improvisar algo. **-2.** TEATRO improvisación *f*.
imprudente [ĩnpru'dẽntʃi] *adj* imprudente.
impugnação [ĩnpugna'sãw] (*pl* **-ões**) *f* [contestação] impugnación *f*.
impulsionar [ĩnpuwsjo'na(x)] *vt* **-1.** [ger] impulsar. **-2.** [estimular] dar impulso a.
impulsivo, va [ĩnpuw'sivu, va] *adj* impulsivo(va).

impulso [ĩn'puwsu] *m* impulso *m*; tomar ~ tomar impulso.
impune [ĩn'puni] *adj* impune.
impunidade [ĩnpuni'dadʒi] *f* impunidad *f*.
impureza [ĩnpu'reza] *f* impureza *f*.
impuro, ra [ĩn'puru, ra] *adj* impuro (ra).
imputação [ĩnputa'sãw] (*pl* **-ões**) *f* [acusação] imputación *f*.
imundície [ĩmũn'dʒisji], **imundícia** [ĩmun'dʒisja] *f* [falta de asseio] inmundicia *f*.
imundo, da [i'mũndu, da] *adj* inmundo(da).
imune [i'muni] *adj*: ~ **(a)** inmune (a).
imunidade [imuni'dadʒi] *f* inmunidad *f*.
imunizar [imuni'za(x)] *vt* inmunizar.
imutável [imu'tavew] (*pl* **-eis**) *adj* inmutable.
inábil [i'nabiw] (*pl* **-eis**) *adj* torpe.
inabilidade [inabili'dadʒi] *f* torpeza *f*.
inabitado, da [inabi'tadu, da] *adj* deshabitado(da).
inabitável [inabi'tavew] (*pl* **-eis**) *adj* inhabitable.
inacabado, da [inaka'badu, da] *adj* inacabado(da).
inacabável [inaka'bavew] (*pl* **-eis**) *adj* interminable.
inaceitável [inasej'tavɛw] (*pl* **-eis**) *adj* inaceptable.
inacessível [inase'sivɛw] (*pl* **-eis**) *adj* inaccesible.
inacreditável [inakredʒi'tavɛw] (*pl* **-eis**) *adj* increíble.
inadiável [ina'djavɛw] (*pl* **-eis**) *adj* inaplazable.
inadimplência [inadʒĩn'plẽnsja] *f* JUR incumplimiento *m* de contrato.
inadvertidamente [inadʒivertʃida'mẽntʃi] *adv* inadvertidamente.
inadvertido, da [inadʒiver'tʃidu, da] *adj* inadvertido(da).
inalação [inala'sãw] (*pl* **-ões**) *f* inhalación *f*.
inalar [ina'la(x)] *vt* inhalar.
inalterado, da [inawte'radu, da] *adj* **-1.** [não modificado] inalterado(da). **-2.** [calmo] inalterado(da), impávido(da).
inanimado, da [inani'madu, da] *adj* inanimado(da).
inaptidão [inaptʃi'dãw] *f* ineptitud *f*.
inapto, pta [i'naptu, pta] *adj* incapacitado(da).
inatingível [inatʃĩn'ʒivɛw] (*pl* **-eis**) *adj* inalcanzable.
inatividade [inatʃivi'dadʒi] *f* **-1.** [inércia, desemprego] inactividad *f*. **-2.** [aposentadoria] jubilación *f*. **-3.** [reforma] retiro *m*.
inativo, va [ina'tʃivu, va] *adj* **-1.** [parado] inactivo(va). **-2.** [aposentado] jubilado(da), pasivo(va) *RP*. **-3.** [reformado] retirado(da).
inato, ta ['inatu, ta] *adj* innato(ta).
inaudito, ta [inaw'dʒitu, ta] *adj* inaudito(ta).
inaudível [inaw'dʒivew] (*pl* **-eis**) *adj* inaudible.
inauguração [inawgura'sãw] (*pl* **-ões**) *f* inauguración *f*.
inaugural [inawgu'raw] (*pl* **-ais**) *adj* inaugural.
inaugurar [inawgu'ra(x)] *vt* inaugurar.
inca ['ĩŋka] ◇ *adj* inca. ◇ *mf* inca *mf*.
incalculável [ĩŋkawku'lavew] (*pl* **-eis**) *adj* incalculable.
incandescente [ĩŋkãnde'sẽntʃi] *adj* incandescente.
incansável [ĩŋkãn'savɛw] (*pl* **-eis**) *adj* incansable.
incapacidade [ĩŋkapasi'dadʒi] *f* incapacidad *f*.
incapacitado, da [ĩŋkapasi'tadu, da] ◇ *adj* **-1.** [inválido] discapacitado (da). **-2.** [impedido] incapacitado(da). ◇ *m, f* discapacitado *m*, -da *f*.
incapaz [ĩŋka'paʃ] (*pl* **-es**) *adj* incapaz; ~ **(para)** [incompetente] incapaz (para); ~ **de** incapaz de.
incauto, ta [iŋ'kawtu, ta] *adj* incauto(ta).
incendiar [ĩnsẽn'dʒja(x)] *vt* incendiar.
◆ **incendiar-se** *vp* incendiarse.
incendiário, ria [ĩnsẽn'dʒjarju, rja] ◇ *adj* [bomba *etc*] incendiario(ria). ◇ *m, f* incendiario *m*, -ria *f*, pirómano *m*, -na *f*.
incêndio [ĩn'sẽndʒju] *m* incendio *m*; ~ **provocado** OU **criminoso** incendio provocado.
incenso [ĩn'sẽnsu] *m* incienso *m*.
incentivar [ĩnsẽntʃi'va(x)] *vt* incentivar.
incentivo [ĩnsẽn'tʃivu] *m* incentivo *m*.
incerteza [ĩnsex'teza] *f* incertidumbre *f*.
incerto, ta [ĩn'sɛxtu, ta] *adj* incierto (ta).
incessante [ĩnse'sãntʃi] *adj* incesante.

incesto [ĩn'sɛʃtu] *m* incesto *m*.
inchação [ĩnʃa'sãw] *f* hinchazón *f*.
inchaço [ĩn'ʃasu] *m* ***fam*** hinchazón *f*.
inchado, da [ĩn'ʃadu, da] *adj* hinchado(da).
inchar [ĩn'sa(x)] ◇ *vt* [dilatar] hinchar. ◇ *vi* [dilatar] hincharse.
incidência [ĩnsi'dẽnsja] *f* incidencia *f*.
incidente [ĩnsi'dẽntʃi] *m* incidente *m*.
incinerador, ra [ĩnsine'rado(x), ra] ◇ *adj* incinerador(ra). ◇ *m* incinerador *m*, -ra *f*.
incipiente [ĩnsi'pjẽntʃi] *adj* incipiente.
incisivo, va [ĩnsi'zivu, va] *adj* incisivo(va).
incitar [ĩnsi'ta(x)] *vt* **-1.** [instigar]: ~ **alguém a algo** incitar a alguien a algo; ~ **alguém a fazer algo** incitar a alguien a hacer algo. **-2.** [suj: ambição *etc*]: ~ **alguém (a algo/a fazer algo)** incitar a alguien (a algo/a hacer algo). **-3.** [açular] azuzar.
incivilidade [ĩnsivili'dadʒi] *f* falta *f* de civilidad.
inclemente [ĩŋkle'mẽntʃi] *adj* inclemente.
inclinação [ĩŋklina'sãw] (*pl* **-ões**) *f* **-1.** [queda, mesura] inclinación *f*. **-2.** ***fig*** [propensão]: ~ **para** inclinación a.
inclinado, da [ĩŋkli'nadu, da] *adj* **-1.** [oblíquo] inclinado(da). **-2.** ***fig*** [propenso]: ~ **a algo/a fazer algo** inclinado(da) a algo/a hacer algo.
inclinar [ĩŋkli'na(x)] *vt* inclinar.
◆ **inclinar-se** *vp* **-1.** [curvar-se] inclinarse. **-2.** [tender a]: ~**-se a** inclinarse a.
incluir [ĩŋklu'i(x)] *vt* **-1.** [abranger] incluir. **-2.** [inserir]: ~ **algo em algo** incluir algo en algo.
◆ **incluir-se** *vp* incluirse.
inclusão [ĩŋklu'zãw] *f* inclusión *f*.
inclusive [ĩŋklu'zivi] *adv* **-1.** [com inclusão de] inclusive. **-2.** [até mesmo] incluso.
incluso, sa [ĩŋ'kluzu, za] *adj* incluido(da).
incoerente [ĩŋkwe'rẽntʃi] *adj* incoherente.
incógnito, ta [ĩn'kɔgnitu, ta] *adj* desconocido(da).
◆ **incógnita** *f* **-1.** MAT incógnita *f*. **-2.** [mistério]: **ser uma** ~ ser una incógnita.
◆ **incógnito** *adv* de incógnito.
incolor [ĩŋko'lo(x)] (*pl* **-es**) *adj* incoloro(ra).
incólume [ĩŋ'kɔlumi] *adj* incólume.
incomodar [ĩŋkomo'da(x)] ◇ *vt* **-1.** [importunar] incomodar, molestar ***Amér***. **-2.** [irritar] molestar. ◇ *vi* [irritar]: ~ a molestar a.
◆ **incomodar-se** *vp* **-1.** [molestar-se, irritar-se] incomodarse, molestarse ***Amér***. **-2.** [importar-se] incomodarse, molestarse ***RP***.
incômodo, da [ĩŋ'komodu, da] *adj* **-1.** [desconfortável, embaraçoso] incómodo(da). **-2.** [enfadonho] molesto(ta).
◆ **incômodo** *m* **-1.** [embaraço] contratiempo *m*. **-2.** ***fam*** [menstruação] menstruación *f*, regla *m* ***Esp***, indisposición *f* ***Méx***.
incomparável [ĩŋkõnpa'ravɛw] (*pl* **-eis**) *adj* incomparable.
incompatível [ĩŋkõnpa'tʃivɛw] (*pl* **-eis**) *adj* incompatible.
incompetente [ĩŋkõnpe'tẽntʃi] ◇ *adj* incompetente. ◇ *mf* incompetente *mf*.
incompleto, ta [ĩŋkõn'plɛtu, ta] *adj* incompleto(ta).
incompreendido, da [ĩŋkõnprjẽn'dʒidu, da] *adj* incomprendido(da).
incompreensível [ĩŋkõnprjẽn'sivew] (*pl* **-eis**) *adj* incomprensible.
incomum [ĩŋko'mũ] (*pl* **-ns**) *adj* fuera de lo común.
incomunicável [ĩŋkomuni'kavɛw] (*pl* **-eis**) *adj* **-1.** [sem comunicação] incomunicado(da). **-2.** ***fig*** [insociável] insociable, antisocial ***RP***.
inconcebível [ĩŋkõnse'bivɛw] (*pl* **-eis**) *adj* inconcebible.
inconciliável [ĩŋkõnsi'ljavew] (*pl* **-eis**) *adj* irreconciliable.
incondicional [ĩŋkõndʒisjo'naw] (*pl* **-ais**) *adj* incondicional.
inconfidente [ĩŋkõnfi'dẽntʃi] ◇ *adj* infiel. ◇ *mf* traidor *m*, -ra *f*.
inconformado, da [ĩŋkõnfox'madu, da] *adj* insatisfecho(cha).
inconfundível [ĩŋkõnfũn'dʒivɛw] (*pl* **-eis**) *adj* inconfundible.
inconsciência [ĩŋkõn'sjẽnsja] *f* inconsciencia *f*.
inconsciente [ĩŋkõn'sjẽntʃi] ◇ *adj* inconsciente. ◇ *m* PSIC inconsciente *m*.
inconseqüente [ĩŋkõnse'kwẽntʃi] ◇ *adj* inconsecuente. ◇ *mf* inconsecuente *mf*.
inconsistente [ĩŋkõnsiʃ'tẽntʃi] *adj* inconsistente.
inconstante [ĩŋkõnʃ'tãntʃi] *adj* inconstante.

inconstitucionalidade [ĩŋkõnʃtʃitusjonali'dadʒi] *f* inconstitucionalidad *f.*
incontável [ĩŋkõn'tavew] (*pl* **-eis**) *adj* incontable.
incontestável [ĩŋkõnteʃ'tavɛw] (*pl* **-eis**) *adj* incontestable.
inconteste [ĩŋkõn'tɛʃtʃi] *adj* incontestado(da).
incontinência [ĩŋkõntʃi'nẽnsja] *f* MED incontinencia *f.*
incontrolável [ĩŋkõntro'lavew] (*pl* **-eis**) *adj* incontrolable.
inconveniência [ĩŋkõnve'njẽnsja] *f* inconveniencia *f.*
inconveniente [ĩŋkõnve'njẽntʃi] ◇ *adj* inconveniente. ◇ *m* inconveniente *m.*
INCOR (*abrev de* **Instituto do Coração do Hospital das Clínicas**) *m instituto de investigaciones sobre enfermedades coronarias del importante hospital de las Clínicas en São Paulo.*
incorporar [ĩŋkoxpo'ra(x)] *vt* incorporar; ~ **algo a algo** incorporar algo a algo.
◆ **incorporar-se** *vp* [juntar-se] incorporarse.
incorrer [ĩŋko'xe(x)] *vi*: ~ **em algo** incurrir en algo.
incorreto, ta [ĩŋko'xɛtu, ta] *adj* incorrecto(ta).
incorrigível [ĩŋkoxi'ʒivɛw] (*pl* **-eis**) *adj* incorregible.
incorruptível [ĩŋkoxup'tʃivew] (*pl* **-eis**) *adj* incorruptible.
INCRA (*abrev de* **Instituto Nacional de Colonização e Reforma Agrária**) *m organismo para el desarrollo de los núcleos agrícolas.*
incrédulo, la [ĩŋ'krɛdulu, la] *adj* incrédulo(la).
incremento [ĩŋkre'mẽntu] *m* **-1.** [aumento] incremento *m.* **-2.** [desenvolvimento] desarrollo *m.*
incriminar [ĩŋkrimi'na(x)] *vt* incriminar.
incrível [ĩŋ'krivɛw] (*pl* **-eis**) *adj* **-1.** [inacreditável] increíble. **-2.** *fam* [maravilhoso] increíble.
incrustação [iŋkruʃta'sãw] (*pl* **-ões**) *f* incrustación *f.*
incubação [ĩŋkuba'sãw] *f* incubación *f.*
incubadora [ĩŋkuba'dora] *f* incubadora *f.*
incumbência [ĩŋkũn'bẽnsja] *f* incumbencia *f.*
incumbir [ĩŋkũn'bi(x)] ◇ *vt*: ~ **alguém de algo** encargar algo a alguien. ◇ *vi*: ~ **a alguém fazer algo** incumbir a alguien hacer algo.
◆ **incumbir-se** *vp*: **~-se de algo** encargarse de algo.
incurável [ĩŋku'ravɛw] (*pl* **-eis**) *adj* incurable.
incursão [ĩŋkux'sãw] (*pl* **-ões**) *f* incursión *f.*
incutir [ĩŋku'tʃi(x)] *vt*: ~ **algo (a ou em alguém)** infundir algo (a alguien).
indagação [ĩndaga'sãw] *f* indagación *f.*
indagar [ĩnda'ga(x)] ◇ *vt* indagar. ◇ *vi* indagar.
indecente [ĩnde'sẽntʃi] *adj* indecente.
indecifrável [ĩndesi'fravew] (*pl* **-eis**) *adj* indescifrable.
indecisão [ĩndesi'zãw] (*pl* **-ões**) *f* indecisión *f.*
indeciso, sa [ĩnde'sizu, za] *adj* indeciso(sa).
indecoroso, osa [ĩndeko'rozo, ɔza] *adj* indecoroso(sa).
indeferir [ĩndefe'ri(x)] *vt* denegar.
indefeso, sa [ĩnde'fezu, za] *adj* indefenso(sa).
indefinido, da [ĩndefi'nidu, da] *adj* indefinido(da).
indelével [ĩnde'lɛvew] (*pl* **-eis**) *adj* indeleble.
indelicado, da [ĩndeli'kadu, da] *adj* indelicado(da), descortés.
indenização [ĩndeniza'sãw] (*pl* **-ões**) *f* indemnización *f.*
indenizar [ĩndeni'za(x)] *vt*: ~ **alguém (por algo)** indemnizar a alguien (por algo).
independência [ĩndepẽn'dẽnsja] *f* independencia *f.*
independente [ĩndepẽn'dẽntʃi] *adj* independiente.
indescritível [indeʃkri'tʃivɛw] (*pl* **-eis**) *adj* indescriptible.
indesculpável [ĩndʒiʃkuw'pavew] (*pl* **-eis**) *adj* imperdonable.
indesejável [ĩndeze'ʒavɛw] (*pl* **-eis**) *adj* indeseable.
indestrutível [indeʃtru'tʃivɛw] (*pl* **-eis**) *adj* **-1.** [indestroçável] indestructible. **-2.** *fig* [inabalável] inquebrantable.
indeterminado, da [ĩndetexmi'nadu, da] *adj* indeterminado(da); **por tempo** ~ por tiempo indeterminado.
indevassável [ĩndeva'savew] (*pl* **-eis**) *adj* inexpugnable.

indevido,da [ĩnde'vidu, da] *adj* indebido(da).
Índia ['ĩndʒja] *n*: **(a)** ~ (la) India.
indiano, na [ĩn'dʒjãnu, na] <> *adj* [da Índia] indio(dia). <> *m, f* [habitante da India] indio *m*, -dia *f*.
indicação [ĩndʒika'sãw] (*pl* -ões) *f* -1. [de caminho *etc*] señalización *f*. -2. [de uso] indicación *f*. -3. [recomendação] nominación *f*, postulación *f* *RP*. -4. [menção] mención *f*. -5. [denotação] señal *f*.
indicado, da [ĩndʒi'kadu, da] *adj* -1. [prescrito, apropriado] indicado(da). -2. [recomendado] nominado(da), postulado(da) *RP*.
indicador, ra [ĩndʒika'do(x), ra] (*mpl* -es, *fpl* -s) *adj* -1. [que indica]: ~ **de** indicador de. -2. [dedo]: **dedo** ~ dedo *m* índice.
◆ **indicador** *m* -1. [ger] indicador *m*. -2. [dedo] índice *m*.
indicar [ĩndʒi'ka(x)] *vt* -1. [apontar] indicar, señalar. -2. [recomendar] recomendar. -3. [mencionar] mencionar. -4. [designar] designar. -5. [determinar] indicar, establecer. -6. [denotar] indicar.
indicativo, va [ĩndʒika'tʃivu, va] *adj* indicativo(va).
◆ **indicativo** *m* GRAM indicativo *m*.
índice ['ĩndʒisi] *m* índice *m*.
indício [in'dʒisju] *m* indicio *m*.
índico, ca ['ĩndʒiku, ka] *m*: **o (oceano)** ~ el (océano) Índico.
indiferença [ĩndʒife'rẽnsa] *f* indiferencia *f*.
indiferente [ĩndʒife'rẽntʃi] *adj*: ~ **(a algo)** indiferente (a algo).
indígena [ĩn'dʒiʒena] <> *adj* indígena. <> *mf* indígena *mf*.
indigência [ĩndʒi'ʒẽnsja] *f* -1. [miséria] indigencia *f*. -2. [indigentes] indigentes *mpl*. -3. [falta] falta *f*.
indigestão [ĩndʒiʒeʃ'tãw] (*pl* -ões) *f* indigestión *f*.
indigesto, ta [ĩndʒi'ʒɛʃtu, ta] *adj* -1. [difícil de digerir] indigesto(ta). -2. *fig* [enfadonho] intragable.
indignação [ĩndʒigna'sãw] (*pl* -ões) *f* indignación *f*.
indignado, da [ĩndʒig'nadu, da] *adj* indignado(da).
indignidade [ĩndʒigni'dadʒi] *f* indignidad *f*.
indigno, gna [ĩn'dʒignu, gna] *adj* -1. [não merecedor]: ~ **de algo** indigno (na) de algo. -2. [vil] indigno(na).
índio, dia ['ĩndʒju, dʒja] *m, f* [habitante da América] indio *m*, -dia *f*.
indireto, ta [ĩndʒi'rɛtu, ta] *adj* indirecto(ta).
◆ **indireta** *f* indirecta *f*.
indisciplina [ĩndʒisi'plina] *f* indisciplina *f*.
indiscreto, ta [ĩndʒiʃ'krɛtu, ta] *adj* indiscreto(ta).
indiscriminado, da [ĩndʒiʃkrimi'nadu, da] *adj* indiscriminado(da).
indiscutível [ĩndʒiʃku'tʃivɛw] (*pl* -eis) *adj* indiscutible.
indispensável [ĩndʒiʃpẽn'savɛw] (*pl* -eis) <> *adj* indispensable. <> *m*: **o** ~ lo indispensable.
indispor [ĩndʒiʃ'po(x)] *vt* indisponer.
◆ **indispor-se** *vp* [inimizar-se]: ~**-se com alguém** indisponerse con alguien.
indisposto, osta [ĩndʒiʃ'poʃtu, ɔʃta] <> *pp* ▷ **indispor**. <> *adj* indispuesto(ta).
indistinto, ta [ĩndʒiʃ'tʃĩntu, ta] *adj* indistinto(ta).
individual [ĩndʒivi'dwaw] (*pl* -ais) *adj* individual.
indivíduo [ĩndʒi'vidwu] *m* -1. [pessoa] individuo *m*. -2. *fam* [cara] tipo *m*, -pa *f*.
indócil [ĩn'dɔsiw] (*pl* -eis) *adj* -1. [rebelde] indomable. -2. [impaciente] impaciente.
indo-europeu, éia [ĩndwewro'pew, pɛja] *adj* indoeuropeo(a).
◆ **indo-europeu** *m* [língua] indoeuropeo *m*.
índole ['ĩndoli] *f* índole *f*.
indolência [ĩndo'lẽnsja] *f* indolencia *f*.
indolente [ĩndo'lẽntʃi] *adj* indolente.
indolor [ĩndo'lo(x)] (*pl* -es) *adj* indoloro(ra).
indomável [ĩndo'mavew] (*pl* -eis) *adj* indomable.
Indonésia [ĩndo'nɛzja] *n* Indonesia.
indulgência [ĩnduw'ʒẽnsja] *f* indulgencia *f*.
indulgente [ĩnduw'ʒẽntʃi] *adj* indulgente.
indulto [ĩn'duwtu] *m* JUR indulto *m*.
indumentária [ĩndumẽn'tarja] *f* indumentaria *f*.
indústria [ĩn'duʃtria] *f* -1. [ger] industria *f*; ~ **leve** *ou* **de consumo** industria ligera/de consumo; ~ **pesada** industria pesada. -2. [habilidade] destreza *f*.

industrial [ĩnduʃ'trjaw] (*pl* **-ais**) <> *adj* industrial. <> *mf* industrial *mf.*
industrialização [ĩnduʃtrjaliza'sãw] *f* industrialización *f.*
industrializar [ĩnduʃtrjali'za(x)] *vt* industrializar.
◆ **industrializar-se** *vp* industrializarse.
industrioso, osa [ĩnduʃ'trjozu, ɔza] *adj* habilidoso(sa).
induzir [ĩndu'zi(x)] *vt* [levar]: ~ **alguém a algo** inducir a alguien a algo; ~ **alguém a fazer algo** inducir a alguien a hacer algo.
inebriado, da [ine'brjadu, da] *adj* [embriagado] ebrio(bria).
inebriante [ine'brjãntʃi] *adj* embriagador(ra).
ineditismo [inedʒi'tʃiʒmu] *m* carácter *m* inédito.
inédito, ta [i'nɛdʒitu, ta] *adj* inédito (ta).
ineficaz [inefi'kaʃ] (*pl* **-es**) *adj* ineficaz.
ineficiente [inefi'sjẽntʃi] *adj* ineficiente.
inegável [ine'gavɛw] (*pl* **-eis**) *adj* innegable.
inelegível [inele'givew] (*pl* **-eis**) *adj* inelegible.
inépcia [i'nɛpsja] *f* ineptitud *f.*
inepto, ta [i'nɛptu, ta] *adj* inepto(ta).
inequívoco, ca [ine'kivoku, ka] *adj* inequívoco(ca).
inércia [i'nɛxsja] *f* inercia *f.*
inerente [ine'rẽntʃi] *adj* inherente.
inerte [i'nɛxtʃi] *adj* inerte.
inescrupuloso, osa [ineʃkrupu'lozu, ɔza] *adj* sin escrúpulos, inescrupuloso(sa) *RP.*
inescrutável [ineʃkru'tavew] (*pl* **-eis**) *adj* inescrutable.
inesgotável [ineʒgo'tavɛw] (*pl* **-eis**) *adj* inagotable.
inesperado, da [ineʃpe'radu, da] *adj* inesperado(da).
◆ **inesperado** *m* imprevisto *m.*
inesquecível [ineʃke'sivɛw] (*pl* **-eis**) *adj* inolvidable.
inestimável [ineʃtʃi'mavɛw] (*pl* **-eis**) *adj* inestimable.
inevitável [inevi'tavɛw] (*pl* **-eis**) <> *adj* inevitable. <> *m*: **o** ~ lo inevitable.
inexato, ta [ine'zatu, ta] *adj* inexacto(ta).
inexeqüível [ineze'kwivew] *adj* imposible de ejecutar.
inexistência [ineziʃ'tẽnsja] *f* inexistencia *f.*
inexistente [ineziʃ'tẽntʃi] *adj* inexistente.
inexorável [inezo'ravew] (*pl* **-eis**) *adj* inexorable.
inexperiência [ineʃpe'rjẽnsja] *f* inexperiencia *f.*
inexperiente [ineʃpe'rjẽntʃi] *adj* sin experiencia, inexperiente *RP.*
inexplorado, da [ineʃplo'radu, da] *adj* **-1.** [desconhecido] inexplorado(da). **-2.** [não usado] sin explotar, no explotado(da).
inexpressivo, va [ineʃpre'sivu, va] *adj* inexpresivo(va).
infalível [ĩnfa'livɛw] (*pl* **-eis**) *adj* infalible.
infame [ĩn'fãmi] *adj* infame.
infâmia [ĩn'fãmja] *f* infamia *f.*
infância [ĩn'fãnsja] *f* infancia *f.*
infantaria [ĩnfãnta'ria] *f* infantería *f.*
infantil [ĩnfãn'tiw] (*pl* **-is**) *adj* infantil.
infarto [ĩn'faxtu] *m* = **enfarte**.
infatigável [ĩnfatʃi'gavew] (*pl* **-eis**) *adj* infatigable.
infecção [ĩnfek'sãw] (*pl* **-ões**) *f* infección *f.*
infeccionar [ĩnfeksjo'na(x)] <> *vt* infectar. <> *vi* infectarse.
infeccioso, osa [ĩnfek'sjozu, ɔza] *adj* infeccioso(sa).
infelicidade [ĩnfelisi'dadʒi] *f* **-1.** [ger] infelicidad *f.* **-2.** [azar] desgracia *f.*
infeliz [ĩnfe'liʒ] (*pl* **-es**) <> *adj* **-1.** [ger] infeliz. **-2.** [malogrado] desafortunado(da). <> *mf* infeliz *mf.*
infelizmente [ĩnfeliʒ'mẽntʃi] *adv* lamentablemente.
inferior [ĩnfe'rjo(x)] (*pl* **-es**) <> *adj* **-1.** [que está mais baixo] inferior. **-2.** [em quantidade, destreza, qualidade]: ~ **(a)** inferior (a). **-3.** [em altura]: ~ **a** más bajo *ou* chico *Amér* que. <> *mf* [subalterno] inferior *mf.*
inferioridade [ĩnferjori'dadʒi] *f* inferioridad *f.*
inferir [ĩnfe'ri(x)] *vt*: ~ **algo (de)** inferir algo (de).
infernal [ĩnfex'naw] (*pl* **-ais**) *adj fig* infernal.
inferninho [ĩnfɛx'niɲu] *m discoteca de ambiente sórdido*, infiernillo *m Méx.*
inferno [ĩn'fɛxnu] *m* infierno *m.*
infestado, da [ĩnfeʃ'tadu, da] *adj* infestado(da).
infestar [ĩnfeʃ'ta(x)] *vt* infestar.

infidelidade [ĩnfideli'dadʒi] *f* infidelidad *f.*
infiel [ĩn'fjɛw] (*pl* **-éis**) <> *adj* infiel. <> *mf* RELIG infiel *mf.*
infiltrar [ĩnfiw'tra(x)] *vt* [parede] infiltrar.
◆ **infiltrar-se** *vp* infiltrarse.
ínfimo, ma ['ĩnfimu, ma] *adj* ínfimo (ma).
infindável [ĩnfĩn'davɛw] (*pl* **-eis**) *adj* **-1.** [inacabável] interminable. **-2.** [permanente] interminable, eterno (na).
infinidade [ĩnfini'dadʒi] *f*: **uma ~ de algo** una infinidad de algo.
infinitivo, va [ĩnfini'tʃivu, va] *adj* GRAM de infinitivo.
◆ **infinitivo** *m* infinitivo *m.*
infinito, ta [ĩnfi'nitu, ta] *adj* infinito (ta).
◆ **infinito** *m* infinito *m.*
inflação [ĩnfla'sãw] *f* inflación *f.*
inflacionário, ria [ĩnflasjo'narju, rja] *adj* inflacionario(ria).
inflamação [ĩnflama'sãw] (*pl* **-ões**) *f* inflamación *f.*
inflamado, da [ĩnfla'madu, da] *adj* inflamado(da).
inflamar [ĩnfla'ma(x)] <> *vt* inflamar. <> *vi* MED inflamarse.
inflamável [ĩnfla'mavɛw] (*pl* **-eis**) *adj* inflamable.
inflar [ĩn'fla(x)] *vt* inflar.
inflexível [ĩnflek'sivɛw] (*pl* **-eis**) *adj* inflexible.
infligir [ĩnfli'ʒi(x)] *vt*: **~ algo (a alguém)** infligir algo (a alguien).
influência [ĩnflu'ẽnsja] *f* influencia *f.*
influenciar [ĩnflwẽn'sja(x)] <> *vt* influenciar, influir. <> *vi*: **~ em algo** influenciar algo, influir en algo.
◆ **influenciar-se** *vp*: **~ -se (por algo/alguém)** dejarse influir (por algo/alguien).
influente [ĩnflu'ẽntʃi] *adj* influyente.
influir [ĩnflu'i(x)] *vi* **-1.** [importar] influir. **-2.** [atuar]: **~ em algo** influir en algo. **-3.** [concorrer]: **~ para algo** influir en algo.
influxo [ĩn'fluksu] *m* influjo *m.*
infográfico [ĩnfo'grafiku] *m* infográfico *m.*
informação [ĩnfoxma'sãw] (*pl* **-ões**) *f* información *f.*
informal [ĩnfox'maw] (*pl* **-ais**) *adj* informal.
informalidade [ĩnfoxmali'dadʒi] *f* informalidad *f.*
informante [ĩnfox'mãntʃi] *mf* informante *mf.*
informar [ĩnfox'ma(x)] <> *vt* **-1.** [esclarecer] informar. **-2.** [notificar]: **~ alguém de algo** informar a alguien de algo. <> *vi* [ser informativo] informar.
◆ **informar-se** *vp* **-1.** [atualizar-se] informarse. **-2.** [esclarecer-se]: **~-se sobre algo** informarse sobre algo.
informático, ca [ĩnfox'matʃiku, ka] <> *adj* informático(ca).
◆ **informática** *f* informática *f.*
informativo, va [ĩnfoxma'tʃivu, va] *adj* informativo(va).
informatizar [ĩnformatʃi'za(x)] *vt* informatizar.
informe [ĩn'fɔxmi] *m* informe *m.*
infortúnio [ĩnfox'tunju] *m* infortunio *m.*
infração [ĩnfra'sãw] (*pl* **-ões**) *f* infracción *f*; **~ de trânsito** infracción de tráfico OU tránsito *Amér.*
INFRAERO (*abrev de* **Empresa Brasileira de Infra-estrutura Portuária**) *f* ≃ empresa brasileña encargada de la infraestructura aeorportuaria del país, ≃ AENA *f* ***Esp.***
infra-estrutura [ˌĩnfraʃtru'tura] (*pl* **infra-estruturas**) *f* infraestructura *f.*
infrator, ra [ĩnfra'to(x), ra] (*mpl* **-es**, *fpl* **-s**) <> *adj* infractor(ra). <> *m, f* infractor *m*, -ra *f.*
infravermelho, lha [ĩnfravex'meʎu, ʎa] *adj* infrarrojo(ja).
infringir [ĩnfrĩn'ʒi(x)] *vt* infringir.
infrutífero, ra [ĩnfru'tʃiferu, ra] *adj* infructuoso(sa).
infundado,da [ĩnfũn'dadu, da] *adj* infundado(da).
infusão [ĩnfu'zãw] (*pl* **-ões**) *f* infusión *f.*
ingênuo, nua [ĩn'ʒenwu, nwa] <> *adj* ingenuo(a). <> *m, f* ingenuo *m*, -a *f.*
ingerência [ĩnʒe'rẽnsja] *f* injerencia *f.*
ingerir [ĩnʒe'ri(x)] *vt* ingerir.
ingestão [ĩnʒeʃ'tãw] *f* ingestión *f.*
Inglaterra [ĩŋgla'tɛxa] *n* Inglaterra.
inglês, esa [ĩŋ'gleʃ, eza] (*mpl* **-eses**, *fpl* **-s**) <> *adj* inglés(esa). <> *m, f* [habitante] inglés *m*, -esa *f.*
◆ **inglês** *m* [língua] inglés *m.*
inglório, ria [ĩŋ'glɔrju, rja] *adj* sin gloria.
ingovernabilidade [ĩŋgovexnabili'dadʒi] *f* ingobernabilidad *f.*
ingratidão [ĩŋgratʃi'dãw] *f* ingratitud *f.*

ingrato, ta [ĩŋ'gratu, ta] *adj* ingrato (ta).
ingrediente [ĩŋgre'djẽntʃi] *m* ingrediente *m*.
íngreme ['ĩŋgremi] *adj* empinado(-da).
ingressar [ĩŋgre'sa(x)] *vi*: ~ **em algo** ingresar en algo, ingresar a algo *RP*.
ingresso [ĩŋ'grɛsu] *m* **-1.** [bilhete] entrada *f*, boleto *m* ***Méx***. **-2.** [entrada] entrada *f*, ingreso *m* ***Méx***. **-3.** [admissão] ingreso *m*.
inhame [i'ɲãmi] *m* ñame *m*.
inibição [inibi'sãw] (*pl* **-ões**) *f* inhibición *f*.
inibido, da [ini'bidu, da] *adj* inhibido(da).
inibir [ini'bi(x)] *vt* [ger] inhibir.
◆ **inibir-se** *vp* [ficar inibido] inhibirse.
iniciação [inisja'sãw] (*pl* **-ões**) *f* iniciación *f*.
inicial [ini'sjaw] (*pl* **-ais**) ◇ *adj* [ger] inicial. ◇ *f* [letra] inicial *f*.
◆ **iniciais** *fpl* iniciales *fpl*.
iniciante [ini'sjãntʃi] ◇ *adj* [pessoa] principiante. ◇ *mf* [pessoa] principiante *mf*.
iniciar [ini'sja(x)] *vt* **-1.** [começar] iniciar, empezar. **-2.** [introduzir]: ~ **alguém em algo** iniciar a alguien en algo.
◆ **iniciar-se** *vp* [introduzir-se]: **~-se em algo** iniciarse en algo.
iniciativa [inisja'tʃiva] *f* iniciativa *f*; ~ **privada** iniciativa privada.
início [i'nisju] *m* inicio *m*, comienzo *m*; **no** ~ al principio.
inimigo, ga [ini'migu, ga] ◇ *adj* enemigo(ga). ◇ *m, f* enemigo *m*, -ga *f*.
inimizade [inimi'zadʒi] *f* enemistad *f*.
ininterrupto, ta [inĩnte'xuptu, ta] *adj* ininterrumpido(da).
injeção [ĩnʒe'sãw] (*pl* **-ões**) *f* [ger] inyección *f*.
injetar [ĩnʒe'ta(x)] *vt* [ger] inyectar.
injúria [ĩn'ʒurja] *f* injuria *f*.
injuriar [ĩnʒu'rja(x)] *vt* [insultar] injuriar.
◆ **injuriar-se** *vp* ***fam*** [zangar-se] enojarse, cabrearse ***Esp***, calentarse *RP*.
injustiça [ĩnʒuʃ'tʃisa] *f* injusticia *f*.
injustificável [ĩnʒuʃtʃifi'kavɛw] (*pl* **-eis**) *adj* injustificable.
injusto, ta [ĩn'ʒuʃtu, ta] *adj* injusto (ta).
INL (*abrev de* **Instituto Nacional do Livro**) *m instituto nacional del libro*.
INMETRO (*abrev de* **Instituto Nacional de Metrologia, Normalização e Qualidade Industrial**) *m organismo encargado de la normalización y calidad industrial*, ≃ AENOR *f* ***Esp***.
inocência [ino'sẽnsja] *f* inocencia *f*.
inocentar [inosẽn'ta(x)] *vt*: ~ **alguém de algo** declarar a alguien inocente de algo.
◆ **inocentar-se** *vp*: **inocentou-se por sua sinceridade** su sinceridad mostró su inocencia.
inocente [ino'sẽntʃi] ◇ *adj* inocente. ◇ *mf* inocente *mf*.
inocular [inoku'la(x)] *vt* inocular.
inócuo, cua [i'nɔkwu, kwa] *adj* inocuo(cua).
inodoro, ra [ino'dɔru, ra] *adj* inodoro(ra).
inofensivo, va [inofẽn'sivu, va] *adj* inofensivo(va).
inoportuno, na [inopox'tunu, na] *adj* inoportuno(na).
inóspito, ta [i'nɔʃpitu, ta] *adj* inhóspito(ta).
inovação [inova'sãw] (*pl* **-ões**) *f* innovación *f*.
inovador, ra [inova'do(x), ra] ◇ *adj* innovador(ra). ◇ *m, f* innovador *m*, -ra *f*.
inovar [ino'va(x)] *vt* innovar.
inoxidável [inoksi'davɛw] (*pl* **-eis**) *adj* ▷ **aço**.
INPC (*abrev de* **Índice Nacional de Preços ao Consumidor**) *m* ≃ IPC *m*.
inquérito [ĩŋ'kɛritu] *m* investigación *f*.
inquietação [ĩŋkjeta'sãw] (*pl* **-ões**) *f* inquietud *f*.
inquietante [ĩŋkje'tãntʃi], **inquietador, ra** [ĩŋkjeta'do(x), ra] *adj* inquietante.
inquietar [ĩŋkje'ta(x)] *vt* inquietar.
◆ **inquietar-se** *vp* inquietarse.
inquieto, ta [ĩŋ'kjɛtu, ta] *adj* inquieto(ta).
inquilino, na [ĩŋki'linu, na] *m, f* inquilino *m*, -na *f*.
Inquisição [ĩŋkizi'sãw] *f*: **a** ~ la Inquisición.
insaciabilidade [ĩnsasjabili'dadʒi] *f* insaciabilidad *f*.
insaciável [ĩnsa'sjavɛw] (*pl* **-eis**) *adj* insaciable.

insalubre [ĩnsa'lubri] *adj* insalubre.
insanidade [ĩnsani'dadʒi] *f* demencia *f*, locura *f*.
insano, na [ĩ'sãnu, na] <> *adj* -1. [demente] insano(na). -2. *fig* [incansável] excesivo(va), insano(na) *Amér.* <> *m, f* demente *mf*, insano *m*, -na *f* *RP.*
insatisfação [ĩnsatʃiʃfa'sãw] (*pl* -ões) *f* insatisfacción *f*.
insatisfatório, ria [ĩnsatʃiʃfa'tɔrju, rja] *adj* insatisfactorio(ria).
insatisfeito, ta [ĩnsatʃiʃ'fejtu, ta] *adj* insatisfecho(cha).
inscrever [ĩnʃkre've(x)] *vt* -1. [gravar] inscribir. -2. [pessoa]: ~ **alguém (em algo)** inscribir a alguien (en algo).
◆ **inscrever-se** *vp* [pessoa]: **~-se (em algo)** inscribirse (en algo).
inscrição [ĩnʃkri'sãw] (*pl* -ões) *f* inscripción *f*.
inscrito, ta [ĩnʃ'kritu, ta] <> *pp* ▻ inscrever. <> *adj* inscrito(ta), inscripto(ta) *RP.*
insegurança [insegu'rãnsa] *f* inseguridad *f*.
inseguro, ra [ĩnse'guru, ra] *adj* inseguro(ra).
inseminação [ĩnsemina'sãw] (*pl* -ões) *f* inseminación *f*; ~ **artificial** inseminación artificial.
insensatez [ĩnsẽnsa'teʒ] *f* insensatez *f*.
insensato, ta [ĩnsẽn'satu, ta] *adj* insensato(ta).
insensível [ĩnsẽn'sivɛw] (*pl* -eis) *adj* insensible.
inseparável [ĩnsepa'ravɛw] (*pl* -eis) *adj* inseparable.
inserção [ĩnsex'sãw] (*pl* -ões) *f* -1. [introdução]: ~ **(de algo em algo)** inserción *f* (de algo en algo). -2. COMPUT inserción *f*.
inserir [ĩnse'ri(x)] *vt* [ger] insertar; ~ **algo em algo** insertar (algo en algo).
◆ **inserir-se** *vp*: ~ **em algo** insertarse en algo.
inseticida [ĩnsetʃi'sida] *m* insecticida *m*.
inseto [ĩn'sɛtu] *m* insecto *m*.
insígnia [ĩn'signja] *f* insignia *f*.
insignificante [ĩnsignifi'kãntʃi] *adj* insignificante.
insincero, ra [ĩnsĩn'sɛru, ra] *adj* insincero(ra), falso(sa).
insinuação [ĩnsinwa'sãw] (*pl* -ões) *f* insinuación *f*.
insinuante [ĩnsi'nwãntʃi] *adj* [que se insinua] insinuante.
insinuar [ĩnsi'nwa(x)] *vt* [afirmar indiretamente] insinuar.
◆ **insinuar-se** *vp* -1. [passar]: **~-se por** *ou* **entre** introducirse *ou* meterse por/entre. -2. [amorosamente]: **~-se (para alguém)** insinuarse (a alguien).
insípido, da [ĩn'sipidu, da] *adj* -1. [sem sabor] insípido(da). -2. *fig* [sem graça] insípido(da), soso(sa).
insistente [ĩnsiʃ'tẽntʃi] *adj* insistente.
insistir [ĩnsiʃ'tʃi(x)] *vi*: ~ **em (fazer algo)** insistir en (hacer algo); ~ **para alguém fazer algo** insistir para que alguien haga algo.
insociável [ĩnso'sjavɛw] (*pl* -eis) *adj* insociable.
insolação [ĩnsola'sãw] (*pl* -ões) *f* insolación *f*.
insolente [ĩnso'lẽntʃi] <> *adj* insolente. <> *mf* insolente *mf*.
insólito, ta [ĩn'sɔlitu, ta] *adj* insólito (ta).
insolúvel [ĩnso'luvew] (*pl* -eis) *adj* insoluble.
insone [ĩn'soni] *adj* -1. [pessoa] insomne. -2. [noite] en vela.
insônia [ĩn'sonja] *f* insomnio *m*.
insosso, sa [ĩn'sosu, sa] *adj* soso(sa), insulso(sa).
inspeção [ĩnʃpe'sãw] (*pl* -ões) *f* inspección *f*.
inspetor, ra [ĩnʃpe'to(x), ra] (*mpl* -es, *fpl* -s) *m, f* inspector *m*, -ra *f*; ~ **de alfândega** inspector de aduanas.
inspiração [ĩnʃpira'sãw] (*pl* -ões) *f* inspiración *f*.
inspirador, ra [ĩnʃpira'do(x), ra] (*mpl* -es, *fpl* -s) *adj* inspirador(ra).
inspirar [ĩnʃpi'ra(x)] *vt* inspirar.
◆ **inspirar-se** *vp* [obter estímulo] inspirarse.
instabilidade [ĩnʃtabili'dadʒi] *f* inestabilidad *f*.
instalação [ĩnʃtala'sãw] (*pl* -ões) *f* -1. instalación *f*. -2. [sistema]: ~ **elétrica/hidráulica** instalación eléctrica/ hidráulica.
◆ **instalações** *fpl* instalaciones *fpl*.
instalar [ĩnʃta'la(x)] *vt* -1. [ger] instalar. -2. [num cargo]: ~ **alguém em** colocar a alguien en.
◆ **instalar-se** *vp* -1. [alojar-se] instalarse. -2. [num cargo] instalarse, acomodarse *RP.*
instância [ĩnʃ'tãnsja] *f* [ger] instancia

f; **em última** ~ en última instancia.

instantâneo, nea [ĩnʃtãn'tãnju, nja] *adj* instantáneo(a).
◆ **instantâneo** *m* FOT instantánea *f*.

instante [ĩnʃ'tãntʃi] <> *m* instante *m*; **nesse** ~ en ese instante; **num** ~ en un instante. <> *adj* **-1.** [iminente] inminente. **-2.** [urgente] urgente.

instar [ĩnʃ'ta(x)] <> *vt* [pedir]: ~ **que alguém faça algo** instar a que alguien haga algo. <> *vi* [insistir]: ~ **com alguém para que faça algo** instar a alguien para que haga algo.

instauração [ĩnʃtawra'sãw] (*pl* **-ões**) *f* **-1.** [estabelecimento] instauración *f*. **-2.** [criação] inauguración *f*.

instaurar [ĩnʃtaw'ra(x)] *vt* **-1.** [estabelecer] instaurar. **-2.** [criar] inaugurar *RP*.

instável [ĩnʃ'tavew] (*pl* **-eis**) *adj* inestable.

instigar [ĩnʃtʃi'ga(x)] *vt* **-1.** [incitar]: ~ **alguém a fazer algo** instigar a alguien a hacer algo. **-2.** [provocar]: ~ **alguém contra alguém** instigar a alguien contra alguien.

instintivo, va [ĩnʃtʃĩn'tʃivu, va] *adj* instintivo(va).

instinto [ĩnʃ'tʃĩntu] *m* instinto *m*.

instituição [ĩnʃtʃitwi'sãw] (*pl* **-ões**) *f* institución *f*.

instituir [ĩnʃtʃi'twi(x)] *vt* **-1.** [ger] instituir. **-2.** [nomear] nombrar.

instituto [ĩnʃtʃi'tutu] *m* instituto *m*; ~ **de beleza** instituto de belleza.

instrução [ĩnʃtru'sãw] (*pl* **-ões**) *f* **-1.** [educação] instrucción *f*. **-2.** [ordem] instrucciones *fpl*.
◆ **instruções** *fpl* instrucciones *fpl*.

instruído, da [ĩnʃ'trwidu, da] *adj* instruido(da).

instruir [ĩnʃtru'i(x)] *vt* **-1.** [ger] instruir. **-2.** [informar]: ~ **alguém sobre algo** instruir a alguien sobre algo.
◆ **instruir-se** *vp* [educar-se] instruirse.

instrumental [ĩnʃtrumẽn'taw] (*pl* **-ais**) *adj* MÚS instrumental.

instrumento [ĩnʃtru'mẽntu] *m* instrumento *m*; ~ **de sopro** instrumento de viento; ~ **de trabalho** instrumento de trabajo.

instrutivo, va [ĩnʃtru'tʃivu, va] *adj* instructivo(va).

instrutor, ra [ĩnʃtru'to(x), ra] (*mpl* **-es**, *fpl* **-s**) *m, f* instructor *m*, -ra *f*.

insubordinação [ĩnsuboxdʒina'sãw] (*pl* **-ões**) *f* insubordinación *f*.

insubordinado, da [ĩnsuboxdʒi'nadu, da] *adj* insubordinado(da).

insubstituível [ĩnsubʃtʃi'twivɛw] (*pl* **-eis**) *adj* insustituible.

insucesso [ĩnsu'sɛsu] *m* fracaso *m*.

insuficiência [ĩnsufi'sjẽnsja] *f* insuficiencia *f*.

insuficiente [ĩnsufi'sjẽntʃi] <> *adj* **-1.** [não suficiente] insuficiente. **-2.** [incompetente] incompetente. <> *m* [nota escolar] insuficiente *m*.

insuflar [ĩnsu'fla(x)] *vt* **-1.** [soprar] insuflar. **-2.** *fig* [incutir]: ~ **algo em alguém** insuflar algo en alguien.

insular [ĩnsu'la(x)] *adj* insular.

insulina [ĩnsu'lina] *f* insulina *f*.

insultar [ĩnsuw'ta(x)] *vt* insultar.

insulto [ĩn'suwtu] *m* insulto *m*.

insuperável [ĩnsupe'ravɛw] (*pl* **-eis**) *adj* insuperable.

insuportável [ĩnsupox'tavɛw] (*pl* **-eis**) *adj* insoportable.

insurgir-se [ĩnsux'ʒixsi] *vp* sublevarse.

insurreição [ĩnsuxej'sãw] (*pl* **-ões**) *f* insurrección *f*.

insuspeito, ta [ĩnsuʃ'pejtu, ta] *adj* fuera de sospecha.

insustentável [ĩnsuʃtẽn'tavew] (*pl* **-eis**) *adj* insostenible.

intacto, ta [ĩn'ta(k)tu, ta] *adj* = **intato**.

intangibilidade [ĩntãnʒibili'dadʒi] *f* intangibilidad *f*.

intato, ta [ĩn'tatu, ta] *adj* intacto(ta).

íntegra ['ĩntegra] *f* totalidad *f*; **na** ~ de principio a fin.

integração [ĩntegra'sãw] (*pl* **-ões**) *f* integración *f*.

integral [ĩnte'graw] (*pl* **-ais**) *adj* **-1.** [ger] integral. **-2.** [cereal]: **arroz/pan/trigo** ~ arroz/pan/trigo integral.

integrante [ĩnte'grãntʃi] <> *adj* integrante. <> *mf* [membro] integrante *mf*.
◆ **integrante** *f* GRAM conjunción *f* subordinante.

integrar [ĩnte'gra(x)] *vt* integrar.
◆ **integrar-se** *vp* **-1.** [inteirar-se] integrarse. **-2.** [juntar-se]: ~**-se em** *ou* **a algo** integrarse en *ou* a *RP* algo.

integridade [ĩntegri'dadʒi] *f* integridad *f*.

íntegro, gra ['ĩntegru, gra] *adj* íntegro(gra).

inteiramente [ĩn,tejra'mẽntʃi] *adv* totalmente.

inteirar [ĩntej'ra(x)] *vt* **-1.** [completar] completar. **-2.** [informar]: ~ **alguém**

de algo enterar a alguien de algo.
◆ **inteirar-se** *vp* [informar-se]: ~**-se de algo** informarse sobre algo.
inteiro, ra [ĩn'tejru, ra] *adj* entero (ra).
intelecto [ĩnte'lɛktu] *m* intelecto *m*.
intelectual [ĩntelɛ'twaw] (*pl* **-ais**) <> *adj* intelectual. <> *mf* intelectual *mf*.
inteligência [ĩnteli'ʒẽnsja] *f* **-1.** [destreza mental] inteligencia *f*; ~ **artificial** inteligencia artificial. **-2.** [entendimento] comprensión *f*. **-3.** [pessoa] eminencia *f*.
inteligente [ĩnteli'ʒẽntʃi] *adj* inteligente.
inteligível [ĩnteli'ʒivew] (*pl* **-eis**) *adj* inteligible.
intempestivo,va [ĩntẽnpeʃ'tʃivu, va] *adj* intempestivo(va).
intenção [ĩntẽn'sãw] (*pl* **-ões**) *f* intención *f*; **com boa/má** ~ con buena/mala intención; **segundas intenções** segundas intenciones; **ter a** ~ **de** tener (la) intención de.
intencional [ĩntẽnsjo'naw] (*pl* **-ais**) *adj* intencional.
intencionar [ĩntẽnsjo'na(x)] *vt* tener la intención de.
intensidade [ĩntẽnsi'dadʒi] *f* intensidad *f*.
intensificar [ĩntẽnsifi'ka(x)] *vt* intensificar.
◆ **intensificar-se** *vp* intensificarse.
intensivo,va [ĩntẽn'sivu, va] *adj* intensivo(va).
intenso, sa [ĩn'tẽnsu, sa] *adj* intenso (sa).
interação [ĩntera'sãw] (*pl* **-ões**) *f* interacción *f*.
interatividade [ĩnteratʃivi'dadʒi] *f* COMPUT interactividad *f*.
intercâmbio [ˌĩnter'kãnbju] *m* intercambio *m*.
interceder [ĩntexse'de(x)] *vi*: ~ **por alguém** interceder por alguien.
interceptar [ĩntexsɛp'ta(x)] *vt* interceptar.
intercontinental [ĩntexkõntʃinẽn'taw] (*pl* **-ais**) *adj* intercontinental.
interdição [ĩntexdʒi'sãw] (*pl* **-ões**) *f* **-1.** [ger] prohibición *f*. **-2.** [bloqueio] cierre *m*.
interdisciplinaridade [ĩntexdʒisiplinari'dadʒi] *f* interdisciplinariedad *f*.
interditado, da [ĩntexdʒi'tadu, da] *adj* **-1.** [proibido] prohibido(da). **-2.** [bloqueado] cerrado(da).
interditar [ĩntexdʒi'ta(x)] *vt* **-1.** [proibir] prohibir. **-2.** [bloquear] cerrar. **-3.** JUR formular interdicto contra.
interessado,da [ĩntere'sadu, da] <> *adj* interesado(da). <> *m, f* interesado *m*, -da *f*.
interessante [ĩntere'sãntʃi] *adj* **-1.** [atraente] interesante. **-2.** [curioso] extraño(ña), curioso(sa).
interessar [ĩntere'sa(x)] <> *vt* **-1.** [ser do interesse de]: **as novas medidas do governo interessaram o setor** las nuevas medidas del gobierno le interesan al sector. **-2.** [atrair] atraer. <> *vi* [despertar interesse] interesar; **a quem possa** ~ a quien pueda interesar, a quien corresponda *Amér*.
◆ **interessar-se** *vp* [ter interesse]: ~**-se em** *ou* **por** interesarse en *ou* por.
interesse [ĩnte'resi] *m* **-1.** [ger] interés *m*. **-2.** [vantagem] ventaja *f*; **no** ~ **de** en el interés de, por el bien de; **por** ~ **próprio** por interés propio.
interesseiro,ra [ĩntere'sejru, ra] <> *adj* interesado(da). <> *m, f* interesado *m*, -da *f*.
interface [ˌĩntex'fasi] *f* COMPUT interfaz *f*, interface *f*.
interferência [ĩntexfe'rẽnsja] *f* interferencia *f*.
interferir [ĩntexfe'ri(x)] *vi* **-1.** [intervir]: ~ **em algo** interferir en algo. **-2.** [em rádio, televisão] interferir.
interfonar [ĩntexfo'na(x)] *vi* llamar por el portero electrónico.
interfone [ˌĩntex'foni] *m* interfono *m*, interfón *m* **Méx**, intercomunicador *m* **RP**.
ínterim ['ĩnterĩ] *m* ínterin *m*; **nesse** ~ en el ínterin.
interior [ĩnte'rjo(x)] (*pl* **-es**) <> *adj* interior. <> *m* interior *m*.
interiorano, na [ĩnterjo'rãnu, na] <> *adj* del interior. <> *m,f* habitante *m* del interior.
interjeição [ĩntexʒej'sãw] (*pl* **-ões**) *f* interjección *f*.
interlocutor, ra [ĩntexloku'to(x), ra] (*mpl* **-es**, *fpl* **-s**) *m, f* interlocutor *m*, -ra *f*.
interlúdio [ĩntex'ludʒju] *m* interludio *m*.
intermediar [ĩntexme'dʒja(x)] *vt* **-1.** [entremear, intercalar] mezclar. **-2.** [servir como mediador] moderar.

intermediário, ria [ĩntexme'dʒjarju, rja] ◇ *adj* intermedio(dia). ◇ *m, f* intermediario *m*, -ria *f*.

intermédio [ĩnter'mɛdʒu] *m*: **por ~ de** por intermedio de.

interminável [ĩntexmi'navɛw] (*pl* **-eis**) *adj* interminable.

intermitente [ĩntexmi'tẽntʃi] *adj* intermitente.

internação [ĩntexna'sãw] (*pl* **-ões**) *f* **-1.** [de doente] ingreso *m*, internación *f RP*. **-2.** [de aluno] internado *m*.

internacional [ĩntexnasjo'naw] (*pl* **-ais**) *adj* internacional.

internamento [ĩntexna'mẽntu] *m* = **internação**.

internar [ĩntex'na(x)] *vt* **-1.** [ger] internar. **-2.** [doente] ingresar, internar.

internato [ĩntex'natu] *m* EDUC internado *m*.

internauta [ĩntex'nawta] *mf* COMPUT internauta *mf*.

Internet [ĩntex'nɛtʃi] *f*: **a ~** Internet *f*.

interno, na [ĩn'tɛxnu, na] ◇ *adj* interno(na); **de uso ~** de uso interno. ◇ *m, f* interno *m*, -na *f*.

Interpol (*abrev de* **International Criminal Police Organization**) *f* Interpol *f*.

interpretação [ĩntexpreta'sãw] (*pl* **-ões**) *f* **-1.** [ger] interpretación *f*. **-2.** [tradução] interpretación *f*, traducción *f*.

interpretar [ĩntexpre'ta(x)] *vt* interpretar.

interpretativo, va [ĩntexpreta'tʃivu, va] *adj* interpretativo(va).

intérprete [ĩn'tɛxpretʃi] *mf* intérprete *mf*.

inter-relacionar [ĩntexelasjo'na(x)] *vt* interrelacionar.

interrogação [ĩntexoga'sãw] (*pl* **-ões**) *f* interrogación *f*; **ponto de ~** signo *m* de interrogación.

interrogar [ĩntexo'ga(x)] *vt* **-1.** [indagar]: **~ alguém (sobre algo)** interrogar a alguien (sobre algo). **-2.** JUR interrogar.

interrogativo, va [ĩntexoga'tʃivu, va] *adj* interrogativo(va).

interrogatório [ĩntexoga'tɔrju] *m* interrogatorio *m*.

interromper [ĩntexõn'pe(x)] *vt* interrumpir.

interrupção [ĩntexup'sãw] (*pl* **-ões**) *f* interrupción *f*.

interruptor [ĩntexup'to(x)] (*pl* **-es**) *m* interruptor *m*.

interseção [ĩntexse'sãw] (*pl* **-ões**) *f* intersección *f*.

interurbano, na [ˌĩnterux'bãnu, na] *adj* interurbano(na), (de) larga distancia *RP*.

◆ **interurbano** *m* llamada *f* interurbana, llamada *f* (de) larga distancia *RP*.

intervalo [ĩntex'valu] *m* **-1.** [ger] intervalo *m*; **a ~s** a intervalos. **-2.** TV pausa *f*; **~ comercial** pausa publicitaria, pausa comercial *Méx*. **-3.** TEATRO intervalo *m*, intermedio *m*.

intervenção [ĩntexvẽn'sãw] (*pl* **-ões**) *f* intervención *f*; **~ cirúrgica** intervención quirúrgica.

intervencionismo [ĩntexvẽnsjo'niʒmu] *m* intervencionismo *m*.

intervencionista [ĩntervẽnsjo'niʃta] ◇ *adj* intervencionista. ◇ *mf* intervencionista *mf*.

interventor, ra [ĩntexvẽn'to(x), ra] *m, f* interventor *m*, -ra *f*.

intervir [ĩntex'vi(x)] *vi* **-1.** [ger] intervenir. **-2.** [sobrevir] sobrevenir.

intestino [ĩnteʃ'tʃinu] *m* intestino *m*.

intimação [ĩntʃima'sãw] (*pl* **-ões**) *f* **-1.** [ordem] orden *f*, intimación *f Amér*. **-2.** JUR citación *f*.

intimar [ĩntʃi'ma(x)] *vt* **-1.** [ordenar]: **~ alguém (a)** ordenar a alguien, intimar a alguien a *Amér*. **-2.** JUR citar.

intimidade [ĩntʃimi'dadʒi] *f* intimidad *f*; **ter ~ com alguém** tener intimidad con alguien.

intimidar [ĩntʃimi'da(x)] *vt* intimidar.

◆ **intimidar-se** *vp* intimidarse.

íntimo, ma ['ĩntʃimu, ma] ◇ *adj* íntimo(ma). ◇ *m* **-1.** [âmago]: **no ~,...** en su fuero interno,.... **-2.** [amigo] íntimo *m*.

intolerância [ĩntole'rãnsja] *f* intolerancia *f*.

intolerante [ĩntole'rãntʃi] *adj* intolerante.

intolerável [ĩntole'ravew] (*pl* **-eis**) *adj* intolerable.

intoxicação [ĩntoksika'sãw] (*pl* **-ões**) *f* intoxicación *f*; **~ alimentar** intoxicación alimenticia.

intoxicar [ĩntoksi'ka(x)] *vt* intoxicar.

◆ **intoxicar-se** *vp* intoxicarse.

intragável [ĩntra'gavew] (*pl* **-eis**) *adj* intragable.

intranqüilidade [ĩntrãŋkwili'dadʒi] *f* intranquilidad *f*.

intranqüilo [ĩntrãn'kwilu] *adj* intranquilo(la).

intransferível [ĩntrãnʃfe'rivew] (*pl* **-eis**) *adj* **-1.** [bilhete, documento] intransferible. **-2.** [inadiável] impostergable.
intransigente [ĩntrãnzi'ʒẽntʃi] *adj* intransigente.
intransitável [ĩntrãnzi'tavɛw] (*pl* **-eis**) *adj* intransitable.
intransitivo, va [ĩntrãnzi'tʃivu, va] *adj* intransitivo(va).
intransponível [ĩntrãnʃpo'nivɛw] (*pl* **-eis**) *adj* infranqueable.
intratável [ĩntra'tavɛw] (*pl* **-eis**) *adj* [insociável] intratable.
intravenoso, osa [ĩntrave'nozu, ɔza] *adj* intravenoso(sa).
intrépido, da [ĩn'trɛpidu, da] *adj* intrépido(da).
intricado, da [ĩntri'kadu, da] *adj* **-1.** [emaranhado] enmarañado(da). **-2.** [confuso] intrincado(da).
intriga [ĩn'triga] *f* **-1.** [ger] intriga *f.* **-2.** [trama] argumento *m.*
◆ **intrigas** *fpl* [fofoca] chismes *mpl*, intrigas *fpl* ***Méx***, chusmeríos *mpl* *RP.*
intrigante [ĩntri'gãntʃi] *adj* intrigante.
intrigar [ĩntri'ga(x)] <> *vt* [despertar curiosidade de] intrigar. <> *vi* [excitar a curiosidade] intrigar.
introdução [ĩntrodu'sãw] (*pl* **-ões**) *f* introducción *f.*
introduzir [ĩntrodu'zi(x)] *vt* **-1.** [inserir]: ~ **algo (em)** introducir algo (en). **-2.** [fazer adotar] introducir.
◆ **introduzir-se** *vp*: ~ **(em)** introducirse (en).
intrometer-se [ĩntrome'texsi] *vp*: ~**-se em algo** entrometerse en algo.
intrometido, da [ĩntrome'tʃidu, da] <> *adj* entrometido(da). <> *m, f* entrometido *m*, -da *f.*
introvertido, da [ĩntrovex'tʃidu, da] <> *adj* introvertido(da). <> *m, f* introvertido *m*, -da *f.*
intruso, sa [ĩn'truzu, za] *m, f* intruso *m*, -sa *f.*
intuição [ĩntwi'sãw] (*pl* **-ões**) *f* intuición *f.*
intuir [ĩn'twi(x)] <> *vt* intuir. <> *vi* intuir.
intuitivo, va [ĩntwi'tʃivu, va] *adj* intuitivo(va).
intuito [ĩn'twitu] *m* objetivo *m.*
inumano, na [inu'mãnu, na] *adj* inhumano(na).
inúmeros, ras [i'numeruʃ, raʃ] *adj & pl* [antes de subst] innumerables.
inundação [inũnda'sãw] (*pl* **-ões**) *f* inundación *f.*
inundado, da [inũn'dadu, da] *adj* inundado(da).
inundar [inũn'da(x)] <> *vt* [alagar] inundar. <> *vt* ***fig*** [encher] invadir. <> *vi* [transbordar] desbordarse.
inusitado, da [inuzi'tadu, da] *adj* inusitado(da).
inútil [i'nutʃiw] (*pl* **-eis**) *adj* inútil.
inutilizar [inutʃili'za(x)] *vt* **-1.** [ger] inutilizar. **-2.** [frustrar] frustrar.
inutilmente [iˌnutʃiwmẽntʃi] *adv* inútilmente.
invadir [ĩnva'di(x)] *vt* invadir.
invalidez [ĩnvali'deʒ] *f* invalidez *f.*
inválido, da [ĩnvalidu, da] <> *adj* inválido(da). <> *m, f* [pessoa] inválido *m*, -da *f.*
invariável [ĩva'rjavɛw] (*pl* **-eis**) *adj* invariable.
invasão [ĩnva'zãw] (*pl* **-ões**) *f* invasión *f.*
invasivo, va [ĩnva'zivu, va] *adj* **-1.** [agressivo] invasor(ra). **-2.** MED invasivo(va).
invasor, ra [ĩnva'zo(x), ra] <> *adj* invasor(ra). <> *m, f* invasor *m*, -ra *f.*
inveja [ĩn'vɛʒa] *f* envidia *f.*
invejar [ĩnve'ʒa(x)] <> *vt* envidiar. <> *vi* [ter inveja] envidiar.
invejoso, osa [ĩnve'ʒozu, ɔza] <> *adj* [pessoa] envidioso(sa). <> *m, f* [pessoa] envidioso *m*, -sa *f.*
invenção [ĩnvẽn'sãw] (*pl* **-ões**) *f* **-1.** [ato] invención *f.* **-2.** [invento, mentira] invento *m.*
invencível [ĩnvẽn'sivew] (*pl* **-eis**) *adj* invencible.
inventar [ĩnvẽn'ta(x)] *vt* **-1.** [ger] inventar. **-2.** [fingir] fingir.
inventário [ĩnvẽn'tarju] *m* inventario *m.*
inventivo, va [ĩnvẽn'tʃivu, va] *adj* ingenioso(sa).
inventor, ra [ĩnvẽn'to(x), ra] (*mpl* **-es**, *fpl* **-s**) *m, f* inventor *m*, -ra *f.*
inverdade [ĩnvex'dadʒi] *f*: **ser uma** ~ ser una falta a la verdad.
inverno [ĩn'vɛxnu] *m* invierno *m.*
inverossímil [ĩnvero'simiw] (*pl* **-eis**) *adj* inverosímil.
inverso, sa [ĩn'vɛxsu, sa] *adj* inverso (sa).
◆ **inverso** *m* [contrário] contrario *m.*
invertebrado, da [ĩnvexte'bradu, da] <> *adj* [animal] invertebrado(da).

<> *m* [animal] invertebrado *m.*

inverter [ĩnvex'te(x)] *vt* **-1.** [ger] invertir. **-2.** [mudar] cambiar.

invés [ĩn'vɛʃ] *m* revés *m.*

◆ **ao invés de** *loc prep* al contrario de.

investida [ĩnveʃ'tʃida] *f* **-1.** [ataque] embestida *f.* **-2.** *fig* [tentativa] intento *m.*

investidor, ra [ĩnveʃtʃi'do(x), ra] *m, f* inversor *m,* -ra *f.*

investigação [ĩnveʃtʃiga'sãw] (*pl* **-ões**) *f* investigación *f.*

investigar [ĩnveʃtʃi'ga(x)] *vt* investigar.

investigador, ra [ĩnveʃtʃiga'do(x), ra] *m, f* investigador *m,* -ra *f.*

investimento [ĩnveʃtʃi'mẽntu] *m* inversión *f.*

investir [ĩnveʃ'tʃi(x)] <> *vt* [dinheiro, verba] invertir. <> *vi* **-1.** [aplicar dinheiro, verba]: ~ **(em algo)** invertir (en algo). **-2.** [atacar]: ~ **contra algo** embestir contra algo. **-3.** [atirar-se]: ~ **para algo** lanzarse sobre algo, embestir contra algo *RP.*

inveterado, da [ĩnvete'radu, da] *adj* inveterado(da).

inviabilizar [ĩnvjabili'za(x)] *vt* volver inviable.

◆ **inviabilizar-se** *vp* volverse inviable.

inviável [ĩn'vjavɛw] (*pl* **-eis**) *adj* inviable.

invicto, ta [ĩn'viktu, ta] *adj* invicto (ta).

inviolabilidade [ĩnviolabili'dadʒi] *f* inviolabilidad *f.*

invisível [ĩnvi'zivɛw] (*pl* **-eis**) *adj* invisible.

invocar [ĩnvo'ka(x)] <> *vt* **-1.** [chamar] invocar. **-2.** *fam* [irritar] provocar, torear *RP.* <> *vi fam* [antipatizar]: **desde a primeira vez que o viu, invocou com ele** desde la primera vez que lo vi me cayó mal.

invólucro [ĩn'vɔlukru] *m* **-1.** [envoltório] envoltorio *m.* **-2.** [membrana] involucro *m.* **-3.** [caixa] paquete *m.*

involuntário, ria [ĩnvolũn'tarju, rja] *adj* involuntario(ria).

iodo ['jodu] *m* yodo *m.*

IOF (*abrev de* **Imposto Sobre Operações Financeiras**) *m impuesto al que están sujetas las operaciones financieras.*

ioga ['jɔga] *f* yoga *m.*

iogue ['jogi] <> *adj* del yoga. <> *mf* yogui *mf.*

iogurte [ju'guxtʃi] *m* yogurt *m.*

íon ['iõ] (*pl* **íons**) *m* ion *m,* ión *m.*

IPC (*abrev de* **Índice de Preços ao Consumidor**) *m* IPC *m.*

IPEM (*abrev de* **Instituto de Pesos e Medidas**) *m instituto de pesos y medidas.*

IPTU (*abrev de* **Imposto Predial e Territorial Urbano**) *m* ≃ contribución *f* urbana.

IPVA (*abrev de* **Imposto Sobre Propriedade de Veículos Automotores**) *m* impuesto *m* de circulación.

ir ['i(x)] *vi* **-1.** [deslocar-se] ir; **fomos de táxi** fuimos en taxi; **iremos a pé** iremos a pie; **vamos?** ¿vamos?; **ele nunca vai às reuniões** nunca va a las reuniones; **não vai à aula?** ¿no vas a clase? **-2.** [estender-se] ir; **o caminho vai até o lago** el camino va hasta el lago. **-3.** [funcionar] funcionar, andar *RP*; **o carro não quer ir** el coche no funciona, el auto no anda *RP.* **-4.** [desenrolar-se] ir, andar *RP*; **como vai?** ¿cómo le va?, ¿cómo anda? *RP*; **isto não vai nada bem** esto no va *ou* anda *RP* nada bien. **-5.** [seguido de infinitivo]: **vou falar com ele** voy a hablar con él; **não vou fazer nada** no voy a hacer nada; **vai gostar** te va a gustar. **-6.** [seguido de gerúndio] ir; **ir comendo** ir comiendo; ~ **fazendo algo** ir haciendo algo; **vou tentando, algum dia consigo** lo voy intentando, algún día lo conseguiré. **-7.** [em locuções]: ~ **ao ar** [ser transmitido] salir al aire; ~ **dar em** [desembocar] ir a parar en; ~ **ter com** [encontrar] encontrarse con.

◆ **ir a** *v + prep* ir a.

◆ **ir de** *v + prep* [ir disfarçado] ir de; [partir de] irse de; [escolher]: **eu sempre vou de filé com fritas** (yo) siempre elijo bistec *ou* churrasco *RP* y patatas *Esp ou* papas *Amér* fritas.

◆ **ir por** *v + prep* ir por; ~ **pelo jardim** ir por el jardín.

◆ **ir-se** *vp* irse; ~**-se embora** irse, marcharse *Esp.*

IR (*abrev de* **Imposto de Renda**) *m* impuesto *m* sobre la renta.

ira ['ira] *f* ira *f.*

Irã [i'rã] *n*: **(o)** ~ (el) Irán.

irado, da [i'radu, da] *adj* colérico(ca).

iraniano, na [ira'njãnu, na] (*pl* **iranianos**) <> *adj* iraní. <> *m, f* iraní *mf.*

Iraque [i'raki] *n*: **(o)** ~ (el) Iraq, (el) Irak.

iraquiano, na [ira'kjãnu, na] (*pl* **ira-**

quianos) <> *adj* iraquí, irakí. <> *m, f* iraquí *mf*, irakí *mf*.

irascível [ira'sivɛw] (*pl* **-eis**) *adj* irascible.

ir-e-vir [iri'vi(x)] (*pl* **ires-e-vires**) *m* ir y venir *m*.

íris ['iriʃ] *f inv* iris *m inv*.

Irlanda [ix'lãnda] *n* Irlanda; ~ **do Norte** Irlanda del Norte.

irlandês, esa [ixlãn'deʃ, eza] (*mpl* **-eses**, *fpl* **-s**) <> *adj* irlandés(esa). <> *m, f* irlandés *m*, -esa *f*.
◆ **irlandês** *m* [língua] irlandés *m*.

irmã [ix'mã] *f* ▷ **irmão**.

irmandade [ixmãn'dadʒi] *f* hermandad *f*.

irmão, mã [ix'mãw, mã] *m, f* **-1.** [ger] hermano *m*, -na *f*; ~ **de criação** hermano adoptivo; ~ **gêmeo** hermano gemelo, hermano mellizo. **-2.** [afim] gemelo(la).

ironia [iro'nia] *f* ironía *f*.

irônico, ca [i'roniku, ka] *adj* irónico (ca).

IRPF (*abrev de* **Imposto de Renda de Pessoa Física**) *m* IRPF *m*.

IRPJ (*abrev de* **Imposto de Renda de Pessoa Jurídica**) *m* IRPJ *m*.

irracional [ixasjo'naw] (*pl* **-ais**) *adj* irracional.

irradiação [ixadʒja'sãw] (*pl* **-ões**) *f* **-1.** [transmissão] transmisión *f*, irradiación *f RP*. **-2.** [propagação] irradiación *f*. **-3.** MED irradiación *f*, radiación *f Amér*.

irradiar [ixa'dʒja(x)] *vt* **-1.** [ger] irradiar. **-2.** [transmitir] transmitir, irradiar *RP*.

irreal [i'xjaw] (*pl* **-ais**) *adj* irreal.

irreconciliável [ixekõnsi'ljavɛw] (*pl* **-eis**) *adj* irreconciliable.

irreconhecível [ixekoɲe'sivɛw] (*pl* **-eis**) *adj* irreconocible.

irrecuperável [ixekupe'ravɛw] (*pl* **-eis**) *adj* irrecuperable.

irrecusável [ixeku'zavew] (*pl* **-eis**) *adj* irrecusable, indeclinable.

irredutível [ixedu'tʃivew] (*pl* **-eis**) *adj* irreductible.

irregular [ixegu'la(x)] (*pl* **-es**) *adj* irregular.

irrelevante [ixele'vãntʃi] *adj* irrelevante.

irremediável [ixeme'dʒjavɛw] (*pl* **-eis**) *adj* irremediable.

irrepreensível [ixeprjẽn'sivew] (*pl* **-eis**) *adj* irreprensible, inobjetable *Amér*.

irreprimível [ixepri'mivɛw] (*pl* **-eis**) *adj* irreprimible.

irrequieto, ta [ixe'kjɛtu, ta] *adj* [desassossegado] inquieto(ta).

irresistível [ixeziʃ'tʃivɛw] (*pl* **-eis**) *adj* irresistible.

irresoluto, ta [ixezo'lutu, ta] *adj* indeciso(sa).

irresponsável [ixeʃpõn'savɛw] (*pl* **-eis**) <> *adj* irresponsable. <> *mf* irresponsable *mf*.

irrestrito, ta [ixeʃ'tritu, ta] *adj* ilimitado(da), irrestricto(ta) *RP*.

irreverente [ixeve'rẽntʃi] *adj* irreverente.

irreversível [ixevex'sivew] (*pl* **-eis**) *adj* irreversible.

irrigação [ixiga'sãw] (*pl* **-ões**) *f* irrigación *f*.

irrigar [ixi'ga(x)] *vt* irrigar.

irrisório, ria [ixi'zɔrju, rja] *adj* irrisorio(ria).

irritação [ixita'sãw] (*pl* **-ões**) *f* irritación *f*.

irritadiço, ça [ixita'dʒisu, sa] *adj* irritable.

irritante [ixi'tãntʃi] *adj* irritante.

irritar [ixi'ta(x)] *vt* irritar.
◆ **irritar-se** *vp* [exasperar-se] irritarse.

irritável [ixi'tavew] (*pl* **-eis**) *adj* irritable.

irromper [ixõn'pe(x)] *vi* **-1.** [entrar]: ~ **em** irrumpir en. **-2.** [surgir]: ~ **de** surgir de, irrumpir de *RP*.

isca ['iʃka] *f* **-1.** [chamariz] carnada *f*. **-2.** CULIN tira *f*. **-3.** *fig* [chamariz] cebo *m*.

isenção [izẽn'sãw] (*pl* **-ões**) *f* **-1.** [dispensa, livramento] exención *f*. **-2.** [imparcialidade] imparcialidad *f*.

isentar [izẽn'ta(x)] *vt* **-1.** [dispensar]: ~ **alguém de algo/de fazer algo** eximir *ou* exentar *Méx* a alguien de algo/de hacer algo. **-2.** [livrar]: ~ **alguém de algo/fazer algo** eximir a alguien de algo/de hacer algo.
◆ **isentar-se** *vp* eximirse.

isento, ta [i'zẽntu, ta] *adj* **-1.** [dispensado, livre] exento(ta). **-2.** [imparcial] neutro(tra), imparcial.

Islã [iʒ'lã] *m* Islam *m*.

islâmico, ca [iʒ'lãmiku, ka] *adj* islámico(ca).

islamismo [iʒla'miʒmu] *m* islamismo *m*.

islandês, esa [iʒlãn'deʃ, eza] <> *adj* islandés(esa). <> *m, f* islandés *m*, -esa *f*.

◆ **islandês** *m* [língua] islandés *m*.
Islândia [iʒ'lãndʒja] *n* Islandia.
ISO (*abrev de* **International Standards Organization**) ISO.
isolado, da [izo'ladu, da] *adj* **-1.** [ger] aislado(da). **-2.** [só] solitario(ria).
isolamento [izola'mẽntu] *m* **-1.** [ger] aislamiento *m*. **-2.** [solidão] soledad *f*. **-3.** MED [pavilhão] pabellón *m* de infecciosos, aislamiento *m* **Méx**.
isolar [izo'la(x)] *vt* **-1.** [separar]: **~ algo de algo** aislar algo de algo. **-2.** [paciente & ELETR] aislar.
◆ **isolar-se** *vp* [afastar-se]: **~-se de alguém/algo** alejarse de alguien/algo.
isonomia [izono'mia] *f* igualdad *f*.
isopor [izo'pox] *m* poliestireno *m* expandido, unicel *m* **Méx**, telgopor *m* **Arg**, espuma *f* plast **Urug**.
isqueiro [iʃ'kejru] *m* encendedor *m*, mechero *m* **Esp**, yesquero *m* **RP**.
Israel [iʒxa'ɛw] *n* Israel.
israelense [iʒxae'lẽnsi] ◇ *adj* israleí. ◇ *mf* israelí *mf*.
isso ['isu] ◇ *pron dem (de + isso = disso; em + isso = nisso)* eso; **~ é mentira** eso es mentira; **não faz ~ que é feio** no hagas eso que es feo; **~ que você propõe é inviável** lo que propones *ou* estás proponiendo **RP** es inviable; **não quero mais falar disso** no quiero hablar más de eso; **pensei muito nisso** lo pensé mucho; **vendo por dez reais e não se fala mais nisso!** ¡lo vendo por diez reales y ni una palabra más!; **não ter nada com ~** no tener la culpa; **que é ~?** ¿qué es eso?; [exprimindo indignação] ¡qué es eso!; **só ~?** ¿algo más?; **só ~** nada más; **é ~ aí** *fam* [muito bem] ¡qué bien!, ¡eso es!, ¡impecable! **RP**; *fam* [está certo] ¡eso es!, ¡justamente! **RP**; *fam* [é só] ¡nada más!; **~ mesmo** [exatamente] exactamente; **~ de ...** eso de ... ◇ *interj*: **~!** [muito bem] ¡eso!; [assim] ¡eso!
◆ **enquanto isso** *loc adv* mientras tanto.
◆ **por isso** *loc adv* por eso; **nem por ~** no por eso; **por ~ mesmo** justamente por eso.
Istambul [iʃtãn'buw] *n* Estambul.
istmo ['iʃtʃimu] *m* istmo *m*.
isto ['iʃtu] *pron dem (de + isto = disto; em + isto = nisto)* esto; **~ está errado** esto está mal; **~ que você disse não faz sentido** eso que has dicho *ou* dijiste no tiene sentido; **partiu e deixou ~, um bilhete** se fue *ou* marchó **Esp** y dejó esto, una nota; **prove um pouco disto** prueba *ou* probá **RP** un poco de esto; **pense nisto: quem tudo quer, tudo perde** piénsalo *ou* pensalo **RP**: quien mucho abarca poco aprieta; **ou ~ ou aquilo** o esto o aquello; **~ é** o sea.
Itália [i'talja] *n* Italia.
italiano, na [ita'ljãnu, na] ◇ *adj* italiano(na). ◇ *m, f* italiano *m*, -na *f*.
◆ **italiano** *m* [língua] italiano *m*.
itálico, ca [i'taliku] *adj* TIPO itálico(ca).
◆ **itálico** *m* TIPO itálica *f*.
Itamarati [itamara'tʃi] *m sede del Ministerio de Asuntos Exteriores brasileño.*
item ['itẽ] (*pl* **itens**) *m* **-1.** [elemento] ítem *m*. **-2.** [ponto] asunto *m*. **-3.** JUR [artigo] artículo *m*.
itinerário [itʃine'rarju] *m* itinerario *m*.
Iugoslávia [iwgoʒ'lavja] *n* Yugoslavia; **a ex-~** la ex Yugoslavia.
iugoslavo, va [iwgoʒ'lavu, va] ◇ *adj* yugoslavo(va). ◇ *m, f* yugoslavo *m*, -va *f*.

j, J ['ʒɔta] *m* [letra] j, J *f*.
já ['ʒa] ◇ *adv* ya; **~ vou** ya voy; **até ~** hasta ahora. ◇ *conj* ahora. ◇ *loc*: **~ era!** *fam* ya pasó.
◆ **desde já** *loc prep* desde ya.
◆ **já que** *loc conj* ya que.
jabuti [ʒabu'tʃi] *m* jabolí *m*.
jabuticaba [ʒabutʃi'kaba] *f fruto de la jabuticabeira, árbol nativo de Brasil.*
jaca ['ʒaka] *f fruto de la jaqueira, árbol abundante en Brasil.*
jacarandá [ʒakarãn'da] *f* jacarandá *m*, jacaranda *m* **Méx**.
jacaré [ʒaka'rɛ] *m* ZOOL yacaré *m*.
Jacarta [ʒa'kaxta] *n* Yakarta.
jacinto [ʒa'sĩntu] *m* jacinto *m*.
jade ['ʒadʒi] *m* jade *m*.
jaguar [ʒa'gwa(x)] (*pl* **-es**) *m* jaguar *m*.
jaguatirica [ʒagwatʃi'rika] *f* ocelote *m*.

Jamaica [ʒa'majka] *n* Jamaica.
jamais [ʒa'majʃ] *adv* jamás.
jamanta [ʒa'mãnta] *f* [caminhão] camión *m* articulado.
jan. (*abrev de* **janeiro**) ≃ ene.
janeiro [ʒa'nejru] *m* enero *m*; *veja também* **setembro**.
janela [ʒa'nɛla] *f* ventana *f*.
jangada [ʒãŋ'gada] *f* balsa *f*.
jantar [ʒãn'ta(x)] (*pl* **-es**) ◇ *vt* cenar. ◇ *vi* cenar. ◇ *m* cena *f*.
Japão [ʒa'pãw] *n*: **(o)** ~ (el) Japón.
japonês, esa [ʒapo'neʃ, eza] (*mpl* **-eses**, *fpl* **-s**) ◇ *adj* japonés(esa). ◇ *m, f* japonés *m*, -esa *f*.
◆ **japonês** *m* [língua] japonés *m*.
jaqueta [ʒa'keta] *f* chaqueta *f*, chamarra *f* ***Andes*** & ***Méx***, campera *f* ***RP***.
jararaca [ʒara'raka] *f* **-1.** [cobra] yarará *f*. **-2.** [pessoa] víbora *f*.
jardim [ʒax'dʒĩ] (*pl* **-ns**) *m* jardín *m*; ~ **botânico** jardín botánico; ~ **zoológico** jardín zoológico.
jardim-de-infância [ʒaxdʒĩndʒĩnfãnsja] (*pl* **jardins-de-infância**) *m* jardín *m* de infancia *ou* de niños ***Méx*** *ou* de infantes ***RP***.
jardinagem [ʒaxdʒi'naʒẽ] *f* jardinería *f*.
jardineiro, ra [ʒaxdʒi'nejru, ra] *m, f* [pessoa] jardinero *m*, -ra *f*.
◆ **jardineira** *f* **-1.** [floreira] jardinera *f*. **-2.** [roupa] mono *m* ***Esp***, overol *m* ***Amér***, jardinero *m* ***RP***. **-3.** [ônibus] autobús *m*, camión *m* ***Méx***, colectivo *m* ***Arg***, ómnibus *m* ***Cuba*** & ***Urug***.
jargão [ʒax'gãw] (*pl* **-ões**) *m* jerga *f*, argot *m*.
jarra ['ʒaxa] *f* [pote] jarra *f*; [vaso] jarrón *m*.
jarro ['ʒaxu] *m* jarrón *m*.
jasmim [ʒaʒ'mĩ] (*pl* **-ns**) *m* jazmín *m*.
jato ['ʒatu] *m* **-1.** [raio] rayo *m*. **-2.** [jorro] chorro *m*. **-3.** [avião] jet *m*, reactor *m*. **-4.** [propulsão]: **a** ~ a reacción, a chorro ***Amér***.
jaula ['ʒawla] *f* jaula *f*.
Java ['ʒava] *n* Java.
javali [ʒava'li] *m* jabalí *m*.
jazida [ʒa'zida] *f* yacimiento *m*.
jazigo [ʒa'zigu] *m* sepultura *f*.
jazz ['ʒajʃ] *m* jazz *m*.
JC (*abrev de* **Jesus Cristo**) JC.
jeans ['ʒĩnʃ] *m inv* vaqueros *mpl*, jeans *mpl*, pantalón *m* de mezclilla ***Méx***.
jeca-tatu [ʒɛkata'tu] *m personaje de la literatura infantil que representa los pueblerinos del interior de Brasil*.
jegue ['ʒɛgi] *m* asno *m*, burro *m*.
jeito ['ʒejtu] *m* **-1.** [modo] forma *f*, manera *f*; **ao** ~ **de** al modo de, al estilo de; **de** ~ **algum** *ou* **nenhum** de ninguna manera; **de qualquer** ~ de cualquier manera; [sem cuidado] a la buena de Dios. **-2.** [aspecto] apariencia *f*. **-3.** [índole] carácter *m*, estilo *m*. **-4.** [torção]: **dar um** ~ **em** torcerse. **-5.** [propensão]: **ter** *ou* **levar** ~ **para (fazer) algo** tener habilidad *ou* facilidad para (hacer) algo. **-6.** [habilidade, diplomacia] habilidad *f*; **fazer algo com** ~ hacer algo con cuidado. **-7.** [graça]: **ficar sem** ~ quedarse sin saber qué hacer. **-8.** *fam* [arrumação] arreglo *m*; **dar um** ~ **em algo** arreglar algo. **-9.** *fam* [solução] solución *f*; **dar um** ~ **em algo** arreglar algo. **-10.** [juízo]: **tomar** ~ sentar cabeza.
jeitoso, osa [ʒej'tozu, ɔza] *adj* **-1.** [habilidoso] habilidoso(sa), hábil. **-2.** [funcional] funcional.
jejuar [ʒe'ʒwa(x)] *vi* ayunar.
jejum [ʒe'ʒũ] (*pl* **-ns**) *m* ayuno *m*; **em** ~ en ayunas.
jérsei ['ʒɛxsej] *m* tejido *m* de punto, jersey *m* ***Amér***.
Jerusalém [ʒeruza'lẽ] *n* Jerusalén.
jesuíta [ʒe'zwita] ◇ *adj* jesuita. ◇ *m* jesuita *m*.
jesuítico, ca [ʒezu'itʃiku, ka] *adj* [período, missão] jesuítico(ca).
jesus [ʒe'zuʃ] *interj* ¡Jesús!
jet set [ʒet'sɛtʃi] *m* jet set *f*.
jibóia [ʒi'bɔja] *f* **-1.** [cobra] boa *f*. **-2.** [planta] poto *m*.
jiló [ʒi'lɔ] *m fruto del jiloeiro, planta herbácea cultivada en Brasil*.
jingle ['ʒĩngow] *m* jingle *m*.
jipe ['ʒipi] *m* jeep *m*.
joalheiro, ra [ʒoa'ʎejru, ra] *m, f* joyero *m*, -ra *f*.
joalheria [ʒwaʎe'ria] *f* joyería *f*.
joaninha [ʒwa'niɲa] *f* [inseto] mariquita *f*, catarina *f* ***Méx***, vaquita *f* de San Antonio ***RP***, San Antonio *m* ***RP***.
João Pessoa [ʒuãwpe'soa] João Pessoa.
jocoso, sa [ʒoko'zu, za] *adj* [divertido, cômico] jocoso(sa).
joelho ['ʒweʎu] *m* rodilla *f*; **de** ~**s** de rodillas; **ficar de** ~**s** quedarse de rodillas.
jogada [ʒo'gada] *f* **-1.** [ger] jugada *f*. **-2.** *fam* [esquema] trapicheo *m*, asun-

to *m.* **-3.** *fam* [intenção] juego *m.*

jogador, ra [ʒoga'do(x), ra] *m, f* jugador *m,* -ra *f.*

jogar [ʒo'ga(x)] ◇ *vt* **-1.** [tomar parte em jogo de] jugar a. **-2.** [atirar] tirar. **-3.** [apostar]: ~ **algo em algo** jugarse algo a algo. **-4.** [desfazer-se de, desperdiçar]: ~ **algo fora** tirar algo. ◇ *vi* **-1.** [divertir-se num jogo] jugar. **-2.** [apostar]: ~ **em algo** jugar a algo. **-3.** [manipular]: ~ **com algo** jugar con algo. **-4.** [balançar] balancear.

◆ **jogar-se** *vp* [lançar-se]: ~**-se em algo** tirarse a algo.

jogging ['ʒɔgĩŋ] *m* **-1.** [corrida] jogging *m,* footing *m;* **fazer** ~ hacer jogging *ou* footing. **-2.** [roupa] chándal *m Esp,* pants *mpl Méx,* jogging *m RP.*

jogo ['ʒogu] (*pl* **jogos**) *m* **-1.** [gen] juego *m;* ~ **de azar** juego de azar. **-2.** *ESP* partido *m.* **-3.** [partida] partida *f.* **-4.** [balanço] oscilación *f.* **-5.** *AUTO* dirección *f.* **-6.** *fam* [intenção] juego *m.* **-7.** *loc:* **abrir o** ~ poner las cartas sobre la mesa; **ter** ~ **de cintura** tener habilidad, tener cancha *RP.*

jóia ['ʒɔja] ◇ *f* **-1.** [enfeite] joya *f.* **-2.** [taxa] inscripción *f,* matrícula *f.* ◇ *adj fam* genial, joya *Méx.*

joio ['ʒoju] *m* cizaña *f;* **separar o** ~ **do trigo** separar la paja del grano.

jóquei ['ʒɔkej] *m* club *m* hípico, jockey club *m Amér.*

jornada [ʒox'nada] *f* **-1.** [viagem, período] jornada *f;* ~ **de trabalho** jornada laboral. **-2.** [percurso diário] viaje *m.*

jornal [ʒox'naw] (*pl* **-ais**) *m* **-1.** [gazeta] periódico *m,* diario *m RP.* **-2.** [noticiário] noticias *fpl,* noticiero *m Amér.*

jornaleiro, ra [ʒoxna'lejru, ra] *m, f* [pessoa] vendedor *m,* -ra *f* de periódicos, periodiquero *m,* -ra *f Méx,* diariero *m,* -ra *f RP.*

◆ **jornaleiro** *m* [banca] quiosco *m,* puesto *m* de periódicos.

jornalista [ʒoxna'liʃta] *mf* periodista *mf.*

jorrar [ʒo'xa(x)] ◇ *vt* brotar. ◇ *vi* brotar.

jovem ['ʒɔvẽ] (*pl* **-ns**) ◇ *adj* joven. ◇ *mf* joven *mf.*

jovial [ʒo'vjaw] (*pl* **-ais**) *adj* jovial.

juba ['ʒuba] *f* melena *f.*

jubileu [ʒubi'lew] *m* **-1.** [indulgência] jubileo *m.* **-2.** [25 anos]: ~ **de prata** bodas *fpl* de plata.

júbilo ['ʒubilu] *m* júbilo *m.*

judaico, ca [ʒu'dajku, ka] *adj* judaico(ca), judío(a).

judaísmo [ʒuda'iʒmu] *m* judaísmo *m.*

judeu, dia [ʒu'dew, dʃia] ◇ *adj* judío(día). ◇ *m,f* judío *m,* -día *f.*

judicial [ʒudʃi'sjaw] (*pl* **-ais**) *adj* judicial.

judiciário, ria [ʒudʒi'sjarju, rja] *adj* judicial.

◆ **Judiciário** *m*: **o** ~ el Poder Judicial.

judicioso, osa [ʒudʒi'sjozu, ɔza] *adj* sensato(ta).

judô [ʒu'do] *m* judo *m.*

jugo ['ʒugu] *m*: **sob o** ~ **de** bajo el yugo de.

juiz, íza ['ʒwiʃ, iza] (*mpl* **-es,** *fpl* **-s**) *m, f* **-1.** *JUR* juez *m,* -za *f;* ~ **de paz** juez de paz. **-2.** *ESP* árbitro *mf,* juez *m,* -za *f Amér.*

juizado [ʒuj'zadu] *m* juzgado *m;* ~ **de menores** juzgado de menores.

juízo ['ʒwizu] *m* **-1.** [julgamento, sensatez] juicio *m;* **o Juízo Final** el Juicio Final; **perder o** ~ perder el juicio. **-2.** [conceito] opinión *f.* **-3.** *JUR* [foro] juzgado *m.*

jujuba [ʒu'ʒuba] *f* **-1.** *BOT* yuyuba *f,* jinjolero *m Méx.* **-2.** [bala] caramelo *m.*

jul. (*abrev de* **julho**) jul.

julgamento [ʒuwga'mẽntu] *m* **-1.** [juízo, audiência] juicio *m.* **-2.** [sentença] juicio *m,* sentencia *f Méx.*

jun. (*abrev de* **junho**) jun.

junto, ta ['ʒũntu, ta] *adv* [perto de]: ~ **de** junto a.

julgar [ʒuw'ga(x)] *vt* juzgar; ~ **algo/alguém por algo** juzgar algo/a alguien por algo.

◆ **julgar-se** *vp* [supor-se] juzgarse.

julho ['ʒuʎu] *m* julio *m; veja também* **setembro.**

jumento [ʒu'mẽntu] *m* jumento *m.*

junção [ʒũn'sãw] (*pl* **-ões**) *f* **-1.** [união] unión *f.* **-2.** [ponto] empalme *m.*

junco ['ʒũŋku] *m* junco *m.*

junho ['ʒuɲu] *m* junio *m; veja também* **setembro.**

júnior ['ʒunjo(x)] (*pl* **juniores**) ◇ *adj* júnior. ◇ *mf ESP* júnior *mf.*

junta ['ʒũnta] *f* **-1.** [comissão] junta *f.* **-2.** [articulação] juntura *f.* **-3.** [órgão]: ~ **comercial** cámara *f* de comercio.

juntar [ʒũn'ta(x)] ◇ *vt* juntar; ~ **algo (a algo)** juntar algo (a algo); ~ **alguém (a alguém)** juntar alguien (a alguien). ◇ *vi* [aglomerar-se] juntar-se. <> *vi* [economizar]: ~ **(para)** ahorrar (para).

◆ **juntar-se** *vp* [associar-se] juntarse; ~**-se com** juntarse con.

junto, ta ['ʒũntu, ta] <> *adj* junto(ta). <> *adv* junto.

◆ **junto a, junto de** *loc prep* junto a.

jura ['ʒura] *f* juramento *m*.

jurado, da [ʒu'radu, da] <> *adj* jurado(da). <> *m, f* jurado *m*, -da *f*.

juramento [ʒura'mẽntu] *m* juramento *m*.

jurar [ʒu'ra(x)] <> *vt* jurar; ~ **fazer algo** jurar hacer algo; ~ **que** jurar que. <> *vi* [prestar juramento]: ~ **(por/sobre)** jurar por.

júri ['ʒuri] *m* jurado *m*.

jurídico, ca [ʒu'ridʒiku, ka] *adj* jurídico(ca).

jurisdição [ʒuriʒdʒi'sãw] *f* jurisdicción *f*.

juros ['ʒuruʃ] *mpl* interés *m*; ~**s fixos/variáveis** interés fijo/variable.

justamente [ʒuʃta'mẽntʃi] *adv* justamente.

justapor [ʒuʃta'po(x)] *vt*: ~ **algo (a algo)** yuxtaponer algo (a algo).

◆ **justapor-se** *vp* yuxtaponerse.

justaposto, osta [ʒuʃta'poʃtu, ɔʃta] *pp* ▷ **justapor**.

justiça [ʒuʃ'tʃisa] *f* justicia *f*; **a Justiça** [poder judiciário] la Justicia; **com** ~ con justicia; **fazer** ~ hacer justicia; ~ **social** justicia social; **ir à** ~ acudir a la justicia.

justiceiro, ra [ʒuʃtʃi'sejru, ra] *adj* justiciero(ra).

justificação [ʒuʃtʃifika'sãw] (*pl* **-ões**) *f* justificación *f*.

justificar [ʒuʃtʃifi'ka(x)] *vt* justificar.

◆ **justificar-se** *vp* [explicar-se]: ~**-se por algo** justificarse por algo.

justo, ta ['ʒuʃtu, ta] <> *adj* justo(ta). <> *adv* justo.

juvenil [ʒuve'niw] (*pl* **-is**) <> *adj* juvenil. <> *m* ESP [campeonato] torneo *m* juvenil.

juventude [ʒuvẽn'tudʒi] *f* juventud *f*.

K

k, K [ka] *m* [letra] k, K *f*.

kafkiano, na [kaf'kjãnu, na] *adj* kafkiano(na).

karaokê [karaw'ke] *m* karaoke *m*.

kardecismo [kaxde'siʒmu] *m doctrina religiosa del francés Allan Kardec*.

kart ['kaxtʃi] *m* kart *m*.

kartódromo [kax'tɔdromu] *m* kartódromo *m*.

Kb (*abrev de* **kilobyte**) kb.

ketchup [kɛ'tʃupi] *m* ketchup *m*, catsup *f Méx*.

kg (*abrev de* **quilograma**) kg.

kit ['kitʃi] *m* kit *m*, juego *m*.

kitsch [kitʃi] *adj (inv)* kitsch.

kiwi ['kiwi] *m* [fruta] kiwi *m*.

kl (*abrev de* **quilolitro**) *m* kl.

km¹ (*abrev de* **kilômetro**) *m* km.

km² (*abrev de* **quilômetro quadrado**) *m* km^2.

km/h (*abrev de* **quilômetro por hora**) km/h.

know-how [now'haw] *m* know-how *m*.

KO [ke'ɔ] (*abrev de* **knock-out**) KO.

Kuwait [ku'ajtʃi] *n* **-1.** [país] Kuwait. **-2.** [cidade] Kuwait.

kW (*abrev de* **kilowatt**) kW.

L

l, L ['ɛli] *m* [letra] l, L *f*.

-la [la] *pron* la.

lá ['la] *adv* **-1.** [espaço] allá, allí; ~ **em casa** en casa; ~ **na Amazônia** en la Amazonia; **o hotel fica** ~ el hotel queda allá; **é** ~ **que eu quero morar** allí es que quiero vivir; ~ **é peri-**

goso por allá es peligroso; **há tempos que não vou ~** hace tiempo que no voy por allá; **daqui até ~ são 400 quilômetros** de aquí hasta allá son 400 kilómetros; **fui para ~ aos cinco anos** fui para allá a los cinco años; **decidiram ficar por ~** decidieron quedarse por allá; **~ vem o chefe** ahí viene el jefe; **abra a geladeira; tem bastante comida ~** abre la nevera, hay bastante comida ahí; **~ atrás/na frente** allá atrás/adelante; **~ dentro/fora** allá adentro afuera; **~ embaixo/em cima** allá *ou* abajo *ou* arriba; [indicando pavimento] allá; **~ longe** allá lejos; **~ onde Judas perdeu as botas** [muito longe] en el quinto pino ***Esp***, allá por donde el diablo perdió el poncho ***Amér***. **-2.** [tempo - futuro]: **até ~** hasta entonces; **até ~!** [despedida] ¡hasta entonces!; [- passado]: **de ~ para cá** desde entonces. **-3.** [aproximadamente]: **~ por** allá por; **~ pelos anos 20 houve uma terrível epidemia** allá por los años 20 hubo una epidemia terrible; **ela está ~ pelos 30, 35 anos** (ella) anda por los 30, 35 años; **vamos nos encontrar ~ pelas 11 da noite** nos vamos a encontrar a eso de las 11 de la noche; **mora ~ pelas bandas do subúrbio** vive allá por los suburbios; **desistiu ~ pela décima tentativa** se dio por vencido allá por el décimo intento. **-4.** ***fam*** **: sei ~!** ¡yo qué sé!; **isso ~ é possível?** ¿y eso acaso es posible?; **e eu ~ tenho tempo de ir à praia?** ¿y acaso yo tengo tiempo para ir a la playa? **-5.** ***fam*** [ênfase]: **diga ~, como foram as férias?** y qué tal, ¿cómo estuvieron las vacaciones?; **vê ~ se não vai tomar prejuízo!** ¡ojo! que no vayas a salir perjudicado; **~ vou eu, começar tudo outra vez** ahí voy, a empezar todo otra vez. **-6.** ***loc*****: não ser ~ essas coisas** no ser nada del otro mundo.

◆ **para lá de** <> *loc prep* [mais de que] más de. <> *loc adv* ***fam*** [demasiadamente] impresionantemente.

lã ['lã] *f* lana *f*; **de pura ~** de pura lana.

labareda [laba'reda] *f* llamarada *f*.

lábia ['labja] *f* [conversa] labia *f*; **ter ~** tener labia.

labial [la'bjaw] (*pl* **-ais**) *adj* labial.

lábio ['labju] *m* labio *m*.

labirinto [labi'rĩntu] *m* laberinto *m*.

laboratorial [laborato'riaw] (*pl* **-ais**) *adj* de laboratorio.

laboratório [labora'tɔrju] *m* laboratorio *m*.

labuta [la'buta] *f* labor *f*.

laca ['laka] *f* laca *f*, fijador *m* ***Amér***.

laçar [la'sa(x)] *vt* [animal] lazar, lacear ***CSur***.

laço ['lasu] *m* **-1.** [nó] lazo *m*, moña *f* ***RP***; **dar um ~ em algo** hacer un lazo *ou* moña ***RP*** en algo. **-2.** [para laçar animais, vínculo] lazo *m*; **~s de família** lazos familiares.

lacônico, ca [la'koniku, ka] *adj* lacónico(ca).

lacrar [la'kra(x)] *vt* lacrar.

lacre ['lakri] *m* lacre *m*.

lacrimejar [lakrime'ʒa(x)] *vi* lagrimear.

lacrimogêneo, nea [lakrimo'ʒenju, nja] *adj* ⊳ **gás**.

lactação [lakta'sãw] (*pl* **-ões**) *f* [amamentação] lactancia *f*.

lácteo, tea ['laktʃju, tʃja] *adj* **-1.** [produto] lácteo(a). **-2.** ⊳ **via**.

lactose [lak'tɔzi] *f* lactosa *f*.

lacuna [la'kuna] *f* laguna *f*.

ladeira [la'dejra] *f* **-1.** [rampa] cuesta *f*. **-2.** [rua íngreme] ladera *f*.

lado ['ladu] *m* **-1.** [ger] lado *m*; **do ~ avesso** del revés. **-2.** [direção, local]: **de todos os ~s** de todos los lados; **de um ~ para outro** de un lado a otro, de un lado para otro ***Amér***; **do ~ de fora** por fuera. **-3.** [facção, partido]: **estar do ~ de alguém** estar del lado de alguien. **-4.** [aspecto, feição]: **por um ~ ... por outro ~** por un lado ... por otro lado.

◆ **ao lado** *loc adv* al lado.

◆ **ao lado de** *loc prep* al lado de.

◆ **de lado** *loc adv* [sentar, andar] de lado, de costado ***RP***; **deixar algo de ~** dejar algo a un lado, dejar algo de lado ***RP***.

ladrão, ladra [la'drãw, 'ladra] (*mpl* **-ões**, *fpl* **-s**) <> *adj*: **una empregada ladra** una empleada que roba; **aquele vendedor ~ queria vender ...** ese vendedor ladrón quería vender ... <> *m, f* **-1.** [gatuno] ladrón *m*, -ona *f*; **~ de loja** ladrón de tienda. **-2.** [tratante] ladrón *m*, -ona *f*, estafador *m*, -ra *f*.

◆ **ladrão** *m* [tubo] desagüe *m*.

ladrar [la'dra(x)] *vi* ladrar.

ladrilho [la'driʎu] *m* baldosa *f*.
ladrões [la'drõjʃ] *pl* ▻ **ladrão**.
lagarta [la'gaxta] *f* ZOOL oruga *f*.
lagartixa [lagax'tʃiʃa] *f* lagartija *f*.
lagarto [la'gaxtu] *m* **-1.** ZOOL lagarto *m*. **-2.** [carne] *carne dura de bovino*.
lago ['lagu] *m* **-1.** [ger] lago *m*. **-2.** *fig* [poça] lago *m*, jagüey *m* **Méx**.
lagoa [la'goa] *f* laguna *f*.
lagosta [la'goʃta] *f* langosta *f*.
lagostim [lagoʃ'tʃĩ] (*pl* **-ns**) *m* langostino *m*.
lágrima ['lagrima] *f* lágrima *f*.
laguna [la'guna] *f* laguna *f*.
laje ['laʒi] *f* **-1.** [pedra] losa *f*, laja *f* **RP**. **-2.** CONSTR cubrimiento *m* de losa.
lajota [la'ʒɔta] *f* baldosa *f*, loseta *f* **Méx**.
lama ['lãma] *f* **-1.** [mistura pastosa] barro *m*, fango *m*. **-2.** [lodo] barro *m*, lodo *m*. **-3.** *fig* [má situação]: **tirar alguém da ~** sacar a alguien del fango *ou* lodo **Méx**.
lamaçal [lama'saw] (*pl* **-ais**), **lamaceiro** [lama'sejru] *m* barrizal *m*, lodazal *m*, barrial *m* **RP**.
lamacento, ta [lama'sẽntu, ta] *adj* embarrado(da), enlodado(da).
lambada [lãn'bada] *f* **-1.** [golpe] paliza *f*. **-2.** *fig* [descompostura] reprimenda *f*. **-3.** [dança] lambada *f*.
lamber [lãn'be(x)] *vt* lamer.
lambida [lãn'bida] *f* lamida *f*; **dar uma ~ em algo** dar una lamida a algo.
lambido, da [lãn'bidu, da] *adj* **-1.** [cara] sin maquillaje, lamido(da) **Amér**. **-2.** [cabelo] lamido(da).
lambiscar [lãnbiʃ'ka(x)] ◇ *vt* picotear. ◇ *vi* picotear.
lambuja [lãn'buʒa] *f* [vantagem] ventaja *f*.
lambuzar [lãnbu'za(x)] *vt*: **~ alguém/algo (de algo)** embadurnar algo/a alguien (de algo).
lamentar [lamẽn'ta(x)] *vt* lamentar; **lamento muito, mas ~ ...** lo lamento mucho, pero ...
◆ **lamentar-se** *vp*: **~-se (de algo)** [lastimar-se] lamentarse (de algo).
lamentável [lamẽn'tavɛw] (*pl* **-eis**) *adj* lamentable.
lamento [la'mẽntu] *m* lamento *m*.
lâmina ['lãmina] *f* **-1.** [ger] hoja *f*. **-2.** [chapa, de vidro] lámina *f*.
lâmpada ['lãnpada] *f* **-1.** [bulbo] bombilla *f* **Esp**, lámpara *f* **Méx**, lamparita *f* **RP**; **~ (elétrica)** bombilla **Esp** *ou* lamparita **RP** (eléctrica), lámpara **Méx**; **~ fluorescente** lámpara fluorescente. **-2.** [aparelho] lámpara *f*; **~ de mesa** lámpara de mesa.
lamparina [lãnpa'rina] *f* [aparelho] lamparilla *f*.
lampião [lãn'pjãw] (*pl* **-ões**) *m* farol *m*.
lamuriar-se [lamu'rjaxsi] *vp*: **~ (de algo)** quejarse (de algo).
LAN (*abrev de* **Local Area Network**) LAN *f*.
lança ['lãnsa] *f* lanza *f*.
lançamento [lãnsa'mẽntu] *m* **-1.** [ger] lanzamiento *m*. **-2.** ESP: **~ de dardos** lanzamiento *m* de javalina; **~ de disco** lanzamiento de disco; **novo ~** [livro] nuevo lanzamiento. **-3.** [escrituração] asiento *m*. **-4.** [de impostos] fijación *f*.
lançar [lãn'sa(x)] *vt* **-1.** [ger] lanzar. **-2.** [escriturar] asentar. **-3.** [impostos] fijar.
◆ **lançar-se** *vp* **-1.** [atirar-se] lanzarse, tirarse. **-2.** [iniciar-se]: **~-se (em algo)** lanzarse (a algo); **~-se como algo** lanzarse como algo.
lance ['lãnsi] *m* **-1.** [episódio, passagem] momento *m*. **-2.** [fato] cosa *f*. **-3.** [em leilão] puja *f*. **-4.** [no jogo - aposta] apuesta *f*; [- jogada] jugada *f*. **-5.** [de escada] tramo *m*. **-6.** [de casas] hilera *f*. **-7.** [rasgo] momento *m*, ataque *m*.
lancha ['lãnʃa] *f* **-1.** NÁUT lancha *f*. **-2.** *fam* [pé] pie *m* enorme. **-3.** *fam* [calçado]: **este sapato está uma ~** este zapato me viene gigantesco, este zapato me queda como una canoa **RP**.
lanchar [lãn'ʃa(x)] ◇ *vt* merendar, lonchear **Méx**. ◇ *vi* merendar, lonchear **Méx**.
lanche ['lãnʃi] *m* [refeição ligeira] merienda *f*, lonche *m* **Méx**.
lanchonete [lãnʃo'nɛtʃi] *f* *bar o panadería donde se preparan comidas rápidas*, lonchería *f* **Méx**.
lancinante [lãnsi'nãntʃi] *adj* desgarrador(ra).
languidez [lãŋgi'deʒ] *f* [debilitação] languidez *f*.
lânguido, da ['lãŋgidu, da] *adj* **-1.** [debilitado] lánguido(da). **-2.** [sensual] sensual.
lanterna [lãn'tɛxna] *f* **-1.** [aparelho] farol *m*, linterna *f*; **~ elétrica** linterna eléctrica. **-2.** AUTO faro *m*, luz *f*.
lapão, pã [la'pãw, pã] ◇ *adj* lapón(ona). ◇ *m, f* [pessoa] lapón *m*, -ona *f*.

◆ **lapão** *m* [língua] lapón *m*.
La Paz [la'paʃ] *n* La Paz.
lapela [la'pɛla] *f* solapa *f*.
lapidar [lapi'da(x)] *vt* **-1.** [pedra preciosa] lapidar. **-2.** *fig* [aperfeiçoar] pulir.
lápide ['lapidʒi] *f* lápida *f*.
lápis ['lapiʃ] *m inv* lápiz *m*; ~ **de cera** cera *f*, crayón *m* ***Méx***, crayola *f* ***RP***; ~ **de cor** lápiz de color; ~ **de olho** lápiz de ojos.
lapiseira [lapi'zejra] *f* portaminas *m inv* ***Amér***.
Lapônia [la'ponja] *n* Laponia.
lapso ['lapsu] *m* lapsus *m*.
laquê [la'ke] *m* fijador *m*, laca *f*.
lar ['la(x)] (*pl* **-es**) *m* hogar *m*.
laranja [la'rãnʒa] ◇ *f* [fruta] naranja *f*. ◇ *m* **-1.** [cor] naranja *m*, anaranjado *m* ***Amér***. **-2.** *fam* [testa-de-ferro] testaferro *m*, prestanombres *m inv* ***Méx***. ◇ *adj (inv)* [cor] naranja, anaranjado(da) ***Amér***.
laranjada [larãn'ʒada] *f* naranjada *f*.
laranjal [larãn'ʒaw] (*pl* **-ais**) *m* naranjal *m*.
laranja-lima [la,rãnʒa'lima] (*pl* **laranjas-lima**) *f variedad de fruta que se obtiene del injerto de la naranja y de la lima*, naranja-lima *f* ***Méx***.
laranja-pêra [la,rãnʒa'pera] (*pl* **laranjas-pêra**) *f* naranja *f* para zumo jugo ***Amér***, naranja *f* valenciana ***Méx***.
laranjeira [larãn'ʒejra] *f* naranjo *m*.
lareira [la'rejra] *f* hogar *m*.
largada [lax'gada] *f* [em corrida] salida *f*, largada *f* ***Amér***; **dar a** ~ dar la salida *ou* largada ***Amér***.
largado, da [lax'gadu, da] *adj* abandonado(da).
largar [lax'ga(x)] ◇ *vt* **-1.** [soltar, deixar cair] soltar. **-2.** [afastar-se, deixar em paz, abandonar] dejar. **-3.** *fam* [dar]: ~ **a mão em alguém** soltar un sopapo a alguien, dar un guamazo a alguien ***Méx***. ◇ *vi* **-1.** [deixar]: **largue de bobagem** déjese de tonterías; **largue de ser bobo** déjese de hacer el bobo. **-2.** NÁUT zarpar.
◆ **largar-se** *vp* **-1.** [desprender-se] soltarse. **-2.** [ir] irse.
largo, ga ['laxgu, ga] *adj* **-1.** [grande de lado a lado] ancho(cha). **-2.** [folgado] holgado(da), flojo(ja) ***Méx***. **-3.** *(antes de subst)* [extenso] amplio(plia). **-4.** *(antes de subst)* [prolongado] largo(ga). **-5.** *(antes de subst)* [abundante] abundante.
◆ **largo** *m* [praça] plaza *f*.
◆ **ao largo** *loc adv*: **passar ao** ~ **(de)** pasar a distancia (de); **avistar algo ao** ~ avistar algo a lo lejos.
largura [lax'gura] *f* ancho *m*; **tem 3 metros de** ~ mide tres metros de ancho.
larica [la'rika] *f fam* [fome] hambre *m*, gusa *f* ***Esp***.
laringe [la'rĩnʒi] *f* laringe *f*.
laringite [larĩn'ʒitʃi] *f* laringitis *f inv*.
larva ['laxva] *f* larva *f*.
lasanha [la'zãɲa] *f* lasaña *f*.
lascivo, va [la'sivu, va] *adj* lascivo(va).
laser ['lejze(x)] (*pl* **-es**) ◇ *adj (inv)* ▷ raio. ◇ *m (inv)* láser *m*.
lástima ['laʃtʃima] *f* **-1.** [pessoa, coisa]: **ser/estar uma** ~ ser un desastre. **-2.** [pena]: **é uma** ~ **(que)** es una lástima (que); **que** ~**!** ¡qué lástima!
lastimar [laʃtʃi'ma(x)] *vt* **-1.** [lamentar] lamentar. **-2.** [ter pena de] sentir pena por.
◆ **lastimar-se** *vp* [lamentar-se]: ~**-se (de algo)** lamentarse (de algo).
lastimável [laʃtʃi'mavɛw] (*pl* **-eis**) *adj* **-1.** [lamentável] lastimoso(sa). **-2.** [deplorável] lamentable.
lata ['lata] *f* **-1.** [ger] lata *f*. **-2.** [recipiente]: ~ **de conserva** lata de conserva; ~ **de lixo** cubo *m* de la basura ***Esp***, bote *m* de la basura ***Méx***, tacho *m* de la basura ***RP***; **na** ~ *fam* directamente.
latão [la'tãw] (*pl* **-ões**) *m* [material] latón *m*.
lataria [lata'ria] *f* **-1.** AUTO chapa *f*. **-2.** [latas] latas *fpl*.
latejar [late'ʒa(x)] *vi* palpitar.
latente [la'tẽntʃi] *adj* latente.
lateral [late'raw] (*pl* **-ais**) ◇ *adj* lateral. ◇ *m* FUT lateral *m*. ◇ *f* ESP [linha] banda *f*.
látex ['latɛks] *m inv* látex *m inv*.
latido [la'tʃidu] *m* ladrido *m*.
latifundiário, ria [latʃifũn'dʒjarju, rja] ◇ *adj* latifundista. ◇ *m, f* latifundista *mf*.
latifúndio [latʃi'fũndʒju] *m* latifundio *m*.
latim [la'tʃĩ] *m* latín *m*; **gastar o seu** ~ perder el tiempo.
latino, na [la'tʃinu, na] ◇ *adj* latino (na). ◇ *m, f* latino *m*, -na *f*.
latino-americano, latino-americana [la,tʃinwameri'kãnu, na] ◇ *adj* latinoamericano(na). ◇ *m, f* latinoamericano *m*, -na *f*.
latir [la'tʃi(x)] *vi* ladrar.

latitude [latʃi'tudʒi] *f* **-1.** GEOGR latitud *f*. **-2.** [amplitude] amplitud *f*. **-3.** [liberdade de ação] libertad *f*.

latrocínio [latro'sinju] *m* latrocinio *m*.

laudo ['lawdu] *m* **-1.** [parecer] informe *m*, laudo *m* ***Méx***. **-2.** [documento] informe *m*.

lava ['lava] *f* lava *f*.

lavabo [la'vabu] *m* **-1.** [pia] lavamanos *m*. **-2.** [local] lavabo *m*, toilette *m* ***Amér***.

lavadeira [lava'dejra] *f* **-1.** [trabalhadora] lavandera *f*. **-2.** [libélula] libélula *f*.

lavadora [lava'dora] *f* lavadora *f*, lavarropas *mpl* ***RP***.

lavagem [la'vaʒẽ] (*pl* **-ns**) *f* **-1.** [limpeza] lavado *m*; ~ **a seco** lavado OU limpieza *f* en seco; ~ **cerebral** PSIC lavado de cerebro; ~ **de dinheiro** FIN lavado *m* OU blanqueo *m* de dinero. **-2.** MED lavado *m*, lavaje *m* ***RP***. **-3.** ***fam*** ESP: **dar uma ~ num time** dar una paliza a un equipo. **-4.** [comida de porcos] comida *f* para cerdos.

lavanda [la'vãnda] *f* **-1.** [ger] lavanda *f*. **-2.** [recipiente com água] lavamanos *m inv*.

lavanderia [lavãnde'ria] *f* **-1.** [estabelecimento] lavandería *f*. **-2.** [dependência] lavadero *m*.

lavar [la'va(x)] *vt* lavar.

◆ **lavar-se** *vp* lavarse.

lavatório [lava'tɔrju] *m* **-1.** [pia] lavamanos *m inv*, lavatorio *m* ***Amér***, pileta *f* ***RP***. **-2.** [toalete] lavabo *m*, toilette *m* ***Amér***.

lavoura [la'vora] *f* **-1.** [cultivo] labranza *f*. **-2.** [terreno] campo *m*.

lavrador, ra [lavra'do(x), ra] (*mpl* **-es**, *fpl* **-s**) *m, f* labrador *m*, -ra *f*.

laxante [la'ʃãntʃi] ◇ *adj* laxante. ◇ *m* laxante *m*.

lazer [la'ze(x)] *m* **-1.** [descanso] ocio *m*. **-2.** [tempo de folga] tiempo *m* libre, rato *m* de ocio.

LBV (*abrev de* **Legião da Boa Vontade**) *f organización benéfica civil que presta ayuda a personas sin recursos.*

leal [le'aw] (*pl* **-ais**) *adj* leal.

lealdade [leaw'dadʒi] *f* lealtad *f*.

leão [le'ãw] (*pl* **-ões**) *m, f* león *m*, -ona *f*.

◆ **Leão** *m* **-1.** ASTRO leo *m*. **-2.** ***fig*** [fisco]: **o Leão** el fisco.

leasing ['lisĩŋ] *m* ECON leasing *m*.

lebre ['lɛbri] *f* liebre *f*.

lecionar [lesjo'na(x)] ◇ *vt* dar OU dictar ***Amér*** clases de. ◇ *vi* dar OU dictar ***Amér*** clases.

legado [le'gadu] *m* **-1.** [herança] legado *m*. **-2.** [enviado] legado *m*, enviado *m*.

legal [le'gaw] (*pl* **-ais**) ◇ *adj* **-1.** JUR legal. **-2.** ***fam*** [bom, bonito] estupendo(da) ***Esp***, sensacional ***Méx***, bárbaro(ra) ***RP***. **-3.** [hora] oficial. ◇ *adv* ***fam*** [bem] bien.

legalidade [legali'dadʒi] *f* legalidad *f*.

legalizar [legali'za(x)] *vt* legalizar.

legar [le'ga(x)] *vt* legar.

legenda [le'ʒẽnda] *f* **-1.** [em foto, desenho *etc*] leyenda *f*. **-2.** CINE subtítulo *m*. **-3.** POL lema *m*.

legendado, da [leʒẽn'dadu, da] *adj* **-1.** [filme] subtitulado(da). **-2.** [fotos] con pies.

legendar [le'ʒẽnda(x)] *vt* **-1.** [filme] subtitular. **-2.** [fotos] poner pies a.

legendário, ria [leʒẽn'darju, rja] *adj* legendario(ria).

legião [le'ʒjãw] (*pl* **-ões**) *f* [de fãs, leitores] legión *f*.

legislação [leʒiʒla'sãw] (*pl* **-ões**) *f* legislación *f*.

legislador, ra [leʒiʒla'do(x), ra] *m, f* legislador *m*, -ra *f*.

legislativo, va [leʒiʒla'tʃivu, va] *adj* legislativo(va).

◆ **Legislativo** *m*: **o Legislativo** el Legislativo.

legislatura [leʒiʒla'tura] *f* legislatura *f*.

legitimar [leʒitʃi'ma(x)] *vt* [legalizar] legitimar.

legítimo, ma [le'ʒitʃimu, ma] *adj* legítimo(ma); **em legítima defesa** en legítima defensa.

legível [le'ʒivɛw] (*pl* **-eis**) *adj* legible.

légua ['lɛgwa] *f* [medida] legua *f*.

◆ **léguas** *fpl* ***fig*** [grande distância] kilómetros *mpl*.

legume [le'gume] *m* legumbre *f*, verdura *f* ***RP***.

leguminosa [legumi'nɔza] *f* BOT leguminosa *f*.

◆ **leguminosas** *fpl* BOT leguminosas *fpl*.

lei ['lej] *f* ley *f*; ~ **da oferta e da procura** ley de la oferta y la demanda; **prata de ~** plata *f* de ley.

leigo, ga ['lejgu, ga] ◇ *adj* **-1.** RELIG laico(ca). **-2.** ***fig*** [imperito]: **ser ~ em algo** ser lego en algo. ◇ *m, f* [pessoa imperita] lego *m*, -ga *f*.

leilão [lej'lãw] (*pl* **-ões**) *m* subasta *f*, remate *m RP*.

leiloar [lej'lwa(x)] *vt* subastar, rematar *RP*.

leiloeiro, ra [lej'lwejru, ra] *m, f* subastador *m*, -ra *f*, rematador *m*, -ra *f RP*.

leitão [lej'tãw] (*pl* **-ões**) *m, f* lechón *m*.

leite ['lejtʃi] *m* leche *f*; **~ em pó** leche en polvo; **~ de coco** leche de coco; **~ condensado** leche condensada; **~ desnatado** *ou* **magro** leche descremada; **~ integral** leche entera; **~ de magnésia** leche de magnesia; **~ de soja** leche de soja.

leiteiro, ra [lej'tejru, ra] <> *adj* [que produz leite] lechero(ra). <> *m, f* [pessoa] lechero *m*, -ra *f*.
◆ **leiteira** *f* lechera *f*.

leito ['lejtu] *m* **-1.** [cama] cama *f*. **-2.** [de rio] lecho *m*. **-3.** [de estrada] calzada *f*.

leitões [lej'tõjʃ] *pl* ▷ **leitão**.

leitor, ra [lej'to(x), ra] (*mpl* **-es**, *fpl* **-s**) *m, f* lector *m*, -ra *f*.

leitura [lej'tura] *f* lectura *f*.

lema ['lema] *m* lema *m*.

lembrança [lẽn'brãnsa] *f* **-1.** [recordação] recuerdo *m*. **-2.** [presente] regalo *m*, atención *f RP*.
◆ **lembranças** *fpl* [cumprimentos] saludos *mpl*.

lembrar [lẽn'bra(x)] <> *vt* **-1.** [recordar] recordar, acordarse de. **-2.** [parecer] parecerse a. **-3.** [trazer à memória]: **~ algo a alguém** recordar algo a alguien, hacer acordar de algo a alguien *RP*. <> *vi* **-1.** [recordar]: **~ (de alguém/algo)** acordarse (de alguien/algo). **-2.** [advertir]: **~ a alguém de algo/de fazer algo** recordar a alguien algo/hacer algo, hacer acordar a alguien de algo/hacer algo *RP*; **~ a alguém (de) que** recordar a alguien que.
◆ **lembrar-se** *vp*: **~-se (de alguém/algo)** acordarse (de alguien/algo); **~-se (de) que** acordarse de que.

lembrete [lẽn'bretʃi] *m* nota *f*.

leme ['lemi] *m* **-1.** [dispositivo, controle] timón *m*. **-2.** [timão] mando *m*.

lenço ['lẽnsu] *m* **-1.** [para limpar] pañuelo *m*; **~ de papel** pañuelo de papel. **-2.** [de cabeça, pescoço] pañuelo *m*, paliacate *m Méx*.

lençol [lẽn'sɔw] (*pl* **-óis**) *m* sábana *f*; **~ d'água** manto *m* de agua; **estar em maus lençóis** *fig* estar con el agua al cuello.

lenda ['lẽnda] *f* **-1.** [história] leyenda *f*. **-2.** *fig* [mentira] leyenda *f*, historia *f RP*.

lendário, ria [lẽn'darju, rja] *adj* legendario(ria).

lenha ['leɲa] *f* [para queimar] leña *f*; **botar ~ na fogueira** *fig* echar leña al fuego.

lenhador [leɲa'do(x)] *m* leñador *m*.

lente ['lẽntʃi] *f* lente *f Esp*, lente *m Amér*; **~ de aumento** lente de aumento; **~s de contato** lentes de contacto, lentillas *fpl Esp*.

lentidão [lẽntʃi'dãw] *f* lentitud *f*.

lentilha [lẽn'tʃiʎa] *f* lenteja *f*.

lento, ta ['lẽntu, ta] *adj* lento(ta).

leões [le'õjʃ] *pl* ▷ **leão**.

leonino, na [lew'ninu, na] <> *adj* **-1.** [caráter, contrato] leonino(na). **-2.** *ASTRO* Leo. <> *m, f ASTRO* Leo *mf*.

leopardo [ljo'paxdu] *m* leopardo *m*.

lépido, da ['lɛpidu, da] *adj* **-1.** [ágil] ágil. **-2.** [contente] risueño(ña).

lepra ['lɛpra] *f* lepra *f*.

leprosário [lepro'zarju] *m* leprosería *f*.

leproso, osa [le'prozu, ɔza] <> *adj* [pessoa, ferida] leproso(sa). <> *m, f* [pessoa] leproso *m*, -sa *f*.

leque ['lɛki] *m* **-1.** [abano] abanico *m*. **-2.** *fig* [conjunto]: **um ~ de** un abanico de.

ler ['le(x)] <> *vt* leer. <> *vi* leer.

lerdo, da ['lɛxdu, da] *adj* **-1.** [vagaroso] lento(ta). **-2.** [idiota] estúpido(da), tonto(ta).

lesado, da [le'zadu, da] *adj* [ferido] lesionado(da).

lesão [le'zãw] (*pl* **-ões**) *f* **-1.** *MED* lesión *f*; **~ corporal** lesión corporal. **-2.** *JUR* [violação] violación *f*.

lesar [le'za(x)] *vt* **-1.** *fig* [prejudicar, enganar] perjudicar. **-2.** *JUR* [violar] violar.

lésbico, ca ['lɛʒbiku, ka] *adj* lésbico(ca).
◆ **lésbica** *f* lesbiana *f*.

lesma ['leʒma] *f* **-1.** [animal] babosa *f*. **-2.** *fig* [pessoa] tortuga *f*.

leste ['lɛʃtʃi] <> *m inv* [direção, região] este *m*; **a ~ (de)** al este (de); **para ~** hacia el este. <> *adj (inv)* este.

letal [le'taw] (*pl* **-ais**) *adj* letal.

letargia [letax'ʒia] *f* **-1.** *MED* letargo *m*. **-2.** *fig* [apatia] apatía *f*.

letárgico, ca [le'taxʒiku, ka] *adj* letárgico(ca).

letivo, va [le'tʃivu, va] *adj* lectivo(va);

ano ~ año lectivo.

Letônia [le'tonja] *n* Letonia.

letra ['letra] *f* letra *f*; ~ **maiúscula/minúscula** letra mayúscula/minúscula; ~ **de mão** letra escrita a mano, letra manuscrita; ~ **de câmbio** *COM* letra de cambio.

◆ **letras** *fpl* letras *fpl*.

◆ **à letra, ao pé da letra** *loc adv* al pie de la letra.

letrado, da [le'tradu, da] *adj* letrado (da).

letreiro [le'trejru] *m* letrero *m*.

léu ['lɛw] ◆ **ao léu** *loc adv* **-1.** [à toa] sin rumbo fijo. **-2.** [à mostra] al aire.

leucemia [lewse'mia] *f* leucemia *f*.

levado, da [le'vadu, da] *adj*: ~ **(da breca)** travieso(sa).

levantador, ra [levãnta'do(x), ra] *m, f* *ESP*: ~ **de pesos** levantador *m*, -ra *f* de pesos.

levantamento [levãnta'mẽntu] *m* **-1.** [pesquisa] recolección *f*, relevamiento *m RP*. **-2.** [inventário] inventario *m*, relevamiento *m RP*. **-3.** *ESP*: ~ **de pesos** levantamiento *m* de pesos.

levantar [levãn'ta(x)] ◇ *vt* **-1.** [ger] levantar; ~ **vôo** levantar el vuelo. **-2.** [tornar mais alto] subir. **-3.** [coletar] recolectar, relevar *RP*. **-4.** [inventariar] inventariar, relevar *RP*. **-5.** [provocar] provocar. **-6.** [aventar] plantear. **-7.** [arrecadar] recaudar. ◇ *vi* **-1.** [ficar de pé] levantarse. **-2.** [sair da cama] levantarse, pararse *Ven*. **-3.** [avivar] animar, levantar *RP*.

◆ **levantar-se** *vp* **-1.** [ficar de pé] levantarse. **-2.** [sair da cama] levantarse, pararse *Ven*.

levante [le'vãntʃi] *m* **-1.** [revolta] levantamiento *m*. **-2.** [leste] levante *m*.

levar [le'va(x)] *vt* **-1.** [ger] llevar; ~ **adiante** sacar adelante; ~ **a cabo** llevar a cabo; ~ **alguém a algo/a fazer algo** llevar a alguien a algo/a hacer algo; **deixar-se** ~ **por algo** dejarse llevar por algo. **-2.** [retirar] quitar, retirar, sacar *RP*. **-3.** [lidar com] tratar. **-4.** [consumir] tardar, demorar *RP*; **leva tanto tempo!** ¡lleva mucho tiempo! **-5.** [susto, surra, bronca] llevarse. **-6.** [roubar] llevarse.

leve ['lɛvi] *adj* **-1.** [de pouco peso] liviano(na). **-2.** [suave] suave; **de** ~ suavemente, apenas *RP*. **-3.** [tecido, roupa, comida] ligero(ra), liviano(na) *RP*. **-4.** [superficial] leve.

levedo [le'vedu] *m*, **levedura** *f* [leve'dura] levadura *f*.

leviandade [levjãn'dadʒi] *f* **-1.** [imprudência] imprudencia *f*. **-2.** [falta de seriedade] inconsciencia *f*.

leviano, na [le'vjanu, na] *adj* **-1.** [imprudente] imprudente. **-2.** [sem seriedade] irreflexivo(va).

léxico, ca ['lɛksiku, ka] *adj* [análise, família] léxico(ca).

◆ **léxico** *m* [vocabulário] léxico *m*.

lexicógrafo, fa [leksi'kɔgrafu, fa] *m, f* lexicógrafo *m*, -fa *f*.

lexicólogo, ga [leksi'kɔlogu, ga] *m* lexicólogo *m*, -ga *f*.

lhama ['ʎãma] *m ou f* llama *f*.

lhe [ʎi] (*pl* **lhes**) *pron pess* **-1.** [a ele, ela] le; **dei-**~ **um presente** le di un regalo; **Maria** ~ **contou um segredo** Maria le contó un secreto; **acertaram-**~ **um tiro** le pegaron un tiro; **isto lhes custou caro** eso les costó caro ; [a você] te; **telefonei-**~ **ontem** te llamé por teléfono ayer; **o que** ~ **aconteceu?** ¿qué te pasó?; **ouçam bem o que lhes digo!** ¡escuchen bien lo que les digo! **-2.** [indicando posse - dele, dela] le; **roubaram-**~ **o carro** le robaron el coche/carro *Andes, CAm, Caribe & Méx ou* auto *RP*; **ardia-lhes a vista** les ardían los ojos; [- de você] te; **beijei-**~ **as faces** te besé las mejillas; **não lhes pesa a consciência?** ¿no les pesa la conciencia? **-3.** [para enfatizar - a ele, ela] le; **não sei como você agüenta as confusões que a namorada** ~ **apronta** no sé cómo aguanta los líos que le arma la novia; [- a você] te; **não sei como você agüenta as confusões que sua namorada** ~ **apronta** no sé cómo aguantas *ou* aguantás *RP* los líos que te arma tu novia.

Líbano ['libanu] *n*: **o** ~ el Líbano.

libelo [li'bɛlu] *m* **-1.** [escrito] escrito *m* infamatorio, libelo *m*. **-2.** [oral] difamación *f*. **-3.** *JUR* libelo *m*, certificado *m Méx*.

libélula [li'bɛlula] *f* libélula *f*.

liberação [libera'sãw] *f* **-1.** [dispensa] permiso *m*. **-2.** [de cheque, costumes, da mulher] liberación *f*. **-3.** [de preços, câmbio, regulamentação] liberalización *f*.

liberal [libe'raw] (*pl* **-ais**) ◇ *adj* liberal. ◇ *mf POL* liberal *mf*.

liberar [libe'ra(x)] *vt* **-1.** [dispensar] conceder un permiso a; **ela foi liberada mais cedo do emprego** la dejaron salir antes del trabajo. **-2.** [pessoa, cheque] liberar. **-3.** [mercadoria, preço, câmbio] liberalizar. **-4.** [aborto] legalizar.

liberdade [libex'dadʒi] *f* libertad *f*; **estar/pôr em ~** estar/poner en libertad; **ter ~ para fazer algo** tener libertad para hacer algo; **tomar a ~ de fazer algo** tomarse la libertad de hacer algo; **~ condicional** libertad condicional; **~ de expressão/de opinião** libertad de expresión/de opinión; **~ sob fiança** libertad bajo fianza.

Libéria [li'bɛrja] *n* Liberia.

líbero ['liberu] *m FUT* líbero *m*.

libertação [libex'tasãw] (*pl* **-ões**) *f* liberación *f*.

libertar [libex'ta(x)] *vt* [tornar livre] libertar.

libertino, na [libex'tʃinu, na] ◇ *adj* libertino(na). ◇ *m, f* libertino *m*, -na *f*.

Líbia ['libja] *n* Libia.

libido [li'bidu] *f* libido *f*.

libra ['libra] *f* libra *f*; **~ (esterlina)** libra (esterlina).

◆ **Libra** *m ASTRO* libra *m*.

libreto [li'bretu] *m* libreto *m*.

lição [li'sãw] (*pl* **-ões**) *f* **-1.** [ger] lección *f*. **-2.** *fig* [repreensão]: **dar uma ~ em alguém** echar una bronca a alguien, retar a alguien *RP*.

licença [li'sẽnsa] *f* **-1.** [permissão, documento] permiso *m*; **dar ~ a alguém (para fazer algo)** dar permiso a alguien (para hacer algo); **com ~** perdón. **-2.** [de trabalho] permiso *m*, licencia *f Amér*; **estar de ~** estar de baja, estar de licencia *Amér*.

licença-maternidade [li'sẽnsa'matexni'dadʒi] (*pl* **licenças-maternidade**) *f* baja *f* por maternidad.

licenciado, da [lisẽn'sjadu, da] ◇ *adj* **-1.** *UNIV* licenciado(da). **-2.** [do trabalho] con la baja, de licencia *Amér*. ◇ *m, f UNIV* licenciado *m*, -da *f*.

licenciar [lisẽn'sja(x)] *vt* [do trabalho] dar la baja a, dar licencia a *Méx* & *RP*.

◆ **licenciar-se** *vp* **-1.** *UNIV*: **~-se (em algo)** licenciarse (en algo). **-2.** [do trabalho] obtener un permiso, sacar licencia *RP*.

licenciatura [lisẽnsja'tura] *f* licenciatura *f*.

linchamento [lĩnʃa'mẽntu] *m* linchamiento *m*.

licitação [lisita'sãw] (*pl* **-ões**) *f* **-1.** [em leilão] oferta *f*. **-2.** [concorrência] licitación *f*.

lícito, ta ['lisitu, ta] *adj* lícito(ta).

lições [li'sõiʃ] *pl* ▷ **lição**.

licor [li'ko(x)] (*pl* **-es**) *m* licor *m*.

lidar [li'da(x)] *vi*: **~ com alguém/algo** [conviver com] tratar con alguien/algo; [tratar] lidiar con alguien/algo; [trabalhar com] trabajar con alguien/algo.

líder ['lide(x)] (*pl* **-es**) *mf* líder *mf*.

liderança [lide'rãnsa] *f* liderazgo *m*.

liderar [lide'ra(x)] *vt* liderar.

lido, da ['lidu, da] *pp* ▷ **ler**.

Liechtenstein [liʃtẽnʃ'tajn] *n* Liechtenstein.

lifting ['liftĩŋ] *m* lifting *m*.

liga ['liga] *f* **-1.** [associação] [de meias] liga *f*. **-2.** [de metais] aleación *f*.

ligação [liga'sãw] (*pl* **-ões**) *f* **-1.** [conexão] conexión *f*. **-2.** [associação, relacionamento] relación *f*. **-3.** [união] unión *f*, enlace *m*. **-4.** *TELEC* llamada *f*; **a ~ caiu** la línea se ha cortado, se cortó la llamada *Méx* & *RP*; **completar a ~** hacer la llamada; **fazer uma ~** hacer una llamada.

ligado, da [li'gadu, da] *adj* **-1.** [aparelho, rádio] encendido(da), prendido(da) *Amér*. **-2.** [fios] conectado(da). **-3.** [associado] relacionado(da). **-4.** [absorto] concentrado(-da). **-5.** [afeiçoado] unido(da).

◆ **ligada** *f TELEC* llamada *f*; **dar uma ~ para alguém** hacer una llamada a alguien.

ligadura [liga'dura] *f* ligadura *f*.

ligamento [liga'mẽntu] *m* **-1.** *ANAT* ligamento *m*. **-2.** *MED*: **~ de trompas** ligadura *f* de trompas.

ligar [li'ga(x)] ◇ *vt* **-1.** [aparelhos, luz, motor] encender, prender *Amér*. **-2.** [fios] conectar. **-3.** [associar] relacionar. **-4.** [unir] unir, enlazar. **-5.** [criar vínculos] ligar. **-6.** [dar importância a]: **não ~ a mínima (para algo/alguém)** no darle importancia (a algo/alguien), no dar bolilla (a algo/alguien) *RP*. ◇ *vi* **-1.** [telefonar] llamar; **~ para alguém/algum lugar** llamar a alguien/algún lugar. **-2.** [dar importância] dar importancia *ou* bolilla *RP*; **~ para algo/alguém** dar importancia *ou* bolilla *RP* a algo/alguien. **-3.** [dar atenção] prestar atención; **~ para algo/alguém** fijarse en algo/alguien, notar algo/a alguien.

◆ **ligar-se** *vp* [unir-se, afeiçoar-se] unirse.

ligeireza [liʒej'reza] *f* **-1.** [rapidez] ligereza *f.* **-2.** [agilidade] agilidad *f.*

ligeiro, ra [li'ʒejru, ra] *adj* **-1.** [rápido] ligero(ra), rápido(da) *RP.* **-2.** [ágil] ágil. **-3.** *(antes de subst) fig* [sutil] ligero(ra), leve *RP.*

◆ **ligeiro** *adv* **-1.** [rapidamente] rápidamente. **-2.** [com agilidade] ágilmente.

lilás [li'laʃ] (*pl* **lilases**) ◇ *adj* [cor] lila. ◇ *m* lila *m.*

lima ['lima] *f* lima *f.*

Lima ['lima] *n* Lima.

limão [li'mãw] (*pl* **-ões**) *m* lima *f.*

limão-galego [li,mãwga'legu] (*pl* **limões-galegos**) *m* limón *m.*

limbo ['lĩnbu] *m*: **estar no ~** *fig* estar en el limbo.

limiar [li'mja(x)] *m* umbral *m.*

limitação [limita'sãw] (*pl* **-ões**) *f* limitación *f.*

limitado, da [limi'tadu, da] *adj* limitado(da).

limitar [limi'ta(x)] *vt* [restringir] limitar.

◆ **limitar-se** *vp* [restringir-se]: **~-se a fazer algo** limitarse a hacer algo.

limite [li'mitʃi] *m* límite *m*; **passar dos ~s** pasarse de la raya, pasar los límites *Méx.*

limítrofe [li'mitrofi] *adj* limítrofe.

limo ['limu] *m* BOT musgo *m.*

limoeiro [li'mwejru] *m* limonero *m.*

limões [li'mõiʃ] *pl* ▷ **limão.**

limonada [limo'nada] *f* limonada *f.*

limpador [lĩnpa'do(x)] (*pl* **-es**) *m* [substância] limpiador *m*; **~ de pára-brisas** limpiaparabrisas *m inv*, limpiador de parabrisas *Méx.*

limpar [lĩn'pa(x)] *vt* **-1.** [ger] limpiar. **-2.** [enxugar] secar, limpiar *RP.* **-3.** [desanuviar] despejar. **-4.** *fig* [elevar]: **~ a imagem de alguém/algo** lavar la imagen de alguien/algo, limpiar la imagen de alguien/algo *Méx & RP.*

◆ **limpar-se** *vp* **-1.** [assear-se] lavarse, limpiar *RP.* **-2.** [moralmente] enmendarse.

limpeza [lĩn'peza] *f* **-1.** [estado, ato] limpieza *f*; **fazer uma ~ em algo** [livrar de excessos] hacer una limpieza en algo; [livrar de maus elemento] hacer una limpieza de algo; [roubar] limpiar algo; **~ pública** recogida *f* de basuras, limpieza *f* pública *Méx*, recolección *f* de residuos *RP.* **-2.** [esmero] pulcritud *f.*

limpo, pa ['lĩnpu, pa] ◇ *pp* ▷ **limpar.** ◇ *adj* **-1.** [ger] limpio(pia); **passar a ~** pasar a limpio *Esp*, pasar en limpio *Méx & RP.* **-2.** [político] honrado(da). **-3.** [desanuviado] despejado(da). **-4.** [sem dinheiro] limpio(pia), pelado(da) *RP.* **-5.** *loc*: **tirar a ~** aclarar.

limusine [limu'zini] *f* limusina *f.*

lince ['lĩnsi] *m* lince *m.*

linchar [lĩn'ʃa(x)] *vt* linchar.

lindo, da ['lĩndu, da] *adj* **-1.** [atitude, filme, paisagem] bonito(ta), lindo(da) *Amér.* **-2.** [pessoa] guapo(pa).

lingerie [lãnʒe'xi] *f* lencería *f.*

língua ['lĩŋgwa] *f* lengua *f*; **~ materna** lengua materna; **dar com a ~ nos dentes** irse de la lengua; **ficar de ~ de fora** quedarse con la lengua fuera.

linguado [lĩŋ'gwadu] *m* [peixe] lenguado *m.*

linguagem [lĩŋ'gwaʒẽ] (*pl* **-ns**) *f* lenguaje *m.*

linguarudo, da [lĩŋgwa'rudu, da] ◇ *adj* chismoso(sa), lengualarga *Méx & RP.* ◇ *m, f* chismoso *m*, -sa *f*, lengualarga *mf Méx & RP.*

lingüeta [lĩŋ'gweta] *f* **-1.** [de fechadura] pestillo *m.* **-2.** [de balança] fiel *m.*

lingüiça [lĩŋ'gwisa] *f* chorizo *m.*

lingüístico, ca [liŋ'gwiʃtʃiku, ka] *adj* lingüístico(ca).

◆ **lingüística** *f* lingüística *f.*

linha ['lĩɲa] *f* **-1.** [ger] línea *f*; **em ~s gerais** en líneas generales, a grandes rasgos *RP*; **~ cruzada** línea cruzada; **não dar ~** no tener línea, no dar línea *Amér*; **~ de mira** punto *m* de mira; **~ aérea** línea aérea; **andar na ~** *fig* portarse bien, andar a raya *Méx.* **-2.** [fileira] fila *f*; **~ de fogo** línea de fuego; **~ de montagem** cadena *f* de montaje, línea de producción *Méx.* **-3.** [fio de costura] hilo *m.* **-4.** [fio de pescar] hilo *m*, tanza *f RP.* **-5.** [elegância] elegancia *f*; **perder a ~** perder los papeles *ou* la compostura.

linho ['lĩɲu] *m* **-1.** [tecido] lino *m*, hilo *m RP.* **-2.** [planta] lino *m.*

linóleo [li'nɔlju] *m* **-1.** [tecido] linóleo *m*, linóleum *m Méx.* **-2.** [tapete] alfombra *f* de linóleo, linóleum *m Méx.*

lipoaspiração [lipu'aʃpirasãw] (*pl* **-ões**) *f* liposucción *f.*
liquidação [likida'sãw] (*pl* **-ões**) *f* liquidación *f*; **(estar) em ~** (estar) en liquidación.
liquidar [liki'da(x)] <> *vt* liquidar. <> *vi* **-1.** COM liquidar. **-2.** [destruir]: **~ com algo/alguém** acabar con algo/alguien, liquidar algo/a alguien *RP.*
liquidez [liki'dejʃ] *f* ECON liquidez *f.*
liqüidificador [likwidʒifika'do(x)] *m* licuadora *f.*
líquido, da ['likidu, da] *adj* líquido (da); **peso ~** COM peso neto OU líquido.
◆ **líquido** *m* [fluido] líquido *m.*
lira ['lira] *f* lira *f.*
lírico, ca ['liriku, ka] *adj* **-1.** [gênero] lírico(ca). **-2.** *fig* [romântico] romántico(ca), lírico(ca) *RP.*
◆ **lírica** *f* [coleção de poesia] lírica *f.*
lírio ['lirju] *m* lírio *m.*
Lisboa [liʒ'boa] *n* Lisboa.
liso, sa ['lizu, za] *adj* **-1.** [superfície, tecido] liso(sa). **-2.** [cabelo] liso(sa), lacio(cia) *RP.* **-3.** *fam* [sem dinheiro] sin blanca, limpio(pia) *Méx*, pelado (da) *RP.*
lisonja [li'zõnʒa] *f* lisonja *f.*
lisonjeador, ra [lisõnʒja'do(x), ra] *adj* lisonjero(ra).
lisonjear [lizõn'ʒja(x)] *vt* lisonjear.
lisonjeiro, ra [lizõn'ʒejru, ra] *adj* = **lisonjeador.**
lista ['liʃta] *f* **-1.** [relação] lista *f*; **~ negra** lista negra; **~ telefônica** listín *m* telefónico, directorio *m* telefónico *Méx*, guía *f* telefónica *RP.* **-2.** [listra] lista *f*, raya *f.*
listar [liʃ'ta(x)] *vt* COMPUT listar.
listra ['liʃtra] *f* lista *f*, raya *f.*
listrado, da [liʃ'tradu, da], **listado, da** [liʃ'tadu, da] *adj* de listas, de rayas, rayado(da) *RP.*
literal [lite'raw] (*pl* **-ais**) *adj* literal.
literário, ria [lite'rarju, rja] *adj* literario(ria).
literatura [litera'tura] *f* literatura *f.*
litígio [li'tʃiʒju] *m* litigio *m.*
litogravura [ˌlitogra'vura] *f* [gravura] litograbado *m.*
litoral [lito'raw] (*pl* **-ais**) <> *m* [beiramar] litoral *m.* <> *adj* [costeiro] litoral, litoraleño(ña) *RP.*
litorâneo, nea [lito'rãnju, nja] *adj* litoral, litoraleño(ña) *RP.*
litro ['litru] *m* litro *m.*
Lituânia [li'twãnja] *n* Lituania.
liturgia [litux'ʒia] *f* liturgia *f.*
lívido, da ['lividu, da] *adj* lívido(da).
livrar [li'vra(x)] *vt* librar.
◆ **livrar-se** *vp*: **~-se (de alguém/algo)** [libertar-se] liberarse (de alguien/de algo).
livraria [livra'ria] *f* librería *f.*
livre ['livri] *adj* libre; **~ de impostos** libre de impuestos; **de ~ e espontânea vontade** por voluntad propia.
livre-arbítrio [ˌlivrjax'bitrju] (*pl* **livres-arbítrios**) *m* libre albedrío *m.*
livre-iniciativa [ˌlivrjinisja'tʃiva] (*pl* **-s**) *m* ECON libre iniciativa *f.*
livreiro, ra [liv'rejru, ra] *m, f* librero *m*, -ra *f.*
livro ['livru] *m* libro *m*; **~ de bolso** libro de bolsillo; **~ de capa dura** libro de tapa dura; **~ didático** libro de texto.
livro-caixa [ˌlivro'kajʃa] (*pl* **livros-caixas**) *m* libro *m* de caja.
lixa ['liʃa] *f* lija *f*; **~ de unhas** lima de uñas.
lixar [li'ʃa(x)] *vt* [madeira] lijar; [unhas] limar.
◆ **lixar-se** *vp fam* [não se incomodar]: **ele está se lixando com a demissão** le importa un pito la dimisión, le vale madre la dimisión *Méx.*
lixeira [li'ʃejra] *f* cubo *m* de basura *Esp*, bote *m* de basura *Andes & Méx*, tacho *m* de basura *RP.*
lixeiro [li'ʃejru] *m* basurero *m.*
lixo ['liʃu] *m* basura *f*; **~ atômico** basura radiactiva.
-lo [lu] *pron* lo.
lobby ['lɔbi] (*pl* **lobbies**) *m* POL lobby *m.*
lobista [lo'biʃta] *mf* miembro *m* de un lobby, cabildero *m*, -ra *f* *Méx*, lobbista *mf* *RP.*
lobo ['lobu] *m* lobo *m.*
lobo-do-mar [ˌlobudu'ma(x)] (*pl* **lobos-do-mar**) *m* lobo *m* de mar.
lóbulo ['lɔbulu] *m* lóbulo *m.*
locação [loka'sãw] (*pl* **-ões**) *f* **-1.** [aluguel] alquiler *m.* **-2.** [remuneração] alquiler *m*, renta *f* *Méx.* **-3.** CINE exterior *m*, locación *f* *Méx.*
locador, ra [loka'do(x), ra] *m, f* [pessoa] arrendador *m*, -ra *f.*
◆ **locadora** *f* [agência] agencia *f* de alquiler; **~ de vídeo** videoclub *m*, video *m* Amér.
local [lo'kaw] (*pl* **-ais**) <> *adj* local. <> *m* lugar *m.*
localidade [lokali'dadʒi] *f* localidad *f.*

localizar [lokali'za(x)] *vt* localizar.
◆ **localizar-se** *vp* [situar-se] estar, ser *Amér*, localizarse *Méx*, quedar *RP*.
loção [lo'sãw] (*pl* **-ões**) *f* loción *f*; ~ **após-barba** loción para después del afeitado, after-shave *m*.
locatário, ria [loka'tarju, rja] *m, f* [de imóvel] inquilino *m*, -na *f*; [de carro, telefone] arrendatario *m*, -ria *f*.
locomotiva [lokomo'tʃiva] *f* locomotora *f*.
locomover-se [lokomo'vexsi] *vp* desplazarse.
locutor, ra [loku'to(x), ra] (*mpl* **-es**, *fpl* **-s**) *m,f* [profissional] locutor *m*, -ra *f*.
lodacento, ta [loda'sẽntu, ta] *adj* fangoso(sa), barroso(sa).
lodo ['lodu] *m* lodo *m*.
lodoso, osa [lo'dozu, ɔza] *adj* = **lodacento**.
lógico, ca ['lɔʒiku, ka] *adj* lógico(ca); **(é)** ~**!** ¡es lógico!
◆ **lógica** *f* lógica *f*.
logo ['lɔgu] ◇ *adv* **-1.** [sem demora] enseguida, en seguida, luego *Méx*; ~ **de cara** de sopetón, justo de frente *Méx*; ~ **de saída** desde el principio, enseguida *RP*. **-2.** [em breve] inmediatamente, ahora mismo, ya; **até** ~**!** ¡hasta pronto!, ¡hasta luego!; ~ **mais** luego, más tarde. **-3.** [exatamente] justo; ~ **ali** justo ahí. **-4.** [pouco]: ~ **antes/depois** justo antes/después. ◇ *conj* [portanto] luego, luego entonces *Méx*.
◆ **logo que** *loc adv* en cuanto, luego que *Méx*.
logomarca [logo'maxka] *f* logotipo *m*.
logotipo [logo'tʃipu] *m* logotipo *m*.
logradouro [logra'doru] *m* espacio *m* público.
lograr [lo'gra(x)] *vt* **-1.** [conseguir] lograr; ~ **fazer algo** lograr hacer algo. **-2.** [iludir] convencer.
logro ['logru] *m* engaño *m*.
loiro, ra ['lojru, ra] *adj* = **louro**.
loja ['lɔʒa] *f* **-1.** *COM* tienda *f*, comercio *m RP*; ~ **de departamentos** grandes almacenes *mpl*, tienda *f* departamental *Méx*. **-2.** [maçônica] logia *f*.
lombada [lõn'bada] *f* **-1.** [ger] lomo *m*. **-2.** [no solo] resalto *m*, tope *m Méx*, lomo *m* de burro *RP*.
lombar [lõn'ba(x)] *adj* lumbar.
lombinho [lõn'biɲu] *m* [carne de porco] solomillo *m*, carré *m* de cerdo *RP*.
lombo ['lõnbu] *m* **-1.** [ger] lomo *m*. **-2.** [elevação] resalte *m*, tope *m Méx*, lomo *m* de burro *RP*.
lombriga [lõn'briga] *f* lombriz *f*.
lona ['lona] *f* **-1.** [ger] lona *f*. **-2.** [de pneu] capa *f*.
Londres ['lõndriʃ] *n* Londres.
londrino, na [lõn'drinu, na] ◇ *adj* londinense. ◇ *m, f* londinense *mf*.
longa-metragem [ˌlõŋgame'traʒẽ] (*pl* **longas-metragens**) *m*: **(filme de)** ~ largometraje *m*.
longe ['lõnʒi] ◇ *adv* lejos; **ir** ~ **demais** *fig* [exceder-se] ir demasiado lejos; **ver** ~ *fig* [ter visão] ver más allá. ◇ *adj* remoto(ta), lejano(na) *Amér*.
◆ **ao longe** *loc adv* [no espaço] a lo lejos.
◆ **de longe** *loc adv* **-1.** [no espaço] de lejos. **-2.** [no tempo]: **vir de** ~ venir de lejos, venir de antes. **-3.** [sem comparação] de *ou* por *RP* lejos.
◆ **longe de** ◇ *loc conj* lejos de; ~ **disso** al contrario. ◇ *loc prep* lejos de.
longevidade [lõnʒevi'dadʒi] *f* longevidad *f*.
longevo, va [lõnʒe'vu, va] *adj* **-1.** [muito idoso] de edad avanzada. **-2.** [duradouro] longevo(va).
longínquo, qua [lõn'ʒĩŋkwu, kwa] *adj* **-1.** [no espaço] remoto(ta), lejano(na). **-2.** [no tempo]: **futuro** ~ futuro lejano; **passado** ~ pasado remoto.
longitude [lõnʒi'tudʒi] *f GEOGR* longitud *f*.
longo, ga ['lõŋgu, ga] *adj* **-1.** [ger] largo(ga). **-2.** *(antes de subst)* [duradouro] duradero(ra), largo(ga) *RP*.
◆ **longo** *m* [vestido] vestido *m* largo.
◆ **ao longo de** *loc prep* a lo largo de.
lontra ['lõntra] *f* nutria *f*.
loquacidade [lokwasi'dadʒi] *m* locuacidad *f*.
loquaz [lo'kwaʒ] *adj* **-1.** [falador] locuaz. **-2.** [eloqüente] elocuente.
losango [lo'zãŋgu] *m* rombo *m*.
lotação [lota'sãw] (*pl* **-ões**) *f* **-1.** [capacidade] capacidad *f*; ~ **esgotada** localidades agotadas. **-2.** [quadro de pessoal] plantilla *f*, planilla *f RP*. **-3.** [veículo] microbús *m (de transporte público)*.
lotado, da [lo'tadu, da] *adj* **-1.** [cheio]

abarrotado(da), repleto(ta). **-2.** [funcionário] empleado(da), asignado(da) *RP.*

lotar [lo'ta(x)] <> *vt* **-1.** [encher] abarrotar, llenar. **-2.** [funcionário] emplear, asignar *RP.* <> *vi* [encher]: ~ **(de)** abarrotar (de), llenar (de).

lote ['lɔtʃi] *m* **-1.** [ger] lote *m.* **-2.** [terreno] parcela *f*, lote *m Amér.*

lotear [lo'tʃja(x)] *vt* parcelar, lotear *Andes & RP*, dividir *Méx.*

loteria [lote'ria] *f* lotería *f*; ~ **esportiva** quiniela *f*, prode *m Arg*, quiniela *f* deportiva *Méx.*

louça ['losa] *f* **-1.** [material] loza *f*; **de** ~ de loza. **-2.** [objetos] vajilla *f*; **lavar/secar a** ~ lavar/secar los platos.

louco, ca ['loku, ka] <> *adj* **-1.** [ger] loco(ca). **-2.** [transtornado]: **deixar alguém** ~ volver a alguien loco (ca), volver loco(ca) a alguien *RP.* **-3.** [furioso]: **ficar** ~ **(da vida)** subirse por las paredes; **ficar** ~ **(da vida) com alguém** ponerse hecho una furia con alguien. **-4.** [apaixonado]: **ser** ~ **por alguém/algo** estar loco(ca) por alguien/algo, ser loco(ca) por alguien/algo *Amér.* **-5.** [intenso] intenso(sa), de locos *RP.* <> *m, f* [insano] loco *m*, -ca *f*; ~ **varrido** *ou* **de pedra** *fam* loco de remate.

◆ **louca** *f*: **dar a louca em alguém** darle una locura a alguien, darle la locura a alguien *Méx*, darle la loca a alguien *RP.*

loucura [lo'kura] *f* [ger] locura *f*; **ser (uma)** ~ **algo/fazer algo** ser una locura algo/hacer algo.

louro, ra ['loru, ra] <> *adj* [cabelo, pessoa] rubio(bia) *Esp & RP*, choco(ca) *Bol*, mono(na) *Col*, güero(ra) *Méx*, catire(ra) *Ven.* <> *m, f* [pessoa] rubio *m*, -bia *f Esp & RP*, choco *m*, -ca *f Bol*, mono *m*, -na *f Col*, güero *m*, -ra *f Méx*, catire *m*, -ra *f Ven.*

◆ **louro** *m* **-1.** [cor] dorado *m.* **-2.** [árvore] laurel *m.* **-3.** [papagaio] loro *m*, périco *m Méx.*

louvar [lo'va(x)] <> *vt* alabar. <> *vi*: ~ **a Deus** alabar a Dios.

louvável [lo'vavɛw] (*pl* **-eis**) *adj* loable.

louvor [lo'vo(x)] *m*: ~ **a alguém/algo** elogio *m* a alguien/algo.

Ltda (*abrev de* **Limitada**) Ltda.

lua ['lua] *f* luna *f*; ~ **cheia** luna llena; ~ **nova** luna nueva; **estar no mundo da** ~ estar en la luna, estar en la luna de Valencia *RP*; **ser de** ~ tener humor inestable, ser alunado(da) *RP.*

lua-de-mel [ˌluadʃi'mɛw] (*pl* **luas-de-mel**) *f* luna *f* de miel.

luar ['lwa(x)] *m* claro *m* de luna.

lubrificante [lubrifi'kãntʃi] <> *adj* lubricante. <> *m* lubricante *m.*

lubrificar [lubrifi'ka(x)] *vt* lubricar.

lucidez [lusi'deʃ] *f* lucidez *f.*

lúcido, da ['lusidu, da] *adj* lúcido(da).

lucrar [lu'kra(x)] <> *vt*: ~ **algo com** *ou* **em algo** [financeiramente] ganar algo con *ou* en algo; [tirar vantagem de] conseguir algo con algo. <> *vi* [financeiramente] ganar; ~ **com algo** [tirar vantagem de] beneficiarse *ou* ganar con algo.

lucrativo, va [lukra'tʃivu, va] *adj* **-1.** [financeiramente] lucrativo(va); **com/sem fins** ~**s** con/sin ánimo de lucro, con/sin fin de lucro *Amér.* **-2.** [proveitoso] provechoso(sa).

lucro ['lukru] *m* **-1.** [fiananceiro] ganancia *f.* **-2.** [proveito] beneficio *m.*

lúdico, ca ['ludʒiku, ka] *adj* lúdico(ca).

lugar [lu'ga(x)] (*pl* **-es**) *m* **-1.** [ger] lugar *m*; ~ **de nascimento** lugar de nacimiento. **-2.** [local] sitio *m*, lugar *m*; **em algum** ~ en algún sitio *ou* lugar *ou* lado; **em** ~ **nenhum** en ningún sitio *ou* lugar *ou* lado; **em outro** ~ en otro sitio *ou* lugar *ou* lado. **-3.** [espaço] sitio *m*, lugar *m*, campo *m Andes.* **-4.** [assento] asiento *m*, lugar *m Amér.* **-5.** : **em primeiro** ~ [em competição, argumentação] en primer lugar; **tirar o primeiro/segundo** ~ obtener el primer/segundo lugar. **-6.** *loc*: **dar** ~ **a** dar lugar a.

◆ **em lugar de** *loc prep* en lugar de.

lugar-comum [luˌgaxku'mũ] (*pl* **lugares-comuns**) *m* lugar *m* común.

lugarejo [luga'reʒu] *m* aldea *f*, ranchería *f Méx.*

lugar-tenente [luˌga(x)te'nẽntʃi] *m* lugarteniente *m.*

lúgubre ['lugubri] *adj* lúgubre.

lula ['lula] *f* calamar *m.*

luminária [lumi'narja] *f* lámpara *f.*

luminosidade [luminozi'dadʒi] *f* luminosidad *f.*

luminoso, osa [lumi'nozu, ɔza] *adj* **-1.** [que emite luz] luminoso(sa). **-2.** *fig* [raciocínio, idéia, talento] brillante.

lunar [lu'na(x)] (*pl* **-es**) *adj* lunar.

lunático, ca [lu'natʃiku, ka] *adj* lunático(ca).

luneta [lu'neta] *f* telescopio *m*.
lupa ['lupa] *f* lupa *f*.
lusco-fusco [ˌluʃku'fuʃku] *m* crepúsculo *m*.
luso, sa ['luzu, za] ◇ *adj* luso(sa). ◇ *m,f* luso *m*, -sa *f*.
lusófono, na [lu'zɔfonu, na] ◇ *adj* lusófono(na). ◇ *m,f* lusófono *m*, -na *f*.
lustrar [luʃ'tra(x)] *vt* [móvel] lustrar.
lustre ['luʃtri] *m* **-1.** [polimento] lustre *m*. **-2.** [luminária] candil *m* ***Esp*** & ***Méx***, araña *f* ***RP***.
lustroso, osa [luʃ'trozu, ɔza] *adj* lustroso(sa).
luta ['luta] *f* **-1.** [ger] lucha *f*. **-2.** ESP: ~ **de boxe** boxeo *m* ***Esp*** & ***Méx***, pelea *f* ***RP***; ~ **livre** lucha *f* libre.
lutador, ra [luta'do(x), ra] ◇ *adj* [esforçado] luchador(ra). ◇ *m, f* [ger] luchador *m*, -ra *f*; ~ **de caratê** karateka *mf*; ~ **de boxe** boxeador *m*, -ra *f*.
lutar [lu'ta(x)] ◇ *vi* **-1.** [ger] luchar; ~ **contra algo** luchar contra algo. **-2.** [enfrentar]: ~ **(com/contra alguém)** luchar (con/contra alguien); ~ **por algo** luchar por algo. **-3.** ***fig*** [combater]: ~ **por/contra algo** luchar por/contra algo. **-4.**: ~ **(por algo/para fazer algo)** luchar (por algo/para hacer algo). ◇ *vt* [judô, caratê, capoeira, luta livre] practicar.
luterano, na [lute'rãnu, na] ◇ *adj* [pessoa, igreja, doutrina] luterano(na). ◇ *m, f* [crente] luterano *m*, -na *f*.
luto ['lutu] *m* **-1.** [ger] luto *m*. **-2.** [traje]: **estar de** ~ estar de luto.
luva ['luva] *f* guante *m*; **cair como uma** ~ sentar como un guante ***Esp***, quedar como un guante ***Méx***, quedar como pintado ***RP***.
◆ **luvas** *fpl* [pagamento] pago *m*.
Luxemburgo [luʃẽn'buxgu] *n* Luxemburgo.
luxemburguês, esa [luʃẽnbux'geʃ, eza] ◇ *adj* luxemburgués(esa). ◇ *m, f* luxemburgués *m*, -esa *f*.
luxo ['luʃu] *m* **-1.** [ger] lujo *m*; **de** ~ de lujo. **-2.** [afeatação, cerimônia] melindres *mpl*, cumplido *m* ***RP***; **cheio de** ~ con melindres.
luxuoso, osa [lu'ʃwozu, ɔza] *adj* lujoso(sa).
luxúria [lu'ʃurja] *f* [lascívia] lujuria *f*.
luz ['luʃ] (*pl* -es) *f* **-1.** [claridade, fonte de luz] luz *f*; **acender a** ~ encender ***Esp*** *ou* prender ***Amér*** la luz; **apagar a** ~ apagar la luz; ~ **do dia** luz del día. **-2.** [eletricidade] luz *f*; **faltar** ~ irse la luz. **-3.** [brilho] brillo *m*, luz *f* ***RP***. **-4.** *loc*: **dar à** ~ dar a luz.
luzir [lu'zi(x)] *vi* resplandecer.
Lycra® ['lajkra] *f* lycra® *f*, licra *f*.

M

m, M ['emi] *m* [letra] m, M *f*.
má ['ma] *adj f* ⊳ **mau**.
MA (*abrev de* **Estado do Maranhão**) *estado de Maranhão*.
maca ['maka] *f* MED camilla *f*.
maçã [ma'sã] *f* manzana *f*; ~ **do rosto** pómulo *m*.
macabro, bra [ma'kabru, bra] *adj* macabro(bra).
macacão [maka'kãw] (*pl* **-ões**) *m* mono *m* ***Esp***, overol *m* ***Amér***, jardinero *m* ***RP***.
macaco, ca [ma'kaku, ka] *m, f* [animal] mono *m*, -na *f*; ~ **velho** ***fig*** [pessoa experiente] perro *m* viejo.
◆ **macaco** *m* AUTO gato *m*.
maçaneta [masa'neta] *f* **-1.** [de porta] pomo *m*. **-2.** [de gaveta, armário] tirador *m*.
maçante [ma'sãntʃi] *adj* aburrido (da).
macaquice [maka'kisi] *f* carantoña *f*, lambisconería *f* ***Méx***; **fazer** ~**s** hacer carantoñas, lambisconear ***Méx***.
maçarico [masa'riku] *m* soplete *m*.
maçaroca [masa'rɔka] *f* **-1.** [emaranhado] madeja *f*. **-2.** [mixórdia] embrullo *m*.
macarrão [maka'xãw] *m* **-1.** [massa] pasta *f*. **-2.** [em tiras] fideos *mpl*.
macete [ma'setʃi] *m* **-1.** [instrumento] mazo *m*. **-2.** ***fam*** [truque] truco *m*.
machado [ma'ʃadu] *m* hacha *f*.
machão, ona [ma'ʃãw, ona] (*mpl* **-ões**, *fpl* **-s**) *adj* **-1.** [corajoso] valiente. **-2.** ***pej*** [muito masculinizado] hombretón, machote. **-3.** ***pej*** [metido a valente] machote.
machismo [ma'ʃiʒmu] *m* machismo *m*.

machista [ma'ʃiʃta] ◇ *adj* machista. ◇ *mf* machista *mf.*

macho ['maʃu] ◇ *adj* macho. ◇ *m* **-1.** [animal] macho *m.* **-2.** *TEC* corchete *m.* **-3.** [prega] pliegue *m.*

machões [ma'ʃõjʃ] *pl* ▷ **machão.**

machucado, da [maʃu'kadu, da] *adj* **-1.** [ferido] magullado(da), lastimado(da) ***RP.*** **-2.** [contundido] magullado(da), golpeado(da) ***RP.*** **-3.** [esmagado] chafado(da) ***Esp***, magullado(da) ***Méx***, machucado(da) ***RP.*** **-4.** [lascado] astillado(da). **-5.** [magoado] apenado(da), herido(da).

◆ **machucado** *m* [ferida] magulladura *f*, lastimadura *f* ***RP.***

machucar [maʃu'kax] ◇ *vt* **-1.** [ferir] magullar, lastimar ***RP.*** **-2.** [contundir] magullar, golpear. **-3.** [esmagar] chafar ***Esp***, magullar ***Méx***, machucar ***RP.*** **-4.** [lascar] astillar. **-5.** [magoar] herir. ◇ *vi* **-1.** [ferir] herir, lastimar ***RP.*** **-2.** [magoar] herir.

◆ **machucar-se** *vp* **-1.** [ferir-se] herirse, lastimarse ***RP.*** **-2.** [contundir-se] magullarse, golpearse ***RP.***

maciço, ça [ma'sisu, sa] *adj* **-1.** [sólido] macizo(za). **-2.** [em quantidade] masivo(va). **-3.** ***fig*** [sólido] sólido(da).

◆ **maciço** *m GEOL* [cadeia montanhosa] macizo *m.*

macieira [ma'sjejra] *f* manzano *m.*

maciez [ma'sjeʒ] *f* suavidad *f.*

macio, cia [ma'siw, sia] *adj* **-1.** [colchão, poltrona, sapato] blando(da). **-2.** [superfície, papel, voz, pele] suave.

maço ['masu] *m* **-1.** [de notas, cartas, folhas] paquete *m.* **-2.** [de cigarros] paquete *m*, atado *m* ***Arg.***

maçom [ma'sõ] (*pl* **-ns**) *m* masón *m.*

maçonaria [masona'ria] *f* masonería *f.*

maconha [ma'koɲa] *f* [ger] marihuana *f.*

má-criacão [,makrja'sãw] *f* = **malcriação.**

macrobiótico, ca [makro'bjɔtʃiku, ka] *adj* macrobiótico(ca).

◆ **macrobiótica** *f* macrobiótica *f.*

mácula ['makula] *f* ***fig*** [desonra, mancha] mácula *f.*

maculado, da [maku'ladu, da] *adj* manchado(da).

macumba [ma'kũnba] *f* [espirit - religião] macumba *f*, *culto sincrético afrobrasileño que combina elementos del catolicismo, el candomblé, el ocultismo y elementos amerindios;* [- despacho] ofrenda *f.*

macumbeiro, ra [makũn'bejru, ra] ◇ *adj* [relativo à macumba] de la macumba. ◇ *m, f* [adepto] practicante *mf* de la macumba, macumbero *m*, -ra *f* ***Amér.***

madame [ma'dãmi], **madama** [ma'dãma] *f* **-1.** [senhora] señora *f.* **-2.** ***irôn*** [mulher rica] señorona *f.* **-3.** ***fam*** [esposa] señora *f*, parienta *f* ***Esp***, patrona *f* ***RP.*** **-4.** [cafetina] madama *f.*

madeira [ma'dejrã] *f* madera *f*; **de ~** de madera; **bater na ~** tocar madera.

madeireiro, ra [madej'rejru, ra] ◇ *adj* maderero(ra). ◇ *m, f* maderero *m*, -ra *f.*

◆ **madeireira** *f* [empresa] empresa *f* maderera.

madeixa [ma'dejʃa] *f* [mecha] mechón *m.*

madrasta [ma'draʃta] *f* madrastra *f.*

madre ['madri] *f* madre *f.*

madrepérola [,madre'pɛrula] *f* madreperla *f.*

madressilva [,madre'siwva] *f BOT* madreselva *f.*

Madri ['ma'dri] *n* Madrid.

madrileno, na [madri'lenu, na] ◇ *adj* madrileño(ña). ◇ *m, f* madrileño *m*, -ña *f.*

madrinha [ma'driɲa] *f* madrina *f.*

madrugada [madru'gada] *f* madrugada *f*; **de ~** de madrugada.

madrugar [madru'ga(x)] *vi* **-1.** [acordar cedo] madrugar. **-2.** [chegar cedo] llegar pronto ***Esp***, madrugar ***Méx***, llegar temprano ***RP.***

maduro, ra [ma'duru, ra] *adj* maduro(ra).

mãe ['mãj] *f* madre *f*; **~ adotiva** madre adoptiva; **~ de criação** madre adoptiva *ou* postiza ***RP.***

mãe-de-santo [,mãjʃdʒi'sãntu] (*pl* **mães-de-santo**) *f* [espirit] sacerdotisa *f* de la macumba.

maestro, trina [ma'ɛʃtru, trina] *m, f* maestro *m*, -tra *f.*

má-fé [,ma'fɛ] *f inv* mala fe *f*; **agir de ~** actuar de mala fe.

máfia ['mafja] *f* mafia *f.*

mafioso, osa [ma'fjozu, ɔza] ◇ *adj* mafioso(sa). ◇ *m, f* [membro da máfia] mafioso *m*, -sa *f.*

magia [ma'ʒia] *f* magia *f.*

mágico, ca ['maʒiku, ka] ◇ *adj* mágico(ca). ◇ *m, f* [prestidigitador] mago *m*, -ga *f.*

◆ **mágica** *f* magia *f*; **fazer mágica** hacer magia.
magistério [maʒiʃ'tɛrju] *m* magisterio *m*.
magistrado, da [maʒiʃ'tradu, da] *m, f* magistrado *m*, -da *f*.
magistral [maʒiʃ'traw] (*pl* **-ais**) *adj* [exemplar] magistral.
magistratura [maʒiʃtra'tura] *f* [os magistrados] magistratura *f*.
magnânimo, ma [mag'nãnimu, ma] *adj* magnánimo(ma).
magnata [mag'nata] *m* magnate *m*.
magnésio [mag'nɛzju] *m* magnesio *m*.
magnético, ca [mag'nɛtʃiku, ka] *adj* magnético(ca).
magnetismo [magne'tʃiʒmu] *m* magnetismo *m*.
magnífico, ca [mag'nifiku, ka] *adj* magnífico(ca).
magnitude [magni'tudʒi] *f* [dimensão] magnitud *f*.
magnólia [mag'nɔlja] *f* magnolia *f*.
mago, ga ['magu, ga] <> *m, f* mago *m*, -ga *f*. <> *adj*: **os Reis Magos** los Reyes Magos.
mágoa ['magwa] *f* **-1.** [ressentimento] disgusto *m*. **-2.** [tristeza] pena *f*, tristeza *f*.
magoado, da [ma'gwadu, da] *adj*: **estar/ficar ~ (com algo)** [ressentido] estar/quedarse disgustado (por algo), sentirse herido (por algo); [triste] estar/quedarse triste (por algo).
magoar [ma'gwa(x)] <> *vt* [ferir] ofender. <> *vi* [ferir] doler.
magrela [mã'grɛla] *adj* esquelético (ca).
magricela [magri'sɛla] *adj* = **magrela**.
magro, gra ['magru, gra] *adj* **-1.** [franzino] delgado(da), flaco(ca). **-2.** [sem gordura - leite] desnatado(da) ***Esp***, descremado(da) ***Amér***; [- carne] magro(gra). **-3.** *(antes de subst)* ***fig*** [parco] escaso(sa), magro(gra) ***Amér***.
mai. (*abrev de* **maio**) may.
mainframe [mẽjn'frejmi] *m* COMPUT ordenador *m* central ***Esp***, computadora *f* central ***Amér***.
maio ['maju] *m* mayo *m*; *veja também* **setembro**.
maiô [ma'jo] *m* traje *m* de baño, bañador *m* ***Esp***, malla *f* ***RP***.
maionese [majo'nɛzi] *f* mayonesa *f*.
maior [ma'jɔ(x)] (*pl* **-es**) <> *adj* **-1.** [comparativo]: **~ (do) que** mayor que. **-2.** [superlativo]: **o/a ~ ...** [de tamanho] un/una gran ...; [de importância] el/la principal ...; [de número] el/la mayor ...; **ser o ~ barato** [pessoa, coisa] ser superdivertido. **-3.** [adulto]: **ser ~ (de idade)** ser mayor (de edad). **-4.** MÚS: **em dó ~** en do mayor. <> *mf* **-1.** [de tamanho]: **o/a ~** el/la más grande. **-2.** ***fam*** [superior]: **ser o/a ~** ser el/la mejor. **-3.** [adulto] mayor *mf*.
maioral [majo'raw] (*pl* **-ais**) *mf* jefe *m*, cabeza *f* ***Méx***.
maioria [majo'ria] *f* [a maior parte] mayoría *f*; **a ~ de** la mayoría de.
maioridade [majori'dadʒi] *f* mayoría *f* de edad.
mais ['majʃ] <> *adj inv* **-1.** *(comparativo)* más; **~ dias/discos/idéias** más días/discos/ideas; **~ conhecimento/cuidado/dinheiro** más conocimiento/cuidado/dinero; **ele tem ~ livros do que eu** él tiene más libros que yo; **está ~ calor do que ontem** hace más calor que ayer; **ninguém tem ~ desprezo pela violência do que ele** nadie le tiene más desprecio a la violencia que él; **cada vez ~ pessoas aderem à nova moda** cada vez más gente adopta la nueva moda; **hoje tenho ~ trabalho do que nunca** hoy tengo más trabajo que nunca. **-2.** *(superlativo)* más; **o cantor que vendeu ~ discos** el cantante que vendió más discos; **aquele que tem ~ dinheiro** el que tiene más dinero. **-3.** [outro, outra porção de] más; **~ um drinque/dois dias/três cadeiras** una bebida/dos días/tres sillas más; **~ arroz/café** más arroz/café; **derrubaram ~ dez árvores hoje** derribaron diez árboles más hoy; **~ detalhes com o gerente** más detalles con el gerente; **se ainda tiver bombom, quero ~ dois** si todavía quedan bombones, quiero dos más; **ser ~ um** ser uno más. <> *pron indef* más; **ele tem ~ do que eu** (él) tiene más que yo; **o chefe ganha ~ que os outros** el jefe gana más que los demás; **~, não posso dizer** no puedo decir más; **~ de cem pessoas ficaram feridas** más de cien personas resultaron heridas; **quer ~?** ¿quieres *ou* querés ***RP*** más?; **se a farinha acabar, tem ~ na despensa** si se acaba la harina, hay

más en la despensa. ◇ *adv* **-1.** *(comparativo)* más; **~ (que** *ou* **do que)** más que; **~ alto/importante** más alto/importante; **~ bem feito/bem vestido** mejor hecho/vestido; **~ freqüentemente/rapidamente** más frecuentemente/rápidamente; **correr/demorar/trabalhar ~** correr/demorar/trabajar más; **~ zangado/elegante do que nunca** más enojado/elegante que nunca; **hoje está ~ frio que ontem** hoy hace más frío que ayer; **cada vez ~ duro/importante** cada vez más duro/importante; **é ~ fácil reclamar do que agir** es más fácil quejarse que actuar; **ele parece ~ jovem sem a barba** parece más joven sin barba; **ela era ~ charmosa que bonita** (ella) era más atractiva que bonita; **para mim, ele era ~ um amigo do que um sócio** para mí, (él) era más un amigo que un socio; **de repente, começou a chover ~** de repente, empezó a llover más; **depois falaremos ~ sobre isto** después hablamos más sobre esto; **~ de** más de; **o edifício tem ~ de 50 andares** el edificio tiene más de 50 pisos; **há ~ de dois milênios** hace más de dos milenios; **este carro não vale ~ de dois mil reais** este coche/carro *Andes, CAm, Caribe & Méx ou* auto *RP* no vale más de dos mil reales; **ainda ~** aún/todavía más; **(um) pouco ~** un poco más; **~ adiante/embaixo/em cima** más adelante/abajo/arriba; **gostar ~ de algo/alguém** gustarle más algo/alguien a alguien; **~ cedo ou ~ tarde, ~ dia menos dia** tarde o temprano; **~ a cada dia,** cada día más; **nem ~, nem menos** ni más, ni menos; **quanto ~ ..., ~ ...** cuanto más ..., más ... **-2.** *(superlativo)*: **o/a ~** el/la más; **o ~ alto/importante** el más alto/importante; **um dos ~ fáceis/complexos** uno de los más fáciles/complejos; **o ~ bem feito/bem vestido** el mejor hecho/vestido; **o ~ brevemente possível** lo más brevemente posible; **ele só compra das marcas ~ baratas** sólo compra de las marcas más baratas. **-3.** [indicando repetição] más; **só nos encontramos ~ três vezes** sólo nos encontramos tres veces más; **não quero tocar ~ neste assunto** no quiero tocar más el tema; **até ~ (ver)!** *fam* [em despedidas] ¡hasta la próxima! **-4.** [indicando negação - já] más; **há anos que ele não trabalha ~** hace años que no trabaja más; **este rádio é velho e não funciona ~** esta radio es vieja y no funciona más; [- nunca] más; **foi embora e não voltou ~** se fue *ou* marchó *Esp* y no volvió más; **não fumo ~ desde o mês passado** no fumo más desde el mes pasado; **que não acaba ~** *fam* de nunca acabar *(com pron inter ou pron indef)* más; **algo/alguém ~** algo/alguien más; **~ alguma coisa** algo más; **nada/ninguém ~** nada/nadie más; **onde/quando/que ~** dónde/cuándo/qué más; **alguém ~ quer sorvete?** ¿alguien más quiere helado?; **não tenho ~ nada a dizer** no tengo más nada que decir; **Fátima, Toninho, Clarice e ~ ninguém** Fátima, Toninho, Clarice y nadie más; **onde ~ eu poderia encontrar praias tão lindas?** ¿dónde más iba a encontrar playas tan lindas? **-5.** [indicando] más; **dois ~ dois é igual a quatro** dos más dos es igual a cuatro. **-6.** *loc*: **estar ~ para lá do que para cá** [estar prestes a morrer] estar al borde de la muerte; [estar meio embriagado] estar medio pasado; [estar mal feito, ruim] estar bastante desastroso. ◇ *conj* [e] y; **fomos eu ~ meu pai** fuimos mi padre y yo; **o presidente chegou com sua comitiva ~ uns dez guarda-costas** el presidente llegó con su comitiva y unos diez guardaespaldas. ◇ *m* **-1.** [resto]: **o ~** lo demás; **e no ~, tudo bem?** y el resto, ¿bien? **-2.** [maioria]: **o ~ das vezes** la mayoría de las veces. **-3.** *MAT* más.

◆ **a mais** ◇ *loc adv* [um demasia] de más. ◇ *loc adj* **-1.** [em excesso] de más. **-2.** [outro] más; **um dia a ~** un día más.

◆ **de mais** *loc adj*: **não vejo nada de ~ nesta cena de amor** excesivo.

◆ **de mais a mais** *loc adv* además.

◆ **e mais** *loc adv* más.

◆ **mais e mais** ◇ *loc adv* cada vez más; **fiquei ~ e ~ irritado** me fui enojando cada vez más. ◇ *loc adj* cada vez más; **há ~ e ~ pessoas nas cidades** hay cada vez más gente en las ciudades. ◇ *loc pron* cada vez más; **~ e ~ morrem nas guer-**

ras cada vez más mueren en las guerras.

◆ **mais ou menos** *loc adv* [aproximadamente] más o menos; **houve ~ ou menos dez feridos** hubo más o menos diez heridos; **é ~ ou menos assim** es más o menos así.

◆ **munca mais** *loc adv* más; **nunca ~ nos falamos** nunca más nos hablamos.

◆ **por mais que** *loc conj* más; **por mais que ele estude, nunca saberá tudo** por más que estudie, nunca lo sabrá todo.

maisena [maj'zena] *f*: **de ~** de maicena.

maître ['mɛtri] *m* matre *m*, capitán *m* de meseros ***Méx***.

maiúsculo, la [ma'juʃkulu, la] *adj* mayúsculo(la).

◆ **maiúscula** *f* mayúscula *f*.

majestade [maʒeʃ'tadʒi] *f* **-1.** [ger] majestuosidad *f*. **-2.** [título] majestad *f*.

◆ **Majestade** *f*: **Sua Majestade** Su Majestad.

majestoso, osa [maʒeʃ'tozu, ɔza] *adj* [grandioso] majestuoso(sa).

major [ma'ʒɔ(x)] (*pl* **-es**) *m* MIL mayor *m*.

majoritário, ria [maʒori'tarju, rja] *adj* mayoritario(ria).

mal ['maw] (*pl* **-es**) *m* **-1.** [ger] mal *m*; **cortar o ~ pela raiz** cortar el mal de raíz. **-2.** [dano] daño *m*; **fazer ~ (a)** [à saúde] perjudicar (a) ***Esp***, hacer daño (a) ***Méx***, hacer mal (a) ***RP***; **fazer ~ a alguém** [afetar] amargar a alguien; [deflorar] quitar la inocencia a alguien; **fazer ~ em fazer algo** hacer mal en hacer algo; **não faz ~** no importa. **-3.** [sofrimento] sufrimiento *m*, daño *m* ***Méx***, dolor *m* ***RP***.

◆ **mal** <> *adv* **-1.** [ger] mal; **dar-se ~ (em algo)** salirle a uno mal (algo), irle a uno mal (en algo); **de ~ a pior** de mal en peor. **-2.** [quase não] apenas, mal ***RP***. **-3.** [doente]: **passar ~** encontrarse mal. <> *conj* en cuanto.

mala ['mala] *f* **-1.** [recipiente] maleta *f* ***Esp*** & ***Méx***, valija *f* ***RP***; **fazer as ~s** hacer las maletas ***Esp*** & ***Méx***, hacer las valijas ***RP***. **-2.** AUTO maletero *m* ***Esp***, cajuela *f* ***Méx***, baúl *m* ***RP***. **-3.** COM: **~ direta** venta *f* directa, correo *m* directo ***Amér***. **-4.** [serviço]: **~ postal** correo postal. **-5.** ***fam pej*** [pessoa chata]: **ser uma ~** ser un pesado, ser un rompecocos ***RP***.

malabarismo [malaba'riʒmu] *m* **-1.** [arte] malabarismo *m*. **-2.** *fig* [habilidade] destreza *f*, malabarismo *m* ***Amér***.

malabarista [malaba'riʃta] *mf* malabarista *mf*.

mal-acabado, mal-acabada [ˌmawaka'badu, da] *adj* mal terminado (da).

mal-agradecido, da [mawagradʒi'sidu, da] (*pl* **-s**) <> *adj* desagradecido(da), malagradecido(da) ***Amér***. <> *m, f* desagradecido *m*, -da *f*, malagradecido *m*, -da *f* ***Amér***.

malagueta [mala'geta] *m* guindilla *f* ***Esp***, chile *m* ***Méx***, ají *m* ***RP***.

malandragem [malãn'draʒẽ] (*pl* **-ns**), **malandrice** [malãn'drisi] *f* **-1.** [patifaria] canallada *f*. **-2.** [astúcia] habilidad *f*. **-3.** [vadiagem] holgazanería *f* ***Esp***, haraganería *f* ***Amér***. **-4.** [preguiça] pereza *f*.

malandro, dra [ma'lãndru, dra] <> *adj* **-1.** [patife] granuja, malandrín(ina) ***Méx***, sinvergüenza ***RP***. **-2.** [astuto] pillo(lla), malandrín(ina) ***Méx***, avivado(da) ***RP***. **-3.** [vadio] holgazán(ana), vago(ga). **-4.** [preguiçoso] perezoso(sa), vago(ga). <> *m, f* **-1.** [patife] granuja *mf*, malandrín *m*, -ina *f* ***Méx***, sinvergüenza *mf* ***RP***. **-2.** [astuto] pillo *m*, -lla *f*, malandrín *m*, -ina *f* ***Méx***, avivado *m*, -da *f* ***RP***. **-3.** [vadio] holgazán *m*, -ana *f*, vago *m*, -ga *f*. **-4.** [preguiçoso] perezoso *m*, -sa *f*, vago *m*, -ga *f*.

malária [ma'larja] *f* malaria *f*.

mal-arrumado, da [mawaxu'madu, da] (*pl* **-s**) *adj* desaliñado(da), descuidado(da) ***Méx***, desprolijo(ja) ***RP***.

mala-sem-alça [ˌmalasẽ'ɲawsa] (*pl* **malas-sem-alça**) *mf* ***fam*** plomo *m*.

Malásia [ma'lazja] *n* Malasia.

malbaratar [mawbara'ta(x)] *vt* malgastar.

malcomportado, da [mawkõnpox'tadu, da] *adj* maleducado(da).

malcriação (*pl* **-ões**), **mácriação** (*pl* **-ões**) [mawkrja'sãw] *f* grosería *f*, malcriadez ***Méx*** *f*; **fazer ~** portarse mal, hacer groserías ***Amér***.

malcriado, da [mawkri'adu, da] <> *adj* malcriado(da). <> *m, f* malcriado *m*, -da *f*.

maldade [maw'dadʒi] *f* maldad *f*; **ser uma ~** ser una maldad.

maldição [mawdi'sãw] (*pl* **-ões**) *f* maldición *f*.

maldito, ta [maw'dʒitu, ta] ◇ *pp* ▷ **maldizer**. ◇ *adj* maldito(ta).

maldizer [mawdʒi'ze(x)] *vt* maldecir.

maldoso, osa [maw'dozu, ɔza] *adj* **-1.** [malvado] malo(la). **-2.** *fig* [mordaz] malvado(da), mordaz *Amér.*

maleável [ma'ljavew] (*pl* **-eis**) *adj* maleable.

maledicência [malidʒi'sẽnsja] *f* maledicencia *f*.

mal-educado, da [ˌmawedu'kadu, da] ◇ *adj* maleducado(da). ◇ *m, f* maleducado *m*, -da *f*.

malefício [male'fisju] *m* **-1.** [ação] mala acción *f*. **-2.** [dano] daño *m*, perjuicio *m* **Méx**.

maléfico, ca [ma'lɛfiku, ka] *adj* **-1.** [vício, hábito] nocivo(va), dañino(na). **-2.** [pessoa] malévolo(la).

mal-encarado, da [ˌmalwẽŋka'radu, da] (*pl* **-s**) *adj* desagradable.

mal-entendido [ˌmawẽntẽn'dʒidu] (*pl* **mal-entendidos**) ◇ *m* malentendido *m*. ◇ *adj* [mal interpretado] mal entendido(da).

males ['maliʃ] *pl* ▷ **mal**.

mal-estar [maweʃ'ta(x)] (*pl* **mal-estares**) *m* malestar *m*.

maleta [ma'leta] *f* bolso *m* de viaje.

malévolo, la [ma'lɛvolu, la], **malevolente** [malevo'lẽntʃi] *adj* malévolò(la), malicioso(sa) **Méx**.

malfeito, ta [maw'fejtu, ta] *adj* **-1.** [mal-acabado] mal hecho(cha). **-2.** [deforme] deforme, contrahecho (cha) **RP**. **-3.** *fig* [injusto] injusto(ta).

malfeitor, ra [mawfej'to(x), ra] (*mpl* **-es**, *fpl* **-s**) *m, f* malhechor *m*, -ra *f*.

malgrado [maw'gradu] *prep* a pesar de.

malha ['maʎa] *f* **-1.** [tecido] malla *f*, tejido *m* **RP**; **de ~** de malla, tejido(da) **RP**. **-2.** [de rede, balé] malla *f*. **-3.** [suéter] jersey *m* **Esp**, chompa *f* **Andes**, suéter *m* **Arg** & **Méx**, buzo *m* **Urug**.

malhação [maʎa'sãw] (*pl* **-ões**) *f* **fam** [maledicência] burla *f*.

malhado, da [ma'ʎadu, da] *adj* [animal] moteado(da), manchado(da) **RP**.

malhar [ma'ʎa(x)] ◇ *vt* **-1.** [com o malho] martillear. **-2.** [espancar] golpear. **-3.** [criticar] criticar. ◇ *vi* [fazer ginástica] machacarse, darle **RP**.

malharia [maʎa'ria] *f* **-1.** [loja] tienda *f* de géneros de punto, boutique *f* de tejidos **RP**. **-2.** [fábrica] fábrica *f* de géneros de punto, textilería *f* **Méx**, fábrica *f* de tejidos **RP**. **-3.** [artigos] artículos *mpl* de punto, artículos *mpl* tejidos **RP**.

malho ['maʎu] *m* mazo *m*.

mal-humorado, da [mawumo'radu, da] *adj* malhumorado(da).

malícia [ma'lisja] *f* **-1.** [intenção maldosa] malicia *f*, maldad *f*. **-2.** [intenção licenciosa] malicia *f*. **-3.** [manha] astucia *f*. **-4.** [marotice] malicia *f*, picardía *f*.

malicioso, osa [mali'sjozu, ɔza] *adj* **-1.** [ger] malicioso(sa). **-2.** [manhoso] astuto(ta). **-3.** [maroto] malicioso(sa), pícaro(ra).

maligno, gna [ma'lignu, gna] *adj* **-1.** [ger] maligno(na). **-2.** [nocivo] nocivo(va).

mal-intencionado, da [ˌmawĩntẽnsjo'nadu, da] (*pl* **-s**) *adj* malintencionado(da).

malogrado, da [malo'gradu, da] *adj* malogrado(da).

malograr [malo'gra(x)] ◇ *vt* malograr. ◇ *vi* malograrse.

malogro [ma'logru] *m* fracaso *m*.

malote [ma'lɔtʃi] *m* **-1.** [bolsa] maletín *m*, valija *f* **RP**. **-2.** [correspondência] correspondencia *f*. **-3.** [serviço] mensajería *f*.

malpassado, da [mawpa'sadu, da] *adj* poco hecho(cha), bien jugoso(sa) **RP**.

malsucedido, da [mawsuse'dʒidu, da] *adj* fracasado(da).

Malta ['mawta] *n* Malta.

malte ['mawtʃi] *m* malta *f*.

maltês, esa [maw'teʃ, eza] ◇ *adj* maltés(esa). ◇ *m, f* maltés *m*, -esa *f*.

maltrapilho, lha [mawtra'piʎu, ʎa] ◇ *adj* andrajoso(sa), harapiento (ta) **Amér**. ◇ *m, f* andrajoso *m*, -sa *f*, harapiento *m*, -ta *f* **Amér**.

maltratar [mawtra'ta(x)] *vt* maltratar.

maluco, ca [ma'luku, ka] ◇ *adj* loco(ca); **ser ~ por algo** estar *ou* ser **Amér** loco por algo. ◇ *m, f* PSIC loco *m*, -ca *f*.

malvadeza [mawva'deza], **malvadez** [mawva'deʒ] *f* maldad *f*.

malvado, da [maw'vadu, da] ◇ *adj* malvado(da). ◇ *m, f* malvado *m*, -da *f*.

malversação [mawvexsa'sãw] (*pl* **-ões**) *f* **-1.** [desvio]: **~ (de algo)** malversación *f* (de algo). **-2.** [mau gerenciamento] mala administración *f*.

Malvinas [maw'vinaʃ] *npl*: **as (ilhas) ~** las (islas) Malvinas.

mama ['mãma] *f* mama *f*.

mamadeira [mama'dejra] *f* biberón *m*, mamila *f* ***Méx***, mamadera *f* ***RP***.

mamãe [mã'mãj] *f* mamá *f*.

mamão [ma'mãw] (*pl* **-ões**) *m* papaya *f* ***Esp***, ***Méx*** & ***RP***, lechosa *f* ***Ven***, fruta *f* bomba ***Cuba***.

mamar [ma'ma(x)] ◇ *vt* [sugar] mamar. ◇ *vi* [alimentar-se] mamar; **dar de ~** dar de mamar.

mamata [ma'mata] *f* **-1.** ***fam*** [proveito ilícito] fraude *m*, chollo *m* ***Esp***. **-2.** [facilidade] tontería *f*, boleto *m* ***RP***.

mamífero, ra [ma'miferu, ra] *adj* mamífero(ra).
◆ **mamífero** *m* mamífero *m*.

mamilo [ma'milu] *m* pezón *m*.

maminha [ma'miɲa] *f* [carne] *cuarto trasero del lomo*, maciza *f* de lomo ***Méx***, cuadril *m* ***RP***.

mamoeiro [ma'mwejru] *m* papayo *m*.

mamões [ma'mõjʃ] *pl* ▷ **mamão**.

manada [ma'nada] *f* manada *f*.

Manágua [ma'nagwa] *n* Managua.

manancial [manãn'sjaw] (*pl* **-ais**) *m* **-1.** [fonte] manantial *m*. **-2.** ***fig*** [origem] manantial *m*, fuente *f*.

Manaus [ma'nawʃ] *n* Manaos.

mancada [mãŋ'kada] *f* **-1.** [erro] ***fam*** error *m*. **-2.** [gafe] ***fam*** metedura *f* de pata; **dar uma ~** meter la pata.

mancar [mãŋ'ka(x)] *vi* [coxear] cojear ***Esp***, renguear ***Amér***.
◆ **mancar-se** *vp* ***fam*** [desconfiar] darse cuenta de.

mancha ['mãnʃa] *f* **-1.** [ger] mancha *f*. **-2.** [marca] lunar *m*.

manchado, da [mãn'ʃadu, da] *adj* **-1.** [enodoado] manchado(da). **-2.** [malhado] moteado(da), manchado(da) ***RP***.

manchar [mãn'ʃa(x)] *vt* manchar.

manchete [mãn'ʃɛtʃi] *f* titular *m*.

manco, ca ['mãŋku, ka] ◇ *adj* cojo(ja) ***Esp***, rengo(ga) ***Amér***. ◇ *m, f* cojo *m*, -ja *f* ***Esp***, rengo *m*, -ga *f* ***Amér***.

mandachuva [mãnda'ʃuva] *mf* **-1.** [pessoa poderosa] mandamás *mf*. **-2.** [chefe, líder] cabecilla *mf*.

mandado [mãn'dadu] *m* **-1.** [ger] orden *f*. **-2.** JUR: **~ de prisão** orden de prisión; **~ de segurança** *garantía constitucional para la protección de los derechos individuales no amparados en el habeas corpus*.

mandamento [mãnda'mẽntu] *m* mandamiento *m*.

mandão, ona [mãn'dãw, ona] (*mpl* **-ões**) *adj* ***fam*** [autoritário] mandón(ona).

mandar [mãn'da(x)] ◇ *vt* **-1.** [ger] mandar. **-2.**: **~ alguém fazer** *ou* **que alguém faça algo** [ordenar, recomendar] mandar a alguien hacer *ou* que alguien haga algo; **~ chamar alguém** mandar llamar a alguien; **~ embora** echar. ◇ *vi* **-1.** [chefiar, dominar]: **~ (em alguém/algo)** mandar (a alguien/en algo). **-2.** ***fam*** [noticiar] desear.
◆ **mandar-se** *vp* **-1.** ***fam*** [ir-se embora] largarse, tomárselas ***RP***. **-2.** [fugir] pirárselas ***Esp***, huir ***Méx***, picar ***RP***.

mandatário, ria [mãnda'tarju, rja] *m, f* mandatario *m*, -ria *f*.

mandato [mãn'datu] *m* **-1.** [procuração] poder *m*. **-2.** [missão] misión *f*. **-3.** [ordem] orden *f*, mandato *m* ***RP***. **-4.** POL mandato *m*.

mandíbula [mãn'dʒibula] *f* mandíbula *f*.

mandioca [mãn'dʒjɔka] *f* mandioca *f*, yuca *f* ***Andes***.

mandões [mãn'dõjʃ] *mpl* ▷ **mandão**.

maneira [ma'nejra] *f* manera *f*; **à ~ (de)** a la manera (de); **de ~ nenhuma** *ou* **alguma** de ninguna manera; **de ~ que** de modo *ou* manera que; **de qualquer ~** de cualquier manera.
◆ **maneiras** *fpl* modales *mpl*; **boas ~s** buenos modales.

manejar [mane'ʒa(x)] *vt* **-1.** [manusear] manipular. **-2.** [governar - carro] conducir, dirigir ***Amér***; [- leme] gobernar; [- cavalo] llevar. **-3.** [usar, administrar, controlar] manejar.

manejável [mane'ʒavɛw] (*pl* **-eis**) *adj* manejable.

manequim [mane'kĩ] (*pl* **-ns**) ◇ *m* [boneco] maniquí *m*. ◇ *mf* [pessoa] modelo *mf*.

maneta [ma'neta] *adj* manco(ca).

manga ['mãŋga] *f* **-1.** [ger] manga *f*. **-2.** [fruto] mango *m*.

mangue ['mãŋgi] *m* **-1.** [terreno] manglar *m*. **-2.** [planta] mangle *m*.

mangueira [mãŋ'gejra] *f* **-1.** BOT mango *f.* **-2.** [cano] manguera *f.*

manha ['mãɲa] *f* **-1.** [habilidade, esperteza] maña *f.* **-2.** *fam* [choro, birra] lloriqueo *m*, berrido *m* ***Méx***, berrinche *m* ***RP***; **fazer ~** dar vueltas.

manhã [mã'ŋã] (*pl* **-s**) *f* mañana *f*; **amanhã de ~** mañana por la mañana ***Esp*** & ***Méx***, mañana de *ou* a la mañana ***RP***; **de/pela ~** por la mañana ***Esp*** & ***Méx***, de *ou* a la mañana ***RP***; **hoje de ~** esta mañana, hoy de mañana; **seis horas da ~** seis de la mañana.

manhãzinha [mãɲã'ziɲa] *f*: **de ~** de madrugada.

manhoso, osa [mã'ɲozu, ɔza] *adj* **-1.** [esperto] mañoso(sa). **-2.** [chorão, birrento] llorica ***Esp***, chillón(ona) ***Méx***, caprichoso(sa) ***RP***.

mania [ma'nia] *f* **-1.** [ger] manía *f.* **-2.** [gosto exagerado]: **~ de algo** manía de algo. **-3.** [hábito]: **estar com** *ou* **ter ~ de algo** tener la manía de algo.

maníaco, ca [ma'niaku, ka] ◇ *adj* **-1.** PSIC maniaco(ca), maníaco(ca). **-2.** [fanático]: **ser ~ por algo** ser un maniático de algo. ◇ *m, f* PSIC maniaco *m*, -ca *f*, maníaco *m*, -ca *f.*

manicômio [mani'komju] *m* manicomio *m.*

manicure [mani'kuri] *f* manicura *f.*

manifestação [manifeʃta'sãw] (*pl* **-ões**) *f* manifestación *f.*

manifestadamente [manifeʃtada'mẽntʃi] *adv* manifiestamente.

manifestante [manifeʃ'tãntʃi] *mf* manifestante *mf.*

manifestar [manifeʃ'ta(x)] *vt* manifestar.

◆ **manifestar-se** *vp* **-1.** [revelar-se] manifestarse. **-2.** [pronunciar-se]: **~-se (sobre/a favor de/contra)** manifestarse (sobre/en favor de/contra).

manifesto, ta [mani'fɛʃtu, ta] *adj* manifiesto(ta).

◆ **manifesto** *m* manifiesto *m.*

manipulação [manipula'sãw] *f* manipulación *f.*

manipular [manipu'la(x)] *vt* manipular.

maniqueísmo [manike'iʒmu] *m* maniqueísmo *m.*

manivela [mani'vɛla] *f* manivela *f.*

manjado, da [mãn'ʒadu, da] *adj fam* famoso(sa).

manjar [mãn'ʒa(x)] ◇ *m* [iguaria] manjar *m.* ◇ *vt fam* **-1.** [compreender] pescar, cazar. **-2.** [observar] espiar. ◇ *vi* [conhecer] *fam*: **~ de algo** saber mucho de algo.

manjedoura [mãnʒe'dora] *f* pesebre *m.*

manjericão [mãnʒeri'kãw] *m* albahaca *f.*

mano, na ['mãnu, na] *m,f* ***fam*** **-1.** [irmão] hermano *m*, -na *f.* **-2.** ***fam*** [camarada, amigo] colega *mf.*

manobra [ma'nɔbra] *f* **-1.** [ger] maniobra *f.* **-2.** ***fig*** [manipulação] artimaña *f.*

manobrar [mano'bra(x)] ◇ *vt* **-1.** [carro, barco, máquina] maniobrar. **-2.** [pessoa, negócio, situação] manejar. ◇ *vi* MIL maniobrar.

manobrista [mano'briʃta] *mf* aparcacoches *mf inv*, valet parking *mf* ***Méx***.

mansão [mãn'sãw] (*pl* **-ões**) *f* mansión *f.*

mansidão [mãnsi'dãw] *f* **-1.** [brandura] suavidad *f.* **-2.** [tranqüilidade] tranquilidad *f.*

mansinho, nha [mãn'siɲu, ɲa] *adj* [diminutivo de manso] muy manso(sa), mansito(ta) ***Méx***.

◆ **de mansinho** *loc adv* **-1.** [de leve] suavemente. **-2.** [sorrateiramente]: **entrar/sair de ~** entrar/salir sin hacer ruido *ou* sigilosamente.

manso, sa ['mãnsu, sa] *adj* **-1.** [brando] suave. **-2.** [tranqüilo] manso(sa), calmo(ma). **-3.** [domesticado] manso (sa).

mansões [mãn'sõjʃ] *pl* ▷ **mansão**.

manta ['mãnta] *f* **-1.** [cobertor] manta *f*, frazada *f* ***Amér***, cobija *f* ***Méx***. **-2.** [de carne seca] tajada *f*, sábana *f* Méx.

manteiga [mãn'tejga] *f* mantequilla *f* ***Esp*** & ***Méx***, manteca *f* ***RP***; **~ de cacau** manteca de cacao.

manter [mãn'te(x)] *vt* mantener.

◆ **manter-se** *vp* **-1.** [sustentar-se] mantenerse. **-2.** [permanecer] permanecer; **~-se a par de algo** mantenerse informado de algo.

mantimentos [mãntʃi'mẽntuʃ] *m* víveres *mpl.*

manto ['mãntu] *m* **-1.** [vestimenta] manto *m*, rebozo *m.* **-2.** [de reis] manto *m.* **-3.** ***fig*** [simulação] tapadera *f*, manto *m* ***RP***.

manual [ma'nwaw] (*pl* **-ais**) ◇ *adj* manual. ◇ *m* manual *m.*

manufatura [manufa'tura] *f* [fabricação] manufactura *f.*

manufaturar [manufatu'ra(x)] *vt* manufacturar.

manuscrito, ta [manuʃ'kritu, ta] *adj* manuscrito(ta).

◆ **manuscrito** *m* manuscrito *m*.

manusear [manu'zja(x)] *vt* manejar.

manutenção [manutẽn'sãw] *f* **-1.** [de máquina, da ordem] mantenimiento *m*. **-2.** [da casa, família] manutención *f*.

mão ['mãw] (*pl* **mãos**) *f* **-1.** [ger] mano *f*; **ter algo à ~** tener algo a mano *ou* a la mano *Méx*; **feito à ~** hecho (cha) a mano; **à ~ armada** a mano armada; **de ~s dadas** de la mano; **de segunda ~** de segunda mano; **entregar algo em ~s** entregar algo en mano; **dar uma ~ a alguém** echar una mano a alguien, dar una mano a alguien *Amér*. **-2.** [no trânsito] sentido *m*, mano *f* *RP*; **esta rua dá ~ para a praia** esta calle da a la playa, esta calle baja hacia la playa *RP*. **-3.** [habilidade]: **ter ~ boa para algo** ser hábil para algo, tener buena mano para algo *Amér*. **-4.** [poder, controle]: **estar nas ~s de alguém** estar en manos de alguien; **estar em boas ~s** estar en buenas manos. **-5.** *loc*: **abrir ~ de algo** desistir de algo, sacar las manos de algo *Méx*; **ficar na ~** quedarse sin nada, quedar varado(da) *RP*; **lançar ~ de algo** echar mano de algo; **pedir a ~ de alguém (em casamento)** pedir la mano de alguien (para casarse); **pôr a ~ no fogo por alguém** poner la mano *ou* las manos *RP* en el fuego por alguien.

mão-aberta [ˌmãwa'bɛxta] (*pl* **mãos-abertas**) *mf* **-1.** [esbanjador] manirroto *m*, -ta *f*. **-2.** [generoso] generoso *m*, -sa *f*.

mão-de-obra [mãw'dʒjɔbra] (*pl* **mãos-de-obra**) *f* mano *f* de obra; **ser uma ~** *fig* ser una complicación.

mapa ['mapa] *m* mapa *m*; **sumir do ~** *fam* desaparecer del mapa.

mapa-múndi [ˌmapa'mũndʒi] (*pl* **mapas-múndi**) *m* mapamundi *m*.

maquete [ma'kɛtʃi] *f* maqueta *f*, maquete *f* *RP*.

maquiado, da [ma'kjadu, da] *adj* [com maquiagem] maquillado(da).

maquiador, ra [makja'do(x), ra] *m, f* maquillador *m*, -ra *f*.

maquiagem [ma'kjaʒẽ] (*pl* **-ns**) *f* maquillaje *m*.

maquiar [ma'kja(x)] *vt* maquillar.

◆ **maquiar-se** *vp* [pintar-se] maquillarse.

maquiavélico, ca [makja'vɛliku, ka] *adj* maquiavélico(ca).

maquilador, ra [makila'do(x), ra] *m, f* = **maquiador**.

maquilagem [maki'laʒẽ] *f* = **maquiagem**.

máquina ['makina] *f* **-1.** [ger] máquina *f*; **bater** *ou* **escrever à ~** escribir a máquina; **feito à ~** hecho(cha) a máquina; **~ de calcular** calculadora *f*; **~ de costura** máquina de coser; **~ de escrever** máquina de escribir; **~ fotográfica** máquina fotográfica; **~ de lavar pratos** lavavajillas *m inv*, lavaplatos *m inv* *Méx*; **~ de lavar (roupa)** lavadora *f*, lavarropas *m inv* *RP*; **~ a vapor** máquina de vapor. **-2.** *fig* [de estado, partido] maquinaria *f*.

maquinação [makina'sãw] (*pl* **-ões**) *f* maquinación *f*.

maquinar [maki'na(x)] <> *vt* maquinar. <> *vi*: **~ contra alguém/algo** maquinar contra alguien/algo.

maquinária [maki'narja], **maquinaria** [makina'ria] *f* [máquinas] maquinaria *f*.

maquinário [maki'narju] *m* = **maquinária**.

maquinista [maki'niʃta] *mf* maquinista *mf*.

mar ['ma(x)] (*pl* **-es**) *m* mar *mf*; **~ aberto** mar abierto; **por ~** por mar; **~ das Caraíbas** mar Caribe; **~ Morto** mar Muerto; **~ Negro** mar Negro; **~ do Norte** mar del Norte; **~ de rosas** [mar calmo] mar en calma; [período feliz] balsa *f* de aceite, mar de rosas *Amér*; **nem tanto ao ~ nem tanto à terra** ni tanto ni tan poco, ni tanto que queme al santo, ni tanto que no lo alumbre *Méx*.

mar. (*abrev de* **março**) mar.

maracujá [maraku'ʒa] *m* maracuyá *m*.

maracutaia [maraku'taja] *f* *fam* trapicheo *m*.

marajá [mara'ʒa] *m* **-1.** [título] marajá *m*. **-2.** [servidor] *funcionario público que dobra irregularmente un sueldo altísimo*, coimero *m* *RP*.

Maranhão [mara'ɲãw] *n* Marañón.

marasmo [ma'raʒmu] *m* **-1.** [desânimo] apatía *f*. **-2.** [estagnação] paralización *f*.

maratona [mara'tona] *f* maratón *m f.*

maravilha [mara'viʎa] *f* maravilla *f*; **às mil ~s** a las mil maravillas, de mil maravillas *Amér*; **ser uma ~** ser una maravilla.

maravilhar [maravi'ʎa(x)] *vt* maravillar.

◆ **maravilhar-se** *vp*: **~-se (com algo)** maravillarse (con algo).

maravilhoso, osa [maravi'ʎozu, ɔza] *adj* maravilloso(sa).

marca ['maxka] *f* **-1.** [ger] marca *f*; **~ registrada** marca registrada. **-2.** *fig* [impressão] secuela *f.*

◆ **de marca maior** *loc adj pej* de marca mayor.

marcação [maxka'sãw] (*pl* **-ões**) *f* **-1.** [ato de marcar] marcación *f.* **-2.** *ESP* marcaje *m*, marcación *f RP.* **-3.** [perseguição, vigilância] vigilancia *f*, marcaje *m Méx*; **estar de ~ com alguém** vigilar continuamente a alguien, estar de marcaje con alguien *Méx*.

marcado, da [max'kadu, da] *adj* **-1.** [roupa, pele, texto] marcado(da). **-2.** [lugar, dia] fijado(da), marcado(da) *Méx*. **-3.** [traumatizado] marcado(da), golpeado(da) *RP.* **-4.** [em evidência] fichado(da), marcado(da) *RP.*

marcador [maxka'do(x)] *m* marcador *m.*

marcante [max'kãntʃi] *adj* sobresaliente.

marcapasso [maxka'pasu] *m* [cardíaco] marcapasos *m inv.*

marcar [max'ka(x)] *vt* **-1.** [ger] marcar; **~ época** marcar época *Esp*, hacer época *Amér.* **-2.** [data, hora, encontro] fijar, marcar *Amér*; **~ o tempo de algo** fijar *ou* marcar *Amér* el tiempo de algo; **~ uma consulta** pedir hora para una consulta, marcar una consulta *Méx*. **-3.** [gol] marcar, hacer *RP.* **-4.** [demarcar] demarcar.

marceneiro, ra [maxse'nejru, ra] *m, f* ebanista *mf.*

marcha ['maxʃa] *f* **-1.** [ger] marcha *f*; **~ fúnebre** marcha fúnebre. **-2.** *AUTO* marcha *f*, cambio *m RP.*

marchar [max'ʃa(x)] *vi* **-1.** *MIL* marchar. **-2.** [ir]: **~ para** marchar hacia.

marchinha [max'ʃiɲa] *f MÚS* marcha *f.*

marcial [max'sjaw] (*pl* **-ais**) *adj* marcial.

marco ['maxku] *m* **-1.** [sinal] linde *f*, mojón *m RP.* **-2.** [evento importante]: **a música dos Beatles foi um ~ nos anos 60** la música de los Beatles marcó un hito en los años 60. **-3.** [moeda] marco *m.*

março ['marsu] *m* marzo *m*; *veja também* **setembro.**

maré [ma'rɛ] *f* **-1.** [do mar, de pessoas] marea *f*; **~ alta/baixa** marea alta/baja; **remar contra a ~** *fig* remar contra la corriente. **-2.** *fig* [ocasião] racha *f.* **-3.** *fig* [tendência] tendencia *f.*

marechal [mare'ʃaw] (*pl* **-ais**) *m* mariscal *m.*

maré-cheia [ma,rɛ'ʃeja] (*pl* **marés-cheias**) *f* marea *f* alta.

maremoto [mare'mɔtu] *m* maremoto *m.*

maresia [mare'zia] *f* **-1.** [ação oxidante] acción *f* del salitre. **-2.** [cheiro] olor *m* a mar.

marfim [max'fĩ] *m* marfil *m*; **de ~** de marfil.

margarida [maxga'rida] *f BOT* margarita *f.*

margarina [maxga'rina] *f* margarina *f.*

margem ['maxʒẽ] (*pl* **-ns**) *f* **-1.** [ger] margen *m*; **~ de lucro** margen de beneficio *ou* ganancia *Méx*; **~ de erro** margen de error; **~ de segurança** margen de seguridad; **à ~ da sociedade/lei** al margen de la sociedad/ley. **-2.** [de estrada, lago, río] orilla *f*; **à ~ de** a la orilla de. **-3.** [ocasião]: **dar ~ a alguém para fazer algo** dar la oportunidad a alguien para hacer algo.

marginal [maxʒi'naw] (*pl* **-ais**) ◇ *adj* **-1.** [pessoa] marginal. **-2.** [nota] al margen. ◇ *mf* [pessoa] delincuente *mf*, marginal *mf RP.*

marginalidade [maxʒinali'dadʒi] *f* marginalidad *f.*

marginalizar [maxʒinali'za(x)] *vt* [excluir] marginar.

◆ **marginalizar-se** *vp* [tornar-se fora-da-lei] volverse delincuente *ou* marginal *RP.*

maria-fumaça [ma,riafu'masa] (*pl* **marias-fumaças**) *m, f* locomotora *f* de vapor.

maria-sem-vergonha [ma,riasẽnvex'goɲa] (*pl* **marias-sem-vergonha**) *f BOT* balsamina *f.*

marido [ma'ridu] *m* marido *m.*

marimbondo [marĩn'bõndu] *m* avispón *m.*

marina [ma'rina] *f* puerto *m* deportivo, marina *f Méx*, puerto *m* de yates *RP.*

marinha [ma'riɲa] *f* ▷ **marinho**.

marinheiro, ra [mari'ɲejru, ra] ◇ *adj* marinero(ra). ◇ *m, f* marinero *m*, -ra *f*; **~ de primeira viagem** *fig* novato *m*, -ta *f*.

marinho, nha [ma'riɲu, ɲa] *adj* [do mar] marino(na).

◆ **marinho** ◇ *m* [cor] azul *m* marino. ◇ *adj inv* [cor] azul marino.

◆ **marinha** *f* marina *f*; **marinha (de guerra)** marina (de guerra); **marinha mercante** marina mercante.

marionete [marjo'nɛtʃi] *f* marioneta *f*.

mariposa [mari'poza] *f* mariposa *f* nocturna.

marisco [ma'riʃku] *m* marisco *m*.

marital [mari'taw] (*pl* **-ais**) *adj* marital.

marítimo, ma [ma'ritʃimu, ma] *adj* marítimo(ma).

marketing ['maxketʃĩŋ] *m* márketing *m*, marketing *m*.

marmanjo [max'mãnʒu] *m fam* [homem adulto] hombretón *m*.

marmelada [maxme'lada] *f* **-1.** [doce] dulce *m* de membrillo. **-2.** *fam* [mamata] mangoneo *m*, fraude *m* ***Méx***, tongo *m* ***RP***.

marmelo [max'mɛlu] *m* membrillo *m*.

marmita [max'mita] *f* [recipiente] marmita *f*, cacerola *f* ***Amér***.

mármore ['maxmori] *m* mármol *m*.

marmóreo, rea [max'mɔriu, ria] *adj* marmóreo(a).

marola [ma'rɔla] *f* ola *f* pequeña.

marquês, esa [max'keʃ, eza] (*mpl* **-eses**, *fpl* **-esas**) *m, f* marqués *m*, -esa *f*.

marquise [max'kizi] *f* marquesina *f*.

marra ['maxa] *f fam*: **na ~** [a contragosto] a la fuerza; [de qualquer maneira] a cualquier precio.

marreco [ma'xɛku] *m* ánade *m*.

Marrocos [ma'xɔkuʃ] *n* Marruecos.

marrom [ma'xõ] (*pl* **-ns**) ◇ *adj* marrón. ◇ *m* marrón *m*.

marroquino, na [maxo'kinu, na] (*pl* **marroquinos**) ◇ *adj* marroquí. ◇ *m, f* marroquí *mf*.

Marte ['maxtʃi] *n* Marte.

martelar [maxte'la(x)] ◇ *vt* **-1.** [com martelo] martillear. **-2.** [afligir] preocupar. **-3.** [repetir] martillear, machacar ***RP***. ◇ *vi* [dar marteladas] martillear.

martelo [max'tɛlu] *m* martillo *m*.

martíni [max'tʃini] *m* martini *m*.

mártir ['maxti(x)] (*pl* **-es**) *mf* mártir *mf*.

martírio [max'tʃirju] *m* martirio *m*; **ser um ~** ser un martirio.

martirizar [maxtʃiri'za(x)] *vt* martirizar.

◆ **martirizar-se** *vp* [atormentar-se] martirizarse.

marujo [ma'ruʒu] *m* lobo *m* de mar.

marulho [ma'ruʎu] *m* **-1.** [do mar] marejada *f*. **-2.** [das ondas] agitación *f*.

marxismo [max'ksiʒmu] *m* marxismo *m*.

marzipã [maxzi'pã] *m* mazapán *m*.

mas [ma(j)ʃ] ◇ *conj* pero.

◆ **mas também** *loc conj* sino que también.

mascar [maʃ'ka(x)] ◇ *vt* mascar. ◇ *vi* mascar.

máscara ['maʃkara] *f* **-1.** [fantasia] máscara *f*, antifaz *m* ***Méx***; **baile de ~s** baile de máscaras *ou* antifaces ***Méx***. **-2.** [creme, fachada] máscara *f*; **~ (de beleza)** máscara (de belleza). **-3.** [protetor, aparelho] máscara *f*, mascarilla *f*; **~ de oxigênio** máscara *ou* mascarilla de oxígeno.

mascarado, da [maʃka'radu, da] *adj* **-1.** [fantasiado] enmascarado(da). **-2.** [sem modéstia] engreído(da).

mascarar [maʃka'ra(x)] *vt* enmascarar.

mascavo [maʃ'kavu] *adj* ▷ **açúcar**.

mascote [maʃ'kɔtʃi] *f* mascota *f*.

masculinidade [maʃkulini'dadʒi] *f* masculinidad *f*.

masculinizar [maʃkulini'za(x)] *vt* masculinizar.

masculino, na [maʃku'linu, na] *adj* masculino(na).

másculo, la ['maʃkulu, la] *adj* [viril] viril.

masmorra [maʒ'moxa] *f* **-1.** [calabouço] mazmorra *f*. **-2.** [aposento] cuchitril *m*.

masoquista [mazo'kiʃta] ◇ *adj* masoquista. ◇ *mf* masoquista *mf*.

massa ['masa] *f* **-1.** [ger] masa *f*. **-2.** [iguaria] pasta *f*. **-3.** [grande quantidade]: **uma ~ de** una masa de.

◆ **massas** *fpl* [povo]: **as ~s** las masas.

◆ **em massa** *loc adv* en masa.

massa-corrida [masako'xida] (*pl* **massas-corridas**) *f capa de yeso aplicada sobre la pared antes de colocar la pintura.*

massacrar [masa'kra(x)] *vt* **-1.** [matar,

oprimir] masacrar. **-2.** *fig* [torturar] torturar. **-3.** *ESP* apalizar.

massacre [ma'sakri] *m* masacre *f*.

massagear [masa'ʒja(x)] ◇ *vt* masajear. ◇ *vi* masajear.

massagem [ma'saʒẽ] (*pl* **-ns**) *f* masaje *m*.

massagista [masa'ʒiʃta] *mf* masajista *mf*.

massificar [masifi'ka(x)] *vt* masificar.

massudo, da [ma'sudu, da] *adj* **-1.** [pão, torta] compacto(ta), pesado (da) *RP*. **-2.** [documentação, livro] voluminoso(sa), gordo(da) *RP*.

mastigar [maʃtʃi'ga(x)] ◇ *vt* [triturar] masticar. ◇ *vi* [triturar] masticar.

mastro ['maʃtru] *m* mástil *m*.

masturbar [maʃtux'ba(x)] *vt* masturbar.

◆ **masturbar-se** *vp* masturbarse.

mata ['mata] *f* selva *f*; ~ **virgem** selva virgen.

mata-barata [mataba'rata] ◆ **mata-baratas** *mpl* [inseticida] matacucarachas *m inv*.

matadouro [mata'doru] *m* matadero *m*.

matagal [mata'gaw] (*pl* **-ais**) *m* matorral *m*.

mata-moscas [ˌmata'moʃkaʃ] *m inv* matamoscas *m inv*.

matança [ma'tãnsa] *f* matanza *f*.

matar [ma'ta(x)] ◇ *vt* **-1.** [ger] matar. **-2.** *fam* [gazetear]: ~ **aula** hacer novillos *Esp*, matar clase *Méx*, hacerse la rabona *ou* la rata *RP*; ~ **o trabalho** faltar *Esp*, tomarse el día *Amér*. **-3.** [executar mal] hacer mal. **-4.** [decifrar] descifrar. ◇ *vi* [causar morte] matar.

◆ **matar-se** *vp* **-1.** [suicidar-se] matarse. **-2.** [afadigar-se]: ~**-se de algo/fazer algo** matarse por algo/hacer algo.

◆ **de matar** *loc adj* [terrível] mortal; **ser de** ~ ser mortal.

mate ['matʃi] *m* [bebida] mate *m*.

matelassê [matela'se] *adj* acolchado(da).

matemático, ca [mate'matʃiku, ka] ◇ *adj* matemático(ca). ◇ *m, f* matemático *m*, -ca *f*.

◆ **matemática** *f* [ciência] matemáticas *fpl*.

matéria [ma'tɛrja] *f* **-1.** [ger] materia *f*; **em ~ de política/esporte** en materia de política/deporte. **-2.** *JORN* artículo *m*.

material [mate'rjaw] (*pl* **-ais**) ◇ *adj* material. ◇ *m* material *m*; ~ **de limpeza** material de limpieza.

materialista [materja'liʃta] ◇ *adj* materialista. ◇ *mf* materialista *mf*.

matéria-prima [maˌtɛrja'prima] (*pl* **matérias-primas**) *f* materia *f* prima.

maternal [matex'naw] (*pl* **-ais**) ◇ *adj* maternal. ◇ *m EDUC* guardería *f*.

maternidade [matexni'dadʒi] *f* maternidad *f*.

materno, na [ma'tɛxnu, na] *adj* materno(na).

matilha [ma'tʃiʎa] *f* [cães] jauría *f*.

matinal [matʃi'naw] (*pl* **-ais**) *adj* matinal.

matinê [matʃi'ne] *f* sesión *f* de tarde, matinée *f RP*.

matiz [ma'tʃiʒ] *m* matiz *m*.

matizar [matʃi'za(x)] *vt* [dar nuances a] matizar.

mato ['matu] *m* **-1.** [área] bosque *m*. **-2.** [plantas] matorral *m*. **-3.** [roça] campo *m*. **-4.** *loc*: **estar no ~ sem cachorro** *fam* estar en apuros aprietos *Amér*.

matreiro, ra [ma'trejru, ra] *adj* [astuto, ardiloso] astuto(ta), zorro(rra) *RP*.

matriarcal [matrjax'kaw] (*pl* **-ais**) *adj* matriarcal.

matrícula [ma'trikula] *f* **-1.** [inscrição] matrícula *f*, inscripción *f RP*; **fazer (a)** ~ hacer la matrícula *ou* inscripción *RP*. **-2.** [taxa] matrícula *f*.

matricular [matriku'la(x)] *vt*: ~ **alguém (em algo)** matricular *ou* inscribir *RP* a alguien (en algo).

◆ **matricular-se** *vp*: ~**-se (em algo)** matricularse *ou* inscribirse *RP* (en algo).

matrimonial [matrimo'njaw] (*pl* **-ais**) *adj* matrimonial.

matrimônio [matri'monju] *m* matrimonio *m*.

matriz [ma'triʃ] (*pl* **-es**) ◇ *f* matriz *f*. ◇ *adj* matriz.

matrona [ma'trona] *f* matrona *f*.

maturidade [maturi'dadʒi] *f* madurez *f*.

matutino, na [matu'tʃinu, na] *adj* matutino(na).

matuto, ta [ma'tutu, ta] *m, f* [pessoa da roça] provinciano *m*, -na *f*, guajiro *m*, -ra *f Cuba*, pajuerano *m*, -na *f RP*.

mau, má ['maw, 'ma] ◇ *adj* **-1.** *(antes de subst)* [ger] mal(la). **-2.** [malvado]

malo(la). ◇ *m, f* **-1.** [pessoa] malvado *m*, -da *f*, malo *m*, -la *f*. **-2.** [em filme] malo *m*, -la *f*.

mau-caráter [ˌmawka'ratex] (*pl* **maus-caráteres**) ◇ *adj* sinvergüenza. ◇ *mf* sinvergüenza *mf*.

mau-olhado [ˌmawo'ʎadu] (*pl* **maus-olhados**) *m* mal *m* de ojo.

mausoléu [mawzo'lɛu] *m* mausoleo *m*.

maus-tratos [mawʃ'tratuʃ] *mpl* malos *mpl* tratos.

maxilar [maksi'la(x)] (*pl* **-es**) ◇ *m* maxilar *m*. ◇ *adj* maxilar.

máxima ['masima] *f* ▷ **máximo**.

máximo, ma ['masimu, ma] *adj* **-1.** [o maior possível] máximo(ma). **-2.** [supremo] supremo(ma), máximo(ma).
◆ **máximo** *m* máximo *m*; **ao ~** al máximo; **no ~** como máximo, no más de *Méx*; **ser o ~** ser lo máximo; **o ~** el máximo.
◆ **máxima** *f* [sentença, princípio] máxima *f*.

MB (*abrev de* **Megabyte**) Mb.

MBA (*abrev de* **Master of Business Administration**) *m* MBA *m*.

me [mi] *pron* me; **você ~ enganou!** ¡me engañaste!; **ele ~ deu um presente** me dio un regalo; **vou-~ embora** me voy/marcho *Esp*.

meada ['mjada] *f* madeja *f*.

meado ['mjadu] *m*: **em ~s de** a mediados de.

meandro ['mjãndru] *m* meandro *m*, vericueto *m* *Amér*.

MEC (*abrev de* **Ministério da Educação e Cultura**) *m* MEC *m*.

Meca ['mɛka] *n* La Meca.

mecânico, ca [me'kãniku, ka] ◇ *adj* mecánico(ca). ◇ *m, f* [profissional] mecánico *m*, -ca *f*.
◆ **mecânica** *f* **-1.** [ger] mecánica *f*. **-2.** [funcionamento] mecanismo *m*.

mecanismo [meka'niʒmu] *m* mecanismo *m*; **~ de defesa** mecanismo de defensa.

mecenas [me'senaʃ] *m inv* mecenas *m inv*.

mecha ['mɛʃa] *f* [de cabelo] mechón *m*.

medalha [me'daʎa] *f* medalla *f*.

média ['mɛdʒja] *f* ▷ **médio**.

mediação [medʒja'sãw] *f* mediación *f*.

mediador, ra [medʒja'do(x), ra] *m, f* mediador *m*, -ra *f*.

mediano, na [me'dʒjãnu, na] *adj* **-1.** [estatura] mediano(na), medio(dia). **-2.** [inteligência] medio(dia).

mediante [me'dʒjãntʃi] *prep* [por meio de, a troco de] mediante.

mediar [me'dʒja(x)] ◇ *vt* [intervir] mediar. ◇ *vi* [intervir, decorrer] mediar.

medicação [medʒika'sãw] (*pl* **-ões**) *f* [tratamento, remédios] medicación *f*.

medicamento [medʒika'mẽntu] *m* medicamento *m*.

medicar [medʒi'ka(x)] *vt* recetar.
◆ **medicar-se** *vp* medicarse.

medicina [medʒi'sina] *f* medicina *f*.

medicinal [medʒisi'naw] (*pl* **-ais**) *adj* medicinal.

médico, ca ['mɛdʒiku, ka] ◇ *adj* médico(ca). ◇ *m, f* médico *m*, -ca *f*; **~ de família** médico de familia *ou* cabecera.

médico-hospitalar [ˌmɛdʒikwoʃpita'la(x)] (*pl* **médico-hospitalares**) *adj* hospitalario(ria).

médico-legista, médica-legista [ˌmedʒikule'ʒiʃta] (*mpl* **médicos-legistas**, *fpl* **médicas-legistas**) *m, f* forense *mf*.

medida [me'dʒida] *f* medida *f*; **feito sob ~** hecho(cha) a *ou* sobre *Méx* medida; **na ~ do possível** en la medida de lo posible, en lo posible *RP*; **~ de segurança** medida de seguridad; **~ provisória** medida provisional; **passar das ~s** pasar de los límites, pasar los límites *Méx*, pasarse de la raya *RP*.
◆ **à medida que** *loc conj* a medida que.

medieval [medʒje'vaw] (*pl* **-ais**) *adj* medieval.

médio, dia ['mɛdʒju, dja] *adj* **-1.** [tamanho] medio(dia), mediano(na) *RP*. **-2.** [qualidade] medio(dia). **-3.** [resultado de cálculo] medio(dia), promedio *RP*. **-4.** [ensino] medio(dia), secundario(ria).
◆ **média** *f* **-1.** MAT media *f*, promedio *m* *RP*; **em ~** como media, promedio *RP*. **-2.** EDUC aprobado *m*. **-3.** *fam* [café com leite] café *m* con leche.

medíocre [me'dʒiwkri] ◇ *adj* mediocre. ◇ *mf* mediocre *mf*.

mediocridade [medʒiwkri'dadʒi] *f* mediocridad *f*.

medir [me'dʒi(x)] *vt* [ger] medir; **meça suas palavras!** *fig* ¡mida sus palabras!

meditação [medʒita'sãw] (*pl* **-ões**) *f*

[reflexão & *RELIG*] meditación *f*.

meditar [me'dʒita(x)] *vi* [refletir & *RELIG*] meditar.

meditativo, va [medʒita'tʃivu, va] *adj* meditativo(va).

mediterrâneo, nea [medʒite'xãnju, nja] *adj* mediterráneo(a).
◆ **Mediterrâneo** *n*: **o (mar)** ~ el (mar) Mediterráneo.

médium ['mɛdʒjũ] (*pl* **-ns**) <> *adj* médium. <> *mf* médium *mf*.

mediúnico, ca [me'dʒjuniku, ka] *adj* del médium.

mediunidade [medʒjuni'dadʒi] *f predisposición de una persona para servir como médium.*

medo ['medu] *m* [pavor, receio] miedo *m*; **com** ~ **de** por miedo de, con miedo de que; **estar com** *ou* **ter** ~ **(de)** tener miedo (de); **morrer de** ~ morirse de miedo.

medroso, osa [medrozu, ɔza] <> *adj* [temeroso] miedoso(sa). <> *m, f* miedoso *m*, -sa *f*.

medula [me'dula] *f ANAT* médula *f*; ~ **óssea** médula ósea.

megabyte [mɛga'bajtʃi] *m COMPUT* megabyte *m*.

megafone [mɛga'foni] *m* megáfono *m*.

megalomaníaco, ca [megaloma'njaku, ka] <> *adj* megalómano(na). <> *m, f* megalómano *m*, -na *f*.

megera [me'ʒɛra] *f* arpía *f*.

meia ['meja] *f* ▻ **meio**.

meia-calça [ˌmeja'kawsa] (*pl* **meias-calças**) *f* pantys *mpl* ***Esp***, medias *fpl* pantys ***Cuba***, pantimedias *fpl* ***Méx***, medias *fpl* can-can ***RP***.

meia-entrada [ˌmejaẽn'trada] (*pl* **meias-entradas**) *f entrada para espectáculos con el cincuenta por ciento de descuento para menores, estudiantes y jubilados.*

meia-idade [ˌmejaj'dadʒi] (*pl* **meias-idades**) *f* edad *f* madura.

meia-lua [ˌmeja'lua] *f ASTRO* [semicírculo] media luna *f*.

meia-luz [ˌmeja'luʃ] (*pl* **meias-luzes**) *f* media luz *f*; **à** ~ a media luz.

meia-noite [ˌmeja'nojtʃi] (*pl* **meias-noites**) *f* medianoche *f*; **à** ~ a medianoche.

meigo, ga ['mejgu, ga] *adj* tierno(na).

meio, meia ['meju, 'meja] *adj* [metade de, incompleto] medio(dia); **a** ~ **caminho** a mitad de camino; **meia dúzia (de)** media docena (de); **meia hora** media hora; ~ **quilo** medio kilo; **são três e meia** son las tres y media.
◆ **meio** <> *adv* medio. <> *m* **-1.** [ger] medio *m*; ~ **a** ~ a medias; **o filho do** ~ el hijo del medio; ~ **de comunicação** medio de comunicación; ~ **de transporte** medio de transporte; ~ **ambiente** medio ambiente. **-2.** [modo] manera *f*; **por** ~ **de** por medio de.
◆ **meios** *mpl* [recursos] medios *mpl*.
◆ **meia** <> *num* seis *m inv*. <> *f* **-1.** [meia - de seda] media *f*; [- soquete] calcetín *m*, media *f* ***Amér***. **-2.** [entrada] *entrada para espectáculos con el cincuenta por ciento de descuento para menores, estudiantes y jubilados.*

meio-dia [ˌmeju'dʒia] (*pl* **meios-dias**) *m* mediodía *m*; **ao** ~ a las doce del mediodía.

meio-fio [ˌmejo'fiw] (*pl* **meios-fios**) *m* bordillo *m* ***Esp***, acotamiento *m* ***Méx***, cordón *m* de la vereda ***RP***.

meio-tempo [ˌmeju'tẽnpu] (*pl* **meios-tempos**) *m* [ínterim]: **nesse** ~ en ese rato.

meio-tom [ˌmeju'tõ] (*pl* **meios-tons**) *m* **-1.** *MÚS* semitono *m*. **-2.** [de cor] medio tono *m*.

mel ['mɛw] *m* miel *f*.

melancia [melãn'sia] *f* sandía *f*.

melancolia [melãŋko'lia] *f* melancolía *f*.

melancólico, ca [melãŋ'kɔliku, ka] *adj* melancólico(ca).

melão [me'lãw] (*pl* **-ões**) *m* melón *m*.

meleca [me'lɛka] *f fam* [secreção] moco *m*.

melhor [me'ʎɔ(x)] (*pl* **-es**) <> *adj* **-1.** *(comparativo de bom)*: ~ **(do que)** mejor (que); **bem/muito** ~ mucho mejor; **é** ~ **você ir** es mejor que te vayas; **quanto mais,** ~ cuanto más, mejor. **-2.** *(superlativo de bom)*: **o/a** ~ **...** el/la mejor ... <> *adv* **-1.** *(comparativo de bem)*: ~ **(do que)** mejor que; **estar** ~ estar mejor. **-2.** *(superlativo de bem)* mejor. <> *m* **-1.** [superior a tudo] mejor *m*. **-2.** [adequado]: **o** ~ lo mejor. <> *f* **-1.** [vantagem]: **levar a** ~ salir ganando, llevarse lo mejor ***Méx***, salir bien parado ***RP***. **-2.** *fam fig* [morrer]: **ir desta para** ~ pasar a mejor vida.
◆ **ou melhor** *loc adv* mejor dicho.

melhora [me'ʎɔra] *f* mejoría *f*; **estimo suas** ~**s** le deseo una pronta recuperación.

melhoramento [meʎora'mẽntu] *m* mejora *f*, mejoramiento *m* ***Méx***.
melhorar [meʎo'ra(x)] <> *vt* mejorar. <> *vi* mejorar; **~ de algo** mejorar en algo.
melhoria [meʎo'ria] *f* mejoría *f*.
melindrar [melĩn'dra(x)] *vt* molestar.
melodia [melo'dʒia] *f* melodía *f*.
melódico, ca [me'lɔdʒiku, ka] *adj* melódico(ca).
melodrama [melo'drama] *m* melodrama *m*.
melodramático, ca [melodra'matʃiku, ka] *adj* [peça, pessoa] melodramático(ca).
melões [me'lõjʃ] *pl* ▻ **melão**.
melro ['mɛwxu] *m* mirlo *m*.
membro ['mẽnbru] *m* miembro *m*.
memorando [memo'rãndu] *m* **-1.** [comunicação] circular *f*. **-2.** [nota diplomática] memorándum *m*, memorando *m*.
memorável [memo'ravew] (*pl* **-eis**) *adj* memorable.
memória [me'mɔrja] *f* **-1.** [faculdade & COMPUT] memoria *f*; **de ~** de memoria; **ter ~ fraca** tener mala memoria; **vir à ~** venir a la memoria; **~ RAM/ROM** memoria RAM/ROM. **-2.** [recordação] recuerdo *m*, memoria *f* ***Méx***; **em ~ de** en memoria de, a la memoria de.
◆ **memórias** *fpl* [autobiografia & HIST] memorias *fpl*.
memorial [memo'rjaw] (*pl* **-ais**) *m* **-1.** [monumento] memorial *m*. **-2.** [memórias] memorias *fpl*.
memorização [ˌmemori'zasãw] (*pl* **-ões**) *f* memorización *f*.
memorizar [memori'za(x)] *vt* memorizar.
menção [mẽn'sãw] (*pl* **-ões**) *f* **-1.** [referência] mención *f*; **fazer ~ a algo** hacer mención de algo. **-2.** [tenção]: **fazer ~ de se levantar** hacer el gesto de levantarse. **-3.** [distinção]: **~ honrosa** distinción *f*.
mencionar [mẽnsjo'na(x)] *vt* mencionar.
menções [mẽn'sõjʃ] *pl* ▻ **menção**.
mendicância [mẽndʒi'kãnsja] *f* [ato, condição] mendicidad *f*.
mendigar [mẽndʒi'ga(x)] <> *vt* [ajuda, esmola, favor] mendigar. <> *vi* [pedir esmola] mendigar.
mendigo, ga [mẽn'dʒigu, ga] *m, f* mendigo *m*, -ga *f*.
menina [me'nina] *f* ▻ **menino**.
meninada [meni'nada] *f* chiquillería *f*, chiquilinada *f* ***RP***, gurisada *f* ***Urug***.
menina-dos-olhos [meˌninadu'zɔʎuʃ] (*pl* **meninas-dos-olhos**) *f*: **ser a ~ de alguém** ser la niña de los ojos de alguien.
meningite [menĩn'ʒitʃi] *f* meningitis *f*.
meninice [meni'nisi] *f* **-1.** [período] niñez *f*. **-2.** [criancice] chiquillada *f*, chiquilinada *f* ***RP***.
menino, na [me'ninu, na] <> *adj* niño(ña). <> *m, f* **-1.** [criança] niño *m*, -ña *f*, los niños; **~ de rua** niño de la calle. **-2.** [jovem] muchacho *m*, -cha *f*. **-3.** [como forma de tratamento] muchacho *m*, -cha *f*, nene *m*, -na *f* ***RP***.
menopausa [meno'pawza] *f* menopausia *f*.
menor [me'nɔ(x)] (*pl* **-es**) <> *adj* **-1.** *(comparativo)*: **~ (do que)** [de tamanho, idade] más pequeño(ña) (que), más chico(ca) (que) ***Amér***; [de importância, número] menor (que). **-2.** *(superlativo)*: **o/a ~** [de tamanho] el/la menor, el más chico (la más chica) ***Amér***; [de importância] el más pequeño (la más pequeña); [de número] el/la menor. **-3.** [jovem]: **ser ~ (de idade)** ser menor de edad. **-4.** *(antes de subst)* [noção, paciência] menor. <> *mf* [que não atingiu a maioridade] menor *mf*; **proibido para ~es** prohibido para menores.
menoridade [menori'dadʒi] *f* minoría *f* de edad.
menos ['menuʃ] <> *adv* **-1.** [em comparações] menos; **você está ~ gordo** estás menos gordo; **~ ... do que** ... menos ... que ...; **a ~** de menos. **-2.** [como superlativo]: **o/a ~** el/la menos; **o ~ interessante/caro** el menos interesante/caro. **-3.** [em locuções]: **a ~ que** a menos que; **ao ~**, **pelo ~** al menos, por lo menos; **isso é o de ~** eso es lo de menos; **pouco ~ de algo**/poco ***RP*** menos de. <> *adj inv* **-1.** [em comparação] menos; **eles têm ~ posses** (ellos) tienen menos bienes; **está ~ frio do que ontem** hace menos frío que ayer. **-2.** [como superlativo] menos; **as que ~ bolos comeram** las que comieron menos pasteles/tortas ***RP***; **os que ~ dinheiro têm** los que tienen menos dinero. <> *prep* **-1.** [exceto] menos; **todos gostaram, ~**

ele les gustó a todos menos a él; **tudo, ~ isso** todo menos eso. **-2.** [indica subtração] menos; **três ~ dois é igual a um** tres menos dos, es igual a uno.

menosprezado, da [menoʃpre'zadu, da] *adj* menospreciado(da).

menosprezar [menoʃpre'za(x)] *vt* menospreciar.

menosprezo [menoʃ'prezu] *m*: **~ (por)** menosprecio *m* (por) hacia.

mensageiro, ra [mẽnsa'ʒejru, ra] *m, f* mensajero *m*, -ra *f*.

mensagem [mẽnsa'ʒẽ] (*pl* **-ns**) *f* mensaje *m*.

mensal [mẽn'saw] (*pl* **-ais**) *adj* mensual.

mensalidade [mẽnsali'dadʒi] *f* mensualidad *f*.

mensalmente [mẽnsaw'mẽntʃi] *adv* mensualmente.

menstruação [mẽnʃtrwa'sãw] (*pl* **-ões**) *f* menstruación *f*.

menstruada [mẽnʃ'trwada] *adj f*: **estar ~** estar con la regla *ou* menstruación, estar indispuesta ***Arg***, estar enferma ***Urug***; **ficar ~** venirle la regla, caer con la menstruación ***Amér***, indisponerse ***Arg***, enfermarse ***Urug***.

menstrual [mẽnʃ'trwaw] (*pl* **-ais**) *adj* menstrual.

menstruar [mẽnʃ'trwa(x)] *vi* menstruar.

mensurável [mẽnsu'ravew] (*pl* **-eis**) *adj* mensurable.

menta ['mẽnta] *f* menta *f*; **de ~** de menta.

mental [mẽn'taw] (*pl* **-ais**) *adj* mental.

mentalidade [mẽntali'dadʒi] *f* mentalidad *f*.

mentalizar [mẽntali'za(x)] *vt* imaginar.

mente ['mẽntʃi] *f* mente *f*; **ter em ~ algo** tener algo en mente.

mentecapto, ta [mẽnte'kaptu, ta] *m, f* mentecato *m*, -ta *f*.

mentir [mẽn'tʃi(x)] *vi* mentir.

mentira [mẽn'tʃira] *f* [falsidade] mentira *f*; **de ~** de mentira; **~ deslavada** mentira como la copa de un pino ***Esp***, guayaba *f* ***Cuba***, mentirota *f* ***Méx***, mentira grande como una casa ***RP***; **mentira!** ¡mentira!

mentiroso, osa [mẽntʃi'rozu, ɔza] <> *adj* mentiroso(sa). <> *m, f* [pessoa] mentiroso *m*, -sa *f*.

mentolado, da [mẽnto'ladu, da] *adj* mentolado(da).

mentor, ra [mẽn'to(x), ra] *m, f* [autor intelectual] autor *m*, -ra *f*.

menu [me'nu] *m* [cardápio & *COMPUT*] menú *m*.

meramente [mɛra'mẽntʃi] *adv* meramente.

mercado [mex'kadu] *m* mercado *m*; **~ das pulgas** rastro *m* ***Esp***, pulguero *m* ***Cuba***, mercado *m* de pulgas ***Méx***, feria *f* ***RP***; **~ de trabalho** mercado de trabajo; **~ negro** mercado negro; **~ comum** mercado común.

mercador [mexka'do(x)] *m* mercader *m*.

mercadoria [mexkado'ria] *f* mercancía *f*, mercadería *f* ***RP***.

mercante [mex'kãntʃi] *adj* mercante.

mercantil [mexkãn'tʃiw] (*pl* **-is**) *adj* mercantil.

mercantilismo [mexkãntʃi'liʒmu] *m* mercantilismo *m*.

mercê [mex'se] *f*: **estar/ficar à ~ de alguém/algo** estar/quedar a merced de alguien/algo.

mercearia [mexsja'ria] *f* tienda *f* de comestibles, almacén *m* ***Andes***, ***Cuba*** & ***RP***, tienda *f* ***Méx***.

mercenário, ria [mexse'narju, rja] <> *adj* mercenario(ria). <> *m, f* mercenario *m*, -ria *f*.

Mercosul [mexko'suw] (*abrev de* **Mercado do Cone Sul**) *m* ≃ Mercosur *m*.

mercúrio [mex'kurju] *m* mercurio *m*.

◆ **Mercúrio** *m* Mercurio *m*.

mercurocromo [mexkuro'kromu] *m* mercurocromo *m*.

merda ['mɛxda] *mfam* <> *f* mierda *f*; **ser/estar uma ~** ser/estar hecho una mierda. <> *interj*: **(que) ~!** ¡(que) mierda!

merecedor, ra [merese'do(x), ra] *adj*: **~ de** merecedor(ra) de.

merecer [mere'se(x)] <> *vt* merecer. <> *vi* merecer.

merecido, da [mere'sidu, da] *adj* merecido(da).

merecimento [meresi'mẽntu] *m* [mérito, valor] mérito *m*.

merenda [me'rẽnda] *f* merienda *f*, lonche *m* ***Méx***; **~ escolar** merienda escolar, lonche escolar ***Méx***.

merendeira [merẽn'dejra] *f* [lancheira] fiambrera *f*, lonchera *f* ***Méx***, vianda *f* ***RP***.

merengue [me'rẽŋgi] *m* merengue *m*.

meretriz [mere'triʒ] *f* meretriz *f*.

mergulhador, ra [mexguʎa'do(x), ra]

(*mpl* **-es**, *fpl* **-s**) <> *m, f* buceador *m*, -ra *f*, buzo *m*. <> *adj* buceador(ra).
mergulhar [mexgu'ʎa(x)] <> *vt* [afundar]: ~ **algo (em algo)** sumergir algo (en algo). <> *vi* **-1.** [afundar, saltar]: ~ **(em algo)** zambullirse (en algo). **-2.** [penetrar, concentrar-se]: ~ **em algo** sumergirse en algo. **-3.** [atividade submarina] bucear.
mergulho [mex'guʎu] *m* **-1.** [submersão] inmersión *f*, zambullida *f*; **dar um** ~ [na praia] darse una zambullida, ir al agua *RP*; [do trampolim] dar un salto. **-2.** *ESP* buceo *m*.
meridiano, na [meri'dʒjãnu, na] *adj* meridiano(na).
◆ **meridiano** *m GEOGR* meridiano *m*.
meridional [meridʒjo'naw] (*pl* **-ais**) *adj* meridional.
meritíssimo, ma [meri'tʃisimu, ma] *adj* ilustrísimo(ma).
mérito ['mɛritu] *m* mérito *m*.
merluza [mex'luza] *f* merluza *f*.
mero, ra ['mɛru, ra] *adj* mero(ra).
merreca *fam* [me'xɛka] *f* **-1.** [coisa insignificante] tontería *f*, insignificancia *f Méx*. **-2.** [valor insignificante]: **custar/pagar uma** ~ costar/pagar muy poco, costar/pagar una bicoca *Amér*, costar/pagar dos mangos con veinte *RP*.
mês ['meʃ] (*pl* **meses**) *m* mes *m*; **de** ~ **em** ~ de mes en mes, todos los meses.
mesa ['meza] *f* mesa *f*; **pôr/tirar a** ~ poner/recoger *OU* quitar la mesa; ~ **telefônica** centralita *f*; **virar a** ~ ***fam loc*** armar la gorda, botarse para el solar ***Cuba***.
mesada [me'zada] *f* **-1.** [pagamento] paga *f* mensual, mesada *f* ***Amér***. **-2.** ***fam*** [de criança] paga *f* mensual, mesada *f* ***Amér***, domingo *m* ***Méx***.
mesa-de-cabeceira [ˌmezadʒikabi'sejra] (*pl* **mesas-de-cabeceira**) *f* mesa *f* de noche, mesita *f* de luz *RP*.
mesa-redonda [ˌmezaxe'dõnda] (*pl* **mesas-redondas**) *f* mesa *f* redonda.
mescla ['mɛʃkla] *f* **-1.** [mistura] mezcla *f*. **-2.** [tecido] mezclilla *f*.
mesclar [meʃ'kla(x)] *vt* **-1.** [misturar]: ~ **algo (com/de algo)** mezclar algo (con algo). **-2.** [incorporar]: ~ **algo a algo** incorporar algo a algo.
mesmo, ma ['meʒmu, ma] <> *adj* [ger] mismo(ma); **ela** ~ ella misma; **o** ~ **carro** el mismo coche; **na mesma hora** [imediatamente] al instante, en el acto. <> *pron*: **o** ~ **/a mesma** el mismo, la misma.
◆ **mesma** <> *f*: **continuar na mesma** [não mudar] estar en las mismas. <> *m* [a mesma coisa]: **o** ~ lo mismo; **dá no** ~ da lo mismo.
◆ **mesmo** *adv* **-1.** [precisamente]: **agora/aqui** ~ ahora/aquí mismo, justamente ahora/aquí; **é assim** ~ es exactamente así, es así mismo; **por isso** ~ por eso mismo. **-2.** [realmente] realmente; **é** ~**?** ¿de verdad?; **só** ~ **você** sólo tú, sólo vos *RP*. **-3.** [até, ainda] incluso; ~ **assim**, **assim** ~ aún así; **nem** ~ ni siquiera.
◆ **mesmo que** *loc conj* aunque, mismo que ***Méx***.
mesquinhez [meʃki'ɲeʃ] *f* mezquindad *f*.
mesquinho, nha [meʃ'kiɲu, ɲa] *adj* mezquino(na).
mesquita [meʃ'kita] *f* mezquita *f*.
messias [me'siaʃ] *m inv* ***fig*** mesías *m inv*.
◆ **Messias** *m*: **o Messias** el Mesías.
mestiçagem [meʃtʃi'saʒẽ] (*pl* **-ns**) *f* mestizaje *m*.
mestiço, ça [meʃ'tʃisu, sa] <> *adj* mestizo(za). <> *m, f* mestizo *m*, -za *f*.
mestra ['mɛʃtra] *f* ▷ **mestre**.
mestrando, da [meʃ'trãndu, da] *m,f* estudiante *mf* de máster.
mestre, tra ['mɛʃtri, tra] <> *adj* maestro(tra). <> *m, f* **-1.** [ger] maestro *m*, -tra *f*. **-2.** [professor - de escola] maestro *m*, -tra *f*, profesor *m*, -ra *f*; [- de universidade] profesor *m*, -ra *f*, maestro *m*, -tra *f* ***Méx***. **-3.** [ser dado a]: **ser** ~ **em fazer algo *irôn*** ser un experto *OU* maestro ***RP*** en hacer algo.
mestre-de-cerimônias [ˌmɛʃtridʒiseri'monjaʃ] (*pl* **mestres-de-cerimônias**) *m* maestro *m* de ceremonias.
mestre-de-obras [ˌmɛʃtri'dʒjɔbraʃ] (*pl* **mestres-de-obras**) *m* maestro *m* de obras.
mestre-sala [ˌmɛʃtri'sala] (*pl* **mestres-sala**) *m* [em escola de samba] *figura del carnaval que preside el desfile de la escuela de samba junto con la "porta-bandeira"*.
mesura [me'zura] *f* reverencia *f*.
meta ['mɛta] *f* [objetivo] meta *f*.
metabolismo [metabo'liʒmu] *m* metabolismo *m*.

metade [me'tadʒi] *f* mitad *f*; ~ **de** la mitad de; **deixar pela** ~ dejar por la mitad, dejar a la mitad *Méx*; **na** ~ **do caminho** a medio camino, a la mitad del camino *Méx*.

metáfora [me'tafora] *f* metáfora *f*.

metafórico, ca [meta'fɔriku, ka] *adj* metafórico(ca).

metal [me'taw] (*pl* **-ais**) *m* metal *m*.
◆ **metais** *mpl MÚS* metales *mpl*.

metálico, ca [me'taliku, ka] *adj* metálico(ca).

metalurgia [metalux'ʒia] *f* metalurgia *f*.

metalúrgico, ca [meta'luxʒiku, ka] ◇ *adj* metalúrgico(ca). ◇ *m, f* [operário] metalúrgico *m*, -ca *f*.
◆ **metalúrgica** *f* [oficina] fundición *f*.

meteórico, ca [mete'ɔriku, ka] *adj* meteórico(ca).

meteorito [metʃju'ritu] *m* meteorito *m*.

meteoro [me'tjɔru] *m* meteoro *m*.

meteorologia [metʃjorolo'ʒia] *f* meteorología *f*.

meteorológico, ca [metʃjoro'lɔʒiku, ka] *adj* meteorológico(ca).

meter [me'te(x)] *vt* **-1.** [ger] meter; ~ **algo em** *ou* **dentro de algo** meter algo en *ou* dentro de algo. **-2.** [inspirar]: **de** ~ **medo** de morirse de miedo, de dar miedo *Méx*, de meter miedo *RP*.
◆ **meter-se** *vp* **-1.** [ir, esconder-se] meterse. **-2.** [intrometer-se]: ~**-se (em algo)** meterse (en algo); **não se meta!** ¡no te metas! **-3.** [desafiar]: ~**-se com alguém** meterse con alguien. **-4.** [associar-se]: ~**-se com alguém** juntarse con alguien. **-5.** [fazer-se de]: ~**-se a algo** meterse a algo, dárselas de algo. **-6.** [aventurar-se]: ~**-se a fazer algo** meterse a hacer algo, dársele por hacer algo *RP*.

meticuloso, osa [metʃiku'lozu, ɔza] *adj* meticuloso(sa).

metido, da [me'tʃidu, da] *adj* **-1.** [ger] entrometido(da). **-2.** [presumido]: ~ **(a besta)** engreído(da), creído(da). **-3.** [envolvido]: ~ **em algo** metido (da) en algo.

metódico, ca [me'tɔdʒiku, ka] *adj* metódico(ca).

metodismo [meto'dʒiʒmu] *m* **-1.** *RELIG* metodismo *m*. **-2.** [procedimento] método *m*.

metodista [meto'dʒiʃta] *RELIG* ◇ *adj* metodista. ◇ *mf* metodista *mf*.

método ['mɛtodu] *m* método *m*.

metodológico, ca [metodo'lɔʒiku, ka] *adj* metodológico(ca).

metonímia [meto'nimja] *f* metonimia *f*.

metragem [me'traʒẽ] *f* **-1.** [medida] metraje *m*. **-2.** *CINE*: **filme de curta** ~ cortometraje *m*; **filme de longa** ~ largometraje *m*.

metralhadora [metraʎa'dora] *f* ametralladora *f*.

métrico, ca ['mɛtriku, ka] *adj* métrico(ca); ▷ **fita**.

metro ['mɛtru] *m* metro *m*; ~ **cúbico** metro cúbico; ~ **quadrado** metro cuadrado.

metrô [me'tro] *m* metro *m*, subte *m RP*.

metrópole [me'trɔpoli] *f* metrópolis *f inv*.

metropolitano, na [metropoli'tãnu, na] *adj* metropolitano(na).

meu, minha ['mew, 'miɲa] ◇ *adj* **-1.** [ger] mi; **este é o** ~ **carro** este es mi coche/carro *Andes*, *CAm*, *Caribe* & *Méx*/auto *RP*; ~ **Deus!** ¡Dios mío!; **minha nossa!** ¡virgen santa! **-2.** [caro a mim] mi; **como vai,** ~ **caro Affonso?** ¿cómo le va, mi querido Affonso?; ~ **irmão** *fam* [tratamento] hermano. ◇ *pron*: **o** ~**/a minha** el mío/la mía; **um amigo** ~ un amigo mío; **os** ~**s** [a minha família] los míos; **este jeito de andar é bem** ~ esta forma de caminar es típicamente mía.

mexer [me'ʃe(x)] ◇ *vt* **-1.** [ger] mover. **-2.** [misturar] revolver. ◇ *vi* **-1.** [mover] moverse. **-2.**: ~ **em alguém/algo** tocar a alguien/algo. **-3.**: ~ **com alguém** [caçoar, provocar] meterse con alguien; [afetar] conmover a alguien, tocar a alguien *RP*. **-4.** [trabalhar]: ~ **com algo** trabajar con algo.
◆ **mexer-se** *vp* moverse; **mexam-se!** ¡muévanse!

mexerica [meʃe'rika] *f* mandarina *f*.

mexerico [meʃe'riku] *m* **-1.** [ato] chismorreo *m*, chusmerío *m Amér*. **-2.** [intriga] chisme *m*, chusmerío *m Amér*, brete *m Cuba*.

mexicano, na [meʃi'kãnu, na] ◇ *adj* mexicano(na). ◇ *m, f* mexicano *m*, -na *f*.

México ['mɛʃiku] *n* México.

mexido, da [me'ʃidu, da] *adj* revuelto(ta).

mexilhão [meʃi'ʎãw] (*pl* **-ões**) *m* mejillón *m*.
mg (*abrev de* **miligrama**) mg.
MG (*abrev de* **Estado de Minas Gerais**) *estado de Minas Gerais*.
mi [mi] *m* mi *m*.
miado ['mjadu] *m* maullido *m*.
miar ['mja(x)] *vi* maullar.
miçanga [mi'sãŋga] *f* **-1.** [conta] abalorio *m*, cuenta *f*. **-2.** [ornato] alhaja *f*, andarivel *m* ***Cuba***.
michê [mi'ʃe] *m* [preço] ***vulg*** precio *m*, ficha *f* ***Méx***.
mico ['miku] *m* [animal] mico *m*.
mico-leão [miku'ljãw] (*pl* **micos-leão**) *m* ZOOL mico *m* león dorado.
micose [mi'kɔzi] *f* micosis *f inv*.
micro ['mikru] *m* COMPUT ordenador *m* ***Esp***, computadora *f* ***Amér***.
micro- [mikru-] *prefixo* micro-.
micróbio [mi'krɔbju] *m* microbio *m*.
microbiologia [mikrobjolo'ʒia] *f* microbiología *f*.
microcomputador [mikrokõnputa'do(x)] *m* microordenador *m* ***Esp***, microcomputadora *f* ***Amér***.
microempresa [mikrowẽn'preza] *f* microempresa *f*.
microfilme [mikro'fiwmi] *m* microfilm *m*, microfilme *m*.
microfone [mikro'foni] *m* micrófono *m*.
microonda [mikro'õnda] *f* microonda *f*.
◆ **microondas** *mpl* [forno] microondas *m inv*.
microônibus [mikro'onibuʃ] *m inv* microbús *m*, micro *m*, microómnibus *m inv* ***Cuba***.
microorganismo [mikrwoxga'niʒmu] *m* microorganismo *m*.
microprocessador [mikruprosesa'do(x)] *m* microprocesador *m*.
microscópio [mikroʃ'kɔpju] *m* microscopio *m*.
mictório [mik'tɔrju] *m* urinario *m*, mingitorio *m*.
mídia ['midʒja] *f* mass media *mpl*, medios *mpl* de comunicación (de masas).
migalha [mi'gaʎa] *f* [de pão, bolo] migaja *f*, miga *f* ***RP***.
◆ **migalhas** *fpl* [sobras] migajas *fpl*, migas *fpl* ***RP***.
migrante [mi'grãntʃi] ◇ *adj* migratorio(ria). ◇ *mf* emigrante *mf*.
migrar [mi'gra(x)] *vi* migrar.
mijar [mi'ʒa(x)] *vi* ***fam*** mear.
mijo ['miʒu] *m* ***fam*** meado *m*.
mil ['miw] *num* mil.
milagre [mi'lagri] *m* milagro *m*; **por ~** de milagro.
milagroso, osa [mila'grozu, ɔza] *adj* milagroso(sa).
milanesa [mila'neza] *f*: **à ~** a la milanesa.
milênio [mi'lenju] *m* milenio *m*.
milésimo, ma [mi'lɛzimu, ma] *num* milésimo(ma); **a milésima parte** la milésima parte.
mil-folhas [miw'foʎaʃ] *f inv* milhojas *m inv*, señorita *f* ***Cuba***, milhoja *f* ***RP***.
milha ['miʎa] *f* milla *f*; **~ (marítima)** milla (náutica *ou* marina).
milhão [mi'ʎãw] (*pl* **-ões**) *num* millón *m*.
milhar [mi'ʎa(x)] (*pl* **-es**) *m* millar *m*.
◆ **milhares** *mpl* millares *mpl*.
milho ['miʎu] *m* [ger] maíz *m*, choclo *m* ***RP***; **~ de pipoca** maíz para palomitas *ou* rosita ***Cuba***, maíz palomero ***Méx***, maíz para pochoclo ***Arg***.
milhões [mi'ʎõjʃ] *pl* ▷ **milhão**.
milícia [mi'lisja] *f* milicia *f*.
miligrama [mili'grãma] *m* miligramo *m*.
mililitro [mili'litru] *m* mililitro *m*.
milímetro [mi'limetru] *m* milímetro *m*.
milionário, ria [miljo'narju, rja] ◇ *adj* millonario(ria). ◇ *m, f* millonario *m*, -ria *f*.
militância [mili'tãnsja] *f* militancia *f*.
militante [mili'tãntʃi] ◇ *adj* militante. ◇ *mf* militante *mf*.
militar [mili'ta(x)] ◇ *adj* militar. ◇ *mf* militar *mf*; **os ~es** los militares. ◇ *vi* **-1.** [lutar]: **~ (por/contra)** luchar (por/contra). **-2.**: **~ em** MIL servir en; POL militar en.
mim ['mĩ] *pron* **-1.** mí; **comprou um presente para ~** compró un regalo para mí; **ele fez o serviço por ~** hizo el trabajo por mí; **a ~ ele não faria isto** a mí no me haría esto; **falaram mal de ~** hablaron mal de mí; **o que você tem contra ~?** ¿qué tienes contra mí?; **eles foram embora sem ~** se fueron/marcharon ***Esp*** sin mí; **para ~, este é o melhor quadro** [para expressar opinião] para mí, éste es el mejor cuadro; **por ~, você pode ficar aqui** [de minha parte] por mí, puedes quedarte aquí. **-2.** *(reflexivo)*: **comprei sapatos novos para ~**

me compré zapatos nuevos; **preciso cuidar mais de ~** preciso cuidarme más (a mí mismo); **de ~ para ~** [comigo mesmo] para mis adentros.

mimado, da [mi'madu, da] *adj* mimado(da).

mimar [mi'ma(x)] *vt* mimar.

mimeografar [mimjogra'fa(x)] *vt* mimeografiar.

mimeógrafo [mi'mjɔgrafu] *m* mimeógrafo *m*.

mímico, ca ['mimiku, ka] ◇ *adj* mímico(ca). ◇ *m, f* [ator] mimo *mf*.
◆ **mímica** *f* mímica *f*, pantomima *f* ***RP***.

mimo ['mimu] *m* **-1.** [carinho] cariño *m*. **-2.** [pessoa ou coisa graciosa]: **ser um ~** ser un encanto.

mimoso, osa [mi'mozu, ɔza] *adj* **-1.** [carinhoso] cariñoso(sa). **-2.** [delicado] delicado(da).

mina ['mina] *f* **-1.** [geol] mina *f*; **~ de carvão/ouro** mina de carbón/oro. **-2.** *fig*: **ser uma ~** [de lucros, de informações] ser una mina. **-3.** *fam* [garota] tía *f* ***Esp***, mina *f* ***CSur*** & ***Cuba***, morra *f* ***Méx***.

minar [mi'na(x)] ◇ *vt* [pôr minas em] minar. ◇ *vi* [água]: **~ (de)** gotear (de).

mindinho [mĩn'dʒiɲu] *m* meñique *m*.

mineiro, ra [mi'nejru, ra] ◇ *adj* **-1.** [relativo a mina] minero(ra). **-2.** [de Minas Gerais] de Minas Gerais. ◇ *m, f* **-1.** [operário] minero *m*, -ra *f*. **-2.** [de Minas Gerais] persona *f* de Minas Gerais.

mineração [minera'sãw] *f* **-1.** [exploração] explotación *f*. **-2.** [depuração] purificación *f*.

minerador, ra [minera'do(x), ra] ◇ *adj* minero(ra). ◇ *m,f* empresa *f* minera.

mineral [mine'raw] (*pl* **-ais**) ◇ *adj* mineral. ◇ *m* mineral *m*.

minério [mi'nɛrju] *m* mineral *m*.

mingau [mĩŋ'gaw] *m* **-1.** [papa] papilla *f*. **-2.** [coisa mole] pasta *f*, masa *f*, menjunje *m* ***RP***.

míngua ['mĩŋgwa] *f* falta *f*, escasez *f*; **estar/viver à ~ de algo** tener/vivir con falta de algo.

minguado, da [mĩŋ'gwadu, da] *adj* **-1.** [escasso] escaso(sa). **-2.** [pouco desenvolvido] menudo(da).

minguante [mĩŋ'gwãntʃi] *m* ASTRON menguante *m*.

minguar [mĩŋ'gwa(x)] ◇ *vt* [reduzir] menguar. ◇ *vi* [escassear] escasear.

minha ['miɲa] ▷ **meu**.

minhoca [mi'ɲɔka] *f* lombriz *f*; **com ~s na cabeça** con la cabeza echando humo.

míni ['mini] ◇ *m* [vestido] vestido *m* corto. ◇ *f* [saia] mini *f*.

miniatura [minja'tura] *f* miniatura *f*; **em ~** en miniatura.

mínima ['minima] *f* ▷ **mínimo**.

minimizar [minimi'za(x)] *vt* minimizar.

mínimo, ma ['minimu, ma] *adj* mínimo(ma), menor.
◆ **mínimo** *m* [limite]: **o ~** lo mínimo; **no ~** como mínimo.
◆ **mínima** *f* **-1.** [ger] mínima *f*. **-2.** *loc*: **não dar a mínima (para algo/alguém)** no hacer caso (a algo/alguien), tenerle sin cuidado (algo/alguien), no dar bolilla (a algo/alguien) ***RP***.

minissaia [ˌmini'saja] *f* minifalda *f*.

minissérie [ˌmini'sɛrji] *f* miniserie *f*.

ministério [miniʃ'tɛrju] *m* **-1.** [ger] ministerio *m*; **Ministério da Fazenda** Ministerio de Hacienda, Secretaría *f* de Hacienda ***Méx***; **Ministério Público** Fiscalía *f*; **Ministério das Relações Exteriores** Ministerio de Asuntos ***Esp*** *ou* Relaciones ***RP*** Exteriores, Secretaría de Relaciones Exteriores ***Méx***; **Ministério do Trabalho** Ministerio de Trabajo, Secretaría del Trabajo ***Méx***. **-2.** [gabinete] gabinete *m*.

ministro, tra [mi'niʃtru, tra] *m, f* **-1.** [ger] ministro *m*, -tra *f*. **-2.** [diplomacia] ministro *m* plenipotenciario.

minoria [mino'ria] *f* minoría *f*.

minoritário, ria [minori'tarju, rja] *adj* minoritario(ria).

minúcia [mi'nusja] *f* **-1.** [coisa sem importância] minucia *f*. **-2.** [detalhe] detalle *m*.

minucioso, osa [minu'sjozu, ɔza] *adj* minucioso(sa).

minúsculo, la [mi'nuʃkulu, la] *adj* minúsculo(la).
◆ **minúscula** *f* [letra] minúscula *f*.

minuta [mi'nuta] *f* **-1.** [rascunho] borrador *m*. **-2.** [prato] plato *m* rápido, minuta *f* ***RP***.

minuto [mi'nutu] *m* minuto *m*; **um ~!** ¡un minuto!

miolo ['mjolu] *m* **-1.** [de pão] miga *f*. **-2.** [de fruta] pulpa *f*. **-3.** [de equipa-

mento] interior *m*.
◆ **miolos** *mpl* **-1.** CULIN sesos *mpl*. **-2.** *fam* [cérebro] sesos *mpl*.
miopia [mju'pia] *f* miopía *f*.
mira ['mira] *f* **-1.** [de arma] mira *f*. **-2.** [pontaria] puntería *f*. **-3.** *fig* [objetivo] objetivo *f*.
mirabolante [mirabo'lãntʃi] *adj* **-1.** [surpreendente] portentoso(sa). **-2.** [espalhafatoso] escandaloso(sa).
miraculoso, osa [miraku'lozu, ɔza] *adj* [espantoso] milagroso(sa).
miragem [mi'raʒẽ] (*pl* **-ns**) *f* espejismo *m*.
mirante [mi'rãntʃi] *m* mirador *m*.
mirar [mi'ra(x)] ◇ *vt* **-1.** [fitar] observar. **-2.** [apontar para] apuntar. **-3.** [observar] contemplar. ◇ *vi* [apontar]: ~ **(em algo)** apuntar (hacia algo).
mirim [mi'rĩ] (*pl* **-ns**) *adj* pequeño (ña), chico(ca) *Amér*.
miscelânea [mise'lãnja] *f* miscelánea *f*.
miscigenação [misiʒena'sãw] *f* mestizaje *m*.
miserável [mize'ravɛw] (*pl* **-eis**) ◇ *adj* **-1.** [ger] miserable. **-2.** [terrível] horrible. ◇ *mf* miserable *mf*.
miséria [mi'zɛrja] *f* miseria *f*; **custar/ganhar uma ~** costar/ganar una miseria.
misericórdia [mizeri'kɔrdʒja] *f*: ~ **(de/com)** misericordia *f* (de), piedad *f* (de).
misericordioso, osa [mizerikox'dʒjozu, ɔza] *adj* misericordioso(sa).
mísero, ra ['mizeru, ra] *adj* [escasso] mísero(ra).
misógino, na [mi'zɔʒinu, na] ◇ *adj* misógino(na). ◇ *m, f* misógino *m*, -na *f*.
missa ['misa] *f* RELIG misa *f*.
missal [mi'saw] (*pl* **-ais**) *m* misal *m*.
missão [mi'sãw] (*pl* **-ões**) *f* misión *f*.
misse ['misi] *f* miss *f*.
míssil ['misiw] (*pl* **-eis**) *m* misil *m*.
missionário, ria [misjo'narju, rja] ◇ *m, f* misionero *m*, -ra *f*. ◇ *adj* misionero(ra).
missiva [mi'siva] *f* misiva *f*.
missões [mi'sõjʃ] *pl* ▷ **missão**.
mister [miʃ'te(x)] *m* **-1.** [ofício] oficio *m*. **-2.** [necessidade] necesidad *f*.
mistério [miʃ'tɛrju] *m* misterio *m*.
misterioso, osa [miʃte'rjozu, ɔza] *adj* misterioso(sa).
misticismo [miʃtʃi'siʒmu] *m* misticismo *m*.
místico, ca ['miʃtʃiku, ka] ◇ *adj* místico(ca). ◇ *m, f* [pessoa] místico *m*, -ca *f*.
mistificar [miʃtʃifi'ka(x)] *vt* engañar, embaucar.
misto, ta ['miʃtu, ta] *adj* mixto(ta).
◆ **misto** *m* mezcla *f*.
misto-quente [ˌmiʃtu'kẽntʃi] (*pl* **mistos-quentes**) *m* sándwich *m* caliente de jamón y queso, mixto *m* *Esp*.
mistura [miʃ'tura] *f* mezcla *f*.
misturar [miʃtu'ra(x)] *vt* **-1.** [combinar, juntar] mezclar. **-2.** [confundir] confundir, entreverar *RP*.
mítico, ca ['mitʃiku, ka] *adj* mítico (ca).
mitificar [mitʃifi'ka(x)] *vt* mitificar.
mito ['mitu] *m* mito *m*.
mitologia [mitolo'ʒia] *f* mitología *f*.
mitológico, ca [mito'lɔʒiku, ka] *adj* mitológico(ca).
miúdo, da ['mjudu, da] *adj* [pequeno] menudo(da).
◆ **miúdos** *mpl* **-1.** [dinheiro] calderilla *f*, menudo *m* *Cuba*, cambio *m* *RP*. **-2.** [de animal] menudos *mpl*. **-3.** *loc*: **trocar em ~s** en otras palabras.
mixagem [mik'saʒẽ] *f* CINE & RADIO mezcla *f*.
mixar [mik'sa(x)] ◇ *vt* CINE & RÁDIO mezclar. ◇ *vi* *fam* [gorar] irse a paseo *Esp*, joderse *Amér*, fregarse *Méx*.
mixaria [miʃa'ria] *f* **-1.** *fam* [soma insignificante]: **uma ~** una miseria. **-2.** [coisa sem valor] baratijas *fpl*.
mixuruca [miʃu'ruka] *adj* de mala muerte, cutre *Esp*.
ml (*abrev de* **mililitro**) ml.
mm (*abrev de* **milímetro**) mm.
mó ['mɔ] *f* piedra *f* de molino.
mobília [mo'bilja] *f* mobiliario *m*.
mobiliar [mobi'lja(x)] *vt* amueblar.
mobilização [mobiliza'sãw] *f* movilización *f*.
mobilizar [mobili'za(x)] *vt* movilizar.
moça ['mosa] *f* ▷ **moço**.
moçada [mo'sada] *f* *fam* muchachada *f*.
moção [mo'sãw] (*pl* **-ões**) *f* moción *f*.
mocassim [moka'sĩ] (*pl* **-ns**) *m* mocasín *m*.
mochila [mo'ʃila] *f* mochila *f*.
mocidade [mosi'dadʒi] *f* juventud *f*.
mocinho, nha [mo'siɲu, ɲa] *m, f* [jovem] muchachito *m*, -ta *f*.
moço, ça ['mosu, sa] ◇ *adj* [pessoa] joven, mozo(za). ◇ *m, f* [jovem]

joven *mf*, muchacho *m*, -cha *f*.

moções [mo'sõjʃ] *pl* ⊳ **moção**.

moda ['mɔda] *f* -**1.** [ger] moda *f*; **cair** *ou* **sair de** ~ pasar de moda; **fora de** ~ pasado de moda. -**2.** [maneira] manera *f*; **à** ~ **portuguesa** a la portuguesa. -**3.** *loc*: **inventar** ~ inventarse la moda.

modalidade [modali'dadʒi] *f* modalidad *f*.

modelagem [mode'laʒẽ] (*pl* -**ns**) *f* -**1.** [ato] modelado *m*. -**2.** [produto] modelo *m*. -**3.** [do corpo] forma *f*.

modelar [mode'la(x)] *vt* -**1.** [fazer o molde de] moldear. -**2.** [barro, gesso] modelar. -**3.** [marcar os contornos de] marcar. -**4.** *fig* [moldar]: ~ **algo por algo** modelar algo por algo.

modelista [mode'liʃta] *mf* modelista *mf*.

modelo [mo'delu] ◇ *m* modelo *m*. ◇ *mf* [ger] modelo *mf*; ~ **vivo** modelo al natural.

modem ['modẽ] (*pl* -**ns**) *m* COMPUT módem *m*.

moderação [modera'sãw] *f* moderación *f*.

moderado, da [mode'radu, da] *adj* moderado(da).

moderar [mode'ra(x)] *vt* moderar.

◆ **moderar-se** *vp* [comedir-se] moderarse.

modernidade [modexni'dadʒi] *f* modernidad *f*.

modernismo [modex'niʒmu] *m* -**1.** [preferência pelo moderno] modernidad *f*. -**2.** ARTE & LITER modernismo *m*.

modernizar [modexni'za(x)] *vt* modernizar.

◆ **modernizar-se** *vp* modernizarse.

moderno, na [mo'dɛxnu, na] *adj* moderno(na).

modéstia [mo'dɛʃtja] *f* -**1.** [despretensão] modestia *f*. -**2.** [pudor] recato *m*.

modesto, ta [mo'dɛʃtu, ta] *adj* -**1.** [despretensioso, pobre, simples] modesto (ta). -**2.** [moderado] moderado(da). -**3.** [pudico] recatado(da).

módico, ca ['mɔdʒiku, ka] *adj* -**1.** [ger] módico(ca). -**2.** [moderado] moderado(da).

modificação [modʒifika'sãw] (*pl* -**ões**) *f* modificación *f*.

modismo [mo'dʒiʒmu] *m* moda *f*.

modo ['mɔdu] *m* modo *m*; **de** ~ **algum** de ningún modo.

◆ **modos** *mpl* modales *mpl*, modos *mpl*.

◆ **de modo que** *loc conj* -**1.** [de maneira que] de forma que. -**2.** [assim sendo] así que, de modo que.

modulação [modula'sãw] (*pl* -**ões**) *f* modulación *f*.

modulado, da [modu'ladu, da] *adj* modulado(da).

módulo ['mɔdulu] *m* -**1.** [unidade] módulo *m*. -**2.** [veículo]: ~ **lunar** módulo *m* lunar.

moeda ['mwɛda] *f* moneda *f*; **pagar na mesma** ~ pagar con la misma moneda; ⊳ **casa**.

moedor [mwe'do(x)] *m* molinillo *m*.

moer ['mwe(x)] ◇ *vt* moler. ◇ *vi* [moinho] moler.

mofado, da [mo'fadu, da] *adj* enmohecido(da).

mofar [mo'fa(x)] *vi* *fam* [criar mofo] enmohecerse; **você vai** ~ **de tanto esperar** te van a salir canas de tanto esperar; **o ladrão vai** ~ **na cadeia por dez anos** el ladrón se va a pudrir en la cárcel durante diez años.

mofo ['moful *m* moho *m*.

mogno ['mɔgnu] *m* caoba *f*.

moído, da ['mwidu, da] *adj* -**1.** [café, pimenta] molido(da). -**2.** [carne] picado(da) *Esp* & *RP*, molido(da) *Amér*. -**3.** *fig* [doído]: ~ **de algo** muerto(ta) de algo.

moinho ['mwiɲu] *m* molino *m*; ~ **de vento** molino de viento.

moita ['mojta] *f* matorral *m*.

◆ **na moita** *loc adv* [às escondidas] a escondidas, en secreto.

mola ['mɔla] *f* [dispositivo] muelle *m*, resorte *m* *RP*.

molar [mo'la(x)] (*pl* -**es**) ◇ *adj* [dente] molar. ◇ *m* molar *m*.

moldar [mow'da(x)] *vt* -**1.** [fazer o molde de] moldear. -**2.** [modelar] modelar. -**3.** *fig* [dar forma a] moldear, modelar.

Moldávia [mow'davja] *n* Moldavia.

molde ['mɔwdʒi] *m* [ger] molde *m*.

moldura [mow'dura] *f* -**1.** [de quadro, espelho] marco *m*. -**2.** ARQUIT moldura *f*.

mole ['mɔli] ◇ *adj* -**1.** [brando, flácido] blando(da). -**2.** [lento] lento(ta). -**3.** [fraco] débil. -**4.** [indolente] perezoso(sa), vago(ga), flojo(ja) *Andes* & *Méx*. -**5.** [sensível] blandengue, sentimental. -**6.** *fam* [fácil]: **ser** ~ ser pan comido, ser jamón *Cuba*, ser un boleto *RP*. ◇ *adv* [facilmente] con

facilidad, fácil *RP.*
moleca [mo'lɛka] *f* ▷ **moleque.**
molecagem [mole'kaʒẽ] (*pl* **-ns**) *f* **-1.** [travessura] travesura *f*, chiquilinada *f RP.* **-2.** [brincadeira] broma *f*, chiquilinada *f RP.*
molécula [mo'lɛkula] *f* molécula *f.*
moleira [mo'lejra] *f* ANAT mollera *f.*
molejo [mo'leʒu] *m* **-1.** [de veículo] amortiguador *m.* **-2.** *fam* [de pessoa, corpo] meneo *m.*
moleque, leca [mo'lɛki, lɛka] ◇ *adj* **-1.** [travesso] travieso(sa). **-2.** [brincalhão] juguetón(ona). ◇ *m, f* **-1.** [criança] mocoso *m*, -sa *f.* **-2.** [criança travessa] travieso *m*, -sa *f*, mocoso *m*, -sa *f RP.* **-3.** [patife] canalla *mf.*
molestar [moleʃ'ta(x)] *vt* **-1.** [ger] molestar. **-2.** [sexualmente] abusar.
moléstia [mo'lɛʃtʃja] *f* molestia *f.*
moleza [mo'leza] *f* **-1.** [maciez] suavidad *f*, blandura *f.* **-2.** [lentidão] lentitud *f.* **-3.** [fraqueza, falta de energia] blandenguería *f*, flojera *f*, pereza *f RP*, fiaca *f Arg.*
molhado, da [mo'ʎadu, da] *adj* mojado(da).
molhar [mo'ʎa(x)] *vt* **-1.** [ger] mojar; ~ **algo em algo** mojar algo en algo. **-2.** *fam* [urinar] mojar.
molhe ['mɔʎi] *m* **-1.** [de defesa] rompeolas *m inv.* **-2.** [de atracação] muelle *m.*
molho[1] ['moʎu] *m* salsa *f*; ~ **pardo** *salsa que se prepara con la sangre del ave que se va a cocinar, a la que se le añade vinagre para que no se coagule.*
◆ **de molho** ◇ *loc adv*: **pôr** *ou* **deixar de** ~ [roupa, feijão] poner *ou* dejar en remojo. ◇ *loc adj*: **ficar de** ~ *fig* [pessoa] quedarse reposando.
molho[2] ['mɔʎu] *m* manojo *m.*
molinete [moli'netʃi] *m* PESCA carrete *m*, reel *m RP.*
molusco [mo'luʃku] *m* molusco *m.*
momentâneo, nea [momẽn'tãnju, nja] *adj* momentáneo(a).
momento [mo'mẽntu] *m* **-1.** [ger] momento *m.* **-2.** [tempo presente]: **no** ~ por el momento.
Mônaco ['monaku] *n*: **(o principado de)** ~ (el principado de) Mónaco.
monarca [mo'naxka] *mf* monarca *mf.*
monarquia [monax'kia] *f* monarquía *f.*
monastério [monaʃ'tɛrju] *m* monasterio *m.*
monástico, ca [mo'naʃtʃiku, ka] *adj* **-1.** [relativo a monge] monástico(ca). **-2.** [simples] frugal.
monção [mõn'sãw] (*pl* **-ões**) *f* [vento] monzón *m.*
monetário, ria [mone'tarju, rja] *adj* monetario(ria).
monge, ja ['mõnʒi, ʒa] *m, f* monje *m*, -ja *f.*
mongolóide [mõŋgo'lɔjdʒi] MED ◇ *adj* mongólico(ca). ◇ *mf* mongólico *m*, -ca *f.*
monitor, ra [moni'to(x), ra] (*mpl* **-es**, *fpl* **-s**) *m, f* EDUC monitor *m*, -ra *f.*
◆ **monitor** *m* monitor *m.*
monja ['mõnʒa] *f* ▷ **monge.**
monocultura [monokuw'tura] *f* monocultivo *m.*
monogamia [monoga'mia] *f* monogamia *f.*
monólogo [mo'nɔlogu] *m* monólogo *m.*
monopólio [mono'pɔlju] *m* monopolio *m.*
monopolizar [monopoli'za(x)] *vt* monopolizar.
monotonia [monoto'nia] *f* monotonía *f.*
monótono, na [mo'nɔtonu, na] *adj* monótono(na).
monóxido [mo'nɔksidu] *m* monóxido *m*; ~ **de carbono** monóxido de carbono.
monsenhor [mõnse'ɲo(x)] *m* monseñor *m.*
monstrengo, ga [mõnʃ'trẽŋgu, ga] *m, f* adefesio *m.*
monstro ['mõnʃtru] ◇ *adj inv* [enorme] descomunal. ◇ *m* [criatura disforme] monstruo *m*; **ser um** ~ [ser um prodígio] ser un as *ou* un crack; [ser cruel, enorme, horrendo] ser un monstruo.
monstruosidade [mõnʃtrwozi'dadʒi] *f* monstruosidad *f.*
monstruoso, osa [mõn'ʃtrwozu, ɔza] *adj* monstruoso(sa).
monta ['mõnta] *f*: **de pouca** ~ de poca monta.
montagem [mõn'taʒẽ] (*pl* **-ns**) *f* montaje *m.*
montanha [mõn'tãɲa] *f* montaña *f.*
montanha-russa [mõn,tãɲa'rusa] (*pl* **montanhas-russas**) *f* montaña *f* rusa.
montanhês, esa [mõnta'ɲeʃ, eza] (*pl* **-eses**) ◇ *adj* montañés(esa). ◇ *m, f* montañés *m*, -esa *f.*
montanhismo [mõntã'ɲiʒmu] *m* montañismo *m.*

montanhista [mõntã'ɲiʃta] <> *adj* montañero(ra). <> *mf* montañero *m*, -ra *f*.
montanhoso, osa [mõntã'ɲozu, ɔza] *adj* montañoso(sa).
montante [mõn'tãntʃi] *m* **-1.** [soma] montante *m*, monto *m*. **-2.** [direção]: **a ~ de** antes de.
montão [mõn'tãw] (*pl* **-ões**) *m* montón *m*.
montar [mõn'ta(x)] <> *vt* [ger] montar, armar *RP*. <> *vi* [cavalgar]: **~ (a cavalo)** montar (a caballo).
montaria [mõnta'ria] *f* [cavalo] montura *f*.
monte ['mõntʃi] *m* **-1.** [elevação] monte *m*. **-2.** [pilha] montón *m*. **-3.** *fig* [grande quantidade]: **um ~ de** un montón de; **aos ~s** a montones.
Montevidéu [mõntevi'dɛw] *n* Montevideo.
montões [mõn'tõjʃ] *pl* ▻ **montão**.
monumental [monumẽn'taw] (*pl* **-ais**) *adj* monumental.
monumento [monu'mẽntu] *m* monumento *m*.
moqueca [mo'kɛka] *f guiso ou chupín RP de pescado y mariscos con leche de coco.*
moradia [mora'dʒia], **morada** [mo'rada] *f* vivienda *f*.
morador, ra [mora'do(x), ra] (*mpl* **-es**, *fpl* **-s**) *m, f* vecino *m*, -na *f*.
moral [mo'raw] (*pl* **-ais**) <> *adj* moral. <> *m* [estado de espírito] moral *f*; **levantar o ~ (de alguém)** levantar la moral (a alguien). <> *f* **-1.** [ética] moral *f*. **-2.** [de história, fato] moraleja *f*. **-3.** [estado de espírito]: **estar de ~ baixa** estar con la moral por el suelo.
moralidade [morali'dadʒi] *f* moralidad *f*.
moralismo [mora'liʒmu] *m* moralismo *m*.
moralista [mora'liʃta] <> *adj* moralista. <> *mf* moralista *mf*.
moralização [morali'zasãw] (*pl* **-ões**) *f* moralización *f*.
moralizar [morali'za(x)] <> *vt* [tornar mais moral] moralizar. <> *vi* [pregar moral]: **~ (sobre)** moralizar (sobre).
morango [mo'rãŋgu] *m* fresa *f* ***Esp***, ***Cuba*** & ***Méx***, frutilla *f* ***Andes*** & ***RP***.
morar [mo'ra(x)] *vi* **-1.** [habitar]: **~ (em)** vivir (en). **-2.** *fam* [entender] cazar.
moratória [mora'tɔrja] *f* moratoria *f*.
mórbido, da ['mɔxbidu, da] *adj* mórbido(da).
morcego [mox'segu] *m* murciélago *m*.
mordaça [mox'dasa] *f* **-1.** [de animal] bozal *m*. **-2.** *fig* [pano] mordaza *f*.
mordaz [mox'daʒ] *adj* mordaz.
morder [mox'de(x)] <> *vt* morder. <> *vi* morder.
mordida [mox'dʒida] *f* mordisco *m*.
mordomia [moxdo'mia] *f* **-1.** [num emprego] privilegios *mpl*. **-2.** [conforto, luxo] comodidad *f*, lujo *m*.
mordomo [mox'domu] *m* mayordomo *m*.
morena [mo'rena] *f* ▻ **moreno**.
moreno, na [mo'renu, na] <> *adj* **-1.** [pessoa, pele, corpo] moreno(na), morocho(cha) ***Cuba***, trigueño(ña) ***RP***. **-2.** [cabelo] moreno(na), morocho (cha) ***Cuba*** & ***RP***. **-3.** [bronzeado] moreno(na), negro(gra) ***RP***; **estar/ficar ~** estar/ponerse moreno *ou* negro ***RP***. <> *m, f* **-1.** [de pele] moreno *m*, -na *f*, morocho *m*, -cha *f* ***Cuba***, trigueño *m*, -ña *f* ***RP***. **-2.** [de cabelo] moreno *m*, -na *f*, morocho *m*, -cha *f* ***RP***.
morfina [mox'fina] *f* morfina *f*.
moribundo, da [mori'bũndu, da] *adj* moribundo(da).
moringa [mo'rĩŋga] *f* tinaja *f*, botijo *m*, garrafón *m* de barro ***Méx***.
mormaço [mox'masu] *m* bochorno *m*.
mormente [mɔx'mẽntʃi] *adv* sobre todo, principalmente.
mórmon ['mɔxmõ] *mf* mormón *m*, -ona *f*.
morno, na ['moxnu, na] *adj* tibio(bia).
moroso, osa [mo'rozu, ɔza] *adj* lento(ta).
morrer [mo'xe(x)] *vi* **-1.** [ger] morir. **-2.** [cair no esquecimento]: **o assunto morreu, não se falou mais nisso** el asunto ya es historia, no se habló más de eso, el asunto ya murió, no se habló más de eso ***Méx***. **-3.** AUTO dejar de funcionar, morirse ***Méx***, parar ***RP***. **-4.** *fig* [sentir intensamente]: **estou morrendo de calor/fome/frio** me muero de calor/hambre/frío. **-5.** *fam* [desembolsar]: **~ em** soltar, desembolsar.
morro ['moxu] *m* **-1.** [monte] colina *f*, loma *f*. **-2.** [favela] *favela en una colina.*
mortadela [moxta'dɛla] *f* mortadela *f*.

mortal [mox'taw] (*pl* **-ais**) <> *adj* mortal. <> *mf* mortal *mf*.
mortalidade [moxtali'dadʒi] *f* mortalidad *f*.
morte ['mɔxtʃi] *f* **-1.** [ger] muerte *f*. **-2.** *loc*: **pensar na ~ da bezerra** *fig* pensar en las musarañas, pensar en la inmortalidad del cangrejo *RP*; **ser de ~** *fam* [ser levado] ser un demonio; [ser incontrolável] ser mortal.
morteiro [mox'tejru] *m* **-1.** [fogo de artifício] *tipo de fuego artificial*. **-2.** [canhão] mortero *m*.
mortífero, ra [mox'tʃiferu, ra] *adj* mortífero(ra).
mortificar [moxtʃifi'ka(x)] *vt* mortificar.
morto, ta ['moxtu, ta] <> *pp* ⊳ **matar**. <> *adj* **-1.** [ger] muerto(ta); **não ter onde cair ~** no tener dónde caerse muerto. **-2.** [desbotado] desvaído(da). **-3.** [sentindo intensamente]: **~ de fome** muerto(ta) de hambre; **~ de raiva** muerto(ta) de rabia. <> *m, f* [falecido] muerto *m*, -ta *f*.
mosaico [mo'zajku] *m* mosaico *m*.
mosca ['moʃka] *f* **-1.** ZOOL mosca *f*; **estar/viver às ~s** estar desierto. **-2.** [ponto de mira] blanco *m*; **acertar na ~** dar en el blanco.
Moscou [moʃ'kow] *n* Moscú.
moscovita [moʃko'vita] <> *adj* moscovita. <> *m, f* moscovita *mf*.
mosquito [moʃ'kitu] *m* mosquito *m*.
mostarda [moʃ'taxda] *f* mostaza *f*.
mosteiro [moʃ'tejru] *m* [de monges] monasterio *m*; [de monjas] convento *m*.
mostra ['mɔʃtra] *f* muestra *f*.
mostrar [moʃ'tra(x)] *vt* **-1.** [ger] mostrar. **-2.** [apontar] señalar.
◆ **mostrar-se** *vp* **-1.** [revelar-se] mostrarse. **-2.** [exibir-se] exhibirse, llamar la atención.
mostruário [moʃ'trwarju] *m* muestrario *m*.
motel [mo'tɛw] (*pl* **-éis**) *m* motel *m*.
motim [mo'tʃĩ] (*pl* **-ns**) *m* motín *m*.
motivação [motʃiva'sãw] (*pl* **-ões**) *f* motivación *f*.
motivado, da [motʃiva'du, da] *adj* [incentivado] motivado(da).
motivar [motʃi'va(x)] *vt* motivar; **~ alguém a fazer algo** motivar a alguien a hacer algo.
motivo [mo'tʃivu] *m*: **~ (de/para)** motivo (de/para); **por ~s de força maior** por razones de fuerza mayor; **sem ~** sin motivo.
moto¹ ['mɔtu] *m* [lema] lema *m*.
moto² ['mɔtu] *f* [motocicleta] moto *f*.
motocicleta [ˌmotosi'klɛta] *f* motocicleta *f*.
motociclismo [motosi'kliʒmu] *m* motociclismo *m*.
motociclista [motosi'kliʃta] *mf* motociclista *mf*.
motoneta [moto'neta] *f* escúter *m*, escúter *f RP*, motoneta *f Amér*.
motoqueiro, ra [moto'kejru, ra] *m, f* **-1.** *fam* [motociclista] motero *m*, -ra *f*. **-2.** [entregador] repartidor *m*, -ra *f*.
motor [mo'to(x)] (*pl* **-es**) <> *adj* motor. <> *m* motor *m*.
motorista [moto'riʃta] *mf* conductor *m*, -ra *f*, chofer *mf Amér*.
motorizado, da [motori'zadu, da] *adj* motorizado(da).
motorizar [motori'za(x)] *vt* motorizar.
motorneiro, ra [motox'nejru, ra] *m, f* conductor *m*, -ra *f* de tranvía.
motosserra [moto'sɛxa] *f* motosierra *f*.
mouro, ra ['moru, ra] <> *adj* moro(ra). <> *m, f* moro *m*, -ra *f*.
mouse [ˌmawzi] *m* COMPUT ratón *m Esp*, mouse *m Amér*.
movediço, ça [move'dʒisu, sa] *adj* movedizo(za).
móvel ['mɔvɛw] (*pl* **-eis**) <> *adj* móvil. <> *m* **-1.** [mobiliário] mueble *m*. **-2.** [motivação] móvil *m*.
mover [mo've(x)] *vt* **-1.** [ger] mover. **-2.** [começar] emprender.
◆ **mover-se** *vp* moverse.
movido, da [mo'vidu, da] *adj* **-1.** [impelido]: **~ de/por algo** movido(da) por algo. **-2.** [promovido]: **~ contra alguém/algo** dirigido(da) contra alguien/algo. **-3.** [acionado]: **~ a álcool/vapor** propulsado(da) por alcohol/vapor.
movimentado, da [movimẽn'tadu, da] *adj* movido(da).
movimentar [movimẽn'ta(x)] *vt* **-1.** [fazer mover] poner en movimiento, mover. **-2.** BANCO mover. **-3.** *fig* [animar] animar, agitar *RP*.
movimento [movi'mẽntu] *m* movimiento *m*.
MP (*abrev de* **Ministério Público**) Fiscalía *f*.
MPB (*abrev de* **Música Popular Brasileira**) *f género musical que agrupa todas*

las músicas populares brasileñas.

MS (*abrev de* **Estado do Mato Grosso do Sul**) *estado de Mato Grosso del Sur.*

MS-DOS (*abrev de* **Microsoft Disk Operating System**) *m* MS-DOS *m.*

MST (*abrev de* **Movimento dos Trabalhadores Sem Terra**) *m movimiento de los trabajadores sin tierra.*

MT (*abrev de* **Estado do Mato Grosso**) *estado de Mato Grosso.*

muamba ['mwãnba] *f* **-1.** *fam* [mercadoria contrabandeada] contrabando *m*, matute *m* ***Cuba***, fayuca *f* ***Méx***, bagayo *m* ***RP***. **-2.** [mercadoria roubada] productos *mpl* robados, matute *m* ***Cuba***, fayuca *f* ***Méx***.

muambeiro, ra [mwãn'bejru, ra] *m, f* **-1.** [contrabandista] contrabandista *mf*, matutero *m*, -ra *f* ***Cuba***, fayuquero *m*, -ra *f* ***Méx***, bagayero *m*, -ra *f* ***RP***. **-2.** [vendedor de objetos roubados] vendedor *m*, -ra *f* de productos robados, matutero *m*, -ra *f* ***Cuba***, fayuquero *m*, -ra *f* ***Méx***, reducidor *m*, -ra *f* ***RP***.

muçulmano, na [musuw'mãnu, na] ◇ *adj* musulmán(ana). ◇ *m, f* musulmán *m*, -ana *f.*

muda ['muda] *f* **-1.** BOT esqueje *m.* **-2.** ZOOL muda *f.* **-3.** [vestuário]: **~ (de roupa)** muda *f* (de ropa).

mudança [mu'dãnsa] *f* **-1.** [modificação, transferência] cambio *m.* **-2.** [de casa] mudanza *f*; **fazer a ~** mudarse.

mudar [mu'da(x)] ◇ *vt* **-1.** [modificar] cambiar. **-2.** [transferir] cambiar, trasladar. ◇ *vi* [modificar] cambiar; **~ de casa/roupa** cambiar de casa/de ropa.

mudez [mu'deʒ] *f* mudez *f.*

mudo, da ['mudu, da] ◇ *adj* **-1.** [ger] mudo(da). **-2.** [telefone] sin línea, muerto(ta) ***Amér***. ◇ *m, f* mudo *m*, -da *f.*

mugido [mu'ʒidu] *m* mugido *m.*

muito, ta ['muĩntu, ta] ◇ *adj* mucho(cha); **não tenho ~ tempo/~s alunos** no tengo mucho tiempo/muchos alumnos. ◇ *pron* mucho (cha).

◆ **muito** *adv* **-1.** [ger] mucho; **gostei ~** me gustó mucho; **não gosto ~** no me gusta mucho; **~ mais** mucho más; **sinto ~, mas não posso** lo siento mucho, pero no puedo. **-2.** [muito tempo]: **~ antes/depois** mucho antes/después; **~ mais tarde** mucho más tarde. **-3.** *loc*: **quando ~** como mucho, cuando mucho ***Méx***.

mula ['mula] *f* mula *f.*

mulato, ta [mu'latu, ta] ◇ *adj* mulato(ta). ◇ *m, f* mulato *m*, -ta *f.*

muleta [mu'leta] *f* muleta *f.*

mulher [mu'ʎɛ(x)] (*pl* **-es**) *f* mujer *f*; **~ de negócios** mujer de negocios; **~ da vida** mujer de la vida.

mulheraço [muʎe'rasu] (*pl* **-s**), **mulherão** [muʎe'rãw] (*pl* **-ões**) *m* mujer *f* espectacular, minón *m* ***RP***.

mulherengo [muʎe'rẽŋgu] ◇ *adj* mujeriego(ga). ◇ *m* mujeriego *m.*

mulher-feita [mu,ʎɛx'fejta] (*pl* **mulheres-feitas**) *f* mujer *f* hecha y derecha.

mulherio [muʎe'riw] *m* mujerío *m*, viejerío *m* ***Col*** & ***Méx***, mujererío *m* ***RP***.

multa ['muwta] *f* multa *f.*

multar [muw'ta(x)] *vt*: **~ alguém (por algo)** multar a alguien (por algo).

multicolor [muwtʃico'lo(x)] *adj* multicolor.

multidão [muwtʃi'dãw] (*pl* **-ões**) *f* multitud *f.*

multifacetado, da [muwtʃi'fasetadu, da] *adj* [personalidade, talento] polifacético(ca).

multiforme [muwtʃi'fɔxmi] *adj* multiforme.

multimilionário, ria [muwtʃimiljo-'narju, rja] ◇ *adj* multimillonario (ria). ◇ *m, f* multimillonario *m*, -ria *f.*

multinacional [,muwtʃinasjo'naw] (*pl* **-ais**) ◇ *adj* multinacional. ◇ *f* multinacional *f.*

multiplicação [muwtʃiplika'sãw] (*pl* **-ões**) *f* multiplicación *f.*

multiplicar [muwtʃipli'ka(x)] ◇ *vt* multiplicar. ◇ *vi* MAT multiplicar.

◆ **multiplicar-se** *vp* multiplicarse.

múltiplo, pla ['muwtʃiplu, pla] *adj* múltiple.

◆ **múltiplo** *m* múltiplo *m.*

multirracial [muwtʃixa'sjaw] (*pl* **-ais**) *adj* multirracial.

multiuso [muwtʃi'uzu] *adj inv* multiuso.

múmia ['mumja] *f* **-1.** [cadáver] momia *f.* **-2.** *fig* [pessoa] desganado *m*, -da *f*, mongo *m*, -ga *f* ***Cuba***, flojo *m*, -ja *f* ***Méx***.

mundano, na [mũn'dãnu, na] *adj* mundano(na).

mundial [mũn'dʒjaw] (*pl* **-ais**) ◇ *adj*

mundial. <> *m* mundial *m*.
mundo ['mũndu] *m* **-1.** [ger] mundo *m*; **ir para o outro ~** irse al otro barrio, irse al otro mundo *Méx*; **mandar para o outro ~** mandar para el otro barrio, mandar para el otro mundo *Méx*; **vir ao ~** venir al mundo. **-2.** [pessoas]: **todo o ~** todo el mundo. **-3.** [quantidade]: **um ~ de** un montón de, un mundo de. **-4.** *loc*: **estar no ~ da lua** estar en la luna; **prometer ~s e fundos** prometer el oro y el moro, prometer villas y castillas *Cuba*.
◆ **Mundo** *m*: **Novo Mundo** Nuevo Mundo; **Terceiro Mundo** Tercer Mundo.
munição [muni'sãw] (*pl* **-ões**) *f* munición *f*.
municipal [munisi'paw] (*pl* **-ais**) *adj* municipal.
municipalizar [munisipali'za(x)] *vt* [instituições, serviços] municipalizar.
município [muni'sipju] *m* municipio *m*.
munir [mu'ni(x)] *vt*: **~ alguém de algo** proporcionar algo a alguien, munir a alguien de algo *RP*.
◆ **munir-se** *vp*: **~-se de algo** proveerse de algo, munirse de algo *RP*.
mural [mu'raw] (*pl* **-ais**) <> *adj* mural. <> *m* [pintura] mural *m*.
muralha [mu'raʎa] *f* muralla *f*.
murchar [mux'ʃa(x)] <> *vt* **-1.** [ger] marchitar. **-2.** [sentimento] matar. <> *vi* **-1.** [planta] marchitarse. **-2.** *fig* [pessoa] desanimarse, desinflarse *RP*.
murcho, cha ['muxʃu, ʃa] *adj* **-1.** [planta] mustio(tia). **-2.** [bola] desinflado (da). **-3.** [pessoa - sem energia] acabado(da), desinflado(da) *RP*; [- triste] mustio(tia).
murmurante [muxmu'rãntʃi] *adj* susurrante.
murmurar [muxmu'ra(x)] <> *vt* [sussurar] murmurar. <> *vi* [sussurar] murmurar.
murmurinho [muxmu'riɲu] *m* [de vozes] murmullo *m*.
murmúrio [mux'murju] *m* murmullo *m*.
muro ['muru] *m* muro *m*.
murro ['muxu] *m* puñetazo *m*; **dar ~ em ponta de faca** *fig* pedir peras al olmo.
musa ['muza] *f* musa *f*.
musculação [muʃkula'sãw] *f* musculación *f*.
muscular [muʃku'la(x)] *adj* muscular.
musculatura [muʃkula'tura] *f* musculatura *f*.
músculo ['muʃkulu] *m* **-1.** ANAT músculo *m*. **-2.** CULIN falda *f*.
musculoso, osa [muʃku'lozu, ɔza] *adj* **-1.** [cheio de músculos] musculoso(sa). **-2.** *fig* [forte] robusto(ta).
museu [mu'zew] *m* museo *m*.
musgo ['muʒgu] *m* musgo *m*.
música ['muzika] *f* ▷ **músico**.
musical [muzi'kaw] (*pl* **-ais**) <> *adj* musical. <> *m* musical *m*.
musicar [muzi'ka(x)] *vt* musicar.
musicista [muzi'siʃta] *mf* **-1.** [músico] músico *m*, -ca *f*. **-2.** [especialista] musicólogo *m*, -ga *f*.
músico, ca ['muziku, ka] <> *adj* [profissional] músico(ca). <> *m, f* músico *m*, -ca *f*.
◆ **música** *f* **-1.** [ger] música *f*; **~ de câmara** música de cámara; **~ clássica** música clásica. **-2.** [canção] canción *f*.
musicologia [muzikolo'ʒia] *f* musicología *f*.
musicólogo, ga [muzi'kɔlogu, ga] *m, f* musicólogo *m*, -ga *f*.
musse ['musi] *f* CULIN mousse *f*, mousse *m* *Esp*.
mutabilidade [mutabili'dadʒi] *f* mutabilidad *f*.
mutilação [mutʃila'sãw] *f* mutilación *f*.
mutilado, da [mutʃi'ladu, da] <> *adj* mutilado(da). <> *m, f* mutilado *m*, -da *f*.
mutilar [mutʃi'la(x)] *vt* mutilar.
mutirão [mutʃi'rãw] (*pl* **-ões**) *m* cooperativa *f* de ayuda mutua.
mutreta [mu'treta] *f fam* trampa *f*, tongo *m*.
mutuamente [mutwa'mẽntʃi] *adv* mutuamente.
mútuo, tua ['mutwu, twa] *adj* mutuo (tua).
muxoxo [mu'ʃoʃu] *m* chasqueo *m*.

N

n, N ['eni] <> *m* [letra] n, N *f.* <> *num* [quantidade indeterminada] n.
na [na] = **em + a**.
-na [na] *pron* la.
nabo ['nabu] *m* nabo *m.*
nação [na'sãw] (*pl* **-ões**) *f* nación *f.*
nacional [nasjo'naw] (*pl* **-ais**) *adj* nacional.
nacionalidade [nasjonali'dadʒi] *f* nacionalidad *f.*
nacionalismo [nasjona'liʒmu] *m* nacionalismo *m.*
nacionalista [nasjona'liʃta] <> *adj* nacionalista. <> *mf* nacionalista *mf.*
nacionalizar [nasjonali'za(x)] *vt* **-1.** [estatizar] nacionalizar. **-2.** [naturalizar] naturalizar, nacionalizar.
nações [na'sõjʃ] *fpl* ▷ **nação**.
◆ **Nações Unidas** *fpl* Naciones *fpl* Unidas.
nada ['nada] <> *pron indef* [coisa alguma] nada; **antes de mais** ~ antes que nada; **de** ~**!** [resposta a Obrigado] ¡de nada!; ~ **de novo** nada nuevo; ~ **mais** nada más; ~ **mau** nada mal; **não dizer** ~ no decir nada; **não foi** ~ [resposta a desculpe-me] no es nada; **quase** ~ casi nada; **que** ~**!** ¡qué va!, ¡nada que ver! *RP.* <> *adv* [de modo algum] nada; ~ **menos do que** nada más y nada menos que.
nadadeira [nada'dejra] *f* aleta *f.*
nadador, ra [nada'do(x), ra] (*mpl* **-es**, *fpl* **-s**) <> *m, f* nadador *m*, -ra *f.*
nadar [na'da(x)] *vi* nadar; ~ **em dinheiro** nadar en dinero.
nádegas ['nadegaʃ] *fpl* nalgas *fpl.*
nado ['nadu] *m* **-1.** [ato] natación *f.* **-2.** [estilo] estilo *m*, nado *m Méx*; ~ **borboleta** estilo mariposa, nado de mariposa *Méx*; ~ **de costas** estilo espalda, nado de espalda *Méx*; ~ **de peito** estilo braza *Esp* ou pecho *Amér*, nado de pecho *Méx*; ~ **livre** estilo libre, nado libre *Méx.*
NAFTA (*abrev de* **North American Free Trade Agreement**) *f* NAFTA *f.*
náilon ['najlõ] *m* náilon *m*, nylon *m.*
naipe ['najpi] *m* **-1.** [cartas] palo *m.* **-2.** *fig* [qualidade] fibra *f.*
namorado, da [namo'radu, da] <> *adj* enamorado(da). <> *m, f* novio *m*, -via *f.* <> *m* [peixe] namorado *m.*
namorador, ra [namora'do(x), ra] *adj* enamoradizo(za).
namorar [namo'ra(x)] <> *vt* **-1.** [manter namoro] ser novio de. **-2.** [cobiçar] anhelar, tenerle ganas a *RP.* **-3.** [fitar] mirar, tenerle ganas a *RP.* <> *vi* **-1.** [manter namoro] ser novios, noviar *Amér.* **-2.** [trocar carícias] acariciarse.
namoro [na'moru] *m* noviazgo *m.*
nanquim [nãŋ'kĩ] *m* tinta *f* china.
não [nãw] <> *adv* no; **ela é médica,** ~ **é?** es médica, ¿no?; **agora** ~ ahora no; **como** ~**?** ¿cómo que no?; ~ **muito** no mucho; ~ **sei** no sé; ~ **tem de quê** [resposta a obrigado] no hay de qué; **pois** ~**!** [como interj] ¿qué desea? <> *m* [recusa] no *m.*
não-governamental [nãwgovexnamẽn'tawʃ] (*pl* **-ais**) adj no gubernamental.
naquela [na'kɛla] = **em + aquela**.
naquele [na'keli] = **em + aquele**.
naquilo [na'kilu] = **em + aquilo**.
narcisismo [naxsi'ziʒmu] *m* narcisismo *m.*
narcisista [naxsi'ziʃta] *adj* narcisista.
narcótico, ca [nax'kɔtʃiku, ka] *adj* narcótico(ca).
◆ **narcótico** *m* narcótico *m.*
narcotráfico [naxko'trafiku] *m* narcotráfico *m.*
narina [na'rina] *f* fosa *f* nasal.
nariz [na'riʃ] (*pl* **-es**) *m* **-1.** [ger] nariz *f.* **-2.** [de avião] morro *m*, nariz *f Méx* & *RP.* **-3.** *loc*: **meter o** ~ **em** meter las narices en; **sou dono do meu** ~ hago lo que me da la gana.
narração [naxa'sãw] (*pl* **-ões**) *f* narración *f.*
narrador, ra [naxa'do(x), ra] *m, f* narrador *m*, -ra *f.*
narrar [na'xa(x)] *vt* narrar.
narrativo, va [naxa'tʃivu, va] *adj* narrativo(va).
◆ **narrativa** *f* = **narração**.
nas [naʃ] = **em + as**.
-nas [naʃ] *pron pl* las.
NASA (*abrev de* **National Aeronautics and Space Administration**) *f* NASA *f.*
nascença [na'sẽnsa] *f* [nascimento] na-

cimiento *m*; **de ~** de nacimiento.

nascente [na'sẽntʃi] <> *adj* naciente. <> *m* **-1.** [fonte] nacimiento *m*, naciente *f RP.* **-2.** [nascer do sol] amanecer *m.* **-3.** [leste] naciente *m.*

nascer [na'se(x)] *vi* **-1.** [ger] nacer. **-2.** [ter aptidão]: **~ para** nacer para. **-3.** *loc*: **~ em berço de ouro** nacer en cuna de oro; **~ de novo** nacer de nuevo; **~ ontem** nacer ayer.

nascido, da [na'sidu, da] *adj* nacido(-da); **bem ~** bien nacido.

nascimento [nasi'mẽntu] *m* **-1.** [nascença] nacimiento *m*; **de ~** de nacimiento. **-2.** *fig* [origem] origen *m.*

NASDAQ (*abrev de* **National Association of Securities Dealers Automated Quotation**) *f* NASDAQ *m.*

nata ['nata] *f* **-1.** *CULIN* nata *f*, crema *f Amér.* **-2.** *fig* [elite] flor *f* y nata, crema *f* y nata *Méx.*

natação [nata'sãw] *f* natación *f.*

natal [na'taw] (*pl* **-ais**) *adj* natal.
◆ **Natal** *m* Navidad *f*, Pascua *f Chile*; **Feliz Natal!** ¡Feliz Navidad!, ¡Felices Pascuas! *Chile.*

natalidade [natali'dadʒi] *f* natalidad *f.*

natalino, na [nata'linu, na] *adj* navideño(ña), pascuero(ra) *Chile.*

nativo, va [na'tʃivu, va] <> *adj* nativo(va). <> *m, f* nativo *m*, -va *f.*

nato, ta ['natu, ta] *adj* nato(ta).

natural [natu'raw] (*pl* **-ais**) <> *adj* **-1.** [ger] natural; **ao ~** *CULIN* natural, al natural. **-2.** [nascido]: **ser ~ de** ser natural de. <> *mf* [nativo] natural *mf.*

naturalidade [naturali'dadʒi] *f* **-1.** [espontaneidade] naturalidad *f.* **-2.** [local de nascimento]: **ela é de ~ mineira** es natural de Minas Gerais.

naturalismo [natura'liʒmu] *m ARTE* naturalismo *m.*

naturalista [natura'liʃta] *mf* naturalista *mf.*

naturalização [naturaliza'sãw] *f* naturalización *f.*

naturalizado, da [naturali'zadu, da] <> *adj* naturalizado(da). <> *m, f* naturalizado *m*, -da *f.*

naturalizar-se [naturali'zaxsi] *vp* naturalizarse.

naturalmente [naturaw'mẽntʃi] <> *adv* [evidentemente] naturalmente. <> *interj* naturalmente.

natureza [natu'reza] *f* naturaleza *f.*

natureza-morta [natu,reza'moxta] (*pl* **naturezas-mortas**) *f* naturaleza *f* muerta.

naufragar [nawfra'ga(x)] *vi* naufragar.

naufrágio [naw'fraʒju] *m* naufragio *m.*

náufrago, ga ['nawfragu, ga] *m* náufrago *m*, -ga *f.*

náusea ['nawzja] *f* náusea *f.*

nausear [naw'zja(x)] <> *vt* **-1.** [enjoar] marear. **-2.** [repugnar] dar náuseas. <> *vi* [sentir náuseas] marearse.

náutico, ca ['nawtʃiku, ka] *adj* náutico(ca).
◆ **náutica** *f ESP* náutica *f.*

naval [na'vaw] (*pl* **-ais**) *adj* naval.

navalha [na'vaʎa] *f* navaja *f.*

navalhada [nava'ʎada] *f* navajazo *m.*

nave ['navi] *f* nave *f*; **~ espacial** nave espacial.

navegação [navega'sãw] (*pl* **-ões**) *f* navegación *f*; **companhia de ~** compañía *f* de navegación, naviera *f.*

navegante [nave'gãntʃi] *mf* navegante *mf.*

navegar [nave'ga(x)] <> *vi* navegar. <> *vt* pilotar.

navegável [nave'gavew] (*pl* **-eis**) *adj* navegable.

navio [na'viw] *m* navío *m*; **~ de guerra** navío de guerra; **~ mercante** navío mercante; **ficar a ver ~s** quedarse compuesto y sin novia, quedarse vestido y alborotado *Méx*, quedarse con los rulos hechos *RP.*

navio-petroleiro [na,viwpetro'lejru] (*pl* **navios-petroleiros**) *m* petrolero *m.*

nazismo [na'ziʒmu] *m* nazismo *m.*

nazista [na'ziʃta] <> *adj* nazi. <> *mf* nazi *mf.*

N.B. (*abrev de* **Nota Bene**) N.B.

NBA (*abrev de* **National Basketball Association**) *f* NBA *f.*

NE (*abrev de* **Nordeste**) NE.

neblina [ne'blina] *f* neblina *f.*

nebulosa [nebu'lɔza] *f* ▷ **nebuloso.**

nebulosidade [nebulozi'dadʒi] *f* nebulosidad *f.*

nebuloso, osa [nebu'lozu, ɔza] *adj* **-1.** [ger] nebuloso(sa). **-2.** [turvo] turbio(-bia). **-3.** *fig* [sombrio] sombrío(bría).
◆ **nebulosa** *f ASTRON* nebulosa *f.*

necessário, ria [nese'sarju, rja] <> *adj* necesario(ria). <> *m*: **o ~** lo necesario.

necessidade [nesesi'dadʒi] *f* [o que se

necessita] necesidad *f*; **em caso de ~** en caso de necesidad.

◆ **necessidades** *fpl* **-1.** [privação] necesidades *fpl*. **-2.**: **fazer suas ~** *fam* [defecar, urinar] hacer sus necesidades.

necessitado, da [nesesi'tadu, da] *adj*: **~ (de)** necesitado (de).

◆ **necessitados** *mpl*: **os ~** [miseráveis] los necesitados.

necessitar [nesesi'ta(x)] <> *vt* necesitar, precisar. <> *vi* necesitar, precisar; **~ de algo** necesitar *ou* precisar algo.

necrotério [nekro'tɛrju] *m* depósito *m* de cadáveres, morgue *f*.

néctar ['nɛkta(x)] (*pl* **-es**) *m* néctar *m*.

nectarina [nekta'rina] *f* nectarina *f*.

nefasto, ta [ne'faʃtu, ta] *adj* nefasto(ta).

negação [nega'sãw] (*pl* **-ões**) *f* **-1.** negación *f*. **-2.** [inaptidão]: **ser uma ~ em algo** ser un negado para algo, estar negado para algo ***Méx***.

negar [ne'ga(x)] *vt* negar.

◆ **negar-se** *vp* [recusar-se] negarse.

negativa [nega'tʃiva] *f* ▷ **negativo**.

negativo, va [nega'tʃivu, va] <> *adj* negativo(va). <> *adv*: **negativo!** ¡no!

◆ **negativo** *m* FOT negativo *m*.

◆ **negativa** *f* [recusa] negativa *f*.

negligência [negli'ʒẽnsja] *f* negligencia *f*.

negligente [negli'ʒẽntʃi] *adj* negligente.

negociação [negosja'sãw] (*pl* **-ões**) *f* negociación *f*.

negociante [nego'sjãntʃi] *mf* negociante *mf*.

negociar [nego'sja(x)] <> *vi* **-1.** COM: **~ (com)** negociar con. **-2.** [discutir] negociar. <> *vt* negociar.

negociata [nego'sjata] *f* trapicheo *m*, cambalache *m* ***Cuba*** & ***Méx***, negociado *m* ***RP***.

negociável [nego'sjavew] (*pl* **-eis**) *adj* negociable.

negócio [ne'gɔsju] *m* **-1.** [ger] negocio *m*; **homem de ~s** hombre de negocios; **fechar um ~** cerrar un negocio; **um ~ da China** el negocio del siglo; **~ fechado!** ¡trato hecho! **-2.** [caso] asunto *m*, cosa *f*; **o ~ é o seguinte** la cosa es así. **-3.** *fam* [coisa] chisme *m* ***Esp***, tareco *m* ***Cuba***, asunto *m* ***Méx***, cosa *f* ***RP***; **que ~ é esse?** ¿qué rayos es eso?, ¿qué cuernos es eso? ***RP***.

negro, gra ['negru, gra] <> *adj* negro(gra). <> *m, f* negro *m*, -gra *f*.

negrume [ne'grumi] *m* negrura *f*.

nela ['nɛla] = **em + ela**.

nele ['neli] = **em + ele**.

nem [nẽ] *conj* ni; **nem ... nem ...** ni ...ni...; **~ (sequer)** ni siquiera; **~ eu!** ¡ni yo!; **~ por isso** ni aún así; **~ sempre** no siempre; **~ tanto** no tanto; **sem ~** sin siquiera.

◆ **nem que** *loc conj* aunque.

nenhum, ma [ne'ɲũ, ma] (*mpl* **-ns**, *fpl* **-s**) <> *adj* ningún(una); **não tomou nenhuma decisão** no tomó ninguna decisión; **em ~ momento** en ningún momento. <> *pron* ninguno(-na); **não quero nenhuma bebida** no quiero ninguna bebida; **não tive problema nenhum** no tuve ningún problema; **~ de** ninguno(na) de; **~ dos dois** ninguno de los dos; **~ está funcionando** ninguno funciona.

neoclássico, ca [nɛw'klasiku, ka] *adj* neoclásico(ca).

◆ **Neoclássico** *m* Neoclásico *m*.

neófito, ta [ne'ɔfitu, ta] *adj* [principiante] neófito(ta).

neoliberal [nɛw'liberaw] (*pl* **-ais**) <> *adj* neoliberal. <> *mf* neoliberal *mf*.

neoliberalismo [nɛw'liberaliʒmu] *m* neoliberalismo *m*.

neologismo [nɛwlo'giʒmu] *m* neologismo *m*.

néon ['nɛõ], **neônio** [ne'onju] *m* neón *m*.

neonazismo [nɛw'naziʒmu] *m* neonazismo *m*.

Nepal [ne'paw] *n*: **o ~** el Nepal.

nervo ['nexvu] *m* nervio *m*; **estar uma pilha de ~s** ser un manojo *ou* atado ***RP*** de nervios.

nervosismo [nexvo'ziʒmu] *m* nerviosismo *m*.

nervoso, osa [nex'vozu, ɔza] *adj* **-1.** [ger] nervioso(sa). **-2.** [irritado] exaltado(da).

nessa ['nɛsa] = **em + essa**.

nessas ['nɛsaʃ] = **em + essas**.

nesse ['nesi] = **em + esse**.

nesses ['nɛsiʃ] = **em + esses**.

nesta ['nɛʃta] = **em + esta**.

nestas ['nɛstaʃ] = **em + estas**.

neste ['neʃtʃi] = **em + este**.

nestes ['nestʃiʃ] = **em + estes**.

neto, ta ['nɛtu, ta] *m, f* nieto *m*, -ta *f*.

◆ **netos** *mpl* nietos *mpl*.

Netuno [ne'tunu] *n* Neptuno.

neurologia [newrolo'ʒia] *f* neurología *f*.
neurologista [newrolo'ʒiʃta] *mf* neurólogo *m*, -ga *f*.
neurose [new'rɔzi] *f* neurosis *f inv*.
neurótico, ca [new'rɔtʃiku, ka] <> *adj* neurótico(ca). <> *m, f* neurótico *m*, -ca *f*.
neutralidade [newtrali'dadʒi] *f* neutralidad *f*.
neutralizar ['newtrali'za(x)] *vt* neutralizar.
neutro, tra ['newtru, tra] *adj* -**1.** [ger] neutro(tra). -**2.** [partido, país] neutral.
nevada [ne'vada] *f* nevada *f*.
nevado, da [ne'vadu, da] *adj* nevado(-da).
nevar [ne'va(x)] *vi* nevar.
nevasca [ne'vaʃka] *f* nevasca *f*.
neve ['nɛvi] *f* nieve *f*; **branco feito ~** blanco como la nieve; **claras em ~** claras batidas a punto de nieve, claras a punto de nieve ***Méx***, claras batidas a nieve ***RP***.
névoa ['nɛvwa] *f* niebla *f*.
nevoeiro [ne'vwejru] *m* niebla *f*.
nevralgia [nevraw'ʒia] *f* neuralgia *f*.
nexo ['nɛksu] *m* -**1.** [ligação] nexo *m*. -**2.** [coerência] lógica *f*; **sem ~** sin coherencia.
Nicarágua [nika'ragwa] *n* Nicaragua.
nicaragüense [nikara'gwẽnsi] <> *adj* nicaragüense. <> *mf* nicaragüense *mf*.
nicotina [niko'tʃina] *f* nicotina *f*.
Nilo ['nilu] *n*: **o ~** el Nilo.
ninar [ni'na(x)] <> *vt* arrullar. <> *vi* adormecerse.
ninfeta [nĩn'feta] *f* ninfa *f*.
ninfomaníaca [nĩnfoma'njaka] *f* ninfómana *f*.
ninguém [nĩŋ'gẽj] <> *pron indef* -**1.** [nenhuma pessoa] nadie; **~ vai descobrir** nadie va a descubrirlo; **não conte a ~!** ¡no se lo cuentes a nadie!; **~ respeita mais ~** no hay más respeto por nadie; **~ mais faria o serviço tão bem** ninguna otra persona haría tan bien el trabajo. -**2.** *fig* [pessoa desimportante]: **ser ~** no ser nadie. <> *m fig* [pessoa desimportante]: **esse (zé) ~** ese don nadie ese pata en el suelo ***RP***.
ninhada [ni'ɲada] *f* nidada *f*.
ninharia [niɲa'ria] *f* nadería *f*.
ninho ['niɲu] *m* -**1.** [ger] nido *m*. -**2.** *fig*: **~ de rato** *fam* [bagunça] pocilga *f*, nido *m* de pollo ***Cuba***, nido de ratones ***Méx***, chiquero *m* ***RP***.
nipônico, ca [ni'poniku, ka] <> *adj* nipón(ona). <> *m,f* nipón *m*, -ona *f*.
níquel ['nikew] (*pl* **-eis**) *m* QUÍM níquel *m*.
nissei [ni'sej] *mf brasileño de padres japoneses*.
nisso ['nisu] = **en + isso**.
nisto ['niʃtu] = **em + isto**.
nitidez [nitʃi'deʃ] *f* -**1.** [ger] nitidez *f*. -**2.** [clareza] claridad *f*.
nítido, da ['nitʃidu, da] *f* -**1.** [ger] nítido(da). -**2.** [claro] claro(ra).
nitrogênio [nitro'ʒenju] *m* nitrógeno *m*.
nível ['nivɛw] (*pl* **-eis**) *m* -**1.** [ger] nivel *m*; **em ~ de** al nivel de. -**2.** EDUC: **~ elementar** nivel *m* elemental, educación *f* básica; **~ médio** nivel medio, educación media; **~ superior** nivel superior, educación superior. -**3.** [condições] categoría *f*; **alto/baixo ~** alta/baja categoría.
nivelar [nive'la(x)] <> *vt* -**1.** [ger] nivelar. -**2.** [equiparar] equiparar, igualar; **~ algo a algo** equiparar *ou* igualar algo a algo.
◆ **nivelar-se** *vp* [equiparar-se]: **~-se a/por/com alguém** equipararse a *ou* con alguien, igualarse a alguien.
no [nu] = **em + o**.
nó ['nɔ] *m* -**1.** [laço] nudo *m*; **dar um ~** hacer un nudo; **~ cego** nudo gordiano, nudo ciego ***Méx***. -**2.** ***fig*** [dificuldade] lío *m*; **aquele problema deu um ~ na minha cabeça** aquel problema me dio un buen dolor de cabeza. -**3.** [articulação] nudillo *m*. -**4.** [ponto crucial] meollo *m*, nudo *m*.
-no [nu] *pron* lo.
NO (*abrev de* **Noroeste**) NO.
nobre ['nɔbri] <> *adj* -**1.** [ger] noble; **bairro ~** barrio de clase alta. -**2.** *(antes de subst)* [ilustre] ilustre, noble. -**3.** ▷ **horário**. <> *m, f* noble *mf*.
nobreza [no'breza] *f* [aristocracia] nobleza *f*.
noção [no'sãw] (*pl* **-ões**) *f* noción *f*; **não ter a menor ~ de algo** no tener la menor noción de algo.
◆ **noções** *fpl* [rudimentos] nociones *fpl*.
nocaute [no'kawtʃi] *m* -**1.** BOXE nocaut *m*; **levar alguém a ~ /pôr alguém em ~** BOXE noquear a alguien; ***fig*** [prostrar] noquear a alguien. -**2.** [soco]

puñetazo *m*, piñazo *m RP*.

nocivo, va [no'sivu, va] *adj* nocivo(va).

noções [no'sõjʃ] *pl* ▷ **noção**.

noctívago [nok'tʃivagu] *adj & n* = **notívago**.

nódoa ['nɔdwa] *f* mancha *f*.

nogueira [no'gejra] *f* nogal *m*.

noitada [noj'tada] *f* **-1.** [período] noche *f*, trasnochada *f RP*. **-2.** [de diversão] noche *f* de juerga, trasnochada *f RP*. **-3.** [de insônia] noche *f* sin dormir.

noite ['nojtʃi] *f* [ger] noche *f*; **à** *ou* **de ~** por la noche *Esp*, *Caribe* & *Méx*, a la noche *Arg*, de noche *Urug*; **boa ~!** [cumprimento, despedida] ¡buenas noches!; **da ~ para o dia** de la noche a la mañana; **esta ~** [a noite passada] anoche; [a próxima noite] esta noche; **ontem à ~** anoche; **hoje à ~** esta noche; **amanhã à ~** mañana por la noche *Esp*, *Caribe* & *Méx*, mañana a la noche *Arg*, mañana de noche *Urug*; **tarde da ~** tarde en la noche, de madrugada; **ao cair da ~** al anochecer.

noitinha [noj'tʃiɲa] *f*: **à** *ou* **de ~** al anochecer, a la nochecita *Cuba* & *RP*, en la nochecita *Méx*, de nochecita *Urug*.

noivado [noj'vadu] *m* **-1.** [compromisso] compromiso *m*. **-2.** [período] noviazgo *m*. **-3.** [festa] fiesta *f* de compromiso.

noivo, va ['nojvu, va] ◇ *m, f* **-1.** [comprometido]: **estar/ser ~ (de alguém)** estar comprometido(da) (con alguien). **-2.** [no altar] novio *m*, -via *f*. ◇ *adj* comprometido(da).

◆ **noivos** *mpl*: **os ~s** los novios.

nojento, ta [no'ʒẽntu, ta] *adj* **-1.** [que enoja] asqueroso(sa). **-2.** [antipático] repugnante.

nojo ['noʒu] *m* [ger] asco *m*; **estar um ~** [estar sujo, ruim] estar hecho un asco; **ser um ~** [ser antipático] ser un repugnante.

nômade ['nomadʒi] ◇ *adj* nómada, nómade *RP*. ◇ *mf* nómada *mf*, nómade *mf RP*.

nome ['nɔmi] *m* **-1.** [designação] nombre *m*; **~ de batismo** nombre de pila; **~ de família** apellido *m*. **-2.** [fama] renombre *m*, nombre *m*; **de ~** [renome, reputação] de renombre, de nombre. **-3.** [autoridade]: **em ~ de algo/alguém** en nombre de algo/alguien.

nomeação [nomja'sãw] (*pl* **-ões**) *f* **-1.** [denominação] revelación *f* del nombre. **-2.** [para cargo] nombramiento *m*.

nomeado, da [no'mjadu, da] *adj* nominado(da).

nomear [no'mja(x)] *vt* nombrar.

nonagésimo, ma [nona'ʒɛzimu, ma] *num* nonagésimo(ma).

nono, na ['nonu, na] *num* noveno(na); *veja também* **sexto**.

nora ['nɔra] *f* nuera *f*.

nordeste [nox'dɛʃtʃi] ◇ *adj* nordeste. ◇ *m* nordeste *m*.

◆ **Nordeste** *m* región *f* Nordeste.

nordestino[1], na [noxdeʃ'tʃinu, na] ◇ *adj* nordestino(na). ◇ *m, f* nordestino *m*, -na *f*.

nordestino[2], na [noxdeʃ'tʃinu, na] ◇ *adj del nordeste de Brasil*. ◇ *m, f natural o habitante del nordeste de Brasil*.

nórdico, ca ['nɔxdʒiku, ka] ◇ *adj* nórdico(ca). ◇ *m, f* nórdico *m*, -ca *f*.

norma ['nɔxma] *f* norma *f*; **ter como ~** tener por norma.

normal [nɔx'maw] (*pl* **-ais**) *adj* [ger] normal.

normalidade [noxmali'dadʒi] *f* normalidad *f*.

normalizar [noxmali'za(x)] *vt* normalizar.

◆ **normalizar-se** *vp* normalizarse.

normalmente [noxmaw'mẽntʃi] *adv* normalmente.

noroeste [no'rwɛʃtʃi] ◇ *adj* [relativo ao noroeste] noroeste. ◇ *m* noroeste *m*.

norte ['nɔxtʃi] ◇ *adj* [relativo ao norte] norte. ◇ *m* norte *m*; **ao ~ de** al norte de.

norte-americano, na [ˌnɔxtʃjameri'kãnu, na] ◇ *adj* norteamericano(na). ◇ *m, f* norteamericano *m*, -na *f*.

nortista [nox'tʃiʃta] ◇ *adj* [do norte] norteño(ña). ◇ *mf* [pessoa] *habitante del norte de Brasil*.

Noruega [no'rwɛga] *n* Noruega.

norueguês, esa [norwe'geʃ, eza] ◇ *adj* noruego(ga). ◇ *m, f* noruego *m*, -ga *f*.

◆ **norueguês** *m* [língua] noruego *m*.

nos[1] [nuʃ] = **em + os**.

nos[2] [nuʃ] *pron pess* **-1.** *(objeto direto)* nos; **convidaram-~ para a festa** nos invitaron a la fiesta. **-2.** *(objeto indireto)* nos; **ele ~ deu um presente** nos dio un regalo; **isto ~ saiu caro**

esto nos salió caro ; [para enfatizar] nos; **não ~ faça mais isto!** ¡no nos hagas más eso! **-3.** *(reflexivo)* nos; **ontem ~ matriculamos na Universidade** ayer nos inscribimos en la Universidad. **-4.** [reciprocamente] nos; **olhamo-~ com ternura** nos miramos con ternura. **-5.** [ao autor] nos; **neste caso, o que ~ chama a atenção é ...** en este caso, lo que nos llama la atención es ...

nós ['nɔʃ] *pron pers (com + nós = conosco)* **-1.** [sujeito] nosotros; **~ somos casados** (nosotros) estamos casados; **~, brasileiros/estudantes, somos ...** (nosotros), los brasileños/estudiantes, somos ...; **~, que gostamos de música, ...** a nosotros, que nos gusta la música, ...; **não pude ver o jogo; ~ vencemos?** no pude ver el partido, ¿ganamos (nosotros)?; **~ dois/quatro** nosotros dos/cuatro; **só ~ dois** nosotros dos solos; **~ todos** todos nosotros; **~ mesmos** *ou* **próprios** nosotros mismos. **-2.** *(depois de prep)* nosotros; **chegou un convite para ~** llegó una invitación para nosotros; **o que ele tem contra ~?** ¿que tiene él contra nosotros?; **você fica para jantar conosco?** ¿te quedas quedás *RP* a cenar con nosotros?; **alguns de ~ serão premiados** algunos de nosotros seremos premiados; **entre ~** entre nosotros. **-3.** [o autor] nosotros; **neste capítulo, o que ~ pretendemos é ...** en este capítulo, lo que queremos es .... **-4.** *loc*: **cá entre ~** acá, entre nosotros.

-nos [nuʃ] *pron pl* los(las) ⊳ **nos²**.

nosso, ssa ['nɔsu, sa] ◇ *adj* nuestro (tra); **~ apartamento/país** nuestro apartamento/país; **nossas coisas/ /brigas** nuestras cosas/peleas; **um amigo ~** un amigo nuestro; **este iate é ~** este yate es nuestro; **esse modo de adiar as decisões é bem ~** eso de postergar las decisiones es bien nuestro; **Nossa Senhora** Nuestra Señora. ◇ *pron poss* [o que pertence ou respeita a nós]: **o ~, a nossa** el nuestro, la nuestra; **a nossa é maior** la nuestra es más grande; **os ~s** [a nossa família, o nosso time, exército] los nuestros; **ser um dos ~s** *fam* [estar do nosso lado] ser uno de los nuestros; **à nossa!** a la nuestra!.

◆ **nossa** *interj* [exprimindo espanto]: nossa!, ¡qué locura!; **~ mãe!, ~ senhora!** ¡qué maravilla!

nostalgia [noʃtaw'ʒia] *f* nostalgia *f.*

nostálgico, ca [noʃ'tawʒiku, ka] *adj* nostálgico(ca).

nota ['nɔta] *f* **-1.** [ger] nota *f*; **tomar ~** tomar nota; **~ de rodapé** nota al pie (de página). **-2.** [cédula] billete *m.* **-3.** COM cuenta *f*; **~ fiscal** factura *f*, recibo *m.* **-4.** [comunicado]: **~ oficial** nota oficial.

notar [no'ta(x)] *vt* [reparar] notar; **fazer ~** revelar.

◆ **notar-se** *vp* notarse.

notável [no'tavɛw] (*pl* **-eis**) *adj* notable.

notícia [no'tʃisja] *f* noticia *f*; **ter ~s de algo/alguém** tener noticias de algo/alguien.

noticiário [notʃi'sjarju] *m* noticiario *m*, noticiero *m Amér*, informativo *m RP.*

notificar [notʃifi'ka(x)] *vt* **-1.** [comunicar]: **~ algo (a alguém)** informar de algo (a alguien). **-2.** JUR notificar.

notívago, ga [no'tʃivagu, ga] ◇ *adj* noctámbulo(la). ◇ *m, f* noctámbulo *m*, -la *f.*

notoriedade [notorje'dadʒi] *f* notoriedad *f.*

notório, ria [no'tɔrju, rja] *adj* [ger] notorio(ria); **público e ~** bien sabido, público y notorio *RP.*

noturno, na [no'tuxnu, na] *adj* nocturno(na).

◆ **noturno** *m* **-1.** MÚS nocturno *m.* **-2.** [trem] tren *m* nocturno.

noutro ['notru] = **em + outro**.

nov. (*abrev de* **novembro**) nov.

nova ['nɔva] *f* ⊳ **novo**.

nova-iorquino, na [ˌnovajox'kinu, na] ◇ *adj* neoyorquino(na). ◇ *m, f* neoyorquino *m*, -na *f.*

novato, ta [no'vatu, ta] ◇ *adj* novato(ta). ◇ *m, f* novato *m*, -ta *f.*

Nova York [ˌnɔva'jɔxki] *n* Nueva York.

Nova Zelândia [ˌnɔvaze'lãndʒja] *n* Nueva Zelanda.

nove ['nɔvi] *num* nueve; *veja também* **seis**.

novecentos, tas [nɔve'sẽntuʃ, taʃ] *num* novecientos; *veja também* **seiscentos**.

◆ **Novecentos** *m* [século XX]: **o Novecentos** el siglo XX.

novela [no'vɛla] *f* **-1.** TV telenovela *f.* **-2.** RÁDIO serial *m*, radionovela *f*

Amér. **-3.** *LITER* novela *f.*
novelo [no'velu] *m* ovillo *m.*
novembro [no'vẽnbru] *m* noviembre *m*; *veja também* **setembro**.
noventa [no'vẽnta] *num* noventa; *veja também* **sessenta**.
noviço, ça [no'visu, sa] *m, f* **-1.** *RELIG* novicio *m*, -cia *f.* **-2.** [principiante] novato *m*, -ta *f.*
novidade [novi'dadʒi] *f* **-1.** [ger] novedad *f.* **-2.** [notícia] noticia *f.*
novidadeiro, ra [novida'dejru, ra] *adj* novelero(ra).
novilho, lha [no'viʎu, ʎa] *m, f* novillo *m*, -lla *f.*
novo, nova ['novu, 'nɔva] *adj* **-1.** [ger] nuevo(va); ~ **em folha** a estrenar. **-2.** [jovem] joven. **-3.** *ECON*: **nova economia** nueva economía.
◆ **de novo** *loc adv* de nuevo.
◆ **novo** *m*: **o** ~ lo nuevo.
◆ **nova** *f*: **boa nova** buena nueva.
novo-rico [novu'xiku] (*pl* **novos-ricos**) *m,f* nuevo rico *m*, nueva rica *f.*
noz ['nɔʃ] (*pl* **-es**) *f* nuez *f.*
noz-moscada [ˌnɔʒmoʃ'kada] (*pl* **nozes-moscadas**) *f* nuez *f* moscada.
nu, nua ['nu, 'nua] *adj* **-1.** [ger] desnudo(da). **-2.** [sem rodeios]: **a verdade/realidade nua e crua** la cruda verdad/realidad.
◆ **nu** *m ARTE* desnudo *m.*
nuança [nu'ãnsa], **nuance** [nu'ãnsi] *f* matiz *m.*
nublado, da [nu'bladu, da] *adj* nublado(da).
nublar [nu'bla(x)] *vt* nublar.
◆ **nublar-se** *vp* nublarse.
nuca ['nuka] *f* nuca *f.*
nuclear [nukle'a(x)] (*pl* **-es**) *adj* **-1.** *TEC* nuclear. **-2.** *fig* [central] central.
núcleo ['nuklju] *m* núcleo *m.*
nudez [nu'deʃ] *f* desnudez *f.*
nudista [nu'dʒiʃta] ◇ *adj* nudista. ◇ *mf* nudista *mf.*
nulidade [nuli'dadʒi] *f* futilidad *f.*
nulo, la ['nulu, la] *adj* nulo(la).
num [nũ] = **em + um**.
núm. (*abrev de* **número**) núm.
numa ['numa] = **em + uma**.
numeração [numera'sãw] (*pl* **-ões**) *f* **-1.** [ger] numeración *f.* **-2.** [de calçados, roupas] número *m.*
numerado, da [nume'radu, da] *adj* numerado(da).
numeral [nume'raw] (*pl* **-ais**) *m GRAM* numeral *m.*
numerar [nume'ra(x)] *vt* numerar.
numérico, ca [nu'mɛriku, ka] *adj* numérico(ca).
número ['numeru] *m* **-1.** número *m*; ~ **par/ímpar** número par/impar. **-2.** [quantidade]: **sem-**~ sin número; **um sem-**~ **de vezes** un sinnúmero de veces. **-3.** [edição]: ~ **atrasado** número atrasado. **-4.** [registro]: ~ **de telefone/fax** número de teléfono/fax. **-5.** [ser engraçado, excêntrico]: **ser um** ~ ser un personaje.
numeroso, osa [nume'rozu, ɔza] *adj* numeroso(sa).
nunca ['nũŋka] *adv* **-1.** [sentido negativo] nunca; ~ **mais** nunca más; **ele quase** ~ **sorri** casi nunca sonríe. **-2.** [sentido afirmativo]: **como** ~ como nunca; **mais do que** ~ más que nunca.
nuns [nũʃ] = **em + ums**.
núpcias ['nupsjaʃ] *fpl* nupcias *fpl.*
nutrição [nutri'sãw] *f* nutrición *f.*
nutricionista [nutrisjo'niʃta] *mf* nutricionista *mf.*
nutrido, da [nu'tridu, da] *adj* **-1.** [bem alimentado] bien alimentado(da).**-2.** [robusto] robusto(ta).
nutrir [nu'tri(x)] *vt* **-1.** [alimentar]: ~ **(com** *ou* **de)** nutrir (con *ou* de). **-2.** *fig* [acalentar]: ~ **algo por** nutrir algo por. **-3.** *fig* [fornecer]: ~ **algo de** nutrir algo de.
nutritivo, va [nutri'tʃivu, va] *adj* nutritivo(va).
nuvem ['nuvẽ] (*pl* **-ns**) *f* **-1.** [ger] nube *f.* **-2.** *loc*: **estar nas nuvens** estar en las nubes; **passar em brancas nuvens** [data] pasar como si nada.

O

o¹, O [ɔ] *m* [letra] o, O *f.*
o², a [u, a] ◇ *art def* **-1.** [indicando pessoa, animal, coisa, substantivo abstrato] el, la; **o sol** el sol; **a lua** la luna; **os noivos** los novios; **o amor** el amor; **a sinceridade** la sinceridad. **-2.** [com adjetivo substantivado] lo; **o belo** lo bello; **o possível/impossível** lo posible/imposible; **o melhor/pior** lo

mejor/peor. **-3.** [com nomes geográficos]: **o Brasil** (el) Brasil; **os Estados Unidos** (los) Estados Unidos; **a França** Francia; **a Venezuela** Venezuela; **a Argentina** (la) Argentina; **o Amazonas** el Amazonas; **o Himalaia** el Himalaya. **-4.** [indicando posse]: **qual é a sua/dele** ¿qué te/le pasa? **-5.** [enfaticamente]: **ele pensa que é O gênio** él se cree que es el genio de los genios; **ela é A supermãe** es una madraza; **Tentação, O perfume** Tentação, todo un perfume. **-6.** ***fam*** [com nome de pessoa]: **visitei o Armando/a Cristina** visité a Armando/Cristina visité al Armando/a la Cristina ***Chile***. **-7.** [por, cada] el, la; **a maçã custa 3 reais o quilo** la manzana cuesta 3 reales el kilo; **o linho é 5 reais o metro** el lino está a 5 reales el metro. **-8.** [em datas, períodos] el, la; **o pós-guerra** la postguerra; **o 15 de novembro** el 15 de noviembre. **-9.** [em títulos] el, la; **Alexandre, o Grande** Alejandro Magno; **D. Maria, a louca** María la loca. <> *pron pess* **-1.** [pessoa, coisa] lo, la; **ela o amava muito** ella lo amaba mucho; **quando a deixei, ela chorou** cuando la dejé, (ella) lloró; **os presos fugiram: peguem-nos!** los presos escaparon, ¡agárrenlos!; **este paletó, comprei-o no mês passado** este traje lo compré el mes pasado; **cadê as chaves? não consigo achá-las** ¿dónde están las llaves? no logro encontrarlas. **-2.** [você] te; **eu o chamei, Dirceu, mas você não ouviu** te llamé, Dirceu, pero no me oíste; **prazer em conhecê-lo/-la** encantado de conocerte. <> *pron dem* el, la; **feche a porta da frente e a dos fundos** cierra/cerrá ***RP*** la puerta del frente y la del fondo; **compre o que for mais barato** compra/comprá ***RP*** el que sea más barato; **destas balas, adoro as vermelhas** de estos caramelos me encantan los rojos; **minha casa e a de Teresa** mi casa y la de Teresa.

◆ **o** *pron dem (neutro)* lo; **pode ser tola, mas desonesta não o é** será boba, pero deshonesta no es; **se você quer viajar, por que não fazê-lo?** si quieres/querés ***RP*** viajar, ¿por qué no hacerlo?; **mataram o animal; fizeram-no por maldade** mataron al animal; lo hicieron por maldad; **já disse tudo o que sei** ya dije todo lo que sé; **¿o que é 'globalização'?** ¿qué es 'globalización'?; **o que se passa?** ¿qué pasa?; **era isso o que eu temia** era lo que me temía.

ó [ɔ] *interj* ¡ay!

ô [o] *interj* ¡ay!

OAB (*abrev de* **Ordem dos Advogados do Brasil**) *f colegio de abogados de Brasil.*

oásis [ɔ'aziʃ] *m (inv)* oasis *m inv.*

oba ['oba] *interj* **-1.** [de alegria] ¡viva!, ¡yupi!, ¡opa! ***RP***. **-2.** [cumprimento] ¡hombre!, ¡quiubolé! ***Méx***, ¡opa! ***RP***.

obcecado, da [obise'kadu, da] *adj* obcecado(da).

obedecer [obede'se(x)] *vi*: ~ **(a algo/alguém)** obedecer (algo/a alguien).

obediência [obe'dʒjẽnsja] *f* obediencia *f.*

obediente [obe'dʒjẽntʃi] *adj* obediente.

obeso, sa [o'bezu, za] <> *adj* obeso(-sa). <> *m, f* obeso *m*, -sa *f.*

óbito ['ɔbitu] *m* óbito *m.*

objeção [obʒe'sãw] (*pl* **-ões**) *f* objeción *f*; **fazer** *ou* **pôr** ~ **a** levantar *ou* poner objeciones a.

objetivo, va [obʒe'tʃivu, va] *adj* objetivo(va).

◆ **objetivo** *m* objetivo *m.*

objeto [ob'ʒɛtu] *m* objeto *m.*

oblíquo, qua [o'blikwu, kwa] *adj* **-1.** [diagonal] oblicuo(cua). **-2.** ***fig*** [dissimulado] disimulado(da).

oblongo, ga [ob'lõŋgu, ga] *adj* oblongo(ga).

oboé [o'bwɛ] *m* oboe *m.*

obra ['ɔbra] *f* obra *f*; ~ **de arte** obra de arte; **ser** ~ **de alguém** ***fig*** ser obra de alguien; **em** ~**s** en obras.

obra-prima [ˌɔbra'prima] (*pl* **obras-primas**) *f* **-1.** [melhor obra] obra *f* maestra. **-2.** [perfeição]: **ser/estar/ficar uma** ~ ser/quedar como una obra maestra.

obrigação [obriga'sãw] (*pl* **-ões**) *f* obligación *f.*

obrigado, da [obri'gadu, da] *adj* **-1.** [compelido, forçado] obligado(da). **-2.** [agradecido]: **(muito)** ~ ¡(muchas) gracias!; **muito** ~ **por sua ajuda** muchas gracias por su ayuda.

obrigar [obri'ga(x)] *vt*: ~ **alguém a fazer algo** obligar a alguien a hacer algo.

◆ **obrigar-se** *vp* comprometerse a.

obrigatoriedade [obrigatorje'dadʒi] *f* obligatoriedad *f.*
obrigatório, ria [obriga'tɔrju, rja] *adj* obligatorio(ria).
obsceno, na [obi'senu, na] *adj* obsceno(na).
obscurecer [obiʃkure'se(x)] *vt* **-1.** [ger] oscurecer. **-2.** [entristecer] ensombrecer. **-3.** [prejudicar] manchar.
obscuridade [obiʃkuri'dadʒi] *f* **-1.** [escuridão] oscuridad *f.* **-2.** [anonimato] anonimato *f.* **-3.** [esquecimento] olvido *m.*
obscuro, ra [obi'ʃkuru, ra] *adj* oscuro(ra).
obséquio [obi'zɛkju] *m* servicio *m*; **por ~** por favor.
observação [obizexva'sãw] (*pl* **-ões**) *f* observación *f.*
observador, ra [obisexva'do(x), ra] (*pl* **-es**, *fpl* **-s**) <> *adj* [perspicaz] observador(ra). <> *m, f* observador *m*, -ra *f.*
observar [obisex'va(x)] *vt* observar; **~ que** observar que.
observatório [obisexva'tɔrju] *m* observatorio *m.*
obsessão [obse'sãw] (*pl* **-ões**) *f* obsesión *f.*
obsessivo, va [obse'sivu, va] *adj* obsesivo(va).
obsoleto, ta [obso'letu, ta] *adj* obsoleto *m*, -ta *f.*
obstáculo [obʃ'takulu] *m* obstáculo *m.*
obstante [obiʃ'tãntʃi] ◆ **não obstante** <> *loc conj* no obstante. <> *loc prep* a pesar de.
obstetra [obʃ'tɛtra] *mf* obstetra *mf*, tocólogo *m*, -ga *f* **Esp.**
obstinado, da [obiʃtʃi'nadu, da] *adj* obstinado(da).
obstrução [obʃtru'sãw] (*pl* **-ões**) *f* obstrucción *f.*
obstruir [obiʃ'trwi(x)] *vt* obstruir.
obtenção [obitẽn'sãw] (*pl* **-ões**) *f* obtención *f.*
obter [obi'te(x)] *vt* obtener.
obturação [obtura'sãw] (*pl* **-ões**) *f* [de dente] empaste *m*, emplomadura *f* **RP.**
obturador [obtura'do(x)] (*pl* **-es**) *m* FOT obturador *m.*
obturar [obtu'ra(x)] *vt* [dente] empastar, emplomar **RP.**
obtuso, sa [obi'tuzu, za] *adj* **-1.** [ger] obtuso(sa). **-2.** [obscuro] hermético(-ca), abstruso(sa) **RP.**
óbvio, via ['ɔbvju, vja] *adj* obvio(via); **é ~!** ¡evidentemente!, ¡desde luego! **Esp**, ¡obviamente! **Méx** & **RP.**
◆ **óbvio** *m*: **o ~** lo obvio; **é o ~ ululante** es evidente.
ocasião [oka'zjãw] (*pl* **-ões**) *f* **-1.** [ger] ocasión *f*; **em certas ocasiões** en ciertas ocasiones. **-2.** [oportunidade]: **aproveitar a ~** aprovechar la ocasión; **ter ~ de fazer algo** tener la oportunidad *ou* ocasión de hacer algo.
ocasional [okazjo'naw] (*pl* **-ais**) *adj* ocasional.
ocasionar [okazjo'na(x)] *vt* [proporcionar]: **~ algo a alguém** proporcionar algo a alguien.
ocaso [o'kazu] *m* ocaso *m.*
Oceania [osjã'nia] *n* Oceanía.
oceânico, ca [o'sjãniku, ka] *adj* oceánico(ca).
oceano [o'sjãnu] *m* [mar] océano *m*; **~ Antártico/Ártico** océano Antártico/Ártico; **~ Atlântico/Índico/Pacífico** océano Atlántico/Índico/Pacífico.
oceanografia [osjanogra'fia] *f* oceanografía *f.*
ocidental [osidẽn'taw] (*pl* **-ais**) <> *adj* occidental. <> *m, f* occidental *mf.*
ocidentalizar [osidẽntali'za(x)] *vt* occidentalizar.
◆ **ocidentalizar-se** *vp* occidentalizarse.
ocidente [osi'dẽntʃi] *m* occidente *m.*
◆ **Ocidente** *m*: **o Ocidente** Occidente *m.*
ócio ['ɔsju] *m* **-1.** [tempo livre] ocio *m.* **-2.** [desocupação, indolência] ociosidad *f.*
ocioso, osa [o'sjozu, ɔza] *adj* **-1.** [ger] ocioso(sa). **-2.** [improdutivo] improductivo(va).
oco, oca ['oku, 'oka] *adj* [vazio, fútil] hueco(ca).
ocorrência [oko'xẽnsja] *f* acontecimiento *m*; **~ policial** incidente policial.
ocorrer [oko'xe(x)] *vi* **-1.** [acontecer]: **~ (a alguém)** suceder *ou* ocurrir (a alguien). **-2.** [vir à memória]: **~ a alguém** recordar, acordarse de.
ocre ['ɔkri] <> *adj* ocre. <> *m* ocre *m.*
octógono [ok'tɔgonu] *m* octógono *m.*
ocular [oku'la(x)] *adj* ocular.
oculista [oku'liʃta] *mf* oculista *mf.*
óculo ['ɔkulu] *m* **-1.** [instrumento] catalejo *m.* **-2.** ARQUIT ojo *m* de buey.

◆ **óculos** *mpl* gafas *fpl* **Esp**, anteojos *mpl* **Amér**, lentes *mpl* **Amér**; ~**s escuros** gafas **Esp** *ou* anteojos **Amér** de sol.
ocultar [okuw'ta(x)] *vt* ocultar.
ocultismo [okuw'tʃiʒmu] *m* ocultismo *m*.
oculto, ta [o'kuwtu, ta] *adj* **-1.** [secreto, sobrenatural] oculto(ta). **-2.** [desconhecido] desconocido(da).
ocupação [okupa'sãw] (*pl* -ões) *f* ocupación *f*.
ocupado, da [oku'padu, da] *adj* ocupado(da); **dar (sinal de)** ~ [telefone] comunicar **Esp**, dar (señal de) ocupado **Amér**.
ocupante [oku'pãntʃi] *mf* ocupante *mf*.
ocupar [oku'pa(x)] *vt* **-1.** [ger] ocupar. **-2.** [atrair] atraer, copar.
◆ **ocupar-se** *vp* **-1.** [preencher tempo] mantenerse ocupado(da). **-2.** [cuidar de]: ~**-se com algo/alguém** ocuparse de algo/alguien.
odalisca [oda'liʃka] *f* odalisca *f*.
odiar [o'dʒja(x)] <> *vt* odiar. <> *vi* sentir odio.
◆ **odiar-se** *vp* [a si mesmo, um ao outro] odiarse.
ódio ['ɔdʒju] *m* odio *m*.
odioso, osa [o'dʒjozu, ɔza] *adj* odioso(sa).
odisséia [odʒi'sɛja] *f* odisea *f*.
odontologista [odõntolo'ʒiʃta] *mf* odontólogo *m*, -ga *f*.
odor [o'do(x)] (*pl* -es) *m* olor *m*.
OEA (*abrev de* **Organização dos Estados Americanos**) *f* OEA *f*.
oeste ['wɛʃtʃi] <> *adj inv* oeste. <> *m* oeste *m*; **a ~ de** al oeste de.
ofegante [ofe'gãntʃi] *adj* [arquejante, cansado] jadeante.
ofegar [ofe'ga(x)] *vi* jadear.
ofender [ofẽn'de(x)] *vt* [insultar, magoar, desrespeitar] ofender.
◆ **ofender-se** *vp* [sentir-se insultado] ofenderse.
ofensa [o'fẽnsa] *f* [insulto, desrespeito] ofensa *f*.
ofensiva [ofẽn'siva] *f* ofensiva *f*.
ofensivo, va [ofẽn'sivu, va] *adj* [agressivo, danoso] ofensivo(va).
oferecer [ofere'se(x)] *vt* **-1.** [ger] ofrecer. **-2.** [dedicar] dedicar.
◆ **oferecer-se** *vp* [propor seus serviços] ofrecerse; ~**-se para fazer algo** ofrecerse para hacer algo.
oferecido, da [ofere'sidu, da] *adj* lanzado(da), regalado(da) **RP**.
oferenda [ofe'rẽnda] *f* RELIG ofrenda *f*.
oferta [o'fɛxta] *f* oferta *f*; **em ~ de** *ou* en oferta.
oficializar [ofisjali'za(x)] *vt* oficializar.
oficina [ofi'sina] *f* taller *m*; ~ **mecânica** taller mecánico.
ofício [o'fisju] *m* **-1.** [profissão & RELIG] oficio *m*. **-2.** [incumbência] misión *f*. **-3.** [correspondência] correspondencia *f*, oficio *m* **Amér**.
oficioso, osa [ofi'sjozu, ɔza] *adj* [não oficial] oficioso(sa).
oftalmológico, ca [oftawmo'lɔʒiku, ka] *adj* oftalmológico(ca).
oftalmologista [oftawmolo'ʒiʃta] *mf* oftalmólogo *m*, -ga *f*.
ofuscante [ofuʃkãntʃi] *adj* deslumbrante.
ofuscar [ofuʃ'ka(x)] <> *vt* **-1.** [obscurecer, suplantar] ofuscar. **-2.** [os olhos] deslumbrar. <> *vi* [turvar a vista] cegar, encandilar **RP**.
ogum [o'gũ] *m dios de la guerra en los cultos afrobrasileños*.
oh [ɔ] *interj* ¡oh!
oi ['oj] *interj* **fam -1.** [como saudação] ¡hola! **-2.** [como resposta indagativa] ¿qué?
oitavo, va [oj'tavu, va] <> *num* octavo(va); **a oitava parte** la octava parte. <> *m* octavo *m*; *veja também* **sexto**.
oitenta [oj'tẽnta] *num* ochenta; *veja também* **sessenta**.
oito ['ojtu] *num* ocho; **ou ~ ou oitenta** o todo o nada; *veja também* **seis**.
oitocentos, tas [ojtu'sẽntuʃ] *num* ochocientos; *veja também* **seiscentos**.
ola ['ola] *f* ESP ola *f*.
olá [o'la] *interj* ¡hola!
olaria [ola'ria] *f* [fábrica] alfarería *f*.
óleo ['ɔlju] *m* aceite *m*; ~ **de bronzear** aceite bronceador; ~ **diesel** aceite diésel.
oleosidade [oljozi'dadʒi] *f* oleosidad *f*.
oleoso, osa [o'ljozu, ɔza] *adj* graso(-sa).
olfato [ow'fatu] *m* olfato *m*.
olhada [o'ʎada] *f* vistazo *m*; **dar uma ~ (em)** echar un vistazo (a).
olhadela [oʎa'dɛla] *f* ojeada *f*.
olhar [o'ʎa(x)] <> *vt* **-1.** [ver, contemplar, examinar] mirar. **-2.** [cuidar de] vigilar. **-3.** [ponderar, considerar] considerar. <> *vi* **-1.** [ver] mirar. **-2.** [cui-

dar]: ~ **por** cuidar de. **-3.** ***fam*** [ser o limite de algo]: **farei uma sopa para o jantar, e olhe lá!** voy a hacer una sopa para cenar, y dense por satisfechos. ◇ *m* mirada *f*.

◆ **olhar-se** *vp* [ver-se, entreolhar-se] mirarse.

olho ['oʎu] (*pl* **olhos**) *m* **-1.** [ger] ojo *m*; ~ **de sogra** *dulce hecho con ciruelas pasas y pasta de huevos y coco*; **estar de ~ em alguém/algo** estar con los ojos puestos en alguien/algo; ~ **mágico** mirilla *fs*; **abrir os ~s de alguém** ***fig*** abrir los ojos a alguien; **não pregar o ~** no pegar ojo, no pegar un ojo ***Amér***; **custar os ~s da cara** costar un ojo de la cara; **pôr alguém no ~ da rua** ***fam*** poner a alguien de patitas en la calle; **ter o ~ maior que a barriga** ***fam*** comer con los ojos. **-2.** [vista] vista *f*; **a ~s vistos** a ojos vistas. **-3.** [orifício de queijo] agujero *m*.

oligarquia [oligax'kia] *f* oligarquía *f*.

oligárquico, ca [oli'gaxkiku, ka] *adj* oligárquico(ca).

oligopólio [oligo'pɔlju] *m* oligopolio *m*.

olimpíada [olĩn'piada] *f* olimpiada *f*; **as ~s** las olimpiadas.

olímpico, ca [o'lĩnpiku, ka] *adj* olímpico(ca).

olmo ['owmu] *m* olmo *m*.

OLP (*abrev de* **Organização Para Libertação da Palestina**) *f* OLP *f*.

ombro ['õnbru] *m* ANAT hombro *m*; ~ **a ~** hombro a hombro.

OMC (*abrev de* **Organização Mundial de Comércio**) *f* OMC *f*.

omelete [ome'lɛtʃi] *f* tortilla *f* ***Esp***, omelette *m* ***Amér***.

omissão [omi'sãw] (*pl* **-ões**) *f* omisión *f*.

omisso, ssa [o'misu, sa] *adj* **-1.** [negligente] negligente, omiso(sa) ***RP***. **-2.** [ausente] ausente. **-3.** [com falha] deficiente.

omitir [omi'tʃi(x)] *vt* omitir.

◆ **omitir-se** *vp* no pronunciarse, soslayarse ***Méx***.

omoplata [omo'plata] *f* omoplato *m*, omóplato *m*.

OMS (*abrev de* **Organização Mundial da Saúde**) *f* OMS *f*.

onça ['õnsa] *f* **-1.** ZOOL jaguar *m*. **-2.** ***fam*** [ficar irado]: **estar/ficar uma ~** estar/ponerse hecho una fiera.

onça-pintada [ˌõnsapĩn'tada] (*pl* **onças-pintadas**) *f* ZOOL jaguar *m*.

onda ['õnda] *f* **-1.** [no mar] ola *f*; **pegar ~** ***fam*** [surfar] hacer surf, correr olas ***RP***. **-2.** ***fam*** [moda] moda *f*, onda *f* ***RP***; **estar na ~** estar de moda. **-3.** ***fig*** [grande quantidade] oleada *f*, ola *f*. **-4.** ***fam*** [fingimento] teatro *m*. **-5.** FÍSICA: ~ **curta/média/longa** onda *f* corta/media/larga. **-6.** ***fam*** [ser enganado]: **ir na ~ de alguém** dejarse llevar por alguien.

onde ['õndʒi] (*a + onde = aonde*) ◇ *adv* **-1.** *(interrogativo)* dónde; ~ **fica o museu?** ¿dónde queda el museo?; **não sei ~ deixei meus óculos** no sé dónde dejé mis lentes; **por ~ vieram?** ¿por dónde vinieron?; ~ **quer que** donde sea que; **carregue sua carteira por ~ você for** lleva tu carnet donde sea que vayas. **-2.** *loc*: **fazer por ~** hacer lo posible. ◇ *pron* **-1.** *(relativo)* donde; **a casa ~ moro** la casa donde vivo; **o vale por ~ passa o rio** el valle por donde pasa el río. **-2.** *(indefinido)* donde, dónde; **eles não têm ~ morar** no tienen dónde vivir; **pretendo voltar ~ estivemos ontem** quiero volver donde estuvimos ayer; **até ~ eu sei** por lo que sé.

ondulação [õndula'sãw] (*pl* **-ões**) *f* ondulación *f*.

ondulado, da [õndu'ladu, da] *adj* ondulado(da).

oneroso, osa [one'rozu, ɔza] *adj* [dispendioso, pesado] oneroso(sa).

ONG (*abrev de* **Organização Não Governamental**) *f* ONG *f*.

ônibus ['onibuʃ] *m inv* autobús *m* ***Esp***, colectivo *m* ***Arg***, ómnibus *m inv* ***Cuba*** & ***Urug***, camión *m* ***Méx***.

onipotente [ˌonipo'tẽntʃi] *adj* omnipotente.

onipresença [oni'prezẽnsa] *f* omnipresencia *f*.

onírico, ca [o'niriku, ka] *adj* onírico(ca).

onisciência [oni'sjẽnsja] *f* omnisciencia *f*.

onívoro, ra [o'nivuru, ra] *adj* omnívoro(ra).

ônix ['oniks] *m inv* ónice *m*, ónix *m*.

ontem ['õntẽ] *adv* [dia anterior, passado] ayer; ~ **de manhã** ayer por la mañana ***Esp***, ***Caribe*** & ***Méx***, ayer a la mañana ***Arg***, ayer de mañana ***Urug***; ~ **à noite/à tarde** ayer por la noche/la tarde ***Esp***, ***Caribe*** & ***Méx***, ayer a la noche/la tarde *Arg*, ayer en la noche/la tarde *Méx*, ayer de noche/tarde *Urug*.

ONU ['ɔnu] (*abrev de* **Organização das Nações Unidas**) *f* ONU *f*.

ônus ['onuʃ] *m* **-1.** *inv* [peso] peso *m*. **-2.** *fig* [encargo] responsabilidad *f*. **-3.** [imposto pesado] gravamen *m*.

onze ['õnzi] *num* once; *veja também* **seis**.

opa ['opa] *interj* [de admiração] ¡hala! *Esp*, ¡órale! *Méx*, ¡pa! *RP*; [de saudação] ¡anda!, ¡hey! *Méx & RP*, ¡opa! *RP*.

opacidade [opasi'dadʒi] *f* opacidad *f*.

opaco, ca [o'paku, ka] *adj* opaco(ca).

opala [o'pala] *f* **-1.** [mineral] ópalo *m*. **-2.** [tecido] tejido *m* de algodón.

opção [op'sãw] (*pl* **-ões**) *f* opción *f*.

opcional [opsjo'naw] (*pl* **-ais**) *adj* opcional.

open market ['opẽn'maxkitʃ] *m* ECON mercado *m* abierto.

OPEP (*abrev de* **Organização dos Países Exportadores de Petróleo**) *f* OPEP *f*.

ópera ['ɔpera] *f* ópera *f*.

operação [opera'sãw] (*pl* **-ões**) *f* operación *f*.

operacionalidade [operasjionali'dadʒi] *f* operacionalidad *f*.

operador, ra [opera'do(x), ra] (*mpl* **-es**, *fpl* **-s**) *m, f* **-1.** [quem executa] operador *m*, -ra *f*. **-2.** MED cirujano *m*, -na *f*.

◆ **operadora** *f* operador *m*.

operar [ope'ra(x)] ◇ *vt* **-1.** [fazer funcionar] manejar, operar *Amér*. **-2.** MED operar. **-3.** [realizar] hacer, operar *RP*. ◇ *vi* **-1.** MED [atuar, funcionar] operar.

operária [ope'rarja] *f* ▷ **operário**.

operariado [opera'rjadu] *m*: **o ~** el proletariado.

operário, ria [ope'rarju, rja] ◇ *adj* [abelha, classe] obrero(ra). ◇ *m, f* [trabalhador] obrero *m*, -ra *f*.

◆ **operária** *f* [abelha, formiga] obrera *f*.

opereta [ope'reta] *f* opereta *f*.

opinar [opi'na(x)] ◇ *vi* [emitir opinião]: **~ (sobre algo/alguém)** opinar (sobre algo/alguien).

opinião [opi'njãw] (*pl* **-ões**) *f* opinión *f*; **a ~ pública** la opinión pública; **dar uma ~** dar una opinión; **mudar de ~** cambiar de opinión.

ópio ['ɔpju] *m* opio *m*.

oponente [opo'nẽntʃi] ◇ *adj* opuesto(ta). ◇ *mf* oponente *mf*.

opor [o'po(x)] *vt* oponer.

◆ **opor-se** *vp* [ser contrário]: **~-se (a algo)** oponerse (a algo).

oportunidade [opoxtuni'dadʒi] *f* oportunidad *f*; **aproveitar a ~** aprovechar la oportunidad.

oportunista [opoxtu'niʃta] ◇ *adj* oportunista. ◇ *mf* oportunista *mf*.

oportuno, na [opox'tunu, na] *adj* [apropriado, favorável] oportuno(na); **momento ~** momento oportuno.

oposição [opozi'sãw] (*pl* **-ões**) *f* [objeção] oposición *f*; **a ~** POL la oposición; **fazer ~ a** oponerse a.

oposicionista [opozisjo'niʃta] ◇ *adj* POL de la oposición. ◇ *mf* POL oponente *mf*.

oposto, ta [o'poʃtu, o'pɔʃta] *adj* **-1.** [contrário] opuesto(ta). **-2.** [em frente a] en frente de *ou* a *RP*.

◆ **oposto** *m* [inverso]: **o ~** lo contrario, el contrario *RP*.

opressão [opre'sãw] (*pl* **-ões**) *f* opresión *f*.

opressivo, va [opre'sivu, va] *adj* opresivo(va).

oprimido, da [opri'midu, da] *adj* oprimido(da).

oprimir [opri'mi(x)] *vt* **-1.** [angustiar, esmagar, tiranizar] oprimir. **-2.** [reprimir] reprimir. **-3.** [comprimir] comprimir.

optar [op'ta(x)] *vi*: **~ (por/entre)** optar (por/entre); **~ por fazer algo** optar por hacer algo.

óptico, ca ['ɔptʃiku, ka] ◇ *adj* óptico(ca). ◇ *mf* óptico *m*, -ca *f*.

◆ **óptica** *f* óptica *f*.

opulento, ta [opu'lẽntu, ta] *adj* opulento(ta).

opúsculo [o'puʃkulu] *m* **-1.** [livreto] opúsculo *m*. **-2.** [folheto] folleto *m*.

ora ['ɔra] ◇ *adv* [agora] ahora; **por ~** por ahora. ◇ *conj* **-1.** [entretanto] ahora bien. **-2.** [umas vezes ... outras vezes]: **~ quer uma coisa, ~ quer outra** quiere ora una cosa, ora otra. ◇ *interj*: **~ bolas!** ¡vaya por Dios!, ¡caramba!.

oração [ora'sãw] (*pl* **-ões**) *f* [reza & GRAM] oración *f*.

oráculo [o'rakulu] *m* oráculo *m*.

oral [o'raw] (*pl* **-ais**) ◇ *adj* oral. ◇ *f* oral *m*.

orangotango [orãŋgu'tãŋgu] *m* orangután *m*.

orar [o'ra(x)] *vi*: **~ (a/por)** orar (a/por).

órbita ['ɔxbita] *f* órbita *f*; **estar fora de ~** *fam* estar en las nubes, estar fuera de la realidad *Méx*, estar fuera de órbita *RP*.

orbitar [oxbi'ta(x)] *vi* **-1.** [descrever órbita] orbitar. **-2.** *fig* [em torno de alguém] girar en torno a.

orçamentário, ria [oxsamẽn'tarju, rja] *adj* presupuestario(ria).

orçar [ox'sa(x)] ◇ *vt* [calcular] presupuestar. ◇ *vi* [avaliar] presupuestar; ~ **em** presupuestar en.

ordeiro, ra [ox'dejru, ra] *adj* pacífico(-ca).

ordem ['ɔxdẽ] (*pl* **-ns**) *f* orden *m*; **estar em** ~ estar en orden; **manter a** ~ mantener el orden; **tudo em** ~? ¿qué tal?, ¿todo bien? *Méx*; **às suas ordens** a sus órdenes; **dar** ~ **(a alguém)** dar una orden (a alguien); **de primeira/segunda** ~ de primer/segundo orden; ~ **do dia** orden del día; ~ **pública/social** orden público/social; ~ **de pagamento** orden de pago; ~ **de prisão** orden de arresto.

ordenado, da [oxde'nadu] *adj* [organizado & RELIG] ordenado(da).

◆ **ordenado** *m* [salário] sueldo *m*.

ordenar [oxde'na(x)] *vt* [organizar, mandar] ordenar.

◆ **ordenar-se** *vp* [organizar-se & RELIG] ordenarse.

ordenhar [oxde'ɲa(x)] *vt* ordeñar.

ordinal [oxdʒi'naw] (*pl* **-ais**) *adj* ordinal.

ordinário, ria [oxdʒi'narju, rja] *adj* **-1.** [de má qualidade, medíocre] ordinario(-ria). **-2.** *fam* [sem caráter] ordinario(-ria). **-3.** [comum, freqüente] habitual, común.

orégano [o'rɛganu] *m* orégano *m*.

orelha [o'reʎa] *f* **-1.** ANAT oreja *f*; **até as** ~**s** hasta el cuello; **estar/ficar de** ~ **em pé** *fam* estar con la mosca OU pulga *RP* detrás de la oreja. **-2.** [de livro] solapa *f*. **-3.** [de boné] visera *f*.

orelhão [ore'ʎãw] (*pl* **-ões**) *m* *fam* [cabine de telefone público] cabina *f* telefónica.

orfanato [oxfa'natu] *m* orfanato *m*.

órfão, ã ['ɔxfãw, fã] ◇ *m, f* huérfano *m*, -na *f*. ◇ *adj* huérfano(na); ~ **de pai/mãe** huérfano de padre/madre.

orgânico, ca [ox'gãniku, ka] *adj* orgánico(ca).

organismo [oxga'niʒmu] *m* organismo *m*.

organização [oxganiza'sãw] (*pl* **-ões**) *f* organización *f*.

organizacional [oxganizasio'naw] (*pl* **-ais**) *adj* organizativo(va).

organizador, ra [oxganiza'do(x), ra] *m, f* organizador *m*, -ra *f*.

organizar [oxgani'za(x)] *vt* organizar.

órgão ['ɔxgãw] (*pl* **-s**) *m* órgano *m*; ~ **de imprensa** órgano de prensa.

orgasmo [ox'gaʒmu] *m* orgasmo *m*.

orgia [ox'ʒia] *f* orgía *f*.

orgulhar [oxgu'ʎa(x)] *vt* enorgullecer a.

◆ **orgulhar-se** *vp*: ~**-se de** enorgullecerse de.

orgulho [ox'guʎu] *m* orgullo *m*.

orgulhoso, osa [oxgu'ʎozu, ɔza] *adj* orgulloso(sa).

orientação [orjẽnta'sãw] (*pl* **-ões**) *f* orientación *f*; ~ **profissional** orientación profesional.

oriental [orjẽn'taw] (*pl* **-ais**) ◇ *adj* oriental. ◇ *mf* oriental *mf*.

orientar [orjẽn'ta(x)] *vt* **-1.** [aconselhar, nortear, situar] orientar. **-2.** *fig* [supervisionar] dirigir.

◆ **orientar-se** *vp* **-1.** [nortear-se] orientarse. **-2.** [aconselhar-se, informar-se] informarse.

oriente [o'rjẽntʃi] *m* oriente *m*.

◆ **Oriente** *m*: **o Oriente** Oriente *m*; **Extremo Oriente** Extremo Oriente; **Oriente Médio** Oriente Medio, Medio Oriente *RP*.

orifício [ori'fisju] *m* orificio *m*.

origem [o'riʒẽ] (*pl* **-ns**) *f* [ascendência, causa, início] origen *m*; **dar** ~ **a** dar origen a; **país de** ~ país de origen.

original [oriʒi'naw] (*pl* **-ais**) ◇ *adj* original. ◇ *m* [obra] original *m*.

originalidade [oriʒinali'dadʒi] *f* **-1.** [origem] origen *m*. **-2.** [excentricidade] originalidad *f*.

originalmente [oriʒinaw'mẽntʃi] *adv* originalmente.

originário, ria [oriʒi'narju, rja] *adj* [proveniente]: ~ **de** originario(ria) de.

oriundo, da [o'rjũndu, da] *adj*: ~ **de** oriundo(da) de.

orixá [ori'ʃa] *m* *personificación o deidad de las fuerzas de la naturaleza en los ritos religiosos afrobrasileños.*

orla ['ɔxla] *f* [faixa] franja *f*.

ornamentação [oxnamẽnta'sãw] (*pl* **-ões**) *f* ornamentación *f*.

ornamental [oxnamẽn'taw] (*pl* **-ais**) *adj* ornamental.

ornamento [oxna'mẽntu] *m* ornamentación *f*.

orquestra [ox'kɛʃtra] *f* orquesta *f*.
orquestrar [oxkeʃ'tra(x)] *vt* orquestar.
orquídea [ox'kidʒja] *f* orquídea *f*.
ortodoxia [oxtodok'sia] *f* ortodoxia *f*.
ortodoxo, xa [oxto'dɔksu, ksa] ◇ *adj* ortodoxo(xa). ◇ *m, f* RELIG ortodoxo *m*, -xa *f*.
ortografia [oxtogra'fia] *f* ortografía *f*.
ortopédico, ca [oxto'pɛdʒiku, ka] *adj* ortopédico(ca).
ortopedista [oxtope'dʒiʃta] *mf* ortopeda *mf*, ortopedista *mf*.
orvalho [ox'vaʎu] *m* rocío *m*.
os [uʃ] ▷ **o**.
oscilação [osila'sãw] (*pl* **-ões**) *f* **-1.** [movimento, variação] oscilación *f*. **-2.** *fig* [hesitação] titubeos *mpl*.
oscilar [osi'la(x)] *vi* **-1.** [movimentar-se, variar] oscilar. **-2.** *fig* [hesitar] titubear.
Oslo ['oʒlu] *n* Oslo.
ósseo, óssea ['ɔsju, 'ɔsja] *adj* óseo(a).
osso ['osu] (*pl* **ossos**) *m* hueso *m*; **~s do ofício** *fam* gajes *mpl* del oficio; **ser um ~ duro de roer** *fam* ser un hueso duro de roer.
ostensivo, va [oʃtẽn'sivu, va] *adj* ostensivo(va).
ostentar [oʃtẽn'ta(x)] *vt* [exibir, alardear] ostentar.
osteoporose [oʃtʃjopo'rɔzi] *f* osteoporosis *f*.
ostra ['oʃtra] *f* ostra *f*.
ostracismo [oʃtra'siʒmu] *m* ostracismo *m*.
OTAN [o'tã] (*abrev de* **Organização do Tratado do Atlântico Norte**) *f* OTAN *f*.
otário, ria [o'tarju, rja] *m, f fam* ingenuo *m*, -nua *f*, pringado *m*, -da *f* *Esp*, nabo *m*, -ba *f* *RP*.
ótico, ca ['ɔtʃiku, ka] ◇ *adj* óptico (ca). ◇ *m, f* [especialista] óptico *m*, -ca *f*.
◆ **ótica** *f* óptica *f*.
otimismo [otʃi'miʒmu] *m* optimismo *m*.
otimista [otʃi'miʃta] ◇ *adj* optimista. ◇ *mf* optimista *mf*.
otimização [otʃimiza'sãw] (*pl* **-ões**) *f* optimización *f*.
otimizar [otʃimi'za(x)] *vt* optimizar.
ótimo, ma ['ɔtʃimu, ma] ◇ *adj* (*superl de* **bom**) excelente. ◇ *interj* ¡estupendo!, ¡genial!
otite [o'tʃitʃi] *f* otitis *f inv*.
otorrinolaringologista [otoxinularĩngolo'ʒiʃta] *mf* otorrinolaringólogo *m*, -ga *f*.
ou [ow] *conj* o; **~ ..., ~ ...** o ..., o ...; **~ seja** o sea.
ouriçado, da [ori'sadu, da] *adj fam* animado(da).
ouriço [o'risu] *m* **-1.** ZOOL & BOT erizo *m*. **-2.** *fam* [agitação]: **a festa foi o maior ~** la fiesta tuvo muchísima marcha *Esp*, la fiesta fue todo un reventón *Méx*, la fiesta estuvo buenísima *RP*.
ouriço-do-mar [o,risudu'ma(x)] (*pl* **ouriços-do-mar**) *m* erizo *m* de mar.
ourives [o'riviʃ] *mf inv* orfebre *mf*.
ourivesaria [oriveza'ria] *f* **-1.** [arte] orfebrería *f*. **-2.** [oficina, loja] joyería *f*.
ouro ['oru] *m* **-1.** [metal] oro *m*; **de ~** de oro. **-2.** *fig* [dinheiro] dinero *m*, plata *f* *Amér*.
◆ **ouros** *mpl* [naipe] oros *mpl*.
ousadia [oza'dʒia] *f* [audácia, coragem] osadía *f*.
ousado, da [o'zadu, da] *adj* osado(-da).
ousar [o'za(x)] ◇ *vt* osar. ◇ *vi* atreverse.
out. (*abrev de* **outubro**) oct.
outonal [oto'naw] (*pl* **-ais**) *adj* otoñal.
outono [o'tonu] *m* otoño *m*.
outorgado, da [owtox'gadu, da] *adj* concedido(da).
outra ['otra] *f* ▷ **outro**.
outrem [o'trẽ] *pron inv* otros.
outro, outra ['otru, 'otra] *pron* otro(-tra); **de ~ modo** de otra manera; **outra vez** otra vez; **entre outras coisas** entre otras cosas; **~ dia** el otro día; **no ~ dia** al día siguiente; **nem um, nem ~** ni uno, ni otro; **o ~** el otro; **os ~s** los otros; **a outra** [amante] la otra; **estar em outra** *fam* haber cambiado, estar en otra onda *Méx*, estar en otra *RP*; **minha ~ casa era melhor** mi otra casa era mejor.
outubro [o'tubru] *m* octubre *m*; *veja também* **setembro**.
ouvido [o'vidu] *m* oído *m*; **de ~** de oído; **dar ~s a algo/alguém** dar *ou* prestar oídos a algo/a alguien.
ouvinte [o'vĩntʃi] *mf* RÁDIO & UNIV oyente *mf*.
ouvir [o'vi(x)] ◇ *vt* **-1.** [perceber pela audição, atender] oír. **-2.** [atentamente] escuchar. ◇ *vi* **-1.** [pela audição] oír; **~ dizer que** oír decir que; **~ falar de algo/alguém** oír hablar de algo/

alguien; **se não obedecer ele vai ~** si no me obedece me va a oír. **-2.** [atentamente] escuchar.
ova ['ɔva] *f* hueva *f*; **uma ~!** *fam* ¡un huevo!
ovação [ova'sãw] (*pl* **-ões**) *f* ovación *f*.
oval [o'vaw] (*pl* **-ais**) *adj* oval, ovalado(da).
ovário [o'varju] *m* ovario *m*.
ovelha [o'veʎa] *f* oveja *f*; **~ negra** oveja negra.
overdose [ˌovex'dɔzi] *f* sobredosis *f inv*.
óvni ['ɔvni] (*abrev de* **Objeto Voador Não Identificado**) *m* ovni *m*.
ovo ['ovu] (*pl* **ovos**) *m* huevo *m*; **~ de codorna** huevo de codorniz; **~ de granja** huevo de granja *ou* casero *RP*; **~ cozido** huevo duro *ou* hervido *Méx*; **~ estalado** *ou* **estrelado** *ou* **frito** huevo frito *ou* estrellado *Méx*; **~ mexido** huevo revuelto; **~ quente** huevo pasado por agua *ou* tibio *Méx*; **~ de Páscoa** huevo de Pascua; **acordar/estar de ~ virado** *fam* despertarse/estar de mal humor, despertarse/estar de mal café *Esp*, despertarse/estar alunado(da) *RP*; **pisar em ~s** andar con pies de plomo.
óvulo ['ɔvulu] *m* óvulo *m*.
oxalá [oʃa'la] <> *interj* ¡ojalá! <> *m* RELIG *la más alta divinidad en los cultos afrobrasileños, relacionada con la creación.*
oxidar [oksi'da(x)] *vt* oxidar.
◆ **oxidar-se** *vp* [enferrujar] oxidarse.
óxido ['ɔksidu] *m* óxido *m*.
oxigenado, da [oksiʒe'nadu, da] *adj* oxigenado(da).
oxigenar [oksiʒe'na(x)] *vt* oxigenar.
oxum [o'ʃũ] *m diosa del agua dulce en los cultos afrobrasileños, símbolo de la fertilidad y la procreación.*
ozônio [o'zonju] *m* ozono *m*.

P

p, P [pe] *m* [letra] p, P *f*.
pá ['pa] *f* aspa *f*; **~ de lixo** recogedor *m*, pala de basura *RP*; **uma ~ de** *fam* un montón *ou* mogollón *Esp ou* bonche *Méx* de; **ser da ~ virada** *fam* ser muy impetuoso.
PA (*abrev de* **Estado do Pará**) *estado de Pará.*
PABX (*abrev de* **Private Automatic Branch Exchange**) *m* centralita *f*.
paca ['paka] <> *f* ZOOL paca *f*. <> *adv fam* [muito, à beça]: **este doce está bom ~** este dulce está de rechupete; **havia gente ~ no clube** había un montón de gente en el club, había trojas de gente en el club *RP*.
pacato, ta [pa'katu, ta] *adj* tranquilo(la), pacato(ta) *RP*.
pachorrento, ta [paʃo'xẽntu, ta] *adj* tranquilo(la), pachorrudo(da) *RP*.
paciência [pa'sjẽnsja] *f* **-1.** [qualidade] paciencia *f*; **perder a ~** perder la paciencia. **-2.** [jogo] solitario *m*.
paciente [pa'sjẽntʃi] <> *adj* paciente. <> *mf* MED paciente *mf*.
pacificar [pasifi'ka(x)] *vt* **-1.** [apaziguar] pacificar. **-2.** [ânimos] calmar.
pacífico, ca [pa'sifiku, ka] *adj* **-1.** [tranqüilo] pacífico(ca). **-2.** [indiscutível] indiscutible.
Pacífico [pa'sifiku] *n*: **o (oceano) ~** el (océano) Pacífico.
pacifismo [pasi'fiʒmu] *m* pacifismo *m*.
pacifista [pasi'fiʃta] <> *adj* pacifista. <> *mf* pacifista *mf*.
paçoca [pa'sɔka] *f* **-1.** [doce] *dulce a base de cacahuete* ***Esp*** *ou cacahuate* ***Méx*** *ou maní* ***RP*** *tostado y molido, azúcar y harina.*
pacote [pa'kɔtʃi] *m* paquete *m*.
pacto ['paktu] *m* [acordo] pacto *m*.
padaria [pada'ria] *f* panadería *f*.
padecer [pade'se(x)] <> *vi*: **~ de algo** padecer de algo. <> *vt* padecer.
padecimento [padesi'mẽntu] *m* padecimiento *m*.
padeiro, ra [pa'dejru, ra] *m* panadero *m*.
padiola [pa'dʒjɔla] *f* camilla *f*.
padrão [pa'drãw] (*pl* **-ões**) *m* **-1.** [ger] patrón *m*; **~ monetário** ECON patrón *m* monetario. **-2.** [nível] calidad *f*, categoría *f*; **~ de vida** nivel *m* de vida.
padrasto [pa'draʃtu] *m* padrastro *m*.
padre ['padri] *m* padre *m*.
padrinho [pa'driɲu] *m* padrino *m*.
◆ **padrinhos** *mpl* [padrinho e madrinha] padrinos *mpl*.
padroeiro, ra [pa'drwejru, ra] *m, f*

patrón *m*, patrono *m*.
padrões [pa'drõjʃ] *pl* ▷ **padrão**.
padronizar [padroni'za(x)] *vt* estandarizar.
pães ['pãjʃ] *pl* ▷ **pão**.
pág. (*abrev de* **página**) *f* pág.
paga ['paga] *f* **-1.** [pagamento] paga *f*. **-2.** [recompensa] recompensa *f*.
pagã [pa'gã] *f* ▷ **pagão**.
pagador, ra [paga'do(x), ra] ◇ *adj* pagador(ra). ◇ *m, f* pagador *m*, -ra *f*; **ser bom/mau ~** ser buen/mal pagador.
pagamento [paga'mẽntu] *m* pago *m*; **~ contra entrega** pago contra reembolso; **~ à vista** pago al contado.
pagão, gã [pa'gãw, gã] (*mpl* **-s**, *fpl* **-s**) ◇ *adj* pagano(na). ◇ *m, f* pagano *m*, -na *f*.
pagar [pa'ga(x)] ◇ *vt* **-1.** [ger] pagar. **-2.** [compensar] compensar. ◇ *vi*: **~ (a alguém)** pagar (a alguien); **~ por algo** pagar por algo; **você me paga!** *fig* ¡me las vas a pagar!
página ['paʒina] *f* página *f*.
pago, ga ['pagu, ga] ◇ *pp* ▷ **pagar**. ◇ *adj* **-1.** [dívida, quantia] pagado(da). **-2.** [funcionário] pagado(da), pago(-ga) *RP*.
pagode [pa'gɔdʒi] *m* **-1.** [templo] pagoda *f*. **-2.** MÚS *variedad de samba con acompañamiento de percusión y guitarra*. **-3.** [reunião] *reunión informal en la que se canta y se baila "pagode"*.
págs. (*abrev de* **páginas**) *fpl* pp.
pai ['paj] *m* padre *m*; **~ adotivo** OU **de criação** padre adoptivo.
◆ **pais** *mpl* [pai e mãe] padres *mpl*.
pai-de-santo [ˌpajdʒi'sãntu] (*pl* **pais-de-santo**) *m sacerdote que dirige los cultos afrobrasileños e invoca los espíritus*, pai *m RP*.
painel [paj'nɛw] (*pl* **-éis**) *m* **-1.** AERON & AUTO panel *m* (de instrumentos). **-2.** [quadro] cuadro *m*. **-3.** ARQUIT tabique *m*. **-4.** *fig* [panorama] visión *f*, panorama *m*. **-5.** [de pessoas] panel *m*.
pai-nosso [ˌpaj'nɔsu] (*pl* **pais-nossos**) *m* padrenuestro *m*.
paio ['paju] *m tipo de longaniza*.
paiol [pa'jɔw] (*pl* **-óis**) *m* **-1.** [celeiro] granero *m*. **-2.** [de carvão, mantimentos] depósito *m*. **-3.** [de munição, pólvora] polvorín *m*.
pairar [paj'ra(x)] *vi* **-1.** [sustentar-se]: **~ em/sobre** revolotear en/por. **-2.** [ameaçar]: **~ sobre** cernerse sobre.
país [pa'iʃ] (*pl* **-es**) *m* país *m*.
paisagem [paj'zaʒẽ] (*pl* **-ns**) *f* [vista, pintura] paisaje *m*.
paisano, na [paj'zãnu, na] *m, f* [civil] paisano *m*, -na *f*.
◆ **à paisana** *loc adv* de paisano, de civil *RP*.
País Basco [paˌiʃ'baʃku] *n*: **o ~** el País Vasco.
Países Baixos [paˌiziʃ'bajʃuʃ] *npl*: **os ~** los Países Bajos.
paixão [paj'ʃãw] (*pl* **-ões**) *f* pasión *f*.
pajé [pa'ʒɛ] *m* chamán *m*.
PAL (*abrev de* **Phase Alternate Line**) PAL.
palácio [pa'lasju] *m* **-1.** [residência] palacio *m*. **-2.** [sede] sede *f*.
paladar [pala'da(x)] (*pl* **-es**) *m* **-1.** ANAT paladar *m*. **-2.** [sentido] gusto *m*. **-3.** [sabor] sabor *m*.
palafita [pala'fita] *f* **-1.** [habitação] palafito *m*. **-2.** [estacas] pilote *m*.
palanque [pa'lãŋki] *m* **-1.** [de comício] tribuna *f*, estrado *m*. **-2.** [para espectadores] grada *f*.
palavra [pa'lavra] *f* **-1.** [ger] palabra *f*; **~ de honra** palabra de honor; **ter ~** tener palabra; **dar a ~ a alguém** dar la palabra a alguien; **~ de ordem** consigna *f*; **~s cruzadas** crucigrama *m*, palabras cruzadas *fpl Amér*. **-2.** [opinião] opinión *f*.
palavrão [pala'vrãw] (*pl* **-ões**) *m* palabrota *f*.
palco ['pawku] *m* escenario *m*.
paleolítico, ca [paljo'litʃiku, ka] *adj* paleolítico(ca).
palerma [pa'lɛxma] ◇ *adj* estúpido(da), choto(ta) *RP*. ◇ *mf* estúpido *m*, -da *f*, choto *m*, -ta *f RP*.
Palestina [paleʃ'tʃina] *n* Palestina.
palestino, na [paleʃ'tʃinu, na] ◇ *adj* palestino(na). ◇ *m, f* palestino *m*, -na *f*.
palestra [pa'lɛʃtra] *f* [conferência] conferencia *f*.
paleta [pa'leta] *f* paleta *f*.
paletó [pale'tɔ] *m* chaqueta *f*, saco *m RP*.
palha ['paʎa] *f* paja *f*; **não mexer uma ~** *fam* no mover un dedo OU pelo *RP*.
palhaçada [paʎa'sada] *f* [brincadeira, cena ridícula] payasada *f*.
palhaço, ça [pa'ʎasu, sa] *m, f* **-1.** [artista] payaso *m*, -sa *f*. **-2.** *fam* [bobo] payaso *m*, -sa *f*, ridículo *m*, -la *f RP*.

palheiro [pa'ʎejru] *m* [celeiro] pajar *m.*
palheta [pa'ʎeta] *f* **-1.** ARTE paleta *f.* **-2.** [de ventilador] aspa *f.* **-3.** [de veneziana] lámina *f.* **-4.** [MÚS - para dedilhar] púa *f*; [- embocadura] lengüeta *f.*
palhoça [pa'ʎɔsa] *f* cabaña *f.*
paliativo, va [palja'tʃivu, va] ◇ *adj* paliativo(va). ◇ *m* paliativo *m.*
paliçada [pali'sada] *f* [tapume & MIL] empalizada *f.*
palidez [pali'deʒ] *f* palidez *f.*
pálido, da ['palidu, da] *adj* pálido(-da).
paliteiro [pali'tejru] *m* palillero *m.*
palito [pa'litu] *m* **-1.** [para os dentes] palillo *m*, escarbadiente *m* **RP**. **-2.** [biscoito] colín *m* **Esp**, palito *m* **Amér**. **-3.** [fósforo] cerilla *f*, cerillo *m* **Méx**, fósforo *m* **RP**. **-4.** *fig* [pessoa magra] fideo *m*, palillo *m* **Méx**.
PAL-M (*abrev de* **Phase Alternate Line-Modified**) PAL-M.
palma ['pawma] *f* palma *f*; **bater ~s** aplaudir; **conhecer algo/alguém como a ~ da mão** conocer algo/a alguien como la palma de la mano.
palmada [paw'mada] *f* azote *m*, nalgada *f* **Méx**, palmada *f* **RP**; **dar/levar ~s** dar/recibir azotes *ou* nalgadas **Méx**, dar/llevarse varias palmadas **RP**.
Palmas ['pawmaʃ] *n* Palmas.
palmeira [paw'mejra] *f* palmera *f.*
palmilha [paw'miʎa] *f* plantilla *f.*
palmito [paw'mitu] *m* palmito *m.*
palmo ['pawmu] *m* palmo *m*; **~ a ~** palmo a palmo.
palpável [paw'pavɛw] (*pl* **-eis**) *adj* [tangível] palpable.
pálpebra ['pawpebra] *f* párpado *m.*
palpitação [pawpita'sãw] (*pl* **-ões**) *f* palpitación *m.*
palpitar [pawpi'ta(x)] *vi* **-1.** [pulsar] palpitar. **-2.** [agitar-se] estremecerse. **-3.** [opinar] opinar.
palpite [paw'pitʃi] *m* **-1.** *fam* [opinião] opinión *f.* **-2.** [turfe] pista *f.*
palpiteiro, ra [pawpi'tejru, ra] ◇ *adj* entrometido(da), metido(da) **RP**. ◇ *m, f* entrometido *m*, -da *f*, metido *m*, -da *f* **RP**.
paludismo [palu'dʒiʒmu] *m* paludismo *m.*
pampa ['pãnpa] *m* **-1.** GEOGR pampa *f.* **-2.** *fam* [à beça]: **tinha gente às ~s no estádio** había gente a punta (de) pala **Esp** *ou* a reventar **Amér** *ou* a bocha **RP** en el estadio; **o time jogou bonito às ~s** el equipo jugó de maravilla, el cuadro jugó sensacional **RP**; **o doce estava bom às ~s** el dulce estaba de rechupete *ou* riquísimo.
panaca [pa'naka] *fam* ◇ *adj* papanatas. ◇ *mf* papanatas *mf inv.*
Panamá [pana'ma] *n* Panamá.
panamenho, nha [pana'meɲu, ɲa] ◇ *adj* panameño(ña). ◇ *m, f* panameño *m*, -ña *f.*
pança ['pãnsa] *f fam* panza *f.*
pancada [pãŋ'kada] ◇ *f* **-1.** [golpe] golpe *m*; **dar uma ~ em alguém** dar un golpe a alguien. **-2.** *fam* [chuva]: **~ de água** *ou* **chuva** tromba *f* de agua. ◇ *adj fam* chiflado(da).
pancadaria [pãŋkada'ria] *f* **-1.** [surra] golpes *mpl.* **-2.** [briga] pelea *f.*
pâncreas ['pãŋkrjaʃ] *m* páncreas *m inv.*
panda ['pãnda] *m* ZOOL panda *m.*
pandarecos [pãnda'rɛkuʃ] *mpl*: **em ~** [exausto, aniquilado] hecho(cha) polvo; [destruído] hecho(cha) trizas.
pandeiro [pãn'dejru] *m* MÚS pandero *m.*
pandemônio [pãnde'monju] *m* pandemónium *m.*
pane ['pãni] *f* avería *f.*
panela [pa'nɛla] *f* olla *f*; **~ de pressão** olla a presión, olla express **Méx**.
panelaço [pane'lasu] *m* cacerolada *f.*
panfleto [pãn'fletu] *m* panfleto *m*, volante *m* **RP**.
pangaré [pãŋga'rɛ] *m* **fam** *tipo de caballo que no es de pura sangre y que no es bueno para cabalgar.*
pânico ['pãniku] *m* pánico *m*; **estar em ~** estar aterrorizado(da) *ou* apanicado(da) **Méx**; **entrar em ~** aterrorizarse, entrar en pánico **Méx**.
panificação [panifika'sãw] *f* **-1.** [fabrico] panificación *f.* **-2.** *fam* [padaria] panificadora *f.*
pano ['pãnu] *m* **-1.** [tecido] trapo *m*; **~ de chão** trapo para fregar el suelo, jerga *f* **Méx**, trapo de piso **RP**; **~ de prato** trapo de cocina, repasador *m* **RP**; **por baixo/debaixo do ~** *fam* bajo mano, por debajo de la mesa **Amér**, bajo cuerda **RP**; **dar ~ para mangas** dar que hablar, dar tela de donde cortar **Méx**. **-2.** TEATRO: **~ (de boca)** telón *m*; **~ de fundo** *fig* telón de fondo, escenario *m.*

panorama [pano'rãma] *m* [paisagem, visão] panorama *m*.
panorâmico, ca [pano'rãmiku, ka] *adj* panorámico(ca).
panqueca [pãŋ'kɛka] *f* crepe *m*, panqueque *m* **Amér.**
pantanal [pãnta'naw] (*pl* **-ais**) *m* pantanal *m*.
pântano ['pãntanu] *m* pantano *m*.
pantanoso, osa [pãnta'nozu, ɔza] *adj* pantanoso(sa).
pantera [pãn'tɛra] *f* ZOOL pantera *f*.
pantomima [pãnto'mima] *f* TEATRO pantomima *f*.
pantufa [pãn'tufa] *f* pantufla *f*.
pão ['pãw] (*pl* **pães**) *m* **-1.** [alimento, sustento] pan *m*; ~ **de fôrma** pan de molde, pan americano **RP**; ~ **de mel** *pan a base de trigo, canela, clavo, nuez moscada y miel*; ~ **dormido** pan del día anterior, pan amanecido **RP**; ~ **francês** pan francés; ~ **integral** pan integral; **comer o** ~ **que o diabo amassou** pasar muchas dificultades; ~**,** ~**, queijo, queijo** *fam* al pan, pan y al vino, vino; **ganhar o** ~ *fig* ganarse el pan. **-2.** RELIG hostia *f*.
pão-duro [,pãw'duru] (*pl* **pães-duros**) <> *adj* rácano(na) **Esp**, codo(da) **Méx**, amarrete(ta) **RP**. <> *mf* rácano *m*, -na *f* **Esp**, codo *m*, -da *f* **Méx**, amarrete *m*, -ta *f* **RP**.
pãozinho [pãw'ziɲu] *m* panecillo *m*, pancito *m* **RP**.
papa ['papa] *f* **-1.** [mingau] papilla *f*. **-2.** *fam* [de batata] puré *m*, papa *f* **RP**. **-3.** [pasta] pasta *f*, papilla *m* **RP**. **-4.** [falar sem rodeios]: **não ter** ~**s na língua** no tener pelos en la lengua.
◆ **papa** *m* RELIG papa *m*.
papagaio [papa'gaju] <> *m* **-1.** ZOOL papagayo *m*. **-2.** [pipa] cometa *f* **Esp** & **Urug**, barrilete *m* **Arg**, papalote *m* **Méx**. **-3.** COM título *m* de cambio. **-4.** *fig* [tagarela] cotorra *f*, loro *m* huasteco **Méx**. <> *interj* **fam** ¡ostras!, ¡chispas! **Méx**, ¡cuernos! **RP**.
papaguear [papa'gja(x)] <> *vt* [repetir] repetir como un loro. <> *vi* [tagarelar] hablar como una cotorra.
papai [pa'paj] *m* papá *m*.
◆ **Papai Noel** *m* Papá *m* Noel, Viejito *m* Pascuero **Chile**.
papaia [pa'paja] *m* papaya *f*, lechosa *f* **Carib**, fruta *f* bomba **Cuba**.
papar [pa'pa(x)] *fam* <> *vt* **-1.** [comer] zamparse, papearse **Esp** & **Méx**, papar **RP**. **-2.** [conseguir] conseguir, ganarse **Méx**. <> *vi* papear **Esp** & **Méx**, papar **RP**.
papear [pa'pja(x)] *vi*: ~ **(com/sobre)** charlar (con/sobre), platicar (con/sobre) **Méx**.
papel [pa'pɛw] (*pl* **-éis**) *m* papel *m*; ~ **crepom** papel pinocho **Esp**, papel crepé **Amér**; ~ **de carta** papel de carta; ~ **de embrulho** papel de embalar *ou* embalaje **RP**; ~ **de seda** papel de seda; ~ **higiênico** papel higiénico; ~ **laminado** *ou* **de alumínio** papel de aluminio *ou* de plata **Esp**; ~ **ofício** papel oficio; ~ **pardo** papel de estraza *ou* embalaje **RP**; **fazer** ~ **de** *fig* hacer el papel de; **de** ~ **passado** de acuerdo con la ley.
papelada [pape'lada] *f* **-1.** [papéis] papelerío *m*. **-2.** [documentos] papeles *mpl*.
papelão [pape'lãw] *m* **-1.** [papel] cartón *m*. **-2.** *fam fig* [fiasco] papelón *m*.
papelaria [papela'ria] *f* papelería *f*.
papel-bíblia, papéis-bíblia [pa,pew-'biblia] *m* papel *m* biblia.
papel-carbono [pa,pɛwkax'bonu] (*pl* **papéis-carbono**) *m* papel *m* de calco, papel *m* calca **Méx**.
papel-manteiga [pa,pew'mãn'tejga] (*pl* **papéis-manteiga**) *m* papel *m* de cera.
papel-moeda [pa,pɛw'mwɛda] (*pl* **papéis-moeda**) *m* papel *m* moneda.
papelote [pape'lɔtʃi] *m* **fam** [de droga] papelina *f*, papel *m* **RP**.
papiro [pa'piru] *m* papiro *m*.
papo ['papu] *m* **-1.** [de ave] buche *m*. **-2.** *fam* [de pessoa] tripa *f*; **estar no** ~ estar en el bolsillo; **ficar de** ~ **para o ar** *fig* estarse de brazos cruzados. **-3.** *fam* [conversa] charla *f*, plática *f* **Méx**; ~ **furado** *fam* [mentira] cuento *m* chino; [conversa] cháchara *f*, plática *f* **Méx**, charla *f* **RP**; **bater (um)** ~ *fam* charlar, platicar **Méx**.
papo-de-anjo [,papu'dʒjãnʒu] (*pl* **papos-de-anjo**) *m* CULIN *dulce de yemas de huevo batidas con azúcar y bañadas en caramelo*, yemita *f* **RP**.
papoula [pa'pola] *f* amapola *f*.
páprica ['paprika] *f* pimentón *m*, páprika *f*.
paquera [pa'kera] <> *f* **fam** [paqueração] ligue *m*. <> *mf* ligón *m*, -ona *f*.
paquerar [pake'ra(x)] **fam** <> *vt* in-

tentar ligar con, coquetear ***Méx***, trillar ***RP***. <> *vi* ligar, trillar ***RP***.

paquistanês, esa [pakiʃta'neʃ, ezal] <> *adj* pakistaní, paquistaní. <> *m, f* pakistaní *mf*, paquistaní *mf*.

Paquistão [pakiʃ'tãw] *n* Pakistán, Paquistán.

par ['pa(x)] (*pl* **-es**) <> *adj* **-1.** MAT par. **-2.** [parelho] igual; **essa meia é ~ daquela** ese calcetín es el par de aquel, esta media es el par de esa ***RP***. <> *m* **-1.** [dupla] par *m*; **sem ~** sin par. **-2.** [casal, em dança] pareja *f*.

◆ **a par de** *loc adj* [ao corrente de]: **estar a ~ de algo** estar al corriente de algo.

para ['para] *prep* **-1.** [exprime finalidade, destinação] para; **esta água não é boa ~ beber** esta agua no es potable; **isto é ~ comer** esto es para comer; **~ que serve isto?** ¿para qué sirve esto?; **um telefonema ~ o senhor** una llamada telefónica para usted. **-2.** [indica motivo, objetivo] para; **cheguei mais cedo ~ arranjar lugar** llegué antes para coger sitio ***Esp***, llegué antes para conseguir lugar ***Amér***; **era só ~ lhe agradar** fue sólo para complacerlo. **-3.** [indica direção]: **apontou ~ cima/baixo** señaló hacia arriba/abajo; **seguiu ~ o aeroporto** salió para el aeropuerto; **vá ~ casa** vete a casa, andá para casa ***RP***. **-4.** [relativo a tempo]: **de uma hora ~ a outra** de un momento a otro; **estará pronto ~ a semana/o ano** estará listo en una semana/un año; **são quinze ~ as três** son las tres menos cuarto, falta un cuarto para las tres ***Méx***. **-5.** [em comparações] para; **é caro demais ~ as minhas posses** es demasiado caro para lo que tengo; **~ o que come, está magro** para lo que come, está delgado OU flaco ***Amér***. **-6.** [relativo a opinião, sentimento] para; **~ ele, você está errado** para él, te equivocas; **~ mim, está muito bom** para mí, está muy bien. **-7.** [exprime a iminência] a punto de; **estar ~ fazer algo** estar a punto de hacer algo. **-8.** [em locuções]: **~ com** con; **~ mais de** bastante más de, más de ***RP***; **~ que** para que; **ser ~ já** marchando.

Pará [pa'ra] *n* Pará.

parabéns [para'bẽnʃ] *mpl* **-1.** [congratulações] felicidades *fpl*, felicitaciones *fpl* ***Amér***; **dar ~ a alguém** dar la enhorabuena a alguien, felicitar a alguien, dar felicitaciones a alguien ***Amér***. **-2.** [por aniversário] ¡felicidades!, ¡felicitaciones! ***Méx*** & ***RP***.

parábola [pa'rabola] *f* [narrativa & MAT] parábola *f*.

pára-brisa [,para'briza] (*pl* **pára-brisas**) *m* parabrisas *m inv*.

pára-choque [,para'ʃɔki] (*pl* **pára-choques**) *m* AUTO parachoques *m inv*, paragolpes *m inv* ***RP***.

parada [pa'rada] *f* ▷ **parado**.

paradeiro [para'dejru] *m* paradero *m*.

paradisíaco, ca [paradʒi'ziaku, ka] *adj* paradisiaco(ca), paradisíaco(ca).

parado, da [pa'radu, da] *adj* **-1.** [ger] parado(da). **-2.** [filme] lento(ta). **-3.** [em greve] en huelga, de paro ***RP***.

◆ **parada** *f* **-1.** [de ônibus, trem, pausa] parada *f*; **~ cardíaca** paro *m* cardiaco OU cardíaco. **-2.** [desfile] desfile *m*. **-3.** MÚS: **~ de sucessos** lista *f* de éxitos. **-4.** ***fam*** [desafio, dificuldade] problema *m*; **ser uma ~** ser un marrón OU trámite ***RP***; **topar qualquer ~** enfrentarse a cualquier reto, estar siempre dispuesto(ta) ***RP***. **-5.** ***fam*** [pessoa, coisa bonita]: **a Miss Brasil é uma ~** la Miss Brasil es un bombón; **a reforma ficou uma ~** la reforma quedó estupenda OU genial.

paradoxal [paradok'saw] (*pl* **-xais**) *adj* paradójico(ca).

paradoxo [para'dɔksu] *m* paradoja *f*.

parafernália [parafex'nalja] *f* [tralha, equipamento] parafernalia *f*.

parafina [para'fina] *f* parafina *f*.

paráfrase [pa'rafrazi] *f* paráfrasis *f*.

parafrasear [parafra'zja(x)] *vt* parafrasear.

parafuso [para'fuzu] *m* tornillo *m*; **tem um ~ de menos** ***fam*** le falta un tornillo.

parágrafo [pa'ragrafu] *m* párrafo *m*.

Paraguai [para'gwaj] *n*: **(o) ~** (el) Paraguay.

paraguaio, ia [para'gwaju, ja] <> *adj* paraguayo(ya). <> *m, f* paraguayo *m*, -ya *f*.

paraíso [para'izu] *m* paraíso *m*; **~ fiscal** ECON ***fam*** paraíso *m* fiscal.

pára-lama [,para'lãma] (*pl* **pára-lamas**) *m* guardabarros *m inv*.

paralela [para'lɛla] *f* ▷ **paralelo**.

paralelepípedo [paralele'pipedu] *m* paralelepípedo *m*.

paralelo, la [para'lɛlu, la] *adj* paralelo(la).

◆ **paralelo** *m* **-1.** GEOGR paralelo *m*. **-2.** [comparação] paralelismo *m*.

◆ **paralela** *f* MAT paralela *f*.

paralisar [parali'za(x)] *vt* [fazer parar] paralizar.

paralisia [parali'zia] *f* parálisis *f inv*.

paralítico, ca [para'litʃiku, ka] ◇ *adj* paralítico(ca). ◇ *m, f* paralítico *m*, -ca *f*.

paramédico, ca [para'mɛdʒiku, ka] *adj* paramédico(ca).

parâmetro [pa'rãmetru] *m* parámetro *m*.

paraninfo [para'nĩnfu] *m* padrino *m*.

paranóia [para'nɔja] *f* paranoia *f*.

paranóico, ca [para'nɔiku, ka] *adj* paranoico(ca).

paranormal [paranox'maw] (*pl* **-ais**) ◇ *adj* paranormal. ◇ *mf* persona *f* con poderes paranormales.

paranormalidade [paranoxmali'dadʒi] *f* paranormalidad *f*.

parapeito [para'pejtu] *m* **-1.** [de janela] alféizar *m*, pretil *m*. **-2.** [muro] parapeto *m*.

paraplégico, ca [para'plɛʒiku, ka] ◇ *adj* parapléjico(ca). ◇ *m, f* parapléjico *m*, -ca *f*.

pára-quedas [ˌpara'kɛdaʃ] *m inv* paracaídas *m inv*.

pára-quedista [ˌparake'dʒiʃta] (*pl* **pára-quedistas**) *mf* paracaidista *mf*.

parar [pa'ra(x)] ◇ *vi* **-1.** [deter-se, permanecer] parar; **~ de fazer algo** parar de hacer algo; **sem ~** sin parar. **-2.** [acabar]: **o corrupto foi ~ na cadeia** el corrupto fue a parar a la cárcel. **-3.** [interromper-se] paralizarse. ◇ *vt* **-1.** [deter] parar. **-2.** [paralisar] paralizar.

pára-raios [ˌpara'xajuʃ] *m inv* pararrayos *m inv*.

parasita [para'zita] ◇ *adj* parásito(-ta). ◇ *mf* parásito *m*, -ta *f*.

parceiro, ra [pax'sejru, ra] *m, f* **-1.** [de jogo] compañero *m*, -ra *f*. **-2.** [sócio] socio *m*, -cia *f*. **-3.** [na música] colega *mf*. **-4.** [cúmplice] cómplice *mf*.

parcela [pax'sɛla] *f* **-1.** [parte] parte *f*. **-2.** [de pagamento] cuota *f*. **-3.** [do eleitorado] fracción *f*. **-4.** MAT sumando *m*.

parcelado, da [paxse'ladu, da] *adj* [pagamento] fraccionado(da), en cuotas *RP*.

parcelamento [paxsela'mẽntu] *m* **-1.** [de terra] parcelación *f*. **-2.** [de pagamento] fraccionamiento *m*.

parcelar [paxse'la(x)] *vt* fraccionar.

parceria [paxse'ria] *f* sociedad *f*.

parcial [pax'sjaw] (*pl* **-ais**) *adj* [incompleto, não-isento] parcial.

parco, ca ['paxku, ka] *adj* [escasso] parco(ca).

pardal [pax'daw] (*pl* **-ais**) *m* gorrión *m*.

pardieiro [pax'dʒjejru] *m* tugurio *m*.

pardo, da ['paxdu, da] *adj* **-1.** [escuro] pardo(da). **-2.** [mulato] mulato(ta), pardo(da) *RP*.

parecer [pare'se(x)] ◇ *m* dictamen *m*. ◇ *vi* **-1.** [semelhar] parecerse; **~ (com) algo/alguém** parecerse a algo/alguien. **-2.** [dar a impressão de, aparentar] parecer; **~ a alguém (que)** parecer a alguien (que); **ao que parece** al parecer. **-3.** [ser possível]: **~ que** parecer que.

◆ **parecer-se** *vp* [assemelhar-se] parecerse; **~-se com algo/alguém** parecerse a algo/alguien.

parecido, da [pare'sidu, da] *adj*: **ser ~ (com alguém/algo)** ser parecido (a alguien/algo).

parede [pa'redʒi] *f* pared *f*; **subir pelas ~s** *fam* subirse por las paredes.

parente, ta [pa'rẽntʃi, ta] ◇ *m, f* pariente *m*, -ta *f*. ◇ *adj*: **ser ~ de alguém** ser pariente de alguien.

parentesco [parẽn'teʃku] *m* parentesco *m*.

parêntese [pa'rẽntezi] *m* [sinal, digressão] paréntesis *m inv*; **abrir/fechar ~s** abrir/cerrar paréntesis.

páreo ['parju] *m* **-1.** [turfe] carrera *f*. **-2.** *fig* [disputa] competición *f*, competencia *f Amér*; **ser um ~ duro** ser duro de roer, ser una competencia dura *Méx*, ser toda una batalla *RP*.

pária ['parja] *m* paria *m*.

parir [pa'ri(x)] *vt* & *vi* parir.

Paris [pa'riʃ] *n* París.

parlamentar [paxlamẽn'ta(x)] ◇ *adj* parlamentario(ria). ◇ *mf* parlamentario *m*, -ria *f*. ◇ *vi* parlamentar.

parlamento [paxla'mẽntu] *m* POL parlamento *m*.

parmesão [paxme'zãw] *adj* parmesano *m*.

pároco ['paroku] *m* RELIG párroco *m*.

paródia [pa'rɔdʒja] *f* [imitação] parodia *f*.

paróquia [pa'rɔkja] *f* **-1.** RELIG parroquia *f.* **-2.** *fam* [vizinhança] barrio *m.*

parque ['paxki] *m* parque *m*; ~ **de diversões** parque de atracciones, parque de diversiones *Méx & RP*; ~ **industrial** industria *f*, parque industrial *Méx & RP.*

parreira [pa'xejra] *f* parra *f.*

parricida [paxi'sida] <> *adj* parricida. <> *mf* parricida *mf.*

parte ['paxtʃi] *f* parte *f*; **a maior ~ de** la mayor parte de; **em grande ~** en gran parte; **em ~** en parte; **fazer ~ de algo** formar parte de algo; **tomar ~ em** tomar parte en; **dar ~ de algo/alguém** dar parte de algo/alguien; **à ~** aparte; **em alguma/qualquer ~** en alguna/cualquier parte; **em ~ alguma** por ninguna parte; **por toda (a) ~** por todas partes.

◆ **da parte de** *loc prep* de parte de.

parteira [pax'tejra] *f* partera *f.*

participação [paxtʃisipa'sãw] (*pl* -ões) *f* participación *f*; ~ **em algo** participación en algo; **fez a ~ de seu casamento à imprensa** participó a la prensa su boda *OU* casamiento *RP*; ~ **nos lucros** COM participación *f* en los beneficios, reparto *m* de utilidades *RP.*

participante [paxtʃisi'pãntʃi] <> *adj* participante. <> *mf* participante *mf.*

participar [paxtʃisi'pa(x)] <> *vi* **-1.** [tomar parte]: ~ **de algo** participar en algo. **-2.** [compartilhar]: ~ **de algo** participar de algo. <> *vt* [anunciar]: ~ **algo (a alguém)** participar algo (a alguien).

particípio [paxtʃi'sipju] *m* participio *m*; ~ **passado/presente** participio pasado/presente.

partícula [pax'tʃikula] *f* [corpúsculo & FÍSICA] partícula *f.*

particular [paxtʃiku'la(x)] (*pl* **-es**) <> *adj* [privado, especial] particular. <> *m* **-1.** [singular]: **o ~** lo particular. **-2.** *fam* [conversa] charla *f*, plática *f Méx.*

◆ **em particular** *loc adv* en privado.

particularidade [paxtʃikulari'dadʒi] *f* **-1.** [peculiaridade] particularidad *f.* **-2.** [pormenor] detalle *m.*

particularizar [paxtʃikulari'za(x)] *vt* **-1.** [especificar] especificar. **-2.** [pormenorizar] pormenorizar.

particularmente [paxtʃikulax'mẽntʃi] *adv* particularmente.

partida [pax'tʃida] *f* **-1.** [saída] marcha *f*, partida *f*; **dar ~** AUTO arrancar. **-2.** [jogo] partida *f.* **-3.** [largada] salida *f.* **-4.** COM [quantidade, remessa] partida *f.*

partidário, ria [partʃi'darju, rja] *adj* **-1.** [de partido] partidario(ria). **-2.** [seguidor] seguidor(ra).

partido, da [pax'tʃidu, da] *adj* [quebrado] partido(da).

◆ **partido** *m* **-1.** [facção, pretendente] partido *m.* **-2.** [defesa]: **tomar o ~ de alguém** tomar partido por alguien. **-3.** [vantagem]: **tirar ~ de algo** sacar provecho de algo.

partilha [pax'tʃiʎa] *f* reparto *m.*

partilhar [paxtʃi'ʎa(x)] <> *vt* [dividir, distribuir] repartir. <> *vi* [compartilhar]: ~ **de algo** compartir algo.

partir [pax'tʃi(x)] <> *vt* [quebrar, dividir] partir. <> *vi* **-1.** [ir embora] partir. **-2.** *fam* [atacar]: ~ **para** atacar a.

◆ **partir-se** *vp* romperse, partirse.

◆ **a partir de** *loc prep* a partir de.

partitura [paxtʃi'tura] *f* partitura *f.*

parto ['paxtu] *m* parto *m*; **estar em trabalho de ~** estar de parto, estar en trabajo de parto *Méx & RP*; **ser um ~** *fig* ser un parto.

pasmar [paʒ'ma(x)] <> *vt* pasmar, dejar pasmado(da). <> *vi* pasmarse, quedar pasmado(da).

pasmo, ma ['paʒmu, ma] *adj* pasmado(da).

◆ **pasmo** *m* asombro *m.*

passa ['pasa] *f* pasa *f.*

passada [pa'sada] *f* [passo] paso *m*; **dar uma ~ em** *fam* pasarse por, darse una pasada por, pasar por *RP.*

passadeira [pasa'dejra] *f* **-1.** [tapete] alfombra *f*, tapete *m Méx*, caminero *m RP.* **-2.** [mulher] planchadora *f.*

passado, da [pa'sadu, da] *adj* **-1.** [que passou] pasado(da). **-2.** [ultrapassado] anticuado(da), antiguo(gua) *RP.* **-3.** [carne]: **bem/mal ~** bien/mal hecha, bien/mal cocida *RP.* **-4.** [vexado] avergonzado(da), apenado(da) *Col, Méx & Ven.*

◆ **passado** *m* pasado *m.*

passageiro, ra [pasa'ʒejru, ra] <> *adj* pasajero(ra). <> *m, f* pasajero *m*, -ra *f.*

passagem [pa'saʒẽ] (*pl* **-ns**) *f* **-1.** [caminho, transição] paso *m*; ~ **de nível** paso a nivel; ~ **de pedestres** paso de peatones; ~ **subterrânea** paso

subterráneo. **-2.** [bilhete] billete *m*, pasaje *m* ***Amér***; ~ **de ida** billete *ou* pasaje ***Amér*** de ida; ~ **de ida e volta** billete *ou* pasaje ***Amér*** de ida y vuelta. **-3.** [trecho] pasaje *m*.
◆ **de passagem** *loc adv* de pasada, de paso; **estar de** ~ estar de paso.

passaporte [pasa'pɔxtʃi] *m* pasaporte *m*.

passar [pa'sa(x)] ◇ *vt* **-1.** [ger] pasar; ~ **algo em/por** pasar algo por; ~ **alguém para trás** ***fam*** [enganar] estafar a alguien; [trair] ***fam*** engañar a alguien. **-2.** [ultrapassar] adelantar, pasar ***RP***; ~ **na frente de alguém** adelantar a alguien, pasar adelante de alguien ***RP***. **-3.** [tarefa escolar] repasar. **-4.** [reprimenda] echar, dar ***Méx*** & ***RP***. **-5.** [telegrama] mandar. **-6.** [cheque] expedir, dar ***RP***. **-7.** [espalhar] poner, pasar. **-8.** [coar] preparar, hacer. **-9.** [grelhar] asar a la parrilla. **-10.** [a ferro] planchar. ◇ *vi* **-1.** [ger] pasar; ~ **em/por** pasar por; ~ **(de ano)** pasar (de curso *ou* año) ***RP***; ~ **pela cabeça de alguém** pasarle a alguien por la cabeza; ~ **por cima de alguém** pasar por encima de alguien, pasar por arriba a alguien ***RP***. **-2.** [ser reputado como]: ~ **por** pasar por. **-3.** [sofrer]: ~ **por algo** pasar por algo. **-4.** [cruzar]: ~ **por alguém/algo** pasar por al lado de alguien/algo. **-5.** [ser apenas]: **não** ~ **de** no pasar de ser. **-6.** [ser aceitável] poder pasar. **-7.** [sentir-se] encontrarse, sentirse, pasar ***Méx***; **como está passando?** [cumprimentando] ¿cómo le va?
◆ **passar-se** *vp* [suceder, transcorrer] pasar.

passarela [pasa'rɛla] *f* [para pedestre, manequim] pasarela *f*.

passarinho [pasa'riɲu] *m* ***fam*** pajarito *m*.

pássaro ['pasaru] *m* pájaro *m*.

passatempo [ˌpasa'tẽnpu] *m* pasatiempo *m*.

passável [pa'savew] (*pl* **-eis**) *adj* aceptable.

passe ['pasi] *m* **-1.** [licença] permiso *m*. **-2.** [*ESP* - de bola] pase *m*; [- de jogador] traspaso *m*. **-3.** [lance]: **como num** ~ **de mágica** ***fig*** como por arte de magia.

passear [pa'sja(x)] *vi* pasear.

passeata [pa'sjata] *f* [protesto] manifestación *f*, marcha *f*.

passeio [pa'seju] *m* **-1.** [jornada] paseo *m*; **dar** *ou* **fazer um** ~ dar un paseo; ~ **a pé** paseo a pie; ~ **de carro/a cavalo** paseo en coche/a caballo. **-2.** [calçada] acera *f*, vereda *f* ***RP***.

passional [pasjo'naw] (*pl* **-ais**) *adj* pasional.

passista [pa'siʃta] *mf* ***fam*** *bailarín de samba que se destaca por bailar con gracia y agilidad en los desfiles del Carnaval.*

passível [pa'sivɛw] (*pl* **-eis**) *adj*: ~ **de algo** sujeto(ta) a algo, pasible de algo ***RP***.

passivo, va [pa'sivu, va] *adj* pasivo(-va).
◆ **passivo** *m COM* pasivo *m*.

passo ['pasu] *m* **-1.** [ger] paso *m*; **a um** ~ **de** ***fig*** a un paso de. **-2.** [pegada] pisada *f*, huella *f*.
◆ **ao passo que** *loc adv* [enquanto, contudo] mientras que.

pasta ['paʃta] *f* **-1.** [massa] pasta *f*; ~ **de dentes** pasta de dientes. **-2.** [de couro] cartera *f*, portafolios *m inv*. **-3.** *POL* cartera *f*. **-4.** [de cartolina] carpeta *f*.

pastagem [paʃ'taʒẽ] (*pl* **-ns**) *f* pastos *mpl*, pasturas *fpl* ***RP***.

pastar [paʃ'ta(x)] *vi* pastar; **vá** ~**!** ***fam*** ¡déjame en paz!, ¡dejate de jorobar! ***RP***.

pastel [paʃ'tɛw] (*pl* **-éis**) ◇ *m* **-1.** [comida] empanadilla *f* ***Esp***, empanada *f* ***Méx*** & ***RP***. **-2.** [lápis, técnica] pastel *m*. ◇ *adj* [cor] pastel.

pastelaria [paʃtela'ria] *f* pastelería *f*, confitería *f* ***RP***.

pasteurizar [paʃtewri'za(x)] *vt* pasteurizar.

pastilha [paʃ'tʃiʎa] *f* **-1.** [bala] caramelo *m*, pastilla *f* ***RP***. **-2.** *CONSTR* & *MED* pastilla *f*.

pasto ['paʃtu] *m* [erva, pastagem] pasto *m*.

pastor, ra [paʃ'to(x), ra] (*mpl* **-es**, *fpl* **-s**) *m, f* [de gado] pastor *m*, -ra *f*.
◆ **pastor** *m RELIG* pastor *m*.

pastoso, osa [paʃ'tozu, ɔza] *adj* pastoso(sa).

pata ['pata] *f* pata *f*.

patamar [pata'ma(x)] (*pl* **-es**) *m* **-1.** [de escada] descansillo *m*, rellano *m*, descanso *m* ***Méx*** & ***RP***. **-2.** ***fig*** [nível] cota *f*, nivel *m*.

patê [pa'te] *m* paté *m*.

patente [pa'tẽntʃi] ◇ *adj* patente. ◇ *f* **-1.** *COM* patente *f*. **-2.** *MIL* rango *m*; **altas/baixas ~s** rangos altos/bajos.

paternal [patex'naw] (*pl* **-ais**) *adj* paternal.

paternidade [patexni'dadʒi] *f* paternidad *f*.

paterno, na [pa'tɛxnu, na] *adj* paterno(na).

pateta [pa'tɛta] ◇ *adj* estúpido(da), choto(ta) *RP*. ◇ *mf* estúpido *m*, -da *f*, choto *m*, -ta *f RP*.

patético, ca [pa'tɛtʃiku, ka] *adj* [comovente] patético(ca).

patife, fa [pa'tʃifi] ◇ *adj* canalla. ◇ *m, f* canalla *mf*.

patim [pa'tĩ] (*pl* **-ns**) *m* patín *m*; **~ de rodas** patín de ruedas.

patinação [patʃina'sãw] *f* patinaje *m*.

patinar [patʃi'na(x)] *vi* patinar.

pátio ['patʃju] *m* patio *m*.

pato ['patu] *m* **-1.** ZOOL pato *m*. **-2.** *fam* [otário] tonto *m*, memo *m* ***Esp***, boludo *m RP*. **-3.** [sofrer as conseqüências]: **pagar o ~** *fam* pagar el pato.

patológico, ca [pato'lɔʒiku, ka] *adj* patológico(ca).

patologista [patolo'ʒiʃta] *mf* patólogo *m*, -ga *f*.

patrão, roa [pa'trãw, troa] (*mpl* **-ões**, *fpl* **-oas**) *m, f* **-1.** [empregador, senhor] patrón *m*, -ona *f*. **-2.** *fam* [como forma de tratamento] señor *m*, -ra *f*, don *m*, -ña *f RP*.

◆ **patroa** *f* **-1.** [mulher do patrão] patrona *f*. **-2.** *fam* [esposa] parienta *f* ***Esp***, patrona *f* ***Méx*** & *RP*.

pátria ['patrja] *f* patria *f*; **aquele bico salvou a ~** ese trabajillo me salvó la vida, aquella changuita fue mi salvación *RP*.

patriarca [pa'trjaxka] *m* patriarca *m*.

patriarcal [patrjax'kaw] (*pl* **-ais**) *adj* patriarcal.

patricinha [patri'siɲa] *f pej* pija *f*.

patrimônio [patri'monju] *m* [bens, herança] patrimonio *m*; **~ histórico** patrimonio histórico.

patriota [pa'trjɔta] *mf* patriota *mf*.

patroa [pa'troa] *f* ▷ **patrão**.

patrocinador, ra [patrosina'do(x), ra] (*mpl* **-es**, *fpl* **-s**) ◇ *adj* patrocinador(ra). ◇ *m, f* patrocinador *m*, -ra *f*.

patrocinar [patrosi'na(x)] *vt* **-1.** [financiar] patrocinar. **-2.** [apoiar] apoyar, ayudar. **-3.** *fig* [favorecer] favorecer.

patrocínio [patro'sinju] *m* **-1.** [financiamento] patrocinio *m*. **-2.** [apoio] apoyo *m*, ayuda *f*.

patrões [pa'trõjʃ] *pl* ▷ **patrão**.

patrono [pa'tronu] *m* patrón *m*.

patrulha [pa'truʎa] *f* **-1.** [ronda] patrulla *f*. **-2.** [censura] censura *f*, control *m*.

patrulhar [patru'ʎa(x)] *vt* **-1.** [vigiar] patrullar. **-2.** [censurar] censurar, controlar.

pau ['paw] *m* **-1.** [madeira]: **colher de ~** cuchara *f* de madera; **perna de ~** pata *f* de palo. **-2.** [bastão] palo *m*. **-3.** [de bandeira] mástil *m*; **a meio ~** a media asta. **-4.** *fam* [briga] pelea *f*; **o ~ comeu** armarse la de San Quintín, comenzar la paliza ***Méx***; **meter o ~ em** [surrar] dar palos a, encajar palos a *RP*. **-5.** *fam* [moeda] cuca *f* ***Esp***, luca *f* ***Méx***, mango *m RP*. **-6.** *vulg* [pênis] polla *f* ***Esp***, palo *m* ***Méx***, verga *f RP*. **-7.** *fam* [com fartura]: **a dar com um ~** a patadas, para aventar para arriba ***Méx***. **-8.** [prestar-se a tudo]: **ser ~ para toda obra** servir para todo, ser polifuncional *RP*. **-9.** *fam* [em pé de igualdade]: **~ a ~** igualado(da).

◆ **paus** *mpl* [naipe] bastos *mpl*; **de ~s** de bastos.

pau-brasil [ˌpawbra'ziw] *m* BOT palo *m* (de) Brasil.

pau-de-arara [ˌpawdʒja'rara] (*pl* **paus-de-arara**) *mf* [retirante do Nordeste] emigrante *mf* nordestino, -na.

◆ **pau-de-arara** *m* **-1.** [tortura] *instrumento de tortura que consiste en un palo del que se cuelga cabeza abajo a la víctima*. **-2.** [caminhão] *camión que transporta a emigrantes nordestinos*.

pau-de-sebo [ˌpawdʒi'sebu] (*pl* **paus-de-sebo**) *m* [mastro de cocanha] cucaña *f*.

paulista [paw'liʃta] ◇ *adj* paulista. ◇ *mf* paulista *mf*.

paupérrimo, ma [paw'pɛximu, ma] *superl* ▷ **pobre**.

pausa ['pawza] *f* pausa *f*.

pausado, da [paw'zadu, da] *adj* [lento, cadenciado] pausado(da).

◆ **pausado** *adv* pausadamente.

pauta ['pawta] *f* **-1.** [linha] pauta *f*; **sem ~** sin rayas. **-2.** [lista] lista *f*, pauta *f* ***Méx***. **-3.** [ordem do dia] orden *m* del día, pauta *f* ***Méx***; **em ~** a la orden del día. **-4.** MÚS pentagrama *m*.

pavão [pa'vãw] (*pl* **-ões**) *m, f* pavo *m*, -va *f* real.

pavê [pa've] *m* CULIN *dulce hecho con*

galletas de bizcocho embebidas en licor y dispuestas en capas recubiertas de crema de vainilla o chocolate y yema de huevo.

pavilhão [pavi'ʎãw] (*pl* **-ões**) *m* **-1.** [ger] pabellón *m.* **-2.** [tenda, abrigo] barraca *f*, carpa *f* **RP**.

pavimentar [pavimẽn'ta(x)] *vt* pavimentar.

pavimento [pavi'mẽntu] *m* **-1.** [andar] piso *m.* **-2.** [chão] suelo *m.* **-3.** [de rua] pavimento *m.*

pavio [pa'viw] *m* mecha *f*; **ter o ~ curto** ***fam*** [ser de briga] mosquearse fácilmente, ser una calderita ***RP***.

pavões [pa'võjʃ] *pl* ⊳ **pavão.**

pavor [pa'vo(x)] *m* pavor *m*; **ter ~ de alguém/algo** tener pavor a alguien/algo.

pavoroso, osa [pavo'rozu, ɔza] *adj* **-1.** [que inspira pavor] pavoroso(sa). **-2.** [muito ruim, feio] espantoso(sa).

paz ['paʃ] (*pl* **-es**) *f* paz *f*; **deixar alguém em ~** dejar a alguien en paz; **fazer as ~es** hacer las paces.

PB (*abrev de* **Estado da Paraíba**) *estado de Paraíba.*

PBX (*abrev de* **Private Bank Exchange**) centralita *f.*

PC (*abrev de* **Personal Computer**) *m* PC *m.*

Pça. (*abrev de* **Praça**) Pza.

PC do B (*abrev de* **Partido Comunista do Brasil**) *m partido comunista de Brasil.*

PCI (*abrev de* **Placa de Circuito Interno**) PCI *m.*

pé ['pɛ] *m* **-1.** [ger] pie *m*; **não arredar ~** ***fig*** no bajarse del burro, no moverse ***RP***; **a ~** a pie; **com um ~ nas costas** ***fam*** con los ojos cerrados; **em** *ou* **de ~** de pie, parado(da) ***RP***; **ao ~ de** al pie de; **dar no ~** ***fam*** poner pies en polvorosa; **dar ~** ***fam*** [água] hacer pie; ***fig*** [ser possível] ser posible; **estar de ~** seguir en pie; **meter os ~s pelas mãos** no dar pie con bola; **não chegar aos ~s de** no llegar a la suela del zapato de; **não largar do ~ de alguém** ***fam*** no dejar a alguien ni a sol ni a sombra; **não ter ~ nem cabeça** no tener pies ni cabeza; **ao ~ da letra** al pie de la letra. **-2.** [situação] situación *f*; **em ~ de guerra** en pie de guerra; **em ~ de igualdade** en pie de igualdad.

PE (*abrev de* **Estado de Pernambuco**) *estado de Pernambuco.*

peão ['pjãw] (*pl* **-ões**) *m* [trabalhador, xadrez] peón *m.*

peça ['pɛsa] *f* **-1.** [ger] pieza *f*; **~ sobressalente** *ou* **de reposição** pieza de repuesto, repuesto *m* ***RP***; **pregar uma ~ em alguém** hacerle una jugarreta a alguien. **-2.** [cômodo] habitación *f*, pieza *f* ***RP***. **-3.** [de jogo] ficha *f.*

pecado [pe'kadu] *m* **-1.** RELIG pecado *m*; **~ original** pecado original; **pagar seus ~s** pagar uno sus pecados. **-2.** [pena]: **que ~!** ¡qué pena!

pecador, ra [peka'do(x), ra] *m, f* pecador *m*, -ra *f.*

pecar [pe'ka(x)] *vi* pecar; **~ por algo** pecar de algo.

pechincha [pe'ʃĩnʃa] *f* ganga *f*; **ser uma ~** ser una ganga.

pecuário, ria [pe'kwarju, rja] *adj* pecuario(ria).

◆ **pecuária** *f* [criação] ganadería *f.*

peculiar [peku'lja(x)] (*pl* **-es**) *adj* [característico, curioso] peculiar.

peculiaridade [pekuljari'dadʒi] *f* [característica, curiosidade] peculiaridad *f.*

pedaço [pe'dasu] *m* **-1.** [parte] pedazo *m*, trozo *m*; **aos ~s** en pedazos; **estar caindo aos ~s** caerse a pedazos. **-2.** [trecho] fragmento *m*, pedazo *m* ***RP***. **-3.** [lugar] lugar *m.*

pedágio [pe'daʒju] *m* peaje *m.*

pedagógico, ca [peda'gɔʒiku, ka] *adj* pedagógico(ca).

pedagogo, ga [peda'gogu, ga] *m, f* pedagogo *m*, -ga *f.*

pé-d'água [ˌpɛ'dagwa] (*pl* **pés-d'água**) *m* chaparrón *m.*

pedal [pe'daw] (*pl* **-ais**) *m* pedal *m.*

pedalar [peda'la(x)] *vt & vi* pedalear.

pedalinho [peda'liɲu] *m* patín *m*, pedalín *m* ***RP***.

pedante [pe'dãntʃi] ◇ *adj* pedante. ◇ *m, f* pedante *mf.*

pé-de-galinha [ˌpɛdʒiga'liɲa] (*pl* **pés-de-galinha**) *m* pata *f* de gallo.

pé-de-moleque [ˌpɛdʒimu'lɛki] (*pl* **pés-de-moleque**) *m* **-1.** [doce] turrón *m* de cacahuete ***Esp*** *ou* cacahuate ***Méx*** *ou* maní ***RP***. **-2.** [calçamento] empedrado *m.*

pé-de-pato [ˌpɛdʒi'patu] (*pl* **pés-de-pato**) *m* **-1.** [nadadeira] aleta *f*, pata *f* de rana ***RP***. **-2.** ***fam*** [diabo] demonio *m*, Mandinga *m* ***RP***.

pedestal [pedeʃ'taw] (*pl* **-ais**) *m* pedestal *m.*

pedestre [pe'dɛʃtri] *mf* peatón *m*, -ona *f*.

pedicuro, re [pedʒi'kuru, ri] *m, f* pedicuro *m*, -ra *f*.

pedido [pe'dʒidu] *m* pedido *m*; **a ~s** a petición del público; **~ de casamento** pedida *f* de mano; **~ de demissão** renuncia *f*; **~ de divórcio** solicitud de divorcio.

pedigree [pedʒi'gri] *m* pedigrí *m*.

pedinte [pe'dʒĩntʃi] *mf* mendigo *m*, -ga *f*, limosnero *m*, -ra *f* ***Méx***.

pedir [pe'dʒi(x)] ◇ *vt* pedir; **~ algo a alguém** pedir algo a alguien; **~ a alguém que faça algo** pedir a alguien que haga algo; **~ algo emprestado** pedir algo prestado; **~ desculpas/perdão** pedir disculpas/ perdón. ◇ *vi* [fazer pedidos] pedir; **~ por alguém** pedir por alguien.

pedra ['pɛdra] *f* **-1.** *MED* [fragmento, rocha] piedra *f*; **dormir como uma ~** dormir como un tronco *OU* una piedra ***Méx*** & ***RP***; **~ de gelo** bloque *m* de hielo; **~ preciosa** piedra preciosa; **ser doido de ~** ***fam*** estar como una cabra. **-2.** [de açúcar] terrón *m*.

pedreira [pe'drejra] *f* cantera *f*.

pedreiro [pe'drejru] *m* *CONSTR* albañil *m*.

pegada [pe'gada] *f* pisada *f*, huella *f*.

pegado, da [pe'gadu, da] *adj* **-1.** [contíguo] pegado(da). **-2.** [unido] unido(-da), pegado(da) ***RP***.

pegajoso, osa [pega'ʒozu, ɔza] *adj* pegajoso(sa).

pegar [pe'ga(x)] ◇ *vt* **-1.** [ger] coger ***Esp*** & ***Cuba***, agarrar ***Méx*** & ***RP***. **-2.** [sentença]: **o assassino pegou vinte anos de prisão** al asesino le cayeron veinte años de prisión, el asesino ganó veinte años de prisión ***Méx***. **-3.** [vivenciar] conocer. **-4.** [apanhar] recoger. ◇ *vi* **-1.** [segurar] coger ***Esp*** & ***Cuba***, agarrar ***Méx*** & ***RP***; **~ em algo** coger ***Esp*** & ***Cuba*** algo, agarrar algo ***Méx*** & ***RP***. **-2.** [grudar]: **~ em algo** pegarse a algo. **-3.** [difundir-se - moda, mania] ponerse de moda; [- doença] contagiarse, pegarse ***Méx*** & ***RP***. **-4.** [fogo] prender. **-5.** [planta] agarrar, prender. **-6.** [motor] arrancar. **-7.** [iniciar]: **~ em algo** empezar en algo, arrancar en algo. **-8.** [atitude]: **~ bem/mal** ***fam*** quedar bien/mal. **-9.** [decidir-se]: **~ e fazer algo** coger y hacer algo ***Esp*** & ***Cuba***, agarrar y hacer algo ***Méx*** & ***RP***.

◆ **pegar-se** *vp* [brigar]: **~-se (com)** pelearse con, agarrarse con ***Méx***.

peido ['pejdu] *m* ***mfam*** pedo *m*.

peito ['pejtu] *m* **-1.** *ANAT* pecho *m*; **dar o ~** dar el pecho; **~ do pé** empeine *m*. **-2.** [de ave] pechuga *f*. **-3.** ***fig*** [coragem] valor *m*; **no ~ (e na raça)** ***fam*** con energía, con garra ***RP***.

peitoril [pejto'riw] (*pl* **-is**) *m* alféizar *m*, pretil *m* ***RP***.

peitudo [pej'tudu] (*pl* **-da**) *adj* **-1.** [de peito grande] pechugón(ona). **-2.** [valente] valiente.

peixada [pej'ʃada] *f* pescado *m* cocido, chupín *m* de pescado ***RP***.

peixaria [pejʃa'ria] *f* pescadería *f*.

peixe ['pejʃi] *m* *ZOOL* pez *m*; **vender o seu ~** [tratar de seus interesses] defender lo suyo; [opinar] dar la opinión.

pejorativo, va [peʒora'tʃivu, va] *adj* peyorativo(va).

pela ['pela] = **por + a**.

pelada [pe'lada] *FUT* *f* **-1.** [jogo informal] partidillo *m*, picado *m* ***RP***. **-2.** [jogo ruim] churro *m*, fiasco *m* ***RP***.

pelado, da [pe'ladu, da] *adj* **-1.** [sem pêlos] pelado(da). **-2.** ***fam*** [nu] en bolas.

pelar [pe'la(x)] ◇ *vt* **-1.** [animal] pelar. **-2.** [cabeça] rapar, pelar ***Méx***. ◇ *vi*: **estar pelando** [estar quentíssimo] estar ardiendo, estar que pela ***RP***.

pelas ['pelaʃ] = **por + as**.

pele ['pɛli] *f* **-1.** [ger] piel *f*; **de ~** de piel ***Esp*** & ***Méx***, de cuero ***RP***; **estar ~ e osso** estar en los huesos, estar en piel y huesos ***Méx*** & ***RP***; **cair na ~ de** ***fam*** tomar el pelo a, caer encima a ***RP***; **salvar a ~ de alguém** ***fam*** salvar el pellejo a alguien; **sentir algo na ~** sentir algo en su propia piel. **-2.** [couro] cuero *m*. **-3.** [agasalho] abrigo *m* de piel.

pelerine [pele'rini] *f* capa *f*.

pele-vermelha [ˌpɛlivex'meʎa] (*pl* **peles-vermelhas**) ◇ *adj* piel roja. ◇ *mf* piel *mf* roja.

pelica [pe'lika] *f* cabritilla *f*.

pelicano [peli'kãnu] *m* *ZOOL* pelícano *m*.

pelo ['pelu] = **por + o**.

pêlo ['pelu] *m* **-1.** [em pessoa] vello *m*; **nu em ~** en cueros. **-2.** [de animal] pelo *m*.

pelos ['peluʃ] = **por + os**.

pelotão [pelo'tãw] (*pl* **-ões**) *m* pelotón *m*; ~ **de fuzilamento** pelotón de fusilamiento.

pelúcia [pe'lusja] *f* peluche *m*.

peludo, da [pe'ludu, da] *adj* peludo(-da).

pena ['pena] *f* **-1.** [de ave, de escrever] pluma *f*. **-2.** [pesar, piedade & *JUR*] pena *f*; **que** ~! ¡qué pena *OU* lástima!; **ser uma** ~ ser una pena *OU* lástima; **valer a** ~ valer la pena; **cumprir** ~ cumplir pena; **sob** ~ **de** bajo pena de; **dar** ~ dar pena *OU* lástima; **ter** ~ **de** sentir piedad por, tener lástima a *RP*; ~ **capital** *OU* **de morte** pena capital *OU* de muerte; **a duras** ~**s** a duras penas.

penal [pe'naw] (*pl* **-ais**) *adj JUR* penal.

penalidade [penali'dadʒi] *f* pena *f*; ~ **máxima** pena máxima.

penalizar [penali'za(x)] *vt* **-1.** [dar pena a] afligir. **-2.** [castigar] castigar.

pênalti [pe'nawtʃi] *m FUT* penalty *m*, penalti *m*, penal *m RP*.

penar [pe'na(x)] ◇ *m* [sofrimento] sufrimiento *m*. ◇ *vt* [sofrer] sufrir. ◇ *vi* [sofrer] penar.

penca ['pẽnka] *f* [de bananas] racimo *m*, penca *f Méx*; [de uvas] racimo *m*; [de flores] ramo *m*; **em** ~ *fam* en cantidad.

pendência [pẽn'dẽnsja] *f* **-1.** [contenda] litigio *m*. **-2.** [algo por decidir] asunto *m* pendiente.

pendente [pẽn'dẽntʃi] ◇ *adj* **-1.** [pendurado] colgado(da). **-2.** [inclinado] torcido(da). **-3.** [por decidir] pendiente. ◇ *m* [de jóia] pendiente *m*, dije *m RP*.

pender [pẽn'de(x)] *vi* [estar pendurado] colgar.

pêndulo ['pẽndulu] *m* péndulo *m*.

pendurado, da [pẽndu'radu, da] *adj* **-1.** [pendente]: ~ **(em)** colgado(da) (en). **-2.** *fam* [conta] pendiente.

pendurar [pẽndu'ra(x)] *vt* **-1.** [colocar] colgar. **-2.** *fam* [conta] aplazar el pago de.

◆ **pendurar-se** *vp* [pessoa] colgarse.

penduricalho [pẽnduri'kaʎu] *m* colgante *m*, pendiente *m Méx*, dije *m RP*.

penedo [pe'nedu] *m* peñasco *m*, peña *f*.

peneira [pe'nejra] *f* [para peneirar] colador *m*, cedazo *m*, coladera *f Méx*.

peneirar [penej'ra(x)] ◇ *vt* [na peneira] cerner, cernir. ◇ *vi fam* [chuviscar] lloviznar.

penetração [penetra'sãw] (*pl* **-ões**) *f* penetración *f*.

penetrante [pene'trãntʃi] *adj* penetrante.

penetrar [pene'tra(x)] ◇ *vt* **-1.** [ger] penetrar. **-2.** [compreender] captar. ◇ *vi* [entrar]: ~ **em/por/entre** penetrar en/por/entre.

penhasco [pe'ɲaʃku] *m* peñasco *m*.

penhor [pe'ɲo(x)] *m* empeño *m*; **casa de** ~**es** casa de empeño.

penicilina [penisi'lina] *f* penicilina *f*.

península [pe'nĩnsula] *f* península *f*.

pênis ['peniʃ] *m inv* pene *m*.

penitência [peni'tẽnsja] *f* penitencia *f*.

penitenciário, ria [penitẽn'sjarju, rja] ◇ *adj* penitenciario(ria). ◇ *m, f* preso *m*, -sa *f*.

◆ **penitenciária** *f* penitenciaría *f*, cárcel *f*.

penoso, osa [pe'nozu, ɔza] *adj* penoso(sa).

pensador, ra [pẽnsa'do(x), ra] *m, f* pensador *m*, -ra *f*.

pensamento [pẽnsa'mẽntu] *m* pensamiento *m*.

pensão [pẽn'sãw] (*pl* **-ões**) *f* **-1.** [pequeno hotel, refeição, renda] pensión *f*; [cozinhar para fora] cocinar; ~ **alimentícia** pensión alimenticia; ~ **completa** pensión completa. **-2.** [restaurante] fonda *f*, comedor *m RP*.

pensar [pẽn'sa(x)] ◇ *vt* [julgar, supor] pensar. ◇ *vi* pensar; ~ **em/sobre algo** pensar en/sobre algo.

pensativo, va [pẽnsa'tʃivu, va] *adj* pensativo(va).

pensionato [pẽnsjo'natu] *m* internado *m*, pensionado *m RP*.

pensionista [pẽnsjo'niʃta] *mf* [beneficiário, morador] pensionista *mf*.

pentacampeão [ˌpẽntakãn'pjãw] (*pl* **-ões**) *m* pentacampeón *m*.

pentágono [pẽn'tagunu] *m GEOM* pentágono *m*.

pentatlo [pẽn'tatlu] *m* pentatlón *m*.

pente ['pẽntʃi] *m* **-1.** [de cabelo] peine *m*. **-2.** [de pistola] cargador *m*.

penteadeira [pẽntʃja'dejra] *f* tocador *m*.

penteado, da [pẽn'tʃjadu] *adj* peinado(da).

◆ **penteado** *m* peinado *m*.

pentear [pẽn'tʃja(x)] *vt* peinar.

◆ **pentear-se** *vp* [pessoa] peinarse.

Pentecostes [pẽnte'kɔʃtiʃ] *m RELIG* Pentecostés *m*.

penugem [pe'nuʒẽ] (*pl* **-ns**) *f* **-1.** [de pêlos] pelusa *f*. **-2.** [de penas] plumaje *m*.

penúltimo, ma [pe'nuwtʃimu, ma] *adj* penúltimo(ma).

penumbra [pe'nũnbra] *f* **-1.** [meia-luz] penumbra *f*. **-2.** *fig* [obscuridade] oscuridad *f*.

penúria [pe'nurja] *f* penuria *f*.

peões ['pjõjʃ] *pl* ▷ **peão**.

pepino [pe'pinu] *m* **-1.** [fruto] pepino *m*. **-2.** *fam* [problema] lío *m*, desbole *m RP*.

pequeno, na [pe'kenu, na] ◇ *adj* **-1.** [tamanho] pequeño(ña), chico(ca) *Amér*. **-2.** [mesquinho] pobre. ◇ *m, f* [criança] pequeño *m*, -ña *f*, chico *m*, -ca *f Amér*.

◆ **pequena** *f* [namorada] novia *f*, chica *f*.

pequeno-burguês, pequeno-burguesa [pe,kenubux'geʃ, eza] (*pl* **peguenos-burgueses**) ◇ *adj* pequeñoburgués(esa). ◇ *m, f* pequeñoburgués *m*, -esa *f*.

Pequim [pe'kĩ] *n* Pekín.

pêra ['pera] (*pl* **pêras**) *f* pera *f*.

perambular [perãnbu'la(x)] *vi*: ~ **(por)** deambular (por).

perante [pe'rãntʃi] *prep* ante.

pé-rapado, da [,pɛxa'padu, da] (*mpl* **pés-rapados**, *fpl* **pés-rapadas**) *m, f* pordiosero *m*, -ra *f*.

percalço [pex'kawsu] *m* avatar *m*.

per capita [pɛx'kapita] *loc adj* per cápita.

perceber [pexse'be(x)] *vt* **-1.** [através dos sentidos] percibir. **-2.** [compreender] entender. **-3.** [notar] darse cuenta de, notar.

percentagem [pexsẽn'taʒẽ] (*pl* **-ns**) *f* porcentaje *m*.

percepção [pexsep'sãw] *f* percepción *m*.

perceptível [pexsep'tʃivew] (*pl* **-eis**) *adj* perceptible.

perceptivo, va [pexsep'tʃivu, va] *adj* perceptivo(va).

percevejo [pexse'veʒu] *m* **-1.** *ZOOL* chinche *m o f*. **-2.** [prego] chincheta *f*, tachuela *f* ***Cuba***, chinche *f* ***Méx*** & ***RP***.

percorrer [pexko'xe(x)] *vt* **-1.** [ger] recorrer. **-2.** [consultar] consultar.

percurso [pex'kuxsu] *m* recorrido *m*.

percussão [pexku'sãw] (*pl* **-ões**) *f* [toque, instrumentos] percusión *f*.

percussionista [pexkusjo'niʃta] *mf* percusionista *mf*.

percutir [pexku'tʃi(x)] *vt* percutir.

perda ['pexda] *f* pérdida *f*; ~ **de tempo** pérdida de tiempo; ~**s e danos** daños *mpl* y perjuicios.

perdão [pex'dãw] (*pl* **-dões**) ◇ *m* [escusa] perdón *m*; **pedir ~ a alguém** pedir perdón a alguien. ◇ *interj* ¡perdón!

perdedor, ra [pexde'do(x), ra] ◇ *adj* perdedor(ra). ◇ *m, f* [de competição] perdedor *m*, -ra *f*.

perder [pex'de(x)] ◇ *vt* **-1.** [ger] perder; **pôr tudo a ~** echar todo a perder. **-2.** [deixar de ver, ouvir] perderse. ◇ *vi* [ser vencido] perder; ~ **de alguém** perder contra alguien.

◆ **perder-se** *vp* **-1.** [atrapalhar-se, extraviar-se] perderse; **~-se de alguém** perderse de alguien. **-2.** *fam* [cair na prostituição] perderse. **-3.** [arruinar-se] echarse a perder, perderse. **-4.** [absorver-se] sumergirse, perderse.

perdição [pexdʒi'sãw] *f* **-1.** [ruína] pérdida *f*. **-2.** [mau caminho, desonra] perdición *f*.

perdido, da [pex'dʒidu, da] ◇ *adj* perdido(da); ~ **(de amor) por alguém** perdido por alguien. ◇ *m, f* [pervertido] pervertido *m*, -da *f*.

perdigão [pexdʒi'gãw] (*pl* **-ões**) *m* [macho] perdigón *m*.

perdiz [pex'dʒiʃ] (*pl* **-es**) *f* [fêmea] perdiz *f*.

perdoar [pex'dwa(x)] ◇ *vt* perdonar; ~ **algo (a alguém)** perdonar algo (a alguien); **não ~** no perdonar. ◇ *vi* [desculpar] perdonar.

perdurar [pexdu'ra(x)] *vi* [permanecer, durar muito] perdurar; ~ **(por/através)** perdurar (durante/a través).

perecer [pere'se(x)] *vi* [extingüir-se, morrer] perecer.

perecível [pere'sivɛw] (*pl* **-eis**) *adj* perecedero(ra).

peregrinação [peregrina'sãw] (*pl* **-ões**) *f* peregrinación *f*.

peregrino, na [pere'grinu, na] *m, f* [viajante & *RELIG*] peregrino *m*, -na *f*.

peremptório, ria [perẽnp'tɔrju, rja] *adj* perentorio(ria).

perene [pe'reni] *adj* perenne.

perfeccionista [pexfeksjo'niʃta] ◇ *adj* perfeccionista. ◇ *mf* perfeccionista *mf*.

perfeição [pexfej'sãw] *f* [primor, mestria] perfección *f*; **ser uma ~** ser perfecto.

perfeitamente [pex,fejta'mẽntʃi] ◇ *adv* perfectamente. ◇ *interj* [de acordo] ¡por supuesto!

perfeito, ta [pex'fejtu, ta] *adj* perfecto(ta).

pérfido, da ['pɛxfidu, da] *adj* pérfido(da).

perfil [pex'fiw] (*pl* **-is**) *m* **-1.** [ger] perfil *m*; **de ~** de perfil. **-2.** [retrato] retrato *m*, perfil *m RP*.

performance [pex'fɔxmãnsi] *f* **-1.** [desempenho] rendimiento *m*. **-2.** TEATRO representación *f*, performance *m* o *f* ***Cuba***, espectáculo *m* ***RP***.

perfumado, da [pexfu'madu, da] *adj* perfumado(da).

perfumar [pexfu'ma(x)] *vt* perfumar.
◆ **perfumar-se** *vp* perfumarse.

perfume [pex'fumi] *m* [produto, odor] perfume *m*.

perfurar [pexfu'ra(x)] *vt* perforar.

pergaminho [pexga'miɲu] *m* [documento] pergamino *m*.

pergunta [pex'gũnta] *f* pregunta *f*; **fazer uma ~ a alguém** hacer una pregunta a alguien.

perguntar [pexgũn'ta(x)] ◇ *vt* **-1.** [indagar] preguntar; **~ algo a alguém** preguntar algo a alguien. **-2.** [interrogar] interrogar. ◇ *vi* [indagar] preguntar; **~ por alguém** preguntar por alguien.
◆ **perguntar-se** *vp* preguntarse.

perícia [pe'risja] *f* **-1.** [conhecimento, habilidade] pericia *f*. **-2.** [policial] examen *m* pericial. **-3.** [examinadores] peritos *mpl*.

periculosidade [perikulozi'dadʒi] *f* peligrosidad *f*; **de alta ~** de alta peligrosidad.

periferia [perife'ria] *f* **-1.** [contorno] periferia *f*. **-2.** [subúrbio] suburbio *m*. **-3.** GEOM [circunferência] perímetro *m*. **-4.** ***fig*** [margem] superficie *f*.

periférico, ca [peri'fɛriku, ka] *adj* **-1.** [que contorna] periférico(ca). **-2.** ***fig*** [marginal] superficial.
◆ **periférico** *m* COMPUT periférico *m*.

perigo [pe'rigu] *m* peligro *m*; **correr ~** correr peligro; **fora de ~** fuera de peligro; **estar/pôr em ~** estar/poner en peligro; **estar a ~** ***fam*** [dinheiro] estar sin blanca, estar brujo ***Cuba***, estar bruja ***Méx***, estar pelado(da) ***RP***; [em dificuldade] estar en aprietos, estar en capilla ***RP***; **ser um ~** [ser perigoso] ser un peligro; ***fam*** [ser uma tentação] ser una provocación, ser una tentación ***Méx***.

perigoso, osa [peri'gozu, ɔza] *adj* peligroso(sa).

perímetro [pe'rimetru] *m* perímetro *m*; **~ urbano** perímetro urbano.

periódico, ca [pe'rjɔdʒiku, ka] *adj* periódico(ca).
◆ **periódico** *m* **-1.** [jornal] periódico *m*. **-2.** [revista] publicación *f* periódica, revista *f*.

período [pe'riwdu] *m* periodo *m*, período *m*.

peripécia [peri'pɛsja] *f* [aventura, incidente] peripecia *f*.

periquito [peri'kitu] *m* periquito *m*.

perito, ta [pe'ritu, ta] ◇ *adj* [experiente, especialista] experto(ta). ◇ *m, f* **-1.** [especialista] experto *m*, -ta *f*, perito *m*, -ta *f RP*. **-2.** [quem faz perícia] perito *m*, -ta *f*.

perjúrio [pex'ʒurju] *m* perjurio *m*.

permanecer [pexmane'se(x)] *vi* permanecer.

permanência [pexma'nẽnsja] *f* **-1.** [continuação, constância] permanencia *f*. **-2.** [estada] estancia *f*, estadía *f RP*.

permanente [pexma'nẽntʃi] ◇ *adj* [estável, constante] permanente. ◇ *m* [cartão] pase *m*, carnet *m RP*. ◇ *f* [penteado] permanente *f*; **fazer uma ~** hacerse la permanente.

permissão [pexmi'sãw] (*pl* **-ões**) *f* permiso *m*.

permissível [pexmi'sivew] (*pl* **-eis**) *adj* permisible.

permissivo, va [pexmi'sivu, va] *adj* permisivo(va).

permitir [pexmi'tʃi(x)] *vt* permitir; **~ a alguém fazer algo** permitirle a alguien hacer algo; **~ algo a alguém** permitir algo a alguien.
◆ **permitir-se** *vp* permitirse.

perna ['pɛxna] *f* **-1.** ANAT pierna *f*; **~ de pau** pata *f* de palo; **passar a ~ em alguém** ***fam*** [enganar] dar gato por liebre a alguien, pasar a alguien ***RP***; [trair] engañar a alguien. **-2.** [de cadeira, mesa, cama] pata *f*. **-3.** [de estrela] punta *f*. **-4.** [de óculos] patilla *f*. **-5.** [de compasso] brazo *m*.

Pernambuco [pexnãn'buku] *n* Pernambuco.

pernicioso, osa [pexni'sjozu, ɔza] *adj* **-1.** [nocivo] pernicioso(sa). **-2.** MED nocivo(va).

pernil [pex'niw] (*pl* **-is**) *m* CULIN pernil *m*.
pernilongo [pexni'lõŋgu] *m* mosquito *m*, zancudo *m* **Amér**.
pernoitar [pexnoj'ta(x)] *vi* pernoctar.
pernóstico, ca [pex'nɔʃtʃiku, ka] <> *adj* afectado(da). <> *mf* presumido *m*, -da *f*.
pérola ['pεrola] *f* perla *f*.
perpassar [pexpa'sa(x)] *vt* [atravessar] pasar por encima de.
perpendicular [pexpẽndʒiku'la(x)] (*pl* **-es**) <> *adj* perpendicular. <> *f* perpendicular *f*.
perpetrar [pexpe'tra(x)] *vt* perpetrar.
perpetuar [pexpe'twa(x)] *vt* perpetuar.
◆ **perpetuar-se** *vp* perpetuarse.
perpétuo, tua [pex'pεtwu, twa] *adj* perpetuo(tua).
perplexidade [pexpleksi'dadʒi] *f* perplejidad *f*.
perplexo, xa [pex'plεksu, sa] *adj* perplejo(ja); **estar/ficar ~** estar/quedarse perplejo.
perseguição [pexsegi'sãw] (*pl* **-ões**) *f* **-1.** [acossamento] persecución *f*. **-2.** [de um objetivo] consecución *f*, persecución *f* **RP**.
perseguir [pexse'gi(x)] *vt* perseguir.
perseverante [pexseve'rãntʃi] *adj* perseverante.
perseverar [pexseve'ra(x)] *vi* **-1.** [persistir]: **~ (em)** perseverar (en). **-2.** [perdurar] persistir.
persiana [pex'sjãna] *f* persiana *f*.
persistência [pexsiʃ'tẽnsja] *f* persistencia *f*.
persistente [pexsiʃ'tẽntʃi] *adj* persistente.
persistir [pexsiʃ'tʃi(x)] *vi* [insistir, continuar] persistir; **~ (em)** persistir (en).
personagem [pexso'naʒẽ] (*pl* **-ns**) *m, f* personaje *m*.
personalidade [pexsonali'dadʒi] *f* personalidad *f*; **dupla ~** doble personalidad.
personalizado, da [pexsonali'zadu, da] *adj* personalizado(da).
personificação [pexsonifika'sãw] (*pl* **-ões**) *f* personificación *f*.
perspectiva [pexʃpek'tʃiva] *f* ARTE [ponto de vista, probabilidade] perspectiva *f*; **em ~** [em vista] en perspectiva; [a distância] a distancia, en perspectiva **RP**.
perspicácia [pexʃpi'kasja] *f* perspicacia *f*.
perspicaz [pexʃpi'kaʃ] (*pl* **-es**) *adj* perspicaz.
persuadir [pexswa'dʒi(x)] <> *vt*: **~ alguém (a fazer algo)** persuadir a alguien (para *ou* de hacer algo). <> *vi* [induzir] persuadir.
◆ **persuadir-se** *vp* [convencer-se]: **~-se (de algo)** persuadirse (de algo).
persuasão [pexswa'zãw] *f* **-1.** [ato] persuasión *f*. **-2.** [convicção] convicción *f*.
persuasivo, va [pexswa'zivu, va] *adj* persuasivo(va).
pertencente [pextẽn'sẽntʃi] *adj*: **~ a alguém** perteneciente a alguien; **ser ~ a algo** pertenecer a algo.
pertencer [pextẽn'se(x)] *vi*: **~ a** pertenecer a.
pertences [pex'tẽnsiʃ] *mpl* [objetos pessoais] pertenencias *fpl*.
pertinaz [pextʃi'najʒ] *adj* pertinaz.
pertinência [pextʃi'nẽnsja] *f* pertinencia *f*.
pertinente [pextʃi'nẽntʃi] *adj* **-1.** [ger] pertinente. **-2.** [importante] importante.
perto ['pεxtu] <> *adj* cercano(na); **vive numa cidade ~ daqui** vive en una ciudad cerca de aquí. <> *adv* cerca; **de ~** [a pouca distância] de cerca; *fig* [intimamente] de cerca; **~ de** [no espaço, aproximadamente] cerca de; [em comparação] al lado de.
perturbador, ra [pextuxba'do(x), ra] *adj* **-1.** [notícia] preocupante. **-2.** [música] molesta. **-3.** [grito] aterrador(ra).
perturbar [pextux'ba(x)] <> *vt* **-1.** [ger] perturbar. **-2.** [envergonhar] avergonzar, alterar **RP**. <> *vi* [atordoar] molestar.
peru, rua [pe'ru, rua] *m, f* [ave] pavo *m*, -va *f*, guajolote *m* **Méx**, pipila *f* **Méx**.
◆ **perua** *f* **-1.** [caminhonete] [de passageiros] microbús *m*, guagüita *f* **Cuba**. **-2.** [de carga] camioneta *f*. **-3.** *fam pej* [mulher] hortera *f*, terraja *f* **RP**.
Peru [pe'ru] *n*: **(o) ~** (el) Perú.
peruano, na [pe'rwãnu, na] <> *adj* peruano(na). <> *m, f* peruano *m*, -na *f*.
peruca [pe'ruka] *f* peluca *f*.
perversão [pexvex'sãw] (*pl* **-ões**) *f* perversión *f*.
perverso, sa [pex'vεxsu, sa] *adj* perverso(sa).
perverter [pexvex'te(x)] *vt* **-1.** [ger]

pervertir. **-2.** [deturpar] distorsionar.
◆ **perverter-se** *vp* [corromper-se] pervertirse.

pervertido, da [pexvex'tʃidu, da] <> *adj* [corrompido] pervertido(da). <> *m, f* pervertido *m*, -da *f*.

pesadelo [peza'delu] *m* pesadilla *f*.

pesado, da [pe'zadu, da] *adj* **-1.** [ger] pesado(da). **-2.** [tenso] tenso(sa). **-3.** [difícil] duro(ra). **-4.** [carregado] cargado(da).

pêsames ['pezamiʃ] *mpl* pésame *m*.

pesar [pe'za(x)] <> *m* pesar *m*; **apesar dos ~es** a pesar de los pesares. <> *vt* **-1.** [ger] pesar. **-2.** [ponderar] sopesar. **-3.** *fig* [medir] medir. <> *vi* **-1.** [ger] pesar. **-2.** [recair]: **~ sobre alguém** recaer sobre alguien. **-3.** [influenciar]: **~ em algo** pesar en algo. **-4.** [causar tristeza]: **~ a alguém** pesar a alguien. **-5.** [incomodar] caer pesado(da).
◆ **pesar-se** *vp* [verificar o peso] pesarse.

pesaroso, osa [peza'rozu, ɔza] *adj* pesaroso(sa).

pesca ['pɛʃka] *f* [ger] pesca *f*; **ir à ~** ir a pescar, ir de pesca.

pescado [peʃ'kadu] *m* pescado *m*.

pescador, ra [peʃka'do(x), ra] (*mpl* **-es**, *fpl* **-s**) *m, f* pescador *m*, -ra *f*.

pescar [peʃ'ka(x)] *vt* **-1.** [ger] pescar. **-2.** *fig* [conseguir] pescar, cazar *RP*.

pescoço [peʃ'kosu] *m* cuello *m*, pescuezo *m* ***Amér***; **até o ~** *fig* hasta el cuello.

peso ['pezu] *m* **-1.** [ger] peso *m*; **~ bruto/líquido** peso bruto/neto; **~ pesado** *BOXE* peso pesado. **-2.** [para papéis] pisapapeles *m inv*. **-3.** [halteres] pesas *fpl*. **-4.** *fig* [influência, importância]: **de ~** de peso.
◆ **em peso** *loc adj* en masa, en pleno.

pesponto [peʃ'põntu] *m* pespunte *m*.

pesqueiro, ra [peʃ'kejru, ra] *adj* pesquero(ra).

pesquisa [peʃ'kiza] *f* **-1.** [investigação] investigación *f*, pesquisa *f* ***Méx***. **-2.**: **~ de mercado/opinião** estudio *m* de mercado/de opinión. **-3.** [estudo] investigación *f*.

pesquisador, ra [peʃkiza'do(x), ra] <> *m, f* investigador *m*, -ra *f*. <> *adj* investigador(ra).

pesquisar [peʃki'za(x)] <> *vt* investigar. <> *vi* [estudar] investigar.

pêssego ['pesegu] *m* melocotón *m* ***Esp***, durazno *m* ***Amér***.

pessimismo [pesi'miʒmu] *m* pesimismo *m*.

pessimista [pesi'miʃta] <> *adj* pesimista. <> *mf* pesimista *mf*.

péssimo, ma ['pɛsimu, ma] *adj* (*superl de mau*) pésimo(ma), fatal.

pessoa [pe'soa] *f* **-1.** [ger] persona *f*; **em ~** en persona; **~ física/jurídica** *JUR* persona física/jurídica. **-2.** [personalidade] personalidad *f*.

pessoal [pe'swaw] (*pl* **-ais**) <> *adj* personal. <> *m* **-1.** [empregados] personal *m*. **-2.** [grupo] gente *f*.

pessoalmente [peswaw'mẽntʃi] *adv* personalmente.

pestana [peʃ'tãna] *f* **-1.** [cílio] pestaña *f*. **-2.** *MÚS*: **fazer ~** rasguear.

pestanejar [peʃtane'ʒa(x)] *vi* pestañear; **sem ~** *fig* sin pestañear.

peste ['pɛʃtʃi] *f* **-1.** [ger] peste *f*. **-2.** [praga] plaga *f*.

pesticida [peʃtʃi'sida] *f* pesticida *m*.

pestilento, ta [peʃtʃi'lẽntu, ta] *adj* pestilente.

pétala ['pɛtala] *f* pétalo *m*.

peteca [pe'tɛka] *f* [brinquedo] *bola de cuero y cubierta de plumas que se lanza al aire*; **não deixar a ~ cair** ***fam fig*** no abandonar, no dejar caer la pelota ***Amér***.

peteleco [pete'lɛku] *m* papirotazo *m*, capirotazo *m*.

petição [petʃi'sãw] (*pl* **-ões**) *f* **-1.** [requerimento] petición *f*, solicitud *f*, pedido *m* ***Amér***. **-2.** [súplica] ruego *m*. **-3.** [estado]: **em ~ de miséria** en estado de miseria.

petiscar [petʃiʃ'ka(x)] *vi* picotear ***Esp***, pellizcar ***Cuba*** & ***RP***, picar ***Méx***; **quem não arrisca não petisca** el que no llora no mama.

petisco [pe'tʃiʃku] *m* tentempié *m*, picada *f* ***RP***.

petit-pois [petʃi'pwa] *m inv* guisantes *mpl* finos ***Esp***, arvejas *fpl* ***Cuba*** & ***RP***, chícharos *mpl* ***Méx***.

petrificar [petrifi'ka(x)] *vt* petrificar.

Petrobras (*abrev de* **Petróleo Brasileiro S/A**) *f empresa de petróleos brasileña*.

petroleiro, ra [petro'lejru] <> *adj* petrolero(ra). <> *m, f* [pessoa] trabajador *m* petrolero, trabajadora *f* petrolera, petrolero *m*, -ra *f* ***Amér***.

petróleo [pe'trɔlju] *m* petróleo *m*; **~ bruto** petróleo crudo.

petrolífero, ra [petro'liferu, ra] *adj* petrolífero(ra).

petulância [petu'lãnsja] *f* petulancia *f*.

petulante [petu'lãntʃi] *adj* petulante.

pia ['pia] *f* [de banheiro] lavamanos *m inv*, pileta *f* ***RP***; [de cozinha] pila *f* ***Esp***, ***Cuba*** & ***Méx***, fregadero *m* ***Esp***, ***Cuba*** & ***Méx***, pileta *f* ***RP***; ~ **batismal** pila baustimal.

piada ['pjada] *f* **-1.** [anedota] chiste *m*, cuento *m* ***Cuba*** & ***Méx***. **-2.** [brincadeira] broma *f*.

pianista [pja'niʃta] *mf* pianista *mf*.

piano ['pjãnu] *m* piano *m*.

pião ['pjãw] (*pl* **-ões**) *m* peonza *f*, trompo *m* ***Amér***.

piar ['pja(x)] *vi* [ave] piar.

PIB (*abrev de* **Produto Interno Bruto**) *m* PIB *m*.

picadinho [pika'dʒiɲu] *m* CULIN picadillo *m*.

picado, da [pi'kadu, da] *adj* **-1.** [ger] picado(da); **ser** ~ **por algo** ser picado(da) por algo; ***fig*** ser tocado(da) por el éxito. **-2.** [ofendido] ofendido(da). **-3.** [vôo] en picado ***Esp***, en picada ***Amér***.

◆ **picada** *f* **-1.** [espetada] pinchazo *m*, piquetazo *m* ***Méx***. **-2.** [mordida] picadura *f*, picada *f* ***Cuba***. **-3.** [caminho] sendero *m*, trocha *f* ***Cuba***, senda *f* ***Méx***, picada *f* ***Urug***. **-4.** [de droga] pico *m*.

picanha [pi'kãɲa] *f* [carne bovina] cuadril *m*.

picante [pi'kãntʃi] *adj* picante.

pica-pau [ˌpika'paw] (*pl* **pica-paus**) *m* pájaro *m* carpintero.

picar [pi'ka(x)] *vt* **-1.** [ger] picar. **-2.** [espetar] pinchar. **-3.** [bicar] picotear, picar.

picareta [pika'reta] <> *f* [instrumento] pico *m*. <> *mf* [mau-caráter] sinvergüenza *mf*.

pichação [piʃa'sãw] (*pl* **-ões**) *f* **-1.** [grafite] graffiti *m*. **-2.** ***fam*** [crítica] crítica *f*.

picles ['pikleʃ] *mpl* encurtidos *mpl*, curados *mpl* ***Méx***, pickles *mpl* ***RP***.

pico ['piku] *m* **-1.** [cume] pico *m*. **-2.** [de faca *etc*] punta *f*. **-3.** ***fam*** [de droga] pico *m*.

picolé [piko'lɛ] *m* polo *m* ***Esp***, paletica *f* de helado ***Cuba***, paleta *f* de hielo ***Méx***, (helado *m*) palito *m* ***RP***.

picotar [piko'ta(x)] *vt* perforar, ponchar ***Cuba***.

picuinha [pi'kwiɲa] *f* [implicância] provocación *f*; **estar de** ~ **com alguém** provocar a alguien.

piedade [pje'dadʒi] *f* piedad *f*; **ter** ~ **de alguém** tener piedad de alguien.

piedoso, osa [pje'dozu, ɔza] *adj* piadoso(sa).

piegas ['pjɛgaʃ] *adj inv* cursi.

píer ['pie(x)] *m* embarcadero *m*, muelle *m*.

pifão [pi'fãw] (*pl* **-ões**) *m* ***fam*** curda *f*; **tomar um** ~ coger una curda ***Esp*** & ***Cuba***, agarrarse una cruda ***Méx*** OU curda ***RP***.

pifar [pi'fa(x)] *vi* ***fam*** **-1.** [enguiçar] estropearse, jorobarse ***Esp***, chingarse ***Méx***, quedarla ***RP***. **-2.** [gorar] irse al garete ***Esp***, valer gorro ***Méx***, quedarla ***RP***.

pigméia [pig'mɛja] *f* ▷ **pigmeu**.

pigmento [pig'mẽntu] *m* pigmento *m*.

pigmeu, méia [pig'mew, mɛja] <> *adj* [pequeno] bajito(ta). <> *m, f* pigmeo *m*, -a *f*.

pijama [pi'ʒãma] *m* pijama *m* ***Esp***, piyama *m o f* ***Amér***.

pilantra [pi'lãntra] *mf* granuja *mf*, sinvergüenza *mf*.

pilar [pi'la(x)] (*pl* **-es**) <> *m* pilar *m*. <> *vt* moler, majar.

pilha ['piʎa] *f* **-1.** [ger] pila *f*. **-2.** ***fig*** [pessoa]: **estar/ser uma** ~ **(de nervos)** estar hecho/ser un manojo OU saco ***RP*** de nervios. **-3.** COMPUT batería *f*.

pilhar [pi'ʎa(x)] *vt* **-1.** [saquear] saquear. **-2.** [roubar] asaltar, robar.

pilhéria [pi'ʎɛrja] *f* chiste *m*, broma *f*.

pilotar [pilo'ta(x)] *vt* & *vi* pilotar, pilotear ***Amér***.

piloto [pi'lotu] <> *m* [ger] piloto *m*. <> *adj* [modelo]: **fábrica/plano** ~ fábrica/plan piloto.

pílula ['pilula] *f* píldora *f*; ~ **anticoncepcional** píldora anticonceptiva.

pimenta [pi'mẽnta] *f* **-1.** CULIN pimienta *f*. **-2.** ***fig*** [malícia] picardía *f*.

pimenta-do-reino [piˌmẽntadu'xejnu] (*pl* **pimentas-do-reino**) *f* pimienta *f* negra.

pimenta-malagueta [piˌmẽntamala'geta] (*pl* **pimentas-malagueta**) *f* guindilla *f* ***Esp***, ají *m* ***Cuba*** & ***RP***, chile *m* piquín ***Méx***.

pimentão [pimẽn'tãw] (*pl* **-ões**) *m* pimiento *m*, chile *m* morrón ***Méx***, morrón *m* ***Urug***.

pimenteira [pimẽn'tejra] *f* **-1.** *BOT* pimienta *f*. **-2.** [recipiente] pimentero *m*.
pinacoteca [pinako'tɛka] *f* **-1.** [coleção] colección *f* de pinturas. **-2.** [museu] pinacoteca *f*.
pinça ['pĩnsa] *f* pinzas *fpl*.
píncaro ['pĩŋkaru] *m* cima *f*.
pincel [pĩn'sɛw] (*pl* **-éis**) *m* pincel *m*; ~ **de barba** brocha *f* de afeitar.
pincelar [pĩnse'la(x)] *vt* pintar.
pincenê [pĩnse'ne] *m* anteojos *mpl*, lentes *mpl* ***Méx***, quevedos *mpl* ***RP***.
pinga ['pĩŋga] *f* ***fam*** [cachaça] aguardiente *m*, caña *f* ***RP***.
pingar [pĩŋ'ga(x)] *vi* **-1.** [gotejar] gotear. **-2.** [chover] lloviznar. **-3.** [render] entrar.
pingente [pĩn'ʒẽntʃi] *m* **-1.** [objeto] colgante *m*, dije *m* ***Amér***, pendiente *m* ***Méx***. **-2.** ***fam*** [passageiro] *persona que viaja colgada de algún vehículo de transporte pública*, colgado *m*, -da *f* ***Amér***.
pingo ['pĩngu] *m* **-1.** [gota] gota *f*. **-2.** [sinal ortográfico] punto *m*; **pôr os ~s nos is** ***fig*** poner los puntos sobre las íes.
pingue-pongue [ˌpĩŋgi'põŋgi] (*pl* **pingue-pongues**) *m* ping-pong *m*.
pingüim [pĩŋ'gwĩ] (*pl* **-ns**) *m* pingüino *m*.
pinheiro [pi'ɲejru] *m* pino *m*.
pinho ['piɲu] *m* **-1.** [ger] pino *m*. **-2.** ***fam*** [violão] guitarra *f*, viola *f* ***RP***.
pino ['pinu] *m* **-1.** [peça] pasador *m*. **-2.** [*AUTO* - em motor] espiga *f* de válvula; [- tranca] pestillo *m*, pasador *m*; ***fam fig*** [estar mal] encontrarse mal, empezar a fallar ***RP***. **-3.** [cume]: **a** ~ en el cenit, a pique ***RP***.
pinta ['pĩnta] *f* **-1.** [sinal] lunar *m*, mancha *f*. **-2.** ***fam*** [aparência] pinta *f*; **ter ~ de algo** tener pinta de algo. **-3.** ***fam*** [indício]: **estar com ~ de** tener pinta de; **dar na ~** [demonstrar] cantar.
pintado, da [pĩn'tadu, da] *adj* **-1.** [colorido] pintado(da). **-2.** [sardento] pecoso(sa).
pintar [pĩn'ta(x)] ◇ *vt* **-1.** [ger] pintar. **-2.** [com cosmético, esmalte] pintarse. **-3.** ***fig*** [conceber] pintar como. ◇ *vi* **-1.** *ARTE* pintar. **-2.** ***fam*** [aparecer] presentarse, pintar ***RP***. **-3.** [exceder-se] pasarse de rosca, caminar por encima de ***RP***; ~ **e bordar** ***fig*** hacer de las suyas.
◆ **pintar-se** *vp* [maquilar-se] pintarse.
pinto ['pĩntu] *m, f* **-1.** *ZOOL* pollito *m*. **-2.** ***mfam*** [pênis] polla *f* ***Esp***, pinga *f* ***Cuba***, pito *m* ***Méx*** & ***RP***. **-3.** [coisa fácil]: **ser** ~ ser pan comido, ser jamón ***Cuba***, ser un boleto ***RP***.
pintor, ra [pĩn'to(x), ra] (*mpl* **-es**, *fpl* **-s**) *m, f* pintor *m*, -ra *f*.
pintura [pĩn'tura] *f* **-1.** [ger] pintura *f*; ~ **a óleo** pintura al óleo. **-2.** [maquiagem] maquillaje *m*.
pio, pia ['piw, 'pia] *adj* pío(a).
◆ **pio** *m* [de ave] pío *m*; **não dar um** ~ no decir ni pío.
piões ['pjõjʃ] *pl* ▻ **pião**.
piolho ['pjoʎu] *m* piojo *m*.
pioneiro, ra [pjo'nejru, ra] ◇ *adj* pionero(ra). ◇ *m, f* **-1.** [precursor] pionero *m*, -ra *f*. **-2.** [explorador] explorador *m*, -ra *f*.
pior ['pjɔ(x)] (*pl* **-es**) ◇ *adj* **-1.** [comparativo]: ~ **(do que)** peor (que). **-2.** [superlativo]: **o/a ~** ... el/la peor ... ◇ *m*: **o ~ (de)** [inferior] el peor (de); [inconveniente] lo peor (de). ◇ *f*: **a ~ (de)** la peor (de); ***loc*** **estar na ~** estar pasándolas canutas ***Esp***, estar en el fondo del pozo ***Amér***, estar por los suelos ***Méx***; **levar a ~** llevarse la peor parte. ◇ *adv* [comparativo]: ~ **(do que)** peor (que); **estar ~ (de algo)** estar peor (de algo).
piorar [pjo'ra(x)] *vi* empeorar.
pipa ['pipa] *f* **-1.** [vasilhame] tonel *m*, barril *m*. **-2.** [de papel] cometa *f*, papalote *m* ***Cuba*** & ***Méx***.
pipi [pi'pi] *m* ***fam*** pipi *m*, chis *f* ***Méx***, pichí *m* ***RP***.
pipoca [pi'pɔka] *f* **-1.** [de milho] palomitas *fpl* de maíz ***Esp***, pochoclo *m* ***Arg***, rositas *fpl* de maíz ***Cuba***, palomitas *fpl* ***Méx***, pop *m* ***Urug***. **-2.** [em pele] ampolla *f*.
pipocar [pipo'ka(x)] *vi* **-1.** [estourar] reventar. **-2.** [espocar] estallar. **-3.** [surgir] surgir.
pipoqueiro, ra [pipo'keiru, ra] *m, f* [vendedor] vendedor *m*, -ra *f* de palomitas ***Esp*** *ou* rositas ***Cuba*** *ou* pochoclo ***Arg*** & ***Méx*** *ou* pop ***Urug***.
pique ['piki] *m* **-1.** [brincadeira] *juego en el que hay que atrapar a los otros antes de que éstos lleguen a un punto predeterminado*, mancha *f* ***RP***. **-2.** [disposição] energía *f*; **perder o ~** quedarse sin energías. **-3.** [corte]

corte *m.* **- 4.** *NÁUT*: **ir a ~** irse a pique.

piquenique [ˌpikiˈniki] *m* picnic *m.*

pirado, da [piˈradu, da] *adj* loco(ca).

pirâmide [piˈrãmidʒi] *f* pirámide *f.*

piranha [piˈrãɲa] *f* **-1.** [peixe] piraña *f.* **-2.** ***mfam pej*** [mulher] zorra *f*, guaricandilla *f* ***Cuba***, putarraca *f* ***RP.***

pirão [piˈrãw] (*pl* **-ões**) *m CULIN puré de harina de mandioca hecho con caldo de pescado o gallina.*

pirar [piˈra(x)] *vi* **-1.** [endoidar] volverse loco(ca). **-2.** [fugir] largarse, irse ***Méx***, rajar ***RP.***

pirata [piˈrata] <> *mf* pirata *mf.* <> *adj* pirata.

Pireneus [pireˈnewʃ] *npl*: **os ~** los Pirineos.

pires [ˈpiriʃ] *m inv* platito *m.*

pirraça [piˈxasa] *f* capricho *m.*

pirralho, lha [piˈxaʎu, ʎa] *m, f* renacuajo *m*, -ja *f*, mocoso *m*, -sa *f*, vejigo *m*, -ga *f* ***Cuba***, piojo *m*, -ja *f* ***RP.***

pirueta [piˈrweta] *f* pirueta *f.*

pirulito [piruˈlitu] *m* **-1.** [bala] pirulí *m*, chupa-chupa *m* ***RP.*** **-2.** ***fam*** [pênis] pito *m*, pajarito *m* ***Méx.***

pisada [piˈzada] *f* **-1.** [passo] paso *m.* **-2.** [pegada] pisada *f.*

pisar [piˈza(x)] <> *vt* pisar. <> *vi* **-1.** [andar]: **~ (em)** pisar. **-2.**: **~ em** [tocar com os pés] pisar a; [ir, vir] poner pie en, pisar ***Amér***; [humilhar] pisotear; ▭▸ **bola, ovos.**

pisca-pisca [ˌpiʃkaˈpiʃka] (*pl* **pisca-piscas**) *m AUTO* intermitente *m*, señalero *m* ***RP.***

piscar [piʃˈka(x)] <> *vt* [olho] guiñar. <> *vi* **-1.** [pessoa, olho] parpadear. **-2.** [trocar sinais]: **~ para alguém** guiñar el ojo a alguien. **-3.** [tremeluzir] parpadear, titilar ***RP.*** <> *m* parpadeo *m*; **num ~ de olhos** en un abrir y cerrar de ojos.

piscina [piˈsina] *f* piscina *f*, alberca *f* ***Méx***, pileta *f* ***RP.***

piso [ˈpizu] *m* **-1.** [ger] piso *m.* **-2.** [salário]: **~ (salarial)** salario *m* mínimo profesional, piso *m* salarial ***Amér.***

pisotear [pizoˈtʃja(x)] *vt* pisotear.

pista [ˈpiʃta] *f* **-1.** [ger] pista *f.* **-2.** [encalço]: **na ~ de** tras la pista de. **-3.** [de rua, estrada] carril *m*, senda *f* ***RP.***

pistola [piʃˈtɔla] *f* pistola *f.*

pistoleiro, ra [piʃtoˈlejru, ra] *m, f* [criminoso] pistolero *m*, -ra *f.*

pistom [piʃˈtõ] (*pl* **-ns**) *m* **-1.** [instrumento] trompeta *f.* **-2.** [de motor] pistón *m.*

pitada [piˈtada] *f* pizca *f.*

pitanga [piˈtãŋga] *f* pitanga *f.*

pitoresco, ca [pitoˈreʃku, ka] <> *adj* pintoresco(ca). <> *m*: **o ~** lo pintoresco.

pivete [piˈvɛtʃi] *m* ***fam*** ladronzuelo *m*, infanto-juvenil *m* ***RP.***

pivô [piˈvo] *m* **-1.** [de dente] espiga *f.* **-2.** ***fig*** [suporte] centro *m*, pivote *m.* **-3.** ***fig*** [agente principal] disparador *m.* **-4.** [jogador] pívot *m.*

pixote [piˈʃɔtʃi] *m* chiquillo *m*, pibe *m* ***Arg***, pelado *m* ***Bol***, chamaco *m* ***Méx***, gurí *m* ***Urug.***

pizza [ˈpitsa] *f* pizza *f.*

pizzaria [pitsaˈria] *f* pizzería *f.*

placa [ˈplaka] *f* **-1.** [ger] placa *f.* **-2.** [aviso] cartel *m*; **~ de sinalização** cartel señalizador. **-3.** *AUTO* placa *f* (de matrícula), chapa *f* ***RP.*** **-4.** [na pele] mancha *f.*

placar [plaˈka(x)] *m* [escore] marcador *m*, placar *m* ***RP.***

plácido, da [ˈplasidu, da] *adj* plácido(-da).

plagiador, ra [plaʒjaˈdo(x), ra] *m, f* plagiario *m*, -ria *f.*

plagiar [plaˈʒja(x)] *vt* plagiar.

plagiário, ria [plaˈʒjarju, rja] *m, f* plagiario *m*, -ria *f.*

plágio [ˈplaʒju] *m* plagio *m.*

planador [planaˈdo(x)] (*pl* **-es**) *m* planeador *m.*

planalto [plaˈnawtu] *m* altiplano *m.*

◆ **Planalto** *m* [palácio presidencial]: **o Planalto** *la sede de la presidencia del gobierno, en Brasilia.*

planar [plaˈna(x)] *vi* planear.

planejamento [planeʒaˈmẽntu] *m* planificación *f*; **~ familiar** planificación familiar.

planejar [planeˈʒa(x)] *vt* planear.

planeta [plaˈneta] *m* planeta *m.*

planetário, a [planeˈtarju] *adj* planetario(ria).

◆ **planetário** *m* planetario *m.*

planície [plaˈnisji] *f* planicie *f*, llanura *f.*

planilha [plaˈniʎa] *f* **-1.** [formulário] planilla *f*, formulario *m.* **-2.** *COMPUT* hoja *f* de cálculo.

plano, na [ˈplãnu, na] <> *adj* **-1.** [superfície] plano(na). **-2.** [liso] liso(sa). <> *m* **-1.** [ger] plano *m.* **-2.** [posição]: **em primeiro/segundo ~** en primer/segundo plano. **-3.** [projeto, intenção] plan *m.* **-4.** [superfície plana] llano *m.* **-5.** [seguro]: **~ de saúde**

seguro *m* de salud.

planta ['plãnta] *f* planta *f*; ~ **do pé** planta del pie.

plantação [plãnta'sãw] *m* **-1.** [ato, terreno] plantación *f*. **-2.** [produtos] siembra *f*, cosecha *f*.

plantão [plãn'tãw] (*pl* **-ões**) *m* **-1.** [serviço] guardia *f*; **estar de** ~ estar de guardia. **-2.** [plantonista] persona *f* de guardia.

plantar [plãn'ta(x)] *vt* **-1.** [ger] plantar. **-2.** [estabelecer] plantar, fincar ***Méx***. **-3.** ***fig*** [incutir] sembrar. **-4.** ***fig*** [pôr] colocar.

plantões [plãn'tõjʃ] *pl* ▻ **plantão**.

plantonista [plãnto'niʃta] *mf* persona *f* de guardia.

plaqueta [pla'keta] *f* **-1.** [placa pequena] placa *f*. **-2.** [corpúsculo] plaqueta *f*. **-3.** AUTO permiso *m* de circulación.

plástico, ca ['plaʃtʃiku] *adj* plástico (ca).

◆ **plástico** *m* [matéria] plástico *m*; **de** ~ de plástico.

◆ **plástica** *f* **-1.** [cirurgia] cirugía *f* plástica; **fazer plástica** hacerse la cirugía plástica. **-2.** [corpo] figura *f*.

plataforma [plata'fɔxma] *f* **-1.** [ger] plataforma *f*; ~ **de exploração de petróleo** plataforma petrolífera; ~ **de lançamento** plataforma de lanzamiento. **-2.** [de estação] andén *m*, plataforma *f* ***RP***.

platéia [pla'tɛja] *f* **-1.** [espaço] platea *f*. **-2.** [público] público *m*.

platina [pla'tʃina] *f* [metal] platino *m*.

platinado, da [platʃi'nadu, da] *adj* platino ***Esp***, platinado(da) ***Amér***.

◆ **platinado** *m* AUTO platinos *mpl*.

platônico, ca [pla'toniku, ka] *adj* platónico(ca).

plausível [plaw'zivɛw] (*pl* **-eis**) *adj* [aceitável] plausible.

playground [plej'grawndʒi] *m* parque *m* infantil.

plebeu, béia [ple'bew, bɛja] ◇ *adj* plebeyo(ya). ◇ *m, f* plebeyo *m*, -ya *f*.

plebiscito [plebi'situ] *m* plebiscito *m*.

pleitear [plej'tʃja(x)] *vt* **-1.** [diligenciar] luchar por, alegar ***Méx***. **-2.** JUR entablar un pleito por, litigar ***Méx***. **-3.** [concorrer a] disputar.

pleito ['plejtu] *m* **-1.** JUR pleito *m*. **-2.** [eleição]: ~ **(eleitoral)** contienda *f* electoral.

plenário [ple'narju] *m* **-1.** [assembléia] plenario *m*, pleno *m*. **-2.** [local] (salón *m*) plenario *m*.

plenitude [pleni'tudʒi] *f* plenitud *f*.

pleno, na ['plenu, na] *adj* **-1.** [cheio]: ~ **de** lleno(na) de. **-2.** [total] pleno(na); **em** ~ **verão** en pleno verano; ~**s poderes** plenos poderes; **em plena luz do dia** a plena luz del día.

pluma ['pluma] *f* pluma *f*.

plural [plu'raw] (*pl* **-ais**) ◇ *adj* plural. ◇ *m* plural *m*.

pluralismo [plura'liʒmu] *m* pluralismo *m*.

Plutão [plu'tãw] *n* Plutón.

pluvial [plu'vjaw] (*pl* **-ais**) *adj* pluvial.

PM (*abrev de* **Polícia Militar**) *f* PM *f*.

PNB (*abrev de* **Produto Nacional Bruto**) *m* PNB *m*.

pneu [pi'new] *m* **-1.** AUTO neumático *m*, llanta *f* ***Amér***, goma *f* ***Cuba*** & ***RP***. **-2.** ***fam*** [gordura] michelín *m* ***Esp***, salvavidas *f inv* ***Cuba*** & ***RP***, llantitas *fpl* ***Méx***.

pneumonia [pinewmu'nia] *f* neumonía *f*.

pó ['pɔ] *m* **-1.** [poeira, substância pulverizada] polvo *m*; **tirar o** ~ **de algo** limpiar OU quitar OU sacar ***RP*** el polvo a algo; **em** ~ en polvo. **-2.** [pó-de-arroz] polvos *mpl* para la cara. **-3.** ***fam*** [cocaína] coca *f*.

pobre ['pɔbri] ◇ *adj* **-1.** [sem recursos, estéril] pobre. **-2.** [medíocre] flojo(ja), pobre. **-3.** [escasso]: ~ **de/em algo** pobre de/en algo. **-4.** *(antes do subst)* [digno de pena] pobre. ◇ *m* [pessoa] pobre *mf*; **os** ~**s** los pobres.

pobreza [po'breza] *m* **-1.** [miséria] pobreza *f*. **-2.** [escassez]: ~ **de/em algo** pobreza de algo.

poça ['pɔsa] *f*: ~ **(d'água)** charco *m* (de agua).

poção [po'sãw] (*pl* **-ões**) *f* poción *f*, pócima *f*.

pocilga [po'siwga] *f* pocilga *f*.

poço ['posu] *f* [cavidade] pozo *m*; ~ **de petróleo** pozo de petróleo; **ir ao fundo do** ~ ***fig*** hundirse, irse al fondo del pozo ***Méx***.

podar [po'da(x)] *vt* podar.

pó-de-arroz [ˌpɔdʒja'xoʃ] (*pl* **pós-de-arroz**) *m* polvos *mpl* para la cara.

poder [po'de(x)] (*pl* **-es**) ◇ *m* poder *m*; **o** ~ el poder; **estar no** ~ estar en el poder; ~ **de compra** poder adquisitivo; **estar em** ~ **de alguém** estar en poder de alguien; **ter em seu** ~ **algo** tener en su poder algo. ◇ *v aux* poder; ~ **fazer algo** poder hacer algo; **podia tê-lo feito antes** podría haberlo hecho antes; **não posso mais!** ¡no puedo más!; **não posso fazer nada!** ¡no puedo hacer nada!; **posso fumar?** ¿puedo fumar?; **não podemos abandoná-lo** no podemos abandonarlo; **pode fazer várias coisas** puede hacer varias cosas; **não pode ser!** ¡no puede ser!; **pudera!** ¡no me extraña! <> *v impess* [ser possível] poder; **pode ser que chova** puede que llueva, puede ser que llueva *Amér*; **pode não ser verdade** puede que no sea verdad, puede no ser verdad *Amér*; **pode acontecer a qualquer um** le puede pasar a cualquiera.

◆ **poder com** *v + prep* [suportar] aguantar; **não posso com mentirosos** no aguanto a los mentirosos; [peso] poder con; **não pode com tanto peso** no puede con tanto peso.

poderio [pode'riw] *m* poderío *m*.

poderoso, osa [pode'rozu, ɔza] *adj* poderoso(sa).

podre ['podri] <> *adj* **-1.** [deteriorado, corrupto] podrido(da). **-2.** *fig* [cheio]: ~ **(de cansaço)** muerto(ta) (de cansancio); ~ **de gripe** con una gripe impresionante; ~ **de rico** forrado(da), podrido(da) en dinero *Méx*, lleno(na) de guita *RP*. <> *m* [parte]: **o** ~ la parte podrida.

podridão [podri'dãw] (*pl* **-ões**) *f* podredumbre *f*.

poeira ['pwejra] *f* polvo *m*; ~ **radioativa** polvo radioactivo.

poeirento, ta [pwej'rẽntu, ta] *adj* polvoriento(ta).

poema ['pwema] *m* poema *m*.

poesia [pwi'zia] *f* **-1.** [arte, poema] poesía *f*. **-2.** [encanto] gracia *f*.

poeta ['pwɛta] *m* poeta *m*.

poético, ca ['pwɛtʃiku, ka] *adj* poético(ca).

poetisa [pwɛ'tʃiza] *f* poetisa *f*.

pois ['pojʃ] *conj* **-1.** [portanto] por lo tanto. **-2.** [mas] pues. **-3.** [porque] porque.

◆ **pois bem** *loc adv* bueno, pues bien *Méx*.

◆ **pois é** *loc adv* ya lo creo.

◆ **pois não** <> *loc adv* [em loja, restaurante]: ~ **não?** ¿sí?, usted dirá ..., ¿qué desea ordenar? *Méx*. <> *interj* ¡cómo no!, ¡claro!

◆ **pois sim** *interj*: ~ **sim!** ¡lo dudo!

polaco, ca [po'laku, ka] <> *adj* polaco(ca). <> *m, f* polaco *m*, -ca *f*.

◆ **polaco** *m* [língua] polaco *m*.

polar [po'la(x)] *adj* polar.

polegada [pole'gada] *f* pulgada *f*.

polegar [pole'ga(x)] (*pl* **-es**) <> *adj* pulgar. <> *m* pulgar *m*.

polêmico, ca [po'lemiku, ka] *adj* polémico(ca).

◆ **polêmica** *f* polémica *f*.

polemizar [polemi'za(x)] *vi* discutir, polemizar.

pólen ['pɔlẽ] *m* polen *m*.

polenta [po'lẽnta] *f* polenta *f*.

polia [po'lia] *f* polea *f*.

polícia [po'lisja] <> *f* policía *f*; ~ **federal** policía federal; ~ **militar** *fuerza policial militarizada de los estados brasileños*. <> *m* [policial] policía *mf*.

policial [poli'sjaw] (*pl* **-ais**) <> *adj* policial; **cão** ~ perro policía. <> *mf* policía *mf*.

policiar [poli'sja(x)] *vt* **-1.** [vigiar] vigilar. **-2.** [controlar] controlar.

◆ **policiar-se** *vp* [controlar-se] controlarse.

polidez [poli'deʒ] *f* [cortesia] cortesía *f*, urbanidad *f*.

polido, da [po'lidu, da] *adj* **-1.** [liso] pulido(da). **-2.** [lustroso] pulido(da). **-3.** [cortês] cortés, educado(da).

poliéster [po'ljɛʃte(x)] *m* poliéster *m*.

poliestireno [poljeʃtʃi'renu] *m* poliestireno *m*.

polietileno [poljetʃi'lenu] *m* polietileno *m*.

polígamo, ma [po'ligamu, ma] *adj* polígamo(ma).

poliglota [poli'glɔta] <> *adj* políglota(ta), políglota. <> *m* políglota *m*, -ta *f*, políglota *mf*.

polígono [po'ligonu] *m* GEOM polígono *m*.

polimento [poli'mẽntu] *m* **-1.** [lustração] pulimento *m*, encerada *f RP*. **-2.** *fig* [finura] educación *f*, pulimento *m Méx*.

polir [po'li(x)] *vt* **-1.** [assoalho] pulir, lustrar *RP*. **-2.** [prata, maneiras] pulir. **-3.** [envernizar] barnizar.

politécnica [pɔli'tɛknika] *f* escuela *f* politécnica, politécnico *m*.

política [po'litʃika] *f* ▷ **político**.

politicagem [politʃi'kaʒẽ] *f* politiqueo *m*, politiquería *f RP*.

político, ca [po'litʃiku, ka] <> *adj* **-1.** POL político(ca). **-2.** *fig* [hábil] diplomático(ca). <> *m, f* político *m*, -ca *f*.

◆ **política** *f* **-1.** [ciência, programa] política *f*; ~ **econômica** política económica. **-2.** *fig* [habilidade] diplomacia *f*.
politizar [politʃi'za(x)] *vt* politizar.
◆ **politizar-se** *vp* politizarse.
polivalente [poliva'lẽntʃi] *adj* polivalente.
pólo ['pɔlu] *m* **-1.** [ger] polo *m*; ~ **petroquímico** polo petroquímico; ~ **aquático** waterpolo *m*. **-2.** *fig* [extremo] lado *m*, cara *f*. **-3.** *fig* [guia] norte *m*. **-4.** FÍS: ~ **magnético** polo *m* magnético.
Polônia [po'lonja] *n* Polonia.
polpa ['powpa] *f* pulpa *f*.
poltrona [pow'trona] *f* **-1.** [em casa] sillón *m*. **-2.** [em cine, teatro] butaca *f*. **-3.** [em avião] asiento *m*.
poluente [po'lwẽntʃi] ◇ *adj* contaminante. ◇ *m* contaminante *m*.
poluição [poluj'sãw] *f* contaminación *f*, polución *f* **Méx**.
poluir [po'lwi(x)] *vt* contaminar.
polvilho [pow'viʎu] *m* **-1.** [pó] polvillo *m*. **-2.** [farinha] *tipo muy fino de harina de mandioca*.
polvo ['powvu] *m* pulpo *m*.
pólvora ['pɔwvora] *f* pólvora *f*; **descobrir a** ~ *fig irôn* inventar la pólvora.
polvorosa [powvo'rɔza] *f*: **em** ~ [agitado] expectante; [desarrumado] patas arriba.
pomada [po'mada] *f* pomada *f*.
pomar [po'ma(x)] (*pl* **-es**) *m* huerto *m* de árboles frutales.
pombo, ba ['põnbu, ba] *m, f* palomo *m*, -ma *f*.
pompa ['põnpa] *f* pompa *f*.
pomposo, osa [põn'pozu, ɔza] *adj* pomposo(sa).
ponche ['põnʃi] *m* ponche *m*.
poncho ['põnʃu] *m* poncho *m*, jorongo *m* **Méx**.
ponderado, da [põnde'radu, da] *adj* ponderado(da).
ponderar [põnde'ra(x)] ◇ *vi* **-1.** [refletir] reflexionar. **-2.** [argumentar] argumentar. ◇ *vt* ponderar.
pônei ['ponej] *m* poni *m*, poney *m*.
ponta ['põnta] *f* **-1.** [ger] punta *f*; **na** ~ **do pé** de puntillas, en puntas de pie *RP*. **-2.** *fig* [quantidade]: **uma** ~ **de** un poco de. **-3.** [de cigarro] colilla *f*. **-4.** CINE & TEATRO: **fazer uma** ~ realizar una aparición breve, aparecer como extra *RP*. **-5.** *loc*: **saber na** ~ **da língua** *ou* **dos dedos** saberse al dedillo.
pontada [põn'tada] *f* [dor] punzada *f* **Esp & Méx**, puntada *f* **CSur**.
pontão [põn'tãw] (*pl* **-ões**) *m* [plataforma] pontón *m*.
pontapé [põnta'pɛ] *m* **-1.** [chute] puntapié *m*, patada *f*; **dar um** ~ **em alguém** dar un puntapié *ou* una patada a alguien. **-2.** [rejeição]: **ele levou um** ~ **da namorada** *fam* la novia lo abandonó, la novia lo pateó *RP*.
pontaria [põnta'ria] *f* puntería *f*.
ponte ['põntʃi] *f* **-1.** [construção, prótese dentária] puente *m*. **-2.** AERON: ~ **aérea** puente *m* aéreo. **-3.** MED: ~ **de safena** bypass *m*.
ponteiro [põn'tèjru] *m* manecilla *f* **Esp & Méx**, aguja *f* *RP*.
pontiagudo, da [põntʃja'gudu, da] *adj* puntiagudo(da).
pontífice [põn'tʃifisi] *m* pontífice *m*.
pontilhado, da [põntʃi'ʎadu, da] ◇ *adj* punteado(da). ◇ *m* [conjunto de pontos] punteado *m*.
ponto ['põntu] *m* **-1.** [ger] punto *m*; ~ **de meia** punto de media, punto jersey *RP*; ~ **de tricô** punto simple, punto santa clara *RP*; ~ **cardeal** punto cardinal; ~ **morto** punto muerto. **-2.** [pontuação]: ~ **(final)** punto *m* (final); **dois** ~**s** dos puntos; ~ **de interrogação/exclamação** signo de interrogación/exclamación. **-3.** [local] altura *f*, parte *f* **Méx**; ~ **final** parada *f* final, destino *m* *RP*; ~ **de ônibus/de táxi** parada de autobús/de taxi. **-4.** [de calda] punto *m* (de caramelo). **-5.** *fig* [altura] punto *m*, altura *f*, nivel *m* **Méx**. **-6.** [espirit] canto *m*. **-7.** [traço]: ~ **fraco** punto *m* débil, debilidad *f*. **-8.** *loc*: **não dar** ~ **sem nó** sacar provecho de todo, no dar paso sin huarache **Méx**, no dar puntada sin hilo *RP*.
◆ **a ponto de** *loc adv* a punto de.
pontões [põn'tõjʃ] *pl* ▷ **pontão**.
ponto-e-vírgula [ˌpontwi'vixgula] (*pl* **ponto-e-vírgulas**) *m* punto y coma *m*.
pontuação [põntwa'sãw] (*pl* **-ões**) *f* puntuación *f*.
pontual [põn'twaw] (*pl* **-ais**) *adj* puntual.
pontualidade [põntwali'dadʒi] *f* puntualidad *f*.
pontudo, da [põn'tudu, da] *adj* puntiagudo(da).
poodle ['pudowl] *m* caniche *m*, poodle *m* **Méx**.

POP (*abrev de* **Post Office Protocol**) POP.

popa ['popa] *f* popa *f*.

população [popula'sãw] (*pl* **-ões**) *f* población *f*.

popular [popu'la(x)] (*pl* **-es**) ◇ *adj* **-1.** [do povo] popular. **-2.** [amplamente aceito] popular, conocido(da). **-3.** [acessível] popular, económico(ca). ◇ *m* [homem da rua] ciudadano *m*, -na *f*.

popularidade [populari'dadʒi] *f* popularidad *f*, fama *f*.

popularizar [populari'za(x)] *vt* popularizar.

◆ **popularizar-se** *vp* popularizarse.

populoso, osa [popu'lozu, ɔza] *adj* populoso(sa).

pôquer ['poke(x)] *m* póquer *m*.

por [po(x)] *prep* **-1.** [indica causa] por; **foi ~ sua causa** fue por culpa suya; **~ falta de meios** por falta de medios; **~ hábito/rotina** por costumbre/rutina. **-2.** [indica objetivo] por; **lutar ~ algo** luchar por algo. **-3.** [indica meio, modo, agente] por; **foi feito ~ mim** lo hice yo; **~ correio/avião/fax** por correo/avión/fax; **~ escrito** por escrito. **-4.** [relativo a tempo]: **partiu ~ duas semanas** se fue/marchó *Esp* dos semanas. **-5.** [relativo a lugar] por; **entramos no clube pela porta lateral** entramos al club por la puerta lateral; **está ~ aí** está por ahí; **~ onde você vai?** ¿por dónde vas? **-6.** [relativo a troca, preço] por; **paguei ~ este casaco apenas 20 reais** pagué apenas 20 reales por esta chaqueta; **troquei o carro velho ~ um novo** cambié el coche viejo por uno nuevo. **-7.** [indica distribuição] por; **~ cento** por cien *ou* ciento; **são 1000 reais ~ dia/mês** son 1.000 reales por día/mes. **-8.** [em locuções]: **~ que** ¿por qué?; **~ mim, tudo bem!** ¡por mí no hay ningún problema!

pôr ['po(x)] *vt* **-1.** [ger] poner; **~ de lado** apartar, poner de lado. **-2.** [incutir] meter. **-3.** [imputar]: **~ a culpa em alguém** imputar la culpa a alguien. **-4.** [atribuir]: **põe defeito em tudo** le saca defectos a todo, le ve defectos a todo *RP*; **pôs a culpa no irmão** le echó la culpa al hermano.

◆ **pôr-se** *vp* **-1.** [ger] ponerse; **~-se de pé** ponerse de pie, pararse *Amér.* **-2.** [começar]: **~-se a fazer algo** ponerse a hacer algo.

porão [po'rãw] (*pl* **-ões**) *f* **-1.** [de navio] bodega *f*. **-2.** [de casa] sótano *m*.

porca ['pɔxka] *f* **-1.** *ZOOL* cerda *f*, marrana *f* **Méx**, chancha *f* **RP**. **-2.** [parafuso] tuerca *f*.

porção [pox'sãw] (*pl* **-ões**) *f* [parte] porción *f*; **uma ~ de** [quantidade limitada] una ración de, una porción de *RP*; [grande quantidade] un montón de.

porcaria [poxka'ria] ◇ *adj* **fam** [sem valor]: **um livro/móvel/filme ~** una porquería de libro/mueble/película. ◇ *f* **-1.** [imundície] porquería *f*, inmundicia *f* **RP**. **-2.** *fig* [coisa malfeita] chapuza *f*, porquería *f* **Amér.** **-3.** *fam* [coisa sem valor] porquería *f*.

porcelana [poxse'lãna] *f* porcelana *f*.

porcentagem [poxsẽn'taʒẽ] (*pl* **-ns**) *f* porcentaje *m*.

porco, ca ['poxku] ◇ *adj* **-1.** [sujo] cochambroso(sa), cochino(na) **Méx**, chancho(cha) **RP**. **-2.** [grosseiro] grosero(ra). **-3.** [malfeito] chapucero(ra), mal hecho **Amér.** ◇ *m, f* **-1.** *ZOOL* cerdo *m*, -da *f*, cochino *m*, -na *f* **Méx**, chancho *m*, -cha *f* **RP**. **-2.** [pessoa] cerdo *m*, -da *f*, cochino *m*, -na *f* **Méx**, chancho *m*, -cha *f* **RP**. ◇ *m CULIN* cerdo *m*.

porções [pox'sõjʃ] *pl* ▷ **porção.**

pôr-do-sol [,poxdu'sɔw] (*pl* **pores-do-sol**) *m* puesta *f* de sol.

porco-espinho [,poxkwiʃ'piɲu] (*pl* **porcos-espinhos**) *m* puerco *m* espín.

porém [po'rẽj] ◇ *conj* [contudo] sin embargo, pero. ◇ *m* [obstáculo] impedimento *m*, pero *m*.

pormenores [poxme'nɔriʃ] *mpl* pormenores *mpl*.

pornô [pox'no] **fam** ◇ *adj inv* porno. ◇ *m CINE* película *f* porno.

pornográfico, ca [poxno'grafiku, ka] *adj* pornográfico(ca).

poro ['pɔru] *m* poro *m*.

porões [po'rõjʃ] *pl* ▷ **porão.**

poroso, osa [po'rozu, ɔza] *adj* poroso(sa).

porquanto [pox'kwãntu] *conj* ya que, porque.

porque [pux'ke] *conj* porque; **ela trabalha ~ precisa** trabaja porque precisa (el dinero); **~ sim** porque sí.

porquê [pux'ke] *m*: **o ~** el porqué; **não entendo o ~ dessa atitude** no entiendo el porqué de esa actitud.

porquinho-da-índia [pox,kiɲuda-'ĩndʒja] (*pl* **porquinhos-da-índia**) *m* conejillo *m* de Indias.

porra ['poxa] <> *f vulg* [esperma] leche *f*. <> *interj mfam* [exprime irritação] ¡hostia! *Esp*, ¡carajo! *Amér*, ¡chingados! *Méx*.

porrada [po'xada] *fam f* **-1.** [pancada] leche *f Esp*, piñazo *m Amér*. **-2.** [quantidade]: **uma ~ de** un montón de, una porrada de *Esp*, un titipuchal de *Méx*, una pila de *RP*. **-3.** *fig* [revés] revés *m*, tropezón *m*.

porre ['pɔxi] *fam m* **-1.** [bebedeira] cogorza *f Esp*, cuete *m Méx*, mamúa *f RP*; **estar de ~** estar bolinga *Esp* OU cuete *Méx* OU mamado *RP*; **ficar de ~** ponerse bolinga *Esp*, ponerse cuete *Méx*, mamarse *RP*; **tomar um ~** pillar una cogorza *Esp*, empinar el codo *Méx*, mamarse *RP*. **-2.**: **ser um ~** [pessoa, festa] ser un tostón *Esp*, ser una aburrición *Méx*, ser un embole *RP*.

porrete [po'xetʃi] *m* porra *f*, cachiporra *f RP*.

porta ['pɔxta] *m* puerta *f*.

porta-aviões [,pɔxta'vjõiʃ] *m inv* portaaviones *m inv*.

porta-bandeira [,pɔxtabãn'dejra] (*pl* **porta-bandeiras**) *mf* abanderado *m*, -da *f*.

portador, ra [poxta'do(x), ra] (*mpl* **-es**, *fpl* **-s**) <> *adj* portador(ra). <> *m, f* portador *m*, -ra *f*; **ao ~** [cheque, ação] al portador.

portal, ais [pox'taw, tajʃ] *m* portal *m*.

porta-luvas [,pɔxta'luvaʃ] *m inv* AUTO guantera *f*.

porta-malas [,pɔxta'malaʃ] *m inv* AUTO maletero *m Esp*, cajuela *f Méx*, baúl *m RP*, valija *f RP*.

portanto [pox'tãntu] *conj* por (lo) tanto.

portão [pox'tãw] (*pl* **-ões**) *m* portón *m*.

portar [pox'ta(x)] *vt* [carregar] llevar.
◆ **portar-se** *vp* [comportar-se] portarse.

porta-retratos [,pɔxtaxe'tratuʃ] *m* portarretratos *m inv*.

porta-revistas [,pɔxtaxe'viʃtaʃ] revistero *m*.

portaria [poxta'ria] *f* **-1.** [de edifício] portería *f*. **-2.** [documento oficial] decreto *m*; **baixar uma ~** expedir un decreto.

portátil [pox'tatʃiw] (*pl* **-eis**) *adj* portátil.

porta-voz [,pɔxta'vɔjʃ] (*pl* **porta-vozes**) *mf* portavoz *mf*.

porte ['pɔrtʃi] *m* **-1.** [ger] porte *m*; **de grande/pequeno ~** de gran/pequeño porte; **de médio ~** de porte mediano. **-2.** [preço] portes *mpl*; **~ pago** portes pagados. **-3.** [importância] importancia *f*, porte *m Amér*. **-4.** [licença]: **~ de arma** licencia *f* de armas.

porteiro, ra [pox'tejru, ra] *m, f* [de edifício] portero *m*, -ra *f*; **~ eletrônico** portero *m* electrónico OU automático OU eléctrico *RP*.

portentoso, osa [poxtẽn'tozu, ɔza] *adj* portentoso(sa).

pórtico ['pɔxtʃikul] *m* pórtico *m*.

porto ['poxtu] *m* **-1.** [marítimo] puerto *mf*. **-2.** [vinho] oporto *m*.

portões [pox'tõjʃ] *pl* ▷ **portão**.

portuário, ria [pox'twarju, rja] <> *adj* portuario(ria). <> *m, f* [funcionário] trabajador *m* portuario, trabajadora *f* portuaria.

Portugal [poxtu'gaw] *n* Portugal.

português, esa [poxtu'geʃ, eza] (*mpl* **-eses**, *fpl* **-s**) <> *adj* portugués(esa). <> *m, f* portugués *m*, -esa *f*.
◆ **português** *m* [língua] portugués *m*.

porventura [poxvẽn'tura] *adv* por casualidad; **se ~ você ...** si por casualidad ...

posar [po'za(x)] *vi* **-1.** [fazer pose] posar. **-2.** [bancar]: **~ de** dárselas de *Esp*, posar de *Amér*.

pose ['pozi] *f* **-1.** [de modelo] pose *f*. **-2.** [afetação] aires *m inv*, pose *f Méx*; **fazer ~ de** dárselas de, hacer pose de *Méx*, posar de *RP*.

pós-escrito [,pɔjʃiʃ'kritu] (*pl* **pós-escritos**) *m* posdata *f*, postdata *f*.

pós-graduação [,pɔjʃgradwa'sãw] (*pl* **pós-graduações**) *f* posgrado *m*, postgrado *m*.

pós-guerra [,pɔjʃ'gɛxa] (*pl* **pós-guerras**) *m* posguerra *f*, postguerra *f*.

posição [pozi'sãw] (*pl* **-ões**) *f* **-1.** [ger] posición *f*. **-2.** [profissional, social] puesto *m*. **-3.** [atitude] postura *f*.

posicionar [pozisjo'na(x)] *vt* situar, colocar.

positivo, va [pozi'tʃivu, va] *adj* positivo(va).

possante [po'sãntʃi] *adj* majestuoso(-sa), impresionante.

posse ['pɔsi] *f* **-1.** [de bens] propiedad *f*. **-2.** [ocupação] posesión *f*; **tomar ~**

de tomar posesión de. **-3.** [investidura] toma *f* de posesión; **tomar ~** tomar posesión.

◆ **posses** *fpl* [bens] bienes *mpl*; **pessoa de ~s** persona con bienes.

possessão [pose'sãw] (*pl* **-ões**) *f* posesión *f*.

possessivo, va [pose'sivu, va] *adj* posesivo(va).

possibilidade [posibili'dadʒi] *f* posibilidad *f*.

possibilitar [posibili'ta(x)] *vt* posibilitar.

possível [po'sivɛw] (*pl* **-eis**) <> *adj* posible. <> *m*: **o ~** lo posible.

possuidor, ra [poswi'do(x), ra] *adj*: **ser ~ de** ser poseedor(ra) de.

possuir [po'swi(x)] *vt* [ter] poseer.

posta ['pɔʃta] *f* [pedaço] filete *m*, posta *f* **RP**.

postal [poʃ'taw] (*pl* **-ais**) <> *adj* postal. <> *m* postal *f*.

postar [poʃ'ta(x)] *vt* apostar.

◆ **postar-se** *vp* apostarse.

poste ['pɔʃtʃi] *m* **-1.** [peça] poste *m*. **-2.** ELETR: **~ de iluminação** farola *f* **Esp**, poste *m* de luz **Amér**.

pôster ['poʃte(x)] (*pl* **-es**) *m* póster *m*, afiche *m* **Amér**.

posteridade [poʃteri'dadʒi] *f* posteridad *f*.

posterior [poʃte'rjo(x)] (*pl* **-es**) *adj* posterior.

postiço, ça [poʃ'tʃisu, sa] *adj* postizo(-za).

postigo [poʃ'tʃigu] *m* postigo *m*.

posto, ta ['poʃtu, 'pɔʃta] *pp* ▷ **pôr**.

◆ **posto** *m* puesto *m*; **~ de gasolina** estación *f* de servicio, gasolinera *f* **Esp** & **Méx**; **~ de saúde** ambulatorio *m*, puesto de salud **Méx**, dispensario *m* **RP**.

◆ **a postos** *loc adv* preparado(da), puesto(ta) **Méx**.

◆ **posto que** *loc conj* puesto que, ya que.

póstumo, ma ['pɔʃtumu, ma] *adj* póstumo(ma).

postura [poʃ'tura] *m* **-1.** [ger] postura *f*. **-2.** [municipal] ordenanza *f*.

potássio [po'tasju] *m* potasio *m*.

potável [po'tavɛw] (*pl* **-eis**) *adj* potable.

pote ['pɔtʃi] *m* tarro *m*, pote *m* **CSur**.

potência [po'tẽnsja] *m* **-1.** [ger] potencia *f*. **-2.** [poder, domínio] poder *m*.

potencial [potẽn'sjaw] (*pl* **-ais**) <> *adj* potencial. <> *m* potencial *m*; **em ~** en potencia.

potentado [potẽn'tadu] *m* potentado *m*.

potente [po'tẽntʃi] *adj* **-1.** [poderoso] poderoso(sa). **-2.** [forte] potente.

pot-pourri [pupu'xi] *m* popurrí *m*.

potro ['potru] *m* potro *m*.

pouca-vergonha [ˌpokavex'goɲa] (*pl* **poucas-vergonhas**) *f* desvergüenza *f*.

pouco, ca ['poku, ka] <> *adj* poco(-ca); **de pouca importância ~** de poca importancia; **faz** *ou* **há ~ tempo** hace poco tiempo ; *(pl)* pocos(-cas); **poucas pessoas** poca gente. <> *pron* poco *m*, -ca *f*; *(pl)* pocos *mpl*, -cas *fpl*; **muito ~s** muy pocos; **~s** [pessoas] pocos *mpl*, -cas *fpl*.

◆ **pouco** *m*: **um ~** un poco; **um ~ de** un poco de; **nem um ~ (de)** ni un ápice (de), nada (de); **aos ~s** poco a poco, de a poco **Amér**; **fazer ~ de** [zombar] burlarse de; [menosprezar] despreciar.

◆ **pouco** *adv* poco; **há ~** hace poco; **daqui a ~ /dentro em ~** dentro de poco; **por ~** por poco; **~ a ~** poco a poco, de a poco **Amér**.

poupador, ra [popa'do(x), ra] *adj* ahorrador(ra).

poupança [po'pãnsa] *f* **-1.** [economia] ahorro *m*. **-2.** [fundo]: **(caderneta de) ~** cuenta *f* de ahorros, caja *f* de ahorros **RP**.

poupar [po'pa(x)] <> *vt* **-1.** [economizar] ahorrar. **-2.** [resguardar]: **~ alguém (de algo)** librar a alguien (de algo); **ele não poupa ninguém, fala mal de todos** nadie se libra, habla mal de todos. **-3.** [respeitar] respetar. <> *vi* [economizar] ahorrar.

◆ **poupar-se** *vp* [eximir-se] ahorrarse.

pouquinho [po'kiɲu] *m*: **um ~ (de)** un poquito (de).

pouquíssimo, ma [po'kisimu, ma] *superl* ▷ **pouco**.

pousada [po'zada] *f* **-1.** [hospedaria] posada *f*. **-2.** [hospedagem] alojamiento *m*.

pousar [po'za(x)] <> *vi* **-1.** [aterrissar] aterrizar. **-2.** [baixar] posarse. **-3.** [pernoitar] alojarse. **-4.** [assentar] descansar. <> *vt* poner.

pouso ['pozu] *m* **-1.** [aterrissagem] aterrizaje *m*; **~ de emergência** aterrizaje forzoso. **-2.** [lugar de descanso] retiro *m*.

povão [po'vãw] *m* **fam** populacho *m*.

povo ['povu] *m* **-1.** [habitantes, multidão]

pueblo *m.* **-2.** [família, amigos] gente *f.*
povoação [povwa'sãw] (*pl* **-ões**) *f* población *m.*
povoado, da [po'vwadu, da] <> *adj* poblado(da). <> *m* [aldeia] pueblo *m.*
povoar [po'vwa(x)] *vt* poblar.
poxa ['poʃa] *fam interj* ¡ostras! *Esp*, ¡caray! *Méx*, ¡pah! *RP.*
PR (*abrev de* **Estado do Paraná**) *estado de Paraná.*
pra ['pra] *fam* = **para, para a.**
praça ['prasa] <> *f* **-1.** [largo] plaza *f.* **-2.** [mercado financeiro] mercado *m* financiero, plaza *f RP.* **-3.** MIL: **~ de guerra** fortaleza *f.* <> *m* MIL [soldado] soldado *m.*
prado ['pradu] *m* **-1.** [campo] prado *m.* **-2.** [hipódromo] hipódromo *m.*
pra-frente [ˌpra'frẽntʃi] *adj inv fam* muy moderno(na), muy in.
praga ['praga] *f* **-1.** [maldição, desgraça] maldición *f*; **rogar uma ~ a alguém** echar una maldición a alguien. **-2.** [doença] plaga *f*, peste *f.* **-3.** ZOOL plaga *f.* **-4.** [pessoa chata] peste *f.*
Praga ['praga] *n* Praga.
pragmático, ca [prag'matʃiku, ka] *adj* pragmático(ca).
praguejar [prage'ʒa(x)] *vi*: **~ (contra)** echar pestes (de).
praia ['praja] *f* playa *f.*
prancha ['prãnʃa] *f* **-1.** [tábua] tabla *f*; **~ de surfe** tabla de surf. **-2.** NÁUT pasarela *f.* **-3.** FERRO vagón *m* abierto.
pranto ['prãntu] *m* llanto *m.*
prata ['prata] *f* **-1.** [metal] plata *f*; **de ~** de plata; **~ de lei** plata de ley. **-2.** *fam* [dinheiro] cuca *f Esp*, morlaco *m Amér*, lana *f Méx*, mango *m RP.*
prataria [prata'ria] *f* **-1.** [objetos de prata] platería *f.* **-2.** [pratos] vajilla *f.*
prateado, da [pra'tʃjadu, da] <> *adj* plateado(da). <> *m* **-1.** [cor] plata *m*, plateado *m RP.* **-2.** [camada de prata] plateado *m.*
prateleira [pratʃi'lejra] *f* estante *m.*
prática ['pratʃika] *f* ▷ **prático.**
praticante [pratʃi'kãntʃi] <> *adj* practicante. <> *mf* practicante *mf.*
praticar [pratʃi'ka(x)] <> *vt* **-1.** [roubo] cometer. **-2.** [boa ação] realizar. **-3.** [medicina, profissão] practicar. <> *vi* [exercitar] practicar.
praticável [pratʃi'kavɛw] (*pl* **-eis**) *adj* practicable.
prático, ca ['pratʃiku, ka] <> *adj* práctico(ca). <> *m, f* NÁUT práctico *mf.*
◆ **prática** *f* práctica *f*; **na ~** en la práctica; **pôr em ~** poner en práctica.
prato ['pratu] *m* **-1.** [ger] plato *m*; **~ fundo** plato hondo; **~ raso** plato llano, plato extendido *Méx*; **~ de sobremesa** plato de postre. **-2.** [comida]: **~ do dia** plato del día; **~ principal/segundo ~** primer/segun. **-3.** [de música, balança] platillo *m.* **-4.** *loc*: **ser um ~ cheio** ser una fuente inagotable, ser un festín *RP.*
praxe ['praʃi] *f* costumbre *f*; **ser de ~** ser habitual.
prazer [pra'ze(x)] (*pl* **-es**) *m* **-1.** [ger] placer *m.* **-2.** [em aprensentação]: **muito ~ (em conhecê-lo)** encantado(da) (de conocerlo).
prazeroso, sa [prazeẽrozu, ɔza] *adj* placente ro(ra).
prazo ['prazu] *m* **-1.** [ger] plazo *m*; **a ~** a plazos, en cuotas *RP*; **a curto/longo ~** a corto/largo plazo; **a médio ~** a medio *ou* mediano *RP* plazo. **-2.** [vencimento]: **~ final** último plazo.
preamar [prea'ma(x)] *f* pleamar *f.*
preaquecer [prjake'se(x)] *vt* precalentar.
precário, ria [pre'karju, rja] *adj* **-1.** [ger] precario(ria). **-2.** [escasso] escaso(sa).
precaução [prekaw'sãw] (*pl* **-ões**) *f* precaución *f.*
precaver-se [preka'vexsi] *vp* [prevenirse]: **~ de/contra algo** precaverse de/contra algo.
precavido, da [preka'vidu, da] *adj* precavido(da).
prece ['prɛsi] *f* **-1.** [oração] oración *f.* **-2.** [súplica] súplica *f.*
precedência [presen'dẽsja] *f* precedencia *f*; **ter ~ sobre** tener precedencia sobre.
precedente [prese'dẽntʃi] <> *adj* precedente. <> *m* precedente *m*; **sem ~s** sin precedentes.
preceder [prese'de(x)] <> *vt* preceder.
preceito [pre'sejtu] *m* precepto *m.*
preciosidade [presjozi'dadʒi] *f* [qualidade] preciosidad *f*, preciosura *f RP.*
precioso, osa [pre'sjozu, ɔza] *adj* **-1.** [ger] precioso(sa). **-2.** [de grande estima] preciado(da).
precipício [presi'pisju] *m* **-1.** [abismo]

precipicio *m.* **-2.** *fig* [desgraça] desgracia *f* total.

precipitação [presipita'sãw] (*pl* **-ões**) *f* **-1.** [ger] precipitación *f.* **-2.** *METEOR* precipitaciones *fpl*; ~ **de neve/chuva/granizo** precipitaciones en forma de nieve/lluvia/granizo.

precipitar [presipi'ta(x)] ◇ *vt* [antecipar] precipitar. ◇ *vi QUÍM* precipitar.

◆ **precipitar-se** *vp* precipitarse.

precisamente [pre,siza'mẽntʃi] *adv* precisamente.

precisão [presi'zãw] *f* **-1.** [exatidão] precisión *f.*

precisar [presi'za(x)] ◇ *vt* **-1.** [necessitar] necesitar, precisar; ~ **fazer algo** necesitar *ou* precisar hacer algo; ~ **que** necesito *ou* preciso que. **-2.** [indicar] precisar. ◇ *vi* **-1.** [necessitar]: **pode usar meu carro, se você precisar** puedes usar mi coche si lo necesitas *ou* precisas; ~ **de algo/alguém** necesitar *ou* precisar algo/a alguien. **-2.** [ser necessário] ser necesario *ou* preciso. **-3.** [passar por necessidades] estar necesitado(da).

preciso, sa [pre'sizu, za] *adj* **-1.** [ger] preciso(sa). **-2.** [necessário] necesario(ria), preciso(sa).

preço ['presu] *m* **-1.** [ger] precio *m*; ~ **de custo** precio de costo *ou* coste *Esp*; ~ **à vista** precio al contado; **a** ~ **de banana** a precio de risa. **-2.** [importância] importancia *f.*

precoce [pre'kɔsi] *adj* **-1.** [ger] precoz. **-2.** [fruto] temprano(na).

preconcebido, da [prɛkõnse'bidu, da] *adj* preconcebido(da).

preconceito [prekõn'sejtu] *m* prejuicio *m.*

preconizar [prekoni'za(x)] *vt* preconizar.

precursor, ra [prekux'so(x), ra] (*mpl* **-es**, *fpl* **-s**) *m, f* precursor *m*, -ra *f.*

predador, ra [preda'do(x), ra] (*mpl* **-es**, *fpl* **-s**) ◇ *adj* predador(ra), depredador(ra). ◇ *m, f* predador *m*, -ra *f*, depredador *m*, -ra *f.*

pré-datado, da [,prɛda'tadu, da] (*pl* **-s**) *adj* fechado(da) de antemano, antedatado(da).

predatório, ria [preda'tɔrju, rja] *adj* predador(ra), depredador(ra).

predecessor, ra [predese'so(x), ra] (*mpl* **-es**, *fpl* **-s**) *m* predecesor *m*, -ra *f.*

predestinado, da [predeʃtʃi'nadu, da] *adj*: ~ **(a)** predestinado(da) (a).

predial [pre'dʒjaw] (*pl* **-ais**) *adj* ▷ **imposto.**

predição [predʒi'sãw] (*pl* **-ões**) *f* predicción *f.*

predileção [predʒile'sãw] (*pl* **-ões**) *f*: ~ **(por)** predilección *f* (por).

predileto, ta [predʒi'lɛtu, ta] ◇ *adj* predilecto(ta). ◇ *m, f* persona *f* predilecta, predilecto *m*, -ta *f RP.*

prédio ['prɛdʒju] *m* edificio *m*; ~ **de apartamentos** edificio de apartamentos *ou* departamentos *Arg*; ~ **comercial** edificio comercial.

predispor [predʒiʃ'po(x)] ◇ *vt* predisponer. ◇ *vi*: ~ **a** predisponer para.

◆ **predispor-se** *vp*: ~**-se a fazer algo** predisponerse a hacer algo.

predisposição [predʒiʃpozi'sãw] *f* predisposición *f.*

predisposto, osta [predʒiʃ'poʃtu, ɔʃta] *adj* predispuesto(ta).

predizer [predʒi'ze(x)] ◇ *vt* predecir. ◇ *vi* [profetizar] predecir.

predominante [predomi'nãntʃi] *adj* predominante.

predominar [predomi'na(x)] *vi* predominar.

predomínio [predo'minju] *m* predominio *m.*

pré-eleitoral [,prɛelejto'raw] (*pl* **-ais**) *adj* preelectoral.

preencher [preẽn'ʃe(x)] *vt* **-1.** [completar] rellenar, llenar. **-2.** [ocupar] ocupar. **-3.** [satisfazer] cumplir.

preenchimento [preẽnʃi'mẽntu] *m* **-1.** [de formulário, espaço em branco] rellenado *m*, llenado *m.* **-2.** [de cargo] ocupación *f.*

preestabelecer [,preeʃtabele'se(x)] *vt* preestablecer.

pré-estréia [,prɛiʃ'trɛja] (*pl* **-s**) *f* preestreno *m.*

pré-fabricado, da [,prɛfabri'kadu, da] *adj* prefabricado(da).

prefácio [pre'fasju] *m* prefacio *m.*

prefeito, ta [pre'fejtu, ta] *m, f* alcalde *m Esp* & *Méx*, intendente *m*, -ta *f RP.*

prefeitura [prefej'tura] *f* ayuntamiento *m*, municipalidad *f Arg*, municipio *m Urug.*

preferência [prefe'rẽnsja] *f* **-1.** [ger] preferencia *f*; **dar** ~ **a** dar preferencia a. **-2.** [predileção]: **de** ~ preferiblemente, de preferencia *Méx*; **ter** ~ **por** tener preferencia por.

preferencial [preferẽn'sjaw] (*pl* **-ais**) <> *adj* preferencial. <> *f* vía *f* preferente, preferencial *f* ***RP***; **a ~ é sua** tú tienes preferencia.

preferido, da [prefe'ridu, da] *adj* preferido(da).

preferir [prefe'ri(x)] *vt*: **~ algo (a algo)** preferir algo (a algo).

prefixo [pre'fiksu] *m* **-1.** [ger] prefijo *m*. **-2.** [de telefone] prefijo *m*, característica *f* ***RP***.

prega ['prɛga] *f* **-1.** [de papel, pano] pliegue *m*. **-2.** [de saia] tabla *f*. **-3.** [ruga] pliegue *m*, arruga *f*.

pregador [prega'do(x)] *m* **-1.** [orador] predicador *m*. **-2.** [utensílio]: **~ de roupa** broche *m* ***Esp*** & ***Méx***, palillo *m* ***RP***.

pregão [pre'gãw] (*pl* **-ões**) *m* **-1.** [proclamação] pregón *m*. **-2.** BOLSA *divulgación de las operaciones bursátiles por parte de los corredores*. **-3.** [em leilão] *divulgación de las ofertas por parte de los subastadores*.

pregar [pre'ga(x)] <> *vt* **-1.** [com prego] clavar. **-2.** [fixar] clavar, fijar. **-3.** [coser] coser, pegar ***RP***. **-4.** [infligir]: **~ mentiras em alguém** contar mentiras a alguien; **~ um susto em alguém** meter un susto a alguien. **-5.** [sermão] pronunciar, dar. **-6.** [difundir] predicar. **-7.** [louvar] pregonar. <> *vi* **-1.** [pronunciar sermão] predicar. **-2.** [cansar-se] agotarse, reventar.

prego ['prɛgu] *m* **-1:** [peça] clavo *m*. **-2.** [casa de penhor] casa *m* de empeño; **pôr algo no ~** empeñar algo. **-3.** ***fam*** [cansaço] agotamiento *m*.

pregões [pre'gõjʃ] *pl* ▷ **pregão**.

pregresso, sa [pre'grɛsu, sa] *adj* anterior.

preguiça [pre'gisa] *f* **-1.** [indolência] pereza *f*; **estou com ~ de trabalhar** me da pereza trabajar. **-2.** [animal] perezoso *m*.

preguiçoso, osa [pregi'sozu, ɔza] <> *adj* perezoso(sa). <> *m, f* perezoso *m*, -sa *f*.

pré-história [ˌprɛiʃ'tɔrja] *f* prehistoria *f*.

pré-histórico, pré-histórica [prɛiʃ'tɔriku, ka] *adj* prehistórico(ca).

prejudicar [preʒudʒi'ka(x)] *vt* perjudicar.

prejudicial [preʒudʒi'sjaw] (*pl* **-ais**) *adj* perjudicial.

prejuízo [pre'ʒwizu] *m* perjuicio *m*.

preliminar [prelimi'na(x)] <> *adj* preliminar. <> *f* [partida] *partido que se disputa antes de uno más importante*, partido *m* preliminar ***Amér***, preliminar *m* ***RP***.

prelúdio [pre'ludʒju] *m* preludio *m*.

prematuro, ra [prema'turu, ra] *adj* prematuro(ra).

premeditado, da [premedʒi'tadu, da] *adj* premeditado(da).

premeditar [premedʒi'ta(x)] *vt* premeditar.

premente [pre'mẽntʃi] *adj* urgente.

premiado, da [pre'mjadu, da] <> *adj* premiado(da). <> *m, f* premiado *m*, -da *f*.

premiar [pre'mja(x)] *vt* premiar.

premiê [pre'mje], **premier** [pre'mje] *m* primer ministro *m*.

prêmio ['premju] *m* **-1.** [ger] premio *m*; **~ de consolação** premio de consolación, premio consuelo ***RP***. **-2.** [seguro] prima *f*. **-3.** ESP: **Grande Prêmio** [de turfe, automobilismo] Gran Premio *m*.

premonição [premuni'sãw] (*pl* **-ões**) *f* premonición *f*.

pré-natal [ˌprɛna'taw] (*pl* **pré-natais**) *adj* prenatal.

prenda ['prẽnda] *f* **-1.** [presente] regalo *m*. **-2.** [em jogo] prenda *f*.

◆ **prendas** *fpl*: **~s domésticas** labores *fpl* domésticas.

prendado, da [prẽn'dadu, da] *adj* dotado(da), hacendoso(sa) ***Amér***.

prendedor [prẽnde'do(x)] *m* pinza *f*, palillo *m* ***RP***; **~ de cabelo** pasador *m* ***Esp***, hebilla *f* ***Arg***, prendedor *m* ***Méx***, broche *m* ***Urug***; **~ de gravata** pasador *m* de corbata.

prender [prẽn'de(x)] *vt* **-1.** [pregar] colgar. **-2.** [fixar] sujetar. **-3.** [amarrar] atar. **-4.** [reter] retener. **-5.** [capturar] prender, detener. **-6.** [monopolizar] atraer. **-7.** [afetivamente] unir. **-8.** [tolher] impedir, limitar.

◆ **prender-se** *vp* **-1.**: **~-se a alguém** [afeiçoar-se] encariñarse con alguien; [em relacionamento] casarse con alguien. **-2.** [preocupar-se]: **~-se a algo** preocuparse por algo.

prenome [pre'nɔmi] *m* nombre *m* de pila OU propio.

prensar [prẽn'sa(x)] *vt* [ger] prensar.

prenunciar [prenũn'sja(x)] *vt* **-1.** [prever] prever. **-2.** [ser indício de] anunciar.

prenúncio [pre'nũnsjo] *m* [prognóstico] anuncio *m*.

preocupação [preokupa'sãw] (*pl* **-ões**) *f* preocupación *f.*

preocupante [preoku'pãntʃi] *adj* preocupante.

preocupar [preoku'pa(x)] *vt* [inquietar] preocupar.
◆ **preocupar-se** *vp*: **~-se (com algo/alguém)** preocuparse (por algo/alguien).

preparação [prepara'sãw] (*pl* **-ões**) *f* [preparo] preparación *f.*

preparar [prepa'ra(x)] *vt* preparar.
◆ **preparar-se** *vp* **-1.** [aprontar-se] prepararse. **-2.** [instruir-se]: **~-se para algo** prepararse para algo.

preparativos [prepara'tʃivuʃ] *mpl* preparativos *mpl.*

preparo [pre'paru] *m* preparación *f.*

preponderante [prepõnde'rãntʃi] *adj* preponderante.

preposição [prepozi'sãw] (*pl* **-ões**) *f* preposición *f.*

prepotência [prepo'tẽnsja] *f* prepotencia *f.*

prepotente [prepo'tẽntʃi] *adj* prepotente.

prerrogativa [prexoga'tʃiva] *f* prerrogativa *f.*

presa ['preza] *f* **-1.** [ger] presa *f.* **-2.** [dente] canino *m.* **-3.** [garra] garra *f.*

presbiteriano, na [preʒbite'rjãnu, na] ◇ *adj* presbiteriano(na). ◇ *m, f* presbiteriano *m*, -na *f.*

prescindir [presĩn'dʒi(x)] *vi*: **~ de algo** [dispensar, abstrair] prescindir de algo.

prescrever [preʃkre've(x)] ◇ *vi* **-1.** [cair em desuso] estar obsoleto(ta). **-2.** JUR prescribir. ◇ *vt* prescribir.

prescrição [preʃkri'sãw] (*pl* **-ões**) *f* prescripción *f.*

presença [pre'zẽnsa] *f* **-1.** [ger] presencia *f*; **~ de espírito** presencia de ánimo. **-2.** [estar presente]: **marcar ~** hacer acto de presencia. **-3.** [em curso *etc*] presencia *f*, asistencia *f* *RP.*

presenciar [prezẽn'sja(x)] *vt* presenciar.

presente [pre'zẽntʃi] ◇ *adj* **-1.** [ger] presente. **-2.** [evidente] evidente. **-3.** [interessado] interesado(da). ◇ *m* **-1.** [tempo & GRAM] presente *m.* **-2.** [pessoa]: **os ~s** los presentes. **-3.** [regalo] regalo *m*; **de ~** de regalo; **~ de grego** *fig* regalo envenenado.

presentear [prezẽn'tʃja(x)] *vt*: **sempre presenteia os filhos** siempre da regalos a sus hijos; **~ alguém com algo** regalar algo a alguien.

presépio [pre'zɛpju] *m* pesebre *m.*

preservação [prezexva'sãw] (*pl* **-ões**) *f* preservación *f.*

preservar [prezex'va(x)] *vt* preservar.
◆ **preservar-se** *vp* protegerse.

preservativo [prezexva'tʃivu] *m* **-1.** [substância] conservante *m.* **-2.** [camisinha] preservativo *m.*

presidência [prezi'dẽnsja] *f* presidencia *f*; **assumir a ~** asumir la presidencia.

presidente, ta [prezi'dẽntʃi, ta] *m, f* [de país] presidente *m*, -ta *f.*
◆ **Presidente da República** *mf* Presidente *m* de la República.

presidiário, ria [prezi'dʒjarju, rja] ◇ *adj* de prisiones, penitenciario(-ria). ◇ *m, f* presidiario *m*, -ria *f.*

presídio [pre'zidʒju] *m* presidio *m.*

presidir [prezi'dʒi(x)] ◇ *vt* presidir. ◇ *vi*: **~ a algo** [dirigir, reger] presidir algo.

presilha [pre'ziʎa] *f* **-1.** [de suspensório, sapato] presilla *f.* **-2.** [de cabelo] horquilla *f*, hebilla *f* ***Arg***, broche *m* ***Urug.***

preso, sa ['prezu, za] ◇ *adj* **-1.** [encarcerado, detido] preso(sa). **-2.** [atado] atado(da). **-3.** *fig* [em engarrafamento, casa] encerrado(da), atrapado(da). **-4.** *fig* [casado] casado(da). **-5.** *fig* [língua, voz] trabado(da). ◇ *m, f* [prisioneiro] preso *m*, -sa *f.*

pressa ['prɛsa] *f* **-1.** [velocidade, urgência] prisa *f*, afán *m* ***Col***, apuro *m* ***RP***; **ter ~ de algo/de fazer algo** tener prisa OU afán ***Col*** OU apuro ***RP*** por algo/por hacer algo; **às ~s** a toda prisa, rápido ***RP***; **com ~** con prisa, con afán ***Col***, con apuro ***RP.*** **-2.** [precipitação] prisa *f*, precipitación *f*, afán *m* ***Col***, apuro *m* ***RP.***

presságio [pre'saʒju] *m* presagio *m.*

pressão [pre'sãw] (*pl* **-ões**) *f* **-1.** [ger] presión *f*; **fazer ~ contra algo** presionar contra algo. **-2.** [colchete] corchete *m*, broche *m* de presión *RP.* **-3.** MED: **~ alta/baixa** presión *f* alta/baja.

pressentimento [presẽntʃi'mẽntu] *m* presentimiento *m.*

pressentir [presẽn'tʃi(x)] *vt* presentir.

pressionar [presjo'na(x)] *vt* **-1.** [apertar] presionar, apretar *RP.* **-2.** *fig* [coagir]: **~ alguém (a fazer algo)** presionar a alguien (para que haga algo).

pressões [pre'sõjʃ] *pl* ▭➤ **pressão**.

pressupor [presu'po(x)] *vt* presuponer.

pressuposto, osta [presu'poʃtu, ɔʃta] *pp* ▭➤ **pressupor**.

◆ **pressuposto** *m*: **partir de um ~** partir de un supuesto.

pressurizado, da [presuri'zadu, da] *adj* presurizado(da).

prestação [preʃta'sãw] (*pl* **-ões**) *f* **-1.** [pagamento] pago *m* a plazos, pago *m* en cuotas *RP*; **à ~** a plazos, en cuotas *RP*. **-2.** [cota] plazo *m*, cuota *f RP*. **-3.** [acerto]: **~ de conta** ajuste *m* de cuentas. **-4.** [trabalho]: **~ de serviço** prestación *f* de servicios.

prestar [preʃ'ta(x)] ◇ *vt* **-1.** [favores]: **~ algo (a alguém)** hacer algo (a alguien). **-2.** [informações]: **~ algo (a alguém)** comunicar algo (a alguien). **-3.** [serviço, depoimento]: **~ algo (a alguém/algo)** prestar algo (a alguien/algo); **~ atenção** prestar atención. **-4.** [contas, culto, homenagem]: **~ algo (a alguém)** rendir algo (a alguien). ◇ *vi* **-1.** [ser útil] servir. **-2.** [ter bom caráter]: **não ~** no ser buena persona.

◆ **prestar-se** *vp* [dispor-se]: **~-se a algo** prestarse a algo.

prestativo, va [preʃta'tʃivu, va] *adj* servicial.

prestes ['prɛʃtʃiʃ] *adj inv*: **estar ~ a fazer algo** estar a punto de hacer algo.

prestígio [preʃ'tʃiʒju] *m* prestigio *m*; **de ~** de prestigio, de renombre *Méx*.

prestigioso, osa [preʃtʃi'ʒjozu, ɔza] *adj* prestigioso(sa).

presumido, da [prezu'midu, da] *adj* [presunçoso] presumido(da).

presumir [prezu'mi(x)] *vt* [supor] presumir.

presunção [prezũn'sãw] (*pl* **-ões**) *f* [vaidade] presunción *f*.

presunçoso, osa [prezũn'sozu, ɔza] *adj* presuntuoso(sa).

presunto [pre'zũntu] *m* **-1.** [de porco] jamón *m*. **-2.** *fam* [defunto] fiambre *m*.

prêt-à-porter [prɛtapox'te] *adj inv* prêt-à-porter.

pretendente [pretẽn'dẽntʃi] ◇ *mf* [candidato]: **~ a algo** aspirante *mf* a algo. ◇ *m* [de uma mulher] pretendiente *m*.

pretender [pretẽn'de(x)] *vt*: **~ fazer algo** pretender hacer algo.

pretensão [pretẽn'sãw] (*pl* **-ões**) *f* **-1.** [aspiração, intenção] pretensión *f*; **~ salarial** pretensiones salariales. **-2.** [arrogância] presunción *f*.

pretensioso, osa [pretẽn'sjozu, ɔza] *adj* pretencioso(sa).

pretérito, ta [pre'tɛritu, ta] *adj* pretérito(ta).

◆ **pretérito** *m* GRAM pretérito *m*.

pretexto [pre'teʃtu] *m* [desculpa] pretexto *m*; **a ~ de** con el pretexto de.

preto, ta ['pretu, ta] ◇ *adj* [cor] negro(gra). ◇ *m, f* [pessoa] negro *m*, -gra *f*.

◆ **preto** *m* [cor] negro *m*.

preto-e-branco [ˌpretwi'brãŋku] *adj inv* en blanco y negro.

prevalecer [prevale'se(x)] *vi* **-1.** [predominar] prevalecer. **-2.** [ter primazia]: **~ (a/sobre)** prevalecer (sobre).

◆ **prevalecer-se** *vp*: **~-se de algo** [aproveitar-se] aprovecharse de algo.

prevenção [prevẽn'sãw] (*pl* **-ões**) *f* **-1.** [precaução]: **~ (a/contra/de)** prevención *f* (contra). **-2.** [preconceito]: **~ contra** prejuicio *m* contra.

prevenido, da [previ'nidu, da] *adj* **-1.** [precavido] prevenido(da), precavido(da). **-2.** [com dinheiro]: **estar ~** llevar dinero encima, estar prevenido(da) *Méx*.

prevenir [previ'ni(x)] *vt* **-1.** [avisar, evitar] prevenir. **-2.** [proibir] prohibir.

◆ **prevenir-se** *vp* **-1.** [precaver-se]: **~-se contra algo/alguém** prevenirse contra algo/alguien. **-2.** [equipar-se] equiparse.

preventivo, va [prevẽn'tʃivu, va] *adj* preventivo(va).

◆ **preventivo** *m* [teste]: **(fazer um) ~** (hacerse un) chequeo ginecológico.

prever [pre've(x)] *vt* prever; **~ que** prever que.

pré-vestibular [ˌprɛveʃtʃibu'la(x)] (*pl* **pré-vestibulares**) ◇ *adj* preuniversitario(ria). ◇ *m* [curso] ≃ COU *m*, ≃ preparatoria *f* **Arg**, ≃ preparatorios *mpl* **Urug**.

prévia ['prɛvja] *f* ▭➤ **prévio**.

previdência [previ'dẽnsja] *f* prevención *f*; **~ social** seguridad *f* social.

previdente [previ'dẽntʃi] *adj* previsor(ra).

prévio, via ['prɛvju, vja] *adj* previo(-via).

previsão [previ'zãw] (*pl* **-ões**) *f* previsión *m*; ~ **do tempo** previsión del tiempo, pronóstico *m* del tiempo.

previsto, ta [pre'viʃtu, ta] *pp* ▷ **prever**.

prezado, da [pre'zadu, da] *adj* estimado(da), apreciado(da).

prezar [pre'za(x)] *vt* **-1.** [gostar muito] apreciar. **-2.** [respeitar] respetar.
◆ **prezar-se** *vp* [respeitar-se] preciarse, respetarse *Méx*.

primário, ria [pri'marju, rja] *adj* **-1.** [ger] primario(ria). **-2.** [réu] sin antecedentes. **-3.** [crime] cometido(da) por la primera vez.
◆ **primário** *m* [curso] primaria *f*.

primata [pri'mata] *m* primate *m*.

primavera [prima'vɛra] *f* **-1.** [estação] primavera *f*. **-2.** *BOT* primavera *f*, santarrita *f RP*.

primeira [pri'mejra] *f* ▷ **primeiro**.

primeira-dama [pri,mejra'dãma] (*pl* **primeiras-damas**) *f* primera dama *f*.

primeiro, ra [pri'mejru, ra] ◇ *num* primero(ra). ◇ *adj* primero(ra); ~ **grau** *EDUC* primaria *m*; ~**s socorros** primeros auxilios; **à primeira vista** a primera vista; **de** ~ **time** *fam* de primera clase. ◇ *m, f* primero *m*, -ra *f*.
◆ **primeiro** ◇ *adv* [em primeiro lugar] primero. ◇ *m* [andar] primero *m*.
◆ **primeira** *f AUTO* primera *f*.
◆ **de primeira** *loc adj* [hotel, restaurante] de primera.

primeiro-ministro, primeira-ministra [pri,mejrumi'niʃtru, pri,mejrami'niʃtra] (*mpl* **primeiros-ministros**, *fpl* **primeiras-ministras**) *m, f* primer ministro *m*, primera ministra *f*.

primitivo, va [primi'tʃivu, va] *adj* primitivo(va).

primo, ma ['primu, ma] ◇ *m, f* [parente] primo *m*, -ma *f*; ~ **em segundo grau** primo segundo, primo en segundo grado *Méx*. ◇ *adj* [número] primo.

primogênito, ta [primo'ʒenitu, ta] ◇ *adj* primogénito(ta). ◇ *m, f* primogénito *m*, -ta *f*.

primo-irmão, prima-irmã [,primwix'mãw, ,primajx'mã] (*mpl* **primos-irmãos**, *fpl* **primas-irmãs**) *m, f* primo *m* hermano, prima *f*, hermana.

primor [pri'mo(x)] *m* primor *m*; **com** ~ con primor.

princesa [prĩn'seza] *f* princesa *f*.

principal [prĩnsi'paw] (*pl* **-ais**) ◇ *adj* principal. ◇ *m* **-1.** [chefe] jefe *m*. **-2.** [capital de dívida] principal *m*.

príncipe ['prĩnsipi] *m* príncipe *m*.

principiante [prĩnsi'pjãntʃi] ◇ *adj* principiante. ◇ *mf* principiante *mf*.

princípio [prĩn'sipju] *m* principio *m*; **a** ~ al principio; **em** ~ en principio; **partir do** ~ partir del principio.
◆ **princípios** *mpl* [morais] principios *mpl*.

prioridade [prjori'dadʒi] *f* [primazia] prioridad *f*.

prisão [pri'zãw] (*pl* **-ões**) *f* **-1.** [encarceramento] encarcelamiento *m*; ~ **perpétua** cadena perpetua. **-2.** [captura] captura *f*. **-3.** [cadeia] prisión *f*. **-4.** *fig* [sufoco] agobio *m*. **-5.** *MED*: ~ **de ventre** estreñimiento *m*.

prisioneiro, ra [prizjo'nejru, ra] *m, f* prisionero(ra).

prisões [pri'zõjʃ] *pl* ▷ **prisão**.

privação [priva'sãw] (*pl* **-ões**) *f* privación *f*.
◆ **privações** *fpl* [penúria] privaciones *fpl*.

privacidade [privasi'dadʒi] *f* privacidad *f*.

privada [pri'vada] *f* taza *f*, retrete *m*, inodoro *m Arg*, excusado *m Méx*, wáter *m Urug*.

privado, da [pri'vadu, da] *adj* privado(da).

privar [pri'va(x)] *vt*: ~ **alguém de algo** privar a alguien de algo.

privativo, va [priva'tʃivu, va] *adj* [exclusivo] privado(da), exclusivo(va).

privilegiado, da [privile'ʒjadu, da] *adj* privilegiado(da).

privilegiar [privile'ʒja(x)] *vt* [favorecer] privilegiar.

privilégio [privi'lɛʒju] *m* privilegio *m*.

pro [pru] = **para** + **o**.

pró [prɔ] ◇ *adv* [a favor de] a favor de. ◇ *m* [vantagem] pro *m*; **os** ~**s e os contras** los pros y los contras.

pró- [prɔ] *prefixo* pro.

proa ['proa] *f* proa *f*.

probabilidade [probabili'dadʒi] *f* probabilidad *f*.

problema [pro'blema] *m* problema *m*.

problemático, ca [proble'matʃiku, ka] *adj* problemático(ca).
◆ **problemática** *f* problemática *f*.

procedência [prose'dẽnsja] *f* **-1.** [origem, lugar de saída] procedencia *f.* **-2.** [fundamento]: **seus argumentos não tinham ~** sus argumentos eran improcedentes.

procedente [prose'dẽntʃi] *adj* procedente.

proceder [prose'de(x)] *vi* **-1.** [ger] proseguir. **-2.** [comportar-se] proceder; **~ mal/bem** proceder bien/mal.

procedimento [prosedʒi'mẽntu] *m* **-1.** [comportamento] comportamiento *m.* **-2.** [método] procedimiento *m.* **-3.** JUR proceso *m.*

processador [prosesa'do(x)] (*pl* **-es**) *m* COMPUT procesador *m*; **~ de texto** procesador de textos.

processamento [prosesa'mẽntu] *m* procesamiento *m*; **~ de dados** procesamiento de datos.

processar [prose'sa(x)] *vt* **-1.** JUR procesar, llevar a juicio a. **-2.** COMPUT procesar.

processo [pro'sɛsu] *m* **-1.** [JUR - ação] proceso *m*, juicio *m* **RP**; [- documentação] autos *mpl*; **abrir** *ou* **mover um ~ contra** abrir/iniciar un proceso contra, hacer/iniciar un juicio contra **RP.** **-2.** [método, andamento] proceso *m.*

procissão [prosi'sãw] (*pl* **-ões**) *f* procesión *f.*

proclamar [prokla'ma(x)] *vt* proclamar.

PROCON (*abrev de* **Fundação de Proteção e Defesa do Consumidor**) *m organización de consumidores y usuarios.*

procriação [prokrja'sãw] *f* procreación *f.*

procriar [pro'krja(x)] ◇ *vt* [gerar] procrear. ◇ *vi* [multiplicar] procrear.

procura [pro'kura] *f* **-1.** [busca] búsqueda *f*; **estar à ~ de** estar en busca de. **-2.** COM demanda *f.*

procurar [proku'ra(x)] ◇ *vt* **-1.** [buscar, requerer] buscar. **-2.** [esforçar-se por]: **~ fazer algo** procurar hacer algo. **-3.** [contatar] llamar. ◇ *vi* [buscar]: **~ (por algo)** investigar (algo).

prodígio [pro'dʒiʒju] *m* prodigio *m.*

produção [produ'sãw] (*pl* **-ões**) *f* producción *f*; **~ em massa** *ou* **em série** producción en masa *ou* en serie.

produtivo, va [produ'tʃivu, va] *adj* productivo(va).

produto [pro'dutu] *m* producto *m*; **~ interno bruto** producto *m* interior bruto ***Esp***, producto *m* interno bruto ***Amér***, producto *m* bruto interno **RP**; **ser ~ de** [conseqüência] ser producto de.

produtor, ra [produ'to(x), ra] (*mpl* **-es**, *fpl* **-s**) ◇ *adj* productor(ra). ◇ *m, f* productor *m*, -ra *f.*

◆ **produtora** *f* [empresa] productora *f.*

produzido, da [produ'zidu, da] *adj* *fam* [esmerado] a la moda, cuidado(-da) **RP.**

proeminente [projmi'nẽntʃi] *adj* prominente.

proeza [pro'eza] *f* proeza *f.*

profanar [profa'na(x)] *vt* profanar.

profano, na [pro'fãnu, na] *adj* profano(na).

profecia [profe'sia] *f* profecía *f.*

proferir [profe'ri(x)] *vt* **-1.** [dizer] proferir. **-2.** [decretar] pronunciar.

professar [profe'sa(x)] ◇ *vt* profesar. ◇ *vi* RELIG profesar.

professor, ra [profe'so(x), ra] (*mpl* **-es**, *fpl* **-s**) *m, f* profesor *m*, -ra *f.*

profeta, tisa [pro'fɛta, tʃiza] *m, f* profeta *mf.*

profético, ca [pro'fɛtʃiku, ka] *adj* profético(ca).

profetisa [profe'tʃiza] *f* ▷ **profeta.**

profetizar [profetʃi'za(x)] ◇ *vt* profetizar. ◇ *vi* hacer profecías.

proficiência [profi'sjẽnsja] *f* competencia *f.*

proficiente [profi'sjẽntʃi] *adj* [capaz] competente.

profissão [profi'sãw] (*pl* **-ões**) *f* **-1.** [ofício] profesión *f.* **-2.** [carreira] carrera *f.* **-3.** [declaração] declaración *f.*

profissional [profisjo'naw] (*pl* **-ais**) ◇ *adj* profesional. ◇ *mf* profesional *mf*; **~ liberal** profesional liberal.

profissionalizante [profisjonali'zãntʃi] *adj* profesional.

profundidade [profũndʒi'dadʒi] *f* profundidad *f.*

profundo, da [pro'fũndu, da] *adj* profundo(da).

profusão [profu'zãw] *f* profusión *f.*

progenitor, ra [proʒeni'to(x), ra] *m, f* progenitor *m*, -ra *f.*

◆ **progenitores** *mpl* progenitores *mpl.*

prognosticar [prognoʃtʃi'ka(x)] ◇ *vt* [predizer] pronosticar. ◇ *vi* MED hacer un pronóstico.

prognóstico [prog'nɔʃtʃiku] *m* pronóstico *m.*

programa [pro'grãma] *m* **-1.** [ger] programa *m*. **-2.** [diversão] plan *m*, programa *m*.

programação [programa'sãw] (*pl* **-ões**) *f* **-1.** [ger] programación *f*. **-2.** [comunicação]: ~ **visual** diseño *m* de imagen.

programador, ra [programa'do(x), ra] *m, f* **-1.** [de rádio, empresa & COMPUT] programador *m*, -ra *f*. **-2.** [comunicador]: ~ **visual** diseñador *m*, -ra *f* de imagen.

programar [progra'ma(x)] *vt* programar.

progredir [progre'dʒi(x)] *vi* **-1.** [prosperar]: ~ **(em algo)** progresar (en algo). **-2.** [agravar-se] agravarse.

progressista [progre'siʃta] ◇ *adj* progresista. ◇ *mf* progresista *mf*.

progressivo, va [progre'sivu, va] *adj* progresivo(va).

progresso [pro'grɛsu] *m* progreso *m*; **fazer ~s em algo** hacer progresos en algo.

proibição [projbi'sãw] (*pl* **-ões**) *f* prohibición *f*.

proibir [proj'bi(x)] *vt* **-1.** [impedir]: ~ **alguém (de fazer algo)** prohibir a alguien (hacer algo). **-2.** [interdizer] prohibir, vedar ***Méx***. **-3.** [vedar] impedir, negar ***Méx***.

proibitivo, va [projbi'tʃivu, va] *adj* prohibitivo(va).

projeção [proʒe'sãw] (*pl* **-ões**) *f* **-1.** [ger] proyección *f*. **-2.** [arremesso] lanzamiento *m*.

projetar [proʒe'ta(x)] *vt* **-1.** [ger] proyectar. **-2.** [arremessar] lanzar.

projétil [pro'ʒɛtʃiw] (*pl* **-teis**) *m* proyectil *m*.

projeto [pro'ʒɛtu] *m* proyecto *m*; ~ **de lei** proyecto de ley.

projetor [proʒe'to(x)] (*pl* **-es**) *m* proyector *m*.

prol [prɔw] *m*: **em ~ de** en defensa de, en pro de.

prole ['prɔli] *f* [filhos] prole *f*.

proletariado [proleta'rjadu] *m* proletariado *m*.

proletário, ria [prole'tarju, rja] ◇ *m, f* proletario *m*, -ria *f*. ◇ *adj* proletario(ria).

proliferação [prolifera'sãw] (*pl* **-ões**) *f* proliferación *f*.

proliferar [prolife'ra(x)] *vi* proliferar.

prolífico, ca [pro'lifiku, ka] *adj* prolífico(ca).

prolixo, xa [pro'liksu, ksa] *adj* prolijo(ja).

prólogo ['prɔlogu] *m* prólogo *m*.

prolongado, da [prolõŋ'gadu, da] *adj* prolongado(da).

prolongamento [prolõŋga'mẽntu] *m* prolongación *f*.

prolongar [prolõŋ'ga(x)] *vt* **-1.** [duração, extensão] prolongar. **-2.** [adiar] postergar.

◆ **prolongar-se** *vp* prolongarse.

promessa [pro'mɛsa] *f* promesa *f*.

prometer [prome'te(x)] ◇ *vt* **-1.** [comprometer-se, assegurar]: ~ **algo a alguém** prometer algo a alguien; ~ **fazer algo** prometer hacer algo. **-2.** [ter probabilidade de, prenunciar] prometer. ◇ *vi* **-1.** [fazer promessa] hacer promesas. **-2.** [ter potencial] prometer.

prometido, da [prome'tʃidu, da] *adj* prometido(da).

◆ **prometido** *m*: **o ~** lo prometido; **cumprir o ~** cumplir lo prometido.

promiscuidade [promiʃkwi'dadʒi] *f* promiscuidad *f*.

promíscuo, cua [pro'miʃkwu, kwa] *adj* promiscuo(cua).

promissor, ra [promi'so(x), ra] (*mpl* **-es**, *fpl* **-s**) *adj* prometedor(ra).

promissória [promi'sɔrja] *f* [nota] pagaré *m*, letra *f*.

promoção [promo'sãw] (*pl* **-ões**) *f* **-1.** [ger] promoción *f*; **em ~** de OU en oferta. **-2.** [de evento] promoción *f*.

promotor, ra [promo'to(x), ra] ◇ *adj* promotor(ra). ◇ *m, f* **-1.** [ger] promotor *m*, -ra *f*. **-2.** JUR fiscal *mf*; ~ **público** fiscal *mf*.

promover [promo've(x)] *vt* promover; ~ **alguém (a)** promover OU ascender a alguien (a).

◆ **promover-se** *vp* [favorecer-se] llamar la atención, hacerse notar.

promulgar [promuw'ga(x)] *vt* promulgar.

pronome [pro'nɔmi] *m* pronombre *m*.

prontidão [prõntʃi'dãw] *f* **-1.** [rapidez] prontitud *f*, presteza *f* ***RP***. **-2.** [alerta] alerta *f*; **estar de ~** estar alerta.

pronto, ta ['prõntu, ta] *adj* **-1.** [concluído, preparado] listo(ta), pronto(ta) ***RP***. **-2.** *(antes de subst)* [imediato] inmediato(ta); **pronta entrega** entrega inmediata. **-3.** [rápido] rápido(da). **-4.** [disposto]: ~ **a fazer algo** dispuesto(ta) a hacer algo, pronto(ta) para hacer algo ***RP***. **-5.** ***fam*** [pobre] sin un centavo, fundido(da) *RP.*

◆ **pronto** *adv* pronto, rápido *RP*; **de ~** *loc* súbitamente, rápido *RP.*

pronto-socorro [ˌprõntuso'koxu] (*pl* **prontos-socorros**) *m* [hospital] urgencias *fpl*, urgencia *f RP.*

prontuário [prõn'twarju] *m* **-1.** [policial] historial *m*, prontuario *m RP.* **-2.** [médico] historial *m*, historia *f RP.* **-3.** [manual] manual *m.*

pronúncia [pro'nũnsja] *f* **-1.** LING pronunciación *f.* **-2.** JUR pronunciamiento *m.*

pronunciamento [pronũnsja'mẽntu] *m* **-1.** [declaração] declaración *f.* **-2.** JUR pronunciamiento *m.*

pronunciar [pronũn'sja(x)] *vt* **-1.** [ger] pronunciar. **-2.** JUR condenar.

◆ **pronunciar-se** *vp* [emitir juízo]: **~-se sobre/a favor de** pronunciarse sobre/a favor de.

propaganda [propa'gãnda] *f* **-1.** [ger] propaganda *f*; **fazer ~ de algo** hacer propaganda de algo. **-2.** [anúncio] anuncio *m*, propaganda *f RP.* **-3.** [divulgação] divulgación *f.*

propagar [propa'ga(x)] *vt* [disseminar] [biol] propagar.

◆ **propagar-se** *vp* propagarse.

propensão [propẽn'sãw] (*pl* **-ões**) *f* **-1.** [inclinação] propensión *f.* **-2.** [tendência] tendencia *f.*

propenso, sa [pro'pẽnsu, sa] *adj*: **~ a algo/a fazer algo** propenso(sa) a algo/a hacer algo.

propiciar [propi'sja(x)] *vt* **-1.** [permitir, favorecer] propiciar. **-2.** [proporcionar]: **~ algo a alguém** proporcionar algo a alguien.

propício, cia [pro'pisju, sja] *adj* [oportuno, favorável] propicio(cia); **~ a algo** propicio(cia) para algo.

propina [pro'pinaʃ] *f* **-1.** [gratificação] propina *f.* **-2.** [ilegal] soborno *m.*

propor [pro'po(x)] *vt* proponer; **~ algo (a alguém)** proponer algo (a alguien).

◆ **propor-se** *vp* [visar, dispor-se]: **~-se a fazer algo** proponerse hacer algo.

proporção [propox'sãw] (*pl* **-ões**) *f* **-1.** [ger] proporción *f.* **-2.** [tamanho] proporciones *fpl.*

◆ **proporções** *fpl* [tamanho, importância] proporciones *fpl.*

proporcional [propoxsjo'naw] (*pl* **-ais**) *adj* [em proporção, harmonioso] proporcional; **~ a algo** proporcional a algo.

proporções [propox'sõjʃ] *pl* ▷ **proporção.**

proposital [propozi'taw] (*pl* **-ais**) *adj* deliberado(da), intencional.

propósito [pro'pɔzitu] *m* [intenção, objetivo] propósito *m*; **de ~** a propósito.

◆ **a propósito** *loc adv* [aliás] a propósito.

◆ **a propósito de** *loc prep* a propósito de.

proposto, osta [pro'poʃtu, ɔʃta] ◇ *pp* ▷ **propor.** ◇ *adj* propuesto(ta).

◆ **proposta** *f* [proposição, oferta] propuesta *f.*

propriamente [prɔprja'mẽntʃi] *adv* [exatamente] propiamente; **~ dito** propiamente dicho.

propriedade [proprje'dadʒi] *f* propiedad *f*; **~ pública/privada** propiedad pública/privada.

proprietário, ria [proprje'tarju, rja] *m, f* propietario *m*, -ria *f.*

próprio, pria ['prɔprju, prja] *adj* **-1.** [ger] propio(pia). **-2.** [apropriado]: **~ (para)** apropiado(da) (para). **-3.** [propício] adecuado(da), apropiado(da). **-4.** [mesmo] mismo(ma); **eu ~** yo mismo; **é o ~** soy yo mismo. **-5.** [típico] típico(ca). **-6.** [original] literal.

propulsor, ra [propuw'so(x), ra] *adj* propulsor(ra).

◆ **propulsor** *m* propulsor *m.*

prorrogação [proxoga'sãw] (*pl* **-ões**) *f* **-1.** [prolongação] prolongación *f*, prórroga *f.* **-2.** FUT prórroga *f.*

prorrogar [proxo'ga(x)] *vt* prorrogar.

prorrogável [proxo'gavew] (*pl* **-eis**) *adj* prorrogable.

prosa ['prɔza] ◇ *f* **-1.** LITER prosa *f.* **-2.** [conversa] charla *f.* **-3.** *fam* [conversa fiada] charlatanería *f*, verso *m Méx & RP.* ◇ *adj* [cheio de si] fanfarrón (ona), pillado(da) *RP.*

proscrever [proʃkre've(x)] *vt* **-1.** [desterrar, proibir, abolir] proscribir. **-2.** [expulsar] expulsar.

proscrito, ta [proʃ'kritu, ta] ◇ *pp* ▷ **proscrever.** ◇ *adj* [desterrado, expulso, proibido] proscrito(ta), proscripto(ta) *RP.* ◇ *m, f* [indivíduo desterrado] proscrito *m*, -ta *f*, proscripto *m*, -ta *f RP.*

prospecção [proʃpek'sãw] (*pl* **-ões**) *f* GEOL prospección *f*; **~ de petróleo** prospección petrolífera.

prospector, ra [proʃpek'to(x), ra] *m, f*

GEOL técnico *m*, -ca *f* en prospecciones.

prosperar [proʃpe'ra(x)] *vi* prosperar; **~ (em algo)** prosperar (en algo).

prosperidade [proʃperi'dadʒi] *f* [progresso, sucesso] prosperidad *f*.

próspero, ra ['prɔʃperu, ra] *adj* [que progride, bem-sucedido] próspero(ra).

prosseguir [prose'gi(x)] ◇ *vt* proseguir. ◇ *vi*: **~ (em algo)** seguir (con algo); **~ fazendo algo** seguir haciendo algo.

prostíbulo [proʃ'tʃibulu] *m* prostíbulo *m*.

prostituição [proʃtʃitwi'sãw] *f* prostitución *f*.

prostituta [prosʃtʃi'tuta] *f* prostituta *f*.

prostrado, da [proʃ'tradu, da] *adj* **-1.** [abatido] postrado(da). **-2.** [moral] abatido(da).

protagonista [protago'niʃta] *mf* [personagem, de acontecimento] protagonista *mf*.

proteção [prote'sãw] (*pl* **-ões**) *f* protección *f*.

proteger [prote'ʒe(x)] *vt* [resguardar, favorecer] proteger.

◆ **proteger-se** *vp* [resguardar-se] protegerse.

protegido, da [prote'ʒidu, da] ◇ *adj* [resguardado] protegido(da). ◇ *m, f* [favorito] protegido *m*, -da *f*.

proteína [prote'ina] *f* proteína *f*.

prótese ['prɔtezi] *f* prótesis *f inv*.

protestante [proteʃ'tãntʃi] ◇ *adj* protestante. ◇ *mf* protestante *mf*.

protestar [proteʃ'ta(x)] ◇ *vt* **-1.** [título, promissória] protestar. **-2.** [declarar] prometer. ◇ *vi* [clamar, reclamar]: **~ (contra/em favor de algo)** protestar (contra/en favor de algo); **~ por algo** protestar por algo; **protesto!** JUR ¡protesto!

protesto [pro'tɛʃtu] *m* [manifestação, reclamação] protesta *f*.

protetor, ra [prote'to(x), ra] (*mpl* **-es**, *fpl* **-s**) ◇ *adj* protector(ra). ◇ *m, f* protector *m*, -ra *f*.

protocolo [proto'kɔlu] *m* **-1.** [registro, setor] registro *m*. **-2.** [recibo] comprobante *m*. **-3.** [cerimonial, diplomático] protocolo *m*.

protótipo [pro'tɔtʃipu] *m* prototipo *m*; **ser o ~ de algo** *fig* ser el prototipo de algo.

protuberância [protube'rãnsja] *f* protuberancia *f*.

prova ['prɔva] *f* **-1.** [ger] prueba *f*; **à ~ de água/bala/fogo** a prueba de agua/balas/fuego; **pôr à ~** poner a prueba. **-2.** [de comida, bebida]: **pedi uma prova do queijo ao vendedor** le pedí al vendedor que me dejara probar el queso, le pedí una prueba de queso al vendedor *Méx*.

provador [prova'do(x)] *m* **-1.** [em loja] probador *m*. **-2.** [de café, vinho] catador *m*.

provar [pro'va(x)] ◇ *vt* **-1.** [ger] probar. **-2.** [roupa] probarse. ◇ *vi* [comida, bebida]: **~ (de algo)** probar (algo).

provável [pro'vavɛw] (*pl* **-eis**) *adj* [possível, aproximado] probable; **ser ~ que** ser probable que.

proveito [pro'vejtu] *m* provecho *m*; **em ~ de** en beneficio de; **tirar ~ de algo** sacar provecho de algo.

proveitoso, osa [provej'tozu, ɔza] *adj* provechoso(sa).

proveniência [prove'njẽnsja] *f* procedencia *f*.

proveniente [prove'njẽntʃi] *adj* [originário]: **~ de** procedente de.

prover [pro've(x)] *vt* **-1.** [ger] proveer; **~ algo/alguém de algo** proveer a algo/a alguien de algo. **-2.** [vaga, cargo] cubrir.

◆ **prover-se** *vp* [abastecer-se]: **~-se de algo** proveerse de algo.

provérbio [pro'vɛrbju] *m* proverbio *m*.

proveta [pro'veta] *f* probeta *f*.

providência [provi'dẽnsja] *f* [medida] medida *f*; **tomar ~s** tomar medidas.

providencial [providẽn'sjaw] (*pl* **-ais**) *adj* providencial.

providenciar [providẽn'sja(x)] ◇ *vt* **-1.** [prover] proveer. **-2.** [tomar providências para] encargarse de. ◇ *vi* [cuidar] procurar que.

provido, da [pro'vidu, da] *adj* [abastecido]: **~ de algo** provisto(ta) de algo; **bem ~** bien provisto.

província [pro'vĩnsja] *f* [divisão administrativa, interior] provincia *f*.

provinciano, na [provĩn'sjãnu, na] *adj pej* provinciano(na).

provisão [provi'zãw] (*pl* **-ões**) *f* provisión *f*.

◆ **provisões** *fpl* provisiones *fpl*.

provisório, ria [provi'zɔrju, rja] *adj* provisional, provisorio(ria) *RP*.

provocador, ra [provoka'do(x), ra] (*mpl* -es, *fpl* -s) ◇ *adj* provocador (ra). ◇ *m, f* provocador *m*, -ra *f*.

provocante [provo'kãntʃi] *adj* [sensualmente] provocador(ra), provocativo(va).

provocar [provo'ka(x)] *vt* provocar; ~ **alguém (a fazer algo)** instar a alguien (a hacer algo).

proximidade [prosimi'dadʒi] *f* proximidad *f*, cercanía *f*.
◆ **proximidades** *fpl* [arredores] proximidades *fpl*.

próximo, ma ['prɔsimu, ma] ◇ *adj* **-1.** [no espaço]: ~ **(a** *ou* **de)** cerca (de). **-2.** [no tempo] próximo(ma), cercano(na) *RP*. **-3.** *(antes de subst)* [seguinte] próximo(ma). **-4.** [chegado] cercano(na). ◇ *m, f* [em fila]: **o** ~ el siguiente.
◆ **próximo** ◇ *m*: **o** ~ [o semelhante] el prójimo. ◇ *adv* cerca de.
◆ **próxima** *f* [a próxima vez]: **até a próxima!** [em despedida] ¡hasta pronto!

prudente [pru'dẽntʃi] *adj* prudente.

prurido [pru'ridu] *m* [comichão, desejo] prurito *m*.

PS ◇ (*abrev de* **Post Scriptum**) PS. ◇ (*abrev de* **Pronto Socorro**) *puesto de primeros auxilios*.

PSB (*abrev de* **Partido Socialista Brasileiro**) *m partido socialista brasileño*.

PSDB (*abrev de* **Partido da Social Democracia Brasileira**) *m partido socialdemócrata brasileño*.

pseudônimo [psew'donimu] *m* seudónimo *m*.

psicanálise [psika'nalizi] *f* psicoanálisis *m inv*.

psicanalítico, ca [psikana'litʃiku, ka] *adj* psicoanalítico(ca).

psicodélico, ca [psiko'dɛliku, ka] *adj* psicodélico(ca).

psicologia [psikolo'ʒia] *f* [ciência, mentalidade] psicología *f*.

psicólogo, ga [psi'kɔlogu, ga] *m, f* psicólogo *m*, -ga *f*.

psicopata [psiko'pata] *mf* psicópata *mf*.

psicose [psi'kɔzi] *f* [obsessão & MED] psicosis *f inv*; ~ **de algo** psicosis de algo.

psicossomático, ca [psikoso'matʃiku, ka] *adj* psicosomático(ca).

psicótico, ca [psi'kɔtʃiku, ka] *adj* psicótico(ca).

psiquiatra [psi'kjatra] *mf* psiquiatra *mf*.

psiquiátrico, ca [psi'kjatriku, ka] *adj* psiquiátrico(ca).

psíquico, ca ['psikiku, ka] *adj* psíquico(ca).

psiu [psiw] *interj* [para chamar ou calar] ¡chis!, ¡sh! *Méx* & *RP*.

PT (*abrev de* **Partido dos Trabalhadores**) *m partido de izquierdas brasileño*.

puberdade [puber'dadʒi] *f* pubertad *f*.

púbis ['pubiʃ] *m inv* pubis *m inv*.

publicação [publika'sãw] (*pl* -ões) *f* [ato, periódico] publicación *f*.

publicar [publi'ka(x)] *vt* publicar.

publicidade [publisi'dadʒi] *f* [divulgação & COM] publicidad *f*.

publicitário, ria [publisi'tarju, rja] ◇ *adj* publicitario(ria). ◇ *m, f* publicista *mf*.

público, ca ['publiku, ka] *adj* público(ca).
◆ **público** *m* [o povo, platéia] público *m*; **em** ~ en público.

PUC (*abrev de* **Pontifícia Universidade Católica**) *f Universidad Pontificia Católica*.

pudico, ca [pu'dʒiku, ka] *adj* [recatado] púdico(ca).

pudim [pu'dʒĩ] (*pl* -ns) *m* pudín *m Esp*, budín *m Amér*; ~ **de leite** flan *m* de dulce de leche.

pudor [pu'do(x)] *m* [recato, decoro] pudor *m*; **ter** ~ **de** tener pudor de.

pueril [pwe'riw] (*pl* -is) *adj* [infantil, banal] pueril.

pugilista [puʒi'liʃta] *m* pugilista *m*.

puído, da ['pwidu, da] *adj* desgastado(da), gastado(da).

puir [pwi(x)] *vt* desgastar, gastar.

pujante [pu'ʒãntʃi] *adj* pujante.

pular [pu'la(x)] ◇ *vt* **-1.** [saltar] saltar, brincar *Méx*; ~ **corda** saltar a la cuerda *ou* comba *Esp*, brincar la reata *Méx*. **-2.** [carnaval]: ~ **carnaval** celebrar el carnaval. ◇ *vi* **-1.** [saltar] saltar, brincar *Méx*. **-2.** [palpitar] palpitar, brincar *Méx*, saltar *RP*.

pulga ['puwga] *f* pulga *f*; **estar/ficar com a** ~ **atrás da orelha** estar con la mosca *ou* pulga *Amér* detrás de la oreja.

pulha ['puʎa] *m* persona *f* sin carácter, piojo *m RP*.

pulmão [puw'mãw] (*pl* -ões) *m* pulmón *m*.

pulo ['pulu] *m* **-1.** [salto] salto *m*, brinco *m Méx*. **-2.** *fam* [perto de]: **a um** ~ **de** a un paso de. **-3.** *fam* [dar uma passada]: **dar um ~ em** pasar por, dar una pasada por ***Méx***, darse una corrida hasta ***RP***.

pulôver [pu'love(x)] (*pl* **-es**) *m* jersey *m* ***Esp***, ***Cuba*** & ***Méx***, chomba *f* ***Andes***, suéter *m* ***Arg***, pulóver *m* ***RP***, buzo *m* ***Urug***.

púlpito ['puwpitu] *m* púlpito *m*.

pulsar [puw'sa(x)] *vi* [palpitar] palpitar.

pulverizar [puwveri'za(x)] *vt* pulverizar.

pum [pũ] (*pl* **puns**) *m* ***mfam*** [peido] pedo *m*, pluma *f* ***Méx***, cuete *m* ***RP***; **soltar um ~** tirarse un pedo, echarse una pluma ***Méx***, tirarse un cuete ***RP***.

pungente [pũn'ʒẽntʃi] *adj* desgarrador(ra).

punhado [pu'ɲadu] *m*: **um ~ de** un puñado de.

punhal [pu'ɲaw] (*pl* **-ais**) *m* puñal *m*.

punhalada [puɲa'lada] *f* puñalada *f*.

punho ['puɲu] *m* **-1.** ANAT [de manga] puño *m*; **de próprio ~** de puño y letra. **-2.** [de espada, punhal] empuñadura *f*.

punição [puni'sãw] (*pl* **-ões**) *f* castigo *m*.

punir [pu'ni(x)] *vt* castigar.

punitivo, va [puni'tʃivu, va] *adj* punitivo(va).

puns [pũnʃ] *mpl* ▷ **pum**.

pupila [pu'pila] *f* ANAT pupila *f*.

pupilo, la [pu'pilu, la] *m*, *f* [aluno, tutelado] pupilo *m*, -la *f*.

purê [pu're] *m* puré *m*; **~ de batatas** puré de patatas ***Esp*** *ou* papas ***Amér***.

pureza [pu'reza] *f* pureza *f*.

purgante [pux'gãntʃi] *m* **-1.** [remédio] purgante *m*. **-2.** ***fam*** [pessoa, trabalho] pesado *m*, embole *m* ***RP***.

purgar [pux'ga(x)] *vt* [expiar] purgar.

purgatório [puxga'tɔrju] *m* RELIG purgatorio *m*.

purificar [purifi'ka(x)] *vt* [depurar & RELIG]: **~ algo (de algo)** purificar algo (de algo).

◆ **purificar-se** *vp* [moralmente] [relig] purificarse.

puritano, na [puri'tãnu, na] ◇ *adj* puritano(na). ◇ *m*, *f* [adepto] [moralista] puritano *m*, -na *f*.

puro, ra ['puru, ra] *adj* **-1.** [ger] puro(ra). **-2.** *(antes de subst)* [mero, absoluto] puro(ra).

púrpura ['puxpura] *f* [cor] púrpura *m*.

purpúreo, rea [pux'purju, rja] *adj* purpúreo(rea).

purpurina [puxpu'rina] *f* purpurina *f*.

pus ['puʃ] *m inv* pus *m*.

pusilânime [puzi'lãnimi] *adj* [fraco, covarde] pusilánime.

puta ['puta] *f* ▷ **puto**.

puto, ta ['putu, ta] ***vulg adj*** **-1.** [devasso] corrupto(ta), jodido(da) ***RP***. **-2.** [sacana] jodido(da), cabrón(ona) ***Méx***. **-3.** [zangado] cabreado(da) ***Esp***, enojado(da) ***Amér***, recaliente ***RP***.

◆ **puta** ***vulg*** *f* [prostituta] puta *f*; **~ que pariu!** ¡me cago en la puta!, ¡chingada madre! ***Méx***, ¡la gran puta! ***RP***.

putrefato, ta [putre'fatu, ta] *adj* putrefacto(ta).

putrefazer [putrefa'ze(x)] *vt* pudrir.

◆ **putrefazer-se** *vp* pudrirse.

pútrido, da ['putridu, da] *adj* putrefacto(ta).

puxa ['puʃa] *interj*: **~ (vida)!** ¡ostras! ***Esp***, ¡pucha! ***Amér***.

puxador [puʃa'do(x)] (*pl* **-es**) *m*, *f* **-1.** [de samba] *en un grupo de samba, el principal cantante*. **-2.** [de fumo] ***fam gír*** porrero *m*, -ra *f*, fumeta *mf* ***RP***. **-3.** [de carro] ***fam gír*** ladrón *m*, -ona *f* de coches.

◆ **puxador** *m* tirador *m*.

puxão [pu'ʃãw] (*pl* **-ões**) *m* tirón *m*.

puxar [pu'ʃa(x)] ◇ *vt* **-1.** [ger] tirar de. **-2.** [arrancar] arrancar. **-3.** [sacar] sacar. **-4.** [iniciar] iniciar. **-5.** [desencadear] estimular. **-6.** [adular]: **~ o saco de alguém *m fam*** hacer la pelota a alguien ***Esp***, lambisconear a alguien ***Méx***, chupar las medias a alguien ***RP***. **-7. *fam gír*** [fumo] fumar, quemar ***RP***. **-8. *fam gír*** [automóvel] mangar, afanar, agenciar ***Méx***. ◇ *vi* **-1.** [impor esforço a]: **~ por** forzar. **-2.** [ser parecido com]: **~ a alguém** parecerse a alguien. **-3.** [coxear]: **~ de uma perna** cojear *ou* renguear ***RP*** de una pierna.

puxa-saco [ˌpuʃa'saku] (*pl* **puxa-sacos**) ***fam*** ◇ *adj* pelota ***Esp***, lambiscón ***Méx***, chupamedias ***RP***. ◇ *mf* pelota *mf*, lambiscón *m*, -ona *f* ***Méx***, chupamedias *mf* ***RP***.

puxões [pu'ʃõjʃ] *pl* ▷ **puxão**.

PV (*abrev de* **Partido Verde**) *m partido verde brasileño*.

PVC (*abrev de* **Polyvinyl Chloride**) *m* PVC *m*.

Q

q, Q [ke] *m* [letra] q, Q *f.*
QG (*abrev de* **Quartel General**) *m cuartel general.*
QI (*abrev de* **Quociente de Inteligência**) *m* CI *m.*
QT (*abrev de* **Qualidade Total**) ≃ CT.
qua. (*abrev de* **quarta-feira**) x.
quadra ['kwadra] *f* **-1.** [quarteirão] manzana *f* ***Esp***, cuadra *f* ***Amér.*** **-2.** [esportiva] pista *f* ***Esp***, cancha *f* ***Amér.*** **-3.** [em jogos, estrofe] cuarteto *m.*
quadragésimo, ma [kwadra'ʒɛzimu, ma] *num* cuadragésimo(ma).
quadriculado, da [kwadriku'ladu, da] *adj* cuadriculado(da).
quadril [kwa'driw] (*pl* **-is**) *m* cadera *f.*
quadrilha [kwa'driʎa] *f* **-1.** [de ladrões *etc*] banda *f*, pandilla *f* ***Méx.*** **-2.** [dança] *baile típico de las fiestas de San Juan brasileñas, de carácter alegre y movido, que se baila en parejas.*
quadrimestral [kwadrimeʃ'traw] (*pl* **-ais**) *adj* cuatrimestral.
quadrinho [kwa'driɲu] *m* [de quadrinhos] tira *f* cómica.
◆ **quadrinhos** *mpl*: **(história em) ~s** cómic *m*, historieta *f* ***RP.***
quadro ['kwadru] *m* **-1.** [ger] cuadro *m.* **-2.** [moldura] marco *m*, cuadro *m* ***Méx.*** **-3.** [quadro-negro] pizarra *f*, pizarrón *m* ***Amér.*** **-4.** [mural] tablón *m*, cartelera *f* ***RP.*** **-5.** TEATRO & TV escena *f*, cuadro *m* ***RP.*** **-6.** POL clima *m*, cuadro *m* ***RP.*** **-7.** [situação] panorama *m*, cuadro *m* ***RP***; **~ clínico** cuadro clínico.
quadro-negro [ˌkwadru'negru] (*pl* **quadros-negros**) *m* pizarra *f*, pizarrón *m* ***Amér.***
quadrúpede [kwa'drupedʒi] ◇ *adj* [animal] cuadrúpedo(da). ◇ *mf* [animal] cuadrúpedo *m*, -da *f.*
quadruplicar [kwadrupli'ka(x)] ◇ *vt* cuadruplicar. ◇ *vi* cuadruplicarse.
quádruplo, pla ['kwadruplu, pla] ◇ *adj* cuádruple. ◇ *m, f* [quadrigêmeo] cuatrillizo *m*, -za *f.*
◆ **quádruplo** *m* cuádruple *m.*
quaisquer [kwajʃ'kɛ(x)] ▷ **qualquer.**
qual [kwaw] (*pl* **-quais**) ◇ *adj* qué, cuál; **~ perfume você prefere?** ¿cuál perfume prefieres?; **não sei ~ caminho devo seguir** no sé qué camino debo seguir; **quais meses são os mais frios?** ¿cuáles son los meses más fríos? ◇ *pron inter* cuál; **~ é o seu nome?** ¿cuál es tu nombre?; **~ a cor dos seus cabelos?** ¿de qué color es tu pelo?; **quais são suas intenções?** ¿cuáles son sus intenciones?; **perguntei ~ seria a melhor opção** pregunté cuál sería la mejor opción; **~ não foi a minha surpresa ao saber que fui premiado** ¡cuál no sería mi sorpresa cuando me premiaron!; **~ deles?** ¿cuál de ellos?; **~ é?**, **~ é a sua?** ***fam*** [o que você quer?] ¿qué te pasa?; **seja ~ for** sea cual fuere. ◇ *pron rel*: **o/a ~** el/la cual, el/la que; **teve três filhos, o mais velho dos quais tornou-se médico** tuvo tres hijos, el mayor de los cuales se hizo médico; **este é o livro sobre o ~ lhe escrevi** éste es el libro sobre el cual/que te escribí; **cada ~** [cada pessoa] cada cual/quien; [cada um] cada cual.
◆ **qual** ◇ *conj*: **(tal) ~** tal cual. ◇ *interj*: **~!** [exprimindo espanto] ¡cómo!; [exprimindo negação] ¡nada!; **~ nada!**, **~ o quê!** ¡qué esperanza!
qualidade [kwali'dadʒi] *f* **-1.** [ger] calidad *f*; **~ de vida** calidad de vida; **na ~ de** en calidad de; **de ~** de calidad. **-2.** [tipo] tipo *m.* **-3.** ***pej*** [baixo nível] calaña *f.*
qualificação [kwalifika'sãw] (*pl* **-ões**) *f* [avaliação] calificación *f.*
◆ **qualificações** *fpl* [formação, preparo] cualificaciones *fpl*, calificaciones *fpl* ***RP.***
qualificado, da [kwalifi'kadu, da] *adj* **-1.** [preparado] cualificado(da), calificado(da) ***RP.*** **-2.** JUR [caracterizado] con agravante.
qualificar [kwalifi'ka(x)] *vt* **-1.** [avaliar] calificar. **-2.** [classificar] clasificar.
◆ **qualificar-se** *vp* [classificar-se] clasificarse.
qualitativo, va [kwalita'tʃivu, va] *adj* cualitativo(va).

qualquer [kwaw'kɛ(x)] (*pl* **quaisquer**) ◇ *adj* **-1.** [algum]: **traga uma bebida** ~ trae alguna bebida; **comprei um jornal** ~ compré un diario cualquiera; **havia** ~ **coisa de errado** había algo mal; **num ponto** ~ **da Sibéria** en algún lugar de Siberia; ~ **dia venha me visitar** ven a visitarme un/algún día; **a** ~ **momento** en cualquier momento; **um outro** ~ [coisa] cualquier otro; [pessoa] un cualquiera; **ser** ~ **coisa** [ser ótimo, extraordinário] ser sensacional. **-2.** *(antes de subst)* [todo] cualquier; **enfrenta quaisquer perigos** enfrenta cualquier peligro; ~ **pessoa sabe fazer arroz** cualquiera saber hacer arroz; ~ **que seja** sea cual sea; ~ **um,** cualquiera; **todo e** ~ cualquier; **de** ~ **maneira** *ou* **jeito** [seja como for] de cualquier manera; [a todo custo] sea como sea. **-3.** [pej] [ordinário, sem importância]: **ele se contenta com** ~ **coisa** cualquier cosa lo deja contenta; **de** ~ **maneira** *ou* **jeito** [sem cuidado] de cualquier manera. ◇ *pron* **-1.** [algum]: ~ **(de)** alguno(-na); **prove quaisquer destas balas** prueba algunos de estos caramelos; **um** ~ *pej* [pessoa] un cualquiera. **-2.** [todo - coisa]: ~ **(de)** cualquiera de; ~ **destas substâncias é perigosa** cualquiera de estas sustancias es peligrosa; [- pessoa] cualquiera; ~ **de nós faria o mesmo** cualquiera de nosotros haría lo mismo.

quando ['kwãndu] ◇ *adv* cuándo. ◇ *conj* cuando; [ao passo que] mientras que; **de** ~ **em** ~ de cuando en cuando; **desde** ~ desde cuándo; **de vez em** ~ de vez en cuando; ~ **quer que** cuando quiera/sea *Amér* que; ~ **muito** como mucho.

quanta ['kwãnta] ▷ **quanto.**

quantia [kwãn'tʃia] *f* cuantía *f*, cantidad *f*.

quantidade [kwãntʃi'dadʒi] *f* cantidad *f*; **uma** ~ **de** una cantidad de; **em** ~ en cantidad.

quantitativo, va [kwãntʃita'tʃivu, va] *adj* cuantitativo(va).

quanto, a ['kwãntu, ta] ◇ *adj* **-1.** *(interrogativo)* cuánto(ta); **quantas maçãs você quer?** ¿cuántas manzanas quieres?; **há** ~ **tempo você está esperando?** ¿cuánto hace que estás esperando? **-2.** *(exclamativo)* cuánto; **quantos livros!** ¡cuántos libros!; **quanta gente!** ¡cuánta gente! ◇ *pron* **-1.** *(interrogativo)* cuánto(ta); **quantos fugiram?** ¿cuántos huyeron? **-2.** *(exclamativo)* cuánto(ta); **quantos não morrem antes de chegar à idade adulta!** ¡cuántos no mueren antes de llegar a la adultez! **-3.** *(relativo)*: **tantos ... quantos ...** tantos ... como ...; **faça tantas alterações quantas forem necessárias** hagan tantos ajustes como sean necesarios; **gosto de tudo** ~ **é verdura** me gustan todas las verduras; **tudo** ~ **é tipo de penteado** todo tipo de peinados.

◆ **quanto** ◇ *pron (interrogativo)* [quantia, preço] cuánto(ta); ~ **custa este casaco?** ¿cuánto cuesta este abrigo?; **a** ~ **está o dólar?** ¿a cuánto está el dólar?; [quantidade]: ~ **de maionese devo acrescentar?** ¿cuánta mayonesa tengo que agregar?; ~ **de combustível ainda temos?** ¿cuánto combustible tenemos todavía? ◇ *adv* [indicando intensidade, proporção] cuánto; **esforcei-me o** ~ **pude** me esforcé tanto cuanto pude; **sei o** ~ **você me ama** sé cuánto me amas; **um tanto** ~ [meio] un tanto; **tanto** ~ tanto como; **tanto ... quanto ...** [ambos] tanto ... como ...; **tão ...** ~ **...** tan ... como ...; ~ **mais tem, mais quer** cuanto más tiene, más quiere; ~ **mais rápido, melhor** cuanto más rápido, mejor; ~ **mais** [especialmente] cuanto más; [muito menos] cuanto más.

◆ **quanto a** *loc prep* [com relação] en cuanto a; ~ **a mim** en cuanto a mí.

◆ **quanto antes** *loc adv*: **o** ~ **antes** cuanto antes.

◆ **quantos** *pron pl fam*: **um certo Carlos não sei dos quantos** un tal Carlos no sé cuánto.

◆ **quantas** *pron pl fam*: **a quantas** [em que situação] cómo; **não sei a quantas anda esse processo** no sé cómo marcha ese juicio.

quão [kwãw] *adv* [como] cuán; ~ **traiçoeira é a sorte** cuán traicionera es la suerte.

quarenta [kwa'rẽnta] *num* cuarenta *m*; *veja também* **sessenta.**

quarentena [kwarẽn'tena] *f* cuarentena *f*.

quaresma [kwa'rɛʒma] *f* **-1.** RELIG cuaresma *f.* **-2.** [flor] flor *f* de la cuaresma.

quarta ['kwaxta] *f* [quarta-feira] miércoles *m inv* ▷ **quarto**.

quarta-feira [ˌkwaxta'fejra] (*pl* **quartas-feiras**) *f* miércoles *m inv*; ~ **de cinzas** miércoles de ceniza; *veja também* **sábado**.

quarteirão [kwaxtej'rɐ̃w] (*pl* **-ões**) *m* manzana *f.*

quartel [kwax'tɛw] (*pl* **-éis**) *m* **-1.** MIL cuartel *m.* **-2.** [a quarta parte] cuarto *m.*

quartel-general [kwaxˌtɛwʒene'raw] (*pl* **quartéis-generais**) *m* cuartel *m* general.

quarteto [kwax'tetu] *m* LITER & MÚS cuarteto *m*; ~ **de cordas** cuarteto de cuerdas.

quarto, ta ['kwaxtu, ta] *num* cuarto(-ta); **a quarta parte** la cuarta parte; *veja também* **sexto**.

◆ **quarto** *m* **-1.** [ger] cuarto *m*; ~ **crescente/minguante** cuarto creciente/menguante. **-2.** [aposento] habitación *f*, cuarto *m* **Amér**; ~ **de casal/de solteiro** habitación de matrimonio/individual, cuarto matrimonial/individual **Méx**, cuarto de matrimonio/de soltero **RP**. **-3.** MIL [plantão] guardia *f.*

quarto-e-sala [ˌkwaxtwi'sala] (*pl* **quarto-e-salas**) *m apartamento de una habitación y un salón, apartamento de un dormitorio* **RP**.

quartzo ['kwaxtsu] *m* cuarzo *m.*

quase ['kwazi] *adv* casi; ~ **nada/tudo** casi nada/todo; ~ **nunca** casi nunca; ~ **sempre** casi siempre.

quatro ['kwatru] *num* cuatro; **de** ~ de *ou* en **RP** cuatro patas; **estar de** ~ **por alguém** [apaixonado] estar colgado(da) de alguien, estar babeando por alguien **Méx**, estar bobo(ba) con alguien **RP**; *veja também* **seis**.

quatrocentos, tas [ˌkwatru'sẽntuʃ, taʃ] *num* cuatrocientos; *veja também* **seis**.

que [ki] ◇ *adj inv* **-1.** [uso interrogativo] ¿qué?; ~ **horas são?** ¿qué hora es?, ¿qué horas son? **Amér**. **-2.** [uso exclamativo] ¡qué!; **mas** ~ **belo dia!** ¡qué dia más estupendo/maravilloso! **RP**; ~ **fome!** ¡qué hambre!; ~ **maravilha!** ¡qué maravilla! ◇ *pron* **-1.** [uso interrogativo] ¿qué?; ~ **é isso?** ¿qué es eso?; ~ **você quer?** ¿qué quieres? **-2.** [uso relativo] que; **o homem** ~ **corre** el hombre que corre; **a maçã** ~ **comi era ótima** la manzana que me comí estaba estupenda/sensacional **RP**; **o homem** ~ **conheci** el hombre al que conocí. ◇ *conj* **-1.** [com complemento direto] que; **confessou** ~ **tinha me enganado** confesó que me había engañado. **-2.** [em comparações]: **(do)** ~ que; **é mais caro (do)** ~ **o outro** es más caro que el otro. **-3.** [exprime causa] que; **leva o guarda-chuva** ~ **está chovendo** lleva/llevá **RP** el paraguas que está lloviendo; **vai depressa** ~ **você está atrasado** date prisa que estás retrasado **Esp**, apúrate que estás atrasado **Amér**. **-4.** [exprime conseqüência] que; **pediu-me tanto** ~ **acabei por concordar** me insistió tanto que terminé por aceptar. **-5.** [exprime tempo] que; **há horas** ~ **estou à espera** hace horas que estoy esperando; **há muito** ~ **não vou lá** hace mucho que no voy allá. **-6.** [indica desejo] que; **espero** ~ **você se divirta** espero que te diviertas; **quero** ~ **você o faça** quiero que tú/vos **RP** lo hagas; ~ **seja feliz!** ¡que seas feliz! **-7.** [em locuções]: ~ **nem** como; **é feio** ~ **nem o irmão** es (tan) feo como el hermano; **chorou** ~ **nem uma criança** lloró como un niño.

quê ['ke] ◇ *m* [algo]: **um** ~ algo; **um** ~ **de** [toque] una pizca de; [sabor] un dejo de; **um não sei** ~ un no sé qué; **sem** ~ **nem por** ~ [sem motivo] sin razón. ◇ *interj* [exprimindo espanto]: **quê!** ¡qué! ◇ *pron* ▷ **que**.

quebra ['kɛbra] *f* **-1.** [despedaçamento] rotura *f.* **-2.** [interrupção] corte *m.* **-3.** [violação] incumplimiento *m*, rompimiento *m* **RP**. **-4.** [dissolução] pérdida *f*, rompimiento *m* **RP**. **-5.** [falência] quiebra *f.* **-6.** COMPUT: ~ **de página** salto *m* de página.

◆ **de quebra** *loc adv* encima.

quebra-cabeça [ˌkɛbraka'besa] (*pl* **quebra-cabeças**) *m* [jogo, problema] rompecabezas *m inv*, puzzle *m* **Amér**.

quebradiço, ça [kebra'dʒisu, sa] *adj* frágil, quebradizo(za) **Méx**.

quebrado, da [ke'bradu, da] *adj* **-1.** [vaso, vidro] roto(ta), quebrado(da) **Méx**. **-2.** [braço, perna] roto(ta), quebrado(da) **Amér**. **-3.** [enguiçado] estropeado(da), descompuesto(ta) *Méx*, roto(ta) *RP*. **-4.** [falido] en quiebra, fundido(da) *RP*. **-5.** ***fam*** [sem dinheiro] sin blanca ***Esp***, quebrado(da) ***Méx***, pelado(da) ***RP***.

quebra-galho [ˌkɛbra'gaʎu] (*pl* **quebra-galhos**) *m* **-1.** [pessoa] mañoso *m*, -sa *f*, habilidoso *m*, -sa *f*. **-2.** [objeto] artilugio *m*.

quebra-molas [ˌkɛbra'mɔlaʃ] *m inv* badén *m*.

quebra-nozes [ˌkɛbra'nɔziʃ] *m inv* cascanueces *m inv*.

quebranto [ke'brãntu] *m* **-1.** [mau-olhado] mal *m* de ojo. **-2.** [abatimento] desaliento *m*.

quebra-quebra [ˌkɛbra'kɛbra] (*pl* **quebra-quebras**) *m* batalla *f* campal.

quebrar [ke'bra(x)] <> *vt* **-1.** [ger] romper, quebrar ***Méx***. **-2.** [partir] romper; **~ algo ao meio** partir algo por la mitad, partir algo al medio ***RP***. **-3.** [fazer enguiçar] estropear, descomponer ***Méx***, romper ***RP***. **-4.** [espancar] destrozar, acabar ***Méx***, reventar ***RP***. **-5.** [enfraquecer] debilitar. **-6.** [interromper] interrumpir, cortar. **-7.** [desviar] desviar. <> *vi* **-1.** [despedaçar-se] romperse, quebrarse ***Méx***. **-2.** [enguiçar] estropearse, descomponerse ***Méx***, romperse ***RP***. **-3.** [falir] quebrar, fundirse ***RP***. **-4.** [ficar sem dinheiro] quedarse sin blanca, quebrar ***Méx***, quedar pelado(da) ***RP***.

◆ **quebrar-se** *vp* romperse, quebrarse ***Méx***.

queda ['kɛda] *f* **-1.** [ger] caída *f*; **~ livre** caída libre; **~ de barreira** deslizamiento *m* de tierras. **-2.** [desvalorização] desvalorización *f*, baja *f* ***RP***; **a bolsa de Tóquio está em ~** la bolsa de Tokyo está a la baja. **-3.** ***fig*** [inclinação]: **ter uma ~ para algo** tener propensión por algo, tener inclinación por algo ***Amér***; **ter uma ~ por alguém** sentirse atraído por alguien, tener debilidad por alguien.

queda-d'água [ˌkɛda'dagwa] (*pl* **quedas-d'água**) *f* salto *m* de agua.

queijo ['kejʒu] *m* queso *m*; **~ prato** *queso de masa medio cocida, amarillo, consistencia compacta y elástica con diversas formas, queso de sándwich* ***RP***; **~ ralado** queso rallado.

queima ['kejma] *f* **-1.** [queimada] quema *f*; **~ de fogos** quema *f ou* espectáculo *m* ***RP*** de fuegos artificiales. **-2.** COM [liquidação] liquidación *f*.

queimado, da [kej'madu, da] *adj* **-1.** [ger] quemado(da). **-2.** [bronzeado] moreno(na), quemado(da) ***Amér***. **-3.** [plantas] quemado(da). **-4.** ***fam fig*** [malquisto] desprestigiado(da), quemado(da) ***Amér***.

◆ **queimada** *f* **-1.** quema *f*. **-2.** [jogo] *juego de pelota entre dos equipos que consiste en dar pelotazos al adversario*, manchado *m* ***RP***.

queimadura [kejma'dura] *f* [ferida] quemadura *f*.

queimar [kej'ma(x)] <> *vt* **-1.** [ger] quemar. **-2.** [bronzear] tostar, quemar ***Amér***. **-3.** COM [liquidar] liquidar. **-4.** ***fam*** [tornar malquisto] desprestigiar, quemar ***Amér***. **-5.** [dinheiro] fundir, quemar ***Méx***, patinarse ***RP***. <> *vi* **-1.** [ger] quemar. **-2.** [arder em febre] arder, estar hirviendo ***RP***. **-3.** ESP pegar en la red. **-4.** [comida] quemarse.

◆ **queimar-se** *vp* **-1.** [ferir-se] quemarse. **-2.** [bronzear-se] ponerse moreno, quemarse ***Amér***. **-3.** ***fam*** [enfezar-se] ofenderse, calentarse ***Amér***. **-4.** ***fam*** [tornar-se malquisto] desprestigiarse, quemarse ***Amér***.

queima-roupa [ˌkejma'xopa] *f*: **à ~** a quemarropa.

queixa ['kejʃa] *f* [reclamação, lamento] queja *f*, reclamo *m* ***RP***.

queixar-se [kej'ʃaxsi] *vp* [reclamar, lamentar-se] quejarse; **~-se (de algo/alguém)** quejarse (de algo/alguien).

queixo ['kejʃu] *m* barbilla *f*, pera *f* ***RP***; **bater o ~** [de frio] castañetear; [de medo] temblar; **ficar de ~ caído** [ficar admirado] quedarse boquiabierto.

queixoso, osa [kej'ʃozu, ɔza] *adj* **-1.** [agravado] querellante. **-2.** [magoado] quejumbroso(sa), quejoso(sa) ***RP***.

quem ['kẽj] *pron* quién; **~ diria!** ¡quién lo diría! ***Esp***, ¡quién diría! ***Amér***; **~ é?** [à porta] ¿quién es?; **~ fala?** [ao telefone] ¿quién es? ***Esp***, ¿quién habla? ***Amér***; **~ me dera!** ¡ojalá!; **~ quer que** quien quiera que; **seja ~ for** sea quien sea.

quente ['kẽntʃi] <> *adj* **-1.** [ger] caliente. **-2.** [calorento] caluroso(sa). **-3.** [roupa] cálido(da), abrigado(da) ***RP***. **-4.** [animado] animado(da), divertido(da). ◇ *m fam* [moda] moderno *m*, onda *f RP*.

quentinha [kẽn'tʃiɲa] *f* **-1.** [embalagem] fiambrera *f*, vianda *f RP*. **-2.** [refeição] plato *m*.

quentura [kẽn'tura] *f* calor *m*.

quer [kɛ(x)] ◇ *conj*: ~ ..., ~ ... ya ..., ya ...; ~ **queira,** ~ **não** tanto si quiere, como si no, independientemente de que quiera o no *RP*. ◇ *v* ▷ **querer.**

◆ **onde quer que** *loc pron* dondequiera que, donde sea que *RP*.

◆ **o que quer que** *loc pron* sea lo que sea.

◆ **quem quer que** *loc pron* quienquiera que, quien sea que *RP*.

querela [ke'rɛla] *f* **-1.** [contenda] contienda *f*. **-2.** *JUR* querella *f*.

querer [ke're(x)] ◇ *m* **-1.** [vontade] deseo *m*. **-2.** [amor] amor *m*, querer *m*. ◇ *vt* **-1.** [ger] querer; ~ **algo por algo** querer algo por algo; **não** ~ **fazer algo** no querer hacer algo; **como queira/quiser** ¡como quiera!; **como quem não quer nada** como quien no quiere la cosa; **não** ~ **nada com** no querer nada con; ~ **dizer** querer decir; **quer dizer** [em outras palavras] es decir. **-2.** [ter a bondade de] tener la gentileza de, servirse *RP*. ◇ *vi* [desejar, ter vontade, amar] querer; **por** ~ adrede, a propósito; **sem** ~ sin querer; ~ **bem/mal/a alguém** desear el bien/mal a alguien.

◆ **querer-se** *vp* [amar-se] quererse.

querido, da [ke'ridu, da] ◇ *adj* [caro] querido(da); **Querido ...** [em carta] Querido ... ◇ *m, f* **-1.** [preferido] preferido *m*, -da *f*. **-2.** [forma de tratamento] querido *m*, -da *f*.

querosene [kero'zeni] *m* queroseno *m*, querosén *m Amér*.

questão [keʃ'tãw] (*pl* **-ões**) *f* cuestión *f*; ~ **de honra** cuestión de honor; ~ **de tempo** cuestión de tiempo; **em** ~ en cuestión; **fazer** ~ **(de algo)** [insistir em] insistir (en algo).

questionar [keʃtʃjo'na(x)] *vt* [debater] cuestionar.

questionário [keʃtʃjo'narju] *m* cuestionario *m*.

questionável [keʃtʃjo'navew] (*pl* **-eis**) *adj* cuestionable.

questões [keʃ'tõjʃ] *pl* ▷ **questão.**

qui. (*abrev de* **quinta-feira**) j.

quiabo ['kjabu] *m hortaliza comestible de fruto cónico, verde y peludo.*

quicar [ki'ka(x)] ◇ *vt* [bola] botar, picar *RP*. ◇ *vi* **-1.** [bola] botar, picar *RP*. **-2.** *fam* [de raiva] echar chispas.

quíchua ['kiʃwa] ◇ *adj* quechua. ◇ *mf* quechua *mf*. ◇ *m* quechua *m*.

quieto, ta ['kjɛtu, ta] *adj* **-1.** [tranqüilo, em silêncio] tranquilo(la). **-2.** [imóvel] quieto(ta).

quietude [kje'tudʒi] *f* quietud *f*.

quilate [ki'latʃi] *m* **-1.** [de ouro] quilate *m*. **-2.** *fig* [excelência] categoría *f*.

quilha ['kiʎa] *f* quilla *f*.

quilo ['kilu] *m* kilo *m*; **a** ~ a peso, por peso *RP*.

quilobyte [kilo'bajtʃi] *m COMPUT* kilobyte *m*.

quilometragem [kilome'traʒẽ] (*pl* **-ns**) *f* **-1.** [distância percorrida] kilometraje *m*. **-2.** [distância entre dois pontos] distancia *f* (en kilómetros).

quilométrico, ca [kilo'mɛtriku, ka] *adj* [longo] kilométrico(ca).

quilômetro [ki'lometru] *m* kilómetro *m*.

quimera [ki'mɛra] *f* [fantasia, ilusão] quimera *f*.

químico, ca ['kimiku, ka] ◇ *adj* químico(ca). ◇ *m, f* [profissional] químico *m*, -ca *f*.

◆ **química** *f* **-1.** [ger] química *f*. **-2.** [substância] sustancia *f*.

quina ['kina] *f* **-1.** [canto] esquina *f*, punta *f RP*; **de** ~ de canto, de costado *RP*. **-2.** [de jogo] *serie de cinco números.*

quindim [kĩn'dʒĩ] (*pl* **-ns**) *m dulce de yema de huevo, coco y azúcar.*

quinhão [ki'ɲãw] (*pl* **-ões**) *m* parte *f*, tajada *f*.

quinhentos, tas [ki'ɲẽntuʃ, taʃ] *num* quinientos; **ser outros** ~ ser otro cantar; *veja também* **seis.**

quinhões [ki'ɲõjʃ] *pl* ▷ **quinhão.**

quinina [ki'nina] *f* quinina *f*.

qüinquagésimo, ma [kwiŋkwa'ʒɛzimu, ma] *num* quincuagésimo.

quinquilharia [kĩŋkiʎa'ria] *f* **-1.** [bugigangas] quincallería *f*, parafernalia *f RP*. **-2.** [ninharia] quincalla *f*, baratija *f RP*.

quinta ['kĩnta] *f* **-1.** [quinta-feira] jueves *m inv*. **-2.** [sítio] quinta *f*.

quinta-feira [ˌkĩnta'fejra] (*pl* **quintas-feiras**) *f* jueves *m inv*; *veja também* **sábado.**

quintal [kĩn'taw] (*pl* **-ais**) *m* [de casa]

patio *m* ***Esp*** & ***Méx***, fondo *m* ***RP***.
quinteto [kĩn'tetu] *m* *MÚS* quinteto *m*.
quinto, ta ['kĩntu, a] *num* quinto(ta); *veja também* **sexto**.
quíntuplo, pla ['kĩntuplu, pla] *adj* quíntuplo(pla), quíntuple.
◆ **quíntuplo** *m* quíntuplo *m*.
quinze ['kĩnzi] *num* quince; **chegou às dez e ~** llegó a las diez y cuarto; **agora são ~ para as dez** ahora son las diez menos cuarto; *veja também* **seis**.
quinzena [kĩn'zena] *f* **-1.** [tempo] quincena *f*. **-2.** [salário] sueldo *m* de una quincena, quincena *f* ***Méx***.
quinzenal [kĩnze'naw] (*pl* **-ais**) *adj* quincenal.
quiosque ['kjɔʃki] *m* [de jardim, banca] quiosco *m*.
qüiprocó [kwipro'kɔ] *m* [confusão] equívoco *m*, malentendido *m*.
quiromante [kiro'mãntʃi] *mf* quiromántico *m*, -ca *f*.
quisto ['kiʃtu] *m* quiste *m*.
quitanda [ki'tãnda] *f* verdulería *f*, recaudería *f* ***Méx***, almacén *m* ***RP***.
quitandeiro, ra [kitãn'dejru, ra] *m, f* verdulero *m*, -ra *f*, señor *m*, -ra *f* que atiende la recuadería ***Méx***, almacenero *m*, -ra *f* ***RP***.
quitar [ki'ta(x)] *vt* **-1.** [pagar] pagar, liquidar ***RP***. **-2.** [perdoar] saldar. **-3.** [devedor] liberar.
quite ['kitʃi] *adj* **-1.** [com credor]: **estar/ficar ~ (com alguém)** estar libre de deudas (con alguien). **-2.** [igualado] empatado(da).
Quito ['kitu] *n* Quito.
quitute [ki'tutʃi] *m* manjar *m*.
quociente [kwo'sjẽntʃi] *m* *MAT* cociente *m*; **~ de inteligência** cociente intelectual.

R

r, R ['ɛxi] *m* [letra] r, R *f*.
rã ['xã] *f* rana *f*.
rabanada [xaba'nada] *f* *CULIN* torrija *f*, torreja *f* ***RP***.
rabanete [xaba'netʃi] *m* rábano *m*, rabanito *m* ***RP***.
rabecão [xabe'kãw] (*pl* **-ões**) *m* [carro fúnebre] coche *m* fúnebre.
rabino, na [xa'binu, na] *m* rabino *m*.
rabiscar [xabiʃ'ka(x)] <> *vt* **-1.** [encher com rabiscos] pintarrajear, rayar. **-2.** [fazer rabiscos, escrever às pressas] garabatear. **-3.** [desenhar] esbozar. <> *vi* [fazer rabiscos] garabatear.
rabisco [xa'biʃku] *m* **-1.** [risco] garabato *m*, rayón *m* ***RP***. **-2.** [esboço] esbozo *m*.
rabo ['xabu] *m* **-1.** [cauda] cola *m*; **ser um ~ de foguete** *fam* ser imprevisible; **~ do olho** rabillo *m* del ojo; **meter o ~ entre as pernas** *fam* irse con el rabo entre las piernas, irse con la cola entre las patas ***RP***. **-2.** *vulg* [nádegas] culo *m* ***Esp***, cola *f* ***Amér***.
rabo-de-cavalo [,xabudʒika'valu] (*pl* **rabos-de-cavalo**) *m* cola *f* de caballo.
rabugento, ta [xabu'ʒẽntu, ta] *adj* cascarrabias, gruñón(ona).
raça ['xasa] *f* **-1.** [ger] raza *f*; **cão/cavalo de ~** perro/caballo de raza; **(no peito e) na ~** contra viento y marea; **acabar com a ~ de alguém** [matar] acabar con la vida de alguien. **-2.** [estirpe] casta *f*, estirpe *f*.
racha ['xaʃa] *m* **-1.** [em parede *etc*] grieta *f*. **-2.** *fam* [discórdia] gresca *f*.
rachadura [xaʃa'dura] *f* grieta *f*.
rachar [xa'ʃa(x)] <> *vt* **-1.** [fender] rajar; **frio de ~** frío horrible *ou* que pela *ou* que parte ***Méx***; **ou vai ou racha** tiene que ser. **-2.** [dividir]: **~ algo (com alguém)** compartir algo (con alguien). **-3.** *fig* [dividir] dividir. **-4.** [cortar] cortar, hachar ***RP***. <> *vi* [fender-se] rajarse.
racial [xa'sjaw] (*pl* **-ais**) *adj* racial.
raciocinar [xasjosi'na(x)] *vi* razonar.
raciocínio [xasjo'sinju] *m* **-1.** [razão] raciocinio *m*. **-2.** [pensamento] razonamiento *m*.
racional [xasjo'naw] (*pl* **-ais**) *adj* racional.
racionalizar [xasjonali'za(x)] *vt* [produção, atitude] racionalizar.
racionamento [xasjona'mẽntu] *m* racionamiento *m*.
racionar [xasjo'na(x)] *vt* racionar.
racismo [xa'siʒmu] *m* racismo *m*.
racista [xa'siʃta] <> *adj* racista. <> *mf* racista *mf*.
rack [xɛk] *m* **-1.** [para carro] baca *f*,

rack *m* ***Méx***. **-2.** [para aparelho de som] mueble *m* para cadena *OU* equipo ***RP*** de música.

radar [xa'da(x)] (*pl* **-es**) *m* radar *m*.

radiação [xadʒja'sãw] (*pl* **-ões**) *f* radiación *f*.

radiador [xadʒja'do(x)] (*pl* **-es**) *m* *AUTO* radiador *m*.

radiante [xa'dʒjãntʃi] *adj* [que brilha, cheio de alegria] radiante.

radical [xadʒi'kaw] (*pl* **-ais**) ◇ *adj* radical. ◇ *mf* *POL* radical *mf*. ◇ *m* *GRAM*, *MAT* & *QUÍM* radical *m*; **~ livre** radical libre.

radicalismo [xadʒika'liʒmu] *m* [intransigência & *POL*] radicalismo *m*.

radicar-se [xadʒi'kaxsi] *vp* radicarse.

rádio ['xadʒju] ◇ *m* **-1.** [aparelho] radio *f*. **-2.** *QUÍM* & *ANAT* radio *m*. ◇ *f* [emissora] radio *f*.

radioamador, ra [xadʒjwama'do(x), ra] *m, f* radioaficionado *m*, -da *f*.

radioatividade [xadʒwatʃivi'dadʒi] *f* radioactividad *f*, radiactividad *f*.

radioativo, va [ˌxadʒwa'tʃivu, va] *adj* radioactivo(va), radiactivo(va).

radiodifusão [xadʒodʒifu'zãw] *f* radiodifusión *f*.

radiografar [xadʒogra'fa(x)] ◇ *vt* **-1.** *MED* radiografiar. **-2.** [notícia] radiotelegrafiar. ◇ *vi* [fazer contato] radiotelegrafiar.

radiografia [ˌxadʒjogra'fia] *f* *MED* [análise] radiografía *f*.

radiogravador [xadʒjugrava'do(x)] *m* radiograbador *m*.

radiojornal [xadʒjuʒox'naw] (*pl* **-ais**) *m* noticiario *OU* noticiero *m* ***Amér*** radiofónico.

radiologia [xadʒjolo'ʒia] *f* radiología *f*.

radionovela [xadʒjuno'vɛla] *f* radionovela *f*.

radiopatrulha [xadʒjupa'truʎa] *f* radiopatrulla *f*.

radiotáxi [ˌxadʒjo'taksi] *m* radiotaxi *m*.

radioterapia [xadʒjotera'pia] *f* radioterapia *f*.

raia ['xaja] *f* **-1.** [linha, peixe] raya *f*. **-2.** [limite] límite *m*; **às ~s de algo** al borde de algo. **-3.** [de pista de atletismo, piscina] calle *f*, carril *m* ***Méx***, andarivel *m* ***RP***. **-4.** [de tiro] pista *f*. **-5.** *fam*: **fugir da ~** [evitar compromisso] eludir el compromiso, pintar su raya ***Méx***.

raiado, da [xa'jadu, da] *adj* **-1.** [bandeira] rayado(da). **-2.** [cano de revólver] estriado(da). **-3.** [pista de atletismo, piscina] con calles, con carriles ***Méx***, con andariveles ***RP***.

raiar [xa'ja(x)] ◇ *vi* despuntar, rayar ***Méx***. ◇ *vt* [com raias] colocar las corcheras en, marcar ***Méx***, poner los andariveles en ***RP***.

rainha [xa'iɲa] *f* **-1.** reina *f*. **-2.** *ZOOL* abeja *f* reina.

raio ['xaju] *m* **-1.** rayo *m*; **~ laser** rayo láser; **~s X** rayos X. **-2.** *fam* [como ênfase]: **perdi o ~ da carteira** he perdido la maldita cartera, perdí la billetera de porquería ***RP***. **-3.** *GEOM* radio *m*. **-4.** [alcance, área de atuação]: **~ de ação** radio *m* de acción.

raiva ['xajva] *f* [fúria, doença] rabia *f*; **ficar com ~ de alguém** estar rabioso(sa) con alguien; **ter/tomar ~ de** tener/agarrar rabia a.

raivoso, osa [xaj'vozu, ɔza] *adj* [furioso, doente] rabioso(sa).

raiz [xa'iʒ] (*pl* **-es**) *f* raíz *f*; **~ quadrada** raíz cuadrada; **cortar o mal pela ~** *fig* cortar el mal de raíz.

rajada [xa'ʒada] *f* [de vento, tiros] ráfaga *f*.

ralado, da [xa'ladu, da] *adj* **-1.** [moído] rallado(da). **-2.** [esfolado] desollado(da), raspado(da) ***RP***.

ralador [xala'do(x)] (*pl* **-es**) *m* rallador *m*.

ralar [xa'la(x)] *vt* **-1.** [com ralador] rallar. **-2.** [esfolar] desollar, rasparse ***RP***.

ralé [xa'lɛ] *f* [escória] chusma *f*, plebe *f*.

ralhar [xa'ʎa(x)] *vi*: **~ (com alguém)** reñir (a alguien), retar (a alguien) ***RP***.

rali [xa'li] *m* rally *m*.

ralo, la ['xalu, la] *adj* **-1.** [cabelo, tecido, vegetação] ralo(la). **-2.** [café] aguado(da).

◆ **ralo** *m* desagüe *m*, resumidero *m* ***RP***.

Ram. (*abrev de* **ramal**) *m* ext.

RAM (*abrev de* **random access memory**) *f* RAM *f*.

rama ['xãma] *f* ramaje *m*; **pela ~** [superficialmente] superficialmente.

ramagem [xa'maʒẽ] *f* *BOT* ramaje *m*.

ramal [xa'maw] (*pl* **-ais**) *m* **-1.** [de telefone] extensión *f*, interno *m* ***RP***. **-2.** [ferróviario, rodoviário] ramal *m*.

ramalhete [xama'ʎetʃi] *m* [buquê] ramillete *m*.

ramificação [xamifika'sãw] (*pl* **-ões**) *f*

[subdivisão] ramificación *f*.

ramificar-se [xamifi'kaxsi] *vp* **-1.** [subdividir-se] ramificarse. **-2.** [espalhar-se] repartirse, ramificarse ***RP***.

ramo ['xãmu] *m* **-1.** [ger] rama *f*. **-2.** [de flores] ramo *m*.

rampa ['xãnpa] *f* rampa *f*.

ranço ['xãnsu] *m* **-1.** [sabor] sabor *m* rancio. **-2.** [cheiro] olor *m* rancio. **-3.** *fig* [atraso] atraso *m*.

rancor [xãŋ'ko(x)] *m* [ódio, ressentimento] rencor *m*.

rancoroso, osa [xãŋko'rozu, ɔza] *adj* rencoroso(sa).

rançoso, osa [xãn'sozu, ɔza] *adj* rancio(cia).

ranger [xãn'ʒe(x)] <> *m* [ruído] chirrido *m*, rechinido *m* ***Méx***. <> *vt* [os dentes] rechinar, frotar ***RP***. <> *vi* chirriar, rechinar.

ranhura [xã'ɲura] *f* **-1.** [entalhe] muesca *f*. **-2.** [canaleta] ranura *f*.

ranzinza [xãn'zĩnza] *adj* caprichoso(-sa).

rapadura [xapa'dura] *f* *azúcar moreno en forma de ladrillos*, piloncillo *m* ***Méx***..

rapar [xa'pa(x)] *vt* **-1.** [pelar] rapar, afeitar. **-2.** *fam* [roubar] birlar, bajar ***Méx***.

rapaz [xa'paʒ] (*pl* **-es**) *m* **-1.** [jovem] muchacho *m*, chamaco *m* ***Méx***. **-2.** *fam* [cara] tío *m*, cuate *m* ***Méx***, flaco *m* ***RP***.

rapé [xa'pɛ] *m* rapé *m*.

rapidez [xapi'deʃ] *f* rapidez *f*.

rápido, da ['xapidu, da] *adj* [veloz, breve] rápido(da).

◆ **rápido** *adv* [ligeiro] rápido.

raposa [xa'poza] *f* **-1.** ZOOL raposa *f*, zorra *f*. **-2.** [pessoa astuta] zorro *m*.

raptar [xap'ta(x)] *vt* raptar.

rapto ['xaptu] *m* rapto *m*.

raptor, ra [xap'to(x), ra] *m, f* raptor *m*, -ra *f*.

raquete [xa'kɛtʃi] *f* raqueta *f*.

raquítico, ca [xa'kitʃiku, ka] *adj* raquítico(ca).

raquitismo [xaki'tʃiʒmu] *m* MED raquitismo *m*.

rarear [xa'rja(x)] *vi* [tornar-se raro] escasear.

rarefazer [xarefa'ze(x)] *vt* [tornar menos denso] enrarecer.

◆ **rarefazer-se** *vp* **-1.** [tornar-se menos denso] enrarecerse. **-2.** [multidão] dispersarse.

rarefeito, ta [xare'fejtu, ta] *adj* **-1.** [pouco denso] enrarecido(da). **-2.** [disperso] disperso(sa).

raridade [xari'dadʒi] *f* [qualidade, peça] rareza *f*.

raro, ra ['xaru, ra] *adj* raro(ra).

rasante [xa'zãntʃi] <> *adj* rasante. <> *adv* rasante.

rascunho [xaʃ'kuɲu] *m* borrador *m*.

rasgado, da [xaʒ'gadu, da] *adj* **-1.** [tecido, papel] rasgado(da), roto(ta) ***RP***. **-2.** [elogio, gesto] franco(ca). **-3.** *fig* [ritmo, dança] sincopado(da).

rasgão [xaʒ'gãw] (*pl* **-ões**) *m* desgarrón *m*, desgarre *m* ***Méx***, rotura *f* ***RP***.

rasgar [xaʒ'ga(x)] <> *vt* **-1.** [romper] rasgar, desgarrar ***Méx***, romper ***RP***. **-2.** *fig* [elogios] deshacerse en. <> *vi* [romper-se] rasgarse, romperse ***RP***.

◆ **rasgar-se** *vp* **-1.** [romper-se] rasgarse, desgarrarse ***Méx***, romperse ***RP***. **-2.** [pessoa] morirse.

rasgo ['xaʒgu] *m* **-1.** [rasgão] rasgón *m*. **-2.** [traço] raya *f*. **-3.** *fig* [ação, ímpeto] rasgo *m*.

rasgões [xaʒ'gõjʃ] *pl* ▻ **rasgão**.

raso, sa ['xazu, za] *adj* **-1.** [prato] llano(na), playo(ya) ***RP***. **-2.** [piscina] poco profundo(da), llano(na) ***RP***. **-3.** [colher] raso(sa), al ras ***RP***. **-4.** [grama, soldado] raso(sa). **-5.** [liso] liso(sa). **-6.** [cabelo] rapado(da). **-7.** [sapato] plano(na), chato(ta) ***RP***.

◆ **raso** *m* parte *f* poco profunda, parte *f* llana ***RP***.

raspa ['xaʃpa] *f* **-1.** [lasca] viruta *f*. **-2.** [de panela] raspadura *f*, costra *f* ***RP***.

raspão [xaʃ'pãw] (*pl* **-ões**) *m* arañazo *m*, raspón *m* ***Amér***; **de ~** de refilón.

raspar [xaʃ'pa(x)] <> *vt* **-1.** [alisar] lijar. **-2.** [cabeça] rapar. **-3.** [pernas] afeitar. **-4.** [limpar] raspar, rasquetear ***RP***. **-5.** [arranhar] arañar, raspar. **-6.** [de raspão] rozar. <> *vi* [de raspão]: **~ em** rozar algo.

raspões [xaʃ'põjʃ] *pl* ▻ **raspão**.

rasteiro, ra [xaʃ'tejru, ra] *adj* **-1.** [animal, vegetação] rastrero(ra). **-2.** [vôo] rasante. **-3.** *fig* [superficial] superficial, burdo(da).

◆ **rasteira** *f* zancadilla *f*; **dar uma ~ em alguém** [com pernada] poner la zancadilla a alguien, hacer una zancadilla a alguien; *fig* [trair] tender una trampa.

rastejante [xaʃte'ʒãntʃi] *adj* rastrero(ra).

rastejar [xaʃte'ʒa(x)] <> *vi* arrastrarse. <> *vt* [rastrear] rastrear.
rasto ['xaʃtu] *m* **-1.** [de roda, pés] huella *f.* **-2.** *fig* [vestígios] rastro *m.*
rastrear [xaʃ'trja(x)] <> *vt* [seguir o rasto de, investigar] rastrear. <> *vi* [seguir o rasto] rastrear.
rastro ['xaʃtru] *m* = **rasto.**
ratazana [xata'zãna] *f* rata *f* grande.
ratear [xa'tʃja(x)] <> *vt* [dividir] prorratear. <> *vi* [motor] fallar.
ratificar [xatʃifi'ka(x)] *vt* [confirmar, comprovar] ratificar.
rato, ta ['xatu, ta] *m, f* rata *f*; ~ **de praia** ratero *m* de playa.
ratoeira [xa'twejra] *f* ratonera *f.*
ravina [xa'vina] *f* barranco *m.*
ravióli [xa'vjɔli] *m* ravioli *m* ***Esp*** & ***Cuba***, raviol *m* ***Méx*** & ***RP***.
razão [xa'zãw] (*pl* **-ões**) <> *f* razón *f*; **dar ~ a alguém** dar la razón a alguien; **estar coberto de ~** tener toda la razón; **ter/não ter ~ (de)** tener/no tener razón (para); **~ de ser** *OU* **viver** razón de ser; **em ~ de** en razón de; **à ~ de** a razón de; **com/sem ~** con/sin razón. <> *m* *COM* libro *m* de cuentas.
razoável [xa'zwavew] (*pl* **-eis**) *adj* **-1.** [sensato, aceitável, legítimo] razonable. **-2.** [significativo] considerable.
ré ['xɛ] *f* *AUTO* marcha *f* atrás; **dar uma ~, dar marcha à ~** dar marcha atrás; ▷ **réu.**
reabastecer [xejabaʃte'se(x)] *vt* reabastecer.
◆ **reabastecer-se** *vp*: **~-se de algo** reabastecerse de algo
reação [xea'sãw] (*pl* **-ões**) *f* reacción *f*; **~ em cadeia** reacción en cadena.
reacionário, ria [xeasjo'narju, rja] <> *adj* reaccionario(ria). <> *m, f* [pessoa] reaccionario *m*, -ria *f.*
readaptação [xeadapta'sãw] (*pl* **-ões**) *f* readaptación *f.*
reafirmar [xeafix'ma(x)] *vt* reafirmar.
reagir [xea'ʒi(x)] *vi* **-1.** [responder]: **~ (a)** reaccionar (a). **-2.** [protestar, resistir]: **~ (a/contra)** reaccionar (a/ contra). **-3.** [recuperar-se] reaccionar.
reajuste [xea'ʒuʃtʃi] *m* reajuste *m.*
real [xe'aw] (*pl* **-ais**) <> *adj* [verdadeiro, régio] real. <> *m* **-1.** [realidade] realidad *f.* **-2.** [moeda brasileira] real *m.*
realçar [xeaw'sa(x)] *vt* realzar.
realce [xe'awsi] *m* **-1.** [destaque] realce *m*; **dar ~ a algo** realzar algo. **-2.** [brilho] brillo *m.*
realeza [xea'leza] *f* realeza *f.*
realidade [xeali'dadʒi] *f* realidad *f*; **na ~** en realidad.
realista [xea'liʃta] <> *adj* realista. <> *mf* **-1.** [pessoa] realista *mf.* **-2.** [adepto da monarquia] monárquico *m*, -ca *f.*
realização [xealiza'sãw] (*pl* **-ões**) *f* realización *f.*
realizado, da [xeali'zadu, da] *adj* realizado(da).
realizador, ra [xealiza'do(x), ra] (*mpl* **-es**, *fpl* **-s**) <> *adj* emprendedor(ra). <> *m, f* [pessoa] emprendedor *m*, -ra *f.*
realizar [xeali'za(x)] *vt* realizar; **ser realizado** [conferência, festa] celebrarse.
◆ **realizar-se** *vp* **-1.** [concretizar-se, cumprir um ideal] realizarse. **-2.** [ocorrer] celebrarse.
reanimar [xeani'ma(x)] *vt* reanimar.
◆ **reanimar-se** *vp* [fisicamente] reanimarse.
reapresentar [xeaprezẽn'ta(x)] *vt* presentar de nuevo.
◆ **reapresentar-se** *vp* presentarse de nuevo.
reatar [xea'ta(x)] *vt* **-1.** [nó] volver a atar. **-2.** [amizade, conversa, negócios] reanudar.
reator [xea'to(x)] *m* reactor *m*; **~ nuclear** reactor nuclear.
reavaliação [xeavalja'sãw] *f* revaluación *f.*
reaver [xea've(x)] *vt* recuperar.
rebaixar [xebaj'ʃa(x)] *vt* [teto, preço, pessoa] rebajar.
◆ **rebaixar-se** *vp* [pessoa] rebajarse.
rebanho [xe'bãɲu] *m* rebaño *m.*
rebater [xeba'te(x)] <> *vt* **-1.** [chutar] chutar, patear ***RP***. **-2.** [golpe] repeler. **-3.** [refutar] rebatir. **-4.** [à máquina] volver a escribir. <> *vi* [chutar] chutar, patear ***RP***.
rebelar-se [xebe'laxsi] *vp*: **~ (contra)** rebelarse (contra).
rebelde [xe'bɛwdʒi] <> *adj* rebelde. <> *mf* rebelde *mf.*
rebeldia [xebew'dʒia] *f* rebeldía *f.*
rebelião [xebe'ljãw] (*pl* **-ões**) *f* [sublevação] rebelión *f.*
rebentar [xebẽn'ta(x)] <> *vi* **-1.** [quebrar-se, romper-se] reventar. **-2.** [não se conter]: **~ de alegria** estallar

de alegría; ~ **de dor/curiosidade** reventar de dolor/curiosidad. **-3.** [guerra] estallar. ◇ *vt* **-1.** [romper] romper, reventar *RP.* **-2.** [vidraça, louça] reventar.

rebobinar [xebobi'na(x)] *vt* [vídeo] rebobinar.

rebocar [xebo'ka(x)] *vt* **-1.** [barco, carro] remolcar. **-2.** *CONSTR* revocar.

rebolado [xebo'ladu] *m* contoneo *m.*

rebolar [xebo'la(x)] ◇ *vt* [corpo, quadris] contonear. ◇ *vi* **-1.** [pessoa, corpo] contonearse. **-2.** *fam fig* [empenhar-se] hacer magia.

reboque [xe'bɔki] *m* **-1.** [reboco] revoque *m.* **-2.** [de carro, navio] remolque *m.*

rebuliço [xebu'lisu] *m* alboroto *m.*

rebuscado, da [xebuʃ'kadu, da] *adj* rebuscado(da).

recado [xe'kadu] *m* recado *m*; **dar conta do** ~ ser capaz de cumplir.

recaída [xeka'ida] *f* recaída *f.*

recalcar [xekaw'ka(x)] *vt* **-1.** [comprimir] volver a apisonar. **-2.** [reprimir] reprimir. **-3.** *PSIC* acomplejar.

recalque [xe'kawki] *m PSIC* complejo *m.*

recanto [xe'kãntu] *m* **-1.** [lugar menos à vista] rincón *m.* **-2.** [lugar agradável] rincón *m* apacible.

recapitular [xekapitu'la(x)] *vt* [resumir, relembrar] recapitular.

recatado, da [xeka'tadu, da] *adj* **-1.** [pudico] recatado(da). **-2.** [prudente] moderado(da).

recauchutado, da [xekawʃu'tadu, da] *adj* [pneu] recauchutado(da), recauchado(da) *Méx.*

recear [xe'sja(x)] ◇ *vt* **-1.** [temer] temer; ~ **fazer algo** temer hacer algo. **-2.** [preocupar-se com]: ~ **que** temer que.

receber [xese'be(x)] ◇ *vt* recibir. ◇ *vi* **-1.** [ser pago] cobrar; **a** ~ por cobrar. **-2.** [recepcionar] recibir.

recebimento [xesebi'mẽntu] *m* recibo *m*; **acusar o** ~ **de** acusar recibo de.

receio [xe'seju] *m* [medo, apreensão] temor *m*; **ter** ~ **(de) que** tener miedo de que.

receita [xe'sejta] *f* **-1.** [rendimentos] renta *f.* **-2.** [renda do Estado] recaudación *f.* **-3.** *FIN* ingresos *mpl.* **-4.** [fórmula & *CULIN*] receta *f*; ~ **(médica)** *MED* receta (médica).

◆ **Receita** *f*: **a Receita (federal)** *la hacienda brasileña.*

receitar [xesej'ta(x)] ◇ *vt* recetar. ◇ *vi* extender recetas.

recém-chegado, da [xe,sẽʃe'gadu, da] ◇ *adj* recién llegado(da). ◇ *m, f* recién llegado *m*, -da *f.*

recém-nascido, da [xe,sẽna'sidu, da] ◇ *adj* recién nacido(da). ◇ *m, f* recién nacido *m*, -da *f.*

recenseamento [xesẽnsja'mẽntu] *m* censo *m.*

recente [xe'sẽntʃi] ◇ *adj* reciente. ◇ *adv* recientemente.

receoso, osa [xe'sjozu, ɔza] *adj* [medroso, apreensivo] receloso(sa), temeroso(sa); **estar** ~ **de que** tener miedo de que.

recepção [xesep'sãw] (*pl* **-ões**) *f* **-1.** [acolhida, festa, seção] recepción *f.* **-2.** [aceitação] aceptación *f.*

recepcionista [xesepsjo'niʃta] *mf* recepcionista *mf.*

receptivo, va [xesep'tʃivu, va] *adj* receptivo(va).

receptor [xesep'to(x)] (*pl* **-res**) *m* [aparelho] receptor *m.*

recessão [xese'sãw] (*pl* **-ões**) *f* recesión *f.*

recesso [xe'sɛsu] *m* **-1.** [férias] receso *m.* **-2.** [recanto] rincón *m.*

rechaçar [xeʃa'sa(x)] *vt* rechazar.

recheado, da [xe'ʃjadu, da] *adj* **-1.** [comida]: ~ **(com/de)** relleno(na) (de). **-2.** [repleto]: ~ **de algo** repleto(ta) de algo.

rechear [xe'ʃja(x)] *vt* [comida] rellenar.

recheio [xe'ʃeju] *m* relleno *m.*

rechonchudo, da [xeʃõn'ʃudu, da] *adj* rechoncho(cha).

recibo [xe'sibu] *m* recibo *m.*

reciclagem [xesi'klaʒẽ] *f* reciclaje *m.*

reciclar [xesi'kla(x)] *vt* [material, pessoa] reciclar.

recife [xe'sifi] *m* arrecife *m.*

recinto [xe'sĩntu] *m* recinto *m.*

recipiente [xesi'pjẽntʃi] *m* recipiente *m.*

recíproca [xe'siproka] *f* ▷ **recíproco.**

recíproco, ca [xe'siproku, ka] *adj* recíproco(ca).

◆ **recíproca** *f* inversa *f.*

récita ['xɛsita] *f* recital *m.*

recital [xesi'taw] (*pl* **-ais**) *m* recital *m.*

reclamação [xeklama'sãw] (*pl* **-ões**) *f* [queixa, petição] reclamación *f*, reclamo *m RP.*

reclamar [xekla'ma(x)] ◇ *vt* [exigir] reclamar. ◇ *vi* [protestar]: ~ **(de/**

contra) quejarse (de).
reclame [xeklãmi] *m* anuncio *m*, aviso *m* *RP*.
reclinar [xekli'na(x)] *vt* [inclinar]: ~ **algo (em/sobre)** reclinar algo (en/ sobre).
◆ **reclinar-se** *vp* [recostar-se] reclinarse.
reclinável [xekli'navew] (*pl* **-eis**) *adj* reclinable.
reclusão [xeklu'zãw] *f* reclusión *f*.
recluso, sa [xe'kluzu, za] ◇ *adj* **-1.** [isolado] aislado(da). **-2.** [preso] recluído(da). ◇ *m, f* **-1.** [pessoa que se isola] ermitaño *m*, -ña *f*. **-2.** [prisioneiro] recluso *m*, -sa *f*.
recobrar [xeko'bra(x)] *vt* recobrar.
◆ **recobrar-se** *vp* [de doença, prejuízo]: ~**-se de algo** recobrarse de algo.
recolher [xeko'ʎe(x)] *vt* **-1.** [ger] recoger. **-2.** [arrecadar] recaudar. **-3.** [tirar de circulação] retirar, sacar de circulación. **-4.** [encolher] encoger.
recolhido, da [xeko'ʎidu, da] *adj* **-1.** [lugar] recogido(da). **-2.** [ensimesmado] ensimismado(da). **-3.** [dentro de casa] encerrado(da).
recolhimento [xekoʎi'mẽntu] *m* **-1.** [ato de levar, coleta] recogida *f*, recolección *f* *RP*. **-2.** [arrecadação] recaudación *f*. **-3.** [de circulação] retirada *f*, retiro *m* *RP*. **-4.** [devido a doença, retraimento] recogimiento *m*. **-5.** [refúgio] refugio *m*.
recomeçar [xekome'sa(x)] ◇ *vt* volver a empezar. ◇ *vi* volver a empezar.
recomeço [xeko'mesu] *m* reinicio *m*.
recomendação [xekomẽnda'sãw] (*pl* **-ões**) *f* recomendación *f*.
◆ **recomendações** *fpl* [saudações] saludos *mpl*.
recomendar [xekomẽn'da(x)] *vt* **-1.** [ger] recomendar; ~ **alguém a alguém** recomendar alguien a alguien. **-2.** [enviar cumprimentos] saludar.
recomendável [xekomẽn'davɛw] (*pl* **-eis**) *adj* recomendable.
recompensa [xekõn'pẽnsa] *f* recompensa *f*.
recompensar [xekõnpẽn'sa(x)] *vt* [premiar] recompensar.
recompor [xekõn'po(x)] *vt* **-1.** [restabelecer] recomponer. **-2.** [reordenar] reordenar.
recôncavo [xe'kõŋkavu] *m* ensenada *f*.
reconciliação [xekõnsilja'sãw] (*pl* **-ões**) *f* [acordo, conciliação] reconciliación *f*.
reconciliar [xekõnsi'lja(x)] *vt* reconciliar.
◆ **reconciliar-se** *vp* [pessoa, situação]: ~**-se com** reconciliarse con.
reconhecer [xekoɲe'se(x)] *vt* reconocer.
reconhecimento [xekoɲesi'mẽntu] *m* reconocimiento *m*.
reconquistar [xekõŋkiʃ'ta(x)] *vt* reconquistar.
reconsiderar [xekõnside'ra(x)] *vt* reconsiderar.
reconstruir [xekõnʃ'trwi(x)] *vt* reconstruir.
recontar [xekõn'ta(x)] *vt* [contar de novo, narrar de novo] volver a contar.
recordação [xekoxda'sãw] (*pl* **-ões**) *f* recuerdo *m*.
recordar [xekox'da(x)] *vt* **-1.** [lembrar] recordar, acordarse de. **-2.** [por semelhança]: **este senhor recorda meu avô** este señor me recuerda a mi abuelo, este señor me hace acordar a mi abuelo *RP*. **-3.** [recapitular] repasar.
◆ **recordar-se** *vp* [lembrar]: ~**-se de alguém/algo** acordarse de alguien/ algo; ~**-se (de) que** acordarse de que.
recorde [xe'kɔxdʒi] ◇ *adj inv* récord; **em tempo** ~ en (un) tiempo récord. ◇ *m* récord *m*; **bater/deter um** ~ batir/ostentar un récord.
recordista [xekox'dʒiʃta] ◇ *mf* plusmarquista *mf*. ◇ *adj* plusmarquista.
recorrer [xeko'xe(x)] *vi* **-1.** [pedir ajuda, lançar mão de]: ~ **a** recurrir a. **-2.** JUR recurrir; ~ **de algo** recurrir algo.
recortar [xekox'ta(x)] *vt* recortar.
recorte [xe'kɔxtʃi] *m* [de jornal] recorte *m*.
recostar [xekoʃ'ta(x)] *vt* [encostar, pôr meio deitado] recostar.
◆ **recostar-se** *vp* [encostar-se, pôr-se meio deitado] recostarse.
recreação [xekrja'sãw] *f* recreación *f*.
recreativo, va [xekrja'tʃivu, va] *adj* recreativo(va).
recreio [xe'kreju] *m* recreo *m*.
recriminar [xekrimi'na(x)] *vt* recriminar.
recrudescer [xekrude'se(x)] *vi* recrudecer.
recruta [xe'kruta] *mf* recluta *mf*.
recrutamento [xekruta'mẽntu] *m* reclutamiento *m*.

recrutar [xekru'ta(x)] *vt* reclutar.

recuar [xe'kwa(x)] ◇ *vi* **-1.** [andar para trás] recular. **-2.** [retirar-se, voltar atrás] retroceder. ◇ *vt* [mover para trás] mover hacia atrás.

recuo [xe'kuw] *m* **-1.** [afastamento]: **com o ~, evitou ser atropelada** al retroceder evitó ser atropellada; **com o ~ do móvel, ela ganhou mais espaço** al echar el mueble hacia atrás ganó más espacio. **-2.** [retirada] retirada *f.* **-3.** [reconsideração] reconsideración *f.* **-4.** [de canhão] retroceso *m.*

recuperação [xekupera'sãw] *f* **-1.** [reaquisição, restabelecimento] recuperación *f.* **-2.** [reabilitação] rehabilitación *f.* **-3.** [indenização] indemnización *f.*

recuperar [xekupe'ra(x)] *vt* **-1.** [readquirir, restabelecer] recuperar. **-2.** [reabilitar] rehabilitar.

◆ **recuperar-se** *vp* recuperarse.

recurso [xe'kuxsu] *m* recurso *m*; **como** *ou* **em último ~** como último recurso; **~ contra algo** recurso *m* contra algo.

◆ **recursos** *mpl* [dinheiro] recursos *mpl.*

recusa [xe'kuza] *f*: **~ (a/de algo)** rechazo *m* (a/de algo); **~ a** *ou* **em fazer algo** negativa a hacer algo.

recusar [xeku'za(x)] *vt* rechazar; **~ algo (a alguém)** rechazar algo (a alguien); **~ fazer algo** rechazar hacer algo.

◆ **recusar-se** *vp* [negar-se a]: **~-se (a fazer algo)** negarse (a hacer algo).

redação [xeda'sãw] (*pl* **-ões**) *f* redacción *f.*

redator, ra [xeda'to(x), ra] (*mpl* **-es**, *fpl* **-s**) *m, f* redactor *m*, -ra *f.*

redator-chefe, redatora-chefe [xeda,toxʃ'ɛfi, reda,tora'ʃɛfi] (*mpl* **redatores-chefes**, *fpl* **redatoras-chefes**) *m, f* redactor *m*, -ra *f* jefe, redactor *m*, -ra *f* en jefe ***Méx***, jefe *m*, -fa *f* de redacción ***RP.***

rede ['xedʒi] *f* **-1.** [ger] red *f.* **-2.** [leito] hamaca *f*, hamaca *f* paraguaya ***RP.***

rédea ['xɛdʒja] *f* rienda *f*; **tomar as ~s de algo** ***fig*** tomar las riendas de algo; **dar ~ larga a algo** ***loc*** dar rienda suelta a algo.

redemoinho [xedʒi'mwiɲu] *m* = **rodamoinho.**

redenção [xedẽn'sãw] *f* redención *f.*

redentor, ra [xedẽn'to(x), ra] *m, f* [pessoa] redentor *m*, -ra *f.*

redigir [xedʒi'ʒi(x)] *vt* & *vi* redactar.

redobrar [xedo'bra(x)] ◇ *vt* **-1.** [dobrar de novo] volver a doblar. **-2.** [reduplicar] reduplicar, cuadruplicar. **-3.** [intensificar] redoblar. ◇ *vi* **-1.** [reduplicar] reduplicarse, cuadruplicarse. **-2.** [intensificar-se] redoblarse.

redondamente [xe,dõnda'mẽntʃi] *adv* [totalmente] rotundamente.

redondeza [xedõn'deza] *f* [qualidade] redondez *f.*

◆ **redondezas** *fpl* [arredores] alrededores *mpl.*

redondo, da [xe'dõndu, da] *adj* **-1.** [circular] redondo(da). **-2.** [rechonchudo] rechoncho(cha).

redor [xe'dɔ(x)] *m*: **ao ~ de** alrededor de.

redução [xedu'sãw] (*pl* **-ões**) *f* reducción *f.*

redundância [xedũn'dãnsja] *f* redundancia *f.*

redundante [xedũn'dãntʃi] *adj* redundante.

reduto [xe'dutu] *m* reducto *m.*

reduzido, da [xedu'zidu, da] *adj* [diminuído, pequeno] reducido(da).

reduzir [xedu'zi(x)] *vt* [ger] reducir; **~ alguém a algo** reducir a alguien a algo; **~ algo a algo** reducir algo a algo.

◆ **reduzir-se** *vp* [resumir-se]: **~-se a algo** reducirse a algo.

reeditar [xeedʒi'ta(x)] *vt* reeditar.

reeleição [xeelej'sãw] *f* reelección *f.*

reembolsar [xeẽnbow'sa(x)] *vt* reembolsar; **~ algo a alguém/~ alguém de algo** reembolsar algo a alguien.

reembolso [xeẽnbowsu] *m* reembolso *m.*

reencarnação [xeẽnkaxna'sãw] *f* reencarnación *f.*

reencontro [xeẽŋ'kõntru] *m* reencuentro *m.*

reescrever [xeeʃkre've(x)] *vt* reescribir.

reexaminar [xeezami'na(x)] *vt* reexaminar.

refestelar-se [xefeʃte'laxsi] *vp* [estender-se] repantigarse, despatarrarse.

refazer [xefa'ze(x)] *vt* **-1.** [fazer de novo, reconstruir] rehacer. **-2.** [recuperar] recuperar.

◆ **refazer-se** *vp* **-1.** [recuperar-se]: **~-se (de algo)** recuperarse (de algo).

-2. [indenizar-se]: **~-se de algo** recuperarse de algo.

refeição [xefej'sãw] (*pl* **-ões**) *f* comida *f*; **faço duas refeições ao dia** como dos veces por día.

refeito, ta [xe'fejtu, ta] ◇ *pp* ▷ refazer. ◇ *adj* **-1.** [feito de novo, recuperado] rehecho(cha). **-2.** [reconstruído] reconstruido(da).

refeitório [xefej'tɔrju] *m* comedor *m*.

refém [xe'fẽ] (*pl* **-ns**) *mf* rehén *mf*.

referência [xefe'rẽnsja] *f* referencia *f*; **fazer ~ a** hacer referencia a.
◆ **referências** *fpl* [informação] referencias *fpl*.

referendum [xefe'rẽndũ] *m* POL referéndum *m*.

referente [xefe'rẽntʃi] *adj*: **~ a** referido(da) a, referente a *Méx*.

referir [xefe'ri(x)] *vt* [narrar]: **~ algo a alguém** contar algo a alguien, referir algo a alguien *RP*.
◆ **referir-se** *vp* [aludir, dizer respeito]: **~-se a** referirse a.

refil [xe'fiw] (*pl* **-is**) *m* recambio *m*, repuesto *m*.

refinado, da [xefi'nadu, da] *adj* refinado(da).

refinamento [xefina'mẽntu] *m* [ato, requinte] refinamiento *m*.

refinar [xefi'na(x)] *vt* [produto, estilo, gosto] refinar.

refinaria [xefina'ria] *f* refinería *f*.

refletir [xefle'tʃi(x)] ◇ *vt* reflejar. ◇ *vi* **-1.** [luz]: **a luz que reflete do espelho** la luz que refleja el espejo. **-2.** [pensar]: **~ (em/sobre)** reflexionar (sobre). **-3.** [repercutir]: **~ em** repercutir en.
◆ **refletir-se** *vp* [espelhar-se, repercutir] reflejarse.

refletor [xefle'to(x)] (*pl* **-es**) *m* reflector *m*.

reflexão [xeflek'sãw] (*pl* **-ões**) *f* [meditação & FÍS] reflexión *f*.

reflexivo, va [xeflek'sivu, va] *adj* [atitude & GRAM] reflexivo(va).

reflexo, xa [xe'flɛksu] *adj* **-1.** [luz] reflejado(da). **-2.** [movimento] reflejo(-ja).
◆ **reflexo** *m* reflejo *m*.
◆ **reflexos** *mpl* [no cabelo] reflejos *mpl*.

reflorestamento [xefloreʃta'mẽntu] *m* reforestación *f*.

reflorestar [xefloreʃ'ta(x)] *vt* reforestar.

refluxo [xe'fluksu] *m* reflujo *m*.

refogado, da [xefo'gadu, da] *adj* rehogado(da), dorado(da) *Méx*.
◆ **refogado** *m* **-1.** [molho] sofrito *m*. **-2.** [prato] rehogado *m*, guiso *m* *Amér*.

refogar [xefo'ga(x)] *vt* rehogar, sofreír.

reforçado, da [xefox'sadu, da] *adj* reforzado(da).

reforçar [xefox'sa(x)] *vt* **-1.** [ger] reforzar. **-2.** [ânimo] levantar. **-3.** [organismo] fortalecer, revigorizar *RP*.

reforço [xe'foxsu] *m* **-1.** [ger] refuerzo *m*. **-2.** [a argumento, pedido] apoyo *m*. **-3.** [de vacina] revacunación *f*, refuerzo *m* *RP*.

reforma [xe'fɔxma] *f* **-1.** [ger] reforma *f*; **~ agrária** reforma agraria. **-2.** MIL retiro *m*.
◆ **Reforma** *f*: **a Reforma** RELIG la Reforma.

reformado, da [xefox'madu, da] *adj* **-1.** [ger] reformado(da). **-2.** MIL retirado(da).

reformar [xefox'ma(x)] *vt* **-1.** [ger] reformar. **-2.** MIL pasar a la reserva, pasar a retiro *RP*. **-3.** JUR modificar.
◆ **reformar-se** *vp* MIL retirarse.

reformatar [xefoxma'ta(x)] *vt* COMPUT volver a formatear, reformatear.

reformatório [xefoxma'tɔrju] *m* reformatorio *m*.

refrão [xe'frãw] (*pl* **-ões**) *m* **-1.** [estribilho] estribillo *m*. **-2.** [provérbio] refrán *m*.

refratário, ria [xefra'tarju, rja] *adj* **-1.** [material] refractario(ria). **-2.**: **ser ~ a algo** [rebelde] ser contrario a algo; [imune] ser inmune a algo.

refrear [xefri'a(x)] *vt* [reprimir] contener.
◆ **refrear-se** *vp* [conter-se] contenerse.

refrescante [xefreʃ'kãntʃi] *adj* refrescante.

refrescar [xefreʃ'ka(x)] ◇ *vt* **-1.** [ger] refrescar. **-2.** [tranqüilizar] despejar. ◇ *vi* [tempo] refrescar.
◆ **refrescar-se** *vp* [pessoa] refrescarse.

refresco [xe'freʃku] *m* refresco *m* de frutas, agua *f* fresca *Méx*, jugo *m* de frutas *RP*.

refrigeração [xefriʒera'sãw] *m* refrigeración *f*.

refrigerador [xefriʒera'do(x)] *m* **-1.** [de alimentos] refrigerador *m*, frigorífico *m* *Esp* & *Cuba*, heladera *f* *RP*. **-2.**

[de máquina] refrigerador *m*.
refrigerante [xefriʒe'rãntʃi] *m* refresco *m*.
refrigerar [xefriʒe'ra(x)] *vt* refrigerar.
refugiado, da [xefu'ʒjadu, da] <> *adj* refugiado(da). <> *m, f* refugiado *m*, -da *f*.
refugiar-se [xefu'ʒjaxsi] *vp* [ger] refugiarse; ~ **em** refugiarse en.
refúgio [xe'fuʒju] *m* refugio *m*.
refugo [xe'fugu] *m* restos *mpl*.
refutar [xefu'ta(x)] *vt* refutar.
regaço [xe'gasu] *m* [colo] regazo *m*.
regador [xega'do(x)] (*pl* **-es**) *m* regadera *f*.
regalia [xega'lia] *f* privilegio *m*.
regalo [xe'galu] *m* [presente] regalo *m*.
regar [xe'ga(x)] *vt* regar.
regatear [xega'tʃja(x)] *vt* & *vi* regatear.
regeneração [xeʒenera'sãw] *f* regeneración *f*.
regenerar [xeʒene'ra(x)] *vt* regenerar.
◆ **regenerar-se** *vp* regenerarse.
regente [xe'ʒẽntʃi] *m* **-1.** *POL* regente *m*. **-2.** *MÚS* director *m*.
reger [xe'ʒe(x)] <> *vt* **-1.** [governar] gobernar. **-2.** [regular, subordinar] regir. **-3.** *MÚS* dirigir. <> *vi* **-1.** [governar] gobernar. **-2.** *MÚS* dirigir.
região [xe'ʒjãw] (*pl* **-ões**) *f* región *f*.
regime [xe'ʒimi] *m* régimen *m*.
regimento [xeʒi'mẽntu] *m* **-1.** [ger] regimiento *m*. **-2.** [normas] reglamento *m*; ~ **interno** reglamento interno.
regiões [xe'ʒjõjʃ] *mpl* ⊳ **região**.
regional [xeʒjo'naw] (*pl* **-ais**) *adj* regional.
registrador, ra [xeʒiʃtra'do(x), ra] *adj* registrador(ra).
◆ **registradora** *f* [máquina] caja *f* registradora.
registrar [xeʒiʃ'tra(x)] *vt* **-1.** [ger] registrar. **-2.** [memorizar] memorizar, registrar *RP*. **-3.** [carta] certificar, registrar *RP*.
registro [xe'ʒiʃtru] *m* **-1.** [ger] registro *m*; ~ **civil** registro *m* civil. **-2.** [postal] certificación *f*, registro *m RP*. **-3.** [torneira] llave *f* de paso, llave *f* general *RP*. **-4.** [relógio] contador *m*, registro *m Méx*.
regozijar-se [xegozi'ʒaxsi] *vp*: ~ **com algo/por fazer algo** regocijarse con algo/haciendo algo.
regra ['xɛgra] *f* **-1.** [norma] regla *f*. **-2.** [rotina] método *f*.
regredir [xegre'dʒi(x)] *vi*: ~ **(a algo)** retroceder (a algo).
regressão [xegre'sãw] *f* **-1.** [retrocesso] retroceso *m*, paso *m* atrás. **-2.** *PSIC* regresión *f*.
regressar [xegre'sa(x)] *vi*: ~ **(de/a)** regresar (de/a).
regressivo, va [xegre'sivu, va] *adj* regresivo(va).
regresso [xe'grɛsu] *m* regreso *m*.
régua ['xɛgwa] *f* regla *f*.
regulador, ra [xegula'do(x), ra] *adj* [força] regulador(ra).
◆ **regulador** *m* [medicamento] regulador *m*.
regulagem [xegu'laʒẽ] (*pl* **-ns**) *f* regulación *f*.
regulamento [xegula'mẽntu] *m* reglamento *m*.
regular [xegu'la(x)] (*pl* **-es**) <> *adj* **-1.** [simétrico, freqüente, razoável] regular. **-2.** [legal] regularizado(da). **-3.** [pontual] puntual, regular. **-4.** [tamanho] mediano(na). <> *vt* regular; ~ **algo por algo** regular algo por algo. <> *vi* **-1.** [máquina]: ~ **bem/mal** funcionar bien/mal. **-2.** [pessoa]: **não ~ (bem)** tener los cables cruzados, estar revirado(da) *RP*.
regularidade [xegulari'dadʒi] *f* regularidad *f*.
regularizar [xegulari'za(x)] *vt* regularizar.
◆ **regularizar-se** *vp* [normalizar-se] normalizarse.
rei ['xej] *m* **-1.** [ger] rey *m*. **-2.** *loc*: **ter o ~ na barriga** subirse a alguien los humos a la cabeza.
Reikjavik [xejkʒa'vikí] *n* Reikiavik.
reinado [xej'nadu] *m* reinado *m*.
reinar [xej'na(x)] *vi* reinar.
reincidir [xẽjnsi'dʒi(x)] *vi* reincidir; ~ **em algo** reincidir en algo.
reino ['xejnu] *m* **-1.** [ger] reino *m*. **-2.** *fig* [âmbito] mundo *m*.
reintegrar [xẽjnte'gra(x)] *vt* reintegrar.
reiterar [xeite'ra(x)] *vt* reiterar.
reitor, ra [xej'to(x), ra] *m, f* rector *m*, -ra *f*.
reitoria [xejto'ria] *f* rectorado *m*.
reivindicação [xejvĩndʒika'sãw] (*pl* **-ões**) *f* reivindicación *f*.
reivindicar [xejvĩndʒi'ka(x)] *vt* reivindicar.

rejeição [xeʒej'sãw] (*pl* **-ões**) *f* rechazo *m*.

rejeitar [xeʒej'ta(x)] *vt* **-1.** [ger] rechazar. **-2.** [vomitar] devolver, volver *Méx*.

rejuvenescer [xeʒuvene'se(x)] <> *vt* rejuvenecer. <> *vi* rejuvenecer.

rejuvenescimento [xeʒuvenesi'mẽntu] *m* rejuvenecimiento *m*.

relação [xela'sãw] (*pl* **-ões**) *f* relación *f*; ~ **entre/com** relación entre/con; **com** ~ **a** con *ou* en relación a.
◆ **relações** *fpl* [relacionamento] relaciones *fpl*; **cortar relações com alguém** romper relaciones con alguien; **ter relações com alguém** tener relaciones con alguien; **relações sexuais** relaciones sexuales; **relações públicas** relaciones públicas.

relacionar [xelasjo'na(x)] *vt* **-1.** [listar] relacionar, hacer una relación de, listar *RP*. **-2.** [pessoa] relacionar, poner en relación con.
◆ **relacionar-se** *vp* **-1.** [ligar-se] relacionarse. **-2.** [pessoa]: ~**-se com alguém** relacionarse con alguien.

relações-públicas [xela,sõjʃ'publikaʃ] *mf inv* [pessoa] relaciones públicas *mf inv*, encargado *m*, -da *f* de relaciones públicas *RP*.

relâmpago [xe'lãnpagu] <> *m* METEOR relámpago *m*. <> *adj* [rápido]: **visita-**~ visita *f* relámpago; **eleições-**~ elecciones *fpl* relámpago.

relampejar [xelãnpe'ʒa(x)] *vi* relampaguear.

relance [xe'lãnsi] *m*: **de** ~ de reojo.

relapso, sa [xe'lapsu, sa] <> *adj* negligente. <> *m, f* negligente *mf*.

relatar [xela'ta(x)] *vt* relatar.

relativo, va [xela'tʃivu, va] *adj* relativo(va); ~ **a algo** relativo a algo.

relato [xe'latu] *m* relato *m*.

relatório [xela'tɔrju] *m* informe *m*.

relaxado, da [xela'ʃadu, da] *adj* **-1.** [desleixado] descuidado(da), desprolijo(ja) *RP*. **-2.** [descansado] relajado(da), descansado(da) *RP*.

relaxante [xela'ʃãntʃi] *adj* relajante.

relaxar [xela'ʃa(x)] <> *vt* relajar. <> *vi* **-1.** [descansar] relajarse. **-2.** [desleixar-se]: ~ **em algo** descuidarse en algo.

relegar [xele'ga(x)] *vt* relegar.

relembrar [xelẽn'bra(x)] *vt* recordar.

reles ['xɛliʃ] *adj (inv)* **-1.** [desprezível] despreciable. **-2.** [mero] mero(ra), puro(ra).

relevante [xele'vãntʃi] *adj* relevante.

relevo [xe'levu] *m* relieve *m*.

religião [xeli'ʒjãw] (*pl* **-ões**) *f* religión *f*.

religioso, osa [xeli'ʒozu, ɔza] <> *adj* religioso(sa). <> *m, f* [padre, freira] religioso *m*, -sa *f*.

relinchar [xelĩn'ʃa(x)] *vi* relinchar.

relíquia [xe'likja] *f* reliquia *f*; ~ **de família** reliquia familiar.

relógio [xe'lɔʒju] *m* **-1.** [instrumento] reloj *m*; ~ **de ponto** reloj para fichar *Esp*, reloj para marcar tarjeta *Cuba* & *RP*, checador *m Méx*; ~ **de pulso** reloj de pulsera, reloj pulsera *RP*; ~ **de sol** reloj de sol. **-2.** [registro] contador *m*, registro *m Méx*.

relojoeiro, ra [xelo'ʒwejru, ra] *m, f* relojero *m*, -ra *f*.

relutante [xelu'tãntʃi] *adj* reticente.

relutar [xelu'ta(x)] *vi*: ~ **(contra algo/em fazer algo)** resistirse (a algo/a hacer algo).

reluzente [xelu'zẽntʃi] *adj* reluciente.

relva ['xɛwva] *f* hierba *f*.

remanescente [xemane'sẽntʃi] <> *adj* restante, remanente *Méx* & *RP*; **essa prática é** ~ **de hábitos antigos** esta práctica tiene reminiscencias de hábitos antiguos. <> *m*: **o** ~ lo restante, el remanente *Méx* & *RP*.

remanso [xe'mãnsu] *m* [águas calmas] remanso *m*.

remar [xe'ma(x)] <> *vt* remar. <> *vi* remar; ~ **contra a maré** *fig* nadar contra corriente, remar contra la corriente *Méx* & *RP*.

remarcação [xemaxka'sãw] (*pl* **-ões**) *f* remarcado *m*.

rematar [xema'ta(x)] *vt* **-1.** [concluir] terminar, rematar. **-2.** [fazer o acabamento de] rematar.

remate [xe'matʃi] *m* **-1.** [conclusão] conclusión *f*. **-2.** [acabamento] remate *m*. **-3.** [de piada] golpe *m*, remate *m Méx* & *RP*.

remediar [xeme'dʒja(x)] *vt* **-1.** [ger] remediar. **-2.** [evitar] evitar.

remédio [xe'mɛdʒju] *m* remedio *m*.

rememorar [xememo'ra(x)] *vt* rememorar.

remendar [xemẽn'da(x)] *vt* **-1.** [roupa] remendar. **-2.** [retificar] enmendar, arreglar.

remendo [xe'mẽndu] *m* **-1.** [de pano] remiendo *m*. **-2.** [de metal, couro] parche *m*, remiendo *m*. **-3.** [emenda]

enmienda *f*, arreglo *m*.

remessa [xe'mɛsa] *f* **-1.** [ato] envío *m*. **-2.** [de dinheiro, mercadorias] remesa *f*.

remetente [xeme'tẽntʃi] *mf* [de carta] remitente *mf*.

remeter [xeme'te(x)] *vt* [enviar] remitir.

◆ **remeter-se** *vp* [referir-se] remitirse.

remexer [xeme'ʃe(x)] <> *vt* **-1.** [ger] revolver. **-2.** [sacudir] menear, sacudir. **-3.** *fam* [rebolar] menear. <> *vi* [mexer]: ~ **em algo** revolver algo.

◆ **remexer-se** *vp* **-1.** [mover-se] agitarse. **-2.** [rebolar-se] menearse.

reminiscência [xemini'sẽnsja] *f* reminiscencia *f*.

remissão [xemi'sãw] (*pl* **-ões**) *f* **-1.** [de pena, pecado, en texto] remisión *f*. **-2.** [de dívida, ônus] condonación *f*.

remissivo, va [xemi'sivu, va] *adj*: **índice** ~ índice *m* de remisiones; **nota remissiva** remisión *f*.

remo ['xemu] *m* remo *m*.

remoção [xemo'sãw] (*pl* **-ões**) *f* **-1.** [de obstáculo, objeto] retirada *f*, retiro *m* *Amér*. **-2.** [de pessoa] traslado *m*. **-3.** [de nódoa, quisto] extirpación *f*. **-4.** [de pedra] extracción *f*.

remoçar [xemo'sa(x)] *vt* & *vi* rejuvenecer.

remorso [xe'mɔxsu] *m* remordimiento *m*.

remoto, ta [xe'mɔtu, ta] *adj* remoto(-ta).

removedor [xemove'do(x)] *m* **-1.** [de tinta, manchas] solvente *m*, removedor *m* *Méx*. **-2.** [esmalte] quitaesmalte *m*.

remover [xemo've(x)] *vt* **-1.** [tirar, limpar] quitar, remover *Méx*. **-2.** [mover, transferir] trasladar. **-3.** [superar] remover, superar. **-4.** [demitir] despedir.

remuneração [xemunera'sãw] (*pl* **-ões**) *f* remuneración *f*.

remunerar [xemune'ra(x)] *vt* remunerar.

rena ['xena] *f* reno *m*.

renal [xe'naw] (*pl* **-ais**) *adj* renal.

Renascença [xena'sẽnsa] *f*: **a** ~ el Renacimiento.

renascer [xena'se(x)] *vi* renacer.

renascimento [xenasi'mẽntu] *m* renacimiento *m*.

◆ **Renascimento** *m*: **o Renascimento** el Renacimiento.

render [xẽn'de(x)] <> *vt* **-1.** [dominar] dominar. **-2.** [substituir] cambiar. **-3.** [lucrar] rendir, dar. **-4.** [causar] traer. **-5.** [prestar]: ~ **homenagens** rendir homenaje; ~ **serviços** prestar servicios; ~ **graças** dar gracias. <> *vi* **-1.** [ger] rendir. **-2.** [durar] dar que hablar.

◆ **render-se** *vp* [entregar-se]: ~**-se (a algo/alguém)** rendirse (a algo/alguien).

rendição [xẽndʒi'sãw] *f* **-1.** [capitulação] rendición *f*. **-2.** [substituição] cambio *m*.

rendimento [xẽndʒi'mẽntu] *m* **-1.** [renda] ingresos *mpl*. **-2.** [lucro] recaudación *f*, ganancia *f* *Méx*. **-3.** [desempenho, juro] rendimiento *m*.

renegado, da [xene'gadu, da] <> *adj* despreciado(da). <> *m, f* renegado *m*, -da *f*.

renegar [xene'ga(x)] *vt* **-1.** [ger] renegar de. **-2.** [negar] negar.

renitente [xeni'tẽntʃi] *adj* persistente.

renomado, da [xeno'madu, da] *adj* renombrado(da).

renome [xe'nɔmi] *m*: **de** ~ de renombre.

renovação [xenova'sãw] (*pl* **-ões**) *f* **-1.** [ger] renovación *f*. **-2.** ARQUIT restauración *f*, refacción *f* *RP*.

renovar [xeno'va(x)] *vt* **-1.** [ger] renovar. **-2.** ARQUIT restaurar, refaccionar *RP*.

rentabilidade [xẽntabili'dadʒi] *f* ECON rentabilidad *f*.

rentável [xẽn'tavɛw] (*pl* **-eis**) *adj* rentable.

rente ['xẽntʃi] <> *adj* **-1.** [muito curto] muy corto(ta), rapado(da). **-2.** [junto]: ~ **a** pegado(da) a. <> *adv* **-1.** [muito curto] muy corto, al rape. **-2.** [junto]: ~ **a** junto a.

renúncia [xe'nũnsja] *f* renuncia *f*.

renunciar [xenũn'sja(x)] *vi*: ~ **a algo** renunciar a algo.

reorganização [xeoxganiza'sãw] *f* reorganización *f*.

reorganizar [xeoxgani'za(x)] *vt* reorganizar.

reparação [xepara'sãw] (*pl* **-ões**) *f* **-1.** [ger] reparación *f*. **-2.** [indenização] indemnización *f*.

reparar [xepa'ra(x)] <> *vt* **-1.** [consertar] reparar. **-2.** [indenizar] indemnizar. **-3.** [retratar-se de] reparar. **-4.** [notar] reparar en. <> *vi* [notar]: ~ **em algo/alguém** reparar en algo/alguien.

reparo [xe'paru] *m* **-1.** [conserto] reparación *f.* **-2.** [crítica] reparo *m.*

repartição [xepaxtʃi'sãw] (*pl* **-ões**) *f* **-1.** [partilha] reparto *m.* **-2.** [órgão governamental] departamento *m*, repartición *f* ***Amér.***

repartir [xepax'tʃi(x)] *vt* **-1.** [ger] repartir. **-2.** [compartilhar] compartir.

repassar [xepa'sa(x)] ◇ *vt* **-1.** [passar de novo] volver a pasar. **-2.** [revisar] repasar. **-3.** [verbas] transferir. ◇ *vi* [passar de novo] volver a pasar.

repasse [xe'pasi] *m* [de verba] transferencia *f*, entrega *f.*

repatriar [xepa'trja(x)] *vt* repatriar. ◆ **repatriar-se** *vp* repatriarse.

repelente [xepe'lẽntʃi] ◇ *adj* [repugnante] repelente. ◇ *m* [inseticida] repelente *m.*

repelir [xepe'li(x)] *vt* **-1.** [fazer regressar] ahuyentar, espantar. **-2.** [rechaçar, recusar, desmentir] rechazar. **-3.** [invasores] repeler. **-4.** [impedir de entrar] bloquear.

repensar [xepẽn'sa(x)] ◇ *vt* repensar.

repente [xe'pẽntʃi] *m* [ação imprevista] repente *m*; **un ~ de carinho** un ataque de cariño. ◆ **de repente** *loc adv* **-1.** [repentinamente] de repente. **-2.** ***fam*** [talvez] quizás, tal vez, de repente ***Méx*** & ***RP.***

repentinamente [xepẽntʃina'mẽntʃi] *adv* repentinamente.

repentino, na [xepẽn'tʃinu, na] *adj* repentino(na).

repercussão [xepexku'sãw] (*pl* **-ões**) *f* repercusión *f.*

repercutir [xepexku'tʃi(x)] ◇ *vt* [som] hacer repercutir. ◇ *vi* **-1.** [som] repercutir. **-2.** ***fig*** [afetar]: **~ em** tener repercusión en, repercutir en.

repertório [xepex'tɔrju] *m* repertorio *m.*

repetição [xepetʃi'sãw] (*pl* **-ões**) *f* repetición *f.*

repetido, da [xepe'tʃidu, da] *adj* repetido(da).

repetir [xepe'tʃi(x)] ◇ *vt* **-1.** [ger] repetir. **-2.** [roupa] volver a llevar, repetir ***Méx*** & ***RP.*** ◇ *vi* repetir. ◆ **repetir-se** *vp* repetirse.

repetitivo, va [xepetʃi'tʃivu, va] *adj* repetitivo(va).

repisar [xepi'za(x)] ◇ *vt* **-1.** [com os pés] pisar. **-2.** [repetir] repetir. ◇ *vi* [insistir]: **~ em algo** insistir en algo.

replay [xi'plej] *m* repetición *f*, replay *m* ***RP.***

repleto, ta [xe'plɛtu, ta] *adj* [cheio]: **~ (de)** repleto (de).

réplica ['xɛplika] *f* réplica *f.*

replicar [xepli'ka(x)] *vt* & *vi* replicar.

repolho [xe'poʎu] *m* repollo *m*, col *f.*

repor [xe'po(x)] *vt* **-1.** [recolocar] volver a poner. **-2.** [devolver] reponer.

reportagem [xepox'taʒẽ] (*pl* **-ns**) *f* **-1.** [ato] reportaje *m.* **-2.** [matéria]: **~ (sobre)** reportaje *m* (sobre). **-3.** [repórteres] reporteros *mpl.*

repórter [xe'pɔxte(x)] (*pl* **-es**) *mf* reportero *m*, -ra *f.*

repórter-fotográfico, ca [xe'pɔxte(x)foto'grafiku, ka] (*pl* **repórteres-fotográficos**) *m,f* reportero *m* gráfico, reportera *f* gráfica.

repousante [xepo'zãntʃi] *adj* de reposo.

repousar [xepo'za(x)] ◇ *vt* **-1.** [descansar] reposar. **-2.** [pôr] posar. ◇ *vi* **-1.** [descansar, dormir] reposar. **-2.** [basear-se]: **~ em/sobre algo** descansar en/sobre algo, asentarse en/sobre algo ***RP.*** **-3.** [não produzir] estar en barbecho.

repouso [xe'pozu] *m* [descanso] reposo *m*; **em ~** [corpo, pessoa, máquina] en reposo.

repreender [xeprjẽn'de(x)] *vt* reprender.

repreensão [xeprjẽn'sãw] (*pl* **-ões**) *f* llamada *f* OU llamado *m* ***Amér*** de atención.

repreensível [xeprjẽn'sivew] (*pl* **-eis**) *adj* reprensible.

represa [xe'preza] *f* represa *f.*

represália [xepre'zalja] *f* represalia *f*; **em ~** en represalia.

representação [xeprezẽnta'sãw] (*pl* **-ões**) *f* **-1.** [reprodução, delegação, encenação] representación *f.* **-2.** [de ator] actuación *f.* **-3.** [queixa]: **~ contra algo/alguém** escrito *m* contra algo/alguien. **-4.** COM: **ter a ~ de algo** tener la representación de algo. **-5.** ***fig*** [fingimento] teatro *m.*

representante [xeprezẽn'tãntʃi] ◇ *adj* representante. ◇ *mf* representante *mf.*

representar [xeprezẽn'ta(x)] ◇ *vt* representar. ◇ *vi* TEATRO [interpretar] actuar, representar ***RP.***

representatividade [xeprezẽntatʃivi'dadʒi] *f* representatividad *f.*

representativo, va [xeprezẽnta'tʃivu, va] *adj* representativo(va); ~ **de algo** representativo(va) de algo.

repressão [xepre'sãw] (*pl* **-ões**) *f* represión *f*.

reprimido, da [xepri'midu, da] *adj* reprimido(da).

reprimir [xepri'mi(x)] *vt* **-1.** [ger] reprimir. **-2.** [gastos] controlar.
◆ **reprimir-se** *vp* [conter-se] reprimirse.

reprise [xe'prizi] *f* reposición *f*.

reprodução [xeprodu'sãw] (*pl* **-ões**) *f* reproducción *f*.

reprodutor, ra [xeprodu'to(x), ra] *adj* reproductor(ra).
◆ **reprodutor** *m* reproductor *m*.

reproduzir [xeprodu'zi(x)] *vt* **-1.** [ger] reproducir. **-2.** [reeditar] reeditar.
◆ **reproduzir-se** *vp* reproducirse.

reprovado, da [xepro'vadu, da] ◇ *adj* **-1.** [inabilitado] suspendido(da) *Esp* & *Cuba*, reprobado(da) *Méx* & *RP*. **-2.** [objeto de censura] condenado(da), reprobado(da) *RP*. ◇ *m, f* suspendido *m*, -da *f* *Esp* & *Cuba*, reprobado *m*, -da *f* *Méx* & *RP*.

reprovar [xepro'va(x)] ◇ *vt* **-1.** [censurar] reprobar. **-2.** [rejeitar] rechazar. **-3.** [em exame, seleção] suspender *Esp* & *Cuba*, reprobar *Méx* & *RP*. ◇ *vi* [em exame, seleção] suspender *Esp* & *Cuba*, reprobar *Méx* & *RP*.

réptil ['xɛptʃiw] (*pl* **-eis**) *m* reptil *m*.

república [xɛ'publika] *f* **-1.** POL república *f*. **-2.** [casa de estudantes] *casa grande compartida por varios estudiantes universitarios.*

República da África do Sul [xepublikadaˌafrikadu'suw] *n* República de Sudáfrica.

República Dominicana [xeˌpublikadomini'kãna] *n* República Dominicana.

republicano, na [xepubli'kãnu, na] ◇ *adj* republicano(na). ◇ *m, f* republicano *m*, -na *f*.

República Tcheca [xeˌpublika'tʃɛka] *n* República Checa.

repudiar [xepu'dʒjar] *vt* repudiar.

repúdio [xe'pudʒju] *m* repudio *m*.

repugnância [xepug'nãnsja] *f* **-1.** [nojo] repugnancia *f*. **-2.** [aversão] aversión *f*. **-3.** [oposição] odio *m*.

repugnante [xepug'nãntʃi] *adj* repugnante.

repulsa [xe'puwsa] *f* **-1.** [ato] rechazo *m*. **-2.** [oposição] repulsa *f*.

repulsivo, va [xepuw'sivu, va] *adj* repulsivo(va).

reputação [xeputa'sãw] (*pl* **-ões**) *f* reputación *f*.

repuxar [xepu'ʃa(x)] ◇ *vt* [esticar] estirar. ◇ *vi* [retesar] tensarse.

requebrado, da [xeke'bradu] ◇ *adj* lánguido(da). ◇ *m* meneo *m*.

requeijão [xekej'ʒãw] (*pl* **-ões**) *m* queso *m* para untar.

requentar [xekẽn'ta(x)] *vt* recalentar.

requerer [xeke're(x)] ◇ *vt* **-1.** [pedir] solicitar. **-2.** [exigir, pedir em juízo] requerir. **-3.** [merecer] merecer. ◇ *vi* JUR apelar.

requerimento [xekeri'mẽntu] *m* solicitud *f*, requerimiento *m* *Méx* & *RP*.

requintado, da [xekĩn'tadu, da] *adj* refinado(da), exquisito(ta).

requinte [xe'kĩntʃi] *m* **-1.** [refinamento] refinamiento *m*. **-2.** [excesso] lujo *m*.

requisito [xeki'zitu] *m* requisito *m*.

rescisão [xesi'sãw] (*pl* **-ões**) *f* [de contrato] rescisión *f*.

resenha [xe'zeɲa] *f* **-1.** [de livro] reseña *f*. **-2.** [relatório] informe *m*. **-3.** [resumo] resumen *m*, reseña *f* *RP*.

reserva [xe'zɛxva] ◇ *f* **-1.** [ger] reserva *f*; ~ **natural** reserva natural. **-2.** [em hotel, avião etc] reserva *f*, reservación *f* *Cuba* & *Méx*; **fazer ~ de algo** hacer la reserva OU reservación *Cuba* & *Méx* de algo. **-3.** ECON: ~ **de mercado** cuota *f* de mercado; **~s internacionais** reservas internacionales. ◇ *mf* ESP reserva *mf*.

reservado, da [xezex'vadu, da] *adj* reservado(da).
◆ **reservado** *m* [privada] baño *m*, servicio *m*.

reservar [xezex'va(x)] *vt* reservar.
◆ **reservar-se** *vp* [preservar-se] reservarse.

reservatório [xezexva'tɔrju] *m* depósito *m*.

resfriado, da [xeʃfri'adu] *adj* **-1.** [pessoa] resfriado(da). **-2.** [carne] enfriado(da).
◆ **resfriado** *m* [infecção] resfriado *m* *Esp*, *Cuba* & *Méx*, resfrío *m* *RP*; **pegar um ~** coger un resfriado *Esp*, *Cuba* & *Méx*, resfriarse *RP*.

resfriar [xeʃ'frja(x)] *vt* [esfriar] enfriar.

resgatar [xeʒga'ta(x)] *vt* **-1.** [liberar, salvar, recuperar] rescatar. **-2.** [restituir] recuperar. **-3.** [pagar] saldar. **-4.** [expiar] expiar.

resgate [xeʒ'gatʃi] *m* **-1.** [ger] rescate *m.* **-2.** [salvamento]: **equipe de ~** equipo *m* de rescate. **-3.** FIN [retirada] traspaso *m.* **-4.** COM desempeño *m.*

resguardar [xeʒgwax'da(x)] *vt* **-1.** [proteger]: **~ (de)** resguardar (de). **-2.** [vigiar] proteger.

◆ **resguardar-se** *vp* [proteger-se]: **~-se de** resguardarse de.

resguardo [xeʒ'gwaxdu] *m* **-1.** [proteção] resguardo *m.* **-2.** [cuidado] cuidado *m.* **-3.** [repouso] reposo *m.*

residência [xezi'dẽnsja] *f* residencia *f.*

residencial [xezidẽn'sjaw] (*pl* **-ais**) *adj* residencial.

residente [xezi'dẽntʃi] ◇ *adj* residente. ◇ *mf* **-1.** [morador] residente *mf.* **-2.** [médico] residente *mf.*

residir [xezi'dʒi(x)] *vi* residir.

resíduo [xe'zidwu] *m* [resto] residuo *m.*

resignação [xezigna'sãw] *f* resignación *f.*

resignar-se [xezig'naxsi] *vp* resignarse; **~ com algo** resignarse a algo; **~ a fazer algo** resignarse a hacer algo.

resina [xe'zina] *f* resina *f.*

resistência [xeziʃ'tẽnsja] *f* **-1.** [ger] resistencia *f.* **-2.** *fig* [oposição]: **~ a/contra** resistencia a/contra.

resistente [xeziʃ'tẽntʃi] *adj* **-1.** [ger] resistente; **~ ao calor** resistente al calor. **-2.** [que se opõe a]: **~ a** reacio(cia) a.

resistir [xeziʃ'tʃi(x)] *vi* **-1.** [não ceder]: **~ a algo** resistir a algo. **-2.** [suportar, durar, subsistir]: **~ (a algo)** resistir (algo). **-3.** [recusar]: **~ a algo** resistirse a algo. **-4.** [opor-se]: **~ a algo/alguém** resistirse a algo/a alguien.

resmungar [xeʒmũŋ'ga(x)] ◇ *vt* mascullar. ◇ *vi* rezongar, refunfuñar.

resolver [xezow've(x)] ◇ *vt* **-1.** [solucionar] resolver. **-2.** [decidir]: **~ fazer algo** resolver hacer algo. ◇ *vi* **-1.** [adiantar]: **a violência nada resolve** la violencia no resuelve nada. **-2.** [decidir] tomar una decisión, decidir.

respaldar [xeʃpaw'da(x)] *vt* [apoiar] respaldar.

respectivo, va [xeʃpek'tʃivu, va] *adj* respectivo(va).

respeitador, ra [xeʃpejtado(x), ra] *adj* respetuoso(sa).

respeitar [xeʃpej'ta(x)] *vt* **-1.** [ger] respetar. **-2.** [admirar] admirar, respetar *RP.*

respeitável [xeʃpej'tavɛw] (*pl* **-eis**) *adj* respetable.

respeito [xeʃ'pejtu] *m* **-1.** [ger] respeto *m.* **-2.** [deferência]: **~ a** OU **por** respeto a OU por; **faltar ao ~ com alguém** faltar el respeto a alguien. **-3.** [relação] relación *f*; **dizer ~ a** tener relación con, respetar a *RP*; **a ~ de** [sobre] sobre, con respecto a.

respeitoso, osa [xeʃpej'tozu, ɔza] *adj* respetuoso(sa).

respingar [xeʃpĩŋ'ga(x)] *vi* salpicar.

respingo [xeʃ'pĩŋgu] *m* salpicadura *f.*

respiração [xeʃpira'sãw] *f* respiración *f.*

respirar [xeʃpi'ra(x)] ◇ *vt* **-1.** [ar] respirar. **-2.** [simpatia *etc*] irradiar. ◇ *vi* [ger] respirar.

resplandecente [xeʃplãnde'sẽntʃi] *adj* resplandeciente.

resplandecer [xeʃplãnde'se(x)] *vi* resplandecer.

resplendor [xeʃplẽn'do(x)] *m* resplandor *m.*

responder [xeʃpõn'de(x)] ◇ *vt* [dar resposta] responder. ◇ *vi* **-1.** [ger] responder. **-2.** [dar resposta]: **~ (a algo/alguém)** responder (a algo/alguien). **-3.** [reagir]: **~ a algo** responder a algo. **-4.** [responsabilizar-se]: **~ por algo/alguém** responder por algo/alguien. **-5.** [submeter-se a]: **~ a algo** someterse a algo.

responsabilidade [xeʃpõnsabili'dadʒi] *f* responsabilidad *f.*

responsabilizar [xeʃpõnsabili'za(x)] *vt*: **~ algo/alguém (por algo)** responsabilizar a algo/alguien (de algo).

◆ **responsabilizar-se** *vp*: **~-se (por algo/alguém)** responsabilizarse (de algo/alguien).

responsável [xeʃpõn'savɛw] (*pl* **-eis**) ◇ *adj*: **~ (por)** responsable (de). ◇ *mf* responsable *mf.*

resposta [xeʃ'poʃta] *f* respuesta *f.*

resquício [xeʃ'kisju] *m* **-1.** [vestígio] vestigio *m.* **-2.** [fragmento] resto *m.*

ressabiado, da [xesa'bjadu, da] *adj* **-1.** [desconfiado] desconfiado(da). **-2.** [ressentido] resentido(da).

ressaca [xe'saka] *f* **-1.** [do mar, de bebida] resaca *f.* **-2.** *fam* [de bebederia] resaca *f.*

ressaltar [xesaw'ta(x)] *vt* resaltar, subrayar.

ressalva [xe'sawva] *f* **-1.** [emenda] corrección *f.* **-2.** [restrição] objeción *f.*

ressarcir [xesax'si(x)] *vt* [compensar]: ~ **algo (de)** compensar algo (por); ~ **alguém (de)** resarcir a alguien (de).

ressecar [xese'ka(x)] ◇ *vt* resecar. ◇ *vi* resecarse.

ressentido, da [xesẽn'tʃidu, da] *adj* resentido(da).

ressentimento [xesẽntʃi'mẽntu] *m* resentimiento *m.*

ressentir-se [xesẽn'tʃixsi] *vp* **-1.** [magoar-se]: ~ **(de algo)** resentirse (por algo). **-2.** [sofrer consequência]: ~ **de algo** resentirse (de algo).

ressoar [xe'swa(x)] *vi* resonar.

ressurgir [xesux'ʒi(x)] *vi* **-1.** [reaparecer] resurgir. **-2.** [revitalizar-se] revitalizarse. **-3.** [ressuscitar] resucitar.

ressurreição [xesuxej'sãw] (*pl* **-ões**) *f* resurrección *f.*

ressuscitar [xesusi'ta(x)] ◇ *vt* resucitar. ◇ *vi* **-1.** [pessoa, animal] resucitar. **-2.** [costume, moda] resurgir.

restabelecer [xeʃtabele'se(x)] *vt* restablecer.

◆ **restabelecer-se** *vp* restablecerse.

restabelecimento [xeʃtabelesi'mẽntu] *m* restablecimiento *m.*

restar [xeʃ'ta(x)] *vi* **-1.** [ger] quedar. **-2.** [sobrar] sobrar.

restauração [xeʃtawra'sãw] (*pl* **-ões**) *f* restauración *f.*

restaurante [xeʃtaw'rãntʃi] *m* restaurante *m*, restorán *m RP.*

restaurar [xeʃtaw'ra(x)] *vt* restaurar.

restituição [xeʃtʃitwi'sãw] (*pl* **-ões**) *f* devolución *f*, restitución *f RP.*

restituir [xeʃtʃi'twi(x)] *vt* **-1.** [devolver] restituir. **-2.** [pagar] devolver, restituir. **-3.** [restabelecer] restablecer, restituir *RP.*

resto ['xɛʃtu] *m* [ger] resto *m.*

◆ **restos** *mpl* [de comida] restos *mpl.*

restrição [xeʃtri'sãw] (*pl* **-ões**) *f* restricción *f.*

restringir [xeʃtrĩn'ʒi(x)] *vt* restringir.

restrito, ta [xeʃ'tritu, ta] *adj* restringido(da), restricto(ta) *RP.*

resultado [xezuw'tadu] *m* **-1.** [ger] resultado *m*; **dar** ~ dar resultado. **-2.** [decisão] decisión *f.*

resultante [xezuw'tãntʃi] ◇ *adj* resultante; ~ **de algo** resultante de algo. ◇ *f* **-1.** [conseqüência] resultado *m.* **-2.** FÍSICA resultante *f.*

resumir [xezu'mi(x)] *vt* resumir.

◆ **resumir-se** *vp* **-1.** [consistir]: ~**-se em/a algo** resumirse en algo. **-2.** [concentrar]: ~**-se em algo** centrarse en algo.

resumo [xe'zumu] *m* resumen *m*; **em** ~ en resumen.

reta ['xɛta] *f* ⊳ **reto.**

retaguarda [ˌxeta'gwaxda] *f* **-1.** [posição] zaga *f*, retaguardia *f* **Méx** & **RP.** **-2.** MIL retaguardia *f.*

retalho [xe'taʎu] *m* [de pano] pedazo *m*, retazo *m.*

retaliação [xetalja'sãw] (*pl* **-ões**) *f* represalia *f.*

retaliar [xeta'lja(x)] ◇ *vt* tomar represalias contra. ◇ *vi* tomar represalias.

retângulo [xe'tãŋgulu] *m* rectángulo *m.*

retardar [xetax'da(x)] *vt* **-1.** [atrasar] retardar, retrasar *RP.* **-2.** [adiar] retrasar, postergar *RP.*

retenção [xetẽn'sãw] *f* **-1.** [detenção] detención *f.* **-2.** [demora]: **a** ~ **no trânsito é grande** hay grandes retenciones *ou* demoras *RP.* **-3.** MED [de líquidos] retención *f.*

reter [xe'te(x)] *vt* **-1.** [ger] retener. **-2.** [segurar] aguantar, sujetar. **-3.** [guardar] guardar, mantener *RP.* **-4.** [prender] detener, retener *RP.*

retesado, da [xete'zadu, da] *adj* tenso(sa).

retesar [xete'za(x)] *vt* tensar.

◆ **retesar-se** *vp* contraerse.

retidão [xetʃi'dãw] *f* [lisura] rectitud *f.*

retificar [xetʃifi'ka(x)] *vt* **-1.** [corrigir] rectificar. **-2.** [purificar] purificar, rectificar *RP.* **-3.** AUTO reacondicionar, rectificar *RP.*

retina [xe'tʃina] *f* ANAT retina *f.*

retirado, da [xetʃi'radu, da] *adj* [isolado] retirado(da).

◆ **retirada** *f* **-1.** [ger] retirada *f*; **bater em retirada** [fugir] batirse en retirada, huir en retirada **Méx.** **-2.** [migração] migración *f*, retiro *m RP.*

retirar [xetʃi'ra(x)] *vt* **-1.** [tirar, desdizer] retirar. **-2.** [afastar] quitar, retirar *RP.* **-3.** [ganhar] sacar.

◆ **retirar-se** *vp* **-1.** [ausentar-se, afastar-se] retirarse. **-2.** [refugiar-se] refugiarse.

retiro [xe'tʃiru] *m* retiro *m.*

reto, ta ['xɛtu, ta] *adj* recto(ta).

◆ **reto** *m* ANAT recto *m.*

◆ **reta** *f* MAT recta *f*; **reta final** *fig* recta final.

retocar [xeto'ka(x)] *vt* retocar.

retomar [xeto'ma(x)] *vt* **-1.** [continuar] retomar. **-2.** [reaver] recuperar.

retoque [xe'tɔki] *m* [correção] retoque *m*; **dar um** ~ dar un retoque.

retorcer [xetox'se(x)] *vt* retorcer.
◆ **retorcer-se** *vp* [contorcer-se] retorcerse.

retórico, ca [xe'tɔriku, ka] *adj* retórico(ca).
◆ **retórica** *f* **-1.** [discurso] retórica *f*. **-2.** *pej* [afetação] retórica *f*.

retornar [xetox'na(x)] *vi* [voltar] retornar.

retorno [xe'toxnu] *m* **-1.** [regresso] retorno *m*. **-2.** [lucro] rendimiento *m*, ganancia *f*. **-3.** [resposta] respuesta *f*. **-4.** [em estrada] cambio *m* de sentido, retorno *m* ***Méx*** & ***RP***.

retraído, da [xetra'idu, da] *adj* retraído(da).

retraimento [xetraj'mẽntu] *m* retraimiento *m*.

retrair [xetra'i(x)] *vt* **-1.** [ger] retirar. **-2.** [tornar reservado] retraer.
◆ **retrair-se** *vp* **-1.** [afastar-se] apartarse. **-2.** [tornar-se reservado] retraerse.

retrasado, da [xetra'zadu, da] *adj* anterior.

retratar [xetra'ta(x)] *vt* **-1.** [fazer retrato, descrever] retratar. **-2.** [desdizer] retractarse de. **-3.** [expressar] expresar.
◆ **retratar-se** *vp* retratarse; **~-se (de algo)** retractarse (de algo).

retrato [xe'tratu] *m* **-1.** [ger] retrato *m*; ~ **falado** retrato hablado. **-2.** ***fig*** [exemplo] personificación *f*.

retribuir [xetri'bwi(x)] *vt* **-1.** [pagar] retribuir. **-2.** [agradecer] devolver, retribuir ***RP***. **-3.** [corresponder] corresponder, retribuir ***RP***.

retroceder [xetrose'de(x)] *vi* **-1.** [recuar] retroceder. **-2.** [decair] decaer, ir para atrás ***RP***.

retrocesso [xetro'sɛsu] *m* retroceso *m*.

retrógrado, da [xe'trɔgradu, da] *adj* retrógrado(da).

retrospectiva [xetroʃpek'tʃiva] *f* retrospectiva *f*.

retrospecto [xetroʃ'pɛktu] *m* [retrospetiva] retrospectiva *f*; **em** ~ en retrospectiva.

retrovisor [xetrovi'zo(x)] (*pl* **-es**) <> *adj* retrovisor(ra). <> *m* retrovisor *m*.

réu [xɛw], **ré** [xɛ] *m, f* reo *m*, rea *f*.

reumatismo [xewma'tʃiʒmu] *m* reumatismo *m*, reuma *m*.

reunião [xew'njãw] (*pl* **-ões**) *f* **-1.** [ger] reunión *f*; ~ **de cúpula** cumbre *f*. **-2.** [coletânea] antología *f*.

reunir [xew'ni(x)] *vt* **-1.** [ger] reunir. **-2.** [unir] unir.
◆ **reunir-se** *vp* **-1.** [ger] reunirse. **-2.** [incorporar-se] unirse.

revanche [xe'vãnʃi] *f* revancha *f*.

réveillon [xevej'õ] *m* fin *m* de año, fiesta *f* de fin de año.

revelação [xevela'sãw] (*pl* **-ões**) *f* **-1.** [ger] revelación *f*. **-2.** FOT revelado *m*.

revelar [xeve'la(x)] *vt* **-1.** [ger] revelar. **-2.** [mostrar] enseñar, mostrar.
◆ **revelar-se** *vp* [dar-se a conhecer] revelarse.

revelia [xeve'lia] *f* rebeldía *f*.
◆ **à revelia** *loc adv* **-1.** JUR en rebeldía. **-2.** [despercebidamente] sin darse uno cuenta, como quien no quiere la cosa.
◆ **à revelia de** *loc adv* a espaldas de.

revendedor, ra [xevẽnde'do(x), ra] (*mpl* **-es**, *fpl* **-s**) <> *adj* revendedor (ra). <> *m, f* [de automóveis] concesionario *m*, concesionaria *f* ***RP***.

rever [xe've(x)] *vt* **-1.** [tornar a ver] volver a ver. **-2.** [examinar, revisar] revisar.

reverência [xeve'rẽnsja] *f* **-1.** [respeito] reverencia *f*. **-2.** [saudação]: **fazer uma** ~ hacer una reverencia *f*.

reverenciar [xeverẽn'sja(x)] *vt* **-1.** [respeitar] reverenciar. **-2.** [saudar] saludar.

reverendo [xeve'rẽndu] *m* reverendo *m*.

reverso, sa [xe'vɛxsu] <> *adj* contrario(ria). <> *m* [lado contrário] reverso *m*, revés *m*.

reverter [xevex'te(x)] *vi* **-1.** [retroceder]: ~ **a** retroceder a. **-2.** [redundar]: ~ **em** redundar en; ~ **em benefício de** destinarse a.

revés [xe'vɛʃ] (*pl* **-eses**) *m* **-1.** [reverso] reverso *m*, revés *m*; **ao** ~ [às avessas] al revés. **-2.** ***fig*** [infortúnio] revés *m*.
◆ **de revés** *loc adv* [olhar, sorrir] de soslayo.

revestimento [xeveʃtʃi'mẽntu] *m* **-1.** [de parede, caixa] revestimiento *m*. **-2.** [de sofá, poltrona] forro *m*, funda *f*.

revestir [xeveʃ'tʃi(x)] *vt* **-1.** [cobrir] cubrir. **-2.** [forrar] forrar. **-3.** [vestir] vestirse con, enfundarse en.

revezamento [xeveza'mẽntu] *m* **-1.** [ato]: **fazer um ~** turnarse, hacer turnos ***Méx.*** **-2.** *ESP* relevo *m*, postas *fpl* ***RP.***

revezar [xeve'za(x)] <> *vt* alternar. <> *vi*: **~ (com)** turnarse (con), relevarse (con).

◆ **revezar-se** *vp* turnarse, relevarse.

revidar [xevi'da(x)] <> *vt* **-1.** [responder] devolver. **-2.** [contestar] responder. <> *vi* [responder] responder.

revide [xe'vidʒi] *m* reacción *f.*

revigorar [xevigo'ra(x)] *vt* fortalecer, revigorizar ***RP.***

◆ **revigorar-se** *vp* fortalecerse, revigorizarse ***RP.***

revirado, da [xevi'radu, da] *adj* retorcido(da).

revirar [xevi'ra(x)] *vt* **-1.** [tornar a virar] pasar, cambiar ***Méx***, volver a dar vuelta ***RP.*** **-2.** [mudar] cambiar, revirar ***Méx.*** **-3.** [os olhos] poner en blanco, revirar ***Méx & RP.*** **-4.** [remexer em] revolver.

◆ **revirar-se** *vp* [virar-se] revolverse, darse vuelta ***RP.***

reviravolta [xe,vira'vɔwta] *f* **-1.** [mudança] vuelco *m.* **-2.** [pirueta] voltereta *f.*

revisão [xevi'zãw] (*pl* **-ões**) *f* **-1.** [ger] revisión *f.* **-2.** [os revisores] equipo *m* de revisión.

revisar [xevi'za(x)] *vt* **-1.** [ger] revisar. **-2.** [recapitular] repasar.

revista [xe'viʃta] *f* **-1.** [ger] revista *f*; **~ em quadrinhos** cómic *m* ***Esp***, revista *f* de historietas ***Cuba & RP***, revista *f* de monitos ***Méx.*** **-2.** [busca] inspección *f*, requisa *f* ***RP.***

revistar [xeviʃ'ta(x)] *vt* revisar, requisar ***RP.***

revisto, ta [xe'viʃtu, ta] *pp* ▷ **rever.**

revitalizar [xevitali'za(x)] *vt* revitalizar.

revogação [xevoga'sãw] (*pl* **-ões**) *f* revocación *f.*

revogar [xevo'ga(x)] *vt* revocar.

revolta [xe'vɔwta] *f* **-1.** [rebelião, revolução] revuelta *f.* **-2.** [rebeldia] rebeldía *f.* **-3.** [indignação] indignación *f.*

revolto, ta [xe'vowtu, ta] *adj* revuelto(ta).

revoltoso, osa [xevow'tozu, ɔza] *adj* revoltoso(sa).

◆ **revoltoso** *m* revoltoso *m.*

revolução [xevolu'sãw] (*pl* **-ões**) *f* revolución *f.*

revolucionar [xevolusjo'na(x)] *vt* revolucionar.

revolucionário, ria [xevolusjo'narju, rja] <> *adj* revolucionario(ria). <> *m, f* revolucionario *m*, -ria *f.*

revolver [xevow've(x)] *vt* **-1.** [ger] revolver. **-2.** [agitar] agitar. **-3.** [relembrar] recordar, revolver ***RP.***

◆ **revolver-se** *vp* **-1.** [mexer-se] révolverse, darse vuelta ***RP.*** **-2.** [agitar-se] agitarse.

revólver [xe'vɔwve(x)] (*pl* **-es**) *m* revólver *m.*

reza ['xɛza] *f* rezo *m.*

rezar [xe'za(x)] <> *vt* **-1.** [ger] rezar. **-2.** [missa] decir. <> *vi* [orar] rezar.

RG (*abrev de* **Registro Geral**) *m documento de identidad brasileño*, ≃ DNI *m* ***Esp.***

RH (*abrev de* **Recursos Humanos**) *m* RR.HH. *mpl.*

riacho ['xjaʃu] *m* riachuelo *m.*

ribeirão [xibej'rãw] (*pl* **-ões**) *m* arroyo *m.*

ribeirinho, nha [xibej'riɲu, ɲa] <> *adj* ribereño(ña). <> *m, f* ribereño *m*, -ña *f.*

rico, ca ['xiku, ka] <> *adj* **-1.** [opulento, fértil] rico(ca). **-2.** [abundante]: **~ em algo** rico en algo. **-3.** [esplêndido] maravilloso(sa). **-4.** [valioso] valioso(sa). <> *m, f* [pessoa] rico *m*, -ca *f.*

ricota [xi'kɔta] *f* queso *m* ricotta, ricota *m* ***Amér.***

ridicularizar [xidʒikulari'za(x)] *vt* ridiculizar.

ridículo, la [xi'dʒikulu, la] *adj* ridículo(la).

◆ **ridículo** *m* ridículo *m.*

rifa ['xifa] *f* rifa *f.*

rifle ['xifli] *m* rifle *m.*

rigidez [xiʒi'deʒ] *f* [dureza] rigidez *f.*

rígido, da ['xiʒidu, da] *adj* rígido(da).

rigor [xi'go(x)] (*pl* **-es**) *m* **-1.** rigor *m.* **-2.** [preceito] etiqueta *f.*

◆ **a rigor** *loc adv* en realidad.

rigoroso, osa [xigo'rozu, ɔza] *adj* **-1.** [ger] riguroso(sa). **-2.** [exato] exacto(ta).

rijo, ja ['xiʒu, ʒa] *adj* rígido(da).

rim ['xĩ] (*pl* **-ns**) *m* *ANAT* riñón *m.*

◆ **rins** *mpl fam* [região lombar] riñones *mpl.*

rima ['xima] *f* rima *f.*

rimar [xi'ma(x)] *vi* rimar.

rímel® ['ximɛw] (*pl* **-eis**) *m* rímel *m.*

ringue ['xĩŋgi] *m* ring *m*.
rinoceronte [xinose'rõntʃi] *m* rinoceronte *m*.
rins [xĩnʃ] *pl* ▷ **rim**.
rio ['xiw] *m* río *m*; **gastar ~s de dinheiro** gastar montones de dinero *ou* ríos de plata *RP*.
riqueza [xi'keza] *f* **-1.** [ger] riqueza *f*. **-2.** [beleza] belleza *f*.
rir ['xi(x)] *vi* reír; **~ de algo/alguém** reírse de algo/alguien; **morrer de ~ (de algo/alguém)** morirse de risa (con algo/alguien).
risada [xi'zada] *f* **-1.** [riso] risa *f*. **-2.** [gargalhada] carcajada *f*.
risca ['xiʃka] *f* raya *f*.
◆ **à risca** *loc adv* al pie de la letra.
riscar [xiʃ'ka(x)] *vt* **-1.** [fazer riscas em, atritar] rayar. **-2.** [esboçar] esbozar. **-3.** [marcar] delimitar. **-4.** [apagar] tachar. **-5.** [acender] encender, raspar *RP*. **-6.** [eliminar]: **~ alguém/algo de algo** tachar a alguien/algo de algo, sacar a alguien/algo de algo *RP*.
risco ['xiʃku] *m* **-1.** [traço] raya *f*. **-2.** [esboço] esbozo *m*. **-3.** [perigo] riesgo *m*; **correr ~ (de)** correr el riesgo (de); **pôr algo/alguém em ~** poner algo/alguien en peligro; ECON: **~ país** riesgo *m* país.
riso ['xizu] *m* risa *f*; **~ amarelo** sonrisa *f* forzada.
risonho, nha [xi'zoɲu, ɲa] *adj* risueño(ña).
risoto [xi'zotu] *m* risoto *m*.
ríspido, da ['xiʃpidu, da] *adj* rudo(da), rispido(da) *Méx*.
rítmico, ca ['xitʃmiku, ka] *adj* rítmico(ca).
ritmo ['xitʃimu] *m* ritmo *m*.
rito ['xitu] *m* rito *m*.
ritual [xi'twaw] (*pl* **-ais**) ◇ *adj* ritual. ◇ *m* ritual *m*.
rival [xi'vaw] (*pl* **-ais**) ◇ *adj* rival. ◇ *mf* rival *mf*.
rivalidade [xivali'dadʒi] *f* rivalidad *f*.
rivalizar [xivali'za(x)] *vi*: **~ com algo/alguém** rivalizar con algo/alguien; **~ por algo/alguém** rivalizar por algo/alguien.
rixa ['xiʃa] *f* disputa *f*, desentendimiento *m* *RP*.
RJ (*abrev de* **Estado do Rio de Janeiro**) *estado de Río de Janeiro*.
RN (*abrev de* **Estado do Rio Grande do Norte**) *estado de Río Grande do Norte*.
RO (*abrev de* **Estado de Rondônia**) *estado de Rondonia*.
robô [ro'bo] *m* robot *m*.
robusto, ta [xo'buʃtu, ta] *adj* robusto(ta).
roça ['xɔsa] *f* **-1.** [plantação] siembra *f*, plantío *m* *RP*. **-2.** [campo] campo *m*. **-3.** [mato] matorral *m*.
rocambole [xokãn'bɔli] *m* ≃ brazo *m* de gitano *Esp* & *Cuba*, ≃ rollo *m* *Méx*, ≃ arrollado *m* *RP*.
roçar [xo'sa(x)] ◇ *vt* **-1.** [cortar] cortar. **-2.** [tocar de leve] rozar. ◇ *vi* [tocar de leve]: **~ em** rozar con, rozarse con *RP*.
rocha ['xɔʃa] *f* **-1.** [pedra] roca *f*. **-2.** [rochedo] peñasco *m*.
rochedo [xo'ʃedu] *m* peñasco *m*.
rock ['xɔki] *m* MÚS rock *m*.
roda ['xɔda] *f* **-1.** [ger] rueda *f*; **brincar de ~** jugar al corro *Esp*, jugar a la ronda *Cuba*, jugar a la rueda de San Miguel *Méx*, hacer rondas *RP*. **-2.** [de pessoas] corro *m*, rueda *f* *RP*; **alta ~** clase *f* acomodada; **~ de samba** *grupo de personas que se reúne para tocar y cantar samba y que normalmente forman una rueda en la que cada músico toca un instrumento*. **-3.** [de saia] vuelo *m* *Esp* & *Cuba*, olán *m* *Méx*, volado *m* *RP*.
rodada [xo'dada] *f* ▷ **rodado**.
rodado, da [xo'dadu, da] *adj* **-1.** [que tem roda] con vuelos *Esp* & *Cuba*, con olanes *Méx*, con volados *RP*. **-2.** [percorrido] recorrido(da).
◆ **rodada** *f* **-1.** [giro] vuelta *f*. **-2.** [de bebida] ronda *f*, vuelta *f* *RP*. **-3.** ESP fase *f*, etapa *f* *RP*.
roda-gigante [xɔdaʒi'gãntʃi] (*pl* **rodas-gigantes**) *f* noria *f* *Esp*, estrella *f* *Cuba*, rueda *f* de la fortuna *Méx*, rueda *f* gigante *RP*.
rodamoinho [xɔda'mwiɲu] *m* remolino *m*.
rodapé [xɔda'pɛ] *m* **-1.** [de parede] rodapié *m*, zócalo *m*. **-2.** [de página] pie *m* de página. **-3.** [artigo] artículo *m* a pie de página.
rodar [xo'da(x)] ◇ *vt* **-1.** [fazer girar] hacer girar, darle vuelta a. **-2.** [pessoa, carro] recorrer. **-3.** [imprimir] imprimir. **-4.** [filmar] rodar. **-5.** COMPUT ejecutar, rodar. ◇ *vi* **-1.** [girar] girar, marcar *RP*. **-2.** [ser impresso] imprimirse. **-3.** [decorrer] pasar.
rodear [xo'dʒja(x)] *vt* rodear.
◆ **rodear-se** *vp* [cercar-se] rodearse.
rodeio [xo'deju] *m* **-1.** [ger] rodeo *m*.

-2. [evasiva] rodeos *mpl*; **fazer ~s** dar rodeos; **sem ~s** sin rodeos.

rodela [xo'dɛla] *f* [pedaço] rodaja *f*.

rodízio [xo'dʒizju] *m* **-1.** [revezamento] turno *m*; **fazer ~ com alguém** turnarse con alguien. **-2.** [em restaurante] buffet *m* libre, buffet *m* **Méx**, tenedor *m* libre **RP**.

rodo ['xodu] *m* **-1.** [para puxar água] cepillo *m*, lampazo *m* **RP**. **-2.** [agrícola] rastrillo *m*.

◆ **a rodo** *loc adv*: **chover ~** a cántaros; **ganhar dinheiro ~** ganar dinero a espuertas **Esp** & **Cuba**, ganar dinero a pasto **Méx**, ganar plata a rolete **RP**.

rodopiar [xodo'pja(x)] *vi* arremolinarse.

rodopio [xodo'piw] *m* remolino *m*.

rodovia [xodo'via] *f* autopista *f*.

rodoviário, ria [xodo'vjarju, rja] *adj* **-1.** [transporte] por carretera, carretero(ra) **RP**. **-2.** [polícia] de tráfico, caminero(ra) **RP**. **-3.** [estação] de autobuses **Esp**, de micros **Arg**, de ómnibus **Cuba** & **Urug**, de camión **Méx**.

◆ **rodoviária** *f* [estação de ônibus] estación *f* de autobuses **Esp**, estación *f* de micros **Arg**, terminal *f* de ómnibus **Cuba** & **Urug**, terminal *f* de camiones **Méx**.

roedor, ra [xwe'do(x), ra] *adj* roedor (ra).

◆ **roedor** *m* roedor *m*.

roer ['xwe(x)] *vt* **-1.** [com dentes] roer; **a moça roía as unhas** la chica se comía las uñas; **duro de ~** *fam fig* duro de roer. **-2.** [destruir] destruir. **-3.** [corroer] carcomer. **-4.** *fig* [atormentar] roer, carcomer.

◆ **roer-se** *vp fig* [atormentar-se]: **~-se de algo** consumirse de algo.

rogado, da [xo'gadu, da] *adj*: **fazer-se de ~** hacerse (de) rogar.

rogar [xo'ga(x)] ◇ *vt* rogar; **~ pragas (contra)** desear la muerte (a), echar pestes (a) **RP**. ◇ *vi* rogar; **~ a alguém que faça algo** rogar a alguien que haga algo.

rojão [xo'ʒãw] (*pl* **-ões**) *m* **-1.** [foguete] cohete *m*. **-2.** *fig* [ritmo intenso] marcha *f* **Esp**, mecha *f* **Cuba**, vara *f* **Méx**, agite *m* **RP**; **aguentar o ~** *fig* [resistir] aguantar el ritmo intenso, aguantar la vara **Méx**, aguantar el agite **RP**.

rol [xɔw] (*pl* **róis**) *m* lista *f*, relación *f*.

rolar [xo'la(x)] ◇ *vt* **-1.** [fazer girar] enrollar. **-2.** *fig* [dívida] aplazar. ◇ *vi* **-1.** [cair] rodar; **~ de rir** desternillarse de risa, deshacerse de risa **Méx**. **-2.** [na cama] dar vueltas. **-3.** [deslizar] rodar, girar. **-4.** *fam* [estender-se] estirarse. **-5.** *fam* [ser servido] circular. **-6.** *fam* [acontecer] haber.

roldana [xow'dãna] *f* roldana *f*.

roleta [xo'leta] *f* **-1.** [jogo] ruleta *f*. **-2.** [borboleta] torniquete *m*.

roleta-russa [xo,leta'xusa] (*pl* **roletas-russas**) *f* ruleta *f* rusa.

rolha ['xoʎa] *f* **-1.** [peça] tapón *m*. **-2.** *fam fig* [censura] mordaza *f*.

roliço, ça [xo'lisu, sa] *adj* **-1.** [redondo] cilíndrico(ca). **-2.** [gordo] rollizo(-za).

rolo ['xolu] *m* **-1.** [cilindro] rollo *m*. **-2.** [utensílio - para pintar] rodillo *m*; **~ de pastel** rodillo *m* de cocina, palote *m* (de amasar) **RP**; [- para cabelo] rulo *m*, rolo *m* **Cuba**, tubo *m* **Méx**, rulero *m* **RP**. **-3.** [máquina]: **~ compressor** rodillo *m*. **-4.** [almofada] cojín *m*, almohadón *m*. **-5.** *fam* [bafafá, confusão] lío *m*, follón *m* **Esp**, rollo *m* **Méx**, despelote *m* **RP**; **dar ~** traer problemas, ser un rollo **Méx**, traer cola **RP**.

ROM (*abrev de* **Read Only Memory**) *f* ROM *f*.

romã [xo'mã] *f* granada *f*.

Roma ['xoma] *n* Roma.

romance [xo'mãnsi] *m* **-1.** LITER novela *f*; **~ policial** novela policial *ou* policíaca. **-2.** *fig* [amoroso] romance *m*.

romancista [xomãn'siʃta] *mf* novelista *mf*.

romano, na [xo'mãnu, na] ◇ *adj* romano(na). ◇ *m, f* romano *m*, -na *f*.

romântico, ca [xo'mãntʃiku, ka] ◇ *adj* romántico(ca). ◇ *m, f* romántico *m*, -ca *f*.

romantismo [xomãn'tʃiʒmu] *m* romanticismo *m*.

romaria [xoma'ria] *f* romería *f*.

rombo ['xõnbu] *m* **-1.** [furo] agujero *m*. **-2.** *fig* [desfalque] desfalco *m*. **-3.** *fig* [prejuízo]: **causar um ~ nas contas** hacer un roto *ou* hoyo **Méx** *ou* agujero **RP** en las cuentas.

Romênia [xo'menja] *n* Rumania, Rumanía.

romeno, na [xo'menu, na] ◇ *adj* rumano(na). ◇ *m, f* rumano *m*, -na *f*.

◆ **romeno** *m* [língua] rumano *m*.

romeu-e-julieta [xo,mewiʒu'ljɛta] *m* CULIN *postre que consiste en una loncha de queso blanco con otra de dulce de guayaba*, queso *m* con ate *Méx*, Martín Fierro *m RP*.

rompimento [xõnpi'mẽntu] *m* **-1.** [de cano, vaso sangüíneo, barragem] rotura *f*. **-2.** [de contrato, relações] ruptura *f*.

roncar [xõŋ'ka(x)] *vi* roncar.

ronco ['xõŋku] *m* **-1.** [ger] ronquido *m*. **-2.** [grunhido] gruñido *m*.

ronda ['xõnda] *f* ronda *f*; **fazer a ~** hacer la ronda.

rondar [xõn'da(x)] ◇ *vt* **-1.** [ger] rondar. **-2.** [andar à volta de] dar vueltas a. ◇ *vi*: **~ (por)** [andar vigiando] hacer la ronda (por); [espreitar] rondar (por).

Rondônia [xõn'donja] *n* Rondonia.

ronronar [xõnxo'na(x)] *vi* ronronear.

roqueiro, ra [xo'kejru, ra] *m, f* rockero *m*, -ra *f*.

Roraima [xo'rajma] *n* Roraima.

rosa ['xɔza] ◇ *f* BOT rosa *f*. ◇ *m* [cor] rosa *m*, rosado *m Urug*. ◇ *adj inv* [cor] rosa, rosado(da) *Urug*.

rosado, da [xo'zadu, da] *adj inv* rosado(da).

rosário [xo'zarju] *m* rosario *m*.

rosbife [xoʒ'bifi] *m* rosbif *m*.

rosca ['xoʃka] *f* **-1.** [ger] rosca *f*. **-2.** [biscoito] rosquilla *f*, rosquita *f RP*.

roseira [xo'zejra] *f* rosal *m*.

róseo, sea ['xɔzju, zja] *adj* rosáceo(a).

rosnar [xoʒ'na(x)] ◇ *vi* [cão] gruñir. ◇ *m* [de cão] gruñido *m*.

rosto ['xoʃtu] *m* **-1.** ANAT cara *f*, rostro *m*. **-2.** [fisionomia] rostro *m*. **-3.** [de medalha] cara *f*.

rota ['xɔta] *f* ruta *f*.

ROTA (*abrev de* **Rondas Ostensivas Tobias de Aguiar**) *cuerpo de intervención especial de la policía*.

rotação [xota'sãw] (*pl* **-ões**) *f* rotación *f*.

rotatividade [xotatʃivi'dadʒi] *f* rotación *f*.

roteiro [xo'tejru] *m* **-1.** [de viagem] itinerario *m*. **-2.** [de trabalho] plan *m*. **-3.** CINE guión *m*. **-4.** NÁUT carta *f* de navegación.

rotina [xo'tʃina] *f* rutina *f*.

rotineiro, ra [xotʃi'nejru, ra] *adj* rutinario(ria).

roto, ta ['xotu, ta] *adj* **-1.** [rasgado] roto(ta). **-2.** [maltrapilho] andrajoso(sa), harapiento(ta).

rótula ['xɔtula] *f* ANAT rótula *f*.

rotular [xotu'la(x)] *vt* **-1.** [etiquetar] rotular. **-2.** *fig* [qualificar]: **~ alguém/algo (de algo)** etiquetar a alguien/algo (de algo).

rótulo ['xɔtulu] *m* **-1.** [etiqueta] rótulo *m*. **-2.** [qualificação] sambenito *m*, etiqueta *f*.

roubalheira [xoba'ʎejra] *f* robo *m*.

roubar [xo'ba(x)] *vt* **-1.** [ger] robar. **-2.** [plagiar] plagiar, robar *RP*.

roubo ['xobu] *m* **-1.** robo *m*. **-2.** *fig*: **ser um ~** ser un robo.

rouco, ca ['xoku, ka] *adj* ronco(ca).

round ['xawndʒi] *m* [boxe] round *m*, asalto *m*.

roupa ['xopa] *f* ropa *f*; **~ de baixo** ropa interior; **~ de cama** ropa de cama; **~ de mesa** ropa de mesa, mantelería *f RP*.

roupão [xo'pãw] (*pl* **-ões**) *m* bata *f*, salto *m* de cama.

rouxinol [xoʃi'nɔw] (*pl* **-óis**) *m* ruiseñor *m*.

roxo, xa ['xoʃu, ʃa] *adj* **-1.** [cor] violeta; **~ de inveja/saudades** muerto(ta) de envidia/nostalgia, morado(da) de envidia/nostalgia *Méx*. **-2.** [olho, mancha] morado(da).

◆ **roxo** *m* [cor] violeta *m*, morado *m Méx*.

royalty ['xɔjawtʃi] (*pl* **royalties**) *m* royalty *m*.

RP (*abrev de* **Relações Públicas**) relaciones *fpl* públicas.

RPM (*abrev de* **Rotações por Minuto**) rpm.

RR (*abrev de* **Estado de Roraima**) *estado de Roraima*.

RS (*abrev de* **Estado do Rio Grande do Sul**) estado de Río Grande do Sul.

RSVP (*abrev de* **répondez s'il vous plaît**) se ruega contestación.

rua ['xua] *f* [ger] calle *f*; **~ sem saída** callejón *m* sin salida, calle sin salida *RP*.

rubéola [xu'bɛwla] *f* rubeola *f*.

rubi [xu'bi] *m* rubí *m*.

rubor [xu'bo(x)] (*pl* **-es**) *m* rubor *m*.

ruborizar [xubori'za(x)] *vt* [envergonhar] ruborizar.

◆ **ruborizar-se** *vp* ruborizarse.

rubrica [xu'brika] *f* rúbrica *f*.

rubricar [xubri'ka(x)] *vt* rubricar.

rubro, bra ['xubru, bra] *adj* rojo(ja), colorado(da) *RP*.

ruço, ça ['xusu, sa] *adj* **-1.** [desbotado,

surrado] gastado(da). **-2.** *fam* [difícil] feo(a), negro(gra).

rude ['xudʒi] *adj* rudo(da).

rudimentar [xudʒimẽn'ta(x)] *adj* rudimentario(ria).

rudimentos [xudʒi'mẽntuʃ] *mpl* rudimentos *mpl.*

ruela ['xwɛla] *f* callejuela *f*, callejón *m*, callecita *f* ***RP.***

ruga ['xuga] *f* arruga *f.*

rúgbi ['xugbi] *m* rugby *m.*

ruge ['xuʒi] *m* colorete *m*, rubor *m* ***Méx & RP.***

rugido [xu'ʒidu] *m* rugido *m.*

rugir [xu'ʒi(x)] *vi* rugir.

ruído ['xwidu] *m* ruido *m.*

ruidoso, osa [xwi'dozu, ɔza] *adj* ruidoso(sa).

ruim ['xuĩ] (*pl* **-ns**) *adj* **-1.** [ger] malo(-la); **achar ~** [zangar-se] molestarse, fastidiarse ***RP.*** **-2.** [podre] podrido(-da), feo(a) ***RP.***

ruína [ˌxwina] *f* ruina *f*; **estar em ~s** estar en ruinas.

ruins [xu'ĩnʃ] *pl* ⊳ **ruim.**

ruir ['xwi(x)] *vi* derrumbarse.

ruivo, va ['xuivu, va] ◇ *adj* pelirrojo(ja). ◇ *m, f* pelirrojo *m*, -ja *f.*

rum ['xũ] *m* ron *m.*

rumar [xu'ma(x)] ◇ *vt*: **~ algo para** poner algo rumbo a *ou* hacia. ◇ *vi*: **~ para** poner rumbo a *ou* hacia.

ruminar [xumi'na(x)] ◇ *vt* rumiar. ◇ *vi* [mastigar] rumiar.

rumo ['xumu] *m* rumbo *m*; **ir ~ a** ir con rumbo a; **sem ~** *lit* sin rumbo.

rumor [xu'mo(x)] (*pl* **-es**) *m* rumor *m.*

ruptura [xup'tura] *f* **-1.** [ger] ruptura *f.* **-2.** [quebra] rotura *f.*

rural [xu'raw] (*pl* **-ais**) *adj* rural.

rush ['xãʃi] *m*: **(hora do) ~** hora *f* punta ***Esp*** *ou* pico ***Amér.***

Rússia ['xusja] *n* Rusia.

russo, sa ['xusu, sa] ◇ *adj* ruso(sa). ◇ *m, f* ruso *m*, -sa *f.*
russo *m* [língua] ruso *m.*

rústico, ca ['xuʃtʃiku, ka] *adj* rústico(-ca).

S

s, S ['ɛsi] *m* [letra] s, S *f.*

sã [sã] *f* ⊳ **são.**

S.A. (*abrev de* **Sociedade Anônima**) S.A.

Saara [sa'ara] *n*: **o (deserto do) ~** el (desierto del) Sáhara.

sáb. (*abrev de* **sábado**) sab.

sábado ['sabadu] *m* sábado *m*; **aos ~s** los sábados; **cair num ~** caer en (un) sábado; **(no) ~** el sábado; **(no) ~ que vem, no próximo ~** el sábado que viene/próximo; **~ de manhã** el sábado por la mañana ***Esp***, el sábado a la mañana ***Arg***, el sábado de mañana ***Méx & Urug***; **~ de tarde/noite** el sábado por la tarde/la noche, el sábado a la tarde/noche ***Arg***, el sábado de tarde/noche ***Méx & Urug***; **~ passado/retrasado** el sábado pasado/anterior; **~ sim, ~ não** un sábado sí uno no, un sábado por medio ***RP***; **todos os ~s** todos los sábados.

sabão [sa'bãw] (*pl* **-ões**) *m* [produto] jabón *m*; **~ em pó** jabón en polvo.

sabedoria [sabedo'ria] *f* sabiduría *f.*

saber [sa'be(x)] ◇ *m* saber *m.* ◇ *vt* saber; **~ (como) fazer algo** saber (como) hacer algo; **~ de cor** saber de memoria; **sei lá!** *fam* ¡qué sé yo!; **é você quem sabe** *fam* tú sabrás, vos sabrás ***RP.*** ◇ *vi* **-1.** [ter erudição] saber. **-2.** [estar a par de]: **~ (de algo)** saber (de algo).

sabiá [sa'bja] *m* tordo *m.*

sabido, da [sa'bidu, da] *adj* **-1.** [astuto] vivo(va), listo(ta). **-2.** [conhecedor] conocedor(ra).

sábio, bia ['sabju, bja] ◇ *adj* sabio(-bia). ◇ *m, f* sabio *m*, -bia *f.*

sabões [sa'bõjʃ] *pl* ⊳ **sabão.**

sabonete [sabo'netʃi] *m* (pastilla *f* de) jabón *m*, jabón *m* de tocador.

sabor [sa'bo(x)] (*pl* **-es**) *m* sabor *m*; **ao ~ de** a merced de.

saborear [sabo'rja(x)] *vt* saborear.

saboroso, osa [sabo'rozu, ɔza] *adj* sabroso(sa).

sabotagem [sabò'taʒẽ] (*pl* **-ns**) *f* sabotaje *m.*

sabotar [sabo'ta(x)] *vt* sabotear.

SAC (*abrev de* **Serviço de Atendimento ao Consumidor**) servicio de atención al consumidor.

saca ['saka] *f* [saco largo] saco *m*, bolsa *f* ***RP***.

sacada [sa'kada] *f* ARQUIT balcón *m.*

sacal [sa'kaw] (*pl* **-ais**) *adj* ***fam*** pesado(da), aburrido(da), embolante ***RP***.

sacana [sa'kãna] ***mfam*** *adj* **-1.** [sujo] cerdo(da), cabrón(ona) ***Méx***, mala gente ***RP***. **-2.** [esperto] vivo(va), pícaro(ra) ***Esp***, vivales ***Méx***. **-3.** [libidinoso] descarado(da), libidinoso(sa) ***Méx RP***. **-4.** [brincalhão] juguetón(ona), pícaro(ra) ***Méx*** & ***RP***.

sacanagem [saka'naʒẽ] (*pl* **-ns**) ***mfam*** *f* **-1.** [sujeira] putada *f* ***Esp***, mierda *f* ***Cuba***, chingadera *f* ***Méx***, cagada *f* ***RP***. **-2.** [libidinagem] guarrerías *fpl* ***Esp*** & ***Cuba***, guarradas *fpl* ***Méx***, chanchadas *fpl* ***RP***. **-3.** [brincadeira] broma *f*, cotorreo *m* ***Méx***, joda *f* ***RP***.

sacar [sa'ka(x)] ◇ *vt* **-1.** [ger] sacar. **-2.** ***fam*** [compreender] cazar, cachar ***Méx***. ◇ *vi* **-1.** : ~ **de algo** [de arma] sacar algo. **-2.** [em banco]: ~ **(contra/sobre)** emitir (contra/sobre). **-3.** ESP sacar. **-4.** ***fam*** [compreender] cazar, cachar ***Méx***. **-5.** ***fam*** [mentir] inventar, contar bolas ***Esp***, macanear ***RP***. **-6.** ***fam*** [falar sem saber] hablar por hablar, inventar ***Méx***, payar ***RP***.

saca-rolha [ˌsaka'xoʎa] (*pl* **saca-rolhas**) *m* sacacorchos *m inv*, descorchador *m* ***RP***.

sacerdócio [sasex'dɔsju] *m* sacerdocio *m.*

sacerdote, tisa [sasex'dɔtʃi, tʃiza] *m, f* [pagão] sacerdote *m*, -isa *f.*

saciar [sa'sja(x)] *vt* saciar.

saco ['saku] *m* **-1.** [recipiente] bolsa *f.* **-2.** [utensílio]: ~ **de dormir** saco de dormir, sleeping *m* ***Méx***, sobre *m* de dormir ***RP***. **-3.** [enseada] ensenada *f.* **-4.** ***fam*** [testículos] pelotas *fpl*, huevos *mpl*, bolas *fpl* ***RP***. **-5.** ***fam*** [amolação]: **encher o ~ (de alguém)** cabrear ***Esp*** OU fregar ***Cuba*** OU chingar ***Méx*** OU inflar ***RP*** a alguien; **estar de ~ cheio (de alguém/algo)** estar hasta las pelotas (de alguien/algo) ***Esp***, estar hasta el último pelo (de alguien/algo) ***Cuba***, estar hasta el copete (de alguien/algo) ***Méx***, tener las bolas llenas (de alguien/algo) ***RP***; **que ~!** ¡qué rollo ***Esp*** OU jodienda ***Cuba*** OU friega ***Méx*** OU embole! ***RP***. **-6.** ***fam*** [paciência] paciencia *f*; **haja ~!** ¡es el colmo!. **-7.** ***fam*** [disposição]: **estar com/sem ~ de fazer algo** estar con/sin ganas de hacer algo.

sacola [sa'kɔla] *f* bolsa *f*, jaba *f* ***Cuba***.

sacolejar [sakole'ʒa(x)] *vt* **-1.** [sacudir] sacudir. **-2.** [rebolar] menear.

sacramento [sakra'mẽntu] *m* RELIG sacramento *m.*

sacrificar [sakrifi'ka(x)] *vt* **-1.** [ger] sacrificar. **-2.** [prejudicar] perjudicar.
◆ **sacrificar-se** *vp* **-1.** [ger] sacrificarse. **-2.** [sujeitar-se] someterse.

sacrifício [sakri'fisju] *m* sacrificio *m.*

sacrilégio [sakri'lɛʒju] *m* **-1.** RELIG sacrilegio *m.* **-2.** ***fig*** [ato condenável] crimen *m.*

sacro, cra ['sakru, kra] *adj* [sagrado] sacro(cra).

sacudida [saku'dʒida] *f* sacudida *f.*

sacudir [saku'dʒi(x)] *vt* sacudir.
◆ **sacudir-se** *vp* **-1.** [tremer] zarandearse. **-2.** [saracotear] menearse.

sádico, ca ['sadʒiku, dʒika] ◇ *adj* sádico(ca). ◇ *m, f* sádico *m*, -ca *f.*

sadio, dia [sa'dʒiu, dʒia] *adj* saludable.

sadismo [sa'dʒiʒmu] *m* sadismo *m.*

safadeza [safa'deza] *f* **-1.** [ger] descaro *m.* **-2.** [traquinagem] travesura *f.*

safado, da [sa'fadu, da] *adj* **-1.** [ger] descarado(da). **-2.** [traquinas] travieso(sa).

safári [sa'fari] *m* safari *m.*

safira [sa'fira] *f* zafiro *m.*

safra ['safra] *f* **-1.** AGR cosecha *f*, zafra *f* ***Amér***. **-2.** ***fig*** [de cantores *etc*] cosecha *f.*

saga ['saga] *f* saga *f.*

sagaz [sa'gajʒ] *adj* sagaz.

sagitariano, na [saʒita'rjãnu, na] ◇ *adj* sagitario. ◇ *m, f* sagitario *mf.*

Sagitário [saʒi'tarju] ◇ *m* [zodíaco] Sagitario *m.* ◇ *mf* [pessoa] sagitario *mf.*

sagrado, da [sa'gradu, da] *adj* sagrado(da).

saguão [sa'gwãw] (*pl* **-ões**) *m* **-1.** [entrada] vestíbulo *m*, hall *m.* **-2.** [pátio] patio *m* interior.

saia ['saja] *f* **-1.** [roupa] falda *f*, pollera

f ***RP***. **-2.** [de mesa] mantel *m*. **-3.** ***fam*** [mulher] tipa *f*, mujer *f* ***RP***.

saída [sa'ida] *f* **-1.** [ger] salida *f*. **-2.** [lugar]: ~ **de emergência** salida de emergencia.

saída-de-praia [sa,idadʒi'praja] (*pl* **saídas-de-praia**) *f* bata *f* de playa, salida *f* de baño ***RP***.

saideira [saj'dejra] *f* ***fam***: **uma** ~ la última, la del estribo ***RP***.

sair [sa'i(x)] *vi* **-1.** [ger] salir. **-2.** [partir, escapar, desligar-se]: ~ **(de)** salir (de); ~ **de fininho** salir a la francesa, salir a escondidas ***Méx***. **-3.** [parecer-se]: ~ **a alguém** salir a alguien. **-4.** [resultar]: ~ **ganhando/perdendo** salir ganando/perdiendo. **-5.** [custar]: ~ **(a** *ou* **por)** salir (a *ou* por); ~ **caro** salir caro. **-6.** [desaparecer]: ~ **de cartaz** salir de la cartelera; ~ **de moda** pasar de moda.

◆ **sair-se** *vp* [obter resultado]: ~**-se bem/mal** salir bien/mal.

sal ['saw] (*pl* **sais**) *m* [ger] sal *f*; **sem** ~ sin sal; **a comida está sem** ~ a la comida le falta sal, la comida está desabrida ***RP***; ~ **grosso** sal gruesa *ou* gorda ***Esp***.

sala ['sala] *f* **-1.** [ger] sala *f*; ~ **de espera** sala de espera; ~ **de estar** sala de estar, estar *m* ***RP***; ~ **de operações** sala de operaciones. **-2.** EDUC: ~ **(de aula)** aula *f*, salón *m* de clases ***Méx***, clase *f* ***RP***; [alunos] clase *f*.

salada [sa'lada] *f* **-1.** CULIN ensalada *f*; ~ **de frutas** ensalada de frutas. **-2.** ***fig*** [confusão]: **fazer uma** ~ **de algo** hacerse un lío con algo, formar un arroz con mango con algo ***Cuba***, hacerse bolas con algo ***Méx***, hacer una ensalada con algo ***RP***.

sala-e-quarto [,salaj'kwaxtu] (*pl* **sala-e-quartos**) *m* apartamento *m* con un dormitorio y un salón, departamento *m* de un dormitorio ***Arg***, apartamento *m* de un dormitorio ***Urug***.

salame [sa'lãmi] *m* salami *m*, salame *m* ***CSur*** & ***Cuba***.

salaminho [salã'miɲu] *m* *tipo de salami*, salamín *m* ***RP***.

salão [sa'lãw] (*pl* **-ões**) *m* salón *m*; ~ **de beleza/chá** salón de belleza/té.

salarial [sala'rjaw] (*pl* **-ais**) *adj* salarial.

saldar [saw'da(x)] *vt* saldar.

saldo ['sawdu] *m* saldo *m*; ~ **credor/devedor** saldo acreedor/deudor; ~ **negativo/positivo** saldo negativo/positivo.

saleiro [sa'lejru] *m* [recipiente] salero *m*.

salgadinho [sawga'dʒiɲu] *m* aperitivo *m* salado, bocadillo *m* ***Méx***, saladito *m* ***RP***.

salgado, da [saw'gadu, da] *adj* **-1.** [ger] salado(da). **-2.** [anedota] picante. **-3.** [preço] desorbitado(da), salado(da) ***CSur***.

salgar [saw'ga(x)] *vt* salar.

salgueiro [saw'gejru] *m* sauce *m*.

salientar [saljẽn'ta(x)] *vt* remarcar.

◆ **salientar-se** *vp* [distinguir-se] sobresalir.

saliente [sa'ljẽntʃi] *adj* **-1.** [ressaltado] saliente. **-2.** ***fig*** [espevitado] atrevido(da).

salino, na [sa'linu, na] *adj* salino(na).

◆ **salina** *f* **-1.** [terreno] salina *f*. **-2.** [empresa] *empresa que explota una salina*, salinera *f* ***Amér***.

saliva [sa'liva] *f* saliva *f*.

salmão [saw'mãw] (*pl* **-mões**) ◇ *m* [peixe] salmón *m*. ◇ *m* [cor] salmón *m*. ◇ *adj* [cor] salmón.

salmo ['sawmu] *m* salmo *m*.

salmões [saw'mõjʃ] *pl* ⊳ **salmão**.

salmoura [saw'mora] *f* salmuera *f*.

salobro, bra [sa'lobru, bra] *adj* salobre.

salões [sa'lõjʃ] *pl* ⊳ **salão**.

salpicão [sawpi'kãw] (*pl* **-ões**) *m* **-1.** [paio] chorizo *m*. **-2.** [prato]: ~ **(de galinha)** salpicón *m* (de ave).

salpicar [sawpi'ka(x)] *vt*: ~ **algo em algo** salpicar algo con algo; ~ **alguém de algo** [sujar] salpicar a alguien con algo; ~ **algo de algo** salpicar algo de algo.

salsa ['sawsa] *f* **-1.** [erva] perejil *m*. **-2.** MÚS salsa *f*.

salsicha [saw'siʃa] *f* salchicha *f*.

salsichão [sawsi'ʃãw] (*pl* **-chões**) *m* salchichón *m*.

saltar [saw'ta(x)] ◇ *vi* **-1.** [pular]: ~ **(de/sobre)** saltar de/sobre. **-2.** [de ônibus, trem, cavalo]: ~ **(de)** bajar (de). **-3.** [rolha] saltar. ◇ *vt* **-1.** [pular] saltar. **-2.** [omitir] saltarse. **-3.** ***fam*** [fazer vir]: **salta mais um café!** ¡marchando *ou* marche ***RP*** otro café!

salteador, ra [sawtʃja'do(x), ra] *m, f* salteador *m*, -ra *f*.

saltimbanco [sawtʃĩn'bãŋku] *m* saltimbanqui *m*.

salto ['sawtu] *m* **-1.** [ger] salto *m*; **dar um ~** dar un salto; **~ em altura** salto de altura, salto alto *RP*; **~ em distância** salto de longitud, salto largo *RP*; **~ de vara** salto de pértiga, salto con garrocha *Amér*. **-2.** [de sapato] tacón *m Esp & Méx*, taco *m Andes & RP*; **~ alto/baixo** tacón *Esp & Méx* OU taco *Andes & RP* alto/bajo.

salto-mortal [ˌsawtumox'taw] (*pl* **saltos-mortais**) *m* salto *m* mortal.

salubre [sa'lubri] *adj* salubre.

salutar [salu'ta(x)] (*pl* **-es**) *adj* saludable.

salva ['sawva] *f* **-1.** [ger]: **~ (de tiros)** salva *f* (de disparos). **-2.** *fig*: **uma ~ de palmas** una salva de palmas. **-3.** [bandeja] *bandeja pequeña y redonda*.

salvação [sawva'sãw] *f* salvación *f*.

salvador, ra [sawva'do(x), ra] *m, f* [pessoa] salvador *m*, -ra *f*.

salvadorenho, nha [sawvado'reɲu, ɲa] ◇ *adj* salvadoreño(ña). ◇ *m, f* salvadoreño *m*, -ña *f*.

salvaguardar [ˌsawvagwax'da(x)] *vt* salvaguardar.

salvamento [sawva'mẽntu] *m* salvamento *m*, salvataje *m RP*.

salvar [saw'va(x)] *vt* **-1.** [ger] salvar. **-2.** COMPUT guardar, salvar *Amér*.
◆ **salvar-se** *vp* [escapar] salvarse.

salva-vidas [ˌsalva'vidaʃ] ◇ *adj inv* salvavidas. ◇ *mf* **-1.** [bóia] salvavidas *m inv*. **-2.** [pessoa] socorrista *mf Esp*, salvavidas *m inv Amér*, bañero *m*, -ra *f Arg*. **-3.** [jaqueta] salvavidas *m inv*.

salve ['sawvi] *interj* ¡salve!

salvo, va ['sawvu, va] ◇ *adj* salvado(da); **estar a ~** estar a salvo. ◇ *prep* salvo.

salvo-conduto [ˌsawvukõn'dutu] (*pl* **salvo-condutos**, **salvos-condutos**) *m* salvoconducto *m*.

samambaia [samãn'baja] *f* helecho *m*.

samba ['sãnba] *m* samba *f*.

samba-canção [ˌsãnbakãn'sãw] (*pl* **sambas-canções**) *m* MÚS *samba lenta y sentimental*.

sambar [sãn'ba(x)] *vi* bailar la samba.

sambista [sãn'biʃta] *mf* **-1.** [dançarino] bailarín *m*, -ina *f* de samba. **-2.** [compositor] compositor *m*, -ra *f* de samba.

sambódromo [sãn'bɔdromu] *m* sambódromo *m*, *recinto donde desfilan las escuelas de samba durante el carnaval*.

sanar [sa'na(x)] *vt* sanar.

sanatório [sana'tɔrju] *m* sanatorio *m*.

sanção [sãn'sãw] (*pl* **-ões**) *f* [ger] sanción *f*; **~ contra** sanción contra.

sancionar [sãnsjo'na(x)] *vt* [aprovar] sancionar.

sanções [sãn'sõjʃ] *pl* ▷ **sanção**.

sandália [sãn'dalja] *f* sandalia *f*.

sanduíche [sãn'dwiʃi] *m* sándwich *m*, bocadillo *m Esp*.

saneamento [sanja'mẽntu] *m* saneamiento *m*.

sanear [sa'nja(x)] *vt* sanear.

sanfona [sãn'fona] *f* **-1.** MÚS acordeón *m*. **-2.** [em suéter] elástico *m*.

sangrar [sãŋ'gra(x)] ◇ *vi* [verter sangue] sangrar. ◇ *vt* **-1.** [ger] sangrar. **-2.** [açude, represa] vaciar.

sangrento, ta [sãŋ'grẽntu, ta] *adj* **-1.** [ger] ensangrentado(da). **-2.** CULIN [carne] jugoso(sa).

sangria [sãŋ'gria] *f* sangría *f*.

sangue ['sãŋgi] *m* **-1.** [ger] sangre *f*; **sair ~ (de)** salir sangre (de). **-2.** *fig* [raça]: **puro ~** purasangre *m*.

sangue-frio [ˌsãŋgi'friw] *m* sangre *f* fría.

sanguessuga [ˌsãŋgi'suga] *f* sanguijuela *f*.

sanguinário, ria [sãŋgi'narju, rja] *adj* sanguinario(ria).

sanguíneo, nea [sãŋ'g(w)inju, nja] *adj* sanguíneo(a).

sanidade [sani'dadʒi] *f* [mental] sanidad *f*.

sanitário, ria [sani'tarju, rja] *adj* **-1.** [ger] sanitario(ria). **-2.** [banheiro] baño *m*, sanitario *m Méx*.

San José [ˌsãnxo'se] *n* San José.

San Salvador [ˌsãnsawva'do(x)] *n* San Salvador.

Santa Catarina [ˌsãntakata'rina] *n* Santa Catarina.

Santiago do Chile [sãnˌtʃagudu'ʃili] *n* Santiago de Chile.

santidade [sãntʃi'dadʒi] *f* santidad *f*.

santo, ta ['sãntu, ta] ◇ *adj* santo(ta); **todo ~ dia** *fam fig* todo el santo día; **um ~ remédio** un santo remedio. ◇ *m, f* santo *m*, -ta *f*.

Santo Domingo [ˌsãntudo'mĩŋgu] *n* Santo Domingo.

santuário [sãn'twarju] *m* santuario *m*.

são, sã ['sãw, 'sã] *adj* sano(na); ~ **e salvo** sano y salvo.
São [sãw] *adj* San.
São Luís [ˌsãwlu'iʒ] *n* São Luis.
São Paulo [ˌsãw'pawlu] *n* São Paulo.
sapataria [sapata'ria] *f* zapatería *f.*
sapateado [sapa'tʃjadu] *m* zapateado *m.*
sapateiro, ra [sapa'tejru, ra] *m, f* zapatero *m*, -ra *f.*
◆ **sapateiro** *m* [loja] zapatero *m.*
sapatilha [sapa'tʃiʎa] *f* zapatilla *f.*
sapato [sa'patu] *m* zapato *m.*
sapiência [sa'pjẽnsja] *f* sapiencia *f.*
sapo ['sapu] *m* sapo *m.*
saque ['saki] *m* **-1.** FIN retirada *f*, retiro *m* **RP**. **-2.** ESP saque *m.* **-3.** [de cidade, loja] saqueo *m.* **-4. fam** [mentira] bola *f* **Esp**, cuento *m* **Méx**, paco *m* **RP**.
saquear [sa'kja(x)] *vt* saquear.
saraivada [saraj'vada] *f* granizada *f*; **uma ~ de** *fig* una lluvia de.
sarampo [sa'rãnpu] *m* sarampión *m.*
sarar [sa'ra(x)] ◇ *vt* [pessoa, doença, ferida] sanar. ◇ *vi* sanar.
sarcasmo [sax'kaʒmu] *m* sarcasmo *m.*
sarcástico, ca [sax'kaʃtʃiku, ka] *adj* sarcástico(ca).
sarda ['saxda] *f* peca *f.*
Sardenha [sax'deɲa] *n* Cerdeña.
sardinha [sax'dʒiɲa] *f* sardina *f.*
sardônico, ca [sax'doniku, ka] *adj* sardónico(ca).
sargento [sax'ʒẽntu] *mf* sargento *mf.*
sarjeta [sax'ʒeta] *f* alcantarilla *f.*
sarna ['saxna] *f* sarna *f*; **procurar ~ para se coçar** complicarse la vida.se (de alguien), joder (a alguien) **RP**.
Satã [sa'tã], **Satanás** [sata'naʃ] *m* Satán, Satanás.
satélite [sa'tɛlitʃi] ◇ *m* satélite *m.* ◇ *adj* [cidade, país] satélite.
sátira ['satʃira] *f* sátira *f.*
satírico, ca [sa'tʃiriku, ka] *adj* satírico(ca).
satirizar [satʃiri'za(x)] *vt* satirizar.
satisfação [satʃiʃfa'sãw] (*pl* **-ões**) *f* **-1.** [ger] satisfacción *f.* **-2.** [explicação]: **dar uma ~ a alguém** dar explicaciones a alguien; **tomar satisfações de alguém** exigir explicaciones a alguien.
satisfatório, ria [satʃiʃfa'tɔrju, rja] *adj* satisfactorio(ria).
satisfazer [satʃiʃfa'ze(x)] ◇ *vt* satisfacer. ◇ *vi* **-1.** [ser satisfatório] satisfacer. **-2.** [contentar, convir]: **~ a** satisfacer a.
◆ **satisfazer-se** *vp*: **~-se (com)** satisfacerse con.
satisfeito, ta [satʃiʃ'fejtu, ta] ◇ *pp* ▷ satisfazer. ◇ *adj* satisfecho(cha).
saturado, da [satu'radu, da] *adj* **-1.**: **~ de algo** [ger] saturado(da) de algo. **-2. fig** [enfastiado]: **~ (de algo/alguém)** harto(ta) (de algo/alguien).
saturar [satu'ra(x)] *vt* **-1.**: **~ algo (de algo)** [ger] saturar algo (de algo). **-2. fig** [enfastiar]: **~ alguém de algo** hartar a alguien de algo. **-3.** [saciar] saturar.
Saturno [sa'tuxnu] *n* Saturno.
saudação [sawda'sãw] (*pl* **-ões**) *f* **-1.** [cumprimento] saludo *m.* **-2.** [homenagem] homenaje *m.*
saudade [saw'dadʒi] *f* nostalgia *f*; **estar morrendo de ~(s) de alguém** echar mucho de menos (a alguien), extrañar mucho (a alguien) **Amér**; **matar as ~s** reunirse con los seres queridos; **sentir ~(s) de alguém/algo** echar de menos (a alguien/algo), extrañar (a alguien/algo) **Amér**.
saudar [saw'da(x)] *vt* saludar.
saudável [saw'davɛw] (*pl* **-eis**) *adj* saludable.
saúde [sa'udʒi] ◇ *f* salud *f*; **estar bem/mal de ~** estar bien/mal de salud; **brindar à ~ de alguém** brindar a la salud de alguien; **~ pública** salud pública. ◇ *interj*: **saúde!** ¡salud!
saudosismo [sawdo'ziʒmu] *m* nostalgia *f.*
saudoso, osa [saw'dozu, ɔza] *adj* **-1.** [que causa saudades] que se echa en falta, que se extraña **Amér**. **-2.** [que denota saudades] nostálgico(ca), chípil **Méx**.
sauna ['sawna] *f* sauna *f*, sauna *m* **Amér**.
saveiro [sa'vejru] *m velero con uno o dos mástiles utilizado para el transporte de pasajeros o de carga, y también para la pesca.*
saxofone [sakso'foni] *m* saxofón *m*, saxo *m.*
sazonal [sazo'naw] (*pl* **-ais**) *adj de estación.*
SBT (*abrev de* **Sistema Brasileiro de Televisão**) *cadena privada de televisión con una programación populista.*
SC (*abrev de* **Estado de Santa Catarina**) *estado de Santa Catarina.*

se [si] <> *pron pess* **-1.** [ele, ela, coisa, animal] se ; [você] te; [eles, elas, coisas, animais] se; [vocês] os ***Esp,*** se ***Amér***; **ela ~ apresentou ao chefe** se presentó al jefe; **matricularam-~ na universidade** se inscribieron en la Universidad; **vocês ~ equivocaram** os equivocasteis ***Esp,*** se equivocaron ***Amér***; [alguém, qualquer pessoa]: **quem não toma cuidado ~ dá mal** al que no tiene cuidado le va mal; ***fam*** [a gente]: **a gente ~ divertiu muito** nos divertimos mucho. **-2.** [reciprocamente]: **eles ~ amam** (ellos) se aman; **olharam-~ com ternura** se miraron con ternura; **vocês ~ detestam** vosotros os detestais ***Esp,*** ustedes se detestan ***Amér***; **a gente ~ falou pelo telefone** nos hablamos por teléfono. **-3.** *(com sujeito indeterminado)* se; **vive-~ melhor no campo** se vive mejor en el campo; **trata-~ de verdadeiras relíquias** se trata de verdaderas reliquias. **-4.** *(na voz passiva)* se; **já não ~ fazem mais filmes como antigamente** ya no se hacen películas como las de antes; **'vende-~'** 'se vende'; **diz-~ que ...** se dice que ... dicen que ...; **como ~ sabe, ...** como ya se sabe, ... <> *conj* **-1.** [condicional] si; **~ fizer sol, iremos à praia** si sale el sol, vamos a la playa; **~ tiver tempo, escreva** si tienes/tenés ***RP*** tiempo, escribe; **~ é que** [expressando dúvida] si es que; **~ tanto** como máximo. **-2.** [indicando causa] si; **~ está com sono, por que não vai dormir?** si tienes/tenés ***RP*** sueño, ¿por qué no te vas a dormir?; **~ ..., então ...** si ..., entonces ...; **~ diminui a oferta, então aumenta o preço** si disminuye la oferta, (entonces) aumenta el precio. **-3.** [indicando comparação] si; **~ ontem éramos fracos, hoje podemos vencer** si ayer éramos débiles, hoy podemos vencer. **-4.** [enquanto, quando] si; **~ na Europa é inverno, na América do Sul é verão** si en Europa es invierno, en América del Sur es verano. **-5.** [indicando interrogação] si; **não sei ~ quero ir ou não** no sé si quiero ir o no; **perguntei-lhe ~ o filme é bom mesmo** le pregunté si la película era realmente buena.
◆ **se bem que** *loc conj* [embora, ainda que] aunque.

SE (*abrev de* **Estado de Sergipe**) *estado de Sergipe.*

sebo ['sebu] *m* **-1.** [substância] sebo *m.* **-2.** [livraria] librería *f* de viejo *ou* de usado ***RP.***

seboso, osa [se'bozu, ɔza] *adj* seboso(sa).

SEBRAE (*abrev de* **Serviço de Apoio às Micro e Pequenas Empresas**) *m organismo de apoyo a las PYMEs.*

seca ['seka] *f* ▷ **seco.**

secador [seka'do(x)] (*pl* **-es**) *m* secador *m*; **~ (de cabelo)** secador (de pelo), secadora *f* (de pelo) ***Méx***; **~ de roupa** [varal] tendedero *m.*

secadora [seka'dora] *f* secadora *m.*

seção [se'sãw] (*pl* **-ões**) *f* sección *f.*

secar [se'ka(x)] <> *vt* secar. <> *vi* secarse.

seccionar [seksjo'na(x)] *vt* seccionar; **a escolha do candidato seccionou o partido** la elección del candidato dividió al partido.

seco, ca ['seku, ka] *adj* [ger] seco(ca).
◆ **seca** *f* sequía *f.*

seções [se'sõjʃ] *pl* ▷ **seção.**

secreção [sekre'sãw] (*pl* **-ões**) *f* secreción *f.*

secretaria [sekreta'ria] *f* secretaría *f.*

secretária [sekre'tarja] *f* ▷ **secretário.**

secretário, ria [sekre'tarju, rja] *m, f* secretario *m*, -ria *f*; **~ de Estado** secretario de Estado.
◆ **secretária** *f* **-1.** [mesa] escritorio *m.* **-2.** [aparelho]: **~ (eletrônica)** contestador *m* (automático), contestadora *f* ***Méx.***

secreto, ta [se'krɛtu, ta] *adj* secreto(-ta).

sectário, ria [sɛk'tarju, rja] <> *adj* **-1.** [seguidor] sectario(ria). **-2.** ***fig*** [intransigente] sectario(ria). <> *m, f* [seguidor] sectario *m*, -ria *f.*

secular [seku'la(x)] (*pl* **-es**) *adj* secular.

século ['sɛkulu] *m* siglo *m.*
◆ **séculos** *mpl* ***fig*** [longo tempo] siglos *mpl*; **há ~s** hace siglos ...

secundário, ria [sekũn'darju, rja] *adj* secundario(ria).

seda ['seda] *f* [material] seda *f*; **~ crua/pura** seda cruda/pura.

sedar [se'da(x)] *vt* sedar.

sedativo, va [seda'tʃivu] *adj* sedante.
◆ **sedativo** *m* MED sedante *m.*

sede[1] ['sedʒi] *f* **-1.** [secura] sed *f*; **estar com ~** tener sed; **matar a ~**

calmar la sed. **-2.** *fig* [desejo]: **~ de algo** sed de algo.

sede² ['sɛdʒi] *f* sede *f.*

sedentário, ria [sedẽn'tarju, rja] *adj* sedentario(ria).

sedento, ta [se'dẽntu, ta] *adj* [de água] sediento(ta).

SEDEX (*abrev de* **Serviço de Encomenda Expressa**) *m correo urgente.*

sediar [se'dʒja(x)] *vt* ser la sede de.

sedimento [sedʒi'mẽntu] *m* sedimento *m.*

sedoso, osa [se'dozu, ɔza] *adj* sedoso(sa).

sedução [sedu'sãw] (*pl* **-ões**) *f* seducción *f.*

sedutor, ra [sedu'to(x), ra] (*mpl* **-es**, *fpl* **-s**) ◇ *adj* seductor(ra). ◇ *m, f* [sexualmente] seductor *m,* -ra *f.*

seduzir [sedu'zi(x)] *vt* seducir.

seg. (*abrev de* **segunda-feira**) lun.

segmento [seg'mẽntu] *m* segmento *m.*

segredo [se'gredu] *m* secreto *m*; **guardar ~** mantener en secreto; **em ~** en secreto.

segregação [segrega'sãw] *f* segregación *f.*

segregar [segre'ga(x)] *vt* segregar.

seguidamente [se,gida'mẽntʃi] *adv* **-1.** [continuamente] ininterrumpidamente. **-2.** [freqüentemente] frecuentemente.

seguido, da [se'gidu, da] *adj* seguido(da); **~ de/por** seguido de/por; **cinco dias ~s** cinco días seguidos; **horas seguidas** durante horas seguidas.

◆ **em seguida** *loc adv* a continuación.

seguidor, ra [segi'do(x), ra] *m, f* seguidor *m* seguido, -ra *f.*

seguimento [segi'mẽntu] *m* conclusión *f*; **dar ~ a algo** dar continuidad a algo.

seguinte [se'gĩntʃi] ◇ *adj* siguiente. ◇ *mf*: **o/a ~** el/la siguiente; **o negócio é o ~** *fam* el asunto es el siguiente; **pelo ~** por lo siguiente.

seguir [se'gi(x)] ◇ *vt* seguir. ◇ *vi* seguir; **~ reto** seguir derecho.

◆ **seguir-se** *vp* seguir; **~ -se (a algo)** seguir (a algo).

segunda [se'gũnda] *f* ▷ **segundo.**

segunda-feira [se,gũnda'fejra] (*pl* **segundas-feiras**) *f* lunes *m inv*; *veja também* **sábado.**

segundo, da [se'gũndu, da] ◇ *num adj* segundo(da). ◇ *num m, f* segundo *m,* -da *f.* ◇ *adj* [outro] segundo(da); **segundas intenções** segundas intenciones; **de segunda mão** de segunda mano.

◆ **segundo** ◇ *m* [medida de tempo] segundo *m*; **um ~!** *fig* ¡un segundo! ◇ *prep* según. ◇ *conj* [conforme] según.

◆ **segunda** *f* **-1.** AUTO segunda *f.* **-2.** [segunda-feira] lunes *m inv.*

◆ **de segunda** *loc adj* de segunda, de cuarta *RP.*

segurador, ra [segura'do(x), ra] *m, f* [agente] asegurador *m,* -ra *f.*

◆ **seguradora** *f* [companhia] aseguradora *f.*

segurança [segu'rãnsa] ◇ *f* seguridad *f.* ◇ *mf* [pessoa] vigilante *mf* jurado, guardia *mf* (de seguridad) *RP.*

segurar [segu'ra(x)] ◇ *vt* **-1.** [pegar] agarrar. **-2.** [firmar] asegurar, afirmar. **-3.** [sustentar] sostener. **-4.** [pôr no seguro]: **~ algo/alguém (contra)** asegurar algo/a alguien (contra). ◇ *vi* [apoiar-se]: **~ (em)** apoyarse (en), afirmarse (en) *RP.*

◆ **segurar-se** *vp* **-1.** [apoiar-se]: **~-se em** apoyarse en. **-2.** [fazer seguro] asegurarse. **-3.** [controlar-se] controlarse.

seguro, ra [se'guru, ra] *adj* **-1.** seguro(ra); **estar ~ de algo** estar seguro de algo. **-2.** [confiante, decidido] seguro(ra).

◆ **seguro** ◇ *m* [contrato] seguro *m*; **~ de automóvel** seguro de automóvil; **~ de vida** seguro de vida. ◇ *adv* seguro.

seguro-saúde [se,gurusa'udʒi] (*pl* **seguros-saúde**) *m* seguro *m* de salud.

seio ['seju] *m* seno *m.*

seis ['sejʃ] *num* seis *m*; **o (número) ~** el (número) seis; **duzentos e ~** doscientos seis; **trinta e ~** treinta y seis; **às ~ (horas)** a las seis; **são ~ horas** son las seis; **são ~ e meia** son las seis y media; **no dia ~ de janeiro** el seis de enero; **~ graus abaixo de zero** seis grados bajo cero; **o número ~** el número seis; **empatar de ~ a ~** empatar seis a seis; **~ a zero** seis a cero; **~ de espadas** seis de espadas; **Rua das Acácias, (número) ~** Rua das Acácias, (número) seis; **pacotes de ~**

paquetes de seis; ~ **de cada vez** seis cada vez, de a seis *RP*; **somos** ~ somos seiss; **ele tem** ~ **anos (de idade)** tiene seis años (de edad).

seiscentos, tas [sejˈsẽntuʃ, taʃ] *num* seiscientos *m*; *veja também* **seis**.

seita [ˈsejta] *f* secta *f*.

seixo [ˈsejʃu] *m* canto *m*.

seja [ˈseʒa] *conj*: **ou** ~ o sea.

sela [ˈsɛla] *f* silla *f* de montar, montura *f RP*.

selagem [seˈlagẽ] *f* [de carta] sellado *m*.

selar [seˈla(x)] *vt* **-1.** [ger] sellar. **-2.** [cavalo] ensillar.

seleção [seleˈsãw] (*pl* **-ões**) *f* selección *f*.

selecionar [selesjoˈna(x)] *vt* seleccionar.

seletivo, va [seleˈtʃivu, va] *adj* selectivo(va).

seleto, ta [seˈlɛtu, ta] *adj* selecto(ta).

selim [seˈlĩ] (*pl* **-ns**) *m* sillín *m*.

selo [ˈselu] *m* sello *m*.

selva [ˈsɛwva] *f* selva *f*.

selvagem [sewˈvaʒẽ] (*pl* **-ns**) *adj* salvaje.

sem [sẽ] *prep* sin; ~ **algo/fazer algo** sin algo/hacer algo.
◆ **sem que** *loc conj* sin que.

semáforo [seˈmaforu] *m* semáforo *m*.

semana [seˈmãna] *f* semana *f*; **há uma** ~ **atrás** hace una semana.
◆ **Semana Santa** *f* Semana *f* Santa.

semanal [semaˈnaw] (*pl* **-ais**) *adj* semanal.

semblante [sẽnˈblãntʃi] *m* [rosto] semblante *m*.

semeadura [semjaˈdura] *f* [semeaçao] siembra *f*.

semear [seˈmja(x)] *vt* sembrar.

semelhança [semeˈʎãnsa] *f* semejanza *f*.

semelhante [semeˈʎãntʃi] ◇ *adj* **-1.** [ger] semejante. **-2.** [parecido]: ~ **(a)** semejante (a). ◇ *m (ger pl)* [próximo] semejante *m*.

sêmen [ˈsemẽ] *m* semen *m*.

semente [seˈmẽntʃi] *f* semilla *f*.

semestral [semeʃˈtraw] (*pl* **-ais**) *adj* semestral.

semi-analfabeto, ta [semjanawfaˈbɛtu, ta] (*mpl* **-s**, *fpl* **-s**) *adj* semianalfabeto(ta).

semicerrar [semiˈsexa(x)] *vt* entrecerrar.

semicírculo [semiˈsixkulu] *m* semicírculo *m*.

semifinal [semifiˈnaw] (*pl* **-ais**) *f* semifinal *f*.

seminário [semiˈnarju] *m* seminario *m*.

seminarista [seminaˈriʃta] *m* seminarista *m*.

seminu, nua [semiˈnu, nua] *adj* semidesnudo(da).

semiprecioso, osa [semipreˈsjozu, ɔza] *adj* semiprecioso(sa).

sem-número [sẽnˈnumeru] *m*: **um** ~ **de** un sinnúmero de.

semolina [semoˈlina] *f* sémola *f*.

sem-par [sẽnˈpa(x)] *adj* sinpar.

sempre [ˈsẽnpri] *adv* siempre; **como** ~ como siempre; **de** ~ de siempre; **para** ~ para siempre.
◆ **sempre que** *loc conj* siempre que.

sem-terra [sẽnˈtɛxa] *mf inv* sin tierra *mf inv*.

sem-teto [sẽnˈtɛtu] *mf inv* sin techo *mf inv*.

sem-vergonha [sẽnvexˈgoɲa] ◇ *adj inv* sinvergüenza. ◇ *mf inv* sinvergüenza *mf*.

SENAC (*abrev de* **Serviço Nacional de Aprendizagem Comercial**) *m servicio de formación para trabajadores de comercio*.

senado [seˈnadu] *m* senado *m*.

senador, ra [senaˈdo(x), ra] *m, f* senador *m*, -ra *f*.

SENAI (*abrev de* **Serviço Nacional de Aprendizagem Industrial**) *m servicio de formación para personas que trabajan en la industria*.

senão [seˈnãw] (*pl* **-ões**) ◇ *prep* [exceto] sino. ◇ *conj* [caso contrário] si no. ◇ *m* imperfección *f*, pero *m*.

Senegal [seneˈgaw] *n*: **(o)** ~ (el) Senegal.

senhor, ra [seˈɲo(x), ɔra] (*mpl* **-es**, *fpl* **-s**) *adj* señor(ra).
◆ **senhor** *m* **-1.** [ger] señor *m*. **-2.** [tratamento - antes de nome, cargo]: ~ **Carlos** don Carlos; [- você, mais formal]: **o** ~ usted; [- em cartas]: **Prezado Senhor** Estimado Señor. **-3.** [homem idoso]: ~ **(de idade)** señor de edad. **-4.** RELIG: **o Senhor** el Señor.
◆ **senhora** *f* **-1.** [dama] señora *f*. **-2.** [tratamento- antes de nome, cargo]: **senhora Maria** señora *f* Maria; [- você, mais formal]: **a senhora** usted; **senhoras e** ~**es** señoras y señores; [- em cartas]: **Prezada Senhora** Estimada Señora. **-3.** [mulher idosa]: **senhora**

(de idade) señora de edad. **-4.** *RELIG*: **Nossa Senhora** Nuestra Señora; *fam* ¡Dios mío!

senhoria [seɲo'ria] *f* ▷ **senhorio.**

senhorio, ria [seɲo'riu, ria] *m, f* [proprietário] propietario *m*, -ria *f*.

◆ **Senhoria** *f* [em carta]: **Vossa Senhoria** Su Señoría.

senhorita [seɲo'rita] *f* **-1.** [ger] señorita *f*. **-2.** [tratamento - antes de nome]: ~ **Luiza** señorita *f* Luiza; [- você]: **a** ~ usted.

senil [se'niw] (*pl* **-is**) *adj* senil.

senões [se'nõjʃ] *mpl* ▷ **senão.**

sensação [sẽnsa'sãw] (*pl* **-ões**) *f* sensación *f*; **ter a** ~ **de que** tener la sensación de que; **causar** ~ causar sensación.

sensacional [sẽnsasjo'naw] (*pl* **-ais**) *adj* sensacional.

sensacionalista [sẽnsasjona'liʃta] *adj* sensacionalista.

sensato, ta [sẽn'satu, ta] *adj* sensato(-ta).

sensibilidade [sẽnsibili'dadʒi] *f* sensibilidad *f*.

sensível [sẽn'sivɛw] (*pl* **-eis**) *adj* sensible.

senso ['sẽnsu] *m* sentido *m*, juicio *m* *RP*; **bom** ~, ~ **comum** sentido común; ~ **de humor** sentido del humor.

sensual [sẽn'swaw] (*pl* **-ais**) *adj* sensual.

sensualidade [sẽnswali'dadʒi] *f* sensualidad *f*.

sentado, da [sẽn'tadu, da] *adj* sentado(da).

sentar [sẽn'ta(x)] ◇ *vt* sentar. ◇ *vi* sentarse.

◆ **sentar-se** *vp* sentarse.

sentença [sẽn'tẽnsa] *f* *JUR* sentencia *f*.

sentido, da [sẽn'tʃidu, da] *adj* **-1.** [ressentido] ofendido(da), dolido(da). **-2.** [triste, lamentoso] triste, sentido(-da) *RP*.

◆ **sentido** *m* **-1.** [ger] sentido *m*; **ter/não ter** ~ tener/no tener sentido; ~ **figurado** sentido figurado; **sexto** ~ sexto sentido; ~ **horário/anti-horário** sentido de las agujas del reloj/contrario al de las agujas del reloj. **-2.** [atenção]: **estar com o** ~ **em algo/alguém** tener la atención en algo/alguien.

sentimental [sẽntʃimẽn'taw] (*pl* **-ais**) ◇ *adj* sentimental. ◇ *mf* sentimental *mf*.

sentimento [sẽntʃi'mẽntu] *m* **-1.** [ger] sentimiento *m*; **com** ~ con sentimiento. **-2.** [senso] sentido *m*.

sentir [sẽn'tʃi(x)] ◇ *vt* **-1.** [ger] sentir. **-2.** [melindrar-se com] ofenderse por, dolerse por, sentirse por ***Méx***. **-3.** [verificar] comprobar, sentir *RP*. ◇ *vi* sentir; **sinto muito** lo siento mucho; **sem** ~ sin sentir.

◆ **sentir-se** *vp* sentirse.

senzala [sẽn'zala] *f* *vivienda destinada para los esclavos.*

separação [separa'sãw] (*pl* **-ões**) *f* separación *f*; ~ **de bens** separación de bienes.

separado, da [sepa'radu, da] *adj* separado(da).

separar [sepa'ra(x)] *vt* separar.

◆ **separar-se** *vp* separarse; ~**-se (de alguém)** separarse (de alguien); ~**-se em** separarse en.

sepultamento [sepuwta'mẽntu] *m* entierro *m*.

sepultar [sepuw'ta(x)] *vt* sepultar.

sepultura [sepuw'tura] *f* sepultura *f*.

seqüela [se'kwɛla] *f* secuela *f*.

seqüência [se'kwẽnsja] *f* secuencia *f*.

sequer [se'kɛ(x)] *adv* siquiera; **nem** ~ ni siquiera.

seqüestrador, ra [sekweʃtra'do(x), ra] (*mpl* **-res**, *fpl* **-s**) *m, f* secuestrador *m*, -ra *f*.

seqüestrar [sekweʃ'tra(x)] *vt* secuestrar.

séquito ['sɛkitu] *m* séquito *m*.

ser ['se(x)] (*pl* **-es**) ◇ *m* ser *m*; ~ **humano** ser humano. ◇ *vi* ser; **é demasiado longo** es demasiado largo; **são bonitos** son bonitos/lindos *RP*; **sou médico** soy médico; **ele é do Brasil** es de Brasil; **é no centro da cidade** es en el centro de la ciudad; **sou brasileira** soy brasileña/brasilera *RP*; **quanto é?** ¿cuánto es?; **são mil reais** son mil reales; **hoje é sexta** hoy es viernes; **que horas são?** ¿qué hora es?, ¿qué horas son? ***Amér***; **são seis horas** son las seis; **é do Paulo** es de Paulo; **este carro é seu?** ¿es tuyo este coche/carro ***Andes***, ***CAm***, ***Caribe*** & ***Méx***/auto ***RP*** ?; **os livros eram meus** los libros eran míos; **a não** ~ **que** a no ser que; **que foi?** ¿qué pasó?; **ou seja** o sea; **será que chove hoje?** ¿lloverá hoy? ◇ *v aux* ser; **foi visto à saída do cinema** fue visto a la salida del cine. ◇ *v impess* ser; **é de dia/noite** es de día/noche; **é tarde/cedo** es tarde/temprano; **é fácil de ver** es fácil de ver.

◆ **ser de** *v + prep* ser de.

◆ **ser para** *v + prep* ser para; **isto não é para comer** esto no es para comer.

sereia [se'rejal] *f* sirena *f*.

serenar [sere'na(x)] <> *vt* **-1.** [acalmar] serenar, calmar. **-2.** [suavizar] calmar. <> *vi* [acalmar] serenarse, calmarse.

serenata [sere'nata] *f* serenata *f*.

sereno, na [se'rɛnu, na] *adj* sereno(na).

◆ **sereno** *m* rocio *m*, sereno *m* *Amér.*

seresta [se'rɛʃta] *f* serenata *f*.

Sergipe [sex'ʒipi] *n* Sergipe.

seriado, da [se'rjadu, da] *adj* **-1.** JORN & TV serializado(da), seriado(da) *Méx*. **-2.** [números] en serie.

◆ **seriado** *m* TV serie *f*, serial *f* *RP*.

serial [se'rjaw] (*pl* **-ais**) *adj* COMPUT serie.

série ['sɛrji] *f* **-1.** [ger] serie *f*; **uma ~ de** una serie de; **número de ~** número *m* de serie. **-2.** EDUC curso *m*.

◆ **fora de série** *loc adj* [excepcional] fuera de serie.

seriedade [serje'dadʒi] *f* seriedad *f*.

seringa [se'rĩŋga] *f* jeringa *f*.

seringueiro, ra [serĩŋ'gejru, ra] *m, f* cauchero *m*, -ra *f*.

◆ **seringueira** *f* árbol *m* del caucho.

sério, ria ['sɛrju, rja] <> *adj* serio(ria). <> *adv* en serio.

◆ **a sério** *loc adv* en serio; **levar a ~** tomar en serio.

sermão [sex'mãw] (*pl* **-ões**) *m* **-1.** RELIG sermón *m*. **-2.** *fig* [repreensão]: **levar um ~ de alguém** recibir un sermón de alguien.

serpente [sex'pẽntʃi] *f* **-1.** ZOOL serpiente *f*. **-2.** *fig* [pessoa] víbora *f*.

serpentina [serpẽn'tʃina] *f* serpentina *f*.

SERPRO (*abrev de* **Serviço Federal de Processamento de Dados**) *m servicio gubernamental de proceso de datos.*

serra ['sɛxa] *f* sierra *f*.

Serra Leoa [ˌsexale'oa] *n* Sierra Leona.

serralheiro, ra [sexa'ʎejru] *m, f* herrero *m*, -ra *f*.

serralheria [sexaʎe'ria] *f* herrería *f*.

serrano, na [se'xãnu, na] <> *adj* serrano(na). <> *m, f* serrano *m*, -na *f*.

serrar [se'xa(x)] *vt* serrar, aserrar.

serrote [se'xɔtʃi] *m* serrucho *m*.

sertanejo, ja [sextanejʒu, ʒa] <> *adj* del sertão. <> *m, f* habitante del sertão.

sertão [sex'tãw] *m* **-1.** [o interior do país] *zona poco poblada del interior de Brasil, en especial del interior semiárido de la parte nororiental*, sertón *m* *RP*. **-2.** [região agreste] región *f* agreste.

servente [sex'vẽntʃi] *mf* **-1.** [faxineiro] limpiador *m*, -ra *f*. **-2.** [operário] ayudante *mf*.

Sérvia ['sɛxvja] *n* Serbia.

serviçal [sexvi'saw] (*pl* **-ais**) <> *adj* [prestativo] servicial. <> *mf* [criado] criado *m*, -da *f*.

serviço [sex'visu] *m* **-1.** [ger] servicio *m*; **~ social** servicio social; **~ de informações** servicio de informaciones; **~ de bordo** servicio de a bordo. **-2.** [trabalho] trabajo *m*; **prestar ~s** [trabalhar] hacer trabajos, prestar servicios *RP*; [fazer favores] hacer favores. **-3.** *loc*: **não brincar em ~** no perder el tiempo.

◆ **de serviço** *loc adj* [entrada, elevador] de servicio.

servido, da [sex'vidu, da] *adj* **-1.** [que se serve] servido(da). **-2.** [provido]: **bem ~ de** bien provisto(ta) de.

servil [sex'viw] (*pl* **-is**) *adj* [subserviente]: **~ (a)** servil a.

servir [sex'vi(x)] <> *vt* servir; **~ algo a alguém, ~ alguém de algo** servir algo a alguien. <> *vi* servir; **~ a** servir a; **~ de algo** servir de algo.

◆ **servir-se** *vp* [de comida, bebida]: **~-se (de)** servirse.

servo, va ['sɛxvu, va] *m, f* siervo *m*, -va *f*.

SESC (*abrev de* **Serviço Social do Comércio**) *m organismo que presta servicios sociales, deportivos o culturales para los trabajadores del comercio.*

SESI (*abrev de* **Serviço Social da Indústria**) *m organismo que presta servicios sociales, deportivos o culturales para los trabajadores de la industria.*

sessão [se'sãw] (*pl* **-ões**) *f* sesión *f*.

sessenta [se'sẽnta] *num* sesenta *m*; **os anos ~** los años sesenta; *veja também* **seis**.

sessões [se'sõjʃ] *pl* ▻ **sessão**.

sesta ['sɛʃta] *f* siesta *f*; **fazer a ~** echarse la siesta, sestear *RP*.

set ['sɛtʃi] *m ESP* set *m*.
set. (*abrev de* **setembro**) sep.
seta ['sɛta] *f* flecha *f*.
sete ['sɛtʃi] *num* siete *m*; **pintar o ~** *fig* hacer travesuras, hacer un desbarajuste *RP*; *veja também* **seis.**
setecentos, tas [sɛtʃi'sẽntuʃ, taʃ] *num* setecientos *m*; *veja também* **seis.**
setembro [se'tẽnbru] *m* septiembre *m*, setiembre *m Urug*; **em ~** en septiembre; **no mês de ~** en el mes de septiembre; **em ~ do ano que vem/do ano passado** en septiembre del año que viene/del año pasado; **em meados de ~** a mediados de septiembre; **dia primeiro/dois/seis de ~** día primero/dos/seis de septiembre; **no início/fim de ~** a principios/fines de septiembre.
setenta [se'tẽnta] *num* setenta; **os anos ~** los años setenta; *veja também* **seis.**
sétimo, ma ['sɛtʃimu, ma] *num* séptimo(ma); **a sétima parte** la séptima parte.
setor [se'to(x)] (*pl* **-es**) *m* sector *m*.
seu, sua ['seu, 'sua] ◇ *adj* su. ◇ *pron*: **o ~ /a sua** el suyo/la suya; **isto é ~?** ¿esto es suyo?; **um amigo ~** un amigo suyo; **os ~s** los suyos. ◇ *m, f* **-1.** : **como vai, ~ Pedro?** ¿cómo está, señor Pedro?; **~ estúpido!** ¡estúpido!; **~s irresponsáveis!** ¡irresponsables! **-2.** [com malícia]: **~ malandro!** ¡granuja!; **sua danadinha!** ¡sinvergüenza!
Seul [se'uw] *n* Seúl.
seus [sewʃ] ▻ **seu.**
severidade [severi'dadʒi] *f* severidad *f*.
severo, ra [se'vɛru, ra] *adj* severo(ra).
sex. (*abrev de* **sexta-feira**) vie.
sexagenário, ria [seksaʒe'narjo, rja] ◇ *adj*: **ser ~** ser sexagenário(ria). ◇ *m, f* sexagenario *m*, -ria *f*.
sexagésimo, ma [seksa'ʒɛzimu, ma] *num* sexagésimo(ma).
sexo ['sɛksu] *m* sexo *m*.
sexta ['seʃta] *f* ▻ **sexto.**
sexta-feira [ˌseʃta'fejra] (*pl* **sextas-feiras**) *f* viernes *m inv*; *veja também* **sábado.**
◆ **Sexta-feira Santa** *f* Viernes *m inv* Santo.
sexto, ta ['seʃtu, ta] *num* sexto(ta); **a sexta parte** la sexta parte.
◆ **sexta** *f* [sexta-feira] viernes *m inv*.
sexual [sek'swaw] (*pl* **-ais**) *adj* sexual.
sexy ['sɛksi] *adj* sexy.
SFH (*abrev de* **Sistema Financeiro da Habitação**) *m organismo consultor sobre crédito inmobiliario*.
shopping ['ʃɔpĩŋ] *m* centro *m* comercial, shopping *m RP*.
short ['ʃɔxtʃi] *m* pantalones *mpl* cortos, short *m Amér*.
show ['ʃow] *m* **-1.** [espetáculo] show *m*, espectáculo *m*; **ser/estar um ~** *fig* ser/estar espectacular. **-2.** *fam* [atuação brilhante]: **dar um ~ (de algo)** dar un espectáculo (de algo), ser un espectáculo (de algo) *RP*.
si ['si] *pron pess (depois de prep; com + si = consigo)* [ele, ela, coisa] sí; [eles, elas] sí; **~ mesmo** *ou* **próprio** sí mismo; **ele só se preocupa consigo próprio** sólo se preocupa por sí mismo; **estar/ser cheio de ~** ser un engreído; **estar fora de ~** estar fuera de sí; **voltar a ~** volver en sí; **em ~** en sí; **entre ~** [respectivamente] entre sí; **para ~** para sí mismo; **por ~ só** [sem ajuda externa] por sí solo(la); [isoladamente] por sí solo(la).
Sibéria [si'bɛrja] *n*: **(a) ~** (la) Siberia.
Sicília [si'silja] *n* Sicilia.
sidra ['sidra] *f* sidra *f*.
sifão [si'fãw] (*pl* **-ões**) *m* sifón *m*.
sífilis ['sifiliʃ] *f inv* sífilis *f inv*.
sifões [si'fõjʃ] *pl* ▻ **sifão.**
sigilo [si'ʒilu] *m* discreción *f*.
sigiloso, osa [siʒi'lozu, ɔza] *adj* secreto(ta).
sigla ['sigla] *f* **-1.** [abreviatura] sigla *f*. **-2.** [sinal] marca *f*, rúbrica *f RP*.
significado [signifi'kadu] *m* significado *m*.
significar [signifi'ka(x)] *vt* significar.
significativo, va [signifika'tʃivu, va] *adj* significativo(va).
signo ['signu] *m* [símbolo & *ASTRO*] signo *m*.
sílaba ['silaba] *f* sílaba *f*.
silenciar [silẽn'sja(x)] *vt* [calar, omitir] silenciar.
silêncio [si'lẽnsju] *m* silencio *m*; **ficar em ~** quedarse en silencio.
silencioso, osa [silẽn'sjozu, ɔza] *adj* silencioso(sa).
silhueta [si'ʎweta] *f* silueta *f*.
silício [si'lisju] *m* silicio *m*.
silicone [sili'koni] *m* silicona *f*.
silo ['silu] *m* silo *m*.
silvar [siw'va(x)] *vi* silbar.
silvestre [siw'vɛʃtri] *adj* silvestre.
sim ['sĩ] ◇ *adv* sí; **acho** *ou* **creio que**

~ me parece *ou* creo que sí; **dizer que** ~ decir que sí; **quero,** ~ sí, quiero; **vou,** ~ sí, voy.

simbólico, ca [sĩn'bɔliku, ka] *adj* simbólico(ca).

simbolizar [sĩnboli'za(x)] *vt* simbolizar.

símbolo ['sĩnbolu] *m* símbolo *m*.

simetria [sime'tria] *f* simetría *f*.

simétrico, ca [si'mɛtriku, ka] *adj* simétrico(ca).

similar [simi'la(x)] (*pl* **-es**) *adj*: ~ **(a)** similar (a).

similitude [simili'tudʒi] *f* similitud *f*.

simpatia [sĩnpa'tʃia] *f* **-1.** [ger] simpatía *f*; **sentir** ~ **por alguém** sentir simpatía por alguien. **-2.** [pessoa simpática]: **ser uma** ~ ser simpático(ca). **-3.** [espirit] hechizo *m*, trabajo *m* ***RP***.

simpático, ca [sĩn'patʃiku, ka] *adj* **-1.** [ger] simpático(ca). **-2.** [favorável]: ~ **a algo/alguém** favorable a algo/alguien.

simpatizante [sĩnpatʃi'zãntʃi] *adj* simpatizante.

simpatizar [sĩnpatʃi'za(x)] *vi*: ~ **com alguém/algo** simpatizar con alguien/algo.

simples ['sĩnpliʃ] <> *adj inv* simple. <> *adv* con sencillez.

simplesmente [sĩnpliʃ'mẽntʃi] *adv* [com simplicidade] simplemente.

simplicidade [sĩnplisi'dadʒi] *f* simplicidad *f*.

simplificar [sĩnplifi'ka(x)] *vt* simplificar.

simplório, ria [sĩn'plɔrju, rja] *adj* simplón(ona).

simular [simu'la(x)] *vt* simular.

simultâneo, nea [simuw'tãnju, nja] *adj*: ~ **(a/com)** simultáneo(a) (a).

sina ['sina] *f* sino *m*.

sinagoga [sina'gɔga] *f* sinagoga *f*.

sinal [si'naw] (*pl* **-ais**) *m* **-1.** [ger] señal *f*; **fazer um** ~ **(para alguém)** hacer una señal (a alguien); ~ **de discar** señal de marcado; **dar** ~ **(de discar)** dar tono (de marcado); ~ **de ocupado** señal de ocupado *ou* comunicando ***Esp***; **dar o** ~ dar la señal; **em** ~ **de** en señal de; ~ **de alarme** señal de alarma. **-2.** [símbolo de pontuação] signo *f*; ~ **de mais/menos** signo más/menos, signo de más/menos ***RP***. **-3.** [de trânsito, perigo] señal *f*. **-4.** *AUTO*: ~ **(luminoso de tráfego)** semáforo *m*; ~ **verde** luz verde; **avançar o** ~ saltarse el semáforo, cruzar con luz roja ***RP***. **-5.** [pinta] marca *f*. **-6.** *COM* seña *f*.

◆ **por sinal** *loc adv* [a propósito, aliás] a propósito.

sinalização [sinaliza'sãw] *f* [sinais de tráfego] señalización *f*.

sinalizar [sinali'za(x)] <> *vt* [avenida, estrada] señalizar. <> *vi* dar la señal.

sinceridade [sĩnseri'dadʒi] *f* sinceridad *f*.

sincero, ra [sĩn'sɛru, ra] *adj* sincero(-ra).

sincopado, da [sĩŋko'padu, da] *adj* *MÚS* sincopado(da).

sincronizar [sĩŋkroni'za(x)] *vt* [combinar & *CINE*] sincronizar.

sindical [sĩndʒi'kaw] (*pl* **-ais**) *adj* sindical.

sindicalista [sĩndʒika'liʃta] <> *adj* sindicalista. <> *mf* sindicalista *mf*.

sindicato [sĩndʒi'katu] *m* **-1.** [associação] sociedad *f*. **-2.** [de trabalhadores] sindicato *m*.

síndico, ca ['sĩndʒiku, ka] *m,f* ***fam*** [de prédio] presidente *m*, -ta *f* de la comunidad, representante *mf* de los copropietarios ***RP***.

síndrome ['sĩndromi] *f* síndrome *m*; ~ **de abstinência** síndrome de abstinencia.

sinfonia [sĩnfo'nia] *f* sinfonía *f*.

sinfônico, ca [sĩn'foniku, ka] *adj* sinfónico(ca).

◆ **sinfônica** *f* [orquestra] sinfónica *f*.

singelo, la [sĩn'ʒɛlu, la] *adj* [simples, sem luxo] simple, sencillo(lla).

singular [sĩŋgu'la(x)] (*pl* **-es**) <> *adj* [raro, peculiar & *GRAM*] singular. <> *m* *GRAM* singular *m*.

sinistro, tra [si'niʃtru, tra] *adj* siniestro(tra).

◆ **sinistro** *m* [acidente, dano] siniestro *m*.

sino ['sinu] *m* campana *f*.

sinônimo, ma [si'nonimu] *adj* sinónimo(ma).

◆ **sinônimo** *m* sinónimo *m*.

sinopse [si'nɔpsi] *f* sinopsis *f inv*.

síntese ['sĩntezi] *f* síntesis *f inv*; **em** ~ en síntesis.

sintético, ca [sĩn'tɛtʃiku, ka] *adj* [artificial, conciso] sintético(ca).

sintetizador [sĩntetʃiza'do(x)] *m* sintetizador *m*.

sintetizar [sĩntetʃi'za(x)] *vt* [resumir & *QUÍM*] sintetizar.

sintoma [sĩn'toma] *m* [indício & *MED*] síntoma *m.*
sintomático, ca [sĩnto'matʃiku, ka] *adj* sintomático(ca).
sinuca [si'nuka] *f ESP* billar *m* inglés, snooker *m.*
sinuoso, osa [si'nwozu, ɔza] *adj* sinuoso(sa).
sionismo [sjo'niʒmu] *m* sionismo *m.*
sirene [si'reni] *f* sirena *f.*
siri [si'ri] *m crustáceo parecido al cangrejo*; **casquinha de** ~ *CULIN plato preparado con la carne del cangrejo y condimentos, servido en el caparazón.*
Síria ['sirja] *n* Siria.
sísmico, ca ['siʒmiku, ka] *adj* sísmico(ca).
siso ['sizu] *m* [juízo] juicio *m*; **(dente de)** ~ muela *f* del juicio.
sistema [siʃ'tema] *m* sistema *m*; ~ **operacional** sistema operativo; ~ **solar** sistema solar; ~ **nervoso** sistema nervioso.
sistemático, ca [siʃte'matʃiku, ka] *adj* sistemático(ca).
sistematizar [siʃtematʃi'za(x)] *vt* sistematizar.
sisudo, da [si'zudu, da] *adj* circunspecto(ta).
sitiar [si'tʃja(x)] *vt* [cercar, assediar] sitiar.
sítio ['sitʃju] *m* **-1.** [propriedade] finca *f* ***Esp*** & ***Col***, chacra *f* ***CSur***, granja *f* ***Méx***. **-2.** *MIL* sitio *m.*
situação [sitwa'sãw] (*pl* **-ões**) *f* situación *f.*
situado, da [si'twadu, da] *adj* situado(da), localizado(da) ***RP***.
situar [si'twa(x)] *vt* situar, localizar ***RP***.
◆ **situar-se** *vp* situarse, encontrarse ***RP***.
skate [iʃ'kejtʃi] *m* monopatín *m* ***Esp***, patineta *f* ***Méx***, skate *m* ***RP***.
slide [iʒ'lajdʒi] *m* diapositiva *f.*
slogan [iʒ'logãn] *m* eslogan *m.*
smoking [iʒ'mokĩŋ] *m* smoking *m*, esmoquin *m.*
SNI (*abrev de* **Serviço Nacional de Informações**) *m* ≃ servicio de información del estado brasileño, ≃ CESID *m* ***Esp***.
só ['sɔ] <> *adj* solo(la); **a** ~**s** a solas. <> *adv* [somente] sólo.
SO (*abrev de* **Sudoeste**) SO.
soalho ['swaʎu] *m* = **assoalho**.
soar ['swa(x)] <> *vi* sonar. <> *vt* [suj: relógio] dar.

sob ['sobi] *prep* bajo.
soberania [sobera'nia] *f* soberanía *f.*
soberano, na [sobe'rãnu, na] <> *adj* soberano(na). <> *m, f* [monarca] soberano *m*, -na *f.*
soberbo, ba [so'bexbu, ba] *adj* [arrogante, magnífico] soberbio(bia).
sobra ['sɔbra] *f* sobra *f*, resto *m*; **ter algo de** ~ tener algo de sobra.
◆ **sobras** *fpl* sobras *fpl*, restos *mpl.*
sobrado [so'bradu] *m* **-1.** [casa] casa *f* de dos pisos. **-2.** [andar] piso *m* de arriba, altos *mpl* ***RP***.
sobrancelha [sobrãn'seʎa] *f* ceja *f.*
sobrar [so'bra(x)] *vi* sobrar; ~ **algo (a alguém)** sobrar algo (a alguien); **isso dá e sobra** eso alcanza y sobra.
sobre ['sobri] *prep* sobre.
sobreaviso [sobrja'vizu] *m*: **estar/ficar de** ~ estar/quedar sobre aviso, estar/quedar avisado(da) ***RP***.
sobrecarregar [sobrekaxe'ga(x)] *vt* sobrecargar.
sobreloja [sobre'lɔʒa] *f* entrepiso *m.*
sobremesa [sobre'meza] *f* postre *m*; **de** ~ de postre.
sobrenatural [ˌsobrenatu'raw] (*pl* **-ais**) *adj* sobrenatural.
sobrenome [ˌsobri'nɔmi] *m* apellido *m.*
sobrepor [sobre'po(x)] *vt* **-1.** [pôr em cima]: ~ **algo a algo** sobreponer *ou* superponer algo a algo. **-2.** [antepor]: ~ **algo a algo** anteponer algo a algo.
◆ **sobrepor-se** *vp* **-1.** [pôr-se sobre] sobreponerse, superponerse. **-2.** [antepor-se] anteponerse.
sobreposto, ta [sobre'poʃtu, ɔʃta] <> *pp* ▷ **sobrepor**. <> *adj* [posto em cima]: ~ **a** sobrepuesto(ta) a, superpuesto(ta) a.
sobrepujar [sobrepu'ʒa(x)] *vt* **-1.** [superar] superar; ~ **algo/alguém (em algo)** superar algo/a alguien (en algo). **-2.** [subjugar] dominar.
sobressalente [sobresa'lẽntʃi] <> *adj* sobresaliente. <> *m* repuesto *m.*
sobressaltado, da [sobresaw'tadu, da] *adj* [assustado, apreensivo] sobresaltado(da); **acordar** ~ despertar sobresaltado.
sobressaltar [sobresaw'ta(x)] *vt* [assustar, inquietar] sobresaltar.
◆ **sobressaltar-se** *vp* [assustar-se, inquietar-se] sobresaltarse.
sobressalto [sobre'sawtu] *m* sobresalto *m.*

sobretaxa [ˌsobreˈtaʃa] *f* sobretasa *f*.
sobretudo [sobreˈtudu] <> *m* abrigo *m*, gabardina *f* ***Méx***, sobretodo *m* ***RP***. <> *adv* sobre todo..
sobrevivência [sobreviˈvẽnsja] *f* supervivencia *f*.
sobrevivente [sobreviˈvẽntʃi] <> *adj* superviviente, sobreviviente. <> *mf* superviviente *mf*, sobreviviente *mf*.
sobreviver [sobreviˈve(x)] *vi*: ~ **(a algo/alguém)** sobrevivir (a algo/alguien).
sobrevoar [sobreˈvwa(x)] *vt* sobrevolar.
sobriedade [sobrjeˈdadʒi] *f* [moderação, ausência de embriaguez] sobriedad *f*.
sobrinho, nha [soˈbriɲu, ɲa] *m, f* sobrino *m*, -na *f*.
sóbrio, bria [ˈsɔbrju, brja] *adj* sobrio(-bria); ~ **no comer/no beber** sobrio(-bria) en el comer/beber.
socar [soˈka(x)] *vt* **-1.** [dar socos em] dar puñetazos en, dar piñazos a ***RP***. **-2.** [esmagar] triturar, machacar. **-3.** [calcar] amasar. **-4.** [meter] meter.
social [soˈsjaw] (*pl* **-ais**) *adj* **-1.** [ger] social; **camisa** ~ camisa *f* formal, camisa *f* de vestir ***RP***. **-2.** ***fam*** [via de acesso] principal. **-3.** ***fam*** [banheiro] de invitados, social ***RP***.
socialdemocrata [soˌsjawdemoˈkrata] <> *adj* socialdemócrata. <> *mf* socialdemócrata *mf*.
socialismo [sosjaˈliʒmu] *m* socialismo *m*.
socialista [sosjaˈliʃta] <> *adj* socialista. <> *mf* socialista *mf*.
socialite [sosjaˈlajtʃi] *mf* persona *f* de la alta sociedad *ou* high ***RP***.
socializar [sosjaliˈza(x)] *vt* **-1.** [tornar socialista] socializar. **-2.** [criança] sociabilizar, volver sociable a.
sociável [soˈsjavew] (*pl* **-eis**) *adj* sociable.
sociedade [sosjeˈdadʒi] *f* sociedad *f*; **a alta** ~ la alta sociedad; **Sociedade Protetora dos Animais** Sociedad Protectora de Animales; ~ **anônima** sociedad anónima.
sócio, cia [ˈsɔsju, sja] *m, f* socio *m*, -cia *f*.
sociologia [sosjoloˈʒia] *f* sociología *f*.
sociólogo, ga [soˈsjɔlogu, ga] *m, f* sociólogo *m*, -ga *f*.
sociopolítico, ca [ˌsɔsjopoˈlitʃiku, ka] (*mpl* **-s**, *fpl* **-s**) *adj* sociopolítico(ca).
soco [ˈsoku] *m* puñetazo *m*, piñazo *m* ***RP***; **dar um** ~ **em algo/alguém** dar un puñetazo *ou* piñazo ***RP*** en algo/a alguien.
socorrer [sokoˈxe(x)] *vt* socorrer, auxiliar.
socorro [soˈkoxu] *m* socorro *m*, auxilio *m* ***RP***; **equipe de** ~ equipo de socorro; **pedir** ~ pedir socorro; **socorro!** ¡socorro!; **primeiros ~s** primeros auxilios.
soda [ˈsɔda] *f* [bebida, substância] soda *f*; ~ **cáustica** soda cáustica.
sódio [ˈsɔdʒju] *m* sodio *m*.
sofá [soˈfa] *m* sofá *m*.
sofá-cama [soˌfaˈkãma] (*pl* **sofás-camas**) *m* sofá *m* cama.
Sófia [ˈsɔfja] *n* Sofía.
sofisticado, da [sofiʃtʃiˈkadu, da] *adj* sofisticado(da).
sofredor, ra [sofreˈdo(x), ra] <> *adj* sufrido(da), sacrificado(da). <> *m, f* sufrido *m*, -da *f*, sacrificado *m*, -da *f* ***RP***.
sôfrego, ga [ˈsofregu, ga] *adj* ávido(-da).
sofrer [soˈfre(x)] <> *vt* sufrir. <> *vi* [padecer] sufrir; ~ **de** *MED* sufrir de.
sofrido, da [soˈfridu, da] *adj* sufrido(-da).
sofrimento [sofriˈmẽntu] *m* sufrimiento *m*.
software [ˌsɔfiˈtʃwɛ(x)] *m* *COMPUT* software *m*.
sogro, gra [sogru, gra] *m, f* suegro *m*, -gra *f*.
sóis [sɔjʃ] *pl* ▷ **sol**.
soja [ˈsɔʒa] *f* soja *f*.
sol [ˈsɔw] (*pl* **sóis**) *m* sol *m*; **fazia** ~ había sol, lucía el sol; **tomar (banho de)** ~ tomar el sol, tomar sol ***RP***; **ao** ~ al sol; **tapar o** ~ **com a peneira** ***loc*** intentar ocultar lo que es evidente, tapar el sol con la mano ***RP***.
sola [ˈsɔla] *f* **-1.** [de sapato] suela *f*. **-2.** ***fig*** & *ANAT*: ~ **do pé** planta *f* del pie.
solar [soˈla(x)] (*pl* **-es**) <> *adj* solar. <> *m* [palácio] casa *f* solariega. <> *vt* [sapato] poner suela a. <> *vi* **-1.** [bolo] endurecerse. **-2.** [mús - músico] tocar un solo; [- cantor] cantar un solo.
solda [ˈsɔwda] *f* soldadura *f*.
soldado [sowˈdadu] *m* **-1.** *MIL* soldado *m*. **-2.** ***fig*** [defensor] defensor *m*, -ra *f*.
soldador, ra [sowdaˈdo(x), ra] *m, f* soldador *m*, -ra *f*.

soldar [sow'da(x)] *vt* soldar.
soldo ['sowdu] *m* MIL sueldo *m*.
soleira [so'lejra] *f* [de porta] umbral *m*.
solene [so'leni] *adj* solemne.
solenemente [soleni'mẽntʃi] *adv* solemnemente.
solenidade [soleni'dadʒi] *f* solemnidad *f*.
soletrar [sole'tra(x)] *vt* deletrear.
solicitação [solisita'sãw] (*pl* **-ões**) *f* [pedido] solicitud *f*.
◆ **solicitações** *fpl* [apelo] tentaciones *fpl*.
solicitar [solisi'ta(x)] *vt* solicitar; ~ **algo a alguém** solicitar algo a alguien.
solícito, ta [so'lisitu, ta] *adj* solícito(-ta).
solidariedade [solidarje'dadʒi] *f* solidaridad *f*.
solidário, ria [soli'darju, darja] *adj* solidario(ria); ~ **a/com** solidario con.
solidificar [solidʒifi'ka(x)] *vt* **-1.** [congelar] solidificar. **-2.** [laços, amizade] consolidar.
◆ **solidificar-se** *vp* **-1.** [congelar-se] solidificarse. **-2.** [laços, amizade] consolidarse.
sólido, da ['sɔlidu, da] *adj* sólido(da).
◆ **sólido** *m* MAT sólido *m*.
solista [so'liʃta] *mf* MÚS solista *mf*.
solitário, ria [soli'tarju, rja] ◇ *adj* solitario(ria). ◇ *m* **-1.** [eremita] solitario *m*, -ria *f*. **-2.** [diamante] solitario *m*.
◆ **solitária** *f* **-1.** [cela] celda *f* incomunicada. **-2.** [verme] solitaria *f*.
solo ['sɔlu] *m* **-1.** [chão] suelo *m*. **-2.** MÚS solo *m*.
soltar [sow'ta(x)] *vt* **-1.** [ger] soltar; ~ **os cachorros** *loc* ponerse hecho (cha) una furia. **-2.** [lançar] lanzar, tirar *RP*.
◆ **soltar-se** *vp* [desprender-se]: **~-se (de algo)** soltarse de algo.
solteira [sow'tejra] *f* ⊳ **solteiro**.
solteirão, rona [sowtej'rãw, rona] (*mpl* **-ões**, *fpl* **-s**) *m, f* solterón *m*, -ona *f*.
solteiro, ra [sow'tejru, ra] *adj* soltero(ra).
solteirona [sowtej'rona] *f* ⊳ **solteirão**.
solto, ta ['sowtu, ta] ◇ *pp* ⊳ **soltar**. ◇ *adj* suelto(ta).
◆ **à solta** *loc adv* suelto.
solução [solu'sãw] (*pl* **-ões**) *f* solución *f*; ~ **de continuidade** solución de continuidad.
soluçar [solu'sa(x)] *vi* **-1.** [chorar] sollozar. **-2.** [emitir soluços] hipar.
solucionar [solusjo'na(x)] *vt* solucionar.
soluço [su'lusu] *m* **-1.** [choro] sollozo *m*; **aos soluços** sollozando. **-2.** MED hipo *m*; **ter ~s** tener hipo.
solúvel [so'luvɛw] (*pl* **-eis**) *adj* soluble.
solvente [sow'vẽntʃi] ◇ *adj* solvente. ◇ *m* [líquido] solvente *m*.
som ['sõ] (*pl* **-ns**) *m* **-1.** [ruído] sonido *m*. **-2.** *fam* [música] sonido *m*; **fazer um ~** tocar unas canciones, hacer una tocada *Méx*; **ao ~ de** al son de. **-3.** [aparelho] equipo *m* de sonido, aparato *m* de música *RP*.
soma ['soma] *f* suma *f*.
Somália [so'malja] *n* Somalia.
somar [so'ma(x)] ◇ *vt* [totalizar, adicionar] sumar; ~ **algo a algo** sumar algo a algo. ◇ *vi* sumar.
◆ **somar-se** *vp* sumarse.
sombra ['sõnbra] *f* sombra *f*; **sem ~ de dúvida** sin sombra de duda; **à ~ de** a la sombra de; **fazer ~ a alguém** hacer sombra a alguien.
sombrinha [sõn'briɲa] *f* sombrilla *f*.
sombrio, bria [sõn'briw, bria] *adj* sombrío(a).
somente [sɔ'mẽntʃi] *adv* solamente.
sonambulismo [sonãnbu'liʒmu] *m* sonambulismo *m*.
sonâmbulo, la [so'nãnbulu, la] ◇ *adj* sonámbulo(la). ◇ *m, f* sonámbulo *m*, -la *f*.
sonda ['sõnda] *f* sonda *f*; ~ **espacial** sonda espacial.
sondagem [sõn'daʒẽ] (*pl* **-ns**) *f* [ato de sondar, método de pesquisa] sondeo *m*.
sondar [sõn'da(x)] *vt* **-1.** [ger] sondar, sondear. **-2.** [atmosfera] sondar. **-3.** ASTRON [espaço] explorar con una sonda. **-4.** [investigar] sondear.
soneca [so'nɛka] *f* siesta *f*, siestita *f* *RP*; **tirar uma ~** echar una siesta, dormirse una siestita *RP*.
sonegação [sonega'sãw] *f* **-1.** [ocultação] defraudación *f*; ~ **de impostos** OU **fiscal** defraudación de impuestos/fiscal, evasión *f* impositiva/fiscal *RP*. **-2.** [furto] hurto *m*.
sonegador, ra [sonega'do(x), ra] ◇ *adj* [de impostos] defraudador(ra), evasor(ra). ◇ *m, f* [de impostos] defraudador *m*, -ra *f*, evasor *m*, -ra *f*.

sonegar [sone'ga(x)] *vt* **-1.** [dinheiro, bens, informações] ocultar, no declarar. **-2.** [impostos] defraudar, evadir. **-3.** [roubar] hurtar.

soneto [so'netu] *m* soneto *m*.

sonhador, ra [soɲa'do(x)] (*mpl* -es, *fpl* -s) <> *adj* soñador(ra). <> *m, f* soñador *m*, -ra *f*.

sonhar [so'ɲa(x)] <> *vt* soñar. <> *vi* soñar; ~ **com algo** soñar con algo; ~ **em fazer algo** soñar con hacer algo; ~ **com algo/alguém** soñar con algo/alguien.

sonho ['soɲu] *m* **-1.** [durante o sono, aspiração] sueño *m*. **-2.** CULIN buñuelo *m*, bola *f* de fraile *RP*.

sono ['sonu] *m* **-1.** [período, vontade de dormir] sueño *m*. **-2.**: **estar com** OU **sentir** ~ tener sueño; **estar sem** ~ no tener sueño.

sonolento, ta [sono'lẽntu, ta] *adj* somnoliento(ta).

sonorizar [sonori'za(x)] <> *vt* sonorizar. <> *vi* sonar.

sonoro, ra [so'nɔru, ra] *adj* sonoro(-ra).

sons [sõʃ] *pl* ▻ **som**.

sonso, sa ['sõnsu, sa] *adj* [dissimulado] ladino(na), taimado(da) *RP*.

sopa ['sopa] *f* **-1.** CULIN sopa *f*. **-2.** *fam* [coisa fácil] tontería *f*, chollo *m* *Esp*, boleto *m* *RP*; **ser** ~ ser fácil de hacer, ser un chollo *Esp*, ser un boleto *RP*.

sopapo [so'papu] *m* sopapo *m*, sopetón *m* *Méx*.

sopé [so'pɛ] *m* **-1.** [de morro] falda *f*. **-2.** [de muro] base *f*.

sopeira [so'pejra] *f* sopera *f*.

soporífero, ra [sopo'riferu, ra], **soporífico, ca** [sopo'rifiku, ka] *adj* soporífero(ra).
◆ **soporífero, soporífico** *m* [substância] somnífero *m*.

soprano [so'prãnu] <> *adj* soprano. <> *mf* soprano *mf*.

soprar [so'pra(x)] <> *vt* soplar. <> *vi* [vento] soplar.

sopro ['sopru] *m* soplo *m*; **instrumento de** ~ instrumento *m* de viento; ~ **cardíaco** soplo cardíaco.

soquete [so'kɛtʃi] *f* [meia] calcetín *m* corto, tin *m* *Méx*, soquete *m* *CSur*.

sórdido, da ['sɔrdʒidu, da] *adj* [imundo, torpe] sórdido(da).

soro ['soru] *m* [do sangue, leite] suero *m*.

soropositivo, va [soropozi'tʃivu, va] <> *adj* seropositivo(va). <> *m, f* seropositivo *m*, -va *f*.

sorrateiro, ra [soxa'tejru, ra] *adj* solapado(da).

sorridente [soxi'dẽntʃi] *adj* sonriente.

sorrir [so'xi(x)] *vi* **-1.** [dar sorriso]: ~ **(para)** sonreír (a). **-2.** [favorecer]: ~ **para** sonreír a.

sorriso [so'xizu] *m* sonrisa *f*; **dar um** ~ **(para alguém)** sonreír (a alguien).

sorte ['sɔxtʃi] *f* suerte *f*; **boa** ~! ¡buena suerte!; **dar** ~ **(para alguém)** dar suerte (a alguien); **estar com** OU **ter** ~ estar con OU tener suerte; **má** ~ mala suerte; **que** ~! ¡qué suerte!; **de** ~ de suerte; **por** ~ por casualidad; **de** ~ **que** de tal suerte que; **tirou a** ~ **grande** [primeiro prêmio na loteria] le tocó el gordo; [foi afortunado] le tocó la lotería, se sacó la grande *RP*.

sortear [sox'tʃja(x)] *vt* sortear.

sorteio [sox'teju] *m* sorteo *m*.

sortido, da [sox'tʃidu, da] *adj* [abastecido, variado] surtido(da).

sortimento [soxtʃi'mẽntu] *m* [provisão] provisión *f*, surtido *m*.

sortudo, da [sox'tudu, da] <> *adj* suertudo(da). <> *m, f* suertudo *m*, -da *f*.

sorver [sox've(x)] *vt* sorber.

sorvete [sox'vetʃi] *m* helado *m*.

sorveteiro, ra [soxve'tejru, ra] *m, f* heladero *m*, -ra *f*.

sorveteria [soxvete'ria] *f* heladería *f*.

sósia ['sɔzja] *mf* doble *mf*, sosías *mf* *inv* *RP*.

soslaio [soʒ'laju] ◆ **de soslaio** *loc adv* de soslayo.

sossegado, da [sose'gadu, da] *adj* tranquilo(la).

sossegar [sose'ga(x)] <> *vt* tranquilizar. <> *vi* tranquilizarse.

sossego [so'segu] *m* tranquilidad *f*.

sótão ['sɔtãw] (*pl* **-ãos**) *m* ático *m*, desván *m*, buhardilla *f* *RP*.

sotaque [so'taki] *m* acento *m*.

soterrar [sote'xa(x)] *vt* enterrar.

soturno, na [so'tuxnu, na] *adj* **-1.** [triste] taciturno(na). **-2.** [amedrontador] lúgubre.

soutien [su'tʃjã] *m* = **sutiã**.

sova ['sɔva] *f* **-1.** [de massa, cacau] amasado *m*. **-2.** [de uva] pisado *m*. **-3.** [surra] zurra *f*, paliza *f*.

sovaco [so'vaku] *m* sobaco *m*.

sovina [so'vina] <> *adj* avaro(ra). <> *mf* avaro *m*, -ra *f*.
sovinice [sovi'nisi] *f* avaricia *f*.
sozinho, nha [sɔ'ziɲu, sɔ'ziɲa] *adj* solo(la).
SP (*abrev de* **Estado de São Paulo**) estado de São Paulo.
SPC (*abrev de* **Serviço de Proteção ao Crédito**) *m servicio de información a comerciantes sobre malos pagadores.*
spot [iʃ'pɔtʃi] *m* spot *m*.
spray [iʃ'prej] *m* spray *m*.
SQL (*abrev de* **Structured Query Language**) SQL.
Sr. (*abrev de* **senhor**) Sr.
Sra. (*abrev de* **senhora**) Sra.
SRF (*abrev de* **Secretaria da Receita Federal**) *organismo del Ministerio de Hacienda para la administración de impuestos internos y aduaneros*, ≃ Agencia *f* Tributaria *Esp*.
Srs. (*abrev de* **senhores**) Sres.
srta (*abrev de* **senhorita**) srta.
status [iʃ'tatus] *m* status *m*, estatus *m*.
STF (*abrev de* **Supremo Tribunal Federal**) *m Tribunal Supremo Federal.*
STJ (*abrev de* **Superior Tribunal de Justiça**) *m Tribunal Superior de Justicia.*
strip-tease [iʃˌtripi'tʃizi] *m* strip-tease *m*; **fazer um ~** hacer un strip-tease.
sua ['sua] ▷ **seu**.
suado, da ['swadu, da] *adj* sudado(-da).
suar ['swa(x)] <> *vt* [transpirar] sudar. <> *vi* sudar; **~ por algo/para fazer algo** sudar por algo/para hacer algo; **~ frio** sudar frío.
suas ['suaʃ] ▷ **seu**.
suástica ['swaʃtʃika] *f* esvástica *f*.
suave ['swavi] *adj* suave.
suavidade [swavi'dadʒi] *f* suavidad *f*.
suavizar [swavi'za(x)] *vt* suavizar.
◆ **suavizar-se** *vp* [amenizar-se] *fig* suavizarse.
subalimentado, da [subalimẽn'tadu, da] *adj* desnutrido(da), subalimentado(da) *RP*.
subalterno, na [subaw'tɛxnu, na] <> *adj* subalterno(na). <> *m, f* subalterno *m*, -na *f*.
subconsciente [subkõn'sjẽntʃi] <> *adj* subconsciente. <> *m* subconsciente *m*.
subdesenvolvido, da [subdʒizĩnvow'vidu, da] <> *adj* [não-desenvolvido, atrasado] subdesarrollado(da). <> *m, f fam pej* ignorante *mf*, bestia *mf*.
subdesenvolvimento [subdizĩnvowvi'mẽntu] *m* subdesarrollo *m*.
subemprego [subẽn'pregu] *m* subempleo *m*.
subentender [subẽntẽn'de(x)] *vt* sobrentender, sobreentender.
◆ **subentender-se** *vp* sobrentenderse, sobreentenderse.
subentendido, da [subẽntẽn'dʒidu, da] *adj* sobrentendido(da), sobreentendido(da).
◆ **subentendido** *m* sobrentendido *m*, sobreentendido *m*.
subestimar [subeʃtʃi'ma(x)] *vt* subestimar.
subida [su'bida] *f* subida *f*.
subir [su'bi(x)] <> *vi* **-1.** [ger] subir; **~ a/até** subir a/hasta; **~ em** subir a; **~ por** subir por; **~ à cabeça** *loc* subirse a la cabeza. **-2.** *fam* [embriagar] subirse a la cabeza. **-3.** [socialmente] ascender; **~ de** ascender de; **~ na vida** ascender en la vida. <> *vt* subir.
súbito, ta ['subitu, ta] *adj* súbito(ta).
◆ **súbito** *adv* de súbito, súbitamente; **de ~** de súbito, súbitamente.
subjetividade [subʒetʃivi'dadʒi] *f* subjetividad *f*.
subjetivo, va [subʒɛ'tʃivu, va] *adj* subjetivo(va).
subjugar [subʒu'ga(x)] *vt* subyugar.
subjuntivo [subʒũn'tʃivu] *m* subjuntivo *m*.
sublime [su'blimi] *adj* sublime.
sublinhar [subli'ɲa(x)] *vt* subrayar.
sublocar [sublo'ka(x)] *vt* subarrendar, subalquilar.
submarino, na [subma'rinu] *adj* submarino(na).
◆ **submarino** *m* submarino *m*.
submergir [submex'ʒi(x)] <> *vt* sumergir. <> *vi* sumergirse.
submeter [subme'te(x)] *vt* someter; **~ algo a** someter algo a; **~ algo/alguém a algo** someter algo/alguien a algo.
◆ **submeter-se** *vp* someterse; **~ a algo/alguém** someterse a algo/alguien.
submissão [submi'sãw] *f* sumisión *f*; **~ a algo/alguém** sumisión a algo/alguien.
submisso, a [sub'misu, sa] *adj* sumiso(sa).
submundo [sub'mũndu] *m* submundo *m*.

subnutrição [subnutri'sãw] *f* desnutrición *f*.

subnutrido, da [subnu'tridu, da] *adj* desnutrido(da).

subordinado, da [suboxdʒi'nadu, da] ◇ *adj* subordinado(da). ◇ *m,f* [subalterno] subordinado *m*, -da *f*.

subordinar [suboxdʒi'na(x)] *vt* subordinar.

◆ **subordinar-se** *vp* [sujeitar-se]: ~-**se a algo/alguém** subordinarse a algo/alguien.

subornar [subox'na(x)] *vt* sobornar.

suborno [su'boxnu] *m* soborno *m*.

subproduto [subpro'dutu] *m* **-1.** [de substância] subproducto *m*. **-2.** [conseqüência] consecuencia *f*.

sub-reptício, cia [subxrep'tʃisju, sja] *adj* subrepticio(cia).

subscrever [subʃkre've(x)] *vt* **-1.** [assinar, aprovar, ações] suscribir. **-2.** [arrecadar] recaudar.

subscrito, ta [subʃ'kritu, ta] ◇ *pp* ▷ **subscrever**. ◇ *adj* suscrito(ta), suscripto *m*, -ta *f* ***RP***. ◇ *m, f* firmante *mf*, suscripto *m*, -ta *f* ***RP***.

subseqüente [subse'kwẽntʃi] *adj*: ~ **(a)** posterior (a), subsiguiente (a).

subserviência [subsexvjẽnsja] *f* servilismo *m*.

subserviente [subsex'vjẽntʃi] *adj*: ~ **(a)** servil (a).

subsidiar [subzi'dʒja(x)] *vt* subsidiar.

subsidiário, ria [subzi'dʒjarju, rja] *adj* subsidiario(ria).

◆ **subsidiária** *f* [empresa] subsidiaria *f*.

subsídio [sub'zidʒju] *m* **-1.** [contribuição] ayuda *f*. **-2.** [subvenção] subsidio *m*.

◆ **subsídios** *mpl* [dados, contribuição] subsidios *mpl*.

subsistência [subsiʃ'tẽnsja] *f* [sustento, sobrevivência] subsistencia *f*.

subsistir [subziʃ'tʃi(x)] *vi* [existir, persistir, sobreviver] subsistir.

subsolo [sub'sɔlu] *m* [da terra, de prédio] subsuelo *m*.

substância [subʃ'tãnsja] *f* sustancia *f*.

substancial [subʃtãn'sjaw] (*pl* **-ais**) ◇ *adj* sustancial. ◇ *m* [essência]: **o** ~ lo sustancial.

substantivo, va [subʃtãn'tʃivu, va] *adj* sustantivo(va).

◆ **substantivo** *m* GRAM sustantivo *m*.

substituição [subʃtʃitwi'sãw] (*pl* **-ões**) *f* sustitución *f*.

substituir [subʃtʃi'twi(x)] *vt* sustituir.

substituto, ta [subʃtʃi'tutu, ta] ◇ *adj* sustituto(ta). ◇ *m, f* sustituto *m*, -ta *f*.

subterrâneo, nea [subte'xanju, nja] *adj* subterráneo(a).

subtrair [subtra'i(x)] ◇ *vt* **-1.** [deduzir, furtar] sustraer. **-2.** MAT sustraer, restar. ◇ *vi* MAT sustraer, restar.

subumano, na [subju'mãnu, na] *adj* infrahumano(na).

suburbano, na [subux'bãnu, na] ◇ *adj* **-1.** [do subúrbio] suburbano(na). **-2.** ***fam pej*** [de mau gosto] paleto(ta), pajuerano(na) ***RP***. ◇ *m, f* **-1.** [morador] habitante *mf* de los suburbios. **-2.** ***fam pej*** [pessoa de mau gosto] paleto *m*, -ta *f*, pajuerano *m*, -na *f* ***RP***.

subúrbio [su'buxbju] *m* suburbio *m*.

subvenção [subvẽn'sãw] (*pl* **-ões**) *f* subvención *f*.

subversivo, va [subvex'sivu, va] ◇ *adj* subversivo(va). ◇ *m, f* subversivo *m*, -va *f*.

subverter [subvex'te(x)] *vt* [desordenar, agitar, arruinar] subvertir.

sucção [suk'sãw] *f* succión *f*.

suceder [suse'de(x)] *vi* suceder; ~ **a algo/alguém** suceder a algo/alguien.

◆ **suceder-se** *vp* [seguir-se, repetir-se] sucederse.

sucedido, da [suse'dʒidu, da] *m*: **o** ~ lo sucedido.

sucessão [suse'sãw] (*pl* **-ões**) *f* [seqüência, presidencial] sucesión *f*.

sucessivo, va [suse'sivu, va] *adj* sucesivo(va).

sucesso [su'sɛsu] *m* [êxito] éxito *m*; **ter** ~ tener éxito; **com/sem** ~ con/sin éxito.

sucinto,ta [su'sĩntu, ta] *adj* sucinto(ta).

suco ['suku] *m* zumo *m* ***Esp***, jugo *m* ***Amér***.

suculento, ta [suku'lẽntu, ta] *adj* suculento(ta).

sucumbir [sukũn'bi(x)] *vi* **-1.** [vergar, ceder]: ~ **a algo** sucumbir a algo. **-2.** [morrer]: ~ **(a algo)** sucumbir (a algo).

SUDAM (*abrev de* **Superintendência do Desenvolvimento da Amazônia**) *f organismo que regula la aplicación de recursos para el desarrollo de la región amazónica*.

Sudão [su'dãw] *n* Sudán.

SUDENE (*abrev de* **Superintendência do Desenvolvimento do Nordeste**) *f organismo que regula las política de incentivación de la región nordeste.*

sudeste [su'dɛʃtʃi] <> *adj* sudeste, sureste. <> *m* sudeste *m*, sureste *m*.

súdito, ta ['sudʒitu, ta] *m, f* súbdito *m*, -ta *f*.

sudoeste [su'dwɛʃtʃi] <> *adj* sudoeste, suroeste. <> *m* sudoeste *m*, suroeste *m*.

Suécia ['swɛsja] *n* Suecia.

sueco, ca ['swɛku, ka] <> *adj* sueco(-ca). <> *m, f* sueco *m*, -ca *f*.
◆ **sueco** *m* [língua] sueco *m*.

suéter ['swɛte(x)] (*pl* **-es**) *m ou f* suéter *m*, jersey *m* **Esp**, pulóver *m* **RP**.

suficiente [sufi'sjẽntʃi] <> *adj* suficiente. <> *m*: **o** ~ lo suficiente.

suflê [su'fle] *m* suflé *m*.

sufocar [sufo'ka(x)] <> *vt* sofocar. <> *vi* [asfixiar-se] sofocarse, asfixiarse.

sufoco [su'foku] **fam** *m* [aflição, situação difícil] angustia *f*; **que ~!** ¡qué sofoco!, ¡qué sofocón! **RP**; **deixar alguém no ~** poner a alguien en un aprieto.

sufrágio [su'fraʒju] *m* **-1.** [voto] sufragio *m*. **-2.** [apoio] apoyo *m*.

sugar [su'ga(x)] *vt* **-1.** [por sucção] succionar, chupar, sorber **Méx**. **-2.** [extorquir] chupar.

sugerir [suʒe'ri(x)] *vt* sugerir.

sugestão [suʒeʃ'tãw] (*pl* **-ões**) *f* **-1.** [proposta, insinuação] sugerencia *f*; **dar uma ~** hacer una sugerencia. **-2.** PSIC sugestión *f*.

sugestionar [suʒeʃtʃjo'na(x)] *vt* sugestionar.

sugestivo, va [suʒeʃ'tʃivu, va] *adj* [evocativo, insinuante] sugestivo(va).

Suiça ['swisa] *n* Suiza.

suíças ['swisaʃ] *fpl* patillas *fpl*.

suicida [swi'sida] <> *adj* suicida. <> *mf* suicida *mf*.

suicidar-se [swisi'daxsi] *vp* suicidarse.

suicídio [swi'sidʒju] *m* [morte, ruína, risco] suicidio *m*.

suiço, ça ['swisu, sa] <> *adj* suizo(za). <> *m, f* suizo *m*, -za *f*.

sui generis [swi'ʒeneris] *adj* sui generis.

suingar [swĩŋ'ga(x)] *vi* bailar el swing.

suingue ['swĩŋgi] *m* [mús] [dança] swing *m*.

suíno, na ['swinu, na] *adj* porcino(na).
◆ **suíno** *m* [porco] cerdo *m*.

suíte ['switʃi] *f* MÚS [quarto] suite *f*.

sujar [su'ʒa(x)] <> *vt* [tornar sujo, macular] ensuciar. <> *vi* **fam** [dar errado]: **sujou! minha mãe me pegou fumando** ¡la fastidié! **Esp** OU ¡la regué! **Méx** OU ¡la quedé! **RP**, mi madre me pescó fumando.
◆ **sujar-se** *vp* [tornar-se sujo, macular-se] ensuciarse.

sujeira [su'ʒejra] *f* **-1.** [coisa suja, estado] suciedad *f*. **-2. fam** [bandalheira] faena *f* **Esp**, cochinada *f* **Méx** & **RP**.

sujeitar [suʒej'ta(x)] *vt*: ~ **algo/alguém a algo** someter algo/alguien a algo.
◆ **sujeitar-se** *vp* [submeter-se]: **~-se a algo** someterse a algo.

sujeito, ta [su'ʒejtu, ta] <> *adj*: ~ **a** sujeto(ta) a. <> *m* [indivíduo & GRAM] sujeto *m*.

sujo, ja ['suʒu, ʒa] <> *adj* [imundo, mau-caráter] sucio(cia). <> *m, f* canalla *mf*.

sul ['suw] <> *adj* sur. <> *m* [região] sur *m*; **ao ~ de** al sur de.

sulco [suw'ku] *m* surco *m*.

sulista [su'liʃta] <> *adj* del sur, sureño(ña). <> *mf* sureño *m*, -ña *f*.

suma ['suma] ◆ **em suma** *loc adv* en suma.

sumário, ria [su'marju, rja] *adj* **-1.** [breve] sumario(ria). **-2.** [traje] exiguo(gua), simple **RP**.
◆ **sumário** *m* sumario *m*; ~ **de culpa** JUR sumario.

sumiço [su'misu] *m* desaparición *f*; **dar (um) ~ em algo** hacer desaparecer algo.

sumido, da [su'midu, da] *adj* **-1.** [desaparecido] desaparecido(da); **andar ~** estar desaparecido. **-2.** [que mal se ouve] quebrado(da). **-3.** [apagado] apagado(da).

sumir [su'mi(x)] *vi* desaparecer; ~ **com algo** hacer desaparecer algo.

sumo, ma ['sumu, ma] *adj* [supremo] sumo(ma).
◆ **sumo** *m* [suco] zumo *m* **Esp**, jugo *m* **Amér**.

sundae ['sãndej] *m copa de helado con fruta y nueces y un jarabe de frutas por encima*, sundae *m* **Méx** & **RP**.

sunga ['sũŋga] *f* [de banho] eslip *m* (de baño), malla *m* (de baño) **RP**.

suntuoso, osa [sũn'twozu, ɔza] *adj* suntuoso(sa).

suor [ˈswɔ(x)] (*pl* **-es**) *m* [transpiração, trabalho] sudor *m.*
super [ˈsupe(x)] *fam adj* [ótimo] súper.
superado, da [supeˈradu, da] *adj* [ultrapassado, resolvido] superado(da).
superalimentar [ˌsuperalimẽnˈta(x)] *vt* sobrealimentar.
superaquecimento [ˌsuperakesiˈmẽntu] *m* recalentamiento *m.*
superar [supeˈra(x)] *vt* superar; ~ **alguém (em algo)** superar a alguien (en algo).
◆ **superar-se** *vp* superarse; **~-se (em algo)** superarse (en algo).
superávit [supeˈravitʃi] *m COM* superávit *m.*
supercílio [superˈsilju] *m* ceja *f.*
superdotado, da [ˌsupexdoˈtadu, da] ◇ *adj* **-1.** *fam* [em inteligência] superdotado(da). **-2.** *m fam* [sexualmente] superdotado(da). ◇ *m, f* [em inteligência] superdotado *m,* -da *f.*
superestimar [ˌsupereʃtʃiˈma(x)] *vt* sobrestimar, sobreestimar.
superficial [supexfiˈsjaw] (*pl* **-ais**) *adj* superficial.
superficialidade [supexfisjaliˈdadʒi] *f* superficialidad *f.*
superfície [supexˈfisji] *f* [área, exterior, aparência] superficie *f.*
supérfluo, flua [suˈpɛxfluw, flwa] *adj* superfluo(flua).
◆ **supérfluo** *m*: **o** ~ lo superfluo.
super-homem [ˌsuperˈɔmẽ] (*pl* **-ns**) *m* [superior aos demais] superhombre *m.*
superintendência [ˌsuperĩntẽnˈdẽnsja] *f* superintendencia *f.*
superintendente [ˌsuperĩntẽnˈdẽntʃi] *mf* superintendente *mf.*
superior [supeˈrjo(x)] (*pl* **-es**) ◇ *adj RELIG* superior(ra). ◇ *mf* [em hierarquia] superior *m.*
◆ **superior** *adj* superior; ~ **a** superior a.
superioridade [superjoriˈdadʒi] *f* superioridad *f.*
superlativo, va [supexlaˈtʃivu, va] *adj* [superior & *GRAM*] superlativo(va).
◆ **superlativo** *m GRAM* superlativo *m.*
superlotado, da [ˌsupexloˈtadu, da] *adj*: ~ **(de)** abarrotado(da) (de).
supermercado [ˌsupexmexˈkadu] *m* supermercado *m.*
superpotência [ˌsupexpoˈtẽnsja] *f* superpotencia *f.*
superpovoado, da [ˌsupexpoˈvwadu, da] *adj* sobrepoblado(da).
superprodução [ˌsupexproduˈsãw] (*pl* **-ões**) *f* **-1.** *ECON* sobreproducción *f.* **-2.** *CINE* superproducción *f.*
supersônico, ca [ˌsupexˈsoniku, ka] *adj* supersónico(ca).
superstição [supexʃtʃiˈsãw] (*pl* **-ões**) *f* superstición *f.*
supersticioso, osa [superʃtʃiˈsjozu, ɔza] ◇ *adj* supersticioso(sa). ◇ *m, f* supersticioso *m,* -sa *f.*
supervisão [ˌsupexviˈzãw] (*pl* **-ões**) *f* supervisión *f.*
supervisionar [ˌsupexvizjoˈna(x)] *vt* supervisar.
supervisor, ra [ˌsupexviˈzo(x), ra] *m, f* supervisor *m,* -ra *f.*
suplantar [suplãnˈta(x)] *vt* [sobrepujar]: ~ **algo/alguém (em algo)** superar algo/a alguien (en algo).
suplementar [suplemẽnˈta(x)] ◇ *adj* complementario(ria), suplementario(ria) *RP.* ◇ *vt* proveer.
suplemento [supleˈmẽntu] *m* **-1.** [suprimento, complemento] complemento *m,* suplemento *m RP.* **-2.** *JORN* suplemento *m.*
súplica [ˈsuplika] *f* súplica *f.*
suplicar [supliˈka(x)] ◇ *vt* suplicar. ◇ *vi* suplicar.
suplício [suˈplisju] *m* [tortura, aflição] suplicio *m.*
supor [suˈpo(x)] *vt* suponer.
◆ **supor-se** *vp* suponerse.
suportar [supoxˈta(x)] *vt* [sustentar, agüentar] soportar.
suportável [supoxˈtavew] (*pl* **-eis**) *adj* soportable.
suporte [suˈpɔxtʃi] *m* soporte *m.*
suposição [supoziˈsãw] (*pl* **-ões**) *f* [conjetura] suposición *f.*
suposto, ta [suˈpoʃtu, ta] ◇ *pp* ▷ **supor.** ◇ *adj* supuesto(ta).
◆ **suposto** *m* [pressuposto] supuesto *m.*
supremo, ma [suˈpremu, ma] *adj* [sublime, superior] supremo(ma).
◆ **Supremo** *m*: **o Supremo** el Supremo.
supressão [supreˈsãw] (*pl* **-ões**) *f* supresión *f.*
suprimento [supriˈmẽntu] *m* provisión *f.*
suprimir [supriˈmi(x)] *vt* suprimir.
suprir [suˈpri(x)] *vt* **-1.** [ger] suplir; ~ **algo por algo** suplir algo con algo. **-2.** [prover]: ~ **alguém de** *OU* **com algo** proveer a alguien de algo.
surdez [suxˈdeʒ] *f* sordera *f.*

surdina [sux'dʒina] *f MÚS* sordina *f*.
◈ **em surdina** *loc adv* con sordina, a la sordina *RP*.

surdo, da ['suxdu, da] ◇ *adj* sordo(-da). ◇ *m, f* sordo *m*, -da *f*.
◈ **surdo** *m* [tambor] *tambor sin cuerdas en la membrana inferior que tiene un sonido apagado.*

surdo-mudo, surda-muda [ˌsuxdu'-mudu, ˌsuxda'muda] (*mpl* **surdos-mudos**, *fpl* **surdas-mudas**) ◇ *adj* sordomudo(da). ◇ *m, f* sordomudo *m*, -da *f*.

surfar [sux'fa(x)] *vi* hacer surf, surfear *Méx*.

surfe ['suxfi] *m* surf *m*.

surfista [sux'fiʃta] *mf* surfista *mf*.

surgimento [suxʒi'mẽntu] *m* surgimiento *m*.

surgir [sux'ʒi(x)] *vi* [aparecer, sobrevir] surgir; ~ **de** surgir de.

surpreendente [surprjẽn'dẽntʃi] *adj* sorprendente.

surpreender [surprjẽn'de(x)] ◇ *vt* sorprender; ~ **alguém (fazendo algo)** sorprender a alguien (haciendo algo). ◇ *vi* sorprender.
◈ **surpreender-se** *vp*: ~**-se de/com algo** soprenderse de algo.

surpreso, sa [sux'prezu, za] ◇ *pp* ▷ **surpreender**. ◇ *adj* sorprendido(da).
◈ **surpresa** *f* sorpresa *f*; **fazer uma surpresa para alguém** dar una sorpresa a alguien; **que surpresa!** ¡qué sorpresa!; **ser uma surpresa** ser una sorpresa; **de surpresa** de sorpresa.

surra ['suxa] *f* **-1.** [sova] zurra *f*, paliza *f*; **dar uma** ~ **em alguém** dar una zurra *ou* paliza a alguien; **levar uma** ~ **(de alguém)** recibir una zurra (de alguien), llevarse una paliza (de alguien). **-2.** *ESP* paliza *f*.

surrar [su'xa(x)] *vt* **-1.** [espancar & *ESP*] dar una paliza a. **-2.** [usar muito] desgastar, reventar *RP*.

surrealista [suxea'liʃta] ◇ *adj* surrealista. ◇ *mf* surrealista *mf*.

surtir [sux'tʃi(x)] ◇ *vt* [produzir] surtir; ~ **efeito** surtir efecto. ◇ *vi* salir.

surto ['suxtu] *m* **-1.** [de doença] brote *m*. **-2.** [impulso] ataque *m*.

suscetível [suse'tʃivɛw] (*pl* **-eis**) *adj* **-1.** [melindroso] susceptible. **-2.** [propenso]: ~ **a** susceptible a.

suscitar [susi'ta(x)] *vt* [provocar, fazer surgir, despertar] suscitar.

suspeita [suʃ'pejta] *f* ▷ **suspeito**.

suspeitar [suʃpej'ta(x)] ◇ *vt* [crer, supor]: ~ **que** sospechar que. ◇ *vi* [desconfia]: ~ **de alguém** sospechar de alguien.

suspeito, ta [suʃ'pejtu, ta] ◇ *adj* [que desperta suspeita] sospechoso(sa); **sou suspeita para falar, mas meu suflê é o melhor** no debería decirlo, pero mi suflé es el mejor. ◇ *m, f* [pessoa]: ~ **(de algo)** sospechoso *m*, -sa *f* (de algo).
◈ **suspeita** *f* sospecha *f*; **estar com suspeita de algo** sospechar algo, tener sospecha de algo *RP*.

suspender [suʃpẽn'de(x)] *vt* levantar, colgar.

suspensão [suʃpẽn'sãw] (*pl* **-ões**) *f* suspensión *f*.

suspense [suʃ'pẽnsi] *m* suspense *m Esp*, suspenso *m Amér*; **fazer** ~ crear suspense *Esp ou* suspenso *Amér*.

suspenso, sa [suʃ'pẽnsu, sa] ◇ *pp* ▷ **suspender**. ◇ *adj* suspendido(-da), colgado(da).

suspensórios [suʃpẽn'sɔrjuʃ] *mpl* tirantes *mpl*, tiradores *mpl RP*.

suspirar [suʃpi'ra(x)] *vi* suspirar.

suspiro [suʃ'piru] *m* **-1.** [respiração entrecortada] suspiro *m*. **-2.** *CULIN* merengue *m*.

sussurrar [susu'xa(x)] *vt & vi* susurrar.

sussurro [su'suxu] *m* [murmúrio] susurro *m*.

sustentar [suʃtẽn'ta(x)] *vt* sostener; ~ **que** sostener que.
◈ **sustentar-se** *vp* sostenerse.

sustento [suʃ'tẽntu] *m* [alimento, manutenção] sustento *m*.

susto ['suʃtu] *m* susto *m*; **levar** *ou* **tomar um** ~ llevarse un susto.

sutiã [su'tʃjã] *m* sujetador *m Esp*, sostién *m Méx*, corpiño *m Arg*, sutién *m Urug*.

sutil [su'tʃiw] (*pl* **-is**) *adj* sutil.

sutileza [sutʃi'leza] *f* sutileza *f*.

sutilmente [sutʃiw'mẽntʃi] *adv* sutilmente.

suvenir [suve'ni(x)] *m* souvenir *m*, recuerdo *m*.

T

t, T [te] *m* [letra] t, T *f.*
tá ['ta] *fam* = **está.**
tabacaria [tabaka'ria] *f* estanco *m Esp*, tabaquería *f Amér.*
tabaco [ta'baku] *m* tabaco *m.*
tabefe [ta'bɛfi] *m fam* sopapo *m*, cachetada *f Méx*; **dar um ~ em/levar um ~ de alguém** dar un sopapo a/recibir un sopapo de alguien, dar una cachetada a/recibir una cachetada de alguien *Méx.*
tabela [ta'bɛla] *f* **-1.** [lista, quadro] tabla *f*; **~ (de preços)** lista *f* de precios. **-2.** *fam* [indiretamente]: **por ~** indirectamente, trascartón *RP.*
tabelado, da [tabe'ladu, da] *adj* **-1.** [produtos, preços] regulado(da), controlado(da). **-2.** [dados] organizado(-da) en una tabla.
tabelamento [tabela'mẽntu] *m* [controle de preços] regulación *f* de precios.
tabelar [tabe'la(x)] *vt* **-1.** [fixar o preço de] *establecer el precio de.* **-2.** [dados] *organizar en una tabla.*
tabelião, liã [tabe'ljãw, ljã] (*mpl* **-ães**, *fpl* **-s**) *m, f* escribano *m*, -na *f.*
taberna [ta'bɛxna] *f* taberna *f*, bolichón *m RP.*
tabique [ta'biki] *m* [parede divisória] tabique *m.*
tablado [ta'bladu] *m* **-1.** [palco] escenario *m.* **-2.** [estrado] tarima *f.*
tablete [ta'blɛtʃi] *m* tableta *f.*
tablóide [ta'blɔjdʒi] *m* tabloide *m.*
tabu [ta'bu] ◇ *adj* tabú. ◇ *m* tabú *m.*
tábua ['tabwa] *f* tabla *f*; **~ de passar roupa** tabla de planchar, burro *m Méx.*
tabuada [ta'bwada] *f* MAT tablas *fpl.*
tabulador [tabula'do(x)] *m* tabulador *m.*
tabuleiro [tabu'lejru] *m* **-1.** [bandeja] bandeja *f.* **-2.** CULIN asadera *f.* **-3.** [de jogo] tablero *m.*
tabuleta [tabu'leta] *f* letrero *m.*
taça ['tasa] *f* [copo, troféu] copa *f.*
tacada [ta'kada] *f* ESP tacada *f*; **de uma ~ só** [de uma só vez] *fam* de una tacada, de un tirón.
tacanho, nha [ta'kãɲu, ɲa] *adj* **-1.** [baixo] bajo(ja), petiso(sa) *RP.* **-2.** [mesquinho] tacaño(ña). **-3.** *fig* [sem visão] corto(ta).
tacha ['taʃa] *f* [pequeno prego] tachuela *f*, tacha *f RP.*
tachar [ta'ʃa(x)] *vt*: **~ alguém/algo de algo** tachar a alguien/algo de algo.
tachinha [ta'ʃiɲa] *f* chincheta *f Esp*, chinche *f Amér.*
tacho ['taʃu] *m* [recipiente] cacerola *f*, tacho *m RP.*
tácito, ta ['tasitu, ta] *adj* [implícito] tácito(ta).
taciturno, na [tasi'tuxnu, na] *adj* taciturno(na).
taco ['taku] *m* **-1.** ESP taco *m.* **-2.** [de assoalho] tabla *f.*
tagarela [taga'rɛla] ◇ *adj* charlatán(ana), parlanchín(ina). ◇ *mf* charlatán *m*, -ana *f*, parlanchín *m*, -ina *f.*
Tailândia [taj'lãndʒja] *n* Tailandia.
tailleur [taj'ɛ(x)] *m* tailleur *m.*
tainha [ta'iɲa] *f* lisa *f*, mújol *m.*
tais [tajʃ] *pl* ▷ **tal.**
Taiti [taj'tʃi] *n* Tahití *m.*
Taiwan [taj'wã] *n* Taiwán.
tal ['taw] (*pl* **tais**) ◇ *adj* tal; **~ como** tal como; **~ qual** tal cual; **eu nunca diria ~ coisa** yo nunca diría tal cosa; **a dor foi ~, que desmaiei** fue tal el dolor, que me desmayé; **o ~ vizinho** el tal vecino; **na avenida ~** en la avenida tal. ◇ *pron indef* [isto, aquilo] eso. ◇ *mf*: **ele se acha o ~** él se cree el mejor.
◆ **que tal** *loc* [pedindo opinião]: **que ~?** ¿qué tal?; **que ~ (tomarmos) um drinque?** ¿qué tal (tomar) un trago?
◆ **e tal** *loc*: **ele é simpático e ~, mas ineficiente** él es simpático y tal, pero ineficiente.
◆ **um tal de** *loc* **um ~ de João** un tal Juan.
◆ **a tal ponto que** *loc conj* a tal punto que.
◆ **de tal maneira que** *loc conj* de tal manera que.
tala ['tala] *f* MED entablillado *m.*
talão [ta'lãw] (*pl* **-ões**) *m* **-1.** [bloco]

talonario *m*; ~ **de cheques** talonario de cheques, chequera *f* ***RP***. **-2.** [canhoto] matriz *f*, talón *m*.
talco ['tawku] *m* talco *m*.
talento [ta'lẽntu] *m* talento *m*.
talentoso, osa [talẽn'tozu, ɔza] *adj* talentoso(sa).
talhar [ta'ʎa(x)] ◇ *vt* [madeira] tallar. ◇ *vi* [leite] cortarse.
talharim [taʎa'rĩ] (*pl* **-ns**) *m* tallarín *m*.
talhe ['taʎi] *m* [de roupa] talle *m*, hechura *f*.
talher [ta'ʎɛ(x)] (*pl* **-es**) *m* cubierto *m*.
talho ['taʎu] *m* [corte] tajo *m*.
talo ['talu] *m* BOT tallo *m*.
taludo, da [ta'ludu, da] *adj* [corpulento] corpulento(ta), grandote(ta) ***RP***.
talvez [taw'veʒ] *adv* tal vez.
tamanco [ta'mãŋku] *m* zueco *m*.
tamanduá [tamãn'dwa] *m* oso *m* hormiguero.
tamanho, nha [ta'mãɲu, ɲa] *adj* **-1.** [tão grande] enorme. **-2.** [tão notável] notable.
◆ **tamanho** *m* tamaño *m*; **em** ~ **natural** de tamaño natural.
tamanho-família [ta,mãɲufa'milja] *adj inv* de tamaño familiar.
tâmara ['tãmara] *f* dátil *m*.
tamarindo [tama'rĩndu] *m* tamarindo *m*.
também [tãn'bẽ] ◇ *adv* también; **eu/ele** *etc* ~ yo/él *etc* también; **eu** ~ **não** yo tampoco. ◇ *interj* [não é de surpreender]: **também!** ¡ya lo creo!, ¡cómo no!, ¡y también! ***RP***.
tambor [tãn'bo(x)] (*pl* **-es**) *m* tambor *m*.
tamborim [tãnbo'rĩ] (*pl* **-ns**) *m* tamboril *m*.
Tâmisa ['tãmiza] *n*: **o rio** ~ el río Támesis.
tampa ['tãnpa] *f* tapa *f*.
tampado, da [tãn'padu, da] *adj* tapado(da).
tampão [tãn'pãw] (*pl* **-ões**) *m* **-1.** [de pia, banheira] tapón *m*. **-2.** MED [vaginal] tampón *m*. **-3.** [de poço, esgoto] tapa *f*.
tampar [tãn'pa(x)] *vt* tapar.
tampinha [tãn'piɲa] *mf* ***fam*** [pessoa baixa] tapón *m*.
tampo ['tãnpu] *m* **-1.** [de privada] tapa *f*. **-2.** [de mesa] hoja *f*, tapa *f* ***RP***.
tampouco [,tãn'poku] *adv* tampoco.
tanga ['tãŋga] *f* **-1.** [roupa indígena] taparrabos *m inv*. **-2.** [biquíni] tanga *m*.
tanger [tãn'ʒe(x)] ◇ *vt* [instrumento] tocar, tañer ***RP***. ◇ *vi* **-1.** [sinos] tocar, tañer. **-2.** [dizer respeito]: **no que tange a** en lo que toca *ou* respecta a.
tangerina [tãnʒe'rina] *f* mandarina *f*, tangerina *f* ***RP***.
tangível [tãn'ʒivew] (*pl* **-eis**) *adj* tangible.
tanque ['tãŋki] *m* **-1.** [ger] tanque *m*. **-2.** [de lavar roupa] pileta *f*.
tanto, ta ['tãntu, ta] ◇ *adj* tanto(ta); **tanta gente** tanta gente; ~ **tempo** tanto tiempo; **trinta e** ~**s anos** treinta y tantos años. ◇ *pron* tanto *m*.
◆ **tanto** *adv* tanto; ~ **quanto** tanto como; ~ **... como** tanto ... como; **se** ~ como mucho, cuando mucho ***Méx*** & ***RP***; **ela trabalha** ~ trabaja tanto.
◆ **tantas** *fpl*: **às tantas** a las tantas, a las mil ***RP***.
◆ **e tanto** *loc adj* y tanto, y pico.
◆ **tanto que** *loc conj* tanto que.
◆ **tanto faz** *loc adv*: **para mim,** ~ **ver este filme ou o outro** me da lo mismo ver esta película o la otra; **você quer chá ou café? -** ~ ¿querés té o café? - me da lo mismo.
tão [tãw] *adv* tan; ~ **... quanto** tan ... como.
tão-só [tãw'sɔ], **tão-somente** [tãwsɔ'mẽntʃi] *adv* tan sólo.
tapa ['tapa] *m* **-1.** [tabefe] bofetada *f*, cachetada *f* ***Méx*** & ***RP***. **-2.** ***fam*** [em maconha] calada *f*, pitada *f* ***RP***.
tapar [ta'pa(x)] *vt* **-1.** [ger] tapar. **-2.** [ferida, corpo] vendar.
tapear [ta'pja(x)] *vt* [enganar] engañar.
tapeçaria [tapesa'ria] *f* tapicería *f*.
tapeceiro, ra [tape'sejru, ra] *m, f* [vendedor, fabricante] tapicero *m*, -ra *f*.
tapete [ta'petʃi] *m* **-1.** [solto] alfombra *f*, tapete *m* ***Méx***; ~ **de banheiro** alfombra de baño, tapete *m* de baño ***Méx***. **-2.** [fixo] moqueta *f* ***Esp***, alfombra *f* ***Amér***, moquette *f* ***RP***.
tapioca [ta'pjɔka] *f* tapioca *f*.
tapume [ta'pumi] *m* cerca *f*, barda *f* ***Méx***.
taquicardia [takikax'dʒia] *f* taquicardia *f*.
taquigrafia [takigra'fia] *f* taquigrafía *f*.
taquígrafo, fa [ta'kigrafu, fa] *m, f* taquígrafo *m*, -fa *f*.
tara ['tara] *f* PSIC tara *f*.

tarado, da [ta'radu, da] <> *adj* **-1.** [desequilibrado] tarado(da). **-2.** [sexualmente] pervertido(da). **-3.** *fam* [fascinado]: **ser ~ por** estar loco por, ser loco por *RP.* <> *m, f* **-1.** [desequilibrado] tarado *m*, -da *f*, loco *m*, -ca *f RP.* **-2.** [sexualmente]: **~ (sexual)** pervertido *m*, -da *f* (sexual).

tardar [tax'da(x)] <> *vt* [retardar] retardar. <> *vi* [demorar-se, vir tarde] tardar, demorar *RP*; **~ a fazer algo** tardar *ou* demorar *RP* en hacer algo; **o mais ~** a más tardar.

tarde ['taxdʒi] <> *f* tarde *f*; **boa ~!** ¡buenas tardes!; **de** *ou* **à ~** por la tarde, a la tarde *Arg*, de/en la tarde *Méx*, de tarde *Urug*; **às cinco da ~** a las cinco de la tarde. <> *adv* tarde; **~ demais** demasiado tarde; **mais ~** más tarde; **antes ~ do que nunca** más vale tarde que nunca.

tardio, dia [tax'dʒiu, dʒia] *adj* tardío(a).

tarefa [ta'rɛfa] *f* tarea *f*.

tarifa [ta'rifa] *f* [preço, tabela de preços] tarifa *f*; **~ alfandegária** tarifa aduanera.

tarifaço [tari'fasu] *m* aumento *m* de tarifas públicas.

tarimbado, da [tarĩn'badu, da] *adj*: **~ (em)** con experiencia (en), con calle (en) *RP.*

tarô [ta'ro] *m* tarot *m*.

tartaruga [taxta'ruga] *f* tortuga *f*; **pente de ~** peine *m* de carey.

tataravô, vó [tatara'vo, vɔ] *m, f* tatarabuelo *m*, -la *f*.

tatear [ta'tʃja(x)] <> *vt* tantear, tentar *Méx*. <> *vi* tantear.

tático, ca ['tatʃiku, ka] *adj* táctico(ca).

◆ **tática** *f* táctica *f*.

tato ['tatu] *m* tacto *m*; **ter ~** tener tacto.

tatu [ta'tu] *m* armadillo *m*, tatú *m RP.*

tatuagem [ta'twaʒẽ] (*pl* **-ns**) *f* [desenho, técnica] tatuaje *m*.

tatuar [ta'twa(x)] *vt* tatuar.

taxa ['taʃa] *f* tasa *f*; **~ de embarque** tasas de aeropuerto, impuesto *m* aeroportuario *Méx*, tasa de embarque *RP*; **~ de inscrição** tasa de inscripción, precio *m* de inscripción *Méx*; **~ de natalidade/crescimento** tasa de natalidad/crecimiento; **~ de câmbio** tasa de cambio, tipo de cambio *Méx*; **~ de juros** tasa de interés.

taxar [ta'ʃa(x)] *vt* **-1.** [onerar com imposto] gravar. **-2.** [fixar o preço de] tasar.

taxativo, va [taʃa'tʃivu, va] *adj* [categórico] categórico(ca).

táxi ['taksi] *m* taxi *m*.

taxiar [tak'sja(x)] *vi* rodar.

taxímetro [tak'simetru] *m* taxímetro *m*.

tchau ['tʃaw] *interj* ¡chao!, ¡chau! *CSur.*

tcheco, ca ['tʃɛku, ka] <> *adj* checo(-ca). <> *m, f* checo *m*, -ca *f*.

◆ **tcheco** *m* [língua] checo *m*.

tchecoslovaco, ca [tʃekoʒlo'vaku, ka] <> *adj* checoslovaco(ca). <> *m, f* checoslovaco *m*, -ca *f*.

Tchecoslováquia [tʃɛkoʒlo'vakja] *n* Checoslovaquia.

te ['tʃi] *pron pess* **-1.** *(objeto direto)* te; **eu ~ amo** te amo. **-2.** *(objeto indireto)* te; **ele ~ deu um presente** (él) te dio un regalo; **eu ~ contei um segredo** (yo) te conté un secreto; **o que ~ aconteceu?** ¿qué te pasó? **-3.** *(reflexivo)* te; **como foi que ~ machucaste?** ¿cómo te lastimaste?; **~ cuida!** *fam* [em despedida] ¡cuídate! **-4.** *(com o pron você) fam* te; **você quer que eu ~ ajude?** ¿quieres que te ayude?

tear [te'a(x)] (*pl* **-es**) *m* telar *m*.

teatral [tʃja'traw] (*pl* **-ais**) *adj* teatral.

teatro ['tʃjatru] *m* teatro *m*; **fazer ~** *fig* hacer teatro; **~ de arena** teatro circular; **~ de marionetes** teatro de marionetas; **~ de operações** teatro de operaciones.

teatrólogo, ga [tʃja'trɔlogu, ga] *m, f* teatrólogo *m*, -ga *f*.

tecelão, lã [tese'lãw, lã] (*mpl* **-ões**, *fpl* **-s**) *m, f* tejedor *m*, -ra *f*.

tecer [te'se(x)] *vt* **-1.** [entrelaçar os fios de] tejer. **-2.** *fig* [engendrar]: **~ intrigas sobre/contra alguém** tejer intrigas sobre/contra alguien.

tecido [te'sidu] *m* [têxtil & BIOL] tejido *m*.

tecla ['tɛkla] *f* tecla *f*; **~ de função** tecla de función; **bater na mesma ~** *loc* [repisar um assunto] insistir en el mismo asunto, machacar con lo mismo *RP.*

tecladista [tekla'dʒiʃta] *mf* MÚS teclista *mf Esp*, tecladista *mf Amér.*

teclado [te'kladu] *m* [de máquina & MÚS] teclado *m*.

técnica ['tɛknika] *f* ▷ **técnico**.

técnico, ca ['tɛkniku, ka] <> *adj* téc-

nico(ca). <> *m, f* técnico *m*, -ca *f*.
◆ **técnica** *f* técnica *f*.

tecnocrata [tekno'krata] *mf* tecnócrata *mf*.

tecnologia [tɛknolo'ʒia] *f* tecnología *f*; ~ **de ponta** tecnología punta, tecnología de punta ***Méx*** & ***RP***.

tecnológico, ca [tɛkno'lɔʒiku, ka] *adj* tecnológico(ca).

teco-teco [ˌtɛku'tɛku] (*pl* **teco-tecos**) *m* avioneta *f*.

tédio ['tɛdʒju] *m* tedio *m*, aburrimiento *m* ***RP***.

tedioso, osa [te'dʒjozu, ɔza] *adj* tedioso(sa), aburrido(da) ***RP***.

Tegucigalpa [tegusi'kawpa] *n* Tegucigalpa.

teia ['teja] *f* [tela] tela *f*; ~ **(de aranha)** tela de araña, telaraña *f*; ~ **de espionagem** ***fig*** red *f* de espionaje.

teimar [tej'ma(x)] <> *vt*: ~ **que** obstinarse en que, insistir en que. <> *vi* [insistir] obstinarse, insistir.

teimosia [tejmo'zia] *f* obstinación *f*, terquedad *f*; ~ **em fazer algo** obstinación en hacer algo.

teimoso, osa [tej'mozu, ɔza] *adj* **-1.** [adulto] obstinado(da), terco(ca). **-2.** [criança] caprichoso(sa).

Tejo ['tɛʒu] *n*: **o (rio)** ~ el río Tajo.

tel. (*abrev de* **telefone**) tel.

tela ['tɛla] *f* **-1.** [ger] tela *f*. **-2.** CINE, COMPUT & TV pantalla *f*.

telão [te'lãw] (*pl* **-ões**) *m* pantalla *f* gigante.

tele ['tɛle] *pref* tele.

telecomunicação [tɛlekomunika'saw] (*pl* **-ões**) *f* telecomunicación *f*.
◆ **telecomunicações** *fpl* telecomunicaciones *fpl*.

teleférico [tele'fɛriku] *m* teleférico *m*.

telefonar [telefo'na(x)] *vi* telefonear, llamar por teléfono a; ~ **para alguém** telefonear a alguien, llamar por teléfono a alguien.

telefone [tele'foni] *m* teléfono *m*; **estar/falar ao** ~ estar al/hablar por teléfono; ~ **celular** teléfono móvil ***Esp*** OU celular ***Amér***; ~ **sem fio** teléfono inalámbrico; ~ **público** teléfono público.

telefonema [telefo'nema] *m* llamada *f* telefónica; **dar um** ~ **para alguém/algum lugar** llamar por teléfono a alguien/algún lugar, hacer una llamada a alguien/algún lugar.

telefônico, ca [tele'foniku, ka] *adj* telefónico(ca).

telefonista [telefo'niʃta] *mf* telefonista *mf*.

telégrafo [te'lɛgrafu] *m* [aparelho, local] telégrafo *m*.

telegrama [tele'grãma] *m* telegrama *m*; **passar um** ~ mandar un telegrama; ~ **fonado** telegrama telefónico.

teleguiado, da [tɛle'gjadu, da] *adj* [míssil] teledirigido(da).

telejornal [ˌtɛleʒox'naw] (*pl* **-ais**) *m* telediario *m* ***Esp***, noticiero *m* televisivo ***Amér***.

telejornalismo [tɛleʒoxna'liʒmu] *m* periodismo *m* televisivo.

telenovela [ˌtɛleno'vɛla] *f* telenovela *f*.

teleobjetiva [ˌtɛljobʒɛ'tʃiva] *f* teleobjetivo *m*.

telepatia [telepa'tʃia] *f* telepatía *f*.

telepático, ca [tele'patʃiku, ka] *adj* telepático(ca).

telescópico, ca [teleʃ'kɔpiku, ka] *adj* telescópico(ca).

telescópio [teleʃ'kɔpju] *m* telescopio *m*.

telespectador, ra [tɛleʃpekta'do(x), ra] <> *adj*: **o público** ~ los telespectadores. <> *m, f* telespectador *m*, -ra *f*.

televisão [televi'zãw] (*pl* **-ões**) *f* televisión *f*; ~ **a cabo** televisión por cable.

televisivo, va [televi'zivu, va] *adj* televisivo(va).

televisor [televi'zo(x)] (*pl* **-es**) *m* televisor *m*.

telex [tɛ'lɛkiʃ] (*pl* **-es**) *m* télex *m*; **passar um** ~ mandar un télex.

telha ['teʎa] *f* **-1.** [de casa] teja *f*. **-2.** ***fam fig*** [mente]: **dar na** ~ **de alguém fazer algo** dar a alguien por hacer algo, dar a alguien la manía de hacer algo ***Méx***.

telhado [te'ʎadu] *m* tejado *m*.

telões [tɛ'lõjʃ] *pl* = **telão**.

tema ['tema] *m* tema *m*.

temático, ca [te'matʃiku, ka] *adj* temático(ca).
◆ **temática** *f* temática *f*.

temer [te'me(x)] <> *vt* temer; ~ **que** temer que; ~ **fazer algo** temer hacer algo. <> *vi* temer; ~ **por alguém/algo** temer por alguien/algo.

temerário, ria [teme'rarju, rja] *adj* temerario(ria).

temeridade [temeri'dadʒi] *f*: **ser uma ~** [ser arriscado, perigoso] ser una temeridad; [ser atemorizador] ser aterrador, ser de terror *RP*.

temeroso, osa [teme'rozu, ɔza] *adj* **-1.** [medroso, receoso] temeroso(sa). **-2.** [amedrontador] temible.

temido, da [te'midu, da] *adj* [assustador] temido(da).

temível [te'mivɛw] (*pl* **-eis**) *adj* temible.

temor [te'mo(x)] (*pl* **-es**) *m* temor *m*.

temperado, da [tẽnpe'radu, da] *adj* **-1.** [clima, metal] templado(da). **-2.** [condimentado] condimentado(da). **-3.** [marinado] marinado(da).

temperamental [tẽnperamẽn'taw] (*pl* **-ais**) <> *adj* temperamental. <> *mf* temperamental *mf*.

temperamento [tẽnpera'mẽntu] *m* temperamento *m*.

temperar [tẽnpe'ra(x)] *vt* **-1.** [metal] templar. **-2.** [condimentar] condimentar. **-3.** [marinar] marinar.

temperatura [tẽnpera'tura] *f* temperatura *f*.

tempero [tẽn'peru] *m* **-1.** [condimento, sabor] condimento *m*. **-2.** [vinha-d'alho] adobo *m*.

tempestade [tẽnpeʃ'tadʒi] *f* tempestad *f*; **fazer uma ~ em copo d'água** *loc* hacer una tormenta en un vaso de agua.

tempestuoso, osa [tẽnpeʃ'twozu, ɔza] *adj* tempestuoso(sa).

templo ['tẽnplu] *m* [cristão, pagão] templo *m*.

tempo ['tẽnpu] *m* [ger] tiempo *m*; **ganhar/perder ~** ganar/perder tiempo; **quanto ~?** ¿cuánto tiempo?; **há quanto ~?** ¿desde cuándo?; **não dá ~** no da tiempo, no da el tiempo *RP*; **~ hábil** el plazo establecido; **previsão do ~** parte *m ou* previsión *f* del tiempo; **~ integral** tiempo completo; **primeiro/segundo ~** primer/segundo tiempo; **a ~** a tiempo; **nesse meio ~** en ese intervalo, en ese lapso *RP*; **ao mesmo ~** al mismo tiempo; **de ~s em ~s** de vez en cuando.

têmpora ['tẽnpora] *f* ANAT sien *f*.

temporada [tẽnpo'rada] *f* temporada *f*; **baixa/alta ~** temporada baja/alta.

temporal [tẽnpo'raw] (*pl* **-ais**) *m* temporal *m*.

temporário, ria [tẽnpo'rarju, rja] *adj* temporal, temporario(ria) *RP*.

tenacidade [tenasi'dadʒi] *f* tenacidad *f*.

tenaz [te'najʒ] *adj* [pessoa] tenaz.

tencionar [tẽnsjo'na(x)] *vt*: **~ algo/fazer algo** tener la intención de hacer algo *RP*.

tenda ['tẽnda] *f* [militar, de acampamento] tienda *f Esp*, *Cuba* & *Méx*, carpa *f RP*; **~ de oxigênio** tienda *Esp*, *Cuba* & *Méx ou* carpa *RP* de oxígeno.

tendão [tẽn'dãw] (*pl* **-ões**) *m* tendón *m*.

tendência [tẽn'dẽnsja] *f* **-1.** [propensão] tendencia *f*; **~ a** *ou* **para algo** tendencia a algo; **~ a fazer algo** tendencia a hacer algo. **-2.** [vocação] inclinación *f*.

tendencioso, osa [tẽndẽn'sjozu, ɔza] *adj* tendencioso(sa).

tender [tẽn'de(x)] *vi* **-1.** [ter tendência]: **~ a** *ou* **para algo** tender a algo; **~ a fazer algo** tender a hacer algo. **-2.** [ter vocação]: **~ a** *ou* **para algo** sentir inclinación por algo; **~ a fazer algo** tener vocación para hacer algo.

tenebroso, sa [tene'brozu, za] *adj* **-1.** *fig* [terrível, horrível, malévolo] tenebroso(sa). **-2.** [aflitivo, tormentoso] tormentoso(sa).

tenente [te'nẽntʃi] *mf* teniente *mf*.

tenho ['teɲu] ▷ **ter**.

tênis ['teniʃ] *m* **-1.** ESP tenis *m inv*; **~ de mesa** tenis de mesa, ping-pong *m*. **-2.** [calçado] tenis *mpl*, zapatillas *fpl Arg*, championes *mpl Urug*.

tenista [te'niʃta] *mf* tenista *mf*.

tenor [te'no(x)] <> *m* [voz, cantor] tenor *m*. <> *adj* [instrumento] tenor.

tenro, ra ['tẽnxu, xa] *adj* **-1.** [macio, novo, jovem] tierno(na). **-2.** [amizade] reciente.

tensão [tẽn'sãw] (*pl* **-ões**) *f* [pressão] presión *f*.

tenso, sa ['tẽnsu, sa] *adj* tenso(sa).

tentação [tẽnta'sãw] (*pl* **-ões**) *f* tentación *f*.

tentáculo [tẽn'takulu] *m* tentáculo *m*.

tentador, ra [tẽnta'do(x), ra] (*mpl* **-es**, *fpl* **-s**) *adj* tentador(ra).

tentar [tẽn'ta(x)] *vt* **-1.** [usar de meios para] intentar; **~ fazer algo** intentar hacer algo. **-2.** [experimentar] probar, experimentar. **-3.** [atrair] tentar.

tentativa [tẽnta'tʃiva] *f* intento *m*; **~ de roubo** intento de robo, tentativa *f* de robo.

tênue ['tẽnwi] *adj* **-1.** [luz, sentimento, voz] tenue, débil. **-2.** [argumento, desejo] débil. **-3.** [cortina, cerração] delgado(da), fino(na). **-4.** [parede] delgado(da), fino(na). **-5.** [carícia] suave. **-6.** [diferença] sutil.

teologia [tʃolo'ʒia] *f* [ciência, doutrina] teología *f.*

teológico, ca [tʃjo'lɔʒiku, ka] *adj* teológico(ca).

teor ['tʃjo(x)] *m* **-1.** [conteúdo, significado] sentido *m*, tenor *m* ***RP.*** **-2.** [proporção de uma substância] nivel *m.*

teorema [teo'rema] *m* teorema *m.*

teoria [teo'ria] *f* teoría *f.*

teoricamente [ˌtʃjɔrika'mẽntʃi] *adv* teóricamente.

teórico, ca [te'ɔriku, ka] ◇ *adj* [relativo à teoria, sem caráter prático] teórico(ca). ◇ *m, f* teórico *m*, -ca *f.*

tépido, da ['tɛpidu, da] *adj* tibio(bia).

ter ['te(x)] ◇ *vt* **-1.** [ger] tener; ~ **alguém por** *OU* **como algo** tener a alguien como algo; ~ **razão** tener razón; ~ **fome/calor** tener hambre/calor; **o que é que você tem?** ¿qué te pasa?, ¿qué es lo que tienes?, ¿qué tenés? ***RP***; **quantos anos ele tem? ele tem 30 anos** ¿cuántos años tiene? tiene 30 años; **ele tem 2 metros de altura** mide dos metros; **tenha calma!** ¡cálmate! **-2.** [obter] obtener, tener ***Méx*** & ***RP.*** **-3.** [segurar na mão, no colo] llevar, tener. **-4.** [receber] recibir, tener ***Méx.*** ◇ *v impess* [haver]: **tem algo/alguém** hay algo/alguien; **não tem problema** no hay problema; **não tem de quê** de nada, (con) mucho gusto ***CRica***, no tiene de qué ***Méx***, no hay de qué ***RP.*** ◇ *v aux*: ~ **que** *OU* **de fazer algo** tener que hacer algo; ~ **como fazer algo** tener cómo hacer algo; ~ **a ver com algo/alguém** tener que ver con algo/alguien; **não** ~ **onde cair morto** *loc* no tener ni dónde caerse muerto.

ter. (*abrev de* **terça-feira**) mar.

terapeuta [tera'pewta] *mf* terapeuta *mf.*

terapêutico, ca [tera'pewtʃiku, ka] *adj* [relativo à terapêutica, relaxante] terapéutico(ca).

◆ **terapêutica** *f* [parte da medicina, tratamento] terapéutica *f.*

terapia [tera'pia] *f* [tratamento médico & *PSIC*] terapia *f.*

terça-feira [ˌtexsa'fejra] (*pl* **terças-feiras**) *f* martes *m inv*; ~ **gorda** *último día del carnaval*; *veja também* **sexta-feira**.

terceiro, ra [tex'sejru, ra] ◇ *num* tercero(ra); **o Terceiro Mundo** el Tercer Mundo; ◇ *m, f* tercero *m*, -ra *f*; *veja também* **sexto**.

◆ **terceira** *f AUTO* tercera *f.*

◆ **terceiros** *mpl* [outras pessoas] terceros *mpl.*

terço, ça ['texsu, sa] *num*: **a terça parte** la tercera parte.

◆ **terço** *m* [rosário] rosario *m.*

terçol [tex'sɔw] (*pl* **-óis**) *m* orzuelo *m.*

termas ['tɛxmaʃ] *fpl* [águas termais, estabelecimento] termas *fpl.*

térmico, ca [tɛx'miku, ka] *adj* térmico(ca).

terminal [texmi'naw] (*pl* **-ais**) ◇ *adj* terminal. ◇ *m* terminal *f.*

terminar [texmi'na(x)] ◇ *vt* terminar. ◇ *aux*: ~ **de fazer algo** terminar de hacer algo. ◇ *vi* terminar; ~ **em algo** terminar en algo.

término ['tɛxminu] *m* final *m*, fin *m.*

terminologia [texminolo'ʒia] *f* terminología *f.*

termo ['texmu] *m* término *m*; **pôr** ~ **a algo** poner término a algo; **meio** ~ término medio; **a longo** ~ a largo plazo.

◆ **termos** *mpl* **-1.** [maneira, teor] términos *mpl*; **em** ~**s de** en terminos de. **-2.** [guardadas as devidas proporções]: **em** ~**s** *loc* en parte. **-3.** [de contrato] condiciones *fpl.*

termômetro [ter'mɔmetru] *m* [instrumento] termómetro *m.*

termostato [tɛxmoʃ'tatu] *m* termostato *m.*

terno, na ['tɛxnu, na] *adj* tierno(na).

◆ **terno** *m* [traje] traje *m*, vestido *m* ***Col.***

ternura [tex'nura] *f* ternura *f.*

terra ['tɛxa] *f* tierra *f*; **a Terra** la Tierra; **chão de** ~ **batida** piso de tierra batida, piso de tierra apisonada ***RP***; ~ **de ninguém** tierra de nadie; ~ **natal** tierra natal.

terraço [te'xasu] *m* terraza *f.*

terracota [texa'kɔta] *f* [argila] terracota *f.*

terraplenar [texaple'na(x)] *vt* allanar.

terreiro [te'xejru] *m* **-1.** [espaço de terra] terreno *m*, explanada *f.* **-2.** [espirit] *local en el que se realizan ciertos ritos de los cultos afrobrasileños, como la macumba.*

terremoto [texe'mɔtu] *m* terremoto *m*.

terreno, na [te'xenu, na] *adj* [material, mundano] terrenal, terreno(na).

◆ **terreno** *m* terreno *m*; **~ baldio** terreno baldío, yermo *m*; **ganhar/perder ~** *loc* ganar/perder terreno; **sondar o ~** hacer un reconocimiento del terreno.

térreo, ea ['tɛxju, ja] *adj*: **andar ~** planta *f* baja; **casa térrea** casa *f* de un piso, casa de una planta ***RP***.

◆ **térreo** *m* [andar térreo] planta *f* baja.

terrestre [te'xɛʃtri] *adj* terrestre.

territorial [texito'rjaw] *adj* territorial.

território [texi'tɔrju] *m* territorio *m*.

terrível [te'xivɛw] (*pl* **-eis**) *adj* terrible.

terror [te'xo(x)] (*pl* **-es**) *m* [medo] terror *m*.

terrorista [texo'riʃta] <> *adj* [atividade, pessoa] terrorista. <> *mf* [pessoa] terrorista *mf*.

tesão [te'sãw] (*pl* **-ões**) *m* ***mfam*** [desejo sexual] excitación *f*, queso *m* ***Cuba***, calentura *f* ***RP***; **sentir ~ por alguém** sentir deseo por alguien, tener ganas a alguien ***RP***; **ser um ~** [pessoa] ser un bombón; [coisa] ser una maravilla.

tese ['tɛzi] *f* [proposição & *UNIV*] tesis *f inv*.

teso, sa ['tezu, za] *adj* **-1.** [esticado] estirado(da). **-2.** [ereto] tieso(sa) ***Esp***, parado(da) ***Méx***, duro(ra) ***RP***.

tesões [te'zõjʃ] *pl* ▷ **tesão**.

tesoura [te'zora] *f* tijeras *fpl*.

tesouraria [tezora'ria] *f* [departamento, cargo] tesorería *f*.

tesoureiro, ra [tezo'rejru, ra] *m, f* tesorero *m*, -ra *f*.

tesouro [te'zoru] *m* tesoro *m*.

◆ **Tesouro** *m*: **o Tesouro Nacional** el Tesoro.

testa ['tɛʃta] *f* frente *f*.

testa-de-ferro [ˌtɛʃtadʒi'fɛxu] (*pl* **testas-de-ferro**) *mf* testaferro *m*.

testamento [teʃta'mẽntu] *m* testamento *m*.

◆ **Novo Testamento** *m* Nuevo Testamento *m*.

◆ **Velho Testamento** *m* Antiguo Testamento *m*.

testar [teʃ'ta(x)] *vt* **-1.** [submeter a teste] probar. **-2.** [deixar em testamento] testar.

teste ['tɛʃtʃi] *m* prueba *f*, test *m*.

testemunha [teʃte'muɲa] *f* [quem presenciou um fato] testigo *mf*; **~ ocular** testigo ocular; **~ de acusação** testigo de cargo.

testemunhar [teʃte'muɲa(x)] <> *vt* **-1.** [ger] testimoniar. **-2.** [depor sobre, comprovar] testificar, atestiguar. <> *vi JUR* testimoniar, atestiguar ***RP***.

testemunho [teʃte'muɲu] *m* **-1.** *JUR* [depoimento] testimonio *m*. **-2.** [prova] prueba *f*, testimonio *m* ***RP***.

testículo [teʃ'tʃikulu] *m* testículo *m*.

teta ['teta] *f ANAT* teta *f*.

tétano ['tɛtanu] *m* tétano *m*, tétanos *m inv*.

teto ['tɛtu] *m* **-1.** techo *m*; **~ solar** *AUTO* techo solar. **-2.** *AERON* visibilidad *f*.

tetracampeão, peã [tetrakãn'pjãw, pjã] *m, f* tetracampeón *m*, -ona *f*.

tetraplégico, ca [tetra'plɛʒiku, ka] <> *adj* tetraplégico(ca). <> *m, f* tetraplégico *m*, -ca *f*.

tétrico, ca ['tɛtriku, ka] *adj* tétrico(-ca).

teu, tua ['tew, 'tua] <> *adj poss* [pertencente ou relativo a ti] tu; **~ braço/lápis** tu brazo/lápiz; **tua boca/casa** tu boca/casa; **este livro é ~** este libro es tuyo. <> *pron poss* **-1.** [o que pertence ou respeita a ti]: **o ~, a tua** el tuyo la tuya; **o ~ é diferente** el tuyo es diferente; **a tua custou mais caro** la tuya salió más cara; **os ~s** [a tua família] los tuyos; **ser um dos ~s** ***fam*** [estar do teu lado] ser uno de los tuyos. **-2.** *loc*: **estar/ficar na tua** estar/quedarse tranquilo.

tevê [te've] *f* tele *f*.

têxtil ['teʃtʃiw] (*pl* **-teis**) *adj* textil.

texto ['teʃtu] *m* texto *m*.

textura [teʃ'tura] *f* textura *f*.

texugo [te'ʃugu] *m ZOOL* tejón *m*.

tez ['teʃ] *f* [cútis] tez *f*.

TFR (*abrev de* **Tribunal Federal de Recursos**) *m tribunal de apelación brasileño*.

thriller ['trile(x)] *m* thriller *m*.

ti ['tʃi] *pron pess (depois de prep; com + ti = contigo)* **-1.** *(objeto indireto)* ti; **este presente é para ~** este regalo es para ti/vos ***RP***; **posso ir contigo?** ¿puedo ir contigo?; **~ mesmo** *OU* **próprio** ti/vos ***RP*** mismo. **-2.** *(reflexivo)* ti; **só pensas em ~ mesmo** sólo piensas/pensás ***RP*** en ti/vos ***RP*** mismo.

tia ['tʃia] *f* tía *f*.

tia-avó [ˌtʃia'vɔ] (*pl* **tias-avós**) *f* tía *f* abuela.

tiara ['tʃjara] *f* tiara *f*.

Tibete [tʃi'bɛtʃi] *n*: **o** ~ el Tíbet, el Tibet.

tíbia ['tʃibja] *f ANAT* tibia *f*.

tíbio, bia ['tʃibju, bja] *adj* **-1.** [fraco] débil. **-2.** [sem energia, ardor] flojo(ja).

tição [tʃi'sãw] (*pl* **-oes**) *m* [lenha] tizón *m*.

tico-tico [ˌtʃiku'tʃiku] (*pl* **-s**) *m ZOOL* chingolo *m*.

tido, da ['tʃidu, da] *adj* [considerado]: ~ **como** considerado como.
◆ **tido** *pp* ▷ **ter**.

tiete ['tʃjɛtʃi] *mf fam* fan *mf*.

tifo ['tʃifu] *m* tifus *m inv*.

tigela [tʃi'ʒɛla] *f* [vasilha] cuenco *m*, bol *m*.

tigre ['tʃigri] *m ZOOL* tigre *m*.

tijolo [tʃi'ʒolu] *m* ladrillo *m*.

til ['tʃiw] *m* tilde *f*.

timaço [tʃi'masu] *m fam* [grande time] equipazo *m*, cuadrazo *m RP*.

timão [tʃi'mãw] (*pl* **-ões**) *m NÁUT* timón *m*.

timbre ['tʃĩnbri] *m* **-1.** [ger] timbre *m*. **-2.** [carimbo, selo] matasellos *m inv*, timbre *m* ***Cuba***.

time ['tʃimi] *m ESP* [grupo] equipo *m*, cuadro *m* ***RP***; **do segundo** ~ de segunda (categoría); **tirar o** ~ **de campo** ***fam loc*** recoger los bártulos, retirar el equipo ***Méx***, tomárselas ***RP***.

timidez [tʃimi'deʃ] *f* timidez *f*.

tímido, da ['tʃimidu, da] *adj* tímido(-da).

timões [tʃi'mõjʃ] *pl* ▷ **timão**.

timoneiro, ra [tʃimo'nejru] *m, f NÁUT* timonel *m*.

tímpano ['tʃĩnpanu] *m* **-1.** *ANAT* tímpano *m*. **-2.** [em campainha] campanilla *f*.

tina ['tʃina] *f* **-1.** [para lavar roupa] tina *f*, palangana *f* ***RP***. **-2.** [para uso industrial] tina *f*, pileta *f* ***RP***. **-3.** [para banho] bañera *f* ***Esp*** & ***RP***, bañadera *f* ***Arg***, tina *f* ***Cuba*** & ***Méx***.

tingido, da [tʃĩn'ʒidu, da] *adj* [tinto] teñido(da).

tingimento [tʃĩnʒi'mẽntu] *m* teñido *m*.

tingir [tʃĩn'ʒi(x)] *vt* **-1.** [roupa, tecido, cabelo] teñir. **-2.** [parede, corpo] pintar.

tinha ['tʃiɲa] *vb* ▷ **ter**.

tinhoso, osa [tʃi'ɲozu, ɔza] *adj* **-1.** [teimoso] cabezón(ona). **-2.** [persistente] tenaz.

tinir [tʃi'ni(x)] *vi* **-1.** [soar agudamente] tintinear. **-2.** [zunir] zumbar. **-3.** *loc* [em altíssimo grau]: **a casa está tinindo de limpa** la casa está reluciente, la casa está hecha un jaspe ***RP***; **o tenista está tinindo** el tenista está en excelente forma; **o carro está tinindo** el coche está perfecto; ~ **de fome/raiva** morirse de hambre/rabia.

tinjo ['tʃĩnʒu] *vb* ▷ **tingir**.

tino ['tʃinu] *m* [juízo, prudência] tino *m*; **ter** ~ **para algo** [ter queda para] tener tino para algo.

tinta ['tʃĩnta] *f* **-1.** [para imprimir, escrever] tinta *f*. **-2.** [para tingir] tinte *m*, tintura *f* ***RP***. **-3.** [para pintar] pintura *f*; ~ **a óleo** pintura al óleo.

tinteiro [tʃĩn'tejru] *m* tintero *m*.

tinto ['tʃĩntu] ◇ *adj* **-1.** [cabelos] teñido(da). **-2.** [vinho] tinto(ta). ◇ *m* [vinho tinto] tinto *m*.

tintura [tʃĩn'tura] *f* **-1.** [tinta] tinte *m*, tintura *f* ***RP***. **-2.** [ato] teñido *m*.

tinturaria [tʃĩntura'ria] *f* tintorería *f*.

tio ['tʃiw] *m* tío *m*; **os seus** ~**s** sus tíos.

tio-avô ['tʃiwa'vo] (*pl* **tios-avôs**) *m* tío *m* abuelo.

tipicamente [tʃipika'mẽntʃi] *adv* típicamente.

típico, ca ['tʃipiku, ka] *adj* típico(ca).

tipo, pa ['tʃipu, pa] *m* **-1.** [ger] tipo *m*; ~ **sanguíneo** grupo *m* sanguíneo, tipo *m* sanguíneo ***Méx***. **-2.** ***fam*** [sujeito] tipo *m*, tío *m* ***Esp***.

tipografia [tʃipogra'fia] *f* **-1.** [arte] tipografía *f*. **-2.** [estabelecimento] imprenta *f*.

tipógrafo, fa [tʃi'pɔgrafu, fa] *m, f* **-1.** [que imprime] impresor *m*, -ra *f*. **-2.** [que compõe] tipógrafo *m*, -fa *f*.

tipóia [tʃi'pɔja] *f* [tira de pano] cabestrillo *m*.

tique ['tʃiki] *m* [cacoete]: ~ **(nervoso)** tic *m* (nervioso).

tique-taque [ˌtʃiki'taki] (*pl* **tique-taques**) *m* tictac *m*, tic-tac *m*.

tíquete [tʃi'ketʃi] *m* ticket *m*.

tíquete-refeição [ˌtʃiketʃixefe'sãw] (*pl* **tíquetes-refeição**) *m* vale *m* de comida.

tíquete-restaurante [ˌtʃiketʃixeʃtaw'rãntʃi] (*pl* **tíquetes-restaurante**) *m* [vale-refeição] vale *m* de comida.

tiquinho [tʃi'kiɲu] *m*: **um** ~ **(de)** un cachito (de).

tira ['tʃira] ◇ *f* tira *f*. ◇ *m* ***fam*** [agente de polícia] poli *m*, madero *m* ***Esp***, tira *m* ***Méx*** & ***RP***.

tiracolo [tʃira'kɔlu] *m*: **a ~** en bandolera.

tiragem [tʃi'raʒẽ] (*pl* **-ns**) *f* tirada *f Esp*, tiraje *m Amér*.

tira-gosto ['tʃira'goʃtu] (*pl* **tira-gostos**) *m* aperitivo *m*, tapa *f Esp*, bocadillo *m Méx*, saladito *m RP*.

Tirana [tʃi'rãna] *n* Tirana.

tirânico, ca [tʃi'rãniku, ka] *adj* tiránico(ca).

tirano, na [tʃi'rãnu, na] ◇ *adj* [cruel, injusto] tirano(na). ◇ *m, f* tirano *m*, -na *f*.

tirar [tʃi'ra(x)] *vt* **-1.** [retirar] quitar, sacar *RP*. **-2.** [despir, descalçar] quitarse, sacarse *RP*. **-3.** [mesa] retirar, quitar, sacar *RP*. **-4.**: **~ algo/alguém de algo** [afastar, fazer sair] sacar algo/a alguien de algo; **~ algo/alguém de algo** [arrancar, tomar] quitar algo/a alguien de algo, sacar algo/a alguien de algo *RP*. **-5.** [arrancar] sacar; **~ proveito de** sacar provecho de; **sempre tira boas notas** siempre saca buenas notas; **~ para dançar** sacar a bailar. **-6.** [bater] sacar. **-7.** [férias] coger, sacar *RP*. **-8.** [dúvidas] resolver, sacar *RP*. **-9.** *TIP* [imprimir] tirar. **-10.** [tal qual]: **sem ~ nem pôr** *loc* tal cual.

tiritar [tʃiri'ta(x)] *vi* tiritar; **~ de frio** tiritar de frío.

tiro ['tʃiru] *m* tiro *m*; **dar um ~ (em)** pegar un tiro (a); **trocar ~s** liarse a tiros, agarrarse a tiros *Méx* & *RP*; **~ ao alvo** tiro al blanco; **ser ~ e queda** *fig* ser mano de santo, ser mágico(ca) *RP*.

tiro-de-guerra [tʃirudʒi'gɛxa] (*pl* **tiros-de-guerra**) *m centro de instrucción de reservistas del ejército*.

tiroteio [tʃiro'teju] *m* tiroteo *m*.

titia [tʃi'tʃia] *f fam* tía *f*, tiíta *f*.

titio [tʃi'tʃiw] *m fam* tío *m*, tiíto *m*.

titubear [tʃitu'bja(x)] *vi* **-1.** [cambalear] tambalearse. **-2.** [hesitar] titubear.

titular [tʃitu'la(x)] ◇ *adj* [efetivo] titular. ◇ *mf* titular *mf*.

título ['tʃitulu] *m* **-1.** [ger] título *m*. **-2.**: **~ de propriedade** *JUR* título de propiedad. **-3.** [motivo]: **a ~ de** a título de.

tive ['tʃivi] *v* ▷ **ter**.

TM (*abrev de* **Trademark**) TM *m*.

TO (*abrev de* **Estado de Tocantins**) estado de Tocantins.

toa ['toa] *f NÁUT* cabo *m*.

◆ **à toa** *loc adv* **-1.** [por motivo frívolo] por deporte, al santo botón *RP*. **-2.** [sem motivo] porque sí, al santo botón *RP*. **-3.** [inutilmente] en vano, al santo botón *RP*. **-4.** [desocupado] sin hacer nada. **-5.** [sem rumo] sin rumbo.

toalete [twa'lɛtʃi] ◇ *m* [banheiro] baño *m*, toilette *m RP*. ◇ *f* **-1.** [ato]: **ela dedica muito tempo à ~** dedica mucho tiempo a arreglarse; **fazer a ~** arreglarse, asearse. **-2.** [traje] traje *m* de gala.

toalha ['twaʎa] *f* toalla *f*; **~ de mesa** mantel *m*.

toca ['tɔka] *f* madriguera *f*, choza *f Méx*.

toca-discos [ˌtɔka'dʒiʃkuʃ] *m inv* tocadiscos *m inv*.

toca-fitas [ˌtɔka'fitaʃ] *m inv* radiocasete *m*, grabador *m RP*.

tocaia [to'kaja] *f* emboscada *f*.

tocante [to'kãntʃi] *adj inv* [comovente] emocionante, conmovedor(ra).

◆ **no tocante a** *loc prep* en lo tocante a, en lo que respecta a *RP*.

tocar [to'ka(x)] ◇ *vt* **-1.** [ger] tocar. **-2.** [tanger] arrear. **-3.** [fazer progredir]: **~ algo (para frente)** llevar algo adelante, seguir adelante con algo. ◇ *vi* tocar; **~ em algo/em alguém** tocar algo/a alguien.

◆ **tocar em** *vi* **-1.** [assunto] abordar. **-2.** [fazer escala em] hacer escala en, parar en *RP*. **-3.** [caber a]: **toca a você solucionar isto** te toca a ti solucionar esto.

◆ **tocar-se** *vp* **-1.** [pôr-se em contato] tocarse. **-2.** [perceber] darse cuenta de. **-3.** [ofender-se] darse por enterado.

tocha ['tɔʃa] *f* [facho] antorcha *f*.

toco ['toku] *m* **-1.** [de árvore] tocón *m*. **-2.** [de cigarro, charuto] colilla *f*, cabo *m Cuba*.

todavia [toda'via] *conj* sin embargo.

todo, da ['todu, da] ◇ *adj indef* [inteiro] todo(da); **o dia ~, ~ o dia** todo el día. ◇ *adv* [completamente] todo. ◇ *pron indef* [qualquer, cada] todo(-da); **~ dia, ~s os dias** todos los días; **em** *OU* **por toda parte** por todas partes, por todos lados; **~ mundo** todo el mundo; **em ~ caso** en todo caso.

◆ **todo** *m* todo *m*; **ao ~** en total.

◆ **todos** *pron pl* [todas as pessoas] todos.

◆ **a toda (velocidade)** *loc adv* a toda velocidad.

todo-poderoso, osa [ˌtodupode'rozu, ɔza] *adj* todopoderoso(sa).

toicinho [toj'siɲu] *m* = **toucinho**.

toldo ['towdu] *m* toldo *m*.

tolerância [tole'rãnsja] *f* **-1.** [ger] tolerancia *f*. **-2.** [resistência] resistencia *f*.

tolerante [tole'rãntʃi] *adj* tolerante.

tolerar [tole'ra(x)] *vt* tolerar.

tolher [to'ʎe(x)] *vt* [dificultar] impedir.

tolice [to'lisi] *f* tontería *f*, bobada *f*.

tolo, la ['tolu, la] <> *adj* tonto(ta), bobo(ba). <> *m, f* [pessoa] tonto *m*, -ta *f*, bobo *m*, -ba *f*.

tom ['tõ] (*pl* **-ns**) *m* **-1.** [ger] tono *m*; ~ **agudo/grave** tono agudo/grave. **-2.** *MÚS*: ~ **maior/menor** tono mayor/menor. **-3.** *loc*: **ser de bom** ~ quedar bien, ser de buen tono *RP*.

tomada [to'mada] *f* toma *f*, enchufe *m*.

tomar [to'ma(x)] *vt* **-1.** [ger] tomar. **-2.** [pegar] tomar, coger; ~ **alguém em/por algo** coger a alguien en/por algo, agarrar a alguien en/por algo *Méx* & *RP*; ~ **emprestado** tomar prestado, agarrar prestado *Méx*, llevarse prestado *RP*. **-3.** [beber] beber, tomar *Amér*. **-4.** [susto] llevarse, agarrar *Méx*. **-5.** [satisfação] exigir.

tomara [to'mara] *interj* ¡ojalá!; ~ **que chova!** ¡ojalá llueva!

tomate [to'matʃi] *m* tomate *m*.

tombar [tõn'ba(x)] <> *vt* **-1.** [derrubar] tumbar, tirar abajo *RP*. **-2.** [para preservar] declarar de interés especial. <> *vi*: ~ **(em/de/para)** caerse (en/desde/para); **o soldado tombou na batalha** el soldado cayó en la batalla.

tombo ['tõnbu] *m* [queda] caída *f*.

tomilho [to'miʎu] *m* tomillo *m*.

tona ['tona] *f*: **à** ~ a la superficie.

tonal [to'naw] (*pl* **-ais**) *adj MÚS* tonal.

tonalidade [tonali'dadʒi] *f* tonalidad *f*.

tonel [to'nɛw] (*pl* **-éis**) *m* [recipiente] tonel *m*.

tonelada [tone'lada] *f* **-1.** [medida] tonelada *f*. **-2.** *fig* [grande quantidade de]: **uma** ~ **de** una tonelada de.

tonelagem [tone'laʒẽ] *f* tonelaje *m*.

toner ['tone(x)] *m TEC* tóner *m*.

tônico, ca ['toniku, ka] *adj* tónico(ca).

◆ **tônico** *m*: ~ **para o cabelo** tónico capilar.

◆ **tônica** *f* **-1.** [ger] tónica *f*. **-2.** *fig* [idéia, assunto principal] eje *m*.

tonificar [tonifi'ka(x)] *vt* tonificar.

tons [tõʃ] *pl* ▷ **tom**.

tontear [tõn'tʃja(x)] <> *vt* **-1.** [suj: bebida, perfume] marear. **-2.** [suj: pessoa, notícia, revelação] escandalizar, atarantar *RP*. **-3.** [suj: barulho, confusão] aturdir. <> *vi* **-1.** [bebida, perfume] marear. **-2.** [notícia, revelação] escandalizar, atarantar *RP*. **-3.** [barulho, confusão] aturdir. **-4.** [pessoa - ficar tonto] marearse; [- perturbar-se] escandalizarse, atarantarse *RP*; [- ficar atordoado] aturdirse.

tonteira [tõn'tejra], **tontura** [tõn'tura] *f* [vertigem] mareo *m*.

tonto, ta ['tõntu, ta] *adj* mareado(-da).

top ['tɔpi] *m* **-1.** [bustiê] corpiño *m*. **-2.** [o melhor]: ~ **de linha** modelo *m* de la gama más alta.

topada [to'pada] *f* tropezón *m*; **dar uma** ~ **em algo** dar un tropezón con algo.

topar [to'pa(x)] <> *vt* [aceitar, concordar com]: ~ **algo/fazer algo** aceptar algo/hacer algo. <> *vi* [aceitar, concordar] estar de acuerdo, aceptar.

◆ **topar-se** *vp* [deparar-se]: ~ **com algo** *ou* **alguém** toparse con algo/alguien.

◆ **topar com** *vi* [encontrar] toparse con.

◆ **topar em** *vi* [tropeçar em] tropezar con.

topázio [to'pazju] *m* topacio *m*.

topete [to'pɛtʃi] *m* [cabelo levantado] tupé *m*, jopo *m RP*; **ter o** ~ **de fazer algo** tener el valor de hacer algo, tener el tupé de hacer algo *RP*.

tópico, ca ['tɔpiku, ka] *adj* tópico(ca).

◆ **tópico** *m* [tema, assunto] tópico *m*.

topless [tɔpi'lɛʃ] <> *adj* topless. <> *m* topless *m*.

topo ['topu] *m* punta *f*, extremo *m*, alto *m RP*.

topográfico, ca [topo'grafiku, ka] *adj* topográfico(ca).

toque ['tɔki] <> *v* ▷ **tocar**. <> *m* **-1.** [ger] toque *m*. **-2.** *fam*: **dar um** ~ **em alguém** [falar com] conversar con alguien; [avisar] dar un toque a alguien. **-3.** *MIL*: ~ **de recolher** toque *m* de queda. **-4.** *loc*: **a** ~ **de caixa** a toda prisa, a todo vapor *RP*.

tora ['tɔra] *f* **-1.** [de madeira] tronco *m*. **-2.** [pedaço] trozo *m*, pedazo *m*.

tórax ['tɔrakiʃ] *m (inv)* tórax *m inv*.

torção [tox'sãw] *f* **-1.** [ato de torcer]

torsión *f*. -**2.** MED torcedura *f*.

torcedor, ra [toxse'do(x), ra] (*mpl* -**es**, *fpl* -**s**) <> *adj* -**1.** [partidário] seguidor(ra), hincha. -**2.** ESP hincha, fan. <> *m, f* ESP hincha *mf*, fan *mf*.

torcer [tox'se(x)] <> *vt* & *vi* -**1.** [ger] torcer. -**2.** [espremer] retorcer, estrujar. -**3.** *fig* [adulterar] distorsionar. <> *vi* [num jogo] animar, hinchar *RP*.
◆ **torcer para, torcer por** *vi* [desejar o êxito de] apoyar a, hinchar por *RP*.

torcicolo [toxsi'kɔlu] *m* MED tortícolis *f inv*.

torcida [tox'sida] *f* afición *f*, hinchada *f*.

tormenta [tox'mẽnta] *f* -**1.** METEOR tormenta *f*. -**2.** *fig* [transtorno] desastre *m*, tormenta *f* *RP*.

tormento [tox'mẽntu] *m* tormento *m*.

tornado [tox'nadu] *m* tornado *m*.

tornar [tox'na(x)] <> *vt* [fazer ser] volver. <> *vi*: ~ **a fazer algo** volver a hacer algo.
◆ **tornar-se** *vp* [vir a ser] volverse.

torneado, da [tox'njadu, da] *adj* [arredondado] torneado(da); **bem** ~ *fig* [corpo, pernas] bien torneado.

torneio [tox'neju] *m* [competição] torneo *m*.

torneira [tox'nejra] *f* llave *f*, grifo *m* *Esp*, canilla *f* *RP*.

torniquete [toxni'ketʃi] *m* MED torniquete *m*.

torno ['toxnu] *m* TEC torno *m*.
◆ **en torno de** *loc prep* en torno a.

tornozelo [toxnu'zelu] *m* tobillo *m*.

toró [to'rɔ] *m* METEOR chaparrón *m*, aguacero *m*; **caiu um** ~ cayó un chaparrón OU aguacero.

torpe ['toxpi] *adj* -**1.** [vil] repugnante, abyecto(ta). -**2.** [desonesto] indecente. -**3.** [obsceno] indecente, obsceno(na).

torpedo [tox'pedu] *m* torpedo *m*.

torpor [tox'po(x)] *m* -**1.** [físico] entumecimiento *m*. -**2.** [moral] inercia *f*.

torrada [to'xada] *f* tostada *f*.

torradeira [toxa'dejra] *f* tostadora *f*.

torrão [to'xãw] (*pl* -**ões**) *m* [de terra endurecida, açúcar] terrón *m*.

torrar [to'xa(x)] *vt* -**1.** [pão] tostar. -**2.** [café] tostar, torrar. -**3.** [ressecar] quemar, resecar. -**4.** *fig* [mercadorias] liquidar. -**5.** *fig* [dinheiro] tirar.

torre ['toxi] *f* torre *f*; ~ **de controle** torre de control.

torrencial [toxẽn'sjaw] *adj* -**1.** [chuva] torrencial. -**2.** [rio] caudaloso(sa).

torrente [to'xẽntʃi] *f* torrente *m*.

torresmo [to'xeʒmu] *m* CULIN corteza *f* de cerdo, chicharrón *m*.

tórrido, da ['tɔxidu, da] *adj* -**1.** [verão, zona] tórrido(da). -**2.** [temperamento] ardiente.

torso ['toxsu] *m* torso *m*.

torta ['tɔxta] *f* -**1.** [empadão] pastel *m*, tarta *f* *RP*. -**2.** [doce] tarta *f*, torta *f* *Cuba* & *RP*, pay *f* *Méx*.

torto, ta ['toxtu, ta] *adj* -**1.** torcido(da). -**2.** *loc*: **a** ~ **e a direito** a diestro y siniestro *Esp*, a diestra y siniestra *Amér*.

tortuoso, osa [tox'twozu, ɔza] *adj* tortuoso(sa).

tortura [tox'tura] *f* tortura *f*.

torturador, ra [toxtura'do(x), ra] *m, f* torturador *m* torturado, -ra *f*.

torturar [toxtu'ra(x)] *vt* torturar.

torvelinho [toxve'liɲu] *m* -**1.** [redemoinho] remolino *m*. -**2.** [confusão] confusión *f*, torbellino *m* *RP*.

tosa ['tɔza] *f* -**1.** [de pêlo] afeitado *m*. -**2.** [de lã] esquila *f*.

tosar [to'za(x)] *vt* -**1.** [pêlo] afeitar. -**2.** [cabelo] rapar.

tosco, ca ['toʃku, ka] *adj* -**1.** [grosseiro] tosco(ca). -**2.** [malfeito] chapucero(ra), desprolijo(ja) *RP*.

tosquiar [toʃ'kja(x)] *vt* [ovelha] esquilar, trasquilar.

tosse ['tɔsi] *f* tos *f inv*; ~ **de cachorro** tos cavernosa.

tossir [to'si(x)] *vi* -**1.** [ger] toser. -**2.** [expelir] escupir.

tostado, da [toʃ'tadu, da] *adj* tostado(da).

tostão [toʃ'tãw] (*pl* -**ões**) *m* [dinheiro] dinero *m*, plata *f* *Amér*, lana *f* *Méx*, guita *f* *RP*; **estar/ficar sem um** ~ estar/quedarse sin un centavo OU mango *RP*.

tostar [toʃ'ta(x)] *vt* tostar.

total [to'taw] (*pl* -**ais**) <> *adj* total. <> *m* total *m*.

totalitário, ria [totali'tarju, rja] *adj* totalitario(ria).

totalmente [totaw'mẽntʃi] *adv* totalmente.

touca ['toka] *f* [de lã, malha] gorro *m*, gorra *f* *RP*; ~ **de banho** gorro OU gorra *RP* de baño; ~ **de natação** gorro de baño OU de piscina, gorra de natación *RP*.

toucinho [to'siɲu] *m* tocino *m*, panceta *f*; ~ **defumado** tocino ahumado.

toupeira [to'pejra] *f* **-1.** ZOOL topo *m.* **-2.** *fig* [ignorante] memo *m*, burro *m*, bestia *m.*

tourada [to'rada] *f* corrida *f* de toros.

tourear [to'rja(x)] *vt* & *vi* torear.

toureiro, ra [to'rejru] *m, f* torero *m*, -ra *f.*

touro ['toru] *m* **-1.** ZOOL toro *m.* **-2.** *fig*: **ser um** ~ [ser robusto] estar hecho un toro, ser un camión *RP.*

◆ **Touro** *m* ASTRO Tauro *m.*

tóxico, ca ['tɔksiku, ka] *adj* tóxico(ca).

◆ **tóxico** *m* **-1.** [veneno] tóxico *m.* **-2.** [droga] estupefaciente *m.*

toxicômano, na [toksi'komanu, na] *m, f* toxicómano *m*, -na *f.*

TPM (*abrev de* **Tensão Pré-Menstrual**) *f* tensión *f* premenstrual.

trabalhador, ra [trabaʎa'do(x), ra] (*mpl* **-es**, *fpl* **-s**) ◇ *adj* [laborioso] trabajador(ra). ◇ *m, f* trabajador *m*, -ra *f*; **(~) autônomo** (trabajador) autónomo *m*, (trabajadora) autónoma *f*, trabajador independiente *Méx* & *RP.*

trabalhão [traba'ʎãw] *m* = **trabalheira.**

trabalhar [traba'ʎa(x)] ◇ *vt* trabajar. ◇ *vi* **-1.** [ger] trabajar; ~ **em algo** trabajar en algo; ~ **como algo** [exercer a profissão de] trabajar como algo. **-2.** [funcionar] funcionar, trabajar *Méx.* **-3.** [pensar] ejercitar.

trabalheira [traba'ʎejra] *f*, **trabalhão** (*pl* **-ões**) *m* [traba'ʎãw] trabajo *m.*

trabalhista [traba'ʎiʃta] ◇ *adj* **-1.** [relativo ao trabalho] laboral, del trabajo. **-2.** [que é especialista em direito do trabalho] laboralista. **-3.** POL laborista. ◇ *mf* POL laborista *mf.*

trabalho [tra'baʎu] *m* **-1.** [ger] trabajo *m*; ~ **braçal** trabajo manual OU brazal *RP*; ~ **doméstico** trabajo doméstico; ~ **de parto** trabajo de parto. **-2.** [espirit] ritual *m*, trabajo *m Méx* & *RP.* **-3.**: **dar** ~ **(a alguém)** dar trabajo (a alguien).

trabalhoso, osa [traba'ʎozu, ɔza] *adj* trabajoso(sa).

traça ['trasa] *f* polilla *f*, traza *f Cuba.*

traçado [tra'sadu] *m* trazado *m.*

tração [tra'sãw] *f* tracción *f.*

traçar [tra'sa(x)] *vt* **-1.** [ger] trazar. **-2.** *fam* [devorar] tragarse.

traço ['trasu] *m* **-1.** [ger] trazo *m.* **-2.** [hífen] guion *m.* **-3.** [característica] rasgo *m.*

◆ **traços** *mpl* **-1.** [feições] rasgos *mpl.* **-2.** [vestígio, pequena quantidade] rastros *mpl.* **-3.** *fig* [laivos] vestigios *mpl*, toques *mpl RP.*

tradição [tradʒi'sãw] (*pl* **-ões**) *f* tradición *f.*

tradicional [tradʒisjo'naw] (*pl* **-ais**) *adj* tradicional.

tradicionalmente [tradʒisjonaw'mẽntʃi] *adv* tradicionalmente.

tradução [tradu'sãw] (*pl* **-ões**) *f* traducción *f*; ~ **automática** traducción automática.

tradutor, ra [tradu'to(x), ra] (*mpl* **-es**, *fpl* **-s**) ◇ *adj* traductor(ra). ◇ *m, f* traductor *m*, -ra *f*; ~ **juramentado** traductor jurado OU público *RP.*

traduzir [tradu'zi(x)] ◇ *vt* traducir. ◇ *vi* traducir.

trafegar [trafe'ga(x)] *vi* [transitar] circular, transitar *RP.*

tráfego ['trafegu] *m* **-1.** tráfico *m*, tránsito *m RP*; ~ **engarrafado** tráfico congestionado, tránsito embotellado *RP.* **-2.** [movimento]: ~ **aéreo** tráfico aéreo.

traficante [trafi'kãntʃi] *mf* traficante *mf*; ~ **de drogas** traficante de drogas.

traficar [trafi'ka(x)] ◇ *vt* traficar con, traficar *RP.* ◇ *vi* traficar.

tráfico ['trafiku] *m* tráfico *m*; ~ **de drogas** tráfico de drogas.

tragar [tra'ga(x)] ◇ *vt* tragar. ◇ *vi* [inalar] tragar.

tragédia [tra'ʒɛdʒja] *f* tragedia *f.*

trágico, ca ['traʒiku, ka] ◇ *adj* trágico(ca). ◇ *m, f* [ator] trágico *m*, -ca *f.*

trago ['tragu] ◇ *v* ▷ **trazer.** ◇ *m* **-1.** [ger] trago *m.* **-2.** [em cigarro] calada *f*, cachada *f Cuba*, pitada *f RP.*

traguei [tra'gej] ▷ **tragar.**

traição [traj'sãw] (*pl* **-ões**) *f* traición *f.*

traiçoeiro, ra [traj'swejru, ra] *adj* traicionero(ra).

traidor, ra [traj'do(x), ra] (*mpl* **-es**, *fpl* **-s**) ◇ *adj* traidor(ra). ◇ *m, f* [pessoa] traidor *m*, -ra *f.*

trailer ['trejle(x)] *m* **-1.** CINE tráiler *m*, avance *m*, cola *f Arg*, cortos *mpl Méx*, sinopsis *f Urug.* **-2.** [reboque] tráiler *m.* **-3.** [tipo casa] caravana *f*, tráiler *m Cuba* & *Méx*, casa *f* rodante *RP.*

traineira [traj'nejra] *f* NÁUT trainera *f.*

training ['trejnĩŋ] *m* chándal *m Esp*, equipo *m* buzo *Arg*, mono *m* deportivo *Cuba*, pants *mpl Méx*, jogging *m Urug*.

trair [tra'i(x)] *vt* **-1.** [ger] traicionar. **-2.** [não cumprir] faltar a.

◆ **trair-se** *vp*: ~**-se por algo/fazendo algo** [denunciar-se] delatarse por algo/haciendo algo.

trajar [tra'ʒa(x)] *vt* vestir.

traje ['traʒi] *m* traje *m*; ~ **de banho** traje *m* de baño; ~ **de passeio** traje convencional, traje sport *RP*; ~ **a rigor** traje de etiqueta.

trajeto [tra'ʒɛtu] *m* trayecto *m*.

trajetória [traʒe'tɔrja] *f* trayectoria *f*.

tralha ['traʎa] *f* [traste] trasto *m*, tarequera *f Cuba*.

trama ['trãma] *f* trama *f*.

tramar [tra'ma(x)] <> *vt* tramar. <> *vi* [conspirar]: ~ **contra** conspirar contra.

trambolhão [tranbo'ʎãw] (*pl* **-ões**) *m* trompazo *m*, porrazo *m RP*; **levar um** ~ darse un trompazo *ou* porrazo *RP*.

trambolho [tran'boʎu] *m* [objeto grande e incômodo] armatoste *m*.

trâmites ['trãmitʃiʃ] *mpl fig* [vias] trámites *mpl*.

tramóia [tra'mɔja] *f* tramoya *f*.

trampolim [trãnpo'lĩ] (*pl* **-ns**) *m* trampolín *m*.

tranca ['trãŋka] *f* **-1.** [de porta] tranca *f*. **-2.** [de carro] seguro *m*; **passar a** ~ **em** poner el seguro a.

trança ['trãnsa] *f* trenza *f*.

trancado, da [trãŋka'du, da] *adj* [fechado] cerrado(da).

trancafiar [trãŋka'fja(x)] *vt* trancar, encerrar.

trancar [trãŋ'ka(x)] *vt* **-1.** [porta, carro] cerrar con llave, trancar *RP*. **-2.** [prender] encerrar, trancar *RP*. **-3.** *EDUC* [matrícula] suspender, interrumpir. **-4.** *FUT* empujar.

◆ **trancar-se** *vp* [fechar-se] encerrarse, trancarse *RP*.

trançar [trãn'sa(x)] *vt* trenzar.

tranco ['trãŋku] *m* **-1.** [esbarrão] empujón *m*. **-2.** [solavanco] sacudida *f*, sacudón *m RP*.

◆ **aos trancos e barrancos** *loc adv* [com dificuldade] a trancas y barrancas.

tranqüilamente [trãŋkwila'mẽntʃi] *adv* tranquilamente.

tranqüilidade [trãŋkwili'dadʒi] *f* tranquilidad *f*.

tranqüilizante [trãŋkwili'zãntʃi] <> *adj* tranquilizante, tranquilizador (ra). <> *m MED* tranquilizante *m*.

tranqüilizar [trãŋkwili'za(x)] *vt* tranquilizar.

◆ **tranqüilizar-se** *vp* tranquilizarse.

tranqüilo, la [trãŋ'kwilu, la] *adj* **-1.** [ger] tranquilo(la). **-2.** [sem dificuldades] fácil. **-3.** [certo] seguro(ra).

transa ['trãnza] *f fam* **-1.** [combinação] acuerdo *m*, transa *f RP*. **-2.** [relação] relación *f*, historia *f RP*. **-3.** [relação sexual] sexo *m*. **-4.** [assunto] cosa *f*, mojo *m RP*. **-5.** [negócios] asunto *m*.

transação [trãnza'sãw] (*pl* **-ões**) *f* **-1.** [ger] transacción *f*. **-2.** [combinação, acordo] acuerdo *m*.

transar [trãn'za(x)] <> *vt* **-1.** *fam* [combinar] acordar. **-2.** [arranjar] conseguir. **-3.** [drogas - tomar] meterle a, tomar *RP*; [- negociar] vender, transar *RP*. <> *vi* **-1.** [ter relação sexual] acostarse, fifar *RP*; ~ **com** acostarse con, fifar con *RP*. **-2.** [relacionar-se]: ~ **com** relacionarse con. **-3.** [negociar, trabalhar]: ~ **com** trabajar con.

transatlântico, ca [trãnza'tlãntʃiku, ka] *adj* trasatlántico(ca), transatlántico(ca).

◆ **transatlântico** *m* trasatlántico *m*, transatlántico *m*.

transbordar [trãnʒbox'da(x)] *vi*: [rio] ~ **(de)** desbordarse (de); [vinho] volcarse (de); ~ **de felicidade** irradiar felicidad.

transcendental [trãnsẽndẽn'taw] (*pl* **-ais**) *adj* trascendental.

transcender [trãnsẽn'de(x)] *vt*: ~ **(a) algo** trascender algo.

transcorrer [trãnʃko'xe(x)] *vi* transcurrir.

transe ['trãnzi] *m* trance *m*.

transeunte [trãn'zeũntʃi] *mf* transeúnte *mf*.

transferência [trãnʃfe'rẽnsja] *f* **-1.** [deslocamento] traslado *m*. **-2.** [de dados, dinheiro, bens] transferencia *f*. **-3.** *PSIC*: ~ **psicológica** transferencia *f* psicológica. **-4.** [adiamento] aplazamiento *m*, postergación *f RP*.

transferir [trãnʃfe'ri(x)] *vt* **-1.** [deslocar]: ~ **algo/alguém para algum lugar** trasladar algo/alguien a algún lugar. **-2.** [transmitir]: ~ **algo para alguém** transferir algo a alguien; *PSIC* transferir algo a alguien. **-3.** [adiar] aplazar, postergar *RP*.

transformacão [trãnʃfoxma'sãw] (*pl* -ões) *f* transformación *f*.

transformador, ra [trãnʃfoxma'do(x), ra] (*mpl* -es, *fpl* -s) *m* ELETR transformador *m*.

transformar [trãnʃfox'ma(x)] *vt* -1. [dar nova forma, modificar] transformar. -2. [converter]: ~ **algo/alguém em** transformar algo/a alguien en.
◆ **transformar-se** *vp* -1. [mudar, transfigurar-se] tranformarse. -2. [converter-se]: ~**-se em** tranformarse en.

transfusão [trãnʃfu'zãw] (*pl* -ões) *f* transfusión *f*; ~ **de sangue** transfusión sanguínea *ou* de sangre.

transgredir [trãnʒgre'dʒi(x)] *vt* [infringir] transgredir.

transgressão [trãnʒgre'sãw] (*pl* -ões) *f* transgresión *f*.

transgressor, ra [trãnʒgre'so(x), ra] ◇ *adj* transgresor(ra). ◇ *m, f* transgresor *m*, -ra *f*.

transição [trãnzi'sãw] (*pl* -ões) *f* [passagem de um estado a outro] transición *f*.

transitar [trãnzi'ta(x)] *vi*: ~ **(por)** circular (por), transitar (por) *RP*.

transitivo, va [trãnzi'tʃivu, va] *adj* GRAM transitivo(va).

trânsito ['trãnzitu] *m* -1. [ato] circulación *f*, tránsito *m*. -2. [tráfego] tránsito *m*; ~ **impedido** circulación suspendida, tránsito interrumpido *RP*. -3. [boa aceitação] aceptación *f*.

transitório, ria [trãnzi'tɔrju, rja] *adj* transitorio(ria).

transladar [trãnʒla'da(x)] *vt* = **trasladar**.

translado [trãnʒ'ladu] *m* = **traslado**.

translúcido, da [trãnʒ'lusidu, da] *adj* -1. [que deixa passar a luz] traslúcido(-da), translúcido(da). -2. *fig* [claro] diáfano(na).

transmissão [trãnʒmi'sãw] (*pl* -ões) *f* transmisión *f*; ~ **ao vivo** transmisión en directo, transmisión en vivo y en directo *RP*.

transmissível [trãnʒmi'sivew] (*pl* -eis) *adj* [doença] contagioso(sa).

transmissor, ra [trãnʒmi'so(x), ra] *adj* transmisor(ra).
◆ **transmissor** *m* -1. [ger] transmisor *m*. -2. TEC [de calor, eletricidade] emisor *m*.

transmitir [trãnʒmi'tʃi(x)] *vt* transmitir.

transparência [trãnʃpa'rẽnsja] *f* transparencia *f*.

transparente [trãnʃpa'rẽntʃi] *adj* transparente.

transpassar [trãnʃpa'sa(x)] *vt* -1. [atravessar] atravesar. -2. [penetrar, furar] traspasar. -3. [peça de vestuário] cruzarse.

transpiração [trãnʃpira'sãw] *f* transpiración *f*, traspiración *f*.

transpirar [trãnʃpi'ra(x)] ◇ *vt* -1. [suor] transpirar, traspirar. -2. [exprimir] irradiar. ◇ *vi* -1. [suar] transpirar, traspirar. -2. [revelar-se] evidenciarse. -3. [divulgar-se] extenderse.

transplante [trãnʃ'plãntʃi] *m* trasplante *m*, transplante *m*.

transportadora [trãnʃpoxta'dora] *f* transportista *mf*.

transportar [trãnʃpox'ta(x)] *vt* [levar] transportar.

transporte [trãnʃ'pɔxtʃi] *m* -1. [ger] transporte *m*; ~ **coletivo** transporte colectivo. -2. [soma] cuenta *f*.

transtornar [trãnʃtox'na(x)] *vt* trastornar.

transtorno [trãnʃ'toxnu] *m* trastorno *m*.

transversal [trãnʒvex'saw] (*pl* -ais) ◇ *adj* -1. [corte, linha] transversal. -2. [rua]: ~ **(a)** transversal (a). ◇ *f* [rua transversal] transversal *f*.

trapaça [tra'pasa] *f* trampa *f*.

trapacear [trapa'sja(x)] ◇ *vt* hacer trampas en. ◇ *vi* hacer trampas.

trapaceiro, ra [trapa'sejru, ra] ◇ *adj* tramposo(sa). ◇ *m, f* tramposo *m*, -sa *f*.

trapalhão, ona [trapa'ʎãw, ona] (*mpl* -ões, *fpl* -s) *adj* torpe, desorganizado(da) *RP*.

trapézio [tra'pɛzju] *m* trapecio *m*.

trapezista [trape'ziʃta] *mf* trapecista *mf*.

trapezoidal [trapezoj'daw] (*pl* -ais) *adj* trapezoidal.

trapo ['trapu] *m* -1. [pedaço de pano] trapo *m*. -2. *fig*: **estar um** ~ estar hecho un guiñapo *ou* trapo *RP*.

traquéia [tra'kɛja] *f* tráquea *f*.

traquejo [tra'keʒu] *m* práctica *f*.

trarei [tra'rej] *v* ▷ **trazer**.

traria [tra'ria] *v* ▷ **trazer**.

trás ['trajʃ] *adv & prep*: **de** ~ **para frente** de atrás para adelante; **para** ~ para atrás; **ficar para** ~ quedarse atrás; **de** ~ de atrás; **por**

~ **de** por detrás *ou* atrás de.

traseira [tra'zejra] *f* **-1.** [parte posterior] parte *f* trasera *ou* de atrás. **-2.** *fam* [nádegas] trasero *m.*

traseiro, ra [tra'zejru, ra] *adj* trasero(-ra).

◆ **traseiro** *m fam* [nádegas] trasero *m.*

traste ['traʃtʃi] *m* **-1.** [objeto de pouco valor] trasto *m*, chuchería *f* ***Méx.*** **-2.** [pessoa - inútil] inútil *mf*; [- de mau caráter] granuja *m*, sinvergüenza *mf*; **estar um** ~ [estar mal fisicamente] estar hecho polvo.

tratado, da [tra'tadu, da] *m* tratado *m.*

tratamento [trata'mẽntu] *m* tratamiento *m.*

tratar [tra'ta(x)] *vt* **-1.** [ger] tratar. **-2.** [combinar] acordar. **-3.** MED: ~ **(de) alguém/algo** tratar a alguien/algo. **-4.** [negociar] tratar de. **-5.** [forma de tratamento]: ~ **alguém de** *ou* **por algo** tratar a alguien de algo.

◆ **tratar de** *vi* **-1.** [ger] tratar de; ~ **de fazer algo** tratar de hacer algo. **-2.** [organizar] ocuparse de.

◆ **tratar-se** *vp* **-1.** [cuidar-se] tratarse. **-2.** MED: ~**-se com alguém** tratarse con alguien. **-3.** *loc* **trata-se de** se trata de; **de que se trata?** ¿de qué se trata?

trato ['tratu] *m* [ger] trato *m.*

trator [tra'to(x)] (*pl* **-es**) *m* tractor *m.*

trauma ['trawma] *m* trauma *m.*

traumatizante [trawmatʃi'zãntʃi] *adj* traumatizante.

traumatizar [trawmatʃi'za(x)] *vt* traumatizar.

trava ['trava] *f* [peça] calzo *m*, traba *f* ***RP.***

travado, da [tra'vadu, da] *adj* **-1.** [preso] calzado(da), trabado(da) ***RP.*** **-2.** [freado] con el freno puesto, frenado ***RP.***

travar [tra'va(x)] *vt* **-1.** [fazer parar] calzar, trabar ***RP.*** **-2.** [frear] frenar. **-3.** [iniciar, desencadear] trabar. **-4.** [movimento] parar. **-5.** [segurar] agarrar.

trave ['travi] *f* **-1.** CONSTR viga *f.* **-2.** ESP poste *m*, palo *m* ***RP.***

travessa [tra'vɛsa] *f* **-1.** [rua] tranversal *f.* **-2.** [prato] fuente *f.*

travessão [trave'sãw] (*pl* **-ões**) *m* GRAM raya *f.*

travesseiro [trave'sejru] *m* almohada *f.*

travessia [trave'sia] *f* travesía *f.*

travesso, a [tra'vesu, sa] *adj* [criança] travieso(sa).

travessura [trave'sura] *f* travesura *m*; **fazer** ~**s** hacer travesuras.

travesti [traveʃtʃi] *m* travestí *m*, travesti *m*, travestido *m.*

trazer [tra'ze(x)] *vt* **-1.** [ger] traer; ~ **de volta** devolver. **-2.** [ter] tener, traer ***RP.***

TRE (*abrev de* **Tribunal Regional Eleitoral**) *m tribunal electoral existente en cada estado brasileño.*

trecho ['treʃu] *m* **-1.** [parte do espaço de um lugar] tramo *m.* **-2.** LITER & MÚS fragmento *m.*

treco ['trɛku] *m* ***fam*** [coisa] trasto *m*, tareco *m* ***Cuba***, cosa *f* ***Méx***; **teve um** ~ le dio un ataque.

trégua ['trɛgwa] *f* **-1.** MIL tregua *f.* **-2.** ***fig*** [descanso] receso *m*, tregua *f* ***RP.***

treinado, da [trej'nadu, da] *adj* **-1.** [ger] entrenado(da). **-2.** [acostumado] adaptado(da), acostumbrado(da).

treinador, ra [trejna'do(x), ra] (*mpl* **-es**, *fpl* **-s**) *m, f* entrenador *m*, -ra *f.*

treinamento [trejna'mẽntu] *m* entrenamiento *m.*

treinar [trej'na(x)] ◇ *vt* **-1.** [ger] entrenar. **-2.** [praticar] practicar. ◇ *vi* [praticar] entrenar.

treino ['trejnu] *m* **-1.** [ger] entrenamiento *m.* **-2.** [destreza] práctica *f.*

trejeito [tre'ʒejtu] *m* **-1.** [gesto] gesto *m.* **-2.** [gesto cômico] mueca *f.*

trela ['trɛla] *f*: **dar** ~ **a alguém** dar cuerda a alguien.

treliça [tre'lisa] *f* [para porta, planta] rejilla *f.*

trem ['trẽ] (*pl* **-ns**) *m* **-1.** FERRO tren *m*; **ir de** ~ ir en tren; **pegar um** ~ coger *ou* tomar ***RP*** un tren; ~ **de carga** tren de carga. **-2.** AERON: ~ **de aterrissagem** tren *m* de aterrizaje.

trema ['trema] *m* diéresis *f inv.*

trem-bala [ˌtrẽ'bala] (*pl* **trens-bala**) *m* tren *m* de alta velocidad.

tremelique [treme'liki] *m* tembleque *m*, temblequeo *m* ***RP.***

tremendo, da [tre'mẽndu, da] *adj* tremendo(da).

tremer [tre'me(x)] *vi* temblar; ~ **de frio/medo** temblar de frío/miedo.

tremor [tre'mo(x)] (*pl* **-es**) *m* temblor *m*; ~ **de terra** temblor de tierra.

tremular [tremu'la(x)] *vi* **-1.** [bandeira] ondear, tremolar ***RP.*** **-2.** [luz] reverberar.

trêmulo, la ['tremulu, la] *adj* trémulo(la).

trena ['trena] *f* [fita métrica] cinta *f* métrica, centímetro *m* ***RP***.

trenó [tre'nɔ] *m* trineo *m*.

trepada [tre'pada] *f* ***mfam*** polvo *m*, templeta *f* ***Cuba***, cogida *f* ***RP***.

trepadeira [trepa'dejra] *f* enredadera *f*.

trepar [tre'pa(x)] *vi* **-1.** [subir]: **~ (em algo)** treparse (a algo). **-2.** *m fam* [ter relações sexuais]: **~ (com alguém)** follar (con alguien) ***Esp***, templar (con alguien) ***Cuba***, coger (con alguien) ***Méx*** & ***RP***.

trepidação [trepida'sãw] *f* trepidación *f*.

trepidar [trepi'da(x)] *vi* trepidar.

três ['trejʃ] ◇ *num* tres. ◇ *m* tres *m*; *veja também* **seis**.

tresloucado, da [treʒlo'kadu, da] *adj* chiflado(da).

Três-Marias [ˌtrejʃma'riaʃ] *fpl* [astron] Cinturón *m* de Orión.

trevas ['trɛvaʃ] *fpl* [escuridão] tinieblas *fpl*.

trevo ['trevu] *m* trébol *m*.

treze ['trezi] ◇ *num* trece. ◇ *m* [algarismo] trece *m*; *veja também* **seis**.

trezentos, tas [tre'zẽntuʃ, taʃ] ◇ *num* trescientos. ◇ *m* [algarismo] trescientos *m*.

triagem ['trjaʒẽ] *f* selección *f*; **fazer uma ~** hacer una selección.

triângulo ['trjãŋgulu] *m* triángulo *m*.

triatlo ['trjatlu] *m* triatlón *m*.

tribal [tri'baw] *adj* tribal.

tribo ['tribu] *m* tribu *f*.

tribulação [tribula'sãw] (*pl* **-ões**) *f* tribulación *f*.

tribuna [tri'buna] *f* tribuna *f*.

tribunal [tribu'naw] (*pl* **-ais**) *m* tribunal *m*; **Tribunal de Contas** Tribunal de Cuenta; **Tribunal de Justiça** *tribunal que funciona en Brasil como corte de apelaciones, sin ser un tribunal supremo*.

tributar [tribu'ta(x)] *vt* **-1.** [impor tributos a] imponer impuestos a, tributar ***Méx***. **-2.** [cobrar tributo sobre] gravar. **-3.** [pagar como tributo] pagar como tributo, tributar ***Méx*** & ***RP***. **-4.** ***fig*** [render, prestar] tributar.

tributário, ria [tribu'tarju, rja] *adj* tributario(ria).

tributo [tri'butu] *m* tributo *m*.

tricampeão, peã [trikãn'pjãw, pjã] *m, f* tricampeón *m*, -ona *f*.

triciclo [tri'siklu] *m* triciclo *m*.

tricô [tri'ko] *m* **-1.** tricot *m*, tejido *m* ***RP***; **de ~** de punto, tejido(da) ***RP***. **-2.** ▷ **ponto**.

tricolor [triko'lo(x)] *adj* [desenho, bandeira] tricolor.

tricotar [triko'ta(x)] *vt* & *vi* tricotar, tejer ***RP***.

tridimensional [tridʒimẽnsjo'naw] (*pl* **-ais**) *adj* tridimensional.

trigal [tri'gaw] *m* trigal *m*.

trigêmeo, mea [tri'ʒemju, mja] ◇ *adj* [criança] trillizo(za). ◇ *m, f* trillizo *m*, -za *f*.

trigésimo, ma [tri'ʒɛzimu, ma] ◇ *num* trigésimo(ma). ◇ *m* trigésimo *m*; *veja também* **sexto**.

trigo ['trigu] *m* trigo *m*.

trilha ['triʎa] *f* **-1.** [caminho] senda *f*, trillo *m* ***Cuba***, vereda *f* ***Méx***, sendero *m* ***RP***. **-2.** [rasto] rastro *m*. **-3.** ***fig*** [exemplo] pasos *mpl*. **-4.** COMPUT pista *f*. **-5.** CINE: **~ sonora** banda *f* sonora.

trilhado, da [tri'ʎadu, da] *adj* [percorrido] trillado(da), recorrido(da) ***Méx***.

trilhão [tri'ʎãw] (*pl* **-ões**) *num* billón *m*.

trilho ['triʎu] *m* **-1.** FERRO vía *f* férrea. **-2.** [caminho] senda *f*, trillo *m* ***Cuba***, vereda *f* ***Méx***, sendero *m* ***RP***.

trimestral [trimeʃ'traw] (*pl* **-ais**) *adj* trimestral.

trimestre [tri'mɛʃtri] *m* trimestre *m*.

trincar [trĩŋ'ka(x)] *vt* **-1.** [cortar com os dentes] partir con los dientes. **-2.** [cerrar] apretar. **-3.** [rachar] rajar.

trincheira [trĩn'ʃejra] *f* MIL trinchera *f*.

trinco ['trĩŋku] *m* pestillo *m*, pasador *m* ***Méx***, tranca *f* ***RP***.

Trinidad e Tobago [triniˌdadʒito'bagu] *n* Trinidad y Tobago.

trinta ['trĩnta] ◇ *num* treinta. ◇ *m* treinta *m*; *veja também* **sessenta**.

trio ['triw] *m* **-1.** [ger] trío *m*. **-2.** [mús]: **~ elétrico** *camión provisto de un equipo de sonido o de música en vivo que recorre las calles durante el carnaval*.

tripa [tri'pa] *f* tripa *f*.

tripé [tri'pɛ] *m* [suporte] trípode *m*.

triplicar [tripli'ka(x)] ◇ *vt* **-1.** MAT triplicar. **-2.** [aumentar muito] multiplicarse. ◇ *vi* **-1.** [tornar-se triplo] triplicarse. **-2.** [aumentar muito] multiplicarse.

triplo, pla ['triplu, pla] *adj* triple.
◆ **triplo** *m*: **o ~ de** el triple de.

tripulação [tripula'sãw] (*pl* **-ões**) *f* tripulación *f*.
tripulado, da [tripu'ladu, da] *adj* tripulado(da).
tripulante [tripu'lãntʃi] *mf* tripulante *mf*.
tripular [tripu'la(x)] *vt* tripular.
triste ['triʃtʃi] *adj* **-1.** [ger] triste. **-2.** *fam* [pessoa] terrible.
tristeza [triʃ'teza] *f* **-1.** [ger] tristeza *f*. **-2.**: **ser uma ~** [ser terrível] ser horrible.
triturar [tritu'ra(x)] *vt* **-1.** [reduzir a fragmentos] triturar. **-2.** *fig* [afligir] destrozar.
triunfante [trjũn'fãntʃi] *adj* triunfante.
triunfar [trjũn'fa(x)] *vi* [vencer] triunfar.
triunfo ['trjũnfu] *m* triunfo *m*.
trivial [tri'vjawl] (*pl* **-ais**) ◇ *adj* **-1.** [comida] común, común y corriente *RP*. **-2.** [assunto, preocupações] trivial. ◇ *m* [comida cotidiana] comida *f* de todos los días.
trivialidade [trivjali'dadʒi] *f* trivialidad *f*.
triz ['triʃ] *m*: **por um ~** por un tris.
troca ['trɔka] *f* cambio *m*; **em ~ de** a cambio de.
trocadilho [troka'dʒiʎu] *m* juego *m* de palabras, albur *m* ***Méx***.
trocado, da [tro'kadu, da] *adj* **-1.** [errado] equivocado(da). **-2.** [dinheiro] suelto(ta), cambiado(da) *RP*.
◆ **trocado** *m* cambio *m*, menudo *m* ***Cuba***.
trocador, ra [troka'do(x), ra] *m, f* [em ônibus] cobrador *m*, -ra *f*, guarda *mf*.
trocar [tro'ka(x)] ◇ *vt* **-1.** [ger] cambiar; **~ alguém/algo de lugar** cambiar a alguien/algo de lugar. **-2.** [permutar] cambiar (de). **-3.** [substituir]: **~ algo por algo, ~ alguém por alguém** cambiar algo por algo, cambiar a alguien por alguien. **-4.** [confundir] confundir. **-5.** [reciprocar] intercambiar. **-6.** [dar preferência]: **~ algo por algo** cambiar algo por algo. **-7.** *loc*: **~ as pernas** *fig* hacer eses, zigzaguear. ◇ *vi*: **~ de algo** cambiar de algo.
◆ **trocar-se** *vp* [mudar de roupa] cambiarse.
troçar [tro'sa(x)] *vt* ridiculizar.
troco ['troku] *m* **-1.** [dinheiro] cambio *m*, vuelto *m* ***Amér***. **-2.** *fig* [revide] venganza *f*. **-3.**: **a ~ de quê?** [por quê, para quê] ¿a santo de qué?
troço ['trɔsu] *m* **-1.** *fam* [coisa] cacharro *m*, tareco *m* ***Cuba***, cosa *f* ***Méx*** & *RP*. **-2.** *loc*: **tive um ~** me dio un patatús; **ser um ~** [ser muito bonito, bom] ser una joya *ou* belleza.
troféu [tro'fɛw] *m* trofeo *m*.
tromba ['trõnba] *f* **-1.** [de elefante] trompa *f*. **-2.** *fam* [cara amarrada] mueca *f*, trompa *f* ***Méx*** & *RP*.
trombada [trõn'bada] *f* trompazo *m*, trompada *f* ***Méx*** & *RP*.
tromba-d'água [ˌtrõnba'dagwa] (*pl* **trombas-d'água**) *f* [chuva] tromba *f* (de agua).
trombadinha [trõnba'dʒiɲa] *mf* *fam* [pivete] ladronzuelo *m*, -la *f*, infanto *mf* juvenil *RP*.
trombeta [trõn'beta] *f* MÚS trompeta *f*.
trombone [trõn'boni] *m* MÚS trombón *m*.
trombose [trõn'bɔzi] *f* trombosis *f* *inv*.
trombudo, da [trõn'budu, da] *adj* *fig* [emburrado] serio(ria), trompudo(-da) ***Méx*** & *RP*, entrompado(da) *RP*.
trompa ['trõnpa] *f* **-1.** MÚS trompa *f*. **-2.** ANAT: **~ (de Falópio)** trompa *f* (de Falopio); **ligar as ~s** ligar las trompas.
tronco ['trõŋku] *m* **-1.** [ger] tronco *m*. **-2.** TELEC línea *f*, ramal *m* ***Méx***.
trono ['tronu] *m* **-1.** [ger] trono *m*. **-2.** *fam* [latrina] taza *f*, trono *m* ***Méx*** & *RP*.
tropa ['trɔpa] *f* **-1.** [ger] tropa *f*. **-2.** [polícia]: **~ de choque** tropa *f* de choque, policía *f* antidisturbios ***Esp***, policía *f* antimotines ***Méx***.
tropeção [trope'sãw] (*pl* **-ões**) *m* tropezón *m*.
tropeçar [trope'sa(x)] *vi* tropezar; **~ em algo** [dar topada em] tropezar con algo; *fig* [esbarrar em] tropezar con algo.
tropeções [trope'sõjʃ] *pl* ▷ **tropeção**.
trôpego, ga ['tropegu, ga] *adj* torpe.
tropical [tropi'kaw] (*pl* **-ais**) *adj* tropical.
tropicalismo [tropika'liʒmu] *m* *movimiento musical*.
trópico ['trɔpiku] *m* trópico *m*; **Trópico de Câncer/Capricórnio** trópico de Cáncer/Capricornio.
troquei [tro'kej] *v* ▷ **trocar**.
trotar [tro'ta(x)] *vi* trotar.
trote ['trɔtʃi] *m* **-1.** [de cavalo] trote *m*.

-2. [por telefone] broma *f* telefónica. -3. [em calouro] novatada *f*.

trouxa ['troʃa] ◇ *adj fam* [bobo] memo(ma) ***Esp*** & ***Cuba***, burro(rra) ***Méx***, nabo(ba) ***RP***. ◇ *mf fam* [bobo] memo *m*, -ma *f* ***Esp*** & ***Cuba***, burro *m*, -rra *f* ***Méx***, nabo *m*, -ba *f* ***RP***. ◇ *f* bulto *m*, atado *m* ***RP***.

trouxe ['trosi] *v* ▷ **trazer**.

trova ['trɔva] *f* trova *f*.

trovão [tro'vãw] (*pl* **-ões**) *m* trueno *m*.

trovejar [trove'ʒa(x)] *vi METEOR* tronar.

trovoada [tro'vwada] *f* tormenta *f*.

trucidar [trusi'da(x)] *vt* **-1.** [matar com violência] masacrar. **-2.** ***fig*** [vencer arrasadoramente] destrozar.

truculência [truku'lẽnsja] *f* truculencia *f*.

truculento, ta [truku'lẽntu, ta] *adj* truculento(ta).

trufa ['trufa] *f* trufa *f*.

trumbicar-se [trũnbi'kaxsi] *vp* ***gír*** [dar-se mal] fastidiarse, jorobarse.

truncar [trũŋ'ka(x)] *vt* truncar.

trunfo ['trũnfu] *m* **-1.** [carta] triunfo *m*. **-2.** ***fig*** [vantagem] ventaja *f*.

truque ['truki] *m* truco *m*.

truste ['truʃtʃi] *m* trust *m*.

truta ['truta] *f* trucha *f*.

TSE (*abrev de* **Tribunal Superior Eleitoral**) *m Tribunal Superior Electoral*.

TST (*abrev de* **Tribunal Superior do Trabalho**) *m Tribunal Superior de Trabajo*.

tu ['tu] *pron pess* [você] tú vos ***RP***; ~ **mesmo** *ou* **próprio** tú vos ***RP*** mismo.

tua ['tua] *f* ▷ **teu**.

tuba ['tuba] *f MÚS* tuba *f*.

tubarão [tuba'rãw] (*pl* **-ões**) *m* tiburón *m*.

tuberculose [tubexku'lɔzi] *f* tuberculosis *f inv*.

tubo ['tubu] *m* **-1.** tubo *m*. **-2.** *QUÍM*: ~ **de ensaio** tubo de ensayo.

tubulação [tubula'sãw] *f* **-1.** [conjunto de tubos] cañerías *fpl*. **-2.** [colocação de tubos] instalación *f* de cañerías.

TUCA (*abrev de* **Teatro da Universidade Católica**) *m teatro de la universidad católica, en São Paulo*.

tucano [tu'kãnu] *m ZOOL* tucán *m*.

tudo ['tudu] *pron indef* **-1.** [todas as coisas, a totalidade] todo; ~ **quanto é tipo de gente** todo tipo de gente. **-2.** [a coisa fundamental]: **ser** ~ ser todo.

◆ **acima de tudo** *loc adv* sobre todo.

◆ **apesar de tudo** *loc prep* a pesar de todo.

◆ **depois de tudo** *loc adv* después de todo.

tufão [tu'fãw] (*pl* **-ões**) *m* tifón *m*.

tulipa [tu'lipa] *f* **-1.** *BOT* tulipán *m*. **-2.** [chope servido em copo alto] vaso *m* alto de cerveza, tubo *m* ***Esp***, yarda *f* de cerveza ***Méx***.

tumba ['tũnba] *f* [sepultura] tumba *f*.

tumor [tu'mo(x)] (*pl* **-es**) *m* tumor *m*.

túmulo ['tumulu] *m*. **-1.** [monumento, cova] túmulo *m*.

tumulto [tu'muwtu] *m* tumulto *m*.

tumultuado, da [tumuw'twadu, da] *adj* **-1.** [pessoa, vida] atormentado(da). **-2.** [reunião, rua] tumultuoso(sa).

tumultuar [tumuw'twa(x)] *vt* [desordenar, agitar] alterar.

túnel ['tunɛw] (*pl* **-eis**) *m* túnel *m*.

túnica ['tunika] *f* [vestimenta] túnica *f*.

Túnis ['tuniʃ] *n* Túnez.

Tunísia [tu'nizja] *n* Tunicia.

tupi [tu'pi] ◇ *adj* tupí. ◇ *mf* tupí *mf*. ◇ *m LING* tupí *m*.

tupiniquim [tupini'kĩ] ◇ *adj* **-1.** [relativo aos tupiniquins] tupiniquín(ina). **-2.** ***fam*** [brasileiro] brasileño(ña), brasuca ***RP***. ◇ *mf* tupiniquín *m*, -ina *f*.

turbante [tux'bãntʃi] *m* turbante *m*.

turbilhão [tuxbi'ʎãw] (*pl* **-ões**) *m* torbellino *m*.

turbina [tux'bina] *f* turbina *f*.

turbinado, da [tuxbina'du, da] *adj* ***fam*** [motor, processador] acelerado(da).

turbulência [tuxbu'lẽnsia] *f* **-1.** *METEOR* turbulencia *f*. **-2.** [desordem, inquietação] agitación *f*.

turbulento, ta [tuxbu'lẽntu, ta] *adj* turbulento(ta).

turco, ca ['tuxku, ka] ◇ *adj* turco(ca). ◇ *m, f* turco *m*, -ca *f*.

◆ **turco** *m* [língua] turco *m*.

turfe ['tuxfi] *m ESP* hípica *f*, turf *m* ***RP***.

turismo [tu'riʒmu] *m* turismo *m*.

turista [tu'riʃta] *mf* [quem faz turismo] turista *mf*.

turístico, ca [tu'riʃtʃiku, ka] *adj* **-1.** [atração] turístico(ca). **-2.** [classe] turista.

turma ['tuxma] *f* **-1.** [grupo] grupo *m*. **-2.** [grupo de trabalhadores] equipo *m*. **-3.** *EDUC* clase *f*. **-4.** ***fam*** [grupo de amigos] panda *f* ***Esp***, piquete *m* ***Cuba***, pandilla *f* ***Méx***, barra *f* ***RP***.

turnê [tux'ne] *f* gira *f*.

turno ['tuxnu] *m* **-1.** [ger] turno *m*; ~ **da noite** turno de noche, turno de la noche ***RP***; ~ **da manhã** turno de mañana, turno de la mañana ***RP***.

-2. ESP fase *f*, ronda *f*, turno *m* ***Méx***. -3. [de eleição] vuelta *f*.

turquesa [tux'keza] <> *adj* turquesa. <> *m* [cor] turquesa *m*. <> *f* [pedra] turquesa *f*.

Turquia [tux'kia] *n* Turquía.

turrão, ona [tu'xãw, ona] *adj* ***fam*** [teimoso, pertinaz] cabezudo(da).

turvo, va ['tuxvu, va] *adj* turbio(bia).

tusso ['tusu] *v* ▻ **tossir**.

tutano [tu'tãnu] *m* ANAT tuétano *m*.

tutela [tu'tεla] *f* tutela *f*.

tutor, ra [tu'to(x), ra] (*mpl* **-es**, *fpl* **-s**) *m, f* tutor *m*, -ra *f*.

tutu [tu'tu] *m* **-1.** CULIN *puré de judías* OU *porotos* ***RP*** *y harina de mandioca o de maíz*. **-2.** ***fam*** [dinheiro] pasta *f* ***Esp***, plata *f* ***Amér***, lana *f* ***Méx***, guita *f* ***RP***.

TV (*abrev de* **televisão**) *f* TV *f*.

U

u, U [u] *m* [letra] u, U *f*.

uai ['waj] *interj* **-1.** [espanto, surpresa, terror] ¡ah! **-2.** [reforço, confirmação] ¡eh!

úbere ['uberi] <> *adj* [solo] ***formal*** ubérrimo(ma). <> *m* [mama] ubre *f*.

Ubes (*abrev de* **União Brasileira dos Estudantes Secundaristas**) *f sindicato de estudiantes de secundaria.*

ué ['wε] *interj* **-1.** [exprimindo surpresa] ¡eh!, ¿qué? **-2.** [exprimindo ironia] ¡ah!

UE (*abrev de* **União Européia**) *f* UE *f*.

UERJ (*abrev de* **Universidade Estadual do Rio de Janeiro**) *f universidad del estado de Río de Janeiro.*

UF (*abrev de* **Unidade Federativa**) *unidad federativa.*

ufa ['ufa] *interj* ¡uf!

ufanar-se [ufa'naxsi] *vp*: ~ **de** ufanarse de.

ufanismo [ufa'niʒmu] *m* **-1.** [por feitos pessoais] jactancia *f*. **-2.** [pela pátria] chauvinismo *m*.

UFBA (*abrev de* **Universidade Federal da Bahia**) *f universidad federal del estado de Bahia.*

UFMG (*abrev de* **Universidade Federal de Minas Gerais**) *f universidad federal del estado de Minas Gerais.*

UFMT (*abrev de* **Universidade Federal do Mato Grosso**) *f universidad federal del estado de Mato Grosso.*

UFRGS (*abrev de* **Universidade Federal do Rio Grande do Sul**) *f universidad federal del estado de Río Grande do Sul.*

Uganda [u'gãnda] *n* Uganda.

UHF (*abrev de* **Ultra High Frequency**) UHF.

ui ['uj] *interj* [exprimindo dor, surpresa] ¡ay!

uísque ['wiʃki] *m* whisky *m*.

uivante [uj'vãntʃi] *adj* ululante.

uivar [uj'va(x)] *vi* **-1.** [animal, vento] ulular. **-2.** [pessoa]: ~ **(de)** aullar (de).

uivo ['ujvu] *m* **-1.** [de animal, pessoa] aullido *m*. **-2.** [do vento] ulular *m*.

UK (*abrev de* **United Kingdom**) UK.

úlcera ['uwsera] *f* úlcera *f*.

ulterior [uwte'rjo(x)] *adj* [no tempo] ulterior.

última ['uwtʃima] *f* ▻ **último**.

ultimamente [ˌuwtʃima'mẽntʃi] *adv* últimamente.

últimas ['uwtʃimaʃ] *fpl* ▻ **último**.

ultimato [uwtʃi'matu], **ultimátum** [uwtʃi'matũ] *m* ultimátum *m*.

último, ma ['uwtʃimu, ma] <> *adj* **-1.** [ger] último(ma); **por** ~ [em último lugar] al final; [finalmente] por último. **-2.** [o pior] peor, último(ma) ***RP***. **-3.** [máximo] máximo(ma). <> *m, f* [em fila, competição] último *m*, -ma *f*.

◆ **última** *f* **-1.** [novidade] última noticia *f*, última *f* ***RP***. **-2.** [asneira] última *f*.

ultrajar [uwtra'ʒa(x)] *vt* ultrajar.

ultraje [uw'traʒi] *m* ultraje *m*.

ultraleve [ˌuwtra'lεvi] *m* ultraligero *m*.

ultramar [ˌuwtra'ma(x)] *m* ultramar *m*.

ultramarino, na [ˌuwtrama'rinu, na] *adj* ultramarino(na).

ultrapassado, da [ˌuwtrapa'sadu, da] *adj* anticuado(da), desfasado(da), superado(da) ***RP***.

ultrapassagem [ˌuwtrapa'saʒẽ] (*pl* **-ns**) *f* adelantamiento *m*.

ultrapassar [ˌuwtrapa'sa(x)] <> *vt* **-1.** [passar à frente de] adelantar a, pasar a ***RP***. **-2.** [transpor, exceder] superar. **-3.** [em qualidade]: ~ **alguém (em algo)** aventajar *ou* superar a alguien (en algo). <> *vi* [passar à frente] adelantar, pasar ***RP***.

ultra-som [ˌuwtraˈsõ] (*pl* -s) *m* ultrasonido *m*.

ultravioleta [ˌuwtravjoˈleta] *adj* ultravioleta.

um, uma [ũ, ˈuma] (*mpl* uns, *fpl* umas) ◇ *artigo indefinido* un(una); ~ **homem** un hombre; **uma cadeira** una silla; **uma mulher** una mujer. ◇ *adj* -1. [exprime quantidade, data indefinida] un(una); **comprei uns livros** compré unos libros; ~ **dia voltarei** un día volveré; **vou tirar umas semanas de férias** me voy unas semanas de vacaciones. -2. [para indicar quantidades] un(una); **trinta e** ~ **dias** treinta y un días; ~ **litro/metro/quilo** un litro/metro/kilo. -3. [aproximadamente] un(una); **esperei uns dez minutos** esperé unos diez minutos; **estavam lá umas cinqüenta pessoas** había unas cincuenta personas. -4. [para enfatizar] un(una); **está** ~ **frio/calor** hace mucho frío/calor; **estou com uma sede** tengo una sed tremenda. ◇ *pron* [indefinido] uno(una); **dê-me** ~ deme uno; **pede mais uma** pide pedí *RP* una más; ~ **a** ~, ~ **por** ~ uno a uno, uno por uno; **um deles** uno de ellos; **uns e outros** unos y otros; ▻ *veja também* seis.

umbanda [ũnˈbãnda] *f* [espirit] *sincretismo nacido en Río de Janeiro a principios de siglo XX, con influencias indígenas, católicas, cabalísticas, esotéricas y orientales.*

umbigo [ũnˈbigu] *m* ombligo *m*.

umbilical [ũnbiliˈkaw] (*pl* -ais) *adj* ▻ cordão.

umbral [ũnˈbraw] (*pl* -ais) *m* umbral *m*.

umedecer [umideˈse(x)] *vt* humedecer.

◆ **umedecer-se** *vp* humedecerse.

umedecido, da [umideˈsidu, da] *adj* humedecido(da).

umidade [umiˈdadʒi] *f* humedad *f*.

úmido, da [ˈumidu, da] *adj* húmedo(-da).

unânime [uˈnãnimi] *adj* unánime.

unanimidade [unãnimiˈdadʒi] *f* unanimidad *f*.

Unb (*abrev de* **Universidade de Brasília**) *f universidad de Brasilia.*

UNE (*abrev de* **União Nacional dos Estudantes**) *f asociación nacional de estudiantes.*

UNESCO (*abrev de* **United Nations Educational, Scientific and Cultural Organization**) *f* UNESCO *f*.

ungir [ũnˈʒi(x)] *vt* RELIG ungir.

ungüento [ũnˈgwẽntu] *m* ungüento *m*.

unha [ˈuɲa] *f* [de animal, pessoa] uña *f*; **fazer as** ~**s** hacerse las manos; ~ **encravada** uña encarnada.

unhada [uˈɲada] *f* arañazo *m*.

unha-de-fome [ˌuɲadʒiˈfɔmi] (*pl* unhas-de-fome) ◇ *adj* tacaño(ña). ◇ *mf* tacaño *m*, -ña *f*.

unhar [uˈɲa(x)] *vt* arañar.

união [uˈnjãw] (*pl* -ões) *f* unión *f*.

◆ **União** *f* -1. [o governo federal]: **a União** el gobierno federal de Brasil. -2. [confederação]: **a União Européia** la Unión Europea.

UNICAMP (*abrev de* **Universidade Estadual de Campinas**) *f universidad de Campinas.*

UNICEF (*abrev de* **United Nations International Children's Emergency Fund**) *f* UNICEF *f*.

único, ca [ˈuniku, ka] *adj* único(ca); **ser filho** ~ ser hijo único.

unidade [uniˈdadʒi] *f* unidad *f*; ~ **de CD-ROM** unidad de CD-ROM; ~ **de disco** unidad de disco.

unido, da [uˈnidu, da] *adj* unido(da).

UNIFESP (*abrev de* **Universidade Federal de São Paulo**) *f universidad federal de São Paulo.*

unificar [unifiˈka(x)] *vt* unificar.

uniforme [uniˈfɔxmi] ◇ *adj* uniforme. ◇ *m* [roupa] uniforme *m*; **de** ~ de uniforme.

uniformizado, da [unifoxmiˈzadu, da] *adj* [de uniforme] uniformado(da).

uniformizar [unifoxmiˈza(x)] *vt* -1. [unificar] uniformizar. -2. [pessoa] uniformar.

unir [uˈni(x)] *vt* unir; ~ **o útil ao agradável** juntar lo útil con lo agradable.

◆ **unir-se** *vp* unirse; ~**-se a algo/alguém** unirse a algo/alguien; ~**-se em matrimônio** unirse en matrimonio.

uníssono, na [uˈnisonu, na] *adj* unísono(na); **em** ~ al unísono.

unitário, ria [uniˈtarju, rja] *adj* unitario(ria).

universal [univexˈsaw] (*pl* -ais) *adj* universal.

universidade [univexsiˈdadʒi] *f* universidad *f*.

universitário, ria [univexsiˈtarju, rja]

◇ *adj* universitario(ria). ◇ *m, f* [aluno] universitario *m*, -ria *f*.

universo [uni'vɛxsu] *m* universo *m*.

uno, una ['unu, 'una] *adj* único(ca) *RP*.

uns [ũnʃ] ▷ **um**.

untar [ũn'ta(x)] *vt* [fôrma, corpo]: ~ **algo (com)** untar algo (con).

urânio [u'rãnju] *m* uranio *m*.

Urano [u'rãnu] *m* Urano *m*.

urbanismo [uxba'niʒmu] *m* urbanismo *m*.

urbanista [uxba'niʃta] *mf* urbanista *mf*.

urbanização [uxbaniza'sãw] *f* urbanización *f*.

urbanizar [uxbani'za(x)] *vt* **-1.** [área] urbanizar. **-2.** [pessoa] civilizar, urbanizar *RP*.

urbano, na [ux'bãnu, na] *adj* urbano(na).

urdidura [uxdʒi'dura] *f* **-1.** [conjunto de fios] urdimbre *f*. **-2.** [enredo] trama *f*.

urdu [ux'du] *m* [língua] urdu *m*.

urgência [ux'ʒẽnsja] *f* urgencia *f*.

urgente [ux'ʒẽntʃi] *adj* urgente.

urina [u'rina] *f* orina *f*.

urinar [uri'na(x)] ◇ *vt* orinar. ◇ *vi* [expelir urina] orinar.

◆ **urinar-se** *vp* orinarse.

urinol [uri'nɔw] (*pl* **-óis**) *m* orinal *m*.

URL (*abrev de* **Universal Resources Locator**) *f* URL *m*.

urna ['uxna] *f* [caixa] bombo *m*, urna *f RP*; ~ **eleitoral** urna *f* electoral.

urrar [u'xa(x)] ◇ *vt* [gritar] lanzar, gritar. ◇ *vi* **-1.** [animal] rugir, bramar. **-2.** [gritar]: ~ **de dor** gritar *ou* aullar de dolor.

urro ['uxu] *m* **-1.** [de animal] rugido *m*. **-2.** *fig* [grito] grito *m*, aullido *m*.

ursa ['uxsa] *f* ▷ **urso**.

urso, sa ['uxsu, sa] *m, f* oso *m* o, -sa *f*.

◆ **Ursa** *f*: **Ursa Maior/Menor** Osa Mayor/Menor.

urso-branco [ˌuxsu'brãŋku] *m* oso *m* blanco.

urso-polar [ˌuxsu'pola(x)] (*pl* **ursos-polares**) *m* oso *m* polar.

urtiga [ux'tʃiga] *f* ortiga *f*.

urubu [uru'bu] *m* urubú *m*.

urubuzar [urubu'za(x)] *vt* ***fam*** [com o olhar] mirar fija y maliciosamente a.

Uruguai [uru'gwaj] *n*: **(o)** ~ (el) Uruguay.

uruguaio, ia [uru'gwaju, ja] ◇ *adj* uruguayo(ya). ◇ *m, f* uruguayo *m*, -ya *f*.

usado, da [u'zadu, da] *adj* **-1.** [ger] usado(da); **muito/pouco** ~ muy/poco usado. **-2.** [comum] común, usual. **-3.** [na moda] de moda, que se usa *RP*.

usar [u'za(x)] ◇ *vt* **-1.** [utilizar, vestir, explorar] usar. **-2.** [gastar] gastar. **-3.** [ter] llevar, usar *RP*. **-4.** [costumar]: ~ **fazer algo** soler hacer algo. ◇ *vi* [servir-se de]: ~ **de algo** utilizar algo, recurrir a algo.

usina [u'zina] *f* fábrica *f*, usina *f RP*; ~ **de aço** altos hornos *mpl*; ~ **de açúcar** central azucarera; ~ **hidrelétrica** central *ou* usina *RP* hidroeléctrica; ~ **termonuclear** central *ou* usina *RP* termonuclear.

uso ['uzu] *m* **-1.** [ger] uso *m*; **objetos de** ~ **pessoal** objetos de uso personal; **fazer** ~ **de** hacer uso de; **para** ~ **externo/interno** para uso externo/interno. **-2.** [costume] costumbre *f*.

USP (*abrev de* **Universidade de São Paulo**) *f* universidad de São Paulo.

usual [u'zwaw] (*pl* **-ais**) *adj* usual.

usuário, ria [u'zwarju, rja] *m, f* usuario *m*, -ria *f*.

úteis ['utejʃ] *pl* ▷ **útil**.

utensílio [utẽn'silju] *m* utensilio *m*.

útero ['uteru] *m* útero *m*.

UTI (*abrev de* **Unidade deTerapia Intensiva**) *f* UVI *f*, UCI *f*.

útil ['utʃiw] (*pl* **-eis**) *adj* **-1.** [ger] útil. **-2.** [reservado ao trabalho]: **tempo/dia** ~ tiempo/día hábil.

utilidade [utʃili'dadʒi] *f* **-1.** [serventia, benefício] utilidad *f*. **-2.** [utensílio]: ~**s domésticas** utensilios *mpl* domésticos.

utilitário, ria [utʃili'tarju, rja] *adj* **-1.** [peça] útil. **-2.** AUTO utilitario(ria). **-3.** COMPUT: **programa** ~ utilidad *f*, programa *f* utilitario *RP*.

utilização [utʃiliza'sãw] (*pl* **-ões**) *f* utilización *f*.

utilizar [utʃili'za(x)] *vt* utilizar.

◆ **utilizar-se** *vp*: ~**-se de** utilizar.

utopia [uto'pia] *f* utopía *f*.

utópico, ca [u'tɔpiku, ka] *adj* utópico(ca).

UV (*abrev de* **Ultra Violeta**) UV.

uva ['uva] *f* **-1.** [fruta] uva *f*. **-2.** ***fam*** [pessoa, coisa]: **uma** ~ una belleza, una preciosura *RP*.

V

v, V [ve] *m* [letra] v, V *f*.
vã [vã] *f* ▷ **vão**.
vaca ['vaka] *f* **-1.** ZOOL vaca *f*; **carne de ~** carne de vaca; **~ leiteira** vaca lechera; **tempo das ~s gordas/magras** en tiempos de vacas gordas/flacas. **-2.** *fam pej* [mulher] fulana *f*, vaca *f* **Méx**, yegua *f* **RP**.
vacante [va'kãntʃi] *adj* vacante.
vacilante [vasi'lãntʃi] *adj* vacilante.
vacilar [vasi'la(x)] *vi* vacilar; **~ em algo/em fazer algo** vacilar en algo/en hacer algo.
vacilo [va'silu] *m* **fam -1.** [hesitação] vacilación *f*. **-2.** [erro, falha] error *m*.
vacina [va'sina] *f* vacuna *f*.
vacinação [vasina'sãw] (*pl* **-ões**) *f* vacunación *f*.
vacinar [vasi'na(x)] *vt* MED: **~ alguém (contra)** vacunar a alguien (contra).
◆ **vacinar-se** *vp* MED: **~-se (contra)** vacunarse (contra).
vácuo ['vakwu] *m* vacío *m*.
vadiar [va'dʒja(x)] *vi* **-1.** [viver na ociosidade] vaguear. **-2.** [perambular] vagar.
vadio, dia [va'dʒiw, va'dʒia] *adj* [ocioso, vagabundo] vago(ga).
vaga ['vaga] *f* ▷ **vago**.
vagabundo, da [vaga'bũndu, da] ◇ *adj* **-1.** *fam* [errante] vagabundo(da). **-2.** *fam* [vadio] vago(ga), atorrante(ta) **RP**. **-3.** *pej* [canalha] canalla, sinvergüenza. **-4.** *pej* [ordinário] malo(la), cutre **Esp**, corriente **Méx**. ◇ *m* **-1.** *fam* [errante] vagabundo *m*, linyera *f* **Arg**, bichicome *m* **Urug**. **-2.** *fam* [vadio] vagabundo *m*, atorrante *m*, -ta *f*. **-3.** *pej* [canalha] canalla *m*, sinvergüenza *m*.
vaga-lume [,vaga'lumi] (*pl* **vaga-lumes**) *m* **-1.** ZOOL luciérnaga *f*, bichito *m* de luz **RP**. **-2.** *fig* [cine] acomodador *m*.
vagão [va'gãw] (*pl* **-ões**) *m* [de carga, passageiros] vagón *m*.
vagão-leito [va,gãw'lejtu] (*pl* **vagões-leito**) *m* coche *m* cama, vagón *m* dormitorio **Méx** & **RP**.
vagão-restaurante [va,gãwxeʃtaw'rãntʃi] (*pl* **vagões-restaurante**) *m* coche *m* restaurante, vagón *m* restaurante **Méx**, vagón *m* comedor **RP**.
vagar [va'ga(x)] ◇ *vi* **-1.** [vaguear] vagar. **-2.** [ficar desocupado] quedar vacante *ou* disponible. ◇ *m* [lentidão] lentitud *f*, parsimonia *f*; **com mais ~** con más calma.
vagaroso, osa [vaga'rozu, ɔza] *adj* lento(ta), parsimonioso(sa).
vagem ['vaʒẽ] (*pl* **-ns**) *f* judía *f* verde **Esp**, ejote *m* **Méx**, chaucha *f* **RP**.
vagina [va'ʒina] *f* vagina *f*.
vago, ga ['vagu, ga] *adj* **-1.** [impreciso] vago(ga). **-2.** [desocupado, desabitado] vacante.
◆ **vaga** *f* **-1.** [em hotel, para carro] plaza *f*, lugar *m* **RP**. **-2.** [em empresa] vacante *f*.
vagões [va'gõjʃ] *pl* ▷ **vagão**.
vaguear [va'gja(x)] *vi* [perambular, passear] vagar.
vaia ['vaja] *f* abucheo *m*.
vaiar [va'ja(x)] *vt* & *vi* abuchear.
vaidade [vaj'dadʒi] *f* [orgulho, futilidade] vanidad *f*.
vaidoso, osa [vaj'dozu, ɔza] *adj* vanidoso(sa).
vaivém [vaj'vẽ] (*pl* **-ns**) *m* [de pessoas, barco, pêndulo] vaivén *m*.
vala ['vala] *f* [escavação, sepultura] fosa *f*; **~ comum** fosa *f* común.
vale ['vali] *m* **-1.** GEOGR valle *m*. **-2.** [documento] vale *m*. **-3.** [postal] giro *m* postal.
valente [va'lẽntʃi] *adj* valiente.
valentia [valẽn'tʃia] *f* valentía *f*.
valer [va'le(x)] ◇ *vt* **-1.** [custar, acarretar, compensar] valer; **~ algo a alguém** valer algo a alguien; **~ a pena** valer la pena. **-2.** [equivaler a] equivaler a. ◇ *vi* **-1.** [ger] valer; **valeu!** *fam* ¡genial!, ¡guay! **Esp**, ¡ándale! **Méx**, ¡gracias! **RP**; **fazer ~** hacer valer. **-2.** [equivaler]: **~ por** vale por; **ou coisa que o valha** o algo así, o lo que sea **Méx**.
◆ **a valer** *loc adv* [muito] como loco(ca).
◆ **valer-se** *vp* [servir-se]: **~-se de** valerse de.
valete [va'lɛtʃi] *m* [carta] caballo *m*.
vale-transporte [,valitrãnʃ'pɔxtʃi] (*pl* **vales-transporte**) *m* *cupón para el transporte público que el trabajador*

recibe como parte de su remuneración.

valia [va'lia] *f* valía *f*, valor *m*.

validade [vali'dadʒi] *f* validez *f*; **prazo de ~** plazo *m* de validez.

validar [vali'da(x)] *vt* [legalizar, legitimar] validar.

válido, da ['validu, da] *adj* válido(da).

valioso, osa [va'ljozu, ɔza] *adj* valioso(sa).

valise [va'lizi] *f* bolsa *f* de mano, maleta *f* de mano *Méx*, portafolios *m RP*.

valor [va'lo(x)] (*pl* **-es**) *m* valor *m*; **de (grande) ~** de gran valor; **no ~ de** por el valor de; **dar ~ a algo/alguém** dar valor a algo/alguien.
◆ **valores** *mpl* [princípios, títulos] valores *mpl*.

valorizar [valori'za(x)] *vt* **-1.** [dar valor] valorar. **-2.** [aumentar o preço] valorizar.
◆ **valorizar-se** *vp* valorizarse.

valsa ['vawsa] *f* vals *m*.

válvula ['vawvula] *f* válvula *f*; **~ de segurança** válvula de seguridad; **~ válvula de escape** *fig* válvula de escape.

vampiro [vãn'piru] *m* ZOOL [personagem] vampiro *m*.

vandalismo [vãnda'liʒmu] *m* vandalismo *m*.

vândalo, la ['vãndalu, la] *m, f* vándalo *m*, -la *f*.

vangloriar-se [vãŋglo'rjaxsi] *vp*: **~-se (de)** vanagloriarse (de).

vanguarda [vãŋ'gwaxda] *f* MIL [cultural] vanguardia *f*.

vantagem [vãn'taʒẽ] (*pl* **-ns**) *f* ventaja *f*; **levar ~** tener ventaja; **~ (sobre)** ventaja (sobre); **tirar ~ de** sacar ventaja de.

vantajoso, osa [vãnta'ʒozu, ɔza] *adj* [benéfico, lucrativo] ventajoso(sa).

vão, vã ['vãw, 'vã] *adj* [frívolo, inútil, irreal] vano(na); **em ~** en vano.
◆ **vão** *m* vano *m*.

vapor [va'po(x)] (*pl* **-es**) *m* vapor *m*; **a ~** [máquina, ferro] de vapor, a vapor *RP*.

vaporizador [vaporiza'do(x)] (*pl* **-es**) *m* vaporizador *m*, pulverizador *m*.

vaporoso, osa [vapo'rozu, ɔza] *adj* vaporoso(sa).

vapt-vupt [ˌvaptʃi'vuptʃi] <> *interj* ¡paf! <> *m* [lençol] sábana *f* ajustable.

vaqueiro [va'kejru] *m* vaquero *m*, -ra *f*.

vaquinha [va'kiɲa] *f fam*: **fazer uma ~** hacer una colecta, hacer una vaquita *Méx & RP*.

vara ['vara] *f* **-1.** [de pau] vara *f*. **-2.** [para salto] pértiga *f*, garrocha *f RP*. **-3.** [de trombone] varilla *f*. **-4.** JUR partido *m* judicial, repartición *f* judicial *RP*. **-5.** [de porcos] piara *f*.

varal [va'raw] (*pl* **-ais**) *m* [de roupas] tendedero *m*.

varanda [va'rãnda] *f* [balcão, sacada] balcón *m*, terraza *f*.

varar [va'ra(x)] <> *vt* **-1.** [furar] agujerear. **-2.** [passar por] atravesar, cruzar. <> *vi* [atravessar, passar por]: **~ por** atravesar.

varejeira [vare'ʒejra] *f* [mosca] moscardón *m*, mosca *f* de la carne *RP*.

varejista [vare'ʒiʃta] <> *adj* minorista. <> *mf* [vendedor] minorista *mf*.

varejo [va'reʒu] *m* COM venta *f* al por menor, venta *f* al menudeo *Amér*; **a ~** al por menor, al menudeo *Amér*.

variado, da [va'rjadu, da] *adj* **-1.** [diverso] variado(da). **-2.** [sortido] surtido(da).

variar [va'rja(x)] <> *vt* [diversificar] variar. <> *vi* **-1.** [diversificar, mudar] variar; **para ~** para variar. **-2.** [delirar] desvariar.

variável [va'rjavew] (*pl* **-eis**) <> *adj* variable. <> *f* MAT variable *f*.

varicela [vari'sɛla] *f* varicela *f*.

variedade [varje'dadʒi] *f* [diversidade, tipo] variedad *f*.
◆ **variedades** *fpl* [miscelânea] variedades *fpl*; **espetáculo/teatro de ~s** espectáculo/teatro de variedades.

VARIG (*abrev de* **Viação Aérea Rio Grandense S.A.**) *f principal compañía aérea brasileña.*

varinha [va'riɲa] *f* varilla *f*; **~ de condão** varita *f* mágica.

vário, ria ['varju, rja] *adj* [variado] variado(da).
◆ **vários** <> *adj pl* varios(rias). <> *pron pl* varios *mpl*, -rias *fpl*.

varíola [va'riwla] *f* viruela *f*.

varizes [va'riziʃ] *fpl* varices *fpl*, várices *fpl RP*.

varredura [vaxe'dura] *f* **-1.** [ato] barrida *f*, barrido *m*. **-2.** [rastreio] barrido *m*.

varrer [va'xe(x)] *vt* [limpar, arrastar, devastar] barrer.

Varsóvia [vax'sɔvja] *n* Varsovia.

várzea ['vaxzja] *f* [vale] valle *m*.

vasculhar [vaʃku'ʎa(x)] *vt* **-1.** [pesquisar] estudiar. **-2.** [revirar] revolver.

vasectomia [vazekto'mia] *f* vasectomía *f.*

vaselina® [vaze'lina] *f* [substância] vaselina® *f.*

vasilha [va'ziʎa] *f* vasija *f.*

vaso ['vazu] *m* **-1.** [para plantas] maceta *f.* **-2.** [privada] taza *f*, inodoro *m* **Arg**, wáter *m* **Urug**; ~ **sanitário** taza del váter, inodoro **Arg**, wáter **Urug**.

vassalo, la [va'salu, la] *m, f* vasallo *m*, -lla *f.*

vassoura [va'sora] *f* escoba *f.*

vasto, ta ['vaʃtu, ta] *adj* [extenso, considerável] vasto(ta), inmenso(sa).

vatapá [vata'pa] *m* CULIN *plato típico de la cocina de Bahía, muy picante, con pescado, leche de coco, gambas, cacahuetes y anacardos.*

vaticano, na [vatʃi'kãnu, na] *adj* vaticano(na).

vaticínio [vatʃi'sinju] *m* vaticinio *m.*

vau [vaw] *m* **-1.** [de rio] vado *m.* **-2.** NÁUT bao *m.*

vazamento [vaza'mẽntu] *m* **-1.** [escapamento] derrame *m.* **-2.** *fig* [divulgação] filtración *f.*

vazão [va'zaw] (*pl* **-ões**) *f* **-1.** [vazamento] derrame *m.* **-2.** [escoamento] desagüe *m.* **-3.** *fig* & COM [venda] salida *f.* **-4.** *loc*: **dar ~ a** [liberar] dar rienda suelta a; [atender a] atender a, despachar; [solucionar] solucionar, despachar **RP**; COM dar salida a, despachar **RP**.

vazar [va'za(x)] ◇ *vi* **-1.** [deixar escapar] vaciarse, perder **RP**. **-2.** [escapar] escaparse. **-3.** [maré] menguar. **-4.** [informação] filtrarse. ◇ *vt* **-1.** [esvaziar] vaciar. **-2.** [olhos] sacarse. **-3.** [moldar] amoldar, moldear.

vazio, zia [va'ziu, zia] *adj* vacío(a).
◆ **vazio** *m* vacío *m.*

vazões [va'zõjʃ] *pl* ▷ **vazão**.

veado ['vjadu] *m* **-1.** [animal] venado *m*; **carne de ~** carne de venado. **-2.** *vulg pej* [homossexual] maricón *m*, marica *m.*

vedado, da [ve'dadu, da] *adj* **-1.** [proibido, impedido] prohibido(da); ~ **a** prohibido a. **-2.** [hermeticamente] cerrado(da), sellado(da) **RP**.

vedar [ve'da(x)] *vt* **-1.** [proibir, impedir] prohibir; ~ **algo a alguém** prohibir algo a alguien. **-2.** [sangue] cortar. **-3.** [hermeticamente] cerrar, sellar **RP**.

vedete [ve'dɛtʃi] *f* **-1.** [de teatro] vedette *f.* **-2.** *fam pej* [destaque] estrella *f.*

veemente [veje'mẽntʃi] *adj* vehemente.

vegetação [veʒeta'sãw] (*pl* **-ões**) *f* vegetación *f.*

vegetal [veʒe'taw] (*pl* **-ais**) ◇ *adj* vegetal. ◇ *m* vegetal *m.*

vegetar [veʒe'ta(x)] *vi* [planta, pessoa] vegetar.

vegetariano, na [veʒeta'rjãnu, na] ◇ *adj* vegetariano(na). ◇ *m, f* vegetariano *m*, -na *f.*

veia ['veja] *f* vena *f.*

veiculação [vejkula'sãw] (*pl* **-ões**) *f* **-1.** [de mercadorias, visitantes] transporte *m.* **-2.** [de doença] transmisión *f.* **-3.** [de idéias, doutrinas] difusión *f.* **-4.** [de mensagem publicitária] divulgación *f.*

veicular [vejku'la(x)] *vt* **-1.** [publicar, divulgar] propagar, vehiculizar **RP**. **-2.** [anúncios] distribuir.

veículo [ve'ikulu] *m* [de locomoção, informação] vehículo *m.*

veio ['veju] *m* **-1.** [de rocha, em mina] filón *m*, veta *f.* **-2.** [de madeira] veta *f.*

vela ['vɛla] *f* [de cera & NÁUT] vela *f*; **barco a ~** barco *m* de vela, barco *m* a vela **RP**.

velame [velã'mi] *m* NÁUT velamen *m.*

velar [ve'la(x)] ◇ *adj* LING velar. ◇ *f* LING velar *f.* ◇ *vt* **-1.** [cobrir]: ~ **algo (com algo)** cubrir algo (con algo). **-2.** [dissimular] disimular, velar **RP**. ◇ *vi* **-1.** [ficar acordado] estar en vela. **-2.** [cuidar]: ~ **por algo/alguém** velar por algo/alguien. **-3.** FOT [filme] velar.

veleiro [ve'lejru] *m* NÁUT velero *m.*

velejar [vele'ʒa(x)] *vi* navegar a vela, velear **Mex**.

velhice [vɛ'ʎisi] *f* vejez *f.*

velho, lha ['vɛʎu, ʎa] ◇ *adj* [idoso, antigo, gasto] viejo(ja); **nos ~s tempos** en los viejos tiempos. ◇ *m, f* **-1.** [pessoa] viejo *m*, -ja *f.* **-2.** *fam* [pai] viejo *m*, -ja *f*; **os ~s** [pai e mãe] los viejos. **-3.** *fam* [amigo]: **meu ~** colega *mf*, viejo *m*, -ja *f* **Méx**, compañero *m*, -ra *f* **RP**.

velocidade [velosi'dadʒi] *f* velocidad *f*; **em alta ~** a alta velocidad.

velocímetro [velo'simetru] *m* velocímetro *m.*

velocípede [velo'sipedʒi] *m* velocípedo *m.*

velocíssimo, ma [velɔ'sisimu, ma] *adj superl* ▷ **veloz**.

velódromo [ve'lɔdrumu] *m* velódromo *m*.
velório [ve'lɔrju] *m* velatorio *m*, velorio *m*.
veloz [ve'lɔʃ] (*pl* **-es**) *adj* veloz.
veludo [ve'ludu] *m* [tecido] terciopelo *m*; ~ **cotelê** pana *f*.
vencedor, ra [vẽnse'do(x), ra] (*pl* **-es**, *fpl* **-s**) <> *adj* vencedor(ra). <> *m, f* vencedor *m*, -ra *f*.
vencer [vẽn'se(x)] <> *vt* **-1.** [ger] vencer; ~ **algo/alguém (em algo)** vencer algo/a alguien (en algo). **-2.** [percorrer] recorrer. <> *vi* [ganhar, expirar] vencer.
vencido, da [vẽn'sidu, da] *adj* [derrotado, expirado] vencido(da).
vencimento [vẽnsi'mẽntu] *m* vencimiento *m*.
◆ **vencimentos** *mpl* [salário] salario *m*.
venda ['vẽnda] *f* **-1.** [vendagem] venta *f*; **à** ~ en venta; ~ **a crédito** venta a crédito; ~ **a prazo** *ou* **prestação** venta a plazos *ou* en cuotas *RP*. **-2.** [mercearia] tienda *f*, almacén *m* *RP*. **-3.** [nos olhos] venda *f*.
vendar [vẽn'da(x)] *vt*: ~ **(os olhos de) alguém** vendar (los ojos) a alguien.
vendaval [vẽnda'vaw] (*pl* **-ais**) *m* vendaval *m*.
vendedor, ra [vẽnde'do(x), ra] (*mpl* **-es**, *fpl* **-s**) *m, f* vendedor *m*, -ra *f*; ~ **ambulante** vendedor ambulante.
vender [vẽn'de(x)] <> *vt* vender; ~ **algo a/para alguém (por)** vender algo a alguien (por); ~ **no varejo/atacado** vender al por menor/mayor, vender al menudeo/mayoreo *Amér*; ~ **algo a prazo** *ou* **prestação** vender algo a plazos *ou* en cuotas *RP*; ~ **fiado** fiar. <> *vi* **-1.** [entregar em venda] vender. **-2.** [ter boa venda] vender(se).
◆ **vender-se** *vp* [estar à venda] [deixar-se subornar] venderse.
veneno [ve'nenu] *m* veneno *m*.
venenoso, osa [vene'nozu, ɔza] *adj* venenoso(sa).
veneração [venera'sãw] *f*: ~ **(por)** veneración *f* (por).
venerar [vene'ra(x)] *vt* venerar.
venéreo, rea [ve'nɛrju, rja] *adj* venéreo(a).
Venezuela [vene'zwɛla] *n* Venezuela.
venezuelano, no [venezwe'lãnu, na] <> *adj* venezolano(na). <> *m, f* venezolano *m*, -na *f*.
ventania [vẽnta'nia] *f* ventarrón *m*.
ventar [vẽn'ta(x)] *vi* soplar viento, soplar *RP*; **estar ventando** hacer viento, estar soplando *RP*.
ventarola [vẽnta'rɔla] *f* abanico *m*.
ventilação [vẽntʃila'sãw] *f* ventilación *f*, refrigeración *f* *RP*.
ventilador [vẽntʃila'do(x)] (*pl* **-es**) *m* [elétrico] ventilador *m*.
ventilar [vẽntʃi'la(x)] *vt* ventilar.
vento ['vẽntu] *m* viento *m*; **ir de** ~ **em popa** ir viento en popa.
ventoso, osa [vẽn'tozu, ɔza] *adj* ventoso(sa).
◆ **ventosa** *f* MED & ZOOL ventosa *f*.
ventre ['vẽntri] *m* vientre *m*.
ventríloquo, qua [vẽn'trilokwu, kwa] *m, f* ventrílocuo *m*, -cua *f*.
ventura [vẽn'tura] *f* **-1.** [destino] ventura *f*, destino *m* *RP*; **por** ~ por casualidad, por ventura *RP*. **-2.** [sorte] dicha *f*.
venturoso, osa [vẽntu'rozu, ɔza] *adj* [feliz] afortunado(da), venturoso(-sa).
Vênus ['venuʃ] *n* Venus.
ver ['ve(x)] <> *vt* [ger] ver; **veja ...** [em remissão] véase ... <> *vi* ver; ~ **em** ver en; **ter a** *ou* **que** ~ **com** tener que ver con.
◆ **ver-se** <> *vp* verse. <> *m*: **a meu** ~ a mi modo de ver, para mí.
◆ **pelo visto** *loc adv* por lo visto.
◆ **vai ver que** *loc adv* *fam* [talvez] puede que, tal vez.
veracidade [verasi'dadʒi] *f* veracidad *f*.
veranear [vera'nja(x)] *vi* veranear.
veraneio [vera'neju] *m* veraneo *m*.
veranista [vera'niʃta] *mf* veraneante *mf*.
verão [ve'rãw] (*pl* **-ões**) *m* verano *m*.
verba ['vɛxba] *f* **-1.** [soma de dinheiro] partida *f*. **-2.** [orçamento] presupuesto *m*.
verbal [vex'baw] (*pl* **-ais**) *adj* verbal.
verbete [vex'betʃi] *m* entrada *f*.
verbo ['vɛxbu] *m* verbo *m*; **soltar o** ~ *fam* irse de la lengua, irse de lengua *RP*.
verborrágico, ca [vexbo'xaʒiku, ka] *adj* con mucha verborrea.
verdade [vex'dadʒi] *f* verdad *f*; **dizer umas** ~**s a alguém** *fam* cantar las cuarenta a alguien, decir sus verdades a alguien *Méx*, decir dos o tres verdades a alguien *RP*; **na** ~ en realidad *ou* verdad; **para falar a**

~ para ser sincero, a decir verdad; **não é ~?** *fam* ¿a que sí?, ¿no es verdad?

◆ **de verdade** ◇ *loc adv* [a sério, realmente] de verdad. ◇ *loc adj* [autêntico] de verdad.

verdadeiro, ra [vexda'dejru, ra] *adj* verdadero(ra).

verde ['vexdʒi] ◇ *adj* [cor, fruta] verde. ◇ *m* [cor, natureza] verde *m*; **plantar ~ para colher maduro** plantar verde, para cosechar maduro, tirar verdes, para recoger maduros *RP*.

verde-abacate [ˌvexdʒjaba'katʃi] *adj inv* verde aguacate, verde palta *RP*.

verde-claro, ra [ˌvexdʒi'klaru, ra] ◇ *adj* verde claro. ◇ *m* verde *m* claro.

verde-escuro, ra [ˌvexdʒiʃ'kuru, ra] ◇ *adj* verde oscuro. ◇ *m* verde *m* oscuro.

verdejante [vexde'ʒãntʃi] *adj* verde.

verdejar [vexde'ʒa(x)] *vi* verdear, reverdecer.

verdor [vex'do(x)] *m* [cor verde] verdor *m*.

verdura [vex'dura] *f* [hortaliça] verdura *f*.

verdureiro, ra [vexdu'rejru, ra] *m, f* verdulero *m*, -ra *f*.

vereador, ra [verja'do(x), ra] *m, f* concejal *m*, -la *f*, edil *mf* ***Urug***.

vereda [ve'reda] *f* vereda *f*, sendero *m*.

veredicto [vere'dʒiktu] *m* veredicto *m*.

verga ['vexga] *f* **-1.** [vara] vara *f*. **-2.** [metálica] varilla *f*.

vergar [vex'ga(x)] ◇ *vt* [dobrar] doblar. ◇ *vi* doblarse.

vergonha [vex'goɲa] *f* vergüenza *f*; **que ~!** ¡qué vergüenza *ou* pena ***Col, Méx & Ven***; **ter ~ de fazer algo** tener vergüenza *ou* pena ***Col, Méx & Ven*** de hacer algo; **falta de ~** falta de vergüenza; **ela não tem ~ na cara** es una sinvergüenza.

vergonhoso, osa [vexgo'ɲozu, ɔza] *adj* vergonzoso(sa), penoso(sa) ***Col, Méx & Ven***.

verídico, ca [ve'ridʒiku, ka] *adj* verídico(ca).

verificar [verifi'ka(x)] *vt* verificar.

verme ['vɛxmi] *m* gusano *m*, lombriz *f*.

vermelho, lha [vex'meʎu, ʎa] *adj* **-1.** [ger] rojo(ja). **-2.** [corado]: **ficar ~ de raiva** encenderse de rabia, estar rojo de coraje ***Méx***, ponerse rojo de rabia ***RP***; **ficar ~ de vergonha** ruborizarse, estar rojo de pena ***Méx***, ponerse colorado (de vergüenza) ***RP***.

◆ **vermelho** *m* **-1.** [cor] rojo *m*, colorado *m* ***RP***. **-2.** [déficit]: **estar no ~** estar en números rojos, estar en rojo ***RP***.

vermute [vex'mutʃi] *m* vermú *m*.

vernáculo, la [vex'nakulu, la] *adj* vernáculo(la).

◆ **vernáculo** *m* lengua *f* vernácula.

vernissage [vexni'saʒi] *f* inauguración *f*, vernissage *m* ***RP***.

verniz [vex'niʃ] (*pl* **-es**) *m* **-1.** [solução] barniz *m*. **-2.** [couro] charol *m*. **-3.** ***fig*** [polidez] refinamiento *m*, barniz *m* ***RP***.

verões [ve'rõjʃ] *pl* ▷ **verão**.

verossímil [vero'simiw] (*pl* **-meis**) *adj* verosímil.

verruga [ve'xuga] *f* verruga *f*.

versado, da [vex'sadu, da] *adj*: **~ em** versado(da) en.

versão [vex'sãw] (*pl* **-ões**) *f* **-1.** [interpretação] versión *f*. **-2.** [tradução]: **~ (para)** versión *f* (al).

versátil [vex'satʃiw] (*pl* **-eis**) *adj* versátil.

versículo [vex'sikulu] *m* **-1.** [de artigo] párrafo *m*. **-2.** RELIG versículo *m*.

verso ['vɛxsu] *m* **-1.** [ger] verso *m*. **-2.** [de página] reverso *m*; **vide ~** véase al reverso.

versões [vex'sõjʃ] *pl* ▷ **versão**.

vértebra ['vɛxtebra] *f* vértebra *f*.

vertebrado, da [vexte'bradu, da] *adj* vertebrado(da).

◆ **vertebrado** *m* vertebrado *m*.

vertebral [vexte'braw] (*pl* **-ais**) *adj* vertebral.

vertente [vex'tẽntʃi] *f* **-1.** [declive] vertiente *f*. **-2.** ***fig*** [aspecto] perspectiva *f*.

verter [vex'te(x)] ◇ *vt* **-1.** [ger] verter. **-2.** [traduzir]: **~ (para)** verter (al). ◇ *vi* [brotar]: **~ de** brotar *ou* manar de.

vertical [vextʃi'kaw] (*pl* **-ais**) ◇ *adj* vertical. ◇ *f* vertical *f*.

vértice ['vɛxtʃisi] *m* **-1.** GEOM vértice *m*. **-2.** [de montanha *etc*] cúspide *f*.

vertigem [vex'tʃiʒẽ] (*pl* **-ns**) *f* vértigo *m*.

vertiginoso, osa [vextʃiʒi'nozu, ɔza] *adj* vertiginoso(sa).

vesgo, ga [ˈveʒgu, ga] *adj* bizco(ca).
vesícula [veˈzikula] *f*: ~ **(biliar)** vesícula *f* (biliar).
vespa [ˈveʃpa] *f* avispa *f*.
véspera [ˈvɛʃpera] *f*: **na** ~ **de** la víspera de; ~ **de Natal** Nochebuena *f*.
◆ **vésperas** *fpl* [um tempo antes]: **nas** ~**s de** en vísperas de.
veste [ˈveʃtʃi] *f* **-1.** [vestido] traje *m*. **-2.** [eclesiástica] hábito *m*.
vestiário [veʃˈtʃjarju] *m* **-1.** [onde se troca roupa] vestuario *m*. **-2.** [onde se deixa casacos - doméstico] guardarropa *m*, despojador *m* **RP**; [- en teatro] guardarropa *m*, ropería *f* **RP**.
vestibular [veʃtʃibuˈla(x)] *m pruebas de ingreso a la universidad*, selectividad *f* **Esp**.
vestíbulo [veʃˈtʃibulu] *m* vestíbulo *m*, hall *m* **RP**.
vestido, da [veʃˈtʃidu, da] *adj*: ~ **(com/de)** vestido(da) (con/de).
◆ **vestido** *m* vestido *m*; ~ **de noiva** vestido de novia.
vestígio [veʃˈtʃiʒju] *m* vestigio *m*.
vestimenta [veʃtʃiˈmẽnta] *f* **-1.** [roupa] vestimenta *f*. **-2.** RELIG hábito *m*.
vestir [veʃˈtʃi(x)] <> *vt* **-1.** [ger] vestir. **-2.** [pôr sobre si mesmo] ponerse. <> *vi* [ter caimento]: ~ **bem/mal** vestir bien/mal, quedar bien/mal.
◆ **vestir-se** *vp* **-1.** [usar, fantasiar-se]: ~**-se de** vestirse de. **-2.** [aprontar-se] vestirse.
vestuário [veʃˈtwarju] *m* [roupas] vestuario *m*.
vetar [veˈta(x)] *vt* vetar.
veterano, na [veteˈrãnu, na] <> *adj* veterano(na). <> *m, f* veterano *m*, -na *f*.
veterinário, ria [veteriˈnarju, rja] <> *adj* veterinario(ria). <> *m, f* veterinario *m*, -ria *f*.
veto [ˈvɛtu] *m* veto *m*.
véu [ˈvɛu] *m* [pano] velo *m*.
V.Exª (*abrev de* **Vossa Excelência**) V. E.
vexame [veˈʃãmi] *m* **-1.** [vergonha] vergüenza *f*, pena *f* **Col & Ven**. **-2.** [humilhação, ultraje] vejación *f*.
vez [ˈveʃ] (*pl* **-es**) *f* **-1.** [ger] vez *f*; **uma** ~ una vez; **duas** ~**es** dos veces; **três** ~**es** tres veces; **algumas** ~**es** algunas veces; **às** ~**es** a veces; **cada** ~ **mais** cada vez más; **de** ~ **em quando** de vez en cuando; **mais uma** ~, **outra** ~ una vez más, otra vez; **uma** ~ **ou outra** de vez en cuando, una vez cada tanto **Méx**; **varias** ~**es** varias veces. **-2.** [ocasião]: **alguma** ~ alguna vez; **desta** ~ esta vez; **de uma** ~ **só** de una sola vez; **de** ~ definitivamente; **era uma** ~ **...** érase una vez ..., había una vez ... **Méx**; **na maioria das** ~**es** la mayoría de las veces. **-3.** [turno] turno *m*. **-4.** [multiplicação]: **2** ~**es 4** 2 por 4.
◆ **em vez de** *loc prep* en vez de.
◆ **uma vez que** *loc conj* [já que] ya que, una vez que **Méx**.
VHF (*abrev de* **Very High Frequency**) VHF.
VHS (*abrev de* **Video Home System**) *m* VHS *m*.
via [ˈvia] <> *f* **-1.** [ger] vía *f*; ~ **férrea** vía férrea. **-2.** [transporte]: **por** ~ **aérea** por vía aérea; **por** ~ **terrestre** por vía terrestre. **-3.** [meio]: **por** ~ **oficial** por vía oficial. **-4.** [processo]: **em** ~**(s) de** en vías de. **-5.** [de documento] ejemplar *m*; **primeira/segunda** ~ primer/segundo ejemplar. **-6.** [de drenagem *etc*] conducto *m*. **-7.** ANAT: **por** ~ **oral** por vía oral. <> *prep* vía.
◆ **Via Láctea** *f* Vía *f* Láctea.
◆ **por via das dúvidas** *loc adv* por si las dudas, por las dudas **RP**.
viabilizar [vjabiliˈza(x)] *vt* viabilizar.
viação [vjaˈsãw] (*pl* **-ões**) *f* **-1.** [conjunto de estradas] red *f* de carreteras, red *f* carretera **RP**. **-2.** [companhia] empresa *f* de transporte por carretera, empresa *f* de transporte carretero **RP**.
viaduto [vjaˈdutu] *m* viaducto *m*.
viagem [ˈvjaʒẽ] (*pl* **-ns**) *f* **-1.** [ger] viaje *m*; **boa** ~**!** ¡buen viaje!; ~ **de ida e volta** viaje de ida y vuelta; ~ **de negócios** viaje de negocios. **-2.** *fig* [sob efeito de droga] viaje *m*.
◆ **viagens** *fpl* viajes *mpl*.
viajante [vjaˈʒãntʃi] <> *adj* viajero(-ra). <> *mf* viajero *m*, -ra *f*.
viajar [vjaˈʒa(x)] *vi*: ~ **(por)** viajar (por).
viável [ˈvjavɛw] (*pl* **-eis**) *adj* viable.
víbora [ˈvibora] *f* víbora *f*.
vibração [vibraˈsãw] (*pl* **-ões**) *f* **-1.** [tremor] vibración *f*. **-2.** *fig* [entusiasmo] entusiasmo *m*.
vibrador, ra [vibraˈdo(x), ra] *adj* [vibratório] vibrante.
◆ **vibrador** *m* [estimulador] vibrador *m*.

vibrante [vi'brãntʃi] *adj fig* [entusiasmado] vibrante.
vibrar [vi'bra(x)] ◇ *vt* **-1.** [fazer tremer] vibrar. **-2.** [dedilhar] rasguear. ◇ *vi* vibrar.
vibrião [vi'brjãw] (*pl* **-ões**) *m* vibrión *m*.
vice ['visi] *mf* vice *mf*.
vice- [visi] *prefixo* vice.
vice-presidente, ta [ˌvisiprezi'dẽntʃi, ta] (*mpl* **-s**, *fpl* **-s**) *m, f* vicepresidente *m*, -ta *f*.
vice-versa [ˌvisi'vɛxsa] *adv* viceversa.
viciado, da [vi'sjadu, da] *adj* **-1.** [em droga *etc*]: ~ **(em)** adicto(ta) (a). **-2.** [adulterado] falsificado(da).
viciar [vi'sja(x)] ◇ *vt* **-1.** [dar vício a] viciar. **-2.** [adulterar] falsificar. ◇ *vi* [criar vício] crear vicio, crear adicción.
◆ **viciar-se** *vp* [tornar-se viciado]: **~-se (em)** hacerse adicto (a).
vício ['visju] *m* **-1.** [ger] vicio *m*. **-2.** [em droga, bebida] adicción *f*.
vicioso, osa [vi'sjozu, ɔza] *adj* vicioso(sa).
viço ['visu] *m* **-1.** [de planta] verdor *m*. **-2.** [de pele] lozanía *f*.
viçoso, osa [vi'sozu, ɔza] *adj* **-1.** [planta] exuberante. **-2.** [pele] lozano(na).
vida ['vida] *f* **-1.** [ger] vida *f*; **dar a ~ por** *fig* dar la vida por; **estar entre a ~ e a morte** estar entre la vida y la muerte; **feliz da ~** muy contento, feliz de la vida *Méx* & *RP*; **~ conjugal** vida conyugal; **~ útil** [de máquina *etc*] vida útil. **-2.** [subsistência]: **estar bem de ~** vivir con holgura; **ganhar a ~** ganarse la vida; **meio de ~** medio de vida. **-3.** [animação, vivacidade]: **cheio de ~** lleno de vida; **sem ~** sin vida. **-4.** [direção]: **seguir (reto) toda a ~** seguir (recto *ou* derecho *RP*) siempre en la misma dirección. **-5.** [prostituição]: **cair na ~** caer en la prostitución, perderse *Méx* & *RP*.
vide ['vidʒi] *conj* véase; **~ verso** véase el reverso.
videira [vi'dejra] *f* vid *f*.
vidente [vi'dãntʃi] *mf* vidente *mf*.
vídeo ['vidʒju] *m* **-1.** [ger] vídeo *m Esp*, video *m Amér*. **-2.** [tela] pantalla *f*.
videocassete [ˌvidʒjuka'sɛtʃi] *m* **-1.** [aparelho] vídeo *m Esp*, video *m Amér*. **-2.** [fita] videocasete *m*.
videoclipe [ˌvidʒju'klipi] *m* videoclip *m*.
videoclube [ˌvidʒju'klubi] *m* videoclub *m*.
videodisco [ˌvidʒju'dʒiʃku] *m* videodisco *m*.
video game, videogame [ˌvidʒju'gejmi] *m* videojuego *m*, videogame *m Amér*.
videolocadora [ˌvidʒjuloka'dora] *f* videoclub *m*.
videoteipe [ˌvidʒju'tejpi] *m* **-1.** [fita] videocasete *m*. **-2.** [processo] grabación *f* en vídeo *Esp ou* video *Amér*.
vidraça [vi'drasa] *f* vidrio *m*.
vidraçaria [vidrasa'ria] *f* **-1.** [ger] cristalería *f Esp*, vidriería *f Amér*. **-2.** [vidraças] vidriera *f*.
vidrado, da [vi'dradu, da] *adj* **-1.** [ger] vidriado(da). **-2.** *fam* [encantado]: **~ em** loco(ca) por, chiflado(da) por.
vidro ['vidru] *m* **-1.** [material] vidrio *m*; **~ fumê** vidrio ahumado. **-2.** [frasco] frasco *m*.
Viena ['vjena] *n* Viena.
viés [vjɛʃ] *m* COST bies *m*.
◆ **de viés** *loc adv* de reojo.
Vietnã [vjɛt'nã] *n*: **(o) ~** el Vietnam.
vietnamita [vjɛtna'mita] ◇ *adj* vietnamita. ◇ *mf* vietnamita *mf*. ◇ *m* vietnamita.
viga ['viga] *f* viga *f*.
vigamento [viga'mẽntu] *m* viguería *f*.
vigário [vi'garju] *m* vicario *m*.
vigarista [viga'riʃta] *mf* timador *m*, -ra *f*, estafador *m*, -ra *f*.
vigência [vi'ʒẽnsja] *f* vigencia *f*; **estar em ~** estar vigente.
vigente [vi'ʒẽntʃi] *adj* vigente.
vigésimo, ma [vi'ʒɛzimu, ma] *num* vigésimo(ma).
vigia [vi'ʒia] ◇ *f* **-1.** [vigilância] guardia *f*. **-2.** NÁUT ojo *m* de buey. ◇ *mf* [pessoa] guardia *mf*.
vigiar [vi'ʒja(x)] *vt* & *vi* vigilar.
vigilância [viʒi'lãnsja] *f* vigilancia *f*.
vigília [vi'ʒilja] *f* vigilia *f*.
vigor [vi'go(x)] *m* **-1.** [ger] vigor *m*. **-2.** [vigência]: **em ~** en vigor.
vigorar [vigo'ra(x)] *vi* estar en vigor.
vigoroso, osa [vigo'rozu, ɔza] *adj* vigoroso(sa).
vil ['viw] (*pl* **vis**) *adj* vil.
vila ['vila] *f* **-1.** [povoação] pueblo *m*, población *f RP*. **-2.** [conjunto residencial] urbanización *f*, country *m Arg*, reparto *m Cuba*, conjunto *m* habitacional *Méx*. **-3.** [casa] chalet *m*, villa *f Méx*.
vilã [vi'lã] *f* ▷ **vilão**.

vilão, lã [vi'lãw, lã] (*mpl* **-ãos, -ães,** *fpl* **-s**) *m, f* villano *m,* -na *f.*
vilarejo [vila'reʒu] *m* aldea *f,* pueblo *m,* poblado *m* ***RP.***
vilões [vi'lõjʃ] *pl* ⊳ **vilão.**
vime ['vimi] *m* mimbre *m;* **de ~** de mimbre.
vinagre [vi'nagri] *m* vinagre *m.*
vinagrete [vina'grɛtʃi] *m* vinagreta *f.*
vinco ['vĩŋku] *m* **-1.** [em roupa, papel] pliegue *m,* doblez *m* ***Méx.*** **-2.** [no rosto] arruga *f.* **-3.** [sulco] surco *m.*
vinculação [vĩŋkula'sãw] *f* vinculación *f.*
vincular [vĩŋku'la(x)] *vt* **-1.** [ligar] vincular. **-2.** [por obrigação] supeditar.
vínculo ['viŋkulu] *m* [ger] vínculo *m;* **~ empregatício** relación *f* laboral.
vinda ['vĩnda] *f* ⊳ **vindo.**
vindima [vĩn'dʒima] *f* vendimia *f.*
vindo, da ['vĩndu, da] ◇ *pp* ⊳ **vir.** ◇ *adj* llegado(da), venido(da).
◆ **vinda** *f* **-1.** [ger] llegada *f,* venida *f.* **-2.** [regresso] vuelta *f.*
vindouro, ra [vĩn'doru, ra] *adj* venidero(ra).
vingança [vĩŋ'gãnsa] *f* venganza *f.*
vingar [vĩŋ'ga(x)] ◇ *vt* [tirar desforra de] vengar. ◇ *vi* **-1.** [medrar] prender. **-2.** [dar certo] dar resultado.
◆ **vingar-se** *vp* [tirar desforra]: **~-se (de)** vengarse (de).
vingativo, va [vĩŋga'tʃivu, va] *adj* vengativo(va).
vinha ['viɲa] *f* **-1.** [vinhedo] viña *f.* **-2.** [planta] vid *f.*
vinhedo [vi'ɲedu] *m* viñedo *m.*
vinho ['viɲu] ◇ *adj* [cor] vino, bordó ***RP.*** ◇ *m* **-1.** [bebida] vino *m;* **~ branco** vino blanco; **~ do Porto** oporto *m;* **~ rosado** vino rosado; **~ tinto** vino tinto. **-2.** [cor] vino *m,* bordó *m* ***RP.***
vinil [vi'niw] *m* vinilo *m.*
vinte ['vĩntʃi] *num* veinte; *veja também* **seis.**
vintém [vĩn'tẽ] (*pl* **-ns**) *m* **-1.** [moeda antiga] céntimo *m,* vintén *m* ***RP.*** **-2.** [dinheiro]: **estar sem um ~** no tener ni un centavo *ou* quilo ***Cuba,*** estar sin un vintén ***RP.***
vintena [vĩn'tena] *f:* **uma ~ de** una veintena de.
viola ['vjɔla] *f pequeña guitarra de cinco cuerdas dobles de metal.*
violação [vjola'sãw] (*pl* **-ões**) *f* violación *f;* **~ de domicílio** violación de domicilio, allanamiento *m* de morada.
violão [vjo'lãw] (*pl* **-ões**) *m* guitarra *f.*
violar [vjo'la(x)] *vt* violar.
violeiro, ra [vjo'lejru, ra] *m, f* viola *mf,* violista *mf* ***RP.***
violência [vjo'lẽnsja] *f* **-1.** [ger] violencia *f.* **-2.** [ato] agresión *f.*
violentar [vjolẽn'ta(x)] *vt* **-1.** [mulher] violar, violentar ***RP.*** **-2.** [deturpar] desvirtuar.
violento, ta [vjo'lẽntu, ta] *adj* violento(ta).
violeta [vjo'leta] ◇ *f* [flor] violeta *f.* ◇ *adj* [cor] violeta.
violinista [vjoli'niʃta] *mf* violinista *mf.*
violino [vjo'linu] *m* violín *m.*
violoncelista [vjolõnse'liʃta] *mf* violoncelista *mf,* violonchelista *mf.*
violoncelo [vjolõn'sɛlu] *m* violoncelo *m,* violonchelo *m.*
violonista [vjolo'niʃta] *mf* guitarrista *mf.*
VIP (*abrev de* **Very Important Person**) [vipi] ◇ *adj* [pessoa, local] VIP. ◇ *mf* VIP *mf.*
vir ['vi(x)] *vi* **-1.** [ger] venir; **veio ver-me** vino a verme; **vou visitá-lo amanhã** iré a visitarlo mañana; **veio atrasado/adiantado** llegó atrasado/adelantado; **veio no trem das onze** vino en el tren de las once; **a semana que vem** la semana que viene; **o ano/mês que vem** el año/mes que viene; **vem escrito em português** viene escrito en portugués; **vinha embalado** viene embalado; **o carro veio não sei de onde** el coche salió de la nada; **veio-me uma idéia** se me ocurre una idea; **~ de** venir de; **venho agora mesmo de lá** justamente ahora vengo de allí; **~ de fazer algo** acabar de hacer algo; **que vem a ser isto?** ¿qué viene a ser esto?; **~ abaixo** venirse abajo; **~ ao mundo** venir al mundo; **~ a saber** enterarse; **~ a tempo de** llegar a tiempo de. **-2.** [regressar] volver; **ele vem amanhã** vuelve mañana; **hoje, venho mais tarde** hoy volveré más tarde; **venho de férias na próxima semana** vuelvo de vacaciones la próxima semana.
viração [vira'sãw] (*pl* **-ões**) *f* brisa *f.*
virado, da [vi'radu, da] *adj* [voltado]: **~ para** vuelto(ta) hacia, dado(da) vuelta para ***RP.***
◆ **virado** *m* CULIN: **~ de feijão** *plato preparado con frijoles ya cocinados,*

que se sofríen con harina de maíz o de yuca y se sirven acompañados de costillas de puerco fritas.

◆ **virada** *f* **-1.** [viradela, guinada] viraje *m.* **-2.** *ESP* reacción *f.*

vira-lata [ˌvira'lata] (*pl* **vira-latas**) *m* **-1.** [cachorro] perro *m* vagabundo *ou* callejero, sato *m* ***Cuba.*** **-2.** [pessoa] sinvergüenza *m.*

virar [vi'ra(x)] ◇ *vt* **-1.** [volver]: ~ **algo (para dentro/fora)** dar la vuelta a algo (hacia dentro/fuera), voltear algo (hacia dentro/fuera) ***Andes*** & ***Méx***, dar vuelta algo (para adentro/afuera) ***RP***; ~ **o rosto/os olhos** volver *ou* voltear ***Andes*** & ***Méx*** la cara/la mirada, dar vuelta la cara/la mirada ***RP***; **quando me viu, virou as costas** cuando me vio, se dio la vuelta, cuando me vio, dio vuelta la espalda ***RP.*** **-2.** [mostrar pelo verso, emborcar] dar la vuelta, dar vuelta ***RP.*** **-3.** [entornar - líquido] voltear; [- balde] inclinar. **-4.** [contornar] doblar, dar vuelta a ***Méx*** & ***RP.*** **-5.** [fazer mudar de opinião] cambiar, dar vuelta a ***RP.*** **-6.** [transformar-se] convertirse en, volverse ***Méx*** & ***RP.*** ◇ *vi* **-1.** [volver] volverse, darse vuelta ***RP***; ~ **para** volverse hacia, darse vuelta para ***RP***; ~ **de bruços** ponerse boca abajo, darse vuelta boca abajo ***RP***; ~ **de costas** ponerse de espaldas, darse vuelta boca arriba ***RP***; ~ **do avesso** virar al revés, voltear al revés ***Méx***, dar vuelta del revés ***RP.*** **-2.** [emborcar] darse la vuelta, volcar ***RP.*** **-3.** [contornar]: ~ **(em)** girar (en), dar vuelta (en) ***Méx*** & ***RP***, doblar (en) ***RP***; ~ **à direita/esquerda** girar a la derecha/izquierda, dar vuelta a la derecha/izquierda ***Méx*** & ***RP***, doblar a la derecha/izquierda ***RP.*** **-4.** [fazer mudar, mudar de orientação] cambiar.

◆ **virar-se** *vp* **-1.** [volver-se] virarse, darse vuelta. **-2.** [rebelar-se]: ~**-se contra** volverse contra. **-3.** [defender-se] defenderse. **-4.** [empenhar-se] arreglárselas.

virgem ['vixʒẽ] (*pl* **-ns**) ◇ *adj* [ger] virgen. ◇ *f* [pessoa] virgen *f.*

◆ **Virgem** *f* **-1.** [ger] Virgen *f.* **-2.** [zodíaco] Virgo *m*; **ser de Virgem** ser virgo, ser de Virgo ***RP.***

virgindade [vixʒĩn'dadʒi] *f* virginidad *f.*

virginiano, na [vixʒi'njãnu, na] ◇ *adj* virgo, virginiano(na) ***RP.*** ◇ *m, f* virgo *mf*, virginiano *m*, -na *f* ***RP.***

vírgula ['vixgula] *f* **-1.** [entre palavras, números] coma *f.* **-2.** [mecha] mecha *f.* **-3.** [objetando-se]: **uma** ~! ***fam*** ¡anda ya! ***Esp***, ¡tarro! ***Cuba***, ¡sí, cómo no! ***Méx***, ¡las pelotas! ***RP.***

viril [vi'riw] (*pl* **-is**) *adj* viril.

virilha [vi'riʎa] *f* ingle *f.*

virose [vi'rɔzi] *f* virosis *f inv.*

virtualmente [vixtwaw'mẽntʃi] *adv* virtualmente.

virtude [vix'tudʒi] *f* **-1.** [ger] virtud *f.* **-2.** [razão]: **em** ~ **de** en virtud de.

virtuoso, osa [vix'twozu, ɔza] ◇ *adj* [íntegro] virtuoso(sa). ◇ *m, f* [gênio] virtuoso *m*, -sa *f.*

vírus ['viruʃ] *m* virus *m inv.*

visado, da [vi'zadu, da] *adj* **-1.** [cheque] visado(da). **-2.** [pessoa] fichado(da), buscado(da).

visão [vi'zãw] (*pl* **-ões**) *f* **-1.** [ger] visión *f.* **-2.** [percepção, ponto de vista]: ~ **(de/sobre)** visión (de/sobre).

visar [vi'za(x)] ◇ *vt* **-1.** [cheque, passaporte] visar. **-2.** [objetivar] buscar; ~ **(a) fazer algo** tener como objetivo hacer algo, buscar hacer algo ***Méx*** & ***RP.*** ◇ *vi* [objetivar]: ~ **a algo/a fazer algo** tener como objetivo algo/hacer algo.

víscera ['viscera] *f* víscera *f.*

viscoso, osa [viʃ'kozu, ɔza] *adj* viscoso(sa).

viseira [vi'zejra] *f* visera *f.*

visibilidade [vizibili'dadʒi] *f* visibilidad *f.*

visita [vi'zita] *f* **-1.** [ger] visita *f*; **fazer uma** ~ **a alguém** hacer una visita a alguien. **-2.** [visitante]: **ter** ~**s** tener visita(s).

visitação [vizita'sãw] *f* (*pl* **-ões**) [visita] visita *f*; **aberto à** ~ **pública** abierto al público.

◆ **Visitação** *f RELIG* Visitación *f.*

visitante [vizi'tãntʃi] *mf* visitante *mf.*

visitar [vizi'ta(x)] *vt* visitar.

visível [vi'zivɛw] (*pl* **-eis**) *adj* visible.

vislumbre [viʒ'lũnbri] *m* vislumbre *f.*

visões [vi'zõjʃ] *pl* ▷ **visão.**

vison [vi'zõ] (*pl* **-ns**), **visão** [vi'zãw] *m* visón *m.*

visor [vi'zo(x)] (*pl* **-es**) *m* visor *m.*

vista ['viʃta] *f* ▷ **visto.**

visto, ta ['viʃtu, ta] ◇ *pp* ▷ **ver.** ◇ *adj* visto(ta).

◆ **visto** *m* **-1.** [em documento] visto *m*

bueno. **-2.** [em passaporte] visado *m Esp*, visa *f Amér.*

◆ **vista** *f* **-1.** [ger] vista *f.* **-2.** [olhar]: **à primeira vista** a primera vista; **à vista** [visível] a la vista; **pôr à vista** poner a la vista; [pagamento] pagar al contado; **até a vista!** ¡hasta la vista!; **conhecer de vista** conocer de vista; **vista cansada** vista cansada. **-3.** *loc*: **saltar à vista** saltar a la vista.

◆ **em vista de** *loc prep* en vista de.

◆ **pelo visto** *loc adv* por lo visto.

vistoria [viʃto'ria] *f* inspección *f.*

vistoriar [viʃto'rja(x)] *vt* inspeccionar.

vistoso, osa [viʃ'tozu, ɔza] *adj* vistoso(sa).

visual [vi'zwaw] (*pl* **-ais**) ◇ *adj* visual. ◇ *m fam* **-1.** [aspecto] aspecto *m.* **-2.** [vista] vista *f.*

visualizar [vizwali'za(x)] *vt* visualizar.

visualmente [vizuaw'mẽntʃi] *adv* visualmente.

vital [vi'taw] (*pl* **-ais**) *adj* vital.

vitalício, cia [vita'lisju, sja] *adj* vitalicio(cia).

vitalidade [vitali'dadʒi] *f* vitalidad *f.*

vitamina [vita'mina] *f* vitamina *f.*

vitela [vi'tɛla] *f* ternera *f.*

vítima ['vitʃima] *f* víctima *f.*

vitória [vi'tɔrja] *f* victoria *f.*

vitória-régia [vi,tɔrja'xɛʒja] (*pl* **vitórias-régias**) *f* tarope *m.*

vitorioso, osa [vito'rjozu, ɔza] *adj* victorioso(sa).

vitral [vi'traw] (*pl* **-ais**) *m* vitral *m.*

vitrine [vi'trini], **vitrina** [vi'trina] *f* **-1.** [de loja] escaparate *m*, vitrina *f Amér*, vidriera *f Amér.* **-2.** [armário] vitrina *f.*

viuvez [vju'veʒ] *f* viudez *f.*

viúvo, va ['vjuvu, va] ◇ *adj* viudo(-da). ◇ *m, f* viudo *m*, -da *f.*

viva ['viva] ◇ *m* viva *m.* ◇ *interj* ¡viva!; ~ **a rainha!** ¡viva la reina!

viveiro [vi'vejru] *m* vivero *m.*

vivência [vi'vẽnsja] *f* **-1.** [existência] existencia *f.* **-2.** [experiência] vivencias *fpl*; **ter ~ em algo** tener experiencia en algo.

vivenda [vi'vẽnda] *f* vivienda *f.*

vivente [vi'vẽntʃi] ◇ *adj* viviente. ◇ *mf* ser *m* viviente.

viver [vi've(x)] ◇ *vt* vivir. ◇ *vi* **-1.** [ger] vivir; ~ **bem** vivir bien. **-2.** [perdurar] pervivir. **-3.** [sustentar-se]: ~ **de** vivir de; ~ **à custa de** vivir a costa de. **-4.** [conviver]: ~ **com** codearse con, convivir con *Méx & RP.* **-5.** [dedicar-se completamente]: ~ **para** vivir para. **-6.** [residir]: ~ **(em)** vivir (en). **-7.** [estar sempre]: ~ **doente/gripado** vivir enfermo/con gripe; ~ **trabalhando** vivir trabajando. ◇ *m* vivir *m.*

víveres ['viveriʃ] *mpl* víveres *mpl.*

vivido, da [vi'vidu, da] *adj* [pessoa] experimentado(da), vivido(da) *Méx & RP.*

vívido, da ['vividu, da] *adj* **-1.** [vivo, expressivo] vívido(da). **-2.** [luminoso] deslumbrante. **-3.** [em cores vivas] vivo(va).

vivo, va ['vivu, va] *adj* vivo(va); **estar ~** estar vivo(va).

◆ **ao vivo** *loc adv* en vivo.

vizinhança [vizi'ɲãnsa] *f* vecindario *m.*

vizinho, nha [vi'ziɲu, ɲa] *adj* vecino(-na).

voador, ra [vwa'do(x), ra] *adj* volador(ra).

voar ['vwa(x)] *vi* **-1.** [ger] volar. **-2.** *fig* [correr]: **fazer algo voando** hacer algo volando. **-3.** [explodir]: ~ **pelos ares** volar por los aires. **-4.** *loc*: ~ **alto** *fig* volar alto; ~ **para cima de alguém** lanzarse encima de alguien, tirarse arriba de alguien *RP.*

vocabulário [vokabu'larju] *m* vocabulario *m.*

vocábulo [vo'kabulu] *m* vocablo *m.*

vocação [voka'sãw] (*pl* **-ões**) *f* vocación *f.*

vocacional [vokasjo'naw] (*pl* **-ais**) *adj* vocacional.

vocal [vo'kaw] (*pl* **-ais**) *adj* vocal.

vocálico, ca [vo'kaliku, ka] *adj* vocálico(ca).

vocalista [voka'liʃta] *mf* vocalista *mf.*

você [vo'se] (*pl* **vocês**) *pron pess* **-1.** [tratamento] tú, vos *RP*; ~ **é médico?** ¿eres *ou* sos *RP* médico?; ~ **está muito elegante** estás muy elegante; **vocês precisam estudar** tenéis *Esp ou* tienen *Amér* que estudiar; **vocês desejam mais alguma coisa?** *fml* [os senhores] ¿desean algo más?; **vocês, ingleses/estudantes, são ...** ustedes, los ingleses/estudiantes, son ...; ~ **mesmo** *ou* **próprio** tú *ou* vos *RP* mismo. **-2.** *(depois de prep)*: **isto pertence a ~?** ¿esto te pertenece a ti *ou* vos *RP* ?; **quero ir com vocês** quiero ir con vosotros *Esp ou* ustedes *Amér*; **penso muito em ~** pienso mucho en ti *ou* vos *RP*; **esta carta é para ~** esta carta es para ti *ou* vos *RP*. **-3.** [em anúncios]: **' ~ vai adorar'** 'te va a encantar'; **'o melhor para ~'** 'lo mejor para ti *ou* vos' *RP*. **-4.** [alguém qualquer um] uno; **na universidade, ~ tem que estudar muito** en la universidad, uno tiene que estudiar mucho.

vociferar [vosife'ra(x)] ◇ *vt* [bradar] vociferar. ◇ *vi* [reclamar]: **~ (contra)** vociferar (contra).

vodca ['vɔdʒka] *f* vodka *m f*.

voga ['vɔga] *f* **-1.** [popularidade] popularidad *f*. **-2.** [moda] moda *f*. **-3.** *NÁUT* [cadência] cadencia *f*.

vogal [vo'gaw] (*pl* **-ais**) *f LING* vocal *f*.

volante [vo'lãntʃi] *m* **-1.** [de auto, máquina] volante *m*; **estar no ~** estar al volante. **-2.** [motorista, piloto] piloto *m*. **-3.** [para apostas] impreso *m*, volante *m Méx*.

volátil [vo'latʃiw] (*pl* **-eis**) *adj* **-1.** [ger] volátil. **-2.** [pessoa, temperamento] *fig* voluble.

volt ['vɔwtʃi] *m* voltio *m*.

volta ['vɔwta] *f* **-1.** [ger] vuelta *f*; **dar uma ~** [sobre si mesmo] dar una vuelta. **-2.** [retorno]: **estar de ~** estar de vuelta; **na ~** [voltando] a la vuelta. **-3.** [passeio]: **dar uma ~** [a pé, de carro] dar una vuelta. **-4.** *MIL*: **dar meia-~** dar media vuelta. **-5.** *AUTO*: **fazer a ~** dar la vuelta. **-6.** *loc*: **dar a ~ por cima** *fig* superar una situación difícil, sobreponerse.

◆ **às voltas com** *loc prep*: **estar/andar às ~s com** estar/andar a *ou* en *RP* vueltas con.

◆ **em volta de** *loc prep* en torno a, alrededor de.

◆ **por volta de** *loc prep* alrededor de, a eso de.

◆ **volta e meia** *loc adv* cada dos por tres.

voltagem [vow'taʒẽ] *f* voltaje *m*.

voltar [vow'ta(x)] ◇ *vt* **-1.** [dirigir]: **~ algo para** volver algo hacia, llevar algo a *RP*. **-2.** [mudar a posição de] girar, dar vuelta. **-3.** [mostrar pelo verso] dar la vuelta a, voltear *Andes & Méx*, dar vuelta *RP*. ◇ *vi* **-1.** [ger] volver; **~ atrás** *fig* volver atrás. **-2.** [vir de volta]: **~ a si** volver en sí. **-3.** [tratar novamente]: **~ a algo** volver a algo. **-4.** [recomeçar]: **~ a fazer algo** volver a hacer algo.

◆ **voltar-se** *vp* **-1.** [virar-se] volverse, darse vuelta *RP*. **-2.** [recorrer]: **~-se para** recurrir a. **-3.** [rebelar-se]: **~-se contra** volverse *ou* voltearse *Méx ou* ponerse *RP* contra.

volteio [vow'teju] *m* **-1.** [rodopio] giro *m*. **-2.** [volta] curva *f*. **-3.** [de equilibrista] movimiento *m*.

volume [vo'lumi] *m* **-1.** [ger] volumen *m*. **-2.** [intensidade]: **aumentar/diminuir o ~** aumentar/disminuir el volumen.

volumoso, osa [volu'mozu, ɔza] *adj* voluminoso(sa).

voluntário, ria [volũn'tarju, rja] ◇ *adj* voluntario(ria). ◇ *m, f* voluntario *m*, -ria *f*.

voluntarioso, osa [volũnta'rjozu, ɔza] *adj* voluntarioso(sa).

volúpia [vo'lupja] *f* placer *m*, gozo *m*.

voluptuoso, osa [volup'twozu, ɔza] *adj* voluptuoso(sa).

volúvel [vo'luvew] (*pl* **-eis**) *adj* voluble.

volver [vow've(x)] ◇ *vt* [virar, voltar] volver, dar vuelta *RP*. ◇ *vi*: **~ a** volver a.

vomitar [vomi'ta(x)] ◇ *vt* [ger] vomitar. ◇ *vi* [expelir vômito] vomitar.

vômito ['vomitu] *m* vómito *m*.

vontade [võn'tadʒi] *f* **-1.** [ger] voluntad *f*. **-2.** [desejo, necessidade] ganas *fpl*; **dar ~ a alguém de fazer algo** dar ganas a alguien de hacer algo; **fazer a ~ de alguém** hacer la voluntad de alguien, hacer los gustos a alguien *RP*; **ter ~ de fazer algo** tener ganas de hacer algo; **contra a ~** a disgusto. **-3.** [empenho, interesse]: **boa/má ~** buena/mala voluntad.

◆ **vontades** *fpl* [caprichos]: **fazer todas as ~s de alguém** satisfacer todos los caprichos de alguien.

◆ **à vontade** *loc adv* **-1.** [sem cerimônia]: **não fico à ~ perto dele** no estoy cómodo cerca suyo; **fique à ~ que já volto** póngase cómodo que ahora vuelvo. **-2.** [a bel-prazer, à larga] a voluntad, a piacere *RP*.

◆ **com vontade** *loc adv* [comer] con gusto.

vôo ['vow] *m* vuelo *m*; **levantar ~** levantar vuelo; **~ livre** *ESP* vuelo libre.

voraz [vo'raʃ] (*pl* **-es**) *adj* voraz.

vos [vuʃ] *pron* os *Esp*, les *Amér*.

vós ['vɔʃ] *pron pess* [você] usted; [vocês]

vosotros ***Esp***, ustedes ***Amér***.

vosso, vossa ['vɔsu, 'vɔsa] ◇ *adj* vuestro(tra) ***Esp***, su ***Amér***. ◇ *pron*: **o ~ /a vossa** el vuestro/la vuestra ***Esp***, el suyo/la suya ***Amér***; **um amigo ~** un amigo vuestro ***Esp*** *ou* suyo ***Amér***; **os ~s** los vuestros ***Esp***, los suyos ***Amér***.

votação [vota'sãw] (*pl* **-ões**) *f* votación *f*.

votar [vo'ta(x)] ◇ *vt* **-1.** [eleger] votar (por). **-2.** [submeter a votação, aprovar] votar. ◇ *vi* votar; **~ em/contra/por** votar por/contra/a favor de; **~ em branco** votar en blanco.

voto ['vɔtu] *m* voto *m*; **~ nulo/em branco** voto nulo/en blanco; **~ secreto** voto secreto; [promessa] **~ de castidade/pobreza** voto de castidad/pobreza.

vovó [vo'vɔ] *f* abuela *f*.

vovô [vo'vo] *m* abuelo *m*.

voyeurismo [voje'riʒmu] *m* voyeurismo *m*.

voz ['vɔʃ] (*pl* **-es**) *f* **-1.** [ger] voz *f*; **em ~ alta/baixa** en voz alta/baja. **-2.** [poder decisório, autoridade]: **ter ~ (ativa) em** tener voz. **-3.** ***fig*** [conselho]: **a ~ da experiência** la voz de la experiencia.

vozerio [voze'riw] *m* vocerío *m*.

vulcânico, ca [vuw'kãniku, ka] *adj* volcánico(ca).

vulcão [vuw'kãw] (*pl* **-ões**) *m* volcán *m*.

vulgar [vuw'ga(x)] (*pl* **-es**) *adj* vulgar.

vulgaridade [vuwgari'dadʒi] *f* vulgaridad *f*.

vulgarizar [vuwgari'za(x)] *vt* [popularizar] vulgarizar.

◆ **vulgarizar-se** *vp* vulgarizarse.

vulgarmente [vuwgax'mẽntʃi] *adj* vulgarmente.

vulgo ['vuwgu] ◇ *m* vulgo *m*. ◇ *adv* vulgo, vulgarmente.

vulnerabilidade [vuwnerabili'dadʒi] *f* vulnerabilidad *f*.

vulnerável [vuwne'ravɛw] (*pl* **-eis**) *adj* vulnerable.

vulto ['vuwtu] *m* **-1.** [figura, sombra] bulto *m*, silueta *f*. **-2.** [face] cara *f*, rostro *m*. **-3.** ***fig*** [importância] importancia *f*, significación *f* ***RP***; **de ~** significativo(va). **-4.** ***fig*** [indivíduo notável] gigante *m*.

vultoso, osa [vuw'tozu, ɔza] *adj* voluminoso(sa).

vulva ['vuwva] *f* vulva *f*.

W

w, W ['dablju] *m* [letra] w, W *f*.

walkie-talkie [ˌwɔki'tɔki] (*pl* **walkie-talkies**) *m* walkie-talkie *m*.

walkman® ['wɔkm] *m* walkman® *m*.

WAN (*abrev de* **Wide Area Network**) WAN *f*.

Washington ['wɔʃintõ] *n* Washington.

watt ['wɔtʃi] *m* vatio *m*, watt *m* ***Méx*** & ***RP***.

WC (*abrev de* **water closet**) *m* WC *m*.

windsurfe [wĩndʒi'suxfi] *m* windsurf *m*.

workshop [woxki'ʃɔpi] *m* taller *m*.

WWW (*abrev de* **World Wide Web**) WWW.

x, X [ʃiʃ] *m* [letra] x, X *f*.

xadrez [ʃa'dreʃ] ◇ *m* **-1.** [jogo] ajedrez *m*. **-2.** [desenho, tecido] cuadriculado *m*, escocés *m* ***RP***. **-3.** ***fam*** [prisão] chirona *f* ***Esp***, cana *f* ***Andes***, ***Cuba*** & ***RP***, bote *m* ***Méx***. ◇ *adj* a cuadros.

xale ['ʃali] *m* chal *m*, rebozo *m* ***Méx***.

xampu [ʃãn'pu] *m* champú *m*.

xarope [ʃa'rɔpi] *m* **-1.** [para tosse] jarabe *m*. **-2.** [calda] almíbar *m*.

xaxim [ʃa'ʃĩ] *m tronco fibroso de los helechos compuesto por raíces.*

xenofobia [ʃenofo'bia] *f* xenofobia *f*.

xepa ['ʃepa] *f* ***fam*** [de feira] *los productos que sobran en el mercado, vendidos más baratos.*

xeque ['ʃɛki] *m* **-1.** [xadrez] jaque *m*. **-2.** *loc*: **pôr em ~** poner en jaque.

-3. [xeique] jeque *m*.

xeque-mate [ˌʃɛki'matʃi] (*pl* **xeque-mates**) *m* jaque-mate *m*.

xereta [ʃe'reta] *adj fam* [bisbilhoteiro] chismoso(sa), metiche ***Méx***, chusma ***RP***.

xerez [ʃe'reʃ] *m* jerez *m*.

xerife [ʃe'rifi] *m* sheriff *m*.

xerocar [ʃero'ka(x)] *vt* fotocopiar.

xerocópia [ʃero'kɔpja] *f* fotocopia *f*.

xerocopiar [ʃeroko'pja(x)] *vt* = **xerocar**.

xerox® ['ʃɛrɔkiʃ] *m* **-1.** [cópia] fotocopia *f*. **-2.** [máquina] fotocopiadora *f*.

xícara ['ʃikara] *f* taza *f*; ~ **de chá** taza de té.

xiita [ʃi'ita] <> *adj* [muçulmano] chiíta. <> *mf* **-1.** [muçulmano] chiíta *mf*. **-2.** *fig* [radical] radical *mf*.

xilofone [ʃilo'foni] *m* xilofón *m*.

xilografia [ʃilogra'fia] *f* xilografía *f*.

xingamento [ʃĩŋga'mẽntu] *m* insultos *mpl*.

xingar [ʃĩŋ'ga(x)] <> *vt* insultar; ~ **alguém de algo** llamar a alguien algo, tratar a alguien de algo ***RP***. <> *vi* insultar.

xinxim [ʃĩn'ʃĩ] (*pl* **-ns**) *m*: ~ **de galinha** *guiso de gallina con camarones secos, maní, castañas y aceite de palma.*

xixi [ʃi'ʃi] *m fam* pis *m*, pipí *f*, pichí *m* ***RP***; **fazer** ~ hacer pis *ou* pipí *ou* pichí ***RP***.

xodó [ʃo'dɔ] *m* [pessoa querida] preferido *m*, ojo *m* derecho, niña *f* de sus ojos ***Méx*** & ***RP***.

xoxota [ʃo'ʃɔta] *f* ***mfam*** [vulva] conejo *m* ***Esp***, concha *f* ***Amér***.

Z

z, Z [ze] *m* [letra] z, Z *f*.

zaga ['zaga] *f* FUT zaga *f*.

zagueiro [za'gejru] *m* FUT defensa *m*, zaguero *m* ***RP***.

Zaire ['zajri] *n* Zaire.

zanga ['zãŋga] *f* **-1.** [irritação] enfado *m* ***Esp***, enojo *m* ***Amér***. **-2.** [briga] bronca *f*, regaño *m* ***Méx***, reto *m* ***RP***, rezongo *m* ***Urug***.

zangado, da [zãŋ'gadu, da] *adj* enfadado(da) ***Esp***, enojado(da) ***Amér***.

zangão ['zãŋgãw] (*pl* **-ões**) *m* ZOOL zángano *m*.

zangar [zãŋ'ga(x)] <> *vt* [irritar] enfadar ***Esp***, enojar ***Amér***. <> *vi* **-1.** [irritar-se] enfadarse ***Esp***, enojarse ***Amér***. **-2.** [ralhar] regañar, retar ***RP***, rezongar ***Urug***; ~ **com alguém** regañar a alguien, retar a alguien ***RP***, rezongar a alguien ***Urug***.

◆ **zangar-se** *vp* enfadarse ***Esp***, enojarse ***Amér***.

zangões [zãŋ'gõjʃ] *pl* ▷ **zangão**.

zanzar [zãn'za(x)] *vi* vaguear.

zarpar [zax'pa(x)] *vi* **-1.** [ger] zarpar. **-2.** [fugir] huir.

zebra ['zebra] *f* **-1.** ZOOL cebra *f*. **-2.** [faixa para pedestres] paso *m* de cebra *ou* peatonal ***Méx***, cebra *f* ***RP***. **-3.** *fam pej* [pessoa] memo *m*, -ma *f*, burro *m*, -rra *f*. **-4.** *loc*: **dar** ~ [em aposta, loteria] tener mala suerte; [plano] fracasar.

zebu [ze'bu] *m* ZOOL cebú *m*.

zelador, ra [zela'do(x), ra] (*pl* **-es**, *fpl* **-s**) *m, f* [de prédio] portero *m*, -ra *f*, velador *m*, -ra *f* ***Méx***.

zelar [ze'la(x)] *vi*: ~ **por** velar por.

zelo ['zelu] *m* celo *m*.

zeloso, osa [ze'lozu, za] *adj* [cuidadoso]: ~ **(de/por)** cuidadoso(sa) (con).

zé-mané [ˌzɛma'nɛ] (*pl* **-és**) *m* ***mfam*** [otário, bobalhão] imbécil *m*, gilipollas *m inv* ***Esp***.

zen [zẽ] *adj* zen.

zen-budismo [zẽn bu'dʒiʒmu] *m* budismo *m* zen.

zé-ninguém [ˌzɛnĩŋ'gẽ] (*pl* **zés-ninguém**) *m* don nadie *m*.

zepelim [ze'pelĩ] (*pl* **-ns**) *m* [balão] dirigible *m*, zepelín *m*.

zerar [ze'ra(x)] *vt* reducir a cero.

zero ['zɛru] *num* **-1.** [ger] cero *m*; ~ **erros** ningún error. **-2.** [em tênis] nada *f*. **-3.** [temperatura]: **abaixo/acima de** ~ bajo/sobre cero. **-4.** *loc*: **ser um** ~ **à esquerda** ser un cero a la izquierda.

◆ **a zero** *loc adv*: **ficar a** ~ quedarse sin nada, quedar seco ***RP***; *veja também* **seis**.

zero-quilômetro [ˌzɛruki'lɔmetru] <> *adj* nuevo(va). <> *m inv* coche *m* nuevo, cero kilómetro *m* ***RP***.

ziguezague [ˌzigi'zagi] *m* zigzag *m*.

ziguezaguear [zigiza'gja(x)] *vi* zigzaguear.

zinco ['zĩŋku] *m* zinc *m*.

zoada ['zwada] *f* = **zoeira**.

zoar ['zwa(x)] <> *vt* [caçoar] tomar el pelo a. <> *vi* -**1.** [fazer grande ruído] armar jaleo. -**2.** [zumbir] zumbar. -**3.** [fazer troça] tomar el pelo. -**4.** [promover confusão] armar follón.

zodiacal [zodʒja'kaw] *adj* zodiacal.

zodíaco [zo'dʒiaku] *m* zodiaco *m*, zodíaco *m*.

zoeira ['zwejra] *f* barullo *m*, relajo *m* *RP*.

zombar [zõn'ba(x)] *vi* -**1.** [debochar]: ~ **de alguém/algo** burlarse de alguien/algo. -**2.** [desdenhar]: ~ **de algo** reírse de algo.

zombaria [zonba'ria] *f* [deboche] burla *f*.

zombeteiro, ra [zõnbe'tejru, ra] <> *adj* [zombador] burlón(ona). <> *m,f* burlón *m*, -ona *f*.

zona ['zona] *f* -**1.** [ger] zona *f*; ~ **franca** zona franca. -**2.** *fam* [bagunça, confusão] lío *m*, caos *m*, relajo *m* *RP*.

zoneamento [zonja'mẽntu] *m* [divisão em zonas] división *f* en zonas.

zonear [zo'nja(x)] <> *vt* -**1.** *fam* [bagunçar] armar un lío *ou* caos en, armar relajo en *RP*. -**2.** [dividir em zonas] dividir en zonas. <> *vi fam* [bagunçar] armar un lío *ou* caos, armar relajo *RP*.

zonzo, za ['zõnzu, za] *adj* -**1.** [tonto] tonto(ta), zonzo(za) *Méx*. -**2.** [atordoado, confuso] mareado(da), zonzo(za) *Méx*, aturdido(da) *RP*.

zôo ['zow] *m* zoo *m*.

zoologia [zwolo'ʒia] *f* zoología *f*.

zoológico, ca [zo'lɔʒiku, ka] *adj* zoológico(ca).

◈ **zoológico** *m* zoológico *m*.

zoom [zũ] *m* = **zum**.

zum [zũ] *m* zoom *m*.

zumbido [zũn'bidu] *m* zumbido *m*.

zumbir [zũn'bi(x)] *vi* zumbar.

zunzum [zũn'zũ] (*pl* -**ns**) *m* -**1.** [ruído] zumbido *m*. -**2.** [boato] rumor *m*.